中国公路学会桥梁和结构工程分会

2022年

全国桥梁学术会议论文集

主办单位　中国公路学会桥梁和结构工程分会
广东省交通集团有限公司
广东省公路学会
广东省公路建设有限公司

协办单位　黄茅海跨海通道管理中心
深中通道管理中心
保利长大工程有限公司
中交第二公路工程局有限公司
中铁大桥局集团有限公司
中交路桥建设有限公司
中交第二航务工程局有限公司
中铁十一局集团有限公司
中铁十二局集团有限公司
中铁十四局集团有限公司
中铁宝桥集团有限公司
中铁山桥集团有限公司
上海振华重工（集团）股份有限公司
武船重型工程股份有限公司
江苏法尔胜缆索有限公司
上海浦江缆索股份有限公司
中铁宝桥（舟山）有限公司
成都市新筑交通科技有限公司

承办单位　中交公路规划设计院有限公司
中交公路长大桥建设国家工程研究中心有限公司
东南大学
《桥梁》杂志社

人民交通出版社股份有限公司
北　京

图书在版编目(CIP)数据

中国公路学会桥梁和结构工程分会2022年全国桥梁学术会议论文集 / 中国公路学会桥梁和结构工程分会编. — 北京 : 人民交通出版社股份有限公司, 2022.11

ISBN 978-7-114-18262-4

Ⅰ.①中… Ⅱ.①中… Ⅲ.①桥梁工程—学术会议—文集 Ⅳ.①U44-53

中国版本图书馆 CIP 数据核字(2022)第190460号

Zhongguo Gonglu Xuehui Qiaoliang he Jiegou Gongcheng Fenhui 2022 Nian Quanguo Qiaoliang Xueshu Huiyi Lunwenji

书　　名:中国公路学会桥梁和结构工程分会2022年全国桥梁学术会议论文集
著 作 者:中国公路学会桥梁和结构工程分会
责任编辑:韩亚楠　张征宇　齐黄柏盈
责任校对:赵媛媛　龙　雪
责任印制:刘高彤
出版发行:人民交通出版社股份有限公司
地　　址:(100011)北京市朝阳区安定门外外馆斜街3号
网　　址:http://www.ccpcl.com.cn
销售电话:(010)59757973
总 经 销:人民交通出版社股份有限公司发行部
经　　销:各地新华书店
印　　刷:北京市密东印刷有限公司
开　　本:889×1194　1/16
印　　张:69.5
字　　数:2205千
版　　次:2022年11月　第1版
印　　次:2022年11月　第1次印刷
书　　号:ISBN 978-7-114-18262-4
定　　价:180.00元

中国公路学会桥梁和结构工程分会

2022年全国桥梁学术会议论文集

编　委　会

目　录

I　规划与设计

Ⅱ 施工与控制

Ⅲ 结构分析与试验研究

Ⅳ 养护管理、检测、加固及其他

I 规划与设计

1. 黄茅海跨海通道项目建设综述

潘　放[1,2]　朱　超[1,2]　童俊豪[1,2]
（1. 广东省公路建设有限公司；2. 黄茅海跨海通道管理中心）

摘　要　黄茅海跨海通道作为《粤港澳大湾区发展规划纲要》发布后首个规划建设的工程，作为广东省“十三五”重大工程项目建设意义重大。本文介绍了项目的基本情况、重难点，以支撑创建“平安百年品质工程”为出发点，依托项目的科研，从桥梁美学设计、桥梁结构设计及极端灾害作用、智能建造及控制、耐久性保障、BIM 信息化协同管理平台等方面开展了技术攻关与应用，通过“五个一流”的工程管理理念，实现“建世界一流跨海大桥，创平安百年品质工程”的建设目标。总结的项目工程可行性研究、设计、开工前以及施工阶段的建设管理体会，可为后续类似跨海通道工程提供参考与借鉴。

关键词　黄茅海跨海通道　桥梁美学设计　桥梁结构设计及极端灾害作用　智能建造及控制　耐久性保障　BIM 信息化协同管理平台　五个一流　建设成效与体会

一、项目简介

1. 工程概况

黄茅海跨海通道项目是继港珠澳大桥、深中通道之后，粤港澳大湾区又一跨海通道工程。作为《粤港澳大湾区发展规划纲要》发布后首条规划建设的跨海通道，该项目已列入广东省“十三五”重大工程。项目起于珠海市高栏港区，跨越黄茅海水域，终点位于江门台山市，顺接新台高速公路，并与西部沿海高速公路相交，路线全长约 31km，设置互通立交 4 处，中、长隧道各 1 座，采用设计速度 100km/h 的双向六车道高速公路技术标准。跨海段桥梁长约 14km，海上设置 2 座跨越 3 条航道的技术复杂的特大桥——高栏港大桥和黄茅海大桥。高栏港大桥为双塔双索面斜拉桥，跨径为 105m + 265m + 700m + 265m + 105m；黄茅海大桥为三塔双索面斜拉桥，跨径为 100m + 280m + 2 × 720m + 280m + 100m，主梁均采用分离式钢箱梁，5 座主塔高度均接近 260m[1-2]。初步设计批复总概算 129.85 亿元，项目总工期不少于 48 个月。

2. 建设历程

2017 年 6 月开始工程可行性研究等前期工作，2019 年 1 月 15 日成立了黄茅海跨海通道建设管理处，2020 年 2 月 5 日广东省发展和改革委员会批复了工程可行性研究，2020 年 4 月 16 日、4 月 20 日、5 月 14 日、11 月 2 日广东省交通运输厅分别批复了初步设计、先行工程施工图设计、黄茅海大桥技术设计、土建主体工程施工图设计，2020 年 6 月 6 日项目正式开工建设，2020 年 12 月 16 日土建主体工程开工建设。

3. 总体工期安排

2020 年为附属之年，完成海上东、西引桥主钢栈桥、施工便道及场地等附属设施，为主体工程施工创造条件。

2021 年为基础之年，完成两座主桥 5 个主墩以及中引桥桩基施工，开始主墩承台施工。

2022 年为索塔之年，完成两座主桥 5 个主墩承台施工，开始索塔建设。

2023 年为上构之年，完成两座主桥 5 个索塔建设，高栏港大桥和中引桥钢箱梁合龙并移交路面施工，黄茅海大桥上部结构考虑避台，完成部分钢箱梁节段吊装。

2024 年为通车之年，黄茅海大桥上部结构合龙，完成主桥钢桥面铺装、机电交安等附属设施建设，完成荷载试验、交工验收并通车。

二、工程重难点

项目位处南海近洋环境，超强台风高发，广袤海域通航复杂，海洋腐蚀环境恶劣，其建设重难点如下：

（1）台风季风挑战巨大、抗风要求高。2017年“天鸽”、2018年“山竹”、2020年“海高斯”均直接袭击桥位，伴随暴雨、巨浪、大潮的多灾害组合作用，防台成为控制项目建设安全的核心要素。另受季风影响，海面常态化阵风风力较大，成为制约项目建设安全、进度的关键因素。因此，需要从设计、施工、运维全生命周期角度研究风浪流耦合作用要素，部署不同阶段防风减灾需求与措施。

（2）超宽海域通航复杂、防撞要求高。两座主桥跨越3条航道，黄茅海大桥位于两条航道交汇点附近，以两个主跨、较大斜交上跨3万吨级现状主航道、3000吨级规划航道，船舶通航流量较大、船舶撞击风险较高。非通航孔引桥跨越12km海域，面临小型船舶所致栈桥、围堰、桥墩撞击风险。因此，需要充分研判船撞致灾机理、船舶撞击参数及撞击力，使其在结构设计方面确保本质安全，施工组织方面统筹考虑防撞智能监测、安全预警及状态评估，并联合海事、航道等部门进行风险管控。

（3）海洋腐蚀环境恶劣、耐久要求高。项目所处的环境对结构耐久性设计、施工、运维提出更高要求。混凝土结构方面，研究海工混凝土抗裂性能及耐久性设计与控制指标、低温升高抗裂海工大体积混凝土制备、环氧钢筋部品快速化建造、干湿交变下微结构密实和疏水双控、大体积混凝土施工与监测、关键结构部位混凝土耐久性监测与评估。钢结构方面，须针对性研究重载高温腐蚀环境下正交异性钢桥面板及钢桥面铺装科研设计、制造施工、监测维护。

（4）世界主跨跨径最大的三塔斜拉桥、建设要求高。黄茅海大桥主跨2×720m，是在建世界主跨跨径最大的多塔斜拉桥，采用独柱式变截面异形索塔+分体箱特色结构，景观要求高，受力复杂，施工难度大。多塔斜拉桥的受力特点是在活载作用下塔顶水平位移和跨中挠度过大，造成结构总体竖向刚度低，由于塔多联长，温度效应对梁、塔、索的影响非常显著。

三、主要技术创新与应用

以支撑项目创建“平安百年品质工程”为出发点，依托项目科研，结合行业转型升级发展趋势和国家创新驱动发展战略要求，充分吸收和借鉴已有成果，从桥梁美学设计、桥梁结构设计及极端灾害作用研究、智能快速建造技术及装备研发、桥梁结构耐久性保障技术研究、建管养一体化技术研究、BIM信息化协同管理平台搭建等方面设置了科研与专题研究[3]（表1），制订了“平安百年品质工程”创建示范工作总体方案并进行了技术攻关与应用。

黄茅海跨海通道科研课题及工程专题设置　　表1

课题名称	主要研究内容
桥梁美学设计	总体线形、桥跨空间比例、桥塔和主梁美学设计； 主梁与桥塔美学融合设计
跨海超大跨多塔斜拉桥多灾害作用、结构体系及安全控制技术研究	跨海超大跨多塔斜拉桥适宜结构体系及耗能关键装置研究； 跨海超大跨多塔斜拉桥多灾害作用研究； 跨海超大跨多塔斜拉桥抗风安全、行车安全及控制技术研究； 跨海桥梁施工过程风浪流耦合作用及安全防控技术研究
跨海长大桥梁智能快速建造技术及装备研发	海中高耸异形索塔智能建造技术及装备研发； 海中大跨钢箱梁桥整孔智能施工技术及装备研发； 混凝土节段梁工业化生产及智能控制技术研究； 跨海超大跨多塔斜拉桥智能施工监控技术研究
炎热海洋盐侵蚀环境下跨海桥梁结构耐久性保障技术	炎热海洋盐侵蚀环境下跨海桥梁混凝土结构耐久性保障技术研究； 海洋环境跨海桥梁钢结构耐久性保障技术及装备研究； 海洋环境跨海桥梁斜拉索耐久性保障技术研究； 海洋环境跨海桥梁其他结构耐久性保障技术研究

续上表

课 题 名 称	主要研究内容
基于AI人工智能的跨海桥梁建管养一体化技术研究	基于AI和计算机视觉的跨海长大桥梁智能巡检技术及装备研发； 基于AI和大数据的超大跨三塔斜拉桥建养一体化及评估预警技术研究
基于BIM的信息化协同管理平台搭建	研究基于BIM建材交付、分类编码、数据接口开发标准体系； 研发融合跨海桥梁建设多功能模块的协同管理平台

1. 桥梁美学设计

根据跨海桥梁建造和斜拉桥结构特点，以展现斜拉桥建筑美学、打造海上新地标为目标，调研国内外典型设计经验，从跨海段总体线形、桥跨空间比例、桥塔和主梁美学设计等方面开展了总体设计竞赛，整合多元素美学设计，最终形成了异形独柱索塔 + 分体式钢箱梁形式（图1），将桥梁美学设计与结构形态、整体布置、施工工艺和经济性能等紧密联系在一起，实现力学、美学、经济性的统一[4]。

图1 独柱异形索塔 + 分体式钢箱梁

2. 跨海超大跨多塔斜拉桥多灾害作用、结构体系及安全控制技术研究

（1）在结构体系方面，创新性地提出了中塔中央辅助索、中塔-梁纵向弹性索约束、边塔-梁阻尼约束及横向减震的综合减振耗能新型结构体系，经济有效地改善了主梁挠跨比无法满足规范要求的问题[5-7]。

（2）在涡振控制方面，组织了国内多家抗风研究机构，进行了超过150个断面的方案优化研究，集成既有桥梁抗风经验，最终从试验现象中总结出规律，比如风嘴、检查车轨道、护栏透风率、中央开槽局部封闭等高敏感度要素，通过缩尺比1∶70和1∶30的主梁节段模型精细化风洞试验验证，提出了3种（风嘴 + 隔涡板、倒L形翼板、水平翼板）有效的涡振控制成套技术，最终采用了风嘴 + 隔涡板气动控制措施（图2）。

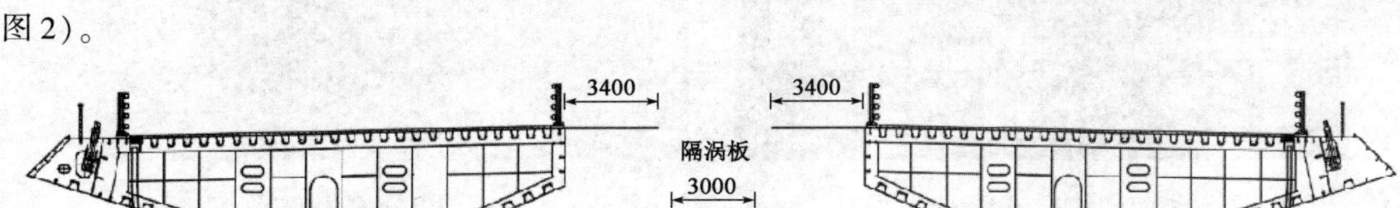

图2 风嘴 + 隔涡板气动控制措施（尺寸单位：mm）

（3）在多灾害控制方面，通过现场观测和历史台风过程反演分析方法，确定了风、浪、流耦合场作用参数；通过波流耦合模型试验研究，得到了群桩基础波流力特征、承台对桩基波流力的影响规律，得到了

承台对桩基础所受水平波浪力折减系数范围为0.60~0.80;提出了跨海桥梁地震-冲刷耦合作用危险性分析方法,建立了地震-冲刷作用危险性曲线和易损性曲面函数,保证了项目在台风期多灾害作用下的结构安全。

3.跨海长大桥梁智能快速建造技术及装备研发

(1)在海中大型群桩基础、承台施工方面,研发了钢筋智能加工流水线、承台大体积智能温控及安全监控可视化技术,实现了索塔基础大型双层钢混套箱多目标联动自动控制技术(图3),提高了海中大桥基础结构的施工效率和精度。

(2)在海中高耸异形索塔模板方面,研发了基于BIM的异形索塔数字化虚拟建造技术、异形曲面模板设计及数字化加工技术(图4)、适应空间曲面塔柱建造的新型多架体液压爬模技术及装备。通过将加工参数导入高精度数控机床,切割制造造型木,高精度兑现了索塔纤腰造型建筑设计。

图3 索塔基础大型双层钢套箱

图4 异形索塔模板调整造型木

(3)在钢筋部品化方面,借助BIM技术优化钢筋部品设计和加工模拟,通过钢筋智能加工配送中心、标准化流水线车间、先进智能化加工设备、先进钢筋智能管理平台,实现钢筋仓储化管理、智能化加工、物流化配送,达到了钢筋部品生产精细化管理管控。项目的异形索塔、墩柱、盖梁、节段梁的钢筋工程均实现了部品化(图5、图6)。

图5 中引桥环氧钢筋部品加工

图6 索塔钢筋部品吊装

(4)在预制梁方面,建立了基于BIM技术的节段梁钢筋模型(图7),开展了钢筋碰撞检查、设计尺寸、套料等的优化分析,利用钢筋智能下料、网片成型设备,提高了下料精度和成型效率,利用智慧梁场管理系统(图8)的自动显示钢筋绑扎、预制、存梁台座的编号、位置、工作状态等功能,实现每日智能排产,提高了节段梁制梁工效。利用智能化预制台座自动调整模板的整体姿态,提高节段梁的匹配精度。

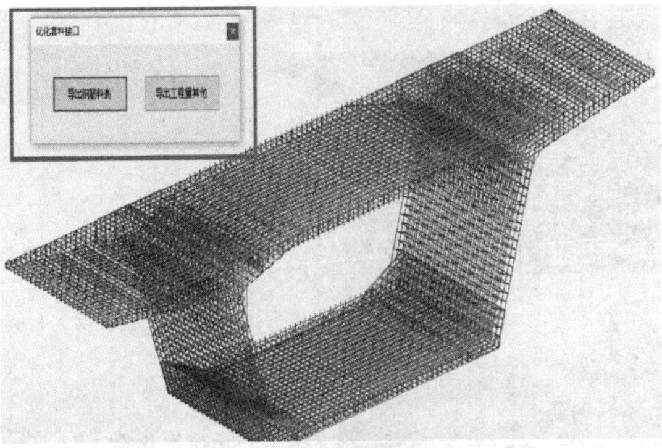

图7 基于 BIM 技术的节段梁钢筋模型

图8 节段梁厂区三维存梁管理模块

小箱梁场布置“5 +1 生产线”,即智能液压侧模、智能振捣系统、智能高温蒸汽养生(图9)、智能张拉压浆、智能喷淋养生 + 移动底模环形生产线,梁体成型后用 3D 扫描检查尺寸偏差(图10),大幅提升了制梁工效、养生效率、质量控制水平。

图9 智慧梁场智能高温蒸汽养生

图10 智慧梁场环形生产线

(5)在钢箱梁制造方面,研发了适用于钢箱梁构造复杂、焊缝密集构件的焊接智能控制技术及装备、U 肋内焊快速检测技术、复杂场景关键智能涂装技术及装备、厂内三维虚拟拼装技术,有效提高钢箱梁设计质量和加工制造效率。

(6)在工程测量方面,设计并建立了独立使用 BDS(中国北斗卫星导航系统)进行 VRS(Virtual Reference Station,虚拟参考站技术)定位的跨海桥梁工程 CORS(连续运行参考站网),实现了 CORS 系统使用的设备及软件纯国产化,为北斗卫星导航系统的发展带来了巨大的机遇和挑战[8];利用 BDS 建立跨海桥梁施工控制网,采用动态及静态定位相结合的方法,实现了索塔姿态厘米级的实时监测;建立基于 BDS 网络 RTK(实时动态载波相位差分技术)实时动态测量,为跨海桥梁工程施工提供了厘米级的实时定位[9]。

(7)在隧道智能建造方面,施工采用自行式移动栈桥、全自动小导管生产线、智能信息化自动浇筑衬砌台车、多功能整体式防水板铺挂台车等成套智能化施工设备,并搭建了隧道精准定位系统,隧道内安装多台激光雷达采集仪,监控覆盖整个现场作业区,实现了隧道工程实时动态掌控。

4. 炎热海洋盐侵蚀环境下跨海桥梁结构耐久性保障技术

(1)项目位处海洋腐蚀环境,在设计阶段充分考虑结构物的耐久性,海中承台、塔座、墩身一定范围内采用高性能环氧涂层钢筋,内掺疏水化合物;在施工阶段索塔内还增加了高性能合成纤维、抗裂剂、黏改剂、玄武岩纤维网片,有效地控制了裂缝的产生;后期索塔将进行表面环氧漆和氟碳漆防腐涂装,其他墩身、盖梁表面将采用硅烷浸渍进行防水保护,保障跨海桥梁的百年寿命(图11)。

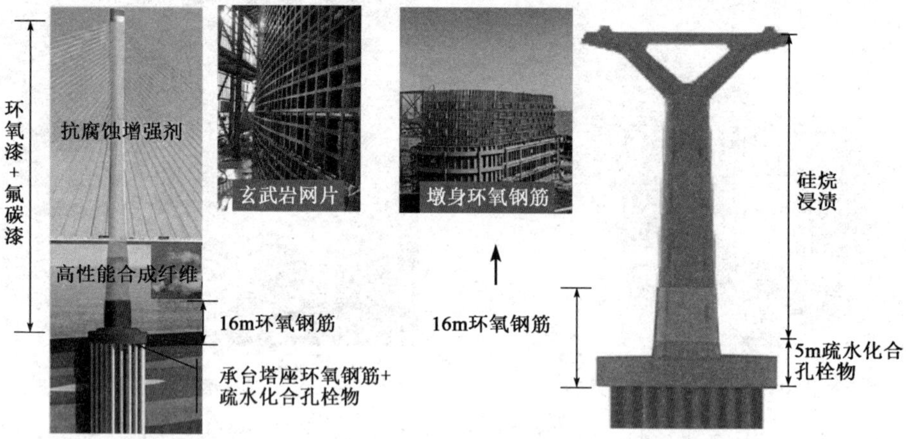

图11 海中混凝土结构物防腐体系

(2)桥梁钢结构耐久性保障方面,通过采用超耐久性热渗锌防腐涂层,解决在海洋环境下斜拉索外螺纹式锚具结构的防腐难题,实现有效提升斜拉索体系的服役寿命;通过高密度聚乙烯材料的改性研究,将开发耐环境应力开裂和抗紫外老化性能更优的耐久型高密度聚乙烯护套料材料,提高斜拉索护套的耐久性,从而提高钢丝的服役寿命。

5. 基于AI人工智能的跨海桥梁建管养一体化技术研究

基于AI和计算机视觉的长大桥梁智能巡检技术及系统研究方面,将计算机视觉图像识别技术和人工智能技术应用于传统桥梁施工现场管理,进行跨海长大桥梁施工状态、过程人员行为识别,推动桥梁建设过程的智能化升级。基于AI和大数据的超大跨三塔斜拉桥建设一体化研究方面,研发了长大桥梁工程勘察信息管理技术及三维地质模型技术、多塔斜拉桥结构三维参数化设计技术及智能化设计插件。

6. 基于BIM的信息化协同管理平台搭建

(1)在BIM标准体系方面,完成了BIM技术应用总体规划,明确了BIM及信息化技术应用范畴,建立了项目级BIM及信息化标准5项,用于指导建模交付、分类编码、数据接口开发等工作,保证项目数字化工作的统一性、协调性和兼容性。

(2)在项目协同管理平台建立方面,搭建了基于BIM的一体化项目协同管理平台(图12),整合OA协同办公系统、HCS计量系统、微柏质检系统、进度管理、质量管理、安全管理、环保管理、电子档案等系统模块(图13),建立移动端App+PC端Web,实现参建各方一体化办公、业务协同处理、档案电子存储[10]、移动化办公、数据同源共享等功能[11]。

图12 黄茅海项目管理平台

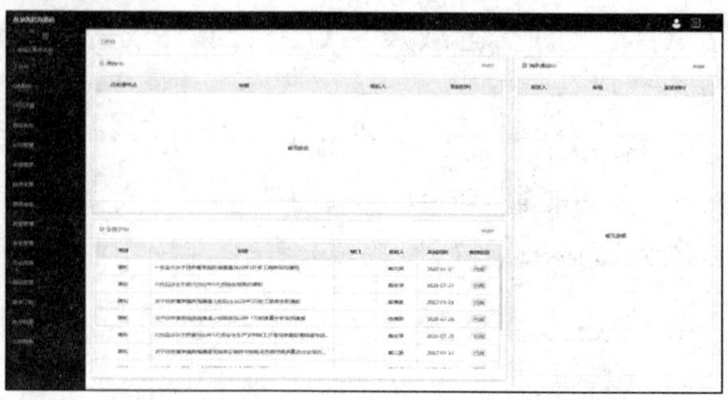

图13 融合多功能模块的项目管理

(3)在打造数字工地方面,针对跨海桥梁施工现场网络制约BIM信息化工作推动的问题,搭建了有线网络+4G信号全覆盖的网络基础设施;建立了项目级数字工地平台和标段级生产管理系统,完成了拌和站系统、试验检测系统、软土路基监测、钢围堰监测、水上交通安全预警系统、第三方监测系统、全景视图、视频监控对接等功能，推动工程建设可视化管控。

四、跨海桥梁工程高质量建设管理方法及成效

1. 建设目标

以习近平新时代中国特色社会主义思想为指导，深入贯彻习近平总书记关于建设“精品工程、样板工程、平安工程、廉洁工程”重要指示精神①，全面落实《粤港澳大湾区发展规划纲要》[12]和《交通强国建设纲要》[13]部署要求，项目以高质量发展，集成先进经验、实施现代管理、推行智能建造，优质安全、集约高效为新发展理念，明确了建设总体目标——质量耐久、安全可靠、经济环保、社会认可，建世界一流跨海大桥、创“平安百年品质工程”。

2. 管理思路

通过“五个一流”的建设管理总体思路(一流管理，提高项目管理效率；一流设计，提升项目设计品位；一流施工，保障项目建设精度；一流技术，促进项目技术进步；一流团队，发扬项目“工匠精神”)，打造一流的“平安百年品质工程”。

(1)一流管理：充分发挥项目业主在项目建设中的核心作用，利用现代工程管理科学，建立现代化工程管理制度体系，提升项目管理效率，实现项目质量、进度、安全、环保等达到预期目标。

(2)一流设计：选择优秀通道设计方案，实现设计成果高品质。实现总体设计、标志性构造物设计标志化，常规构件设计标准化、构造设计精细化、建管养设计一体化、耐久性设计全寿命化，创优秀设计奖。

(3)一流施工：选择优秀、专业施工企业，采取合理可靠施工方案，运用、研发先进施工设备，使用、培育优质产业工人，实现项目施工安全、质量、进度、造价全过程可控。

(4)一流技术：对大跨径三塔及多塔斜拉桥设计及建造技术、海上桥梁快速化建造技术、跨海长大桥梁全寿命耐久性保障关键技术、BIM + 桥梁建设信息化技术、人工智能应用等方面有所提升并形成相关技术成果，具备可复制可推广经验。

(5)一流团队：选取优秀管理团队、设计团队、施工团队、咨询团队组建项目建设团队，群策群力，共享融合，充分发挥“工匠精神”，以建设一流“平安百年品质工程”为目标，打造大湾区大通道建设主力军。

3. 建设成效

(1)工程可行性研究期间。管理中心前期专题多达 20 多项，部分专题间存在流程交叉、错综复杂、政策变化等诸多不确定性因素，管理中心从成立起至前期专题全部完成并审批，仅用 1 年的时间。工程可行性研究报告于 2019 年 1 月 17—18 日评审，2020 年 2 月 5 日获广东省发展和改革委员会批复，1 年左右时间完成工可的修编、批复。

(2)设计期间。开展的跨海段总体方案设计竞赛，将桥梁美学设计与结构形态、整体布置、施工工艺和经济性能等方面紧密联系在一起，实现力学、美学、经济性的统一。初步设计耦合工程可行性研究修编，通过不断循环，迅速收敛方案，最终达到联动协调、方案统一、决策迅速的效果，初步设计批复与工程可行性研究批复仅间隔 2.5 个月。将项目栈桥施工图从主体施工图中分离出来，作为先行标施工图，合理搭接施工图设计时间，有效缩短了项目关键线路工期约 3 个月。主体土建工程施工图设计耦合总体施工组织，采用内部 + 外部审核，线上“云评审” + 线下评审相结合模式，提升施工图设计质量和效率，仅 6 个月时间完成设计工作并通过批复。

(3)施工期间。全线项目部驻地、钢筋加工厂、混凝土拌和站、工地试验室、栈桥、便道等临建工程严格按省标准化要求实施，实际验收时间比原计划提前 2 个月。

主塔 3m 桩径引进 26 台顶尖钻孔设备 550 型及 580 型旋挖钻，克服了基岩强度高、超厚淤泥层钢护

---

① 习近平出席开通仪式并宣布港珠澳大桥正式开通[N]. 人民日报，2018-10-24(01).

筒打设精度要求高、超深斜面岩层入岩进尺慢、超长海上桩基垂直度控制难度大等不利因素影响，提前了近2个月完成桩基施工且检测结果均为Ⅰ类桩。

索塔基础大型双层钢混套箱下沉的多目标联动、自动化控制技术，实现了在海中多要素风险耦合条件下，1000t钢混套箱、70台千斤顶联动控制，38h完成68次顶升，入海680cm的目标。

索塔塔柱节段钢筋部品施工，大幅提升钢筋制作安装质量和工效，工效由4d/节提升至2d/节。

小箱梁智慧梁场采用"5+1模式"生产线，结合智慧生产管理系统，工效提升150%。

项目实行首件工程认可、隐蔽工程、质量验收、试验检测等8项质量管理制度，全线Ⅰ类桩比例98.74%，其余均为Ⅱ类桩，钢筋保护层厚度累计检测14万余点，总体合格率97.5%，混凝土强度合格率100%；结构物尺寸合格率总体在97%以上，路基层厚、压实度合格率100%，实现了各类结构物内实外美。

推行"一岗双责"体系建设，建造产业工人培训基地，开展"平安班组""平安工地"建设，严控风险及落实隐患整改，推进项目管理信息化，实现了无责任安全事故发生的目标。

4. 建设体会

（1）工程可行性研究期间。大型跨海通道项目前期专题数量多，部分专题间还存在流程交叉、错综复杂、政策变化等诸多不确定性因素，短期内统筹各项专题平行开展难度极高，需要超前协同，进一步分解和细化具体行动计划、关键举措，才能确保节点顺利完成。

（2）设计期间。初步设计工作的通常做法是工程可行性研究先行，工程可行性研究批复后再按意见开展初步设计。若按通常做法，短期内基本上是无法完成初步设计并获批复的，可采用工程可行性研究修编与初步设计耦合的模式，在建设边界条件相对收敛基础上，平行推动初步设计、施工策划，不断稳定工程建设方案，不断修编工程可行性研究报告，建立建设条件-初步设计-工程可行性研究修编-施工准备的联动机制，优点在于通过不断循环，迅速收敛方案，加快关键决策，难点在于组织本身，统筹强度很大，反复工作量大。

土建主体工程施工图设计可耦合总体施工组织，采用内部+外部审核，线上"云评审"+线下评审相结合模式，提升施工图设计质量，在审批环节上，可采取人盯人、蹲点协调、争取上级支持等的方式，加速施工审批进度。

（3）开工前准备。为了保障项目按期开工，开工前的准备及开工手续的合法完备性是非常关键的，可采取对开工的前置工作采取清单表格化方式，按合同类、专题类、报批类、方案类、协调类、审批类将工作分配到各个对应部门，以抓重点、分主次、强沟通、多请示的工作思路，稳步推进开工前的各项准备工作。

（4）施工阶段。根据跨海工程特点和需要，可将海上钢栈桥独立出来先行招标，采用模块化栈桥施工工艺，有利于后续施工单位进场后快速进入主体工程施工；将智能建造技术与BIM信息化技术紧密结合，有利于对工程现场的质量、安全、进度等实时掌控；钢筋部品化工艺应全面推广，有利于提高钢筋的制作与安装质量、提升效率；认真对待重大工程与安全技术方案编制、审查、审批，施工过程中监理、建设单位要开展方案的落地检查，避免实际与审批方案不符的情况，导致工程质量、安全事故的发生。

参考文献

[1] 中交公路规划设计院有限公司.黄茅海跨海通道工程可行性研究报告[R].北京,2019.

[2] 中交公路规划设计院有限公司.黄茅海跨海通道工程初步设计[R].北京,2020.

[3] 潘放.黄茅海跨海通道总体方案及创新技术[J].桥梁建设,2021,51(04):10-16.

[4] 鲜荣,徐源庆,刘得运,等.黄茅海超大跨三塔斜拉桥结构体系研究[J].桥梁建设,2021,51(6):9-15.

[5] 李强,凌立鹏,郭昊霖.拉索布置形式对大跨度三塔斜拉桥竖向刚度的影响研究[J].公路,2021,10(10):135-141.

[6] 王照伟,陈占力,刘得运,等.大跨度三塔斜拉桥纵向约束体系设计研究[J].世界桥梁,2021,49(4):42-48.

[7] 罗乐根,张迅,张精岳.支座滑板磨损对多塔斜拉桥抗震性能影响研究[J].中外公路,2022,42(3):104-109.

[8] 武珺,刘春保,李俊博.2021 年国外导航卫星系统发展综述[J].国际太空,2022(02):38-41.

[9] 陈向阳,宋华山,梁柱信.BDS/GPS 在大型跨江通道工程首级平面控制网建设中的应用[J].测绘地理信息,2021,46(S1):293-296.

[10] Gou Shuangke, Zhu Chao, Pan Fang. Electronic Archives Management for Large-scale Cross-sea Infrastructures based on Project Management Platform. 2021 International Conference on E-Commerce and E-Management (ICECEM)[C].2021.

[11] Gou Shangke, Pan Fang, Liu Cheng. Project Management Promotion of Huangmaohai Link based on BIM Technology. 2021 Intemational Conference on E-Commerce and E-Management (ICECEM)[C].2021.

[12] 新华网.中共中央 国务院印发《粤港澳大湾区发展规划纲要》[EB/OL].(2019-02-18)[2022-08-07].https://baijiahao.baidu.com/s? id=1625804035881604454&wfr=spider&for=pc.

[13] 新华社.中共中央 国务院印发《交通强国建设纲要》[EB/OL].(2019-09-19)[2022-08-07].http://www.gov.cn/zhengce/2019-09/19/content_5431432.htm.

2.深中通道桥梁总体设计及创新

裴岷山[1] 吴明远[2] 张喜刚[1] 徐 军[2] 梅 刚[2]

(1.中国交通建设集团有限公司;2.中交公路规划设计院有限公司)

摘 要 深中通道是我国集“桥、岛、隧、水下枢纽互通”于一体的世界级跨海交通基础设施工程,线路全长 23.914km,其中桥梁工程全长 17.034km,包括伶仃洋大桥、中山大桥 2 座主通航孔桥,以及泄洪区和浅滩区非通航孔桥。本文介绍了深中通道桥梁方案的建设条件及总体设计方案,针对深中通道的技术特点、难点,首次提出了整体箱悬索桥组合新型气动控制技术、正交异性钢桥面板抗疲劳焊接技术、ϕ6mm-2060MPa 大直径高强锌铝多元合金镀层主缆钢丝、新型全离岸海中巨型锚碇建设技术,给出了一整套海洋环境悬索桥解决方案并进行了研究和应用,可为今后类似工程的设计提供借鉴和参考。

关键词 总体设计 深中通道 主缆钢丝 离岸锚碇 钢桥疲劳

一、工 程 概 况

深中通道项目北距虎门大桥约 30km,南距港珠澳大桥约 38km。项目东接机荷高速公路,跨越珠江口,西至中山马鞍岛,与规划的中开、东部外环高速公路对接,通过连接线实现在深圳、中山及广州南沙登陆,项目全长 23.914km,其中跨海段长 22.4km。

二、路线走廊带及线路平纵

推荐方案路线起自深圳机场南,起点桩号 K5+695(隧道起点),与广深沿江高速公路二期工程(深圳侧连接线)对接,并设置机场枢纽互通立交,路线向西通过东人工岛进行桥隧转换,设置海中特长隧道(6845m)穿越大铲航道、机场支航道、矾石航道,通过西人工岛再次进行桥隧转换,以桥梁垂直跨越伶仃航道,再折向西北,经万顷沙下游浅滩区,预留万顷沙互通接至南沙新区,路线再向西垂直跨越横门东水道,于中山翠亨新区马鞍岛登陆,与中开高速公路对接,并设置横门枢纽互通立交,路线终点桩号 K29+609.497。

路线全长 23.914km,最大平曲线半径 6000m,最小平曲线半径 2300m。全线最大纵坡 2.98%/1 处。

自矾石隧道最低点到伶仃航道桥最高点高差124.45m,平纵纵坡2.026%。

三、主体工程主要技术标准

(1)公路等级:高速公路。

(2)行车道数:双向八车道。

(3)设计速度:100km/h。

(4)桥梁结构设计基准期:100年。

(5)设计使用年限:主体结构100年。

(6)横坡:2.5%。

(7)设计洪水频率:1/300。

(8)设计水位3.60m(1985国家高程基准,下同),最高通航水位3.01m,最低通航水位-1.04m。

(9)设计荷载标准:

①汽车荷载等级:公路—Ⅰ级。

②抗风设计标准:设计基本风速采用桥址处100年重现期10m高度10min平均年最大风速43.0 m/s。

③船舶撞击力标准:

伶仃洋大桥:主墩100MN,锚碇(或过渡墩)48MN。

非通航孔桥:水深大于3m时6MN,水深小于3m时2.7MN。

四、主要建设条件

1. 气象及水文特征

(1)气象:深中通道工程区域北靠亚洲大陆,南临热带海洋,属南亚热带海洋性季风气候区。桥区天气特点温暖潮湿、气温年较差不大,降水量多且强度大;桥位区处于热带气旋路径上,登陆和影响桥位的热带气旋频繁。

(2)水文:伶仃洋是珠江口东部4个口门(虎门、蕉门、洪奇门和横门)注入的河口湾,纵向长达72km,项目区域宽约22km。本海区潮流属于不规则半日潮类型,大潮落潮时表层最大流速超过1.1m/s,外海波高5m以上海浪传入工程海域时,波高均衰减至3.5m以下;各控制点的波浪周期基本在6.0s以下。

2. 通航及航空限高条件

伶仃航道采用单孔多航道通航方式。通航净宽为1520m,主航道通航净高为76.5m(对应净高76.5m的范围不应小于698m)。推荐工程航空限高要求为275m。

3. 水利防洪要求

本项目跨越珠江河口洪奇门、横门水道及伶仃洋水域,是珠江三角洲重要的泄洪纳潮通道,水流条件十分复杂,工程建设方案应尽可能减小对水情和水环境的影响。原则如下:①河流治导线之间的桥梁轴线应与水流尽可能正交。②泄洪区(治导线间)非通航孔桥跨径不小于110m,承台顶高程低于-6.256m或埋入河床。

五、桥梁工程总体设计

1. 项目桥梁建设主要挑战

深中通道项目建设条件复杂、工程规模宏大、综合技术难度非常高,是首例世界级的集"桥、岛、隧、水下枢纽互通"于一体的超大型跨海交通基础设施工程。项目主要技术特点和难点主要体现在以下几个方面:

(1)工程处于珠江口门、粤港澳湾区核心位置,建设条件极为复杂。

首先,深中通道项目起点位于深圳机场南侧,航空限高既决定了项目东侧只能采用隧道方案,也限制了伶仃洋大桥桥塔高度及附近区域的施工装备高度。其次，项目线位穿越7条航道，其中矾石航道、伶仃西航道是珠江口的出海主航道，通航等级高，是世界最繁忙航道之一，跨（穿）越航道的桥梁净高及隧道埋深成为控制性因素，且海上作业、安全通航管理问题突出；第三，项目位于珠江口门，所处区域台风等异常极端灾害气候频发，对伶仃洋大桥主梁抗风性能提出了极高的要求，对主桥及沉管浮运沉放施工带来了巨大挑战；第四，项目处于珠江口东四口门出海口河口湾，防洪纳潮敏感，阻水比控制严格；最后，项目穿越国家一级保护动物中华白海豚洄游区，区域内环保要求高。综上，项目建设条件异常复杂。

(2)世界最大跨径全离岸海中悬索桥（主跨1666m），且位于强台风频发区，技术难度高。

本项目处于珠江口开阔水域，是强台风区，伶仃洋大桥为海中超大跨径三跨吊全飘浮体系悬索桥，桥梁结构柔、阻尼比小、桥面超高，颤振检验风速高达83.7m/s，抗风问题突出。伶仃洋大桥是全离岸结构，两个锚碇位于海中，国内外罕有类似案例供参考，建设经验不足；同时，还存在外海高温高湿高盐环境悬索桥主缆耐久性、大交通量高货车比例条件下正交异性钢桥面板疲劳耐久性、大体积海工混凝土控裂等系列世界性难题。因此，伶仃洋大桥的建设面临巨大挑战。

(3)深中通道位于粤港澳大湾区几何中心，海陆空视点丰富，社会关注度高，项目建设品质要求非常高。

本项目位于粤港澳大湾区的几何中心，紧邻深圳前海新区、广州南沙新区、中山翠亨新区，东接深圳机场，向西跨越珠江口各条主航道，周边自然环境优美，海陆空立体视点丰富。项目的建设受到沿线地市及珠江口两岸人民的高度关注，如何把项目建成与大湾区城市规划、自然环境和谐的珠江口门户工程是需要慎重考虑的问题。

综上，伶仃洋大桥是世界最大跨径全离岸海中悬索桥，其抗风标准为世界级。国内外同类工程对比看（表1），深中通道是当今世界综合建设难度最大的跨海集群工程之一。

国内外同类工程对比表 表1

工程名称	海中桥梁
美国切萨皮克跨海工程	长度：19.7km
	桥型：23mPC简支梁+92m钢桁梁
	基础：高桩承台
厄勒海峡跨海工程	长度：7.844km
	桥型：140m结合桁梁+490m斜拉桥
	基础：扩大基础
韩国巨济—釜山连岛工程	长度：8.2km
	桥型：2×230m+475m斜拉桥
	基础：高桩承台
港珠澳大桥	长度：22.9km
	桥型：110m钢箱梁+85m钢箱组合梁+458m、268m、2×258m斜拉桥
深中通道	长度：17.035km
	桥型：主跨1666m悬索桥+110m组合梁+580m斜拉桥
	基础：超大规模水中锚碇基础

2. 桥梁总体跨径布置

深中通道桥梁全长约16.971km。根据工程区域的通航、水深条件、泄洪需要，桥梁功能划分区段，如表2所示。

通航孔桥主要包括伶仃洋大桥和中山大桥。

桥梁列表 表2

序号	里程范围	桥梁区段	推荐跨径(m)
1	K12+638~K12+838	岛桥结合部非通航孔桥	5×40=200
2	K12+838~K15+478	东泄洪区非通航孔桥	24×110=2640
3	K15+478~K18+144	伶仃洋大桥	500+1666+500=2666
4	K18+144~K20+564	西泄洪区非通航孔桥	22×110=2420
5	K20+564~K22+784	浅滩区非通航孔桥A	37×60=2220
6	K22+784~K25+908	浅滩区非通航孔桥B	4×61+48×60=3124
7	K25+908~K26+458	西泄洪区非通航孔桥	5×110=550
8	K26+458~K27+628	横门东水道桥	110+185+580+185+110=1170
9	K27+628~K28+068	西泄洪区非通航孔桥	4×110=440
10	K28+068~K29+668	横门高架桥	40×40=1600

3. 伶仃洋大桥

采用580m+1666m+580m三跨吊全飘浮体系,加劲梁在两个桥塔处设置横向抗风支座、纵向限位阻尼装置;过渡墩位置设置抗震竖向拉压支座和横向抗风支座。矢跨比为1:9.65;主缆在塔顶、锚碇处间距均为42.1m。桥型布置图如图1所示。

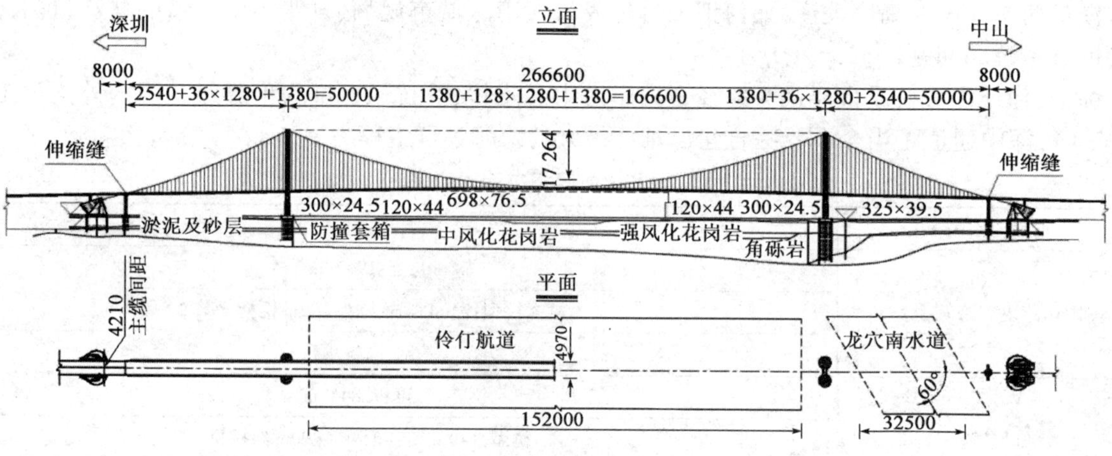

图1 桥型布置图(尺寸单位:cm)

4. 中山大桥

中山大桥为主跨跨径580m的整幅钢箱梁斜拉桥,跨径组成为110m+185m+580m+185m+110m,边主跨比0.509,全长1170m,采用半飘浮结构体系。

索塔采用门式塔造型,与伶仃洋大桥主塔外形风格保持一致,形成前后呼应、和而不同的姊妹桥格局。基础采用28根ϕ3m钻孔灌注桩,按嵌岩桩设计。桥塔采用H形钢筋混凝土结构,由两塔柱、上横梁和下横梁、塔底连接系梁及塔顶装饰区组成,混凝土强度等级为C50。承台顶面以上塔高213.5m,桥面以上塔高153m。

5. 非通航孔桥

泄洪区非通航孔孔桥分为东、西两段,主要为110m整孔吊钢箱梁,主梁分两幅设计,单幅宽20m,根据墩高采用分幅式和整幅式桥墩,如图2所示。钢箱梁梁高4 m,梁高与跨径比值为1/27.5。采用正交异性摩擦摆减隔震支座。钢箱梁采用浮云安装一体船整孔吊装,逐孔架设,利用梁段调位装置和临时牛腿调整梁段位置,与前一跨采用高强螺栓连接,连接位置在五分点附近。

下部结构采用群桩基础,分幅墩基础采用4根ϕ2.2m的钻孔灌注桩,承台尺寸为9.5m×9.5m×

4.2m;整幅墩基础采用 6 根 ϕ2.5m 的钻孔灌注桩,承台尺寸为 16.5m×10.5m×5m; 钢护筒作为耐久性结构,按照嵌岩桩设计。桥墩墩身采用变截面的六边形断面。分幅墩墩顶横桥向宽 4m,顺桥向厚 4m,墩顶墩帽宽 9.5m。整幅墩墩顶横桥向宽 8m,顺桥向厚 4m。盖梁采用实心倒梯形断面,横桥向长 32 ~ 38.1m,顶宽 4m、底宽 3.33m、高 5m。

图2 非通航孔桥上部结构架设图

6.景观设计

深中通道建筑设计总体简洁、和谐、大气、识别性强,并与周边环境和谐。伶仃洋大桥是珠江口桥面最高的桥梁,整体轻盈美观,外形采用同一的建筑元素,从加劲梁、锚碇到索塔,伶仃洋大桥均选取了晶体切面的几何构造。索塔采用门式塔,突出了索塔的高度并且让主梁在桥塔间轻盈流动。塔柱采用切面元素尖锐而有力。白天阳光会照耀在桥塔的切面上,呈现出不同的效果,让整座桥的视觉效果丰富多变。切面元素也使得索塔在美学表达上更加轻盈简洁。传统悬索桥门式塔一般设置梁底横梁。伶仃洋大桥为全飘浮约束体系,塔梁处无竖向支座,无设置梁底横梁必要;从景观角度出发,无梁底横梁使得整个结构更简洁美观。因此,伶仃洋大桥索塔取消了梁底横梁,为保证索塔受力安全,在下塔柱设置承台上横梁。

在初步设计阶段对钻石塔、A 形塔、门式塔等多种桥塔方案进行对比(图3)。为尽量减小桥塔基础规模、方便桥塔上部施工,最终推荐采用门式塔方案。伶仃洋大桥索塔设置中、上两道横梁及下横梁。塔柱底面高程 +0m,塔顶高程 +270m。除索塔中横梁和上横梁为预应力混凝土构件外,其他塔柱均为普通钢筋混凝土结构,索塔下横梁按普通钢筋混凝土构件设计,设置预应力作为储备,索塔均采用 C55 混凝土。

图3 景观方案对比

六、主要创新

1.创新"整体钢箱梁+水平导流板+上下稳定板+高透风率栏杆"组合新型气动控制技术,攻克伶仃洋大桥抗风难题

伶仃洋大桥处于台风高发区,主跨 1666m,桥面高度 92m,梁高 4m,宽 44.7m,主缆横向间距 42.1m,

横隔板间距3.2m。桥面颤振检验风速83.7m/s,按经验必须采用分离箱或者桁架梁,本桥创新性地决定继续挖潜整体箱断面。研发了"整体钢箱梁+水平导流板+上下稳定板+高透风率栏杆"组合的新型气动控制技术,将整体钢箱梁的颤振临界风速提升至88m/s,同时解决颤振和涡振两个问题,提高了整体箱的抗风上限和适用范围,从而显著节约造价(整体箱较分离箱宽度小,重量轻,相应的吊索、主缆,索塔、锚碇等规模都显著减少),钢箱梁标准横断面见图4。为以后相似规模桥梁建设提供一个新的解决方案。

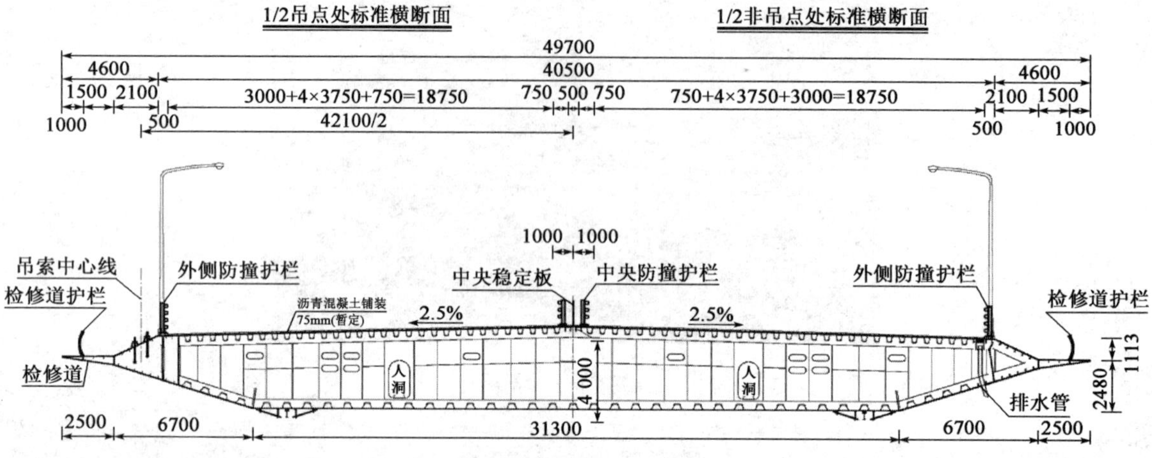

图4　深中通道伶仃洋大桥钢箱梁标准横断面(尺寸单位:mm)

多组风洞试验结果表明(表3),颤振临界风速均大于检验风速83.5m/s。

深中通道伶仃洋大桥颤振临界风速(m/s)　　表3

项　目	长安大学	湖南大学	西南交大	同济大学
节段模型	85.1	86.5	84.6	—
全桥模型	—	—	88.7	88.11

2. 研发U肋和顶板的全熔透高品质焊接接头,攻克正交异性钢桥面板抗疲劳焊接技术

为解决深中通道项目正交异性钢桥面板疲劳开裂重大难点问题,开展了《深圳至中山跨江通道正交异性钢桥面板合理构造、制造工艺及疲劳性能研究》,历经2年共完成了9个足尺节段疲劳破坏试验,加载次数高达9000万次,确定了钢桥面板关键构造细节及结构体系设计参数、合理焊接工艺参数、纵肋与顶板单面焊和双面焊的疲劳开裂模式及疲劳抗力等研究成果,如图5所示。

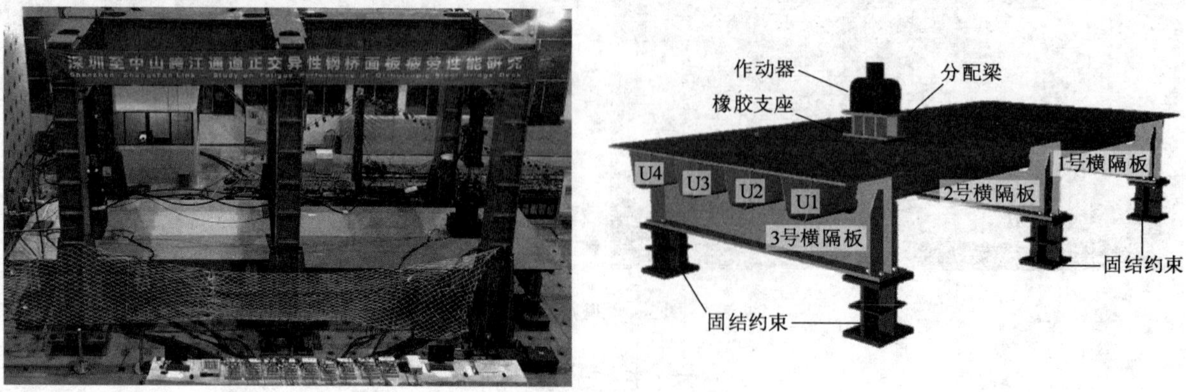

图5　深中通道钢桥面疲劳试验

以解决正交异性桥面板疲劳损伤等钢箱梁病害通病为突破点,研发U肋和顶板的全熔透高品质焊接接头(图6),做到U肋焊接的全熔透、无缺陷、可检测,从根本上消除U肋的初始缺陷,进而消除顶板的疲劳病害通病,实现了正交异性钢桥面板的长效化和高质量。

图6 U肋全熔透焊接

3. 研发 ϕ6mm-2060MPa 大直径高强锌铝多元合金镀层主缆钢丝,提升主缆耐久性

伶仃洋大桥主缆采用预制平行钢丝索股(PPWS)。每根主缆中,从东锚碇到西锚碇的通长索股有199股。每根索股由127根 ϕ6mm 锌铝合金镀层高强度钢丝组成。其索夹内直径为1053mm,索夹外直径为1066mm。

国外采用的主缆钢丝最大直径为6.59mm,国内达到了6.2mm,最大强度达到了1960MPa。在高温高湿高盐雾复杂环境下,主缆镀层易氧化导致钢丝表面出现锈蚀,为解决主缆钢丝锈蚀问题,研发 ϕ6mm-2060MPa 大直径高强锌铝多元合金镀层主缆钢丝(图7),以实现主缆钢丝100年内不锈蚀。

开展多金属合金防护技术,耐久性寿命提升50%以上;强度、韧性、良品率均较好。

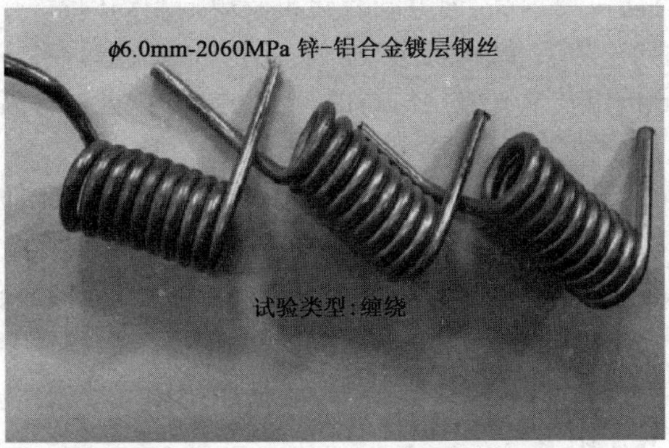

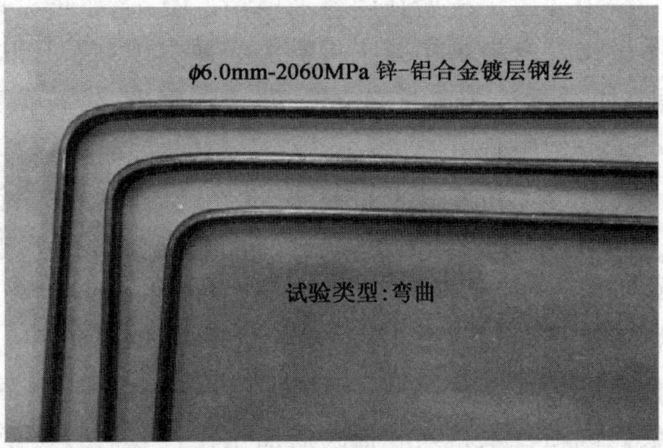

图7 ϕ6mm-2060MPa 主缆钢丝试验图

本桥主缆采用"Z型钢丝+干燥空气除湿+缠包带"防护方案。主缆钢丝外面直接缠绕Z型钢丝,Z型钢丝内部送干燥空气,空气相对湿度不超过40%。Z型钢丝外面采用满足密封与耐久性要求的缠包带方案。同时干燥空气与全桥除湿系统相连。

4. 创新新型全离岸海中巨型锚碇建设技术

伶仃洋大桥锚碇是全离岸、厚覆盖层的超大型重力式锚碇,国内外罕有类似案例供参考。设计针对地下连续墙、沉井、沉箱3种锚碇基础方案,通过施工风险、环境影响、工期和造价的综合比选,推荐采用8字形2×65m地连墙方案。首次提出了锁扣钢管桩围堰筑岛+地连墙集成技术方案,应用效果良好,在陆域施工地下连续墙基础。锚碇基础平面布置见图8。

水中筑岛方案采用锁扣钢管桩围堰方案,该方案工程量小,阻水断面小,施工速度快。围堰呈直径150m圆形,采用锁扣钢管桩与工字型板桩组合方案。锁扣钢管桩采用 ϕ2000mm×18mm,数量158根,钢管桩中心间距2.94m。钢管桩之间通过锁扣与工字型板桩连接。钢管桩顶部设置环向围箍,围箍采用平行钢丝,共设置7道,一道总长度约471.6m(含接头长度),共分6段拼接。围堰内回填砂后做混凝土硬化路面，最终路面顶高程 +3.500m。围堰外侧抛填袋装砂护坡并在其表面铺设土工布滤层，上部设置30cm厚袋装碎石及60cm厚块石垫层，最后设置1.2m厚块石护面，分级防护顶高程为 -0.600m和+2.400m。软基处理采用水下塑料排水板，施工范围为围堰中心200m直径圆形区域。其中地连墙环形“8”字形区域内不施工排水板。施工塑料排水板之前，先水下清淤约2m后围绕锚碇围堰中心以约220m直径吹填约2m厚砂垫层，回填1m厚碎石子（防冲刷），保证碎石垫层顶高程不高于 -4.000m。

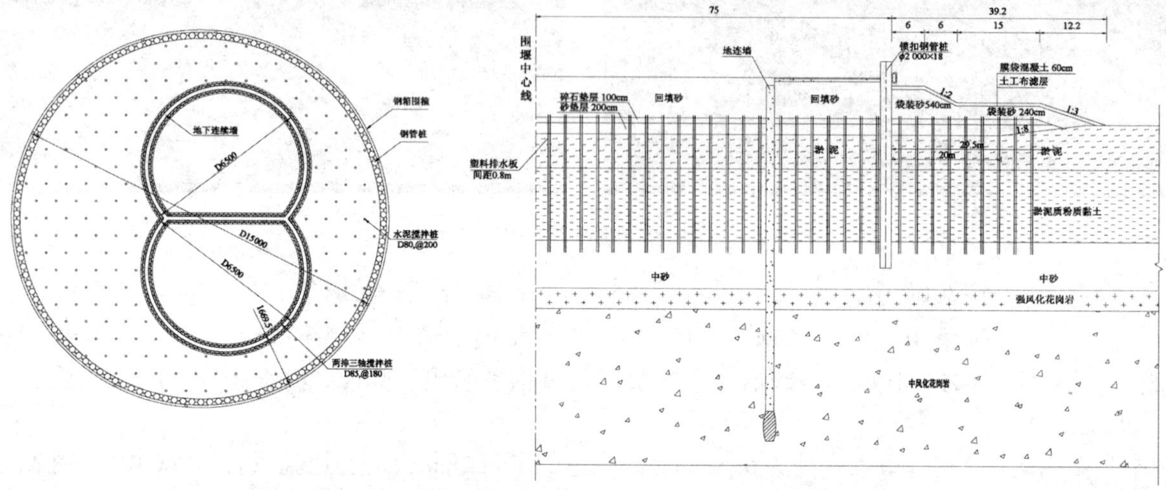

图8 锚碇筑岛围堰平面、立面图(尺寸单位:m)

七、结　　语

深中通道工程所在区域通航情况复杂，水面开阔且防洪要求高，地方既有建筑及规划制约因素较多。总体设计综合考虑了与工程有关的地方规划和现状、通航、防洪、结构安全、施工、管养、景观、造价各方面因素，通过逐步选定通道位置、路线走廊带、桥跨布置分析以及最终确定可行的桥型方案。论证过程及结论对于类似工程具有借鉴意义。

伶仃洋大桥主跨1688m，是世界最大跨径海中钢箱梁悬索桥，也是世界最高海中大桥，工程技术难度大，实施过程复杂。为了提高大桥的安全性和耐久性，进行了多项创新性设计：创新“整体钢箱梁+水平导流板+上下稳定板+高透风率栏杆”组合新型气动控制技术，攻克伶仃洋大桥抗风难题；U肋和顶板的全熔透高品质焊接接头，攻克正交异性钢桥面板抗疲劳焊接技术；ϕ6mm-2060MPa大直径高强锌铝多元合金镀层主缆钢丝，提升主缆耐久性；破解新型全离岸海中巨型锚碇建设技术，解决离岸锚碇建设难题。这系列创新技术将对其他跨海通道设计具有较好的指导作用。

参考文献

[1] 宋神友，陈伟乐．深中通道桥梁工程方案及主要创新技术[J]．桥梁建设，2021，51(05)：1-7．

[2] 吴玲正．深中通道项目桥梁设计方案及主要技术难点[J]．中外公路，2021，41(02)：189-192．

[3] 徐军，吴明远．考虑特殊桥位的深中通道伶仃洋大桥总体设计[J]．交通科技，2020(03)：6-10+25．

[4] 赵林，王骑，宋神友，等．深中通道伶仃洋大桥(主跨1666m)抗风性能研究[J]．中国公路学报，2019，32(10)：57-66．

[5] 张清华，李俊，袁道云，等．深圳至中山跨江通道钢桥面板结构疲劳试验研究[J]．土木工程学报，2020，53(11)：102-115．

[6] 宋神友，薛花娟，陈焕勇，等．伶仃洋大桥锌-铝-稀土合金镀层钢丝腐蚀-疲劳耦合试验研究[J]．桥梁建设，2022，52(02)：24-30．

[7] 黄厚卿，李冕，刘建波．深中通道伶仃洋大桥东锚碇筑岛围堰施工方案优化[J]．桥梁建设，2020，50(06)：104-109．

3. 黄茅海跨海通道建筑美学设计

潘 放[1,2]
(1. 广东省公路建设有限公司;2. 黄茅海跨海通道管理中心)

摘 要 黄茅海大桥为主跨 2×720 m 三塔斜拉桥,位于我国重要的工商业中心——粤港澳大湾区,海洋环境开阔。本文从禅宗美学和极简文化出发,结合环境调查,提出了“简约”美学设计思想,提取了“圆”“柱”景观设计元素。本文采用比例图解法进行空间布跨设计;根据海洋环境特点和桥面布置需求以及桥塔受力特征,提出圆形变截面独柱式桥塔造型,并采用黄金分割法设计了合理的桥塔截面变化尺寸和细部构造;结合主梁气动性能要求及适应中央独柱式桥塔布置,采用流线型分体式箱梁和中央辅助索布置形式;考虑桥梁通航高度以及主梁水平动线和桥塔垂直静线的均衡性和流畅性,确定了桥面与桥塔的合理高度比例。利用工程视觉理论和数字化虚拟技术完成桥梁景观视点分析,实现了桥梁结构、自然环境和力学的和谐统一。

关键词 斜拉桥 跨海桥梁 文化背景 桥跨设计 独柱式桥塔 分体式钢箱梁 景观设计

一、工 程 概 况

黄茅海跨海通道地处我国重要的工商业中心——粤港澳大湾区,是港珠澳大桥的西延线,西接西部沿海高速公路和新台高速公路,是构建粤港澳大湾区交通网络、串联广东沿海经济带的重大工程。路线全长约 31km,跨海段里程约 14km,主航道桥黄茅海大桥是主跨 2×720m 的三塔斜拉桥[1-2]。黄茅海跨海通道海中桥梁总体布置如图 1 所示。在现代桥梁建设中,美学设计已经成为大桥设计的重要内容,对桥梁方案的决策具有重要影响,也涌现了众多优秀的桥梁美学设计作品[3-9]。黄茅海跨海通道作为世界级跨海工程,在桥形的选择和主体结构设计上,不但需要具有优良的内在质量,而且应具有优美的外观形象,成为独具特色的人文景观。

图 1 黄茅海跨海通道海中桥梁总体布置

二、桥梁美学设计思想及设计元素

1. 桥梁美学设计思想

一座成功的桥梁应当“安全、实用、经济、美观”,桥梁设计必然兼具自然、简洁、原创,并与周围环境相得益彰[3]。审美活动包括审美主体和审美客体两个基本要素,两者相互依存[10]。如何让审美主体(观桥者、行车者、行船者等)从黄茅海跨海通道中感受到海洋文化奋发向上的创新内涵和大自然的美感,同时获得粤港澳大湾区快节奏生活环境中难得的宁静心境,是黄茅海大桥桥梁美学设计中关注的焦点。

粤港澳大湾区自古就是我国主要的对外贸易港口,富有海洋文化的特质,奋发进取,内外开拓。粤港澳大湾区以海洋文化和农业文化为源头,在发展过程中不断吸收和融汇中原文化和海外文化,逐渐形成了具有务实、开放、包容、创新特点的广府文化。如今,粤港澳大湾区已成为中西文化交流融合的重要地方,在桥梁美学设计中有必要吸取中西方文化的精华,如图2所示。

图2 粤港澳大湾区环境及人文特色

在中国传统禅宗美学中,强调人的"彻见心性"和"空观"审美思想,通过直达事物的本质,运用简单的造型和材质,通过简洁的手法来营造空间,表达事物的内涵。西方以包豪斯为代表的简约现代极简主义艺术,以简洁的几何形体为基本艺术语言来构筑作品,回归到原始结构形式和秩序中[6-7]。从禅宗衍生出的"极简"美,与西方现代工业文明衍生出的"极简"美,有着惊人的思想相似处。如果说西方的设计简洁有力、洋溢着实用主义的现代风情,那么禅宗美学衍生出的"极简"美呈现出一种突显东方文化的禅意。禅宗美学对建设和庭院美学设计产生了重要影响,创造了很多经典建筑美学作品。

受禅宗美学思想启发,在黄茅海跨海通道的美学设计中采用"简约"设计思想,直达桥梁结构的力学本质,找到桥梁设计的原点。需要指出的是,"简约"并不是简单,而是对复杂的超越,有着更高的思想内涵,正如禅宗的圆融至境是丰富的、生机勃勃的。在直达本质的"简约"设计中,本着美观、经济、实用的设计原则,将桥梁美学设计与结构形态、整体布置、施工工艺和经济性能等方面紧密联系在一起,实现桥梁结构、自然环境和力学的完美统一。如在结构造型设计中,用简单的几何形体进行桥梁美学造型,把纯粹的几何学化作桥梁的肌体与骨骼,通过围合、堆叠等方式形成不同的桥梁结构样式。简洁的建筑形态结构不仅契合禅宗"本来无一物"的精神,也是更为丰富细腻的空间变换。在建造材料设计中,通过展示自身材料的实质,从纷繁的外象中回归建筑材料的自然本真,比如采用自然而成的清水混凝土展现出精致的纹理和绵密的质感。单纯而简洁的造型,以及冷灰色的色调能够营造出一种沉静安宁和寂静的心境,让人们更能感悟到外界的细微变化和内在的品味。

2. 桥梁美学设计元素

桥梁美学通过桥梁造型元素与桥梁所在地区特征元素的呼应,从而达到桥梁与周围环境之间的和谐统一[3-4]。粤港澳大湾区的海洋文化和航海精神极其浓郁。结合"简约"设计思想,根据黄茅海跨海通道开阔的海洋环境特点,从大海航船的桅杆、珠海港灯塔和广州塔等典型环境元素中(图3),提取"圆""柱"作为桥梁结构的基本造型元素,体现出圆融至境的禅意和圆融湾区的理念。

a)航船桅杆　　b)珠海灯塔　　c)广州塔

图3 地域环境与"圆""柱"元素

三、桥梁结构美学设计

1. 总体线形美学设计

在跨海长大桥梁的整体美学设计中,平纵线形的设计是构成跨海长大桥梁美学的重点。如何在满足工程技术规范与结构要求下,对线形的美学进行论证,是跨海桥梁设计的重要课题,也是把握好黄茅海跨海通道美学优劣的关键。

适宜的线形设计不仅能够保证安全,还能提升驾驶体验。整体线位是考虑一系列功能要求之后确定的,包括通航净空和跨径等要求,以及尽量缩短整体路线距离等。本文采用工程视觉理论,引入工程数字化虚拟技术,以大桥的工程设计数据为依据,运用计算机技术将工程设计的数据转化为视觉形象,生动直接地提供论证比较的条件,以最经济、直观、真实的方式表现出大桥未来的景观效果。图4为两种不同线位的虚拟视觉效果,在原线位方案基础上,综合考虑线形对车辆行驶的舒适性影响、线形整体流畅性和连续性,以及美学敏感性,在引桥段采用大直径缓和曲线,尽最大努力保证线位有流畅的弧度和过渡,从而提升驾驶体验,使得驾驶者和两岸视点可以从动态视角观赏主桥的美,感受整个跨海通道的壮观和优雅。

2. 桥跨空间比例设计

在桥梁整体空间布局设计中,采用整体对称设计方法,使大桥整体呈现稳定、和谐之美。从建筑美学的角度出台,桥梁的边中跨比越大,桥梁整体感便越纤细,优雅感越强;反之,边中跨比越小,桥梁的优雅纤细感就会降低,从而损害大桥的均衡性和韵律感。故桥梁的边中跨比应尽可能高,但宜控制在0.5左右。黄茅海大桥采用的跨径布置为100m+280m+720m+720m+280m+100m。采用比例图解法对其空间比例进行分析,如图5所示。在桥跨布置上,边跨(380m)与中跨(720m)之间比例接近0.5,产生均衡效果,且形成波长分别为1/2、1的和谐音阶比例;辅助墩将边跨进行分割后,形成的比例约为0.36,符合黄金分割原理。在斜拉索索面布置上,单扇索面水平投影长度约为360m(边跨为380m),该长度与半桥长(1100m,以中塔为分割点)、全桥长(2200m)三者形成波长为1/6、1/3、1的和谐音阶比例。

3. 桥塔美学设计

桥塔是桥梁的最强视觉识别结构物,对表达斜拉桥个性和美学效果具有重要作用。根据禅宗美学和极简文化的"简约"设计思想,以及"圆""柱"基本元素,进一步设计桥塔的结构形态。

在桥位开阔的海洋环境中,适合采用通透性好、构件简洁的独柱式桥塔结构形式。根据受力需求分析,桥塔既要承受斜拉索传递的竖向自重荷载和汽车荷载作用,还要承受横向风荷载、船撞荷载和地震动力作用等,故在桥塔造型设计时需要考虑受力性能对结构形式的要求,从而达到力学美和艺术美的统一。桥塔整体结构采用独柱式圆形变截面索塔形式。根据桥塔受力特点,通过力线造型和拓扑优化,寻求在荷载作用及使用功能要求下桥塔结构最佳几何布局,在桥塔受力最大的下塔柱和上塔柱锚固区加宽截面尺寸,在受力减小的中塔柱适当减小截面尺寸。根据空气动力学原理,截面的变化使得高耸桥塔结构的气流旋涡脱落频率呈现宽带特征，避免了单频涡振，改善了桥塔气动性能。为此，桥塔塔身截面采用变曲率圆形及椭圆形，桥塔底部为直径1800cm的圆形截面，桥塔截面随着塔身增高而逐渐减小，到达桥塔腰部位置后逐渐增大，并形成直径为1100cm的圆形塔冠。

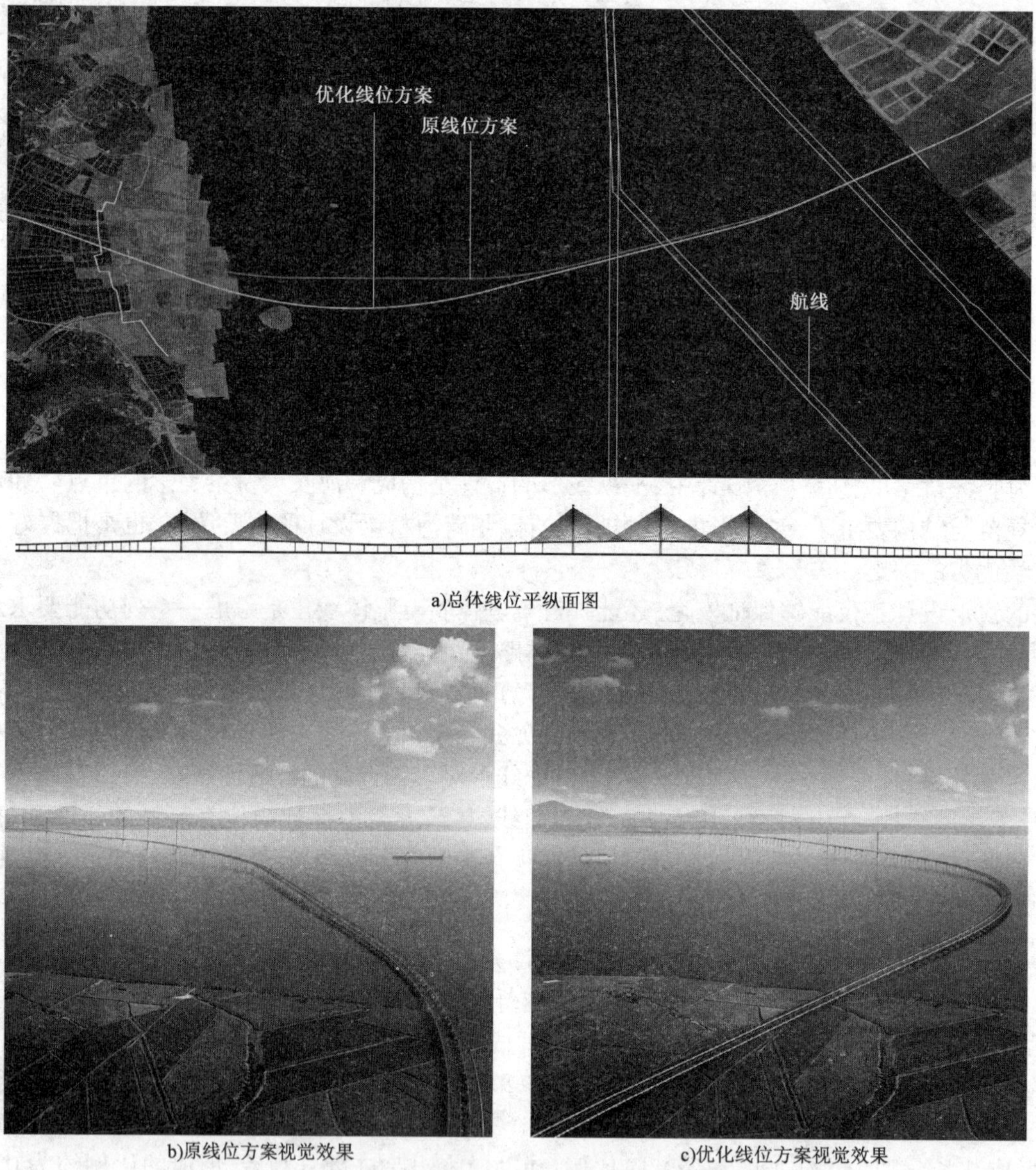

a)总体线位平纵面图

b)原线位方案视觉效果

c)优化线位方案视觉效果

图4 黄茅海跨海通道总体线位美学设计优化

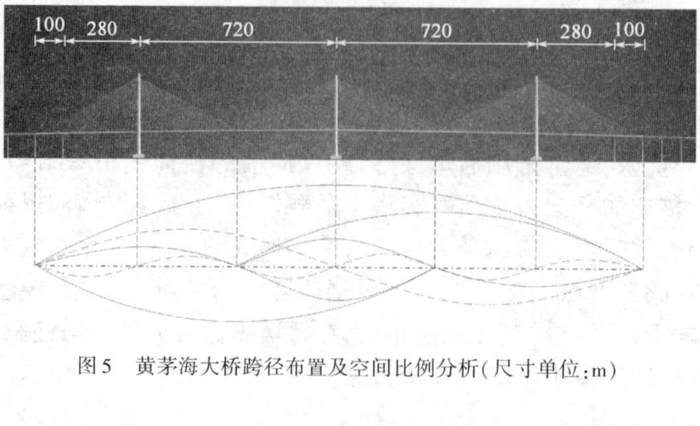

图5 黄茅海大桥跨径布置及空间比例分析（尺寸单位：m）

桥塔整体形态确定后,进一步采用美学比例法对塔柱构件及其空间位置等细部造型进行设计。针对变截面的独柱桥塔,如何合理确定桥塔"腰部"位置,直接影响桥塔的整体均衡性。利用黄金分割比例的处理手法,将"腰部"设置在黄金分割点位置最为合理。在高度为257.83 m的中塔设计中,按黄金分割比确定桥塔"腰部"位置为距离塔顶98.49 m位置处;然而,考虑到主梁对桥塔造成的压重感,在黄金分割比基础上对"腰部"以下的塔柱长度增加6% ~10%,以平衡主梁带来的压重感。因此将桥塔"腰部"设置在距离塔顶86 m处,避免了"头重脚轻",使得桥塔更具灵动感,展现扶摇直上的聚力融合之势(图6、图7)。同时,为了避免塔底大型承台影响桥塔的美学效果,将承台结构尽量设置在水位线以下,且采用尽可能小的尺寸。在材料应用上,桥塔采用自然而成的清水混凝土,以展示自身材料的实质,从纷繁的外象中回归建筑材料的自然本真。

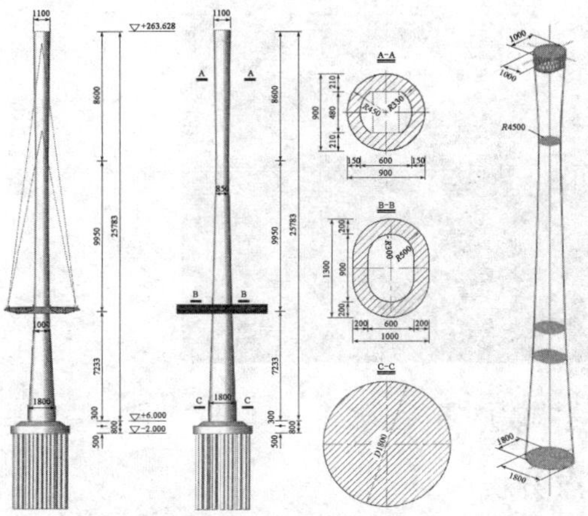

图6　桥塔结构(尺寸单位:cm;高程单位:m)

图7　桥塔造型及其效果图

4. 主梁美学设计

为与独柱式桥塔布置相适应,结合地处台风频发登陆海域的桥梁抗风稳定性要求,主梁采用流线型分体式箱梁。从建筑美学的角度,流线型箱梁风嘴与内腹斜腹板、箱梁顶板与底板共同构成两组类平行线,左、右两幅箱梁通过横梁连接对称分布在桥塔两侧,几何重心位于主梁截面中央偏上位置,主梁荷载通过两扇斜拉索传递给桥塔,桥塔、斜拉索与主梁三者共同构成稳定的受力大三角,构成优美的力线造型,主梁-桥塔-斜拉索空间布局如图8所示。同时,该项目通过在中跨纵向设置交叉索,解决了桥梁主梁竖向刚度不足等问题,也避免了采用更大尺寸而显臃肿的中塔。从美学要求出发,为了获得更具通透性的视觉效果,在满足受力要求条件下,斜拉索与主梁横梁的数量应尽可能少以保证桥梁的轻盈设计。

为使主梁显得更加轻盈,且具有优异的空气动力性能,根据流体力学原理,将主梁箱梁下底板收窄、减小箱梁外侧斜腹板倾角,并设置流线型风嘴,从而获得优异的颤振稳定性能和涡振性能,主梁结构如图9所示。

图8　主梁-桥塔-斜拉索空间布局

a)主梁远视效果图

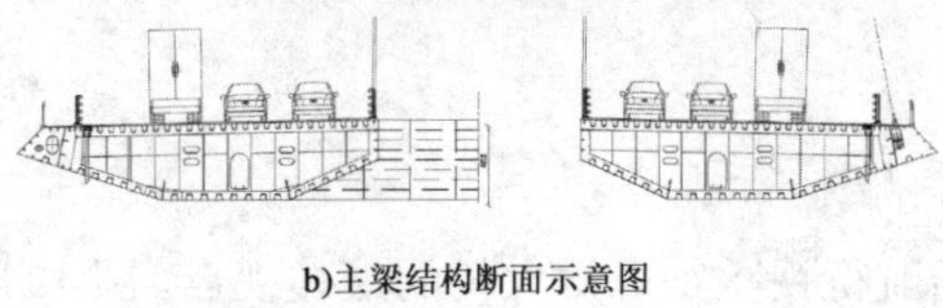

b)主梁结构断面示意图

图9　主梁结构

5. 主梁与桥塔美学融合设计

在斜拉桥主梁与桥塔融合设计中,需要高度关注如何保证主梁水平线形与桥塔垂直线形的整体均衡和线形流畅。除了桥下通航高度要求影响主梁高程设计外,桥梁美学要求是另一个重要因素。从建筑美学的角度,当桥面位置低于桥塔高度1/5时,通常会造成斜拉桥整体"矮腿"的感觉。结合黄茅海跨海通道所处的开阔的海洋地形环境,将主梁设置在0.25~0.30桥塔高度之间,使桥梁主梁纵断面线形和桥塔造型融合,同时主、引桥主梁之间保持了很好的视觉连续性。主梁与桥塔美学融合效果如图10所示。

图10　主梁与桥塔美学融合效果

四、景观视点分析

视点是人们观桥的不同位置点及角度,又可分为动视点与静视点[4]。通过分析大桥视点的分布情况,抓住主要的视觉位置,可确定美学的着重点,从而检验桥梁美学设计效果。根据桥梁设计的实际尺寸,利用数字化技术构建三维桥梁模型,分别对桥上行车视点、乘船航行视点和桥头区域观桥视点进行三维仿真模拟和分析。

1. 桥上行车视点

由于大量的车辆从桥面通过大桥,且行车视点的停留时间较长,在桥上车行是观赏大桥的主要视点。桥上行车视点效果如图11所示,由远及近地接近塔身,更能体现出大桥的气势;桥面视点较高,观赏角度较佳,构成了今后旅游的主要观光线。

a)引桥行车视点效果图

b)主桥行车视点效果图

图11　桥上行车视点效果

2. 乘船航行视点

乘船航行视点是观赏大桥的最佳视点(图12),对桥梁的桥塔分布、桥塔造型、桥墩造型等提出了更高的美学造型要求。从海面上看桥可一览无余地将大桥的整体形象尽收眼底。当船行驶到主桥下观塔时，由于海面宽广，可以从各种不同的角度来观赏大桥的不同姿态。

a)乘船远景效果图

b)桥下视点效果图

图12 乘船航行观桥视点效果

3. 桥头区域观桥视点

桥头区域观桥视点是观光旅游的重要位置。行走在海岸线上，人们可以观赏到大桥的美景，但是由于人的视觉距离有一定限度，观景的范围也会受到限制。根据黄茅海通道两岸的规划情况，岸上观桥视点主要分布在高栏港侧。桥头区域观桥视点效果如图13所示，极目远眺，主桥桥塔巍巍耸立，主梁轻盈的线形犹如飘带在碧波中飞过。

图13 桥头区域观桥视点效果

五、结 语

黄茅海跨海通道是港珠澳大桥西延线，主跨2×720m三塔斜拉桥是其标志性建筑物，美学设计是该桥设计的重要内容。本文引入禅宗美学和极简文化思想，在黄茅海大桥美学设计中提出了大道至简设计理念，通过区域环境和文化分析抽取"圆""柱"作为基本造型元素，结合桥梁功能需求以及结构力学特征，找到桥梁设计原点。采用比例图解法进行了三塔斜拉桥空间布跨设计，在视觉上获得良好的韵律美；遵循自然环境、桥梁结构和力学的统一要求，完成了黄茅海三塔斜拉桥的总体设计和结构造型设计，提出了圆形变截面独柱式小蛮腰桥塔、流线型分体式箱梁和中央辅助索组合的桥梁设计方案，通过主梁和桥塔融合设计保障了主梁水平线形与桥塔垂直线形的整体均衡性和线形流畅性。大桥外形简洁，动感柔美，标志性突出，并与周围环境相得益彰，在桥梁行车视点、乘船航行视点和陆地观桥视点均具有良好的美学效果。

参考文献

[1] 中交公路规划设计院有限公司. 黄茅海跨海通道工程可行性研究报告[R]. 北京,2019.

[2] 中交公路规划设计院有限公司.黄茅海跨海通道工程初步设计[R].北京,2020.
[3] 邓文中.桥梁形态与美学[J].工程(英文),2018,4(2):267-276.
[4] 徐利平.城市桥梁美学创作[M].上海:同济大学出版社,2017.
[5] 罗晓瑜,陈艾荣,刘波.巴拿马运河三桥景观与造型设计[J].世界桥梁,2017,45(4):11-14.
[6] 张节末.禅宗美学[M].杭州:浙江人民出版社,1999.
[7] 温为才.禅宗美学对设计的启示[D].北京:北京理工大学,2014.
[8] 王奉慧.论禅宗与景观设计[D].北京:北京林业大学,2004.
[9] 王建国.光、空间与形式——解析安藤忠雄建筑作品中光环境的创造[J].建筑学报,2020(2):61-64.
[10] 鲜荣,徐源庆,刘得运.黄茅海超大跨三塔斜拉桥结构体系研究[J].桥梁建设,2021,51(06):9-15.

4.黄茅海跨海通道总体设计与关键技术

吴明远　张文峰　陈占力　梅　刚
(中交公路规划设计院有限公司)

摘　要　黄茅海跨海通道区域位于海洋腐蚀环境、强台风多发、通航条件复杂,经过对桥位方案的充分论证,最终确定桥位和桥跨布置方案。大桥景观追求简洁淡雅的设计风格,采用“小蛮腰”造型的中央独柱塔。为了提高三塔斜拉桥的竖向刚度,进行了多因素研究,对辅助索、交叉索等多种措施进行了比较,提出了增设5对辅助索的推荐方案。对分体式钢箱梁涡激振动特性进行了深入研究。最后主梁采用风嘴断面,并通过设置水平和竖向隔涡板,几乎不发生涡振。开展了跨海段耐久性设计研究,提出了具有经济效益的耐久性措施方案。大桥竖向刚度提高措施、抗风设计和耐久性设计可供同类项目参考。

关键词　桥位选择　三塔斜拉桥　竖向刚度　辅助索　抗风设计　隔涡板　耐久性设计

一、概　　述

黄茅海跨海通道起于珠海高栏港经济区,顺接珠海鹤州至高栏港高速公路,并与高栏港高速公路相交,向西跨越崖门口黄茅海水域,终于江门台山,顺接新台高速公路,并与西部沿海高速公路相交,路线全长约31km,其中跨海长度约14km。项目是港珠澳大桥的西延线,桥位纬度比港珠澳大桥更低,同样面临海洋环境和强台风的问题。

1.主要技术标准

项目技术标准见表1。

项目技术标准　　表1

双向六车道高速公路	设计速度:100km/h	地震动峰值加速度:0.10g
路基宽度:34m	设计荷载:公路-Ⅰ级	设计洪水频率:1/300

2.控制性建设条件

黄茅海跨海通道的控制性建设条件主要为气象、通航、防洪和城市规划。

1)气象条件

黄茅海跨海通道工程南临热带海洋(南海),属南亚热带海洋性季风气候区。桥位区处于台风路径上,登陆和影响桥位的台风十分频繁。此外,以热带海洋气候为背景,结合该地特有的复杂地形地貌而形成的近地层风的特征,将对黄茅海大桥的抗风安全设计产生重要影响。桥址100年一遇的10min平均风速为 46.0m/s。

2)通航条件

根据行业批复,通道所跨越的崖门出海航道东东航道按照 5 万吨级规划;东航道按照 3 万吨级规划;西航道按照 3000 吨级进行规划预留。通航孔航道净空尺度如表 2 所示。

通航孔航道净空尺度 表 2

航 道	现 状 等 级	规划代表船型	通航净空(m)
东东航道	桥址处未疏通,下游 5 万 t	5 万 t 集装箱	538×64
东航道	5000t,乘潮 1 万 t	3 万 t 集装箱	547×64
西航道	未疏通	3000t 散杂货船	263×64

3)防洪要求

工程所处的黄茅海为喇叭状河口湾。防洪要求如下:海域范围阻水比小于 10%,航道之间引桥跨径不小于 100m,常水位时水深超过 3m 区域引桥跨径不小于 60m,其余区段不小于 40m。

4)城市规划

平沙湿地公园位于桥位上游侧,规划面积超过 2.1km^2,目前仍在建设阶段,规划为省内重要的鸟类、鱼类栖息地。地方政府要求桥位应尽量减小对湿地公园的影响。

二、桥位和桥型方案选择

1. 桥位方案

项目海中段航路复杂,须结合通航尺度、桥梁跨越航道位置和防洪要求等方面,并兼顾远期规划。前期对北线、中线和南线三条路线走廊方案(图 1)进行了比较。

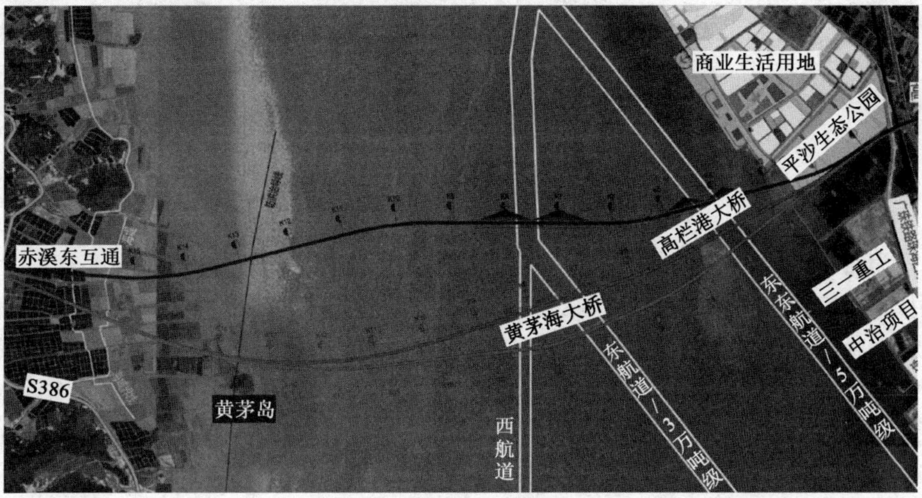

图 1 黄茅海跨海通道桥位选择

1)北线方案

路线接鹤港高速公路后,设置转点右偏,局部进入平沙湿地公园,跨越东东航道(夹角 28°)、稍北偏,自东航道、西航道分叉口出跨越(正交),再左偏,至赤溪东互通处与 K 线相接,路段总长 17.759km。由于路线与东东航道斜交角度过大,跨越东航道处位于分岔口,桥梁跨径均需适当加大,海中段两座主桥主跨分别为 760m 和 1000m。

2)中线方案

路线顺接鹤港高速公路后,设置交点北偏,局部进入在建平沙湿地公园 65m,与东东航道夹角 10°,再北偏,跨越东、西航道,夹角均为 18°,经黄茅岛北侧至福田村,路段总长 18.3 km。海中段跨越航道主桥跨径分别为700m和2×720m。

3)南线方案

接鹤港高速公路后,直接按原设计导线边延伸,不进入平沙湿地公园,跨越东东航道(基本正交)、稍右偏,跨越东航道(夹角12°),北偏夹小半径圆曲线(1300m),再跨越西航道(夹角6°),经黄茅岛北侧至赤溪东互通,路段总长18.581km。海中段主桥跨径分别为660m、670m和290m。

4)方案比较

北线方案存在与东东航道斜交角度过大、跨越东航道桥梁跨度过大、渡台风险大,同时存在与城市规划冲突较大的问题;南线方案存在路线指标低,水中桥墩数量多、船撞风险大,三座大桥跨度悬殊、景观不协调的问题;中线方案具有平纵指标高,桥跨与航道相适应,斜拉桥景观较为协调的优点,因此最终采用中线桥位方案。

2. 桥型方案

海上桥梁共设置两座主桥,分别为主跨2×720m的黄茅海大桥和主跨700m的高栏港大桥,两座大桥相距1600m。黄茅海大桥跨越东航道和西航道,跨径布置为100m+280m+720m+720m+280m+100m=2200m,为三塔钢箱梁斜拉桥,高跨比为0.25,边中跨比为0.53。高栏港大桥跨越东东航道,跨径布置为110m+248m+700m+248m+110m=1416m,为两塔钢箱梁斜拉桥,高跨比为0.25,边中跨比为0.51,索塔、主梁设计元素与黄茅海大桥保持一致。桥型布置见图2。

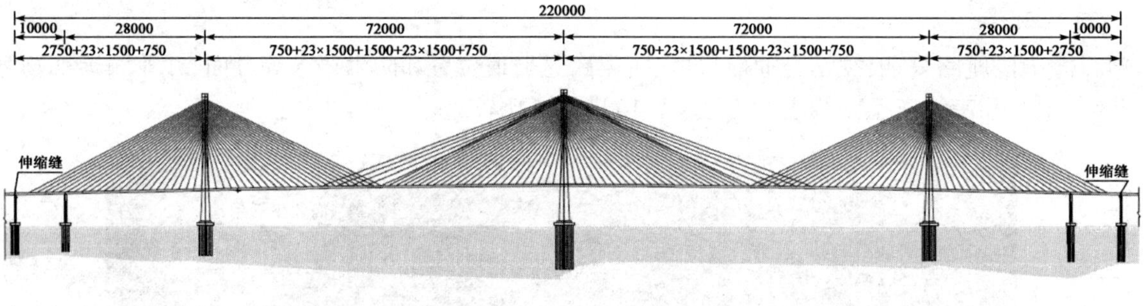

图2　黄茅海大桥桥型布置(尺寸单位:cm)

海中引桥分为东引桥、中引桥和西引桥。根据水深条件、防洪要求、耐久性要求和海上吊装施工等,东、西引桥采用60m跨径预应力混凝土节段梁和40m跨径预应力混凝土小箱梁桥。60m节段梁采用等截面单箱单室斜腹板断面形式,梁高3.6m,底板宽6.9m,翼缘悬臂长为3.6m,采用节段预制工法进行施工,标准长度为3.8m,采用密齿型剪力键和环氧树脂接缝连接。中引桥采用(6+5+5)×100m=1600m分幅等截面船形钢箱连续梁桥,单幅钢箱梁梁宽18.25m,左右幅总宽47.5m。钢箱梁梁高4 m,梁高与跨径比值为1/25。钢箱梁架设采用大节段分幅吊装方案,吊装标准长度为100m。

三、主桥景观设计

项目沿线自然风光分布有青山、绿水、鱼塘、农田,风景秀丽、生态宜人;景观设计考虑与周边环境相协调,追求简洁淡雅的设计风格。

方案研究过程中,提出了两种风格简洁的桥塔设计方案:独柱塔和A形塔(图3),综合考虑阻水率和防撞能力,最终采用独柱塔方案。为进一步提高独柱塔的景观效果,桥塔采用"小蛮腰"造型,外形为圆形和圆端形截面形式。以中塔为例,塔底为直径20m的圆形截面,桥面位置为尺寸15.18m×10m(顺桥向×横桥向)的圆端形截面,壁厚2.3m,最细处为直径9.0m的圆形截面,壁厚为2m,塔顶为直径11m的圆形截面,壁厚1.6m。中塔构造见图4。桥塔整体造型塔基稳定坚固、塔柱动感柔美、塔顶优雅独特,达到了景观效果和结构受力要求的统一。

图3　索塔景观设计方案

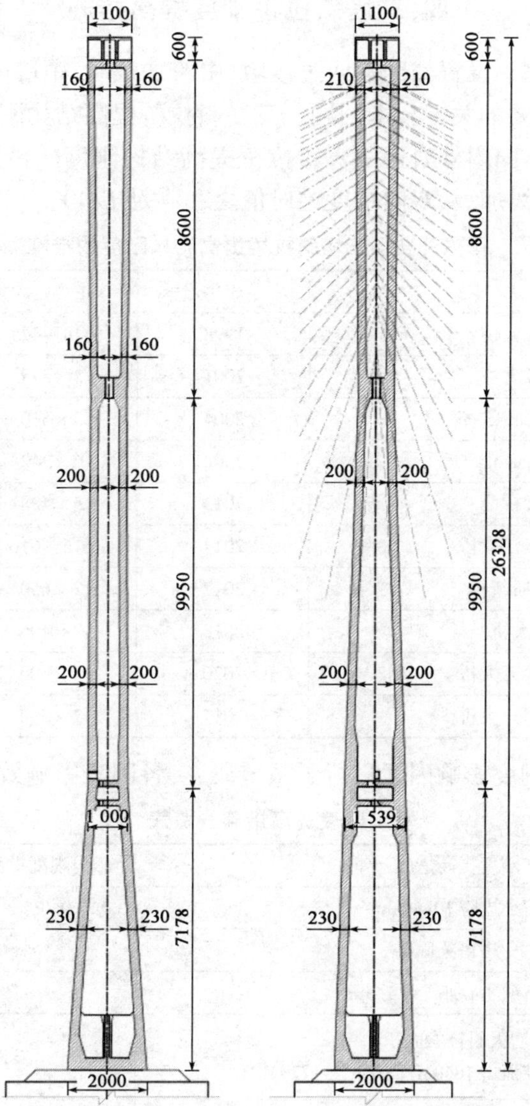

图4　黄茅海大桥中索塔(尺寸单位:cm)

由于桥塔采用独柱塔,因此主梁采用分体式钢箱梁。钢箱梁梁高 4.0m。拉索桥面处横向间距 46.9m。单侧顶板宽 17.0m,标准梁段长 15m,实腹式横隔板间距 3.0m;钢箱梁设置通长内腹板及外侧腹板,外侧腹板外缘设置斜拉索锚箱。每个拉索位置设置横向连接箱,横向连接箱宽 3.0m,高 4.01m,钢箱梁标准横断面见图 5。

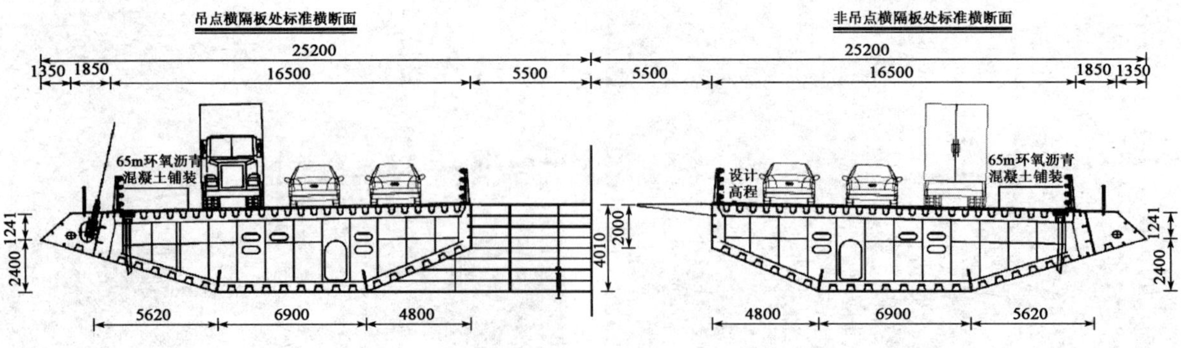

图5　钢箱梁标准横断面(尺寸单位:mm)

四、三塔斜拉桥刚度提高措施

由于三塔斜拉桥中塔两侧不设置辅助墩或过渡墩,中跨加载时,中塔塔顶位移加大,导致整个结构变位过大[2],提高结构刚度是主要的关键技术问题。三塔斜拉桥提高结构刚度的主要措施有:辅助索、交叉索、高低塔、提高梁或塔刚度。国内外典型三塔斜拉桥提高结构刚度的措施如表3所示。黄茅海大桥刚度控制原则为:相邻两跨影响线加载,双向挠度绝对值之和满足 $L/400$[4]。

国内外典型三塔斜拉桥提高结构刚度的措施　　表3

序号	桥　　名	建成年份	主　　跨	主梁形式	主要措施
1	香港汀九大桥	1998	448+475	组合梁	辅助索
2	夷陵长江大桥	2001	2×348	混凝土梁	塔刚、梁刚
3	希腊 Rion-Antirion 桥	2004	3×560	组合梁	提高塔刚度
4	法国 Millau 桥	2008	6×342	钢箱梁	增加梁高
5	嘉绍大桥	2013	5×428	钢箱梁	提高塔刚度
6	武汉二七长江大桥	2014	616+616	组合梁	提高塔刚度
7	苏格兰福斯新桥	2017	2×650	组合梁	跨中交叉索
8	洞庭湖大桥	2018	2×406	桁架梁	辅助索
9	南京长江第五大桥	2020	2×600	组合梁	提高塔刚度
10	英国默西门户大桥	2017	2×300	混凝土梁	高低塔

本项目对三塔斜拉桥的刚度影响因素进行了系统研究,各因素影响效率见表4。

刚度提高措施一览表　　表4

编号	刚度提高措施	刚度提高效率	造价提高(元)
1	缩小边跨10m、20m	0.3%~0.7%	461万/922万
2	中塔塔梁固结	1.50%	—
3	梁高从4m加高到4.5m	2%	1585万
4	增大斜拉索面积 (斜拉索强度标准值由1860MPa降低至1770MPa)	3%	764万
5	增加1个辅助墩	8%	3200万~6580万
6	增加三个塔高20m	6%	2494万
7	提高边塔高度15m 降低中塔高度15m	25%	1232万
8	设置5对交叉索	44%	6697万
9	设置5对辅助索	49%	2980万

由表4可知,缩小边跨、塔梁固结和增加梁高等因素效率极低;增加辅助墩、增加塔高则略优于前述各因素,但代价较大;效率较高的措施为降低中塔高度(相应提高边塔高度)、设置交叉索和辅助索。考虑到本项目为5个索塔,且距离较近,高低塔方案将会对景观产生非常不利的影响,因此不考虑该措施。对比交叉索与辅助索,辅助索效率优于交叉索,且在构造设计方面,将辅助索置于分离式钢箱梁横向连接箱位置(图6),避免了斜拉索的交叉,简化了设计。

综上所述,推荐采用辅助索方案。进一步分析表明,当辅助索数量达到5对时,黄茅海大桥竖向刚度可满足目标要求。为了避免增加的辅助索对塔高产生影响,将辅助索与顶部5对斜拉索共用锚梁,详见图7。

图6 梁上辅助索锚固位置

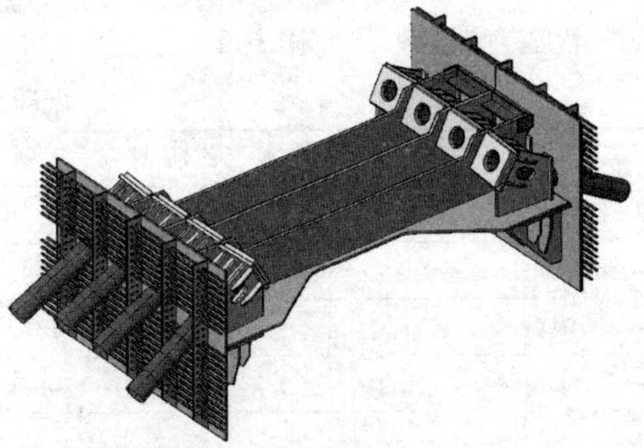

图7 常规斜拉索与辅助索共用锚梁

五、主桥抗风设计

桥位区处于台风路径上,登陆和影响桥位的台风十分频繁,对黄茅海大桥的抗风设计产生重要影响。分体式钢箱梁一般具有优异的颤振稳定性,而其涡激振动特性成为需要研究的重要难题。通过多次风洞试验,对分体式钢箱梁基本断面形式、断面细部构造和气动控制措施等方面进行了研究。针对风嘴断面,设计了不同水平隔涡板宽度,竖向隔涡板高度、位置和间距和是否设斜腹板处导流板,共13组涡振控制措施进行试验。最后试验发现,对于风嘴断面,水平隔涡板和竖向隔涡板的设置(图8)有利于控制涡激振动;当水平隔涡板宽度为3.4m时,竖向隔涡板高度1.4m,间距3m时,在大比例节段模型试验和成桥气动弹性模型试验中,均几乎不发生涡振(图9)。

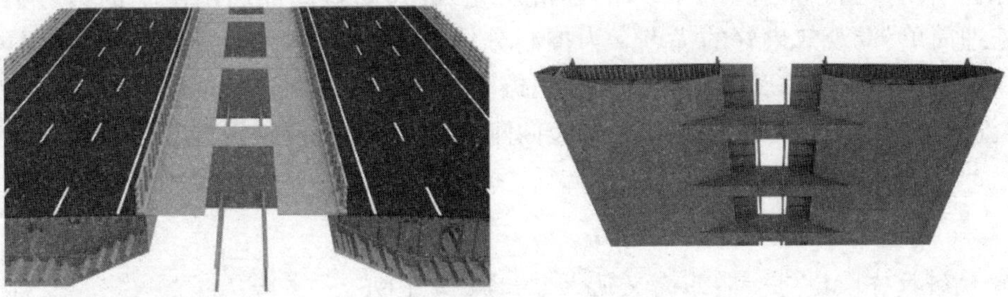

图8 涡振控制措施

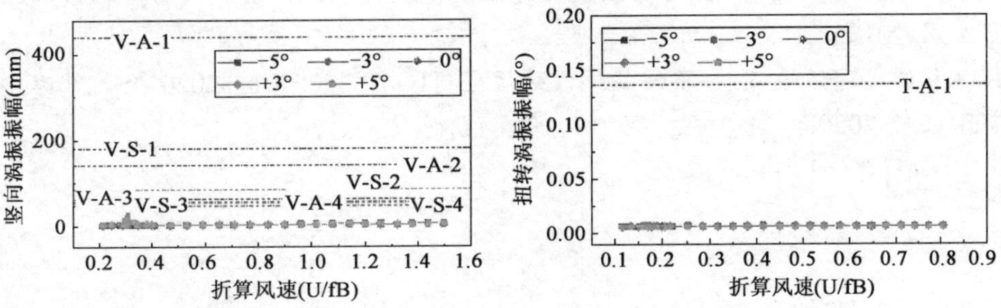

图9 采取最佳涡振控制措施后涡振振幅

六、耐久性设计

黄茅海跨海通道项目跨越黄茅海水域，年均降雨量1942～2005mm，日平均最高温度37.6℃，年平均相对湿度78%～80%，海水氯离子浓度范围为5410～20480mg/L，处于常年高温高湿的海水腐蚀区。为了确保工程耐久性寿命，节约工程全寿命周期经济成本，开展了跨海段混凝土和钢结构耐久性设计研究。对工程腐蚀环境调研，进行腐蚀环境分类和作用等级划分。在总结港珠澳大桥工程和深中通道工程耐久性设计成果的基础上，研究考虑磨蚀的混凝土结构耐久性设计新方法，提出本项目混凝土耐久性设计参数。调研和分析了国内外相似工程耐久性保障措施，最后结合全寿命经济成本分析，确定具有经济效益的耐久性措施方案，见表5和表6。

混凝土结构耐久性设计 表5

腐蚀环境分类	所处高程	作用等级	耐久性措施
大气区（轻度盐雾）	>+15.624m	Ⅲ-D	硅烷浸渍
大气区（重度盐雾）	+15.624～-4.84m	Ⅲ-E	疏水化合孔栓物+环氧涂层钢筋
浪溅区	+4.84～-0.13m	Ⅲ-F	
水变区	-0.13～-1.08m	Ⅲ-F	
水下区	<-1.08m	Ⅲ-C	—

钢结构耐久性设计 表6

腐蚀类型	耐久性措施
Ⅴ较强腐蚀	重防腐方案：环氧富锌底漆+环氧云铁中间漆+氟碳面漆

七、结　　语

黄茅海跨海通道项目所在区域强台风频发、通航情况复杂，防洪要求高，环境敏感点多。总体设计综合考虑了与工程有关的地方规划、通航、结构安全、施工、景观等各方面因素，最终确定合理可行的桥位和桥型方案。

黄茅海大桥为主跨2×720m三塔斜拉桥，跨径大、建设条件复杂工程技术难度大。为了提高大桥的竖向刚度，对各种刚度影响因素进行了深入的分析研究，最终创新性地提出了辅助索方案。该方案具有效率高、构造处理简单、景观效果好的优点。为控制分体式钢箱梁的涡激振动，主梁采用风嘴断面，并设置水平和竖向隔涡板，在风洞试验中几乎不发生涡振。在复杂海洋腐蚀环境下，为确保工程耐久性，进行了具有经济效益的耐久性措施方案设计。大桥竖向刚度提高措施、抗风设计和耐久性设计可供同类项目参考。

参考文献

[1] 严国敏.现代斜拉桥[M].成都：西南交通大学出版社，1996.

[2] 程德林，冯清海.三塔斜拉桥竖向刚度参数敏感性分析[J].公路，2019，(7)：166-169.

[3] 中华人民共和国交通运输部.公路桥涵设计通用规范：JTG D60—2015 [S].北京：人民交通出版社股份有限公司，2015.

[4] 中华人民共和国交通运输部.公路斜拉桥设计规范：JTG/T 3365-01—2020 [S].北京：人民交通出版社股份有限公司，2020.

5. 高栏港大桥设计

梁立农 孙向东 万志勇 徐德志 杜 磊 顾晓宇
(广东省交通规划设计研究院集团股份有限公司)

摘 要 黄茅海跨海通道工程高栏港大桥为主跨700m大跨径斜拉桥,位于珠江口海域,建设条件极为复杂,须克服强台风、高烈度地震、强海水腐蚀、高船撞力等不利的建设条件。高栏港大桥跨越的东东航道,通航五万吨级,为崖门出海3个航道中通航吨位最高的航道。本文就本桥设计关键技术进行详细论述,可供类似工程项目参考。

关键词 黄茅海跨海通道 高栏港大桥 大跨径斜拉桥 独柱式桥塔 分体式钢箱梁 结构体系

一、概 述

1. 项目概况

黄茅海跨海通道起点在珠海市平沙前西社区与鹤港高速公路顺接,终点于台山斗山镇,与西部沿海高速公路相交,对接新台高速公路,路线全长约31km。跨越崖门出海航道东东航道处设置高栏港大桥。根据通航条件专题研究成果及航道批复,东东航道主跨要求不小于700m。这一跨径结合自然条件,斜拉桥是最合适的桥型。

2. 主要技术标准

(1)公路等级为高速公路;设计速度100km/h;
(2)行车道数为双向六车道;
(3)设计使用年限100年;
(4)主桥全宽50.5m(含风嘴);
(5)设计荷载为公路-Ⅰ级;
(6)设计通航净空为东东航道(538×64)m;
(7)最高通航水位+3.320m,最低通航水位-0.788m;
(8)桥址设计基本风速U_{S10}=46m/s;
(9)地震设防标准为通航孔桥E1基准——100年超越概率10%,E2基准——100年超越概率4%;
(10)船舶撞击力见表1[2-4]。

高栏港大桥船撞力 表1

桥 墩	防撞船型 DWT	设计防撞力(MN)	
		设防前	设防后
Z1	5000 t	25.6	20.4
	50000 t(复核)		
Z2	5000 t	30.7	24.6
	50000 t(复核)		
Z3	50000 t	94.6	77.1
Z4	50000 t	94.6	77.1
Z5	10000 t	47.3	37.9
	50000 t(复核)		
Z6	10000 t	34.2	27.6
	50000 t(复核)		

注:自珠海侧(西)往江门侧(东),桥墩、塔的编号依次为Z1-Z6,详见图1。

3. 建设条件分析

(1)桥梁抗风要求高:位于台风多发地区,设计基准风速达46m/s,先例较少,结构承受风荷载明显大于同跨径的桥梁;

(2)桥梁抗震要求高:桥梁跨径大,桥墩高,区域地震动峰值加速度为0.10g;且地震设防标准高;

(3)船撞力大;

(4)海洋环境:强海水腐蚀。

二、总 体 布 置

根据建设条件及相关专题结论,结合航道区域布置及项目跨海段跨径总体设计,高栏港大桥跨径布置为110m+248m+700m+248m+110m=1416m,边中跨比为0.51。采用独柱式桥塔+分体式钢箱梁方案,总体布置如图1所示。

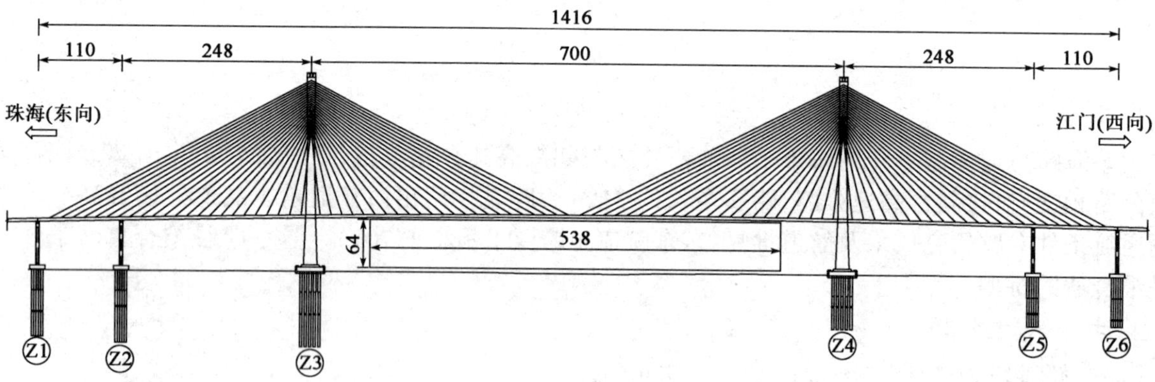

图1 高栏港大桥立面布置(尺寸单位:m)

三、约束体系设计

斜拉桥结构体系指的是塔、墩、梁、索等主要构件的连接方式及传力途径,设计过程中应结合建设条件及技术标准,综合考虑结构的静力、动力特性,选择适宜的约束体系,以实现结构安全、耐久、经济等重要目标[1-2]。高栏港大桥采用的约束体系如图2所示。

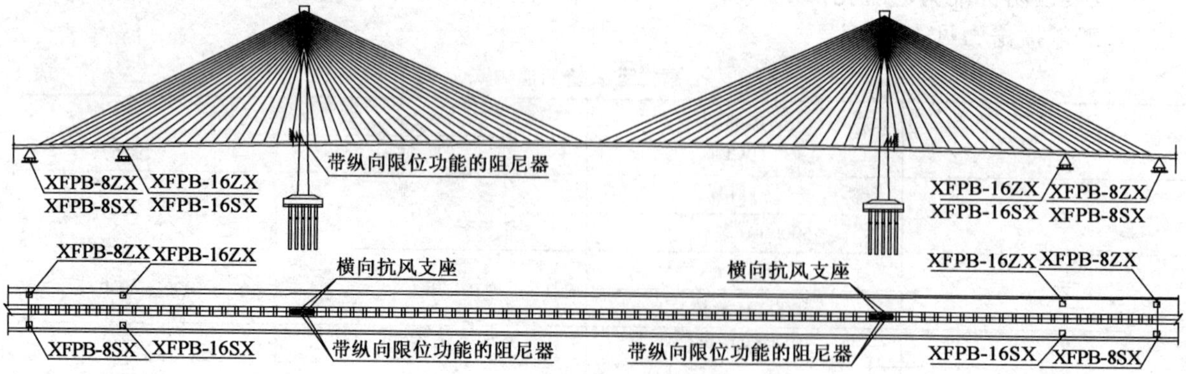

图2 高栏港大桥约束体系布置

1. 纵向约束体系

设计过程中,对全飘浮体系、永久弹性约束、阻尼加刚性限位以及塔梁固结体系4种结构体系进行了详细计算分析比较,如表2所示。

不同结构体系在静力百年风荷载+温度作用下效应比较 表2

百年风+温度	全飘浮体系	永久弹性约束	阻尼加刚性限位	塔梁固结体系
梁端水平位移(m)	1.793	0.62	0.539	0.289
塔顶水平位移(m)	1.848	0.565	0.525	0.137
塔底弯矩(kN·m)	3011462	1670254	1435251	2429853
塔底弯矩比例	2.10	1.16	1.00	1.69

由表2可知,安装弹性约束装置或是阻尼加刚性限位装置均可使梁端水平位移、塔顶水平位移及塔底弯矩都较小,相对较优。其中,动力阻尼器加刚性限位方式改善了结构的动力响应,能较快地衰减主梁震动,耗能效果要优于水平弹性约束,加上刚性限位后结构在纵向极限风荷载等作用下的静力响应也大大减小。经综合比较,采用动力阻尼器加刚性限位的结构体系[3]。塔梁连接处支座及阻尼器布置如图3所示。

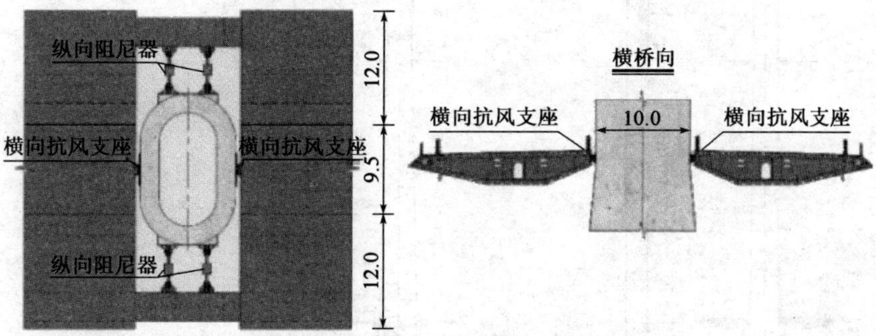

图3 塔梁连接处支座及阻尼器布置示意(尺寸单位:m)

2.横向约束体系

主塔与主梁间须设置横向抗风支座以控制二者的相对运动。经计算,桥塔横向受力为百年风组合控制塔底弯矩,该工况塔底弯矩为E2地震作用的1.8倍;而辅助墩及过渡墩受力为E2地震控制。因此,辅助墩、过渡墩横向采取何种约束方式较为关键。

百年风工况下,辅助墩、过渡墩支座处于横向约束状态对结构内力和位移均更为有利,但与横向放开相比,E2地震作用下弯矩增大32%,动轴力增大110%,与恒载组合后,桩基为拉弯构件,如能降低动轴力,减小桩基所受拉力,可降低桩基配筋率,提升结构耐久性,是更为合理的受力体系[4]。

经比选,横向约束体系确定为过渡墩、辅助墩处设摩擦摆支座(图4),塔梁连接处设横向固定支座,通过设置剪力销,支座的剪断力设置为百年风工况响应的1.3倍,可保证百年风工况辅助墩处和过渡墩处支座处于横向约束状态。当地震发生且地震力超过给定值时,支座限位约束被解除,支座发生水平滑动,降低结构地震内力,并把横向位移限制在可接受范围内。

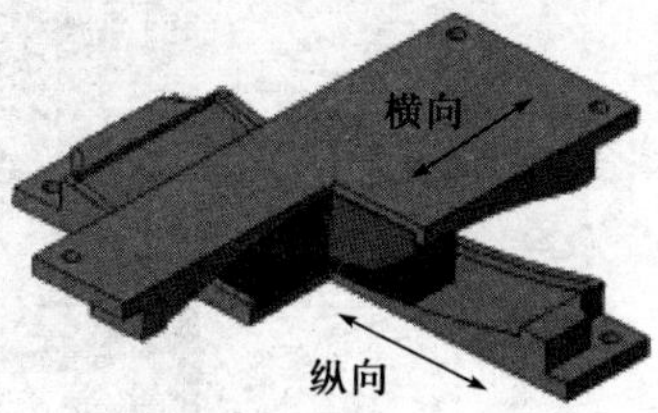

图4 摩擦摆支座结构示意

3.竖向约束体系

高栏港大桥采用独柱式桥塔+分体式钢箱梁方案,塔梁连接处如设置竖向支座,须设置牛腿,施工难度大,景观差。经分析,索塔与主梁连接处不设置竖向支座可满足结果受力需求,仅在辅助墩和过渡墩处设置竖向支座。

四、索塔及基础设计

1.索塔设计

1)索塔构造

桥塔采用简洁的纤腰型独柱式塔柱。塔底截面为圆形截面,直径18m,在塔底到高程+69.703m(桥面附近)过渡到圆端形截面,尺寸为13m×10m(顺桥向×横桥向),壁厚2m。高程+69.703m到+169.203m范围内过渡到直径8.5m的圆形,壁厚由2m过渡到1.5m。高程+169.203m到塔顶范围内过渡到塔顶的直径11m的圆形,壁厚为1.5m。在塔座以上162.09m处截面最小,形成"纤腰"的视觉效果。同时,上塔柱最小截面以上为索塔锚固区,不断增大的截面为索塔锚固构造的安装、维护提供更大的操作空间,有利于施工质量的控制和后期的维护管养。索塔构造如图5所示。高栏港大桥效果图如图6所示。

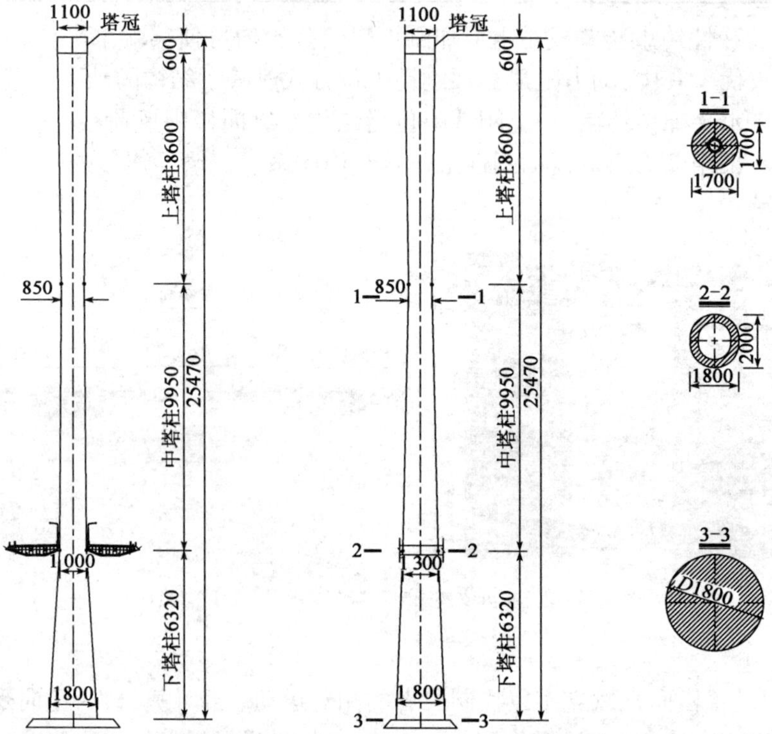

图5 高栏港大桥桥塔一般构造(尺寸单位:cm)

图6 高栏港大桥效果图

2)受力分析关键点

桥址处设计基本风速较高,$U_{S10}=46\ m/s$。纵向采用阻尼加刚性限位的约束体系可有效降低桥塔纵桥向位移及内力。成桥后桥塔受力控制工况为百年横风,塔顶横桥向位移达1.6m,桥塔受力二阶效应较为明显。全桥总体计算中充分考虑几何、材料及边界非线性,不再通过"构件计算长度"计算偏心距增大系数,而是采用截面积分法进行塔身异形截面的抗力计算,以合理设计桥塔尺寸及配筋。

根据《黄茅海跨海通道项目气象及风参数专题研究中期报告(评审修改稿)》,桥位处施工阶段设计基本风速取为 $U'_{Sd}=36.8\text{m/s}$,次边跨合龙前的最大双悬臂状态为桥塔受力的另一控制工况,抖振效应引起的桥塔纵桥向弯矩较大,对于桥位处设计风速较高的桥梁,应充分考虑该效应的影响。

3)景观特色

独柱塔竖向呈纤腰,外观简洁挺拔,个性鲜明,视野通透,景观效果好。圆形截面桥塔寓意着"圆满融通",汲取东方传统文化"圆融精神",呼应粤港澳大湾区互联互通、共建共享的思想,凸显地域特征。结合桥梁美学,主塔造型以"圆"为基础,展现扶摇直上的聚力融合之势,塑造了简洁大气的桥梁景观[5]。

2. 基础设计

根据桥塔塔位的地形、地质、水文和环境等自然因素以及岩层情况,设计采用群桩基础,单桩 ϕ3.0m。每个塔柱下 31 根,桩顶设 ϕ3.3m(内径)壁厚 24mm 永久钢护筒,长度 38.5m,桩基为嵌岩桩,嵌入完整中风化花岗岩不小于 $2D$。承台高 6m,平面为椭圆形,长轴 45m,短轴 35m;承台与塔柱间设 3m 高塔座。

五、过渡段、辅助墩及基础设计

1. 过渡段、辅助墩设计

墩身采用新型的 TY 复合墩[6],墩厚 4m,盖梁按部分预应力混凝土 A 类构件设计,盖梁横向宽 37.4m,顺向宽 4m,高 2m,内设预应力。墩顶往下 11.5m 范围内,采用 Y 形分肢,截面高度从 3.5m 渐变至 4.35m。墩身以 1∶25 的斜率,从 8m 往下渐宽(图 7)。

2. 基础设计

根据墩位处地质结合受力控制工况的差异,东、西侧过渡墩、辅助墩基础进行差异化设计。

基础受力控制工况为横桥向船撞,东侧辅助墩船撞力 30.7MN;西侧辅助墩船撞力 47.3MN(表 1);根据前期比选,确定过渡墩、辅助墩采用群桩基础,单桩 ϕ3.0m。由于东侧桩基类型为摩擦桩,西侧桩基类型为嵌岩桩,东侧平均单根桩基长度较西侧长 30m。结合结构受力需求及工程经济性,船撞力较小、地质较差的东过渡墩和东辅助墩基础采用 10 根钻孔灌注桩;船撞力较大、地质较好的西过渡墩和西辅助墩基础采用 13 根钻孔灌注桩。承台高 5m,平面为椭圆形,由于桩基根数及桩间距的差异,东侧承台长轴 32m 短轴 21m;西侧承台长轴 38m 短轴 20m。

图 7 辅助墩一般构造

六、分体式钢箱梁设计

分体式钢箱梁由两个钢箱梁及横向连接箱组成(图 8)。钢箱梁梁高 4.0m。拉索桥面处横向间距 46.9m。单侧顶板宽 17.05m,风嘴宽 2.38m,平底板宽 6.9m,外侧斜底板宽 5.62m,内侧斜底板宽 4.8m。

标准梁段长 15m,实腹式横隔板间距 3.0m;顶板 U 肋上口宽 300mm,下口宽 180mm,高 300mm,U 肋中心距 600mm;底板 U 肋上口宽 250mm,下口宽 400mm,高 260mm,U 肋中心距 800mm。顶板厚 18mm,U 肋板厚 8mm,底板厚 14mm,底板 U 肋板厚 6mm。外侧腹板外缘设置斜拉索锚箱,是箱梁内受力最大的区域。外侧腹板厚 32mm,设置 2 道通长纵向加劲肋;内侧腹板厚 14mm。非拉索处横隔板厚 10mm,拉索处横隔板厚 14mm,靠近拉索区域需局部加厚至 18mm;横隔板设置一个高 1.8m 的人洞及 5 处管线孔道,人洞处设置箱内检查车轨道。每个拉索位置设置横向连接箱,横向连接箱宽 3.0m,高 4.01m。

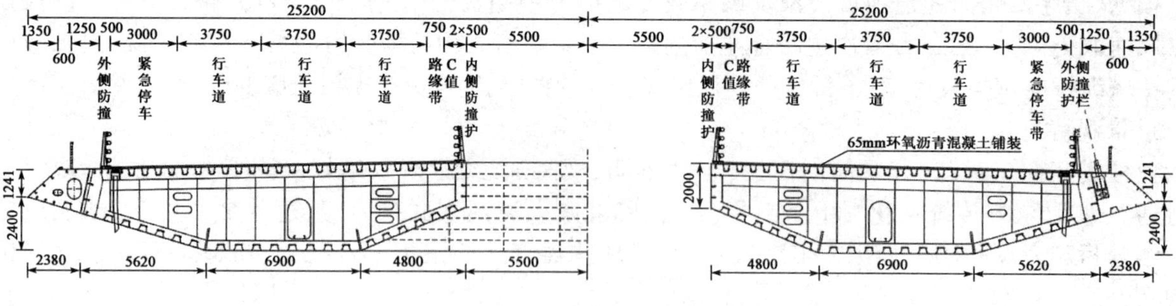

图8　钢箱梁标准断面图(尺寸单位:mm)

七、斜拉索及锚固设计

1. 斜拉索设计

本桥设计风速大,斜拉索宜采用强度高的拉索形式,以减小拉索截面,降低拉索风载。与1860MPa平行钢丝拉索相比,1960MPa可降低斜拉索风荷载3%,主梁竖向刚度降低1.7%,主梁竖向刚度变化不大,但对于控制主梁及桥塔横向变形具有积极意义,最终采用了1960MPa平行钢丝拉索。斜拉索采用空间索面扇形布置。根据结构受力、施工吊装重量和施工周期等因素,斜拉索在钢箱梁上索距15m,塔上索距3.0m。

2. 索塔锚固设计

塔上拉索锚固采用钢锚梁锚固系统,由钢锚梁和钢牛腿组成(图9)。钢锚梁由腹板、顶板、底板、垫板、隔板、加劲板、锚箱单元(包括锚腹板、承力板、承压板、锚垫板、锚箱隔板、加劲板)等部分组成。钢牛腿主要由托架单元(包括顶板、腹板、加劲板、钢垫板)、壁板、锚管、抗剪钢板、剪力钉等部分组成。

3. 索梁锚固设计

索梁锚固结构局部应力大、传力复杂。设计时应尽量使应力线流畅,避免出现过大的应力集中,避免在长期动载和静载作用下出现疲劳或强度破坏。斜拉桥常见钢梁上的锚固方式主要有3种:销铰式(耳板或拉板式连接)、锚箱式(图10)和管锚结构。3种方式都是成熟技术,分别在国内外多座桥梁上有成功实践经验,均具有可靠的安全度,各有优缺点。本次设计推荐采用锚箱式索梁锚固方案[7]。

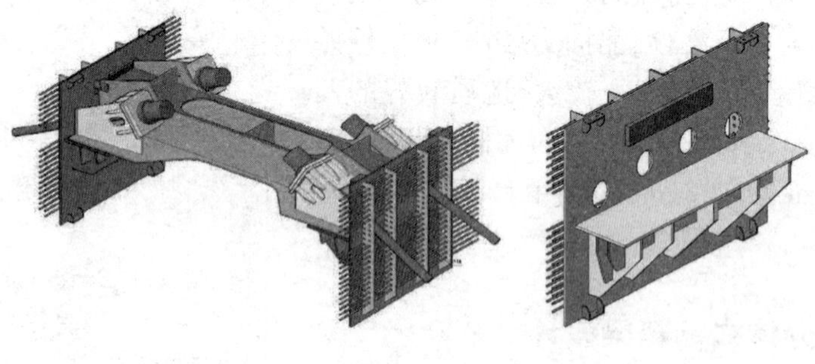

图9　索塔钢锚梁及锚固牛腿

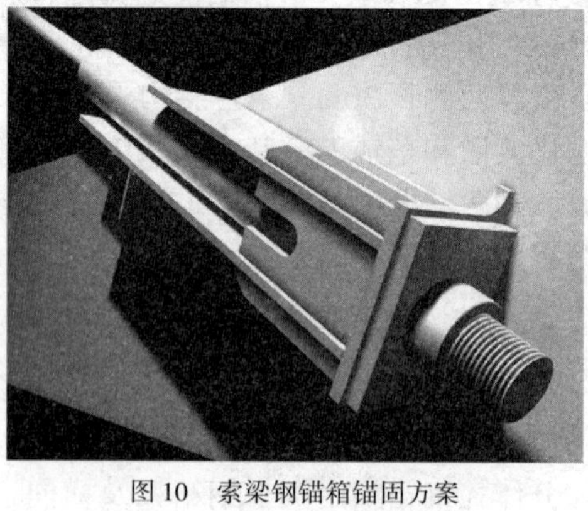

图10　索梁钢锚箱锚固方案

八、防船撞设计

1. 防撞护舷设计

主桥所有承台设置固定式复合材料防撞护舷,性能满足《公路桥梁防船撞装置技术指南》(T/CHTS 20005—2018)相关要求。桥塔船撞力消能后可降至消能前81.5%左右。

2. 塔身、桥墩底部构造设计

在塔底3m范围内设置实心段,实心段顶部向上11m范围内设置厚度1m的十字隔板,以抵抗潜在局部撞击力。细部构造示意见图11。

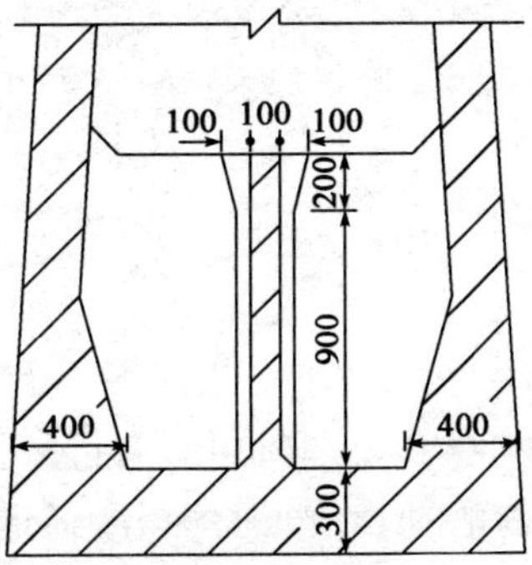

图11 塔柱底部构造设计图(尺寸单位:cm)

辅助墩过渡墩为实心墩,底部加强配筋满足整体及局部受力需求。

九、结 语

高栏港大桥为主跨700m双塔斜拉桥,采用"独柱式桥塔+分体式钢箱梁",索塔为钢筋混凝土结构,主梁为分体式钢箱梁和环氧沥青体系,基础采用$\phi3.0$ m钻孔灌注桩群桩基础,辅助墩和过渡墩采用新型的TY复合墩,斜拉索采用1960MPa高强度平行钢丝,索塔锚固采用钢锚梁,索梁锚固采用钢锚箱。防船撞设计采用设置防撞护舷及加强塔身、桥墩底部构造设计。

本项目建设条件极为复杂,须克服强台风、高烈度地震、强海水腐蚀、高船撞力、浅覆水施工等不利的建设条件,上述方案可供类似工程项目参考。本项目建成后,将与港珠澳大桥、深中通道、南沙大桥、虎门大桥等,共同组成粤港澳大湾区跨海跨江通道群,加快形成世界级交通枢纽,让粤港澳大湾区发展更加均衡。

参考文献

[1] 严国敏.现代斜拉桥[M].成都:西南交通大学出版社,1996.

[2] 徐利平.超大跨径斜拉桥的结构体系分析[J].同济大学学报(自然科学版),2003,31,(4):400-403.

[3] 杜磊,梁立农,孙向东,等.黄茅海跨海通道工程高栏港大桥结构体系设计[J].公路,2021,66,(8):130-136.

[4] 广东省交通规划设计研究院股份有限公司,中交公路长大桥建设国家工程研究中心有限公司.黄茅海跨海通道大跨桥梁抗震性能及减震措施研究(初步设计阶段)(分报告一)[R].广州:2020

[5] 徐德志,梁立农,孙向东,等.珠海某跨海通道主桥方案设计[J].广东土木与建筑,2021,66,(8):130-136.

[6] 梁立农,万志勇,彭李立,等.一种三角形刚架桥墩:中国, ZL 2016 1 1219025.6[P].2016-12-26.

[7] 梁立农,万志勇,陈枝洪,等.广东江顺大桥总体设计[J].广东土木与建筑,2021,28,(10):65-69.

6. 黄茅海跨海通道中引桥总体设计

梁立农 孙向东 万志勇 徐德志 谭巨良 曹 清 邵加楠
(广东省交通规划设计研究院集团股份有限公司)

摘 要 黄茅海跨海通道中引桥为浅覆水区非通航孔桥梁,采用(6+5+5)×100m=1600m钢箱连续梁桥,左右幅分离,为抑制风致振动,左右幅钢箱梁之间设置横向连接箱形成整体。主梁采用分幅等截面船形钢箱连续梁，单幅钢箱梁梁宽18.25m，钢箱梁梁高4 m。下部结构采用整幅式TY复合型墩，墩顶采用带悬臂的三角形刚架，墩身截面采用圆端形，顺桥向等厚度4m。该项目需克服强台风、高烈度地震、强海水腐蚀、高船撞力等不利的建设条件。本文就本桥设计关键技术进行详细论述，可供类似工程项目参考。

关键词 黄茅海跨海通道 中引桥 非通航孔 大跨径钢箱梁 分体式钢箱梁

一、概 述

进入21世纪以来，我国先后建成了一批具有世界高水平的跨海通道，如东海大桥、杭州湾跨海大桥、青岛海湾大桥、泉州湾跨海大桥、港珠澳大桥等，同时更具有挑战性的大型跨海桥隧工程正在建设和规划中，如深中通道、黄茅海跨海通道、琼州海峡通道、渤海湾跨海通道等[1-3]。跨海大跨径钢箱梁及其下部结构设计与施工是大多数跨海桥梁的关键技术。黄茅海跨海通道中引桥为非通航孔浅覆水区大跨径分体式钢箱梁+整体式桥墩桥梁，本文对其上下部结构设计进行研究分析。

1. 项目概况

黄茅海跨海通道起于珠海市平沙，跨越黄茅海水域，终于台山市斗山镇，路线全长约31km，其中海中桥梁长度约14km[4-5]，桥跨布置见图1。中引桥连接高栏港大桥（700m主跨两塔斜拉桥）和黄茅海大桥（720m主跨三塔斜拉桥），为浅覆水区大跨非通航孔桥梁，跨度布置为16×100m，上部结构采用分体式钢箱梁，下部结构采用整幅式桥墩。

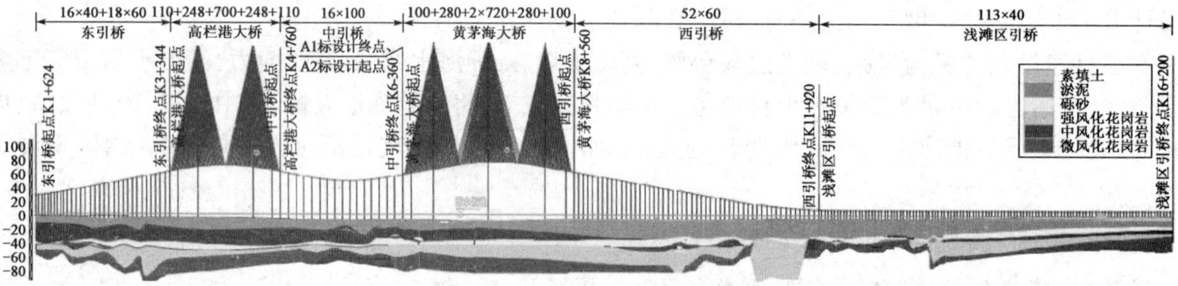

图1 黄茅海跨海通道跨海段桥梁布置（尺寸单位：m）

2. 主要技术标准

（1）公路等级为高速公路；

（2）设计荷载为公路—Ⅰ级；

（3）设计速度100km/h；

（4）设计使用年限100年；

（5）桥面标准段宽度47.5m，双向六车道；

（6）桥址设计基本风速 U_{S10} =46m/s；

（7）最大纵坡2.1%，路拱横坡2.0%，路线基本位于半径7800m的圆曲线上；

（8）地震动峰值加速度为0.01g，地震设防标准为E1基准——50年超越概率10%，E2基准——100年超越概率4%；

（9）中引桥无通航要求，按5000吨级船舶考虑船舶防撞力。

3. 建设条件分析

（1）桥梁抗风要求高，位于台风多发地区，设计基准风速达46m/s。

（2）海洋环境对耐久性有较高要求。工程所在海域洪潮交汇剧烈，桥址区河床高程在-4.8～-3.5m，高潮水位高程2.0m，低潮水位高程-1.0m，最大潮差约3.07m。

（3）中引桥所在海域为浅覆水区，地形较平缓，为非通航孔。上部结构整孔吊装需考虑浅水区的影响。

(4)桥位区未见断裂构造形迹,属稳定地块,适宜桥梁工程建设。根据钻孔揭露的岩土层,桥位区覆盖层主要为第四系淤泥、淤泥质粉质黏土、粉质黏土及砂层;基底由燕山期花岗岩及其风化层组成。桥基础适合采用端承桩,以中~微风化岩为桩端持力层。

(5)防洪评价对于项目跨海段桥梁的要求:阻水比小于9%,航道之间引桥(中引桥)跨径不小于100m,水深超过2.5m区域引桥跨径不小于60m,其余区段不小于40m,水中引桥承台需埋入河床面以下。根据水利部门最小跨径要求,结合桥梁距离水面高度约57~67m,中引桥选用100m跨结构,其经济性最好。

(6)桥梁抗震要求高,桥梁跨径大,桥墩高,地震动峰值加速度为0.10g。

(7)船舶撞击力较大,按5000吨级船舶考虑船舶防撞力,设防速度1.1m/s,设防前撞击力10.6MN。设防后5.6MN,船舶撞击范围-2.0~+3.0m。

二、上部结构设计

1.钢主梁设计

1)钢箱梁

中引桥采用(6+5+5)×100m=1600m钢箱连续梁桥,左右幅分离,中间设置横系梁。主梁采用分幅等截面船形钢箱连续梁,钢箱梁主要由顶板、底板、腹板、横隔板及各自的加劲肋组成。单幅钢箱梁梁宽18.25m,左右幅钢箱梁间距11m,桥梁总宽47.5m。钢箱梁顶宽16.5m,底宽6.9m,外侧斜腹板水平投影尺寸为4.8m+1.75m=6.55m,内侧斜腹板水平投影尺寸为4.8m,梁体净高4.0m(内轮廓尺寸),梁高与跨径比值为1/25。钢材材质采用Q355D。标准横断面布置图见图2。

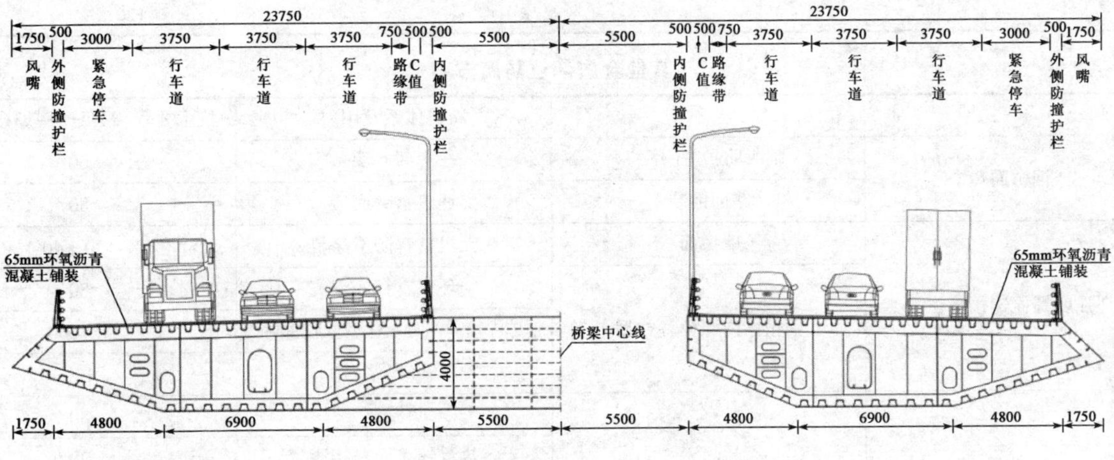

图2 标准横断面布置图(尺寸单位:mm)

顶板在顺桥向不同区段采用了18mm、20mm、22mm三种不同的厚度,中跨跨中梁段顶板厚度为18mm,边跨跨中梁段顶板厚度为22mm,次边墩墩顶梁段顶板板厚为22mm,中墩墩顶梁段顶板板厚为18mm。桥面顶板加劲肋主要采用刚度较大的U肋,局部位置根据构造要求采用板肋。U肋加劲高度为300mm,上口宽300mm,下口宽180mm,标准横向间距600mm,厚度采用8mm。

底板在顺桥向不同区段采用了14mm、16mm、20mm、24mm、28mm五种不同的板厚。中跨跨中梁段底板厚度为16mm,边跨跨中梁段底板厚度为20mm,次边墩墩顶梁段底板板厚28mm,中墩墩顶梁段底板板厚为24mm。底板采用U肋加劲,间距800mm,U肋厚度6mm,在墩顶附近U肋加厚到8mm。

斜底板和边腹板板厚均采用12mm。

两道中腹板横桥向间距5.5m,中腹板在顺桥向不同区段采用了14mm、16mm、18mm、20mm四种不同的板厚,中腹板在跨中设置一个人洞。

横隔板标准间距10m,两道横隔板之间设置3道横肋板。横隔板分为普通横隔板、中墩支座处横隔板、过渡墩支座处横隔板和端横隔板。普通横隔板板厚为10mm，与顶板和U肋相接部分厚度为14mm，横隔板上下可分成两块拼装。

2）钢横向连接箱

为抑制风致振动，在顺桥向每隔一定间距设置了横向连接箱，采用矩形箱形式，标准段尺寸为4m×2.5m，上下翼缘板和两道腹板厚度均为12mm。为增强整体性，连接箱内设置了4道横隔板。为保证传力的顺畅和结构的安全性，在顶板、底板接横向连接箱的位置设置局部加劲肋。钢横向连接箱构造见图3。

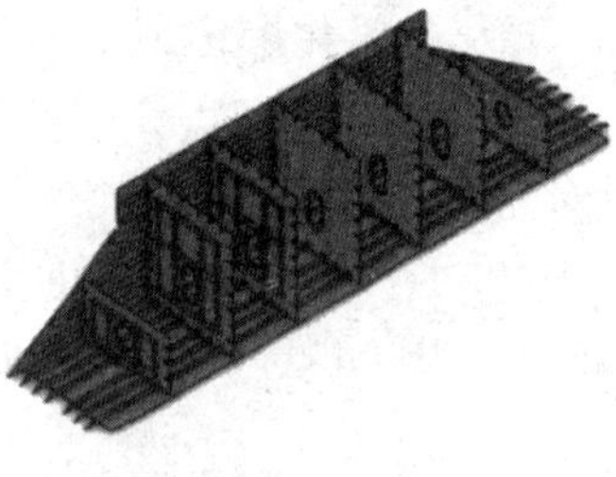

图3　钢横向连接箱构造图

3）耐久性设计

根据黄茅海跨海通道钢结构耐久性设计专题研究，钢结构涂装采用表1、表2体系。

钢箱梁涂装体系　　表1

部　　位	涂装体系及用料	技术要求（最低干膜厚度，μm）
钢主梁外表面	表面净化处理	无油、干燥
	二次表面喷砂除锈	Sa2.5级，*Rz* 30～70
	环氧富锌底漆2道	2×50
	环氧云铁中间漆2道	2×100
	氟碳面漆2道	2×40
钢主梁内表面（内部设除湿系统保持湿度小于50%）	二次表面喷砂除锈	Sa2.5级，*Rz*30～70
	环氧富锌底漆1道	80
	环氧厚浆漆1道	120

其他金属部位防腐方案　　表2

部　　位		涂料体系及用料	技术要求（最低干膜厚度，μm）
钢桥面	临时防护（工厂）	车间底漆	60
	路面铺装	环氧富锌底漆	80
高强度螺栓连接部位	摩擦面	无机富锌防滑涂料	120±40
	钢箱梁内螺栓终拧后	环氧富锌底漆	80
		整体涂覆单组分硫化型橡胶密封剂	1/1000
		环氧（厚浆）漆	120
护栏	防撞护栏外涂装	热浸锌	80
		热浸锌表面连接漆	20
		环氧（中间）漆	60
		氟碳面漆	2×40
	防撞护栏内涂装	热浸锌	80
	检修道栏杆及连接件等	环氧富锌底漆	60
		环氧（云铁）漆	60
		氟碳面漆	2×40

2.上部结构施工

为减少现场焊接工作量，加快施工进度，钢箱梁架设采用大节段吊装方案。钢箱梁吊装梁段最大重量约为1400t，梁段最大长度为123.5m。

架设方案施工顺序：

（1）浮式起重机吊装第1跨，待左右幅架设完后，安装横向连接箱；

(2)浮式起重机吊装第2跨梁段,调整梁段位置,并与已就位的第1跨梁段连接;

(3)依次浮式起重机吊装第3、4、5跨梁段,调整梁段位置,并与已就位的前一跨梁段连接,左右幅交替安装,左右幅架设好的桥跨应先安装横向连接箱再架设下一跨;

(4)浮式起重机吊装第6跨梁段,与相邻梁段连接,一联钢箱梁合龙。

3. 上部结构总体计算分析

钢箱梁静力计算的主要结论见表3,钢箱梁底板最大正应力为236MPa,发生在墩顶。顶板第一体系下最大应力为186MPa,第二体系下应力为52.3MPa,总应力为238.5MPa,发生在墩顶。活载下竖向挠度70.4mm,挠跨比小于1/500。疲劳应力幅较小。钢横向连接箱应力较小。

钢箱梁主要计算结果 表3

项　目	正应力(MPa)	剪应力(MPa)	活载挠度(mm)	疲劳正应力幅(MPa)	疲劳剪应力幅(MPa)
边跨跨中	底板222、顶板165	—	70.4	24	—
墩顶	底板236、顶板186	121.3	—	14.9	11
中跨跨中	底板165、顶板126	—	60.2	23.8	—
横向连接箱	85.4	35	—	—	—

梁端位移计算结果见表4。正常使用荷载下最大的梁端位移为174.9mm,根据规范乘1.4的放大系数为244.86mm,结合百年风荷载、地震荷载,最大的梁端位移为359mm,伸缩缝最大位移按±720mm设计可满足要求。

梁端位移计算结果 表4

荷 载 组 合	顺桥向伸长位移(mm)	顺桥向缩短位移(mm)
活载组合	174.3	174.9
百年风荷载组合	276.5	273.5
地震荷载	358.0	359.0

三、下部结构设计

1. 桥墩及基础构造

1)桥墩、盖梁、基础构造

桥墩采用整幅式TY复合墩,桥墩墩身采用变截面的圆端矩形,墩顶采用带悬臂的三角形刚架,高度11.5m,墩顶与三角形刚架结合部位截面宽度8.0m,向下至承台顶面,采用1∶25斜率直线增大截面。墩身顺桥向等厚度4.0m。墩顶与三角形钢架连接处的折点,设置圆弧进行平顺过渡。中引桥下部结构一般构造图见图4。

三角形刚架单肢的截面,采用了外侧圆弧内侧直线的形式。墩身截面采用圆端形,截面形式与索塔相似,圆端直径采用墩身厚度。桥墩为实心墩,桥墩内设置3根160cm钢模,先浇筑钢内模外侧混凝土,拆除内模后回填内侧混凝土,降低施工过程水化热。

盖梁为预应力混凝土结构,截面上缘共布置10根ϕ^s15.2-19的预应力钢束,截面下缘共布置6根ϕ^s15.2-15的预应力钢束,采用双端张拉。同时在斜腿位置单端张拉预应力,控制斜腿施工过程中应力。

桥墩基础采用6根ϕ2.2m钻孔灌注桩,承台尺寸为17.2m×10.6m×4.5m;按照嵌岩桩设计。

桥墩、盖梁采用C50混凝土,承台采用C40混凝土,桩基采用C35混凝土,承台封底混凝土垫层采用C25混凝土。

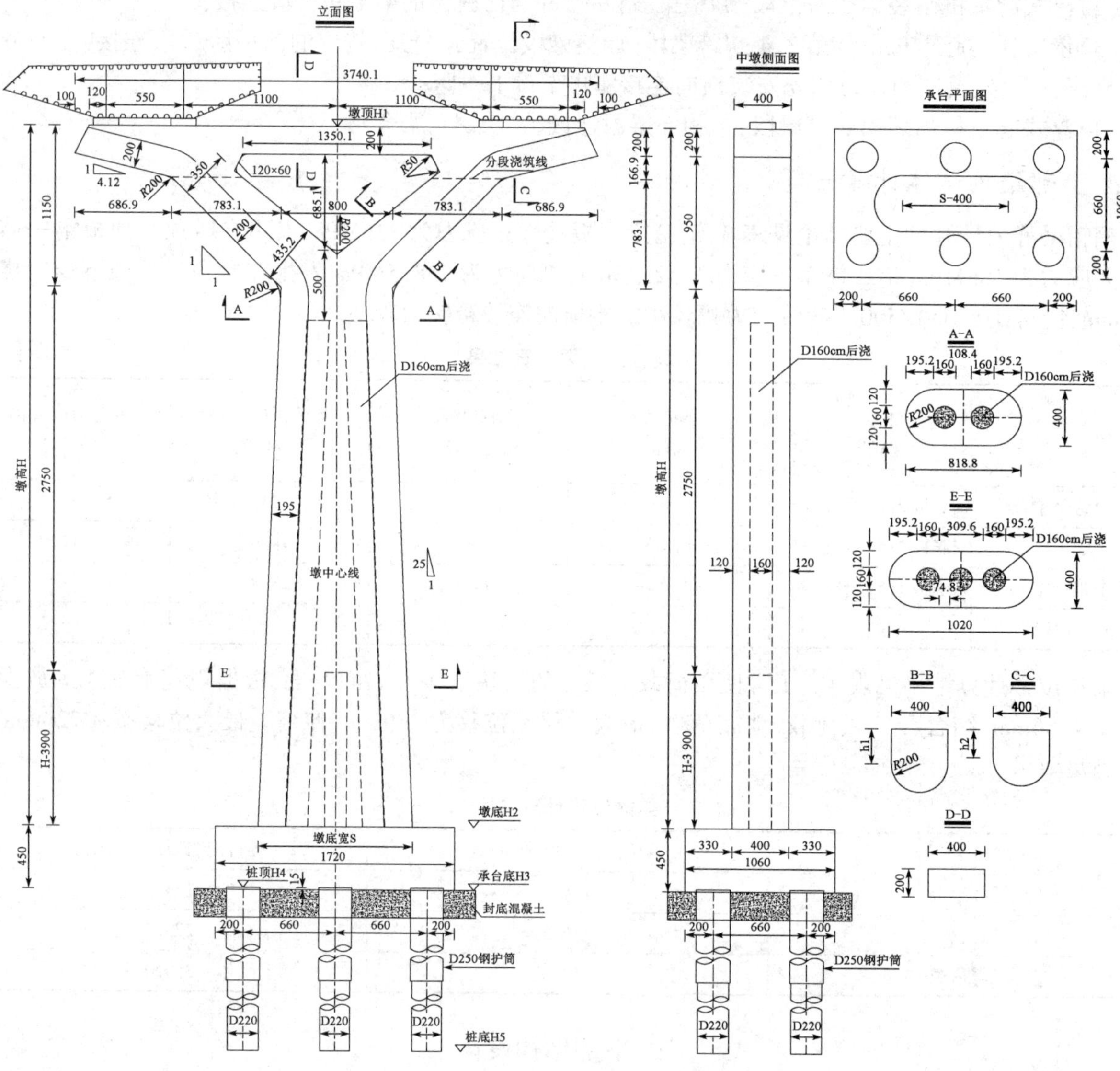

图4　中引桥下部结构一般构造图(尺寸单位:cm)

2)耐久性设计

(1)参照规范《公路工程混凝土结构耐久性设计规范》(JTG/T 3310—2019),中引桥主要混凝土构件的环境类别及钢筋保护层厚度见表5。

桥梁结构所处环境类别及钢筋保护层厚度表　表5

构　件	位　置	作 用 等 级	设计保护层(mm)	施工误差(mm)
盖梁	大气区	Ⅲ-D	不小于50	±10
墩身	大气区	Ⅲ-D、Ⅲ-E	不小于70	±10
	潮汐区、浪溅区	Ⅲ-F	不小于70	±10
承台	潮汐区、浪溅区	Ⅲ-F	不小于70	±10
桩基	永久浸没海水中	Ⅲ-C	不小于70	—

注:保护层厚度指最外层钢筋的净保护层,不含拉筋。

(2)高程+16m以下桥墩采用高性能环氧树脂涂层钢筋+疏水孔栓物。

(3)高程+16m以上桥墩混凝土外表面采用硅烷浸渍涂装。

(4)桩基钢护筒外壁防腐方案采用熔融结合环氧粉末涂层整体涂装,涂层厚度大于或等于200μm。

2. 墩身和盖梁施工

墩身底部50cm须与承台同时浇筑。桥墩分节段进行施工,先浇筑一个节段的钢内模外侧混凝土,拆除内模后回填内侧混凝土,然后再浇筑下一个节段。TY形盖梁采用分层浇筑的方法,先浇筑Y形分肢并单端张拉预应力,再浇筑盖梁并张拉盖梁预应力。墩顶三角形刚架施工支架见图5。

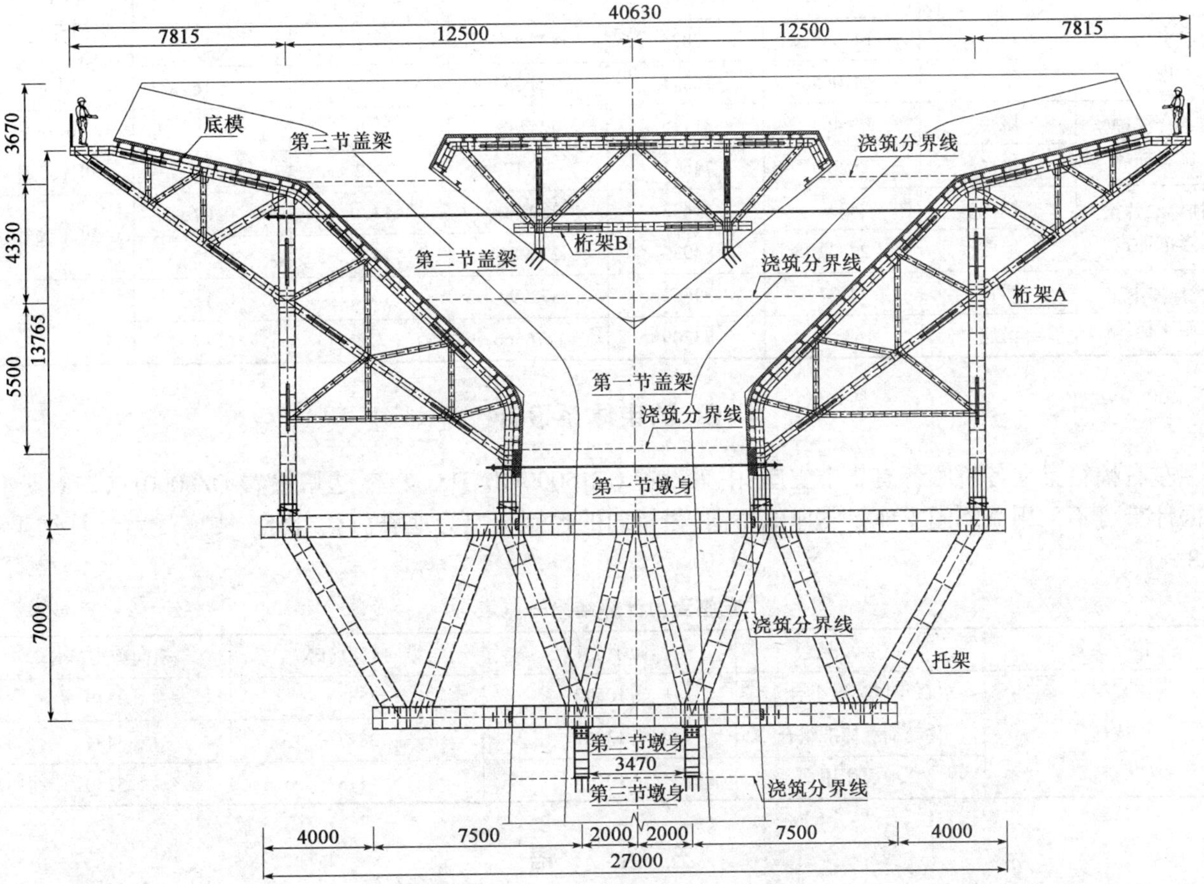

图5 墩顶三角形刚架施工支架(尺寸单位:cm)

3. 下部结构计算分析

1)墩身计算结果

墩身受力计算结果见表6。桥墩墩底纵桥向的控制工况为百年风荷载组合,横桥向的控制工况为地震荷载组合。经计算,墩身主筋设置两层40mm直径的钢筋,间距15cm。

墩身受力计算结果一览表

表6

位置	工况	轴力(kN)	纵向弯矩(kN·m)	纵向抗弯承载力(kN·m)	纵向抗弯承载力富余度	横向弯矩(kN·m)	横向抗弯承载力(kN·m)	横向抗弯承载力富余度
墩底	百年风组合	-86364	264000	279967	6.0%	334459	593266	77.4%
	移动荷载组合	-115620	147516	327024	121.7%	182357	778745	327.0%
	地震作用	-83965	244325	274933	12.5%	443864	469901	5.9%
墩顶	百年风组合	-56516	67940	211095	210.7%	88781	202058	127.6%
	移动荷载组合	-79803	39939	198934	398.1%	128110	185044	44.4%
	地震作用	-54360.0	82544	211393	156.1%	191601	202706	5.8%

2)施工过程偏载架梁桥墩验算

上部钢箱梁采用整孔吊装架设,左右幅钢箱梁先后架设,先架设单幅钢箱梁时,桥墩受到较大偏心荷载。根据计算，偏载架梁主要影响桥墩裂缝，最不利的工况为第一片裸梁 + 施工横风，裂缝宽度最大为 0.13mm。偏载架梁墩身受力计算结果见表 7。

偏载架梁墩身受力计算结果一览表

表 7

施工工况	位　置	横桥向弯矩 (kN·m)	轴力 (kN)	横向抗弯承载力 (kN)	安全系数	e0 (h)	裂缝宽度 (mm)
加第一片梁考虑冲击	墩顶	141065	32825	437301	3.1	0.54	可不验算
	墩底	141065	76371	1156733	8.2	0.16	
第一片裸梁 + 施工横风	墩顶	146465	31115	424748	2.9	0.59	0.13
	墩底	255996	74661	1331179	5.2	0.29	可不验算
加第二片梁考虑冲击	墩顶	24332	41433	289550	11.9	0.07	可不验算
	墩底	24332	84979	270085	11.1	0.02	
2 片裸梁 + 施工横风	墩顶	34537	39663	372999	10.8	0.11	可不验算
	墩底	163412	83209	1176566	7.2	0.17	

四、约束体系设计

左右幅箱梁在各桥墩各有 2 个支座，中墩设置 QZ15000GD、DX 支座，边墩设置 QZ8000DX、SX 支座。根据计算可不采用减隔震支座。支座纵桥向、横桥向的控制工况为地震荷载组合。支座受力计算结果见表 8。

支座受力计算结果一览表

表 8

位　置	工　况	轴力(kN)	纵向剪力(kN)	横向剪力(kN)
支座	百年风标准组合	-10592	3588	3319
	移动荷载标准组合	-13067	3827	3434
	地震作用	-10293	4418	5250

五、结　　语

黄茅海跨海通道中引桥为浅覆水区非通航孔桥梁，采用(6 + 5 + 5) × 100m = 1600m 钢箱连续梁桥，左右幅分离。为抑制风致振动，左右幅钢箱梁之间设置横向连系梁形成整体。主梁采用分幅等截面船形钢箱连续梁，单幅钢箱梁梁宽 18.25m，钢箱梁梁高 4m。下部结构采用整幅式 TY 复合型墩，墩顶采用带悬臂的三角形刚架，墩身截面采用圆端形，顺桥向等厚度 4m。该项目需克服强台风、高烈度地震、强海水腐蚀、高船撞力等不利的建设条件。本文就本桥设计关键技术进行详细论述，可供类似工程项目参考。

参考文献

[1] 谭少华. 港珠澳大桥主体工程浅水区非通航孔桥埋置式承台设计与施工[J]. 中外公路，2014，34(6)：121-126.

[2] 梅新咏，侯健，刘琳杰. 沪通长江大桥非通航孔桥设计[J]. 桥梁建设，2015，45(6)：58-62.

[3] 王华治，冯清海，程德林. 浅谈跨海大桥非通航孔桥结构型式选择的制约因素[J]. 公路，2018，63(7)：193-195.

[4] 潘放. 黄茅海跨海通道总体方案及创新技术[J]. 桥梁建设，2021，51(4)：10-16.

[5] 杜磊，梁立农，孙向东，等. 黄茅海跨海通道工程高栏港大桥结构体系设计[J]. 公路，2021，66(8)：130-136.

7. 黄茅海跨海通道数字化应用案例

万永涛[1] 苟双科[2] 童俊豪[1] 王泽飞[3] 尹之恒[3]
(1. 黄茅海跨海通道管理中心;2. 交通运输部公路科学研究院;
3. 中路高科交通检测检验认证有限公司)

摘　要　黄茅海跨海通道 BIM 与信息化围绕现代工程管理展开,工作分为 BIM 建模及模型应用与信息化协同管理平台两条主线,通过模型应用提升工程的建造水平,为实现工程精益建造提供技术支撑;通过 BIM 协同管理平台,集成工程全阶段、全业务的数据,达到信息共享、管理协同、智能反馈的目的,为实现工程精益管理提供技术支撑。

关键词　数字化　跨海通道　BIM　信息化　项目管理

一、引　言

作为土木工程行业的信息化革命性技术,BIM 引起了各国政府、学者和工程师的广泛关注,在北美、欧洲、英国等发达国家和地区经过了多年的发展和改进。英国政府将 BIM 技术视为智慧城市的载体,2013 年发布的《建筑业 2025》提出了通过应用 BIM 技术将基础设施全生命周期成本降低 33% 的目标。美国提出通过应用 BIM 为美国建筑业每年节省 2000 亿美元的目标。近年来,我国陆续出台相关政策,加大对 BIM 技术的应用力度,推进交通领域新型基础设施建设,推进数字化转型。交通运输部部长在 2021 年全国交通运输工作会议上提出加快发展智能交通,多省(区、市)相继出台 BIM 应用政策,推动 BIM 技术进一步发展。

近年来,BIM 技术在我国公路桥梁工程中得到广泛应用,信息化的价值得到广泛认可。BIM 技术已经成为土木工程的基础工具。在不久的将来,BIM 应用将呈现快速增长的态势。政府和业主在 BIM 技术的应用中发挥着主导作用。未来,BIM 等新兴信息技术的集成应用将成为一个新的方向。BIM 和施工数据资产将在不久的将来成为重要的竞争力。

二、项 目 背 景

黄茅海跨海通道是《粤港澳大湾区发展规划纲要》发布后首条规划建设的跨海通道项目,已列入广东省"十三五"重大工程。项目建成后将大大完善广东省高速公路网,推进粤港澳大湾区基础设施互连互通。

黄茅海跨海通道位于珠海市,顺接港珠澳大桥,起于高栏港互通,跨越 14km 黄茅海海域,终于江门台山市,与新台高速公路、西部沿海高速公路相接,路线全长约 31km,其中跨海段长约 14km。全线设置大跨斜拉桥 2 座,桥梁 21.33km/20 座,隧道 2522.5m/2 座,4 处互通立交。

三、数字化应用需求

黄茅海跨海通道工程规模大、工程类型多、技术难度高、施工组织复杂,这为项目的建设管理带来了巨大的挑战,而数字化、网络化、智能化的政策导向和发展趋势为解决黄茅海跨海通道的管理痛点指明了新的方向。项目在全寿命周期的突出问题和数字化建设需求包括:

(1)大型跨海工程不同业务相对孤立,管理效率难以提升,应全面统筹规划,通过数字化工作打通业务断链,提升工程管理自动化水平。

(2)项目竣工文件数量众多,参建单位众多且驻地分散,传统工程档案管理难度大,应全面应用电子文件与电子档案管理,推动行业"无纸化、移动化、便捷化"提升。

(3)项目建设周期长,工程类型复杂,给项目进度控制和精细管理带来较大挑战,须通过BIM技术提高沟通交流的效率和进度展示的准确性。

(4)需要对人、机、料在整个项目运转中的数据自动化采集、传输和智能化监控,实时掌握现场动态。

四、数字化应用主线

黄茅海跨海通道数字化工作结合实际需求,围绕现代工程管理展开,制订了数字化五大主要工作:标准与咨询、BIM全过程应用、项目协同管理、数字工地和信息指挥,如图1所示。

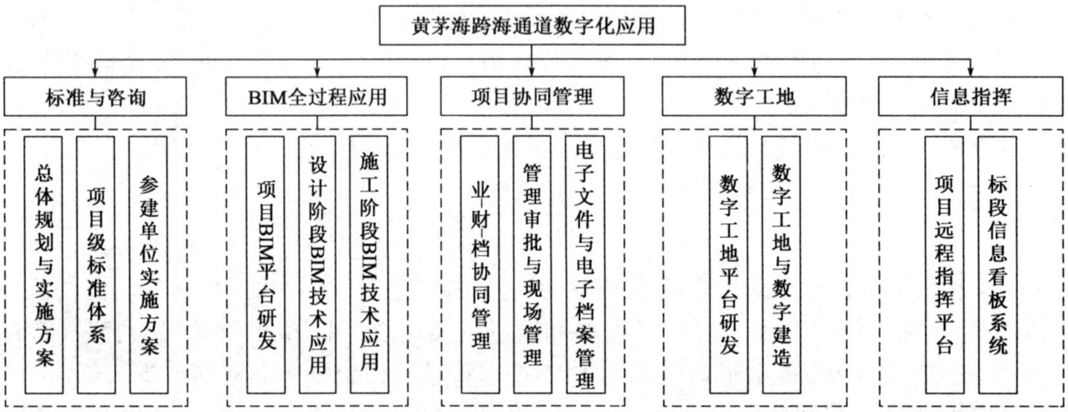

图1 黄茅海跨海通道数字化应用内容

1. 标准与咨询

黄茅海跨海通道数字化的应用点众多。为保证项目数字化工作的统一性、协调性和兼容性,开展了项目标准与规范的制定工作,主要工作内容包括:确定数字化应用目标、工作要求、应用策略;制订项目数字化总体规划与实施方案;制订项目级数字化标准;制订各参建方数字化工作实施方案,如图2所示。同时,通过咨询方的全过程咨询保障数字化工作的有序开展。

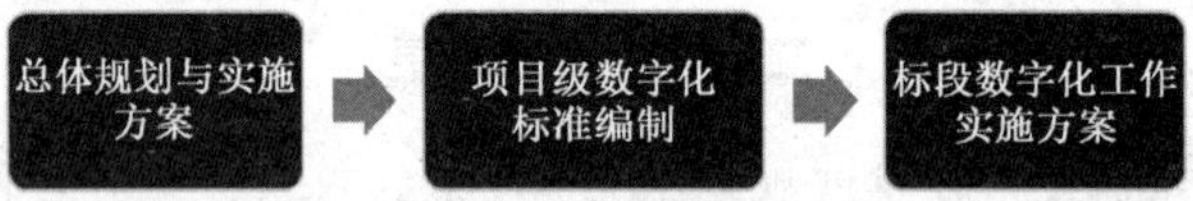

图2 黄茅海跨海通道项目标准体系

2. BIM全过程应用

黄茅海跨海通道通过统一BIM建模平台与建模标准,将设计BIM模型的信息充分传递到施工期,避免施工模型大量重新翻模,解决了施工期BIM技术应用成本高、效率低、信息丢失严重等问题,真正发挥设计期BIM技术成果的价值。在施工阶段通过建立BIM模型与工程编码的映射关系,实现工程进度、质量检验等关键资料及结构化数据的关联,并可通过BIM模型对结构化业务数据进行多维度地筛选、分析和展示,真正改变传统点对点的交流方式,切实发挥BIM协同管理价值。施工阶段BIM模型及相关数据信息将有效传递至运维阶段,为运维阶段工程主体结构养护和运营管理提供数据可视化溯源。在全寿命周期各个阶段,各项业务都有相应的编码体系为主线,实现数据的有效管理,如图3所示。

由于当前三维图形技术的局限性,三维模型平台对计算机及网络的要求较高,导致三维模型难以真正发挥管理价值。黄茅海跨海通道项目对BIM平台技术进行全面升级,支持自动LOD加载,提升平台运行速度、丰富模型显示细节并降低计算机性能需求，提高了三维模型的实用性和落地性。针对传统二维形象进度需人工更新、导致低效且不及时的问题，为实现方便管理者随时随地、实时了解工程最新进度，开发了二维形象进度展示平台，对关键工程进度进行轻量化和实时展示，如图4所示。

图3　黄茅海跨海通道BIM全过程应用

图4　黄茅海跨海通道一体化BIM平台

3. 项目协同管理

黄茅海跨海通道打造了统一的项目协同管理平台，各系统实名认证、统一账号、单点登录，提高了系统使用便利性。项目管理平台集成项目OA模块，各单位通过系统进行管理审批、日志报表发起、周报月报提交和考勤管理等工作，实现项目办公自动化管理；通过建立电子签名服务体系、电子文件应用体系和电子档案管理体系，全面推进电子文件与电子档案应用，推动行业“无纸化、移动化、便捷化”管理，如图5所示。

针对编码拆分应满足各业务管理需求、划分粒度不宜过细和过程中持续维护等要求，黄茅海跨海通道以海上桥梁工程为主体，统筹编制项目标准，明确和统一了单位、分部及分项工程和分项工程量清单的划分细度。在统一工程管理编码的基础上，各业务系统彼此建立联系，实现“工序报验—进度管控—质量监督—计量支付—档案管理”业务主线，驱动参建单位开展工程建设和质量检验等核心工作流程，提升工程管理自动化水平，如图6所示。

全面推进电子文件与电子档案应用(图7)，通过建立数字证书服务体系、项目管理信息化业务体系和电子档案管理体系，实现基建程序管理审批用表、项目收发文、合同造价文件和质量检验文件与业务管理同步产生、同步流转、同步归档，推动行业“无纸化、移动化、便捷化”管理。通过移动CA技术实现桌面端和移动端全平台电子签名，支持随时随地办公审批和工程资料及时签名，极大提升项目管理的时效性和便捷性。

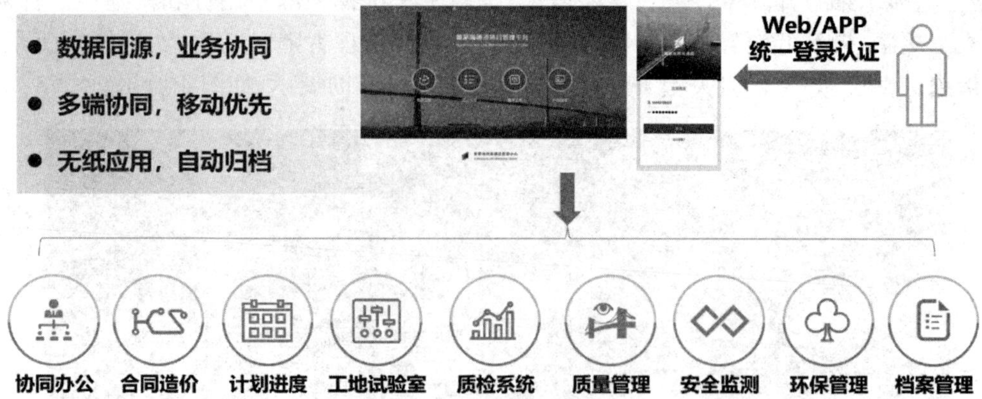

图5　黄茅海跨海通道项目协同管理平台

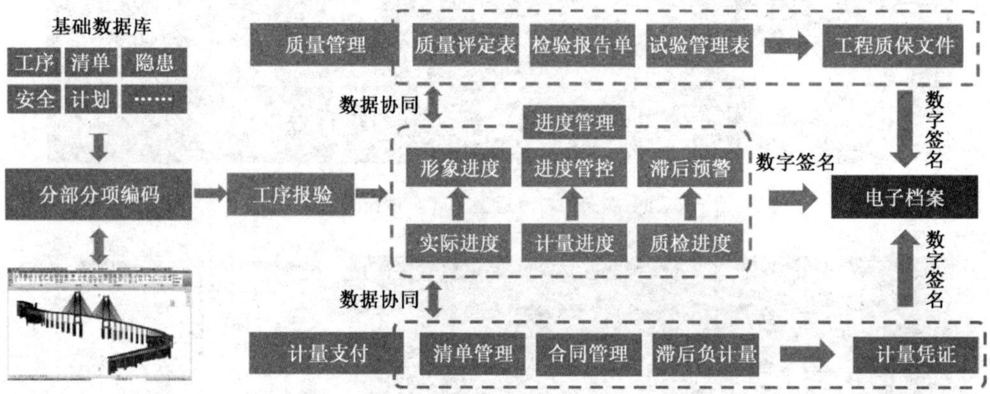

图6　黄茅海跨海通道项目协同管理流程

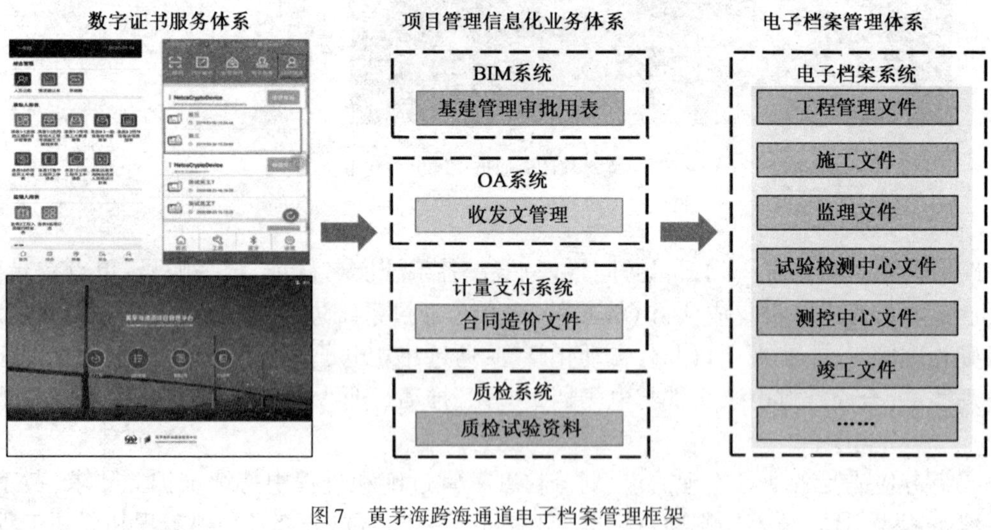

图7　黄茅海跨海通道电子档案管理框架

4. 数字工地

利用工地现场物联网通信基础设施，通过智能传感的方式对施工现场的基本生产要素进行监测，实时采集现场施工数据，监控人员、设备、物料、环境的情况，实现工地现场可视化管控，及时识别和发现施工过程中的风险。以三维数字化技术应用为主线，搭建数字化加工与制造生产线和生产管理系统，实现钢结构智能制造、预制梁数字化生产等方面的应用，实现工业化的生产和管理。黄茅海跨海通道数字工地总体架构如图8所示。

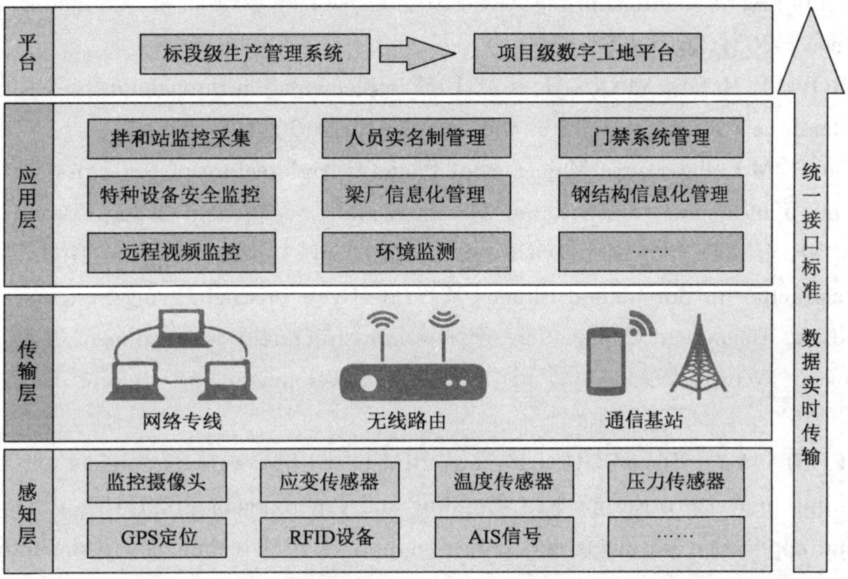

图8 黄茅海跨海通道数字工地总体架构

5. 信息指挥

以项目管理平台和智慧工地平台的数据为基础,研发项目级和标段级信息指挥平台(图9)。通过项目的地理位置、BIM、无人机航拍、视频监控、施工单位上传的业务数据等多维度信息全面掌控项目现场动态,并对多维数据进行切片、切块、旋转、钻取等分析操作,使得参建人员可以从多个角度、多个侧面观察业务数据,从而更加深入地了解包含在数据中的信息,进而实现业务数据动态展示和预警信息在线发布,高效实现项目远程管控和调度指挥。

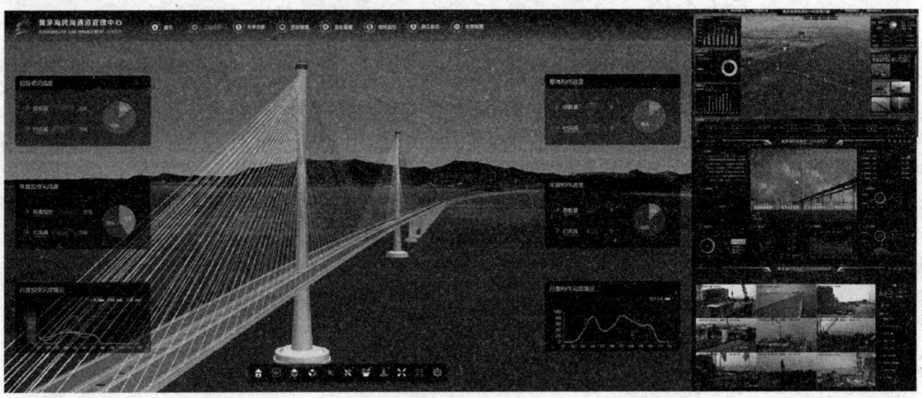

图9 黄茅海跨海通道多级信息指挥平台

五、结 语

黄茅海跨海通道紧跟数字化的发展趋势,针对大型跨海工程的应用场景和管理痛点开展数字化建设,充分提高移动化水平,提高数据自动流转和业务协同能力,提升工程数字化建造水平,提高数据挖掘和辅助决策能力。从数字化的应用成效来看,黄茅海跨海通道已经初步实现了辅助深化设计、提升工程质量、增强协同效率、保障生产安全、推进智能制造的目标,推动了技术创新对产业发展的贡献。

参考文献

[1] ASSAAD R,EL-ADAWAY I H,EL HAKEA A H,et al. Contractual perspective for BIM utilization in US construction projects [J]. Journal of Construction Engineering and Management,2020,146(12):04020128.

[2] DENG M,MENASSA C C,KAMAT V R. From BIM to digital twins: A systematic review of the evolution of

intelligent building representations in the AEC-FM industry [J]. Journal of Information Technology in Construction (ITcon),2021,26(5):58-83.

[3] EADIE R,BROWNE M,ODEYINKA H,et al. BIM implementation throughout the UK construction project lifecycle:An analysis [J]. Automation in construction,2013,36:145-151.

[4] LIN S. Study on BIM Collaborative Management Platform Architecture of Sea-crossing Cluster Engineering [J]. Journal of Highway and Transportation Research and Development,2018,35(08):80-88.

[5] LIU Y, VAN NEDERVEEN S, HERTOGH M. Government's perspective on BIM and Sustainability in transport infrastructure in Europe and China [M]. Life-Cycle of Engineering Systems:. CRC Press. 2016.

[6] QIN S, WANG Y. Theoretical Explanation of New Infrastructure Construction of Transportation Based on the Perspective of Network Economy [J]. Transport Development and Reform Topics, 2021, 43 (05): 30-33.

[7] SANTOS R,COSTA A A,SILVESTRE J D,et al. BIM-based life cycle assessment and life cycle costing of an office building in Western Europe [J]. Building and Environment,2020,169:106568.

[8] WANG G. The application prospects and policy support of BIM technology in the transportation industry [J]. Transportation Construction and Management,2017,(09):46-47.

8. 基于 BIM 的大型跨海工程电子档案协同管理研究

钟有娴[1]　苭双科[2]　何开炳[3]　程　鹏[3]

(1. 黄茅海跨海通道管理中心;2 交通运输部公路科学研究院;

3. 中路高科交通检测检验认证有限公司)

摘　要　电子档案作为项目信息化建设的落脚点,是支撑现代工程管理和工程建设数字化转型的基础。本项目依托黄茅海跨海通道项目,以大型跨海工程电子档案管理需求出发,开展电子档案管理与利用相关研究,提升大型跨海工程电子文件与电子档案管理的规范性和同步性,充分挖掘电子档案在建设管理过程中的真正价值。

关键词　电子档案　跨海通道　数字化　协同管理　项目管理

一、引　言

大型跨海工程建设规模宏大、工程技术复杂、建设周期长、参建单位多、标段所在地分散。基于这些特点,传统档案管理模式在规范性、同步性等方面难以满足项目管理需求,也无法充分发挥电子档案在建设管理利用服务中的价值。近年来,公路工程行业建立了以建筑信息模型(BIM)技术为基础的信息化管理平台,各业务系统在建设过程中生成了大量相互关联的 BIM、业务数据和电子文件,包含了丰富的业务管理信息。电子档案有效存管及开发利用作为大型交通工程项目信息化建设的基础与支点,是支撑现代工程管理和工程建设数字化转型的基础数据信息资源。随着社会的数字化转型,电子文件单轨单套制的相关配套法规、制度及技术逐渐推广逐渐完善并成为趋势,如何有效对接大型跨海工程电子文件及电子档案管理的业务流程,保障大型跨海工程项目收集、整理、鉴定、保管及利用等流程中电子文档的安全、可靠、可信及可用,推进大型跨海工程电子文档单轨单套制的开展,成为交通建设项目档案管理改革的着力点与“抓手”。基于 BIM 技术平台,通过构建相关电子文档协同管理制度规范,探讨相关实现技术,发挥电子档案在工程建设中的科学凭证、技术支持以及数据支撑价值,成为推进基于 BIM 数字技术的大型跨海工程电子档案管理与应用的切入点。为此，本研究拟从技术方法、业务电子文件及电子档案协同管理和利用等维度入手，以基于BIM数字技术的大型跨海工程建设项目电子文档统一管理平台为基础，从制度、规则“软环境”建设到技术平台实现“硬环境”落实等路径，实现大型跨海工程电子文件单轨单套制管理。

二、建设现状

1. 建设工程电子文件归档与电子档案管理制度现状和发展趋势

我国电子文件与电子档案管理的相关研究开展较早，受当时信息技术发展的限制，电子档案长期保存问题难以得到妥善解决。因此，国家相关部门自2002年起陆续出台了有关电子档案双套制管理方面的规定，要求对具有永久保存价值或其他重要价值的电子文件，应当转换为纸质文件或者微缩胶卷同时归档。广东省交通运输厅正式推广应用电子档案“双套制”管理模式以来，已有多个电子档案双套制管理制度落地项目应用。但是，电子档案双套制管理制度需要长期保存两份档案材料，造成了一定的资源浪费；同时，随着建设信息系统日趋成熟，各类高清图像、数据、影像资料和三维模型所占比重越来越大，通过纸张或胶卷难以完成双套制归档。随着时间的推移，信息技术飞速发展，信息产业的标准日渐成熟，备份和迁移技术的完善、容灾和安全技术的发展，为电子档案的长期保存提供了可靠的解决方案。目前，如何结合信息技术的发展情况制定工程电子档案的单套制管理制度，兼顾电子档案的安全性和便利性，已成为现代工程管理的主要问题。

2. BIM 技术现状和发展趋势

BIM技术作为当前信息时代背景下工程建设行业的二次革命，吸引各国政府、学者及工程行业从业者的广泛关注。德国政府将数字化发展作为颠覆性创新技术加速推动，通过政府直接干预等手段确保国家掌握新技术，保证其在竞争中处于领先地位。英国政府把信息化作为物联网和智慧城市载体，发布《建筑业2025》，提出“通过信息化技术应用实现降低建造和运营全生命期成本33%”等目标。美国将基础设施数字化的最高级别定义为“国土安全”，提出了“到2020年为美国工程建设行业每年节约2000亿美元”的目标。近年来，我国相继出台政策加大BIM推广力度。习近平总书记指出要“加快推动数字产业化，依靠信息技术创新驱动”》[①]，地方各省市相继出台BIM推广应用政策文件，旨在推动BIM技术进一步应用普及。总体而言，BIM技术已成为工程建设领域的基本工作方式和入门门槛，BIM应用将呈现快速放量增长态势；政府行业对BIM应用的要求和意识逐渐增强，正成为工程项目全生命周期应用的主导力量；未来BIM与其他技术的集成应用将成为新的发展方向，BIM标准、配套工具及工程项目数据资产是未来的重要竞争领域和焦点。

3. 电子文件与电子档案的应用实施现状和发展趋势

工程建设信息化系统涵盖了电子文件的形成、流转、归档和利用环节，是项目电子档案应用的基础。《电子文件归档与电子档案管理规范》(GB/T 18894—2016)规定，业务系统应该具备形成、收集、整理、归档电子文件的功能，以及保存修改信息，生成归档数据包，跟踪、审计电子文件的功能，为电子文件与电子档案的管理指明了方向。但是，当前工程建设项目信息化系统中电子文件和电子档案的覆盖范围小，不同业务线条之间的电子文件相对孤立，无法形成协同效益，也无法与BIM模型直接关联，极大制约了电子档案的应用价值。此外，信息化系统中的电子文件和电子档案关联了丰富的结构化数据，隐含了具有潜在价值的信息，当前缺乏对于此类数据的分析和利用，阻碍了信息化价值的体现。目前，如何借助先进的手段充分发挥电子文件与电子档案的价值，加强电子档案的利用效率，已成为电子档案在工程建设领域应用的关键。

---

① 习近平：敏锐抓住信息化发展历史机遇 自主创新推进网络强国建设[N]. 人民日报，2018-04-22(01)。

三、大型跨海工程项目电子文档管理协调实现技术

黄茅海跨海通道开展适用于大型跨海工程的编码映射体系构建研究，各业务系统通过电子档案和结构化数据彼此建立联系，实现“进度管控—质量监督—计量支付—档案管理”协同应用，以电子档案为凭证，驱动工程进度、计量支付、质量检验等核心工作流程，发挥电子档案在业务管理中的凭证、管理及科研支撑的信息价值。

1. 电子文件与进度管控协同

施工文件的主要资料以分项工程为单位，建立分部分项工程编号与BIM构件编码的映射，实现BIM构件下关联施工资料，当构件完工时，系统自动对需要归档的资料进行预警，保证归档工作的及时性与完备性。

2. 电子文件与质量管理协同

质量管理中的大量质检表格是档案管理的重要组成部分，通过在质量文件的管理流程中引入电子数字签名，实现质量管理过程中质检资料的同步归档，档案管理与工程质量管理同步，加强档案过程管理，最大限度减少档案后补现象。

3. 电子文件与计量支付协同

计量支付业务中大量的附件都是隶属于档案文件，通过数字签名，在质量管理业务同步归档时，将与计量相关的资料同步导入计量支付系统，作为每期工程计量支付的重要支撑文件，实现档案资料利用价值的最大化。

4. 以电子文件为凭据驱动业务协同应用

以项目业务为基础，以计量卡控为目标和手段，推行“进度管控—质量监督—计量支付—档案管理”一体化的协同管理(图1)。系统以工程进度、质量检验和计量支付所形成的电子文件和电子档案为凭证，进行自动化地计量或扣款，在保障电子文件同步产生、同步整理、同步收集和同步归档的同时，驱动参建单位开展工程建设和质量检验等核心工作流程，提升工程管理自动化水平。

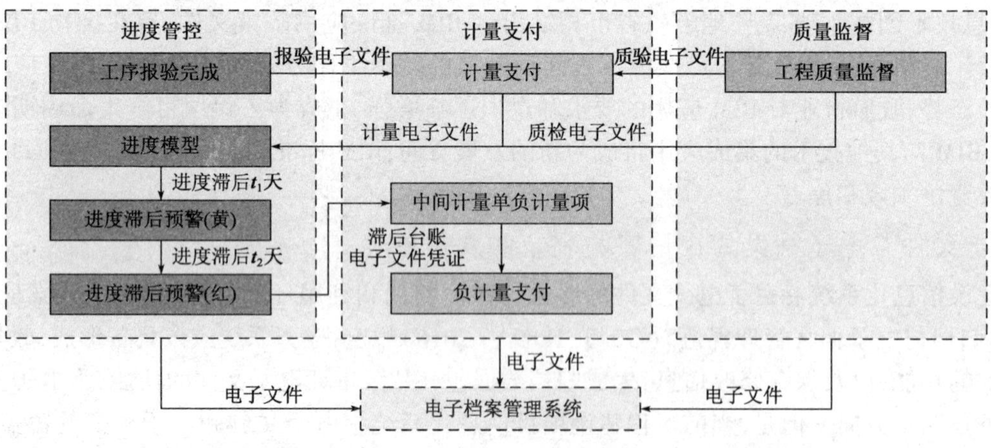

图1 以档案为凭据驱动“进度管控—质量监督—计量支付—档案管理”协同管理

四、基于BIM技术的大型跨海工程电子档案利用

在传统档案管理系统的基础上，建立档案编号与构件编码的映射关系，依据编码映射关系建立全线三维BIM模型。开发大型跨海工程BIM+电子档案应用平台(图2)，将业务管理过程中生成的电子档案文件自动关联到构件模型上，实现三维化的档案管理，将工序、进度、计量、质检等通过协同管理平台有效

地融合到工程建设业务中。同时,通过对结构化的电子档案数据进行分析,充分挖掘电子档案数据,更好地服务项目建设、运行和管理。

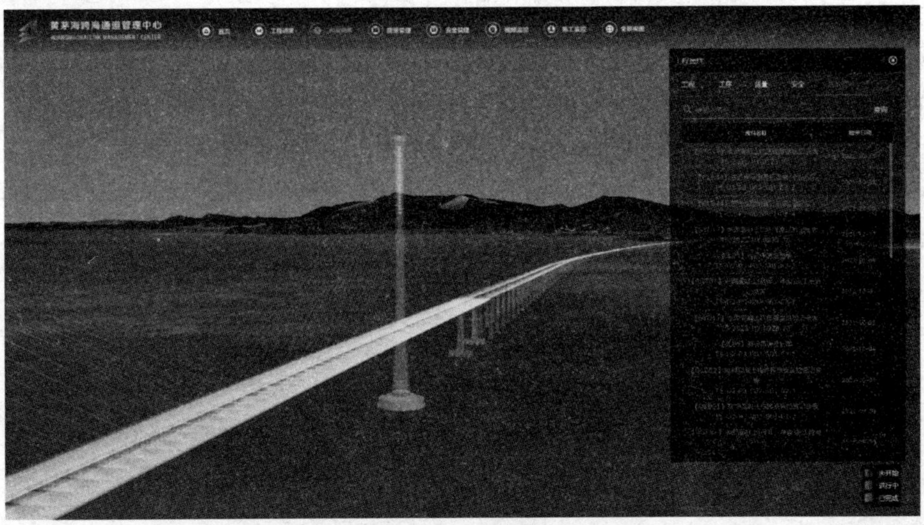

图2 大型跨海工程 BIM + 电子档案利用平台

在符合公路工程质量检验评定标准的前提下,提出一套同时满足项目管理、模型创建和档案管理需求的大型跨海工程编码体系。基于编码体系建立全线的三维 BIM 模型,以构件为单元集成质量、安全、进度、造价等结构化数据,实现三维化的信息模型。在传统档案系统的基础上,建立档案编号与构件编码的映射关系,将关键档案文件自动关联到构件模型上,支持通过工程编码或 BIM 模型直接查看构件相关的电子档案,提升电子档案利用效率。

五、结 语

电子档案与核心业务流程的充分协同,解决了传统工程档案在规范性、同步性方面的困难,极大提高了业主进行电子档案管理的质量和效率,驱动参建单位开展工程建设和质量检验等核心工作流程,提升工程管理自动化水平。业务系统在建设过程中生成了大量相互关联的 BIM 模型、业务数据和电子文件,包含了丰富的业务管理信息。通过数据挖掘分析等手段,更好地服务项目建设、运行和管理。

参考文献

[1] AL QADY M, KANDIL A. Document management in construction: Practices and opinions [J]. Journal of Construction Engineering and Management, 2013, 139(10): 06013002.

[2] CHEN G. Analysis of the Difficulties and Countermeasures in the Management of Rail Transit Project Archives [J]. Standardization of Engineering Construction, 2021, (09): 85-87.

[3] FERNANDO H, HEWAVITHARANA T, PERERA A. Evaluation of Electronic Document Management (EDM) systems for construction organizations [C] // 2019 Moratuwa Engineering Research Conference (MERCon), 2019.

[4] LU Y. Documents Classification and Coding System of Construction Projects [J]. Journal of Tongji University, 2003, (11): 1364-1368.

[5] SHEN Q. Discussion on the Impact of Big Data Era on Highway Archives Management [J]. Inside and Outside Lantai, 2021, (26): 76-78.

[6] SUN D. Thoughts on Standardizing the Management of Highway Engineering Archives [J]. Shanxi Archives, 2021, (02): 37-38.

[7] WANG L. Discussion on Expressway Engineering Archives Management Mode Based on BIM [J]. Fujian Transportation Technology,2020,(03):179-183.

[8] YANG J. Analysis on the Problems and Improvement of the Information Management of Traffic Engineering Archives [J]. Heilongjiang Archives,2021,(04):168-169.

[9] ZHANG Z,WANG Q,ZHOU C. Summary of Development Architecture of Traffic Construction Project Archives Information Management System Integrating BIM + GIS Technology [J]. Journal of Information Technology in Civil Engineering and Architecture,2021:1-5.

[10] ZHAO X. Discussion on Current Situation of Highway Engineering Archives and Innovation in Information Management [J]. Heilongjiang Archives,2021,(03):124-125.

9.基于“平安百年品质工程”要求的跨海通道工程创新措施研究

宋轶骏[1] 刘汉勇[1] 赵 冉[2]

(1.交通运输部公路科学研究所;2.西南交通大学)

摘 要 以工程建设质量提升为目标开展技术创新和管理创新,是交通基础设施建设领域落实交通强国建设的必然要求,也是推动行业现代化转型升级的必经之路。交通运输部以推动公路水运工程建设高质量发展为目标,提出打造“平安百年品质工程”要求。黄茅海跨海通道工程作为第一批“平安百年品质工程”创建示范项目,结合跨海工程建设特点,明确多项重点创新创建方向,通过工程设计创新、四新技术应用、现代化工程管理等探索实践,为推动行业技术进步提供经验借鉴。

关键词 黄茅海跨海通道 平安百年品质工程 创建示范 现代工程管理 交通强国

一、引 言

我国公路基础设施经历了多年的大规模建设阶段,公路路网逐步完善,基本满足了社会经济发展需求,工程建设逐步由规模增长向质量提升转变。随着供给侧结构性改革、质量强国、交通强国等一系列国家发展战略提出,公路基础设施建设行业亟待向高质量发展转型升级。2019 年,党中央、国务院正式发布《交通强国建设纲要》,明确提出“基础设施规模质量、技术装备、科技创新能力、智能化与绿色化水平位居世界前列”的发展目标,要求“构建现代化工程建设质量管理体系,推进精品建设和精细管理”。交通运输部按照交通强国建设要求,以 2015 年开展的公路水运“品质工程”建设经验为基础,进一步提出“平安百年品质工程”建设理念,并依托一批重大工程建设项目开展了“平安百年品质工程”创建示范。作为交通运输部遴选的第一批创建示范项目,黄茅海跨海通道工程将“平安百年品质工程”建设目标融入工程建设全过程,以期通过管理创新、技术创新和创新成果试点试行,为今后跨海工程打造“平安百年品质工程”提供经验借鉴。

二、工 程 概 况

黄茅海跨海通道工程线路全长约 31km,跨海段长约 14km,跨海段设置一座三塔斜拉桥(黄茅海大桥),跨径布置为 100m + 280m + 2 × 720m + 280m + 100m,为标志性工程;另设一座双塔斜拉桥(高栏港大桥),两座大桥中心间距不足 3500m,索塔结构形式采用混凝土变截面独柱型索塔,主梁采用分离式钢箱梁。全线采用六车道高速公路标准建设,设计速度为 100km/h,设计荷载:公路—Ⅰ级。

三、“平安百年品质工程”要求和内涵

1.“平安百年品质工程”要求

2015 年，交通运输部提出在公路水运工程建设领域打造“品质工程”，明确以“优质耐久、安全舒适、经济环保、社会认可”为建设目标，追求工程内在质量和外在品味的有机统一。2018 年，交通运输部首次提出开展“平安百年品质工程”建设研究，突出“提高工程耐久性和使用寿命”的目标，组织科研单位、高校、专家团队、重点工程建设项目开展了相关政策、技术方面的研究攻关。《交通强国建设纲要》发布后，交通运输部将“平安百年品质工程”建设作为工程建设领域落实交通强国发展要求的主要载体，遴选 87 个项目开展创建示范，明确要求“围绕建设百年工程的目标”，从设计、施工组织、材料、工艺工法、机具装备、检测监测、智能技术应用等方面开展创新创建，以期形成提升工程安全性和耐久性的创建成果。

从政策导向方面来看，“平安百年品质工程”的创建工作首先要响应交通强国建设要求，重点体现“精细管理和精品建造”，明确具体的创建目标和创建思路。其次，“平安百年品质工程”是以品质工程建设理念为基础，进一步聚焦工程建设质量和耐久性提升，以创新为核心驱动，形成一系列创新示范成果，为后续工程建设质量管理和技术水平提升提供借鉴依据。

2. 具体内涵

1)工程优质耐久

质量耐久是当前工程建设相关各行业发展的核心目标，也是“平安百年品质工程”建设的最终需求。“平安、百年、品质”分别代表了工程本质安全、长寿耐久和内优外美的建设要求，也体现了工程建设质量管理目标的三个层面。

(1)第一层面：质量达标层面。按照目前行业政策法规和相关标准规范，主要以关键质量指标参数试验检测合格率作为评判标准，确保工程建设质量满足现行标准规范要求，既是业主评定承建单位是否履行合同相关质量管理约定的前提，也是政府部门判定工程是否满足可通过验收、投入运营的主要依据。

(2)第二层面：质量提升层面。质量提升是工程质量管理的更高要求，除依托技术进步外，目前行业围绕质量提升管理的多方面开展了探索。如提高关键指标参数的合格率要求、通过综合性的量化指标倒逼各项参数提升、制订构件表观质量评定方法以提升施工的精细化水平等，均是推动质量评定从合格率向满意度跃升的措施。

(3)第三层面：全寿命周期质量管理层面。全生命周期理念源自材料、工业制造和交易经营等领域，近年来逐步向工程建设领域延伸。以往的工程全寿命周期质量管理理念覆盖工程设计建设到运营各阶段，而全寿命周期质量管理理念范围更加广泛，涵盖自工程需求规划至工程达到设计使用年限，甚至延展至工程拆除回收，将质量管理要求融入全过程，从工程建设需求提出伊始，即在各阶段考虑下一阶段工程管理需求，该层面是“百年工程”建设应有的管理理念，也是确保工程耐久性的必然要求。

2)发展工业化建造模式

推动实现工业化建造是当前工程建设领域对于确保工程质量、提升建设效率、保障安全生产的一致共识。工业化建造是以标准化设计、标准化施工为前提，基于现代化生产加工设备、运输安装设备、信息化技术、新型工艺工法等多方面发展和融合，进一步推动以“自动化减人、智能化换人”为目标实现的管理创新、设计创新和相应的技术改进。

工业化建造模式主要有 5 个方面的优势：一是确保工程质量，通过工厂集约化生产管理模式，提升源头质量把控力，避免现场因素导致的质量缺陷；二是提高生产效率，可实现多环节同步推进，将现场施工转换为“后场预制 + 现场安装”，减少了现场作业工期；三是减轻用工难问题，在多个环节采用机械设备代替传统人工作业，减少现场工人数量；四是降低成本，在多数运输、施工条件适宜地区，采用工业化生产模式，虽然导致施工前期投入增加，但在公路工程长达数年的建设周期内，可有效降低人工成本和工期成

本,综合来看,能够实现直接经济成本的节约;五是保障安全,安全生产是底线,工业化施工有效减少人员参与高风险作业环节,大大降低施工过程中的各类风险,保障人员生命安全。

3)发挥创新驱动作用

创新是各个行业现代化转型发展的核心要义,"平安百年品质工程"创建示范工作的重要要求则是发挥创新对工程建设质量的促进作用。"平安百年品质工程"创建示范对于创新的要求分为两个方面:一方面是要针对工程建设需求和难点,组织开展针对性的科研攻关,通过前期研究形成相对适用的创新成果,支撑工程建设的有效开展;另一方面是将行业最新的技术发展成果,依托工程项目开展试行应用,在工程建设过程中不断总结、提炼、改进,以点带面,不断推动创新成果实现广泛应用,最终形成可复制、可推广的经验,实现行业技术的更新迭代。

4)实施现代化工程管理

随着工程建设理念的变革和建造技术的进步,实施现代化工程管理符合工程建设由传统粗放型向现代化精细型转变,现代工程管理广义上是依托信息化、数字化技术革新传统管理模式,加快决策信息和反馈信息传导,打通数据传递壁垒,实现工程管理的可视化,而其本质仍是"以人为本"。现代化工程管理的基础首先是明确参建各方职责,将各项工作职责压实到单位、到个人,其次是通过信息化管理手段,将传统"明确目标计划—执行—过程检查—采取措施"转变为"实时监控—协同决策—及时纠偏",实现工程各参与单位的协同作业和各类信息的同步传递及溯源,全面提升工程建设过程中管理效率和可视化管理水平。

四、工程建设特点和创建重点分析

1. 面向三塔斜拉桥的结构设计

黄茅海跨海通道属于重大跨海工程,在前期工作中充分考虑地标性建筑美学和海域通航需求,通过组织设计竞赛,确定了独柱异型索塔斜拉桥建筑设计方案。除建筑设计外,跨海斜拉桥更需要重点考量工程的力学性能和施工方案。

项目标志性单体工程黄茅海大桥,是超大跨独柱塔双索面三塔斜拉桥,主跨720m。目前国内外修建的多塔斜拉桥多为三塔形式,如国内的武汉二七长江大桥、国外的苏格兰福斯新桥等。由于三塔斜拉桥中间塔两侧既无辅助墩,也没有端锚索来限制其水平位移,这使得结构整体刚度偏小,因而如何提高黄茅海大桥整体竖向刚度是结构设计关键。表1列出国内外三塔斜拉桥提高刚度措施,均为多塔斜拉桥设计提供了一定的借鉴经验。

国内、外三塔斜拉桥提高刚度的措施　　表1

序号	桥　名	国家	桥塔间跨径(m)	提高刚度的结构措施	通车年份(年)
1	梅斯卡拉桥	墨西哥	311+300	边跨设置辅助墩	1993
2	香港汀九大桥	中国	448+475	中塔塔顶增设纵向加劲索	1998
3	夷陵长江大桥	中国	2×348	距边跨跨端1/3跨长位置设置2个辅助墩,边跨索距由标准索距8m减小到5.5m	2001
4	武汉二七长江大桥	中国	2×616	边跨设置2个辅助墩	2011
5	马鞍山长江公路大桥右汊	中国	2×260	边跨设置1个辅助墩	2013
6	苏格兰福斯新桥	英国	2×650	将主跨跨中的斜拉索交叉锚固	2016
7	蒙华洞庭湖大桥	中国	2×406	设置中塔稳定索	2019

此外,黄茅海大桥主梁采用中央开槽的分体式钢箱梁,由于大桥地处超强台风频发登陆区域且采用大跨度斜拉桥,对风荷载敏感系数高,所以风荷载成为控制桥梁设计的主要因素。如何有效控制分体式钢箱梁的涡振是建设面临的挑战之一。近年来,桥梁结构抗风防灾设计在国内桥梁结构设计领域得到广

泛关注,国内外诸多学者对相关内容开展了研究与应用,但工程经验和试验或建造数据等仍需进一步的实践与积累。

因此,结合黄茅海跨海大桥建筑设计特点,综合国内外相关成果经验调研,可对独柱三塔斜拉桥开展重点开展力学设计创新和应用,结合科研成果和建设实践,进一步积累技术数据、设计经验,逐步形成成熟适用的设计方法,可为今后类似工程结构设计提供经验借鉴。

2. 面向跨海工程的工业化建造

工程建设领域普遍围绕标准化和工业化建造模式开展了探索与创新,在以往标准化桥梁上部构件和小型预制构件预制基础上,部分项目创新应用了小型桥涵、桥梁下部构件等预制装配化施工工艺。广东省交通运输厅大力推广重点工程建设项目应用钢筋部品化施工工艺,通过钢筋后场部品化预制,现场机械连接安装,实现钢筋精准制安,提升钢筋保护层、钢筋间距等关键指标保障水平。

黄茅海跨海通道现场运输条件较好,且提前建设了海上钢栈桥,为在墩柱钢筋施工方面全面推广采用钢筋部品化工艺提供了条件,而独柱异型索塔各节段钢筋用量大,以往工程限于机械设备条件、预制加工精度等技术制约,整节段钢筋部品化预制吊装工艺尚未得到普遍推广。同时,海洋腐蚀环境建设条件,要求项目需采取耐久性保障措施,除应用传统海工混凝土外,对于钢筋的保护采用环氧钢筋工艺,环氧钢筋涂层在加工、运输环节,极易遭到破坏,目前行业尚未有效应用环氧钢筋部品化工艺。因此,项目可将环氧钢筋部品化和独柱异型索塔钢筋部品化作为创新重点开展攻关研究和应用,以期通过全面推广使用环氧钢筋部品化工艺,通过工艺创新改进,进一步深化发展工业化建造模式,提升工程施工精细化水平和建设质量。

3. 基于标准化设计的智能建造

当前,不论管理部门政策导向还是行业发展趋势,智能建造是工程建设领域重要的发展方向之一。行业在预制梁场标准化建设方面已有了大量经验,各项目已普遍应用一系列数控加工设备。而进一步串联数控加工设备,化工点为流水线,打造流水线式生产模式,辅以智能管控技术,实施智能分析、阈值预警、实时反馈,并利用信息化管理技术,畅通数据传导和远程决策,实现智能化加工生产管控,是预制梁场向智慧梁场升级的主要路径之一。项目在设计阶段着力推进标准化设计,除两座斜拉桥及引桥外,其余桥梁尽量采用标准桥型。因此,项目在小箱梁和节段梁预制方面存在一定的需求量,为实现预制构件的高效、高质量生产,发挥标准化设计价值,打造智慧梁场既满足智能建造发展趋势,也符合项目建设需要。

4. 面向现代工程管理的数字化技术

在公路基础设施建设中,普遍存在项目层面信息化管理程度低、信息传递效率低和信息不对称、不及时的问题,打造集约化的信息管理平台是践行现代工程管理的必要措施。BIM 技术在工程建设领域被广泛提及和应用,但在交通基础设施领域仍处于探索起步阶段,各地、各项目 BIM 技术应用的深度和成效存在明显差异。依托 BIM 技术不仅可实现工程可视化模拟、设计检查复核、数据传导,还可搭建基于 BIM 技术的信息化协同管理平台,实现参建各方信息协同管理,也有助于逐步探索形成基于 BIM 技术的全生命周期工程管理模式。BIM 技术在公路基础设施领域的应用价值和前景,仍有待工程经验的积累和检验。黄茅海跨海通道项目作为重大工程建设项目,参建单位多、工程结构复杂、各方协调需求高、施工精度要求高,因此,须采用 BIM 技术开展设计、施工管理、建造模拟优化等多方面的探索与实践,并进一步挖掘 BIM 技术在工程建设应用方面的潜力,为 BIM 技术的逐步完善提供经验。

五、创建"平安百年品质工程"的主要措施

1. 跨海斜拉桥设计创新

项目基于设计竞赛成果形成的独柱异型索塔三塔斜拉桥设计形式为基础,经充分调研、评估,明确以"跨海斜拉桥设计创新"为示范主攻方向,除实现建筑设计美感外,综合考虑施工可行性、防灾性及力学合理性,进一步细化创建任务,将力学设计优化作为设计创新核心。跨海斜拉桥力学设计主要从提高刚

度和降低涡振两个方面进行考量。

(1)针对抗风设计,项目首先制订了技术实施路线,明确采用设计经验借鉴、风洞试验、数值模拟等综合措施,不断优化抗风设计。通过"初步设计断面—基本气动特性试验—气动措施尝试—不同推荐断面—断面优化—最终断面气弹试验"路径,确定抗风设计参数。基于观测信息、历史数据和反演分析,明确了跨海斜拉桥强台风取值标准;针对中央开槽箱梁断面进行弹簧悬挂节段模型风洞试验,通过车桥耦合分析等技术手段,明确了涡振控制标准,并根据试验结果,研究提出了开槽上表面增设抑涡格栅、封闭检修道栏杆、箱梁内侧增加导流板、增设具有一定透风率的中央下稳定板、增加扭转阻尼比至0.5%、箱梁开槽上平面增设水平隔涡板、左右幅外侧设置风嘴+中央槽两侧设实心隔涡板、"倒L形翼板""水平翼板"等综合气动措施方案。

(2)在提高刚度方面,三塔斜拉桥竖向刚度最常采用的措施是设置辅助墩和加劲索,项目充分调研了国内外行业典型经验,结合"辅助墩设置数量和位置、斜拉索刚度、辅助索和交叉索布设、约束体系影响",并尽量保持三塔高度一致,综合开展竖向刚度设计研究。三塔斜拉桥通过设置5对中塔辅助索提高结构整体刚度39%,且锚固在主梁连接箱,避免与斜拉索交叉,提高施工便宜性和安全性;在边跨增加1个辅助墩,使主梁挠度降低35%;中塔处纵向约束设计采用弹性索,并对索塔处弹性索进行张拉,弹性索为规格7-265的高强平行钢丝,抗拉强度为1860MPa。综合多项力学设计优化创新,有效提高了斜拉桥结构体系刚度和抗风能力,使黄茅海大桥可抵抗17级台风影响,并保证整体结构一致美观。

2. 钢筋部品化工艺的创新与推广

在工业化建造方面,项目明确将钢筋部品化作为创新推广工艺,并进一步创新开展环氧钢筋部品化和独柱异型索塔钢筋部品化工艺技术攻关。

(1)攻克环氧钢筋部品化工艺难题,环氧钢筋采用立式部品加工,配置标准化钢筋绑扎胎架,提高整体刚度控制能力;创新部品钢筋加固装置,由钢管加固架及不锈钢卡扣组成,利用不锈钢卡扣代替焊接,避免造成涂层破坏;部品钢筋定位板由顶定位板、底定位板及箍筋定位板组成,创新夹片自锁式吊架,解决钢筋绑扎和吊运过程可能造成的破坏;利用塑料材质垫块防止环氧钢筋部品存储、运输造成的磨损。通过一系列技术创新和应用,有效解决了环氧钢筋部品化在安装、焊接、存储、运输、吊装等过程中易破坏防腐涂层等问题,实现环氧钢筋部品化工艺成功应用,有效保障工程耐久性。

(2)实现索塔钢筋部品施工,在索塔大桩号侧平台布置钢筋部品预制场地,设置型钢+钢板组合成调平平台;根据对塔柱造型变化的模拟,钢筋绑扎平台设计标准段、曲线段及调节段,平台上下共设置3个操作层,每个操作层平台高度为2m;劲性骨架设计根据塔柱进行分节并加工成倾斜架体,利用塔式起重机将后场预制的骨架片置于放点位置;在绑扎平台上进行轴线放点,按预先设定的高程铺好钢筋定位尺板,并在上一节段顶部按设定的高程进行钢筋间距调整,在绑扎平台上按照定位齿板进行主筋及箍筋的绑扎,并在上、下节段端部分别在轴线位置标记好对位钢筋;吊具采用八边形结构,可适应不同形状钢筋节段的变化,大吊具上方设置8个吊点,下方均匀对称设置16组小吊具,确保每组吊具承受钢筋重量基本一致;吊具起吊至部品钢筋上方,调整对接位置,将锥套夹片与主筋锁紧连接,检查并调整螺旋扣受力情况,确保每个小吊具均能有效受力,大吊具整体受力基本平衡;匀速起吊部品钢筋至索塔上方进行对接;通过轴线上的钢筋定位工装将上下节段钢筋调至重合,将主筋依次用锥套进行连接,最后绑扎剩余钢筋。索塔钢筋部品施工技术的成功实施,进一步提高索塔施工效率和工程质量,成效显著。

3. 智慧梁场建设技术创新和应用

针对黄茅海跨海通道小箱梁和节段梁预制生产需求,项目将打造智慧梁场作为创建示范工作之一,着力打造小箱梁和节段梁2个智慧预制梁厂。

(1)建设预制小箱梁智慧梁厂。依托2552片小箱梁生产任务,建设预制小箱梁智慧梁厂。项目在充分调研了深中通道、合枞高速公路等重点项目环形生产线智慧梁场建设经验,并会同设计、监理、一线劳务作业班组等单位针对实施细节进行探讨,制订了智慧梁场创建方案和智慧梁场管理操作平台,拟定采用“5+1模式”即“智能液压模板固定预制+智能蒸汽养生+智能可移动底模+智能张拉压浆+智能喷淋养生+梁板、底模可移动式环形生产线”的布局方式,在引进液压模板、移动台座、智能张拉压浆设备、智能钢筋加工设备、门式起重机运梁车、架桥机等设备时,与协作单位共同研究明确设备定制需求,智能蒸汽养生引进了生物燃料蒸养技术,蒸养过程中不产生残渣、不排放有害气体,节省了煤渣堆放用地,大大降低对空气的污染。通过采用环形生产线,使工效提升150%,梁体养生提升效率400%,一条环形生产线平均每天可出一片梁,且大幅度提升预制梁质量。

(2)预制节段梁智慧梁厂。依托2270片节段梁生产任务,建设预制节段梁智慧梁厂。采用BIM技术建立了各类型节段梁钢筋模型,进行钢筋、预应力建模分析,检查钢筋碰撞、钢筋设计尺寸,获取钢筋加工参数,优化钢筋套料,计算出加工单组合下料的最优方式,再结合实际情况进行局部微调;采用智能弯曲中心等设备,将钢筋下料参数导入设备中进行自动下料,提高下料精度;引进钢筋网片成型机,提高顶、底板钢筋加工的效率和质量;由专业模板厂家设计并加工钢筋绑扎胎架,提高钢筋骨架绑扎精度;对钢筋笼吊具进行强度、刚度验算,控制吊装过程中骨架变形;根据每日产能进行智能排产,在梁场管理系统中,自动显示钢筋绑扎台座、预制台座、存梁台座的编号、位置、目前施工状态,便于整体分析各台座的施工工效,整合资源。

4. BIM技术在现代工程管理中的应用

项目建设之初,将BIM技术作为助推实现工程建设标准化、管理信息化、过程可视化的重要措施之一,并列为“平安百年品质工程”创建示范重要的主攻方向。

(1)实现项目BIM技术标准化应用和管理,提前组织咨询单位介入项目的BIM技术咨询工作,研究编制了《黄茅海跨海通道信息化工作管理办法》作为项目BIM信息化工作实施和管理的依据;编写了《黄茅海跨海通道BIM技术应用与咨询服务总体规划及实施方案》,明确项目BIM及信息化技术的应用范畴、工作内容、各参建方的职责及工作实施方案,再由设计、施工、试验检测单位分别编制本单位BIM技术和信息化实施方案,实现BIM技术在主要参建单位中的全覆盖;项目标准制定方面,主要包括《黄茅海跨海通道BIM建模及交付标准》《黄茅海跨海通道 BIM 分类与编码标准》《黄茅海跨海通道施工期BIM及信息化技术指南》《黄茅海跨海通道 BIM 协同管理平台数据及接口标准》和《黄茅海跨海通道信息化工作管理办法》等。

(2)搭建并使用基于BIM的一体化项目协同管理平台,写入项目协同办公审批、监理旁站巡视报表、参建单位月报、安全管理、环保管理、电子档案等各类所需功能;采用成熟的HCS软件进行合同造价管理和计划管理,基于统一的信息化管理工程编码库将进度信息与BIM模型进行关联,可实时查看关键单位工程进度信息的BIM形象进度模块;采用微柏的成熟系统进行工地试验室和质检管理,关联监控摄像头、自动化数控试验检测设备等,实现试验、检测过程实时管理等。

六、结　　语

黄茅海跨海通道作为第一批“平安百年品质工程”创建示范项目,明确将“一流管理、一流设计、一流施工、一流技术、一流团队”五个一流建设,打造一流“平安百年品质工程”作为建设目标,按照交通运输部关于“平安百年品质工程”建设要求、深度挖掘创建示范目标、内涵、理念,结合工程建设特点和行业发展趋势需求,提前谋划开展“平安百年品质工程”创建示范各项工作,除本文提出的几项重点创新目标外,明确了五大主攻方向和相应的细化任务,为后续项目落实“精细管理与精品建造”、创建“平安百年品质工程”打好基础。

参考文献

[1] 廖弘.浅谈建筑施工中的工程质量把控[J].绿色建筑,2014,3:62-64.

[2] 甘昊杰,贾若东.工程项目管理中的SMART原则[J].物流工程与管理,2012,2:101-102.

[3] 董文斌,朱双娜,张伟.工程质量管理标准化评价体系研究[J].工程质量,2018,36(3):1-5.

[4] 邵长宇. 夷陵长江大桥三塔斜拉桥结构体系及性能研究[J]. 工程力学,2000,2(A02):272-277.
[5] 鲜荣,徐源庆,刘得运,等. 黄茅海超大跨三塔斜拉桥结构体系研究[J]. 桥梁建设,2021,51(6):9-15.
[6] 曹珊珊,雷俊卿,李忠三,等. 多塔斜拉桥刚度分析[J]. 2012,40(1):55-59.
[7] 方根深,杨詠昕,葛耀君,等. 半开口分离双箱梁涡振性能及其气动控制措施研究[J]. 土木工程学报,2017,50(3):74-82.
[8] 钱国伟,曹丰产,葛耀君. Π型叠合梁斜拉桥涡振性能及气动控制措施研究[J]. 振动与冲击,2015,34(2):176-181.
[9] 李永乐,侯光阳,向活跃,等. 大跨度悬索桥钢箱主梁涡振性能优化风洞试验研究[J]. 空气动力学学报,2011,29(6):702-708.
[10] 周明生,曾炜,奉思东,等. 超高索塔钢筋网片成型与部品装配技术研究[J]. 施工技术,2021,50(9):41-44,56.
[11] 宋佳,李志武,白聪敏,等. 不同竖向连接技术对高层装配整体式剪力墙结构底部加强部位的适用性研究[J]. 施工技术,2020,49(5):34-40,118.
[12] 刘均利,张聪,薛飞宇,等. BIM技术在重庆曾家岩嘉陵江大桥设计中的应用[J]. 世界桥梁,2020,48(2):71-76.
[13] 吴巨峰,祁江波,方黎君,等. 基于BIM的桥梁全生命期管理技术及应用研究[J]. 世界桥梁,2020,48(4):75-80.
[14] 王凤起. BIM技术应用发展研究报告[J]. 建筑技术,2017,48(11):1124-1126.

10. 超级工程的施工质量安全管理

孙立洲 孙文晋
(黄茅海跨海通道管理中心)

摘 要 超级工程的施工质量安全管理是一个复杂的、开放的、动态的系统工程,相较于常规项目,具有更大的难度和挑战。黄茅海跨海通道是继港珠澳大桥、深中通道等之后的又一超级工程,项目采取科学的质量安全管理措施,坚持全寿命周期的理念、建立全方位的质量安全管理体系、广泛应用最新优秀科技成果、集中力量开展创新技术攻关、培育大国工匠,打造"平安百年品质工程"。

关键词 现代工程管理 超级工程 黄茅海跨海通道 工程质量 施工安全 品质工程

一、引 言

科学技术的发展带动生产力的提高,人们改造自然的能力得到进一步加强,将不可能变为可能,人们日益增长的物质文化需求催生出大量的超级工程。超级工程的建设规模宏大、投入巨大、技术复杂、影响地域广泛、影响人口众多,有着常人难以想象的建设难度。同时超级工程具有鲜明的时代性,是庞大技术细节和高度风险集成的多维综合体,也是逼近工程管理者认知极限的突破性创新工作,故超级工程的施工质量安全管理作为工程顺利开展的前提与核心,也有着异于常规项目的特点。

二、超级工程施工质量安全管理特点

超级工程的施工质量安全管理是一个复杂的、开放的、动态的系统工程,其核心要点是围绕质量和安全展开的,质量与安全的核心是相同且相通的,二者相辅相成:安全是质量的基础,抓质量必强安全;质量是安全的保证,抓安全必抓质量。总的来说,安全是底线,质量是高线,质量安全管理目标即要保底线冲高线。超级工程的施工质量安全管理具有以下特点：

(1)创新要求更高。对于常规的工程，一般已有验收标准或规程，但对于较多采用新材料、新结构、新工艺的超级工程，缺乏验收标准或规程，需要探索创新，形成一套针对新技术、新工艺、新材料的行业标准。部分从其他行业引入工程建设领域的技术，其相关理论和知识还有待发展，并应在工程实践中进行检验。

(2)管理体系要求更高。超级工程管理要具备远见的战略目标，从全局着手对目标进行评估，积极运用现代工程项目管理理论开展工程管理，充分发挥现代项目管理理论的作用和优势，提升工程管理的质量和效果。建设工程具有单件性，且现代工程建设对工程管理知识及其创新的依赖程度越发提高，因此有必要寻找工程管理知识创新、发展和应用的内在规律，建立工程管理知识体系及其创新发展的体系框架。

(3)人员素质要求更高。超级工程的大规模性、复杂性、结构技术性对项目工程管理人员的专业技能和综合素质提出了更高的要求。如科技的发展对项目建设的要求不断提高，而科技元素在现代工程建设项目当中的应用对管理人员提出了更高的要求：管理人员不仅要有高水平的管理能力，同时还要具备丰富的科学技术知识。

(4)管理落实难度大。工程项目的施工是动态的，影响项目质量安全的因素也是动态的，项目的不同阶段、不同环节、不同过程，影响因素也各不相同；影响因素多，施工场面大、人员多、工序多、技术复杂、作业环境差；过程控制的难度大，施工过程中，工序衔接多、隐蔽工程多，施工质量安全均有一定的过程性和隐蔽性，这些都增加了管理的难度。

三、超级工程施工质量安全管理措施

1. 坚持全寿命周期管理

工程施工质量安全管理贯穿于规划、设计、施工、运营、维护等各个阶段，是一项系统性的工作，将施工质量安全管理的关口前移，强调项目前期设计阶段的质量安全控制，对设计进行评价，鉴别出设计中在质量安全方面的薄弱环节，优化设计，从而将不利因素消除在设计阶段。

2. 健全管理制度体系

管理体系应涵盖工程施工质量安全的主要要素，从业主到班组管理，由中枢至末梢，纵向到底，横向到边，着力解决施工质量安全管理“最后一公里”的问题，提升超级工程管理水平和实效。强化责任主体多元化，质量安全责任主体从原来单一的施工单位转变到建设、设计、监理、施工、检测单位的多元责任体系。构建预见型动态管理体系，区别于传统静态管理模式侧重于对已发生结果的调查分析和处理模式，利用信息的交流与反馈指导质量安全管理。

3. 创新管理方式

坚持“机械化换人、自动化减人、智能化无人”的理念，运用以信息技术为核心的现代科技手段，可以使工程施工质量安全管理视野更宽、管理末节更细、管理层次更深、管理效能更高，能够更好地实现宏观与微观、定性与定量的综合集成，为实现高精度的工程管理提供了可能。

4. 加强人才培养

人才是决定工作质量与效率的重点，人员素质是工程施工质量安全管理效率提升的决定性因素。重视包括管理层、作业层在内所有工程人员的专业素质，加强对人员的教育培训是解决质量安全管理问题的关键。选用专业型人才，加强对现有人员的培训和再教育力度，通过考核、奖惩调动人员的工作积极性，为超级工程施工的质量安全管理提供有力的人员保障。

四、黄茅海跨海通道工程施工质量安全管理

黄茅海跨海通道起于珠海高栏港经济区平沙镇，终于台山市斗山镇。项目采用双向六车道高速公路

标准,设计速度100km/h,设计使用寿命100年,批复概算129.85亿元。黄茅海跨海通道路线全长约31km,跨海段长度约14km,设置主跨700m双塔单跨、2×720m三塔双跨斜拉桥各1座,隧道2座,互通立交4座,服务区1处,是继港珠澳大桥、深中通道等之后的又一超级工程。2021年6月,黄茅海跨海通道被交通运输部确定为第一批“平安百年品质工程”创建示范项目。项目以品质工程创建为契机,全面提升项目质量安全管理水平,深入推进本质安全建设、强化耐久性施工保障措施、深化质量通病防范治理,建世界一流跨海大桥,创“平安百年品质工程”。

1. 优化设计夯基础

设计是工程建设的基础工作,工程设计过程中出现设计内容问题,会对工程建设效果产生最直接的影响。项目利用勘察设计在工程建设中的先导作用,坚持专业设计和精细设计相结合,提升设计水平,为工程施工质量安全提升奠定基础。

优化力学设计,在抗风和结构受力上进行优化,提升工程功能质量、服务质量。项目斜拉桥创新采用独塔空间双索面纵横向弹性约束全飘浮体系,斜拉索采用平行钢丝拉索,首创采用中央辅助索,显著提高主梁刚度。大截面的主塔也有效提升了桥梁的防撞能力。在保证桥梁颤振稳定性的基础上,探究分体式钢箱梁的涡激振动机理,钢箱梁在中间设置横向连接箱,中央两侧设实心隔涡板,左右幅外侧设置风嘴,试验验证桥梁抗风安全性能,彻底解决涡振问题。

强化耐久性设计,有效提升项目使用寿命,保障工程结构长期安全运行。项目通过调研工程腐蚀环境,综合考虑胶凝材料持续水化、海水温度变化、海洋腐蚀环境、干湿循环、荷载类型与应力水平等因素,确定满足设计使用年限要求的混凝土结构耐久性设计指标,提出经济合理的混凝土结构附加防腐蚀技术方案:水变区、浪溅区墩身、承台采用环氧涂层钢筋+疏水化合孔栓物双重防腐;重盐雾区盖梁采用硅烷浸渍+环氧涂层钢筋双重防腐;大气区墩身、混凝土箱梁、节段梁采用硅烷浸渍防腐;大气区索塔采用环氧漆+氟碳漆涂装防腐;钢箱梁采用重防腐涂装+内部除湿双重防腐。

2. 构建体系重保障

为确保质量安全管理活动有法可依、有章可循、有据可查,根据《黄茅海跨海通道建设项目管理纲要》和项目实际,建立全方位且实施性强的质量安全管理体系,织牢管理制度体系之网,严格执行,为工程施工质量安全水平提升提供保障。

健全工程施工质量责任体系,明确各参建单位的责任,施行双标管理,强化考核与责任追究,落实质量责任终身制。认真贯彻质量管理“预防为主”的理念,对项目建设全过程的质量风险进行全面深入的分析,并有针对性地制订质量风险控制措施和运行机制。严格专项施工方案论证审查制度,强化技术方案分级分类审核责任,选择最先进、最合理的技术方案。全面推行实施首件制管理,明确质量技术标准,制订主要工艺工法操作手册,及时预防和纠正批量生产中可能产生的各种质量问题。严格执行“三检制”,采取成品及半成品验收标识等措施,强化质量形成全过程闭环可追溯。积极采用先进工装,建立质量信息动态化管理平台。

推行工程安全生产风险管理,建立安全风险分级管控和隐患治理双重预防体系,推动重大安全风险管控和重大事故隐患治理清单化、信息化、闭环化动态可追溯管理,夯实安全管理基础。树立本质安全理念,切实加强工程结构安全关键指标的实时监测与分析,积极探索智能预警技术,确保工程结构安全状态可知、可控。深化“平安工地”建设,加强施工安全标准化建设,推进危险作业“机械化换人、自动化减人”,提高机械化作业程度。推行安全防护设备设施工具化、定型化、装配化。落实安全生产责任,健全安全工作制度,强化安全管理和风险预控,加强隐患排查治理,提升针对性应急处置能力,确保施工安全。

3. 创新技术强支撑

以提质增效为导向,以技术创新为核心,强化创新与设计施工联动,为工程质量安全水平提升提供支撑。通过大力推广信息化、BIM技术应用等,着力推进智能信息化技术在工程建设中的集成应用;从施工技术、设备工具、材料的改性改良等方面开展“微创新”工作,推动“微创新”技术、工法、工艺实践,鼓励创新、参与创新,提升施工作业标准化、专业化水平,提高生产效率、保障工程质量安全,助力行业技术进步。

本项目着力打造智慧化预制梁厂,以三维数字化、智能化应用为主线,搭建智能液压模板固定预制+智能可移动底模+智能蒸汽养生+智能张拉压浆+智能喷淋养生+梁板、底模可移动式环形生产线的布局方式,和智慧梁厂生产管理系统,确保梁片的整个生产流程都在数字化管控下,并实现多模型融合三维可视化展示,力创行业标杆。

项目全过程应用BIM技术,搭建了基于BIM的信息化协同管理平台,集成项目协同管理平台、数字工地平台、指挥平台。管理平台集成工程全阶段、全业务数据,实现项目建设全过程信息共享、管理协同、智能反馈。

项目两座大桥主塔桩基164根,最大桩径3m,最长近120m,且地质条件复杂,桩基施工质量控制异常困难。通过开展集中攻关,创新钢护筒精确控制技术、引入国内最大扭矩的旋挖钻、改造钢筋笼对接平台、钢筋笼打销混凝土灌注一体化平台、液压控制料斗等,形成桩基施工成套创新工装,使施工质量和工效大幅提升,仅6个月时间就完成了全部主墩桩基的施工,成功实现主墩I类桩比例100%的质量目标。

项目委托专业单位建设水上防撞警戒服务系统,在水上栈桥上下游设置3道电子围栏警戒线,通过信息化手段,确保临近航道施工安全可控。在隧道施工人员安全帽中植入GPS定位芯片,建立基站,实现隧道内人员的精准定位。高边坡采用基于北斗卫星的自动化监测技术,对施工期高边坡形变进行全天候的专业监测及预警。节段梁架桥机安全监控系统可对天车、主梁、支腿的各工作状态参数实时监测并进行限位报警。通过信息化和自动化的手段,强化安全监管,打造平安工程。

4. “四新”应用注动力

以问题为导向集中力量攻关,积极采用建筑业10项新技术及交通行业优秀科技成果,建立“四新”技术适用清单,明确运用范围,为工程质量安全提升注入动力。

项目异型索塔、预制梁、墩柱、盖梁等的钢筋工程全面采用部品化工艺,优化钢筋部品划分,通过钢筋仓储化管理、智能化加工、物流化配送、整体吊装、锥套筒连接等技术,在降低现场作业的安全风险的同时,大幅提高工效及钢筋保护层控制精度,实现高质量建造。

异型索塔的精品建造采用进口液压自爬模,模板采用造型木设计,通过调节造型木尺寸,每次切割造型木5~6mm,改变模板形状,实现异型索塔纤腰型设计的外形要求。面对大体积混凝土温差裂缝的技术难题,建设者团队在试验研究、经验总结的基础上,通过降低水泥用量、控制混凝土入模温度、设置冷却管、配置制冰设备等措施,降低混凝土水化热的影响;通过在设置玄武岩抗裂纤维网片、内掺高性能合成纤维等措施提高混凝土的抗裂性能;通过智能喷淋养生降低质量风险;通过大体积混凝土温度监控系统控制混凝土裂缝和腐蚀通道;多措并举解决大体积混凝土裂缝问题。

5. 工匠培育增活力

组建优秀项目建设团队,群策群力,共享融合,充分发挥“工匠精神”,通过党建引领、技能培训、质量安全文化创建等,着力培育大国工匠,打造大湾区大通道建设主力军,为工程质量提升增加活力。

充分发挥党支部战斗堡垒作用,积极探索、实践党支部联学联做模式,使党建与工程建设深度融合,将党建工作阵地前移,建立工地党支部,通过组建“党员突击队”、设立“党员先锋岗”、划定“党员责任区”等方式,使党建在重大技术攻关、动态安全管控、过程质量控制等工作中起到引领作用。

推进劳务工人向产业工人转化。严格实行“上岗必考、合格方用”的培训考核制度,建设项目“产业工人培训基地”,组织专业技术培训;落实工人工资保障机制,定期检查劳务工资发放情况;注重人文关怀,为一线工人提供良好的工作条件和舒适的生活环境,培养一支爱岗敬业、技术精湛、技能高超、结构合理的一线技术技能工人队伍。

依托以人为本、精益求精、全心投入为主要特征的品质工程文化,创建黄茅海质量安全文化,形成“人人关心质量、人人创造质量、人人分享质量”的质量文化,“人人讲安全,事事讲安全,时时讲安全”的安全文化,实现从“要我安全”到“我要安全”再到“我会安全”的跨越提升。建立人才激励和保障机制,开展建言献策活动，创办技术培训、讲座、沙龙，积极组织、参与多层次技能竞赛，表彰技能型先进个人、班组、团队，调动参建人员的主观能动性，让参建人员、单位享有更多的获得感、荣誉感。

黄茅海跨海通道采取科学的管理措施，坚持全寿命周期的理念、建立全方位的质量安全管理体系、广泛应用最新优秀科技成果、集中力量开展创新技术攻关、培育大国工匠，必将实现工程的高质量建造，助力打造"平安百年品质工程"建设典范。

五、结　　语

平安百年，安全第一，质量为先，努力提高建设工程质量安全是全体建设者不懈的追求。面对不断涌现的超级工程，我们的施工质量安全管理也应与时俱进，全方位、全过程、全要素地来提高质量，不断地引进、发展新技术、新工艺，真正做到"质量耐久、安全可靠、经济环保、社会认可"。

参考文献

[1] 陈镜旭.浅谈建筑工程质量安全管理存在的问题及策略[J].四川建材，2022，48(3)：86-87.

[2] 陈楠枰.林鸣：超级工程的管理密码[J].交通建设与管理，2021(06)：10-13.

[3] 王卓甫，杨志勇，丁继勇.现代工程管理理论与知识体系框架(二)[J].工程管理学报，2011，25(3)：256-259.

[4] 李留军.现代工程项目与项目管理的发展对工程管理人才培养的影响[J].工程管理，2020(06)：158.

11.跨海通道景观照明设计研究——以深中通道景观照明设计为例

陈　鲲　徐　军　陈占力　赵　磊
(中交公路规划设计院有限公司)

摘　要　深中通道是我国集"桥、岛、隧、水下枢纽互通"于一体的世界级跨海交通基础设施工程，线路全长24km，其中桥梁工程全长17.034km，包括伶仃洋大桥、中山大桥2座主通航孔桥，以及泄洪区和浅滩区非通航孔桥。景观照明设计范围包括所有桥梁工程及西人工岛。结合深中通道特殊的建设条件特点，本文针对悬索桥、斜拉桥、非通航孔桥及人工岛等构造物提出了个性化的海洋环境景观照明效果，实现了跨海通道全线日间与夜间、各型桥梁间、桥梁与人工岛之间景观照明设计的有机统一。本文从设计施工管养一体化的角度出发，提出了合理的景观照明预留预埋构造的合理设计方案，做到所有景观照明可达、可修、可检，并为未来景观照明具体升级留出空间。最后以跨海通道长距离多结构的基本特点出发，提出了照明硬件及机电设施智能化要求，并给出了具体布置案例。

关键词　跨海通道　景观照明　悬索桥　斜拉桥　人工岛　桥梁夜景　灯光设计　预留预埋

一、桥梁景观照明设计研究现状及问题

近年来，随着桥梁行业的日益发展，桥梁景观设计已越来越受到重视。而景观照明作为桥梁夜间景观的决定性因素之一，也受到越来越多的关注。受到项目条件制约，有景观照明需求的主要为城市桥梁，因此，对桥梁景观设计的研究也主要集中在城市桥梁中。受到城市景观多样性需求的制约，目前桥梁景观照明设计主要存在以下问题[1-6]：

(1)景观设计日、夜不统一，景观照明无法反映景观设计主旨精神。

(2)桥梁景观照明基本沿用城市建筑照明方式,无法体现桥梁结构本身特点,变为放大版的“霓虹灯广告牌”。

(3)针对桥、岛、隧结合的超级工程,尤其是跨海大桥工程等统筹考虑景观照明设计案例研究尚属空白。

(4)景观照明预留预埋在桥梁结构设计阶段没有充分考虑,影响桥梁结构安全。

(5)针对长距离多样化的景观照明灯光设计及其配套的智能化机电设备设计有待提高。

针对以上问题,本文结合深中通道景观照明设计,确定海洋环境下合适的照明参数,提出经济、安全、适用的景观照明方案,根据施工管养及未来升级需求提前设置景观照明预留预埋,提出与需求匹配的景观照明机电需求。

二、深中通道景观照明设计

1. 工程概况

深中通道是我国集桥、岛、隧、水下枢纽互通于一体的世界级跨海交通基础设施工程,位于粤港澳大湾区核心区域,北距虎门大桥约30km,南距港珠澳大桥约38km,是高速公路G2518(深圳至广西岑溪)跨珠江口关键控制性工程,是国家“十三五”重大工程[7-8]。

2. 设计原则

深中通道路线较长,位于粤港澳大湾区中心,是粤港澳大湾区珠江入海口的核心景观;深中通道也是目前世界上综合难度最大、构造物类型及技术最复杂的综合工程。在总体设计阶段即对全线景观设计方案进行了方案竞赛,后续设计阶段全线构筑物均根据竞赛中选方案统一了景观设计风格。根据深中通道特点,为最大程度展现深中通道夜间景观,提出以下设计原则:

(1)还原方案竞赛成果,与全线景观设计和谐统一。

(2)保证桥梁结构安全,突出重点构筑物,保证行车安全。

根据以上设计原则,对深中通道全线划分为四个部分进行设计:伶仃洋大桥(世界最高海中大桥)、西人工岛(深中通道最核心、最复杂景观点)、中山大桥(距离海岸最近的主要构筑物)、引桥(深中通道距离占比最高的构筑物),如图1所示。

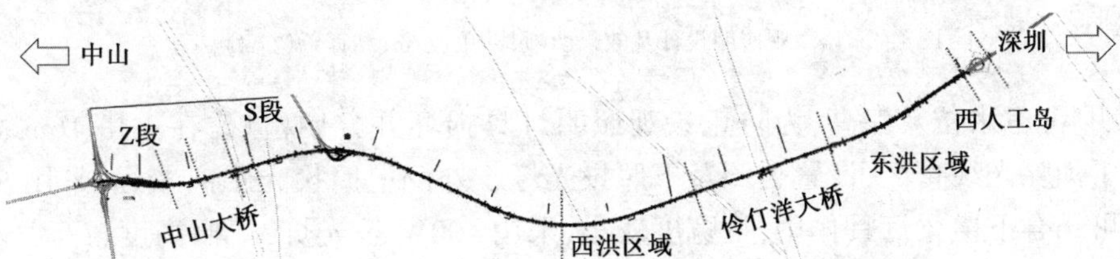

图1 深中通道景观照明设计区域划分

3. 伶仃洋大桥景观照明设计

伶仃洋大桥,是深中通道的关键控制性工程。采用580m + 1666m + 580m三跨吊全飘浮体系,塔高270m,桥面距离海面90m,矢跨比为1:9.65;主缆在塔顶、锚碇处间距均为42.1m。伶仃洋大桥是世界最大海上钢箱梁悬索桥、世界最高海上大桥。作为深中通道海上最高、最大的构筑物,伶仃洋大桥景观照明重点突出索塔的高挑、主缆及钢梁的修长、锚碇的雄壮等特点,索塔及锚碇设计突出钻石切割元素,是景观照明的重点。伶仃洋大桥景观设计方案效果如图2和图3所示。

1)索塔景观照明

伶仃洋大桥索塔塔高270m,有三道横梁,外形带有钻石切割元素,在塔冠处有一柔和光带。原景观设计方案须打亮整个塔柱,并在不同切面有明暗区分。考虑到白天塔柱景观效果,灯具宜隐藏在各个横梁及钢箱梁平台上,并合理运用钢箱梁纵向通长的优势,对顺桥向进行补光(图4)。

图2 伶仃洋大桥景观设计方案日间效果图

图3 伶仃洋大桥景观设计方案夜间效果图

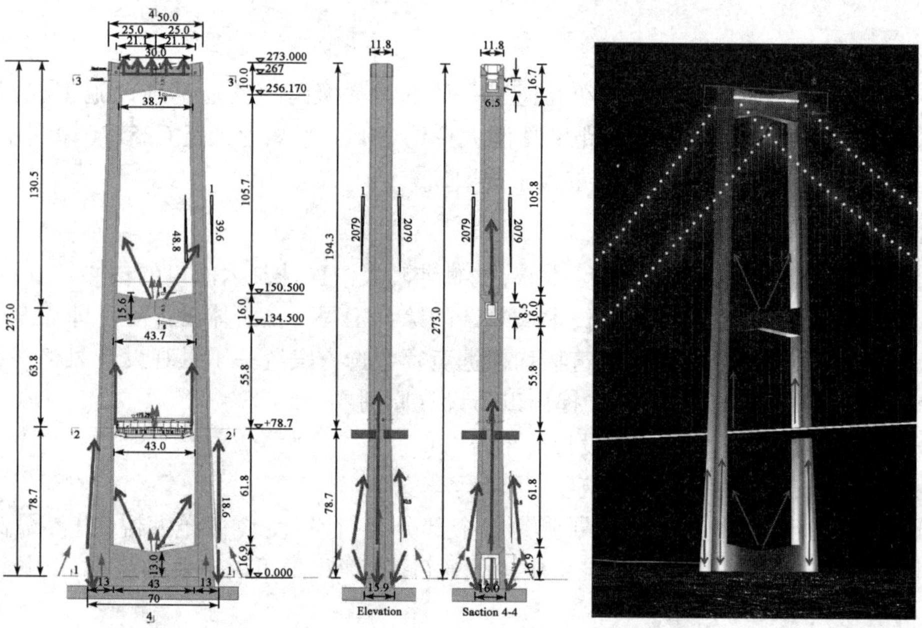

图4 索塔景观照明设计及效果图(尺寸单位:m;高程单位:m)

索塔底部照明,考虑水位及浪高,为防止景观照明灯具损坏并方便检修,在主塔16m高程处设置景观照明平台。为了消除光线盲区,设置上照及下照投光灯。外侧上照投光距离较远,采用600W投光灯;顺桥向两侧上照可结合下横梁灯具作用,且宽度较小,采用400W投光灯;下照高度较小,仅有13m,故采用150W投光灯;所有投光灯色温均为4200K LED投光灯;投光灯固定形式采用螺栓的形式,索塔横梁区域采用投光灯的形式打亮索塔内侧,以先通过预埋结构件,后期灯具在结构件上进行安装。

索塔中部照明,索塔横梁区域采用100W投光灯的形式打亮索塔内侧,以先通过预埋结构件,后期灯具在结构件上进行安装。行车区域易影响行车安全,故采用在钢箱梁外侧护栏以外,设置2m高度灯杆,向上照明。由于大型桥梁索塔体量太大,有一定不确定性,需要根据现场灯光试验结果确定最终方案,因此,在钢箱梁风嘴处,吊索外侧,预留了灯光底座安装条件,吊索外侧是否进行补光的效果图对比如图5所示。

索塔上部照明,通过采用线形投光的形式,形成光从塔冠与上横梁的缝隙中射出的效果,在夜间通过灯光突出塔冠的结构,丰富索塔的层次感。采用34个80W LED线形投光灯。

灯具布置在索塔顺桥向棱角处留出一定暗区、外侧棱角处及内侧设置最高亮度区域,保证"钻石切割"形式的桥塔能在灯光中表现得淋漓尽致。

伶仃洋大桥索塔照明情况汇总如表1所示。

a)吊索外侧设置灯柱

b)吊索外侧无设置灯柱

图5 吊索外侧补光对比效果图

伶仃洋大桥索塔照明表格 表1

序号	照射区域		位置	功率(W)	个数	色温(K)	预埋件类型
1	底部	外侧	外侧上照投光灯	600	13	4200	景观照明平台挂装
2		顺桥向双侧	顺桥向侧上照投光灯	400	10	4200	景观照明平台挂装
3		外侧+顺桥向双侧	下照投光灯	80	16	4200	景观照明平台挂装
4		内侧	下横梁上照投光灯	100	36	4200	横梁预留预埋
5	中部	内侧	中横梁上照投光灯	100	36	4200	横梁预留预埋
6		顺桥向双侧	钢箱梁上照投光灯	150	32	4200	钢箱梁预留灯杆
7	顶部	塔冠处	LED 线形投光灯	80	34	4200	横梁预留预埋

2)主缆及钢箱梁照明

主缆作为悬索桥最重要的受力构件,也是悬索桥景观的最重要组成部分。伶仃洋大桥坐落在伶仃洋中间,若按照景观方案采用连续型光带,亮度无法满足设计要求,若采用大型连续的发光装置,会改变主缆外形,影响主缆的抗风性能。综合结构安全性、经济性及可维护性的考虑,伶仃洋大桥主缆区域通过在索夹旁区域安装抱箍与钢片,灯具固定在钢片上后,两侧增加锁甲固定钢丝绳拉紧灯具,减少灯具受风力影响进行摆动。36W、4200K 色温 LED 点光源,如图6所示。

图6 主缆及钢箱梁景观照明效果图

伶仃洋大桥设计风速为43m/s，其钢箱梁外形对抗风稳定性及其敏感，为了保证结构按照，不因景观照明在桥面增加异形结构，对钢箱梁景观照明采取了护栏线形灯方案，增加了钢箱梁的纤细、轻盈感，丰富主桥的空间层次感。考虑护栏的结构形式，单层形式的远处效果不太理想，遂采用双层装灯的形式，增加灯光的厚实感。

3）锚碇照明

伶仃洋大桥共有东、西两个锚碇，均位于海中，是世界最大的海中锚碇，也是伶仃洋大桥关键控制性工程之一。锚碇基础采用2×65m直径"8"字形地连墙，锚体长61.14m、宽83m、高38.51m，单个面积相当于17个国际标准篮球场，重约100万t，锚碇全部位于水中，且有众多的俯斜面和仰斜面，最大的后仰面角度达到了47.5°，极大地增加了景观照明设计的难度。考虑到俯斜面和仰斜面众多，锚碇设置了上方投光灯，并对下方是否设置照明平台进行了对比。

锚碇区域在上方钢箱梁处安装投光灯，采用投光灯的形式对锚碇顶部投光，每隔4m在桥身护栏处抱箍安装LED投光灯，功率60W，色温4200K。灯具固定在三角撑上，后考虑灯具重量因素，在角钢中部增加一个三角撑的形式，每个灯抱箍在两个护栏立柱上，共同分担投光灯重量。

设计过程中对锚碇下方是否设置照明平台进行了对比，从耐久性角度考虑，为了摆脱海浪侵袭，照明平台须设计在10m以上，白天会在铆钉上形成一圈"架子"，对锚碇景观的完整性有所影响；从灯光效果上看，若设置平台，可以全部均匀照明锚碇，凸显锚碇的雄伟且在夜间跳脱出黑色背景，而不设置平台，则会出现明显暗区，凸出钻石切割的力量感，具体对比如图7所示。因此，推荐检修维护更方便，且工程造价更低的顶灯方案。

a)上部+下部投光方案

b)上部投光方案

图7 锚碇照明方案对比图

4. 中山大桥景观照明设计

中山大桥是项目关键控制性工程之一，为主跨580m的双塔斜拉桥，主塔高213.5m，由120根斜拉索连接主塔与桥面，如"竖琴"跃于海面。

中山大桥整体造型与伶仃洋大桥相似，主要区别在于索塔塔高降低横梁数减少、无主缆、吊索而增加了斜拉索结构，而斜拉索数量多、距离长难以打光，结构抗风性能对外轮廓更敏感，以上特点对景观照明设计提出了更高的要求。

中山大桥景观照明主要分为索塔照明、钢箱梁照明、斜拉索照明三部分。

为突出斜拉桥"竖琴形景观要求"，既要保证斜拉索清晰可见，又要保证"琴弦"的空气感，因此在每个斜拉索索导管处以抱箍形式安装一个投光灯，从下往上照亮斜拉索，在保证斜拉索通透性的前提下，不喧宾夺主,保证斜拉桥的轻盈感(图8)。

a)日间景观效果图　　b)夜间景观效果图

图8　中山大桥景观照明效果图

主桥区域通过采用护栏线形灯的形式点亮钢箱梁轮廓,为保证亮度于斜拉索及索塔基本一致,需要在防撞护栏区域上两横杠上以抱箍的形式安装两排线形灯向外照明。护栏采用20W/M LED 定制线形灯。

索塔照明与伶仃洋桥索塔基本一致,在通过采用大功率的投光灯进行整体投射,给人带来端庄的形式感。16m 平台外侧上照投光灯采用600W、下照采用80W,两侧上照采用大功率投光灯向上投光,考虑塔高,采用400W 投光灯,下横梁及桥面照明高度相对伶仃洋桥有所减少,采用200W 的投光灯进行投光。

中分带区域与伶仃洋大桥形式一致,中山大桥相对伶仃洋大桥减少一个横梁,纵深高度相对较高,采用200W 的投光灯进行投光(图9)。

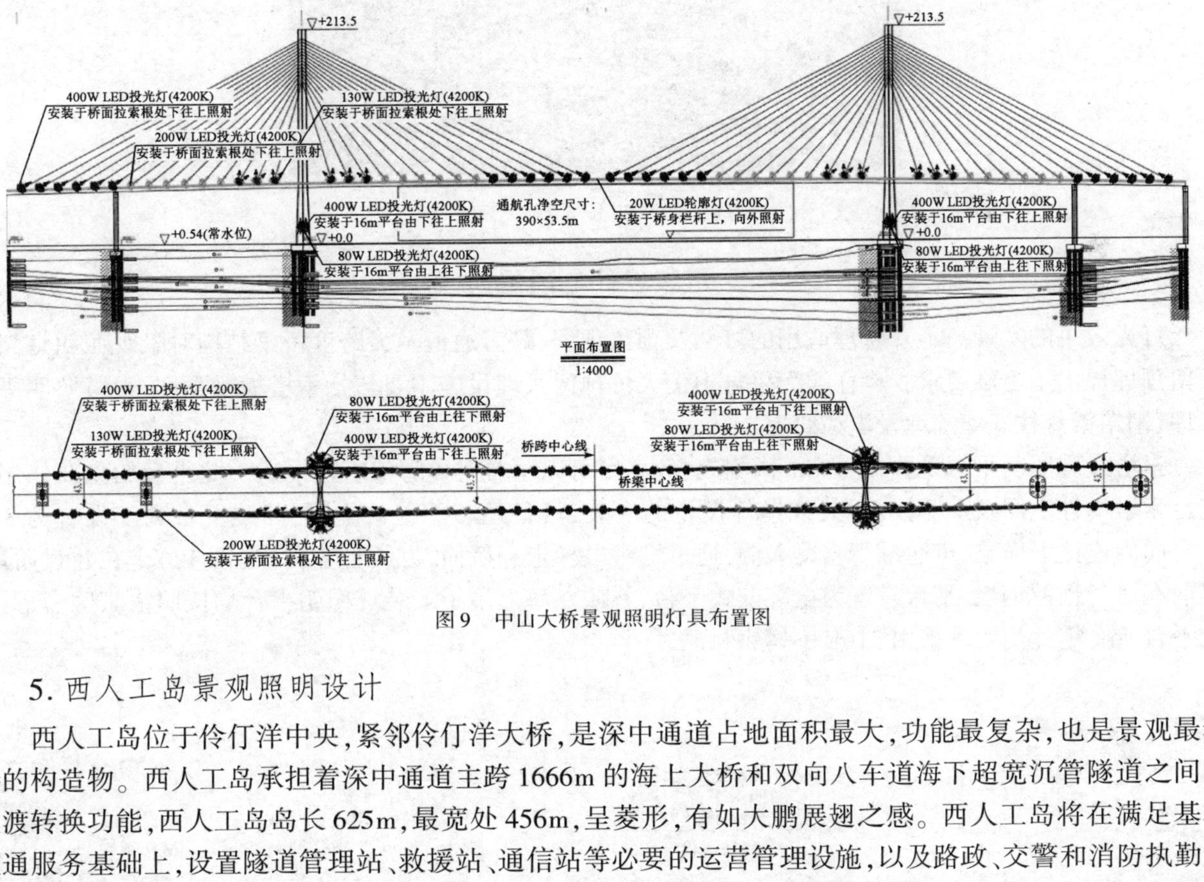

图9　中山大桥景观照明灯具布置图

5. 西人工岛景观照明设计

西人工岛位于伶仃洋中央,紧邻伶仃洋大桥,是深中通道占地面积最大,功能最复杂,也是景观最独特的构造物。西人工岛承担着深中通道主跨1666m 的海上大桥和双向八车道海下超宽沉管隧道之间的过渡转换功能,西人工岛岛长625m,最宽处456m,呈菱形,有如大鹏展翅之感。西人工岛将在满足基本交通服务基础上,设置隧道管理站、救援站、通信站等必要的运营管理设施,以及路政、交警和消防执勤点等。岛上建构筑主要包括主体建筑、风塔、直升机停机坪等,并配套建设办公楼、宿舍等管理用房以及各类配套用房。景观照明主要范围有:人工岛岛外围轮廓、主体建筑轮廓、隧道光过渡段轮廓、变电站及附属建筑轮廓。

采用48W大功率洗墙灯照亮人工岛岛外围轮廓，12W轮廓灯勾勒出主体建筑的线条感，以及使用24W投光灯，照亮莲花装变电站的底盘，LED线形灯预留在隧道入口光过渡段钢架中，附属建筑风塔采用150W大功率投光灯作为整体照明，越浪泵房、开关和发电站、雨水水池及设备间顶部采用12W灯具，开关站和雨水水池及设备间底部采用36W地埋灯的形式照明建筑，效果如图10所示。

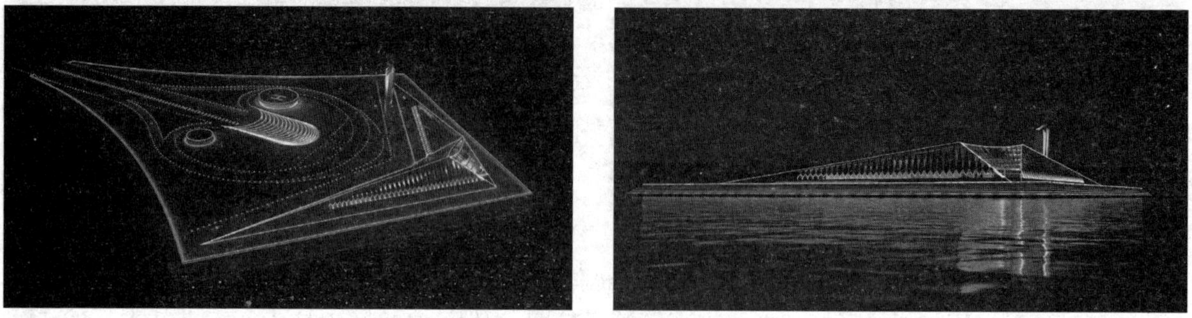

图10　西人工岛景观照明效果图

6. 非通航孔桥景观照明设计

引桥区域距离长，形状简单，主要结合全线平曲线勾勒引桥桥身的弧线感，若采用主桥护栏一致的线形灯，从用电及景观的角度都较不经济，灯具的布置间隔与主桥区域无法形成疏密对比，主次关系不突出。因此，最终采用20W LED点光源形式，效果如图11所示。

图11　非通航孔桥景观照明效果图

三、灯架设计与预留预埋

灯光效果的实现离不开合理适用的灯架及预留预埋，跨海通道及大跨度桥梁结构对景观照明灯架及预留预埋提出了更高要求。伶仃洋大桥与中山大桥预留预埋设施主要包括索塔横梁预埋、索塔照明平台预埋、钢箱梁灯柱底座预埋及电缆管道。

索塔景观照明平台设置在+16m高程处，此高度可以基本避免海浪直接侵袭。此平台的主要作用是满足索塔塔柱上照及下照投光灯、线缆等设备的安装，具备足够的检修空间，因此平台宽度设置为3m。平台向内连接下横梁，可通过下横梁人洞，通过塔中电梯走到桥面，方便管养检修（图12）。在建设阶段，提前在塔身预留钢板，平台设置为全装配式平台，方便在海上施工安装。照明平台均按照浪溅区考虑，因此平台所有零件均要求采用316L不锈钢材质。

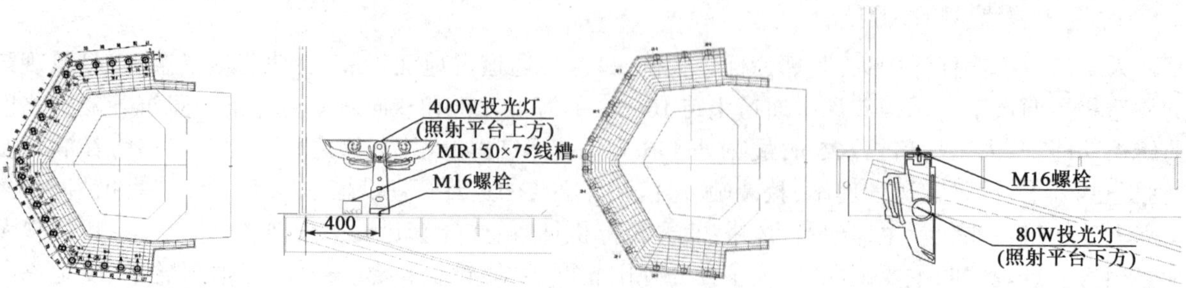

图12　索塔照明平台投光灯设置示意图

横梁灯具预留预埋形式,索塔投光灯固定形式采用螺栓的形式,索塔横梁区域采用投光灯的形式打亮索塔内侧,索塔施工式先通过预埋结构件,预埋一个角钢支架,后期灯具在结构件上进行安装,可灵活调整数量及角度(图 13)。

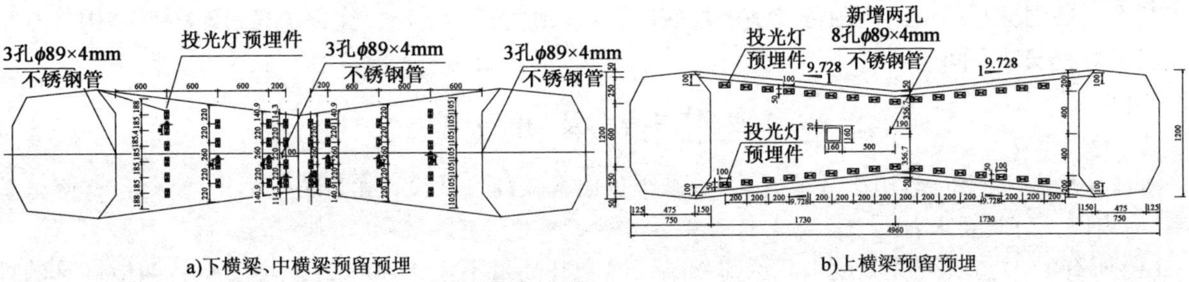

图 13 横梁预留预埋布置图

钢箱梁景观照明灯架及预留预埋主要有索塔照明灯柱预留预埋及护栏线形灯结构。索塔照明灯柱在索塔正下方钢箱梁护栏外侧,在施工期间预留底座,灯柱及灯架为装配式,方便后期安装。灯座采用了与护栏立柱底座一致的形式。为避免炫光影响行车安全,灯柱高度设定为 3m。为保证 16 级台风下的安全性,灯柱尺寸均较正常灯柱增大。为保证灯柱耐久性及造型美观,灯柱表面涂装与钢箱梁表面保持一致。除此之外,在靠近塔区的风嘴处设置灯杆底座预埋件,此处可避开吊索干扰,作为后备补充照明使用。护栏线形灯设置不能增大护栏抗风面积,因此选择上部两道横梁的背面设置线形灯,电缆可通过护栏立柱开孔从钢箱梁中接出,如图 14 所示。

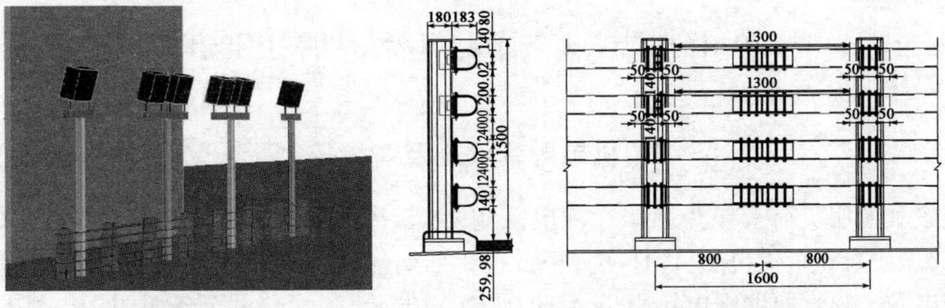

图 14 钢箱梁灯架及预留预埋示意图

主缆灯具设置在每个索夹上方的检修道立柱上,采用点光源,光源抱箍在检修道立柱上,并在光源底板出增加贴片固定,顺桥向设置锁夹拉紧检修道栏杆绳,形成抱箍-底板铁片-钢丝锁夹三重固定体系,保证点光源不移动、不脱落。电缆则通过可挠性金属 30 软管与扶手绳用锁夹锁定,保证电缆安全,如图 15 所示。

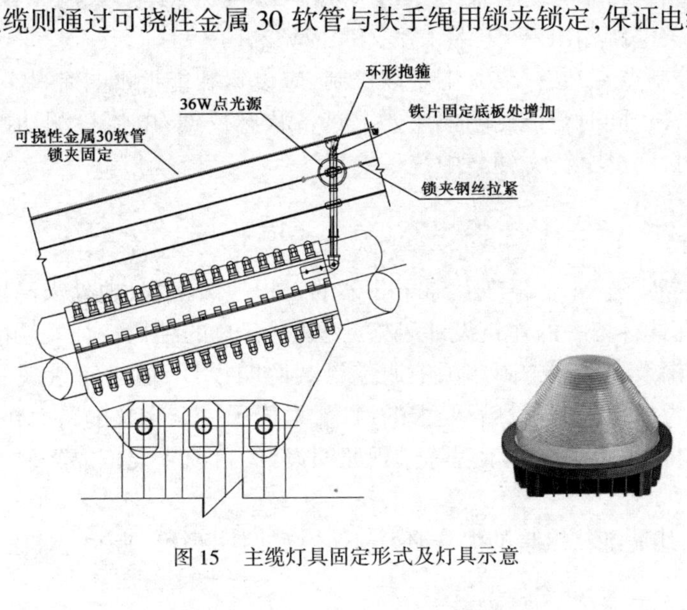

图 15 主缆灯具固定形式及灯具示意

对能采用后装照明的区域优化了照明预留预埋结构，尽量减少预留预埋工程量，增加灯具设置的灵活性及检修的便利性。对斜拉索照明采用索导管抱箍形式，针对锚碇上方照明提出了护栏立柱抱箍形式，灯架设立在桥面，保证后期检修维护便捷。

西人工岛则针对岛壁结构预留了洗墙灯底座、电缆预埋管等结构。优化了光过渡钢架结构使其出厂便预留了灯具安装空间。

四、灯具寿命及功能要求

海洋环境要求严苛，且施工环境恶劣，检修维护成本较高。从设计角度方便后期检修维护，降低检修频率，提出以下灯具要求：

(1)所有 LED 灯具外壳温度满载负荷 2h 后，温度升高量不大于 30℃。现场安装后抽检灯具的外壳温度。

(2)灯具引出线(近距离)直径不小于 $1.0mm^2$，相线、零线的颜色必须符合现行国家规定的要求。

(3)光通维持率：在现场使用条件下，一年内灯具的光通维持率应不低于 85%；两年后，灯的光通维持率应不低于 80%。

(4)灯具有效寿命：50000h@ L70，B50。

(5)灯具应有特设的导线出(入)口密封装置，该装置为不锈钢材料。灯具出线接插件，必须采用金属接插件或工业级耦合器，或同等、优于金属接插件或工业级耦合器，接插件防护等级不低于灯具防护等级。

(6)灯体必须采用抗老化硅橡胶圈或同等、优于抗老化硅橡胶圈。灌胶材料必须采用硅胶灌胶或同等、优于硅胶灌胶。

(7)系统运行时，单个 LED 灯的故障必须只表现为本身的故障，不得引起其他 LED 灯连带故障而扩大故障面。

五、机电配套设施及智能控制

深中通道景观照明负荷等级为三级。配电采用 TN-S 接地保护系统(三相五线制供电接地系统)。由于线路过长，须设置 6 个供电点：伶仃洋大桥设置 2 个点，中山大桥设置 2 个点，引桥设置 1 个点，人工岛设置 1 个变电站。夜景照明配电箱引出 AC380/220V 电源，穿管敷设至各照明用电灯具或设备，回路必须按 L1、L2、L3 相序接线，保持三相基本平衡。所有配电线路主电缆采用 WDZA-YJY 型电缆穿管埋地或建筑立面采用镀锌钢管或热镀锌金属线槽敷设，镀锌钢管的防腐与钢箱梁的防腐一致。线槽厚度需按《钢制电缆桥架工程技术规程》(T/CECS 31—2017)的要求。电缆 WDZA-YJY-5 ×10 以上用于配电箱进线，配电箱出线除了伶仃洋大桥主缆上采用 WDZA-YJY-5 ×4 外，其余采用 WDZA-YJY-3 ×4 或 WDZA-YJY-3 ×6，低压 24V(开关电源输出端)电缆采用 ZR-RVV-2 ×4。

深中通道距离长，控制点复杂，仅靠人工难以控制，应设置智能照明控制模块，由管理中心(马鞍岛)统一设定各区域开灯模式。同时智能照明模块要求具备状态反馈、电流检测功能，能够远程诊断系统故障和灯具是否损坏，同时开放协议，方便集中统一控制。

六、结　　语

深中通道作为集桥、岛、隧、水下枢纽互通于一体的工程超级工程，地处大湾区核心。通道线路长、工程构造物多，各构造物既具有统一的建筑设计风格，又具有各自的结构特征及功能要求，为跨海大桥景观照明设计提供了全面且深入的设计空间。深中通道景观照明设计，通过对景观照明方案，预留预埋合理设置，灯具、机电设备及智能化控制指标及要求的讨论，形成了一个完整的跨海桥梁及隧道工程案例。针对大跨径悬索桥及斜拉桥、长距离交通工程等景观照明设计，目前主要依靠经验进行灯光设计，仍有如下问题亟待解决：

(1)不同环境下，尤其是自然黑暗的海洋环境下，景观照明亮度、照度、对比度合理取值扔无规范明确,光污染效应难以评估。

(2)景观照明对行车、行船安全的影响尚不明确,如何利用景观照明提高行车、行船的安全性、舒适性值得商榷。

(3)各种桥梁建设常用材料的反射率等基础反射特性数据较为缺乏,通过试验确定相关参数,在设计阶段对灯光进行更科学的数值模拟。

(4)通过试灯情况验证以上指标及灯光模拟参数的正确性,优化景观照明设计。

(5)兼顾车行、步行及骑行视点下的夜景观赏效果的多视点设计尚不充分。

(6)初期成本与全寿命周期成本、碳排放影响等角度考虑景观照明设计,尚待研究。

参考文献

[1] 宗良慧.郑州郑东新区东风渠景观桥梁照明设计[J].城市道桥与防洪,2008(4):42-44,113.

[2] 郭辰,黄立文.长江干线桥梁景观照明与船舶航行安全研究[J].武汉理工大学学报(交通科学与工程版),2010,34(4):853-856.

[3] 罗晓甜,胡志梅.城市人行桥梁景观设计构成与实例[J].世界桥梁,2012,40(5):7-11.

[4] 杨云安,褚东升.湛江世贸人行天桥的景观特点分析[J].中外公路,2020,40(2):163-166.

[5] 罗青,蔡俊.东庐山服务区跨线桥景观照明设计[J].公路,2005(3):130-131.

[6] 罗晓甜.南浔金象湖公园人行景观桥设计[J].世界桥梁,2013,41(3):33-37.

[7] 宋神友,陈伟乐.深中通道桥梁工程方案及主要创新技术[J].桥梁建设,2021,51(5):1-7.

[8] 徐军,吴明远.考虑特殊桥位的深中通道伶仃洋大桥总体设计[J].交通科技,2020(3):6-10,25.

12.深中通道西人工岛结合部非通航孔桥设计

张 龙[1] 姜一凡[1] 刘 迪[2] 任超超[1] 谢鹏飞[1]

(1.中交公路规划设计院有限公司;2.深中通道管理中心)

摘 要 深中通道西人工岛结合部非通航孔桥连接西人工岛与泄洪区非通航孔桥梁,实现桥隧转换。本段桥梁位于西人工岛边缘,桥面需要与岛上道路相接,设计高程低且结构变宽。受人工岛长期变形、岛壁结构布置、波浪力、泄洪区非通航孔桥梁的影响,结构设计限制条件多、结构设计难度大、耐久性问题突出、施工条件复杂。本文详细介绍结合部非通航孔桥的建设条件、结构总体设计、上部结构设计、下部结构设计、耐久性设计与施工方案设计,对同类桥梁的设计具有重要参考价值。

关键词 深中通道 西人工岛 结合部非通航孔桥 结构设计 耐久性设计 施工方案设计

一、工 程 概 况

深中通道项目北距虎门大桥约30km,南距港珠澳大桥约38km。项目东接机荷高速公路,跨越珠江口,西至中山马鞍岛,与规划的中开、东部外环高速公路对接,通过连接线实现在深圳、中山及广州南沙登陆,项目全长约24km,是一项集"桥、岛、隧"为一体的超大型综合集群工程,其中跨海段长约22.4km。因航空及通航限制,靠近深圳侧采用隧道方案,靠近中山侧采用桥梁方案。主体工程从深中至中山依次为:东人工岛、隧道(含暗埋段、沉管段)、西人工岛、岛桥结合部非通航孔桥、泄洪区非通航孔桥、伶仃洋航道桥、浅滩区非通航孔桥、中山大桥、陆域引桥。

西人工岛结合部非通航孔桥是连接西人工岛和西泄洪区非通航孔桥、实现桥隧转换的结合部桥梁,东端起点和西人工岛岛壁相接,西端终点通过界面墩和泄洪区110m跨钢箱梁非通航孔桥相接。桥梁全长200m,全桥为一联5×40m预应力混凝土连续梁,分两幅设计,左右幅桥面均变宽且不对称。本桥和人工岛的关系示意、桥型布置如图1所示。

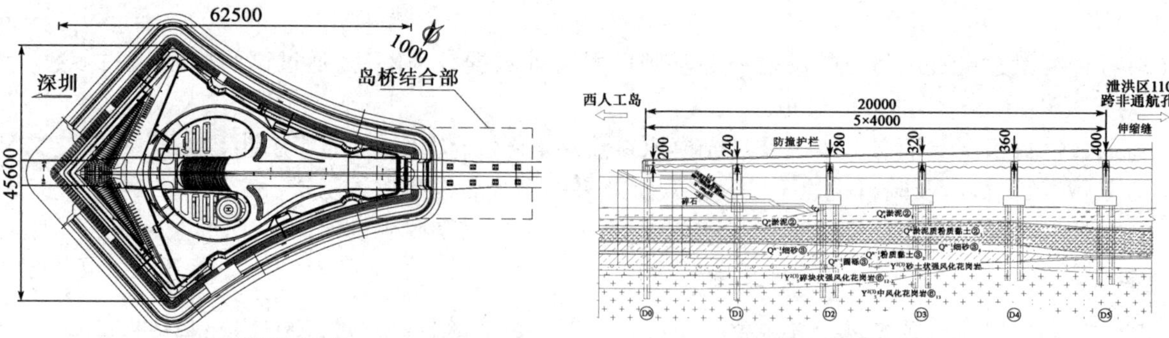

a)总体平面(尺寸单位:cm) b)桥型布置(尺寸单位:cm)

图1 西人工岛岛桥结合部非通航孔总体平面及桥型布置

二、设 计 标 准

深中通道设计标准如下:

(1)公路等级:高速公路。

(2)行车道数:双向八车道。

(3)设计速度:100km/h。

(4)桥梁结构设计基准期:100年。

(5)设计使用年限:主体结构100年。

(6)桥面净空:5m,单幅桥梁标准横断面组成为:[0.5m(护栏)+0.75m(左侧路缘带)+4×3.75m(行车道)+3m(右侧硬路肩)+0.5m(护栏)]=20m。结合部非通航孔桥与岛上道路相接,桥面变宽,最窄处20m,左幅最宽处24.73m,右幅最宽处24m。

(7)横坡:2.5%。

(8)设计洪水频率:1/300。

(9)设计水位3.60m(1985国家高程基准,下同),最高通航水位3.01m,最低通航水位-1.04m。

(10)地震:E1水准——100年超越概率10%,E2水准——100年超越概率4%。

(11)船舶撞击力标准:伶仃洋大桥考虑防撞,结合部非通航孔桥不考虑防撞。

三、建 设 条 件

1.两侧结构物

结合部非通航孔桥东连西人工岛,桥面与人工岛路面平齐,结合处设计高程+7.680m。人工岛处因设置匝道,路面比标准桥面更宽,因此结合部桥梁位于变宽段上。在岛与桥结合处,须局部破除人工岛岛壁结构;0号桥台桩位布置需考虑人工岛钢圆筒平面位置。

结合部非通航孔桥西接泄洪区非通航孔桥。西通航孔桥为主跨110m、桥面宽度20m的闭口钢箱梁。

2.波浪作用

西人工岛位于珠江口,常水位+0.520m,浪溅区高程+5.080m,考虑人工岛壅水影响后波锋面高程+5.730m。根据西人工岛台阶方案整体物理模型试验发现,该位置受岛型的影响导致波浪传播变形比较复杂,且在人工岛西南拐角位置存在越浪等现象,在靠近人工岛的第一跨范围内,上部箱梁将承受波浪力荷载,包括波浪的浮托力、水平力以及升力矩荷载,对本桥存在一些不利影响。海上桥梁在波浪作用下是否安全稳定、波浪作用导致桩基受损一直是工程设计中的一个关键问题。

3. 人工岛变形

本桥0号桥台墩位于人工岛钢圆筒内，1号墩位于岛壁结构上（图2）。人工岛采用大直径钢圆筒围堰筑岛施工，岛体变形（包括竖向沉降与水平变位）是一个长期过程，会持续数年。考虑施工工期要求，在人工岛变形尚未完全稳定的情况下，结合部桥梁即开始施工。因此，如何减少人工岛变形对人工岛的影响、保证结构在岛体变形下的安全耐久，是设计需要考虑的重要问题。

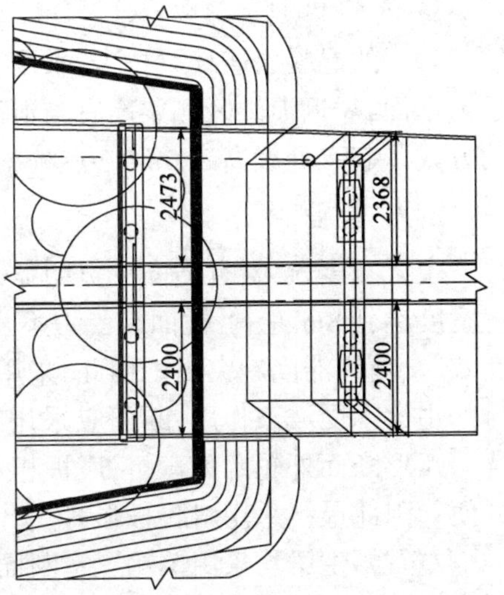

图2　0号桥台1号墩与人工岛相对位置关系（尺寸单位：mm）

4. 施工条件

主梁采用逐跨支架现浇方案施工，从西人工岛向中山侧非通航孔桥方向进行，施工缝位置距离墩中心线7m。本桥0号桥台及1号墩位于人工岛范围内，桥墩桥台及主梁1号跨施工受到钢圆筒、岛壁结构的影响，施工组织须充分考虑人工岛既有结构的影响，做好局部破除与恢复工作。

由于泄洪区钢梁施工速度快，岛桥结合部5号跨施工前，泄洪区相邻跨钢梁已经吊装完毕，导致结合部桥梁末端钢束无张拉空间，结构方案与施工方案设计须考虑此影响。

四、结构总体设计

1. 路线平纵设计

路线设计除满足交通需求外，亦充分考虑波浪力影响。靠近人工岛区域，路线纵坡局部加大，达到2.98%，以尽可能抬高设计高程和梁底高程，减少桥梁受到的竖向浪托力与水平浪击力。经过物理模型试验研究，结合部桥梁纵坡从临近桥梁的2.11%抬升后，在SE向浪作用下，梁体受力减少约55%；在SW向浪作用下，梁体受力减少约70%，且受力范围显著减小，仅第一跨受到波浪力作用。

2. 结构方案

结合部非通航孔桥与泄洪区非通航孔桥相邻，泄洪区非通航孔桥采用110m跨钢箱梁方案。若与泄洪区非通航孔桥一致采用钢梁，则上部自重较轻，难以承受波浪作用；且钢结构在浪溅区、水位变动区的耐久性问题突出，防腐方案技术难度大。综上，本桥选择了自重较大、耐久性较好的混凝土梁方案。

3. 桥跨布置

本项目浅滩区非通航孔桥采用60m混凝土箱梁方案，泄洪区采用110m跨径。结合部桥梁若采用较大跨度，存在以下问题：①随着跨径增大，梁高增加，梁底高程降低，风浪荷载增加；②横向风浪荷载增加，则支座的横向承载力也需要加大；③梁底越低，则风浪作用下，梁底磨蚀越严重，耐久性越难以保证。综上，结合部桥梁宜选用小跨径布置。根据人工岛里程及主桥、泄洪区桥梁设计，最终选择5×40m的桥跨布置。

4. 结构体系设计

5×40m的混凝土桥梁，连续梁体系与刚构体系均可适用。结合部非通航孔桥原设计为了更好地抵抗波浪作用，采用刚构体系，在0号桥台与1号墩处将主梁与桥台、桥墩固结，其余桥墩处放开。出于工期要求，在人工岛水平变形尚未完全稳定的情况下，就需要完成施工，结构成形后受到人工岛施加的强迫位移。但结合部非通航孔桥墩高较矮，结构刚度很大，结构强迫变形、温度变化对结构内力影响显著，导致刚构体系设计难度极大。综合比选后，采用连续梁体系，波浪作用采用抬高梁底高程的方式进行降低，保证梁体受力安全。

五、主 梁 设 计

1. 梁高设计

40m的混凝土连续梁桥，若采用等高设计，则梁高宜在2.1～2.5m之间。考虑靠近人工岛侧梁底宜远离水面，靠近泄洪区侧梁高宜与泄洪区梁高接近以避免大错台影响景观，因此采用全桥梁高均匀变化的方式。起点处梁高2.0m，终点处梁高4.0m，全桥梁高按照2.0m/200m的速度线性增加。

2. 横断面设计

主梁宽度较大，且横向变宽明显，左幅桥宽20～24.73m，右幅20～24m。若采用单箱双室断面，则箱室宽度达到8m左右，桥面板受力不合理。且桥面最宽处也是主梁最矮处，箱式宽高比达到4.0，箱室畸变效应、剪力滞问题突出。因此，采用单箱三室断面。

主梁承受波浪作用，断面应采用有利于减小波浪力的形式。设计对弧形断面和斜腹板断面进行比选。弧形断面外轮廓无弯折，底板相对较窄，波浪力作用小，但施工难度大，模板搭设、预应力张拉均很不方便。因此最终采用斜腹板形式。

左右幅主梁均采用单箱三室断面，梁高2.0～4.0m，悬臂3.5m。考虑抗风浪设计需要压重和保护层厚度加大，同普通环境的箱梁相比适当增加板厚。跨中区域顶板厚度0.3m，边腹板厚0.6m，中间腹板厚0.55m，支点处顶板厚0.6m，底板厚0.6m，边腹板厚0.9m，中间腹板厚度0.85m，如图3所示。

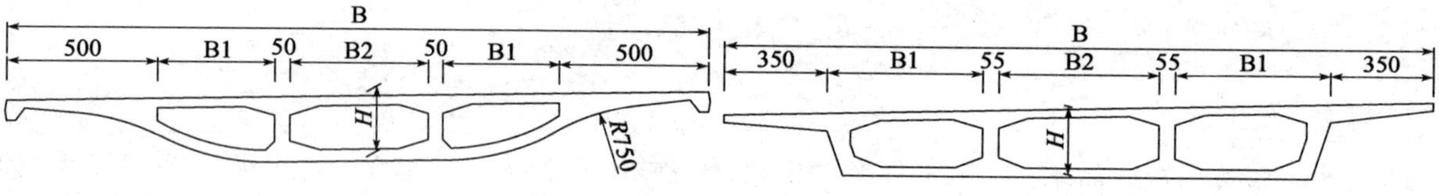

图3 结合部非通航孔桥横断面方案(尺寸单位:cm)

六、下部结构设计

1. 0号桥台

结合部非通航孔桥0号桥台位于人工岛钢圆筒内，0号桥台与回填砂紧密接触，人工岛水平变位作为强迫位移施加与结构上，结构受力直接受到人工岛变形的影响。观测结果表明，人工岛变形持续时间很长，成岛3年后依然存在不可忽视的水平变位，如图4所示。

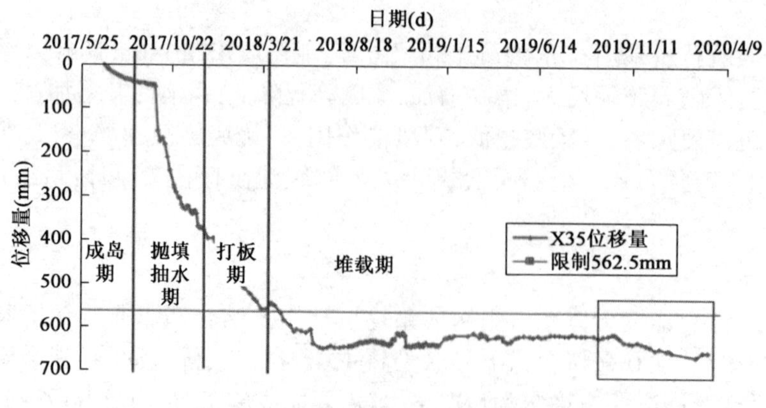

图4 X35筒成岛以来整体位移发展历程

港珠澳桥台采用小直径群桩基础，以结构刚度抵抗人工岛变位。考虑到人工岛的体量远大于桥台，桥台几乎难以阻挡人工岛变位，因此人工岛变位基本就是桥台结构强迫位移。在变形量一定的情况下，结构刚度越大，则结构内力响应越大。因此，在受力满足要求的情况下，桥台结构可适当变柔，以减小内力影响，故本桥桥台结构最终采用单排桩形式。综合比选，桥台桩基采用2根直径2.5m的单排桩，如图5所示。

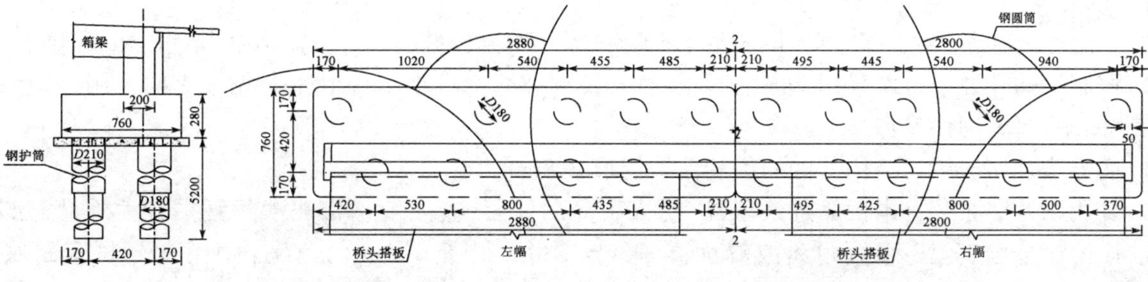

图5 0号桥台结构立面示意图(小直径群桩方案)(尺寸单位:cm)

当桥台基础采用大直径单排桩(图6)以后，桩基位于桥梁支座正下方，承台主要承受本身重量。承台最大悬臂达到9.5m，桩间距12.3m，承台受力类似于带悬臂的连续梁，且悬臂相对较大。根据人工岛沉降观测记录，以及后期可能存在海浪掏空钢圆筒内承台下方倒滤层中粗砂的情况，设计按照承台底脱空的不利工况进行设计，承台主要是上缘受拉，因此承台配筋主要位于顶缘和台帽区域，与常规桥台存在显著差别。

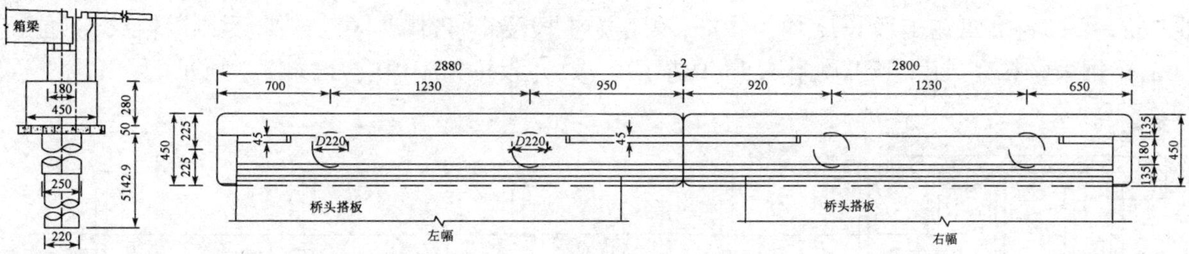

图6 0号桥台结构平面示意图(大直径单排桩方案)(尺寸单位:cm)

2. 桥墩设计

1号墩位于岛壁结构上，其受力收到人工岛变形的影响，因此采用单排桩设计。1号墩采用3根D2.2m钻孔桩，桩基中心距5.0m。承台平面为矩形，厚3.5m，顺桥向宽度4.5m，横桥向宽度14m。墩身横向宽度6.5m，顺向宽度4.0m；盖梁顶部横桥向宽11.5m，底部与墩身横桥向同宽6.5m，顺桥向厚度4.0m。

2~4号墩采用4根D2.2m桩基，桩基均按照端承桩设计。承台平面为正方形，承台厚3.5m，平面尺寸为9.5m×9.5m。盖梁横桥向宽10.5m，盖梁底部与墩身顺桥向同宽5.5m；盖梁及墩身顺桥向厚度均为4.0m。

七、耐久性设计

根据《海港工程混凝土结构防腐蚀技术规范》(JTJ 275—2000)，按照无掩护条件天文潮位计算本项目环境类别划分，结果如表1所示。

环境类别划分一览表 表1

区 域	按天文水位计算	高程(m)
大气区	100年一遇高潮位加0.7$H1/3$以上	> +5.08
浪溅区	大气区下界至100年一遇高潮位减$H1/3$	+5.08 ~ +0.85
水位变动区	浪溅区下界至100年一遇低潮位减0.2倍$H1/3$	+0.85 ~ −1.822
水下区	水位变动区以下	< −1.822

从表1可以看出，结合部非通航孔桥的下部结构，跨越大气区、浪溅区、水位变动区、水下区；考虑人工岛雍水以后，上部结构位于浪溅区和大气区。设计根据研究，并吸纳港珠澳大桥关于120年耐久性桥

梁设计经验,设计从以下方面采取措施,保证结构耐久性:

(1)采用高性能混凝土。上下部结构均采用高耐久性海工耐久性混凝土,并通过氯离子扩散系数控制混凝土致密性。

(2)采用环氧钢筋。对上部结构、下部结构处于浪溅区、水位变动区域结构的外层钢筋使用环氧钢筋。

(3)控制结构开裂。桥墩采用钢筋混凝土结构,控制裂缝宽度小于0.10mm;箱梁纵向采用全预应力设计,横向采用A类构件设计。

(4)适当增加保护层。结构外侧的钢筋保护层取7.8cm。

(5)采用耐冲磨涂装。本桥靠近人工岛,受人工岛岛体影响,波浪携带泥沙频繁拍打。桥梁上部及桥台结构,偏于安全考虑,底板距离波峰面高程+5.730m低于0.5m的范围(距离0号桥台跨径线23.5m),均按照冲磨影响区考虑,对箱梁底板、翼缘板、桥台等部位进行了抗冲磨涂装。其中箱梁外表面耐冲磨涂装范围为桥梁起点至第二跨跨中,合计60m范围。

(6)支座材料选用不锈钢。对于受到波浪影响的0号桥台、1号桥墩,其支座主材采用耐腐蚀双相不锈钢,支座螺栓采用316L不锈钢,以提高支座耐久性。

八、施工方案设计

上部结构采用逐跨支架现浇施工方案。第一施工段长度40m+7m=47m,结合面超出1号墩理论跨径线7m。第二~第四施工段长度均为40m,第五施工段受制于泄洪区已经架设的钢箱梁,只能浇筑31.3m,待钢束张拉完成后,施工剩余1.5m的横梁区域,并张拉相应预应力,如图7所示。

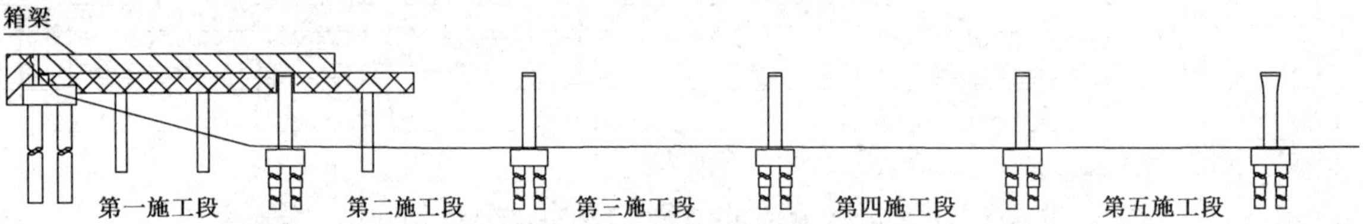

图7 上部结构施工流程

下部结构采用常规的钢围堰施工方案:搭设栈桥及施工平台——钻孔,施工桩基——拆除平台,插打钢围堰,施工承台——施工墩身与盖梁。

由于0号桥台与1号墩受人工岛结构及变形影响,其施工流程需要细化。经仔细设计,施工流程如下:

(1)打设第一跨箱梁支架钢管、隔离挡墙钢管,浇筑隔离挡墙钢管内混凝土,并将隔离挡墙钢管与支架钢管、钢圆筒完成连接。在钢圆筒和隔离挡墙之间抛填碎石斜坡堤至高程-4.41m处。隔离挡墙与1号墩之间采用袋装碎石(2m×1m)护脚。同步施工1号墩和2号墩之间区域的反压抛石施工,抛石控制高程为-10.8m。

(2)岛壁二片石施工至-2.41m,同步施工1号桩基钢护筒。

(3)岛壁抛填10~100kg块石直至-0.28m。同步进行1号桩基施工。

(4)施工0号桥台钢护筒及钢圆筒内倒虑层。同时打设1号墩钢板桩围堰。

(5)1号墩进行封底混凝土、承台、墩身施工。

(6)拆除1号墩钢板桩围堰。岛壁结构从西往东继续抛石,完成隔离挡墙西侧全部抛石后,再而进行隔离挡墙东侧岛壁抛石至+3.5m处,完成岛壁结构施工。

按照上述施工次序,可尽量减小人工岛变形对结构的影响,保证结构施工精度和运营安全。

九、结　　语

在深中通道西人工岛结合部非通航孔桥的设计过程中,充分总结港珠澳大桥的设计及施工经验,详细调查项目建设条件及各项限制因素,提出了对应结构总体设计方案、上部设计方案、下部设计方案、耐久性设计方案与施工方案,保障了结构在建设期间及运营期间的安全性与耐久性,可为后续同类项目设计提供借鉴。

参考文献

[1] 陈虎成,刘晓东,刘磊.港珠澳大桥西人工岛结合部非通航孔桥创新设计[J].公路,2016,61(7):112-117.

[2] 中交公路规划设计院有限公司.公路钢筋混凝土及预应力混凝土桥涵设计规范:JTG 3362—2018[S].北京:人民交通出版社股份有限公司,2018.

13.深中通道浅滩区非通航孔桥纵向分块设计及局部稳定性分析

孙 嘉 梅 刚 吴明远 陈 鲲
(中交公路规划设计院有限公司)

摘 要 为了减小深中通道浅滩区非通航孔桥超宽超重钢箱梁对偏心起吊架设所造成的困难和安全风险,提出了超宽超重钢箱梁的纵向分块设计方案。首先,通过对深中通道浅滩区非通航孔桥的结构形式进行分析,确定超宽超重钢箱梁的具体数量。然后,提出该部分超宽超重钢箱梁纵向分块方案、开口断面补强方案、架设方案及压重方案。最后,基于大型通用有限元软件ANSYS建立纵向分块钢箱梁有限元模型,对其局部稳定性进行分析。

关键词 超宽超重 安全风险 纵向分块 稳定性

一、工程概况

深圳至中山跨江通道工程是连接珠江口东、西两岸深圳和中山两市的一条跨越珠江口内伶仃洋的通道,项目全长约24.03km,跨海段长22.39km,钢结构桥梁合计27.99万t,包括伶仃洋大桥东泄洪区24×110m钢梁、主跨1666m伶仃洋大桥主桥、伶仃洋大桥西泄洪区22×110m钢梁、主跨580m中山大桥主桥、9×110m引桥以及23×60m浅滩区非通航孔桥和万顷沙互通立交匝道桥等,是世界级集“桥梁、隧道、人工岛和水下互通”于一体的超大型跨海集群工程。项目路线如图1所示。

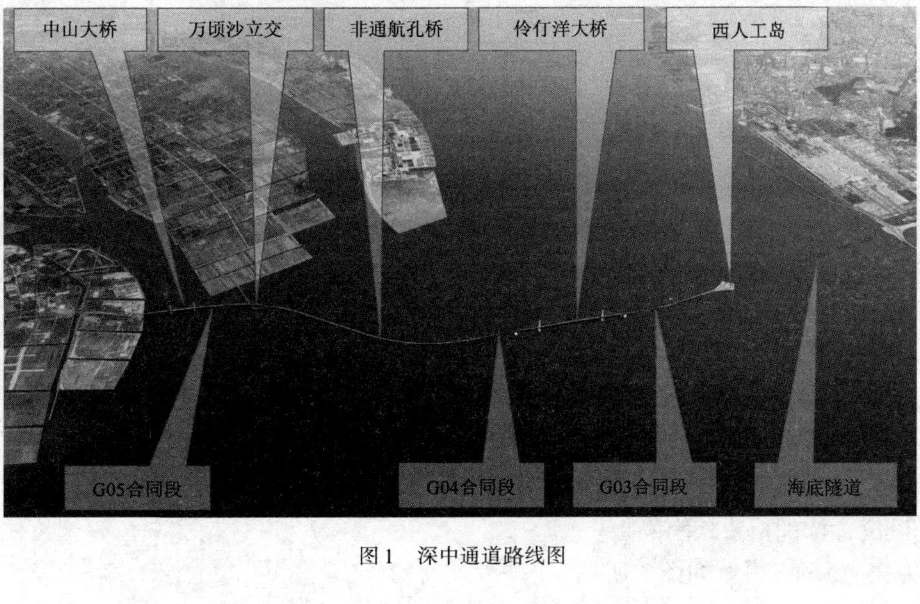

图1 深中通道路线图

浅滩区60m非通航孔桥采用连续梁体系，与匝道桥相接的为变宽连续钢箱梁，共5联23跨。浅滩区60m非通航孔桥位于纵坡0.52%直线 + R = 50000m凹形竖曲线上，变宽钢箱连续梁具体为：左幅第五联位于纵坡0.52%直线上，右幅第六联位于纵坡0.52%直线 + R = 50000m凹形竖曲线上；左幅第七联与右幅第八联位于 R = 50000m凹形竖曲线上。

深中通道浅滩区非通航孔桥115号～140号（K24 + 228～K25 + 728）跨60m钢箱梁共计5联23片，重量为690～1177.7t，梁宽为20～36.2m。其中梁宽超过32.2m或梁重超过1039.1t的有7片，超宽钢箱梁的架设采用偏心起吊的形式，具有压重量大、重心难以控制、安全净距小等问题，架设安全风险高[1]。分幅架设虽然增加现场的焊接量，但只要把焊接平台做好，施工难度较小，安全和质量是可控的，因此超宽钢箱梁采用纵向分块、分幅架设的方案[2-3]。

二、纵向分块方案设计情况

(1)分块方案

分块钢箱梁设计范围为左幅第五联122号、123号，左幅第五联123号、124号，左幅第五联124号、125号，右幅第六联127号、128号，右幅第六联128号、129号。切分方案断面如图2所示，切分方案参数见表1。

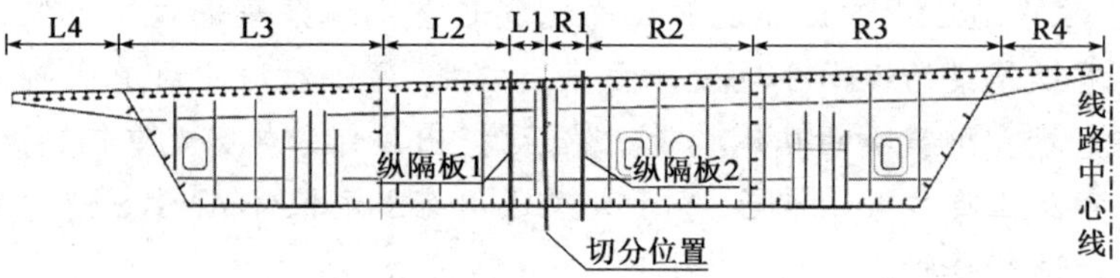

图2　切分方案断面图

切分方案参数　　表1

位置		L4	L3	L2	L1	R1	R2	R3	R4
第五联 122、123号	122号	3153	7475	3651	1050	1050	4725	7067	2933
	123号	3153	7475	5012	1050	1050	4725	7067	2933
第五联 123、124号	123号	3153	7475	3660	1725	1750	4725	7067	2933
	124号	3153	7475	5012	1725	1750	4725	7067	2933
第五联 124、125号	124号	3153	7475	3960	1750	1750	5775	7067	2933
	125号	3152	7502	6201	1750	1750	5775	7067	2933
第六联 127、128号	127号	3154	11237	544		1400	4025	7067	2933
	128号	3154	11237	3289		1400	4025	7067	2933
第六联 128、129号	128号	3154	11237	1584		1756	5419	7067	2933
	129号	3154	11237	4330		1756	5419	7067	2933

(2)开口断面补强方案

方案1：将空腹式横隔板改为实腹式横隔板；

方案2：开口位置增加实腹式纵隔板；

方案3：开口位置增加桁架式纵隔板。

上述三种方案ANSYS模型如图3所示。

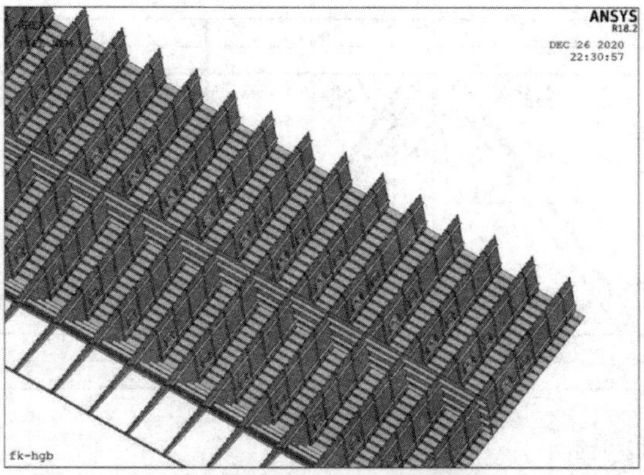

a)全部采用实腹式横隔板

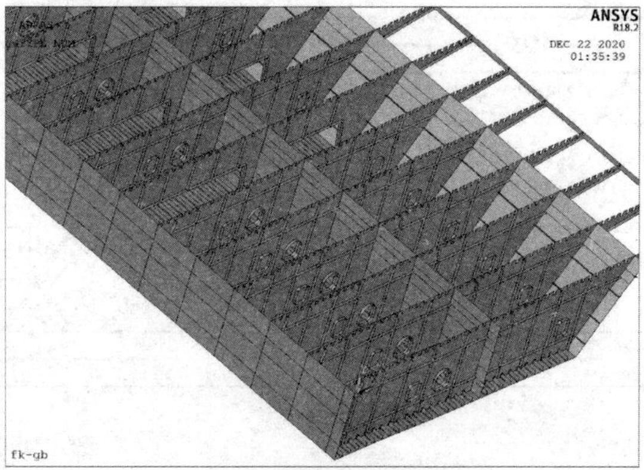

b)开口位置增加实腹式纵隔板

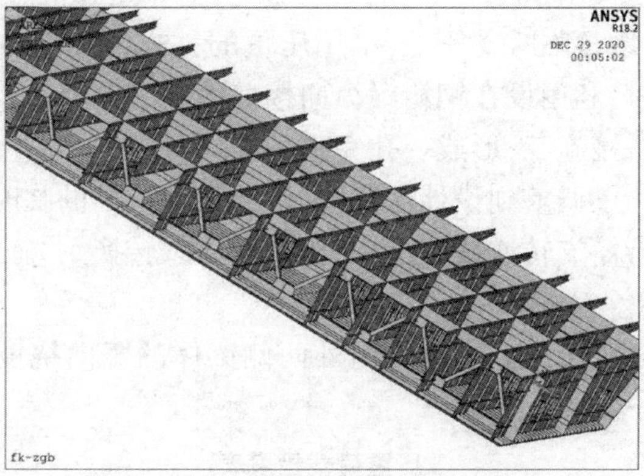

c)开口位置增加桁架式纵隔板

图3 各方案 ANSYS 模型

经过计算,三种方案的效果分析情况见表2。

各方案效果分析表(单位:mm) 表2

项　目	原设计	方案1	方案2	方案3
切口处顶板水平位移	1.6	1.7	3.0	2.6
切口处底板水平位移	6.2	6.5	3.0	4.4
旁弯情况	—	无改善	纵隔板的设置只能减小扭转引起的顶底板旁弯差别,无法彻底消除旁弯。实腹式纵隔板能完全避免了扭转对旁弯的影响,使顶底板旁弯数值一致;桁架式纵隔板的作用与实腹式纵隔板类似,顶底板旁弯仍有差别,但差别较小	
切口处顶板竖向位移	58	61	39	47
悬臂处顶板竖向位移	38	40	43	41
顶板内外侧挠度差	20	21	-4	6
	—	无改善	纵隔板的设置使跨中横断面下挠程度趋于一致。实腹式横隔板基本消除了横断面不同位置的下挠差别;桁架式纵隔板作用类似,横断面不同位置的下挠仍有差别,但相对较小	

根据表2数据分析,并结合梁段增重偏心起吊架设所造成的困难和安全风险情况,最终选取方案3,即开口位置增加桁架式纵隔板的方式为开口断面的补强方案,如图4所示。

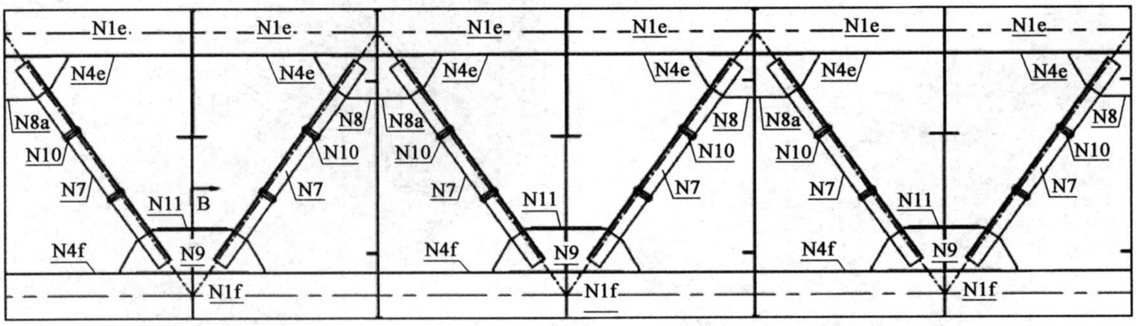

图4 纵隔板里面图

(3)架设方案

钢梁吊装到位后先支撑在墩顶临时支座上,采用压重的方式消除左右两片钢箱梁的挠度差,当左右两片钢箱梁顶、底板同时对准时,利用设在钢箱梁纵向接口的临时调整及锁紧装置,对纵向接口位置进行固定,然后对钢箱梁进行纵向拼接施工,形成一孔完整的梁体。

再通过墩顶调节装置,将箱梁调整到设计位置,利用箱梁端口处的临时调整及锁紧装置,对端部接口位置进行固定,然后对箱梁进行简支转连续施工,完成结构体系转换。

(4)压重方案

分幅梁体架设后,采用临时压重的方式消除内外两侧梁体的竖向挠度差,以便于横向拼接。压重荷载集度见表3。

压重荷载极度表 表3

位 置	跨中最大挠度差(mm)	均布压重集度(kN/m)
左幅第五联122、123号	8.78	20
左幅第五联123、124号	6.53	16
左幅第五联124、125号	7.05	18
右幅第六联127、128号	5.24	15.5
右幅第六联128、129号	5.68	15.8

三、局部稳定性计算

(1)临界屈曲应力计算

根据薄板的弹性屈曲理论,板的欧拉临界应力为[4-6]:

$$\sigma_{crx} = \frac{K}{12(1-\nu^2)} \cdot \frac{\pi^2 E}{(b/t)^2}$$

计算以下4种模态的临界屈曲应力:

①模态一:以横隔板、腹板为边界的屈曲。

该模态下,顶板带着纵肋及横肋板一起失稳,在横隔板、腹板处形成节间。

②模态二:以横肋板、腹板为边界的屈曲。

该模态下,顶板带着纵肋一起失稳,在横肋板及腹板处形成节间。

③模态三:以横隔板、纵肋为边界的屈曲。

该模态下,顶板带着横肋一起失稳,在横隔板及纵肋处形成节间。

④模态四:以横肋板、纵肋为边界的屈曲。

该模态下,顶板独自失稳,在横肋板及纵肋处形成节间。

计算结果见表4。

各模态计算结果　表4

模　态	边　界	加劲板	顶板位置	刚柔判断	弹性屈曲系数 K	临界屈曲应力（MPa）
模态一	横隔板、腹板	横肋、纵肋	腹板之间	柔性	3395.5	1281.7
			悬臂	刚性	该模态不会出现	
模态二	横肋板、腹板	纵肋	腹板之间	刚性	该模态不会出现	
			悬臂	刚性	该模态不会出现	
模态三	横隔板、纵肋	横肋	腹板之间	刚性	该模态不会出现	
			悬臂	刚性	该模态不会出现	
模态四	横肋板、纵肋	无	腹板之间	—	4	1556.4
			悬臂	—	0.425	661.5

（2）架设阶段顶板最大压应力计算

ANSYS 板单元模型及计算后的应力图分别如图5、图6所示。

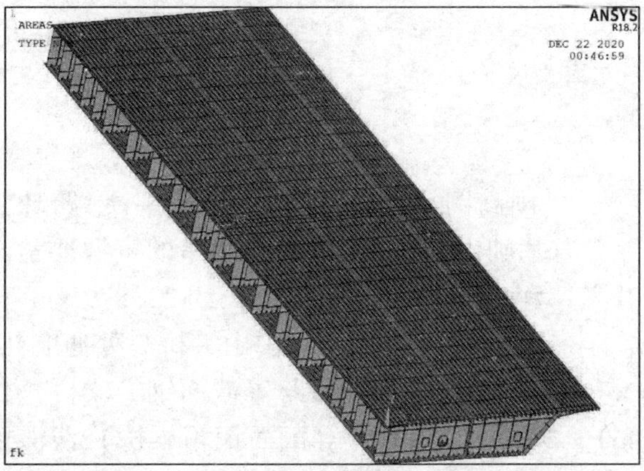

图5　ANSYS 板单元模型

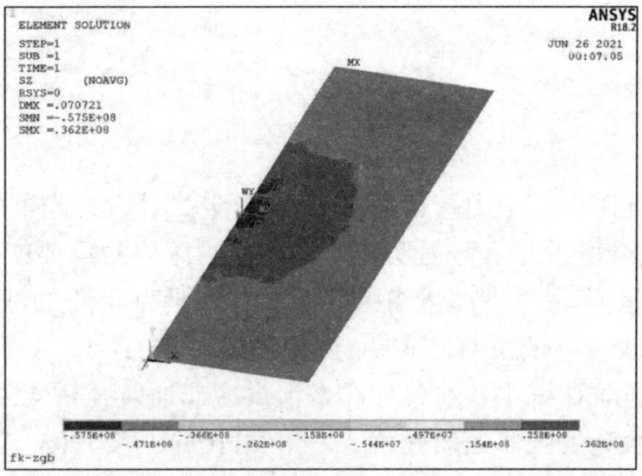

图6　顶板应力图

从应力图中可知，假设阶段顶板纵向最大压应力为57.5MPa。

四、结　　语

（1）顶板悬臂部分：纵肋、横肋均为刚性加劲，屈曲只可能发生在0.35m×2m板件部分，该部分临界屈曲应力661.5MPa，远高于板材强度。

（2）顶板腹板之间部分：横肋为柔性加劲，理论上会发生顶板带着纵肋跨越横肋，在横隔板处形成节间的屈曲，但此时临界应力达到1281.7MPa，远高于板材强度。

综上，浅滩区非通航孔桥钢箱梁屈曲发生在强度破坏之后，可以认为，施工阶段不会发生顶板屈曲。本文提出的钢箱梁纵向分块方案可为今后类似工程提供参考。

参考文献

[1] 张军豪. 非对称大吨位预制箱梁分幅架设试验研究[D]. 郑州：郑州大学，2017.
[2] 俞华标，马元飞. 跨海桥梁非通航孔桥设计方案与造价控制[J]. 公路交通技术，2018，34(2)：44-49.
[3] 陈红柳. 大跨重载箱梁整孔纵、横移施工技术[J]. 世界桥梁，2014，42(6)：26-30.
[4] 岳子翔，温庆杰，卓涛. 半开式桁架桥结构稳定性分析[J]. 工程力学，2018，35：270-277.
[5] 韩锋. 连续刚构桥梁结构设计及稳定性分析[J]. 山西交通科技，2020，12(6)：63-67.
[6] 拜杰. 独墩变截面箱形桥梁横向稳定性分析[J]. 福建交通科技，2020，1：60-63.

14. 深中通道浅滩区非通航孔引桥设计与施工

汪 威[1] 杨光武[1] 许晴爽[2]
(1. 中铁大桥勘测设计院集团有限公司;2. 深中通道管理中心)

摘 要 深中通道项目北距虎门大桥约30km,南距港珠澳大桥约38km,标准段桥面为“双向八车道+紧急停车带”,宽度40.5m,双幅布置。项目起于广深沿江高速机场互通立交,终于横门互通立交,与中开高速公路对接。主体工程全长24.03km,跨海长度22.39km(含隧道、人工岛和桥梁工程),其中浅滩区非通航孔桥长度达到5.344km,建设条件复杂,施工环境恶劣,是控制工期、造价的关键工程之一。本文简要介绍了深中通道浅滩区非通航孔引桥设计构思,方案比选,部分构造细节及耐久性保障措施。

关键词 深中通道 浅滩区非通航孔引桥 上部结构 下部结构 施工

一、引 言

1. 工程概况

深圳至中山跨江通道工程是国家“十三五”重大工程,是国高网G2518(深圳至广西芩溪)跨珠江口关键性控制工程,是实施粤港澳大湾区战略重要的先行交通基础设施,对促进珠江两岸的资源要素高效配置、实现粤港澳大湾区深度融合等具有重要的战略意义。深中通道主体工程全长约23.879 km,包括6.845 km的沉管隧道、东西两座人工岛、约17.034 km的桥梁,设伶仃洋大桥和中山大桥2处通航孔桥。非通航孔桥主要有伶仃洋东泄洪区非通航孔桥4×(6×110m)=2640m(110m跨等截面钢箱梁桥)、伶仃洋西泄洪区非通航孔桥2×(6×110m)+2×(5×110m)=2420m(110m跨等截面钢箱梁桥)、浅滩区非通航孔桥38×60m+5×60.8m+46×60m=5344m(等截面混凝土梁桥)、横门东泄洪区非通航孔桥5×110m=550m、横门西泄洪区非通航孔桥4×110m=440m,深中通道桥梁工程概略图如图1所示。

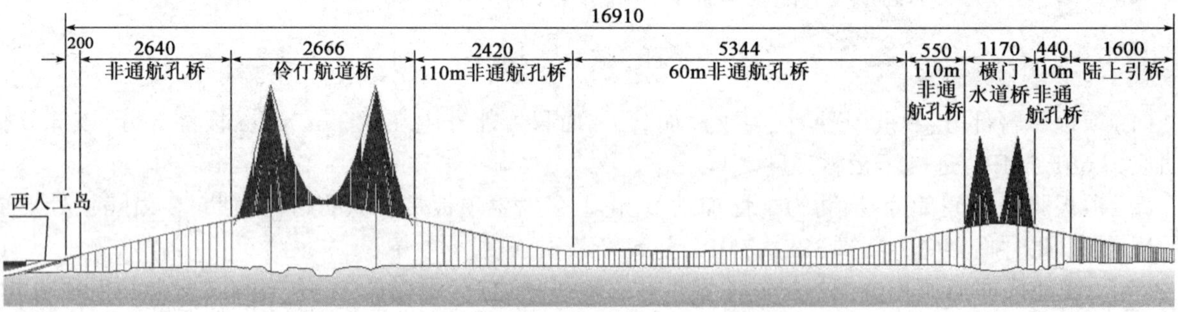

图1 深中通道桥梁工程概略图(尺寸单位:m)

2. 水文与气象概况

深中通道工程区域北靠亚洲大陆,南临热带海洋,属南亚热带海洋性季风气候区。工程区天气特点温暖潮湿、气温年差不大,降水量多且强度大;工程区处于热带气旋路径上,登陆和影响的热带气旋十分频繁。项目区域月平均最高气温大于28°C,极端高温达38.7°C,月平均气温为11.4°C,极端低温为-1.3°C。区域年平均相对湿度77%~81%,湿度的季节变化明显,在春夏季高湿季节,相对湿度时常可达100%,而在冬季干燥季节,极端最小相对湿度只有8%。设计基本风速采用桥址处100年重现期10m高度10min平均年最大风速43m/s。

本海区潮流属于不规则半日潮类型，潮流呈往复流运动形式，受上游径流影响，桥位处流速多为落潮流速大于涨潮流速，10 年一遇最大流速 1.54m/s。平均潮差在 0.85 ~ 1.70m，最大潮差在 2.30 ~ 3.20m 之间，最小潮差在 0.04 ~ 0.13m 之间。施工常水位为 +0.52m，十年一遇高潮位为 +2.86m。

3. 地质

本桥址属覆盖层为第四系全新统海相沉积物：为淤泥、淤泥质土和淤泥质黏土夹砂等，连续分布。基岩为震旦纪云开群（PtY）岩层：由一套变质程度较深的灰色—深灰色混合质片麻岩组成，根据风化程度，进一步划分为全风化、强风化、中风化及微风化带。基岩埋深基本在 -60m ~ -50m，局部区域有深槽，基岩埋深达 -85m，如图 2 所示。

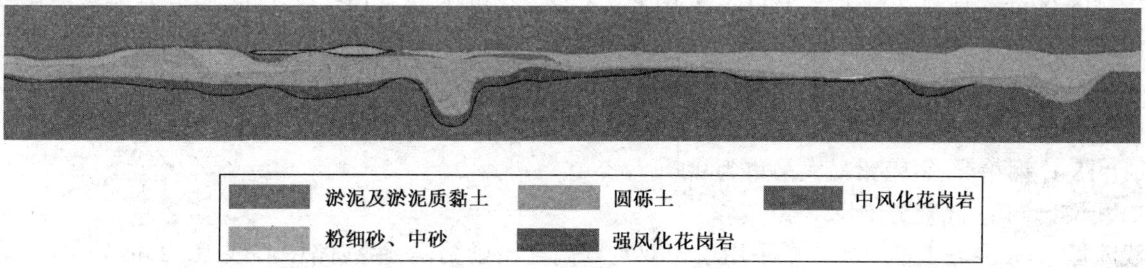

图2 浅水区非通航孔桥局部地质剖面

4. 项目主要技术标准

采用高速公路技术标准，主要技术指标如下：

(1) 设计速度：100km/h。

(2) 主体结构设计使用年限：100 年。

(3) 桥梁设计汽车荷载等级：公路—Ⅰ级。

(4) 桥梁标准宽度：40.5m（不含布索区）。

(5) 设计基准风速：43.0m/s（伶仃洋水域）、39.1m/s（其余桥梁）。

(6) 地震动峰值加速度：0.10g。

(7) 桥面宽度：标准段宽 40.5m，其中，中央分隔带宽度为 2.00m，左侧路缘带宽度为 2×0.75m，行车道宽度为 2×(4×3.75)m，右侧硬路肩紧急停车带宽度为 2×3.00m，右侧防撞护栏宽度为 2×0.50m。

二、浅滩区非通航孔桥结构设计

1. 方案构思

浅滩区 60m 非通航孔桥全长 5344m，占全桥比重为 31.3%，占比较大，其桥型的合理性对项目的工期和造价起着重要作用。方案设计阶段主要从以下角度进行方案构思：①浅水区非通航孔桥水深从东向西呈逐渐减小的趋势，常水位水深在 0.8 ~ 3.6m 之间，在确定该区段的施工方案时，必须考虑到水深条件的限制；②本项目位于腐蚀性较强的海水中，从经济性和耐久性角度，上部结构宜采用中小跨径的混凝土连续箱梁；③浅滩区非通航孔常水位以上墩高大部分在 15m 左右，从景观设计角度，跨度和墩高的比例应协调，上部结构桥跨布置不宜超过 70m；④根据防洪要求，浅滩区非通航孔桥的跨度不小于 50m；⑤本项目海域宽阔，风大潮急，台风频发，海上航道繁忙，对施工影响大，应尽可能减少海上作业量，提高作业效率，根据杭州湾跨海大桥及港珠澳大桥建设经验，非通航孔引桥上部结构宜采用工厂预制化构件；⑥国内起重船起吊能力为 2600 ~ 4000t，上部结构方案应结合吊船的吊装能力综合考虑，因浅滩区在泥面高程为 -2.8m ~ -0.4m，须进行航道疏浚，设计时还应考虑吊船吃水深度要求。

2. 方案比选

根据以上经济、施工、耐久性、景观、防洪等多方面综合考虑，设计阶段重点比较了 50m、60m、70m 跨非通航孔引桥方案，梁型主要考虑预应力混凝土箱梁、钢箱组合梁和钢箱梁。50m 跨预应力混凝土梁方案比较了三种方案，分别采用节段拼装、整孔吊装和梁上运梁施工方法；60m跨比较了预应力混凝土梁和组合梁方案，均采用整孔吊装两种方案；70m跨比较了组合梁和钢箱梁方案，均采用整孔吊装。

由于60m跨整孔吊装方案比50m跨节段拼装方案具有施工风险小、耐久性好的优点，与70m组合梁相比则具有造价低，养护工作量小的优点。经综合比较，采用60m整孔架设混凝土梁方案。万顷沙互通匝道主线加(减)速车道范围，主梁为变宽设计，若变宽段上部结构采用60m跨采用混凝土梁方案，则变宽段梁重最大达4000t，加上吊具吊重达4400t，基本无吊船可供选用，因而变宽段主梁采用钢箱梁方案。

3. 上部结构设计

浅滩区60m非通航孔桥全长5344m，采用分幅布置，分布在54～143号之间，靠近万顷沙洲尾，常水位水深在3m以内。上部结构以60m预应力混凝土箱梁为主，共有160片混凝土箱梁，其中：20m等宽箱梁141片、24m等宽箱梁9片、20～24m变宽梁10片，20m等宽梁中梁/边梁梁重为2722.2t/2637.4t，其他箱梁单片最重为3100t。受“天一号”运架一体船吊重限制，万顷沙互通区部分变宽段采用60m钢箱梁，共计18片钢箱梁，钢箱梁最大吊重为900t。

1)浅滩区60m混凝土梁设计

浅滩区60m混凝土梁单幅主梁采用单箱双室等高度箱梁结构，距线路中心线10.25m处梁高3.5m，桥面横坡通过调整腹板高度形成，中腹板采用直腹板，边腹板采用斜腹板，斜率为1.6/1，底板水平。

箱梁顶板存在变宽，标准宽度为20m，变宽度箱梁桥面宽20～24m。标准宽度箱梁顶板宽20m，底板宽9.578m。跨中顶板厚28cm，支点处加厚为70cm；跨中底板厚25cm，在支点处加厚为65cm；跨中腹板厚40cm，支点处加厚为70cm，单孔箱梁腹板厚40cm区段长34m。边支点横梁厚1.1m，中支点横梁厚3m，其中湿接头厚度为0.8m，如图3所示。

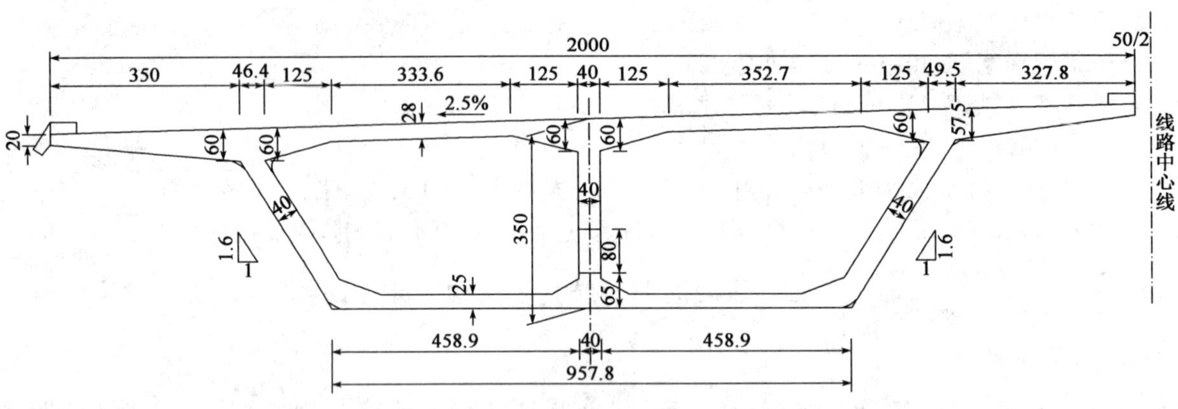

图3　60m混凝土梁跨中横断面布置图(尺寸单位：cm)

主梁采用双向预应力结构。箱梁纵向预应力钢束设置腹板束、顶板束、底板束、底板合拢束。腹板束采用19-ϕ15.2钢绞线，顶板束采用15-ϕ15.2钢绞线，横向预应力钢绞线采用3-ϕ15.2钢绞线，扁锚体系。横向预应力钢束均匀布置在箱梁顶板内，顺桥向按0.5m等间距布置，单端张拉。

2)浅滩区60m钢箱梁设计

钢箱梁采用整箱结构，单箱三室的截面布置。钢梁顶板厚16mm，腹板厚14mm，底板厚12mm。桥面顶、底板加劲肋采用T形加劲肋，顶板加劲肋间距300mm，底板加劲肋间距为400mm。T形加劲肋尺寸为180mm×12+12×120mm。腹板设置两道纵向加劲肋。横隔板分为中支点横隔板、边支点横隔板、实腹式横隔板与空腹式横隔板四种，均沿线路中心线径向设置，基本间距2.0m，实腹式横隔板与空腹式横隔板相间布置钢箱梁梁高3420mm。在桥面顶板上设置80mm厚度纤维混凝土层，采用环氧沥青混凝土铺装结构，如图4所示。

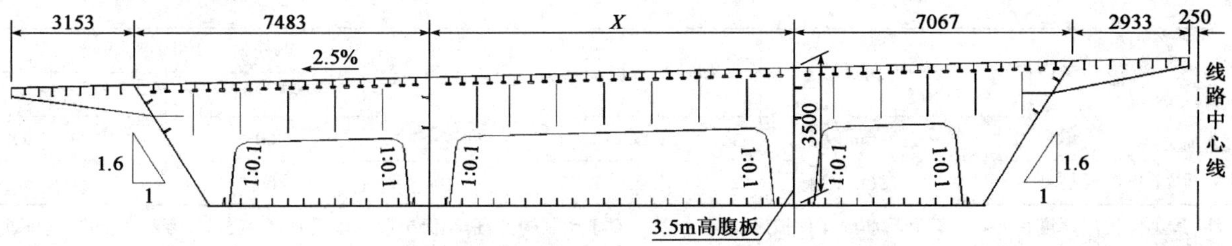

图4 60m钢箱梁空腹式横隔板断面示意图(尺寸单位:mm)

4. 下部结构设计

浅滩区下部结构采用整体式大悬臂板式墩,墩高20m左右,墩身横断面为多边形。墩柱顶部墩身截面顺桥向中心宽度为4.0m,顺桥向端部宽度为3.25m,横桥向宽度为9.0m。顺桥向宽度沿横向关于桥墩中心线对称地以1:12坡率递减。墩身端部顺桥向宽度b与墩身横桥向宽度B关系为:$b=400-B/12$。横桥向墩柱顶宽8m,沿高度方向以1:28放坡到墩底,墩身采用C45混凝土。

桥墩帽梁为双悬臂预应力混凝土结构,横断面呈倒梯形,标准段帽梁悬臂长12m,帽梁根部顶宽为4m,底宽为3.25m,高为6.0m,端部梁高为3.0m,采用C50混凝土。为满足墩帽结构受力,墩帽横向配置预应力钢束。预应力分两批张拉,其中第一批张拉部分采用普通钢绞线,待架设一孔内的两片预制梁后完成张拉;第二批张拉部分采用环氧预应力钢绞线,待另外一孔两片预制梁架设完成,简支变连续之前完成张拉。

桥墩均位于水中,基础采用整体式承台、群桩基础形式,布置了6根直径2.5m钻孔灌注桩,桩基础呈行列式布置,纵向2排,横向3排,纵向间距6.25m,横向间距6.25m,桩基础采用水下C35混凝土,按照嵌岩桩设计,桩底持力层为中风化混合片麻岩。结合桩基布置形式,承台设计为矩形,平面尺寸17.0m×10.75m(横桥向×纵桥向),厚4.5m。承台采用C40混凝土。

5. 耐久性设计

海洋环境氯离子侵蚀引起钢筋锈蚀是深中通道工程混凝土结构耐久性的主要影响因素,针对这一主要特征,借鉴港珠澳大桥耐久性设计研究成果,考虑荷载影响因素,设计了深中通道工程混凝土结构和钢结构的耐久性保障措施。

对于混凝土结构耐久性保障措施主要包括:①根据混凝土结构耐久性计算采用足够的保护层厚度;②浪溅区以下钢筋(高程+5.04m以下)采用环氧涂层钢筋;③大气区混凝土表面采用硅烷浸渍处理作为附加防腐蚀措施。钢结构主要通过防腐涂装设计保障结构耐久性。

1)环境类别及混凝土保护层厚度

根据《深圳至中山跨江通道工程耐久性保障技术》专题研究成果,桥梁工程按照无掩护条件下的天文潮位进行腐蚀部位划分,根据桥梁结构的所在高程,确定各部位的环境类别及钢筋最小保护层厚度如表1所示。

桥梁结构所处环境类别及钢筋最小保护层厚度表 表1

结构物	构　件	所在高程	所处环境	环境作用等级	钢筋最小保护层厚度(mm)	
					外表面	内表面
非通航孔引桥	箱梁	+5.04m以上	大气区	Ⅲ-D	40	40
	墩帽	+5.04m以上	大气区	Ⅲ-D/E	50	—
	墩身	+5.04m以上	大气区	Ⅲ-D/E	70	—
		-0.43～+5.04m	浪溅区	Ⅲ-F	70	—
		-2.57～-0.43m	水变区	Ⅲ-F	70	
		-2.6m以下	水下区	Ⅲ-D	70	

续上表

结构物	构　　件	所 在 高 程	所 处 环 境	环境作用等级	钢筋最小保护层厚度(mm)	
					外表面	内表面
非通航孔引桥	承台	-2.6m 以下	水下区	Ⅲ-D	60	—
	桩基	-2.6m 以下	水下区	Ⅲ-D	60	—

注:最小保护层厚度指外侧主筋和箍筋的净保护层,不含拉筋。对于预制构件,最小保护层厚度设计增加5mm为安全裕度;对于现浇构件,设计最小保护层厚度增加8mm为安全裕度。

2)环氧涂层钢筋

为提高墩身耐久性,墩身钢筋分为两种类型,其中浪溅区(高程+5.04m以下)采用环氧涂层钢筋,其他区域采用普通钢筋浪溅区和水位变动区结构外表面钢筋应采用环氧钢筋。

3)硅烷浸渍处理

大气区混凝土表面采用硅烷浸渍处理作为附加防腐蚀措施,采用异辛基三乙氧基膏体硅烷作为硅烷浸渍材料,设计保护年限为15年,硅烷用量应不小于400g/m^2,硅烷浸渍材料质量要求如表2所示。

硅烷浸渍材料质量要求　　表2

主要组分	异辛基三乙氧基硅烷	pH值	6
外观	白色膏体	闪点	74℃
活性物质含量	80%	稀释剂	不稀释,直接使用
25℃下密度	0.9g/cm^3	储存期	至少12个月

4)钢箱梁涂装体系

钢箱梁箱内和箱外,采用不同的防腐方案。钢箱梁外表面处在海洋大气区,采用金属热喷涂体系进行防腐,设计年限30年。钢箱梁防腐涂装见表3。

深中通道钢结构防腐涂装体系　　表3

部　　位	涂装体系及用料	技术要求(最低干膜厚度)	场　　地
钢箱梁外表面	预处理	Sa2.5,粗糙度 Rz50~80	工厂
	无机硅酸锌车间底漆	40mm	工厂
	二次表面喷砂除锈	Sa3.0,粗糙度 Rz60~100	工厂
	电弧热喷铝(锌)	1×150	工厂
	环氧封闭漆	2×25	工厂
	环氧云铁中间漆2道	2×75	工厂
	氟碳树脂面漆2道	2×40	工厂
	焊缝修补	同上要求	工地
钢箱梁内表面	预处理	Sa2.5,粗糙度 Rz50~80	工厂
	无机硅酸锌车间底漆	40	工厂
	二次喷砂除锈	Sa2.5,粗糙度 Rz50~80	工厂
	环氧富锌底漆1道	1×80	工厂
	环氧树脂漆1道	1×120	工厂

三、浅滩区非通航孔桥施工

1.下部结构施工

60m非通航孔桥墩数量多(全线共89孔),施工历时长,受海洋环境影响大。下部结构采用栈桥施工,将水上施工变为陆地施工,以减少海上大型施工设备的投入,降低施工安全风险。基础、承台、墩身和盖梁的施工采用岸上来料,现场浇筑施工。基础采用"栈桥+平台+钢板桩围堰"进行施工,墩身采用翻模法施工，盖梁采用“钢管立柱＋桁架＋型钢框架”作为支架施工。

钢筋采用厂内整体制作，现场整体安装法进行施工，以提高施工质量，减少现场作业时间，即钢筋先在工厂下料，在胎架上绑扎成型后，再整体运至现场，起吊安装。根据运输能力和现场起吊设备能力，对桩基、墩身及盖梁钢筋进行分块、分节。

2. 上部结构施工

1)混凝土梁预制(图5)

60m混凝土箱梁在中铁大桥局S07合同段中山基地预制梁场内预制完成，采用了信息化、智能化预制技术，包含钢筋数字加工、混凝土智能搅拌、模板自动控制、智能浇筑、智能预应力张拉和压浆、智能喷淋养护等系统。

图5 60m混凝土梁预制

2)箱梁架设

箱梁采用“天一号”运架一体船整孔架设法施工。混凝土箱梁最大自重约3000t，变宽钢箱梁自重约900t。首先通过专用疏浚设备，疏通运梁通道，然后将整孔制造好的单幅箱梁通过专用的取梁、运梁和架梁设备，将箱梁从水上运至待架位置，落梁就位后，再进行体系转换，实现简支变连续施工。

四、结 语

深中通道浅滩区60m梁下部结构已基本完全施工(图6)，已完成部分梁体的预制和架设工作，施工进展较为顺利，“天一号”运架一体船每天可架设1片梁，达到设计目标。深中通道浅滩区非通航孔引桥具有建设条件复杂、设计限制条件多、位于海洋腐蚀环境、耐久性问题突出、建设理念先进等诸多特点，本桥上部结构及下部结构均不同于其他跨海大桥项目，可为我国跨海大桥建设提供借鉴意义。

图6 深中通道浅滩区非通航孔引桥施工现场

参考文献

[1] 张燕飞，孙国强. 杭州湾跨海大桥海中区引桥上部结构方案构思与设计[J]，桥梁建设，2006(03)：27-30.

15.揭阳大桥主桥设计及研究

魏朝柱[1] 何 海[2] 梁立农[2]
(1.广东省交通运输规划研究中心;2.广东省交通规划设计研究院集团股份有限公司)

摘 要 揭阳大桥(原名莲花大桥)主桥全长576m,为138m+300m+138m双塔双索面钢-混组合梁斜拉桥,桥面宽度32.4m,主梁采用双工字形组合梁,斜拉索和主梁的锚固采用锚拉板锚固形式。本文介绍该桥的总体设计、主梁、主塔及斜拉索等设计,结构仿真分析计算及抗风、抗震技术措施研究等。

关键词 斜拉桥 钢-混组合梁 总体设计 UHPC混凝土 抗风设计 抗震设计

一、桥址概况

揭阳大桥位于揭阳市榕城区,跨越榕江南河,是广东省揭(阳)至惠(来)高速公路揭阳市区连接线工程的重要构造物。榕江南河水面宽约350m,河水受潮汐影响明显,具有不规则半日混合潮、潮时潮差不等的特点。

揭阳市地处亚热带,属亚热带海洋性气候,具有明显的海洋性气候特点,多年平均相对湿度为80%。多年平均气温21.9℃,热月(7月)平均气温28.7℃,冷月(1月)平均气温13.9℃,最高气温39.7℃(2005年7月18日),极端最低气温-2.7℃(1955年1月12日)。年平均降水量为1740.7mm。揭阳市属华南沿海台风区($Ⅳ_7$),受台风影响,7~9月6级以上强风占总数83%,年均风速1.8m/s,历史最大台风风力11级(1969年7月28日),风速达28m/s(东北,东风)。新中国成立以来遭受12级以上台风正面登陆并造成严重灾害的有4次。桥址区覆盖层主主要为海陆交互相的软土、黏性土及砂土组成,基底岩性均为花岗岩,基岩岩质极硬,岩面起伏较大,埋深约120m。

二、主要技术标准

(1)道路等级:一级公路兼城市主干路。

(2)设计速度:80km/h。

(3)设计车道数:双向六车道。

(4)设计荷载:公路—Ⅰ级。

(5)桥梁总宽:32.4m。

(6)桥面坡度纵坡为3.8%;横坡为±2%。

(7)竖曲线半径:6000m。

(8)设计洪水频率:1/300。

(9)通航水位:最高通航水位3.03m,最低通航水位-0.55m(国家85高程基准)。

(10)通航净空:内河Ⅲ级航道,通航5000吨级海轮,通航净宽260m,净高34m。

(11)设计基本风速:39.4m/s。

(12)地震动峰值加速度0.15g。

三、主桥设计

1.总体设计

主桥为主跨300m的双塔双索面钢-混组合梁斜拉桥,桥跨总体布置为138m+300m+138m=576m,

结构体系采用半飘浮体系，边跨跨越市政道路，采用无辅助墩设计，桥型总体布置见图1。

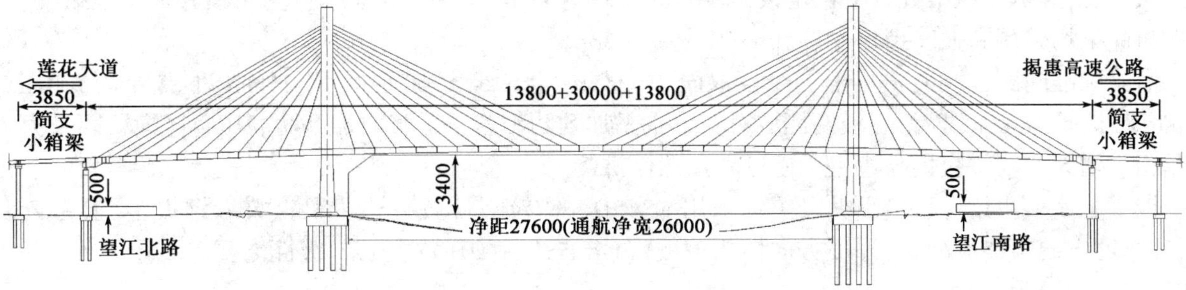

图1 桥梁总体布置图(尺寸单位:cm)

主塔采用钻石形塔，过渡墩采用柱式墩上接盖梁；主塔及过渡墩均采用钻孔灌注桩基础。全桥纵向不设固定支座，在索塔和过渡墩处与主梁间设置单向滑动支座，在塔梁连接处纵桥向设置黏滞阻尼器，横桥向均设置弹塑性钢阻尼器。

两侧各设38.5m简支小箱梁作为压重梁支承于箱形端横梁上，过渡墩处设*D*80伸缩缝，次边墩处设置RBKF560伸缩缝。为确保在正常使用状态下，过渡墩支座不出现负反力，在过渡墩墩顶附近钢横梁间施加压重，过渡墩顶顺桥向NB11至NB13号梁段31.2m范围内压重200kN/m，全桥共压重1251t。

2. 主梁设计

钢-混组合梁因其充分发挥了钢与混凝土材料的力学性能，兼顾钢与混凝土结构的优点，既能发挥混凝土的抗压性能，又充分利用钢梁强度高、重量轻的优点，同时具有结构受力明确、工厂化制造、施工快捷等优点，在大跨度斜拉桥中得以广泛采用，如国内的杨浦大桥、福州市青州闽江大桥、二七长江大桥等。

1)钢主梁和横梁设计

钢主梁采用双工字形截面，两主梁横向中心距29.9m，主梁梁高3.37m(主梁中心线处)，其中边主梁中心线处梁高3.08m，桥面板厚28cm。工字形边主梁、横梁、小纵梁通过摩擦型高强度螺栓连接形成钢梁，架设预制桥面板，现浇微膨胀混凝土湿接缝，通过焊接于钢梁上的抗剪栓钉组成组合梁体系。主梁全宽32.4m，主梁横断面见图2。

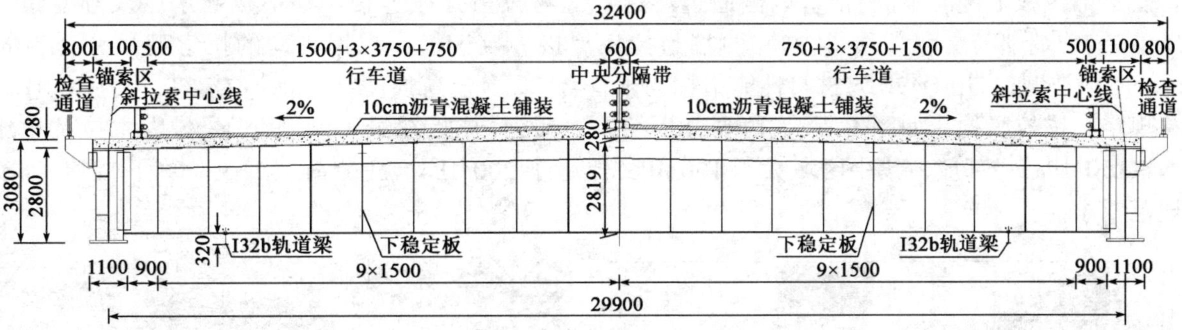

图2 主梁标准横断面图(尺寸单位:cm)

工字形钢主梁高为2.8m，根据构造及施工架设的需要，全桥钢主梁划分为12种梁段，标准梁段长11.7m，标准横隔板间距为3.9m。根据受力需要，工字形钢主梁上翼缘采用900mm×36mm和900mm×50mm两种不同的截面，下翼缘采用1100mm×60mm、1100mm×80mm和1920mm×80mm三种不同的截面，腹板厚度统一采用28mm，腹板设置两道350mm×24mm板式纵向加劲肋，腹板内外侧标准节段每隔3.9m设置两道竖向加劲肋，其间距为1.3m。过渡墩附近的G+K梁段(过渡段)共长13.085m，G+K梁段采用加高设计，高度从2.8m加高至端部4.88m。单片标准梁吊装重量22.7t。过渡墩附近的G梁段吊装重量92.36t。

为方便混凝土桥面板纵向现浇缝的浇注及减小预制桥面板的尺寸，在横梁中部及距离主梁中心线

7.5m 两侧各设置一道小纵梁。小纵梁高 300mm，采用工字形截面，上翼缘宽 400mm，下翼缘宽 240mm。因抗风需要，外侧小纵梁处设下稳定板，采用 6mm 厚钢板，下稳定板与横梁下翼缘顶齐平。小纵梁、下稳定板与横梁均采用高强度螺栓连接。

横梁标准间距 3.9m，横梁上翼缘设双向 2% 横坡，上翼缘宽 600mm，厚 24mm，下翼缘宽 700mm，厚 28mm，腹板厚 16mm。横梁腹板两侧成对布设水平加劲肋和若干道竖向加劲肋。压重区横梁因受力需要板厚相应增大。横梁腹板与边主梁通过高强螺栓拼接。

钢梁工字形主梁、横梁、小纵梁等均采用 Q345D。锚拉板位置处边主梁上翼缘钢板，要求为 Z 向钢板，其厚度方向性能应满足《厚度方向性能钢板》(GB 5313—2010)中 Z25 级性能要求。

2)桥面板设计

以主梁中心线对称布置 4 块预制板，预制部分采用 C60 高强混凝土，现浇部分采用 C60 微膨胀混凝土，为传递拉索的剪力，外侧预制板边主梁侧面设置剪力键，剪力键突出 7.5cm。预制板分 32 种类型，全桥共 608 块，标准段预制板厚度均为 28cm，最大吊装重量 17.94t。为了减小混凝土收缩、徐变对结构的影响，预制板存放六个月以上。

在中跨 133.4m 及两边跨各 78.1m 范围内桥面板中布置多股 $7\Phi^{s}15.24$ 纵向预应力钢束，钢束采用两端张拉，群锚锚固，塑料波纹管真空压浆工艺施工。

纵、横梁上翼缘板上布置有直径 22mm 焊钉，材质为 ML15，高 20cm。预制混凝土桥面板通过设在纵、横梁上的湿接缝形成共同受力的组合梁结构。

根据局部有限元仿真分析，在主塔墩支座顶附近主梁混凝土顶板会出现超过 2MPa 的纵桥向拉应力，为提高结构耐久性，在支座顶 4.5m×3.45m×0.28m 桥面板范围采用超高韧性混凝土材料(UHPC)加强，UHPC 设计抗压强度 120MPa，抗弯拉强度 20MPa，现场浇筑施工，高温蒸汽养护。桥面板局部应力集中如图 3 所示。

3)锚拉板设计

斜拉索在钢梁上的锚固采用了锚拉板结构形式。锚拉板构造主要由拉板及加劲、锚管及加劲、锚垫板等组成。拉板熔透焊焊接于边主梁上翼缘板顶面，并与边主梁腹板位置对应，拉板中部需开孔安装锚具，为了补偿开孔部分对锚拉板截面的削弱以及增强其横向的刚度，在拉板的两侧焊接加劲板。锚管嵌于锚拉板上部的中间，锚管两侧通过熔透焊缝与拉板互相连接。锚垫板起承压及分配索力的作用，在锚管端部与之磨光顶紧，并在两端与拉板焊接。拉板板厚根据不同的拉索型号分为 50mm、60mm 两种类型，采用 Q420D，材料性能指标均须符合《低合金高强度结构钢》(GB/T 1591—2018)的有关规定。锚拉板构造如图 4 所示，仿真分析结果表明，锚拉板在最不利组合下，最大主拉及主压应力均≤150MPa，局部应力集中区域大于 150MPa，但小于 200MPa。疲劳荷载工况验算下，疲劳细节满足规范要求。

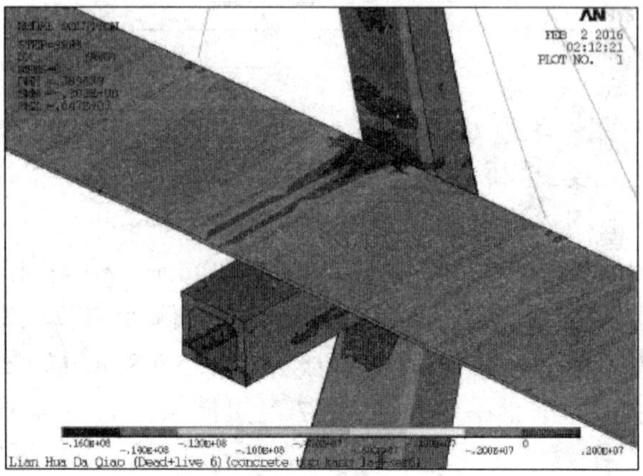

图 3　局部应力集中

图 4　锚拉板构造

3. 主塔与基础设计

主塔采用钻石形结构，以揭阳市市花莲花为主题元素，主塔造型从含苞待放的“水上莲花”中抽象而出，整个主塔由塔座、下塔柱、下横梁、中塔柱、中横梁、上塔柱、上横梁及塔冠等部分组成，总高度为120m，自桥面以上塔高81.5m（含塔冠3.5m），塔高与主跨比为0.272，主塔采用C50混凝土。

上、中塔柱顺桥向宽6.5m，横向宽4.0m，上塔柱横桥向壁厚1.2m，顺桥向壁厚0.8m，中塔柱横桥向壁厚1.0m，顺桥向壁厚0.8m。从下横梁到下塔柱顺桥向宽度由6.5m直线变化到9.0m，横桥向宽度由4.0m渐变到6.8m，横桥向和顺桥向壁厚均为1.0m，在塔柱底部5米范围纵横向壁厚加厚至1.5m，主塔示意图见图5。

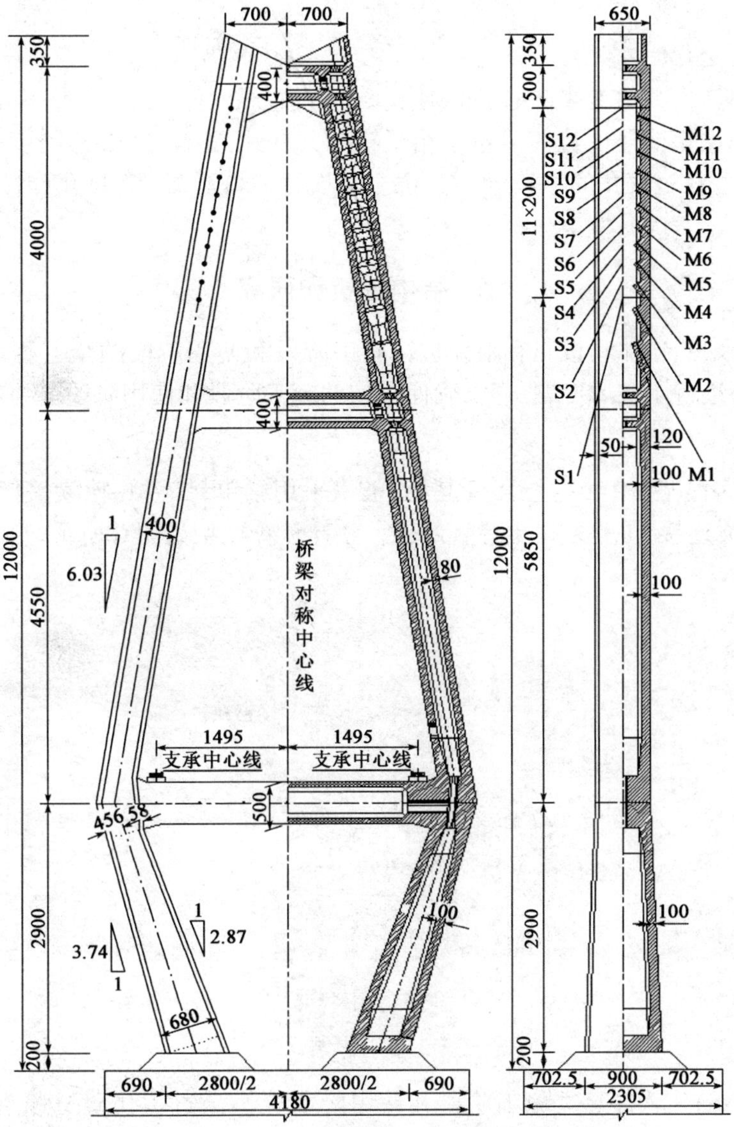

图5 主塔一般构造图（尺寸单位：cm）

索塔上、中、下横梁均为预应力混凝土结构，上、中横梁高为4m，下横梁高为5m，横梁宽度均为5.5m，下横梁共设置了16束22Φ^s15.24和22束19Φ^s15.24钢绞线，中横梁设置了30束19Φ^s15.24钢绞线，上横梁设置24束19Φ^s15.24钢绞线。

斜拉索在塔上采用扇形布置，每个索塔均设12对，塔上斜拉索锚固间距2m，锚固在塔柱内壁的锯齿块上，锚固区布置了“井”字形预应力，以抵抗斜拉索拉力产生的水平分力。

主塔基础采用24根ϕ2.5m的端承摩擦桩，承台采用圆端形，平面总尺寸为横桥向41.8m，顺桥向

23.05m,厚5.5m。承台顶设2.0m的塔座,承台底设1.0m封底混凝土。过渡墩采用薄壁空心墩,墩身宽度为6m,厚为3m,墩身顺桥向壁厚0.65m,横桥向壁厚0.6m,承台平面尺寸为10.6m×6.6m,高3m。单个承台底桩基采用6根D1.6m钻孔灌注桩基础。

4. 斜拉索设计

斜拉索采用空间双索面扇形布置,主塔两侧各分布12对索,全桥共96根索。斜拉索采用抗拉强度为1770MPa的直径为Φ7mm的锌-铝合金镀层高强度低松弛平行钢丝斜拉索,根据索力的不同,采用PES7-163、PES7-199、PES7-253、PES7-313共4种规格,拉索最长无应力索长156.462m,单根最大重量为14.795t。斜拉索在主梁上采用锚拉板构造锚固,在索塔上采用预应力锯齿块锚固,张拉端均设置在塔端。

5. 过渡孔简支小箱梁设计

过渡孔为简支小箱梁,一端支撑在主桥的钢横梁上,设置纵向固定支座,另一端支承在过渡孔柱墩盖梁上,设置纵向活动球型钢支座。边跨压重小箱梁横向共9片,梁高2.02m,跨度38.5m,按部分预应力混凝土A类构件设计。在过渡孔的小箱梁和主桥之间设置D80伸缩缝,只允许过渡孔小箱梁和主梁之间有微小的转角。

四、结构分析和研究

采用空间杆系有限元、实体和板壳有限元进行施工阶段和使用阶段的全过程结构仿真分析计算,相互核对和检验,同时还进行了抗风专题研究,确保结构的施工阶段和使用阶段受力均满足规范要求。

1. 静力计算模型

整体计算采用空间程序MIDAS,主梁、主塔、过渡墩采用梁单元模拟,拉索采用桁架单元模拟,索梁、索塔之间通过刚臂单元连接,桩基采用土弹簧约束。整体计算模型如图6所示。

图6 全桥模型

2. 仿真分析模型

揭阳大桥采用ANSYS软件建立施工阶段和使用阶段全桥全过程仿真分析有限元模型,其中斜拉索及预应力部分采用空间杆单元,混凝土部分采用块体单元,钢板采用壳单元。由于该桥沿纵桥向和横桥向均对称,因此为了提高此次有限元仿真分析的精度和效率,只建立了该桥1/4模型。有限元模型共包含单元815819个,节点458743个,模型的自由度为1942287个。揭阳大桥有限元模型如图7所示。

3. 抗风性能研究

抗风性能专题研究进行了节段风洞试验与全桥气动弹性模型风洞试验研究,得到如下主要结论:

(1)主桥结构动力特性:该桥成桥运营状态竖弯和扭转基频分别为0.3143Hz和0.8703Hz,扭弯频率比为2.769;最长单悬臂状态为最不利施工状态,竖弯和扭转基频分别为0.3443Hz和0.9612Hz,扭弯频率比为2.792;最长双悬臂状态竖弯和扭转基频分别为0.2157Hz和1.0429Hz,扭弯频率比为4.835。

(2)桥位基本风速为V_{10}=39.4m/s,地表粗糙度系数α为0.16,主梁设计基准风速为49.5m/s,成桥状态桥梁颤振检验风速为77.2m/s。施工重现期取为30年,施工阶段的设计基准风速为41.4m/s,施工阶段颤振检验风速为64.6m/s。成桥阶段静风失稳检验风速为59.4m/s,施工阶段静风失稳检验风速为49.7m/s。

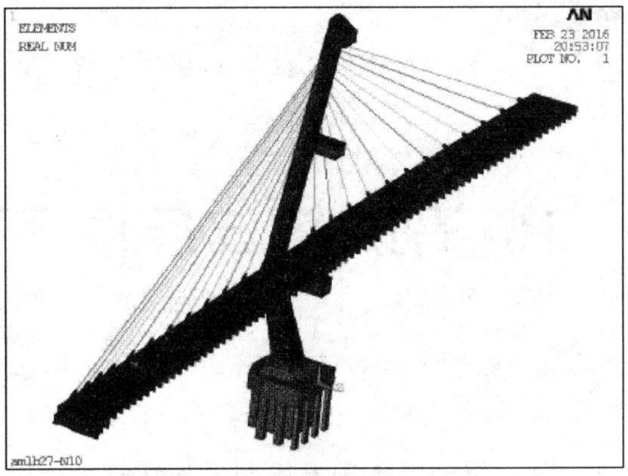

图7 揭阳大桥有限元模型

(3)主梁断面进行了几何缩尺比为1:45的节段模型风洞气动力系数测试试验,通过六分力天平来测得主梁断面成桥态和施工态三分力系数。试验风攻角范围为-10°~+10°,间隔为1°。主梁断面风攻角为α=0°时,施工状态的气动阻力、升力和俯仰扭矩系数分别为1.2914、-0.0401和0.0349;成桥状态气动阻力、升力和俯仰扭矩系数则分别为1.5639、-0.0831和0.0146。

(4)采用节段模型直接试验法对成桥状态和最大双悬臂状态进行了±3°范围内风攻角情况下的颤振稳定性试验,结果表明采取双下稳定板气动措施后,成桥状态和最大双悬臂状态的颤振临界风速均大于108m/s,颤振稳定性满足规范要求,大桥具有足够的抗风稳定性。

(5)采用节段模型进行了涡激共振试验。为抑制成桥运营状态+3°攻角时的涡激共振振幅超限,主梁断面气动措施推荐采用双下稳定板方案,气动改良后成桥运营状态在±3°风攻角范围内不会发生振幅超过规范容许值的竖弯和扭转涡激共振。

(6)采用ANSYS有限元分析软件对成桥态和最大双悬臂状态进行抖振时域有限元分析,得到了主梁和主塔关键截面内力及关键节点位移响应平均值、根方差及极大值,经计算结构满足规范要求。

五、设计特点

结合桥位地形和水深条件,该桥采用双工字形截面钢-混组合梁斜拉桥,特点如下:

(1)主桥采用138m+300m+138m三跨连续纵向半飘浮体系,边跨跨越市政道路,取消了常规辅助墩设计,通过将过渡孔38.5m简支小箱梁作为主梁端压重梁,有效减小边跨主梁段压重荷载。

(2)主塔采用钻石形结构,以揭阳市市花莲花为主题元素,主塔造型从含苞待放的"水上莲花"中抽象而出,其造型简洁大方,线形极为流畅,把桥梁建筑融入桥梁结构美学之中,成为揭阳市的标志性桥梁建筑之一。

(3)采用双工字形截面主梁,便于制造、运输和架设,整体造价较低。该桥主梁用钢量为397kg/m^2,造价经济。

(4)钢-混组合梁在主塔墩支座顶附近存在较大负弯矩,主梁混凝土顶板容易开裂,本桥支座顶范围局部采用超高韧性混凝土材料(UHPC),以提高结构耐久性。

(5)该桥索力最大值7800kN,梁端采用锚拉板连接,塔端采用井字形预应力齿块锚固,具有受力明确、节约钢材、施工养护方便及质量容易控制的优点。

(6)本桥设计基本风速39.4m/s,抗风性能要求高,风洞试验表明在外侧小纵梁处设2道下稳定板的气动措施可提高颤振临界风速,降低涡激共振振幅,使大桥具有足够的抗风稳定性。

六、结　　语

该桥于2021年2月建成通车,目前运营良好。

参考文献

[1] 王新敏. ANSYS 工程结构数值分析[M]. 北京:人民交通出版社,2007.

16. 高陡斜坡条件下桩柱式桥墩桩基的设计研究

车 鑫

(中交公路规划设计院有限公司)

摘 要 随着国家西部开发战略的大力实施,西部高速公路发展迅速。但西部山区的地形地貌、工程水文地质条件十分复杂,高陡斜坡与桥梁基础的复杂作用给桥梁基础设计及施工均带来了很大的困难。为满足山区高速公路线性的需要以及保护自然环境,高陡斜坡地段多采用桩柱式桥梁。本文主要结合青海某高速公路项目陡坡处桥梁桩基设计思想,探讨了桩长、嵌固深度以及边坡安全防护等对桩基设计的影响,进而提出了高陡斜坡段桩柱式桥墩的设计方法,以期为桩柱式桥墩设计提供参考依据。

关键词 高陡斜坡 桩柱式桥墩 设计 安全防护

一、概 述

本高速公路是青海省规划的"3410 高速公路网"的横线三的一段,根据《青海省高速公路网规划》,本项目与纵线二(共和至多普玛)在共和县相连,其建设将成为连接甘肃与青海的新的大通道,不仅有助于发挥京藏高速公路、连霍高速公路的辐射和带动作用,同时对深化和完善青海省高速公路网规划、实现国家重点公路与地方主要公路之间的衔接具有十分重要的意义。项目建成后可强化青海与甘肃,尤其是青海较发达的海东市与甘肃之间的经济交流与合作,对带动项目沿线区域经济发展、引领西部加快发展、促进西部大开发战略实施具有十分重要的战略意义。发挥海东市的资源优势,带动整个青海经济发展,提高项目沿线民族地区的社会经济水平都有着十分重要的意义,对各民族互相合作、互相支持,共同发展、共同繁荣将起到积极的推动作用。黄河东西向纵贯全境,形成南北部山区和中部河谷地区。

本项目总体地貌特征是山峦连绵、高低起伏、错落有致和河谷纵横,地貌切割较为强烈,区域地貌类型属构造侵蚀高山峡谷及冲洪积河谷台地地区,地形条件较为复杂。为满足公路线形指标的需要同时尽可能的保护自然生态环境,沿线多段落路线沿河谷岸边布设,一侧为横坡陡峭的坡地,一侧为河谷,如若采用填方路基或者半填半挖的路基形式,一是对自然环境破坏严重;二是横坡边坡坡脚会进入河谷之中,压缩河流断面,受河流冲刷影响会给路基带来安全问题,因此陡横坡路段采用桥梁方案跨越。但是在此种情况下,桥梁下部结构形式的选择是非常重要的,经过各种方案的必选,采用了对原有自然环境破坏最小的桩柱式桥墩。陡横坡与桥梁基础的复杂关系给桥梁的设计和施工都带来了很大的困难[1]。

二、高陡横坡桩柱式桥墩桩基承载机理

桩柱式桥墩基础多位于高陡边坡或岸坡上[2-3],其承载机理、变形特性等均与平地上的普通桩柱基础有很大不同,其主要考虑的因素有受荷段的陡坡效应以及嵌固段的嵌固深度效应,如图1所示。

(1)受荷段的陡坡效应。受荷段除了要承受自由段传递下来的组合荷载外,还将承受桩后坡体变形而产生的剩余下滑力、桩周岩土体地基抗力以及桩侧摩阻力。与平地上的常规基桩不同,由于边坡坡体存在所形成的临空面,在一定深度范围内,基桩靠坡面一侧不再是无限边界,会影响桩侧摩阻力及桩周岩土体地基抗力地发挥,这就是所谓的"陡坡效应"。

(2)嵌固段的嵌固深度效应。一般来说,嵌固段桩周岩土层较稳定,不会给基桩带来额外的荷载,因此其主要是分担以上桩段传递下来的荷载。但是,当嵌固段达到一定深度以后,继续增加桩长对基桩承

载能力的提高已不明显,此即基桩的“嵌固深度效应”。

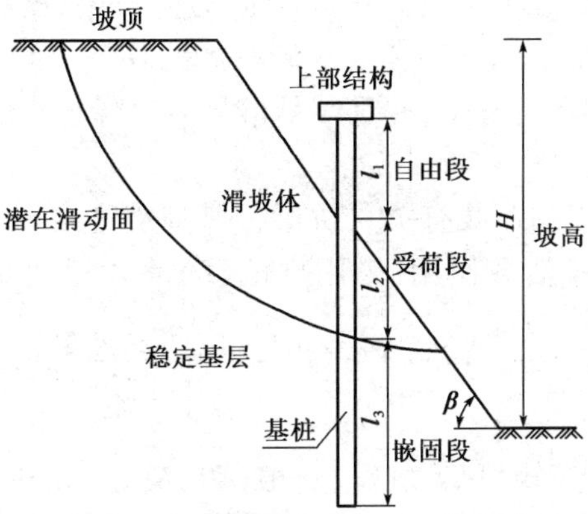

图1 高陡斜坡段桩柱式桥墩基础

三、高陡横坡桩柱式桥墩桩基受力模型

山区陡横坡条件下桥梁桩基一般采用嵌岩桩和摩擦桩,其在外力作用下基础的变形很小,可将桩基认为是固结。在墩顶处,需要分别从施工阶段和成桥阶段分析桥墩结构的受力。

(1)施工阶段,完成桥墩桩基的施工,系梁及盖梁均为施工,此时桥墩为一悬臂结构,桥梁桩基的受力形式可以认为是下端固结,上端自由的轴向压力杆模型。

(2)成桥阶段,主梁和墩顶之间受支座约束,墩顶受到支座的约束,此时桥梁桩基的受力形式可以认为是下端固结、上端受弹性约束的轴向压力杆模型。

四、高陡横坡桩柱式桥墩桩基设计应考虑的几个因素

普通桩基设计应在考虑桩身强度与地基承载力的基础上,使其在竖向与横向方向均满足承载力与变形要求。而高陡斜坡桥梁桩基除应同时满足上述两个设计要求外,还应考虑边坡剩余下滑力及桩周土压力等对桩基产生的水平推力,以及由于坡面非水平而导致的土体水平抗力的弱化等问题。主要从以下几个方面进行探讨。

1)不计桩侧抗力土层深度 h 的确定

根据桩基受力特性及相关的工程实际经验,我们通常认为桩基距陡坡临空面的距离不小于 $3d$(d 为桩基直径)时,如图2所示。桩前土体对桩基能产生有校的水平抗力,当距离小于 $3d$ 时,桩前土体不足与对桩基提供可靠的水平推力。因此,本项目在横陡坡处的桥墩设计时,从桩基临空面大于 $3d$ 的位置处开始计算有效桩长,以保证桩基的安全。

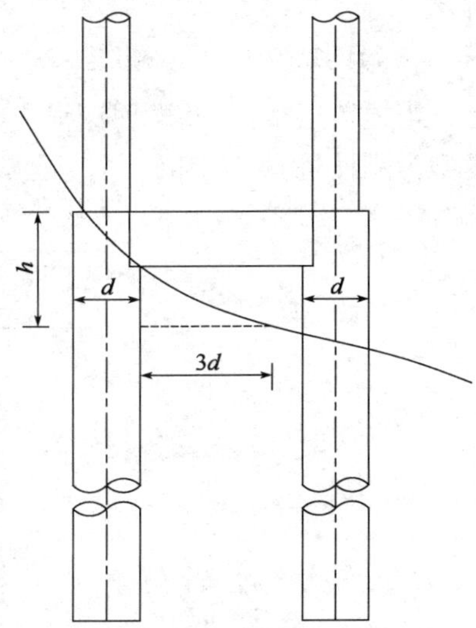

图2 高陡斜坡段桩柱式桥墩基础临空面

2)桩长的确定

摩擦桩和端承桩都是桥梁工程中经常采用的桩基础类型。《公路桥涵地基与基础设计规范》(JTG 3363—2019)[4]第6.1.5条规定,“在同一桩基中,除特殊设计外,不宜同时采用摩擦桩和端承桩”。什么情况下采用摩擦桩,什么情况下采用端承桩,并无明确规定。一般认为,端承桩的承载能力大,沉降比摩擦桩小。如覆盖层浅,应采用端承桩。但摩擦桩设计正确,施工得当,其沉降也不会超出桥梁的容许范围,也不影响其承载性能。

因此,在设计的时候应根据实际的地质情况分别按摩擦桩和端承桩计算桩长。但是可能出现以下三种情况:

①按摩擦桩计算出来的桩长大于使桩基嵌入基岩所需的长度，则桩基应按端承桩设计。

②按摩擦桩计算出来的桩长远远小于使桩基嵌入基岩所需的长度，则桩基应按摩擦桩设计。

③按摩擦桩计算出来的桩长小于使桩基嵌入基岩所需的长度，但相差小于5m，此种情况下，虽然按照摩擦桩设计更经济，但是节约的造价有限，并且端承桩具有沉降量小的优点，建议按端承桩设计。

3）端承桩嵌岩深度的确定

端承桩嵌岩深度与桩基所承受的荷载有关。桥梁桩基荷载主要分为竖向荷载和水平荷载。竖向荷载，主要是桥梁上、下部结构自重及活载作用，采用规范《公路桥涵地基与基础设计规范》（JTG 3363—2019）[4]式（6.3.7）$[R_a]=c_1A_pf_{rk}+u\sum_{i=1}^{m}c_{2i}h_if_{rki}+\frac{1}{2}\zeta_su\sum_{i=1}^{n}l_iq_{ik}$进行验算。

4）弹性桩的嵌岩深度

当岩层以上土体较厚，桩基的弯矩值最大区段一般落在覆盖土层中，由覆盖土层承担了大部分弯矩和剪力，对基底端承桩的握裹作用就降低了很多，其受力形态为柔性桩，如图3a）所示。

根据《公路桥涵地基与基础设计规范》（JTG 3363—2019）[4]第6.3.10条规定，桩基内力计算主要采用"m"法计算，根据刚性桩与弹性桩的判别式，当桩的入土深度h满足下式时，桩基按照刚性基础计算，反之按弹性基础计算。

$$h\leqslant\frac{2.5}{\alpha}$$

式中：α——土中基础的变形系数，$\alpha=\sqrt[5]{\frac{mb_1}{EI}}$；

b_1——桩基计算宽度，对于单桩：$b_1=0.9(D+1)$，D为桩径；

EI——基础的计算刚度，对于基桩按弹性地基梁计算，$EI=0.67E_cI_c$，其中$I_c=\frac{\pi D^4}{64}$，E_c为桩基混凝土的弹性模量，按《桥规》取值；

m——地基土的比例系数，与地基土的性质有关，也与桩在地面或冲刷线处的水平位移有关。

因此，当覆盖层厚度$h\geqslant 2.5/\alpha$时，在满足竖向承载力的前提下，理论上桩端支承在基岩表面即可；考虑到基岩表面可能存在斜面，应预留一定的安全度，在实际设计中嵌岩深度一般取$1.0d\sim1.5d$（d为桩基直径）。

5）刚性桩的嵌岩深度

当覆盖层很薄，基岩埋深很浅或者水中桩受冲刷影响，此时所有水平荷载全部靠嵌岩深度提供，受力模型为刚性桩，见图3b）。

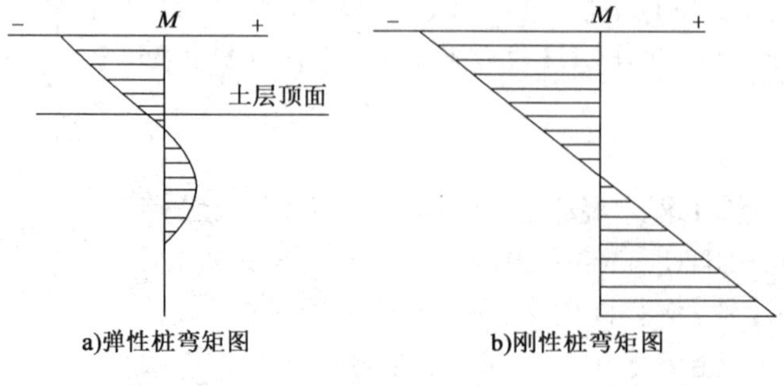

图3　弹性桩与刚性桩的弯矩图

《公路桥涵地基与基础设计规范》（JTG 3363—2019）[4]第6.3.8条明确了此类桩基嵌岩深度h的计算公式：

（1）对圆形桩，可按下式计算：

$$h_r = \frac{1.27H + \sqrt{3.81\beta f_{rk} d M_H + 4.84H^2}}{0.5\beta f_{rk} d} \tag{1}$$

(2)对矩形桩,可按下式计算:

$$h_r = \frac{H + \sqrt{3\beta f_{rk} b M_H + 3H^2}}{0.5\beta f_{rk} b} \tag{2}$$

式中:h_r——桩嵌入基岩中(不计强风化层、全风化层及局部冲刷线以上基岩)的有效深度(m),不应小于0.5m;

H——基岩顶面处的水平力(kN);

M_H——基岩顶面处的弯矩(kN·m);

b——垂直于弯矩的平面桩边长(m);

β——岩石的垂直抗压强度换算为水平抗压强度的折减系数,取0.5~1.0,应根据岩层侧面构造确定,节理发育岩石取小值,节理不发育岩石取大值;

f_{rk}——岩石饱和单轴抗压强度标准值(kPa)。

根据工程经验,此类桩基嵌岩深度一般取3.0d~5.0d(d为桩基直径)。建议小桩径取大值,大桩径取小值。

6)高陡斜坡不同部位的桥梁桩基安全防护分析原则

桥梁桩基在陡坡中所处的位置不同,其相应的受力与安全防护设计也不同,当桥梁桩基处于陡坡上部时,桩基下侧边坡不仅对桩基水平抗力影响较大,且其稳定性直接影响桩基的稳定性和安全性。如若失稳可能导致桥梁桩基外露、临空,此时应加强对桩基下侧边坡的防护;当桥梁桩基处于陡坡中部时,桩基上侧受陡坡推力较大,而下侧稳定性对其水平抗力影响较大,此时应加强桩基附近的上、下侧边坡的防护;当桥梁桩基处于陡坡下部时,桩基上侧边坡应加强防护,以防止上侧边坡失稳影响公路的通行,并同时对桩基产生较大附加推力,因此应加强对桩基上侧边坡的安全防护。

五、结　　语

结合本项目陡横坡桥梁桩基设计的方法及思路,总结出以下几点结论:

(1)对于陡横坡桩柱式桥墩设计,应充分考虑桥梁受土体的侧向压力及施工时可能引起的边坡稳定问题,加强边坡防护,对桩基进行验算。

(2)探讨了桩长、基桩嵌岩深度以及边坡安全防护等对桩基设计与验算的影响,进而提出了桩基设计时需要考虑的几个影响因素,以期为实际工程设计提供相应的参考;在特定条件下,高陡斜坡桩柱式桥墩基础设计的安全性要求及边坡防护措施的确定还须进行有针对性的深入研究。

参考文献

[1] 孙雷. 陡横坡处桥墩设计与施工[J]. 甘肃科技,2013,29(19):132-134.

[2] Zhao Minghua, Liu Jianhua, Liu Daiquan, et al. Force analysis of pile foundation in rock slope based on upper-bound theorem of limit [J]. Journal of Central South University of Technology, 2008, 15: 404-410.

[3] 赵明华,邬龙刚,刘建华. 考虑P-Δ效应的承重阻滑桩有限差分解[J]. 工程力学,2008,25(3):102-106.

[4] 中华人民共和国交通运输部. 公路桥涵地基与基础设计规范:JTG 3363—2019[S]. 北京:人民交通出版社股份有限公司, 2019.

17. 承德市三纬路跨滦河特大桥拉索减振设计

王 美 崔 哲
(北京市市政工程设计研究总院有限公司)

摘 要 拉索的风致振动会影响拉索的使用性能和耐久性能,由此影响桥梁整体结构的安全性。本文依托工程实例,探讨了斜拉桥拉索减振设计方法。

关键词 风致振动 基频 减振 阻尼器

一、斜拉桥的风致振动研究的必要性

斜拉索由于两端仅在梁内和塔内靠锚头支撑连接,摩擦阻尼很小,又由于索的高应力状态,材料内阻尼也很小。实桥试验研究表明,未采取减振措施的拉索各阶振动的对数衰减率 δ 一般仅在 0.002 ~ 0.003。因此在风的激励下拉索极易产生风致振动。斜拉索的钢丝是设计用来抵抗周期性拉应力而非弯曲应力的。拉索的振动所引起的弯曲应力会明显地降低钢丝的预期疲劳寿命。拉索振动达到一定的次数后,锚固区的钢丝就会由于疲劳和损伤而断裂。因此,拉索的风致振动会影响拉索的使用性能和耐久性能。由此自然也影响了桥梁整体结构的安全性。

承德市三纬路跨滦河特大桥(以下简称三纬路大桥)采用斜塔空间扭索双索面斜拉桥方案,主跨为158.485m,拉索长度在 70 ~ 170m 之间。由于拉索的空间布置比较复杂,拉索空间间距较小,而且相互交叉,因此,极有必要研究该桥拉索的风致振动机理及其减振措施,以控制拉索的面内和面外振动,保证斜拉索不会因为风致振动破坏。

二、三纬路大桥设计方案

三纬路大桥主桥采用斜塔空间扭索双索面斜拉桥方案,为墩、塔、梁固结体系。跨径布置为:41m(辅助跨) +158.485m(主跨) +96.515m(边跨) =296m。主塔向边跨侧倾斜 75°,桥面以上主塔高 107.1m,横桥向为 A 字形,顺桥向为变截面独塔(图 1)。主塔共分三个部分,桥面以下为下塔柱,桥面以上至主塔横梁以下为中塔柱,横梁以上为上塔柱。主跨侧设置 12 对拉索,梁上拉索间距为 12.0m;边跨侧设置 8 对拉索,梁上拉索间距为 9.0m,拉索均锚固于主梁横梁处。结构沿横桥向对称布置,取一个索面为分析对象,拉索编号见图 1。拉索基本参数见表 1。

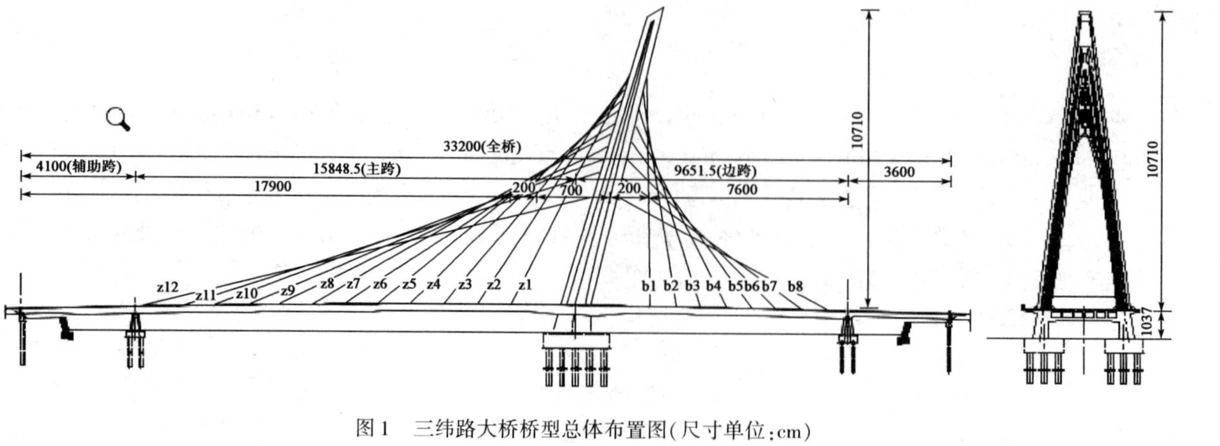

图 1 三纬路大桥桥型总体布置图(尺寸单位:cm)

承德斜拉桥成桥状态拉索基本参数 表1

编号	索长(m)	单位长度质量(kg/m)	纵桥向倾角(°)	横桥向倾角(°)	基频(Hz)	编号	索长(m)	单位长度质量(kg/m)	纵桥向倾角(°)	横桥向倾角(°)	基频(Hz)
z1	104.190	53.2	63.30	83.29	1.158	z11	156.369	72.6	16.54	83.32	0.835
z2	103.419	53.2	56.69	83.30	1.148	z12	164.997	53.2	14.08	83.35	0.810
z3	105.462	53.2	50.43	83.30	1.144	b1	89.221	53.2	88.79	83.51	1.396
z4	108.891	53.2	44.56	83.29	1.144	b2	82.856	72.6	81.22	83.50	1.371
z5	113.469	72.6	39.15	83.28	0.981	b3	78.394	72.6	72.71	83.49	1.516
z6	119.017	72.6	34.24	83.28	1.063	b4	75.926	72.6	63.52	83.47	1.612
z7	125.374	81.7	29.83	83.28	1.021	b5	75.530	72.6	54.06	83.46	1.630
z8	132.406	81.7	25.90	83.28	0.980	b6	77.168	72.6	44.85	83.45	1.604
z9	139.985	81.7	22.41	83.29	0.901	b7	80.657	72.6	36.29	83.43	1.543
z10	148.005	81.7	19.30	83.30	0.844	b8	85.711	72.6	28.67	83.40	1.436

三、三纬路大桥斜拉索减振方案

1.影响斜拉索减振的因素

一般来讲,拉索减振考虑的频率范围为3Hz以下。多多罗大桥建成后的风致振动观测中发现,在强风雨作用下,拉索在2.4~6.1Hz范围内的曾发生高阶振型的振动,但振幅不大,在允许范围之内。三纬路大桥的拉索在70~170m之间,索的长度较小,因此,拉索减振仅考虑基频。

拉索的结构阻尼是影响其振动特性的主要因素之一。对一些已建斜拉桥的拉索振动特性的测试数据表明,斜拉索一阶振型的自由振动衰减率为0.008左右,与振动频率基本无关。二阶振型的阻尼自由振动衰减率为0.002~0.004,随频率的增加略有增大。拉索的结构阻尼受多种因素影响,理论较难估算。另据研究表明,如采取措施将拉索的自由振动衰减率提高到0.01~0.015,对涡激振动有较好的减振效果,对于抑制风雨激振,要求的自由振动衰减率要更高一些,大约在0.02~0.03。

2.三纬路大桥减振方案

三纬路大桥斜拉索基频分布在0.810~1.630Hz之间(表1)。拉索的长度较小,在阻尼器优化设计时仅考虑1阶振型。

方案针对可能发生的三种主要振动类型,即涡激振动、风雨激振、参数振动和线性内部共振。根据对于苏通大桥拉索参数振动和线性内部振动的研究,短索发生此种振动的可能性较小,对于三纬路大桥的拉索不再考虑采用辅助索抑制此类振动。同时,梁端安装阻尼器对此种振动也有一定的抑制作用。因此,以下建议的减振措施主要针对拉索涡振和风雨激振。方案制订原则为:

(1)针对拉索的涡激振动、风雨激振,建议采用索端阻尼器减振方案。

(2)完全抑制拉索的振动是十分困难的,三纬路大桥斜拉索振幅对于偶尔发生的风雨激振振幅允许值取为索长的±1/1700。

(3)索端阻尼器安装位置应尽量远离锚固端,以保证阻尼效果。

(4)索端阻尼器的安装支架应具有足够的刚度和稳定性以保证阻尼器在小位移情况下也能正常工作。主梁和主塔与支架连接的相关部位的设计应考虑支架连接的刚度要求,必要时要采取加劲措施。阻尼器连接件应具有足够的强度和加工精度，要便于定位和安装，连接部位不得出现松动。采用安装在锚具套管内的阻尼器方案时，要处理好阻尼器安装和锚头防水措施的关系。

(5)阻尼器在要求的行程范围内应具有稳定的阻尼特性。

(6)在拉索的同一高度上安装面内和面外两个阻尼器，抑制拉索的面内和面外振动。

(7)拉索可能发生局部的尾流驰振，本方案适当地提高了拉索减振要求阻尼值。

3. 阻尼器方案

1)阻尼器设计条件

(1)拉索结构阻尼(对数衰减率，下同)取0.002。

(2)安装索端阻尼器后，拉索阻尼应达到0.03以上。

(3)阻尼器产生的拉索附加阻尼计算公式：

当阻尼器参数优化设计时，附加阻尼 $\delta=\lambda\pi x_c/L$(x_c:阻尼器安装位置，L:索长)。

(4)考虑到实际阻尼器非线性特性、拉索锚固端边界条件、阻尼器连接刚架等不利因素的影响，本设计对附加阻尼进行了折减，折减系数 l 取0.5(阻尼器支架安装)或0.3(阻尼器套筒口安装)。

(5)考虑到景观，行车净空等因素，阻尼装置安装高度尽量取一致，不高于2m。

2)阻尼器设置方案

拉索梁端锚固中心距离套管口不足1m，因此阻尼器全部采用支架安装(图2)。

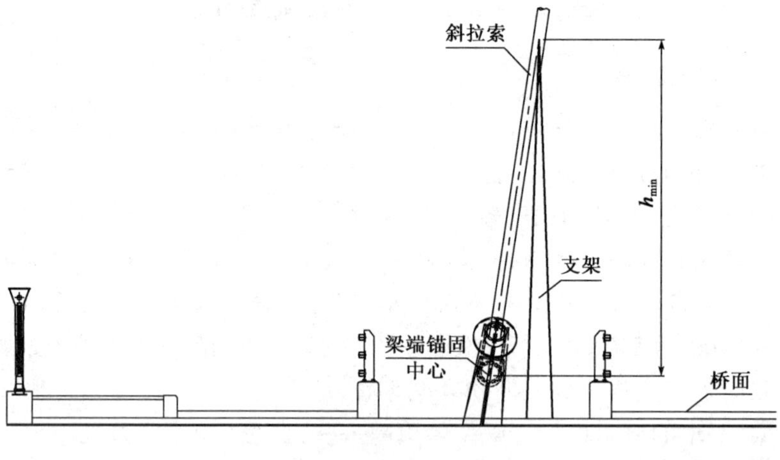

图2 阻尼器的支架安装

建议阻尼器采用如图3所示的设置方案，可保证附加阻尼器后，拉索的阻尼值达到0.03以上，此时拉索梁端阻尼器的阻尼系数见表2。

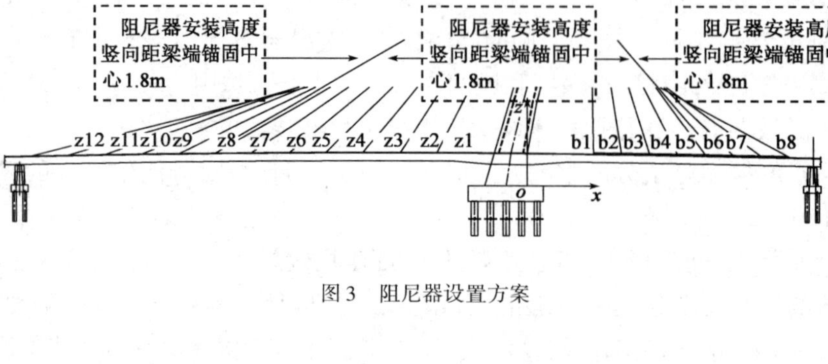

图3 阻尼器设置方案

<table>
<caption>阻尼器最小安装长度(目标 $\delta=0.03$) 表2</caption>
<tr><th>索号</th><th>索长 L (m)</th><th>阻尼器的效率系数</th><th>阻尼器最小安装长度 x_c (m)</th><th>拉索与水平面的夹角 (°)</th><th>阻尼器最小安装高度 h_{min} (m)</th><th>设计方建议安装高度 (m)</th><th>阻尼器优化阻尼系数 c (kN·s/m)</th><th>建议阻尼系数 c (kN·s/m)</th><th>实际对数衰减率(δ) (折减后)</th></tr>
<tr><td>z1</td><td>104.190</td><td>0.5</td><td>2.521</td><td>62.69</td><td>2.24</td><td rowspan="20">1.8</td><td>210.232</td><td rowspan="9">210</td><td>0.031</td></tr>
<tr><td>z2</td><td>103.419</td><td>0.5</td><td>2.502</td><td>56.28</td><td>2.08</td><td>192.162</td><td>0.030</td></tr>
<tr><td>z3</td><td>105.462</td><td>0.5</td><td>2.551</td><td>50.15</td><td>1.96</td><td>183.868</td><td>0.030</td></tr>
<tr><td>z4</td><td>108.891</td><td>0.5</td><td>2.634</td><td>44.37</td><td>1.84</td><td>178.406</td><td>0.031</td></tr>
<tr><td>z5</td><td>113.469</td><td>0.5</td><td>2.745</td><td>39.02</td><td>1.73</td><td>204.242</td><td>0.038</td></tr>
<tr><td>z6</td><td>119.017</td><td>0.5</td><td>2.879</td><td>34.16</td><td>1.62</td><td>217.126</td><td>0.041</td></tr>
<tr><td>z7</td><td>125.374</td><td>0.5</td><td>3.033</td><td>29.78</td><td>1.51</td><td>230.210</td><td>0.041</td></tr>
<tr><td>z8</td><td>132.406</td><td>0.5</td><td>3.203</td><td>25.87</td><td>1.40</td><td>216.531</td><td>0.047</td></tr>
<tr><td>z9</td><td>139.985</td><td>0.5</td><td>3.386</td><td>22.38</td><td>1.29</td><td>194.283</td><td>0.049</td></tr>
<tr><td>z10</td><td>148.005</td><td>0.5</td><td>3.580</td><td>19.28</td><td>1.18</td><td>176.443</td><td rowspan="3">150</td><td>0.049</td></tr>
<tr><td>z11</td><td>156.369</td><td>0.5</td><td>3.783</td><td>16.53</td><td>1.08</td><td>149.146</td><td>0.063</td></tr>
<tr><td>z12</td><td>164.997</td><td>0.5</td><td>3.992</td><td>14.07</td><td>0.97</td><td>100.858</td><td>0.036</td></tr>
<tr><td>b1</td><td>89.221</td><td>0.5</td><td>2.158</td><td>83.40</td><td>2.14</td><td>207.643</td><td rowspan="5">210</td><td>0.032</td></tr>
<tr><td>b2</td><td>82.856</td><td>0.5</td><td>2.004</td><td>79.14</td><td>1.97</td><td>237.428</td><td>0.031</td></tr>
<tr><td>b3</td><td>78.394</td><td>0.5</td><td>1.896</td><td>71.66</td><td>1.80</td><td>227.032</td><td>0.035</td></tr>
<tr><td>b4</td><td>75.926</td><td>0.5</td><td>1.837</td><td>62.93</td><td>1.64</td><td>212.462</td><td>0.041</td></tr>
<tr><td>b5</td><td>75.530</td><td>0.5</td><td>1.827</td><td>53.73</td><td>1.47</td><td>192.456</td><td>0.042</td></tr>
<tr><td>b6</td><td>77.168</td><td>0.5</td><td>1.867</td><td>44.66</td><td>1.31</td><td>172.406</td><td rowspan="3">150</td><td>0.045</td></tr>
<tr><td>b7</td><td>80.657</td><td>0.5</td><td>1.951</td><td>36.20</td><td>1.15</td><td>152.245</td><td>0.058</td></tr>
<tr><td>b8</td><td>85.711</td><td>0.5</td><td>2.073</td><td>28.62</td><td>0.99</td><td>129.750</td><td>0.058</td></tr>
</table>

4. 隔离器预案

三纬路大桥的拉索为空间扭索双索面,拉索空间交叉,相邻拉索在空间上的相对位置关系见表3,可见相邻拉索的间距很小。以下就拉索在大幅振动时碰撞的可能性和拉索在相邻拉索尾流作用下发生驰振的可能性进行分析。

相邻拉索的间距及交叉点与索梁端锚固点的间距　　表3

索号	拉索直径 D(m)	拉索长度 L(m)	相邻拉索的间距 Y(m)	交叉点与索梁端锚固点间距 L_{cr}(m)	L_{cr}/L	Y/D	索号	拉索直径 D(m)	拉索长度 L(m)	相邻拉索的间距 Y(m)	交叉点与索梁端锚固点间距 L_{cr}(m)	L_{cr}/L	Y/D
z1	0.114	104.190	0.251	86.72	0.83	2.2	b1	0.114	89.221	0.329	67.03	0.75	2.9
z2	0.114	103.419		92.62	0.90	2.2	b2	0.133	82.856		67.92	0.82	2.5
			0.214	84.23	0.81	1.9				0.328	57.36	0.69	2.5
z3	0.114	105.462		91.26	0.87	1.9	b3	0.133	78.394		59.49	0.76	2.5
			0.213	81.29	0.77	1.9				0.327	49.43	0.63	2.5
z4	0.114	108.891		89.30	0.82	1.9	b4	0.133	75.926		52.87	0.70	2.5
			0.214	78.95	0.73	1.9				0.327	43.07	0.57	2.5
z5	0.133	113.469		87.79	0.77	1.6	b5	0.133	75.530		47.78	0.63	2.5
			0.212	76.93	0.68	1.6				0.326	38.00	0.50	2.5
z6	0.133	119.017		86.45	0.73	1.6	b6	0.133	77.168		43.84	0.57	2.5
			0.211	75.00	0.63	1.6				0.327	33.82	0.44	2.5
z7	0.139	125.374		85.04	0.68	1.5	b7	0.133	80.657		40.56	0.50	2.5
			0.209	72.90	0.58	1.5				0.326	30.06	0.37	2.5
z8	0.139	132.406		83.35	0.63	1.5	b8	0.133	85.711		37.43	0.44	2.5
			0.208	70.46	0.53	1.5							
z9	0.139	139.985		81.21	0.58	1.5							
			0.207	67.48	0.48	1.5							
z10	0.139	148.005		78.45	0.53	1.5							
			0.206	63.85	0.43	1.5							
z11	0.133	156.369		74.95	0.48	1.5							
			0.204	59.71	0.38	1.5							
z12	0.114	164.997		70.87	0.43	1.8							

由表3可见，主跨相邻拉索在交叉点的最小间距仅为1.5D（D为拉索外径），边跨相邻拉索在交叉点的最小间距为2.5D。而且，除了拉索z1～z4、b1～b2之间的相邻交叉点靠近拉索的塔端锚固点外，z4～z12、b2～b8号拉索相邻的交叉点都位于拉索四分点至跨中之间，拉索在风雨激振的情况下相邻拉索可能会发生碰撞。

根据尾流驰振的理论，三纬路大桥相邻拉索的间距在交叉点处位于近距失稳区，但是由于拉索为空间交叉布置，远离交叉点的位置，拉索的间距逐渐增大。所以，相邻拉索仅有局部位于失稳区内，可能发生局部的尾流驰振。在相邻拉索之间安装隔振器是有效防止碰撞和抑制尾流驰振的措施。但是，考虑到安装面内、外阻尼器以后，能够限制拉索面内、外的振幅，并且尾流驰振仅可能发生在局部，所以将隔离器作为拉索减振的预案，建议根据斜拉桥实际施工和运营情况实施以避免相邻拉索在各种较大振幅振动时发生碰撞和控制可能发生的尾流驰振。

5. 小结

针对三纬路大桥独特的布索方案，拟设计的减振措施如下：

（1）阻尼器：全桥安装40套（面内＋面外）阻尼器，全部采用支架安装，主要抑制拉索的涡激振动、风雨激振和参数振动等，阻尼器的安装高度及阻尼系数取值见表2。

（2）考虑在z4～z12、b2～b8相邻拉索交叉位置安装隔离器的预案，根据三纬路大桥运营后的实际情况,确定是否需要安装隔离器以控制拉索的驰振和风雨激振的振幅以及其他振动引起的较大振幅振动时相邻拉索的碰撞。

四、三纬路大桥拉索减振设计具体要求

三纬路大桥的减振措施是在拉索梁端处安装阻尼器,目前斜拉桥拉索抑振阻尼器主要有以下几种:高阻尼橡胶阻尼器、黏滞阻尼器、黏性剪切型阻尼器、磁力阻尼器、VSL 摩擦型阻尼器、MR 智能可调阻尼器、永磁可调式磁流变阻尼器等。其中最常用为黏滞阻尼器、黏性剪切型阻尼器及永磁可调式磁流变阻尼器。

根据收集、查找资料,对比分析常用类型阻尼器的优缺点,最后确定三纬路大桥采用黏滞阻尼器,应满足抑制拉索 3Hz 以下风致振动、且最大振幅为 $A \leqslant \pm 1/1700(L=$索长$)$要求,阻尼器安装后拉索对数衰减率在 0.04 以上。

由于国内市场上阻尼器厂家众多,良莠不齐,施工质量千差万别,为保证该桥安装的阻尼器能起到预测的效果,现对阻尼器厂家提出以下要求:

(1)近 5 年内至少完成过 1 座斜拉桥斜拉索外置阻尼器的设计、供应安装。

(2)阻尼器产品种类丰富、质量可靠、价格合理。

(3)阻尼器产品相关检验及测试报告齐全。

五、三纬路大桥拉索减振措施验收方法

斜拉索减振措施实际减振效果可通过现场拉索动力测试进行检验。对安装阻尼器前后的拉索进行激振至一定振幅,然后使其自由振动,通过安装传感器测量拉索的振动加速度,计算拉索在安装阻尼器前后的系统阻尼比,阻尼值超过表 2 中的实际对数衰减率即为验证通过。要求实桥检测委托第三方进行,检测后出具正式的检测报告。

六、三纬路大桥拉索减振装置施工注意事项

(1)安装抑振装置时请注意保护好斜拉索 PE,不要致其破坏。

(2)请注意抑振装置在主梁上的安装位置,同时要保证该装置不要影响行车净空。

参考文献

[1] 陈林,黄洪葳.承德市三纬路跨滦河特大桥拉索减振研究报告[R].同济大学.2013.

18. 南中高速公路项目景观设计研究——七星连珠,双子耀湾

刘细军[1] 阮 欣[2] 孟园英[1] 张 宇[3] 陈广韬[1]

(1. 广州市高速公路有限公司;2. 同济大学;3. 厦门中易城市景观艺术有限公司)

摘 要 南沙至中山高速公路位于广州市南沙区南部和中山市东北部,是完善国家及广东省高速公路主干道和跨珠江通道体系及粤港澳大湾区互联互通的重要项目。根据沿线自然环境和人文底蕴调研,在"共融、彰显、互联"的理念下,以"七星联珠,双子耀湾"为主题进行了景观设计的整体设计,提炼出水滴、木棉花和醒狮等设计元素用以特大桥和互通景观设计,结合广州、中山城市特征,从粤绣和岭南建筑文化中,提取主体特征颜色用以特大桥涂装色彩设计。南中高速公路景观设计使全线桥梁与粤港澳大湾区文化、地域文化深度融合,充分体现了工程与人、工程与自然、工程与文化的和谐统一,创造了相互协调

的生态和谐的高速公路廊道。

关键词 南中高速公路 造型元素 桥塔造型 涂装色彩 生态和谐

一、项目概况

南沙至中山高速公路位于广州市南沙区南部和中山市东北部，是完善国家及广东省高速公路主干道和跨珠江通道体系及粤港澳大湾区互联互通的重要项目，其建设将更好地发挥广州作为粤港澳大湾区中心城市的核心引擎作用及中山市的节点连接作用。项目全长32.410km，由主线和万顷沙支线组成。全线均为桥梁，为大湾区核心区域的大型特长桥梁工程。设计技术标准采用100km/h。主线起于南沙港快速新垦互通，终于新隆立交，与江中高速公路顺接，并与广澳高速公路交叉，长约21.574km；万顷沙支线起于南沙港快速路新垦互通，终点接深中通道万场沙互通，长约10.836km。

南中高速公路项目的景观建设对于大湾区文化品质的提升、互联互通具有重要作用。基于湾区文化及岭南文化的深入研究，提炼识别度高的造型元素，形成与粤港澳大湾区文化、地域文化深度融合的景观设计，以该项目建设为契机，探索文化历史渊源，融合城市未来发展的方向与目标，打造沿海经济交通轴带，带动旅游产业及沿线相关产业的发展，优化资源调配，提升功能结构，引领城市发展，打造独特的景观。

二、总体景观方案研究

地域人文特色的表现一是建筑形式，二是知名人物和风俗人情。景观文化建设要做到与当地自然环境特色风光相呼应，衔接自然，做到“虽由人作、宛自天成”。驾乘人员所看的沿线景观应融于自然环境，保持整体连续和局部跳跃，给驾乘人员带来视觉美感和心理愉悦，同时消除视觉疲劳。高速公路景观的建设，就是要对工程沿线多种自然景观、文化环境进行挖掘、判断、分析，提炼可能作为造型使用的景观元素，配合、突显当地的区域形象，并以适当的景观形式、视觉符号激活人们心中的印象和记忆，把积淀于人们心中有关道路和周围地区过去、现在、未来的记忆片段或憧憬，用设计的语言加以外化表达，使这些似曾相识的人类智慧或历史痕迹透过视觉媒介与道路景观相互结合在一起[1-2]。因此，利用地域文化差异营造特色是高速公路服务区景观建设的重要手段。首先需要确立大桥明确的景观定位，同时详细调查桥址自然、人文等环境，抽取代表性设计元素，并运用于桥梁造型设计，以获取桥景协调统一的桥梁方案[3-4]。

1. 区位环境

南中高速公路项目区域属珠江三角洲冲积平原区，位于广东省广州市南沙区万顷沙镇、新垦镇和中山市港口镇、民众镇，水网密布，河涌交错，主要的水道包括洪奇沥水道、横门水道，极具岭南水乡特色。同时，项目地处于粤港澳大湾区核心腹地，项目区位优势显著，是粤港澳大湾区、泛珠江三角洲经济区的中心城市以及“一带一路”建设的重要支撑。

2. 文化底蕴

南中高速公路项目跨广州及中山两市，文化根源深厚，文化资源丰富，具有浓厚岭南文化特色。除了岭南文化，“海上丝绸之路”是粤港澳大湾区另一个重要的文化代名词，粤港澳大湾区以环珠江口区域为核心，地处国际航线要冲，已然是连接21世纪海上丝绸之路沿线国家的重要枢纽。因此，项目沿线蕴藏着粤绣、岭南文化、海丝文化、醒狮文化、中山故里文化、广府文化、湾区文化等地域元素色彩。

3. 设计理念

南中高速公路项目景观文化建设在充分调研广州和中山地区的自然环境和人文环境后，在“共融、彰显、互联”的理念下，以“七星联珠，双子耀湾”为主题进行了景观设计的整体设计。项目运用南海丝绸之路、粤绣、醒狮等地域文化元素进行提炼，七大耀眼工点如北斗七星，串联一线，光耀于粤港澳大湾区中心区域；两座高耸的斜拉桥结构，犹如两颗闪烁的明珠，照亮湾心。寓意南沙至中山高速公路在南海丝绸之路的新起点，开启城市新风貌，实现大湾区经济、交通、科技、人文、自然的互联互通，成为湾区中特色标志性工程。

三、景观造型设计研究

南中高速公路项目以地域特色、自然肌理、历史人文为依据，用广州和中山的分界线将南中高速全线划分为两段：光耀海湾段（广州）、光绪城脉段（中山）。通过夜景亮化、色彩涂装等方法，增强南中高速公路识别性、美观性、地域性。

1. 特大桥景观与造型设计研究

1）特大桥基本比例

南中特大桥项目主线上分布着两座特大斜拉桥，由西至东分别是横门西特大桥主桥和洪奇门特大桥主桥，大桥立面比例设计可采用黄金分割法。横门西特大桥主桥设计方案为独塔钢箱梁斜拉桥，跨径60m + 390m + 324m + 66m + 66m，桥塔高213m，桥面宽43.2m；洪奇门特大桥主桥设计方案为双塔钢箱梁斜拉桥，跨径80.5m + 222.5m + 520m + 222.5m + 80.5m，桥塔高177m，桥面宽43.2m。

2）观景视点分析

视点是观察桥梁时所处的位置，公路桥梁景观设计宜按先原则后具体，先整体后局部的顺序进行——桥梁总体景观设计主要处理桥梁与环境的关系，桥梁主体造型设计主要处理桥梁形态与桥梁构件的关系[5]。在确定桥梁主要视点的基础上，可根据主视点进行桥梁景观效果的分析评价与设计调整，同时考虑主要视点环境遮挡导致的视觉效果改变。其中，在桥塔的景观设计中重点考虑的观景视点为：桥面车行视点，这也是行人观看桥塔最接近且最频繁的视点；中远（俯瞰）视点，能更加整体地看到大桥全貌，对于特大桥工程的形象传播具有整体代表性和易识别性。

洪奇门特大桥和横门西特大桥分别跨越洪奇沥水道、小榄鸡鸦水道，均位于两河交汇处，水面开阔，周边多为码头、陆上交通枢纽、城市开发区用地，主要观景视点包含：河面船行视点，桥面车行视点，以及空中俯瞰视点（飞机或无人机航拍）。

3）主塔造型设计

岭南文化是大湾区内同根同源的文化基础，更是连接大湾区11个城市的精神纽带。作为重要的交通纽带，大桥也将成为传递岭南文化价值的重要载体——在桥塔的塑造上，可通过造型线条的张弛与汇聚，挺拔与力度，来演绎“多元汇聚”“融合进取”的价值符号，以彰显岭南文化之精髓[6]。呼应全线总设计的“联动”理念，衍生出“丝路”“联动”概念，以展现海丝精神，寄予经济、科技、生态等联动发展的企盼。对特大桥文化进行提炼，取粤绣作为特大桥的文化元素。如图1所示，将斜拉桥的拉索喻为丝，丝丝凝聚汇成绣线；桥梁喻为针，穿针引线，连接广州、中山、深圳三市，将全线串联一体。

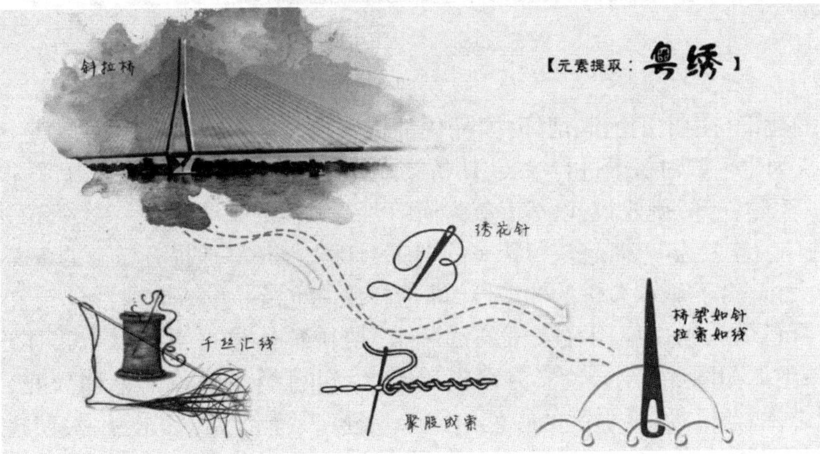

图1　特大桥文化提炼

(1)横门西特大桥。

横门西特大桥的桥塔造型从岭南地区人杰地灵、钟灵毓秀的地域特色出发,结合桥址处自然风光,以“卓聚岭南,硕然绽放”为设计主体,如图2所示,其形如宝瓶,造型简洁、线条柔美,虽由人作却宛自天成。

图2 横门西特大桥主塔造型

(2)洪奇门特大桥。

如图3所示,洪奇门特大桥的桥塔造型从水滴的形态中抽取曲线造型元素,将两塔柱在桥塔上部进行合拢处理,塔柱转折区采用弧形过渡,呼应水滴的形态,下塔柱做内收处理,呼应水滴造型的同时,节约基础规模。在此基础上,融入木棉花开元素进行桥塔塔头设计,其形如木棉花开,造型轻巧活泼、挺拔秀美,湾区之“水”,广州之“花”,实现与桥址环境的呼应,寓有“润泽湾区”之意。

图3 洪奇门特大桥主塔造型

4)涂装色彩设计

横门西特大桥的建设与中山的饱满情怀,国际化都市建设相匹配。因此,从暖灰色里提取具有典型现代城市特色的都市灰为主色调对桥梁进行涂装,使桥梁显得现代、大气,与时代接轨,并很好融入周边环境。如图4所示,色彩方案提炼于岭南建筑,以都市灰为横门西特大桥的主要涂装色彩,都市灰属中性色彩,稍微偏暖,与桥身所处的环境能融为一体,且灰色特有的端庄、典雅,能很好地提升城市的审美品位。

至于洪奇门特大桥,为了显示大桥的和谐性,即选择暖白色系,并结合南沙建筑和周边环境,从暖白色系中选择出接近月色的珠光白应用在大桥的涂装上,使桥整体显得素雅、轻盈,体现大桥与环境相融合、与地域文化相一致。如图5所示,色彩方案提炼于粤绣,粤绣多以黄白色调为底,色彩鲜艳,富丽堂皇。珠光白具有标志性、象征性,低彩度的暖色给人亲切感,夏季清爽,冬季温馨,使桥身变得轻巧纤细,表现出柔和宁静之美。

图4 横门西特大桥色彩提炼

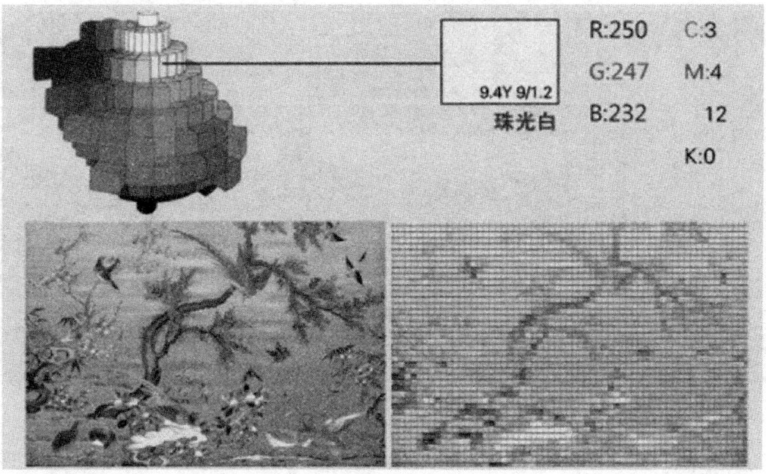

图5 洪奇门特大桥色彩提炼

2. 互通景观与造型设计研究

光耀海湾段包括万顷沙枢纽互通、万环西路互通、新垦枢纽互通、福安互通,光绪城脉段包括保家枢纽互通、三丰互通、民众南互通、岐江新城互通、新隆枢纽互通。

1)互通景观元素(图6)

取广东醒狮作为互通夜景的景观元素。舞狮的坚实基础寓意互通桥墩的扎实稳固,并将醒狮的眨眼、吐球、舔身等动作的灵动地融入互通景观设计中,以醒狮的灵巧、多变、张力作为整体设计风格,通过夜景亮化来打造不同区段的独特氛围。

2)互通景观色彩

应先探索并分析区段地域文化特色、周边自然景观等方面,提取相关元素特征色彩,设定区段涂装色彩及照明色彩基调,互通景观设计应以区段特色为基础,做到南中高速公路全线景观统一且和谐[7]。再分析逐个互通所在区段,协调空间景观,形成有利于适应周边生物生活空间的总体互通景观[8]。

(1)光耀海湾段。

万顷沙枢纽互通、万环西路互通、新垦枢纽互通、福安互通根据地域自然特点,展现广州的沃野蓝湾风情特征,采用蓝色的为主基调亮化色彩,淡黄色为辅色调,展示光耀海湾段互通的节点亮化风采。且根据周围海湾的自然肌理,合理运用暖色水纹灯,形成富有节奏的“蓝湾之光”,使整体更具海湾氛围。其剖面图如图7所示。

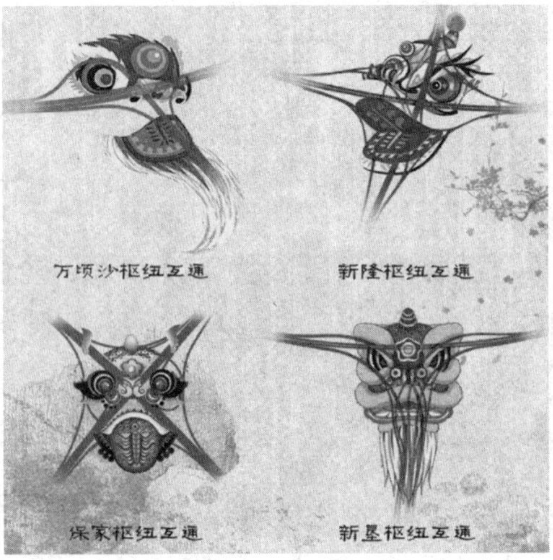

图6　广东醒狮元素

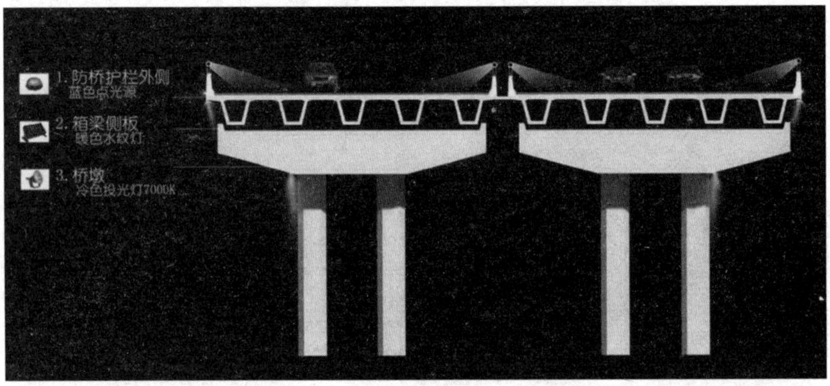

图7　光耀海湾段互通剖面图

(2)光绪城脉段(图8)。

该区段具有保家枢纽互通、新隆枢纽互通。依托本区段特色,以适度的亮度恰如其分的光与影的结合,运用暖黄色为主色调,淡蓝色为辅色调营建出开放型的城市空间氛围,表现出中山浓厚的文化底蕴色彩。

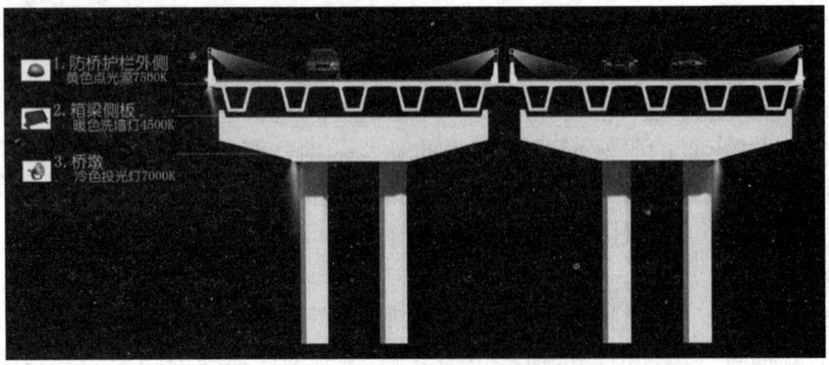

图8　光绪城脉段互通剖面图

四、结　　语

南中高速公路项目从桥址周边环境调查分析入手,首先确立明确的景观定位以及设计理念;基于自然、人文等环境调查结果,运用元素造型法,抽取代表性的水滴及木棉花等设计元素运用于桥塔造型设计,提炼岭南文化中的醒狮元素用以互通景观设计;结合广州、中山城市特征,从粤绣和岭南建筑文化中,提取主体特征颜色用以特大桥涂装色彩设计。

南中高速公路项目景观建设对于粤港澳大湾区文化品质的提升、互联互通具有重要作用,景观设计使全线桥梁与粤港澳大湾区文化、地域文化深度融合,充分体现了工程与人、工程与自然、工程与文化的和谐统一,创造了相互协调的生态和谐的高速公路廊道。

参考文献

[1] 何煦. 基于景观环境协调的道路典型路段设计研究[D]. 武汉:武汉工程大学,2015.

[2] 罗丹. 山区公路景观中的地域文化设计表达研究[D]. 成都:西南大学,2021.

[3] 梁艳,何畏,唐茂林. 桥梁美学 2020 年度研究进展[J]. 土木与环境工程学报(中英文),2021,43(S1):234-241.

[4] 糜径超,陈轲. 设计美学语境下的桥梁景观设计[J]. 交通世界,2021(31):70-71.

[5] 林驰,张成东. 基于杨泗港大桥观景需求的人性化设计[J]. 交通科技,2021(03):21-25.

[6] 杜洪涛. 洪奇门特大桥造型设计[J]. 世界桥梁,2020,48(04):6-10.

[7] 邹璨阳. 城市门户型枢纽互通式立交景观设计研究[D]. 成都:西南交通大学,2019.

[8] 徐莉. 基于生态理念的高速公路景观规划设计研究[J]. 智慧中国,2022(02):76-78.

19. 智慧梁厂策划与实践
——南中高速公路预制梁环形生产线创新应用

曾 磊[1] 刘细军[1] 李海翔[2] 肖林勇[3]

(1. 广州市高速公路有限公司;2. 广州公路工程集团有限公司;3. 中铁四局集团有限公司)

摘 要 为全面提升预制梁厂低碳节能环保、标准化建设、智慧化管理、品质化生产、产业化发展水平,南中高速公路项目建设初期便结合项目特点,立足新发展阶段,贯彻新发展理念,构建新发展格局,秉持"创新驱动发展,匠心铸造精品,智慧成就梦想,绿色桥见未来"的建设理念,提出建设预制装配智慧梁厂,发展行业新业态、新模式、新技术,全力打造优质耐久、安全舒适、经济环保、社会满意、自然和谐为主要特征的"品质工程",助力粤港澳大湾区建设。本文介绍了南中高速公路项目的基本情况和智慧梁厂环形生产线工艺,系统综述了环形生产线建设过程中的工装改进和工艺革新,并就智慧梁厂在低碳集约方面采取的措施及成果进行了详细阐述。

关键词 智慧梁厂 环形生产线 工艺创新 绿色低碳

一、项目基本情况

1. 项目概况

南中高速公路项目位于广州市南部和中山市东部,联通广州、深圳、中山三地,跨越珠江口及伶仃洋。路线里程总长 32.410km,概算批复为 200.48 亿元,是广东省 2020 年投资额最大的新开工高速公路项目。南中高速已列入《广东省综合交通运输体系发展"十三五"规划》《粤港澳大湾区发展规划纲要》和《广东省推进粤港澳大湾区建设三年行动计划(2018—2020 年)》,是跨珠江通道体系重要组成部分,也是构建粤港澳大湾区互联互通的重要通道,将更好地发挥广州作为国家中心城市在大湾区的引领作用及中山的节点连接作用,对于促进粤港澳大湾区基础设施互联互通具有重要意义。打造品质工程是推动公路工程质量和安全水平全面提升的有效途径,是推进实施现代工程管理和技术创新升级的不竭动力[1]。

2. 桥梁现浇施工的局限

传统现浇桥梁存在安全风险大、劳动力需求大、施工效率低、施工周期长、社会影响面大、环境干扰严重等问题与弊端；此外随着城镇化不断深入，全国特别是沿海地区土地资源日益紧缺，劳动力成本不断上升。南中高速公路项目建设团队在面对上述困难与掣肘的同时，还面临施工任务重、工期紧的现实压力。南中高速公路项目全线共有20m、25m、30m等各类预制箱梁15519榀，45m、50m等各类T梁326榀。南中项目桥梁占比100%，梁板数量大、类型多，因此梁板预制、架设成为项目品质工程建设的重点工作，项目建设团队提出建设"预制梁环形生产线智慧梁厂"。

二、智慧梁厂创新智造

1. 智慧梁厂总体介绍

南中高速公路项目全线共设有3个智慧梁厂，总占地约600亩①，其中南沙段梁厂建设如图1所示，投入应用了一系列高新科技、绿色环保节能工装设备及工艺，是目前国内处于领先地位的全自动环形生产线智慧梁厂。

图1　智慧梁厂鸟瞰图

南中高速公路智慧梁厂首先对技术与工法方面进行了较大的创新与改进，在深入调研的基础上，对全线梁板进行设计优化，通过采用自行式底模台座、鱼雷罐混凝土运输系统、门架式智能混凝土布料机、液压模板、智能控温控湿养护箱等技术方法对预制梁传统生产技术与工艺进行了改进，实践了封闭车间作业、预制产品流转、固定工位的工厂化生产设计理念；其次是"化场为厂"，践行建筑工业化理念，精心调研，合理规划，通过采用预制构件集中预制、临建设施紧凑布局的建设模式，将分散在项目全线的预制场整合为大型预制梁厂[2-4]；第三是坚持以信息化带动工业化，以工业化促进信息化，打造基于BIM+智慧梁厂智能信息管理平台，实现了精细化智能化管理。南中高速公路项目在保证预制梁质量品质、施工安全、改善工人工作环境的同时，大幅节约建设用地，显著提高施工效率，降低人力成本投入，实现绿色清洁节能生产，建设情况如图2所示。

图2　智慧预制梁厂环形生产线

① 1亩≈666.67m^2。

2. 环形生产线先进生产工艺

1）预制梁环形生产线工艺

预制梁环形生产区遵循“标准化”“可复制化”两个原则进行布设，生产区布局标准化、钢筋加工中心标准化设计，钢筋加工设备标准化配置，钢筋胎架、液压模板、移动台车、鱼雷罐、布料机、蒸养设施标准化定制。

如图3所示，预制梁环形生产线采用“施工工序区域固定、流水线作业”的预制新模式，以自行式移动台座为核心，将钢筋胎具绑扎区、液压模板安装与混凝土浇筑区、温湿度智能控制蒸汽养护区、智能张拉压浆区和存梁区有机串联形成闭合环线，辅以蒸汽养生技术，在全封闭生产车间内实现预制梁生产工厂化流水线作业施工[5]。

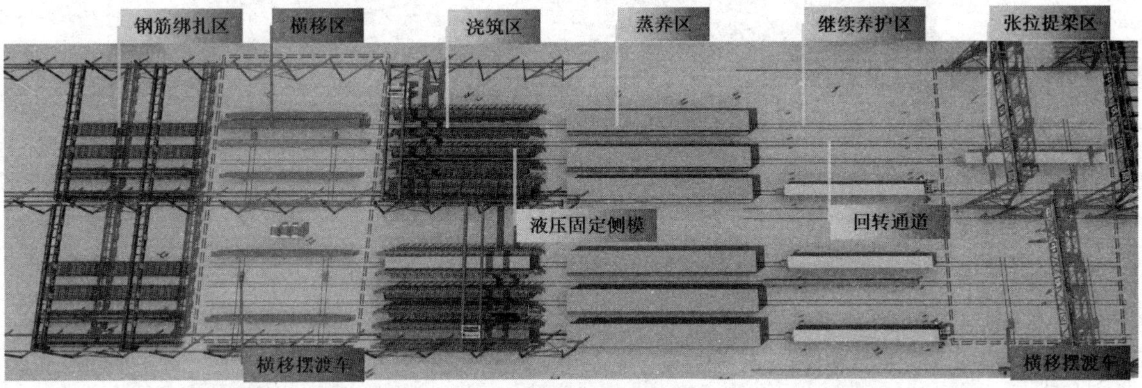

图3　智慧梁厂环形生产线布局

如图4所示，环形生产线生产工艺流程为：定位胎具钢筋绑扎→自行式台车纵移至浇筑区→安装液压侧模→吊装钢筋及安装箱梁内模→混凝土运输（鱼雷罐）→混凝土浇筑（布料机）→自行式台车带梁纵移至智能控温蒸养箱养生→自行式台车带梁纵移至张拉区张拉、压浆、二次封锚→自行式台车带梁纵移至提梁区→提梁门吊提梁至存放区存放→横移摆渡车带自行式台车横移至专用回转通道。混凝土浇筑区采用全液压不锈钢钢模，通过液压杆件实现外模安拆，钢模板表面粗糙度在350～400目之间，内模采用抽拉式内模。

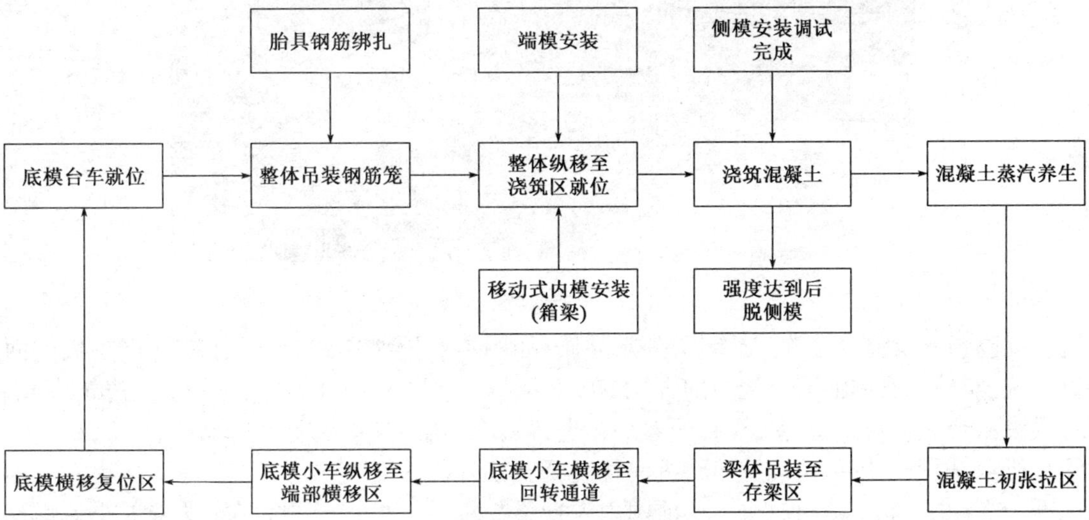

图4　预制梁环形生产线工艺

2）工装改进和工艺创新

在项目建设过程中，南中高速公路智慧梁厂积极进行项目科技创新，推动创新成果服务一线生产。为实现南中高速公路人本化、工厂化、装配化、标准化、智能化、绿色低碳的建造目标，项目组织相关单位成立技术研发团队对环形生产线的液压钢模板系统、鱼雷罐混凝土运输系统、布料机桁架系统、智能天然气蒸汽养生系统等生产设备进行了一系列的技术攻关与工艺革新[6]。

为提高预制梁施工质量与施工效率，项目引入了液压钢模板系统，如图5所示，该系统利用液压脱模技术，移动方便，可实现整体装模和拆模，相比传统钢模板更加省时省力。外模在传统钢模板外增加了液压自动化装置，满足模板整体纵向行走及横向、竖向调整要求；内模通过液压系统使模板收缩后整体抽拔拆卸，明显提高施工效率。同时液压拼接减少了接缝宽度，可提高预制梁混凝土的施工质量。

图5　液压钢模板系统

如图6所示，当构件结构混凝土强度达到拆模要求后，液压钢模板侧模可进行整体横向脱模，梁体借助侧模系统下方的自行式液压台座，整体移动到下一个工作区域。

图6　自行式液压台座

同时为提高预制梁混凝土施工质量与外观品质，如图7和图8所示，项目在液压钢模板侧面安装了自动振捣系统，实现了梁体混凝土浇筑的智能变频智能振捣，以减少梁体气泡的产生。浇筑完成后，梁体通过自行式液压台座运输至智能控温控湿养护箱进行蒸汽养生。

如图9所示，项目采用鱼雷罐+布料机代替混凝土搅拌车进行混凝土运输，进一步提升了施工作业自动化标准。在此基础上，项目改进了此前国内先行梁场鱼雷罐的设计，将仅能支持1个鱼雷罐工作的单程运行轨道优化为能让3个鱼雷罐同时供料的环形轨道，以保证混凝土供应量。同时项目还考虑到若采用常规搅拌站，鱼雷罐接料高度与鱼雷罐正常运行轨道高差较大，鱼雷罐需要爬坡提升至卸料高度，这将产生一系列问题：如运行速度极慢，严重影响供料速度；运输时间长，影响混凝土和易性；对轨道和鱼雷罐动力系统磨损过大，影响耐久性等。为有效解决这一问题，通过采用定制搅拌站，升高搅拌站出料口高度,使鱼雷罐水平运行,保证运行速度,加快供料速度。由于布料机主桁架离预制梁顶较近,易与操作工人发生碰撞,存在安全隐患。为此,项目通过增加布料机主桁架与梁顶面距离,保证工人足够的操作空间,确保施工安全;同时通过布料机液压升降系统实现布料机主机升降,控制布料机出料口与浇筑面高差,防止过高布料引起混凝土离析。

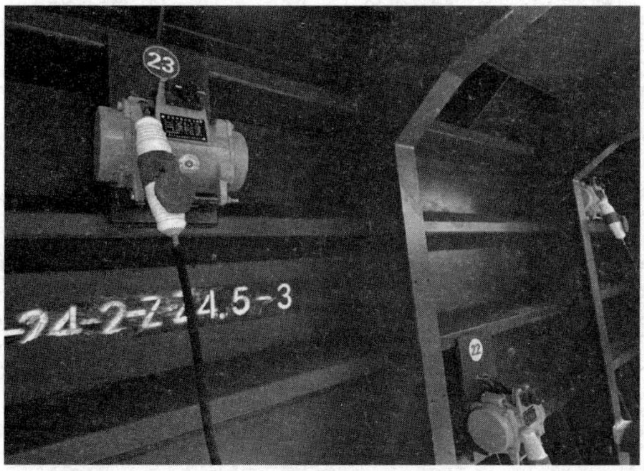

图7 附着式振捣器

图8 智能控温控湿养护箱

a)混凝土运输鱼雷罐 b)混凝土布料机

图9 混凝土运输示意图

如图10所示,项目根据生产特点定制开发了基于BIM模型,并结合数字孪生技术的智慧管理平台系统,以智慧管理平台系统实现对智慧梁厂计划、生产及资源的全方位实时把控,将团队管理从传统人工管理向数字化、信息化管理转变[7-8]。智慧平台系统不仅包含具有计划管理、生产管理和资源管理的MES功能模块、质量试验模块、安全环保模块、知识管理模块在内的常规功能模块,还包含定制化设计的智慧梁厂预制梁库存管理系统模块。

通过使用南中高速公路项目智慧梁厂管理平台,可实现对预制梁生产阶段,全过程的把控。实时掌握生产情况、产能分析、工程进度等,还可以掌握基地最新动态。利于管理人员生产调度、安全管理、保证产品品质,避免了烦琐的表格编写、表单派发及台账查找,为项目建设提质增效。

3)生产效率提升

在智慧梁厂环形生产线落地应用后,台座产能可由10d/榀提升至1d/榀,大大提高生产效率,有效提升台座周转效率。应用液压模板系统,模板安拆装由6h时减少至2h,工效提升200%。采用智能养生系统,梁体养生从5d减少至1d,生产工效提升400%。同时,项目通过BIM建模、人工智能优化算法、全自动数控加工设备、PLC控制技术等集成打造钢筋智能加工云系统,实现钢筋的智能下料与加工、智慧配送与管理。相比传统钢筋加工,钢筋加工与安装由7h减少至3.5h,工效提升100%、材料损耗率降低10%

以上。预制梁钢筋保护层合格率等质量指标合格率均接近100%；如图11所示，外观呈现出镜面混凝土效果，实现了内优外美。

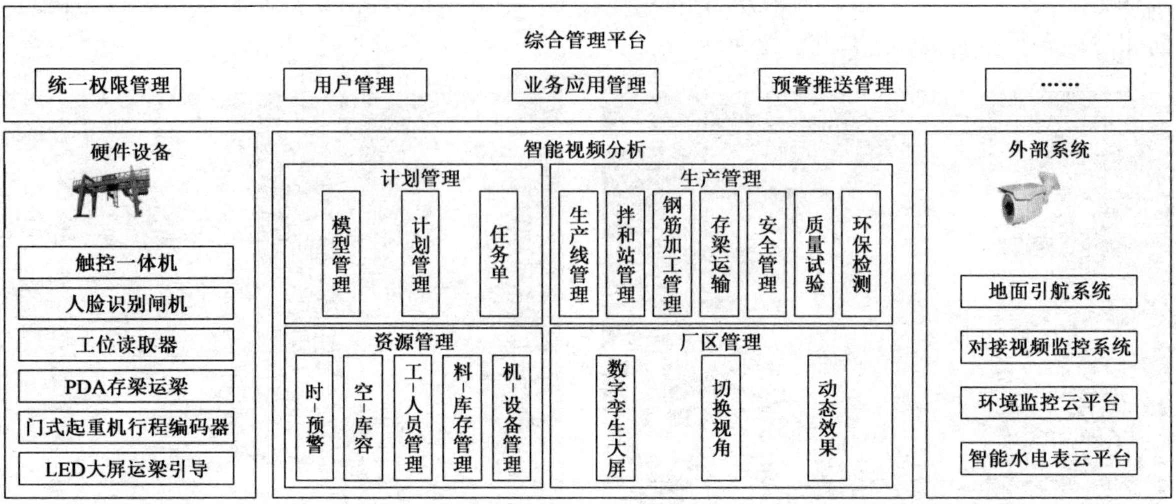

图10　智慧管理平台

图11　预制梁成品外观

在人口老龄化及劳动力资源减少的现实环境下，通过技术革新、工业化与信息化建设，降低劳动强度与人力资源投入具有显著的现实意义。通过全自动钢筋数控加工、鱼雷罐+混凝土布料机、液压模板、智能振捣系统、预应力筋自动穿束机、智能张拉压浆、模板自动清理打磨机等设备的应用，环形生产线厂区工人人数减少了约22%，降低了工人劳动强度，显著减少了人力成本。

三、低碳集约，助推创建绿色公路

交通运输行业作为碳达峰与碳中和目标实现的关键行业，在公路基础设施建设领域践行绿色低碳理念是题中之义，推广应用提质增效、低碳环保的技术工艺是推动交通碳中和的关键举措。

南中高速公路项目智慧梁厂积极践行建筑工业化理念：化场为厂，首先通过采用预制构件集中预制的建设模式，将沿项目全线分散设置预制梁场的传统建设模式升格为大型预制梁厂，根据项目特点在广州段、中山段分别设置集中大型预制梁厂；其次通过应用环形生产线工艺，进一步提升了生产工效，节约了生产台座占地；第三是采用永临结合方式进行建设，对生产设备应用及其空间布局的设计优化。通过多层次土地资源集约设计，南中高速全线预制梁智慧梁厂占地由传统预制梁场的900亩减少为600亩，临时用地节约33%，大幅节约土地资源，减少重复建设，降低工程成本造价，实现绿色低碳生产。

如图12所示，预制梁厂在采用永临结合建设理念的基础上，设置了全封闭绿色智能混凝土拌和中心、粉料罐脉冲降尘系统、砂石分离设备、自动喷淋系统、污水集中处理循环利用中心、智能控制天然气锅炉加热蒸汽养生、厂区扬尘检测及太阳能智慧照明系统等一系列绿色环保设备，大规模应用天然气、太阳能等清洁能源与可再生能源，形成绿色低碳的建桥技术标准和管理体系，为建设环境友好型粤港澳大湾区绿色公路示范工程保驾护航。

a)自动喷淋系统

b)全封闭式拌和中心

c)厂区扬尘检测

d)污水循环处理设备

图 12　绿色环保设备

四、结　　语

踔厉奋发谋发展，笃行不怠谱新篇。南中高速公路项目将围绕“建设世界一流的新时代精品桥梁”建设目标，实现一流设施、一流技术、一流管理、一流服务，继续探索公路桥梁精益管理、品质打造、智能建造的建设管理新模式，打造人民满意的“平安百年品质工程”，助力粤港澳大湾区实现更高质量的互联互通。

参考文献

[1]　陈玉龙. 萍莲高速:“四化”打造平安百年品质工程[J]. 中国公路,2021(08):62-64.

[2]　王勇,郭星亮,杨玉华,等. 高速铁路混凝土箱梁智能化预制技术研究[J]. 科技与创新,2022(04):85-88.

[3]　李拥政. 智能建造技术在铁路工程建设管理中的应用[C]//2020 年智慧工程建造设计座谈会(一)论文集. 北京:中国智慧工程研究会智能学习与创新研究工作委员会,2020:376-382.

[4]　刘占省,刘诗楠,赵玉红,等. 智能建造技术发展现状与未来趋势[J]. 建筑技术,2019,50(07):772-779.

[5]　孙铎. 预制梁场建设规模优化与内部布局问题研究[J]. 居业,2022(03):18-20.

[6]　董玉胜,陈青荣. 高速公路工程智慧梁厂的规划及应用创新[J]. 运输经理世界,2021(32):25-27.

[7]　李法雄,郭毅霖,张鑫敏. 用 BIM“智”造特大型桥梁[J]. 中国公路,2018(11):78-79.

[8]　席泉泉. 城市路桥预制梁生产信息管理平台研究与开发[D]. 郑州:郑州大学,2020.

20. 南中高速公路项目品质工程建设研究
——南中高速公路"平安百年品质工程"创建与实践

何庆华[1]　曾　磊[1]　刘细军[1]　周育峰[2]　张春新[3]
(1. 广州市高速公路有限公司;2. 中交公路规划设计研究院有限公司;
3. 中铁大桥局集团有限公司)

摘　要　2021年6月,南沙至中山高速公路被交通运输部列入"平安百年品质工程"创建示范项目清单。推进"平安百年品质工程"建设是认真落实《交通强国建设纲要》工作要求,深入贯彻习近平总书记关于"精品工程、样板工程、平安工程、廉洁工程"①重要指示精神,进一步推动交通运输基础设施高质量发展的重要举措。本文介绍了南中高速公路的项目基本情况及项目特点难点,系统阐述了南中高速公路在"平安百年品质工程"创建与实践工作中的主要措施及成效。

关键词　南中高速公路　品质工程　管理体系　创新驱动　智慧赋能　生态优先

一、项目基本情况

南中高速公路地处粤港澳大湾区核心区域,已列入《粤港澳大湾区发展规划纲要》和《广东省推进粤港澳大湾区建设三年行动计划(2018—2020年)》,是国高G2518、省高S78的重要组成部分,直接连通广州、中山、深圳三地,为跨珠江通道体系重要组成部分,其建设将更好地发挥广州作为国家中心城市在大湾区的引领作用及中山的节点连接作用,对促进粤港澳大湾区互联互通具有重要意义。南中高速公路由主线和万顷沙支线组成,路线里程总长32.410km,概算批复为200.48亿元,是广东省2020年投资额最大的新开工高速公路项目。主线全长21.879km,起于南沙港快速路的新垦互通,路线向西在保家围与中山东部外环高速公路十字交叉,终于新隆枢纽互通,与江中高速公路顺接,并与广澳高速公路交叉。万顷沙支线路线全长10.836km,起于南沙港快速路的新垦互通,终点通过万顷沙互通接深中通道。

二、项目特点与难点

南中高速公路项目位于广州市南沙区南部和中山市东北部,地处粤港澳大湾区核心区域,全线为桥梁,为跨珠江通道体系重要组成部分,是粤港澳大湾区互联互通的重要组成部分,工程建设管理特点与难点如下:

(1)项目地处粤港澳大湾区腹地,途径城市中心区,区域经济发达,总体设计标准、结构耐久、景观效应与安全要求高。

(2)项目占用土地资源稀缺,综合利用要求高,桥下多条市政道路规划并行,结构设计复杂,拆并桥位置多,施工难度大。

(3)项目设控制性大桥三处,其中横门西特大桥与洪奇门特大桥均为大跨径斜拉桥,施工过程抗风要求高,施工技术要求高;万项沙跨海特大桥跨域伶仃洋后通过海上互通连接深中通道,施工难度大,耐久性要求高。

(4)项目与广澳高速公路、江中高速公路、南沙港快速路、中山东环路、深中通道均有互通相接,互通立交密集、形式多样,通行、疏散能力及行驶安全性要求高,立交新建及拼接设计须考虑未来大湾区交通激增需求,部分细节须制订规范标准。

---

① 习近平出席开通仪式并宣布港珠澳大桥正式开通[N]. 人民日报,2018-10-24(01)。

(5)全线为桥梁,中小时径桥梁规模大、类型多,须结合防洪、通航安全、经济和耐久等进行桥跨布置和结构造型设计,且项目地质条件复杂,淤泥层及砂层较厚,基岩埋深较深且强度低,桥梁基础和下部结构设计复杂。

(6)项目主线全部桥梁,跨越海域,河网密布,鱼塘众多,综合防排水系统要求高。而且项目涉及二级水源保护区、湿地、红树林公园、海洋生态保护区、人口密集区等多个环境敏感点,绿色生态环保要求高,项目建设协调难度大。

(7)项目为跨珠江通道体系和大湾区交通基础设施互联互通重要组成部分,智慧化建造水平及智能化养护要求高。

三、“平安百年品质工程”创建主要举措及成效

基于习近平总书记关于建设“精品工程、样板工程、平安工程、廉洁工程”等重要指示精神,南中高速公路项目结合粤港澳大湾区和广深港澳科技创新走廊建设规划,以创新、协调、绿色、开放、共享五大发展理念为引领,围绕“集约高效、经济适用、智能绿色、安全可靠”将南中高速公路打造为“平安百年品质工程”[1-2]。

1.精细管理,着力构建现代工程品质管理体系

南中高速项目在广东省交通运输厅的主导下,积极开展公路建设监理改革与试点,以“共建、共管、共创、共享”监理改革为切入点,推动制度重构、流程再造、系统重塑,推进公路治理体系和治理能力现代化。

如图1所示,监理体制改革以提高工程建设水平为总目标,将高质量发展与问题导向相结合,通过管理创新、业务优化、流程再造,落实建设单位首要责任、压实施工单位质量安全等主体责任、强化监理单位支撑作用,最终实现以良规善治促进行业活力的再次提升[3]。

a)监理体制改革思路　　b)监理体制改革工作会议

图1　监理体制改革工作开展情况

目前在简化内业工作、提高工程建设品质方面效果显著,全线Ⅰ类桩比例和钢筋保护层持续保持“双95%”。南中高速公路还荣获2021年广东省在建高速公路质量安全综合检查第二名,并成功举办2021年广东省质量安全现场会,具体现场情况如图2所示。

其次,南中高速公路项目提出公路交通科技创新全过程管理理论与方法,实现科研全过程管理与咨询,提高科技创新水平[4]。积极探索改变目前公路科技项目选题重复率高、成果科技含量不高和转化利用不理想的现状,并借鉴科技成果遴选的思路和方法,策划开展了“科技创新”“大众创新”“微创新”等多层次创新工作,并荣获第二届中国公路学会金奖,致力实现从项目科研顶层设计到过程管理和最后的成果转化应用的全过程管理。

再次,南中高速公路项目开展基于创新驱动的现代工程品质管理体系研究,系统深入研究与总结现代工程品质管理体系。紧密结合南中高速公路的品质管理需求,以基于创新驱动高质量发展为指导思想,以现代工程品质管理体系为核心研究内容,对创新驱动与现代工程品质管理的内涵及关系进行探析,并基于创新驱动的核心机理来构建管理体系框架,助力形成可复制、可推广的管理体系。

a)全省公路水运工程质量安全现场会

b)现场参观南中高速公路项目

c)南中高速公路项目墩柱实体

d)南中高速公路项目洪奇门特大桥桥塔

图2　2021年全省公路水运工程质量安全现场会

2. 创新驱动,通过多层次创新促进工程品质提档升级

1)城市群地区高速公路一体化设计与运营关键技术研究

如图3所示,南中高速公路项目围绕南中高速地处粤港澳大湾区典型城市群核心区域,城市群地区城市密集、人口密集、交通量巨大,交通需求极大,但城市群地区高速公路存在设计依据不充分等问题,针对城市群高速公路开展"韧性"设计运营关键技术研究,切实解决南中高速公路等城市群地区高速公路车道划线、互通出入口设置等一系列几何设计问题,集约低碳的同时,推动以粤港澳大湾区为代表的城市群高速公路的高质量建设,为实现《交通强国建设纲要》的"打造123小时交通圈"奠定技术基础。

a)三车道匝道出入口设计方法

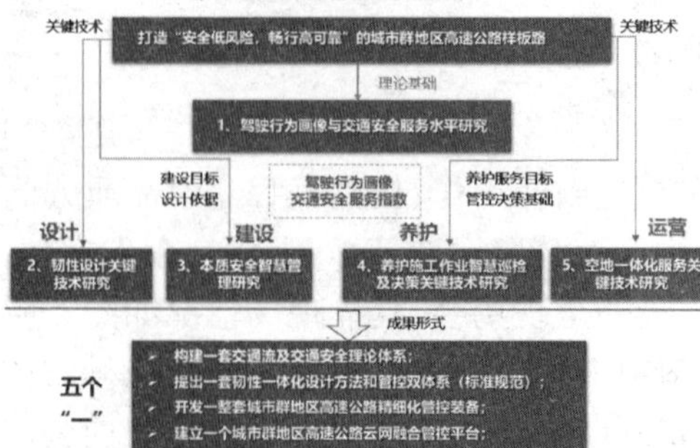

b)城市群地区高速公路系统研究

图3　城市群地区高速公路系统研究开展情况

2)大湾区海陆交互相沿海超厚软土区桥梁桥墩与桩基设计与施工关键技术研究

沿线海陆交互相沉积软土存在软硬互层、深厚软黏性土与无黏性土夹层,导致软黏性土桩侧泥皮厚度过厚、颈缩,无黏性土层塌孔问题并存[5],如图4所示,南中高速公路项目创新性提出软土区超长基桩

及桥墩的设计参数确定方法、超长桩内力分析实用方法及基桩承载性能评估方法及安全防护措施等，支撑《公路桥涵地基与基础设计规范》(JTG 3363—2019)下一轮修订。

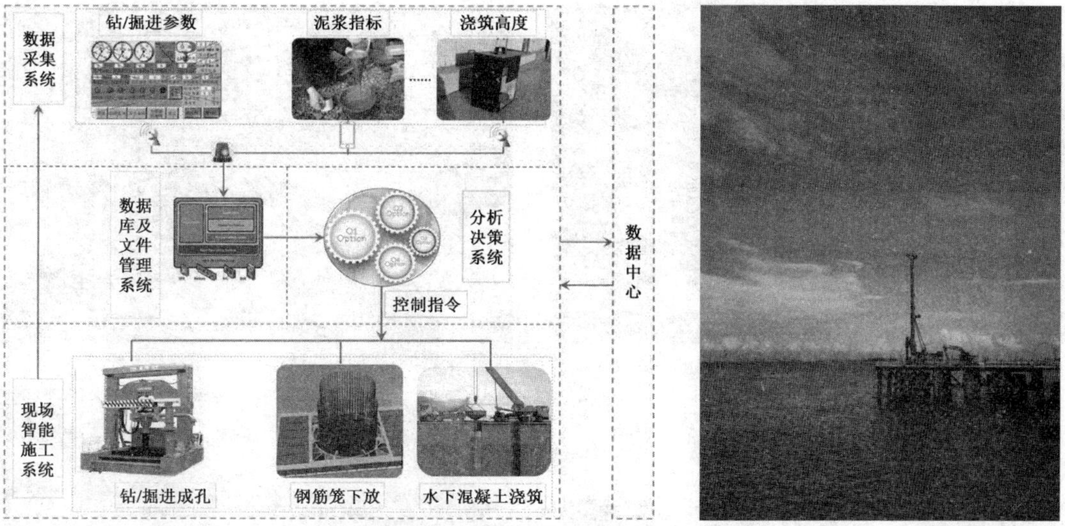

图4 深厚软土区桥梁桥墩与桩基一体化研究

3)高品质混凝土体系研发

如图5所示，南中高速公路项目提出“石灰石粉+水泥+矿粉”新型胶材体系，降低水泥掺量，降低开裂风险并改善外观质量；研究纤维耐久混凝土等高性能混凝土在主塔等特殊部位的适用性，有效增强结构的耐久性和抗裂性；将原材料、混凝土生产及大体积浇筑温控信息利用物联网技术进行自动采集，实现混凝土全生命周期质量智能管理。

图5 高品质混凝土应用效果

3.智慧赋能，通过信息化、数字化为项目建设提质增效

1)研发建立装配式桥梁智慧化数字生产基地

如图6所示，南中高速公路项目采用“施工工序区域固定、流水线作业”的预制新模式，以各个生产区有机串联形成闭合环线实现全封闭生产车间内预制梁自动化智慧生产。该模式大幅降低工人安全风险，大幅节约土地资源，减少重复建设，降低工程成本造价，实现绿色低碳生产，切实起到“先行示范”作用，助力行业形成新业态、新模式、新技术，为建设环境友好型湾区绿色公路示范工程保驾护航[6]。

2)研发一体化多功能智慧筑塔平台

如图7所示，南中高速公路项目成功研制了搭载大吨位智能爬升系统等的一体化多功能智慧筑塔平台，功能集成化，施工操作自动化、智能化程度高，可有效减少人为失误，实现对一体化模架系统的自动化整体爬升操作，自动纠偏调整，可显著提高爬升效率、精度及安全性。

a)装配式桥梁生产基地布置图

b)智慧预制梁厂环形生产线

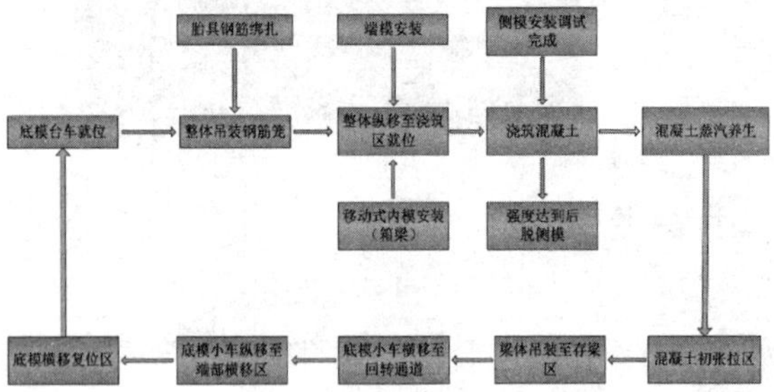

c)预制梁环形生产线工艺

d)预制梁成品外观

图6　装配式桥梁智慧化数字生产基地

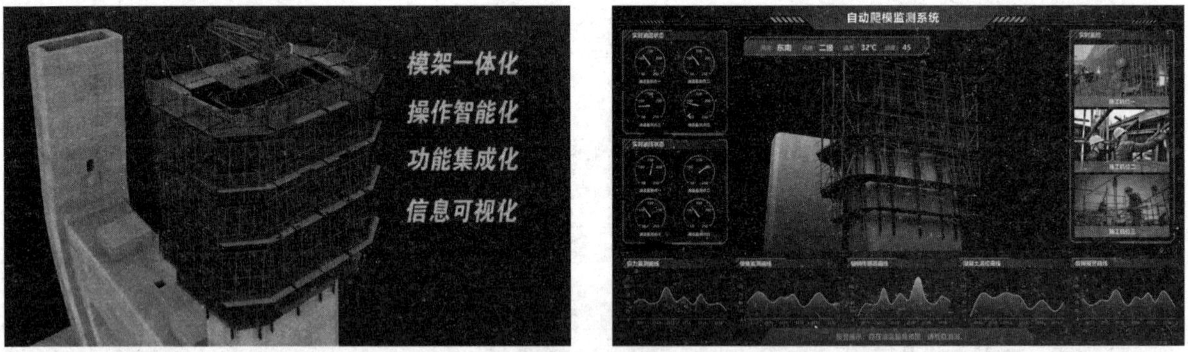

图7　多功能一体化智能筑塔平台

3）打造钢筋智能加工配送云平台

如图8所示，针对目前计划不明确、原材不节省、进度不掌控、责任难追踪、管理效率低的问题，南中高速公路项目打造钢筋智能加工配送云平台，实现智能下料与加工，智慧配送与管理，大幅提高工业化建造水平，提升工程品质。

4. 科技强安，深化安全生产领域改革和技术革新

1）建设信息化产业工人培训中心

如图9所示，南中高速公路项目立足于安全宣教从基层抓起、从一线产业工人做起的思路，以高科技展厅的形式，在项目全线布局“2+6”现代化产业工人培训中心，并以培训中心为依托，以优秀师资运维团队为保障，通过“智能体检+认知教学+实操体验+实名考核”“四位一体”的培训模式，稳步推进南中安全宣教工作。同时联动地方政府部门及周边企业交流共享，打造项目安全宣教新格局，切实走好和打通交通基础设施的“最先一公里”和“最后一公里”。

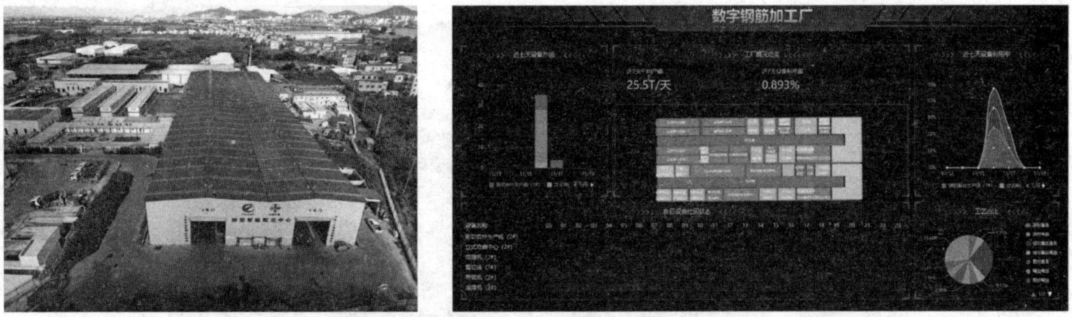

图8 智能化钢筋加工配送中心及云平台

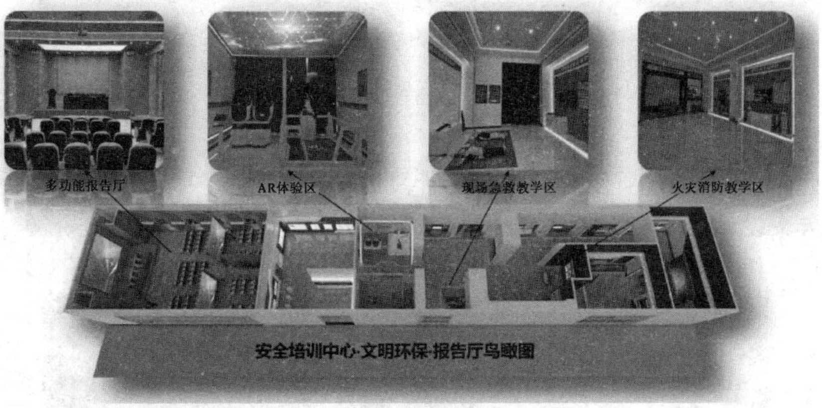

图9 产业工人培训中心

2)研发应用本质安全智慧化管理平台

如图10所示,南中高速公路项目以本质安全理念为指导,搭建了本质安全智慧管理平台(WEB + App),在平台中开发了动态预警工具“安全小精灵”,实现了对工作任务、安全风险、事故隐患、特种设备状态、自然灾害等重要信息的预警,实现8种灾害气候进行预警,为安全管理装上可视化“慧眼”,强化“平安工地”建设。

图10 本质安全智慧化管理体系

3)打造视频系统强化现场监管

如图11所示,南中高速公路项目设置3级(项目部、管理处及上级单位)可视化监管平台,结合项目实际探索构建基于网络的多级联动可视化监管系统。同时在重点区域、重点部位布设高清球机、鹰眼、超脑等视频监控设备,辅以AI算法和AR实景地图等技术,事项一键巡查和全天候可视化安全监管,实时纠正违章行为。

图11 视频监控管理体系

5. 生态优先,建"双碳"条件下环境友好型绿色公路

1)方案设计优化

如图12所示,南中高速公路项目在方案设计阶段通过廊道共享、城市群高速公路设计、复合立体互通立交设计、全桥方案设计、大临工程集中设置、永临结合等大幅集约节约土地资源,大大减小了南中高速公路项目建设及运营对周边用地开发、利用的影响。

图12 深入贯彻落实绿色设计理念

2)坚持人与自然和谐共生

如图13所示,南中高速公路项目以"尊重自然、顺应自然、保护自然、恢复自然"为目标,强化在施工、运营及养护全过程的生态环境保护与恢复,通过实施田路分离实现水体保护、吹填表土保护与利用、绿色生态循环池、湿地鸟类综合保护等工作,将人工构造物对环境的负面影响减到最低[7]。将南中高速公路项目打造成人与自然和谐的高速公路项目。

图13 绿色施工保护措施

3)开展景观造型研究

南中高速公路项目景观文化建设在充分调研广州和中山地区的自然环境和人文环境后[8],在“共融、彰显、互联”的理念下,以“七星联珠,双子耀湾”为主题进行了景观设计的整体设计。如图 14 所示,基于湾区文化及岭南文化的深入研究,南中高速公路项目在桥塔设计中融入岭南文化元素,致力打造粤港澳大湾区新地标。

图 14 斜拉桥桥塔造型

4)研究低碳高速公路建设技术方案和管理措施对策

基于“碳达峰”和“碳中和”理念,通过优选清洁能源以及能耗低、工效高、工艺先进的照明与施工机械设备,降低施工能耗,实现资源高效、循环利用。南中高速公路项目通过采用软土就地固化、钻孔泥浆处理利用、块石垫层 + 竹桩复合地基减沉等技术实现资源集约节约利用,降低公路基础设施全生命周期能耗和碳排放,形成创新的绿色建桥技术标准体系和管理机制体系,着力建设环境友好型湾区绿色公路典范工程。

5)打造交旅融合服务区

如图 15 所示,南中高速公路项目以区域旅游主题为抓手,努力将万顷沙服务区打造成为融合交通、旅游、休闲、商务功能的粤港澳湾区最具代表性的优质示范服务区[9]。

图 15 服务区概念图

四、结 语

“平安百年品质工程”是深入贯彻落实习近平总书记建设“精品工程、样板工程、平安工程、廉洁工程”重要指示精神,是推动公路建设水平全面提升的重要载体和有效途径,是交通运输转型发展和公众出行品质不断提高的必然要求。南中高速公路地处粤港澳大湾区核心区域,将继续秉持“创新驱动发展,匠心铸造精品;智慧成就梦想,绿色桥见未来”的建设理念,积极探索公路桥梁精益管理、品质提升、智能建造的建设管理新模式,着力将南中高速公路打造成“平安百年品质工程”。

参考文献

[1] 陈玉龙.萍莲高速:“四化”打造平安百年品质工程[J].中国公路,2021(08):62-64.

[2] 林鸣.港珠澳大桥岛隧工程项目管理系列之六 品质工程的追求与提升[J].施工企业管理,2021(07):80-83.

[3] 袁琼琼.我国现行建设监理体制的分析[J].黑龙江交通科技,2013,36(03):187.

[4] 徐小计.建筑工程监理与施工技术创新的关系[J].科技创新与应用,2022,12(14):180-183.

[5] 关卓鹏.公路软土桩基处理技术及质量控制分析[J].交通世界,2022(11):60-61.

[6] 王勇,郭星亮,杨玉华,等.高速铁路混凝土箱梁智能化预制技术研究[J].科技与创新,2022(04):85-88.

[7] 周家映,李唐勇,赵艺伟.公路品质工程绿色环保施工体系化实践[J].交通世界,2022(Z1):14-16.

[8] 张大元.文化生态视角下传统岭南水乡村落色彩特征与演变研究[D].广州:广州大学,2018.

[9] 张海英.交旅融合理念在高速服务区景观设计中的运用[J].居舍,2022(16):122-125.

21.大跨径钢桁架混合梁斜拉桥主梁方案设计

闫生龙　杨少博　李永庆

(中交第一公路勘察设计研究院有限公司)

摘　要　本文以主跨930m钢桁架混合梁斜拉桥为例,对混合梁斜拉桥的主梁形式进行了研究。分别对钢主梁、混凝土主梁和钢-混结合段构造进行了介绍,对钢-混结合段位置进行了比选,进而确定了合理的结合段位置,通过细部的有限元分析,提出了适用于大跨径钢桁架混合梁斜拉桥的钢-混结合段构造。

关键词　大跨径　钢桁架　混合梁　主梁方案　结合段

一、引　　言

山区跨越深切“V”形沟谷时,受地形地貌以及地质情况限制,大跨径斜拉桥是一种具有明显优势的桥型[1-2]。但大跨径斜拉桥结构整体刚度偏弱,在车辆荷载和风荷载等可变荷载作用下,主梁的变形较大。而且对于受地形限制边中跨比较小的桥梁,边跨经常还会出现负反力,需要设置抗拉支座或局部压重,施工麻烦且耐久性较差[3]。因此,主跨采用结构轻型化的钢主梁,边跨采用刚度和重量较大的混凝土梁是一种受力性能和经济性能较好的方案,即混合梁斜拉桥。研究表明,当斜拉桥跨径大于600m时,混合梁斜拉桥具有明显的经济优势[4-5],我国建成的苏通长江大桥、徐浦大桥等也都采用混合梁斜拉桥方案。

二、工 程 概 况

大桥位于云南省东南部,为跨越南盘江深切峡谷而设。主桥采用主跨930m混合梁斜拉桥,根据两岸地形地貌及地质特性,桥跨布置为63.5m+64m+232.5m+930m+232.5m+64m+63.5m=1650m,边中跨比为0.387,引桥采用3×40m装配式预应力混凝土T梁,桥梁全长1777m。主跨主梁采用板桁结合钢桁梁,为降低支架施工难度及风险,边跨桥高较低的边孔和次边孔采用预应力混凝土梁。索塔采用钻石形混凝土索塔,空间索面布置,小桩号侧索塔总高385m,大桩号侧索塔总高320m,塔柱采用矩形空心断面,辅助墩和过渡墩采用薄壁空心墩,钻孔灌注桩基础。全桥桥型布置如图1所示。

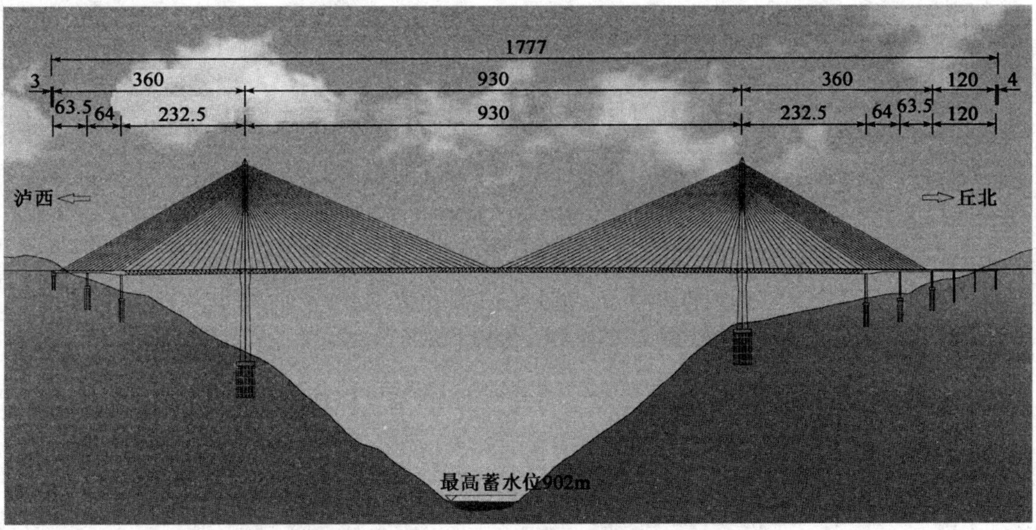

图1 桥型布置图(尺寸单位:m)

三、钢混结合段位置选择

混合梁斜拉桥钢-混结合部是结构关键的受力部位,组成结构的材料特性、结构刚度均发生突变,受力复杂。结合段位置的选择考虑受力、施工便利性,尽量选择避免产生正负交替应力和竖向挠度频繁变化的位置。混合梁斜拉桥的基本设计理念是用边跨混凝土梁的重力去平衡中跨钢梁的重力,边跨配重合适的前提下,通过索力的调整,同样可以得到合理的成桥状态[6-7]。

结合本桥边跨范围内桥高坡度陡的实际特点,从施工可行性和便利性的角度出发,结合拉索索距布置的合理性,拟定了三个钢混结合部位置方案,表述如下:

方案一:边跨跨径布置63.5+64+232.5=360m,钢混结合部位置在2号墩向跨中7.5m;

方案二:边跨跨径布置84+84+84+108=360m,钢混结合部位置在3号墩向跨中7.5m;

方案三:边跨跨径布置70+70+70+70=280m,钢混结合部位置在主塔向跨中7.5m,本方案采用全边跨混凝土压重,考虑到0.387(边跨360m)的边中比对于全边跨压重混合梁斜拉桥而言,不经济,且易造成边跨过重,主梁恒载弯矩分布不理想的情况,故将边跨调整为280m,边中比为0.3,也是同等规模混合梁斜拉桥常用的边中比数值。

对不同结合段位置,从结构受力、施工方法和施工周期等方面进行综合对比分析,详细比选结果列于表1中。

结合段位置比较表 表1

项 目	方 案 一	方 案 二	方 案 三
边跨布置简图(m)	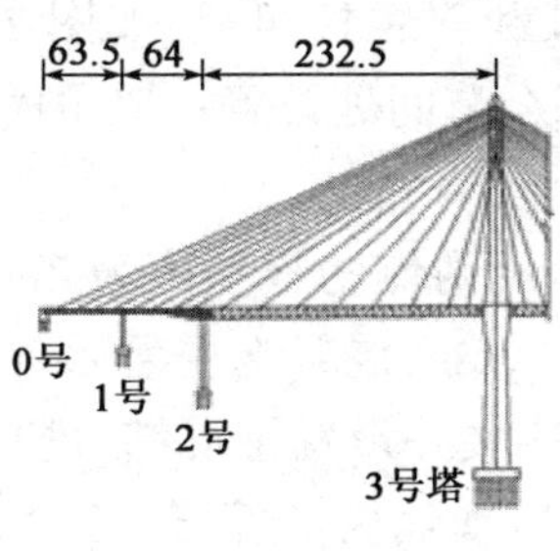	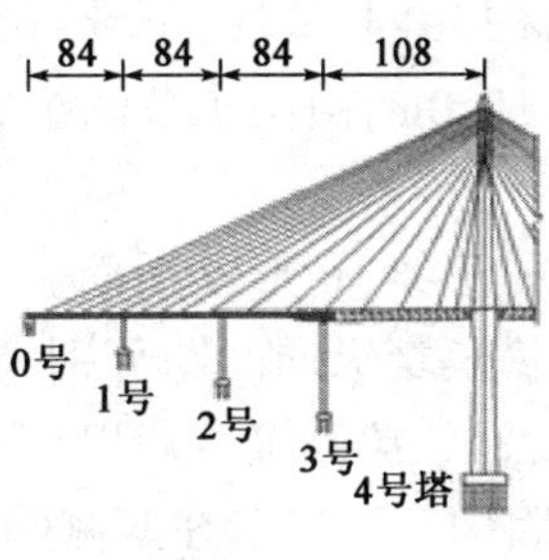	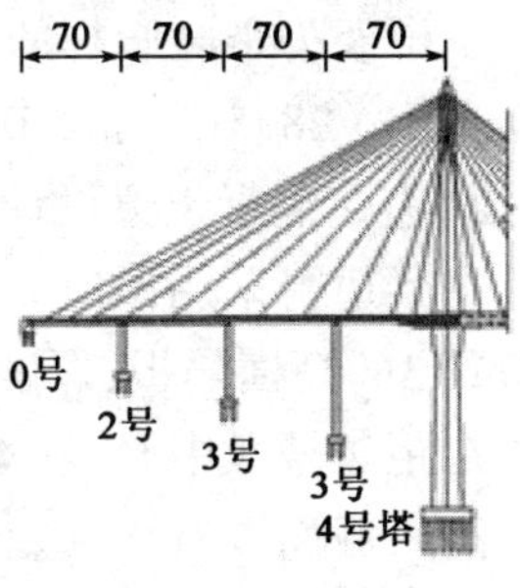
结合面剪力(kN)	5726	4439	11292

续上表

项　　目	方　案　一	方　案　二	方　案　三
结合面弯矩（kN·m）	22128	18227	54528
施工方法	现浇支架搭至钢混结合段，混凝土梁支架现浇，支架高度均能控制在50m以内。边跨232.5m钢梁以主塔为中心，采用对称悬拼的方案施工	边跨辅助墩高达130m，支架施工混凝土梁不可行。以1、2号辅助墩为施工平台，对称悬浇混凝土梁段，边跨100.5m钢梁以主塔为中心，采用对称悬拼的方案施工	边跨辅助墩高达170m，以3个辅助墩为施工平台，对称悬浇混凝土梁段，边跨贯通后，形成主跨运梁通道，主跨钢梁以主塔为中心，采用单悬拼的方案施工
优缺点	结合段内力较小，构造较简单，支架整体浇筑混凝土梁段，施工控制难度小。边跨钢梁对称悬拼施工，施工工期长	结合段内力较小，构造较简单。悬臂浇筑混凝土梁段，预应力构造复杂，施工难度高，线形不易控制。结合段施工难度较高，边跨钢梁对称悬拼施工，施工工期略长	结合段内力较大，构造较复杂。主跨钢梁施工较为方便。悬臂浇筑混凝土梁段，预应力构造复杂，施工难度高，线形不易控制

综合考虑结构受力、施工方案、斜拉索布置情况等因素，方案二和方案三混凝土梁段施工控制难度大，结合段施工难度较高，方案一虽然施工工期偏长，但施工风险较小，施工质量可控，因此混合梁斜拉桥钢-混结合部位置推荐采用方案一。

四、主 梁 设 计

主梁采用混合梁方案，推荐方案主梁布置形式为中跨钢桁梁均采用板桁结合钢桁梁，边跨部分采用预应力混凝土π形梁。全桥钢桁梁包括钢桁架和正交异性钢桥面板两部分，钢桁架由主桁架、主横桁架、和下平联组成。主桁桁高8.5m，桁宽28.5m，标准节段长度15.0m，由两个节间组成，在每个节间处设置一道主横桁架。钢梁板材类型的选用同方案一一致。

中跨全长930m，共分61个梁段，分别为Z1～Z31，其中，Z1～Z30梁段沿桥梁中心线对称布置，Z31梁端为中跨合拢段，Z1梁段长22.5m，Z2～Z30梁段长15m，Z31梁段长7.5m。

边跨全长360m，其中近桥塔的230.5m采用钢桁梁，共分15段，分别为B1～B15中，B1梁段长22.5m，B2～B14梁段长15m，B15梁段长9.25m。

在桥塔中心线位置布置塔梁固结构造，两侧承压板间距15m，关于桥塔中心线对称，边跨混合梁结合面布置在距2号辅助段近桥塔方向2m处。

1）中跨钢桁梁设计

主桁架为带竖腹杆的N形结构，由上弦杆、下弦杆、竖腹杆和斜腹杆组成，如图2所示。主桁桁高8.5m，桁宽28.5m，标准节段长度15.0m，由两个节间组成，在每个节间处设置一道主横桁架。

2）边跨混凝土梁设计

主梁边跨采用预应力混凝土π形梁，π形梁断面全宽30.5m，两侧肋板顶宽为2m；π形梁两侧肋板间布置3m高横隔板，厚度0.5m，横隔板纵向间距分别为8m和7.5m，混凝土主梁标准断面如图3所示。

在距2号墩中心线24m区段，设置梁高渐变段以便与钢桁连接并设置钢混结合段，同时对横隔板进行加高对截面进行加强。索梁锚固构造均设置在两侧肋板底对应横隔板位置处。

纵向预应力分为顶板束与腹板束，顶板束采用Φ^{s}15.2-22钢束，全梁通长布置，两端张拉，群锚锚固体系；腹板束采用Φ^{s}15.2-22钢束，群锚锚固体系，在主梁支点处钢束下弯；横梁采用Φ^{s}15.2-22钢束，群锚锚固体系；横向桥面板采用Φ^{s}15.2-3钢束，张拉端采用BM15-3锚。

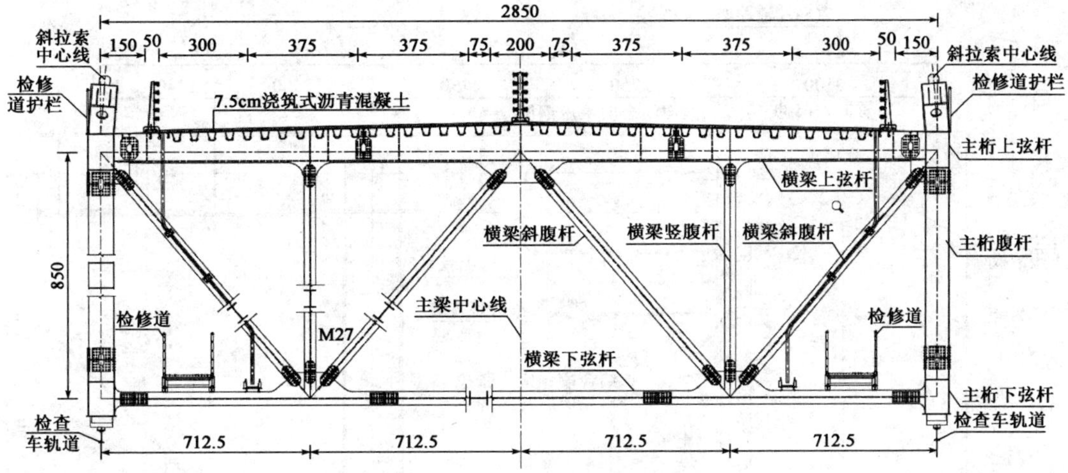

图 2 钢桁梁标准横断面(尺寸单位:cm)

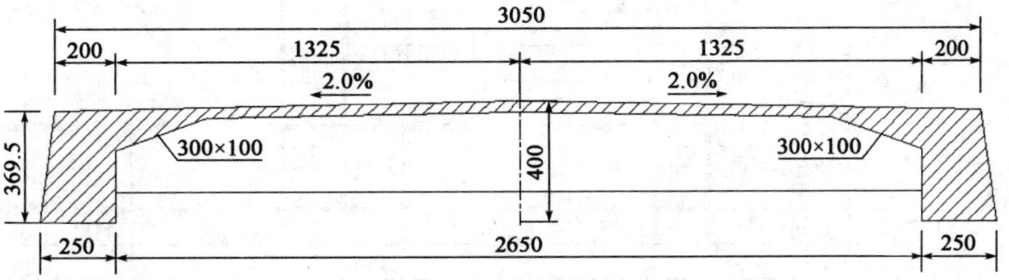

图 3 混凝土主梁标准横断面(尺寸单位:cm)

3)钢混结合段设计

钢混结合段受力复杂,应力突变明显,因此设计时应重点关注[8-9]。本桥钢-混结合段构造采用曲线加劲板在5.5m长度范围内将主桁上下弦杆渐变为整体箱型断面与结合面承压板相连(图4),承压板背面布置U形整体PBL连接件与剪力钉,上弦侧伸入混凝土深度为3.5m,下弦侧伸入混凝土深度为3m,同时钢桁钢桥面向混凝土桥面延伸3.5m,下设剪力钉并开浇筑孔,以利施工并保证结构刚度平顺过渡,在顺桥方向上布置预应力钢束进行张拉保证结合面之间在各种工况作用下不产生分离。

4)局部计算

为确保主梁钢混结合段受力合理,对结合部进行局部分析,重点关注钢梁与混凝土梁结合面附近区域的应力分布情况。主桁杆件和扩散应力板的Mises应力如图5所示。

由计算可知,结合部主桁上、下弦杆最大Mises应力204MPa,斜杆最大Mises应力95MPa,竖杆最大Mises应力106MPa;结合段贯通框架及短肋开孔板最大Mises应力84MPa,承压板最大Mises应力223MPa,均小于各自的材料设计强度,满足要求。详细结果列于表2中。

钢-混结合段应力验算结果 表2

部 位	构 件	材 质	轴向应力(MPa)	Mises应力(MPa)	强度设计值(MPa)	验算结果
结合段主桁	上弦杆	Q500	-206	204	380	合格
	下弦杆	Q500	-115	106	380	合格
	结合段扩散板(腹)	Q345	-132	223	260	合格
	结合段扩散板(平)	Q345	-94	226	260	合格
结合段贯通框架及短肋开孔板		Q345	—	84	270	合格
承压板		Q345	—	223	250	合格
桥面板		C55	21.7	—	24.4	合格

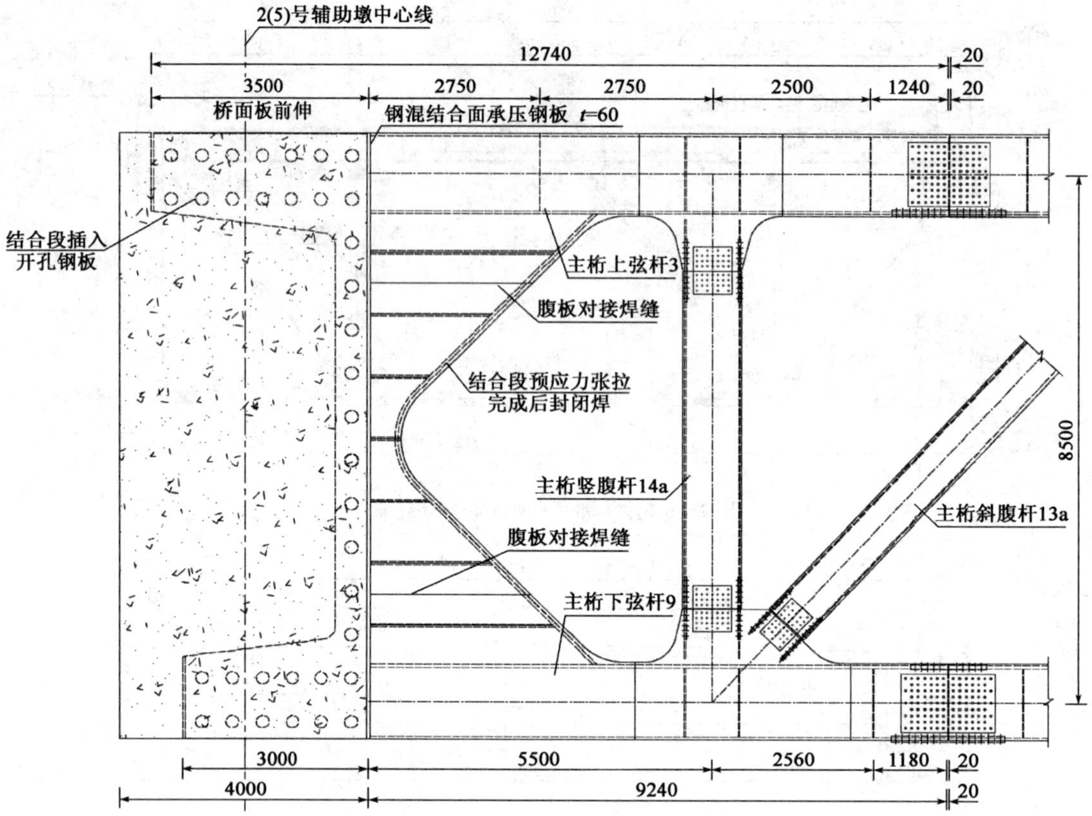

图4　钢混结合段一般构造(尺寸单位:cm)

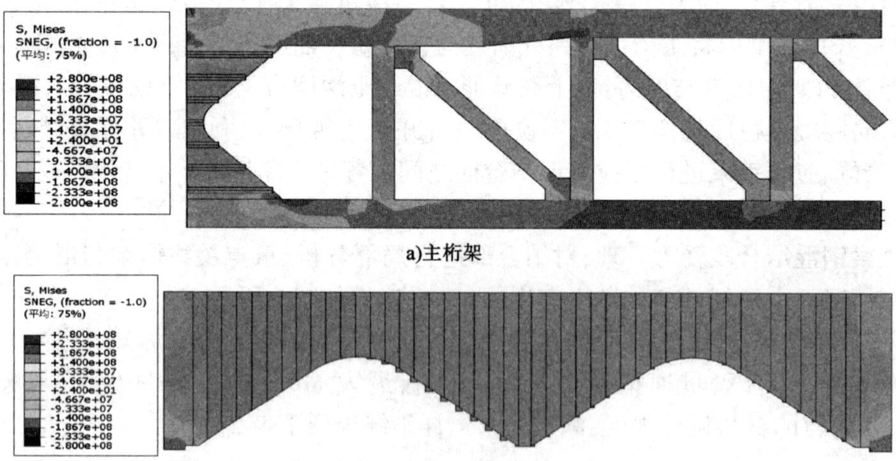

a)主桁架

b)扩散应力板

图5　结合部Mises应力分布(尺寸单位:Pa)

五、结　　语

本文以主跨930m钢桁架混合梁斜拉桥为例,对中跨钢主梁和边跨混凝土主梁的设计方案进行了详细介绍。通过方案比选,选择了合适的钢-混结合段位置;通过结构计算,确定了合理的主梁和钢-混结合段构造,对类似的工程具有一定的借鉴和参考意义。

参考文献

[1] 郑晓龙,徐昕宇,高芒芒. 大跨度铁路钢桁梁斜拉桥竖向刚度评估方法研究[J]. 桥梁建设,2022,52(03):24-29.

[2] 付强,迟东彪. 公路两用混合-组合梁斜拉桥结构体系分析[J]. 黑龙江工程学院学报,2022,36(03):7-13.

[3] 施洲,顾家昌,唐清华. 大跨度斜拉桥双向曲面混合桥塔钢-混结合段受力性能研究[J]. 中国公路学报,2022,35(06):73-85.

[4] 张玉平,雷丰红,杨胜江,等. 混合梁斜拉桥A形索塔施工方案比选与优化[J]. 公路与汽运,2022(03):98-103.

[5] 蒋逢炜,邓达. 钢混混合连续梁桥总体方案设计[J]. 广东公路交通,2022,48(02):23-27.

[6] 刘林,刘泳湧,王盼,等. 大跨度斜拉桥施工风险分析及应对[J]. 工程机械与维修,2022(03):183-185.

[7] 李永庆,李瞰,王翰哲,等. 山区大跨度斜拉桥主梁选型研究[J]. 公路,2022,67(05):149-153.

[8] 张树清. 组合-混合梁斜拉桥塔梁固结段研究[J]. 山西建筑,2022,48(14):147-149.

[9] 严来章. 混合梁斜拉桥钢混结合段力学行为分析[J]. 铁道建筑技术,2022(04):28-31.

22. 装配式工字形波形钢腹板组合梁桥设计及性能研究

李俊方[1] 袁 波[1] 袁书炜[2] 阎孝强[1] 贾 博[1]
(1. 河南省交通规划设计研究院股份有限公司;2. 河南省黄河高速公路有限公司)

摘 要 装配式波形钢腹板梁具有桥梁品质好、低碳环保的优点,同时比传统钢结构桥梁的经济性更好,有利于大规模推广应用;且采用预制装配化施工,具有资源节约化、施工质量好的优点。近年来,波形钢腹板组合梁桥在我国得到了广泛的应用。装配式波形钢腹板组合梁跨径为30~70m时,具有明显的经济性优势,本文以安阳至罗山高速公路北堤外引桥为依托工程,介绍了装配式工字形波形钢腹板组合梁桥的设计研究内容,可为后续工程提供经验数据。

关键词 装配式 工字形 波形钢腹板 组合梁 横隔板 剪力连接件

一、概 述

装配式波形钢腹板组合梁是一种技术先进、应用范围广、经济性好、受力性能佳、施工方便的装配式钢混组合结构桥梁,特别是它打破了"钢结构桥梁造价高"的枷锁,具有较强的市场竞争力,可以加速钢结构桥梁的推广应用。装配式波形钢腹板梁技术响应了国务院发展装配式结构的政策导向,顺应了交通运输部发展钢结构桥与钢混组合结构桥的指导意见。装配式波形钢腹板梁首先是钢结构桥梁的一种,具有桥梁品质好、低碳环保的优点;其次是采用了钢混组合结构桥梁,比传统钢结构桥梁的经济性更好,有利于大规模推广应用;最后是采用预制装配化施工,具有资源节约化、施工质量好的优点。因此近年来,波形钢腹板组合梁桥在我国得到了广泛的应用。截至2022年,国内外已建与在建的装配式波形钢腹板梁桥如表1所示。

国内外已建与在建装配式波形钢腹板组合梁桥统计表 表1

桥梁名称	国家	跨径(m)	桥宽(m)	建成年份	主梁截面形式
法国 Cognac 桥	法国	43	—	1986	箱形
莫普雷桥	法国	54	—	1987	三角形截面
新开桥	日本	30	14	1993	箱形
银山御幸桥	日本	46	8.5	1996	箱形
本谷桥	日本	97	10.5	1999	箱形
栗东桥	日本	170	—	2007	箱形
曾宇川桥	日本	23.9	14~15	2005	工字形
落合新桥	日本	23	14	2010	工字形
信阳泼河大桥	中国	30	16	2005	箱形
张庄分离式立交桥	中国	40	7	2013	先工后箱
贾鲁河大桥	中国	50	16.75	2017	先工后箱
孟州黄河大桥引桥	中国	50	16.06	2021	箱形
范县黄河公路大桥引桥	中国	50	16.06	在建	箱形
濮阳白堽黄河公路大桥引桥	中国	50	16.06	在建	箱形

二、工程概况及装配式波形钢腹板梁桥设计

1.项目背景

安阳至罗山高速公路是《河南省高速公路网调整规划(2016—2030)》中12条南北纵向通道之一。拟建项目为安罗高速公路原阳至郑州(兰原高速至连霍高速)段,是安罗高速公路的重要组成部分。项目起点位于原阳县梁寨乡虎张村西北与兰考至原阳高速公路封丘至原阳段交叉处,路线向南经原阳县梁寨乡、陡门乡,在陡门乡东侧跨越黄河至中牟县雁鸣湖镇,在雁鸣湖镇朱固村南与连霍高速公路交叉并顺接已建的机西高速公路,到达项目终点,路线全长约21.655km。黄河特大桥全长15223.5m,包括北堤外引桥、北跨大堤桥、北副桥、主桥、南副桥、南跨大堤桥6个部分,其中北堤外引桥采用了装配式波形钢腹板组合梁桥。

北堤外引桥上部结构采用28m、30m装配式波形钢腹板组合梁。单幅6片工字形梁,其中2片边梁,4片中梁,设5道纵向湿接缝。桥面全宽20.31m,梁高2.0m,梁间距3.4m。边梁宽2.955m,中梁宽2.6m,湿接缝宽0.8m。顶底板为C50混凝土,按部分预应力A类构件进行设计,设置体内预应力。波形钢腹板采用1200型,单个波的波长为1200mm,波高200mm,厚度为9mm和12mm两种。腹板节段之间工地连接采用高强螺栓连接。波形钢腹板与底板的连接采用嵌入式连接,波形钢腹板与顶板的连接采用焊钉连接。主梁预制长度为边跨29.58m,中跨29.3m,主梁之间通过横梁加强横向联系,单跨设置2道端横梁和3道中横梁。

2.装配式波形钢腹板梁桥设计

1)装配式波形钢腹板组合梁桥的适用跨径

根据现有工程及相关设计经验,对于小于30m的桥梁,波形钢腹板的承载能力及优势发挥不充分,且钢混连接件的用钢量占总用钢量的比重较大,因此会导致30m以下跨径装配式波形钢腹板组合梁桥的经济性较差,而当跨径大于70m时,由于梁高和自重均较大,存在运输困难,施工难度大等缺点。因此,30~70m的跨径是装配式波形钢腹板组合梁桥的适用跨径,本项目采用了30m跨径的波形钢腹板组合梁桥。

2)装配式波形钢腹板组合梁桥的截面形式

根据国内外已有桥梁,波形钢腹板梁的截面形式有三角形截面、箱形截面、工字形截面及先工后箱形截面。其中,三角形截面仅在波形钢腹板组合梁发展初期出现过,目前最常用的截面形式为其他三种形

式,如图 1 所示,本项目采用了工字形截面,如图 2 所示。

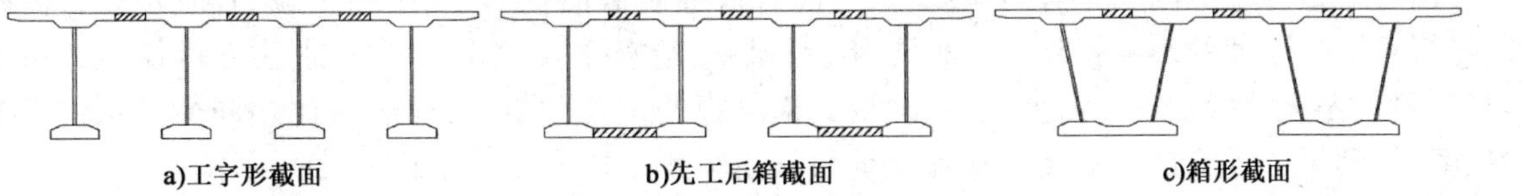

图 1 常用的波形钢腹板组合梁桥截面形式

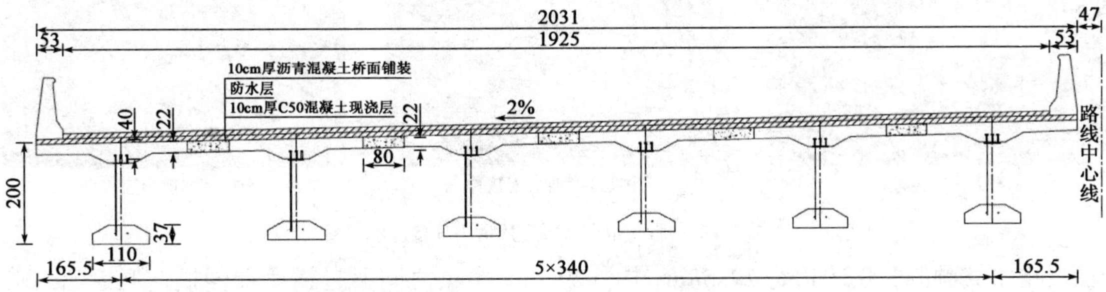

图 2 本项目标准横断面(尺寸单位:m)

3)波形钢腹板组合梁桥梁高选择

根据以往的工程经验,装配式波形钢腹板梁桥的高跨比一般为 1/18 ~ 1/15。根据梁桥受力特点,装配式波形钢腹板梁桥的梁高与波形钢腹板的厚度、工字形主梁片数、箱梁梁体宽度等均有关系。由于波形钢腹板的构造厚度不宜小于 9mm,本桥采用工字形截面,桥宽为 20. 31m,综合考虑顶底板正应力及波形钢腹板的剪应力情况,选择了 6 片主梁、梁高 2m 的构造尺寸。

4)波形钢腹板组合梁桥顶底板厚度选择

装配式被判刑钢腹板梁正弯矩区顶板承受压应力,一般可采用钢筋混凝土结构;负弯矩区顶板承受拉应力,通常可通过施加预应力钢束,按照预应力混凝土 A 类构件来设计。顶板宽度的设计与常规桥梁一致,对于宽度较大的桥梁,可以考虑施加横向预应力钢束。

根据《波形钢腹板-混凝土组合箱拱面内受力全过程试验研究》一文中的研究成果可知,波形钢腹板组合梁桥的底板不可采用无预应力钢筋混凝土结构,这是由于一旦波形钢腹板组合梁桥的底板出现裂缝,截面抗弯刚度就会随之减小,进一步导致裂缝的延伸,底板混凝土将会完全退出工作,梁体刚度明显下降,造成极大的桥梁安全隐患。因此,装配式波形钢腹板组合梁桥的底板通常采用预应力混凝土结构或钢结构。同时,对于小跨径的波形钢腹板组合梁桥,采用钢底板对主梁的刚度贡献较低,若要达到与混凝土底板同样的刚度效果,需要较大的用钢量,造成用钢量的增大,因此,装配式波形钢腹板组合梁桥大多选用预应力混凝土底板。

本项目中,顶底板为 C50 混凝土,按部分预应力 A 类构件进行设计,且均设置了体内预应力。

5)剪力连接件的选择

波形钢腹板组合梁桥通过剪力连接件将波形钢腹板与混凝土顶底板连接为一个整体,因此剪力连接件的形式、材料性能等于波形钢腹板组合梁桥的受力性能有很大关系。目前我国采用的剪力连接件主要有三类:①将波形钢腹板直接埋入混凝土翼缘中的嵌入型连接件;②在波形钢腹板上焊接翼缘板并在其上配置栓钉的翼缘型连接件;③兼有以上两种连接件的复合型剪力连接件,如图 3 所示。对于波形钢腹板与顶板连接,考虑到安全性与经济性,以及车轮的局部影响,对剪力连接件的承载力和延性等要求较高,因此选用在波形钢腹板上焊接翼缘板并在其上配置栓钉的翼缘型连接件;对于波形钢腹板与底板的连接,不需要考虑车轮荷载的局部作用,从经济性与施工便捷性考虑,采用将波形钢腹板直接埋入混凝土中的嵌入型连接件。

6)波形钢腹板组合梁桥横隔板设计

波形钢腹板组合梁通常会设置较多的横隔板,从而提高主梁的抗扭刚度,同时为体外预应力钢束提供转向功能。针对波形钢腹板组合梁横隔板设置问题,大量相关学者进行了研究,研究发现:增加横隔板后,波形钢腹板组合梁桥的受力有明显改善,可以有效抑制截面变形、减小畸变应力和位移,且高跨比越高,横隔板对抗扭刚度的影响就越大。2018年,肖凯龙、秦发祥、黄叙钦通过分别建立跨径为20m和40m连续宽T梁的不同宽跨比的有限元模型,改变其横隔板的位置和数量,通过对比相同荷载条件下各梁的跨中挠度,得到该类桥梁最佳横隔板布置数量和位置。

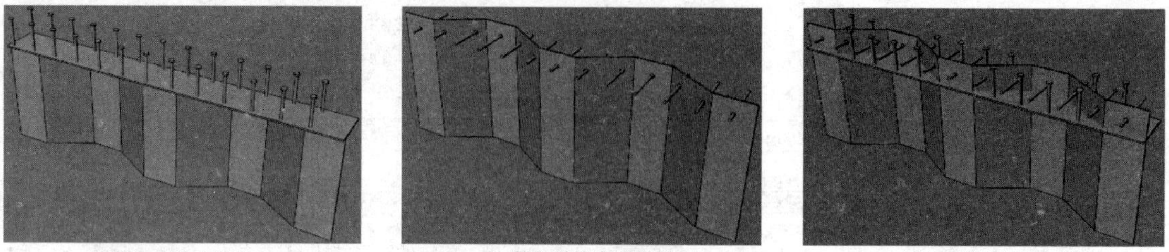

a)嵌入式剪力连接件　b)翼缘型剪力连接件　c)复合型剪力连接件

图3　波形钢腹板组合梁桥常用剪力连接件示意图

本项目中主梁预制长度为边跨29.58m,中跨29.3m,主梁之间通过横梁加强横向联系,根据工程经验及有限元模型计算,综合考虑了工程经济性与安全性后,单跨设置2道端横梁和3道中横梁。

7)波形钢腹板组合梁桥横向分布系数计算

对于传统桥梁,计算横向分布系数的方法主要有铰接板法、刚接板法、刚性横梁法、杠杆法、比拟正交异性板法等,对于本项目的装配式波形钢腹板工字形主梁来讲,其整体抗扭刚度较小,不宜直接采用混凝土T梁的横向分布计算方法。根据其他学者研究内容可知,刚接板法适用于工字形梁波形钢腹板组合梁桥,用该种方法计算得到的边梁横向分布系数较精细化有限元法偏大约1.15倍,中梁横向分布系数与理论值接近,可以满足结构设计的需要。强横向联系刚度对工字形波形钢腹板组合梁桥的横向分布系数改善效果并不明显,因此在进行结构设计时不考虑横向抗扭刚度的修正。

三、结　语

装配式波形钢腹板组合梁跨径为30~70m时,具有明显的经济性优势,跨径大于50m时混凝土桥梁大部分采用变截面混凝土梁,导致造价大幅升高,并且需要采用悬臂浇筑工艺,施工周期长;跨径70m以内的传统钢混组合梁,钢结构性不能得到充分发挥,造价相对较高,且钢梁的设计和制造难度均较大。本文以安阳至罗山高速公路北堤外引桥为依托工程,介绍了装配式工字形波形钢腹板组合梁桥的设计研究,主要包括:装配式波形钢腹板组合梁桥的适用跨径、截面形式选择、梁高选择、顶底板板厚选择、剪力连接件选择、横隔板设计及横向分布系数计算7部分内容,可为后续工程提供经验数据。

参考文献

[1] 韦建刚,黄卿维,陈宝春.波形钢腹板-混凝土组合箱拱面内受力全过程试验研究[J].工程力学,2011,28(5):90-96,104.

[2] 李斐然,袁波.装配式波形钢腹梁桥设计研究及应用[J].桥梁建设,2022.52(02):119-125.

[3] 程平.横隔板对大跨度变截面波形钢腹板连续箱梁桥受力性能的影响研究[D].南昌:华东交通大学,2018.

[4] 王军.波形钢腹板PC组合箱梁桥截面优化设计和剪力连接件研究[D].西安:长安大学,2013.

[5] 杨英武,尹宗学,王柏生.箱形梁桥横隔板的作用分析[J].公路工程,2005,30(2):52-54.

[6] 刘小渝,孙童龄.横隔板对钢箱梁受力畸变的分析[J].重庆交通大学学报(自然科学版),2007,26(5):9-12.

[7] 陈宜言,陈宝春,林松.波形钢腹板PC组合箱梁抗扭性能试验与有限元分析[J].建筑科学与工程学报,2011,28(4):106-115.

[8] 任大龙,杨丙文,万水.横隔板对波形钢腹板曲线箱梁应力影响研究[J].江西师范大学学报(自然科

学版),2013,37(6):565-568.

[9] 朱世峰,舒志云,李成君.波形钢腹板PC组合箱梁剪力滞效应影响因素分析[J].公路工程,2014,39(3):267-270.

[10] 滕乐,郑凯锋,吴涤,等.单箱双室波形钢腹板连续刚构桥横隔板间距研究[J].铁道建筑,2017,57(10):1-5.

[11] 苏爱军.单箱多室波形钢腹板箱梁横隔板位置优化设计[J].公路交通科技(应用技术版),2018,14(03):283-284.

[12] 肖凯龙,秦发祥,黄叙钦.装配式宽桥横隔板优化[J].沈阳大学学报(自然科学版),2018,30(01):59-62,79.

[13] 李斐然,康健,刘东旭.装配式波形钢腹板T梁横向分布系数分析[J].武汉理工大学学报(交通科学与工程版),2016,40(04):684-688.

23.高岭头水库特大桥主塔临时横撑设计和计算分析

曹　志　范凌峰　杨启彪　王传发　陈宇煊

(浙江交工集团股份有限公司)

摘　要　本文依托溧阳至宁德高速公路(G4012)浙江景宁至文成段140m+300m+140m双塔双索面、塔墩梁固结体系预应力混凝土斜拉桥,对主塔的临时横撑设计及计算进行了分析,主塔为花瓶型钢筋混凝土结构,由下塔柱、中塔柱、上塔柱构成。为保证在整个主塔施工过程中不出混凝土局部应力超标,产生超过设计要求的横向位移,在主塔施工过程中设置对拉拉杆和主动式临时横撑。本文采用Midas Civil有限元软件对主塔施工的各工况进行分析,研究增加对拉拉杆和临时横撑后对索塔受力的影响情况。

关键词　斜拉桥　山区　有限元方法　拉杆　临时横撑　应力　位移

一、工程概况

高岭头水库特大桥主桥为140m+300m+140m双塔双索面、塔墩梁固结体系预应力混凝土斜拉桥,结构如图1和图2所示。主塔为花瓶型钢筋混凝土结构,由下塔柱、中塔柱、上塔柱构成。Z1号主塔塔座以上全高201.817m(高程+341.0~+542.817m),顺桥向宽度在塔顶至高程+445.317m(下塔柱分叉段顶部)范围为6.8m、高程+445.317m至塔底由6.8m加宽为9.94m;Z2号主塔塔座以上全高190.917m(高程+349.5~+540.417m),顺桥向宽度在塔顶至高程+442.917m(下塔柱分叉段顶部)范围为6.8m、高程+442.917m至塔底由6.8m加宽为9.612m。下横梁顶(横向中心处)以上塔高91.22m,梁顶塔高与主跨比为0.304。

下塔柱由单柱段和分叉段组成。单柱段横向宽度由底部15.948m(Z1号)/15.666m(Z2号)渐变至顶部14m(不计圆弧渐变);底部3m范围为实体区,其余采用单箱三室截面;顺桥向标准壁厚1.3m,横桥向壁厚1.0m,内隔板厚1.0m。分叉段为分离式倾斜塔柱,横桥向宽度由底部6.3m(不计圆弧渐变)渐变至顶部4.34m,采用单箱单室截面,顺桥向壁厚1.3m,横桥向壁厚1.4m。中塔柱为分离式倾斜塔柱,采用单箱单室等截面,每柱横桥向宽度为4.137m,顺桥向壁厚1.2m、横桥向壁厚1.0m。上塔柱亦为分离式倾斜塔柱,采用单箱单室等截面,每柱横桥向宽度为4.0m,顺桥向壁厚1.2m、横桥向壁厚1.0m。单塔共设20对(80根)索导管,塔柱内壁对应位置设混凝土锚固齿块。为抵抗斜拉索产生的水平向张拉力,斜拉索锚固区设有水平向的"#"字形预应力粗钢筋,规格均为JL32,金属管道成孔,真空辅助压浆。

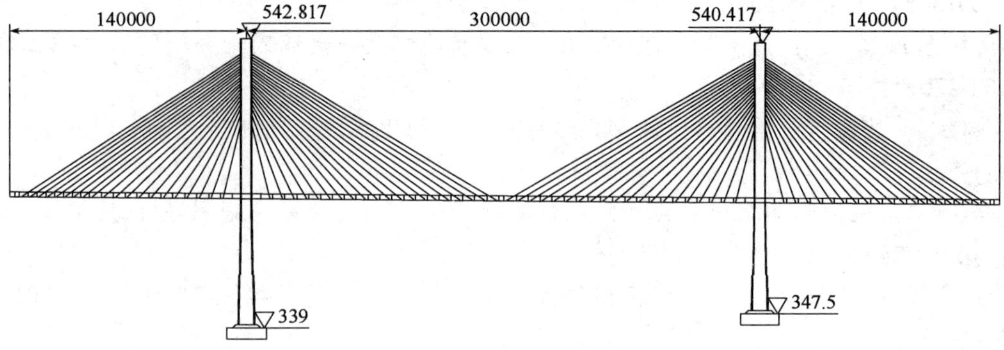

图1 主桥桥型立面图(尺寸单位:mm;高程单位:m)

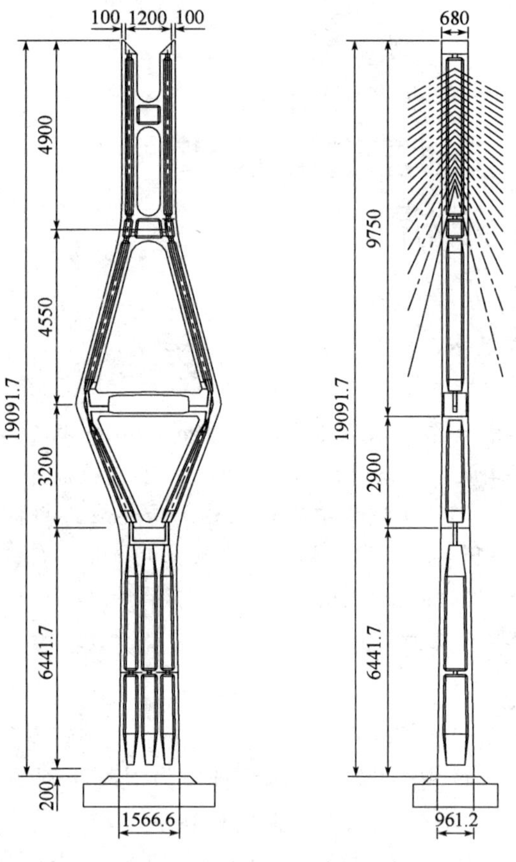

图2 主桥断面图(尺寸单位:cm)

下塔柱单柱段与分叉段间、中塔柱与上塔柱间均采用半径50m圆弧过渡。中、下塔柱交接处设下横梁(即主梁0号块),中、上塔柱交接处设中横梁,上塔柱设上横梁。本桥主塔下横梁亦为主梁0号节段,在塔柱顺桥向宽度范围内为箱形截面、塔柱顺桥向宽度范围外为带横隔板的π形截面,中心处梁高6.28m,顺桥向全长17m,横桥向宽30.063m,箱形截面壁厚为0.8m;中、上横梁均采用单箱单室等宽变高截面,顶、底板为圆弧形,中心处梁高6.5m,顺桥向宽度为5.8m,横桥向宽度为6.0m,壁厚均为0.8m。横梁均采用预应力混凝土结构,横桥向配置19-7ϕ15.2mm低松弛预应力钢绞线,锚固于主塔外侧壁上;下横梁顺桥向配置9/19-7ϕ15.2mm低松弛预应力钢绞线和JL32精轧螺纹钢;预应力管道均采用圆形塑料波纹管成孔,真空辅助压浆。除下横梁采用C55混凝土外,主塔其余结构均采用C50混凝土。主桥断面图如图2所示。

由于桥位处地形较复杂,且桥位较高,本次设计风参数取值根据浙江省气候中心开展的桥位处风参数专题研究报告,桥位处百年一遇设计风速32.9m/s。结合水文气象等条件,并根据主塔塔肢特点针对性地设计了临时支撑结构,对该支撑结构的设计及计算进行了阐述。

二、临时横撑设计及说明

1.临时横撑设计说明

主塔塔柱施工期间为了抵消外倾导致的塔柱内侧拉应力超过设计要求和塔柱内倾导致的外侧塔柱产生的拉应力超过设计要求,常规的做法是设置对拉拉杆和型钢主动撑杆抵消不平衡产生的应力。

为平衡下塔柱分叉段、爬模及下横梁混凝土自重产生的塔柱柱底附加弯矩,在两下塔柱间设置二道对拉拉杆,为2孔19－7ϕ15.2mm低松弛预应力钢绞线,设置在第16节＋89.659m高程处和第18节＋97.695高程处。水平拉杆在下横梁预压前应张拉完成(下横梁与索塔同步施工)。索塔中塔柱施工到一定的高度后塔柱之间需设置临时横撑,塔柱下横梁以上每隔8～13m设置一道临时横撑,横撑由底向上依次排列,第一、二道临时横撑采用两根ϕ1000×10mm钢管,第三道临时横撑采用两根ϕ800×10mm钢管,平联均采用ϕ500×6mm钢管,临时拉杆及横撑如图3所示。

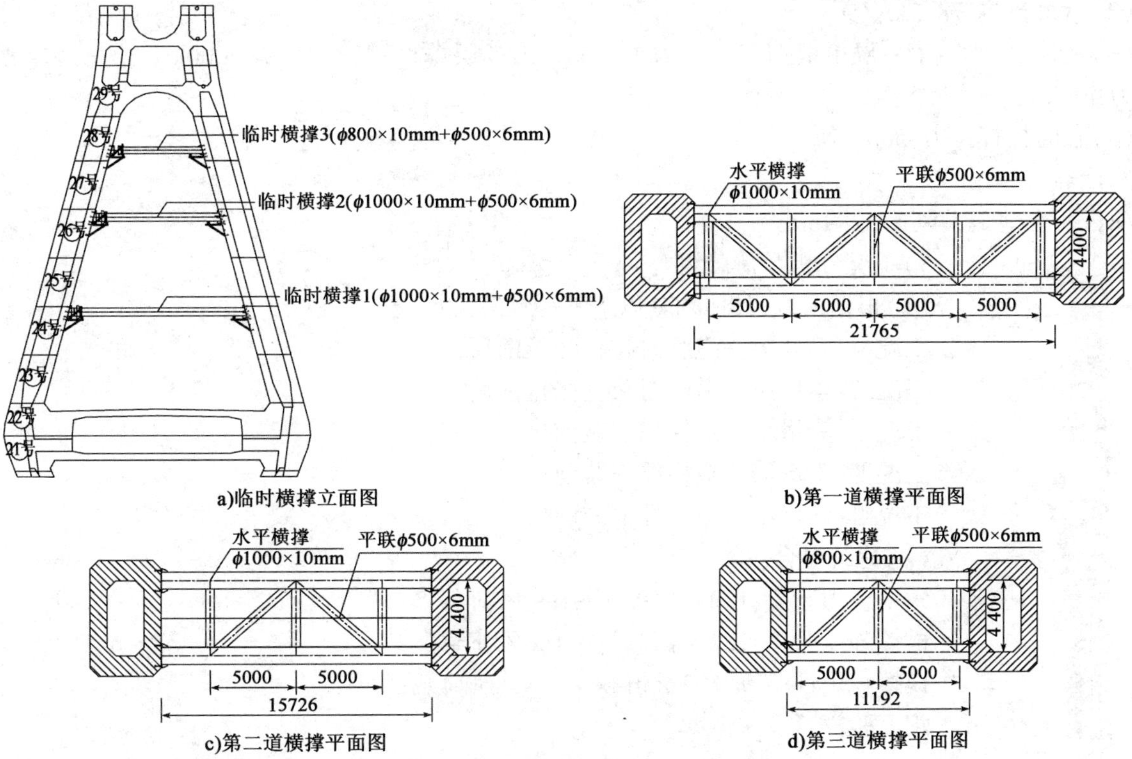

图3 临时横撑设计图(尺寸单位:mm)

第一层临时拉杆张拉力5000kN,第二层临时拉杆张拉力5000kN,临时横撑与索塔间通过千斤顶施加水平力。第一层单根钢管预加力1000kN,合计2000kN;第二层单根钢管预加力1000kN,合计2000kN;第三层单根钢管预加力400kN,合计800kN。

2. 临时横撑施工说明

该斜拉桥索塔采用“塔柱与下横梁同步”的施工方法,其主塔主要施工步骤如下:

(1)便道及平台施工,主墩桩基、承台施工。

(2)安装塔式起重机;安装爬模,浇筑下塔柱分叉段混凝土至第16节;安装并张拉第一道临时拉杆。

(3)安装塔式起重机;安装爬模,浇筑下塔柱分叉段混凝土至第18节;安装并张拉第二道临时拉杆。

(4)施工下横梁及对应的塔柱。

(5)提升模板逐段浇筑中塔柱混凝土,直至第一道临时横撑以上两节,然后安装第一道临时撑撑并施加水平力。

(6)提升模板逐段浇筑中塔柱混凝土,直至第二道临时横撑以上两节,然后安装第二道临时撑撑并施加水平力。

(7)提升模板逐段浇筑中塔柱混凝土,直至第三道临时横撑以上一节,然后安装第三道临时撑撑并施加水平力。

(8)施工中横梁及对应的塔柱。

(9)施工锚固区。

(10)施工上横梁及对应的塔柱。

(11)索塔合龙段施工。

三、临时横撑设计及说明

1. 荷载取值和工况

1)恒载

(1)混凝土自重:$26kN/m^3$。

(2)钢材自重:78.5kN/m^3。

(3)横撑水平力:第一层单根钢管预加力 1000kN,第二层单根钢管预加力 1000kN、第三层单根钢管预加力 400kN。

(4)临时拉杆拉力:5000kN。

2)活载

项目所在地最大风速 32.9m/s。

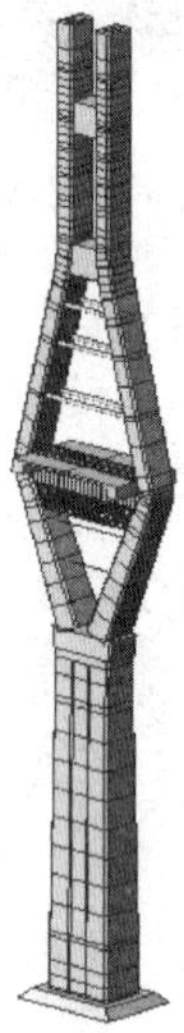

图4 主塔模型示意图

3)工况分析及荷载组合

(1)根据荷载,具体划分以下几种计算工况:

工况一:索塔第一道临时拉杆张拉前后;

工况二:索塔第二道临时拉杆张拉前后;

工况三:索塔第一道横撑安装前后;

工况四:索塔第二道横撑安装前后;

工况五:索塔第三道横撑安装前后。

(2)荷载组合:

索塔应力验算:1.0×恒载+1.0×风荷载;

横撑强度验算:1.2×恒载+1.4×风荷载;

横撑稳定性验算:1.2×恒载+1.4×风荷载;

刚度验算:1.0×恒载。

2. 结构计算

利用 Midas Civil 软件计算,建立主塔施工阶段模型如图 4 所示。

限于篇幅内容,本文仅列出各工况的计算结果,见表 1 所示。

各工况关键截面应力和横向位移 表1

编号	工况说明	主塔内侧应力(MPa)	主塔外侧应力(MPa)	横向位移(mm)
工况一	临时拉杆张拉前	0.61	-1.44	-0.8
	临时拉杆张拉后	-0.90	-0.08	1.5
工况二	临时拉杆张拉前	-0.1	-1.25	-2.3
	临时拉杆张拉后	-2.39	0.94	5.0
工况三	临时撑杆安装前	-1.60	0.62	4.35
	临时撑杆安装后	-0.58	-0.45	-1.60
工况四	临时撑杆安装前	-1.59	0.19	6.28
	临时撑杆安装后	-0.84	-0.84	-3.48
工况五	临时撑杆安装前	-1.19	-0.79	2.05
	临时撑杆安装后	-1.15	-0.82	0.14

索塔应力(正拉负压):压应力允许 $0.5f_{ck}=16.2$MPa,拉应力允许 $0.7f_{tk}=1.855$MPa(抗拉标准值:$f_{tk}=2.65$N/mm^2,抗压标准值:$f_{ck}=32.4$N/mm^2)。

按照桥涵施工规范和设计要求,索塔成塔轴线偏离要求不大于 30mm[取两者较小值(H/3000 和 30cm)],从计算结果可以看出,索塔混凝土应力及位移满足设计及规范要求。

四、临时横撑受力计算

根据主塔施工阶段模型计算分析得到,整个主塔施工过程中,第一道临时横撑单根钢管最大轴力设计值 2493.24kN,第二道临时横撑单根钢管最大轴力设计值 1791.96kN,第三道临时横撑单根钢管最大轴力设计值 2019.12kN。对三道横撑钢管单个主杆件及横撑的整体稳定性进行计算,以第一道临横撑为例,考虑最不利的竖向风荷载作用。

1. 杆件稳定性计算

在基本组合下,轴力最大值:$N=1788.3\text{kN}$;弯矩最大值:$M=141.24\text{kN}\cdot\text{m}$。

参考钢结构设计标准,为圆管形截面的压弯构件,属于b类截面,查表得受压结构的稳定系数0.882。

双向压弯圆管的整体稳定性按下式计算:

$$\sigma=\frac{N}{\varphi A}+\frac{\beta M}{\gamma_m W(1-0.8N/N'_{EX})}=\frac{2493240}{0.882\times31101}+\frac{141240000}{1.0\times7621488(1-0.8\times2493240/1.08\times10^{14})}$$

$$=109.4\text{MPa}<215\text{MPa}$$

满足钢结构设计标准要求。

2. 临时横撑整体稳定性计算

临时横撑与索塔连接采用刚性连接(采用加劲板与索塔预留锚板焊接),千斤顶顶推一侧临时横撑采用型钢限制其横向与竖向位移,单根钢管轴向设计值2493.24kN,计算模型如图5所示。

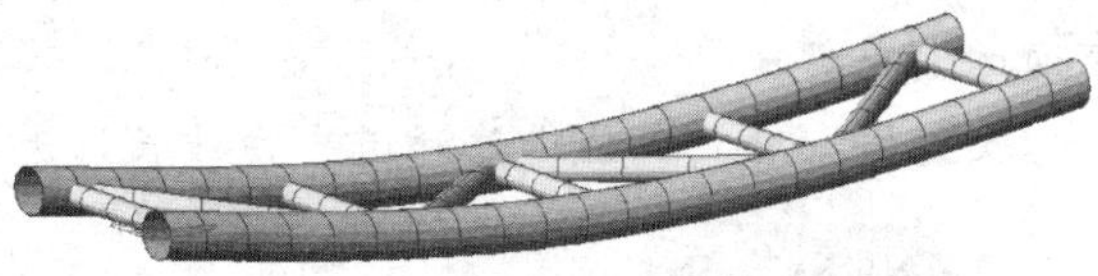

图5 整体稳定性计算模型

临时横撑最不利模态表现出竖向失稳,荷载因子6.7>4.0,整体稳定性满足公路斜拉桥设计要求规范。同理得出各临时横撑计算结果见表2所示。

横撑稳定性计算结果 表2

临时横撑	杆件稳定性(MPa)	整体稳定系数
第一道	109.4	6.7
第一道	76.1	17.7
第一道	96.1	15.6

杆件稳定计算应力均小于215MPa,整体稳定性荷载因子均大于4。从计算结果来看,各道临时横撑杆件稳定性和整体稳定性满足规范要求。

五、结 语

(1)溧阳至宁德高速公路(G4012)浙江景宁至文成段第JWTJ-04标140m+300m+140m双塔双索面高岭头水库特大桥主塔施工过程中,设置临时拉杆及临时横撑对索塔的应力及线性控制起到很好的效果,应力在规范要求内,塔柱变形在控制范围内,结构单个杆件和整体稳定满足要求。

(2)本文模拟计算结果与实际监测结果基本吻合,表明该计算分析方法实用、精确度较高。综合表明,此索塔临时横撑的设计及计算方法均可为类似斜拉桥主塔施工提供参考。

参考文献

[1] 李毅. 斜拉桥双向倾斜桥塔主动横撑设计及施工控制[J]. 桥梁建设,2013,43(03):109-113.

[2] 霰建平,李松,王北辰,等. 鄂东长江公路大桥桥塔拉杆及支撑系统设计与施工[J]. 桥梁建设,2009(03):74-76.

[3] 禹学永,张念来,欧阳钢,等. 安庆长江大桥索塔中塔柱施工技术[J]. 中外公路,2004(06):64-67.

[4] 中华人民共和国住房和城乡建设部. 钢结构设计标准:GB 50017—2017[S]. 北京:中国建筑工业出版社,2017.

[5] 中华人民共和国交通运输部. 公路桥涵施工技术规范:JTG/T 3650—2020[S]. 北京:人民交通出版社股份有限公司,2020.

[6] 中华人民共和国交通运输部. 港口工程荷载规范:JTS 144-1—2010[S]. 北京:人民交通出版社,2010.

24. 泸州市合江新城过江通道（白沙长江大桥）总体设计

吴明远 崔立川 易绍平
（中交公路规划设计院有限公司）

摘 要 泸州市合江新城过江通道（白沙长江大桥）位于四川省泸州市合江县，工程全长1357.7m，大桥工程全长1317.7m。大桥建成后，可取消附近的渡口，能彻底消除渡运安全隐患，同时改善了区域内交通运输条件。

关键词 合江新城过江通道 白沙长江大桥 总体设计 桥位 桥型

一、工 程 概 况

泸州市合江新城过江通道（白沙长江大桥）是《国务院关于依托黄金水道推动长江经济带发展的指导意见》（国发〔2014〕39号）长江干线新建过江通道规划重点项目，也是《长江经济带综合立体交通走廊规划》（2014—2020年）中规划的过江通道，同时也是四川省人民政府2016—2020年、泸州市人民政府2015—2017年渡口改桥重点攻坚项目，对加速发展长江经济带综合立体交通走廊建设，促进长江经济带发展，彻底消除渡口安全隐患，完善区域路网、改善地区交通运输条件，更好服务地方群众都具有重要意义。

大桥工程位于泸州市合江县白沙镇和江阳区弥陀镇中间，起点在合江县大桥镇石板井村，往南可接至国道G353，呈南北向跨越长江后向北经过鲢鱼村，终点位于弥陀镇稿子堂，再往北可通过连接线至省道S438。总体工程全长1361.7m，按双向四车道一级公路标准建设，桥梁宽度27.5m，设计速度60km/h。

二、主要技术标准

（1）设计基准期：100年。

（2）路线及桥梁等级：一级公路。

（3）设计行车速度：60km/h。

（4）设计车道：双向四车道。

（5）桥面宽度：主桥桥面全度27.5m，中央分隔带布索区4.5m。

（6）荷载标准：

①汽车荷载：公路—Ⅰ级。

②人群荷载：$3kN/m^2$。

③设计基本风速：100年一遇的设计基本风速为34.3m/s。

④地震烈度：地震基本烈度为Ⅵ度，动峰值加速度为0.050g。

⑤抗震设防标准：E1地震作用下采用50年超越概率10%的概率水准；E2地震作用下按采用50年超越概率2.5%的概率水准。

⑥船舶撞击荷载：顺水流方向60000kN，横水流方向30000kN。

（7）设计洪水频率：1/300，相应水位（1985国家高程）235.27m。

（8）通航：

①航道等级：Ⅰ（3）级。

②代表船型：货船考虑5000t级，设计代表船型主尺度为105m×16.3m×4.3m。设计代表船队考虑2排2列，船队主尺度为223.0m×32.4m×3.5m。

③最高通航水位采用20年一遇的相应水位(1985国家高程)229.97m。

④最低通航水位采用保证率为98%的相应水位(1985国家高程)210.64m。

⑤通航净空:双向通航宽度不小于362m,通航净高不小于18m。

三、桥位处的主要建设条件

1.地形地貌

地貌上总体属于河谷丘陵地貌。长江南岸为河流冲刷丘陵地貌,地形陡峭,斜坡高约84m,坡度15°~75°,分布高程一般在211~295m。长江北岸为河流侵蚀堆积漫滩,漫滩宽200~350m,分布高程一般211~228m。地势上呈南高北低。

2.气象特征

桥区气候属亚热带温润季风气候,年平均气温为18.2℃,年极端最高气温40.7℃,年极端最低气温-1.4℃;年平均相对湿度82.0%;年日照时数1348.9h,年日照百分率31.0%;年平均雾日数14.4d,年最多雾日数59d,年最少雾日数3d;年平均风速1.3m/s,最大风速12m/s,常向北风,强风向为北风和南风。

3.水文

桥区受长江上游洪水和沱江洪水的影响比较大,属较典型的山区性河段,洪水陡涨陡落,变化频繁,一般呈多峰状态。洪水多发生在6~9月,尤以7、8两月居多,洪水持续时间较长,一般为10~20d,相关数据见表1和表2。

设计洪水成果表流量单位(m^3/s) 表1

项目	统计参数			各频率设计值(P%)					
	均值	C_v	C_s/C_v	0.33	1	2	5	10	20
本次推算	36900	0.27	4	75200	67500	62600	55700	50300	44400

设计洪水成果表 表2

频率(%)	0.33	1	2	5	10	20	$P=98\%$
流量(m^3/s)	75200	67500	62600	55700	50300	44400	
拟建大桥水位(m)	235.27	233.25	231.84	229.97	228.49	226.93	210.64

4.河势条件

桥位上游约7.5km处河道为急弯,是川江渝叙段著名滩险,洪水期水流紊乱,有强大泡漩。出急弯后河道放宽,分为左右两汊。大桥桥位处距离上游江中中坝村约4km,桥位处河段较为顺直,河宽沿程变化不大,左岸分布有卵石边滩,深槽靠近右岸,该段水流平稳,流态较好,拟建大桥位置洪水期河宽约760m,枯水期河宽约530m。

5.气质构造及工程地质

1)地质构造

桥址区地处川南南北向构造带笔架山向斜东翼,合江背斜西翼北端,为一单斜构造,岩层倾向北—北北西,上桥位优势产状355°∠9°,下桥位优势产状20°∠5°,未发现断裂构造形迹,岩层连续性较好,产状平缓、稳定,构造简单。

根据本次长江左岸砂岩陡崖调查,岩体中主要发育两组主控裂隙。L1:200~210°∠70~80°,裂隙面起伏光滑,可见水平延伸>5m,垂直切深可见1~2.5m,裂隙间距1~2m,微张;另一组裂隙产状L2:275~285°∠70~80°,裂隙面起伏粗糙,可见水平延伸>2.0m,垂直切深可见1~2m,裂隙间距1~1.5m。

2)工程地质

场地地层由耕植土层(Q4ml)、第四系上更新统冲积层(Q4al),下部为白垩系基岩(K)。按其岩性及其工程特性,自上而下依次划分为①耕植土、②粉质黏土、③卵石、④泥质粉砂岩、⑤砂岩。泥质粉砂岩裂隙较发育，以黏土矿物组成为主，含石英、长石颗粒，泥质胶结，岩质较软，强度较低。砂岩浅灰色，厚层结构，以石英、长石颗粒矿物组成为主，岩质较硬，强度较高。

6. 珍稀特有鱼类国家自然保护区

大桥跨越长江上游珍稀特有鱼类国家级自然保护区的核心区，要求10年一遇水位下无涉水桥墩，并要求在施工期对桥位上游100m至下游300m江段的保护区水域调整为临时实验区，减轻对保护区的影响。

四、总体设计

1. 大桥的设计特点

本工程路线里程短，项目单一，为跨越长江的单体桥梁工程，同时是四川省泸州市为改善地方群众出行、发展地方经济的重大民生工程，因此在总体设计时主要从以下几方面考虑：

(1)为无收费盈利的民生工程，桥型方案选择时在满足基本功能、受力需求前提下经济性为首要考虑问题。

(2)本项目工程河段属于保护区长江上游合江弥陀镇至永川松溉镇的核心区内，环保要求极高，在方案选择上需更加重视环保，桥墩的设置尽可能不占或少占保护区的面积。

(3)跨江段桥位两岸地形差较大，呈南高北低的走势，桥位平纵线形须与地形因素相匹配、协调，避免山体的大开挖，利于环保。

(4)跨江大桥涉及各项专题众多，须在各专题之间寻找平衡，提出各方均可接受的设计方案。

2. 平纵线形设计

路线平面在既有的长江大桥桥位规划的基础上根据工程的起止点、控制点，并考虑与城镇规划、路网规划、两岸现状接线的有效衔接进行设计，全线长1.3577km，路线增长系数为1.00，共设平曲线1个，0.737个/km，最小平曲线半径850m，平曲线占路线长度的11.78%。

路线纵断面设计充分考虑沿线两岸地形、地质、桥梁长度、路基等，尽可能减小路基填挖高度，全线最大纵坡-1.5%，最短坡长1042.24m，设凹形竖曲线变坡点1个，0.737个/km，凹形竖曲线最小半径4200m，竖曲线占路线长度的13.92%。

以上平纵线形设计使白沙长江大桥主桥纵坡为1.5%，平面位于直线上，与两岸地形更能相互匹配、协调。

3. 总体工程概况

综合考虑桥区的建设条件后主桥选择主跨520m的混合梁斜拉桥，主桥长度为840m，跨径组合为44.2m+56m+59.8m+520m+59.8m+56m+44.2m。主桥南侧(大桥镇)接40m长路基，北侧(白沙镇)接477.7m长引桥，引桥跨径组合为10×40m+37.7m+40m。结合两岸地形不同，大桥采用1.5%的单向坡设计，可有效控制桥梁长度，降低工程造价，整个工程全长1357.7m，工程总体布置图如图1所示。

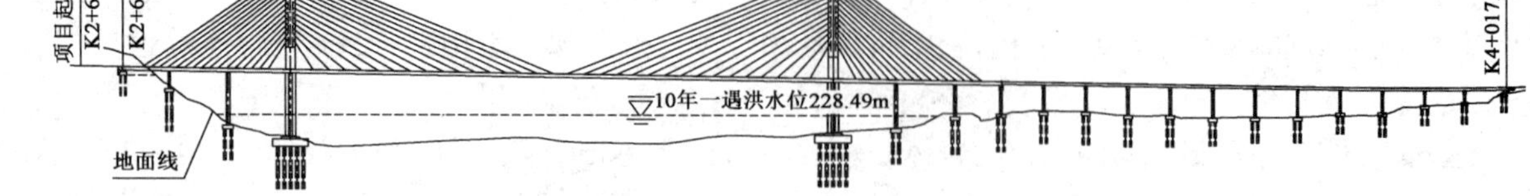

图1　工程总体布置图(尺寸单位:cm)

4. 主桥设计

1)总体布置

主桥总体布置主要受通航、行洪、珍稀特有鱼类专题、结构受力、地形限制等因素。

①通航净空尺度为 362m × 18m，考虑涉水桥墩宽度、防撞设施并有一定富裕后，主跨跨径至少在 420m 以上。

②行洪及珍稀特有鱼类专题要求在 10 年一遇水位下（江面宽度约 700m）尽量不设或少设桥墩，以降低涉水桥墩在施工、运营期对环境及行洪的影响。

③大桥南岸地形较高，主桥边跨长度受限，控制在 160m 左右，边中跨比受到一定限制。

综合考虑上述因素后，确定主桥采用 44.2m + 56m + 59.8m + 520m + 59.8m + 56m + 44.2m 的 7 跨连续混合梁斜拉桥，在 10 年一遇水位下有 4 个涉水桥墩，并考虑在枯水期施工期仅有 1 个涉水墩，且 4 个涉水墩承台均置于河床面以下，最大限度地保护了长江的水资源环境，主桥桥型立面布置图如图 2 所示。

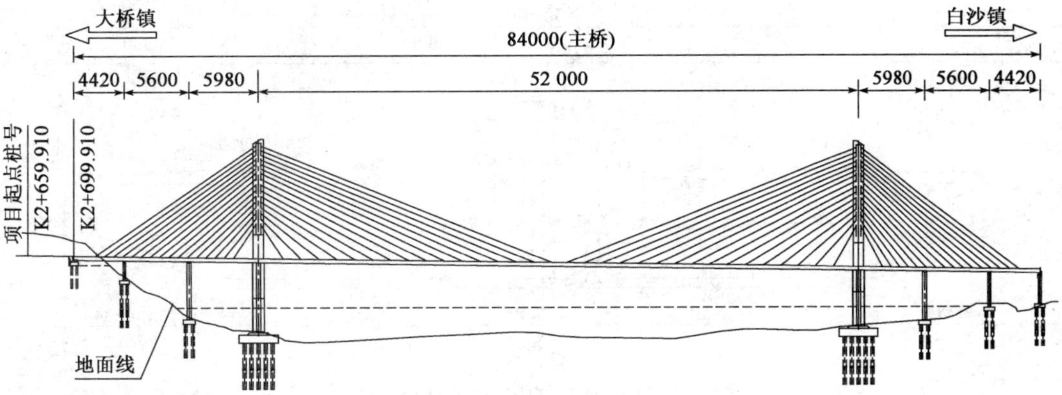

图 2 主桥桥型立面布置图（尺寸单位：cm）

2）约束体系

主桥为双塔独柱中央塔混合梁斜拉桥，采用塔、墩、梁固结体系，在辅助墩处、过渡墩处设置单向、双向活动支座。

3）主梁设计

中跨钢箱梁：采用带风嘴的扁平流线型截面，梁顶宽 27.5m（不计风嘴），底板宽 17.2m，梁高 3.5m，风嘴长度为 1.5m。钢箱梁顶板厚 18mm，底板厚 14mm、18mm、22mm、25mm，中纵腹板 30mm、36mmm。顶板 U 肋厚 300mm × 170mm × 8mm，高度 300mm，间距 600mm，底板 U 肋厚 400mm × 250mm × 8mm，高度 260mm，间距 800mm。横隔板标准间距 3.1m，板厚 12mm、16mm。钢箱梁箱梁内设置 2 道中纵腹板，间距 2.29m，斜拉索通过锚拉板焊接锚固于中纵腹板上。钢箱梁标准节段长度 15.5m，最大吊装重量 330t。钢箱梁钢板采用 Q345qD 钢种，中纵腹板采用 Q345qDZ15 钢种，锚拉板采用 Q690 qDZ35 钢种。

边跨混凝土梁：采用单箱 5 室断面，箱梁外观与钢箱梁保持一致，中心线处梁高 3.525m，顶板宽 27.5m，箱底板宽 17.2m。标准段顶板厚为 30cm，底板厚为 26cm，中腹板厚为 40cm、边中腹板厚为 35cm。每 8m 设一道厚 40cm 的横隔梁。主梁采用 C55 混凝土，主桥主梁标准横断面如图 3 所示。

钢混结合段：连接形式为部分连接承压传剪式，采用带钢格室、PBL 剪力键的后承压板结构形式，钢混结合段长度 5.5m；钢格室长度 2m，钢箱梁加强段 3.5m。从填充混凝土应力分散所需的必要面积、格室内进行焊接的空间、预应力钢筋张拉及锚固作业空间、填充混凝土施工的方便性及构件加工制作可行性等因素考虑，钢格室高度取为 85cm。

4）斜拉索设计

斜拉索采用钢丝为 7mm 的高强度、低松弛平行钢丝拉索，全桥共 128 根斜拉索，最长约 271m，最大规格为 LPES7-253，单根最大重量（不计锚具）约为 36.7t，根据索力分为 LPES7-163、LPES7-187、LPES7-199、LPES7-211、LPES7-223、LPES7-241、LPES7-253 共 7 种规格。

斜拉索两端配装冷铸锚，内为黑色 PE、外为彩色 PE 双护层，挂索张拉完毕斜拉索塔端锚具表面采用氧化聚合型包覆防腐蚀技术（简称 OTC）长效防护。

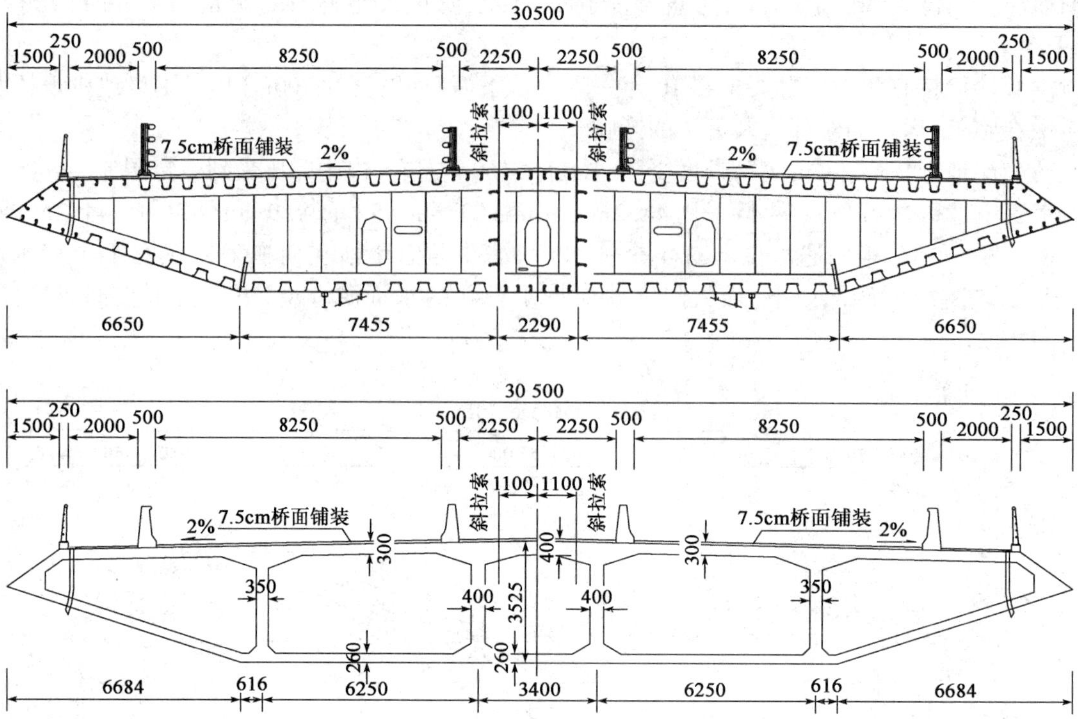

图3　主桥主梁标准断面图(尺寸单位:mm)

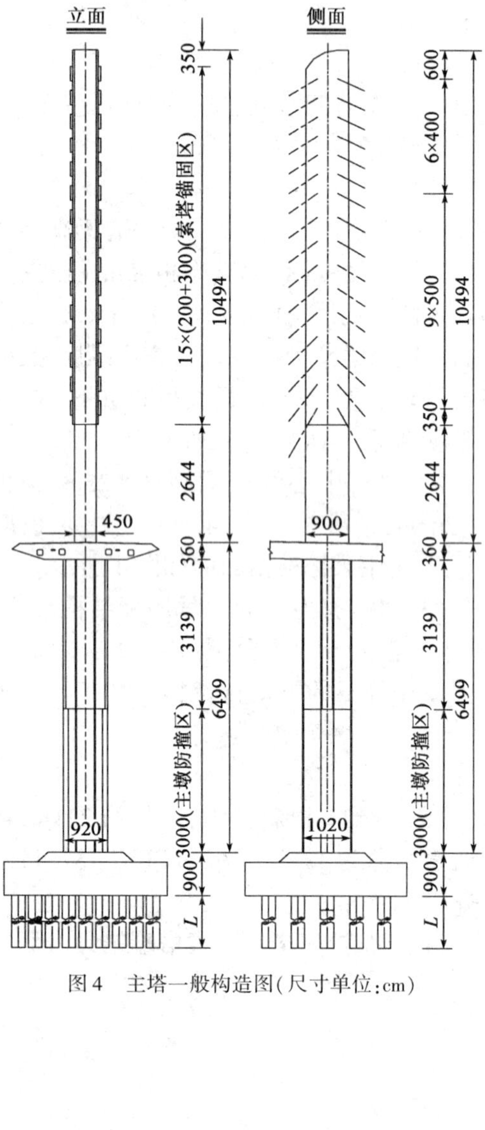

图4　主塔一般构造图(尺寸单位:cm)

索体张拉完毕后缠包PVF胶带可有效防止雨水等在PE开裂后渗入到钢丝内，还可以隔离臭氧及紫外线等对PE的侵蚀，大幅度提升索体耐久性，延长拉索的使用寿命。

5)主塔及基础设计

索塔采用中央独柱塔，钢筋混凝土结构，塔墩梁固结体系，下塔柱非防撞区采用顺向分离式双肢薄壁墩，防撞区将分离式薄壁墩连为整体，上塔柱无索区采用矩形断面，锚索区采用日字形断面，大桥镇侧索塔总高为169.92m，白沙镇索塔总高度为162.83m，整个索塔造型挺拔、向上。

主塔采用C55混凝土，上塔柱标准截面尺寸为4.5m×9.0m，斜拉索锚固区横桥向尺寸向外凸至5.7m；下塔柱非防撞区单肢墩截面尺寸为9.2m×3.5m，防撞区截面尺寸为9.2m×10.2m，主塔一般构造图如图4所示。

主塔承台采用圆形截面，直径为34m，承台厚度7m，承台上设顶面直径14m，底面直径18m，厚度为2m的塔座。单个承台下设19根直径2.8m的钻孔灌注桩基础，梅花形布置，桩间净距3.0m，主桥基础平面图如图5所示。桩长根据地质及受力，大桥镇侧为41m，白沙镇侧42m，以中风化砂岩、泥质砂岩为持力层，按嵌岩桩设计。

6)过墩墩、辅助墩及基础

过墩墩、辅助墩采用主塔下塔柱风格一致的墙式墩，横向截面尺寸统一为 9.2m，顺桥向根据各自墩高受力不同分别选择 2m、2.5m、3.5m 三种。承台均采用矩形承台，厚度根据桩径及受力需要选择 3m、3.2m、3.5m 三种。每个承台下设 6 根钻孔灌注桩，桩径为 2.0m、2.2m、2.5m 三种类型。桥墩、承台采用 C40 混凝土，桩基采用 C35 混凝土，主桥辅助墩一般构造如图 6 所示。

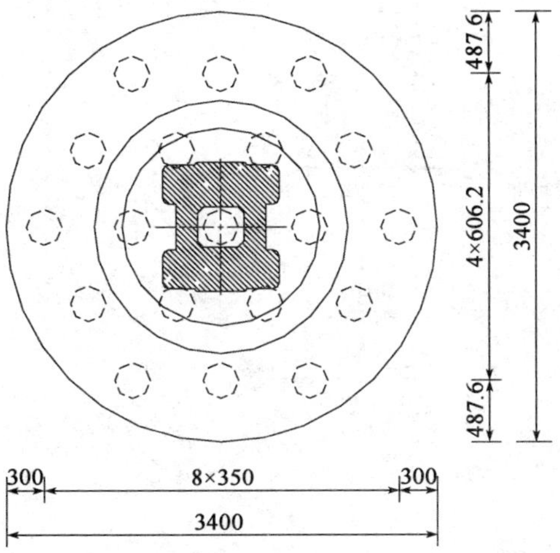

图 5　主桥基础平面图（尺寸单位：cm）

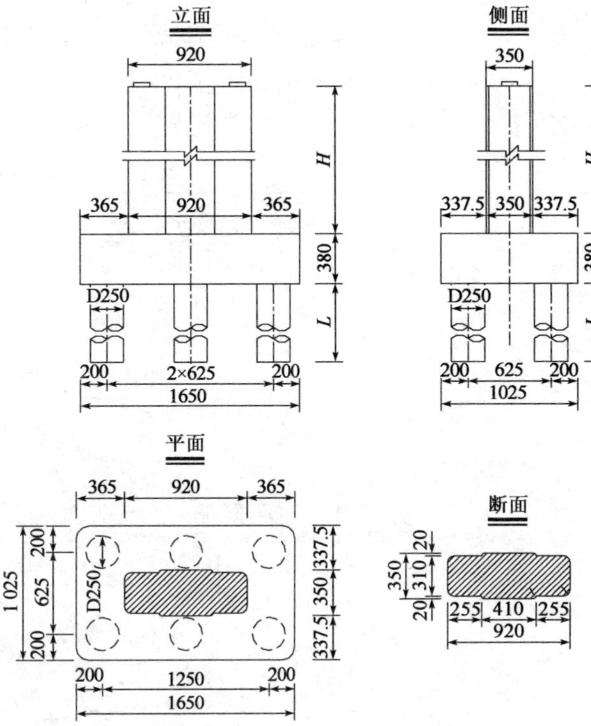

图 6　主桥辅助墩一般构造（尺寸单位：cm）

5. 引桥设计

北岸引桥考虑长度较短，引桥跨径选择须考虑与主桥辅跨的协调性、经济性、施工等因素，选择 40m 跨径的预制 T 梁方案（图 7），结构成熟，易于标准化、装配化施工，同时与主桥边跨末跨跨径 44.2m 基本协调一致。引桥下部结构采用 T 形墩结构，墩型采用薄壁墩，与辅助墩、过渡墩、主塔下塔柱风格一致，整个工程的设计元素相统一，景观协调性更好，引桥下部一般构造如图 8 所示。

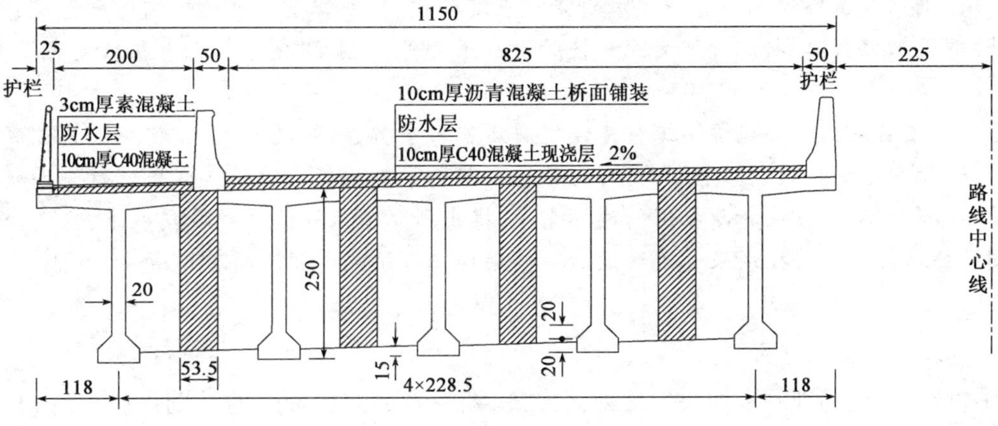

图 7　引桥标准横断面（尺寸单位：cm）

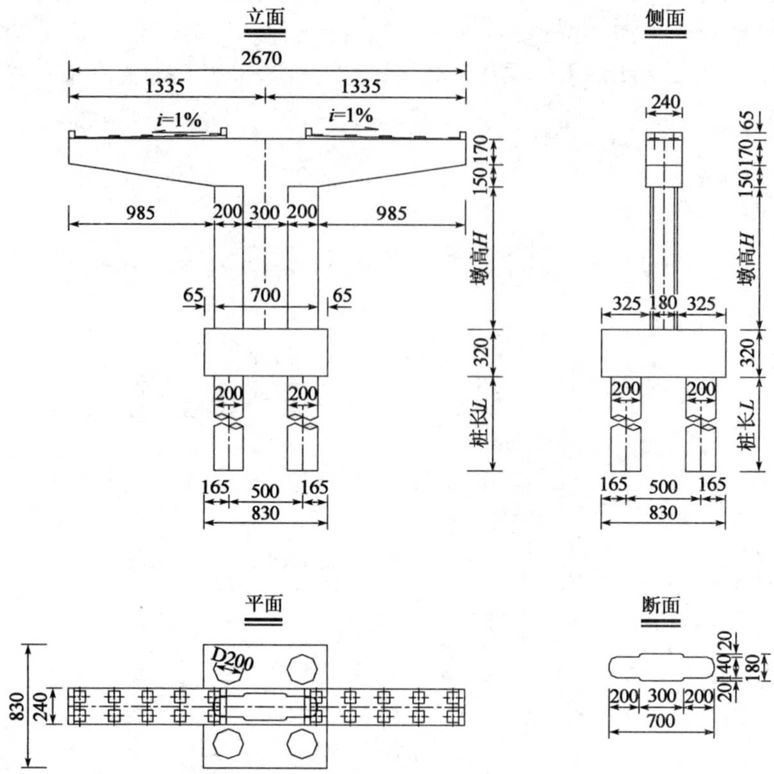

图8　引桥下部一般构造(尺寸单位:cm)

五、结　　语

泸州市合江新城过江通道(白沙长江大桥)自2019年11月正式开工,已完成主桥基础、索塔、边跨主梁及引桥主体结构施工,整个工程计划于2023年5月完成,建设工期3年7个月。

25. 浙江省公路桥梁科技成果回顾与展望

田　浩[1,2]　陈嘉琪[1,2]　曹素功[1,2,3]　胡　皓[1,2]　马芹纲[4]　丰月华[5]

(1. 浙江省道桥检测与养护技术研究重点实验室;2. 浙江省交通运输科学研究院;
3. 同济大学桥梁工程系;4. 浙江数智交院科技股份有限公司;5. 浙江公路水运工程咨询有限责任公司)

摘　要　本文从浙江省公路桥梁工程建设发展历程入手,从结构设计优化、施工工艺创新、病害防治与维修加固、运营期检测和监测四个方面,对近年来公路桥梁工程领域的科技成果进行全面梳理,基于当前桥梁建管养过程中对科技创新与应用的迫切需求,提出浙江省未来桥梁科技发展方向。

关键词　公路桥梁　科技成果　桥梁设计　桥梁施工　桥梁养护　桥梁运营

一、引　　言

进入21世纪以来,为进一步加快发展地区经济,浙江省大力投资交通基础设施,逢山开路、遇水架桥,省内公路桥梁建设迎来一个又一个发展高峰期(图1)。截至2021年底,浙江省桥梁总数达到了52815座,占全国桥梁总数的十分之一,位居全国第三,是名副其实的"桥梁大省"。随着钱塘江过江通道建设及跨海大桥、连岛工程建设的开展，浙江省桥梁建设水平不断取得新的突破，积累了大量工程经验。

图1　浙江省典型桥梁工程建设发展史

2008年，杭州湾跨海大桥建成通车，大桥建设共开展了138项专题研究，获得了250多项技术革新成果，其中6项为世界或国内之最，杭州湾跨海大桥成为现代桥梁科技的典范之作。之后一年，五桥连岛——舟山跨海大桥正式通车，是当时世界规模最大的岛陆联络工程，它的建成，结束了舟山孤悬海上的历史，其中西堠门大桥的长度为当时悬索桥世界第二、国内第一。2013年，嘉绍大桥正式运营通车，中国的桥梁建设技术又实现了多个"首创"——世界最大的多塔斜拉桥；在国际上首创多塔斜拉桥"双排支座+刚性铰"(DSH)结构体系；在国际上首次研究提出了3.8m大直径单桩独柱70m跨径连续刚构桥新型结构。

近年来，浙江省在大跨度桥梁建设领域持续发力，桥型结构更加多样化，开合式拱桥(春晓大桥)、多塔悬索桥(瓯江北口大桥)、三塔斜拉桥(宁波舟山港主通道主通航孔桥)、大跨径预制拼装混合梁桥(鱼山大桥)、大跨径矮塔斜拉桥(洪溪特大桥)、多跨刚性悬索桥(新建钱塘江二桥)、大跨度波形钢腹板桥(奉化江大桥、珊溪大桥、葛溪大桥、南山大桥)及标准化中小跨径波形钢腹板桥(文泰高速公路)相继开工建设。宁波舟山港主通道跨海大桥上部结构实现100%预制，桥墩预制率达91%，钢管桩比例达90%，是桥梁工业化建造的典范。浙江省典型桥梁工程获奖情况如表1所示。

浙江省典型桥梁工程获奖情况[1]　　表1

工程名称	结构形式	获奖情况
杭州湾跨海大桥	北通航孔桥：钻石形双塔双索面钢箱梁斜拉桥，跨径布置为70m+160m+448m+160m+70m； 南通航孔桥：A形单塔双索面钢箱梁斜拉桥，跨径布置为100m+160m+318m	菲迪克年度工程杰出项目奖、中国建设工程鲁班奖、中国土木工程詹天佑奖等工程奖项
西堠门大桥	双跨连续钢箱梁悬索桥，跨径布置为578m+1650m+485m	菲迪克年度工程杰出项目奖、古斯塔夫·林登少奖、中国建设工程鲁班奖、中国土木工程詹天佑奖、公路交通优质工程李春奖
嘉绍大桥	独柱形六塔双幅四索面钢箱梁斜拉桥，跨径布置为70m+200m+5×428m+200m+70m	古斯塔夫·林登少奖、国际道路成就(GRAA)设计类工程奖、菲迪克特别优秀项目奖等奖项

随着公路桥梁建设需求持续增加，建设条件日益复杂，为解决公路桥梁在设计、施工、运维过程中遇到的各类工程问题，推动桥梁建设高质量发展，浙江省持续加大科研投入力度，统筹推进重大科技项目研发，科技创新成果丰硕。从桥梁建设初期的结构设计优化和施工工艺创新，到运营养护期间的维修加固和健康监测技术，浙江省在公路桥梁建管养各阶段都取得了较为突出的成就(表2)。

浙江省典型科研成果获奖情况[1] 表2

获奖科研成果	奖励名称
西堠门大桥建设成套技术研究	浙江省科技进步一等奖、中国公路学会科学技术一等奖
拱形钢塔斜拉桥建设和养护关键技术研究与工程示范	浙江省科技进步二等奖、中国公路学会科学技术一等奖
混凝土桥梁耐久性沥青铺装结构研究	中国公路学会科学技术二等奖
桥梁桥墩防大吨位船舶撞击的柔性防护技术研究	中国公路学会科学技术二等奖
浙江舟山大陆连岛工程桥梁健康监测及安全评价系统研究和设计	中国公路学会科学技术二等奖

本文从结构设计优化、施工工艺创新、病害防治与维修加固、运营期检测监测四个方面归纳梳理浙江省公路桥梁的重点研发领域和成果应用情况，在对已有桥梁科技成果进一步总结提炼的基础上，提出未来桥梁科技发展方向，从产学研用全过程融合的维度入手，推动浙江省公路桥梁工程技术的发展。

二、浙江省公路桥梁典型科技成果

1.结构设计优化

1)中小跨径桥梁上部结构合理形式选择

公路桥梁的主体是数量众多的中小跨径桥梁。空心板梁结构因具有建筑高度低、施工方便、工程造价低等优点，在10~25m这一跨径范围被广泛采用。多年来，浙江省先后组织了多批次的技术人员，对全省公路桥梁进行了广泛调查，结果表明中小跨径桥梁的病害问题具有普遍性、广泛性、典型性等特点，尤其是空心板梁结构病害较多，主要为预应力混凝土空心板底板纵向裂缝病害、钢筋混凝土空心板底板横向裂缝以及空心板铰缝病害等。为寻找与空心板梁建筑高度类似，且受力明确、制作方便、耐久性好的小跨径梁板构造，浙江省结合传统T梁结构的优势，研究开发了矮T梁结构，从而替代病害严重的空心板梁结构。

研发的矮T梁跨径包括10m、13m、16m、20m，为简支桥面连续体系和简支变连续结构体系[2]。《公路桥梁装配式矮T梁开发及应用研究》课题通过空间和平面有限元对矮T梁进行结构分析，并通过单片矮T梁足尺模型试验和依托工程桥梁静、动载试验，检验矮T梁结构的力学性能，根据计算分析、试验成果和经济性比选确认矮T梁的适应性，绘制各拟定跨径和斜交角度矮T梁全套通用图纸，并进行桥梁结构的参数化设计。该课题通过结构创新为中小跨径桥梁病害有效整治提出了新的解决方案。

在钢结构、组合结构开发应用方面，浙江省开展了钢板组合梁、钢箱组合梁、波形钢腹板组合箱梁以及钢混组合结构桥梁结合界面等一系列课题研究，着力打造标准化、精细化设计。

《中小跨径钢混组合结构桥梁标准化设计及应用研究》开展了组合梁横向U形筋湿接缝受力性能试验[3]、负弯矩区性能局部节点试验和移动轮载作用下疲劳机理试验等；研究了中小跨径钢混组合结构桥梁标准化制造及安装工艺，并装备了两条钢板组合梁“6H标准化生产线”。课题编制并出版了《浙江省公路工程设计标准化——钢板组合梁桥通用图》，通用图包括35m和45m两种跨径，四车道采用双主梁、六车道采用三主梁，钢主梁采用Q345D工字形直腹板钢梁，混凝土桥面板和钢主梁通过剪力钉连接。研究成果在弁山大桥、湖塘里大桥等钢板组合梁桥上得到了验证和应用。

2)大跨径桥梁结构体系及关键技术

在大跨径桥梁结构体系方面，浙江省研发了适用于地区条件的一系列关键技术。

建成于2006年的桃夭门大桥由于海岛季节性风大，斜拉索振动问题十分突出，采用了黏性剪切型阻尼器和热熔双螺旋线PE护层相结合的抑振措施，成功地抑制了大桥斜拉索的多种风雨振动。此外，桃夭门大桥斜拉索锚固在国内首次采用耳板销铰连接方式，这种连接方式构造复杂，技术难度大，通过模型试验研究耳板销铰连接方式的传力途径、应力分布及销铰的工作性能，提高了大桥设计、施工效率，降低了工程投资。桃夭门大桥海洋气候恶劣，主梁钢结构容易产生严重腐蚀，采用了当时国内先进的电弧喷涂防腐新技术，确保了钢箱梁的设计使用寿命。

建成于2009年的金塘大桥斜拉索塔端锚固采用钢牛腿和钢锚梁组合结构，将钢锚梁锚固形式推广至空间索面斜拉。钢锚梁由受拉锚梁和锚固构造组成，每对斜拉索面内的平衡水平分力由钢锚梁承受，部分不平衡水平分力通过梁端顶座传递到预埋钢板，由索塔承受；竖向分力通过牛腿传到塔身后，全部由索塔承受；空间索在面外的水平分力由钢锚梁自身平衡[4]。该索塔锚固构造为国际首创，不仅成功解决了锚固区开裂问题，提高了结构耐久性，还有利于提高施工速度，保证施工质量。

建成于2009年的西堠门大桥是世界上抗风要求最高的桥梁之一，采用分体钢箱梁技术成功地解决了颤振稳定性问题，为世界第一座分体式钢箱梁悬索桥。通过对分体式钢箱梁的荷载响应进行分析，明确其受力特点和传力途径。同时为确定布局合理、力线顺畅的构造形式，深入研究了钢箱梁局部构造，进行精细化制造工艺技术研究，提出钢箱梁制造精度控制指标及检验标准。

在主缆制造方面，西堠门大桥首次采用大直径、高强度等级、高破断拉力的钢丝绳制作吊索，并成功地解决了疲劳问题。在国内首次应用强度为1770MPa的平行钢丝制作主缆，节约工程投资约835万元，同时降低了施工难度。通过冶炼、轧制、拉丝等环节的研发、创新，依托项目实现了强度1770MPa的平行钢丝国产化。架设主缆首次采用水平成圈和放索工艺，提高了索股架设质量。研发了ϕ5mm系列缆用高强度平行钢丝，达到了国际先进水平、填补了国内空白，并形成了规模化生产，产生了较大的经济效益。

建成于2013年的嘉绍大桥通过研究多塔长大斜拉桥的受力特点，首次提出"双排支座+刚性铰"的多塔斜拉桥结构体系[4]，科学合理地解决了多塔斜拉桥结构体系刚度及长主梁温度变形的技术难题；通过次中塔设置塔梁纵向限位、其他索塔设置阻尼器的多塔斜拉桥静动力结构体系，改善了刚性铰的力学边界条件和结构的动力性能，如图2所示。

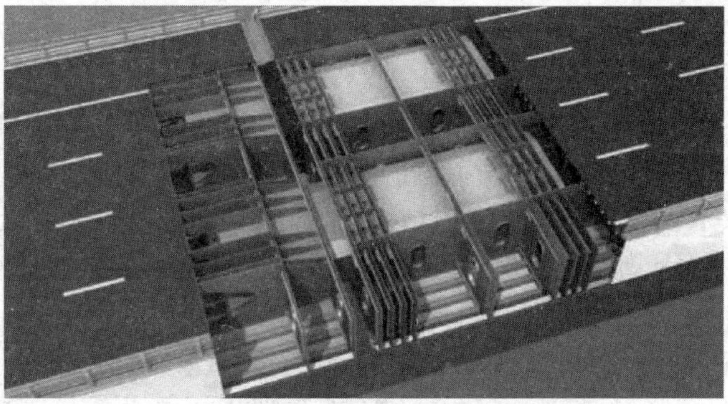

图2 嘉绍大桥刚性铰示意图[4]

建成于2019年的秀山大桥主桥水中锚碇和索塔采用RPC+钢管桩围堰，以提高作业效率，降低水上作业难度；副通航孔桥和引桥上部践行预制化、装配化、机械化"三化"设计，采用结构预制拼装减少海上作业，下部采用整体式桥墩和基础以减少潮流作用，在大桥建设过程中，充分利用了施工围堰等临时结构，节约了成本。此外，为解决官山侧边跨梁段架设和海中急流梁段的架设问题，施工方综合采用并优化提升了液压和复杂海况下定位锚固技术，取得了良好的效果。为解决在台风频发、潮流猛烈、基岩裸露陡峭条件下的特大跨海桥梁建造难题积累了宝贵经验。

建成于2021年的宁波舟山港主通道(舟岱大桥)在主通航孔桥钢锚梁及钢牛腿处采用了经锈蚀稳定化辅助处理的国产Q355NHD耐候钢，处理后的色调为靠近锈蚀的色调，可确保稳定的钝化锈层在运营年限内颜色基本不发生变化(图3)。设计要求经锈蚀稳定化辅助处理的耐候钢，在100年使用期内，钢板表面总腐蚀厚度不超过2mm，钢锚梁及钢牛腿不进行涂装，靠其自身生成稳定的钝化锈层，实现运营年限内的有效防腐。

建成于2022年的瓯江北口大桥为三塔悬索桥，为保证结构整体刚度，提升结构抗风性能，其中塔型选择是重中之重。本桥采用混凝土中塔加全竖隔板索鞍技术(图4)，实现了多塔悬索桥连续跨越，可以拓展到3塔以上，丰富了多跨桥梁可选桥型，其连跨长度仅限制于过长主缆的制作难度。多塔悬索桥在跨越海峡的大型桥梁中具有一定优势，台湾海峡、琼州海峡均可考虑多塔悬索桥方案。

图3 舟山港主通道主通航孔桥耐候钢钢锚梁

图4 瓯江北口大桥索鞍构造图

3）大跨径桥梁深水基础

在大跨径桥梁深水基础技术方面，依托舟山跨海大桥、象山港大桥、椒江二桥等大桥的建设，开展了跨海桥梁基础冲刷、大吨位船舶撞击等方面的研究，积累了大量工程实践经验，掌握了深水基础设计和建设技术。

舟山大陆连岛工程建设中创造性地提出了“柔性浮式防船舶碰撞系统”设计理念，系统由浮体、拦阻锚链、系泊锚链和重力锚组成。利用长距离走锚，大幅度延长失控船舶与防撞系统的作用时间与距离，消耗船舶动能，降低船舶速度，最终实现对失控船舶地有效拦阻。在撞击过程中，防撞系统对船舶的反作用力（拦阻力）是逐步增大的，有利于减轻失控船舶受损程度。

象山港大桥研发了桥墩防大吨位船舶撞击的新型柔性防护设施[5]。研究确定了该柔性防船撞装置的关键设计参量：外钢围的刚度和迎撞角，防撞圈的刚度及其串并联组构方式等；组织和实施了国内外首次500t级船舶撞击防撞装置的实体实验，验证该技术的有效性和可靠性。在大吨位船舶撞击桥墩过程中，所提出的柔性防船撞技术能改变船舶航向，使得船舶带走大部分动能，并沿防撞装置外侧滑走，大幅降低了船舶对桥墩的撞击力，避免或减轻船舶受到的损害。

对椒江二桥主动防撞系统进行研究，引入了三层级主动防撞策略：桥区船舶航行监控与服务、桥梁船撞风险评估与预警、桥梁船撞监测与灾后评估；提供全方位船撞预警服务，包括多级警戒区、船舶违规操作主动提醒、船撞风险实时评估、船撞危险主动预警、船撞事故自动报警等。

4）大跨径桥梁抗风技术

在大跨径桥梁抗风技术方面，分别针对桃夭门大桥和西堠门大桥开展了斜拉桥拉索抑振措施、悬索桥侧风行车安全、悬索桥涡振监测等一系列研究。

《舟山大陆连岛工程桃夭门大桥斜拉索抗风雨振研究》提出了斜拉索抑振的空气动力学措施和机械措施。课题采用拉索表面螺旋缠绕带状物作为空气动力学减振措施，研制了索上一次热挤螺旋线护层，避免了以往螺旋线需要额外固定的不足；机械措施选择安装黏性剪切型阻尼器（HAC减振器），其核心采用具有极高黏性阻尼系数的高聚物黏性材料，利用材料产生剪切变形的过程吸收斜拉索的振动能量，降低振动的速度、加速度和位移。

《西堠门大桥侧风行车安全及控制措施研究》以保证车辆在侧风条件下的行车安全为目的，对西堠门大桥侧风条件下的行车稳定性、安全性以及控制措施进行了研究。课题通过数值模拟和风洞试验，对桥面行车风环境进行了评估，确定了侧风分布；风洞试验过程中，对14种风障形式的挡风效果进行了数值模拟比选，确定了最优的风障方案；为尽量减小设置风障对大桥抗风性能的影响，设计了活动风障，并对几种常见的活动风障方案进行了比选；在选定的风障方案基础上研究了风障对于结构抗风性能的影响，结果表明大桥的抗风性能依旧良好；课题还对侧风行车安全进行了分析，建立了完善的大桥安全行车管理方案,确保车辆在不同车道、不同桥面条件、不同天气条件下都能安全行驶。

西堠门大桥全桥956个风障一次升/降过程耗时约为35min,完全可以满足在短期天气预报数据的基础上调整风障姿势的要求,大桥每年减少因风关闭时间35d。金塘大桥和象山港大桥也借鉴了西堠门大桥风障设置经验,有效改善了桥面风环境。

《大跨度缆索承重桥梁涡激振动动态监测研究》从西堠门大桥健康监测系统2013—2015年的监测数据中挖掘桥梁涡激振动特性,对涡激振动发生前、中、后各个阶段的特征进行统计分析,得到各类风场参数分析显示的特异性,明确影响涡激振动的主要因素,提出了以顺风向平均风速、风向角、能量集中系数以及加速度RMS的涡激振动综合判定方法[6]。研究还提出加速度RMS趋势分析方法,对涡激振动的趋势进行预测;建立了大跨度缆索承重桥梁涡激振动动态监控模型[7],同时开发了手机预警App,实现数据的可视化和实时预警,为桥梁管理单位提前制订响应措施提供了数据基础。以2017年统计数据为例,以5min和10min为分析时距,涡激振动的识别率分别达到了92.3%和84.6%,表明该监测系统在涡激振动的预测方面达到了令人满意的水平。

2. 施工工艺创新

1)创新施工工艺及施工装备

在创新施工工艺及施工装备方面,浙江省在杭州湾跨海大桥南岸滩涂区采用了"梁上架梁"技术[4,8],如图5所示,通过提升站将上部整孔预制箱梁放至大型运梁车上,大型运梁车按梁上运梁方式将箱梁运至待架位置,采用双导梁式架桥机架设,集成国外先进技术,自行研发了运梁机、提梁机、架梁机等五大设备。北引桥引进了一套既满足杭州湾跨海大桥施工需要,又适合国内大型桥梁通用性施工要求的自行式移动模架,研究开发了一套适合国内桥梁施工的通用移动模架法施工工艺,突破了杭州湾跨海大桥工程的关键节点,实现了大桥建设的新跨越。

图5 杭州湾跨海大桥梁上架梁[4]

针对西堠门大桥结构特点及北边跨复杂的地形、水文、气候条件,首次采用固定支架+移动支架+缆载吊机单机两次荡移并结合航道拓宽的施工技术[9],成功地解决跨海悬索桥边跨区钢箱梁安装难题。

在嘉绍大桥钢箱梁板单元制造精度控制上,基于钢箱梁超长超宽、多合龙口、双幅之间弱连接的特点,提出了钢箱梁长线法拼装技术,有效控制拼装精度。研究提出了横向无反变形拼装控制技术,达到控制横向线形精度的目的。

2)航道桥梁整体顶升技术

在航道桥梁整体同步顶升技术方面,浙江省取得了一系列研究成果。提出了浙江省内河航道适用同步顶升的桥梁桥型、桥梁顶升时的桥墩合理截断位置和连接技术[10];提出了航道桥梁整体同步顶升时基于现场实测数据的桥梁结构安全分析方法;提出了桥梁整体同步顶升系统经济性分析和造价估算方法;初步编制形成了《航道桥梁整体同步顶升技术指南》,作为整体同步顶升施工的技术指导。解决了内河航道升级改造中面临的航道桥梁桥下净空不足问题,特别是融入BIM技术的顶升工艺,大幅提高了施工的精确性和可操作性,给既有桥梁的改造带来了极大便利。

3)预应力张拉设备及有效预应力检测

在预应力张拉设备及有效预应力检测技术方面,浙江省开展了大量的研究工作。研制了"预应力张拉设备拉力及位移监控仪"和"预应力自动控制张拉设备",实现了预应力张拉过程的全自动化控制及监测,并且对张拉数据进行实时采集、加密处理及传输,确保预应力张拉过程的可监控性及可追溯性,可为预应力现场施工的质量控制提供了有效的技术手段。

研发了新型智能预应力管道[11],提出了一种将索力监测设备与预应力管道结合、可对梁体施工和运营过程中的预应力进行监测的标准化管道组件;编制了新型预应力管道的设计、施工和质量检验标准,形成了产品体系。通过对管道材料和结构形式的创新,一方面解决预应力管道施工过程中的堵管、定位偏差等问题;另一方面,将预应力长期性能监测组件、压浆密实度检测组件与管道集成,实现对永存预应力的长期跟踪和压浆密实度的检测,为结构运营状态判定提供依据。

4)桥梁工业化建造

在桥梁工业化建造方面,宁波舟山港主通道海域 70m 非通航孔桥墩采用大节段预制拼装结构,开展构件标准化和墩身与承台连接、墩身检修构造的精细化设计,以达到减少海上作业时间、保证工程质量、提高结构耐久性、降低海上施工安全风险、缩短建设工期、减少对海洋环境影响等目标。陆域桥梁在浙江省内首次采用了预制立柱和盖梁,预制装配化比例达 90%,在国内首次采用了一体化架桥机无便道架设技术,对上部 T 梁和下部立柱、盖梁进行一站式安装,减少了现场作业量,对周边环境进行了最大化的保护。

杭州绕城高速西复线湖州段在运输条件上比较受限,传统混凝土预制梁板运输困难。项目组开展钢板组合梁结构的尝试,尽可能做到设计标准化,以适应施工机械化、工厂化、装配化,便于分段统一集中预制安装,以保证质量、缩短工期、节省造价。

3. 病害防治与维修加固

1)混凝土桥梁病害防治和维修加固

在混凝土桥梁病害防治和维修加固方面,浙江省开展了针对不同混凝土桥梁病害的机理调研和防治技术研究,包括大规模的高速公路中小桥梁病害调研,以及多种新材料和新工艺在桥梁加固领域的应用研究。

《中小跨径桥梁典型病害防治研究》对浙江省主要高速公路的桥梁病害进行了广泛调查,归纳总结了预应力混凝土空心板纵向裂缝病害、钢筋混凝土空心板横向裂缝病害、小半径钢筋混凝土现浇箱梁横向裂缝病害、空心板铰缝病害、墩台盖梁负弯矩区裂缝病害等几种典型病害。分别从设计、施工、养护管理等方面对病害成因进行了分析研究,提出了防治桥梁典型病害的对策措施和加固维修方法[12]。在桥梁结构设计上,制订了防治桥梁病害的普遍适用、安全可靠和合理可行的设计方法和设计原则,并提供了部分局部构造的通用设计图纸。为确保浙江省公路桥梁安全运营、延长使用寿命、减少后期维修加固费用发挥了重要作用。

浙江省在中小跨径桥梁桥面系病害防治和维修加固方面研发了一系列创新性的技术手段。以提高桥面连续耐久性的“植入式桥面连续构造(ECS)”[13]技术为代表,在实际工程应用中表现出良好的性能。ECS 构造的内部钢筋和桥面钢筋网焊接形成空间结构,配合该构造所采用的高弹性材料,使该部位的混凝土变形协调范围增大,大大降低了桥面连续构造的主拉应力,从而避免了上层沥青混凝土出现反射裂缝,如图 6 所示。ECS 构造设有排水系统,能让渗入桥面的雨水沿管道排出,解决了该部位雨水渗漏侵蚀下部结构的危害,提高了桥梁的耐久性。该成果被列入交通运输部和浙江省交通运输厅科技成果推广目录,其研发理念和研发方法值得同类研究借鉴。

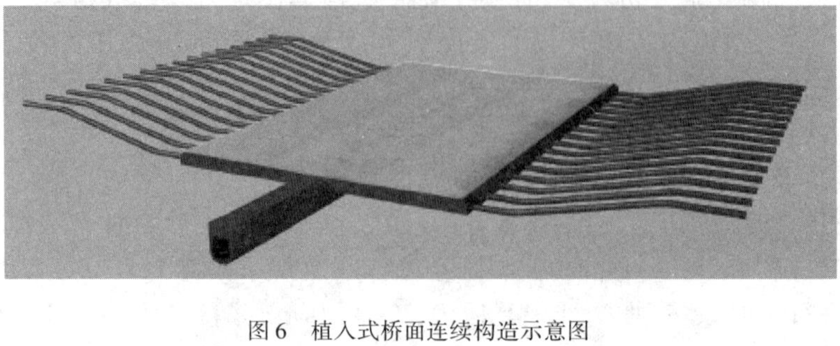

图 6　植入式桥面连续构造示意图

《装配式空心板桥加固成套加固技术研究》提出了在空心板底跨铰缝锚贴 U 型钢——混凝土组合加

固技术[14],分别进行了单梁加固的抗弯承载能力以及加固后铰缝性能试验,并推导了横向分布计算方法。该技术能在不中断交通的情况下对桥梁进行加固,项目成果成功应用在温州大桥引桥加固工程、寿昌江大桥、杭宁高速桥梁加固等40多座桥梁的加固工程。

《桥梁常用体外预应力索应急加固体系标准化、模式化成套技术》研究了基于标准化、轻型化索体、锚具、锚固块、转向装置的加固施工工艺和标准工法,编制了《桥梁常用体外预应力索应急加固标准化、模式化成套技术操作手册》,用于指导目前公路桥梁上比较普遍的预应力混凝土连续箱梁的开裂、下挠病害的体外预应力应急加固。课题研究成果在杭宁高速公路东君溪大桥进行了应用。

2)大跨径桥梁养护技术与耐久性

在大跨径桥梁养护技术与耐久性方面,浙江省开展了大跨径拱桥(钢筋混凝土箱形拱、钢管混凝土拱)、大跨径钢结构桥梁构件(钢箱梁、缆索)维修加固技术等方面的研究,同时开展了多项耐久性相关研究,如正交异性钢桥面板耐久性研究、海洋环境钢结构、混凝土结构耐久性研究、跨海大桥耐久性评估与长期维护研究、主缆及锚固区养护策略研究等,解决了近海区域严酷腐蚀环境下,混凝土结构、钢结构、缆索等构件的耐久性问题。

《舟山跨海大桥耐久性提升技术研究》通过室内试验筛选了双向电渗阻锈材料,并对双向电渗耐久性延寿的短期、长期效果进行了试验研究[15]。基于岑港大桥、响礁门大桥及桃夭门大桥的工程应用案例,提出了舟山跨海大桥耐久性延寿工法。对舟山跨海大桥进行了耐久性评估,并制订了耐久性养护规划表,可为大桥管养单位提供养护依据。

《大跨度钢结构桥梁养护和维修技术研究》采用基于腐蚀形貌图像分析的方法,通过室内加速试验及现场挂片试验与数值分析,结合数字图像处理技术,研究了钢箱梁的腐蚀发展规律,提出防腐涂层腐蚀等级评定方法和腐蚀状态评估指标,建立腐蚀状态评估的模型,并对热喷涂长效复合防腐涂层的寿命进行了预测[16]。项目成果主要在西堠门大桥日常养护中进行了应用。

《跨海大桥耐久性评估及长期维护技术研究》建立了基于METS理论和贝叶斯理论的耐久性评估方法,开发了杭州湾跨海大桥耐久性预警系统,用户可以选择位于不同环境分区的构件,进行寿命预测。课题实现了杭州湾跨海大桥混凝土结构概率层面的耐久性评估和寿命预测,同时积累了大量的现场暴露试验数据,为今后大桥耐久性寿命预测提供了数据基础。

《西堠门大桥主缆及锚固区内部湿度变化机理及预养护策略研究》对运营中的悬索桥主缆进行内部温湿度监测,通过监测数据分析,获得主缆内部温湿度的时间、空间分布规律及变化机理,再通过外部与主缆钢丝相同的材料进行腐蚀试验,获得主缆钢丝的腐蚀情况及当前静力学性能,对实际悬索桥主缆进行力学性能评估[17]。以西堠门大桥为依托工程,建立基于时变可靠度的主缆力学性能评估方法,提出预养护策略,为悬索桥主缆养护方法与养护时机提供理论指导和设计依据。

3)钢桥面铺装研究

浙江省研发的ERS钢桥面铺装的工程应用取得了良好的效果,形成了具有自主知识产权的钢桥面铺装成套技术。ERS钢桥面铺装主要由EBCL+RA05+SMA三层组成,铺装总厚度6.0~8.0cm[18]。EBCL(环氧黏结碎石层)作为防水抗滑黏结层,起保护钢板、提高界面抗剪强度的作用;RA05(国产冷拌树脂混凝土)作为过渡层,起铺装刚度过渡、隔温、承力的作用;高黏改性沥青SMA作为表面功能层,改善了行车的不适性。

从工程应用效果看,ERS钢桥面铺装具备如下技术特点:

①ERS钢桥面铺装性能优良,防水防腐可靠,铺装层受水损坏的危险大幅降低;②ERS钢桥面铺装造价经济,所有关键材料均为国产,材料供应可靠,可有力带动国内化工材料的发展;③该技术对施工环境条件的要求不高,施工操作简单方便,不需要特殊机械;④该技术养护简单,后期维护方便,维护费用低,表面SMA行车功能层,可铣刨重置,综合经济效益高。

ERS钢桥面铺装体系的主要病害类型包括:裂缝、车辙、层间位移及坑槽等,病害主要集中在SMA面层以及RA和SMA层间界面。EBCL和RA层病害发生率较低,可认为SMA面层的质量是决定ERS铺装技术成败的关键。产生病害的主要原因集中在：混合料级配设计不合理、施工质量控制不严、RA和SMA层间黏结力不足、钢桥面板较薄以及重载超载现象严重。其中又以施工质量和重载超载因素最为关键。

课题研究成果在国内十几座桥梁中得到成功应用，包括杭州江东大桥、宁波庆丰桥、湖北宜昌长江公路大桥大修工程、辽宁辽河大桥等省内外重点工程项目。发布了浙江省地方标准《树脂沥青组合体系（ERS）钢桥面铺装施工技术规范》（DB33/T 2012—2016），解决了大跨径钢主梁桥面系易损难修的问题。

4. 运营期检测及监测

1）运营期中小跨径桥梁检测、监测、养护决策

浙江省开展了许多中小桥运营期检测和监测技术研究，基于物联网的信息化监测手段已在不少实际工程上实施，对于下部隐蔽工程，也开发了针对性的检测技术和评估方法。

《在役中小跨径混凝土桥梁结构监测系统开发与应用研究》提出了主要以位移参数进行桥梁健康监测的新思路。通过引入集成刚度来综合反映桥梁各构件所组成的桥梁整体结构的刚度总成，进行中小跨径梁式桥结构安全状态评估。将结构整体评估分为常规评估和专项评估两大部分，提出了中小跨径梁式桥结构安全状态的评估方法。

《桥群巡检和安全监控综合管理物联网技术研究》针对不同类型的桥梁结构和面向不同层次用户的桥梁健康诊断和状态评价决策支持系统，建立基于云计算模式的桥梁监测数据中心，并在此架构上开发具有通用性、可扩展性和海量数据处理能力的软件系统，采用云计算提供数据分析和结构状态评定服务，形成了《桥群巡检和安全监控综合管理物联网设计地方指南》。研究成果在宁波市多座桥梁上应用，建立了宁波市桥群监测物联网和云计算示范系统。

《公路桥梁水中桩基础激光成像检测与加固技术研究》研发出了定位准确、快速且可水上操作的桥梁水下桩基础高清摄像检查系统，可在中度浑浊水域获得清晰的桩基础表面细节图像，并准确定位水下基础病害。提出了玄武岩纤维（BFRP）网格加固水下桩基础施工技术，实现了在无排水条件下对水下结构的加固。

《桥梁水下结构病害检测与评估体系研究》针对桥梁水下结构检测体系进行了研究，包括检测类别、检测内容、检测频率、检测方法等。提出了同时考虑服役环境和病害状况的水下混凝土结构状态评估指标体系，并编写了《桥梁水下结构病害检测与评估规程》。

2）大跨径桥梁健康监测技术

结合地理和区位特点，浙江省在过去20年间一系列特大桥梁工程项目的设计建设与运营养护过程中，积累了诸多大跨桥梁健康监测的宝贵成果。以舟山连岛工程西堠门大桥、金塘大桥等跨海特大桥梁为代表的大跨桥梁健康监测，结合了人工巡检和自动化监测技术，运用现代传感技术、网络通信技术、信号分析与处理技术、大数据分析方法、计算机视觉、知识挖掘、预测技术、结构分析理论和决策理论等多个领域的知识，结合物联网技术对大桥进行统一化管理及养护监测。

《长大桥梁健康监测基础数据结构规范研究》通过调研分析现有长大桥梁安全动态监测数据和累积的历史数据，进行了桥梁结构健康监测数据规范标准研究、结构监测历史基础数据与未来基础数据的联通研究，建立了规范的传感器命名规则、数据采集和传输的规则等等，可用于各类长大桥梁健康监测系统等数据库结构设计以及交通行业管理部门数据采集、交换传输过程[19]。研究成果大大减轻了不同桥梁健康监测系统接口开发的工作量，改善省内不同桥梁监测数据交换效率，从而为汇聚区域内长大桥梁健康监测数据，构建区域内桥梁结构监测大数据平台打下坚实的基础。

此外，省内部分行业主管部门与桥梁管养单位已经开始探索性地建设、应用管理平台和数据中心，数据资源集群效应初显成效。2009年至2018年浙江舟山跨海大桥有限公司先后建成了西堠门大桥、金塘大桥、桃夭门大桥、富翅门大桥4座桥梁的健康监测系统，并建立专门的监测中心统一对数据进行管理、分析，为桥梁日常养护提供科学依据。2018年宁波市率先建成了国内首个城市桥群科学智慧化管理平台，覆盖10座城区重点大桥，能够进行在线监测、实时感知，将关键数据用于评估分析。省内对区域性监测系统建设已有一定联网经验，但专业分析、即时响应、上下联动等仍属薄弱环节。

截至2019年底，浙江省公路桥梁中已安装健康监测系统的桥梁共有40座，目前浙江省桥隧安全动态监测系统正在建设，《浙江省桥隧健康监测系统建设指南》也在编制当中。

三、浙江省公路桥梁科技发展展望

展望未来，浙江省公路桥梁领域的发展将落实"交通强国建设"和"创新驱动发展"，在高性能材料研发和应用、桥梁结构优化设计与桥梁美学、桥梁工业化建造技术研发创新、智能化检测监测技术及状态评估、桥梁信息化建管养等方面继续开拓，不断进取。

1. 高性能材料研发和应用

在高性能材料方面，浙江省桥梁用高性能材料的强度和性能有待进一步提升，很多高性能材料都是针对具体工程研发，未形成行业通用的系列产品，产业化水平偏低。此外，复合材料、智能材料、生物材料等新一代建筑材料在桥梁工程中的研究和应用仍有待加强。

该领域的新兴前沿主要包括：混凝土、钢材的性能提升技术以及新型纤维增强复合材料（FRP）应用技术、智能材料等。目前浙江省已有部分桥梁在湿接缝处应用了超高性能混凝土（UHPC），耐候钢及复合材料（FRP）的应用也逐渐提上日程。

今后一段时间，将紧紧围绕超高性能混凝土（UHPC）、高性能钢及耐候钢、纤维增强复合材料（FRP）来重点展开研究，为新型桥梁结构形式和新的设计理念提供发展机会。

2. 桥梁结构优化设计与桥梁美学

结构优化设计主要包含混凝土结构、钢结构及钢混组合结构等的构造、连接、疲劳等的相关理论及应用研究。浙江省在不同的桥梁结构形式中均已注入了结构优化与桥梁美学的理念。

在新型结构方面，适用性强、便于推广的新结构开发有待进一步加强，在提高结构耐久性、可维修性、方便更换和施工等方面仍需深入研究。

今后一段时间，将紧紧围绕预制装配化混凝土桥梁、组合结构桥梁研究及创新发展，实现桥梁美学与结构形式、受力、景观、环境和信息化技术的融合。

3. 桥梁工业化建造技术研发创新

近几年来，为贯彻绿色发展理念，推动桥梁建造方式的重大变革，全面打造"品质工程"，浙江省在积极推进中小跨径桥梁"标准化设计、工厂化生产、装配化施工、智能化管理"，变传统预制场预制为工厂化生产方面开展了卓有成效的工作。各地市先后出现面向社会而不是单一工程的桥梁构件厂，但省内交通建筑工业化建造发展刚刚起步，全产业链的运作正处于探索、开拓阶段，在政策导向、建造技术、运输方式、质量管理等方面均有待总结经验并进行针对性研究。

今后一段时间，建议推进设计-建造融合，从综合运输条件、经济性等角度出发，积极开发新的适合工业化生产的构件；深化结构构件模块化制造、储运、安装等系列技术体系研究；建立和完善工业化建造标准体系和相关质量控制要求。依托工业化建造带动先进制造设备的发展，提高施工装备性能、可靠性及一体化施工程度，研发桥梁智能施工技术。出台配套性政策进行引导，以重大交通建设项目为突破口，布局预制构（配）件、高端模板制造、混凝土拌和等一批交通建筑标准化基地，同时严格临时用地、环境保护方面的审批要求，积极引导交通构件预制生产向永久场地发展。建立健全相关法律法规体系，编制标准图集、工法、手册、指南等，建立统一的构件产品标准和认证、标识等体系。

4. 智能化检测监测技术及状态评估

浙江省在智能化检测监测技术及状态评估方面已开展了广泛、深入的研究，取得良好的应用成效。目前省内已建桥梁健康监测系统数量居全国前列，辅助运营期桥梁检测、监测和养护决策，健康监测系统标准化研究也在稳步推进。

今后一段时间，将紧紧围绕应用需求和技术发展趋势，加快推进中小跨径桥梁群健康监测系统的研发和应用，重点以识别桥梁长期静动力指纹参数、降低监测成本为目标，实现规模化集成应用，充分共享信息,发现系统路网桥梁之间的典型病害和性能退化的共性因素。进一步完善健康监测系统标准化研究,逐步形成全省统一的桥梁信息化监测平台,为桥梁的养护决策提供科学有效的支撑,实现桥梁科学高效的预防性养护。针对桥梁的检测、监测装备与技术,重点向轻型化、快速化方向发展,形成安装简易、维护方便的传感设备;在新建桥梁设计中加快引入标准化检测、监测模块,加强桥梁运营期的测试和维护。

5.桥梁信息化建管养

浙江省在桥梁信息化管理养护方面已有不少研究成果,但尚未实现桥梁设计、施工、管理养护各阶段信息的互联互通,在建管养一体化技术开发和平台建设方面,尚未形成相应的管理体制、标准等。

今后一段时间,应面向技术现状及未来需求,将桥梁全生命周期与现代信息技术深度融合,建立桥梁建管养一体化信息管理系统。全面把握桥梁建造与服役全过程的结构状态与损伤演化趋势,制订主动、预防性的养护措施,在预测损伤积累,延缓抗力衰减,恢复使用功能等方面发挥积极的作用。集成桥梁巡检养护系统和健康监测系统,融合定期检查数据和健康监测数据,通过统一平台建设和规范化的BIM模型编码,促进松散式管理向集中化管理转变。

随着BIM技术、虚拟现实/增强现实(VR/AR)技术、数字孪生(Digital Twin)以及大数据、人工智能等技术的发展,未来浙江省将利用信息化技术连接桥梁工程全寿命周期不同阶段的数据、过程和资源,实现设计、施工、运维阶段参与各方的协同工作。通过人工智能技术的应用,打造具备多维感知、全局洞察、实时决策、持续进化等类脑认知能力的一体化平台。

四、结　　语

本文基于当前桥梁建管养过程中对科技创新与应用的迫切需求,通过对近年来浙江省公路桥梁工程领域科研成果的总结提炼,为将有高应用价值的桥梁科技成果进一步推广应用于全省乃至全国提供科学依据,对未来浙江省桥梁科技创新发展进行展望。

(1)从结构设计优化、施工工艺创新、病害防治与维修加固、运营期检测监测四个方面归纳梳理浙江省公路桥梁的重点研发领域和成果应用情况,通过对相关科研成果地深入调研分析,思考和评估相关成果在浙江省公路桥梁设计、施工和运营全过程中的适用性,为深化推广已有科研成果提供基础。

(2)针对浙江省公路桥梁建管养全过程技术需求,提出未来发展方向,包括加大高性能材料研发和应用力度、实现桥梁结构优化设计与桥梁美学新突破、引领桥梁工业化建造技术研发创新、提升检测监测技术及结构状态评估水平、加快建立桥梁信息化建管养一体化平台等。

致谢:本论文的研究得到了浙江省交通运输厅科技项目(2019052)、浙江省重点研发计划项目(2021C01106)等项目的资助。

参考文献

[1] 田浩,马芹纲,丰月华,等.浙江省公路桥梁科技成果回顾与展望研究报告[R].浙江:浙江省交通运输科学研究院,2020.

[2] 陆耀忠,雷波,张之斐,等.矮T梁通用图标准化设计技术研究[J].公路交通科技(应用技术版),2016,12(12):88-92.

[3] 曹素功,张勇,马芹纲,等.钢板组合梁桥横向U型筋湿接缝力学性能试验研究[J].桥梁建设,2020,50(03):70-75.

[4] 卞钧霈,邵吉林,田浩,等.浙江省公路学科发展报告——桥梁工程篇[R].浙江:浙江省公路学会,2015.

[5] 杨黎明,吕忠达,王礼立,等.桥梁抗船撞柔性防护方法及实船撞击实验[C]//.第二十届全国桥梁学术会议论文集(下册),2012:200-206.

[6] 曹素功,张勇,畅卫杰,等.基于监测大数据的涡激振动影响因素分析[J].桥梁建设,2019,49(01):59-64.

[7] 张勇,曹素功,马如进,等.大跨度悬索桥涡激振动动态监控预测[J].振动与冲击,2020,39(08):143-150.

[8] 吕忠达.杭州湾跨海大桥关键技术研究与实施[J].土木工程学报,2006(06):78-82+87.

[9] 卢伟,邓亨长,龙勇,等.西堠门大桥钢箱梁安装[J].公路,2009(01):59-65.

[10] 金跃群,杨扬.内河航道桥梁顶升技术应用探讨[J].结构工程师,2016,32(04):183-189.

[11] 叶建龙,余茂峰,石雪飞,等.一种新型预应力管道的智能检测技术研发[J].公路交通技术,2019,35(01):64-69,76.

[12] 浙江省交通运输厅.中小跨径桥梁典型病害防治手册[M].北京:人民交通出版社,2011.

[13] 潘志炎,茅兆祥,刘敏,等.简支梁桥面连续构造的有限元分析与改进[J].公路交通科技,2010,27(04):89-94.

[14] 金辉,徐岳,郑求才,等.型钢-混凝土组合加固技术在空心板桥中的应用[J].桥梁建设,2017,47(01):114-118.

[15] 毛江鸿,金伟良,李志远,等.氯盐侵蚀钢筋混凝土桥梁耐久性提升及寿命预测[J].中国公路学报,2016,29(01):61-66.

[16] 刘涛,艾军,张丽芳,等.基于图像处理技术的钢箱梁防腐涂层寿命预测实验研究[J].中国腐蚀与防护学报,2013,33(05):407-412.

[17] 范厚彬,田浩,曹素功,等.悬索桥主缆内部温湿度变化机理模型试验研究[J].桥梁建设,2017,47(02):42-47.

[18] 曾俊,肖高霞,毛斌.树脂沥青组合体系(ERS)在之江大桥钢桥面铺装中的应用[J].公路交通科技(应用技术版),2012,8(12):56-59.

[19] 曹素功,黄立浦,张勇,等.桥梁健康监测数据的结构化存储与分析[J].中外公路,2019,39(02):102-108.

26.宜宾罗龙长江大桥工程美学概念设计

黎志忠

(四川省交通勘察设计研究院有限公司)

摘　要　根据特大型桥梁审美特性,本文提出工程美学以“技术抒情”为主要手段,以“结构表现”为主要形式,表达桥梁建筑的象征性意义。从项目所在地域的自然环境和人文环境调查、特大型桥梁审美特点等多方面着手构思,提出了“简洁、明快、大气、庄重”的形象风格定位。围绕桥梁形象风格,注重整体,区分层次,提出了造型设计、色彩设计、夜景设计等方面的设计原则和设计要点,概念设计为深化设计指明了方向。

关键词　双层桥梁　形式与气质　低饱和度色系　整体性　层次性　象征性

一、引　　言

工程美学设计的目的在于满足人们超越物质层面的精神需求,实现对生态环境的守护,让工程去合于道、合于“诗意的栖居”[1]。类似于画家用颜料创作、诗人用词语创作、工程美学以“技术抒情”,桥梁设计师用技术构想形色质,把技术转化为艺术的手段,以“结构表现”作为主要表现形式,将工程经验技巧与对超越性存在的感悟统一起来,通过技术抒发自由之美,其中包括桥梁的象征性。

概念设计是利用设计概念并以其为主线贯穿全部设计过程的设计方法[2]。在繁复的感性和理性设计思维中，某个概念一旦提出就意味着一种对决。概念设计通过不断地判断各类可能的设计概念，从含混不清走向明朗清晰，即从混沌到澄明的过程。美就在这种过程中出现。

特大型桥梁的审美特点不仅在于引人注目的形态、宏大雄伟的气势、凌空跨越的通达感，还在于清晰明朗的、合乎技术理性的力学魅力。特大型桥梁的主体形象由结构表现出来，例如芜湖长江三桥[3]将大气简洁的风格作为设计主要方向。

对于桥梁色彩应用，文献[4-12]都围绕色彩自身的规律、与环境的融洽性提出设计原则，总的来说呈现为异彩纷呈、兼容并蓄，可归结为在某种风格意义下如何适度地显和隐的话题。

"一切伟大的作品，有着不朽的精神，能够在历史上不断焕发着光彩，能够不断生发出新的诠释，而历久恒新"[13]，这一艺术哲学观点带来启示：艺术应合情合理，避免牵强附会和装腔作势的形象表现，才能历久恒新。对于公众交通建筑而言，应该谨慎对待设计师过于个性化的表现和实验性的产物。

二、场 地 分 析

1. 桥位环境

宜宾罗龙长江大桥位于四川省宜宾市南溪区，是S41内江至南溪高速公路与省道547线在宜宾境内共线过江通道上的大型桥梁工程。主桥一孔跨越长江天堑，在景观上具有重要地位，建成后应与周围环境和谐相融，成为宜宾市新的地标建筑。

桥位区地形开阔，地势相对平坦，两岸绿荫叠翠，呈自然田园风貌。区内森林覆盖率高达46%，素有长江上游"翡翠江城"之美称。当地夏季炎热多雨，冬季湿润寒冷，江边多有晨雾。

本项目周边规划的主要地块为工业园、滨江绿道、高职教学园区，规划罗龙港作业区与大桥毗邻，桥址距离南溪长江第一湾核心景区约2.2km。项目区域内在建的长江大桥包括1座悬索桥、5座斜拉桥、1座连续刚构桥，这些桥梁与本项目互不通视，如图1所示。

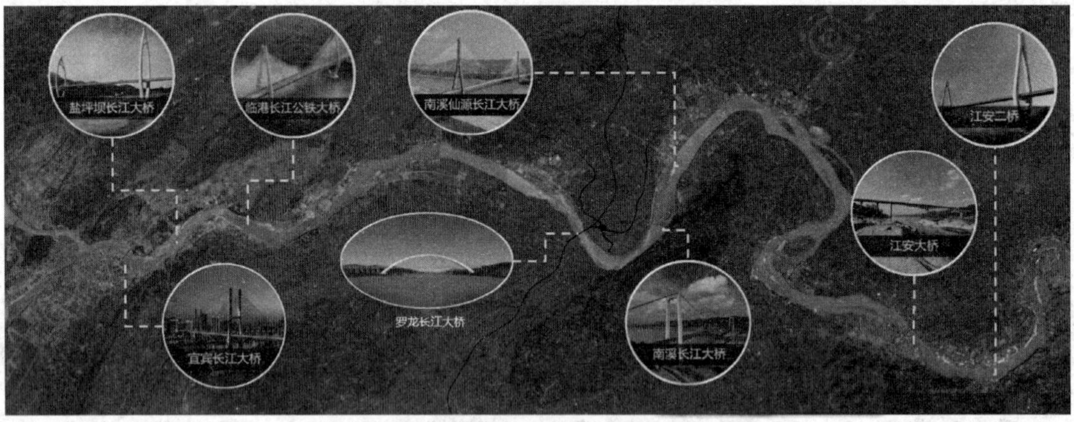

图1 区域内跨越长江的桥梁分布

城市宣传片"宜人宜宾"体现宜居、惬意、怡然、生活。宜宾，因水而生，因水而兴，这里素有"万里长江第一城""中国酒都""中华竹都"的美誉，有2200多年建城史、3000多年种茶史、4000多年酿酒史，是国家历史文化名城。宜宾历来水陆交通发达，地域特色众多，包括酒文化、竹文化、茶文化、僰文化和大江文化，被誉为镶嵌在长江上游西南川滇黔结合部的一颗璀璨明珠。

展望2035年，宜宾市致力于建设长江生态第一城、川渝滇结合部区域经济中心、长江上游区域中心城市、全国性综合交通枢纽、四川南向开放枢纽门户、长江上游区域性教育科技医疗文化中心、长江上游区域性现代服务业中心、国际旅游休闲目的地[14]。

2. 形象风格构思

城市风貌在历史变迁中不断被构建着，同时也被消解着。地域性保持着文化脉络的延续性，也开启着新的更迭与展望。在历史的变迁中,中国古代哲学思想中“大道至简”“致中和”等理念在社会发展中,存在于无形中,生发着强大张力。

城市桥梁形象风格反映具有时代代表性的、相对稳定的某种整体面貌,同时也受时代、社会、地域等历史条件的影响。明确一种风格意味着给出鲜明的意向,同时也包含着无限的可能。

根据后成法则,已经存在的东西为新介入的东西设定了基本原则[15]。桥梁形象风格构思主要解决新介入环境的桥梁与环境的相容性问题。

桥梁本体介入应契合“大道至简”与“致中和”等传统哲学思想,契合当地的民风民俗。根据特大型桥梁的审美特点,结合自然地理环境、区域内既有桥梁分布、周边地块规划和整个城市规划意向,对本项目提出“简洁、明快、大气、庄重”的桥梁形象风格定位。

根据风格定位分层次、多视角打造桥梁景观。第一层高速公路,主要注重整体景观性;第二层市政交通及慢行系统,着重于采光和细节效果。从桥上看周边风景及从周边看桥等多个视角都要全面评估。

三、造型设计

1. 桥梁形式和气质

各种桥梁形式都有各自的属性。斜拉桥主要视觉特征在于桥塔和拉索,主要体现高耸挺拔的崇高感和笔直刚劲的力感。悬索桥和拱桥的视觉特征主要为优美感,两者的美在于曲线孕育着强大的力量。

悬索桥和拱桥的典型特征一个是主缆和索塔,一个是拱形,如图2所示,但也有明显的差别,表现为:悬索桥的主缆线形交汇于索塔耸立之处,直指苍穹,指引无限深远之处,生发对人与世界的“无限深远”的探索;而拱桥形态气贯长虹,就像连接于天地之间的那一道弧线,直觉天地圆融合一,生发“圆融之境”,圆者周遍之义,融者融通融合之意。此外,宏伟高大的拱肋靠拢成经典的提篮拱形式,高速公路和地方道路车流汇合到双层桥道,生发“和合之境”。本项目拱桥方案具备的“提篮拱”和“双层桥面”两个典型特征,是最为本质的精气神所在,引发出“圆融”“和合”的审美境界。

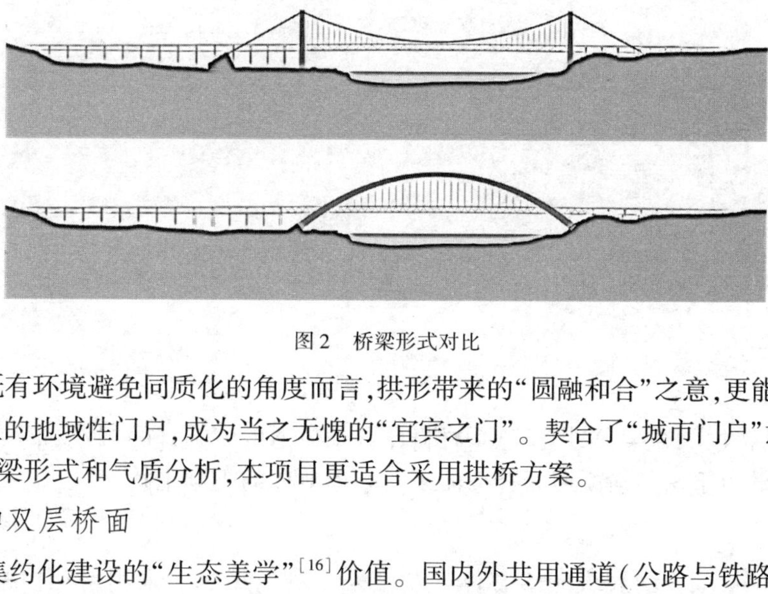

图2 桥梁形式对比

从本项目介入既有环境避免同质化的角度而言,拱形带来的“圆融和合”之意,更能使其成为通江达海、贯穿南北交通要道上的地域性门户,成为当之无愧的“宜宾之门”。契合了“城市门户”意义上的标志性。

综上所述,从桥梁形式和气质分析,本项目更适合采用拱桥方案。

2. 单层桥面和双层桥面

共用通道体现集约化建设的“生态美学”[16]价值。国内外共用通道(公路与铁路、高速公路与城市道路)的桥梁绝大部分采用双层桥面以便于协调多条线路交通流转换。若采用平层布置,桥面宽度达到68.5m,两岸交通转换所需占地更多,难以贴合地形展布匝道,难以实现集约用地。

除了交通转换总体设计的需要,从景观的角度分析,在桥梁的宽度体量、比例协调性这两方面来看,本项目采用双层桥面布置方式更有优越性。

3. 拱圈与横联

拱圈矢跨比分别从1/4变化到1/4.5再到1/5,拱的高度递减,前者更为高陡宏伟,后者相对较为平坦但更具有跨越的张力。从矢跨比变化所带来的拱梁整体比例变化情况看,桥面以上拱圈与桥面以下拱圈的比例关系变化不大,均在合理区间。

大尺度截面形状轮廓方面,一般而言,包含多个较为明显的棱边具有更好的视觉表达效果,例如金门大桥桥塔凹凸,卢浦大桥拱圈为倒梯形断面。拱圈的截面尺寸及倒棱样式,在一定程度上影响到光线带来的明暗表现,随着阳光移动而变幻,呈现出丰富的光影效果。推荐拱圈采用大尺寸倒棱,拱圈侧面轮廓如图3所示。

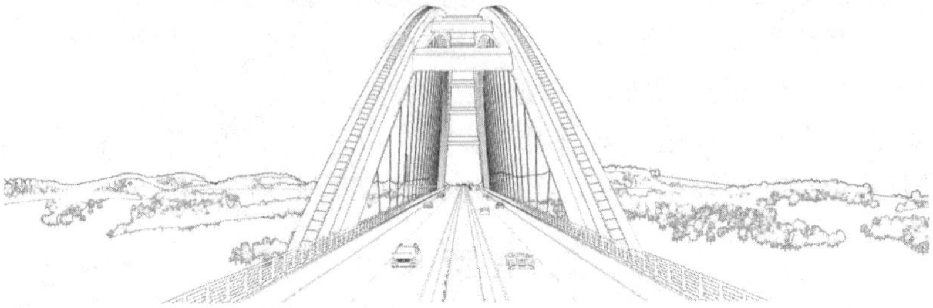

图3　拱圈侧面轮廓

上层桥道仅有驾乘人员行车高速通过,在上层桥道时,人们关注到的主要是桥梁整体形象,因而拱肋与横联以简洁为宜。当然,不排除有更多简洁的、花式的、时尚的造型可供备选。相对而言,经典的一字横联更具有庄重感,更加简洁,经久耐看,易于理解和接受。

4. 桁梁构型

下层桥面采光和通透性方面,尽量采用较高的层高,减少桁架杆件以求简洁明快。纯竖杆方案(无斜腹杆的矩形布置)和纯V形方案(仅有斜腹杆的布置),构造简单、行车通透性更好,都优于既有直杆又有斜杆的布置。纯竖杆方案通透性最好,但较为单调,存在单薄感;纯V形方案韵律感更强一些,更具有稳固感;在行车动态视角下,纯V形方案比纯竖杆方案整体观感更好,如图4所示。

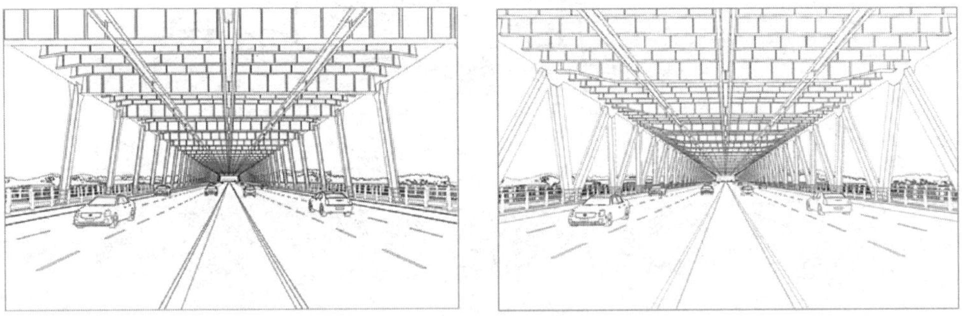

图4　桁架梁方案对比

下层桥道顶部为密集的横梁,采用浅色系材料设置条带适度装饰,同时兼顾布设照明灯具,对行车起到视觉诱导作用,减弱由于密集横梁迎面叠叠而来对心理造成的不利干扰。

5. 附属设施

以简洁为原则,尽量减少附属设施给整体景观带来不利的影响。采用自动检修车代替拱上人行爬梯,拱上设置钢轨供检修车行走覆盖检修范围。减少因灯具占位对主桥日间整体景观的影响。在主桥上层建议不设置功能性照明,下层桥车道和慢行道的功能性照明利用上层桁架底部和弦杆安装灯具。

人性化设计。在人行道范围内局部设置弧形空间供驻足观景,设置简易座椅供休憩。人行道按照无障碍通道要求设计,在主引桥交界墩部位设置电梯和楼梯走道,连接桥下慢行道系统。

文化植入。路灯、人行道栏杆和铺装、桥名牌植入文化元素,将“宜宾古八景”作为人行道栏杆装饰图案。

四、色彩设计

1. 设计原则

(1)主次分明、简洁明快。色相宜简不宜杂,明度宜亮不宜暗,彩度宜浅不宜深。

(2)多维度融合。桥梁色彩的设计主要从视觉效果、地域特征、民风民俗、设计主题等方面来综合考虑,达到"至中至和"。

(3)配色协调性。在桥梁色彩配合构思中,强调总体上的调和,即有主有从、形成对比、重点突出,做到统一中有变化、调和中有对比。

2. 色彩方案

我国钢结构拱桥的色彩主要包括红、白、蓝三类色系,典型的案例有平南三桥、卢浦大桥、官塘大桥。其中钢管混凝土拱桥采用红色系的居多,钢箱拱桥采用白色系的居多。在各种环境条件下均有所应用,例如,在特定的民族地区桥梁选用藏红色,在城市欢快轻松的商业休闲氛围下桥梁采用鲜艳的大红色,在郊区自然环境下的桥梁采用红色涂装凸显桥梁存在感。随着当代建筑色彩设计对高饱和度、高亮度色系的诟病,各地城市建筑色地域性规划不断发布,城市桥梁或者近郊桥梁色彩如何恰当地介入周边环境的问题必须得到稳妥的应答。

宜宾城市色彩规划尚未系统化,仅对历史文化城区、街区的保护有要求:历史城区内建筑的形式、体量、色彩应符合宜宾和南溪古城整体景观环境保护要求。

宜宾城市大环境为三山三江,云雾白色能与江水、雾气、树木的色彩协调,可使城市整体的色彩统一、和谐。桥梁色彩与当地乳白色名居建筑同色系能符合当地居民喜好。在色彩中,云雾白色属较高明度色系,能融入天空色彩中,适宜于阴暗的天气。云雾白色能给人以明亮、柔和、纯洁、活跃、素雅、清新的感受,为人们所乐见。桥址气候条件为夏季闷热、冬季阴冷,从使用者的角度看,大桥选用中性色系对人的心理情绪影响方面较为有利。特大型桥梁体量巨大,存在感强。不宜大面积采用"具象"、高浓度、艳丽、跳跃的色彩,大面积红色系会带来紧张感,应避免大型桥梁在色彩方面对环境产生过于强势的介入度。低饱和度白色系相对内敛朴实而不张扬,给人带来清新、平和、自持、舒缓、雅致的感觉,可为今后周边城市可持续发展留下更多空间。综上所述,选用低饱和度色系,如图5所示,将"云雾白"CBCC 1703 N7.25作为基调色。桥梁日景效果图如图6所示。

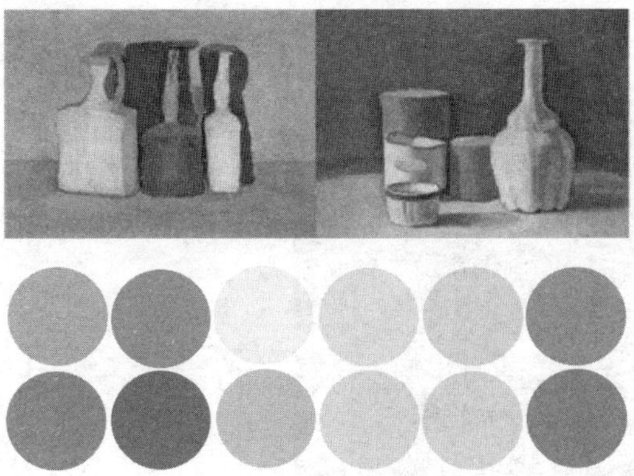

图5 低饱和度色系

图6 桥梁日景效果图

色彩设计应该主次分明,重点突出表现拱形。桁梁和吊索都位于从属地位,采用灰色调以实现适当的"隐"。下层桥面采光条件欠佳,不适合采用深色系,建议选用浅灰色系。车道护栏采用灰色基座、横梁用明快的导向色;非机动车道铺地用对比色,建议采用红色系勾勒出桥面两边的带状轮廓;人行道栏杆以不锈钢立柱和钢栏杆为主,建议增加带木材质感的棕色扶手。

五、夜 景 灯 光

1. 设计原则

夜景灯光设计应注重“得体、合宜、端庄”。

就“得体”而言,桥梁照明设计首先要考虑桥梁所在地景观需求。位于城市居民密集区、郊区、景区等地段的桥梁夜景照明需求各有不同。夜景灯光整体氛围立足于突出主体形象、展现主要轮廓明暗。灯光设计定位并非“秀灯光”,尤其不应该倾向于“灯光秀”的导向。

就“合宜”而言,首先在于安全,不产生影响行车安全的眩光;其次,从环保节能的角度,应避免灯光过度设计,避免给居民生活区带来光污染。城市建筑物夜景灯光有两种典型的表现方式,以重庆市和纽约市两地的情况为例,一是外部照亮本体、二是内部透出光线。从两者的审美取向和切身体验来看,前者偏重形式,后者偏重内容。对于本项目而言,在桁架部位结合功能性照明,适合采用内部透出灯光的方式;在拱圈部位突出桥梁主要轮廓,适合采用外部投射照亮的方式。

就“端庄”而言,围绕整体形象的塑造,通过亮度分级、主次分明、虚实对比形成丰富的视觉层次,呈现出亮度适宜、光影明暗有序的夜景画面,实现整体氛围感的形象传递。端庄的反面就是色彩妖娆、过于炫丽,令人目盲。拱圈是桥梁形象的灵魂所在,也是在江面上展示形象的重要窗口,照明的重点在拱圈和横联,应设置较高照度,重点突出拱形吸引力。选用暖色系光源烘托出庄重感,灯光使拱箱和横联具有清晰的建筑体积感,呈现出“实”的视觉效果;主桥钢桁架和引桥匝道部分则适度弱化,设置较低亮度等级,用白光强调建筑的骨架结构,重点刻画其形体构成;吊索不做专门的灯光强调,形成“虚”的视觉效果。

2. 设计要点

灯光设计以暖色黄光和中性色温白光为主,给人以温馨、舒适、华贵的感觉。在拱圈上设置投光灯,灯光形成缓慢动态变化。为了保证柔和舒适的视觉感受,动态流动效果建议设置较长的色彩变换周期。钢桁梁主要依靠下层桥车道功能性照明通过桁架透光形成夜景轮廓,对桁架V形腹杆外侧用琥珀色投光灯适度补光,梁体在灯光的投射下呈现出结构轮廓的韵律美。下层桥车道功能性照明灯具悬挂在车道上方,灯具顺桥向形成行车视觉诱导。下层桥人行道和非机动车道功能性照明灯安装在桁架上弦杆部位。采用低位照明方式,在人行道栏杆或立柱上安装的LED灯光对主桥慢行道系统辅助照明。在主桥以外的引桥、互通区采用普通的路灯照明,在外侧护栏辅以LED灯带,勾勒道路线形轮廓。桥梁夜景效果图如图7所示。

图7　桥梁夜景效果图

六、结 语

通过对宜宾罗龙长江大桥工程美学概念设计,得出美学概念设计主要结论如下:

(1)以工程美学为基础,以"技术抒情"为主要手段,以"结构表现"为主要形式,表达桥梁建筑的象征性意义。对于公众交通建筑,应该尽量避免设计师过于个性化的表现和实验性的产物。

(2)美学设计与结构设计同步开展,从一开始就统筹构思工程项目主体及各类设施的整体形象,既传承经典又体现超越性,展现工程美感,实现"城市门户"意义上的标志性。

(3)桥梁本体介入应契合"大道至简"与"致中和"等传统哲学思想。根据特大型桥梁的审美特点,结合自然地理环境、区域内既有桥梁分布、周边地块规划和整个城市规划意向,对本项目提出"简洁、明快、大气、庄重"的桥梁形象风格定位。

(4)分层次、多视角来打造桥梁景观。第一层高速公路,主要注重整体景观性;第二层市政交通及慢行系统,着重于采光和细节效果。从桥上看周边风景及从周边看桥等多个视角都要兼顾,多视角全面评估。

(5)围绕整体形象定位,分别从造型、色彩和夜景灯光给出主要设计概念。从桥型气质分析得出更符合当地环境协调性的桥型方案。注重主桥造型的轮廓、体量、比例、尺度、质地,处理好整体与细节的主从关系。涂装色彩以低饱和度浅色系"云雾白"为主,搭配少量鲜艳色系,不仅主次分明而且与当地环境协调。夜景照明突出主拱,展示结构力量磅礴之美,弱化桥道梁及吊杆,体现虚实相生。

参考文献

[1] (英)英伍德.海德格尔[M].刘华文,译.南京:译林出版社.2009.

[2]《设计》杂志编辑部.概念先行[J].设计,2017,267(12):6.

[3] 郭辰.芜湖长江三桥景观设计[J].中国水运,2020(03):108-110.

[4] 袁佳,王一迦,阴磊.大型桥梁创新型表面涂装方案设计[J].公路交通技术,2018,34(03):129-134.

[5] 上海市建设和管理委员会科学技术委员会.卢浦大桥工程[M].上海:上海科学技术出版社,2004:46.

[6] 陈崇霞.贵州代表性桥梁色彩浅析[J].中国水运,2020(11):158-160.

[7] 鹿健,周珂,曹妍,等.桥梁设计中的美学应用分析[J].安徽建筑,2020,27(10):138-139.

[8] 姬宇轩.道路桥梁设计中色彩元素的运用[J].城市建筑,2019,16(18):188-189.

[9] 赖亚平,张智勇,邓宇.重庆红岩村嘉陵江大桥景观设计[J].世界桥梁,2018,46(05):21-26.

[10] 袁佳,王一迦,阴磊.大型桥梁创新型表面涂装方案设计[J].公路交通技术,2018,34(03):129-134.

[11] 张平,杜方玲.桥梁设计中色彩元素的应用[J].艺术科技,2016,29(06):42.

[12] 袁佳,阴磊,熊潇,等.城市桥梁色彩景观设计分析——以重庆两江大桥色彩景观设计为例[J].公路交通技术,2014(06):39-43.

[13] 王德峰.艺术哲学[M].上海:复旦大学出版社,2015:147.

[14] 中共宜宾市委党史研究室,宜宾市地方志办公室.宜宾城的2200年[M].成都:四川科学技术出版社,2018.

[15] (英)史密斯.美观的动力学——建筑与审美[M].邢晓春,译.北京:中国建筑工业出版社,2012:50.

[16] 曾繁仁.生态美学[M].济南:山东文艺出版社,2019.

27. 明珠湾大桥结构与景观设计

乐小刚　周　昱　胡会勇　宁平华
（广州市市政工程设计研究总院有限公司）

摘　要　广州南沙明珠湾大桥主桥为96m + 164m + 436m + 164m + 96m + 60m中承式六跨连续钢桁拱桥，桥宽43.2m，双层桥面布置，上层为双向8车道，下层为4车道和管线走廊；是目前跨度最大的市政公路双层桥面三主桁中承式钢桁拱桥。本文介绍了大桥桥型方案、孔跨布置、主桁片数、矢跨比、桥面系方案、结构体系的比选过程，以及结构和景观的设计。相关成果可为同类桥梁设计和研究提供借鉴和参考。

关键词　中承式拱桥　大跨度钢桁拱　三主桁钢桁拱　结构设计　景观设计

一、概　　述

1. 工程概况

明珠湾大桥位于广州市南沙区域中心，跨越龙穴南水道，西接地势平坦的万顷沙，东至山岭微丘的南沙岛，连接万环西路与英东大道，为粤港澳大湾区重要的过江通道。项目主线为城市主干路，其中跨越龙穴南水道的特大桥全长1016m，主跨436m，采用六跨连续钢桁拱，双层桥面布置，上层双向八车道，下层双向四车道；为目前跨度最大的市政公路双层桥面三主桁中承式钢桁拱桥。大桥建成后可提升南沙区交通功能，具有显著经济效益。

2. 建设条件

龙穴南水道：宽约1300m，常水位水深1.8～20.0m，最大水深24.7m。设计洪水位7.90m（1/300）；桥下为Ⅰ级航道，通航水位7.45m；通航净空400m×24m。

桥址风况：桥梁位于台风频发区，桥位处设计百年风速 $V_{10}=37.6\text{m/s}$，台风袭击时，瞬时最大风速可超过40m/s。设计时应充分考虑施工过程及运营节段结构抗风性能。

二、方案研究与设计

1. 桥型方案论证

明珠湾大桥周边现有凤凰一、二、三桥，虎门大桥，凫洲大桥等。有斜拉桥、悬索桥、中承式钢箱拱、连续梁桥等多种桥型，呈环形围绕在明珠湾大桥周边。

根据桥址珠江流域水域宽度及通航净空要求（主桥跨径不小于400m），该桥可选用的桥梁结构形式主要有3种：悬索桥、斜拉桥、钢桁架拱桥。

悬索桥分地锚式悬索桥和自锚式悬索桥。桥址处场地有较厚的淤泥覆盖层，设置庞大的地锚经济性差，且景观性不佳又影响通航，不宜在市中心的航道上采用。自锚式悬索桥多采用“先梁后索”的施工方法，因主桥跨度大且位于通航区，主梁不适合采用支架法或顶推法施工。而斜拉桥施工工期长，施工过程中抗风性能差，成桥后存在感弱，景观性一般。

钢桁架拱桥能较好地适应本工程的地质条件和航道要求，桥梁竖、横向刚度大，施工过程中抗风稳定性好，成桥后抗风性能好[1-2]。并且钢桁架桥不仅能丰富南沙区桥梁结构多样性，也能与周边已建桥梁有较好的协调性，其线条流畅、气势宏伟、外形俊美，具有较强的存在感，景观效果突出。结合项目建设条件和景观要求，钢桁架拱桥是本工程的最佳选择。

明珠湾大桥建成后实景照片如图 1 所示。

图 1 明珠湾大桥建成后实景照片

2. 结构体系比选论证

(1)孔跨布置:桥下通航净空为 400m×24m,综合考虑基础、防撞航道标志设施等尺寸以及结构边中跨比、受力、成桥及施工反力等因素,选定 96m+164m+436m+164m+96m+60m 的跨径组合。此时边中跨比为 0.38,锚跨合计长度与中跨之比为 0.6。主桥基本覆盖水域范围,且锚跨、中跨比例合适,无论施工还是成桥状态均不出现负反力,中、边跨刚度更为协调。

(2)矢跨比:拱桥矢高的大小不仅影响钢桁拱肋的内力,而且也影响到构造造型与施工方法;另外,钢桁拱桥的外形是否美观,与周边环境能否协调等也与矢跨比有很大关系。对于钢桁架拱桥,通常的矢跨比取值为 1/4~1/5,不同的矢跨比计算分析结果见表 1。

成桥状态下不同矢跨比比较表(恒载) 表 1

矢跨比	上拱肋内力(kN)		下拱肋内力(kN)			支座反力(kN)		
	墩顶	拱顶	拱梁相交以上	拱梁相交以下	拱顶	边墩	次边墩	中墩
1/5	18497	−61436	−75069	−47873	−12872	9112	23598	103282
1/4.45	15390	−55410	−71520	−56610	−15810	10340	21320	111580
1/4	12165	−47476	−64732	−63594	−18444	11145	18298	114517

计算结果显示:采用较大的矢跨比可减小拱肋、弦杆和腹杆的内力(最大轴力减小约 10%),但弦杆截面减小后,由上下游侧弦杆所组成水平桁架的抗弯刚度减弱,对抗风不利。另外,南沙岛岸桥位附近的山丘最高点为 138.4m,采用 1∶4.45 的矢跨比,其矢高达到 98m,建成后山顶与拱顶形成高度上渐变的韵律与趋势。

(3)桥面系方案比选:纵横格子梁桥面系如图 2 所示,板桁桥面系如图 3 所示。

图 2 纵横格子梁桥面系(尺寸单位:mm)

对于此类特大跨钢桁拱,为减小结构恒载,优先选用正交异性钢桥面板体系[3];常用方案有纵横格子梁体系(图 2)与板桁体系(图 3)。

格子梁桥面体系仅在节点处设置横梁,纵向设置若干道小纵梁,其传力途径为桥面→小纵梁→节点横梁→主桁架。桥面系、主桁架分别受力,主桁受力明确;但存在两个问题:一是同时存在小纵梁、U 肋,横向刚度不均匀,小纵梁处受力集中;二是存在桥面体系与主桁耦合受力问题,横梁将承受较大纵向弯矩,且横梁为H形断面,纵向刚度弱,纵向弯矩导致的面外应力大,需要采用加强横梁与节点连接构造及设置桥面伸缩缝等额外措施。

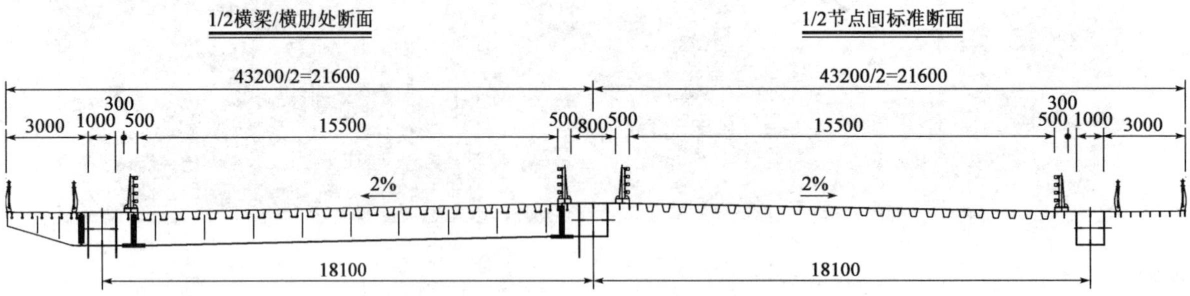

图3　板桁桥面系(尺寸单位:mm)

采用板桁组合体系,不设置小纵梁,桥面板与弦杆顶板伸出端焊接,每隔3m/3.5m设置小横梁与弦杆连接,此时桥面与弦杆形成板桁结构共同参与全桥受力。采用这种结构桥面横向刚度均匀,避免了受力集中;同时桥面具有足够的纵向刚度,横梁纵向弯矩导致的面外应力大大减小,解决了横梁面外应力过大问题;另外桥面板参与全桥受力也减小了弦杆受力,节省了主桁用钢量。综上,明珠湾大桥上层桥面采用板桁组合桥面体系。

(4)主桁片数比选:双主桁及三主桁方案断面如图4所示。

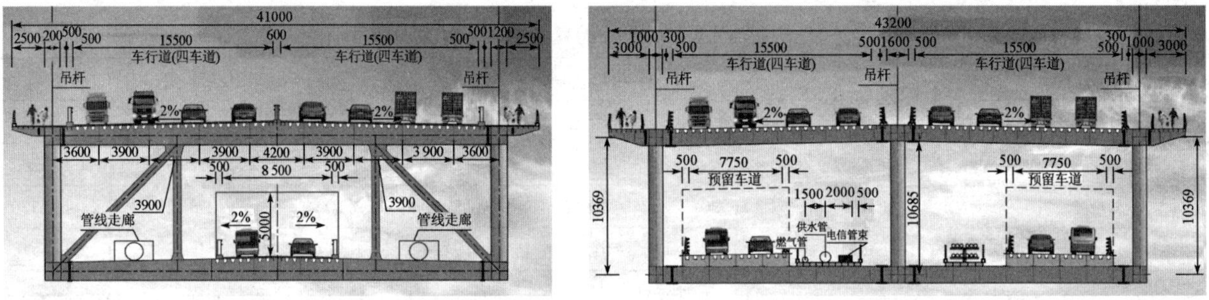

图4　双主桁及三主桁方案断面(尺寸单位:mm)

钢桁主桁片数与桥面宽度密切相关。通常在桥宽较窄时(车道数<6)采用双主桁较为合适,当桥宽较宽时(车道数>10)则可考虑采用三主桁。本桥上层桥面为8车道,桥宽40m左右,在设计阶段综合考虑支座反力、交通功能、横向刚度等因素并对主桁片数进行了参数比选分析[4]。经比较三主桁方案可明显减小支座吨位、改善横梁及竖杆受力、减小横向框架尺寸进而增加横向刚度,并且能更为有效地利用下层桥面空间,具有明显优势,为实施方案。

(5)系梁方案与结构体系:系梁方案比较表见表2。

系梁方案比较表　　表2

系梁体系	刚性系梁	柔性系梁
特征	 系梁段设置斜杆,与弦杆、竖杆形成N形桁式稳定结构	 系梁段不设置斜杆,弦杆及竖杆组成框架结构
受力特性	系梁为拉弯杆件,有一定抗弯刚度; 弦杆、竖杆、斜杆形成N形桁式稳定结构,腹杆次弯矩明显减小; 主拱内力较柔性系杆方案减小近10%,且分布更加均匀	系杆为受拉杆件,抗弯刚度极小; 竖杆次弯矩对吊杆索力敏感,需要通过调整索力控制竖杆内力; 主拱受力较大,主梁整体刚度偏小
动力性能	一阶竖弯频率为0.411Hz; 跨中最大竖向加速度:23mm/s^2	一阶竖弯频率为0.398Hz; 跨中最大竖向加速度:25mm/s^2

续上表

安全冗余度	系梁自成稳定的桁架结构，对吊杆依赖性减小，明显增强了结构抗风险（断吊杆时）能力	系梁抗弯主要依赖吊杆，结构抗风险性差；
施工难度	技术成熟，悬拼可采用拱梁同步，工期短	技术成熟，悬拼只能采用先拱后梁，工期长
结论	造价稍高，但性能得到提升利于运营养护，推荐	造价低，但性能存在不足

按照拱梁相对刚度，可分为柔拱刚梁、刚拱柔梁和刚拱刚梁3种受力体系[5]。九江长江大桥（主跨216m）、沪通铁路天生港航道桥（主跨336m）采用柔拱刚梁体系，此类结构以梁受力为主，跨度一般小于400m。横琴二桥（主跨400m）、朝天门大桥（主跨552m）等特大跨钢桁拱桥多采用刚拱柔梁体系，在朝天门大桥设计过程中曾对刚性系梁（桁架式）或柔性系梁（框架式）进行过比选，最终以用钢量少和受力明确等原因采用了柔性系梁刚拱柔梁的方案[6]。遵循安全至上和韧性结构的理念，明珠湾大桥尝试采用刚梁刚拱体系。

三、结 构 设 计[7]

1. 总体布置

如图5所示，大桥为96m + 164m + 436m + 164m + 96m + 60m中承式六跨连续钢桁拱桥，全长1016m；采用双层桥面布置，上层为双向八车道公路，两侧为人行道桥面，总宽43.2m；下层两侧为四车道，并在中间设置管线走廊，桥梁断面如图6、图7所示。

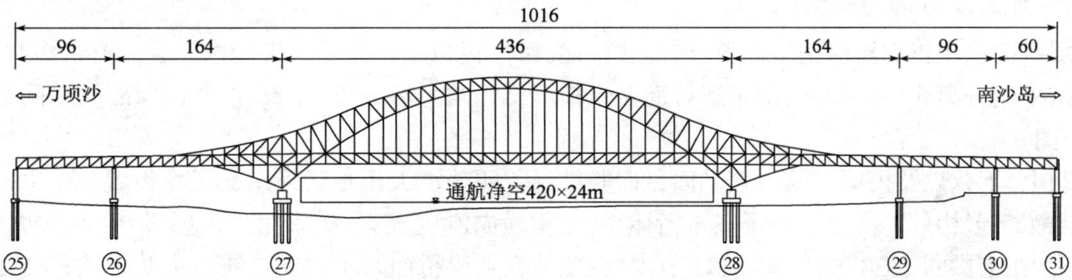

图5 明珠湾大桥桥型立面（尺寸单位：m）

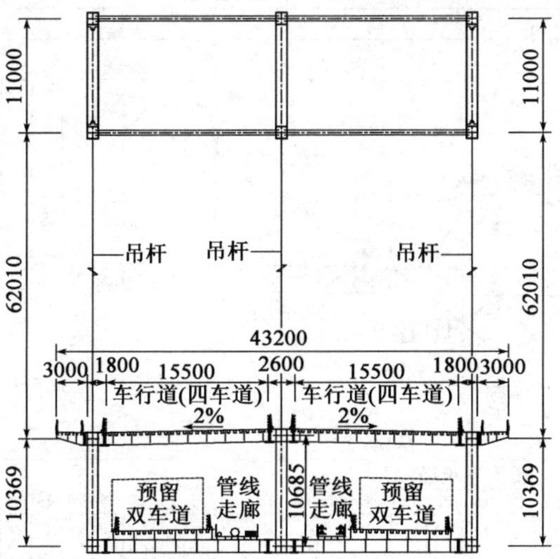

图6 主跨中断面（尺寸单位：mm）

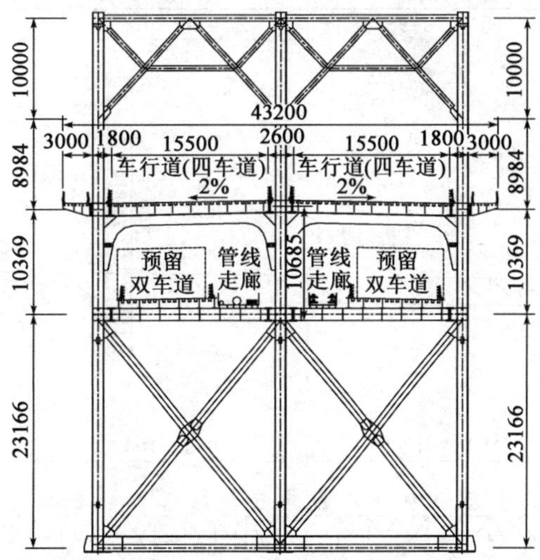

图7 中支点断面（尺寸单位：mm）

主桥采用三片桁拱结构，桁间距18.1m，边跨及次边跨为平桁结构，边跨及主拱肋均为“N”形桁式。边桁拱顶至中墩支点高度为109m，拱肋下弦线形采用二次抛物线，其矢高98m，矢跨比为1/4.45；拱肋上弦部分线形也采用二次抛物线,与次边跨上弦之间采用 $R=450\mathrm{m}$ 的反向圆曲线进行过渡。拱顶处拱肋上下弦高 11m,中间支点处桁高 52.52m。

2. 主桁杆件及节点设计

全桥基本节间距为 12m,在主墩顶拱脚处由于桁高较高,部分区段采用 14m 节间。主桁采用栓焊结合的整体节点。综合考虑主桁结构受力和经济性,采用 Q420qD、Q370qD、Q345qD 钢材。拱肋上、下弦均为箱形截面,腹杆采用箱形和 H 形两种截面形式。主要杆件截面如图 8 所示,拱脚节点 BIM 模型如图 9 所示。

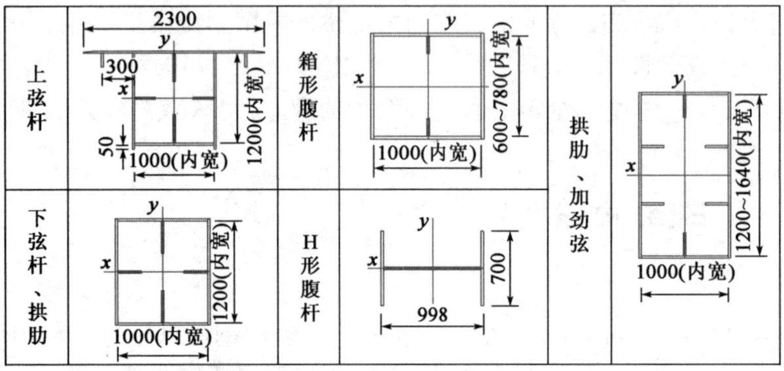

图 8　主要杆件截面(尺寸单位:mm)

图 9　拱脚节点 BIM 模型

3. 桥面系及联结系设计

上层桥面采用正交异性钢桥面板,如前文所述,桥面板与上弦杆翼缘板焊接形成板桁结构共同受力。下层车道采用分离式桥面构造,即车道桥面及纵横梁结构与主桥分离,支撑在 12m/14m 间距的下层横梁之上,如图 6、图 7 所示。

拱肋上、下弦以及桁梁下弦设置平面纵向联结系。明珠湾大桥平联采用交叉型设置(图 10),杆件采用箱形及工字形构件。由于采用了三主桁体系,结构横向刚度较大,故采用少横联设计:主拱肋共设置 6 道横联,设在上拱肋 SS30、SS34 和 SS38 节点处;此外在上层桥面与主墩支点线及拱肋下弦相交处均设置板式桥门架,在上拱肋 S22 处设置桁架式桥门架。

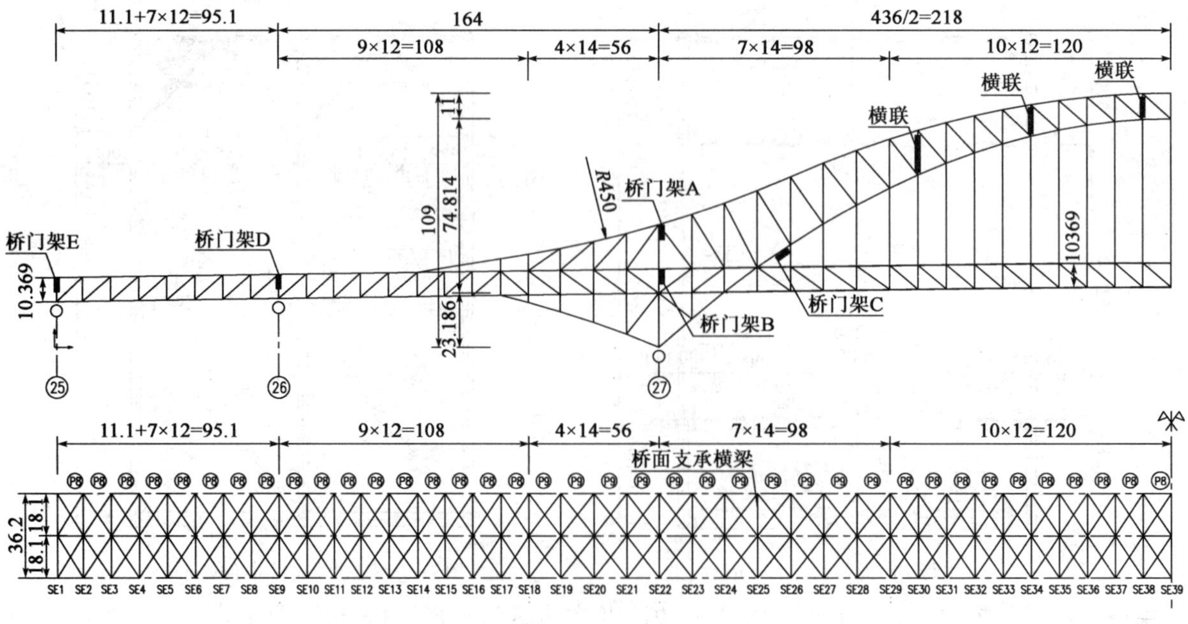

图 10　明珠湾大桥平联及桥门架布置(尺寸单位:m)

4. 支座及下部结构

主桥钢梁的竖向支座采用摩擦摆减隔震支座,其中主墩设置12000吨级大吨位抗震支座。

主墩采用三柱实心墩;边墩、次变墩采用三柱空心墩,顶部用系梁连接。如图11所示,边柱采用椭圆端形断面,并且在柱底设置了弧形系梁连接各墩柱。主墩承台尺寸为56.5m×17.5m×5.5m,下接D2.5m钻孔灌注桩;边墩、次边墩承台厚3.5m,下接D1.8m、D2.0m钻孔灌注桩。

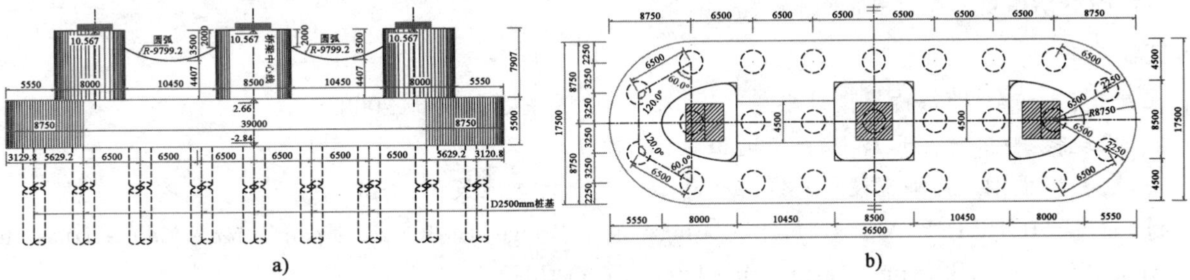

图11 明珠湾大桥主墩构造(尺寸单位:mm)

四、景观方案

1. 色彩涂装设计

明珠湾大桥位于水网与绿廊交汇处,钢桁架拱桥的外观较好地呼应了此处五水汇湾、山水相连的自然地理环境特色。良好的色彩涂装方案,能对桥梁外观进一步优化,加深与周边建筑物的形态融合,有助于将此桥梁打造成为城市景观亮点。色彩设计考虑了环境色彩、城市色彩、文化色彩和周边桥梁色彩等多种因素,研究了国内外知名桥梁的涂装案例,提出了魅力彩虹、悦动丝线和剔透银镯3种方案,如图12所示。

a)魅力彩虹　b)悦动丝线　c)剔透银镯

图12 明珠湾大桥涂装方案

魅力彩虹以中国红作为主拱颜色,其余部分均采用银灰色涂装,吊杆用七彩色予以充实,此方案以主拱为视觉焦点,吊杆为视觉次焦点,淡化了桥身。纵横交错的主拱构件配上中国红的色彩,形象如中国结一样,吊杆呈现的多彩颜色,如彩虹一般,意象较为多元,经专家评审及网上投票成为最终确定方案。

2. 景观照明设计

景观照明主要通过投光灯具突出桥体轮廓,并对部分桁架、吊杆等进行色彩渲染,通过灯光颜色变化突出桥梁与海的互动,整体上实现彩虹效果。实景如图13所示。

图13 明珠湾大桥景观照明实景效果

五、结　语

主跨436m的明珠湾大桥是目前世界上跨径最大的三主桁连续钢桁拱桥,大桥于2021年6月28日建成通车,为粤港澳大湾区提供了一条重要的过江通道,其宏伟、俊美的外形也成为南沙明珠湾区的一个地标性建筑。大桥具有大跨度、宽桥面、交通功能强以及刚梁刚拱组合体系等技术特点,其设计方案可为同类大跨段钢桁拱桥的设计和研究提供借鉴和参考。

参考文献

[1] 王应良,高宗余.欧美桥梁设计思想[M].北京:中国铁道出版社,2008.

[2] 吴冲.现代钢桥[M].北京:人民交通出版社,2006.

[3] 赵廷衡.桥梁钢结构细节设计[M].成都:西南交通大学出版社,2011.

[4] Shangguan B, Hu H Y, Ning P H, et al. Mingzhuwan Bridge: The Largest Span Three - Main - Truss Steel Arch Bridge [J]. Structural Engineering International, 2022.

[5] 肖汝诚,等.桥梁结构体系[M].北京:人民交通出版社,2013.

[6] 段雪炜,徐伟.重庆朝天门长江大桥主桥结构的设计构思与比选[C]//中国交通土建工程学术论文集.成都:中国铁道学会 & 中国土木工程学会,2006:392-396.

[7] 广州市市政工程设计研究总院有限公司.明珠湾大桥工程施工图设计[Z].2020.

28.斜拉桥混凝土箱梁少支架方案优化

黄立男[1,2]

(1.同济大学土木工程学院;2.中交第三航务工程局有限公司技术中心)

摘　要　湘潭市窑湾景区配套基础设施建设项目(南北引线二期)位于湖南省湘潭市境内,连接湘潭市内雨湖区和岳塘区,是跨越湘江的重要过江桥梁。本桥采用钢管桩基础和条形基础组合少支架对斜拉桥辅助跨混凝土箱梁进行施工。通过Midas Civil对支架进行优化,使得支架部分可提前拆除,既保证了施工安全,也缩短了工期,降低了施工成本。

关键词　斜拉桥　Midas Civil　少支架

一、引　言

随着国家经济的日益发展,跨江跨海大桥的修建技术也日趋成熟,采用的整体现浇技术具有刚度大、整体性能好、适应性强、外观优美、行车舒适等优点,整体现浇施工一般采用满堂支架体系,但窑湾项目施工工作面受限制因素较多,辅助跨位于杨梅洲岛上,杨梅洲岛上汛期受到湘江江水浸泡,采用满堂支架并不现实,因此本项目采用少支架施工。少支架一般采用钢管支架、贝雷片、碗扣支架,以及槽钢或工字钢等作为支撑系统,在支架上安装纵横向龙骨(型钢或方木),进行预应力混凝土箱梁现浇施工,具有良好的经济效益和安全性。

二、工程概况

湘潭市窑湾景区配套基础设施建设项目(南北引线二期)位于湖南省湘潭市境内,连接湘潭市内雨湖区和岳塘区,是跨越湘江的重要过江桥梁。本工程路线全长2400m,其中桥梁全长2123m,桥梁两岸设置2座半苜蓿叶形互通立交分别连接沿江南路和滨江中路,并在河西侧设置2座上下杨梅洲岛的平行匝道。本工程采用城市Ⅰ级主干道标准,设计速度60km/h,采用双向六车道设计,并设置非机动车道及人行道。主桥采用主跨658m双塔双索面混合梁斜拉桥,堤内引桥采用55m跨预应力混凝土连续箱梁,堤外引桥采用30m跨预应力混凝土现浇箱梁。

前期(杨梅洲大桥工程)已完成河西主桥19～21号墩桩基、承台及墩柱,22号中下塔柱及下横梁,23号下塔柱及下横梁。本工程施工总平面布置图如图1所示。

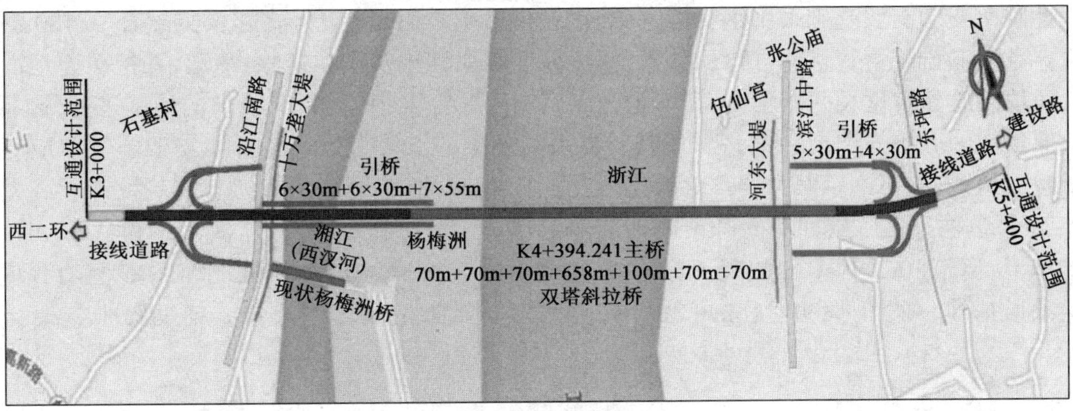

图1 本工程施工总平面布置图(尺寸单位:m)

主桥桥跨布置为70m＋70m＋70m＋658m＋100m＋70m＋70m,全长1108m,为双塔双索面半飘浮体系斜拉桥。东、西边跨各设置2个辅助墩和1个过渡墩,主跨658m,西侧边跨长210m,东侧边跨长240m,其中100m跨跨越河东大堤。西侧边跨及东侧大堤外边跨采用重量大、便于支架法施工的混凝土箱梁结构;主跨位于水中,河东侧跨大堤受跨径限制,因此都采用了重量轻、便于悬臂拼装施工的钢箱梁。西侧钢混结合面设置在跨中段距索塔14.75m处,东侧钢混结合面设置在次边跨段距辅助墩9.85m处,西边跨混凝土箱梁总长度为223.59m,钢箱梁总长度733.4m,东边跨混凝土箱梁总长度为148.69m。

混凝土箱梁分西跨混凝土箱梁和东跨混凝土箱梁,截面采用分离式双边箱断面结构,结构外形、桥面横向布置与钢箱梁断面基本一致。混凝土箱梁全宽51.907m,中心线处梁高3.8m,主梁中间9.46m区域不设横坡,其余桥面2%横坡由箱梁顶板斜置而成,外腹板与风嘴相结合,形成实体结构,以满足斜拉索锚固的需要。辅助跨混凝土箱梁一般构造图如图2所示。

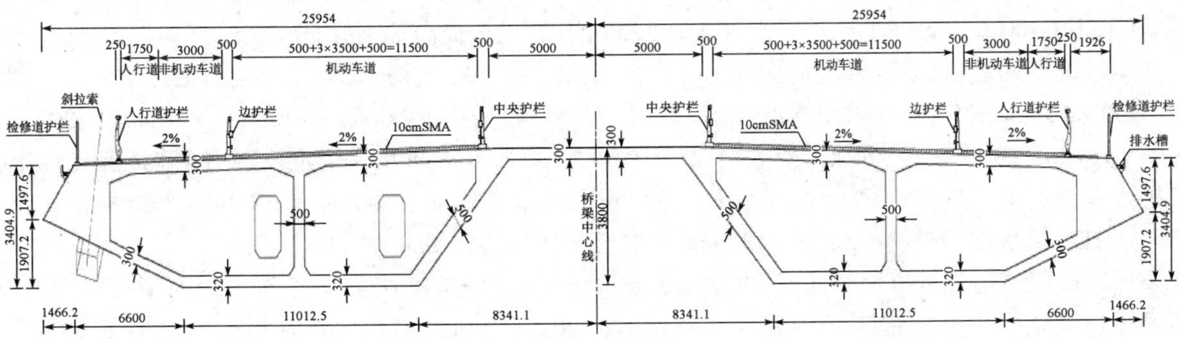

图2 辅助跨混凝土箱梁一般构造图(尺寸单位:mm)

三、支架设计

钢管桩支架体系包含跨中部分支架(振动锤打入钢管桩,在混凝土浇筑完成至斜拉索挂设之前,需要承受混凝土箱梁、支架结构自重及施工荷载)和其余部分支架(钢管桩＋条形基础,在箱梁混凝土浇筑完成并且预应力张拉结束后拆除)。为保证支架具有足够的刚度及安全性,同时兼顾经济性和可操作性,支架设计考量了以下关键因素。

1. 支架基础

辅助跨位于杨梅洲岛及河东区陆域内侧,具备条形基础+钢管桩和钢管桩基础两种施工条件。因打入钢管桩入土部分无法回收,为节省钢管桩材料,项目部初步采用条形基础+钢管桩作为支架基础。后因考虑部分支架需提前拆除,跨中部分支架充当临时支墩,该支墩待主桥合龙,斜拉索张拉完成后再进行拆除。因此临时支墩支架基础采用钢管桩基础,钢管桩基础采用80t履带式起重机配合DZ180型振动锤振动锤入。条形基础+钢管桩需进行地基处理,将原地表腐蚀土及淤泥挖除、清运,开挖至原地面高程以下1.5m,回填硬质建筑垃圾并碾压密实,填土完成后利用1台20t压路机对换填的地基进行分层碾压,取压实后的厚度50cm为分层厚度,通过碾压密实提高场地土的承载力。现浇桥梁支架施工前应对换填地基进行承载力检测,达不到承载力要求时需换填和加固处理,增加地基承载力。地基设计承载力要求不小于220kPa。墩柱采用分层回填砂砾土或硬质建筑垃圾并整平压实,使其压实度不得低于90%。在处理好的地基上,浇筑10cm厚C20混凝土垫层,在垫层上浇筑长24.0m、宽1.5m、高1.0m且有预埋钢管桩预埋件的条形基础。采用$\phi 800\times 16$mm法兰桩与条形基础上的预埋件连接。辅助跨少支架立面图如图3所示。

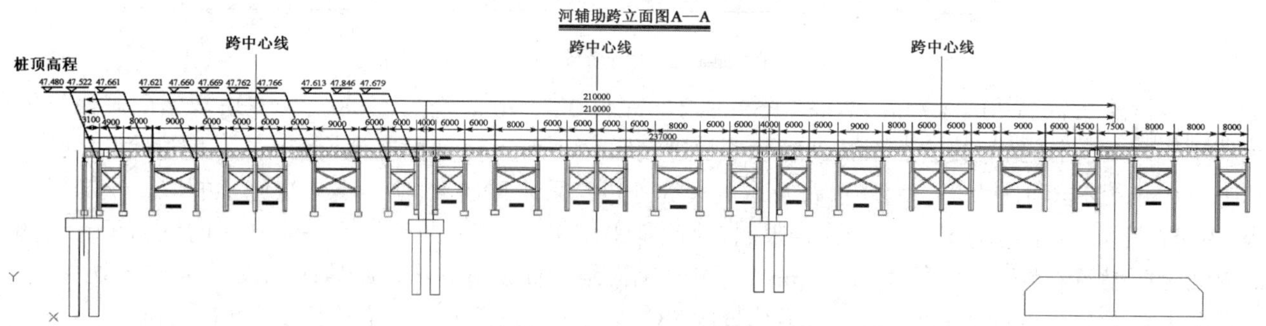

图3 辅助跨少支架立面图(尺寸单位:mm)

2. 支架整体结构

支架自身的间距和高度均不大,若支架钢管桩立柱各自相对独立,因其沉降的不均匀性,增加了现浇箱梁整体线型控制的难度。因此在钢管桩沉桩完毕后,进行该排钢管桩间平联、斜撑,以增加桩的稳定性,平联采用D400×10mm钢管、剪刀斜撑采用[25a槽钢,显著提高了钢管桩支架的整体稳定性。

支架最终设计参数如下:打入钢管桩基础均采用$\phi 800\times 10$mm钢管,钢管桩间设置平联、斜撑,平联采用$\phi 400\times 10$mm钢管,斜撑采用两道[25a槽钢。桩顶钢板采用1200mm×1200mm×16mm及200mm×300mm×16mm三角块牛腿,桩顶横梁采用双拼H700×300型钢。桩顶横梁上设置I14作拆除支架用,上接三拼或双拼贝雷。贝雷纵梁采用1500mm×3000mm标准贝雷架、1500mm×1000mm非标贝雷架,模板主梁采用I14,模板次梁满铺100mm×100mm方木,底模板采用20mm厚的木模板。

条形基础浇筑前先进行地基处理,将原地表腐蚀土及淤泥挖除、清运,开挖至原地面高程以下1.5m,回填硬质建筑垃圾并碾压密实,填土完成后利用1台20t压路机对换填的地基进行分层碾压,取压实后的厚度50cm为分层厚度,通过碾压密实确保场地土的承载力达到220kPa。在处理好的地基上,浇筑10cm厚C20混凝土垫层;其宽度应在桥面正投影面的基础上左右各加宽1.5m。排水沟宽50cm、深50cm。待垫层混凝土达到强度开始条形基础的施工,条形基础尺寸为24m×1.5m×1m,其上设有钢管桩预埋件。

3. 支架结构分析计算

支架结构特点:传统斜拉桥辅助跨支架一般是在斜拉索张拉全桥合龙后,再进行支架的拆除。混凝土箱梁在自身预应力张拉和斜拉索调节后的变形协调由整体支架共同承担,因此受力只需要考虑现浇时的工况即可。本项目为节约现浇支架临时措施费用,考虑在钢混结合段浇筑完且混凝土箱梁预应力张拉完后提前拆除支架。然而混凝土箱梁自身预应力张拉后，箱梁绝大部分并未脱空，且跨中预留后拆支架的反力大于全支架现浇工况状态下的反力，因此项目部对跨中支架进行了加强设计。并针对本支架特点，按照两个工况来分析支架受力情况。

支架结构计算采用 Midas Civil 软件建模，约束边界条件如下（按最不利原则，因考虑部分支架提前拆除，因此分两种工况来进行受力分析）：

工况 1（现浇工况）：支架搭设完成，已浇筑完箱梁混凝土，且箱梁尚未张拉。

施工荷载分为支架自重、梁体重量和活载（施工人员及施工设备荷载、振捣混凝土时产生的荷载、倾倒混凝土时产生的荷载、风荷载及其他荷载）。

主梁荷载分布如图 4 所示。

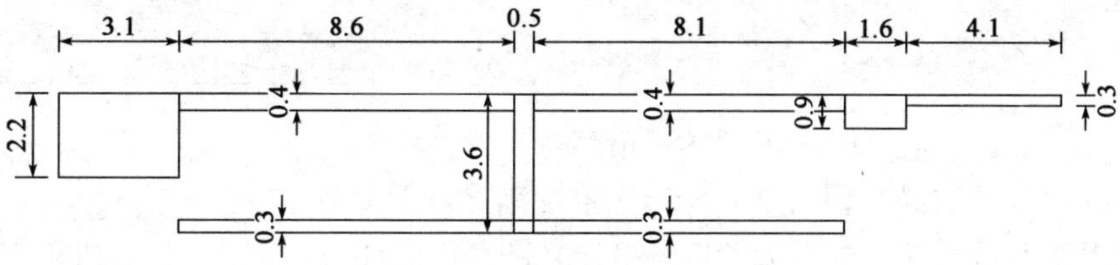

图 4　荷载分布图（尺寸单位：m）

工况 2（部分拆除工况）：已浇筑完箱梁混凝土，且箱梁已张拉，斜拉索未挂索，跨中留有两跨钢管桩支架，其余支架提前拆除。

施工荷载分为支架自重、模型给出的反力并加载到相应的分配梁、风荷载。

由监控模型计算的荷载为 18732kN，反算添加到分配梁上的荷载依次为：376kN/m、101kN/m、5kN/m、34kN/m、97kN/m、194kN/m、97kN/m、33kN/m、9kN/m、140kN/m、510kN/m。

河西侧预留后拆支架反力最大值包络如图 5 所示，河东侧预留后拆支架反力最大值包络如图 6 所示。

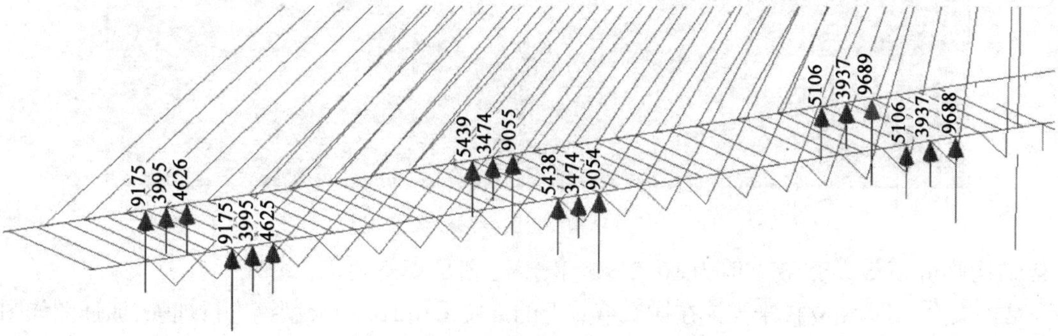

图 5　河西侧预留后拆支架反力最大值包络（单位：kN）

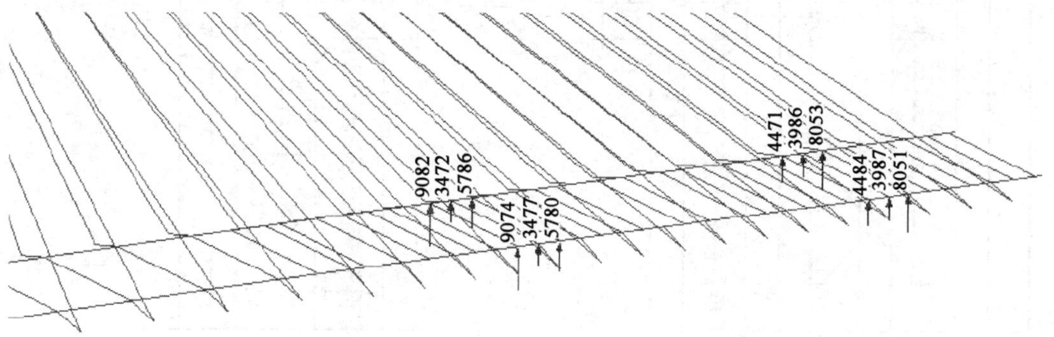

图 6　河东侧预留后拆支架反力最大值包络（单位：kN）

计算结果显示,工况1结构最大变形位移3.2mm < $L/400$ = 23mm(图7),位移方向向下,发生在跨中位置,变形满足规范要求。贝雷梁应力最大,发生在主横梁上贝雷片的立杆处,达到了129MPa,小于16Mn钢强度设计值300MPa,满足规范要求。

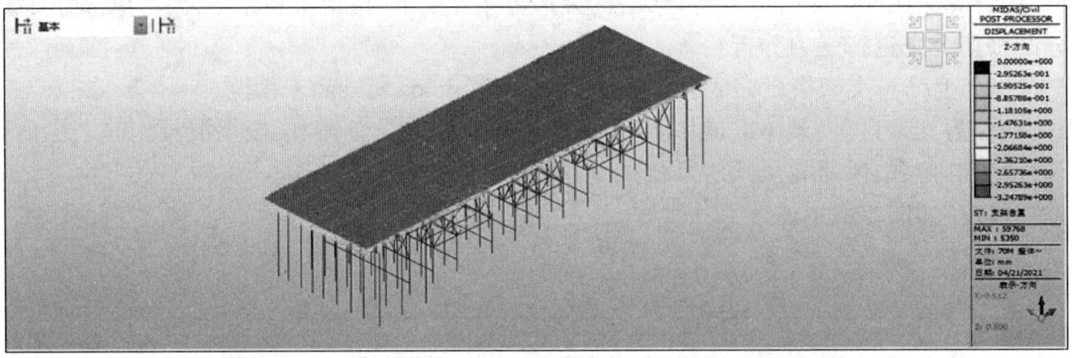

图7　少支架结构变形图(现浇工况)

少支架结构临界荷载系数最小值为9.6 > 5,稳定性满足规范要求。

工况2结构最大变形位移5.2mm < $L/400$ = 23mm(图8),位移方向向上,发生在跨中位置,变形满足规范要求。贝雷梁应力最大,发生在主横梁上贝雷片的立杆处,达到204MPa,小于16Mn钢强度设计值300MPa,满足规范要求。

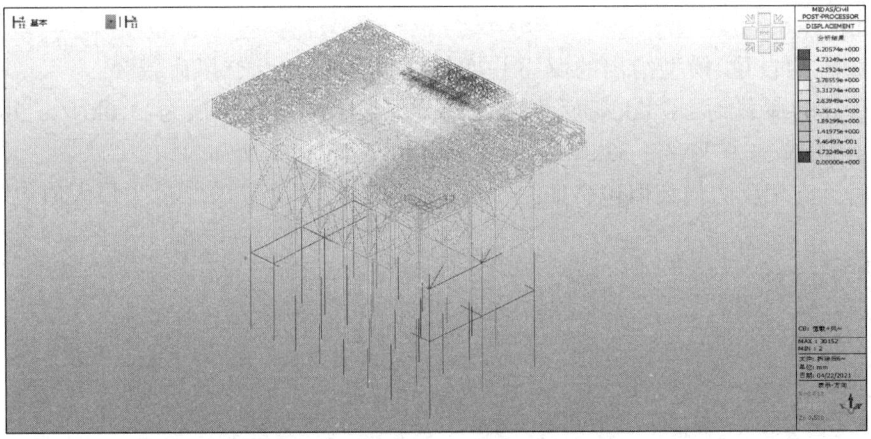

图8　少支架结构变形图(部分拆除工况)

少支架结构临界荷载系数最小值为10.2 > 5,稳定性满足规范要求。

为保证结构安全,对贝雷立杆未支撑在横梁节点上的部位采用I14组合型钢进行加强,加强图如图9所示。

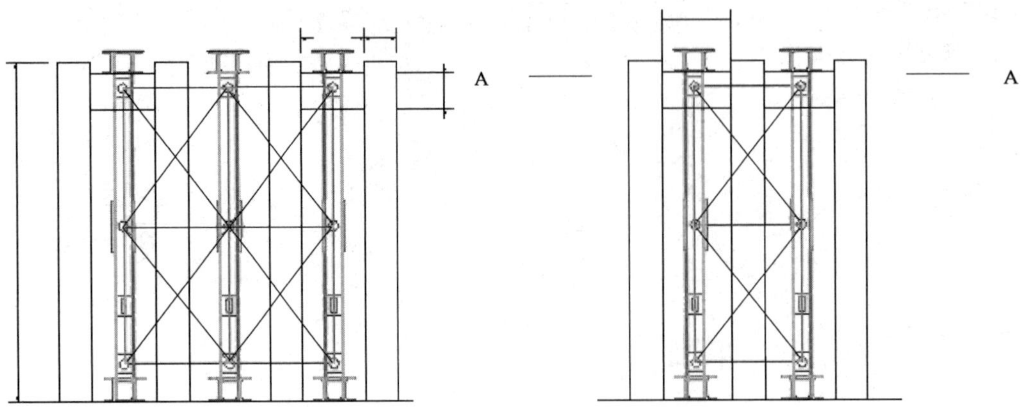

图9　支撑细部图(部分拆除工况)

四、支架施工

施工步骤(钢管桩基础):钢管桩沉桩→钢管桩间平联及斜撑施工→桩顶横梁施工→贝雷架施工→少支架平台上满堂支架施工→模板主梁施工→模板次梁及底模施工→支架预压→钢筋混凝土施工→支架拆除。

施工步骤(条形基础):地基处理→条形基础施工→钢管桩施工→钢管桩间平联及斜撑施工→桩顶横梁施工→贝雷架施工→少支架平台上满堂支架施工→模板主梁施工→模板次梁及底模施工→支架预压→钢筋混凝土施工→支架拆除。

1. 支架安装精度和质量控制

1)基础承载力控制

钢管桩基础采用"80t 履带式起重机 + DZ180 振动锤"进行沉桩,为确保承载力,钢管桩沉放以桩尖高程为主,以最终贯入度为校核,且桩底的持力层为圆砾。条形基础需进行地基处理,重点控制开挖的地基承载力。不满足要求的地基必须继续开挖。

2)立柱倾斜度控制

钢管桩倾斜度超标,对其水平方向稳定性不利。钢管桩在施工过程中,现场全程测控校核,单节钢管桩或钢立柱垂直度偏差不应大于 $L/1000$(L 为高度),且不应大于 10mm。钢立柱或钢管桩整体垂直度偏差≤($H/2500+10.0$)mm,且不应大于 50mm(H 为钢管桩整体高度)。

3)主横梁和纵向贝雷梁弯曲矢高控制

因为支架钢结构大多为周转使用材料,关注的焦点一般是其表观质量(锈蚀程度),以及结构尺寸和厚度等内容,新旧程度导致力学性能差异较大。施工中最容易被忽视的是型钢梁的侧向弯曲和扭曲,以及贝雷梁的侧向弯曲。其中,主横梁及其他型钢侧向弯曲矢高不大于 $L/1000$,且不大于 10mm(L 为梁的跨度),扭曲不大于 $h/250$(h 为型钢高度),且不大于 5mm;贝雷梁侧向弯曲矢高应小于跨度的 1/1000 且不得大于 20mm。少支架施工图如图 10 所示。

图 10 少支架施工图

2. 支架预压与沉降观测

为了检验现浇支架受力安全性,得到支架的沉降量、非弹性变形以及承台区支架与陆地支架不均匀沉降数据。按规范规定,须对现浇支架进行压载试验,试验荷载取支架对应主梁重量的 1.2 倍。在平台顶面上设置观测点,每跨观测 3 个断面,分别为每跨端部及跨中,每断面主要设置 27 个点,分别设在左右幅支点位置。支架预压前对各观测点的高程进行观测,在钢管桩顶面亦设置测点。压载通过沙袋来实现,加载时按照 30%、75%、120% 设计荷载分级加载,加载时指定专人、指定仪器观测,注意加载重量的大小和加荷速率,每级加载完成后,停止下一级加载,并每间隔 12h 对平台沉降进行依次监测。当平台顶部监测点12h的沉降量平均值小于2mm,进行下一级加载。预压结束后,实测支架沉降不超过20mm,满足规范要求。少支架堆载预压图如图11所示。

图11　少支架堆载预压图

五、结　语

湘潭市窑湾景区配套基础设施建设项目(南北引线二期)辅助跨预应力混凝土箱梁现浇,采用少支架结构施工,经过项目部不断与专家、班组开会调整方案,精心设计、精心施工,在窑湾项目杨梅洲岛上地质气候条件和超宽超高箱梁的复杂情况下,施工安全和质量得到了有力保证,并使得大部分支架得以提前拆除,提高了支架材料的周转率,取得了明显的经济效益,可为类似超宽超高混凝土箱梁且工期较长的工程提供借鉴。

参考文献

[1] 庞廷宇.深水大跨少支点现浇支架施工的应用[J].佳木斯大学学报(自然科学版),2017,35(4):548-551,576.

[2] 潘怡宏.少支点支架法施工整体现浇箱梁中的关键技术[J].城市道桥与防洪,2014(3):87-90,98,9.

[3] 孙健,祁丛林,潘龙,等.海中风浪深水区青龙湾大桥少支点支架施工技术[J].施工技术,2016,45(24):36-38.

[4] 章志灵.围堰与少支点支架方案在现浇箱梁跨河施工中的应用对比[C]//2015年5月建筑科技与管理学术交流会论文集,2015:189-190.

[5] 张胜利,王晓冬.西堠门大桥北塔横梁施工方案对受力状态影响的对比分析[J].公路,2009(1):48-53.

29.组合梁斜拉桥的装配式UHPC桥面结构设计关键技术

聂　鑫[1]　辛公锋[2,3]　孟　姣[1]　龙关旭[2,3]

(1.清华大学土木工程系;2.山东高速集团有限公司创新研究院;
3.山东省高速公路技术和安全评估重点实验室)

摘　要　沾化至临淄公路黄河特大桥主桥采用80m+180m+442m+180m+80m双塔斜拉桥,主梁为双边钢箱组合梁形式，首次在该主梁形式中采用了装配式 UHPC 桥面结构，本文围绕该依托工程桥面结构的预制板形式、拼缝构造措施以及施工方案展开研究，并利用 Midas Civil 建立全桥有限元模型分析，结果表明，双边钢箱组合梁斜拉桥采用装配式 UHPC 桥面结构可有效降低桥面自重，提高施工机械化程度，缩短桥面结构施工周期，提升桥面结构的耐久性。

关键词 装配式 组合梁斜拉桥 UHPC 预制板 拼缝构造 长大桥梁

一、引 言

采用高性能的复合材料、装配化的建造方式，是长大桥梁结构的发展趋势之一[1-2]。超高性能混凝土(UHPC)作为一种新型高性能复合材料，具有抗压强度极高、开裂应力高、韧性好、耐久性好等特点，在长大桥梁桥面结构中的应用越来越广泛[3-5]。装配式桥面结构主要由预制部分与现场湿接带组成，大部分构件可提前在工厂制作完成，现场采用机械化作业方式安装到位，然后浇筑湿接带部位，该成型方式可有效减少现场桥面板工程量，缩短施工周期。将 UHPC 材料与装配式桥面结构结合，是一种新型桥面结构体系，可有效降低桥面结构自重，提升结构的抗裂能力和耐久性，在中小跨径梁式桥梁中的应用研究[6-7]和整体式钢箱组合梁斜拉桥[8-9]的实践中均表明，该新型桥面结构体系综合效益明显。

沾化至临淄公路黄河特大桥主桥采用组合梁斜拉桥结构，主梁为双边钢箱组合梁形式，桥面结构首次采用装配式 UHPC 桥面结构，本文从该桥面结构的预制板设计、拼缝构造设计以及施工方案设计三个方面展开分析，明确该新型桥面结构体系的关键设计问题，论证该新型桥面结构体系的优越性，为同类长大桥梁主桥的桥面结构选型提供参考。

二、工 程 背 景

1. 工程概况

本工程主桥为双塔双索面钢-混组合梁斜拉桥，跨径布置为 80m + 180m + 442m + 180m + 80m = 962m，桥面宽 34.3m，含检修道宽 38m。主梁采用双边钢箱钢-混组合截面，顶面设双向 2% 横坡，桥梁中心线处梁高 3.55m。横隔板间距为 4m，钢梁上翼缘板厚 20mm、外腹板厚 30mm、内腹板厚 20mm、底板厚 24mm。在边钢箱横隔板处设置横梁连接两侧边钢箱，横梁采用工字形断面，上翼缘板厚度 20mm、腹板厚度 16mm、底板厚度 30mm。工程采用 UHPC 桥面结构，通过板内预埋构件和栓钉与主梁连接在一起，而后浇筑湿接带形成桥面。为减少预制桥板的尺寸和吊装重量，在钢横梁跨中顶面设置一道小纵梁，以减小桥面板的有效跨度。全桥钢梁总长 961.04m，为便于制造和运输，共划分为 80 个梁段，各梁段之间采用工地现场焊接形成整体，而后逐一顶推到位安装。工程概况如图 1 所示。

2. UHPC 桥面板设计

本工程主桥共采用 320 块 UHPC 预制桥面板，尺寸共 4 种，分别为 11640mm × 6230mm、11640mm × 9075mm、10640mm × 6230mm、10640mm × 9075mm。UHPC 桥面板厚 170mm，布设双层钢筋网，横纵向钢筋间距均为 100mm，纵桥向配置 C18 钢筋，横桥向配置 C16 钢筋，纵向钢筋设置在横向钢筋外侧，两钢筋网片间设置 C8 拉筋，桥面板顶、底面钢筋净保护层厚度均为 20mm。板内钢筋等级均为 HRB400 级。

由于 UHPC 预制桥面板在横隔板处通过湿接带浇筑形成整体，可视为以横隔板处为支座的连续梁结构，连续梁跨度为横隔板间距 4m，取单位车道宽度 3.75 m 作为梁宽，均布恒荷载为 25.2 kN/m，按《公路桥涵设计通用规范》(JTG D60—2015) 取车辆活荷载，计算简图如图 2 所示，根据影响线分析，当车辆活荷载布置于跨径的三等分点处时对桥面板负弯矩区最为不利，布置于跨中时对桥面板正弯矩区最为不利，可计算出支座处桥面板负弯矩最大值为 207.64kN · m，正弯矩最大值为 158.8kN · m。按不开裂截面可计算得到 UHPC 桥面板表面拉应力最大为 10.3MPa，小于湿接缝处 UHPC 材料的开裂应力 13MPa，说明桥面板未开裂，满足设计要求。

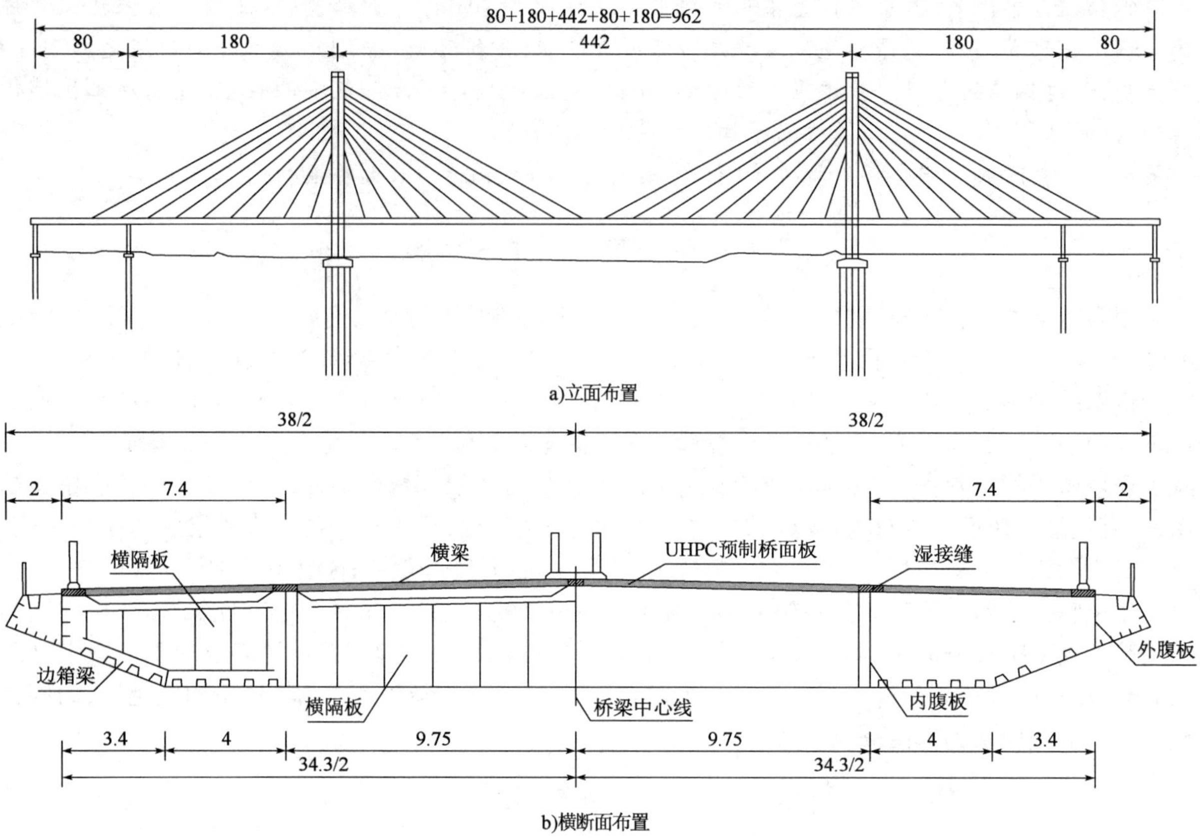

图1　工程概况(尺寸单位:m)

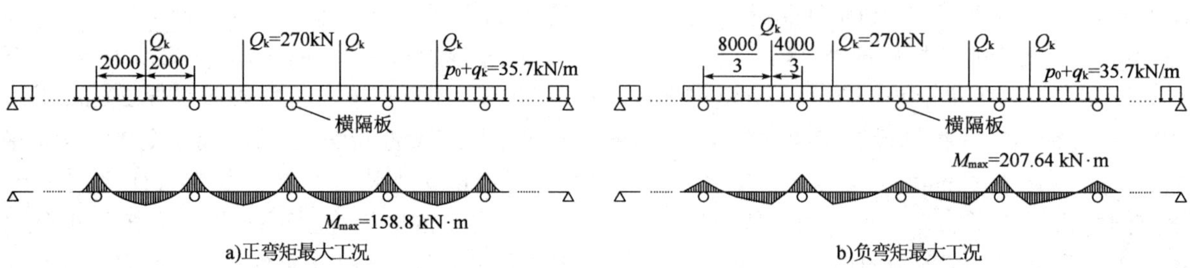

图2　UHPC桥面板计算简图(尺寸单位:mm)

为凸显UHPC桥面板相比于传统钢筋混凝土桥面板的优势,这里采用C50混凝土按相同板厚计算此时桥面板的应力情况,由于桥面板表面拉应力最大达10.3MPa,已经远超C50混凝土的抗拉应力,因此应按照《混凝土结构设计规范》(GB 50010—2010)计算钢筋混凝土桥面板最大裂缝宽度,选择与UHPC板同样的配筋形式,此时传统C50钢筋混凝土桥面板的最大裂缝宽度为0.13mm,将严重影响结构的耐久性。需要注意的是,0.13mm的裂缝宽度仅是车道荷载作用下桥面板体系计算出来的结果,实际情况下,桥面板与钢梁将形成组合作用,参与到斜拉桥的整体受力中,若考虑整体受力引起的桥面板拉应力,采用传统C50钢筋混凝土桥面板的裂缝宽度将无法满足设计限值要求,必须要增加纵向预应力。另一方面,若通过增加板厚的形式提升传统C50钢筋混凝土板的抗裂能力,在相同配筋下,桥面板的厚度达到400mm时,最大拉应力小于材料开裂应力,而此时桥面板的自重增加了近1.4倍,这将直接导致斜拉桥跨中自重过大,桥塔和拉索的工程量成倍增加,建造成本大幅增加,在实际工程中不可行。

通过对比可知,相比于传统钢筋混凝土桥面板,在同等厚度和配筋时,UHPC桥面板可有效防止结构开裂,提升结构的耐久性,减少后期维修养护成本,按桥面不开裂原则控制设计时,UHPC桥面板仅需170mm厚,传统钢筋混凝土桥面板需400mm厚,本工程钢主梁密度约500kg/m^2,采用UHPC桥面板后主体结构自重可降低38%。

3. 拼缝构造设计

在本工程中UHPC桥面结构采用工厂预制、现场浇筑湿接带成型的装配式施工工艺，以期加快现场施工速度，提升桥梁施工的机械化程度。传统的UHPC桥面板结构在施工时，由于预制板外伸钢筋，安装时外伸钢筋与钢梁的栓钉、相邻预制板的外伸钢筋存在较为严重的冲突问题，导致安装困难，经常需要对钢筋进行弯折或切割才能安装到位，针对上述预制桥面板施工过程中普遍存在的问题，本工程采用了一种新型不出筋的开槽连接拼缝构造[10]，如图3所示，预制板在制作时侧边不外伸钢筋，改为在侧边开设矩形槽口，这样避免了在安装过程中外伸钢筋冲突的问题，安装速度明显提升，为确保板与板、板与钢梁之间的可靠传力，在预制板安装到位之后，在槽口内放置搭接钢筋，搭接钢筋采用封闭矩形箍筋形式，两侧边分别锚固于两端预制板的槽口中，通过合理调整槽口的长度可控制搭接钢筋的锚固长度，确保相邻预制板之间、预制板与钢梁之间的可靠传力。需要特别指出的是，槽口内壁通过调整开槽模具的形状，可设计为凹凸不平的侧壁，如图3e)所示，该形式的侧壁与槽口内后浇的UHPC材料可以彼此咬合，结合UHPC材料开裂应力高、抗压强度高的力学特点，在相同的槽口尺寸下，该槽口形式相比于普通混凝土材料形成的槽口对搭接钢筋具有更强的握裹能力和锚固能力，可有效减少搭接钢筋的锚固长度，节约搭接钢筋的用量。

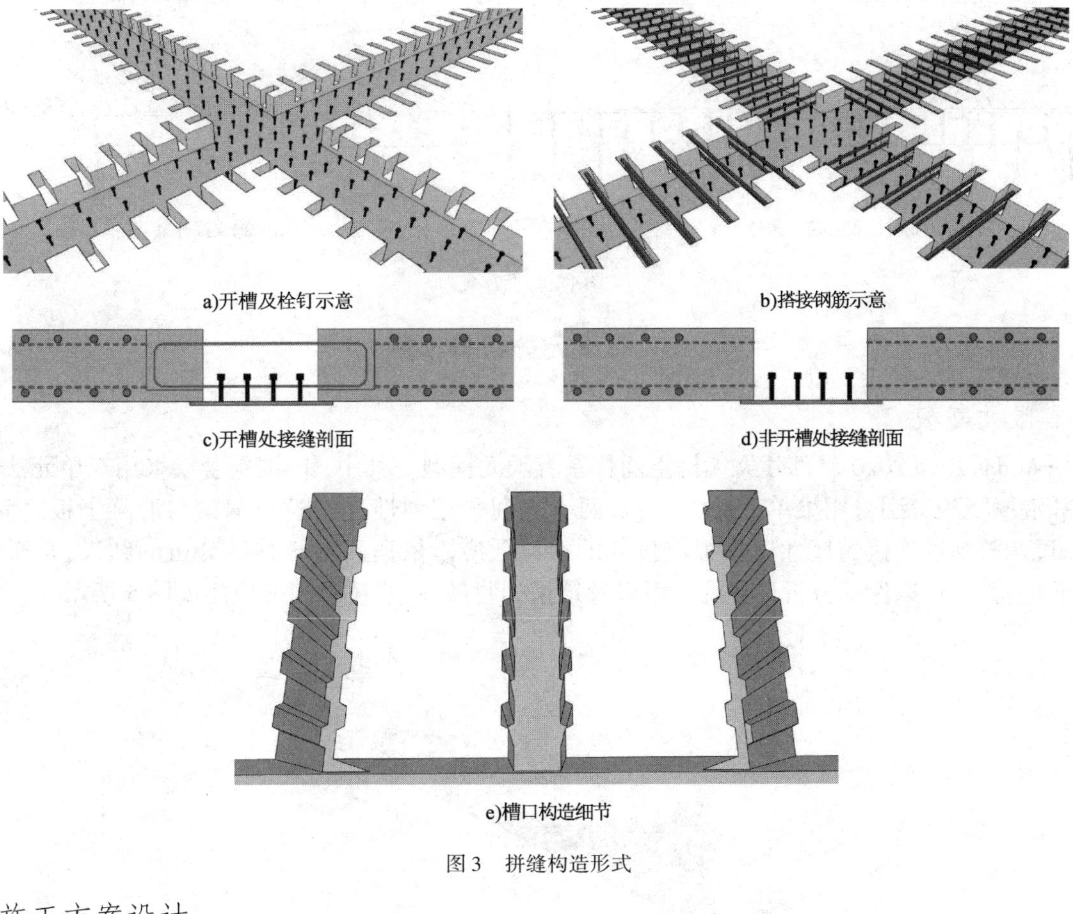

a)开槽及栓钉示意　b)搭接钢筋示意　c)开槽处接缝剖面　d)非开槽处接缝剖面　e)槽口构造细节

图3　拼缝构造形式

4. 施工方案设计

常用的斜拉桥主梁施工方案有顶推施工法、悬臂施工法、转体施工法、支架施工法，以及大节段吊装施工法等[11-12]。顶推施工法具有施工占地少、全桥整体性好、施工机具简便、施工精度高的优势。与支架法、转体法相比，顶推施工不需要大面积设置临时支架，施工占地少、对交通影响小。且临时墩可回收利用，对场地平整度的要求更低，适用范围更广。与悬臂法相比，顶推施工桥段间的连接作业均在组拼平台上完成，更容易保证施工质量；且桥面一次成形，更容易控制全桥线形，精度更高。与大节段吊装法相比，顶推施工的节段尺度较小，更方便运输，更容易控制定位精度；且施工过程需要的设施更简便，不需要大型起重设备。

本工程施工上采用带预制板的整体式顶推方案。在引桥侧搭设组拼平台，在桥墩间设置钢管混凝土临时墩，基本墩距为45m。单节段主梁在组装平台上进行钢结构组拼和预制板铺设，与主梁间通过焊接连接，通过顶推装置准确拼装定位。顶推装置由滑动装置和导向装置组成。主梁节段拼装好后，进行湿接缝的施工，并安装斜拉索。斜拉索张拉后，将临时墩和组拼平台拆除，使荷载转移至桥墩上，完成主梁施工。由于桥面结构采用UHPC材料，结构自重大大减轻，因此在顶推施工时，可以将桥面湿接缝先浇筑完成并成形，利用UHPC材料自身优良的抗裂性能，抵抗顶推时悬臂梁端部负弯矩引起的拉应力，且不会开裂，这种顶推方式将桥面结构成形工序与钢梁安装工序合并，减少了顶推到位后桥面板的施工时间，大大缩短了斜拉桥的建造周期。施工方案如图4所示。

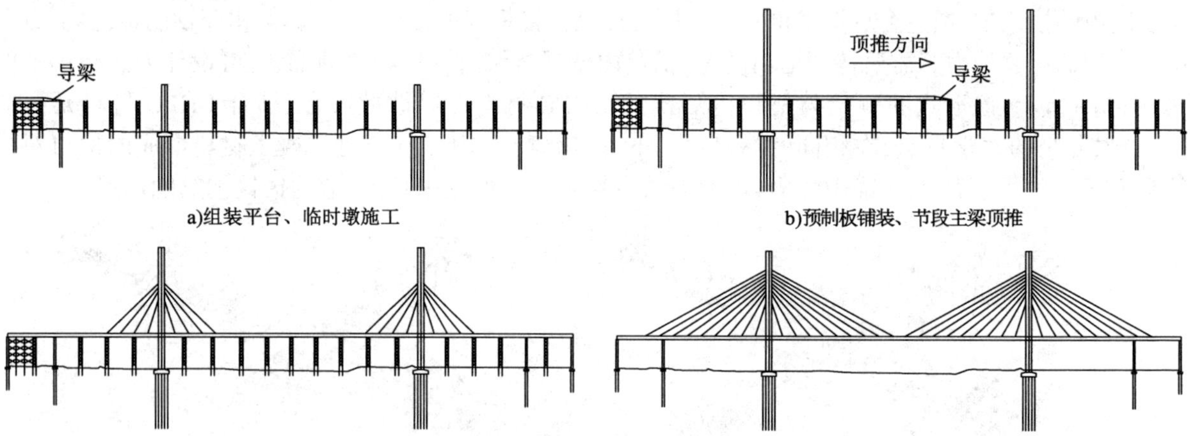

a)组装平台、临时墩施工　b)预制板铺装、节段主梁顶推

c)斜拉索安装、张拉　d)临时支撑拆除

图4　施工方案

三、有限元分析与计算

1. 有限元建模

采用Midas Civil 2020软件建立大桥空间杆系有限元模型。其中，钢-混组合梁采用双单元法建模，即钢箱梁和混凝土板分别采用梁单元单独模拟，两者之间采用弹性连接模拟钢梁与混凝土板之间的连接件，可通过调整弹性连接的属性以模拟连接件的滑移效应。依据网格敏感性分析的结果，全桥按照5m一个单元进行划分，以保证分析计算的效率以及结果的收敛性，全桥有限元模型如图5所示。

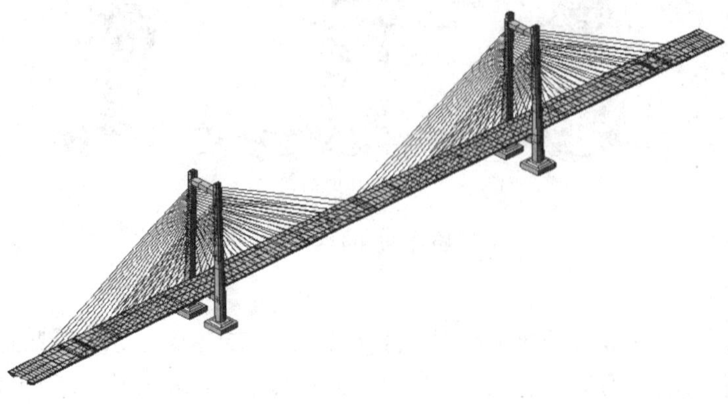

图5　有限元模型

2. 运营阶段分析结果

表1统计了采用UHPC桥面板的组合梁斜拉桥设计结果，可以看到，在标准组合下，钢梁最大拉、压

应力均控制在 210MPa 以内,斜拉索的最大拉应力为 740MPa,均满足设计要求。由于全桥均未配置纵向预应力束,UHPC 桥面板在跨中位置和边跨过渡墩位置出现了一定的拉应力,最大为 2.3MPa,但仍然小于材料抗拉应力设计值,满足设计要求。活载下最大竖向挠度为 397mm,挠跨比为 1/1113,满足设计要求,说明 UHPC 组合梁斜拉桥具有足够的竖向刚度。此外,表 1 还统计了当组合梁斜拉桥采用普通混凝土桥面板时的设计结果,可以看到,由于普通混凝土桥面板较厚,结构自重增加较多,导致钢梁最大拉、压应力分别增加了 32MPa(增幅 24%)、11MPa(增幅 8%),斜拉索最大拉应力增加 230MPa(增幅 31%),桥面板最大拉应力增加了 0.8MPa(增幅 35%),达 3.1MPa,说明普通混凝土桥面已经开裂,无法满足设计要求,需要加强配筋或者导入预应力钢束。

组合梁斜拉桥整体设计结果 表 1

指 标	UHPC 桥面板方案	普通混凝土桥面板方案
钢梁最大拉应力(MPa)	134	166
钢梁最大压应力(MPa)	132	143
斜拉索最大拉应力(MPa)	740	970
桥面板最大拉应力(MPa)	2.3	3.1
挠跨比	1/1113	1/1120

注:普通钢筋混凝土桥面板方案的混凝土板厚为 300mm,配筋形式与 UHPC 板完全一致,以控制局部桥面板结构受力体系下最大裂缝宽度小于 0.1mm。表中桥面板最大拉应力计算结果为整体受力分析时桥面板所承担的拉应力,未叠加在局部受力下车辆荷载引起的拉应力。

3. 施工阶段分析结果

本桥采用顶推带桥面的梁体到位、再张拉拉索的施工方案,施工过程中对于顶推节段钢梁应力、桥面板应力以及悬挑端挠度的控制尤为重要。表 2 统计了采用 UHPC 桥面板的组合梁斜拉桥梁体在顶推过程中的设计结果,可以看到,钢梁最大拉、压应力分别只有 50MPa 和 80MPa,满足设计要求。顶推端最大挠度为 30mm,控制在可矫正的范围内。桥面板最大拉应力为 3.2MPa,小于 UHPC 材料的开裂应力,无须增加临时预应力束防止开裂。此外,表 2 还统计了当组合梁斜拉桥采用普通混凝土桥面板时的设计结果,可以看到,由于普通混凝土桥面板较厚,结构自重增加较多,导致顶推过程中的梁体应力和支撑反力明显增加,钢梁最大拉、压应力分别增加 28MPa(增幅 56%)、43MPa(增幅 54%),顶推段最大挠度增加了 42mm(增幅 140%),桥面板最大拉应力增加了 2.2MPa(增幅 69%),达 5.4MPa,已经远超普通混凝土桥面的开裂应力,无法满足设计要求,需要加强配筋或者导入预应力钢束。此外,顶推时临时支撑反力也增加了 1238kN(增幅 55%),导致临时支撑的工程量也会相应地增加。

顶推施工分析结果 表 2

指 标	UHPC 桥面板方案	普通混凝土桥面板方案
钢梁最大拉应力(MPa)	50	78
钢梁最大压应力(MPa)	80	123
顶推端最大挠度(mm)	30	72
桥面板最大拉应力(MPa)	3.2	5.4
临时支撑反力(kN)	2250	3488

注:普通钢筋混凝土桥面板方案的混凝土板厚为 300mm,配筋形式与 UHPC 板完全一致,以控制局部桥面板结构受力体系下最大裂缝宽度小于 0.1mm。表中桥面板最大拉应力计算结果为整体顶推分析时桥面板所承担的拉应力。

四、结 语

本文以实际工程为依托,介绍了装配式钢 - UHPC 组合梁斜拉桥的关键设计技术,包括 UHPC 预制板的结构形式、拼缝构造形式和施工方案,建立全桥有限元模型分析了组合梁斜拉桥在运营阶段和施工

阶段的设计结果,得到的结论包括:

(1)采用UHPC材料可有效降低桥面板尺寸,减轻组合梁自重,相比于普通混凝土桥面板,采用UHPC桥面板后,斜拉桥组合梁的自重可降低38%。

(2)采用开槽形式的拼缝构造可解决UHPC桥面板在安装过程中外伸胡子筋冲突的难题,提高安装效率,凹凸不平的槽口形式结合UHPC材料优越的力学性能,可有效提升槽口对搭接钢筋的锚固能力,减少钢筋锚固长度。

(3)采用UHPC桥面结构的组合梁可带桥面板顶推施工,有效缩短施工周期,临时支撑间距可达45m,下部临时支撑工程量较少。

(4)在运营与施工阶段,相比于采用普通混凝土桥面结构,采用UHPC桥面结构后,组合梁斜拉桥的应力水平明显降低,而整体刚度不变,顶推时竖向变形更小,桥面板不会开裂,无须施加纵向预应力束。

参考文献

[1] 刘明虎.桥梁钢-混凝土结合技术工程实践与展望[J].桥梁建设,2022,52(1):18-25.

[2] 高玉军,邵建冬,孙武,等.UHPC预制桥面板的研发与应用[J].混凝土与水泥制品,2021(10):42-47.

[3] 聂建国.钢-混凝土组合结构桥梁[M].北京:人民交通出版社,2011.

[4] 吴庆雄,刘钰薇,江越胜,等.墩梁半刚性连接的钢-混组合梁整体桥设计[J].桥梁建设,2019,49(1):101-106.

[5] 张志豪,陈露一,伍贤智,等.大跨度桥梁超高性能混凝土-钢组合桥面铺装应用技术研究[J].新型建筑材料,2022,49(06):91-96.

[6] 胡俊德.钢板-UHPC-NC组合梁桥抗弯性能试验研究[D].长沙:湖南大学,2020.

[7] 覃宗华,李自强,陈平,等.跨海大桥施工栈桥UHPC桥面板承载性能试验研究[J].武汉理工大学学报(交通科学与工程版),2019,43(01):52-55.

[8] 张兴志,方明山,刘佳玲,等.叠合梁斜拉桥桥面板超高性能混凝土湿接缝应用研究[J].施工技术,2021,50(11):27-30.

[9] 贺耀北,邵旭东,刘榕,等.斜拉桥双边工字钢-UHPC桥面板组合梁静力性能研究[J].桥梁建设,2019,49(01):47-52.

[10] 聂鑫,赵鹤,聂建国,等.采用板端不出筋预制板的装配式钢-混凝土组合楼盖体系:CN210622059U[P].2020-05-26.

[11] 钱莞臻.港珠澳大桥斜拉桥上部结构的施工方案的比较研究[D].广州:华南理工大学,2016.

[12] 何红丽.海拉尔哈萨尔斜拉桥主梁施工方案优化设计[J].辽宁省交通高等专科学校学报,2012,14(4):1-4.

30.大跨度悬索桥重力式锚碇设计研究进展

李小刚[1] 武守信[2] 冯 君[2] 庄卫林[2] 江昕宇[2] 张奇奇[2]

(1.中国电建集团华东勘测设计研究院有限公司;2.西南交通大学土木工程学院)

摘 要 重力式锚碇是广泛使用的一种悬索桥锚碇形式,其优点是传力途径直接明确,对地质条件的适应性强;其缺点是体积庞大,造价昂贵。如何减小锚碇体积,降低锚碇造价,减少锚碇对环境的扰动,就成为大跨度悬索桥发展中亟待解决的问题。本文总结和评述迄今为止我国大跨度悬索桥重力式锚碇形式的发展,为解决锚碇大体积问题提供思路。分析结果表明,在结构设计方面,锚体结构设计已不存在困难,而锚碇基础设计成为控制锚碇抗滑移和抗倾覆稳定性的关键。嵌桩式重力锚和凸榫基础重力锚可以显著降低锚碇体积和自重，但其摩擦-嵌固联合抗滑机理和两者的耦合作用尚不清楚，有待深入研究。

关键词 桥梁工程 重力式锚碇 研究进展 悬索桥 稳定性 承载机理

一、引　言

锚碇是悬索桥的重要组成部分，也是保证悬索桥安全承载的关键结构。重力式锚碇的特点是传力途径直接明确，施工难度较小，对地质条件的适应性强——不仅适用于岩石地基，也适合于软土地基，因而重力式锚碇成为悬索桥使用最广泛的一种锚碇形式，尤其在岩石地基上应用最多[1-4]。重力式锚碇的突出缺点是体型庞大、占地面积大、造价昂贵。在生态敏感地区和城市景观区，巨大的锚碇体积破坏了周围环境的协调，而大体积锚碇的施工对生态环境和景观也构成威胁。如何减小锚碇体积，减少锚碇对环境的扰动，就成为大跨度悬索桥发展中亟待解决的问题。在过去的二十多年里，我国在大跨度悬索桥重力式锚碇的设计研究方面取得了举世瞩目的成就，提出了不少新的重力式锚碇结构形式，本文试图总结和评述重力式锚碇的设计研究进展，为解决重力式锚碇的大体积问题提供思路，并对未来大跨度悬索桥重力式锚碇的发展方向进行展望。

二、重力式锚碇的结构形式

一般重力式锚碇可分为锚固结构（也称为锚体）和锚碇基础两部分。其中锚固结构是将主缆与锚碇连接起来的结构；锚碇基础是指直接和地基接触并提供抗滑力的部分（图1a）。实际工程中，有些重力式锚碇的锚固结构和锚碇基础并无明显的分界，有的文献将这类重力式锚碇称为无基础锚碇[1]（图1b）。由于混凝土强度的不断提高，锚体的强度特性已能满足索股锚固区的局部强度要求，因此锚体结构设计已不存在困难，而锚碇基础的设计就成为控制重力式锚碇抗滑移和抗倾覆稳定性的关键。重力锚基础的设计与桥位处的地形、地质条件及地基承载力有关。与一般桥梁墩台基础所不同的是，重力式锚碇基础主要抵抗的是水平荷载。归纳起来，国内外已有的重力式锚碇基础大致分为刚性扩大基础、群桩基础、沉井（沉箱）基础、地下连续墙基础，以及复合基础等。

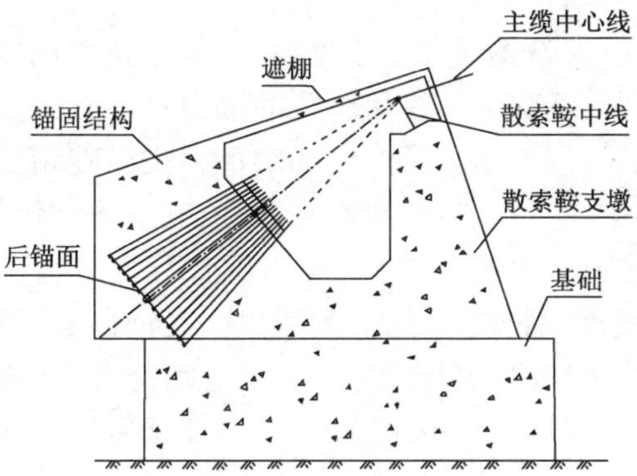

a)有基础重力式锚碇(实体基础)

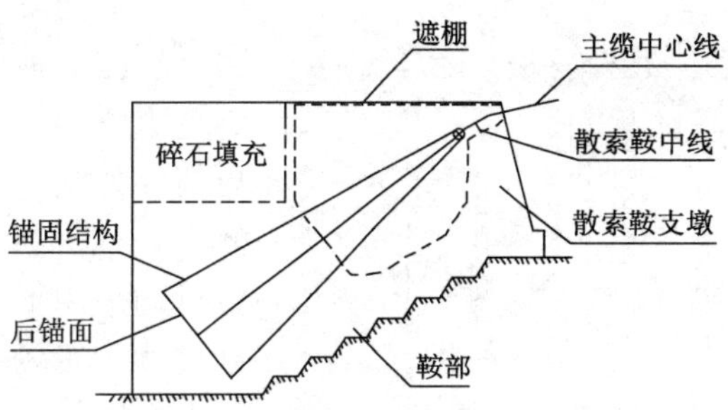

b)无基础重力式锚碇

图1　典型的重力式锚碇

三、刚性扩大基础

刚性扩大基础是最简单的重力锚基础。它的特点是构造简单、施工方便，通常是岩石地基上重力式锚碇基础的首选形式。这种重力锚基础一般有两种结构形式：平底结构（图2a）和齿坎结构（图2b）。平底基础依靠基础和地基之间的摩擦力提供抗滑力，而齿坎式基础除了依靠摩擦力之外，还依靠地基齿坎垂直面和锚碇基础侧面的接触压力提供抗滑作用。齿坎的存在不仅提高了锚碇基础的抗滑力，而且还可以使锚碇重心向后、向下移动，有利于提高锚碇的抗倾覆稳定性，因而齿坎式重力锚在悬索桥中应用较多。一些重力式锚碇的平底基础为了增加抗滑力，还设有向后的倒坡，例如1999年建成的福建厦门海沧大桥的重力式锚碇(图2c)[5]。对于岩质较好的地基,大多数重力式锚碇的地基设置有多级齿坎,有的齿坎式重力锚碇通常嵌入基岩较深,也称之为嵌岩式重力锚,图2d)是位于湖北宜昌的白洋长江公路大桥白洋岸的齿坎式重力锚[6]。

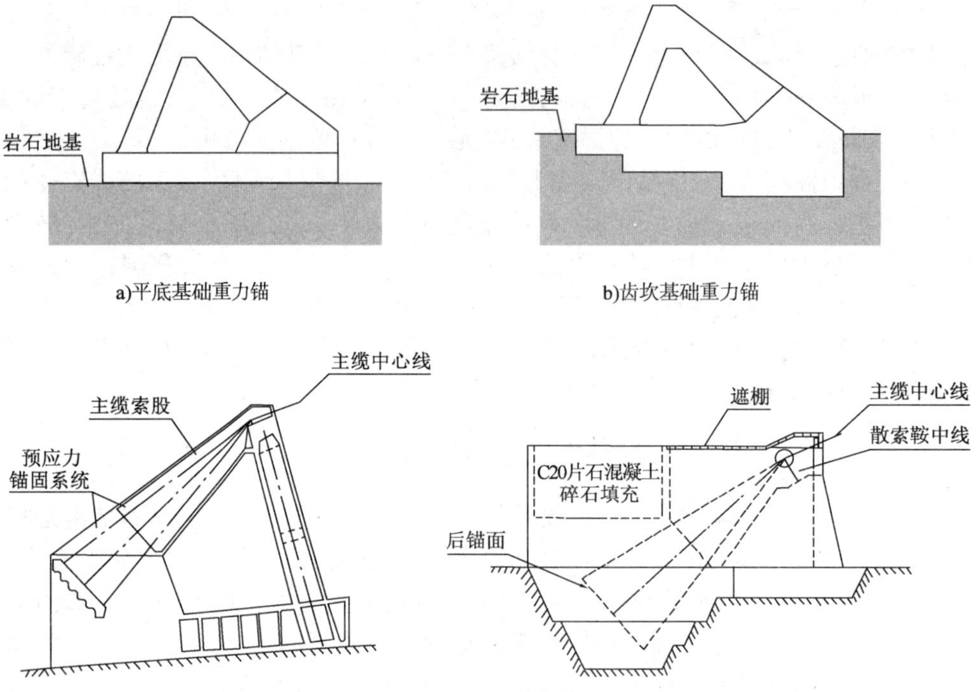

a)平底基础重力锚　b)齿坎基础重力锚

c)基底具有倒坡的重力锚　d)嵌岩式重力锚

图2　刚性扩大基础重力锚示意图

四、沉 井 基 础

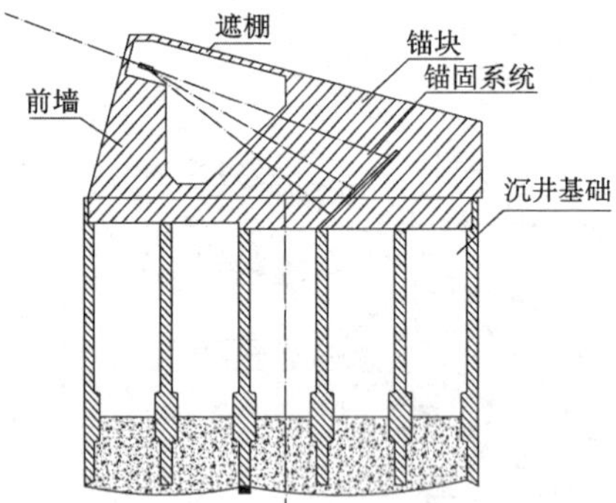

图3　沉井基础重力式锚碇

沉井基础刚度大,整体性和稳定性好,适合于覆盖层较厚、持力层较深的地质条件或基础位于在深水区的重力式锚碇,也适合于持力层较差的地基条件(图3)。与扩大基础重力式锚碇相比,沉井基础重力锚能承受更大的主缆竖向和水平荷载,其抗拔和抗倾覆能力更高。如我国江阴长江大桥北锚碇,马鞍山长江大桥南北锚碇,五峰山长江大桥北锚碇,日本南、北备赞濑户桥南锚以及丹麦大贝尔特桥均采用了沉井基础重力式锚碇。沉井基础重力锚的缺点是基础尺寸一般较大、下沉较深。由于隔舱多、施工难度较大,需要在施工中加以监控和预防。

五、地下连续墙基础

地下连续墙(简称地连墙)是一种通过挖槽机械在地下挖出深而窄的沟槽,然后在其中浇筑钢筋混凝土而形成的具有防渗、挡土,以及承重功能的连续墙体。地下连续墙框架具有刚度大、强度高、埋置深,以及与地基密贴性好的优点,具有较高的整体抗滑移和抗倾覆稳定性,适合于修建重力式锚碇(图4)。地下连续墙既可以作为基坑的支护结构,也是基础结构的一部分,对各种地层的适应性强,可以代替沉井、沉箱和桩基础。我国虎门大桥东锚碇首次采用圆形地连墙基础。其后,武汉阳逻长江大桥南锚碇、润扬长江大桥北锚碇、南京长江四桥南锚碇、明石海峡大桥神户侧锚碇均采用了地连墙基础。地连墙基础的缺点是如地下有障碍物则难以施工,墙体间连接缝薄弱。

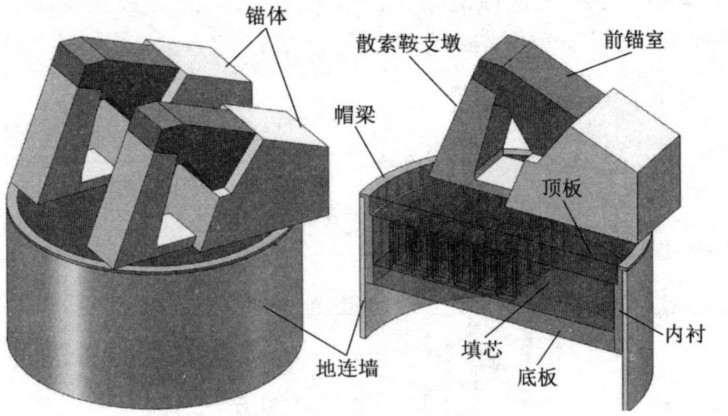

图4 典型的地下连续墙基础重力锚

六、群 桩 基 础

采用群桩基础修建的悬索桥重力式锚碇很罕见。国外仅有少数悬索桥重力锚采用过群桩基础。例如,美国加州洛杉矶的文森托马斯桥(Vincent Thomas Bridge,152m + 457m + 152m,1963 年建成,1990 年维修加固)的重力式锚碇采用群桩基础,共有 188 根桩,锚碇后部有 24 根直桩,其余的 164 根桩均为斜桩以抵抗主缆传给锚碇的水平力(图5)[7];旧金山海湾的新卡圭尼兹大桥(New Carquinez Bridge,147 m + 728m + 181m,2003 年建成)南锚碇群桩基础共有 380 根桩,其中有 209 根斜桩以抵抗锚碇的水平荷载。群桩基础重力锚的优点是适合软土地基、施工方便、锚碇造价低;但它有一个很大的缺点是主缆拉力作用下锚碇的水平位移较大且难以控制。刘效尧[8]、沈锐利和唐正风[9]对桩式基础重力锚碇的可行性研究表明,桩(柱)基础重力式锚碇的位移是可以控制在容许范围内的。我国迄今为止仅有 2019 年 9 月建成的位于安徽省的秋浦河长江大桥重力锚采用了根式桩基础(图6)[10]。由于这座悬索桥的跨度并不大,其设计结论能否用于大跨度悬索桥仍然需要深入研究。

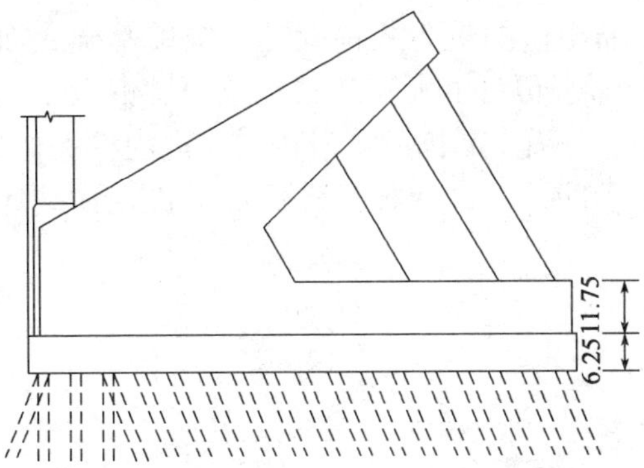

图5 群桩基础重力锚

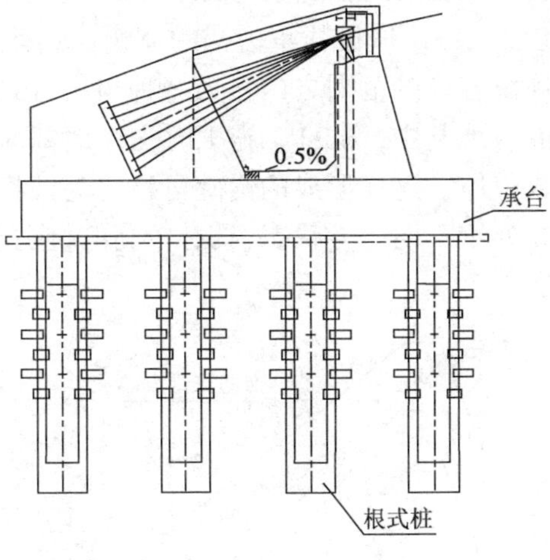

图6 根式桩基础重力锚

七、复 合 基 础

复合基础是在地质条件特别复杂的情况下,合并两种以上基础形式的优点而形成的一种特殊的锚碇基础。我国悬索桥重力式锚碇中的复合基础并不多见。目前可以称之为复合基础的结构多是在水中开挖阶段采用钻孔桩和打入桩进行围堰施工然后浇筑混凝土而形成的实体基础,例如润扬长江公路大桥南锚碇[11]。深中通道伶仃洋大桥东锚碇在规划设计阶段曾经考虑过沉井加嵌岩桩的复合基础方案[12](图7),但后来改为直径为 65m 的 8 字形地连墙基础。广西跨海龙门大桥东岸重力式锚碇基础为直径

90m的圆形结构,施工中采用3.5m大直径混凝土灌注桩和二期槽形成圆形周边,然后开挖基坑,最终形成由混凝土灌注桩和基础填芯共同抵抗锚碇荷载的复合基础。

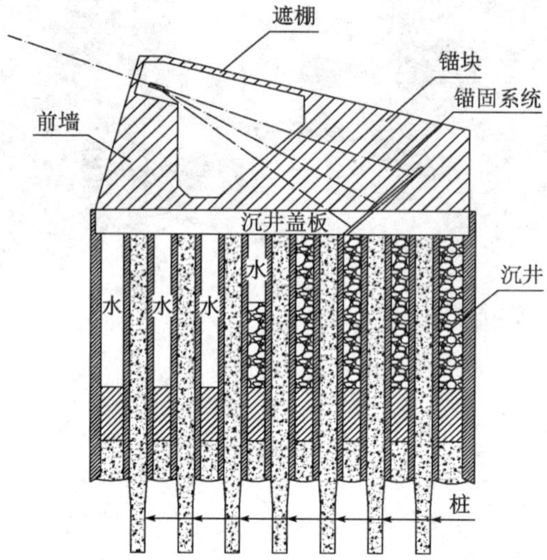

图7　沉井加嵌岩桩复合基础

八、嵌桩式重力锚和凸榫基础重力锚

在地基摩擦系数已知的条件下,不增加锚碇自重而提高重力锚抗滑力的唯一途径是增加地基对基础的锚碇基础嵌固作用[13-14]。在位于杭州生态敏感区的青山湖大桥建设中,提出了一种被称为嵌桩式重力锚的复合基础锚碇。这种嵌桩式重力锚与群桩基础重力锚相似,其主要特点是在基岩中嵌入大直径钢筋混凝土短桩(称为嵌固桩)并和锚碇基础固结,通过嵌固桩的抗剪作用和锚碇基底摩擦力联合抵抗锚碇的水平荷载(图8),由此达到显著减小锚碇体积的目的。初步分析结果表明[15-16],位于硬质基岩上的重力锚,采用合理的嵌固桩布置方案后,嵌固桩的抗滑力可以占到锚碇总抗滑力的20%,锚碇的抗滑稳定系数可以达到2.3。嵌桩式重力锚的体积比齿坎式重力锚可以减小20%以上。锚碇的水平位移可以控制在设计规范容许的范围之内。另一种与嵌桩式重力锚相似的重力式锚碇是在锚碇基础底面布置若干梯形凸榫嵌入地基中(图9)。施工时先在地基面开挖出倒梯形的凹坑,然后浇筑锚碇混凝土使锚碇基础和凸榫形成整体。这样形成的锚碇可称之为凸榫基础重力锚。凸榫的抗滑作用与嵌固桩类似,然而凸榫周围的基岩处于三向应力状态,具有较高的抗剪强度。目前,对这两种锚碇的抗滑机理和破坏模式仍在研究之中。

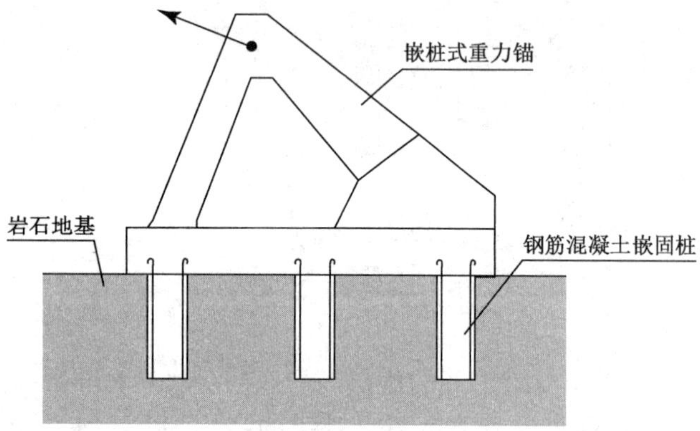

图8　嵌桩式重力锚

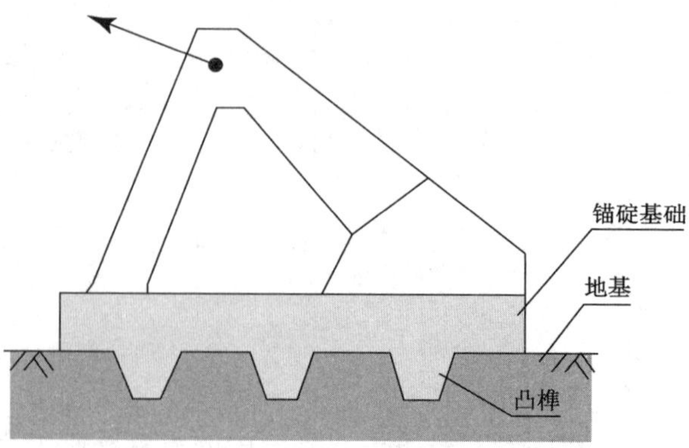

图9　凸榫基础重力锚

需要指出的是,尽管嵌桩式重力锚的施工比扩大基础要复杂,然而,小体积重力锚给保护生态环境和集约型社会发展带来的长远价值远高于施工期间所产生的费用。采用嵌固桩提高锚碇抗滑稳定性无疑是降低锚碇体积的一个有效途径。

九、结　　语

重力式锚碇仍然是悬索桥采用最广泛的一种锚碇形式。锚体设计已不存在困难,决定重力锚稳定性的关键因素是锚碇基础的结构设计。在各种基础形式中,刚性扩大基础在岩石地基或承载力较高的其他地基上应用较多;沉井、地下连续墙基础适合于不良地质情况和位于深水区的锚碇。群桩基础重力式锚碇在国内尚未采用,但其在减小锚碇体积、减低锚碇造价方面具有潜在优势,值得开展研究。

解决重力式锚碇大体积问题的有效途径是在锚碇基础底部增加嵌固桩或凸榫,通过地基对锚碇基础的嵌固约束力获得除摩擦力之外的抗滑作用。初步研究已经表明,嵌桩式重力锚和凸榫基础重力锚可以显著地减小锚碇体积且可以满足稳定性要求。未来需要深入研究这两种重力锚的摩擦-嵌固联合抗滑机理、耦合作用及优化设计方法。这对于显著地减小悬索桥重力式锚碇的体积和自重,降低重力式锚碇造价,具有重要的工程意义。

参考文献

[1] 刘箐霖,梁仁鸿.悬索桥发展概述及展望[J].交通世界(运输车辆),2015,15(5):98-100,103.

[2] 周世忠.30 年来中国大跨度悬索桥的发展[C]//江苏省公路学会优秀论文集(2006－2008),2009:20-23.

[3] 尹小涛,严飞,周磊,等.悬索桥重力式锚碇结构-地基联合承载机制[J].交通运输工程学报,2017,17(2):1-11.

[4] 陈维,张海太,杨小兵.基于抗滑安全的悬索桥重力式锚碇优化[J].中外公路,2019,39(2):120-124.

[5] 孟凡超,袁洪,彭宝华,等.厦门海沧大桥预应力锚碇体系设计[J].预应力技术,2004,(3):2-6.

[6] 舒江,刘琪,彭元诚.白洋长江公路大桥主桥设计[J].桥梁建设,2019,49(1):77-82.

[7] Lam I P, Law H, Martin G R. Bridge Foundations: Modeling Large Pile Groups and Caissons for Seismic Design [R]. Technical Report MCEER－07－0018, Washington D. C.: Federal Highway Administration, U. S. Department of Transportation, 2007.

[8] 刘效尧.悬索桥锚碇桩式基础位移及受力分析[J].桥梁建设,2010,(4):47-51.

[9] 唐正风,沈锐利.悬索桥扩大基础锚碇与桩式基础锚碇对比研究[C]//中国土木工程学会桥梁及结构工程分会.第二十三届全国桥梁学术会议论文集.北京:人民交通出版社股份有限公司,2018:140-146.

[10] 罗晓光.悬索桥根式锚碇基础承载特性理论与试验研究[D].合肥:合肥工业大学,2021.

[11] 钟建驰.润扬长江公路大桥建设(第三册)-悬索桥[M].北京:人民交通出版社,2006.

[12] 朱明权.沉井嵌岩桩复合锚碇基础方案研究[J].安徽建筑,2015,22(5):90-92.

[13] 邓友生,万昌中,时一波,等.特大重力式锚碇的应用研究综述[J].公路工程,2012,37(6):93-96.

[14] 赵启林,陈斌,卓家寿.悬索桥锚碇及地基基础中的力学问题研究动态[J].水利水电科技进展,2001,21(1):22-26＋69.

[15] 何亚东.大跨度悬索桥齿坎式重力锚碇承载机理和稳定性研究[D].成都:西南交通大学,2021.

[16] 江昕宇.大跨度悬索桥嵌桩式重力锚碇承载机理和稳定性研究[D].成都:西南交通大学,2022.

31. 重庆市寨子路跨御临河大桥的设计构思与技术特色

戴建国　李洞明　王春盛
（上海市政工程设计研究总院（集团）有限公司）

摘　要　重庆市寨子路跨御临河大桥位于两江新区龙兴镇，主桥采用钢箱拱组合梁拱桥，采用了少风撑或无风撑提篮拱的造型；引桥采用钢板组合连续梁桥。设计对陡拱少风撑拱桥的稳定、组合梁的耐久性、全桥的养护方法进行了研究，本文重点介绍该桥的设计构思和技术特色。

关键词　拱桥　组合梁　稳定　养护　设计理念　技术创新

一、概　述

1. 工程概况

重庆市两江新区寨子路三期工程地处重庆两江新区龙盛片区龙兴组团的龙兴中心区，规划道路等级为城市主干路，路线呈东西走向，寨子路三期工程西起寨子路二期的渝江路交叉口东侧，跨越御临河，往东止于御复路。道路全长约1.43km，设计速度50km/h。寨子路道路路幅宽度44m，采用机动车道双向8车道，两侧布置人行道。

全线设置御临河大桥一座，桥梁全长633.76m。主桥为中承式双跨连拱，小拱接大拱，跨径布置为131m＋205m；引桥为等高度钢混凝土组合连续梁，标准跨径30～35m。

2. 技术标准

寨子路道路等级为城市主干路，设计车速50km/h，荷载等级采用城-A级。

桥梁横断面分两幅布置，单幅为：3.25m（人行道，含栏杆）＋0.75m（防撞栏杆）＋15.0m（机动车道）＋0.75m（防撞护栏）＝19.75m。

结构抗震基本烈度为Ⅵ度，地震动峰值加速度0.05g，桥梁抗震设防分类为甲类，抗震措施按Ⅶ度设防。

桥梁结构的设计基准期为100年，不可更换构件的设计使用年限为100年。

设计洪水频率：1/300。根据《龙盛片区防洪及水系专项规划》，常水位为173.2m；洪水位为187.730m。

根据长江重庆航运工程勘察设计院完成的《重庆市两江新区寨子路三期跨御临河大桥航道条件与通航安全影响评价报告》，选用100吨级货船（45.0m×5.5m×1.0m）作为代表船型。经计算，生态调节坝运行前，桥位处设计最高通航水位为181.4m，设计最低通航水位为166.5m；生态调节坝运行后，桥位处设计最高通航水位为182.4m，设计最低通航水位为172.2m。桥梁通航净高应不低于6m。桥位处要求一跨跨越通航水域，宽度大于150m。

二、设 计 构 思

御临河的自然条件决定了不可能在这里追求桥梁跨度的记录，着眼于桥梁景观的创新和桥梁科技的发展，希望建成一座形态美观、技术创新并且全寿命经济的大桥。

方案构思源于五彩的飘带。飞扬的飘带犹如琴声在流动，自然而流畅；连续的曲线也是联系御临河两岸的重要纽带；飘扬的线条同时象征着吉祥、美好，如图 1 所示。

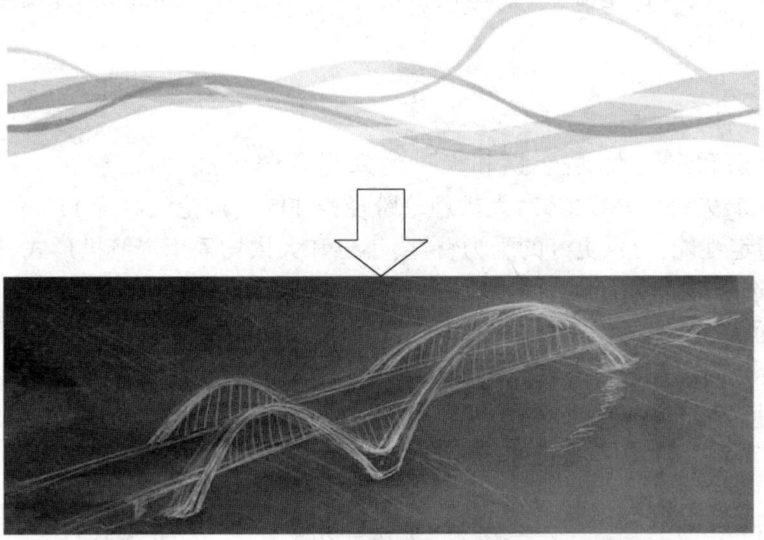

图 1 主桥桥型构思

从桥梁材料来说，混凝土结构桥梁具有取材方便、造价低等优点，但存在自重大、工期长、质性脆、抗裂性差等缺点；钢结构桥梁具有自重轻、工期短、塑性和韧性好等优点，但存在造价高、抗火性差、耐腐蚀性差、桥面铺装易损等缺点；而组合结构可以充分利用两种结构的优点，弥补各自的缺点，具有节约钢材、发挥混凝土性能、降低造价、方便施工、易于养护等特点，使结构具有全寿命经济性。

因此，采用组合结构桥梁方案，希望通过御临河大桥的建设为重庆组合结构桥梁的发展起到积极的推动作用，为我国桥梁建设的发展作出贡献。

三、技 术 特 点

1. 主桥

主桥拱桥为有推力无铰拱，跨径布置 131m + 205m，拱圈固结在拱座上。拱梁交接处，主梁与主拱不固结，主梁支撑在拱圈横系梁上。吊杆区主梁为多点弹性支撑连续梁，梁端支撑在拱圈横系梁上，两者之间设支座、横向限位及纵向阻尼器；大小拱之间为两跨连续组合梁，梁端支撑在拱圈横系梁上；拱圈外侧主梁为引桥连续梁边跨。主桥桥式布置图如图 2 所示。

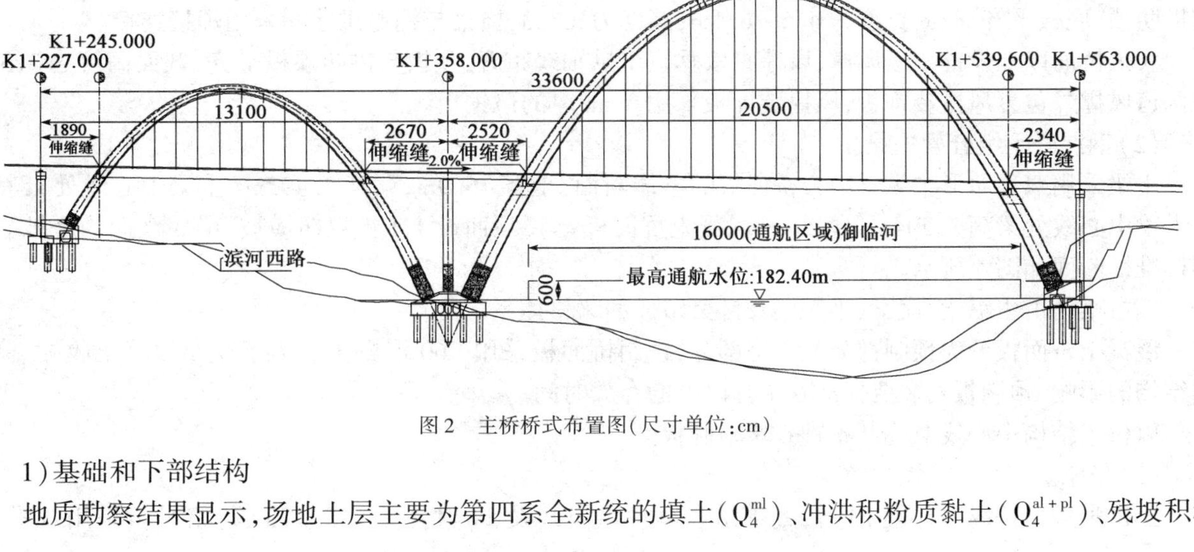

图 2 主桥桥式布置图(尺寸单位:cm)

1) 基础和下部结构

地质勘察结果显示，场地土层主要为第四系全新统的填土(Q_4^{ml})、冲洪积粉质黏土(Q_4^{al+pl})、残坡积粉质黏土(Q_4^{el+dl})及侏罗系中统沙溪庙组(J_{2s})的砂岩、泥岩。

主桥基础采用 ϕ2m 嵌岩桩基础,以抵抗拱桥的推力。桩长约 10m。承台及拱座采用钢筋混凝土结构。

2)上部结构

(1)拱肋、风撑、立柱。

拱肋分为西侧小拱和东侧大拱:小拱和大拱均采用悬链线,拱轴系数 m = 1.6,小拱理论跨径为140m,理论矢高为84m,矢跨比=1/1.67;大拱理论跨径为205m,理论矢高为116m,矢跨比=1/1.77。为提高拱肋平面外的稳定性能,提供更好的受力特性,小拱和大拱均采用提篮拱形式,拱平面内倾11.31°。

大、小拱拱肋均选用全焊钢箱型截面:断面形式均为矩形,小拱拱肋截面宽度2.8m,截面高度从4.5m(理论拱脚点处)变至2.5m(拱顶处),小拱拱肋与承台相交,引桥侧为3.77m,中间承台处为4.23m,大拱拱肋截面宽度2.8m,截面高度从6m(理论拱脚点处)变至3m(拱顶处)。钢箱拱的内部设置纵、横向加劲钢板,沿拱轴线方向每2m左右设置横向加劲肋,每6m左右设置横隔板,吊杆处设锚固隔板,拱肋截面图如图3所示。

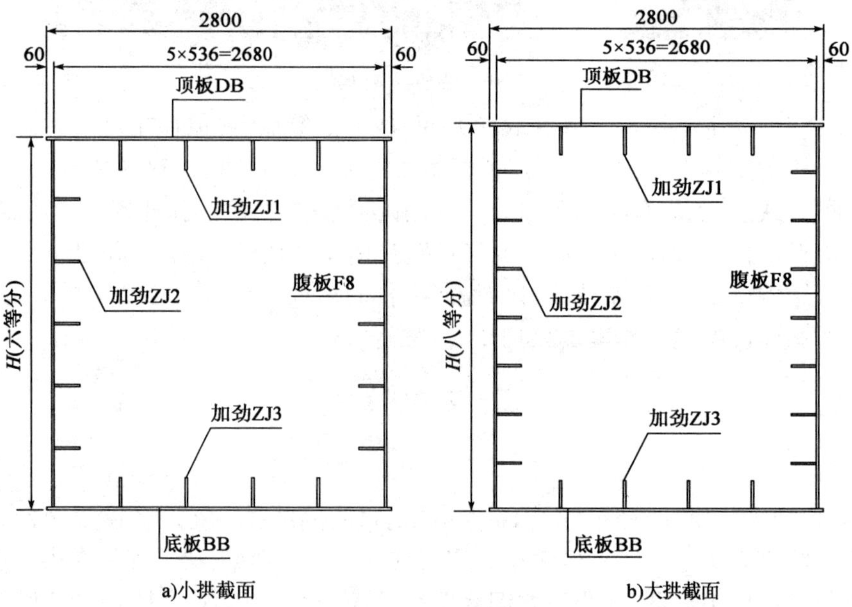

图3 拱肋截面图(尺寸单位:mm)

桥面以下钢箱拱肋间设置箱形横梁,以搁置主梁支座。横梁为梯形断面,顶底板相互平行,腹板分别与拱肋顶、底板平齐,截面宽度为4.6~6.1m,高度为3.0m,横梁与钢箱拱肋间采用焊接连接。

大拱桥面以上设置2道风撑,风撑腹板垂直于拱轴线布置,顶板与拱肋顶板平齐,截面高度为2.5m。在两道风撑外包裹风撑装饰板,风撑装饰板采用8mm厚的薄钢板。

(2)钢混凝土组合梁主梁。

主梁采用双边箱形主纵梁结合桥面板的整体断面,全宽46.9m,梁高3.492m(主梁中心线处),其中主纵梁中心线处梁高3.204m(含26cm混凝土桥面板厚),顶面设1.5%双向横坡,梁底横向为平坡。主梁标准横断面如图4所示。

钢主梁为由主纵梁、横梁、小纵梁及挑梁组成的梁格体系。

混凝土桥面板分为预制部分和现浇部分,预制桥面板采用C60混凝土。为了减小混凝土收缩、徐变对结构的影响,预制板安装要保证6个月以上的存放时间。

以桥梁结构中心线对称共布置6块预制板。

(3)吊索。

小拱吊索全桥纵向共设10对,大拱吊索全桥纵向共设20对,间距均为7m,每组吊索采用双吊杆。

为平衡内倾拱肋的横向分力,吊索竖向不位于拱平面内,与拱平面夹角变化范围为 0.01° ~3.7°。大、小拱共计 4 对边吊索采用规格为 PES7-127 的平行钢丝索;其余 26 对中吊索均采用规格 PES7-109 平行的钢丝索;吊索两端采用冷铸锚,边吊杆锚固规格为 LZM7-127,中间吊杆锚固规格为 LZM7-109,吊索在主梁处采用吊耳形式,拱肋上采用锚箱形式,吊杆在拱肋内张拉。

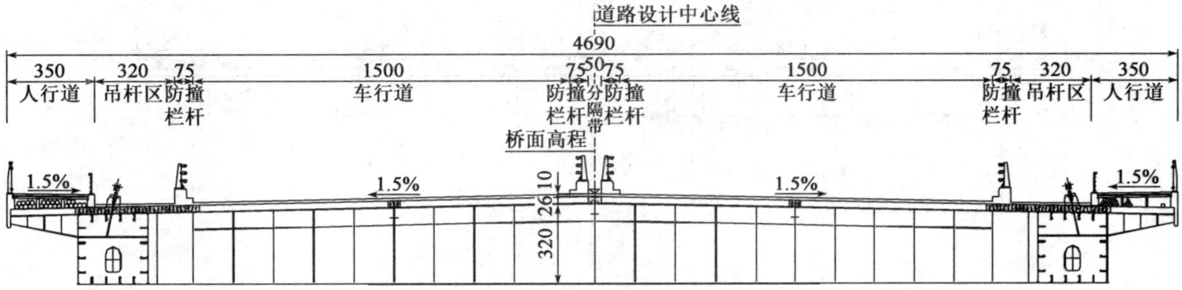

图 4 主梁标准横断面图(尺寸单位:cm)

3)施工方案

(1)主桥下部结构钻孔桩采用旋转钻机成孔,垂直导管法灌注水下混凝土。主墩承台采用简易围堰施工,承台及拱座均按大体积混凝土要求施工。混凝土拱肋和立柱采用整体钢模板浇筑。

(2)小拱拱肋及钢箱梁采用吊机结合支架法架设。

(3)大拱拱肋及河跨钢箱梁的安装施工,原计划采用缆索吊装系统安装,后由施工方提出,采用栈桥拼装、整体提升的方案实施(图 5)。

图 5 大拱采用整体提升施工

2. 引桥

引桥分为西岸引桥和东岸引桥。西岸设置两联,跨径布置分别为 27m + 35m + 33m(左幅)/33m + 32m + 27m(右幅)、30m + 30m + 30m + 18.9m;东岸设置一联引桥,跨径布置为 23.4m + 35m + 35m + 35m。

1)基础和下部结构

引桥下部结构采用盖梁加独柱式桥墩形式。盖梁为预应力混凝土平头盖梁,横桥向宽度为 15.8m,顺桥向宽度为 2.1m,高度为 1.5 ~2.5m,盖梁下面设置倒角以减少体量感。桥墩立柱断面为矩形,设圆形倒角,墩高为 2 ~15m 的桥墩立柱横桥向宽度为 4m,顺桥向宽度为 1.5m;墩高大于 27m 的桥墩立柱横桥向宽度为 4m,顺桥向宽度为 2.5m。桥墩承台采用矩形承台,墩高为 2 ~15m 的桥墩承台的横桥向宽 9m,顺桥向宽 4m,厚 2.5m,每墩下设置 2 根 ϕ2m 钻孔灌注桩;墩高大于 27m 的桥墩承台的横桥向宽 9m,顺桥向宽 9m,厚 2.5m,每墩下设置 4 根 ϕ2m 钻孔灌注桩。

2)上部结构

引桥每幅宽度 19.75m,采用 3 道钢板梁,钢板梁之间间距 7m。钢板梁梁高 1.8m,上翼缘宽 0.8m,厚

0.035m;腹板厚度0.018m;下翼缘板件尺寸根据纵向位置变化,跨中处宽0.8m、厚0.045m,支点处宽1.1m、厚0.06m。3道钢板梁间每隔4m设置大横梁及挑臂,横梁及挑臂根部高0.7m。预制C60桥面板板厚0.26m,通过现浇湿接缝与横梁及钢板梁上翼缘的剪力键同钢结构相连接共同受力。典型断面如图6所示。

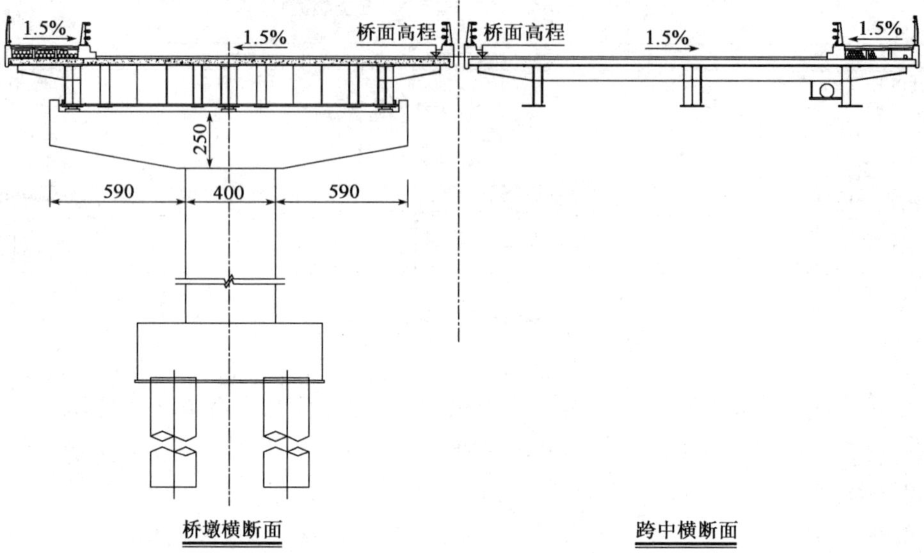

图6 引桥标准横断面图(尺寸单位:cm)

3)施工方案

(1)引桥桩基础可采用旋挖钻成孔,现场浇筑混凝土成桩;下部结构采用支架法现浇。

(2)预制钢板梁采用吊机吊装,到位后进行纵横向的连接。

(3)吊装预制桥面板,并按设计顺序进行现场接缝的浇筑。

(4)完成桥面系的施工。

四、技术创新

1.结构体系

1)主拱结构

本桥主桥为典型的陡拱结构,且大拱采用了少风撑、小拱采用了无风撑结构形式,对桥梁的施工及运营期的稳定提出了更高的要求,需要进行精细的计算分析。

对恒载、活载、风荷载、温度荷载等进行了多工况计算,强度、刚度均满足规范要求。考虑到拱间的风撑较少,在结构布置上将吊索平面与拱平面错开,使恒载基本处于平衡状态。对全桥进行了有限元的模态分析,大、小拱的失稳模态及稳定荷载因数分别如图7、图8所示。

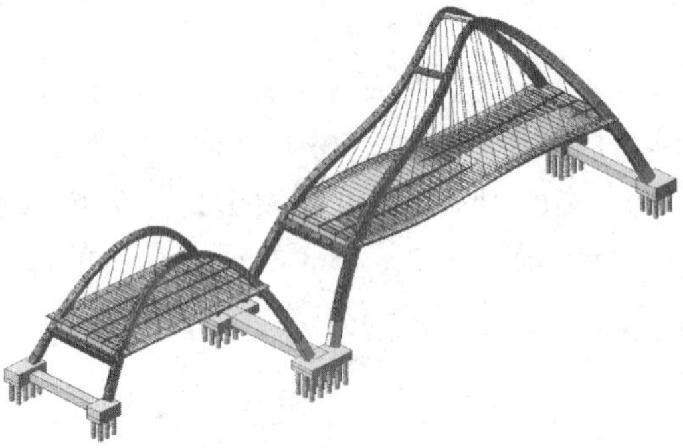

图7 大拱弹性失稳模态(f=8.57)

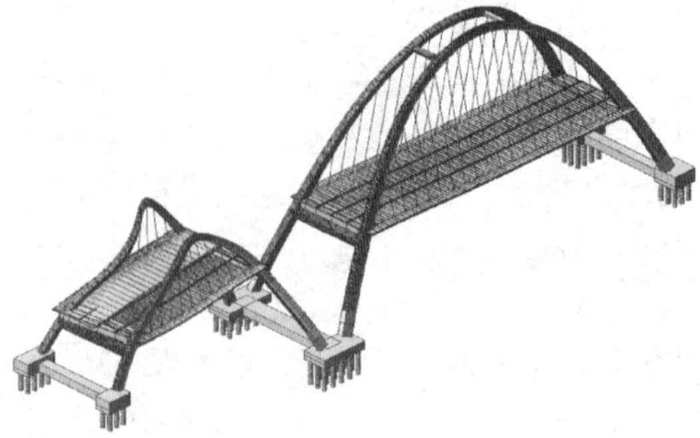

图8 小拱弹性失稳模态(f=32.29)

2)组合梁结构

主桥采用双边箱组合梁,引桥采用钢板组合梁,最大限度地节约钢材。组合梁先钢梁再桥面板的施工顺序,结构自重主要由钢梁承受,这客观上为桥面板更换建立了基础;桥面板纵向无体内预应力的设计,在方便施工的同时,也为桥面板更换提供了条件。

组合梁的施工总体上分为钢梁与桥面板两部分。钢梁基本采用吊装施工。预制桥面板的施工总体上采用负弯矩区桥面板滞后结合的施工方法——皮尔格法,以减小中间支点处桥面板所受拉应力为原则并兼顾施工方便,确定安装预制桥面板及浇筑接缝混凝土的顺序。安装桥面板时专用桁车与运梁台车配合进行作业,专用桁车与运梁台车的轨道设置在对应钢梁腹板处。

2. 全寿命经济性

(1)钢拱组合梁的主桥设计,兼顾了行车性能和减小拱推力的要求。

设计采用钢箱拱肋,并加大矢高,采用陡拱桥型,在重庆软岩地区的有推力拱设计中,对减小拱脚推力效果显著。

桥面采用钢混组合梁,行车性能好,避免了正交异性钢桥面板的铺装问题和疲劳问题,而且经济性比全钢结构更具优势。

(2)引桥钢板组合梁的设计,上部结构比混凝土梁稍贵,但下部结构节省,因此总体上经济性相当;而且,组合梁的跨径布置较为自由,保持梁高相同时,布置较为灵活。

(3)钢-混凝土组合梁的维护简单,维养费用适中。

3. 耐久性维护

(1)全桥检修通道:在钢拱肋、边箱主梁及钢立柱的设计中,考虑了检查人员进出通道的需求,方便检查。

(2)钢结构检查车:本桥在跨河段钢梁的底部设置养护行车道,方便钢梁外部检查及维护。同时,本桥第一次在拱肋上布置了行车轨道,拱肋检查车设计为可拆装式,四根拱肋共用一台检查车。

(3)钢结构箱内除湿:在拱肋钢箱和主梁钢箱内部,设置了除湿机设备,保持箱内湿度在45%以下。

五、结　语

结合景观设计要求,寨子路跨御临河大桥主桥采用陡拱结构,主引桥的主梁均采用组合梁结构。作为一座全部采用组合结构的跨河桥梁,遵循组合结构桥梁的特点,充分利用钢与混凝土两种材料的优点,力求使结构设计、施工、维修更趋合理。通过精细化的设计,组合梁的经济和技术优势逐步体现,全寿命周期的考虑使桥梁的设计更趋理性。桥梁建成照片如图9所示。

图9 桥梁建成照片

参考文献

[1] 邵长宇.大跨连续组合箱梁桥的概念设计[J].桥梁建设,2008(1):41-43.

[2] 谢红兵. 斯本莱恩和威尔考-哈斯劳钢组合梁无纵向预应混凝土桥面板的设计与施工[J]. 国外桥梁,1999(1):29-32.

[3] 邵长宇. 九堡大桥组合结构桥梁的技术构思与特色[J]. 桥梁建设,2009(6)42-45.

32. 基于响应面法连续钢箱梁桥面板优化设计

孙全胜　张　超　孔丹丹　孙忠淋

(东北林业大学土木工程学院)

摘　要　以某城市连续钢箱梁桥为例,选取面板厚度、U肋厚度、横隔板厚度、U肋高度以及横隔板开口形式作为自变量,以足尺模型试验和有限元分析得到关键部位的应力作为因变量;采用Box-Behnken Design方法进行试验设计,采用响应面法拟合应力响应值和各参数值间的关系公式。确定目标函数与约束条件,建立参数与目标函数的多元二次响应面回归模型,采用数值理论的方差分析方法得到最优组合,并且通过Design Expert软件对得到的最优组合进行验证,确定设计值的精度。

关键词　桥面板　参数优化　有限元模型　响应面法　足尺模型试验

一、引　　言

随着国民经济的快速发展,连续钢箱梁桥凭跨越能力强、自重小、宽跨比大等优点被广泛运用在城市高架体系的建设中。对损坏的钢箱梁桥调查发现,钢箱梁桥的破损主要是桥面板的开裂破坏。由于车辆超载等原因,导致各构件连接处、横隔板弧形开口处开裂[1]。虽有研究者针对荷载作用下钢桥面板受力问题给出了一系列的解决措施,但起到的作用微乎其微。当前对钢桥面板的结构参数优化,主要是对单个变量进行分析。改变单一参数进行分析试验设计,没有考虑到设计参数间的相互影响,得到各设计参数水平的组合,优化精度不高、效果不理想。

本研究将节段有限元模型和足尺模型试验相结合,将试验值与理论值对比分析,得到结构受力特点,并且校核有限元模型准确性。对面板厚度、U肋厚度、横隔板厚度、U肋高度以及横隔板开口形式进行敏感性分析,利用响应面理论进行优化设计。采用Design-Expert软件建立桥面板计算模型,对模型计算出的残差、交互作用结果进行对比分析,得出连续钢箱梁桥面板受力性能最优的构造设计参数尺寸。

二、节段足尺模型试验

1. 足尺模型试件与试验方案

本研究依托于某城市高架体系中拟建连续钢箱梁桥。主梁上部结构为48m+60m+48m钢箱梁,桥梁全宽13.5m,钢箱梁采用单箱双室截面,桥型布置图如图1所示。钢箱梁主体结构材质为Q345qe,桥面采用钢桥面板,纵向加劲肋采用闭口U肋,U肋开口宽300mm,高250mm,横向间距500mm,横隔板布置间距3m。

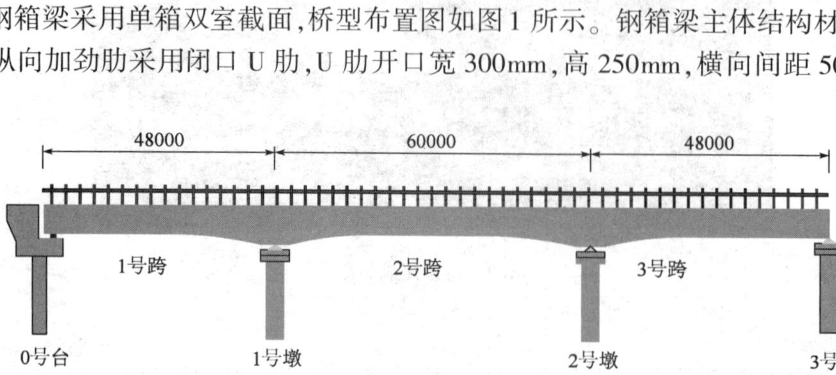

图1　桥型布置图(尺寸单位:mm)

为准确分析结构受力特点，本研究采用钢箱梁足尺模型试验，步骤如下：①选择试验模型类型；②确定试验模型尺寸参数；③编制模型加载方案，绘制试验测点及荷载布置示意图。设计U肋8mm、上口宽300mm、下口宽180mm、高280mm、标准间距30mm的连续钢箱梁钢桥面板足尺模型试件，试件设计参数见表1，模型试件如图2所示[2]。

足尺模型试件设计参数 表1

序号	名　称	厚度(mm)	宽度(mm)	长度(mm)	单重(kg)	数　量
1	面板	16	700	1500	131.88	1
2	底板	20	700	1200	131.88	1
3	横隔板1	14	650	1200	85.72	1
4	横隔板2	14	88	854	8.26	2
5	腹板	16	700	854	75.08	4
6	筋板	16	300	350	13.19	2
7	支座板	30	180	800	33.91	2

图2　钢桥面板足尺模型试件

试验采用叠加加载方式，初次加载80kN，之后每次加载100kN，最终加载荷载为480kN，荷载加在跨中位置，增加荷载后观察5min记录数据。试验采用PLS-500型电液伺服疲劳试验机进行试验。

应力与应变是反映结构受力情况的关键数据，试验过程中采用静态应变仪(JM3812)进行应变测试。试验过程中挠度数据可以直接反映结构在试验中的变形形态，评判结构在静力荷载试验过程中是否保持在线性范围内，因此采用百分表对试件模型两个重要截面的竖向挠度进行监测，每个截面设置2块百分表，分别设在截面横向的两端和跨中处。应变、挠度测点如图3所示。

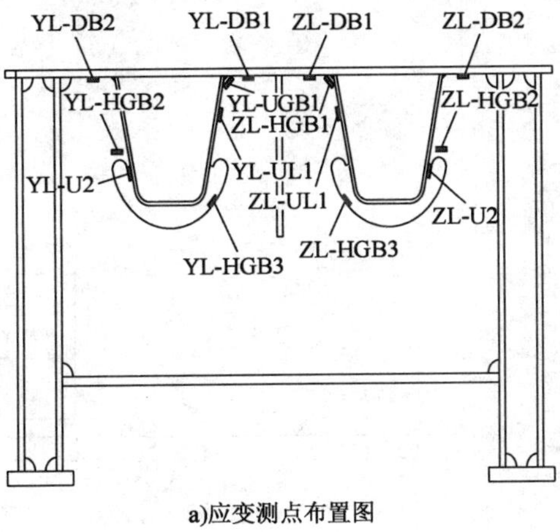

a)应变测点布置图

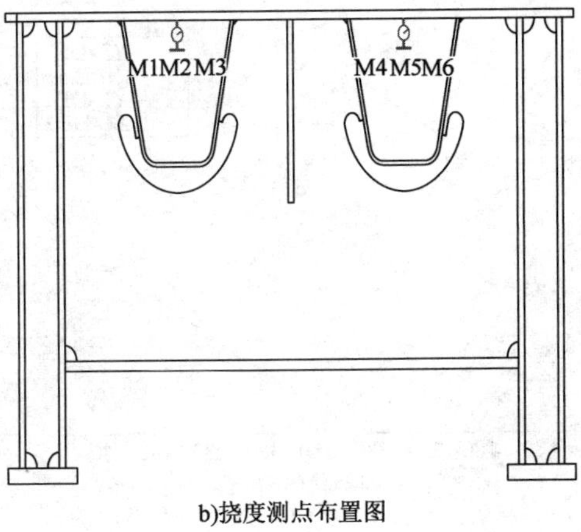

b)挠度测点布置图

图3　测点布置图(YL、ZL分别代表左侧和右侧，DB代表顶板测点、HGB代表横隔板测点、UL代表U肋)

2. Abaqus 有限元分析模型

以足尺模型为基础,建立有限元分析模型,如图4所示,本研究采用的钢材本构关系模型为双线性随动强化模型,应力应变曲线关系为强化阶段的弹塑性模型。塑性设置屈服应力为 3.45×10^{8} Pa,塑性应变根据实际进行设定。施加边界条件的方式为位移/转角形式,保持剩余参数为默认值状态。模型左侧设为转动约束,右侧为全固定约束。对有限元模型进行网格划分,对于应力集中、变形较大的关键结构部位应布设较多的种子以精细化分析受力状况。Abaqus 有限元模型参数见表2[3]。

图4 Abaqus 有限元模型网格划分示意图

Abaqus 有限元模型参数表 表2

钢　材	屈服应力	泊松比	弹性模量	密　度
Q345qe	345MPa	0.3	345MPa	7.85g/cm^3

3. 试验结果分析

足尺模型在试验过程中,各测点荷载-应变(位移)曲线呈现良好的线性关系,且加载与卸载曲线具有较好的对称性,表明在试验过程中结构处于弹性工作状态。为方便统一数据分析,将所测的应变数据转换为应力数据,如图5a)、图5b)、图5c)所示。荷载-挠度曲线如图5d)所示。

由图5a)、图5b)、图5c)可知,对称位置的测点应力值大小相等,表明试件中轴线对称分布;应力随着加载呈线性关系增长,荷载卸载时呈线性关系下降,表明结构处于弹性阶段。当载荷载达到480kN时,面板-U肋连接处最大应力值为61.5MPa,横隔板与U肋、横隔板弧形开口及开口底部最大应力值为151.58MPa、63.18MPa、82.41MPa,U肋连接处最大应力值为71.7MPa。由图5d)可知,对称位置的测点挠度值大小相等,表明试件中轴线对称分布,最大位移为1.27mm,对称测点挠度值相差小于0.10%。

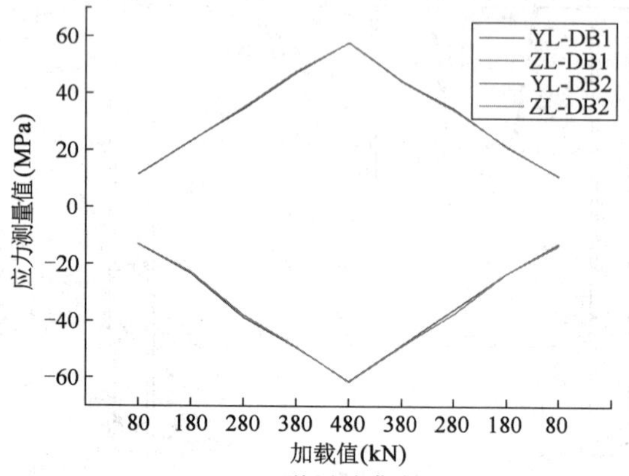

a)顶板应力曲线图

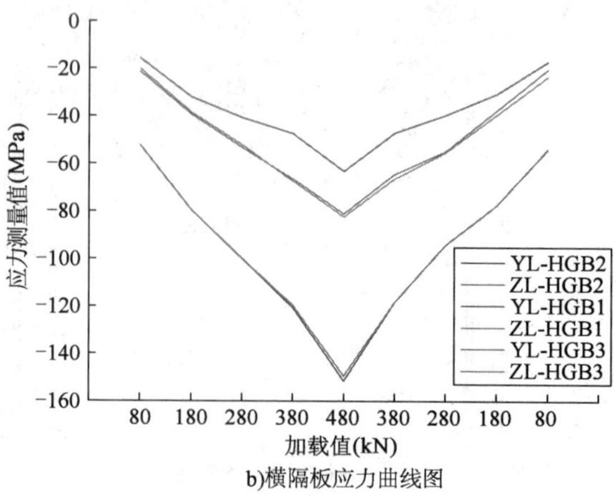

b)横隔板应力曲线图

图 5

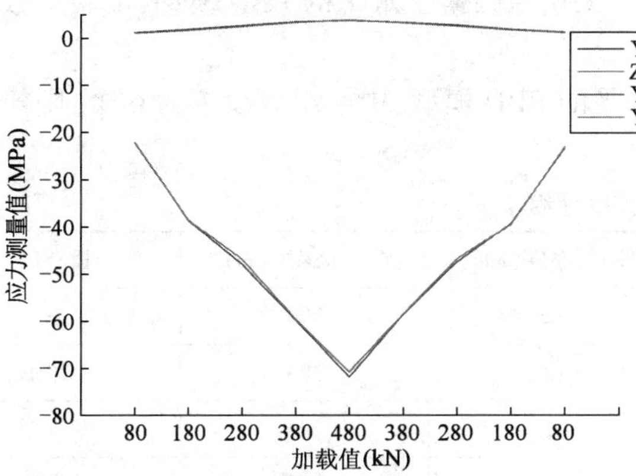

c)横隔板应力曲线图

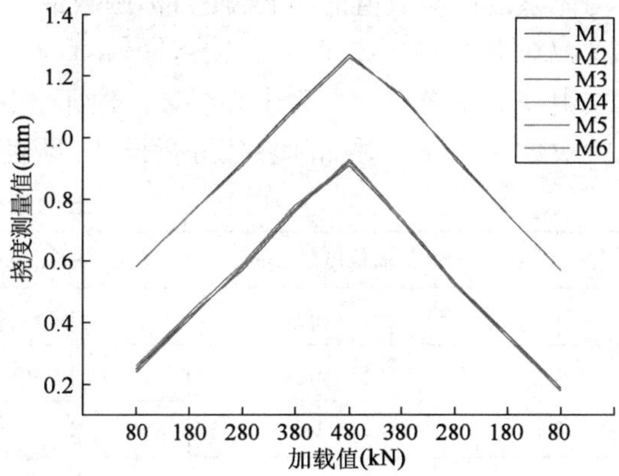

d)挠度荷载曲线图

图5　加载试验数据图

通过足尺模型试件静载试验得出构件连接处的应力分布规律与有限元模型计算结果基本吻合,表明有限元分析理论模型可以很好地反映桥梁实际的受力状态。

三、连续钢箱梁桥桥面板优化设计

1.优化目标与试验设计

通过前期文献总结,并且依据已建立的 Abaqus 有限元分析模型,选取面板厚度/mm(因素 A)、U 肋厚度/mm(因素 B)、横隔板厚度/mm(因素 C)、U 肋高度/mm(因素 D)、横隔板开口形式/(因素 E)这 5 个对优化目标影响较大的参数作为设计变量。各细部参数的取值范围见表 3[4]。

设计变量取值　　表 3

设计变量	选择范围	设计变量	选择范围
面板厚度 A	16mm、18mm、20mm	U 肋高度 D	260mm、280mm、300mm
U 肋厚度 B	6mm、8mm、10mm	横隔板厚度 C	12mm、14mm、16mm
横隔板开口形式 E	弧形开口、苹果形开口		

通过建立有限元分析模型和响应面法模型开展钢桥面板设计优化分析,研究匹配最优的设计参数。结合足尺模型试验与有限元模型分析,选取 4 个内力较大的分析点作为控制点,选择控制点的应力作为因变量构造优化目标函数,分析点如图 6 所示。

图6　分析点位示意图

对于桥梁结构而言,结构内力越小,承载能力越好,受力体系越好。通过优化设计寻找表 3 中最优秀的结构体系设计参数值的组合,使目标函数取得最小值。采用5因素三水平的BBD模型,试验次数函数为:$N=2k(k-2)C_p$[5]。

式中,k为因素数,C_p为中心组数。对于5因素3水平的BBD模型,中心组数设置为6个,则模型计算试验次数为36次,对细部参数进行设计,见表4。

五因素BBD试验设计组　　表4

序　号	面板厚度(mm)	U肋厚度(mm)	横隔板厚度(mm)	U肋高度(mm)	横隔板开口形式
1	16	10	12	280	苹果形
2	16	10	12	300	苹果形
3	16	12	12	280	苹果形
4	16	12	12	300	苹果形
5	16	10	14	280	苹果形
⋮	⋮	⋮	⋮	⋮	⋮
33	18	10	12	280	苹果形
34	18	10	12	280	苹果形
35	18	10	12	280	苹果形
36	18	10	12	280	苹果形

采用Abaqus有限元分析软件建立全桥模型。对36组不同细部参数组合进行建模,部分有限元计算云图如图7所示。

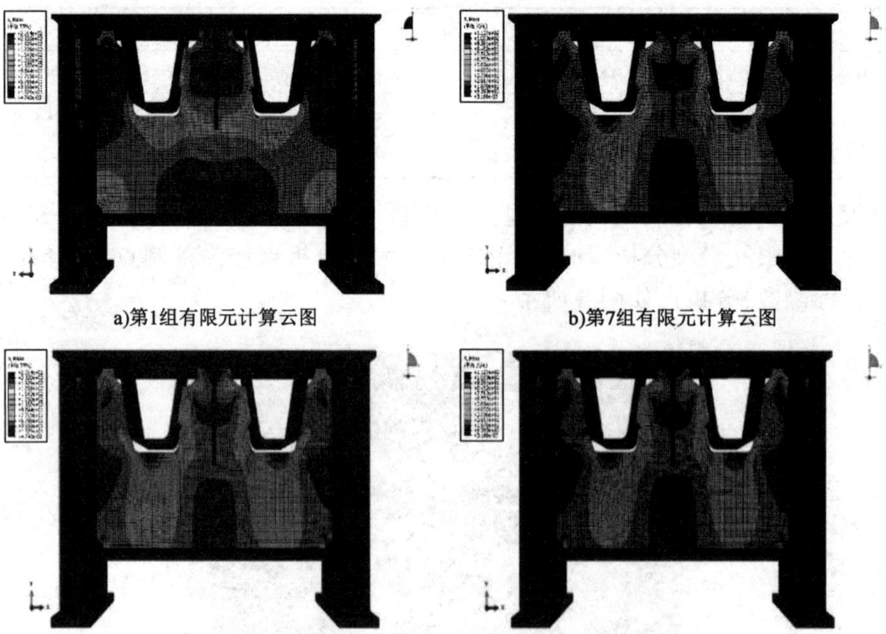

a)第1组有限元计算云图　b)第7组有限元计算云图

c)第19组有限元计算云图　d)第35组有限元计算云图

图7　部分有限元计算云图

2. 结果验证与分析

根据有限元模型计算结果,采用Design-Expert软件对BBD模型进行结果分析,得到精确、直观的模型以及优化设计结果。有限元计算结果统计数据见表5。

有限元计算数据初步统计 表5

编号	名　称	单　位	最 小 值	最 大 值	平 均 值	均 方 差
A	面板厚度	mm	16	20	18	2
B	U肋厚度	mm	10	12	11	1.41
C	横隔板厚度	mm	12	16	14	2
D	U肋高度	mm	280	300	290	14.14
E	横隔板开口形式	—	0	1	0.5	0.71
R1	1点位应力	MPa	29.54	50.26	39.25	6.42
R2	2点位应力	MPa	41.86	84.39	67.09	8.82
R3	3点位应力	MPa	97.61	163.72	115.01	12.82
R4	4点位应力	MPa	99.38	142.36	119.47	16.11

根据有限元计算结果和响应面模型对响应值进行分析研究。限于篇幅本文仅对1号分析点进行数学理论方差分析，根据试验结果将各个分析点应力和各因素建立多元二次响应面回归模型：

$$R1=42.1+1.69A+1.74B+0.7684C-2.0D+1.09E+2.64AB+1.52AC+1.27AD-0.685AE-1.26BC-3.73BD+1.39BE+0.7775CD-6.50CE+1.59DE-3.40A^2-3.50B^2+0.4483C^2+0.143D^2-0.3442E^2$$

并且得到1号分析点的R1方差检验表，R1方差检验表见表6。

R1方差检验表 表6

项　目	均 方 差	F 值	P 值	项　目	均 方 差	F 值	P 值
模型	35.16	1.36	<0.0287	BC	6.38	0.2474	0.6232
A-面板厚度	45.56	1.77	0.0968	BE	55.65	2.16	0.1541
B-U肋厚度	48.23	1.87	0.0834	CD	7.73	0.299	0.5888
C-横隔板厚度	9.44	0.3664	0.5504	CE	2.42	0.0913	0.7691
D-U肋高度	64.12	2.49	0.1272	DE	168.87	6.55	0.0169
E-横隔板开口	18.88	0.7327	0.0031	A^2	10.14	0.3937	0.5360
AB	27.83	1.08	0.0087	B^2	100.94	3.92	0.0589
AC	9.24	0.358	0.5546	C^2	107.06	4.16	0.0522
AD	6.48	0.2514	0.6205	D^2	1.75	0.068	0.7896
AE	1.88	0.0728	0.7895	E^2	0.1475	0.0057	0.8429
R^2	0.9968						

从P值与R^2两个方面验证模型的可信度。P值表明各因素对于响应值的影响，P值越小对优化模型的影响程度越大。响应面回归模型的P值均小于0.05，表明模型影响效果显著，通过P值得到对各分析点应力影响最显著的因素[6]。回归模型的拟合相关系数R^2为0.9968，大于0.85，表明模型拟合程度较好[7]。绘制残差正态图如图8所示。

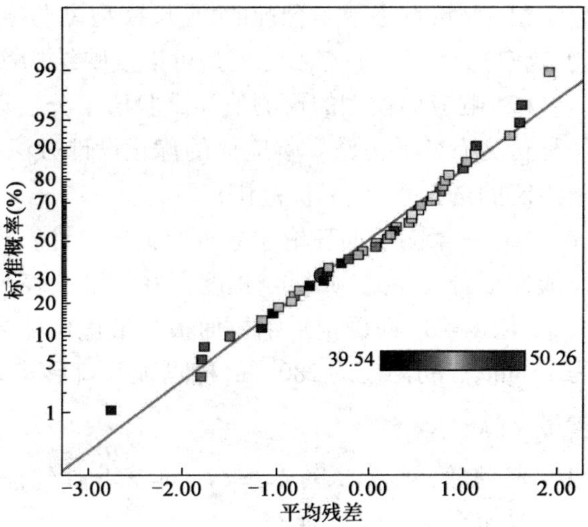

图8　残差正态图

由图8可知，残差均匀分布在零值线附近，残差正态性分布较好，表明交互模型可以较为准确地反映有限元计算模型下各因素变动对响应值结果的影响。横隔板开口形式对模型的影响程度与原设计试验结果一致，表明横隔板开口形式变化对于敏感处的应力影响较大，故在设计组中全部设置为苹果形开口形式横隔板。

由方差分析可知,AB、BD、BC、AC间存在着互作用,限于篇幅本文仅对AB因素交互作用等高线图进行展示,如图9所示,1号分析点应力随面板厚度和U肋厚度的增加而减小[8]。并且通过响应值的拟合公式,得到最优细部构造参数组合为面板厚度18mm、U肋厚度为10mm、横隔板厚度16mm、U肋高度为280mm、横隔板开口形式为苹果形。

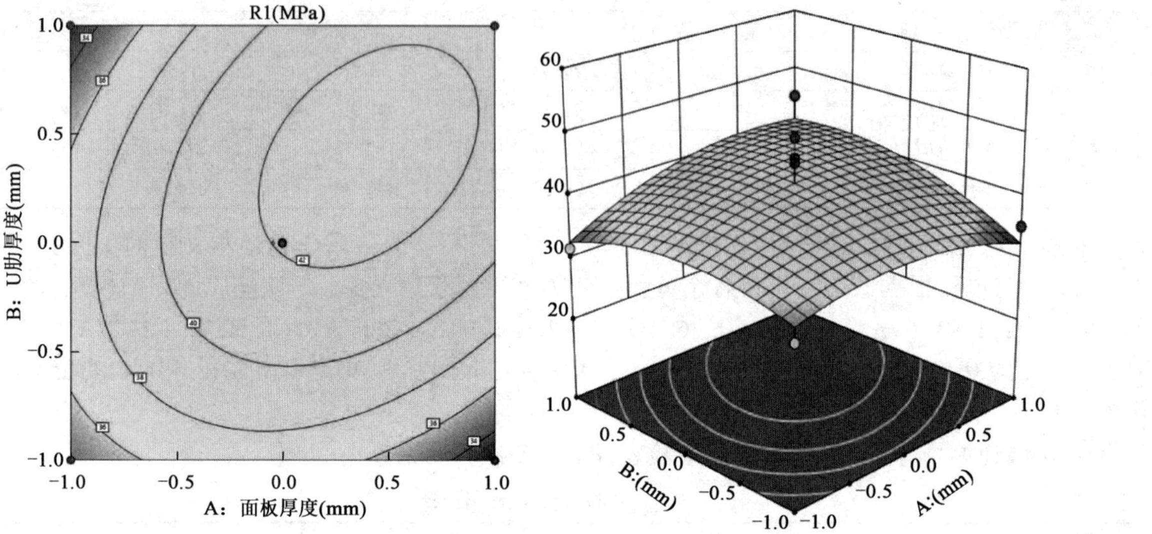

a)AB交互作用等高线图

b)AB交互作用曲面图

图9 AB两因素间交互作用等高线图及曲面图

采用Design Expert软件对得到的最优组合进行验证,并确定设计值的精度,结果表明R1 = 30.26MPa,此时预测值相较于理论值的误差为2.37%。采用同样分析方法得到R2 = 42.06MPa、R3 = 108.46MPa、R4 = 105.87MPa,预测值相较于理论值的误差分别为0.49%、5.84%、4.43%,表明预测值和理论计算结果吻合、计算模型合理、该优化后的最优参数可信度高。

四、结　语

通过足尺模型试验研究与有限元仿真计算相结合的方式,验证有限元模型的准确性,考虑面板厚度、U肋厚度、横隔板厚度、U肋高度、横隔板开口形式对连续钢箱梁力学特性的影响。以4个主要结构分析点的应力为目标函数,采用响应面法对连续钢箱梁桥细部构造进行了优化设计,得到以下结论:

(1)该设计参数是合理的,足尺模型试验结果均处于容许范围内,有限元模型计算与静力试验结果吻合较好,所建立的有限元模型可以反映结构实际受力状态。

(2)响应面模型的预测值和试验值十分接近,模型精度较高。将响应面法运用于结构优化设计中是一种行之有效的方法。响应面的优化设计方法,考虑结构设计参数之间的耦合影响,优化设计结果不限于给定的选择水平,寻优范围广泛。

(3)基于响应面理论建立桥面板优化计算模型,确定钢桥面板的受力性能与5个细部构造参数间的非线性拟合关系式,其拟合程度良好。模型表明横隔板开口形式和横隔板厚度为影响钢桥面板最主要的因素,依据响应面确定了钢桥面板的最优构造参数为:面板厚度为18mm、U肋厚度为10mm、横隔板厚度为16mm、U肋高度为280mm、横隔板开口形式为苹果形。

参考文献

[1] 赵欣欣,刘晓光,潘永杰,等.正交异性钢桥面板纵肋腹板与面板连接构造的疲劳试验研究[J].中国铁道科学,2013,34(2):41-45.

[2] 李善群.构造细节及关键设计参数对于正交异性钢桥面板疲劳性能的影响研究[D].成都:西南交通

大学,2013.
[3] 邓渊,邱亚锋,李军,等.钢箱梁桥面吊装设计与有限元分析[J].公路,2021,66(12):149-154.
[4] 武文祥.公路钢箱梁桥正交异性钢桥面板构造尺寸及设计研究[J].绿色环保建材,2021(06):86-87.
[5] 李莉,张赛,何强,等.响应面法在试验设计与优化中的应用[J].实验室研究与探索,2015,34(08):41-45.
[6] 葛宜元.试验设计方法与 Design-Expert 软件应用[M].哈尔滨:哈尔滨工业大学出版社,2015.
[7] 杨福利.基于响应面-线性递减权重粒子群算法的桥梁结构有限元模型修正[D].西安:长安大学,2021.
[8] 吴永根,蔡良才,龙小勇,等.腐蚀和疲劳耦合作用下纤维混凝土的力学性能[J].公路,2020,65(09):237-245.

33. 国道 109 新线高速公路桥梁设计与科研

潘可明 陈翼军 路文发
(北京市市政工程设计研究总院有限公司)

摘 要 本文主要对北京国道 109 新线高速公路桥梁总体设计及科研创新情况进行了归纳与总结。首先概述了本项目桥梁总体设计情况和上下部结构设计原则,然后着重介绍了地震动峰值加速度 400 ± 40gal 条件下,军庄特大桥主桥大跨预应力混凝土连续刚构的桥梁抗震设计。此外,依托本项目开展了 3 个科研课题研究工作:新型 V 支承抗震体系研究与应用、《道路工程混凝土结构表层渗透防护技术规范》地方标准的编制,以及桥梁声屏障安全措施研究。最后,本文对几年来的设计与科研工作进行了总结,本项目桥梁设计与科研的经验可为类似桥梁建设提供借鉴。

关键词 国道 109 新线高速公路 大跨矮墩连续刚构 V 支承抗震 混凝土结构表面防护 声屏障防坠落

一、桥梁总体概述

北京国道 109 新线高速公路(西六环路—市界段)是国家干线公路网中京津冀区域的重要放射性通道。工程设计起点位于北京市西六环路军庄立交,向西经门头沟区军庄、龙泉、妙峰山、王平、雁翅、斋堂、清水等镇域,终点位于市界与张涿高速公路相接处,路线全长约 65.394km。全线设置互通式立交 5 座、桥梁 34 座、隧道 15 处,桥隧比为 88.9%,桥梁总面积 85 万 m^2。

二、桥梁总体设计原则

1. 桥梁上部结构形式设计

桥梁上部结构型式的选择(图 1),综合考虑其受力特点、经济性、可实现性。对于路线上的桥梁多采用 30m、35m 标准跨径装配式预应力混凝土小箱梁结构;对于安家庄特大桥等山区生态敏感区适当加大标准跨跨径,采用 50m 标准跨钢板组合梁结构;对于立交区的弯、坡、异形桥,跨越大型河道的桥梁多采用现浇混凝土连续箱梁、连续刚构等桥梁;对于跨越六环路等高等级道路的立交匝道桥梁,为减少施工对既有交通的影响,采用钢混凝土组合箱梁结构。

由于山区施工的运输条件较差,选择线位周边空旷、平坦、地势较高区域设置预制梁厂,常规桥梁一般采用标准跨径装配式简支桥面连续小箱梁结构;对于跨越永定河、清水河等桥梁采用悬臂浇筑大跨连续刚构型式；对于跨越山区小型河道的桥梁，由于设置梁厂的场地受限，多采用现浇混凝土连续箱梁结构。

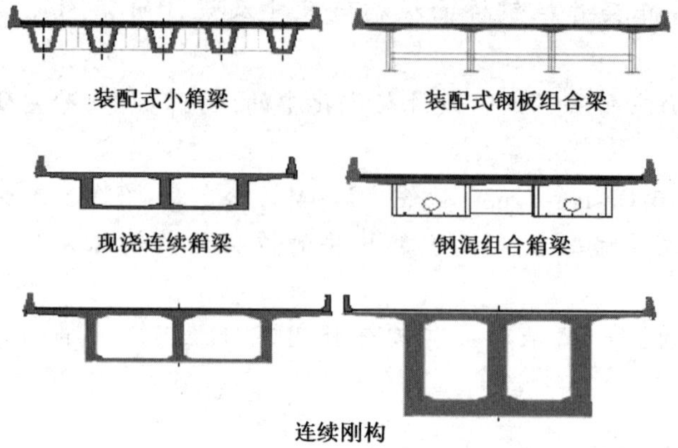

图1　上部结构形式

2. 桥梁下部结构设计

桥梁下部结构形式的选择，结合地形、地质条件、上部结构特点、抗震设计要求及桥下河道、被交路状况进行确定。本项目常规桥梁工程场区的地震动峰值加速度为0.2g、地震基本烈度为8度。墩柱截面尺寸和配筋设计依据抗震规范确定，保证在E2地震作用下下部结构的塑性铰出现在墩柱范围。

1）下部结构选型设计

盖梁优先采用普通钢筋混凝土结构；常规桥优先采用双圆柱墩，高墩采用空心薄壁墩；连续刚构采用双薄壁墩，群桩-承台基础；小箱梁桥基础根据墩柱形式选择，优先采用桩接柱形式；连续梁基础采用桩接柱形式或桩-承台形式。墩柱作为延性构件设计，基础及盖梁作为能力保护构件设计。墩柱高度适用范围详见表1。

墩柱高度适用范围表　　表1

类　　型	墩高适用范围	适 用 桥 型
双柱墩	$H \leqslant 35$m	中小跨径梁式桥 $L = 20 \sim 40$m
矩形薄壁墩	35m $< H \leqslant 45$m	中小跨径梁式桥 $L = 30 \sim 60$m
双薄壁墩	20m $< H \leqslant 70$m	大跨连续刚构

2）桩接柱设计

墩柱高度小于等于15m时，采用ϕ1.6m圆墩接ϕ1.8m钻孔桩；墩柱高度大于15m时，采用ϕ1.8m圆墩接ϕ2m钻孔桩；墩柱高度大于25m且小于35m时，采用ϕ2m圆墩接ϕ2.2m钻孔桩。

三、高烈度区大跨连续刚构设计

1. 军庄特大桥主桥刚构概况

军庄特大桥是国道109新线高速公路跨越永定河连接西六环的一座重要桥梁，永定河规划河道上口宽165m，无通航要求。根据地安评报告，桥址处抗震设防烈度为8度，设计基本地震动峰值加速度为400±40gal。设计洪水频率为1/300，设计使用年限100年，设计荷载为公路Ⅰ级。主桥跨径组合为108m+188m+108m（图2），左右分幅设置，单幅桥面标准宽度23.5m，采用悬臂浇筑施工工艺，按照全预应力结构进行设计。

主梁中跨跨中梁高380cm，中墩墩顶梁高1260cm，主梁下缘按1.8次抛物线变化，支点处高跨比为1/15，跨中高跨比为1/49.5。主梁横断面为分离双箱断面（图3），每箱室底宽625cm，外悬臂宽325cm；跨中顶板厚度为32cm，跨中底板厚度为35cm；腹板厚度分别为65cm、85cm、100cm。

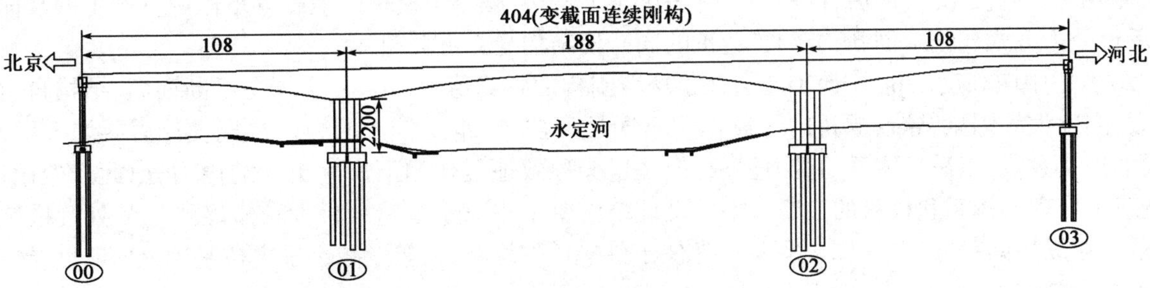

图2 军庄特大桥主桥立面布置(尺寸单位:m)

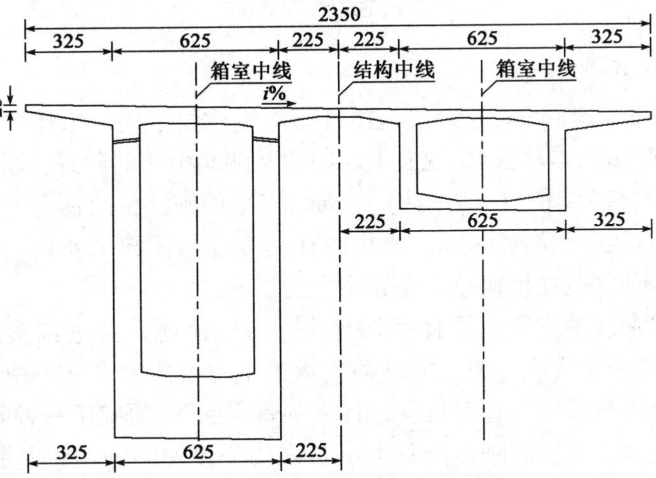

图3 军庄特大桥主桥中支点、跨中横断面布置(尺寸单位:cm)

2. 军庄特大桥主桥抗震设计

根据地安评报告,主桥处于汾渭地震带与华北平原地震带交界处,场区抗震设防烈度为8度,设计基本地震动峰值加速度为400±40gal,属于高烈度区。主桥墩柱高度仅22m,墩柱抗推刚度大,设计中如何降低纵、横向抗推刚度是抗震设计的重点和难点。根据A类桥梁抗震设防目标,E2地震下桥梁结构整体反应应处于弹性阶段的设计要求,需要在设计中重点考虑对下部结构结构形式的优化与强化处理。经多方案计算分析比选,最终确定中墩承台采用纵桥向分、横桥向联的方式(图4),有效解决了地震力对结构受力的影响。

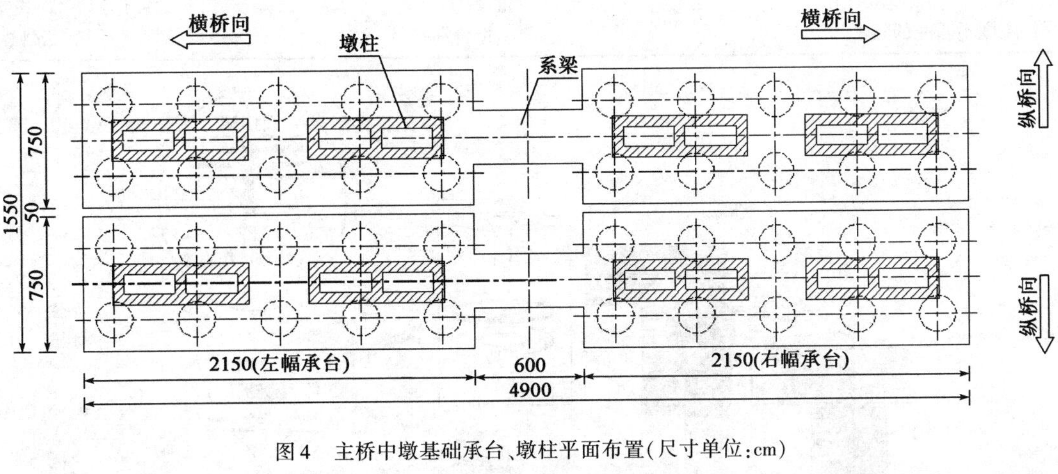

图4 主桥中墩基础承台、墩柱平面布置(尺寸单位:cm)

(1)由于横桥向地震产生的弯矩较大,导致单幅桥横桥向最外侧桩基承担极大的上拔力或下压力,为了满足受力要求,横桥向需要增加桩基数量、增大承台横桥向尺寸;经过多方案计算对比分析,将左右幅桥梁中墩承台通过设置承台系梁连为一体,可大幅提高基础横向承载力,有效地解决了横桥向地震力问题。两幅桥承台连为一体后,桩基的力臂增大了1倍多,减小了横桥向地震弯矩作用下产生的竖向力。这种承台处理方式属技术创新,节约了造价的同时使结构受力更合理。

(2)本桥中墩高度22m、中跨188m,处于矮墩刚构的临界值(1/10)。由于主梁断面高、结构自重大、墩柱矮、刚度大等因素,导致顺桥向地震作用下墩柱、桩基需承受较大的力。常规设计需要增大墩柱截面、增加桩基数量,以满足体系的受力要求,但是这会导致地震作用下产生更大的内力,由此产生循环效应,造成不合理的体系和材料的浪费。本桥设计中借鉴了东莞水道特大桥大跨矮墩刚构的处理措施,将主墩承台在纵桥向一分为二(图2,图4),类似于桩接柱的思路,大幅度减小了主桥基础纵向刚度,继而降低地震纵向效应。

四、科研创新

1.新型V支承抗震体系研究与应用

安家庄特大桥高架桥全长1.7km,分为左、右线桥,左线桥位于陡峭山体段,右线紧邻永定河一级水源保护区。受永定河环保要求、丰沙铁路、现有109国道及陡峭山体的制约,设计和施工难度大。高架桥上部结构采用50m标准跨连续钢板组合梁结构,下部结构采用桩接柱或薄壁空心墩结构形式,全线桥梁墩柱左线平均高度25m,右线平均高度32m。本桥墩柱高度随山体起伏变化,存在一联或不同联间的高矮墩问题,即墩柱的刚度不匹配,在桥梁总体布置中尤为明显。

通过对比(表2)发现常规的支座支承体系均存在一定的问题。经过方案比选,从反力、位移、耐久性、经济性等方面最终选择球钢支座体系。但这种支承体系并不能完全地解决本桥墩柱的刚度不匹配、墩柱在地震作用下内力过大等问题。针对抗震设计中的难点问题,研究了一种新型的支座+V支承抗震体系(图5)来解决重震区由于墩柱的刚度变化大所带来的一系列问题。V支承是一种新型的抗震+防落梁的支承体系,它采用V形套筒+钢销的一种组合形式,在变形、接触的过程中将剪力转化为对V套筒的压力,实现了小位移小刚度、大位移大刚度的非线性约束。它构造简单,可快速组装;相对于传统的抗震防落梁设施,它可以调节结构的刚度,配合支座使用,来调整一联连续梁各墩柱的等效刚度。

不同支座支承体系对比表

表2

支座类型	球钢支座体系	高阻尼板式支座体系	摩擦摆支座体系	板式支座体系
特点	耐久性好、承载力大、允许转角大	隔震效果好,滞回饱满,耗能显著,水平变形能力大	隔震消能能力强,较强的限位、复位能力,摆动位移大	结构简单,抗震性能好,能适应梁端转动、剪切
存在问题	支撑刚度大,地震作用力大; 本桥一联中高矮墩,存在刚度不匹配的问题	高墩+大位移支座,结构位移量大; 一般用于矮墩和中小跨径	需按非规则桥梁设计,设计复杂; 高墩+大位移支座,结构位移量大; 造价高	高墩+柔性板式支座,位移量大; 地震作用下,板式支座破坏; 耐久性一般,常规支座吨位小

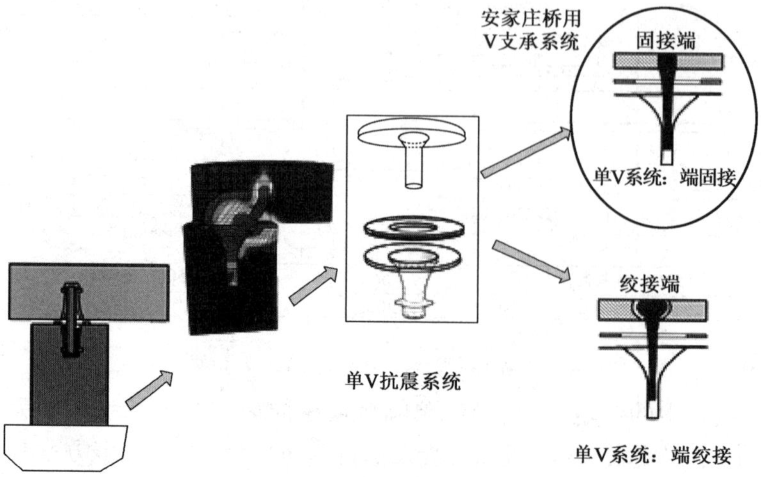

图5 V支承构造示意图

以 R29 ~ R33 墩一联(图 6)墩柱刚度不匹配为例,《公路桥梁抗震设计规范》(JTG/T 2231-01—2020)第 3.5.3 节规定,对梁式桥一联内相邻桥墩的水平抗推刚度比≥0.75;任意两桥墩的水平抗推刚度比≥0.5;第 3.5.5 节说明,对一联内各桥墩刚度相差较大时,可以在墩顶设置剪切刚度合理的橡胶支座来调整刚度。参照《公路桥梁抗震设计规范》通过支座调整墩柱支承刚度的思路,本联提出了一种新型的支承体系:活动支座 + V 支承抗震体系(表 3),即在正常情况下活动支座配套的 V 支承不参加工作,在地震时 V 支承结构参与结构体系抗震。通过 V 支承调整刚度,解决墩柱刚度不匹配问题; 相比固定支座,可以减小地震作用下墩柱内力;相比活动支座,可以减小地震作用下桥体位移;通过 V 支承的限位装置,可以有效限制地震作用下水平和竖向位移。

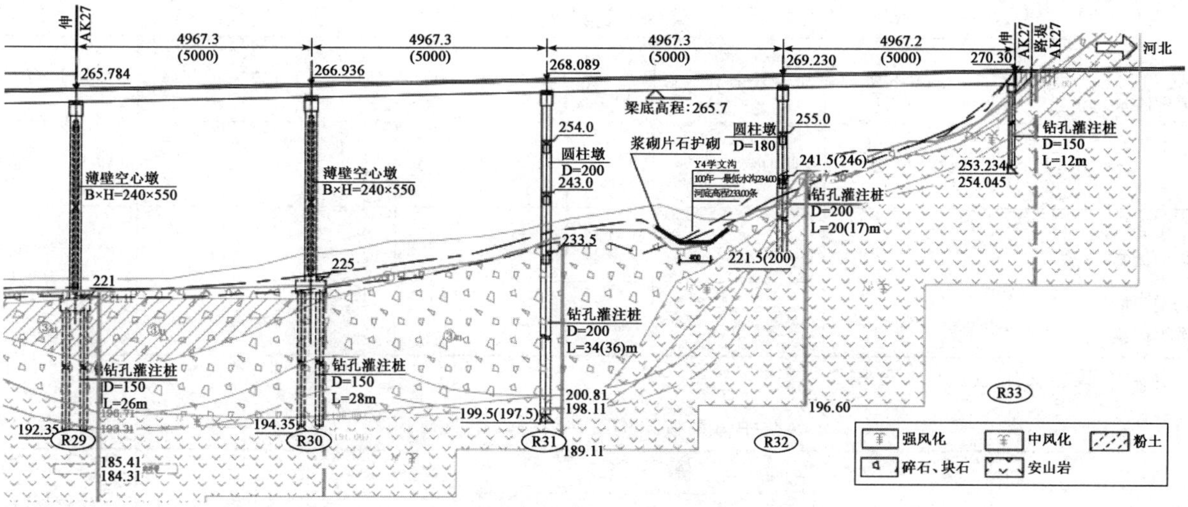

图 6 R29 ~ R33 联桥梁立面图(尺寸单位:高程为 m,其余为 cm)

注:括号内跨径标注为结构中线处跨径。

R29 ~ R33 墩支承体系表 表 3

支座类型	球钢支座 + V 支承体系				
约束形式	R29	R30	R31	R32	R33
	活 + V	活 + V	固	活 + V	活 + V

2.《道路工程混凝土结构表层渗透防护技术规范》北京地方标准的编制

1)编制的目的和意义

混凝土是一种具有多孔性的材料,二氧化碳、水、离子、油等腐蚀因子能够轻易通过混凝土中的孔隙渗透至混凝土中,从而对其造成腐蚀。同时,它是一种复杂的非均质多相体,是一种典型的脆性材料,易产生微细裂缝。微细裂缝一旦形成,腐蚀因子在混凝土中的渗透速度将大幅提高,从而显著降低混凝土的使用寿命。《公路工程混凝土结构耐久性设计规范》(JTG/T 3310—2019)提出,须在混凝土表面进行表面处理,防止混凝土结构受腐蚀及冻融破坏,以延长其使用寿命,降低全寿命周期养护成本。按照该规范 8.4 章节,使用混凝土表面处理技术是混凝土结构防腐蚀的主要措施。该技术在混凝土表面形成可阻止水和其他水溶性介质渗入混凝土的涂层,从而推迟腐蚀介质向混凝土内部渗透的时间,以提高混凝土结构的耐久性。

北京属于寒冷地区,耐久性环境作用等级(冻融环境、除冰盐等其他氯化物环境)标准要求高,耐久性环境作用影响程度属于 D 级(严重)以上区域,混凝土结构极易受腐蚀,部分基础设施往往达不到设计使用年限的要求。自 20 世纪 70 年代中期以后,北京市建设了大量的道路基础设施,近年来混凝土结构的耐久性问题愈发严重,部分桥梁亟须维修或加固,以保证基础设施的安全。随着对混凝土结构耐久性更深入的认识,新建工程更须严格执行相关耐久性规范的要求,即进行预防性防护。

上述规范第 8 章提出了混凝土表面防护技术,即用混凝土表面涂层和混凝土表面憎水处理、透水模板衬里等技术进行防护。但行业规范并未延伸到完整的技术体系、施工工艺、质量验收、检测方法、养护管理等方面。基于此,课题组依托国道 109 新线高速公路工程项目,开展了北京市《道路工程混凝土结构表层渗透防护技术规范》的地标编制工作,对接行业规范细化混凝土表面防护技术,提升国道 109 新线高速公路工程品质。

2)规范中相关设计要求

混凝土结构表层渗透防护体系主要包括环氧渗透防护涂层体系以及硅烷浸渍防护体系。

(1)结构体系按环境类别及所在部位选用原则(表 4、表 5)。

防护体系按环境类别选用原则 表 4

防护体系	环境类别及作用等级												
	一般环境	冻融环境		海洋氯化物环境		除冰盐等其他氯化物环境		盐结晶环境		化学腐蚀环境		磨蚀环境	
	Ⅰ-D	Ⅱ-D	Ⅱ-E	Ⅲ-D	Ⅲ-E Ⅲ-F	Ⅳ-D	Ⅳ-E	Ⅴ-D	Ⅴ-E Ⅴ-F	Ⅰ-D	Ⅵ-E Ⅵ-F	Ⅶ-D	Ⅶ-E
环氧渗透涂层防护体系	○	△	△	△	△	△	△	○	○	○	△	△	△
硅烷浸渍防护体系	—	○	○	○	○	○	○	△	△	△	△	△	△

注:表中符号意义:○宜采用;△可采用;— 一般不采用。

防护体系按结构所在部位选用原则 表 5

防护体系	桥 涵				隧道外露面混凝土	道路挡墙及其他外露结构
	梁、板、塔、拱圈、涵洞上部	墩台身、涵洞下部	伸缩缝处主梁、盖梁、墩台	缘石、护栏		
环氧渗透涂层防护体系	○	○	△	○	○	○
硅烷浸渍防护体系	△	△	○	△	—	○

注:表中符号意义:○ 宜采用;△ 可采用;— 一般不采用。

(2)环氧渗透防护涂层体系。

混凝土结构表层环氧渗透防护涂层体系从内到外分别为:渗透防护层、修补找平层、纤维增强层、耐久防护层、具体实施过程中、根据新建工程或养护工程混凝土结构工况,选用其中的构造体系实施。

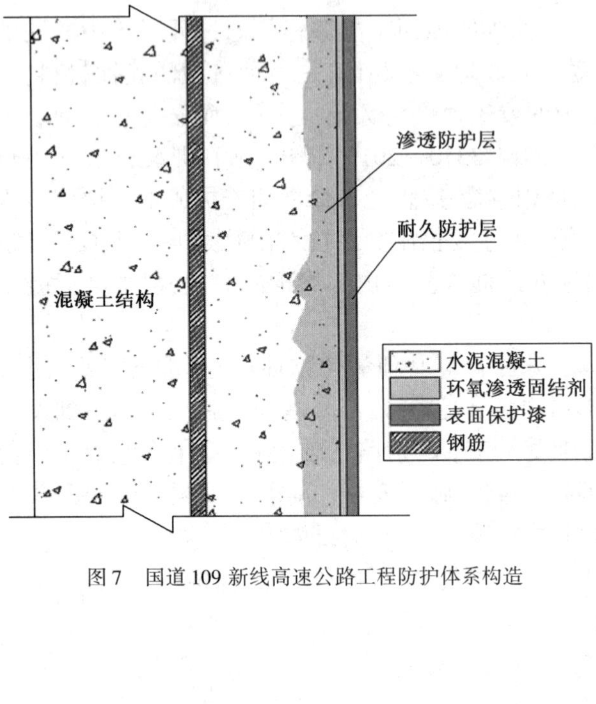

图 7 国道 109 新线高速公路工程防护体系构造

对于新建工程待处置前表层工况:混凝土表面的蜂窝、麻面、裂缝、脱皮等缺陷面积不超过该面面积的 0.5%,深度不超过 10mm;损边、掉角长度每处不超过 20mm。

国道 109 新线高速公路工程防护体系构造:渗透防护层 + 耐久防护层,如图 7 所示。

(3)硅烷浸渍防护体系。

混凝土硅烷浸渍宜采用异辛基三乙氧基膏状硅烷、异辛基或异丁基三乙氧基液体硅烷。对于侧面或仰面结构为避免流挂等发生,宜采用膏状硅烷材料实施。

3. 桥梁声屏障安全措施研究

1)研究目的

109 国道位于北京京西生态涵养区,设计中高度重视环保要求,多数桥梁均设置声屏障结构,具有良好的隔音降噪功能。但受化整为零的结构制作安装工艺、连接构件的构造以及特殊位置处(如桥梁伸缩缝处)的连接方式等因素影响,声屏障在风荷载、汽车侧向撞击及桥梁温度变形等作用下存在屏体脱落或坠落的安全隐患。声屏障发生脱落事故的主要原因在于:为适应温度变形,声屏障屏体与两侧立柱通常采用压紧搭接的方式进行连接,但目前对搭接长度尚无统一规定,普遍做法是按照 2.5 ~ 5.0cm 设置。当风力较大或遭到车辆侧向撞击力时,屏体会产生较大的弯曲变形,一旦搭接长度较小,屏体就会瞬间脱落。此外,屏体跨越桥梁伸缩缝时,在升、降温的作用下,伸缩缝两侧的桥梁变形会使两侧立柱远离屏体,若上述搭接长度仍按常规值设计时,屏体将存在很大的脱落风险。《声屏障结构技术标准》(GB/T 51335—2018)对声屏障屏体防脱落及跨桥梁伸缩缝处结构构造做了相关的定性规定,但并未对具体的设计细节展开阐述。上海市地标《轨道交通声屏障结构技术标准》(DG/TJ 08-2303—2019)对防坠落措施也未进行详细说明,但对跨桥梁伸缩缝处的构造做了较为详细的描述,且考虑了梁体温度变形导致立柱位移对屏体嵌入深度的影响。在实际工程中,屏体安装过程中难以保证屏体两侧与立柱连接的压紧力完全一致,往往是一侧大一侧小。此时,一旦梁缝两侧的梁体发生温度变形,就会出现一侧立柱与屏体咬死,而压紧力较小的另一侧则会累积两侧梁体温度变形带来的全部屏体位移,导致屏体单侧脱落。基于此,本课题重点研究声屏障防坠落安全措施,对接上位规范,细化深化构造措施,确保结构安全。

2)新型声屏障安全措施

课题组提出了 2 种具体的声屏障防脱落安全措施:优化桥梁伸缩缝处声屏障屏体与立柱的搭接方式;增加屏体与立柱的连接。

(1)伸缩缝处防脱落安全措施。

该措施主要是将靠近梁伸缩缝侧立柱的翼缘板加宽至 1 个梁缝的宽度,压紧构造并同步延伸至翼缘板边缘,同时在透明隔声窗梁端底部增加端部支撑板,与立柱三边焊接,具体安全措施如图 8、图 9 所示。该构造提高了嵌入深度,也大幅提升了声屏障的安全性。

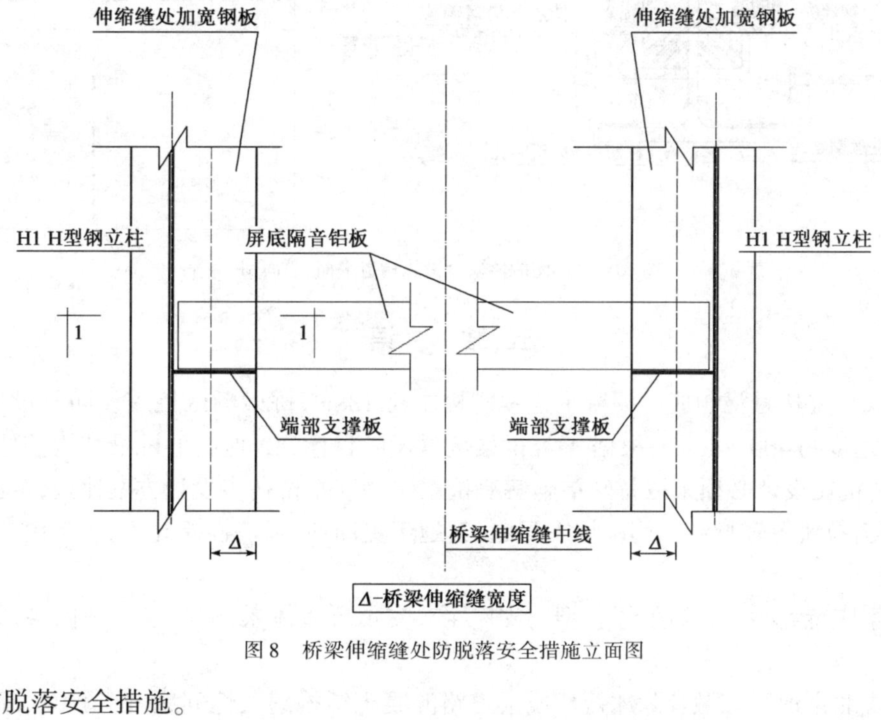

图 8 桥梁伸缩缝处防脱落安全措施立面图

(2)屏体防脱落安全措施。

该措施在吸声板和透明屏体横向端部上下开孔,以直径 6mm 的钢丝绳将二者上下串联后与立柱腹板连接,钢丝绳接头置于立柱顶部,并预留 50cm 的变形余量,而桥梁伸缩缝处钢丝绳长度则在此基础上延长 4 倍的梁缝宽度值。该屏体防脱落安全措施构造如图 10 所示。

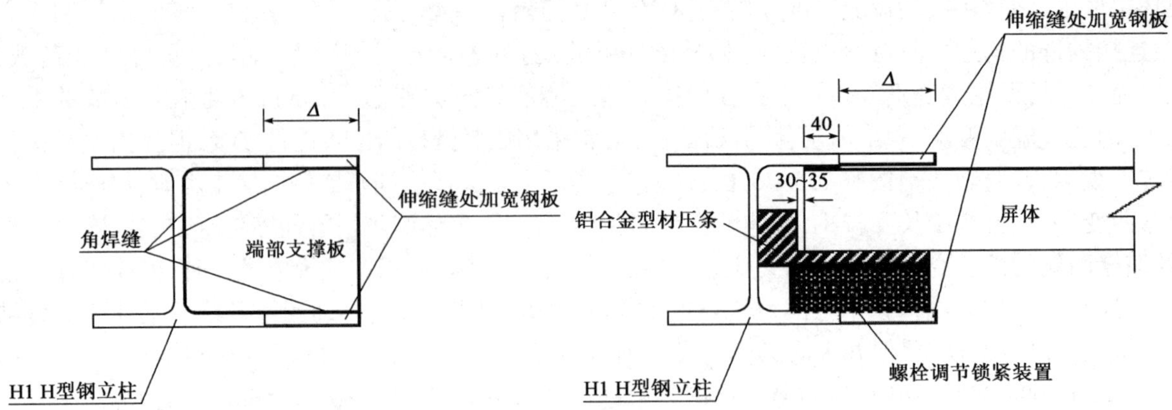

图9　桥梁伸缩缝处防脱落安全措施平面图(尺寸单位:mm)

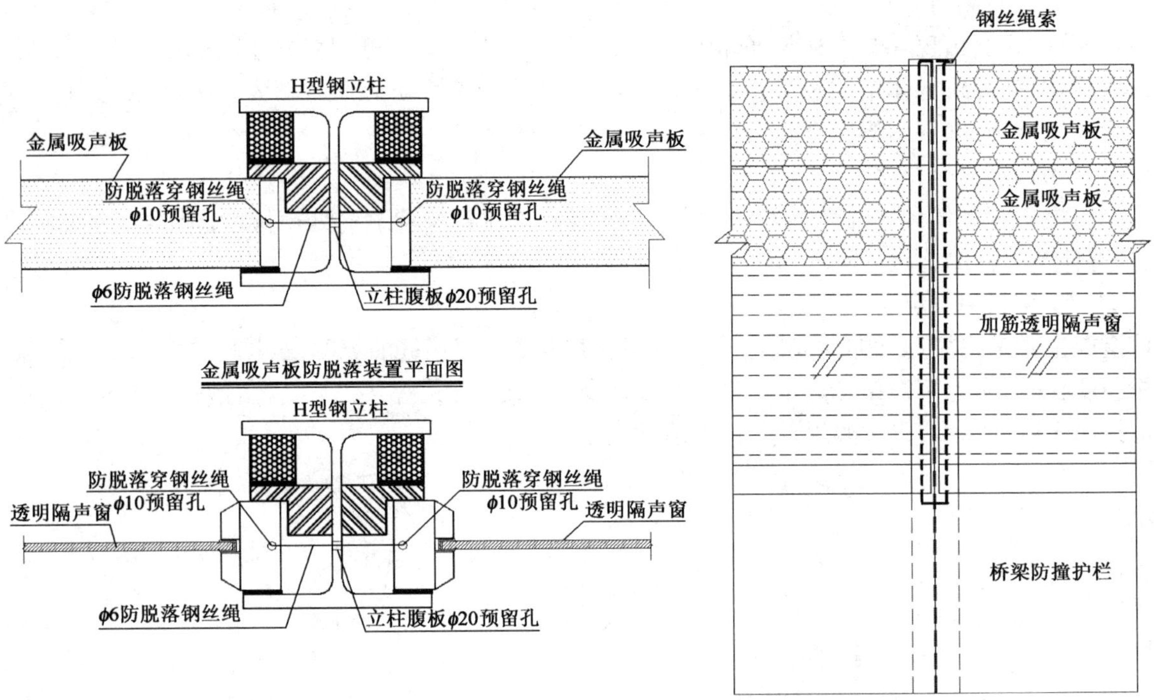

图10　屏体防脱落安全措施构造平面、立面图

五、结　　语

(1)军庄特大桥主桥悬浇预应力混凝土连续刚构主跨188m,桥梁场区抗震设防烈度为8度,设计基本地震动峰值加速度为400±40gal,根据A类桥梁抗震设防目标,E2地震下桥梁结构整体反应处于弹性阶段的设计要求,抗震设计必须采取特殊措施解决抗震难题。本桥初步设计方案比选曾提出钢混凝土混合梁结构或矮塔斜拉桥等轻型结构解决抗震问题,其施工更简便,经济性差异不大,但由于方案审批周期等问题未能实施。

(2)依托安家庄特大桥工程研发了新型的支座+V支承抗震体系,解决了一联内各墩刚度差异较大的抗震问题。

(3)为了解决北京地区冻融及除冰盐环境下道路混凝土结构耐久性问题,国道109新线高速公路开展了道路工程混凝土结构表层渗透防护课题研究与地方标准的编制工作。

(4)针对近年国内多次发生的桥梁声屏障坠落安全事故,依托本工程开展了桥梁声屏障安全措施研究课题,研发了新型的声屏障防坠落安全装置,在公路环保工程设计中更应注重结构安全。

参考文献

[1] 北京市市政工程设计研究总院有限公司. 109 国道高速桥梁施工图[Z]. 北京,2021.

[2] 黄宜,徐德标,潘可明,等. 高烈度区大跨径预应力混凝土连续刚构桥设计实践[C]//第二十五届全国桥梁学术会议论文集. 北京:人民交通出版社股份有限公司,2022.

[3] 潘可明. 东莞水道大跨矮墩连续刚构桥的设计实践[J]. 特种结构,2008,25(5):35-39.

[4] 潘可明,肖永铭,贺大朋. 北京兴延高速桥梁设计创新实践[C]//第二十二届全国桥梁学术会议论文集. 北京:人民交通出版社股份有限公司,2016.

[5] 中交公路规划设计院有限公司. 公路钢筋混凝土及预应力混凝土桥涵设计规范:JTG 3362—2018[S]. 北京:人民交通出版社股份有限公司,2018.

[6] 招商局重庆科研设计院有限公司. 公路桥梁抗震设计规范:JTG/T 2231-01—2020[S]. 北京:人民交通出版社股份有限公司,2020.

[7] 苏交科集团股份有限公司. 公路工程混凝土结构耐久性设计规范:JTG/T 3310—2019[S]. 北京:人民交通出版社股份有限公司,2019.

[8] 潘可明,许欣,陈功,等. 桥梁声屏障安全措施研究[J]. 市政技术,2021. 39(增刊 1):53-57.

34. 高地震烈度寒区组合结构桥梁方案分析

刘 陈[1] 熊治华[1] 潘振华[1] 陈建兵[2]

(1. 西北农林科技大学水利与建筑工程学院;2. 中交第一公路勘察设计研究院有限公司)

摘 要 青藏公路作为青藏高原生命线工程之一,担负着西藏及青海经济与社会发展的重要作用。在青藏高原高地震烈度寒区的不稳定冻土区,常采用以桥代路方案。考虑到寒区的特殊环境及施工难度,为此开展了高地震烈度寒区组合结构桥梁研究。本文主要介绍了 3 种组合结构桥梁方案并对桩基回冻时间进行研究。

关键词 高地震烈度 寒区 组合结构 桥梁 装配化施工

一、引 言

冻土是指 0℃及以下,各类含冰的岩石和土壤。全球冻土区面积高达 $35.67\times10^6 km^2$,中国的多年冻土区占国土面积的 22.4%,主要分布在青藏高原和东北地区[1]。尤其是青藏高原随着西部大开发进程加快,在"十四五"期有望形成新格局,加之"一带一路"沿线也有众多多年受冻土影响的地区[2],青藏高原冻土区将有大量的基础建设需求。而由于冻土区的强冻融循环,"以桥代路"是冻土区复杂地段广泛采用的方案,如青藏公路桥梁占线路总长近 30%[3],青藏铁路桥梁占比约 23%[4]。但是青藏高原是我国地震活动最强烈的地区[5],目前缺少冻土区相应抗震规范依据[6],地震作用下冻土区桩基础 - 冻土体系相互作用机理及破坏特征不明确[7],如今青藏高原大量采用混凝土板梁和部分箱梁,逐渐不能满足更高的运量需求并出现梁体病害。为此,本文以减轻梁体自重和快速施工为出发点介绍了 3 种桥梁结构方案。此外,全球变暖将直接导致多年冻土区桩基承载力下降[8],并增大既有建筑的运行风险,所以本文对不同结构形式的桩基回冻时间也进行了介绍。

二、组合结构上部方案

本文对 3 种组合结构桥梁上部方案进行分析,分别为:GFRP-混凝土组合梁、MVFT 钢-混凝土组合梁、整体装配式钢-混组合梁。3 种组合梁自重显著低于混凝土梁。

1. GFRP-混凝土组合梁方案

纤维复合材料(FRP)作为一种高性能材料,具有轻质高强、耐腐蚀、易加工等优点,其制作工艺主要包括拉挤、缠绕、手糊和模压等。近十几年以来,随着复合材料研究的逐步深入和结构领域的不断发展,玻璃纤维增强复合材料(GFRP)在桥梁工程中得到了广泛的应用。与传统的混凝土、钢材等材料相比,GFRP 型材重量轻、强度高、耐久性和耐腐蚀性好、安装便捷。由 GFRP 梁、混凝土桥面板组成的 GFRP-混凝土组合结构应运而生。组合梁上部的混凝土顶板承担主要压力,下部 GFRP 型材承担主要拉力,这样可以完美发挥两者的性能,而混凝土的低导热率又能很好地避免 GFRP 型材直接受到大量太阳辐射以至于温度过高产生退化。同时,通过改变上部混凝土板厚,相同的结构形式可以适用于一定范围内的跨径要求,能有效避免模板浪费的问题,提升经济性能。GFRP-混凝土组合梁设计如图 1 所示,该桥梁结构主要应用于 8 ~20m 跨径。

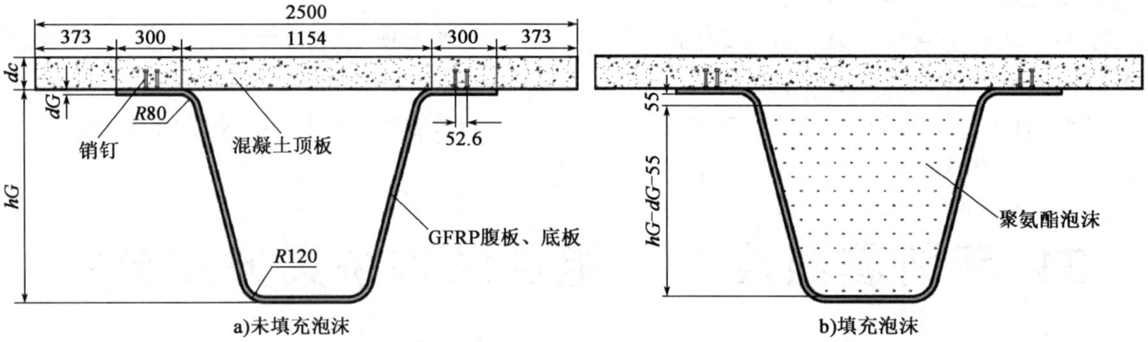

图 1 GFRP-混凝土组合梁(尺寸单位:mm)

2. MVFT 钢-混凝土组合梁方案

钢-混凝土组合结构桥梁是指将钢梁与混凝土桥面板通过抗剪连接件连接成整体并考虑共同受力的桥梁结构形式。钢混组合梁由于其自重较低,具有减小地震作用、减小截面尺寸、缩短工期等优点被广泛应用。其中,德国对常规的钢-混凝土组合梁的抗剪连接件进行了优化,提出了 VFT(Verbund-Fertigteil-Träger)组合梁,并于 1998 年开始在德国等地投入使用。VFT 钢-混凝土组合梁自重轻,施工快捷,在欧洲得到了广泛的应用。结合我国的实际情况,笔者提出了一种改进的装配式 MVFT 小跨径连续梁,MVFT 梁钢梁部分和混凝土桥面板全部在工厂整体预制,可节省大量的时间,在施工现场采用拼接接头进行连接。MVFT 梁的连接方式为横向分片拼装式,湿接缝处构造形成错位咬合连接,顺桥向单钢梁-开口梳齿板钢箱伸出段和上部混凝土板预留钢筋采用焊接。MVFT 单片梁及钢梁顶部连接件设计如图 2 所示。三点梁弯曲数值模拟-混凝土板受压损伤云图如图 3 所示。

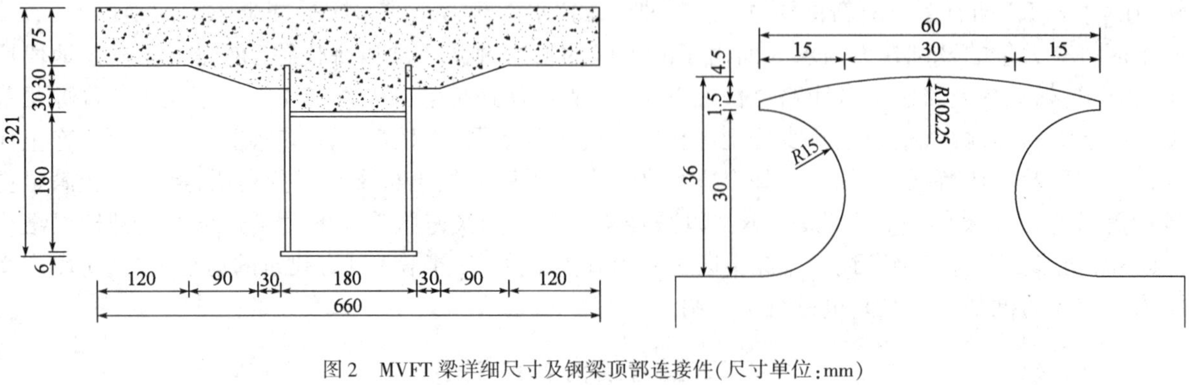

图 2 MVFT 梁详细尺寸及钢梁顶部连接件(尺寸单位:mm)

3. 整体装配式钢-混组合梁方案

笔者提出了一种整体装配式钢-混组合梁[3](图 4)并分析了 30m、40m 跨径的结构方案和经济性。

该结构形式具有工厂化程度高、单梁整体架设、施工速度快、现场作业少的特点。从全寿命周期来看,具有较好的经济性和耐久性。

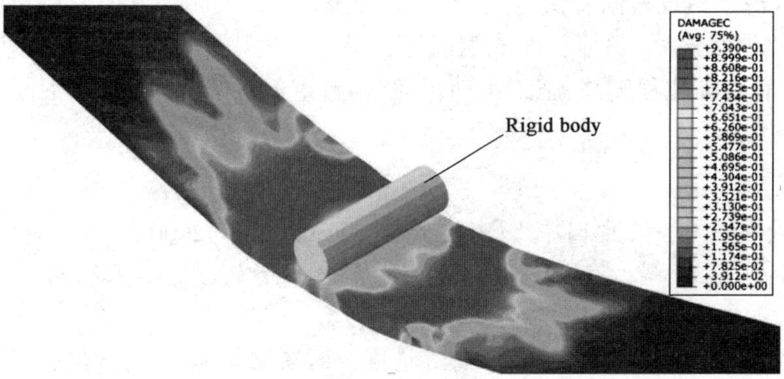

图3 三点梁弯曲数值模拟-混凝土板受压损伤云图

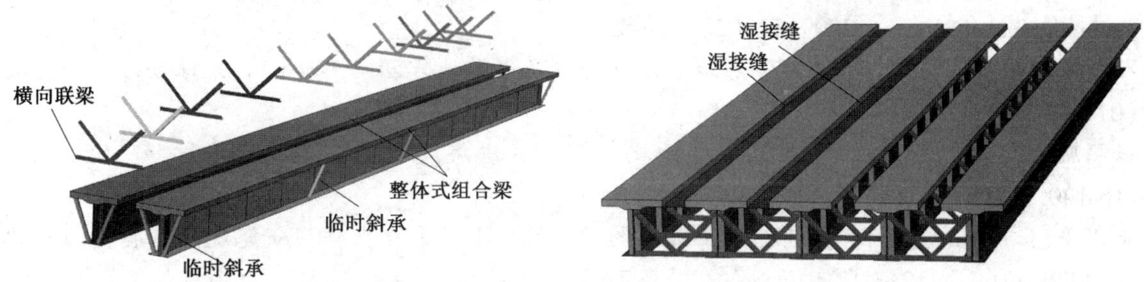

图4 整体装配式组合梁装配示意图

三、下部桩基回冻时间研究

冻土区公路、铁路桥梁中常见的桩基主要有钻孔灌注桩,影响钻孔灌注桩基础早期热稳定性的因素有混凝土水化热、入模温度、成孔方式、冻土地质条件、桩径、桩长、桩间距等,为此基于上部结构开展了桩基的回冻时间对比数值模拟分析,部分结果如图5所示。

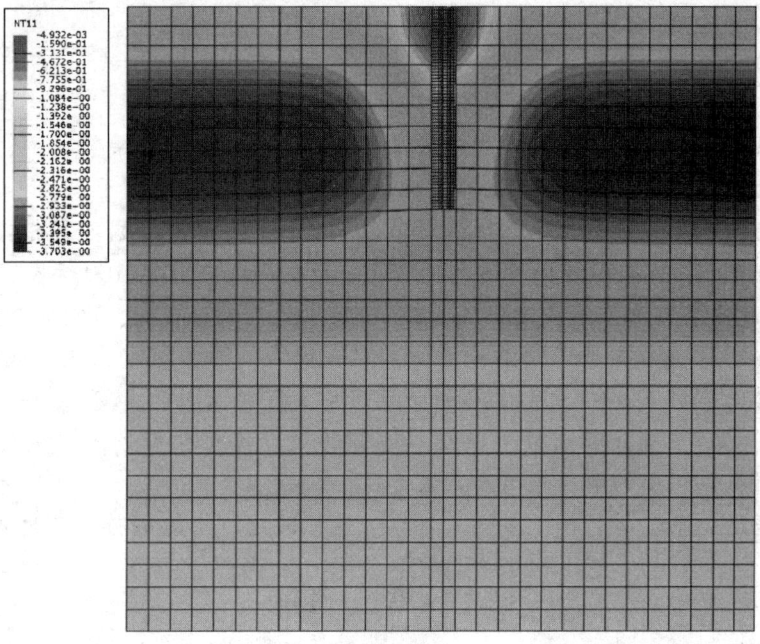

图5 桩基回冻温度云图

四、结　　语

高地震烈度寒区桥梁建设将向着快速建造、快速维修、强耐久性等方面发展。本文介绍了GFRP-混凝土组合梁、MVFT钢混组合梁、整体装配式钢混组合梁3种适用于寒区快速施工桥梁的上部结构形式。3种组合结构桥梁具有装配化程度高、施工工期短、结构自重低等特点。GFRP-混凝土梁的桩基回冻时间具有显著优势。

参考文献

[1] 周幼吾,郭东信,邱国庆,等.中国冻土[M].北京:科学出版社,2000.

[2] 乔建伟,郑建国,刘争宏,等."一带一路"沿线特殊岩土分布与主要工程问题[J].灾害学,2019,34(S1):65-71.

[3] 熊治华,陈建兵,王似舜,等.适用于高寒高海拔地区的装配式钢-混凝土组合桥梁结构形式研究[J].钢结构,2018,33(04):46-51,38.

[4] Innovative designs of permafrost roadbed for the Qinghai-Tibet Railway[J]. Science in China(Series E: Technological Sciences),2009,52(02):530-538.

[5] 邓起东,程绍平,马冀,等.青藏高原地震活动特征及当前地震活动形势[J].地球物理学报,2014,57(07):2025-2042.

[6] 张熙胤,陈兴冲,高建强.多年冻土区桥梁抗震研究进展[J].兰州理工大学学报,2020,46(02):116-120.

[7] 王万平,张熙胤,陈兴冲,等.考虑冻土效应的桥梁桩－土动力相互作用研究现状与展望[J].冰川冻土,2020,42(04):1213-1219.

[8] 李涛,魏庆朝,刘林.青藏铁路多年冻土区桥梁地基融化时的抗震安全性分析[J].铁道学报,2005(04):104-109.

35.山区高速公路整幅式桥隧顺接方案优化设计

付炳宁　宋松林

(中交第一公路勘察设计研究院有限公司)

摘　要　云南某高速公路老山特大桥主桥为主跨480m的双塔组合梁斜拉桥,采用整幅式桥梁与连拱隧道相接方案。为控制工程规模、降低施工风险和缩短工程工期,提出了分离式双线设计的整幅式桥隧顺接优化方案并与传统方案进行比选。比选结果表明:与桥梁整体加宽方案相比,分离式双线设计方案减少桥梁建设面积1980m^2,缩短连拱隧道长度238m,节约施工工期约100天;与整体式大跨隧道方案相比,分离式双线设计方案取消整体式大跨隧道,缩短连拱隧道长度63m,节约施工工期约240天。根据比选成果最终确定该桥桥隧相接段采用右线R=3494m的右偏圆曲线+左线直线的分离式双线设计方案。在满足运营安全的前提下,分离式双线设计方案既避免了桥梁整体加宽,又缩短了连拱隧道长度,实现了桥梁与隧道的"双赢"。老山特大桥桥隧顺接方案的设计优化拓展了山区高速公路的设计思路,为同类型桥隧顺接设计提供了新的解决思路和方案。

关键词　山区高速公路　斜拉桥　整幅式桥梁　连拱隧道　桥隧顺接　分离式双线

一、背　　景

随着我国经济发展和"一带一路"倡议的推进,山区高速公路建设成为我国交通基础设施发展的主旋律。山区高速公路受限于地形、地质、气象水文等复杂建设条件，随着路线平纵指标的不断提升，桥隧比例越来越高，路线线形较为复杂。在跨越沟谷和穿越山体路段，桥梁与隧道之间的距离很短，甚至直接相连，桥隧相接方案成为控制桥梁与隧道建设规模、施工风险、运营安全及其与自然协调统一的一项技术难题[1-2]。

山区高速公路隧道一般采用分离式隧道和连拱隧道，相对应的桥隧相接情况为单幅式桥梁与分离式隧道或小净距隧道相接、整幅式桥梁与连拱隧道相接两种[3-4]。

桥隧相接工程一般处于山坡较陡路段，路线线位较高，施工场地狭小，桥跨布置困难。为了方便接线、减少占地、避免大跨径桥梁分幅设计，从工程经济角度出发，大跨径桥梁多采用整幅式断面与隧道相接[5-7]。由于高速公路桥梁与隧道断面的宽度不等，桥隧相连的方式需确保桥梁与隧道相接段交通流的平顺过渡。

目前国内常见的整幅式桥梁与连拱隧道顺接的设计方案多为桥梁整体加宽和设置整体式大跨隧道两种方案。由于山区高速公路桥梁与隧道顺接的工程技术方案是控制项目工程规模、施工工期和风险的关键因素，本文以云南某高速公路老山特大桥工程为依托，提出分离式双线设计的桥隧顺接工程方案，既避免了桥梁整体加宽，又缩短了连拱隧道和小净距隧道的长度；不仅节约了工程造价，降低了施工风险，且缩短了工程工期。

二、整幅式桥隧顺接方案

1. 传统方案

1）桥梁整体加宽

山区高速公路连拱隧道通常需要设置一定厚度的中墙，其中间带宽度往往大于整幅式桥梁的标准中间带宽度。为实现桥隧相接段交通流的平顺过渡，从方便设计、简化构造的角度出发，可将桥梁整体加宽，桥梁行车道与隧道行车道对齐。同时沿桥梁进隧道方向，桥梁外侧护栏在隧道洞口附近渐变，实现桥隧衔接段的交通流平稳过渡（图1）。

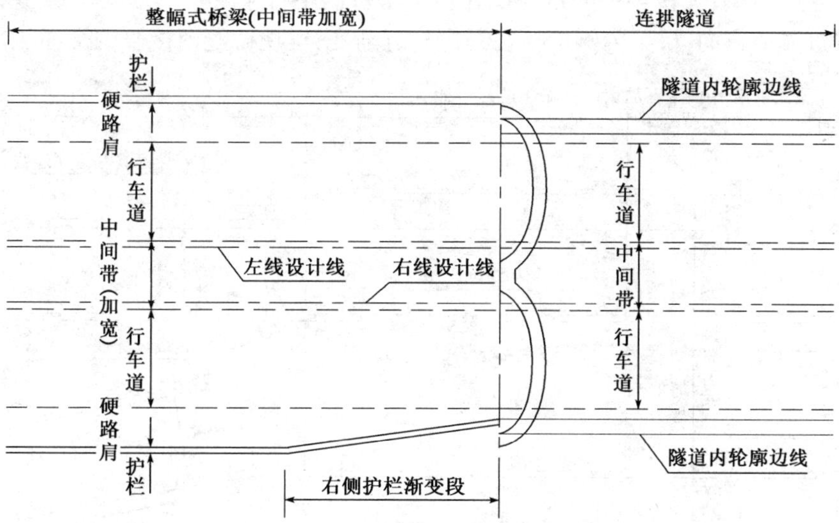

图1 桥梁整体加宽的桥隧顺接方案平面示意

该方案路线线形顺畅，交通流行车轨迹在桥隧衔接段不发生变化，一直保持为直线行驶，最大限度地降低行车风险。但是桥梁整体加宽将造成大桥建设规模加大，桥面中分带区域浪费；同时由于路线左、右设计线按平行设计，连拱隧道分离较慢，连拱长度较长。该方案桥梁和隧道的总体工程规模较大，施工难度和安全风险高。

2）整体式大跨隧道

该方案桥梁按标准宽度设计，隧道依次按整体式大跨—连拱—小净距—分离式设计。在整体式大跨隧道范围内通过左、右设计线渐变，从而将标准中间带宽度过渡为连拱隧道需要的中间带宽度。同时沿桥梁进隧道方向，桥梁外侧护栏在隧道洞口附近渐变，实现桥隧衔接段的交通流平稳过渡（图2）。

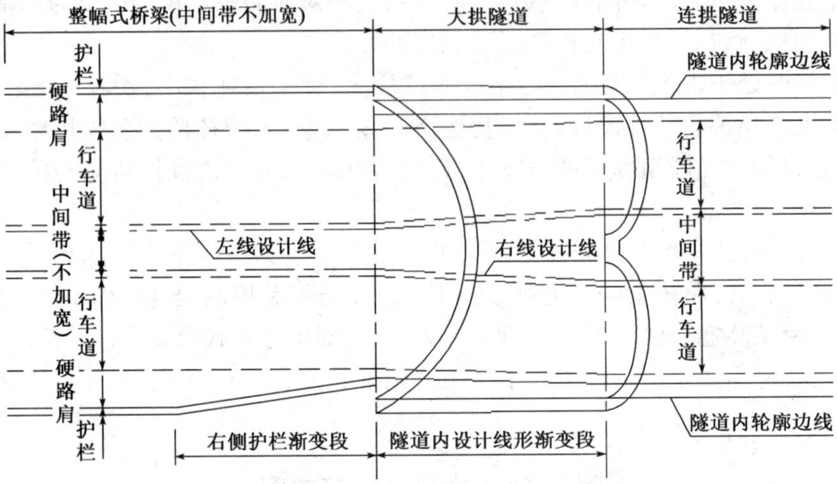

图2 整体式大跨隧道的桥隧顺接方案平面示意

与桥梁整体加宽方案相比，该方案桥梁建设规模较小，桥梁上交通流行车轨迹不发生变化，一直保持为直线行驶。但是桥隧交界面处存在行车轨迹突变，对行车安全不利；同时整体式大跨隧道对地质条件依赖较大，工程规模和造价均较高，施工难度和安全风险较大。

2. 分离式双线

针对上述整幅式桥梁与连拱隧道顺接设计方案存在的诸多缺点，作者在云南某高速公路老山特大桥设计过程中，提出了分离式双线设计的桥隧顺接方案。该方案桥梁按标准宽度设计，左、右设计线在桥头和隧道洞口一定范围内渐变分离，使桥梁中间带宽度在桥梁上按满足行车安全的渐变率逐步加宽到隧道中间带宽度。同时沿桥梁进隧道方向，桥梁内侧护栏在洞口附近渐变，实现桥隧衔接段的交通流平稳过渡（图3）。

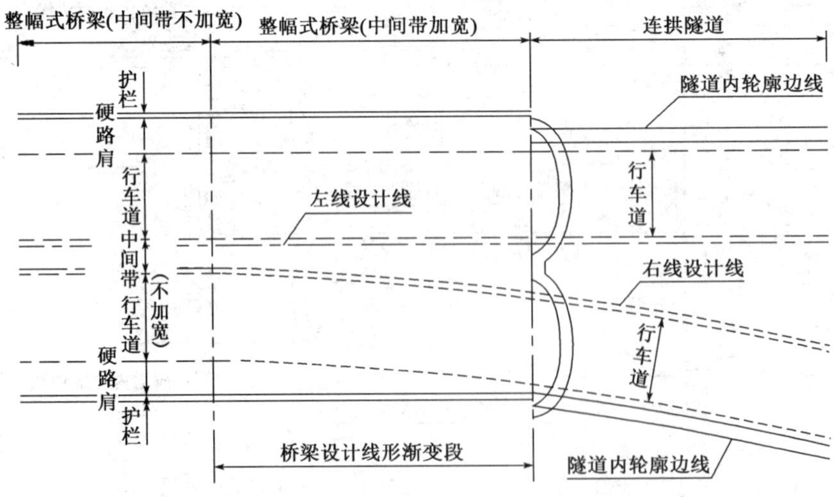

图3 分离式双线桥隧顺接方案平面示意

与传统方案相比较，该方案不需要加宽桥梁，也不需要设置整体式大跨隧道，而且连拱隧道的长度因左、右线快速分离而大幅缩短，桥梁和隧道建设规模最小。通过在桥上明线区设置行车轨迹渐变区，确保桥隧相接段行车轨迹不发生变化，一直保持为圆曲线行驶；在确保运营行车安全的前提下，大幅度地降低了桥隧工程规模、施工难度和安全风险。

三、工程方案应用

1. 工程概述

老山特大桥主桥采用主跨480m双塔双索面组合梁斜拉桥，大桥桥跨组成为4×30m＋200m＋480m＋200m，桥梁全长1000m（图4）。主桥采用半飘浮结构体系，索塔处设置竖向支座、横向抗风支座、纵向弹簧限位装置和纵向黏滞阻尼器。主桥索塔采用钻石型混凝土索塔，两岸塔高分别为247m和254m。主桥采用空间索面按扇形布置的平行钢丝斜拉索，索塔每侧布置19对斜拉索，全桥共152根。主梁采用整幅式双边工字型钢混组合梁，边主梁中心梁高为2.9m，混凝土桥面板标准段板厚为26～40cm。

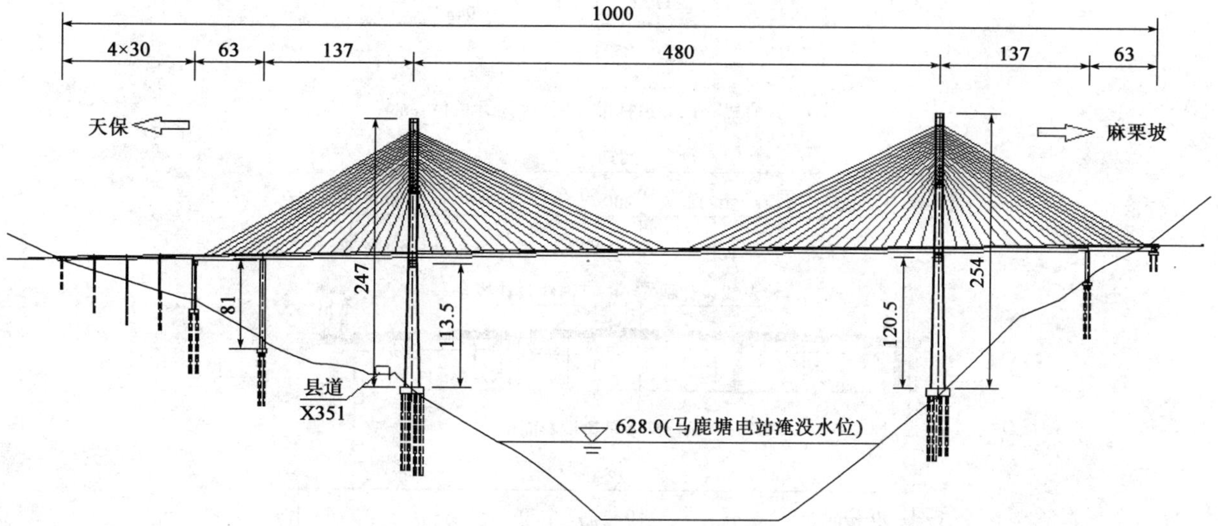

图4 老山特大桥总体布置（尺寸单位：m）

根据桥址区两岸地形、地质条件，通过工程比选，老山特大桥麻栗坡岸采用整幅式主桥与连拱隧道相接。本项目公路等级为双向四车道高速公路，设计速度为80km/h，整体式路基断面宽度为25.5m，与之对应的主桥整幅式桥面标准横断面宽度为28.5m（图5），直中墙连拱隧道总宽度为25.21m（图6）。

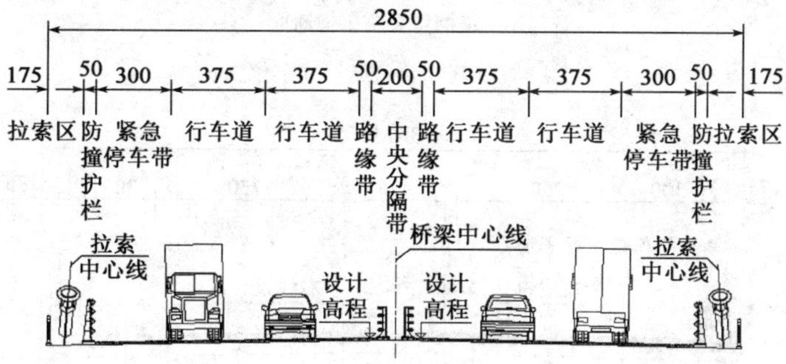

图5 整幅式桥面标准横断面（尺寸单位：cm）

2. 工程方案

1）分离式双线

桥梁按标准宽度设计，左、右设计线在桥隧衔接段渐变分离，右线设计线采用$R=3494$m的右偏圆曲线，左线设计线采用直线；通过左右设计线分离实现桥隧衔接段的交通流平稳过渡。桥梁总宽度为28.5m（图7），连拱隧道总宽度为25.21m。

2）桥梁整体加宽

桥梁中分带宽度由2m增加至4.25m，桥梁行车道与隧道行车道对齐，实现桥隧衔接段的交通流平稳过渡,桥梁总宽度为 30.75m(图 8)。

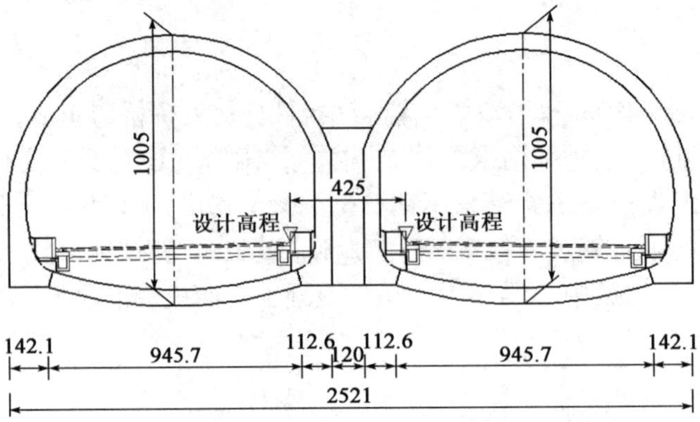

图 6　直墙式连拱隧道标准横断面(尺寸单位:cm)

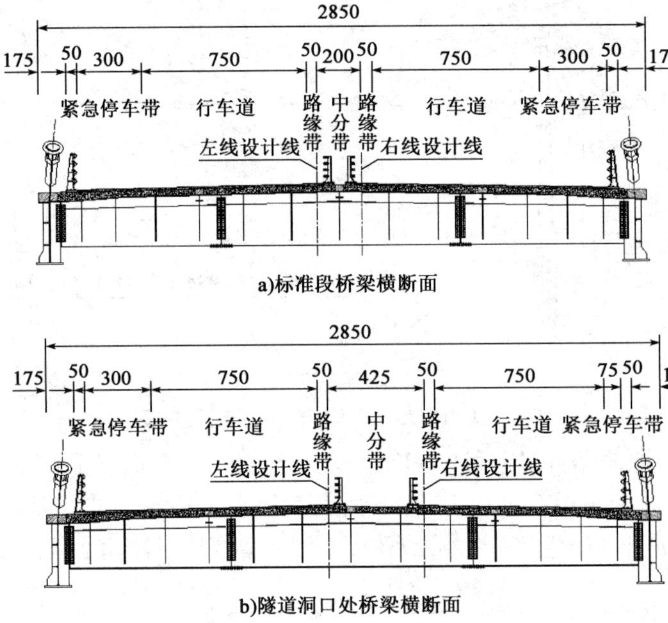

图 7　桥梁横断面示意(尺寸单位:cm)

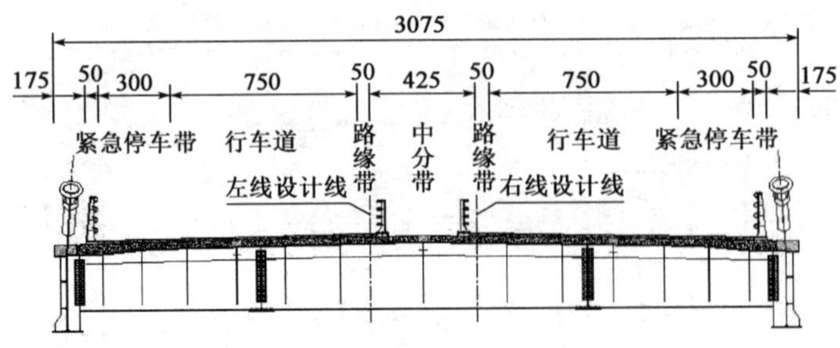

图 8　桥梁加宽的桥梁横断面示意(尺寸单位:cm)

3)整体式大跨隧道

桥梁按标准宽度设计,桥隧衔接处设置整体式大跨隧道,在整体式大跨隧道范围内通过左右设计线渐变实现桥隧衔接段的交通流平稳过渡,全断面大拱隧道总宽度为 22.96 ~ 25.21m(图 9)。

3. 工程比选

从桥梁和隧道的工程规模、结构形式、施工可行性、施工风险和工期及工程建安费等方面综合考虑,针对上述老山特大桥整幅式主桥与连拱隧道相接的桥隧顺接方案,进行了工程方案比选(表 1)。

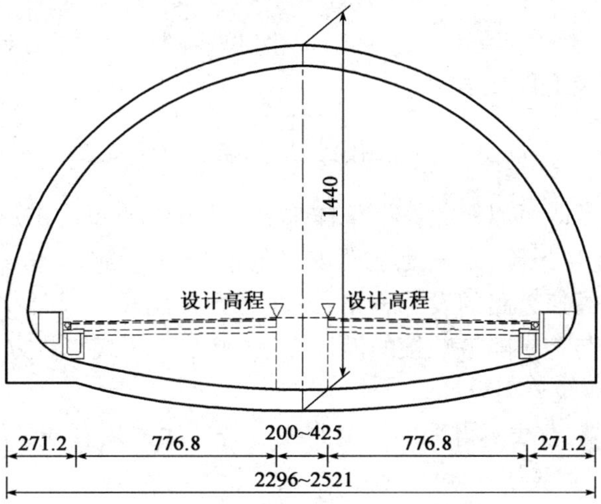

图 9　整体式大跨隧道横断面示意(尺寸单位:cm)

整幅式桥隧顺接工程方案比选表　表 1

桥隧顺接方案		方案一	方案二	方案三
		分离式双线设计	整体式大跨隧道	桥梁整体加宽
老山特大桥	结构形式	主跨 480m 组合梁斜拉桥		
	桥长	主桥:880m,引桥:120m		
	桥宽(m)	28.5	28.5	30.75
	主桥桥梁面积(m^2)	25080	25080	27060
隧道	隧道形式	连拱 + 分叉	大跨 + 连拱 + 分叉	连拱 + 分叉
	中分带宽度(m)	4.25	2.0 ~ 4.25	4.25
	大跨长度(m)	—	255	—
	连拱长度(m)	87	150	325
隧道	小净距长度(m)	218	192	265
	分离式长度(m)	2415	2123	2130
	总长(m)	2720	2720	2720
工程规模		桥梁规模最小;连拱隧道长度最短,小净距隧道长度适中,隧道规模最小	桥梁规模最小;增加了大跨隧道,连拱隧道较长,小净距隧道最短,隧道规模最大	桥梁规模较大;连拱和小净距隧道最长,隧道规模较大
施工条件		无大跨隧道,连拱和小净距隧道长度短,施工难度较小,风险较低、工期较易控制	大跨隧道对工程地质依赖较大,施工难度高、施工风险大,工期不易控制	连拱和小净距隧道长度较长,施工难度较大,风险较高、工期不易控制
工期(月)	老山特大桥	36	36	36
	隧道	18	26	21.5
建安费(万元)	老山特大桥	61632.0	61632.0	66384.0
	隧道	42193.0	50484.0	44905.0
	合计	103825.0	112116.0	111289.0

通过表 1 可以得出以下结论:

(1)与桥梁整体加宽方案相比,分离式双线设计方案减少桥梁建设面积 1980m^2,缩短连拱隧道长度 238m,节约隧道施工工期约 100 天;桥梁工程建安费降低约 4750 万元,隧道工程建安费降低约 2700 万元,合计节约工程建安费约 7450 万元。

(2)与整体式大跨隧道方案相比,分离式双线设计方案取消了整体式大跨隧道,缩短连拱隧道长度

63m,节约隧道施工工期约240天,合计节约工程建安费约8300万元。

(3)分离式双线设计方案桥梁与隧道工程规模最小、施工风险最低,工期总体可控,是本项目以及类似项目更优的整幅式桥隧顺接工程方案。

四、结　　语

分离式双线桥隧顺接方案既可以避免桥梁整体加宽,又可以缩短连拱隧道和小净距隧道的长度,既节约了工程造价,又降低了施工风险,在满足运营安全的前提下,实现了桥梁与隧道的“双赢”。老山特大桥的设计优化拓展了山区高速公路的设计思路,为同类型桥隧顺接设计提供了新的解决思路和方案。结合老山特大桥整幅式桥梁与连拱隧道顺接的设计方案,总结分离式双线方案设计要点如下:

(1)整幅式桥梁平面按双线分离设计。

(2)桥梁与隧道相接路段,右线不得采用左偏曲线。若右线采用直线,左线必须采用左偏曲线;若右线采用右偏曲线,左线可采用直线或左偏曲线。

(3)在满足路线线形指标的前提下,桥梁平面曲线段设计半径应取大值,避免整幅式桥梁单侧设置超高,简化桥梁构造设计,提高桥隧相接段运营行车安全。

(4)桥梁结构按标准宽度进行全桥等宽设计;外侧护栏沿桥梁外边线布置,中央分隔带护栏沿左、右设计线分离布置。

(5)沿桥梁进隧道方向,桥梁侧硬路肩宽度在隧道洞口沿路线设计线渐变,由标准硬路肩宽度渐变为隧道右侧侧向宽度。

(6)连拱隧道起始段,左右线设计高程之间的中间带宽度不得大于4.25m,洞口段需按直中墙连拱隧道设计。

参考文献

[1] 吴华金.云南公路勘察设计与展望[J].云南交通科技,2002(2):26-31.

[2] 王卫东,罗阳圣.山区高速公路桥隧连接工程关键性技术研究[J].中国新技术新产品,2011,(12):20-21.

[3] 白浩,李强生,齐向军.山区高速公路桥隧相接设计浅析[J].公路交通科技(应用技术版),2012(03):43-44.

[4] 谢佳佑,刘艳,包嘉邈.我国山区桥隧相连工程研究现状综述[J].江苏科技信息,2016(10):69-70.

[5] 杨冬波.论述山区高速公路桥隧相接设计[J].中华民居,2014(03):248-249.

[6] 王飞.山区高速公路桥隧相接技术的研究与应用[J].公路工程与运输,2011(11):1-4.

[7] 薛杰.山区高速公路桥隧连接关键性技术研究[D].武汉:武汉理工大学,2010.

36.大跨径公轨合建斜拉桥设计及特色

杨　钻　王　雷　王景奇　孙向东　梁立农
(广东省交通规划设计研究院集团股份有限公司)

摘　要　汕头牛田洋大桥主桥为公轨两用半飘浮体系双塔斜拉桥,跨径布置为77.5m+166.1m+468m+166.1m+77.5m。公轨分层布置,上层通行8车道公路,下层通行双线跨座式轨道。主桥采用了纵、横向正交分离的减隔震约束体系。主梁采用带副桁的板桁结合钢桁梁,空间三角形桁式,桁高11m,

基金项目:交通运输部科技司面上项目,2018-MS1-007。

桁宽 16m,标准节段长 15.1m,采用大节段全焊制造。中跨、次边跨桥面采用正交异性钢桥面板,边跨桥面采用混凝土桥面板。塔柱采用厝角头造型,全高 182.9m,设 3 道横梁。塔柱基础采用哑铃形承台接大直径变截面钻孔灌注桩。斜拉索采用 ϕ7mm 平行钢丝索,强度等级为 1770MPa。大桥富含技术特色。

关键词 公轨合建桥 斜拉桥 钢桁梁 板桁结合 支承体系 技术特色

一、工 程 概 况

牛田洋大桥主桥是汕头市牛田洋快速通道上的一座公轨合建钢桁梁斜拉桥,跨越榕江,连接汕头市南、北两岸城区。该桥上层为 8 车道城市快速路,下层为双线跨座式轨道交通。桥梁建设有设计风速大、地震烈度高、公轨两用、对结构刚度要求高的特点。

二、主要技术标准

(1)公路:一级公路兼城市道路,双向 8 车道,设计速度 100km/h,设计荷载等级为公路—Ⅰ级。

(2)轨道:双线跨座式单轨[1],轴重 140kN,按照 6 辆编组设计,设计速度 30 ~ 80km/h,线间距4.8m。

(3)设计基本风速:100 年重现期 10min 平均最大风速 V_{10} = 41.2m/s。

(4)通航:最高通航水位 +2.873m;10000 吨级海轮通航净空 390m × 38m。

(5)地震:抗震设防基本烈度为Ⅷ度,地震动峰值加速度 0.194g。

三、主桥结构设计

1. 主桥总体布置

桥位处水面宽约 2.5km,桥梁主跨跨径需为 400 ~ 500m,通行汽车和单轨列车。经比选,主桥最终采用经济性好、整体刚度大、施工方便、景观效果好的钢桁梁斜拉桥,跨径布置为 77.5m + 166.1m + 468m + 166.1m + 77.5m,立面布置见图 1。

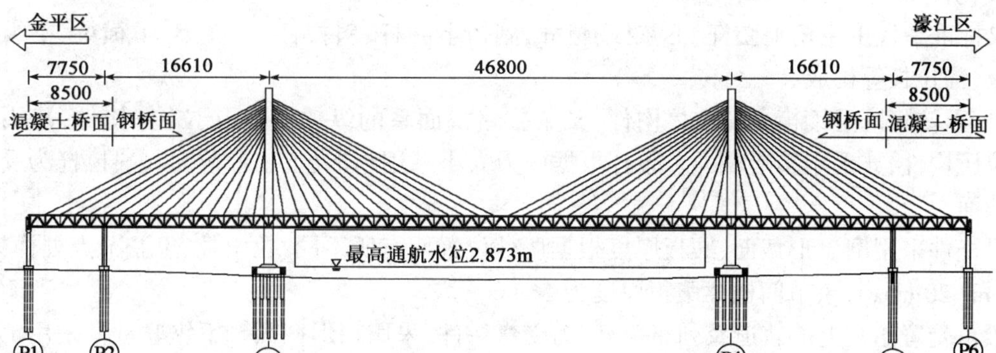

图 1 牛田洋大桥主桥立面布置(尺寸单位:cm)

2. 约束体系

约束体系对下部结构受力、梁端位移、行车条件有很大影响[2-3]。该桥采用半飘浮体系,在桥塔、辅助墩、过渡墩与主梁之间均设置竖向支座,纵向可活动,横向采用剪力销约束(正常使用工况下固定,地震工况下剪力销剪断,支座横向可活动)。为减小地震作用下下部结构横向受力,在塔梁、墩梁之间设置横向弹塑性钢阻尼器,桥塔处设 4 个,每个屈服力为 2500kN,辅助墩、过渡墩处各设 2 个,每个屈服力为 2000kN,设计位移均为 300mm。为减小地震作用下桥塔纵向受力和主梁纵向位移,在每个塔梁连接处安装 8 个黏滞阻尼器。黏滞阻尼器最大额定行程 ± 600mm,阻尼力为 2000kN,对脉动风、刹车和地震引起的动荷载具有阻尼耗能作用,而对温度、徐变等长期效应引起的位移不予限制。

3. 钢桁梁

1)整体构造

钢桁梁采用带副桁的空间三角形桁式[4-5],钢材材质为Q345qD。为满足公路双向8车道及双线轨道交通的总体布置需求,钢桁梁采用双层桥面布置,上层为公路,下层为轨道交通。上层中跨、次边跨公路桥面采用正交异性钢桥面板[6-8],边跨公路桥面采用C60混凝土板,均设置2%横坡;轨道交通为跨座式单轨,无桥面板。钢桁梁主桁高(上、下弦杆轴线垂直距离)11.0m,2片主桁水平距离16.0m,上层桥面宽38.2m,1个节间长15.1m,重400~425t。为方便制造、吊装,钢桁梁节段划分为4种类型,共35个节段,采用全焊节段制造[9-10]。将桁架结构、桥面系结构、连接系及斜拉索锚拉板等在工厂焊接成整体后运输至工地进行整节段吊装。标准节段为2个节间,长30.2m,最大吊重850t。1个标准节间的空间结构见图2。主桁节点位置横断面布置见图3。

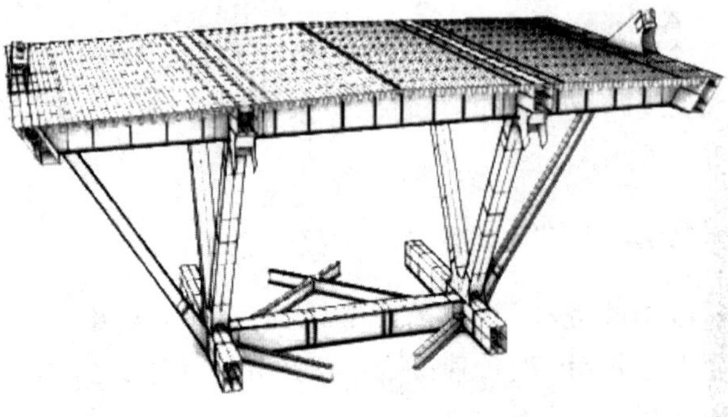

图2 1个标准节间空间结构

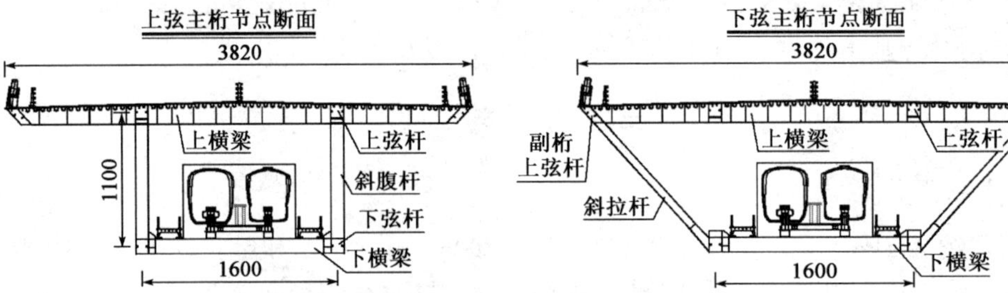

图3 主桁节点位置横断面布置(尺寸单位:cm)

2)组成构件

钢桁梁标准节段由主桁上弦杆、下弦杆、腹杆,副桁上弦杆、斜拉杆,上横梁、下横梁、下纵联、正交异性钢桥面板、锚拉板等构成。

主、副桁上弦杆既是钢桁梁的主体构件,又是公路桥面系的纵梁,为压(拉)弯构件,采用箱形截面。下弦杆为拉压构件,亦采用箱形截面。腹杆根据内力大小采用箱形、工字形截面。斜拉杆为受拉杆件,采用工字形截面。

上横梁杆件采用倒T形截面,腹板厚度根据所处位置而有所不同,拉索处、上弦节点处横梁腹板厚度分别为28mm、20mm,其余节间横梁腹板厚度为16mm。

下横梁承受置于其上的轨道及列车荷载,为受弯构件,采用箱形截面。下纵联杆件采用工字形截面。

正交异性钢桥面板由桥面板、纵向U肋和横梁组成。桥面板厚16mm,U肋厚8mm,横向中心距600mm,横梁间距2.517m。

节段内各构件之间的连接均为焊接,在工厂完成。节段间的工地连接,除桥面板为熔透对接焊连接外,其余杆件均为高强螺栓连接。

3)索梁锚固构造

为便于工厂制造及后期养护,采用锚拉板式索梁锚固构造,锚拉板与副桁上弦节点腹板内侧对齐,焊接在副桁上弦节点顶板上。

4)压重构造

在活载作用下,桥塔、辅助墩、过渡墩处支座均会出现负反力,因此需要采取措施避免支座脱空。考虑到采用负反力索或拉力支座存在后期养护及耐久性问题,且集中力大、细节烦琐,综合比较后采用压重方案。为减小压重重量、简化结构设计,同时兼顾经济性,将辅助墩、过渡墩之间5个节间的公路桥面设置为40cm厚的C60混凝土桥面板(图4),同时将桥塔支座附近4个节间、辅助墩支座附近2个节间的检修道设置为混凝土结构(换算压重荷载为60kN/m),不设置其他压重。进行上述处理后,正常使用状态下支座不出现负反力且有一定的压力储备。

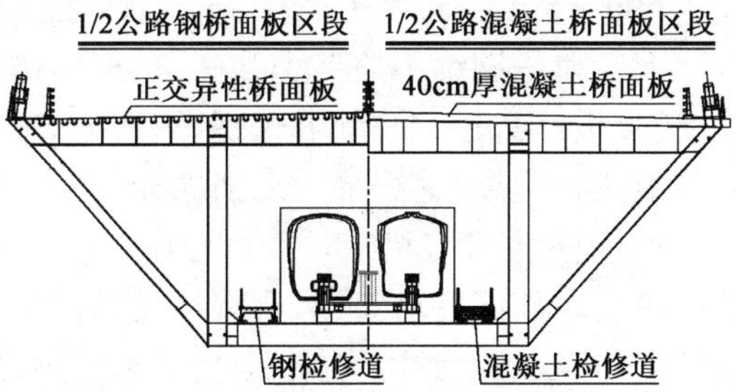

图4 公路桥面系构造

4. 斜拉索

斜拉索采用平行钢丝索,钢丝直径为7mm,强度等级为1770MPa。全桥共2×4×15=120根斜拉索,根据索力不同分为LPES7-151、LPES7-187、LPES7-223、LPES7-241、LPES7-265、LPES7-283、LPES7-313、LPES7-337共8种规格,最大索长255.2m,最大单索重27.6t,边跨斜拉索最小倾角28.2°,中跨斜拉索最小倾角26.9°。斜拉索设计寿命为30年,应力安全系数大于2.5,活载应力幅值控制在120MPa以内。

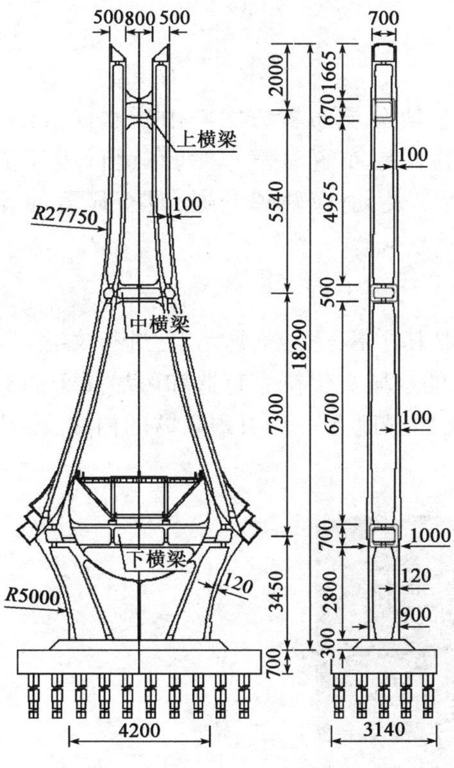

图5 桥塔构造(尺寸单位:cm)

由于振动尤其是过大的振动易导致斜拉索的疲劳和防护结构的破坏[11-12],影响其安全使用寿命。为抑制斜拉索在施工、使用阶段可能出现的风雨振和涡振,该桥采用以下斜拉索减振措施:①在斜拉索外层PE护套设置双螺旋线;②每根斜拉索的两端均设内置阻尼器,每根斜拉索的梁端均设外置阻尼器(阻尼器须为斜拉索提供3%以上的附加阻尼,使用寿命不低于20年,且便于检查、更换)。

5. 桥塔及基础

桥塔采用彰显汕头民居地方特色的厝角头造型,采用C55钢筋混凝土结构。塔柱全高182.9m,桥面以上高130.6m,高跨比1/3.583。桥塔设上、中、下3道横梁,将塔柱分为上塔柱、中塔柱、下塔柱3段。上塔柱布置钢锚梁、钢牛腿,用以锚固斜拉索。桥塔构造见图5。

1)塔柱

上、中塔柱的轴线由2条直线、1条圆曲线构成,圆曲线半径为280m。上、中塔柱采用单箱单室截面,横桥向尺寸桥面以上为5m,桥面以下出于造型、受力需要逐渐加宽;顺桥向尺寸在塔顶为7.0m,线性渐变至中塔柱底为10m。高程+68.767m以上塔柱横桥向、顺桥向壁厚均为1.0m,向下逐渐加厚至横桥向1.2m、顺桥向1.3m。

下塔柱采用单箱单室截面,顺桥向尺寸为9m,横桥向尺寸为8.7~12.3m(以满足造型需要)。下塔柱截面壁厚均为1.2m。横桥向两下塔柱之间设置了后浇带,壁厚60cm,该部分结构在主桥合龙后浇筑。塔柱截面外轮廓角点处采用半径0.5m的圆弧倒角,以提高景观效果,同时增强抗腐蚀能力。

2)横梁

下横梁设在主梁下方,采用箱形截面,高7.0m,宽8.50m,顶、底、腹板壁厚均为1.0m,在2个支座处各设1道壁厚0.8m的竖向隔板。下横梁为全预应力混凝土结构,顶、底、腹板内布置预应力钢绞线,锚固点均设在塔柱外侧,并采用深埋锚工艺,减少与塔柱钢筋的冲突。

中横梁设在上、中塔柱直线延长线的交点处,以优化塔柱受力,减小塔柱节点弯矩。中横梁、上横梁均采用单箱单室截面,均为全预应力混凝土结构。

3)钢锚梁与钢牛腿

斜拉索在塔端采用钢锚梁锚固。每套钢锚梁锚固1对斜拉索,单个塔柱设15套钢锚梁。钢锚梁梁长4.696～5.837m，跨中高0.7m，由侧面拉板、端部承压板、腹板、锚板、锚垫板、加劲肋等构件组成。

钢牛腿是钢锚梁的支承结构，每根钢锚梁支承在1对钢牛腿顶板上。钢牛腿由上承板、聚四氟乙烯滑板、腹板、腹板加劲板、塔壁钢板、剪力钉及PBL加劲钢板组成，顶面宽0.84m，高0.94m。钢牛腿顶面粘贴聚四氟乙烯板条，采用高强螺栓与钢锚梁连接。

4）塔柱基础

塔柱底部设置塔座、承台和钻孔灌注桩基础。塔座高3m，棱角处采用半径10cm的圆弧面连接，以增强结构防腐蚀能力。承台平面呈圆端哑铃形，轮廓尺寸为73.0m（横桥向）×31.4m（顺桥向），厚7.0m。承台顶面设有1.5%的排水坡，避免积水。每个承台下设40根ϕ3.0m-ϕ2.5m的变截面钻孔桩，桩长81～115m，桩端进入中风化或微风化花岗岩。

由于地震效应大，桩基采用钢管复合桩[13]。钢管长度按穿过淤泥层2m且在最大弯矩点以下长度不小于3倍桩径的原则确定。

四、技术特色

1.因地制宜，合理选择桥型

潮汕地区地少人多，土地资源有限。为节约用地，本桥采用公轨分层布置方案。由于水面开阔，两侧引桥较长，纵断面抬升不会增加桥梁规模，同时又能避免公轨同层布置时汽车、列车运行相互干扰的不利影响。钢桁梁斜拉桥方案节约土地资源，且竖向抗弯刚度大，适应轨道交通，具有显著的经济效益和社会效益。

2.富有潮汕文化特色的塔柱厝角头造型

以汕头民居五行山墙为文化原型，以现代抽象的建筑手法萃取其中叠涩之经典元素，进行文化、美学、力学的现代再演绎，得到独特的厝角头塔柱造型（图6），以显著的地域文化符号打造和彰显属于汕头地区的门户形象与时代精神。桥梁位于牛田洋湿地，塔柱造型又犹如湿地上一对引颈高歌的白鹭，言情于美丽的牛田洋畔，诉说着人们对浪漫与祥和的向往。

图6　大桥施工航拍图

3.富有韵律美的空间三角形板桁

本项目为公轨合建，钢桁梁采用双层桥面布置，采用上宽下窄、带副桁的空间三角形板桁结合型钢桁梁，既满足轨道交通对结构刚度的要求，又韵律协调，造型优美。

这座独具潮汕五行山墙文化特色的厝角头桥塔，再配上节奏韵律突出的三角形公轨合建钢桁梁，将成为汕头市新的城市标志。

4.首次采用双节段三角桁整体制造、吊装

单节段三角桁需借助临时杆件维持自身稳定。为方便制造、吊装，避免使用临时杆件，本桥首次采用

双节段三角桁全焊制造、吊装,降低了制造施工难度,节省了工期(图7)。将桁架结构、桥面系结构、连接系及斜拉索锚拉板等在工厂焊接成整体后运输至工地进行整节段吊装。

图7 大桥双节段三角桁整体吊装

5. 边跨钢桁梁顶推施工

钢桁梁梁高12.3m,具备足够的跨越能力。设计充分利用这一优势,采用边跨钢梁顶推、塔梁同步施工的方案,大大节省了工期,同时节省了边跨因水深不足,悬臂拼装需要疏浚河道的成本,减少了桥面起重机数量。在主塔处利用浮式起重机、桥面起重机起吊钢桁梁节段,在主塔支架上拼接,然后向边跨顶推,施工方便,具有良好的经济效益。

6. 适应高地震烈度地区的减隔震体系与钢管复合桩设计

本桥位于地震Ⅷ度区,地震效应大。设计采用了纵横向正交分离的减隔震约束体系,减小了地震作用下塔柱、下部结构内力。

桩基采用大直径钢管复合桩,利用施工用钢护筒参与结构永久受力,优化桩基钢筋布置。

7. 以结构代替压重

为了克服支座负反力,减小压重重量,简化结构设计,同时兼顾经济性,辅助墩、过渡墩之间的5个梁段的公路桥面采用40cm厚C60混凝土桥面板,同时主塔支座附近的4个梁段、辅助墩支座附近的2个梁段的轨道层检修道也采用混凝土结构(换算压重荷载为60kN/m),不设置其他压重。

五、结　　语

牛田洋大桥在桥型、结构体系、上下部构造、施工等方面均富含技术特色,建成后将成为粤东境内最大跨径的通行跨座式单轨交通的钢桁梁斜拉桥。牛田洋大桥主桥效果图见图8。

图8 牛田洋大桥主桥效果图

参考文献

[1] 中华人民共和国住房和城乡建设部.跨座式单轨交通设计规范:GB 50458—2008[S].北京:中国建筑工业出版社,2008.

[2] 冯鹏程,付坤,陈毅明.沌口长江公路大桥主桥设计关键技术[J].桥梁建设,2017,47(2):7-12.

[3] 阮怀圣,徐恭义,张燕飞,等.武汉青山长江公路大桥主桥结构横向约束体系设计[J].桥梁建设,2020,50(S1):75-81

[4] 曹正洲,沈逢俊.粉房湾长江大桥主桥结构设计[J].桥梁建设,2012,42(S1):17-22.

[5] 赖亚平,张智勇,邓宇.重庆红岩村嘉陵江大桥景观设计[J].世界桥梁,2018,46(5):21-26.

[6] 张清华,崔闯,卜一之,等.港珠澳大桥正交异性钢桥面板疲劳特性研究[J].土木工程学报,2014,47(9):110-119.

[7] 胡会勇,赵健,任延龙,等.广州明珠湾大桥主桥总体设计[J].桥梁建设,2021,51(3):93-99.

[8] 徐伟,苑仁安,王强,等.常泰长江大桥主航道桥结构体系及钢梁设计[J].桥梁建设,2021,51(3):1-8.

[9] 康晋,段雪炜,徐伟.平潭海峡公铁两用大桥主桥整节段全焊钢桁梁设计[J].桥梁建设,2015,45(5):1-6.

[10] 李军堂.沪苏通长江公铁大桥主航道桥钢桁梁整体制造架设技术[J].桥梁建设,2020,20(5):10-15.

[11] 李东超,赵海威,杨林.大跨度斜拉桥施工期斜拉索减振技术研究及应用[J].世界桥梁,2021,49(3):91-96.

[12] 张为,刘庆宽,刘小兵.长安街西延永定河大桥斜拉索风雨振及减振措施研究[J].世界桥梁,2020,48(3):48-52.

[13] 孟凡超,吴伟胜,刘明虎,等.港珠澳大桥桥梁钢管复合桩设计方法研究[J].工程力学,2015,32(1):88-95.

37. 泸州市合江新城过江通道(白沙长江公路大桥)主桥钢箱梁设计

戴显著[1]　黄月超[2]　周进峰[2]

(1.泸州市交通建设工程服务中心;2.中交公路规划设计院有限公司)

摘　要　四川泸州白沙长江公路大桥采用主跨为520m的双塔独柱中央平行索面斜拉桥桥型,位居同类型桥梁跨径世界第一。本文着重介绍了白沙长江大桥的钢箱梁结构设计、索梁锚固方案比选、U肋焊接设计、除湿系统设计和钢箱梁架设方案设计等。

关键词　桥梁工程　斜拉桥　钢箱梁　结构设计　防腐设计　施工方案

一、工程概况

四川泸州白沙长江公路大桥,桥位北岸位于白沙镇和神臂城镇之间,南岸位于大桥镇,呈南北走向跨越长江。桥型采用双塔混合梁斜拉桥,施工无须压重,技术较为成熟。桥跨布置(图1)为44.2m+56m+59.8m+520m+59.8m+56m+44.2m,中跨主梁采用扁平钢箱梁,南北边跨主梁均采用混凝土箱梁,边跨采用支架现浇施工。斜拉索采用中央双索面扇形布置的平行钢丝斜拉索。索塔采用钢筋混凝土中央独柱塔,构造简单,受力明确,突出了斜拉桥轻盈、高耸、简洁的形象。全桥采用塔梁固结体系,既免除了大型支座,又满足悬臂施工的稳定要求。

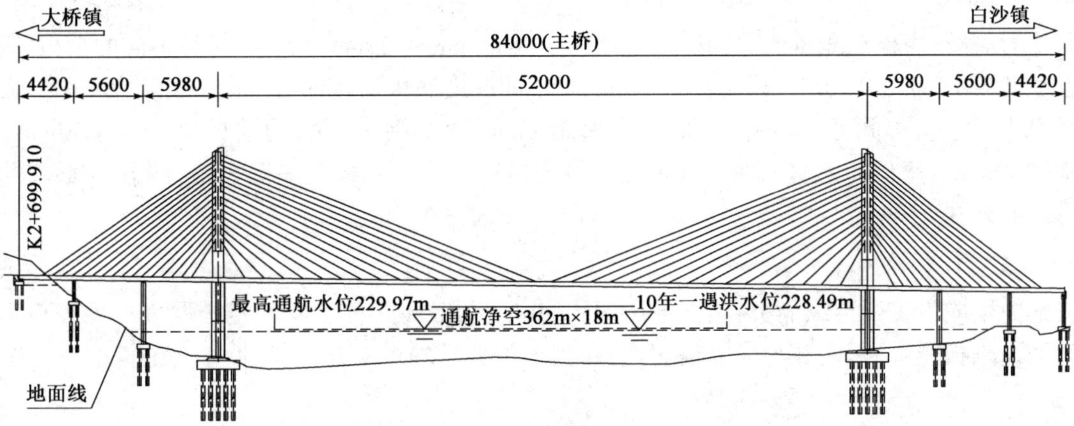

图1 白沙长江公路大桥主桥桥型布置(尺寸单位:cm)

主桥桥面全宽27.5m,双向4车道,采用一级公路设计标准;设计速度60km/h,设计荷载等级为公路—Ⅰ级,通航等级为Ⅰ(3)级航道。

二、钢箱梁总体设计

全桥钢箱梁总长458m,由于桥址处设计基本风速较大,达到34.3m/s,主梁需具有较好的抗风性能。结合扁平式钢箱梁在兼具良好的抗风性能的同时,还具有造型美观、建筑高度小、工期短、制造和架设均有成熟经验等优点,故钢箱梁采用扁平流线型截面,共分5类33个节段。钢箱梁采用Q345C钢材材质,中心线处梁高3.5m,梁顶宽27.5m(不计风嘴),底板宽17.2m,风嘴长度为1.5m。桥面板、底板、下斜底板及中纵腹板纵向均采用U形加劲肋和板式加劲肋结合,边纵腹板采用板式加劲肋。钢箱梁标准节段(图2)长15.5m,顶板厚18mm,底板厚14mm,斜底板厚14mm,边腹板厚14mm,内腹板厚30mm,横隔板间距3.1m,箱梁内设置2道中纵腹板,间距2.2m。斜拉索锚固于中纵腹板内侧。

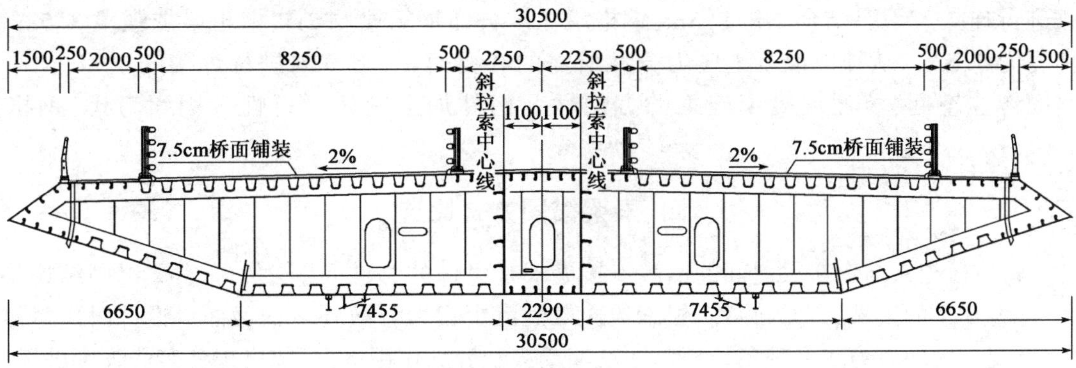

图2 白沙长江公路大桥主桥钢箱梁标准横断面(尺寸单位:mm)

三、钢箱梁构造设计

1.顶板

根据结构受力需要,同时为提高桥面板刚度和抗疲劳性能、减少桥面铺装病害的发生,并更好地应对重交通荷载所带来的不利因素,钢箱梁标准梁段顶板采用了18mm的厚度,逐步过渡至钢混结合段25mm厚,不同厚度顶板对接时,顶板上缘保持齐平。顶板全部采用U形加劲肋(除中央分隔带、外侧防撞护栏处设板式加劲肋外),上口宽300mm,下口宽180mm,高300mm,间距600mm,U肋采用8mm的厚度与其所支承顶板厚度相适应;板肋高180mm,厚16mm。

2. 底板

根据受力需要，底板在顺桥向不同区段采用了14mm、18mm、22mm、25mm四种不同的钢板厚度，标准梁段底板厚度为14mm，钢混结合段加厚至25mm。不同厚度底板对接时，底板上缘保持齐平。底板采用U形加劲肋加劲，基本间距800mm。加劲肋采用6mm厚度钢板。加劲肋的上口宽250mm，下口宽400mm，高260mm。底板加劲肋工地连接采用内侧钢衬垫对接焊。根据除湿需要，部分U形加劲肋需去除端部封板或开孔。

3. 中纵腹板

钢箱梁内横向设置两道纵隔板，不同区段采用30mm、36mm两种不同的钢板厚度。外腹板纵向加劲肋在拉索处横隔板位置断开，并与横隔板焊接；在其他位置横隔板上开孔穿过。

4. 横隔板

为避免搭接偏心，提高整体受力性能，横隔板采用整体式，由上、下两块板组成，上板与顶板单元一起组装，板块间用T形角接的方式相连。横隔板标准间距为3.10m，可以保证钢箱梁具有足够的横向刚度、抗扭刚度，满足支承其上的正交异性板的局部变形的要求。非吊点处横隔板一般为12mm厚，拉索吊点处横隔板为14mm厚。

5. 斜拉索梁端锚固构造

白沙长江公路大桥采用耳板式锚固，耳板厚度为60mm，与之连接的中纵腹板厚度为30mm。耳板与横隔板、中纵腹板之间采用熔透焊接。

6. 钢混结合段

主梁在索塔处与主塔固结，钢混结合段设置在主跨，距索塔31m，采用了“内填混凝土”形式，在此方案中，钢箱梁E梁段采用带T形加劲的U肋，通过加劲肋的高度变化实现与混凝土梁纵向刚度的连续过渡。钢箱梁端部设置多格室结构，在钢格室腹板上设置PBL剪力键，同时在格室内填充混凝土，通过剪力键及钢板与混凝土的摩擦力传递轴力、剪力和弯矩。为了使钢箱梁与混凝土箱梁紧密结合，采用了预应力钢束进行连接。钢混结合段长8.5m；钢格室在结合面钢箱梁侧2m，钢箱梁加强段3.5m，对应钢箱梁段长度为5.5m。从填充混凝土应力分散所需的必要面积、格室内进行焊接的空间、预应力钢筋张拉及锚固作业空间、填充混凝土施工的方便性及构件加工制作可行性等因素考虑，钢格室高度取850mm。

四、索梁锚固方式比选

大跨径斜拉桥拉索与钢箱梁之间的锚固连接处理是设计的关键问题之一。索梁锚固结构是一个局部应力大、传力复杂的区域，它要将从斜拉索传递来的巨大索力分散到主梁截面。设计时应尽量使力线流畅，避免出现过大的应力集中现象，否则，在长期动载和静载作用下，可能出现疲劳或强度破坏。

1. 锚箱式连接

锚箱式连接（图3）是通过锚箱的两个锚固板将索力转化为剪力传递到主梁腹板上，主梁腹板和承压板内侧均设加劲板，以利于锚固应力合理地分散到主梁上；为使承压板的压弯应力减小，除增大承压板及其垫板厚度外，还将承压板做成四边支承的构造。锚箱式构造的优点是制造难度低，减震器安装方便。缺点在于索力与腹板存在偏心距，使腹板受到一个面外的弯距，因此腹板必须采用Z向钢，并需进行抗层状撕裂评定；同时承压板与腹板的焊缝、锚固板与腹板的连接焊缝需进行抗疲劳评定。

2. 耳板式连接

耳板式连接（图4）也称为销铰式连接，它由主梁的腹板向上伸出一块耳板，斜拉索通过铰或钢管锚固在耳板上，索力直接由耳板传给主梁的腹板。

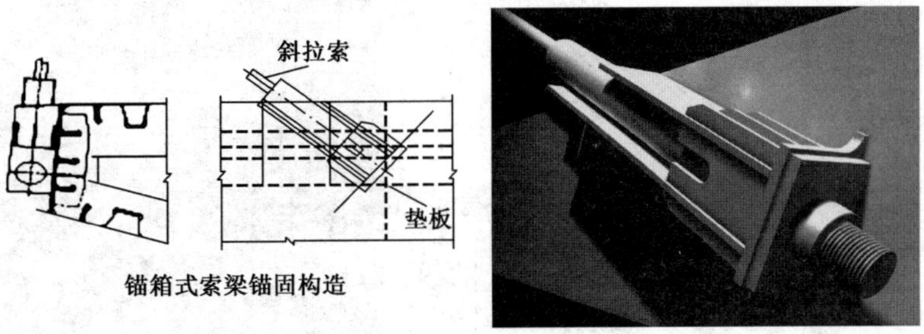

图3 锚箱式索梁锚固结构

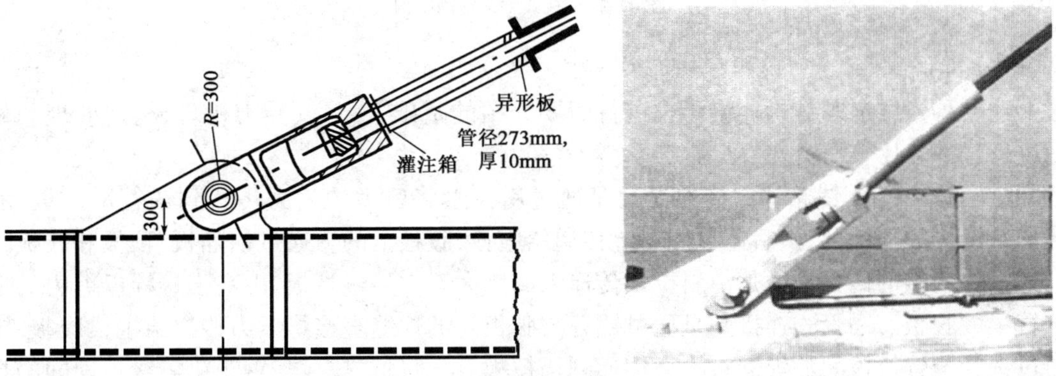

图4 耳板式索梁锚固结构(尺寸单位:mm)

3. 锚管式连接

锚管式连接(图5)是在主梁或纵梁的腹板上安装一根钢管,斜拉索锚固于钢管,索力通过钢管传递给主梁或纵梁的腹板。但这种连接方式也存在一些缺点:锚管通过两个很长的斜焊缝与腹板相连,力线传递不顺捷;腹板与锚管焊接时定位要求高,难度大;斜拉索在锚管出口处容易与管壁相碰;钢管加工要求很高,可能需要进口设备;使用过程中日常检修不很方便;锚头外露,影响美观。

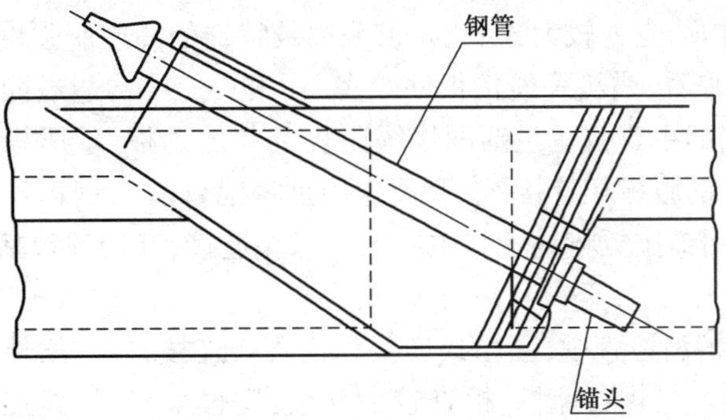

图5 锚管式索梁锚固结构

4. 锚拉板式连接

锚拉板式连接(图6)是将钢板作为锚拉板,锚拉板上部开槽焊于锚管外侧,斜拉索穿过锚管锚固在锚管底部承压板;锚拉板下部焊接或栓接在主梁腹板上。锚拉板式锚固具有构造简单、施工方便、传力明确和检修便捷等优点,但缺点是只能在塔上张拉斜拉索,同时锚拉板应力集中较为明显,难以克服,需要通过单独采用高强度钢材满足强度要求,而且斜拉索减震器的安装也很不方便,并导致行车景观效果不佳。

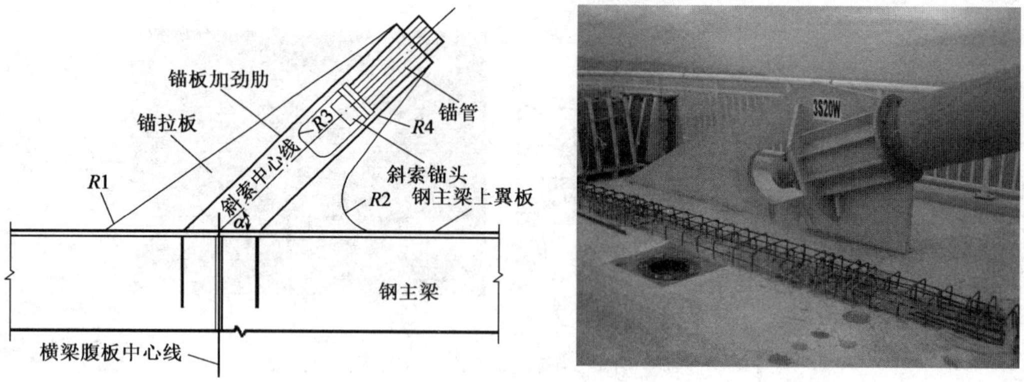

图6　锚拉板式索梁锚固结构

5.综合对比

在对上述4种索梁锚固结构连接形式进行简要介绍的基础上,对其受力机理、构造处理和耐久性检修等方面进行进一步比较研究,结果为:

(1)从传力途径来看,锚箱式的传力途径是通过斜拉索将巨大的索力传递到锚箱承压板,承压板将力分别传递给锚固和加劲板,然后通过侧焊缝传递给腹板,腹板上的力通过横隔板、顶板和底板传递到整个截面。耳板式连接的传力途径是由斜拉索传递来的巨大索力经过耳板,由高强螺栓以剪力的形式直接传递到钢箱梁的腹板。锚管式连接则是通过锚管与腹板间的焊缝直接将索力传递给主梁腹板,锚拉板式连接是通过锚管与锚拉板间的焊缝将索力传递到锚拉板,再通过锚拉板与钢箱梁翼缘顶面间的焊缝将索力传递给钢箱梁。

(2)通过有限元空间分析结果和已有成桥试验结果来看,锚箱式连接的最大应力发生腹板位于锚箱底板外侧的区域上;耳板式连接在耳板销孔附近有极大的局部应力;锚管式连接中主梁腹板和锚管承受较大的压应力;锚拉板式连接在锚拉板上部焊缝根部较早出现塑性区,应力水平较高。设计时如果充分考虑这些板件或区域的受力特征,采取局部补强或采用高强钢材等措施,上述几种连接形式均适用于大跨径钢箱梁斜拉桥。

(3)根据局部受力需要,从对材料的要求来看,锚箱式、锚管式连接均不需要特殊钢材;而锚拉板式、耳板式连接,由于局部关键构造应力较大,因此要求采用较特殊的高屈服强度钢材,如Q420等。

(4)从连接形式的构造来看,锚箱式连接板件较多,耳板式连接构造最简单,锚管式与锚拉板式连接介于两者之间。锚箱式连接的主要构造包括两块锚固板及其加劲板、承压板和垫板等;耳板式连接只需用高强螺栓将耳板与钢箱梁的腹板相连接;锚管式连接是将锚管嵌入钢箱梁的边腹板中,并将其焊为一个整体;锚拉板式连接则使用锚拉板将锚管与主梁上翼缘相连接,其构件包括锚拉板、锚管以及锚拉板两侧的加劲板。

(5)在桥梁长期运营维护和检查中,锚箱式连接和锚管式连接,位于梁体内部,其制造工艺明显比耳板式要复杂,而且由于构件较多,进行监护、检查较为麻烦;反过来,耳板式连接、锚拉板式连接由于构造简单,安装相对方便,同时由于构件较少,检查、维修、更换起来便捷,但同时也对外部裸露环境下防腐技术提出了更高的要求。

综合考虑结构受力、材料选择、加工制造、施工安装、维护检修、安装拉索减震措施和工程造价等因素,本设计选用耳板式方案作为推荐方案。

五、U形加劲肋焊接设计

为提高桥面系抗疲劳性能,U形加劲肋与顶板间的组装间隙全长范围内不得大于0.5mm,U形加劲肋与顶板间采用坡口角焊缝,焊缝熔深不得小于75%板厚,但也不能焊穿;钢箱梁顶板U形加劲肋采用内焊技术,并进行内焊焊接工艺评定;钢箱梁顶板U形加劲肋采用内焊技术,并进行内焊焊接工艺评定,横隔板与顶板及U形加劲肋间的组装间隙不得大于1.0mm,两者之间应采用角焊缝焊接,从顶板到U形加劲肋应连续施焊至弧形缺口端部,在U形加劲肋与顶板交接处80mm范围内不得起熄弧;横隔板与U形加劲肋间的焊缝在距离弧形缺口50mm范围内,需在横隔板上开5mm的双面坡口,并1:8平顺过渡(即40mm),在弧形缺口端部围焊,同时应打磨匀顺。横隔板与U形加劲肋相交处的弧形缺口棱边应打磨倒圆角,半径≥2.0mm,弧形缺口不得有凸凹等缺口,否则应打磨匀顺。

对于施工过程中的工艺孔洞,必须在设计指定的位置切割,施工结束后按原状恢复,其焊缝按Ⅰ级熔透焊缝进行检查,并将表面磨平。焊前预热温度应通过焊接性试验和焊接工艺评定确定,预热范围一般为焊缝每侧100mm以上,距焊缝30~50mm范围内测温。修补时,碳弧气刨前的预热温度与施焊时相同。为防止T形接头出现层状撕裂,在焊前预热中,必须特别注意厚板一侧的预热效果。返修焊应按原焊缝质量要求检验,同一部位的返修焊不允许超过两次。

U形加劲肋下料前应去除钢板内残余应力,折制必须一次达到设计规定的角度、直线度、扭曲度要求。采用反变形工艺,禁止火焰校正。顶底板、U形加劲肋与横隔板间相交的角部的焊缝应连续施焊,不得留有间隙。U形加劲肋成形后,圆角外边缘不得有裂纹,其精度误差应满足技术规范的要求,且所有自由切割处均要打磨平整。

六、钢箱梁除湿系统设计

采用除湿的方法进行桥梁防腐,是一种先进的主动式防腐技术,其防腐原理是根据金属材料的腐蚀特性得出的,简单解释为:在空气相对湿度低于60%时,钢材的腐蚀率急剧下降,低于50%时,钢材腐蚀基本停止。因此,除湿系统的工作原理是将相对湿度低于50%的干燥空气充满被保护的结构件周围,切断钢结构腐蚀的必要条件之一——水,从而达到长效防腐的目的。

全桥除湿空间全部采用正压设计,即送入空间的风量略大于排出空间的风量,确保除湿空间内没有外部湿空气进入的可能性。正压的实现主要通过排出空间的单向阀门调节,根据不同的保压要求,设定不同的单向阀开启压力,实现空间内长期存在一个低水平正气压。

设计要求钢箱梁内部长期稳定在相对湿度50%以下的环境,考虑到湿度的不均匀性,控制指标为45% +5%。为达到钢箱梁的湿度均匀,设计将钢箱梁划分为4个除湿区域,除湿设备集中放置在钢箱梁两端,每套设备负责1个钢箱梁除湿区域,通过底板U形加劲肋实现不同除湿区域的湿度独立控制。

七、钢箱梁架设方案设计

钢箱梁架设方案步骤如图7所示。

1. E梁段安装

混凝土梁段采用支架现浇,共分为4次浇筑至中跨侧距索塔中心线8.9m处,按图纸要求张拉预应力束。依靠索塔搭设膺架,利用浮式起重机吊装钢混结合段E梁段放置于膺架上,浇筑G梁段及结合部混凝土,张拉相应预应力钢束。

2. D梁段及斜拉索安装

(1)在塔区处搭设部分中跨支架,利用浮式起重机在洪水期高水位时吊装北塔侧钢箱梁D梁段,将其放置于支架上。

(2)D梁段与E梁段临时连接,在合适的温度区间,调整梁段高程、斜率及与E梁段间缝宽值,精确定位,进行全截面连接,第一次对称张拉1号斜拉索。

(3)将桥面起重机散件运至D梁段处,在梁上拼装桥面起重机,第二次对称张拉1号斜拉索。

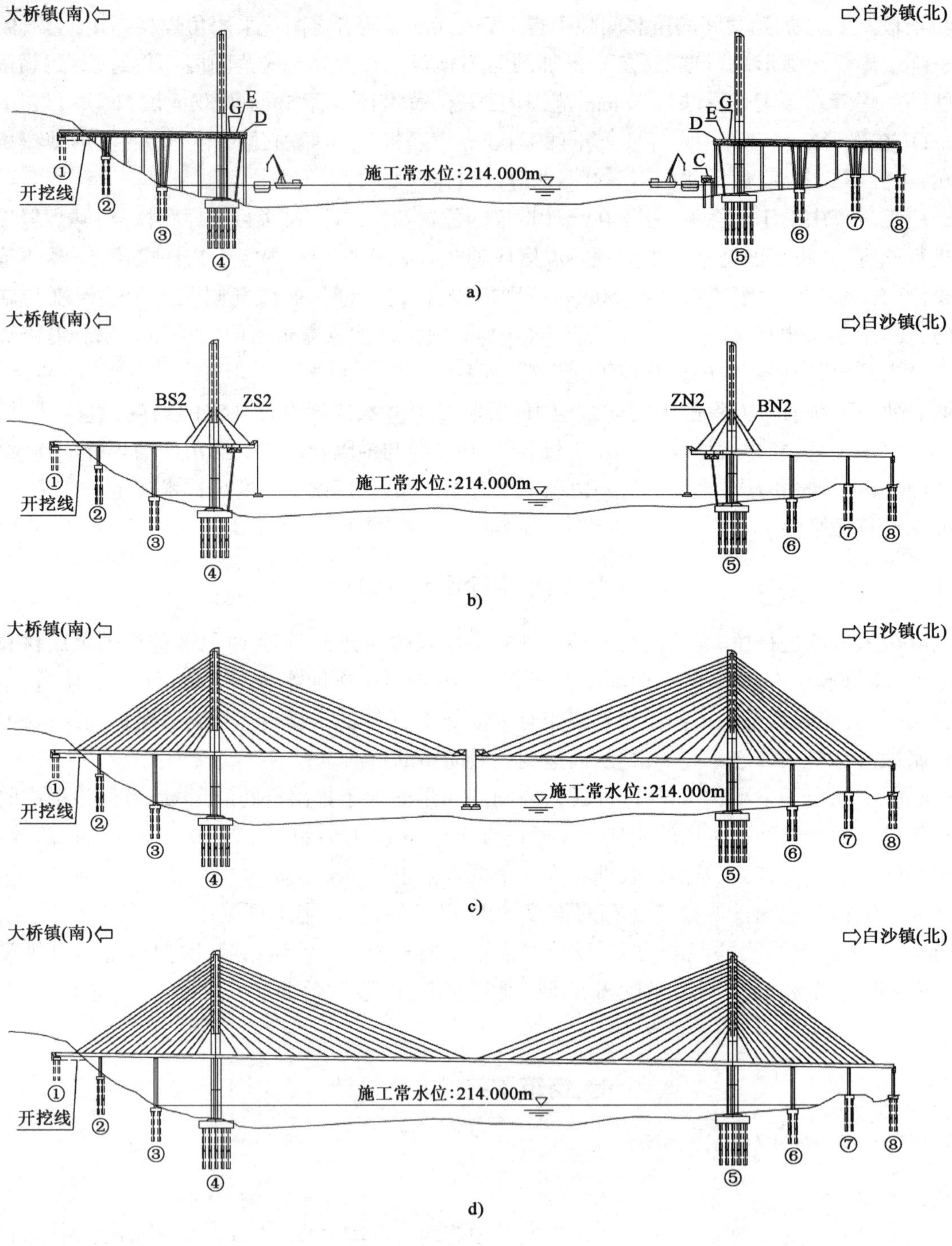

图7 钢箱梁架设施工步骤示意

3. C1 梁段及斜拉索安装

浮运 C1 梁段至桥位处,采用桥面起重机垂直起吊,第一次对称张拉 2 号斜拉索。桥面起重机前移,第二次对称张拉 2 号斜拉索,开始施工标准梁段,其标准施工工序如下:

驳船浮运梁段到位,桥面起重机吊装梁段至适当高程,与前一梁段临时连接,在合适的温度区间,调整梁段高程、斜率及与前一梁段间缝宽至设计值,精确定位,进行全截面连接,第一次张拉该梁段斜拉索,向前移动起重机,第二次张拉斜拉索,起吊下一梁段并完成全截面连接。

重复以上施工工序,直至 16 号斜拉索第二次对称张拉完毕后,中跨达到最大悬臂状态。

4. 合龙

(1)中跨合龙前,在一稳定的温度时段多次测量合龙段长度,根据此长度对合龙段F梁段二次下料。

(2)跨中梁端采用水箱压重,完成临时锁定。在一较低的温度区间,使用驳船将F梁段运输到位。

(3)卸掉临时等代荷载,每侧使用一台起重机同时起吊合龙段F梁段到位,进行临时连接;待温度达到设计合龙温度时,精确调整焊缝缝宽,进行全截面连接,完成主桥合龙。迅速解除索塔处主梁纵向临时约束,完成体系转换。

八、结　　语

综合考虑景观、地理条件、环境、工期等因素,白沙长江公路大桥主桥采用了双塔独柱中央平行索面混合梁方案。相较于钢混组合梁方案,混合梁边跨采用悬臂施工,可与钢箱梁制作同时进行,中跨钢箱梁施工工序少,施工速度快,对航道影响小;钢箱梁梁段焊接工艺比较成熟,质量得到充分保证;主梁箱内设置抽湿机,主梁箱外为多层防腐涂装,检查车可方便地进行梁底检修养护。目前白沙长江公路大桥已开工建设,预计2023年建成通车。

参考文献

[1] 徐军,吴明远.考虑特殊桥位中的深中通道伶仃洋大桥总体设计[J].交通科技,2020(03):6-10,25.
[2] 华正阳,姚志安,张太科.广州珠江黄埔大桥悬索桥钢箱梁桥位焊接工艺与质量控制[J].公路,2019(04):154-157.

38. 张靖皋长江大桥北航道桥钢索塔设计

华　新　周彦锋　金红亮
(华设设计集团股份有限公司)

摘　要　论文介绍全钢大跨悬索桥的塔型及材料选择、塔柱断面布置和结构设计。在悬索桥设计中,为减轻塔柱吊装节段重量,采用了塔柱节段纵向分块的设计,节段间采用栓焊结合的连接方式;塔底钢混结合处的连接,采用了受力明确的承压板+锚固螺杆的锚固方式;为减小塔顶鞍座预偏的顶推量,采用了向岸侧预拉钢塔的方案,实现了减小鞍座顶推位移的效果。

关键词　张靖皋长江大桥　悬索桥　钢塔　预拉　预偏　设计

一、概　　述

张靖皋长江大桥位于江阴长江公路大桥下游约28km处,沪苏通长江公铁大桥上游约16km处。起点接如皋市G40沪陕高速公路,向东南经过靖江市民主沙,于张皋汽渡西侧登陆进入张家港,向南沿现状及规划S259布线,终点接张家港疏港高速公路,路线全长约29.8km,分北接线、主跨1208m的北航道悬索桥、中引桥、主跨2300m的南航道悬索桥和南接线五部分。跨江段为8车道高速公路,设计速度100km/h。

北航道桥分跨为530m+1208m+530m,为单跨双绞悬索桥,矢跨比1/9,主桥两个索塔均在江边岸滩上,主缆横向间距42.9m。由于桥梁总体路线在过了主桥之后,两岸引桥和接线均进入平曲线段,为满足100km/h的设计速度要求,两岸引桥采用$R=1330$m平曲线;锚碇为避开引桥,采用加大锚跨的措施,锚跨达530m,悬索桥的边中跨比达到0.439。北航道桥立面和平面布置如图1所示。

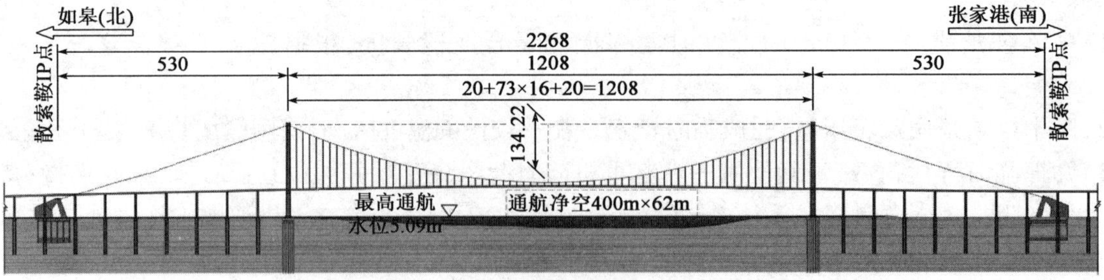

a)北航道桥立面布置

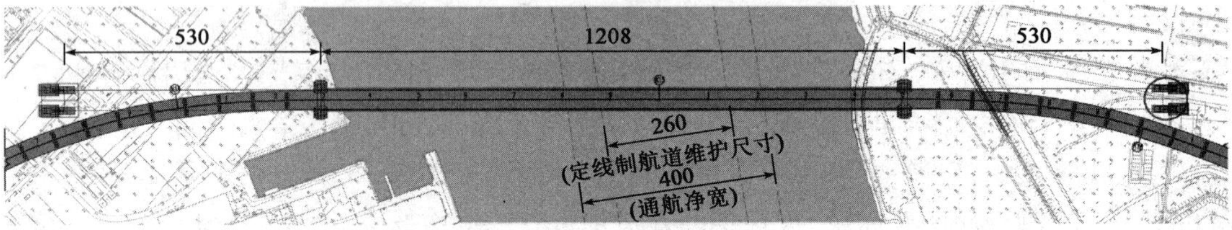

b)北航道桥平面布置

图1　北航道桥主桥立面和平面布置(尺寸单位:m)

二、索塔造型及材料

根据张靖皋长江大桥的特点,北航道桥索塔造型的选择需考虑以下因素:与南航道桥索塔呼应;设计应有新意,风格独特,建成后可成为地标建筑;索塔设计应赋予一定的文化内涵,体现桥梁的艺术性、思想性;比例协调、结构匀称、受力合理;施工便捷,适宜工业化建造。

根据总体布置及通航净空要求,索塔高221m,采用两道横梁方案。索塔外形与南航道桥索塔呼应,上横梁以携手长三角为主题,在塔顶处设计两块三角形体块,呈现相互交错、相互融合的造型特点,下横梁位于桥面以下,采用常规等高梁造型,方便施工。索塔总体造型如图2所示。

索塔按材料可分为钢材或混凝土,亦可采用钢混组合结构。主跨1200m左右的单跨8车道悬索桥,国内多采用混凝土索塔。混凝土塔造价相对较低,但高空作业条件差,工期长,施工质量的控制存在一定难度,如错台、色差等质量通病较难解决。钢塔具有施工速度快、结构自重轻、外观控制好、抗震性能好等优点,但造价相对较高。本桥在设计时,对国内外相似跨径悬索桥索塔进行了分类总结,结合张靖皋长江大桥"安全耐久、和谐美观、绿色环保、科学创新"的设计理念,设计时对钢和混凝土两种类别的索塔,分别进行了深入研究和比选分析。

悬索桥的索塔是以承受轴力为主的压弯构件。采用钢塔,节段可在工厂制造,现场吊装施工,工业化程度高,现场作业量小,具有施工速度快、外观控制好、结构自重轻、抗震性能好的优点,并可减少索塔基础规模。

由于北航道桥主缆与锚跨的边中跨比较大,达到了0.439,本桥塔顶鞍座施工中顶推行程长达3.8m,国内同类项目顶推行程一般在2m左右,由此带来施工过程中的不确定性增加,风险加大。若采用钢塔,可充分利用钢材强度高、弹性大的特点,施工时可考虑适当利用钢塔的柔度,在架设主缆前,将钢塔向岸侧预拉,进行一定量的预偏,以减少鞍座的顶推行程。此种施工工艺在国内尚无先例,但国外已有采用,例如韩国釜山广安里大桥,主跨500m,索塔高105m,预偏量0.412m。

综上所述,考虑到钢塔符合国家钢结构推广和工业化建造的环境友好型产业政策,钢塔可与南航道桥索塔外观统一,并可减小塔顶鞍座顶推行程,有利于减轻塔身自重,有利于减小地震力和基础规模,质量及外观便于控制,景观效果更佳;同时通过本项目的施工,可推动我国重大装备的技术进步。经综合比选后,北航道桥索塔采用钢塔方案。

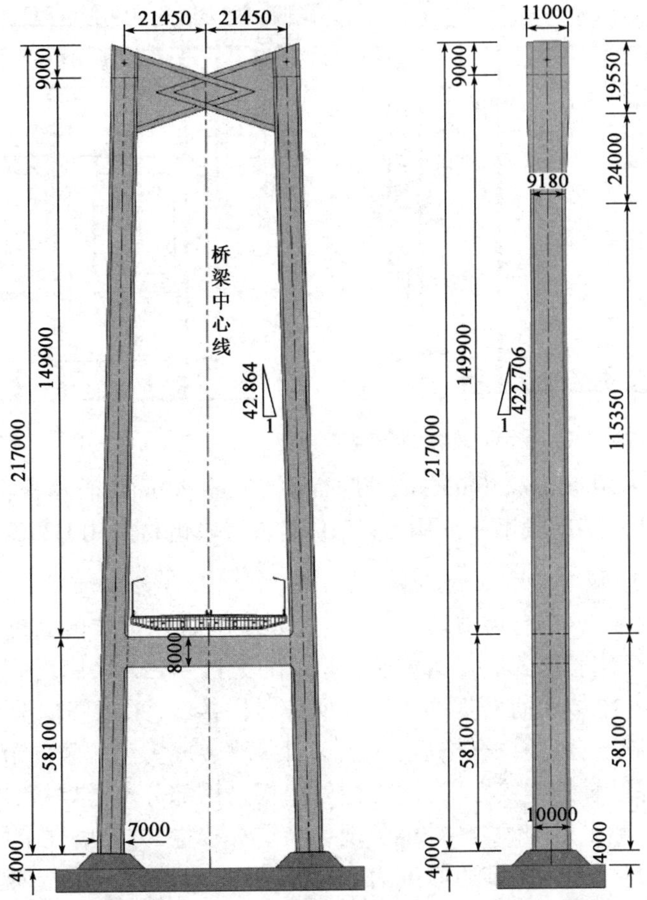

图2　北航道桥索塔立面布置(尺寸单位:mm;高程单位:m)

三、钢塔结构设计

1. 结构设计

对钢索塔断面尺寸的拟定,必须立足于国内现有的设备和制造能力,以保障索塔的制造和安装能顺利进行。经调研国内钢塔全断面机床加工能力,并经过受力计算,确认塔柱横向宽度采用7m等宽是可行的。塔柱纵向刚度的配置,通过调节塔柱截面纵向长度来实现。

索塔采用门式框架结构,塔高221m,塔顶主缆横向间距42.9m;索塔设两道钢横梁,分上、下塔柱;为减小塔柱截面空气动力性能并获得较好的造型效果,塔柱外轮廓采用矩形带凹槽的单箱单室结构形式,凹槽尺寸为0.8m×0.8m;塔顶截面尺寸为9.18m×7m(纵向×横向),塔底截面尺寸为10m×7m(纵向×横向),索塔横向采用外轮廓等截面设计,通过不同的壁板厚度满足结构受力要求。为满足施工和景观要求,塔顶以下34.55m范围内设置了纵向加宽,塔顶纵向尺寸由9.18m加宽至11m。

早期国外的钢桥塔,一般采用多室布置,直到20世纪60年代中期以前,欧美国家大多数缆索桥梁的钢塔都采用多室断面。但是对于箱形截面的钢塔柱,将钢板尽量布置在截面周边,即尽量在距截面中心较远处布置钢板,可以在同等材料用量的情况下,获得较大的截面抗弯惯矩。因此,英国塞文桥的钢索塔,首先采用了由四块加劲板组成一个单箱的构造,板厚也比以前桥梁钢板厚度有所增加,其厚度在20~22mm之间变化。

北航道桥索塔采用单箱三室断面,箱内的两道腹板,尽量向两侧壁板布置,以提高截面惯矩。为了增加塔底钢混结合段处的塔柱刚度,同时也使塔柱刚度与混凝土承台顺利过渡衔接,在塔底T1节段,将壁板和腹板的加劲肋贯通连接成隔仓。图3为北航道桥钢塔柱一般断面。

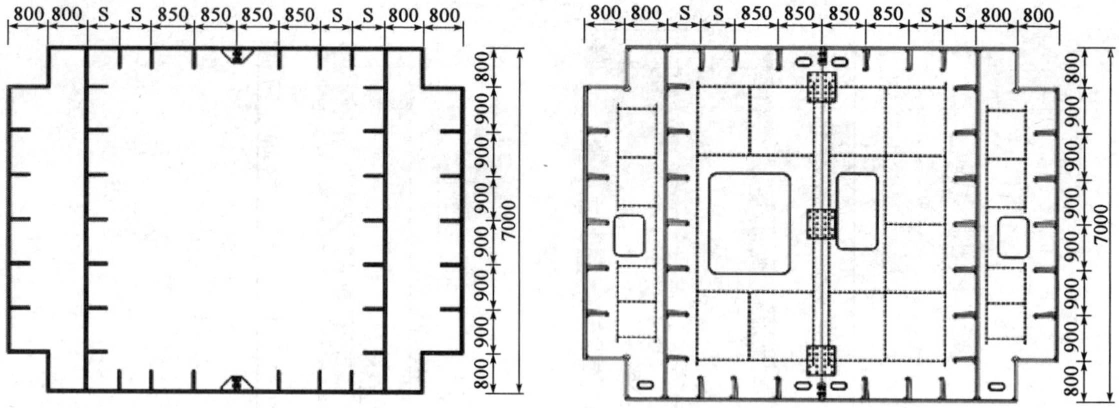

图3　索塔断面及纵向分块(尺寸单位:mm)

塔柱壁板及腹板厚度采用40mm、50mm;加劲肋板厚32mm、40mm;横隔板标准间距3m,厚度16mm。根据总体计算结果,下塔柱及塔顶段钢材采用Q420D,其余区段钢材采用Q390D。

2. 塔柱节段划分与连接

钢塔柱沿高度划分为23个节段,底节段T0高度为4.057m,其余节段高度范围为5.6~11.2m。T0节段吊重最大,为393.2t,采用履带式起重机安装,其余节段T1~T22采用塔式起重机安装,吊重按160t控制。对于塔柱节段T1~T22,为增加节段长度,减少横向拼接缝,采用竖向分块方案,将T1~T22节段纵向分成两块在工厂加工制造,经预拼合格后,在现场对接拼装成完整的竖向节段。

本桥钢塔柱,采用栓焊结合的连接方式,即塔柱外壁板采用部分熔透焊接,塔柱内腹板和加劲肋采用栓接,这样既能保证塔柱外侧平整美观,又减小了现场高空焊接量,方便塔柱节段架设。塔柱外壁板的焊接,需考虑钝边的端面金属接触传力,钝边厚度为8mm或10mm,坡口钝边金属接触率不小于50%;塔柱内腹板与加劲肋的栓接,采用高强螺栓和端面金属接触相结合的传力方法,传递压力时端面金属接触率,内腹板不小于50%,加劲肋不小于40%;当出现拉力时,则全部按高强度螺栓传递考虑。

考虑到索塔恒载作用下的弹性压缩及安装误差的调整,塔柱T5、T19节段的加工长度为理论节段长度+弹性压缩量长度,并在这两个节段的上端口设置调整接头,即塔柱外壁板对接采用熔透焊接,内腹板及加劲肋按照高强度螺栓传递100%内力,以确保上、下横梁安装精度,并保证塔顶高程与设计高程一致。

索塔上、下横梁内的外壁板及加劲肋之间,以及上、下横梁与塔柱之间,均采用焊接。

3. 塔柱与承台的连接

塔柱柱脚与混凝土基础的连接方式主要有螺栓锚固方式、钢板埋入式和二者组合的形式。

螺栓锚固法,是将塔柱底节通过塔柱底板(承压板)和预埋在基础混凝土中的大型锚固螺栓连接在一起,塔柱根部的压力通过承压板传递到混凝土,而弯矩和剪力通过锚固螺栓传递。为了能够均匀地传递塔柱根部的压力,必须采用很厚的承压钢板,承压板与混凝土承台之间必须保持密切接触。如泰州长江公路大桥钢中塔、南京上坝夹江大桥钢塔,即采用此种方式连接。

钢板埋入法,是将塔柱底节钢板的一部分埋入混凝土基础中。采用这种方法时,如何使塔柱的壁板与混凝土充分结合在一起,并且能够使荷载均匀地传递,是设计和施工需要解决的主要问题。常用的方法是在壁板上设置剪力钉或者采用开孔剪力键,如南京大胜关长江大桥(即南京三桥)钢混结合段的连接方式。

螺栓锚固与钢板埋入式相结合的方法,是通过埋入混凝土中一部分塔柱钢板,将压力通过剪力钉或开孔剪力键,以剪力形式传递到混凝土中,另外再设置一部分锚固螺栓,拉力则可通过锚固螺栓传递到基础中。

北航道桥塔底钢混结合部的构造设计,应确保具有良好的抗疲劳性和耐久性,并应充分考虑方便施工和便于养护。根据本桥塔柱为小偏心受压构件的特点,塔底除地震工况外,为全断面受压截面,承压板+锚固螺栓的传力方式较直接,受力明确、构造简单。因此,塔底柱脚与混凝土基础的连接方式采用螺栓锚固法。

塔柱根部的压应力,主要通过塔柱底部的水平承压板传递到承台混凝土中,而弯矩形成的拉力则通过锚固螺栓传递到基础中。螺杆的预拉力,根据最不利工况下,以塔底截面不出现拉应力来控制。按此原则,在塔底截面布置54根直径为130mm的40CrNiMoA螺栓,每根螺杆施加张拉力3500kN。

为保证塔底承压板与混凝土承台间的密贴,承压板与塔座混凝土间设5cm压浆层,灌浆材料为水泥基砂浆(高强无收缩),28d抗压强度≥50MPa,压浆密实度≥95%。

图4为北航道桥塔底锚固构造图。

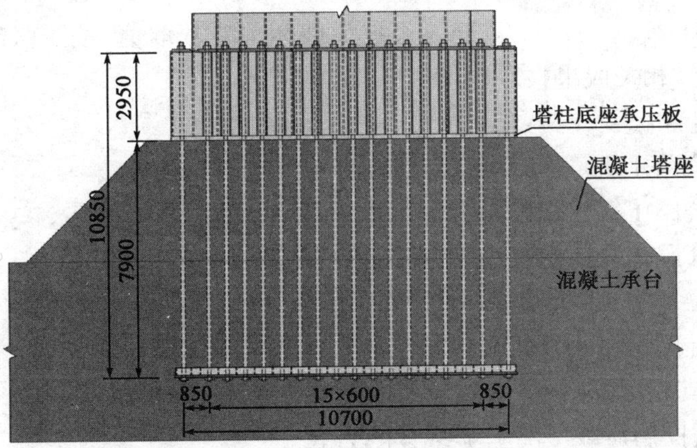

图4 塔底锚固构造(尺寸单位:mm)

四、索塔预拉预偏

1. 预拉力设计

由于北航道桥引桥位于平曲线上,锚碇为避开引桥,与索塔间距离较大,边中跨比达0.439,因此,索塔顶鞍座预偏量达3.813m,施工时鞍座顶推距离大。索塔采用钢塔,施工过程中考虑利用钢塔柔度,采用索塔向岸侧预偏,以减小顶推行程。

索塔预偏量选取,应符合以下原则:①预偏状态下,钢塔应力不宜过大,应比运营状态低;②塔底锚杆数量不应由预偏工况控制,采用预偏方案不会导致塔底锚杆数量和张拉力增加;③预偏量应方便预偏设备及构造的实现。综合施工过程中裸塔及塔底锚杆的受力情况、索塔预偏位的距离,按照鞍座最大顶推距离的1/3设计,即预偏1.25m。顶推距离可从3.813m缩小至2.563m,顶推行程变短,更加便于索鞍顶推施工。

因索塔预偏持续时间较长,为增加预偏拉索的耐久性和整体性,索塔预偏采用成品索进行牵拉,共设置4组成品索,4组成品索每2组牵拉单根塔柱。达到预偏距离每组拉索需拉力1950kN,一个塔共需7800kN。

2. 预拉索设计

索塔预偏通过成品索牵拉偏位,成品索在塔端的锚固安装在猫道施工操作平台下方,位于塔顶以下9m处,避免与猫道施工进行干涉;成品索另一端,采用专用锚具连接在调节横梁上,调节横梁通过调节螺杆与锚碇上的预埋件采用销轴进行连接。

为减小预拉预偏在塔顶锚固处产生的集中应力,单组成品索采用分配梁与索塔进行连接,单根塔柱上设置4个锚固座,每2个锚固座连接一个分配梁与单组成品索进行连接。塔上锚固构造安装在猫道施工操作平台下方、索塔横隔板位置,避免与猫道施工进行干涉,并在索塔内部对索塔塔壁进行加强。在加劲梁吊装过程中,根据监控指令要求,采用 4 个千斤顶同时调节 4 组成品索的张力,进行钢塔预偏的逐步放张作业,并测量钢塔的塔顶位移值,将钢塔调节到预偏的设计位置,同时查看并调节 4 组成品索的张力,使 4 组成品索的张力值相同。

五、主要计算结果

1. 钢塔内力及应力计算

根据现行桥梁设计规范,汽车荷载按公路—Ⅰ级 8 车道布载计算,横向与纵向进行折减。温度荷载参考桥址处平均最高气温、平均最低气温,本项目结构有效温度标准值为钢桥面板钢桥 47.5℃和 -16.2℃(按 JTG D60 表 4.3.12-2 取值 46℃和 -9℃)。为此,钢结构升温 32.5℃、降温 -36.2℃。设计风荷载,基于设计基本风速 $V_{10}=31.1\mathrm{m/s}$、静风等效荷载相关参数取值,按照张靖皋长江大桥《超大跨度悬索桥抗风性能试验研究》相关成果报告取值。

主要考虑以下 5 种组合:

组合 1:永久作用 + 公路Ⅰ级。

组合 2:永久作用 + 公路Ⅰ级 + 温度组合 + 活载顺风。

组合 3:永久作用 + 公路Ⅰ级 + 温度组合 + 活载横风。

组合 4:永久作用 + 温度组合 + 百年顺风。

组合 5:永久作用 + 温度组合 + 百年横风。

永久作用包含恒载、支座沉降、预应力效应及收缩徐变效应。

表 1 为索塔控制截面控制荷载工况基本组合内力表。

索塔控制截面控制荷载工况基本组合内力表 表 1

位置	荷载工况组合	轴向(kN)	纵向弯矩(kN·m)	横向弯矩(kN·m)
塔底	永久作用 + 温度作用 + 百年风	475685.7	415599.7	810114.1
下塔柱顶	永久作用 + 温度作用 + 百年风	460053.8	143945.6	259732.5
上塔柱中	永久作用 + 温度作用 + 百年风	377403.8	126733.2	177437.1
上塔柱顶	永久作用 + 温度作用 + 百年风	318156.3	3591.0	588756.4

塔柱及横梁在上述各工况下,最大压应力为 -303.7MPa,出现在塔底,无拉应力;横梁截面最大压应力为 -226.2MPa,最大拉应力为 211.3MPa。塔底钢材抗拉、抗压强度设计值为 305MPa,索塔受力满足要求。

2. 塔底钢混结合段验算

根据计算分析,塔底锚固以施工阶段百年纵风 + 结构自重组合控制,控制弯矩为顺桥向弯矩 640710kN·m,外荷载使锚杆产生的最大拉力为 2268kN,小于锚杆张拉力。

塔柱柱脚处于复合应力状态下工作,其失效形式应遵循第四强度理论(即形状改变比能理论),等效应力即 Mises 应力作为应力控制条件。钢塔段加劲肋钢板的最大 Mises 应力最大约为 296MPa,外壁钢板的最大 Mises 应力最大约为 298MPa,腹板的最大 Mises 应力最大约为 278MPa,横隔板的最大 Mises 应力最大约为 178MPa。除钢塔外壁部分尖角位置有应力集中外,其他部分应力均不超出规范强度要求。柱脚承压板的最大 Mises 应力最大约为 250MPa,格栅钢板的最大 Mises 应力最大约为 270MPa,柱脚格栅段钢板应力均不超出规范强度要求。

3. 稳定性分析

采用全桥三维空间杆系有限元模型、独塔板壳单元模型和全桥多尺度模型,进行了弹性稳定性分析、非线性稳定性分析。索塔最小弹性稳定屈曲系数为 5.56,如图 5 所示。

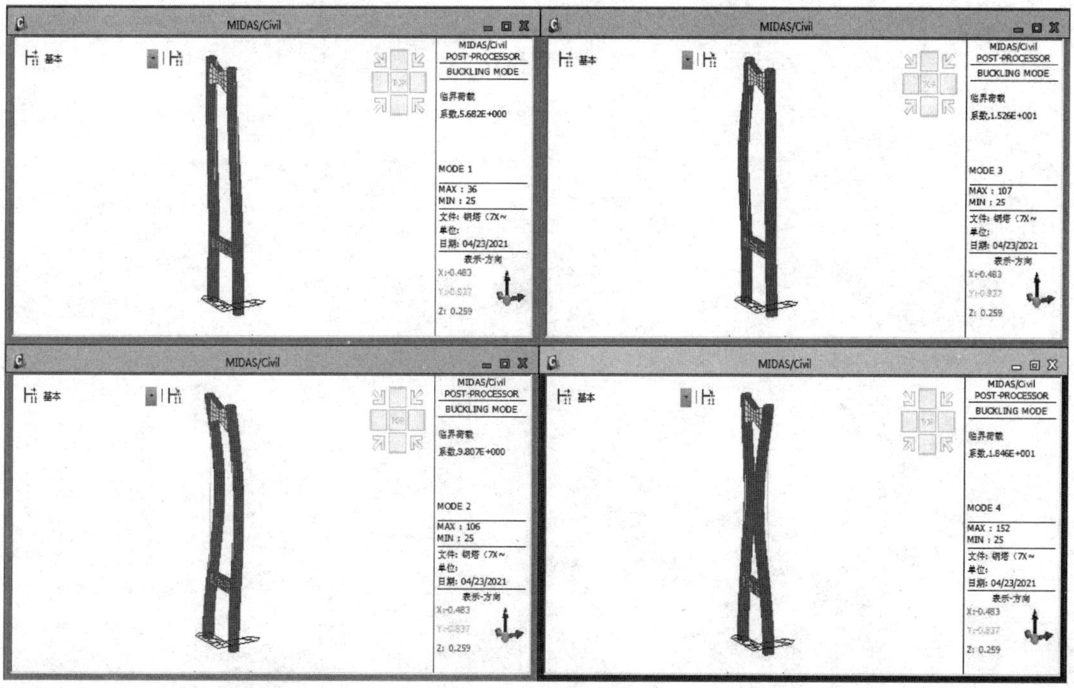

图5 索塔前四阶弹性屈曲模态

索塔非线性稳定性分析计算时,考虑了结构变形、主缆和吊杆的几何非线性的影响;在弹塑性稳定分析时,还考虑了材料非线性及中塔的架设偏差影响。计算中考虑了中塔钢结构的应力应变关系,初始缺陷按照桥塔高度的1/4000考虑。计算表明,钢索塔结构各工况的非线性稳定系数均大于2.5。

六 结 语

张靖皋长江大桥北航道桥是国内少有的全钢大跨8车道悬索桥,其索塔采用钢塔,通过纵向分块减轻塔柱节段吊装重量,节段间采用栓焊结合的连接方式,是国内首座采用该连接方法的钢塔。由于本桥边中跨比较大,为减小塔顶鞍座预偏的顶推量,设计时在国内首次采用了向岸侧预拉钢塔的方案,实现了减小鞍座顶推位移的效果。该桥钢塔的设计,进一步为我国在桥梁钢塔设计领域积累了经验。张靖皋长江大桥主体工程已于2022年6月全面开工建设,预计将于2028年建成通车。

参考文献

[1] 中交公路规划设计院有限公司,华设设计集团股份有限公司.张靖皋长江大桥北航道桥施工图设计[Z].2022.

[2] 中华人民共和国交通运输部.公路钢结构桥梁设计规范:JTG D64—2015[S].北京:人民交通出版社股份有限公司,2015.

[3] 国家铁路局.铁路桥梁钢结构设计规范:TB 10091—2017[S].北京:中国铁道出版社,2017.

[4] 中华人民共和国交通运输部.公路桥涵设计通用规范:JTG D60—2015[S].北京:人民交通出版社股份有限公司,2015.

[5] 夏志斌,姚谏.钢结构—原理与设计[M].北京:中国建筑工业出版社,2004.

II 施工与控制

1. 海中高墩大跨度连续梁桥施工过程风浪流耦合作用分析及安全防控技术研究

童俊豪[1,2] 陈志林[1,2] 梁亦登[3]
(1. 广东省公路建设有限公司;2. 黄茅海跨海通道管理中心;
3. 中交公路长大桥建设国家工程研究中心有限公司)

摘 要 为控制海上高墩大跨度连续梁桥在施工期间风浪流耦合作用下结构可能发生的大幅振动,以在建的某海上高墩大跨度连续梁桥为工程背景,进行减振措施的设计研究。针对该桥结构特点,设计了不同形式的结构性减振措施,在对采用不同减振措施的连续梁桥结构进行动力特性分析的基础上,对结构进行时域分析,评估不同减振措施的减振性能和分析其相关参数对连续梁桥结构减振效率的影响规律,结果表明:在连续梁桥箱梁悬臂端部横桥斜向设置临时钢索,对结构的横向刚度和竖向刚度有较大提高,在连续梁桥主梁悬臂端部平行设置临时钢索并与桥墩承台相连,对结构的竖向刚度有较大提高。在风浪流耦合作用引起的连续梁桥振动响应中,采用"钢箱梁悬臂端横桥向倾斜设置临时钢索"减振措施对连续梁桥梁端横向振动、竖向振动和墩底纵向弯矩都有较好的控制作用,减振效率分别为48.8%、16.1%和46.3%。"钢箱梁悬臂端横桥向倾斜设置临时钢索"减振措施中,采用较大直径临时拉索可以增强减振措施的减振性能;临时拉索张拉力对其减振效果影响较小,采用较小张拉力也能达到较好的减振效果;临时钢索倾斜角度越大,减振措施对连续梁桥的横向约束作用越小,但是竖向约束作用越大,选择倾斜角度为60°时,对连续梁桥结构各方面具有较好的减振效果。研究成果为风浪流耦合作用下海上连续梁桥的减振措施设计提供了有益参考。

关键词 海上连续梁桥 减振措施 有限元分析 风浪流耦合作用 动力响应

一、引 言

桥梁是交通基础设施中的关键枢纽工程,对减少交通成本、促进当地经济发展有着重要的意义[1-2]。随着全球经济一体化进程加快和我国"一带一路"倡议的推进,世界各国纷纷在海湾、海峡区域建立起各类跨海深水大桥,以加强区域联系,拉动经济增长[3-4]。相比在内陆建造的桥梁,跨海修建的桥梁会面临更加恶劣的环境,如深厚软弱地基、含盐海水、坚硬裸岩等复杂环境条件,还有台风、波浪、地震、洋流等极具破坏力的自然灾害[5]。针对海洋环境荷载作用,中国桥梁防灾减灾技术研究正从单因素灾害方向向多灾害耦合方向发展[6]。在风浪流耦合作用下,桥梁结构发生随机振动,会造成主梁产生较大变形,甚至会引起桥梁构件的疲劳破坏。因此,研究风浪流耦合作用下大跨度桥梁结构施工期间的振动现象并采取相应的减振措施对其进行控制是十分重要的。关于振动控制措施,大致可以分为结构控制措施、机械控制措施、气/水动控制措施等。房忱等[7]研究风浪流荷载组合对跨海桥梁动力响应的影响,发现风浪流荷载对主梁不同位置位移响应的影响程度有所差异,跨中主梁位移响应主要受到风荷载影响,塔梁交接处主梁位移主要受到波浪荷载影响。曹海清等[8]为保证台风来临期间大跨度斜拉桥施工安全,采用桥塔增设钢管和梁端连接临时钢索等减振措施提高斜拉桥结构刚度,可将箱梁位移响应降低40% ~50%。杨宇聪等[9]以一座大跨度斜拉桥的最大单悬臂施工状态为研究对象,研究了不同抗风索形式对斜拉桥的振动响应影响。陈上有[10]研究采用调谐质量阻尼器(TMD)抑制波浪作用下跨海桥梁桥塔的振动,提出了TMD的质量、刚度和阻尼参数的优化设计流程,数值算例表明塔顶位移均方根值减少了18.6%,陈上有[11-12]还研究了多重调谐液体阻尼器(MTLD)抑制波浪作用下跨海桥梁桥塔的振动,给出了MTLD设计步骤，数值算例表明随机波浪荷载作用下桥塔塔顶位移和加速度的峰值分别减小了30.96%和46.08%，标准差分别减小了29.88%和47.40%。以上减振措施为控制风浪流耦合作用对海上桥梁引起的结构振动提供了有益参考，然而由于桥梁结构特点和建设地理位置的差异，使得同一减振措施不一定适用于所有桥型，因此，针对具体的大跨度桥梁，应全面考虑结构的动力特性和减振措施的可行性，综合选取。

黄茅海大桥拟建桥址处的地形地貌复杂，且台风经常在该地登陆，所以针对黄茅海大桥引桥施工期间风浪流耦合作用荷载引起的主梁振动控制进行详细研究，为减振措施设计提供必需的参数，确保桥梁的抗振性能及运营性能具有紧迫的工程意义。针对黄茅海大桥中引桥最不利的悬臂施工状态，考察了不同的结构性减振措施的减振效果，在选择合适的减振措施基础上，进一步分析减振措施相关参数对结构关键指标减振效率的影响规律，研究结论为黄茅海大桥引桥的施工安全提供参考。

二、工程概况及有限元模型

1. 工程概况

黄茅海跨海通道工程是港珠澳大桥西拓通道的重要组成，形成连通粤西地区的重要通道，黄茅海大桥是黄茅海跨海通道的主要组成部分。黄茅海大桥中引桥采用简支连续梁体系，左右幅分离，中间设置横系梁。桥桥梁全长1600m，跨径布置为6×100m+5×100m+5×100m，主梁采用分幅等截面船形钢箱连续梁，顶板为正交异性板结构，所有中间墩支座设置为纵向固定，每幅梁下内侧横向固定，外侧横向滑动支座，过渡墩纵向滑动，下部结构采用整幅式TY复合墩。黄茅海大桥中引桥第三联的桥跨布置如图1所示。

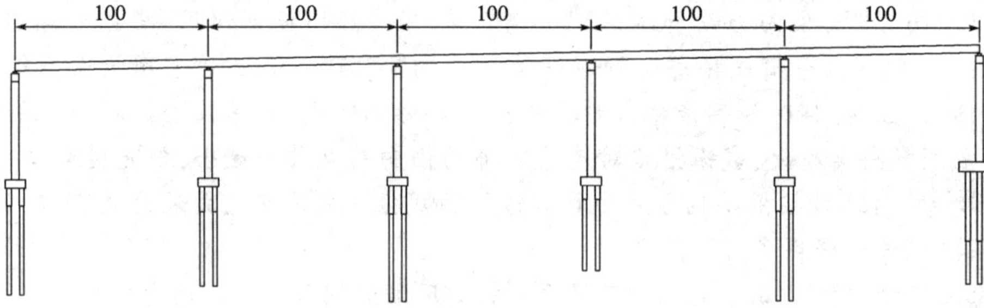

图1　黄茅海大桥中引桥第三联桥跨布置图(尺寸单位:m)

2. 有限元模型

基于双主梁式力学结构模型建立连续梁桥的有限元模型，连续梁桥的桩基、桥墩、主梁和横向连接箱等构件采用梁单元模拟，桩基础与土体的相互作用采用弹簧单元模拟，根据Matlock法计算弹簧刚度。连续梁桥的边界条件为：桩基底部采用固结形式；桥墩和主梁之间的支座采用弹簧单元模拟，中间桥墩约束横桥向和纵桥向自由度，过渡墩约束仅约束横桥向自由度。连续梁桥成桥状态和施工悬臂状态的有限元模型如图2所示。

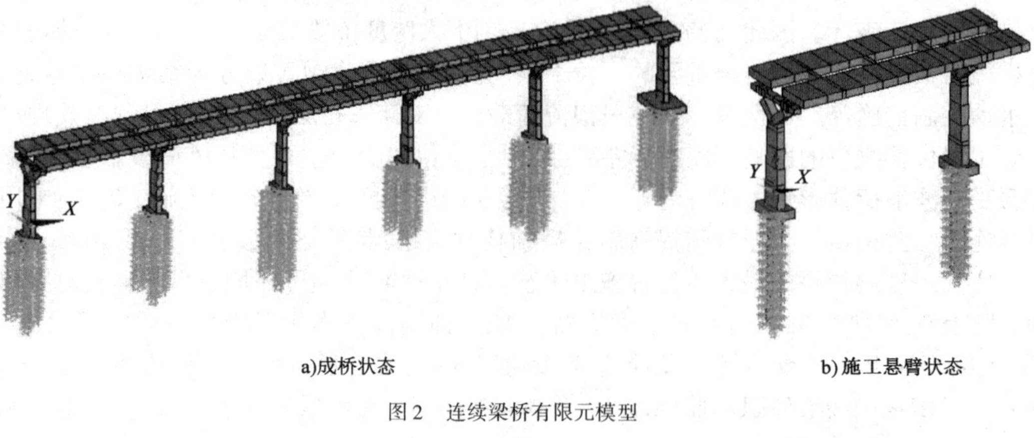

a)成桥状态　　　　b)施工悬臂状态

图2　连续梁桥有限元模型

三、风-浪-流耦合作用

风-浪-流耦合作用是针对整个桥梁结构,其中,主梁、缆索、桥塔等构件沉浸于空气中,主要承受风荷载;承台、基础等构件沉浸于水中,主要承受波浪荷载、水流荷载,浪溅区的构件如承台等,同时承受风荷载、波浪荷载、水流荷载,其中风荷载占比相对较小。

对于风荷载,先进行自然风场的模拟,再计算静风力和抖振力。采用谐波合成法进行脉动风场的模拟,连续梁桥的桥墩仅考虑顺风向作用,主梁考虑顺风向和竖风向作用。黄茅海大桥施工期设计风速为39.1m/s,顺风向目标谱采用 Kaimal 谱,竖风向目标谱采用 Panofsky 谱,考虑顺风向和竖风向脉动风的相关性,将连续梁桥风场分别沿顺桥向和竖桥向等间距离散成若干个作用点的风速时程,连续梁桥成桥状态风场模拟点数为 122 个,模拟采用时距为 0.1s,模拟时长为 600s。

对于波浪荷载,采用随机波浪理论描述海域的复杂波浪运动,用波浪谱描述波浪各组成波的能量,进行谱分析。对于海上作业结构平台的大尺度结构,波浪力由假定结构固定不动时受到的浪-流耦合激振荷载、结构运动引起的静水恢复力、浪-流耦合辐射荷载组成,通常采用数值方法计算。本文基于开源平台建立了黄茅海大桥群桩基础结构的三维流固耦合计算模型,可以精确计算桥墩和群桩受到的波浪、水流荷载。

四、减振措施及动力特性

1.结构性减振措施

对于高墩大跨度连续梁桥在施工期间因风浪流耦合作用荷载引起的结构振动,可在主梁上设置临时钢索以抑制振动响应,在综合调研国内外大跨度桥梁施工期减振措施的基础上,根据黄茅海中引桥的结构特点和海上建造环境,以高墩大跨度连续梁桥施工悬臂状态为研究对象,提出了多种减振结构形式,形成两种结构性减振措施,如图 3 所示。可以看到,第一种结构性减振措施为在主梁悬臂端部横桥向倾斜设置 2 根钢索,钢索底部锚固于海床面上,和水平面呈 40°倾角,钢索截面面积为 0.010m^2,张拉力为 500kN;第二种结构性减振措施为在主梁悬臂端部倾斜设置 2 根钢索并与桥墩承台相连,钢索截面面积为 0.010m^2,张拉力为 500kN。

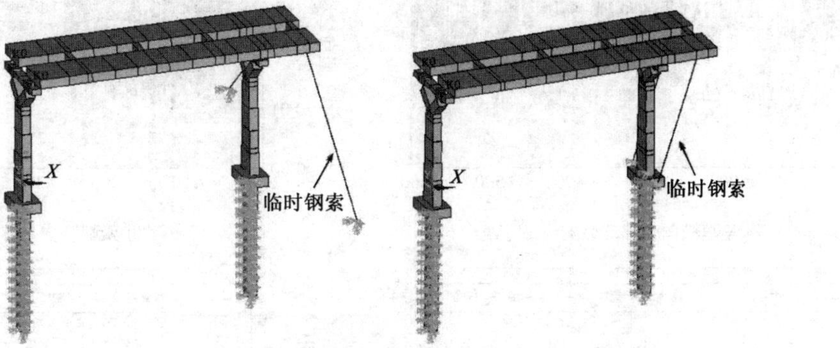

a)结构性减振措施一 b)结构性减振措施二

图 3 不同结构性减振措施

2.结构动力特性分析

结构自振频率是反映结构整体刚度、质量与结构体系的一个重要指标,分别针对各减振措施进行结构动力特性分析。表 1 给出了原桥梁结构与采取了不同减振措施后的桥梁结构动力特性分析结果。

从表 1 可以看到,高墩大跨度连续梁桥采取结构性减振措施一后,由于临时钢索横桥向斜向设置,在一定程度上提高了连续梁桥结构的横向刚度,相比原结构,桥梁同侧横弯振型和相反横弯振型的频率分别提高了 10.9% 和 19.4%,箱梁竖弯振型提高了 5.4%。结构性减振措施二在顺桥方向倾斜设置临时钢索,对桥梁结构的竖向刚度和纵向刚度有较大提高,桥梁中间墩纵弯振型频率提高5.3%,箱梁竖弯振型频率提高13.7%。

原结构与采取减振措施后结构动力特性比较 表1

振型顺序	振型描述	振型频率(Hz)			频率提高比例	
		原结构	措施一	措施二	措施一	措施二
1	一阶中间墩纵弯	0.31933	0.31312	0.33635	-1.9%	5.3%
2	一阶过渡墩纵弯	0.50526	0.49803	0.4981	-1.4%	-1.4%
3	一阶桥墩同侧横弯	0.64053	0.71007	0.65743	10.9%	2.6%
4	一阶桥墩相反横弯	0.77029	0.91954	0.77731	19.4%	0.9%
5	一阶箱梁竖弯	1.0531	1.1097	1.1974	5.4%	13.7%
6	一阶过渡墩扭转	1.2019	1.1974	1.2081	-0.4%	0.5%

五、减振措施减振效果分析

1.不同减振措施减振效果分析

通过对高墩大跨度连续梁桥原结构以及采取不同结构性减振措施后的结构进行时域分析,对比结构关键指标的静动力响应,评估不同减振措施的减振性能。风荷载考虑平均风荷载和脉动风荷载,波浪荷载采用基于JONSWAP谱[13]计算的随机波浪荷载,考虑风、浪、流的耦合作用,施工阶段设计风速为39.1m/s,对应有效波高为2.47m,有效波浪周期为6.2s,海水表面流速为1.32m/s。考虑材料非线性和几何非线性,对连续梁桥结构进行瞬态动力分析,结构阻尼比取0.05,计算时间步长为0.1s,计算时长为600s。结构的位移和内力动力响应如图4所示,统计动力响应结果均方根如表2所示,静力响应结果如表3所示。

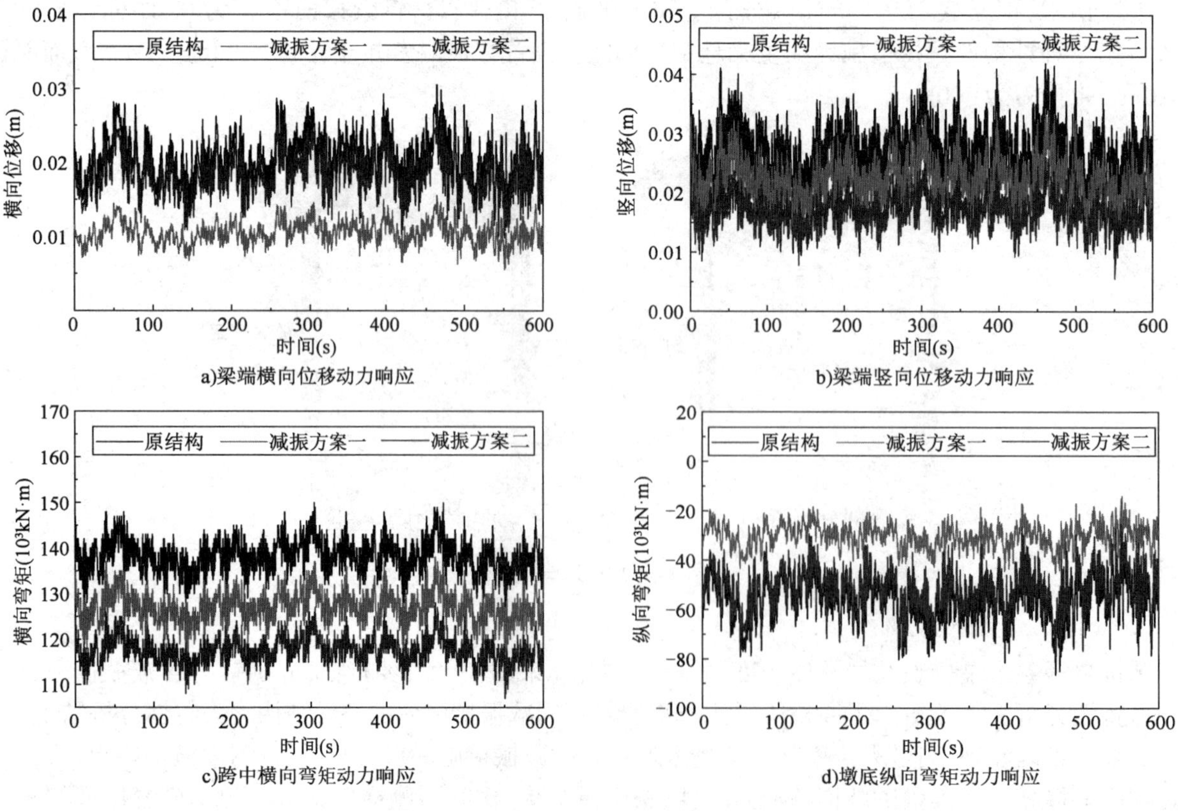

图4 连续梁桥原结构及采取不同结构性减振措施后结构动力响应

原结构与采取减振措施后结构动力响应均方根值 表2

响应结果	原 结 构	减振措施一	减振措施二	减振效率（措施一/措施二）
梁端横向位移均方根(m)	0.021	0.011	0.018	48.8%/10.8%
梁端竖向位移均方根(m)	0.027	0.023	0.016	16.1%/41.8%
跨中横向弯矩均方根(kN·m)	22372	20909	19176	6.5%/14.3%
墩底纵向弯矩均方根(kN·m)	56605	30414	51666	46.3%/8.7%

注:表中结果已减去恒载响应。

原结构与采取减振措施后结构静力响应 表3

响应结果	原 结 构	减振措施一	减振措施二
梁端横向位移(m)	0	0	0
梁端竖向位移(m)	0.132	0.099	0.073
墩底横向弯矩(kN·m)	0	481	-63423
墩底纵向弯矩(kN·m)	686	623	669
箱梁跨中横向弯矩(kN·m)	116172	106405	98593

从图4可以看到,两种结构性减振措施均能有效抑制风-浪-流耦合作用引起的连续梁桥结构振动,减小结构位移和内力动力响应的振幅。由表2可以看到,对于箱梁梁端横向位移动力响应,措施一和措施二的减振效率分别为48.8%和10.8%,措施一的减振效果更好,这是因为措施一采取横桥向斜向设置临时钢索,对连续梁桥结构横向刚度有一定的加强作用;对于箱梁梁端竖向位移动力响应,措施二的减振效果更好,减振效率为41.8%,说明措施二的临时钢索对箱梁竖向自由度约束作用更强;对于箱梁跨中横向弯矩动力响应,措施二的减振效果更好,措施一和措施二的减振效率分别为6.5%和14.3%;对于墩底纵向弯矩动力响应,措施一可以将其减小46.3%,减振效率较高,而措施二的减振效率相对较差,仅有8.7%。

从表3的结构静力响应结果可以看到,两种结构性减振措施可以减小箱梁梁端在自重作用下形成的上挠,减小箱梁跨中横向弯矩。措施二对箱梁的竖向约束作用更强,但是对墩底形成的附加横向弯矩较大,不利结构安全。综上所述,对于风-浪-流耦合作用下连续梁桥悬臂施工状态结构的振动响应,结构性减振措施一对箱梁位移和桥墩内力都有较好的减振作用;结构性减振措施二对结构的竖向刚度有较大增强作用,对箱梁竖向位移,箱梁跨中横向弯矩有较好的减振作用,但是对桥墩形成了较大的附加横向弯矩,不利于结构安全,因此推荐选用措施一作为连续梁桥悬臂施工状态的减振措施,并进行深入研究。

2. 减振措施参数分析

为进一步研究结构性减振措施一的减振效果,给实际工程提供适宜的减振措施设计参数,分析减振措施相关参数对其减振性能的影响规律,选取的参数为钢索面积、钢索拉力和钢索倾斜角度。

1)钢索面积

结构性减振措施一中,临时钢索截面面积越大,钢索轴向刚度越大,对连续梁桥的箱梁约束作用也更强,其对连续梁桥悬臂状态结构关键指标减振效率的影响规律如图5所示。

从图5可以看到,该减振措施的钢索截面面积越大,其对连续梁桥结构的减振效率越高。钢索截面面积从0.005m^{2}变化至0.010m^{2}时,连续梁桥悬臂状态桥墩墩底竖向弯矩的减振效率从30.6%增长至

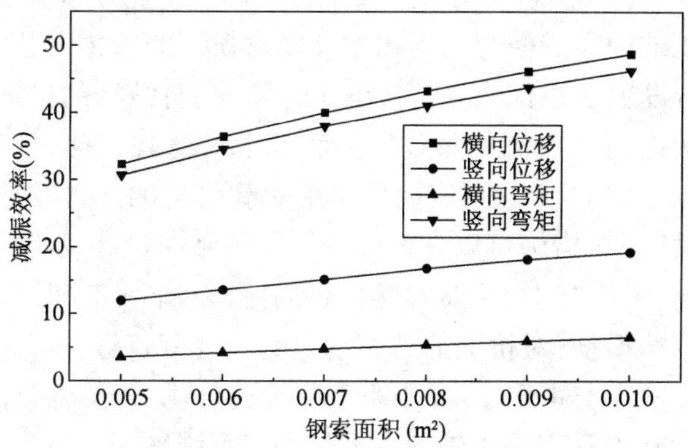

图5 钢索截面面积对结构减振效率的影响规律

46.3%，呈线性变化，其他关键指标的影响规律类似如此。因此，临时钢索选用较大的截面面积，可以有效提高该减振措施对连续梁桥结构的减振效率。

2）钢索拉力

研究结构性减振措施一的临时钢索张拉力对连续梁桥结构减振效率的影响规律，当钢索张拉力从0变化到500kN时，连续梁桥悬臂状态结构关键指标减振效率的变化曲线如图6所示。

从图6可以看到，当钢索张拉力从0变化到500kN时，连续梁桥悬臂状态结构关键指标的减振效率几乎没有改变，说明钢索张拉力对连续梁桥结构的减振效率影响敏感度较弱。从减小钢索应力方面考虑，对钢索张拉力较小张拉力时，该减振措施也有较好的减振效果。

3）钢索倾斜角度

结构性减振措施一中临时钢索横桥向倾斜设置，钢索与水平面形成一定角度以加强连续梁桥结构的横向刚度。当钢索倾斜角度从40°变化至65°时，连续梁桥悬臂状态结构关键指标减振效率的变化曲线如图7所示。

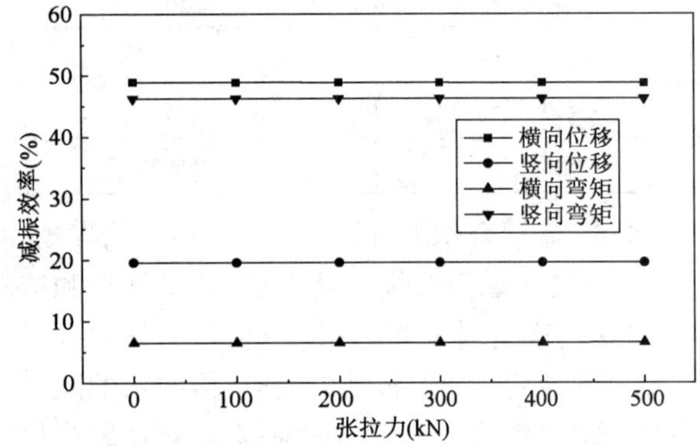

图6 钢索拉力对结构减振效率的影响规律

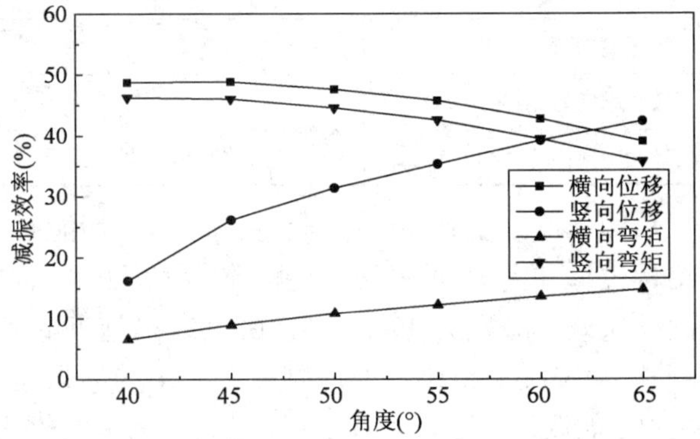

图7 钢索倾斜角度对结构减振效率的影响规律

从图7可以看到，改变临时钢索的倾斜角度，连续梁桥箱梁竖向位移和跨中横向弯矩的减振效率逐渐增加，但是箱梁横向位移和桥墩墩底竖向弯矩的减振效率却逐渐减小。综合各个关键指标的减振效率，结构性减振措施一中临时钢索倾斜角度为60°时，对连续梁桥结构具有较好的控制效果，此时箱梁横向位移、竖向位移、主梁跨中横向弯矩和墩底竖向弯矩的减振效率分别为42.8%、39.2%、13.6%和39.5%。

六、结　　语

本文以一座海上高墩大跨度连续梁桥为工程背景，针对大桥最不利的悬臂施工状态，考察了不同结构性减振措施对桥梁动力特性的影响，通过对比结构动力响应关键指标评估不同减振措施的减振性能，分析了减振措施相关参数对桥梁结构减振效率的影响规律，主要研究结论为：

（1）在连续梁桥主梁悬臂端部横桥斜向设置临时钢索对结构的横向刚度和竖向刚度有较大提高，桥梁结构同侧横弯振型和相反横弯振型的频率分别提高了10.9%和19.5%；在连续梁桥主梁悬臂端部平行设置2根钢索并与桥墩承台相连，对结构的横向刚度和竖向刚度有较大提高，桥梁中间墩纵弯振型频率提高5.3%，箱梁竖弯振型频率提高13.7%。

（2）在风-浪-流耦合作用荷载引起的连续梁桥振动响应中，采用"钢箱梁悬臂端顺桥向设置临时钢索"减振措施可以有效抑制箱梁的竖向位移动力响应，但是对墩底形成的附加横向弯矩较大，不利结构安全；采用"钢箱梁悬臂端横桥向倾斜设置临时钢索"减振措施可以有效抑制箱梁的竖向位移振动和横向位移振动，对桥墩的内力动力响应也有较好的减振效果，推荐工程中使用该减振措施。

（3）对于"钢箱梁悬臂端横桥向倾斜设置临时钢索"减振措施，拉索截面面积越大，其减振效果越好，实际工程应采用较大直径拉索以增强减振措施的减振性能；拉索张拉力对其减振效果影响较小，使用较小张拉力使拉索处于绷紧状态，也能较好地控制连续梁桥结构的振动响应；钢索使用较大倾斜角度，会减弱减振措施对连续梁桥的横向约束作用，但是会增强竖向约束作用，选择倾斜角度为60°时，对连续梁桥结构各方面具有较好的减振效果。

参考文献

[1] 项海帆. 21世纪中国桥梁的发展之路[J]. 科技导报，2015，33(05)：1.

[2] 张喜刚，刘高，马军海，等. 中国桥梁技术的现状与展望[J]. 科学通报，2016，61(Z1)：415-425.

[3] Huang W，Pei M，Liu X. et al. Design and construction of super-long span bridges in China：Review and future perspectives[J]. Frontiers of Structural and Civil Engineering，2020，14(4)：803-838.

[4] 高宗余，阮怀圣，秦顺全，等. 我国海洋桥梁工程技术发展现状、挑战及对策研究[J]. 中国工程科学，2019，21(03)：1-4.

[5] 张瑞霞. 海洋桥梁工程施工技术及装备发展研究[J]. 中国工程科学，2019，21(03)：5-11.

[6] 张喜刚，刘高，马军海，等. 中国桥梁技术的现状与展望[J]. 科学通报，2016，61(Z1)：415-425.

[7] 房忱，李永乐，向活跃，等. 风、浪、流荷载组合对跨海桥梁动力响应的影响[J]. 西南交通大学学报，2019，54(05)：908-914.

[8] 曹海清，谢朋林，曾银勇，等. 海上大跨度斜拉桥渡台风致振动控制研究[J]. 世界桥梁，2022，50(02)：78-83.

[9] 杨宇聪，李鑫. 不同抗风索措施对大跨度斜拉桥施工态抖振响应的影响研究[J]. 公路，2019，64(04)：105-109.

[10] Chen S Y，Liu G，Wu H B，et al. Design of TMD on Bridge Tower Subjected to Random Wave Forces[C]//The 4th International Symposium on Environmental Vibration：Prediction，Monitoring and Evaluation，Beijing，2009.

[11] Chen S Y，Liu G，Wu H B，et al. Dynamic Analysis and Vibration Reduction Control for Structure with MTMD under Wave Action[C]//Proceedings of the 23rd International Offshore (Ocean) and Polar Engineering Conference. Anchorage Convention Center，Anchorage，Alaska，USA，2013：1228-1235.

[12] Chen S Y. Dynamic analysis and vibration reduction control for bridge tower with MTLD under wave action[C]//The 10th International Conference on Bridge Maintenance，Safety and Management. Sapporo，Hokkaido，Japan，2021.

[13] Goda. A comparative review on the functional forms of diretional wave spectrum[J]. Coastal Engineering Journal，1999，41(1)：1-20.

2. 大跨多塔斜拉桥施工期抖振响应与控制

朱　超[1]　李沁峰[2]　马存明[2,3]

(1. 广东省公路建设有限公司；2. 西南交通大学风工程试验研究中心；3. 风工程四川省重点实验室)

摘　要　大跨度斜拉桥施工阶段，刚度显著小于成桥状态，自振频率小，阻尼比小，在自然风作用下更容易产生较大的抖振响应。以黄茅海跨海大桥为工程背景，提出了考虑三维气动导纳的抖振频域计算方法，并通过全桥气弹模型风洞试验验证该计算方法的正确性。基于该计算方法探寻了施工期抖振响应的发展规律，并采用布置临时墩的方法来控制抖振响应，研究了临时墩布置位置对抖振响应的影响，结果显示：在0～200m悬臂范围内结构的抖振竖向和横向位移对悬臂端长度不敏感，而悬臂长度一旦超过200m后，抖振竖向和横向位移对悬臂端长度非常敏感，最大竖向抖振位移均方根值可以达到1.5m；临时墩的布置主要影响结构的竖向抖振位移，最大可以降低90%；临时墩应该考虑在超过一半悬臂端长度时布置。

关键词 大跨多塔斜拉桥 抖振分析 气弹模型 风洞试验 施工期 临时墩

一、引 言

随着我国基础设施建设的需要增加和桥梁科学技术的发展,斜拉桥的建设得到了广泛推广和运用,斜拉桥的跨度也在不断增加。但是随着跨度的不断增大,结构变得越来越柔,对风的敏感性更加显著,桥梁的气动弹性问题,特别是气动弹性的动力问题成为桥梁向更大跨度发展的制约因素之一。现代大跨度斜拉桥的施工方法主要为悬臂施工法,大跨斜拉桥悬臂施工时期的刚度显著小于成桥状态,自振频率小,阻尼比小,在自然风作用下更容易产生较大的抖振响应。对于大跨度的跨海斜拉桥,其施工周期长,各种施工机具更加复杂,更加需要保证其在施工期的安全性。实际工程中,为了提高施工期的安全性,常用的措施主要有:设置临时墩将主梁与临时墩进行竖向锚固、设置抗风拉索和设置调谐质量阻尼器[1-3]。对于抗风拉索,需要在河床上设置额外的桩基,造价昂贵且降低程度约15%。对于传统的阻尼器,只能控制单一模态的抖振响应,需要跟踪施工过程调试阻尼器。综合考虑之下,本文研究采用临时墩进行桥梁的抖振响应控制。

对于大跨度斜拉桥的施工期抖振的研究主要集中在抖振计算方法的研究。文献[4]采用数值模拟方法系统研究了大跨度斜拉桥单、双悬臂两大施工过程结构抗风性能的变化规律。文献[5]制作缩尺比为1:100的全桥气动弹性模型进行风洞试验,分析大桥在最大单悬臂施工状态抖振响应下的使用舒适性。文献[6]通过基于风洞试验验证的数值计算探寻对该桥最大双悬臂施工状态下不同临时墩布置位置对抖振响应的影响进行了研究,并同无临时墩结果进行比较。文献[7]以某主跨650m的组合梁斜拉桥为背景,采用CQC(完全二次型组合法)计算施工最大单悬臂阶段主梁抖振响应并提出采用柔性拉索连接两悬臂端的"软连接"减振措施。以上各研究的主梁的断面形式主要是流线型箱梁和组合梁,对于黄茅海大桥主梁为分离式双箱梁截面的情况,其主梁在三维空间中存在不同于传统箱梁的流动分离特性,引起不同的流固相互作用,其绕流结构更加复杂,这为准确描述作用于桥梁主梁上的非定常气动力带来了困难。文献[8]虽然提出了考虑湍流积分尺度和桥梁特征尺寸的分离式双箱梁桥梁断面的三维气动导纳,但是没有进一步研究桥梁的抖振响应。本文以黄茅海跨海大桥为背景,主要研究了基于考虑分离式双箱梁桥梁断面的三维气动导纳的施工期抖振响应计算方法,并基于该计算方法研究了施工期抖振响应发展过程与临时墩距离对其抖振响应控制的影响。

二、工 程 概 况

黄茅海大桥是黄茅海跨海通道的重要组成部分,采用三塔斜拉桥,桥跨布置为380m + 2 × 720m + 380m,大桥主梁为分离式双箱梁,斜拉索为空间索面,另设5对辅助索,全桥采用半飘浮体系,桥面宽度为50.4m,高度为4m。详细构造见图1。由于边塔和中塔截面且主梁断面一致,故而本文研究最不利的中塔悬臂施工过程。根据桥址处实际勘察得到桥梁设计风参数见表1。

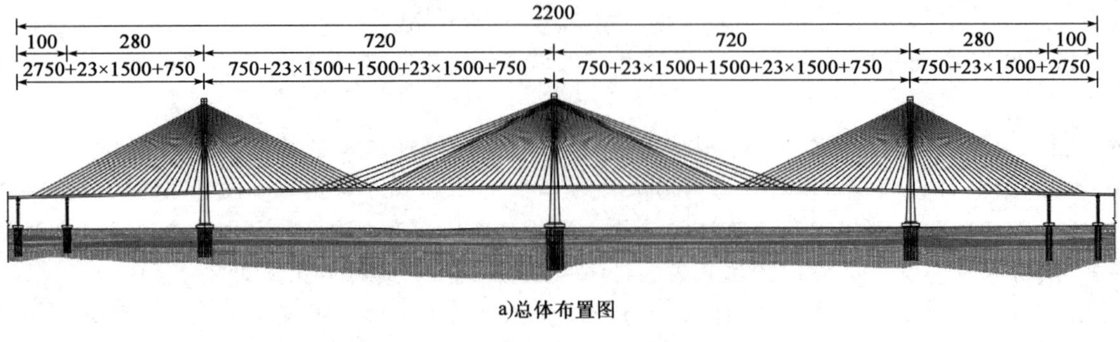

a)总体布置图

图 1

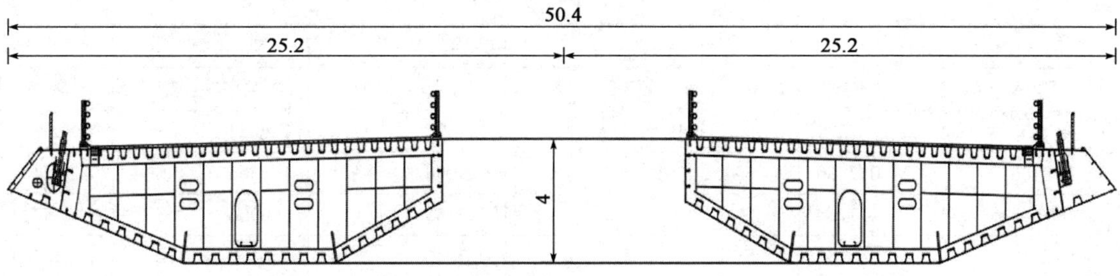

b)主梁断面图

图 1 黄茅海大桥构造示意图(尺寸单位:m)

桥址处桥梁设计风参数 表 1

主梁高度	地表粗糙度系数	地面粗糙高度	设计风速	I_u	I_w	L_u	L_w
71.1m	0.112	0.01m	51.1m/s	9.2%	4.6%	110m	50m

采用 ANSYS 有限元计算软件进行建模计算,中塔最大双悬臂施工态有限元模型采用双主梁模型,主梁和桥塔为三个平动方向的约束,如图 2 所示。施工过程工况描述见表 2,其动力特性见表 3。

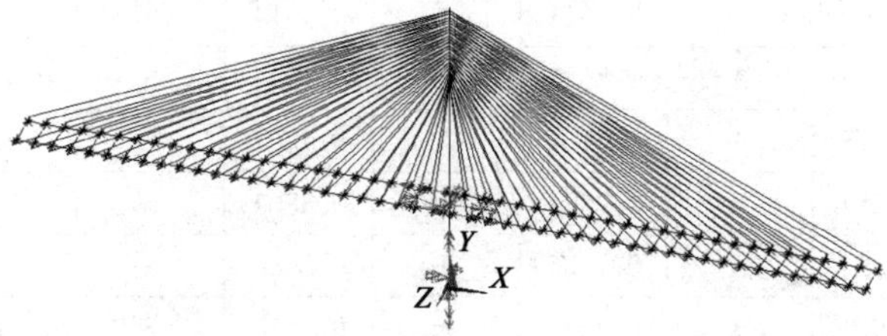

图 2 中塔最大双悬臂施工态有限元模型

中塔悬臂施工阶段工况描述 表 2

施工阶段编号	施工阶段描述	悬臂长度(m)	斜拉索数(对)
C01	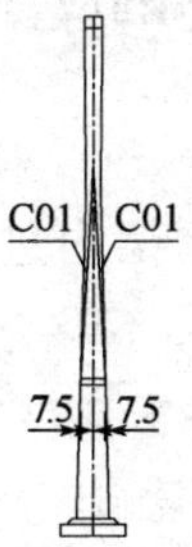	7.5	1
⋮	⋮	⋮	⋮
C24 (中塔最大双悬臂施工阶段)	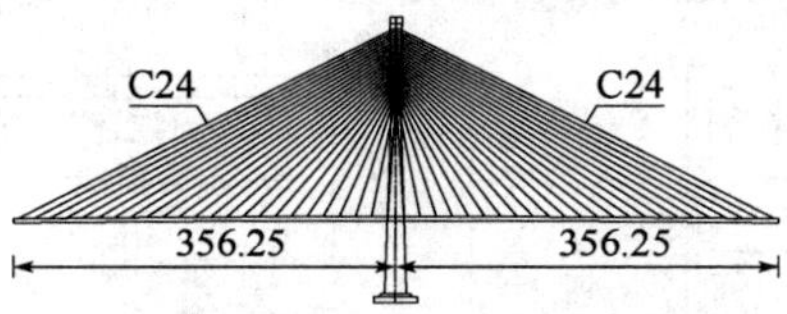	7.5 + 15 × 23 +3.75 = 356.25	24

中塔悬臂施工阶段主梁动力特性(Hz) 表 3

施工阶段	V-1		L-1		T-1		V-2		L-2		T-2	
	频率 + 振型		频率 + 振型		频率 + 振型		频率 + 振型		频率 + 振型		频率 + 振型	
C1-C2	—	—	—	—	—	—	—	—	—	—	—	—
C3	0.2022	A	0.7351	S	2.4594	A	2.3522	A	1.7989	S	9.3760	S
C4	0.2097	A	0.7330	S	1.9944	A	1.7551	A	1.7676	S	2.0512	S

续上表

施工阶段	V-1		L-1		T-1		V-2		L-2		T-2	
	频率+振型		频率+振型		频率+振型		频率+振型		频率+振型		频率+振型	
C5	0.2152	A	0.7309	S	1.7562	S	1.1595	A	1.7354	S	1.8032	A
C6	0.2166	A	0.7286	S	1.5876	A	0.9058	A	1.7366	S	1.5914	S
C7	0.2148	A	0.7260	S	1.4567	A	0.7755	A	1.6906	S	1.4582	S
C8	0.2111	A	0.7255	S	1.3561	A	0.7046	S	1.6162	S	1.3562	S
C9	0.2061	A	0.7203	S	1.2687	S	0.6508	S	1.4856	S	1.2688	A
C10	0.2005	A	0.7161	S	1.2145	A	0.6424	S	1.3082	S	1.2160	S
C11	0.1940	A	0.7101	S	1.1645	S	0.6220	S	1.0972	A	1.1699	A
C12	0.1870	A	0.7007	S	1.1146	S	0.5954	S	0.9319	A	1.1169	A
C13	0.1795	A	0.6833	S	1.0664	S	0.5658	S	0.8006	A	1.0676	A
C14	0.1718	A	0.6495	S	1.0200	S	0.5352	S	0.6955	A	1.0200	A
C15	0.1647	A	0.5977	S	0.9750	A	0.5055	S	0.6098	A	0.9756	S
C16	0.1551	A	0.5392	A	0.9319	A	0.4774	S	0.5405	S	0.9336	S
C17	0.1473	A	0.4802	A	0.8911	A	0.4514	S	0.4870	S	0.8939	S
C18	0.1396	A	0.4306	A	0.8526	A	0.4275	S	0.4395	S	0.8567	S
C19	0.1321	A	0.3878	A	0.8164	A	0.4061	S	0.3979	S	0.8224	S
C20	0.1249	A	0.3514	A	0.7824	A	0.3863	S	0.3615	S	0.7914	S
C21	0.1180	A	0.3198	A	0.7505	A	0.3682	S	0.3297	S	0.7648	S
C22	0.1115	A	0.2921	A	0.7230	A	0.3577	S	0.3016	S	0.7464	S
C23	0.1054	A	0.2678	A	0.6825	S	0.3465	S	0.2769	S	0.6972	A
C24	0.0996	A	0.2465	A	0.6628	S	0.3349	S	0.2551	S	0.6727	A

三、悬臂施工抖振响应

1. 抖振频域计算方法

频域分析是建立在Davenport和Scanlan提出的理论框架内进行，Davenport考虑了气动力的非定常特性以及振型和抖振力的空间相关性，但是对自激力的描述不够充分，而Scanlan较充分考虑了桥梁自激力的作用，但是未考虑多模态和模态间的耦合效应，并忽略了抖振力的非定常特性。本文使用Davenport模型计算抖振力、Scanlan模型计算自激力从而计算结构抖振响应。基于测压模型试验识别出结构的三维气动导纳如图3所示，对于阻力等效气动导纳，纵向紊流积分尺度远大于主梁的高度，三维特性比较弱，近似的采用Davenport经验模型。采用强迫振动法识别出主梁自激力见图4。主梁气动力系数见表4。

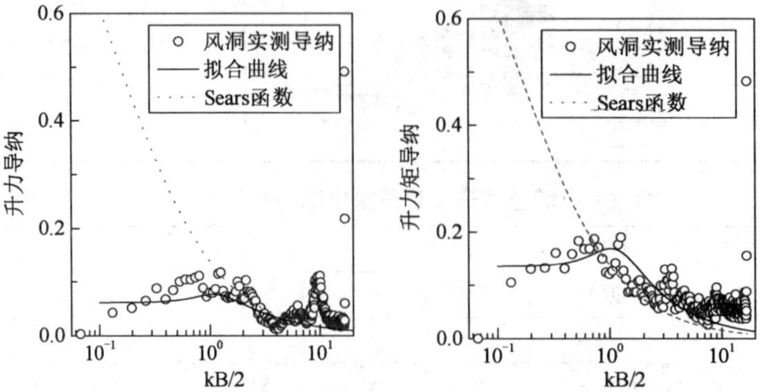

图3 主梁气动导纳函数

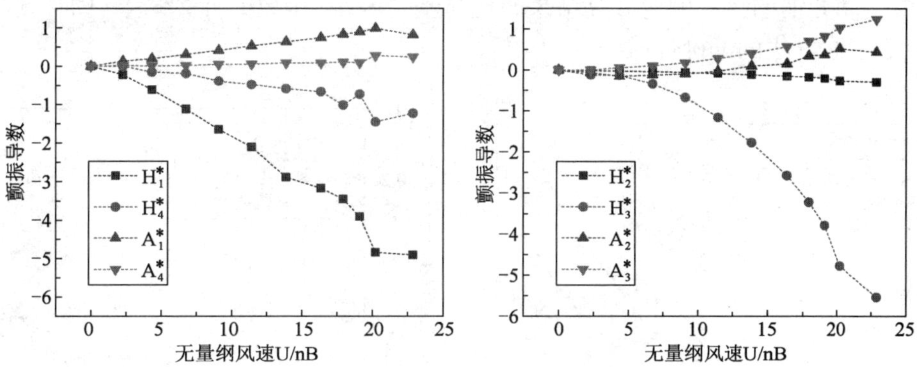

图4 主梁颤振导数

主梁气动力系数 表4

空气密度	风攻角	C_D	C_L	C_M	C'_L	C'_M
1.225kg/m^3	0°	1.7144	0.0796	0.0500	3.5065	-0.1031

2. 全桥气弹模型风洞试验

中塔最大双悬臂施工态的模型几何比例和风速比分别为1∶105和1∶10.25，模型长6.857m，中塔塔高2.536m，风洞阻塞率小于3%。全桥气动弹性模型试验在XNJD-3号风洞进行。试验断面22.5m(宽)×4.5m(高)，风速范围为0～16.5m/s。由尖顶和立方体组成的大气边界层的被动模拟装置安装在桥梁模型的上游，它可以生成所需的风场(风廓线、湍流廓线、风谱和长度尺度)如图5所示。表5列出了试验模态测试参数。

图5 中塔最大双悬臂施工态风洞试验模型

中塔最大双悬臂施工态模态测试结果 表5

振型	模型要求值(Hz)	模型实现值(Hz)	误差(%)	阻尼比(%)
V-A-1	0.914	0.948	-3.6	0.53
V-S-1	3.431	3.230	6.2	0.51
L-A-1	2.526	2.645	-4.5	0.43
L-S-1	2.613	2.755	-5.1	0.38
T-S-1	6.783	7.014	-3.3	0.67

3. 最大双悬臂施工态抖振响应结果对比

将基于分离式双箱梁三维气动导纳模型的抖振计算方法与两种传统的抖振计算方法进行比较：一是使用Sears函数作为主梁的气动导纳，即忽略湍流三维效应对抖振力的影响；二是按照拟定常假定计算抖振力，即气动导纳等于1。对比三种计算结果与全桥气动弹性模型试验值在不同风速下的抖振响应，可以看出基于三维气动导纳的抖振响应计算结果相比与基于Sears函数的计算结果更加接近全桥气弹模型风洞试验值,验证了该方法的准确性(图6)。

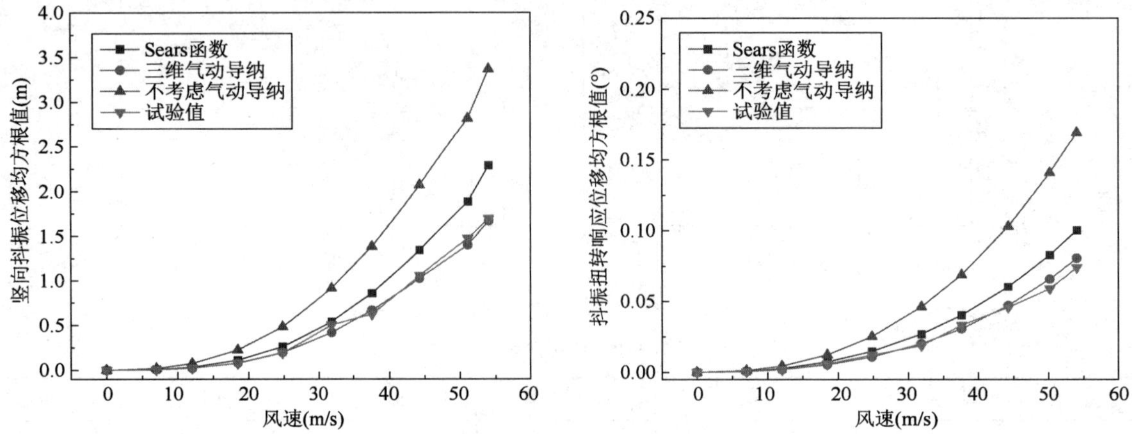

图6　不同气动导纳函数主梁跨中抖振响应

4.施工期全过程抖振响应

以黄茅海跨海大桥的箱梁施工划分节段为准,基于本文识别的三维气动导纳抖振响应计算方法分别计算了C1~C24的中塔施工期全过程的抖振响应如图7所示。通过图7可以看出,在设计风速51.1m/s下,整个过程中抖振扭转位移基本呈线性增加;在0~200m悬臂范围内结构的抖振竖向和横向位移增长缓慢,而悬臂长度一旦超过200m抖振竖向和横向位移增长速度明显加快,最大双悬臂竖向抖振位移均方根值已经接近1.5m,十分不利于施工期的施工安全,因此需要通过临时墩来控制其抖振响应。

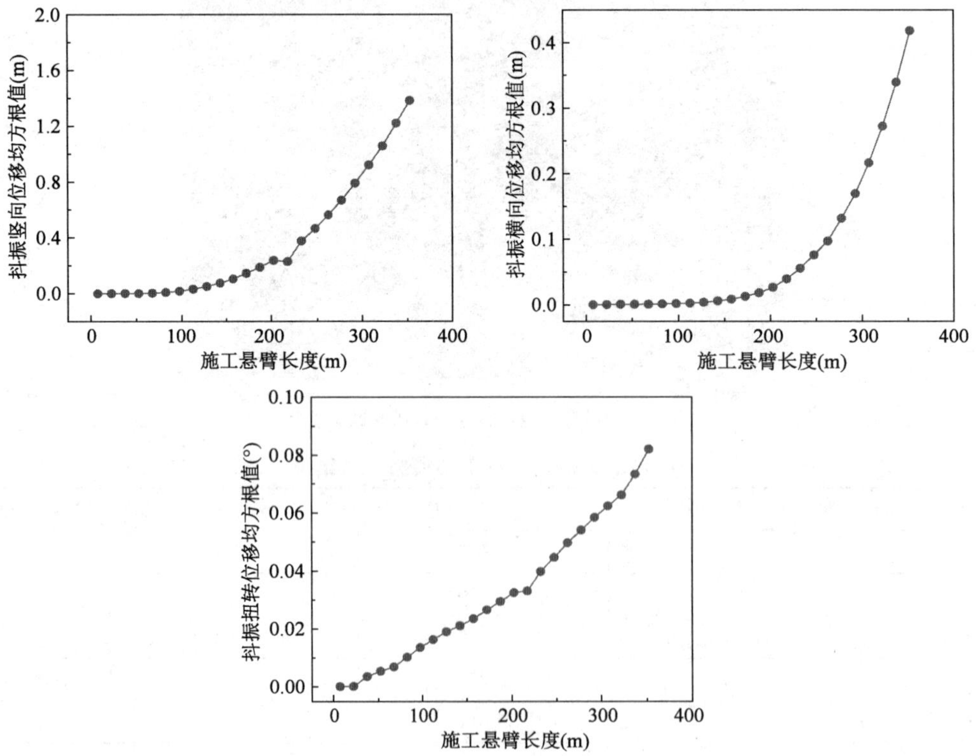

图7　抖振位移均方根值随悬臂长度变化规律

四、临时墩位置优化

本文仅从结构抗风角度来研究对于黄茅海跨海大桥的临时墩布置优化方案。考虑到最大悬臂长度为356.25m,采用9种临时墩布置方案1~9,分别为1/6(59.375m)、1/5(71.25m)、1/4(89.0625m)、1/3(118.75m)、1/2(178.125m)、2/3(237.5m)、3/4(267.1875m)、4/5(285m)、5/6(296.875m),(括号里数字表示距离中塔中心距离,分数表示该距离与最大悬臂长度356.25m的比值)。表6给出了不同布置方案的频率。

不同临时墩布置方案基频对比 表6

方案	频率(Hz)		
	1阶竖弯	1阶侧弯	1阶扭转
1	0.108	0.247	0.664
2	0.114	0.247	0.664
3	0.120	0.247	0.665
4	0.135	0.247	0.666
5	0.161	0.249	0.667
6	0.161	0.250	0.667
7	0.161	0.250	0.667
8	0.161	0.250	0.667
9	0.160	0.250	0.667
无临时墩	0.100	0.246	0.663

不同临时墩布置方案下抖振响应均方根值如图8所示,从图中可以看出:悬臂端竖向抖振位移降低的程度最大,最多可以达到90%;悬臂端横向抖振位移降低不明显;悬臂端扭转抖振位移最大也有70%的降低,但是其本身幅值本来就较小,也可以认为变化不明显。另外可以明显看到当临时墩位置布置在离桥塔为悬臂端长度一半(178.125m)开始,就对竖向位移的降低效率大大提高,因此可以考虑在施工到178.125m时开始布置临时墩。

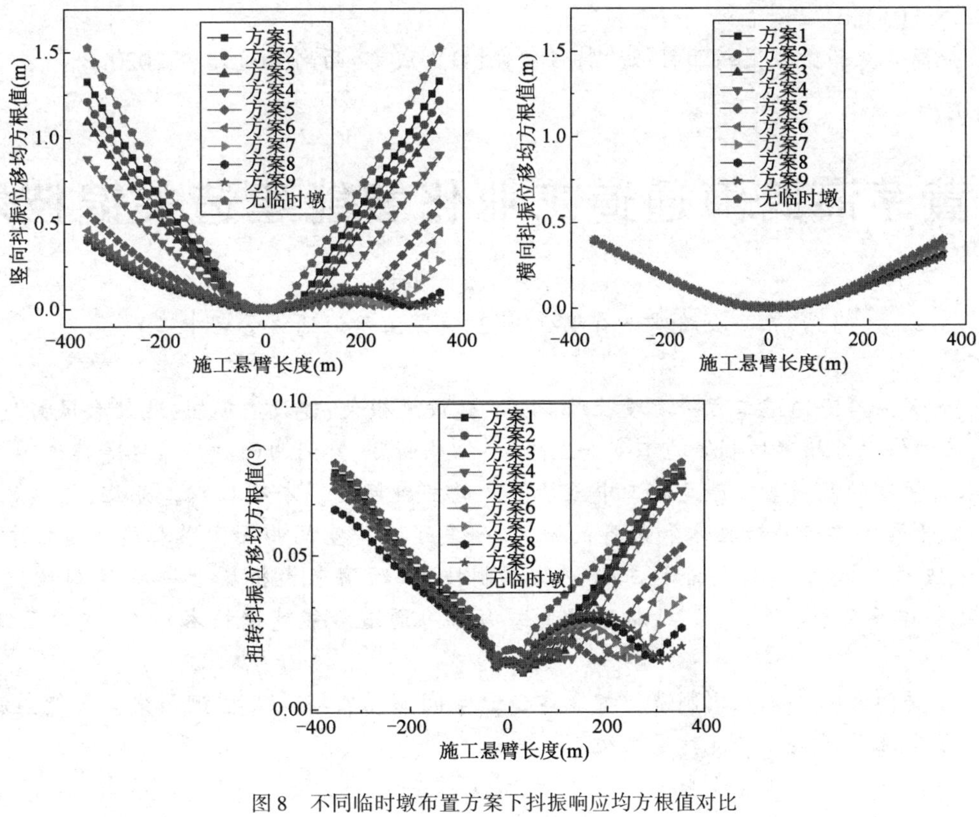

图8 不同临时墩布置方案下抖振响应均方根值对比

五、结 语

(1)本文以黄茅海跨海大桥为工程背景,结合风洞试验提出了考虑分离式双箱梁三维气动导纳的抖振计算方法,并通过全桥气弹模型风洞试验验证了该计算方法的正确性。

(2)基于该计算方法研究了黄茅海跨海大桥中塔悬臂施工过程中的抖振响应,结果表明:抖振扭转位移基本呈线性增加;在0~200m悬臂范围内结构的抖振竖向和横向位移增长缓慢,而悬臂长度一旦超过200m后抖振竖向和横向位移则增长明显加快,最大竖向抖振位移均方根值可以达到1.5m。

(3)通过研究9种方案的临时墩布置对结构抖振响应的影响,研究表明:临时墩的布置主要影响结构的竖向抖振位移,最大可以降低90%;临时墩应该考虑在超过一半悬臂端长度时布置。

参考文献

[1] 李永乐,周述华,张焕新.某大跨度斜拉桥施工阶段的抖振控制措施研究[J].西南交通大学学报,2001(04):374-377.

[2] 王中文,刘刚亮,顾金钧.虎门大桥辅航道桥悬臂施工阶段风致抖振的控制[J].桥梁建设,2002(05):50-53.

[3] 秦建军,邵旭东,李立峰.洪山大桥施工阶段的抖振控制研究[J].公路,2004(02):28-32.

[4] 马婷婷,葛耀君,赵林.大跨度斜拉桥施工阶段抗风性能变化规律[J].振动与冲击,2013,32(12):100-104,115.

[5] 雷永富,张燕飞,韩金,等.基于风洞试验的宽幅混合梁斜拉桥抖振性能研究[J].桥梁建设,2020,50(S1):32-37.

[6] 马婷婷,葛耀君,杨詠昕,等.临时墩对三塔斜拉桥最大双悬臂抖振控制研究[J].华中科技大学学报(自然科学版),2012,40(07):110-114.

[7] 胡旭辉,杨申云,李郁林,等.组合梁斜拉桥施工最大单悬臂阶段抖振响应及减振研究[J].桥梁建设,2021,51(01):21-28.

[8] 王俊鑫.分离式双箱梁桥梁断面抖振力特性研究[D].成都:西南交通大学,2020.

3. 黄茅海跨海通道工业化智能建造关键技术

潘 放[1,2] 朱 超[1,2]
(1.广东省公路建设有限公司;2.黄茅海跨海通道管理中心)

摘 要 黄茅海跨海通道工程跨海段长约14km,建设规模大、建设周期短;地处台风频发海域,大型钢箱梁吊装、三塔斜拉桥精确控制等施工安全风险大;结构新颖,空间曲面独柱索塔等建造难度很高。如何实现跨海长大桥梁的高质量建造是施工中亟须解决的关键问题。本项目以工业化、信息化、智能化和绿色化为方向,开展了施工关键技术和装备的研究,研发了海中空间曲面索塔智能建造技术、钢箱梁智能制造及架设技术、三塔斜拉桥智能施工监测及控制技术、跨海长大桥梁北斗定位测控技术,混凝土节段梁自动化制造及智能控制技术等,构建了黄茅海跨海通道智能建造技术体系,支撑了工程高质量快速建造。

关键词 黄茅海大桥 工业化制造 智能建造 空间曲面索塔 大型钢箱梁 智能监测控制 北斗定位测控 混凝土节段梁 智能建造系统

一、工程概况及技术挑战

1. 地理位置及建设条件

黄茅海跨海通道是港珠澳大桥西延线，起于珠海高栏港，向西跨越黄茅海水域，终于江门台山。路线全长约 31km，其中跨海段长约 14km。工程采用设计速度 100km/h 的双向 6 车道高速公路技术标准，汽车荷载等级为公路—Ⅰ级，设计使用年限 100 年。

工程区域遭受强台风等多灾害的巨大威胁，设计基本风速 $V_{s10}=46\text{m/s}$，平均风剖面幂指数 $\alpha=0.112$。近年来连续遭受强台风正面袭击，如：2020 年 8 月 19 日，台风“海高斯”正面登陆，阵风风速 >45m/s。工程区域年平均气温 22.6℃，极端最高气温 38.7℃，极端最低气温 -0.1℃。黄茅海航道水深约 9m，潮汐属不正规半日混合潮类型，100 年一遇设计流速 1.3m/s，潮差 1.2m。海中段上覆第四系全新统 Q4 淤泥，厚 9.30～29.30m；下伏燕山期侵入花岗岩，中风化层顶高程 -91.50～-30.31m，中风化强度 24～79MPa。地震基本烈度 7 度，Ⅱ类场地条件下设计基本地震动峰值加速度 0.10g，地震反应谱特征周期 0.35s。根据防洪要求，海域范围桥梁阻水比 <10%；航道之间引桥跨径≥100m，常水位时水深超过 3m 区域引桥跨径≥60m，其余区段引桥跨径≥40m。[1]

2. 桥梁设计方案[2]

（1）总体布置。黄茅海跨海通道跨海段设置 2 座主桥跨越 3 条航道，自珠海向台山方向，总体布置为：高栏港互通、东引桥、高栏港大桥、中引桥、黄茅海大桥、西引桥、浅滩区引桥、赤溪东互通，见图 1。其中，黄茅海大桥为主跨 2×720m 三塔斜拉桥；高栏港大桥为主跨 700m 双塔斜拉桥；水中引桥总长 10960m。

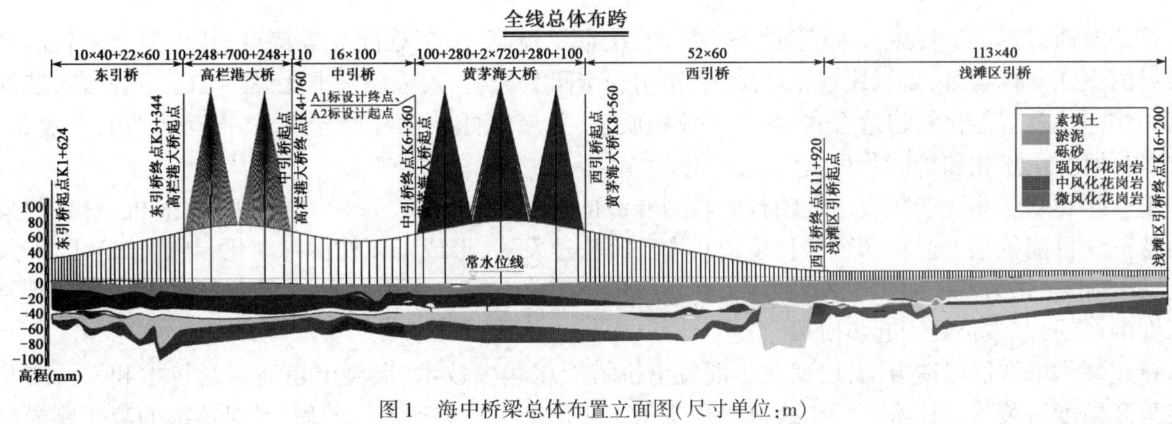

图 1　海中桥梁总体布置立面图（尺寸单位：m）

（2）黄茅海大桥。根据通航及建设条件，黄茅海大桥采用三塔斜拉桥（图 2），桥长 2200 m，桥跨布置为 100m＋280m＋720m＋720m＋280m＋100m，边中跨比为 0.53，高跨比为 0.25。为提高结构的颤振稳定性，主梁采用分体式钢箱梁，梁高 4.0m，斜拉索横向间距 46.9m。桥塔采用混凝土变截面独柱塔，塔底为圆形截面（直径 20m），桥面处为圆端形截面（顺桥向尺寸 15.18m，横桥向尺寸 10m），上塔柱腰部为圆形截面（直径 8.5m），塔顶为圆形截面（直径 11m）。桥塔基础采用变截面群桩基础，中塔桩顶以下 37m 桩径为 3.0m，其下至桩底桩径为 2.5m，按照嵌岩桩设计。斜拉索采用平行钢丝拉索，全桥共 3×4×24＝288 根，最长约 398m。为提高主梁竖向刚度，设置 4×5＝20 根中央辅助索，最长约 517m。塔上斜拉索锚固采用钢锚梁锚固系统，由钢锚梁和钢牛腿组成。支承体系采用竖向全飘浮约束体系，塔、梁连接处不设竖向支座，辅助墩和过渡墩处设置竖向支座。中塔塔梁连接采用纵向弹性索体系＋横向抗风支座，设置 16 根弹性索，最长约 34m；边塔塔、梁连接采用纵向阻尼＋横向抗风支座，辅助墩和过渡墩采用竖向支座＋横向抗风支座。

（3）高栏港大桥。为保持结构风格统一性和景观协调性，高栏港大桥桥塔和主梁的设计元素与黄茅海大桥保持一致，采用独柱塔＋分离式钢箱梁的双塔双索面斜拉桥。桥长 1416m，桥跨布置为 110m＋

248m + 700m + 248m + 110m，边中跨比为0.51，高跨比为0.25。

（4）引桥。根据水深条件和防洪要求，中引桥采用16×100m钢箱梁桥，东引桥和西引桥泄洪区采用60m跨径的预应力混凝土节段梁桥，西引桥侧浅滩区引桥采用40m跨径的预应力混凝土小箱梁桥。

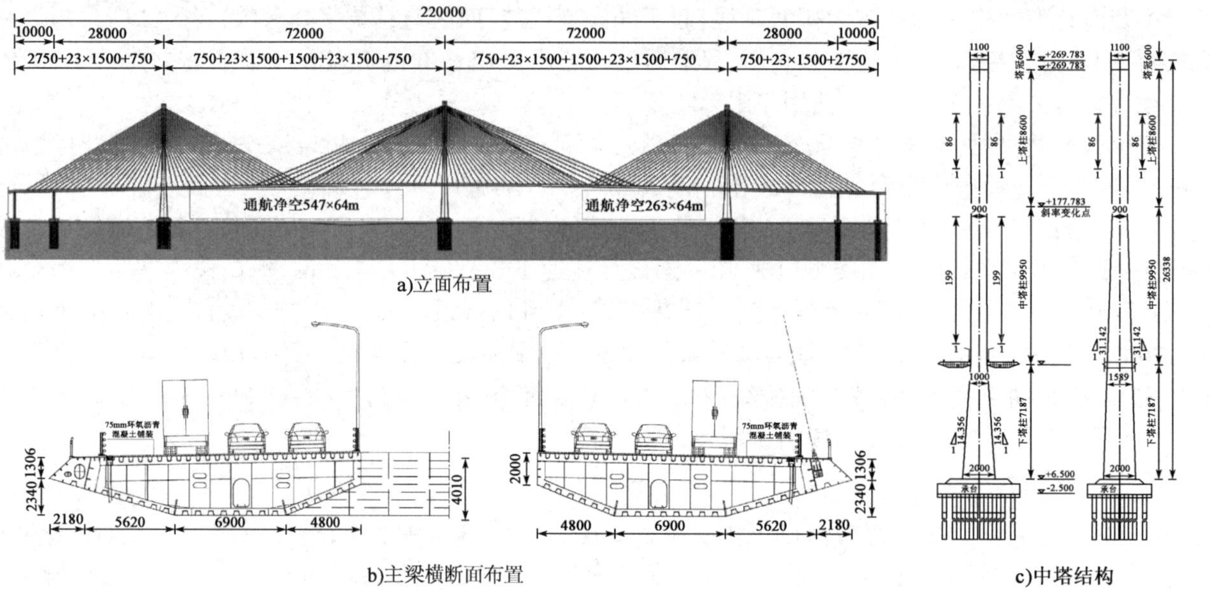

图2　黄茅海大桥设计方案（尺寸单位：cm）

3. 建造难点及挑战

黄茅海通道具有工程规模大、建设条件复杂、技术风险高、施工难度大等特点，其作为广东省区域发展布局的交通支撑项目，需以快速精准施工、结构安全耐久为核心，采用标准化设计、工厂化制造、装配化施工的快速化及智能化的建造方式，提升工效和质量，并聚焦标准化管理与施工，推动建造的工业化、装配化、自动化、信息化和智能化程度。

工业化和智能化建造是交通运输行业转型升级的主要方向，主要以标准化、工厂化、机械化、信息化等为特征。目前桥梁工业化和智能化建造技术已经快速发展，形成了以构件标准化、制造工厂化、安装机械化、管理信息化为特征的主要发展方向，并且在中小桥中有了快速的发展；大跨径桥梁中由于受到结构特殊性的制约，基本仍处于起步阶段[3-4]。

在超高索塔智能建造方面，已研发了混凝土桥塔液压爬模技术、混凝土超高泵送技术和钢桥塔预制吊装与高精度拼装施工技术。深中通道工程基于工业化生产及移动工厂的理念，对传统的液压爬模装备进行改进，初步研发了多功能一体化筑塔专用设备，改善传统工艺施工效率较低、劳动力需求大且安全风险高的问题。但是，目前的钢筋部品加工及自动化筑塔设备的模板装置、爬升装置仅适用于简单外形，对复杂外形适应能力不足，而黄茅海通道采用了异形索塔方案，全塔变曲率的结构外形，对钢筋部品、模板装置、爬升装置的适应性、精度、可靠性等都提出了更高的施工要求，需要研究解决[5-9]。

在主梁施工技术及装备方面，目前已初步建立了钢箱梁数字化制造生产线，掌握了混凝土梁整孔预制架设技术、梁上运梁架设技术、短线匹配法预制拼装施工技术、钢箱梁整体吊装施工技术和使用缆载起重机、桥面起重机、顶推与滑模等主梁架设与施工技术[10-12]。

在钢筋工程建造方面，近年来已经有部分超大型桥梁工程从钻孔桩钢筋笼长线法制作得到启发，采用构件钢筋笼预先在后场加工厂胎架同槽制作而成，分节吊装至现场安装拼接的工厂化施工工艺。深中通道引入了钢筋部品的施工理念，在施工过程中，布置大节段变截面钢筋部品胎架及生产线，钢筋部品绑扎、运输、安装可同步进行，并加强了施工质量控制，取得了良好的社会效益和经济效益[13]。

在施工控制技术方面，目前正向集计算、分析、数据收集整理、指令发出、误差判断等功能为一体的施工控制集成系统发展，基于网络的桥梁智能化信息化施工控制技术正成为研究热点[14-16]。

在混凝土节段梁智能化生产方面，目前节段梁预制钢筋加工、定位测量及模板调位等过程大多采用人工操作方式，存在人员用量大、工效低、质量控制难度大等弊端，亟须对钢筋网的构造及拼装方案、预制件的测量、模板调整及纠偏的自动化进行技术升级[17-18]。

本文针对黄茅海通道跨海桥梁的结构特点、建设条件和工期要求，重点开展海中高耸异形索塔、海中大跨钢箱梁、混凝土节段梁等关键结构的快速化和智能化建造技术研究。

二、海中高耸异形索塔智能建造技术

1. 空间曲面索塔模板数字化设计及制造技术

为解决异形塔柱模板设计制造难题，采用“造型箱”构造模板(图3)，利用BIM技术，首先确定其外轮廓尺寸，之后再进行单块模板的设计，将外模分为24片模板板片。模板板片为弧形“造型箱”模板，通过数控机床自动切割板件切割造型木精准实现；随着爬升截面尺寸变化，模板进行逐层裁切或补缝。

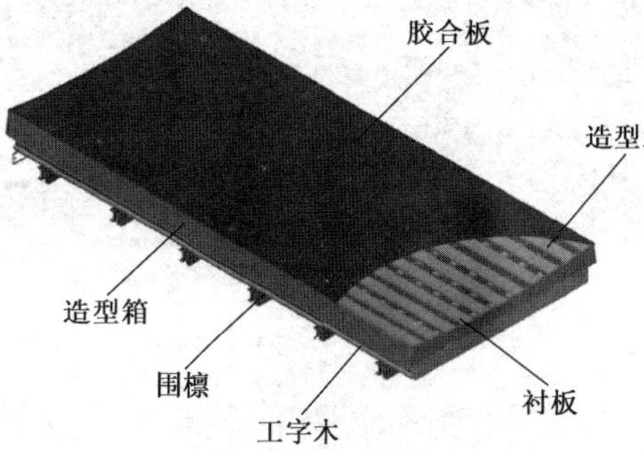

图3 “造型箱”模板板片

1)曲面模板数字化设计

基于BIM技术的模板数字化设计流程及方法如下：

(1)根据施工图纸分析索塔结构特点，寻找塔柱变化规律，创建异形索塔三维数字化模型；根据索塔分节施工要求对塔柱进行节段划分，并进行塔柱断面尺寸验证，如图4所示。

(2)根据塔柱结构特点及爬模施工工艺流程，分别对上、中、下塔柱进行模板板片分缝。基于索塔分节和模板分缝的索塔结构模型，利用Autodesk Revit + Dynamo混合开发技术，分别对各节段进行模板三维数字化设计，如图5所示，包括每块模板板片详细构造设计和模板板板片拼装设计，输出模板施工图、加工图和组装图。异形索塔模板三维数字化设计流程如图6所示。

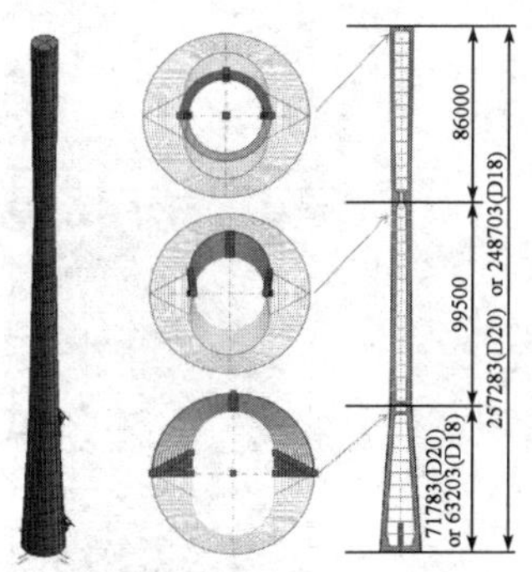

图4 黄茅海大桥索塔结构模型创建及节段划分(尺寸单位：mm)

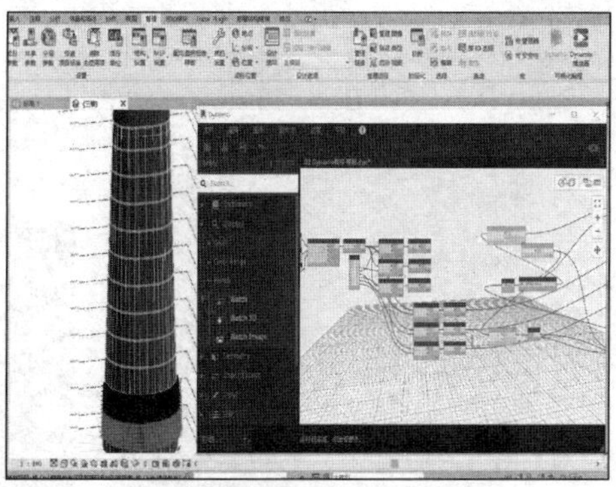

图5 索塔模板Revit + Dynamo混合三维数字化设计

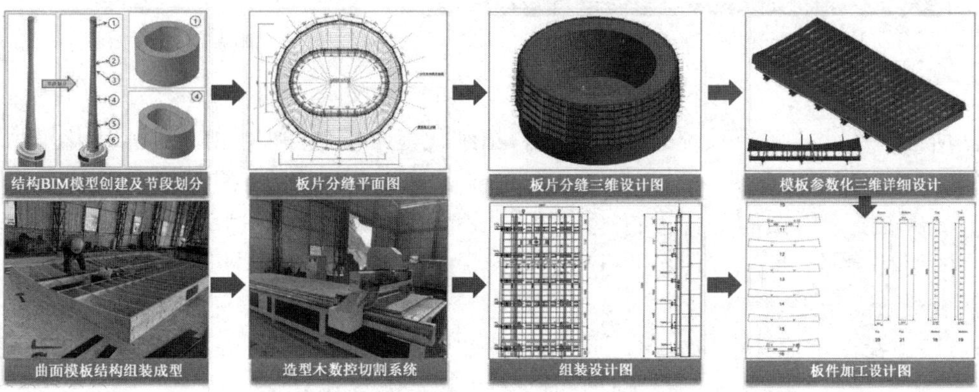

图6 异形索塔模板三维数字化设计流程

2）曲面模板数字化加工制造

通过三维信息模型设计方法，不仅能够完成复杂爬模系统和曲面模板的设计，还可以指导模板的加工、放样与组装。根据模板加工图，利用模板数控机床自动切割板件（见图 7），实现不规则造型木精细化切割加工。根据模板组装设计图和精准的模板 BIM 模型，在组装场地上放好样，弹好线，首先拼装槽钢背楞，再设计间距拼装木工字梁，最后拼装造型箱和模板面板，面板与木工字梁采用螺钉连接。拼装模板时，严格控制模板尺寸、平整度、错台等要求，模板拼装验收合格后运至施工现场安装。

a)数控机床造型木切割　　b)模板板片组装

图 7　空间曲面模板数字化加工制造

2. 空间曲面索塔液压爬模机构设计及爬升技术

根据索塔节段浇筑时的高度需求，采用单爬锥液压爬模系统，使爬架最大可一次性爬升 6.1m。为解决爬升系统架体及平台如何适应异形塔壁、爬升轨迹如何适应塔壁线性等施工难题，采用 BIM 技术进行爬架布置设计和爬升轨迹的模拟。

（1）爬模机构 BIM 数字化创建。基于 BIM 技术所创建的索塔空间结构信息施工分节模型基础，根据索塔液压爬模施工工艺，利用 BIM 建模软件对液压爬模系统的架体及平台进行精细化三维模型创建并进行空间布置，如图 8 所示。

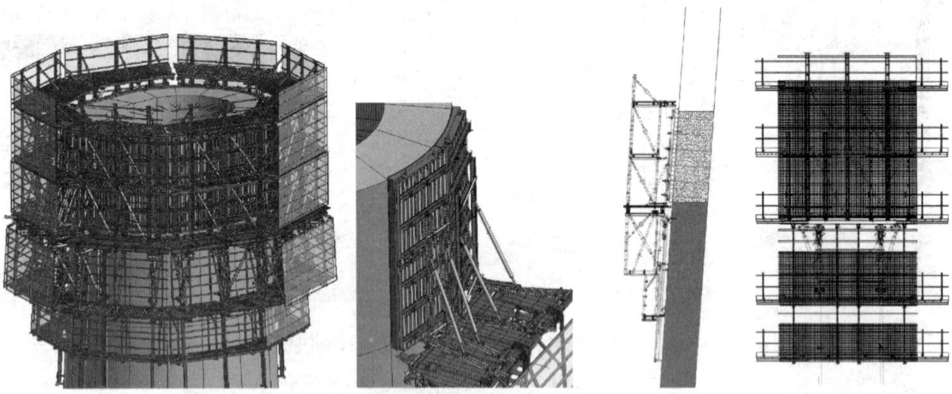

a)爬模机构三维模型　　b)爬架机构二维视图

图 8　液压爬模系统模型及视图展示

（2）根据所创建的液压爬模系统的架体及平台精细化三维模型，利用 BIM 技术优化模拟爬升轨道和爬架、平台布置方案，分别对索塔各施工节段进行三维爬架及平台的数字化出图。BIM 技术模拟架体爬升过程，架体平台需随索塔截面变化进行改制，其中截面尺寸缩小时通过平台逐层裁切，取走多余的踏板，截面尺寸扩大时，平台出现空隙，则进行现场搭设。

（3）液压爬模设备提升方案。

单爬锥液压爬模设备提升步骤流程：①浇筑塔柱节段混凝土；②节段混凝土强度达到要求后，进行拆模安装挂座；③提升导轨；④拆除下端预埋件和提升架体；⑤继续下一轮次施工。

3. 索塔部品钢筋工业化制造及快速拼装成型技术

本项目独特的纤腰型独柱异形索塔构造导致部品钢筋预制、安装难度大幅提高,为此,引入 BIM 技术解决异形曲面索塔钢筋部品设计、生产及安装过程中关键工艺上存在的难题。

1)索塔节段钢筋模型与部品分块

利用 BIM 技术对钢筋进行参数化模型创建,即首先创建一个标准节段的钢筋信息化模型,其他节段钢筋模型由标准节段模型参数化调节创建。在塔柱爬模施工段,塔柱钢筋除起始段 +5m 高程范围内采用现场人工绑扎安装外,黄茅海跨海通道黄茅海大桥中、边塔节段均按部品采用分节、分块在钢筋集中配送中心预制,用车运输至施工现场,按块件依次安装。箍筋、拉筋接头搭接钢筋在现场拼装。钢筋部品分节 6m 每节,利用 BIM 技术模拟分割钢筋部品模型和统计部品质量,按照统计,分析出索塔柱节段钢筋分为 4 块或 2 块钢筋部品。基于 BIM 钢筋模型与筋部品分块如图 9 所示。

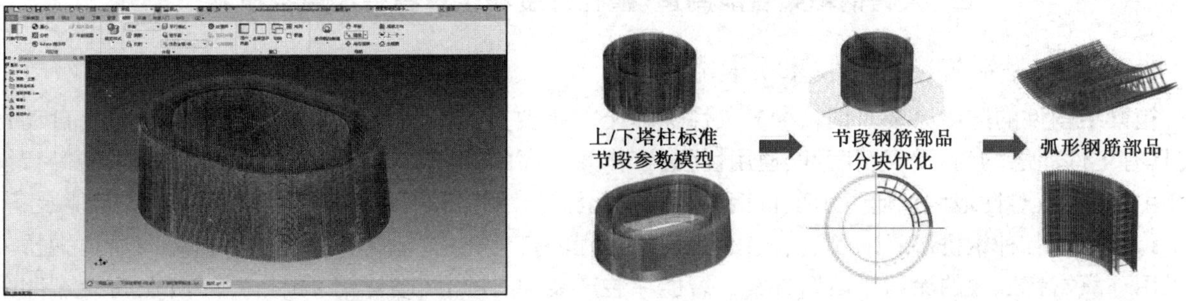

图 9 基于 BIM 钢筋模型与筋部品分块

2)索塔节段钢筋部品化生产

钢筋半成品加工在钢筋集中配送中心完成,塔柱每节钢筋分部品块以平躺方式在专用胎架上拼装成型。借用 BIM 技术对钢筋部品制造进行精确定位模拟,其主要实施流程为:①利用 BIM 建模工具创建钢筋预制胎架三维模型;②把钢筋 BIM 模型与胎架 BIM 模型进行拼装组合;③根据竖向主筋与胎架的空间相对位置关系,精确定位和设计梳齿板形状,把 BIM 数据输入到等离子切割机中,完成梳齿板精加工;④根据钢筋部品预制流程完成钢筋部品精确制造。基于 BIM 技术的钢筋部品预制加工流程如图 10 所示。

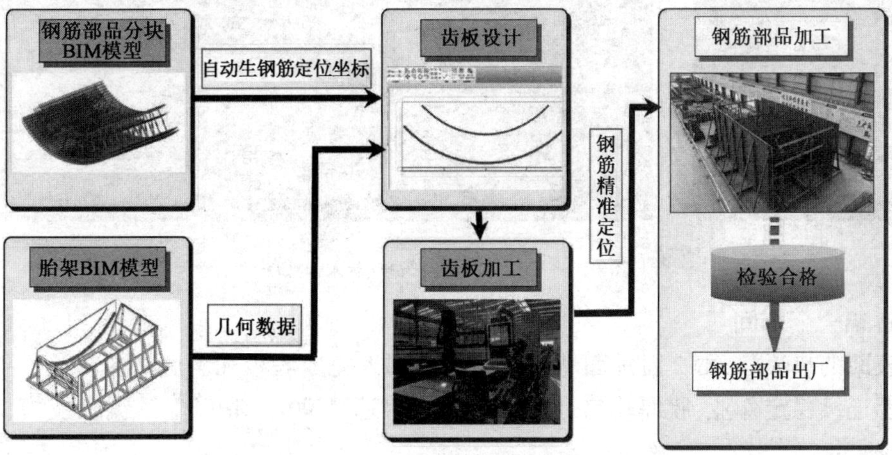

图 10 基于 BIM 技术的钢筋部品预制加工流程

3)索塔节段钢筋部品运输及安装(图 11)

钢筋部品预制完成并经验收合格后,用平板车平躺运至施工现场。钢筋部品在现场对接安装,利用 D750 塔式起重机立吊吊装,采用双层可调节吊具,适应索塔截面变化;同时高度可调,保证钢筋部品空中姿态。钢筋部品在立吊安装时,根据 BIM 技术准确定位节段的重心位置,调整吊具重心与钢筋部品重心匹配，严格控制钢筋部品吊装垂直度姿态，以保证钢筋部品安装精度及施工质量。

图11 钢筋部品运输及现场安装（吊装）

三、大跨钢箱梁智能制造、整孔吊装和全过程智能监控技术

1. 桥梁大型钢箱梁涂装技术及装备

箱梁结构件的防腐涂装对钢箱梁耐久性保障至关重要。涂装机器人作为一种典型的涂装自动化设备，具有工件涂层均匀、重复精度好、通用性强、工作效率高的优势。参考国内已建汽车、变压器等智能化涂装生产线，针对性地设计研发了项目钢箱梁智能化涂装产线，采用一些含有新技术理念的智能装备，实现了跨海通道各种钢桥形式的喷砂、喷锌铝、喷漆过程的自动化、智能化作业。黄茅海跨海通道钢桥外表面采用环氧富锌底漆的涂料重防腐方案。智能涂装产线拥有喷砂、喷锌铝、喷漆3个车间，每个车间采用多台机器人协同作业实现钢箱梁外表面96%以上面积的智能涂装施工。整个产线技术先进、稳定可靠、切实有效。

1）智能喷砂车间

钢箱梁外表面和桥面板的喷砂除锈，由天车式配合2台小车式、2台AGV砂机器人系统完成，可完成钢箱梁桥面板、内隔板外侧面、端面开口处的部分内表面及U肋等区域的喷砂除锈。喷砂系统采用双枪，双枪最大喷砂效率可达到160m²/h。小车式喷砂机器人对钢箱梁外表面的底板及斜底板进行喷砂除锈。具体实施效果如图12所示。

图12 智能化天车式喷砂机器人作业图

2）智能喷锌铝合金车间

钢箱梁外表面的热喷涂，由2台地面轨道式多轴机器人完成底板和斜底板热喷涂作业。热喷涂机器人实现了喷锌铝连续稳定作业，膜厚均匀，质量可靠，效率达到90m²/h以上。编程及模拟仿真与具体实施效果如图13所示。

3）智能喷漆车间

钢箱梁外表面和桥面板的喷漆作业，由2台地面轨道式喷涂机器人完成。配备伺服电动式升降台的多轴喷涂机器人搭载地面轨道式运载小车，可按照预先编制好的程序轨迹沿厂房纵向及横向方向移动，升降台可沿垂直方向根据机器人作业区域间断动作，伸缩臂可沿横向伸缩，可完成钢箱梁桥面板及底区域的喷漆作业，也可完成钢箱梁梁段斜底板及支墩周围的喷漆作业。具体使用效果如图14所示。

图 13 编程及模拟仿真与智能化小车式喷锌铝机器人作业图

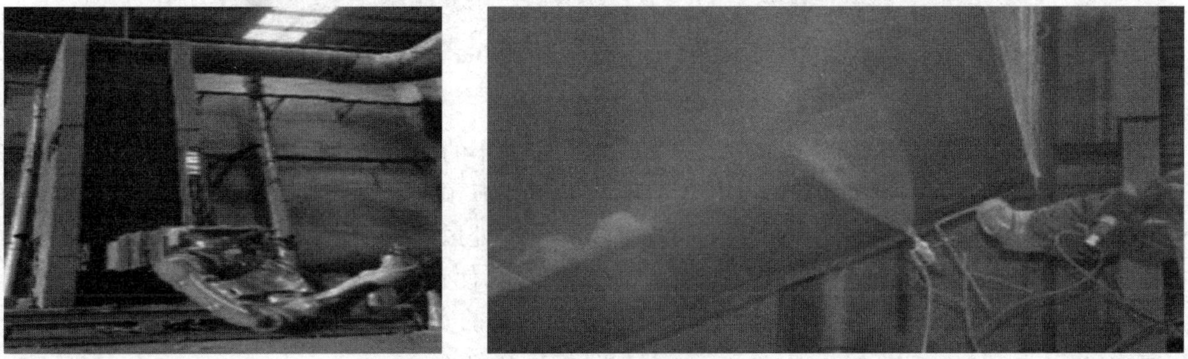

图 14 喷漆机器人作业图

4)智能涂装控制中心

在总控制室内搭建 B/S 构架的智能专用监控管理系统平台,可实现对喷砂、热喷涂及喷漆生产作业进行全局监控、关键信息传送/交互、智能设备远程预警、生产及质量检测数据分析等,形成高度协作的智能化涂装生产线,如图 15 所示。智能化涂装生产线与智能下料生产线、智能装焊生产线、智能总成生产线、信息化管理系统组成四线一系统,运行稳定。

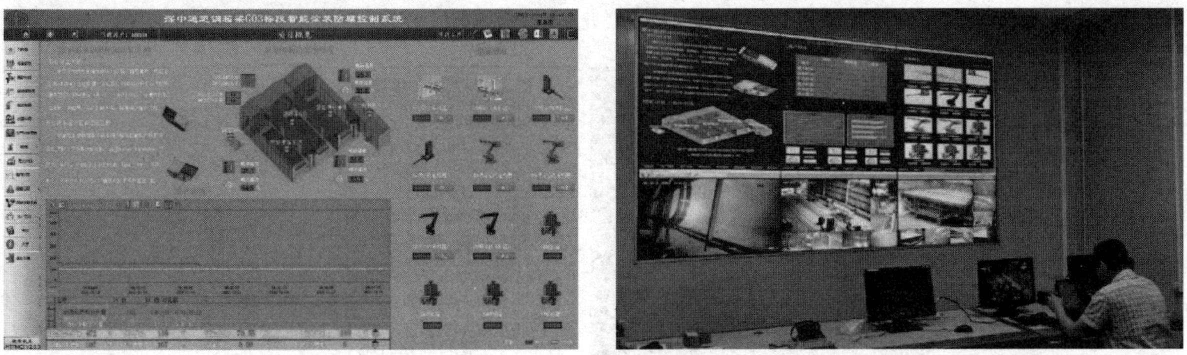

图 15 智能控制中心及信息系统

2. 跨海桥梁施工过程环境监测及预报技术

桥位区域位于亚热带季风区,其盛行风向的季节变化明显。通过布置风速风向仪,实测桥址处的风环境要素,研究风环境要素特征,并对风况进行实时预警,当风速大于预警阈值时,马上发出停止吊装作业指令,确保施工安全。选取桥址处特征点,布置风速风向仪、波浪仪、海流计等设备,实时监测桥址处风、浪、流数据。现场风速仪布置 2 台。桥址处仪器布置如图 16 所示,风速仪的数据实时采用无线模块传输到服务器上。

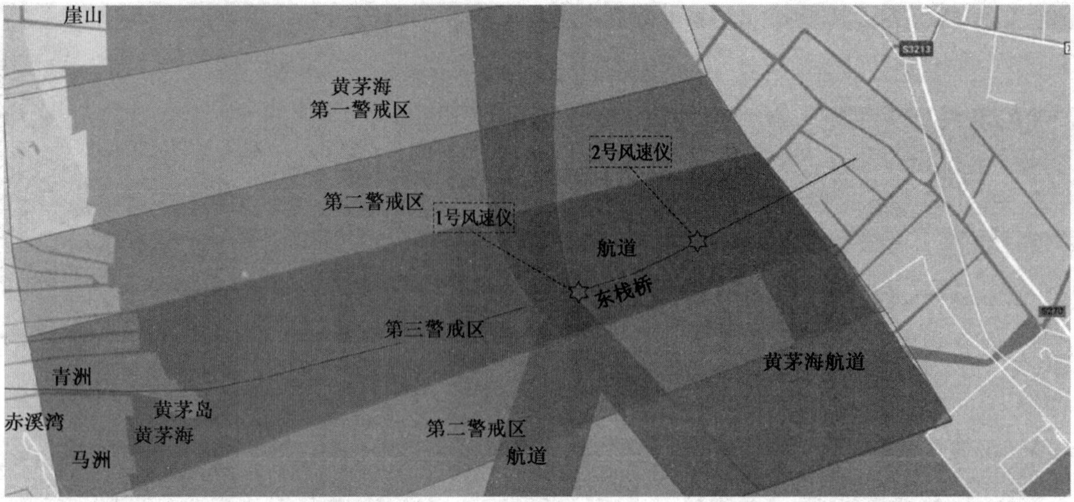

图16　风速仪布置图

选用黄茅海中引桥两处测点的风要素2018—2021年3年的实际数据、近半年现场的实测数据以及气象台1年的预报数据，在此基础上充分挖掘实测数据与外海预报数据之间的关系，采用神经网络等算法建立预测模型，通过实测风况数据的大量训练来预测桥址处风况。根据桥址处实际环境特征，将预测数据库分为季风期和非季风期，有针对性地使用分类数据库，使预测结果更准确。根据预测结果对钢箱梁吊装施工进度进行合理安排，避开大风时段，提高吊装施工的安全性。

3. 海中大跨钢箱梁整孔运输架设技术及装备智能化

为提高建桥智能化程度和建桥效率，针对大跨钢箱梁桥整孔运输架设需求，对中引桥整孔钢箱梁运输架设技术及装备智能化进行研究。对船舶吊机、墩顶调位及牛腿等设备与钢箱梁的主体结构之间的相互关系进行分析，根据船舶吊机施工时的站位和主体结构钢梁的受力情况建立全桥模型进行详细计算分析，并判断墩顶调位及牛腿调整，对船舶吊机站位、吊装及走行时对主体结构的影响进行分析，提出对主体结构的加强和优化船舶吊机的措施，对主体结构提出结构分段、锚拉板采用栓接等相关优化设计，通过对钢箱梁桥整孔运输架设装备进行加装监测装置，以及对装备自身监测系统进行改进集成，实现装备的智能化升级，提升施工装备的安全性以及效率，最终形成一套船舶吊机设备方案，如图17所示。

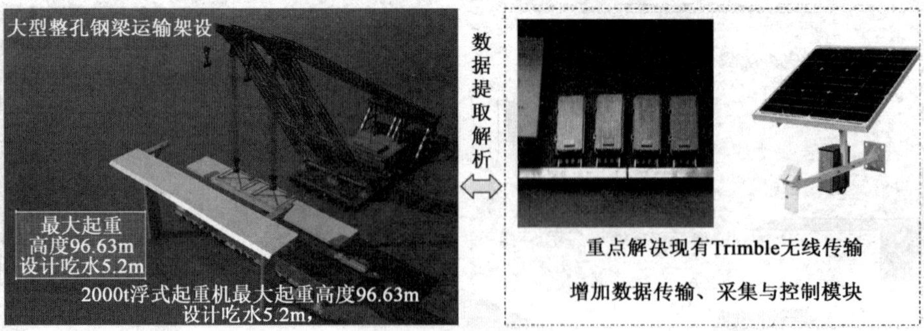

图17　整孔架设运输技术及装备智能化

4. 海中大跨钢箱梁整孔施工全过程智能监控系统

开发基于B/S架构和WebGL技术标准的海中大跨钢箱梁桥整孔施工全过程智能监控系统以及手机App，实现对施工装备的GNSS-RTK监测、位移监测、倾斜监测、应变监测、智能视频监控以及钢箱梁结构关键断面全程应变监测，嵌入钢箱梁数字孪生动态模型，实现施工过程中钢箱梁（三维模型和二维视图）位置与姿态动态更新、数据对比展示和动态预警，以及基于三维模型的测点位置查看和数据曲线展示，结合施工各阶段关键参数阈值和指令，实现大跨钢箱梁桥整孔施工全过程智能监控（图 18）。

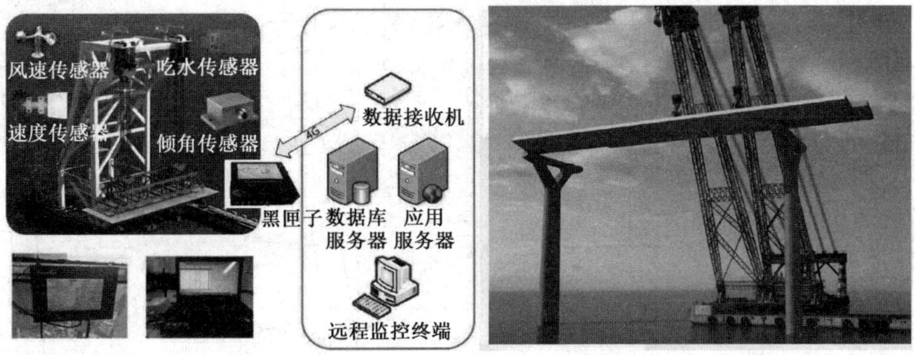

图 18　施工全过程智能监控

四、跨海桥梁智能施工监测及控制技术

1. 海域异形独柱塔柱高精度的测量控制网技术

黄茅海跨海通道海域段长度约 14km，陆域控制点距离海中主塔距离较远，无法直接用于海中主塔测量控制，为满足 2 座斜拉桥异形独柱塔柱的几何测量精度要求，进行海域异形独柱塔柱高精度测量控制网的测量自动化及智能化与海域异形独柱塔柱高精度测量控制网的控制点布设研究，最终形成海域异形独柱塔柱高精度测量控制网技术。

精密测量机器人（智能全站仪）选用徕卡 TM50，具备超远距离高精度自动照准、高分辨率望远镜相机、高速自动化测量优势，结合配套测量软件徕卡 TPS 多测回测角系统和徕卡 VivaTPS 三维变形监测系统，可实现测量的自动化与智能化。

控制点布设主要研究控制点布设的结构形式，不仅需要满足海域施工条件异形独柱塔柱控制精度要求，还需根据施工进展选取合适位置进行布设，并且需考虑建造成本，做到经济实用。本项目在主塔旁控制点布设一种具有防撞功能的海域桥梁施工测量平台，在主塔承台或塔座上控制点布设一种用于桥梁施工具有活动防护罩的测量平台，在引桥墩、边墩或辅助墩顶控制点布设常规简易带有强制对中装置的观测墩，在塔柱顶控制点布设带有强制对中装置的观测塔架或焊接归心盘支架等。

测量控制网体系主要由首级控制网、GNSS（全球导航卫星系统）连续运行参考站和在此基础上逐级加密建成的首级加密网及一（二）级施工加密网组成，各级控制网遵循从整体到局部、从高级到低级分级布网的原则建设，结合配套解算软件完成控制网的数据分析和解算成果，应用于海域异形独柱塔柱测量控制，分析塔柱测量控制各项精度指标，最终形成一套适用于海洋环境下海域异形独柱塔柱高精度的测量控制网技术。

2. 适用于异形独柱塔的追踪棱镜测量技术

在实际施工测量中，因受到环境的影响，异形独柱塔始终处于运动状态，尤其是上塔柱部分，按照精度要求定位施工难度较大，而常规的测量方法具有施测难度大且周期较长、精度较低等不足之处。为此，使用了一种能够抵消运动状态下的放样误差，确保塔柱几何精度的测量控制方法——随动修正技术。

在接近于测量点的结构上设立参考点（追踪棱镜）。如果已知棱镜在标准条件（基准温度约 18℃、无温差和无风条件）下的坐标，即棱镜“零”点位置，则结构顶部因温差和静风压力产生的位移量就是棱镜相对于“零”点位置的位移量。为了得到棱镜的“零”点位置，需在凌晨对追踪棱镜进行测量，同时测量温度、风速和风向。由于此时仍会有风和温度梯度的影响，需对温度和风荷载效应修正，获得追踪棱镜的“零”点坐标。当现场放样时，再次测量追踪棱镜位置，并与“零”点坐标进行比较，其差值即可认为是索塔偏离“零”点位置的位移量。用该位移量修正索塔节段的放样目标位置，即可实现全天候放样。“随动修正”技术应用原理如图 19 所示。

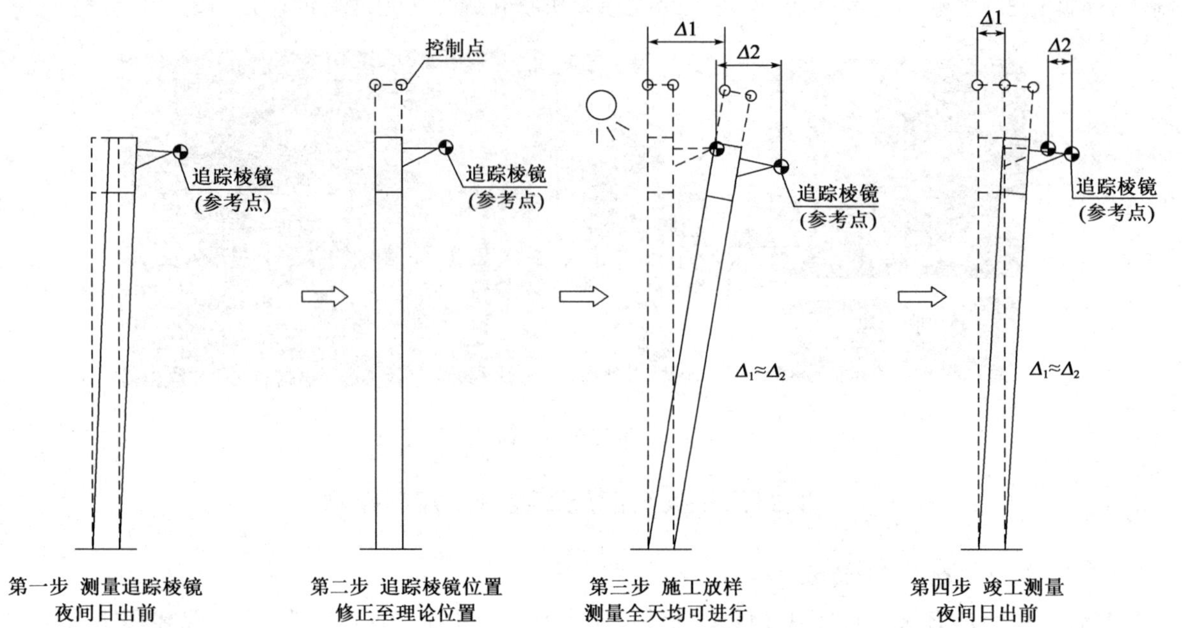

图19 “随动修正”技术应用原理示意图

追踪棱镜“随动修正”测量技术应用于海域异形独柱塔施工，消除了温度、风荷载等外界环境因素对放样工作的影响，实现了全天候放样，并且放样时间预计可以缩短至1～2h，极大提高施工放样效率，同时也控制了结构物几何精度。“随动修正”技术的应用，有效地避免了不利自然条件对高大建筑在施工控制测量的影响。

3.跨海超大跨多塔斜拉桥智能施工监控技术研究

为确保监控精度，贯彻建设养护全寿命周期理念和适应信息化管理趋势发展要求，实现监测数据共享以及反馈控制指令的快速传递，建立一个基于智慧云平台的施工监控系统，以自动化监测为主，并辅以人工测量数据录入上传功能，嵌入误差调整功能，然后基于实测数据进行展示、预警，实现自动出具监控指令和斜拉索的智能张拉控制，并在BIM信息化管理平台上通过三维模型形象展示监控成果。

1)大跨径桥梁线形跟踪监测软件开发

基于徕卡TS60第五代测量机器人智能跟踪监测进行软件的二次开发，以黄茅海大桥为背景，实现桥梁线形实时自动跟踪测量、数据识别、数据传输等功能(图20)，提高大跨径桥梁线形自动监测水平。

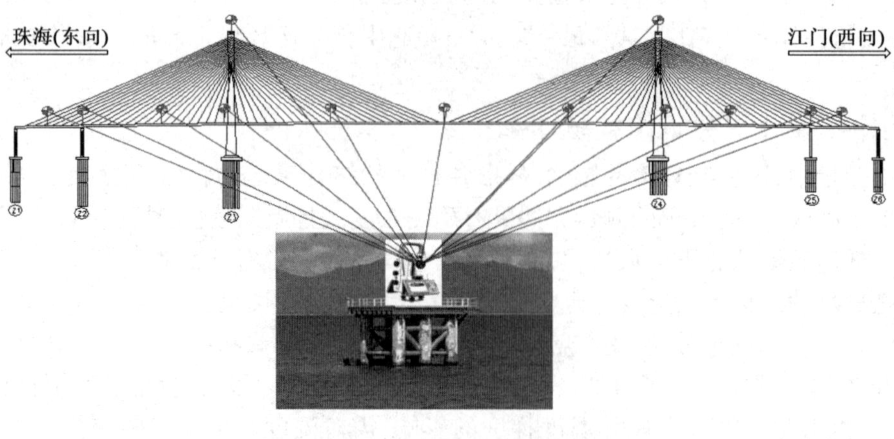

图20 线形测试示意图

2)大跨径桥梁索力智能监测设备及技术

利用雷达设备发射经过特殊调制的无线电波，通过差分相位测量技术，可动态高频获得测点亚毫米级的位移精度,将其应用于斜拉索索力监测,可以同时监测整幅索面的索力。智能无线索力计与计算机通过以太网通信,实现多达16台仪器扩展并行采样,实现斜拉索在张拉过程中索力的同步采集、分析。以黄茅海大桥为背景,施工阶段斜拉索索力采用智能无线索力计同步采集,成桥阶段斜拉索索力采用索力雷达(图21)高效采集。

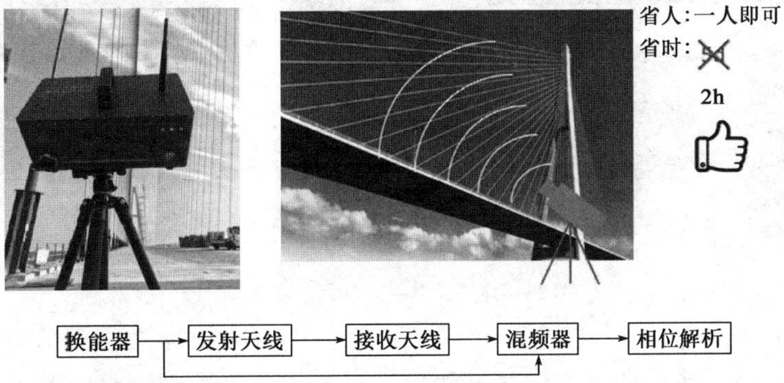

图21 索力雷达监测技术

3)关键结构位移自动化监测技术(图22)研究

在桥塔塔顶和桥面起重机机顶部布置GNSS测点,建立施工期全球卫星导航系统实时动态差分(GNSS-RTK)监测系统,实现关键结构位移自动化监测;在钢箱梁左右幅设置精密液位压力变送器,钢箱梁左右幅高差测试数据可实时显示,为钢箱梁吊装、匹配、焊接等环节提供有效的指导作用。

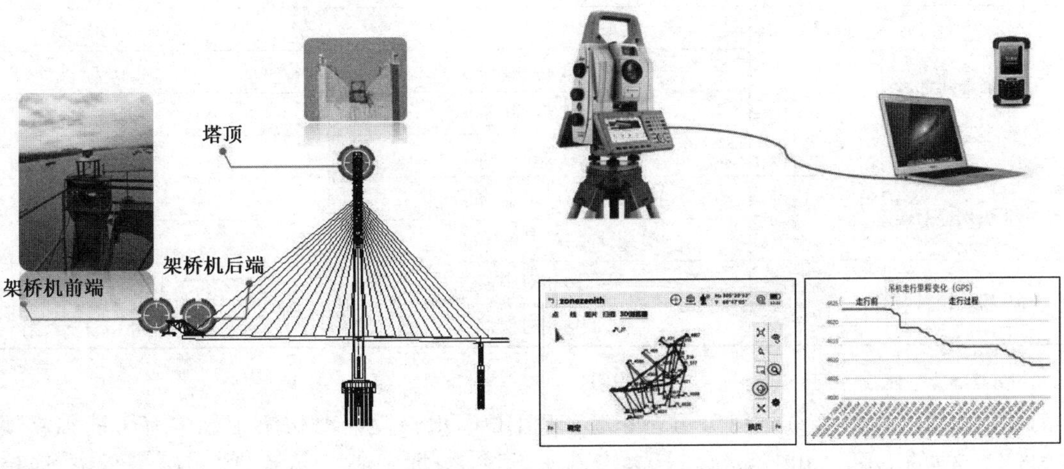

图22 关键结构位移自动化监测技术

4)应力及温度自动化监测技术研究

应力及温度自动化监测系统(图23)具有精度高、监测频率高、自动采集、无线传输等特点,高精度传感器以保证应力及温度场测试精度,超高频次的测试提高应力及温度场测试的可靠性,自动化测试保证应力及温度数据完整性,无线远程测试减轻人力投入。以黄茅海大桥为背景,建立超高异形塔、分体式钢箱梁的应力及温度自动化监测系统,获取施工全过程结构的受力及温度状况,以确保结构安全,指导下一步施工。

4. 北斗卫星定位在跨海桥梁施工测量中的应用研究

本节阐述工程建设中北斗卫星定位系统(BDS)在施工控制网测设、HMHL-CORS、变形监测等领域的应用,结果表明BDS已能够满足跨海桥梁施工过程中的对空间位置的各类需求,为工程建设提供了强有力的测量技术保障。

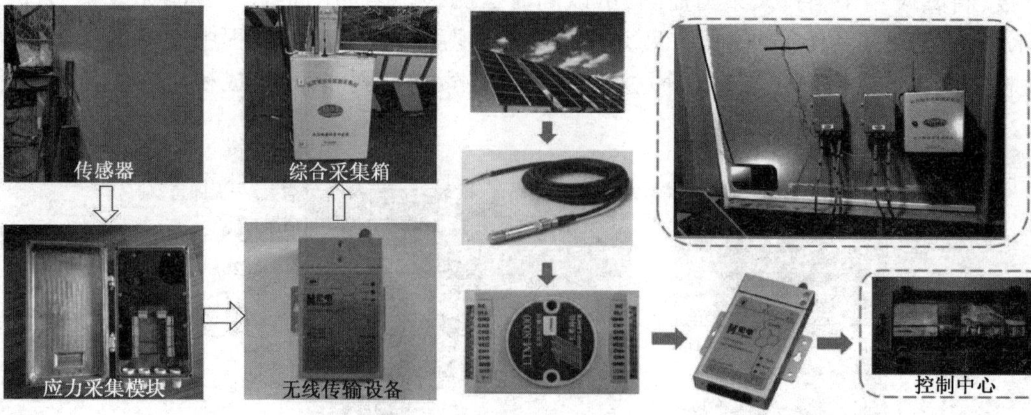

图 23　应力及温度自动化监测系统

1)高精度施工控制网应用

为了全面验证基于 BDS 建立的平面控制网能够满足施工首级控制的精度要求,在跨海区域选取了 7 个首级控制点进行 GNSS 静态测量,通过在控制点上架设支持 BDS2/BDS3 的 GNSS 接收机,按 GPS B 级网的精度要求与 4 个参考站进行联测,采集首级控制网的静态观测数据。在基线解算完成后,对 BDS 基线进行二维无约束平差,二维约束平差精度统计见表 1。由精度统计分析结果可知,BDS 二维基线残差、边长中误差、基线边长相对中误差等精度指标均优于规范要求,解算质量较高。

二维约束平差精度统计　　表 1

项　目		BDS
二维基线残差	最大 X 误差(cm)	-0.30
	平均 X 误差(cm)	0.017
	最大 Y 误差(cm)	-0.43
	平均 Y 误差(cm)	-0.071
二维基线绝对误差	最大绝对误差(cm)	0.13
	平均绝对误差(cm)	0.11
二维基线相对误差	最弱边相对中误差	1/1297000
	平均相对误差	1/4813535

2)工程 CORS 应用

黄茅海跨海通道 GNSS 连续运行参考站系统(HMHL-CORS)是跨海桥梁工程中首个能独立使用 BDS 进行网络 RTK 定位的工程 CORS,系统包括参考站子系统、数据中心子系统、监测站子系统、通信网络子系统、用户设备子系统五大部分,通过参考站网选址优化设计、软硬件集成、参考站联测、系统测试等技术手段完成系统的设计与建设。参考站的 GNSS 观测数据首先通过专线通信网汇集到数据中心,在中心服务器上进行数据统一解算和原始数据存储,并通过 4G/5G 网络向流动站用户 GNSS 接收机发送差分数据,提供厘米级的实时定位服务。系统由 4 个连续运行参考站、1 个监测站和 1 个数据中心组成。4 个参考站分别设于珠海市海泉湾及铁炉村、台山市护岭村及渡头村,平均站间距约 14km,站址分布如图 24 所示。

3)变形监测

北斗变形监测系统包括监测站、基准站及服务器 3 个部分。在每个索塔顶部布设 2 个监测点,如图 25所示,采用动态、静态相结合的方式采集变形监测数据。

(1)动态监测:原始观测数据采用 1s 间隔实时采集,通过 GNSS-RTK 方式实时输出监测结果,该方式适用于反映变化较大的厘米级变形情况。

(2)静态监测:静态解算结果初步设置为 1h 一次,也可根据需求设置静态解算频率,缩短静态解算时间,具体可根据实际情况调整,如恶劣天气时,可加大监测频率。

图24　HMHL-CORS系统分布图

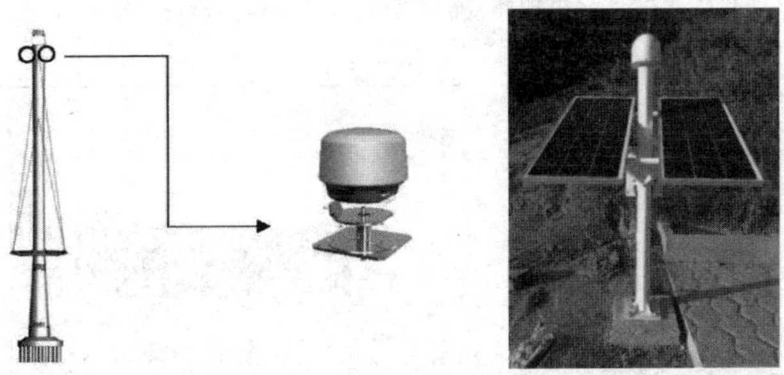

图25　主塔塔偏监测与边坡位移监测示意图

监测数据通过4G/5G通信技术实时传输至服务器平台,不同的监测模式对应不同的监测成果。各监测点的位移数据可在系统监测平台中通过曲线或报表的形式展示,供实时查询,根据设置的变形预警值对数据进行统计分析处理,实现实时预警。

五、混凝土节段梁工业化生产及智能控制技术

1.混凝土节段梁钢筋骨架工业化快速成型技术

针对当前混凝土节段梁钢筋绑扎普遍存在的自动化程度低、劳动力耗费大等不足,在分析节段梁钢筋受力的基础上,从BIM钢筋数字化制造、套料优化、钢筋的半成品和部品化智能加工等方面进行系统研究与应用。

1)BIM钢筋数字化制造

钢筋工程在节段梁生产的过程中有着重要作用。实现钢筋工程的智能制造,需通过BIM对钢筋智能制造数据源进行有效管控。选用Autodesk Inventor 2018作为建模的基础软件,依托黄茅海跨海通道预制节段梁钢筋实际情况进行建模软件的二次开发,可快捷生成钢筋模型,极大地提高建模的效率。模型完成后,按保护层厚度满足规范要求、方便施工等原则,运用Navisworks软件进行钢筋的初步碰撞检查和广义碰撞检查。应用效果如图26所示。

2)套料优化

节段梁施工现场购进的钢筋原材均为长度为12m和9m的线材或棒材,但实际节段梁的钢筋可能是4.5m、6.7m或16m等无规律的长度。以余料长度为分析指标,通过建立钢筋下料的整数规划数学模型,采用分枝定界算法得到最优解。钢筋套料优化应用如图27所示。

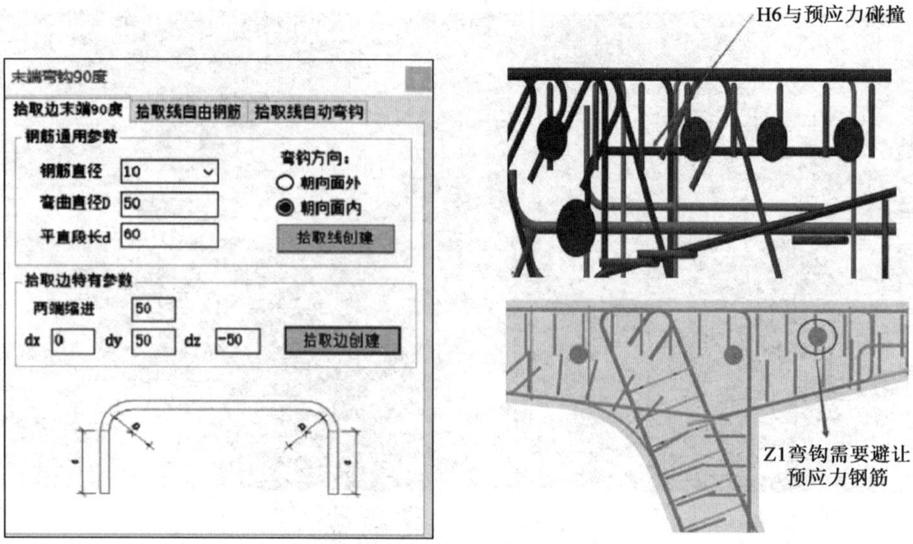

图 26 钢筋三维参数化设计及碰撞检查

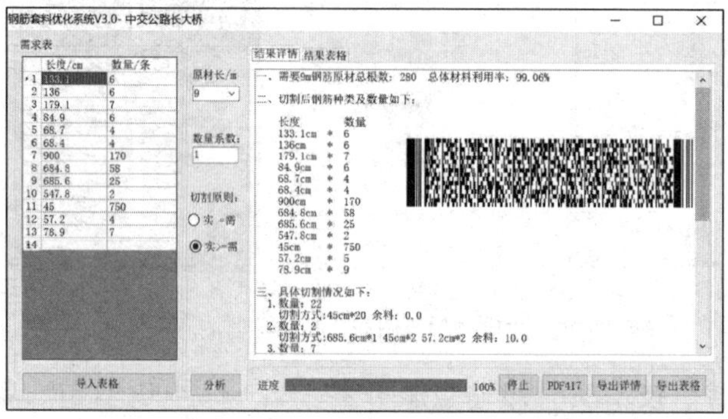

图 27 钢筋套料优化结果

3）钢筋半成品加工与网片成型技术

为提高钢筋半成品的加工效率，依据钢筋半成品制造方案，购进钢筋的智能剪切弯曲设备。钢筋半成品加工完成后，通过网片成型机将钢筋半成品自动焊接或绑扎成网片，然后将网片放置在胎架上进行组装。应用效果如图 28 所示。

图 28 钢筋半成品加工与网片成型

2. 混凝土节段梁短线匹配预制智能测控技术

对于短线匹配预制而言，精确测控至关重要。针对目前节段梁匹配预制过程中测量手段自动化程度不高、节段匹配精度控制难等问题，基于现有全站仪+水准仪测量手段条件，研究测量数据自动采集—无线传输—分析处理系统构成，开发一套基于先进测量设备及配套数据分析系统的智能测量技术。

选用徕卡公司马达驱动、自动跟踪型 TPS1200 全站仪作为测量仪器，主要依托底层的 GeoCOM 通信接口进行数据自动采集和无线传输。系统工作流程如图 29 所示。

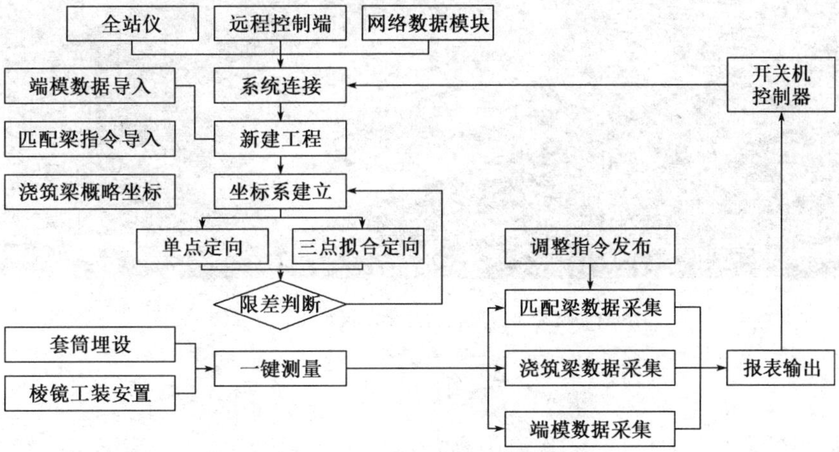

图 29 系统工作流程图

以几何控制为理论基础，以数据库为核心，采用 Visual Basic 开发施工全过程控制系统。该系统将桥梁施工全过程纳入其中，对预制拼装施工进行全方位掌控，并从梁的制造阶段开始对桥梁的施工误差进行识别与调整，直至梁段拼装完成；同时，为了模拟施工过程中各类控制指令的传递，采用了智能文档的方式来处理该类问题，将传统的电子文档与应用系统结合，指导结构的施工。智能监控系统如图 30 所示。

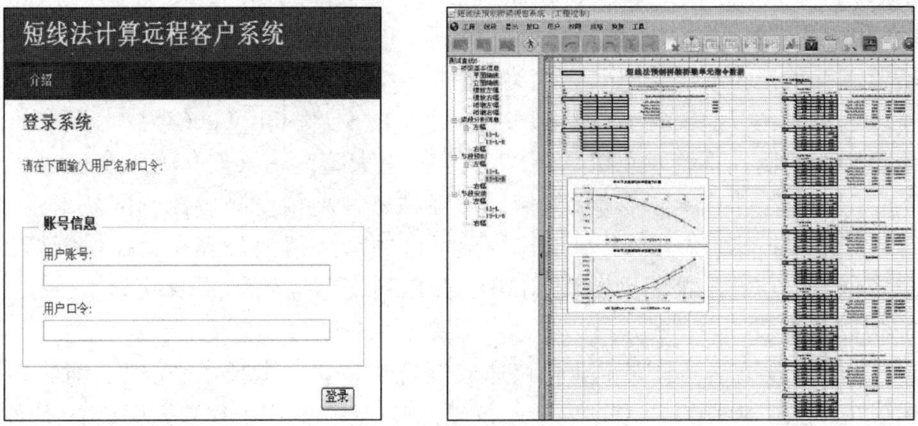

图 30 智能监控系统主页面

3. 混凝土节段梁智慧梁厂可视化管理技术

针对混凝土节段梁预制厂生产区域固定、工作流程固定、工作区域固定、工厂化程度高、高信息化的需求，通过 BIM 技术、云计算、物联网、大数据等研发可视化管理平台，实现梁段的可视化追踪、台座的可视化管理、制架梁计划的编制、制架梁的进度分析等功能，并通过 BIM 技术进行三维可视化展示，达到提质增效、降本溯源的目标。

系统遵循统一性、先进性、经济性、实用性、针对性和可拓展性的开发原则，选用 Apache + Tomcat 作为底层平台框架，服务器端开发框架采用 SpringBoot、Vue、WebSocket 等最新的软件开发技术，采用模块化设计理念，实现高内聚、低耦合的功能模块研发。系统应用效果如图 31 所示。

图31 混凝土节段梁智慧梁厂可视化管理系统

六、结 语

本文以黄茅海通道桥梁为项目依托，从海中高耸异形索塔智能建造、大跨钢箱梁智能制造、整孔吊装和全过程智能监控、跨海桥梁智能施工监测及控制、混凝土节段梁工业化生产及智能控制四个方面展开了系统研究，取得了如下研究成果：

(1)研发了异形索塔数字化虚拟建造技术、异形曲面模板设计及数字化加工技术、适应空间曲面塔柱建造的新型多架体液压爬模技术及装备、索塔部品钢筋工业化制造及快速拼装成型技术，保障了异形索塔的高效精确建造。

(2)研制了适用于特大钢桥防腐施工的智能喷涂装备，采用成熟可靠的天车和地面轨道系统、AGV系统，搭载智能喷砂机器人、热喷涂机器人、喷漆机器人和智能调漆系统，实现生产过程的智能化、自动化，提高生产效率和产品质量。通过布置风速风向仪，采用神经网络等算法建立预测模型，研发了跨海桥梁施工过程环境监测及预报技术。通过对钢箱梁桥整孔运输架设装备进行加装监测装置，以及对装备自身监测系统进行改进集成，实现装备的智能化升级。基于B/S架构和WebGL技术标准的海中大跨钢箱梁桥整孔施工全过程智能监控系统及手机App，实现了海中大跨钢箱梁整孔施工全过程智能监控。

(3)研发形成了一套适用于海洋环境下海域异形独柱塔柱高精度测量控制网技术；研发了适用于异形独柱塔的追踪棱镜测量技术；建立一个基于智慧云平台的跨海超大跨多塔斜拉桥智能施工监控系统；阐述了北斗卫星定位系统在施工控制网测设、HMHL-CORS、变形监测等领域的应用；形成了跨海桥梁智能施工监测及控制技术体系。

(4)研发了混凝土节段梁钢筋骨架工业化快速成型与数字化制造技术，实现了钢筋半成品加工与网片成型技术的研发应用；在TPS700以上系列全站仪硬件基础上，利用工程数据库核心，研发了智能监控系统，实现短线法预制拼装混凝土桥梁全过程施工数值化管理与控制；运用云计算、移动互联等技术，研发了混凝土节段梁智慧梁厂可视化管理系统，实现了拌和站、实验室、梁厂业务等多源异构数据的有效融合。

本文所介绍的智能建造成套解决方案及技术在黄茅海跨海通道中得到了成功应用，取得了良好的应用效果，可推广至同类型项目中应用。在交通强国和数字化转型的大背景下，智能制造是发展的必然趋势。

参考文献

[1] 黄茅海跨海通道管理中心，中交公路规划设计院有限公司，广东省交通规划设计研究院股份有限公司. 黄茅海跨海通道工程初步设计、施工图设计[R]. 北京，2020.

[2] 潘放. 黄茅海跨海通道总体方案及创新技术[J]. 桥梁建设，202，51(04)：10-16.

[3] 张喜刚，刘高，马军海，等. 中国桥梁技术的现状与展望[J]. 科学通报，2016，61(Z1)：415-425.

[4] 周绪红，张喜刚. 关于中国桥梁技术发展的思考[J]. Engineering，2019，5(06)：1120-1130，1245-1256.

[5] 顾国明. 超高层建筑滑模法与爬模法施工技术[J]. 建筑机械化,2009,30(11):72-76.
[6] 秦基珍,许惠燕. 斜拉桥高索塔液压自爬模法施工及经济分析[J]. 铁路工程造价管理,2013,28(03):26-32.
[7] 朱广元,李华东. 浅谈我国建筑模板现状及发展[J]. 四川建筑,2022,42(01):36-38.
[8] 王兵. 多曲面混凝土桥塔钢模板设计方法探究[J]. 城市道桥与防洪,2021(05):119-122,17.
[9] 倪喜雨,郭亮亮,魏鹏,等. 三维变曲面倾斜混凝土索塔模板体系施工技术[J]. 施工技术,2020,49(22):87-89.
[10] 唐有为,毛超军,刘喜梅. 驸马长江大桥悬索桥施工监控关键技术[J]. 施工技术,2017,46(S2):810-813.
[11] 刘源,李鸥,林吉明. 复杂海域条件下大跨悬索桥钢箱梁安装关键技术[J]. 世界桥梁,2021,49(02):36-42.
[12] 石雪飞,傅青松,马海英. 短线匹配节段梁预制线形摄影测量技术与参数优化研究[J]. 施工技术(中英文),2022,51(15):88-93,103.
[13] 张爱民,李志明. 大节段变截面墩身钢筋部品化施工关键技术[J]. 世界桥梁,2019,47(04):37-41.
[14] 龙立敦,符锌砂. 大跨径混凝土斜拉桥施工运营一体化监测系统研究与设计[J]. 铁道标准设计,2012(11):53-57.
[15] 陈向阳,宋华山,梁柱信,等. BDS/GPS 在大型跨江通道工程首级平面控制网建设中的应用[J]. 测绘地理信息,2021,46(S1):293-296.
[16] 郭若成,胡俊杰. 基于 GAMIT 的北斗三代卫星定位数据精密处理及精度评估[J]. 科技与创新,2022(05):66-68.
[17] 漏家俊. 基于 MATLAB 的钢筋下料优化算法[J]. 建筑施工,2018,40(02):292-294.
[18] 包龙生,陶天阳,于玲,等. 基于北斗系统的桥梁高精度监测算法研究[J]. 广西大学学报(自然科学版),2022,47(02):311-319.

4. 海洋环境下大跨钢箱梁桥整孔施工智能化研究

史　晶[1,2]　贾维君[3]
(1. 桥梁结构健康与安全国家重点实验室;2. 中铁大桥科学研究院有限公司;
3. 中铁大桥局集团第四工程有限公司)

摘　要　为了确保黄茅海跨海通道水中中引桥钢箱梁吊装施工安全,结合大节段钢箱梁整孔架设施工方案,对施工装备进行智能化监测,通过环境监测、GNSS-RTK、激光测距仪、倾角仪、应变、智能视频等监测手段,建立吊装施工全过程智能监控平台,不仅减少现场人员投入,而且提高了海洋环境下大跨钢箱梁桥整孔架设施工的安全和质量管控水平。

关键词　海洋环境　钢箱梁　整孔施工　吊装　智能化

一、引　　言

随着大湾区融合发展不断加速,建设跨海大桥成为缩短大湾区各地交通时间的最有效手段。已建成的杭州湾跨海大桥、港珠澳大桥、平潭海峡公铁两用大桥等大型桥梁工程为我国跨海大桥建设积累了不少宝贵的经验。杭州湾跨海大桥水中非通航孔采用单跨 70m 先简支后连续的预应力混凝土箱梁,制梁场整孔预制,“小天鹅号”和“天一号”两条运架一体船进行海上架设作业[1]。港珠澳大桥浅水区非通航孔桥采用跨径85m等高连续组合梁结构,施工方法与杭州湾跨海大桥水中非通航孔桥类似,采用整孔预制,运架一体船海上吊装,先简支后连续[2];深水区非通航孔桥采用跨径110m等截面钢箱梁,大节段逐段吊装施工,首跨节段133m,中跨节段110m,末跨节段87m[3]。平潭海峡公铁两用大桥26孔跨度80m和8孔跨度88m的简支钢桁梁均采用整孔全焊结构工厂制造,利用3600t浮式起重机整孔吊装架设施工[4]。在建的深中通道非通航孔桥梁也采用了110m跨径的钢箱梁连续梁桥,施工方案类似于港珠澳大桥深水区非通航孔桥[5]。

海洋环境下钢箱梁整孔吊装施工技术在前述跨海大桥工程的积累下,已经有了较成熟的方案,但是施工过程的监测和控制仍然主要依靠人工完成,人员因素对工程的质量安全进度等方面影响较大。随着智能传感技术和智能控制算法的不断进步和完善,智能建造技术越来越多地应用于桥梁建设工程,尤其是对于复杂海洋环境下的大跨径桥梁施工,智能建造技术可以减少现场人员工作量,提高工效降低成本,提高安全和质量管控水平。

二、工程概况

黄茅海跨海通道作为港珠澳大桥的西延线,东起于珠海高栏港,跨越黄茅海水域,西止于江门台山,线路全长约31km,跨海段全长约14km,从东向西依次为水中东引桥、高栏港大桥、水中中引桥、黄茅海大桥、水中西引桥[6]。本文研究对象为水中中引桥,上部结构为(6+5+5)×100m=1600m分离式连续钢箱梁结构,左右幅分离,中间设置横向连接箱。单幅钢箱梁梁宽18.25m,左右幅总宽47.5m。钢箱梁梁高4m,梁高与跨径比值为1/25。钢箱梁标准断面图如图1所示。

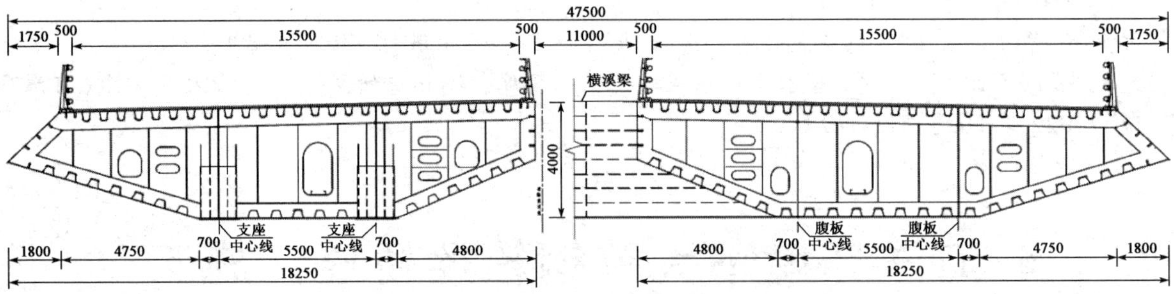

图1 钢箱梁标准断面图(尺寸单位:mm)

黄茅海跨海通道项目地处珠江口西岸,濒临广阔南海,属典型南亚热带季风海洋性气候。受欧亚大陆和热带海洋的交替影响,该区域天气气候复杂多变,灾害性天气频繁,桥位区处于台风路径上,登陆和影响桥位的台风十分频繁,对水中中引桥钢箱梁整孔架设施工影响显著。为了保证在海洋环境下大跨径钢箱梁整孔施工安全有序进行,需对钢箱梁整孔运输架设技术及装备智能化进行研究。

三、钢箱梁整孔架设方案及施工装备智能化

1. 钢箱梁整孔架设方案

黄茅海跨海通道中引桥钢箱梁共32片,由中山钢梁制造厂制造,运输船将钢梁水运至桥位,“海鸥号”3600t浮式起重机进行整孔分幅架设,架设方向为高栏港大桥Z6号墩至黄茅海大桥H1号墩,按照先右幅后左幅逐孔吊装。考虑墩身的受力要求,整孔梁架设时,需左、右幅交替进行,不允许连续单幅架设。

钢箱梁制造长度为首跨梁段长123m(重约1340t),中跨梁段长100m(重约1155t),尾跨梁段长77m(重约906t),故相邻钢箱梁拼接缝设于桥墩大里程侧23.0m处。首跨梁段施工时,直接利用3600t浮式起重机吊装至墩顶临时支座上,并精确定位;中跨及尾跨梁段施工时,一端利用梁端临时牛腿挂设于已架梁段悬臂端,另一端支撑于墩顶临时支座上方,并利用牛腿与墩顶处的调位装置精确调整定位[7]。

墩顶临时支座为三向调节滑移副(纵向、横向、竖向),先精确调整钢箱梁位置,再进行现场对接缝焊

接作业。每孔钢箱梁对接缝随架随焊,安装横向连接箱后进行支座灌浆,拆除临时支座完成体系转换,最终形成一联连续结构。首跨钢箱梁架设示意如图 2 所示。

2. 环境监测及预报

图 2　首跨钢箱梁架设示意图

桥位区域位于亚热带季风区,其盛行风向的季节变化明显。据两地(台山、珠海)气象站历史测风资料统计,该区域年盛行风向以东北偏东和东风为主,登陆热带气旋近 70 年平均每年 1.7 个,其中有 15 个年份登陆的热带气旋个数达 3 个以上,正面袭击桥位区域或对该区域产生严重影响的热带气旋有 25 个。桥位所在水域东西宽约 11km,洪潮交汇剧烈,高潮最大水深约 8m,主墩高潮水深 4.0 ~ 5.0m,最大潮差约 3.07m。以洪为主的条件下,上游来流量越大,区域流速越大,主槽流速增幅大于浅滩流速增幅,其中以东航道所在东槽流速最大,工程沿线设计流速在 0.61 ~ 1.34m/s 之间。以潮为主的条件下,在风暴潮条件下,区域主流位于东侧水域,风暴潮引起风暴潮增水由下游传入上游,潮流在东航道至东东航道附近以正北上溯,涨潮流速在 1.23 ~ 1.56m/s之间。

根据历史气象水文资料,潮流对本项目施工影响较小,影响施工的主要环境因素为风。故将风况监测及预报作为本文研究的主要内容。通过布置风速风向仪,实测桥址处的风环境要素,研究风环境要素特征,并对风况进行实时预警,当风速大于预警阈值时,马上发出停止吊装作业指令,确保施工安全。在此基础上,充分挖掘实测数据与外海预报数据之间的关系,研究桥址处风要素预测方法,采用神经网络等算法建立预测模型,通过实测风况数据的大量训练来预测桥址处风况。根据桥址处实际环境特征,将预测数据库分为季风期和非季风期,有针对性地使用分类数据库,以达到更准确的预测效果。根据预测结果对钢箱梁吊装施工进度进行合理安排,避开大风时段,提高吊装施工的安全性。

3. 施工装备监测

本项目钢箱梁大节段整孔吊装主要施工装备为“海鸥号”浮式起重机,单臂架额定起重量 1800t,双臂架额定起重量 2 × 1800t;距船首 42m 时,主钩起升高度 110m(水线面);副钩起升高度 130m(水线面),船舷外幅度为 42m,前后主钩间距 8.787m,左右主钩间距 24m(图 3)。

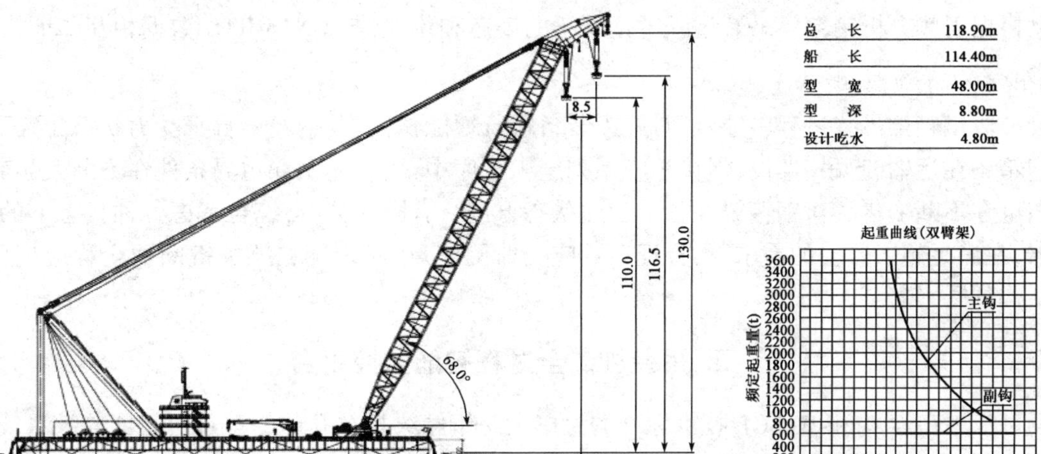

图 3　“海鸥号”3600t 浮吊立面布置图(尺寸单位:m)

为实现海洋环境下大跨钢箱梁整孔吊装施工的智能化，需要对“海鸥号”浮式起重机进行监测，并将监测结果可视化展示。

1）GNSS-RTK 监测

钢箱梁吊装施工时，浮式起重机应根据吊装方案确定的位置进行锚泊定位。为了防止浮式起重机在抛锚定位后由于风浪影响导致发生位移，影响钢箱梁吊装安全，在浮式起重机轴线安装2个GNSS-RTK测点，用以监测浮式起重机的平面位移情况。同时在吊具上安装1个GNSS-RTK测点，用以监测吊装过程吊钩和钢箱梁的实时位置。在GNSS-RTK平面精度可达毫米级，完全满足监测需求。GNSS-RTK基准站可根据现场实际情况，安装于岸边稳固位置。

2）位移监测

大节段钢箱梁吊装过程中，吊钩的运行轨迹应严格按照吊装方案执行。吊钩的起降主要依靠钢箱梁的起吊高度和落梁时梁底距离临时支座的距离决定。在臂架顶端安装激光测距仪，监测臂架顶端到吊装钢箱梁梁面的垂直距离。在待架墩顶临时支座旁安装激光测距仪，监测吊装钢箱梁梁底到临时支座的距离。

3）倾斜监测

根据“海鸥号”浮式起重机工作性能参数，其工作状态最大横向倾斜度3°，最大纵向倾斜度2°，在整个施工过程中应保证浮式起重机整体倾斜不大于该限值。在浮式起重机平台上安装高精度双轴倾角仪，监测浮式起重机的横向和纵向倾斜，分析浮式起重机在水流作用下的横摇和纵摇角度，确保浮式起重机平台在吊装施工过程中的整体稳定性[8]。同时在吊具上安装高精度双轴倾角仪，通过监测吊具的倾斜来监测钢箱梁吊装过程中钢箱梁的姿态。在浮式起重机臂架上安装高精度双轴倾角仪，监测臂架角度。

4）应变监测

“海鸥号”浮式起重机两主钩间距为24m，大节段整体吊装钢箱梁纵向吊点间距为40m，需要设计专用吊具，才能将吊钩与钢箱梁连接。吊具是钢箱梁吊装过程中主要传力构件，吊具的安全性直接关系到整个吊装施工是否能够安全进行。通过对吊具进行结构分析计算，在吊具上布置应变测点，可以实时掌握吊具受力状态[9]。当监测数据超过理论计算的预警阈值时，马上停止吊装作业，并分析原因，直到排除问题后方可继续进行。

5）智能视频

在“海鸥号”浮式起重机上安装高清摄像机，对整个作业区域全覆盖，并通过智能视频识别算法，对作业区域设置电子围栏，分析作业人员的违章行为和不安全行为，提高现场施工人员安全管理水平。同时还可以根据视频分析钢箱梁吊装过程中钢箱梁的姿态和位置，与GNSS-RTK数据相互印证校核。

4. 钢箱梁结构监测

在大节段钢箱梁吊装过程中，除了对施工装备进行智能化监测，钢箱梁自身受力状态也需重点关注。大节段钢箱梁在运输、起吊、架设、焊接等一系列施工工序中，支撑体系和边界条件在不断发生转换，结构受力状态也在不断变化。对钢箱梁在各个工序状态下进行有限元分析，综合考虑各种状态下的受力状态监测需求，在满足施工监控的需求下，合理布置应变监测测点，实现钢箱梁关键断面全程应变监测，确保钢箱梁结构的受力安全。

四、吊装施工全过程智能监控平台

开发基于B/S架构和WebGL技术标准的海中大跨钢箱梁桥整孔施工全过程智能监控系统以及手机App，接入现场智能化监测数据和视频监控画面，嵌入钢箱梁数字孪生动态模型，实现施工过程中钢箱梁（三维模型和二维视图）位置与姿态动态更新，数据对比展示和动态预警，以及基于三维模型的测点位置查看和数据曲线展示，结合施工各阶段关键参数阈值和指令，实现大跨钢箱梁桥整孔施工全过程智能监控[10]。

五、结　　语

大节段钢箱梁整孔吊装施工无须搭设临时支架,施工效率高,施工质量好,目前是跨海大桥非通航孔桥梁常用的施工方法。3600t“海鸥号”浮式起重机作为黄茅海跨海通道水中中引桥大节段钢箱梁整孔吊装的主要施工装备,对其进行智能化监测,通过 GNSS-RTK、激光测距仪、倾角仪、应变、智能视频等监测手段,实时掌握大节段钢箱梁吊装过程中钢箱梁位姿和受力状态,并且建立吊装施工全过程智能监控平台,不仅减少现场人员投入,而且提高了海洋环境下大跨钢箱梁桥整孔架设施工的安全和质量管控水平,将为国内外类似工程提供有益参考。

参考文献

[1] 吕忠达.杭州湾跨海大桥关键技术研究与实施[J].土木工程学报,2006(06):78-82.

[2] 朴泷,周高明,吴小兵,等.港珠澳大桥浅水区非通航孔桥钢-混组合梁施工技术[J].桥梁建设,2016,46(02):13-18.

[3] 陈钊庭,王荣辉.港珠澳大桥深水区非通航孔桥大节段钢箱梁施工全过程控制[J].桥梁建设,2015,45(05):112-116.

[4] 沈大才,马晓东.平潭海峡公铁两用大桥钢梁架设关键技术[J].桥梁建设,2018,48(04):6-11.

[5] 宋神友,陈伟乐.深中通道桥梁工程方案及主要创新技术[J].桥梁建设,2021,51(05):1-7.

[6] 潘放.黄茅海跨海通道总体方案及创新技术[J].桥梁建设,2021,51(04):10-16.

[7] 郑浩楠,杨帅,朱曼.连续钢箱梁桥大节段吊装关键问题分析[J].交通科学与工程,2015,31(02):46-51.

[8] 王浩宇,李广帅,魏佳广,等.开阔海域复杂涌浪下大型浮吊作业稳性技术研究[J].石油工程建设,2021,47(S2):103-109.

[9] 王鹏程,曹水东,李红利,等.港珠澳大桥超大节段钢箱梁整体吊装安全监测技术[J].中外公路,2017,37(01):63-67.

[10] 张迎松,梁海文,陶建山,等.深中通道 BIM 技术在预制梁场的成套解决方案研究与实践[J].土木建筑工程信息技术,2020,12(02):55-61.

5.跨海大桥承台及塔座大体积混凝土智能化温控技术

任虹昌[1,2]　贾维君[3]

(1.桥梁结构健康与安全国家重点实验室;2.中铁大桥科学研究院有限公司;
3.中铁大桥局集团第四工程有限公司)

摘　要　黄茅海跨海通道两座主桥东、西塔的承台及塔座结构尺寸一致,承台厚 6m,为椭圆形,分 2.5m + 3.5m 两层进行浇筑;塔座厚 3m,顶底面同为椭圆形,一次浇筑完成。施工中,采取了合理的温控标准和有效的温控措施,并应用智能化监测和智能化温度控制系统,实现了大体积混凝土温控实时监测、动态预测、自动调控和可视化管理。为研究该项目温控技术的合理性、可行性及有效性,采用 Midas 软件建立了有限元模型,对大体积混凝土温度及应力进行分析。结果表明:现场实测值与理论计算结果基本一致,相关温控指标均满足规范要求,大体积混凝土表面在整个浇筑及养护期间未出现明显有害的温度裂缝,采取的智能化温控技术可为其他跨海大桥大体积混凝土温控提供借鉴。

关键词　斜拉桥　跨海大桥　大体积混凝土　智能温控　承台及塔座　有限元法

一、工 程 概 况

黄茅海跨海通道是港珠澳大桥西拓通道的重要组成，形成连通粤西地区的重要通道。全线两座通航孔桥分别为高栏港大桥（主跨700m斜拉桥）、黄茅海大桥（主跨2×720m三塔斜拉桥）。两座主桥东、西塔的承台及塔座结构尺寸一致。承台厚6m，为椭圆形，平面尺寸为45m（横桥向）×35m（顺桥向）。塔座厚3m，顶底面同为椭圆形，底面尺寸为35m（横桥向）×27m（顺桥向），顶面尺寸为30m（横桥向）×22m（顺桥向）。承台及塔座钢筋采用环氧钢筋，C45混凝土，内掺疏水化合物，承台浇筑分2.5m＋3.5m两层进行，塔座一次浇筑完成。其混凝土配合比为水泥：粉煤灰：矿渣粉：砂：石（粒径5～10mm）：石（粒径10～25mm）：水：外加剂＝234：99：117：719：862：216：153：4.275。

该项目承台及塔座大体积混凝土施工，有以下难点：①混凝土方量较大，设计保护层厚度为80mm，对混凝土浇筑质量要求高；②结构形式复杂，环氧钢筋密集，海洋环境对施工措施要求高；③承台及塔座直接承受上部荷载，各部分结构功能多样，大体积、高强度混凝土水化热控制难度大；④承台及塔座施工时间为2021年9—10月，施工时珠海环境温度仍较高，混凝土的入模温度控制难度高[1]。

为保证承台及塔座大体积混凝土施工质量，防止出现温度裂缝，在该项目施工时，制定了合理的温控标准，采取了有效的温控措施，应用智能化监测和智能化温度控制系统，并从混凝土入模温度、内部冷却水管循环系统、养护及防裂等方面进行温度控制。为验证该项目温控技术的合理性、可行性及有效性，采用有限元法对大体积混凝土进行了仿真计算。承台塔座温度测点立面布置及测点布置如图1和图2所示。

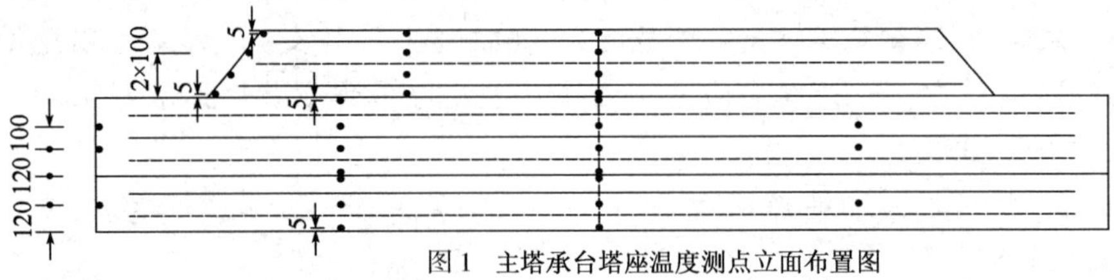

图1　主塔承台塔座温度测点立面布置图

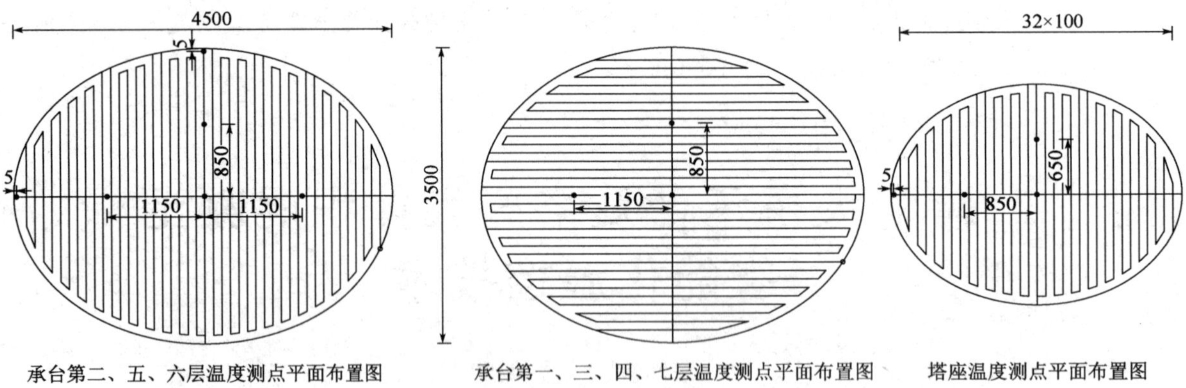

图2　承台塔座温度测点平面布置图（尺寸单位：cm）

二、温控标准和措施

针对黄茅海跨海通道主桥承台及塔座大体积混凝土施工，制订了适用于该项目的温度控制标准[2-4]：①入模温度不大于25℃；②内部最高温度不大于75℃；③混凝土浇筑体里表温差不大于25℃；④混凝土浇筑体内部的降温速率不大于2℃/d；⑤混凝土浇筑体表面与大气温差不大于20℃；⑥冷却水进出口水温差不大于10℃。

根据黄茅海跨海通道现场施工条件，为保证主桥承台及塔座大体积混凝土施工质量，采取了以下温控措施：

（1）严格控制原材料温度。配置全封闭拌和站、500t卧罐、制冰机、冷水机、碎冰机等实现原材料提前备料存放，采取料仓封闭喷雾、水池加冰降温等措施控制原材料温度。

(2)严格控制混凝土入模温度。开盘后进行首盘鉴定,实测混凝土入模温度,调整混凝土工作性能。对罐车进行包裹,出厂前洒水湿润,降低运输过程中升温。现场设置喷雾雾炮,对浇筑面喷雾保湿。

(3)加强混凝土表面的保温保湿措施。针对降温阶段,侧面顶面降温较快,里表温差较大的情况,采取侧面带模养护,模板外侧挂设棉被包裹保温,顶面蓄水养护,并覆盖棉被(图3)。

图3　保温保湿措施

(4)合理布置内部冷却水系统[5-6]。承台第一层厚度为2.5m,布置两层冷却水管,冷却水管竖向间距为0.9m+1.0m+0.6m;承台第二层厚度为3.5m,布置三层冷却水管,冷却水管竖向间距为0.7m+1.0m+1.0m+0.8m;塔座厚度为3.0m,布置三层冷却水管,冷却水管竖向间距为0.5m+1.0m+1.0m+0.5m;冷却水管的直径为50mm、水平间距为1m,水管距离混凝土表面不小于50cm。单个水管管路长度小于200m。

(5)严格控制进水温度和流量。升温阶段通自来水或淡化海水,流量取$3m^3/h$;降温阶段进水流量取$1mm^3/h$,并进行冷却水循环,以控制降温速率。气温较高时,可考虑通过水箱加冰来降低冷却水入水口温度。在混凝土内部最高温度与当时环境最低气温之间的温差不大20℃即可停止通冷却水,避免承台内部温度降得过低,以减小后期的温度收缩应力[7]。

(6)防裂措施。主要从原材料选择、配合比设计、混凝土浇筑工艺控制等方面进行防裂控制[8-10],其主要措施有:①减小胶凝材料用量以减少混凝土收缩;严格控制粗细集料含泥量;选用级配好、低热膨胀系数、低吸水率的集料,提高体积稳定性。②满足施工要求前提下,减小混凝土流动度;合理设置布料点间距,避免用振捣棒赶料;后浇混凝土必须在先浇混凝土初凝前覆盖;在浇筑下一层混凝土前对先一层混凝土进行喷雾补水;浇筑完成后,应去除表面浮浆,减少表面收缩;控制混凝土的质量,确保强度均匀不离散;混凝土浇筑过程要连续不间断,总体上要尽量缩短每次混凝土浇筑时长。③适当延长带模养护时间对混凝土裂纹控制效果明显,要合理确定带模养护的时间,综合考虑进度、外观等因素影响。④要时刻关注施工工艺的执行和控制等基础性工作,很多裂纹的产生和布料、振捣、混凝土性能的稳定等相关。

三、温控计算分析

1.计算模型

模型中含垫层混凝土。针对具体对象考虑其实际施工环境条件、结构特点、混凝土性能以及分层浇筑条件,分别建立有限元模型,确定边界条件,进行计算。主桥承台塔座模型如图4所示。其中,主桥承台及塔座根据结构对称性及计算机性能考虑分别建立二分之一及四分之一模型。

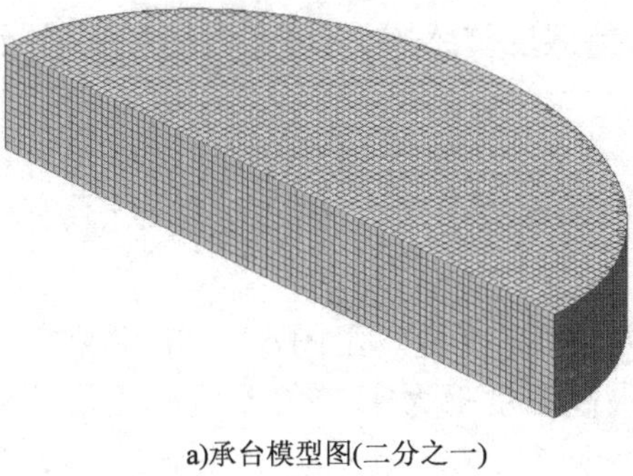

a)承台模型图(二分之一)

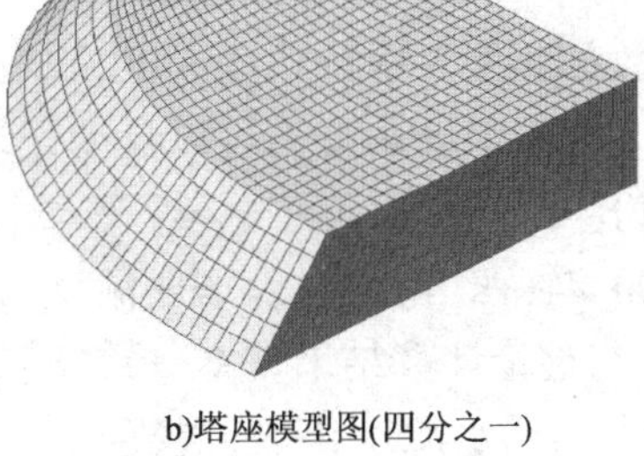

b)塔座模型图(四分之一)

图4　有限元分析模型

2. 计算结果

按照拟采用的硅酸盐水泥混凝土配合比的相关参数,大体积混凝土的温度总体计算结果见表1。

温度计算结果 表1

部位	分层	入模温度(℃)	温度峰值(℃)	温峰出现时间(h)	温升值(℃)	内外温差(℃)
主桥承台	第一层混凝土(25入模)	25	62.4	48	37.4	17.2
	第二层混凝土(25入模)	25	62.8	48	37.8	17.5
主桥塔座	第一层混凝土(25入模)	25	60.3	48	35.3	16.1

根据温度计算结果,在入模温度25℃条件下,主桥承台第一层混凝土温峰值为62.4℃,主桥承台第二层混凝土温峰值为62.8℃,主桥塔座混凝土温峰值为60.3℃,里表温差均小于25℃。

按照拟采用的硅酸盐水泥混凝土配合比的相关参数,大体积混凝土的应力总体计算结果见表2。

应力计算结果 表2

部位	分层	升温阶段最大主拉应力				降温阶段最大主拉应力			
		应力值(MPa)	对应龄期(d)	容许应力(MPa)	安全系数	应力值(MPa)	对应龄期(d)	容许应力(MPa)	安全系数
主桥承台	第一层混凝土(25入模)	1.81	2.5	2.79	1.54	0.85	10	3.39	3.99
	第二层混凝土(25入模)	2.18	2.5	2.79	1.28	1.37	10	3.39	2.47
主桥塔座	第一层混凝土(25入模)	1.93	2.5	2.79	1.45	1.56	10	3.39	2.17

在混凝土的温度变化过程中,应力的总体变化规律为:升温的阶段,在混凝土内部到达温度峰值前后,表面拉应力较大;在降温阶段,内部由前期的压应力逐渐变为拉应力。

根据应力计算结果,在升温阶段,主拉应力的安全系数为1.28~1.54;在降温阶段,主拉应力的安全系数为2.17~3.99;安全系数大于规范要求的1.15,可以满足承台及塔座不开裂要求。

四、智能化温度监测及控制

1. 智能化监测

智能化监测系统由各类传感器和智能温度采集箱组成。智能温度传感器可以测量混凝土内部、中心、底面、侧面和顶面温度,形成温度梯度图,全面体现混凝土温度情况。测量冷却水管的进水和出水温度,根据混凝土温度变化来实时调节冷却水温度。测量环境温度、混凝土表面保温层及模板表面温度,调整保温层的覆盖。

超声波流量计自动测量,实时数显各个进出水口的流量,实现分层分区域控制冷却水管流量。弥补了人工测量频次有限、精度不高、必须现场看水流量的不足,实现了智能化监测的目的。

大体积混凝土养护的目的就是为了防止裂纹的产生,混凝土表面干缩裂纹也是其中的一种,由于表面有保温层覆盖,不易检测其表面保湿情况。采用智能湿度传感器,可以实时监测到混凝土表面湿度,及时有效地进行保湿养护,防止干缩裂纹产生。

常规温度数据测量为手持式读数仪,现场人工一一采集。测量频次不高,测量用时长,精度低,无法做到实时监测。智能温度采集箱可以自动记录和保存各项温度数据,可以实现不同频次和实时采集,数据可以存储备份。

高栏港大桥Z4(西塔)承台及塔座温度时程曲线如图5所示。由图5可知,混凝土内部温度峰值为55.6~63.6℃,与理论计算结果基本一致,满足内部最高温度不大于75℃且混凝土浇筑体里表温差不大于25℃的要求。表明水泥水化热、混凝土绝热温升、热交换边界和边界约束条件等重要参数模拟较准确,为本次温控起到了指导作用,有效防止了温度裂缝的产生。

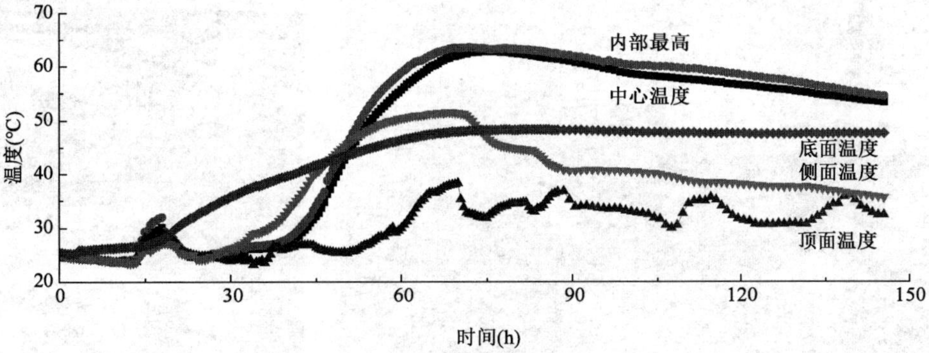

a)承台第一层

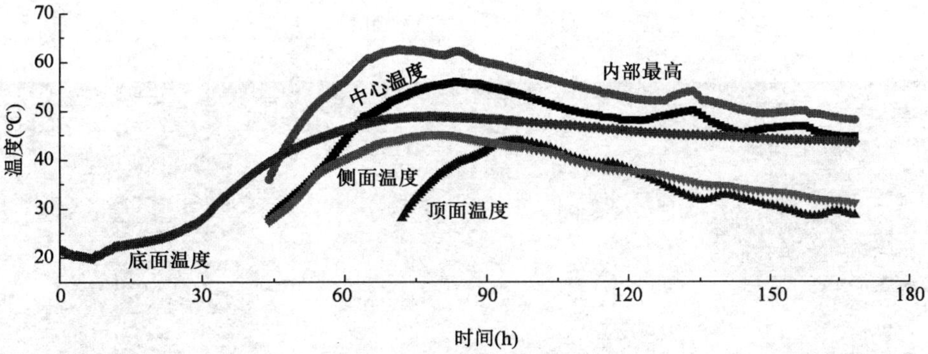

b)承台第二层

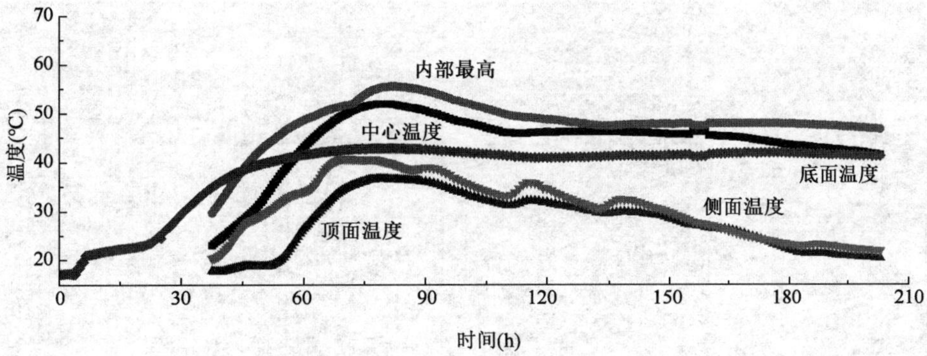

c)塔座

图 5　Z4 承台及塔座温度时程曲线

2. 智能化温度控制

智能化温度控制系统是通过智能化监测模块对混凝土温度场进行实时自动监测，再由无线网络将数据远程传输至云平台（系统沙盘），依托云平台内置温控数据分析处理算法[11]，智能判断当前状态是否需要采取冷却水循环措施，如需采取措施，则自动联动现场智能设备进行现场调控，直至温度传感器反馈数据在预定值范围。智能化温度控制系统通过整体动态循环控制，可实现大体积混凝土施工温度控制实时监测、动态预测、自动调控和可视化管理。如图 6、图 7 所示。

云平台智能分析温度数据生成温控指令通过现场智能电子阀门调节执行。例如冷却水系统通过安装在水管上的智能电动阀门开度控制通水流量，实现冷却水流量的最优和精准控制。相应硬件设备通过网络连接至云平台可实现远程自动化控制。

图6 智能温控箱及阀门

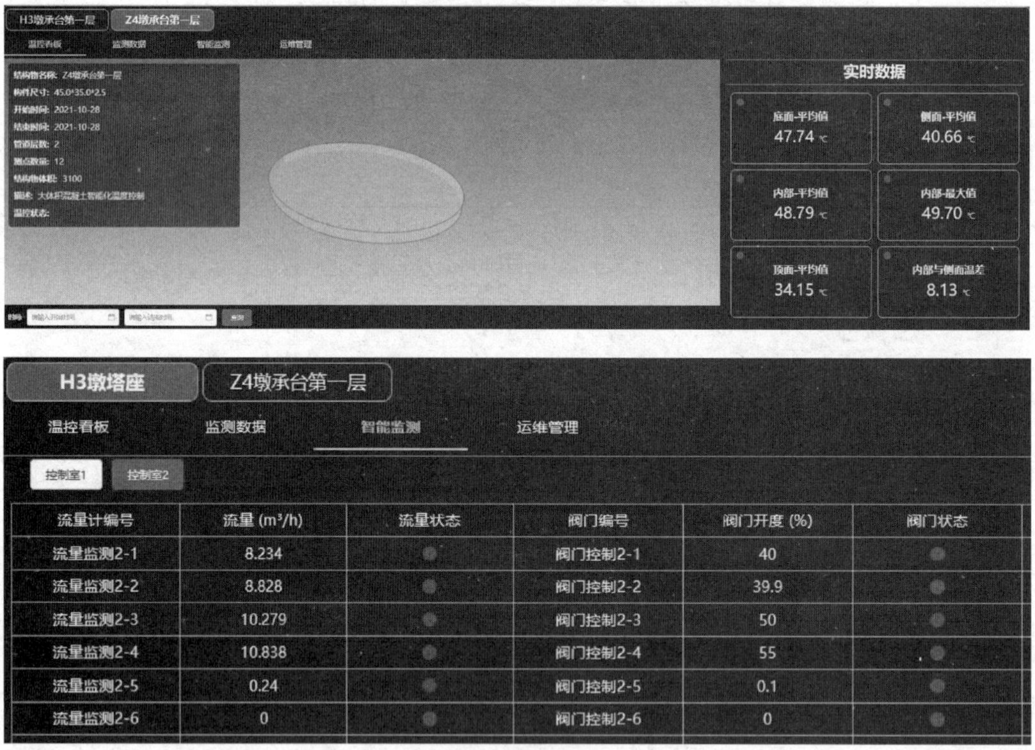

图7 智能化温度控制系统沙盘

五、结　　语

本文通过对黄茅海跨海通道主桥承台及塔座大体积混凝土进行温控研究，得出以下结论：

(1)根据计算结果，主桥承台及塔座混凝土温度峰值为60.3～62.8℃，升温阶段主拉应力的安全系数为1.28～1.54，降温阶段主拉应力的安全系数为2.17～3.99，大体积混凝土开裂风险较小。

(2)针对混凝土温度场、进出水口温度、环境温度、保温层及模板表面温度进行了智能化监测，智能化温度控制系统自动联动冷却水循环，可实现大体积混凝土温控实时监测、动态预测、自动调控和可视化管理。

采取合理的温控标准和有效的温控措施后，现场实测混凝土内部温度峰值为55.6～63.6℃，与理论计算结果基本一致，相关温控指标均满足规范要求，大体积混凝土表面在整个浇筑及养护期间未出现明显有害温度裂缝。结果表明，采取的智能化温控技术可为其他跨海大桥大体积混凝土温控提供借鉴。

参考文献

[1] 谢智刚，王起才，代金鹏，等．大体积混凝土入模温度试验研究[J]．混凝土，2018，(6)：151-153.

[2] 张永健，李鸥．洞庭湖大桥承台大体积混凝土温控试验研究[J]．桥梁建设，2016，46(4)：45-50.

[3] 秦宇，张秋信，余毅．平塘特大桥中塔承台大体积混凝土温控技术[J]．世界桥梁，2018，46(2)：30-34.

[4] 胡可宁，余毅．宜昌庙嘴长江大桥大体积混凝土温度控制[J]．世界桥梁，2014，42(5)：68-72.

[5] 魏剑峰．武汉青山长江公路大桥承台大体积混凝土温控技术[J]．桥梁建设，2019，49(z1)：80-85.

[6] 魏剑峰，张万．特大方量异形结构大体积混凝土冷却水管布置与参数研究[J]．世界桥梁，2017，45(5)：71-75.

[7] 杨海鹏，潘军．港珠澳大桥混凝土连续梁施工期裂缝控制技术[J]．桥梁建设，2017，47(2)：106-111.

[8] 单体庆，李秋义，郭远新，等．基于地铁工程的大体积混凝土配合比优化[J]．混凝土，2019，(1)：146-149.

[9] 汪建群，魏桂亮，刘杰，等．跨海大桥大体积混凝土承台水化热实测与分析[J]．桥梁建设，2020，50(3)：25-31.

[10] 杨慧，刘军来．某斜拉桥承台大体积混凝土水化热温度场研究与关键施工技术应用[J]．公路工程，2018，43(5)：152-156.

[11] 宁泽宇，林鹏，彭浩洋，等．混凝土实时温度数据移动平均分析方法及应用[J]．清华大学学报(自然科学版)，2021，61(7)：681-687.

6. 长大钢护筒锤击施工关键技术

徐明星[1]　温东昌[2]

(1. 黄茅海跨海通道管理中心；2. 中交路桥建设有限公司)

摘　要　本文主要介绍了黄茅海浅覆水海域 ϕ3.3m 长 38.5m 钢护筒利用打桩船整根锤击打入精度控制工艺。在确保施工精度与安全的前提下，采用快捷有效的施工工法，合理组织各种资源，确保长大钢护筒施工精度及工效。

关键词　长大钢护筒　精确定位　吊装计算　无平台验收

一、工程概况

黄茅海跨海通道高栏港大桥位于广东省珠海市金湾区黄茅海海域。桥域处为典型海相地质，覆盖层多为较深 15 ~ 25m 全流塑性淤泥层。桥址海床高程在 -4.4 ~ -1.4m，高潮水位高程 +2.0m，低潮水位高程 -1.0m，最大潮差 3.07m。

主墩基础设计采用 31 根 ϕ3.0m 钻孔灌注桩，桩长 85 ~ 106m。承台为椭圆形，平面尺寸 45m × 35m(图 1)，高 6m。

主墩钢护筒采用 Q235B 厚 24mm 钢材，护筒顶高程 +6m，底高程 -32.5m，全长 38.5m，内径 3.3m，单根护筒总重约 75.2t。超长大直径钢护筒给施工带来了吊运、定位等方面的难题。

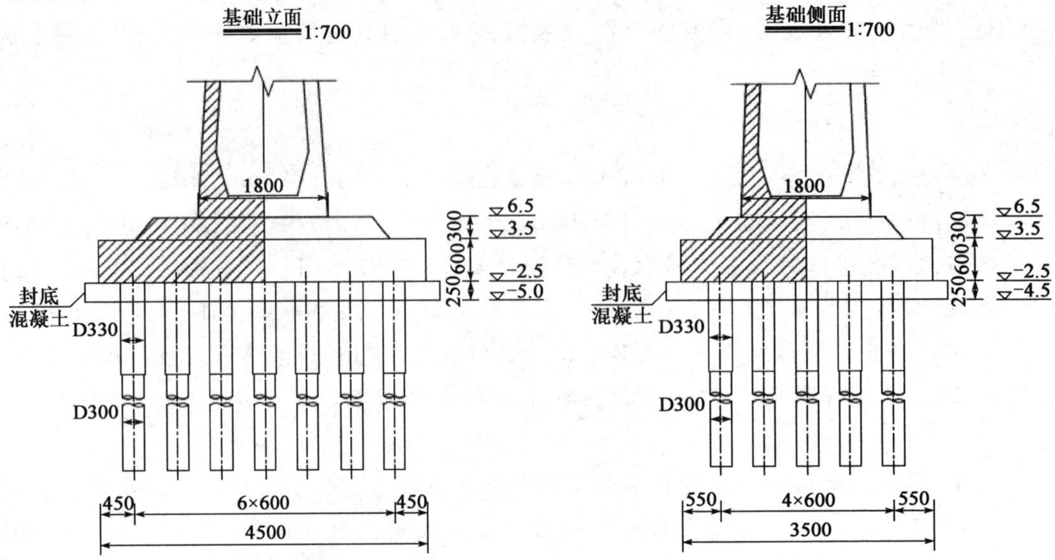

图1 主墩基础布置图(尺寸单位:cm;高程单位:m)

二、钢护筒施工工艺阐述

钢护筒打设根据不同的设备选择不同的施工工法,总体根据策划平台与护筒施工先后顺序,可采用不同的设备与工艺,具体见表1。

钢护筒施工工艺表 表1

工艺	设备组合	优缺点
先护筒后平台	打桩船	①与平台桩同时施工,提高工效;②采用大打桩船,可以整根沉桩,垂直度好;③平面位置控制难度大;④实现无平台作业,节省总工期
	驳船+振桩锤	①一般采用分节工艺,对接难度较大;②驳船稳定性差,平面及垂直度控制难度大;③实现无平台作业,节省总工期
先平台后护筒	起重机+导向架	①需要先施工钻孔平台,工期较长;②护筒一般分节施工,工效较低;③精度控制较好

三、长大钢护筒施工难点分析

桥址位于黄茅海浅覆水海域,受海洋潮汐环境影响,覆盖层为15~25m的全流塑性淤泥,钢护筒施工难点如下。

(1)控制点位于海中与大堤上,与桥轴线几乎平行,钢护筒施工测量控制无法利用相互垂直的两个方向架设全站仪来控制钢护筒施工。

(2)海上施工受限,受浪潮等影响,施工精度难以控制,验收难以实现。

(3)打桩船GPS定位信号弱,护筒就位精度不足。

(4)根据施工区域处地质条件,结合护筒重量、打桩船设计特征、桩锤原理等因素,不同方式对成桩精度影响极大,潮汐对打桩船就位产生影响。

四、超厚流塑性淤泥钢护筒精度控制研讨

1. 打桩船GPS定位技术

为了确保桩位的精度,根据实际情况采用GPS系统测量定位,陆上在施工基线上架设一台全站仪任意交汇的方法校核观测,同时进行沉桩测量定位。

GPS-RTK 定位精度(平面位置和高程)已达到厘米级,可以满足沉桩精度要求;利用 GPS-RTK 定位技术进行沉桩定位测量具有定位方便、速度快的特点,可实时提供放样点的三维坐标且不受天气影响,可全天候作业,在天气恶劣的情况下作业优点突出。

海上打桩 GPS-RTK 定位系统根据接收到的 GPS 信号及预先输入的单桩平面扭角(方位角)及平面坐标,计算出打桩船姿态及钢管桩空间位置的数据,并将图形在计算机的显示屏上显示。

通过紧松锚缆,打桩船移离运桩船,并在过程中缓缓立桩,使桩成竖直状态。桩架后倾,使桩架成竖直状态,抱桩器合拢抱桩并锁定。然后根据海上打桩 GPS-RTK 定位系统粗定位,将打桩船移至桩位附近。

根据显示的打桩船姿态及桩空间位置的图形和数据,通过锚机系统的运转精确调整打桩船船体位置,并利用打桩架液压系统调整桩架的倾角,使桩到达设计位置。

松紧锚缆,微调船位,使桩到达指定的位置;检查船身倾斜度等无异常后,慢慢下放吊钩,使管桩连同替打在重力作用下自动插桩,逐步解除副钩吊点;过程中须监控桩位,如有误差过大,需马上停止下沉,起吊桩重新定位;下沉完毕后,打开抱桩器。

打桩船定位示意如图 2 所示。

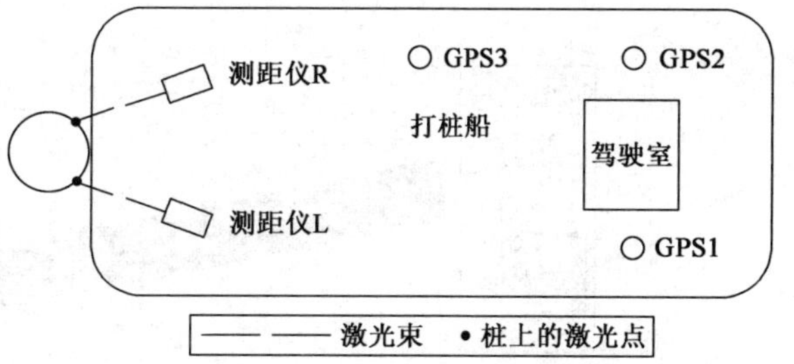

图 2 打桩船定位示意

2. 长大钢护筒吊装技术

长大钢护筒在利用打桩船起吊及竖转工况中变形控制也是施工控制难点,通过研究打桩船对护筒吊及竖转不同姿态时各个吊点的受力,对吊点进行优化设计,保证钢护筒自身安全性。根据打桩船立桩的需要,共设计 6 个吊点,竖转起吊后,护筒底口的吊点不受力,全部荷载由顶口 2 个吊点受力,其吊点设计及立桩过程如图 3、图 4 所示。

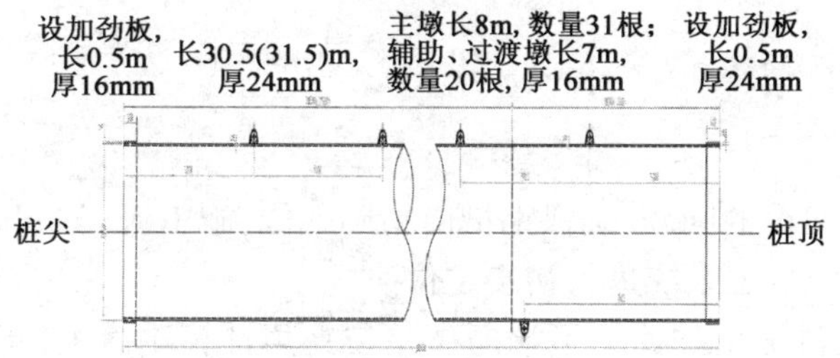

图 3 吊点设计图

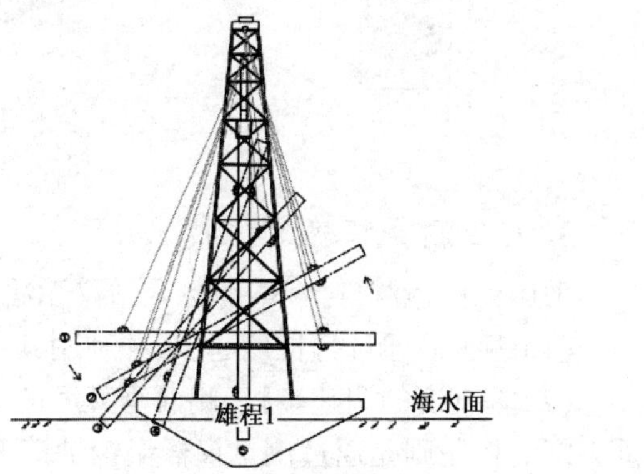

图 4 立桩转动图

钢护筒下放时分为 2 个工况对应力进行计算:工况一为钢护筒水平运输工况,工况二为钢护筒垂直下放工况。

本项目横置吊耳平均荷载 190kN,纵置吊耳平均荷载 380kN。考虑到荷载不平均分配,吊耳对照 40 ~ 50t 的推荐尺寸。主要区别为:吊耳厚度偏薄;吊耳横向加劲肋尺寸偏小,面外刚度偏弱(图 5)。当吊耳安装位置的母材板厚较薄时,需采用垫板。

在水平运输状况下,整个钢护筒结构的峰值应力为 228.8MPa(图 6)。将吊耳局部区域进行放大后,发现只有很小区域的加劲肋应力达到 228.8MPa,且钢护筒的应力未超过 215MPa。

在垂直运输状况下,模型中钢护筒最不利位置在吊耳处,最大组合应力有 308.3MPa(图 7),将吊耳局部区域进行放大后,发现只有很小区域的端面应力达到 308.3MPa,小于吊耳的端面承压强度$[\sigma]=$ 320MPa,且钢护筒的应力未超过 215MPa,满足验算要求。

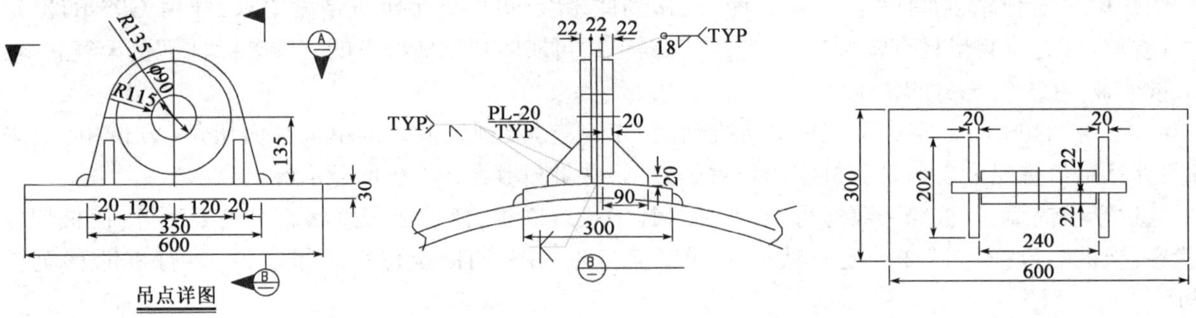

图5 吊耳设计图(尺寸单位:mm)

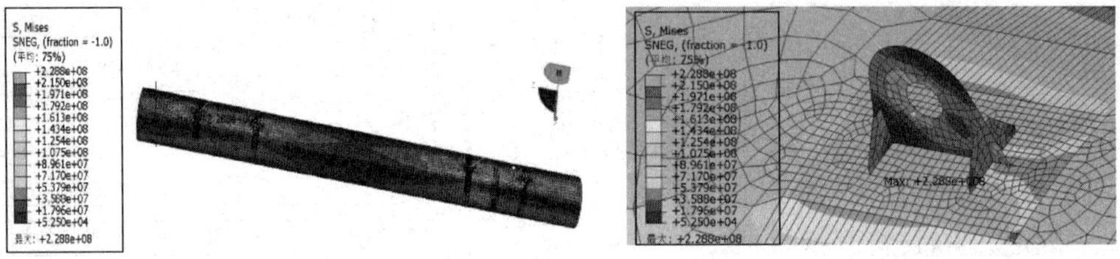

图6 水平运输工况下钢护筒及吊耳受力图

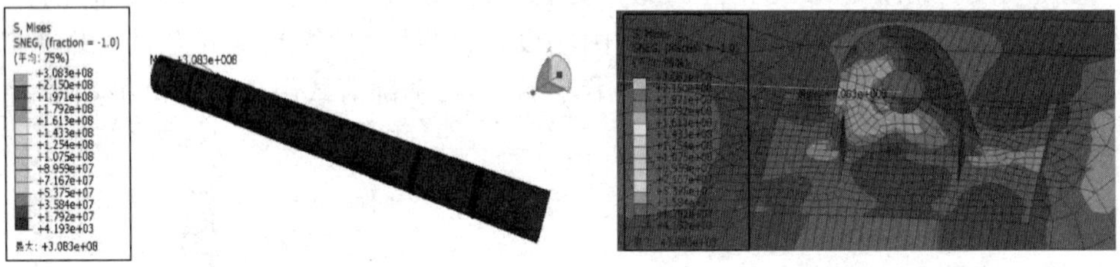

图7 竖转工况下钢护筒及吊耳受力图

3. 人工测量精确定位技术

采用无棱镜测量技术,解决全站仪无法相互垂直架设的问题,确保钢护筒精确就位,施工流程如下。

(1)钢护筒通过打桩船起吊,并利用其自带的GPS定位系统进行初步定位。

(2)垂直度的调整:对于侧面垂直度的调整,是通过测出护筒上下端的高差与夹角计算垂直度;正面垂直度的控制则是通过测量仪器至钢护筒上下两端的水平距离之差来调整垂直度。

(3)平面位置的调整:在同一高程面,测出横向护筒外壁的坐标点及纵向护筒外壁的坐标点(横向护筒外壁的坐标点、纵向护筒外壁的坐标点及护筒中心坐标点三点之间形成的夹角为90°),通过计算出至护筒中心距离对护筒进行精确定位。

(4)直至钢护筒平面位置及垂直度均符合设计要求,方可进行下放钢护筒(图8)。

4. 长大钢护筒锤击过程精度控制技术

在锤击过程中,钢护筒会随着锤击形成偏位,因此在锤击过程中的精度过程控制尤其重要。通过各项措施控制锤击过程中钢护筒精度,流程如下。

在钢护筒下放至淤泥前测量,调准平面位置,同时根据前期钢护筒施工测量数据设置一定预偏值;后续在开锤前每间隔5m停止下放,测量一次数据;开锤后,钢护筒下降50cm时停止。

全程监测钢护筒垂直度变化情况,其中每下4~5m校核一次平面位置与垂直度;与此同时,必须与打桩船GPS进行相互校验平面位置和垂直度;在校验平面位置与垂直度时,用水平数显仪对垂直度进行辅助校验。

打桩船抱桩器和护筒之间间隙设置在1cm左右时,对护筒垂直度控制较为理想。

护筒首先有自重下沉,并通过调整船身姿态控制护筒垂直度。在锤击钢护筒过程中(图9),冲程为20~25cm,护筒由慢变快,防止单次锤击能力过大,造成护筒偏位。

图8 钢护筒下放过程中垂直度监测

图9 锤击示意图

5.海中护筒无平台快速验收技术

海上钢护筒位置数量较多,每根均需进行验收,验收时考虑到成本问题不能每根钢护筒都搭设测量平台,项目制作简易工装对海中护筒进行验收。

钢护筒平面位置验收可采用测量工装法利用测量机器人或GPS CORS系统进行桩位验收。也可采用在钢护筒上采集任意3点坐标推算桩中心坐标进行验收(图10)。高程采用三角高程测量方法控制。

由于钢护筒直径较大,对于钢护筒插打成品的验收有难度,因此对钢护筒加装工装,测量人员可以到达护筒中心位置,并测出护筒中心设计位置与实际位置。

实现了海上无施工平台钢护筒施工精度难以控制、验收等问题,且操作更便捷灵活,测量设备及人员投入少。

复测工装设计如图11所示。

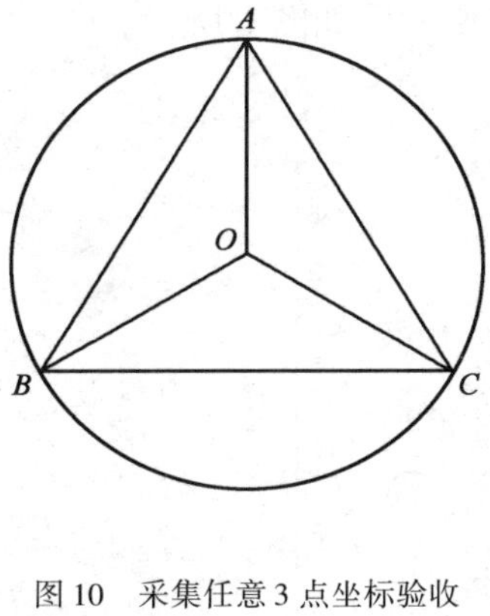

图10 采集任意3点坐标验收

图11 复测工装设计

五、结 语

根据黄茅海海域水文、地质、打桩船等边界条件的影响,对高栏港大桥大直径超长护筒整根锤击下放工艺进行研究，采取了打桩船自身粗定位、测量精确定位、下放过程综合协调控制锤击技术、成品快速验收工装及工法的设计运用，技术团队通过一系列的技术措施，成功完成了钢护筒快速高精度施工，护筒施工最大偏位3.9cm，最大倾斜度0.4%，实现了高精度就位，为控制性工程正常开展提供了基础保证。

依托高栏港大桥的主墩钢护筒施工，结合施工海域的地质、水文、打桩船特点研发了定位、下放、验收技术用于大直径钢护筒整根施工，可以确保钢护筒高效、高精度完工，填补了浅覆水海域打桩船整根施工长大钢护筒施工的空白，为类似的工程提供了参考。

参考文献

[1] 周亚军.海上永久钢管桩沉放施工精度控制[J].防护工程,2019(1).

[2] 刘长健.洋山三期大型钢管桩试桩及大型钢管桩承载力研究[D].北京:清华大学.

[3] 黄剑波,荣国城.GPS打桩定位系统的安装及应用[J].公路,2009(1):142-146.

7.深厚淤泥层复杂地质大直径超长桩旋挖钻施工技术

张华武[1]　段旭超[2]

(1.中交路桥建设有限公司;2.中交路桥华南工程有限公司)

摘　要　黄茅海跨海通道高栏港大桥Z3主墩采用大直径超长桩基础，桩径3.0m，设计桩长83.65～107.65m。桥位区域存在深厚淤泥层、破碎岩层等复杂地层，采用大型旋挖钻施工，若过程控制不当，就会造成塌孔、缩颈、斜孔等现象，从而影响到成桩的质量。本文从钢护筒选用、泥浆指标控制、分级扩孔工艺、施工工效等方面进行了总结分析，提出了加快施工进度和提高施工质量的相关控制措施。

关键词　深厚淤泥层　破碎岩层　超长桩　旋挖钻　分级扩孔

一、工程概况

黄茅海跨海通道是港珠澳大桥西拓通道的重要组成，连通粤西地区的重要通道，其中高栏港大桥为跨径组合110m+248m+700m+248m+110m独柱塔双索面全飘浮体系斜拉桥。高栏港大桥东塔Z3主墩承台呈椭圆形，平面尺寸45m(横桥向)×35m(顺桥向)，设计采用群桩基础，单桩直径为3.0m，共设31根，均为嵌岩桩，设计桩长83.65～107.65m。Z3主墩桩基平面图如图1所示。

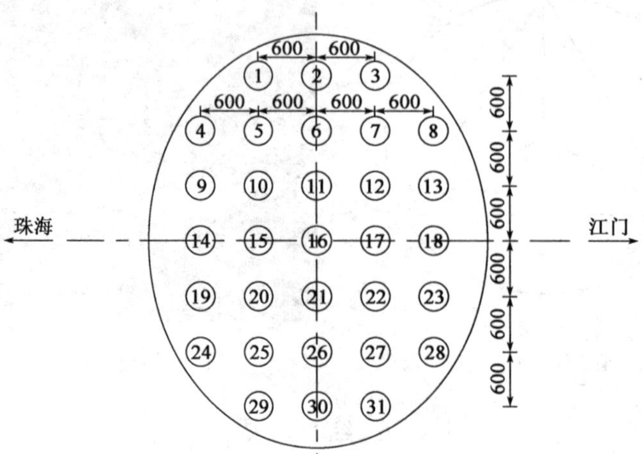

图1　Z3主墩桩基布置平面图(尺寸单位:m)

二、地 质 情 况

本区域为浅海海域和海积平原地貌,海底和陆上地形均较为平坦。Z3 号主墩范围典型上覆土层从上至下分别为:13 ~19m 灰(黑)色、灰黄色厚流塑状淤泥;16 ~22m 厚黄褐色间灰白色混红褐色黏土,可塑;3.3 ~9.4m 厚褐黄色 - 灰黄色粗砾砂。下伏基岩以花岗岩为主,局部分布变质砂岩等,主墩地质情况见图 2 和表 1。

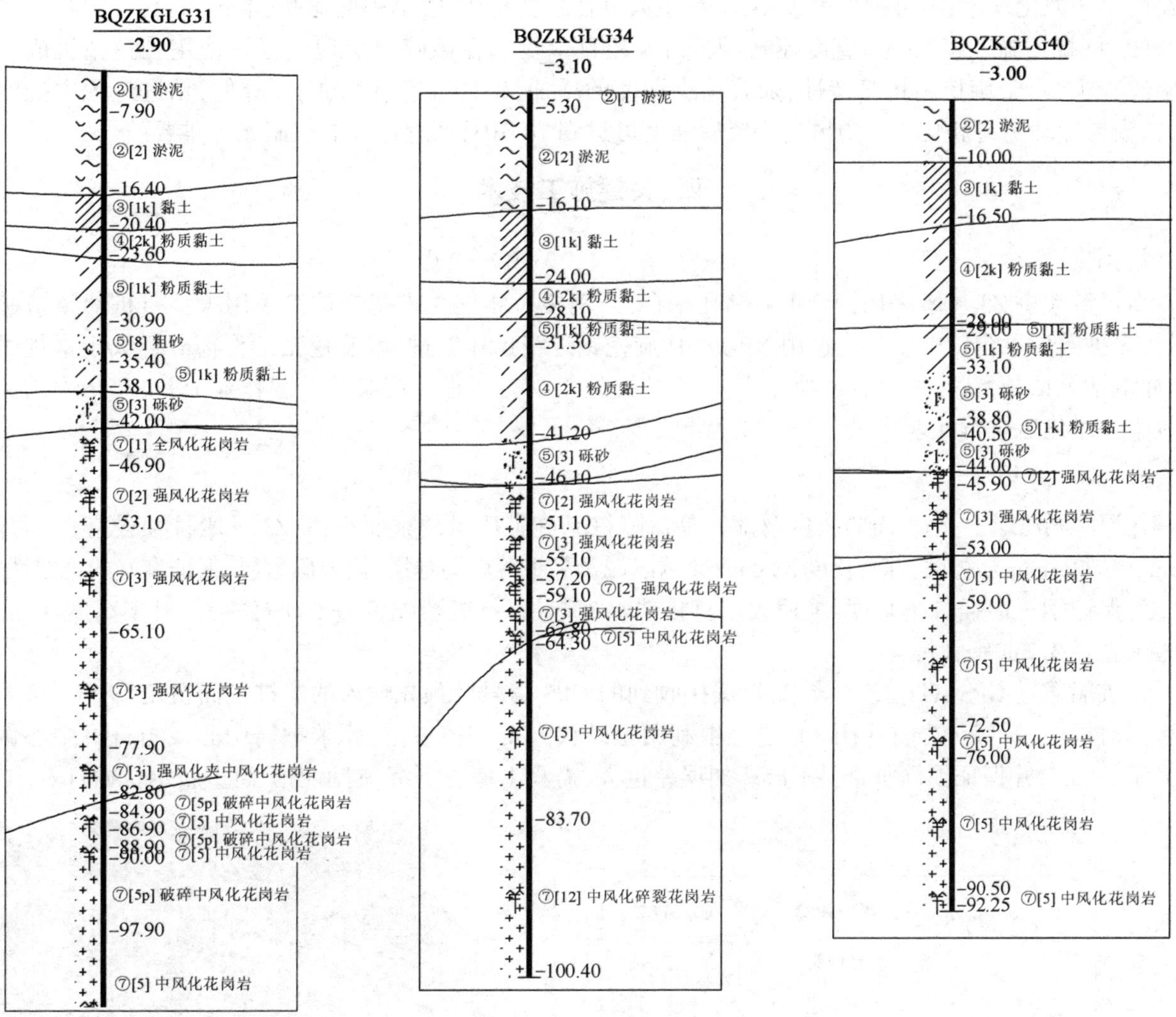

图 2 Z3 主墩地质情况分布图

Z3 主墩地质情况 表 1

地 层 编 号	地 层 名 称	最小厚度(m)	最大厚度(m)	平均值(m)
②$_1$	淤泥	10.8	14.3	12.6
③$_{1k}$	黏土	0	7	3.5
④$_{2k}$	粉质黏土	13.3	17.4	15.4
⑤$_3$	砂砾	3.3	9.4	6.4
⑦$_2$	强风化花岗岩	6.4	15	10.7
⑦$_5$	中风化花岗岩	2.6	17.3	10.0
⑦$_6$	强风化夹中风化花岗岩	1	27.2	14.1
⑦$_5$	中风化花岗岩	4.4	18.4	11.4

三、施工的特点及难点

(1)深厚淤泥层:Z3 主墩所在区域分布广泛且厚度大的淤泥质土,厚度在 13 ~ 19m,因其流塑性、触变性、黏聚力差等不稳定特性,施工过程中孔壁稳定性难以保证,尤其清孔后泥浆相对密度降至 1.10 以下,护壁效果更差,在钢筋笼下放及混凝土灌注阶段易产生塌孔、缩颈等现象。

(2)桥位区域内岩层破碎:受构造作用影响,桥位区基岩风化层厚度较大,岩体破碎,裂隙发育,局部存在蚀变和泥化现象,不可预见因素多,不利于大直径超长桩成孔,易引起塌孔、卡锤、斜孔等问题。

(3)旋挖钻施工超长桩垂直度控制:大直径、超百米桩基在破碎岩层地质区域使用旋挖钻机成孔可借鉴经验少,由于旋挖钻自身特性,随着钻进深度的增加,钻杆杆臂变细、刚度降低,钻进过程中挠度增大,钻头易摆动引起斜孔。入中风化岩层后强度可达到 70MPa,钻进过程的控制尤为重要。

四、关键施工技术

1. 总体方案

高栏港大桥 Z3 主墩采用钢管贝雷钻孔平台,与钢栈桥相连。桩基钢护筒采用大型打桩船整节起吊插打,先护筒后平台。桩基施工选用 XR-580D 旋挖钻逐级扩孔钻进,因旋挖钻工作荷载远大于常规回旋钻、冲击钻等钻具,钻孔平台需经验算,满足旋挖钻施工受力要求。泥浆护壁湿作业成孔,泥浆采用泥浆船收集并净化后进行处理。

2. 钢护筒施工

在深厚淤泥层中,钢护筒的长度及壁厚是保障桩基施工质量的重要举措,Z3 主墩桩顶设直径(内径)3.3m、壁厚 24mm 永久钢护筒,长度 38.5m,穿越淤泥及黏土等软弱地层,插入砾砂层,保证良好的稳定性。

为保证钢护筒插打垂直度,采用大型打桩船整根起吊,打桩船配备 D-180 打桩锤,桩架高度 92m,最大施工直径 3.2m 钢管桩。

打桩船通过 GPS-RTK 定位技术,根据接收到的 GPS 信号及预先输入的单桩平面扭角(方位角)及平面坐标对桩位进行定位插打(图 3),过程中利用全站仪人工监控桩位,要求护筒中心线与桩位中心偏差不大于 20mm,并保证护筒垂直(图 4)。如误差过大,需马上停止下沉,起吊钢护筒重新定位插打。

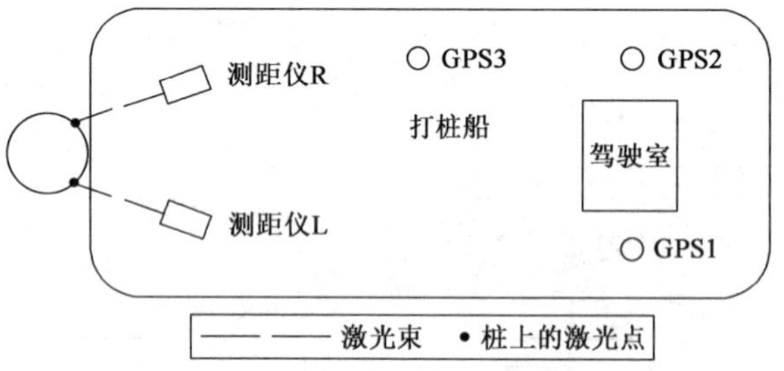

图 3 打桩船 GPS-RTK 定位示意

图 4 打桩船插打钢管桩示意图

3. 泥浆控制指标

泥浆在钻孔灌注桩施工中起着非常重要的作用,钻孔泥浆采用不分散、低固相、高黏度的优质 PHP 泥浆,泥浆各组成用量及性能见表 2。

Z3 主墩旋挖钻泥浆配比 表 2

原材名称	淡水	钠基膨润土	纤维素(CMC)	烧碱
配合比(kg)	1000	100	0.1	2

旋挖钻机泥浆循环系统由泥浆净化器、泥浆箱、空压机(气举)、泥浆泵、泥浆船等组成。泥浆船(图5)、开钻钢护筒、搅浆罐(图6)间通过泥浆管道+泥浆泵进行连接,完成泥浆输送与循环补充。

图5 泥浆船储备泥浆

图6 泥浆搅拌罐

施工过程中,时刻关注孔内泥浆性能,定时对孔内泥浆指标进行检查,不同阶段泥浆指标按表3进行控制。

Z3 各阶段泥浆性能参数控制表 表3

项　目	相对密度	含砂率	黏　度	胶体率
护筒内钻进	1.06~1.08	≤2	18~22	≥95
覆盖层钻进	1.08~1.12	≤2	18~22	≥95
岩层钻进	1.1~1.15	≤4	20~24	≥95
成孔	1.02~1.1	<1	18~22	≥98
灌注前	1.02~1.1	<1	17~20	≥98

4. 成孔工艺

1)逐级扩孔

Z3 主墩采用 XR-580D 型旋挖钻逐级扩孔工艺:①覆盖层采用 ϕ3m 双底双开截齿捞渣斗钻进;②进入岩层后换用使用 ϕ1.5m 牙轮筒与捞渣斗钻进至终孔;③导正 ϕ2.0~1.5m 牙轮钻、ϕ2.0m 牙轮钻与 ϕ1.5m 捞渣斗钻进至 2m 扩孔完成;④导正 ϕ2.5~2.0m 牙轮钻、ϕ2.5m 牙轮钻与 2.0m 捞渣斗钻进至 2.5m扩孔完成;⑤导正 ϕ3.0~2.5m 牙轮钻、ϕ3.0m 牙轮钻、ϕ3.0m 捞渣斗钻进终孔,如图7所示。

在进入岩层前,加工 3.0m 导向扶正器确保 1.5m 钻头垂直钻进 1~1.5m,然后再换 1.5m 牙轮钻沿之前导向继续钻进至底(图8)。

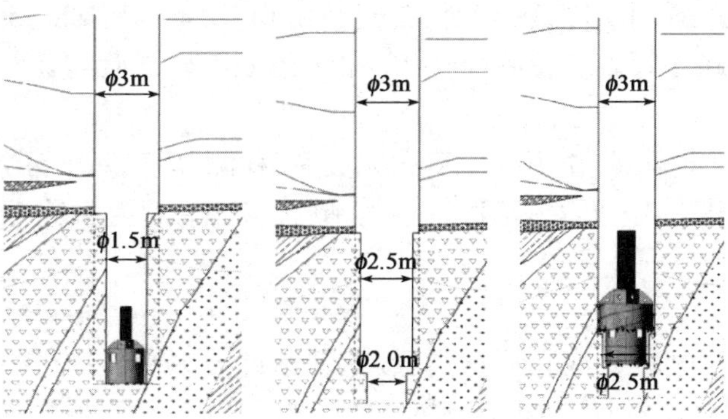

图7 旋挖钻逐级钻孔示意图

图8 3m 导向扶正器+1.5m 小钻

在破碎岩层中施工，旋挖钻进尺速度不宜过快，需控制好钻进速率，降低坍孔、漏浆、斜孔等风险。旋挖钻各地质情况钻进速度见表4。

Z3旋挖钻各地质情况钻进速度　　表4

序　　号	钻头直径	地质情况	钻进速度(m/h)
1	3.0m	淤泥、粉质黏土、砾砂	2.7～3.9
2	1.5m	强风化花岗岩	1.4～2.2
		中风化花岗岩	0.5～0.7
3	2.0m	强风化花岗岩	1.4～2.7
		中风化花岗岩	0.5～1.3
4	2.5m	强风化花岗岩	1～2.75
		中风化花岗岩	0.7～1.0
5	3.0m	强风化花岗岩	1.5～2.7
		中风化花岗岩	0.5～1.1

2）成孔检验

采用超声波检孔仪进行成孔检测（图9），检测孔径及垂直度，要求垂直度≤1%桩长且≤500mm；若倾斜度过大，需采取相应措施进行处理。

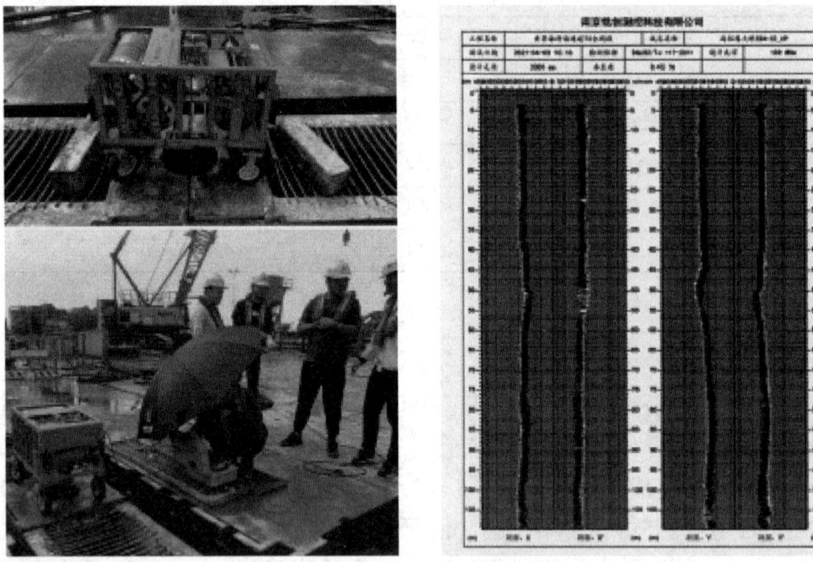

图9　超声成孔检测

3）清孔

清孔是保证钻孔灌注桩施工质量的关键工序，采用气举反循环法进行清孔，设备选用ZX-250型除砂器和20m^3/min空压机。首先下放导管，然后在导管内安装风管，风管与空压机相连，导管与除砂器相连，形成反循环体系。

“一清”时应注意在清孔排渣时，保持孔内水头，防止坍孔。清孔完成后，检测其静置2h后沉渣厚度以及泥浆性能，满足要求后下放钢筋笼。“二清”工艺同“一清”，孔底沉渣、泥浆指标满足要求后，停止清孔，进入下道工序。

4）工效分析

大直径超长桩施工方法多样，回旋钻钻进深度大、成孔质量高，旋挖钻钻进效率快，各有优缺点。本文以高栏港大桥Z2辅助墩桩基选用的HZS4000型回旋钻进行比对，地质情况相同，平均桩长90m，桩径3.0m，具体施工工效见表5。

旋挖钻与回旋钻施工工效缝隙 表5

序号	施工项目	回旋钻工效(d)	旋挖钻工效(d)	备注
1	施工准备	1	0.5	回旋钻:①淤泥、黏土、砾砂、全风化花岗岩:日进尺12m;②强风化花岗岩:日进尺5~8m;③中风化花岗岩:日进尺3~5m
2	钻孔	16	11	
3	提钻、清孔	0.3	0.5	
4	下钢筋笼	0.5	0.5	旋挖钻:①淤泥、黏土、砾砂、全风化花岗岩:日进尺41m;②强风化花岗岩:日进尺9m;③中风化花岗岩:日进尺3m
5	下导管、二次清孔	0.2	0.5	
6	混凝土灌注	0.5	0.5	
7	共计	18.5	13.5	

通过分析可以发现,旋挖钻在地质层为淤泥、砂砾、全风化、强风化中施工工效强于回旋钻,施工至中风化花岗岩时,回旋钻施工工效强于旋挖钻。桩基施工前,可通过地勘图分析,选择合适的成孔工艺提高工效;在桩基垂直度控制方面,旋挖钻施工时利用导孔控制垂直度,做好逐级扩孔,控制钻进速率,同样可以在超百米桩基施工中达到良好的成桩效果;清孔效率方面,回旋钻施工为反循环施工工艺,钻进过程中通过反循环系统对桩底沉渣及泥浆含沙进行清理,钻进至设计高程时即可满足钢筋笼安装指标;旋挖钻施工时无法对沉渣、泥浆含沙进行清理,需成孔后利用泵吸反循环设备及分沙器进行清孔,清孔效率低于回旋钻。

五、结 语

黄茅海跨海通道高栏港大桥Z3主墩大直径超长桩施工,过程中遇到深厚淤泥层、粉质黏土层、破碎岩层等一系列难题,通过总结该种工况下旋挖钻施工泥浆指标、钻进速率、清孔工艺等关键技术,不断优化改进现场施工工艺,有效控制了成孔、成桩的各项指标,保证了钻孔灌注桩施工速度和成孔质量,解决了大直径超长桩旋挖钻施工在复杂地质条件下面临的系列难题,最终Z3主墩桩基检测结果均为I类桩,获得了良好的经济效益和社会效益。

参考文献

[1] 王拓,李永涛,白献德,等.复杂地质填海地区超长桩旋挖入岩施工技术[C]//2021年全国土木工程施工技术交流会论文集(中册),2021:163-165.

[2] 巨东星.大功率旋挖钻在复杂地质施工中倾斜度的控制[J].工程建设与设计,2018(24):210-211.

[3] 彭文勇,赵云峰,李国亮,等.超厚淤泥层钻孔灌注桩桩位控制技术[J].福建交通科技,2018(06):72-73.

[4] 刘耀东,余天庆,白应华,等.深水超长大直径钻孔灌注桩施工关键技术研究[J].华中科技大学学报(城市科学版),2009,26(02):57-60.

[5] 杜强.超长钻孔桩施工中主要指标控制[J].铁道标准设计,2009(S1):73-75.

8.曲面异形塔钢筋整体吊装施工工艺研究

曾柯林 何健光

(中交路桥华南工程有限公司)

摘 要 随着我国公路网的建设规模日益增大,在沿海地区修筑的公路、铁路、水利工程等也日渐增多。由于工程师在建筑美学上的不断追求,主体结构造型设计多有标新立异,同时新型结构在施工方面增添了不一样的难度。本文依托广东省黄茅海跨海通道项目高栏港大桥索塔工程,对空间曲面异形塔钢筋整体吊装施工工艺进行研究。

关键词 空间曲面 整体吊装 锥套锁紧接头 可调节吊具 快速化施工

一、引 言

近年来,我国的高速公路行业发展迅速,桥梁建造技术已极为成熟;国家在建筑施工行业大力推行标准化、工厂化施工工艺,钢筋节段整体预制安装技术已成为工程行业发展的必然趋势。针对斜拉桥、悬索桥索塔多为异形截面设计的特点,从施工质量要求高、安全管控难度大、施工功效需求等方面综合考虑,依托黄茅海跨海通道高栏港大桥Z3塔柱钢筋部品施工进行研究,以求解决钢筋制安精度控制、减少高空作业风险、缩短工作面上流水作业时间等目标的实现。

二、工 程 概 况

黄茅海跨海通道T3合同段高栏港大桥跨径组合为110m+248m+700m独柱塔双索面全飘浮体系斜拉桥,主塔总塔高254.7m,塔柱高248.7m,塔顶设置6m高的塔冠。索塔截面变化特点:下塔柱结构尺寸由直径18m的圆形变化为13m×10m圆端形,圆端直径由18m调整至10m;中塔柱结构尺寸由13m×10m圆端形变化为直径8.5m的圆形,圆端直径由10m调整至8.5m;上塔柱结构尺寸由直径8.5m的圆形变化为直径11m的圆形;其显著特点为索塔任一高程位置截面形状、尺寸均不同。索塔结构形式如图1所示。

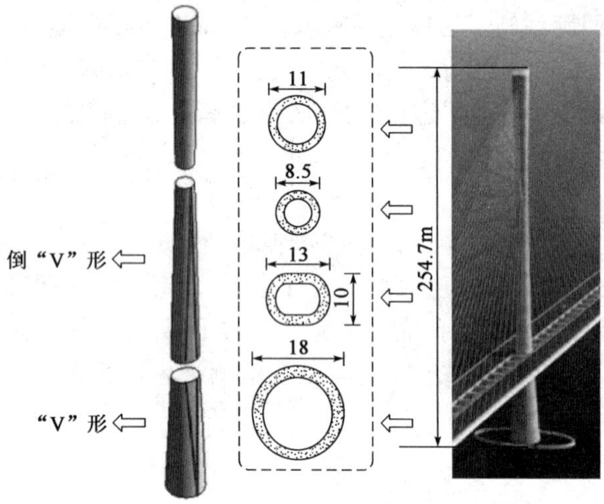

图1 索塔结构形式

根据详细施工研究讨论,将索塔标准节段高度划分为6m,部品钢筋由内向外共5层主筋,主筋最大数量1356根,最大起吊重量约86t,在行业内属首例,要实现部品钢筋高空一次性吊装就位,对设备的起吊能力和钢筋的对接精度都是极大的考验。

三、索塔钢筋构造特点

下塔柱标准节段钢筋共设5层钢筋骨架,外3层钢筋层间距为15cm,采用ϕ40主筋;中间层及内侧钢筋采用ϕ32主筋,内侧钢筋间距15cm。

中塔柱标准节段钢筋共设5层钢筋骨架,外3层钢筋层间距为15cm;钢筋构造与下塔柱基本一致(图2)。

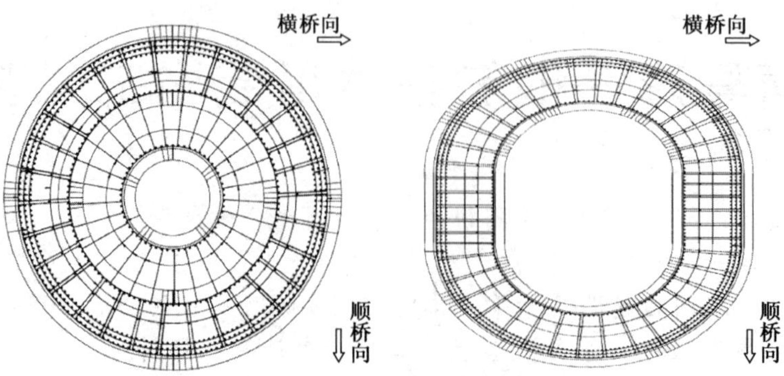

图2 塔柱钢筋布置形式示意

上塔柱标准节段钢筋共设4层钢筋骨架，外2层钢筋层间距为15cm，采用ϕ40钢筋，其他钢筋构造与下、中塔柱保持一致(图2)。

塔柱钢筋纵横轴上分别沿轴向间距15cm等间距布设，因塔身直径随高度提升不断变化，所以塔柱钢筋在纵横向60°处进行灭筋，灭筋原则控制钢筋间距不超过24cm。

四、节段钢筋施工工艺

1. 钢筋整体预制、安装思路

塔柱第1～3节、第12节、第29节及塔冠部分为钢筋散绑段，其余采用分环吊装或整体吊装，节段钢筋重量统计见表1。

节段钢筋重量统计　　表1

节段号	钢筋重量(t)	备注	节段号	钢筋重量(t)	备注
第4节	103.2	分环吊	第24节	61.4	整体吊
第5节	99.7	分环吊	第25节	60.1	整体吊
第6节	96.2	分环吊	第26节	58.9	整体吊
第7节	92.7	分环吊	第27节	58	整体吊
第8节	89.3	分环吊	第28节	56.6	整体吊
第9节	85.7	分环吊	第29节	—	散绑
第10节	82.3	分环吊	第30节	56.4	整体吊
第11节	71.8	分环吊	第31节	41.8	整体吊
第12节	—	散绑	第32节	44.8	整体吊
第13节	74.1	整体吊	第33节	45.7	整体吊
第14节	72.9	整体吊	第34节	46.1	整体吊
第15节	71.4	整体吊	第35节	46.9	整体吊
第16节	70.6	整体吊	第36节	47.7	整体吊
第17节	69.4	整体吊	第37节	48.5	整体吊
第18节	67.8	整体吊	第38节	49.3	整体吊
第19节	66.9	整体吊	第39节	50.2	整体吊
第20节	65.8	整体吊	第40节	51	整体吊
第21节	64.9	整体吊	第41节	51.9	整体吊
第22节	63.8	整体吊	第42节	53.8	整体吊
第23节	62.5	整体吊	第43节	18.1	散绑

根据塔吊性能参数，下塔柱第4～11节采用分环吊装，主筋及箍筋①+②+③采用整体吊装，主筋及箍筋④+⑤散绑施工，中塔柱第13节段之后采用整体吊装。典型截面钢筋布置图如图3所示。

索塔钢筋绑扎平台设置在大里程端原钻孔平台上，在平台上安装劲性骨架，绑扎索塔节段钢筋。节段钢筋预制采取塔下现场安装，通过设置环向劲性骨架从内向外逐层进行主筋和箍筋的现场散装。钢筋绑扎前，先在劲性骨架上、下平联位置设置钢筋定位齿板，通过上下层定位齿板精确定位出钢筋空间位置，实现钢筋节段高精度的预制。

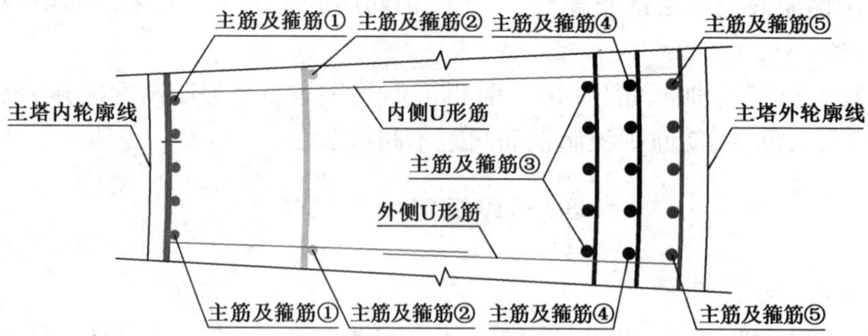

图3 典型截面钢筋布置图

钢筋采用动臂塔吊整体吊至索塔已施工节段与预留钢筋对接安装，为适应索塔截面变化，吊具设计为双层结构形式，上层大吊具设计为八边形型钢结构，下层布设16组小吊具，通过大小吊具组合，小吊具位置调整吊部品主筋的方式来实现任意节段钢筋整体吊装施工。钢筋整体吊装布置如图4所示。

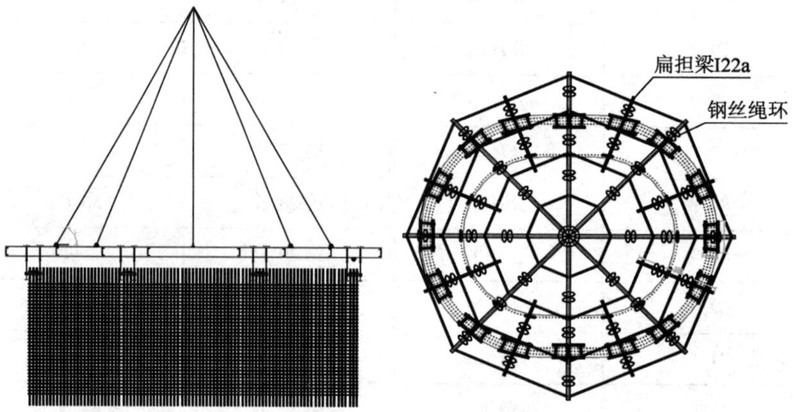

图4 钢筋整体吊装布置

项目团队通过BIM技术对钢筋空间构造模拟，从多方面深入研究空间曲面异形塔钢筋整体吊装技术，通过方案的比选结合数字化应用，实现了对部品钢筋每个部位的精确剖析与掌控。

根据索塔钢筋的结构特点量身设计了可调式双层吊架、轻量化环箍骨架、模块化绑扎平台、锚片式钢筋夹具、螺杆微调装置等系列创新工艺，最终实现了钢筋整节段的部品化加工、吊装与高空对接工作。

2. 工艺流程

工艺流程如图5所示。

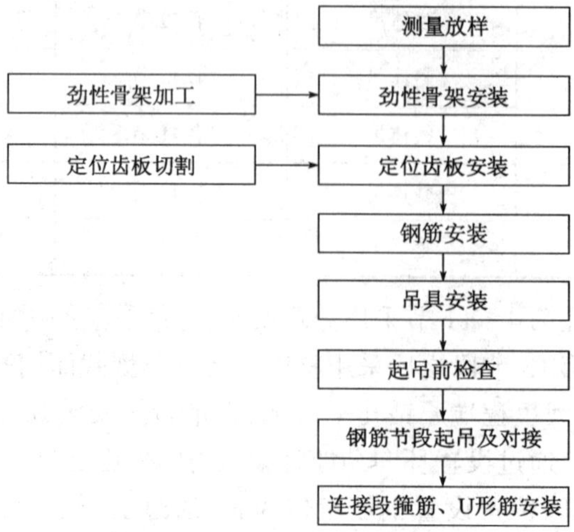

图5 部品钢筋施工工艺流程图

3. 施工工艺

1) 劲性骨架施工

劲性骨架随着塔柱混凝土分节进行预制，其立柱、平联及斜撑均采用 75 ×8 等边角钢，每层水平面上的斜杆采用 45 ×6 等边角钢，每节劲性骨架均伸出混凝土面 50cm，按照塔柱斜率加工成倾斜架体。

在钢筋绑扎平台上放样出劲性骨架位置，采用塔吊将加工好的骨架片置于放样位置，将标准架体单元通过连接杆件焊接成整体。

2) 钢筋整体预制

定位齿板采用优质木胶板切割成形，确保板材质地均匀并具有一定的刚度，安装前通过试拼验证截面尺寸。钢筋绑扎前在劲性骨架上、下对应高程位置安装定位齿板。底齿板通过限位件固定在绑扎平台上，在劲性骨架对应高程位置焊接定位钢筋，顶齿板安装在定位钢筋上，通过上下层定位齿板精确定位出钢筋骨架形状。

根据上下层齿板切割孔精确定位主筋，钢筋由内向外进行绑扎，水平筋通过定位工装实现均距绑扎。整体节段钢筋绑扎完成后再对 U 形筋进行调整，部品钢筋绑扎时，在吊点区域主筋与箍筋均进行点焊，非吊点区域单根主筋与箍筋在上中下三个位置进行点焊，其余钢筋均采用绑扎方式固定。钢筋绑扎完成后将进行骨架水平杆与主筋焊接固定，限制钢筋层间变形。钢筋整体预制如图 6 所示。

图6　钢筋整体预制

3) 钢筋起吊安装

吊具起吊至部品钢筋上方，调整吊具主梁十字方向与部品钢筋纵横方向基本一致，确保小吊具与钢筋上下垂直，在主筋上采用激光水平仪对小吊具安装位置统一抄平。将锥套夹片与主筋锁紧连接，检查并调整索具螺旋扣受力情况，确保每个小吊具均能有效受力，大吊具整体受力基本平衡。

起吊前按照专控工序检查验收表逐项进行检查验收，确保层间连接质量。在起吊过程中节段钢筋绑扎平台各面均安排工人观察节段钢筋与绑扎平台位置，缓慢起吊离地 30cm 左右测量节段钢筋高差，轴线尺寸。

根据试吊情况对整体结构再次进行调整，确保整体起吊状态平衡(图 7)。匀速起吊部品钢筋至索塔上方，调整部品钢筋位置与上节索塔钢筋进行对接。

4) 钢筋对接

在轴线上标记的定位钢筋安装上喇叭口，使节段钢筋精准对位，通过轴线上的钢筋定位工装将上下节段钢筋调至重合，按对称的八边线轴位置将主筋进行锥套锁紧(图 8)，采用 4 套锥套挤压器顺同一方向将剩余主筋依次进行锥套挤压连接，最后绑扎对接位置剩余钢筋。

图7　钢筋整体起吊

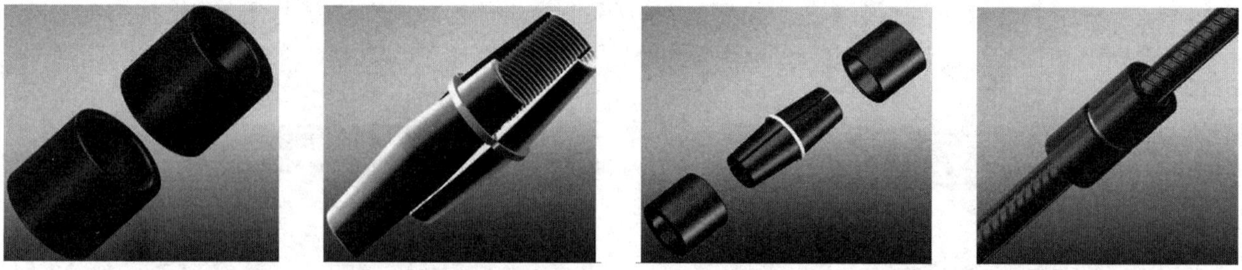

图8　锥套锁紧接头构造图

五、结　　语

索塔钢筋部品化加工，将大量高空作业转为地面施工，避免了高空散绑作业，减少高空作业人员60%以上，降低了安全风险，提升了加工质量，索塔钢筋安装由4天缩短至1天。钢筋采用部品化施工工艺，提高工序安装的施工功效。

通过对本项目曲面异形索塔钢筋施工工艺选择、施工组织安排、集约化部件施工的综合选择，极大地加快了索塔建设速度。研究出一套曲面异形塔钢筋整体吊装施工工艺，对后续异形截面钢筋部品施工具有重要的指导意义。

参考文献

[1] 袁航，火东俊，吴中正. 深中通道伶仃洋大桥索塔钢筋部品装配化施工关键技术[J]. 公路，2022，67(04)：147-151.

[2] 程茂林，吴中正，杨秀礼，等. 基于网片弯折成型的超高索塔钢筋部品装配化施工工法[J]. 公路，2022，67(01)：145-150.

[3] 龙立敦，李少方，王朝国，等. 开州湖特大桥索塔节段钢筋笼预制装配式吊装技术[J]. 施工技术(中英文)，2021，50(23)：41-45.

[4] 周明生，曾炜，奉思东，等. 超高索塔钢筋网片成型与部品装配技术研究[J]. 施工技术，2021，50(09)：41-44，56.

[5] 钟荣炼，纵锟. 超高异形索塔斜拉桥钢筋分片吊装施工工艺探索[J]. 公路，2019，64(09)：79-82.

9. 北斗卫星定位系统在跨海桥梁施工测量中的应用研究

林训根 熊 伟
（中铁大桥勘测设计院集团有限公司）

摘 要 北斗卫星定位系统已完成全球组网，加快北斗与基础设施建设行业的融合创新，推动北斗的规模化、数字化应用，必将为“新基建”战略带来更大的发展动力。本文对比分析了北斗卫星定位系统与其他卫星定位系统的不同和优势，并以黄茅海跨海通道为例，结合工程地理环境、建设条件，介绍了北斗卫星定位系统在精密施工控制网测量、GNSS 连续运行参考站系统（CORS）、变形监测等领域的应用，为北斗卫星定位系统在工程领域的推广应用积累了经验。

关键词 北斗系统 跨海桥梁 施工控制网 CORS 变形监测

一、引 言

卫星定位系统是关系到国家命脉的关键技术，为了保障国家安全和经济建设的需要，从 2000 年开始，我国独立自主开展了卫星定位系统的探索，陆续完成了北斗一号系统、北斗二号系统的建设，截至 2020 年 6 月，北斗三号系统 30 颗卫星全部部署完成，向全球用户提供定位、导航及授时服务[1]。目前除了我国的北斗卫星定位系统（BDS）外，还有美国的全球卫星定位系统（GPS）、俄罗斯的格洛纳斯卫星导航系统（GLONASS）及欧盟的伽利略卫星导航系统（Galileo）。各国都在不断推进自身卫星定位系统的发展建设，包括星座更新、现代化升级等，当前复杂的国际政策及激烈的市场竞争，为北斗卫星定位系统的发展带来了巨大的机遇和挑战[2]。本文从空间星座、信号体制及服务性能三个方面进行对比，突出了北斗卫星定位系统的优势，结合黄茅海跨海通道工程项目建设，重点介绍了 BDS 在精密施工控制网测量、工程 CORS 系统及变形监测等方面的应用。

二、系 统 对 比

四大卫星定位系统发展历程不一，技术指标也不尽相同。但不同系统的基本组成相同，包括空间段、地面段、用户段三个部分。空间段是由不同轨道面的若干卫星组成，地面段包括主控站、注入站及监测站等跟踪、管理、维护设施，用户段主要为北斗及兼容其他系统的接收机终端设备。系统的主要区别体现在星座类型、信号体制以及服务性能等方面[3]。

1. 星座类型

空间星座的主要参数包括星座构型、轨道类型、卫星数量、轨道高度、轨道倾角等方面，各个卫星定位系统的详细对比如表 1 所示。GPS、GLONASS、Galileo 的星座分布总体相同，均为中圆地球轨道（Medium Earth Orbit，MEO），而 BDS 星座除了 MEO 卫星外，还包括倾斜地球同步轨道卫星（Inclined Geo-synchronous Orbit，IGSO）和地球静止轨道卫星（Geostationary Orbit，GEO）。IGSO、GEO 卫星均为高轨卫星，因此 BDS 相比于其他卫星定位系统的抗遮挡能力更强，卫星利用率更高。IGSO 卫星轨道倾角较大，为 55°，可以作为 GEO 卫星的补充，解决在高纬度地区，低仰角的卫星信号易受大气延迟、多路径效应及观测噪声的影响。独特的混合星座构型，使 BDS 在服务全球的同时，在亚太区域的定位精度和可用性又得到较大提升。

空间星座对比 表1

参数	BDS		GPS		GLONASS	Galileo
星座构型	MEO 卫星为 Walker 型(24/3/1)		非 Walker 型		Walker 型(24/3/2)	Walker 型(24/3/1)
轨道类型	GEO	IGSO	MEO	MEO	MEO	MEO
卫星数量	3	3	24	24	24	24
轨道高度	35786	35786	21528	20200	19100	23222
轨道倾角	—	55	55	55	64.8	56
轨道运行周期	—	23h56m4s	12h55m	11h58m	11h15m44s	14h4m45s
星座重复周期	7 天 13 次		1 天 2 次		10 天 17 次	8 天 17 次

注:Walker 星座指的是具有相同轨道高度和轨道倾角的多颗圆轨道卫星,描述方式为(N/P/F)[4]。其中 N 为星座中卫星的总数量,P 为星座的轨道面数,F 为相位因子,是 0 ~ (P - 1)之间的一个整数。

2. 信号体制

BDS、GPS 和 Galileo 的无线通信技术采用的是码分多址(Code Division Multiple Access, CDMA),而 GLONASS 采用的是频分多址(Frequency Division Multiple Access, FDMA),未来 GLONASS 也将向 CDMA 技术发展,表 2 为各卫星定位系统在信号、频率的对比[5]。由表中可知,BDS 的 B1C 信号与 GPS 的 L1C 信号、Galileo 的 E1 信号频率相同,BDS 的 B2a 信号与 GPS 的 L5 信号和 Galileo 的 E5a 信号频率也相同,信号频率的一致性及相似的调制方式为系统间的兼容操作及组合定位提供了良好的基础。另一方面,BDS 的所有卫星都具有三频信号,而目前 GPS 只有 12 颗卫星具有三频信号,其余均为双频信号。三频信号可以形成更多的组合观测量,构建更复杂的观测模型以消除电离层误差,同时有利于周跳的探测和修复,提高整周模糊度解算的效率,因此 BDS 更具有优势。

卫星信号体制比较表 表2

系　统	信　号	频率(MHz)
BDS	B1I	1561.098
	B1C	1575.420
	B2a	1176.540
	B2b	1207.140
	B3I	1268.520
GPS	L1	1575.420
	L1C	1575.420
	L2	1227.600
	L5	1176.450
GLONASS	G1	1598.0625 ~ 1605.375
	G2	1242.9375 ~ 1248.625
Galileo	E1	1575.420
	E5a	1176.450
	E5b	1207.140
	E6	1278.750

3. 服务性能

卫星定位系统的服务性能评估目前还未有统一的规范，根据公开的官方资料及服务性能规范[6-7]中公布的参数，对各卫星定位系统的服务性能指标进行统计，主要包括信号的覆盖范围、可用性、精度，定位精度、测速精度、测时精度等，结果见表3。从表中可以看出，各个卫星定位系统的服务性能指标存在一定差异，这是由于各系统的发展阶段和不同的设计需求造成。

各系统服务性能指标分析 表3

指标参数		BDS	GPS	GLONASS	Galileo[8]
覆盖范围(km)		1000	3000	2000	—
可用性		MEO≥91% GEO/IGSO≥98%	≥95.7%	—	≥87%
单星测距误差(m)		B1≤2.5	≤7.8	≤18	≤7
测距率误差(m/s)		≤0.0006	≤0.0006	—	≤0.02
定位精度(m)	水平方向	10	9	5	4
	垂直方向	10	15	9	8
测速精度(m/s)		0.2	—	—	—
测时精度(ns)		≤20	≤40	≤700	—

综上所述，虽然目前GPS凭借其先发优势，产业配套能力、应用市场更为成熟，但在BDS完成全球化后，其星座结构强，兼容性高、性能优异，已具备了和GPS共同领跑的能力，在亚太区域，卫星可见性较GPS有巨大优势，对用户的快速定位和精度提升具有极大的帮助。

三、工程应用

1. 项目概况

黄茅海跨海通道是港珠澳大桥西延线，起于珠海高栏港，与鹤港高速公路顺接，向西跨越黄茅海水域，终于江门台山，对接新台高速公路，路线全长约31km，其中跨海段长度约14km[9]。海中段主桥包括黄茅海大桥(独柱塔双索面三塔斜拉桥，主跨2×720m)及高栏港大桥(双塔斜拉桥，主跨700m)，陆域段包括4个互通立交、2个处分离式隧道，如图1所示。

图1 黄茅海跨海通道效果图

工程区域面临着强台风、雷电等恶劣天气的威胁，高耸异形主塔施工、海中大型钢箱梁拼装难度较大,建设期内需要对索塔、高边坡、深基坑进行高频次、高精度的变形监测以保证施工安全,运营期的变形监测有助于掌握桥梁的健康状况,为管理养护提供数据支撑,这些都对本项目测量工作提出了较高的要求,因此推动BDS在本项目建设中的应用具有重大意义。

2. 精密施工控制网

目前国内跨海桥梁首级施工控制网基本上是采用GPS进行静态相对定位测量,文献[10]对BDS在施工控制网的应用进行了有益的探索,但是采用的试验数据为BDS未完成组网前采集,因此未包含BDS-3信号。为了全面验证基于BDS建立的平面控制网能满足施工首级控制的精度要求,在黄茅海跨海区域选取了7个首级控制点进行GNSS静态测量,通过在控制点上架设支持BDS2/BDS3的GNSS接收机,按GPS B级网的精度要求与4个参考站进行联测,采集首级控制网的静态观测数据。

分别利用BDS信号、GPS信号进行静态解算,基线处理采用高精度数据处理软件GAMIT和精密星历,基线处理类型为BASELINE,观测值类型采用为LC_AUTCLN,不估算对流层天顶延迟及大气水平梯度参数,下载电离层交换文件、全球大气映射函数模型文件及全球海潮模型文件进行相应设置。截止高度角为10°,历元间隔为30s,分别计算单星座BDS及GPS观测数据的基线成果(图2)。

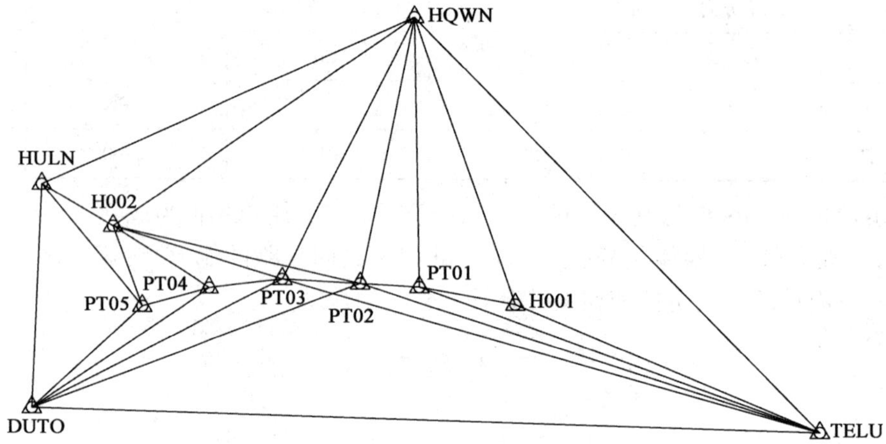

图2 平面控制网网形示意图

基线解算完成后,进行基线重复性、同步环、异步环检核,通过三维无约束平差剔除粗差基线,再分别对BDS基线及GPS基线进行二维约束平差,二维约束平差精度统计见表4。由精度统计分析结果可知,BDS二维基线残差、边长中误差,基线边长相对中误差等精度指标较GPS均稍弱,但二者的各项精度指标均优于规范要求,解算质量较高,原因可能为二维起算点坐标是通过GPS基线平差得到,与BDS基线的兼容性较差。

二维约束平差精度统计 表4

项目		BDS	GPS
二维基线残差	最大 X 误差(cm)	-0.30	-0.12
	平均 X 误差(cm)	0.017	-0.002
	最大 Y 误差(cm)	-0.43	-0.16
	平均 Y 误差(cm)	-0.071	0.004
二维基线绝对误差	最大绝对误差(cm)	0.13	0.04
	平均绝对误差(cm)	0.11	0.03
二维基线相对误差	最弱边相对中误差	1/1297000	1/4882000
	平均相对误差	1/4813535	1/18083342

坐标对比结果见表5,两套坐标成果在平面方向的坐标分量差值最大为4.4mm,表明BDS和GPS的

平差结果基本一致。从控制网解算结果来看,BDS 建立的平面控制网亦满足规范中 B 级网的精度要求,可用于高精度施工控制网的测设,但 BDS 的稳定性和精度还是略低于 GPS,原因可能与针对 BDS 的误差改正模型不全面、缺少天线相位中心变化(PCV)模型及钟差精度有关[11]。

坐标对比 表5

点号	差值(mm)	
	dx	dy
H001	-0.9	0.7
H002	0.9	-4.0
HPT1	-4.1	1.9
HPT2	-4.1	-2.2
HPT3	-4.4	-2.2
HPT4	-2.0	2.2
HPT5	-0.3	-1.0

3. HMHL-CORS

黄茅海跨海通道 GNSS 连续运行参考站系统(HMHL-CORS)是跨海桥梁工程中首个能独立使用 BDS 进行网络 RTK 定位的工程 CORS。系统包括参考站子系统、数据中心子系统、监测站子系统、通信网络子系统、用户设备子系统五大部分,通过参考站网选址优化设计、软硬件集成、参考站联测、系统精度测试等技术手段完成系统的设计与建设。参考站的 GNSS 观测数据首先通过专线通信网汇集到数据中心,在中心服务器上进行数据统一解算和原始数据存储,并通过 4G/5G 网络向流动站用户 GNSS 接收机发送差分数据,提供厘米级的实时定位服务(定位精度优于:平面 ±2cm,高程 ±3cm)。如图 3 所示为 HMHL-CORS 系统分布图。

图 3 HMHL-CORS 系统分布图

系统由 4 个连续运行参考站、1 个监测站和 1 个数据中心组成。4 个参考站分别设于珠海市海泉湾及铁炉村、台山市护岭村及渡头村,平均站间距约 14km,站址分布如图 3 所示。系统于 2020 年 7 月建成,9 月通过专家组验收,至今已稳定运行超过 2 年,在地形测量、大临设施施工放样、海中桩基施工放样、控制网加密等工作中发挥了重要作用。

系统具有下列特点:

(1)系统信号覆盖整个跨海段工程施工区域,采用 4G/5G 通信技术和 UHF 无线电台广播两种方式向流动站播发差分信号,为流动站用户提供 GNSS 实时差分定位服务。

(2)通过 Internet 或其他手段,实现向高精度定位用户提供事后精密定位服务,平面精度应优于:

±5mm ±0.5ppm,垂直精度优于 ±10mm ±1ppm。

(3)系统安全性良好,能够有效抵御恶劣气候等外界因素对系统正常运转的影响,同时防止非授权用户通过网络等其他手段访问系统。

(4)系统具备工程坐标转换参数保密功能。将工程坐标转换参数设置于数据中心服务器中,对于用户的实时请求,服务器直接计算并转换出工程坐标给用户,用户无须在自己的手簿中输入转换参数。

(5)参考站无人值守、自动运行,年运行可靠率95%以上;接收机主机或其外部存储器的容量能保证至少存储20天1s采样率的GPS观测数据和气象数据。

(6)系统设备具备完好性检测功能,系统自动对设备进行自检,出现问题时自动报警。

4. 变形监测

在黄茅海跨海通道工程30多公里长的线路中,5座超高索塔的建设尤为关键,塔顶位移监测是最能直观反映索塔结构状态的监测内容,为了保证施工安全以及成桥线形,必须对索塔的塔偏进行实时监测。除索塔外,项目还涉及十余个边坡的稳定性监测和百余个海上钢围堰监测。监测工作量极大,周期较长,海洋环境下超高索塔对全站仪观测而言较为不利,外界环境参数、人为因素影响也十分突出,因此基于BDS的自动化监测方法成为首选的技术手段。下文以主塔监测为例介绍北斗卫星定位系统的应用。

北斗变形监测系统包括监测站、基准站及服务器三个部分组成。在每个索塔顶部纵横向布设两个监测点,如图4所示,采用动态、静态相结合的方式采集变形监测数据。基准站布设于主桥外的稳定位置,优先采用测量平台或施工加密控制点平台。

(1)动态监测:原始观测数据采用1s间隔实时采集,通过GNSS-RTK方式实时输出监测结果,该方式适用于反映变化较大的厘米级变形。

(2)静态监测:静态解算结果设置为1h一次,也可根据需求设置静态解算频率,缩短静态解算时间,具体可根据实际情况调整,例如恶劣天气时,可加大监测频率。该方式通过计算监测点与基准站之间的静态相对基线得到监测结果,精度较高,适用于反映毫米级的高精度变形。

监测数据通过4G/5G通信技术实时传输至服务器平台,不同的监测模式,输出不同的监测成果。各监测点的位移数据可在系统监测平台中通过曲线或报表的形式展示,供实时查询,根据设置的变形预警值对数据进行统计分析处理,实现实时预警(图5)。

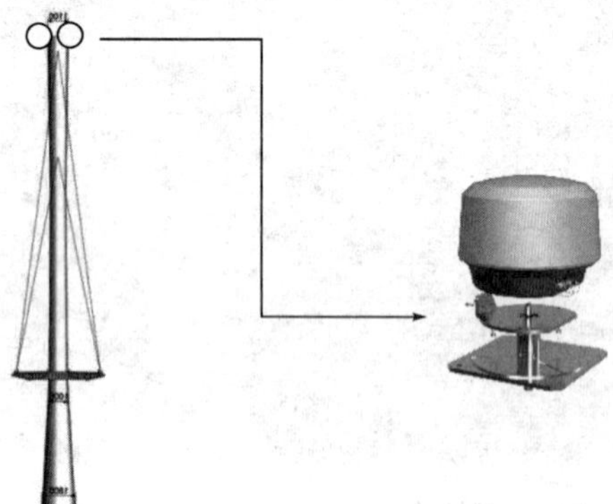

图4　主塔塔偏监测示意图

图5　边坡位移监测示意图

四、结　　语

本文以黄茅海跨海通道工程为例,介绍了工程建设中北斗卫星定位系统在施工控制网测设、HMHL-CORS、变形监测等领域的应用,从精密施工控制网的成果精度、HMHL-CORS系统的精确定位、变形监测系统的实时预警可以看出,BDS已能够满足跨海桥梁施工过程中的对空间位置的各类需求,为工程建设提供了强有力的测量技术保障。随着BDS的误差模型、天线模型、数据处理技术、配套硬软件的进一步完善,BDS必将进入更广阔的应用领域,创造更大的价值。

参考文献

[1] 钟紫萱,吴德海,钟妍,等.北斗卫星导航系统现状与发展前景[J].现代矿业,2022,38(05):43-46,54.

[2] 武珺,刘春保,李俊博.2021年国外导航卫星系统发展综述[J].国际太空,2022(02):38-41.

[3] 陈倩,易炯.全球4大卫星导航系统浅析[J].导航定位学报,2020,8(03):115-120.

[4] 杨霞,李建成.Walker星座星间链路分析[J].大地测量与地球动力学,2012,32(2):143-146.

[5] 宋晓丽,耿长江.卫星导航系统性能规范及其评估结果研究[J].导航定位学报,2019,7(02):10-17,35.

[6] Department O. Global Positioning System Standard Positioning Service Performance Standard[J]. Gps & Its Augmentation Systems,2008,35(2):197-216.

[7] 全国北斗卫星导航标准化技术委员会.北斗卫星导航系统公开服务性能规范:GB/T 39473—2020[S].北京:中国标准出版社,2020.

[8] European Commision. Galileo-open service-service definition document, issue 1.1[EB/OL].

[9] 潘放.黄茅海跨海通道总体方案及创新技术[J].桥梁建设,2021,51(04):10-16.

[10] 陈向阳,宋华山,梁柱信.BDS/GPS在大型跨江通道工程首级平面控制网建设中的应用[J].测绘地理信息,2021,46(S1):293-296.

[11] 郭若成,胡俊杰.基于GAMIT的北斗三代卫星定位数据精密处理及精度评估[J].科技与创新,2022(05):66-68.

10.黄茅海大桥钢箱梁长效防腐施工技术

苏艳慧 王晓辉 权红烈 张文才 廖传岭

(中铁宝桥(舟山)有限公司)

摘 要 本文通过对黄茅海大桥钢箱梁涂装体系、涂装材料、施工设备及工艺的研究,寻求一种适合长大钢箱梁长效防腐的施工方法,投入生产进行现场技术指导和服务,从而达到提高长大桥梁防腐耐久性的目的,为今后同类工程的施工打下坚实基础。

关键词 钢箱梁 长效防腐 智能涂装 施工技术 质量控制

一、引 言

黄茅海跨海通道项目东连港珠澳大桥,西接西部沿海高速公路,是组成粤港澳大湾区重要跨江通道,本项目全长约31km,其中海上段长度约14km,设计速度100km/h。项目将与港珠澳大桥、黄茅海跨海通道、南沙大桥、虎门大桥,共同组成大湾区跨海跨江通道群,加快形成世界级交通枢纽,构建“一核一带一区”区域发展新格局。黄茅海大桥采用钢箱梁三塔双跨斜拉桥设计,跨径720m,建成后将成为世界跨径最大的三塔斜拉公路桥,预计2024年建成通车。

黄茅海大桥具有项目建设要求高、建设理念先进、社会意义深远的特点,再加上项目所处的海洋腐蚀环境较恶劣、耐久要求高,施工难度大,对结构耐久性设计、施工、运维提出更高要求。

二、桥梁简介

黄茅海跨海通道项目钢结构桥梁制造总计约14万t,包含为高栏港大桥、海中引桥、黄茅海大桥三部分,其中黄茅海大桥主桥钢箱梁全长2200m,处于桩号DK6+360~DK8+560,全桥总重约6万t,为独柱塔双索面三塔斜拉桥,主梁由分体式两个钢箱梁及横向连接箱组成。全桥共计16类梁段类型,149个梁段，标准长度15m，标准梁段单重约400t。黄茅海大桥概貌如图1所示。

图1 黄茅海大桥概貌

三、防腐涂装配套体系

1.防腐涂装配套体系

黄茅海大桥与港珠澳大桥所处腐蚀环境类似，均处于高腐蚀性的海洋环境条件下，且考虑到大桥超长的设计使用寿命，以及业主对涂装配套体系的高防腐蚀性能的要求，因此在参照《公路桥梁钢结构防腐涂装技术条件》（JT/T 722—2008）S07配套体系的基础上，对底漆和中间漆涂层进行了厚度增加设计，与港珠澳大桥使用相同的防腐涂装体系，具体见表1。

黄茅海大桥防腐涂装体系 表1

<table>
<tr><th>部位</th><th>防护方案</th><th>道数</th><th>涂层厚度(μm)</th></tr>
<tr><td rowspan="4">钢箱梁外表面</td><td>喷砂除锈到Sa2.5级，表面粗糙度为Rz30～70μm</td><td>—</td><td>—</td></tr>
<tr><td>环氧富锌底漆</td><td>2</td><td>100</td></tr>
<tr><td>环氧云铁中间漆</td><td>2</td><td>200</td></tr>
<tr><td>氟碳面漆</td><td>2</td><td>80</td></tr>
<tr><td colspan="3">累计涂层厚度</td><td>380</td></tr>
<tr><td rowspan="3">内表面</td><td>喷砂除锈到Sa2.5级，表面粗糙度为Rz30～70μm</td><td>—</td><td>—</td></tr>
<tr><td>环氧富锌底漆</td><td>1</td><td>80</td></tr>
<tr><td>环氧厚浆漆</td><td>1</td><td>120</td></tr>
<tr><td colspan="3">累计涂层厚度</td><td>200</td></tr>
<tr><td rowspan="2">高强螺栓连接摩擦面</td><td>喷砂除锈到Sa2.5级，表面粗糙度为Rz30～70μm</td><td>—</td><td>—</td></tr>
<tr><td>无机富锌防锈防滑涂料</td><td>2－3</td><td>120</td></tr>
</table>

注：桥面仅进行临时防护处理，未示出。

2.关键产品选用分析

1）底漆种类选用分析

目前用于大型钢结构桥梁上的重防腐涂装底漆主要有金属涂层（锌、铝、锌铝合金等）、环氧富锌底漆、无机富锌底漆3种。

（1）从对底材处理的要求来讲，金属喷涂对于底材处理要求较高，环氧富锌底漆、无机富锌底漆对于底材处理的要求均为ISO 8501规定的Sa2.5级，而金属喷涂则要求达到Sa3级。金属喷涂由于不含树脂，且成膜厚度较高，通常对于底材的粗糙度要求更高。

（2）从施工性能来讲，由于主要依靠无气喷涂或手工涂刷的方式，因此一次成膜厚度的均匀性对于涂膜整体质量有着很大的影响。无机富锌底漆过度涂装且漆膜厚度不均匀时,涂层易产生龟裂,配套涂层的层间附着力也大幅降低。相比之下,环氧富锌底漆对于涂膜厚度均匀性的容忍性更好。

(3)从涂层损伤修补难易程度来讲,热喷涂金属底层大面积修复时如重新喷涂金属底层,只能采用喷砂方法,清洁度要求高,且新旧金属涂层之间结合性能较差。采用环氧富锌底漆方案如有小面积的损伤,可以局部打磨后用环氧富锌漆修补,如大面积破坏则需重新施工;维护相对简单、灵活。

(4)从施工效率来讲,金属涂层施工效率明显低于富锌底涂的施工效率。以电弧喷铝为例,单台电弧喷涂设备按 180μm 膜厚计,一般都不大于 $8m^2/h$,单台无气喷涂机的喷涂效率可达 $200 \sim 300m^2/h$。

(5)从 HSE 角度来讲,与富锌涂料涂装相比,金属喷涂施工对环境的污染较大。施工时产生大量金属烟雾,对人体危害大;对施工人员的安全防护方面的要求较高。

综上,环氧富锌底漆的施工性能最好,防腐蚀性能可靠,施工效率高,能够满足本项目的防腐要求。

2)面漆种类选用分析

目前,用于大型钢结构桥梁上的重防腐涂装面漆主要有聚氨酯面漆、氟碳面漆、聚硅氧烷面漆3种。

(1)聚氨酯面漆是一种高性能的长效重防腐蚀涂料,在大部分严重腐蚀环境中都得到广泛的应用。目前应用最多的配套是富锌(有机或无机)底漆1道/环氧云铁中间漆1~2道/聚氨酯面漆2道,总干膜厚为200~350μm。这一配套十多年来已被广泛应用于桥梁、建筑钢结构、石油化工、电站、船舶和海上设施等面对严重腐蚀的各个钢结构防腐领域,并被证明是行之有效的。其涂层防护期,一般在沿海地区有10年左右,在内陆地区可达15年以上。

(2)氟碳面漆相对于聚氨酯面漆具有良好的耐候性,这主要是氟碳面漆中引入了氟原子,高键能的C—F键比起一般的有机聚合物中的C—C键,键能要高得多,这就是氟碳面漆比其他有机聚合物面漆耐候性超强的主要原因。它具有优异的保光、保色性、耐候性以及耐热、耐腐蚀、耐化学品、耐沾污、耐摩擦等性能。目前,氟碳面漆在防腐领域的应用增长十分迅速,很多重点大型工程都采用了氟碳面漆,包括众所周知的世界级超级工程港珠澳大桥也采用了氟碳面漆。

(3)聚硅氧烷面漆固含量高、成膜性能好,单道涂层膜厚可达到75~100μm;VOC含量低、不含异氰酸酯、气味小,具有安全、环保的特点,属环境友好型高性能面漆。我国有些重点工程,如重庆莱园坝长江大桥等,采用聚硅氧烷面漆并取得成功。但由于聚硅氧烷面漆目前应用较少,很多技术停留在专利和试验室阶段,实际案例无法证明其出色性能,再加上价格上比氟碳面漆、聚氨酯面漆高得多,暂时还未能在桥梁防腐上得到广泛应用。

综上,氟碳面漆的耐候性突出,技术成熟、施工性能稳定,性价比较高,应用广泛,是大型钢桥重防腐面漆的首选。

四、施工技术研究

1. 施工前准备

1)施工人员准备

参与本项目防腐涂装的所有管理人员、施工人员、检验人员均应具备相应的资质证书,在涂装施工前进行相关的培训,经考核合格方可持证上岗,并需确保人员稳定性。

2)涂装材料控制

所有用于该项目的涂装材料入库前应验证其合格证、质保书等,符合要求方能入库,并做好登记与标识工作,及时按照标准要求进行取样复验,检验合格并经监理工程师认可方可用于涂装施工。

3)施工设备及检测仪器

施工设备包括智能喷砂机、智能喷涂机、自回收喷砂系统、喷砂车间主除尘器、活性炭催化燃烧系统、除湿机、高压无气喷涂机、空压机、真空吸砂机。检测仪器包括温湿度计、粗糙度对比样块(或粗糙度测量仪)、磁性干膜测厚仪、拉拔仪、划格器、湿膜卡等。检测仪器应在有效的检验期内,且使用前必须校准。

4)施工环境控制

防腐施工时环境温度5～38℃,相对湿度不高于80%,钢板温度必须高于露点温度3℃以上,且低于40℃。雨、雪、雾、大风及沙尘天气禁止户外施工。

2.厂内喷砂施工

1)喷砂前的表面预处理

需进行防腐涂装的所有工件在进行表面处理前必须进行表面预处理。表面预处理工作包括除油除污、棱角打磨和表面清理等。

用有机溶剂或金属清洗剂清洗钢结构表面油污,得到无油、无水、无污物、无锈斑及其他包括可溶性盐在内的洁净表面。

对锋利棱角、尖角等需用磨光机打磨至$R1$～2mm圆弧,去除钢板边角毛刺。

清除工件表面的残留焊渣焊瘤,如发现焊接缺陷如割孔、焊孔等应修补。

2)外表面智能喷砂除锈

为进一步确保喷砂除锈施工质量,本项目外表面喷砂除锈采用智能喷砂机施工,由一台轮载式喷砂机器人完成,配磨料自动回收系统、自动除尘、加砂系统等,该设备可实现离线编程规划运行路径,避开支墩,进行自主喷砂除锈作业;机器人机械手臂前置,可方便灵活操作,可作业范围较大,可完全覆盖钢箱梁梁段外表面喷砂除锈作业;机器人的喷枪可按需要调整与工件的距离及角度并固定到最优喷砂除锈质量的位置。喷砂除锈效率120m^2/h(Sa2.5),设备工作行进速度:0.5～2m/min,非工作行进速度<2km/h,喷砂除锈幅度可达2m,机械臂覆盖范围2.7m。

3)其他表面手工喷砂除锈

本项目手工喷砂主要用于除外表面以外的部位。手工喷砂时,喷砂压力≥0.6MPa、喷射角度为60°～80°、喷射距离100～300mm,喷射时采取先下后上,先内后外、先难后易的顺序,尽量均匀一致,不得漏喷砂,并对焊缝、转角及锈蚀严重的部位做重点处理。

3.厂内涂装施工

1)焊缝部位不涂装区域的保护

梁段的对接焊缝50mm范围内暂不涂装底漆(拼装完成后现场涂装),以后每道油漆涂装前,焊缝边缘再留出50mm,形成阶梯状保护层。

2)油漆的调配

调配前用搅拌机将各组分搅拌均匀,必要时进行过滤,再按要求进行调配。调配时注意油漆的熟化期和混合使用期,达到熟化期才能施工,但超过混合使用期的涂料严禁使用。因此需做到油漆现配现用,避免浪费。少量油漆调配时需用适当量具按各组分混合比例调配。

3)油漆的稀释

必要时加稀释剂对配置好的油漆进行稀释以便于施工,稀释剂加入量参照油漆使用说明书或按现场涂料厂家技术服务指导加入。

4)预涂

各道涂层喷漆前,需预涂所有焊缝,边角及所有不易喷涂的部位,以保证这些部位有足够的膜厚。为保证预涂质量,所有预涂均采用刷涂。

5)各工序涂装间隔时间

一般情况下,涂料最好在表面处理完成后4h内施工于准备涂装的表面上;当所处环境的相对湿度不大于60%时,可以适当延长,但最长不应超过12h;不管停留多长时间,只要表面出现返锈现象,应重新除锈;涂装后4h内不得淋雨。上道涂层干燥后方可涂装下道油漆,具体涂装间隔参照涂料说明书。

6)外表面智能涂装

智能化喷漆设备主要应用于钢箱梁外表面喷漆作业,主要包含轮载式智能移动平台搭载喷漆机器人、喷漆泵、激光导航装置等,可按照预先编制好的程序轨迹沿厂房纵向及横向方向移动,可完成钢箱梁梁段外表面的喷漆作业。设备采用背负式 AGV 小车,车体采用激光导航,通过在车间四周布置激光反光立柱,实现运动轨迹的精准定位。AGV 车体在作业过程中做匀速直线运动,同时采用机械手臂搭载喷枪做左右往复直线运动,形成 Z 形喷涂工作面,喷漆效率 $>200m^2/h$,可得到较均匀涂层。轮载式喷漆机器人如图 2 所示。

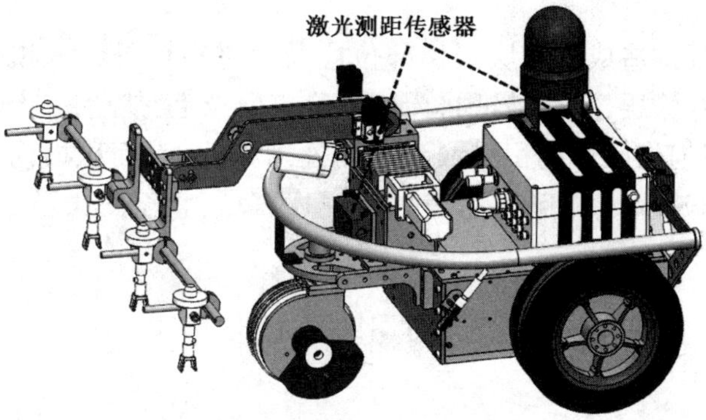

图 2 轮载式喷漆机器人

7)其他表面手工喷涂

手工喷涂主要采用高压无气喷涂方式(摩擦面采用有气喷涂),喷涂时喷涂距离控制在 300mm 左右,喷涂角度 80°~90°,走枪时平行于构件表面、每枪压盖在 1/3~1/2。施工过程中需使用湿膜卡检测湿膜厚度,从而控制干膜厚度,若偏差较大应及时调整喷枪速度,以达到设计要求。

4. 分控制室及总控室

该项目配备的智能化涂装生产线除了上述智能化喷砂设备、智能化喷涂设备还包括分控室及总控室。该生产线基于较为成熟、可靠的智能设备,构建喷砂、喷漆作业的全周期信息数据链,系统方案的自动化设备,均具备与局域网连接的功能。各工序厂房均配备用于执行控制的分控室,分控室承担执行单元一级控制、人机互动、执行反馈、设备间协作等任务。

分控室监测系统具备实时数据库采集功能,通过数据服务器,实时采集控制室内所监测的设备的生产作业状态,如作业环境、设备运行参数、作业时间,并对采集的数据进行存储、上传,同时控制室的监控系统平台也具备与其他系统进行数据交互的功能,预留相关有效接口。

喷砂除锈、喷漆工序的现场生产作业数据传输至总控室服务器,通过总控计算机监测各工序现场生产状态,直观形象地显示设备状态、加工任务等信息。

5. 抗滑移系数的验证

本项目以每 5 万个高强螺栓用量的钢结构为一批,不足 5 万视为一批,全桥共制作 5 批摩擦试件,每批 6 组,3 组验证出厂时抗滑移系数,3 组发往现场验证架设时抗滑移系数,出厂时抗滑移系数要求不小于 0.55,架设时抗滑移系数要求不小于 0.45。

6. 现场涂装施工

1)栓接外露部位补涂

(1)螺栓除油、螺母和垫圈水洗清除皂化膜,螺栓头、螺母表面用钢丝刷或砂纸打磨拉毛,锈蚀部位采用手工机械除锈 St3 级。

(2)表面处理 4h 内,在螺栓头和螺母、垫圈表面刷涂环氧富锌底漆 80μm。

(3)外露面整体涂覆硫化型橡胶密封剂 1000μm,同时对栓接间隙进行封堵,表面刮抹平整。

(4)待密封剂固化后,在其表面整体刷涂环氧厚浆漆 120μm。

2)焊接部位补涂

(1)首先清除焊缝部位油脂和污染,用铲刀清理焊渣、焊豆、氧化皮等,焊缝粗糙或缺陷部位进行修正并打磨匀顺。

(2)锈蚀部位采用手工机械除锈达到St3级,显露出金属底材光泽。

(3)清除焊缝周围受损伤的涂层,并将漆膜边缘打磨成平滑过渡的斜坡。

(4)表面处理合格后应在4h内进行补涂,可采用刷涂或辊涂(底漆宜刷涂);补涂按其所在部位涂装体系的要求进行。

3)涂层损伤部位补涂

对构件在运输、组装过程中造成的涂层损伤部位应及时进行修补。未损伤至基体的部位,对涂层受损区域进行除油、打磨至完好涂层,并用砂纸将周围漆膜表面拉毛,然后按照该部位涂层体系逐层补涂即可;损伤至基体的部位,则视损伤区域面积采取不同的处理方法:大面积损伤应重新进行喷砂除锈;小面积损伤可采用手工机械除锈St3级,打磨应适当扩大受损区域,直至露出洁净、完好的基体,然后按其所在部位涂装体系进行补涂。

五、质量验收标准

(1)表面清理除油检测。

采用洒水法目测,要求彻底清除表面油污。

(2)表面处理清洁度、粗糙度检测。

表面处理清洁度采用图谱对照方法检测,要求达到Sa2.5级,粗糙度可采用比较样块对照或采用粗糙度测量仪检测,要求达到$R_z = 30 \sim 70\mu m$。

(3)涂层质量检测。

涂层厚度采用磁性测厚仪检测,栓接摩擦面涂层厚度不超过±40μm,其他涂层厚度应满足“90-10”规则,且最大不超过设计值3倍。“90-10”规则是指所测量值中必须90%以上的测值达到规定的厚度要求,另10%厚度不达标的测值其厚度不得低于规定厚度的90%。

涂层附着力检测,当检测的涂层厚度不大于250μm时,各道涂层和涂层体系的附着力按划格法进行,不大于1级;当检测的涂层厚度大于250μm时,附着力试验按照拉开法进行,涂层体系附着力不小于3MPa。

涂层外观采用目测全面检查,涂层表面应平整、均匀一致,无漏涂、起泡、裂纹、气孔和返锈等现象,允许轻微橘皮和局部轻微流挂。漆膜颜色与色卡一致。

六、结　　语

黄茅海大桥所处的环境比较恶劣,因此大桥的防腐工作至关重要,尤其是作为主要承重结构的钢箱梁,其防腐涂装十分关键。

本项目外表面采用的智能涂装设备,有效提高了喷砂、喷涂质量,且质量稳定可靠。同时智能涂装设备故障率低,生产效率成倍提高,满足大体量的涂装工作要求。钢箱梁内表面由于结构复杂,智能设备运行受限,目前尚无法实现智能涂装。

参考文献

[1] 周克忠,毛杨林,郭建棚.跨海大桥钢箱梁外表面涂装体系设计浅析[J].建材与装饰,2017(48):278.

[2] 全伟雄,龙汉新.智能涂装在超大型钢结构工程中的应用[J].广船科技,2020,40(02):13-17.

[3] 李荣俊.重防腐涂装用聚氨酯、氟碳、聚硅氧烷3种面漆比较[J].上海涂料.2012,50(5):44-46.

[4] 中华人民共和国交通部.公路桥梁钢结构防腐涂装技术条件:JT/T 722—2008[S].北京:人民交通出版社,2008.

11."智慧工地"在施工管理中的应用

王志楠
(中交路桥华南工程有限公司)

摘　要　传统的管理体系已无法满足日益增加的项目管理需求,此时利用 BIM 技术构建一套基于三维模型的信息化系统,以 BIM 模型作为工程施工管理的数据纽带,无疑是解决该难题的最佳方案。结合项目实际特点,通过智慧工地等技术,可以实现智能化的施工过程管理。

关键词　智慧工地　智能化管理　信息化监管　公路工程　BIM

一、引　言

"智慧工地"本质是一种互联网管理方式,可对施工工地上各个方面进行高效管理,同时也是一种技术手段,用以解决复杂的施工难题,最终实现施工精细化管理,从而达到降低施工成本、提升施工效率、提高施工质量的目的。

"智慧工地"是通过数据管理,尽可能地减少管理过程中的不稳定因素,可实现加强企业管理力度的作用,目前"智慧工地"在实际工程总的应用趋向成熟,其更适用于体量较大的项目,因为此种项目管理内容多、全项目工作面广,采用信息技术管控可以提高管理效率,降低管理成本。

二、"智慧工地"在图纸复核中的应用

设计模型及图纸复核的主要目的是通过剖切结构专业整合模型,检查结构的构件在平面、立面、剖面位置是否一致,以消除设计中出现的、结构不统一的错误,在施工过程中对每道工序进行模拟,主要工作流程如下:

(1)收集资料,尽可能保证资料的全面,并从多个角度进行验证,从而确保数据的准确性、完整性和有效性。

(2)整合结构专业模型,按节点工程进行拆分和模型细化工作。

(3)剖切整合后的结构模型,产生平面、立面、剖面视图,并检查各结构业间设计内容是否统一、是否有缺漏,检查空间合理性,检查是否有构件冲突等内容。修正各自专业模型的错误,直到模型准确。

(4)按照统一的命名规则命名文件,保存整合后的模型文件。

通过对设计图纸的解析,模型建立后对复杂部位进行分析,找到结构碰撞点,对结构布置进行优化,确保施工的安全。设计复核应用实例如图 1 所示。

图 1　设计复核应用实例

三、"智慧工地"在形象进度中的应用

施工期 BIM 模型与二维形象进度模型构建是在施工图及临时工程设计图的基础上,进行三维建模,使其满足施工阶段模型深度要求;使得项目各专业的沟通、讨论、决策等协同工作在基于三维模型的可视化情境下进行,为后续施工模拟、场地模拟等后续深化应用等提供基础模型。

主要技术方案步骤如下：

(1)收集数据,并确保数据的准确性。

(2)各专业模型,达到施工模型深度,并按照统一命名原则保存模型文件。

(3)将各专业阶段性模型等成果提交给建设单位确认,并按照建设单位意见调整完善各专业设计成果。

(4)根据编码文件进行编码录入图纸挂接及其他属性信息录入等工作。

其最终交付的成果为建立的施工期BIM模型与二维形象进度模型。模型深度和构件满足交付标准中的施工阶段的各专业模型内容及其基本信息要求。

四、"智慧工地"在施工工艺中的应用

根据项目的实施内容及特点,对各个施工工艺进行模拟。

1.总体施工场地布置模拟

等比例建模塔式起重机及索塔,以检查各设备及结构之间的碰撞情况,合理布置施工场地。

采用Revit技术,等比例1∶1建模,场地规划过程中利用现有地图、周边建筑物等数据,建立相应的施工场地模型(图2),对整体线路进行布置,根据建模分析结果,最终确定最佳的施工场地布置方案。

项目Z3号主墩共有两个塔式起重机,分别为吊装部品钢筋的ZSL2700塔式起重机和吊装模板的W450塔式起重机还有1台上下电梯,建模完成后(图3),电梯从塔式起重机附着中间穿过,间距仅为0.5m,两台塔式起重机吊装过程中互不影响。

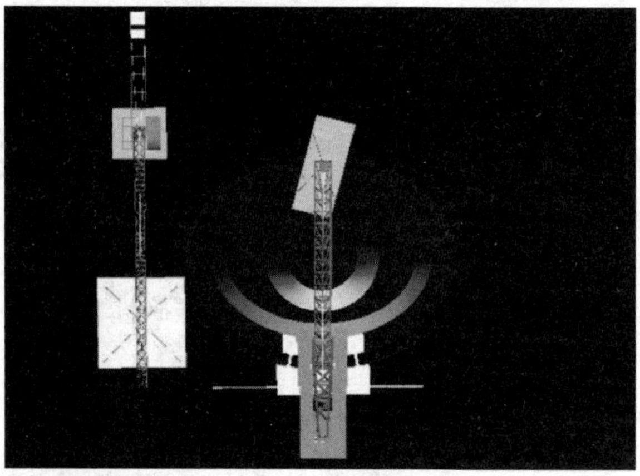

图2　场地模拟

图3　塔式起重机相对位置模拟

2.施工工艺模拟

根据本项目的实施内容及特点,对主塔施工、主塔区梁段施工、主梁标准段施工及匝道桥施工进行模拟,主要构建施工过程演示模型,结合施工方案进行精细化施工模拟,从而检查施工方案可行性,也可用于与施工部门、相关专业协调施工方案,实现施工方案可视化交底。主要施工模拟内容见表1。

施工工艺模拟　　表1

序号	方案名称	方案模拟要求
1	主塔施工模拟	①按主塔阶段划分完成塔区施工阶段的模拟; ②方案模拟需建立包括塔吊、液压爬模、造型箱模板等施工临时措施,并可进行动画交底; ③钢锚梁、斜拉索施工区域需对钢筋进行模拟,以检查构件间碰撞情况; ④预埋件位置钢筋布置需进行单独建模模拟,以检查构件间碰撞情况
2	塔区梁段施工模拟	等比例建模大墩位浮式起重机及塔区梁段支架,对塔区梁段的吊装作业进行施工模拟,并进行动画交底

续上表

序号	方案名称	方案模拟要求
3	主梁标准段施工模拟	等比例模拟桥面起重机、运输驳船等施工设备，对施工方案进行模拟，并进行动画交底
4	匝道桥施工模拟	通过BIM实景模型，对匝道桥施工进行施工组织模拟，各施工机械、施工设备、临时结构之间的空间关系，合理地组织生产施工，并进行动画交底

在WBS关联构件的基础上，将施工进度整合进BIM模型，形成4D施工模型，模拟项目整体施工工艺安排，检查主要施工步骤衔接的合理性。主要包括主塔节段钢筋分节模拟、施工塔式起重机布置模拟等工作。

例如项目采用索塔部品钢筋整体吊装工艺，如何在部品制作时使钢筋精确定位是关键所在，使用Fevit对索塔钢筋进行建模（图4），可形成任意截面的钢筋断面图，导入数控机床切割齿板精确定位（图5），实现上千根钢筋高空精准对接，索塔节段保护层厚度可达到95%以上。

图4 钢筋整体建模

图5 钢筋定位齿板

五、"智慧工地"在远程监控中的应用

有别于一般的远程监控仅仅是在周围装几个摄像头，智慧工地的系统监控由三部分组成：前端施工现场，传输网络、监控中心，采用光纤连接的方式进行数据传输，实现工区和大临结构区域监控全覆盖。

相关视频数据接入发包人智慧工地管控平台，视频远程在线监控（图6）功能包括：支持随时查看分散工地现场施工情况；支持事后溯源查看；支持中心上墙预览、回放；支持全局整体查看、重点区域查看细节要求；支持夜间能看清细节要求。

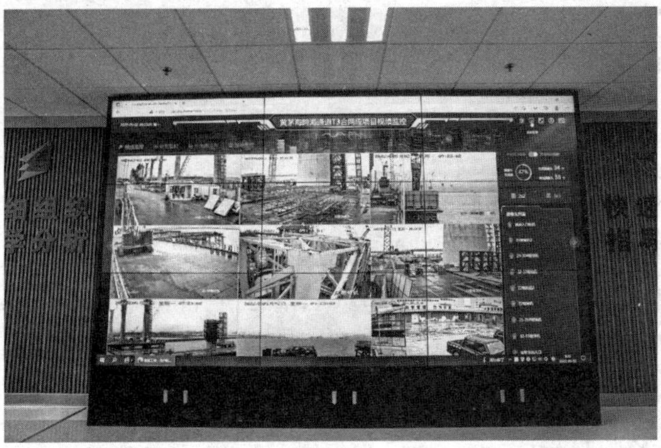

图6 项目远程视频监控管理大屏

同时,本项目视频联网支持自动识别以下场景:安全帽佩戴识别;人脸识别;高空作业佩戴安全带识别。

最终实现以上异常场景一经视频摄像头识别出,便会自动将数据发送至后台并告警。告警信息通过短信、App端推送至相应管理人员或者行为人员,进行后续相应处置。

施工过程中,设备的安全监控是管理的重点,"智慧工地"可对建设过程中机械设备的状态进行信息采集,在安装设备时安装各类传感器,信号采集器、控制执行器、显示仪表、监控系统等。在"智慧工地"中接入,将显示、控制、报警、视频监控等功能合为一体,实现全过程自动监控预警,当发生异常情况时,系统和现场同时进行预警并发送至预先设定好的人员。

同时系统内也收录了各项设备的附加信息、进出场时间等,管理人员可以通过二维码了解设备的使用情况。比起传统的工地管理模式,"智慧工地"对设备的控制性更强,更加智能化。

例如本项目索塔施工配备2700动臂吊一套。主要实现通过人脸识别设备控制操作司机持证上岗;通过变幅、高度、回转等传感器,实现塔式起重机的运行姿态模拟,实现塔式起重机防碰撞预警;通过载重等传感器反馈的信息数据,分析塔式起重机的吊重、吊次分析,从而合理规划场平布置,调整维保周期。

主墩配置1台升降机,升降机智能监测管理模块通过智能化传感器对升降机运行状态、高度、载重、前后门状态以及司机人脸信息进行采集,并对升降机轨道偏位、附墙支撑可靠度进行实时监测,实现升降机运行状态全过程参数自动监测预警,当发生异常情况时,系统和现场同时进行预警并联动升降机动力系统停止运行。塔式起重机监控系统如图7、图8所示。

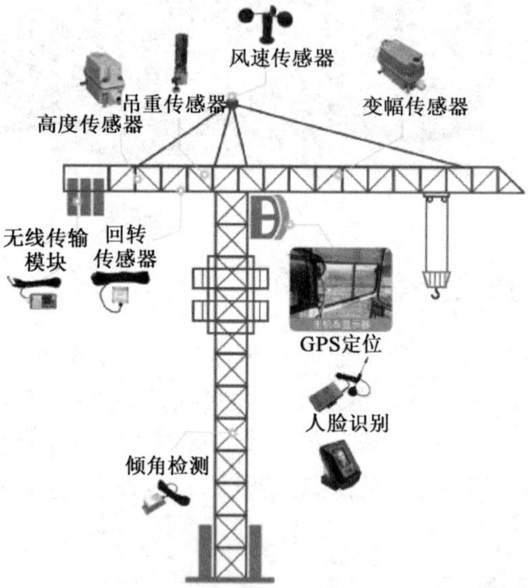

图7　塔式起重机监控系统(一)

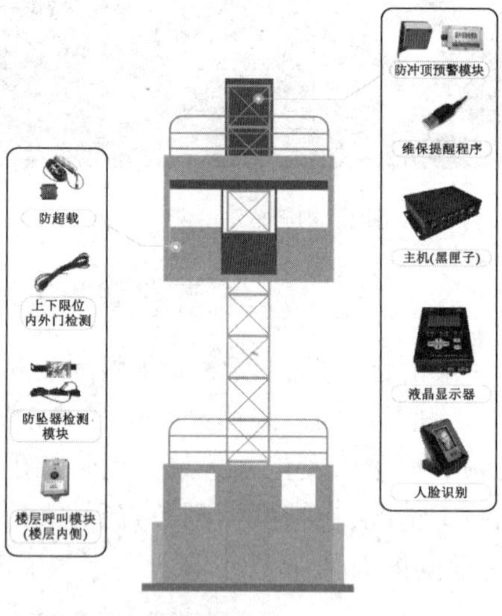

图8　塔式起重机监控系统(二)

六、"智慧工地"在人员管理中的应用

"智慧工地"建设首先对施工现场进行封闭式管理,通过在入口处建立支持工卡、人脸、手机智能识别等多种形式的智能门禁和人员识别系统,可进行人脸识别验证、安全帽佩戴检测、人体温度监测,不满足进场条件的人员智能门禁阻止进入,并接入发包人智慧工地管控平台(图9)。

通过现场硬件的布设及系统的搭建,实现门禁系统与发包人BIM信息化管理平台劳务人员系统对接(通过BIM系统授权人员出入),建立项目级信息指挥中心,门禁监控接入信息监控指挥大屏,建立专人值守制度,提供门禁监控数据看板。

系统与劳务管理系统对接,进场人员实名制,能及时了解在场作业队伍、工种分布情况,同时,通过刷卡进、刷卡出,使施工单位对劳务人员考勤进行了确认,为劳务人员工资结算提供了真实依据,避免劳务纠纷。每月项目将打卡人员的记录导出,并根据出勤天数进行工资发放,并辅以人工调整,最终确定每个人员的出勤天数,发放每人每月的工资。

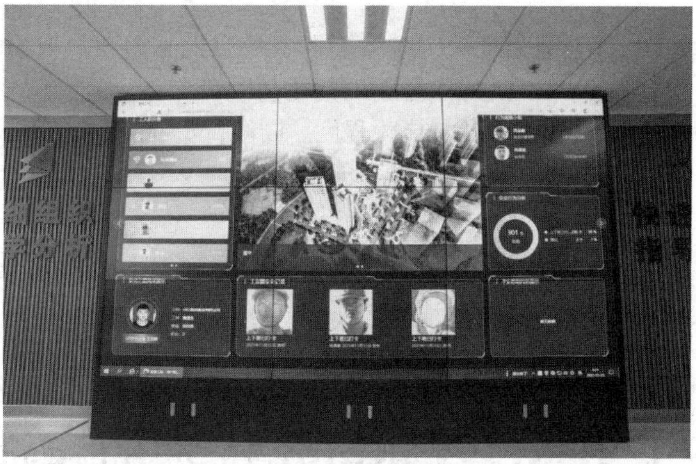

图9　人员管理界面

七、“智慧工地”在智能建造中的应用

“智慧工地”可自动化施工流程,极大地提高施工的准确性,例如拌和站采用智能化数控自动化拌和站控制系统及设备,自动监测每一盘混凝土拌和原材料用量和配合比;采用智能化数控混凝土运输及泵送设备,自动监测混凝土泵送数量、浇筑时间以及外场温度等。

主要通过搭建网络通信基础设施,将混凝土拌和站系统接入数字一体化平台进行实时监测,对接系统包括原材料数据、配比数据、生产计划、生产过程数据、原材料消耗等。拌和站监测如图10所示。

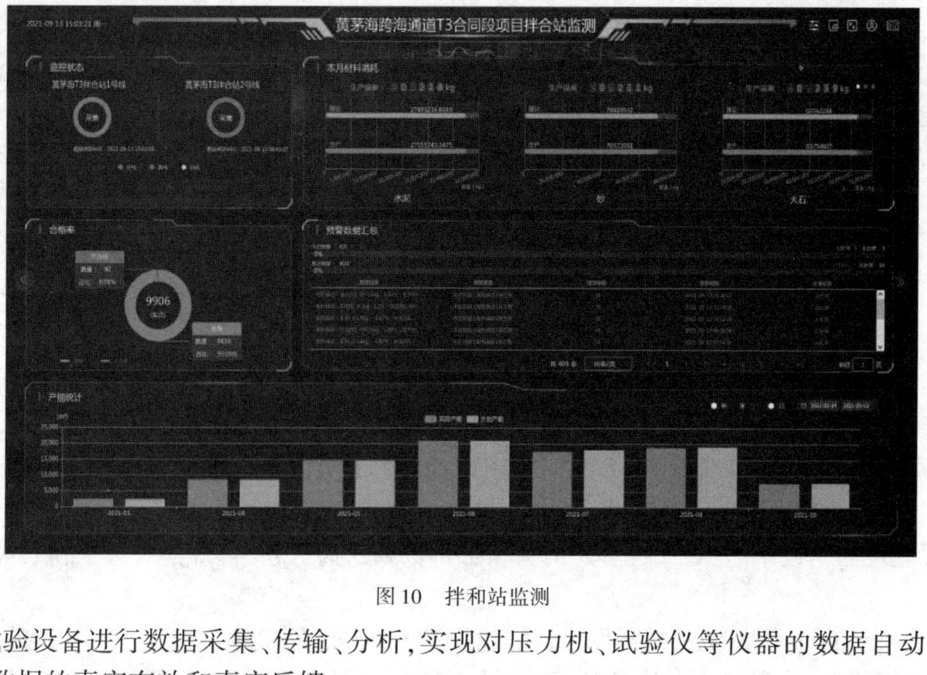

图10　拌和站监测

也可对试验设备进行数据采集、传输、分析,实现对压力机、试验仪等仪器的数据自动采集、自动传输、保证试验数据的真实有效和真实反馈。

项目通过建立试验室设备实时在线数据采集、传输、分析及监测系统,搭建网络通信基础设施。并将试验数据推送至建设方平台,实现数据自动上传平台、自动生成数据报表、进行分析、事后问题追溯等功能。

假如某个部位混凝土出现问题,查询当天的试验室材料消耗记录,确定混凝土配合比是否出现问题,可对混凝土质量问题进行多方面的原因追溯,避免下次出现同样错误。

八、结　　语

"智慧工地"的技术应用,首先符合国家及行业发展要求,且能够为项目现场的施工实现工程管理精细化、参建各方协作化、行业监管高效化、建筑产业现代化新项目管理模式,它将为建筑业界的科技进步产生无可估量的影响,大大提高建筑工程的集成化程度。同时,也为建筑业的发展带来巨大的效益,其最终形成的成果也具有很好的示范推广价值。

参考文献

[1] 窦安华,刘著国,王帅."互联网+智慧工地"用智慧建造未来[J].中华建设,2018(07):28-31.

[2] 杨青云.推进智慧工地的关键[J].商品与质量,2017(4):51.

12.基于BIM+Cesium技术的跨海大桥施工管理系统应用研究

吕　杉[1,2]　贾维君[3]　吴巨峰[1,2]　史　晶[1,2]

(1.桥梁结构健康与安全国家重点实验室;2.中铁大桥科学研究院有限公司;
3.中铁大桥局集团第四工程有限公司)

摘　要　跨海大桥施工易受台风、人员更替、设备作业、材料运输等因素影响造成施工过程管理混乱、问题处置效率低和施工过程信息维护困难等问题,本文以黄茅海大桥为背景,结合大数据、物联网、云计算等新技术,研究了基于BIM+Cesium技术的信息化管控平台,主要围绕桥梁主体及"人、机、物、法、环"施工五要素,开发了BIM项目管理平台、智慧工地、智能建造等模块,并采用网页WEB端、手机App端和智慧沙盘三种方式进行交互。系统已成功应用黄茅海大桥施工过程管理,切实提高了现场施工质量和工效,为跨海大桥的智慧化管理研究提供参考依据。

关键词　跨海大桥　BIM+Cesium技术　多源数据融合　智慧管理　智慧工地　智能建造　智慧沙盘

一、引　　言

随着桥梁交通技术快速发展,我国跨海大桥呈现快速增长趋势,杭州湾跨海大桥、嘉绍大桥、港珠澳大桥等世界级跨海大桥不断涌现,然而在跨海大桥建造技术不断突破的同时,桥梁建设管理不足也逐渐显露,尤其是在跨海大桥的进度管理[1]方面问题频繁,同时,受台风、暴雨、超强紫外线等恶劣环境影响,海上桥梁施工安全风险大[2]、安全隐患多。因此,结合BIM及信息化技术来辅助跨海大桥智能建造成为辅助跨海桥梁建设的新技术[3],近来许多跨海大桥如沪苏通跨海大桥、港珠澳跨海大桥、深中通道等都采用了BIM技术。

BIM(Building Information Model)简称建筑信息模型技术,是集多源信息的三维几何结构体,通过模型格式转化、数据传递,可实现从设计、施工到运维全阶段的数据管理和存储。Cesium引擎是基于前端JavaScript开源的三维引擎,可以通过WebGL技术和3D-Tiles数据标准实现海量二三维空间数据的跨平台绘制展示[4],在跨平台浏览器和多设备终端兼容、交互方面展现出良好性能[5]。研究基于BIM+Cesium技术跨海大桥的施工智慧管理系统,以黄茅海跨海大桥为例,对桥梁施工过程信息化管理、施工现场数字化监控、主体结构建造过程智能化监测管控进行讨论和分析,提高桥梁施工工效、提升现场施工管理水平、保证施工过程安全,为跨海桥梁的智慧化管理研究提供参考。

二、工程概况

黄茅海跨海通道是港珠澳大桥西拓通道的重要组成,是形成连通粤西地区的重要通道。项目起点与鹤港高速公路顺接,终点与西部沿海高速公路相交,全长约 31km,采用双向六车道高速公路设计,跨越黄茅海海域采用桥梁结构形式。黄茅海大桥为跨海通道控制性工程,其中黄茅海大桥跨径布置(图1)为 100m + 280m + 2 × 720m + 280m + 100m,建成后将成为世界上跨径最大的独柱塔双索面三塔斜拉桥[6],主塔采用混凝土变截面式独塔,塔高 254.7m,主梁采用分离式钢箱梁,梁高 4m。

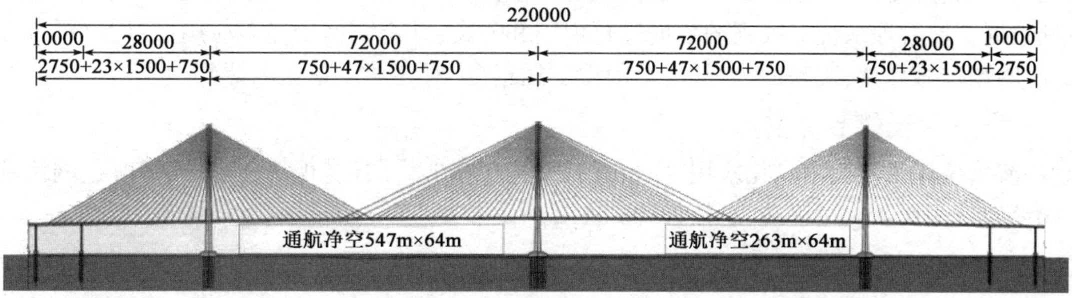

图1 黄茅海大桥桥型布置图(尺寸单位:cm)

三、项目管理重难点

(1)项目工程规模大,建设标准高,建设工期紧张。黄茅海跨海通道长约 31km,为粤港澳大湾区重点超级工程,交通部、省政府及社会面关注度高,总工期 42 个月,受雷暴、台风、暴雨等极端天气和疫情等影响,施工进度保障难度大。

(2)项目施工内容多、工法复杂、施工控制难度大。施工内容包括了海中主桥大直径钻孔桩施工、沿海高温区大体积混凝土温控、纤腰型索塔施工等,其中海中钢梁整孔架设为本项目施工控制难点。

(3)人员管控难度大。本项目作业区分为三部分:4km 海上栈桥施工区、钢结构加工作业区、混凝土拌和站生产区,工区间相隔距离长,在施工高峰期参与施工的工人高达千余人,如何有效进行人员调配、监督工人规范施工是人员管控的重难点。

(4)施工机械设备调配、监管难。海上施工作业区布设 24 台重型塔式起重机、履带式起重机 10 台,旋挖钻机 10 台、混凝土搅拌车 12 辆、驳船 3 艘、3600t 浮式起重船 1 艘,特种设备多、施工场地狭窄,设备进出审批流程复杂,监管难度大。

(5)安全管控难度大。施工作业面分散、人员流动性大,且桥梁施工涉及高空作业区域多,对施工区域的安全监管提出严格要求,同时,施工桥处南侧 2km 水域有三一重工码头,过往船只频繁,水上交通繁忙,通航环境复杂,对海上施工栈桥形成安全威胁[7];受超强台风、潮汐冲刷、地震雷暴等多种灾害要素耦合作用影响,海上施工设施的安全也面临极大威胁[8]。

四、基于 BIM + Cesium 技术的跨海大桥施工管理系统

1. 总体思路

针对以上施工过程管理重难点,本项目通过采用"BIM、Cesium + 多源数据 + 云平台"的建设思路,围绕桥梁主体及施工过程全要素,打造跨海桥梁施工管理系统,拓展施工阶段的信息化建设功能模块,同时利用 BIM 技术的信息集成及共享优势,实现项目实施过程数字化管理,开拓 BIM、信息化、智能化技术在黄茅海大桥施工中的应用。

1) BIM、Cesium 技术

Cesium 引擎作为基于 Web 端可视化平台，相比于 Three. js、Babylon. js、黑洞等引擎，开发兼容性更高，同时拥有良好的数据加载效率和强大的渲染效果，本项目通过采用 BIM 三维信息化模型技术、配合 Cesium 引擎广大场景可视化技术，面向施工阶段管理进行数据存储、记录、传递及展示等各功能开发应用。

2) 多源数据

结合施工现场管理需求，运用物联网技术集成施工过程多源应用数据，包括 BIM 项目管理平台、智慧工地及智能建造等模块，开发统一数据接口和信息化应用标准，满足施工阶段的应用[9]。

3) 云平台

数据计算、处理、传递处理中心，也为本系统中枢神经。云平台通过接收多源传感设备，如振弦式应变计、激光测距仪、扰度计等，整合所有的数据成统一数据格式；然后利用 4G、5G、互联网传送至大数据中心；再通过数据存储管理系统对收到的数据进行识别和分类，并将数据传递至应用层；用户可以在云平台利用加工后的数据做计算、逻辑编排，最终给前端发送指令，对终端设备做出评判。

2. 施工系统管理平台架构

针对跨海大桥施工阶段信息化应用，项目系统架构包括四个层面：现场传感器感知层、网络数据处理层、信息化模块应用层及应用终端，总体架构如图 2 所示。

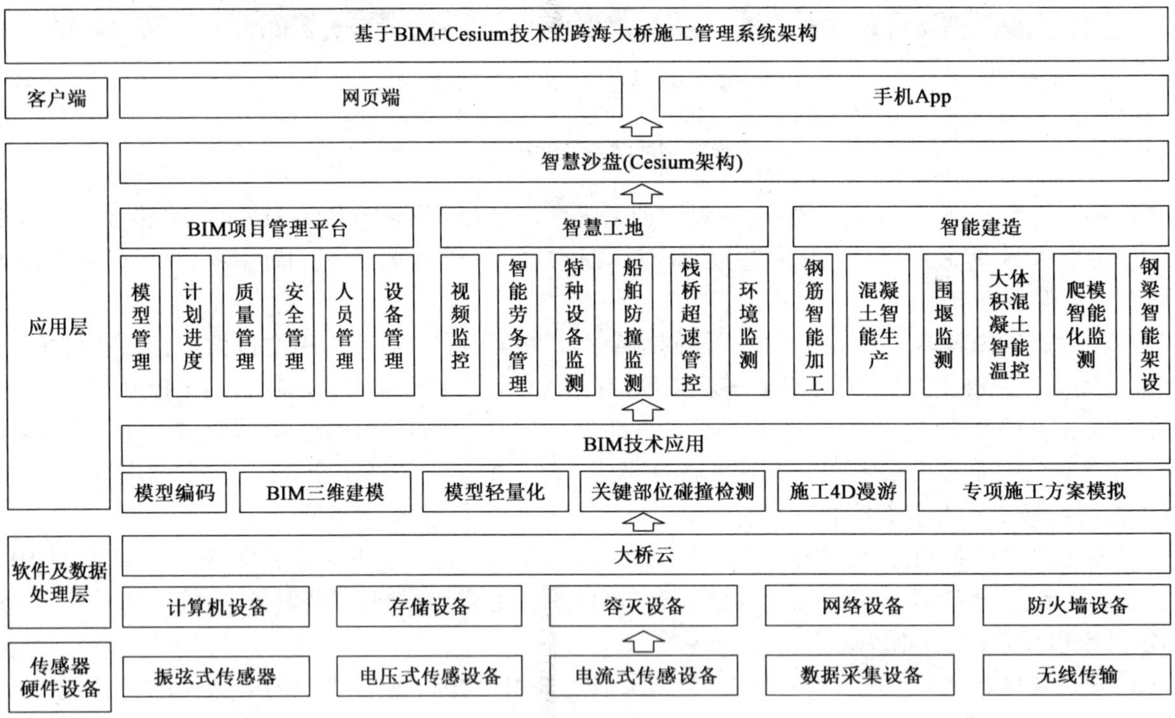

图 2　基于 BIM + Cesium 技术的跨海大桥施工管理系统架构

振弦式传感器、电压式传感器、电流式传感器、图像式传感器等感知设备对施工现场桥梁结构状态、施工场景进行监测和监控，通过借助数据采集设备和无线传输设备，将数据传回至大桥云进行分类、计算处理，传递至前端利用 BIM 技术的可视化功能实现模态化展示，实现桥梁结构状态远程自动、形象化地展示，解决施工全过程人为坚守监测的问题。桥梁模型通过 R + GH + TS 系列软件进行参数化建模可高效实现施工方案推演、碰撞检查与结构受力分析[10]，同时结合 BIM 项目管理平台和智慧沙盘实现施工过程数据存储、快速检索，也为运维管养阶段监测系统提供数据支持，解决桥梁施工过程数据维护难、易丢失的问题。针对施工过程"人、机、物、法、环" 五要素管理，系统通过多源数据接口，接入现场管控监测设备数据，基于项目管理平台，对现场施工安全、进度、质量进行把控，同时开发预警机制，利用 WEB 端和手机 App 系统实现危险源超前预警，保证施工安全，也切实提高施工工效和质量。

五、施工管理平台应用研究

1. BIM 模型技术应用

在道路桥梁施工管理中，BIM 技术的应用对于施工管理效率提升有重要作用[11]，尤其针对跨海、山区、冻土等恶劣环境区域的桥梁施工，通过 BIM 技术应用可以虚拟化推演施工全流程，对桥梁安全、质量生产发挥重要作用。

1）基于 BIM 的场地规划和临建选址

跨海大桥由于地处海域中央、施工线路长、环境极其复杂等因素造成场地规划和临建选址存在难度。因此在施工初始阶段，通过精细化 BIM 模型技术，融合无人机倾斜摄影及 GIS 地图，形成统一数据结构，在 WEB 端构建桥址处地形真实场景，然后根据施工场地大小并结合现场施工要求，对现场临建、道路等进行场地布置，位置不合适的临建及时进行整体移位，达到现场临建布置美观、和谐的效果，辅助客户在线对项目部、钢筋加工厂、拌和站、施工道路等临建设施进行场地规划和选址。图 3 为 WEB 端临建示意图。

图 3 WEB 端临建示意图

2）模型碰撞检测

在桥梁深化施工阶段，针对复杂结构部位的钢筋、预设构件等隐蔽工程，可以利用 Navisworks 软件通过 BIM 模型进行碰撞检测，校核图纸，高亮展示不合理、冲突打架部位，形成问题清单，优化图纸再设计，避免返工现象和施工过程不必要的经济损失，同时也解决了桥梁施工中钢筋布置问题。

3）施工模拟应用

在桥梁专项施工方案研讨阶段，传统展示方式是采用文字和图纸对复杂施工工序进行呈现，容易导致细部工序展示不直观、无法真实表达设计意图，为了还原专项施工过程，对重大、复杂工艺进行推演，可根据桥梁结构分部分项划分成不同节段模型，制定统一编码体系完成模型挂码，基于信息化数据的模型在系统平台进行施工方案的虚拟化模拟，并配套相关文字和图片实现施工方案三维可视化交底，图 4 所示为钢梁悬臂架设施工模拟应用。

图 4 黄茅海大桥钢梁悬臂架设施工模拟

4)BIM模型技术的桥梁大数据

BIM模型是具有数据存储、传递和表达的三维信息载体,为了解决施工过程数据维护难、竖向传递不通畅、信息易丢失等问题。本文将BIM模型与设计、施工过程数据相关联,通过带有编码的轻量化模型,集成项目管理平台维护过程数据,开发基于BIM的设计参数、材料溯源和施工大数据等功能模块,从而实现在线化追溯每个结构部位的设计参数、材料来源用量及施工时间等属性,在竣工时可以形成具有各项管理数据的BIM模型成果,极大程度提升了BIM模型使用的有效性。图5为基于BIM的设计变更管理,图6为基于BIM的结构材料溯源。

图5　基于BIM的设计变更管理

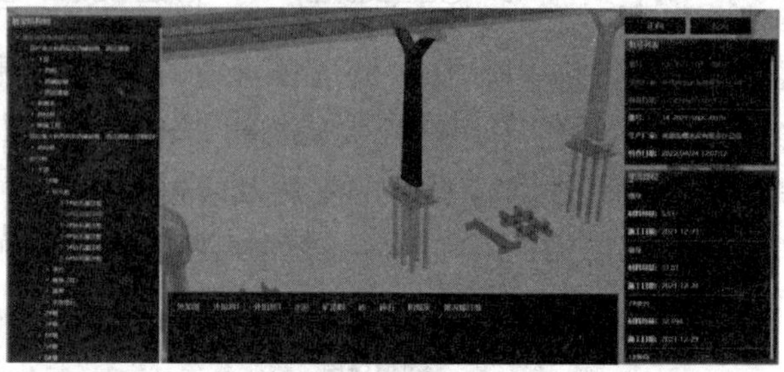

图6　基于BIM的结构材料溯源

2. BIM项目管理平台应用

跨海大桥BIM项目施工管理系统是通过借助BIM技术,针对施工进度、质量、安全、人员、设备等过程实施信息化管理,实现资源调配、进度把控和成本控制,最终达到全过程精细化管理。

1)施工进度可视化管理

传统施工进度管理存在两方面问题,施工进度计划主观性强和难以进度计划的实时控制。本文通过研发BIM模型的进度计划管理模块用于整个项目的计划和进度进行管理,分解整体计划并编辑施工进度、投资进度信息,然后挂接BIM模型以不同颜色区分结构状态,有效辅助管理人员及时、合理完成计划制定和把握当前项目进度状况。如图7所示为桥梁进度可视化管理。

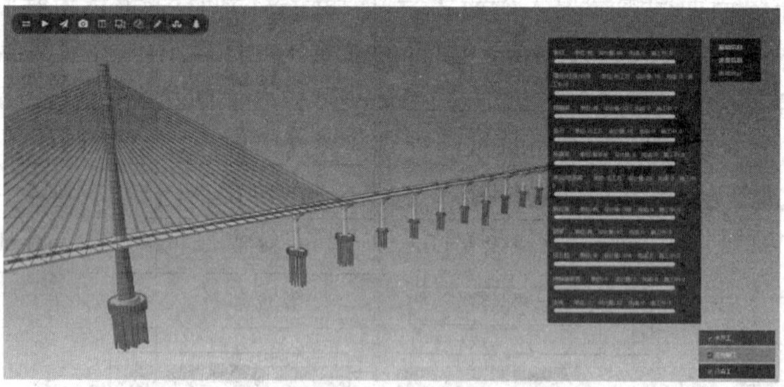

图7　黄茅海大桥进度可视化管理

2)质量安全过程管控

质量管理模块是以工序卡控为核心,基于管理规程和实施细则的各项质量管理工作的线上报验、审查、审批,同时包含质量监督和试验检测,并对各类工程安全相关数据进行统计分析,为工程决策人员提供数据支持。质量隐患排查和检验批与全线BIM模型进行结合,实现质量隐患排查和检验批的快速定位和高效决策。

安全管理主要针对施工现场安全进行远程在线可视化管理。基于管理规程和实施细则的各项安全管理工作的线上报验、审查、审批,并对各类工程安全相关数据进行统计分析,采用清单化管理,为工程决策人员提供数据支持。安全信息与BIM模型进行挂接,安全问题在全线BIM模型上进行红色预警,帮助管理人员快速定位安全问题,做出决策,实现安全管理的智能化、高效化。

3. 智慧工地

传统施工现场管理模式逐渐难以满足建筑行业发展需求，通过运用数字化技术构建智慧工地，将数字化技术、BIM技术及物联网技术充分融合，形成完善的智慧工地建设体系，可以推动施工工程项目建设管理质量全面提升[12]。本文研究通过融合多源监控监测数据，结合大桥云数据处理平台，基于数字化看板构建跨海大桥智慧工地系统，对施工过程五要素实行监测和主动预警，提高施工效率和管理水平。

1）基于视频监控的智能识别

传统施工现场安全管控是采用现场人员巡查和视频监控值守方式，容易导致安全事件排查不全面、不彻底和不及时，为解决以上施工现场安全排查问题，选择基于视频监控的智能识别系统，通过结合视频监控和智能算法对现场施工不规范行为及安全场景进行自动地识别和预警，如安全帽佩戴识别、抽烟识别、救生衣穿戴识别、车辆超速识别、非法越界识别等，一旦发现有不安全行为，系统会立即向现场广播发出指令，广播立即播报提醒现场施工人员规范施工，同时以短信、微信公众号消息推送等方式告知安全管理人员，实现闭环管理，通过对场地和施工过程的有效监督，提高工程的安全监督质量，保障员工和工程的安全。图8为施工现场安全行为识别。

图8　安全行为识别

2）船舶防撞监测

由于黄茅海大桥施工栈桥横跨黄茅海航道，缩窄了过往船只出入航道的水域范围，使得施工栈桥面临船舶误入施工海域和失控的风险，因此需要对来往频繁的船只进行智能化监测以保证施工栈桥安全。本文采用了水上交通安全预警系统，由船舶偏航预警感知设备、专用监控摄像机、中控设备箱、声光电预警设备、预警信息存储设备、机电设备智能巡检等模块构成。设备通过安装于施工现场栈桥区域，可实时采集施工区上下游5km范围内船舶、水文、气象等信息，后台系统通过AI、大数据技术和GIS空间算法，结合船舶实际动态等信息进行综合计算和研判，对施工区安全开展三级区域监测和预警，并通过前端的VHF自动预警设备、声光电预警设备等装置，在一定的航行安全距离内，为船舶驾驶员提示（警告）信息，可有效减少过往船舶误入施工作业区以及触碰施工栈桥等事件发生，保障施工作业安全以及施工作业水域通航安全。

3）环境监测

黄茅海大桥地处多台风地带，高空作业如主塔爬模、塔吊施工、钢梁整孔架设等易受海浪、台风等极端天气影响，导致作业窗口有限，施工面临安全风险高，为掌握黄茅海大桥施工海域的环境要素特征，在施工栈桥上选取三个特征点布设风速风向仪对桥址处的风要素进行实时监测，采用神经网络法对实测数据进行统计分析，找出环境因素特征，结合气象台预告数据，预测未来时间段桥址区域内的环境，以指导桥梁施工调度。

针对施工过程系统会实时监测风要素并分级预警，当风速超过设定阈值，系统会自动推送信息给管理人员，完成现场停工抗风措施，实现闭环管理。

4. 智能建造

面向黄茅海大桥主要施工部位和工艺，通过智能化施工装备、智能监测控制系统、硬件及软件系统集成、三维可视化等技术，构建黄茅海大桥智能建造系统。

1）钢筋智能化加工生产

为提高钢筋生产效率，实现钢筋部品化安装，建立钢筋智能加工生产系统，实现钢筋从进场、入库、出库、加工制造、到钢筋成品的生产过程自动化、智能化管理。通过基于BIM项目管理信息化系统，采用成套自动化钢筋加工设备，经过合理钢筋加工工艺流程，在固定的加工场所对钢筋进行集中加工成为工程所需成型钢筋制品，按照施工进度计划，将工地所需钢筋配送供应给施工现场进行安装施工的钢筋加工模式。

2）大体积混凝土智能温控

常规大体积温控采用人工手动监测，不仅监测效率低、人工使用量大，而且多点监测结果不统一，难以做到精准监测。针对黄茅海大体积混凝土温控开发智能温控软件模块，如图9所示，可实时展示整个温控过程中的温度数据，并结合BIM模型展示承台和塔柱温度云图。平台可自动生成各个测点温度过程曲线和数据报表，同时提供WEB端和手机App查验，可根据相关温度数据系统自动调整通水流量大小及冷却水温度，实现整个温度控制过程自动化、智能化。

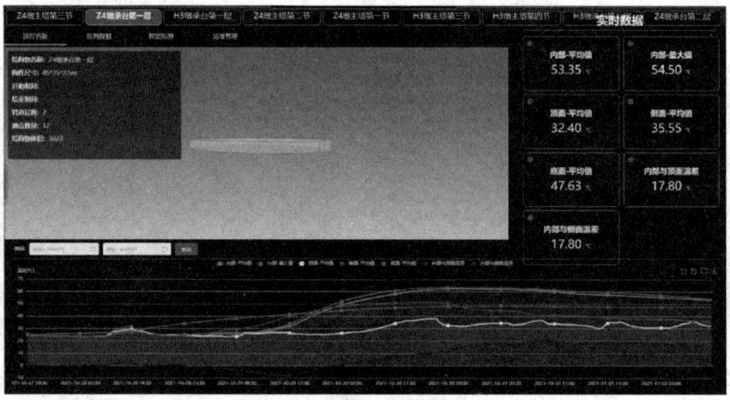

图9　黄茅海大体积混凝土智能温控软件模块温度云图

3）大跨度钢箱梁智能架设系统

受雷暴、台风、暴雨等极端天气，及工期紧、航道繁忙等各因素的影响，黄茅海大桥海上钢梁施工难度大，同时采用浮式起重船及架梁起重机海上架设，吊装难度大、对接精度高、安全隐患多，为全桥施工控制的重难点。面对复杂的海洋环境影响，本文开展整孔钢梁智能化建造技术，通过钢梁上布设的智能传感器，结合无线网络，将监测数据传输至云平台，经处理获得钢梁的应力、反力、姿态等数据。基于融合BIM的三维GIS网络服务平台，结合钢箱梁吊装过程转角、位置等监测数据，实现钢箱梁三维模型位置与姿态动态更新。同时将钢箱梁实时监测数据与设计值进行对比分析，实现异常数据的智能预警。将数据与BIM模型进行联动，实现结构物姿态（二维和三维）的动态实时更新。通过实时把握钢箱梁吊装姿态，加快钢箱梁吊装效率，提升钢箱梁吊装精度，提高钢箱梁施工质量。

5.智慧沙盘

根据跨海桥梁施工过程信息、数据集成化展示需求，通过融合BIM项目管理平台、智慧工地、智能建造等多源数据，基于BIM + Cesium系统架构开发了黄茅海大桥智慧沙盘（图10）。智慧沙盘包括五大部分：综合看板首页、桥梁大数据、平安工地、桥梁智能建造以及桥梁施工监控。

（1）综合看板首页。从投资产值、混凝土钢筋主材生产、环境实时监测、人员设备调配、施工关键节点展示以及当前施工进度等各方面综合还原了项目生产情况，并利用BIM模型可视化模拟施工专项方案，即可通过一界面了解项目全概况，凸显了大数据集成优势。

（2）桥梁大数据。结合BIM项目管理平台和轻量化模型，通过颜色区分展示桥梁施工进度；基于BIM模型记录和留档桥梁各部位的设计几何信息、设计变更信息、施工过程检测信息、主材批次、主材试验检测等数据，解决桥梁施工过程数据维护难等问题，也为运维期桥梁管养提供数据支持，实现BIM模型的全生命周期管理。

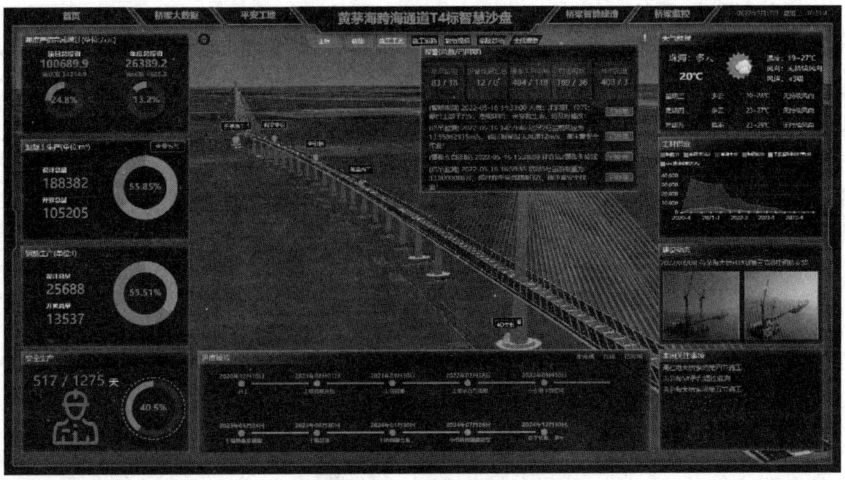

图10　黄茅海大桥智慧沙盘

(3)平安工地。基于智能分析的劳务管理强化了工人安全规范施工的意识;基于雷达感应的栈桥自动测速管理降低了栈桥超速车辆的数量,保障了栈桥行车安全;施工环境监测及预报系统为桥梁施工预测了有效的窗口期,并时刻提醒现场施工环境的安全;大型装备监测通过实时反馈施工装备的结构状态,并联动预警提示的方式降低了作业安全事故率;航道船舶监测通过对来往的船只进行三级主动预警提示,防止船只碰撞施工栈桥,从而确保了施工栈桥安全。

(4)桥梁智能建造。针对桥梁施工建造的主材和重难点工艺工法,研发智能化设备,打造黄茅海智能建造系统,包括了钢筋智能加工系统、拌和站混凝土智能生产系统、围堰智能监测系统、大体积混凝土智能温控系统、主塔爬模智能监测系统及钢梁整孔智能架设系统。

六、结　　语

本文解析了跨海大桥在施工过程中的重难点,并以黄茅海大桥为背景,研究了基于 BIM + Cesium 技术的跨海大桥信息化管控平台,通过结合物联网、大数据等新技术,建立 BIM 信息化模型,融合设计、施工各阶段多源数据,构建以云平台为数据处理中心的施工管理系统,实现模型数据互通;同时阐述了 BIM 模型技术、BIM 项目管理平台、智慧工地、智能建造以及智慧沙盘五大功能模块在跨海桥梁施工阶段的应用,效果显著,提高了施工质量和工效,为跨海大桥的智慧化管理研究提供参考。

参考文献

[1] 方孟元,罗年学,许毅,等.基于 Cesium 的 BIM 与实景三维模型集成可视化研究[J].测绘地理信息,2022,47(02):111-114.

[2] 鲜荣,徐源庆,刘得运,等.黄茅海超大跨三塔斜拉桥结构体系研究[J].桥梁建设,2021,51(06):9-15.

[3] 黄昌均.黄茅海跨海通道航道布置优化方案研究[J].珠江水运,2021(18):45-48.

[4] 潘放.黄茅海跨海通道总体方案及创新技术[J].桥梁建设,2021,51(04):10-16.

[5] 曾浪.跨海大桥工程施工进度风险管理研究[D].南昌:南昌大学,2021.

[6] 李涛.BIM 技术在道路桥梁施工管理中的应用[J].建筑技术开发,2021,48(09):87-88.

[7] 邓捷.钢桁拱桥 BIM 全参数化建模与节点力学性能研究[D].武汉:湖北工业大学,2021.

[8] 甘雨鑫.基于 BIM 的跨海桥梁数字化建设管理关键技术研究[D].南昌:重庆交通大学,2020.

[9] 吴巨峰,祁江波,方黎君,等.基于 BIM 的桥梁全生命期管理技术及应用研究[J].世界桥梁,2020,48(04):75-80.

[10] 黄庆航,唐力文,杨弘卿.泉州湾跨海大桥风险事态评估方法研究[J].公路交通科技(应用技术

版),2020,16(03):334-337.

[11] 刘振邦,李亮,张忆晨.基于数字化技术的智慧工地建设研究[J].铁路技术创新,2019(04):86-91.

[12] 朱栩逸,苗放.基于Cesium的三维WebGIS研究及开发[J].科技创新导报,2015,12(34):9-11,16.

13.基于机器视觉的预制混凝土小箱梁质量智能控制

安　熊

(中铁十一局集团有限公司)

摘　要　为提高预制混凝土小箱梁生产质量,实现对预制混凝土小箱梁生产质量的智能控制,本文引进机器视觉技术,针对预制混凝土小箱梁质量智能控制方法展开研究。根据实际作业需求,对梁场进行规划与分区设计,包括钢筋加工区、预制梁浇筑区、蒸汽养护区、预应力施工区、箱梁封端横移区、喷淋养护区、梁表喷涂区、存梁区、现场办公区、工人生活区等;引进机器视觉技术,通过自动采集数据与人工补充结果来达成对预制梁场的全面数据采集,实现对预制混凝土小箱梁工序的识别;通过移动小车自带感应装置和各功能区的定位桩,进行移动底模定位与质量智能监测,完成预制混凝土小箱梁生产质量智能控制方法的设计。通过实例应用验证了设计的方法能够有效地控制预制混凝土小箱梁的生产质量,质量验收平均通过率为99.86%,具有较好的应用性能。

关键词　机器视觉　小箱梁　预制混凝土　智能控制　生产质量

一、引　言

随着智能化与数字化建设工作的持续推进,预制梁场从传统人工作业开始逐步向机械化建设方向改进,相关工作的实施进一步向自动化方向升级。结合信息化数据管控技术与BIM建模技术,可以达到智能化管理与质量控制的最终目的[1]。通过对施工设备的研发改造,完善现有的信息管理系统,结合BIM可视化云平台技术,可以实现从材料进场、试验检测、各工序施工、成品检测、成品梁出库等流程管控信息的集成,从而实现梁场智能化施工,以此种方式,打造智慧工地与信息化工程。信息化集成、智能化设备预制梁场以信息控制中心为中枢,梁场施工BIM深度应用生产为神经,通过中枢下达命令,指导现场施工生产。为了实现该功能,本文在此次研究中,引进机器视觉技术,开展预制混凝土小箱梁质量智能控制方法的设计研究,通过此种方式,实现对预制件制作的智能化监控与管理。

二、梁场规划与分区设计

为了响应国家智能制造的号召,结合本项目的特点及大体规划、现今公路与铁路桥梁预制场的建造趋势,本项目预制场总体采用液压模板固定预制区+可移动底模+蒸汽养生+智能张拉+智能控制,实现打造一流跨海通道公路桥梁智能制造预制梁场的目标。

场内25m小箱梁和40m小箱梁分区制作、分区浇筑。25m和40m小箱梁各设5条生产线,共计10条生产线(备用2条)。移动底模随梁体在浇筑区、蒸养区、张拉区、封端区各区停留不超过24h,保证预制梁能以每条生产线每天一片的制作速度滚动运行,使25m、40m梁最大日产能达4片[2]。场区布置平面图如图1所示。

根据作业需求,本预制场用地面积为86668m^2(约130亩),包含钢筋加工区、预制梁浇筑区、蒸汽养护区、预应力施工区、箱梁封端横移区、喷淋养护区、梁表喷涂区、存梁区、现场办公区、工人生活区等。

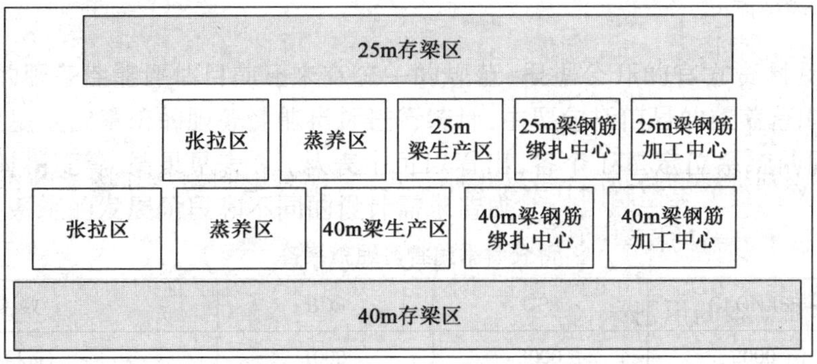

图1 场区布置平面图

三、基于机器视觉的预制混凝土小箱梁工序识别

智慧梁厂是信息化系统和梁厂现场的结合,通过自动采集数据与人工补充结果来达成对预制梁场的全面数据采集。可通过处理、分析梁厂数据,结合现场自动控制,对管理人员进行预警提示,并将其与自动化业务流程进行匹配,以此达到预制梁厂数字化转型的目的[3]。为落实此项工作,引进机器视觉技术,进行预制混凝土小箱梁工序识别的设计研究。

通过设置枪机摄像头,抓拍时间间隔,设备将自动抓拍上传图片至后台。此过程计算公式见式(1):

$$f(x,y)=A\times\sum_{r>1}^{r}R(x,y) \tag{1}$$

式中:f——自动抓拍图像;

x——机器视觉横向采集信息;

y——机器视觉纵向采集信息;

A——抓拍时间间隔;

r——时序;

R——图像上传路径。

在此基础上,采用EasyDL平台定制图像分类、物体检测等模型。通过机器视觉技术中的阈值分割工具,对所提取的图像进行形态学处理与边缘检测,根据检测结果识别目标特征[4]。EasyDL平台机器视觉检测过程如图2所示。

图2 EasyDL平台机器视觉检测

并通过对双目标的标定,进行模型与实体结构的匹配。此过程计算公式见式(2):

$$g=\frac{n-m}{j-i}(f-i) \tag{2}$$

式中:g——模型与实体结构的匹配处理过程;

n——阈值分割算法；

m——边缘检测；

j——目标特征；

i——标定处理次数。

对检测模型进行识别标签的自定义，通过此种方式，实现对定制物体和场景的识别[5]。识别过程计算公式见式(3)：

$$\mu = F(K \times h \times Q) \tag{3}$$

式中：μ——定制物体和场景的识别；

F——物体实时位置；

K——适配度；

h——场景所对应的工序；

Q——场景中的目标对象。

分析识别制梁生产工序，并记录当前工序开始及结束时间，确保管理人员可以获取第一手真实工序数据，不依赖于现场人员扫码等操作。

四、移动底模定位与质量智能监测

在上述设计内容的基础上，为每条生产线各配置1台振捣系统，此系统可设置附着式振捣器振频和时间并自带记忆功能，参数设置好后可实现一键振捣。根据首件试验梁总结，混凝土坍落度在180～200mm时，振频设置为120Hz，振捣时间控制在23s最佳，可采用将此系统接入至指挥大屏的方式，实现数据采集及一键操控功能。振捣控制系统如图3所示。

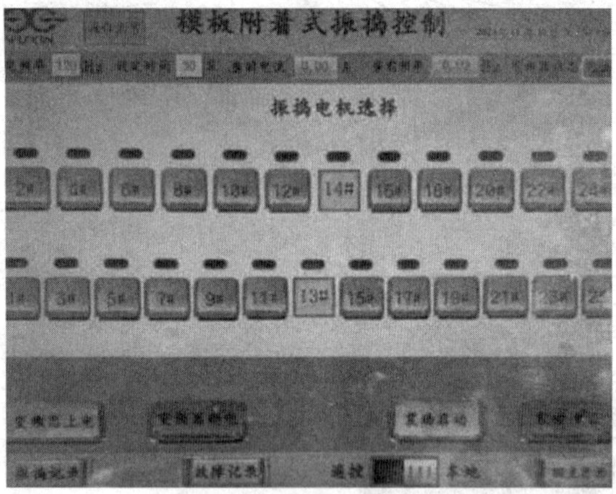

图3　振捣控制系统

该程序有记忆功能，可避免漏振、过振问题，有效地保障了梁体振捣质量，可固化振捣参数，避免人工振捣漏振、过振，确保了梁体振捣质量。

在此基础上，通过移动小车自带感应装置和各功能区的定位桩，进行"站点"之间的一键对位，并将其接入平台监控各台车位置，基于此种方式，实现对移动底模的定位。此过程计算公式见式(4)：

$$Z = -\int_{m} m \times \alpha - F \tag{4}$$

式中：Z——移动底模定位；

α——自带感应信息；

F——台车实时位置。

同时，通过操作柜的人机界面，设置所需温度控制曲线，根据设置的曲线与采集到的温度实时数据进行对比，自动调节蒸汽阀门的开关或开口度，实时调节蒸养室的送气量，当到达设定蒸养时间后，系统自动发出蒸养完成提示信息。提示信息反馈过程计算公式见式(5)：

$$\chi = \sum_{c>1}^{c} c_{\gamma} \tag{5}$$

式中：χ——提示信息反馈；

c——温度实时数据；

γ——自适应调节算法。

预应力智能张拉压浆系统根据预先设定好的程序，自动完成整个张拉压浆过程，过程中可收集上传张拉和压浆数据，并生成相应的质量报表，同步至质量系统。此外，利用BIM技术，对视频监控和环境监测进行一体化设计。设计过程中，可在平台上安装一个虚拟摄像机，将现实中的视频和BIM模型进行匹配，当摄像机的角度和屏幕呈现控制状态时，虚拟摄像机就会进行现场图像的实时同步。此过程计算公式见式(6)：

$$\delta(S)=s'+M(\kappa) \tag{6}$$

式中：δ——现场图像的实时同步处理；

S——BIM 场景；

s'——实体结构三维模型；

M——摄像机角度；

κ——当前控制状态。

通过上述方式，实现作业过程质量的智能监测，完成基于机器视觉的预制混凝土小箱梁质量智能控制方法设计。

五、实例应用分析

本文此次研究的黄茅海跨海通道项目土建工程施工 T6 标段起讫里程为 K17+050～K24+502.8，施工段全长约为 7.452km。小箱梁预制包括本标段 971 片（40m 箱梁 12 片，25m 箱梁 959 片），T5 标段预制小箱梁 1470 片（25m 箱梁 340 片，40m 箱梁 1130 片），T7 标段预制小箱梁 108 片（25m 预制小箱梁 104 片，30m 箱梁 4 片），合计 2549 片（25m 箱梁 1403 片、30m 箱梁 4 片、40m 箱梁 1142 片），赤溪东互通、服务区填筑，标段范围内通信管线迁改及 10kV 电力管线迁改，含附属工程施工。

为满足对预制混凝土小箱梁质量的智能控制需求，本文完成了基于机器视觉的预制混凝土小箱梁质量智能控制方法的设计。为实现对设计方法在实际应用中效果的检验，以黄茅海跨海通道项目土建工程为例，按照本文设计的方法，对项目中的预制混凝土小箱梁生产制作过程进行质量控制。为确保设计的方法可以发挥预期效果，在试验前，按照表 1 所述内容进行试验准备工作。

试验准备 表 1

序号	项　目	参　数
1	机器视觉辅助软件	C#/Halon
2	相机	AVT Guppy PRO F_503B/C 高像素工业相机
3	相机像素	500W

完成试验准备工作后，按照本文设计的方法进行预制混凝土小箱梁质量智能控制。控制过程中，先进行梁场规划与分区设计，同时，引进机器视觉技术，对预制混凝土小箱梁工序进行识别。在施工现场设置枪机摄像头，按照实际施工时间设置摄像头抓拍时间间隔，将自动抓拍图像上传至 EasyDL 平台。通过 EasyDL 平台对预制混凝土小箱梁定制图像进行分类，设置成品物体检测模型，自定义质量识别标签，实现预制混凝土小箱梁质量智能识别功能。并对识别制梁生产工序进行设置，记录当前工序开始及结束时间，实时上传时间数据，方便工作人员对工序进行监管。在此基础上，进行移动底模的定位，通过此种方式，实现对预制件生产过程质量的智能监测。EasyDL 平台预制混凝土小箱梁质量智能控制界面如图 4 所示。

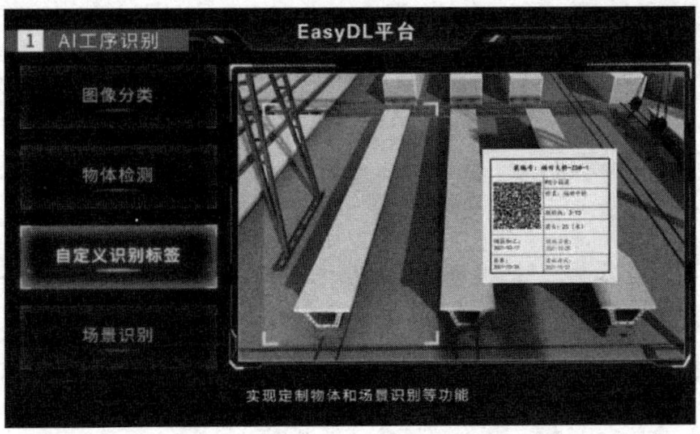

图 4　预制混凝土小箱梁质量智能控制界面

全厂的制梁周期为 2021 年 10 月 1 日至 2023 年 2 月 28 日。其中 25m 梁共 1403 片，计划 2021 年 10 月 1 日开始预制，至 2023 年 2 月 28 日共计 17 个月，中间跨两个春节扣除 40 天，每月按照 25 个工作日计算，制梁周期总共为 17 × 25 − 40 = 385 天，平均每天需产梁 3.6 片，25m 生产线能满足施工要求；40m 及 30m 梁共 1146 片，计划 2022 年 1 月 1 日开始预制，至 2023 年 2 月 28 日共计 14 个月，扣除两个春节 40 天，每月按照 25 个工作日计算，制梁周期总共为 14 × 25 − 40 = 310 天，平均每天需产梁 3.7 片，40m 生产线能满足施工要求。

使用本文设计的方法对生产制作过程进行预制混凝土小箱梁质量控制，为确保相关工作的顺利实施，在施工前，还需进行生产区资源配置设计，具体内容见表 2。

生产区资源配置　　表 2

设备名称及描述	规格型号	单　位	数　量
混凝土集中拌和站	HZS180	台	2
混凝土运输车	SQH260	台	4
40m 跨门式起重机	16T	台	4
30m/40m 跨门式起重机	80T	台	3
变压器	800kV · A 欧式	台	1
电焊机	BX1-500	台	4
钢筋数控弯曲中心	TJB2-32	台	1

对连续 7 天内产出成果的质量验收通过率进行检验，结果如图 5 所示。

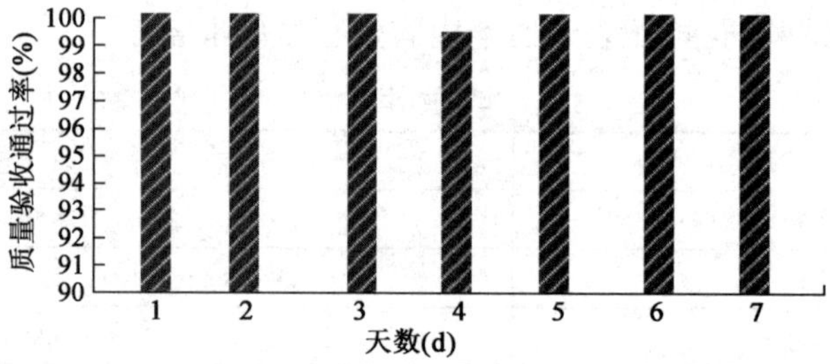

图 5　连续 7 天预制混凝土小箱梁质量控制效果验收

从图 5 所示的测试结果可以看出，在使用本文设计的方法进行预制混凝土小箱梁质量智能控制的 7 天内，产出成果的质量验收通过率有 6 天为 100%，仅有第 4 天的质量验收通过率为 99%，质量验收平均通过率为 99.86%，证明本文设计的方法能够有效地控制预制混凝土小箱梁的生产质量，降低制梁周期，提高预制场生产的工作效率。

六、结　　语

本文从梁场规划与分区设计、预制混凝土小箱梁工序识别、移动底模定位与质量智能监测三个方面，开展了基于机器视觉的预制混凝土小箱梁质量智能控制方法设计研究。此次设计结合生产线内的移动底模、液压侧模、蒸汽养生、智能张拉压浆、智能喷淋等各项智能化业务，通过利用 BIM 技术与机器视觉技术，实现现代化厂房内的智能化控制。

参考文献

[1] 林文良. 悬浇箱梁施工质量探析——英德市省道 S292 线延长线一级公路新建工程第三合同段[J]. 工程建设与设计，2021(23)：227-229.

[2] 刘春宝. 大型钢箱梁拼装及焊接质量保障措施分析——以天津市宁河县光明路蓟运河大桥实际工程为例[J]. 工程技术研究，2022，7(05)：67-69.

[3] 王殿虎，姜云朴，张亮奎. 后张法预应力混凝土简支箱梁张拉和孔道压浆质量控制研究[J]. 居业，

2021(12):159-160.
[4] 徐洪飞,戚云飞,吴佰胜.基于模糊BP神经网络的钢箱梁焊接质量评价方法[J].科技和产业,2020,20(12):233-236.
[5] 杨宝良.提高预制箱梁外观质量的措施——以云南召泸高速公路为例[J].交通世界,2021(15):25-26,47.

14.小箱梁环形生产线预制施工中信息化系统及绿色低碳的应用

高盼雄[1] 杨 洋[2]
(1.黄茅海跨海通道管理中心;2.中铁十一局集团有限公司)

摘 要 低碳发展已经成为世界各国经济发展的重要趋势,随着数字经济发展水平不断提高,行业创新能力逐渐增强,整个行业的数字化、信息化水平将不断提高,进而推动传统产业向绿色低碳化转型,节约能源、减少碳排放。而技术创新和信息化系统作为实现我国碳达峰与碳中和目标的重要抓手,在推动交通行业低碳转型时具有重要意义。

关键词 环形生产线 移动底模 低碳环保 信息化系统 智慧梁场

一、引 言

预制梁场从传统人工作业向机械化改进,进一步向自动化升级,结合信息化数据管控,BIM建模技术,最终达到智能化目的。通过对施工设备的研发改造,完善现有的信息管理系统,结合BIM可视化云平台技术,从材料进场、试验检测、各工序施工、成品检测、成品梁出库、环境监测等流程管控信息集成,实现梁场智能化施工,打造绿色智慧工地。

二、信息化系统及绿色低碳概述

信息化系统是通过引进互联网、物联网技术,基于"标准化、工场化、自动化、信息化"的手段,改变箱梁预制传统单一、粗放式管理模式。采用信息化技术管理施工生产,运用智能化设备代替人工作业,从而实现智慧化工地,减少人工投入,降低安全风险,提高施工质量。

绿色低碳是指在保证工程施工效率与施工质量水平的前提下,有效减少施工过程中出现的资源能源浪费与环境污染问题,实现高质量建设与可持续发展兼顾,全方位保护环境,减少工程施工对周边区域环境的影响。绿色低碳在工厂化预制施工中的应用,一方面能够有效地减少工程施工中能源资源的消耗,提高能源资源的利用率,减少能源资源浪费;另一方面能够保证施工效率与施工质量水平,减少施工对环境的影响。

三、应用案例

黄茅海跨海通道T6合同段预制梁场采用环形生产线施工工艺,环形生产线施工包括钢筋加工、混凝土浇筑、高温蒸养及张拉压浆等流程,需要严格按照施工技术规范开展施工,确保工程实体满足施工要求。以下针对环形生产线施工工艺进行详细描述。

1.环形生产线工艺流程

环形生产线施工工艺如图1所示。

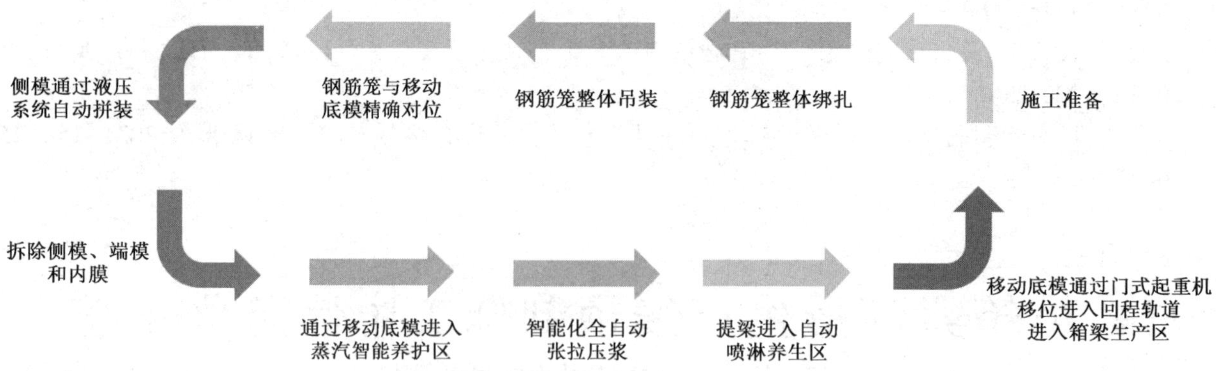

图1　工艺流程图

2. 钢筋加工

钢筋加工区分为原材料堆放区、钢筋加工区、半成品堆放区及钢筋绑扎区。原材料按 25m 梁、40m 梁分区堆放。设型钢堆放台，堆放台离地高度不小于 30cm。所有原材根据进场、使用频率及加工使用的先后顺序，按型号、直径、用途分门别类垫放。半成品区采用货架式管理，所有半成品材料按型号整齐堆放在货架上备用。25m 及 40m 分区绑扎，每个区分别设置 3 个底腹板绑扎胎座和 3 个顶板绑扎胎座。每个胎架上设竖向、纵向钢筋安装定位板，钢筋按定位位置进行绑扎，有效保证钢筋间距、保护层及波纹管定位准确率。定位胎架如图 2、图 3 所示。

图2　顶板钢筋胎架

图3　腹板钢筋胎架

3. 预制梁浇筑

场内 25m 小箱梁和 40 小箱梁分区制作分区浇筑。25m 和 40m 小箱梁各设 5 条生产线（备用 1 条），每条生产线各配置 4 套移动底模、1 个浇筑平台、1 个内模拼装平台和 1 套固定式液压模板。小箱梁外模采用固定式液压模板，内模采用整体抽拉式组合钢模。移动底模随梁体在浇筑区、蒸养区、张拉区、封端区各区停留不超过 24h，保证预制梁能以每条生产线每天一片的制作速度滚动运行。25m 和 40m 箱梁生产线如图 4、图 5 所示。

4. 高温蒸养

每条生产线配置一个蒸养室，梁体脱模后通过移动底模移至蒸养区，为保障蒸汽发生量，蒸养室内设置 4 条蒸汽管道，每个蒸养室配置一个电磁阀独立控制蒸汽输送，通过操作柜的人机界面可设置所需温度控制曲线，系统根据设置的曲线与采集到的温度实时数据进行对比，自动调节蒸汽阀门的开关或开口度，实时调节蒸养室的送气量，到达设定蒸养时间（总计 22h，升温 4h + 恒温 12h + 降温 6h）后，系统自动发出蒸养完成提示信息（蒸养工艺可根据科创研究成果及工程时间数据做适当调整）。蒸养控制室如

图6所示,高温蒸养室如图7所示。

图4 25m梁生产线

图5 40m梁生产线

图6 蒸养控制室

图7 高温蒸养室

5. 预应力施工

在箱梁张拉区设置梳编区,为解决传统钢绞线穿束存在的问题,自主设计了预制梁钢绞线梳编束作业平台,对钢绞线进行梳束和编束。该平台由夹紧固定台、编束平台、梳编器、牵引机四部分构成。牵引机小型卷扬机焊接钢架固定于地面,可遥控。该钢绞线梳编束方法效果显著,操作简单,投资少,降低了劳动强度,缩短了梳编时间,解决了传统编束方法引起的同束钢绞线预应力不均等问题,具有极高的推广价值。钢绞线梳编如图8所示,梳编后绑扎如图9所示。

图8 钢绞线梳编

图9 梳编后绑扎

6. 底模回程

箱梁在封端横移区完成封端工序,待终凝后将由龙门吊横移至喷淋养护区内洒水养护。移动底模通过龙门吊移位进入回程轨道进入箱梁生产区,形成流水生产线。

四、信息化系统应用情况

本梁厂是信息化系统和梁厂现场软硬件结合,通过自动采集数据与人工补充结果来达成对预制梁场的全面数据采集。可通过处理,分析梁厂数据,结合现场硬件自动控制,对管理人员的预警提示,与自动化业务流程来达到预制梁厂的数字化转型效果。信息化平台主界面如图10所示。

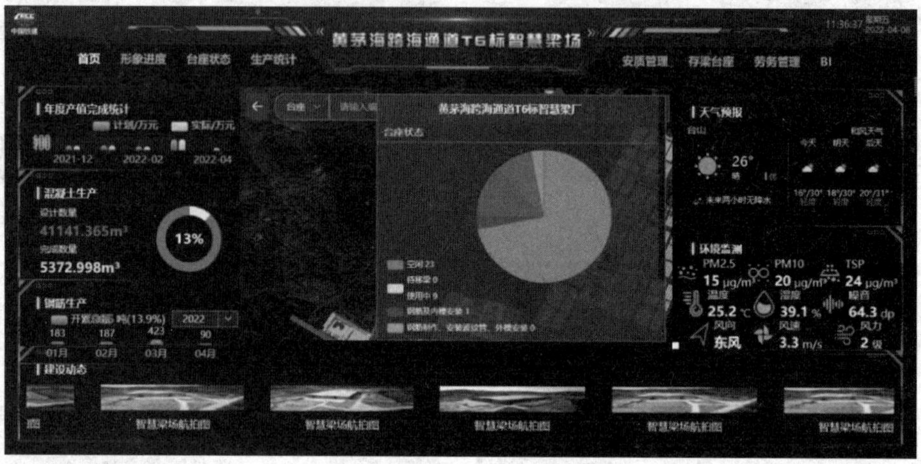

图10　信息化平台主界面

1. 视频工序识别

通过设置枪机摄像头,抓拍时间间隔,设备将自动抓拍上传图片至后台。采用EasyDL平台定制图像分类、物体检测等模型,自定义识别标签,实现定制物体和场景识别等功能,分析识别制梁生产工序,并记录当前工序开始及结束时间,确保管理人员可以获取第一手真实工序数据,不依赖于现场人员扫码等操作,最终识别准确率可达到97%以上。

2. 智能振捣系统

每条生产线各配置一台振捣系统,此系统可设置附着式振捣器振频和时间并自带记忆功能,参数设置好后可实现一键振捣。根据首件试验梁总结,混凝土坍落度在180~200mm时,振频设置为120HS,振捣时间控制在23s最佳。后续此系统可接入至指挥大屏实现数据采集及一键操控功能。

3. 自动液压侧模开合系统

目前此系统可实现,本地或远程操控侧模的开合行程和左右幅模板的速度同步控制。后续此系统可接入至指挥大屏实现时时监测,以便于掌握各生产线的施工状态。

4. 移动底模定位系统

通过移动小车自带感应装置和各功能区的定位桩,可实现"站点"之间的一键对位操作,减少人工操作产生的位移误差,防止碰撞等事故发生,提高工作效率及安全系数。此系统可接入平台时时监控各台车位置。

5. 智能恒温恒湿蒸养系统

此系统可通过操作柜的人机界面设置所需温度控制曲线,系统根据设置的曲线与采集到的温度实时数据进行对比,自动调节蒸汽阀门的开关或开口度,实时调节蒸养室的送气量。全程无须人员干涉,系统自动完成。当到达设定蒸养时间后,系统自动发出蒸养完成提示信息。

6. 监控监测系统

通过数据接口开发,基于BIM的管理平台集成视频监控系统、环境监测系统。平台内设定虚拟摄像头，将现实中视频监控所拍摄的画面与虚拟摄像头的BIM模型一一对应，在平台中控制摄像头的视角和画面时，虚拟摄像头会实时同步，实现虚拟模型与现实施工情况的对比。

五、绿色低碳应用情况

1. 节能减排

场区内布置各类型排水沟渠，所有雨污水经纵向水沟汇集到场地前端钢筋棚外侧，经横向排水沟进入三级污水沉淀池，经沉淀处理后一部分循环至场区进行场坪洒水、结构养生等，一部分排入自然沟渠，循环水利用率达到60%。

根据本地气候和自然资源条件，施工场棚内照明采用太阳能供电，灯具选用工作电压12V的LED灯。生活区内安装了太阳能发电电池，保证道路照明及生活用电使用率达到80%以上。

箱梁高温蒸养最终恒温需控制在55℃，为降低热传导、减少蒸汽输送量、节约生物质燃料的使用，蒸养室内采用耐高温隔热棉对蒸养室进行封闭，相比未使用隔热棉的蒸养室，可有效减少36%的能源损耗。

2. 绿色环保

梁场施工场地结合地方政府规划，对场坪硬化和永久道路进行布置，减少后续复垦工程量。再者尽可能减少硬化，对非必要区域均进行绿化设计，本梁场绿植覆盖率达到了78%。

因广东地区照明时间长、气温高，为避免人员作业场棚内温度过高，在设计时便考虑在满足正常采光照明的条件下，尽量减少进光量，以控制高温天气下的阳光的进入量，减少场内降温设备的使用，达到了节能的效果。

高温蒸汽发生器采用当今最先进的生物质成型燃料半气化复合燃烧技术，微电脑控制系统，模块化设计可以多台并联替代燃煤、燃油燃气、电加热锅炉智能节能环保运行。具有节能、环保、安全等特点，相比燃油、燃气、电加热锅炉可节省30%～80%运行成本。

六、应用效果分析

传统固定底座上的桥梁预制模式存在易受气候条件、场地大小、周边环境、施工周期、施工质量等因素的制约，制梁效率低，预制梁场占地大，不利于大规模的梁体预制和信息化系统实施。通过环形生产线实现流水线作业，由于流水线作业更加便捷、作业环境更固定、作业人员更加专业，从而使生产效率大幅度提高，质量更加稳定，工费降低，实现了快、好、省的目标。该作业模式能较好地解决工序穿插作业时对生产效率带来的不利影响，能使劳动力和机械设备得到充分利用，提高工装设备的使用效率，避免了资源浪费，同时节约梁场占地面积，减少对既有绿植的破坏，更有利于生态环境保护。

七、结　　语

黄茅海跨海通道智慧梁场通过环形生产线实现施工工序固定，工人分区域完成单一工序任务的作业模式，人员在固定的位置从事重复性的作业，生产人员更加专业化，更便于智能设备投入和使用。在信息化控制、环境保护和工程质量要求逐步提高的状况下，更有利于施工组织管理和质量控制。

参考文献

[1] 颜丽郦. 我国绿色低碳建筑技术应用研究进展[J]. 居舍，2018(26)：28.

[2] 巫海峰. 公路路桥施工中质量管理研究[J]. 居舍，2022(6)：126-128.

[3] 思元奎. 浅析公路桥梁工程预制梁施工管理的探讨与实践[J]. 科技与企业，2013(3)：207.

15.深中通道伶仃洋大桥东索塔施工关键技术

王晓夫[1] 陈炳耀[2] 李 冕[1,3] 火东俊[1] 严晨曦[1]
(1.中交第二航务工程局有限公司;2.深中通道管理中心;
3.中交公路长大桥建设国家工程研究中心有限公司)

摘 要 深中通道伶仃洋大桥为580m+1666m+580m的两塔三跨海中全飘浮钢箱梁悬索桥,东索塔采用群桩基础,共计56根ϕ3m钻孔灌注桩,采用旋挖钻气举反循环施工工艺;承台分离式布置,直径36m,高8m,按3m+5m进行分层浇筑;永临结合钢吊箱围堰重1783t,利用2000t浮式起重机整体吊装;超高混凝土门式索塔高270m,且位于强风场、高盐、高湿、高热海洋环境,为保证混凝土品质采用一体化智能筑塔机替代传统液压爬模施工,保证了施工品质和安全;塔柱断面形式为多收分面八边形截面,钢筋工程结构复杂、绑扎量大,采用基于钢筋网片的钢筋部品装配化施工工艺,显著提高了钢筋帮扎质量和工效;塔柱由上而下设置上、中、下三道横梁,为塔梁异步施工工艺,下横梁采用"钻孔灌注桩+锁扣钢管桩围堰"工艺,中上横梁为托架法。

关键词 悬索桥 索塔 空中移动工厂 支架 温控 有限元 现场监控

一、概 述

深中通道东起机荷高速,跨越珠江口,西至中山马鞍岛,全长24.03km,跨海段长22.39km,是集桥、岛、隧、地下互通为一体的系统集群工程。伶仃洋大桥作为其主通航孔桥,是1座跨径为580m+1666m+580m的两塔三跨全飘浮钢箱梁悬索桥[1-4]。索塔基础采用群桩基础,由56根单桩直径为ϕ3m的钻孔灌注桩组成,均为嵌岩桩;采用分离式承台,承台直径36m,均设置防撞钢吊箱,同时将钢吊箱作为挡水围堰为承台施工提供陆上作业面。索塔采用门式结构,塔底高程±0m,总高度270m,包括262.5m高的钢筋混凝土索塔(按6m标准节共分为48个节段)和7.5m钢结构塔冠,塔底截面中心间距55.9m,塔顶截面中心间距42.1m,从上至下共设置上、中、下3道横梁,5道水平撑。其中下横梁底高程±0m~+16.923m,中横梁设计高程为+135.471~+149.488m,上横梁设计高程为+251.826~+262.500m,横梁均采用箱型收分截面,上横梁全截面共设置预应力54束,中横梁全截面共设置预应力116束,下横梁全截面共设置储备预应力56束。

索塔施工区域距离海岸10余公里,为全海上施工。施工区域处河床高程-11.36m,底部地质情况依次为3.9~11.4m粉质黏土层,中间夹少量粉砂层,5.5~11.8m粉砂与中砂交替层,3.1~7.1m黏土层,约4m厚砾砂层,9.7~23.1m沙土状强风化花岗岩,2.6~32.3m碎块状中风化花岗岩,下卧层为中风化花岗岩,现场实测强度80MPa以上,为较好的持力层地质。综合上述地质和现场实际情况,东索塔施工存在以下难点:①本工程位于台风多发区域,极易受台风的影响,将对工程建设的组织和安全带来诸多不利因素,增大工程建设施工的风险和难度;②桥区地质条件复杂,其中覆盖层为淤泥、淤泥质土、砂土、圆砾土,钻孔过程中易发生砂层液化、缩径、斜孔现象,施工过程中对泥浆性能、成孔速度、浇筑速度等要求较高;③单个钢吊箱自重1783t,厂内制作、组拼、运输及下放工序结构受力转换频繁;④单个承台浇筑最大方量5087m^3,大体积混凝土浇筑温度控制难度大,混凝土质量、供应及设备要求性能高;⑤高空钢筋绑扎和混凝土养护是制约塔柱施工功效的关键性因素,如何减小高空作业人员数量,提高海工混凝土品质是重要难题;⑥下横梁底与承台顶齐平,处于常水位+0.52m以下,支架结构选型困难;⑦中、上横梁施工高度高,工人作业面有限,且单片支架自重达45t,支架安装困难。东索塔结构示意图和平面图如图1、图2所示。

伶仃洋大桥东索塔为全海上施工,总体施工流程为:搭设栈桥平台→施沉钢护筒→桩基施工→钢吊箱施工→承台施工→索塔、横梁异步施工。

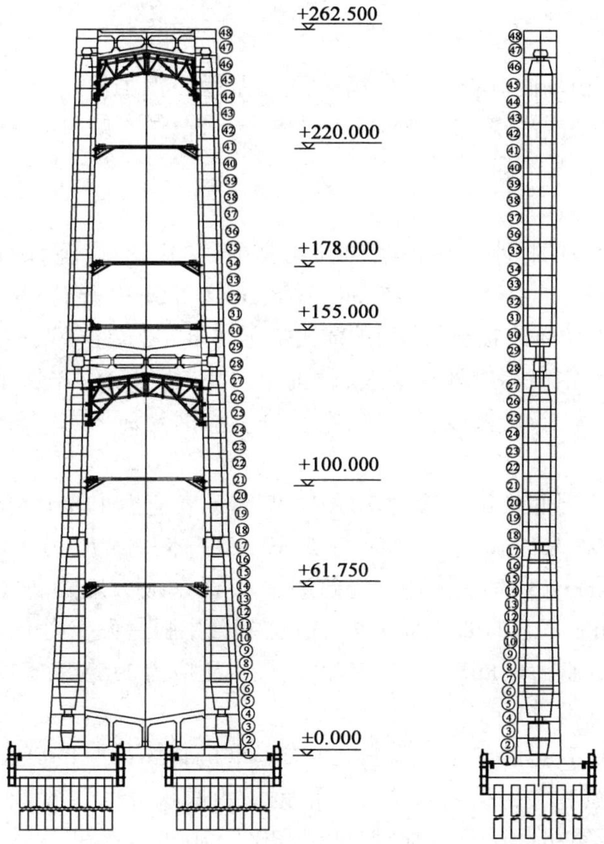

a)索塔主视图　　b)索塔侧视图

图1　东索塔结构示意图

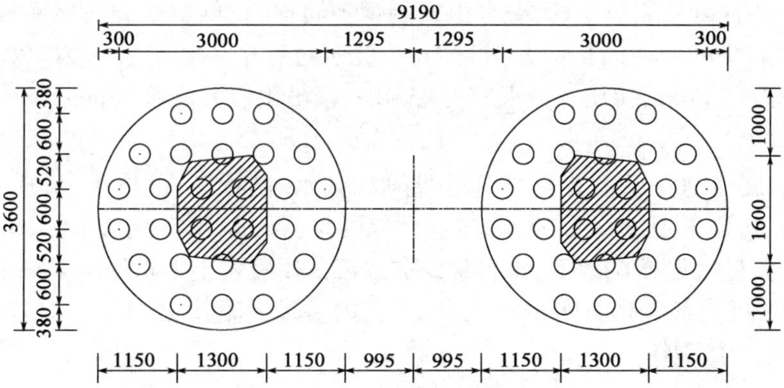

图2　东索塔平面图(尺寸单位:cm)

二、桩 基 施 工

东索塔桩基采用超前钻 + 回旋钻方式施工。采取超前钻探的方式勘测实际地质情况，指导后续施工。通过首件工程的施工，确定在钻孔过程中泥浆指标按比重控制在1.15 ~ 1.2之间，黏度控制在18 ~ 25s，含砂率低于4%；二清后泥浆相对密度宜控制在1.03 ~ 1.10之间，黏度控制在17 ~ 20s，含砂率低于2%。东索塔桩基岩面为“斜岩面”，在钻进进入岩层以及出护筒底口时采取快钻速短进尺施工，并增加孔的检测次数。采用的气举反循环清孔工艺，并配置泥沙分离器，在过程中实测泥浆指标并根据实际情况做出相应调整，可满足施工要求。桩基施工完成后成桩质量较好，经监测56根桩基全部为Ⅰ类桩。

三、承台施工

1.钢吊箱设计与施工

钢吊箱施工工艺为钢吊箱场内制作→钢吊箱移位及浮运→钢吊箱下放→拉压杆安装→封底混凝土浇筑→围堰内抽水→承台第一次浇筑,施工前需针对各个工况建立ANSYS有限元模型进行过程受力分析,确保施工安全。

1)钢吊箱设计

钢吊箱综合考虑施工阶段的挡水和模板结构以及成桥后的防撞设施,确定采用双壁结构,其底板采用主、次梁、面板(HN350×175mm、HN150×75mm、$t=8$mm,Q235b),开孔尺寸ϕ3.6m(桩基钢护筒直径3.3m),底板通过拉压杆与钢护筒连接,每根钢护筒上布置4根拉压杆(双拼[14a,Q235b)。壁体上设置连通器,用于体系转换时调整钢吊箱内外水头差,设置导向装置,保证钢吊箱下放过程中不出现较大的平面偏位。单个钢吊箱平面分为16个槽段,封边槽钢及拼接槽钢分别采用[25a和[20a。

2)计算分析

计算结果显示:①吊装工况底板最大应力70MPa,壁体最大应力178MPa,斜杆最大应力71MPa,钢吊箱最大位移21mm;②下放完成时底板最大应力52MPa,壁体最大应力131MPa,斜杆最大应力降低63MPa,钢吊箱最大位移15mm;③封底混凝土浇筑时底板板系最大应力为190MPa,底板梁系最大应力111MPa,壁体最大应力171MPa,拉压杆最大应力136MPa,搁置牛腿最大应力187MPa;④抽水及承台浇筑时,封底混凝土(C30)最大应力分别为0.86MPa<1.39MPa,最大压应力1.5MPa>13.8MPa,均满足设计要求。

3)钢吊箱施工

钢吊箱采用场内加工制造,拼装浮运至现场,浮式起重机整体吊装的施工工艺。加工过程中测量人员测得钢护筒实际桩位和倾斜度,根据实际情况调整钢吊箱底板开孔位置及导向装置尺寸,以满足钢吊箱下放精度。下放时浮式起重机起吊分级加载(60%、80%、100%)起吊,每级起吊完成后停滞15min,全部起吊后悬空20min,运输船退出后,浮式起重机通过绞锚前进至钢吊箱在承台正上方后开始下放,下放前预先在指定钢护筒处安装搁置牛腿上,按牛腿实际高程预先调平后设置橡胶支垫。钢吊箱下放完成后在低潮位按照环形由内向外安装拉压杆,潜水工安装钢护筒抱箍,再用沙袋封堵底板与钢护筒缝隙。封底混凝土浇筑时导管自中间向四周扩散并对称布置,浇筑过程中牛腿最大应力120MPa,壁体最大应力101MPa,底板最大应力133MPa,拉压杆最大应力95MPa,钢吊箱最大位移26mm,与计算结果接近。

2.承台施工

在封底混凝土强度达90%后关闭壁体连通器开始抽水、割护筒、破桩头、清理并找平封底混凝土。承台为大体积混凝土施工,根据FEA仿真结果,承台分层为3+5m,十字交叉布置10层冷却水管,水平间距80cm,层距80cm,其最大温峰62.1℃,承台浇筑完成后采用覆盖土工布保湿养护。经有效控制混凝土内部温度,混凝土浇筑后内部最高温度61.5℃<62℃,内表最大温差22.1℃<25℃,满足规范及方案要求,承台最终完成后未产生裂缝。

四、索塔施工

索塔采用起始段散绑+标准节一体化智能筑塔机方案施工[5],由于受筑塔机功效(平均功效达1.2m/d)和高度(架体高度约28m)的影响,横梁与主塔均为异步施工,横梁与塔柱采用异步施工。通过索塔施工阶段有限元分析,全塔设置5层、每层2道主动横撑(+61.75m、+100.0m、+155.04m、+178.0m、+220.0m,ϕ1200×14mm,Q235b),第三层横撑受力最大,单根横撑最大轴向力为4800kN,索塔施工阶段有限元分析如图3所示。

1.塔柱施工

根据钢筋部品化施工工艺及施工难度将塔柱划分为48个节段(3m+3×6m+4m+3m+10×4.5m+31×6m+3.5m),0~25m(1~5节)采用"盘扣式脚手架+钢筋劲性骨架+钢筋散绑"施工,25~262.5m

(6～48 节)使用"部品钢筋+一体化智能筑塔机"施工。部品钢筋第 17 节最重,为 52.6t,使用 MD3600 塔式起重机作为主要吊装设备,其最大起重量 80t,满足部品钢筋吊装需求。

1)起始段施工

根据一体化智能筑塔机安装要求,塔柱 0～25m(1～5 节)采用盘扣式脚手架+钢筋劲性骨架+钢筋散绑方式施工。第 2 节段混凝土方量最多,高达为 925m³,根据 FEA 计算结果,设置相应的冷却水循环,降低混凝土内部水化热,同时设置梳齿板控制钢筋间距。经现场实测:混凝土浇筑后内部最高温度62.7℃＜63℃,内表最大温差 19.3℃＜25℃,钢筋间距合格率达 97.2%,满足现场施工要求,塔柱 0～25m(1-5 节)施工如图 4 所示。

2)筑塔机施工

塔柱 25～262.5m(6～48 节)采用一体化智能筑塔机+部品钢筋方式施工[6]。筑塔机以"空中移动工厂"为设计理念,集部品调位、自动浇筑、智能养护和自动控制于一体,实现了桥梁主塔工厂化、智能化建造。筑塔机主要由架体系统、爬升系统、自动布料及振捣系统、智能养护系统、智能控制系统组成,并集成办公与卫生、检修与消防、避险与逃生等人性化和工厂化设施。部品钢筋在钢筋集配中心使用钢筋柔性生产线生产 C 字形网片及节段配套其他钢筋,运送至现场后在装配式部品拼装胎架内组装成钢筋笼,并将塔柱预埋件安装完成,再由 MD3600 塔式起重机用专用吊具吊装至塔上对接,使用锥形挤压连接套筒连接,筑塔机施工如图 5 所示。一体化智能筑塔机相比于传统液压爬模施工有如下优势:①有效缩短塔柱钢筋高空作业时间至 1d,比传统工艺减少钢筋高空作业人员 60%～70%;②采用智能养护系统,使混凝土养护达到了厂内标准化的养护条件,将传统液压爬模的低位支撑转换为高位支撑,增加了养护时长(常规带模养护时长+标准节段施工时长),提升了桥塔工程品质;③索塔整体施工工效提高至 1.2m/d,无收缩裂纹,外观质量好;④采用部品钢筋整体吊装的方法,将钢筋施工时间缩短至半天,同时大大减少了塔上作业人员数量,减小了施工风险。

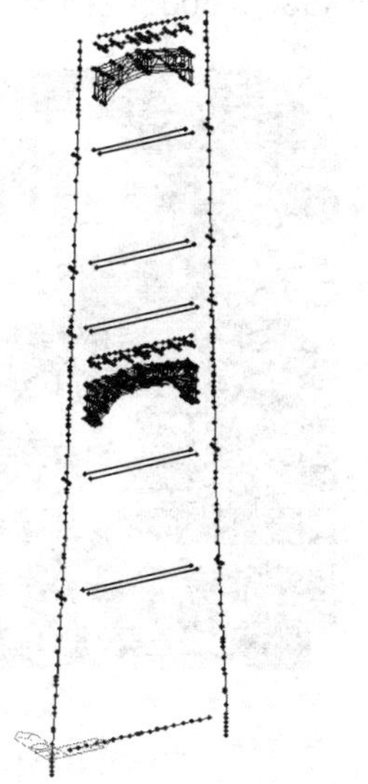

图 3 东索塔施工阶段有限元模型

图 4 起始段施工

图 5 筑塔机施工

2. 下横梁施工

下横梁端部高 16.925m、顶宽 15.143m、底宽 16m、跨中高度 13.0m、顶宽 10.3m、底宽 10.93m,中间由顶面两段直线过渡。下横梁底高程 ±0m,常水位 +0.52m,且位于浪溅区,支架均位于水位以下,故支架采用钻孔桩基础+锁扣钢管桩围堰施工工艺[7]。钻孔桩桩径 ϕ1.5m,采用群桩基础,共计 12 根。锁扣钢管桩桩径 630mm×12mm,纵桥向对称布置,横桥向两侧与钢吊箱连接。因钢吊箱底部未着床,故围堰内使用吨袋砂封堵,内部抛填中粗砂找平至 -9m,抛填碎石至 -8m,最后浇筑封堵混凝土至 -7m。待封底混凝土强度达90%以上后,围堰内抽水至-2.5m,开始搭设支架。桩顶自下而上铺设卸荷块、主横梁3HN588×300、主横梁3HN588×300、分配梁工14及底模,如图6所示。

a)下横梁支架　　b)中、下横梁支架

图6　下、中、上横梁支架结构

为防止混凝土开裂,下横梁设置1m后浇带并分为3层浇筑。下横梁底板和顶板设置冷却水循环,实测混凝土浇筑后内部最高温度63.2℃<65℃,内表最大温差22.1℃<25℃,满足规范及方案要求;拆模后表面平整,颜色基本一致,无明显色差,无开裂现象。

3.中、上横梁施工

东索塔中、上横梁具有高度高(中横梁设计高程+135.471~+149.488m,上横梁设计高程+251.826~+262.500m)、跨度大(中横梁跨度40.34m,上横梁跨度35.07m)、截面厚(中横梁底板厚度达5.39m,上横梁底板厚度1.3m)、方量多(中横梁4363.7m^3,上横梁2248.8m^3)、预应力数量多(中横梁预应力116束,上横梁预应力54束)等特点。根据上述特点,结合中上横梁支架设计难度,并考虑横梁与塔柱异步施工高差和塔梁结合效果,以及第1层预应力张拉完成后需承受后续结构重量,再综合塔柱施工工艺和混凝土温控要求,最终确定中横梁分3次浇筑(5.779m、2.5m、5.738m),上横梁分2次浇筑(6.474m、4.2m)。考虑支架基础承载力以及超高建筑抗风稳定性,确定中、上横梁均采用牛腿托架法施工[8],中横梁采用6排桁架结构,上横梁采用4排桁架结构;支架从下至上依次设置为支撑架、卸荷块及横纵向分配梁[9-11],其中支撑架主要以2HN700、2HM588型钢为主,钢材型号为Q345b,其与塔身的连接则是底部3层为高强螺栓连接件,顶部1层设置ϕ40只受拉的钢拉杆(中横梁12根,上横梁8根),单根拉杆张拉30t。

现场实测中横梁支架最大应力116.9MPa<295MPa,最大位移8mm<11mm;上横梁支架最大应力118.1MPa<295MPa,最大位移7mm<12mm;中横梁混凝土浇筑后内部最高温度64.6℃<65℃,内表最大温差17.5℃<25℃,上横梁混凝土浇筑后内部最高温度64.8℃<65℃,内表最大温差19.4℃<25℃,满足规范及方案要求。

五、结　　语

截至2021年11月27日,伶仃洋大桥东索塔上横梁浇筑完成,本文针对超深钻孔灌注桩、永临结合钢吊箱、大体积承台、超高混凝土索塔、中上横梁的施工工艺进行了详细阐述,施工方法安全可行,大体积混凝土控裂效果显著,各类支架结构安全可靠,采用"一体化智能筑塔机+钢筋部品"的施工方法,有效地降低了施工风险,同时塔柱的施工工效和施工品质也有明显提升,完全能为后续同类型桥梁索塔施工提供一定的参考价值。

参考文献

[1] 黄厚卿,李冕,刘建波.深中通道伶仃洋大桥东锚碇筑岛围堰施工方案优化[J].桥梁建设,2020,50

(06)-0104-06.

[2] 李冕,廖林冲. 伶仃洋大桥东泄洪区非通航孔桥盖梁支架方案优化[J]. 公路,2021,66(11):138-143.

[3] 李冕,李思吟,袁航. 深中通道伶仃洋大桥东锚碇基坑开挖数值模拟及施工技术研究[J]. 公路,2021,66(10):130-134.

[4] 黄剑锋,李冕,袁航. 海上埋置式承台装配式双壁钢围堰研究[J]. 港工技术,2021,58(06):52-56.

[5] 王东志,袁航,张文. 超高索塔一体化智能建造施工技术及试验研究[J]. 公路,2021(05):122-126.

[6] 程茂林,吴中正,杨秀礼,等. 基于网片弯折成型的超高索塔钢筋部品装配化施工工法[J]. 公路,2022,67(01):145-150.

[7] 潘博,刘爱林,王令侠. 芜湖长江三桥 2 号桥塔下横梁支架设计与施工[J]. 世界桥梁,2021,49(06):34-39.

[8] 郭常瑞,黄晓星,胡学伟. 马普托大桥索塔上横梁牛腿支架法施工技术研究[J]. 公路交通科技,2018,35(S1):120-124,131.

[9] 袁航,火东俊,吴中正. 深中通道伶仃洋大桥索塔钢筋部品装配化施工关键技术[J]. 公路,2022,67(04):147-151.

[10] 石广,曹振杰,方小林,等. 宜昌伍家岗长江大桥桥塔上横梁施工分析[J]. 施工技术(中英文),2021,50(22):69-71.

[11] 肖安斌,陈伟,邓亨长,等. 湖北白洋长江公路大桥施工关键技术[J]. 公路,2021,66(09):219-225.

16. 深中通道 110m 钢筋梁大节段施工监控管理

金志坚

(深中通道管理中心)

摘　要　随着交通行业的发展,我国涌现出越来越多的大跨径桥梁,桥梁施工监控在这些大跨径桥梁施工过程中,发挥着举足轻重的作用。本文以深中通道非通航孔引桥 110m 钢箱梁制造和架设施工监控背景,介绍 110m 钢箱梁大节段厂内制造、海上架设工艺流程及钢箱梁大阶段施工监控管理重难点。并结合深中通道伶仃洋东非通航孔桥第三联 17~23 号墩钢箱梁里程、轴偏、高程实测数据,研究分析钢箱梁整联架设完成后的线形误差产生的主要原因及相应解决措施。结果表明,深中通道已架 110m 钢箱梁大节段的线形控制良好,与施工监控计算理论线形基本吻合,提出的减小钢箱梁线形误差解决措施对海中钢箱梁大节段施工监控管理具有一定的指导作用。

关键词　非通航孔引桥　钢箱梁大节段　施工监控　轴偏　高程　误差分析

一、工 程 概 述

深中通道全长约 24.03km,其中跨海段长 22.39km,采用 100km/h 设计速度、双向 8 车道高速公路技术标准,是集桥、岛、隧、地下互通为一体的系统集群工程(图 1)。深中通道水域引桥主线共有 293 片待架箱梁,其中 110m 跨钢箱梁 110 片,60m 钢箱梁 28 片,60m 混凝土箱梁 155 片,均采用“天一号”运架一体船架设(图 2)。

110m 钢箱梁采用整体吊装这种快速化施工工艺要求工厂提前制造足够多得的大节段钢箱梁,大节段钢箱梁不同于小节段,一旦制造成型,线形误差很难再调整。因此大批量制造能够满足海上连续安装作业的大节段钢箱梁,且安装达到毫米级精度,是深中通道桥梁施工监控工作面临的重大挑战。

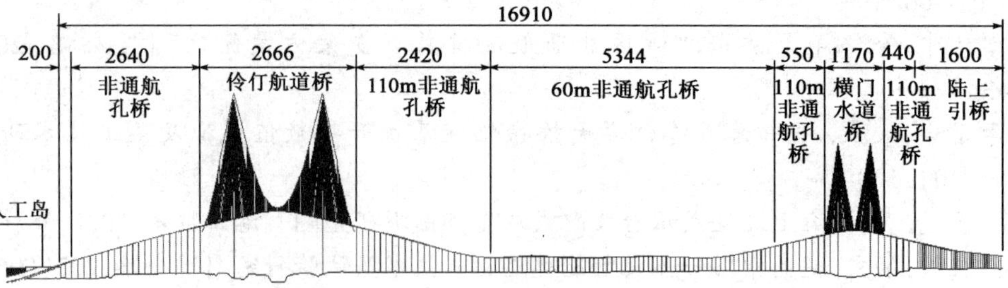

图1　深中通道非通航孔桥位布置图(尺寸单位:m)

图2　"天一号"架设100m钢箱梁大节段

本文以深中通道伶仃洋东非通航孔桥第三联17～23号墩钢箱梁为例,探讨110m钢箱梁制造及架设过程中施工监控重难点。该联钢箱梁长度布置为133.5m+110m×4+86.5m,主梁采用分幅等截面船形钢箱连续梁,顶板为正交异性板结构,钢箱梁标准横断面如图3所示,箱梁梁面宽度为20m,标准梁高4m,桥面横坡2.5%。

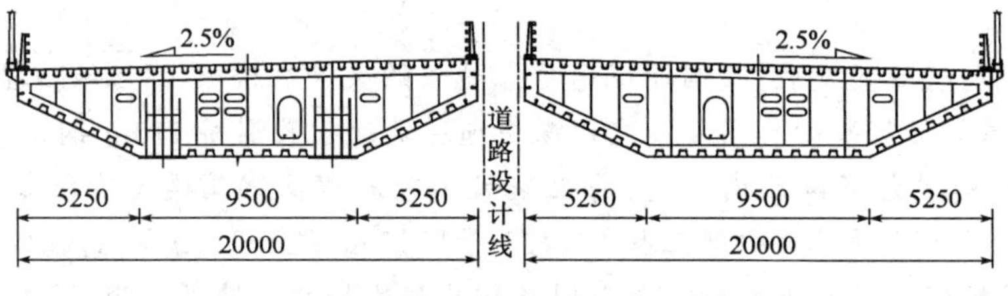

图3　110m钢箱梁标准横断面图(尺寸单位:mm)

二、钢箱梁制造监控重点

1.钢箱梁制造流程

110m钢箱梁节段结构复杂,焊缝多,所发生的焊接变形和残余应力较大,为控制箱体结构变形,保证产品质量,加快制造进度,钢箱梁制造采用"零件→板单元→板单元合件(单元块)→小节段→制造分段(110m钢箱梁)→大节段→桥位连接"的方式生产。

2.钢箱梁制造线形控制

钢箱梁工厂制造和现场大节段接长均以监控单位提供的制造线形依据,采用实桥模拟预拼装方式,总拼胎架和大节段接长胎架均已经考虑了实桥线形。钢箱梁制作采用"三纵一横测量控制网"严格控制各单元件的定位精度及整体制作精度钢箱梁总拼胎架如图4所示。

根据本工程钢箱梁结构特点，施工监控重点为钢箱梁竖曲线线形及预拱度设置，具体控制措施为：

根据设计提供的成桥理论线形、制造预拱度确定钢梁制造阶段的竖向线形，指导施工作业→根据竖向制造线形要求，制作带有竖向拱度的钢梁总拼胎架，精确控制钢梁制造竖向拱度→在钢梁大节段拼装制造过程中，建立完善的测量控制网，以监控钢梁制造的竖向线形→为了实现钢梁竖向线形，在钢梁板单元生产时，根据不同单元和不同位置设置工艺量→钢梁大节段存放和运输过程中，对支点位置应进行受力计算，确保钢箱梁制造竖向线形在要求范围内→在胎架设置制造拱度时考虑钢梁节段接口焊缝对钢梁大节段制造拱度的影响，便于准确设置。

图4 钢箱梁总拼胎架

三、钢箱梁架设监控重点

1. 钢箱梁架设步骤

非通航孔桥一联钢箱梁架设安装步骤如下：

步骤一：架梁前提前进行千斤顶调位装置安装、永久支座初安装。运架一体船“天一号”整体吊装一联首跨钢箱梁至墩顶，利用墩顶调位支座将钢箱梁调整到设计位置，安装好第“$N+1$”号墩顶临时固定支座并做好限位措施，N 号墩顶支座灌浆、拆除临时支座进行体系转换（图5）。

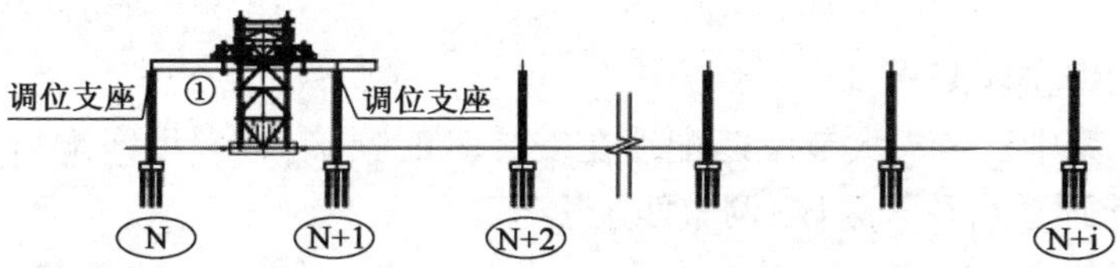

图 5

步骤二：运架一体船“天一号”整体吊装该联第二跨。利用墩顶调位支座及待架梁端临时牛腿、调位装置等措施调整待架梁段到设计位置后锁定，完成两段钢箱梁现场焊接，拆除梁端临时牛腿、调位装置，安装好第“$N+2$”号墩顶临时固定支座并做好限位措施，“$N+1$”号墩顶支座灌浆、拆除临时支座进行体系转换（图6）。

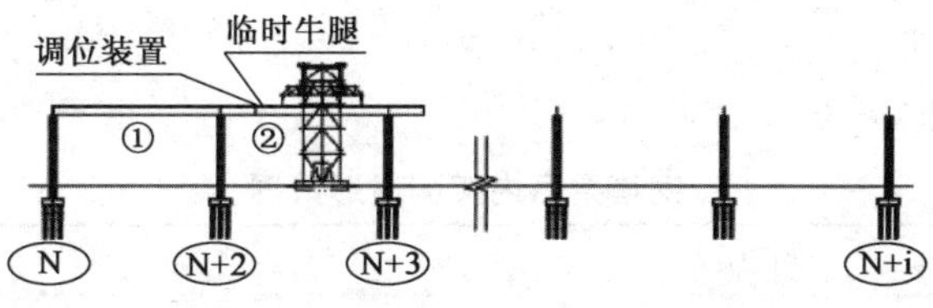

图 6

步骤三：继续按照步骤二中的安装流程安装剩余跨钢箱梁节段，然后依次进行支座体系转换，从而完成本联钢箱梁架设（图7）。

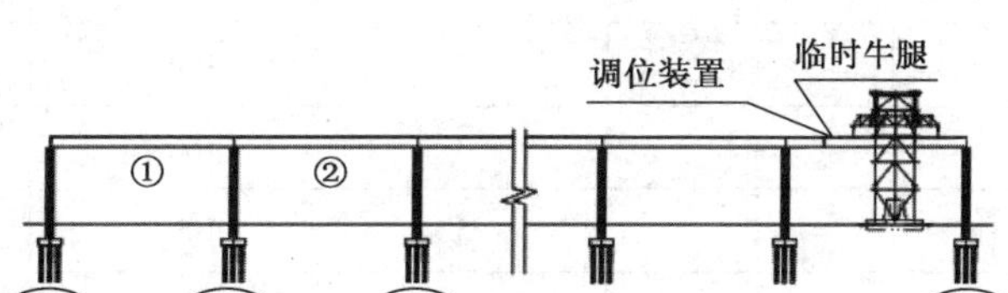

图 7

2. 钢箱梁架设监控流程

钢箱梁大节段架设监控重点是控制好梁段安装时的里程、高程和轴线偏位线，以钢箱梁一联2号节段吊装过程为例说明。

1）钢箱梁吊装脱钩后

2号大节段一端落至临时支承上，另一端通过临时牛腿搭接在1号大节段上，监控人员测取2号大节段端部截面及跨中处2～3个焊缝截面的控制点数据；施工单位通过墩顶调位千斤顶和临时牛腿精确调梁，使1号、2号大节段匹配端口处梁面平齐，并调整焊缝形态消除部分制造、安装引起的里程误差确保以下数据与监控指令一致（图8）。

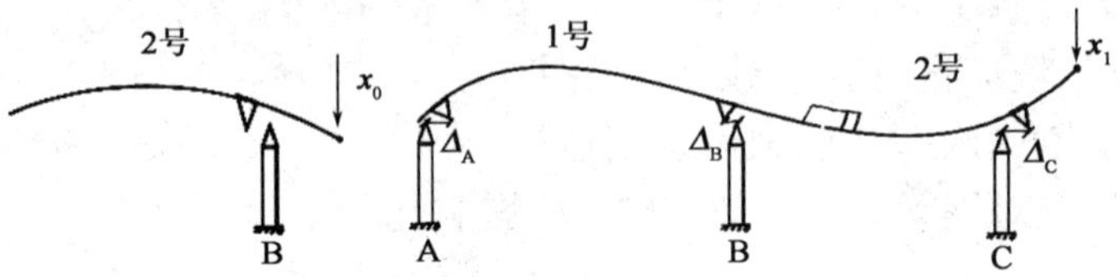

图　8

大节段架设方向远端端面的里程 $X_1 = X_0 + \Delta_P + \Delta_t + \Delta_{焊} + e$。

支座上摆中心与垫石中心的相对位置 $\Delta = \Delta_0 + \Delta_P + \Delta_t + \Delta_{焊} + e$。

其中，角标0指无应力状态；角标1指吊装状态；角标P指荷载及边界改变引起的变形量；角标t指温度引起的变形量；角标焊指焊缝收缩引起的变形量；e 指误差。

2）钢箱梁调位后

大节段落至临时支承上，支座下摆暂不灌浆，同时利用临时牛腿调位装置调平焊缝两端梁面，焊接马板。

3）钢箱梁大节段的焊接匹配

钢箱梁制造线形计算中已考虑大节段匹配端在安装时的顺接；若现场匹配口出现了"八字口"现象，则应通过B、C墩顶千斤顶适当顶升梁体，调整匹配姿态。

4）环缝焊接后

测量人员对1号、2号大节段所有焊缝截面的控制点进行测量，与监控指令提供的理论值复核并为后续的误差识别及参数修正积累原始数据。

四、东三联线形数据分析

以东三联右幅钢箱梁制造及架设实测数据为例，分析该联施工监控误差产生原因及解决措施。

1. 钢箱梁厂内制造线形

钢箱梁厂内实测线形数据见表1。

钢箱梁厂内实测线形数据　　表1

大节段	梁长误差(mm)			高程误差数量占比		
	左	中	右	±15mm	±10mm	−5～10mm
Y17－Y18	−2	−5	−6	100%	97%	90%
Y18－Y19	−4	−7	−3	100%	100%	94%
Y19－Y20	2	−4	−3	100%	94%	94%
Y20－Y21	−4	−2	3	100%	100%	91%
Y21－Y22	1	2	5	100%	94%	92%
Y22－Y23	1	2	3	100%	96%	93%

本联右幅6片大节段钢箱梁的总长误差均控制在了±10mm内,6片大节段检测点高程误差总体全部控制在±15mm内,其中有4片大节段高程误差全部控制在±10mm范围内,厂内实测数据控制良好,对现场桥位架设后的线形误差影响不大。

2.钢箱梁架设后梁长

在夜间温度稳定时(与监控计算温度27℃一致),联合各方测量人员,对17~23号墩右幅6片钢箱梁大节段环缝移交前的里程进行测量,其中纵向10m测一个断面,一个断面测左、中、右三个标记点数据。右幅各环缝中心里程情况见表2。

右幅各环缝中心里程情况表 表2

右幅点位	实测里程(m)	理论里程(m)	误差(m)	测量工况
1跨、2跨焊缝	14291.500	14291.446	0.009	第1、2环缝移交
2跨、3跨焊缝	14401.400	14401.413	-0.028	第2、3环缝移交
3跨、4跨焊缝	14511.400	14511.419	-0.012	第3、4环缝移交
4跨、5跨焊缝	14621.400	14621.405	-0.005	第4、5环缝移交
5跨、6跨焊缝	14731.381	14731.391	-0.010	第5、6环缝移交

上述里程数据反映了大节段梁体顶板的长度情况。对各环缝移交当晚的测量结果进行分析,可看出梁体顶板长度从厂内无应力状态到桥位的支承状态产生的变化量有限,在无应力制造线形已经考虑其长度变化的前提下,实际安装时根据现场情况进行调整(包括整体移位、环缝处修整、环缝宽度调整),可将各环缝里程(以顶板中心位置为控制点)误差总体控制在±20mm内,个别环缝里程误差较大的,考虑到测量及制造误差,同时综合考虑该工况对应的支座预偏位数据,认为该误差仍处于可接受范围。

3.钢箱梁架设后轴偏

如图9所示数据,由于海上测量误差,整联通测的轴偏结果与各片大节段精确调位时所监控的轴偏量值有一定差异,但总体一致。各片大节段精确调位时关键点位(墩顶处)轴偏均以±10mm范围严格控制,若出现超标情况,则利用支座螺栓与支座螺栓孔及箱梁底板螺栓孔之间的缝隙,使用三向千斤顶进行横向顶推,使测量的关键点位轴偏最大限度逼近理想值。

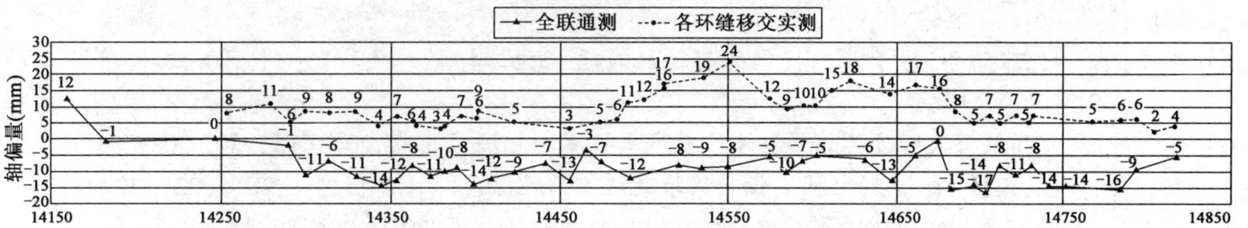

图9 全联右幅轴偏情况

4.钢箱梁架设后高程

全联高程误差最大的测点其误差绝对值约为3cm,有85%的点位高程误差在±20mm以内,有70%的点位高程误差绝对值在±15mm以内,墩顶处的高程误差均控制在±10mm内,全联右幅高程整体线形误差情况良好(图10)。

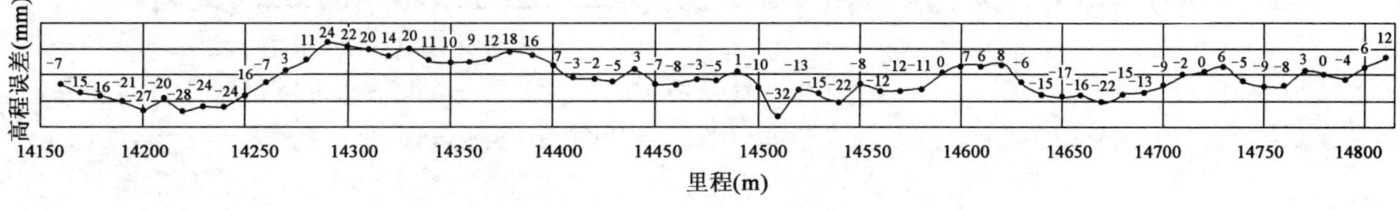

图10 全联右幅高程误差情况

5.误差原因及解决措施

(1)在钢箱梁制造厂区,建立独立稳定可靠的高精度控制网(或基准线),提高钢箱梁大节段测量标记点精度,将钢箱梁制造高程误差控制在-5~10mm范围内。对钢箱梁存放、运输及吊装等各个环节应力应变进行实时监测,并加强钢箱梁底板支墩的高程及沉降稳定性监测。

(2)海上架梁各工序施工测量应采用统一的测量控制网,并尽可能在夜间温度稳定、风浪小、通视条件良好的时段开展三角高程测量。每联钢箱梁测量应布设一对平高控制点,依托每联附近水域的测量平台,采用分段闭合方式将平台控制点坐标及高程精确传递至墩顶。墩顶控制点应选用带十字丝的不锈钢测量标志,采用"钻孔+环氧树脂黏结"方式埋设,以利长期保存,满足各阶段测控需求。

(3)实际施工的临时荷载应尽量与监控线形指令计算所依据的荷载一致,除牛腿外的其他桥面临时荷载,在环缝移交及环缝焊接过程中应远离跨中布置,以减小对钢箱梁线形的影响;

(4)小节段焊接前后温差、焊接残余应力等会对箱梁脱胎后的线形产生影响,进而影响架设线形,厂内应从焊接工艺等方面减少此因素的影响。

五、结　　语

钢箱梁整联架设完成后的线形是由小节段制造、大节段总拼、箱梁运输、墩顶支座垫石验收、支座垫石灌浆、箱梁架设、调梁、环焊缝施工等一系列工作共同影响,钢箱梁线形精度控制须综合考虑各工况影响因素,各个环节都要加强控制,才能达到线形控制目标。本文以深中通道非通航孔桥东三联17~23号墩6片钢箱梁大节段制造和架设实测数据,研究分析110m钢箱梁整联架设完成后的线形误差产生的主要原因及相应解决措施,对后续钢箱梁架设的施工监控线形有一定的指导意义。目前,深中通道水域110m钢箱梁已架设完6联(共10联),已架设完成的钢箱梁线形(轴偏及高程)基本都满足设计及规范要求。

参考文献

[1] 景强.港珠澳大桥桥梁施工监控管理与实践[M].杭州:浙江大学出版社,2020.

[2] 顾雨辉,朱浩.崇启大桥大节段钢箱梁施工监控关键技术研究[J].中外公路,2011(02):84-88.

[3] 王伟锋,崔锡根.钢箱梁桥吊装精度控制技术[J].钢结构,2011(01):75-78.

[4] 蔡建军,季辉,沈锐利.青岛海湾大沽河航道桥钢箱梁大节段安装架设关键技术研究[J].施工技术,2011(21):66-71.

[5] 李乔,卜一之,张清华.基于几何控制的全过程自适应施工控制系统研究[J].土木工程学报,2009(07):69-77.

[6] 马文冲.城市高架桥大跨度钢箱梁整体吊装施工技术[J].科技信息,2010(16):307-308

[7] 赵国华,叶翔,般振,等.大跨径简支钢箱梁吊装施工监控探讨[J].工程建设,2014(02):27-30.

[8] 田军伟.赣江公路大桥钢箱梁吊装控制技术[J].公路交通技术,2010(06):85-87.

[9] 唐自平,邹中权.平夏溪大桥吊装施工与监控[J].山西建筑,2008(25):304-306.

[10] 齐新,秘志辉.大跨度连续钢箱梁桥设计与施工[J].桥梁建设,2007(05):46-48.

17. 跨海桥梁整幅式大悬臂TY墩施工技术

贾维君
(中铁大桥局集团有限公司)

摘　要　黄茅海跨海通道水中中引桥下部结构为整幅式大悬臂TY墩结构,具有墩身截面尺寸大、墩身高度高、盖梁悬臂长、外观形状复杂、耐久性要求高等特点，针对结构及项目特点，研究采用墩身钢筋部品化、钢筋锥套锁紧接头连接、高空大悬臂盖梁托架等先进施工工艺，通过装配化、工厂化等手段，降低施工安全风险，确保施工质量，提高施工效率。

关键词　跨海桥梁　整幅式　大悬臂　TY 墩　钢筋部品　盖梁托架

一、工程概况

黄茅海跨海通道作为港珠澳大桥的西延线，东起于珠海高栏港，跨越黄茅海水域，西止于江门台山，线路全长约31km，跨海段全长约14km，从东向西依次为水中东引桥、高栏港大桥、水中中引桥、黄茅海大桥、水中西引桥。本文研究对象为水中中引桥整幅式 TY 墩施工，中引桥上部结构为(6 +5 +5) ×100m = 1600m 分离式连续钢箱梁结构，左右幅分离，中间设置横向连接箱。下部结构采用整幅式 TY 形墩，墩厚4m，墩顶盖梁横桥向长 37.4m，盖梁顶向下 11.5m 为 Y 形分肢墩，截面高度为 3.5 ~4.35m，再往下墩身从 8.0m 开始，向下至承台顶面，以 1∶25 的斜率渐宽，墩身高度 53.143 ~61.828m。墩顶与三角形钢架连接处的折点，设置圆弧进行平顺过渡。

三角形钢架单肢的截面，采用了外侧圆弧内侧直线的形式。墩身截面采用圆端型，圆端直径采用墩身厚度。墩身内采用临时钢内模形成 3 个直径 $D = 1.6$m 的圆柱体内腔，以利于水化热释放。桥墩分节段浇筑混凝土时，先浇筑钢内模外侧混凝土，拆除内模后，用同强度等级混凝土回填内腔，然后浇筑下个节段。

盖梁为预应力混凝土结构。TY 型盖梁采用分层浇筑的方法，先浇筑 Y 型分肢并单端张拉预应力，再浇筑盖梁并张拉盖梁预应力。盖梁截面上缘共布置 10 根 19 − ϕs15.2 的预应力钢束，截面下缘共布置6 根19 − ϕs15.2 的预应力钢束，采用双端张拉；两肢斜腿各布置 10 根 15 − ϕs15.2 的预应力钢束，盖梁顶面竖向布置 18 根 5 − ϕs15.2 预应力钢束，均采用单端张拉。

为提高混凝土耐久性，墩身高程 +16.0m 以下采用高性能环氧树脂涂层钢筋，+16.0m 以上采用普通钢筋。墩身高程 +5.0m 以下混凝土添加疏水化合孔栓物，+5.0m 以上混凝土面进行硅烷浸渍处理。构造图如图 1 和图 2 所示。

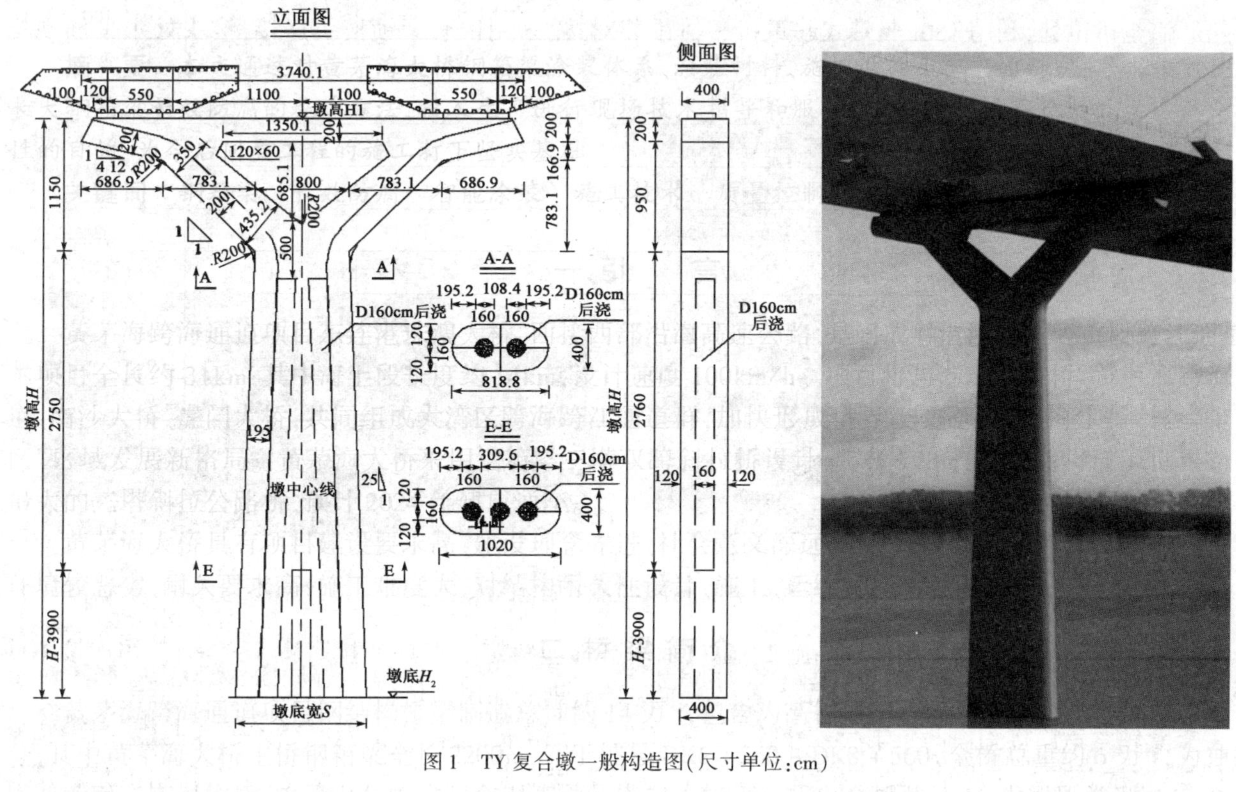

图 1　TY 复合墩一般构造图(尺寸单位:cm)

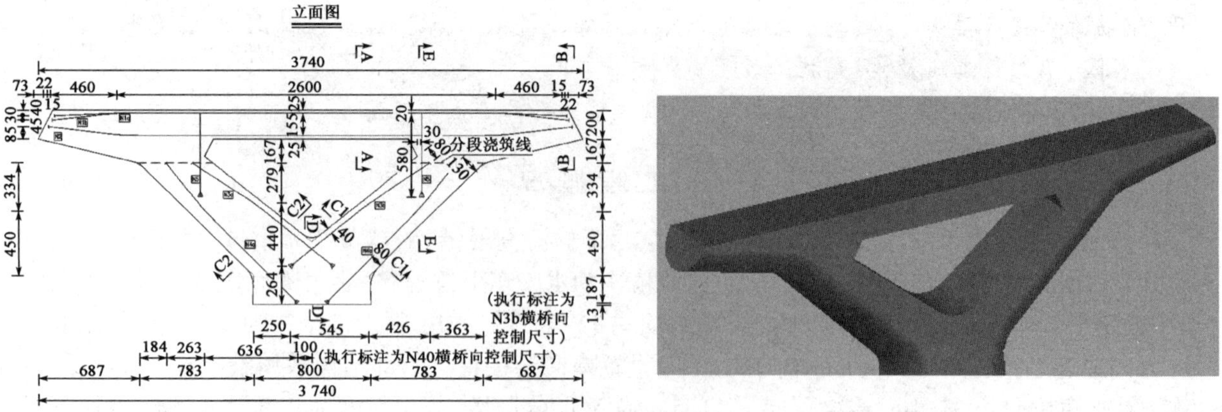

图 2　盖梁预应力一般构造图(尺寸单位:cm)

二、墩身钢筋部品施工

盖梁 Y 肢斜腿往下 2m 开始为墩身施工部分,以 6m 的高度从上往下进行标准段分节,底部为调节段。墩身底节钢筋预埋于承台内 2m,并根据模板配节与承台一同浇筑一定高度控制墩身与承台施工龄期差避免开裂。

墩身采用翻模法现浇施工,采用脚手一体化钢模板,从墩顶往下设标准段模板,底部设置调节段。桥墩分节段进行施工,先浇筑一个节段的钢内模外侧混凝土,拆除内模后回填内侧混凝土,然后再浇筑下一个节段。

墩身钢筋采用"钢筋骨架工厂化预制,现场整体化安装"的部品化工法,单节部品最大尺寸 12m(长)×4m(宽)×6m(高),重约 35t,每节钢筋分段线高于混凝土分节线 1m,便于钢筋锥套连接施工。在部品车间内标准化绑扎胎架上完成部品钢筋制作,通过门式起重机装车、平板车运输至码头,码头桅杆吊装船运输至桥位处,利用 180t 履带式起重机整体吊装对接,采用锥套紧锁接头连接,接头处水平筋现场绑扎(图 3)。

图 3　环氧钢筋部品吊装、运输、对接

针对 +16.0m 以下环氧钢筋部品施工,通过采用高强塑料定位卡具绑扎钢筋、不锈钢卡扣连接主筋及箍筋提高整体刚度、夹片式免焊接吊点等措施避免环氧钢筋涂层破坏(图 4)。

锥套锁紧钢筋接头由两个锥套、一副锁片、一个保持架组成,将待连接钢筋插入锁片两端、对中顶紧保持架;将锥套套入锁片的两端,用专用工具将两锥套沿其轴向(内夹)压紧靠拢,从而利用锥角作用将锁片向内紧紧夹住钢筋,实现连接钢筋的目的。锥套紧锁接头可达到I级接头的性能从而可实现同断面对接、连接连接钢筋无须特殊加工、对中性要求不高连接容差大、连接快捷(15~30s/个)、连接质量可视化检测等特点,为部品钢筋的施工推广提供了更便利的条件(图5)。

图4 环氧钢筋涂层保护措施

图5 锥套锁紧钢筋接头应用

三、大悬臂盖梁施工

盖梁设计为双向大悬臂预应力混凝土结构,盖梁长度37.4m,宽度4m,高度11.5m,悬臂长度14.6m。大悬臂盖梁采用高空托架法施工,墩身施工到一定高度后设置预留槽。托架主要由楔形牛腿、底部托架、底模桁架及盖梁内模桁架组成。墩身两侧楔形牛腿通过拉杆连接紧固;底部托架与底模桁架间通过钢楔块、分配梁连接;两侧底模桁架设置两层对拉杆,承受盖梁施工侧向压力;底部托架与墩身接触面设置抄垫,承受施工过程中的不均匀荷载。盖梁支架布置如图6所示。

底部托架、底模桁架由专业钢结构厂家加工、拼装成整体(图7),利用出驳码头门吊装船,运输船运输至墩位旁,600t浮式起重机安拆。

盖梁支架搭设完成后,对主桁架进行预压,检验支架强度,实测变形值,指导后续施工。盖梁桁架利用混凝土预制块进行预压,预压荷载取盖梁三次浇筑中最不利工况荷载、模板荷载、施工荷载(含施工人员、各类机具等)之和的1.1倍。

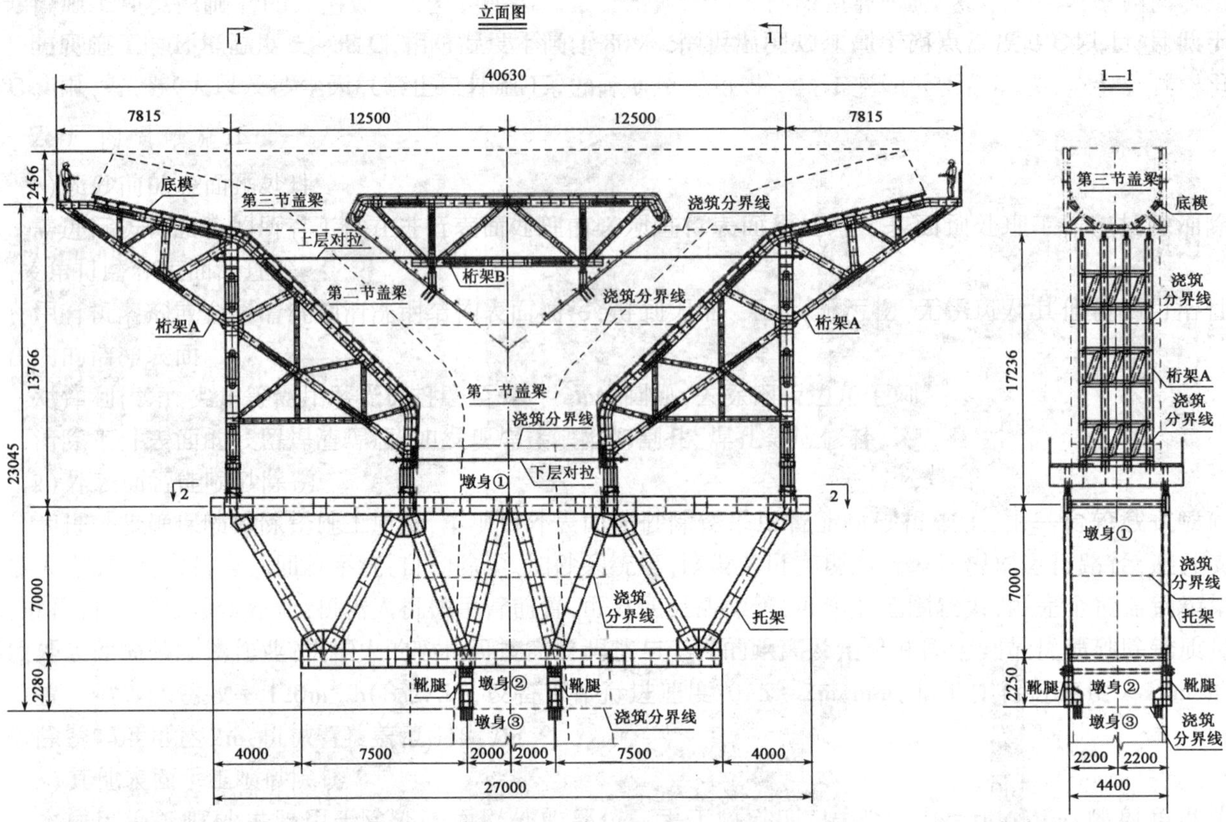

图6　盖梁支架布置图(尺寸单位:mm)

图7　盖梁支架安装、预压

四、结　语

跨海桥梁墩身施工受海上作业条件限制,工作面小,风浪影响有效工作时间短,同时墩身高度高、设计标准化程度高,具备大型起吊设备作业条件,同类型墩身数量多,故工厂化、装配化施工更能凸显优势,在本项目墩身施工中,采用标准化的墩身部品钢筋制作车间,通过码头下河水运,大型浮式起重机或履带式起重机安装的工法实现了跨海桥梁大截面墩身钢筋部品顺利实施,同时针对环氧钢筋段,通过微创新微改进,实现了环氧钢筋部品化施工,充实和完善了墩身部品钢筋施工工艺。在大悬臂盖梁施工中,采用大型托架式支架,利用浮吊整体安拆,降低了施工安全风险,提高了标准化施工水平。通过对跨海桥梁整幅式 TY 墩施工的相关技术研究与应用,提高了施工的安全和质量管控水平,可为类似工程提供参考。

参考文献

[1]　潘放.黄茅海跨海通道总体方案及创新技术[J].桥梁建设,2021,51(04):10-16.

[2]　何志春.深中通道陆域桥梁大型盖梁快速化施工技术[J].世界桥梁,2020,48(04):25-29.

[3]　张爱民,李志明.大节段变截面墩身钢筋部品化施工关键技术[J].世界桥梁,2019,47(04):37-41.

18.“长引桥”单墩承台钢板桩围堰施工设计

冯绍全 谭海雄
(保利长大工程有限公司)

摘 要 对于“长引桥”单墩承台桥梁采用“先支法”工艺,可大幅度提高钢板桩材料周转,缩短单墩承台施工周期,但同时也给施工过程增加了安全风险。为确保“先支法”工艺在施工过程中安全实行,本文以黄茅海跨海通道西引桥泄洪区高墩区20~28号墩为工程实例,采用Midas Civil有限元软件建立三维钢板桩围堰理论模型,对钢板桩围堰施工过程进行验算,验算结果表明钢板桩及围囹的刚度与强度均满足要求,“先支法”工艺可在黄茅海跨海通道建设过程中安全施工,可供同类设计施工分析作为参考。

关键词 先支法 钢板桩围堰 长引桥 有限元

一、引 言

20世纪50年代,钢板桩围堰首次在跨江跨海大桥上应用,就体现出施工便捷、受力明确、经济性优越、止水效果好等优点,因此在建设工程中应用得越来越广泛[1]。然而随着钢板桩围堰应用的环境越来越复杂[2],钢板桩围堰“先支法”工艺不能很精确地得到模拟,目前研究上最常用的是等值梁法、平面有限元简化法或等值梁法与三维有限元结合的方法[3-5]。而实际海上钢板桩围堰受力非常复杂,尤其钢板桩嵌固模拟与实际情况相差很大。因此,就钢板桩围堰受力分析而言,无论是算法还是有限元模拟均需要进一步研究。本文通过等值梁法计算出钢板桩实际入土深度,再采用平面弹性地基梁法建立三维有限元理论模型,对黄茅海跨海通道西引桥泄洪区高墩区20号~28号墩钢板桩围堰施工过程进行理论分析,确保施工过程的安全。

二、工 程 概 况

黄茅海跨海通道西引桥(泄洪区)东接黄茅海大桥,西接西引桥(浅滩区),跨径为60m,箱形截面,桥梁全长3120m。其中1号~28号为高墩区,29号~52号为底墩区。承台结构为正方形,共有4种尺寸:9.1m×9.1m×3.3m、8.2m×8.2m×3.3m、8.2m×8.2m×3m、7.2m×7.2m×3m。最大流速1.56m/s,河床地质为淤泥层,施工高水位为+3.214m,施工低水位为-0.906m,施工常水位+0.624m[6]。其中20号~28号高墩区承台采用相同的钢板桩围堰,围堰参数见表1。钢板桩围堰设计图如图1所示。

20号~28号围堰参数表 表1

墩号	设计承台顶高程(m)	设计承台底高程(m)	封底底高程(m)	海床高程(m)	高潮水位(m)	钢板桩顶高程(m)	钢板桩底高程(m)	第一道内撑高程(m)	第二道内撑高程(m)	围堰尺寸(m)
20号	-4.5	-7.8	-10.1	-3.866	3.214	4	-17	-1.6	-3.9	10.8×10.8
21号	-4.5	-7.8	-10.1	-4.052	3.214	4	-17	-1.6	-3.9	10.8×10.8
22号	-4.5	-7.8	-10.1	-4.026	3.214	4	-17	-1.6	-3.9	10.8×10.8
23号	-4.5	-7.8	-10.1	-3.895	3.214	4	-17	-1.6	-3.9	10.8×10.8
24号	-4.5	-7.8	-10.1	-3.912	3.214	4	-17	-1.6	-3.9	10.8×10.8
25号	-4.5	-7.8	-10.1	-3.967	3.214	4	-17	-1.6	-3.9	10.8×10.8
26号	-4.5	-7.8	-10.1	-3.913	3.214	4	-17	-1.6	-3.9	10.8×10.8
27号	-4.5	-7.8	-10.1	-3.779	3.214	4	-17	-1.6	-3.9	10.8×10.8
28号	-4.5	-7.8	-10.1	-3.849	3.214	4	-17	-1.6	-3.9	10.8×10.8

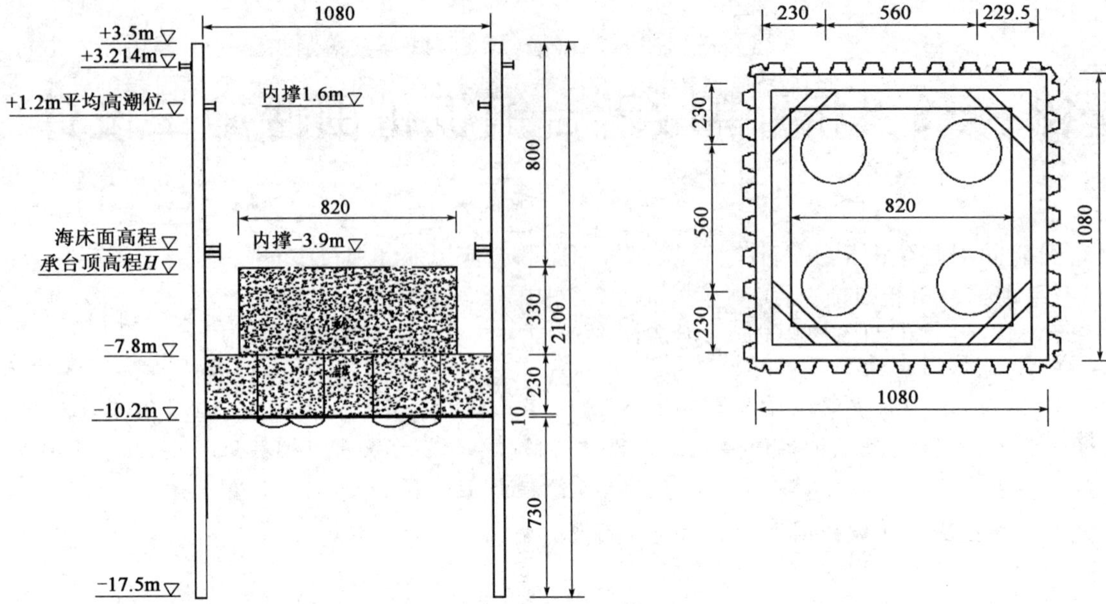

图1　20号～28号钢板桩围堰结构图

注:1. 本图单位以cm计。

2. 钢板桩采用拉森Ⅳ,106根×18m。

根据实际河床情况结合规范及类似工程施工经验,钢板桩内、外侧的主动水土压力和被动水土压力计算采用朗肯土压力计算方法,根据本工程土层均为淤泥,采用水土合算法进行土压力计算。本文主要介绍26号墩,其中地质分层、土层参数及主被动土压力系数取值见表2。

26号墩物理参数　　表2

名称	顶高程 H_t(m)	底边高 H_b(m)	土层厚度 H(m)	重度 γ(kN/m^3)	黏聚力 C(kpa)	内摩擦角 φ(°)	主动土压力系数 K_a	被动土压力系数 K_p
海水	+3.214	-3.91	7.124	10.25	0	0	0	0
淤泥1	-2.98	-17.5	14.52	15.5	4.3	3.1	0.897	1.114

三、施工工艺及工况

黄茅海跨海通道西泄洪区非通航孔桥承台采用“先支法”工艺施工,主要的施工顺序是先安装围囹,再以围囹为导向架插打钢板桩,最后水下作业。具体施工步骤见表3。

施工流程表　　表3

序　号	施工步骤	备　注
1	拆除钻孔平台	履带吊+振动锤搭设支栈桥
2	安装钢板桩围堰围囹	安装两层围囹,28.9t
3	插打钢板桩	履带吊、60kW振动锤打设钢板桩
4	长臂挖机挖泥	泥浆泵+挖泥机
5	水下封底	导管法、天泵
6	抽水、割护筒、凿桩头	桩头环切,85t履带式起重机清运
7	承台施工	—

按照施工步骤,将钢板桩围堰施工分为六个工况:工况一:钢板桩插打,围堰内外始终保持内力平衡;工况二:基坑开挖至-10.2m;工况三:水下封底2.3m(分两次封底);工况四:围堰抽水,进行干环境下作业;工况五:承台混凝土浇筑;工况六:拆除整个围堰。

由于工况一是平衡状态、工况五内侧混凝土压力传递至钢板桩、工况六回填土及先拆除钢板桩,以上工况均对钢板桩围堰结构影响很小甚至有利,因此,可以忽略不计。本文则根据工况二、三、四计算出各工况钢板桩与围囹最大应力与变形,来确保现场安全施工。

四、有限元分析

采用有限元软件 Midas Civil 对 26 号墩承台进行钢板桩围堰进行受力分析。

1. 钢板桩入土深度

钢板桩入土深度,就是本文需要找到的嵌固点,嵌固点就是钢板桩在理论上压力为零的点。采用等值梁法进行求解,就工况二而言(图 2),当围堰内挖泥开挖完成,基坑底高程 -10.2m 时,设零点距离开挖面 x,则钢板桩外侧主动土压力计算为式(1),钢板桩内侧被动土压力为式(2),当主动土压力等于被动土压力时,就是钢板桩的土压力为零处,协调式为式(3)。

$$P_a = \gamma_w \cdot h_1 + \gamma_{淤泥} \cdot K_a \cdot (h_2 + x) - 2C_1\sqrt{K_a} \tag{1}$$

$$P_p = \gamma_w \cdot (h_1 + h_2) + \gamma_{淤泥} \cdot K_p \cdot x + 2C_1\sqrt{K_p} \tag{2}$$

$$P_a = P_b \tag{3}$$

通过式(1)、式(2)、式(3)得到 $x = 1.4\text{m}$。

然后依据式(2)、式(3)求出钢板桩两侧的水土压力,采用 Midas Civil 建模求出钢板所受土压力为零处的支座反力。求得反力 $P_0 = 17.04\text{kN}$。再根据弯矩零点处的剪力和弯矩零点至钢板桩底的土压力共同作用求弯矩平衡可求的钢板桩入土深 y:

$$y = \sqrt{\frac{6p_0}{\gamma_{淤泥1}(K_{p1} - K_{p2})}} = \sqrt{\frac{6 \times 17.04}{15.3 \times (1.114 - 0.897)}} = 5.5(\text{m})$$

工况二钢板桩理论入土深度 $t = 1.4\text{m} + 5.55\text{m} = 6.95\text{m}$,也就是高程在 -17.05m 处为嵌固点。其他工况采用相同的办法进行嵌固点高程的求解,就不再赘述。

2. 平面弹性地基梁法建立计算模型

通过上述等值梁法可知工况二嵌固点的坐标为 -17.5m,现采用平面弹性地基梁法对钢板桩进行数值模拟,作为竖向放置的弹性地基梁,其支座均视为弹簧支座,内撑简化为弹性连接,坑内开挖面以下至嵌固点的土采用点弹簧进行模拟分析,嵌固点以下的土将不采取模拟。而坑外的水土压力则视为外部荷载施加于地基梁上,从而通过杆系有限元的方法计算弹性地基梁的内力和变形。

将工况二钢板桩长度方向按照 0.8m 为单元进行建模分析如图 3 所示(其他工况与工况二类似就不再赘述)。根据"K"法确定土弹簧刚度(表 4)。依据上文工程地质勘察,淤泥层水平基床系数设计参数推荐值为 $K_w = 1500\text{kN/m}^3$,根据土弹簧刚度计算公式得到土弹簧刚度:

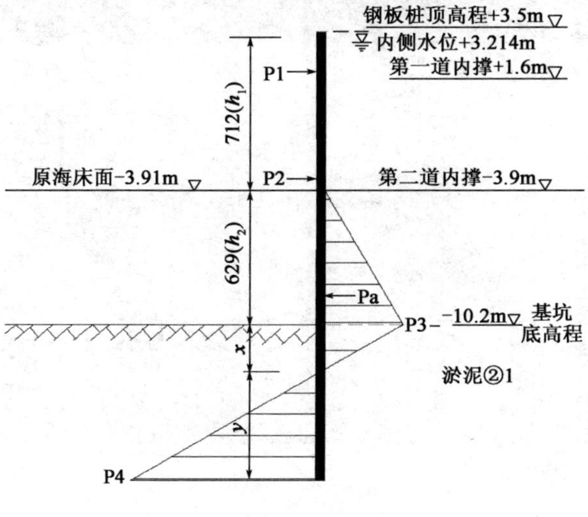

图 2　工况二钢板受力图

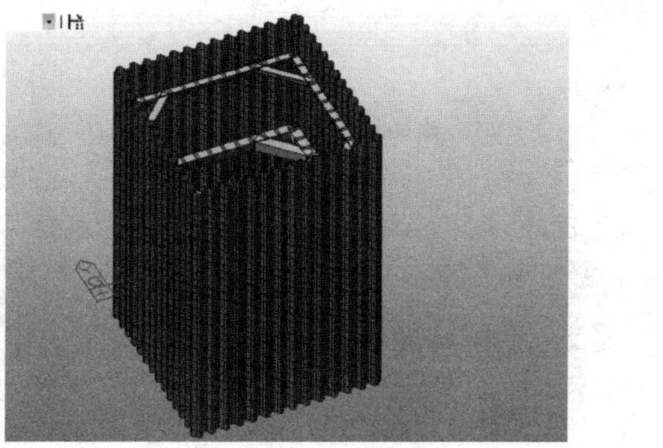

图 3　有限元模型(工况二)

$$K = K_w bh \tag{4}$$

式中：K_w——地基土水平基床系数；

bh——计算单元的受荷面积（h 为单元高，b 为单元宽度）。

地基水平基床系数和图弹簧刚度数值表　　表4

距基坑底深度 Z（m）	地基土水平基床系数 K_h（kN/m^3）	钢板桩计算宽度 b（m）	钢板桩计算高度 h（m）	土弹簧刚度 K（kN/m）
0.5	1500	0.8	0.5	600
1.5	1500	0.8	1	1200
2.5	1500	0.8	1	1200
3.5	1500	0.8	1	1200
4.5	1500	0.8	1	1200
5.5	1500	0.8	1	1200
6.5	1500	0.8	1	1200
6.95	1500	0.8	0.45	540

3.分析结果

工况二：第二道内撑放置在内撑吊架上，第一道内撑和顶层圈梁安装到位，内外水位平衡，基坑内清泥至坑底高程 -10.2m 位置。其应力与变形结果如图4所示。

然而工况三与工况四采用与工况二相同的办法，不再赘述，仅给出工况二的分析结果图，其结合他工况分析结果汇总见表5。

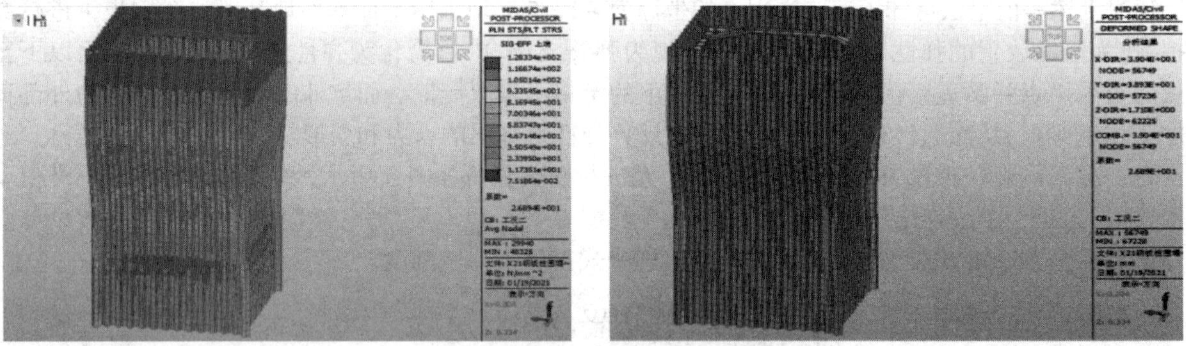

a)钢板桩应力与变形图

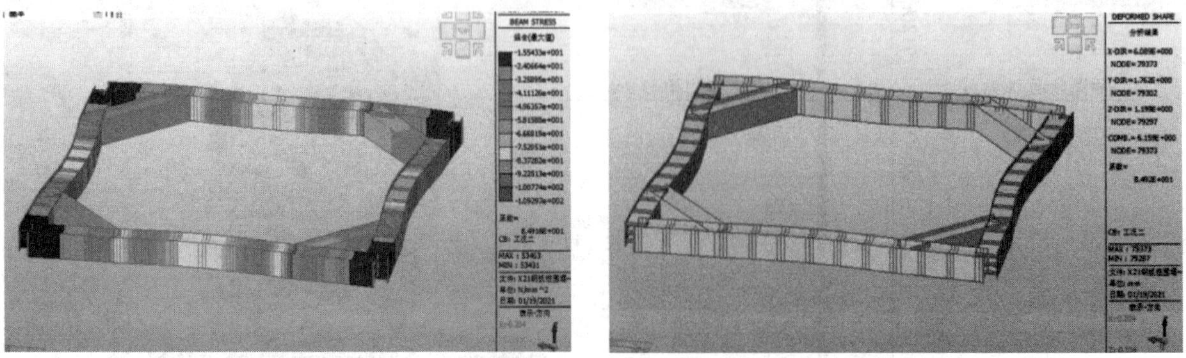

b)第二道围囹应力与变形图

图　4

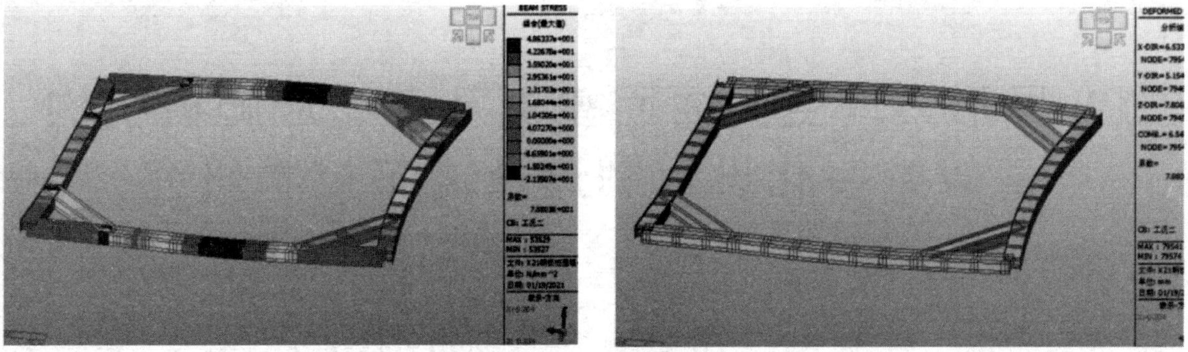

c)第一道围囹应力与变形图

图4 工况二应力与变形图

围堰计算结果汇总表 表5

结构	项 目	工况二	允许值	工况三	允许值	工况四	允许值
钢板桩	弯应力(MPa)	128.3	270	120.7	270	144.2	270
	剪应力(MPa)	74	160	68.6	160	76	160
	位移变形(mm)	39	50.5	31.3	50.5	10.3	13.5
第一道内撑	弯应力(MPa)	48.6	215	46.1	215	137.5	215
	剪应力(MPa)	13.4	125	11.9	125	36.3	125
	位移变形(mm)	2.7	12.5	2.4	12.5	3.04	12.5
第二道内撑	弯应力(MPa)	109.3	215	95	215	181.9	215
	剪应力(MPa)	39.6	125	34.5	125	73	125
	位移变形(mm)	3.8	12.5	2.8	12.5	4.6	12.5

通过上述结果可知,采用“先支法”施工工艺钢板桩围堰在强度与刚度上均满足规范要求。

五、结　　语

通过 Midas Civil 有限元的分析,对黄茅海跨海通道西引桥 26 号钢板桩围堰进行受力分析可得到以下结论:

(1)采用等值梁法找到嵌固点,当嵌固点以下表示与土体嵌固在一起,因此在数值模拟时,嵌固点处模拟边界条件,然而嵌固点以下的钢板桩就不采取模拟。

(2)采用“先支法”施工工艺,分析它的施工过程,得到应力和变形结果,可知钢板桩围堰强度和刚度均满足规范要求。因此可以认为该钢板桩围堰设计是可实施。

参考文献

[1] 周彦文,汪泉庆,孙鹏. 大跨径连续梁 0 号块托架结构设计及预压施工[J]. 世界桥梁,2019,47(3),32-37.

[2] 钟祺. 复杂地质深水环境中钢围堰类型比选及设计研究[J]. 公路,2021(10):210-215.

[3] 李昌荣. 某桥梁钢板桩围堰计算[J]. 低温建筑技术,2011(8):92-94.

[4] 阮泽莲,吴炜. 厦漳跨海大桥 II 标主墩钢板桩围堰设计[J]. 水运工程,2011(8):24-27.

[5] 杜闯,丁红岩,张浦阳,等. 钢板桩围堰有限元分析[J]. 岩土工程学报,2014(36):159-164.

[6] 中交公路规划设计院有限公司. 黄茅海跨海通道工程初步设计[R]. 北京,2020.

19. 异形索塔空间曲面模板及自适应爬模机构三维数字化设计制造及施工技术研究

汤　明[1]　谭海雄[1]　冯玉祥[2]　罗东超[3]　刘天成[3]
(1. 保利长大工程有限公司;2. 黄茅海跨海通道管理中心;
3. 中交公路长大桥建设国家工程研究中心有限公司)

摘　要　黄茅海大桥采用独柱塔双索面三塔钢箱梁斜拉桥,总长度为2.2km,中塔高度为263.783m,西塔高度为255.203m,塔顶设置6m高塔冠,索塔空间造型为纤腰独柱异形高耸结构。索塔采用液压爬模施工工艺,空间异型曲面塔柱外壁呈不规则空间曲面结构,对模板、爬升系统等提出了更高的要求;基于BIM技术,以黄茅海大桥中、西索塔施工为工程背景,利用BIM建模工具对曲面模板和爬升机构进行了三维建模数字化设计及虚拟建造;在模板方面,研究了基于BIM的曲面模板数字化设计、加工及施工方法;在爬模机构方面,研究了自适应液压爬模机构架体及平台布置、爬升工艺方法;解决了异形塔柱液压爬模系统设计、制造及爬升等难题,在索塔变形控制与结构精度实现方面发挥重要作用。

关键词　黄茅海大桥　独柱异形索塔　BIM　曲面模板设计及制造　液压爬模系统

一、引　　言

爬模法是桥塔应用最为广泛的施工方法。早期的爬模为无爬架爬模,施工要求用塔吊等起重设备进行提升,仅靠模板系统自身不能完成提升作业。在铜陵长江公路大桥的索塔施工中,第一次成功地开发应用了此工艺。随后在南京长江二桥采用了四面爬架倒链提升模施工工艺,在广东虎门大桥采用了电动爬架爬模施工工艺。中交二航局在润扬长江大桥悬索桥施工中率先引进、吸收、创新了液压爬模法施工桥塔工法,迅速在全国得到推广,并在苏通长江大桥进一步完善[1-2]。液压爬模系统具有操作简便灵活、爬升安全平稳、速度快、模板定位精度高和爬升过程中无须其他辅助起重设备的优点,黄茅海大道桥索塔施工采用液压爬模施工工艺(图1)。

图1　黄茅海大桥索塔液压爬模施工工艺

在结构设计的基础之上,起到为建筑提供一种临时性支护结构,称为建筑模板。模板工程是混凝土结构施工的关键环节,已经经历了长久的发展历程。在20世纪60年代以前,先后出现了木质散板模板、装配式定型木模板、采用机械流水施工模式的大型模板等;在20世纪60年代后,国外开始使用组合式定型模板,它的使用原理是将小型模板进行配套设计,从而转换为不同规格的大型模板。组合式定型模板的优势在于具有灵活性、重复使用性以及随意变换性,所以使用范围得到扩大,已经成为现阶段混凝土工程最主要使用的模板体系之一[3]。目前,钢模板具有较成熟的设计及加工工艺,可以形成各种形状表面光滑的模板,但造价较高,且模板没有通用性,易造成资源浪费。

目前,已经有工程师针对异形结构建筑的模板设计与施工开展研究,王兵在朝阳大桥主桥塔柱模板设计中引入 BIM 技术进行钢模板设计[4],倪喜雨、郭亮亮等在援柬埔寨体育场项目中采用 BIM 模型与 CAD 三维设计方法对模板体系中呈双曲面形体的"造型木"出图[5];通过对国内外同类型曲面高耸结构物建造技术的深入调研,针对曲面高耸异形索塔模板系统设计及施工还需要进一步深入研究。

黄茅海高耸纤腰独柱异形混凝土索塔外形特殊,塔柱每节段外形尺寸都不相同,如采用常规全钢大模板体系难以重复使用且造价高昂;传统的配模设计方法无法满足施工要求,须要借助信息化模型进行空间模板体系设计和模拟,以黄茅海大桥索塔施工为依托,在深入调研国内外同类型曲面高耸结构物建造技术以及分析超高异型独柱塔结构形式基础上,研究空间曲面模板设计配置以及模架爬升方法;为解决异形塔柱爬升系统布置及模板设计难题,引入 BIM(Building Information Modeling)技术,充分利用 BIM 技术的可视化、精确性及可出图性,解决曲面模板设计出图、爬升系统轨道及爬架如何适应异型塔的复杂线形等难题。

二、黄茅海大桥异形索塔结构

1. 异形索塔结构特点

黄茅海大桥是黄茅海跨海通道的标志性工程之一,横跨黄茅海水域东、西主航道,其采用独柱塔双索面三塔钢箱梁斜拉桥[6],桥跨布置为 100m + 280m + 720m + 720m + 280m + 100m = 2200m。大桥索塔为纤腰独柱异形混凝土索塔(图2),圆形和圆端形空心薄壁断面。中塔高度为263.783m,西塔高度为255.203m,塔顶设置6m 高的塔冠。索塔采用 C55 混凝土,上塔柱采用圆形空心断面。塔柱在主梁交界处设置人洞,可实现索塔与桥面的连通。根据塔柱结构变化,整个塔柱分为 4 个典型施工区段:下塔柱、中塔柱、上塔柱、塔冠。

图2 黄茅海大桥纤腰独柱异形混凝土索塔

索塔下塔柱、中塔柱和上塔柱为不规则的空间异形薄壁结构。索塔外形由圆形断面 1、组合断面 2、圆形断面 3 和圆形断面 4 等控制断面融合而成(控制断面如图 3 所示),索塔外壁从塔底到塔顶曲率不断变化,呈不规则空间曲面结构,难以通过传统常规方式进行爬模系统布置和模板设计。

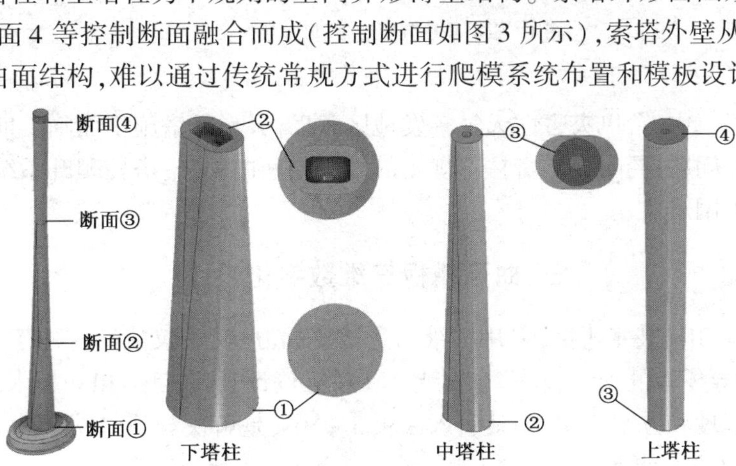

图3 异形索塔空间构造

2. 索塔整体施工方案及施工难点

1)索塔整体施工方案

索塔施工作为整个大桥施工质量控制重点,塔柱采用分节施工,结合塔柱结构及爬模施工的特点,中塔塔柱分为47个节段、西塔塔柱分为45个节段进行混凝土浇筑施工,标准节段浇筑高度为6m,塔柱起步段浇筑高度为9m(索塔塔柱节段划分见图4),分两节(3m+6m)采用支架施工,其余标准节段采用单爬锥液压自爬模施工工艺。

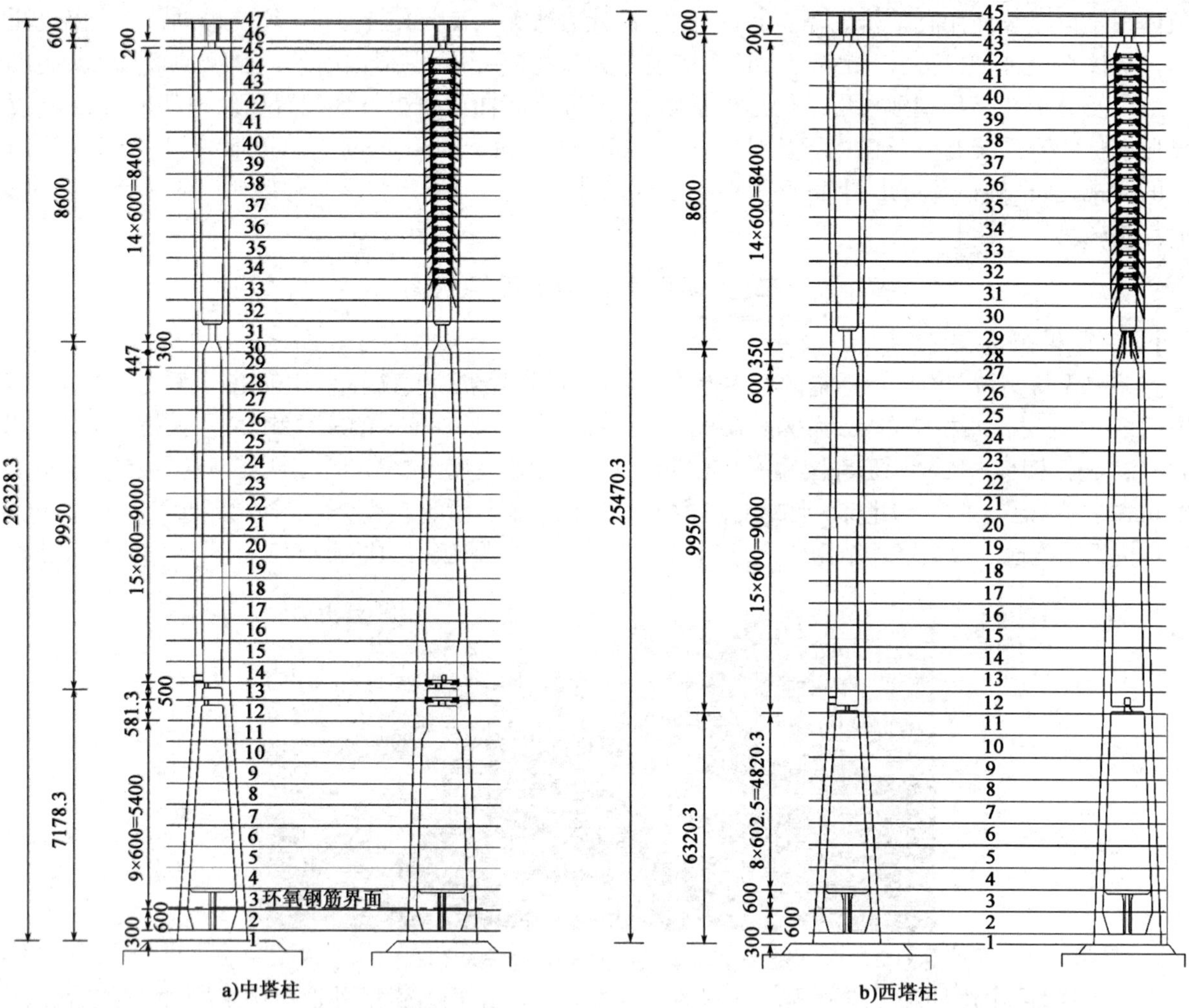

图4 索塔塔柱节段划分(尺寸单位:cm)

2)索塔施工难点

黄茅海大桥地处于海中、台风灾害性天气频发地区,高耸异形桥塔施工面临工期紧、海中施工平台有限和施工精度控制难等问题;同时异形塔柱不规则的外壁空间曲面,给塔柱爬升系统轨道及爬架布置、曲面模板设计及加工带来困难。

三、曲面模板三维数字化设计

已有工程实践借鉴BIM技术思路,采用三维信息模型的方法,不仅能够应用于复杂爬模系统和曲面模板的设计,还可以指导模板的加工、放样与组装。在桥梁设计及施工中,BIM技术现多应用于桥梁主体结构设计及施工现场管理和方案优化,将其引入模板工程中,是解决异形结构爬模机构和模板设计难题的最优方法,也是未来发展的趋势。

1. 曲面模板数字化设计流程

为解决空间异形索塔空间曲面设计及爬模施工难题，研究基于BIM技术的液压爬模及外模板数字化设计方法，具体设计流程及方法主要包括：①基于BIM技术所创建的索塔空间结构信息模型，根据索塔结构和爬模施工的特点，对索塔模型进行节段划分；②根据上、中、下塔柱模型结构特点，分别对上、中、下塔柱进行模板板片分缝；③分别对索塔各节段进行模板三维数字化设计，最后输出加工图和组装图。

模板数字化设计流程及方法如图5所示。

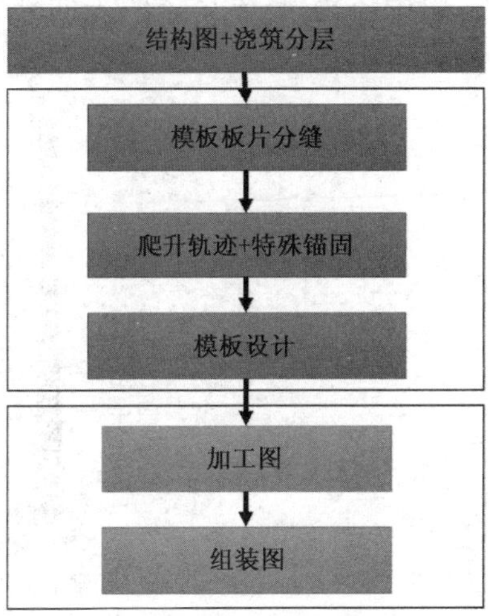

图5 模板数字化设计流程及方法

2. 三维设计底层平台选择

纤腰独柱异形混凝土索塔外形特殊，采用单爬锥液压爬模施工工艺，外模板采用造型箱工艺，爬升系统和模板构造包含木结构和特殊钢构件，采用单一BIM设计软件无法满足模板设计过程需要，模板设计过程中用到多款BIM设计软件，主要包括：Autodesk Revit及其插件Dynamo、Autodesk CAD、Autodesk Inventor和Pdf包等软件。其中，Autodesk Revit和Autodesk Inventor主要用来创建索塔主体模型、索塔节段划分和模板分缝等，基于Revit的插件Dynamo主要用来创建和组装造型木，Autodesk CAD主要用于模板初步设计中规划和后期模板施工图中二维出图修改完善。图6所示为数字化设计工具。

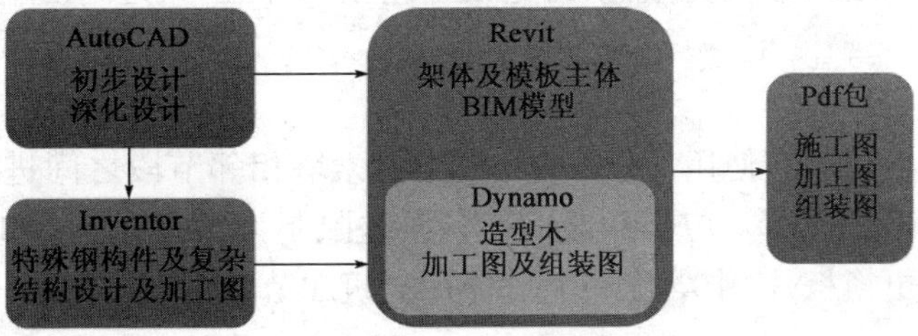

图6 数字化设计工具选择

3. 模板板片分缝及爬升轨迹

综合考虑索塔塔柱空间曲面造型、模板板片尺寸限制以及爬模机构特点等因素，在索塔混凝土结构三维模型的基础上，利用BIM技术对索塔模板进行板片分缝。由于索塔上、中、下塔柱空间造型及尺寸变化较大，模板竖向分缝线无法从塔底到塔顶贯穿布置，为使模板板片划分更加规整合理，保证索塔外观和减少爬升系统爬升轨迹的变更，利用BIM技术模拟出合理的模板板片划分方案和液压爬升轨迹，图7所示为模板板片分缝和爬模系统爬升轨迹，分缝线从塔柱第23节段处断开，分为模板上部竖向分缝线和下部模板分缝线。

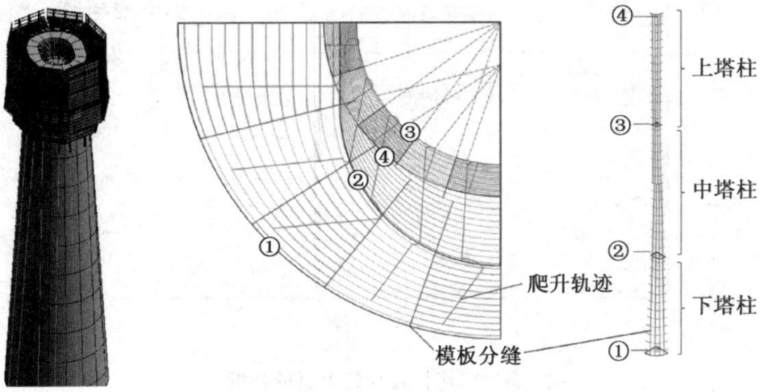

图7 中塔模板板片分缝和爬模系统爬升轨迹

以中塔为例，索塔塔壁表面分别划分 20 条竖向板片分缝，为了保证浇筑外观，下中上塔柱每一段设计从下至上连续缝，无错缝。图 8 所示为下、中、上塔柱的索塔板片分缝结果。

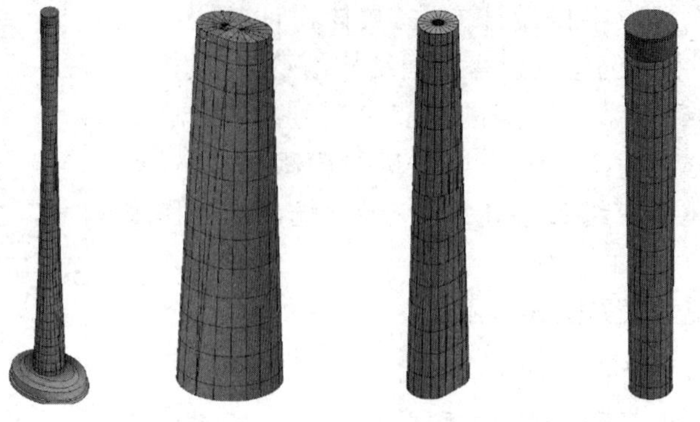

a)索塔整体　b)下塔柱　c)中塔柱　d)上塔柱

图 8　中塔模板分缝

4. 空间曲面外模板板片设计

索塔外观精度主要有外模板精度来保证，模板设计的主要研究对象为外模板。为保证索塔施工安全、外观精度和减少施工成本，模板板片设计性能要求：①浇筑层高 6m，侧压力为 $65kN/m^2$；②造型木尽量周转重复使用；③断面形状误差小于 5mm。

黄茅海大桥中塔和西塔结构形状类似，索塔施工工艺相同，区别只是高度不同，下面研究内容以中塔为例进行展示。

1）模板板片周转次数

为最大限度地让模板板片周转使用，运用 BIM 技术对索塔相邻节段之间进行截面逼近对比分析（分析结果如图 9 所示），相邻节段上下对应板片断面形状误差限制为 5mm，通过 BIM 技术分析结果：下塔柱每浇筑一节段混凝土需要更换板片，中塔柱和上塔柱每浇筑 3 节段混凝土更换一次板片。

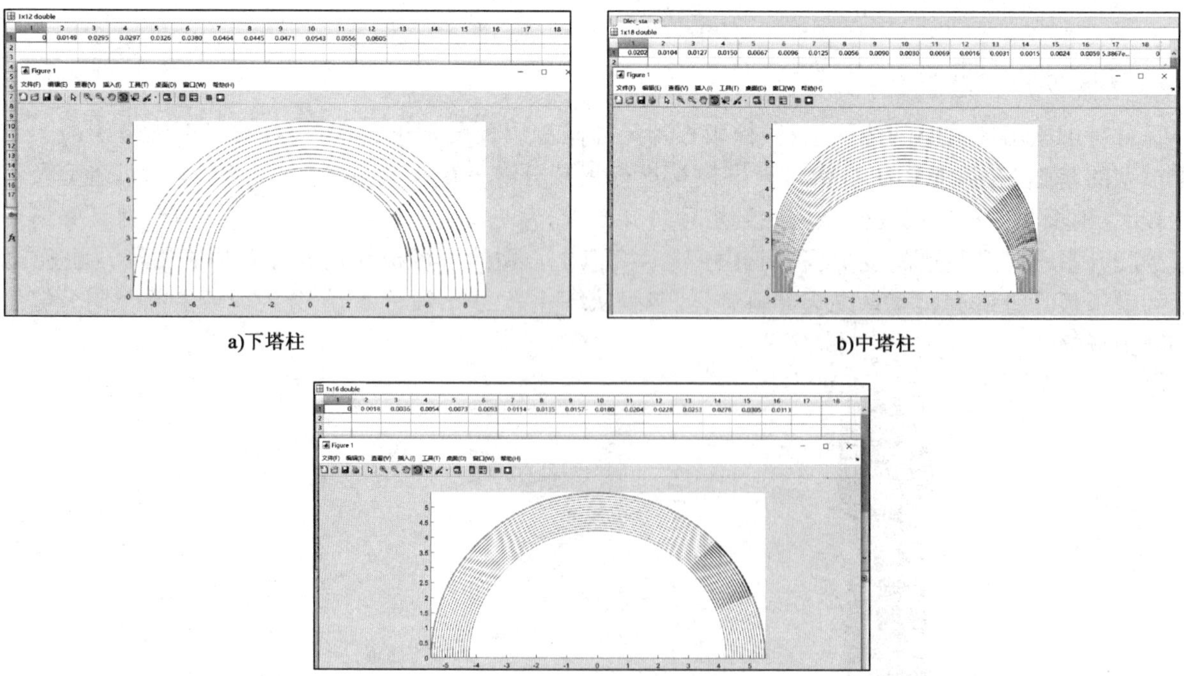

a)下塔柱　b)中塔柱　c)上塔柱

图 9　塔柱板片截面逼近分析

钢木组合模板板片结构高度为 6.2m，施工时模板下压 100mm，模板重量为 $80kg/m^2$，最大尺寸为 3.6m×6.2m。主要由钢围檩、工字木、造型箱、衬板、面板、拉杆、连接器和吊点组成。利用 BIM 技术对板片各个构件进行精细化设计。外模板板片构造组成如图 10 所示。

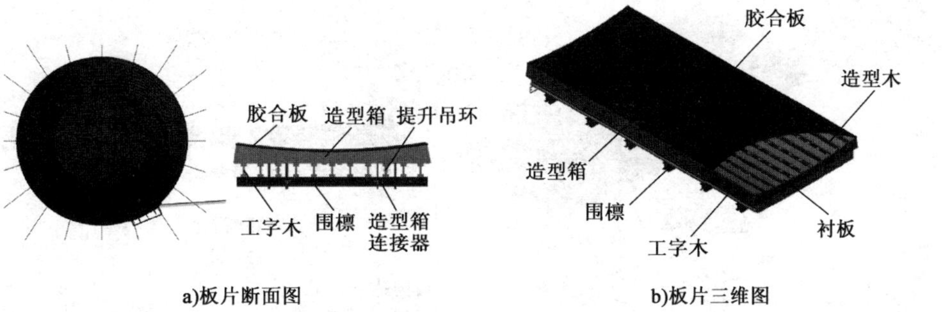

图 10 外模板板片构造组成

(1)钢围檩设计。

板片高度方向共布置 6 道 2U140 槽钢围檩，围檩之间采用花篮螺丝连接。根据本项目特殊需求，利用 BIM 技术的参数化和可视化功能对钢围檩进行优化设计：①长度优化设计，减少规格；②特殊孔位优化设计，方便多次周转裁切使用；③特殊间距优化设计，实现任意板片之间角度连接。弧度通过造型木实现，单个塔配三套模板，以便改制、周转使用。钢围檩构造如图 11 所示。

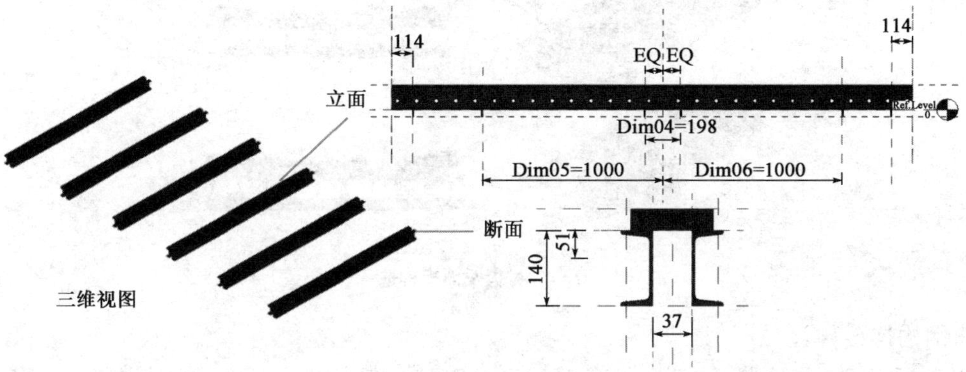

图 11 钢围檩构造(尺寸单位：cm)

(2)工字木设计。

模板板片工字木型号采用 H20，设计长度为 6.1m，高度为 20cm，最大间距 30cm。木头仅使用整根原木靠中部位木材，材质过硬不易于破坏所有翼缘材料年轮方向一致，外侧受压不易开裂；利用 BIM 技术创建工字木三维模型并对其间距进行优化，免反复拆装，减少周转组装时间。工字木构造如图 12 所示。

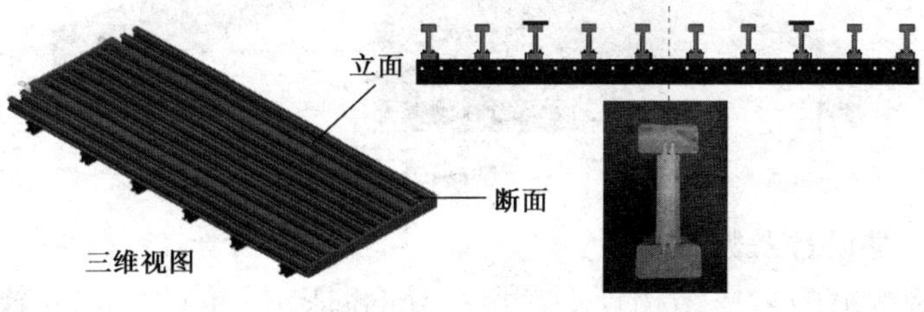

图 12 工字木构造

(3)造型箱设计。

模板板片造型箱主要由造型木、加强板及封端板组成。板片弧度通过造型木实现，造型木的外形尺寸是通过BIM软件提取索塔对应节段截面数据控制的,造型木厚度为27mm,间距约30cm;箱体竖向通过加强板将造型木连成整体,间距约1m;每个造型箱需要两块封端板,分别位于造型箱两侧,起支撑和围护作用。根据受力分析,确定造型木间距。造型箱构造如图13所示。

图13　造型箱构造

(4)衬板及面板设计。

为了提高模板板片的局部稳定性,防止两块造型木之间的面板受压屈曲,在面板背面、造型木弧线侧布置竖向的衬板,衬板厚度为18mm,质量为每平方米12.9kg的胶合板,周转使用次数为50~60次。面板采用高品质的胶合板,要具有高强度、良好的整体稳定性和防水性能,面板厚度分为18mm、21mm两种,考虑到本工程模板周转频繁及面板需要弯曲,采用18mm厚面板。衬板及面板构造如图14所示。

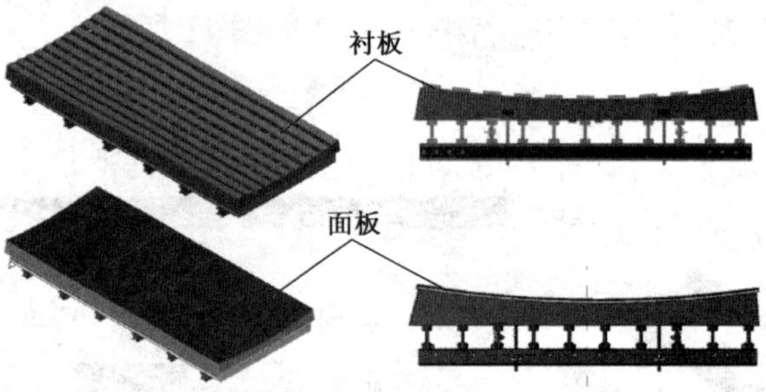

图14　衬板及面板构造

(5)特殊钢构连接件设计。

模板中的悬挂构件、连接器、拉杆和拉盘对拉系统等特殊钢构件,其外形构造特殊,采用Autodesk Inventor软件进行三维模型设计和布置。其中对拉系统和悬挂构件沿索塔径向布置,连接器采用转向连接板,两端固定在钢围檩槽钢上,采用连接销钉连接,起固定连接模板板片的作用。特殊钢构件如图15所示。

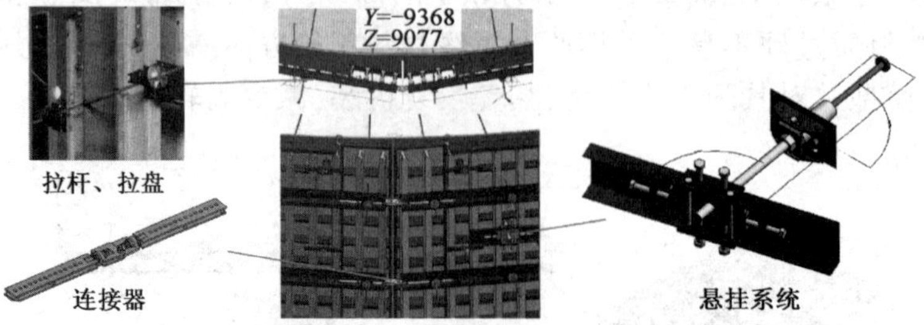

图15　特殊钢构件

2)外模板板片拼装尺寸设计及数量统计

基于索塔分节和模板分缝的索塔结构模型,利用Autodesk Revit + Dynamo软件平台,按施工节段对索塔模板板片进行参数拼装尺寸设计,设计软件界面如图16所示。设计模型创建完成后,利用BIM软件自动统计板片及补缝数量,中塔板片及补缝数量总数量为206片,西塔板片及补缝数量总数量为160片,中塔和西塔详细板片数量见表1。

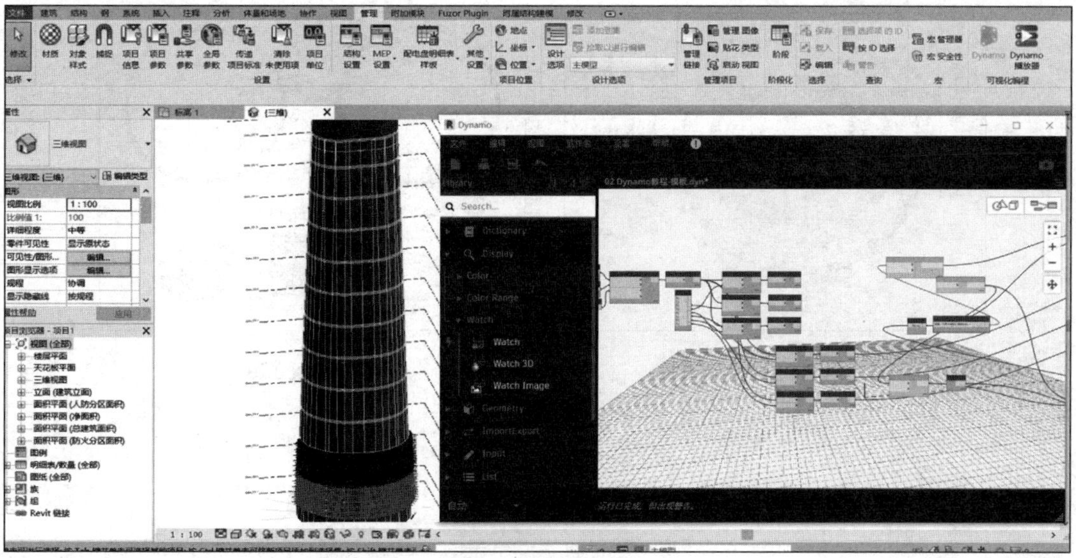

图 16　索塔模板板片拼装设计

索塔模板板片及补缝数量　　　　表 1

索塔名称	类　型	下 塔 柱	中 塔 柱	上 塔 柱	总　计
中塔	板片	13×10 = 130	6×10 = 60	5×2 = 10	206
	补缝			2×3 = 6	
西塔	板片	12×8 = 96	6×8 = 48	5×2 = 10	160
	补缝			2×3 = 6	

5. 空间曲面外模板加工制造正向出图

目前，二维图纸仍是最终的设计交付物，如何快速准确生成符合施工要求的二维图纸，是实现正向设计的关键问题。

传统模板出图采用纯二维线条来表达，模板三维设计时，利用 BIM 技术的可出图性对索塔模板进行投影、剖切以及直接以三维立体透视进行新型图纸表达，更能体现出各个模板构件的空间位置关系，之后进行尺寸标注，在完成图纸标注后，将平面图、立面图、侧视图以及大样图等按照图幅大小调整比例尺进行组图，宗旨是能够清晰表达设计目的且图面布局整洁。模板出图主要有模板平面布置图、模板施工图、模板板件加工图和模板整体组装图等（部分模板出图如图 17 所示）；模板三维数字化设计模型与图纸实施联动，当模型变更时，图纸可以动态更新。

6. 外模板板片加工技术

黄茅海大桥中塔及西塔索塔均为异形塔，每节索塔模板均不相同，模板施工工序复杂、工期紧张，应制定模板备料及下料清单，对模板所需材料提前下单、提前进场、提前验收，保证模板加工不受材料供应影响。

外模板主要由钢围檩、工字木、造型箱、衬板、面板、连接构件及吊点组成。为更快更好的完成塔柱模板的安装工作，实现主塔从承台施工到塔柱施工的工序转换紧密衔接，在承台施工期间，塔柱模板提前进场，采用在后场加工厂，组织有施工经验的模板工人及施工技术人员，对塔柱模板进行预拼装。

根据模板加工图，利用模板数控机床自动切割板件（图 18），实现不规则造型木精细化切割加工。根据模板组装设计图，在组装场地上放好样，弹好线，首先拼装槽钢背楞，再设计间距拼装木工字梁，最后拼装造型箱（图 19）和模板面板（图 20），面板与木工字梁采用螺钉连接。拼装模板，严格控制模板尺寸、平整度、错台等要求，模板拼装验收合格后运至施工现场安装。图 21 为模板板片成品图。

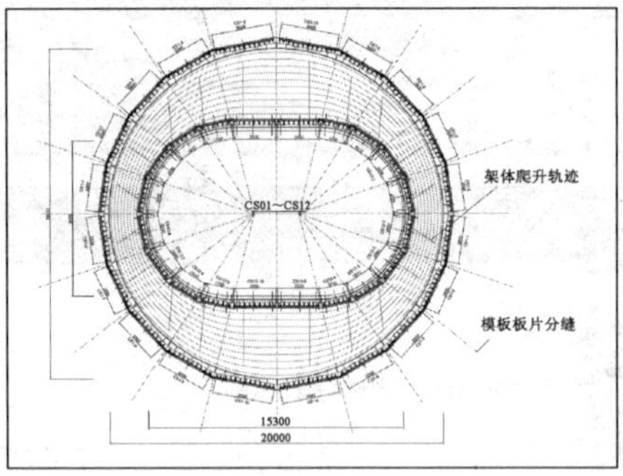

a)塔柱模板整体平面布置图

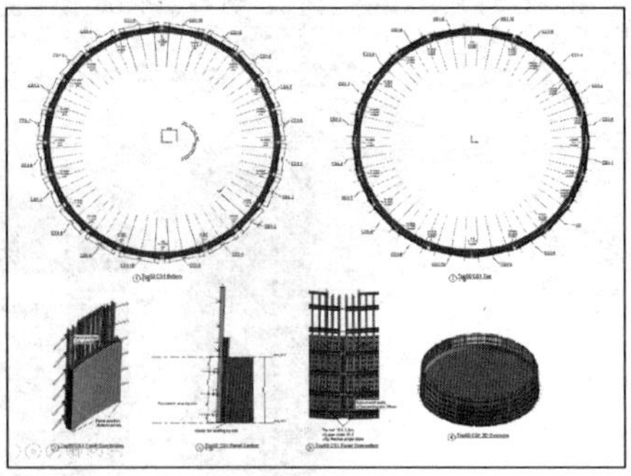

b)模板施工图

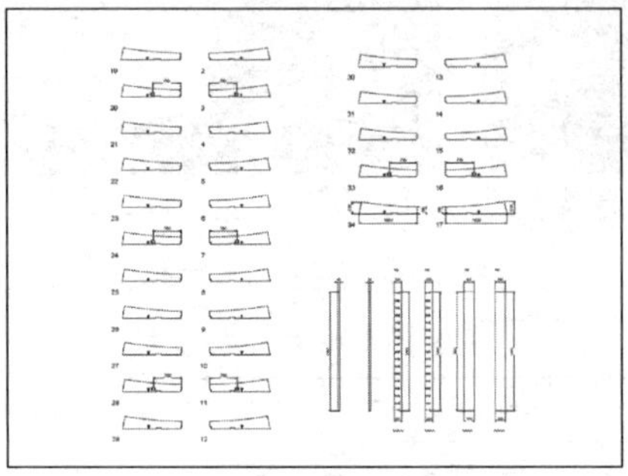

c)模板板件加工图

图17　中塔柱外模板出图(部分)

图18　数控机床自动切割板件

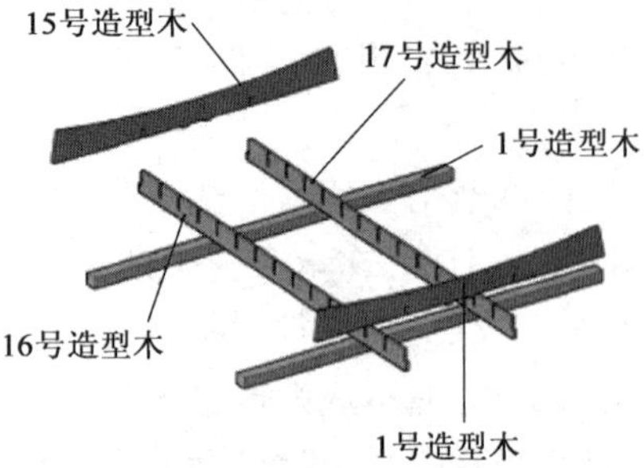

a)第一步：使用16、17号造形木为间隔板件

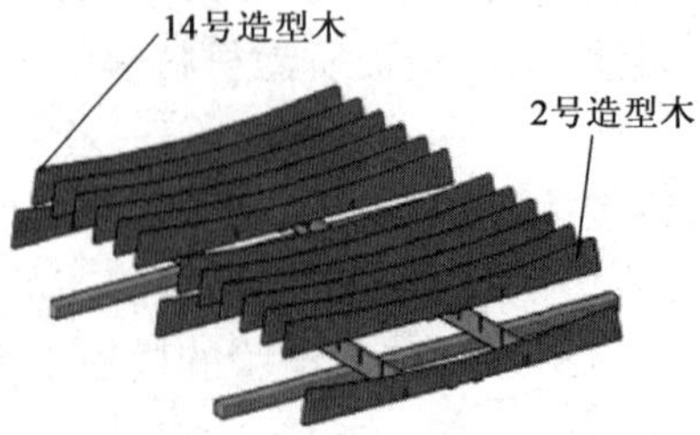

b)第二步：安装剩余的造形木

图　19

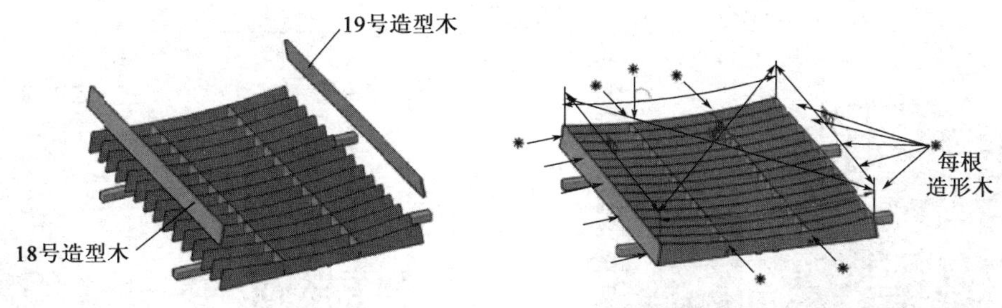

c)第三步：用端封板造形木封闭木箱　　d)第四步：完成造型箱组装

图19　造型箱拼装流程

图20　模板面板安装

图21　模板板片成品

四、液压爬模机构及爬升方案设计

1. 自适应液压爬模机构设计流程

为解决空间异形索塔空间曲面爬模施工难题,研究基于 BIM 技术的液压爬模设计方法,具体设计流程及方法主要包括:①基于 BIM 技术所创建的索塔空间结构信息模型,根据索塔结构和爬模施工的特点,对索塔模型进行节段划分;②根据模板板片分缝结果,优化爬升轨道和爬锥布置方案;③分别对索塔各施工节段进行三维爬架及平台进行数字化建模设计及出图。

液压爬模机构设计流程及方法如图22 所示。

2. 三维设计底层平台选择

自适应液压爬模机构三维设计与模板设计底层平台相同,见3.2 节。

3. 液压爬升系统设计

(1)模板板片分缝及爬升轨迹见前文。

(2)数字化三维模型设计。

在所创建的索塔结构 BIM 模型基础之上,根据索塔液压爬模施工工艺,利用 BIM 建模软件对液压爬模系统的架体及平台进行精细化三维模型创建并进行空间布置。图23 所示为液压爬模系统模型及视图展示。

(3)中塔和西塔液压爬模系统架体及平台布置。

中塔共布置20 个架体、10 个平台,每2 个架体组成1 个平台下塔柱整体布置;西塔共布置16 个架体、8 个平台,每2 个架体组成1 个平台。由于中塔和西塔爬升系统结构类似,下面以中塔为例进行说明。

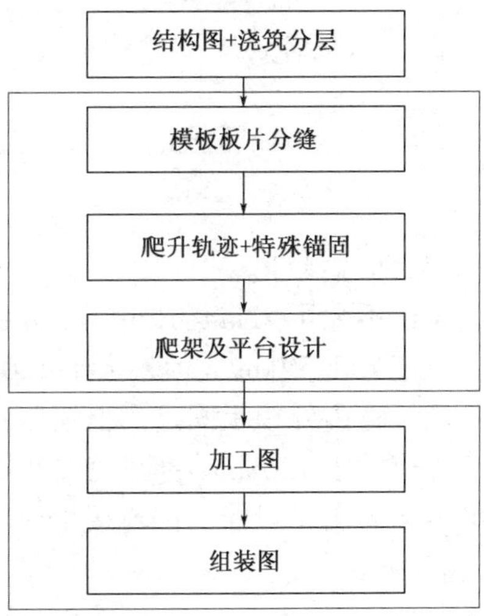

图22　液压爬模机构设计流程及方法

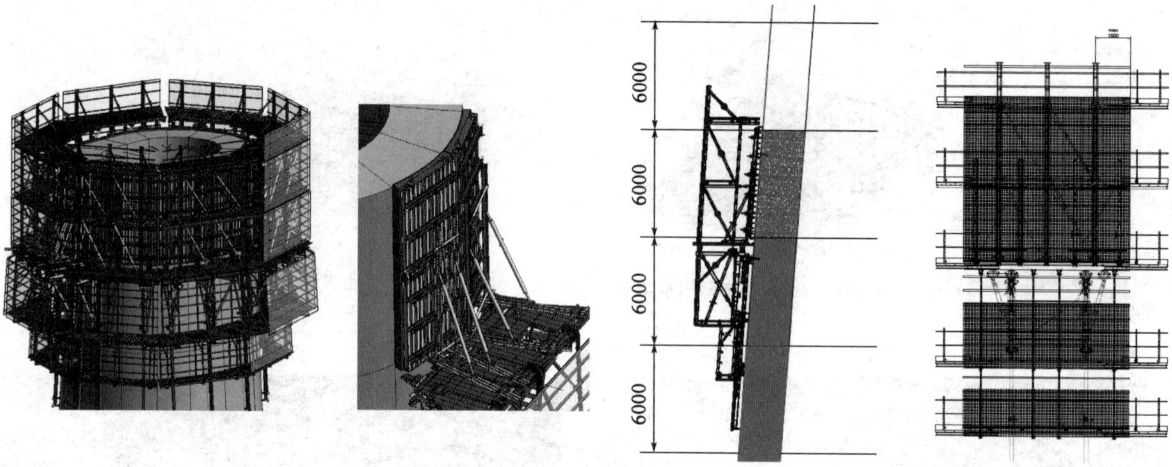

a)爬模机构三维模型　　b)爬架机构二维视图

图 23　液压爬模系统模型及视图展示

下塔柱爬模施工过程中，每上升一节，由于外轮廓截面尺寸的减少，均需要对操作平台边部进行伸缩或裁剪；中塔柱爬模施工过程中，浇筑完 CS14 混凝土后，由于平台无法继续进行裁切，因此需将平台全部吊下来、解体、重新组装及安装，塔柱施工每上升一节，由于外轮廓截面尺寸的变化，均需要对操作平台边部进行伸缩或裁剪；上塔柱爬模施工过程中，由于上塔柱为圆形截面，因此在 CS31 施工完成后，需对原中塔柱直边的两个爬架拆至地面、改装成与圆弧段一致，同时对爬架位置进行调整，即不直接爬升，由塔吊进行吊装就位，塔柱施工每上升一节，由于外轮廓截面尺寸的增加，均需要对操作平台边部进行伸长。图 24 为架体及平台布置和爬升轨迹图。

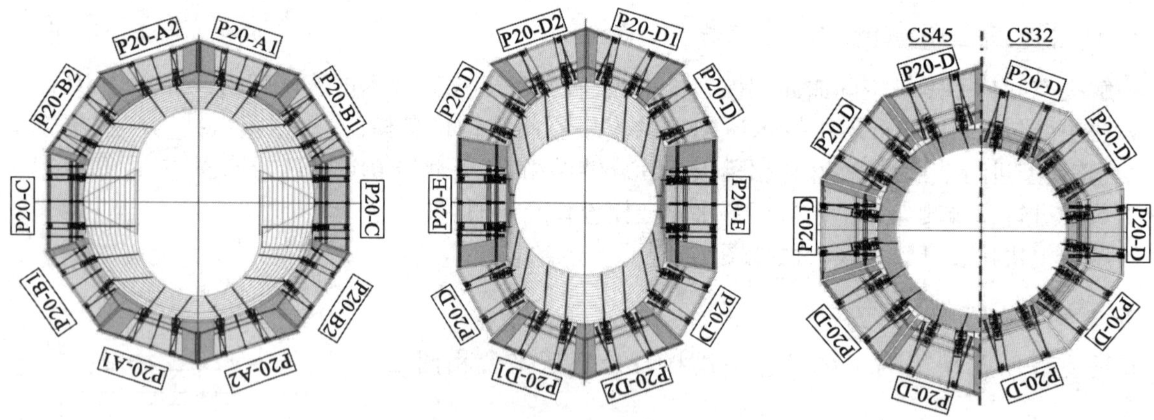

a)下塔柱　　b)中塔柱　　c)上塔柱

图 24　架体及平台布置和爬升轨迹图

(4)防风设计。

风速不大于 72km/h(相当于 8 级风)时，可对模板进行合模/退模的操作，可爬升自动爬模系统。

风速大于 72km/h 但不大于 120km/h(相当于 12 级风)时，内外侧模板需处于同一高度并合龙，同时用对拉杆将内外模板固定。退模装置与上部平台架体用暴风加固件连接。

风速大于 120km/h 但小于 220km/h 时，模板需用对拉杆固定于已浇筑好的墙体上。退模装置与上部平台架体用暴风加固件连接，下部平台用绑带等与导轨绑扎固定。

4. 爬升方案

(1)爬模施工流程。

爬模施工流程如图 25 所示。

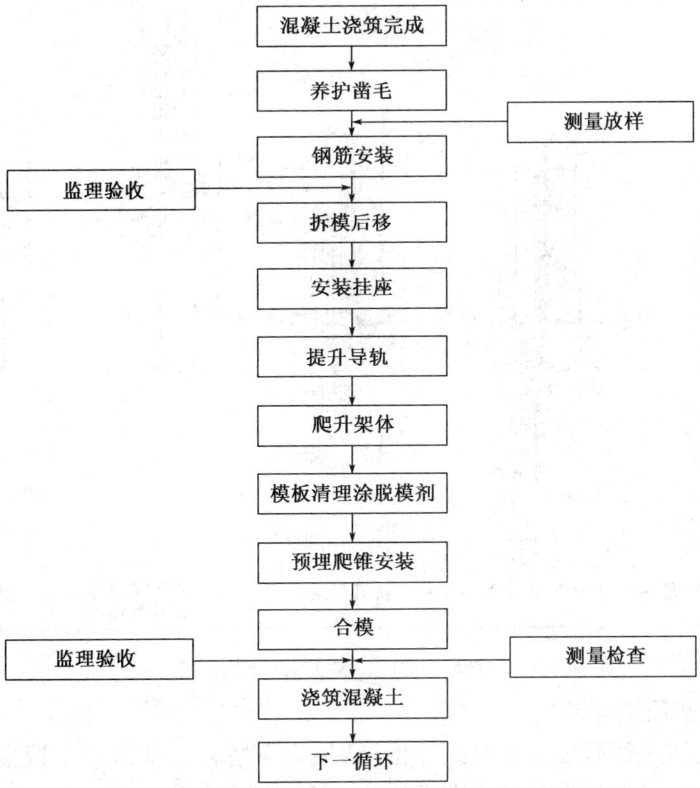

图 25 爬模施工流程图

(2)模板板片立模顺序。

塔柱节段断面分 4 个区域,每片板片根据测量点坐标从顺桥向方向到纵桥向方向立模;以中塔的下塔柱为例,立模顺序编号为 CSX－4→CSX－3→CSX－2→CSX－1;CSX－5→CSX－6→CSX－7→CSX－8。图 26 所示为中塔下塔柱立模顺序。

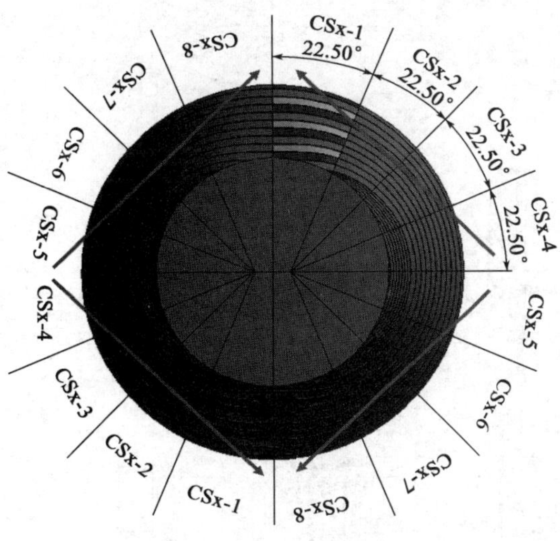

图 26 中塔下塔柱立模顺序

(3)液压爬模设备提升方案。

单爬锥液压爬模设备提升步骤流程:①浇筑塔柱节段混凝土;②节段混凝土强度达到要求后,进行拆模安装挂座;③提升导轨;④拆除下端预埋件和提升架体;⑤继续下一轮次施工。图 27 所示为液压爬模机构提升方案。

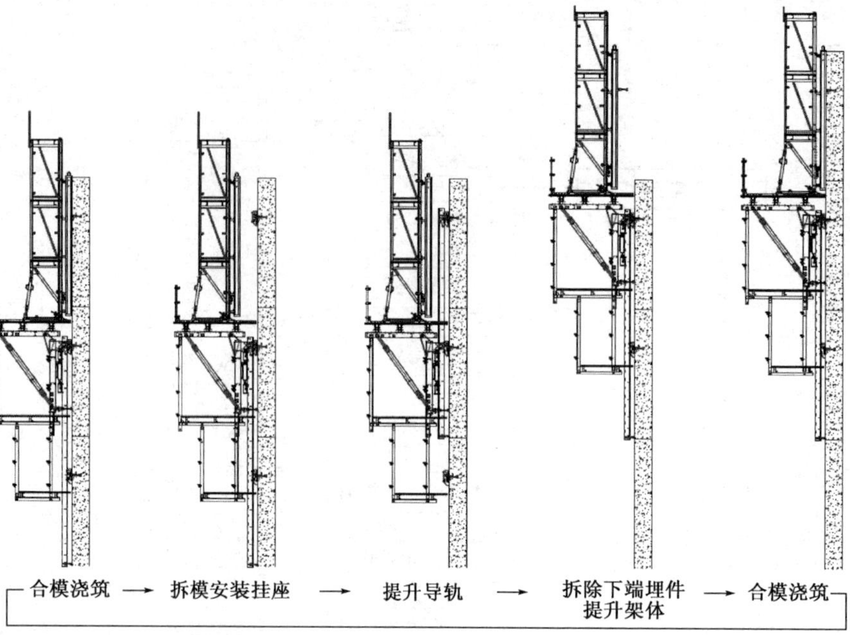

图27　液压爬模机构提升方案

(4)模板板片更换流程。

由索塔相邻节段之间进行截面逼近对比分析,结果为下塔柱每浇筑一节段混凝土需要更换板片,中塔柱和上塔柱每浇筑3节段混凝土更换一次板片。当不需要更换模板板片时,模板板片跟随爬模系统架体一起爬升;需要更换模板板片时,模板板片更换流程应按照标准流程操作:①节段混凝土强度达到要求后,拆除模板拉杆和模板间连接器,模板后移与塔壁分离;②拆除模板板片与架体三角支撑连接,吊离旧模板板片;③提升导轨后爬升架体;④根据立模顺序依次吊装新模板;⑤架体三角支撑向前移动与模板板片进行固定连接;⑥通过测量点对模板板片进行坐标定位调整;⑦安装模板拉杆拉盘和通过连接器进行模板间连接;⑧浇筑节段混凝土,根据施工流程进行下一步操作。模板板片更换流程示意图如图28所示。

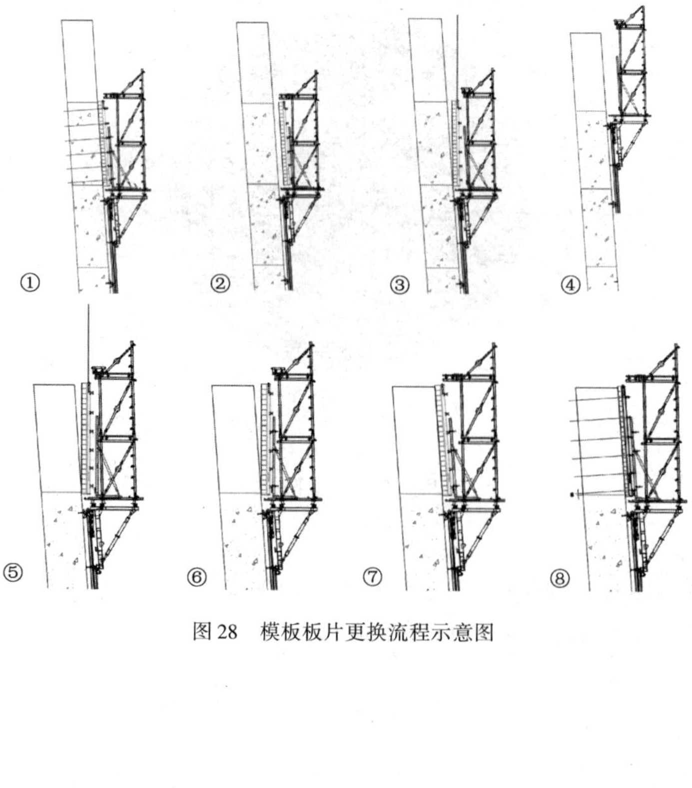

图28　模板板片更换流程示意图

五、结　　语

黄茅海大桥索塔施工是黄茅海跨海通道工程的关键节点,其独特的纤腰独柱异形混凝土索塔是重要的受力结构,施工周期长、难度大、精度要求高。索塔采用液压爬模施工工艺,空间异型曲面塔柱外壁呈不规则空间曲面结构,对模板、爬升系统等提出了更高的要求,传统常规爬模系统设计难以满足需求。研究利用 BIM 技术,对爬模机构和模板系统进行了三维数字化设计,实现了对异形塔柱曲面模板的分缝优化设计、精细化构造设计和加工制造,解决了爬升系统轨道及爬架适应异型塔柱的复杂曲面线形等难题,形成了一套可以解决异形塔柱模板施工的液压自爬模系统数字化设计、加工和爬升方法。研究成果已经在黄茅海大桥索塔施工中示范应用,保证了索塔外观施工精度,提升了爬升系统的通用性和安全性,提升了索塔施工工程品质。

参考文献

[1] 顾国明.超高层建筑滑模法与爬模法施工技术[J].建筑机械化,2009,30(11):72-76.

[2] 秦基珍,许惠燕.斜拉桥高索塔液压自爬模法施工及经济分析[J].铁路工程造价管理,2013,28(03):26-32.

[3] 朱广元,李华东.浅谈我国建筑模板现状及发展[J].四川建筑,2022,42(01):36-38.

[4] 王兵.多曲面混凝土桥塔钢模板设计方法探究[J].城市道桥与防洪,2021,(05):119-122,17.

[5] 倪喜雨,郭亮亮,魏鹏,等.三维变曲面倾斜混凝土索塔模板体系施工技术[J].施工技术,2020,49(22):87-89.

[6] 中交公路规划设计院有限公司.黄茅海跨海通道工程初步设计[R].北京,2020.

20. 黄茅海跨海通道混凝土节段梁工业化建造技术

边　鸣[1]　吴昊柱[2]

(1. 中交二公局第二工程有限公司;2. 黄茅海跨海通道管理中心)

摘　要　随着中国由交通大国向交通强国迈进的过程中,各种新的桥梁设计理念和施工方法在持续性的创新实践。其中,节段箱梁预制拼装技术的应用及发展令人瞩目,得到了世界各地建设领域的广泛认可。随着节段梁在国内应用越来越广泛,生产规模逐步扩大,梁场建设规模化、装配化、机械化、标准化、智能化要求越来越高。本文依托黄茅海跨海通道项目 T9 合同段,通过梁厂规划及节段梁预制施工中钢筋网片成型机、梁段自动称重系统、底模自动调节系统、智能养生及智能张拉压浆等工艺工法的研究应用,实现节段梁工业化生产及智能控制的目标。

关键词　节段梁　智能控制　梁场　工业化生产

一、引　　言

近年来基础建设领域仍处于劳动密集型阶段,劳动力成本不断上升,亟须通过“四新”技术进行改革创新。随着国家政策层的支持和装配式建筑的技术研究逐渐改善,装配式建筑有着广阔的发展前景。自苏通大桥大规模采用短线法预制节段梁以来,经过南京栖霞山大桥、厦章跨海大桥、泉州湾跨海大桥、南沙大桥等项目的实践应用,节段箱梁预制拼装技术在桥梁建设领域逐渐走向成熟。虽然节段梁工艺工法已基本成熟,但其工业化、智能化程度仍较低,需要对传统工艺进行机械化、自动化、智能化升级。

本文旨在依托黄茅海跨海通道 T9 合同段节段梁预制场规划设计以及施工过程中智能化设备的应

用,使节段梁生产实现工业化、智能化提升,为同类型项目施工提供参考和借鉴。

二、节段梁预制厂总体规划设计

通过对乐清湾项目、嘉鱼项目、泉州湾跨海大桥等已建成项目节段梁预制厂设计规划调研,结合现有项目场地的特点,进行黄茅海跨海通道T9合同段梁厂的设计及建设。节段梁厂规划在满足安全、环保的前提下,按照施工工艺顺序集中布置,依次设置钢筋加工区、钢筋骨架绑扎区、预制区、修整区、养护区、存梁区及张拉区。预制区每两个台座设置独立厂棚,待浇段上部设置可开启结构,方便钢筋骨架整体吊装以及满足节段梁蒸养需求,并在钢筋绑扎区、养生区、张拉区,单独设置可移动大小棚覆盖。

节段梁厂平面尺寸为591m×131m,占地面积77421㎡,布置如图1所示。

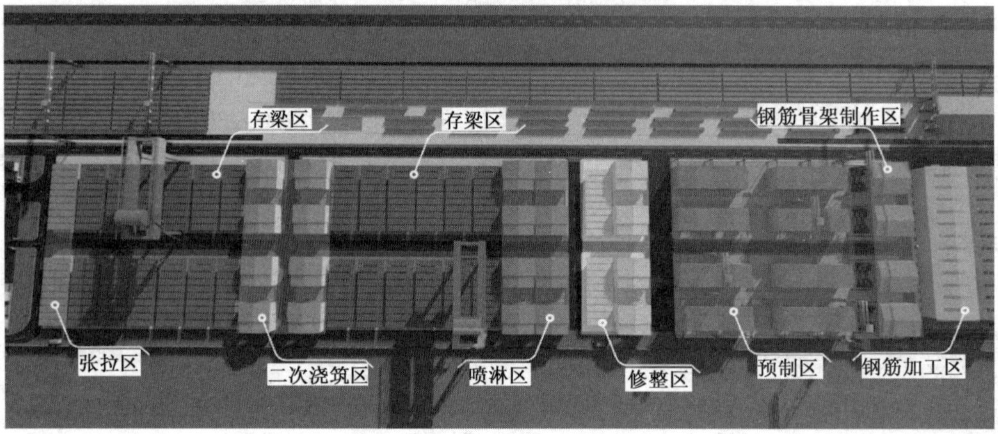

图1 节段梁预制场平面布置图

三、节段梁预制工艺

1. 钢筋加工及绑扎

钢筋加工区用于节段梁钢筋半成品加工,钢筋加工设备均采用智能数控设备,加工区侧面设置两个门,各自对应两个钢筋绑扎区域,钢筋半成品加工后通过运输小车运至绑扎区域。

依托钢筋网片(图2)自动成型设备,结合钢筋设计图纸,对于节段梁顶板采用网片成型技术,单个梁段顶面网片采用三个网片组成,网片间采用套筒连接。网片成型机的运用提高了钢筋加工的效率、精度和质量,减少人工的投入。

图2 钢筋网片实景图

钢筋胎架委托专业厂家设计加工,并在钢筋绑扎区设置可伸缩厂棚,钢筋骨架绑扎完成后通过25t龙门吊整体吊装入模。为减小钢筋骨架吊装过程变形,钢筋骨架吊具采用多吊点大刚度桁架式吊具,吊点采用花篮螺栓结构,有效提高现场连接工效。钢筋骨架绑扎与吊装实景图如图3、图4所示。

图3 钢筋骨架绑扎实景图

图4 钢筋骨架吊装实景图

2. 模板及混凝土施工

节段梁模板采用大刚度全液压模板，底模和侧模均采用8mm不锈钢板，内模采用6mm钢板。整个模板调节均通过液压系统进行，并在底模板上设置控制器，收集模板姿态信息后反馈至线形控制系统，自动计算出与理论坐标值间的差异，然后将数据反馈至控制器，自动调整底模板姿态，达到底模快速粗调的效果（图5）。

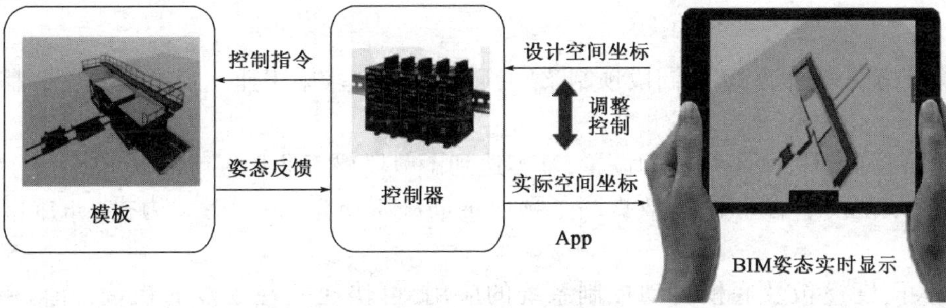

图5 底模自动控制原理

钢筋骨架入模并调整到位后，进行混凝土浇筑施工。混凝土通过拌和站集中拌制，浇筑前开启预制区上方厂棚，浇筑采用汽车泵泵送入模，浇筑前对混凝土性能进行检测，满足要求后严格按照先底板再腹板最后顶板的浇筑顺序施工，做到混凝土施工标准化。节段梁全液压模板和混凝土工作性能检测如图6、图7所示。

图6 节段梁全液压模板实景图

图7 混凝土工作性能检测

3. 梁段场内转运及养护

节段梁在预制区厂棚内完成匹配任务后，采用自动移梁小车在横、纵移轨道上将梁段“移梁出棚”转运至整修区，全过程采用移动端App控制从而达到物流化的轨道运输效果。每台横移小车上配置自动称量系统，对于预制完成梁段实际重量进行准确测量，将梁段重量实时反馈给监控单位，及时对理论计算模型进行修正，提高节段梁架设线形质量（图8）。

梁段作为匹配梁段在预制区时,冬季采用蒸汽养生,夏季采用喷雾养生(图9)。智能养生设备通过湿度传感器监测大棚湿度,养护大棚内标准湿润为90%以上,根据湿度传感器停止喷雾,湿度低于90%即开始喷雾,达到实时监控养护过程的效果。

图8 节段梁轨道运梁实景图

图9 混凝土喷雾养生实景图

四、结　　语

1. 结论

本文依托黄茅海跨海通道T9合同段预制梁厂,通过开展节段梁工业化生产及智能控制技术研究,得出以下主要结论:

(1)现有梁厂规划设计,大量厂棚的设置,基本达到了节段梁工业化生产的要求。

(2)钢筋网片成型技术的应用,有效提高了顶面钢筋施工质量,减少劳动力投入的同时提高钢筋安装的工效。

(3)全液压大刚度模板及底模自动控制系统的应用,可快速实现梁段的粗调,降低测量人员工作强度。

(4)节段梁出梁通过纵横移小车进行,段运输平稳可靠,运输风险低横移小车上。自动称重系统梁根据实际梁段重量实时修改理论计算模型,结合现场实际安装线型,节段梁安装总体线型良好。

(5)节段梁养生采用棚内喷雾养生方式,相比传统喷淋养生可大大提高混凝土外观质量。

本文所介绍节段梁规划设计及智能化设备的应用可推广至同类型项目中应用,经济社会效益显著。

2. 展望

综合现在梁厂运行情况来看,梁厂在规划设计和智能技术应用还有很多方面有待提高,主要有以下几点:

(1)梁厂规划建设时,施工区域尽可能规划在统一的固定厂棚内,所有作业均在室内进行,减少可开启厂棚设置,在提高吊装工作工效的同时有效降低吊装风险及雨天对施工的影响。

(2)节段梁钢筋在设计阶段,应考虑现有网片成型技术的限制,对于腹板环形箍筋的设置进行优化,钢筋网使用范围越广,对于质量及工效提升越明显。

(3)预制台座处设置固定的布料杆,或采用"鱼雷罐"的方式进行混凝土浇筑,虽然梁建设成本会增加但便于混凝土浇筑过程质量控制及施工作业标准化、工厂化。

参考文献

[1] 刘亚东,刘景红,黄丰. 苏通大桥75m跨箱梁短线匹配预制厂设计与建设[C]//中国公路学会桥梁和结构工程分会2006年全国桥梁学术会议论文集. 北京:人民交通出版社,2006:397-406.

[2] 周建林. 苏通大桥75m跨预应力混凝土连续梁短线匹配预制和悬拼技术[J]. 现代交通技术,2007,4(4):26-29.

[3] 雷文斌. 短线法节段预制连续刚构桥梁制造技术问题研究[D]. 广州:华南理工大学,2019.

[4] 黄井森.桥梁施工机械化与智能化控制[J].中文科技期刊数据库(文摘版)工程技术,2017:267.
[5] 刘亚东.短线法预制节段桥梁施工工艺研究[D].重庆:重庆交通大学,2013.

21.黄茅海跨海通道混凝土节段梁智慧梁厂建设

吴昊柱[1] 边 鸣[2]
(1.黄茅海跨海通道管理中心;2.中交二公局第二工程有限公司)

摘 要 从苏通大桥开始大规模应用以来,经过十多年的发展,节段预制安装技术已广泛应用于中小跨径桥梁,且逐渐面向于超百米大跨、组合结构、大规模、轻薄结构等更复杂的工程。工艺方法基本成熟,但其工业化、智能化程度仍较低,需要对传统工艺进行机械化、自动化、智能化升级。本文依托黄茅海跨海通道项目,利用BIM技术、物联网、云计算、大数据、多终端和智慧工装设备开展智能建造数据源校核,钢筋智能建造技术研究、混凝土智能建造技术研究和智慧管理中枢的研发,实现预制梁厂建造的标准化、数字化和智能化,达到提质、增效、降本、溯源的目标。

关键词 节段梁 智慧管理 智慧物联 桥梁 智能制造

一、引 言

《交通强国建设纲要》《国家综合立体交通网规划纲要》《关于推动智能建造与建筑工业化协调发展的指导意见》等一系列政策的出台,智能建造[1]概念的提出,有助于实现传统基建行业的标准化、数字化、信息化和智能化,改善传统的生产生活方式,提高生产效率。

节段梁工艺工法[2]具有“化整为零”,构件化、装配化和标准化的特点,施工过程的进度和质量更容易控制,已成为国内外大部分桥梁施工的趋势。从苏通大桥开始大规模应用以来,经过十多年的发展,节段预制安装技术已广泛应用于中小跨径桥梁,且逐渐面向于超百米大跨、组合结构、大规模、轻薄结构等更复杂的工程。工艺方法基本成熟,但其工业化、智能化程度仍较低,需要对传统工艺进行机械化、自动化、智能化升级。

本文旨在依托黄茅海跨海通道混凝土预制标梁段建造,通过BIM、物联网、云计算等技术,从智能建造数据源校核、钢筋智能建造、混凝土智能建造、智慧管理中枢等方面进行研究,建立标准化、少人化乃至无人化的智慧梁厂。

二、智慧梁厂建设

通过对深中通道、南沙大桥、南中高速公路、合纵高速公路、福建彰武高速公路等大型项目智慧梁厂建设的调研,结合既有项目的特点,进行黄茅海跨海通道T9项目合同段智慧梁厂的建设。以预制节段梁生产工艺工序为主线,紧扣每个生产环节进行智慧梁厂建设,如图1所示。

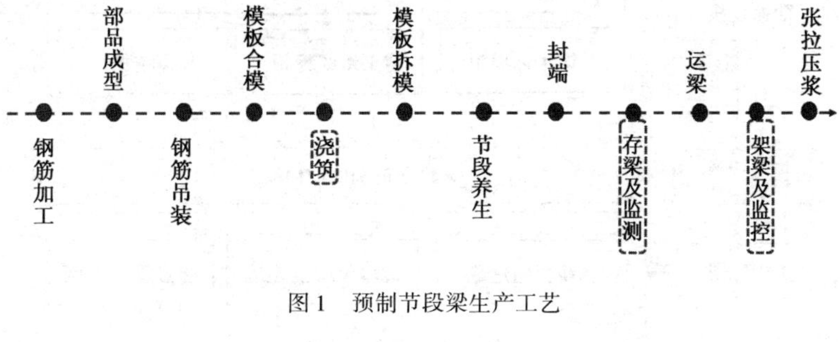

图1 预制节段梁生产工艺

具体而言，智慧梁厂建设利用BIM技术、物联网、云计算、大数据、多终端和智慧工装设备开展智能建造数据源校核，钢筋智能建造技术研究、混凝土智能建造技术研究和智慧管理中枢的研发，实现预制梁厂建造的标准化、数字化和智能化，达到提质、增效、降本、溯源的目标。智慧梁厂建设总体思路如图2所示。

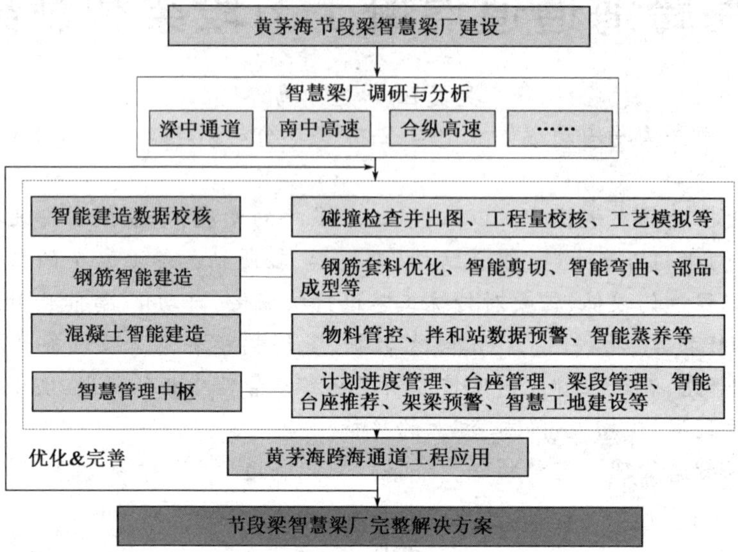

图2 智慧梁厂建设总体思路

1. 智能建造数据源校核

智慧梁厂建设可利用BIM可视化特点进行智能建造数据源的校核(图3)。根据节段梁的结构形式、软件特点和整体项目应用规划，进行BIM软件的选择；利用主流BIM建模软件，依据施工图建立节段梁混凝土模型、钢筋模型和其他类模型。模型建立完成之后，利用既有的用模软件，开展结构物的工程量校核、碰撞检查和施工模拟，提前发现结构潜在的技术及管理问题，会同设计、施工及其他主要参与单位进行问题解决方案的梳理，得到正确的BIM模型并基于此进行BIM的正向出图，得到正确的BIM模型，作为后续钢筋智能建造、混凝土智能建造和智慧管理中枢的数据源。

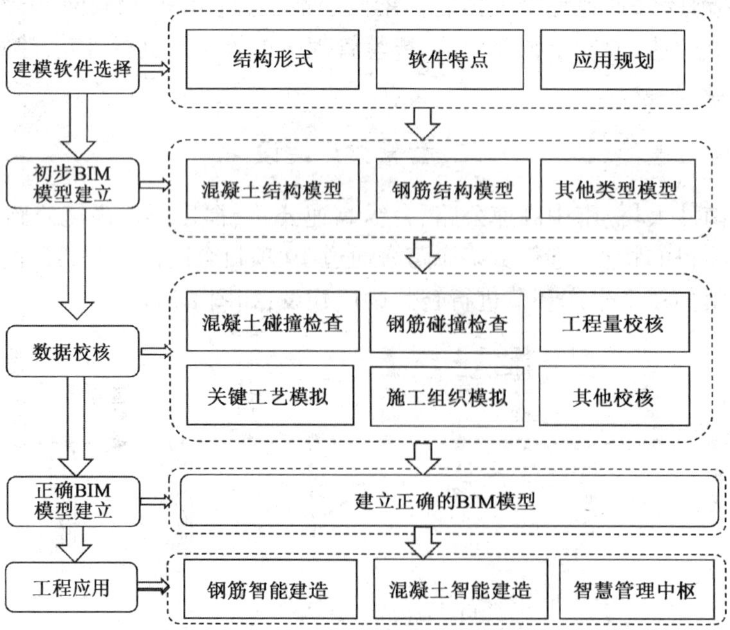

图3 智能建造数据源校核

2. 钢筋智能建造技术研究

智能建造数据源校核完成，得到正确的钢筋 BIM 模型，通过 BIM 插件的研发，导出节段梁的钢筋的类型和数量。为提高钢筋的利用率，通过“整数规划算法、分组函数”的[3-4]思想求解最优解，得到最低的余料率；BIM 软件可通过接口形式将钢筋类型和数量传递给套料优化软件并生成料牌。智能剪切弯曲设备可通过自带的扫描设备自动读取套料优化的信息，实现钢筋半成品的加工；钢筋半成品加工完成之后通过龙门吊转场，吊装至钢筋网片机生产线，实现钢筋的部品化加工。钢筋智能建造流程具体如图 4 所示。

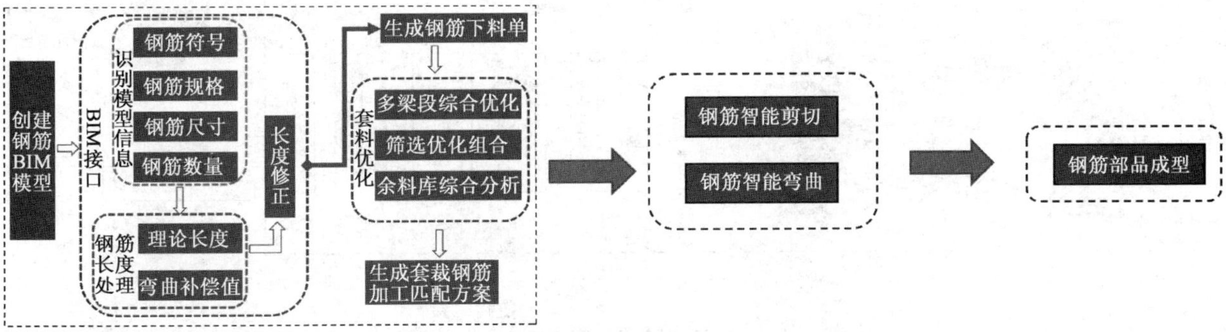

图 4 钢筋智能建造流程

3. 混凝土智能建造技术研究

节段梁生产过程中，针对混凝土智能关键技术进行研究。主要是利用物联网技术，通过地磅实现砂石料的入库管理，通过拌和站数据实现啥时候出库数据的管理；在生产过程中通过物联网技术监测原材料的技术参数指标；同时为了保证混凝土的强度，进行混凝土的蒸养。混凝土智能建造技术具体技术路线如图 5 所示。

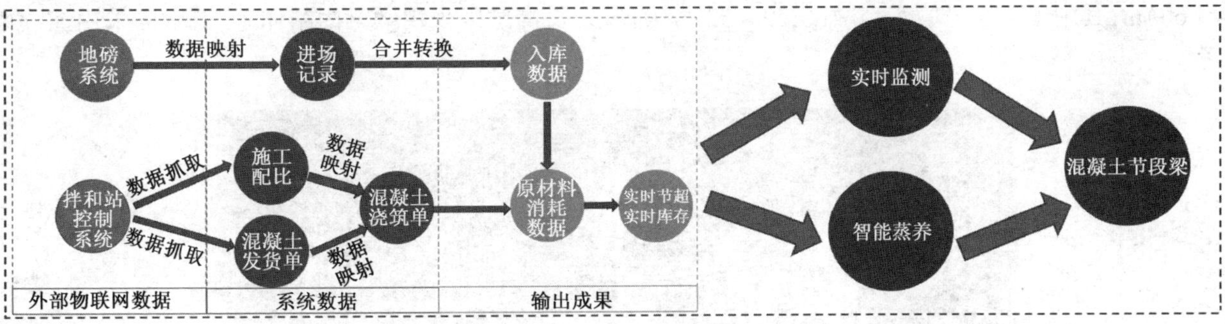

图 5 混凝土智能建造技术路线

4. 智慧管理中枢

节段梁生产过程中，产生大量的多源异构数据，如何实现数据筛选、存储、分析、反馈和决策是亟待解决的问题[5-8]。依据项目特点，应从智慧管理和智慧物联两个层面开展智慧管理中枢的建立。其中，智慧管理主要通过 BIM、多终端、云计算等技术实现节段梁场内预制的管理，主要包括计划进度管理、台座空间可视化管理、梁段可视化追踪、制架梁进度分析、智能台座推荐及架梁预警等；智慧物联主要通过物联网技术采集梁段生产过程中人、机、料、法、环的各类信息，保证梁段生产过程进度、质量及安全等。智慧管理中枢具体如图 6 所示。

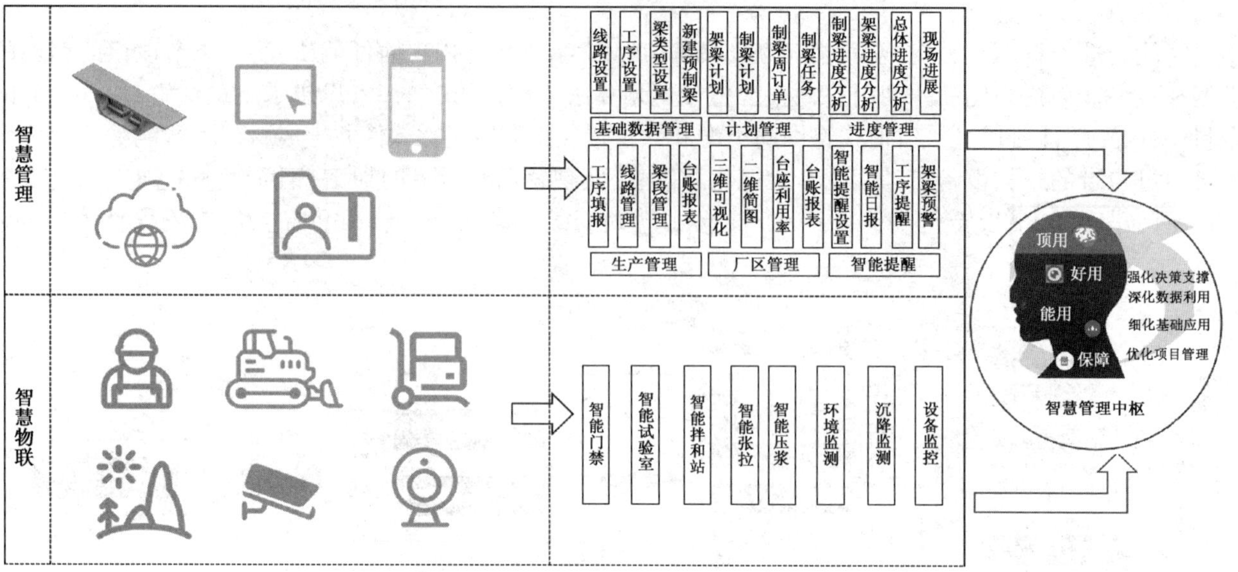

图 6　智慧管理中枢

三、案 例 分 析

1. 项目概况

黄茅海跨海通道全长约 31km,东引桥起点接高栏港立交主线桥,终点接高栏港大桥,全长 1720m,起点桩号为 K1 +624,终点桩号为 K3 +344,墩高在 30 ~ 62m 之间。桥型布置上部结构采用为 18m ×60m 预应力混凝土节段预制拼装箱梁 +16m ×40m 预制小箱梁和简支现浇箱梁。

泄洪区西引桥起点接黄茅海大桥(图 7),终点接浅滩区西引桥,全长 3120m,起点桩号为 K8 +560,终点桩号为 K11 +680,墩高在 10 ~62m 之间,平均水深 2.7m 左右。桥型布置上部结构采用为 52m ×60m 预应力混凝土节段预制拼装箱梁,下部桥墩采用花瓶墩、桩基础。全桥共设 12 联 4 ×(5 ×60)m +8 ×(4 ×60)m,其中 1 ~28 号墩为高墩区,29 ~52 号为低墩区,高墩区采用墩梁固结体系,低墩区采用连续梁体系。

图 7　黄茅海大桥设计图

2. 智慧梁厂建设方案

1)智能建造数据源校核

黄茅海跨海通道预制梁厂利用既有四大厂商建模软件建立 BIM 模型,建模过程中及时记录和反馈图纸存在的问题,同时结合施工组织设计、施工方案和标准进行碰撞检查、4D 施组模拟、专项方案模拟(图 8)。

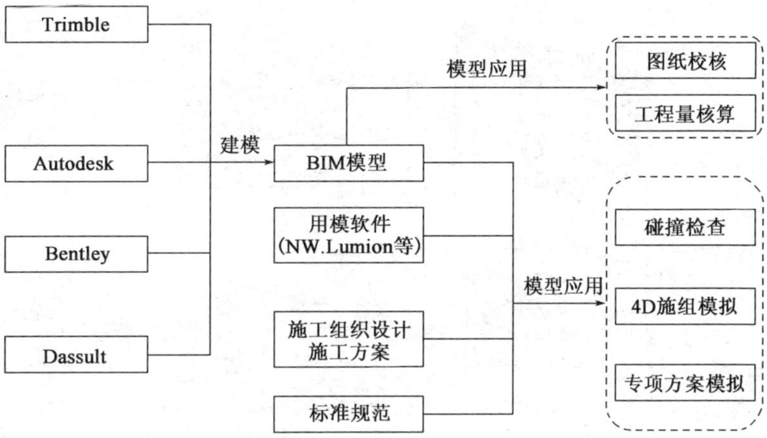

图8 黄茅海预制梁厂技术路线

具体而言,依据施工图设计图纸,利用既有的 BIM 建模软件建立东引桥、西引桥节段梁不同结构类型(连续刚构和连续梁)全线边跨 13 种类型、中跨 9 种类型的 BIM 模型。并基于 BIM 模型可视化的特点,开展节段梁建造数据源的校核,如图 9 所示。

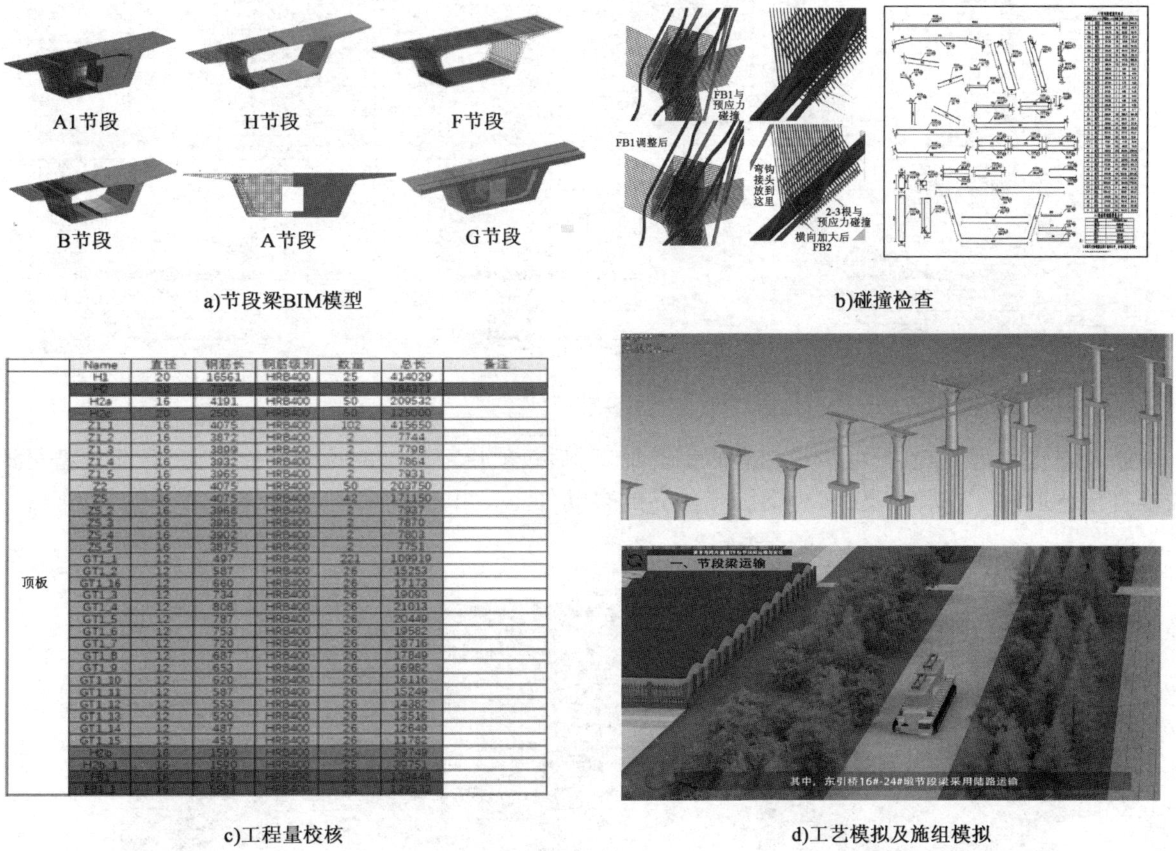

图9 智能建造数据源校核

2)钢筋智能建造

按照不同的节段类型对黄茅海东西引桥的节段梁进行套料优化。通过 BIM 模型获取钢筋下料参数,结合钢筋原材料进场尺寸、钢筋各个半成品加工尺寸,建立套料优化软件,对余料使用进行优化(图 10),降低钢筋损耗。

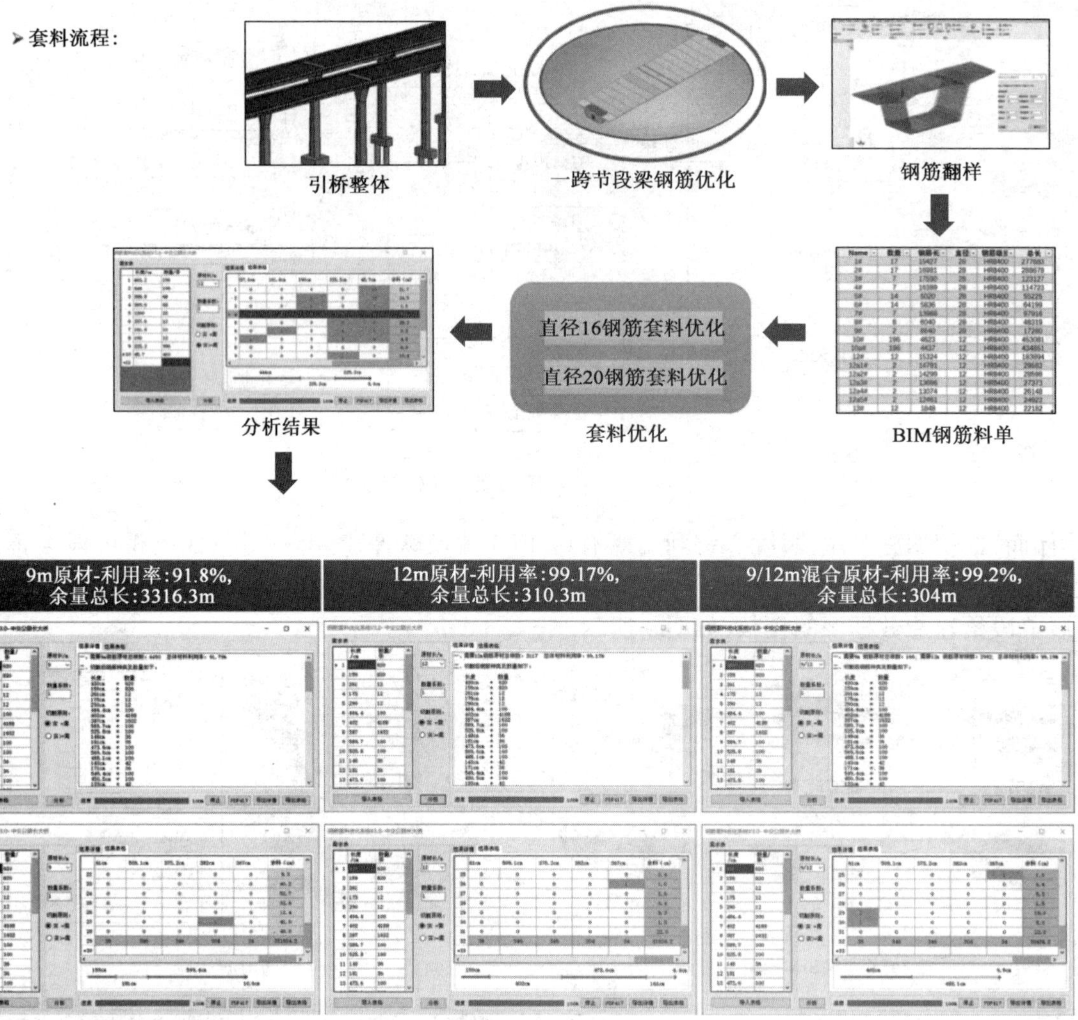

图10　钢筋套料优化

钢筋套料优化完成之后,可生成相应的钢筋加工料牌,项目部采购的钢筋智能剪切、弯曲设备可通过扫描枪直接读取加工料牌信息,实现钢筋半成品的自动加工,如图11所示。

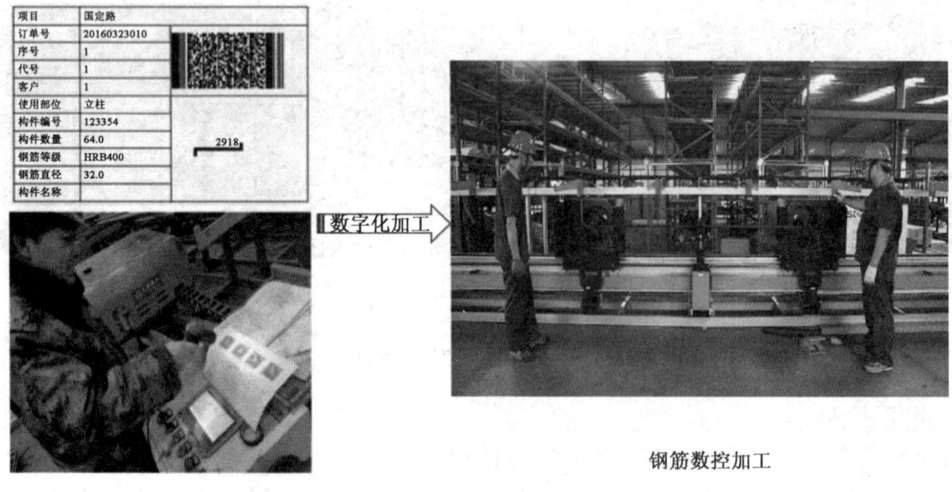

图11　钢筋数字化加工流程图

钢筋半成品加工完成之后，通过龙门吊将半成品转场，吊装至网片机生产线进行钢筋的部品化生产，具体如图12所示。

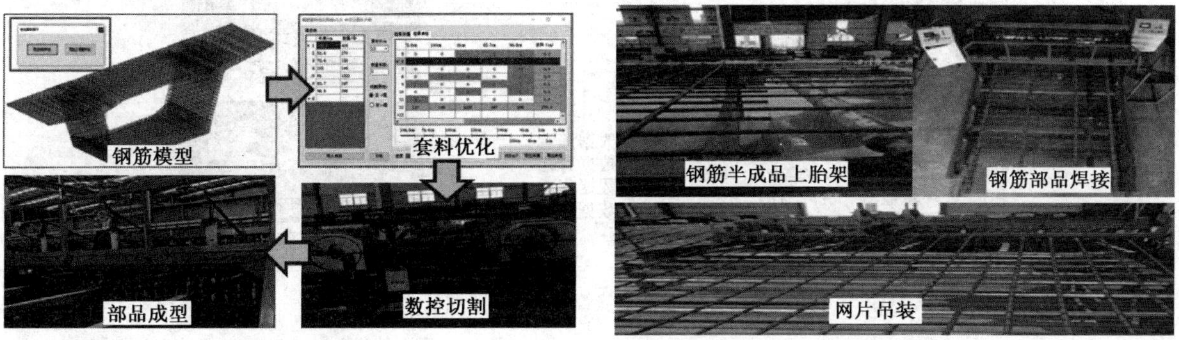

a)节段梁BIM模型　　b)工程量校核

图12　黄茅海钢筋智能建造

3）混凝土智能建造

建立地磅数据实时传输系统，将每车进场的原材料通过系统及时进行入库统计→利用智慧梁场的拌和站管理系统，结合施工计划、混凝土配合比设计、混凝土发货单等数据，分析混凝土各种原材的消耗量→对比入库统计数据与材料消耗数据，得出实时库存与节超。

生产过程通过试验室和拌和站数据实现质量参数的监测和控制，同时为保证混凝土强度通过智能蒸养提高混凝土的质量，如图13所示。

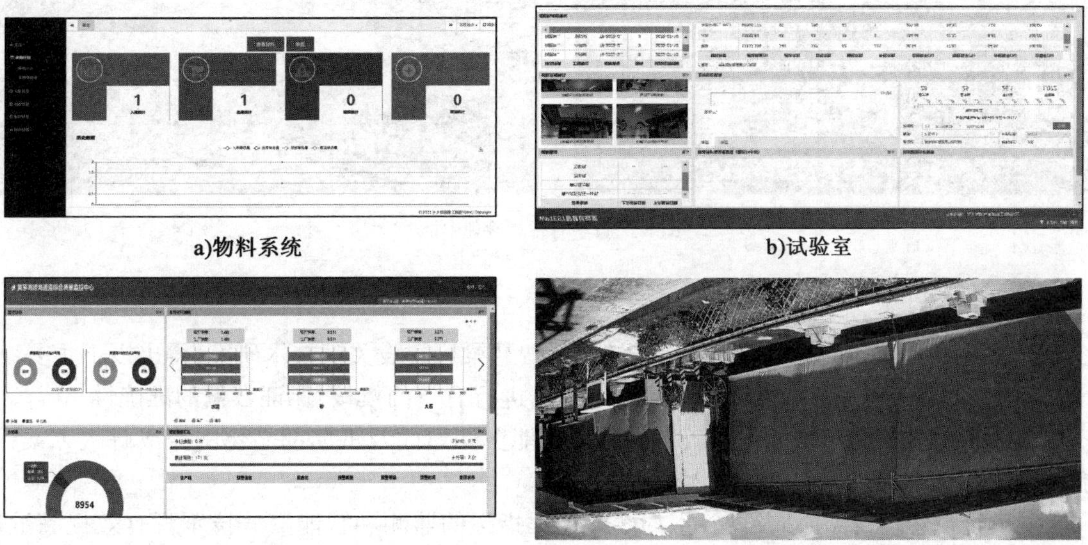

a)物料系统　　b)试验室

c)拌和站　　d)智能蒸养

图13　混凝土智能建造

4）智慧管理中枢

黄茅海跨海通道预制梁厂智慧管理中枢包括智慧管理和智慧物联。其中，智慧管理主要通过数据接口对接梁厂管理系统业务数据，智慧物联主要通过物联网进行数据的实时采集，如图14所示。

依据现场需求，通过智慧管理系统和智慧物联系统的研发，实现黄茅海T9标预制梁厂场内的计划进度管理、厂区管理、台座可视化管理、制架梁进度的统计分析和智慧工地的建设等，大大提高现场的管理效率，如图15所示。

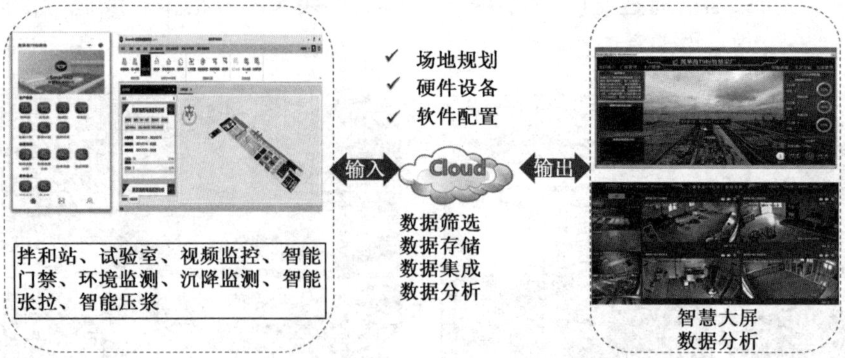

图 14 黄茅海智慧管理中枢技术路线

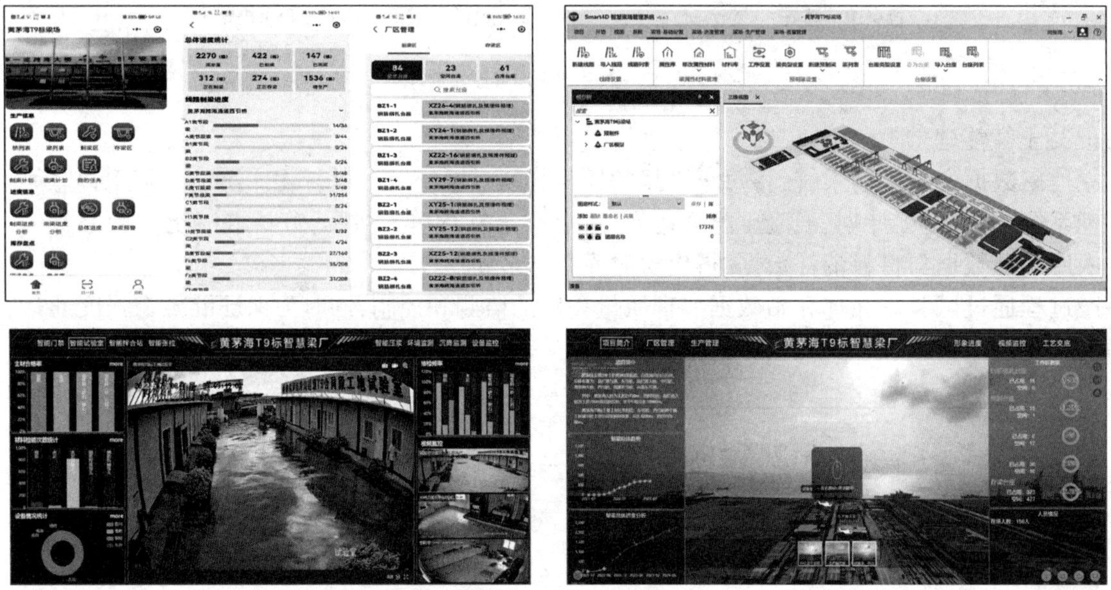

图 15 黄茅海智慧管理中枢

四、结 语

本文依托黄茅海跨海通道预制节段梁，通过开展智慧梁厂建设关键技术研究，得出以下主要结论：

(1)BIM 技术的使用，可对节段梁智能建造的数据进行有效的校核，保证数据的准确性。

(2)基于 BIM 技术的套料优化、钢筋半成品的智能剪切弯曲及钢筋部品化的完成解决方案，可有效提高钢筋的加工效率和质量。

(3)混凝土物料管理、拌和站及试验室的生产过程指标的监测和智能蒸养技术可有效提高混凝土工程的生产质量。

(4)智慧管理中枢的研发，可实现节段梁生产过程中人机料法环的多源异构数据的筛选、分析、反馈和决策，极大提高现场的管理效率。

本文所介绍节段梁智慧梁厂决方案可推广至同类型项目中应用，经济社会效益显著。

参考文献

[1] 李博文，徐军，等. BIM 技术在节段梁预制施工全流程中的管理与应用[J]. 绿色建筑，2022，3：172-175.

[2] 解兵林，喻晓琳，等. 短线法节段梁预制拼装过程控制技术研究[J]. 铁道科学与工程学报，2020，17(6)：1453-1460.

[3] 漏家俊. 基于 MATLAB 的钢筋下料优化算法[J]. 科学研究，2018，(2)：292-294.

[4] 马乐乐. 框架梁钢筋施工下料优化分析研究[D]. 合肥:安徽建筑大学,2016.
[5] 刘天成,程潜,王小宁,等,基于 BIM 的平塘特大桥建养多源信息融合技术及系统研发[J]. 公路,2019,64(9):12-17.
[6] 刘占省,王泽强,张桐睿,等. BIM 技术全寿命周期一体化应用研究[J]. 施工技术,2013,42(18):91-95.
[7] 张飞涟,郭三伟,等. 基于 BIM 的建设工程项目全寿命期集成管理研究[J]. 铁道科学与工程学报,2015,12(3):702-703.
[8] 张建平,余芳强,等. 面向建筑全生命期的集成 BIM 建模技术研究[J]. 土木建筑工程信息技术,2012,4(1):6-14.

22. 深中通道中山大桥钢箱梁吊装施工关键技术研究

宋神友[1] 李小祥[2] 刘 健[1] 朱 荣[2] 邹 威[1]
(1. 深中通道管理中心;2. 上海同济监测技术有限公司)

摘 要 深中通道中山大桥主桥为 110m + 185m + 580m + 185m + 110m 双塔双索面钢箱梁斜拉桥,由于钢箱梁自重大(标准段 429t)、单节段跨度大(18m)、横向刚度较小(桁架式横隔板)等因素,在采用桥面吊机吊装待拼梁段时会出现拼接位置处箱梁横向匹配差过大的问题。基于工程实际情况,提出了"临时拉索 + 一字梁调差"钢箱梁吊方案装,通过临时张拉斜拉索并利用一字梁、马板等调整箱梁拼接匹配差,形成了以"线形控制为主、索力控制为辅"的钢箱梁吊装控制思路及主梁架设标准化工艺流程,实现了中山大桥钢箱梁节段的顺利拼装。

关键词 斜拉桥 钢箱梁 吊装 横向匹配差 临时拉索 有限元法 施工技术

一、引 言

深中通道中山大桥主要用于连接深圳市和中山市,主桥为 110m + 185m + 580m + 185m + 110m 双塔双索面钢箱梁斜拉桥(图 1)。主桥采用半飘浮体系,在索塔、辅助墩、过渡墩处设有竖向支座,在索塔处设有横向抗风支座和纵向阻尼装置。索塔采用门型主塔,南、北主塔主跨侧各有 15 对斜拉索,斜拉索采用扇形布置并通过锚拉板锚固。斜拉索纵向索距 18m,拉索横向间距 41.5m,拉索之间为行车道范围,拉索外侧为检修道范围,桥面横向设 2.5% 双向排水坡。主梁采用流线型扁平钢箱梁断面(图 2),钢箱梁梁高 4 米左右,桥梁全宽 46m(含风嘴),桥面宽度 43.5m。

根据制造及施工的需要,将全桥钢箱梁划分成 8 种类型共 69 个节段,梁段标准长度 18m,主塔段长度 12.4m,主塔两侧无索区梁段长 11.8m,过渡段长度 15m,边墩墩顶长度 9.25m,中跨合拢段长 10m。辅助墩及主塔无索区梁段重量约 800t,采用浮式起重机整节段吊装;标准梁段最大吊重约 499t,采用桥面起重机吊装。梁段间工地接缝除顶板 U 肋采用高强度螺栓连接,其余均采用焊接。钢箱梁顶板、底板以 U 形闭口肋和板式加劲肋进行加劲,钢箱梁外腹板外侧以板式加劲肋进行加劲;箱梁横向设置空腹式横隔板,标准间距为 3.0m。

由于深中通道中山大桥标准段钢箱梁宽度大、单节段箱梁跨度大且采用桁架式横隔板构造等原因,在采用吊机提吊待拼梁段时已拼梁段将出现显著变形,而待拼梁段由于仅受自重影响,其横桥向的竖向变形相对较小。为保证深中通道中山大桥钢箱梁间的有效拼接,减少箱梁拼接位置处由匹配高差引起的残余拼接应力,钢箱梁拼接时需要减少其拼接位置处的匹配高差。

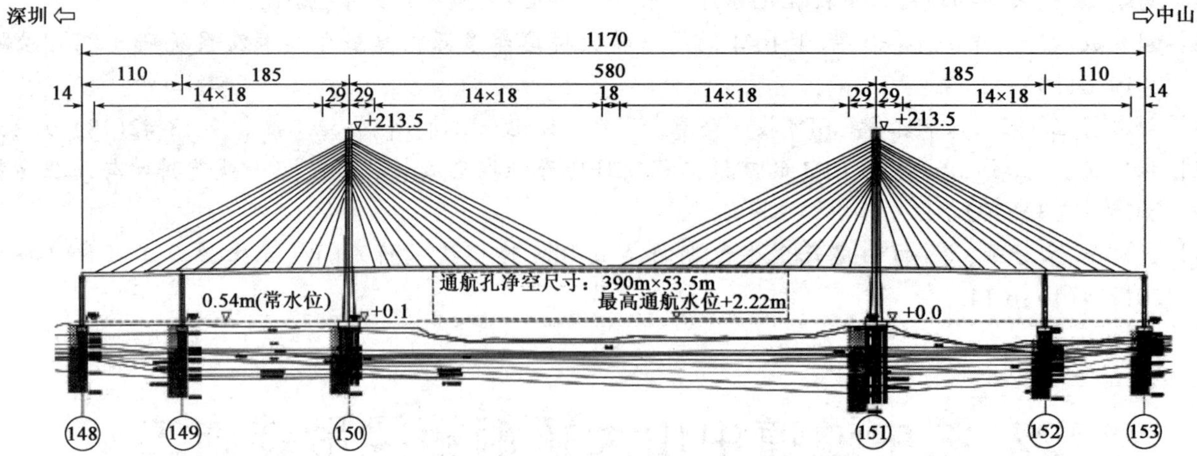

图1 深中通道中山大桥主桥立面布置(尺寸单位:m)

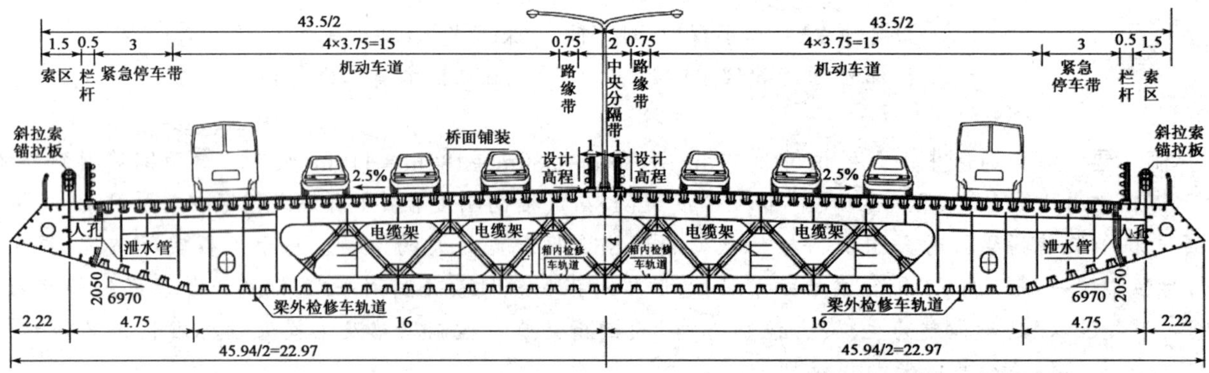

图2 深中通道中山大桥钢箱梁标准段横截面(尺寸单位:m)

二、钢箱梁吊装方案设计

1.关键问题分析

深中通道中山大桥采用4台294T液压提升式桥面吊机(单台自重170t)用于边跨钢箱梁安装作业,2台WD440t桅杆式起重机(单台自重260t)用于中跨钢箱梁安装作业。由于吊机前支点位于距第 N 号已拼梁段端部4m位置处,在吊装第 $N+1$ 号待拼梁段过程中,由于吊机及待拼梁段自重将使第 N 号已拼梁段出现明显变形,导致拼接位置处出现无法匹配连接的问题。

为避免钢箱梁吊装过程中引起的匹配高差问题影响拼接位置的正常焊接,参考现有工程案例提出了以下两方面解决方向[1-2]:

(1)增大待拼梁段拼接位置处的竖向变形

参考昂船洲大桥等工程[3-5]提出了采用"门架+拉索"的方式(图3a),通过拉索张拉的方式在待拼梁段两侧及中部施加反向荷载,增大待拼梁段的横桥向的竖向变形,以此减少钢箱梁匹配高差。通过相关计算分析,采用该方案吊装标准段时仍存在最大10.32mm匹配高差,且在近拼接位置端部的第1道横隔板的斜撑位置处存在较大的局部应力集中现象,存在破坏风险,故不推荐本方案。

(2)减少已拼梁段拼接位置处的竖向变形

参考浦仪大桥[6]、上海长江大桥[7]等工程提出了"牛腿反力架"的方式(图3b),通过在拼接端部设置反力架并利用千斤顶进行反压,减少已拼梁段与待拼梁段的匹配变形差。通过相关计算分析,采用该方案时顶板的最大匹配变形差为12.23mm。由于中山大桥钢箱梁内未设置纵隔板，且横隔板距拼接端部距离较远，反力牛腿装置仅可设置在钢箱梁端部；在无加劲措施情况下，钢箱梁顶板U肋构造局部受力较为不利，故不推荐本方案。

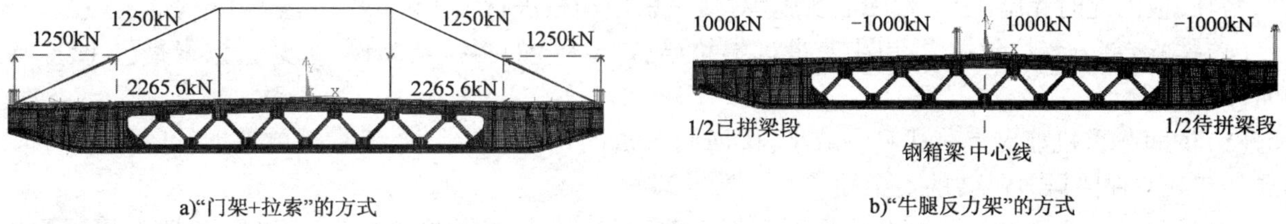

图3　钢箱梁吊装方案示意

因此，在此基础上提出了"临时拉索调差"的方式（图4），通过以边腹板为定位基准点，型钢辅助锁定，完成边腹板焊接，对待拼梁段进行提前挂索、临时张拉，减小桥面吊机荷载引起的已拼梁段变形，使梁段变形协调，减少顶底板高差；此外，局部变形通过"马板"调节。

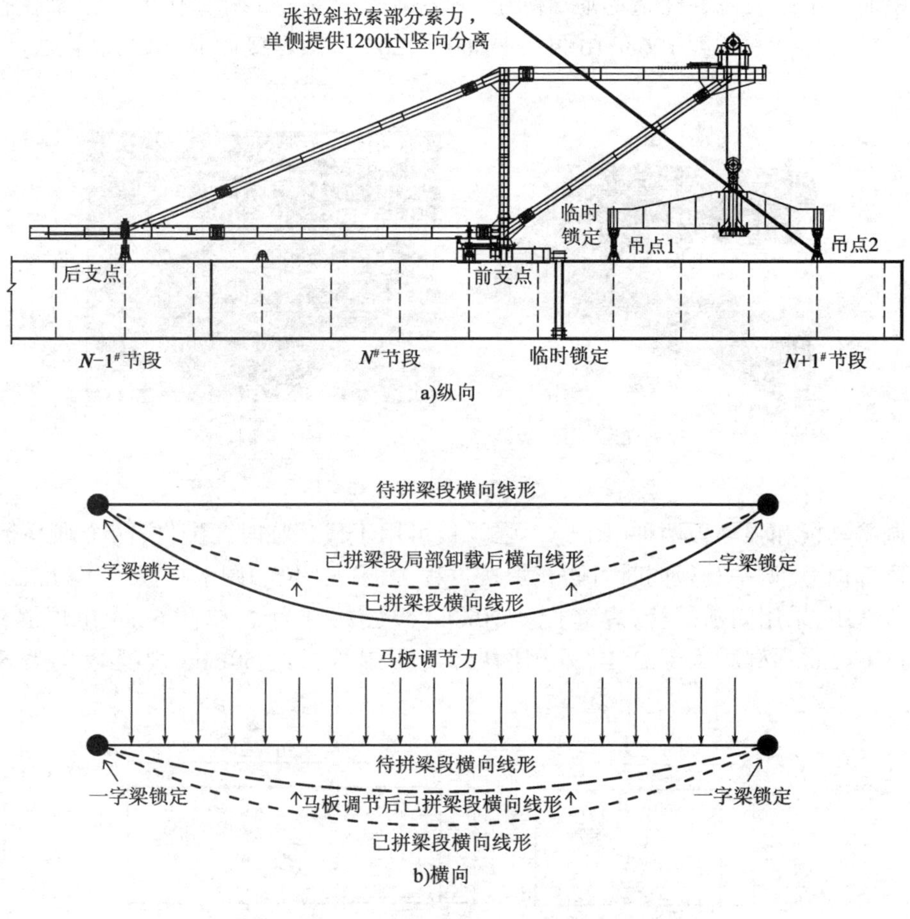

图4　"临时拉索调差"方案示意

2. 吊装施工关键流程

在待拼装节段吊装到位后，首先临时锁定已安装和待拼装节段间的竖腹板等局部区域，然后提前张拉待拼装节段对应的斜拉索至桥面吊机部分松钩，将待拼装节段重量转移到斜拉索上、减轻桥面吊机前支腿处的作用，减小已安装节段和待拼装节段受力状态差异，达到减小匹配高差和附加剪切应力的目的。中山大桥吊装施工的关键工艺流程如下：

（1）梁段整体定位：以监控指令要求的基准点为控制点，通过桥面起重机实现梁段整体姿态调整，完成梁段轴线偏位及高程的定位,确保梁段整体定位满足监控要求。

(2)梁端临时锁定:已拼梁段和待拼梁段采用"一字梁"锁定,锁定位置为边腹板及其附近的顶板。

(3)腹板、顶板、斜底板采用马板锚固:焊接边腹板和部分顶板(顶板焊接1m长焊缝,提高其稳定性)。斜底板因此时无施工平台,无法实施焊接,只采用马板进行锚固。

(4)挂索:部分张拉斜拉索,以中跨最远端箱梁(Z15号)的斜拉索为例,每根斜拉索提供1200kN的竖向分力;

(5)桥面起重机前支点荷载对应减小,桥面起重机的钢丝绳始终处于紧绷单不继续收紧的状态,实现局部卸载并保障梁段吊装的安全性。

(6)通过反力牛腿和马板配合调整顶底板高差:通过反力牛腿调平焊缝后,调平位置采用强马板进行马固。

(7)梁段高差调整完成后,实施环缝焊接,环缝焊接完成80%以上后解除"一字梁"。

(8)桥面起重机前移,进行下一梁段施工。

3.关键构造设计

为保证深中通道中山大桥的建造品质,采用"一字梁""马板"等构造减小钢箱梁拼接匹配高差,如图5a)所示。其中,一字梁总长度1.6m,由两根HN600×200型钢焊接而成,中间设置法兰接头,如图5b)所示。

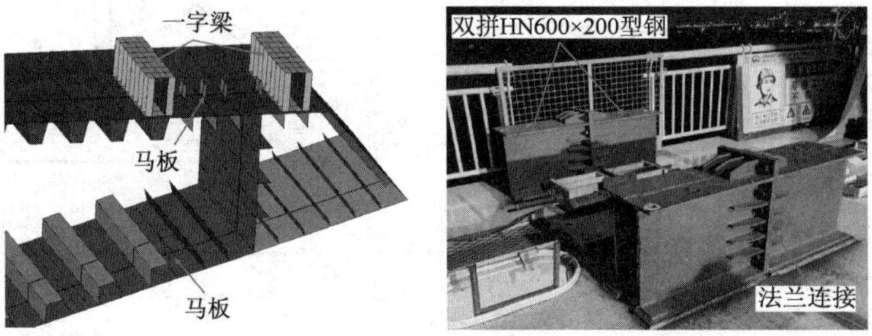

a)布置形式　　b)一字梁构造

图5　"一字梁+马板"构造布置形式

马板分为调平马板和强马板两种(图6)。强马板可用于代替临时匹配件,两个强马板之间采用调平马板进行板边局部调整,调平马板同时可防止焊接过程的板边错位。调平马板尺寸为300mm×190mm×12mm,材质为Q235B,采用间断焊缝,焊缝长度50mm,焊缝数量为4,单侧6mm角焊缝;强马板尺寸为500mm×190mm×12mm,材质为Q235B,采用间断焊缝,焊缝长度50mm,焊缝数量为6,单侧8mm角焊缝。

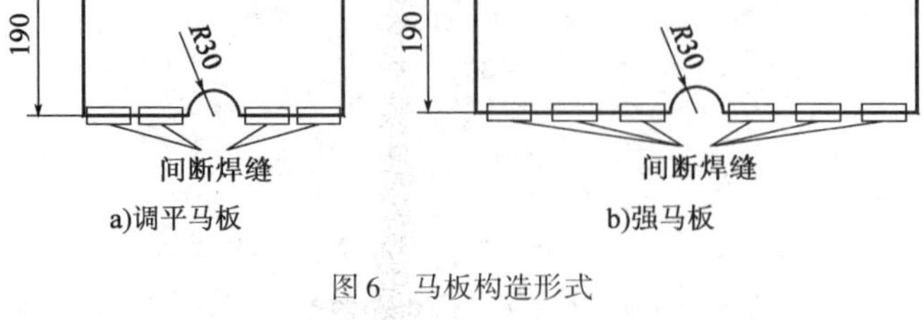

a)调平马板　　b)强马板

图6　马板构造形式

三、钢箱梁吊装效果分析

1.有限元模拟

在适当简化钢箱梁各类构件的基础上,利用ANSYS建立深中通道中山大桥部分梁段的1/2对称有限元模型,如图 7 所示。其中,待拼梁段模型(图 7a)为 1 个中跨标准段,用于提取起重机吊点反力;已拼梁段 + 待拼梁段模型为 5 个中跨标准段及所提吊的 1 个中跨标准段,包含两个工况,分别用于模拟临时张拉拉索后的状态[图 6b)①]及拉索张拉至一张索力后的状态[图 7b)②]。

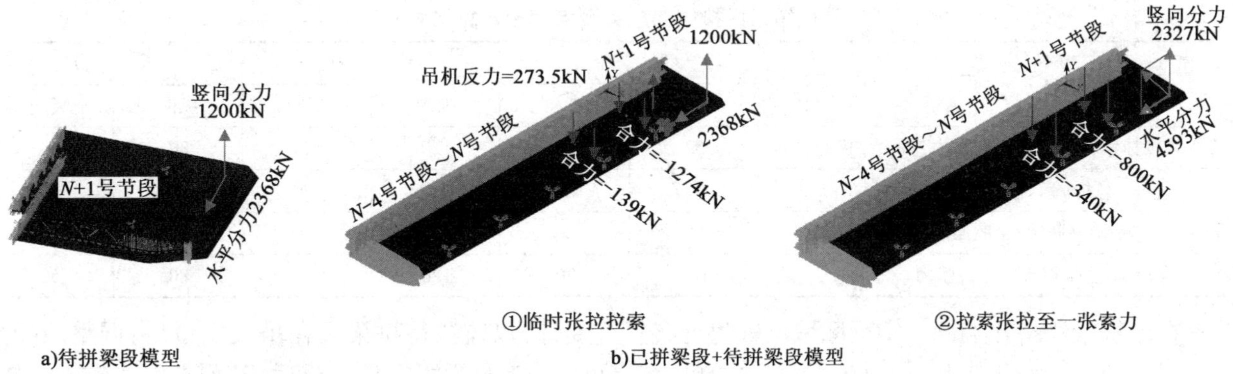

图 7 有限元分析模型

采用 SHELL43 单元建立箱梁节段、一字梁、马板等模型,钢材弹性模量为 2.1×10^4MPa,密度为 7850kg/m^3,泊松比为 0.3。待拼梁段模型中,边腹板采用固定支承约束模拟边腹板锁定状态,各吊点采用弹性支承用于模拟吊机提吊作用。已拼梁段 + 待拼梁段模型中,已拼梁段中的拉索索力通过相关计算转换为弹性支承的方式模拟,待拼梁段中的拉索索力转换为荷载的形式施加到模型中,通过耦合的方式在一字梁及马板构造对应位置建立其与钢箱梁的约束关系。

2. 匹配高差效果

为研究"临时拉索调差"吊装方案在匹配高差方面的实际效果,在箱梁节段顶板、底板适当位置布置横向高差监测点。测量调梁定位完成后、拉索张拉吊机卸载后这两种状态下的匹配高差,如图 8a)所示。经过横向高差调整措施后,顶底板最大高差能够减小 30 ~ 50mm,将匹配高差减小至 30mm 以内,如图 8b)所示。与有限元模型计算结果可知,在标准梁段吊装时,顶板、底板的横向最大匹配高差理论值分别为 62.4mm、62.9cm,与实测结果基本吻合。

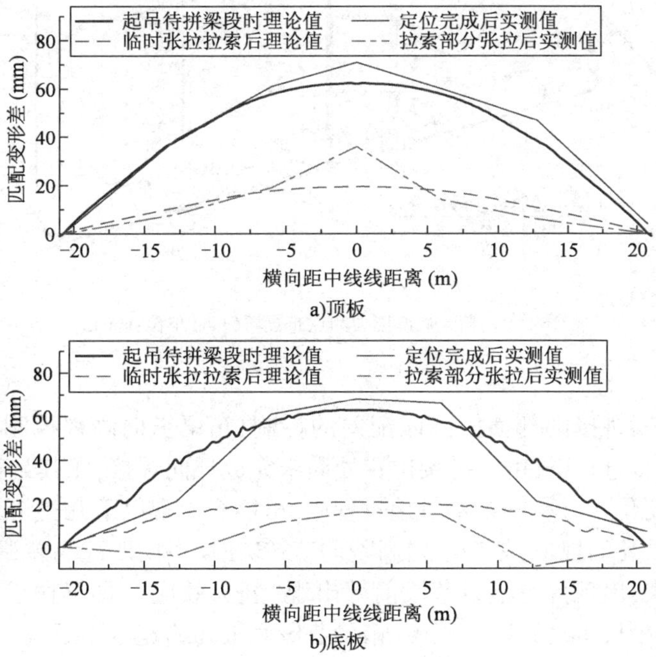

图 8 钢箱梁横向匹配变形差的调整效果(以 Z3 号节段为例)

3. 局部应力控制

在横向高差调整过程中,已拼梁段横向的微小转角变形对临时锁定结构的应力及焊接端局部应力可能造成影响。以吊装中跨 Z2 号节段的为例,各工况下箱梁拼接端部应力理论计算结果见表 1。

钢箱梁拼接端部应力测点理论计算结果　　表 1

工　况	顶　板		底　板		腹　板	
	纵向	横向	纵向	横向	纵向	竖向
待拼梁段挂索并张拉至指定索力,桥面吊机卸载后	50	80	120	120	80	60
马板调节剩余匹配高差后	50	80	120	120	80	60
高差调整完成,全断面环缝焊接后	50	80	120	120	80	60
张拉索力至一张力	100	70	120	120	80	60

在已拼梁段拼接端部一字梁区域位置附近布置应变计,以监测待拼梁段在吊装定位后、调整匹配高差过程中的应力变化情况,如图 9 所示。由测量结果可知:Z2 号梁段定位完成后,各测点应力较小,最大应力不超过 25MPa。在 Z2 号梁段挂索张拉,桥面吊机卸载过程中,顶板一直处于受压状态,最大应力不超过 20MPa;而底板处于受拉状态,第一道 U 肋位置(L4 测点)存在较大纵向应力,约 95MPa;腹板下缘处于受拉状态,最大应力约 80MPa,腹板上缘处于受压状态,最大应力约 45MPa。在 Z2 号梁段斜拉索在张拉至一张索力过程,钢梁各测点位置处应力变化较小,应力增量不足 10MPa。与仿真结果对比可知,局部应力与前期理论分析的局部应力较为吻合,可认为钢箱梁在吊装过程中的受力状态基本可控。

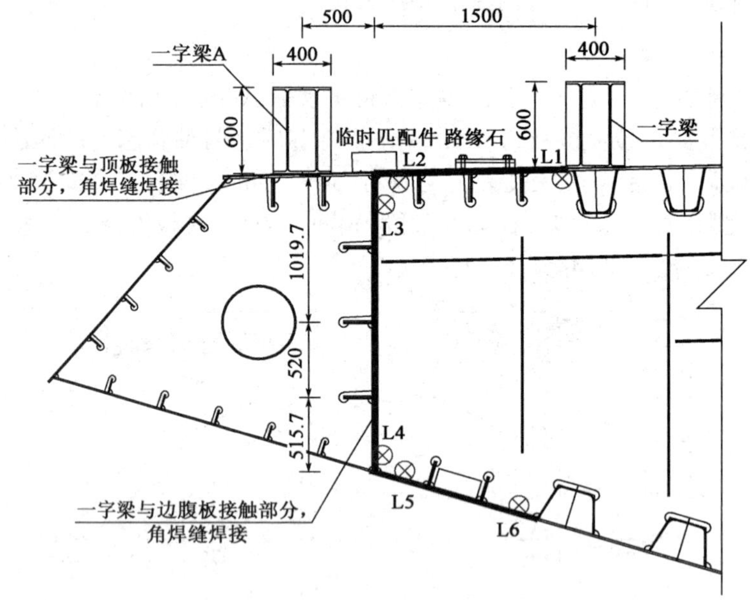

图 9　钢箱梁局部应力测点布置情(尺寸单位:mm)

4. 拼接缝宽控制

箱梁吊装过程中,箱梁拼接端部横桥向匹配差的控制、箱梁纵向高程控制、拼接缝宽度控制相互影响,在横桥向匹配高差调整过程中,由于拼接位置处尚未完成环向焊接,尤其是箱梁底板在拼接位置处的缝宽人处于动态变化的变化[8]。在钢箱梁拼接过程中,可能会出现以下几类情况:①在梁段定位时,可能出现底板缝宽较小甚至抵死的现象,影响横向高差调节;②在横桥向匹配高差调节过程中,待拼梁段可能会由于拉索部分张力较大,出现待拼箱梁节段前部出现“翘头效应”,即梁段前端高程过高,导致拼接位置处底板缝宽过大;③在吊机主动卸载过程中,箱梁节段底板间缝宽会不断减小甚至出现错边现象。

为了控制主梁总体线形及拼接位置处的焊缝宽度,在调整拼接位置处钢箱梁横向匹配高差的同时,控制待拼梁段前端的高程[9-10]。首先,由于在挂索临时张拉时,待拼梁段与已拼梁段间仅竖腹板完全连接,因此通过提高顶板位置处一字梁、底板位置处马板的焊接质量,提高拼接位置处连接构造强度;其次,通过接长杆分级施加以控制斜拉索挂索、初张的索力值,对待拼梁段前端的高程进行动态控制;此外,在已拼梁段底板拼接缝适当位置处布置临时限位板,防止出现已拼梁段和待拼梁段底板的错边现象。通过以上控制措施,箱梁节段拼接位置处的拼接缝宽控制在 2cm 以内(图 10)。

图 10 钢箱梁底板缝宽控制效果

四、钢箱梁吊装控制关键技术

相较于传统斜拉桥施工中常采用的索力优化与控制方法,由于深中通道中山大桥主梁刚度相对较小,在其架设过程中采用了以“线形控制为主,索力控制为辅”的控制思路,形成了中山大桥主梁架设标准化控制工艺流程:

(1)梁段整体定位:主梁初步定位完成后对主梁高程、轴偏、里程等数据进行监测,主梁高程允许偏差为 ±20mm,主梁轴线里程允许偏差为 ±10mm,主梁横坡允许偏差为 ±0.15%,主梁塔柱允许偏差为 ±30mm。

(2)横向匹配高差调整:提出了采用“匹配高差 + 待拼梁段前端高程双控”的思路,并同时关注顶底板缝宽变化情况。其主要控制流程如下:

①记录梁段拼接位置处横向高差及缝宽的初始值;

②匹配节段临时锁定:焊接顶板一字梁、边腹板、顶板局部,斜底板采用马板及贴板连接;

③待拼梁段使用接长杆挂索,并分级张拉斜拉索至 80% 初张力,施工阶段索力允许偏差为 ±10%;

④底板安装限位板后,分级卸载桥面吊机至监控指定值:在此过程中持续监测主梁高程、索力、横向高差及缝宽,主梁高程允许偏差为 ±20mm,索力允许偏差为 ±10%,并将匹配高差减小至 30mm 以内。

(3)节段环缝焊接:横向焊缝应从桥梁中轴线向两侧对称施焊;有自由端的长焊缝,应从固定端开始施焊;环缝焊接方向示意如图 11 所示。

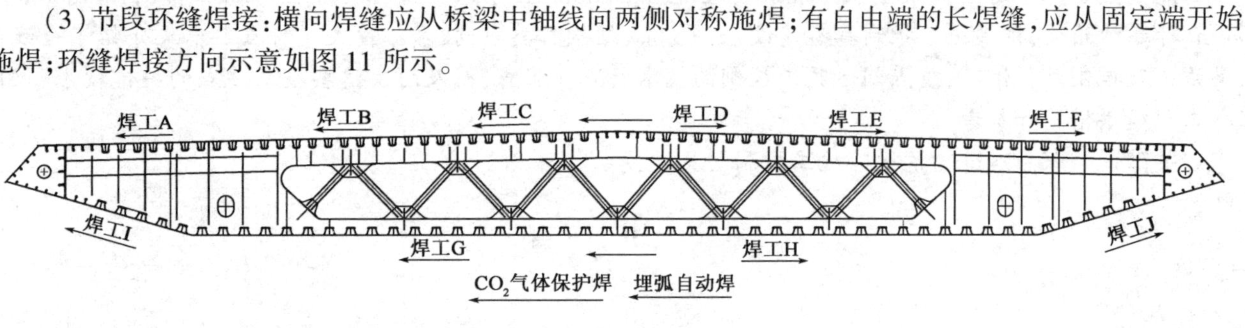

图 11 环缝焊接方向示意

(4)斜拉索终张拉至一张拉索,索力允许偏差为 5%。

(5)桥面吊机前移,进行下一梁段施工。

五、结　　语

针对深中通道中山大桥钢箱梁自重大、单节段跨度大、横向刚度较小等因素，提出了"临时拉索＋一字梁调差"钢箱梁吊方案装，设计并安装一字梁、马板构造，通过临时拉索减少钢箱梁拼接横向拼配差，实现了中山大桥钢箱梁的吊装安装。基于中山大桥钢箱梁吊装施工，形成了"线形控制为主、索力控制为辅"的主梁架设标准化工艺流程，解决了钢箱梁拼装横向匹配差过大的问题，可为其他类似工程提供参考。

参考文献

[1] 吴启和，陈鸣，罗承斌．苏通大桥标准钢箱梁匹配技术研究[J]．中外公路，2008(05)：124-127.

[2] 张强，高宝峰，刘承虞．湛江海湾大桥斜拉桥设计新技术[J]．桥梁建设，2007(S2)：1-3，17.

[3] Morgenthal G，Sham R，West B. Engineering the Tower and Main Span Construction of Stonecutters Bridge [J]. Journal of Bridge Engineering，2010，15(2)：144-152.

[4] 姚华．平潭海峡公铁大桥大小练岛水道桥施工技术[J]．桥梁建设，2020，50(01)：7-12.

[5] 王东辉，韩冰，沈大才．平潭海峡公铁大桥大小练岛水道桥钢桁梁施工关键技术[J]．桥梁建设，2019，49(06)：102-107.

[6] 周望．南京浦仪公路西段跨江大桥主桥施工技术[J]．世界桥梁，2021，49(01)：7-13.

[7] 曾源，卢永成，蒋彦征，等．上海长江大桥主航道斜拉桥分离式钢箱梁设计[J]．世界桥梁，2009(S1)：18-21.

[8] 邢乔山．斜拉桥索塔无索区钢箱梁吊装施工控制[J]．公路，2016，61(02)：128-132.

[9] 周彦文，郭杰鑫，汪泉庆．名山长江大桥主桥南边跨钢箱梁吊装施工方案比选与实施[J]．世界桥梁，2017，45(03)：1-5.

[10] 易有森，樊少彻．港珠澳大桥青州航道桥钢箱梁施工关键技术[J]．桥梁建设，2021，51(03)：138-144.

23. 深中通道桥梁施工控制关键技术研究

陈焕勇　宋神友

（深中通道管理中心）

摘　要　深中通道桥梁全长17km，桥型包括1666m主跨悬索桥，580m主跨斜拉桥，110m、60m和40m跨连续箱梁，桥梁施工控制具有建设条件复杂、结构种类多、技术难度大等特点。本文介绍了全线桥梁施工及控制总体情况，重点阐述施工控制的技术特点和难点，以及解决这些技术难点的关键技术，供同类工程提供借鉴和参考。

关键词　深中通道　桥梁　施工控制　关键技术　研究

一、引　　言

1. 项目简介

深中通道位于粤港澳大湾区核心战略区域，北距虎门大桥30km，南距港珠澳大桥38km，是国高网G2518（深圳至广西岑溪）跨珠江口关键控制性工程，是"十三五"国家重大工程[1-2]。路线全长24.0km，自东向西跨越珠江口，依次设置东人工岛、机场枢纽互通立交（匝道隧道）、海底沉管隧道（总长6845m）、西人工岛、伶仃泄洪区非通航孔桥、伶仃洋大桥（主跨1666m海中悬索桥）、浅滩区非通航孔桥、万顷沙互通(接广州)、中山大桥(主跨580m斜拉桥)、横门泄洪区非通航孔桥、马鞍岛陆域段引桥及横门互通立交,在中山马鞍岛登陆,与在建中开高速公路对接(图1)。

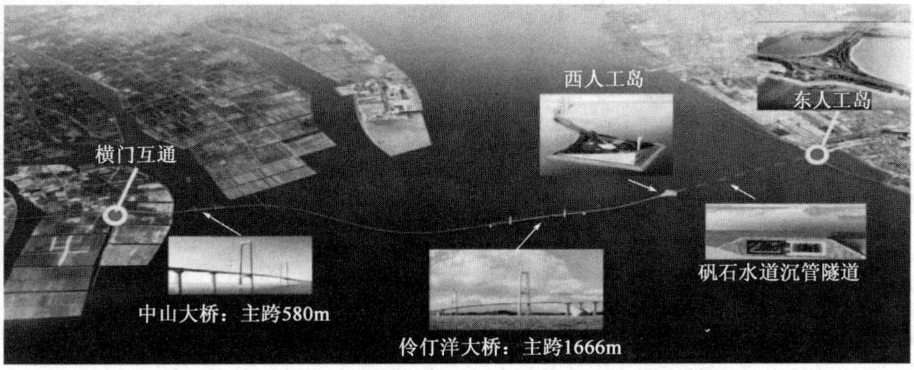

图1 深中通道主要构筑物示意图

2. 主要桥梁结构物

1)伶仃洋大桥

为满足伶仃航道、龙穴水道通航要求,伶仃洋大桥为跨径580m + 1666m + 580m的H形双塔三跨连续飘浮体系整体钢箱梁悬索桥,是目前世界上最大跨径三跨连续体系悬索桥(图2)。本桥通航净高76.5m,桥面至水面高度达91m。伶仃洋大桥总体效果图如图3所示。

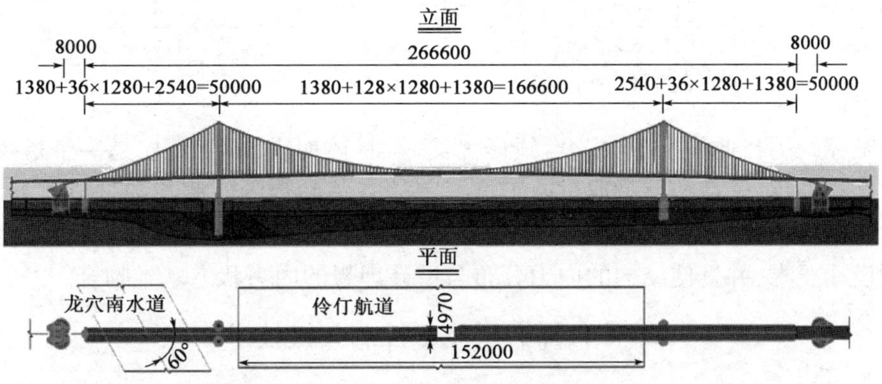

图2 伶仃洋大桥总体布置图(尺寸单位:cm)

图3 伶仃洋大桥总体效果图

2)中山大桥

中山大桥(图4)为主跨580m的整幅钢箱梁斜拉桥,跨径组成为110m + 185m + 580m + 185m + 110m,边主跨比0.509,全长1170m,采用半飘浮结构体系[7]。

3)非通航孔桥

非通航孔桥结构种类包括110m和60m跨径连续钢箱梁、60m和40m跨径连续混凝土箱梁共四种,具体分布情况见图5和表1。其中，东西泄洪区桥梁在锚碇范围受海中筑岛影响，其上方3×110m连续钢箱梁无法逐孔浮运安装，必须采用顶推施工工艺。

图4 中山大桥

图5 非通航孔桥布置效果图

非通航孔桥的分布 表1

序号	桥梁区段	里程范围	长度(m)	水深(m)	基岩埋深(m)
1	岛桥结合部	K12+638~K12+838	5×40	12.5~14	-45~-37
2	伶仃东泄洪区	K12+838~K15+478	24×110	5.5~14	-60~-39
3	伶仃西泄洪区	K18+144~K20+564	21×110	3~3.5	-62~-41
4	浅滩区	K20+564~K25+908	89×60	1~3.5	-99.1~-55.1
5	横门东泄洪区	K25+908~K26+458	5×110	0.8~3.9	-65.6~-48.6
6	横门西泄洪区	K27+628~K28+068	4×110	1.1~8.9	-47.0~-53.6

3.施工控制简介

深中通道施工控制的目的是“结构安全、线形优美”。具体而言，施工监控是一个指令→监测→识别→修正→指令的循环过程，其目的就是通过施工过程中的有关参数的监测与数据分析处理，使施工过程中结构内力合理，结构变形控制在允许范围内，确保结构施工过程中结构的安全和稳定，使成桥后的轴线和桥面线形达到设计要求，并且使结构的内力分布与设计理想的内力状态基本吻合。

二、伶仃洋大桥施工控制关键技术

1.特点

伶仃洋大桥为主跨1666m全离岸海中悬索桥，主塔高270m，主缆矢跨比为1:9.65，上、下游共有两根主缆，通长索股有199股，每根索股由127丝、直径为6mm的锌铝多合金镀层高强度钢丝组成，钢丝公称抗拉强度为2060MPa，为目前国内桥梁缆索最高强度。主缆断面及主要参数如图6所示。

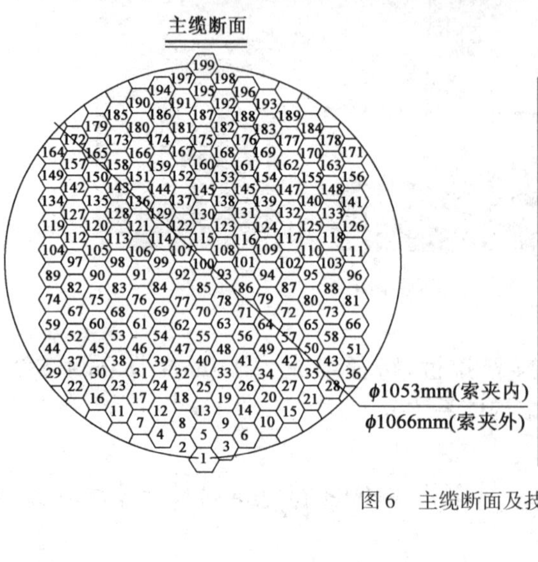

主缆主要参数表

项目		单位	全桥
主缆钢丝公称抗拉强度		MPa	2060
钢丝公称直径		mm	6.00
单股丝数		丝	127
单缆股数		股	199
单缆净面积		cm^2	7145.77
空隙率	索夹内	%	18
	索夹外	%	20
缆径	索夹内	mm	1053
	索夹外	mm	1066

图6 主缆断面及技术指标

本桥加劲梁采用钢箱梁结构，全宽 44.7m（不含检修道、导流板），钢箱梁梁高 4m。主梁共 10 种类型（A ~ J），213 个梁段，钢箱梁标准横断面如图 7 所示。本桥位于强台风频发区，研发了“整体钢箱梁 + 水平导流板 + 上下稳定板 + 高透风率栏杆”组合的新型气动控制技术，突破强台风频发区整体钢箱大跨径悬索桥风致灾变控制技术，大幅度将整体钢箱加劲梁超大跨径悬索桥颤振临界风速提升至 88m/s。钢箱梁标准断面图如图 7 所示。

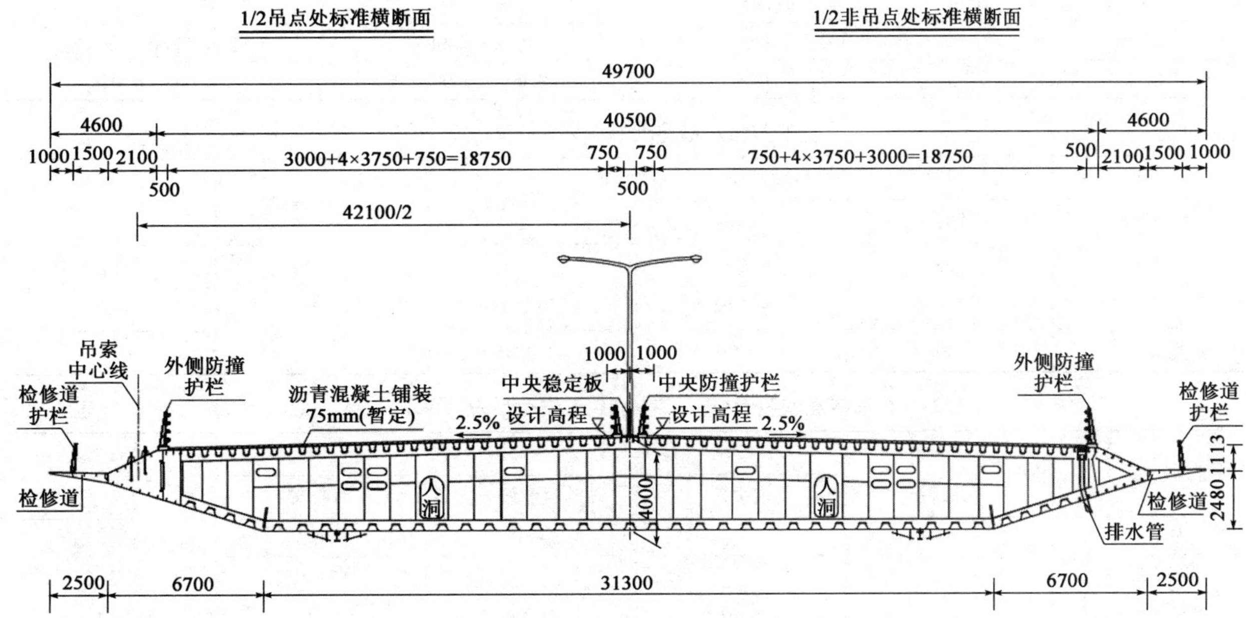

图 7 钢箱梁标准断面图（尺寸单位：mm）

2. 施工控制关键技术

实际建设中，伶仃洋大桥碰到的主要难点是：宽阔海面高空环境下风荷载作用下主缆索股和猫道产生的绝对/相对位移和风致振动大，导致主缆架设难（快速精准定位、调位）、现场测量难。有鉴于此，伶仃洋大桥首次采用基于高精度基准索股（标尺索股）的标记法架设新技术，目前基准索股已全部架设完毕，与同类项目相比，基准索股的安装精度和工效都有一定程度的提高，实现了“提质增效”的目标。

本桥每根主缆处布置左边跨、中跨、右边跨三段高精度标尺索股，全桥共设置 6 段标尺索股，每段由 19 根标准钢丝组成，索鞍处增加 2 根直径 6mm 填充丝，断面布置如图 8 所示（图中阴影部分为填充丝），实物照片如图 9 所示。

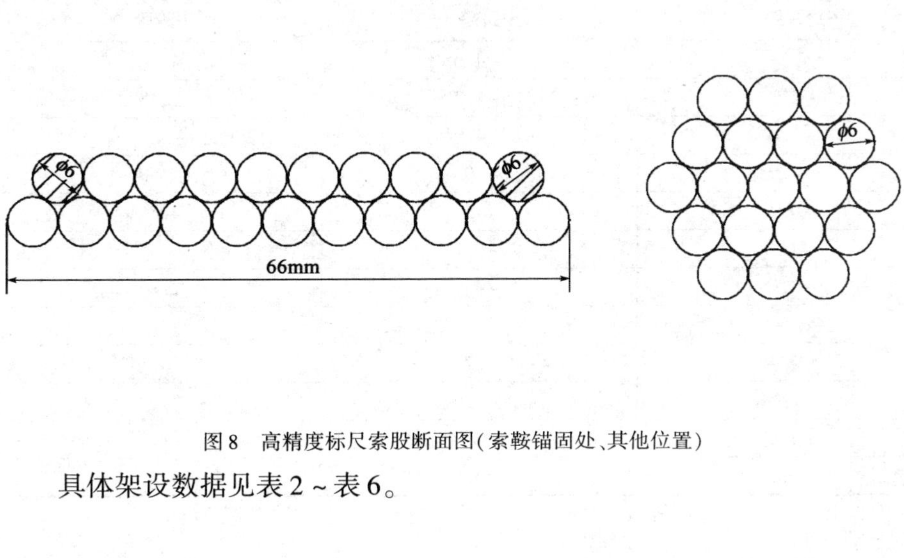

图 8 高精度标尺索股断面图（索鞍锚固处、其他位置）

图 9 标尺索股

具体架设数据见表 2 ~ 表 6。

标尺索股精度 表2

位　置	东边跨	中　跨	西边跨
上游侧制造精度	1/10316	1/42715	1/92726
下游侧制造精度	1/91577	1/59382	1/73310

1号基准索股架设绝对高程误差(单位:m) 表3

位　置	东边跨	中　跨	西边跨
上游侧误差/限值	0.053/0.058	-0.002/0.0833	0.002/0.058
下游侧误差/限值	0.047/0.058	0.0079/0.0833	-0.0032/0.058

上下游相对高差误差分析(单位:m) 表4

位　置	实测高程与理论高程误差		上下游高差	上下游高差限值	结　论
	上游	下游			
东边跨	0.053	0.047	0.006	±0.010	符合
中跨	-0.002	0.008	-0.010		符合
西边跨	0.002	-0.003	0.005		符合

1~6号基准索股IP点与索鞍IP点错位情况(单位:mm) 表5

索股编号	位　置				备注
	东散鞍	东主鞍	西主鞍	西散鞍	
左1号	-5	0	-80	-103	+为中山方向, -为深圳方向
左2号	0	-10	-45	-95	
左3号	-15	-10	-50	-80	
左4号	索股压住,无法观测				
左5号	-90	0	85	-125	
左6号	-80	-15	-82	-132	
右1号	96	47	0	10	+为锚室方向, -为跨中方向
右2号	102	55	0	30	
右3号	84	38	0	3	
右4号	88	42	0	1	
右5号	78	32	0	4	
右6号	90	43	0	1	

1~6号索股各跨跨中位置调索误差统计表 表6

索股编号	相对高程误差(mm)		
	东边跨跨中	中跨跨中	西边跨跨中
左1号	4.4	-4.6	4.9
左2号	-4.7	-1.3	-5.0
左3号	-5.0	-4.9	-4.8
左4号	-4.9	1.0	-4.8
左5号	-0.7	4.9	4.8
左6号	4.1	-0.3	0.3
右1号	-3.6	-4.1	2.8
右2号	0.6	3.7	-4.1
右3号	-4.4	4.7	-4.1
右4号	1.5	-4.0	2.3
右5号	-4.5	-4.0	-1.9
右6号	-0.1	-3.8	4.3

伶仃洋大桥首次在 PPWS 法中采用抑位装置,每根主缆设置 7 道:中跨 5 道 + 边跨 2 道,约束主缆和猫道的横向相对位移,在索股根数较少时实现了在一定风速区间稳定索股的预期目标。抑位装置如图 10所示。

图 10　抑位装置

三、中 山 大 桥

中山大桥为主跨跨径 580m 的整幅钢箱梁斜拉桥,跨径组合为 110m + 185m + 580m + 185m + 110m,边主跨比 0.509,全长 1170m,采用半飘浮结构体系。索塔采用 H 形塔造型,在索塔处设有横向抗风支座和纵向阻尼装置,斜拉索采用 ϕ7mm 高强镀锌钢丝束斜拉索,标准强度 1960MPa,加劲梁采用流线型扁平钢箱梁(图 11),采用双边腹板构造,与 H 形塔索面布置对应,梁段标准长度 18m,最大吊重约 501t。

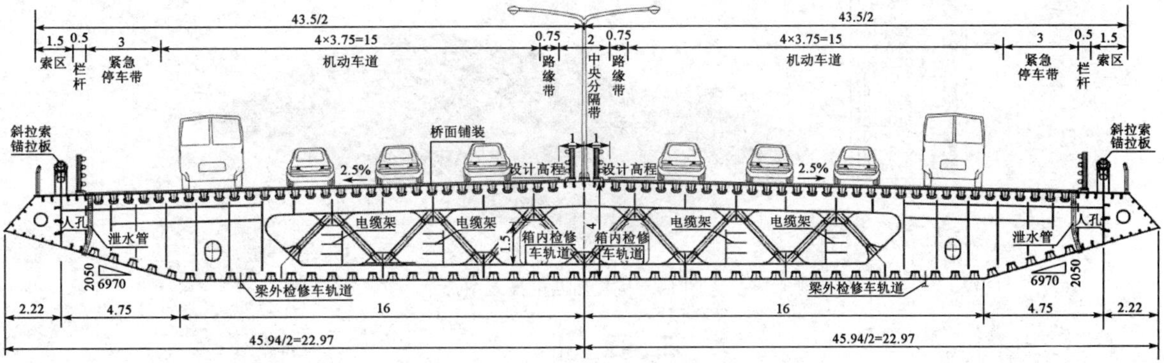

图 11　钢箱梁标准横断面图(尺寸单位:m)

中山大桥施工监控难点包括以下内容:

(1)本桥塔、梁、索线形监控的重点可分为结构尺寸的计算和施工安装过程的监控,控制的难点是两塔三跨结构下主梁和塔柱线形的控制,关键是前期的精确计算。

(2)施工过程中的线形对重量、索力敏感,对制造精度和施工精度要求较高。

(3)对于桥面吊机吊装与斜拉索张拉阶段,除了索力影响外,自然条件也无时无刻不影响着桥梁结构,其中对斜拉桥钢主梁匹配阶段监控工作影响较大的是温度和风的作用。由于大跨径斜拉桥钢主梁刚度相对较柔,温度作用中的索梁温差和主梁温度梯度对于主梁前端高程有较大的影响,严重影响了钢梁的精确定位和线形测量工作。

(4)在桥面吊机支点反力作用下,已成梁段产生较大横向变形,与被吊梁段间形成错台,这一特点在

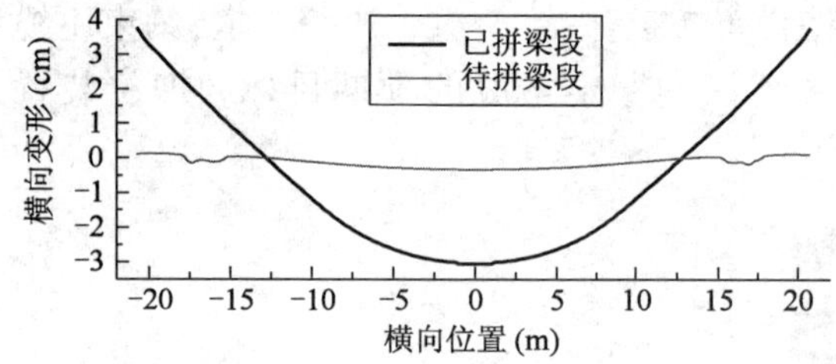

图12 钢箱梁顶板横向变形差

宽幅钢梁中将更为明显。具体而言中山大桥钢箱梁高4m,全宽46m。标准梁段长度18m,最大吊重约495t,采用双边腹板构造,不设中腹板;横隔板采用空腹架式结构,间距3m。主要技术难点:桥面宽、节段长、节段重量大、腹板和隔板刚度偏小,在待拼最重梁段和桥面吊机荷载作用下,已拼和待拼梁段顶板横向变形差最大达7cm、0.5cm,两者之间匹配高差3.7cm(图12)。

现场解决方案:一字梁锁定并分阶段焊接"["形焊缝(图13),斜拉索预张拉1200kN,可将已拼梁段顶板横向变形差大幅减少至2.9cm,匹配高差降至1.3cm(图14)。

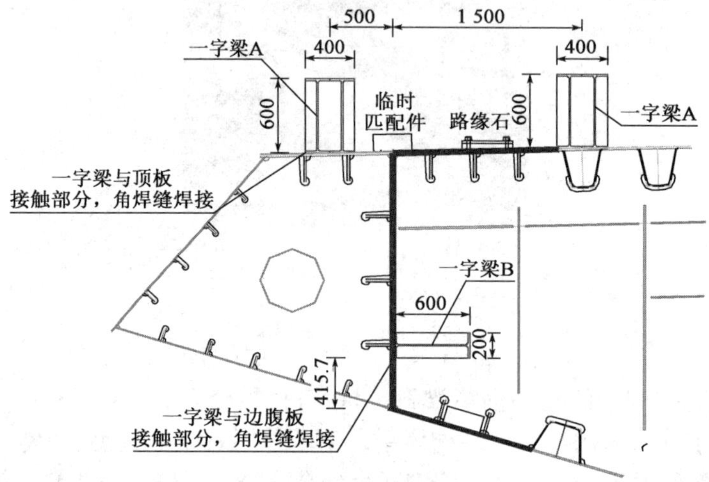

图13 分阶段焊接示意图(第一阶段)

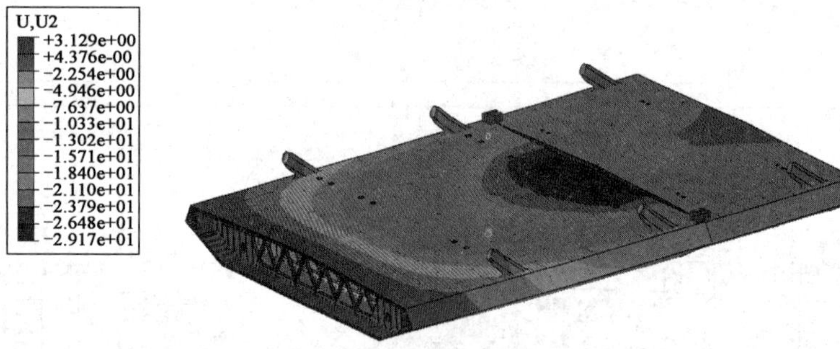

图14 优化后匹配高差图

四、顶 推 梁

伶仃洋大桥东、西锚碇均为全离岸海中锚碇,筑岛面积较大,浮运安装船"天一号"受其影响无法靠近架设,因此锚碇上方110m跨钢箱梁(图15)采用了顶推施工工艺。

图15 锚碇区域钢箱梁

结合锚碇筑岛尺寸,东、西锚碇上方顶推均设置4个临时墩,东泄洪区布置如图16所示。顶推工况见表7。

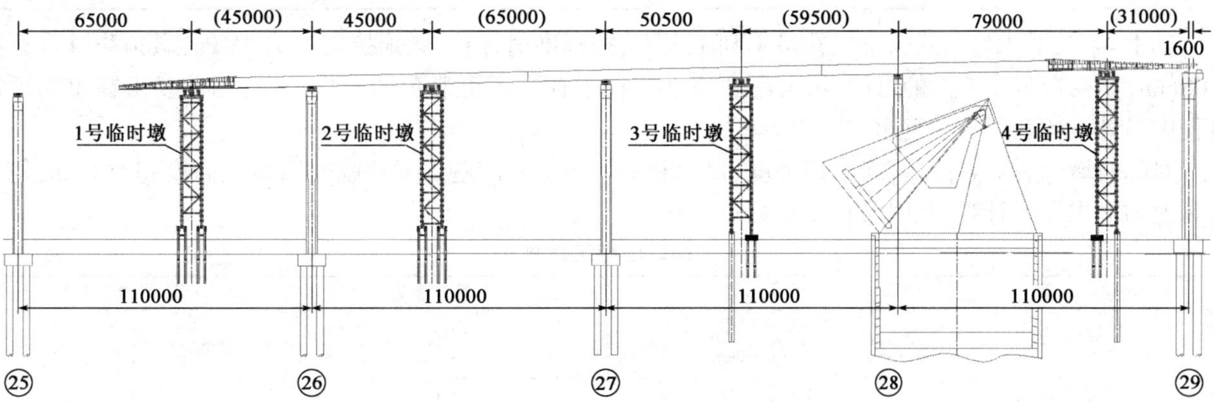

图16 东泄洪区顶推临时墩布置图(尺寸单位:mm)

顶推工况表 表7

顶推工况	备 注	
一	吊装6号大节段及前导梁	25号墩左悬臂10m,26号墩右悬臂9.1m
二	顶推20m,焊接后导梁	25号墩左悬臂43m,26号墩右悬臂29.1m
三	顶推35.9m,上2号临时墩	25号墩左悬臂27.1m,26号墩右悬臂45m
四	顶推63m,脱离1号临时墩	1号临时墩左悬臂65m,2号临时墩右悬臂27.1m
五	顶推100.9m,上27号墩	1号临时墩左悬臂27.1m,2号临时墩右悬臂65m
六	顶推115m	1号临时墩左悬臂13m,27号墩右悬臂14.1m
七	拆除后导梁	26号墩左悬臂15m,27号墩右悬臂14.1m
八	顶推5m,5号、6号大节段匹配焊接前	25号墩左悬臂15m,1号临时墩右悬臂30m
九	顶推5m,5号、6号大节段匹配焊接	25号墩左悬臂15m,1号临时墩右悬臂30m
十	顶推15m,焊接后导梁前	25号墩左悬臂0m,27号墩右悬臂29.1m
一	顶推15m,焊接后导梁	25号墩左悬臂43m,27号墩右悬臂29.1m
十二	顶推36.4m,上3号临时墩	25号墩左悬臂21.6m,27号墩右悬臂50.5m
十三	顶推58m,脱离25号墩	1号临时墩左悬臂65m,3号临时墩右悬臂21.6m
十四	顶推95.9m,上28号墩	1号临时墩左悬臂27.1m,3号临时墩右悬臂59.5m
十五	顶推110m	1号临时墩左悬臂13m,28号墩右悬臂14.1m
十六	拆除后导梁	26号墩左悬臂15m,28号墩右悬臂14.1m
十七	顶推5m,4号、5号大节段匹配焊接前	25号墩左悬臂15m,1号临时墩右悬臂30m
十八	顶推5m,4号、5号大节段匹配焊接	25号墩左悬臂15m,28号墩右悬臂14.1m
十九	顶推15m,焊接后导梁前	25号墩左悬臂0m,28号墩右悬臂29.1m
二十	顶推15m,焊接后导梁	25号墩左悬臂43m,28号墩右悬臂29.1m
二十一	顶推58m,脱离25号墩	1号临时墩左悬臂65m,28号墩右悬臂72.1m
二十二	顶推64.9m,上4号临时墩	1号临时墩左悬臂58.1m,28号墩右悬臂79m
二十三	顶推95.9m,上29号墩	1号临时墩左悬臂27.1m,4号临时墩右悬臂31m
二十四	顶推到位,拆除前、后导梁	2号临时墩左悬臂21.5m,29号墩右悬臂0.8m
二十五	3号、4号大节段匹配焊接前	2号临时墩左悬臂21.5m,29号墩右悬臂0.8m
二十六	3号、4号大节段匹配焊接	2号临时墩左悬臂21.5m,29号墩右悬臂0.8m
二十七	拆除临时墩	永久支座
二十八	吊装猫道处小块钢箱梁	永久支座
二十九	二期铺装	永久支座

经计算,各永久墩和临时墩支反力见表8。

各永久墩和临时墩支反力(单位:kN)　　表8

位置	25号	临时墩1	位置	26号	临时墩2	位置	27号	临时墩3	位置	28号	临时墩4
反力	3210	4480	反力	4550	4280	反力	4920	3480	反力	5300	4280

其中,永久墩为整幅式盖梁。在最不利工况下,按标准值计算,墩顶拉应力1.9MPa,墩顶裂缝计算值0.08mm,存在带裂缝工作的可能,再考虑到顶推过程中存在不可避免的不均匀性,因此要求在单幅顶推过程中另外一幅盖梁设置配重。

对临时墩而言,监控计算需考虑强度、稳定和不均匀沉降问题。本桥临时墩最大高度超过60m,稳定问题尤为突出。经计算,临时墩稳定系数见表9。

临时墩稳定系数　　表9

位　置	墩　号	整体稳定系数	规范要求
东泄洪区	1号临时墩	13.1	4
	4号临时墩	10.7	4
西泄洪区	4号临时墩	14.6	4

对钢箱梁而言,顶推器及落梁处加劲为重点。实际计算中,采用接触模拟考虑顶推垫块对底板的约束作用。具体来说,采用实体单元模拟顶推垫块,壳单元模拟钢箱梁底板,二者之间采用接触单元连接。在顶推垫块范围内的钢箱梁底板节点形成目标面(TARGE170单元),在顶推垫块实体上表面的节点形成接触面(CONTA175单元),单元之间通过"SHSD"命令形成接触对。经计算(表10),需要在底板和斜底板区域设置两道加劲(图17)。

加劲方案计算结果　　表10

类　型	应力成分	底板1(MPa)	底板2(MPa)	腹板(MPa)	横肋板(MPa)	控制应力(MPa)
西泄洪区全部 东泄洪区26～28号	Mises	152	202	218	198	252
	正应力	－177(纵向)	－210(纵向)	－187(竖向)	211(竖向)	
东泄洪区28～29号	Mises	160	252	242	233	
	正应力	－184(纵向)	－248(纵向)	－206(竖向)	247(竖向)	

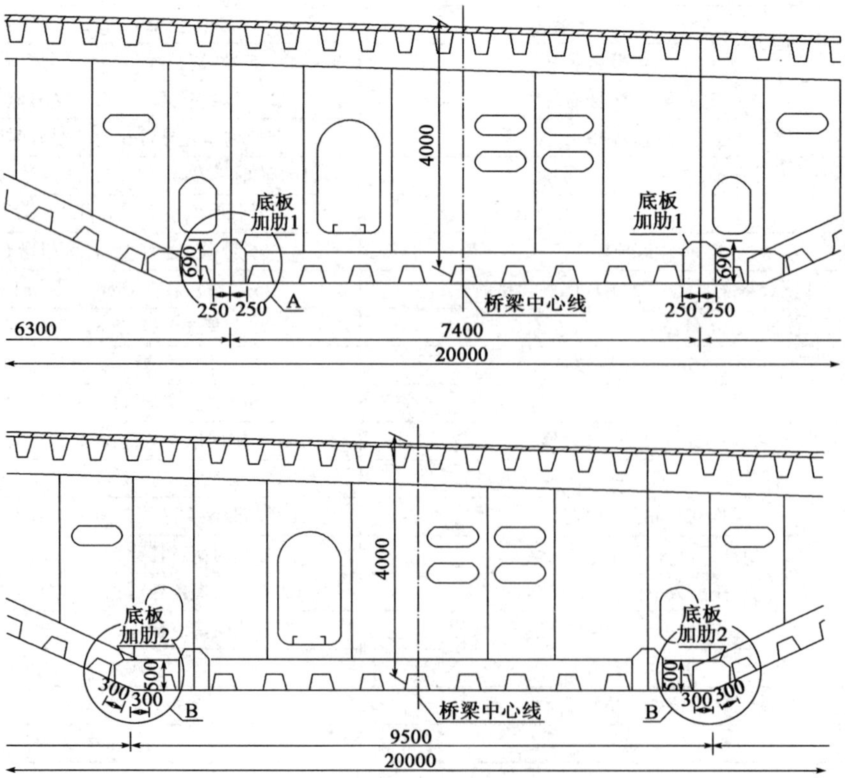

图17　底板和斜底板加劲(尺寸单位:mm)

五、结　　语

深中通道桥梁规模宏大，所处环境复杂，结构种类较多，施工控制难度大。伶仃洋大桥为海中最高悬索桥，为提高强风环境下主缆架设工效，深中项目首次采用标记法架设新技术和抑位装置新设备，取得了良好效果。针对中山大桥宽幅重梁架设梁段匹配高差大问题，采用了斜拉索预张拉和环缝分阶段焊接组合新技术。针对锚碇区顶推梁受力复杂问题，对永、临关键结构进行了详细计算分析，并采取了有效措施。以上关键技术均已完成实桥验证，可供同类工程参考。

参考文献

[1] 徐国平，黄清飞．深圳至中山跨江通道工程总体设计[J]．隧道建设，2018(4)：627-637.

[2] 宋神友，陈伟乐，金文良，等．深中通道工程关键技术及挑战[J]．隧道建设(中英文)，2020，40(01)：143-152.

[3] 宋神友，陈伟乐．深中通道桥梁工程方案及主要创新技术[J]．桥梁建设，2021，51(05)：83-88.

[4] 宋神友，薛花娟，陈焕勇．伶仃洋大桥锌-铝-稀土合金镀层钢丝腐蚀-疲劳耦合试验研究．桥梁建设，2022，52(02)：83-88.

[5] 王旋．深中通道中山大桥总体设计[J]．桥梁建设，2019，49(01)：83-88.

24. 伶仃洋大桥信息智能化建造技术及装备

蒋明鹏[1]　姚志安[2]　李　冕[1,3,4]　曾　炜[1]

(1. 中交第二航务工程局有限公司；2. 深中通道管理中心；3. 长大桥梁建设施工技术交通行业重点实验室；4. 中交公路长大桥建设国家工程研究中心有限公司)

摘　要　摘要：深中通道伶仃洋大桥为580m＋1666m＋580m的两塔三跨海中钢箱梁悬索桥，为全海上施工，为保证施工效率和施工品质，针对各分部分项工程提出了相应的信息化智能化手段。针对大范围桩基施工的专项管理系统、桩顶卫士和钻机升级改造提高了生产效率和过程管控力度；钢筋部品和一体化智能筑塔机将塔柱施工效率提高至1.2m/d，高效养护时长延长至10d以上；利用围堰监控平台确保了筑岛过程及使用阶段的安全；智能铣槽机则利用图像识别技术实现了铣槽过程的动态管控；基于机器视觉法的无人跟随牵引机器人和摄影测量技术则大大降低了作业强度，拓展了调索窗口期，提高了索股架设效率。

关键词　MES系统　监控平台　钢筋部品　筑塔机　图像识别　机器视觉

一、概　　述

深中通道东起机荷高速，跨越珠江口，西至中山马鞍岛，全长24.03km，跨海段长22.39km，是集桥、岛、隧、地下互通为一体的系统集群工程。伶仃洋大桥作为其主通航孔桥，是一座跨径为580m＋1666m＋580m的全飘浮体系两塔三跨钢箱梁海中悬索桥[1]，如图1所示。东索塔为270m高混凝土门式塔，设上、中、下三道横梁，塔肢截面为多边收分八边形截面，基础采用36m圆形承台＋群桩基础，如图2a)所示；东锚碇为重力式锚碇，基础采用八字形地连墙结构，地连墙长107.1m，宽65m，厚1.5m，基坑顶高程＋3.0m，底高程－39m，基坑深度42m，每3m一层，从上至下共分为14层，包括1层帽梁、2层1.5m内衬、6层2.5m内衬和5层3.0m内衬，地连墙底高程在－63.0～－44.6m之间，如图2b)所示；上部结构共计2根主缆，均采用预制平行钢丝索股(PPWS)，单根主缆由199根长3km的通长索股组成，每根索股则由127根直径为6mm的2060MPa的锌铝镁合金镀层高强钢丝组成[2-3]。

综合上述地质和现场实际情况，施工存在以下难点：①伶仃洋大桥为全海上施工，钢筋混凝土方量超用量，巨大过60万 m^3，施工组织难度大，信息化、装配化程度要求高；②非通航孔和主墩桩基共计202根，桩长在60m以上的数量106根，桩基数量多、深度大，水下施工信息化程度低[4]；③主塔钢筋绑扎量巨大、传统的液压爬模养护质量难以保证且长时间的高空作业施工安全风险高；④水中筑岛＋地连墙支护的新型施工工艺，筑岛围堰施工期监控难度大，大起伏地层地连墙施工由于回填砂层及淤泥层内摩擦角小、自身黏结力不够，铣槽过程中极易发生坍塌，成槽风险高；⑤单根索股长度超3000m，重量85t以上，大吨位快速牵引时，伴随牵引劳动强度大，同时宽阔海域风场复杂下，调索困难。

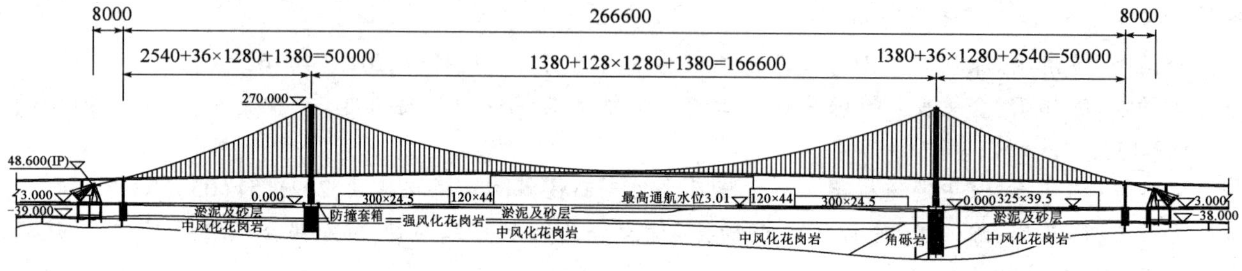

图1　伶仃洋大桥总体布置图(尺寸单位：cm；高程单位：m)

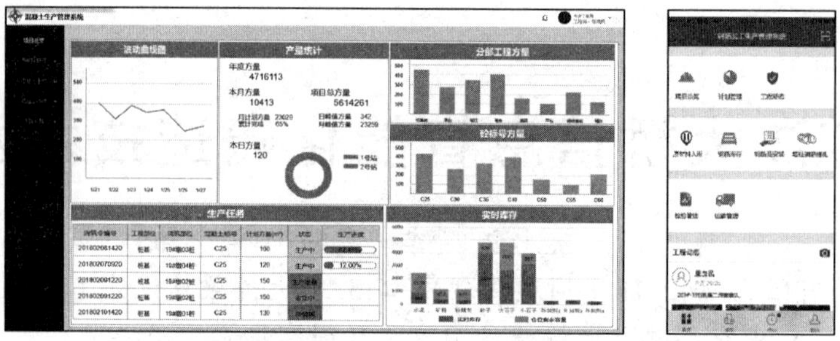

a)混凝土生产管理系统　　b)钢筋生产管理系统

图2　钢筋混凝土生产管理系统

针对以上问题，从钢筋混凝土生产、桩基施工、塔肢施工、锚碇支护结构施工、主缆架设五个方面入手，通过信息化、智能化手段，加大质量管控力度、增加质量管控环节、提高质量管控精度、改变质量管控模式，实现全桥施工质量、品质的提升。

二、钢筋混凝土施工

钢筋混凝土作为大桥主体结构的主要材料，全桥的混凝土用量超过120万 m^3，其中还有较多大体积混凝土施工，包括20余万 m^3 的填芯混凝土、10万 m^3 的锚体混凝土等，混凝土生产施工存在组织难度大、生产管理信息手段不足等问题；而钻石型异性锚体和大节段八边形多面收分塔柱中的钢筋尺寸复杂、类型众多，钢筋下料和排产也存在类似问题，针对钢筋和混凝土生产的信息化升级显得格外重要。

1. MES系统

生产管理系统从原材料进场检验、钢筋半成品及混凝土成产、运输的整个环节进行管控，准确把握原材料使用位置、使用情况和库存情况，形成日、周、月的产能分析数据和生产波动曲线，反馈给管理人员后对计划调整提供理论依据，混凝土生产管理系统如图2所示。

2. 混凝土自动盘存、自动采集

混凝土生产管理过程中，对于施工计划的调整和大体积混凝土温控的控制都需要依靠对库存数据和原材料特性的充分掌握，通过在粉料罐上安装料位计，实施监控粉料的剩余量，通过雷达扫描监控料仓中砂、石等的体积；进而通过温湿度传感器实施监控原材料的温度，对配合比优化和温控手段提供决策依据。混凝土自动采集传感器布置如图3所示。

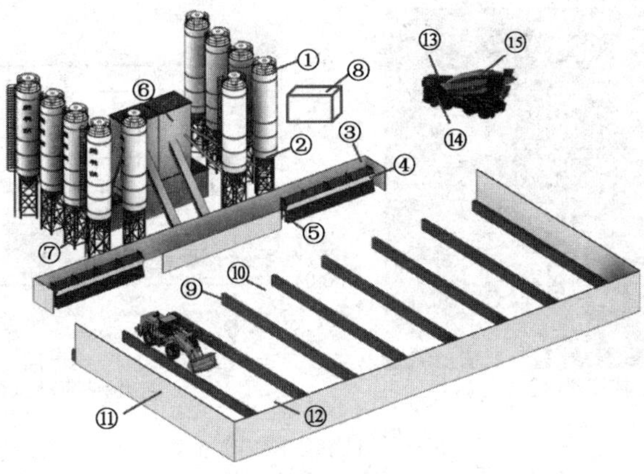

图3 混凝土自动采集传感器布置

3. 钢筋自动配料

以往的钢筋加工通常采用人工配料，存在错误率高、效率低等问题，随着 BIM 技术的不断发展，结构建模精度也在不断提高，并能对钢筋骨架、预埋件的相对位置等进行精确模拟，因此通过钢筋 BIM 模型生成钢筋加工的 BVBS 数据，形成下料单并导入钢筋生产管理系统，与钢筋加工设备中的 MES 系统进行互联，下达生产指令，实现钢筋的自动配料生产。以桩基钢筋笼为例，钢筋自动下料流程如图 4 所示。

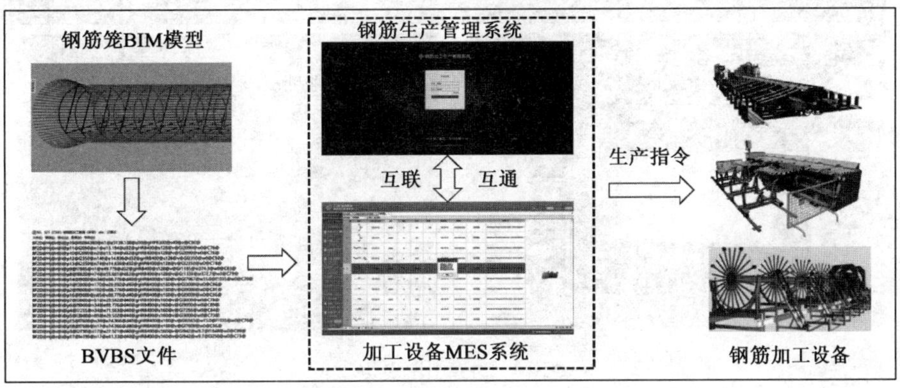

图4 钢筋自动下料流程示意图

三、桩基施工

深中通道桩基最大直径为 3m，最大深度超 100m，桩基分布在全线近 7km 的范围内，桩基均采用 ZTJ-3000 旋挖转进行气举反循环施工，存在成孔过程质量控制难度大、桩头超浇量大和生产面广等问题。

1. 钻机升级改造

在传统钻机的钻头位置设置扭转角测量仪，通过角度的换算得到钻杆的倾斜程度，同时通过油泵处的传感器测得钻压大小，两者结合对成孔过程中可能出现的卡钻、垂直度低等问题进行提前干预，保证施工质量，钻机升级改造如图 5 所示。

2. 桩顶卫士

钻孔平台高程 +7.0m，承台底高程 -8.0m，常水位 +0.52m，桩顶位于水下，施工时为保证桩长，通常会进行超浇，但由于水下视线不好，超浇量不好把握，往往出现超浇 2 ~ 3m 的线形，造成混凝土浪费，并对后期施工带来了较大的困难。通过在钢筋笼下放过程中就预先绑扎桩顶卫士传感器，当也混凝土浇筑液面达到设计液面时即开始报警，此时停止混凝土浇筑，避免过度超浇（图 6）。

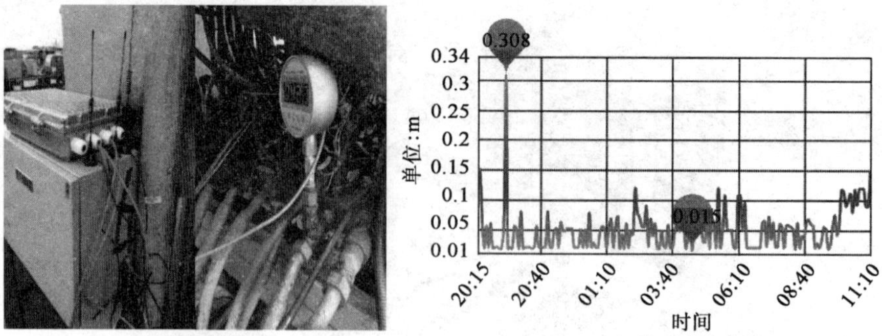

a)扭转倾斜测量　　b)钻研动态曲线

图5　钻机设备升级改造

图6　桩顶卫士安装

3. 桩基施工专项管理系统

桩基数量较多，每根桩基的实际施工状态难以准确地把握，通过开发网页端和手机端的桩基施工专项管理系统（图7），技术人员对成孔进尺、清孔、钢筋笼安装、导管安装、二次清孔、混凝土浇筑各个工序进行现场数据导入，可以准确地把握每一根桩基的施工进度和状态，提高施工管理效率。

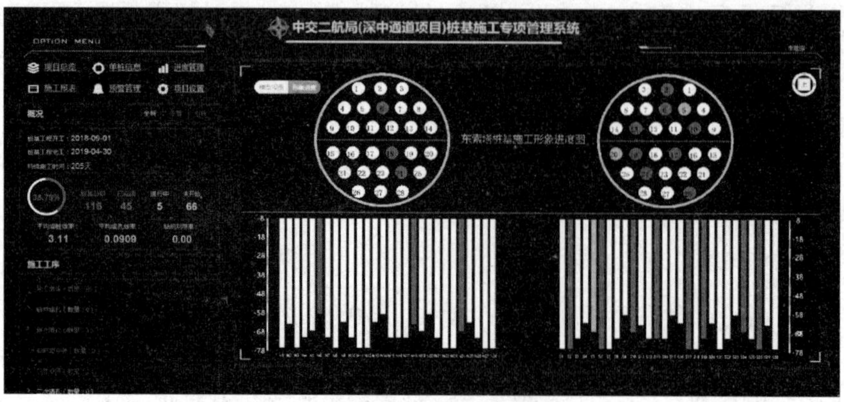

图7　桩基施工专项管理系统

四、塔肢施工

对于超高混凝土索塔施工中的钢筋工程，钢筋施工占主要工期，存在绑扎工期长、焊接质量差、高空作业风险高等问题；而混凝土工程面临养护时间短、浇筑设备简陋、混凝土质量差等问题。

1. 钢筋部品

针对钢筋施工，将八边形断面分层两个C形断面，自主研发钢筋柔性网片制造生产线，进行钢筋网片机械化高精度生产，随后将C形网片运输至前场后，在胎架内拼装完成后，利用MD3600整体吊装对接[5-6]。钢筋网片柔性生产线如图8所示，钢筋部品吊装如图9所示。

图8 钢筋网片柔性生产

图9 钢筋部品整体吊装

2. 一体化智能筑塔机

筑塔机以"空中移动工厂"为设计理念，集部品调位、自动浇筑、智能养护和自动控制于一体，实现了桥梁主塔工厂化、智能化建造，如图10所示。采用智能养护系统，使混凝土养护达到了厂内标准化的养护条件，将传统液压爬模的低位支撑转换为高位支撑，增加了养护时长（常规带模养护时长+标准节段施工时长），提升了桥塔工程品质，结合钢筋部品工艺，索塔整体施工工效提高至1.2m/d，无收缩裂纹，外观质量好[7-9]。

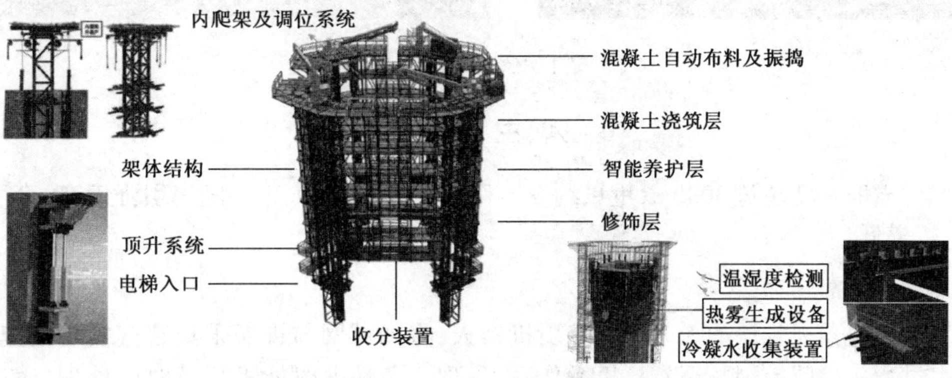

图10 一体化智能筑塔机

五、锚碇支护结构施工

海相淤泥区超大型锚碇基础施工采用"水中筑岛+地连墙支护"工艺，筑岛围堰由158根锁口钢管+158根工字形板桩+平行钢丝索组成[10-11]，筑岛围堰持续时间几乎贯穿整个施工期，无论是筑岛过程中，还是成岛后其受力都随着岛内施工工序和台风等自然气候的影响，施工风险较大。

1. 筑岛围堰施工监控平台

结合筑岛围堰的结构形式，针对性的布置相应的传感器，包括应力应变传感器、测斜仪、索力测试仪等，对钢管桩的应力水平、倾斜度以及围箍索力等进行动态展示，设置三级预警系统，全程监控筑岛围堰结构受力情况，保证岛屿安全，监控测点和监控平台如图 11 所示。

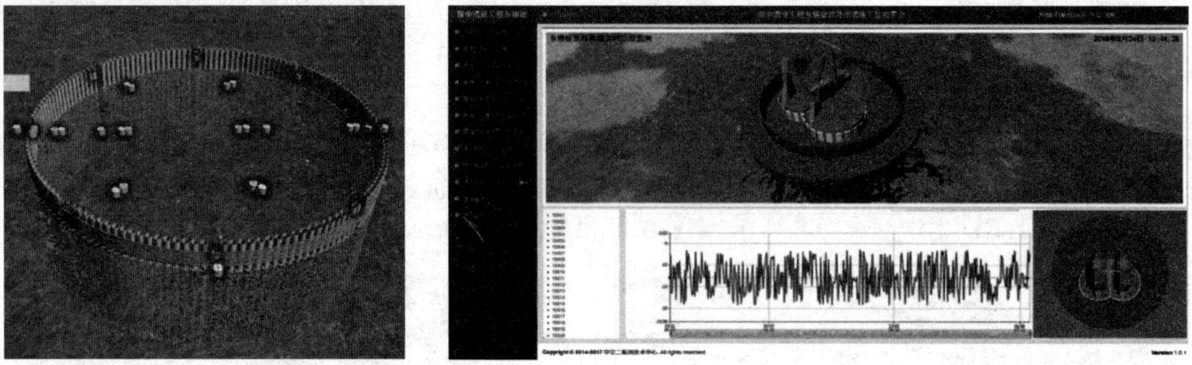

图 11 筑岛围堰施工监控平台

2. 智能铣槽机

地连墙施工采用“旋挖钻引孔 + 铣槽机铣槽”的复合式成槽工艺，铣槽过程中利用 VNC 远程控制工具实时获取铣槽机控制屏幕画面，预定义 ROI 处理区域，利用光学字符识别技术获取参数数据文本，采用 Python 语音进行数据采集并入库储存，对铣槽机状态进行远程实时监控，如图 12 所示。

图 12 基于图像识别技术的铣槽机改造

六、主 缆 施 工

伶仃洋大桥索股长度超过 3000m，重量约 85t，牵引力需求大、人工跟随牵引强度高，牵引过程需要人工判别，施工效率低。

1. 无人跟随技术

自主研发基于机器视觉法的无人跟随牵引机器人，将局域网与视频采集装置安装在拽拉器上，实现传输索股牵引过程中的监控视频至卷扬机操作区，出现紧急情况时能进行及时的处理，通过内置的算法精确定位索股的位置，判定是否存在拖槽、扭转等现象，如图 13 所示。

2. 摄影测量技术

对于大跨悬索桥索股施工来说，一般是白天牵索，在晚上风速较小和温度恒定的时候调索，而随着跨度越来越大，微风状态下索股就极易出现扭转和摆动，对调索造成了很大的影响。基于机器视觉法的摄影测量技术，通过预先在待调索股和一般索股上设置光靶，实现索股位置的动态测量，扩展了作业窗口期，最终预测的两索股静态高差与实际高差差值稳定在 3mm 以内。

图13 无人跟随牵引机器人

七、结 语

利用桩顶卫士和桩基施工专项管理系统,确保了全线桩基均为A类桩;利用一体化智能筑塔机和钢筋部品工艺,将塔柱施工效率提升至1.2m/d,且外观质量优异;通过围堰监控系统,锚碇筑岛围堰经历大大小小台风20余个,结构能提前预警、动态调控,保证了围堰结构安全;智能铣槽机的应用,进一步保证了地连墙的施工质量,开挖后墙身结构密实、接头位置紧密,真正做到了滴水不漏[12];截至2022年8月1日,主缆索股架设数量也已过百,施工效率稳定在4根/d。伶仃洋大从钢筋混凝土生产、基础、塔、锚、缆等多个分部分项工程施工中,充分利用信息化、智能化手段进行生产计划管理和施工质量控制,取得了优异的效果。

参考文献

[1] 黄剑锋,李冕,袁航.海上埋置式承台装配式双壁钢围堰研究[J].港工技术,2021,58(06):52-56.

[2] 何加江.武汉杨泗港长江大桥猫道设计[J].世界桥梁,2021,49(02):18-24.

[3] 宋神友,薛花娟,陈焕勇,等.伶仃洋大桥锌-铝-稀土合金镀层钢丝腐蚀-疲劳耦合试验研究[J].桥梁建设,2022,52(02):24-30.

[4] 李冕,廖林冲.伶仃洋大桥东泄洪区非通航孔桥盖梁支架方案优化[J].公路,2021,66(11):138-143.

[5] 王东志,袁航,张文.超高索塔一体化智能建造施工技术及试验研究[J/OL].公路,2021(05):122-126[2021-05-31].

[6] 程茂林,吴中正,杨秀礼,等.基于网片弯折成型的超高索塔钢筋部品装配化施工工法[J].公路,2022,67(01):145-150.

[7] 潘博,刘爱林,王令侠.芜湖长江三桥2号桥塔下横梁支架设计与施工[J].世界桥梁,2021,49(06):34-39.

[8] 郭常瑞,黄晓星,胡学伟.马普托大桥索塔上横梁牛腿支架法施工技术研究[J].公路交通科技,2018,35(S1):120-124,131.

[9] 袁航,火东俊,吴中正.深中通道伶仃洋大桥索塔钢筋部品装配化施工关键技术[J].公路,2022,67(04):147-151.

[10] 黄厚卿,李冕,刘建波.深中通道伶仃洋大桥东锚碇筑岛围堰施工方案优化[J].桥梁建设,2020,50(06):104-109.

[11] 曾炜,王东志,李冕,等.振冲法在加固海中大面积吹填砂地基中的应用[J].港工技术,2020,57(05):108-111,120.

[12] 李冕,李思吟,袁航.深中通道伶仃洋大桥东锚碇基坑开挖数值模拟及施工技术研究[J/OL].公路,2021(10):130-134.

25.深中通道伶仃洋大桥猫道设计及施工关键技术

吴育剑[1] 盛建军[2] 王晓佳[1] 吴 聪[1]
(1.保利长大工程有限公司;2.深中通道管理中心)

摘 要 深中通道伶仃洋大桥为580m+1666m+580m三跨吊全飘浮体系悬索桥,桥位位于出海口海中间,风场大,海况环境复杂,台风及恶劣天气频发,对悬索桥上部构造施工带来了极大挑战。猫道作为悬索桥上部构造施工生命线,其结构安全性、线形适应性及施工舒适性等对悬索桥上部构造施工安全、顺利有着极其重要的作用。本文依托伶仃洋大桥,对海上超长猫道结构设计及施工关键技术进行了归纳总结,以期对类似工程有所借鉴及指导。

关键词 深中通道 悬索桥 猫道设计施工

一、工程概况

深中通道项目北距虎门大桥约30km,南距港珠澳大桥约38km。项目全长约24km,其中跨海段长22.4km,采用100km/h的设计速度、双向八车道高速公路技术标准,是集桥、岛、隧、地下互通为一体的系统集群海洋超级工程。

伶仃洋大桥采用580m+1666m+580m三跨全飘浮体系,加劲梁在两个桥塔处设置横向抗风支座、纵向限位阻尼装置;过渡墩位置设置抗震竖向拉压支座和横向抗风支座。矢跨比为1:9.65;主缆在塔顶、锚碇处间距均为42.1m(图1)。

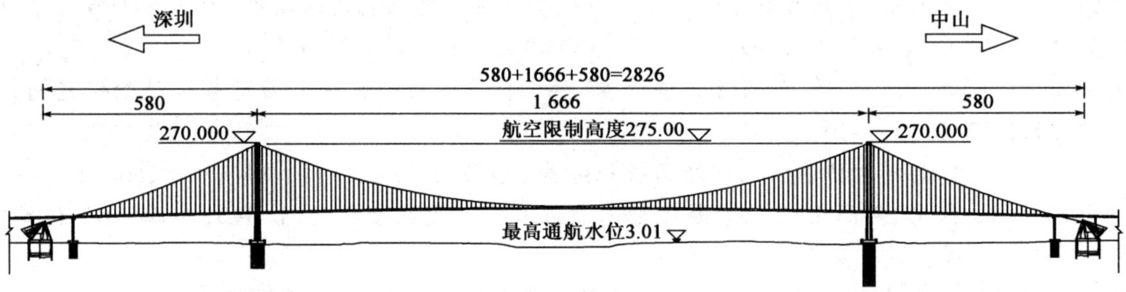

图1 伶仃洋大桥总体图(尺寸单位:m)

二、工程技术难点

本工程具有技术难度大、施工任务重、海况环境复杂等特点。

(1)自然条件恶劣:深中通道伶仃洋大桥地处珠江出海口,横跨伶仃洋,位于海中间,属于纯离岸工程。桥址区降水量多且强度大,气候复杂多变,灾害性天气频繁,3—9月雷暴天气频发,降雨多,持续时间长。上部结构施工受雨季、台风影响非常大。

(2)牵引系统及猫道施工难度大:猫道系统是悬索桥上部结构安装最重要的临时工程之一,是上部结构安装的生命线。本桥猫道长达到3020m,猫道施工贯穿整个上构施工全过程,使用周期长,需经过各种工况及自然灾害天气的考验,因此,猫道、牵引系统结构的安全及稳定性是上部构造施工的重难点。

(3)猫道架设过程中风险控制难度大:猫道长约3020m,共需牵引12根,空中牵引总长超36km,牵引工作量大,安全风险大。

(4)施工组织、协调难度大:项目属于纯离岸工程,人员流动性大,机材保障难度大。同时伶仃洋大桥横跨伶仃航道及龙穴南航道,海事协调保障难度大。

三、猫道设计

1. 猫道结构设计

伶仃洋大桥猫道采用三跨连续无抗风索结构体系猫道：猫道承重索采用三跨连续结构，跨径为580m + 1666m + 580m。猫道位于主缆空载中心线形下方1.8m，长约3020m，宽度为4m，猫道标准门架高约7m。猫道主体由猫道索体系、猫道门架、猫道面层体系、横向通道、锚固体系、塔锚转索鞍等构件组成。猫道主要参数如表1所示。

猫道主要参数描述一览表　　表1

序号	主要参数	描述
1	布置位置	在对应主缆中心线下方1.8m设一幅猫道
2	猫道承重绳	单幅猫道采用12根强度级别为1960MPa的ϕ54mm钢丝绳作为承重绳
3	门架承重绳	单幅猫道采用2根强度级别为1960MPa的ϕ54mm钢丝绳作为门架承重绳
4	横向通道	两条猫道之间每隔150m左右设置一道横向通道。全桥共布置17道，中跨11道，两个边跨各3道
5	猫道门架	单幅猫道设门架55个，西边跨11个、中跨33个、东边跨11个，间距50m

猫道总体布置图如图2所示。

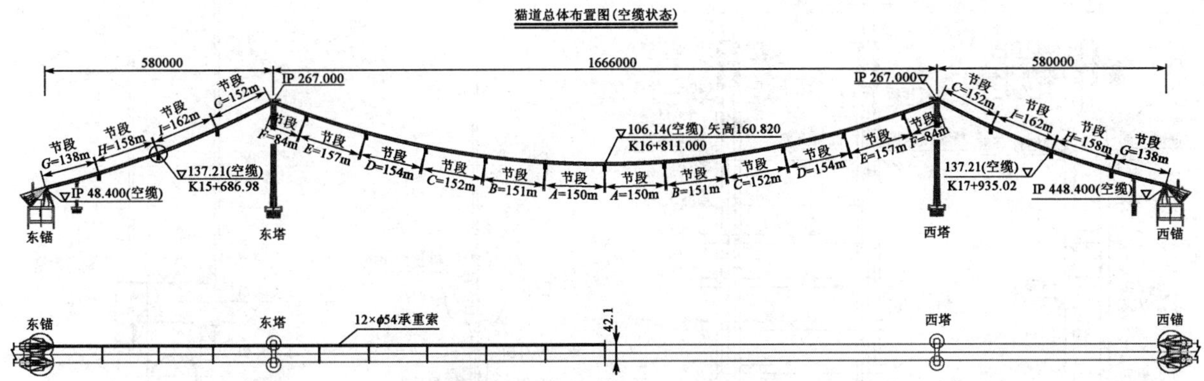

图2　猫道总体布置图(空缆状态)

(1)猫道绳：猫道面层承重绳及门架承重绳采用6×36WS + IWR线接触ϕ54镀锌钢丝绳，强度级别1960MPa，最小破断力2030kN。扶手绳选用线接触ϕ36和ϕ16镀锌钢丝绳。猫道承重绳分成中跨、边跨共三段。各段之间采用热铸索头进行连接。猫道及牵引绳断面如下图所示(图3)。

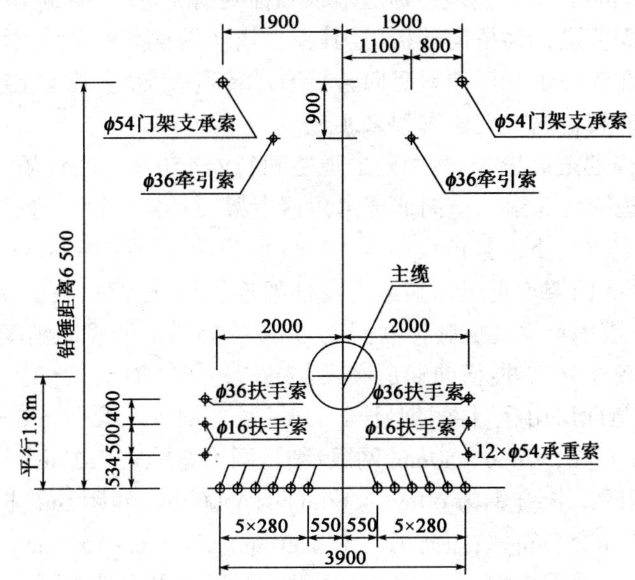

图3　猫道及牵引绳断面图(尺寸单位：mm)

（2）锚固调整系统（图4）：猫道承重绳锚固系统：猫道承重绳通过锚固体系锚固于两锚碇，均锚固于锚碇前锚面。由锚固件、锚箱主梁、ϕ120mm 钢棒、ϕ75mm 钢棒及配套连接件、连接套筒、锚固螺母、垫片等组成锚固体系。通过千斤顶＋钢棒调节长度，实现线型的调整。门架承重绳锚固系统（图5）：门架承重绳通过锚固体系锚固于两锚碇，均锚固于锚碇前锚面。由锚箱扁担梁、ϕ40 精轧螺纹钢等组成锚固体系。通过千斤顶、精轧螺纹钢、锚箱扁担梁调节长度，实现线形的调整。

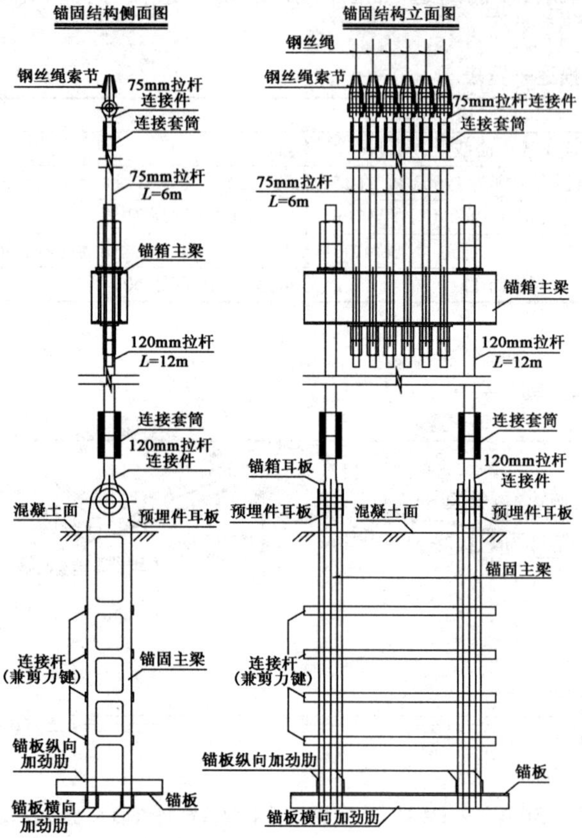

图4　猫道承重绳锚固系统（尺寸单位：mm）

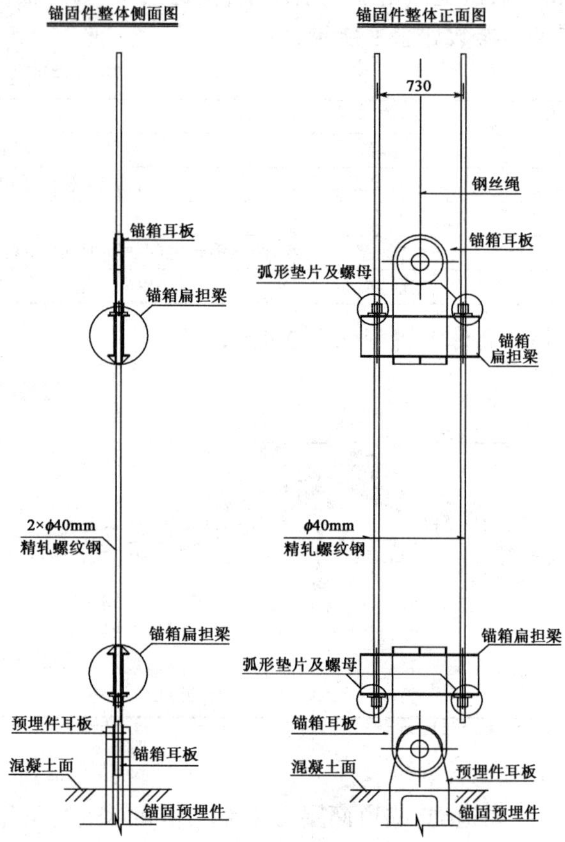

图5　门架承重绳锚固系统（尺寸单位：mm）

（3）猫道绳线形转折机构（图6）：猫道绳通过塔顶和锚碇前支墩时，需进行竖向转折。其中猫道承重绳为了避开主、散索鞍，还需要进行横桥向转折；且其在主塔中跨侧塔根处与索股存在冲突可能，还需进行局部竖向转折。承重绳在支墩顶和塔顶的竖向转折通过转索鞍实现，其中主塔中跨侧的局部竖向转折通过下拉装置实现。横桥向转折通过变位钢架来实现。

（4）横向通道（图7）：横通道高度2m。两条猫道之间每隔150m左右设置一道横向通道。全桥共布置17道，中跨11道，东西边跨各3道。横向通道由角钢桁架、面层网、栏杆、扶手绳等组成。

（5）猫道门架及底梁（图8）：下游猫道设门架55个，西边跨11个、中跨33个、东边跨11个，标准间距50m。门架与2根ϕ54mm 门架承重绳和猫道自身框架连接形成整体空间结构，增加猫道稳定性。猫道底梁作用一是把12根猫道承重绳连成整体共同受力，以提高猫道的竖向刚度；二是作为门架及横向通道的支承连接结构。猫道底梁分三种：横向通道底梁17根，门架底梁55根，中间底梁162根。

（6）猫道面层系统：猫道面层由粗目网、细目网、4.5m长方钢分配梁、4.5m长方木分配梁、1.5m短防滑方木组成。粗目网为ϕ5直径，50mm×50mm网眼；细目网为ϕ2直径，25mm×25mm网眼；栏杆侧网为ϕ5直径，50mm×100mm网眼。长方钢为60mm×60mm×4500mm，间距5m，长方木为60mm×60mm×4500mm，间距5m，二者2.5m交替布置；短防滑方木为60mm×30mm×1500mm，间距50cm布置。面网与分配梁、方木，分配梁、方木与承重绳均用14号铁丝绑扎；相邻面网及栏杆网之间搭接用14号铁丝缠绕绑扎；面网与栏杆网之间用14号铁丝连接。

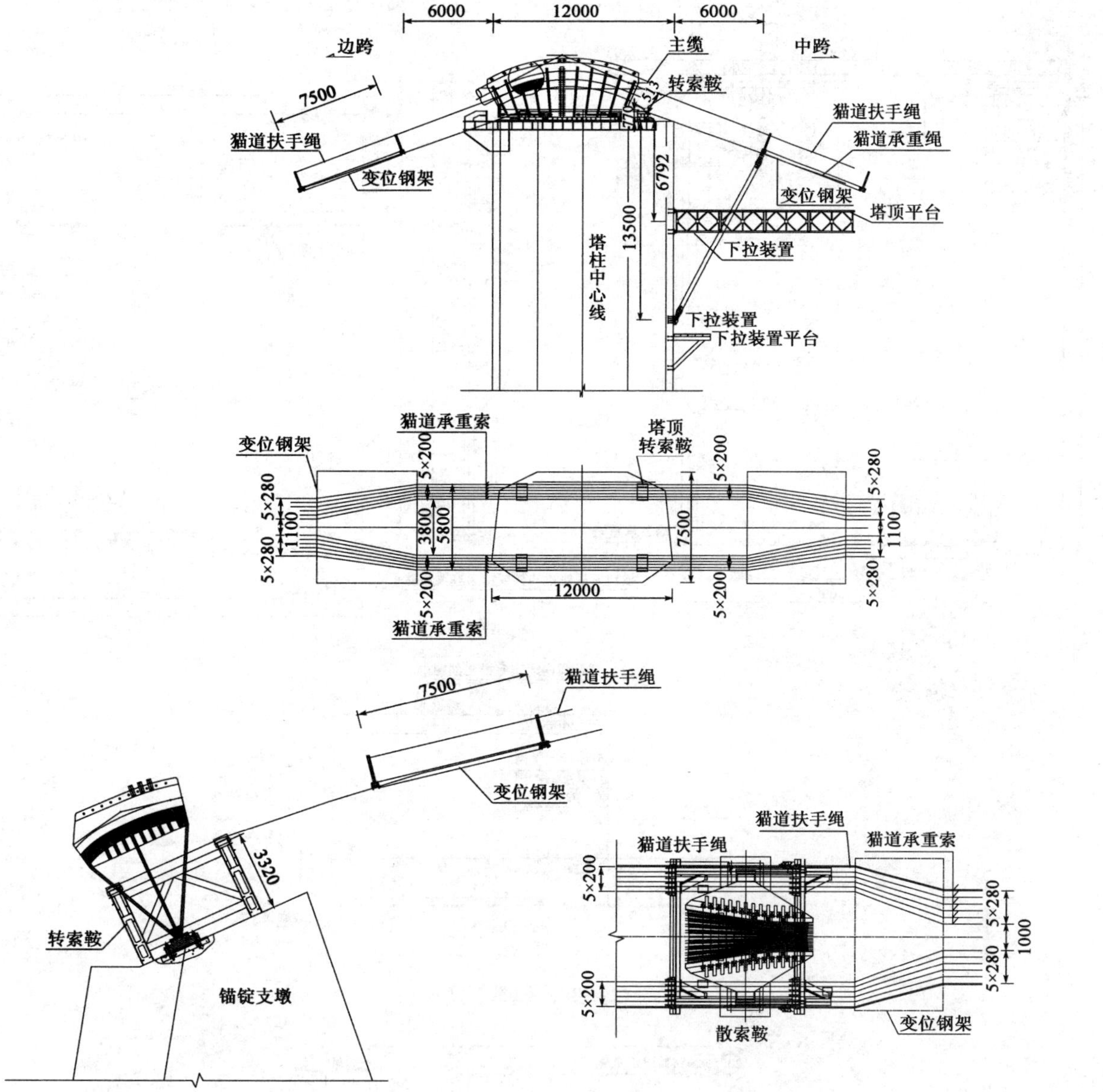

图6 塔顶、前支墩处猫道线型转折机构布置图(尺寸单位:mm)

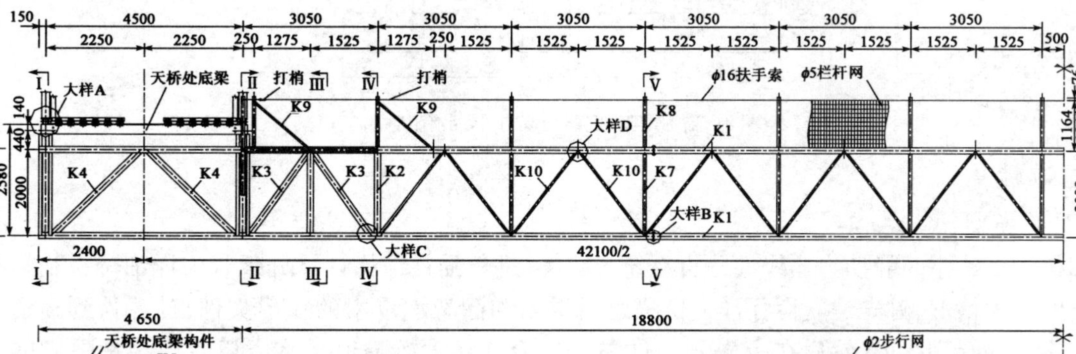

图7 猫道横向通道构造图(尺寸单位:mm)

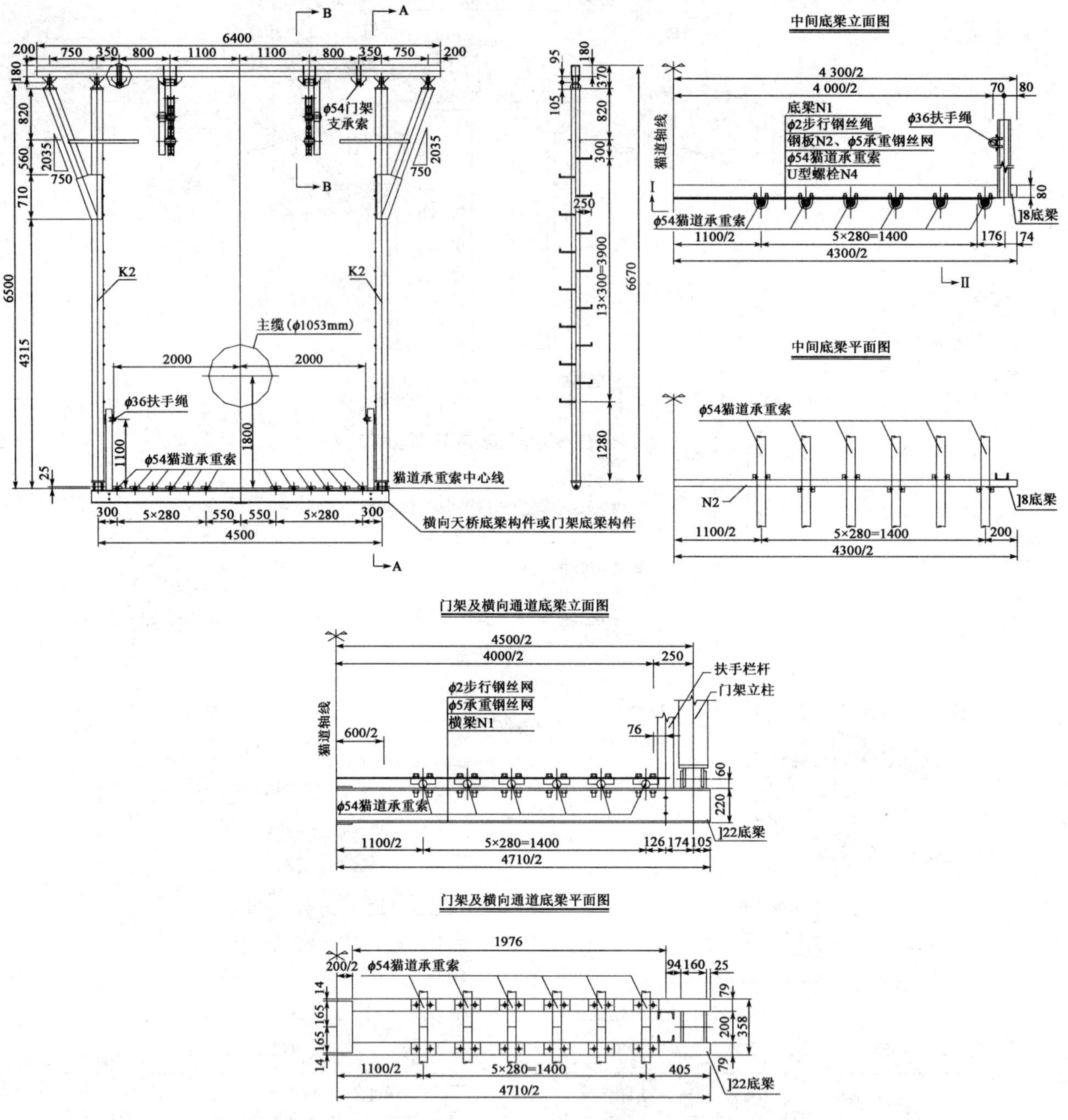

图 8　猫道门架、底梁构造图(尺寸单位:mm)

2. 猫道计算

(1)计算模型。

采用桥梁结构空间静动力非线性分析系统 BNLAS 进行猫道结构计算分析。为详细分析猫道结构在各工况下的受力情况,首先建立伶仃洋大桥猫道承重索和门架承重索的线形文件,计算得到猫道承重索和门架承重索的合理线形,然后在有限元文件中建立伶仃洋大桥猫道承重索以及门架承重索的空间模型,计算得到模型各部分的内力、应力、位移等数据,以此作为判断结构是否合理的依据。空间杆系模型如图 9 所示。

(2)恒载内力计算结果。

在恒载作用下猫道承重索的最大内力为 3445.9kN,位于桥塔附近,最小内力为 3018.0kN。在最小破断力为 12203kN 的情况下,安全系数为 3.54 >3.2,满足规范要求(图 10)。

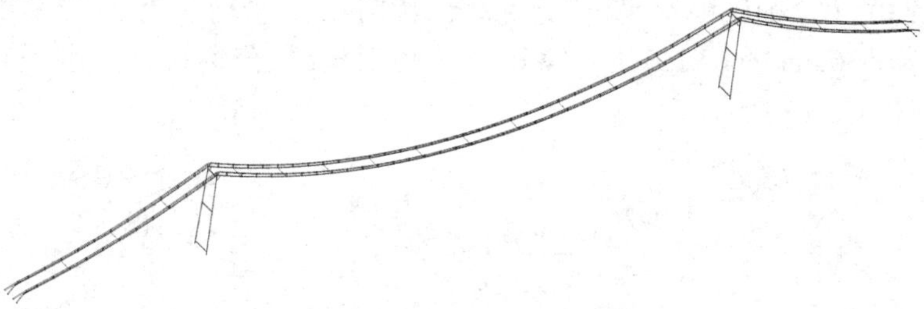

图 9　伶仃洋大桥空间杆系模型

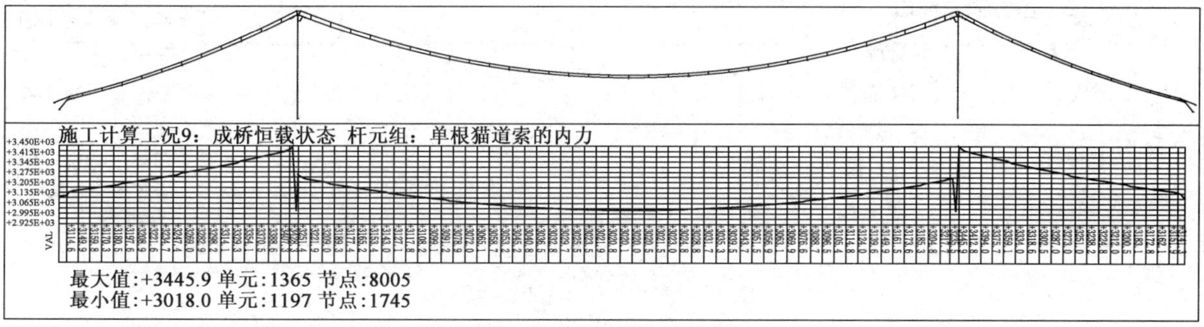

图 10　猫道承重索恒载状态的内力图(单位:kN)

(3)猫道线形结果:猫道高程与空缆中心高差曲线图如图 11、图 12 所示。

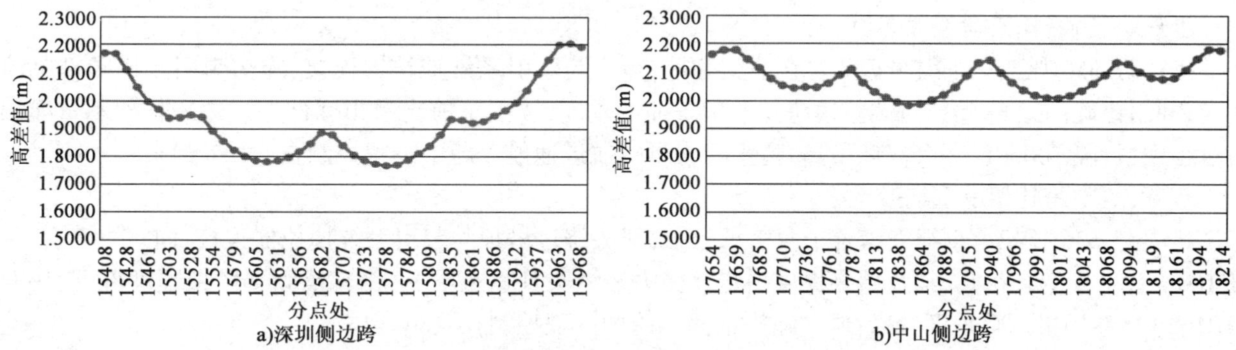

图 11　边跨猫道承重索与主缆空缆中心高程差值图

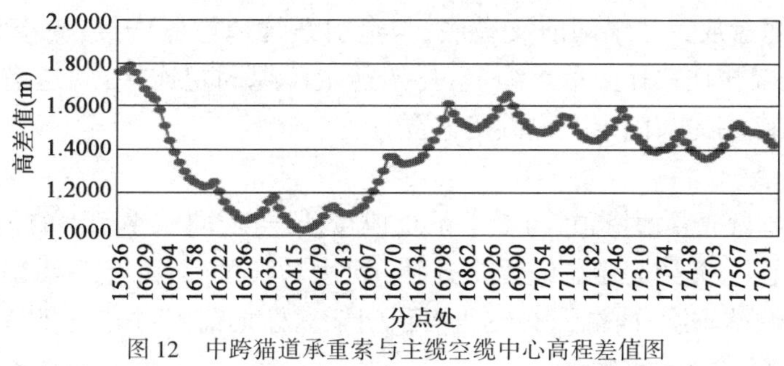

图 12　中跨猫道承重索与主缆空缆中心高程差值图

主跨猫道与主缆空缆在跨中的竖向高差约为 1.611m,在中跨其他分点处的高程差均在 1.023 ~ 1.789m 之间;深圳侧边跨在分点处与主缆竖向高差在 1.765 ~2.203m 范围内有波动;中山侧边跨在分点处与主缆竖向高差在 1.980 ~2.180m 范围内有波动。主缆空缆线形与猫道承重索线形并不完全平行,但能满足紧缆施工及猫道上施工操作等要求。

四、猫 道 施 工

1. 单线系统施工

尼龙绳先导索采用平板驳船对接提升形成,通过倒绳直至形成单线系统。单幅(左幅)单线牵引系统(猫道牵引系统)由 2 台 40t 卷扬机(1 号卷扬机布置在西锚后 34 号墩平台上,2 号卷扬机布置在东锚后)、2个塔顶门架导轮组、2个锚碇门架导轮组、各部位转向轮、1个拽拉器、1号牵引绳及2号牵引绳组成。牵引绳采用直径为ϕ36mm的6X36WS + IWR线接触钢丝绳,公称抗拉强度设计值为1870MPa。单线牵引系统总体布置图如图13所示。

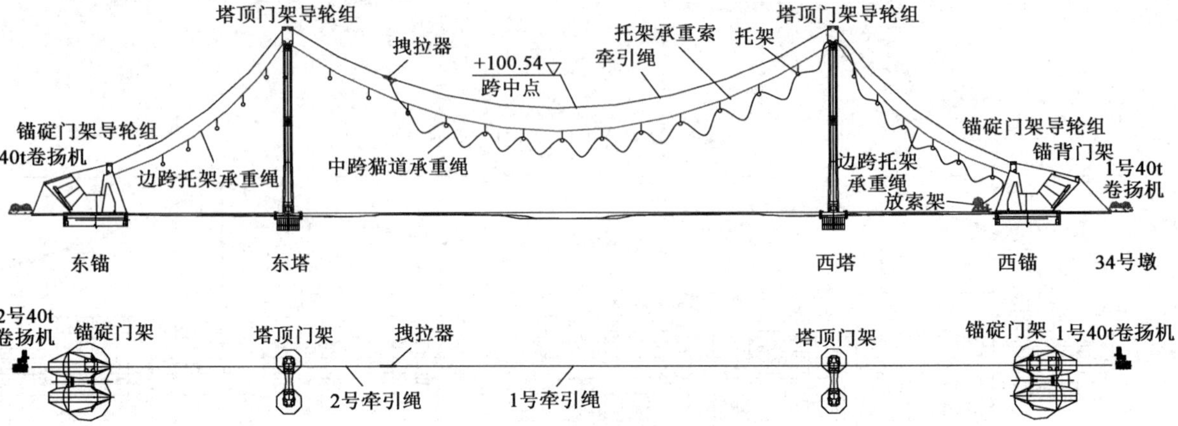

图13　单线牵引系统总体布置示意图

2. 猫道架设施工

单线往复牵引系统形成后,即可正式进入猫道架设施工阶段。

步骤一:边跨托架承重绳架设

将边跨ϕ36托架承重绳绳盘放置在前支墩前,绳头与牵引系统拽拉器连接,绳头牵引至塔顶部临时固定;利用锚碇门架8t卷扬机调整边跨托架承重绳的垂度,锚固于前支墩预埋件上。边跨托架承重绳架设过程中,每隔100m设一个双环吊具,防止绳索影响航道通航。跨中高程控制在+107.21m。

步骤二:中跨托架承重绳架设

将中跨ϕ36托架承重绳绳盘置于西塔承台上,绳头绕过塔顶与牵引系统拽拉器连接;向东塔牵引,每隔100m设一个双环吊具,绳盘始终提供一定反张力。绳头到达东塔后,将其锚固于塔顶预埋件上,用西塔门架12t卷扬机调整垂度,最后西端绳头锚固。跨中高程控制在+86.14m。

步骤三:边跨托架安装

将ϕ16托架定位绳绳盘放置在锚碇前支墩底,与牵引系统拽拉器连接,向塔顶牵引,每拉出50m左右,在前支墩平台上将托架扣挂在托架承重绳上,托架与定位绳固定连接;到达塔顶后,将两根定位绳锚固于塔顶门架立柱上,锚碇端绳头固定在锚碇门架立柱上。

步骤四:中跨托架安装

将ϕ16托架定位绳绳盘放置西塔顶,与牵引系统拽拉器连接,向东牵引;每拉出50m左右,在西塔顶将托架扣挂在托架承重绳上,托架与定位绳固定连接;到达东塔顶后,将绳头锚固于东塔顶门架立柱上,西塔顶12t卷扬机收绳,调整垂度,西端绳头在西塔顶门架立柱上锚固;托架安装完成。

步骤五:中跨及西边跨猫道承重绳牵引

放索装置布置在西锚前支墩前,中跨承重绳绳盘接入放索装置,接拽拉器,向东牵引,绳放完后,接西边跨承重绳,继续向东牵引;西边跨牵引绳放完前,用西锚门架顶的8t卷扬机及滑车组与绳端部连接,继续放绳,直至中跨猫道承重绳到达东塔中跨侧;利用东塔顶12t卷扬机及滑车组将中跨猫道承重绳端部临时锚固在东塔顶。

步骤六:东边跨猫道承重绳牵引

东塔顶12t卷扬机的ϕ28钢丝绳与东锚碇门架顶的临时12t卷扬机(塔顶12t卷扬机临时转过来使用)ϕ28绳连接,调整垂度,形成东边跨承重绳临时牵引系统;绳盘置于东锚碇前支墩前,绳头与2根临时牵引绳的连接头处连接,卷扬机收、放绳,牵引至东塔顶,与中跨猫道承重绳的绳头连接;利用门架顶的卷扬机将已经三段连接完毕后的猫道承重绳提入转索鞍槽内。

步骤七:猫道承重绳垂度调整

塔顶12t卷扬机及滑车组调整中跨垂度,并在塔顶转索鞍槽内固定;锚碇8t卷扬机及滑车组配合千斤顶调整承重绳边跨垂度,连锚固系统,完成单根绳的初调;按照由外向内的顺序,重复完成剩余11根承重绳的架设工作;承重绳相对垂度调整一致后,安装变位钢架、下拉梁,调整猫道至空载设计高程。

步骤八:托架拆除及托架承重绳提高

解除边跨托架定位绳在锚碇处的锚固,通过塔顶12t卷扬机在塔顶逐个回收托架及定位绳;解除中跨托架定位绳在塔顶处的锚固,牵引系统与卷扬机配合,逐个收回托架及定位绳;先解除托架承重绳的锚固,利用门架卷扬机及滑车组,将托架承重绳提至牵引绳高度之上,再临时锚固在门架横梁上。

步骤九:猫道面层及横向通道安装

横向通道采用下滑法安装,主跨、边跨对称安装,横向通道与面层一起下滑;横向通道采用塔吊抬吊安装;中间部分节段的前端面层上挂配重,防止在平顺段自由下滑困难;在边跨设卷扬机反拽,主跨侧采用牵引系统反拽,防止在垂度较大段下滑过快。

步骤十:扶手绳及猫道门架承重绳架设

猫道面层及横向通道安装完成后,调整已提高的托架承重绳的垂度,作为上扶手绳,中下ϕ16mm扶手绳采用牵引系统牵引辅助安装;利用东塔顶12t局卷扬机下放配重至船上,运走;在西锚前支墩前布置50t放索架,利用牵引系统在猫道面层上从西向东牵引猫道门架承重绳,从中跨至锚碇方向逐跨调整垂度,在其预埋锚固点锚固。

步骤十一:猫道门架安装

猫道门架由塔顶向中跨及边跨下滑安装,12t卷扬机反拉控制下滑速度,人工辅助安装;边跨靠近前支墩处几个门架由前支墩往塔侧上滑安装,采用塔顶12t卷扬机拽拉。

步骤十二:猫道架设完成

安装猫道侧网、照明及警示系统、猫道滚轮;猫道下拉系统就位,猫道下拉,猫道整体系统调整完成;完成猫道安装。

五、结　　语

深中通道伶仃洋大桥猫道于2022年2月16日开始施工,于2022年4月25日全部完成,历时约69d,施工过程安全顺利。施工工效分析见表2。

伶仃洋大桥猫道施工工效分析表 表2

序号	工　序	开始时间	结束时间	工期(d)
1	单线往复牵引系统施工	2022年2月16日	2022年3月2日	14
2	托架承重绳及托架安装	2022年3月3日	2022年3月10日	8
3	猫道承重绳架设及垂度调整	2022年3月12日	2022年3月30日	19
4	托架拆除及变位钢架安装	2022年3月29日	2022年4月4日	7
5	面层及侧网安装	2022年4月5日	2022年4月19日	15
6	索股托辊安装	2022年4月20日	2022年4月22日	3
7	门架承重绳架设	2022年4月23日	2022年4月25日	3
合计				69天

伶仃洋大桥目前正在进行索股架设施工中,猫道使用过程中线形匹配较好,满足施工需求,同时猫道结构经历了台风"暹芭"的考验,结构安全可靠。

参考文献

[1] 宋洪喜,韩胜利. 武汉杨泗港长江大桥超大跨径猫道施工关键技术[J]. 世界桥梁,2021,49(04):

13-18.

[2] 何加江. 武汉杨泗港长江大桥猫道设计[J]. 世界桥梁. 2021,49(02):18-24.

[3] 郑大超. 至喜长江大桥猫道设计与施工[J]. 世界桥梁. 2016,44(05):16-20.

[4] 徐阳. 大跨悬索桥猫道设计与结构验算[J]. 湖南交通科技. 2017,43(02):172-177,204.

26. 深中通道伶仃洋大桥索鞍制造关键技术研究

石红昌[1]　黄安明[1]　陈焕勇[2]

(1. 德阳天元重工股份有限公司;2. 深中通道管理中心)

摘　要　依托深中通道伶仃洋大桥索鞍的制造,通过对悬索桥索鞍异种材质特厚板焊接技术,智能焊接技术、分体式索鞍整体加工技术、智能加工与高精度检测技术进行研究,总结出了合理有效的特厚板焊接工艺方案,有效保证产品焊缝质量,应用了保证分体式索鞍各项加工精度的整体加工方法,为大型索鞍的加工制造提供技术支持。同时,将智能焊接技术、智能加工技术、高精度检测技术首次应用于悬索桥索鞍制造领域,推动索鞍制造的智能化发展。

关键词　索鞍　异种材质特厚板　智能焊接　整体加工　智能加工　高精度检测

一、研 究 背 景

广东深圳至中山跨江通道项目是国家高速公路网G2518跨越珠江口的关键工程,全长约24km,双向八车道,是集隧、岛、桥、水下互通四位一体的集群工程,更是世界级的跨海通道工程。在深中通道项目工程中桥梁是非常重要的一环,特别是其中跨越伶仃西航道的伶仃洋大桥更是深中通道项目桥梁环节中的控制性工程,大桥主跨1666m,采用H形塔整体钢箱平面缆、双塔三跨全飘浮体系悬索桥方案,跨径布置为500m+1666m+500m,大桥的主跨度位居中国在建及已建悬索桥[1]项目的前列,再加上伶仃洋大桥跨越航道完全是在海上施工建设,因此大桥的建设进度、建造质量等都会对整个深中通道项目产生巨大影响。

深中通道伶仃洋大桥索鞍作为桥梁重要的受力构件,需要高度重视产品加工质量,以确保构件的耐久性。以索鞍关键制造技术研究技术为切入点,针对异种材质特厚板焊接技术、分体式索鞍整体机加技术,智能制造技术进行研究,从而提高产品质量、打造品质工程,推动索鞍制造的智能化发展。

二、异种材质特厚板焊接技术研究

1. 研究内容

1)异种材质的性能研究

根据标准要求,选用不同厚度的钢板进行焊接工艺试验。焊接工艺试验需要考虑能够覆盖本项目的钢板厚度要求取100mm厚的钢板与100mm厚铸钢件焊接,做异种材质的焊接工艺试验。并检验焊缝的力学性能满足规范的要求。

2)异种材质实验方案的实施

本次实验的课题针对铸钢ZG300-500H及钢板Q345R,参照以前ZG270-480H和Q345R焊接的成熟经验[2-3],并结合实际生产制造的实际情况,来进行高强度铸钢ZG300-500H与Q345R厚钢板的焊接技术研究,以保证达到产品及标准的技术要求。

(1)分析母材铸钢ZG300-500H与Q345R的焊接性能,主要从淬硬性、组织状况、冷裂纹的敏感性、冷却速度等几个方面进行分析。

(2)根据母材的碳当量及相关的力学性能指标综合择优选取合适的焊接材料。

(3)按照实际生产制造情况,首先进行优选的焊材的熔敷金属试验(热处理状态与生产制造相同),保证热处理态的焊丝性能达标。

(4)根据制定的焊接工艺指导书进行等厚板铸钢 ZG300-500H 与 Q345R 的试板的焊接。

(5)根据相关焊评标准,制作相应的拉伸、弯曲、冲击、金相等试样,进行力学性能检测。

(6)完善并记录试验数据,形成高强度铸钢 ZG300-500H 与 Q345R 厚钢板的焊接技术资料,作为生产制造的指导文件。

2. 方案内容及研究实施方案

1)方案内容

本次实验对 ZG300-500H 和 Q345R 容器板的焊接性能,尤其对其冷裂纹敏感性、焊缝力学性能进行研究。

(1)研究铸钢 ZG300-500H 和 Q345R 钢板母材组织及力学性能,并利用碳当量、冷裂纹敏指数等经验公式预测其焊接性能。

(2)分别对 CO_2 气体保护焊对接接头进行宏观金相分析,并对其进行拉伸、冲击、硬度等力学性能试验。

在焊丝种类、焊接参数的选择等不同条件下,分别研究上述(1)、(2)项内容。

2)母材分析

(1)母材化学成分及力学性能。

主索鞍鞍体为铸焊结构,铸钢件鞍头材料牌号为 ZG300-500H,应符合《焊接结构用铸钢件》(GB/T 7659—2010)[4]标准。主索鞍鞍座为组焊件,采用材料牌号为 Q345R 钢板,应符合《锅炉和压力容器用钢板》(GB 713—2014)[5]标准。其化学成分和力学性能见表 1、表 2。

ZG300—500H&Q345R 化学成分要求(质量分数,%) 表 1

牌 号	C	Si	Mn	P	S	Ni	Cr	Mo	V	Cu
ZG300-500H(实测值)	0.23	0.53	1.17	0.019	0.008	—	—	—	—	—
Q345R(实测值)	0.18	0.32	1.48	0.011	<0.008	0.01	<0.1	<0.03	<0.005	<0.02

ZG300—500H&Q345R 力学性能要求 表 2

牌 号	厚度(mm)	屈服强度 MPa(min)	抗拉强度 MPa(min)	延伸率%(min)	冲击功 A_{kv2}J(min)
ZG300—500H	100	300	500	20	40(常温)
Q345R	100	305	490~620	20	41(0℃)

(2)焊接性能预测。

①碳当量 CE。

通常,我们采用碳当量来判定钢材的焊接性能。根据美国焊接学会推荐的碳当量计算公式如下所示。当碳当量在 0.4~0.6 之间时,钢材具有一定的淬硬性和裂纹倾向性,焊接前要进行预热。

$$CE = C + \frac{Mn + Si}{6} + \frac{Cr + Mo + V}{5} + \frac{Ni + Cu}{15}$$

②冷裂敏感指数 P_c。

单纯以淬硬性估计冷裂倾向是比较片面的,冷裂敏感指数(P_c)综合考虑了产生冷裂纹的三要素(淬硬倾向、扩散氢含量和结构拘束度)的影响,使计算结果更准确,具体的计算公式如下所示:

$$P_{cm} = C + \frac{S_i}{30} + \frac{M_n + C_u + C_r}{20} + \frac{N_i}{60} + \frac{M_o}{15} + \frac{V}{10} + 5B$$

$$P_c = P_{cm} + \frac{|H|}{60} + \frac{\delta}{600}$$

式中:P_{cm}——化学成分的冷裂敏感指数。

(3)力学性能试验。

焊接坡口采用单面V形坡口接头形式。接头形式见图1。焊接采用CO_2气体保护焊,焊接位置采用平位焊接,根据GB/T 19869.1[6]中规定,板厚覆盖为0.5~2t。索鞍最大板厚为150mm,因此本次试验选择板厚为100mm厚的铸钢和钢板对接来进行研究。索鞍焊接完成后进行焊后热处理以消除焊接应力,因此焊评试板也需进行焊后热处理。热处理保温温度为560℃±10℃,保温4h。热处理完成后,焊评试板按《钢、镍及镍合金的焊接工艺评定试验》(GB/T 19869.1—2005)中的规定进行力学性能试验。

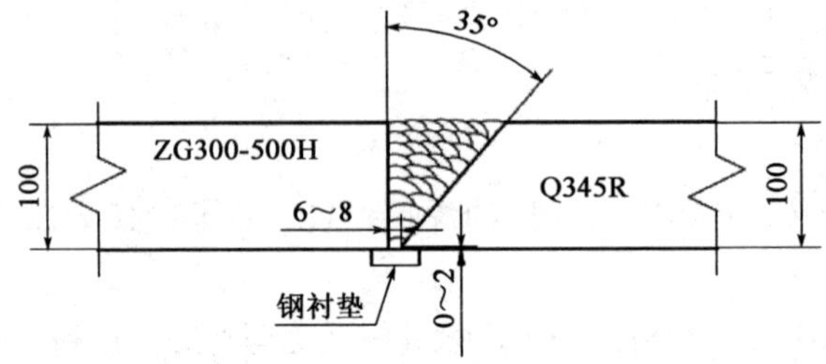

图1 接头形式(尺寸单位:mm)

(4)焊接工艺参数。

采用二氧化碳气体保护焊,采用V形坡口,2mm钝边。加衬垫焊接成型。焊接预热温度100~150℃,道间温度要求≤200℃。CO_2流量15~20L/min。采用平焊位进行试板的焊接。焊接电流、电压等参数见表3。

焊接参数 表3

焊 道	电流(A)	电压(V)	行进速度(cm/min)
打底层	260~280	28~30	24~32
中间层	280~320	30~34	28~50
盖面层	280~320	30~34	28~50

3.试验结果

试板焊接完成后,进行焊缝探伤,探伤合格后进行消应处理,消应出炉后再次进行焊缝复探,合格后进行力学性能试样的加工及检测,相关检测结果见表4。

力学性能试验结果 表4

拉伸试验					
试样编号	试验项目	技术要求(MPa)	抗拉强度 R_m(MPa)	断裂部位和特性	本项判定
200423-01-L1	接头拉伸	490~620	528	断于钢板侧	合格
200423-01-L2	接头拉伸	490~620	530	断于钢板侧	合格
200423-01-L3	接头拉伸	490~620	498	断于钢板侧	合格
200423-01-L4	接头拉伸	490~620	496	断于钢板侧	合格
200423-01-L5	接头拉伸	490~620	494	断于钢板侧	合格
200423-01-L6	接头拉伸	490~620	496	断于钢板侧	合格
200423-01-L7	接头拉伸	490~620	517	断于钢板侧	合格
200423-01-L8	接头拉伸	490~620	517	断于钢板侧	合格

冲击试验					
试样编号	缺口位置	缺口类型	试验温度(℃)	冲击功(J)(标准要求值)	冲击功(J)(实测值)
200423-01-C1~C6	偏铸钢侧VHT	V形	常温	平均值≥40,允许一个值<40但不得<27	121 120 104 102 116 117
200423-01-C7~C12	焊缝金属VWT	V形	常温		130 125 163 182 94 164
200423-01-C13~C16	偏钢板侧VHT	V形	常温		203 202 165 180 206 192

续上表

金相检验			
试样编号	技术要求	检测结果	本项判定
200423-01-JY	试样酸蚀后，焊缝和热影响区应无未熔合和裂纹	试样酸蚀后进行低倍检验，在焊缝和热影响区未发现肉眼可见的未熔合和裂纹	符合
无损探伤			
检测项目	检测方法	判定依据	检验结果
UT	GB/T 11345—2013　B 级	1 级	合格
MT	GB/T 26951—2011	1 级	合格

硬度测试结果					
试样编号	检测参数	技术要求	母材实测值	热影响区实测值	焊缝实测值
200203-01-JY	HV10	≤320	142 166 179 156 159 157 145 147 148 163 160 161	149 169 191 184 184 162 166 174 177 187 203 192	179 174 177 191 190 185

本次 100mm 厚高强度铸钢 ZG300-500H 与钢板 Q345R 的焊接，其探伤要求和力学性能检测指标均满足标准要求，可用于作为后续产品的生产的指导性技术文件。

三、索鞍智能焊接技术研究

1. 应用技术产品介绍

散索鞍鞍体采用铸焊结合结构，鞍头用铸钢铸造而成，铸钢件鞍头材料牌号为 ZG300－500H，鞍座采用不同厚度的钢板焊接而成，钢板采用 Q345R 材料。散索鞍结构示意图如图 2 所示。

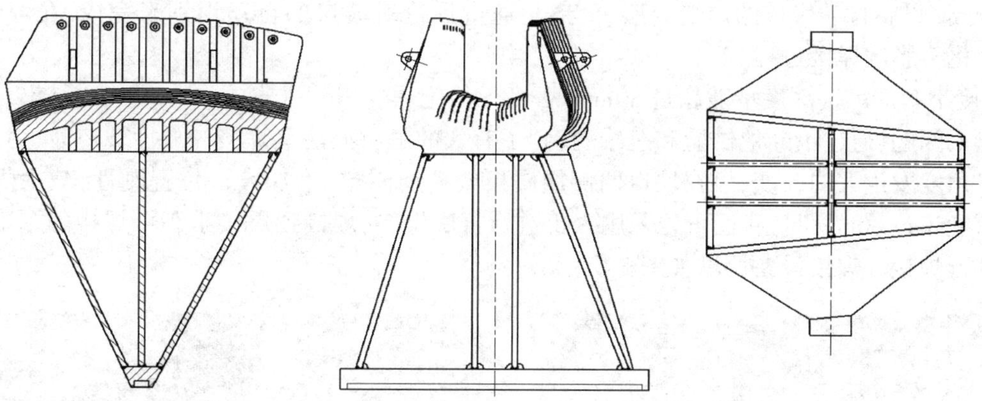

图 2　散索鞍结构示意图

2. 试验目的

通过对轨道式智能焊接小车的结构及参数优化，实现本项目部分产品规整焊缝的自动化焊接。

3. 试验过程

1）设备研发

本项目研发了一种轨道式的智能小车，用于主、散索鞍等产品的长、直焊缝的焊接。基于现目前市场上已有的自动化焊接小车[7-8]，在此基础上联合设备制造商共同研发出一种适用于本项目索鞍产品焊接的轨道式智能焊接小车。智能焊接小车外形尺寸图和操作界面示意图如图 3、图 4 所示。

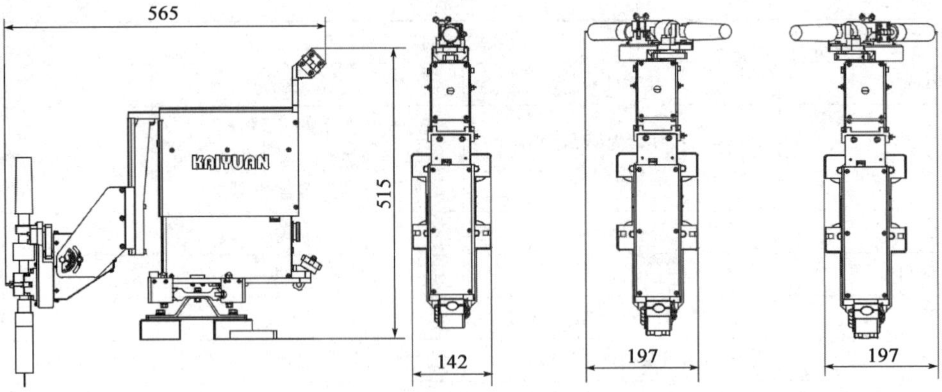

图3　智能焊接小车外形尺寸图(尺寸单位:mm)

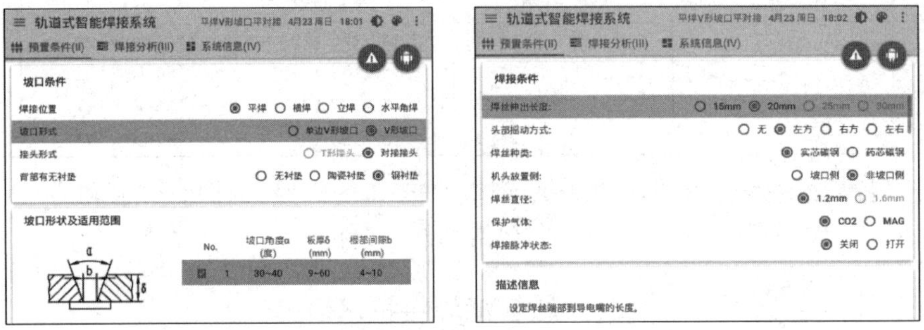

a)坡口条件设置　　　　b)焊接条件设置

图4　操作界面示意图

2)设备调试

在正式产品焊接前,我们先用试板进行了大量的焊接试验和设备调试,其中试板的焊接试验针对双面坡口和单面坡口都分别进行了试验。在设备调试过程中,主要发现了以下几点问题:

(1)由于该设备自动生成的焊缝分层、分道是通过焊枪对坡口的自动识别来完成,在焊接过程中坡口角度的变化会影响焊接过程。

(2)焊接小车的焊接深度不能超过80mm,否则无法施焊。

针对以上问题,通过不断地试验和总结,找到了有效的解决办法。焊接开放性坡口时,为防止焊接收缩导致坡口角度发生大的改变,可在坡口两侧加码板或拉筋固定,增加坡口位置刚性,减少焊接变形;当焊接坡口深度超过80mm时,我们可先采用人工进行打底焊接,焊接到焊接小车可焊接的深度后,再采用焊接小车进行焊接。焊接设备调试如图5所示。

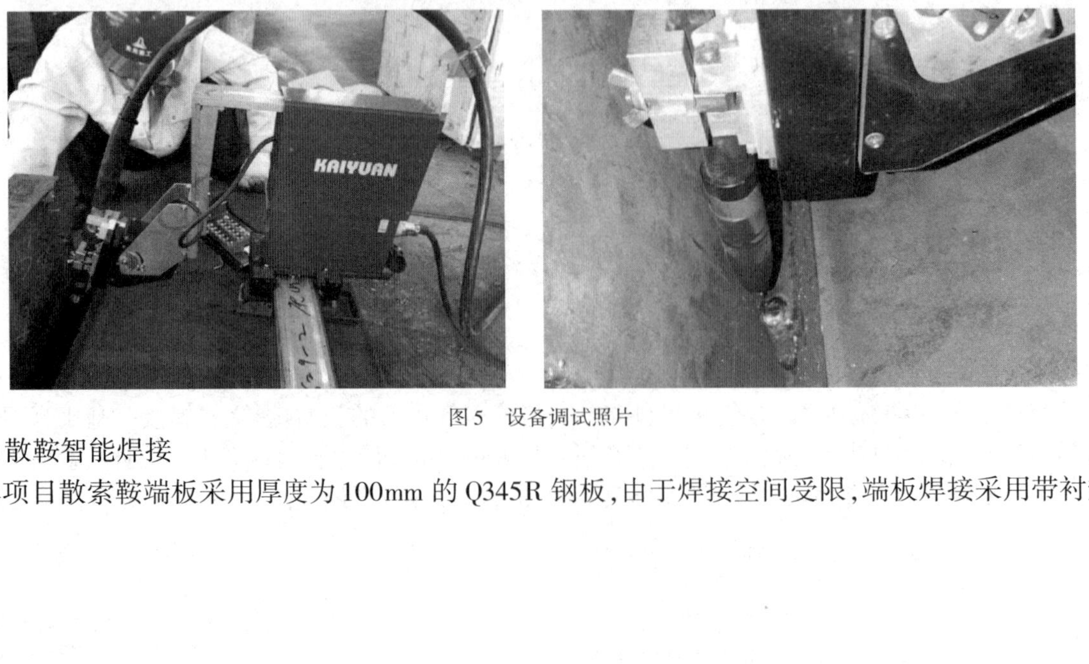

图5　设备调试照片

3)散鞍智能焊接

本项目散索鞍端板采用厚度为100mm的Q345R钢板,由于焊接空间受限,端板焊接采用带衬垫的单面坡口熔透焊缝。焊丝采用经过焊评验证的型号为 ER55-G 直径为 $\phi1.2$ 的实心焊丝。产品智能焊接过程如图 6 所示。

经过前期模型试验,对于该项目厚板焊接,我们已经总结出了一套成熟的焊接工艺参数,在该项目散索鞍的端板焊接上得到了充分应用。

图 6 散鞍智能焊接

4. 试验结果

采用轨道式智能焊接小车施焊的焊缝,外观美观,在焊接完成后 48h,经过超声波探伤检查,完全符合标准规范要求,焊缝质量合格。

四、分体索鞍整体精加工技术研究

本项目主索鞍均采用两半分体结构组合为一体后使用,在设计图纸结构中要求组合使用的两半鞍体在组合为一体后的整体状况下,索鞍的鞍槽侧壁平面为一个整体平面,两半鞍体各自鞍槽内对应的各圆弧绳槽台阶宽度、深度、绳槽的圆弧半径尺寸均完全一致,尺寸偏差一致,从而形成一个左右两半鞍槽尺寸精度完全一致的整体。

为了确保两半分体主索鞍在组合为一体后对应加工部位的尺寸精度及形位公差精度统一且一致,天元重工在项目产品加工中应用了企业的发明专利技术[9],在分体主索鞍粗加工后,再配套组合为一体,通过联动的大型数控机床,对组合体进行整体数控精加工,通过运行自动编程生成的数控程序,精加工索鞍鞍槽各部位,确保两半鞍体各圆弧绳槽的圆弧半径及宽度尺寸公差完全一致、平顺光滑;两半鞍体组合件底平面整体一次性加工完成,全平面的平面度控制精度好,两半鞍体的对合接缝处在鞍槽内及底平面均平顺加工完成,不存在任何错位台阶;

为了保证鞍槽内圆弧绳槽尺寸的准确,通过计算机自动编程并先通过模拟软件在计算机上进行模拟加工以检查程序的正确性,确认无误后再将程序发送到数控机床进行索鞍体实物加工,从而保证加工出的鞍槽宽度及各绳槽圆弧尺寸的准确性,确保加工质量完全满足设计要求。主索鞍整体组合精加工如图 7所示。

图 7 主索鞍整体组合精加工

五、索鞍智能加工与高精度检测技术研究

以索鞍智能制造为切入点,针对鞍槽曲面智能化加工、高精度检测进行研究,全面推动索鞍制造的智能化发展。

1. 试验目的

(1)实现索鞍鞍槽三维空间曲面加工程序的自动化生成。

(2)实现索鞍鞍槽三维空间曲面仿真加工。

(3)实现索鞍鞍槽三维空间曲面的智能化测量。

2. 试验过程

1)运用NX软件自动生成加工程序的应用

NX软件是一个集CAD、CAE和CAM于一体的计算机辅助机械设计制造系统。其加工制造模块功能强大,广泛应用在航空、汽车、模具、通用机械制造业。其优点为数控精度高,质量稳定,尺寸精度可控制到0.001~0.01,尤其在复杂零件及多轴加工中程序控制精度稳定。

具体内容如下:

(1)基于NX强大的CAD建模技术,对深中通道索鞍鞍槽进行精确建模。

(2)模拟深中通道索鞍毛坯加工余量状态,建立索鞍模型。

(3)基于NX先进的CAM多轴加工模块进行二次开发,实现索鞍鞍槽加工程序的自动化生成。

(4)运用数控加工仿真软件VERICUT对NX加工程序进行验证,同时在VERICUT环境中虚拟加工制造。

本次试验采用NX9.0版本软件,运用软件中建模模块[10],分别建立深中通道主索鞍、散索鞍精确三维模型。主索鞍和散索鞍模型如图8所示。

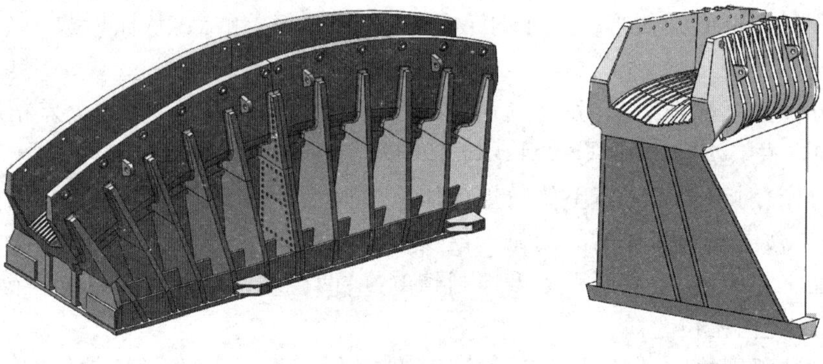

图8　主索鞍和散索鞍模型

将模型转入NX加工模块,运用NX先进的多轴加工模块中可变轮廓铣子模块建立加工程序。索鞍的加工程序建立示意图如图9所示。

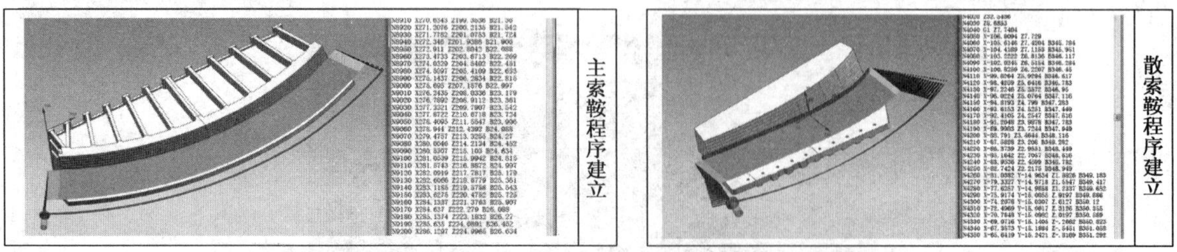

图9　索鞍的加工程序建立示意图

2)索鞍鞍槽三维空间曲面仿真加工的应用

NX软件生成数控程序后,为验证程序的正确性,我们采用虚拟加工软件进行仿真加工,模拟真实加工情况,包括程序、机床、刀具、装夹、切削参数,在软件中还原实际加工中影响因素,以确保程序万无一失,并可对加工参数进行优化。

(1)建立机床模型。

首先根据实际加工机床建立机床、刀具模型。仿真加工须建立参与加工的必要的机床部件,尺寸必须同实际机床相同。建立仿真机床如图10所示。

图10 建立仿真机床示意图

(2)仿真机床设置。

根据实际机床设置仿真机床的行程、速度、数控系统、零点偏置等参数,确保仿真机床与实际机床参数一致。

(3)导入索鞍模型、程序。

将设计索鞍三维模型导入 Vericut,然后将生成的 NX 数控程序导入 Vericut,对加工程序进行验证,同时在 VERICUT 环境中虚拟加工制造。

(4)参数优化。

根据机床加工模拟情况,调整索鞍装夹位置,主轴伸出长度,利用 Vericut 软件自动优化功能,查看优化图表,调整选用刀盘直径、吃刀量、进给量。索鞍仿真加工示意图如图11所示。

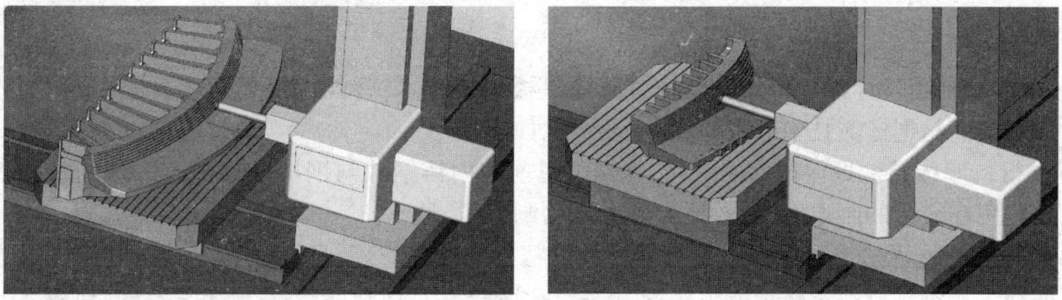

图11 索鞍仿真加工示意图

(5)机床加工。

通过仿真加工检查,验证程序正确无误,并优化各项参数后,将程序导入 FB260 大型落地镗铣床进行加工。索鞍产品实物加工如图12所示。

a)主索鞍加工 b)散索鞍加工

图12 索鞍产品实物加工

3)产品智能高精度检验技术

实体工件加工过程中,运用法如(FARO)激光跟踪检测设备对产品进行测量[11]。该套设备利用激光成像原理,非接触式测量,能实时精确测量索鞍每个部位的实际情况,并将测量数据自动录入电脑软件中,实时显示的三维测量视图,直接和三维模型进行比较,得出测量部位加工精度误差。轻松实现0.05mm级别公差精度检测。精确测量主索鞍、散索鞍鞍槽空间曲面精度,避免了常规检测手段难以精确检测鞍槽曲面精度情况,严格把控鞍槽空间弧面形质量。产品实物测量如图13所示。

图13　索鞍产品实物FARO测量

3.试验结果

通过运用激光跟踪检测设备,分别对主索鞍、散索鞍鞍槽所有加工面进行了检测,加工精度完全满足图纸技术要求。

六、结　语

通过对深中通道伶仃洋大桥索鞍异种材质特厚板焊接技术、智能焊接技术、分体式索鞍整体机加技术、智能加工与高精度检测技术进行研究,主要结论如下:

(1)进行特厚板异种焊接技术的研究,掌握了目前国内铸钢件与钢板最高强度等级的特厚板焊接技术,并成功应用在产品的制造中,有效地保证了产品制作质量。

(2)轨道式智能焊接小车在深中通道项目散索鞍上的成功应用,是智能焊接首次应用于悬索桥索鞍焊接上,推动了悬索桥行业索鞍智能焊接的发展。索鞍产品实现智能焊接,不仅提高劳动效率及焊接质量,而且大大改善了工人工作环境,降低了劳动强度。

(3)整体加工技术这种先进的加工方案能够有效保证分体式主索鞍的底平面和索鞍鞍槽的加工精度完全符合设计图纸及技术要求规定,绝不会出现分体单独加工方式存在的鞍槽内对接部位错边、错台、对应绳槽圆弧段圆心不重合与设计图纸不符的加工质量问题,且工艺控制措施相对简单,加工效率更高,经济效益更好。

(4)在深中通道索鞍产品中成功实现了数控程序自动化生成、仿真模拟产品实际生产加工,优化产品加工相关参数,切实有效地保证了实际产品的加工质量。

(5)高精度在线检测技术在索鞍产品临床检测的基础上,对前期的临床检测数据进行复查,更有效地验证产品的加工精度是否符合图纸技术要求。

参考文献

[1] 钱冬生,陈仁福.大跨悬索桥的设计与施工[M].成都:西南交通大学出版社,2015.

[2] 石红昌,苏兰,黄安明.悬索桥焊接工艺评定标准对比[J].大型铸锻件,2018(01):52-54.

[3] 苏兰,石红昌,杨芙蓉,等.悬索桥特厚异种板焊接技术研究[J].大型铸锻件,2018(05):11-13.

[4] 全国铸造标准化技术委员会.焊接结构用铸钢件:GB/T 7659—2010[S].北京:中国标准出版

社,2010.

[5] 全国钢标准化技术委员会. 锅炉和压力容器用钢板:GB/T 713—2014[S]. 北京:中国标准出版社,2014.

[6] 全国焊接标准化技术委员会. 钢、镍及镍合金的焊接工艺评定试验:GB/T 19869.1—2005[S]. 北京:中国标准出版社,2005.

[7] 王博. 自动化焊接小车在船舶焊接中的应用[J]. 甘肃科技,2021,37(24):23-25,39.

[8] 王明,刘宝树. 自动焊接小车在造船行业的应用[J]. 金属加工(热加工),2014(14):51-52.

[9] 黄安明,陈远林,曾清健. 一种悬索桥分体式主索鞍整体加工方法:CN106271437A[P]. 2017-01-04.

[10] 苏兰,曾清健,石红昌,等. 悬索桥空间缆双鞍槽主索鞍加工技术[J]. 大型铸锻件,2021(04):39-41.

[11] 张岚荪. 创新的测量技术——法如激光测量设备真正实现生产过程自动化[J]. 航空精密制造技术,2009,45(3):彩33.

27. 大悬臂双层桁式盖梁支架设计及施工

李立坤[1] 鲁立涛[2]

(1. 中交二公局第一工程有限公司;2. 深中通道管理中心)

摘 要 桥梁下部结构盖梁的施工,核心在于临时支撑结构的选择与设计,深中通道非通航孔桥盖梁,因其特有的结构设计,盖梁具有大净空、大尺寸、大方量、大悬臂的特点,施工难度较大。本文以深中通道工程实体为依托,开展大悬臂盖梁支架设计与施工技术研究,设计出一种大悬臂双层桁架式的盖梁支架平台,为相似工程的盖梁施工提供经验。

关键词 大悬臂盖梁 双层桁架

一、工 程 概 况

浅滩区标准桥墩帽梁为对称双悬臂预应力混凝土结构,横断面呈倒梯形(图1)。帽梁悬臂长12m,根部顶宽为4m,底宽为3.25m。帽梁根部梁高为6.0m,端部梁高为3.0m。墩帽采用C50混凝土。

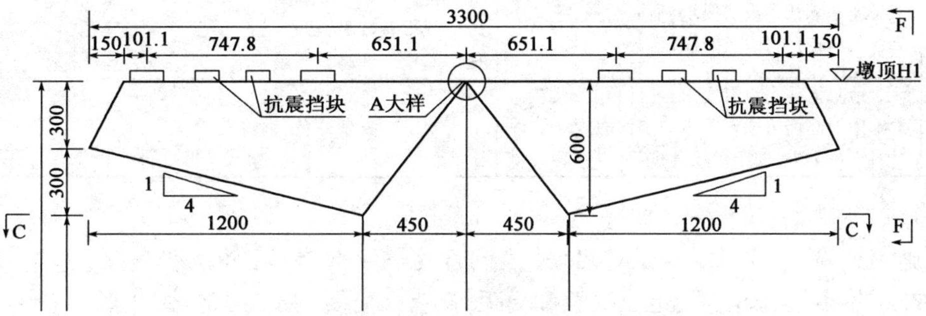

图1 下部结构立面布置图(尺寸单位:cm)

项目所在区域场区地势平坦,地面高程介于2.5~5m,地下水位埋深1.8~2.4m。可分为两个地貌单元:海积冲积三角洲海积平原区和人工岛填筑区。场区水域最大海水深度约12m,深水区位于横门东水道附近,万顷沙南侧浅滩区一般水深在0.5~2.0m,低潮时局部出露。根据详勘阶段成果,工程场区范围地层划分为6大单元层,各层土的工程地质特征分述如下:

(1)第1大单元层全新统人填土(Q4me):岩性为黏性土,建筑垃圾等,分布不连续。

(2)第2大单元层全新统海相沉积物(Q4m):岩性为淤泥,淤泥质土,淤泥质黏土夹粉砂,连续分布。

(3)第3大单元层单元层晚更新统晚期陆相沉积物(Q3al):岩性主要为软-可塑状黏土,其下部多分布有薄层稍密-密实状的粉砂,砾沙,局部加油透镜状的圆砾土,呈断续分布,层厚分布不均较薄。

(4)7大单元层:震旦纪云开群(PtY)岩层:由一套变质程度较深的灰色-深灰色混合片麻岩组成。

二、支架结构设计

1.支架方案比选

墩柱盖梁现浇施工的支架型式,主要有满堂脚手支、抱箍挑架式及埋设托架式三种[1]。

(1)满堂脚手架支架。满堂支架法施工艺流程如下:地基处理→搭满堂支架方木铺设点布置砂袋预压及观测→沉降稳定后卸载砂袋→按支架及非弹性变形确定立标高、铺设底模盖梁施工→达到强度后拆除支架。

(2)抱箍挑架式。抱箍法施工艺流程如下:设抱形式(计算箍板宽度、紧固螺栓规格等)制作安装→采用千斤顶检验抱箍承载力安装主、铺设底模盖梁施工→达到强度后拆除抱箍。

(3)埋设托架式。埋设托架式主要有预留孔洞穿钢棒法,其工艺流程如下:计算钢棒的截面尺寸在墩柱中预埋管→穿入棒,用钢板调平安装主、铺设底模盖梁施工达到强度后拆除支架体系→墩柱修补。预留圆钢支撑法由于要柱内埋设预留孔,在浇筑墩身混凝土时有一定的施工难度,在一定程度上破坏了墩身结构的完整性,对外观质量有一定影响。

因地处海域,承台周边覆盖层承载能力较差,若采用落地钢管支架的方案,需将钢管桩打入海床35m左右,成本较高。工程位置最大风速高达38.0m/s,支架受风荷载影响较大,若采用三角托架方案,三角托架的稳定性难以满足要求。根据现场实际工程条件,最终选用“钢管支撑+双层型钢桁架”的盖梁支架方案作为实施性方案,并对其进行施工优化设计。焊接参数见表1。

焊接参数 表1

支架方案	优 点	缺 点	推荐情况
满堂脚手架(钢管)支架	不需要大型起重设备,对墩柱外观质量无任何影响	地基承载力要求高,搭设及预压周期较长,支架不均匀沉降影响盖梁线形,不利于提高工程进度和质量	不推荐
抱箍挑架式	对桥下地基没有要求不需行堆载预压,施工进度较快	非圆形墩柱,不适合使用支撑法,钢抱箍与墩柱之间的摩擦系数的取值难以掌握施工时易发生抱箍滑脱事故,支架能承受的荷载不高	不推荐
三角托架式	对地基承载力没有要求,适应性强,施简便节省人周转材料少且能缩短工期	工程位置最大风速高达38.0m/s,支架受风荷载影响较大,若采用三角托架方案,三角托架的稳定性难以满足要求	特殊加固后可采用
钢管支撑+双层型钢桁架	对地基承载力没有要求,悬挑长度大,在盖梁施中下部仍可通行不占地工作面现场清理材料不易丢失,便于现场管理	支架受力复杂,用钢量较大	推荐方案

2.结构形式的拟定

根据以往施工经验,本项目的盖梁支架采用“钢管支撑+双层型钢桁架”支架,主要构造有:钢管立柱、平联及斜撑、型钢桁架、分配梁、定位框架和模板等,支架主要构造形式如图2所示。

盖梁支架承重平台分为两部分,下层桁架长24m,桁架高3.6m,上下弦杆采用2HN600×200型钢,承重腹杆采用HW40C×400型钢,其他直腹杆和斜腹杆均采用40a的双拼槽钢;下层桁架长36m,桁架高3.6m,上下弦杆采用2HN600×200型钢,承重腹杆采用2HN600×200型钢,其他直腹杆和斜腹杆均采用40a的双拼槽钢。桁架间距5.0m,通过I25b平联型钢连接成一个整体。上层桁架下弦杆与下层桁架上弦杆用螺栓连接牢固,并及时安装上层桁架间平联。同侧桁架片通过法兰连接。上下层桁架通过螺栓连接。

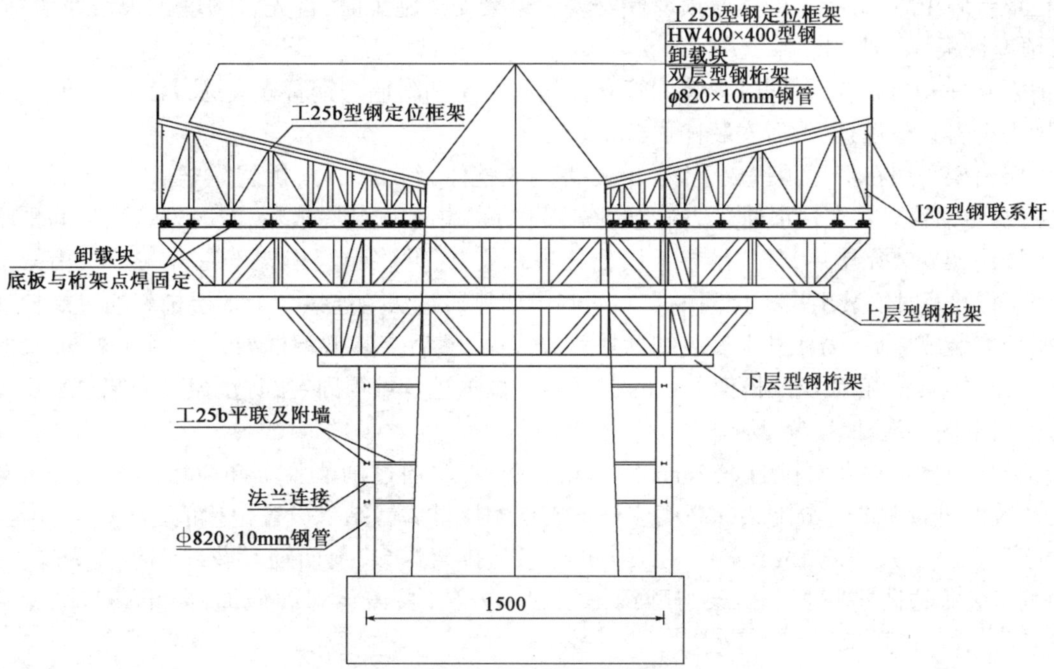

图2 盖梁支架布置示意图(尺寸单位:cm)

3. 盖梁支架计算

运用Midas Civil软件对盖梁支架系统进行整体建模计算(图3),取盖梁底模以下支架系统为模型,施工阶段的荷载施加于底模下的工字钢分配梁或角钢三脚托架上,由软件进行计算。

图3 盖梁支架系统建横图

(1)荷载统计。

计算工作风速取6级风,基本风速为13.8m/s。极限风速取12级风,基本风速为38m/s。混凝土容重为$26kN/m^3$;施工荷载(操作平台上施工人员及机具荷载载)按$3kN/m^2$进行计算。计算时,对混凝土重量、模板、施工机具、人员荷载等等进行荷载组合,1.2×自重+1.1×盖梁混凝土浇筑荷载+1.1×工作风荷载+1.4施工荷载。

(2)计算结果。

经计算,下层桁架部分杆件应力值偏大,但未超出钢材容许应力。支架最大组合应力198.9MPa,小于215MPa,支架最大剪切应力9.19MPa,小于125MPa,支架强度满足要求。支架最大相对位移27.4mm,小于$L/400=13500/400=33.75$mm,支架刚度满足。计算表明挠度与应力均未出现超限情况。

三、盖梁支架施工

1. 盖梁支架施工

双层桁式支架安装,大体按照以下步骤进行支架施工:承台预埋件预埋→钢管立柱安装→安装下层/上层桁架→支架预压→分配梁安装→型钢定位框架安装→安装底模。

(1)在承台施工时,进行承台顶面预埋件安装。盖梁支架施工时,首先将预埋钢板表面清理干净,将钢管柱与预埋钢板焊接牢固。

(2)钢管立柱安装完成后,同时安装钢管立柱间联结系和附墙。钢管立柱通过法兰接高。

(3)抄平钢管立柱柱顶,然后安装柱顶桩帽。

(4)下层桁架采用在场地预拼成整体(单侧拼装成整体,约16.3t),拼装完毕后,采用履带吊进行吊装。下层桁架与钢管立柱在柱顶通过法兰连接牢固。下层桁架安装完成后,及时安装桁架间平联。

(5)下层桁架安装完毕后,分片吊装上层桁架进行安装,并将上层桁架下弦杆与下层桁架上弦杆用螺栓连接牢固,并及时安装上层桁架间平联。同侧桁架片通过法兰连接。上下层桁架通过螺栓连接。

(6)桁架安装完成后,需在其上安装卸荷块和分配梁,然后安装型钢框架。型钢框架安装完成后,需将框架下弦杆、分配梁、卸荷块及桁架上弦的相互劫持位置进行点焊固定,防止盖梁浇筑过程中排架在水平分力的影响下向外滑动。

(7)卸荷块由楔形块及对拉的ϕ32mm精轧螺纹钢组成,通过调节各个卸荷块的对拉杆可对上方排架的高程及坡度进行调节。分配梁的高度应根据支架预压试验的结果设置预抬值。

(8)施工通道区域,每隔1m设置一道[10分配梁与排架焊接,上面铺设花纹钢板作为操作平台,并在平台两侧安装临边防护栏杆。桁架与型钢排架起吊安装时,需设置缆风绳,防止其与墩身结构发生碰撞。

2. 盖梁支架预压

盖梁支架经计算满足相关要求后,现场完成安装,应采用1.2倍施工荷载进行试压,以验证计算、制作、拼装的整体安全性能[2]。每套首次使用的支架搭设完成后,应对支架进行预压以检验支架强度。支架拟采用混凝土预制块堆载进行预压。事先预制单块6m×1.5m×0.4m的C30混凝土块(单块重约9.36t),现场分块组合堆载于支架分配梁上进行预压,单侧悬臂压重约514.8t。预压时分级加载,确保盖梁支架满足盖梁施工时的抗弯和抗剪要求。支架预压过程中,对支架变形进行观测,并根据观测结果绘制出沉降曲线并计算预拱度。预压后根据预拱度计算结果,在相应的位置上设置预拱度[3]。盖梁支架预压示意图如图4所示。

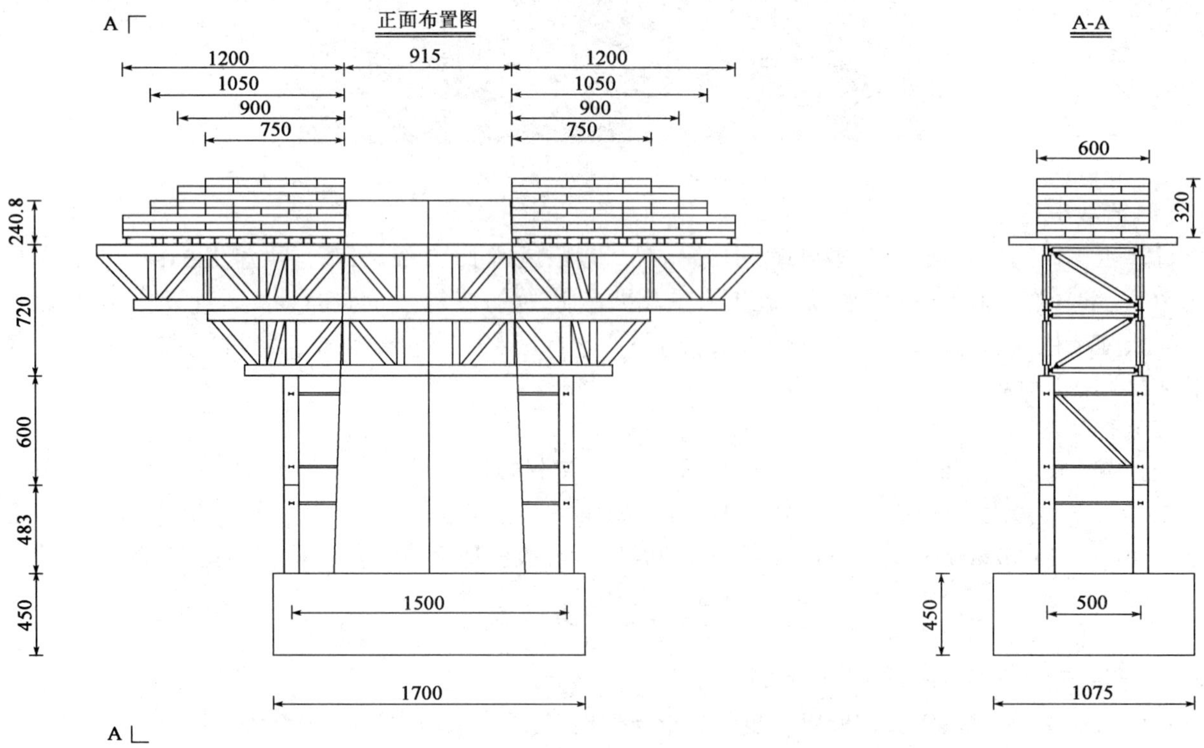

图4 盖梁支架预压示意图(尺寸单位:cm)

四、结　　语

本文以深中通道工程施工为工程背景，通过在 Midas Civil 有限元软件中对双层支架建模，对支架的刚度和支架构件的强度进行理论计算分析，通过支架预压，充分检查支架的承载能力，保证支架施工安全。"钢管支撑 + 双层桁架"形式的支架在地形适应能力、成本投入以及设备需求方面均有一定的优势，在项目中的实际应用和总结，逐步掌握了大悬臂盖梁施工技术，为工程的成功实施和盖梁施工安全、质量控制提供了强有力的技术保障，为相似工程的盖梁施工提供参考。

参考文献

[1] 张灵辉，刘嘉源．薄壁墩大挑臂盖梁支架的设计与施工[J]．嘉应学院学报，2013，31(11)：51-55.

[2] 孙翊新．花瓶墩盖梁支架设计与施工[J]．中外公路，2010．30(03)：157-160.

[3] 张晓伟．跨线高墩桥梁盖梁支架设计[J]．交通世界(运输．车辆)，2015(03)：104-105.

28．深中通道西泄洪区引桥钢箱梁制造技术

谷　文[1]　谷　杰[2]　夏丰勇[2]

(1．中铁宝桥集团有限公司；2．深中通道管理中心)

摘　要　结合深中通道西泄洪区引桥钢箱梁的工程概况、结构特点及难点，系统介绍钢箱梁总体制造方案，并重点对钢箱梁制造过程中采用的智能化制造、大节段精度控制、无码组焊工艺等技术进行了阐述，表明：钢箱梁总体施工方案合理可行，智能化制造推进有效，大节段几何精度及线型等控制措施得当。

关键词　钢箱梁　智能化制造　大节段　精度控制

一、工 程 概 况

深中通道是集"桥、岛、隧、水下互通"于一体的世界级跨海通道工程，深中通道西泄洪区非通航孔桥(简称西泄洪区引桥)全长 2420m，工程量约 6.03 万 t，跨径布置为 2×(6×110)m+2×(5×110)m，道路设计线处于直线、缓和曲线及圆曲线上。主梁采用分幅等截面船形钢箱连续梁，单箱三室截面，单幅梁宽 20m，高 4.3m。

为减少海上作业时间，钢箱梁采用大节段制造方案，单幅标准大节段最大外形尺寸为 110m×20m×4.3m，最大吊装质量 1367t。西泄洪区引桥标准钢箱梁断面如图 1 所示。

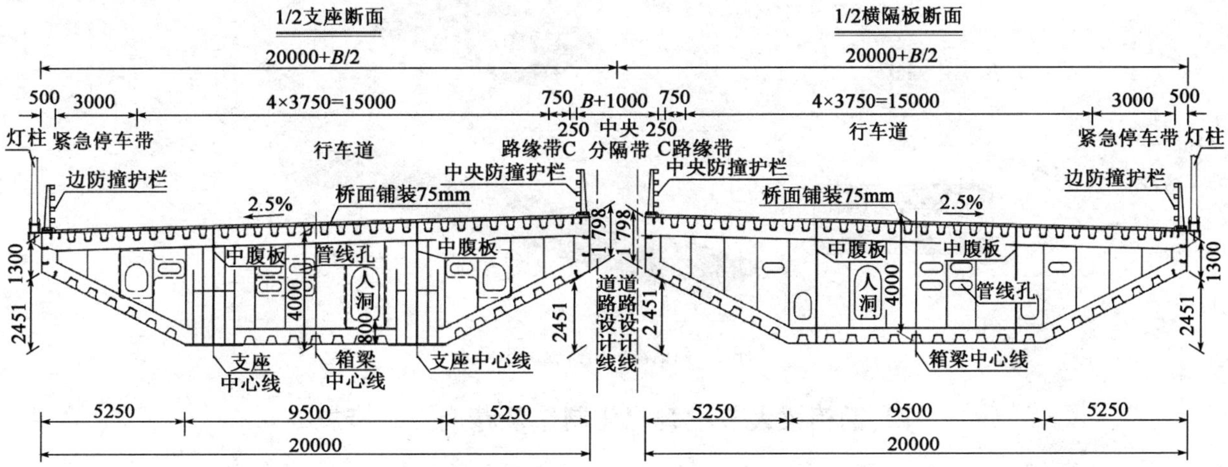

图 1　西泄洪区引桥钢箱梁断面(尺寸单位：mm)

二、制造特点及难点

1. 钢箱梁智能化制造应用

本项目要求进行钢箱梁制造数字化、智能化的应用探索，智能制造在钢箱梁制造领域尚处于起步阶段，如何加快钢箱梁生产与信息化融合，推进实现钢箱梁生产线智能化和管理网络化的新模式是一个难题。

2. 钢箱梁大节段制造精度控制

深中通道西泄洪区引桥采用大节段钢箱梁整体吊装，标准大节段长110m，高4.3m，宽20m，具有长高比大、断面尺寸大、焊接工作量多等特点，并且受起吊、运输等因素影响，大节段制作需进行异地复位焊接工作，其整体几何精度控制有一定的难度。

3. 无码组焊工艺

深中通道西泄洪引桥钢箱梁标准大节段由4～6个制造分段组焊而成，标准制造分段外形尺寸为20m×20m×4.3m，由50余块板单元焊接而成，为有效进行钢箱梁制造全过程质量及外观控制，如何实现多种类型板单元及大节段制造的无码、少码组焊工艺是一个难题。

三、箱梁总体工艺方案概述

根据桥位施工条件和节段运输方案，从有利于环境保护、质量控制和缩短桥位施工周期及降低成本等因素考虑，确定了在厂内制作板单元、厂内总拼制造分段（同步预拼）、总拼基地复位焊接大节段的总体施工方案。

西泄洪区引桥施工流程如图2所示。

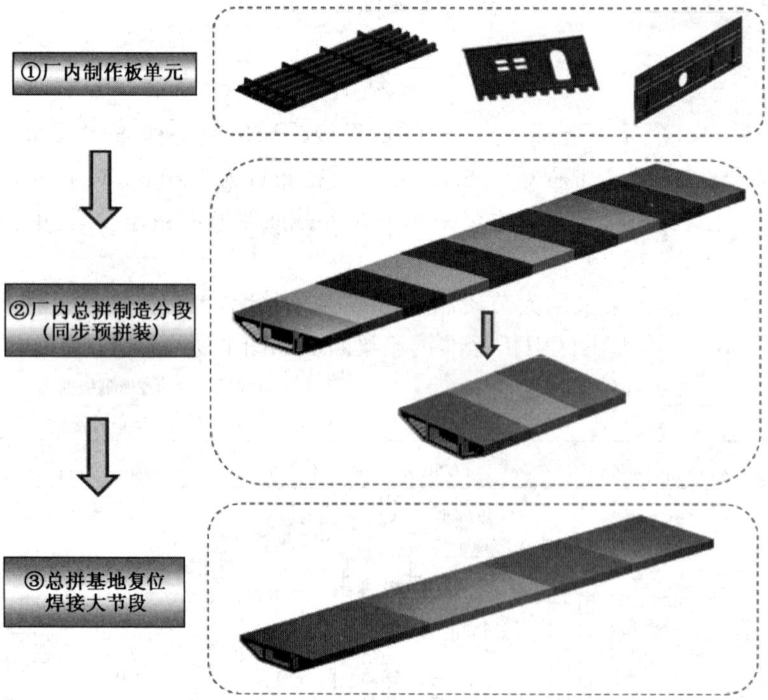

图2　西泄洪区引桥施工流程

四、钢箱梁大节段智能化制造及精度控制措施

从零件到大节段的全过程制造精度是钢箱梁大节段精度控制的关键，为确保其制作质量及几何精

度，从零件切割开始不断探索智能化制造方案，研发智能化生产线，实现了无码组焊、自动化组焊等多种工艺措施，并且设计专用总拼胎架，实现大节段总拼和预拼装同步，有效保证了大节段几何尺寸和预拼装精度。

1. 厂内板单元智能化制造

1）零件下料

将等离子/火焰数控切割机开放DNC接口与网络连接，联通套料软件、自动报工系统、二维码系统，形成板材智能切割生产线。实现数控设备与BIM系统数据交互、自动接收产品加工信息和自动离线切割等功能，提高了施工效率（图3）。

2）顶板单元制作

针对板单元制造理念及结构特点，设计板单元智能化生产线，实现从零件划线、打磨、组焊、矫正、流转等环节的智能化制造和无码组焊。

顶板单元使用一体化组焊设备实现U肋无码组装及自动化内焊（图4），使用U肋船位埋弧焊进行外焊从而实现U肋与顶板焊缝全熔透，U肋外焊采用“门式多电极焊接专机＋液压反变形胎架”完成，通过液压反变形胎架控制焊接变形（图5）；使用接板机器人实现智能化焊接（图6），提高了施工效率，保证了顶板单元制作质量，效果良好。

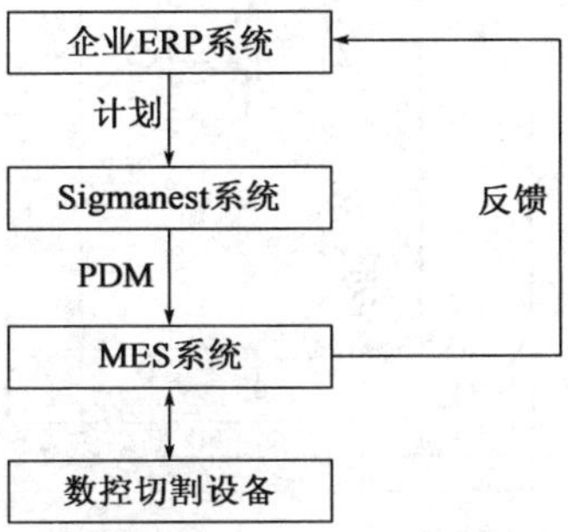

图3 智能切割生产线工艺程序

图4 U肋无码组装及自动化内焊

图5 U肋外焊及反变形控制

图6 接板机器人焊接

3）底板单元制作

底板单元使用U肋自动打磨机、面板自动打磨机完成U肋和面板除锈，使用U肋组装机完成U肋的自动化无码组装（图7），使用“龙门式焊接专机＋液压反变形胎架”完成板单元的焊接（图8），通过液压反变形胎架控制焊接变形，有效提高了底板单元制作质量。

图7 U肋自动化无码组装

图8 U肋焊接及反变形控制

4)横隔板制作

隔板单元使用横隔板焊接机器人实现了智能化焊接(图9),设计卡兰丝杠,将隔板定位后周圈使用卡兰固定(图10),有效较少了焊后周圈翘曲变形。

图9 隔板机器人焊接

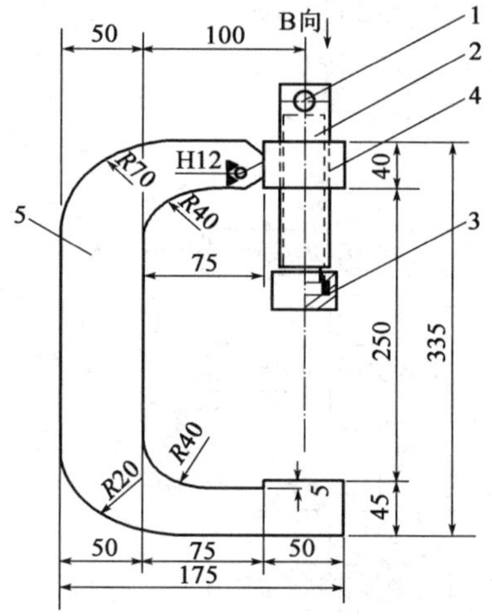

图10 隔板单元固定工装

5)腹板制作

腹板单元加劲肋数量较多,采用无码组焊(图11)的方案,减少了对母材的损伤并提高了效率。

2. 厂内总拼制造分段(同步预拼)

大节段的几何精度及线型是钢箱梁制造的关键控制点之一,针对其结构特征设计钢架式专用总拼胎架2组(图12),胎架总长145m,宽22m,高3.7m,可一次总拼6个制造分段;制造分段采用总拼与预拼装同步进行,按设计要求每轮预拼装后保留1个复位段参与下轮预拼装,提高了预拼装精度。

图11 腹板单元加劲肋无码组焊

图12 钢箱梁专用总拼胎架

以钢箱梁的底板和斜底板外轮廓为基准，确定胎架截面形状，在胎架上设置横向预拱度，斜底板预设横向收缩量和竖向反弹量，有效抵消了节段解马后箱梁横向变形。

钢箱梁制造分段总拼过程中，采用底板单元三拼整体制作方案（图 13），提前释放底板焊接产生的内应力，减少底板与胎架的马固，避免损伤母材并提高了效率；三拼胎架设置横向拱度，板单元焊接前采用卡兰固定，可有效控制焊后反弹变形。

研发隔板组焊专用无损工装，实现隔板无码组焊（图 14），减少损伤母材并提高施工效率，同时提升了隔板焊接的安全性和制作质量。

图 13 三拼底板单元制作

图 14 隔板无码组焊

3. 总拼基地大节段复位焊接

根据施工部署，钢箱梁大节段由 4 ~ 6 个制造分段（17 ~ 30m）组成，制造分段总拼（同步预拼）在厂内专用胎架上完成，运输至总拼基地后进行大节段焊接工作，为确保大节段制作精度及几何线形，制定了“制造分段定位→制造分段匹配→大节段焊接”的制作方案，使用三向数控液压千斤顶精确调整制造分段姿态（图 15），研发了新式钢箱梁匹配用滑移调整装置（图 16），建立高程控制网和纵横向测量基准网结合的立体监测网（图 17、图 18），确保了大节段制作的几何精度。

图 15 三向数控液压千斤顶精确调梁

图 16 新式滑移调整装置

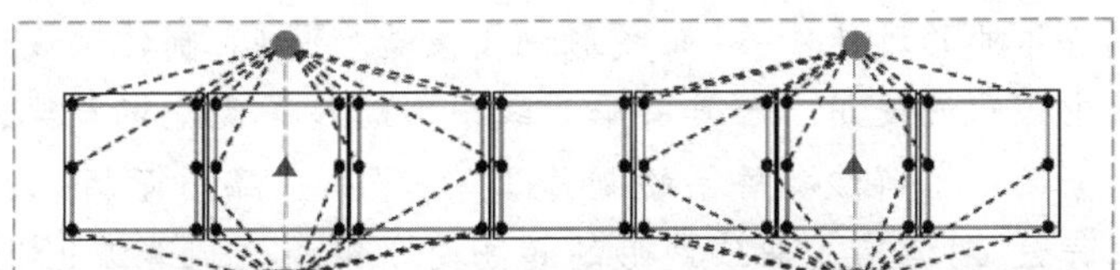

图 17 高程控制网

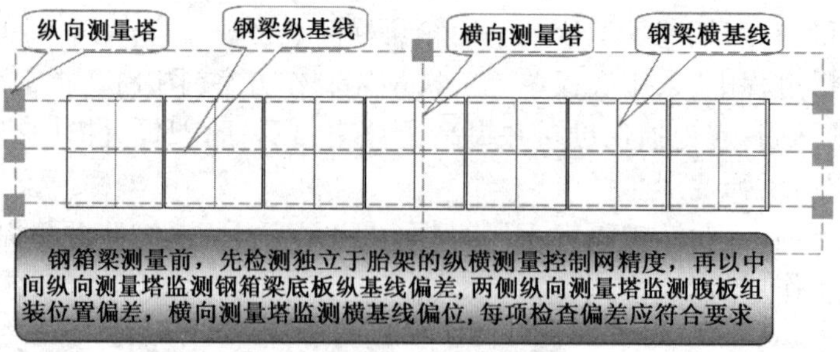

图18　纵横向测量基准网

五、取得效果

通过多项措施的实施，有效保证了钢箱梁大节段的制造质量，其各主要项点的检测结果均满足标准要求，特别推动了钢箱梁制造的智能化发展，表明钢箱梁总体制造方案合理可行，施工质量、几何精度及线形等控制措施得当。

六、结　　语

针对钢箱梁大节段的特点及难点，制定了科学合理的施工方案：研发了钢箱梁板单元智能化制作技术及无码组焊技术，进一步探索了智能化制造在钢箱梁领域的发展方向，推动了行业技术进步；解决了钢箱梁大节段异地接长工况下的精度控制难题，有效保证了钢箱梁的成桥线形。这些成果的应用，确保了这一世界级跨海通道工程的顺利进行，为以后类似桥梁的建造积累了经验。

参考文献

[1] 李宗民，李军平. 港珠澳大桥组合梁之钢主梁焊接变形及几何精度控制技术[J]. 钢结构，2015，30(1)：65-68.

[2] 中华人民共和国交通运输部. 公路桥涵施工技术规范：JTG/T 3650—2020[S]. 北京：人民交通出版社股份有限公司，2020.

29. 深中通道浅滩区非通航孔桥曲线超高变宽钢箱梁制造工艺方法研究

刘　昊[1]　孙悦楠[2]　金文良[2]
(1. 中铁山桥集团有限公司；2. 深中通道管理中心)

摘　要　随着国内钢桥事业的迅速发展，曲线形钢箱梁造型美观、制作架设速度快、对地域的适应性强等优点使其在公路桥梁中被广泛使用。而具有平曲线线形的超高变宽钢箱梁结构复杂，工厂制作以及拼装难度较大。为了更加全面地了解该类桥梁的制作工艺，提高产品质量，本文以深圳至中山跨江通道浅滩区非通航孔桥为工程背景，对具有平曲线线形的超高变宽钢箱梁制造工艺及质量控制方法进行了系统研究与论述。首先，对深中通道浅滩区非通航孔桥的结构形式进行介绍；然后，根据该类桥型的制造特点和难点，采取相应的解决方案，应用长线法进行钢箱梁拼装和预拼装，有效地解决了具有平曲线线形的超高变宽钢箱梁在厂内制作及拼装过程中的各项技术难题，为今后类似工程积累了经验。

关键词　曲线形钢箱梁　制造工艺　节段拼装

一、工 程 概 况

深圳至中山跨江通道工程是连接珠江口东、西两岸深圳和中山两市的一条跨越珠江口内伶仃洋的通道,项目全长约24.03km,跨海段长22.39km,钢结构桥梁合计27.99万t,包括伶仃洋大桥东泄洪区24m×110m钢梁、主跨1666m伶仃洋大桥主桥、伶仃洋大桥西泄洪区22m×110m钢梁、主跨580m中山大桥主桥、9m×110m引桥以及23m×60m浅滩区非通航孔桥和万顷沙互通立交匝道桥等,是世界级集"桥梁、隧道、人工岛和水下互通"于一体的超大型跨海集群工程。

浅滩区60m非通航孔桥采用连续梁体系,与匝道桥相接的为变宽连续钢箱梁,共5联23跨。浅滩区60m非通航孔桥位于纵坡0.52%直线+R=50000m凹形竖曲线上,变宽钢箱连续梁具体为:左幅第五联位于纵坡0.52%直线上,右幅第六联位于纵坡0.52%直线+R=50000m凹形竖曲线上;左幅第七联与右幅第八联位于R=50000m凹形竖曲线上。

主梁采用变截面钢箱连续梁,桥面变宽通过调整中箱宽度来实现,保持挑臂及边箱尺寸不变;左幅第五联钢箱梁梁宽24.000~33.895m,左幅第七联钢箱梁梁宽20.096~30.668m;右幅第六联钢箱梁梁宽23.995~32.142m,右幅第八联钢箱梁梁宽24.000~33.321m。顶板采用正交异性板,桥面横坡2.5%,通过顶板倾斜形成,超高及曲线段顶板绕线路设计线旋转,底板水平,距线路中心线10.250m处主梁高3.500m保持不变,中腹板采用直腹板,边腹板采用斜腹板,斜率为1.6:1。跟匝道相接区域桥面横坡逐步过渡到与匝道一致。

浅滩区60m非通航孔桥钢箱梁小节段直观图如图1所示。

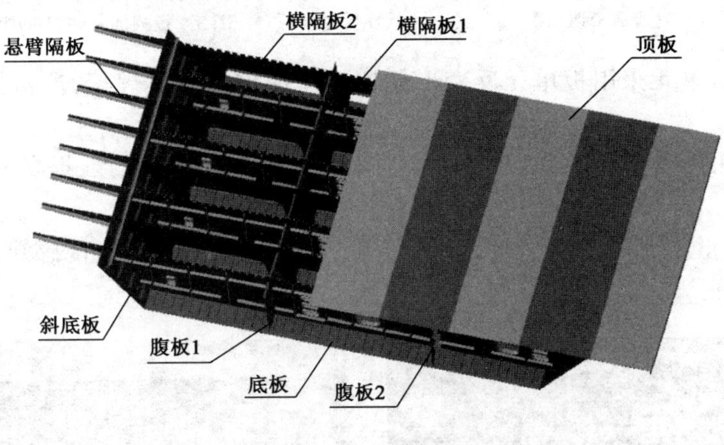

图1　浅滩区非通航孔桥钢箱梁小节段直观图

二、制 作 难 点

由于同时具有竖曲线和平曲线,曲线形钢箱梁的桥梁中线为空间三维曲线[1-2],在实际生产及组装过程中会遇到如下困难:

(1)由于桥梁纵坡及箱体变宽,曲线段内板单元横隔板外形需精确放样才可确认;

(2)变截面、小半径曲线钢箱梁拼装精度要求极高,要在专用胎架上采用长线法进行拼装和预拼装,通过牙板高程控制,实现竖向和水平线形[3]。

三、板单元制造关键工艺

板单元制造按照"钢板赶平及预处理→数控精切(三面铣削)下料(含加工坡口)→零件加工→自动组装机床+焊接专机→板单元数控矫正"的顺序进行,其关键工艺如下:

(1)预处理:钢板采用预处理自动生产线进行赶平、抛丸、喷漆、烘干。

(2)下料:面板坡口采用三面铣边机加工,改变传统热切割的加工方式。切割下料的零件采用世界顶级的套料软件 SigmaNEST(西格玛软件)实现3D模型数据与加工数据准确协同,满足项目加工质量与效率要求。板件采用空气等离子及火焰数控切割机(图2)下料,切割设备同时完成自动划线和标识喷写。

(3)板单元组装:板式加劲肋、T肋板单元采用自动组装定位焊机床(图3)组装,采用液压自动夹持定位、压紧功能的定位系统,加劲肋的直线度及与面板的垂直度能够控制在1mm以内,机床配有6套自动组装、定位机头,可以一次完成6条板式加劲肋的组装定位,定位焊质量稳定、可靠。机床还具备焊缝区域自动打磨、除尘功能,使作业效率和生产环境得到很大改善。

图2 高精度空气等离子切割机

图3 板式加劲肋、T肋组装定位机床

(4)板单元焊接:板单元采用板单元反变形船位气体保护焊专机焊接,严格按照"焊接工艺规程"施焊。

(5)横隔板焊接:采用横隔板焊接机器人系统(图4)实现自动包角焊接,提高了焊接质量的稳定性和生产效率。

(6)板单元数控矫正:采用专用数控矫正机床(图5),通过图像识别,智能感知,检测板单元焊后平整度,进行自动化机械矫正。

图4 隔板自动化焊接设备

图5 板单元数控矫正机床

(7)自由边棱角打磨:板单元焊接后,采用自动倒棱设备对自由边棱角进行打磨,解决以往人工砂轮打磨效率低、质量差的问题。

(8)信息化管理:使用先进的信息化管理系统,实现焊接参数实时采集、存储和施焊过程用计算机远程监控,焊接质量更有保证。

四、钢箱梁整体节段组拼

为方便厂内转运和涂装作业,将大节段分成若干个小节段制作,小节段拼装在钢箱梁小节段拼装胎架上完成。为提高梁段间的匹配精度、制造线形精度、减少大节段拼装环缝工作,加快工期进度,采用胎上小节段组分段方式,即在胎架上进行两个或三个小节段焊接环缝组成分段。

主要拼装工艺流程及控制要点:

(1)组焊底板单元。

横向定位以标志塔上的标志线为基准,从每轮次的基准节段开始,将中心底板单元置于胎架上,使其纵基线(或从纵基线返固定距离的纵向定位基准线)与标志塔上的定位线精确对齐定位。然后按梁段间底板纵向定位间距,以及横向定位基准线,依次完成中心线上全部底板单元的定位,如图6所示。

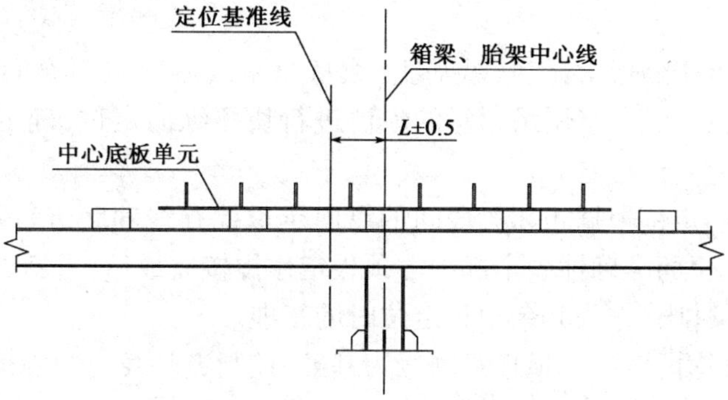

图6 中心底板单元横向定位(尺寸单位:mm)

桥梁中心处底板单元定位检验合格后,依次对称组焊两侧平底板板块。横向定位以中心底板单元上的桥梁中心线为基准,控制桥梁中心线与外底板单元纵基线间距,预留焊接收缩量;纵向定位以中心底板单元横基线为基准,控制相邻小节段纵向间距和端口板边直线度及与桥梁中心线垂直度,如图7所示。

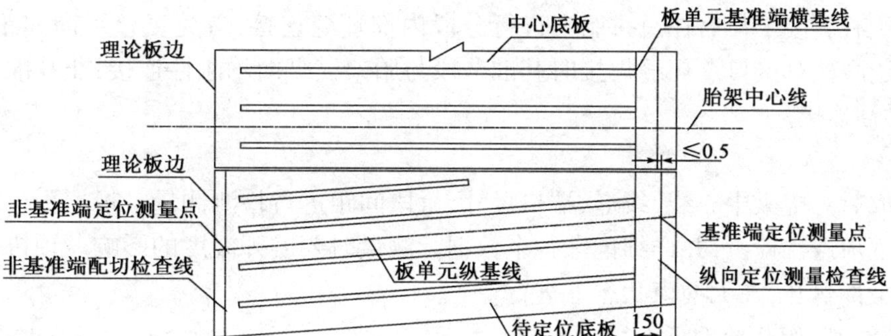

图7 两侧底板单元纵向定位(尺寸单位:mm)

(2)组焊横隔板、中腹板、横肋单元。

按划好的组装位置线,从基准端开始依次组装横隔板(横肋)单元。首先组装腹板加劲肋侧横隔板及横肋板,然后组装中腹板,最后组装中腹板无加劲肋侧横隔及横肋。组装中腹板前,要检查中心隔板位置的中腹板间距,不能随意切割中心隔板。

定位横隔板(横肋)时着重控制横隔板(横肋)直线度、纵向间距、横隔板(横肋)与底板的垂直度、上缘高程符合横向坡度要求。横隔板组装合格后,用组装拉杆固定。先焊接横隔板(横肋)与底板的焊缝,再焊接各处立位对接焊缝。横隔板(横肋)与底板焊接时按照由中心向两侧、由下向上的焊接顺序依次施焊,以便有效地控制焊接变形和减小焊接残余应力。

在每个支墩处的梁段设有支座加劲构造,此时需首先确定支座中心线,然后以支座中心线为基准向外依次组装支座加劲构造和支座处横隔板。

中腹板组装定位应在箱口底板修平之后进行以保证中腹板的高度，总拼定位中腹板时横向定位以桥中线为基准，控制中腹板组装基线（板厚中心线及板厚边缘线）与桥中线的距离；纵向以端口横基线为基准，保证中腹板横基线与端口横基线的偏差控制在±1mm内，过程中使用水准仪控制腹板上边缘高程，检查合格后对称施焊。

（3）组焊斜腹板单元。

斜腹板单元的定位横向以横隔板（横肋）为内胎，沿斜腹板斜向预留2.5mm焊接收缩量；纵向以小节段端口横基线为基准，同时考虑线形倾斜量影响。检查合格后完成斜腹板与平底板间对接焊缝。

（4）组焊顶板单元、悬臂块体。

以靠近线路中心线侧中腹板位置顶板为中心顶板，首先组装中心顶板，然后对称向两侧组装的顺序组焊顶板单元。

首先将中心顶板单元置于隔板上，使其纵基线（或从纵基线返固定距离的纵向定位基准线）与标志塔上的定位线精确对齐定位。纵向采用吊铅垂的方法进行块体纵向定位，确定顶、底板单元端口的相对位置。

其余梁段中心顶板纵向定位根据相邻梁段间的纵向定位检查线间距进行定位，并复核顶、底板单元的端口垂直度，检验纵向定位的准确性。全部中心顶板定位焊接完成后，重新放顶板端口的检查线，用经纬仪确保直线度，并打好样冲眼，作为其余顶板定位时的基准。

其余顶板单元定位时，横向以中心顶板纵基线为基准，控制纵基线与中心顶板单元纵基线间距，纵向定位以中心顶板横基线为基准，控制板单元横基线与中心顶板单元横基线重合，并复核顶、底板单元的端口垂直度，检验纵向定位的准确性。

悬臂块体定位方式与其余顶板单元相同，需要重点控制箱梁整体宽度、横向坡度、悬臂腹板位置顶板高度。

（5）小节段组分段环缝、嵌补段焊接。

各梁段完成所有焊接工作后在总拼胎上进行分段内部环缝连接，首先复核纵向间距满足公差要求，然后修平顶、底板、腹板对接口。环缝焊接时基准节段与胎架横纵向均刚性连接，非基准节段与胎架横向刚性连接，纵向柔性连接。

（6）预拼装。

分段拼接完成后对桥梁中心线、线形、端口尺寸、梁段间距进行检测测量。根据预拼装检测记录表中规定的测量项目逐项进行检测，并详细记录各个数据。测量时要避开温度的影响。预拼装时应将底板与胎架连接的码板全部解开，在无约束状态下进行。

（7）分段环缝配切、组焊临时匹配件。

完成预拼装和线形检测后，测量梁段间基线纵距，确定梁段配切量，划环缝配切检查线完成环缝配切和完成组焊临时连接件。对于两轮衔接的匹配梁段的配切量，待大节段整体组装时，将与大节段连接的小节段转运、调整到位后（桥梁中心线和线形高程均符合验收规范的要求），完成以上相邻梁段测量数据、环缝配切、临时连接件安装。考虑到整体组装时大节段间预留工艺间隙，临时匹配件组装时应该添加相应厚度的工艺板，用冲钉定位并用临时螺栓栓接，确保临时连接件钉孔的重合率。

（8）分段安装附属设施、解体下胎。

根据桥梁中心线和环口检查线等对附属设施定位安装。完成以上步骤并标识好梁段基准方向等信息后，方可分段解体下胎，采用运梁模块车转运分段至存梁场地的支墩上，对分段钢箱梁进行整体外观的打磨和修补。外观报验合格后，进行钢箱梁的涂装，喷涂钢箱梁的标识。并完成嵌补段等单发件涂装、标识，转运至相应分段完成后续大节段拼装工作。

钢箱梁小节段拼装流程图如图8所示。

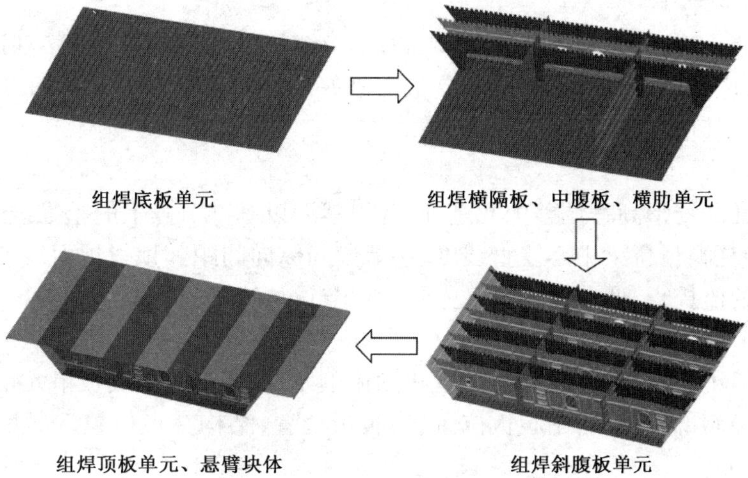

图8　钢箱梁小节段拼装流程图

五、大节段拼装

浅滩区非通航孔桥分段在其拼装胎架上完成拼装出胎涂装后，转至大节段拼装厂房，在大节段拼接专用胎型上完成大节段拼接。

主要拼装工艺流程及控制要点：

(1)准备工作。

预先在大节段拼装场地进行桥中线和各小节段支墩点位放样。支墩必须布置在有横隔板或横肋截面，横向布置在中腹板或斜腹板位置(图9)。各支墩顶面高程按拼装线形设置，须符合线形公差要求。并准备足够数量的调梁支墩(图10)和千斤顶(图11)，各种支墩及支撑位置地面应满足承载力要求，千斤顶在使用前应检查无误满足使用要求。

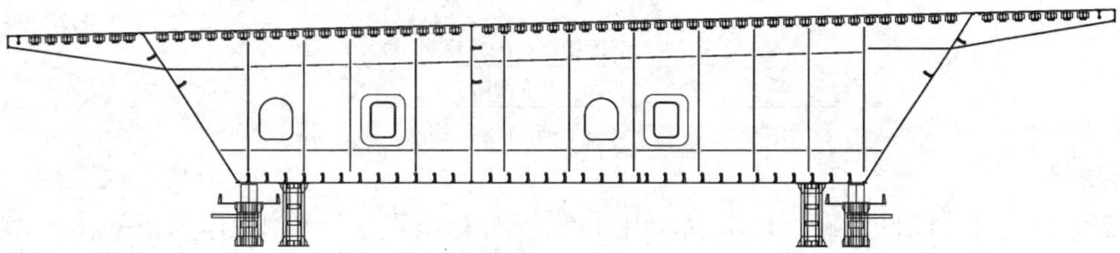

图9　小节段千斤顶支墩及梁段支撑支墩横向布置图

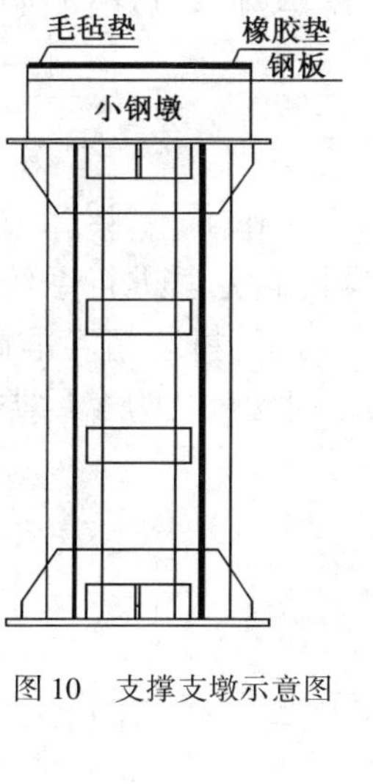

图10　支撑支墩示意图

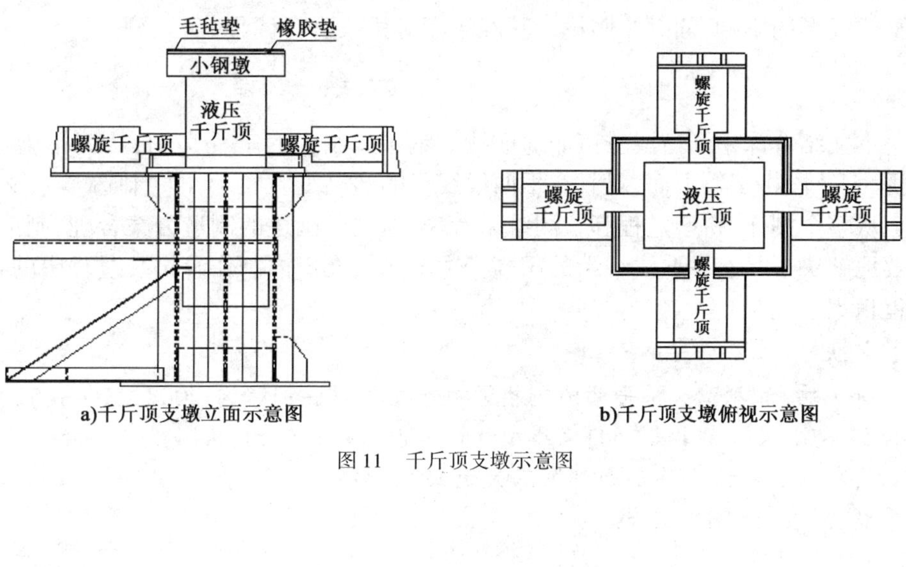

图11　千斤顶支墩示意图

(2)梁段运输。

运输小节段或者分段时,首先检查节段编号和方向,确认无误后按拼装顺序利用平板运输车将基准节段运至指定位置,就位时按照提前在梁段和支墩上画好的线对位下落。基准段就位后,按拼装顺序依次向两侧开始对称拼接其他小节段。

(3)梁段调整。

首先按照地样基准和线形高程调整中间基准节段,然后以基准节段上的基准线为基准对称调整相邻小节段,调整过程应反复测量桥梁中心线直线度、小节段间纵向间距和顶板顶面线形高程,调整全程使用全站仪监测小节段上的监控点,使分段位置最大限度拟合设计线形。

(4)环缝施工。

钢箱梁节段间环缝组装前,必须先调平环缝两侧板单元,保证焊缝两侧板单元错边量满足工艺要求。环缝调平时面板重点控制部位包括:中腹板位置、边腹板位置、结构交点位置。尽量减少马板的使用量,马板间距平均不小于1m。

(5)支座间距控制。

大节段拼装过程中要对支座间距进行监控、测量、统计。用吊线锤的方法将支座中心垂到地面上,架设全站仪和棱镜,测量水平距离,并根据图12的方法计算的得出支座间距离。

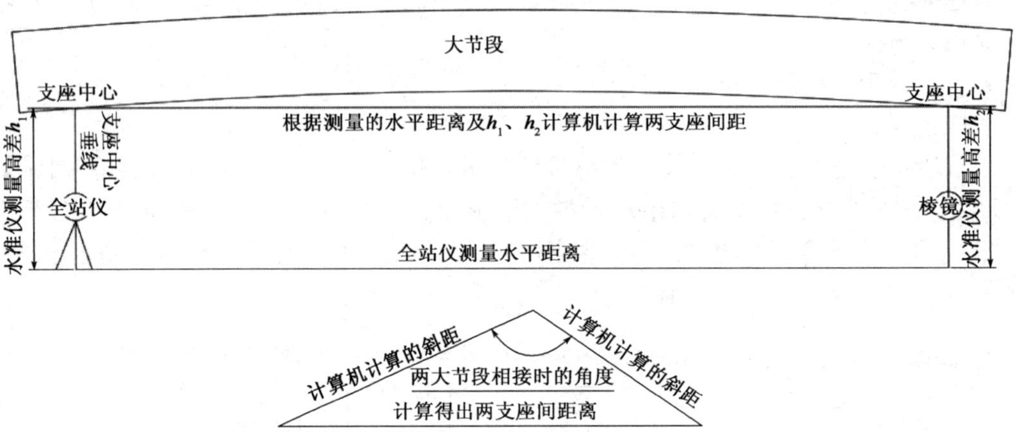

图12　支座间距计算方法

(6)线形测量。

环缝焊接完毕后对节段间纵距、线形、桥梁中心线等所有项点进行检测,作为下一个大节段拼装过程中节段调整时的参考依据。在线形测量前应对支撑进行一次全面检查,如有松动应采用塞钢板的方式处理,处理完毕后在进行测量,因大节段拼装在厂房内进行,高程测量可选择温度较恒定时进行,减弱温度对整体线形的影响,同时按照设计基准温度对梁长进行调整。

六、结　　语

本文结合深中通道浅滩区非通航孔桥钢箱梁制作的工程实例,从钢箱梁板单元制作工艺、整体节段组拼、大节段拼装等方面,对具有平曲线线形的超高变宽钢箱梁的制造工艺及质量控制方法进行系统研究。从整个制作、拼装过程和检测结果看来,本文所阐述的制造方案合理,制造工艺可行,拼装精度准确,有效地解决了具有平曲线线形的超高变宽钢箱梁在厂内制作及拼装过程中的各项技术难题,为今后类似工程积累了经验。

参考文献

[1]　邵天吉.深圳湾大桥平曲线钢箱梁制作技术[J].钢结构,2008,23(4):52-56.

[2]　郭志刚.平曲线钢箱梁拼装线型放样工艺[J].钢结构,2014,29(4):50-53.

[3]　邢扬,杨翠屏.大连市南部滨海大道西延伸线工程曲线形钢箱梁分段分块制作工艺研究[J].钢结构,2018,14(6):42-49.

30. 深中通道曲线匝道桥参数化提料技术方法研究

范传斌[1] 王 恒[2] 张颖雯[1]
(1. 深中通道管理中心;2. 中铁山桥集团有限公司)

摘 要 建设资源节约型、环境友好型社会是基于我国国情下的一项长期战略任务,以钢材替代木材和水资源、以钢结构替代砖块和水泥的节约型、环保型建筑则备受青睐。为了加深对钢结构原料钢材提料技术的了解,提高工作效率,提升数据文件准确度,本文以深中通道B匝道桥钢材提料为工程背景,对钢结构钢材参数化提料技术方法进行了系统的对比分析与论述。通过对钢结构参数化建模、制作模板和脚本文件导出提料数据等方面进行分析研究,提出钢结构钢材参数化提料技术方法;通过对比分析传统提料方法,验证了本文所提出的钢结构钢材参数化提料技术方法能使工作效率更高,数据文件准确度更高,可为今后类似工程的制作提供重要参考。

关键词 深中通道 参数化提料 CATIA 匝道桥

一、工 程 概 况

深圳至中山跨江通道工程是连接珠江口东、西两岸深圳和中山两市的一条跨越珠江口内伶仃洋的通道,直接连接深圳经济特区与中山市。东接机荷高速公路,跨越珠江口,西至中山马鞍岛,与规划的中开、东部外环高速公路对接,实现在深圳、中山及广州南沙登陆,项目全长约24.03km,其中跨海段长22.39km,钢结构桥梁合计27.99万t,将深圳经济特区与中山市、江门市紧密连接在一起,使粤港澳大湾区的交通网络更加发达。其中,钢结构桥梁包括伶仃洋大桥东泄洪区24m×110m钢梁、主跨1666m伶仃洋大桥主桥、伶仃洋大桥西泄洪区22m×110m钢梁、主跨580m中山大桥主桥、9m×110m引桥以及(18m+5m)×60m浅滩区非通航孔桥和万顷沙互通立交匝道桥等,是世界级集"桥梁、隧道、人工岛和水下互通"于一体的超大型跨海集群工程。

其中,万顷沙互通立交B匝道桥,采用4×42.5m+42.292m=212.292五跨连续变宽钢箱连续梁。桥梁位于纵坡-1.015%/-2.5%直线和R8000m的凸曲线上;平面位于半径R60m的小半径圆弧上;桥面横坡设超高,分为6%横坡不变段和从6%变化到2.5%横坡变化段;桥面变宽则是通过保持挑臂长度不变,调整箱室宽度来实现的。万顷沙互通立交B匝道桥效果图如图1所示。

图1 万顷沙互通立交B匝道桥效果图

万顷沙互通立交B匝道桥,顶面宽度为8.5~10.17m,挑臂长度为2.5m,曲线内侧腹板高度为2.016m。钢箱梁由顶板、底板、腹板、隔板、挑臂等板单元组成,钢箱梁节段直观图如图2所示。

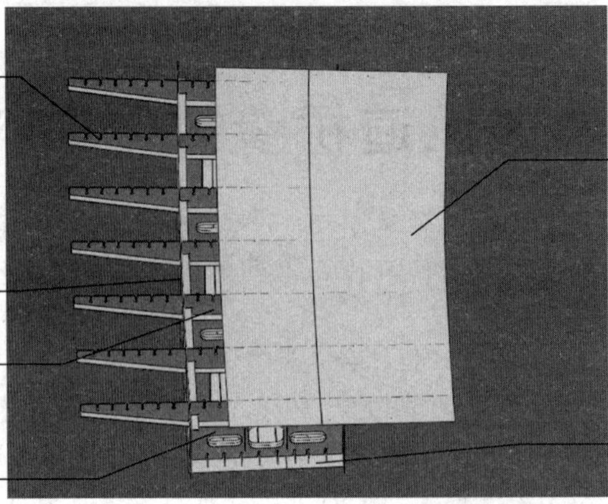

图 2　万顷沙互通立交 B 匝道桥钢箱梁节段直观图

二、提 料 难 点

1. 万顷沙互通立交 B 匝道桥结构特点

万顷沙互通立交 B 匝道桥,顶板为正交异性板,横隔板均与线路中心线垂直,沿径向设置。本桥同时具有平曲线和纵曲线,平曲线圆弧半径较小,不能采用以直代曲,曲线形钢箱梁的桥梁中线为空间三维曲线。顶底板为异形件。本桥通过保持挑臂长度不变,调整箱室的宽度,以达到桥面变宽;通过保持曲线内侧腹板高度不变,调整外侧腹板高度,以达到横坡超高变化,使得不同里程处的隔板形状各异,曲线外侧腹板高度也随之变化;B 匝道桥设置两道直腹板,腹板受平曲线、纵曲线,预拱、横坡等多个因素影响,扭曲较大,外形较为复杂。

2. 万顷沙互通立交 B 匝道桥传统提料技术方法的应用

传统提料技术方法是通过 CAD 建模实现的。传统的 CAD 建模是一种面向过程的建模方式,用户按照一定的逻辑顺序依次添加图元,最终形成整个模型[1],当参数改变时,则要一步一步还原进行修改,以得到特定的板单元,例如对万顷沙互通立交 B 匝道桥进行提料,则是按照不同类别板单元,进行放样,逐步提料:对隔板单元提料,根据设计给定参数,保持底板水平,曲线内侧腹板高度 2.016m 不变,通过改变箱室宽度,以及横坡大小,对隔板逐个进行放样,得到形状不一的隔板,再定位加劲肋及管线孔等,得到不同规格的零件。对顶、底板单元提料,则要根据平曲线,进行放样,以道路中心线和隔板定位为基准,参考隔板与顶底板各控制点参数,得到顶底板放样,再定位并绘制板肋,得到顶、底板单元提料数据。对腹板单元提料时,则要将平曲线、纵曲线、预拱等因素叠加,由于 B 匝道桥平曲线圆弧半径较小,不做以直代曲,导致腹板更加复杂,传统放样需要更加精确。下文以隔板为例,对传统提料方法进行具体分析。

万顷沙互通立交 B 匝道桥,全桥约 1000 个异形件,隔板异形件约 850 个,隔板工作量占全桥 85% 左右,标准横隔板断面如图 3 所示,标准横肋板断面如图 4 所示。

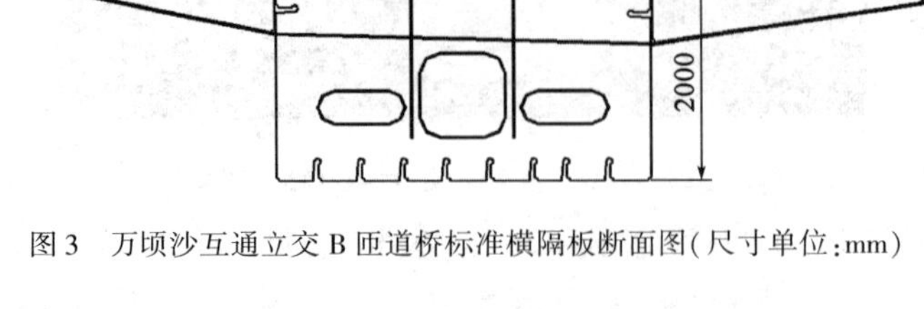

图 3　万顷沙互通立交 B 匝道桥标准横隔板断面图(尺寸单位:mm)

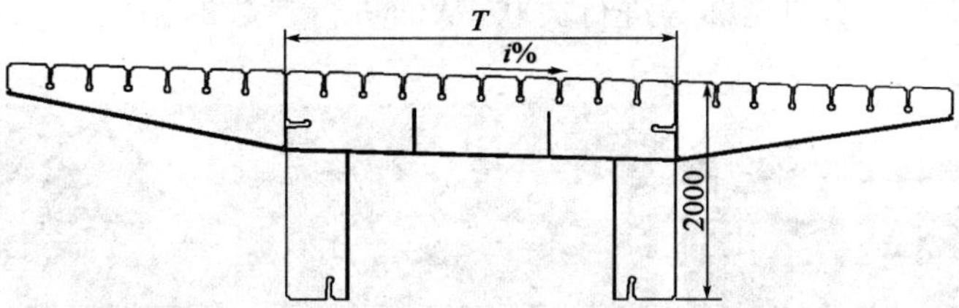

图4　万顷沙互通立交B匝道桥标准横肋板(尺寸单位:mm)

全桥横隔板、横肋板共计137道,保持曲线内侧腹板高度不变,通过调整主要数据 i 值和 T 值,得到相应的放样。

3. 万顷沙互通立交B匝道桥应用传统提料技术的难点

基于B匝道的结构特点,对于曲线较为复杂,其中变化要素较多的钢结构桥梁,传统提料技术方法,使得重复性工作较多,效率不高,异形件数量极多,放样工程巨大。例如,就隔板单元而言,只要参数表中,箱室宽度发生改变,横坡改变,就要对隔板放样进行修改,进而修改隔板单元内其他零件的规格;并且在顶板单元提料中需要加入平曲线要素,在腹板提料时,需要再次叠加平曲线要素,就会出现同一要素重复性工作,导致提料工作量增加。该桥不仅兼具平曲线和纵曲线,桥面变宽,也存在桥面横坡变化段,腹板放样叠加因素较多,同时腹板还为三维空间曲面,传统放样难度较大。在后续核验放样过程中,则需要通过不断转换空间坐标系,根据各板单元间的角度关系进行定位,完成装配,操作过程比较复杂,结果不够直观。

三、参数化提料技术

空间复杂曲面结构的建模十分烦琐[2-3]。CATIA拥有强大的参数化设计功能,能够在钢结构桥梁中实现数据的相互引用,传递以及数据联动。可利用其“骨架+模板”的三维建模方法,对万顷沙互通立交B匝道桥,进行模型的建立。

1. 骨架的创建

“骨架”在结构中,有着中心枢纽的关键作用,既限定了各构件之间的相对位置,同时各构件,也要将骨架作为建模的共同依据,省去了相同因素因构件不同而产生的重复性工作。先将各参数录入资源表,以便后期调用。将B匝道桥的平曲线、纵曲线、拱度等数据叠加,得到道路中心线,以道路中心线作为模型的骨架,骨架模型如图5~图7所示。

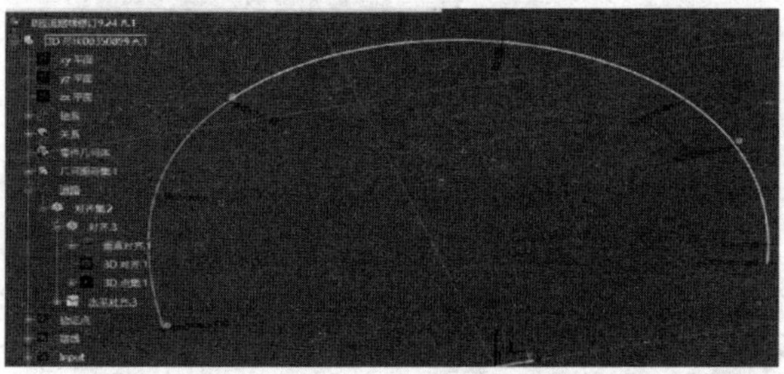

图5　万顷沙互通立交B匝道桥平曲线

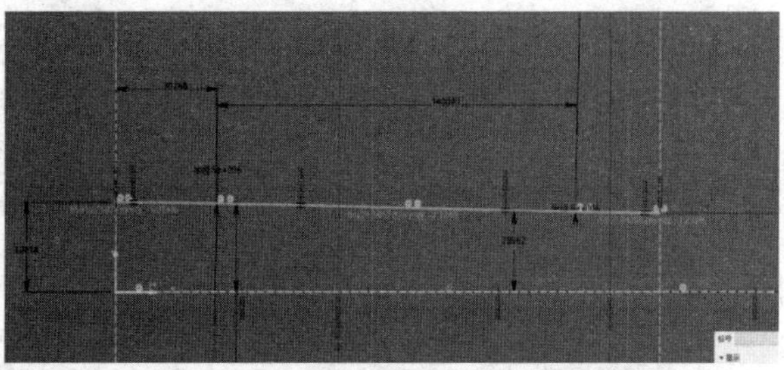

图6　万顷沙互通立交B匝道桥竖曲线

在对应的里程处定位隔板,并径向布置,即在相应里程处取曲线点的法面,如图8所示。然后根据资源表内的参数,在法面上进行点的移动得到其余的控制点。拟合得到顶板、底板、腹板各控制点后,以点成线,以线成面,进行线形和曲面的拟合,得到定位所需的点、线、面等基本元素,通过添加约束关系,就能将各个构件便捷精准定位,快速建模,如图9所示。

有了骨架,就相当于有了钢箱梁的总体布置,明确了主要构件的相对位置关系,这样后期对各部分进行建模时,就不必在考虑其他构件对其的影响。在基础模型设计过程中,充分利用 $f(x)$ 公式编辑器,通过尺寸公式编辑将模型参数与草图轮廓等进行关联，从而进行参数的创建[4]。

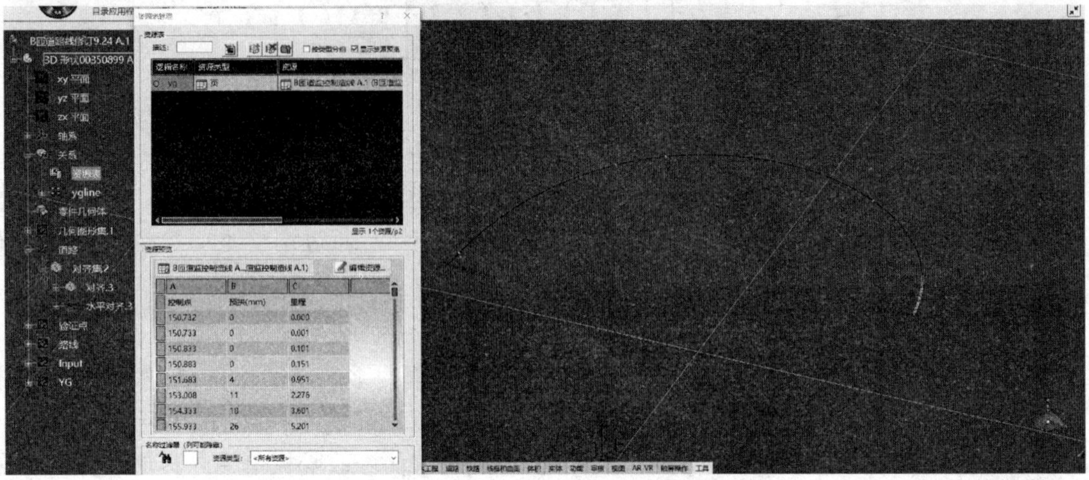

图 7　万顷沙互通立交 B 匝道桥骨架模型

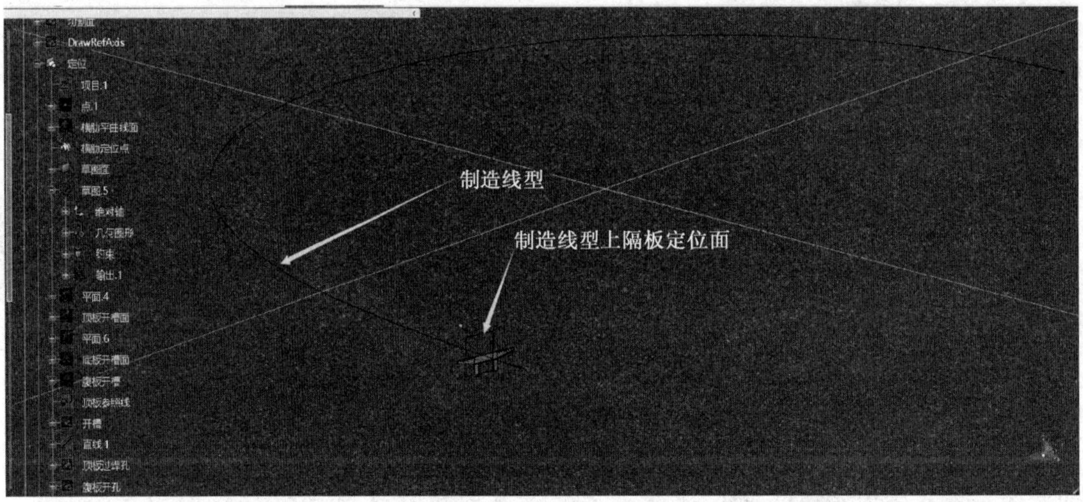

图 8　万顷沙互通立交 B 匝道桥隔板定位

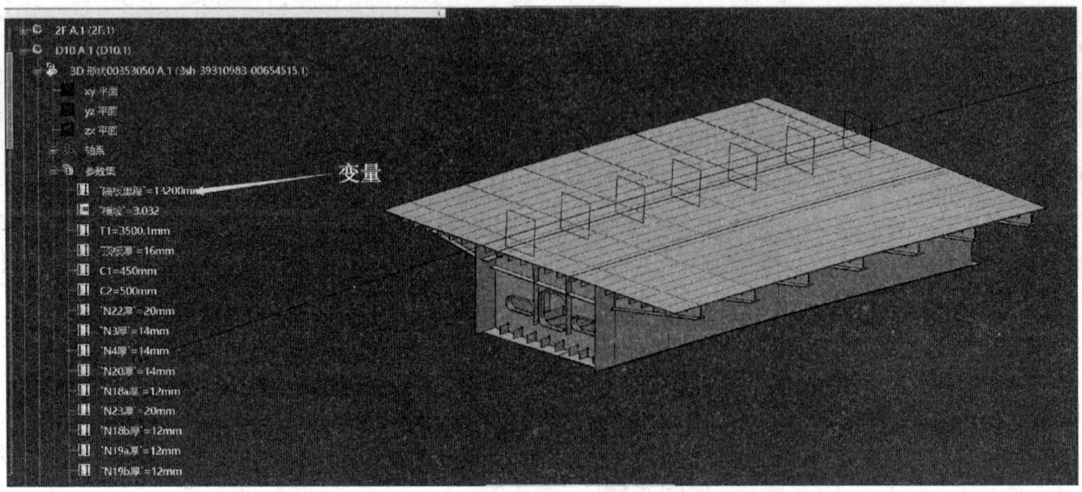

图 9　万顷沙互通立交 B 匝道桥模型

2. 参数化提料

由于生产制造，发运等因素的影响，在得到设计同意后，将板单元进行分块，分块方案也加入前期骨架制作中，并做好梁段编号相关参数。

顶板、底板和腹板，按照一个梁段建立模型，形成模板。将各参数编辑到脚本中，在模型构建时，可以进行调用，则可以省去很多重复操作。例如，将平曲线编入脚本中，无论在顶板模型还是腹板模型直接调用即可，不必重复放样。制作模板的好处还在于，可以通过添加约束，使数据联动，减少反复修改的次数。例如，在腹板提料中，对于板肋，定位一般是平行于顶底板的相交线的，所以板肋的定位一般只需要输入板肋定位线的三个元素：与哪个相交线平行、与相交线的距离和板肋的规格，然后在板肋定位线上生成实体就可以了，实现了只要腹板外形发生改变，板肋就自动改变的联动。实际提料中，板单元分块也使提料数据增多，应用模板，将梁段编号参数相对应，就能生成该梁段模型，也极大地节约了时间，提高了效率。隔板的模板，则根据断面图在平面绘制草图，然后通过更改草图的定位里程，定位方式是铅锤或者垂直顶底板得到，包括管线孔、人孔的定位、隔板加劲的数量、长度等，不需根据横坡改变，逐个放样，直接可调取表格中的里程数据，利用表格数据驱动图形[5]，如图 10、图 11 所示。

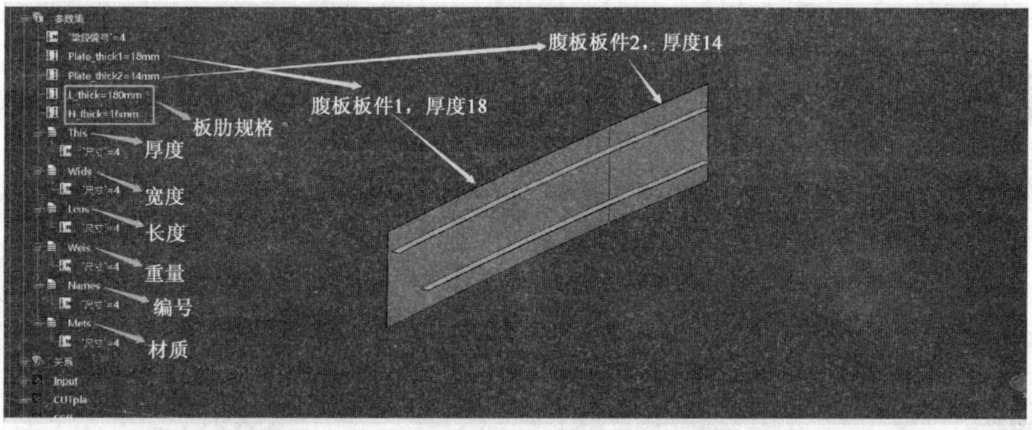

图 10　万顷沙互通立交 B 匝道桥模板示意(腹板单元)

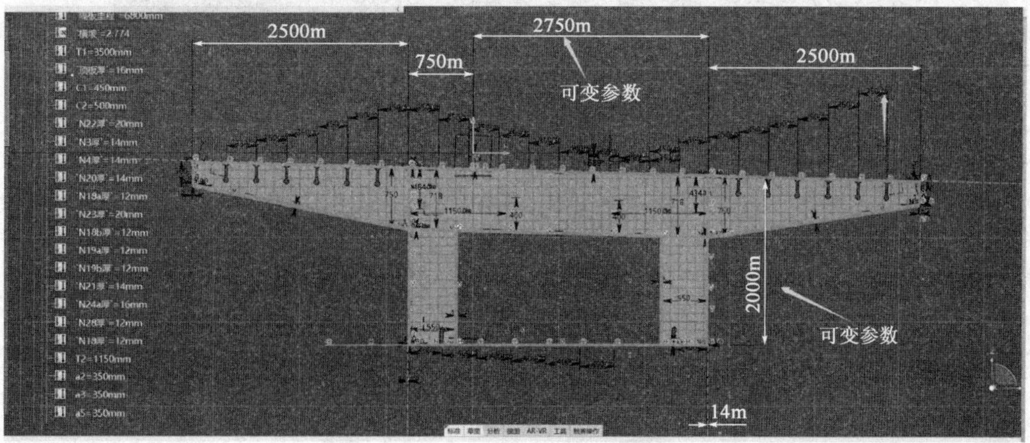

图 11　万顷沙互通立交 B 匝道桥模板示意(隔板单元)

在提料数据生成方面，同样编写脚本。标准板件，可以控制其不变的参数，通过改变某些变化的参数，利用数据联动，得到提料数据，如板肋、宽度与厚度不变，可以直接读取板肋定位线长度，宽度厚度写成固定值，就可以得到板肋的提料数据。非标准板件，可以编写通用脚本，即便外形不同，但量取数据原则一致，如隔板板件、顶底腹异形板件，脚本可以读取整个实体，得到厚度，然后提取出板件的最大面，并将最大面的最小外接矩形的长宽输出，数据上就得到了异形件的尺寸，对于例如腹板的曲面展开,更加准确,如图 12 所示。不同异形件不再需要逐个手动量取数据,应用十分方便,快捷,如图 13 所示。

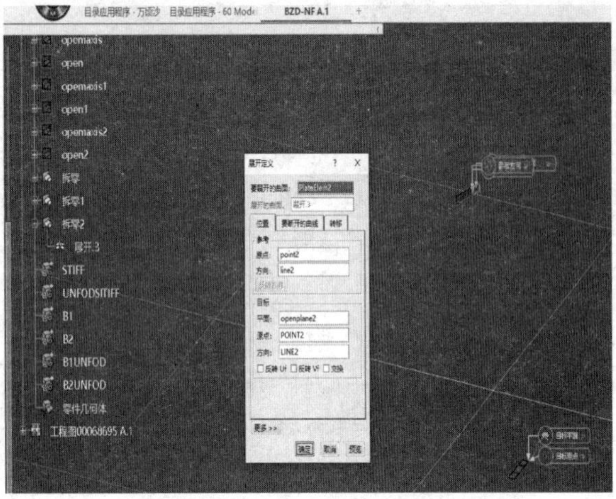

图 12　万顷沙互通立交 B 匝道桥腹板曲面展开示意

梁段	厚度	宽度	长度	重量	编号	材质
1-NF	18	2000.062856	6112.98479	1724.030295	N1	Q345qD
1-NF	14	2000.002817	4676.879547	1319.343921	N2	Q345qD
1-NF	16	180	10473.63231	236.7878793	1-WF-1I	Q345qD
2-NF	14	2000.007408	10622.48439	2334.495405	N1	Q345qD
2-NF	16	180	10324.39389	233.413897	2-WF-1I	Q345qD
3-NF	14	2000.015088	9389.218286	2063.062605	N1	Q345qD
3-NF	16	180	9088.413429	205.4708508	3-WF-1I	Q345qD
4-NF	14	2000.040792	7530.025104	1649.467511	N1	Q345qD
4-NF	18	1999.971157	3348.758238	725.6078471	N2	Q345qD
4-NF	16	180	10495.34028	237.278653	4-WF-1I	Q345qD
4-NF	16	180	9414.889373	212.8518189	4-WF-2I	Q345qD
5-NF	18	2000.153686	3338.257018	933.6036859	N1	Q345qD
5-NF	14	2000.015969	7378.465319	2079.899356	N2	Q345qD
5-NF	16	180	10372.70118	234.5060283	5-WF-1I	Q345qD
5-NF	16	180	9254.138354	209.2175599	5-WF-2I	Q345qD
6-NF	14	2000.030577	9104.964772	2000.864847	N1	Q345qD
6-NF	16	180	8805.700085	199.0792675	6-WF-1I	Q345qD
7-NF	14	2000.039605	10146.19128	2230.235529	N1	Q345qD
7-NF	16	180	9849.676487	222.681486	7-WF-1I	Q345qD
8-NF	14	2000.028644	7131.537881	1560.292678	N1	Q345qD
8-NF	18	1533.353253	3366.674392	725.8097396	N2	Q345qD
8-NF	16	180	10086.04806	228.0253746	8-WF-1I	Q345qD
8-NF	16	180	9014.442262	203.7985107	8-WF-2I	Q345qD
9-NF	18	1936.663392	3349.090792	933.6897644	N1	Q345qD
9-NF	14	2000.033721	6956.922275	1960.897846	N2	Q345qD
9-NF	16	180	9953.555759	225.0299886	9-WF-1I	Q345qD
9-NF	16	180	8831.827182	199.6699489	9-WF-2I	Q345qD
10-NF	14	2000.041564	8823.295548	1940.5463	N1	Q345qD
10-NF	16	180	8530.925537	192.8671646	10-WF-1I	Q345qD
11-NF	14	2000.045664	9931.07862	2185.063791	N1	Q345qD
11-NF	16	180	9643.02843	218.0095868	11-WF-1I	Q345qD
12-NF	14	2000.0424	7032.696913	1539.930077	N1	Q345qD
12-NF	18	1990.0142	3361.722803	726.0586149	N2	Q345qD
12-NF	16	180	9994.323259	225.9516602	12-WF-1I	Q345qD
12-NF	16	180	8923.756634	201.74829	12-WF-2I	Q345qD
13-NF	18	2000.178188	3344.001425	933.3626846	N1	Q345qD
13-NF	14	2000.035652	6952.095665	1959.917456	N2	Q345qD
13-NF	16	180	9949.808352	224.9452672	13-WF-1I	Q345qD
13-NF	16	180	8826.540567	199.5504291	13-WF-2I	Q345qD

图 13　万顷沙互通立交 B 匝道桥腹板提料(部分)

四、参数化提料技术的优势

1. 碰撞检查

在建立“骨架”之初,已将如平曲线、纵曲线、横坡、预拱,各构件的相对位置关系等诸多条件进行了叠加,各部分独立进行建模后,可采用 CATIA 现有的装配功能,定位各构件,相比 CAD 更加简便直观。进行装配后,复杂曲面模型一目了然;通过相关计算进行干涉、间隙检查,检查顶板、底板、腹板、隔板单元之间是否合理,若发现不妥之处,也可按照各构件模板单独修改,如图 14 所示。

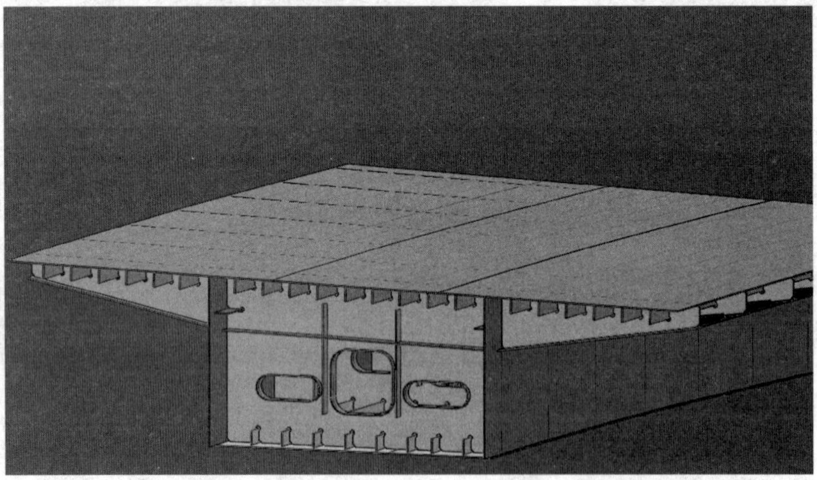

图 14　万顷沙互通立交 B 匝道桥碰撞检查示意

2. 数据导出

脚本与模板编辑完成后,即可得到相应的提料数据。传统的提料,可将一些相同的构件,利用 Excel 中的函数关系式进行转换,但很难将模型与表格中的函数进行联系,参数化建模后,通过编写脚本,就可使模型和数据建立联系,也弥补了因某一处修改导致相关数据修改不全面的不足。对于三维曲面,可以直接展开,降低近似处理的偏差;对于异形件,可输出最小外接矩形规格,节约钢材,降低消耗。

五、结 语

本文结合万顷沙互通立交B匝道桥钢箱梁提料的工程实例,从B匝道桥结构特点,传统提料难点,参数化提料技术方法,与传统提料相比参数化提料的优势几方面进行了系统的分析研究。通过参数化提料数据来看,本文所阐述参数化提料技术方法,不仅能够提高工作效率,还能提高数据准确性,为今后类似工程的制作提供了重要参考。

参考文献

[1] 满延磊,吴杰,张其林,等.基于操作的钢结构节点参数化建模系统研发[J].同济大学学报(自然科学版),2019,47(09):1225-1234.

[2] 曾旭东,王大川,陈辉. Rhinoceros Grasshopper 参数化建模[M].北京:中国建筑工业出版社,2012.

[3] 祁鹏远. Grasshopper 参数化设计教程[M].北京:中国建筑工业出版社,2017.

[4] 廖林,周应华,瞿浩,等.基于CATIA的桥梁BIM参数化建模技术研究及应用[J].现代城市轨道交通,2021(03):79-85.

[5] 王永岗,杨利杰. CATIA 三维参数化建模技术及其应用[J].机械工程师,2014(05):200-202.

31.60m 箱梁整体式模板施工技术

刘佩斯[1] 陈剑波[1] 彭振楠[2] 周先平[2]

(1.中铁大桥局集团有限公司;2.深中通道管理中心)

摘 要 随着我国桥梁建设的飞速发展,预制装配式技术已逐步进入标准化施工。但传统的预制箱梁采用的散拼模板仍存在效率低、危险性大、模板维护成本高及施工精度差等缺点,而整体式液压模板可以较好地解决以上问题。本文主要介绍深中通道智慧梁场整体式模板的结构组成及使用特点,通过自主研发的智能控制系统对模板的液压系统、电动走行系统、激光测距传感器水平倾角传感器进行控制,实现自动装、拆模板,大大提高了施工效率,节约了人工成本并且提高了模板施工的精度。

关键词 预制箱梁整体式模板 智能控制

一、工程概况

1.工程简介

深中通道主体工程全长24.03km,跨海长度22.39km,含隧道、人工岛和桥梁工程,陆域长度1.64km,项目采用设计速度100km/h的双向八车道高速公路技术标准。浅滩区非通航孔桥总长5344m,有A、B两个合同段,上部结构有多联4m×60m、5m×60m、6m×60m、7m×60m的60m箱梁连续箱梁。单幅单跨横向则由1片60m箱梁构成。

桥梁左右幅之间梁缝宽0.5m,单幅主梁采用单箱双室等高度箱梁结构,距线路中心线10.25m处梁高3.5m,桥面横坡通过调整腹板高度形成,中腹板采用直腹板,边腹板采用斜腹板,斜率为1.6/1;底板水平。箱梁中、边梁断面如图1所示。

2.整体式模板简介

模板设计结构主要包括60m箱梁外模、内模、底模、端模四大部分。外模采用整体式模板形式,相比于传统的散拼模板,提高了模板尺寸精度,节约了人工,提升了工作效率,避免了散拼模板吊装带来的安全隐患,危险性小、模板维护成本低,且混凝土施工质量好[1-2]。模板截面总图如图2所示。

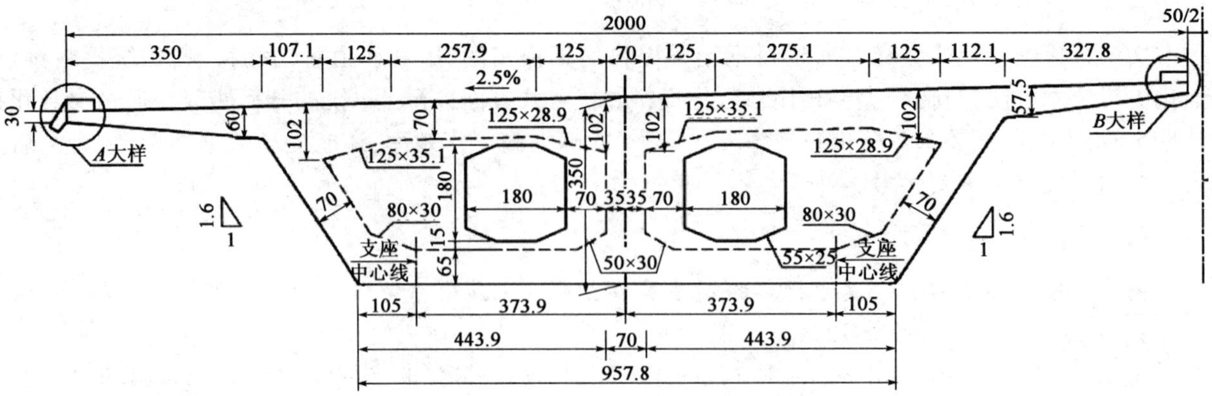

图1 箱梁中、边梁断面图(尺寸单位:cm)

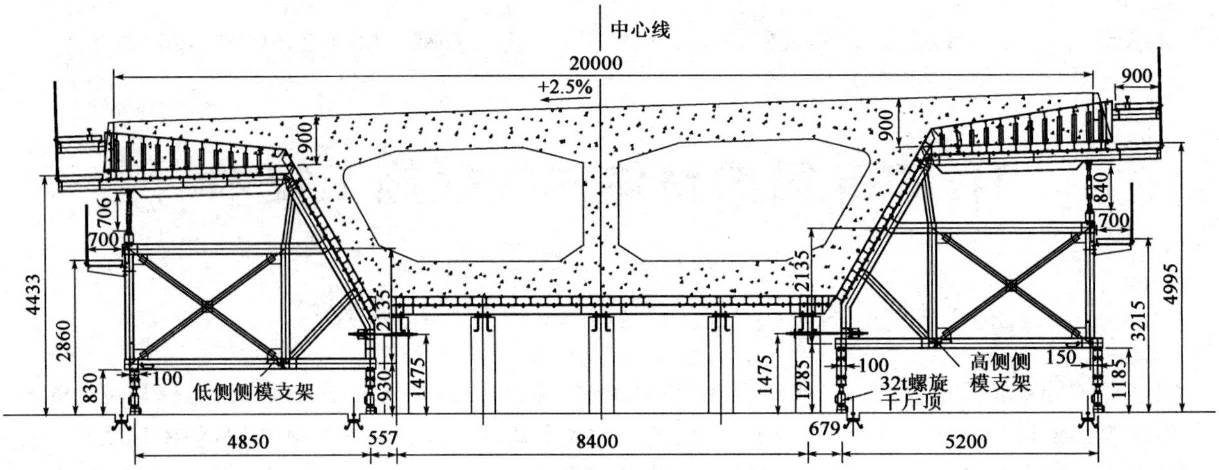

图2 模板截面总图(尺寸单位:mm)

二、总体施工方案

1.预制场布置

60m箱梁预制场台座布置由南向北,共有6个制梁台座,其中20m宽标准梁台座4个,24m宽变宽梁台座2个;靠梁场8m路侧布置3个内模检修区,3个底腹板钢筋绑扎台座;并配置了2个顶板钢筋绑扎台座。存梁区域共布置了16个制梁台座,其中有12个标准梁存梁台座,4个变宽梁存放台座。

60m箱梁制梁台座基础由5条混凝土条基组成,每条基础底部都有初期预埋的型钢铁板。两侧制梁台座基础施工时,内部采用L形ϕ16mm的钢筋与预埋钢板进行焊接,在条基纵向内的均布间距为50cm。两侧制梁台座基础顶部预埋有ϕ22mm的拉杆孔,拉杆孔纵向布置间距为2.5m和3m,侧模安装时采用拉杆与条基进行连接。60m箱梁条形基础的横截面如图3所示。

2.箱梁施工工艺流程

整体式液压侧模安装于轨道上,与底模匹配安装完成后,吊入底腹板钢筋骨架,安装端模,内模安装并撑开,精调后进行混凝土浇筑,拆模时先拆除外模走行至下一台座,再拆除内模至检修台座修整,最后拆除端模。箱梁施工流程图见图4。

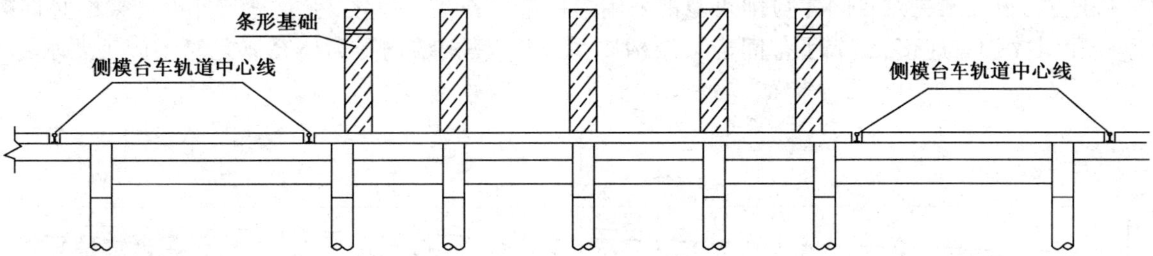

图3　60m 箱梁条形基础横向截面图

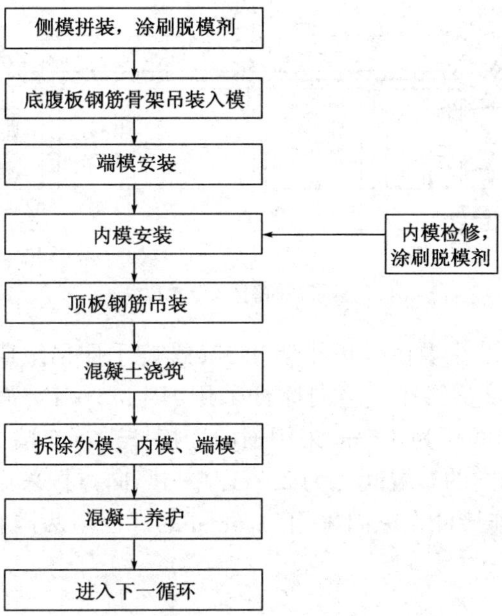

图4　箱梁施工流程图

3. 模板系统

模板由外模、端模、底模、内模四个部分组成。

1) 外模

外模采用箱梁标准段 + 梁端变化段的原则进行设计，具体分段为：2.5m + 4.2m + 3 × 16m + 4.2m + 2.5m，总长 61.4m。外模主要由模板结构、支撑系统、行走系统和附属结构等几部分组成。外模结构：2 套 20m 标准梁的外模结构面板采用 8mm + 1mm 的 Q235B + SS304 复合面板；变宽梁模板面板采用 8mm 厚的 Q235B 钢板。面板标准段的长度均为 3m，非标准段的面板有 2.5m 和 4.2m 两种形式，面板与面板之间纵向采用 12mm 厚铁板 + M16mm 的螺栓进行连接，横向通过在面板底部设置的[14 钢 + 12mm 厚铁板 + M16mm 的螺栓进行连接。

面板底部设置的次龙骨有工 14 钢和[14 钢两种，工 14 钢在翼缘板处铺设的最大间距为 300mm，在腹板处铺设的最大间距为 275mm；[14 钢设置在箱梁翼缘板附近，主要用面板的横向连接。工 14 钢和[14 钢底部设置了 12mm 厚的铁板，与面板次龙骨紧贴焊接，为增加 12mm 厚钢板受力刚度，在工字钢中部设置有 10mm 厚的铁板加筋肋下采用 M16mm 螺栓与 10mm 厚的钢板和主龙骨(HW200 × 200)进行连接。模板面板的主龙骨纵向标准布置间距为 3m，非标准布设间距为 2.5m，主龙骨中部设置有 8mm 厚的加劲板。主龙骨(HW200 × 200)与次龙骨竖向主要采用 M16mm 的双排螺栓进行连接；腹板主龙骨与翼缘处主龙骨在箱梁腹板与缘板板交接处采用 12mm 厚耳板 + ϕ31mm 的销轴进行连接；翼缘板处主龙骨通过耳板上销轴与下部 870mm 长的推拉杆进行连接，调节箱梁翼缘板处的模板高度，推拉杆下部与模板排架进行连接;腹板处主龙骨同样与排架型钢采用焊接进行连接。总之,主龙骨与外模排架的竖向撑杆、横向撑杆和斜撑均有连接,组成了空间桁架结构体系,保证模板结构受力体系满足箱梁施工要求,如图5所示。

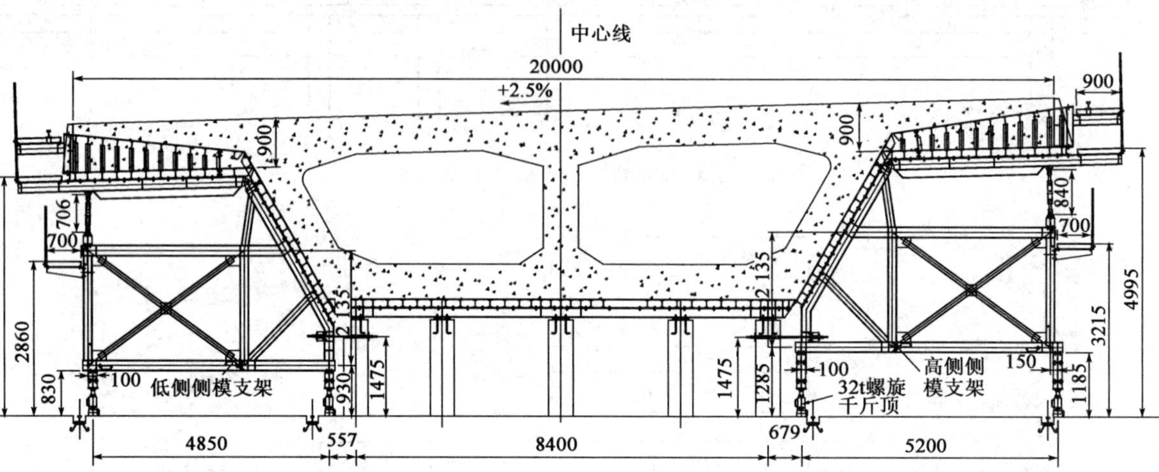

图5　外模截面图(尺寸单位:mm)

外模支撑系统:外模支撑系统主要由外模排架和32t螺旋千斤顶组成。外模排架结构主要包括竖向撑杆、横向连接杆、纵向连接杆以及斜撑。竖向撑杆采用HW175×175的型钢,纵向标准段布置间距为3m,非标准段为2.5m,撑杆横向间距为3.2m,采用横向连接杆进行连接。横向连接杆采用HW200×200的型钢构成,两排横向连接杆竖向的布置间距为2.8m,并与竖向撑杆采用10mm厚铁板+L80×6角钢+M16mm的螺栓进行连接;横向连接杆在纵向采用M16mm的螺栓与两排HW175×175的型钢纵向连接杆进行连接,如图6所示。

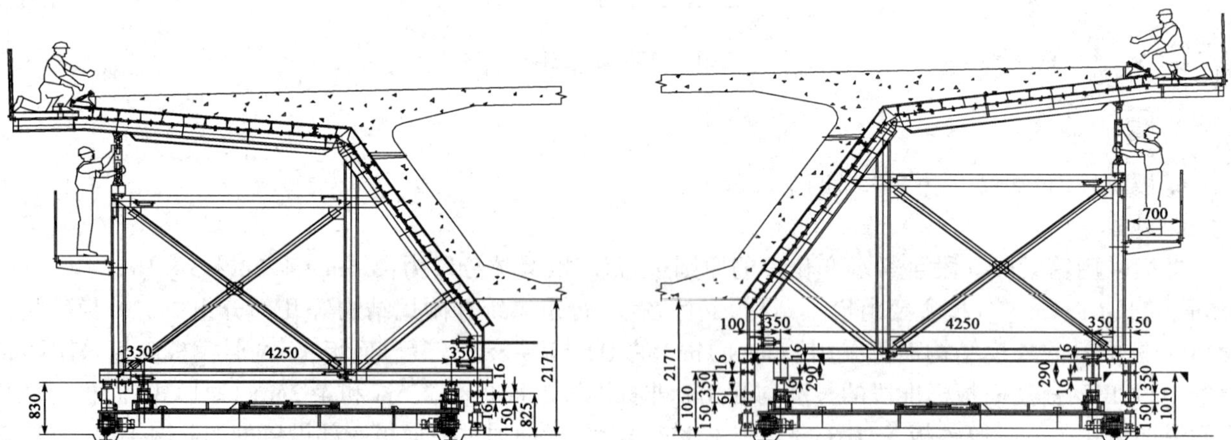

图6　60m箱梁外模支撑系统(尺寸单位:cm)

下排纵向连接杆下部设置了HW175×175型钢支撑,底部与32t的螺旋千斤顶进行连接,螺旋千斤顶可自由调节模板高度,并支撑模板排架。

外模斜撑布置在排架的横向、纵向和竖向3个方向。横向斜撑采用2条[10型钢与横向连接杆和竖向连接杆焊接处进行交叉连接,斜撑交叉点采用10mm厚的铁板进行焊接固定,同时排架内侧设计了HW150×150型钢斜撑直接与腹板处主龙骨进行焊接。纵向斜撑采用L80×6的角钢与排架纵向连接杆端部10mm厚的加筋板采用M16mm螺栓进行连接,斜撑交叉点采用M16mm的螺栓与截面100mm×

100mm,厚10mm的钢板进行连接。排架竖向布置了两层斜撑,两层斜撑竖向间距为2.8m,斜撑为L63×6的角钢,交叉点处仍然采用螺栓+铁板的方式进行连接。60m箱梁外模排架立面图和平面图如图7、图8所示。

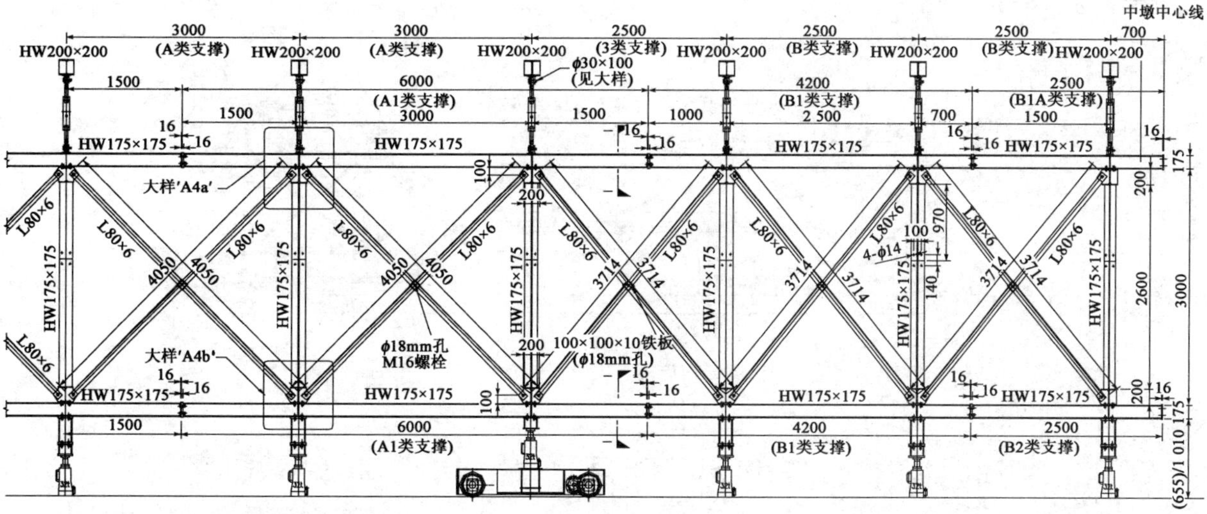

图7　60m箱梁外模排架立面图(尺寸单位:mm)

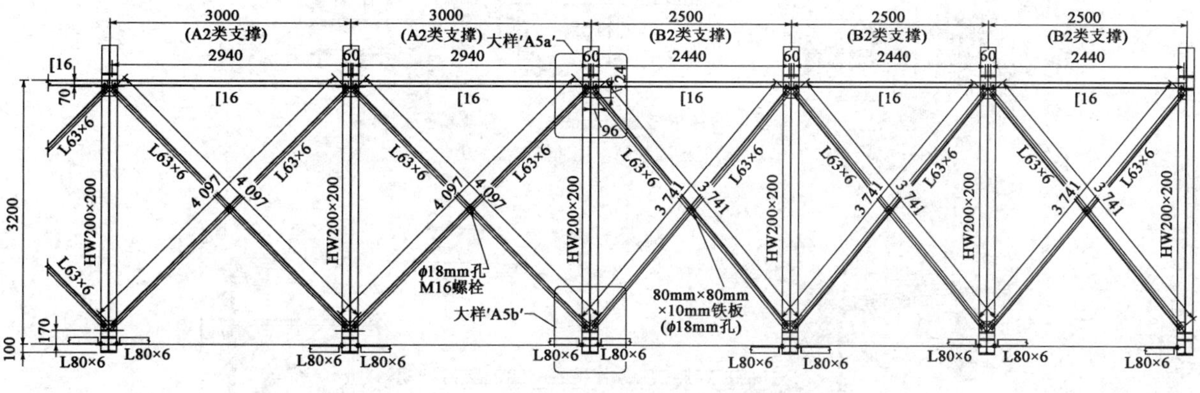

图8　60m箱梁外模排架平面图(尺寸单位:mm)

外模行走系统:外模板单侧设置4台台车,每台台车的纵向布置间距为15m,每台台车上配置了2个竖向压液千斤顶和1个横向液压千斤顶,工作油缸的最大工作压力均为25MPa,每台台车采用4台电机驱动,台车纵向轮距为1.5m,竖向千斤顶横向布置间距为4.25m。台车配置了变频器,使台车启停平稳。60m箱梁外模行走系统立面图如图9所示。

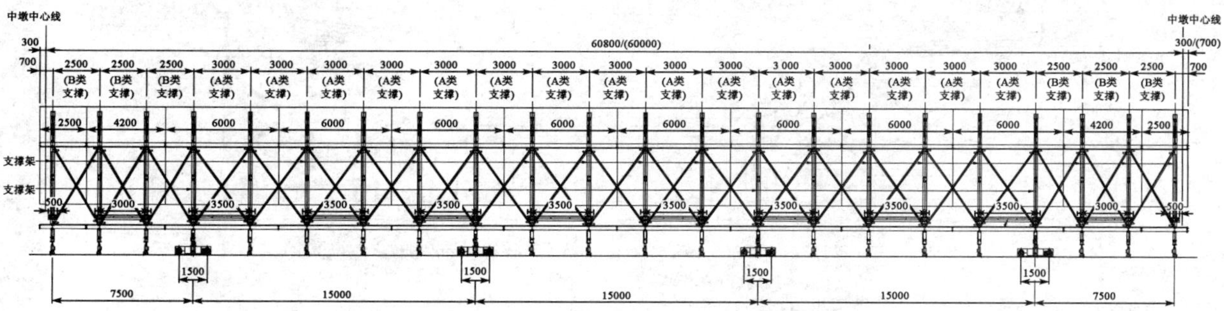

图9　60m箱梁外模行走系统立面图(尺寸单位:mm)

模板安装步骤:侧模小车将模板驱动到位→横向液压油缸将模板拉合靠拢底模→竖向液压油缸将模板底调至底模高度方向上并定位→安装底部拉杆将模板贴紧底模→安装模板中部拉杆将侧模上部空间

定位。

侧模拆除步骤:包含拆除底部拉杆→驱动液压泵站使得竖向横向油缸受力支撑→卸除底部螺旋千斤顶→下沉竖向油缸使得模板下沉→横移横向油缸将模板脱离构件→驱动小车将模板移动至下一浇筑台座。侧模安装步骤见图 10。

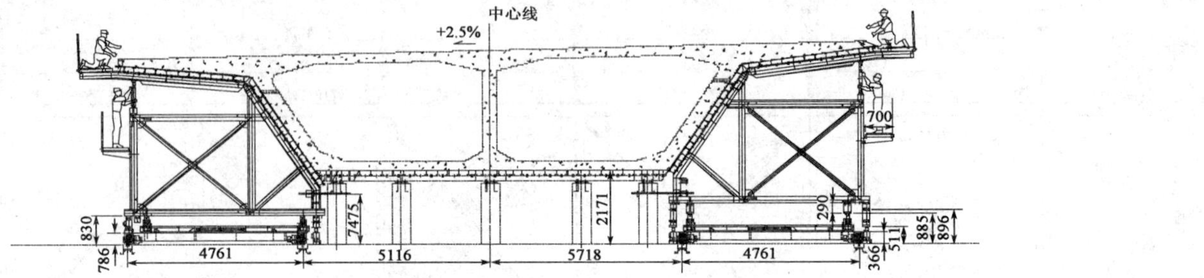

浇筑状态

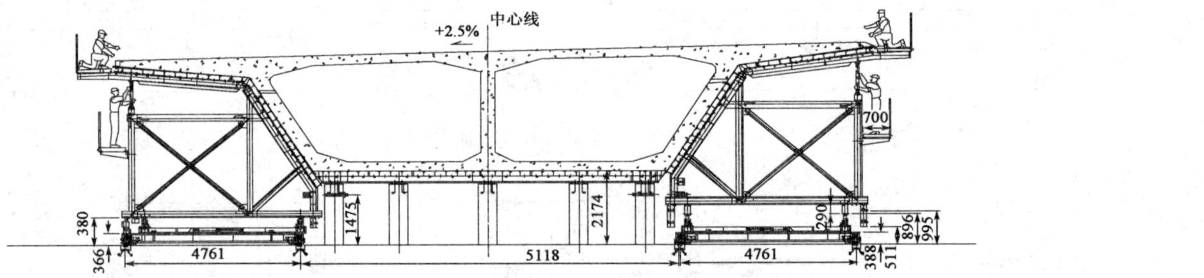

步骤1：去掉所有拉杆、底部千斤顶及端模螺栓，
驱动液压油泵站，使油缸支撑受力

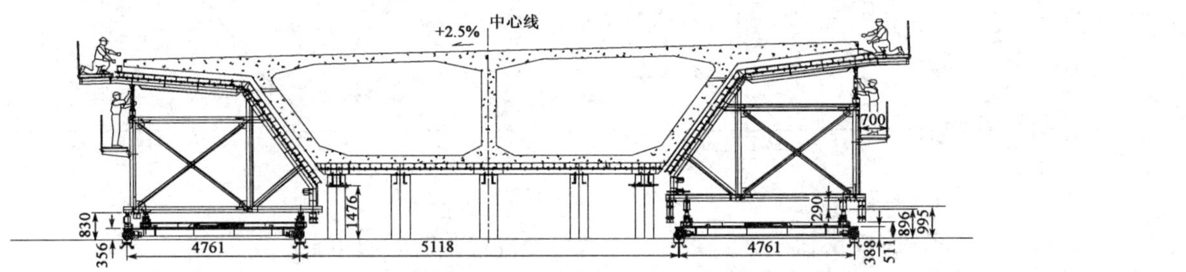

步骤2：下沉竖向油缸，将模板下沉75mm

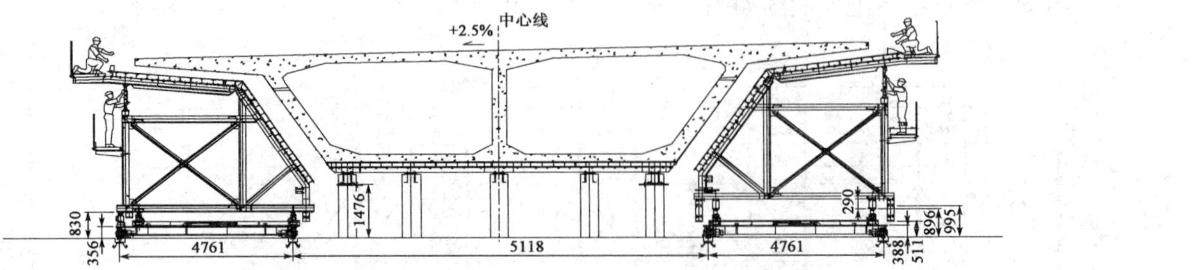

步骤3：平移水平压液油缸，将模板外移1050mm左右，使得模板脱离。
驱动电机待外模移动至下一浇筑区

图 10　外模拆除步骤图(尺寸单位:cm)

2)底模

底模采用整体模板 + 配节模板的配置方式进行设计,以适应 60m 箱梁长度方向的变化,为使底模建筑平面接缝最小,纵向配置的分段长度为:2.7m(底模小车)+(54.6-55.4)m+2.7m(底模小车)。标准梁底模宽度均为9.578m。

标准梁底模结构:底模面板采用9mm+1mm复合面板制作而成,为保证底模的整体性,设计合理划分模块,减少底模拼缝数量,底模面板横向为整块板,纵向标准段间距为3m,非标准段间距有0.3m、2.5m、3.05m,也就是对应了底模分块的A、B、C、D、E型5种形式。纵向每段底模采用双排的M16螺栓进行连接。面板底部设置了I14的型钢内楞进行支撑,型钢横向最大布置间距为30cm,最小布置间距为15cm。I14型钢下部焊接有10mm厚的铁板,铁板下横向铺设HW175×175的型钢,纵向最大铺设间距为3m,最小铺设间距为0.3m。HW175×175型钢采用M16螺栓与混凝土制梁台座上的预埋件进行连接,确保了底模基础稳固。底模结构体系布置立面图如图11所示。

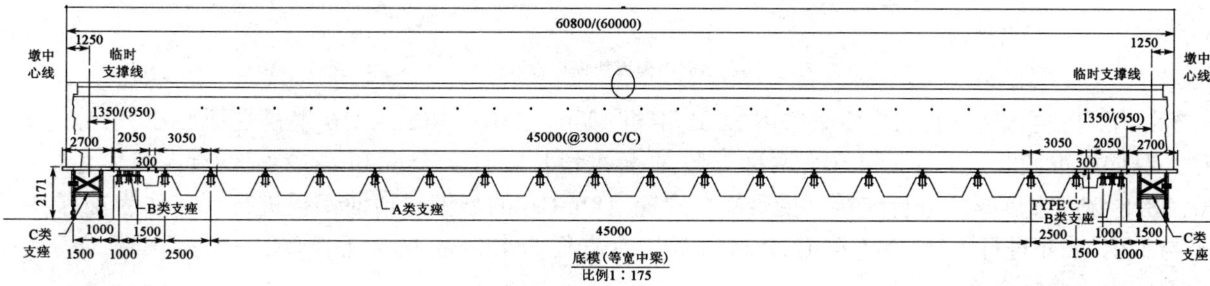

图11 底模立面图(尺寸单位:mm)

3)内模

箱梁内模采用分段形式设计,根据箱梁梁型、齿块类型、梁端口形式,内模采用分段、分块进行组拼,内模标准段长度有4m和5m两种类型,非标准段长度为4.3m。每段内模之间采用M20螺栓进行连接。箱梁内模结构主要分为内模结构、主梁结构、内模行走轨道和支撑结构等四部分内容。

标准梁内模结构:内模面板采用8mm厚钢板(Q235B)制作而成,通过底部120mm×60mm×5mm的方管进行支撑,最大布置间距为300mm,在方管侧面焊接多种形状的16mm厚带孔钢板,便于与主梁上的8根内模螺杆支撑进行连接,保证内模支撑刚度,可承受混凝土侧压力。

内模面板分段、分块组合而成。内模纵向分段根据箱梁内箱截面实际情况进行设计,纵向标准段长度有4m和5m两种类型,非标准段长度为4.3m,每段之间采用M20的高强螺栓进行连接。内模面板横向分块采用ϕ40mm和ϕ30mm的销轴进行连接,在液压油缸的作用下,面板可以实现自动收缩,如图12所示。

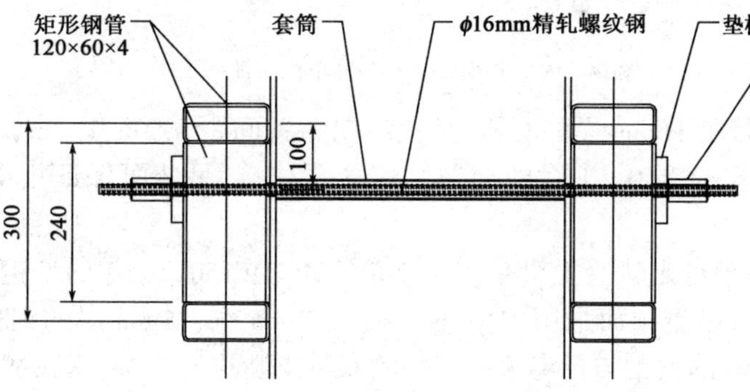

图12 内模拉杆图(尺寸单位:mm)

箱梁内箱左右侧内模,靠中腹板侧面竖向设置2道间距为925mm,直径为ϕ16mm对拉杆,纵向布置间距为1.5m一道。

齿块模板类型多。根据箱梁齿块所在位置可分为顶板齿块模板和底板齿块模板两大类。顶板齿块模板与内模设计成一个整体,拆模时顶板齿块与内模一起整体拆除。箱梁底板上的齿块采用散拼齿块模板施工,安装时底板齿块段模板与内模采用 ϕ16mm 的螺栓进行连接,模板采用人工拆除的方式进行。顶板和底板齿块模板的设计图如图13所示。

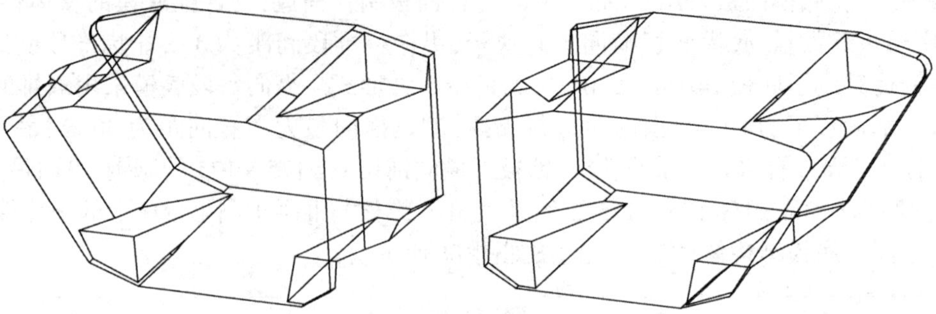

图13　内模齿块模板设计图

标准梁内模主梁结构:内模主梁采用Q235钢板、工钢I22B、[18b或I16组拼焊接而成,可分为8种类型。纵向标准段长度有8m和10m两种类型,非标准段长度有9.55m和12.25m两种。每段主梁采用M20,G8.8级高强度螺栓进行连接。主梁横向内置[18b、I16的型钢与顶面钢板进行焊接作为支撑;底面钢板与工钢I22B进行焊接,在工钢I22B底部焊接有直径为120mm的无油承轴,内模拆除时,便于小车驱动将内模分段纵向拖出,如图14所示。

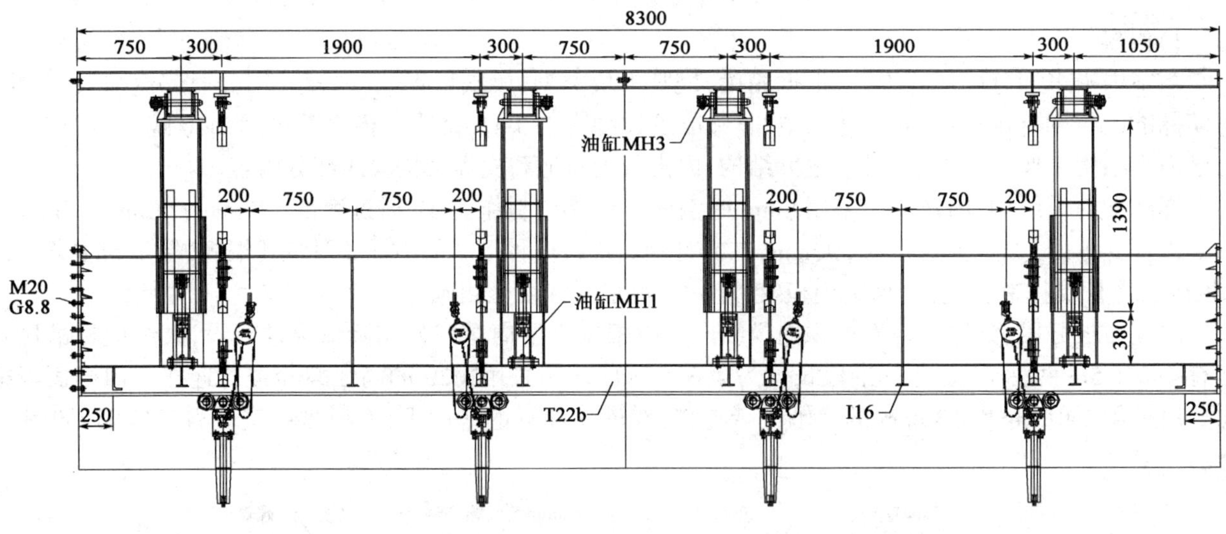

图14　内模主梁纵向图(尺寸单位:mm)

主梁左右侧面钢板上焊接了16mm厚的耳板,耳板纵向布置间距1.3m、1.5m、2.5m间距不等,耳板上连接了3t葫芦,同时与底部HW150×150的型钢上螺栓孔挂接,吊装时保证主梁与行走轨道连为一体,如图15所示。

标准梁内模行走轨道:内模行走轨道主梁采用1.2m长的HW150×150的型钢制作,型钢横截面上焊接有10mm厚的加劲钢板。型钢顶面采用M16的螺栓与20cm宽,16mm厚的钢板进行连接。底面采用M16的螺栓将HW150×150的型钢与行走轨道底部的双排支腿进行连接,支腿横向预埋间距为80cm,同时,预埋支腿利用下部M16的螺栓进行固定连接,保证主梁支腿稳定。标准梁内模支撑结构:内模支撑结构包括机械撑杆和内模液压系统两部分。

内模机械撑杆根据箱梁截面形式进行设计,单箱室内的支撑结构横截面上由8根撑杆进行支撑,一端与主梁上焊接的耳板进行连接,另一端与内模竖肋的耳板进行连接,可形成一个封闭的支撑结构,保证内模支撑结构稳定。撑杆截面在纵向的布置间距有1.75m、1.9m、2.1m三种布置形式,如图16所示。

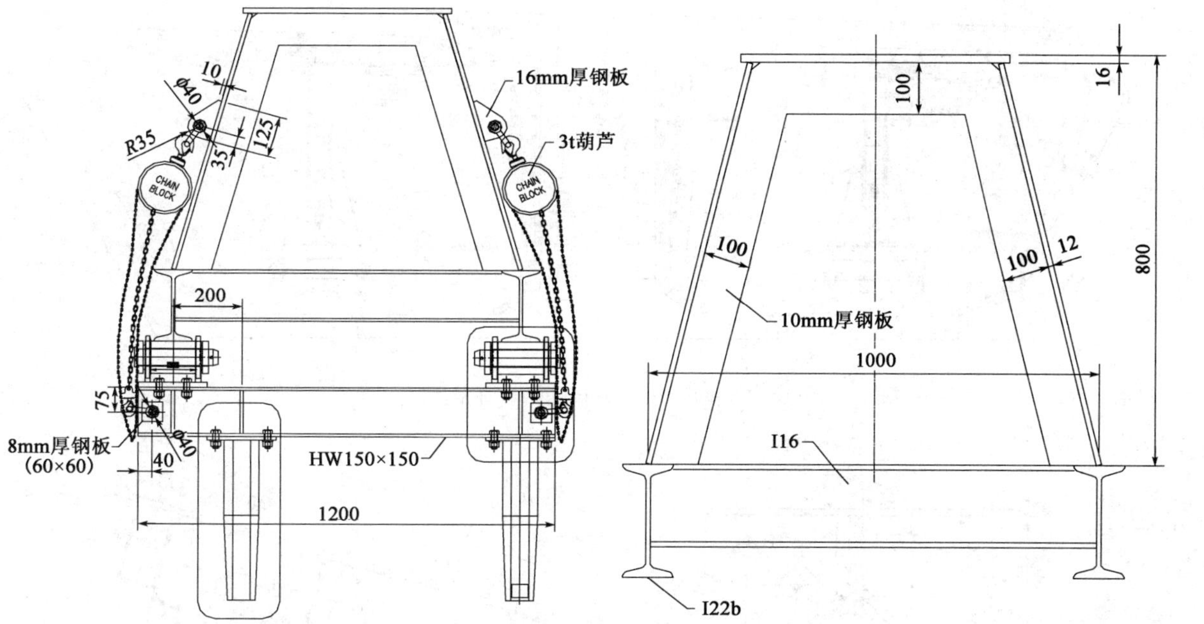

图15 主梁与轨道横向截面图(尺寸单位:mm)

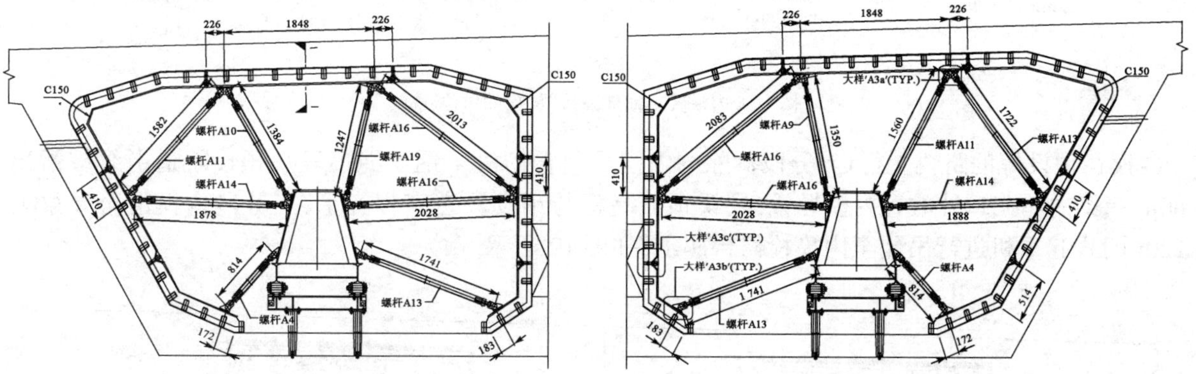

图16 内模撑杆截面图(尺寸单位:mm)

内模液压系统:内模的液压系统主要包含两部分,一是内模的主梁竖向压液系统,二是内模周边液压系统。

内模主梁的竖向液压系统主要由布置在主梁内部的竖向液压千斤顶构成,竖向压液千斤顶底部与内模主梁采用M16mm螺栓进行连接,并由底部内置的工16钢进行支撑。竖向液压千斤顶顶部与内模顶面下设置的支撑横梁采用ϕ30mm销轴进行连接。在内模纵向的布置间距有1.5m、1.8m、2.5m、2.9m四种类型。当竖向千斤顶工作时,其工作压力为25MPa,最大系统压力为31.5MPa,推力160kN,拉力为110kN。其伸缩可实现内模竖向高度的变化,具体结构见图17。

内模周边液压系统,主要由多种不同结构尺寸的液压油缸组成,主要作用是伸缩内模面板。横截面上压液油缸的布置形式,取决于内模面板横向连接的结构形式,单箱箱室内的周边液压油缸数量为4~8个。周边液压缸两端与内模竖肋上的耳板用销轴进行连接。周便液压油缸在内模纵向上的布置间距有1.5m、2.1m、2.5m、2.8m几种形式。当周边液压油缸工作时,油缸的工作压力均为25MPa。

内模在液压千斤顶的作用下自动旋转,旋转位置采用耳板+销轴的形式进行设计,内模在撑杆和液压千斤顶撑状态下,旋转位置内模面板接触密贴,保证混凝土浇筑期间不漏浆,如图18所示。

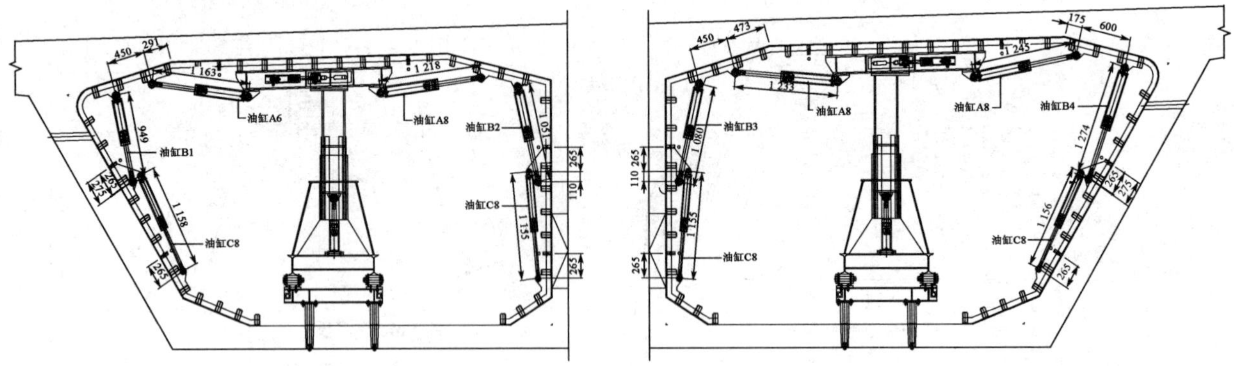

图17 内模主梁油缸截面图(尺寸单位:cm)

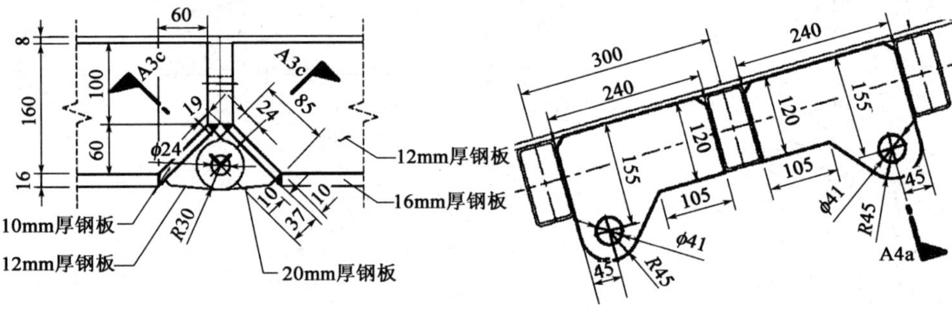

图18 内模转轴细部设计图(尺寸单位:cm)

内模在预设好的路轨上行走,分段拆除的内模采用卷扬机+钢丝绳逐段从预设轨道上缓缓滑出,并在60m箱梁内箱出口处放置内模导梁,导梁顶面高程与预设轨道高程齐平,当分段内模滑至导梁上,采用120t门式起重机进行吊装至内模检修台座上,如图19所示。

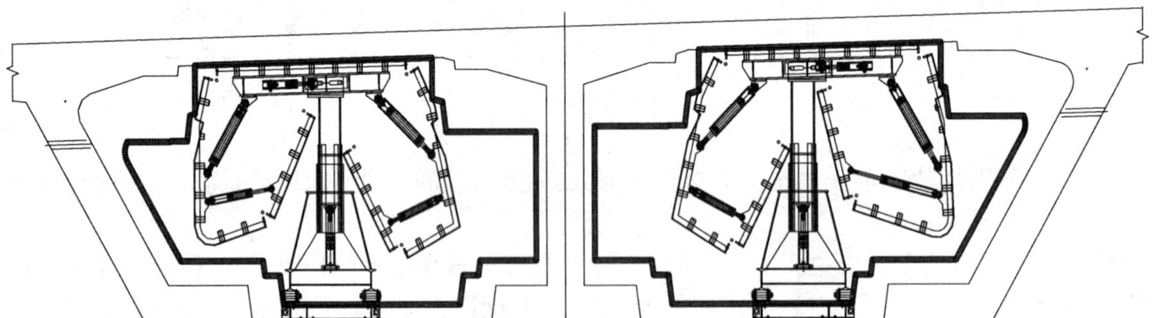

图19 内模收缩状态与箱室最小轮廓线图

由于箱梁端口空间的狭窄,分段内模无法驶出,为此,在60m箱梁梁端隔墙处预留空间方便拖拉内模,后期存梁区对梁端隔墙进行二次浇筑,二次浇筑段的纵向长度为3m,左侧箱室顶横向宽度为2.58m,右侧箱室2.75m,二次浇筑段施工在预制台座上进行,浇筑完成保湿养生,待张拉压浆完成后进行移梁施工,具体结构如图20所示。

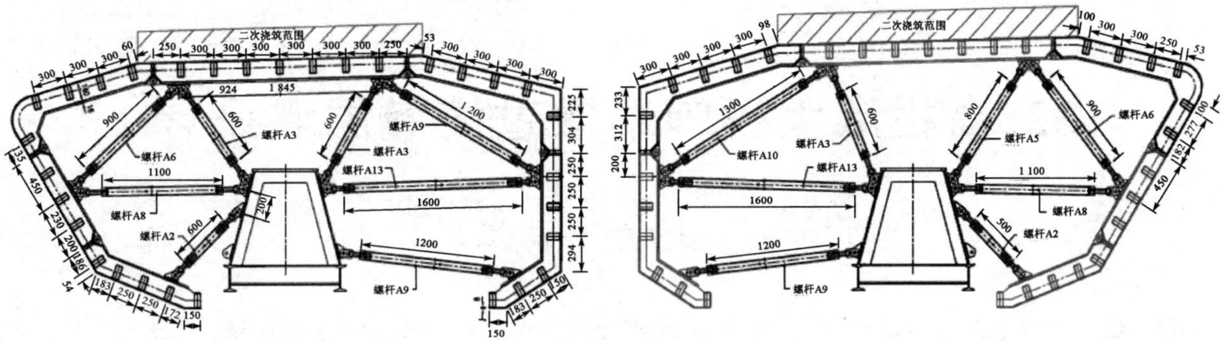

图20 内模二次浇筑段截面图(尺寸单位:cm)

三、施 工 特 点

整体式液压模板施工简单、方便、工作强度低,符合绿色施工理念。具体特点如下:

(1)模板自动化程度高。整体式液压模板配备了智能系统,外模具有纵向自动走行,横向自动平移、纵向自动定位等功能;内模具有自动走行,水平方向自动撑开、旋转到位和内外模测距等功能。相比传统的箱梁混凝土模板,减少了支模和拆模过程,节约人工,工作方式效率高、危险性小、模板维护成本低,且混凝土施工质量好。

(2)模板拼装精度高,结构稳定性强。内、外模均为整体作业,接缝少、宜保证箱梁外观质量,同时,整体作业有效提高了模板的周转次数[1-2]。采用整体式液压模板+附着式振动器,模板整体性能好,不但减少人工的投入,而且保证了箱梁施工的外观质量。通过模板上安装的激光测距传感器可准确控制腹板内、外侧保护层厚度。

(3)绿色环保,减少能耗。在保证箱梁质量、施工安全等基本要求的前提下,整体式液压模板是通过技术创新直接减少能源消耗的一种手段,符合国家环保、绿色施工理念[3]。在预制施工中减少了人工、机械、材料资源的投入使用,同时提高了施工质量、安全和进度。

四、结 语

60m预制箱梁自动化液压模板通过采用可编程序控制器(PLC)模块控制液压自动控制系统和红外测距系统实现在混凝土浇筑过程中自动走行,外模自动横移、纵移,自动定位,内模自动支拆模等功能。避免了传统施工中反复拼装和拆除导致模板变形的问题,同时可以节省较大的成本,保证箱梁施工品质。施工中,科学计划和管理提升模板的利用率,达到绿色施工的效果。随着国内建筑业的发展,桥梁建设的施工技术不断更新,现代桥梁施工对环保、工期及施工场地将提出更高的要求,使自动化液压模板施工工艺有着极大的推广前景。

参考文献

[1] 王贵东,成兴峰,李磊.70m预制箱梁全液压模板施工技术.铁道建筑技术,2006(2):41-43,46.

[2] 章海江,尹志敏,井维恒.整体式液压行走模板在箱梁预制中的应用[J].公路交通科技(应用技术版),2014,10(12):309-312.

[3] 王艳花.预制箱梁液压行走模板施工技术[J].建设科技,2017(10):131-132.

[4] 吴小飞,骆强,王全杰.液压整体式模板在40m箱梁施工中应用[J].公路交通科技(应用技术版),2018,14(08):23-24.

[5] 刘玉波.浅谈绿色施工技术在铁路预制箱梁场中的应用[J].中华民居(下月刊),2014(03):249-250.

32. 高栏港大桥辅助墩过渡墩围堰设计

李友清 吴 健 何 俊 郑登明
(中交路桥华南工程有限公司)

摘 要 高栏港大桥辅助墩、过渡墩承台设计为椭圆形,施工采用钢板桩围堰,两层内支撑,水下C25混凝土封底。根据围堰施工流程,对钢板桩围堰的计算工况进行分析,计算各工况下钢板桩围堰的强度、刚度。同时计算了钢围堰封底混凝土抗浮验算、封底混凝土抗沉验算、基坑底土抗隆起验算及封底混凝土抗拉验算,为同类型围堰设计提供参考。

关键词 椭圆形承台 钢围堰选型 钢板桩 水下封底 结构受力

一、承台简介

高栏港大桥跨越东东航道,跨径布置为110m + 248m + 700m + 248m + 110m = 1416m 的独柱塔分体式钢箱梁斜拉桥,主跨700m独塔双索面全飘浮体系斜拉桥。辅助墩、过渡墩承台形状兼顾了结构受力及水流的影响设计为椭圆形,承台平面尺寸为21m(顺桥向)×32m(横桥向),承台厚5m。基础为摩擦桩,每个承台采用10根直径3.0m钻孔灌注桩基础,护筒直径3.3m。辅助墩、过渡墩承台一般构造如图1所示。

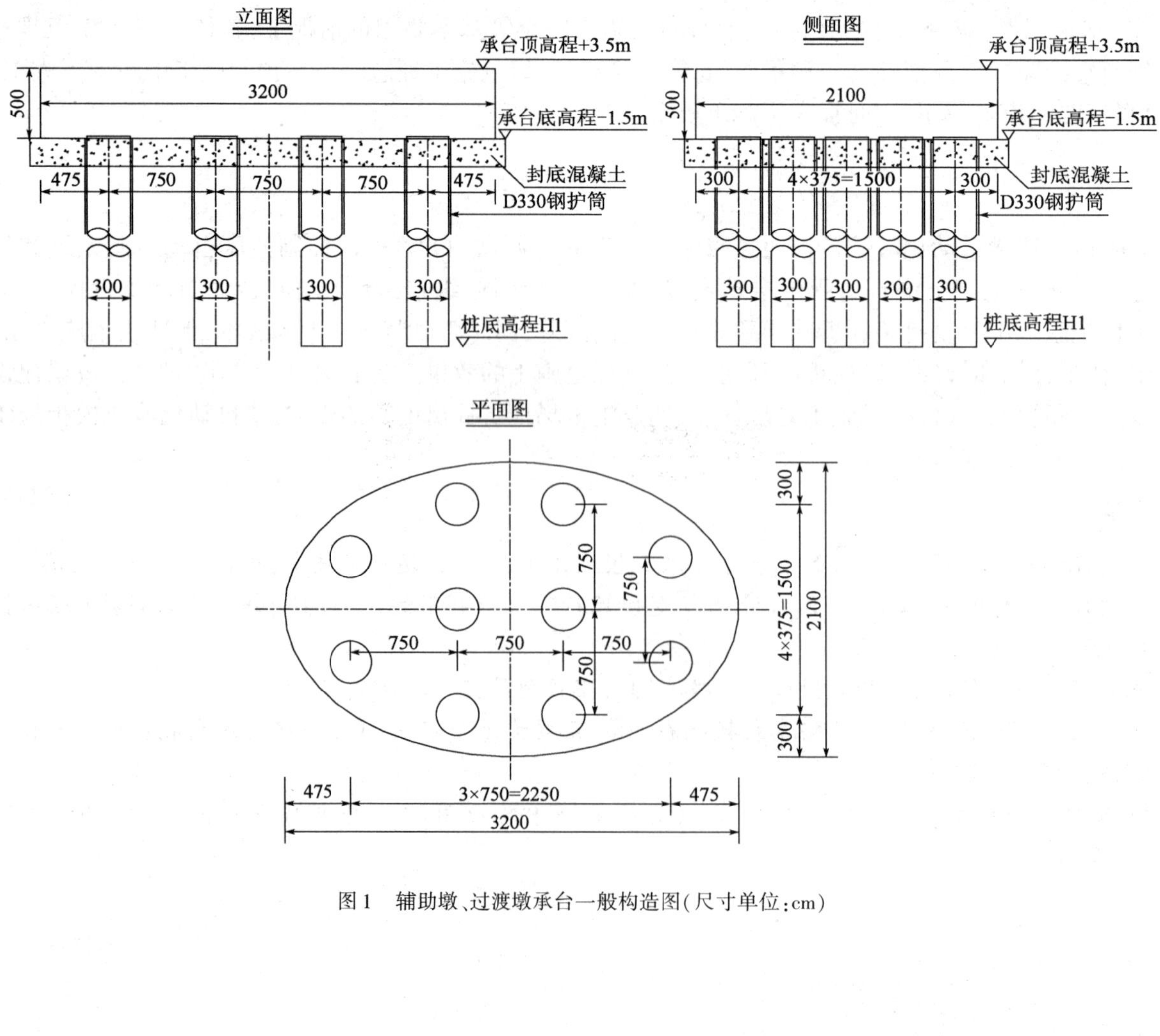

图1 辅助墩、过渡墩承台一般构造图(尺寸单位:cm)

二、围堰选型

水中承台施工常采用钢围堰,常用的钢围堰包括:钢板桩围堰、钢套箱围堰、钢吊箱围堰、钢管桩围堰等。各类钢围堰的适用条件见表1。

各类钢围堰的适用条件　　表1

项目	钢板桩围堰	钢套箱围堰	钢吊箱围堰	钢管桩围堰
覆盖层	覆盖层较厚的浅水水域	覆盖层较薄或地基承载力较高,基础底高程位于河床内或略高于河床	河床存在较厚的软弱土层,或基础底面距离河床面较高	河床覆盖层含有大量漂、砾石或存在水下障碍物,其他类型钢围堰下沉困难;并适用于河床为砂类土、黏性土、碎(卵)石类土和风化岩等水中深基坑开挖防护施工
水流条件	流速较小,小于2m/s	可适用于较大流速,大于2m/s	可适用于较大流速,大于2m/s	流速较小,小于2m/s
水深	水深宜控制在10m以内	水深宜控制在40m以内,深水低桩承台均可采用	适用于水深较大的高桩承台或构筑物	水深宜控制在15m以内
钢材用量	较少	相比钢板桩围堰,用钢量要大	相比钢板桩围堰,用钢量要大	用钢量介于钢板桩围堰与钢套箱、钢吊箱围堰之间
适用的构筑物	低桩承台,围堰外形可根据基础外形而相应采用矩形、圆形、圆端形,并根据水位或基坑深度及地质情况设置内部支撑或锚杆	水中低桩承台,围堰外形可根据水流速度、基础平面形状、水深情况选择圆形、矩形、圆端形;根据围堰下沉深度、下沉难易程度、荷载情况选择单壁、双壁或单双壁组合式	深水高桩承台,围堰外形可根据水流速度、基础平面形状选择圆形、矩形、圆端形;单壁、双壁结构的选择,应根据水压差及支撑情况确定	低桩承台,围堰外形可根据基础外形而相应采用矩形、圆形,圆端形,并根据水位或基坑深度及地质情况设置内部支撑或锚杆
制造难度	制作简单,难度较小	制作复杂,难度相对较大	制作复杂,难度相对较大	制作难度介于钢板桩围堰和钢套箱、钢吊箱围堰之间

辅助墩、过渡墩覆盖层较厚,覆盖层主要为淤泥、黏土、粉质黏土;工程沿线设计流速在0.61~1.34m/s之间;常水位水深在2.5~3.5m之间,桥位处受涨、落潮的影响,相对增水值在1.5m以上,最大增水2.49m。

承台设计为低桩承台,形状为椭圆形,根据承台结构形式、地质、水深及水流速度等因素,选用钢板桩围堰。

三、围堰设计及计算

1. 围堰构造

辅助墩、过渡墩承台施工采用钢板桩围堰。钢板桩围堰材料采用型号为JU600×210×18、材质为Q295P钢,结构由钢板桩,内、外围囹、内支撑组成。围堰设置围囹和内支撑,围堰主要材料使用如表2所示。

围堰材料使用表　　表2

序　号	构件名称	型　号
1	钢板桩	JU600×210
2	内围囹	2I56a 工钢
3	外围囹	I56a 工钢
4	内支撑	ϕ820×10mm 钢管

钢板桩围堰布置图如图2所示。

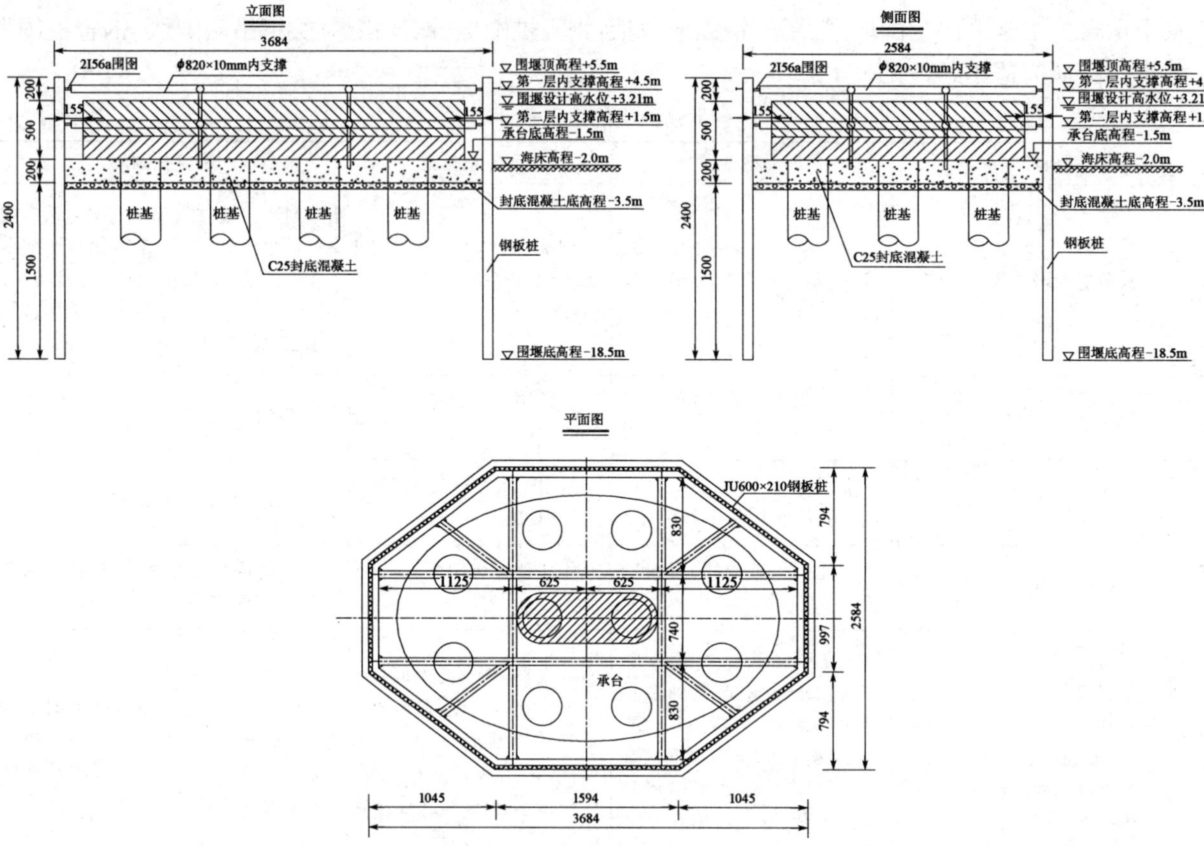

图2　辅助墩、过渡墩钢板桩围堰布置图(尺寸单位:cm)

围堰自上而下共设两层内支撑系统,高程分别为+4.5m和+1.5m,内围图采用2I56a工钢,外围图采用I56a工钢,内支撑采用$\phi820\times10$mm钢管。

2.施工流程

围堰施工流程如下所示:

步骤一:安装围图和插打钢板桩	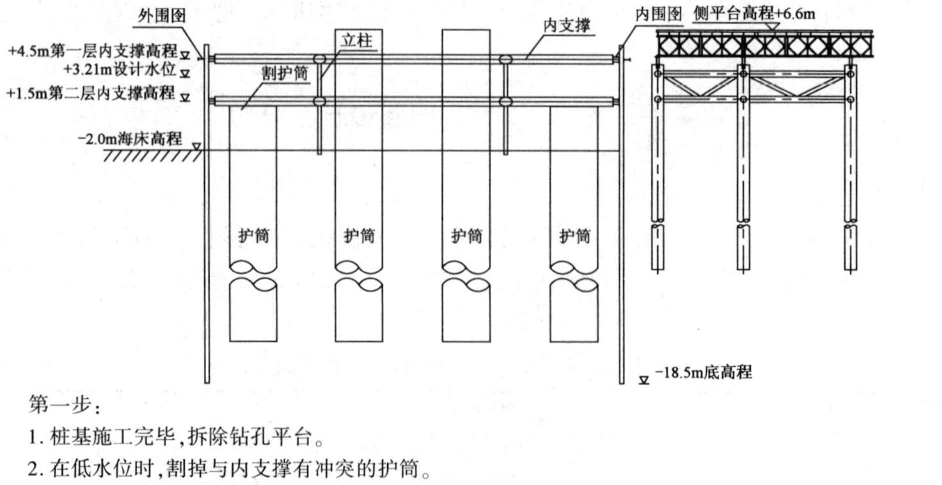 第一步: 1.桩基施工完毕,拆除钻孔平台。 2.在低水位时,割掉与内支撑有冲突的护筒。 3.安装钢管内支撑及内、外围图,作为导向架。 4.插打钢板桩至设计高程。 5.钢板桩与围图之间应密贴,如有空隙,应采取塞钢板或灌砂浆等措施,保证两者密贴,共同受力

续上表

<table>
<tr><td>步骤二:水下开挖基坑</td><td>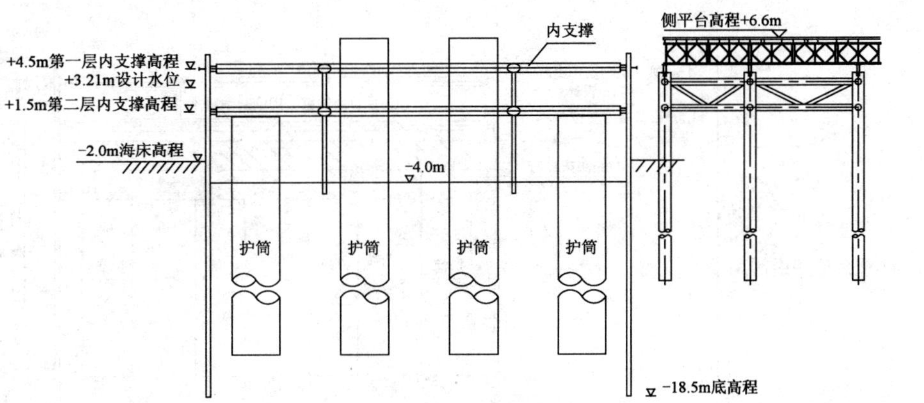

第二步:
1. 连续观察低水位高程并结合往年数据,确定连通孔高程。
2. 打开连通孔,保持内外水压一直处于平衡。
3. 围堰内水下开挖至基坑底高程 -4m</td></tr>
<tr><td>步骤三:抛片石、整平基底、浇筑封底混凝土</td><td>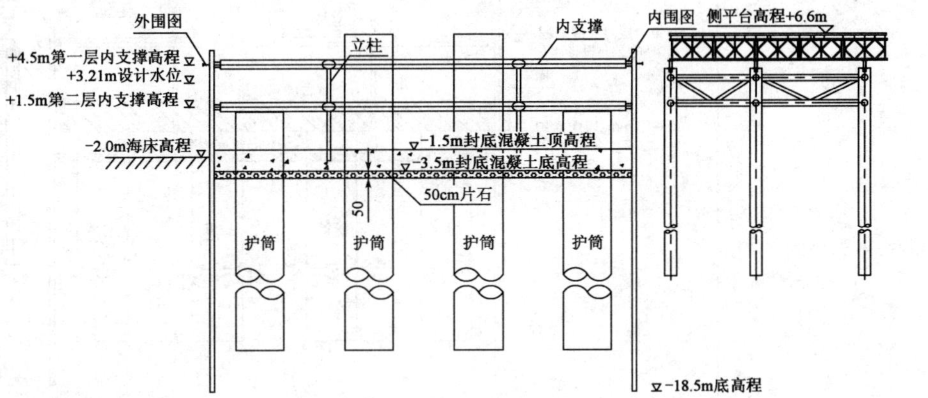

第三步:
1. 抛片石厚 0.5m(片石尺寸不宜大于 30cm),然后抛碎石填缝隙,整平。
2. 水下浇筑 2m 封底混凝土</td></tr>
<tr><td>步骤四:围堰内抽水</td><td>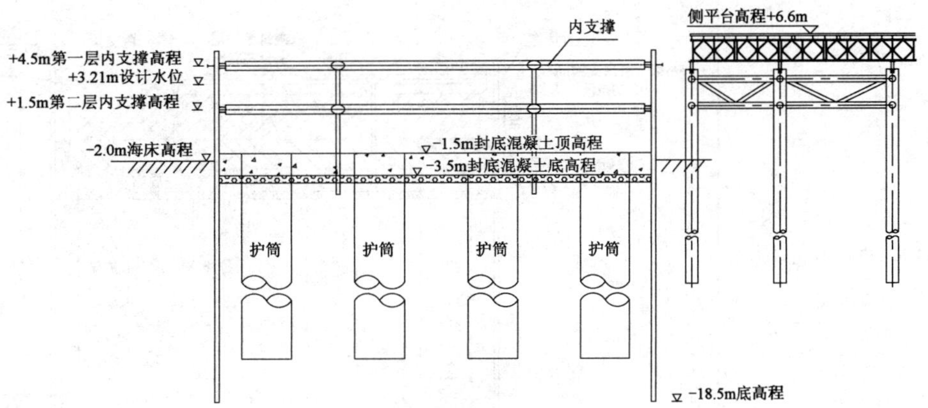

第四步:
1. 待封底混凝土强度满足设计要求后,关闭连通孔。
2. 抽水</td></tr>
</table>

续上表

步骤五：承台第一层施工

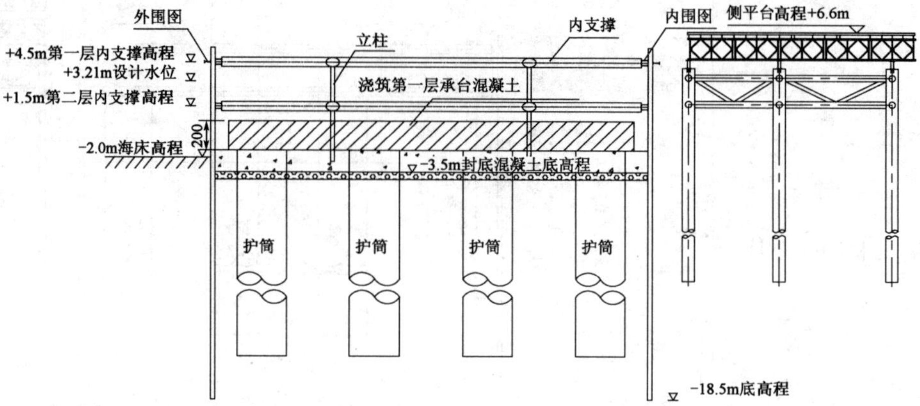

第五步：

1. 割护筒，破桩头，进入承台施工。

2. 施工第一层承台，厚度为2m

步骤六：体系转换

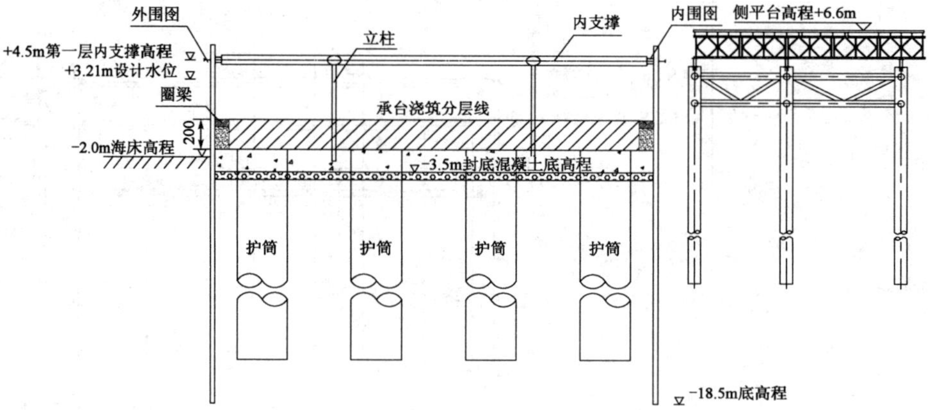

第六步：

1. 围堰内回填砂，然后浇筑圈梁，圈梁顶面在承台浇筑分层线以下10cm位置，圈梁厚度50cm，采用C30混凝土。

2. 拆除第二层围囹及内支撑，完成体系转换

步骤七：承台第二层施工

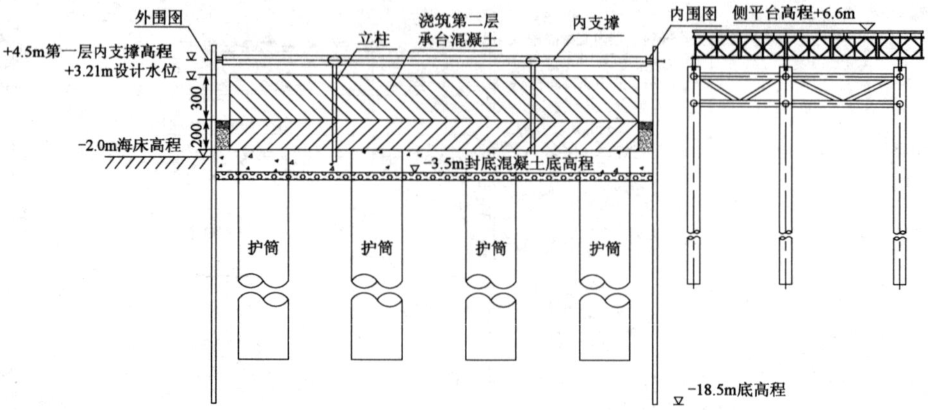

第七步：

施工第二层承台，厚度为3m

续上表

<table>
<tr><td>步骤八：围堰拆除</td><td>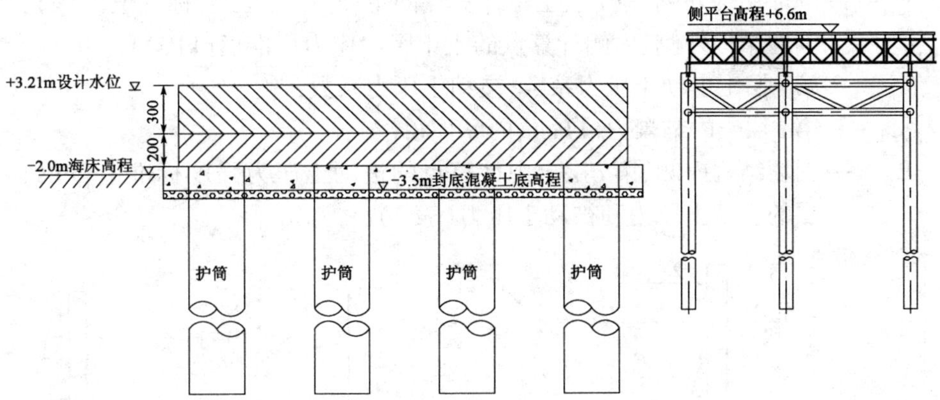

第八步：
1. 围堰内回灌水。
2. 拆除第一层支撑及围囹，拔出钢板桩，承台施工完成</td></tr>
</table>

3. 工况分析

根据围堰施工流程，确定以下三种不利工况：

工况一：水下基坑开挖至设计高程，开始浇筑封底混凝土前。

工况二：封底混凝土浇筑完毕，达到设计强度，抽除围堰内的水。

工况三：围堰内回填砂，然后浇筑圈梁，拆除第二层支撑及围囹，围堰边界约束条件发生改变。

采用 Midas 施工阶段分析，计算三个工况下钢板桩的强度、刚度和稳定性。计算钢围堰封底混凝土抗浮验算、封底混凝土抗沉验算、基坑底土抗隆起验算、封底混凝土抗拉强度验算。

4. 作用分类及组合

围堰承受的作用主要为：钢围堰的重力、土压力、风力、静水压力、动水压力、波浪力及施工荷载等，按不同工况进行组合，取其最不利组合进行设计。

钢围堰结构应按下列两种设计状况进行极限状态设计：

(1)短暂状况应作承载能力极限状态设计和正常使用极限状态设计；

(2)偶然状况应作承载能力极限状态设计。

按照《钢围堰工程技术标准》(GB/T 51295—2018)第 4.3.5 条进行承载能力极限状态设计、4.3.6 条正常使用极限状态设计及 4.3.7 条短暂状况构件应力计算。

(1)根据《钢围堰工程技术标准》(GB/T 51295—2018)第 4.4.5 条，计算简图如图 3 所示。

(2)土压力，根据《钢围堰工程技术标准》(GB/T 51295—2018)附录 A 作用在围堰结构上的土压力应按下式计算(图 4)。

主动土压力：

$$P_{ak} = \sigma_{ak} K_{a,i} - 2c_i \sqrt{K_{a,i}}$$

$$K_{a,i} = \tan^2\left(45° - \frac{\varphi_i}{2}\right)$$

被动土压力：

$$P_{pk} = \sigma_{pk} K_{p,i} + 2c_i \sqrt{K_{p,i}}$$

$$K_{p,i}=\tan^2\left(45°+\frac{\varphi_i}{2}\right)$$

式中：P_{ak}——围堰结构外侧，第 i 层土中计算点的主动土压力强度标准值（kPa），$P_{ak}<0$ 时，取 $P_{ak}=0$；

σ_{ak}、σ_{pk}——围堰结构外侧、内侧计算点的土中竖向应力标准值（kPa）；

$K_{a,i}$、$K_{p,i}$——第 i 层土主动土压力系数、被动土压力系数；

c_i、φ_i——第 i 层土的黏聚力（kPa）、内摩擦角（°）；

P_{pk}——围堰结构内侧，第 i 层土中计算点的被动土压力强度标准值（kPa）。根据公式计算出各土层的主动土压力和被动土压力（表 3）。

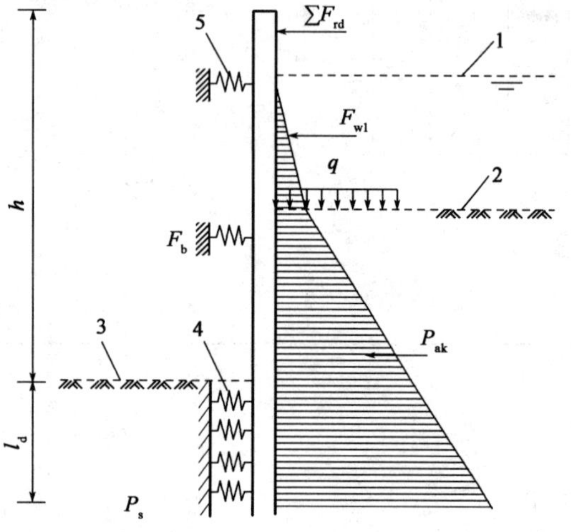

图 3　钢板桩计算示意图

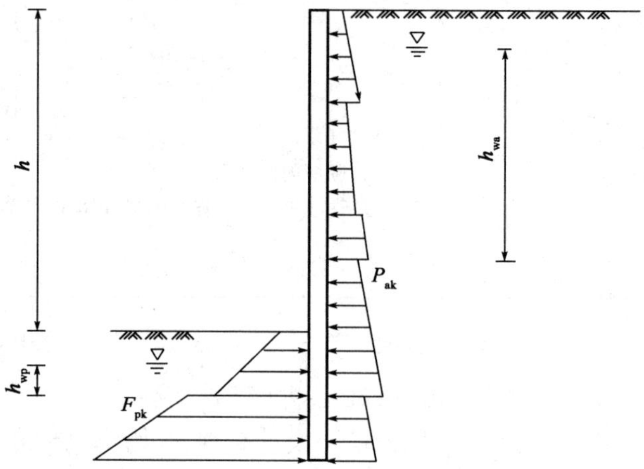

图 4　土压力计算简图

土压力计算结果　　表 3

层号	岩土名称	层底深度 (m)	层厚 (m)	内摩擦角 φ(°)	黏聚力 C(kPa)	重度 (kN/m³)	主动土压力 P_{ak}(kPa)	被动土压力 P_{pk}(kPa)
②$_1$	淤泥	2.4	2.4	3.0	2.2	15.8	30.0	0
②$_2$	淤泥	13.3	10.9	3.0	3.2	16.2	188.06	202.75
③$_{1k}$	黏土	16.2	2.9	12.7	16.1	19.1	172.01	452.51
④$_{2k}$	粉质黏土	25.2	9.0	10.3	23.8	17.7	93.09	415.15

（3）流水压力，根据《钢围堰工程技术标准》（GB/T 51295—2018）附录 A.2 作用在围堰结构上的流水压力应按下式计算：

$$F_{w1}=KA\frac{\gamma_w V^2}{2g}$$

式中：F_{w1}——流水压力标准值（kN）；

K——形状系数，圆端形取 0.6；

A——阻水面积（m²），计算至一般冲刷线处；

V——设计水流速度（m/s）；

g——重力加速度（m/s²）。

$$F_{w1}=KA\frac{\gamma_w V^2}{2g}=0.6\times5.21\times25.73\times\frac{10\times1.34^2}{2\times10}=72.2(\text{kN})$$

流水压力合理的着力点，根据规范取设计水位线以下 0.3 倍水深处。

(4)风荷载,根据《钢围堰工程技术标准》(GB/T 51295—2018)附录 A.2.2 作用在围堰结构上的风荷载应按下式计算:

$$F_{\mathrm{H}} = \frac{1}{2}\rho V_{\mathrm{g}}^{2} C_{\mathrm{H}} A_{n} = \frac{\rho}{2} G_{\mathrm{V}}^{2} V_{10}^{2} \left(\frac{z}{10}\right)^{2\alpha} C_{\mathrm{H}} A_{n}$$

式中:ρ——空气密度(kN/m^3),取为1.25;

V_{g}——静阵风风速(m/s);

α——地表粗糙度系数,根据规范取0.12;

z——围堰水面以上高度(m),根据规范取0.01m;

G_{V}——静阵风系数,取1.28;

C_{H}——构件的阻力系数,取1.0;

A_n——构件顺风向投影面积(m^2);

V_{10}——结构基本风速(m/s),为开阔平坦地貌条件下,地面以上10m高度处,100年重现期的10min平均年最大风速。根据设计文件 $V_{10}=46m/s$。

$$F_{\mathrm{H}} = \frac{\rho}{2} G_{\mathrm{V}}^{2} V_{10}^{2} \left(\frac{z}{10}\right)^{2\alpha} C_{\mathrm{H}} A_{n}$$

$$= \frac{1.25}{2} \times 1.28^{2} \times 46^{2} \times \left(\frac{0.01}{10}\right)^{2\times 0.12} \times 1.0 \times 36.73 \times 2.29 = 34727(\mathrm{N})$$

(5)波浪荷载计算。

作用于钢围堰上的波浪按波态可分为立波、远破波和近破波三种波态。设计水位至海床高差约5.21m,波浪高2.4m,属于立波。

波浪压力强度按下式进行计算:

$$\frac{p}{\gamma d} = A_{\mathrm{p}} + B_{\mathrm{p}} (H/d)^{q}$$

经计算波浪顶面波浪压力=36.9kPa,1/2H位置波浪压力=16.1kPa,底面波浪压力=14.3kPa。

辅助墩、过渡墩钢板桩采用Midas有限元分析软件进行建模分析,将上述荷载加载到模型上,土压力、流水压力和波浪压力以面荷载加载,风荷载以线荷载加载,模拟各工况下结构的受力。边界:土层对钢板桩约束采用节点弹性支撑进行模拟,钢板桩与围囹,围囹和内支撑采用弹性连接。钢板桩有限元模型如图5所示。

基坑稳定性系数:钢围堰封底混凝土抗浮稳定系数 $K=1.15$,封底混凝土抗沉安全系数 $K=1.1$;基坑抗隆起系数 $K=1.8$。

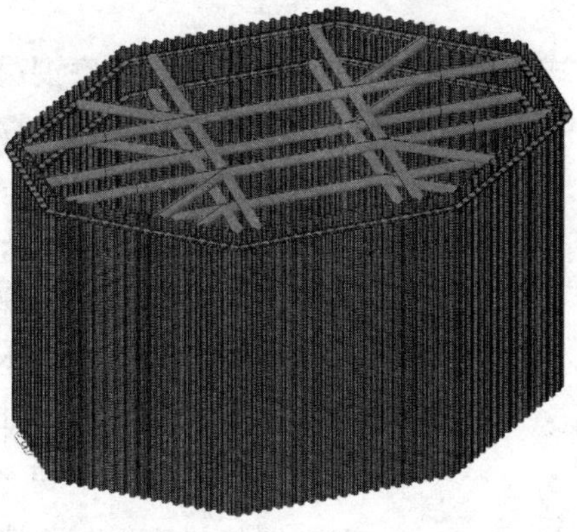

图5 钢板桩有限元模型

5. 围堰计算分析

1)钢板桩计算结果

根据Midas有限元软件施工阶段分析,各工况下钢板桩围堰计算结果见表4。

各计算工况结果汇总表 表4

构件名称	工况一	工况二	工况三	规范要求值
钢板桩应力	64.7MPa	102.2MPa	135.5MPa	295MPa
围囹应力	114.8MPa	91.0MPa	62.8MPa	215MPa
内支撑应力	28.7MPa	27.4MPa	27.2MPa	215MPa
钢板桩变形	6.2mm	4.6mm	6.4mm	38.3mm

2)钢围堰封底混凝土抗浮验算

最不利工况:工况二为最不利工况,即完成封底混凝土,外侧水位+3.21m,内侧抽水完毕后围堰整体抗浮稳定性验算。

荷载:钢板桩围堰自重 G_1(仅考虑河床以上部分)、封底混凝土(总厚度2.0m,有效高度1.7m,有0.3m考虑为调平层)自重 G_2、护筒与封底混凝土(总厚度2.0m,有效高度1.7m,有0.3m考虑为调平层)之间的黏结力 N、浮力 F。

钢板桩围堰(包括内支撑及围囹)自重 $G_1\downarrow$:

仅计算河床以上钢板桩围堰(包括内支撑及围囹)自重:$G_1=5000(\text{kN})\downarrow$

封底混凝土自重 $G_2\downarrow$:

$$G_2=24\times(684.6-\pi\times1.652\times10)\times1.7=24443.8(\text{kN})\downarrow$$

护筒与封底混凝土之间的黏结力 $N_1\downarrow$,钢与混凝土黏结力:一般取100~200kN/m²,取120kN/m²;

$$N_1=\pi\times3.3\times1.7\times120\times10=21138.5(\text{kN})\downarrow$$

浮力 $F\uparrow$

$$F=(684.6-\pi\times1.65^2\times10)\times10\times6.71=40200.5(\text{kN})\uparrow$$

整体抗浮稳定系数:

$$K=\frac{G_1+G_2+N_1}{F}=\frac{5000+24443.8+21138.5}{40200.5}=1.26>1.15$$,封底混凝土满足抗浮稳定性要求。

3)封底混凝土抗沉验算

根据《钢围堰工程技术标准》(GB/T 51295—2018)第4.6.2条验算承台施工过程中封底混凝土抗沉验算。工况三为最不利工况,即完成封底混凝土,浇筑第一层承台混凝土(2m),低潮位水位0.024m时,验算封底混凝土抗沉验算:

$$\frac{F_1+F_2+F_w}{G_c+F_s+P_{ut}}\geqslant K_c$$

式中:F_1——桩基钢护筒与封底混凝土摩阻力的最小值(kN);

F_2——钢围堰与封底混凝土摩阻力的最小值;

F_w——水的浮力标准值(kN);

G_c——封底混凝土自重(kN);

F_s——施工期作用在封底混凝土上的承台自重及施工期最大活载(kN)。

P_{ut}——波谷时方向向下的波浪力(kN)。

F_1 桩基护筒与封底混凝土之间的黏结力,钢与混凝土黏结力:一般取100~200kN/m²,取120kN/m²;

$$F_1=\pi\times3.3\times1.7\times120\times10=21138.5(\text{kN})\uparrow$$

F_2——钢围堰与封底混凝土摩阻力的最小值:

$$F_2=97.6\times1.7\times120=19910.4(\text{kN})\uparrow$$

F_w——水的浮力标准值:

$$F_w=10\times[0.024-(-3.5)]\times684.6=24125.3(\text{kN})\uparrow$$

G_c——封底混凝土自重:

$$G_c=24\times(684.6-\pi\times1.65^2\times10)\times1.7=24443.8(\text{kN})\downarrow$$

F_s——施工期作用在封底混凝土上的承台自重(kN):

$$F_s=26\times527.8\times2=27445.6(\text{kN})\downarrow$$

其中承台钢筋混凝土重度取26kN/m³。

$$\frac{F_1 + F_2 + F_w}{G_c + F_s + P_{ut}} = \frac{21138.5 + 19910.4 + 24125.3}{24443.8 + 27445.6} = 1.26 > 1.1$$

承台施工过程中封底混凝土满足抗沉要求。

4）基坑底土抗隆起验算

最不利工况：工况一为最不利工况，即当基坑开挖至坑底（-4m）时，还没浇筑封底混凝土前为最不利工况。须验算坑底的承载力，承载力不足，将导致坑底土的隆起。

本工程基底抗隆起计算参照 Prandtl（普朗德尔）和 Terzaghi（太沙基）的地基承载力公式，并将桩基底面的平面作为极限承载力的基准面，承载力安全系数的验算公式如下：

$$K_s = \frac{N_c \times c + N_q \times \gamma \times t}{\gamma(h+t)+q} \geqslant 1.8$$

式中：N_q、N_c——按 Prandtl 公式时，

$$N_q = e^{\pi\tan\varphi}\tan^2(45° + \varphi/2),N_c = (N_q - 1)/\tan\varphi$$

c——土的黏聚力（kPa）；

φ——土的内摩擦角（°）；

γ——土的重度（kN/m^3）；

t——支护结构入土深度（m）；

h——基坑开挖深度（m）；

q——地面荷载（kPa）。

基底抗隆起计算简图如图 6 所示。

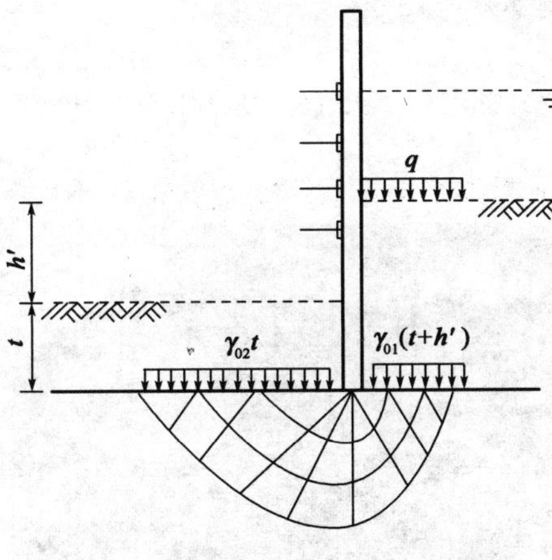

图 6　基底抗隆起计算简图

粉质黏土层：$\gamma = 17.7kN/m^3$；$\varphi = 10.3°$；$c = 23.8$

$$N_q = \tan^2(45° + \varphi/2) \times e^{\pi\tan\varphi} = 2.54;N_c = (N_q - 1)/\tan\varphi = 8.46$$

$$K_s = \frac{N_C \times c + N_q \times \gamma \times t}{\gamma(h+t)+q} = \frac{8.46 \times 23.8 + 2.54 \times 17.7 \times 14.5}{17.7 \times (2.0 + 14.5)} = 2.92 > 1.8$$

结论：基坑底土满足抗隆起稳定性要求。

5）封底混凝土抗拉验算

最不利工况：工况二为最不利工况，即完成封底混凝土，外侧水位 +3.21m，内侧抽水完毕后验算封底混凝土抗拉强度。

封底混凝土总厚度 2m，有效厚度为 1.7m，考虑 0.3m 的调平层不计入计算，封底混凝土重度 $24kN/m^3$，封底混凝土自重由软件自动加载。设计高水位 +3.21m，基坑底高程 -4m，内侧抽水完毕后验算封底混

凝土抗拉强度(图7～图9)。

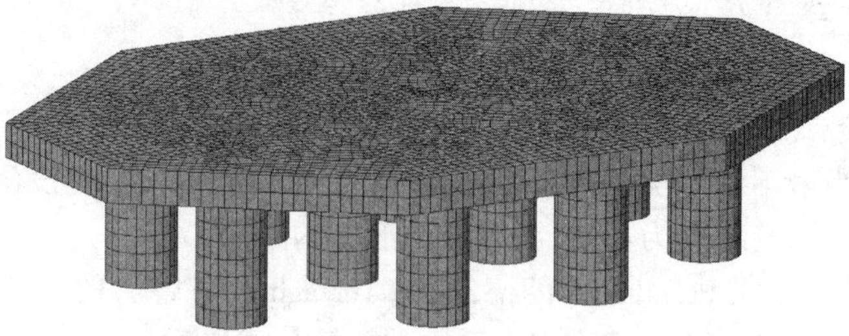

图7　封底混凝土实体有限元模型

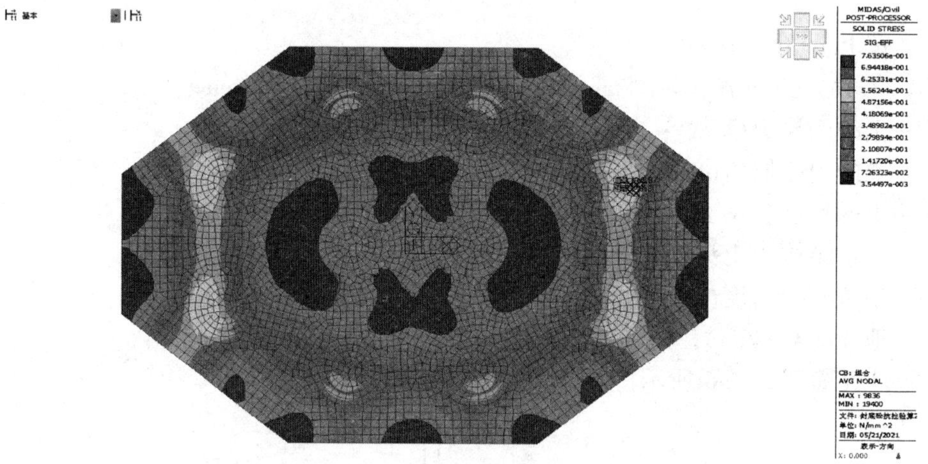

图8　封底混凝土最大组合拉应力图(单位:MPa)

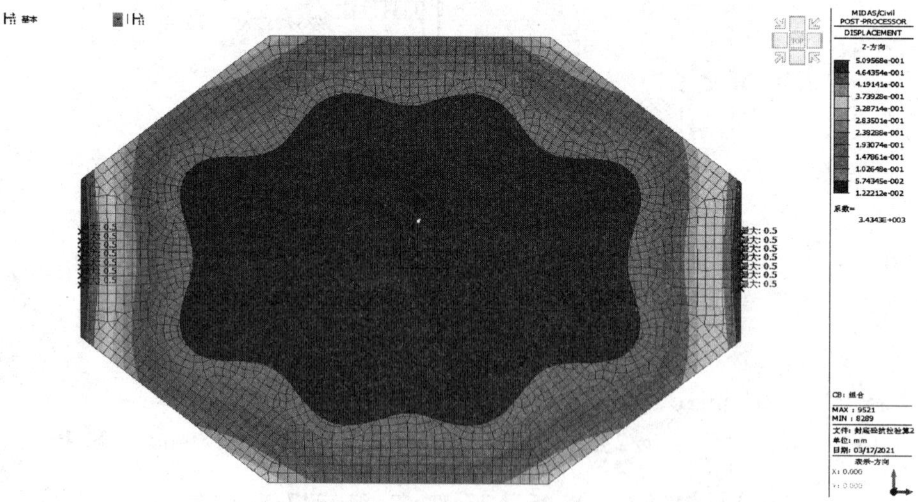

图9　封底混凝土最大位移图(单位:mm)

封底混凝土最大拉应力为0.8MPa,小于C25混凝土的抗拉强度设计值1.27MPa,封底混凝土抗拉验算满足设计要求。

四、结　　语

根据各类钢围堰的适用条件,高栏港大桥过渡墩、辅助墩承台施工采用钢板桩围堰。根据钢板桩围堰的施工流程,得到钢板桩围堰的不利工况进行计算分析。通过计算分析,钢板桩围堰的强度、刚度和稳定性均满足要求。现场施工情况良好，为同类型椭圆形承台围堰施工提供参考。

参考文献

[1] 中华人民共和国住房和城乡建设部. 钢围堰工程技术标准：GB/T 51295—2018［S］. 北京：中国建筑工业出版社，2018.

[2] 中华人民共和国交通运输部. 公路桥涵施工技术规范：JTG/T 3650—2020［S］. 北京：人民交通出版社股份有限公司，2020.

33. 高压旋喷桩在大堤侧软土基坑中的应用研究

黄修平[1,2] 刘 鸽[1,2]

（1. 中交第二航务工程局有限公司；2. 长大桥梁建设施工技术交通行业重点实验室）

摘 要 依托广东省一大堤侧某软土基坑工程实例，对板桩和双壁钢围堰方案进行了比选，采用高压旋喷桩对基坑底部软土进行加固处理，取代封底混凝土，形成组合支护结构体系，为类似软土基坑设计与施工提供借鉴。

关键词 软土 基坑 高压旋喷桩 钢板桩 双壁钢围堰 加固

一、引 言

珠三角地区的软土天然含水率高、孔隙比大、压缩性高、抗剪强度低、承载力低。在软土地区施工桥梁基础时，基坑的设计与施工难度较大，若基坑周边存在不平衡水平推力，则需考虑的因素更多。若支护形式选择、土层参数取值、施工方法采用不合理，都可能对基坑产生较大影响甚至发生工程事故，如基坑变形大、整体滑移、基坑隆起等。因此，大堤侧软土基坑的设计与施工已经成为岩土工程的一个新课题。

二、工 程 概 况

主桥为上承式混凝土葵花形拱桥，跨径组合为 40m + 4 × 58m + 40m，主桥全长 312m，跨越上横沥水道。其中边主墩（61#、65#）在大堤内侧，为圆端形承台，全长 42m，宽 14.9m，厚 3m，承台基础为 18 根钻孔灌注桩（ϕ2500 的灌注桩 12 根，ϕ2200 的灌注桩 6 根）。大堤高程 +9.12m，靠近河道处泥面约 -1.0m，承台两侧高差较大。为了施工承台，需开挖基坑，并且要保证大堤的稳定性。

上横沥水道水深在 0.5 ~ 14.6m 范围，具半日潮特点，潮差明显，钻探期间约为 1.5 ~ 3.5m，根据测量成果，水下地形起伏较小，河床高程约为 0.8 ~ -9.30m。根据地勘资料，钻孔揭露的岩土层，第四系覆盖层主要为软土（淤泥、淤泥质土及淤泥质砂）、亚黏土及砂层，呈间隔分布特征；基底为燕山三期花岗岩、次石英斑岩岩层。基岩岩质极硬，但局部较破碎。承台坐落于软土层中，其地质参数如下：$c = 4.5\text{kPa}$，$\varphi = 5°$，$r = 16.6\text{kN/m}^3$，$m = 4000\text{kN/m}^4$。

其余自然条件如下：

高水位：+7.22m；

常水位：+5.38m；

低水位：+4.28m；

水流速度：1.5m/s；

正常工作风速：13.8m/s；

最大风速：24.4m/s。

边主墩典型剖面如图1所示。

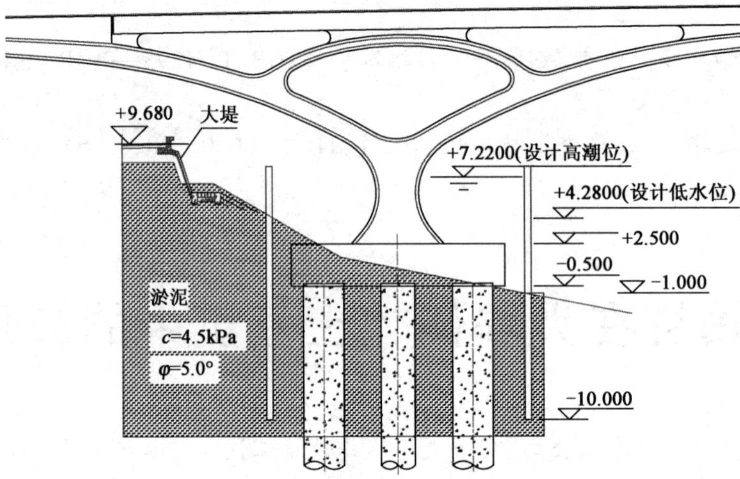

图1 边主墩典型剖面图(高程单位:m)

三、支护结构比选

由于墩位处地质起伏较大,靠近岸侧板桩处泥面约+4.5m;且墩位旁是大堤,不平衡土压力较大,大堤对支护结构受力影响较大,围堰内土体开挖时可能会导致结构失稳。针对该项目,钢板桩围堰和双壁钢围堰均满足承台承台施工的要求,其主要特点见表1。

钢板桩围堰与双壁钢围堰对比表 表1

项目	钢板桩围堰	双壁钢围堰
受力机理	以桩体作为基本的受力单元,桩体两侧的被动土(水)压力与主动土(水)压力保持平衡,同时内支撑作为约束条件形成空间受力体系	由内外壁板、竖向次梁、隔仓板、水平环板、水平撑等形成空间受力体系,由围堰自身就结构体系来承受外部土压力及水压力
施工工艺	先制作导向梁并进行钢板桩插打,再根据情况进行内部挖泥与内支撑安装,水下封底达到强度后抽水完成形成干作业环境	先在后场整体加工,浮运至现场,浮吊直接起吊下放,吸泥下沉,水下封底达到强度后抽水完成形成干作业环境
优点	能够快速进场,可以边施工钻孔桩边插打钢板桩、能快速形成围堰;轻型设备即可施工;钢板桩可以周转使用;拆除方便	围堰后场加工,浮运起吊下放,节省工期;双壁围堰整体刚度大,基坑开挖时,对大堤稳定性影响较小
缺点	围囹支撑需现场焊接,焊接工作量较大	用钢量大,拆除困难,且难以回收再利用

经过比选研究,本项目采用钢板桩围堰施工方案,靠河侧采用沙袋回填,减小不平衡土压力,基坑底采用高压旋喷桩进行封底。

四、基坑支护设计

1.高压旋喷桩加固机理

高压旋喷技术是指利用工程钻机,将旋喷注浆管至于预定的地基加固深度,通过边旋转钻杆边提升钻头,将水泥浆以一定的压力从喷嘴中喷射液流,切削周边土体并与之搅拌混合,形成水泥与土的混合加固体,从而达到提高土体的物理力学性能指标。加固强度与单位加固体中的水泥含量、水泥黏稠度和土质有关。高压旋喷技术可以用来提高建筑物的地基承载力,可以用于基坑工程的土体加固,减小基坑位移,防止涌土和隔水等。

2. 基坑支护设计

采用钢板桩做基坑支护结构，靠河侧采用沙袋回填，基坑底部采用旋喷桩进行封底加固。

钢板桩围堰内轮廓尺寸在承台外轮廓尺寸的基础上外扩 1.5m，板桩采用 SKSP－VL 型号，长 18m。设置两道支撑体系，高程为 +1.00m。围囹采用 2HM588×300 型钢，内支撑采用 $\phi 800\times10$、$\phi 630\times8$ 钢管。

采用旋喷桩加固后的土体，结合经验，取处理后的土体参数为 $c=40\text{kPa}$，$\varphi=14°$。

围堰开挖到位时如图 2 所示，承台混凝土施工如图 3 所示。

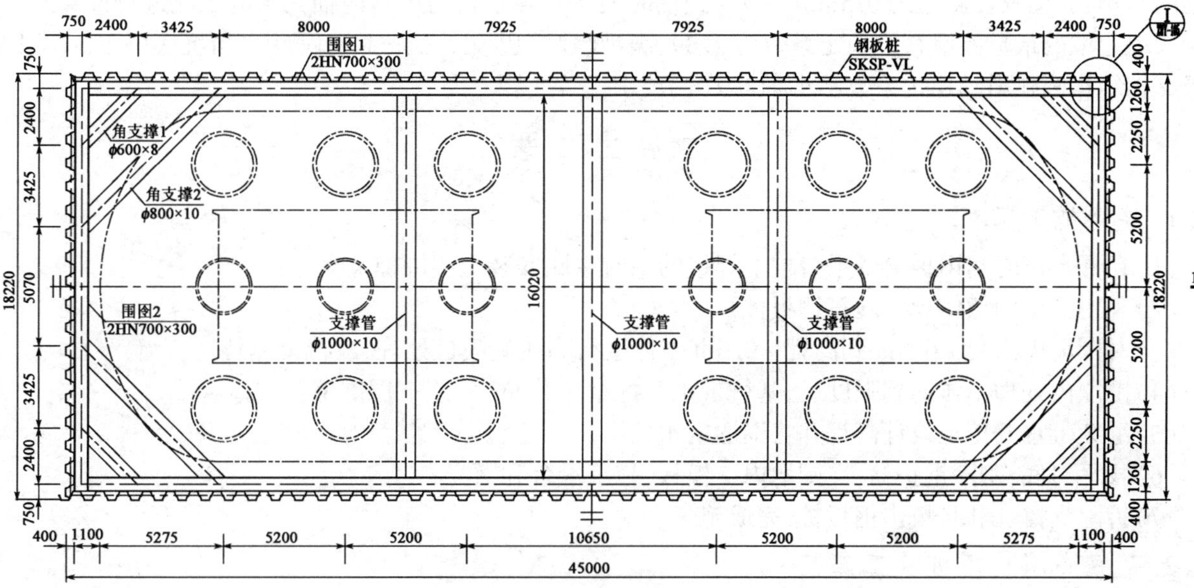

图 2 围堰开挖到位时（尺寸单位：mm）

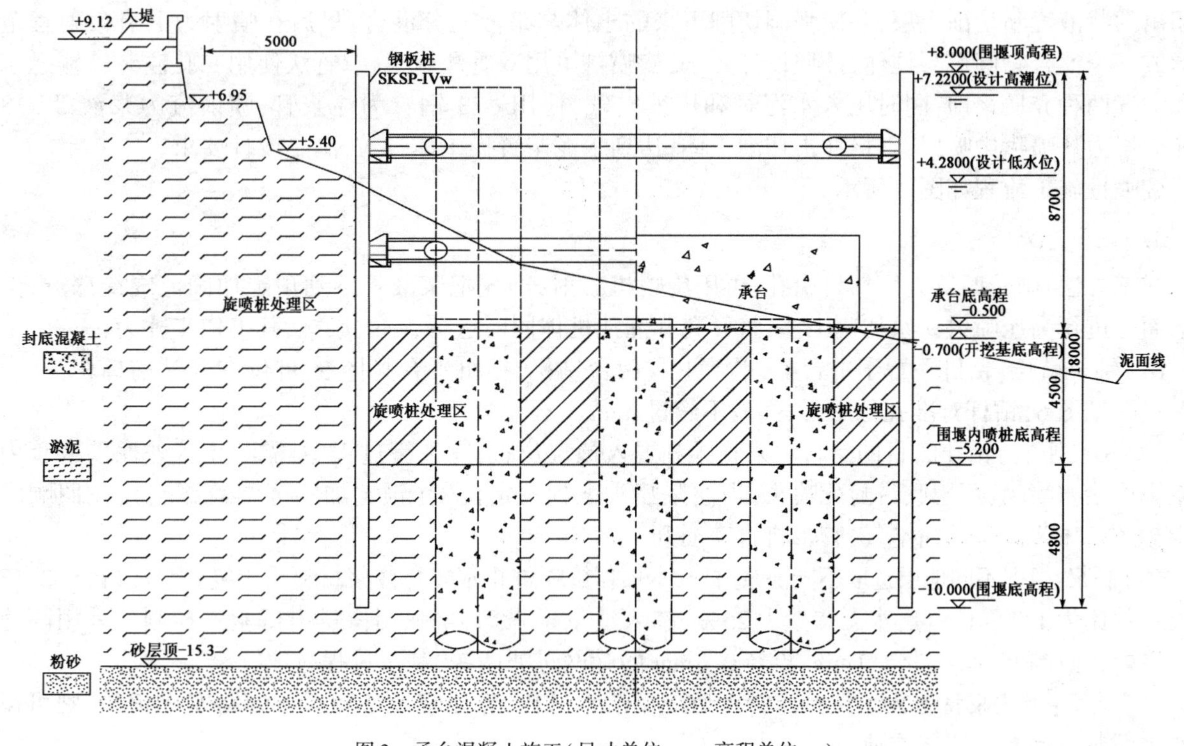

图 3 承台混凝土施工（尺寸单位：mm；高程单位：m）

3. 计算结果

采用 Midas Civil 对板桩围堰结构受力计算，将板桩等效成竖向的弹性地基梁，模拟整个施工过程，共分2种工况，高水位施工和低水位施工，并考虑潮差引起的0.5m剩余水压力的影响。

算得板桩的最大应力为146MPa，围囹及支撑的最大应力为127MPa，强度满足要求；最大位移为围堰顶口的49mm，刚度满足要求；经计算各杆件的稳定性也满足要求；对围堰的抗隆起稳定性，抗倾覆稳定性进行验算，均满足要求。

采用 Slide 软件中 Bishop Simplified 法对整个大堤边坡和基坑进行稳定性分析，考虑承台桩基对边坡稳定的影响，大堤及江侧考虑0.5m水头差（退潮时残余孔隙水），对围堰内抽完水的工况进行计算。

大堤边坡的最危险滑移面稳定系数为2.39，满足《建筑边坡工程技术规程》中"当坑底以下为软土时三级支挡结构圆弧滑动稳定系数不小于1.7"的要求。

五、施 工 工 艺

1. 整体施工工艺

（1）在低水位时利用护筒及平台桩上焊接的临时牛腿安装上层围檩及支撑；

（2）利用上层围檩作导向施打钢板桩；

（3）对围堰内高程 -6.3m 到高程 -0.5m 土体进行高压旋喷桩处理，改善土体特性；

（4）围堰内处理土体达到强度后，基坑带水开挖至 +1.0m，安装下层围檩及支撑；

（5）继续带水开挖至设计高程并将围堰内水抽干；

（6）找平封底，割除钢护筒，在围堰内支模板，施工承台和墩身；

（7）拆除支撑、围囹，拔出钢板桩，完成施工。

2. 基底高压旋喷桩施工工艺

旋喷桩施工过程中先用钻机引孔，用高压泵（一般为25MPa）将水泥浆液通过特殊注浆管端头的喷嘴（ϕ1.8），以高速喷入土层，喷嘴在喷浆液时，一面缓慢旋转（10r/min）、一面徐徐提升（10～15cm/min），高压喷出的浆液不断切削土层，并使强制切削下来的土体与浆液充分混合，最后在喷射力的有效射程范围内形成一个混合物圆形凝柱体，按照设计要求，旋喷桩采用双管法施工，双管法使用二孔注浆管输送水泥浆和空气两种介质。即：同时压入水泥浆和压缩空气，使用 ϕ73 钢管为注浆管，喷射流为浆液，以18～22MPa压力从喷嘴中喷出，直接冲击切削土体，达到水泥浆置换土体颗粒，满足设计要求。

旋喷桩施工流程如图4所示。

3. 施工方法

施工方法：施工时首先用钻机引孔，再用旋喷机喷射，即先把浆液管下到预定加固范围最深点，然后自下而上进行高压喷射注浆切割土体，将开孔和灌注桩体同时进行，一次成桩，其工作步骤为：

（1）钻机就位：钻机平置于平台上，平台上放两台钻机，钻机平台见图5，桩位在开钻前标识清晰，桩位布置图见图6，钻杆对准孔位中心，偏差不超过5cm。

（2）钻孔下管：钻孔的目的是将注浆管顺利置入预定位置，在下管过程中，需防止管外泥砂或管内水泥浆小块堵塞喷嘴，可用胶带封死喷头，当注浆喷头下到预定位置（预定加固范围最深点），按照顺序往管内输送高压浆液和压缩空气，胶带将自动崩开。

（3）制浆：根据不同地层选取不同注浆材料，本项目旋喷桩止水帷幕注浆材料采用复合水泥（P. C32.5R），浆液水灰比为1:1～1.5:1，水泥掺量为25%，掺入适量早强剂，早强剂掺量由试验室控制。采用高速搅拌机搅拌，纯拌和时间不少于1min，再经0.8mm的筛网过滤两次，制浆过程应连续。

（4）试管：当注浆管置入土层预定深度后应用清水试压，若注浆设备和高压管路安全正常，则可搅拌制作水泥浆开始高压注浆作业。

（5）高压注浆作业：高压射浆自下而上连续进行，注意检查浆液初凝时间、注浆流量、压力、旋转和提升速度等参数,应符合操作规程要求。本工程喷射压力取 18 ~ 22MPa,气流压力宜取 0.7MPa,根据现场实际情况调整。若其他参数不变,提高喷射压力即射流能量大,加固范围则相应增大,效果好;若提升速度和旋转速度适当降低也可以增大加固半径,在射浆过程中参数可随土质不同改变,若参数不变,则容易造成材料浪费或降低旋喷效果。

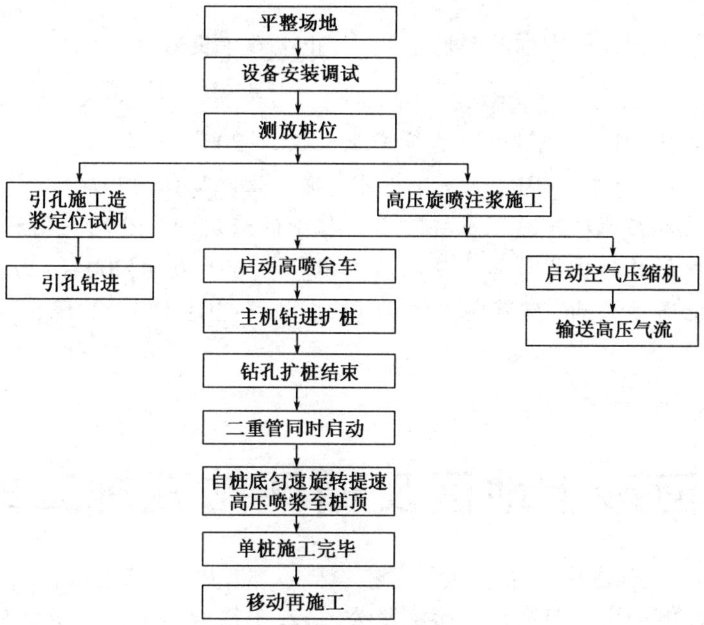

图 4 旋喷桩施工流程图

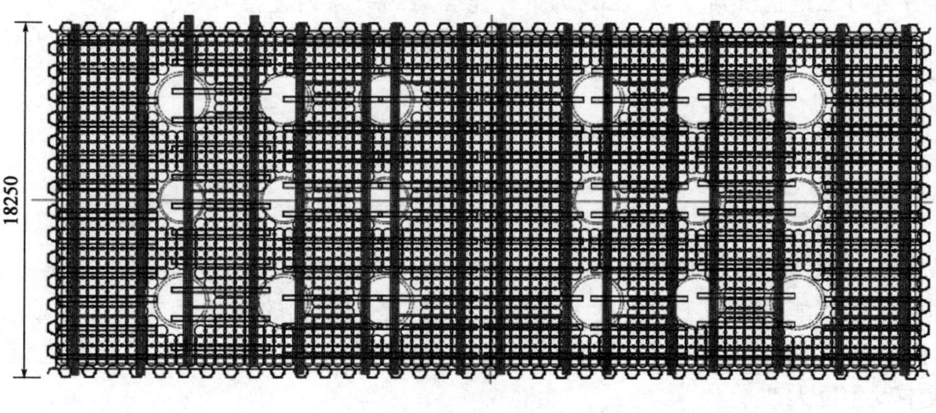

图 5 钻机平台

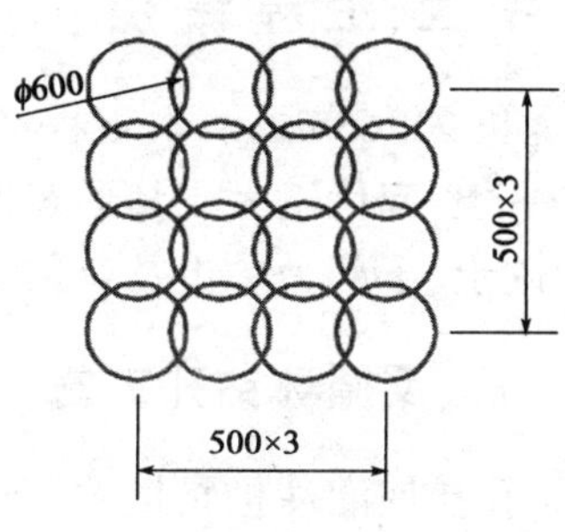

图 6 桩位布置详图(尺寸单位:cm)

(6)喷浆结束与拔管:喷浆由下而上至设计高度后,拔出喷浆管,喷浆即告结束,把浆液填入注浆孔中,多余的清除掉,但需防止浆液凝固时产生收缩的影响,拔管要及时,切不可久留孔中,否则浆液凝固后将难以拔出。

(7)注浆设备清洗:当喷浆结束后,立即清洗高压泵、输浆管路、注浆管及喷头。

六、结　　语

(1)大堤侧软土基坑采用钢板桩支护和土体加固的思路是适用的,高压旋喷桩增加了被动区土压力,保证了基坑的稳定性。

(2)高压旋喷桩代替了钢板桩围堰的封底混凝土,止水效果良好。

参考文献

[1] 龚晓南. 地基处理手册[M]. 北京:中国建筑工业出版社,2008.

[2] 常士骠,张苏民. 工程地质手册[M]. 北京:中国建筑工业出版社,2007.

[3] 李方政. 高压旋喷技术在地铁车站深基坑防水工程中的应用[J]. 公路交通科技,2003(2):21-23.

[4] 杨光华. 深基坑支护结构的实用计算方法及其应用[J]. 岩土力学,2004(12):1885-1896,1902.

[5] 中华人民共和国交通运输部. 建筑基坑支护技术规程:JGJ 120—2012[S]. 北京:人民交通出版社,2012.

34. 浅谈黄河砂土地区反循环钻孔施工的超方问题

孟建玮[1]　张广瑜[2]　潘　静[1]　郑律君[2]　卫志远[2]

(1. 河南省黄河高速公路有限公司;2. 中铁四局集团有限公司)

摘　要　黄河砂土地区土质复杂,在施工中可能会碰到一系列复杂问题,本文以工程实例为背景,探讨了在黄河砂土地区采用反循环钻孔进行桩基施工时出现的超方扩径的问题以及解决办法,希望为类似的工程提供经验。

关键词　黄河砂土　钻孔　灌注桩施工

一、引　　言

黄河流域地域辽阔,随着我国的建设发展,不可避免地要在黄河砂土地区进行桥梁工程施工。黄河地区砂土地质的存在可能会使施工的难度大大提高,尤其是桩基础的施工会出现许多难点,尤其是超方扩径的问题,不仅会大大提高桥梁造价,还会使成桥形态与设计初衷相违背,可能导致抗震设计等特殊设计的效果和成本发生巨大改变。

二、工程概况

某工程位于我国河南省境内,路线全长21.655km。本工程经过区域以洪积平原、洼地、泛滥平地及黄河滩地为主,地形条件相对较好,地势平坦,起伏不大。其形态特征是以砂性土夹黏性土及砂层的工程地质区,为黄河冲积层冲沟发育,上部亚砂土,下部为黏土及亚黏土互层,局部夹有细砂层。

三、反循环钻孔工艺

本工程采用反循环钻孔工艺施工,钻孔扩底灌注桩是把按等直径钻孔方法形成的桩孔钻进至预定深度,换上扩底钻头后,通过加压撑开钻头的扩孔刀具并使之旋转切削地层形成扩大孔底,成孔后放入钢筋笼,灌注混凝土形成的桩身细、底部粗,具有比较大承载力的扩底桩。扩底钻进通常采用排渣性能好的泵吸反循环方法。本工程钻孔桩采用反循环钻机钻孔,膨润土泥浆进行护壁。采用换浆法进行清孔,钻孔达到设计高程后,停止进尺,稍提钻斗离孔底10~20cm空转数转,然后将钻头提出,然后注入净化泥浆置换孔内含渣的泥浆。严禁采用增加深度的方法代替清孔。采用超声波成孔质量检测仪对桩身的倾斜度、孔位、孔径进行测量。检测应满足以下条件：倾斜度，小于1%，孔位，允许偏差50mm，孔径，孔径允许偏差50mm。

四、超方扩径问题的研究

在黄河砂土地区进行反循环钻孔施工时，出现了普遍的超方扩径问题，按照初始的泥浆配合比进行灌注时，超方量见表1。

原始配合比情况下的超方量 表1

序号	设计桩径(m)	设计方量(m^3)	实际方量(m^3)	超方量(m^3)
1	2.4	200.759	216	15.241
2	2.4	255.018	268	12.982
3	2.4	255.018	261	5.982
4	2.4	200.76	209.5	8.74
5	2.4	255.018	267	11.982
6	2.4	255.02	272	16.98
7	2.4	255.018	267	11.982
8	2.4	200.759	212	11.241

由表1可知，按照原始泥浆配合比进行施工，灌注桩出现了严重的超方扩径问题，超方量最高达到16.98m^3，最低也有5.98m^3。为进一步量化研究超方问题，本文用超方率来描述灌注桩的超方情况。超方率的表达式如下所示：

$$\gamma = \frac{Q_p - Q_d}{Q_d} \tag{1}$$

式中：Q_d——设计方量；

Q_p——实际方量；

γ——超方率。

按照上述公式计算得到的超方率如图1所示，超方率最高达到7.59%，最低达到2.35%，平均超方率为5.13%。可以看出黄河砂土地区灌注桩钻孔施工的超方扩径问题十分严重，这样不仅会大大提高材料成本，还可能使实际的灌注桩尺寸与设计尺寸不同，带来一系列严重的工程问题。因此，这一问题必须得到解决。

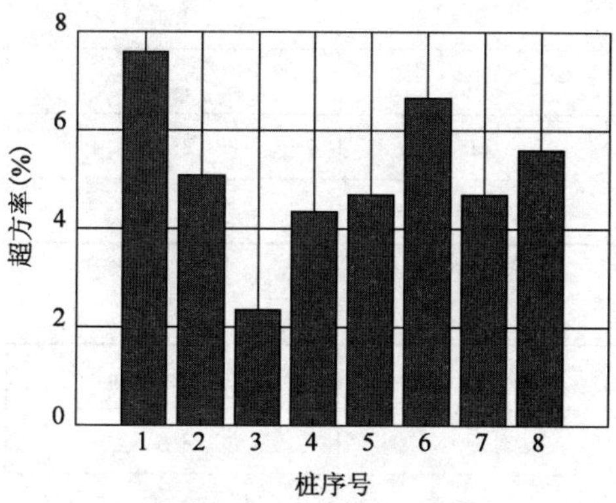

图1 原始配合比工况下的灌注桩超方率

从钻孔灌注桩的护壁稳定条件来看，在钻孔过程中，钻孔孔壁径向受力除了主动土压力P_a和圆拱支撑力P_z外，还受以下几种力的作用：孔内水压力或泥浆压力P_m、地层水压力P_w、地下水向孔内渗流时产生的渗透力F_w、孔内水向孔壁渗流时产生的渗透力F_m、孔口地面超载产生的侧压力P_q。此外，施工中对孔壁产生的一些附加作用力，如钻头破土时对孔壁产生的激振力；因操作不当产生的孔内液体压力激动而造成的抽吸力。这些作用力可以通过改进施工工艺或采取相应的技术措施，消去或减小对孔壁稳性的影响。要使孔壁稳定，必须满足：

$$P_z + P_m \geqslant P_a + P_w + P_p \tag{2}$$

$$F_m \geqslant F_w \tag{3}$$

现有研究成果表明,在钻孔灌注桩中,泥浆的作用是固壁、携砂、冷却和润滑。对正循环回转钻进的泥浆性能,既要求它有一定的悬浮钻渣的能力,又要求它能很容易地流动产生上升速度。但是如果泥浆过稠会使泥皮厚度过大,影响桩侧摩阻力的发挥,且不易产生上升速度,影响泥浆再循环使用和澄处理合适的优质泥浆是孔壁稳定、成孔顺利、混凝土灌注质量好、桩侧摩阻力的重要保证。

泥浆具有稳定护壁作用,首先表现为泥浆静水压力作用,对地下水产生超压力,起稳定平衡作用。相对于地下水位,泥装液面愈高,重度愈大,护壁作用愈强,孔壁越稳定,所以泥浆被称为稳定液。其次表现为泥皮作用,泥架在孔壁上形成不透水泥皮薄膜,阻止泥浆渗透至周围土中或者地下水侵入孔内与泥浆混合,促进孔壁的稳定,其厚度主要受成孔时间、成孔方式以及泥浆比重等因素影响,一般从几毫米到几厘米不等,桩侧泥皮土的存在,改变了桩周土摩擦能力的发挥,往往导致桩侧摩阻力的降低。泥浆具有抑制地层的作用,主要表现为泥浆的凝胶作用。泥浆侵入土中孔隙成为静止的凝胶,凝胶化的泥浆固定了土颗粒的相对位置,在孔壁附近形成稳定的土层。而当壁面上土颗粒脱落进入泥浆时,凝胶状态泥浆有微弱的抵抗作用,阻止土颗粒的脱落,从而提高钻孔孔壁的稳定性。

因此,本工程预想通过提高泥浆的黏稠度进而提高泥浆对孔壁稳定性的作用。现有研究成果表明,在泥浆中添加纤维素可以有效提高泥浆黏稠度。本工程在出现超方问题后在原有的泥浆配合比中分别施加了0.25%、0.5%两种不同加入量的纤维素,超方问题得到了较好的控制,具体如表2和表3所示。由表中数据可知,加入0.25%的纤维素之后,超方量已经初步得到控制,但11号桩仍有较大的超方。加入0.5%的纤维素之后,超方问题基本得到控制。不添加纤维素,添加0.25%纤维素和0.5%纤维素三种情况下灌注桩的超方率如图2所示。由图可知,随着纤维素配合比的提高,钻孔灌注桩施工中无论是最大超方率还是平均超方率都明显下降,尤其是当纤维素配合比达到0.5%时,灌注桩的超方率稳定在了0.53%,超方问题几乎完全得到控制。

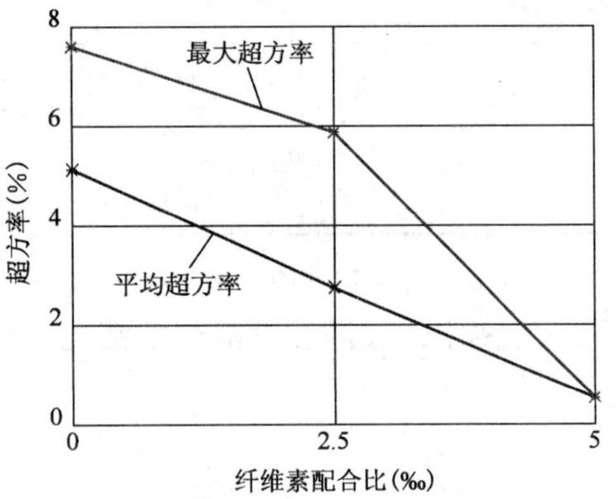

图2 三种不同纤维素配合比工况下的灌注桩超方率

加入0.25%情况下的超方量 表2

序 号	设计桩径(m)	设计方量(m^3)	实际方量(m^3)	超方量(m^3)
9	2.4	255.018	262	6.982
10	2.4	255.018	258	2.982
11	2.4	255.018	270	14.982
12	2.4	255.018	258	2.982

加入0.5%情况下的超方量 表3

序 号	设计桩径(m)	设计方量(m^3)	实际方量(m^3)	超方量(m^3)
13	2.4	268.583	270	1.417
14	2.4	268.583	270	1.417
15	2.4	268.58	270	1.42
16	2.4	268.58	270	1.42

五、黄河砂土地区灌注桩施工的其他重难点问题

在黄河砂土地区进行灌注桩施工,除了前文重点论述的工程实际中遇到的超方扩径的问题,还

有一些其他的常见施工重难点问题在施工前就已经提前总结并作出了防治方案，主要有以下几个问题：

(1)确保钻孔过程中不塌孔：本工程位于黄河滩地内，地质情况以粉砂、细砂为主，钻机钻进时，容易出现塌孔；

(2)确保钢筋笼现场对接顺利；

(3)桩基垂直度控制：桩身垂直度偏差要求小于1%；

(4)含砂率控制：本工程位于黄河滩地内，地质情况以粉砂、细砂为主，含砂率控制满足设计规范要求；

(5)避免浮笼现象：钻孔灌注桩灌注过程中钢筋笼上浮现象时有发生，轻者上浮几厘米到几十厘米，重者上浮数米，对于工程质量有很大危害；

(6)灌注桩后压浆技术把控：本工程下部采用灌注桩后压浆，对新技术的把控要点尤为重要。

六、结　语

本文根据在黄河砂土地区进行灌注桩施工的实际过程中遇到的超方扩径问题进行了深入研究并给出了相关的解决办法，希望同类工程可以借鉴。同时，更具体的量化研究或更经济的解决办法有待相关的研究部门或同行们进一步研究探索。

参考文献

[1] 姚志伟.厚砂层钻孔灌注桩泥浆护壁稳定性研究[D].武汉：武汉理工大学，2012.

[2] 鲁树铭，杜源，肖峰，等.复杂环境下反循环钻孔灌注桩施工技术[C]//2019年全国土木工程施工技术交流会暨《施工技术》2019年理事会年会论文集(上册)，2019：109-112.

[3] 赵振华.反循环钻孔桩基础施工常见问题的处理[J].工程机械与维修，2019(03)：116-118.

[4] 陈雪峰，张青平，孙全柱，等.泵吸反循环钻孔扩底桩及后注浆施工技术应用[C]//江西省地质学会2018年论文汇编(三)，2018：70-79.

[5] 王亚辉.泥浆护壁钻孔孔壁三维稳定性上限分析[D].天津：河北工程大学，2021.

[6] 欧志华，马保国，蹇守卫，等.纤维素醚分子参数对水泥浆力学性能的影响[J].硅酸盐通报，2016，35(08)：2371-2377.

35.全砂层超长变径桩基旋挖钻施工关键技术

曹　胜[1]　龚雪晴[2]　董贵印[1]　刘　江[1]　郝　旺[2]

(1.中交二公局第二工程有限公司；2.河南省黄河高速公路有限公司)

摘　要　旋挖钻机因其突出的成孔速度而广泛用于桩基施工，但是如何确保全砂层地质条件下的成孔质量成了控制的重点。本文以安罗黄河高速公路2标项目桩基施工为研究对象，结合现场施工方法，认真分析进尺速度、泥浆指标、清孔质量等指标对桩基成孔和成桩质量的影响，总结了一些经验作为类似桩基施工的参考。

关键词　桩基施工　旋挖钻　全砂层　泥浆指标

一、工程概况

项目所在区域为河南中北部，在地貌类型及区划中属于黄河冲积平原区，该地区是黄河冲口泛滥和改道最频繁的地区之一，桥区场地地质构造相对稳定场地内主要地层为粉土、粉砂、细砂、粉质黏土等(地基承载能力较差）。地层岩性上部以第四系全新统、上更新统冲积粉土、粉质黏土、粉细砂为主，下部局部夹结核层。96#主墩里程桩号为 K152 +503，该处地层岩性如表 1 所示。

96#墩处地层岩性　　表 1

序号	时代成因	土层名称	层底高程(m)	层厚(m)	桩侧土的摩阻力标准值 q_{ik}(kPa)	地基承载力特征值 f_{ao}(kPa)
1	Q_4^{al}	细砂	76.51	4.3	30	90
2		细砂	71.51	5	35	120
3		粉质黏土	69.01	2.5	40	130
4		粉砂	67.11	1.9	40	130
5		粉质黏土	64.71	2.4	45	130
6		粉土	62.81	1.9	45	130
7		粉砂	59.01	3.8	55	200
8		细砂	50.81	8.2	55	220
9		细砂	40.81	10.0	60	250
10	Q_3^{al}	细砂	30.81	10.0	65	280
11		细砂	15.41	15.4	70	300
12		粉质黏土	9.51	5.9	80	300
13	Q_2^{al}	细砂	-2.89	12.4	75	300
14		粉质黏土	-5.69	2.8	85	300
15		细砂	-13.79	8.1	80	300
16		粉质黏土	-21.69	7.9	90	320
17		细砂	-29.19	7.5	85	350
18		细砂	-42.19	13.0	85	350
19		细砂	-54.19	12.0	85	350

主墩单个承台下设置 36 根 $D2.7\text{m} \sim D2.2\text{m}$ 变径钻孔灌注桩，梅花形布置，桩长 95m（桩顶高程以下 30m 桩径为 2.7m，剩余 65m 桩径为 2.2m），按摩擦桩设计，采用桩底及桩侧注浆工艺提高单桩承载力。桩基采用 C35 水下混凝土，如图 1 所示。

二、施工准备

1. 旋挖钻机选型

根据桩基直径及深度，结合地质资料，拟采用 BG38 旋挖钻机（图 2），设备型号参数如下：

（1）最大钻孔直径：3000mm；

（2）最大钻孔深度：120.0m；

（3）扭矩：380kN · m；

（4）功率：354kW@ 1800r/min；

（5）高度：32.6m；

（6）发动机：CAT C15。

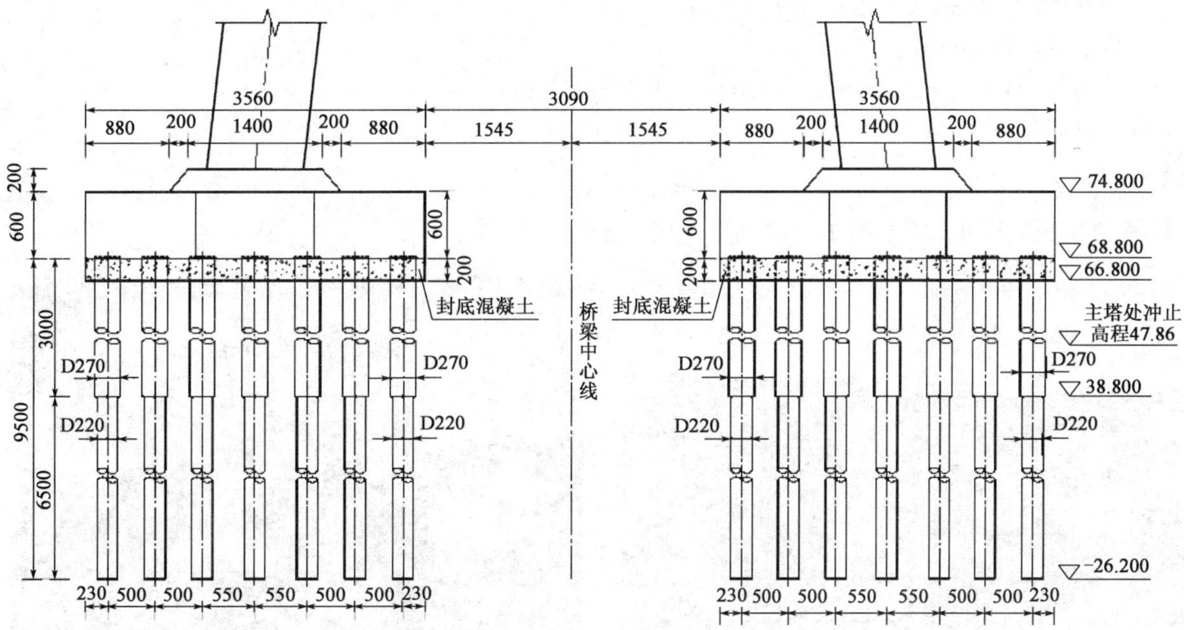

图1 主塔基础尺寸图(尺寸单位:cm;高程单位:m)

2. 泥浆净化装置选型

ZX-200型泥浆净化装置如图3所示。

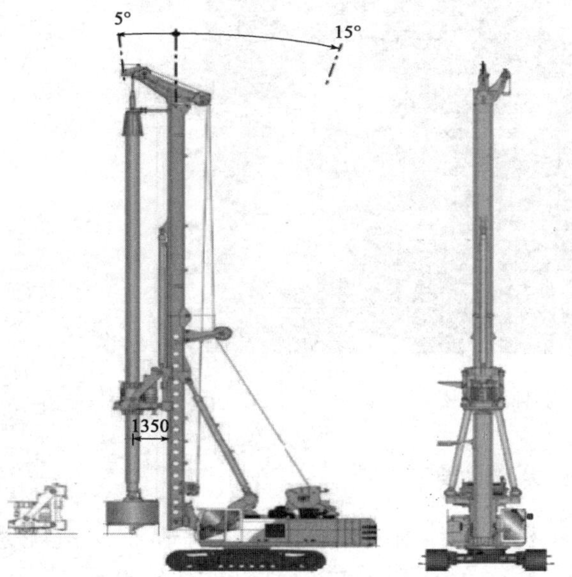

图2 BG38旋挖钻

图3 ZX-200型泥浆净化装置

设备参数如下:

(1)最大泥浆处理量达到$200m^3/h$;

(2)净化除砂的分离粒度$d_{50}=0.060mm$;

(3)渣料筛分能力60~100t/h,可根据造孔机具进尺的不同而调整;

(4)筛分出的渣料最大含水率小于30%;

(5)达到最大净化除砂效率时污浆的最大密度小于$1.2g/cm^3$,马氏漏斗黏度40s以下(苏氏漏斗30s以下),固相含量小于30%;

(6)能处理污浆的最大密度小于1.4g/cm^3；

(7)装机总功率:58kW；

(8)设备外形尺寸(长×宽×高):4.04m×2.25m×2.6m；

(9)整机质量:5450kg。

3. 试验及校核

试验及校核如图4～图6所示。

图4 导管水密试验

图5 桅杆垂直度校核

图6 测绳长度校核

三、泥浆制备

根据旋挖钻施工技术要求及现场地质条件，主桥桩基计划采用膨润土进行造浆，入孔泥浆密度为1.05～1.15g/cm^3，遇到地质条件变化界面需要调整指标至1.3g/cm^3；其他性能指标见表2，表中指标作为参考值，实际各指标在钻孔前应通过试验确定。

泥浆性能指标 表2

地层情况	黏度(Pa·s)	密度(g/cm^3)	含砂率(%)	pH	胶体率(%)
淤泥粉质黏土地层	18～28	1.06～1.1	≤4	8～10	≥95
粉质黏土地层	16～22	1.02～1.06	≤4	8～10	≥95
粉砂地层	16～22	1.06～1.1	≤4	8～10	≥95
清孔泥浆	18～22	1.03～1.1	≤4	8～10	≥95

粉细砂土层对钻孔泥浆的影响和破坏较大,在钻进过程中应及时加入新浆或基浆,保持孔内泥浆指标的稳定。

四、成孔作业控制要点

1.超长变径桩同心控制

考虑到变径桩基同心问题及垂直度控制的难点,因此在钻头十字线校准无误后必须再次复核底座位置并加以固定,确保在钻进过程中不发生倾斜和位移。钻机就位后钻头中心和桩中心要对正准确,钻头同钢护筒中心位置偏差不大于3cm,升降钻头时要平稳,不得碰撞护壁和孔壁。

旋挖钻机在出土过程中运动次数愈多钻头的偏位也愈大,虽然旋挖钻机上自带钻头定位装置以及电子监控系统,但是经过多次对比发现自动定位装置误差随着运动次数增加而增加,为了避免出现斜孔、偏位等问题,钻进作业前根据钻头尺寸设置简易工装以方便机手确定钻头位置,保证钻头位置准确(图7)。

黄河高速公路2标项目主墩桩基为*D*2.7m~*D*2.2m变径桩,桩顶高程以下30m桩径为*D*2.7m,剩余65m桩径为*D*2.2m。变径设计虽然节约了工程造价提高了经济性,却让钻进过程的同心控制又成了一大难点,因此在*D*2.7m桩径进尺结束后,又单独加工一个适用于*D*2.2m钻头的导向架用于钻头定位,有效解决了桩基进尺过程中的同心问题(图8)。

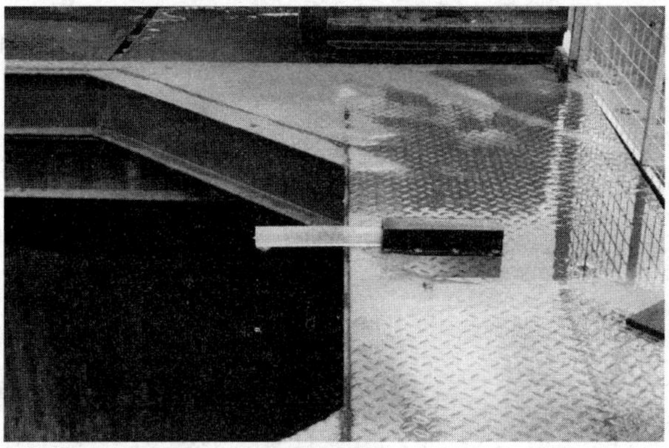

图7 *D*2.7m桩径辅助定位工装

图8 *D*2.2m桩径辅助定位工装

2.垂直度控制

在全砂层的地质条件下极容易出现斜孔、偏孔现象,根据试桩及首桩的施工经验,发现桩孔在100m位置时更容易出现斜孔现象,结合相应位置的地质情况,总结分析出三点原因:

1)操作手的人为因素

桩基施工区域地质条件复杂,过程中钻杆升、降速度和钻压的控制对垂直度的影响至关重要,且旋挖钻除土工艺极其容易剐蹭孔壁导致塌孔等问题,所以要求操作手对地层的判断以及设备的控制需要具备十分丰富的经验。

为了让操作手更准确的判断地质变化情况,将取样频率调整至2m一次。钻杆升、降速度通常以0.75~0.8m/s为准,结合全砂层的地质情况,为了避免出现塌孔埋钻现象,提升速度控制在0.4~0.5m/s,下降速度控制在0.3~0.4m/s之间,成孔总时长≥36h。

2)设备自身因素

钻杆形变随着杆体加长而增大,导致发生斜孔、偏位的概率也就越大,根据砂层易于钻进的情况,化劣势为优势,在钻进过程中减压钻进,充分利用钻杆自重,减少钻压影响及钻杆形变量。

钻斗下方的负压也是因素之一,合理的钻斗形状可以有效解决负压过大的情况,作业前对钻斗锤牙进行加厚及钻斗斗体上设置劲板,用于控制钻斗与刀尖的距离,既防止钻斗在升、降过程中剐蹭孔壁,又保证泥浆顺利从钻斗下方流出防止形成密闭导致负压(图9)。

图 9 锤牙加厚及设置加劲板

3)过程中检测及控制

为了保证能够及时纠偏,每根桩基在钻至 100m 时就利用超声波检孔仪进行检孔,后续检测频率可依现场实际调整,若发现垂直度偏差较大,立即采取扫孔措施以纠正垂直度,及时发现问题,及时解决问题。

3. 确保成孔质量,合理选择泥浆指标

相对于垂直度而言,如何确定合理的泥浆指标以保证成孔、成桩质量更为重要。鉴于旋挖钻机升、降钻杆过程中反复扰动冲刷孔壁,黏度控制成了成孔质量的关键,含砂率则直接影响成桩质量。

1)相对密度

旋挖钻机在进尺过程中相对密度的控制相对于反循环钻机更有利,旋挖钻机在不糊钻的前提下可适当提高相对密度,但是反循环钻机受限于出渣方式,相对密度过高则不利于出渣。

经过多次泥浆性能试验发现,钻进过程相对密度控制在 1.2 即可,清孔完成后控制在 1.1 以保证灌注过程顺利。

2)黏度

泥皮的形成直接影响成桩质量,因此黏度的控制就是成桩质量的关键所在,进尺速度及黏度控制都影响泥皮的形成。

黏度同时关系到含砂率,因为黄河区域水文条件的特殊性,砂层不仅深厚,而且更细。砂越细,则越容易被泥浆吸附而导致含砂率过高,直接影响清孔质量和封底混凝土的浇筑。

为了寻找到一个明确的控制值,在一次清孔过程中通过少量多次的方式往孔内加入新鲜基浆,以调整黏度。经过多次试验发现:在黏度 <20s 的情况下,泥沙分离器的除砂效果最好,一次清孔时间大幅缩短。

但是黏度 <17s 不利于泥沙分离器工作,原因在于很多微颗粒在清孔出砂过程中一直在孔底区域循环,无法被泥浆吸附循环带出,因此含砂率居高不下。所以在清孔过程中黏度控制在 18 ~ 19s 是一个较为理想的区间。

3)含砂率

普通地层中含砂率控制范围在≤4%,但是在全砂层地质条件下已经无法满足施工需要,经过试验发现清孔完成后含砂率在 4% 的情况下静置 30min 后仍然有较多沉渣,因此在一清时控制含砂在≤2%,灌注前含砂控制在≤1%,确保了成桩质量(表 3)。

泥浆性能指标对清孔时间影响 表 3

孔号	相对密度	黏度(s)	一次清孔时长(h)	二次清孔时长(h)	总时长(h)
96 - 65	1.22	24.78	20.4	4.8	25.2
96 - 70	1.15	23	24.6	3.8	28.4
96 - 15	1.08	20.8	6.1	23	29.1
96 - 66	1.1	19.37	9.9	1.9	11.8
96 - 24	1.11	18.983	7	1.5	8.5
96 - 67	1.1	18.14	15	4.5	19.5

五、结　　语

(1)变径桩基的控制要点在于同心和垂直度,依靠辅助工装和设备的特点有效保证了成孔垂直度,目前已成孔的桩基垂直度最大偏移值均小于 50cm。

(2)全砂层的地质条件下化学泥浆的运用有效保证了施工的顺利进行,但是需注意控制黏度及含砂,两项指标直接关系到成孔和成桩质量,目前经第三方检验的桩身完整性均为Ⅰ类桩(图10)。

超声成孔质量检测报告

工程名称	主墩桩基				桩孔编号	96-19			
设备名称	TS-K100				检测方法	超声波检测法			
设计孔径	2700/2200mm	设计孔深	112.91m	施工孔深	113.30m	顶部高程	0.00m		

检测孔深	113.55m	沉渣厚度	0.00m	垂直度	0.190%	平均孔径	2569mm	最小孔径	2232mm
XX'最大偏移	26.3mm	深度位置	96.20m	YY'最大偏移	184mm	深度位置	47.17m		
质量评价									
检测单位									
检测人员				检测日期	2021-12-10-4.9				

图10　一次清孔完成后检孔报告

参考文献

[1] 中华人民共和国交通运输部. 公路桥涵施工技术规范:JTG/T 3650—2020[S]. 北京:人民交通出版社股份有限公司,2020.

[2] 中华人民共和国国家质量监督检验检疫总局. 膨润土:GB/T 20973—2007[S]. 北京:中国标准出版社,2007.

36. 中承式钢箱提篮拱桥拱肋施工线形控制技术

周建军[1]　张　杰[2]　张　梵[2]

(1. 中交路桥建设有限公司;2. 中交路桥华东工程有限公司)

摘　要　线形控制是中承式钢箱提篮拱桥悬臂施工的关键内容,根据施工步骤和施工工艺逆向计算各工况下桥梁的线形变化,以确定拱肋节段的空间姿态。本文以车田江大桥为例,阐述了中承式钢箱提篮拱桥拱肋悬臂施工过程中线形控制技术,可为类似工程提供参考。

关键词　钢箱提篮拱桥　斜拉扣挂　线形控制　预抬值　温度　扣塔偏位

一、工程概况

车田江大桥(主桥)为中承式钢箱提篮拱,拱肋采用变截面矩形截面,尺寸从拱顶到拱脚由2.5m×2.5m渐变为2.5m×5.0m,计算跨径$L=280$m,计算矢高$f=64$m,拱轴线为二次抛物线,拱轴线铅直面内矢跨比为1/4.375,拱肋向内倾10°。拱肋按顺桥向划分为GLA～GLT节段,共计78个节段。拱肋采用缆索吊装斜拉扣挂法进行安装,其中拱肋起始3个节段采用单节吊装,其余拱肋节段均为2个拱肋节段合并为 1 个吊装段,最大吊装质量为 88.7t。缆索吊布置如图 1 所示。

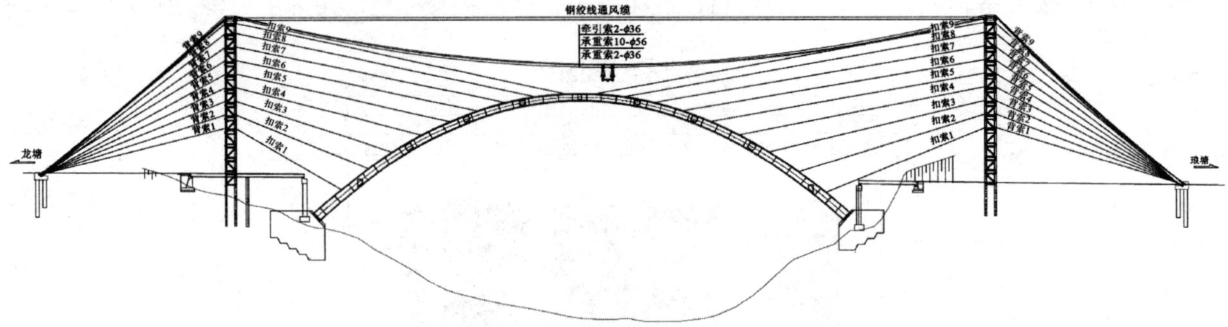

图 1　缆索吊布置图(尺寸单位:cm)

二、拱肋线形控制的影响因素

中承式钢箱提篮拱拱肋施工过程中影响拱肋线形的常见因素有构件加工长度、温度作用、扣塔偏位等。因此在实际施工时,需要考虑以上几种因素,并通过设置合理的预抬值对拱肋节段控制点高程进行修正,以确保拱肋成桥线形拟合设计线形。拱肋节段控制点坐标计算公式如下:

$$A_{(X,Y,Z)} = A_{(X_0,Y_0,Z_0)} + A_{(X_1,Y_1,Z_1)} + \Delta_{(X_t,Y_t,Z_t)} + \Delta_{(X_q,Y_q,Z_q)}$$

式中:$A_{(X,Y,Z)}$——拱肋节段控制点就位坐标;

$A_{(X_0,Y_0,Z_0)}$——拱肋节段控制点设计坐标;

$A_{(X_1,Y_1,Z_1)}$——拱肋节段控制点预抬值;

$\Delta_{(X_t,Y_t,Z_t)}$——温度作用对拱肋节段控制点坐标的修正值;

$\Delta_{(X_q,Y_q,Z_q)}$——其他因素对拱肋节段控制点坐标的修正值。

三、拱肋线形控制

1. 拱肋制造时线性控制

车田江大桥拱肋按照设计分节段采用计算机三维立体放样和数控编程技术在工厂制造,采用"5 + 1"的平位预拼装方式进行预拼,验收合格后运至现场整体拼装的制作模式。在厂内加工时,按照 1:1 拱轴线放样,通过设置合理的预拱度,以减小钢材热膨胀的影响。拱肋在制造时,考虑现场焊接收缩量和现场环境温度的影响,间隔几个拱肋节段预留二次切割量,安装时根据拱肋线形调整需要进行切割调整。合龙段加工时,两端各留 10cm 配切量,合龙时根据实测数据进行余量配切。拱肋在焊接时,编制了相应的焊接工艺,采用二氧化碳气体保护焊和埋弧焊,以此控制焊接的变形影响。

2. 拱肋安装时线形控制

1)线形控制节段划分

依据拟定的施工方案,本桥共划分为 12 个施工阶段,各施工阶段的定义见表 1。

线形控制节段划分　　表 1

阶段划分	施工内容
G1	吊装第一节段 GLT/GLT′拱肋
G2	吊装第二节段 GLS/GLS′拱肋
G3	吊装第三节段拱肋 GLR/GLR′,张拉 1 号扣背索
G4	吊装第四、五节段拱肋 GLQ + GLP/GLQ′ + GLP′,张拉 2 号扣背索,安装 HL5 永久横撑
G5	吊装第六、七节段拱肋 GLO + GLN/GLO′ + GLN′,张拉 3 号扣背索,安装第一道临时横撑
G6	吊装第八、九节段拱肋 GLM + GLL/GLM′ + GLL′,张拉 4 号扣背索,安装 HL4 永久横撑

续上表

阶段划分	施工内容
G7	吊装第十、十一节段拱肋 GLK + GLJ/GLK′ + GLJ′,张拉 5 号扣背索,安装第二道临时横撑
G8	吊装第十二、十三节段拱肋 GLI + GLH/GLI′ + GLH′,张拉 6 号扣背索,安装 HL3 永久横撑
G9	吊装第十四、十五节段拱肋 GLG + GLF/GLG′ + GLF′,张拉 7 号扣背索,安装第三道临时横撑
G10	吊装第十六、十七节段拱肋 GLE + GLD/GLE′ + GLD′,张拉 8 号扣背索,安装 HL2 永久横撑
G11	吊装第十八、十九节段拱肋 GLC + GLB/GLC′ + GLB′,张拉 9 号扣背索,安装第四道临时横撑
G12	安装第二十节段拱肋 GLA/GLA′,安装 HL1 永久横撑

2)控制点高程的确定

(1)控制点布置。

本桥拱肋节段控制点布置为节段前端顶板角点向后 5cm 并向里移动 5cm 后的顶面位置(图 2),共计 2 个控制点。控制点坐标采用徕卡 TS60 全站仪以及自制的测量棱镜(图 3)进行测量,利用形心定位杆使基座顶面与拱肋节段前端面平齐,然后观察水准气泡的位置,调节量角器,保证连接杆达到竖直状态,最后通过全站仪测量棱镜的位置,得到该拱肋节段控制点的坐标。

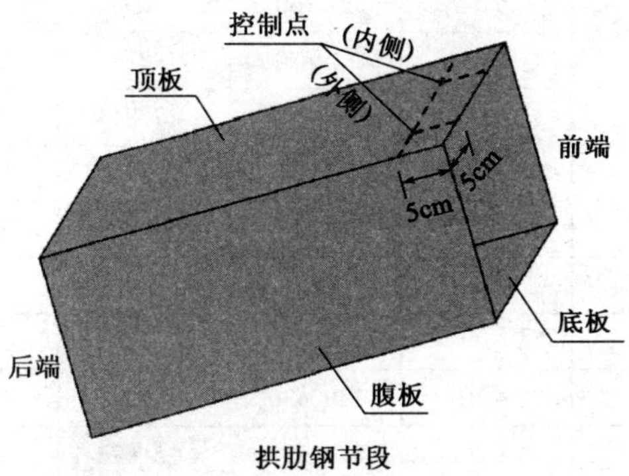

图 2 拱肋节段控制点布置图

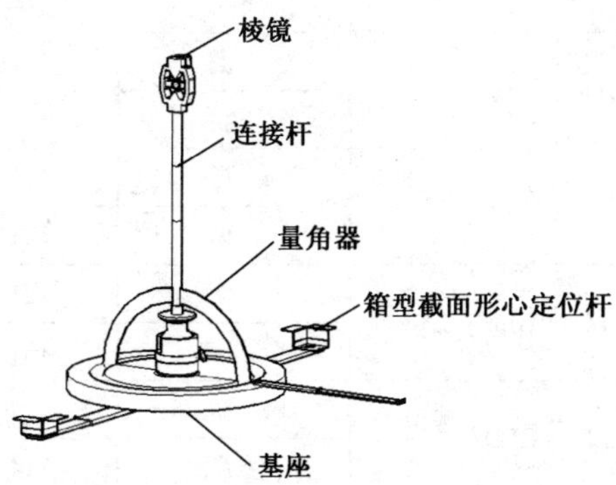

图 3 测量棱镜

(2)预抬值计算。

预抬值是为了消除施工和成桥运营过程中各荷载作用产生的下挠值,利用有限元软件 Midas Civil 模拟和分析车田江大桥施工过程,并考虑结构成桥状态下 1 倍的恒载 +0.5 倍的车辆人群荷载得出拱肋各吊装节段控制点的挠度变形量。有限元模型如图 4 所示,全桥共包括 2217 个节点,3550 个单元,采用梁单元模拟拱肋、横撑和钢梁,采用仅受拉的桁架单元模拟缆索及扣背索,各单元连接方式为弹性连接,塔架底及锚碇点均固结。

图 4 有限元模型

以内侧控制点为例，车田江大桥龙塘侧拱肋各施工过程控制点预抬值及高程如表2所示。

龙塘侧拱肋各施工过程的控制点预抬值及高程 表2

施工节段	位置	预抬值(mm)			安装坐标		
		X	Y	Z	X	Y	Z
GLT′	上游	1	0	2	2.890	15.954	501.656
	下游	1	1	2	2.890	-15.953	501.656
GLS′	上游	2	-1	10	10.527	14.813	508.129
	下游	2	3	10	10.527	-14.811	508.129
GLR′	上游	5	-3	20	16.778	13.927	513.152
	下游	5	6	20	16.778	-13.924	513.152
GLQ′+GLP′	上游	17	5	49	30.489	12.150	523.305
	下游	17	1	49	30.484	-12.145	523.302
GLO′+GLN′	上游	41	5	68	44.382	10.558	532.355
	下游	41	3	68	44.382	-10.550	532.355
GLM′+GLL′	上游	67	7	80	60.160	9.014	541.149
	下游	67	3	80	60.160	-9.004	541.149
GLK′+GLJ′	上游	117	9	29	74.870	7.828	547.838
	下游	117	5	29	74.858	-7.815	547.833
GLI′+GLH′	上游	131	12	7	89.629	6.881	553.246
	下游	131	7	7	89.629	-6.862	553.246
GLG′+GLF′	上游	131	12	7	104.511	6.176	557.188
	下游	131	7	7	104.495	-6.152	557.185
GLE′+GLD′	上游	114	17	-30	120.430	5.698	559.988
	下游	114	9	-29	120.397	-5.672	559.985
GLC′+GLB′	上游	77	19	12	136.063	5.509	561.149
	下游	76	12	13	136.047	-5.478	561.149

3）温度对线形的影响及控制

车田江大桥的设计合龙温度为18℃±5℃，若合龙段施工时的现场环境温度为8℃、13℃、23℃、28℃，为了比较这四种工况下控制的合龙线形与设计合龙温度下的合龙线形差异，通过有限元模型加单元温度荷载，分析其最大悬臂状态下在不同温度工况下的线形变化。各工况下控制点高程变化如表3所示。

温差对控制点高程的影响(mm) 表3

控制点位		温度偏差				
		-10℃	-5℃	0℃	5℃	10℃
小里程	GLT′	-0.2	-0.3	0	0.2	0.5
	GLS′	-0.4	-0.8	0	0.5	1.1
	GLR′	-0.5	-1.1	0	0.7	1.4
	GLP′	-0.5	-0.9	0	0.7	1.4
	GLN′	0.0	0.1	0	0.2	0.4
	GLL′	0.9	1.8	0	-0.7	-1.3
	GLJ′	1.9	3.9	0	-1.7	-3.4
	GLH′	3.1	6.2	0	-2.9	-5.7

续上表

控制点位		温度偏差				
		-10℃	-5℃	0℃	5℃	10℃
小里程	GLF′	4.4	8.8	0	-4.2	-8.3
	GLD′	5.9	11.8	0	-5.7	-11.4
	GLB′	7.4	14.9	0	-7.3	-14.5
大里程	GLT	-0.2	-0.3	0	0.2	0.5
	GLS	-0.3	-0.7	0	0.5	0.9
	GLR	-0.5	-0.9	0	0.6	1.2
	GLP	-0.3	-0.7	0	0.6	1.1
	GLN	0.5	0.9	0	-0.2	-0.4
	GLL	1.7	3.4	0	-1.4	-2.8
	GLJ	3.1	6.2	0	-2.8	-5.6
	GLH	4.7	9.4	0	-4.4	-8.8
	GLF	6.5	12.9	0	-6.2	-12.3
	GLD	8.4	16.9	0	-8.2	-16.3
	GLB	10.5	21.0	0	-10.2	-20.5

由表3可知，当温度差为负值时，随着温差的增加，控制点高程在降低，当温度差为正值时则增加控制点高程，且随着悬臂长度的增加，对拱肋节段控制点高程的影响越大，因此施工过程中应根据现场环境温度修正拱肋节段控制点坐标，以减小温差对拱肋线形的影响。修正公式如下：

$$\Delta_{(X_t,Y_t,Z_t)} = \Delta_{(X,Y,Z)} \times (T_1 - T_0)$$

式中：$\Delta_{(X_t,Y_t,Z_t)}$——温度作用对拱肋节段控制点坐标的修正值；

$\Delta_{(X,Y,Z)}$——温差对拱肋节段控制点坐标的影响值；

T_1——现场环境温度；

T_0——设计温度。

4)扣塔偏位对线形的影响及控制

车田江大桥施工中，缆索吊塔架采用缆塔、扣塔一体化设计，扣、背索张拉端均设置在扣塔上。在每节拱肋吊装过程中，由于扣索与背索水平分力的不等，导致扣塔发生顺桥向偏位，影响节段高程和吊装精度。

(1)基本假定。

①忽略扣塔的弹性变形，仅发生刚体位移；②扣背索长度始终保持不变；③拱肋视为刚体，节段间连接视作铰接，拼装时仅为刚体位移。

(2)扣塔偏位影响分析。

如图5所示，D为拱肋节段控制点，dx为扣塔顺桥向产生的偏位，δ为拱肋控制点发生的竖向位移。不考虑扣塔的弹性变形，即$h = h'$；拱肋节段之间连接视作铰接，拼装时仅为刚体位移，即$l_{CD} = l_{CD'}$；当扣塔产生较小的偏位时，可取$BC = B'C$。由三角函数得：

$$d_x = BC \cdot \cos\alpha - B'C \cdot \cos(\alpha + \Delta\alpha) \quad (1)$$

$$\delta = DC \cdot \sin\beta - DC' \cdot \sin(\beta - \Delta\beta) \quad (2)$$

由 $\cos\Delta\alpha \approx 1$、$\cos\Delta\beta \approx 1$，可得：

$$d_x = BC \cdot \sin\alpha \cdot \Delta\alpha \quad (3)$$

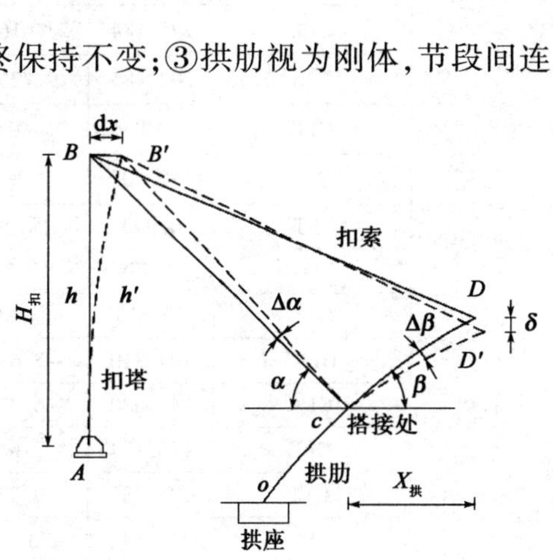

图5 扣塔偏位对拱肋线性的影响示意图

$$\delta = DC \cdot \cos\beta \cdot \Delta\beta \tag{4}$$

$$\delta = \frac{DC \cdot \cos\beta}{BC \cdot \sin\alpha} d_x = \frac{X_{拱}}{H_{扣}} d_x \tag{5}$$

假设车田江大桥扣塔安装顺桥向偏位 dx 为10cm、20cm、30cm，分析这三种工况下对拱肋节段控制点高程的影响，其结果如图6所示，车田江大桥扣塔偏位对拱肋节段控制点高程影响较小，最大影响值为0.96cm。

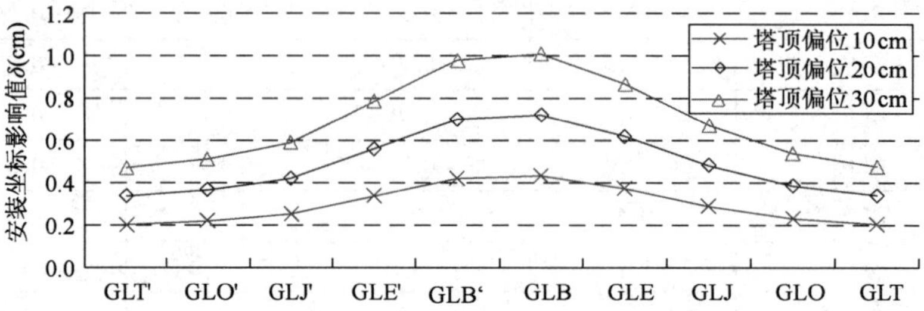

图6 扣塔偏位对控制点高程的影响

为了降低扣塔偏位对拱肋线形的影响，必须对扣塔偏位进行修正。首先用全站仪测量扣塔顶部偏位得到实际偏位与理论偏位差值，通过仿真模型计算得到修正该扣塔偏位差值所需背索索力增量，在考虑钢绞线安全系数的前提下调整背索索力，但在实际施工中要保持扣塔的绝对垂度是很困难的，因此一般容许扣塔产生一定的偏位，从扣塔结构稳定性考虑，本桥以最大30cm偏离值进行控制。

四、实测线形与理论线形对比

合龙后，拆除扣背索，采用全站仪对拱肋裸拱线形进行测量。车田江大桥实测线形与理论线形对比分析结果如表4所示。

理论线形与实测线形的对比　　表4

位置		理论线形			实测线形			差值(mm)		
		X	*Y*	*Z*	*Z*	*Y*	*Z*	*X*	*Y*	*Z*
左幅	GLT′	0.000	18.200	0.000	0.000	18.196	0.000	0	4	0
	GLO′	31.779	13.295	31.342	31.779	13.335	31.355	0	-40	13
	GLJ′	75.515	9.723	50.255	75.515	9.684	50.284	0	39	29
	GLE′	104.816	7.616	60.661	104.816	7.647	60.703	0	-31	42
	GLA	140.000	6.915	64.000	140.000	6.945	64.056	0	-30	56
	GLE	175.184	7.616	62.661	175.184	7.657	60.698	0	-41	37
	GLJ	204.485	9.723	50.255	204.485	9.698	50.279	0	25	24
	GLO	249.844	13.315	31.284	249.844	13.346	31.296	0	-31	12
	GLT	280.000	18.200	0.000	280.000	18.205	0.000	0	-5	0
右幅	GLT′	0.000	-18.200	0.000	0.000	-18.207	0.000	0	7	0
	GLO′	31.779	-13.295	31.342	31.779	-13.315	31.350	0	20	8
	GLJ′	75.515	-9.723	50.255	75.515	-9.695	50.276	0	-28	21
	GLE′	104.810	-7.616	60.661	104.810	-7.632	60.693	0	16	32
	GLA	140.000	-6.915	64.000	140.000	-6.936	64.043	0	21	43
	GLE	175.184	-7.616	62.661	175.184	-7.635	60.689	0	19	28
	GLJ	204.485	-9.723	50.255	204.485	-9.685	50.272	0	-38	17
	GLO	249.844	-13.315	31.284	249.844	-13.344	31.290	0	39	6
	GLT	280.000	-18.200	0.000	280.000	-18.206	0.000	0	6	0

由表4分析可知,拱肋拱轴线偏位最大误差为40mm < L/6000 = 46mm,左右幅裸拱拱轴线均向外侧稍偏;合龙控制高程最大误差为56mm < L/3000 = 93mm,左右幅拱肋高程较设计拱轴线略大,其线性满足设计和规范要求。

五、结　语

在车田江大桥拱肋安装施工过程中,通过对影响拱肋线形控制的关键因素分析并修正,保证了钢箱提篮拱桥拱肋的顺利合龙。

参考文献

[1] 王建辉,黄才良.温度作用对钢箱拱桥吊装过程拱肋线形影响分析[J].北方交通,2018(4):10-12,15.

[2] 程振国,白玉慧,刘长天.小河特大桥拱肋安装扣塔偏位控制[J].交通科技与经济,2010,12(3):87-89.

[3] 中华人民共和国交通运输部.公路桥涵施工技术规范:JTG/T F50—2011[S].北京:人民交通出版社,2011.

[4] 中华人民共和国住房和城乡建设部.钢结构设计标准:GB 50017—2017[S].北京:中国建筑工业出版社,2017.

[5] 杨文渊.桥梁施工工程师手册[M].北京:人民交通出版社,2003.

[6] 周水兴,何兆益,等.路桥施工计算手册[M].北京:人民交通出版社,2001.

37.基于视觉识别的桥塔大直径钢筋网机器人空间寻点焊接技术研究

潘道辉[1]　张晓平[1,2,3]　杨秀礼[1,2,3,4]　严双桥[1]　余昌文[1]　朱明清[1]

(1.中交第二航务工程局有限公司;2.长大桥梁建设施工技术交通行业重点实验室;

3.交通运输行业交通基础设施智能制造技术研发中心;

4.中交公路长大桥建设国家工程研究中心有限公司)

摘　要　桥塔钢筋部品结构尺寸大、焊接点较多,人工焊接存在工作量大、安全隐患大等问题。由于钢筋网片组拼结构存在较多不确定性,在工厂内工业机器人无法依靠重复定位精度完成精准多点焊接操作。本文结合光学深度相机传感机器人技术,采用4点法和9点平面标定法完成机器人工具以及手眼标定,实现对钢筋焊接点的识别、寻点。最后搭建焊接协作机器人实验平台,进行了标定、自动寻点焊接的精度、质量和工效的验证。实验结果表明,采用本方法具有较高绝对寻点精度及较强的适应性,可提高钢筋网片结构的焊接质量和效率。

关键词　视觉识别　大直径钢筋网片　机器人标定　空间寻点焊接　焊接实验

一、引　言

随着国家基础设施建设对装配式施工和工业化生产的需求逐渐增大,钢筋网片结构件得到了广泛的应用,但钢筋网焊接时存在交叉点较多,人工焊接工作量大,高空操作存在安全风险等问题。在钢筋网的焊接生产中,由于电弧的位置需要依靠人工根据实际情况来灵活调整,这不仅增加了焊接工人的工作量,而且易受外部因素干扰,造成焊接质量不稳定。为提升焊接质量和效率,减少人工成本和安全事故的发生,钢筋网片结构生产亟须采用如机器人等自动化程度高的设备[1]。然而,由于钢筋单元件前序加工精度不高,组拼结构尺寸存在较多不确定性,其生产形式实质上转变为大尺度小批量或单件生产,工业机器人无法依靠重复定位精度完成多点焊接或绑扎操作。因此,增强机器人绝对定位精度和提升空间焊接点示教效率成为钢筋网工业化生产的最重要因素。

本文依托目前在建常泰长江大桥桥塔钢筋部品工业化生产项目,提出了采用基于光学深度相机搭建焊接协作机器人系统进行寻点焊接的方法,系统结合了实感光学深度相机传感机器人标定技术,对钢筋焊接交叉点进行识别和空间寻点,为机器人提供焊接精确的焊接位姿以实现工厂内机器人无人化焊接,提高钢筋网片焊接质量和效率[2]。

二、工 程 背 景

常泰长江大桥主航道桥主跨1176m,是目前世界上在建最大跨度的公铁两用斜拉桥与钢拱桥,其项目规模、技术难度、影响力之创多项行业之最。由于项目对于生产效率和效益的要求,大桥主塔的中塔柱采用基于工业化智能建造技术的钢筋部品施工工艺,塔柱每个部品标准节,分解为8个高度为6m,质量约为5t的钢筋块体,块体在工厂内采用自动化设备生产,每个在工厂内生产的钢筋块体由43张ϕ20箍筋网片,以及3层共39根ϕ36主筋立式整体焊接成型,如图1所示。

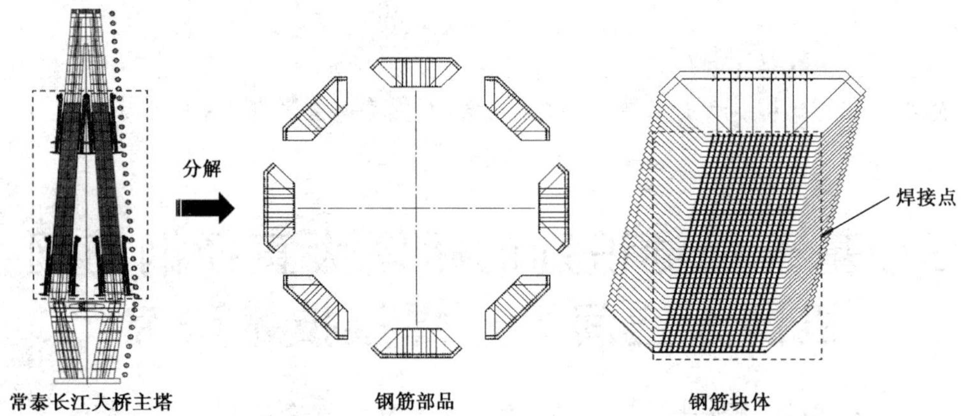

图1 中塔柱钢筋部品拆分方案

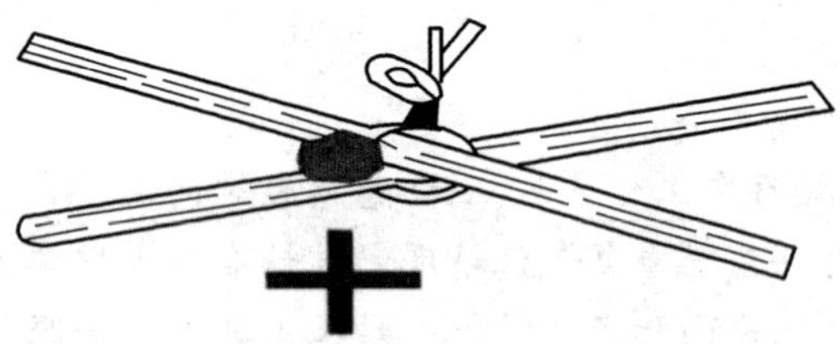

图2 主筋箍筋十字交叉焊点

根据施工设计方案,每个钢筋块体在工厂内生产的钢筋块体有1677个焊点,均为ϕ36主筋与ϕ20箍筋网片的十字交叉焊点(图2),工作量较大。根据现场统计工效,1个焊接工人,平均每分钟完成2个焊点,1个钢筋块体的焊接工作量需要2个焊接工人在胎架上用一天的时间完成,生产功效无法满足要求,而焊工在施工现场属于紧缺工种,如果增加焊工数量,将增加大额人工生产成本。并且由于块体的高度为6m,长时间高空人工焊接会增加安全事故的风险。

本文将分析机器人与钢筋焊接点之间的运动关系,提出采用基于光学深度相机搭建焊接机器人系统进行寻点焊接的方法,建立焊接机器人空间运动模型,对机器人工具及其与相机进行位置姿态标定提升机器人焊接的绝对定位精度,并搭建机器人系统进行实验验证。

三、机器人空间运动模型

考虑具有大尺度小批量特性的钢筋网片焊接生产,机器人绝对定位精度是保证高效生产的前提,二搭建准确的机器人与焊接点之间位置、姿态关系成为机器人精准焊接的基础。如图3所示,假设串联机器人为精确操作机械设备,为在空间内准确定位待焊接操作点首先需要建立机器人基坐标$\{bs\}$,找到被

焊接钢筋特征点 $_{bs}p^{bs,w}$ 在{bs}坐标系内的空间位置坐标,并对机器人运动链 ${}^{t}_{bs}T^{w}_{t}T$ 进行描述形成运动闭环,从而控制机器人的关节使得机器人工具末端与被操作点进行对齐。通常,机器人的运动由 $i(i=4,\cdots,6)$ 个旋转关节串联构成,其末端工具坐标系{t}相对于基坐标系{bs}的位置与姿态可由矩阵表示为:

$$
{}^{t}_{bs}T = {}^{1}_{bs}T\,{}^{2}_{1}T\,{}^{3}_{2}T\cdots{}^{t}_{6}T \tag{1}
$$

式中:${}^{j}_{i}T$——第 j 关节坐标系{j}相对于第 i 关节坐标系{i}的相对位置、姿态关系,

$$
{}^{j}_{i}T = \begin{bmatrix} {}^{j}_{i}R & {}_{i}p^{i,j} \\ o & 1 \end{bmatrix}_{4\times4} \tag{2}
$$

${}_{i}p^{j,i}_{3\times1}$、${}^{j}_{i}R_{3\times3}$ 为相对位置向量和姿态矩阵。

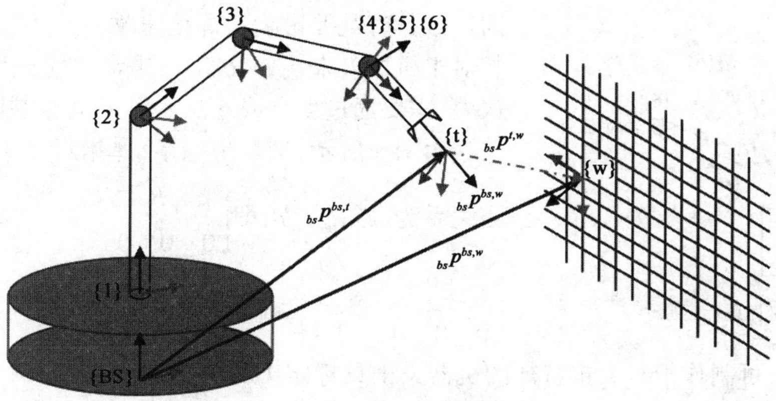

图3 机器人空间运动模型

同时,在钢筋结构被操作点上建立附着局部坐标系{w},则{w}相对于基坐标系{bs}的位姿可表示为

$$
{}^{w}_{bs}T = \begin{bmatrix} {}^{w}_{bs}R & {}_{bs}p^{bs,w} \\ o & 1 \end{bmatrix}_{4\times4} \tag{3}
$$

式中:$_{bs}p^{bs,w}$——{w}原点在{bs}中的坐标;

${}^{w}_{bs}R$——相对姿态。或者 ${}^{w}_{bs}T = {}^{t}_{bs}T\,{}^{w}_{t}T$,${}^{w}_{t}T$ 为钢筋操作点坐标系{w}相对于机器人工具坐标系{t}的相对位姿。

由于 ${}^{w}_{t}T$ 通常为未知量,通过机器人运动链关系可得钢筋操作点相对于基坐标系{bs}的空间坐标为 $_{bs}p^{bs,w} = {}^{t}_{bs}R\,{}_{t}p^{t,w} + {}_{bs}p^{bs,t}$,一般采用①示教,即人工控制机器人工具末端与被操作点位对齐方式,或采用②激光扫描与雷达等视觉探测方式进行获取。

如图4所示,假设在机器人末端处{6}设置摄像头并附着刚体运动坐标系{c},则可通过摄像头获取钢筋操作点相对于摄像头坐标系{c}的空间坐标 $_{c}p^{c,w}$,从而钢筋操作点在拍摄时间 t 时相对于基坐标系

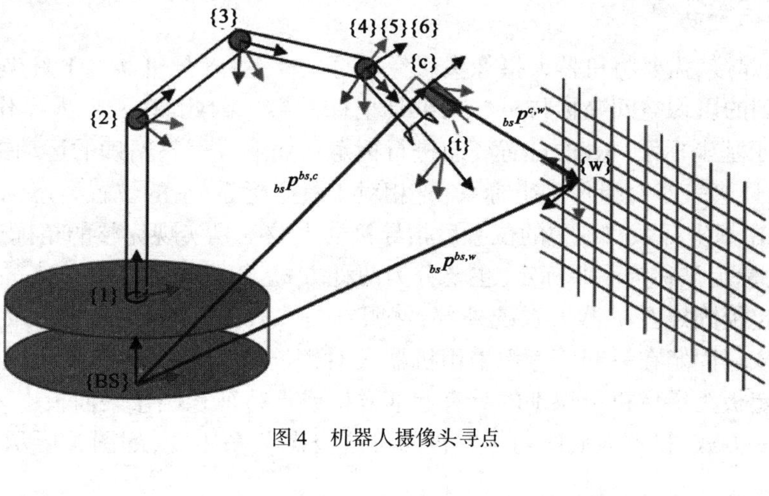

图4 机器人摄像头寻点

$\{bs\}$ 的空间坐标 ${}_{bs}p^{bs,w} = {}^{6}_{bs}T_{\ (t)c6}T_{\ (t)}[{}_{c}p^{c,w},1]^{T}$ 可以确定,根据 D－H 参数设定,${}^{j}_{i}T_{\ (t)} = \mathrm{rot}(z_j,\theta_{i(t)})\mathrm{tran}(0,0,d_i)\mathrm{tran}(a_i,0,0)\mathrm{rot}(x_i,\alpha_i)\mathrm{rot}(y_i,\beta_i)$,$j>i,i=1,\cdots,6$。

在此基础上,调整关节 $\theta_i,i=1,\cdots,6$ 使机器人工具操作点 ${}_{t}p^{t,w}(\theta_{i(t^*)})$ 在操作时间 t^* 到达笛卡尔空间 ${}_{bs}p^{bs,w}$ 处,并完成机器人寻点操作。

四、机器人标定方法

1. 工具坐标系标定方法

焊枪在被安装在机器人末端执行器上之后,需要进行工具坐标系标定,即标定出工具坐标系相对于机器人末端坐标系 $\{6\}$ 的关系,工具坐标系选取在焊枪的枪头上,正确的工具坐标系标定对机器人的空间定位具有重要影响。焊枪末端操作点 ${}_{6}p^{6,t}$(或位姿关系 ${}^{t}_{6}T$)相对于机器人末端处 $\{6\}$ 的实际位置(或姿态)与设计值存在误差,需要通过4点或6点法对焊枪等工具进行标定[3]。

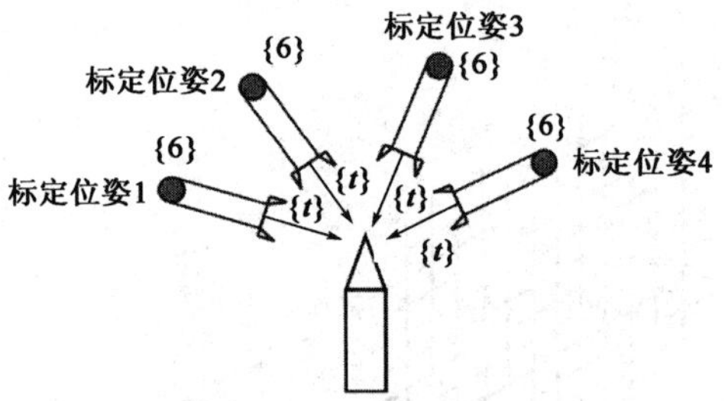

图5 工具坐标系标定原理

由图5所示,工具坐标系 $\{t\}$ 相对基坐标系 $\{bs\}$ 的相对位姿关系为 ${}^{t}_{bs}T = {}^{6}_{bs}T{}^{t}_{6}T$,即 $\begin{bmatrix} {}^{t}_{bs}R & {}_{bs}p^{bs,t} \\ 0\ 0\ 0 & 1 \end{bmatrix} = \begin{bmatrix} {}^{6}_{bs}R & {}_{bs}p^{bs,6} \\ 0\ 0\ 0 & 1 \end{bmatrix} \begin{bmatrix} {}^{t}_{6}R & {}_{6}p^{6,t} \\ 0\ 0\ 0 & 1 \end{bmatrix}$,将等式第4列展开可得:${}_{bs}p^{bs,t} = {}^{6}_{bs}R_{6}p^{6,t} + {}_{bs}p^{bs,6}$。根据上述等式,可制作带有尖锥特征的机器人工具标定工具并在基坐标系 $\{bs\}$ 中固定作为标定参考点 ${}_{bs}p^{bs,t}$,则多次调整机器人使工具末端以不同姿态贴靠尖锥,可形成如下关系:${}^{6}_{bs}R_{\ (1)\,6}p^{6,t}_{(1)} + {}_{bs}p^{bs,6}_{(1)} = \cdots = {}^{6}_{bs}R_{\ (m)\,6}p^{6,t}_{(m)} + {}_{bs}p^{bs,6}_{(m)}$,其中 m 为靠贴次数。简化方程得:

$$\begin{bmatrix} {}^{6}_{bs}R_{\ (1)} - {}^{6}_{bs}R_{\ (2)} \\ {}^{6}_{bs}R_{\ (2)} - {}^{6}_{bs}R_{\ (3)} \\ \vdots \\ {}^{6}_{bs}R_{\ (m-1)} - {}^{6}_{bs}R_{\ (m)} \end{bmatrix}_{3m\times 3} {}_{6}p^{6,t} \times 1 = \begin{bmatrix} {}_{bs}p^{bs,6}_{(1)} - {}_{bs}p^{bs,6}_{(2)} \\ {}_{bs}p^{bs,6}_{(2)} - {}_{bs}p^{bs,6}_{(3)} \\ \vdots \\ {}_{bs}p^{bs,6}_{(m-1)} - {}_{bs}p^{bs,6}_{(m)} \end{bmatrix}_{3m\times 1}$$

进一步可得

$${}_{6}p^{6,t} = \left[\begin{bmatrix} {}^{6}_{bs}R_{\ (1)} - {}^{6}_{bs}R_{\ (2)} \\ {}^{6}_{bs}R_{\ (2)} - {}^{6}_{bs}R_{\ (3)} \\ \vdots \\ {}^{6}_{bs}R_{\ (m-1)} - {}^{6}_{bs}R_{\ (m)} \end{bmatrix}^{T} \begin{bmatrix} {}^{6}_{bs}R_{\ (1)} - {}^{6}_{bs}R_{\ (2)} \\ {}^{6}_{bs}R_{\ (2)} - {}^{6}_{bs}R_{\ (3)} \\ \vdots \\ {}^{6}_{bs}R_{\ (m-1)} - {}^{6}_{bs}R_{\ (m)} \end{bmatrix}\right]^{-1} \begin{bmatrix} {}_{bs}p^{bs,6}_{(1)} - {}_{bs}p^{bs,6}_{(2)} \\ {}_{bs}p^{bs,6}_{(2)} - {}_{bs}p^{bs,6}_{(3)} \\ \vdots \\ {}_{bs}p^{bs,6}_{(m-1)} - {}_{bs}p^{bs,6}_{(m)} \end{bmatrix}^{T} \begin{bmatrix} {}_{bs}p^{bs,6}_{(1)} - {}_{bs}p^{bs,6}_{(2)} \\ {}_{bs}p^{bs,6}_{(2)} - {}_{bs}p^{bs,6}_{(3)} \\ \vdots \\ {}_{bs}p^{bs,6}_{(m-1)} - {}_{bs}p^{bs,6}_{(m)} \end{bmatrix} \tag{4}$$

其中,为保证方程不发生退化,机器人工具末端以不同姿态靠贴,靠贴次数 m 应不小于4次[4-5]。

2. 相机摄像头标定方法

为实现精确寻点焊接,需要将机器人摄像头影像视野坐标系 $\{c\}$ 与机器人工具坐标系 $\{t\}$ 进行坐标转换核对,让摄像头看到的影像空间坐标与机器人工具坐标一致。因此,在机器人操作前需要对机器人工具及摄像头 $\{c\}$ 相对于基坐标系 $\{bs\}$ 的位置姿态进行标定从而形成完整精确的运动链。基于已标定的工具坐标系 $\{t\}$ 信息,可以进一步对摄像头坐标系 $\{c\}$ 相对工具坐标系 $\{t\}$ 的位置姿态标定,并在摄像获得工件目标点 ${}_{c}p^{c,w}$ 识别其在基坐标系 $\{bs\}$ 中的位置后指导机器人及工具实现完整的精确运动[6]。

摄像头坐标系的标定被称为手眼标定,主要分为两种方式:①眼在手(eye in hand),即相机和机器人末端固定在一起,标定板固定在机器人系统外部;②眼在外(eye to hand),即相机固定在机器人系统外部,标定板和机器人末端固定在一起。考虑采用机器人对钢筋结构焊接的场景,眼在手的标定方式更为合适本场景应用,标定板为摄像机可识别的具有标准方格或点特征预制作平面板[7]。

其中,采用眼在手方式,机器人底座与标定板的位置姿态关系不变,如图4所示,通过2次以上机器人在不同姿态下的拍摄，则有摄像机坐标系$\{c\}$与机器人工具坐标系$\{t\}$之间关系：${}_{bs}^{w}T={}_{bs}^{t}T_{(1)}{}_{t}^{c}T_{(1)}{}_{c}^{w}T_{(1)}={}_{bs}^{t}T_{(2)}{}_{t}^{c}T_{(2)}{}_{c}^{w}T_{(2)}$，变换后${}_{bs}^{t}T_{(1)}-1{}_{bs}{}^{t}T_{(2)}{}_{t}^{c}T={}_{t}^{c}T{}_{c}^{w}T_{(1)}{}_{c}^{w}T_{(2)}^{-1}$，则有：$AX=XB$，其中$A={}_{bs}^{t}T_{(1)}^{-1}{}_{bs}{}^{t}T_{(2)}$，$B={}_{c}^{w}T_{(1)}{}_{c}^{w}T_{(2)}^{-1}$[8]。

此外，本次工程应用，眼在手方式可通过摄像头与工具配合实施简化标定，如图6所示，与工具标定方法类似，在标定板上设置9点，利用3点和右手法则建立工件坐标系$\{w\}$，调整机器人工具以不同姿态对各点进行靠贴并在基坐标系$\{bs\}$获取坐标${}_{bs}p_{(i)}^{bs,w}={}_{bs}^{t}T_{(i)}{}_{t}p_{(i)}^{t,w}$，$i\geqslant 9$。同时，调整机器人在摄像机可识别范围内对标定板上9点进行拍摄获取拍摄点相对摄像头坐标系位置${}_{c}p_{(j)}^{c,w}$。从而标定板上标志点坐标为${}_{bs}p_{(j)}^{bs,w}={}_{bs}^{t'}T{}_{t'}^{c}T_{c}p_{(j)}^{c,w}$，则根据闭合运动链关系有${}_{bs}^{t}T_{(i)}{}_{t}p_{(i)}^{t,w}={}_{bs}^{t'}T{}_{t'}^{c}T_{c}p_{(j)}^{c,w}$，利用最小二乘法求出 argmin $({}_{bs}^{t}T_{(i)}{}_{t}p_{(i)}^{t,w}-{}_{bs}^{t'}TX{}_{c}p^{c,w})$，$X={}_{t'}^{c}T=\begin{bmatrix} {}_{t}^{c}R & {}_{t}p^{t,c} \\ 0\ 0\ 0 & 1 \end{bmatrix}$[9]。

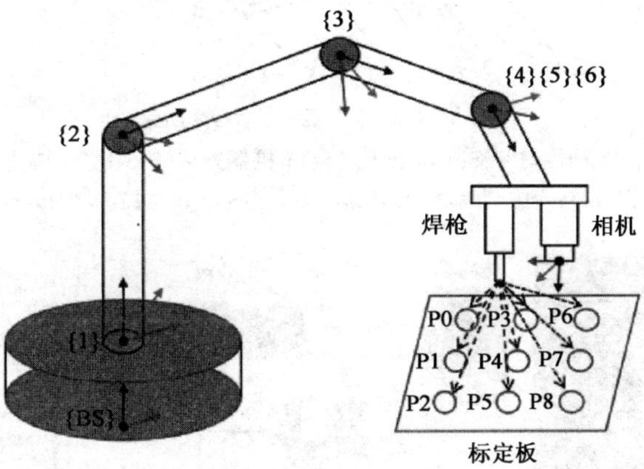

图6 摄像头标定原理

五、实验过程与结果

1. 基于视觉识别的焊接机器人系统

本次实验机器人寻点焊接系统主要由机器人本体、外部轴模块、焊接模块、LiDAR光学深度相机、工业控制器、人机界面（手持示教器）组成，如图7、图8所示。机器人本体为一台6自由度JACA协作机器人，质量仅为41kg，工作半径1327mm，绝对定位精度小于1mm。光学深度相机固定在机械手末端，LiDAR光学红外激光深度相机识别范围0.25～9m，误差小于1mm/m，对焊接点的识别成功率高。

相机传感器采集到焊缝的信息后，由控制器进行运算，计算出焊缝位置后将数据传输给焊接系统控制器，焊接系统控制器收到焊缝位置后，调整焊枪位置，实现工件的智能焊接[10-11]。

外部轴模块包括X轴传动齿条和直线导轨、Y轴传动齿条和直线导轨、Z轴升降机平台。机器人所有焊接功能部件均安装在升降机平台上，该平台可以上下升降，具有质量轻，定位精度高，运动灵活等优点。外部轴模块的作用是当焊接点位置超过机器人关节工作范围以外时，将焊接机器人移动至焊接点区域附近，使安装在机械手末端上的光学深度相机可以清晰扫描识别焊接点。

焊接模块包括气冷焊枪、焊接电源，气冷焊枪安装在机器人关节末端，其作为末端执行器，完成钢筋网交叉点的焊接作业。

2. 实验过程

首先通过4点标定法对机器人进行工具坐标系标定，操作机器人分别用4种不同的姿态靠近并紧贴机器人自带的标定针，读取坐标完成标定，如图9所示。

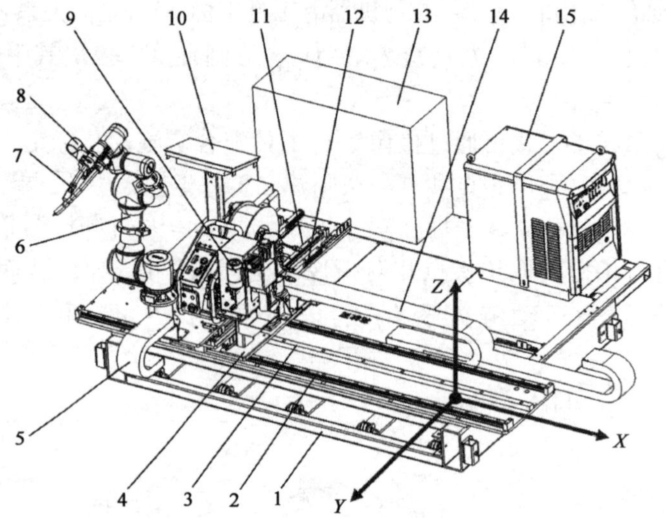

图 7　焊接机器人系统总体结构示意

1-Z 轴升降机平台；2-X 轴直线导轨；3-X 轴传动齿条；4-机器人滑台；5-机器人拖链；6-JACA 协作机器人；7-气冷焊枪；8-LiDAR 光学深度相机；9-焊枪清枪器；10-人机界面；11-Y 轴传动齿条；12-Y 轴直线导轨；13-PLC 控制箱；14-机器人拖链；15-焊接电源

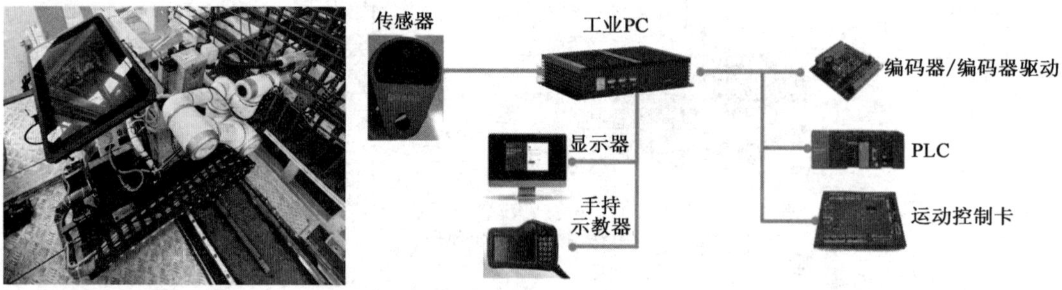

图 8　焊接机器人控制系统组成

图 9　机器人 4 点工具坐标系标定

随后基于平面九点法标定法，对机器人摄像头进行标定，在现场我们使用一块标有 0 ~ 8 号标识点，尺寸为 200mm × 200mm 的田字形立方框作为标定板，如图 10 所示。

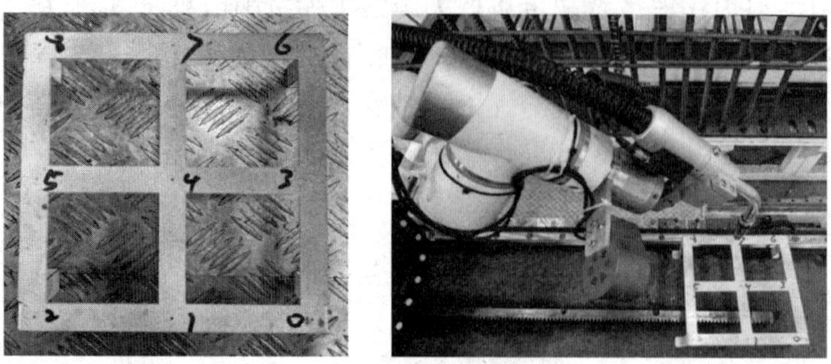

图 10　机器人 9 点定位标定板

依次移动机器人的工具焊枪到标定板的 P0 ~ P8 坐标位置点，每移动到对应的 P0 ~ P8 点时，读取对应点的当前机器的焊枪工具坐标，并使用 MATLAB 仿真坐标数据，即完成机器人摄像头标定，如图 11、图 12 与表 1 所示[12-13]。

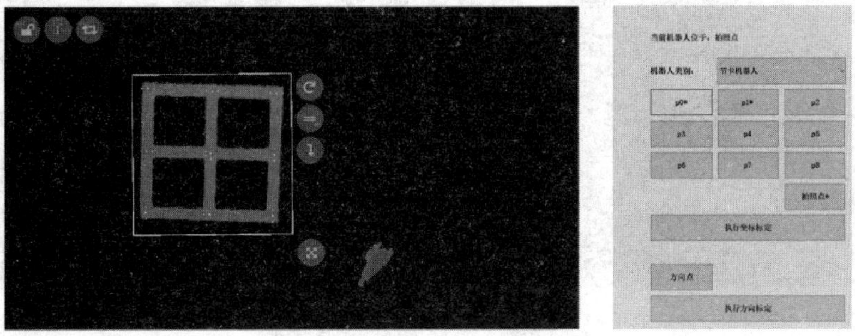

图 11 机器人摄像头标定界面

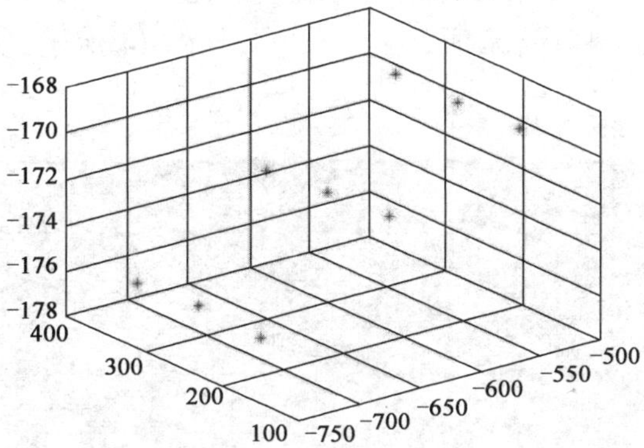

图 12 标定点工具坐标仿真

标定点工具坐标 表 1

项目	P0	P1	P2	P3	P4	P5	P6	P7	P8
X	-724.747	-625.59	-526.254	-736.927	-638.155	-538.256	-749.401	-650.477	-550.93
Y	348.878	337.245	324.912	249.683	237.855	225.689	150.475	138.656	126.14
Z	-176.12	-172.403	-169.382	-175.401	-171.667	-168.972	-175.146	-171.036	-168.399

标定点机器人关节轴坐标见表 2。

标定点机器人关节轴坐标 表 2

关节轴	P0	P1	P2	P3	P4	P5	P6	P7	P8
J1	-17.863	-20.556	-24.712	-6.207	-6.034	-5.696	5.972	9.469	15.887
J2	137.146	129.946	125.366	134.293	127.614	125.049	132.785	125.74	123.397
J3	101.87	121.416	138.678	109.114	129.591	148.91	112.304	133.299	154.109
J4	-10.029	-22.327	-34.810	-13.882	-27.788	-44.508	-13.791	-26.953	-43.651
J5	-89.508	-87.741	-85.022	-97.132	-97.2508	-97.47	-104.916	-107.084	-110.953
J6	-47.973	-50.007	-53.155	-39.129	-39.008	-38.75	-29.557	-26.702	-21.283

完成机器人标定程序后，需进行拍照点位示教，以识别获取钢筋交叉焊接点。由于相机的识别范围有限，对于钢筋网这种大型结构件，需多次拍照示教。移动机器人关节以及外部轴 X 轴、Y 轴、Z 轴升降台至钢筋网第一层 D_{11} 区域附近，创建焊接子程序 P_{11}，光学深度相机输出的深度图像在人机界面中实时显示，使机器人末端光学相机传感器距离钢筋网片的距离为 700 ~ 800mm 左右，选定拍照点以抓取焊接点，读取网片焊接点坐标和机器人旋转坐标；调整焦距，使光学相机传感器对焊接点达到最佳识别效果，

如图 13 所示。同上,依次沿 X 轴正方向执行拍照点位示教,对交叉焊接点拍照识别,依次创建焊接子程序 $P_{1b}(b>1)$,重复子程序 P_{11} 的操作[14]。

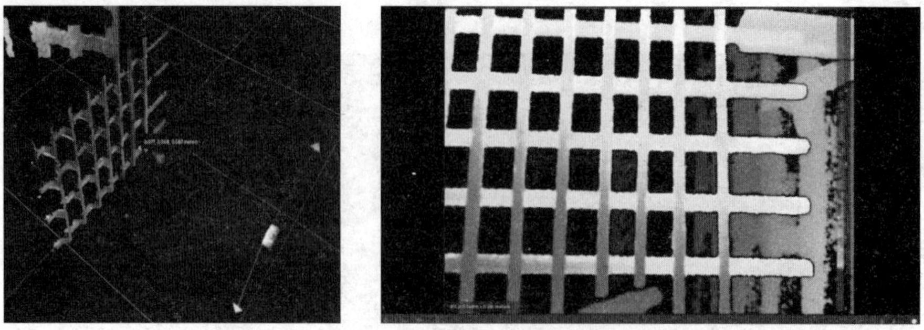

图 13　钢筋交叉焊接点的图像识别

通过人机界面启动焊接程序,机器人开始执行焊接子程序,本次实验测试的 40 个焊接点分为 4 个焊接子程序焊完,4 个焊接子程序识别的焊接点依次为 12、12、12、4 个,每执行完焊接子程序,机器人自动移动到下一拍照点执行下一焊接子程序,无须人工干预[15],如图 14 所示,实验中设置的焊接参数如表 3 所示。

图 14　机器人自动焊接

机器人焊接参数设定　　表 3

焊接方式	十字焊接	焊接给定电流(A)	182
焊接偏离(mm)	2	焊接给定电压(V)	23.8
纠错左偏移(mm)	3	摆焊周期(mm)	1.5
纠错下偏移(mm)	1	摆焊摆幅(mm)	6.0
十字焊接位置	偏左上	十字焊接长度(mm)	5
十字焊接角度(°)	55	十字摆焊速度(mm)	10.0
十字焊接时间(s)	5	十字向外移出(mm)	7
十字主筋方向	横向	是否旋转	否

3. 实验结果

本次机器人寻点焊接质量如图 15 所示,无漏焊、虚焊、烧坏主筋等焊接缺陷,焊接质量良好,满足工况要求。

图 15　机器人寻点焊接质量

焊接实验用时 8min，完成 40 个焊点，平均每分钟完成 5 个焊点，相比于人工焊接平均每分钟 2 个焊点，效率提高一倍以上，焊接过程中，机器人对交叉焊接点的寻位识别精准无误，轨迹姿态规划合理，焊接过程中没有出现机器人关节部件与工件的干涉碰撞，实验结果满足预期要求。

六、结　　语

本文提出的采用光学深度相机搭建焊接机器人系统进行寻点焊接的方法，该方法采用 4 点法和 9 点定位法分别完成工具坐标系标定和摄像头标定，完成标定后，基于图像识别完成对焊缝位置的寻点，焊接过程和结果表明此方法标定精度较高，寻位焊接准确，可实现无人化焊接，提高网片焊接质量和效率，具有较强的实用价值。

参考文献

[1] 燕浩，程小虎，杨正蒙，等. 基于手眼关系与基坐标关系的协作焊接机器人标定[J]. 机械工程与自动化，2020(04)：27-30.

[2] 李国江. 基于视觉的机器人末端精确定位技术的研究[D]. 合肥：中国科学技术大学，2021.

[3] 刘洋. 机器人标定关键技术研究[D]. 武汉：华中科技大学，2016.

[4] 周祥. 工业机器人工具及工件坐标系的标定研究[D]. 南京：南京理工大学，2015.

[5] 熊烁，叶伯生，蒋明. 机器人工具坐标系标定算法研究[J]. 机械与电子，2012(6)：60-63.

[6] Salem M, Kopp S, Wachsmuth I, et al. An overview of robot-sensor calibration methods for evaluation of perception systems[C]// Workshop on Performance Metrics for Intelligent Systems. ACM, 2012：201-217.

[7] Ishikawa R, Oishi T, Ikeuchi K. LiDAR and Camera Calibration using Motion Estimated by Sensor Fusion Odometry[J]. arXiv e-prints, 2018.

[8] Park F C, Martin B J. Robot sensor calibration：solving AX = XB on the Euclidean group[J]. IEEE Transactions on Robotics & Automation, 1994, 10(5)：P. 717-721.

[9] Chen G, Li T, Chu M, et al. Review on kinematics calibration technology of serial robots[J]. International Journal of Precision Engineering & Manufacturing, 2014, 15(8)：1759-1774.

[10] Nguyen H N, Jian Z, Kang H J. A New Full Pose Measurement Method for Robot Calibration[J]. Sensors, 2013, 13(7)：9132-9147.

[11] Calafiore G, Indri M. Experiment design for robot dynamic calibration[C]// IEEE International Conference on Robotics & Automation. IEEE, 1998.

[12] 陈相君，古力那尔·祖农，薛梓，等. 基于激光跟踪仪的协作机器人标定算法与实验研究[J]. 计量学报，2021, 42(05)：552-557.

[13] Borm J H, Menq C H. Experimental study of observability of parameter errors in robot calibration[C]//

IEEE International Conference on Robotics & Automation. IEEE,2002.
[14] 刘世龙,马智亮. 基于结构光相机的钢筋骨架整体点云获取算法[J/OL]. 图学学报,2022,43(04):633-640.
[15] 张园凯,马立新,王秀晶,等. 基于点云的机器人钢网焊接路径规划方法[J]. 金属加工(热加工),2021(6):17-22.

38. 三维成像声呐技术在超大水下钢沉井中的应用研究

孙南昌[1,2,3] 王紫超[1,2,4]
(1. 中交第二航务工程局有限公司;2. 长大桥梁建设施工技术交通行业重点实验室;
3. 交通运输行业交通基础设施智能制造技术研发中心;
4. 中交公路长大桥建设国家工程研究中心有限公司)

摘 要 为了确保水下钢沉井保持整体均匀下沉的良好状态及清基作业,通过自动降噪滤波、高程图例和量距功能、泥面盲区的自动拟合、井壁与泥面交线的自动提取等功能,进行水下地形扫描点云数据快速处理,实现水下钢沉井隔舱中地形探测及三维重构,不仅可以了解沉井刃脚埋深及脱空情况,及时调整取土方案,而且可提高沉井清基作业,为沉井封底施工提供有力保障。

关键词 水下钢沉井 点云数据处理 地形探测 三维重构 刃脚埋深 清基作业

一、引 言

沉井基础在大跨桥梁中应用广泛,特别是跨江、跨海的斜拉桥和悬索桥,沉井基础的竞争优势十分显著。其中水下钢沉井作为承受桥梁上部荷载的重要水下结构物,在其取土下沉施工过程中,需要不断从沉井隔舱中吸泥或挖土,使得沉井在自重作用下发生下沉,直至达到设计高程,最后进行封底。在沉井下沉过程中,沉井在自重、浮力、侧摩阻力、端阻力下维持动态平衡,然而,各隔舱取土不均匀、取土工序变化、取土设备移动以及风浪流等环境荷载影响,沉井易发生倾斜或端部支撑不均匀,引起开裂或倾覆等风险问题。随着取土深度的增加,侧摩阻力持续增大,沉井下沉逐渐变得困难,一旦井孔出现过度取土,刃脚悬空过大,易发生突沉或涌沙。因此,获取水下地形对沉井安全施工及过程控制至关重要[1-5]。

在动态取土过程中,水下地形分布不明确,造成施工控制难度大,而传统技术无法全面排查水下的安全隐患,以致难发现、难处理,造成风险进一步扩大,为了更好地了解水下钢沉井隔舱的三维立体分布模型,三维成像声呐技术是解决这一问题的有效途径,通过对井孔进行三维扫描,能够识别处沉井刃脚的埋深、脱空情况,为沉井施工提供便利及安全保证。本文依托常泰长江大桥5#墩沉井工程,研究三维声呐成像技术在沉井施工过程中的应用。

二、三维声呐扫描技术的应用

Blue View 5000(简称“BV 5000”)三维声呐系统由采集模块、连接模块及数据处理模块构成,主要包括:扫描声呐头、云台、云台声呐接线盒、电缆、软件控制平台、电源及其他附件。声呐头通过发射声脉冲,每发射一次,即可形成一个扫描扇区,可得到大量测点的空间数据,通过云台在竖直方向和水平方向的转动,可实现水平方向360°,竖直方向130°大范围扫描(图1)。BV5000 3D机械扫描声呐通过发射的波束形成扇面,借助云台的水平旋转和倾斜变化得到水下地形的三维点云数据,其目标点坐标公式如下:

$$\begin{cases} x_p = R\cos\varphi\sin\theta \\ y_p = R\cos\varphi\cos\theta \\ z_p = R\sin\varphi \end{cases}$$

式中：θ——P 点在声呐成像平面上的投影与 Y 轴的夹角；

φ——P 点的俯仰角；

R——P 点距离声呐中心的距离。

水下地形是沿着高度方向上连续变化的，通过获取目标点 P 的俯仰角以获得高度方向的信息，在二维信息的基础上实现高度方向上的三维重构。

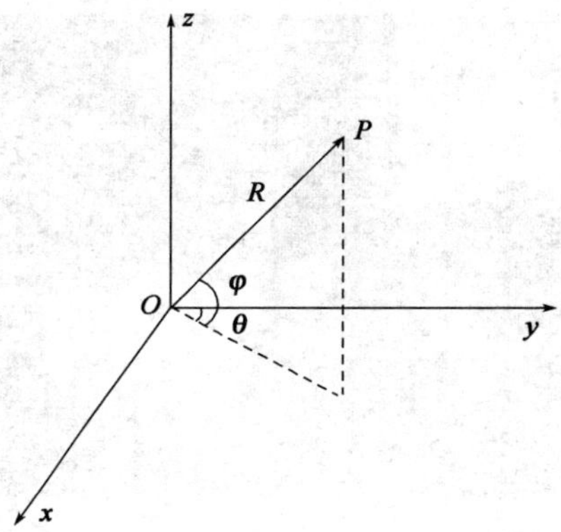

图 1　声呐点云测量原理图

BV5000 三维成像声呐具有如下特点：

(1)能在低能见度或零能见度的水下实现三维全景扫描；

(2)测量点位可达到厘米级精度，分辨率高，获取的点云数据量大；

(3)无须 GPS 定位数据和姿态数据便可配准多个重叠扫描来制作大结构或区域的三维立体模型；

(4)操作方便，安装方便，可安装于三脚架、AUV、ROV 上作业；可与三维激光扫描仪测量的目标物水上部分的数据集成，从而得到目标物整体三维模型(表 1)。

BV5000 三维声呐参数　　表 1

型号	BV5000 - 1350	BV5000 - 2250
水平方向扇形/球形扫描区域	45° ~ 360°	
竖直方向扫描角度范围	-65° ~ 65°	
声呐视角	45° × 1°	
更新率	40Hz	
频率	1.35MHz	2.25MHz
最大范围	30m	10m
最佳范围	1 ~ 20m	0.5 ~ 7m
波束数	256	
波束宽度	1° × 1°	
波束间距	0.18°	0.18°
时间分辨率	0.031m	0.019m
最大深度	300m	3000m

三维成像声呐与普通的多波数声呐相比，具有更高的分辨率，可生成水下地形、结构和目标的高分辨率图像，从而可以提供更多细节描述。三维成像声呐类似于三维激光扫描仪，可用于水下三维现场勘察、三维结构物检查、水下测量、堤坝检查、管道检查等。

BV5000 三维扫描声呐声学探头使用系统自带定点式固定脚架安装连接后，用塔式起重机吊装在沉井内，对非施工仓进行全面扫描，监测基底地形及刃脚埋深等情况(图 2)。

针对沉井水下地形三维扫描 BV5000 的原始点云数据，自动化后处理系统可以自动实现：自动降噪滤波、高程图例和量距功能、泥面盲区的自动拟合、井壁与泥面交线的自动提取等功能，水下地形扫描数据快速处理技术步骤主要包括如下。

(1)点云滤波：由于点云数据量太大且分布不均，可进行降采样，以减少点云数量，并使点的分布较为均匀，并通过点云的距离分割将井壁、地面与不需要的点进行分割，分割后不同对象采用不同的随机颜色显示，图层管理窗口中距离分割点云会显示点数最多的前 10 个对象的颜色和点数，滤波后点云中只保留该对象的点(图3)。

(2)地形填补:经过法线分割、地形提取后,由于测量存在盲区,地面点可能存在一些较大的孔洞,可通过地形填补算法进行插值(图4)。

根据地形点的分辨率 d,在平面上划分 $d \times d$ 大小的格网,若格网内没有点,则在该格网内插入一个点,该点的平面坐标等于该格网的平面中心坐标,该点的高程坐标需要根据其周围点的高程进行内插。在搜索周围点时,寻找上下左右,左上左下,右上右下八个方向最邻近存在点的格网,获取格网内第一个点的坐标,按照反距离加权内插该格网点的高程。

图2 BV5000 三维扫描声呐

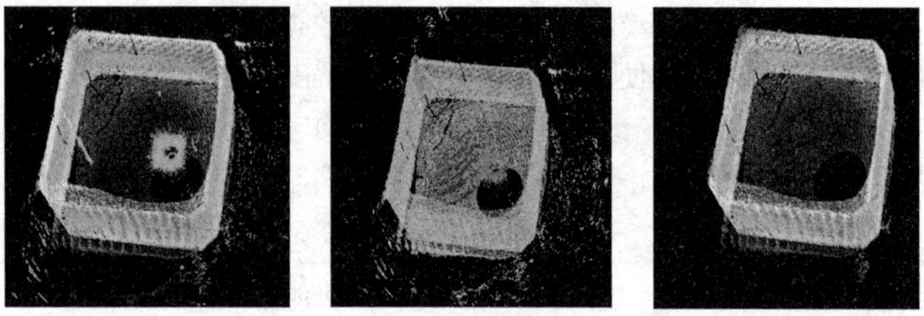

a)降采样点云 b)点云分割 c)点云滤波

图3 点云滤波处理

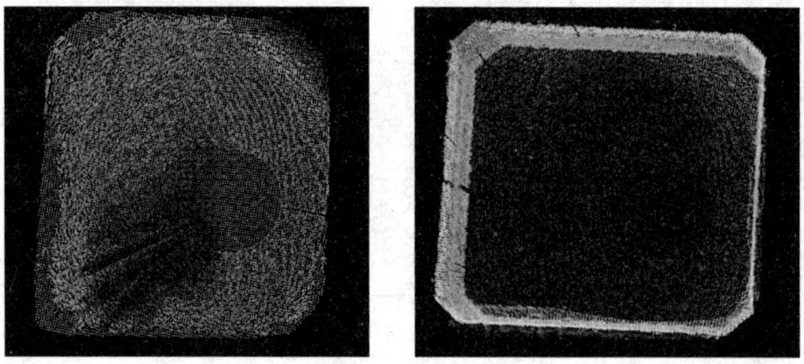

图4 地形填补处理

此处 d 的大小和降采样 d 的大小可以相等,使得点的分布密度及间距相近,地面点落在非地面点在平面方向构成的凸包范围内。

(3)交线提取:提取井壁后点击交线提取,对于每个平面,将从地面点中选取距离该平面小于0.1m的点作为该平面和地面的交线点(图5)。

(4)整体模型和地形模型:按照一定的规则将点连接成许多小的三角面片即实现了模型的构建。

点云平滑半径:由于测量点通常存在噪声,使得测量出的表面不平滑,选取每个点邻域的点进行曲面拟合,用拟合结果取代真实点位可以实现点云的平滑。该半径越大,意味着每个点在平滑时选取的邻域点越多,平滑效果就越强,但会越耗时,经验值为0.5～1m(图6)。

由于点云密度不均且存在孔洞,为了填补一些小的孔洞,需要设置较大的邻域加权因子。

(5)处理结果:经处理后的地形扫描图如图7所示,泥面和沉

图5 交线提取处理

井界面清晰,沉井轮廓分明,泥面深浅通过颜色区分。

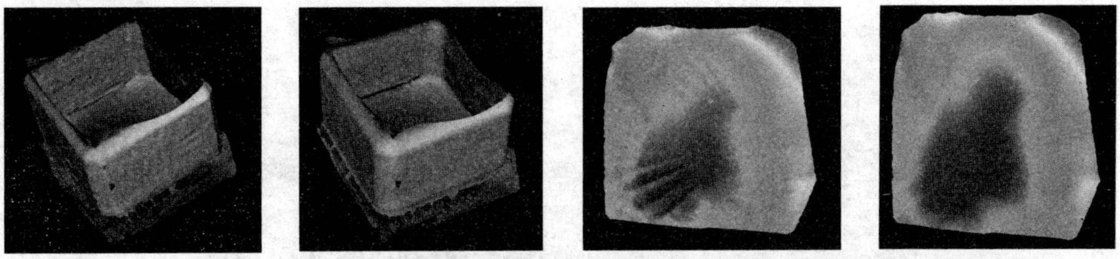

图6 平滑处理

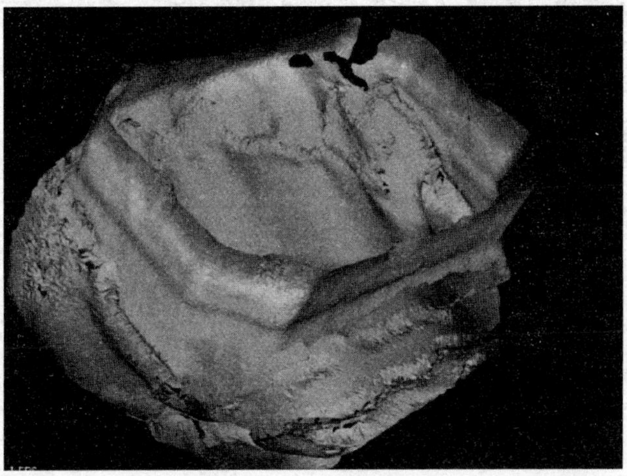

图7 井孔三维泥面图

三、水下沉井地形三维声呐应用

常泰长江大桥主航道桥5#墩基础采用平面圆端型、立面台阶型水下钢沉井,沉井总高72m(含承台8m),沉井底面长95.0m,宽57.8m,圆端半径28.9m;沉井顶面长77.0m,宽39.8m,圆端半径19.9m,沉井钢壳内部填充混凝土,为目前世界上最大的水中沉井,共包括36个井孔(图8、图9)。在沉井隔舱中,水下地形测量采用悬挂扫描作业模式,通过机械臂将声呐平台悬挂在隔舱中央,对隔舱水下地形进行扫描作业,获取水下地形点云数据。

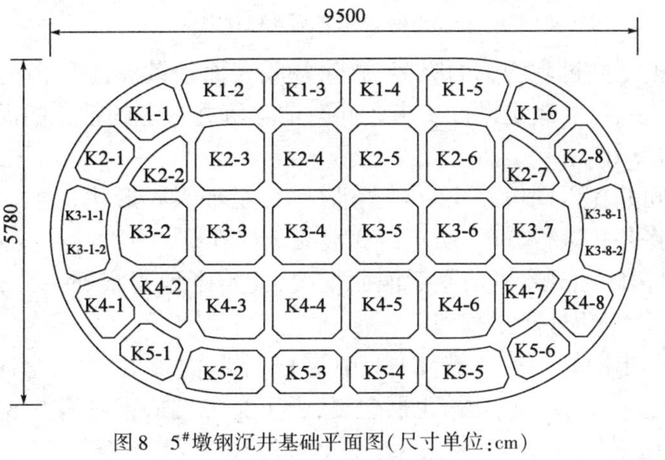

图8 5#墩钢沉井基础平面图(尺寸单位:cm)

通过对比BV5000扫测的泥面形态与人工测量的泥面形态,可以定性地评价水下机器人定点破土效果,从图10中可以看出三维扫测与人工测绳两者的泥面高程精度可以达到10cm级,说明了BV5000三维泥面形态测量满足现场使用要求。

图 9　5#墩钢沉井现场施工图

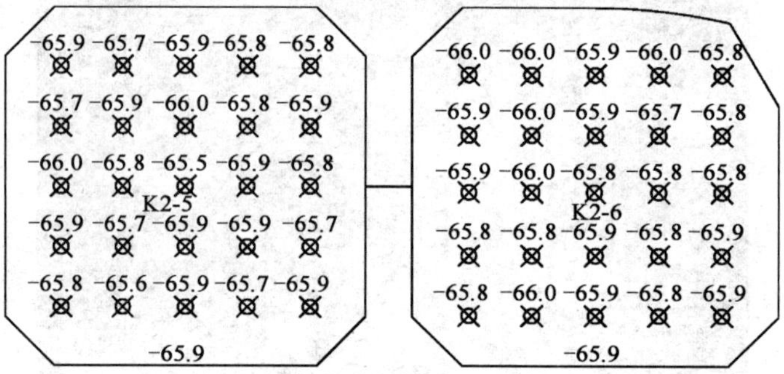

a)BV5000扫测的部分井孔泥面高程

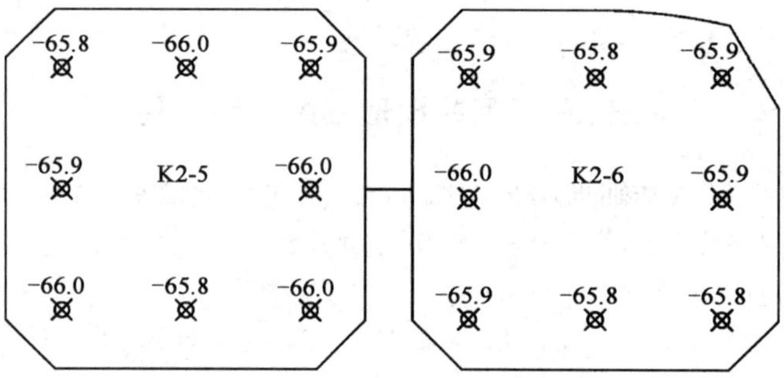

b)人工测量的部分井孔泥面高程

图 10　井孔泥面高程对比

清基的主要内容是把基底过高的土面吸掉、清除基底表面松散泥沙和各类杂物，使沉井坐落在较紧密的基底上，并使基底平整、尺寸满足设计要求。同时清除沉井壁上的粘连的泥沙和杂物，使封底混凝土与沉井间结合紧密，传力良好。

沉井清基按照先中间井孔再周边井孔的顺序进行，直至平锅底形状。接着，在隔墙刃脚位置回填碎石，再浇筑分区混凝土，将井孔进行分区，防止封底混凝土串孔。

BV5000 三维声呐可清晰地观察到清基后泥面情况，能清晰地观察到一、二期抛填砂石情况，并能量化内圈隔墙脱空高度，也能量化外圈刃脚埋深。

三维声呐扫测云图（图 11）中，井孔 K1-3 中可以看出内测井壁完全脱空，脱空平均高度约为 1495mm，外侧刃脚仍有埋深，T 形节点处被土层包裹，上下游隔墙底部约有 2/3 脱空，井内泥面成斜坡式分布，表现出外高内底的形态。

K3-2 三维声呐扫测云图，从图 12 中可以看出，井壁上游侧未脱空，下游侧完全脱空，脱空平均高度约为 1480mm，江岸测井壁脱空约 1/3，井内泥面较为平整。

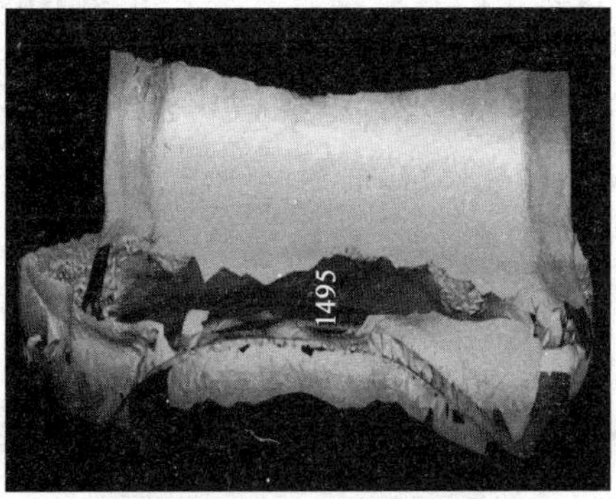

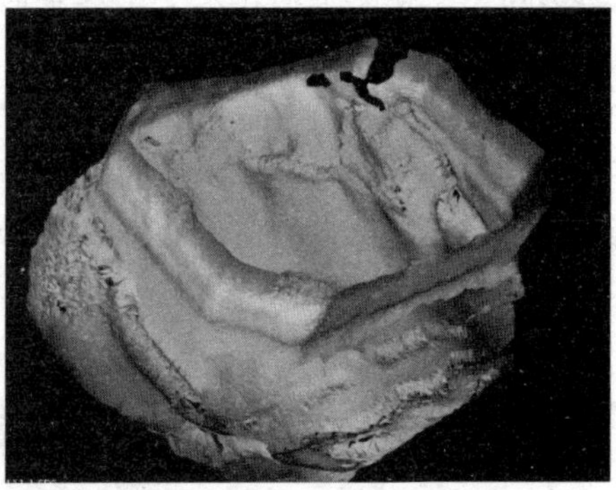

图 11　井孔 K1-3 三维声呐扫测云图

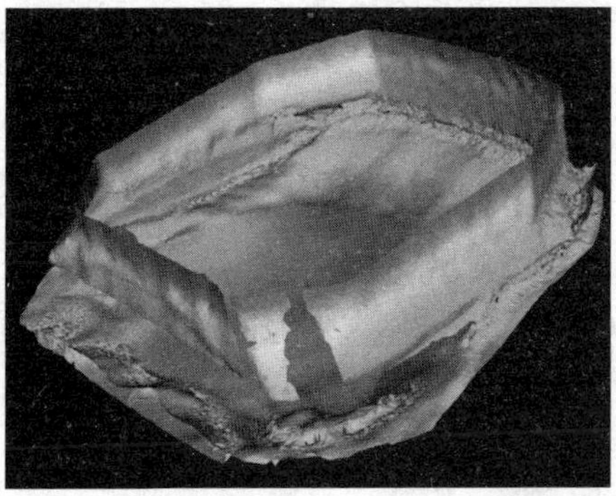

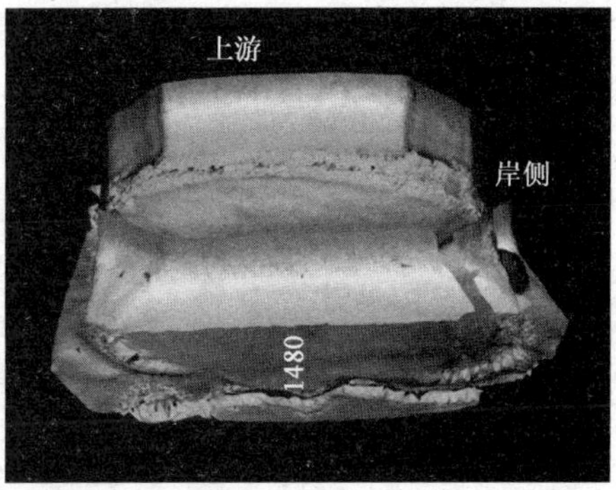

图 12　井孔 K3-2 三维声呐扫测云图

图 13 为 K3-3 三维声呐扫测云图，从图中可以看出井壁完全脱空，脱空平均高度约为 1548mm，井内泥面较为平整。

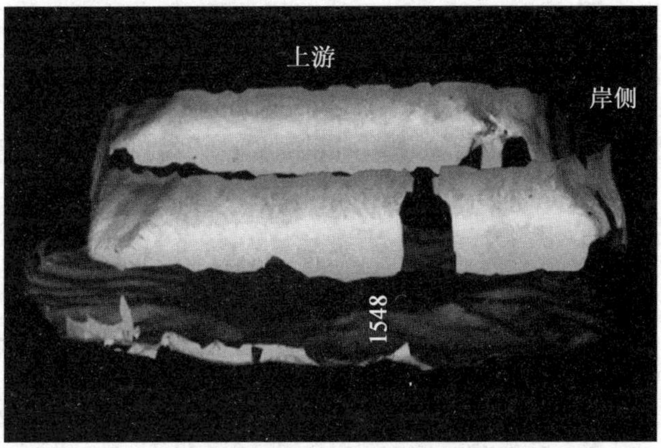

图 13　井孔 K3-3 三维声呐扫测云图

四、结　　语

为了确保沉井下沉安全、保持整体均匀下沉的良好状态，通过三维扫描可视化监测可清晰地了解各区域泥面状态及沉井刃脚埋深及脱空情况，及时调整取土方案；在沉井终沉到位后，清基作业时，基础泥面质量和井壁泥面通过三维地形重构，为沉井封底的施工质量提供了重要支撑。

参考文献

[1] 马鑫程，张旭东，贾旭. 基于三维声纳点云的水下沉井地形探测技术[J]. 海洋测绘，2021，41(06)：44-48.

[2] 程显皓,骆承树.三维成像声纳在水下工程中的应用研究[J].科技创新与应用,2016(06):300.
[3] 李斌,全利军,洪佳等.三维成像声纳技术在水下结构探测中的应用[J].水资源与水工程学报,2015,8(11):184-188,192.
[4] 徐梦雪.基于二维前视声纳成像的海底三维目标重建研究[D].哈尔滨:哈尔滨工程大学.
[5] 李志华,李秋峦.运用三维声纳图像的水底全景拼接与绘制[J].测绘科学,2015,40(6):146-150.

39. 大型双壁钢围堰内陆航道整体浮运影响因素分析

王成伟[1]　魏晗琦[2]　王俊野[2]
(1.中交一公局集团有限公司;2.中交一公局第六工程有限公司)

摘　要　大型钢围堰设计施工可行性受其水文情况影响因素大,前期进行翔实的水文数据和水工资料统计会对方案编制方向起决定性作用,本文结合兴联路大通道(过江段)项目主墩承台双壁钢围堰分节接高及浮运方案编制思路进行阐述,分析内陆航道大型双壁钢围堰整体浮运方案的影响因素。

关键词　水文情况　双壁钢围堰　内陆航道　分节接高　整体浮运

一、工 程 概 况

兴联路大通道工程(过江段)主墩采用哑铃型承台,因行洪要求承台为全埋式,主墩采用哑铃型双壁钢围堰,50[#]和51[#]墩围堰总高度22.5m/24m,长66.3m,宽26.4m,单套围堰总重约2010t。围堰共分三节,50[#]围堰自下而上节段划分为8.6m+7.6m+6.2m,51[#]围堰自下而上节段划分为8.6m+7.2m+8.2m。围堰由加工厂完成节块焊接,经船舶水运至加工拼接区,单节段整体组拼后由两台800t浮式起重机整体起吊入水,于水上进行围堰及钢护筒的浮态接高。

通过区域及交通运输情况的实地调查,钢围堰加工拼装区可选既有位置分别有,湘船加工厂、香炉洲加工拼装场地、母山基地码头加工拼装场地,其中湘船加工厂负责块段加工,其余场地进行节段焊接拼装。

二、浮运航线规划

围堰浮运形式确认,应先对拟定航线做全方位的河床及既有结构物的测量工作,分析河床高程与拟定浮运期湘江施工流域水位情况;计算结构水面外露高度与既有结构物是否冲突。以此为依据,选择围堰整体或分节浮运形式。浮运方式确认后,拟定围堰起吊、临时存放及浮态接高位置,从而对相应墩位围堰浮运航线进行二次规划。航线规划主要依据湘江水域航线,结合围堰结构宽度及托运机械,拟定浮运航线为60m宽,香炉洲码头至50[#]墩位,路线长度11.7km;母山基地码头至51[#]墩位,路线长度370m。

三、围堰接高、浮运规划难点

50[#]墩围堰浮运存在运距远,航线过洲岛、跨江桥,浮运施工存在的主要问题如下:

(1)浮运航线绕行香炉洲与在建香炉洲大桥,香炉洲岛浅滩范围较宽,航线近洲侧水深为控制因素;

(2)浮运航线经石长铁路大桥铁路桥,最高通航水位为35.10m,通航净高为10m,河床高程与最高水位通航净高相对值为浮运顺利通过关键因素;

(3)长航线水上围堰浮运的内陆航道疏通、护航及临时封航组织难度大;

(4)长航线水深测量数据庞大、数据处理难度高。

四、水文数据及水工资料统计

1. 水文数据统计

湘江流域洪水主要由气旋雨形成,每年 4—9 月为汛期,结合湘江长沙站观测资料,统计出湘江近 6 年水位图及每月平均水位折线图进行分析,统计图如图 1、图 2 所示。根据施工进度,拟定于 6 月中旬进行围堰整体浮运,由统计数据可得平均最高水位为 +31.04m,平均最低水位为 +28.26m。

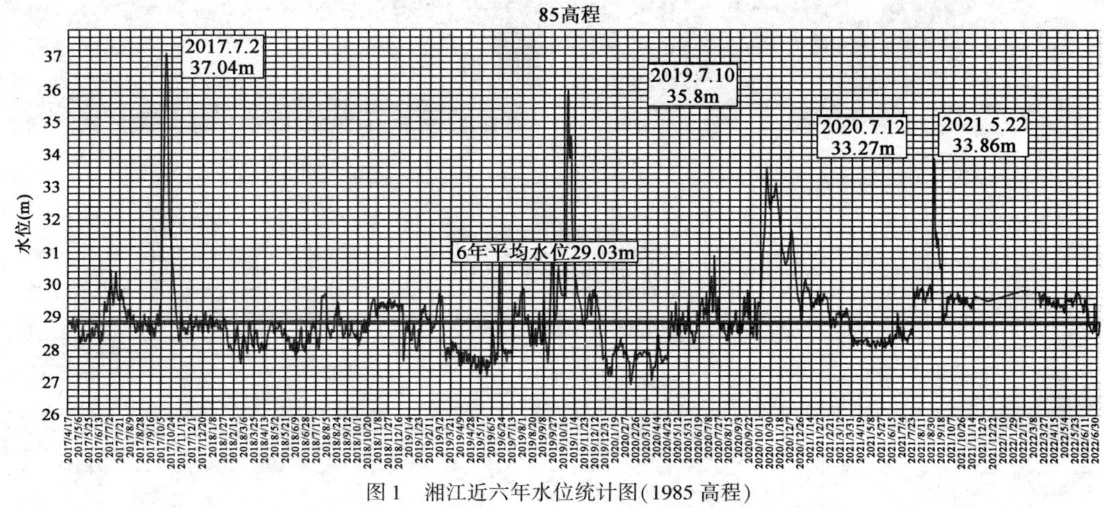

图 1 湘江近六年水位统计图(1985 高程)

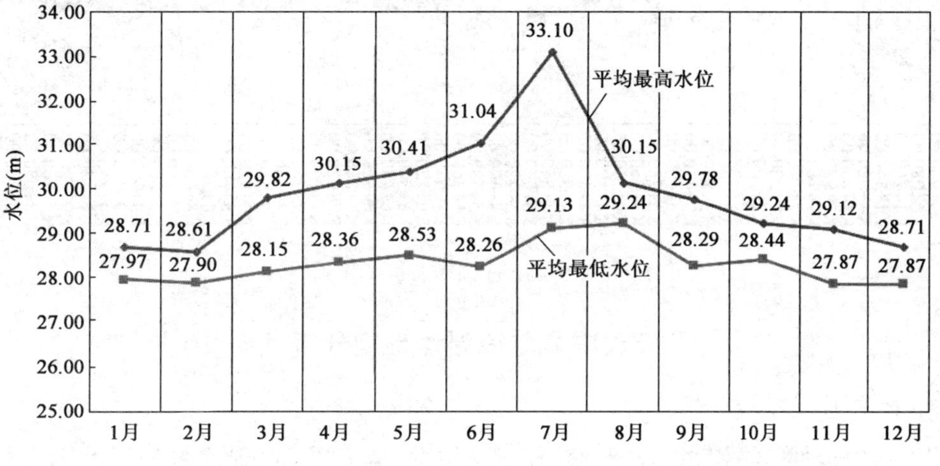

图 2 湘江近六年每月平均水位统计图(1985 高程)

2. 航线水深测量

航线水深测量由定位测量和水深测量两部分组成,以华星 A15H 测量仪及中海达 HD－310 测深仪联动实现,如图 3 所示。水深测量软件中导入 CAD 文件生成规划航道线,根据测量仪数据进行数据修正。测量换能器水下深度对水下数据进行修正,如图 4 所示。

测量船航速依据测深仪测量频率与采样精度要求调整,近岸区域宜加密测量点,每测量 1km 应使用测绳进行水深测量校核。

3. 航线水深数据统计

导出水深测量数据并将数据处理为 Civil 3D 识别的坐标划分格式,Civil 3D 导入坐标表生成相应坐标点位,进而创出测量曲面,由浮运航线绘制出要素线,编制相对里程得出数据。以 20m 为一数据区间进行统计,得出航线测点水深、河床高程等数据,统计河床高程如图 5 所示。由实测数据可知 50# 围堰航道最小水深为 8.29m,51# 围堰航道最小水深为 8.79m。

图 3　水上航线水深测量

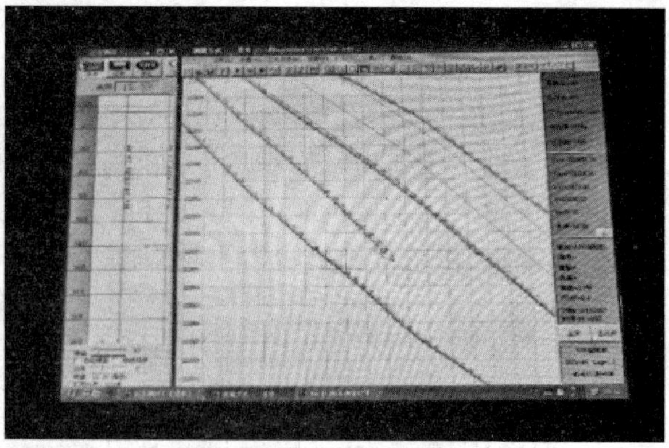

图 4　测深仪航线水深测量

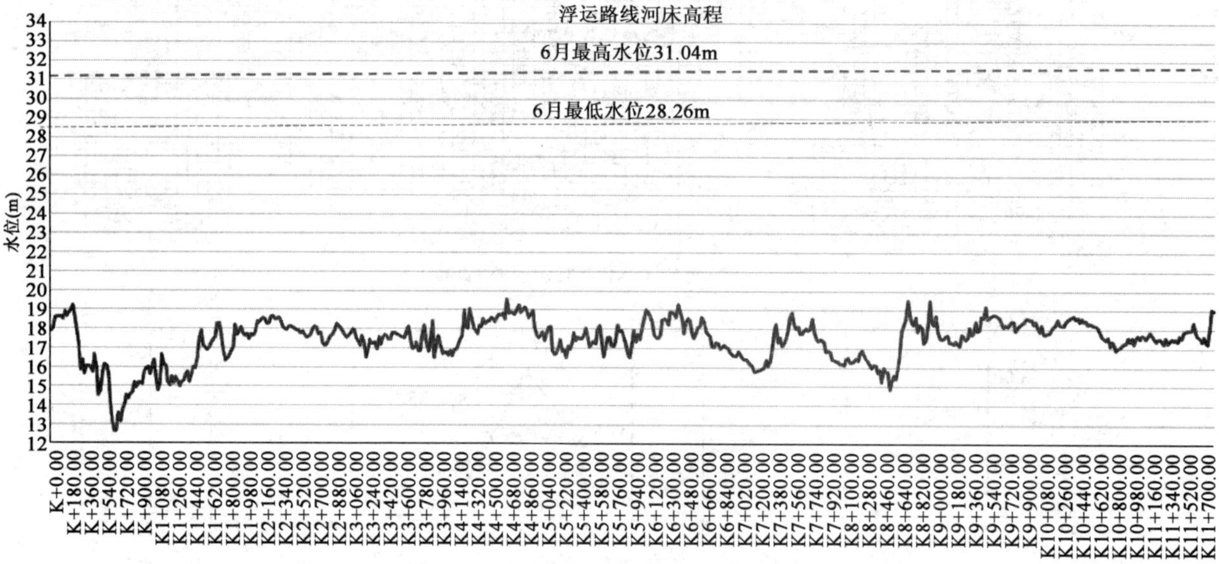

图 5　航线河床高程折线图

五、围堰航线浮运影响分析

1. 浮运控制参数

考虑围堰浮运安全性、可控性以及浮运时期水文情况，拟定浮运控制参数如下：

(1) 围堰刃脚距离河床的富裕深度不小于水深的 1m。

(2) 围堰顶端距离通航孔桥富裕高度不小于 1.5m。

本方案浮运需综合考虑沿线水深及跨江桥梁通航净高，表 1 列出 50# 围堰三节围堰 + 两节钢护筒浮运参数。

50# 主墩围堰浮运参数表　　表 1

钢围堰重量	高度(m)	护筒高度(m)	吃水深度(m)	外露高度(m)
第一节	8.6	8	3.53	5.07
第二节	7.6	6	3.28	4.32
第三节	6.2	—	1.65	4.55
总计	22.4	14	8.45	13.95

2. 石长铁路大桥影响分析

经现场调查，石长铁路大桥设计最高通航水位高程为 35.10m，通航净高为 10m，桥下河床最高高程为 20.1m，统计近 6 年最低水位为 28.52m，桥下河床最低高程为 20.1m，航道最小水深为 8.42m，通航净高为 17.08m。

1）三节围堰两节钢护筒整体浮运

三节围堰整体浮运时间预计为 7 月，根据测算的水位计算得通航净高为 12～15.97m，围堰水面以上高度为 13.95m，航道最小水深为 8.42m 而围堰吃水深度为 8.45m，无法满足浮运控制参数，致使三节围堰整体浮运施工对于水文环境要求极高、且工序烦琐、施工可控性低。

2）两节围堰两节钢护筒整体浮运

50#墩两层围堰两节钢护筒整体浮运期拟定为 6 月中旬，在此期间大桥控制水面外露高度 13.93m，围堰实际外露高度 9.40m；浮运路径控制吃水深度 8.42m，围堰实际吃水深度 6.81m，按照吃水深度和通航净高进行围堰浮运双控，两项数据均满足要求，浮运安全，无须增添施工工序，施工可控性高，浮运围堰跨江桥通航孔示意如图 6 所示。

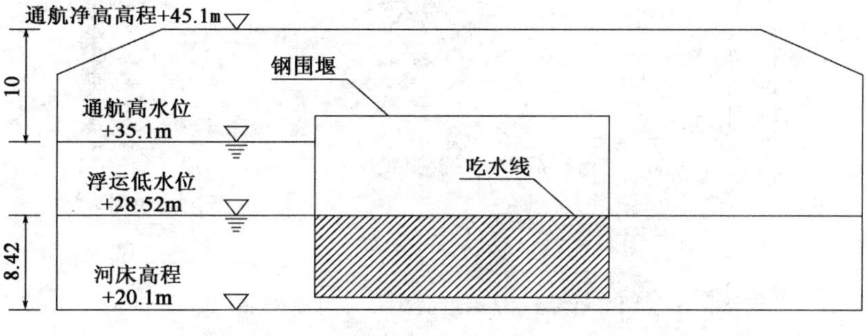

图 6 50#墩钢围堰过通航孔桥布置图（尺寸单位：m）

3. 香炉洲影响分析

浮运航线近香炉洲侧河床高程最高点经水深实测得 18.48m，统计近 6 年最低水位为 28.52m，即最小水深为 10.04m，满足围堰整体浮运 6.81m 需求。综上所述，50#主墩承台围堰采用两节围堰加两节钢护筒整体浮运方法，第三节钢围堰及钢护筒于桥位处进行接高施工。

4. 水流、风速速影响分析

围堰浮态接高及整体浮运期为 5～6 月，逢湘江汛期，水流速及风速会对锚固拉索强度、锚碇大小以及浮运拖轮功率，甚至直接影响围堰浮运可行性。

1）水流对围堰的阻力计算

$$R_1 = KA\gamma V_2/2g$$

式中：K——形状系数，取 1.3；

A——围堰水下面积；

V——设计流速，船舶航速 1.0m/s，水流 0.5m/s，则相对速度 1.5m/s。

2）风阻力计算公式

$$R_2 = \omega kA$$

式中：ω——高度为 10m 时，取 0.256kN/m^2；

A——围堰迎风面外露面积。

3）轮牵引计算

$$\text{E. S. P} = RV/\varepsilon 1000$$

式中：E. S. P——拖轮有效功率（kW）；

R——船舶受到的总阻力（N）；

V——航行速度（m/s）；

ε——牵引效率,取0.6。

经比对,围堰与水的相对速度,决定了围堰所受总阻力大小,并且成指数性增长。以相同围堰行进速度1m/s对两流速进行计算,前者所需有效功率为2527.8kW,后者所需有效功率为828kW,两者计算结果相距较大。经对航道流速的监测以及船只拖运能力的调查,综合考虑行进速度和有效功率,控制围堰相对水流速控制在1.5m/s时,浮运所需设备及安全性较为合理。

5.围堰托运参数确定

浮运采用三艘拖轮进行捆绑,尾部一艘,两侧各一艘,如图7所示。其尾部拖轮为主要顶推作用,两侧拖轮主要为导向作用,提供部分牵引力及横向水浪的抵抗力。其功率见表2。

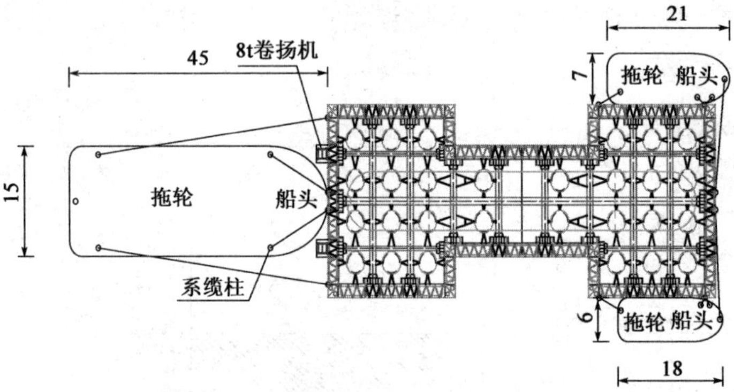

图7 浮运船队编组示意图(尺寸单位:m)

围堰浮运拖轮参数 表2

项　目	1号拖轮	2号拖轮	3号拖轮
船长(m)	45	21	18
型宽(m)	15	7	6
型深(m)	3.2	2.0	2.0
吃水(m)	1.86	1.5	1.4
功率(kW)	1206	352	320

三艘拖轮共计可提供1878kW功率,满足拟定围堰浮运相对水流速1.5m/s方案所需的828kW有效功率,围堰整体浮运具有可行性、可靠性。

6.围堰浮运稳定性分析

围堰浮运时主要考虑其横向的稳定性,以51#墩围堰为例,重心到围堰底的高度$h_1=7.9$m,浮心到围堰底的高度$h_2=3.39$m,围堰横向的惯性矩$I=34122\text{m}^4$,排水体积$V=2273.45\text{m}^3$,定倾半径$\rho=I/V=15.01>a_c=h_1-h_2=4.51$,稳定性满足要求。

考虑横向风作用,其倾覆力矩$M=0.35\times66.3\times9.03\times9.03\times2/3=1261\text{kN}\cdot\text{m}$。

倾角$\omega=\tan-1M/[\gamma V(\rho-a_c)]=\tan-11261/[10\times2273.45\times(15.01-4.51)]=0.30°<6°$,满足要求。

六、围堰浮运安全保障

为保障围堰整体浮运安全,浮运前需按照海事管理机构批准,并制定相应措施减少通航环境对浮运安全的影响:

(1)设置交通警戒船,引导船舶安全通过临时通航孔,减少施工水域船行波影响。必要时联合水上交通部门进行暂时封航,以保证围堰顺利浮运;

(2)及时关注了解主管部门发布的航行通告施工动态,行船时避开施工作业区域;

(3)浮运时航道设置临时标志,引导船舶提前注意航路的变化;

(4)施工驳船应按方案规定控制航速,谨慎驾,注意周围船舶动态;

(5)施工船舶、警戒船舶等作业船舶上应配备有效的通信设备,指派专人警戒。

七、结　语

内陆航线水文情况往往制约着大型钢围堰方案的可行性,因此需开展翔实的水文调查。

方案编制综合考虑施工方案可行性,通过拟定计划开展现场翔实数据收集与统计为依据指导编制方向,兴联路大通道工程(过江段)主墩承台围堰的整体浮运方案制定经现场实测数据与拟定方向进行比对,从更加安全、经济、施工可控的角度选定方案工艺,保障各项工序良好衔接,稳步进展。

参考文献

[1] 刘晓敏,张强,李飞,等.裸岩区深水基础先堰后桩建造技术研究[J].施工技术,2021(7):31-34.

[2] 郁光耀.深水施工双壁钢吊箱围堰关键技术研究[J].公路,2020(4):221-224.

[3] 王守彬,王新洲,刘晓东.GPS-RTK与数字测深集成技术在水下地形测量中的应用[J].测绘信息与工程.2004(6):30-31.

40.调节式托架在高墩"Y"型盖梁施工中的应用分析

苏金堂　李友清　刘　炜　冯国春
(中交路桥华南工程有限公司)

摘　要　以黄茅海跨海通道高栏港大桥为工程背景,针对过渡墩和辅助墩"Y"型盖梁结构特点,综合考虑盖梁支架结构受力、周转效率和施工环境等因素,分析评价了"落地钢管支架"和"常规盖梁托架"施工方案的优劣,提出了"调节式托架"盖梁施工方案。综合分析表明:"调节式托架"方案解决了施工工期紧张、设备使用受限、盖梁线型控制难等难题,该托架安全可靠、材料利用率高、经济效益好,研究成果可以为同类型盖梁施工提供参考。

关键词　跨海通道工程　高墩"Y"型盖梁　落地钢管支架　常规盖梁托架　调节式托架　材料利用率高　对比分析

一、工程概况

黄茅海跨海通道[1-2]东接鹤港高速公路(港珠澳大桥西延线)、西接西部沿海高速及新台高速公路,全长约31km,属超大型跨海工程。高栏港大桥跨径布置为110m+248m+700m+248m+110m=1416m,为独柱塔双索面双塔斜拉桥,总体布置如图1所示。

高栏港大桥过渡墩和辅助墩均采用TY型墩,墩身由圆弧段和直线段组成,圆弧段直径为2m,墩厚4m,盖梁按部分预应力混凝土A类构件设计,墩顶盖梁横向长37.4m,悬臂长度14.6m,盖梁向下11.5m为"Y型"分肢墩,截面高度从3.5~4.35m,浇筑总量约为693.5m^3,总重约为1803t。过渡墩和辅助墩立面图如图2所示。

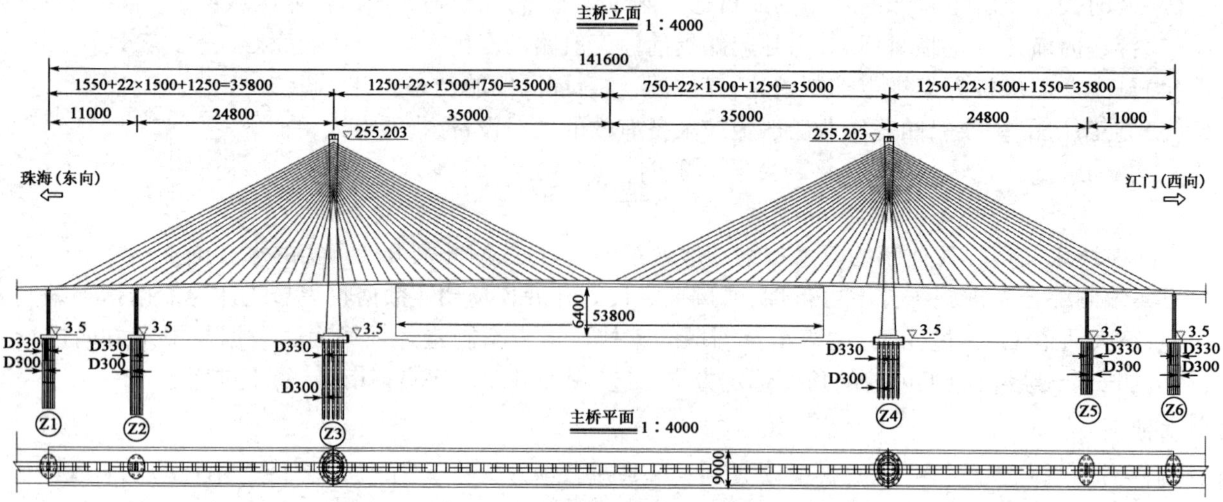

图1　高栏港大桥总体布置图(尺寸单位:cm;高程单位:m)

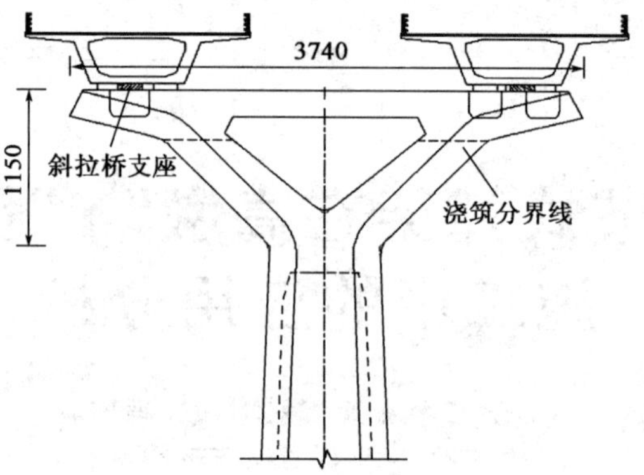

图2　过渡墩和辅助墩立面图(尺寸单位:cm)

二、"Y"型盖梁施工方案

高栏港大桥过渡墩和辅助墩"Y"型盖梁具有设计复杂、施工难度大的特点,主要体现在盖梁自重大、悬臂长,对支撑点承载力和墩部变形控制要求高,常见施工方法主要有"落地钢管支架法"和"托架法"。

1. 落地钢管支架法

如图3所示,落地钢管支架[3-4]一般由桁架、钢管桩、桩顶承重梁、横向联结系和对拉装置组成,钢管桩与承台预埋件连接,或者振动锤打入土。传力路径为:盖梁—桁架—承重梁—钢管桩—承台,采用该方法施工高墩盖梁时,具有以下特点:①对地基承载力要求高,地基承载力不足时,易引起钢管下沉量大,进而使得盖梁线形失去控制。②钢管桩长,压缩变形大。③落地钢管支架定位、安装、对接和拆除工序烦琐,施工工期长。④材料利用率低,经济效益差。

2. 托架法

常规盖梁托架结构如图4所示,一般由上桁架、中桁架、下桁架、分配梁、砂桶、牛腿和对拉装置组成。盖梁混凝土浇筑时,托架的传力路径为上桁架—分配梁—下桁架—砂桶—牛腿—墩身。该方法常用施工高墩盖梁[5-6],具有以下特点:①传力简单明确、结构安全可靠;②托架安拆搭设快,周转效率高;③材料利用率高、经济效益好。

3. 调节式托架

在海上浅滩环境中,大型机械设备难以进场,"常规盖梁托架"难以安拆,根据设计图纸,高栏港大桥过渡墩和辅助墩"Y"型盖梁分三次浇筑，为此笔者结合施工工序，进一步优化托架结构，提出"调节式托架"盖梁施工方案，其结构如图5所示，主要由支撑系统、上桁架、下桁架、中桁架、对拉装置、限位装置和卸荷块组成。所谓"调节式"主要体现在盖梁施工过程中托架受荷调节，其主要特点是：上桁架和下桁架支架设置卸荷块，结合施工工序和结构受力状况，进行阶段卸荷，优化托架受力，避免了盖梁阶段浇筑造成的托架应力累加。

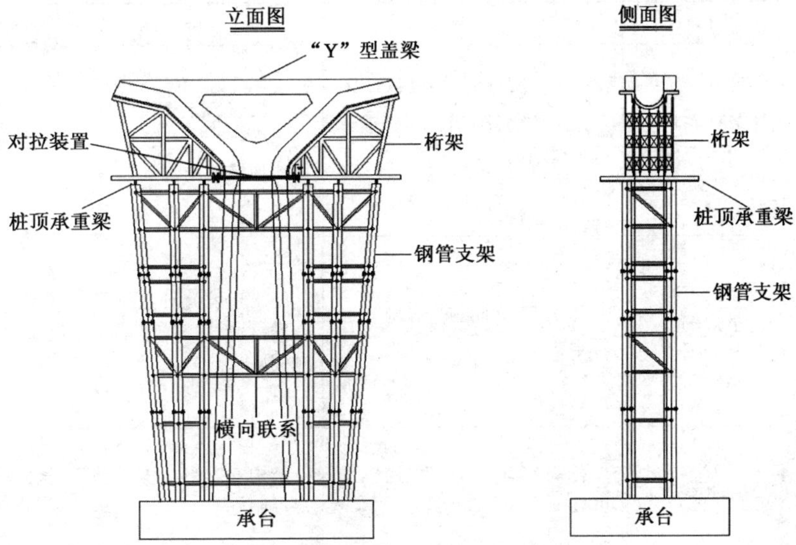

图3　落地钢管支架示意图

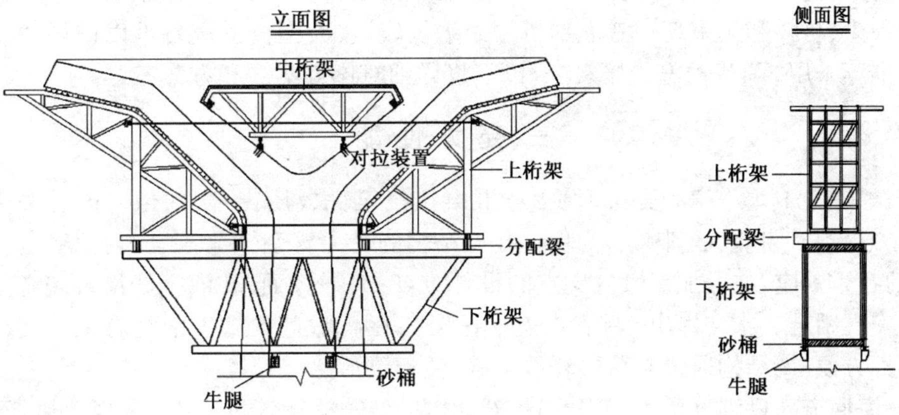

图4　整幅盖梁托架结构示意图

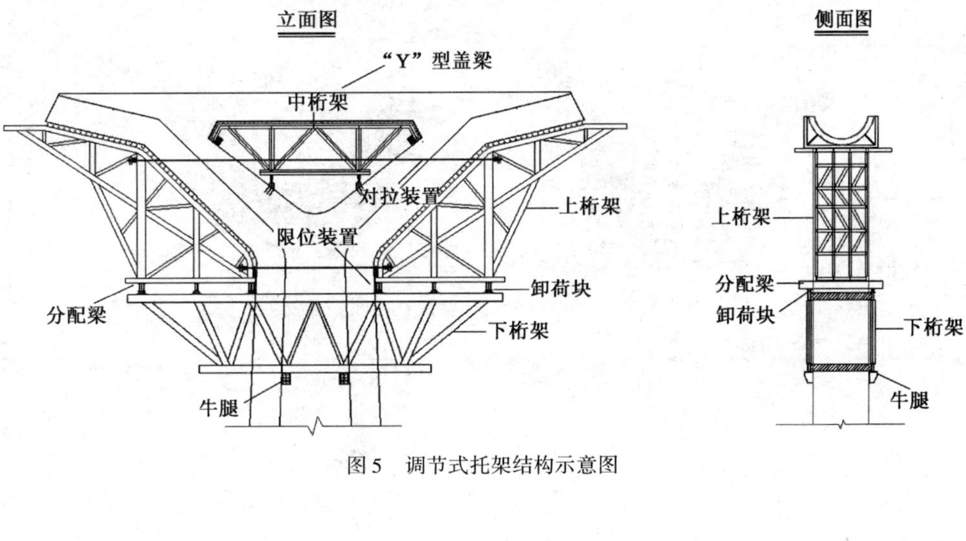

图5　调节式托架结构示意图

4. 方案比选

高栏港大桥过渡墩和辅助墩"Y"型盖梁施工方案的主要考虑因素有结构受力、周转效率、施工环境和材料利用率，现将"落地钢管支架""常规盖梁托架"和"调节式盖梁托架"分别定义为方案一、方案二和方案三，各方案对比如表1所示。

"Y"型盖梁施工方案　　表1

施工方案	材料用量	支架形式	结构受力	施工比较	投入机具设备
方案一	308t	钢管支架+上层桁架	结构传力路径长、对地基承载力要求高、	定位、安装、对接和拆除工序烦琐，高空作业量大，施工工期长，盖梁线形控制难	200t履带式起重机+10t塔式起重机
方案二	174t	双层桁架	传力简单明确、结构安全可靠	施工环境允许大型设备进场，结构安拆块，周转效率高，盖梁线形控制较好	1000t浮式起重机+10t塔式起重机
方案三	112t	双层桁架	传力简单明确、结构安全可靠	结构安拆块，周转效率高，盖梁线形控制好	墩顶提升吊机+10t塔式起重机

通过上述比较可见："Y"型盖梁施工采用"托架法"施工具有显著优势，结构受力明确、施工更为便利、机具设备投入少、材料利用率高。考虑到桥位处水位较浅，大型机械设备难以进场，"常规盖梁托架"难以安拆，笔者推荐采用"调节式盖梁托架"。以下将详细对比方案二和方案三。

三、受力性能

采用"托架法"施工高墩"Y"型盖梁时，盖梁混凝土浇筑完成后，一次落架。该托架称为"常规盖梁托架"，由于盖梁悬臂长、自重大等因素，为保证托架结构的受力安全，"常规盖梁托架"材料用量较大，进而增加了托架的自重效应，亦增加了墩身支点的设计难度；另一方面，在海上浅滩环境盖梁施工中，大型设备难以进场，安拆困难。本文提出"调节式盖梁托架"，在高墩盖梁施工中具有两个突出的特点：①结构自重较轻，安拆方便；②结构通过卸荷块释放荷载，便巧灵活。

以黄茅海跨海通道高栏港大桥为工程背景，对比"Y"型盖梁浇筑过程中"常规盖梁托架"和"调节式盖梁托架"方案结构内力响应情况，建立盖梁施工过程的有限元模型如图6所示。

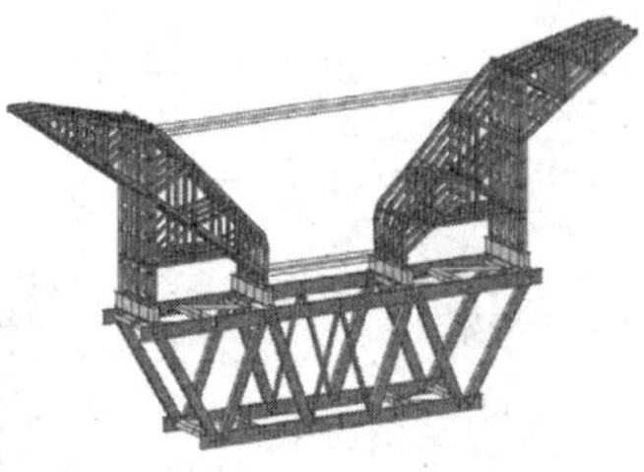

a)方案二

b)方案三

图6　两方案有限元模型

1. 计算荷载

(1)自重。

盖梁托架自重。

(2)模板重量。

底板模板按 0.8kPa、侧模模板按 1.5kPa、顶模及支撑系统按 0.5kPa 计。

(3)盖梁混凝土分三次浇筑，浇筑方量根据设计院提供的图纸计算，钢筋混凝土重度为 $26kN/m^3$，荷载按实际浇筑情况进行加载，加载与底模桁架上弦杆上。第一节盖梁单侧浇筑计算质量为 54.08t，第二节盖梁单侧浇筑计算质量为 78.78t，第三节盖梁单侧浇筑计算质量为 158.08t(图 7)。

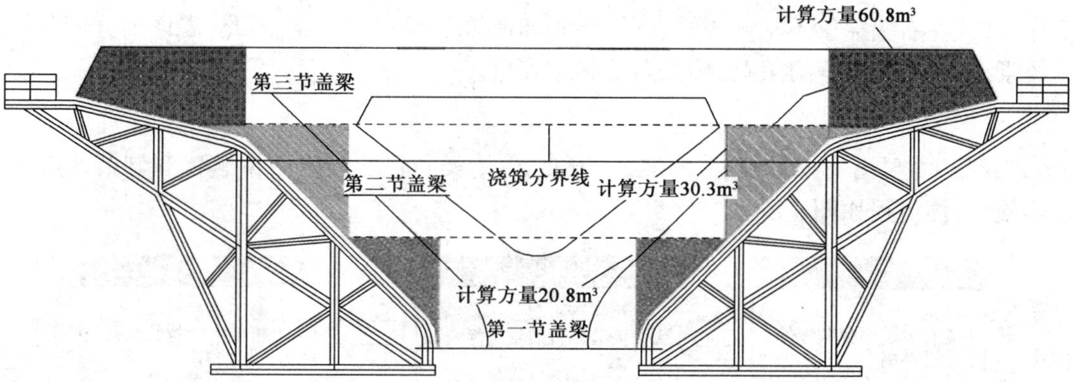

图 7　浇筑计算荷载示意图

(4)风荷载[基础风速按 12 级风(20 年一遇)验算，为 36.9m/s[7]]。

(5)预应力荷载。

盖梁浇筑过程中，上桁架设置两层对拉结构，其中上层对拉结构由 3 束 5-ϕ15.2mm 钢绞线和 2I36a 锚梁组成，下层对拉系统由 2 根 JLϕ40mm 精轧螺纹钢和 2I36a 锚梁组成；第一节盖梁浇筑前，对下层精轧螺纹钢单根各张拉 10t；第二节盖梁浇筑前，对上层钢绞线预拉，单束钢绞线张拉 18t；第三节盖梁浇筑前，上层钢绞线单束补张至 60t。

(6)其他荷载。

振捣混凝土荷载和倾倒混凝土冲击荷载均按 2.0kPa 计。

2. 结果分析

根据盖梁实际施工情况，按上诉荷载组合评价两方案托架的受力性能，方案二采用一次落架托架施工，考虑最不利施工工况为三节盖梁全部浇筑完成；方案三最不利工况为第三节盖梁浇筑完成。从图 8a)可知：最不利荷载作用下，两方案的最大组合应力均出现在上桁架，方案三上桁架最大组合应力和

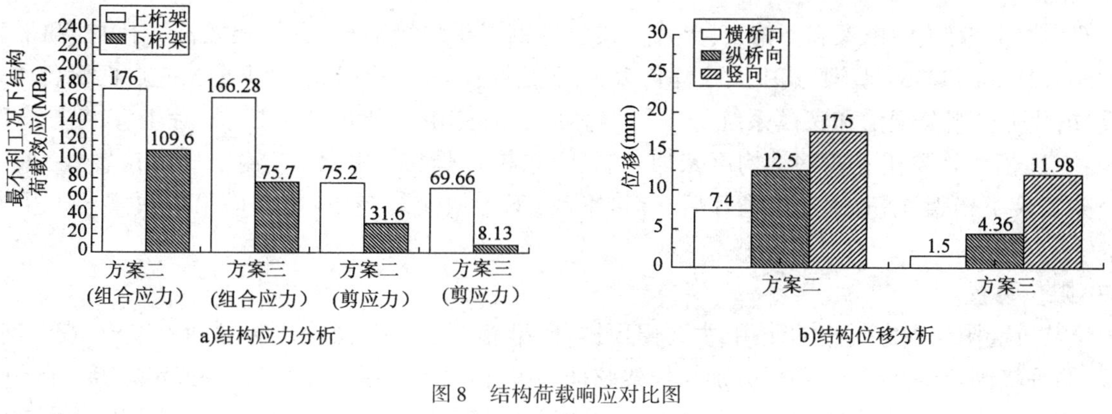

图 8　结构荷载响应对比图

剪应力与方案二相差不大,最大相差为7.3%,下桁架最大组合应力为方案二的68.6%,最大剪应力仅为方案二的25.7%,;由图8b)可知:两方案的最大变形为竖向变形,方案三横桥向和纵桥向变形为方案二的20.2%和34.88%,竖向变形为方案一的68.45%。

通过对比两盖梁施工方案后可以发现,采用方案三在同类型盖梁施工具有较大的优势,托架材料用量节约35.6%,机具设备投入减少约100万元,在第二节盖梁施工完成后,通过落架装置卸荷,优化了结构受力后,方案三施工服役性能优于方案二。

四、调节式托架施工关键技术

盖梁施工是从托架安装到盖梁混凝土浇筑完成的全过程,包含托架安装固定、钢绞线张拉等多道复杂施工工序,涉及左右幅盖梁不平衡浇筑、落架装置卸荷等不利施工工况,因此,需详细分析各施工阶段,明确控制要素,并及时采取应对策略,确保盖梁施工安全。

1. 托架安装施工控制

“调节式托架”主要由支撑系统、上桁架、下桁架、中桁架、对拉装置、限位装置和卸荷块组成,施工方案分六步实施,具体流程如图9所示。

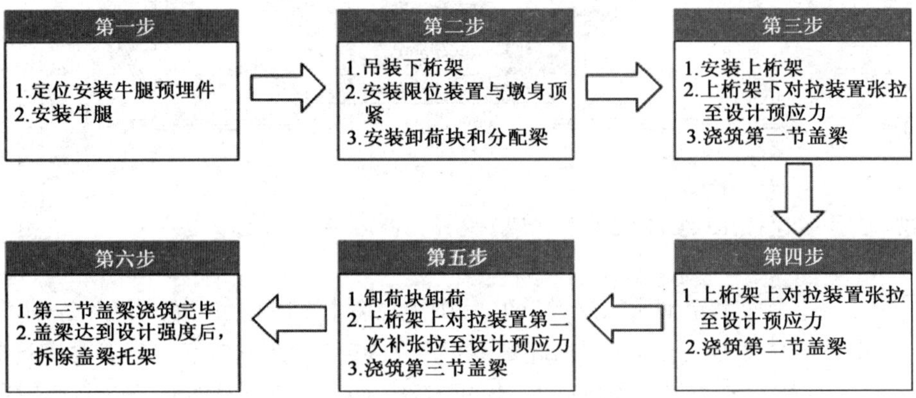

图9 调节式托架施工流程图

施工主要控制要点如下:

(1)支撑系统。

调节式托架支撑系统主要由钢牛腿、ϕ80mm销棒和PSB785ϕ40mm精轧螺纹钢组成,根据盖梁结构特点,在托架安装前,先进行支撑系统设计、制作和安装。其中,钢牛腿按弯剪构件设计、销棒按受剪构件设计、精轧螺纹钢按受拉构件设计。施工墩身前,提前埋设牛腿预埋件,并留设ϕ60mm精轧螺纹钢和ϕ85mm销棒通道孔,定位复核位置后,安装固定牛腿,并将精轧螺纹钢张拉至设计预拉荷载。

(2)桁架。

托架设置上桁架、中桁架和下桁架,单片桁架由型钢组拼焊接而成,下桁架弦杆、斜腹杆和平联分别采用2I56a、2I45a和I36a型钢,其中上弦杆长26m,下弦杆长16m,桁高5m。上桁架左右两侧各由4片桁片构成,桁片上安装分配梁和底模系统。中桁架高3.3m,亦由4片桁片组成,桁片上安装盖梁顶板底模系统;上述桁片均委托专业钢结构厂家加工制造,单桁片焊接成整体,运输至桥墩位置处,采用墩顶提升吊架安装下桁架,临时固定好桁片后,焊接平联;下桁架安装完毕,采用塔吊依次安装上桁架和中桁架。

(3)限位装置。

限位装置起限位固定托架的作用,主要由顶推杆、推箱、限位箱、橡胶垫和加劲板组成,安装时,将推箱、限位箱焊接固定至劲板上,劲板分别与托架弦杆和腹杆焊接连接,顶推杆与推箱螺纹连接。限位装置工作时,通过专用工具拧动顶推杆将限位箱顶出,直至限位箱与墩身截面顶紧,使托架处于限位状态(图10)。

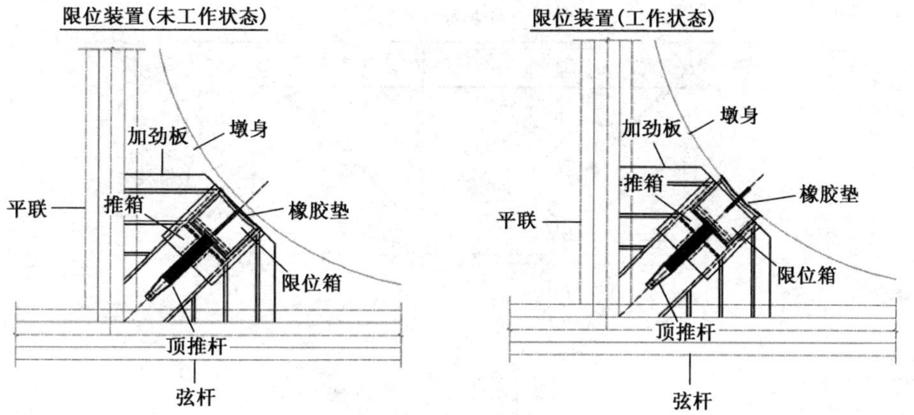

图 10 限位装置结构图

(4)卸荷块。

卸荷块由底座、盖板、拉杆组成,结构图如图 11 所示。在支承状态下,锁定拉杆螺母,限制两块底座的相对位移,保证盖板高度不变化,成为现浇盖梁施工过程中的承载结构;进行落架作业时,拧开螺母,分开两块底座,使盖板高度下降,实现卸荷。

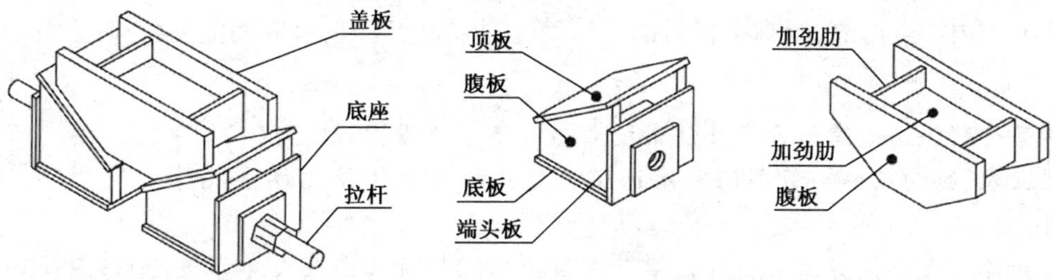

图 11 卸荷块结构图

(5)对拉装置。

对拉装置分上下两层,其中上层对拉由 3 束 5 – ϕ15.2mm 钢绞线和 2I36a 锚梁组成,下层对拉由 2 根 PSB785ϕ40mm 精轧螺纹钢和 2I36a 锚梁组成,根据施工工序要求,张拉至设计预拉荷载,起提高托架刚度的作用。

2. 盖梁混凝土浇筑施工控制

(1)盖梁线形控制。

"Y"型盖梁采用三阶段施工,经历预应力张拉和体系转换过程。为保证结构的安全和建成后结构的线形和内力满足要求,支架设计时,考虑支架与已浇筑"Y"型分肢共同受力,根据计算理论确定盖梁模板的预抬值,过程中,对盖梁变形情况进行监控,确保在盖梁浇筑完成后内力和线形与理论值相符。

(2)左右幅盖梁同步施工控制。

"Y"型盖梁左右幅分离,为加快施工工期,并保证托架结构的安全性,采取左右幅分肢施工同步施工。盖梁分肢同步浇筑施工阶段,保持左右幅作业人员的通信流畅,及时测量浇筑左右幅分肢浇筑高差,监控托架变位情况,保证施工安全高效。

(3)"调节式托架"体系转换。

"调节式托架"的关键技术是浇筑完第二节盖梁混凝土后,通过卸荷,为盖梁托架"减负",减小阶段浇筑托架的应力累加,达到实用经济、安全可靠的效果,如图 12 所示。具体操作如下:

第二节盖梁混凝土达到设计强度后,先行卸载内侧 A 和 B 卸荷块,后卸载 C 卸荷块。测量下桁架顶面高程,确定下桁架竖向变形恢复后,垫紧上桁架,上对拉装置补张至设计荷载,准备进行下道工序施工。

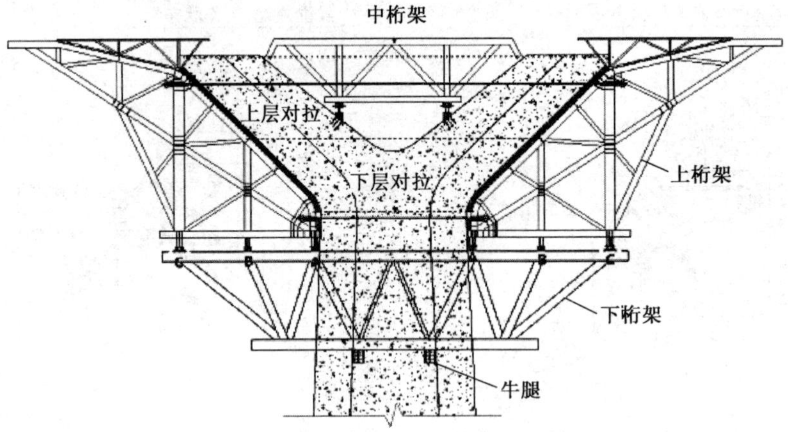

图12　“调节式托架”体系转换示意图

五、结　　语

黄茅海跨海通道高栏港大桥“Y”型盖梁已全部施工完成。施工中采取“调节式盖梁托架”施工方案，左右幅分肢同步施工，解决了工期紧张、特殊环境下设备使用受限、盖梁线形控制难等难题。“调节式盖梁托架”在施工期内安全可靠，提高了材料的利用率，安拆周转高效，可为同类型盖梁施工提供参考。

参考文献

[1] 潘放. 黄茅海跨海通道总体方案及创新技术[J]. 桥梁建设,2021,51(4):10-16.

[2] 杜磊,梁立农,孙向东,等. 黄茅海跨海通道工程高栏港大桥结构体系设计[J]. 公路,2021,66(8):130-136.

[3] 佟晏旭. 菏泽京九公铁分离立交桥盖梁无支架施工[J]. 沈阳工业大学学报,2003,25(3):255-257.

[4] 李冕,廖林冲. 伶仃洋大桥东泄洪区非通航孔桥盖梁支架方案优化[J]. 公路,2021,66(11):138-143.

[5] 何志春. 深中通道陆域桥梁大型盖梁快速化施工技术[J]. 世界桥梁,2020,48(4):25-29.

[6] 五一. Y型墩上盖梁无支架施工技术研究[J]. 城市轨道交通研究,2003,6(1):25-27.

[7] 中华人民共和国交通运输部. 公路桥梁抗风设计规范:JTG/T 3360-01—2018[S]. 北京:人民交通出版社股份有限公司,2018.

41. 舟岱大桥70m整孔预制箱梁施工关键技术

陈　磊
（中铁大桥局集团第二工程有限公司）

摘　要　宁波舟山港主通道舟岱大桥70m跨非通航孔桥全长12.32km，墩身和箱梁均在预制厂集中预制。70m预制箱梁钢筋笼整体绑扎、整体吊装入模；箱梁内模为整体液压钢模，采用滑移就位的方式；梁面收光采用三辊轴提浆整平机、抹面采用座式抹光机等先进设备。箱梁采用2台1200t搬运机进行移运和装船；在运输驳上采用限位固定箱梁，选择拎拖加傍拖的方式进行箱梁的拖带运输。箱梁架设采用专门设计防受扭的大型吊具，并通过吊具的改造满足高墩区箱梁的架设。

关键词　跨海桥梁　舟岱大桥　70m箱梁　预制　运输　架设　关键技术

一、工程概况

宁波舟山港主通道是长三角区域重大战略性海岛联络工程，由舟岱大桥、鱼山大桥和富翅门大桥等跨海桥梁组成,工程总长 36.777km。其中舟岱大桥连接舟山本岛与岱山岛,大桥海域主线桥长 16.347km,由 3 座通航孔桥(南通航孔桥、主通航孔桥、北通航孔桥)、2 段 70m 跨非通航孔桥及陆域的 62.5m 跨节段预制梁桥组成[1]。舟岱大桥主通航孔桥和南通航孔桥采用钢箱梁,北通航孔桥采用钢-混凝土混合梁;70m 跨非通航孔桥采用钢管打入桩、预制墩身、70m 整孔预制梁;陆域 62.5m 桥梁首创立柱、盖梁、T 梁一体化安装工艺,全线预制(制造)率高达 95%。

舟岱大桥 70m 箱梁共 370 片,采用 C55 海工混凝土,所有箱梁均在预制场集中预制,预制厂占地 310 亩。根据箱梁构造不同,将箱梁分为三类,分别为等宽段预制梁、变宽段主线梁、变宽段拼宽梁。其中,等宽段预制梁 334 片,变宽段主线梁及变宽段拼宽梁各 18 片,共 36 片,箱梁最大吊重 1854t。舟岱大桥 70m 跨预制箱梁顶板宽 12.55m,底板宽 5.5m,箱梁中心线处梁高 4.0m。

由于项目位于东南沿海高风速带灰鳖洋海域,施工区域缺乏遮蔽,外海作业受高发性台风、持续性季风影响严重。全年风力≥6 级 173 天,风力≥8 级 66 天,7 ~9 月盛行台风,年有效工作日仅 200 天左右,海上施工环境恶劣、工期任务紧、安全风险大是本工程施工过程中的重难点。

二、箱梁总体施工方案

根据"设计标准化、构件制造工厂化、施工装配化及管理精细化"的新一代桥梁工业化建设理念[2],舟岱大桥非通航孔桥 70m 跨箱梁在预制场整体预制,箱梁内模台座 4 个,箱梁钢筋绑扎台座和预制台座各 6 个。箱梁预制完成后通过 2 台 1200t 轮胎式搬运机将箱梁运至存梁台座,存梁区布置 15 个双层存梁台座和 4 个单层存梁台座,可存梁 34 片。70m 箱梁在存梁台座上简支存放 1 个月后,海运至墩位处,再利用 1 艘 2600t 浮式起重机进行箱梁安装工作。箱梁采用先简支后连续的施工方法,箱梁合龙前简支放置不少于 3 个月(含梁场存梁时间),再浇筑湿接缝和支座转换。

三、箱梁施工关键技术

1. 工业化预制技术

1)钢筋笼整体绑扎、整体吊装技术

为了提高箱梁钢筋施工功效,将箱梁钢筋在钢筋绑扎胎具上整体绑扎。钢筋绑扎胎具为型钢桁架结构,主要由 4 个部分组成,分别为底胎具、侧胎具、内胎具、轨道与立柱,为方便内胎具的安拆,内胎具采用滑移式结构。箱梁钢筋绑扎顺序为底板钢筋→腹板钢筋→顶板钢筋→横隔板钢筋,箱梁施工预埋件及预应力管道安装与箱梁钢筋整体绑扎,通过设置定位钢筋,并在定位钢筋上标示预应力管道的位置确保预应力管道位置的正确性。每片 70m 箱梁的钢筋及各种预埋件、预应力体系质量达 160t,为保证钢筋笼起吊平稳、不变形,用 2 台 150t 门式起重机通过钢筋笼吊具整体吊装至制梁台座,钢筋笼整体吊装如图 1 所示。

箱梁钢筋笼吊具由纵梁、横梁、主钩吊点及钢筋吊点组成,纵梁设置两道,采用 70m H 型钢加工而成,局部采用加强(图 1)。横梁由 12m 槽钢加工而成,每个横梁上布置 11 个钢筋吊点。钢筋吊点均对称布置,纵梁上布置主钩吊点两组,每组由 4 个吊点组成,吊点对称布置于纵梁上。吊具自重 90t,吊点多达 308 个,吊具设计时考虑了钢筋笼吊装时不至于产生较大的变形[3]。

2)内模整体滑移技术

相比杭州湾大桥和金塘大桥采用的内模"分节组拼 + 整体吊装 + 分节拆除"的模式,本项目采用的内模整体滑移结构具有安拆速度快、吊装风险低,模板不易变形等优点[4]。

整体式滑移内模由主梁、托架、撑杆、液压系统、顶升油缸、螺旋千斤顶、内模面板等部分组成。为了便于内模系统脱模以及脱模后能够顺利移出,将整套模板沿长度方向根据截面变化情况分成 13 个节段,其中,梁中 5 个中节段可实现同时收模,其余节段均单独分开收模;利用一台 15t 卷扬机牵引内模沿轨道整体滑移,内模滑移轨道设置在梁底通气孔位置的支腿上,内模滑移就位后通过全自动液压系统实现内模的收缩。为确保浇筑过程中内模不上浮,在内模上设置上浮撑杆,可有效防止模板上浮,箱梁内模如图 2

所示。

图 1　70m 跨箱梁钢筋笼整体吊装

图 2　70m 跨箱梁内模整体吊装

3）梁面混凝土收光、抹面、拉毛技术

为了确保桥面的平整度及横坡，梁面的提浆、整平及拉毛是混凝土浇筑后的关键工序，关系到桥面质量。本项目通过采用三辊轴提浆整平机确保梁面收光的质量。提浆整平机在箱梁横桥向两侧设置走形轨道，走形轨道利用现有的翼缘板端模，减少了工装的投入。轨道高程按照设计横坡等数据来设置，施工时，提浆整平机采用往复运动的方式，反复碾压混凝土，从而达到压实、提浆、整平桥面混凝土的目的。桥面收浆采用座式抹光机，可有效解决传统收浆过程中人员踩踏的问题。由于海工混凝土黏稠性较大，采用常规的毛刷拉毛，过早极易拉翻浆，稍晚易拉不出痕迹，为此，项目部通过调研考察，决定采用自动滚槽机进行拉毛，拉毛的线条不仅直顺，而且线条的间距均匀，使面积达 $890m^2$ 的梁面能在短时间内完成收光、抹面及拉毛工作，有效解决桥面裂纹的产生等质量通病，箱梁顶面收光及抹面如图 3 所示。

2. 箱梁运输技术

1）大型轮胎搬运机搬运技术

为了确保 370 片最大吊重达 1854t 的预制箱梁的运输安全，项目部联合厂家打造了适用于本项目的 2 台 1200t 轮胎式搬运机，每台搬运机 88 个轮胎，满载纵向移动速度为 0 ~ 17m/min，满载提升速度为 0 ~ 0.5m/min。箱梁在预制场内预制完成并张拉一期预应力后，通过 2 台 1200t 轮胎式搬运机吊装移运至存梁台座简支存放。

搬运机设有定点转向功能，满足各存放区域和出海装船要求，2 台 1200t 搬运机具有网络连接同步行走系统，吊具采用自平衡设计，实现"四点起吊、三点平衡"，避免箱梁受扭，同时也保证钢丝绳和吊杆受力均衡，确保移运安全。2020 年 5 月 29 日，由中铁大桥局投资建造的、服务于宁波舟山港主通道项目的"TLMEL 型 1200t"轮胎式起重机被上海大世界基尼斯总部评为"最大的轮胎式起重机"，1200t 搬运机如图 4 所示。

图 3　箱梁顶面收光、抹面

图 4　1200t 搬运机移运箱梁

2)箱梁运输技术

为了满足箱梁架设需求,项目部租用了2艘箱梁运输驳船,因为船舶运输的箱梁质量大,通过对船体龙骨进行加固确保船舶的承载能力。由于海上风浪大,施工环境复杂,通过在运输驳上设置纵向和横向限位保证箱梁运输过程的稳定性,纵向限位由16mm厚的面板、竖板,以及12mm厚的劲板组成,主要承受风荷载及船舶倾角引起的纵船向水平力;横向限位由16mm厚的面板,20mm厚的竖板,以及12mm厚的劲板组成,主要承受风荷载及船舶倾角引起的横船向水平力;通过验算,限位满足箱梁运输过程中的抗倾覆及抗滑移要求。

调研近几年类似项目的箱梁拖带方式发现,箱梁拖带方式主要有三种,第一种是单舷侧傍拖拖带,该种方式是将拖船配备在一侧舷边,一般适用于全旋回拖船;第二种是双舷侧傍拖拖带,双舷侧傍拖拖带需配备全旋回拖船,两艘拖船分别系在左右两舷,为无动力船舶提供推进、制动和转向的动力;第三种是拎拖加单拖船傍拖,使用大功率拖船作为主拖船在船首拎拖,而全旋回拖船作为副拖,带在无动力船一舷用来调整航向和提供制动。经过以上三种方案的对比,方案三相比方案一具有拖带动力强、运输驳转向灵活、拖带距离远的优点;方案三相比方案二更能发挥拖动总动力,综合考虑选择第三种拎拖加单拖船傍拖的方式进行箱梁拖带运输,三种箱梁的拖带方式如图5所示。

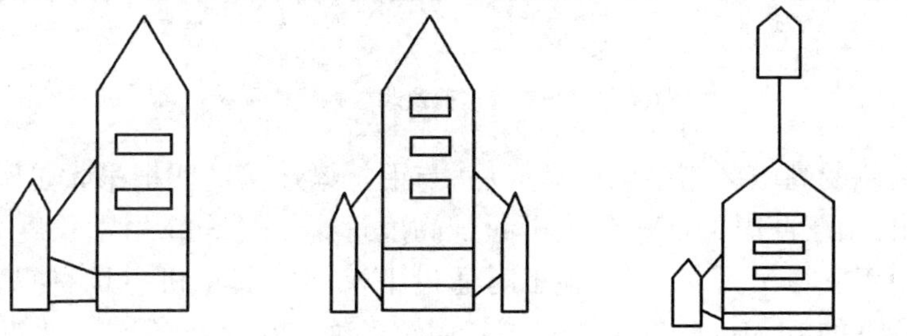

图5 箱梁拖带方式示意图

3.箱梁架设技术

1)大型吊具设计及应用

为了解决大吨位箱梁起吊四根吊杆受力平衡问题,在箱梁一侧的吊具通过下梁及转轴与上方的平衡梁进行连接,当浮式起重机起升主钩时,这个转轴结构的转动效应实现下梁以下2组索具受力均衡,可视为一点,另外一侧的两个吊索可视为两点,箱梁海上吊具在设计上实现了"四点起吊、三点平衡",避免了箱梁四点受力不均而受扭的事情发生。

箱梁架设完成后,首先,浮式起重机起升副钩将下托梁带紧,然后,通过倒链将吊索锁头拉出下托梁锚槽,浮式起重机起升主钩将4根吊索提出箱梁顶面,实现吊杆与箱梁快速安全脱离,最后,通过副钩将下托梁吊放至驳船上,从箱梁起吊到吊放下托梁仅需2.5h,箱梁吊具的设计不仅满足了吊杆受力均衡,而且也实现了梁体的快速架设及下托梁的快速拆除。

2)高墩区箱梁架设技术

由于高墩区箱梁的高程较高,配合当时使用的箱梁吊具,"四航奋进"号2600t浮式起重机的最大起升能力不足,高墩区共有30片箱梁不满足架设要求。

经项目部与浮式起重机公司及箱梁吊具厂家多次会议商议,可依次采取以下措施提升"四航奋进"号2600t浮式起重机起升能力:

①新设计制造箱梁海上吊具的平衡梁及过渡梁,将浮式起重机主钩的钩头伸入平衡梁及过渡梁内。该措施可以在原箱梁吊具基础上提升吊高7.9m(与项目当前架设工况比较)。

②选择在高潮水位超过 +1.2m 的时段架设最高墩位处箱梁，可提升吊高 0.2m（与项目当前架设工况比较）。

③将挂设在浮式起重机主钩上的吊具调换位置（浮式起重机主钩下平衡梁及过渡梁位置整体调换），用以解决最高墩处 4 片箱梁的架设问题，箱梁吊具改造前后如图 6 所示。

综合以上条件，可在之前箱梁架设的基础上增加吊高 8.1m（大于架设本项目最高墩位处箱梁需在当前架设工况下要求的提升吊高 7.6m 的要求），满足所有高墩区箱梁架设[5]。

a)改造前　　b)改造后

图 6　箱梁吊具改造前及改造后吊具构造

位于主通航孔桥两侧的高墩区箱梁架设完成后，与下托梁连接的四根吊索是随上部吊具结构直接从箱梁顶板预留孔中提出，由于此时的浮式起重机起升高度远远不足 6m（吊索长度）。项目部通过在箱梁顶面设置支撑架结构用于支撑吊具支撑梁，施工时通过下落浮式起重机主钩，使吊具连接梁与下方支撑梁间的高度由吊梁状态下的 14.4m 降低至 7m，再利用钢丝绳连接吊具的连接梁和支撑梁，浮式起重机起升吊钩使吊具脱出，通过该方法解决高墩区箱梁吊索无法拔出的问题。

四、结　　语

宁波舟山港主通道舟岱大桥 70m 跨非通航孔桥箱梁预制规模大，海上施工环境恶劣，施工风险大，对桥梁工业化建设要求高。在箱梁预制阶段，钢筋笼整体绑扎、整体吊装技术的应用，缩短了箱梁预制的周期，提高了钢筋的安装质量；箱梁内模整体滑移技术的应用，降低了模板吊装的风险，减少了安装与拆除引起的模板变形；梁面混凝土收光、抹面、拉毛技术的应用，保证了梁面的平整度，避免了常规施工方法中桥面开裂质量通病的发生。在箱梁运输阶段，2 台 1200t 轮胎搬运机的使用，确保了大型预制箱梁的吊装移运的安全，通过定点转向功能提高了箱梁的吊装效率；通过在运输驳上设置限位装置，增加了箱梁运输过程中的抗倾覆和抗滑移能力，选择拎拖加单拖船傍拖的箱梁运输方式，拖带动力更强、运输驳转向更灵活。在箱梁架设阶段，通过对箱梁吊具的设计，实现了箱梁“四点起吊、三点平衡”以及下托梁的快速拆除；通过对箱梁吊具的改造，解决了高墩区 30 片箱梁架设的问题，为项目节约了租赁大型浮式起重机的成本，降低了海上施工的安全风险。以上技术的成功应用，保证了 70m 箱梁从预制到架设的施工质量，避免了安全事故的发生，可为后续同类桥梁施工提供参考。

参考文献

[1] 张兴志，朴泷，余允锋，等．跨海桥梁大型预制墩身施工关键技术[J]．桥梁建设，2020(5)：113-118.
[2] 方明山．长桥越东海—宁波舟山港主通道桥梁工业化实践与探索[J]．桥梁，2019(1)：46-51.
[3] 王泽林，羊雨林．金塘大桥 60m 箱梁预制施工技术[J]．公路，2008(6)：30-33.
[4] 王毅．杭州湾跨海大桥 70m 箱梁预制、运输架设的关键技术[J]．公路，2006(9)：117-120.
[5] 段立波．青岛海湾大桥浅水高墩区箱梁架设施工技术[J]．公路，2009(9)：125-126.

42. 空间水滴形索塔智能建造关键技术研究

吕昕睿　孙翔君
（中交第二航务工程局有限公司）

摘　要　主塔是斜拉桥关键受力结构，空间异形索塔具有结构线形复杂、抗裂控制要求高、施工技术难度大等特点。本文依托重庆白居寺长江大桥，针对其主塔施工重难点，从混凝土施工、水滴形多曲率高塔施工、BIM 信息化智能管理三个关键技术进行研究。研究表明，各项关键技术的成果应用有效地提高施工效率和精度，较好的解决混凝土桥塔线形及抗裂控制难度大等问题。为审美要求越来越高、功能多样化的大跨径城市桥梁建设提供了可借鉴的依据。

关键词　斜拉桥　索塔　空间异性　施工技术　智能建造

一、引　言

桥梁常见主塔造型线形变化简单、截面规则、施工难度较小。但伴随着主流斜拉桥的发展，各类异形塔斜拉桥也应运而生，如法国诺曼底大桥、日本多多罗大桥、伊拉斯谟斯大桥、重庆千厮门大桥等。对于空间曲线异形的大型桥塔，设计参数的选择上除了满足结构安全的基本前提，更要考虑造型美观、经济环保的要求。但空间异形桥塔的外轮廓复杂，且曲线要素多，模板设计制造复杂。因此，其施工建造和整体线形控制相较于传统主塔难度更大。

二、工 程 概 况

重庆白居寺长江大桥主桥结构采用双塔双索面五跨半飘浮体系钢桁梁斜拉桥，上层桥面按照双向八车道、两侧设置人行检修道设计，下层桥面中央设置双线轨道。桥跨布置为 107m + 255m + 660m + 255m + 107m = 1384m。大桥索塔为水滴形混凝土结构，塔高 236m，塔身采用 C55 混凝土，索塔下塔柱由 9 条不同半径圆弧线构成，外倒角为空间扭曲面，空间内呈现非规则弧线的扭曲状态，下塔柱线形及抗裂控制难度大，中横梁与后浇带形成一个圆形，上塔柱索区采用钢纤维混凝土，钢纤维掺量 50kg/m^3，泵送高度达 206m。主桥索塔结构布置见图 1。

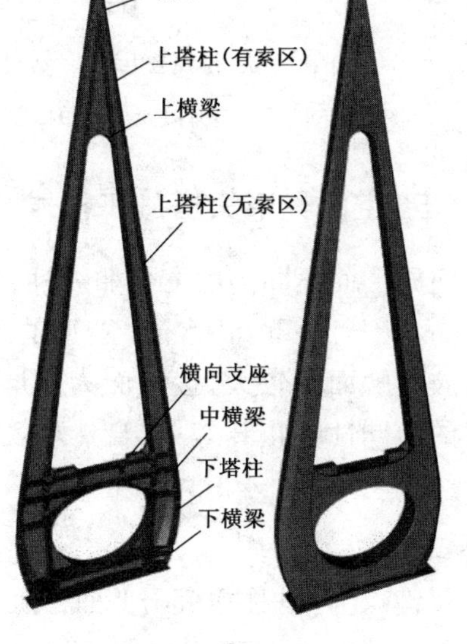

图 1　白居寺长江大桥索塔结构图

三、施工主要难点

空间水滴形索塔施工主要难度如下：

(1)大桥索塔轮廓线形多样，同时存在平直面、圆弧面、圆弧倒角、空间异形面，塔柱倾斜率大，线形难以控制。

(2)大桥索塔塔柱为双八边形截面，断面尺寸变化较大，单塔设置12个爬升架，爬模轨道需不断变化角度及调整位置，爬升作业较烦琐且安全风险大。

(3)承台与下塔柱实心段、下横梁的施工间隔期为2年，承台混凝土对下横梁新浇混凝土的约束大，混凝土开裂风险大。

(4)本项目索塔为空间异形结构，下塔柱外倒角更是空间扭曲面，钢筋配置安装、模板设计加工、现场实操效率等均与等截面或渐变截面难度大。

四、混凝土施工技术

针对主塔下横梁与原有承台基础结构施工间隔时间长，承台尺寸大等特点，根据现场实际情况，模拟形成了4种不同施工工况。通过仿真计算(图2)，筛选出最佳工况：下横梁分三层浇筑，分别为3m＋4m＋4m，同时在下横梁中间设置2m后浇带，第一层混凝土采用两种混凝土依次浇筑，分别为30cm高性能钢纤维混凝土＋100cm普通钢纤维混凝土＋100cm常规C55塔柱混凝土。混凝土浇筑温度15℃，上下层间隔20d。

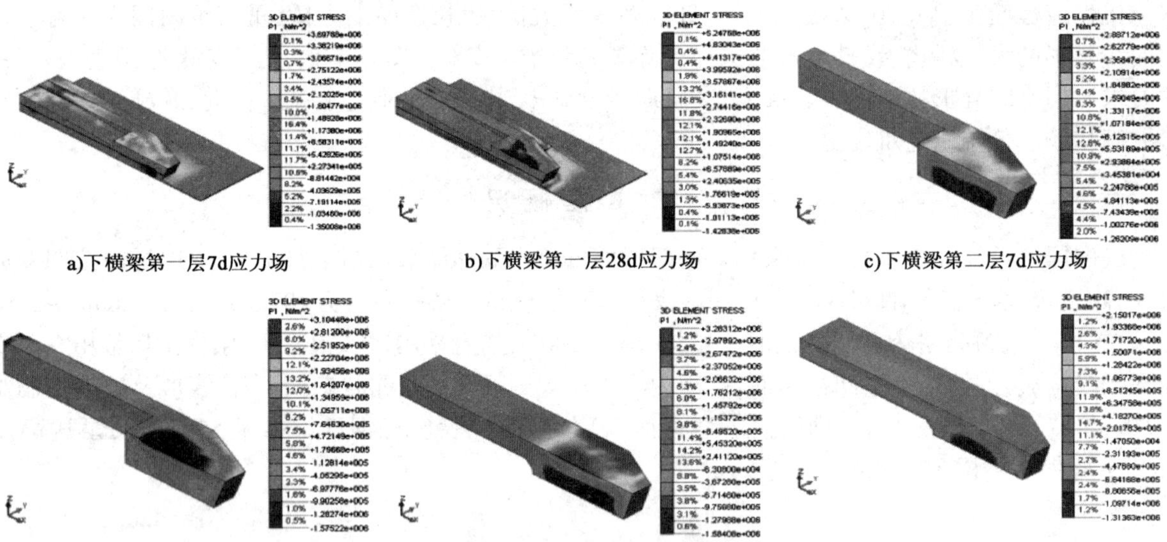

a)下横梁第一层7d应力场　b)下横梁第一层28d应力场　c)下横梁第二层7d应力场

d)下横梁第二层28d应力场　e)下横梁第三层7d应力场　f)下横梁第三层28d应力场

图2　下横梁浇筑有限元模型图

五、空间异形索塔施工技术

大桥索塔轮廓线形多样，塔柱空间异形面不同高度变化非线性，如图3所示，若采用以直代曲加工模板会造成单节段结构尺寸偏差达30mm以上，达不到“水滴”造型的要求，模板设计加工难度大。并且中横梁底面及顶面含3种圆弧面，与塔肢接触面积较大，接触面为弧形不易控制其线形。横梁高度及宽度大，要求支架模板系统与横梁有较强的协同性防止开裂；受自然环境的影响，高塔测量受塔偏影响较大，测量定位精度控制难度大。

1.多曲率线型控制关键技术

针对上述难点，明确施工控制的关键点为：塔柱空间异形面线形、中横梁线形、索塔塔偏控制。具体如下：

1)塔柱空间异形面线形

采用信息化手段对索塔进行精确建模,根据模型做节段划分,精确放样出每块模板的三维模型,根据模型拆分出每一块模板零件以满足扭曲面模板的加工工艺。背楞采用钢板,并调整了钢板与面板的角度,保证模板整体受力结构稳定的前提下,尽可能地减少了背楞的尺寸型号。在设计上采用侧面模板围檩匹配圆弧模板的思路,在三维模型上对每一节浇筑工况进行模拟匹配,将整个塔柱变化段尽可能放在一块异形模板上完成,减少异形模板工程量,降低成本。与传统的以直代曲方式相比,单节段4.5m加工精度控制在2mm以内。

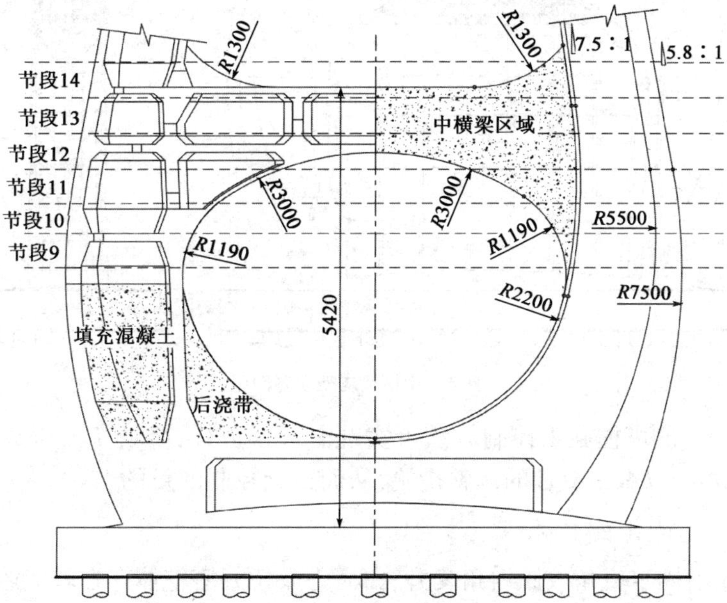

图3 白居寺长江大桥索塔轮廓线形图

2)中横梁线形

对中横梁浇筑过程进行受力分析(图4),明确了结构浇筑加载的合理性,横梁分为六次浇筑,前四次浇筑完成后中横梁拱形即成型,仅按照横梁结构受力考虑,第五次浇筑时,综合考虑横梁及支架共同受力。

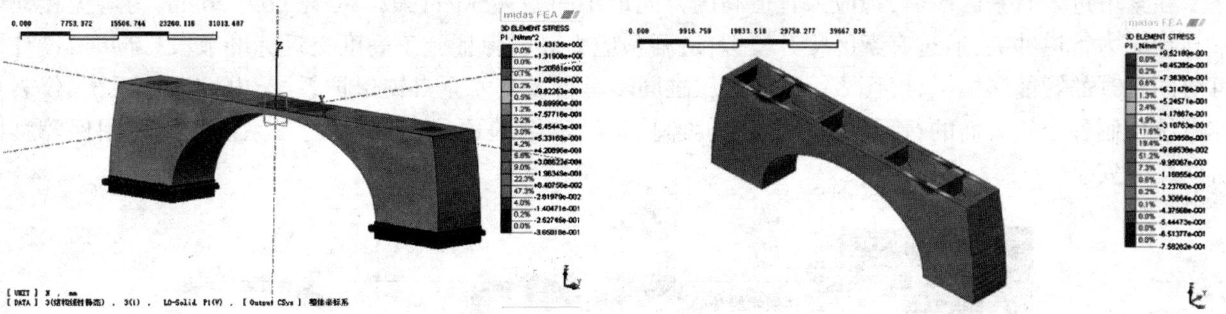

图4 中横梁浇筑过程有限元图

结合中横梁施工线形及质量安全的需求,支架设计采用落地式不等高钢管支架+贝雷梁+弧形桁架模板系统,如图5所示。模板系统受竖向压力与横向水平推力,桁架片斜杆之间的设置平联斜撑,桁架片分配梁与下部贝雷梁间采用U形卡限位,保证了支架系统、调平系统、模板系统有足够的横向刚度与竖向刚度。整个中横梁施工周期长,中横梁顶部合龙前,在环境温度及混凝土自身收缩徐变的影响下,支架模板系统可能会与已浇筑混凝土产生收缩缝隙,因此,支架设计时考虑可以抵抗水平力的连墙件及贯穿整个横梁施工周期的对拉螺杆,保证支架的稳定性及模板系统的自适应性,避免了横梁的收缩裂缝产生。

计算结果分析表明,前四次混凝土浇筑完毕后即可承受后续的横梁浇筑荷载,支架设计是偏于安全的,保证中横梁施工的经济性、安全性和整体线形。

3)塔偏测量控制

为控制塔偏,优化测量方法,形成测量随动修正技术:索塔施工时在每个施工节件安装温度及应力传感器,对索塔不同高度、不同位置进行应力、温度的监控,结合现场测量数据对照不同温度下索塔的偏位情况,及时对测量进行修正,以保证不同环境下的测量精度。

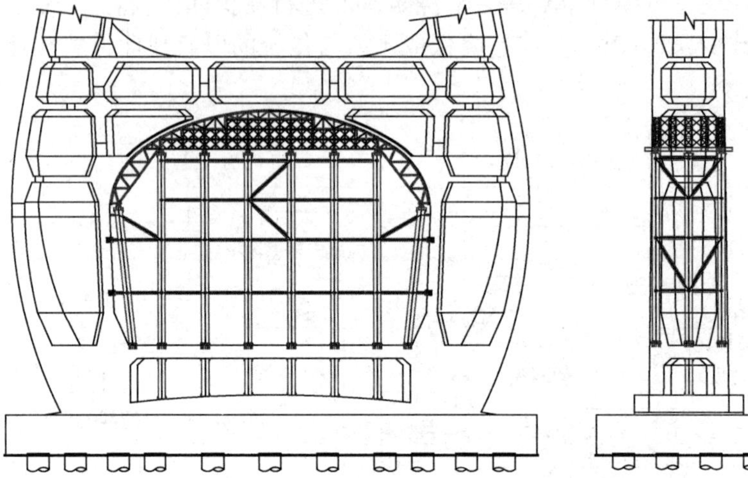

图5　中横梁支架布置图

基于"随动修正技术"的塔柱施工控制方法可实现全天候放样,降低施工误差。通过对施工误差分析,预测对后续塔段的影响以做出合理的调整措施,从而达到控制的目的。

2. 液压爬模智能爬升关键技术

区别于常规爬模仅沿固定直角或倾斜角爬升,白居寺大桥索塔整体存在较大收分,截面逐渐变小,预埋件与结构物冲突等特点,爬模轨道布置需多次变轨。其中,下塔柱4~12节段爬模轨道布置沿下塔柱曲线走向,倾斜角向外倾斜,至13节段后逐步修正为向内倾斜。因此,通过动态细部调整锚板锚靴角度控制爬模爬升轨迹,实现曲线爬升。优化爬架构成,在主塔38节处,增减轨道,调整位置实现爬模空中变轨操作。随着爬模升高,对爬模进行收分以满足各面爬模之间的匹配性。

在索塔进入有索区段后,预应力管道高度方向最小间距为36cm,最小净距仅为26cm,为避免爬模锚锥与预应力管道冲突,通过有索区爬升模拟,避开预应力同时保证施工高度接近标准节段。同时,设计了可协同爬升的智能爬模平台(图6),采用液压缸同步运行及其安全自锁保护系统、电控操作系统、仪表自控系统控制各个爬升面的行程保持一致,实时监控顶升油缸的顶升力及行程,各系统协同作用保障爬模协同爬升安全。

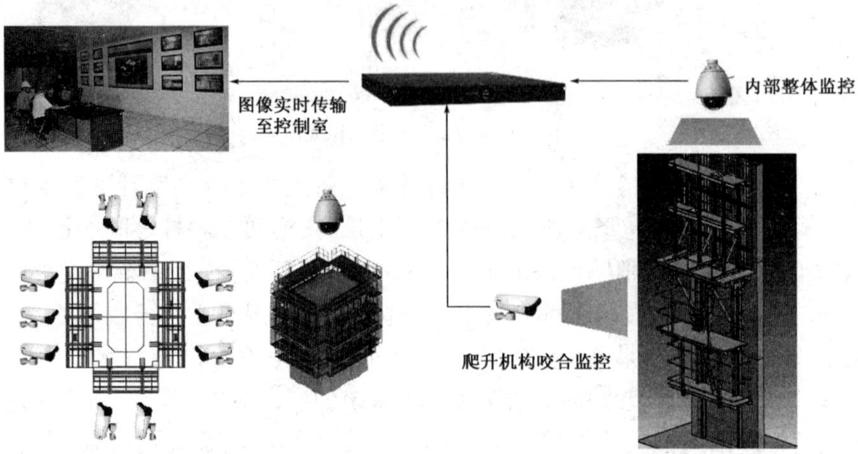

图6　液压爬模智能爬升设计

六、BIM信息化智能管理

1. BIM信息建模

BIM模型在施工总承包单位进场后根据施工图逆向建模，根据实际的施工组织设计以及分部分项工程划分建模，满足实际施工需求。以桥塔模型搭建为例，按照施工组织设计确定的方案，将桥塔模型划分为55个节段，每个节段与现场实施的相匹配，则节段相关的信息（混凝土方量、钢筋吨位、控制点坐标等）可用于实际施工，用于进度展示时也与现场一致。结合BIM模型，设置了电子沙盘（图7），不仅能清晰地展示工程结构实体，还能同时展示建设者需要的其他各种信息。本项目电子沙盘集成了重庆市智慧工地相关系统、形象进度、质量安全、数字样板库等。

图7　现场巡视流程及实施

2. 项目信息化管理

管理者在现场根据实际的施工进度，将每天完成的质量验收、安全检查、隐蔽工程影像资料等上传到系统，并链接到相关部位，更改模型单元预设的状态（待施工、正在施工、已施工），由系统自动建立文件夹分部位保存，方便后期查找使用，如图8所示。项目设置了一套完善的智能门禁系统，由管理人员对需要进入现场的人员录入资料并分类，由闸机进入时系统将自动记录人员入场时间、姓名、工种等信息，做到“自动点名”，动态了解现场作业人员数量及结构分布，为管理者提供分析数据。

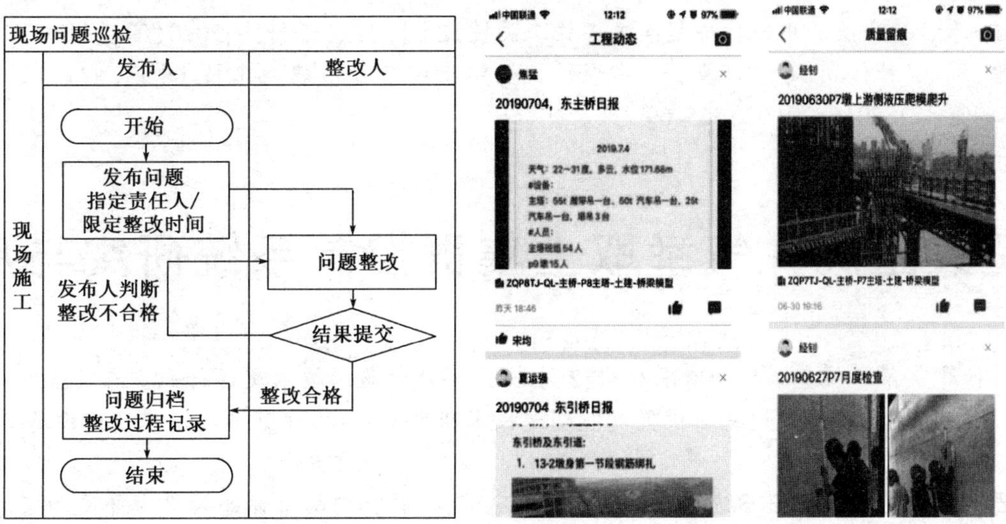

图8　现场巡视流程及实施

通过将巨大的电子模型轻量化处理，使其占用内存少，方便一般移动电脑及手机操作。并同时将管理系统设置了PC端和手机端，两种操作系统均基于一个数据系统，管理者需要查看复杂的模型数据，可在PC端完成，而日常的项目管理，可在手机端操作，实现全员参与信息化管理。

3. 构件碰撞检查

桥塔模型按照设计图纸1:1建模，钢筋及预应力等均为实体建模（图9），根据施工节段划分输出各种钢筋的长度，再在系统中按照钢筋搭接规范设置搭接长度，建好后可由管理人员操作模型，通过预设的程序直接找出结构物碰撞的区域，输出碰撞部位表单。

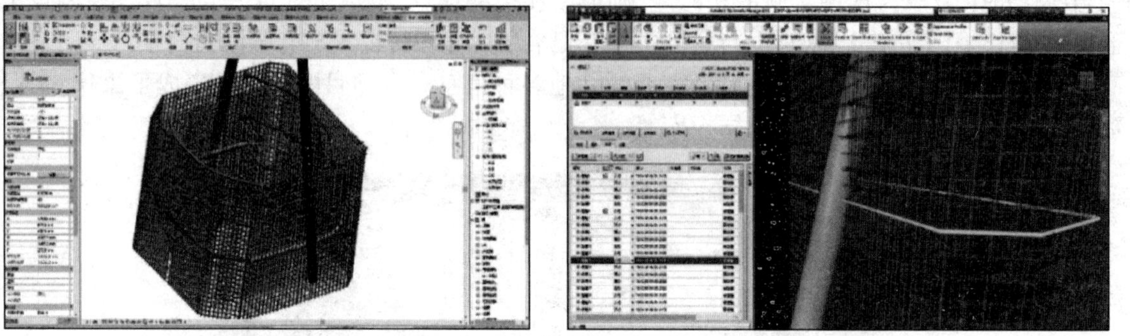

图9　BIM碰撞检查

七、结　　语

白居寺长江大桥是国内最大跨径公轨两用斜拉桥，本研究从混凝土施工关键技术、水滴形多曲率高塔施工关键技术研究、BIM信息化智能管理三个方面入手，研究成果已成功应用于白居寺长江大桥主塔施工。各项关键技术的成果应用解决了异形桥塔建造上的难度，为审美要求越来越高、功能多样化的大跨径城市桥梁建设提供了可借鉴的依据。

参考文献

[1] 钟荣炼，纵锟．超高异形索塔斜拉桥钢筋分片吊装施工工艺探索[J]．公路，2019，64(09)：79-82．
[2] 周海峰．青山大桥曲面异型主塔施工关键技术[J]．安徽建筑，2018，24(02)：150-152．
[3] 彭鹏，陈建荣．超高主塔大曲率圆弧异形混凝土横梁施工支架设计与安拆技术[J]．施工技术，2017，46(17)：45-47．
[4] 张文斌．千米跨公铁两用斜拉桥超高主塔施工关键技术[J]．交通科技，2020(03)：11-15．
[5] 王鹏禹，刘欣，杜仕朝，等．“花瓣式”异形斜拉桥钢拱塔节段吊装施工技术[J]．四川理工学院学报（自然科学版），2016，29(02)：65-69．

43. 超大型沉井气举取土集群控制系统研究与应用①

管政霖[1,2,3]　范晨阳[1,2,3]　尹东亚[4]　张　毅[1]
（1. 中交第二航务工程局有限公司；2. 长大桥梁建设施工技术交通行业重点实验室；
3. 交通运输行业交通基础设置智能制造技术研发中心；4. 江苏省交通工程建设局）

摘　要　取土是沉井基础下沉施工的重要施工环节，将井孔内的土体高效排出并使动态的泥面始终为沉井提供稳定的支撑，是沉井快速、平稳下沉的关键。传统沉井取土施工多采用人工气举取土，无法准

① 项目编号：2019年度交通运输行业重点科技项目清单(2019-MS1-011)，《超大跨径非对称荷载公铁斜拉桥建设关键技术研究及应用》。

确控制吸泥机下放时机，取土效率偏低，更难以精细化控制泥面的成型质量，不可避免地出现超挖、欠挖，进而产生沉井倾斜、偏位甚至涌沙、突沉等安全风险。本文以沉井气举取土工艺为研究对象，总结气举取土施工控制要点，基于自动化集群控制技术，研发智能化气举取土设备及其集群控制系统，并依托项工程实践，有效解决了超大型深水沉井下沉速度和姿态控制难度大的难题，为后续研究提供了参考。

关键词 沉井 泥面 气举取土 集群控制

一、引 言

沉井基础是我国桥梁深水基础最为常用的两种基础类型之一[1-2]，为使沉井下沉至设计深度，需将井孔内部的土体排出，使得沉井在自重的作用下克服井底端阻力和侧摩阻力，穿透软弱地层直至可作为持力层的坚硬地层。目前我国深水沉井基础取土下沉设备以空气吸泥机气举取土为主，以高压射水、回转绞刀等为辅，其操作方式均为手动操作，主观性较强[3]。随着大跨径桥梁的发展，沉井结构尺寸也逐渐突破至百米级[4]，相较于中小沉井，超大型沉井端阻力占下沉总阻力的比值已反超侧阻力，沉井姿态对取土开挖后所形成的泥面状态也更为敏感，传统取土设备已难以满足精细化施工需求，无法保证超大型沉井安全可控下沉。本文总结传统沉井取土下沉工艺控制要点，提出了一种气举取土集群控制系统，所有取土设备均由集中控制室远程集群控制，依照取土指令沿预设路径自动化运行，并在常泰长江大桥5#墩沉井施工中部署应用，实现了超大型深水沉井"可控、可视、可测"下沉。典型深水沉井基础取土设备类型见表1。

典型深水沉井基础取土设备类型 表1

项目名称	沉井尺寸(m)	地层情况	主要取土设备	辅助措施
泰州长江大桥	58.0×44.0×76.0	粉砂、细砂、中砂、砾砂	空气吸泥机	高压射水
铜陵公铁两用长江大桥	62.0×38.0×68.0	粉砂、粉质黏土、细圆砾	空气吸泥机	高压射水
沪通长江大桥	86.9×58.7×105.0	粉土、细砂、中砂、粗砂	空气吸泥机	抓泥、高压射水、弯头吸泥机、刃脚泥面爆破
杨泗港长江大桥	77.2×40.0×38.0	粉砂、细砂、圆砾土、粉质黏土	空气吸泥机	绞刀、高压射水、刃脚泥面爆破
瓯江北口大桥	66.0×55.0×68.0	淤泥质黏土、粉砂、卵石层	空气吸泥机	绞刀、高压射水、回旋钻机

二、工 程 背 景

常泰长江大桥位于泰州大桥与江阴长江大桥之间，是世界首座集高速公路、普通公路和铁路"三位一体"式过江通道，也是世界在建最大跨径斜拉桥。常泰长江大桥主桥采用沉井基础，沉井平面为圆端型，立面为台阶型，底面尺寸95.4m×58.2m，顶面尺寸77.0m×39.8m，高64.0m，是世界最大水中沉井，其结构尺寸如图1所示。

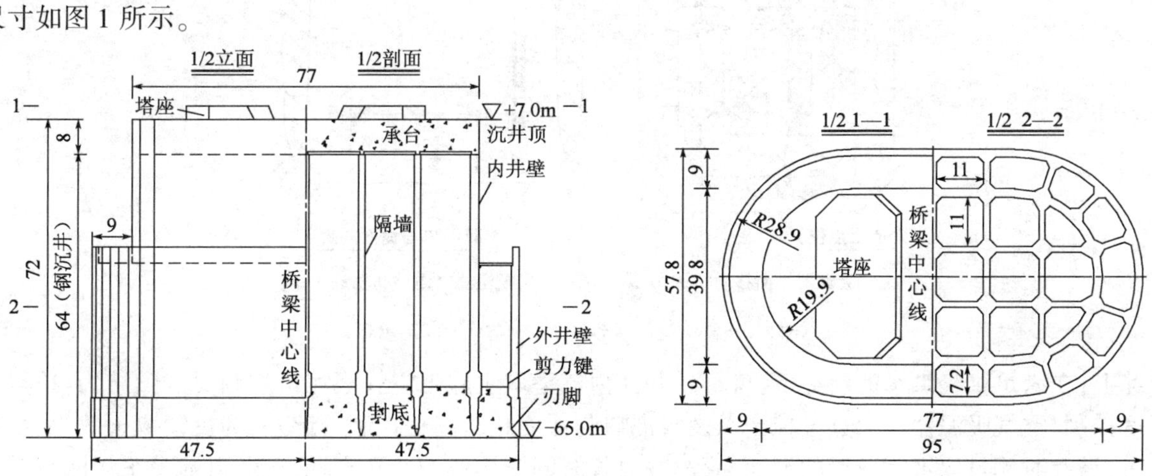

图1 常泰长江大桥5#墩沉井结构尺寸(尺寸单位：m)

根据沉井下沉机理，沉井侧摩阻力与沉井外侧平面周长正相关，沉井端阻力与沉井平面面积正相关，常泰长江大桥5#墩平面尺寸决定了其端阻力占总阻力的比值近2/3，精准可靠解除端阻力是可控下沉的关键。为此，设计提出“临界宽度控制法”和“台阶型取土”方针[5]，需保证沉井内外圈井孔最大取土深度及刃脚埋深控制，同时单个井孔内泥面高差保持在1.5m以内。

三、气举取土施工工艺

1. 气举取土设备配置

气举取土是沉井不排水下沉最为常用的取土下沉工艺[6]，通过在沉井顶面架设起重设备吊装空气吸泥器以气举反循环的方式进行吸泥作业。

1）空气吸泥器

将压缩空气输入至空气吸泥器气室内后，通过排泥管壁上的进气口进入排泥管内与水混合形成密度较小的气水混合物，气水混合物在压差的作用下以较高的速度沿排泥管路上升，管口附近的土体随之被吸入管内排出井外。为破除密实砂层、黏性土等硬质土层，宜在吸泥器上集成射水喷嘴加大土体扰动程度，提升泥水混合物浓度。

2）起重设备

沉井顶面作业区域有限，一般采用场地利用率高、作业灵活的门式起重机或塔式起重机吊装空气吸泥器。以门式起重机为主，沿顺桥或横桥向布置，每台覆盖1～2个井孔，相邻门机运行时互不干扰；塔式起重机为辅，覆盖门式起重机无法到达的取土盲区，并兼顾临时结构的吊装作业。

3）供气供水系统

压缩空气的供给压力与井内水深是线性关系，宜较吸泥器底口处水环境压力高出0.2～0.3MPa；射水水压则需要根据地质条件和水深判断。因此随着沉井的下沉，压缩空气和高压水的供给量需要根据水深和地质变化动态调整，宜采用大型供气供水系统集中供应模式，以便调整设备配比。

2. 工艺流程与控制要点

为实现均匀取土，将井孔平面上分为多个点位依序取土，通过控制空气吸泥器的下放量判断当前泥面高程，满足要求后即提起空气吸泥器并将其移动至下一点位，直至当前井孔内所有点位作业完成。单点作业过程中，还需控制吸泥口与泥面的相对距离，调整下放速度，保证泥水混合物浓度，避免发生堵管或吸清水的情况，如图2所示。

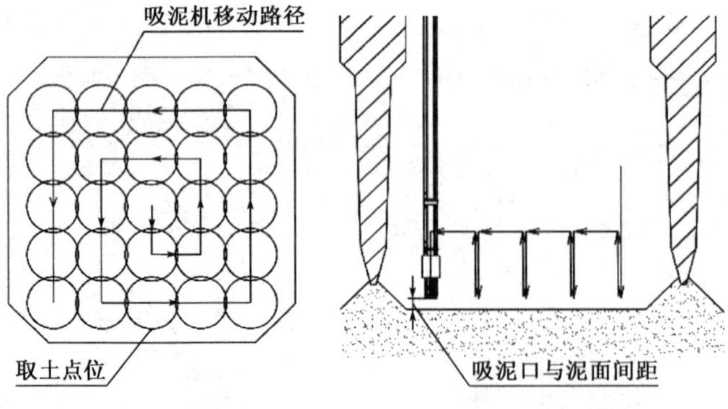

图2　空气吸泥器移动路径及其与泥面间距示意

综上，在满足供气供水的前提下，可将单井孔内气举取土施工空气吸泥机控制要点归结为：单点取土总深度控制、空气吸泥器作业点位控制以及吸泥口与泥面相对高程控制。此外，为反馈取土效果，指导后续施工，需及时测量取土完成后的泥面高程，并对长时间未作业的井孔定期复测，目前多采用测绳等方式手动测量。

四、智能化气举取土集群控制系统组成与功能

1. 系统硬件组成

1) 门式起重机单机自动控制系统

(1) PLC 控制系统。

轨道式门式起重机配置 PLC 输入和输出模块,接收来自集群控制系统指令,控制各工作机构运行,并在实时反馈运行数据至集群控制系统。系统兼具安全防护,单机发生故障或遇到障碍时及时制动,发出报警并反馈信号至集群控制系统。

(2) 定位系统。

①平面定位:针对每个井孔建立相对坐标系,大车行走方向为 X 轴,大车刚腿安装绝对值编码器获取 X 轴坐标;小车行走方向为 Y 轴,小车主轴安装绝对值编码器获取 Y 轴坐标;轨道处设置磁块,大车设置磁感应开关,行走至磁块处 X 轴坐标自动校准;Y 轴坐标通过在主梁处设置位置限位器进行校准。

②高程定位:通过在起升电机安装增量型编码器获取钩头位置,吸泥管和吊索长度已知,即可获知吸泥管底口高程,Z 轴坐标通过上极限位置限制器进行校检。

(3) 吊重监测。

起升钢丝绳上安装吊重传感器,通过监控吸泥器下放过程中的吊重变化,以此推算泥面高程和控制吸泥口与泥面相对距离。

(4) 视频监控系统。

高清网络球形摄像机安装于门式起重机检修平台,监控单机运行状态,如图 3 所示。

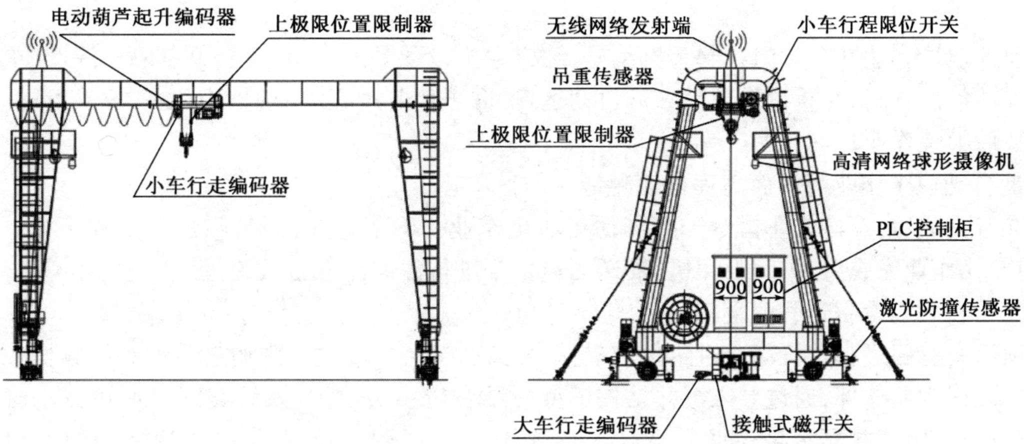

图 3 单机自动控制系统硬件布置

2) 集中控制室

集中控制室包括远程操作台和服务器,远程操作台通过交换机与服务器连接,与门式起重机上的远控 PLC 进行通信,发送控制指令,接收监测数据。

3) 系统通信方式

集群控制系统包括有线和无线两种通信方式:

(1) 有线通信为门式起重机单机内部通讯,包括绝对值编码器、吊重传感器、变频器等以总线网络接入 PLC 通信模块。以太网部分以安装在设备控制箱中的交换机为中心,连接机上 PLC、视频系统等外部信号。

(2) 无线通信为门式起重机与集控系统之间数据通信,用于传输 PLC 控制网络和视频监控非控制网络。无线通信采用 5.8GHz MESH 技术,每台门机顶部安装一台无线 AP,配备 2 根 5.8GHz 360°全向天线,并采用小型网管交换机接入数据,数台门式起重机组成一个 MESH 组;在集中控制室附近安装与各

MESH组对应的无线AP及5.8GHz 360°全向天线用于传输和接收无线通信数据,并通过网线回传至集中控制室,集中控制室内部放置一台三层核心交换机作为核心网关。

集中控制系统通信方式如图4所示。

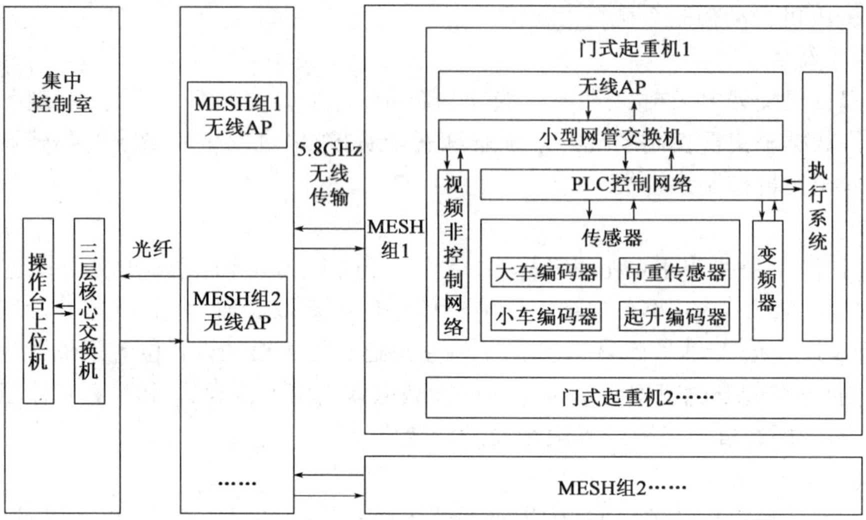

图4　集中控制系统通信方式

2.系统功能

集群控制系统远程控制所有取土设备自动化运行,精确执行取土指令,系统主要功能如下:

1)工艺参数设置

作业前选取待作业井孔和门式起重机编号,编辑取土设备平面移动路径、单点取土深度、单点吸泥时长等工艺参数信息;门式起重机依预设参数自动运行,取土作业过程中根据实际取土效果可即时暂停,优化工艺参数后继续作业。

2)一键自动取土作业与泥面高程自动测量

现场准备完成后,发送作业指令开始自动化取土作业,门式起重机吊装吸泥机自动下放—提升—移位;待当前井孔作业完成后,关闭吸泥机,发送测量指令进行泥面高程自动测量。

3)施工可视化与设备远程集群控制

沉井顶面所有门式起重机均通过集控室操作台远程控制,作业过程中通过数据和视频监控巡查设备运行状态。除视频监控外,通过导入沉井结构模型并结合传感器数据,系统交互界面可以动画形式模拟各取土设备运行动作,并显示起重曲线、大小车位置、吸泥口高程、当前作业点位编号和泥面高程等参数。

4)历史数据查询

井孔位置、设备编号、作业起止时间、泥面高程和工效等数据自动记录分析汇总成日取土台账,台账可储存、导出。

集群控制系统界面如图5所示。

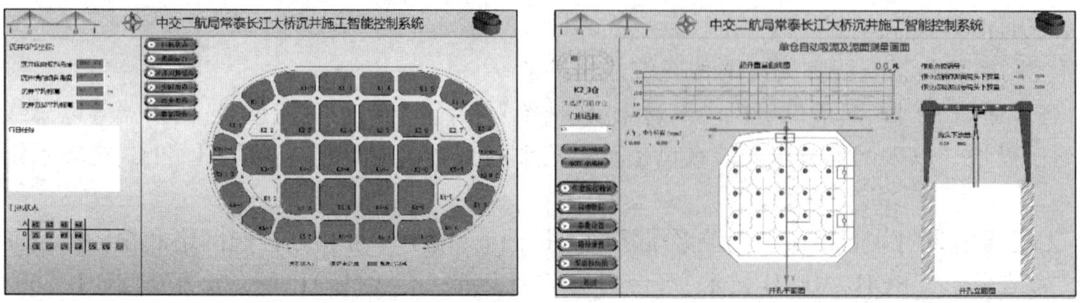

图5　集群控制系统界面示意

3. 控制原理与方法

1)控制原理

通过上位机工作界面编辑,系统整体采用开环控制,各控制要点实现方式如下:

(1)作业点位控制:对每一个井孔建立相对坐标系,井孔邻近门式起重机轨道处的磁块位置即为坐标原点,控制系统实时根据空气吸泥机当前位置坐标与目标作业点位坐标参数比对,输出动作信号,使其按照预设路径依次完成所有点位作业。

(2)吸泥口与泥面相对位置控制:通过设置单位时间 T_0 下放量 L_1 控制空气吸泥机下放速度,当吊重传感器感应空气吸泥机重量出现明显减小时判断发生触底,立即提升吸泥管 L_0,维持底口与泥面相对距离。

(3)单点取土总深度控制:为避免遭遇胶结层等坚硬地层或遭遇异物时,难以达到预设吸泥深度而造成能源浪费,单点取土总深度控制采用单点作业时间 T 和作业深度 H 双控,满足其一即自动提升并移动至下一点位开始取土。

(4)泥面高程自动测量:门式起重机将吸泥管吊至据泥面高度一定距离后下放吸泥管,吊重传感器实时监控吸泥管吊重 W,当 W 降低后判断吸泥管已经触底,记录此时吊钩下放量 X_0,该点位泥面高程为 $\nabla H_n = \nabla H$(沉井顶面高程)$+L_2$(门式起重机吊钩顶点距沉井顶面距离)$-L$(吸泥管与钢丝绳总长)。

2)工艺流程

单井孔具体作业流程如图6所示。

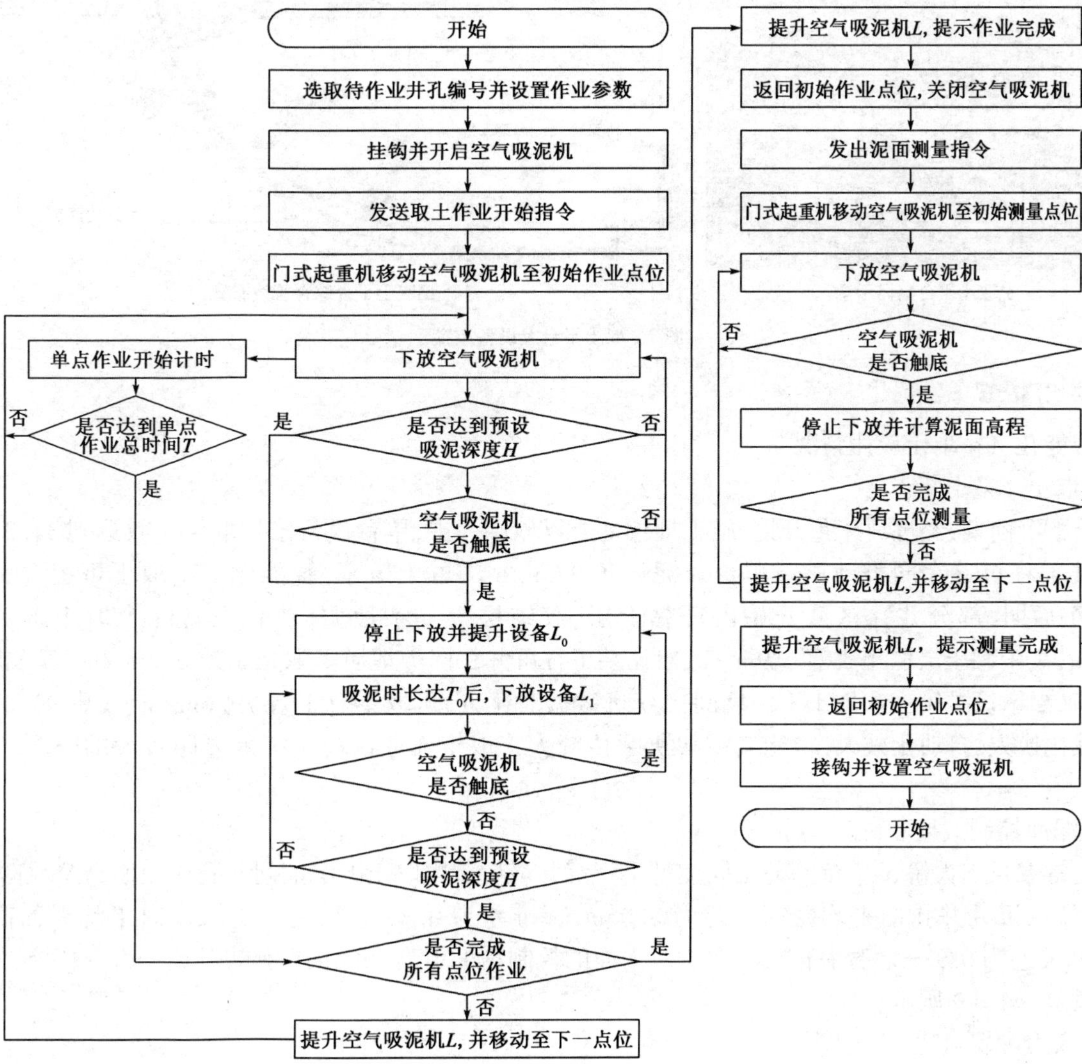

图6 智能化气举取土工艺流程

五、集群控制系统应用

1. 总体布置

1)取土设备布置

结合常泰长江大桥5#墩钢沉井圆端形截面特点,沉井顶面配置直线轨道式和弧线轨道式两种类型的门式起重机,其中直线式11台、弧线式4台,每台门式起重机原则上覆盖两个井孔取土,额定起重量20t,内圈门式起重机轨距11.2m、外圈轨距8.2m。直线圆弧轨道交互区及三角形井孔区为门式起重机取土盲区,由4台T7530-20T塔式起重机兼顾该范围内取土,臂长25m、50m塔式起重机各2台,高低错层布置。每个井孔各布置一套DN250空气吸泥机。

2)集成化取土平台

基于装配式设计理念,沉井顶面取土平台集成供气、供水、排泥管线及施工电缆桥架等功能。供气、供水管线由沉井上、下游布置的多功能船集中供应至沉井顶面主管,再由各支管引入至各井孔;排泥管由各井孔支管线汇入到沉井江岸侧的8条主排泥管内,主排泥管接入泥驳船,沉淀处理后运至岸边码头由吸泥船排放至弃土场;各井孔供气、供水和排泥支管均通过阀门控制开闭,如图7所示。

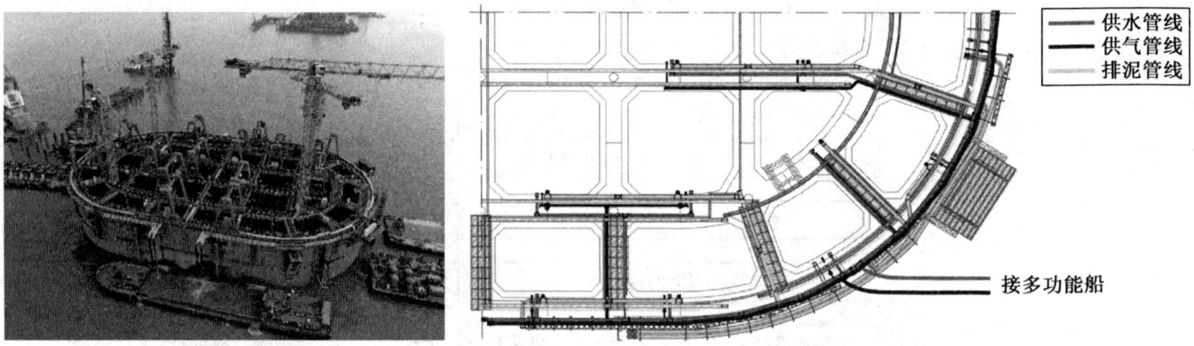

a)取土平台整体示意　　b)取土平台综合管线布置

图7　取土平台及设备布置

2. 应用情况

1)智能化气举取土应用情况

(1)取土工效分析。

取土下沉前期,经过河床预开挖,施工址位地质以砂层为主,单台设备平均取土工效达到34.3m^3/h,对比在某工程沉井在同类地质下单台吸泥设备27m^3/h的取土效率,智能化气举取土可提升工效约27%;下沉后期,部分井孔区域开始出现黏土层、胶结层等复杂地质,单台设备综合取土工效降至23.2m^3/h,其中黏土层取土工效6.9m^3/h,对比某工程沉井在同类地质下取土工效3.2m^3/h,工效提升约115%。取5#墩沉井第三次取土下沉期间白夜班数据对比,白班取土总工效79.6m^3/h、夜班93.3m^3/h,通过机械化换人、自动化减人,智能气举解决了传统人工取土作业白夜班工效差距较大的问题,如图8所示。

(2)泥面控制效果。

对比常泰长江大桥5#墩沉井与某同类型工程沉井最后一次取土下沉期间井孔内泥面高差数据,采用智能气举时,沉井井孔内平均泥面高差为0.96m,标准差为0.37m;采用人工取土时平均泥面高差为1.83m,标准差为0.93m。智能化气举取土对泥面的控制精度更高、更稳定,有效避免了由于超挖、欠挖带来安全风险,如图9所示。

(3)人力配置对比。

智能化气举取土工艺所有门式起重机均由集控室内2名操作员统一调度,现场作业人员仅需进行门式起重机移仓换位、吊挂和安放吸泥机和开关气水阀门等简单准备工序，现场作业人数由40人降低至17人，提升了沉井施工的本质安全。

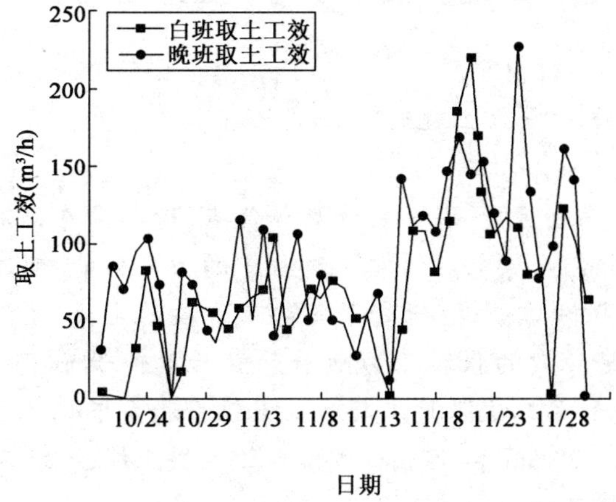

图8 白夜班工效对比图

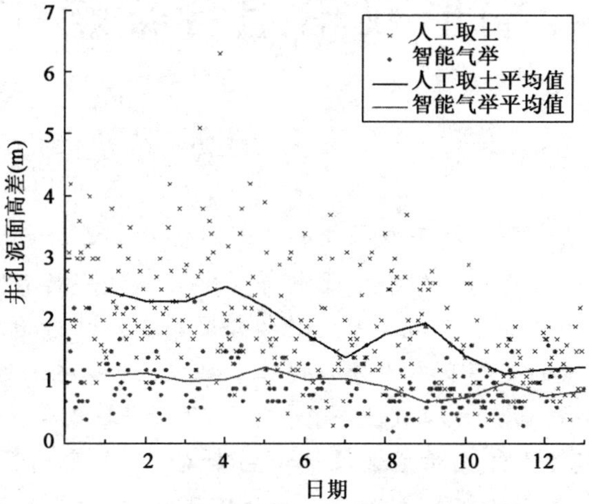

图9 井孔泥面高差对比图

2）总体实施效果

常泰长江大桥5#墩沉井自2020年6月5日开始取土，12月28日顺利终沉至高程－64.75m，其间经历4次取土下沉，取土总工期100天，日均下沉量39.05cm，单日最大下沉量1.18m；日均取土量1617m^3，单日最大取土量4914m^3。取土下沉期间，5#墩沉井姿态偏斜控制在1/200以内，终沉时顺桥向岸侧倾斜1/－6799，高差－0.1cm；横桥向上游倾斜1/3691，高差3.1cm，平面扭转角0.072°，实现了超大型沉井"可控、可测、可视"下沉。

六、结　　语

近年来，国内跨江跨海大桥建设逐渐兴起，沉井基础结构尺寸屡破纪录，对沉井施工质量控制也提出了更高的要求，沉井下沉原理简单，但在实际施工中如何控制泥面形态，保障沉井姿态稳定、结构安全，已成为制约大型沉井基础发展应用的主要因素。本文通过归纳气举取土下沉施工要点，对气举取土设备进行智能化升级，在提高施工效率、泥面控制质量和减少人工等方面取得了良好的应用效果，但仍存在一些不足，如针对不同水深、地质条件下取土参数及各井孔取土的优先级设置等还可进一步完善，以期实现智能辅助决策等。随着大数据、互联网等新技术与交通行业的深入融合，自动化、智能化的生产方式必将推动桥梁建造技术不断革新发展。

参考文献

[1] 翟世鸿，等．桥梁深水主墩基础的现状与发展趋势探讨[J]．中外公路，2007，27(6)：116-119.

[2] 李军堂，秦顺全，张瑞霞．桥梁深水基础的发展和展望[J]．桥梁建设，2020，263(03)：20-27.

[3] 景奉韬，刘修成，管政霖．硬质土层沉井不排水下沉破土方法探讨[J]．中国港湾建设，2020，274(11)：63-67.

[4] 李鹏．深水特大型沉井基础施工技术研究[D]．成都：西南交通大学，2017.

[5] 秦顺全，谭国宏，陆勤丰，等．超大沉井基础设计及下沉方法研究[J]．桥梁建设，2020，50(05)：1-9.

[6] 蒋建，柏争．空气吸泥法在泰州大桥中的应用[J]．科学之友，2012(10)：67-69.

44. 槽形双箱组合梁斜拉桥施工过程力学性能研究

杜晓庆　刘　进　于祥敏
(上海大学力学与工程科学学院土木工程系)

摘　要　槽形双箱组合梁斜拉桥具有桥面宽度大、横向刚度大、抗风性能好等优点,近年来在沿海地区宽幅大跨的斜拉桥中逐渐得到应用。为了揭示槽形双箱组合梁斜拉桥施工过程中的力学性能,对跨径布置为95m+220m+95m的组合梁斜拉桥进行施工全过程仿真分析,研究了各施工阶段的主梁、主塔和斜拉索的变形及内力分布规律。结果表明:施工过程中斜拉索的张拉索力随着悬臂长度伸长而不断增大,成桥后索力均匀性较好;钢梁安装、斜拉索第一次张拉和第二次张拉工况对主梁位移和主塔偏位影响显著,单个工况对主梁位移和主塔偏位最大影响量分别为228mm和59mm;成桥后钢主梁上缘受压、下缘受拉,混凝土板和主塔均处于受压状态,应力满足设计和规范要求。

关键词　组合梁斜拉桥　槽形双箱组合梁　有限元分析　施工过程　力学性能

一、工程背景

槽形双箱组合梁兼具槽形单箱组合梁与矩形双箱组合梁的优点,横向刚度大、抗风性能好,在沿海地区的宽幅大跨径斜拉桥中应用前景广阔[1-2]。由于槽形双箱组合梁斜拉桥的主梁宽度大,施工工序复杂,有必要对其施工阶段的力学性能进行研究,确保成桥后的内力和线形满足设计和规范要求[3-7]。

本文以一座双塔双索面半飘浮体系的槽形双箱组合梁斜拉桥为研究对象,该桥跨径布置为95m+220m+95m=410m,如图1所示。

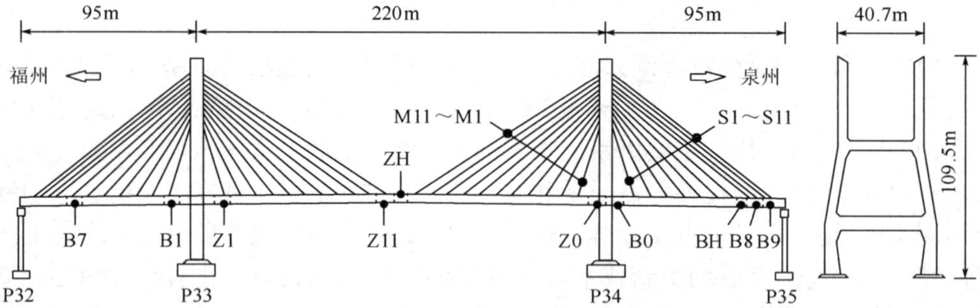

a)桥梁立面图

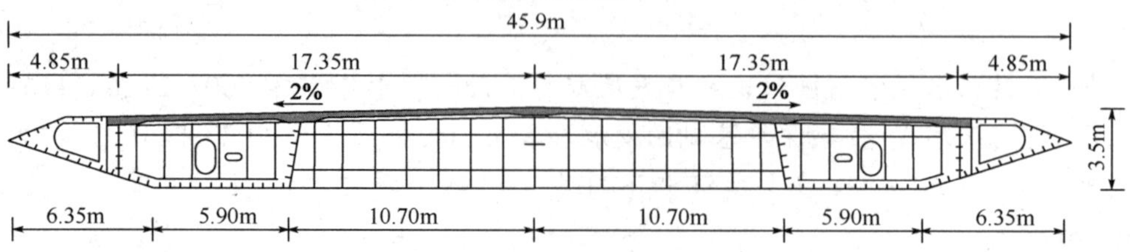

b)标准横断面图

图1　桥型布置图

主梁采用槽形双箱组合梁,全宽45.9m(含风嘴),箱梁中心线处梁高3.5m(其中钢梁高3.1m,混凝土板厚0.4m)。箱梁横隔板由箱内和箱外横隔板组成,标准间距3m,边跨尾索区间距为2m。混凝土桥面板为预制桥面板和现浇湿接缝两部分,标准段内侧预制板厚度为0.28m,在钢梁腹板附近渐变至0.40m。主塔为H形,塔高110m,索塔顶宽40.7m,设置上下两道横梁。斜拉索采用1860MPa平行钢丝斜拉索，双索面扇形布置，单个主塔两侧各布置 11 对斜拉索，包括 PES7 - 151、PES7 - 199、PES7 - 223、PES7 - 241 四种规格，最长斜拉索长 122.75m，重约 9.4t。

全桥主梁共划分为 49 个梁段，标准梁段采用桥面吊机悬臂拼装，包括边跨 B2 ~ B7 和中跨 Z2 ~ Z11 节段。每节标准梁段长度为 9m，最大起吊重量约为 290t。索塔区梁段 0#块（B0 - 1/B0 - 2/Z0 - 1/Z0 - 2）和 1#块（B1/Z1）采用浮式起重机架设，边跨现浇梁段（B8/B9）采用支架安装，先进行边跨合龙段（BH）施工，待中跨合龙（ZH）后进行桥面铺装及附属设施施工。

二、有限元分析

采用有限元软件 Midas Civil 建立背景工程的有限元模型，如图 2 所示。其中，主梁、主塔均采用梁单元模拟，斜拉索采用桁架单元模拟，塔底采用固定约束，全桥共 557 个节点和 460 个单元。表 1 给出了模型采用的主要材料参数。该槽形双箱组合梁斜拉桥的有限元分析包括理想成桥状态确定和合理施工状态确定两部分[8-12]，标准节段的施工步骤为：桥面吊机前移→钢梁节段吊装→斜拉索一张→预制桥面板安装→湿接缝浇筑养护→斜拉索二张→循环进行下一节段施工。

图 2 有限元模型

材料参数表 表 1

力学指标	桥面板	主塔	桥墩	钢梁	斜拉索
材料	C55 混凝土	C50 混凝土	C40 混凝土	Q370qC	平行钢丝
弹性模量（MPa）	35500	34500	32500	206000	195000
剪切模量（MPa）	14200	13800	13000	79000	—
泊松比 γ	0.2	0.2	0.2	0.3	0.3
线膨胀系数（1/℃）	1.0×10^{-5}	1.0×10^{-5}	1.0×10^{-5}	1.2×10^{-5}	1.2×10^{-5}
重度（kN/m^3）	26	26	26	78.5	78.5

三、结果及分析

1. 斜拉索索力

图 3 给出了施工过程中斜拉索的张拉索力和成桥索力，其中 S1/M1 斜拉索一次张拉到位，故只在斜拉索二张索力中展示其施工索力。可以看出：①斜拉索的一张索力和二张索力分别在 1141 ~ 2090kN 和 2842 ~ 4366kN 范围变化，总体上施工索力值随着节段拼装不断增大；②一张索力值在 S8/M8 斜拉索出现突变，这是由于主梁自 Z8 节段开始由双悬臂施工转换为单悬臂施工，结构总体刚度变大；③成桥初期（二期恒载后）斜拉索的索力均匀性较好，尾索区的边索索力大于相应中索索力，最大索力值为 5017kN。

2. 位移结果

图 4 给出了施工过程中单个工况引起的主梁悬臂端竖向位移，可以看出：①吊机前移、钢梁安装和桥面板安装工况会使得主梁产生向下的位移，斜拉索一张和斜拉索二张使主梁产生向上的位移；②双悬臂施工时边中跨主梁位移总体对称，Z8 节段单悬臂施工时位移有突变，总体上五个工况作用下的主梁位移响应随着悬臂长度的增大而增大；③钢梁安装、斜拉索一张和斜拉索二张对主梁的位移影响显著，最大影响量分别为 -228mm、150mm 和 178mm，出现在最大悬臂状态；④桥面板安装对主梁位移影响较小，这是因为标准节段节间内的桥面板已随钢梁安装时吊装，桥面板安装工况只是铺装少量的节段间桥面板及浇筑湿接缝，重量相对较轻。

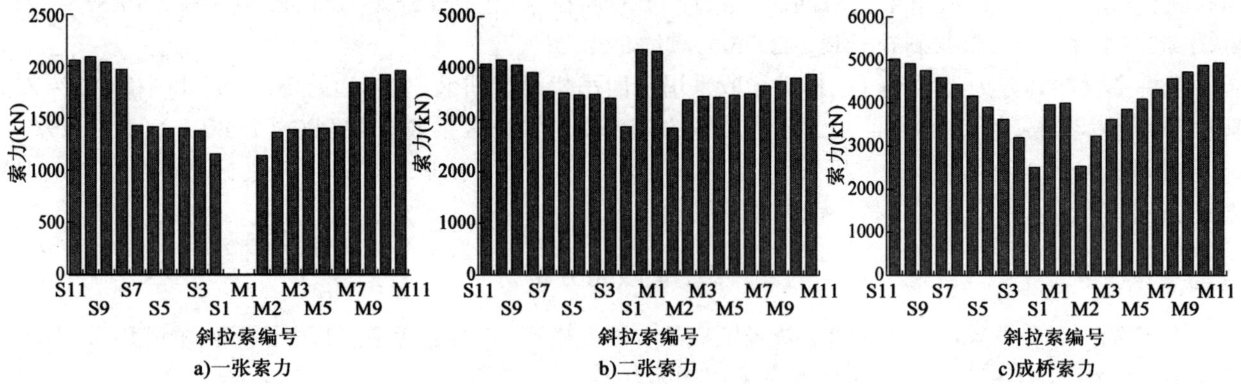

图3 斜拉索施工索力和成桥索力

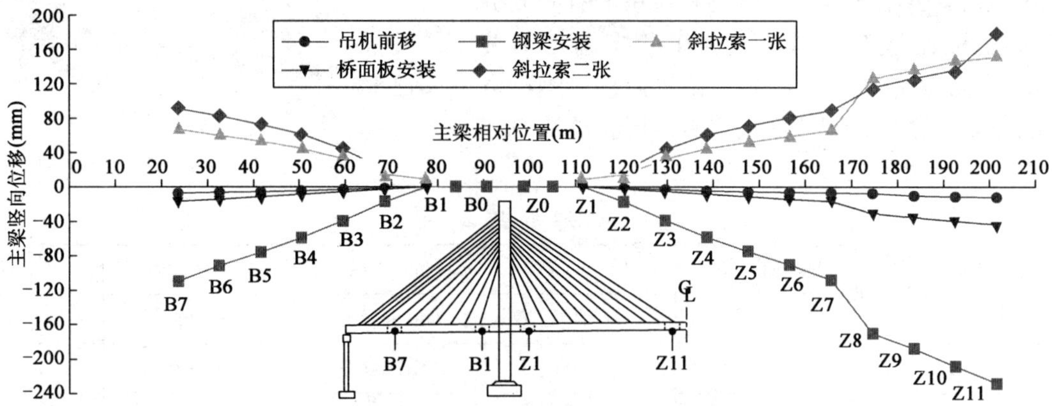

图4 施工过程中主梁悬臂端竖向位移

图5给出了施工过程中单个工况引起的主塔塔顶水平位移,可以看出:①单悬臂施工时塔顶水平偏位明显大于双悬臂施工,这是由于双悬臂施工时结构处于对称平衡状态,塔顶几乎不发生偏位;②单悬臂施工时,吊机前移、钢梁安装和桥面板安装工况使得主塔向中跨方向偏位,最大偏位量分别为2mm、54mm和13mm;而斜拉索一张和斜拉二张工况会使得主塔向边跨方向偏位,最大偏位量分别为-39mm和-59mm;③S11/M11斜拉索二张时,塔顶向边跨的水平偏移量突然增大,源于此工况同时拆除了边跨尾索区B8/B9梁段下的临时支架,边跨主梁下挠带动主塔向边跨偏位量陡增。

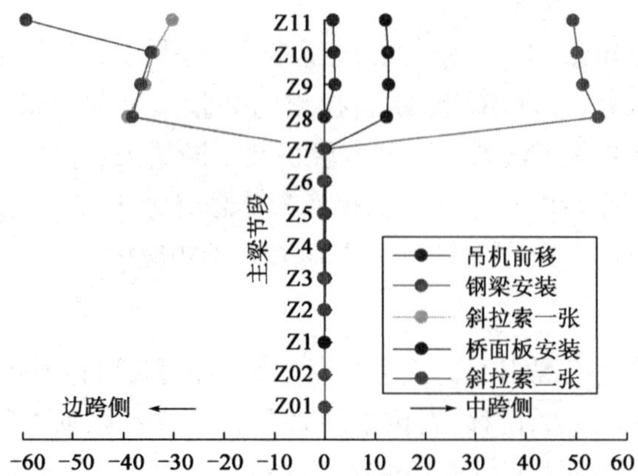

图5 施工过程中主塔塔顶水平位移

3.应力结果

为了更好地反映全桥主梁应力规律,图6给出了成桥初期钢主梁和混凝土板的应力分布图,可以看出:①钢主梁底板受拉、顶板受压,最大拉、压应力分别为39.8MPa和-72.1MPa,出现在跨中附近。②成桥后混凝土板处于受压状态,顶缘压应力大于底缘,最大压应力为-7.2MPa,位于塔根附近节段。

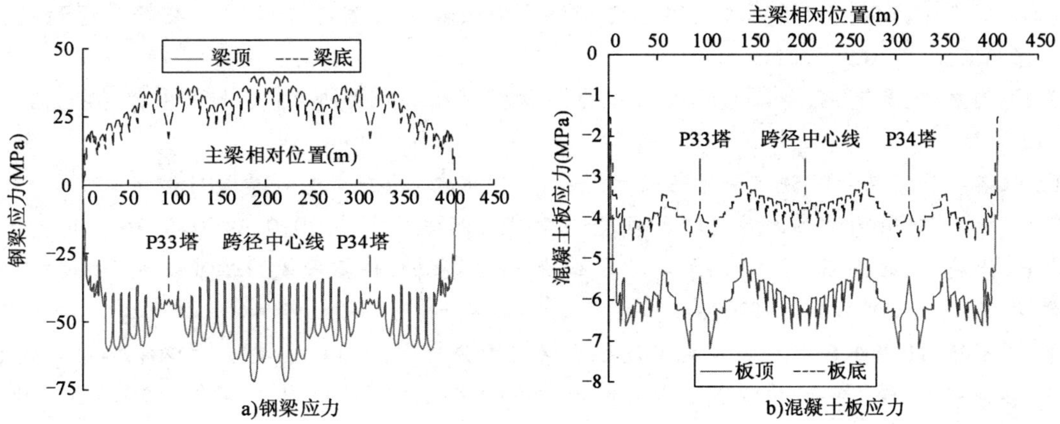

图6 成桥初期主梁应力图

图7给出了成桥初期主塔塔肢的应力图,其中P1和P3为横桥向塔肢内侧的应力点,P3和P4为横桥向塔肢外侧的应力点。可以看出:①主塔整体处于受压状态,最大压应力为-9.57MPa,出现在下横梁位置。②主塔的应力在上横梁和下横梁处出现突变,中塔肢和下塔肢的空间效应显著。

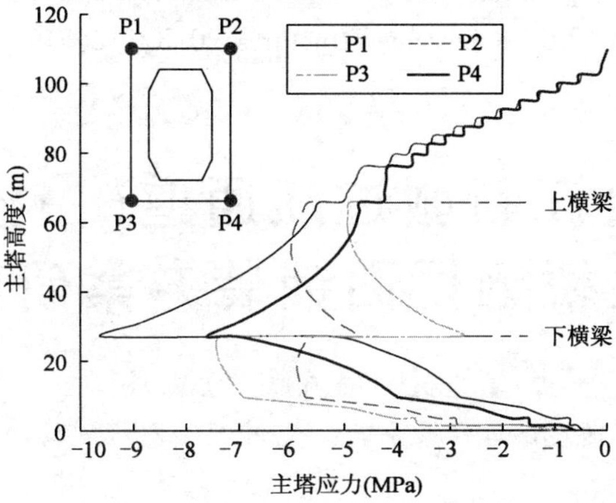

图7 成桥初期主塔应力(MPa)

四、结 语

本文基于一座在建的槽形双箱组合梁斜拉桥,采用数值模拟方法研究其施工过程中的力学性能,得到的主要结论如下:

(1)施工过程中斜拉索的张拉索力随着悬臂长度伸长而不断增大,一张索力值在双悬臂施工转换为单悬臂施工时出现突变,成桥后索力均匀性较好,最大索力值为5017kN。

(2)施工过程中,钢梁安装、斜拉索一张和斜拉索二张工况对主梁的位移影响显著,最大悬臂状态时单个工况引起悬臂端的位移分别为-228mm、150mm和178mm;成桥后,钢主梁上缘受压、下缘受拉,混凝土板处于受压状态,钢主梁和混凝土板最大应力分别为-72.1MPa和-7.2MPa,满足设计和规范要求。

(3)主梁双悬臂对称施工时,主塔纵桥向偏位几乎为零。单悬臂施工时,钢梁安装、斜拉索一张和斜拉索二张工况对主塔水平偏位影响较大,单个工况引起塔顶最大偏位量分别为54mm、-39mm和-59mm。成桥后主塔受压,最大压应力为-9.57MPa,位于下横梁处。

参考文献

[1] 陈国红,徐召. 大跨径钢-混组合梁斜拉桥主梁力学特性研究[J]. 桥梁建设,2019,49(05):39-44.

[2] 左一泽,刘玉擎,蔺钊飞. 槽型双箱组合梁斜拉桥桥面板有效宽度分析[J]. 公路交通科技,2015,32(03):63-67.

[3] 聂建国,陶慕轩,吴丽丽,等. 钢-混凝土组合结构桥梁研究新进展[J]. 土木工程学报,2012,(06):110-122.

[4] 刘航. 双塔组合梁斜拉桥施工全过程静力分析[D]. 成都:西南交通大学,2015.

[5] 董晓兵,余友江. 青海哇加滩黄河特大桥施工控制[J]. 桥梁建设,2019,49(04):96-101.

[6] 方淑君,张凌瑞,孙雨石,等. 不同加载龄期钢-混结合梁斜拉桥梁段受力性能研究[J]. 铁道科学与工程学报,2021,18(05):1196-1202.

[7] 刘洋,周世军. Π形组合梁斜拉桥施工过程主梁应力分析方法[J]. 桥梁建设,2019,49(03):63-68.

[8] 戴杰,秦凤江,狄谨,等. 斜拉桥成桥索力优化方法研究综述[J]. 中国公路学报,2019,32(05):17-37.

[9] 贺拴海,梅晓亮,刘鹏,等. 宽幅钢箱梁斜拉桥空间行为数值分析[J]. 中国公路学报,2016,29(04):42-49,58.

[10] 秦顺全. 无应力状态控制法斜拉桥安装计算的应用[J]. 桥梁建设,2008,(02):13-16,30.

[11] Granata MF, Longo G, Recupero A, et al. Construction sequence analysis of long-span cable-stayed bridges [J]. Engineering Structures, 2018, 174:267-281.

[12] Song CL, Xiao RC, Sun B. Optimization of cable pre-tension forces in long-span cable-stayed bridges considering the counterweight [J]. Engineering Structures, 2018, 172:919-928.

45. 泸州市合江新城过江通道(白沙长江大桥)主桥钢桥面铺装方案研究

戴显著[1] 黄月超[2] 周进峰[2]

(1. 泸州市交通建设工程服务中心;2. 中交公路规划设计院有限公司)

摘　要　为使白沙长江大桥主桥钢桥面铺装具有足够的稳定性和耐久性,通过对比不同的钢桥面铺装方案和铺装结构设计,优选了环氧树脂薄层铺装体系,将改性环氧树脂应用于桥面铺装层表面层和黏层,介绍了铺装体系的主要材料参数及技术指标,并分析了白沙长江大桥钢桥面铺装的关键施工技术,为今后钢桥面铺装体系的使用提供依据。

关键词　白沙长江大桥　钢桥面铺装　超薄磨耗层　改性环氧树脂　方案研究

一、工程概况

白沙长江大桥位于合江县白沙镇和江阳区弥陀镇中间,距两者的直线距离均为7500m,为跨越长江而设,也是泸州市2015—2017年渡改桥攻坚项目。通过建设白沙长江大桥可以撤销大桥下游的大桥、丁石岩、白沙3个渡口,更加方便大桥两岸的群众出行。

白沙长江大桥起点位于合江县大桥镇石板井村石坝上,路线起点往南规划连接线至G353,路线呈南北向跨越长江,与航迹线基本正交,设白沙长江大桥跨越航道,在北岸设引桥长481.7m(含耳墙),向北经过鲢鱼村,终点位于稿子堂,再往北通过连接线至规划S438,路线总长1.36km。主桥桥位如图1所示。

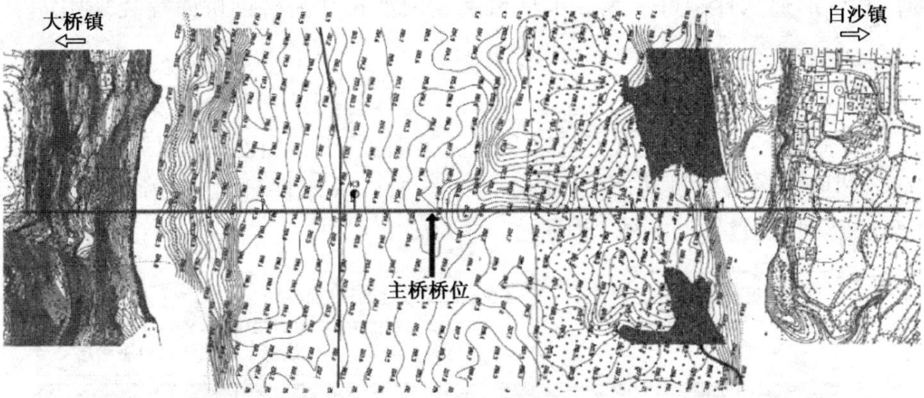

图1 白沙长江大桥主桥桥位

白沙长江大桥主桥为混合梁斜拉桥,钢混结合段位于主跨,采用塔梁固结体系。全桥钢箱梁总长496.2m,钢箱梁采用Q345c钢材材质,中心线处梁高3.5m,全宽为27.5m。桥面板、底板、下斜底板及中纵腹板纵向均采用U形加劲和板式加劲肋结合,边纵腹板采用板式加劲。钢箱梁标准节段长15.5m,顶板厚18mm,底板厚14mm,斜底板厚14mm,边腹板厚14mm,内腹板30mm,横隔板间距3.1m。

二、主桥钢桥面铺装设计

1. 设计要求

桥面铺装性能直接影响行车的安全、舒适及钢桥结构的耐久性,对于投资巨大的桥梁发挥整体功能起着关键的作用[1]。钢桥面铺装是提高钢结构耐久性和抵御钢桥结构腐蚀破坏的第一道防线,应具有较好的抗剪切变形性能和抗磨耗性能,能够防止或减轻化学侵蚀、雨水等环境作用对钢桥面板的腐蚀[1]。

钢桥桥面铺装作为桥面板的防护部分,是桥梁的重要组成,其性能好坏直接决定行车的舒适性、快捷性、安全性和耐久性[2]。大跨径钢桥面铺装对材料的力学性能、界面黏结性能、变形能力、疲劳性能、高低温性能等要求苛刻[3]。根据本项目的交通与环境条件,白沙长江大桥主桥钢桥面铺装设计应满足以下几方面要求:

①满足各层间的抗剪、抗拉的黏结成整体性功能;

②钢桥面顶板的防腐、防锈功能;

③钢桥面铺装的防水功能;

④铺装体系满足舒适、抗滑、应力扩散等功能;

⑤铺装体系符合施工便捷,质量可控,施工成本合理等原则。

2. 铺装体系确定

目前国内外钢桥面铺装类型体系主要有浇注式沥青混凝土钢桥面铺装、环氧沥青混合料钢桥面铺装、改性沥青SMA钢桥面铺装、超高性能轻型组合桥面钢桥面铺装和环氧树脂薄层钢桥面铺装[4-5]。

钢桥面铺装与桥面板共同承受活载作用的行为,决定了其强度和形变要求,无论哪种铺装体系,其强度和弹性模量均远低于钢材,所以表现为铺装材料变形追从钢桥面的特征[6]。在交变正应力和交变剪应力作用下,铺装材料的抗疲劳性能明显低于钢材,且铺装材料随时间和环境条件发生老化,其脆性明显增加。从钢桥面铺装体系各功能层受力特点看,黏结层与防腐层完全追随钢桥面变形;防水层根据其强度和刚度,多数类型也追随钢桥面变形;磨耗层如果采用SMA类型,从受力角度看,仅起到应力扩散作用,基本不参与共同协调变形,如果采用双层环氧沥青混凝土,磨耗层则参与协调变形[7]。

经调研,浇注式沥青混凝土钢桥面铺装,环氧沥青混合料钢桥面铺装,改性沥青SMA钢桥面铺装,因各自的施工条件限制,以往多有不成功案例,因此不宜采用。此外,由于桥梁整体设计已稳定,且增加荷载较多,因此也无法在白沙长江大桥钢桥面铺装中使用。在钢桥面铺装体系中,参与钢桥面协调变形的铺装结构层越薄，其变形追从性越好。因此本项目确定白沙长江大桥钢桥面铺装采用环氧树脂薄层铺装体系。

3. 铺装结构设计

综合考虑使用寿命、施工条件、施工工艺以及造价等因素，推荐白沙长江大桥主桥钢桥面的人行道铺设 1.0cm 改性环氧树脂彩色陶粒抗滑薄层，中分带铺设 1.0cm 改性环氧树脂碎石薄层。对于主桥钢桥面行车道，采用多层桥面铺装结构，如图 2 所示。

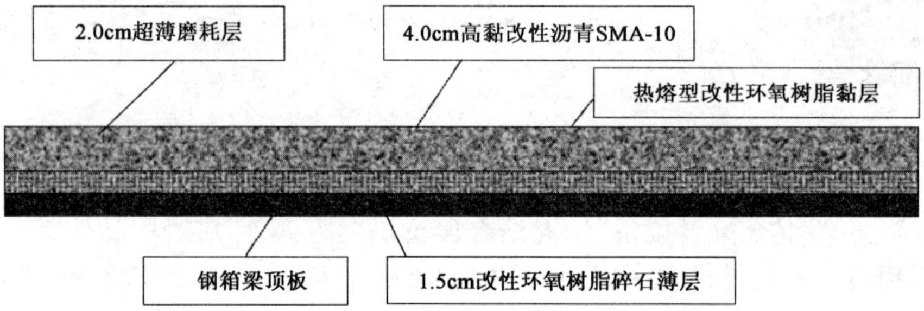

图 2 主桥钢箱梁段行车道铺装结构

由图 2 可知，行车道铺装表面层采用 2.0cm 厚的耐久型黏韧超薄磨耗层，上面层为 4.0cm 高黏改性沥青 SMA-10，黏结层为热熔型改性环氧树脂，下面层为 1.5cm 改性环氧树脂碎石薄层，铺装总厚度 7.5cm。

4. 主要材料参数及技术指标

1）沥青混凝土路面防水黏结层

桥面铺装铺筑前应保持桥面平整、粗糙、清洁，不得有尘土、杂物或油污，尤其必须确保混凝土完全干燥。为彻底清理桥面浮浆，在施工防水黏结层之前，应对桥面进行处理。桥面界面处理采用真空抛丸技术对桥面水泥混凝土"浮浆"处理，并采用构造深度仪检测，构造深度不小于 0.55mm，表面洁净后再进行防水黏结层施工，处理完成的桥面为坚硬、洁净、无杂质。桥面板的平整度不应大于 5mm（3m 直尺检测的最大间隙）。抛丸所采用的钢丸规格宜采用 S460。丸料必须保持干燥、清洁，不得含有油脂、盐分等有害物质。

2）改性环氧树脂碎石薄层

改性环氧树脂碎石薄层铺装施工前的钢板清洁处理要达到 Sa2.5 级、粗糙要达到 80 ~ 150μm，改性环氧树脂碎石薄层施工过程如下：

（1）第一层抛丸除锈验收合格后的防腐既除锈成品保护层，聚氨酯改性环氧树脂用量为 $0.4\text{kg/m}^2 \pm 0.1\text{kg/m}^2$；

（2）第二层改性环氧树脂碎石薄层铺装，聚氨酯改性树脂用量为 $2.0\text{kg/m}^2 \pm 0.2\text{kg/m}^2$，按每 $12 \sim 15\text{kg/m}^2$ 过量撒布 3 ~ 5mm 硬质碎石；

（3）第三层改性环氧树脂薄层铺装，聚氨酯改性环氧树脂用量为 $3.5\text{kg/m}^2 \pm 0.2\text{kg/m}^2$ 按每 $12 \sim 15\text{kg/m}^2$ 过量撒布 ~5mm 硬质碎石；

（4）最后沥青层摊铺前，喷涂或滚涂黏层-热熔型改性环氧树脂 $1.5\text{kg/m}^2 \pm 0.2\text{kg/m}^2$。最终形成 1.5cm 左右厚的改性环氧树脂碎石薄层（聚合物混凝土薄层）。施工时防止雨水和外来水浸入工区域，每层施工后应保证 4 ~ 8h 以上的固化养生时间。热熔型改性环氧树脂技术要求如表 1 所示。

热熔型改性环氧树脂技术要求 表 1

序号	项 目	单位	技 术 要 求	试 验 方 法
1	外观	—	树脂为无色透明液体； 固化剂为淡褐色透明液体	—

续上表

序号	项目		单位	技术要求	试验方法
2	拉伸强度,23℃		MPa	>3.0	GB/T 2567—2008
3	延伸率,23℃		%	>300	GB/T 2567—2008
4	柔韧性(-20℃±2℃)		—	无裂纹	JC/T 408—2005
5	耐热性(160℃±2℃)		—	不流淌,不滑动	JC/T 408—2005
6	附着力拉拔强度	25℃	—	≥3.0	按 JGJ/T 55—2011 制备试样附录 A.12
		60℃		≥1.0	

3)改性环氧树脂彩色陶粒抗滑薄层

改性环氧树脂碎石薄层重量轻,可有效减少桥梁负重,并且产品中不含任何溶剂,100%固化,对环境和施工人员没有任何负面影响,符合环保、绿色、低碳的理念[8]。改性环氧树脂碎石薄层在常温下施工,工艺简单,可在施工后2~4h内开放交通。改性环氧树脂碎石薄层具有较好的力学性能,高黏结强度、拉伸强度、弯曲强度和压缩强度,抗冻融循环性能好,能有效抵抗融冰盐、酸类物质和油污等物质的侵蚀。耐候性好,具有优秀的抗紫外线、抗氧化和耐温能力,使用寿命一般可达10~20年。

4)超薄磨耗层

白沙长江大桥主桥钢桥面行车道表面层采用15mm厚的耐久型黏韧超薄磨耗层。耐久型高黏韧性超薄磨耗层沥青混合料由专用高黏韧性改性沥青,SAC级配集料制成,适用于新建改扩建沥青路面表面层,以及旧路表面抗滑性能衰减严重、网裂、轻微掉粒的路面进行功能性养护维修,适用于各等级道路,具有抗飞散掉粒现象强、施工包容性强、抗滑性能优等优点。

耐久型高黏韧性超薄磨耗层采用专用高黏韧性改性沥青,改性沥青可直接采用满足要求的成品沥青,即"湿法",也可采用专用高黏韧性改性剂+沥青,将改性剂直接加入拌缸当中,即"干法"。专用高黏韧性改性沥青技术指标须满足表2的要求。

耐久型高黏韧性超薄磨耗层技术沥青技术指标要求 表2

试验项目	单位	技术指标要求	试验方法
针入度(25℃,5s,100g)	0.1mm	35~60	T 0604
延度(5cm/min,5℃)	cm	≥30	T 0605
软化点	℃	≥85	T 0606
溶解度(三氯乙烯)	%	≥99	T 0607
闪点	℃	≥230	T 0611
60℃动力黏度	Pa·s	≥300000	T 0620
175℃运动黏度	Pa·s	≤3.0	T 0625
粘韧性(30℃)	N·m	≥25	T 0624
韧性(30℃)	N·m	≥20	
储存稳定性(48h软化点差,只适用于湿法)	℃	≤2.5	T 0661
弹性恢复(25℃)	%	≥92	T 0662
TFOT(或RTFOT)后残留物			
质量损失	%	±1.0	T 0609
老化后延度	cm	20	
针入度比(25℃)	%	≥80	

5.铺装体系材料及结构性能测试

本项目通过拉拔试验、剪切试验、车辙试验、低温小梁弯曲试验、马歇尔试验、劈裂试验和疲劳试验分别测试了白沙长江大桥主桥钢桥面铺装体系的材料及结构性能，结果表明铺装体系的拉拔强度随实验温度的降低而增加，当测试温度为25℃时，铺装体系的拉拔强度为0.74MPa，斜剪强度为2.89MPa；当试验温度为60℃时，铺装体系的动稳定度为8416次/mm，当试验温度为70℃时，铺装体系的动稳定度为5362次/mm；当试验温度为-15℃时，陶氏薄层为6183.7με，具有良好的低温弯曲性能。

在进行马歇尔实验时流值超过10mm，实验设备自动停止实验，进行劈裂试验时，劈裂强度大于100kN，超出实验设备量程，所以无法测出薄层材料的浸水残留稳定度和冻融劈裂试验强度比。铺装体系的耐疲劳性能良好，在800με下，疲劳次数为172.5万次时，劲度模量才达到初始弯曲劲度模量的80%左右，均满足规范要求。

三、关键施工技术

泸州白沙长江大桥主桥钢桥面铺装的关键施工技术如下所示：

1.下承层路面处理

耐久型高黏韧超薄磨耗层厚度小，对下承层平整度要求相对较高，需满足相应标准，施工磨耗层前，下承层需表面洁净、干燥。如平整度不够、路表构造深度严重不足或高程超高，需要进行铣刨拉毛处理。

2.黏层施工

黏结层采用热撒改性沥青，选用型号为SBS(Ⅰ-D)改性沥青或橡胶沥青，撒布量宜控制在SBS(Ⅰ-D)改性沥青1.0~1.3kg/m^2，橡胶沥青1.5~1.8kg/m^2，并撒布一定量的碎石，碎石应洁净、干燥。规格为3~5mm，覆盖率50%~60%，以不粘轮且无石料叠加为宜。碎石如有撒布过量，有重叠情况，需清扫掉多余碎石。

3.沥青混合料拌和

采用间歇式拌和机，拌和时加入各档集料进行干拌（如采用高黏韧性改性剂+沥青，即“干法”，则改性剂需与集料同时加入），干拌10s左右，随后加入沥青和矿粉，单盘料拌和周期不低于45s。

4.沥青混合料碾压

为保证压实度和平整度，初压和复压的压路机需紧跟碾压。初压采用13~15t钢轮压路机，温度≥155℃；采用20~26t胶轮压路机进行复压，温度≥135℃；再采用11t以下钢轮压路机进行终压，温度≥100℃。厚度为1.5cm时，碾压全程不开振动。混合料拌和和现场施工温度要求见表3。

施工温度范围(单位:℃)　　　　表3

类　型	超薄磨耗层沥青混合料
改性沥青加热温度	160~175
矿料温度	190~220
混合料出料温度	170~185
运输到现场的温度	拌合出料后降低不超过10
混合料摊铺温度	≥160
初压时压实温度	≥150

5.耐久型高黏韧超薄磨耗层路面检测指标

耐久型高黏韧超薄磨耗层路面施工完成后，应满足表4的技术要求检测指标。

耐久型高黏韧超薄磨耗层路面技术要求 表4

项 目		质量要求或允许差	检 查 频 度	方 法
厚度	代表值	设计值的 -10%	每 2000m^2 一点单点评定	T 0912
	极值	设计值的 -20%	每 2000m^2 一点单点评定	T 0912
压实度 a(%)		最大理论密度	92~98	
平整度 IRI		不大于 1.5mm	平整度仪:全线每车道连续按 100m 计算 IRI 或 δ	T 0933
构造深度		不小于 0.5mm	1 处/200m	T 0961
摩擦系数(SFC60)		≥50	3 个点/km	T 0964

由于钢桥的结构特点造成钢桥面的铺装材料的环境条件更严酷,夏季高温时钢桥面的温度更高,高温时长更长,冬季低温时钢桥面的温度更低,低温时长更长。结合以往的成功经验,本项目采用更优的湖沥青加 SBS 复合改性的 SMA 结合料。

SMA 与环氧树脂碎石层之间如果存水,必然造成病害隐患,因此设置层间排水非常必要。待环氧树脂碎石层上的改性防水黏结层施工完毕后,在桥面横向最低点处和纵向最低点处设置不锈钢拉簧作为层间排水装置,如果路表水穿透 SMA 或者通过钢路缘与 SMA 沥青混凝土之间的缝隙渗透至环氧碎石层上,这些水都会进入到不锈钢的拉簧内,再通过泄水管排出。

四、结 语

使用环氧树脂薄层铺装路面后,增加了桥面防水功能和防滑功能,给桥面加了一层保护层,解决了钢桥面铺装中存在各种病害。在不增加荷载的前提下,泸州白沙长江大桥主桥钢桥面铺装避免了大型压路机械对桥梁结构的破坏,施工快速、简单、方便,施工后不需要养护或稍加养护即可开放交通;使桥面耐磨性高、耐久性好;后期性能稳定。

改性环氧树脂薄层防滑铺装作为一种新型的路面表层铺装工艺,在高速公路、市政道路、景观工程及民用设施中均可应用,具备良好的路用性能与特殊功能以及较长的使用寿命。

参考文献

[1] 王策,房艺捷,徐伟.虎门二桥钢桥面铺装方案研究分析[J].公路交通科技(应用技术版),2018,14(05):206-210.

[2] 俞宏峰,陆凯诠,杨铮,等.沪闵高架桥面铺装病害分析与整治方案[J].上海建设科技,2021(06):31-34.

[3] 于晓峰.福元路湘江大桥桥面铺装方案研究[D].西安:长安大学,2018.

[4] 黄卫,钱振东,程刚.环氧沥青混凝土在大跨径钢桥面铺装中的应用[J].东南大学学报(自然科学版),2002(05):783-787.

[5] 刘洋,郝增恒,刘攀,等.钢桥面铺装环氧沥青材料及其组合结构性能研究[J].公路交通技术,2022,38(02):21-26.

[6] 岳洪川.钢箱梁桥面铺装层中浇筑式沥青混凝土的应用[J].交通世界,2022(18):32-34.

[7] 邵旭东,曹君辉,易笃韬,等.正交异性钢板-薄层 RPC 组合桥面基本性能研究[J].中国公路学报,2012,25(02):40-45.

[8] 黄卫.大跨径桥梁钢桥面铺装设计[J].土木工程学报,2007(09):65-77.

46. 基于三维数字点云的大型钢箱梁虚拟预拼装方法

吴平平[1] 徐 畅[2] 熊 文[2]
(1. 珠海市交通勘察设计院有限公司;2. 东南大学交通学院桥梁工程系)

摘 要 虚拟预拼装利用数值模拟在虚拟环境中实现对钢构件的预拼装,减少了实施所需时间和花费。本研究基于三维激光扫描技术和三维点云模型提出了一种大型钢箱梁虚拟预拼装方法,包括在预制梁场停梁区复杂环境下的标准钢箱梁三维激光扫描测站布置优化及点云预处理方法、几何特征自动提取以及标准钢箱梁拼装姿态自适应调整,并基于匹配度评估结果生成拼装界面全要素着色云图,实现了大型钢箱梁数字化预拼装。

关键词 预拼装 三维激光扫描 三维点云 钢箱梁 桥梁工程

一、引 言

钢结构相比于混凝土结构具有强度高、施工周期短、低碳环保等特点,因此越来越多地被应用于大型桥梁等项目中。其中,预拼装是钢箱梁制造中验证构件精度和实现精密匹配的关键工序。然而,实体预拼装因其人力成本高、场地占用大、效率低等不足,以数字化、虚拟化为代表的三维预拼装技术成为发展方向。三维激光扫描虚拟预拼装技术利用三维激光扫描仪记录被测物体表面的点的三维坐标和纹理反射率等信息,快速复建出被测目标的面、体以及三维模型等各种数据,基于关键点进行姿态调整,实现数字化虚拟预拼装。面对大量预制构件,快速精确自动化地完成预拼装要求,评估拼装质量,不仅有效提高了工作效率,还能解决由于构件数量多或场地受限等带来的问题。

高腾[1]等人提出对于数字化虚拟预拼装应在方案制订节段根据设计图纸选取至少3个定位点,并在扫测环节通过粘贴纸标靶等方式对定位点处进行着重扫描,通过定位点坐标将拼接点云导入统一的坐标系中,通过与设计模型的对比评估预拼结果。类似地,张玉磊[2]等人提出基于三维激光扫描的钢结构构件模拟预拼装技术,首先确定构件受控制的关键点,并在扫描时对这些需要注重的关键部位做特殊标记并着重扫描,随后,利用关键点坐标依次导入有拼接关系的点云组,实现模拟预拼。付洋杨[3]等人将基于三维点云模型的数字化虚拟预拼装技术应用于钢桁架中,而韦韩等人将此项技术应用于钢拱桥片体匹配试装工作中,对拱肋主线管线形、腹杆相贯线切割精度、安装节段对接接头内法兰等施工中重点监控指标进行分析。

本研究针对钢箱梁匹配关系梁段间拼接质量,开展基于三维数字点云的大型钢箱梁虚拟预拼装方法。针对大型构件体积较大、点云采集困难等问题,提出了三维激光扫描测站优化布置方法;针对三维点云模型数据量大、预处理要求高等问题,提出了基于使用体素分析完成点云下采样并通过拼装界面的局部点云数据代表完整构件进行匹配度评估的方法;针对目前拼装结果展示形式单一、单点局限、可视化较差等问题,提出了基于拼装界面全要素的匹配评估,生成着色点云图,直观地展示结果。本研究基于三维激光扫描及三维点云数据,克服钢箱梁节段实体预拼装对场地、施工机械、人员要求大的难点,通过数据预处理降低数据处理成本,提高处理效率;通过拼接控制点自动提取、智能匹配自动拟合所有待拼装构件,实现了大型钢箱梁数字化预拼装。

二、工 程 背 景

本研究基于"深中通道"项目中标准钢箱梁的虚拟预拼装需求展开,深中通道是集"桥、岛、隧、水下互通”于一体的世界级跨海通道工程,其中桥梁工程全长约17km,钢箱梁总量约28万t(图1a)。伶仃西泄洪区非通航孔桥位于伶仃洋大桥西侧,全长2420m,跨径布置为2×(6×110)m+2×(5×110)m,道路设计线处于直线及圆曲线上。伶仃西泄洪区非通航孔桥采用连续钢箱梁体系,主梁采用分幅等截面船形钢箱连续梁,单箱三室截面(图1b)。由于工程采用的钢箱梁体量大,共包含476个小节段,单个长度约7~13m,单个重量超过100t,不易进行实体预拼装,且细部结构复杂,U肋多,对拼装精度要求高。超多的数量和超重的构件对实体预拼装评估造成了巨大的挑战。

a)深中通道　　b)钢箱梁节段

图1　深中通道示意图

三、三维激光扫描

1.三维激光扫描技术

三维激光扫描是近年来国际上发展并开始广泛应用的一种新型机器视觉类非接触式智能感知技术,采用无接触式高速激光测量,以点云形式获取扫描物体表面的三维数据。通过其设备在水平和竖直方向以每秒几万次乃至数十万次的频率发出激光信号,以毫米级精度测量周围物体的三维位置,在几分钟或几十分钟内生成密集的三维点云,以描述结构的精细化几何特征。

三维激光扫描仪主要包括激光测距系统、扫描系统和支架系统,同时集成数字摄影和仪器内部校正等系统。在仪器内,通过两个同步反射镜快速而有序地旋转,将激光脉冲发射体发出的窄束激光脉冲依次扫过被测区域,测量每个激光脉冲从发出经被测物表面再返回仪器所经过的时间(或者相位差)来计算距离,同时扫描控制模块控制和测量每个脉冲激光的角度,最后计算出激光点在被测物体上的三维坐标。

三维激光扫描仪获取扫描目标点云坐标原理为:根据内部精密的测量系统获取发射出去的激光光束的水平方向角度α和垂直方向角度θ,由脉冲激光发射到反射被接收的时间计算得到扫描点到仪器的距离值S,由此,可得扫描目标点P的坐标(X_s,Y_s,Z_s),如图2所示。

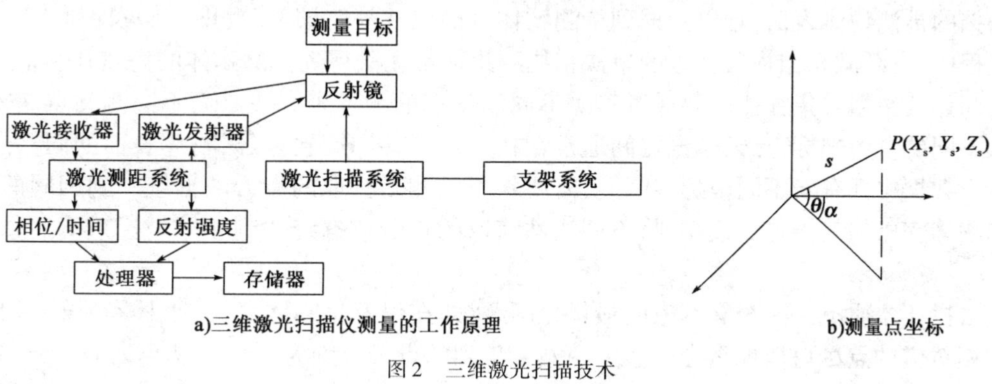

a)三维激光扫描仪测量的工作原理　　b)测量点坐标

图2　三维激光扫描技术

$$X_s = S\cos\theta\cos\alpha$$

$$Y_s = S\cos\theta\sin\alpha$$

$$Z_s = S\sin\theta$$

利用这一非接触检测技术,可实现以下功能:①实时或半实时的进行预制梁体整体、局部以及细节处的几何形态数字建模;②丰富的几何数据可协助建立精细化的管养数据库。这项技术在预拼装方面可以实现数字化虚拟预拼装,通过编写算法实现仅一次导入点云,完成对预制梁段几何特征的精确识别与标准化检测,大幅提高预拼装及匹配度评估环节的工作效率及自动化程度,有效地减少了误差,可视化的展示拼接结果,有效提高效率,解决场地、设备等限制问题。

2. 三维点云采集

在对目标梁段进行三维点云采集时,测站布置方面要求有以下三点:第一,要求两场测站之间需要有一定的重合度;第二,测站的设置数量不宜过多,也不宜过少;第三,应在某一站扫描范围内设置合适数量及位置的反射标靶,保证每一测站能扫描到至少两个标靶。由于预制工厂停梁区空间有限,待测预制构件可能存在与邻近构件摆放距离过近、周边存在上人梯等遮挡物、摆放位置过高等情况,根据现场情况,需增加相应测站数量,或架高激光扫描仪。对于造成轻微遮挡的障碍物,可以通过点云修补实现特征的完善;对于造成严重遮挡的障碍物,考虑在进行扫测前移除。

在本研究中,三维点云数据用 Leica ScanStation P50 采集。图 3 展示了单个节段钢箱梁扫描方案示意图及扫描现场,为了同时保证计算精度及扫描效率,基于构件的几何特征,8 个测站被围绕设置在构件的一周进行三维激光扫描(图 3a),使用扫描分辨率为 3.1mm@10m。使用扫描仪配套的扫描标靶来实现不同测站间的点云拼接,每站扫描中包含 4 个标靶,其中至少两个标靶被相邻测站共同拥有。

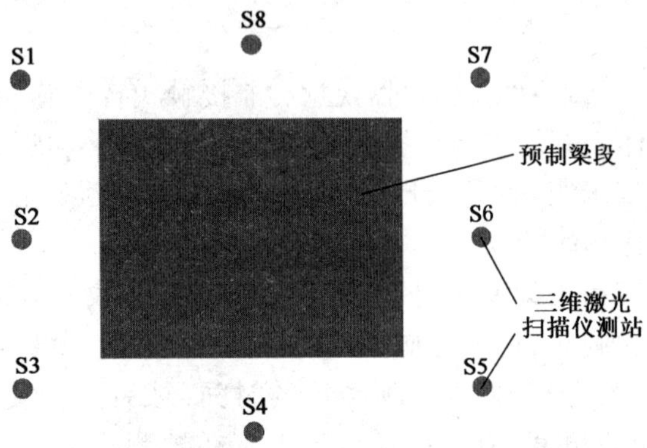

a)单个节段钢箱梁扫描方案示意图

b)扫描现场照片

图 3　三维点云的采集

3. 三维点云拼接

受三维激光扫描仪的视野限制和周围环境物的遮挡,三维激光扫描仪只可扫描到视野范围内未被周围环境物遮挡的被测物体表面,难以扫描到待测物体背面以及被遮挡部分,即"所见即所得"。在实际的数据采集过程中,三维激光扫描仪获得的单次扫描结果通常无法得到被测物体的完整几何信息,因此,物体完整的表面点云数据采集往往需要通过多次不同测站点的测量来完成。而不同测站点获得的点云数据都有各自不同的参考坐标,点云数据之间通常存在一定平移和旋转差异,物体表面的同一点在不同测站获得的点云数据中都有着不同坐标。因此,需要将不同测站获取的点云数据统一到相同的坐标系下,以形成被测物体完整的三维点云模型,将不同测站获取的点云数据统一到相同坐标系下的过程,即为点云拼接。

三维点云拼接本质上是一个有约束的最优化问题,即在仅发生刚体变换(平移和旋转)的约束下,使两个点云中相对应的点尽可能地重合。假定两站采集到的点云分别为点云 P 和点云 Q,点云 P 中各点的三维坐标为$P_i(x,y,z)$,点云 Q 中各点的三维坐标为$Q_i(x,y,z)$,其中点P_i和点Q_i为对应的同名点。为了将点云 P 中点的坐标转换到点云 Q 中的坐标下,需要对点云 P 进行刚体变换,这里通过刚体变换矩阵来实现点云 P 的刚体变换。刚体变换矩阵包括平移矩阵 T 和旋转矩阵 R,刚体变换可表示为:

$$\begin{bmatrix} X \\ Y \\ Z \end{bmatrix} = R \begin{bmatrix} x \\ y \\ z \end{bmatrix} + T$$

$$R = \begin{bmatrix} 1 & 0 & 0 \\ 0 & \cos\alpha & -\sin\alpha \\ 0 & \sin\alpha & \cos\alpha \end{bmatrix} \begin{bmatrix} \cos\beta & 0 & \sin\beta \\ 0 & 1 & 0 \\ -\sin\beta & 0 & \cos\beta \end{bmatrix} \begin{bmatrix} \cos\gamma & -\sin\gamma & 0 \\ \sin\gamma & \cos\gamma & 0 \\ 0 & 0 & 1 \end{bmatrix}$$

$$T = \begin{bmatrix} t_x \\ t_y \\ t_z \end{bmatrix}$$

目前,计算刚体变换矩阵的方法主要是通过最小二乘法进行迭代,从而求解得到相应的变换矩阵。常用的算法有:单位四元数法、正交矩阵法、对偶四元数法、奇异值分解法(即 SVD 法)以及其他衍生方法。点云拼接都是首先求解同名点转换矩阵,再根据转换矩阵进行点云拼接,最终呈现整体三维模型。因此,如何求解转换矩阵是各种点云匹配方法的研究关键点。目前,也已有成熟的软件可用作为点云数据拼接的工具,如:Cloud Compare、Faro Scene、Leica Cyclone 等。

本研究使用三维激光扫描仪配套 Leica Cyclone 软件实现点云配准,通过自动识别反射标靶中心坐标,直接利用对应参考将两站点云拼接为整体,一般来说在参考物捕获较完整的情况下,拼接精度相对较高,一般可保持在 1mm 以下。

4. 三维点云预处理

1)点云去噪

在扫描过程中,除了钢箱梁,三维点云数据中还将包含其余环境信息,如地面、钢箱梁的支撑架,以及由于目标表面条件、扫测环境等造成的噪声点云,这些需要进一步计算前去除。对于环境点云,本研究基于构件的设计几何信息对拼接完成后的整体三维点云模型进行坐标区域划分,将环境信息直接去除(图 4b);对于噪声点云,本研究基于半径滤波和统计滤波对其进行去除。具体的,首先设定一个较大的半径阈值,以每个三维坐标点为中心,统计在半径阈值内的点数,过滤一部分离群点;随后设定一个较小的点间距阈值,计算各点距其周围固定数量的邻点平均距离,将平均距离超出点间距阈值的三维坐标点筛除。

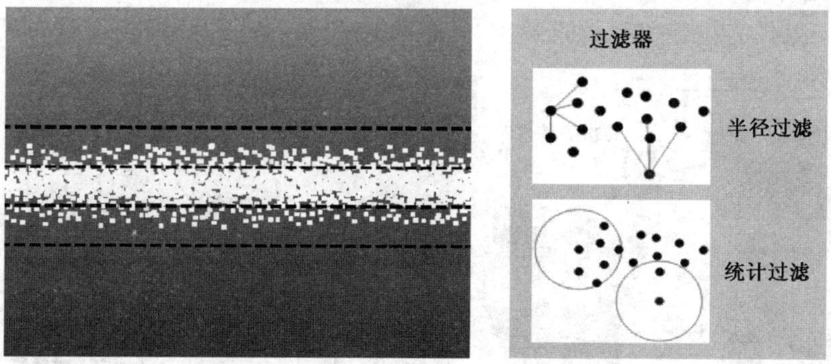

a)点云噪声　　b)噪声过滤器

图 4　三维点云的去噪

2)下采样

本研究中一个长度为 20m 左右的钢箱梁构件以前述扫测方案及参数进行扫描时,其点云中三维坐标点的数量能达到近亿级,对后续分析计算造成了很大的困难。因此,本文采用体素均匀下采样,以减少三维坐标点的数量同时均匀点云。其主要思路是:根据点云数据密度和应用需求,根据三维点云模型采集精度及分析需求设定最小体素栅格并计算出栅格的边长,将整个三维点云模型放到相应的体素中,仅保留距体素中心最近的数据点,删除其余数据点。该方法简单高效,容易实现,不需要建立复杂的拓扑结构,从整体上对点云数量进行减少和均匀。由于钢箱梁对预拼装精度要求较高,本研究设定体素栅格边长为 1mm,对整体三维点云模型进行下采样。

四、钢箱梁智能虚拟预拼装

1. 拼装面信息提取

由于钢箱梁预拼装匹配度评估重点关注拼装界面的匹配情况,本研究采取拼装界面的局部点云数据代表完整构件进行匹配度评估的方法。首先在钢箱梁拼装界面处作点云切片,厚度不宜过小(通常大于 2 倍点密度),以保留完整的拼装界面信息;随后对每个切片使用 alpha shape 算法识别其外边界,考虑一定容许之后确定边缘点所在的位置。最后,使用随机抽样一致 RANSAC 算法拟合边界线,在提取出边缘后,两边直线的交点即为角点(图 5)。

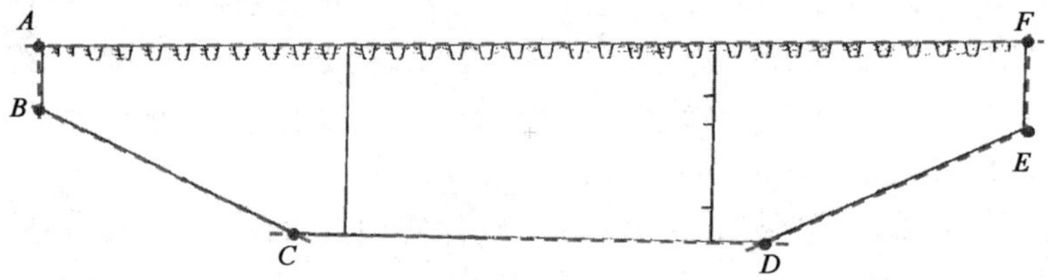

图 5　点云切片边界及角点特征拟合示意图

2. 拼装面匹配

首先,对于本研究提出的数字化虚拟预拼装方法,根据钢箱梁的几何及力学特点,确定若干包括所提取的角点的若干个拼装标记点。随后基于普氏分析算法[4],以拼装匹配点集为基准实现构件姿态调整。具体的,通过最小化距离获得最优匹配姿态,目标函数是

$$\operatorname{argmin} \| PR + T - Q \|^2$$

式中:P、Q——一组具有拼装关系的三维点云;

R——旋转矩阵;

T——平移矩阵。

图 6 展示的是一组具有拼装关系的钢箱梁。其中,白色和黄色的分别表示对应的两个构件的三维点云模型。

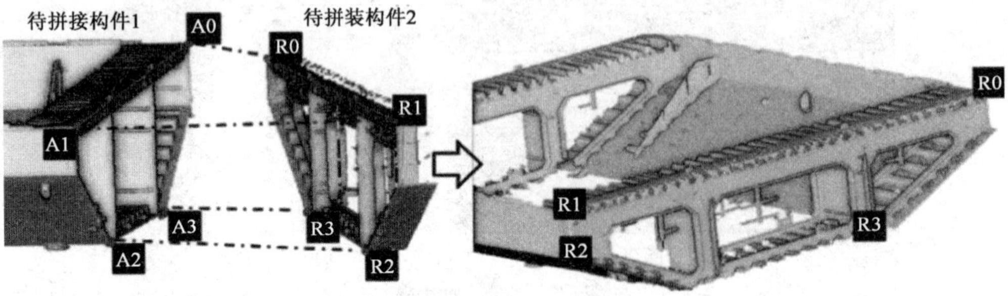

图 6　基于三维点云的钢箱梁虚拟预拼装

3. 评估结果

对于一组有拼接关系的钢箱梁节段,经过姿态调整后,都将进入各自的预拼装基准状态,随后展开数字化虚拟拼装。基于拼装标记点,以最小综合误差按坐标将各部分导入,从而自动实现模型的拼接。计算两拼接面间各点距其最近邻点距离,根据距离不同进行着色,对拼装质量进行可视化的展示与评价,直

观地显示预拼装匹配度评估结果,为后续检测提供支撑。

图7展示了一组具有拼装关系的拼装面,在数字化虚拟拼装之后的拼装质量结果。右侧云图中标注的拼接质量结果单位是米,从图中也可以看出,越接近深蓝色代表拼装质量越好,而越接近黄色则代表两部分点云之间可能会存在距离的偏差。具体来说,绝大多数位于拼装界面的点云,其拼接质量都基本都是存在于深蓝色的范围,拼装质量集中在0.01m以下,即1cm,满足钢箱梁节段的预拼装质量要求。大部分"不匹配"存在于构件底板位置,这很可能是由于进行三维激光扫测时,由于三维激光扫描仪的架设高度与底板相近,导致激光不能很好地实现在底板的反射,进而影响三维点云数据采集准确性与完整性。

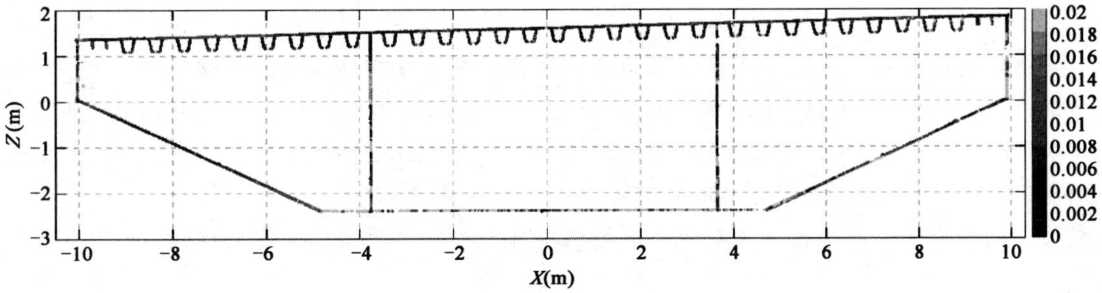

图7 拼装界面匹配度着色点云图

五、结 语

本研究针对标准化预制钢箱梁数字化预拼装的需求,结合"深中通道"钢箱梁的工程需求与实际三维点云数据,开发了基于普氏分析算法的大型钢箱梁的虚拟预拼装方法,实现了拼装姿态的自动识别与调整、拼装关键特征点的自动化提取与拟合,并给出了拼装界面匹配度的定量评价,为"深中通道"钢箱梁拼接质量的评估提供参考。具体地:

(1)提出了标准钢箱梁在预制梁场环境下三维激光扫描工作的实施方法,主要包括在预制梁场停梁区复杂环境下对于生产完成的标准钢箱梁三维激光扫描测站布置、优化以及现场实施方法,提出了测站选位优化原则和三维激光扫描扫测参数设置方法。此外,根据依托项目钢箱梁特点和工程需求,提出了三维点云预处理方法。

(2)提出了基于三维点云模型的标准钢箱梁虚拟预拼装方法。基于alpha shape算法、随机抽样一致算法、广义普氏分析算法等,从待拼装构件姿态调整、预拼装界面匹配度评估几方面入手,开展预制钢箱梁虚拟预拼装关键技术与方法研究,实现了标准钢箱梁的虚拟预拼装与拼装质量检验评估,绘制拼装界面匹配度着色点云图,实现了评估结果的可视化展示。

参考文献

[1] 高腾,季峰,王春林,等.三维激光扫描技术在钢结构数字模拟预拼装方面的应用[J].建筑施工,2018,40(6):1035-1037.

[2] 张玉磊,孔磊,张伟,等.三维激光扫描技术在钢结构构件预拼装中的应用[J].建筑科技,2018,2(002):49-50.

[3] 付洋杨,吕彦雷.三维激光扫描虚拟预拼装技术在钢结构工程上的应用分析[J].中国建筑金属结构,2018(4):45-47.

[4] Case F, Beinat A, Crosilla F, et al. Virtual trial assembly of a complex steel structure by Generalized Procrustes Analysis techniques[J]. Automation in construction, 2014, 37:155-165.

47. 特长宽幅双层悬链形上加劲钢桁梁桥建设关键技术

童锋发
(杭州市交通运输发展保障中心)

摘　要　钱塘江新建彭埠大桥是沪杭甬高速公路杭州市区段改建工程的关键节点工程，为双层悬链形上加劲钢桁梁桥，用钢量大，钢结构节点多，设计及制造质量控制难度大，顶推过程的精度控制难度大。本文以数字化加工制造、虚拟预拼装、拼装顶推施工、顶推智能监控等为技术突破点，总结了双层悬链形上加劲钢桁梁桥建设关键技术，可为其他类似桥型提供技术参考。

关键词　钢桁梁桥　数字化加工制造　虚拟预拼装　拼装顶推施工　智能监控

一、引　言

随着我国大规模铁路和公路交通基础设施的建设，跨越大江大河的桥位资源越来越紧缺，双层桥梁不仅能节省桥位资源，而且能充分利用双层桥面来提高桥梁整体刚度，满足车辆运营安全性和旅客乘坐舒适性的要求。

钢桁梁是双层桥梁主梁的主要结构形式，尤其是公轨两用桥梁，既能节省桥位资源，且能充分利用双层桥面来提高整体刚度，已经在悬索桥、斜拉桥、梁桥中得到了广泛应用。其中，双层悬链形上加劲(或称刚性悬索加劲)钢桁梁桥结构形式新颖、造型美观，支点向上变高丰富了钢桁梁的立面造型，且可显著改善钢桁梁主桁结构的受力状态。

目前，该类桥型建设实例少，国内仅东莞东江大桥[1]、济南客运专线黄河桥主桥[2-4]以及重庆曾家岩嘉陵江大桥[5-6]均采用了该结构形式。在建设技术研究应用方面，方继等[2]针对刚性悬索加劲连续钢桁梁桥带加劲弦顶推施工技术进行了研究，采用同步性控制系统解决了多点多桁同步顶推问题。覃亚伟等[7]开展了基于BIM+三维激光扫描技术的桥梁钢构件工程质量管控研究。刘建[8]以郑州黄河公铁两用桥第一联为工程背景，通过对主桁杆件的内力、刚度及钢桁梁高程和应力的验算及监测，实现了主梁钢桁梁多点顶推施工全过程监控。

综上所述，国内双层钢桁梁建设技术研究虽较多，但针对双层悬链形上加劲钢桁梁桥的加工制造、拼装顶推以及施工控制等研究较少[9-11]，散拼及顶推施工质量控制难度大，没有形成较为成熟的双层悬链形上加劲钢桁梁桥建设技术体系。

二、工 程 概 况

1. 设计方案

钱塘江新建彭埠大桥为公轨两用桥梁，主桥采用悬链形上加劲连续钢桁梁桥，跨径布置为72m+122m+4×240m+122m+72m=1348m，双层布置，上层为八车道高架快速路，下层为双线快轨。上下层桥面均为正交异性钢板的板桁组合结构整体桥面，桥面板与弦杆的顶板通长连接以实现板桁共同受力。

全桥桁架基本为带竖杆的华伦形桁架，共132个节间，标准节间距10m，边跨为适应跨度布置，端部7个节间长度调整为12m。钢桁梁主桁架中心间距36.8m，桁高12m。钱塘江新建大桥结构布置如图1所示，建成图如图2所示。

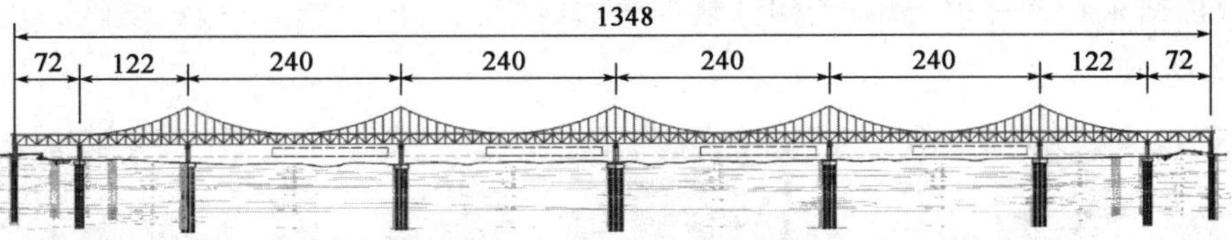

图1 钱塘江新建彭埠大桥结构布置图(尺寸单位:m)

图2 钱塘江新建彭埠大桥

2. 施工方案

由于钱塘江航运条件有限,桥位处浅滩较多,大型运输船及大型浮式起重机无法进场,主桥钢梁杆件计划全部在工厂制造完成,散件由水路运输,利用起吊平台上岸后,通过栈桥运输至钢梁存放场,再运至钢梁拼装平台进行钢梁拼装、顶推施工。

钢梁采用先安装钢桁梁,顶推到位后再安装刚性加劲弦的总体顺序。钢梁顶推采取两岸双向顶推施工,在ZQ5#墩靠杭州侧旁合拢;刚性加劲弦通过公路桥面运输,在公路桥面上安装设,最后逐跨合龙;钢梁整体顶升,安装永久支座,最后落梁。

3. 建设技术挑战

全桥用钢量大,杆件类型复杂,数量多,钢桁梁的加工制造要求保证各个钢构件的高精度和高质量,同时保证产品加工的合格率以及加工效率,由于全桥螺栓数量较多且密集,在螺栓孔加工时其精度要求更高,钢结构加工要求形成一套完善的、系统的钢构件加工流程。

桥位处于钱塘江上,运输条件差,超高、超宽、超重钢梁大节段很难运输进场,因此只能采用零散、小构件运输到现场进行散拼顶推施工工艺,钢梁现场拼装精度、焊接、高强螺栓施工是主要质量控制因素。钢桁梁主跨跨径大,顶推距离长,顶推点多,大量的顶推系统临时结构设计和多点顶推的同步性是施工的重点和难点。工期紧和环保要求高也是施工重点内容。

三、钢桁梁加工制造

目前钢结构数字化加工制造技术已经越来越多用到钢桥制造中,通过该技术的应用可以更好地提升项目一体化加工水平,提高材料利用率以及生产效率,实现设计与工艺的有机结合和衔接。

钱塘江新建彭埠大桥构件主要包括钢桁梁及附属(包括上下弦杆和腹杆)、上层公路桥面结构、下层轨道桥面结构、上下层桥面板间联结系、桥门架立柱及横梁、上加劲弦及吊杆几个部分。加工过程采用智能化自动套料系统对材料尺寸进行自动生成,提高了材料利用率,利用智能机器人对材料进行切割,实现钢构件自动化切割、焊接、钻孔等工艺加工,提高构件加工效率。同时采取各种精度控制措施减小加工制造中的误差,提高钢构件加工质量,保证各个构件产品的合格率。

1. 工艺流程

钢梁整体制造工艺流程为:钢板预处理(赶平、喷砂除锈、喷涂底漆)、钢板火焰切割、构件组焊、构件钻孔(双龙门数控钻床)、构件火工矫正、构件整修、焊缝探伤、厂内节段试拼装、喷砂除锈、涂装。钢结构加工制造如图 3 所示。

a)构件钻孔　　b)钢板火焰切割　　c)构件组焊

图 3　钢梁加工图

钢桁梁各种杆件制造工艺流程如下:①组焊纵肋;②隔板安装、外侧竖板安装;③安装下水平板;④安装上水平板;⑤栓孔钻制;⑥组焊二次件;⑦人孔封闭板焊接;⑧探伤;⑨报检。采用数字化加工技术应用后使数控切割率达到了 100%,材料利用率达到 87.7% 及以上,材料节约 2%,整体提升效率约 5% ~10%。

2. 钢构件精度控制

由于钱塘江新建大桥杆件众多且种类复杂,导致加工制造难度更大,从而对精度的把控难度也更大,因此在钢构件加工制造过程中采取以下几种措施来保证各个杆件的精度要求:①隔板精度控制;②栓孔精度控制;③桥面板横梁接头板及腹板精度控制;④焊接质量控制;⑤构件外形尺寸精度控制。

通过采取以上精度控制措施,保证了各种钢构件生产质量,可有效避免现场安装不匹配问题,提高了施工质量以及保证了成桥线形。各个节段精度控制成果:节段长度控制在 ±2mm 以内,节段高度控制在 ±2mm 以内,节段宽度控制在 ±3mm 以内,对角线长度差 ±3.5mm 以内。

3. 虚拟预拼装技术

三维激光扫描技术是将实体的三维复杂信息通过激光的捕获形成带有属性信息的实体三维点云模型,通过高速激光的扫描测量,获取目标的点、线、面、体、空间等三维实测数据进行高精度三维逆向建模,又称实景复制技术。三维扫描技术流程如下:①外场扫描;②三维扫描实测模型;③设计模型与点云进行数据匹配;④三维激光扫描数据与实测数据对比分析。通过三维激光扫描技术可将桥梁整体进行虚拟预拼装,可提前调节拼装误差,大大提高现场的施工效率(图 4)。

图 4　虚拟预拼装技术

本桥钢构件的虚拟预拼装技术分为以下几个步骤:①构件实测数据的采集;②建立实测的三维构件模型或者带有实测特征数据的三维模型;③采用合理的虚拟预拼装算法进行构件预拼装;④结果的输出和三维可视化展示。

对钢构件进行虚拟预拼装，同时对误差数值进行分析对比，在出厂前对构件误差进行调整，能够有效提高现场拼装效率，避免施工现场拼装不匹配问题，加快施工进度。

四、拼装顶推施工

1. 钢桁梁不规则半桁片吊装技术

钢桁梁半桁片翻身、吊装施工工艺流程如下：①施工准备（编制钢桁梁安装专项施工方案、建模并计算各类型半桁片重心位置、设计吊耳、复核吊耳计算书）；②吊耳后场焊接、钢丝绳选型；③根据半桁片尺寸及重量选择合适的翻身吊装方式；④翻身座翻身（枕木翻身、空中翻身）；⑤完成吊装施工。

钢桁梁不规则半桁片吊装技术包含三种关键技术，分别为不规则半桁片吊耳设置技术（如）、龙门式起重机主副钩配合翻身技术、利用翻身装置翻身技术。钢桁梁翻身技术如图 5 所示。

a)翻身座翻身　　b)枕木翻身　　c)空中翻身

图 5　钢桁梁翻身技术

钢桁梁不规则半桁片吊装工法是一种创新的施工方式，可以有效应对受运输条件、场地条件、起重性能条件限制的钢桁梁施工。该种工法的应用加快了施工速度，降低了施工成本，应用过程中均未出现质量和安全问题，节段间冲钉、高栓安装顺利，各项指标均满足设计和规范要求。

2. "步履机 + 滑块"顶推施工

随着顶推工艺日趋成熟，顶推方式也呈现多样化。覆盖桥型从连续刚构桥到拱桥、斜拉桥、悬索桥、钢混组合体桥，都已经被成功实施。钱塘江新建大桥应用新型的"步履机 + 滑块"顶推施工工法进行施工，该种方法顶推速度快、同步性好，能够为国内外同类钢桁梁顶推施工研究提供参考、借鉴。

"步履机 + 滑块"顶推施工工艺流程如图 6 所示。

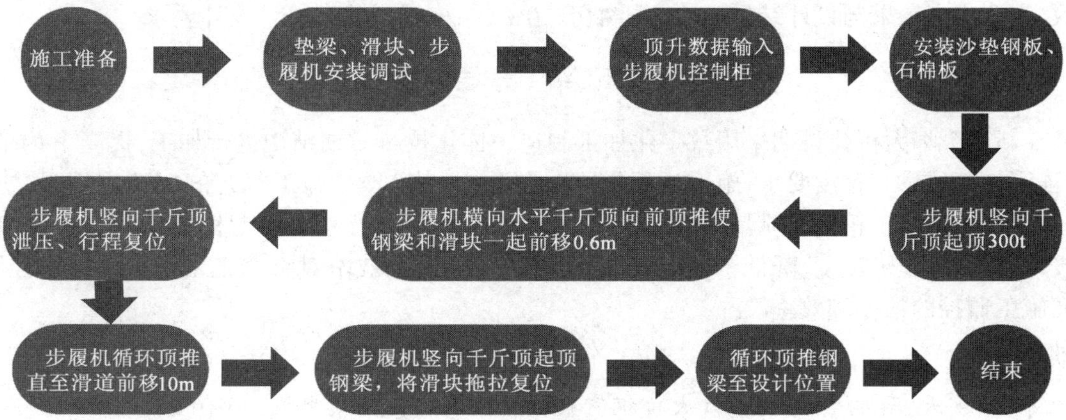

图 6　"步履机 + 滑块"顶推施工工艺流程图

"步履机 + 滑块"顶推施工工法具有以下特点：①将步履机应用于钢桁梁顶推，解决了由于节间弦杆不能起顶，步履机无法连续顶推的问题；②钢桁梁节点下方设置滑块、滑道，单次顶推距离与节间长度相同，顶推时滑块与钢桁梁共同向前滑行；③顶推过程步履机起顶钢桁梁反力较小，起顶静摩擦力大于水平顶推力，水平顶推力大于滑块与滑道间静摩擦力即可。

"步履机＋滑块"顶推施工技术目前成功应用于沪杭甬改建工程彭埠大桥项目。钢桁梁顶推、合龙施工顺利，顶推速度快、同步性好、轴线高程调整方便，总体效果良好，成熟度高、可靠性强。

顶推过程中不需要再焊接反力座，减少了钢垫块投入，直接降低施工成本50万元，降低了人为因素的影响。由于本工艺可以直接反向顶推，在钢桁梁合龙阶段极大地保障了对合龙精度的要求。

"步履机＋滑块"顶推钢桁梁在质量、精度控制方面具有明显优势，对修建同类工程具有重要的指导、借鉴意义。

3.顶推智能监控

本桥施工监控采用智能化监控技术，监测内容包括几何线形监测、结构应力监测、温度监测。智能化监控技术(图7)包括智能测量系统、施工监控平台、智能预警体系等内容。

a)应力温度测量　　b)几何线形测量　　c)施工监控平台

图7　智能化施工监控技术

几何线形监测采用徕卡智能机器人全站仪自动测量目标棱镜，自动循环采集、计算桥梁顶推过程中的纵向顶推距离和横向偏距。应力温度监测采用传感器系统进行监测。同时将以上几种监测数据与智慧建设管理云平台的进行对接，动态展示施工进度情况，并将施工监控中各个数据信息传递到相关部门，形成监控信息各单位之间的信息流转。

智能化施工监控平台包括钢桁梁顶推施工智能预警体系，根据监管重点建立数据分析与预警体系，实现桥梁顶推施工过程数据的实时采集与智能分析预警。智能预警体系包括吊装区域自动报警系统、潮汛播报预警体系、误差预警。

智能化监控技术的成功应用，加快了监测数据在各个部门之间的传递效率，能够及时地对误差进行预警提示，能够更加迅速地对施工误差进行调整，主桥主梁落梁完成后，主梁线形偏差控制在－47～48mm之间，总体线形平顺，提高了施工精度和质量。钱塘江新建大桥主桥实测应力水平趋势与理论计算相一致，实测应力结果与设计结果对比差值小于10%，结构受力状态符合设计要求。

五、结　　语

钱塘江新建彭埠大桥建设期采用数字化加工制造一体化技术对钢结构进行加工，提高了钢结构加工效率，保证了加工质量和精度要求；施工过程中"步履机＋滑块"顶推施工工艺的成功应用，加快了施工进度，极大地保障了施工精度和质量要求；采用创新性的不规则半桁片吊装技术，最大程度上减少了机械设备的投入，加快了施工速度，降低了施工成本；采用智能化监控技术对整个施工过程进行监控测量，极大地提高施工监控的精度和效率。

参考文献

[1] 王红平，涂宏未，李元生. 东莞东江大桥钢桁梁合龙技术[J]. 桥梁建设，2010(2)：76-79.

[2] 方继，丁仕洪，张时利，等. 济南黄河公铁两用桥带加劲弦顶推施工技术[J]. 桥梁建设，2016，46(6)：112-117.

[3] 郝士华，曹茗棋. 刚性加劲连续钢桁梁悬索桥大节点受力分析[J]. 公路，2019，64(3)：157-159.

[4] 苏力. 刚性悬索加劲连续钢桁梁受力特性成桥试验研究[J]. 铁道建筑，2020，60(7)：1-5.

[5] 苏剑南. 重庆市曾家岩嘉陵江大桥钢桁梁架设方案研究[J]. 世界桥梁，2017，45(2)：6-9.

[6] 刘均利,张聪,薛飞宇,等. BIM技术在重庆曾家岩嘉陵江大桥设计中的应用[J]. 世界桥梁,2020,48(2):71-76.
[7] 覃亚伟,石文洁,肖明钊. 基于BIM+三维激光扫描技术的桥梁钢构件工程质量管控[J]. 土木工程与管理学报,2019,36(04):119-125.
[8] 刘建. 连续钢桁梁斜拉桥施工监控研究[D]. 郑州:郑州大学,2010.
[9] 宋法宝,朱勇骏,康晋,等. 钱塘江公轨两用大桥总体设计[J]. 桥梁建设,2020,50(03):92-97.
[10] 金礼勇. 刚性悬索加劲连续钢桁梁顶推施工控制技术研究[D]. 石家庄:石家庄铁道大学,2016.
[11] 王静峰,仇兆吉,方继,等. 刚性悬索加劲弦连续钢桁梁顶推技术研究[J]. 建筑钢结构进展,2015,17(06):16-26,43.

III　结构分析与试验研究

1. 考虑地震-冲刷耦合效应的三塔斜拉桥危险性分析

沈大为[1,2] 温佳年[3]

(1. 广东省公路建设有限公司;2. 黄茅海跨海通道管理中心;
3. 中交公路长大桥建设国家工程研究中心有限公司)

摘　要　本文以黄茅海大桥为背景开展了地震-冲刷耦合作用下三塔斜拉桥危险性分析,给出了合理冲刷深度。首先,提出了地震-冲刷耦合作用下桥梁危险性分析流程。其次,建立了符合P-Ⅲ分布的地震危险性模型,利用蒙特卡罗模拟的数值结果拟合了冲刷危险性模型。接着,以黄茅海大桥为背景建立了三塔斜拉桥的非线性动力分析模型,进行了一系列非线性时程分析;在地震和冲刷危险分析模型的基础上,建立了三塔斜拉桥在确定和可变冲刷深度下的破坏概率模型。最后,通过地震-冲刷联合作用下的破坏概率模型计算出合理的冲刷深度,得到了合理的冲刷组合系数。本文提出的危险性分析框架和分析结果可为地震-冲刷灾害下类似桥梁的设计提供理论依据。

关键词　三塔斜拉桥　地震-冲刷耦合　危险性模型　易损性分析　合理冲刷深度

一、引　　言

近年来,斜拉桥因其跨径大、美观、结构材料能够有效利用等优点,成为桥梁工程设计中最受欢迎的桥梁类型之一[1-3]。然而,对于位于地震活跃和洪水多发地区的斜拉桥而言,地震和洪水冲刷的发生是极有可能的多灾害[3]。需要指出,斜拉桥在交通网络中一直扮演着重要的角色,因此研究人员和设计人员非常重视斜拉桥的安全性和可使用性[3]。洪水和波流可能会通过侵蚀或清除桥墩周围的河床或堤岸材料而对桩基造成严重冲刷[4]。冲刷效应会对桥梁的动力响应产生重大影响,甚至导致桥梁倒塌。目前,在桥梁抗震设计规范中,存在潜在冲刷危险的桥梁抗震设计中考虑了最大冲刷深度[5]。然而,在地震-冲刷联合灾害下,桥梁的峰值响应并不总是随着冲刷深度的增加而增加[3]。因此,有必要对斜拉桥的风险进行评估,并提出地震-冲刷联合作用下的荷载系数[6]。

近年来,越来越多的学者及工程技术人员开始关注地震和冲刷灾害对桩基桥梁性能的综合影响评价。目前有一些研究[7-10]集中在受地震冲刷效应影响的桥梁的易损性分析。研究发现,桥梁的损坏概率取决于桩基冲刷深度、场地类型和桥梁种类。一般来说,桥梁的风险随着冲刷深度的增加而增加。然而,在某些情况下,冲刷效应对桥梁的地震响应具有积极影响。一些学者深入研究了桥梁在遭受多重灾害时的设计方法。Ghosen 等人[11]基于 Ferry-Borges 模型和 Monte Carlo 方法提出了多灾害(即地震、风和船舶碰撞)下美国公路桥梁的多灾害荷载系数,其研究的重点是桥墩和桥台的极限状态及简化设计方法,但是该方法不能全面揭示桥梁的破坏过程。Sun 等人建立了地震和重型车辆的概率模型。Swaga 等人[7]和 You 等人[10]通过易损性方法研究了地震和冲刷灾害的综合影响,并评估了灾害的经济损失。Alipour 等人[12]和 Wang 等人[4]在通过基于可靠性的方法设计桥梁时,研究了荷载因子以考虑冲刷和地震的综合影响。

之前研究对于了解冲刷对钢筋混凝土桥梁抗震性能的影响很重要。但是,上述研究主要集中在地震和冲刷灾害联合作用下桩基和钢筋混凝土规则桥梁的动力行为。然而,如前所述,斜拉桥可能比普通桥梁遭受地震-冲刷多灾事件的概率更大。此外,以往的研究主要集中在冲刷和地震共同作用下桥梁的抗震性能,很少有研究提出桥梁在多灾害作用下的组合方法和荷载系数。本文建立了三塔斜拉桥的非线性动力分析模型,并进行了时程分析。得到了确定冲刷深度结构和不同冲刷深度结构的易损性曲线。建立了符合 P-Ⅲ分布的地震危险性模型,然后利用蒙特卡罗模拟的数值结果拟合了冲刷深度模型。在地震和冲刷危险分析模型的基础上,建立了三塔斜拉桥在确定和不同冲刷深度下的概率破坏模型。最后,通过地震-冲刷联合灾害下的概率破坏模型计算出合理的冲刷深度。

二、梁地震-冲刷危险性分析方法

1. 地震-冲刷危险性分析流程

这里首先建立了地震-冲刷作用下,桥梁多灾害危险性分析流程。多灾害作用下风险分析框架如图 1 所示。首先,建立了桥梁在地震和冲刷作用下的非线性动力数值分析模型,通过数值方法可以得到结构系统的动力响应。随后,建立了确定冲刷深度下结构的易损性曲线和可变冲刷深度下的易损性曲面。基于地震风险和冲刷危险的概率密度函数(PDF),可以得到地震激励下的损坏概率和联合地震冲刷效应下的联合概率密度函数[6]。最后,可以计算出合理的冲刷深度和相应的荷载系数[6]。分析框架中使用基于概率的方法来考虑冲刷-地震耦合灾害影响。该方法可以将桥梁的非线性特性(即材料和几何非线性)纳入风险分析,为多灾害组合作用下的桥梁风险分析提供了一种有效的方法。

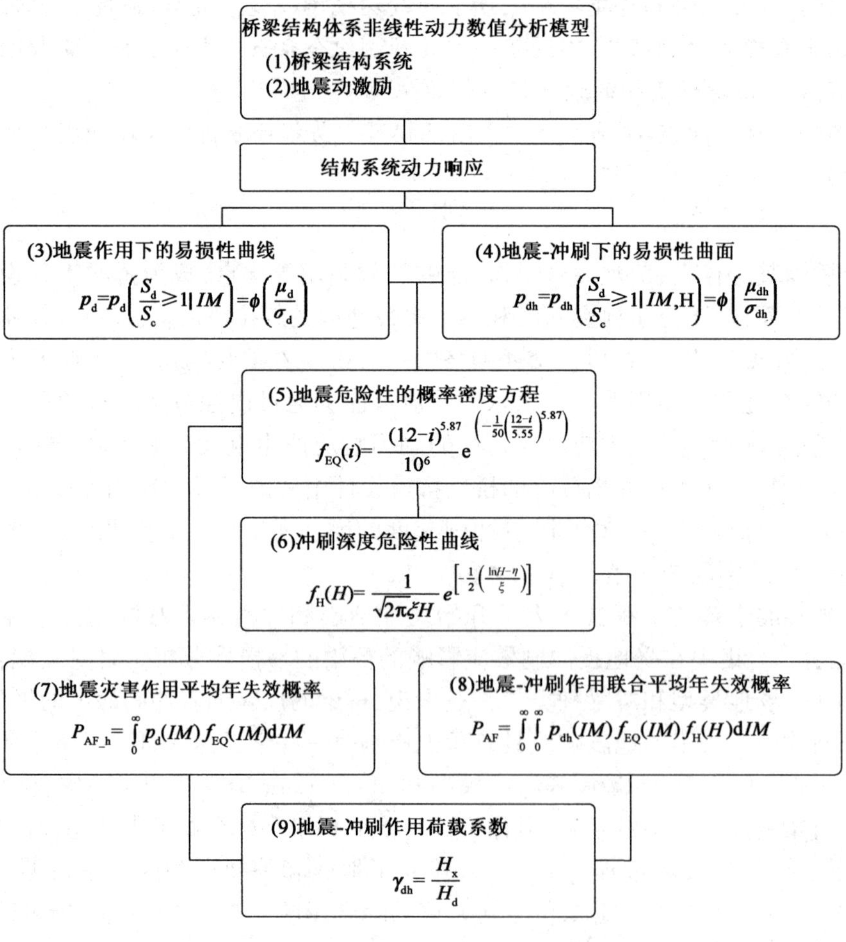

图 1　多灾害作用下风险分析框架

2. 结构易损性分析方法

根据桥梁在不同冲刷深度下的非线性动力地震分析,确定冲刷深度下桥梁的概率地震需求模型(PSDM)可按照如下公式计算如下:

$$\mu_d = g(IM) \tag{1}$$

$$\mu_{dh} = g(IM, h) \tag{2}$$

式中：μ_d——以地震动强度为变量的能力需求比模型Ⅰ；

μ_{dh}——以地震动强度及冲刷深度为变量的能力需求比模型Ⅱ；

g——多项式方程；

IM——地震动强度；

h——冲刷深度。

其中，定义的轻微、中等、严重和倒塌不同损伤状态下的性能指标可参见参考文献[1]。

给定冲刷深度下的易损性曲线方程和不同冲刷深度下的易损性曲面方程的表达方式为：

$$p_d(IM) = \phi\left(\frac{\mu_d}{\sigma_d}\right) \tag{3}$$

式中：p_d——给定冲刷深度下的易损性曲线方程；

σ_d——以地震动强度为变量的能力需求比模型中的方差。

不同冲刷深度下的易损性曲面方程的表达方式为：

$$p_{dh}(IM, h) = \phi\left(\frac{\mu_{dh}}{\sigma_{dh}}\right) \tag{4}$$

式中：p_{dh}——不同冲刷深度下的易损性曲面方程；

σ_{dh}——以地震动强度及冲刷深度为变量的能力需求比模型中的方差。

3. 地震-冲刷危险性模型

地震危险性的概率密度方程通过在确定的场地条件下发生的地震动强度大于预先估计的地震动强度的概率来表示，其表达方式为[13]：

$$f_{EQ}(i) = \frac{(12-i)^{5.87}}{10^6} e^{\left(-\frac{1}{50}\left(\frac{12-i}{5.55}\right)^{5.87}\right)} \tag{5}$$

式中：i——地震烈度，与地震动强度 IM 之间的关系为：

$$IM = 10^{(i\lg 2 - 0.01)} \tag{6}$$

地震危险性的概率密度方程如图 2 所示。

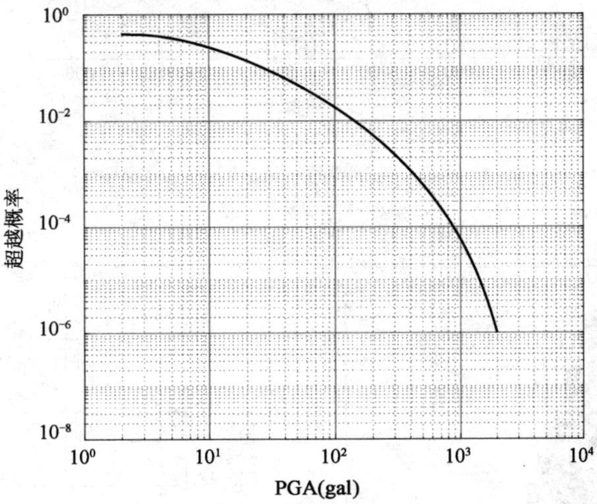

图 2 地震危险性模型曲线

冲刷是指桥梁基础周围的土层被流水侵蚀，为了确定桩基础处的冲刷深度 HEC－18 推荐的方法计算最大的冲刷深度计算方法如下：

$$\frac{y_{spc}}{y_2} = 2.0K_1K_2K_3K_w\left(\frac{a_{pc}^*}{y_2}\right)^{0.65}\left(\frac{V_2}{\sqrt{gy_2}}\right)^{0.43} \tag{7}$$

式中：$K_1 \sim K_w$——桥墩宽度的修正系数；

a_{pc}^*——承台宽度的修正系数；

V_2和y_2——水流流速和水流深度。

一般认为局部冲刷是最显著的冲刷形式，因此在计算中主要考虑局部冲刷的影响。为了获得冲刷深度的概率分布，需要明确公式中各个参数的概率模型，部分参数的分布如表1所示。

冲刷深度参数概率分布　　表1

变　量	均　值	变异系数	分布类型
K_1	0.57	0.06	正态分布
K_2	1.0	0.05	正态分布
K_3	1.1	0.05	正态分布

采用Mente Carlo数值模拟方法得到了冲刷深度的数值样本，在Matlab中进行了10000次的数值模拟，如图3所示。采用中心极限定理，按照K－S方法拟合，得到的冲刷危险性曲线，如图4、图5所示。可以得到概率分布函数为：

$$f_{\mathrm{h}}(H) = \mathrm{lognorm}(H) = \frac{1}{\sqrt{2\pi}\xi H}e^{-\frac{1}{2}\left(\frac{\ln H-\eta}{\xi}\right)} \tag{8}$$

式中：η、ξ——冲刷深度的对数平均值和标准差，根据模拟结果，上述平均值和标准差分别为2.4422m和0.0900m。

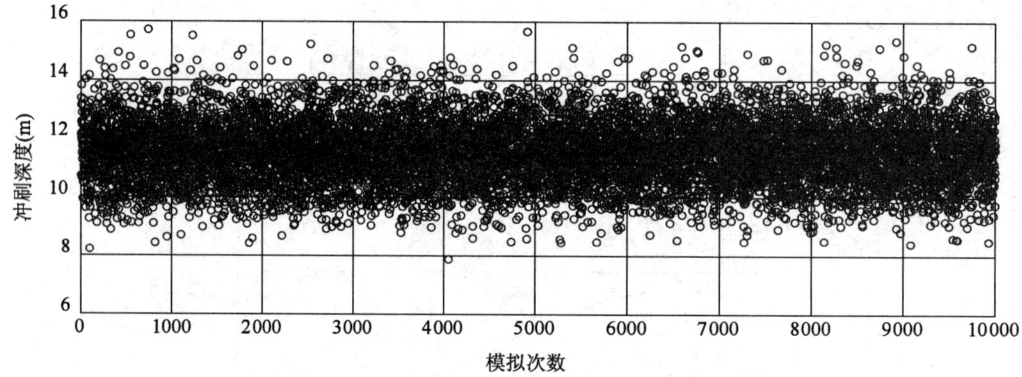

图3　Monte Carlo模拟结果（模拟次数1×10^4）

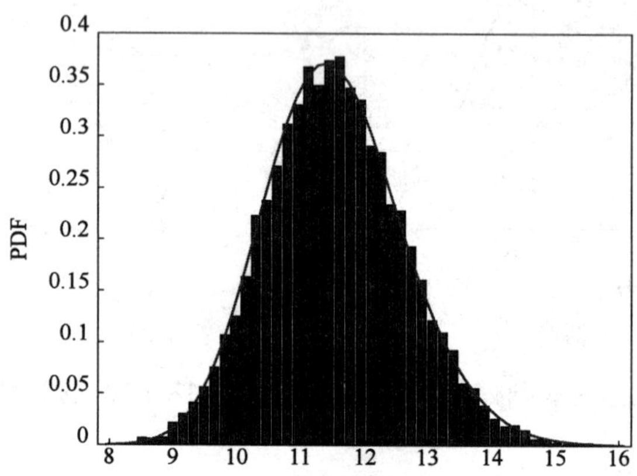

图4　Monte Carlo模拟结果拟合（模拟次数1×10^4）

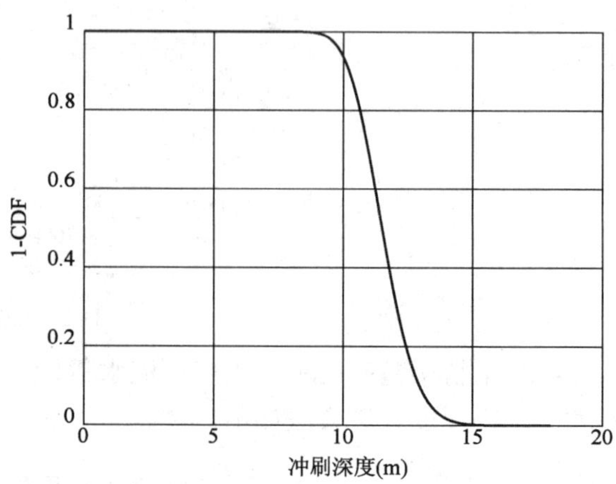

图5　冲刷灾害作用下的危险性曲线

地震灾害作用下的平均年失效概率表达方式为[13]：

$$P_{AF\_h} = \int_0^{\infty} p_d(IM) f_{EQ}(IM) \mathrm{d}IM \tag{9}$$

地震-冲刷耦合灾害耦合作用下的联合平均年失效概率表达方式为[12]：

$$P_{AF} = \int_0^{\infty}\int_0^{\infty} p_{dh}(IM) f_{EQ}(IM) f_H(H) \mathrm{d}IM \tag{10}$$

综合考虑桥梁结构在地震-冲刷耦合灾害作用下的性能状态，避免忽略单独灾害下结构失效的边缘效应，以考虑灾害危险性和结构易损性的失效概率为当前桥梁结构的风险标准，其具体的计算方法如下：

$$P_{AF\_h}(H_x) = P_{AF} \tag{11}$$

式中：H_x——确定的合理冲刷深度。

三、地震-冲刷危险性分析结果

1. 黄茅海大桥工程概况

本文使用的三塔斜拉桥原型为黄茅海大桥，如图6所示。黄茅海大桥为对称三塔斜拉桥，两主跨720m，两边跨380m。中塔和边塔高度分别为260m和251m，均采用钢筋混凝土结构。主桥使用斜拉索288根，最长398m。黄茅海大桥纵向为飘浮体系，主梁由中塔为弹性索约束。主梁由抗风支座横向约束。中塔群桩基础由40根直径2.5m、深90m的圆形桩组成。边塔桩基础由40根直径2.5m、深65m的桩组成。

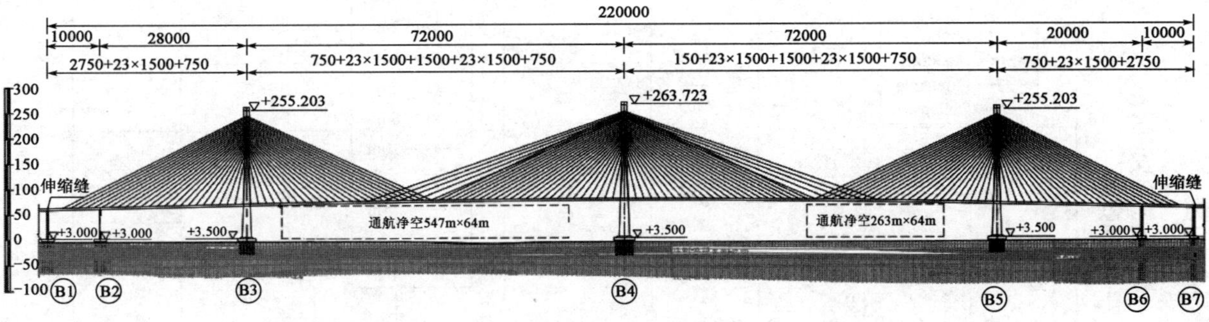

图6　黄茅海大桥工程概况(尺寸单位：cm)

2. 地震动力分析模型

黄茅海大桥的有限元模型是基于OpenSees平台[14]建立，并通过前/后处理软件GiD[15]进行可视化，如图7所示。在有限元模型中，基于力的梁柱单元用于主塔。纤维截面的混凝土和钢筋分别由Kent-Park和Giuffre-Menegotto-Pinto建立。斜拉桥主梁采用线弹性梁单元模拟。每根斜拉索都由具有预拉力的桁架单元建立。本文使用等效弹性模量考虑了由拉索下垂引起的几何非线性。本文采用动力$p-y$方法[16-17]模拟斜拉桥中的桩土相互作用。非线性$p-y$单元由与阻尼器并联的线性弹性弹簧组成，用于考虑辐射阻尼，然后与塑料元件和间隙闭合元件串联，垂直方向采用$t-z$和$q-z$单元。为了考虑地震运动的随机性和不确定性，以绘制易损性曲线，本文选择了Baker等人推荐的40条地震动记录[18]。输入地震动强度由PGA标定，PGA是大跨度桥梁易损性分析中常用IM。此处使用的40个地面运动被缩放为8个PGA水平，范围为0~2.0g，每次增量为0.20g。

3. 三塔斜拉桥危险性分析结果

根据黄茅海大桥的易损性分析结果，塔底的失效概率大于拉索和支座的失效概率。根据对四种不同损伤状态(即轻微、中等、严重和倒塌)的定义，主塔的易损性曲线如图8所示。由图8可以看出，主塔在严重和倒塌损伤状态下的损伤概率极小，将塔的中度损伤视为结构的损伤状态。不同情况下桥梁的损伤状态如图 9 所示。随着冲刷深度的增加,桥梁的损坏概率也随之增加。当冲刷深度达到 10m 时,可以获得最大的破坏概率。然后,随着冲刷深度的增加,桥梁的损坏概率略有下降。可以得出结论,最大冲刷深度不能直接用于桥梁的抗震设计。

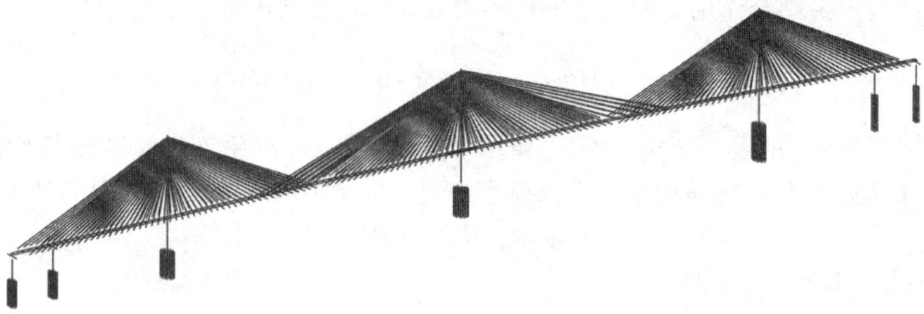

图 7　黄茅海大桥数值模型

桥梁在冲刷和地震耦合作用下的易损性曲面如图 10 所示。可以看出,在冲刷深度 10m 左右出现了最大的破坏概率。通过拟合易损性曲面可以得到地震-冲刷耦合作用下的联合概率密度函数,地震下的破坏概率可以通过对不同冲刷深度下的易损性曲面积分得到。根据地震和冲刷耦合灾害年平均破坏概率计算得到合理冲刷深度为 7.9m,如图 11 所示。显然,桥梁的抗震性能应通过合理冲刷深度或地震和冲刷共同作用下荷载系数来确定,而不是最大冲刷深度确定。

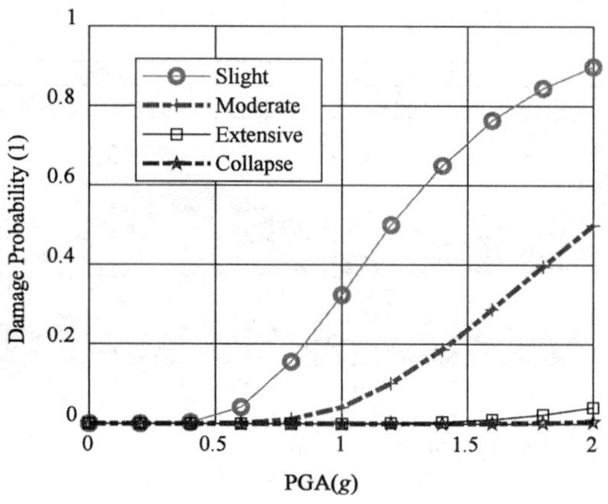

图 8　黄茅海大桥原桥易损性分析结果

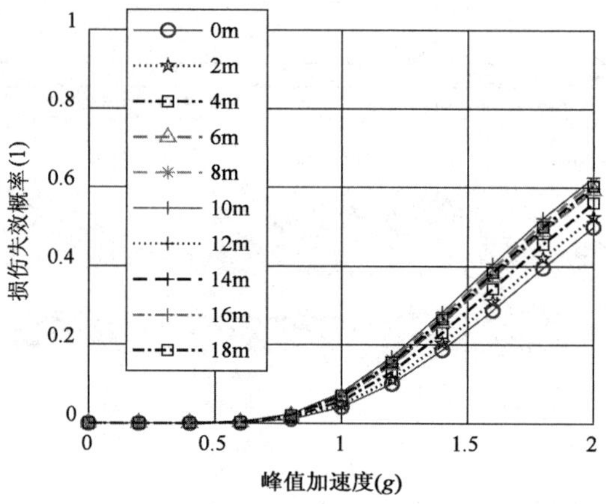

图 9　不同冲刷深度下黄茅海大桥易损性分析结果

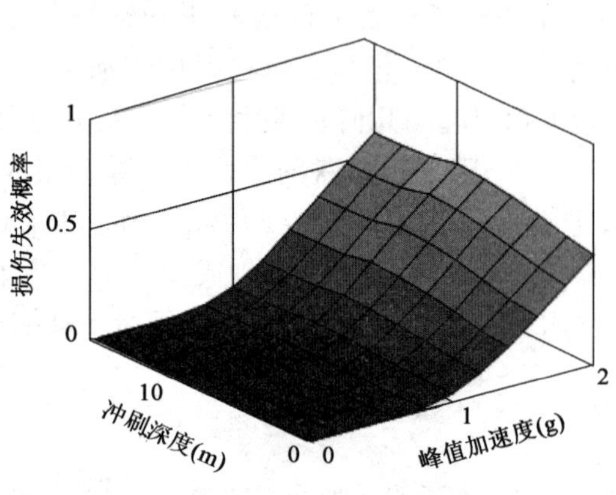

图 10　冲刷-地震耦合的易损性曲面

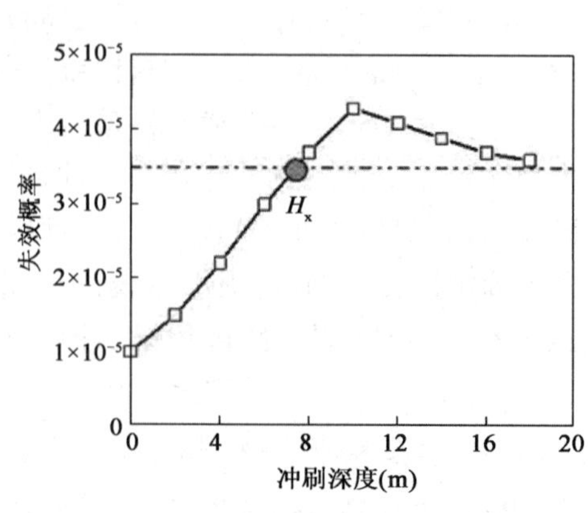

图 11　冲刷深度-失效概率曲线

四、结　　语

本文基于地震-冲刷多灾害风险分析框架,对黄茅海大桥的多灾害风险进行了评估。首先,建立了不同冲刷深度的黄茅海大桥非线性动力分析模型,然后开展了系列动力分析。得到了确定冲刷深度和不同冲刷深度的结构易损性曲线。由此,建立了地震危险性模型,然后通过蒙特卡罗模拟拟合了冲刷深度模型。在地震和冲刷危险分析模型的基础上,建立了黄茅海大桥在确定和不同冲刷深度下的概率模型。最后,通过地震-冲刷耦合灾害下的概率破坏模型计算出合理的冲刷深度。计算结果表明,最大的损伤概率出现在 10m 冲刷深度,而不是最大冲刷深度。本文提出的风险分析框架和分析结果可为类似多灾害下桥梁抗灾设计提供理论依据。

参考文献

[1] Q. Han. ,J Wen. ,X Du,et al Nonlinear seismic response of a base isolated single pylon cable-stayed bridge[J]. Engineering Structures,2018,175:806-821.

[2] Q. Han. ,J Wen. ,X Du,et al. "Simplified seismic resistant design of base isolated single pylon cable-stayed bridge." Bulletin of Earthquake Engineering,2018,16(10):5041-5059.

[3] Q. Han. ,J Wen. ,X Du,et al. Seismic response of single pylon cable-stayed bridge under scour effect[J]. Journal of Bridge Engineering,2019,24(6):05019007.

[4] Z. Wang,J. E. Padgett, ,L. Dueñas-Osorio. Risk-consistent calibration of load factors for the design of reinforced concrete bridges under the combined effects of earthquake and scour hazards[J]. Engineering Structures,2014,79:86-95.

[5] Z. Q. Chen,X. Guo. Multi-hazard life-cycle analysis of flood-scour effects on seismic bridge performance [J]. In Proc. ,Structures Congress,Reston,VA:ASCE,2015:1370-1379.

[6] Y. Yang,R Ma,A Chen. Risk-based probe into appropriate scour depth of bridge under multiple hazards [J]. Journal of South China University of Technology,2016,44(3):103-109.

[7] Banerjee,S. ,G. G. Prasad. Seismic risk assessment of reinforced concrete bridges in flood-prone regions [J]. Struct. Infrastruct. Eng,2013,9(9), ;952-968.

[8] Yilmaz,T. ,S. Banerjee,P. A. Johnson. Performance of two real-life California bridges under regional natural hazards[J]. J. Bridge. Eng,2016,21,(3):1-15.

[9] You,D. ,M. F. Dan,D. Saydam. Time-variant sustainability assessment of seismically vulnerable bridges subjected to multiple hazards[J]. Earthquake Eng. Struct. Dyn,2013,42(10):1451-1467.

[10] Liu,B. ,F. Y. Liang,J. Peng. Fragility analysis and parameters regression of bridge foundation under the combined action of earthquake and flood[J]. Struct. Eng,2016,32(6):155-161.

[11] M. Ghosen,F. Moses. NCHRP,Design of highway bridges for extreme event. Washington DC:Transportation research board of the national academics,2003.

[12] Alipour,A. ,B. Shafei,M. Shinozuka. Reliability-based calibration of load and resistance factors for design of RC bridges under multiple extreme events:Scour and earthquake[J]. J. Bridge Eng,2013,18(5) 155-161.

[13] 杨延凯,马如进,陈艾荣.基于风险的桥梁多灾害下合理冲刷深度研究[J].华南理工大学学报(自然科学版),2016,44(03):103-109,127.

[14] Mazzoni,S. ,F. McKenna,G. L. Fenves. OpenSees (open system for earthquake engineering simulation) for earthquake simulation user manual. Berkeley,CA:PEER.

[15] CIMNE (International Center for Numerical Methods in Engineering). GiD the personal pre/postprocessor user's manual. Barcelona,Spain:CIMNE.

[16] Brown,D. A. ,L. C. Reese,M. W. O'Neill. Cyclic lateral loading of a large-scale pile group. J. Geotech.

Eng,1987,113,(11):1326-1343.

[17] API (American Petroleum Institute). Recommended practice for planning, designing and constructing fixed offshore platforms—Working stress design. Washington, DC: API.

[18] JW Baker., N Jayaram. Correlation of spectral acceleration values from NGA ground motion models[J]. Earthquake Spectra, 2008, 24(1):155-161.

2. 跨海超大跨多塔斜拉桥约束体系研究

刘得运　徐源庆　李　冲

(中交公路长大桥建设国家工程研究中心有限公司)

摘　要　为研究优化超大跨多塔斜拉桥约束体系,以黄茅海大桥为背景,采用非线性时程分析方法,分别从纵向、横向约束体系两个方面进行了多塔斜拉桥约束体系研究,提出了中塔设置弹性约束、边塔设置阻尼器的纵向约束体系,墩梁间设置摩擦摆支座、塔梁间设置新型减震耗能抗风支座的横向约束体系,并深入研究了中塔弹性约束刚度、边塔阻尼参数对桥梁静动力响应的影响。结果表明:中塔设置弹性约束(单侧弹性约束刚度6.5×10^5kN/m),边塔设置4个黏滞阻尼器[阻尼系数C为2500kN/(m/s)$^{\alpha}$,速度指数α为0.3],可以明显改善多塔斜拉桥纵向静、动力响应;摩擦摆支座和新型减震耗能抗风支座相结合的抗震体系可以提高多塔斜拉桥横向抗震性能。

关键词　多塔斜拉桥　约束体系　弹性约束　抗震性能　有限元法

一、引　　言

多塔斜拉桥因其较强的跨越能力、较好的经济性、优美的造型,已成为长大桥梁最具竞争力的重要桥型之一。与常规两塔斜拉桥相比,多塔斜拉桥具有塔多、联长的布置形式,受活载效应和温度效应的影响较大,合理的纵、横向约束体系是保证桥梁安全的关键,因此采用合适的约束体系减缓温度效应、提高抗震性能,保证多塔斜拉桥在汽车荷载、温度、风、地震等作用下的安全性。

二、工 程 概 况

黄茅海大桥主桥为双索面多塔斜拉桥,跨径布置为100m+280m+720m+720m+280m+100m,总体布置见图1,桥塔上塔柱高跨比为0.25,边中跨比为0.53,主梁采用分离式钢箱梁,由2个钢箱梁及横向连接箱组成,钢箱梁高4m;斜拉索采用平行钢丝拉索,拉索桥面处横向间距46.9m;桥塔采用混凝土独柱形塔;承台为圆形,过渡墩、辅助墩采用整幅式TY型复合墩。黄茅海大桥工程场地类别为Ⅲ类。

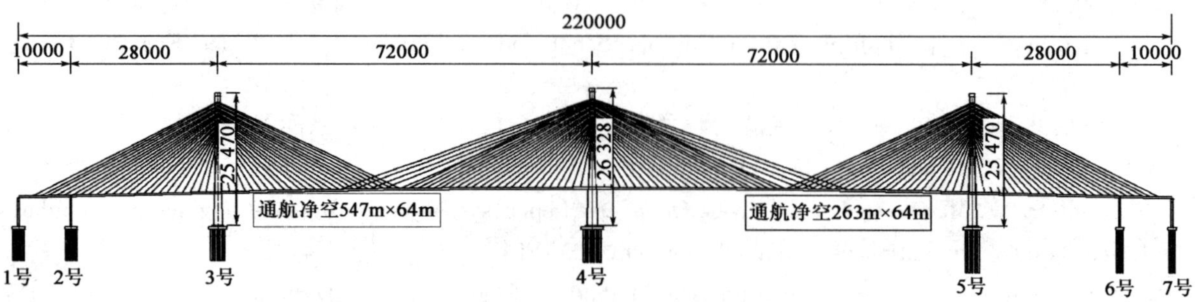

图1　黄茅海大桥主桥总体布置(尺寸单位:cm)

三、有限元模拟

1. 有限元模型

采用 SAP2000 Nonlinear 有限元软件，建立了黄茅海大桥的三维有限元动力计算模型，模型中桥塔、主梁和桥墩均离散为空间梁单元，其中主梁采用双梁式力学模型，并通过主从约束同拉索形成“鱼骨梁”模型，斜拉索采用空间桁架单元，并考虑拉索垂度效应以及恒载几何刚度的影响。时考虑边界条件非线性的影响，黏滞阻尼器采用 Damper-Exponential 单元模拟，摩擦摆支座采用双折线弹塑性单元模拟，减震耗能抗风支座采用 Hook 单元、Damper-Exponential 单元和 GAP 单元并联进行模拟，采用“m”法考虑桩-土相互作用，有限元模型如图 2 所示。

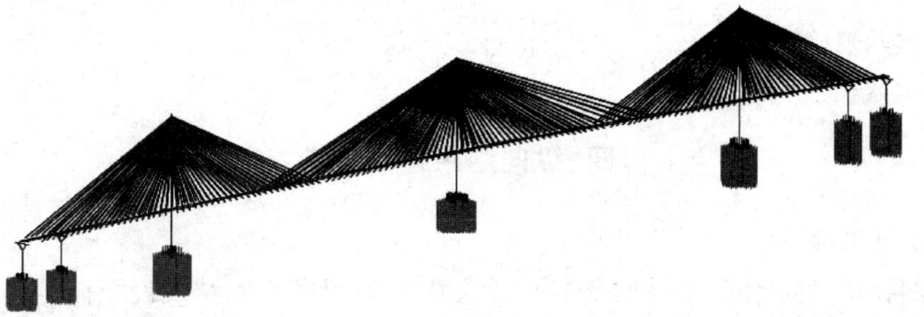

图 2 有限元模型

进行约束体系比选时考虑了静力和地震工况，其中温度作用按照整体升温 27℃，整体降温 -27℃ 考虑，局部温差和钢箱梁截面温差参考规范取值；百年风荷载根据桥址处的设计基本风速 46m/s 计算得到；E2 地震作用按照重现期 2450 年考虑，地震动峰值加速度 $0.177g$，地震方向组合为纵向 + 竖向、横向 + 竖向，竖向地震动作用取水平向的 0.7 倍。

2. 耗能关键装置

由于黄茅海大桥桥址处基本地震烈度为Ⅶ度，桥梁存在抗震性能差的技术难题，针对黄茅海大桥的减震设计需求，纵向约束方案为中塔设置弹性拉索、边塔设置黏滞阻尼器，横向约束方案为墩梁间设置摩擦摆支座、塔梁间设置新型减震耗能抗风支座，下面对涉及的三种耗能关键装置的原理予以介绍。

1）摩擦摆支座

其屈后刚度为：

$$K_{\mathrm{h}} = \frac{W}{R}$$

摩擦摆支座水平力 F 为回复力与摩擦力之和：

$$F = WD/R + \mu W(\mathrm{sgn}D)$$

等效刚度

$$K_{\mathrm{eff}} = W/R + \mu W/D$$

式中：W——上部结构的竖向荷载；

D——支座的滑动位移；

R——支座等效曲率半径；

μ——滑动球面的摩擦系数。

2）新型减震耗能抗风支座

新型减震耗能抗风支座水平力 F 可以表示为：

$$F = \begin{cases} K_1 x + f & (x \leq D) \\ K_1 D + K_2(x - D) + f & (x > D) \end{cases}$$

式中：K_1———阶弹性刚度；

K_2——二阶弹性刚度；

D——支座设计行程；

f——摩擦阻尼器设计阻尼力。

在设置行程内弹簧组主要发挥一阶弹性刚度 K_1，摩擦阻尼装置发挥滞回耗能；超过设计行程后主要由限位装置发挥限位二阶刚度 K_2。

3）黏滞阻尼器

黏滞阻尼器的本构关系为：

$$F = CV^{\alpha}$$

式中：F——阻尼器出力；

C——阻尼系数；

V——阻尼器两端相对速度；

α——速度指数。

四、纵向约束体系比选

1. 中塔纵向约束体系

为提高多塔斜拉桥竖向刚度，在多塔斜拉桥设计中多采用塔梁固结或设置固定支座的形式，但由于黄茅海大桥独特的设计，以上两种设计方式均不适宜，因此采用弹性约束体系提高结构刚度，抑制静动力作用下过大的主梁位移。为选择合适的纵向弹性约束刚度，对黄茅海大桥进行了弹性约束刚度分析，比较不同弹性约束刚度下结构的静动力响应。不同中塔弹性约束刚度下梁端位移、塔底弯矩分别如图 3、图 4 所示。

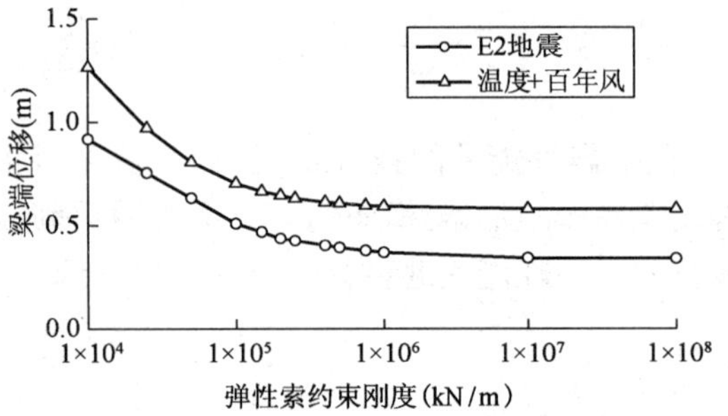

图 3　中塔弹性约束刚度对梁端位移的影响

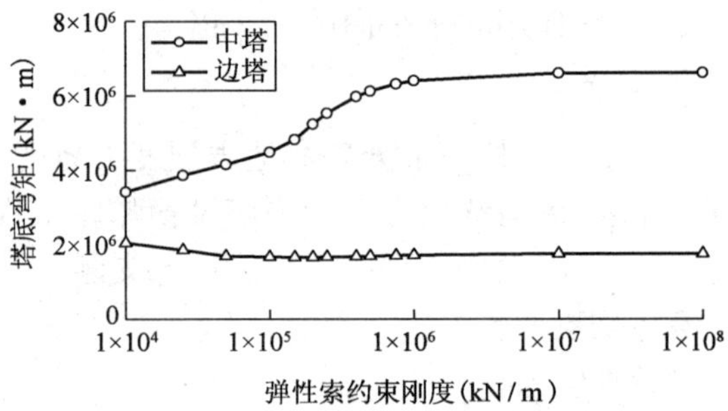

图 4　中塔弹性约束刚度对塔底弯矩的影响

由图 3 可知：随着弹性约束刚度的增大，梁端位移先逐渐减小后趋于稳定，当弹性约束刚度为 1×10^4kN/m 时，静力（温度 + 百年风）作用下，梁端位移在 1.25m 左右，E2 地震作用下梁端位移在 0.92m 左右；当弹性约束刚度为 5×10^5kN/m 时，地震作用下梁端位移为 0.39m，静力作用下梁端位移为 0.61m；继续增大弹性约束刚度，影响较小，当弹性约束刚度大于 1×10^6kN/m 时，静力作用下，梁端位移在 0.60m 左右，E2 地震作用下梁端位移在 0.35m 左右。

由图 4 可知：随着弹性约束刚度的增大，边塔塔底弯矩变化幅度较小，中塔塔底弯矩先逐渐增加后趋于稳定，当中塔弹性约束刚度大于 5×10^5kN/m 后，中塔塔底弯矩变化幅度较小，综合考虑静力作用和地震作用，并结合细部构造设计，中塔塔梁间的单侧弹性约束刚度取为 6.5×10^5kN/m。

2. 边塔纵向约束体系

在中塔采用弹性约束体系（单侧弹性约束刚度为 6.5×10^5kN/m）的基础上，针对边塔纵向约束体系进行比选，主要考虑边塔纵向约束体系和边塔纵向放松体系。

1）静力响应

两种边塔约束体系下主梁应力、桥塔塔底弯矩如图 5 所示。

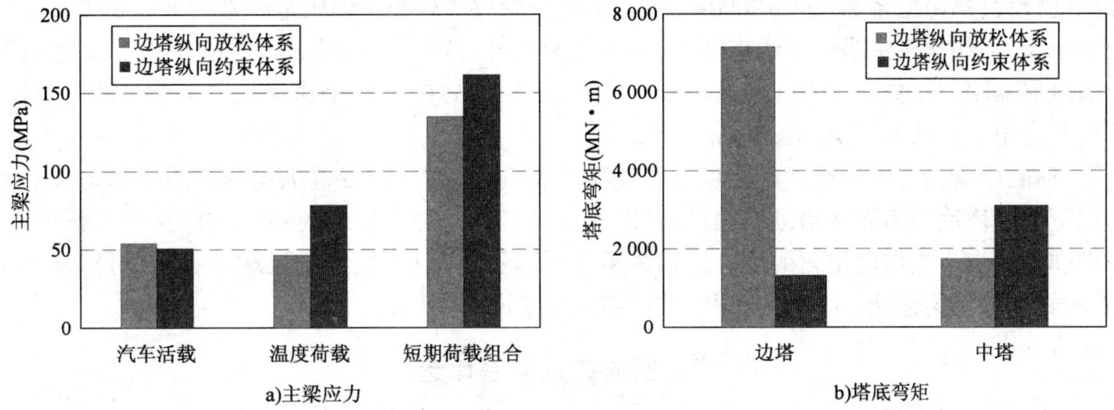

图 5　两种边塔约束体系下结构内力

由图 5a）可知：汽车活载作用下，两种边塔约束体系主梁应力相差不大，温度荷载作用下，边塔纵向约束体系主梁应力远小于边塔纵向放松体系，相比于纵向放松体系，温度作用下主梁应力增加了 68%，短期荷载组合作用下主梁应力增加了 19%。由图 5b）可知：温度作用下，边塔纵向约束体系边塔的弯矩远大于边塔纵向放松体系，桥塔塔底弯矩仅为边塔纵向约束体系的 24%。说明温度荷载是确定三塔斜拉桥约束体系的关键因素，若在边塔处采用塔梁约束体系，则温度作用下产生的次内力无法得到释放，不利于结构受力，因此建议边塔采用纵向放松体系。

2）动力响应

在满足静力性能需求的同时，为了减小三塔斜拉桥的动力响应，建议在边塔设置纵向黏滞阻尼器，为确定合理的阻尼参数，对黄茅海大桥进行了阻尼参数优化分析，阻尼指数 α 的取值为 0.3、0.5、0.7，阻尼系数 C 的取值范围为 2000 ~ 20000kN/(m/s)$^{\alpha}$。不同阻尼参数下的结构动力响应如图 6 所示。

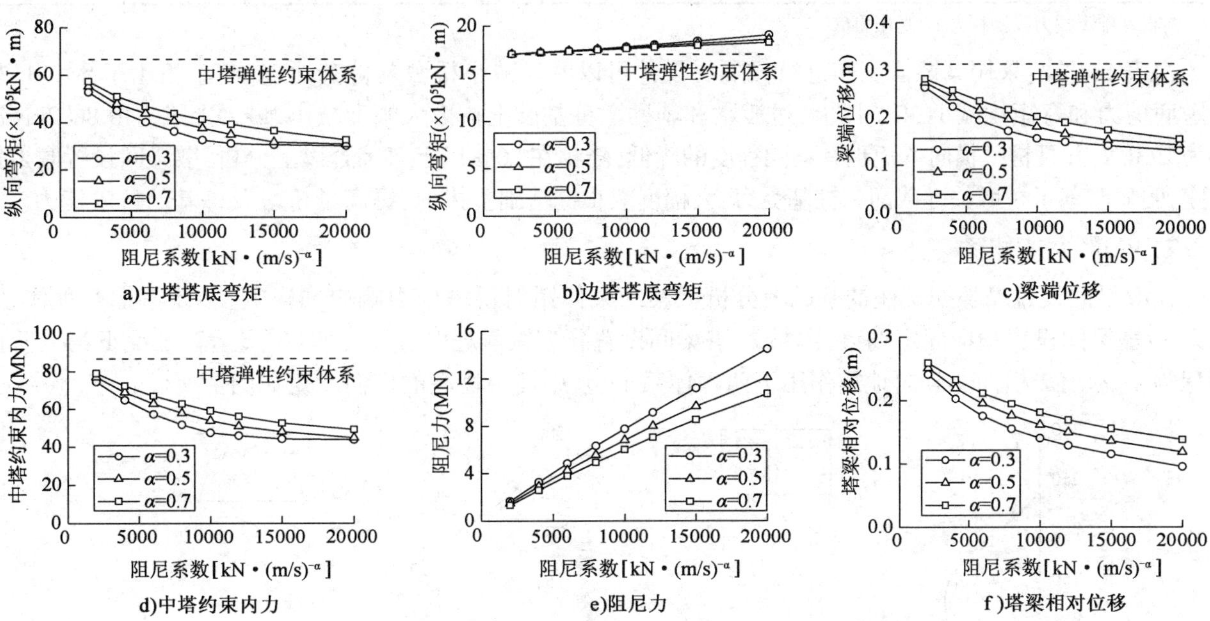

图 6　阻尼参数对结构动力响应的影响

由图 6 可知：阻尼参数对梁端位移、塔梁相对位移、中塔塔底弯矩和中塔弹性约束力影响较大，对边塔塔底弯矩影响相对较小。当阻尼指数一定时，随着阻尼系数的增大，梁端位移、塔梁相对位移、中塔塔底弯矩和中塔弹性约束内力均先减小后趋于平稳，阻尼力大致呈线性增加。当阻尼系数一定时，随着阻尼指数的增加，梁端位移、塔梁相对位移、中塔塔底弯矩和中塔弹性约束内力均逐渐增加，阻尼力逐渐减小。总体来说，当阻尼系数小于 10000kN/(m/s)$^{\alpha}$，梁端位移、塔梁相对位移中塔塔底弯矩和中塔约束内力下降幅度较大,当阻尼系数大于10000kN/(m/s)$^{\alpha}$,下降幅度较小。当阻尼系数为10000kN/(m/s)$^{\alpha}$,阻尼指数为0.3时,相比于中塔弹性约束体系,梁端位移减小44%,中塔塔底弯矩减小51%。建议黄茅海大桥边塔阻尼器阻尼系数取为10000kN/(m/s)$^{0.3}$,阻尼指数为0.3,每个边塔设置4个黏滞阻尼器,单个黏滞阻尼器的阻尼系数C为2500kN/(m/s)^{3}。

综上可知,中塔设置纵向弹性约束可以有效降低梁端位移,边塔设置纵向黏滞阻尼器可以有效减小地震作用下中塔塔底内力和中塔纵向约束力,因此在进行大跨径三塔斜拉桥纵向约束体系设计时,可以采用中塔弹性约束+边塔阻尼器的组合结构体系,该体系既可以有效控制梁端位移,又可以减小中塔内力,具有较好的静动力性能,是一种合理的多塔斜拉桥纵向约束体系。

五、横向约束体系比选

1.墩梁约束体系

进行墩梁约束体系比选时主要考虑2种横向约束体系,体系1:墩梁设置横向约束型球形钢支座;体系2:墩梁设置横向约束型摩擦摆支座,E2地震下剪力销剪断,摩擦摆支座发生滞回耗能作用。E2横向+竖向地震作用下2种体系的桥墩和桩基础内力如表1所示。

约束体系对墩底和桩基础内力的影响　　表1

位　置	墩底横向剪力(kN)		墩底横向弯矩(MN·m)		桩基础上拔力(kN)		桩顶横向弯矩(MN·m)	
	体系1	体系2	体系1	体系2	体系1	体系2	体系1	体系2
1#墩	16077	11240	668	418	4391	273	28	22
2#墩	21100	10991	779	394	8602	241	32	23
6#墩	22664	9982	896	410	8456	-4516	65	29
7#墩	18371	10107	798	394	2868	-5849	42	28

注:桩基础上拔力以受拉为正,受压为负。

由表1可知:采用摩擦摆支座进行减隔震设计可以明显减小桥墩及桩基地震响应,相比于体系1,桥墩墩底剪力和弯矩均减小30%以上,过渡墩和辅助墩桩基础上拔力大幅度减小,最大上拔力由8602kN减小为273kN,并且桩基横向弯矩也有不同程度的降低,降幅在20%以上。综合以上分析,墩梁间设置摩擦摆支座,明显改善了桥墩关键截面和桩基受力,大幅度减小桩基础上拔力,提高了桥墩及桩基的抗震能力。

2.塔梁约束体系

在墩梁间设置摩擦摆支座的基础上分析墩梁约束体系对桥塔内力响应的影响,主要考虑两种体系,体系1:塔梁间设置横向固定约束;体系2:塔梁间设置新型减震耗能抗风支座,支座运营工况下第一阶段行程为1cm。E2横向+竖向地震作用下两种体系下边、中塔沿塔高的横向弯矩如图7所示。

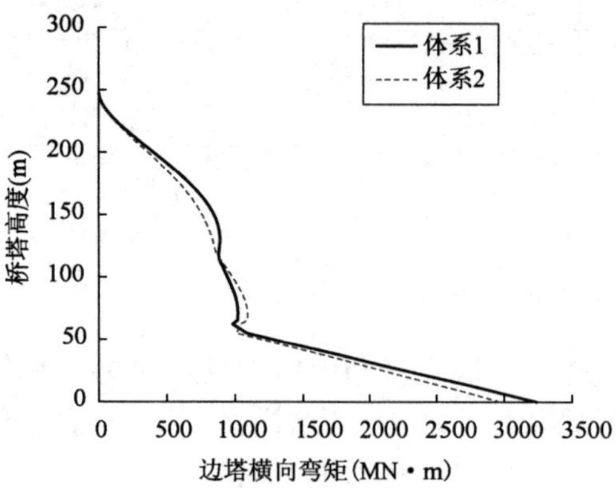

a)边塔

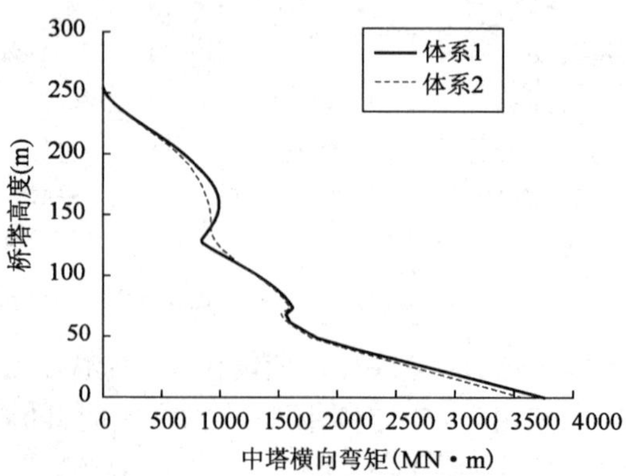

b)中塔

图7　约束体系对桥塔横向弯矩的影响

由图7可知:采用新型减震耗能抗风支座进行减隔震设计,边塔和中塔横向弯矩均有一定程度的减小,其中边塔内力下降较为显著,中塔次之。采用体系1时,边、中塔塔底弯矩分别为3236MN·m、3754MN·m,采用体系2时,边、中塔塔底弯矩分别2963MN·m、3573MN·m,相比于体系1,分别减小了8.5%和4.8%。

E2横向+竖向地震作用下,两种体系下主梁的横向剪力和弯矩见表2。

约束体系对主梁内力的影响　表2

体　系	主梁横向剪力(MN)		主梁横向弯矩(MN·m)	
	最大	最小	最大	最小
体系1	14.4	-14.6	203.7	-231.2
体系2	12.6	-12.8	129.0	-210.1

由表2可知:采用新型减震耗能抗风支座进行减隔震设计,主梁横向剪力和弯矩响应均有不同程度的减小。采用体系1,主梁横向剪力绝对值的最大值为14.6MN,主梁横向弯矩绝对值的最大值为231.2MN·m;采用体系2时,主梁横向剪力绝对值的最大值为12.8MN,主梁横向弯矩绝对值的最大值为210.1MN·m,相比于体系1,分别减小了12.6%和9.1%。

综上可知,墩梁间设置摩擦摆支座可以有效减小桥墩和桩基础受力性能,塔梁间设置新型减震耗能抗风支座可以有效减小桥塔和主梁受力性能,因此在进行大跨径三塔斜拉桥横向约束体系设计时,可以综合二者的优点,采用墩梁间设置摩擦摆支座和塔梁间设置横向减震耗能抗风支座的组合约束体系,有效提供三塔斜拉桥的横向抗震性能。

六、结　　语

为研究优化超大跨多塔斜拉桥约束体系,本文以黄茅海大桥为背景,从纵向和横向约束体系两个方面进行多塔斜拉桥约束体系研究,并深入研究了中塔弹性约束刚度、边塔阻尼参数对桥梁静动力响应的影响,得到以下结论:

(1)中塔设置纵向弹性约束可以有效降低梁端位移,边塔设置纵向黏滞阻尼器可以有效减小地震作用下中塔内力,中塔弹性约束+边塔阻尼器的组合结构体系,具有较好的静动力性能,是一种合理的多塔斜拉桥纵向约束体系,建议中塔单侧弹性约束刚度取6.5×10^5kN/m,边塔设置4个黏滞阻尼器,单个阻尼器阻尼系数C为2500kN/(m/s)$^\alpha$,速度指数α为0.3。

(2)墩梁间设置摩擦摆支座可以明显改善桥墩关键截面和桩基受力,桥墩墩底剪力和弯矩均减小30%以上,过渡墩和辅助墩桩基础上拔力大幅度减小,最大上拔力由8602kN减小为273kN,并且桩基横向弯矩也有不同程度的降低,降幅在20%以上;塔梁间设置新型减震耗能抗风支座,可有效改善多塔斜拉桥桥塔和主梁的受力性能,边塔横向弯矩减小了8.5%、中塔横向弯矩减小了4.8%,主梁横向剪力减小了12.6%,横向弯矩减小了9.1%;两者相结合的横向约束体系可以作为多塔斜拉桥的横向约束体系,有效提高多塔斜拉桥抗震性能。

参考文献

[1] 秦顺全,苑仁安,郑清刚,等.超大跨度公铁两用斜拉桥结构体系研究[J].桥梁建设,2020,50(4):1-8.

[2] 李立峰,尹会娜,唐嘉豪,等.大跨径斜拉桥横向合理抗震体系研究[J].振动与冲击,2022,41(6):153-159.

[3] 王照伟,陈占力,刘得运,等.大跨度三塔斜拉桥纵向约束体系设计研究[J].世界桥梁,2021,49(4):42-48.

[4] 沈锐利,杨忠明,郭日强,等.超大跨径斜拉桥纵向极限风荷载作用下约束体系研究[J].世界桥梁,2022,50(1):59-65.

[5] 张鑫敏,徐源庆,鲁立涛,等.虎门二桥坭洲水道桥纵向约束体系研究[J].桥梁建设,2019,49(2):10-15.

[6] 管仲国,游瀚,郭河.近断层斜拉桥弹塑性索与阻尼器组合横向减震[J].同济大学学报(自然科学版),2016,44(11):1653-1660.

[7] Guan Zhongguo, Han You, Li Jianzhong. Lateral Isolation System of a Long-Span Cable-Stayed Bridge with Heavyweight Concrete Girder in a High Seismic Region[J]. Journal of Bridge Engineering, 2017, 22(1): 4016104.1.

[8] 徐源庆, 吴玲正, 徐军,等.斜拉桥合理横向抗震约束体系研究[J].铁路工程技术与经济, 2019, 34(4): 1-5.

[9] 鲜荣,徐源庆,刘得运,等.黄茅海超大跨三塔斜拉桥结构体系研究[J].桥梁建设, 2021, 51(06): 9-15.

3. 大跨度桥梁颤振可靠度全寿命评估方法

崔　巍　初晓雷　赵　林　葛耀君

(同济大学土木工程学院桥梁工程系)

摘　要　大跨度悬索桥全寿命颤振稳定性涉及结构动力特性演化和气候变暖台风作用,颤振失效概率取决于颤振临界风速和颤振检验风速,前者与结构动力特性和主梁颤振导数相关,后者由台风极端风速决定。随着桥梁服役时间的增长,结构整体刚度趋于下降,全寿命结构动力特性应考虑由于结构刚度退化引起的自振频率和阻尼比的时变影响。本文主要研究了大跨度悬索桥全寿命结构动力特性演化和气候变暖台风颤振时变可靠性。

关键词　大跨度悬索桥　性能退化　桥梁颤振　气候变暖台风模拟

一、研究背景

可靠度分析一直是土木工程领域的研究热点,结构的安全使用关乎人民的生命和财产安全。特别是大跨度桥梁,在目前的工程实践中,其设计使用期均达百年,在漫长的使用期中,其可能会遭受地震、强风、船撞等灾害,因此对在役大跨度桥梁进行全寿命期的可靠度分析就显得尤为重要。对于基于性能的抗风设计来说,Davenport 风荷载链提供了一个很好的分析框架,本文受其启发,分别分析了风环境、结构动力特性和气动参数的时变效应和不确定性,探究了这些参数的不确定性沿 Davenport 风荷载链的传播并讨论了对大跨度桥梁全寿命期内颤振可靠度的影响。

风致灾害是目前自然界对人类设施危害最大、发生最频繁的灾害之一。常见的强风灾害包括台风、龙卷风、飑线、下击暴流、雷暴风等。对于海岸线绵长的国家,台风(西北太平洋地区名为台风,大西洋地区名为飓风,又名热带气旋)等强风过程会给沿海地区基础设施带来不可估量的损失,造成交通不便,影响民众的正常生活。

桥梁结构的风致振动主要分为颤振、驰振、涡激振动、抖振这四种。涡激振动和抖振通常不会影响结构的使用安全,工程实践中只需让桥梁主梁振动的相关参数不超过规范限制即可。对于大跨度桥梁来说,主梁由于多采用扁平箱梁的形式,因此主梁很少发生驰振现象。从全寿命期来看,颤振失稳是威胁大跨度桥梁结构安全的最主要因素。

大跨度桥梁的颤振性能与两个因素有关,一个是桥址处的外荷载(即年极值风速),另一个就是结构的抗力(即颤振临界风速),颤振失稳在目前工程实践中是要绝对避免的,威胁着结构安全和完整性。对于现役桥梁来说,由于结构的抗力和桥址处的风环境都是时变的,所以对于全寿命期的抗风性能进行评估和预测就更为重要。将多源时变和不确定性效应考虑到大跨度桥梁的全寿命抗风性能评估,对结构安全至关重要,也可以为未来更大跨的桥梁建造提供重要参考。

二、考虑气候变暖台风模拟方法

对于大跨度桥梁的颤振可靠度来说,外界环境风荷载的量化对于其评估至关重要。我国海岸线辽长,近几年有大量大跨度桥梁沿海岸线建造,并且其设计服役期均达百年。而长期来看,结构的性能与所受的外荷载均会与初始设计阶段有所不同。考虑到未来气候变暖已经成为不可避免的事实,因此对于大跨度桥梁来说研究不同气候条件下风荷载的变化,并对其量化就显得极为重要。考虑气候变暖台风模拟分为以下几个模块:①未来几种可能的气候变暖模式;②Vickery 台风全路径模拟模型;③Georgious 的梯度风场模型,在给定台风路径时可用来量化特定位置处的台风风速;④各种气候变暖假设下台风年极值风速的结果。

政府间气候变化专门委员会(International Panel on Climate Change,IPCC)是联合国的政府间合作组织,负责提供有关人为气候变化的客观和全面的科学信息,包括自然、政治、经济影响和风险,以及可能的应对方案。代表性浓度路径(Representative Concentration Pathway,RCP)是 IPCC 采用的温室气体浓度(而非排放)轨迹。2014 年 IPCC 第五次报告(AR5)使用了四种路径进行气候建模和研究,如图 1 所示。这些路径描述了不同的气候未来,所有这些都被认为是可能的,具体取决于未来几年排放的温室气体的数量。RCP 最初分为 RCP2.6,RCP4.5,RCP6.0W/m^2 和 RCP8.5 四种,代表 2100 年可能的辐射强迫值范围分别为 2.6W/m^2、4.5W/m^2、6.0W/m^2 和 8.5W/m^2。目前可以找到的公开数据库,基本只包含 RCP2.6、RCP4.5、和 RCP8.5 这三种,因此本文采用的气候变暖假设只取这三种,它们跨越的辐射强迫值较为广泛,可以充分说明问题。

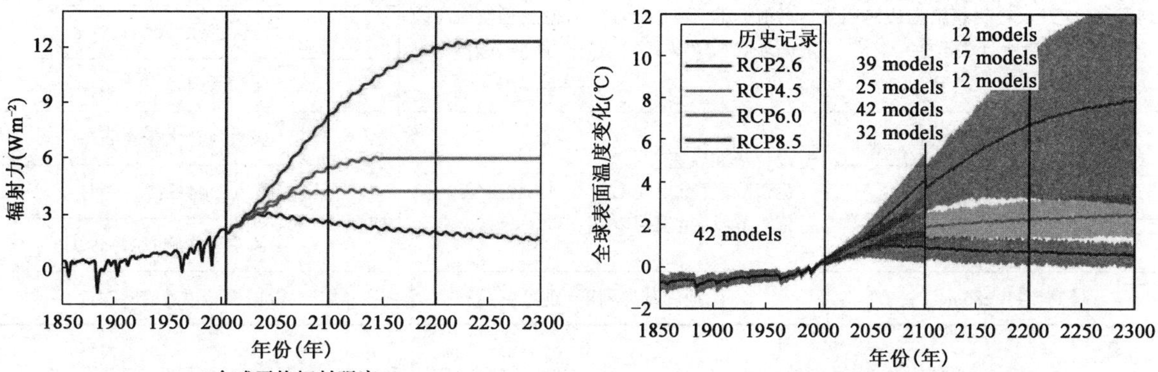

a)全球平均辐射强度　　b)21世纪及以后气温异常值

图 1　全球平均辐射强度和全球年平均表面的预测:21 世纪及以后的气温异常,参考平均值 1986—2005 年期间的温度

目前全世界的政府组织达成的共识是气候变暖已经来临,更温暖的气候对全球范围内各大洋海水的温度有着较大的影响。在 RCP8.5 气候变暖假设下,大西洋海平面温度(Sea Surface Temperature,SST)的增量会达到 4℃,并且只出现在局部地区。然而,同样是 RCP8.5 假设,在太平洋海平面温度的增量会达到 7℃,这将对北大西洋的飓风活动/西北太平洋的台风活动产生巨大的影响。

对于中国东南沿海的城市,台风年极值分布采用 Gumbel 分布可以较好地进行拟合。因此,在各气候变暖假设下,我们同样采用 Gumbel 分布拟合气候变暖下台风年极值分布,此时 $\mu(t)$ 和 $\sigma(t)$ 将会是时变参数。比如,图 2 展示了深圳市在 RCP8.5 气候变化假设下,台风年极值分布的时变特性。

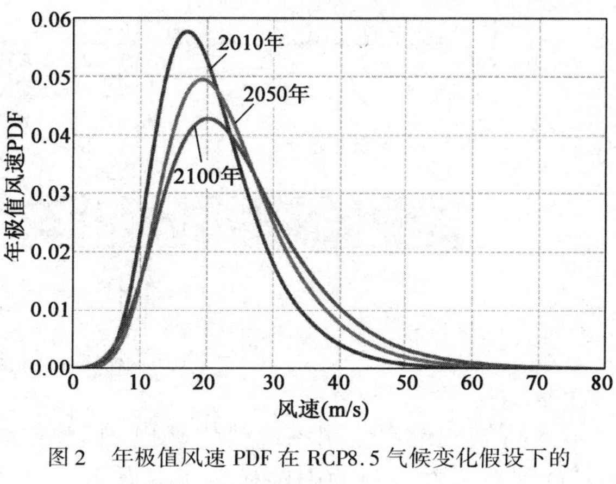

图 2　年极值风速 PDF 在 RCP8.5 气候变化假设下的时变特性(深圳市为例)

三、基于健康监测的悬索桥动力特性贝叶斯识别

本节主要讨论了基于贝叶斯推断的环境激励下结构模态识别方法，即快速贝叶斯 FFT 识别方法。本章利用该方法，对我国某大跨度悬索桥 2012 年初至 2021 年 10 月的多阶动力特性以小时为单位进行识别。对于识别得到的各阶自振频率和阻尼比，本章利用 Prophet 预测模型对它们进行趋势性、周期性（年波动量、周波动量、日波动量）和节假日效应进行分析，从数据驱动的角度得到它们的衰减模型，以此评价大跨度桥梁的结构性能退化程度。

本章以我国某大跨度悬索桥为例，对收集到的 2012 年初至 2021 年 10 月的加速度时程数据进行参数识别分析。该桥为主跨 1650m 的两跨钢箱梁悬索桥，断面为中央开槽断面。表 1 给出了大桥的基本情况，图 3 为大桥的桥型布置图。

国内某悬索桥基本情况　　表 1

上部结构及桥塔设计	设 计 标 准	建设气象条件
主跨：1650m	公路等级：四车道高速公路	年平均气温：16.5℃
北边跨：578m；南边跨：485m	设计车速：80km/h	极端气温：-6.1～39.1℃
体系：两跨连续	设计荷载：公路—Ⅰ级	1 月平均气温：5.8℃
主缆矢跨比：1/10	桥面宽度：2×11.5m	7 月平均气温：26.9℃
加劲梁：分离式双箱钢箱梁南边跨引桥：60m 预应力混凝土连续箱梁	通航标准：通航等级 3 万吨级，通航净高为最高通航水位以上 49.5m，通航净宽为 630m	年平均降雨量 1442.5mm
		月最大降雨量 531.8mm
		年最大风速 34.3m/s
加劲梁：宽 36m，高 3.5m	设计基准风速： 运营阶段（重现期 100 年）41.12m/s； 施工节段（重现期 20 年）36.19m/s	极大风速大于 40m/s
封闭钢箱梁横向间距：6m		台风影响月：5—11 月
索塔：211.286m		台风主要影响月：7—9 月
塔高：211.286m	地震基本烈度：Ⅶ度	颤振检验风速：78.74m/s

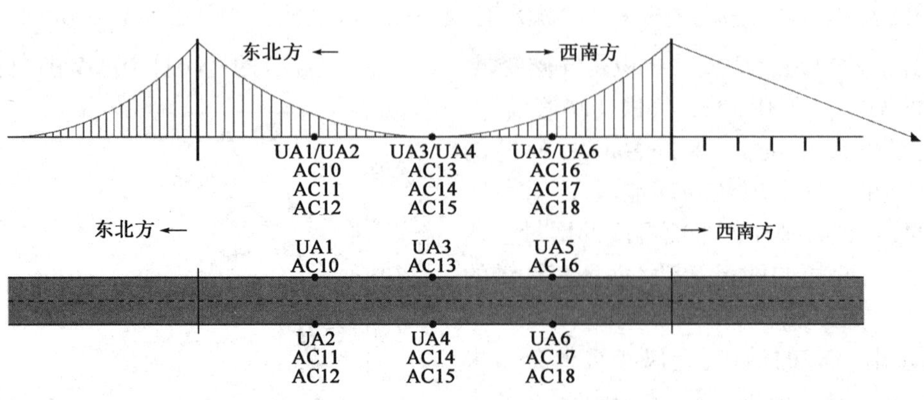

图 3　国内某悬索桥总体布置图

该大桥结构健康监测系统结构响应的监测是伺服式加速度计（图 3 中 AC10～AC18），采样频率为 50Hz，分别布置在主跨的中跨处和 1/4 跨处。本文主要基于 AC10～AC18 传感器 2012—2021 年的加速

度时程,利用快速贝叶斯 FFT 方法对结构动力特性进行识别,并进行统计分析。

如图 4 所示,展示了该大桥 2012 年初至 2021 年 10 月的一阶正对称竖弯频率识别结果(黑色的点)与根据 Prophet 模型的估计结果(红色的点,不包含误差项)。从图中可以看出,整体上,一阶正对称竖弯频率呈衰减的趋势,并伴有明显的年波动效应。

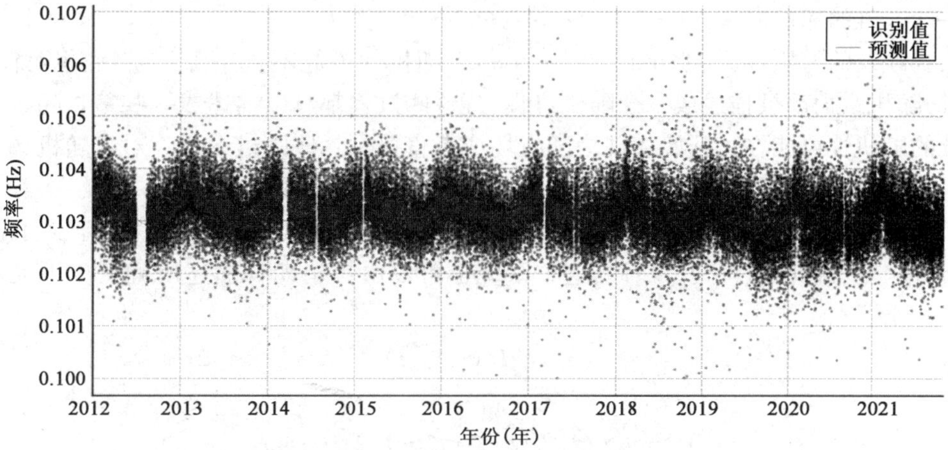

图 4 一阶正对称竖弯频率(识别值与预测值)

如图 5 所示,展示了该大桥 2012 年初至 2021 年 10 月的一阶正对称竖弯阻尼比识别结果(黑色的点)与根据 Prophet 模型的估计结果(红色的点,不包含误差项)。从图中可以看出,整体上,一阶正对称竖弯阻尼比离散性很大,无明显衰减规律。

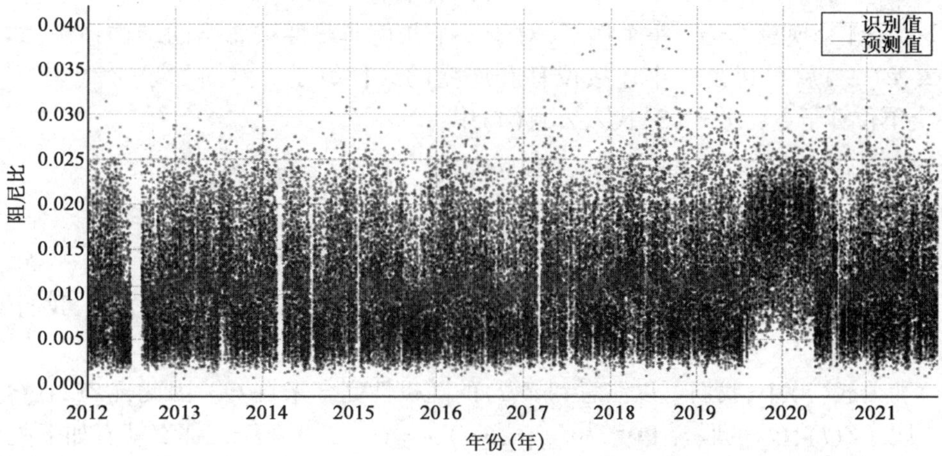

图 5 一阶正对称竖弯阻尼比(识别值与预测值)

四、大跨度悬索桥全寿命颤振可靠度分析

通过前文的全路径台风模拟结果,可以得到在各个气候变暖假设下我国东南沿海地区时变的台风年极值风速 PDF(即时变荷载)。通过前文对结构动力特性的时间序列分析,可以得到大跨度桥梁结构性能衰减的规律,从而得到时变的颤振临界风速(即时变结构抗力)。本节基于前文的结果,讨论了大跨度桥梁的全寿命颤振可靠度,研究框架可以为基于性能的抗风设计提供参考依据。

为了量化年极值风速 Gumbel 分布的参数由于线性拟合产生的不确定性,本文利用概率密度演化方法进行全寿命期的颤振失效概率估计。

李杰和陈建兵进一步将 Dostupov-Pugachev 方程推导得到了广义概率密度演化方程。考虑一个广义的随机动力系统:

$$\dot{Y} = G(\Theta, Y, t), Y(t_0) = Y_0 \tag{1}$$

式中：Y——状态向量，$Y = (Y_1, Y_2, \cdots, Y_m)$；

Y_0——初始向量；

m——系统的维数；

Θ——一个 s 维的随机向量，$\Theta = (\Theta_1, \Theta_2, \cdots, \Theta_s)$；

描述了系统涉及的随机性，其 PDF 已知为$p_\Theta(\theta)$。随机性可能不止来源于激励，也可能来自系统性质。一般来讲，随机激励都被描述成一个随机过程，且这些过程都可以描述成一些基本随机变量的函数。系统性质涉及的随机性可能在一开始表现为随机场或者直接是一些随机参数。对于随机场，仍然可以被离散或者分解为一系列标准随机变量。随机向量 Θ 来自激励和结构的随机性。

作为随机状态方程，公式(1)也可以理解为是一种动力系统的欧拉描述，其中定义了速度场，因此 Dostupov-Pugachev 方程就可以得到。然而，这个系统也可以由拉格朗日描述所确定。不失一般性，假设拉格朗日描述如下：

$$Y = H(\Theta, Y_0, t) \tag{2}$$

或者是：

$$Y_l = h_l(\Theta, Y_0, t) \quad (l = 1, 2, \cdots, m) \tag{3}$$

其中，$h_l = \partial H_l / \partial t$。需要注意的是，$H_l(\cdot)$和$h_l(\cdot)$的表达式不需要知道明确的表达式，知道它们存在即可。

在广义的层面上，如果与公式(1)所表示的系统有关，有一系列的物理量 $Z(t) = (Z_1(t), Z_2(t), \cdots, Z_{n_z}(t))^{\mathrm{T}}$，并且 Z 通常可以通过他与状态向量的关系所确定，比如如下关系：

$$\dot{Z}(t) = \Psi[\dot{Y}(t)], Z(t_0) = Z_0 \tag{4}$$

式中，$\Psi(\cdot)$是一个换算算子。举个例子，对于一个几何非线性被忽略的结构系统，如果$Z_l(t)$是某点的应变，那么 $\Psi(\cdot)$就可以是一个连接位移和应变的线性算子。然而如果 Z 代表了 Y 本身，那么 $\Psi(\cdot)$就是一个单位算子。将公式(3)代入公式(4)中，

$$Z(t) = \Psi[\dot{Y}(t)] = \Psi[h(\Theta, Y_0, t)] = h_z(\Theta, t) \tag{5}$$

其内部量形式为：

$$Z_l(t) = h_{Z,l}(\Theta, t) \quad (l = 1, 2, \cdots, n_z) \tag{6}$$

式中，$h_Z = (h_{Z,1}, h_{Z,2}, \cdots, h_{Z,n_Z})^{\mathrm{T}}$，$n_Z$是 Z 中涉及的物理性质个数。为了讨论方便，我们考虑确定性Y_0的情况，在方程中忽略它。

从公式(6)和公式(7)中，我们可以注意到 $Z(t)$的随机性完全来自 Θ。因此，$(Z(t), \Theta)$是一个概率保守的系统。假设$(Z(t), \Theta)$的联合 PDF 为$p_{Z\Theta}(z, \theta, t)$，$z = (z_1, z_2, \cdots, z_{n_z})$，那么就有如下关系：

$$\frac{\mathrm{D}}{\mathrm{D}t}\int_{D_t \times D_\Theta} p_{Z\Theta}(z, \theta, t)\,\mathrm{d}z\mathrm{d}\theta = 0 \tag{7}$$

进而，

$$\begin{aligned}
\frac{D}{Dt}\int_{D_t \times D_\Theta} p_{Z\Theta}(z, \theta, t)\,\mathrm{d}z\mathrm{d}\theta &= \frac{D}{Dt}\int_{D_{t_0} \times D_\Theta} p_{Z\Theta}(z, \theta, t)\,|J|\,\mathrm{d}z\mathrm{d}\theta = \int_{D_{t_0} \times D_\Theta} \left(|J|\frac{D\,p_{Z\Theta}}{Dt} + p_{Z\Theta}\frac{D|J|}{Dt}\right)\mathrm{d}z\mathrm{d}\theta \\
&= \int_{D_{t_0} \times D_\Theta} \left[|J|\left(\frac{\partial p_{Z\Theta}}{\partial t} + \sum_{l=1}^{n_Z} h_{Z,l}\frac{\partial p_{Z\Theta}}{\partial Z_l}\right) + |J|p_{Z\Theta}\frac{\partial h_{Z,l}}{\partial Z_l}\right]\mathrm{d}z\mathrm{d}\theta \\
&= \int_{D_{t_0} \times D_\Theta} \left(\frac{\partial p_{Z\Theta}}{\partial t} + \sum_{l=1}^{n_Z} h_{Z,l}\frac{\partial p_{Z\Theta}}{\partial Z_l}\right)|J|\,\mathrm{d}z\mathrm{d}\theta \\
&= \int_{D_t \times D_\Theta} \left(\frac{\partial p_{Z\Theta}}{\partial t} + \sum_{l=1}^{n_Z} h_{Z,l}\frac{\partial p_{Z\Theta}}{\partial Z_l}\right)\mathrm{d}z\mathrm{d}\theta
\end{aligned} \tag{8}$$

将公式(5.9)代入公式(5.8)中，我们就有如下关系：

$$\frac{\partial p_{Z\Theta}(z,\Theta,t)}{\partial t}+\sum_{l=1}^{n_Z}h_{Z,l}(\Theta,t)\frac{\partial p_{Z\Theta}(z,\Theta,t)}{\partial Z_l}=0 \tag{9}$$

或者引入公式(7),公式(10)变为:

$$\frac{\partial p_{Z\Theta}(z,\Theta,t)}{\partial t}+\sum_{l=1}^{n_Z}\dot{Z}_l(\Theta,t)\frac{\partial p_{Z\Theta}(z,\Theta,t)}{\partial z_l}=0 \tag{10}$$

那么 $Z(t)$ 的 PDF 如下:

$$p_Z(z,t)=\int_{\Omega_\Theta}p_{Z\Theta}(z,\theta,t)\mathrm{d}\theta \tag{11}$$

式中,Ω_Θ是随机变量 Θ 的分布域。

用$V_S(t)$表示某处的环境风速,服从时变 PDF 记作$f_S(s,t)$。用$V_R(t)$表示颤振临界风速,服从时变 PDF 记作$f_R(r,t)$。可以定义时变状态方程 $Z(t)$:

$$Z(t)=V_R(t)-V_S(t) \tag{12}$$

当 $Z(t)<0$ 时,就认为颤振发生了。颤振失效概率的定义为 $E[Z(t)<0]$,其中 $E[\cdot]$表示数学期望值。由于年极值风速 Gumbel 分布参数的估计不确定性 Θ 存在,$f_S(s,t)$就不是一个确定的分布,这样就导致颤振失效概率也会有不确定性。记$f_S(s,t,\Theta)$为有估计不确定性 Θ 的环境风速 PDF。那么时变的颤振失效概率本身就变成了一个随机过程:

$$F(t,\Theta)=E[Z(t,\Theta)<0]=\iint_{r\leqslant s}f_R(r,t)\cdot f_S(s,t,\Theta)\mathrm{d}r\mathrm{d}s \tag{13}$$

式中,$F(t,\Theta)$表示在时间 t 时的颤振概率,有随机性 Θ。

根据概率密度演化理论,我们记系统$(F(t,\Theta),\Theta)$的联合 PDF 为$p_{F\Theta}(f,\theta,t)$,满足如下关系:

$$\frac{D}{Dt}\int_{D_t\times D_\Theta}p_{F\Theta}(f,\theta,t)\mathrm{d}f\mathrm{d}\theta=0 \tag{14}$$

式中 $\Theta=\Theta(\theta_\mu,\theta_\sigma)$为估计不确定性。$\Theta$ 的分布域如图 6 所示。

注意到$D_t\times D_\Theta$的任意性,根据概率密度演化理论有:

$$\frac{\partial p_{F\theta}(f,\theta,t)}{\partial t}+\dot{F}(\theta,t)\frac{\partial p_{F\theta}(f,\theta,t)}{\partial f}=0 \tag{15}$$

$$\dot{F}(\theta,t)=\frac{\mathrm{d}F(\theta,t)}{\mathrm{d}t} \tag{16}$$

$p_{F\Theta}(f,\theta,t)$的边际分布如下:

$$p_F(f,t)=\int_{\Omega_\Theta}p_{F\theta}(f,\theta,t)\mathrm{d}\theta \tag{17}$$

式中,Ω_Θ为 Θ 的分布域,$p_F(f,t)$为颤振失效概率的 PDF(当时间为 t,颤振失效概率为 f)。

本文将深圳市在各种气候变暖假设下的年极值风速 PDF 运用到该桥梁上。图 6 展示了该大跨度桥梁若处在深圳市的台风风环境下,在各种气候变暖假设下的长期颤振失效概率演变结果。图中的彩色条带代表着颤振失效概率的 PDF,“MPV”代表了颤振失效概率的最有可能值,同时也给出了 95% 的分位值。可以发现,颤振失效概率的 MPV 在各种气候变暖假设下都会变大,MPV 大约会从初始阶段的 3×10^{-5}变到 24×10^{-5}。颤振失效概率的估计不确定性相比于舟山市的要小。

五、结　语

我国近几年沿海大跨度桥梁的建设需求日渐增多,且设计服役期长达百年。在桥梁漫长的使用过程中,由于变化多测的复杂气候条件和结构性能的退化影响,为桥梁整体性和结构安全带来了诸多不确定性。本章作为全文研究的总结,首先总结主要的研究工作,并对得到的研究结论进行进一步说明,最后对本文未解决的问题和未来的研究方向提出展望。

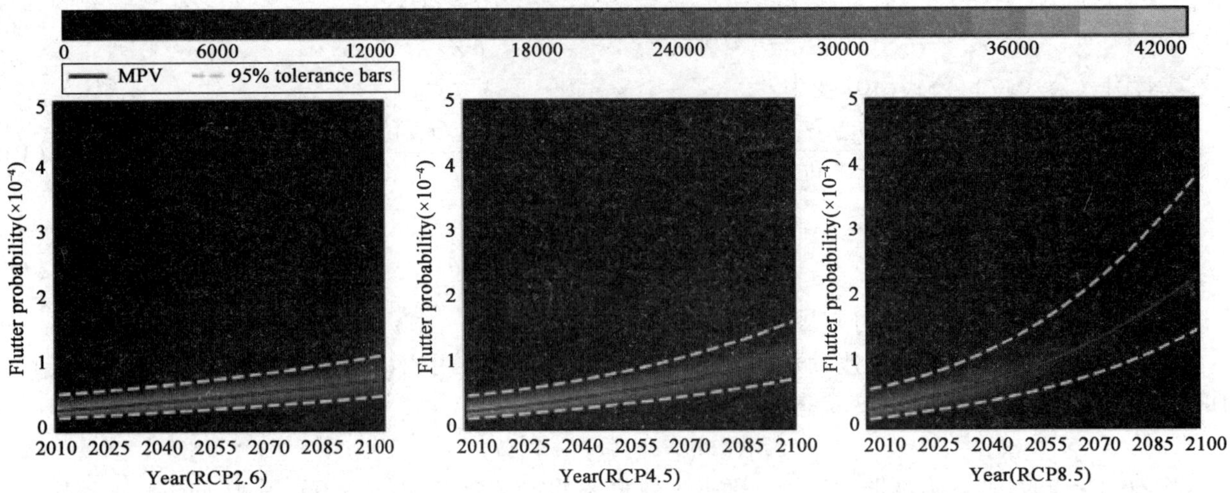

图 6 深圳市典型大跨度桥梁在不同气候变暖假设下全寿命期颤振失效概率演化结果

本文研究重点在于对现役大跨度桥梁的全寿命期内颤振可靠度进行评估,考虑了多源时变效应(结构动力特性的衰退,气候变化下的时变台风年极值风速)和不确定性(结构动力特性的季节性波动现象,颤振导数的识别不确定性)对颤振可靠度评估的影响,旨在对现役大跨度桥梁的抗风性能进行评估并对未来新建大跨度桥梁的抗风设计提供参考。

参考文献

[1] Cui W, Caracoglia L. Exploring hurricane wind speed along US Atlantic coast in warming climate and effects on predictions of structural damage and intervention costs[J]. Engineering Structures, 2016, 122: 209-225.

[2] 方根深. 基于地理加权回归三维台风模型的大跨度桥梁颤振易损性分析[D]. 上海:同济大学,2020.

[3] Hu C, Zhao L, Ge Y. Wind-Induced Instability Mechanism of Old Tacoma Narrows Bridge from Aerodynamic Work Perspective[J]. Journal of Bridge Engineering, 2022, 27(5): 04022029.

[4] Bleich F. Dynamic instability of truss-stiffened suspension bridges under wind action[J]. Transactions of the American Society of Civil Engineers, 1949, 114(1): 1177-1222.

[5] Scanlan R H, Tomko JJ. Airfoil and bridge deck flutter derivatives[J]. Journal of the engineering mechanics division, 1971, 97(6): 1717-1737.

[6] Huston D R. The effects of upstream gusting on the aeroelastic behavior of long suspended-span bridges (turbulence, stability, vortex, wind, tunnel)[D]. Princeton University, 1986.

[7] Sarkar PP, Jones N P, Scanlan R H. Identification of aeroelastic parameters of flexible bridges[J]. Journal of Engineering Mechanics, 1994, 120(8): 1718-1742.

[8] Chu X, Cui W, Zhao L, et al. Probabilistic flutter analysis of a long-span bridge in typhoon-prone regions considering climate change and structural deterioration[J]. Journal of Wind Engineering and Industrial Aerodynamics, 2021, 215: 104701.

[9] Chen X, Matsumoto M, Kareem A. Time domain flutter and buffeting response analysis of bridges[J]. Journal of Engineering Mechanics, 2000, 126(1): 7-16.

[10] Zhao L, Xie X, Zhan Y-Y, et al. A novel forced motion apparatus with potential applications in structural engineering[J]. Journal of Zhejiang University-SCIENCE A, 2020, 21(7): 593-608.

[11] Siedziako B, Øiseth O, Rønnquist A. An enhanced forced vibration rig for wind tunnel testing of bridge deck section models in arbitrary motion[J]. Journal of Wind Engineering and Industrial Aerodynamics, 2017, 164: 152-163.

[12] Gu M, Zhang R, Xiang H. Identification of flutter derivatives of bridge decks[J]. Journal of Wind Engineering and Industrial Aerodynamics, 2000, 84(2): 151-162.

[13] Sarkar PP, Jones N P, Scanlan R H. System identification for estimation of flutter derivatives[J]. Journal of Wind Engineering and Industrial Aerodynamics, 1992, 42(1-3): 1243-1254.

4. 中央隔涡板形式对分体箱梁涡振响应的影响

朱　青[1,3,4]　童俊豪[2]　朱乐东[1,3,4]　檀忠旭[1,3,4]

(1. 同济大学土木工程防灾减灾国家重点实验室; 2. 黄茅海跨海通道管理中心;
3. 同济大学土木工程学院桥梁工程系;
4. 同济大学桥梁结构抗风技术交通运输行业重点实验室)

摘　要　分体箱梁断面因其优异的颤振性能近年来在大跨度缆索承重桥梁中多有应用。对涡振问题比较严重的分体箱梁,采用气动措施削弱开槽处的大尺度漩涡是控制涡振的最有效手段。本文通过大比例节段模型风洞试验,对比了不同形式中央水平隔涡板对分体箱梁的涡振控制效果。比较结果显示:在透空率接近的情况下,采用两侧水平隔涡板比各种打孔板的涡振控制效果都要好,如果要采用打孔板达到两侧水平板近似的涡振效果,透空率需要再减小26%左右;如果采用打孔板,板上的孔越是不均匀,涡振控制效果越好,而孔的形状对涡振影响不大。

关键词　涡激共振　涡振控制　分体箱梁　中央隔涡板

一、引　　言

分体箱梁断面因其优异的颤振性能近年来在大跨度缆索承重桥梁中多有应用,然而该断面非常容易发生涡激共振(涡振)[1-3]。虽然涡振是一种限幅振动,不会像颤振那样直接导致桥梁结构倒塌。但是频繁、大幅度的涡振会影响桥梁的正常使用,同时极易导致桥梁关键构件的疲劳破坏。因此,涡振控制对采用中央开槽箱梁的大跨度桥梁尤为重要。

杨詠昕等[4]基于粒子图像测速技术的分析表明,在中央开槽处的大尺旋涡很可能是引起分体箱梁大幅度涡振的主要原因。廖海黎和王昌将[5]采用1:20大比例节段模型试验研究了西堠门大桥主梁涡振,发现设置导流板可以有效控制该桥分体主梁涡振。何晗欣等[6]对港珠澳大桥江海直达船航道桥主梁节段模型进行了涡激振动试验,发现增设开孔底板和在主梁腹板两侧设置导流板是抑制分体箱主梁涡激振动的最有效措施。王骑等[7]采用1:20大比例节段模型风洞试验对嘉绍大桥主梁涡振性能进行了研究,最终采用梁底导流板结合桥面挡风板(风障)抑制分体箱主梁涡振。张天翼等[8]对宜宾盐坪坝长江大桥主梁断面风洞试验研究表明,三角形风嘴可以减弱箱梁边缘的流动分离,与封闭斜拉索防护栏杆的方案组合后,可显著降低双箱叠合主梁的涡振振幅。马存明等[9]采用设置隔涡网和其他组合气动措施后,大幅降低了宽幅分体箱梁断面的涡振。潘放[10]在黄茅海大桥主桥上采用风嘴+隔涡板组合气动控制措施来抑制分体式钢箱梁的涡激振动。

对涡振问题比较严重的分体箱梁,采用气动措施削弱开槽处的大尺度漩涡是控制涡振的最有效手段,通过优化开槽率,或者设置中央隔涡板可以比较直接地减小涡振[11],且通常而言,隔涡板透空率越小越好。

但是,如果透空率相近,是否存在最优的隔涡板形式,使得涡振控制效果达到最佳呢?针对这个问题,本文采用1:30大比例节段模型风洞试验,对某一分体箱梁采用不同形式的中央水平隔涡板后的涡振性能进行了研究。

二、工程背景

本文研究采用黄茅海大桥主桥主梁基本断面。黄茅海大桥主桥采用三塔斜拉桥，桥跨布置为100m+280m+2×720m+280m+100m，斜拉索为空间索面，全桥采用半飘浮体系。桥塔采用混凝土独柱塔，中塔高257.28m。为提高颤振稳定性，主梁采用分体钢箱梁，梁高4.0m（图1）。为了解决主梁涡振问题，在主梁断面上采取了一系列气动构造和控制措施，包括将①外侧检修车轨道放到主梁顶面最外侧（图2a），减小对气动外形的影响；②内侧检修车轨道设置在内斜腹板底部，并设置导流板（图2b）；③中央开槽处两侧分别设置2.8m宽水平隔涡板（图1），削弱中央开槽处的漩涡；④部分封闭检修轨道栏杆，每隔五道栏杆封闭一道的上部3/4（图2c）。

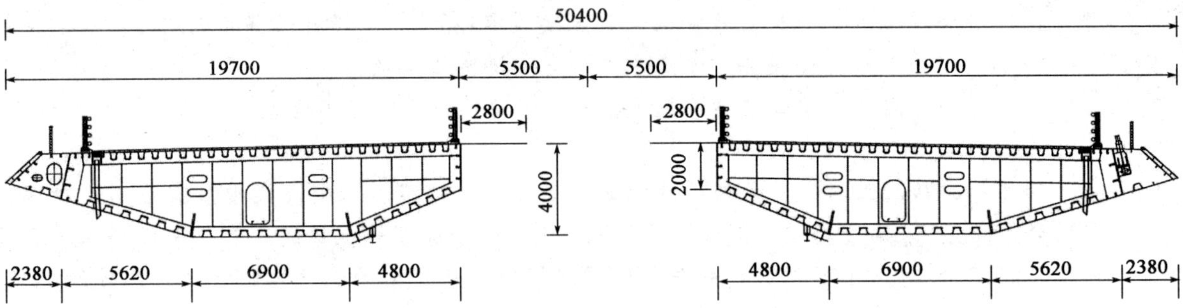

图1 黄茅海大桥主梁推荐断面方案图（尺寸单位：mm）

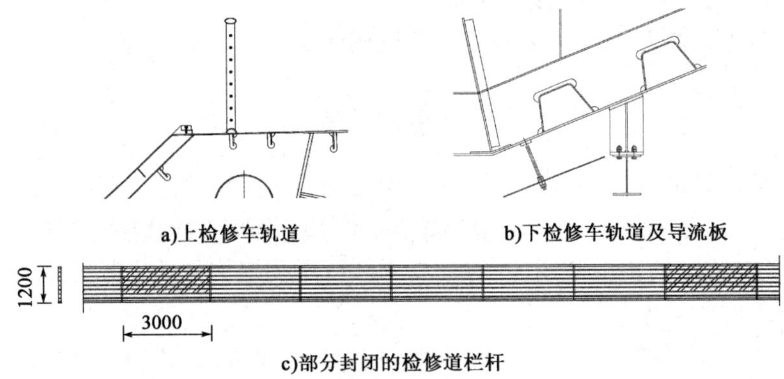

图2 黄茅海大桥主梁推荐断面细节（尺寸单位：mm）

采用以上措施后，经1:30大比例节段模型试验检验，黄茅海大桥实桥主梁在25m/s风速以下竖弯涡振振幅不超过5cm，无扭转涡振。

需要特别指出的是，虽然试验发现，50%左右透空率的两侧水平隔涡板是相对最优的隔涡板形式，但是两侧水平隔涡板的悬挑长度较大，支撑构造较为复杂。如果采用在整张水平隔涡板上打孔的形式，构造就相对简单，还可能可以作为检修支撑平台使用。因此，本文将进一步研究如果以打孔板代替两侧隔涡板，何种打孔形式最佳，以及采用其他形式中央隔涡板能否达到50%透空率两侧水平板相似的涡振控制效果。此外，如果涡振振幅过小，可能试验误差对结果影响较大。比如采用全套推荐方案（图1）后，试验涡振振幅仅1mm左右，这么小而不稳定的涡振可能会导致无法准确比较不同措施的效果。因此，在本文试验研究中取消了最终涡振控制方案中的封栏杆措施，使得各个措施下涡振振幅都较为明显从而便于比较。

三、试验概况

大比例节段模型风洞试验在同济大学TJ-3风洞进行。试验采用弹簧悬挂二元刚体节段模型，节段模型通过8根弹簧悬挂在支架上。刚体节段模型的骨架由金属构成,桥面用三夹板来模拟以保证外形的几何相似性,检修车轨道、栏杆等附属设施用ABS塑料板由电脑雕刻制成。图3为悬挂于风洞中的节段模型。

图3 TJ-3风洞中的大比例节段模型

模型的设计参数如表1所示。节段模型的缩尺比取为1/30,模型宽1.67m,总长度为3.6m。实桥扭弯频率比接近4.4,为保证节段模型吊臂刚度,同时准确模拟质量惯矩,竖弯和扭转风速比分别定为1.90和4.01。由于涡振一般不存在弯扭耦合问题,而且从实际试验结果来看,缩尺后竖弯和扭转涡振锁定区间仍有一点距离,因此不模拟扭弯频率比不影响试验的准确性。模型振动系统竖弯和扭转阻尼比分别为0.26%和0.22%,小于规范要求的阻尼比0.3%[12]。试验风速范围为1~13m/s,对应的竖弯和扭转实桥风速分别达到约27m/s和52m/s。

节段模型参数 表1

参数名称		单位	实桥值	缩尺比	模型值
主梁几何尺寸	高度	m	4.0	1:30	0.133
	宽度	m	50	1:30	1.667
单位长度质量	成桥状态	kg/m	3.70E4	1:302	41.07
单位长度质量惯矩	成桥状态	$kg \cdot m^2/m$	8.49E6	1:304	10.48
竖弯基频	成桥状态	Hz	0.1432	15.78	2.26
扭转基频	成桥状态	Hz	0.6295	7.48	4.71
阻尼比	竖弯振动	%	—	—	0.26
	扭转振动	%	—	—	0.22
风速比	竖弯振动	m/s	2.05~26.65	1.90	1~13
	扭转振动	m/s	4.01~52.13	4.01	1~13

模型断面尺寸如图4所示。分体箱梁中央槽中虚线表示在本研究中将设置不同透空率、不同形式的中央水平隔涡板。

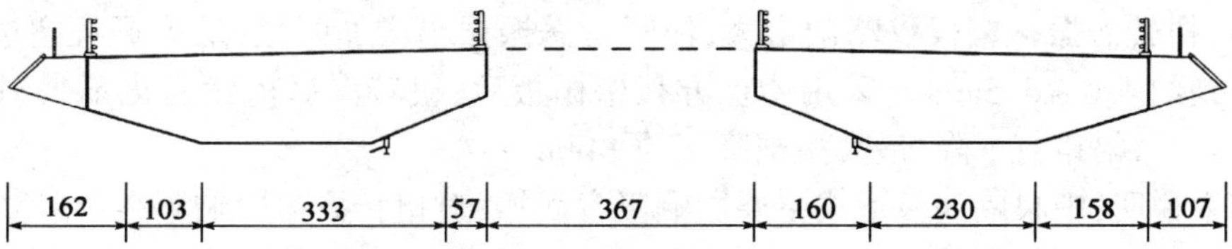

图4 模型原始断面图(尺寸单位:mm)

四、不同形式隔涡板涡振控制性能对比

本文研究了表2所示的一共7种中央水平隔涡板的分体箱梁涡振性能。其中1号为约50%透空率的两侧水平隔涡板(图5a);2号为相似透空率的长方形孔的水平格栅板(图5b);3号为错位格栅板,将2号格栅板的孔一分为二,并错位布置,以其减弱漩涡(图5c)。4~7号为透空率37%左右的隔涡板:4号在3号基础上减小了孔数(图6a);5号为圆孔板(图6b);6号为非均匀格栅板,在4号基础上将长方形孔非均匀布置(图6c);7号为两侧隔涡板加中央条,在1号基础上增加了一道中央条(图6d)。

不同形式中央隔涡板打孔尺寸和透空率　　表2

编号	项　目	单孔尺寸(mm)	单孔面积(mm^2)	孔　数	透空率
1	两侧隔涡板	398×184	73232	1	50.1%
2	普通格栅板	368×20	7360	10	50.4%
3	错位格栅板1	184×20	3680	20	50.4%
4	错位格栅板2	194×20	3880	14	37.2%
5	圆孔板	$r=24$	1809.6	30	37.2%
6	非均匀错位	194×20	3880	14	37.2%
7	两侧加中央条	398×68	27064	2	37.1%

a)两侧隔涡板　　b)普通格栅板　　c)错位格栅板1

图5　50%左右透空率隔涡板(尺寸单位:mm)

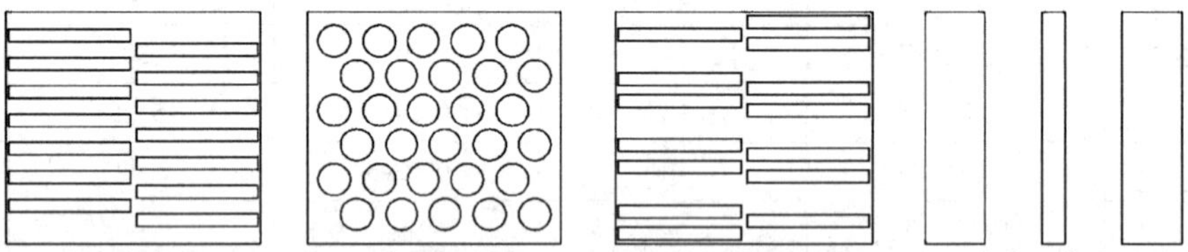

a)错位格栅板2　　b)错位圆孔板　　c)非均匀错位格栅板　　d)两侧隔涡板加中央条

图6　37%透空率隔涡板(尺寸单位:mm)

试验研究发现,50%透空率的两侧隔涡板(图5a)具有良好的涡振抑制性能。采用该种隔涡板措施后,试验测得的实桥一阶竖弯涡振风速区间约为5.4~6.0m/s,最大涡振振幅约为9.6cm(图7a);实桥一阶扭转涡振风速区间约为17.5~20.4m/s,最大涡振振幅约为0.11°(图7b)。换成相似透空率的普通方孔格栅隔涡板后,扭转涡振振幅仅仅略微增大,但竖弯涡振振幅增加明显,最大振幅超过16cm。竖弯涡振的区间也扩展到约4.6~6.5m/s。采用错位方孔格栅板后,扭转涡振依然变化不大,竖弯涡振区间和普通格栅板接近,但振幅略有下降,最大振幅降至约14cm。

以上试验结果说明,中央隔涡板形式主要影响竖弯涡振,对扭转涡振影响不大;在透空率接近的情况下,采用格栅板的涡振控制效果明显不如两侧水平板。因此,如果要采用格栅板达到两侧水平板近似的涡振控制效果,可能需要更小的透空率。因此,接下来通过试验研究图6所示的4种37%透空率的隔涡板的效果。

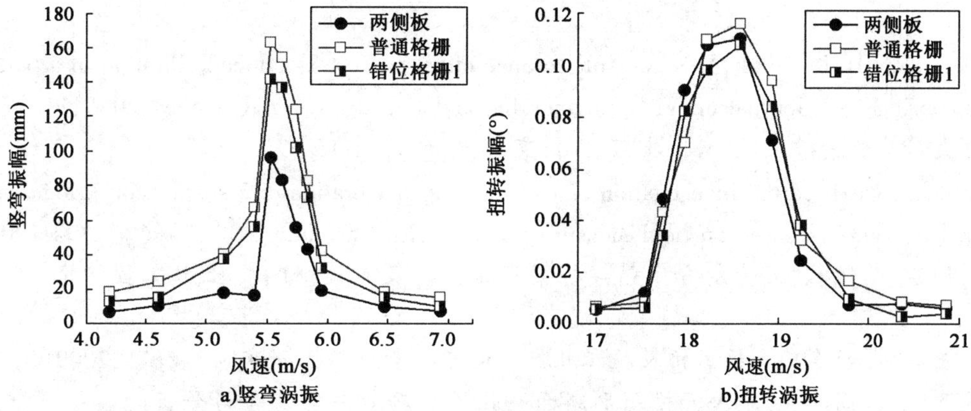

图7 50%透空率隔涡板涡振控制效果对比

带有4种37%透空率隔涡板主梁的实桥一阶竖向涡振振幅随风速变化如图8所示。这里需要指出，由于隔涡板形式对扭转涡振影响几乎可以忽略不计，因此此处不再给出扭转涡振的结果。从图8结果来看，带有编号4～6隔涡板的主梁断面涡振性能是很接近的，最大涡振振幅都在10cm左右，也和带有50%透空率两侧水平隔涡板的主梁断面涡振性能相近。因为前面的研究已经发现，错位孔的涡振控制效果好于普通孔，因此这里没有继续研究普通孔。试验发现带有错位方孔格栅板和错位圆孔板的主梁涡振最大振幅几乎是一样的，都是10.3cm左右。说明隔涡板上孔的形状对涡振性能影响不大。相对而言，在错位方孔格栅板的基础上，再将方孔非均匀布置（图6c），可以获得更佳的涡振控制效果。带非均匀错位方孔格栅的主梁涡振振幅约为9.6cm。仅就打孔板而言，非均匀错位的打孔方式最优。从透空率和涡振振幅的关系来看，编号3和4的两种方孔错位格栅透空率分别为50%和37%，最大涡振振幅分别为14.2cm和10.3cm，透空率减少26%后涡振振幅也降低了约27%。

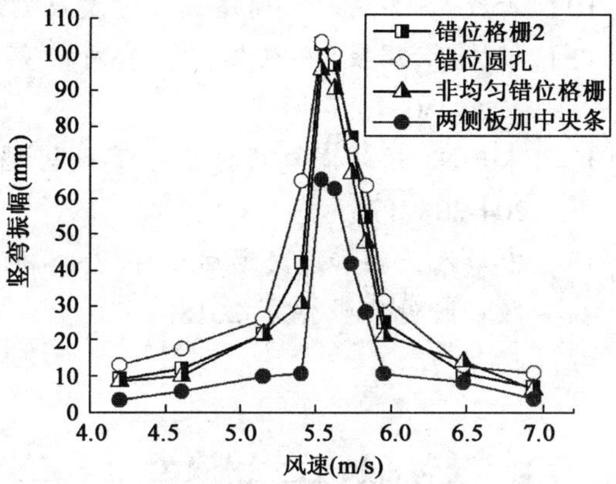

图8 37%透空率隔涡板涡振控制效果对比

以上研究结果显示，在透空率接近的情况下，采用打孔板的涡振控制效果明显不如两侧水平板；如果要采用打孔板达到两侧水平板近似的涡振控制效果，透空率需要再减小26%左右。打孔板上的孔越是不均匀，涡振控制效果越好。接下来进一步研究，如果进一步减小两侧隔涡板的透空率，涡振性能可能有怎样程度的改善。如果在两侧隔涡板基础上，中央再加一道板，使透空率也减小到37%，则最大涡振振幅减小到约6.5cm，比仅两侧隔涡板涡振振幅减小了32%。如果有必要进一步减小涡振振幅，这种隔涡板形式有一定潜力。

五、结　　语

本文通过1:30大比例节段模型风洞试验，研究了采用不同形式中央水平隔涡板的分体箱梁的涡振性能，对比了不同形式中央水平隔涡板的涡振控制效果。比较结果显示：①在透空率接近的情况下，采用两侧水平隔涡板比各种打孔板的涡振控制效果都要好，如果要采用打孔板达到两侧水平板近似的涡振效果，透空率需要再减小26%左右；②错位格栅板涡振控制效果好于普通格栅板，孔非均匀布置的格栅板涡振控制效果好于均匀布置；说明板上的孔越是不均匀，涡振控制效果越好；③错位圆孔板和错位格栅板涡振控制效果基本一致，说明孔的形状对涡振影响不大；④对打孔板而言，透空率减少26%后涡振振幅也降低了约27%，两者接近线性关系；⑤在两侧水平隔涡板的基础上再加一条中央条可以进一步显著减小涡振振幅。

参考文献

[1] Seo, J. W., Kim, H. K., Park, J., et al. Interference effect on vortex-induced vibration in a parallel twin cable-stayed bridge[J]. Journal of Wind Engineering and Industrial Aerodynamics, 2013, 116: 7-20.

[2] 葛耀君. 大跨度悬索桥抗风[M]. 北京:人民交通出版社, 2011.

[3] Li H, Laima S, Ou J., et al. Investigation of vortex-induced vibration of a suspension bridge with two separated steel box girders based on field measurements[J]. Eng. Struct., 2011, 33(6): 1894-1907.

[4] 杨詠昕,周锐,葛耀君. 大跨度分体箱梁桥梁涡振性能及其控制[J]. 土木工程学报, 2014, 47(12): 107-114.

[5] 廖海黎,王昌将. 西堠门大桥成桥及施工状态下的空气动力特性研究[J]. 公路, 2009(01): 24-30.

[6] 何晗欣,李加武,周建龙. 中央开槽箱形断面斜拉桥的涡激振动试验与分析[J]. 桥梁建设, 2012, 42(02): 34-40.

[7] 王骑,林道锦,廖海黎,等. 分体式钢箱梁涡激振动特性及制振措施风洞试验研究[J]. 公路, 2013(7): 294-299.

[8] 张天翼,孙延国,李明水,等. 宽幅双箱叠合梁涡振性能及抑振措施试验研究[J]. 中国公路学报, 2019, 32(10): 107-114, 168.

[9] 马存明,王俊鑫,罗楠,等. 宽幅分体箱梁涡振性能及其抑振措施[J]. 西南交通大学学报, 2019, 54(04): 724-730.

[10] 潘放. 黄茅海跨海通道总体方案及创新技术[J]. 桥梁建设, 2021, 51(04): 10-16.

[11] 杨詠昕,周锐,罗东伟,等. 不同槽宽分体箱梁桥梁的涡振及其控制措施[J]. 工程力学, 2017, 34(07): 30-40.

[12] 朱乐东. 桥梁涡激共振试验节段模型质量系统模拟与振幅修正方法[J]. 工程力学, 2005, 22(5): 204-208, 176.

[13] 中华人民共和国交通运输部. 公路桥梁抗风设计规范: JTG/T 3360-01—2018[S]. 北京:人民交通出版社股份有限公司, 2018.

5. 检修车轨道对分体箱梁涡振的影响机理分析

王照伟[1] 檀忠旭[2,3,4] 朱乐东[2,3,4] 朱 青[2,3,4]

(1. 黄茅海跨海通道管理中心; 2. 同济大学土木工程防灾减灾国家重点实验室;

3. 同济大学土木工程学院桥梁工程系;

4. 同济大学桥梁结构抗风技术交通运输行业重点实验室)

摘 要 检修车轨道是影响箱梁断面涡振性能的重要因素,选择合理的检修车轨道形式与位置往往能够经济有效地抑制甚至消除主梁涡激共振。本文采用风洞试验和计算流体力学(CFD)相结合的手段,研究检修车轨道尤其是内侧检修车轨道对分体箱梁涡振性能的影响。风洞试验结果表明,在主梁断面其他结构外形保持不变的条件下,设置内侧检修车轨道可能会对断面的涡振性能产生不利影响,而使内侧轨道远离梁体可以有效减小上述不利影响。采用CFD手段对试验工况分别进行流迹分析发现,设置内侧检修车轨道时,会在中央开槽处会形成稳定波动的大旋涡,从而激起主梁涡振,而当内侧轨道距离箱梁主体足够远时,其只会在下游产生小旋涡,整体流场基本不发生改变,因而对断面涡振性能的影响较小。

关键词 分体箱梁 检修车轨道 涡激振动 风洞试验 计算流体力学

一、引　　言

随着我国桥梁建设规模的逐渐增大,分体箱梁由于其突出的颤振稳定性能越来越多地应用于大型桥梁结构,而与此同时其在低风速下的涡激振动问题日益突出。虽然从气动性能及结构受力角度分析,涡振不会直接导致桥梁损毁,但其引起的结构疲劳、行驶安全、社会影响等问题越来越受到业界乃至整个社会的关注[1-3]。

以往研究成果显示涡振性能对断面形状相当敏感,其中检修车轨道对于箱梁断面往往是非常关键的涡振敏感构件。针对闭口箱梁,鲜荣等[4]研究了检修车轨道位置对箱梁涡振性能的影响,表明检修车轨道向断面内侧移动更有利于提升主梁涡振性能;孙延国等[5]、张建等[6]分别发现仅通过改变检修车轨道在梁底的位置对涡振性能的影响有限,在轨道两侧布设导流板对主梁涡振性能的改善效果也不明显。孟晓亮等[7]针对半封闭分离双箱桥梁断面研究了检修车轨道位置对涡振性能的影响,证实改变检修车轨道的位置有可能改善断面涡振性能,同时推测这一影响主要是通过改变断面所受涡激力实现的。李春光等[8]则针对带悬挑人行道板的流线型箱梁分析了检修车轨道对断面涡振性能的影响,结果表明检修车轨道是此类断面形式的涡振敏感构件,检修车轨道向箱梁底板中央移动能明显改善涡振性能,轨道附加导流板能进一步抑制涡振振幅。虽然检修车轨道对箱梁断面涡振性能的影响在诸多工程实践和科学研究中都得到了验证,但其对涡振的影响机理尚不明确。近年来,随着计算机技术的飞速发展,借助 CFD 分析手段实现流场的可视化,对主梁断面周围旋涡的产生和移动情况进行直观展示,从而更有针对性地改善断面涡振性能已成为趋势,目前许多研究便已将 CFD 分析纳入研究过程[9-12]。

综上,本文将利用大比例节段模型风洞试验和 CFD 相结合的手段,研究检修车轨道对分体钢箱梁涡振性能的影响,并分析其影响效果的内在机理。研究以黄茅海跨海通道工程为工程背景,该工程位于珠江三角洲核心区,跨越位于珠海金海区和江门台山市之间的黄茅海,是港珠澳大桥西拓通道的重要组成部分,也是连通粤西地区的重要通道,对于推进粤港澳大湾区基础设施互联互通将发挥重要的支撑作用。该工程跨海段长约 14km,设置两座主桥,分别为双塔斜拉桥高栏港大桥与三塔斜拉桥黄茅海大桥,两主桥之间采用连续钢箱梁形式的中引桥进行连接。其中,两座主桥采用相同的主梁断面形式,本次研究便以主梁涡振性能研究阶段的主要对比断面之一(带有水平翼板的分体箱梁断面)作为基础断面开展研究。

二、风洞试验概况

本研究采用的分体箱梁断面形式见图 1,含翼板全宽 50.365m,中央开槽宽度 11m,梁高 4m,横梁间距 20m,详细尺寸如图 1 所示。在同济大学 TJ-3 风洞中进行大比例刚体节段模型涡激振动试验,采用 1∶30 的几何缩尺比,模型总长 3.600m,含翼板全宽 1.679m,翼板上设置人行道并附栏杆,中央开槽处设置水平格栅作为基础抑振措施,其他模型参数见表 1。

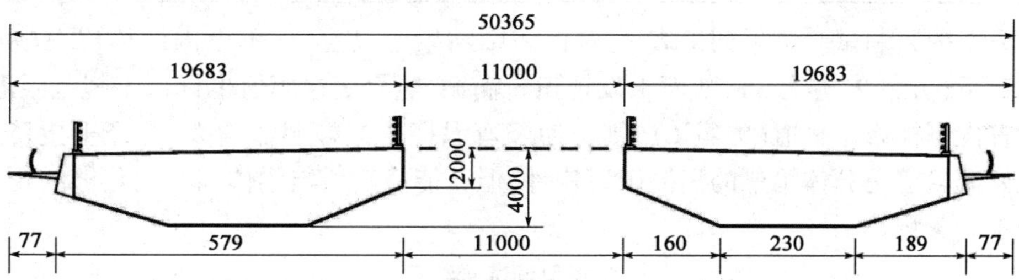

图 1　主梁断面图(尺寸单位:mm)

节段模型参数表　　表 1

参数名称	模型值	缩尺比	实桥值
断面全宽(m)	1.679	1∶30	50.365
断面高度(m)	0.133	1∶30	4.000

续上表

参数名称	模型值	缩尺比	实桥值
单位长度质量(kg/m)	46.05	$1:30^2$	4.14E4
单位长度质量惯矩(kg·m^2/m)	12.04	$1:30^4$	9.75E6
竖弯频率(Hz)	4.25	1:5.89	0.722
扭转频率(Hz)	5.50	1:6.08	0.904
竖弯阻尼比(%)	0.25	—	—
扭转阻尼比(%)	0.18	—	—

三、检修车轨道布置与涡振响应结果

由基础试验已知,由于主梁采用水平翼板而水平翼板与箱梁连接部分存在明显折角,因此该区域必然产生气流分离,将外侧检修车轨道设置在分离气流的影响区域内则不易对断面气动性能产生影响。此外,基于文献调查和既往工程经验,检修车轨道设置在箱梁底板对涡振可能产生不利影响,而针对检修车轨道设置合理的导流板则可能有利于改善断面涡振性能。因此,本研究以图 1 所示分体箱梁断面为基础,着重对比了三种对涡振可能较为有利的检修车轨道布设方案,分别为:①同时设置内外轨道,内侧轨道设置于内侧斜腹板转角处,并附设导流板;②仅设置外侧轨道,不设置内侧轨道;③同时设置内外轨道,内侧轨道远离梁底。具体布置图见表 2。

检修车轨道布设方案列表　　表 2

方案编号	布置图
1	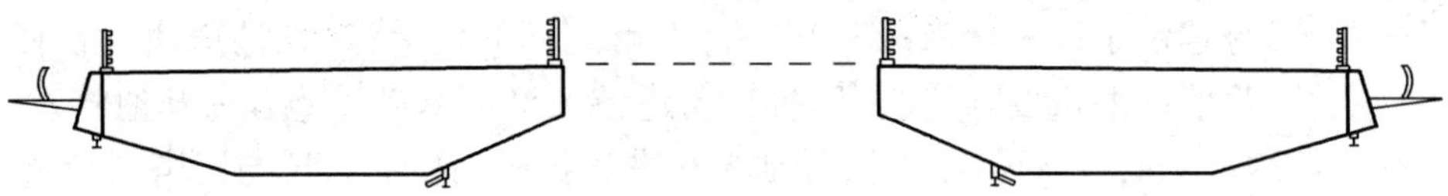
2	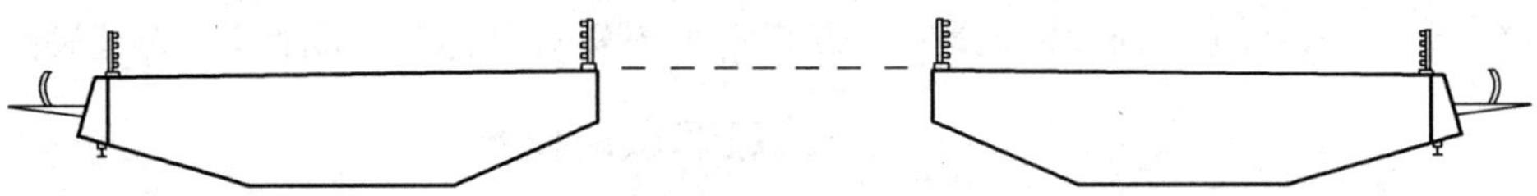
3	

上述三种方案的风洞试验结果列于表 3,对比表中结果可以看出,不设内侧检修车轨道及内侧轨道远离梁底的情况下(方案 2、方案 3),断面未发现扭转涡振,竖弯涡振幅值也远低于规范限值,而在贴近斜腹板的位置设置内侧检修车轨道(方案 1),则会使竖弯涡振的振幅明显增大,并产生扭转涡振。上述结果说明内侧检修车轨道是分体箱梁的涡振敏感构件,但若能使轨道与梁体间空出足够的距离则可消除其对涡振性能的不利影响。

涡振风洞试验结果　　表 3

方案编号	攻角(°)	竖弯涡振		扭转涡振	
		风速(m/s)	最大振幅(mm)	风速(m/s)	最大振幅(°)
1	0	5.9	149	22.6	0.29
2	0	6.3	22	—	—
3	0	6.3	22	—	—

四、检修车轨道位置对涡振响应的影响

1. CFD 分析参数

为进一步明确检修车轨道对断面涡振影响的内在机理,借助商用 CFD 软件 Fluent 对目标断面进行了二维自由振动瞬态分析。为了避免网格重构引起的负面积、振幅限制等问题,采用重叠网格方法进行计算,该方法能够准确地描述幅度较大的刚体运动,且不会对运动过程中网格质量产生影响。几何缩尺比选取与风洞试验相同的 1:30,计算域及网格划分见图 2,计算区域长 20m(约为断面总宽度的 12 倍)、高 5m(为断面总高度的 37.5 倍)、边界层首层厚度 0.02mm,网格总数 25.3 万,其中包括两个部分:覆盖全部计算域的背景网格、以及跟随断面一同运动的前景网格见图 2b),计算中湍流模型采用 SST k - ω 模型,时间步长取 1/1000 振动周期(约为 0.000234s)。

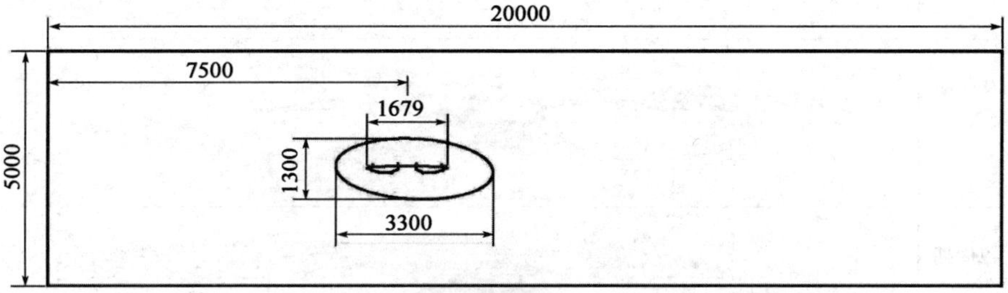

a)整体计算域

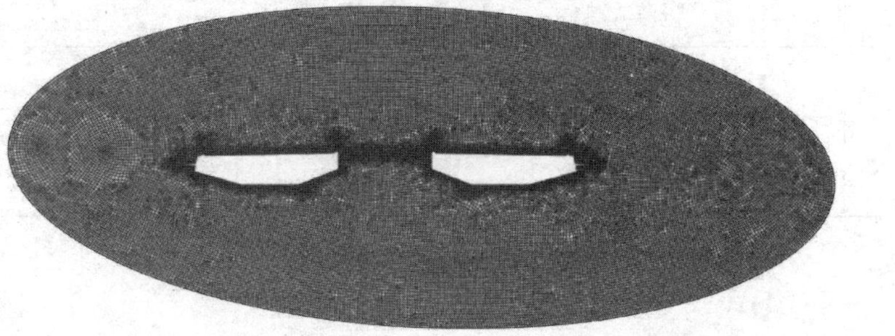

b)前景网格

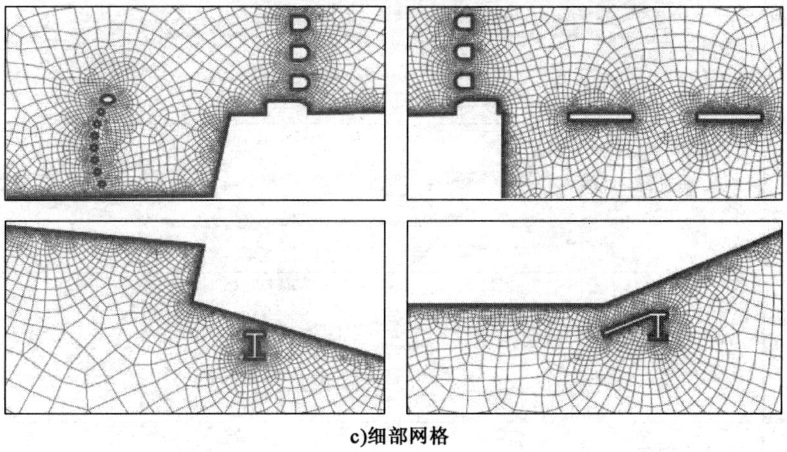

c)细部网格

图 2 CFD 计算域与网格划分

2. 流迹显示与机理分析

图 3 ~ 图 5 分别给出了方案 1 ~ 3 在发生最大竖弯涡振情况下单个振动周期内的流场迹线图。对三种方案的流迹进行比较可以发现,由于断面上部构造形式未发生变化,因而在三种方案中均能观察到在主梁顶面形成周期性稳定的小旋涡,其会随着气流逐步向下游移动并产生涡脱,这可能是引起方案 2 和

方案3产生涡振的主要因素。与此同时,作为基础抑振措施的水平格栅能够起到一定阻断气流的作用,使方案2和方案3情况下中央开槽处的气体流动较少,不能形成稳定旋涡。此外,方案3虽然会在内侧轨道下游产生小旋涡,然而其不足以改变由断面顶部水平格栅所形成的气流隔离效果,只有少量气流会进入中央开槽位置,仍然无法形成稳定的旋涡,因此方案3与方案2的主要旋涡形式非常相近,涡振幅值也基本一致。方案1则有别于其他两个方案,在中央开槽处能观察到明显大漩涡,且振动发生后断面顶部的水平格栅也不能完全隔断中央开槽处的气体流通,从而使得断面上下表面形成的旋涡产生相互影响而更加稳定,因此方案1的竖弯涡振振幅远大于方案2和方案3。

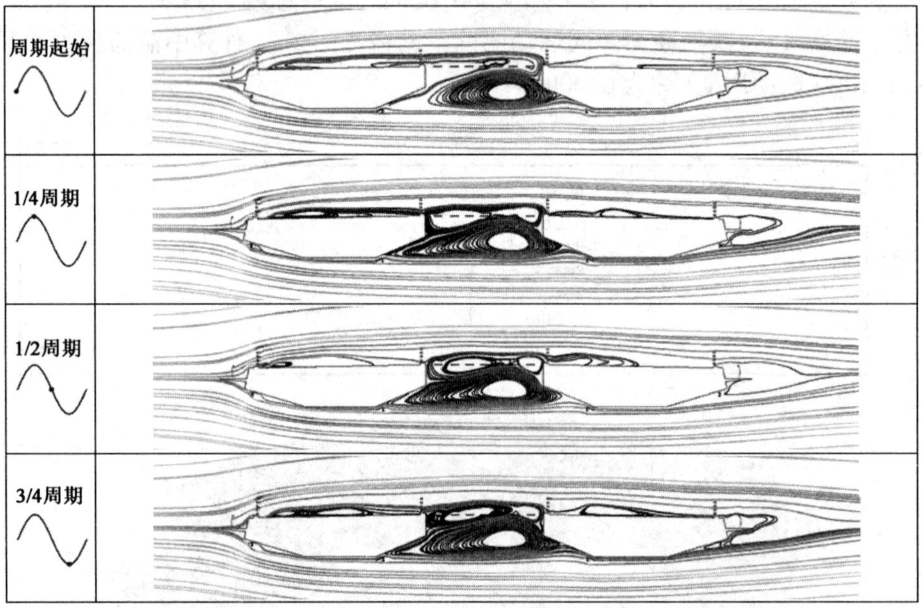

图3 方案1单周期流场迹线图

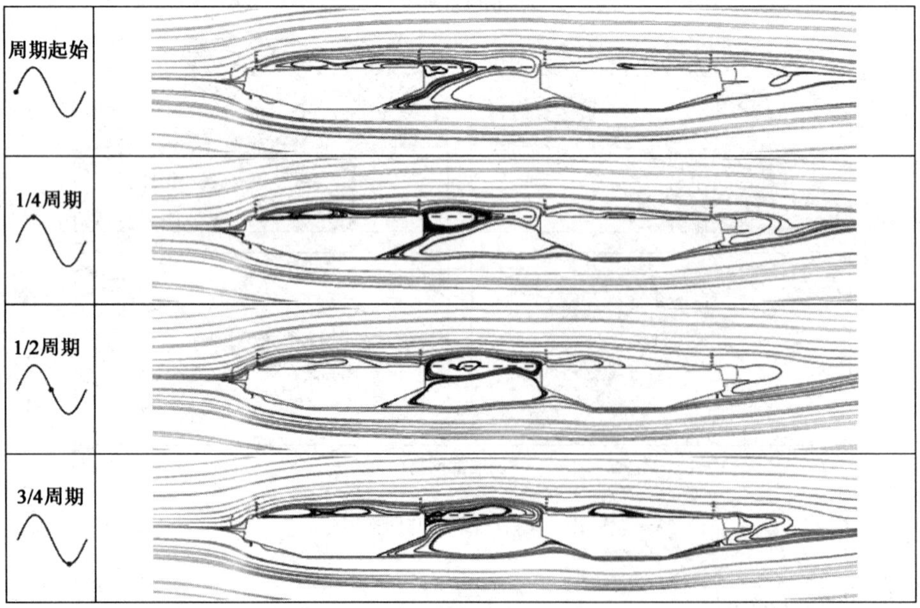

图4 方案2单周期流场迹线图

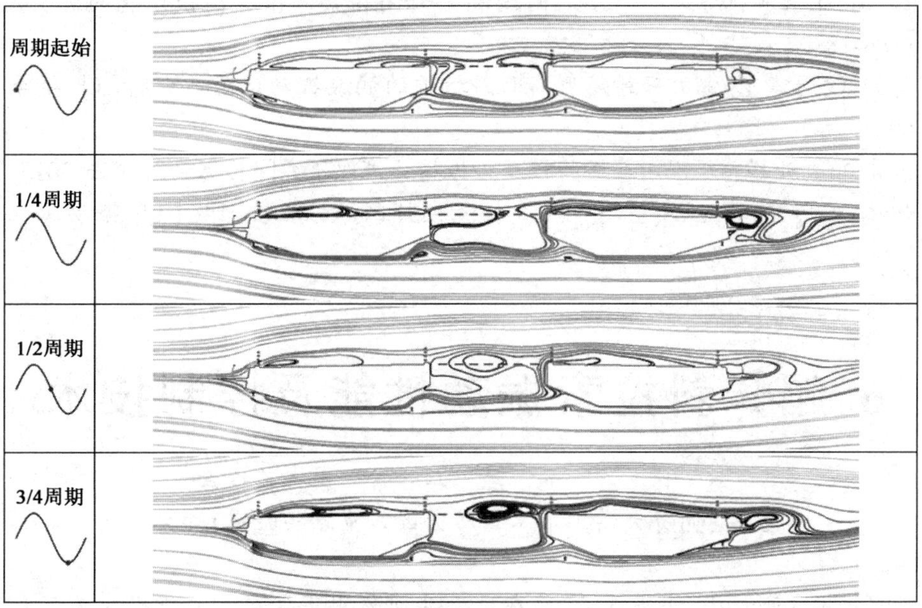

图5 方案3单周期流场迹线图

五、结　　语

检修车轨道是箱梁断面涡振性能的关键敏感构件，分体箱梁是极为常见的涡振敏感断面，选择合理的检修车轨道形式与位置，经济有效地降低主梁发生涡激共振的可能性对于分体箱梁至关重要。本文借助大比例节段模型风洞试验和CFD手段，以黄茅海大桥带水平翼板的分体钢箱梁为背景，研究了检修车轨道对主梁涡振性能的影响。研究结果显示：①在断面上部构造形式相同的情况下，梁顶旋涡的产生及脱落形式基本不发生变化；②在梁底未设置内侧检修车轨道的情况下，由于梁顶设置水平格栅，气体在中央开槽处的流动性较小，涡振幅值也相对较小；③在梁底内侧斜腹板处设置内侧检修车轨道，使中央开槽处产生稳定的大旋涡，对主梁断面的竖弯和扭转涡振性能均产生不利影响；④使内侧检修车轨道远离梁体，则只在检修车轨道下游形成单独的小旋涡，基本不影响整体流场，从而可以消除轨道对主梁断面涡振性能的不利影响。

参考文献

[1] 陈政清，黄智文. 大跨度桥梁竖弯涡振限值的主要影响因素分析[J]. 中国公路学报，2015，28(9)：30-37.

[2] 赵林，刘丛菊，葛耀君. 桥梁结构涡激共振的敏感性[J]. 空气动力学学报，2020(4)：694-704.

[3] 许福友，丁威，姜峰，等. 大跨度桥梁涡激振动研究进展与展望[J]. 振动与冲击，2010，29(10)：40-49.

[4] 鲜荣，廖海黎，李明水. 大比例主梁节段模型涡激振动风洞试验分析[J]. 实验流体力学，2009(4)：15-20.

[5] 孙延国，廖海黎，李明水. 基于节段模型试验的悬索桥涡振抑振措施[J]. 西南交通大学学报，2012(2)：48-54.

[6] 张建，郑史雄，唐煜，等. 基于节段模型试验的悬索桥涡振性能优化研究[J]. 实验流体力学，2015，29(2)：48-54.

[7] 孟晓亮，朱乐东，丁泉顺. 检修车轨道位置对半封闭分离双箱桥梁断面涡振性能的影响[C]//第十四届全国结构风工程学术会议，2009.

[8] 李春光，陈政清，韩阳. 带悬挑人行道板流线型箱梁涡振性能研究[J]. 振动与冲击，2014，33(24)：19-25.

[9] 孟晓亮,郭震山,丁泉顺,等.风嘴角度对封闭和半封闭箱梁涡振及颤振性能的影响[J].工程力学,2011(s1):184-188.

[10] 何晗欣,李加武,周建龙.中央开槽箱形断面斜拉桥的涡激振动试验与分析[J].桥梁建设,2012,42(2):34-40.

[11] 杨婷,周志勇.中央开槽箱梁涡激共振特性及抑振措施机理研究[J].振动与冲击,2015(10):76-83.

[12] 胡传新,赵林,周志勇,等.流线型闭口箱梁抑流板抑制涡振机理研究[J].振动工程学报,2020,33(1):1-11.

6.超长斜拉索振动性能及控制技术

赵 林 颜 旭 陈 兵 常 颖 葛耀君
(同济大学土木工程防灾国家重点实验室)

摘 要 超长斜拉索刚度小、阻尼低,容易在风雨共同作用下发生大幅振动。为了克服缠绕螺旋线和表面布置凹坑等气动措施在改善超长拉索风雨激振性能的同时对风载特性的影响,提出一种新型的改变拉索表面亲水性能的涂层处理手段,并结合风洞试验对比研究了聚脲涂层和传统缠绕螺旋线对拉索风雨激振和风荷载参数的影响。研究发现:聚脲涂层和螺旋线均能抑制拉索风雨激振,聚脲涂层对比缠绕螺旋线可以显著降低拉索横向风阻力达30%,显著改善拉索横风向受力性能。

关键词 斜拉索 风雨激振 风洞试验 风荷载 聚脲涂层 螺旋线

一、引 言

作为斜拉桥的基本受力构件之一,斜拉索具有柔度大、阻尼低的特点,这使其极易受到各种外界激励而发生大幅振动,特别是在风雨共同作用下发生的拉索风雨激振现象,振幅最大可达到拉索直径的3~5倍[1-2]。斜拉索的振动特别是风雨激振容易引起拉索的疲劳,破坏拉索的防腐蚀系统,严重的还会造成拉索的失效[3],为此,1998年在丹麦召开的国际桥梁空气动力学学术会议上将拉索风雨激振的机理研究确定为一段时间内的重点问题之一。此外由于拉索数量多、长度大,随着斜拉桥跨径的增长,斜拉索受到的风荷载也越来越大,例如苏通长江大桥斜拉索横向风荷载在结构总体横向风荷载中所占比例超过40%[4],因此有效控制拉索的风荷载对于桥梁设计而言十分重要。

为了抑制拉索风致振动,在拉索表面进行气动处理以其有效性和经济性被广泛使用,常见的气动处理措施有涂层、设置螺旋线、压制凹坑等。在拉索表面缠绕螺旋线是一种常见的、有效的气动处理方法,目前已经在法国Normandy桥和南京长江二桥等国内外大跨度桥梁上得到广泛应用,其作用机理是破坏拉索表面水线的形成,进而起到抑制拉索风雨激振的作用。此外,为了拉索防腐的需要涂层被广泛使用,聚脲作为一种高效的防腐、耐磨材料,具有很强的憎水性,有风洞试验表明[5],拉索表面材质的改变会影响水线的形成,从而对拉索风雨激振产生影响,表面材质亦会改变拉索雷诺数临界区域,从而对拉索的气动稳定性产生影响[6]。无论是螺旋线还是聚脲涂层,这些措施在抑制拉索风雨激振的同时一般会改变拉索的风荷载,相关气动措施的采用必须同步评估抑制拉索风雨激振的效应,又要合理考虑其对拉索风荷载的影响。

目前,关于螺旋线的施加对拉索风雨激振及风荷载的影响,学者们已经得出了许多研究成果,例如李文勃[7]、刘庆宽[8-9]、顾明[10]和李寿英[11]等,但是鲜有学者就聚脲涂层等改变拉索表面材质后抗风性能展开过相关研究,相近的学术成果主要集中在不同粗糙度圆柱绕流的测力和测压[6]。本文拟通过风洞试验,分别就传统螺旋线和聚脲涂层的施加对拉索风雨激振的抑制效果以及对拉索风荷载的影响展开研究,为相关桥梁设计和研究提供参考。

二、风洞试验

1. 试验模型

为了保证试验的可靠性,拉索模型采用实际拉索节段的外包护套,确保了模型的表面材料与实际拉索的表面材料一致。试验模型直径取 $D=139$mm,表面分为 4 种状态:无气动措施表面(M1)、聚脲涂层表面(M2)、螺旋线 A 处理表面(M3)、螺旋线 B 处理表面(M4)。螺旋线参数如下:螺旋线 A 的螺距为 $8D$,高度 $d=1.5$mm,双螺旋线分布;螺旋线 B 的螺距为 $8D$,高度 $d=1.2$mm,也为双螺旋线分布。经测量,聚脲涂层厚度非常小(≤0.2mm),可以忽略其对拉索索径改变的影响。试验模型实物及其截面参见图 1。

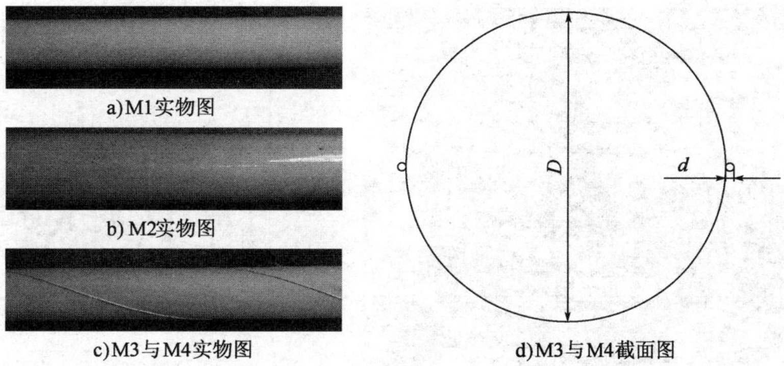

图 1　试验模型外观及其截面尺寸一览

2. 风雨激振试验

测振试验在同济大学 TJ-1 直流式边界层风洞进行,该风洞实验段尺寸为 1.8m×1.8m×14m,风速范围为 0.5~30m/s,风洞尾部扩散段出口处接有射流喷管,形成自由射流区,其出口截面直径为 2.4m,本实验在自由射流区进行。斜拉索通过弹簧连接、悬挂于定制的试验支架上,可以很方便地调节拉索的倾角 α(拉索中轴线与水平面的夹角)以及风向角 β(拉索中轴线在水平面的投影与射流段出风口平面的夹角),α、β 的详细示意见图 2。为了保证试验的效果,拉索中心点与射流段出风口中心位于同一高度,其连线与风向平行,距离为 2m。TJ-1 风洞射流段出口处还配备 ZKSB-3 全自动测控模拟降雨器系统,可以很好地模拟降雨环境,其有效降雨面积为 4m×4m,能实现 0~100mm/h 连续可调降雨强度模拟。该降雨系统主要有三个部分组成:供水系统、喷淋系统及控制反馈系统,其中喷淋系统由 3 组不同规格(口径分别为 1/8in、2/8in 和 3/8in)的垂直全喷式雨滴模拟专用喷头组成,控制系统通过电子雨量计实时测量并将信息传回调控面板,从而实现降雨强度的反馈调节。拉索、降雨系统和射流段的空间位置详见图 2。试验振动信号通过安装在拉索两端的加速度计进行采集。

3. 测力试验

测力试验在石家庄铁道大学串联双试验段多功能边界层风洞进行,该风洞的高速试验段宽 2.2m,高 2.0m,长 5.0m,最大风速大于 80.0m/s,较好地满足高雷诺数条件试验测力要求。测力设备采用美国 ATI 公司生产的 DELTA 六分量高频天平,分别与水平放置的拉索模型两端相连。天平 Z 向量程 0~990N,X、Y 向量程均为 0~330N,测量精度 1/16N。通过测量拉索的阻力、升力,换算得到阻力系数、升力系数,并使用 Cooper[12] 等人提出的改进公式进行阻塞度修正

$$C_{\mathrm{D}} = C_{\mathrm{D}}^{0} / (1+\varepsilon_{\delta}+\varepsilon_{\mathrm{w}})^{2} \tag{1}$$

式中:C_{D}——修正后阻力系数;

C_{D}^{0}——阻力系数试验测量值;

ε_{δ}——固壁阻塞系数,其值与风洞截面尺寸,模型尺寸以及风速有关;

ε_{w}——尾流阻塞系数,包括因气流分离的附加阻力和固壁摩擦引起的附加阻力。

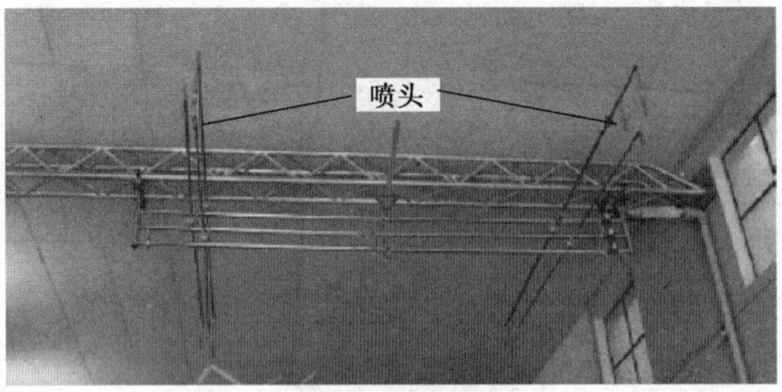

a)试验室降雨喷淋系统

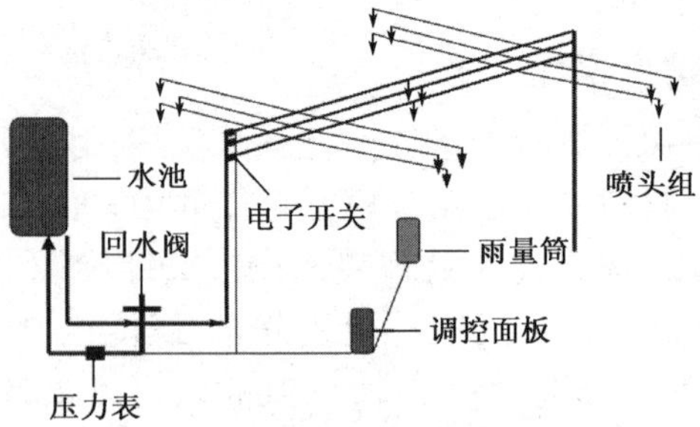

b)降雨喷淋系统功能模块组合图示

c)射流段试验模型和悬吊支架系统

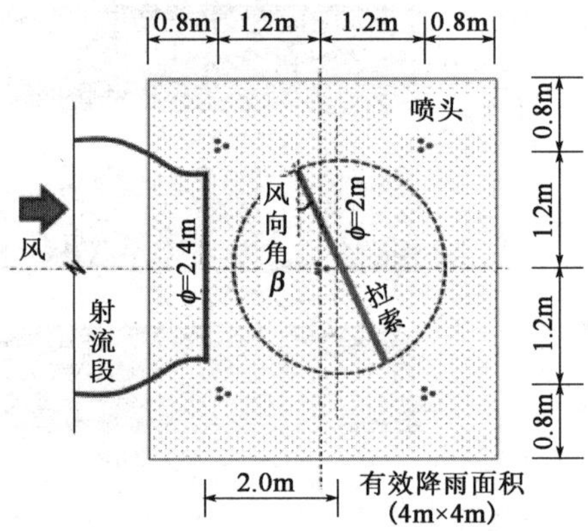

d)试验段模型与有效降雨工作段图示

图 2　高精度自动降雨模拟试验系统

模型与天平的连接部分做以下处理:两端天平外部套装了拉索补偿模型,测力模型与补偿模型之间装有直径 600mm 的圆形端板,该端板同补偿模型直接固定并与被测拉索模型保留足够间隙,以上手段均可以较好地避免拉索索段和洞壁的三维端部效应。测力试验模型安装参见图 3。

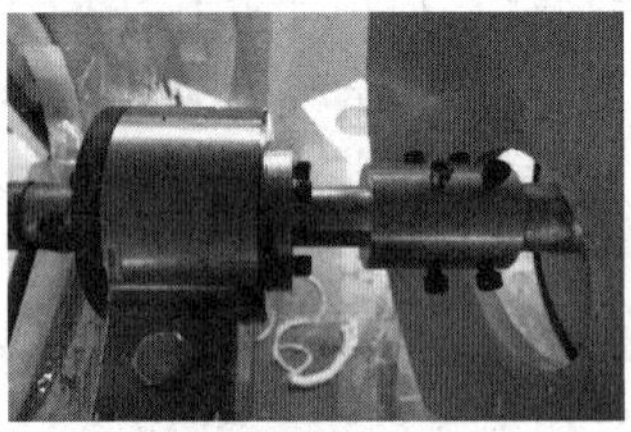

a)测力天平

b)补偿模型及端板

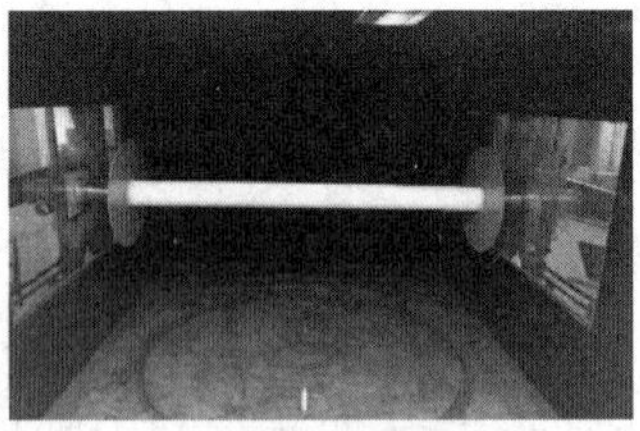

c)M1模型安装

图 3　测力模型细部构造与试验安装

三、气动措施对拉索风雨振的影响

试验选择 M1、M2、M3 三种模型,模型长度均为 2m,模型只取实际拉索的外护套,确保拉索模型的 Reynold 数和 Strouhal 数与实际原型拉索一致;但由于去掉索芯钢丝部分,导致模型质量大大减小,放宽了涉及质量和阻尼参数 Scruton 数的模拟要求。试验过程通过调节风速、雨强、风向角、风偏角参数,确定 M1 模型产生最不利风雨激振的精细化再现条件,然后在同等试验条件进一步研究 M2 和 M3 模型的振动性能,对比探究施加不同气动措施对拉索风雨激振的影响。

通过试验发现,在倾角 25°、风向角 25°的空间姿态下,拉索模型容易发生风雨激振,保持倾角和风向角不变,调节风速和降雨强度对 M1 模型进行试验。图 4 表明了不同降雨强度情况下,M1 模型振幅随风速的变化情况,从中可以看出:①相较无雨情况,在有雨情况下拉索在 7 ~ 10m/s 风速区间发生了大幅风雨激振;②风雨激振的发生对风速和降雨强度都比较敏感,风雨激振只发生在特定的风速区间和降雨强度区间内;③在降雨强度为 20mm/h 和风速为 8m/s 时,出现了最大幅的风雨激振振幅现象。

保持倾角 25°、风向角 25°,将降雨强度设定为 20mm/h,对模型 M2 和 M3 进行实验。从实验结果可以看出,对于聚脲涂层模型 M2,6 ~ 10m/s 范围内的拉索风雨激振均得到了较好的抑制,但是在 3 ~ 6m/s 的低风速区出现了一定的风雨激振,但其振幅较小;对于 1.5mm 高螺旋线模型 M3,不仅在 6 ~ 10m/s 范围内的拉索风雨激振均得到了较好的抑制,并且在其他风速区间也没有出现风雨激振。总体而言,聚脲涂层和螺旋线这两种措施均能较好地抑制拉索的风雨激振,详细试验结果见图 5。

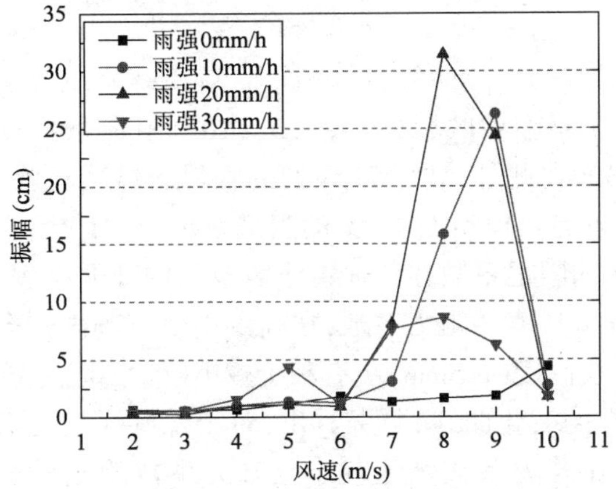

图 4 M1 振幅-风速变化规律

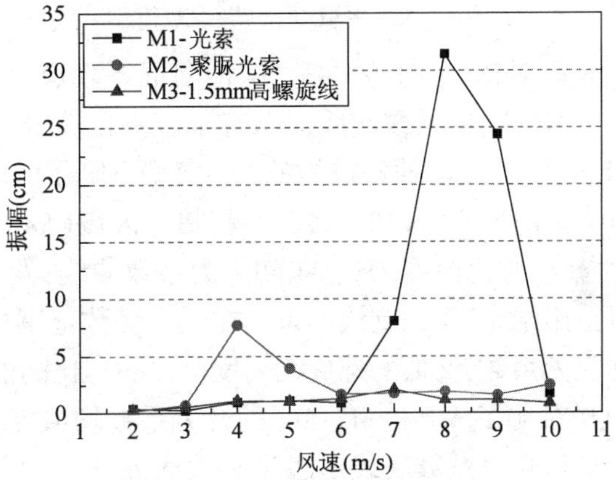

图 5 M1,M2,M3 振幅-风速变化规律

四、气动措施对拉索风荷载影响

对 M1、M2、M3、M4 四种模型进行试验,模型长度均为 1.7m。在风洞体内无风状态下测试气温、气压和湿度,计算出运动黏性系数,通过公式 $Re = UD/\nu$ 计算雷诺数,其中 U 为来流风速;D 为斜拉索直径;ν 为运动黏性系数。雷诺数范围为 $8 \times 10^4 \sim 5 \times 10^5$,试验加载风速换算为 Re 递增步长为 2×10^4。

图 6 对比了 M1、M2 模型的阻力系数均值随雷诺数的变化规律,可以看出,两模型的阻力系数 – 雷诺数变化规律比较类似,均存在显著的圆柱绕流特点,具有明显的亚临界区域($Re \leqslant 2 \times 10^5$)、临界区域($2 \times 10^5 \leqslant Re \leqslant 4.3 \times 10^5$)以及超临界区域($Re \geqslant 4.3 \times 10^5$)。在亚临界区域,M1、M2 两者阻力系数完全一致,稳定在 1.0 左右;进入临界区域,两模型的阻力系数均随雷诺数的上升而下降,它们的不同之处在于 M2 在该区域阻力系数均小于 M1,并且 M2 的阻力系数下降斜率也小于 M1;在超临界区域,两模型的阻力系数重新开始稳定不变,此时 M2 的阻力系数为 0.31,小于 M1 的 0.35。从图中我们可以发现,聚脲涂层的采用可以改善拉索的顺风向风荷载,在雷诺数临界区域风速范围内,其阻力系数较无气动处理拉索要低。

除了顺风向风荷载,拉索的横风向风荷载会对拉索的振动产生影响,是拉索风荷载的重要组成部分。图 7 对比了 M1、M2 模型的升力系数均值随雷诺数的变化规律,为了方便比较,图中的升力系数均值没有考虑方向,为实测升力均值的绝对值。从图中我们可以发现,在亚临界区域,M1、M2 两者升力系数比较接近,均在 0 附近;当雷诺数增长到接近临界区域时,M1、M2 的升力系数均迅速增加,其峰值分别达到 1.02 和 1.27,当雷诺数接近超临界区域时,两者的升力系数迅速下降;进入超临界区域后,两模型的升力系数重新稳定,此时 M2 的升力系数略大于 M1,但差距不大。由此可知,聚脲涂层的采用在亚临界区域和超临界区域内对拉索的升力系数影响不大,但在临界区域则会明显增加拉索的升力系数,其幅值增加了近 25%,而升力系数的增加导致了拉索的气动不稳定性。

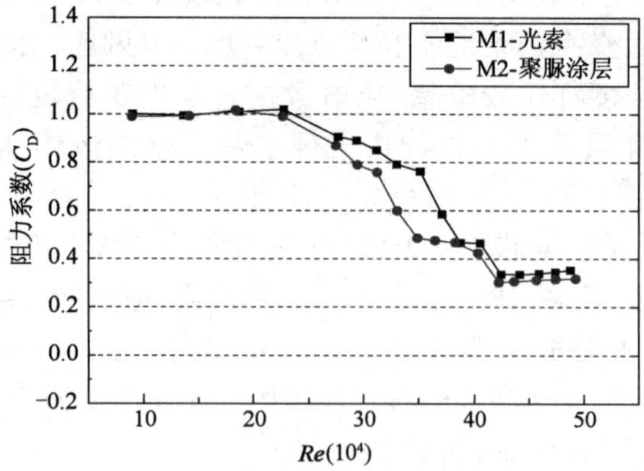

图 6 阻力系数-雷诺数变化规律

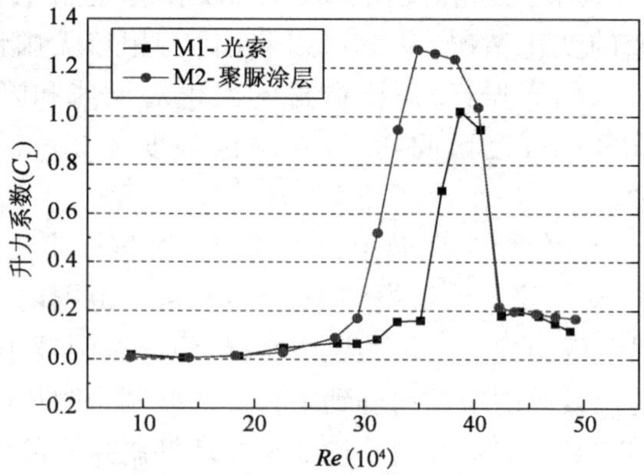

图 7 升力系数-雷诺数变化规律

图 8 则对比了 M1 和 M3、M4 的阻尼系数均值随雷诺数的变化曲线，可以看出，对于螺旋线气动措施模型 M3、M4，阻尼系数曲线形态有了较大的变化，首先在亚临界区域（$Re \leqslant 3.5 \times 10^5$）阻尼系数稳定在 0.7～0.8，较无气动处理措施的 M1 模型下降了 20%～30%，此外，M3、M4 模型的临界区域明显收窄，为 $3.5 \times 10^5 \leqslant Re \leqslant 4.3 \times 10^5$，最后在超临界区域（$Re \geqslant 4.3 \times 10^5$），模型 M3、M4 的阻尼系数较 M1 高，稳定在 0.57 附近。对比模型 M3、M4 的阻力系数曲线，发现 M4 的阻尼系数在任何雷诺数范围内都低于 M3。由此可以得出结论：①螺旋线的采用在低雷诺数范围内会降低拉索的阻力系数，在高雷诺数范围内则会增加拉索的阻力系数；②低的螺旋线高度（1.2mm）比高的螺旋线高度（1.5mm）更有利于减小拉索的阻力系数。

图 9 对比了 M1 和 M3、M4 的升力系数均值随雷诺数的变化曲线，可以看出，对于螺旋线气动措施模型 M3、M4，升力系数曲线形态没有太大变化，主要表现在升力系数峰值减小且升力系数的显著区间收窄：与 M1 的升力系数峰值 1.02 相比，M3 的升力系数峰值为 0.33，M4 为 0.38。这些变化有利于拉索的气动稳定性。由此可以看出，螺旋线气动措施可以显著的改变拉索的横风向风荷载。

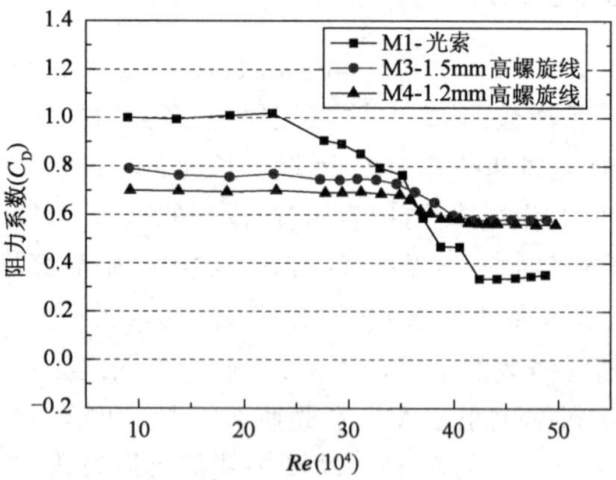

图 8 阻力系数-雷诺数变化规律

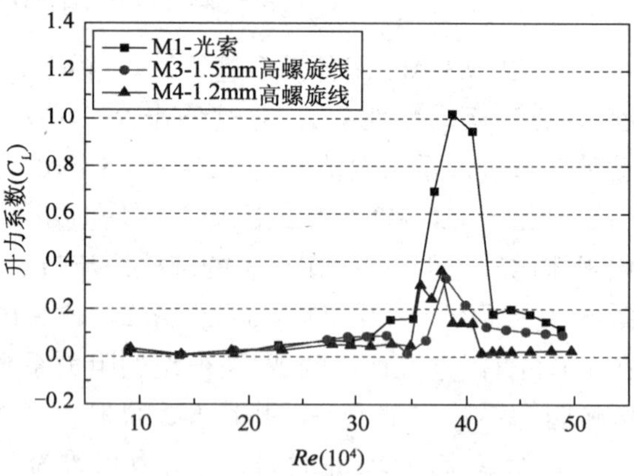

图 9 升力系数-雷诺数变化规律

经统计，相当数量的大跨斜拉桥的设计基准风速介于 35～45m/s，以苏通大桥的设计基准风速 39m/s 计算，此时对应的雷诺数为 3.58×10^5，在该风速下，聚脲涂层模型 M2 的阻力系数为 0.48，而螺旋线模型 M3 和 M4 对应的阻力系数分别为 0.7 和 0.66，可见对比螺旋线，聚脲涂层有效降低风阻系数分别达到 31% 和 27%。

五、结　　语

通过对拉索模型进行风雨激振试验和气动力试验，从抑振效果和气动力系数两个方面，对聚脲涂层和环绕螺旋线两种表面处理措施进行了研究，得到了以下结论：

（1）无气动处理措施斜拉索在倾角 25°、风偏角 25°、降雨强度 20mm/h 条件下，会发生大幅度的拉索风雨激振，在 8m/s 风速下达到最大振幅 32cm。

(2)聚脲涂层对6~10m/s风速范围内的拉索风雨激振有较好的抑制作用,但会在3~6m/s的低风速区引发新的风雨激振,虽然其振幅较小;螺旋线对试验的全风速范围内的拉索风雨激振均有很好的抑制。

(3)相较光索,在亚临界区域和超临界区域内,聚脲涂层对拉索气动力的影响较小,在临界区域聚脲涂层能降低拉索的阻力系数但同时会增加升力系数。

(4)对比无处理光索面,螺旋线在低雷诺数范围内会降低拉索的阻力系数,在高雷诺数范围内则会增加拉索的阻力系数,在所有雷诺数范围内螺旋线均能降低拉索的升力系数。

(5)在常遇设计基准风速条件下,聚脲涂层对比缠绕螺旋线可以显著降低拉索横向风阻力达30%,显著改善拉索横风向受力性能。

综上,聚脲涂层能有效改善拉索的横桥向风阻性能,并且对拉索风雨激振也有相当程度的抑制,对于大跨度斜拉桥的抗风安全性有潜在的工程应用价值。

参考文献

[1] HIKAMI Y, SHIRAISHI N. Rain-wind induced vibrations of cables stayed bridges [J]. Journal of Wind Engineering and Industrial Aerodynamics, 1988, 29(1): 409-418.

[2] VERWIEBE C. Exciting mechanisms of rain-wind-induced vibrations [J]. Structural engineering international, 1998, 8(2): 112-117.

[3] ABDEL-GHAFFAR A M, Khalifa M A. Importance of cable vibration in dynamics of cable-stayed bridges [J]. Journal of Engineering Mechanics, 1991, 117(11): 2571-2589.

[4] 许福友, 陈艾荣. 苏通大桥静风响应分析[J]. 工程力学, 2009, 01:113-119.

[5] YAMAGUCHI H, FUJINO Y. Stayed cable dynamics and its vibration control[J]. Bridge aerodynamics, 1998: 235-254.

[6] 刘庆宽, 张峰, 马文勇, 等. 斜拉索雷诺数效应与风致振动的试验研究[J]. 振动与冲击, 2011, 30(12):114-119.

[7] 李文勃, 林志兴. 抑制斜拉桥拉索风雨激振的气动措施研究[J]. 土木工程学报, 2005, 38(5): 48-53.

[8] 刘庆宽, 郑云飞, 马文勇, 等. 雷诺数效应对拉索气动特性的影响[J]. 工程力学, 2013:284-289.

[9] 刘庆宽, 王毅, 郑云飞, 等. 水线-雷诺数效应-拉索振动关系的试验研究[J]. 工程力学, 2012,(11):257-265.

[10] 顾明, 杜晓庆. 模拟降雨条件下斜拉桥拉索风雨激振及控制的研究[J]. 土木工程学报, 2004, 37(7): 101-105.

[11] 李寿英, 钟卫. 缠绕螺旋线拉索气动性能的试验研究[J]. 土木工程学报, 2013, (7):108-115.

[12] COOPER K R, MERCKER E, WIEDEMANN J. Improved blockage corrections for bluff bodies in closed and open wind tunnels[C]//. Wind Engineering into the 21st Century, Larsen, Larose&Livesey. 1999, 1627-1634.

7. 基于风洞试验的双箱梁桥面公路车辆气动荷载研究

陈旭骏[1] 张佳明[2,3]

(1. 上海振华重工(集团)股份有限公司;2. 西南交通大学风工程四川省重点实验室;3. 西南交通大学土木工程学院桥梁工程系)

摘 要 通过缩尺模型风洞试验获得了3种典型公路车辆在双箱梁桥面上受到的风荷载,分析了车辆位置和风攻角对车辆气动力系数的影响。结果表明,车辆的侧向力系数、滚动力矩系数和横摆力矩系数均随着车辆远离桥面迎风侧呈现出近似线性下降的趋势,而升力系数和俯仰力矩系数呈总体上升的趋势;但当风攻角为 -3°时,车辆位于背风侧的侧向力系数、滚动力矩系数和俯仰力矩系数比迎风侧的反而略有上升,且显著大于0°风攻角下的气动力系数。

关键词 风洞试验 公路车辆 双箱梁 气动力系数 车道位置 风攻角

一、引 言

随着公路桥梁建设技术的快速发展,大跨径桥梁,甚至是跨径超过2000m的超大跨径桥梁正在变得普遍[1]。这些大跨径桥梁的桥面高程往往较高,容易受到极端风的危害。此外,由于分体式双箱梁具有良好的颤振性能,其被越来越多地应用于大跨径悬索桥和斜拉桥。但除了桥梁结构本身必须满足相关的抗风标准外,还必须确保桥面上车辆在横风下的稳定性,因为这与桥梁的正常运营密切相关[2]。在过去的几十年里,不少专家学者已经提出了相关的分析模型来确定车辆行驶安全的临界风速,包括简化的准静态模型和能够考虑车辆-桥梁-风相互作用的动态模型[3-6]。这些方法都有助于桥梁管理部门作出合理的决策,以确保桥面车辆的正常行驶。然而,准确获得作用于车辆上的气动荷载是确保这些方法有效的基本前提[7]。

尽管已经有文献详细地记录了车辆在地面上的气动荷载[8],但这些数据并不适用于桥面上的车辆,因为车辆在桥面上受到的风荷载不仅与车辆本身的形状相关,还与桥梁上部结构的几何形状相关。近些年,关于桥面上车辆横风荷载的研究开始有所增多。ZHU L D[9]、DORIGATTI F[10]、李永乐[11]、韩艳[12]、KIM S J[13]和 HE X H[14]等人的研究结果表明,桥面的几何特征和车辆所处的车道位置都对作用于车身表面的气动荷载有重要影响。这些研究为桥面上公路车辆受到的横风荷载提供了宝贵的数据,但由于公路车辆及主梁类型的多样性,相关的数据仍然十分稀少,特别是对于双箱梁这种复杂的桥面。同时,有关风攻角对桥面车辆气动荷载的影响也鲜有报道。

综上所述,本文为了扩展公路车辆在双箱梁桥面上气动荷载的数据库并进一步开发精细化的风-汽车-桥数值模型,对双箱梁桥面上的3种典型公路车辆模型(中型货车、大型客运车辆和大型集装箱货车)开展了风洞测试,通过高频测力天平获得了车辆在不同车道位置和不同风攻角时的气动力/力矩,分析了车辆位置和风攻角对车辆气动力系数的影响。本文结果可为双箱梁桥面上公路车辆的气动荷载提供新的见解,并可为类似桥面上行车安全性的精细化分析提供基本参数。

二、模 型 尺 寸

1. 桥面模型

本文以正在建设的黄茅海大桥为工程背景,其上部结构形式为100m + 280m + 2 × 720m + 280m + 100m的钢箱梁斜拉桥,大桥建成后将为世界上主跨跨径最大的三塔斜拉桥,同时对粤港澳大湾区的经济发展与合作具有重要战略意义。大桥的主梁方案采用分体式双箱梁,其桥面横断面如图1所示,桥面设计有双向六车道的高速公路。

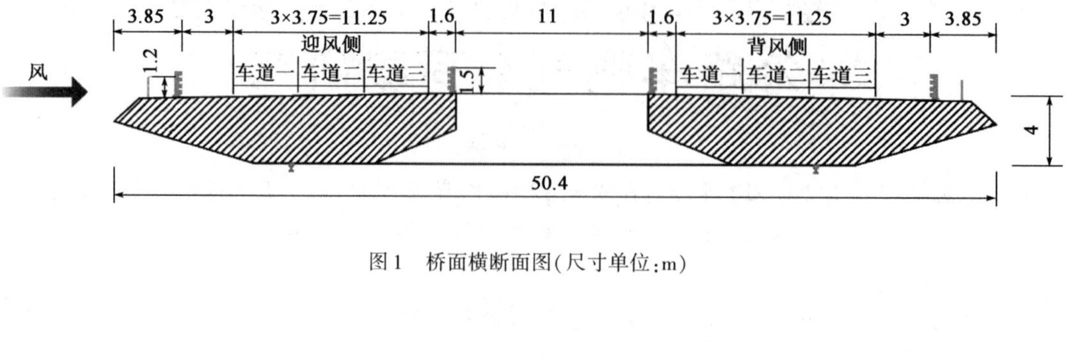

图1 桥面横断面图(尺寸单位:m)

桥面模型的缩尺比为 1∶25，缩尺后的节段模型长 3.9m，宽 2.068m，高 0.18m；人行护栏和防撞栏杆的透风率分别为 72% 和 53%。桥面主体采用优质木材进行制作，栏杆等附属设施采用高级塑料板进行整体雕刻。为了方便在桥面上安装测试车辆且不破坏桥面的平整度，在每个车道的中间部位均设置了可重复拆卸的盖板。

2. 车辆模型

结合公路车辆的运营情况及相关公路设计规范中的车辆荷载布置形式，本文选取了 3 种高边车辆作为研究对象：中型运输车、大型客运车辆和集装箱货车。车辆模型采用的缩尺比和桥面模型保持一致，缩尺后的车辆模型如图 2 所示，车身特征尺寸等信息见表 1。车辆外壳采用优质木材制作，内部设置加劲肋以确保模型的强度和刚度满足试验要求。

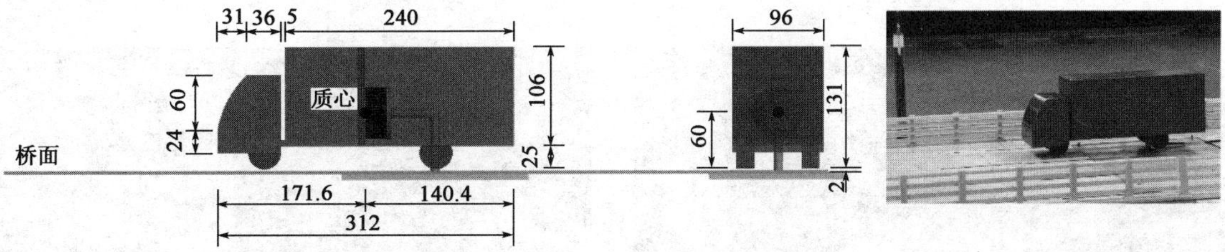

a)中型运输车

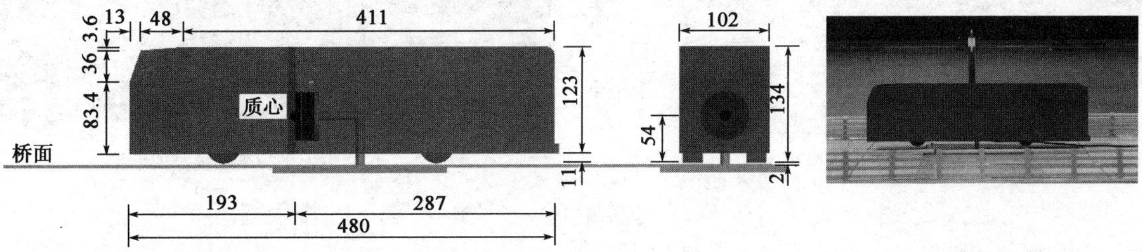

b)大型客运车辆

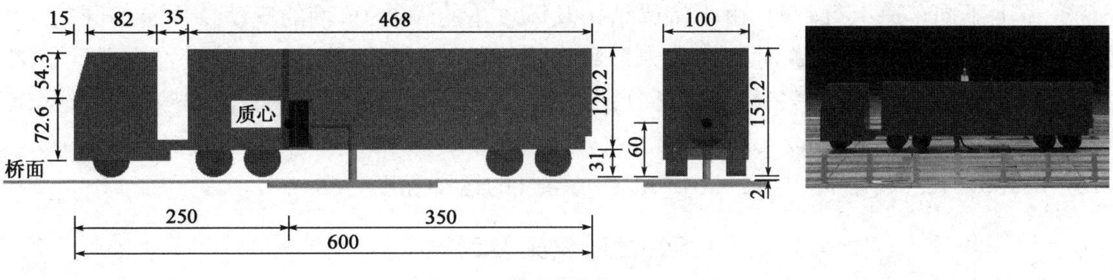

c)集装箱货车

图 2　缩尺后的车辆模型（尺寸单位：mm）

车辆的特征尺寸　表 1

车 辆 类 型	长度 L(m)		宽度 W(m)		高度 H(m)		质心高度 H_c(m)	
	原型	缩尺	原型	缩尺	原型	缩尺	原型	缩尺
中型运输车	7.800	0.312	2.400	0.096	3.280	0.131	1.500	0.060
大型客运车辆	12.000	0.480	2.550	0.102	3.350	0.134	1.350	0.054
集装箱货车	15.000	0.600	2.500	0.100	3.780	0.151	1.500	0.060

三、试 验 概 况

1. 试验装置

本文中的所有试验均在西南交通大学土木工程专用风洞（XNJD-3 风洞）均匀流场中进行。该风洞是一个闭路式风洞，高4.5m、宽22.5m、长36m，风洞可达到的最大平均风速为16.5m/s。车辆的气动力采用KWR46A六分量高频动态天平进行测试，该天平力量程和力矩量程分别为0~50N和0~2N·m，采样频率设置为500Hz，采样时间为120s。试验时的风速通过皮托管和补偿式微压计进行监测。

试验时，先将主梁固定在专用的大节段模型试验装置上，然后通过预先设计的刚性支座将连接有测力天平的测试车辆固定于主梁跨中。为防止试验过程中车轮与桥面接触，在测试模型与桥面之间预留了2mm的间隙，如图2所示。此外，为了最大限度地减少支座对车身底部流动的干扰，在桥面相应的位置处预先设置了可重复拆卸的盖板，盖板尺寸和支座的尺寸相同，从而使支座的底部隐藏在桥面以下。支座的连杆呈现出细长的圆柱，并在可能的情况下放置在车轮的后面。风洞中的试验模型如图3所示。

a)车桥模型整体概况　　b)测力天平与车辆模型的连接

图3　风洞中的试验模型

2. 试验工况

车辆在桥上不同车道上行驶时，由于桥梁结构及风攻角的影响，车辆的气动特性是不同的。因此，为考察车辆在桥面上横向不同位置时的气动力系数变化规律，对桥面的6个车道位置均进行了测试。同时，为了研究风攻角的影响，对集装箱货车还分别进行了3个风攻角（$-3°$、$0°$和$+3°$）的交叉测试。试验时的来流平均风速均设置为10m/s，以车辆高度（H）为特征尺寸的3种车辆模型的雷诺数（UH/ν）范围为$0.92\times10^5\sim1.06\times10^5$，其中$\nu=1.42\times10^{-5}\mathrm{m/s^2}$是空气的运动黏度。

四、试验结果及讨论

1. 车辆气动力系数的定义

横风作用下对车辆安全性和舒适性起主要作用的气动力和气动力矩包括侧向力F_S、升力F_L、滚动力矩M_R、横摆力矩M_Y、俯仰力矩M_P。需要注意的是，本次试验中所获得的气动力和气动力矩均是相对于车体质心位置的值，气动力及风攻角的正方向如图4所示。

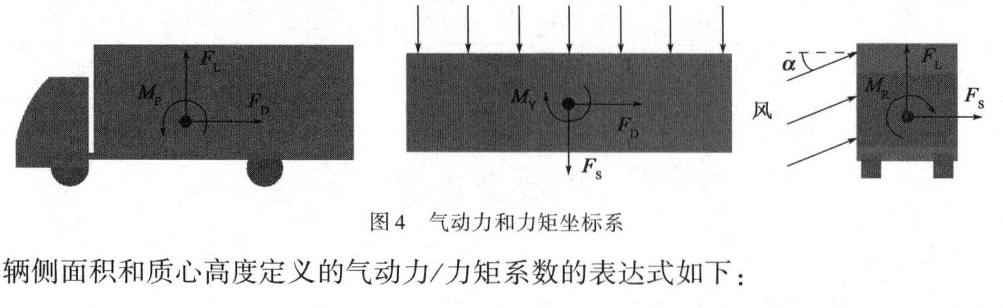

图4　气动力和力矩坐标系

根据车辆侧面积和质心高度定义的气动力/力矩系数的表达式如下：

$$
\begin{cases}
C_S = \dfrac{\overline{F}_S}{0.5\rho\overline{U}^2A_s} \\
C_L = \dfrac{\overline{F}_L}{0.5\rho\overline{U}^2A_s} \\
C_R = \dfrac{\overline{M}_R}{0.5\rho\overline{U}^2A_sH_c} \\
C_Y = \dfrac{\overline{M}_Y}{0.5\rho\overline{U}^2A_sH_c} \\
C_P = \dfrac{\overline{M}_P}{0.5\rho\overline{U}^2A_sH_c}
\end{cases} \tag{1}
$$

式中：C_S、C_L、C_R、C_Y、C_P——侧向力系数、升力系数、滚动力矩系数、横摆力矩系数和俯仰力矩系数；

$\overline{F}_S$、$\overline{F}_L$、$\overline{M}_R$、$\overline{M}_Y$、$\overline{M}_P$——相应的气动力和气动力矩的平均值；

ρ——空气密度（1.225kg/m^3）；

$\overline{U}$——来流平均风速；

A_s、H_c——车辆的侧面积（$A_s = L \times H$）和车辆的质心高度。

2. 不同车道处的气动力系数

图5为0°风攻角下，3种车辆在桥面不同车道位置处的气动力系数，横坐标代表车道中心线到桥面迎风侧边缘的距离。从图5中可以看出，车辆在桥面的横向位置对其受到的气动力有显著影响，且3种车辆的气动力系数随车辆位置的变化趋势基本相同。

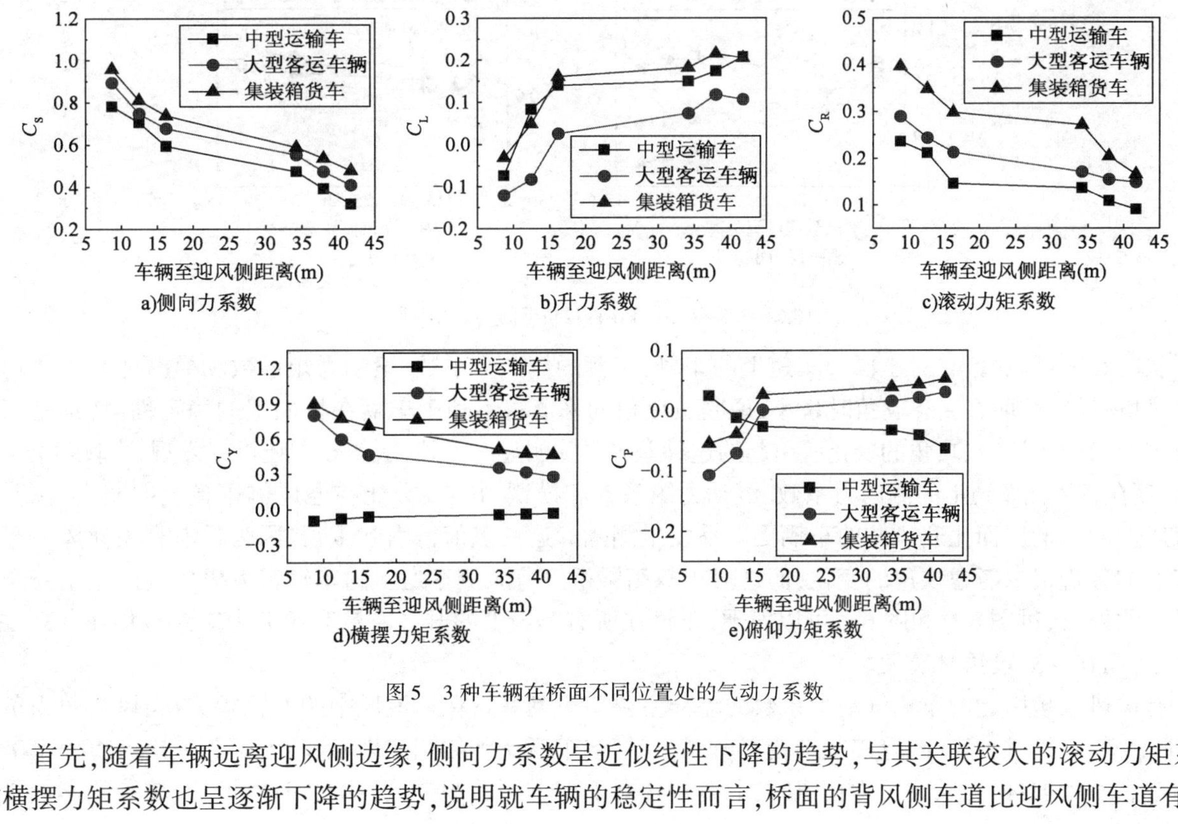

图5　3种车辆在桥面不同位置处的气动力系数

首先，随着车辆远离迎风侧边缘，侧向力系数呈近似线性下降的趋势，与其关联较大的滚动力矩系数和横摆力矩系数也呈逐渐下降的趋势，说明就车辆的稳定性而言，桥面的背风侧车道比迎风侧车道有利。

其主要原因是由于桥面的存在及栏杆的遮挡作用,来流风速在车道下方会有明显的衰减,且衰减程度随着与桥面迎风边距离的增大而增强,故作用在车辆上的侧向力会随着车辆远离迎风侧而逐渐减小,相应地,滚动力矩和横摆力矩也会逐渐减小。另外,观察中型运输车的结果可以发现,其横摆力矩呈现出负值,原因是其质心位于几何中心的后方,导致侧向力产生的力矩为负。其次,升力系数和俯仰力矩系数的变化趋势趋于一致,即随着车辆远离迎风侧呈总体上升的趋势,且升力系数在背风侧车道上均为正值,说明车辆在背风侧车道行驶时的抓地力会有所降低。同样地,由于中型运输车的质心位于后方,升力产生的俯仰力矩为负。

此外,通过比较3种类型车辆在任意车道处的侧向力系数、滚动力矩系数和横摆力矩系数可以发现,中型运输车的总是显示出最小值,而集装箱货车的总是显示出最大值,说明集装箱货车是影响桥梁在横风下正常运营的关键车辆。其主要原因是由于集装箱货车的高度最高,与中型运输车和大型客运车辆相比,其浸没在桥面低风速区域中的比例相对最小,故集装箱货车的侧向力系数、滚动力矩系数和横摆力矩系数大于其他两个车辆。

3.不同攻角下的气动力系数

图6所示为集装箱货车的气动力系数在不同风攻角下(-3°,0°和+3°)的对比情况。

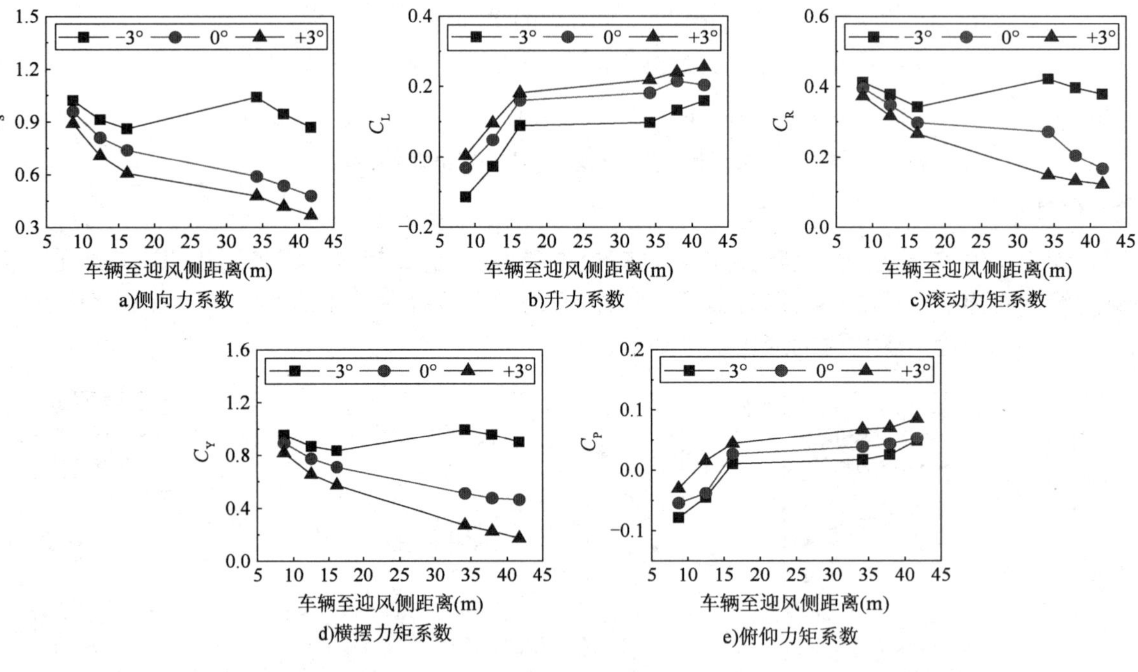

图6　集装箱货车在不同攻角下的气动力系数

从图6中可以看出,对于同一车道上的车辆,车辆的侧向力系数、滚动力矩系数和横摆力矩系数均在-3°攻角时最大,而在+3°攻角时最小,说明负攻角的来流将不利于车辆在桥面上的稳定性,特别是当车辆位于背风侧车道时,攻角的变化所引起的这种差异更加明显。另外,从图6中还可以发现,当攻角为-3°时,车辆在背风侧车道上的侧向力系数、滚动力矩系数和横摆力矩系数比在迎风侧车道上的略大,说明此时背风侧的车辆反而比迎风侧的车辆更容易发生侧翻。这一点值得引起重视,因为目前有关横风下车辆稳定性的分析很少考虑攻角的变化,而这对于双箱梁桥面背风侧车道上的车辆很大概率会产生不安全的结果。此外,通过图6b)和图6e)可以发现,车辆在所有车道上的升力系数和俯仰力矩系数均在-3°攻角时最小,而在+3°攻角时最大。

有关风攻角引起的车辆气动力系数的差异主要与车辆暴露在来流风中的面积相关:当风攻角为负值时,上游栏杆对下游车辆的遮挡范围会有所减小,导致车辆受到的侧向力、滚动力矩和横摆力矩相比0°风攻角会有所增加;而当风攻角为正值时,上游栏杆对下游车辆的遮挡范围则会有所增加,故导致车辆受到的侧向力、滚动力矩和横摆力矩相比0°风攻角会有所减小。另外,受主梁中央开槽的几何特征影响,风攻角对对背风侧车道上车辆气动荷载的这种影响更加显著。而且,由于距离开槽处较近的缘故,背风侧第一车道上的风速甚至会大于迎风侧车道上的风速,故此时车辆在背风侧车道上受到的横风荷载大于迎风侧车道上的荷载。然而,升力系数及与其相关的俯仰力矩系数随风攻角的变化原因尚需要借助流动可视化技术做进一步分析,因为升力主要与车辆顶部的流动分离有关。

五、结　语

本文通过风洞试验获得了3种公路车辆在双箱梁桥面上的气动力/力矩,分析了车辆位置和风攻角对车辆气动力系数的影响,可以得出以下结论:

(1)对于所测试的3种车辆,中型货车显示出侧向力系数和滚动力矩系数的最低值,而集装箱货车的侧向力系数和滚动力矩系数显示出最大值。就横风下的稳定性而言,集装箱货车是影响桥梁正常运营的关键车辆。

(2)随着车辆与桥面迎风侧边缘的距离增大,车辆的侧向力系数、滚动力矩系数和横摆力矩系数均呈现出逐渐减小的趋势,而升力系数和俯仰力矩系数呈现出总体上升的趋势;但当风攻角为-3°时,车辆位于背风侧的侧向力系数、滚动力矩系数和俯仰力矩系数相比于迎风侧的反而略有上升。

(3)对于同一车道上的车辆,车辆的侧向力系数、滚动力矩系数和横摆力矩系数在-3°攻角时最大,在+3°攻角时最小,而升力系数及俯仰力矩系数正好相反,即在+3°攻角时最大,在-3°攻角时最小。

(4)桥面几何特征、车道位置及风攻角对桥面上车辆受到的横风荷载均有一定影响。就双箱梁桥面交通管理措施的制定而言,以迎风侧第一和背风侧第一车道上的车辆在负攻角来流下的气动参数作为分析基础会更加安全。

参考文献

[1] HUANG W, PEI M, LIU X, et al. Design and construction of super-long span bridges in China: Review and future perspectives[J]. Frontiers of Structural and Civil Engineering, 2020, 14(4): 803-838.

[2] CHEUNG, M S, CHAN Y B. Operational Requirements for Long-Span Bridges under Strong Wind Events [J]. Journal of Bridge Engineering, 2010, 15(2): 131-143.

[3] XU Y L, GUO W H. Dynamic analysis of coupled road vehicle and cable-stayed bridge systems under turbulent wind[J]. Engineering Structures, 2003, 25(4): 473-4886.

[4] CAI C S, CHEN S R. Framework of vehicle-bridge-wind dynamic analysis[J]. Journal of Wind Engineering and Industrial Aerodynamics, 2004, 92(7): 579-607.

[5] 韩万水,陈艾荣.风-汽车-桥梁系统空间耦合振动研究[J].土木工程学报,2007,40(09):53-58.

[6] 李永乐,赵凯,陈宁,等.风-汽车-桥梁系统耦合振动及行车安全性分析[J].工程力学,2012,29(5):206-212.

[7] 韩艳,刘叶,黄静文,等.考虑车桥间气动干扰的桥上车辆行驶安全性分析[J].湖南大学学报(自然科学版),2019,46(7):76-85.

[8] BAKER C J. Ground vehicles in high cross winds part I: Steady aerodynamic forces[J]. Journal of Fluids and Structures, 1991, 5(1): 69-90.

[9] ZHU L D, LI L, XU Y L, et al. Wind tunnel investigations of aerodynamic coefficients of road vehicles on bridge deck[J]. Journal of Fluids and Structures, 2012(30): 35-50.

[10] Dorigatti F, Sterling M, Rocchi D, et al. Wind tunnel measurements of crosswind loads on high sided vehicles over long span bridges[J]. Journal of Wind Engineering and Industrial Aerodynamics, 2012, 107-108: 214-224.

[11] 李永乐,周昱,葛世平,等.主梁断面形状对车-桥系统气动特性影响的风洞试验研究[J].土木工程学报,2012,45(07):127-133.

[12] 韩艳,胡揭玄,蔡春声,等.横风下车桥系统气动特性的风洞试验研究[J].振动工程学报,2014,27(01):67-74.

[13] KIM S J,SHIM,J H,KIM H K. How wind affects vehicles crossing a double-deck suspension bridge[J]. Journal of Wind Engineering and Industrial Aerodynamics,2020(206):104329.

[14] HE X H,XUE F R,ZOU Y F,et al. Wind tunnel tests on the aerodynamic characteristics of vehicles on highway bridges[J]. Advances in Structural Engineering,2020,23(13):2882-2897.

8.跨海通道钢桥智能涂装设计及工程实践

赵　涛　阮家顺　张　华　伍鲲鹏
(武船重型工程股份有限公司)

摘　要　随着交通强国战略的实施,跨海通道钢桥建设得到了快速发展,但海洋环境会腐蚀严重影响钢桥性能,从而影响使用安全。随着智能制造的进一步实施,跨海通道钢箱梁的智能涂装势在必行。智能涂装主要采用机器人,代替人工喷涂的传统施工方法。通过总结工程实践经验、攻关关键技术建立节段智能喷涂生产线,采用机器人和智能控制系统,实现生产过程的自动化、信息化、智能化,提高效率和质量。

关键词　跨海通道　钢桥　智能涂装　喷砂　喷涂

一、引　　言

跨海通道钢桥所处的近海地域,空气中盐分含量高,腐蚀环境达到C5M,非常恶劣。由于日后维修工作施工难度大,加之地理地位重要,频繁维修会对大桥营运带来极大的不便。钢桥传统人工涂装作业模式面临人工、环境和成本的多重挑战,同时因客观原因存在一定的施工问题和质量隐患。在《中国智能制造2025》及国家环保要求的大环境下,桥梁钢结构自动化和智能化涂装势在必行。深中通道钢壳首次采用大规模智能涂装装备后,后续跨海通道等钢箱梁也陆续采用智能涂装生产线,采用机器人等对钢箱梁外表面进行智能化涂装试点,代替人工喷砂、喷漆作业。实施过程中出现许多应用问题,通过不断应用优化升级,总结分析研究经验和规律,智能涂装的使用越来越广泛,成果也逐步显现。由于产线投资大,跨海通道桥梁产品多样性及资源整合的需要,需促进智能涂装产线由专用向通用转变;通过对智能涂装应用的总结和发展方向的探讨,为智能涂装在未来众多跨海通道及其他形式钢桥施工中广泛应用提供帮助和借鉴。

二、跨海通道钢箱梁结构及涂装特点

钢桥结构形式包括钢箱梁、钢桁梁、钢管拱、钢板梁等,其中跨海通道钢桥一般为斜拉桥、悬索桥或连续梁,结构一般为钢箱梁,如图1所示,尺寸较大,为有规则的标准箱体,如黄茅海大桥。

黄茅海跨海通道路线起于珠海市高栏港经济区平沙,向西跨越崖门口黄茅海水域,经江门市台山市赤溪镇,终于台山市斗山镇中和村。项目全长约31km。G2标中引桥采用(6+5+5)×100m=1600m钢箱连续梁桥,左右幅分离,中间设置横向连接箱。单幅钢箱梁梁体宽18.25m,左、右幅总宽47.5m,钢箱梁梁高为4m。中引桥横断面图如图2所示。

因此,对于腐蚀环境最恶劣的外表面,可以使用天车或小车搭载机器人并加装相应喷枪及辅助设备,可实现对不同钢箱梁的喷砂、热喷涂、喷漆作业,实现智能设备的有效利用。钢桥内表面因含有隔板、U形肋等结构件,横隔板、腹板将箱梁内部分割成一个个空间,存在结构死角,目前机器人涂装系统不能完全覆盖或达不到质量要求,需要进一步研发解决。

图1 跨海通道钢桥吊装图

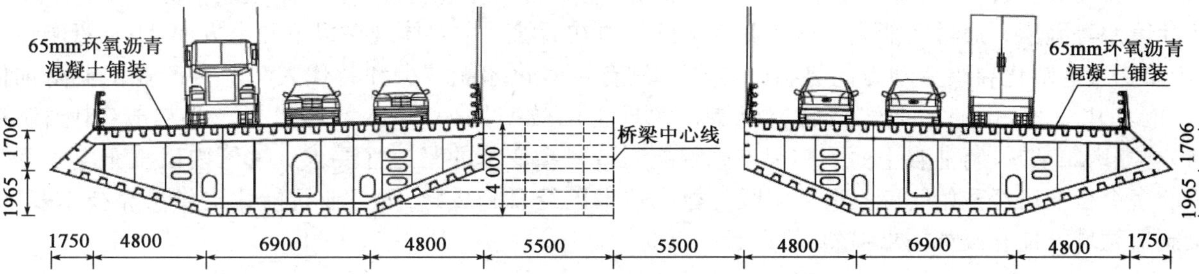

图2 黄茅海跨海通道中引桥横断面图(尺寸单位:mm)

三、跨海通道智能涂装的意义与紧迫性

涂装是跨海通道钢桥腐蚀防护的一个重要工序,不仅需要具有高盐、高湿等腐蚀环境下良好防护性能,也关系到跨海通道钢桥良好装饰效果的外观质量,是产品价值的重要构成要素。

传统涂装作业分为喷砂和喷漆。喷砂存在如下问题:喷砂会产生大量灰尘,施工人员职业健康环境差;人工喷砂劳动强度大疲劳后动作变形、走样,如存在漏喷,返工耗时耗工影响进度(图3)。金属热喷涂存在如下问题:职业健康环境差,耗电耗能环保型差,施工效率低(图4)。喷漆存在如下问题:涂料调配及喷涂工序全靠人工,随意性较强;喷涂速度、距离及喷幅大小等靠工人技能水平高低,涂层厚度均匀性、内在质量和外观不能批量一致(图5)。

图3 人工喷砂施工

图4 金属热喷涂施工图

但喷砂、喷漆等工艺重复单调,现有技术下,克服构件空间大的因素外可实现高效替代。

与人工操作相比,喷砂机器人能按程序路径无漏喷、过喷,提高一次报检合格率,提质增效;喷涂机器人通过协同控制,可以保证涂层性能及均匀一致性,可以有效避免过喷、漏喷及无效喷涂现象,提高了涂

图5 人工喷漆施工

料利用率,提高了生产效率、厚度均匀性和涂层外观美观度。

智能化涂装系统要求可按高度仿真实施、在工件模型、工艺模型导入时,根据技术参数,自动生成基本作业程序,实现喷涂全过程自动化、连续化。

智能涂装的意义如下:从宏观方面看,供给侧结构性改革效果显著,未来智能制造成为新动力。2015年后我国第二产业发展增速不断回升,主要是因为去产能政策的推进使得我国工业在短暂阵痛后焕发生机;2017年后,第二产业增加值再次回落,未来智能制造将成为保持工业持续快速发展的源动力。劳动力、产业转型、政策和技术四大引擎将大力主推我国智能制造改革浪潮。

从行业发展看,桥梁制造及涂装一直是传统的劳动力密集作业行业,存在作业效率低、劳动成本高、作业环境差等因素。通过智能化实现产业变革已经迫在眉睫。主要体现在以下几个方面:①工资刚性上升,产业工人老龄化导致劳动力优势急剧减弱。只有智能化才能减少和替代人工。②产业工业附加值低,产能利用率低,倒逼行业转型通过智能化实现生产效率提高,降本增效目标。③响应《中国制造2025》规划政策要求,行业自上而下实现支撑智能制造体系变革的紧迫性要求。④国内以汽车电子等为龙头的多个行业已经开始智能制造的实践。智能技术已经日趋成熟,为行业智能化提供可靠技术基础,桥梁制造领域智能化改革需求强烈,势在必行。

四、国内主要跨海通道智能涂装的应用现状

大型桥隧智能涂装特点是:钢梁体量规模大、结构相似,涂装质量要求严格,具备自动化、智能化制造前提和内在需求。已投产应用的项目包括:①深中钢壳GK01标段、GK02标段;②舟山港主通道3标段钢箱梁;③瓯江北口桥;④深中通道钢梁G03~G05标段;⑤黄茅海跨海通道等。

深中通道开创了桥梁智能制造的先河,多个项目实践了多种智能化技术路线,从方案到产线投产,虽然有其他行业经验但也历经磨难,出现了不少问题,为后续项目顺利发展锻炼了队伍,革新了理念,激发出创新,积累了经验,为技术迭代提供了工程载体。各产线各有特色,有的产线能满足钢箱梁底板和斜底板的喷砂和喷漆涂装施工。有的系统悬臂搭载机器臂能灵活完成各项动作能满足桁架桥涂装要求。有的系统灵活性最高,大量采用AGV(Automated Guided Vehicle,自动导引小车)可以快速部署,但喷砂环境恶劣,喷砂地面积砂和喷漆漆雾堆积都会影响AGV运行,但利大于弊,后续改进空间大。

五、深中通道及黄茅海项目钢箱梁智能涂装工程应用

参考国内已建汽车、变压器等智能化涂装生产线,借鉴深中通道钢壳等项目智能化涂装经验,结合深中通道、黄茅海跨海通道钢箱梁的特点,武昌船舶重工集团有限公司联手上海建冶科技股份有限公司对智能涂装进行积极探索研究,有针对性地设计研发了项目钢箱梁智能化涂装产线,采用一些新技术理念的智能装备,实现了跨海通道各种钢桥形式的喷砂、喷锌铝、喷漆过程的自动化、智能化作业。

1. 智能涂装场地及钢箱梁涂装体系

深中通道钢桥外表面采用热喷锌铝的金属喷涂重防腐方案;黄茅海跨海通道钢桥外表面采用环氧富锌底漆的涂料重防腐方案。两种涂装方案均有喷砂和喷漆工序,喷锌铝需单独设计及配备智能化锌铝设备。武昌船舶重工集团有限公司中山基地拥有两喷六涂共八间涂装车间,厂房、设备完善,满足硬件要求,对车间进行相应的智能化改造可同时满足两种方案智能化生产线要求。

2. 智能涂装设计

智能涂装产线拥有喷砂、喷锌铝、喷漆三个车间,每个车间采用多台机器人协同作业实现钢箱梁外表

面96%以上面积的智能涂装施工(图6)。整个产线技术先进、稳定可靠、切实有效。

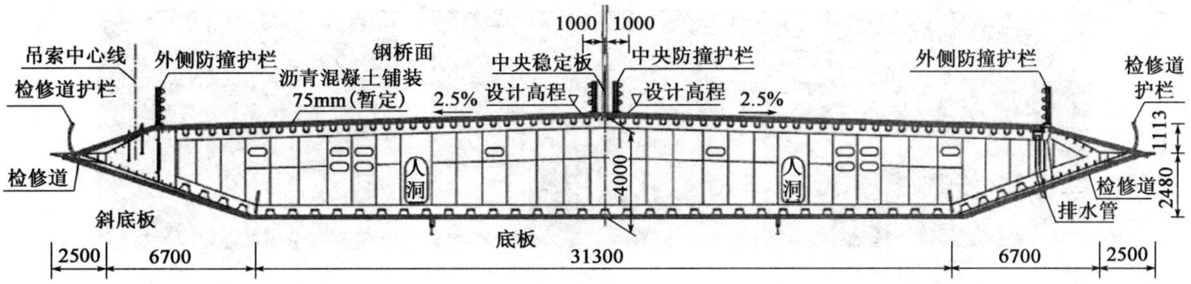

图6 智能化涂装范围(外表面底板、斜底板、钢桥面)(尺寸单位:mm)

1)智能喷砂车间

钢箱梁外表面和桥面板的喷砂除锈,由天车式配合2台小车式、2台AGV砂机器人系统完成,总体设计方案如图7所示。天车机器人如图8所示,AGV机器人如图9所示。

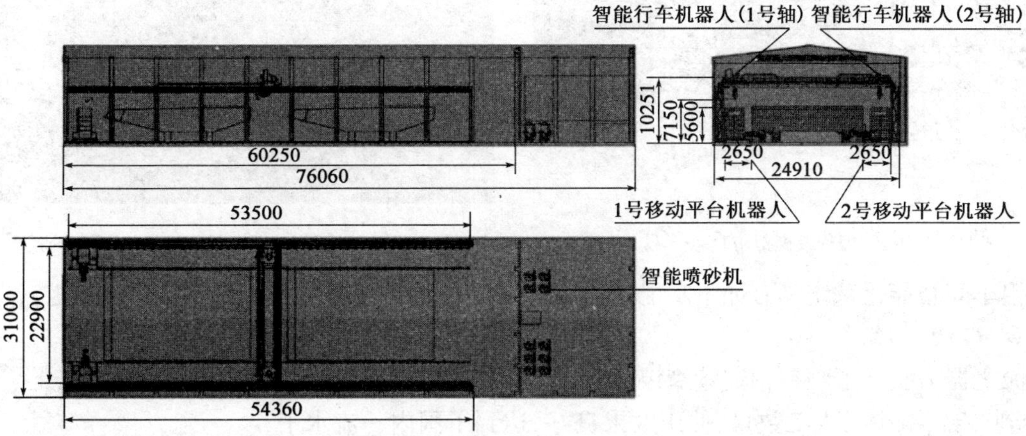

图7 喷砂车间设计图

图8 智能化天车式喷砂机器人系统布置图

图9 智能化小车式AGV喷砂机器人设计图

配备伸缩臂的天车式喷砂机器人。可完成钢箱梁桥面板、内隔板外侧面、端面开口处的部分内表面及U形肋等区域的喷砂除锈。喷砂系统采用双枪,双枪最大喷砂效率可达到160m^2/h。小车式喷砂机器人对钢箱梁外表面的底板及斜底板进行喷砂除锈。具体实施效果如图10所示。

喷砂车间智能化喷砂系统具有如下功能:①人机示教、轨迹记忆及数控指令(G代码)编程导入;②自动进料;③自动喷砂;④远程监控。

2)智能喷锌铝合金车间

钢箱梁外表面的热喷涂,由2台地面轨道式多轴机器人完成底板以及斜底板热喷涂作业,编程及模拟仿真如图 11 所示,具体实施效果如图 12 所示。

图 10 智能化天车式喷砂机器人作业图

图 11 编程及模拟仿真

图 12 智能化小车式喷锌铝机器人作业图

喷锌铝车间智能化系统具有如下功能:①自动推丝、控温控气及安全预警;②远程监控;③人机示教及数控指令(G 代码)编程导入。

热喷涂机器人实现了喷锌铝连续稳定作业,膜厚均匀,质量可靠,效率达到 $90m^2/h$ 以上。喷涂机由 14 台减少到 2 台,减少了人工数量,使用效果良好,达到了国内一流水平。

3)智能喷漆车间

钢箱梁外表面和桥面板的喷漆作业,由 2 台地面轨道式喷涂机器人完成。配备伺服电动式升降台的多轴喷涂机器人搭载地面轨道式运载小车,可按照预先编制好的程序轨迹沿厂房纵向及横向方向移动,升降台可沿垂直方向根据机器人作业区域间断动作,伸缩臂可沿横向伸缩,可完成钢箱梁桥面板及底区域的喷漆作业,也可完成钢箱梁梁段斜底板及支墩周围的喷漆作业。系统具备车间内大空间、大范围、三维作业能力,具体使用效果如图 13 所示。

针对黄茅海项目特点,升级增加了 1 套地面小车式 AGV 喷漆机器人系统,集成喷漆系统,无大量管道拖拽影响活动,适合用于钢箱梁底部表面智能化喷漆作业,设计图如图 14 所示。

图 13 喷漆机器人作业图

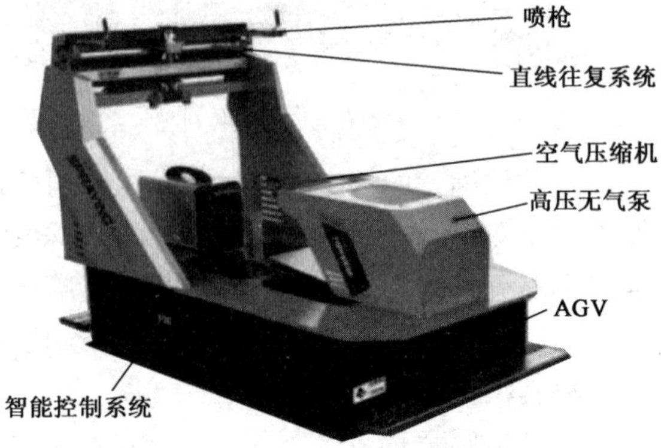

图 14 AGV 喷漆机器人示意图

4)智能涂装控制中心

智能化涂装生产线配备总控室和分控室。总控室可完成在线编程和离线编程、人机示教等多种编程模式,应该各种构件快速建模和施工,如图15所示。

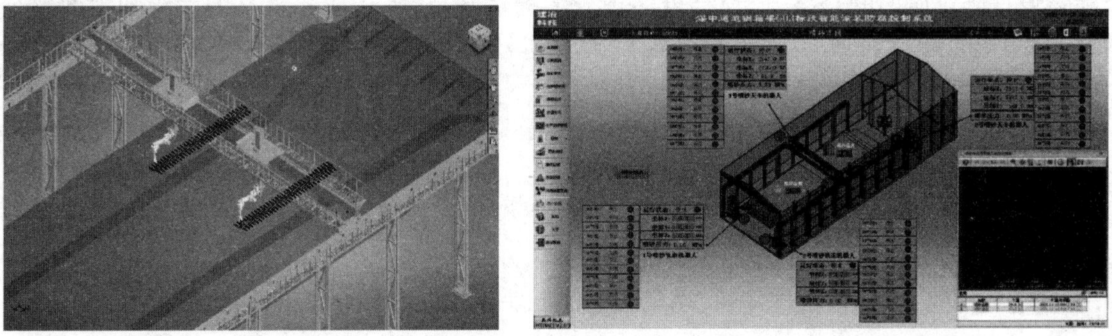

图15 多种编程方式控制路径规划及实施监控

在总控制室内搭建B/S构架的智能专用监控管理系统平台,可实现对喷砂、热喷涂及喷漆生产作业进行全局监控、关键信息传送/交互、智能设备远程预警、生产及质量检测数据分析等,形成高度协作的智能化涂装生产线,如图16所示。智能化涂装生产线与智能下料生产线、智能装焊生产线、智能总成生产线、信息化管理系统组成四线一系统,稳定运行。

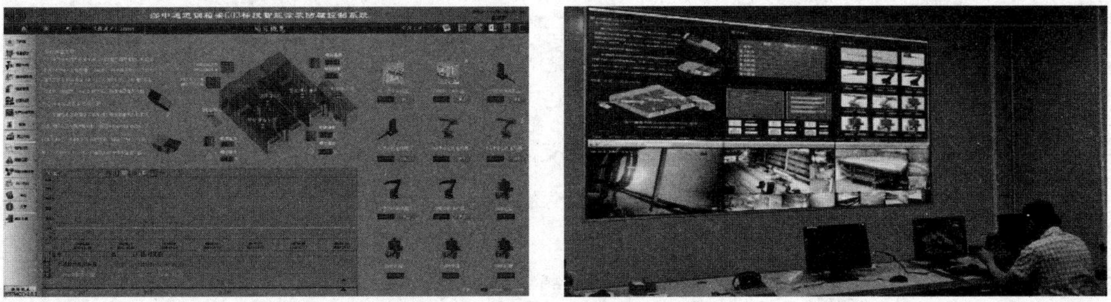

图16 智能控制中心及信息系统

3.跨海通道钢箱梁智能涂装产线重点、优缺点分析

1)智能涂装产线已完成攻关项目

喷砂机器人、喷漆机器人等子系统与涂装车间高效、低影响、快速改造技术;电弧喷涂大功率喷涂过程中断丝、断弧问题的技术改造;构件快速建模及模型导入等在线和离线编程技术;工艺数据库建立(油漆流量、距离、质量等);喷涂路径规划、喷涂机器人的位姿精度与标定、喷涂机器人的控制等关键技术;非接触式外观和漆膜厚度检测技术的应用。

2)智能涂装存在的难点问题

因使用环境恶劣,造成智能化设备作业路径不稳定、故障率高;因内表面人工施工,造成智能化与人工作业干涉影响;因生产计划变动,建模周期长,容易出现闲置久等现象;IBC大包装与涂料集中供料储存罐配合协调难,涂料存在凝固问题。

3)智能涂装的优点及改进项

智能涂装生产线配备伸缩臂的天车和轨道式机器人,可完成钢箱梁外轮廓区域的喷涂作业。后续升级调整伸缩臂长度及强度提高操作范围,进一步加强模型精细程度优化模型导入速度,提高自动化程度。智能涂装产线具备模块扩展能力,增加AGV喷砂和喷漆机器人,灵活应对梁段、横梁、锚梁等构件的智能化涂装,提高喷砂、喷漆间智能化设备利用率。系统按照三维模型根据离线编程设置的最优化路径进行喷涂作业,减少过喷涂,避免动力动能的浪费,降低涂料浪费,避免返工时间和费用,提高报检一次合格率。同时智能化涂装能显著改善产品质量、节省人工成本支出、节省空间,减少职业健康安全隐患。

六、结　语

通过对同行业智能涂装应用探讨以及深中通道G03标段、黄茅海跨海通道G02标段项目自主研发的智能涂装设计施工应用的总结分析，结合多种方案的优缺点，采用成熟可靠的天车和地面轨道系统、AGV系统，搭载智能喷砂机器人、热喷涂机器人、喷漆机器人和智能调漆系统，可以实现生产过程的智能化、自动化，提高生产效率和产品质量。

采用先进的机器人技术和高效的防腐技术结合，最终可实现对跨海通道大型钢箱梁钢结构件的无人智能化防腐作业，最大限度实现智能涂装的有效利用。未来，智能涂装机器人系统可根据需要进行更多桥梁结构以及其他大型钢结构表面的喷砂、喷涂智能化作业。系统具有模型导入和离线编程，提高行业防腐施工技术水平，促进钢桥涂装向智能化、数字化升级转型。结合低VOCs(Volatile Organic Compounds，挥发性有机化合物)的环保涂料，满足防腐性能要求的同时，低碳环保可持续发展。

参考文献

[1] 沈文轩，毛亮，陈维杰，等．涂装智能车间模式[J]．造船技术，2020(3)：69-73.

9. 考虑温度影响的混凝土结构氯离子浓度预测研究

陈清河[1]　温东昌[2]　刘龙龙[3]　赵尚传[3]　王少鹏[3]

(1. 黄茅海跨海通道管理中心；2. 中交路桥华南工程有限公司；
3. 交通运输部公路科学研究所)

摘　要　基于沿海混凝土结构承受氯离子侵蚀的影响，考虑不同腐蚀机理条件的主要影响因素，分析了不同因素条件下氯离子浓度计算模型。从最初Fick第二定律，综述不同影响因素条件下的计算参数，在考虑温度历程条件下，基于混凝土水泥组分、水灰比等因素的氯离子浓度公式，建立考虑温度影响的海洋盐侵蚀环境下混凝土构件氯离子浓度的计算方法，为炎热海洋氯离子侵蚀环境下混凝土结构耐久性设计和寿命分析提供理论依据。

关键词　桥梁工程　氯离子　扩散系数　计算模型　耐久性

一、引　言

海洋环境下混凝土结构受氯盐、硫酸盐等盐类侵蚀的影响，其耐久性寿命受到严峻的挑战，尤其以氯盐侵蚀最为严重[1]。这是因为氯离子不仅能渗入钢筋表面，还会以和水泥中的铝酸三钙结合形成络合物的方式储存，待碱性降低后重新释放。当混凝土中的氯离子释放一段时间，在钢筋表面集聚到一定浓度时，就能结合Fe^{2+}，破坏钝化膜[2-5]。钢筋锈蚀后体积膨胀，产生的铁锈体积可达钢体积的1.5～7倍，这将使钢筋四周的混凝土受到钢筋锈蚀体积变大出现极大的挤压荷载，导致混凝土表面出现弯拉荷载而破坏[5-6]。随着钢筋锈蚀程度增加，铁锈体积也会变大，使混凝土的表面出现“鼓包”的现象。

水泥中的成分(水化硅酸钙)也会和海水中的其他盐离子发生反应，并且发生化学反应后的生成物膨胀，导致混凝土体积变大。在混凝土内部发生膨胀变形产生的应力增加到一定程度时，也会导致表层开裂甚至脱落，从而加速氯离子对混凝土的侵蚀[7]。除水泥水化反应生成钙矾石外，硫酸盐与水泥石中的氧化钙反应析出二水石膏晶体($CaSO_4 \cdot 2H_2O$)，体积也会增加[8-9]。同时水泥中的氧化钙也会和硫酸根离子发生反应生成石膏，也会导致混凝土的体积膨胀[10-11]。当混凝土体积膨胀时，最终会导致表面开裂并伴随混凝土碎块剥落的现象，不仅会削弱混凝土结构承载力，也会对其稳定性造成不可逆的损伤。在海洋盐侵蚀环境下，混凝土不仅会受到氯盐和硫酸盐等的腐蚀破坏，且当混凝土内部的氯离子增加到一定浓度时，混凝土内部的钢筋也会受到氯离子侵蚀破坏[12]。通过研究氯离子侵蚀机理，建立预测考虑温度的氯离子浓度数学模型，有助于混凝土结构的耐久性设计。

二、氯离子侵蚀钢筋混凝土机理

1. 钢筋钝化膜

钢筋表面在高碱性环境中（pH 值 12～13）容易形成一层钝化保护膜[13]，主要是以 Fe_3O_4 为主，见图 1。当 pH 值减小时，钢筋表面的钝化膜生成速率不仅会减小，生成物也容易分解[14]。在分解反应过程中生成的 Fe^{2+} 和氢氧根离子发生反应生成沉淀，造成 pH 值减小，当 pH 值减小到 9.88 时，钢筋表面生成的 Fe_3O_4 分解速率增加并很难再生成[15]。当钢筋表面锈蚀到一定程度时，铁基体外露，氯离子到达钢筋表面，很容易和铁离子 Fe^{2+} 结合，在水中形成 $FeCl_2 \cdot 4H_2O$，分解后极易形成 pH 值小于 4 的酸性环境，可使钢筋表面的钝化膜分解速率加快。

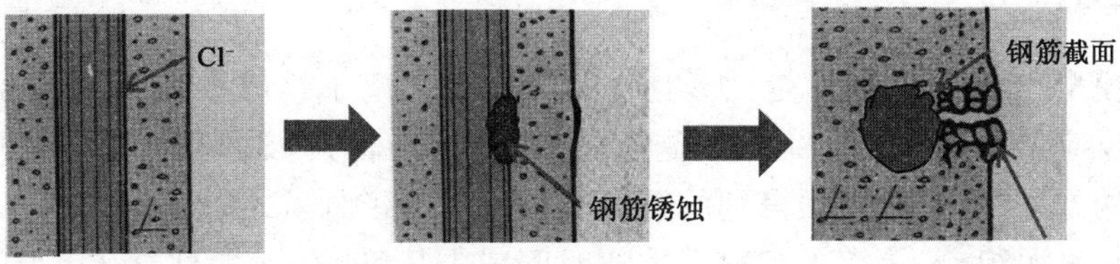

图 1　钢筋混凝土劣化机理示意图

2. 腐蚀电池

钢筋表面的钝化膜破坏后，钢筋中的铁就会暴露在外界环境中，很容易被游离在混凝土内部的 Cl^- 氧化[16]。钢筋钝化膜的主要成分是 Fe_3O_4，并且是处于高碱性环境，当铁基体部位生成的 Fe^{2+} 游离到钢筋钝化膜区域，会生成新的化合物沉淀，Cl^- 析出后，重新游离到铁基体区域，继续参加反应。由此，钝化膜和铁基体容易形成腐蚀电池[17]，反应过程见公式(1)和(2)。

阳极：

$$Fe \rightarrow Fe^{2+} + 2e \tag{1}$$

阴极：

$$O_2 + 2H_2O + 4e \rightarrow 4OH^- \tag{2}$$

3. 氯离子的阳极去极化作用

如图 1 所示，钢筋表面析出的 Fe^{2+} 离子在移动过程中，在碱性环境下遇到 OH^- 离子，极易生成铁锈[18]。如果铁基体表面析出的 Fe^{2+} 离子不能在短时间内转移到阴极，就会减缓腐蚀蓄电池的反应速率，造成在 Fe^{2+} 离子堆积铁基体的表面，从而影响了铁的氧化，这种阻止铁氧化的过程被称为阳极极化作用。而混凝土中存在的 Cl^- 离子可以和 Fe^{2+} 结合，能够加速 Fe^{2+} 的转移，促成 $Fe(OH)_2$ 生成沉淀，这种加速铁氧化的过程称为阳极去极化作用[15,19]。从 Cl^- 离子参与搬运 Fe^{2+} 的钢筋的锈蚀过程来看，Cl^- 离子不被消耗，并且会周而复始参与钢筋的锈蚀。因此，应避免或减少混凝土中存在游离的 Cl^- 离子浓度，这也是控制钢筋锈蚀，减少混凝土中氯离子，控制氯盐侵蚀的重要原因。

4. 氯离子与水泥的作用

氯离子在混凝土中生成的复盐还会在碱性减小时分解，再次析出氯离子[20]。因此，只有在强碱的条件下才能阻止复盐分解，防止氯离子对钢筋混凝土的侵蚀。但是钢筋混凝土结构会随着龄期的增加，水化速率逐渐减慢，碱性生成物减少，碱性也会不断降低。尤其是混凝土在碳化或硫酸盐侵蚀时，pH 值快速减小，为 Fe^{2+} 离子搬运创造了有利环境，加速钢筋锈蚀。

三、氯离子浓度研究

氯离子在混凝土中的传输方式常以氯离子扩散系数表征[21]，1972 年，Collepardi[22-23] 根据 Fick 数值模型得到氯离子浓度 C 的分布函数：

$$\frac{\partial C}{\partial t} = D\frac{\partial^2 C}{\partial x^2} \tag{3}$$

式中：t——时间；

D——氯离子扩散系数。

$t=0,x>0$ 时，$C=C_0$，其中 C_0 是氯离子浓度初始值；$x=0,t>0$ 时，$C=C_s$，C_s 是表面的氯离子浓度。

考虑混凝土中氯离子浓度随时间和混凝土厚度发生变化，建立氯离子浓度与时间、位置的关系式，氯离子浓度分布 $C(x,t)$ 可表示为：

$$C(x,t) = C_0 + (C_s - C_0)\left[1 - \mathrm{erf}\left(\frac{x}{2\sqrt{Dt}}\right)\right] \tag{4}$$

式中：erf——误差函数，$\mathrm{erf}z = \frac{2}{\sqrt{\pi}}\int_0^z e^{-t^2}\mathrm{d}t$。

Fick 第二定律模型[24]假设的条件是：①匀质性材料；②氯离子扩散系数 D 是定值；③氯离子和混凝土中的材料不产生反应[25]。首先，混凝土并不是理想的匀质性材料，氯离子在不同的介质中传播速率不同。采用控制变量的方法，基于此模型得到的氯离子浓度和试验结果相差较大，研究人员考虑混凝土材料本身，比如水灰比、水泥组分、氯离子扩散系数随时间或温度变化特性，建立了不同影响因素条件下的钢筋混凝土表面的氯离子浓度模型[26]。为了评价混凝土结构在炎热海洋环境条件下，氯离子浓度对混凝土结构耐久性的影响，有必要对钢筋混凝土表面的 Cl^- 浓度进行深入研究。

1. 水泥的组成成分对氯离子浓度的影响

考虑水泥中铝酸三钙（C_3AH_6）和氯离子结合生成 $C_3A \cdot CaCl_2 \cdot 12H_2O$，假设距离表面 x 处的氯离子浓度为 C_t，自由氯离子浓度为 C_f，和铝酸三钙结合的氯离子浓度为 C_b，水泥组分结合氯离子的能力可以表示为：[27]

$$R = \frac{C_b}{C_f} = \frac{C_t - C_f}{C_f} \tag{5}$$

混凝土中氯离子浓度可以表示为：[28]

$$C_t = (1+R)C_f \tag{6}$$

2. 考虑混凝土龄期对 D 的影响

Mangat 等[29]考虑混凝土龄期对氯离子扩散系数的影响，建立了二者之间关系式：

$$D = D_i t^{-m} \tag{7}$$

式中：D_i——$t=i$ 时的有效氯离子扩散系数；

m——常数。

由于式中 D_i 较难确定，Thomas[30] 采用成熟期混凝土的 D_{28}，t 时刻的氯离子扩散系数为 D_t，建立了二者的关系式：

$$D_t = D_{28}\left(\frac{t_{28}}{t}\right)^m \tag{8}$$

对比 Mangat 和 Thomas 提出的氯离子扩散系数公式，Thomas 公式可根据混凝土 28 天龄期的扩散系数计算不同时间的扩散系数，较为实用。

Maage[31] 建立了基于服役寿命的氯离子浓度计算公式：

$$t = t_0\left(\frac{x}{\xi\sqrt{t_0 D_0}}\right)^{\frac{2}{1-m}} \tag{9}$$

$$C_{cr} = C_0 + (C_s - C_0)\left(1 - \mathrm{erf}\frac{x}{2\sqrt{D_0 t_0^m t^{1-m}}}\right) \tag{10}$$

$$\xi = 2\,\mathrm{erfc}^{-1}\left(\frac{c_{cr} - c_0}{c_s - c_0}\right) \tag{11}$$

式中:C_{cr}——混凝土的临界氯离子浓度。

余红发等[25]认为 Maage 公式将式(8)直接代入式(4),存在数学上的原则性错误,应先将式(8)代入式(3)再积分,才能得到正确的结果。

Amey[32]考虑 C_s 随时间变化的影响,当 $t=0, x>0$ 时,$C=0$;$x=0, t>0$ 时,$C=\Phi(t)=kt$(k 是常数)。

$$C = kt\left\{\left(1 + \frac{x^2}{2Dt}\right)\mathrm{erfc}\left(\frac{x}{2\sqrt{Dt}}\right) - \left(\frac{x}{\sqrt{\pi Dt}}\right)\mathrm{e}^{-\frac{x^2}{4Dt}}\right\} \tag{12}$$

当 $t=0, x>0$ 时,$C=0$;$x=0, t>0$ 时,$C=\Phi(t)=kt^{1/2}$(k 是常数)。

$$C = k\sqrt{t}\left\{\mathrm{e}^{-\frac{x^2}{4D_t}} - \left[\frac{x\sqrt{\pi}}{2\sqrt{Dt}}\mathrm{erfc}\left(\frac{x}{2\sqrt{Dt}}\right)\right]\right\} \tag{13}$$

$$\mathrm{erfc}u = 1 - \mathrm{erf}u = 1 - \frac{2}{\sqrt{\pi}}\int_0^u \mathrm{e}^{-t^2}\mathrm{d}t \tag{14}$$

Kassir 等[2]考虑龄期,建立了氯离子浓度和混凝土龄期之间的关系式:

$$C_s = C_{s0}(1 - \mathrm{e}^{-\alpha t}) \tag{15}$$

当 $t=0, x>0$ 时,$C=0$,将式(15)代入式(3),得到式(16)

$$C = C_{so}\left\{\begin{aligned}&1 - \mathrm{erf}\left(\frac{x}{\sqrt{4Dt}}\right) - \frac{1}{2}\mathrm{e}^{-\alpha t}\left[\mathrm{e}^{-x^2\left(-\frac{\alpha}{D}\right)^{\frac{1}{2}}}\mathrm{erfc}\left(\frac{x}{\sqrt{4Dt}} - (-\alpha t)^{\frac{1}{2}}\right) + \right.\\&\left.\mathrm{e}^{x^2\left(-\frac{\alpha}{D}\right)^{\frac{1}{2}}}\mathrm{erfc}\left(\frac{x}{\sqrt{4Dt}} + (-\alpha t)^{\frac{1}{2}}\right)\right]\end{aligned}\right\} \tag{16}$$

Mejlbro[33]在 DuraCrete 项目中得到的 C_f 计算模型

$$C_f = C_s\left(1 - \mathrm{erf}\frac{x}{2\sqrt{K_e K_c K_m D_0 t_0^m t^{1-m}}}\right) \tag{17}$$

式中:K_e、K_c、K_m——养护龄期、环境、材料相关的参数。

3. 荷载对氯离子侵蚀的影响

混凝土结构承受荷载时,内部应力发生变化后,混凝土内部也会有微小的变化,从而影响混凝土内部的抗渗性能,考虑混凝土结构承受荷载 $f(\sigma)$ 时,有:[34]

$$D_t = f(\sigma)D_0\left(\frac{t_0}{t}\right)^m \tag{18}$$

4. 水灰比对氯离子侵蚀的影响

考虑水灰比的影响时,二者之间的关系可表示为[35-36]:

$$D_t = \phi(w/c)f(\sigma)D_0(t_0/t)^m \tag{19}$$

5. 温度对氯离子侵蚀的影响

采用 Arrhenius[37]理论,氯离子扩散系数可表示

$$D_c = D_{c,ref}\exp\left[\frac{E_a}{R}\left(\frac{1}{T_{ref}} - \frac{1}{T}\right)\right] \tag{20}$$

杨海成等[38]推导出 $\ln D$ 与 $1/T$ 之间关系,其中 E_a 是活化能。

$$\ln D = \ln A - \frac{E_a}{RT} \tag{21}$$

四、氯离子浓度预测

1. 理论推导

建立考虑温度的氯离子浓度数学模型，需考虑不同影响因素对 D 的影响，采用式(6)考虑水泥组分对 D 的影响；式(8)考虑时间对 D 的影响；式(18)考虑荷载对 D 的影响；式(19)考虑水灰比对 D 的影响；式(20)考虑温度对 D 的影响。将式(6)、(8)、(18)、(19)、(20)代入式(3)，可得到氯离子的扩散方程为：

$$\frac{\partial C_f}{\partial t}=\frac{\phi(w/c)f(\sigma)\exp\left[\frac{E_a}{R}\left(\frac{1}{T_{\text{ref}}}-\frac{1}{T}\right)\right]D_0t_0^m}{1+R}\cdot t^{-m}\cdot\frac{\partial^2C_f}{\partial x^2} \tag{22}$$

方程的初始边界条件为：当 $t=0$，$x>0$ 时，$C_f=C_0$；当 $t>0$，$x=0$ 时，$C_f=C_s$。根据初始边界条件，可求得式(22)的解为：

$$C_f=C_0+(C_s-C_0)\left[1-\operatorname{erf}\frac{x}{2\sqrt{\frac{\phi(w/c)f(\sigma)\left[\frac{E_a}{R}\left(\frac{1}{T_{\text{ref}}}-\frac{1}{T}\right)\right]D_0t_0^m}{(1+R)(1-m)}\cdot t^{1-m}}}\right] \tag{23}$$

2. 计算参数

式(23)中的参数 R、m、$f(\sigma)$、(w/c)和活化能 E_a 的取值影响自由氯离子浓度 C_f 的大小，需要对5个参数进行讨论。

1)参数 R

在炎热海洋盐侵蚀环境条件下，需要考虑高温、氯离子侵蚀的影响，沿海混凝土结构一般使用高性能混凝土，水灰比小，氯离子结合能力一般取值 $R=3\sim15$[39]。

2)参数 m

一般采用 $m=3(0.55-w/c)$[29,40]考虑水灰比的影响。

3)参数 $f(\sigma)$

考虑跨海桥梁纵横梁及面板底面是受炎热海洋环境条件下受氯离子侵蚀最严重的部位[40]，应力水平大约是0.5，建议 $f(\sigma)$ 取值1.05～1.1。

4)参数 $\phi(w/c)$

海洋环境条件下测试的参数 $\phi(w/c)$ 和水灰比之间的对应关系[35,40,41]见表1。

参数 $\phi(w/c)$[35,40] 表1

区域	海港码头水位变动区			海港码头浪溅区		
水灰比	0.45	0.5	0.55	0.40	0.45	0.55
扩散系数 D	2.84	4.21	6.25	1.32	1.5	2.89
$\phi(w/c)$	1.000	1.482	2.201	1.000	1.136	2.189

5)活化能 E_a

在炎热海洋环境条件下采用的高性能混凝土[38]，可采用 $E_a=11.92$kJ/mol 进行计算，见表2。

混凝土不同龄期活化能 E_akJ/mol[38] 表2

项目	普通混凝土			高性能混凝土		
28d	56d	90d	28d	56d	90d
18.46	16.83	15.80	11.92	9.49	9.48

五、结　　语

本文根据混凝土结构耐久性的主要影响因素，结合海洋盐侵蚀环境条件下具体的影响因素，建立了不同因素条件下的混凝土氯离子浓度的数学模型。具体结论如下：

(1)论文分析了氯离子参与钢筋锈蚀的机理，以及混凝土组分、荷载、水灰比和温度等因素对氯离子扩散系数的影响，基于不同影响因素和氯离子浓度之间的关系，探究了氯离子扩散系数在不同条件下的计算模型。

(2)根据不同因素和氯离子扩散系数的相关性，推导了不同环境下氯离子浓度模型，可依据现有参数推导出在混凝土结构不同位置和不同时间的氯离子浓度。

(3)本文在分析不同因素对氯离子扩散系数影响的基础上，总结不同条件下混凝土氯离子浓度的公式，为混凝土结构的耐久性设计和寿命分析提供理论依据。

参考文献

[1] 安小龙. 海洋环境下桥梁高性能混凝土耐久性技术研究[D]. 南京：东南大学，2013.

[2] KASSIR M K，GHOSN M. Chloride-induced corrosion of reinforced concrete bridge decks[J]. Cement and Concrete Research，2002，32(1)：139-143.

[3] LIN S H. Chloride diffusion in porous concrete under conditions of variable temperature[J]. Wärme-und Stoffübertragung，1993，28(7)：411-415.

[4] LINDVALL A. Chloride ingress data from field and laboratory exposure-Influence of salinity and temperature[J]. Cement and Concrete Composites，2007，29(2)：88-93.

[5] 房久鑫，马越峰，金世杰，等. 氯盐环境下混凝土内钢筋锈蚀模拟研究[J]. 低温建筑技术，2017，39(11)：1-3，15.

[6] 陆明亮. 大体积混凝土的裂缝控制[J]. 四川建材，2013，(5)：139-140，142.

[7] 张宏宇. 预应力钢筒混凝土管结构性能及耐久性理论研究[D]. 武汉：武汉大学，2014.

[8] 王旭，黄小青，蒙坤林. 国内外水泥抗硫酸盐性能研究进展[J]. 石家庄铁道大学学报(自然科学版)，2018，31(04)：96-101.

[9] 田冠飞，冷发光，张仁瑜，等. 盐碱地区土壤对混凝土腐蚀规律和机理的研究[J]. 装备环境工程，2007，(5)：10-14，22.

[10] 王中平，赵亚婷，杨浩宇，等. 铝酸盐水泥抗海水侵蚀性能研究进展[J]. 新型建筑材料，2018，45(09)：7-11.

[11] 王军强，沈德建，曹小玉. 水工混凝土结构钢筋锈蚀机理及其检测评定[J]. 江苏煤炭，2003，(4)：51-53.

[12] 王云. 高抗氯离子侵蚀海砂混凝土的制备及性能研究[D]. 武汉：武汉理工大学，2017.

[13] 同济大学普通化学及无机化学教研室. 普通化学[M]. 上海：同济大学出版社，1997.

[14] 田砾，原梦晓，王鹏刚，等. 不同条件下迁移型阻锈剂对钢筋的阻锈效果研究[J]. 混凝土，2017，(8)：5-7，11.

[15] 孙丛涛. 基于氯离子侵蚀的混凝土耐久性与寿命预测研究[D]. 西安：西安建筑科技大学，2011.

[16] 黎志谋. 预应力混凝土桥梁结构耐久性及影响因素[J]. 建筑工程技术与设计，2016，(29)：71-71.

[17] 朱亮. 氯盐侵蚀下混凝土结构的抗渗性实验研究[D]. 汕头：汕头大学，2012.

[18] 刘金涛. 滨海地区高性能混凝土桩体盐类腐蚀的试验研究[D]. 天津：天津大学，2007.

[19] 李庆华. 桥梁建设中氯离子对混凝土构件的侵蚀及防治[J]. 天津城市建设学院学报，2013(1)：29-33.

[20] 张永飞. 海域段地铁运营期衬砌结构耐久性评价研究[D]. 北京：北京交通大学，2018.

[21] 刘沁喆. 基于随机混凝土骨料模型的钢筋锈蚀形态数值模拟[D]. 重庆：重庆大学，2018.

[22] COLLEPARDI M，MARCIALIS，A，TURRIZIANI R. The kinetics of penetration of chloride ions into the

concrete[J]. Cemento (Italy),1970,(4):157-164.

[23] COLLEPARDI M, MARCIALIS A, TURRIZIANI R. Penetration of Chloride Ions into Cement Pastes and Concretes[J]. Journal of the American Ceramic Society,1972(55):534-535.

[24] 张新春,武丁,王璋奇.应力损伤下送电线路基础混凝土氯离子扩散性能研究[J].混凝土,2015(8):15-19,25.

[25] 余红发,孙伟.混凝土氯离子扩散理论模型[J].东南大学学报(自然科学版),2006,36(S2):9.

[26] 杨建宇.沿海变电站环境下混凝土结构耐久性的理论和试验研究[D].长沙:湖南大学,2019.

[27] 余红发,孙伟,麻海燕,等.混凝土在多重因素作用下的氯离子扩散方程[J].建筑材料学报,2002(3):240-247.

[28] 周鑫.混凝土中氯离子输运过程的近场动力学模拟[D].南京:东南大学,2018.

[29] MANGAT P S, LIMBACHIYA M C. Effect of initial curing on chloride diffusion in concrete repair materials[J]. Cement & Concrete Research,1999,29(9).

[30] THOMAS M D A, BAMFORTH P B. Modelling chloride diffusion in concrete: Effect of fly ash and slag[J]. Cement and Concrete Research,1999,29(4):487-495.

[31] MAAGE M, HELLAND S, POULSEN E, et al. Service life prediction of existing concrete structures exposed to marine environment[J]. ACI Materials Journal,1996,93(6):602-608.

[32] AMEY SL, JOHNSON, D A, MILTENBERGER M A, et al. Predicting the Service Life of Concrete Marine Structures: An Environmental Methodology[J]. ACI Structural Journal,1998,95(2):205-214.

[33] MEJLBRO L. The complete solution of Fick's second law of diffusion with time-dependent diffusion coefficient and surface concentration[C]. 1996.

[34] 袁承斌,张德峰,刘荣桂,等.不同应力状态下混凝土抗氯离子侵蚀的研究[J].河海大学学报(自然科学版),2003,31(1):50-54.

[35] 张宝兰,卫淑珊.华南海港钢筋混凝土暴露十年试验[J].水运工程,1999,(3):6-13.

[36] 周剑.混凝土氯离子扩散性能影响因素的试验研究[D].杭州:浙江工业大学,2010.

[37] SAETTA A V, SCOTTA R V., VITALIANI R V. Analysis of chloride diffusion into partially saturated concrete[J]. ACI Materials Journal,1993,90(5):441-451.

[38] 杨海成,杜安民,范志宏,等.温度对混凝土氯离子扩散性能的影响[J].水运工程,2015,(10):20-26.

[39] 余红发,孙伟,鄢良慧,等.混凝土使用寿命预测方法的研究I——理论模型[J].硅酸盐学报,2002,30(6):686-690.

[40] 吴相豪,李丽.海港码头混凝土构件氯离子浓度预测模型[J].上海海事大学学报,2006,(1):17-20.

[41] 伍亚玲,张俊芝,傅招旗,等.水工混凝土氯离子扩散系数初期衰减规律研究[J].人民长江,2013,(11):90-92,110.

10. 黄茅海大桥斜拉索锚具耐久型粉末渗锌技术研究与试验

陈　祥[1]　陈建峰[2]　吴　琼[2]　薛花娟[2]

(1. 黄茅海跨海通道管理中心;2. 江苏法尔胜缆索有限公司)

摘　要　黄茅海大桥位于珠江口西部,海洋环境复杂,该工程从设计阶段就融入平安百年品质工程理念，提出了全寿命周期建设要求。针对以上海洋下的斜拉索锚具螺纹连接结构特征和服役要求，提出了锌层厚度达到90μm以上的耐久型粉末渗锌技术，并进行了相关的试制及试验分析。试验结果表明，粉末渗锌锚具的渗锌层均匀，且显微硬度高于热镀锌锚具的镀锌层，抗损伤能力强；缩尺模型的锚具抗盐雾试验表明，粉末渗锌锚具的抗盐雾腐蚀能力为热镀锌锚具的1.5倍以上。

关键词 斜拉索锚具 螺纹 粉末渗锌 热镀锌 抗盐雾腐蚀

一、工程概况

黄茅海大桥位于珠江口西部，海洋环境复杂，是全球台风发生频率最高区域之一，且跨越复杂航道，防撞等级较高。对此，黄茅海跨海通道从设计阶段就融入平安百年品质工程理念，提出了全寿命周期建设要求。

黄茅海通道项目主体工程黄茅海大桥全采用三塔双索面钢箱梁斜拉桥，桥跨布置为100m + 280m + 720m + 720m + 280m + 100m = 2200m，是世界最大跨径公路三塔斜拉桥。主梁采用流线型扁平分离式钢箱梁，由两幅钢箱梁及横向连接箱组成，钢箱梁高4m，主梁全宽50.4m；斜拉索采用空间双索面形式，每个塔上各有24对斜拉索，同时中塔另设5对辅助索，塔上索距为3～3.5m。普通斜拉索梁上索距为15m，辅助索梁上索距为30m，无索区长度15m。塔上斜拉索通过锚杯螺母直接锚固于内塔壁处钢锚梁上，梁上斜拉索通过锚杯螺母锚固于风嘴内，采用锚箱式锚固方案，辅助索锚固在横向连接箱上，采用叉耳式锚固方案，张拉端设于塔上。斜拉索采用ϕ7mm1960MPa高强度、低松弛平行钢丝斜拉索，最大索长398m，最大质量34t。

二、斜拉索锚具防腐技术现状

斜拉索锚杯材料为42CrMo，螺母材料为40Cr，锚杯和螺母的原材料化学成分及机械性能应符合《合金结构钢》(GB/T 3077—2015)的要求。斜拉索锚具的耐久性直接影响斜拉索的服役寿命和服役可靠性。对于处于海洋环境中的斜拉索锚具，由于空气中的Cl^-含量较高，易发生腐蚀。同时作为斜拉索的关键受力构件，斜拉索锚具一般采用螺母锚固，即在锚杯外表面设置通长外螺纹，与锚具螺母的内螺纹配合，以上螺纹连接既可实现斜拉索的张拉、长度调整和更换，又可将索力传递到塔端和梁端的锚固构件上。随着斜拉索强度的提高，为了实现锚固体系强度匹配，锚具需要经调质处理的中碳合金结构钢，如40Cr、42CrMo等。

对于斜拉索锚具的防腐，传统的工艺一般采用电镀锌或者热镀锌。传统的电镀锌厚度一般为10～30μm，镀层耐蚀性有限，且电镀锌工艺使得40Cr、42CrMo等合金钢高强度构件在电镀作业中易产生氢脆，影响斜拉索锚固系统的服役可靠性和耐久性；热镀锌可以保证锚具的镀锌层厚度达到90μm以上，可提高锚具耐蚀性，但是热镀锌后的锚杯外螺纹和螺母内螺纹旋合性能较差，影响了装配，因此，锚杯和螺母热镀锌在热镀时需要提前预留较大的螺纹配合间隙，且在热镀锌后对螺纹进行二次加工处理，容易损伤螺纹部位的镀层和基体，直接影响螺纹部位的耐久性和长效承载能力。为了解决以上问题，黄茅海大桥斜拉索锚具提出了厚度达到90μm以上的耐久型粉末渗锌锚具防腐技术。

粉末渗锌是在加热的情况下，不停地转动渗锌箱，使渗箱中的零件与填料不停地碰撞与摩擦，构件表面处于活性状态，让锌粉黏附在零件表面。由于温度升高，粉末锌向构件内部渗透扩散，在构件表面形成牢固、平整、致密、厚度均匀的铁锌合金层，这层合金层既具有良好的耐磨性能，又具有良好的防腐蚀性能。粉末渗锌属于化学热扩渗，热扩渗的基本过程分为五个步骤：①分解，渗剂内部发生一系列化学反应，产生包括氨气、氯化氢气体、活性锌原子在内的渗锌反应所需反应物。②输运，氨气、氯化氢气体、锌原子通过扩散运动到铁基体表面。③吸附，锌原子被铁基体表面吸附到界面处发生界面反应。④扩散，界面反应形成的活性锌原子被铁基体表面继续吸收且进一步向基体深处扩散。⑤反应，进入基体内部的锌原子与基体发生化学反应，产生锌-铁合金化合物。

粉末渗锌工艺属于固态多元热扩散涂层加工技术。它可以明显改善金属材料表面耐腐蚀、耐磨损、抗氧化及抗冲击等使用性能,扩大金属材料的应用范围,是一种热扩散表面强化技术。热浸镀技术则是在钢基体表面镀上一层金属,从而形成钢铁热浸镀层以达到延长材料使用寿命的目的。就其本质来说,渗锌层不是一种外敷的镀层,而是基体材料表面经过处理后,使基体材料表面在化学和形态上产生变化,冶金结合使得其结合强度明显优于热浸镀锌构件。与热浸镀、电镀锌等防腐技术相比,斜拉索锚具粉末渗锌防腐层有以下优点:①斜拉索锚具螺纹部位粉末渗锌层均匀,锚杯与螺母的配合精度高,消除了存在薄弱环节。②渗锌层厚度较厚,满足相关耐久性要求。通过调整热渗锌的工艺参数可以实现厚度10～90μm的度渗层,提高锚具的耐蚀性能。③粉末渗锌的热处理过程,其温度和时间完全达到了除氢的要求,对于锚具的氢脆问题有了比较彻底的解决。④锚具渗锌层硬度高,抗损伤能力较强:由于粉末渗锌是通过冶金结合,故结合强度很高,抗磨性和抗损性能等都很优异。

三、斜拉索耐久型粉末渗锌锚具的试制与试验研究

1.粉末渗锌锚具试制

斜拉索锚具粉末渗锌涂层是将锌粉、惰性粉末(如氧化铝等)、活性剂(如氯化氨和氯化锌等)、锚杯或者螺母等,一起装入可旋转的转渗锌炉中并且将其封闭严实,然后通过控制柜对渗锌炉进行加热、保温处理,渗锌温度一般设定在370～500℃之间,该过程中渗锌炉始终旋转,粉末锌通过进行扩散反应,在工件外表面包裹上一层锌-铁合金层。粉末渗锌作为表面防腐技术的一种,在恶劣环境中,通过率先牺牲这层锌铁化合物保护层,抑制钢铁腐蚀,从而达到保护钢铁基体的目的。渗层厚度是评定粉末渗锌件质量好坏的一项重要指标,厚度大小将直接影响渗层的耐蚀性能。粉末渗锌的工艺参数直接影响渗层的厚度、表观质量等。影响粉末渗锌层厚度的因素,包括渗锌温度、渗锌时间、渗锌方式等。

1)温度工艺参数控制

渗锌层是依靠锌铁原子互扩散形成的合金层,所以由扩散原理可知,原子的扩散必须扩散系数和渗锌层厚度均与保温温度呈指数关系,所以在斜拉索锚具粉末渗锌工艺中,温度是影响扩散过程的一大主要因素,温度越高,原子热激活能越大,跳跃频率增大,使获得超越势垒的原子概率增大,原子越易发生迁移,同时温度升高也会使基体缺陷浓度特别是空位浓度增大,会使斜拉索锚具表面吸附能力提高,对扩散起着快速通道的作用,使扩散系数增大,进而提高扩散速度。综上所述,温度升高可显著地提高原子扩散系数,使原子的扩散速度增大,同时也提高了点阵原子的热振动,使原子偏离平衡位置的概率增加,空位数量增加,空位的形成可充当原子扩散的通道,使扩散过程能够顺利进行,进而使渗锌层厚度增加。所以在粉末渗锌工艺中,温度升高,扩散速度增大,渗锌层厚度增大。对于斜拉索锚具粉末渗锌技术来说加热温度越高,所得渗锌层越厚,但锌的熔点仅为419.5℃,若加热温度过高则会使渗锌剂中锌粉熔化,从而使渗锌剂结块或者黏结在试样表面,阻止扩散过程的顺利进行,影响渗锌效果,并形成一层厚度不均匀的纯锌层,影响渗锌层表面的光洁度和表面硬度。因而,要想得到较厚的渗锌层和良好的渗锌层外观形貌,就必须选择一个合适的渗锌温度。

2)粉末渗锌时间参数控制

粉末渗锌时间也是影响渗锌工艺的一个主要因素,一般来说,保温时间越长,原子扩散越充分,所得渗锌层厚度越大,但实际并非如此。在一定保温时间内,由于基体试样表面存在较高浓度梯度的位置,原子扩散驱动力大,对应的渗速比较大,渗锌层厚度增加明显。然而当保温时间延长至一定时间以后,由于扩散过程的持续进行,渗锌层表面锌含量将达到饱和状态,而且随着锌粉在试样表面的累积,形成一层纯锌层,使得试样表面锌原子浓度梯度随着扩散时间的延长逐渐减小,阻碍扩散继续进行,使得扩散速度降低,所以即使再延长保温时间,渗锌层厚度也不会有较明显的增加。所以,渗锌时间过长不仅不能提高渗锌层的厚度,还将造成能源的极大浪费,不符合节能减排的环保理念,故应根据工艺要求、锚具尺寸合理设定保温时间,这对于保证锚具粉末渗锌的厚度、质量、节约能源和提高生产效率都非常重要。

3)粉末渗锌方式

采用旋转炉粉末渗锌方式,在渗锌过程中,回转炉里的构件能保持不断地与活性高的渗锌剂进行良

好接触,保证渗锌层的厚度的质量。另外对于转动渗锌方式,其优越性主要是转动加热渗锌过程中,渗锌剂处于不断运动状态,使得渗锌剂受热均匀,试样表面活性锌原子分布均匀,同时由于不断运动着的渗锌剂粉末对试样表面具有摩擦和冲击作用而对基体试样表面进行清洁,可以去除黏结在基体试样表面的粉末。

为了保证黄茅海大桥斜拉索的耐久性,本项目提出的锚具热渗锌镀层厚度不小于90μm。本项目针对42CrMo斜拉索锚具结构和材质,选择(480 ±30)℃的锚具粉末渗锌温度和热(10 ±2)h的粉末渗锌时间,并采用旋转粉末渗锌方式,进行工业化生产线上的粉末渗锌镀层锚具的试制,同时进行了相同结构和材料的热镀锌锚具,以便进行相关技术参数的对比分析研究。黄茅海大桥斜拉索粉末渗锌试制锚具如图1所示。

图1　黄茅海大桥斜拉索粉末渗锌试制锚具

2. 试制锚具的渗锌层厚度及硬度检测

1)粉末渗层与热镀锌厚度测试对比分析

渗层的厚度及均匀性是评价渗锌质量的一项重要指标,在很大程度上决定了渗锌件的耐蚀性能和施工性能。本研究采用涂层测厚仪法进行锚具粉末渗锌层的热镀锌层的厚度测量以及对比。涂层测厚仪法主要是利用防腐涂层、镀层不具有磁性而钢铁基体具有磁性的这种物理性能差异来得到渗层的厚度值。该测量方法是非破坏性方法,在斜拉索锚具大工业生产检验测试中广泛应用。

从表1可知:在锚具的端面部位,热渗锌锚具锌层和热镀锌锚具镀层厚度都能满足不小于90μm,且锌层厚度离散较小;但在锚具螺纹部位,热渗锌锚具锌层厚度与锚具端面差异不大,均不小于90μm,且离散较小;而热镀锌锚具的螺纹部位部分镀层厚度达不到90μm,且存在较大的离散。

粉末渗锌锚具与热镀锌锚具的厚度检测结果(单位:μm)　表1

序　号	热渗锌锚具			热镀锌锚具		
锚具端面渗(镀)锌层厚度	109	116	110	105	112	113
	102	121	107	130	108	100
	112	110	112	110	126	100
螺纹部位渗(镀)锌层厚度	113	107	102	88	70	72
	107	113	112	66	92	70
	102	100	110	55	60	70

粉末渗锌层的厚度很大程度上取决于渗锌的温度和时间等,与构件的位置和形状无关。当处理形状比较复杂的构件时如螺纹构件时,渗锌层具有突出的优点。无论螺纹、内壁或凹槽等均能获得几乎相同厚度的渗锌层;热浸镀锌镀层厚度可达到90μm以上,其构件平面和边角的镀层厚度有明显的差别,厚度均匀性差。

2)粉末渗层与热镀锌硬度检测对比

金属硬度是金属构件表面在压力作用下抵抗变形的能力,斜拉索锚具镀层硬度越高,其耐磨损和抗划伤能力越强。为了掌握粉末渗锌锚具防腐护的硬度,本试验采用显微维氏硬度计测试锚具渗锌层和锚具镀锌层的显微硬度，其试验原理是根据压痕单位面积所承受的压力来表示。金刚石四棱锥体压头在实验力下压入试样表面，保持载荷达规定时间之后，卸除载荷，用读数显微镜测出压痕对角线的平均长度用于计算压痕的表面积，显微维氏硬度值就是实验力除以压痕表面积。

从表 2 可知：粉末渗锌锚具渗锌层显微硬度较大，均在 200 ~ 300HV 之间；热镀锌锚具镀层显微硬度略小，为 70 ~ 110HV 之间。

粉末渗锌锚具与热镀锌锚具的渗（镀）锌层表面硬度检测结果 表 2

粉末渗锌锚具 HV(0.05)	热镀锌锚具 HV(0.05)
200 ~ 300	70 ~ 110

由粉末渗锌原理可知，渗锌层是由锌铁原子的反应扩散形成的锌铁合金层，属于冶金结合，其主要成分是锌铁原子以金属键形成的金属间化合物，而且锌铁原子互扩散使点阵发生畸变，点阵畸变可提高材料的硬度，所以渗锌层的显微硬度显著高于基体硬度。同时，由于扩散原因导粉末渗锌层不同深度处锌铁合金组成成分分布不同，并结合铁锌相图分析可知，粉末渗锌层最外层为单斜结构的 $FeZn_{15}$ 相，硬度为 HV180 ~ 210；中间为六方结构的 $FeZn_8$ 相，硬度为 HV240 ~ 360；最里层则为体心立方结构的 Fe_3Zn_{10} 相，硬度为 HV280 ~ 330。而热镀锌层最外层为纯锌层，镀层显微硬度为 HV40 ~ 80：中间层为单斜结构的 $FeZn_{15}$ 相，硬度为 HV180 ~ 210；次中间为六方结构的 $FeZn_8$ 相，硬度为 HV240 ~ 360；最里层则为体心立方结构的 Fe_3Zn_{10} 相，硬度为 HV280 ~ 330。

综上所述，由于物相的成分和结构是影响渗锌层显微硬度的主要因素，所以最终导致斜拉索锚具粉末渗锌层与锚具热镀锌显微硬度不同，从而导致两种镀层的抗损伤能力不同。

3. 粉末渗锌锚具耐盐雾腐蚀试验研究

盐雾试验是用来评定金属材料耐蚀性能和镀层对基体材料保护程度的加速试验方法，也是试验室中模拟海洋环境对渗锌层、镀层腐蚀效果最有效的方法。影响盐雾试验结果的主要因素包括：试验温湿度、盐溶液的浓度、样品放置角度、盐溶液的 pH 值、盐雾沉降量和喷雾方式等。①试验温湿度：金属腐蚀的临界相对湿度大约为 70%。当相对湿度达到或超过这个临界湿度时，盐将潮解而形成导电性能良好的电解液。当相对湿度降低，盐溶液浓度将增加直至析出结晶盐，腐蚀速度相应降低。试验温度越高盐雾腐蚀速度越快。国际电工委员会 IEC60355 标准指出："温度每升高 10℃，腐蚀速度提高 2 ~ 3 倍，电解质的导电率增加 10% ~ 20%"。这是因为温度升高，分子运动加剧，化学反应速度加快的结果。对于中性盐雾试验，研究试验温度选在 35℃较为恰当。②盐溶液的浓度：盐溶液的浓度对腐蚀速度的影响与材料和覆盖层的种类有关。浓度在 5% 以下时钢等材料的腐蚀速度随浓度的增加而增加；当浓度大于 5% 时，这些金属的腐蚀速度却随着浓度的增加而下降。但对于锌、铜等金属，腐蚀速度却始终随着盐溶液浓度的增加而增加。③样品放置角度：样品的放置角度对盐雾试验的结果有明显影响。盐雾的沉降方向是接近垂直方向的，样品水平放置时，它的投影面积最大，样品表面承受的盐雾量也最多，因此腐蚀最严重。④盐溶液的 pH 值：盐溶液的 pH 值是影响盐雾试验结果的主要因素之一。pH 值越低，溶液中氢离子浓度越高，酸性越强腐蚀性也越强。有关盐雾试验表明，盐溶液的 pH 值为 3.0 的醋酸盐雾试验（ASS）的腐蚀性比 pH 值为 6.5 ~ 7.2 的中性盐雾试验（NSS）严酷 1.5 ~ 2.0 倍。目前国内外的盐雾试验标准对盐溶液的 pH 值范围都做了规定，并提出稳定试验过程中盐溶液 pH 值的办法，以提高盐雾试验结果的重现性。

本研究采用中性盐雾试验方法对渗层的耐蚀性能进行检测。将粉末渗锌锚具与热镀锌锚具与垂直方向大概呈 25°角放置，保证试样上边缘与试验箱内盐雾收集器顶端在同一水平面上进行放置，防止喷出盐雾直接落到试样表面。试验溶液为 50g/L 的中性溶液，pH 值 7 左右，试验时盐雾箱内温度控制在 35℃，保持连续喷雾，直到观察到试样表面出现白锈或红锈为止，将粉末渗锌锚具与热镀锌锚具白锈或红锈时间以及出锈量进行记录，并进行对比分析。试验结果见表 3，不同时间锚具盐雾腐蚀试验初期宏观形象如图 2、图 3 所示。

粉末渗锌锚具及热镀锌锚具出现白锈和红锈的时间　表3

时　间	试件类型	
	粉末渗锌锚具	热镀锌锚具
出现白锈时间	737h	329h
出现红锈时间	2100h	1337h
出现10%红锈时间	2838h	1892h

图2　粉末渗锌锚具和热镀锌锚具盐雾腐蚀试验初期宏观形貌(16h)

图3　粉末渗锌锚具和热镀锌锚具盐雾腐蚀试验初期宏观形貌(1337h)

4. 相关的试制及试验分析结论

(1)试验结果表明,粉末渗锌锚具的渗锌层均匀,且显微硬度高于热镀锌锚具的镀锌层,抗损伤能力强。

(2)缩尺模型的锚具抗盐雾试验表明,粉末渗锌锚具的腐蚀能力为热镀锌锚具的1.5倍。

四、结　语

(1)海洋下的斜拉索锚具螺纹连接结构特征和服役要求,提出了锌层厚度达到90μm以上的耐久型斜拉索锚具粉末渗锌技术。

(2)进行了相关的试制及试验分析,试验结果表明,粉末渗锌锚具的渗锌层均匀,且显微硬度高于热镀锌锚具的镀锌层，抗损伤能力强；缩尺模型的锚具抗盐雾试验表明，粉末渗锌螺纹式锚具的腐蚀能力为热镀锌锚具的1.5倍以上。

(3)斜拉索锚具粉末渗锌技术是一种先进的金属表面热扩散涂层工艺，渗锌涂层厚度均匀、冶金附着强度高，具有优异的耐腐蚀性、抗磨损、抗高温氧化性与抗冲击等，大大提高斜拉索螺母式锚具的耐腐蚀性能、承载能力，延长其使用寿命，具有广泛的应用前景。

参考文献

[1] 杨新岐. 工业化粉末渗锌技术原理及市场发展前景[C]//第四届中国国际腐蚀控制大会技术推广文集. 安徽：第四届中国国际腐蚀控制大会，2009：122-129.

[2] 柯伟. 中国工业与自然环境腐蚀调查的进展[J]. 腐蚀与防护，2004，25(1)：1-8.

[3] 张晶. 热扩散锌涂层防腐技术研究[D]. 天津：天津大学，2006.

[4] 曾炎林，徐进进，柯新和. 粉末渗锌在易锈蚀零件上的应用[J]. 航天工艺，1999(4)：10-14.

[5] 李民，白琳徽. 粉末渗锌工艺探讨[J]. 材料保护，2008，41(9)：46-48.

[6] 钟厉，孙艳鹏. 热扩渗工艺的研究应用及进展[J]. 热加工工艺，2007，36(22)：81-84.

11. 5W2H分析法在试验检测工作中的应用

何　涛　王　扬

(深圳高速工程检测有限公司)

摘　要　公路工程工地试验室作为项目建设过程中的参与者，是工程建设质量保证体系的重要组成部分，项目管理者也充分意识到试验检测工作在保障和提升工程质量方面的关键作用。黄茅海跨海通道C2中心试验室以黄茅海跨海通道项目先进的管理理念为依托，努力探索工地试验室管理新模式，结合5W2H分析法发现并解决日常试验检测工作中存在的问题，从而提高试验检测数据的客观性、公正性和准确性。

关键词　工地试验室　试验检测　管理模式　5W2H分析法　试验检测工作能力提升　工程质量

黄茅海跨海通道作为《粤港澳大湾区发展规划纲要》发布后首个开工建设的跨海通道，建成通车后将在横琴和前海两个合作区建设中扮演重要的角色。本项目将围绕"一流管理、一流设计、一流施工、一流技术、一流团队"的"五个一流"管理理念，努力向着"建世界一流跨海大桥，创平安百年品质工程"的总体建设目标努力奋进。工地试验室作为项目质量控制和评判的重要数据来源，是工程建设质量保证体系的重要组成部分。持续加强工地试验室的管理水平，才能有效提高试验检测数据的客观性、公正性和准确性。

随着黄茅海跨海通道项目建设的稳步推进，这座跨海长虹已初现峥嵘。确保工程质量是工程人亘古不变的职责。试验检测是工程质量管理的重要手段，顺利开展试验检测工作离不开工地试验室的高效管理。全国高速公路建设项目约有2万多个工地试验室，对工程进度与质量把控起到了基础性的保障作用。为进一步提升黄茅海跨海通道项目工地试验室建设管理水平，确保试验检测数据的客观性与准确性，有效发挥试验检测在控制工程质量和指导工程建设中的重要作用，结合项目实际情况，黄茅海跨海通道C2中心试验室尝试采用5W2H分析法作为管理措施之一，发现并解决实际试验检测工作中存在的问题。

一、5W2H分析法

5W2H分析法又叫七问分析法，由5个首字母为W和2个首字母为H的英文单词组成，分别是Why(为什么做)、What(做什么)、Where(在哪里做)、When(什么时间做)、Who(谁来做)、How(怎么做)、How much(做到什么程度)，通过用这7个单词设问，发现解决问题的线索，寻找思路，完成预期目标。5W2H

分析法应用简单、方便，易于理解、使用，富有启发意义，被广泛用于企业管理和技术活动之中，也有助于弥补考虑问题的疏漏。

二、5W2H 分析法在试验检测工作中的应用

试验检测工作能力提升因果图如图1所示。

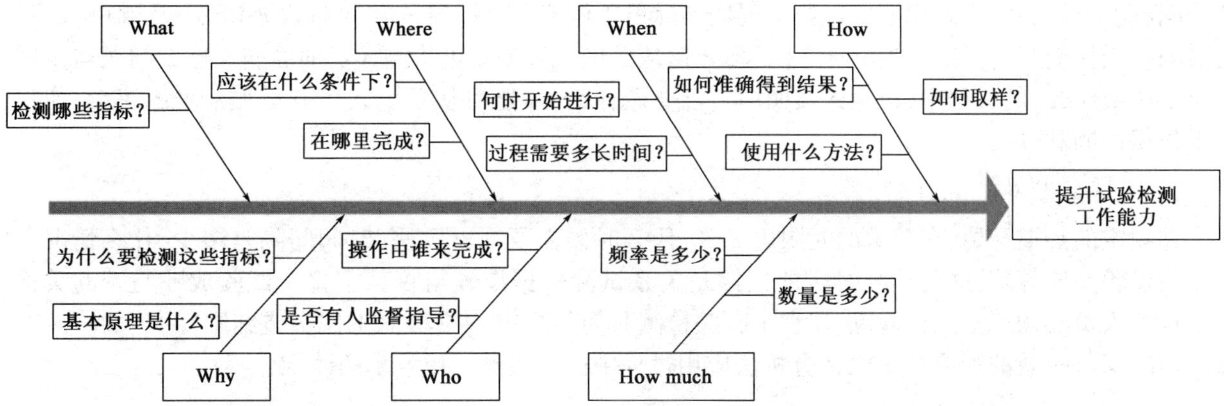

图1 试验检测工作能力提升因果图

1. 明确目标(Why)

Why(为什么做)在试验检测工作中可以定义为“检测原材料的目的是什么”，通过对这个问题进行深入思考，可以明确试验检测的目的，从而端正工作态度，提高学习热情。在试验方法的选择与确定的过程中，当确定采用某一试验方法后，试验检测人员需充分了解为什么选择这个试验方法，以及与其他方法相比这一方法有什么优势，以便在多种试验方法中筛选出最准确、最简便快速、最符合实际情况的试验方法。称重前为什么要调平仪器，为什么要在规定的试验环境下进行，试验样品为什么要进行四分法备料……检测人员在深入理解试验检测工作并明确目标的过程中，其自身的检测水平与严谨意识也会逐步提高和增强。

2. 落实任务(What)

What(做什么)是开展试验检测任务的核心。在进行每一种材料检测前，试验检测人员依据相关规范及设计图纸，确认材料的检测参数、具体要求、仪器设备及采用的试验方法和应出具报告的试验表格。试验检测人员必须充分了解并掌握相关检测技能，确定后的检测方法必须符合实际检测条件，可操作性强，保证检测数据准确可靠。这一过程是关系试验检测能否顺利进行以及检测任务完成质量高低的关键。例如工程检测实践中，现场检测路基压实度应根据路基填料不同，选择不同的检测方法。为了获得准确的检测结果，还需要对不同的填料进行试验，根据检测结果选择合适的试验方法、仪器设备进行现场压实度检测。通过分析、思考与前置参数的准备，接下来需要考虑怎么做才能得到需要的检测参数。

3. 注重细节(How)

How(怎么做)可以从四个层面来理解：怎么确定试验方法，怎么完成试验操作，怎么处理试验数据，怎么填写试验报告。通过上一步(What)的准备工作已经完成对某一检测任务可能涉及的试验方法、仪器设备、试验原理等信息的列举工作，那么 How 的过程就是根据实际情况确定最佳试验方法的过程。试验方法确定后，试验操作思路也就基本形成，现在的任务就是通过详尽的试验步骤完成试验操作，抓住操作细节，明确注意事项，进一步深入理解试验原理。通过试验操作，获得并梳理检测过程数据，通过常规的列表计算、图形曲线、回归方程等方法对数据进行处理。有效数据的处理包括：读取规则、修约规则、计算法则以及有效数据表示规则等内容。所有试验数据经过处理，最终需要形成试验报告。以试验数据及结果判定为主要内容，同时完善使用部位、材料类别、检测日期、试验结论、人员签字等相关信息，出具真

实有效、完整准确、科学严谨的试验报告。试验报告是所有试验检测工作的书面总结，是试验室管理水平的最直接体现。因此 How（怎么做）的过程是试验检测工作的重中之重，所有检测人员都必须严格按照相关规范、规程执行。

4. 找准切入点（Where）

Where（在哪里做）从字面的意思理解为，在哪里进行某一项试验检测任务，检测环境是否满足要求。这个问题涉及试验室建设规划或者施工现场实际里程位置。从深层角度，Where 理解成"从哪里入手"更为恰当。当接受某一项试验检测任务时，不知道从哪里入手是新进检测人员的通病。这个问题就要回归到 What（做什么）的过程中，检测人员明白自己要做什么，才能对从哪里入手有更加清晰的了解，使得此项工作得以顺利开展。

5. 掌握时机（When）

在规定的龄期开始，在要求的时限内完成，什么时候需要观察监测，时间间隔是多少，什么情况可以判定为试验完成等等，这些检测时机的把握是关系试验数据准确与否甚至整个试验成败与否的关键一环。检测人员必须严格执行规范、规程中有关检测时间的规定，在《检测工作实施细则》约定的时限内完成。对时间及时效的管控是 5W2H 分析法应用过程中试验检测工作效率的体现。

6. 确立主体（Who）

试验检测工作的主体是具备检测能力的试验检测人员。因此，在试验室管理者安排试验任务的时候，就需要充分考虑每名检测人员的知识结构和能力水平，是否具备相关检测资质，是否配置有经验的检测人员从旁监督指导，从试验室整体人员配置的角度，合理安排各类试验检测任务。切不可为了完成任务，盲目安排和开展检测工作，结果造成检测数据无效、报告漏洞百出，不仅无法顺利完成试验工作，还有可能在实际操作中损坏仪器设备。

7. 定量与定性（How much）

对于试验检测工作，How much 可以从两个方面进行分析：一方面是"做多少"，另一方面是"做到什么程度"。"做多少"很容易理解，当试验室安排试验检测任务时，每种材料的取样频率是多少，每一批次材料的代表数量是多少，每一项参数所需的样品数量是多少等等，都是为相对全面地评价某一批次、某一阶段材料质量的整体情况所做的统一规定，检测人员只要严格执行即可。相对于"做多少"，检测人员更应该深入分析"做到什么程度"。每一种材料经检测获得的数据并非简单地出具合格或不合格报告便完成任务。首先要对自己所得的检测参数、检测报告进行审核评价；然后要经过内部审核流程确认，监督指导人员对其真实性、有效性进行评价并提出建议。显然这里的审核评价不是目的，而是提升手段。通过审核评价，发现问题，及时整改，不断提高检测人员的业务素质和试验室的管理水平。最终通过图形、图表等可视化程度高的方法，汇总一定数量的原始数据进行统计分析，为控制工程质量和指导工程建设提出合理化建议。

三、结　　语

作为试验检测人员，我们无比荣幸能参与到黄茅海跨海通道这个"超级工程"的建设中。如何发挥试验检测在工程建设中的重要作用，为项目决策者在提升工程质量的过程中提供真实有效的数据支撑，在我们奋斗的跨海长虹中实现自我价值，值得我们深思并付出行动。工地试验室管理能力的提升没有固定的方法，本文的目的是为了探索和尝试，利用 5W2H 分析法提升本标段试验检测工作管理能力，也为了黄茅海跨海通道各标段的试验检测工作提出一种比较可行的提升思路和建议。

参考文献

[1] 褚润通，王春妮，姚晓菊. 5W2H 分析法在设计性实验中的应用[J]. 甘肃科技，2010，26(9)：180-181，158.

12. 黄茅海跨海通道工地试验室 13 要素管理体系应用

何 涛 张 峰
（深圳高速工程检测有限公司）

摘 要 工地试验室是高速公路施工质量管理中不可替代的重要组成部分，试验室的管理对工程项目检测工作的开展尤为关键。13 要素管理体系相关内容与工地试验室管理契合度较高，我工地试验室在确保常规标准化管理体系正常运行的基础上，尝试融入 13 要素管理模式，为工程项目工地试验室管理提出一种相对可行的优化思路及建议，供读者参考。

关键词 工地试验室 试验检测 管理模式 13 要素管理法 工程质量控制 工作素养

工地试验室是指工程建设过程中为控制质量而由等级试验检测机构在工程现场设立的试验室。工地试验室的主要工作内容是通过各种试验设备检测工程建设所需原材料、半成品、成品是否满足所执行的标准、规范及设计文件要求，并依据检测结果出具试验报告。工地试验室是当前高速公路施工质量管理中不可替代的重要组成部分，也是施工质量评估的数据来源。但是在试验检测行业发展过程中，工地试验室的管理上仍存在一些问题。因此，在深化公路工程工地试验室标准化管理的基础上，应不断尝试融入新的管理方法，提高工地试验室的管理水平，促使工地试验室硬件建设更标准、检测工作更规范、质量管理更精细、数据报告信息化程度更高。

为进一步提升黄茅海跨海通道工地试验室建设管理水平，确保试验检测数据的客观性与准确性，有效发挥试验检测在控制工程质量和指导工程建设中的重要作用，结合项目实际情况，我工地试验室尝试在常规标准化管理的基础上融入“13 要素管理”概念。

一、13 要素管理

13 要素管理由 5S 管理逐步演变而来，是指在生产现场中对人员、设备、材料、方法等生产要素进行有效管理。13 要素管理法是从整理、整顿、清扫、清洁、节约、安全、服务、满意、速度、素养、学习、共享坚持 13 个层面进行管理和控制，提升工作质量和形象的一种管理方法。

二、13 要素管理法在试验检测工作中的应用

1. 整理

整理是 13 要素管理法的基础，是对工地试验室各功能室仪器设备工作环境改善的第一步。首先，以各功能室为单位将仪器设备及流转至各科室的检测样品进行分类整理，区分所有物品的用途，区分什么是现场需要的，什么是现场不需要的。其次，对各功能室内需要的物品进行分类摆放，仪器设备应正确粘贴校准/检定标签、定位标签及状态标识，科室内的样品应粘贴样品标识并标明样品流转状态，所用工具应放入相应的储物柜（架）或工具箱。不需要的物品，如经过检测的样品废料、多余的半成品、切削后的样品残渣、垃圾、多余的工具、报废的设备等，要坚决清理出各功能室。整理的重点在于保证工地试验室各功能室内不存在与试验检测工作无关的物品，各设备前后、操作台上下、通道左右、工具箱内外，以及各功能室区域死角，都要彻底搜寻和清理。试验检测人员要严格做好整理工作，形成良好的工作作风，增加

检测工作面积,保证样品流转畅通,防止误用。

2. 整顿

整顿是提高各功能室检测工作效率的关键。把需要的仪器设备、样品、工具等进行定量与定位,由负责该科室的试验检测人员跟踪整顿。通过上一步的整理后,对功能室的各类物品进行科学合理的布置和摆放,完善各项试验检测操作流程,便于检测人员以最快的速度取得所需的物品,在最有效的规章、制度和最便捷的流程下完成试验检测任务。整顿活动的目的就是使各功能室环境整洁整齐,物品摆放一目了然,提高检测工作效率,保持良好的工作秩序。

3. 清扫

清扫是任何试验室各功能室管理中必须的要求。检测人员每天完成试验任务后都要负责把科室打扫干净,清除垃圾和脏污,并防止发生污染。保持仪器设备整洁,并且每日在试验操作前后都要检查仪器设备的运行状态,强化对仪器设备的清扫、维护工作,有效提高仪器设备的运行质量。不整洁的工作环境会导致仪器设备精度降低,故障率提高,影响工作质量甚至造成安全事故。另外,不整洁的工作环境会影响检测人员的工作情绪,降低检测人员工作积极性。作为工程质量控制的关键部门,试验室的工作环境都无法保障,检测数据的准确性和有效性也就无从谈起。

4. 清洁

清洁是工地试验室标准化管理的保障,是整理、整顿以及清扫活动的坚持与深入,长期落实从而消除工作环境、仪器设备产生的问题。整理、整顿、清扫之后要认真维护,使各功能室保持最佳状态。清洁管理是将整理、整顿、清扫三个方面的管理进行标准化和制度化,使检测人员养成良好的工作习惯,管理者应定期进行监督检查,维持管理效果。

5. 节约

节约是工地试验室管理的内在要求,是母体检测机构或企业持续发展的基石。节约的目的不仅仅是降本增效,对工地试验室来说,节约是对人员、时间、空间等方面的合理利用,发挥他们的最大能效,从而创造一个高效率、物尽其用、人尽其责的工作环境。具体到黄茅海跨海通道项目,根据实际情况制定各类参数的检测时限,提高检测数据提供的及时性;编制详细的仪器设备管理制度、人员管理制度,加强人员工作程序化管理及仪器预防性维护保养工作,减少人员因程序不明造成的时间成本消耗,降低仪器设备故障率及维修成本,提高人员及设备工作效率;各类试验台账电子化,试验报告、巡查日志、周月报信息化上传等,减少了人员手写填报检测相关表单的工作量,方便管理者进行人员优化配置。

6. 安全

安全是每个工地试验室正常运行的必要条件。消除隐患,预防各类安全事故的发生,是每名员工应尽的义务,应严格履行各岗位安全职责,坚决维护人身及财产安全。在安全管理方面,黄茅海跨海通道工地试验室定期组织全体员工进行安全培训及防火、防汛、防疫应急演练,强化员工安全意识,提升遇到突发情况的处置能力。严格要求检测人员进行规范性操作,避免因操作不当造成的安全事故。针对需要进入施工区域的现场检测人员,专门在外检室设置安全警示牌,现场检测人员每次出发前取用仪器都能看到醒目的安全警示牌,通过不断提醒,提升外检人员的自我防护意识。我工地试验室还针对黄茅海跨海通道检测工作的实际情况,编制了急救手册并组织检测人员学习,培养并提升检测人员在面临紧急事件时的应急处理能力。

7. 服务与满意

服务是工地试验室开展检测工作的宗旨,满意则是对工地试验室检测服务质量进行衡量的标准。服务具有两个层面的含义,其一,工地试验室的检测工作是服务于本项目,为项目质量管理提供准确可靠的数据;服务于项目管理者,为项目管理者的决策及工程质量控制提供参考和建议;服务于公司,为公司品牌形象及运营提供有力的支撑。其二,需要强化检测人员的服务意识,服务于涉及本项目试验检测工作相关的同事、上级领导、监理单位、施工单位等,倡导奉献精神,全身心投入本项目检测工作中,不断提升自身检测水平,确保数据真实、准确、有效,提高工地试验室的核心竞争力。优秀的试验室管理制度带来的是检测人员的满意,优质的检测服务带来的是项目管理者的满意,优异的工作成绩带来的是母体检测机构或公司的满意。

8. 速度

速度是工地试验室检测工作效率的体现。在当前全国高速公路迅猛发展的大环境下,建设项目施工任务重、工期紧已是常态化情况,黄茅海跨海通道横跨 14km 的海域,工程规模大、工程类型多、技术难度高、施工组织复杂。各单位工地试验室作为工程质量控制的关键组成,面临检测任务重、要求高、种类多、现场检测环境复杂等多种困难,挑战巨大。如何在较短的时间内提供更准确的检测数据,确保每个阶段的工程质量可控,值得每位试验室负责人深思。工程生产过程中,试验室应加强与各部门各单位的协同合作,对于可预见的检测任务,相关人员可提前通知试验室,例如结构物钢筋保护层检测,现场施工人员可提前通知计划拆模时间,检测人员提前准备检测仪器并到达现场,符合检测条件后可立即开始检测任务。试验室接到检测任务时,试验室相关人员必须快速做出反应,按规定的检测工作时效及时开展试验任务,检测人员必须熟练掌握试验流程及操作方法,进行多个样品或同一样品不同参数检测时应统筹安排各项操作步骤,例如某一参数试验过程中要求在特定的条件下浸泡样品 1h,那么就可以立即开展在这 1h 内可完成的其他检测参数。试验室管理人员可从优化检测流程着手,减少或避免无效环节造成的时间浪费。工地试验室应做到反应迅速,提高检测效率,为工程建设提供更及时、更准确的数据支撑。

9. 素养

素养是工地试验室管理的核心任务。培养检测人员严守检测工作规章制度的习惯和作风,充分发挥团队合作精神。通过日常整理、整顿、清扫、清洁工作,不断加强节约、安全、服务意识,检测人员不断练习合理规范的检测工作程序,养成自觉自律的习惯。工作素养的形成并非一蹴而就,需要通过宣讲、培训、谈话等形式,配合管理者的帮扶与关怀、同事间的协同合作,逐步形成。工地试验室的管理应该透明化、公开化,增加团队中每名员工的被信任感,建立合理的奖惩机制,让员工积极主动地开展工作。提高每名检测人员的工作素养,目标是打造一支严谨高效的检测团队。

10. 学习与共享

随着工程技术的不断发展,检测方法不断推陈出新,多功能仪器设备层出不穷,工地试验室及检测人员时刻面临被淘汰的风险。检测人员需要不断学习,学习各种新的检测手段,熟悉新的技术要求,掌握高科技仪器设备的使用方法,才能满足不断发展的检测需求。共享就是检测人员不断总结工作经验,加强交流与沟通,并从他人总结的经验中取长补短。工地试验室应不断学习分享先进的管理模式,持续完善自身的管理漏洞,实现共赢。

11. 坚持

坚持是一种态度,坚持按照检测程序开展检测工作,坚持科学严谨的试验方法,坚持把控每一个检测细节,坚持公平公正的检测态度。对检测结果的真实性、有效性、准确性的不断坚持、去伪存真,是每名检测人员的基本素质。工地试验室在坚持正确管理方法的前提下,应不断探索先进的管理模式,以适应当前飞速发展的工程行业,为母体检测机构或企业提供优质的工地试验室管理经验。

三、结　　语

深圳高速工程检测有限公司工地试验室以黄茅海跨海通道项目为依托,坚持科学管理体系,不断深入学习跨海特大桥检测技术及同类项目工地试验室管理方法,在双掺耐久性混凝土检测、智能蒸汽养护预制梁检测、超厚钢筋保护层混凝土结构物检测、特殊材料快速检测、疏水化合孔栓物及流变改性抗裂材料的使用等方面积累了宝贵的经验。同时,13 要素管理体系的相关内容与工地试验室管理契合度较高,我试验室尝试将之融入检测工作日常管理中,为工程项目工地试验室管理提出一种相对可行的优化思路和建议,供读者参考。

13. 检测数据统计分析在现代桥梁工程质量管理的应用

向 威 李 丰 吴小平 赵 敏
（无锡金诚工程技术服务有限公司）

摘 要 论文阐述了现代桥梁工程及质量管理的特点。桥梁建造过程具有制造厂、现场、桥位等多工点的特点，质量控制包括原材料检测、过程检测、成品检测等全流程。由于质量管理涉及钢板、焊缝、涂料、锚具、钢丝等零部件，现代桥梁工程的检测数据类型多、数量大，检测数据的统计分析及应用可更好地进行桥梁工程质量管理。以黄茅海跨海大桥正交异性钢箱梁非熔透U形肋角焊缝为对象，对影响熔深检测结果的因素进行分析，通过熔深测量值的均值、标准差及置信区间的统计分析和直方图分析，判断检测数据是否存在离群值或异常值。试验结果表明了检测数据统计分析方法在现代桥梁工程质量管理应用中的重要性和有效性。

关键词 检测数据 统计分析 现代桥梁 质量管理 钢结构

现代桥梁工程由于采用不同程度的预制拼装相结合的施工工艺，桥梁建造过程具有制造厂、现场、桥位等多工点的特点，质量控制包括原材料检测、过程检测、成品检测等全流程。由于质量管理涉及钢板、焊缝、涂料、锚具、钢丝等零部件，现代桥梁工程的检测数据类型多、数量大，定期进行检测数据统计分析可更好地进行制造质量控制。以正交异性钢箱梁U形肋角焊缝熔深的超声相控阵检测为例，进行均值、标准差及置信区间的统计分析和直方图分析，判断检测数据是否存在离群值或异常值，结合制造过程及检测影响分析提出工程质量管理的建议。

一、现代桥梁质量管理的特点

随着桥梁材料性能的提升、桥梁美学品质要求的提高[1]、预应力及焊接技术的发展、桥梁跨径增加[2]、预制拼装工艺[3]的使用，现代桥梁质量管理[4]的特点产生了很多变化。

现代桥梁，不论是混凝土桥梁还是钢结构桥梁，桩基础、承台、墩柱等构件一般采用现浇结构，桥面结构则大规模采用预制拼装结构。预制拼装桥面结构的设计，在预制场内完成预制构件的制备后再运输至桥位进行拼装，可大幅度提高桥梁建造效率、缩短建设周期，同时预制构件的批量化生产可获得更优的生产工艺，提高预制构件的制造质量和可靠性。钢结构桥梁的板单元制造、标准梁段拼装和桥位拼装，钢箱梁的板单元在工艺稳定、设备齐全的制造厂完成制备和标准梁段拼装，且已基本实现机器人自动化焊接，其工艺水平、质量水平、生产效率和劳动强度均有了大幅度提升。与混凝土桥梁相比，钢结构桥梁的板单元和标准梁段的制造周期更短、质量更加稳定可控，同时钢结构桥梁的轻质、高强等特点在大跨径桥梁中具有更广泛的适用性。

黄茅海跨海通道项目[5]中设有特大桥9座（19387m）、大中桥8座（2695m），其中跨越崖门口黄茅海水域的通航孔桥2座，分别是主跨700m的高栏港斜拉桥和主跨2×720m的黄茅海斜拉桥[6]。斜拉桥在建设过程中涉及桩基础、承台、桥塔、斜拉索、钢锚梁、钢箱梁等部件，需要综合采用技术、经济、组织等控制管理办法进行建造质量和工程进度控制。

二、数据统计方法及应用

检测数据统计分析不仅可以判断检测数据是否符合技术要求，还可通过均值、标准差及置信区间筛选异常数据,并结合现代桥梁工程质量影响分析,提出工程质量的改进建议与措施。以正交异性钢箱梁U形肋角焊缝为对象,分析了影响熔深检测结果的因素,并对熔深测量值进行均值、标准差、置信区间分析和直方图分析,判断检测数据是否存在离群值或异常值。检测数据的样本统计分析[7]包括样本均值(E)、标准偏差(σ)、置信区间分析和直方图分析。样本均值可描述所统计数据的主要分布位置以及样品的系统偏离情况,标准偏差可描述样本数据和样本均值之间的偏离程度,标准偏差还可描述样品数据的分散性及随机误差情况。可根据均值和标准偏差计算不同概率的置信区间,还可根据样品统计数据的置信区间进行检测方法的置信区间预测,以判定检测方法是否可以满足设计要求。直方图分析可根据数据统计情况来分析检测数据是否存在异常。

1. 熔深检测影响因素分析

检测数据的影响因素分析[8]统计方法有调查表法、排列图法、因果分析法、鱼骨图法等。调查表法是对非熔透U形肋角焊缝的制造工艺、熔深测量的方法、检测时机、检测人员、检测环境等影响检测数据准确性的因素进行调查研究,全面涵盖人机料法环等方面。排列图法是通过调查研究,对导致异常数据的原因进行统计分析和频次对比,找到主次原因并提出针对性的改进措施。

黄茅海跨海通道的正交异性钢箱梁U形肋板单元制造,采用焊接机器人进行U形肋角焊缝的自动化焊接,装配公差、焊接电压、焊接电流、电弧角度等工艺参数均是制造质量的重要影响因素。U形肋角焊缝熔深检测采用超声相控阵检测方法[9],与低倍宏观法、常规超声检测、射线检测等方法相比,实时的二维检测图像能够更为准确地进行熔深值测量,采用自动化扫查架可实现检测图像及视频的保存和重复性判定。超声相控阵检测要求具有相应检测方法的中级从业资格证书,具备系统的专业理论知识和熟练的操作技能,能够按照操作规程实施检测。在钢箱梁制造场内,检测环境的温度、湿度也是检测结果的影响因素。通过对以上影响因素的调查研究,钢箱梁板单元的制造工艺均经过多座桥梁大量的实践验证并经过焊接工艺评定,自动化制造的工艺参数相对稳定,若出现检测工艺偏离或参数异常,在U肋角焊缝熔深检测数据的统计分析中会出现系统性的偏离,检测环境的异常亦会导致检测数据呈现系统性的偏离。

2. 试验段检测数据统计分析

对试验段进行为期4天共计95个U形肋角焊缝熔深测量值的统计分析,如图1所示,熔深测量值的最小值为7.09mm、最大值为7.50mm,计算熔深测量值的均值和标准差,分别为7.314mm和0.085mm。设计要求的肋板厚度为8.0mm,U形肋角焊缝熔深不低于肋板厚度的75%,样本中的95个数据均满足设计要求且距离边界值有较大的裕度。

根据样品的均值和标准差计算了95%概率下的置信区间[$E-2\sigma$,$E+2\sigma$],发现有4个数据小于$E-2\sigma$、1个数据大于$E+2\sigma$,且数据点50~70大部分数据低于均值,但所有数据均在99.5%概率下的置信区间[$E-3\sigma$,$E+3\sigma$]内。为了探究该区域数据异常的原因,将4天的95个数据再按天统计分析,这4天的数据量分别为24、25、22、24,分别计算每天检测值的均值、标准差、95%的置信区间(图2),第1天、第2天、第4天的均值和标准差基本相同,第3天的均值低约0.15mm。通过对原始数据、检测图像及视频进行复查,发现第3天检测系统中的输入板厚与实测板厚存在一定的差异,即第3天数据异常的原因是未及时更新实测肋板厚度,从而导致检测值出现了偏差。因此强调在U形肋角焊缝的超声相控阵检测过程中,要逐一进行肋板厚度和倾角的测量和记录,并在检测系统中确认实测肋板厚度和倾角。

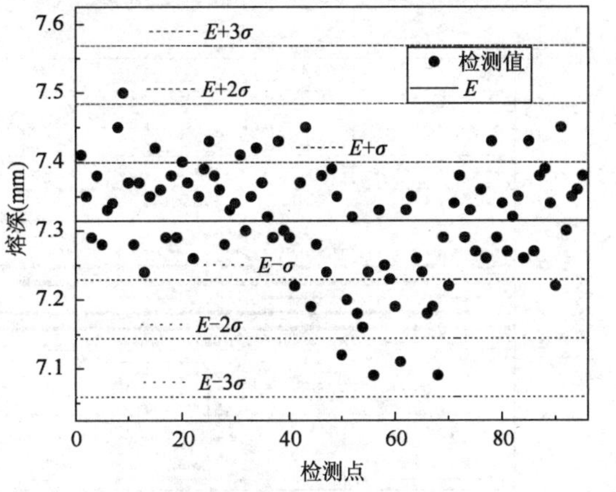

图1 试验段熔深测量值及统计分析

对试验段的熔深测量值的分布范围以间距0.05mm制作直方图,如图3所示,熔深测量值基本呈现了中间高两边低的趋势,熔深测量值基本呈正态分布,未见异常值。

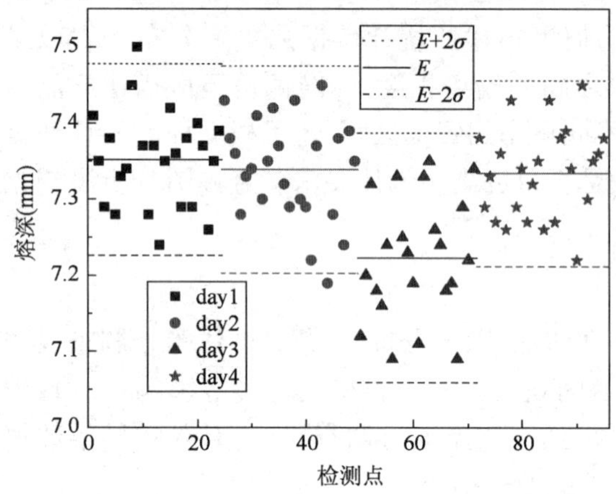

图2 按天的熔深测量值及统计分析

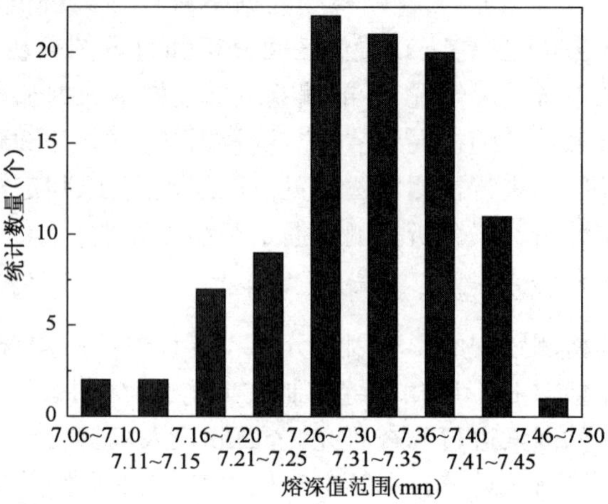

图3 试验段熔深测量值的直方图

3.某标段检测数据统计分析

在某标段进行了为期4周共计1280个U形肋角焊缝熔深测量值的统计分析,如图4所示,熔深测量值的最小值为5.4mm、最大值为7.7mm,计算熔深测量值的均值和标准差,分别为6.38mm和0.42mm。设计要求的肋板厚度为8.0mm,U形肋角焊缝熔深不低于肋板厚度的75%,共有17个检测点(占比1.33%)的数据低于设计要求。根据样品的均值和标准差计算了95%概率下的置信区间[$E-2\sigma$,$E+2\sigma$],发现有8个数据小于$E-2\sigma$、93个数据大于$E+2\sigma$,在置信区间[$E-2\sigma$,$E+2\sigma$]之外的占比为7.89%;还有22个数据大于$E+3\sigma$,占比为1.72%。以上数据均说明该标段的1280个熔深测量值的分散性较大,存在异常数据。

以间距0.2mm制作该标段的熔深测量值的直方图,如图5所示,在左侧<6.0mm到7.0~7.1mm的范围内数据呈现单边偏向性,6.0mm为设计下限值,说明该标准的焊接工艺距离设计要求边界较近,建议改善工艺增加安全裕度。在直方图的右侧呈现了孤单型,说明该部分数据存在异常,建议对熔深值为7.4~7.7mm的共计93个检测点进行复核。

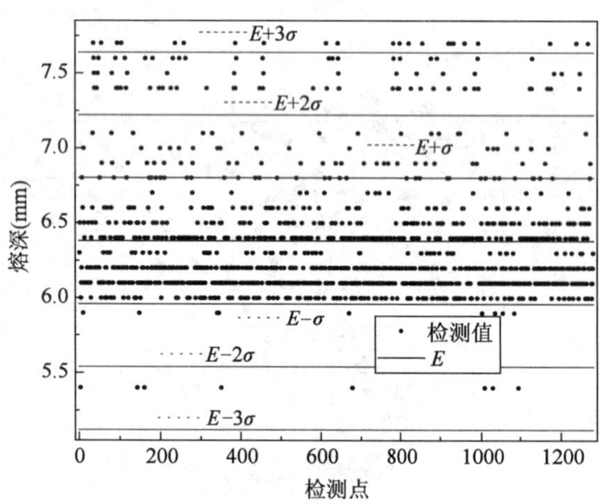

图4 某标段熔深测量值的统计情况

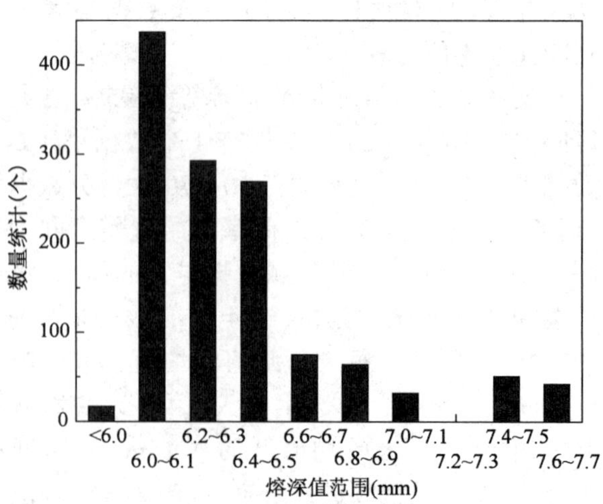

图5 某标段熔深测量值的直方图

三、结　　语

(1)阐述了现代桥梁工程质量管理多工点、全流程、检测数据量巨大的特点,需要综合采用技术、经济、组织等措施进行质量控制,由此提出了检测数据统计分析的重要性。

(2)以黄茅海跨海通道正交异性钢箱梁非熔透U形肋角焊缝熔深的超声相控阵检测为例,用调查表法分析了影响检测值的因素,进行了样品均值、标准偏差计算、置信区间分析和直方图分析,采用试验段检测数据和某标段检测数据进行统计分析,可发现异常值并能初步分析原因,表明检测数据统计分析在现代桥梁工程质量管理应用中的有效性。

参考文献

[1] 徐利平. 基于桥梁与建筑整体视野下的桥梁美学理论研究[J]. 公路,2021,66(03):78-84.

[2] 毛伟琦,胡雄伟. 中国大跨度桥梁最近进展与展望[J]. 桥梁建设,2020,50(01):13-19.

[3] 项贻强,竺盛,赵阳. 快速施工桥梁的研究进展[J]. 中国公路学报,2018,31(12):1-27.

[4] 李江. 港珠澳大桥主体工程施工进度控制手段与实施[J]. 公路,2020,65(03):228-231.

[5] 潘放. 黄茅海跨海通道总体方案及创新技术[J]. 桥梁建设,2021,51(04):10-16.

[6] 鲜荣,徐源庆,刘得运,等. 黄茅海超大跨三塔斜拉桥结构体系研究[J]. 桥梁建设,2021,51(06):9-15.

[7] 徐一超,张宇峰,丁彦翔,等. 基于实测的公路桥梁车流特性分析[J]. 交通世界,2020,(22):90-92.

[8] 杨锋. 数据统计分析在钢结构涂装质量控制中的应用[J]. 电镀与涂饰,2017,36(18):995-999.

[9] 孙杰,徐静,孙文,等. 超声相控阵在桥梁锚具检测中的影响因素分析[J]. 世界桥梁,2017,45(03):60-64.

14. 腐蚀监测在悬索桥主缆智能除湿工程中的应用研究

王啟铜[1]　倪　雅[2]

(1. 深中通道管理中心;2. 江苏中矿大正表面工程技术有限公司)

摘　要　主缆除湿系统是悬索桥主缆在设计过程中的重要环节,直接影响主缆在工作中的服役寿命。当前主缆采用的防护技术主要有主缆密封(密封胶和缠包带方案)和主缆除湿,使主缆内部空气湿度维持到腐蚀速率大幅降低的拐点60% RH,但是传统主缆监测系统不能获得定量的腐蚀速率。目前已有的多种腐蚀监测技术可以实现腐蚀速率的定量采集监测,本文介绍了目前常用的腐蚀监测方法以及其在桥梁上应用的研究情况。

关键词　腐蚀监测　悬索桥　电阻探针　LPR探针　磁阻探针　电化学阻抗　氢通量探针　电化学噪声和电指纹(FSM)法

一、腐蚀监测概述

当前,腐蚀监测在石油化工应用比较广泛[1]。根据腐蚀监测技术特征,可以分为直接监测技术和间接监测技术,直接监测技术测量的是因腐蚀或冲蚀而出现直接变化的参数;而间接监测技术测量的是影响腐蚀、冲蚀,或受腐蚀、冲蚀影响而出现变化的参数。其中直接监测技术又分为侵入式技术和非侵入式技术两类,间接监测技术分为在线技术和离线技术两类。侵入式技术是指需要穿过管线或容器外壁,直接接触到内部介质进行测量的技术，一般来说，侵入式技术需要特定形式的探针或测试片；间接监测技术可以是在线或离线的，对于在线技术而言，不需要将设备从工艺过程中移除，而离线技术则需要从工艺过程中采集样品或试片进行分析。当前常用的几种腐蚀监测方法见表1。

几种腐蚀监测方法　表1

方法	监测原理	特点	检出信息	适用对象	结果解释
挂片失重法	挂片置于腐蚀介质中，定期测量失重	需时较长，操作复杂	平均腐蚀速率、点蚀	任意介质	容易
电阻探针法	根据腐蚀造成电阻探针的电阻变化测量腐蚀速率	较快速，应用灵活	连续监测、平均腐蚀速率	任意介质	容易
电感探针法	根据感抗的变化测定敏感元件厚度的减少	响应时间快	连续监测、平均腐蚀速率	任意介质	容易
线性极化电阻法	根据腐蚀过程中极化探针表面电阻变化测量腐蚀速率	快速，应用灵活	连续的腐蚀速率	电解质	较易，存在干扰
氢渗透法	通过测量渗透到氢探针中的氢分子量计算氢渗透率	需时较长	氢渗透速率	任意介质	较易
电化学噪声法	利用腐蚀过程产生的微弱信号检测腐蚀的剧烈程度	受干扰因素较多	点蚀，半定量	任意介质	较难
FSM 法	根据特制的测试管段上多点电位变化测量腐蚀速率	费用昂贵	腐蚀速率、管线缺陷	任意介质	较复杂

1. 直接监测技术

1）重量变化方法

挂片失重法（Weight loss measurements）是将与管材或设备相同材质的金属挂片，暴露于特定的环境中一段时间，来确定金属在环境中的反应[2]。测试结束后将挂片从环境中取出，表面的腐蚀产物采用物理或化学的方式清除。试片一般根据测试的目的进行设计，如扁平试片用于均匀腐蚀或点蚀，焊接试片用于焊缝局部腐蚀，应力试片用于应力腐蚀开裂。通过计算金属损失，可以确定试片在特定时间段内的平均腐蚀速率。

介质条件适用于电解质溶液、非电解质溶液、气体和连续的介质中，在结垢环境中应使用特殊挂片。使用范围包括均匀腐蚀、冲刷腐蚀、点蚀、氢脆、微生物腐蚀、垢下腐蚀、应力腐蚀等。监测形式为在线监测、离线分析。

碳钢材质挂片法平均腐蚀速率的计算公式如下：

$$\mathrm{CR}=\frac{365\times W\times 10}{D\times A\times T} \tag{1}$$

式中：CR——平均腐蚀速率（mm/a）；

W——总损失质量（g）；

D——挂片材质密度（g/cm^3）；

T——暴露时间（天）；

A——挂片暴露于介质的总面积（mm^2）。

腐蚀挂片技术可以在很小的空间对多种金属进行对比,挂片本身成本较低。但是,该技术有以下局限性:

(1)所获得的腐蚀速率数据是挂片时间内的平均腐蚀速率,局部腐蚀需通过光学显微镜等技术进行测量;

(2)挂片时间过短可能导致结果不具有代表性,一般来说,由于挂片监测阶段腐蚀速率较高,那么可能导致测量数据高出现场材料正常腐蚀速率;

(3)在挂片期间,无法判断腐蚀失效的时间或程度;

(4)腐蚀速率只能在挂片取出后进行计算;

(5)挂片的清理和分析过程耗费附加成本和时间;

(6)挂片的清理对于结果的计算影响很大(尤其是试验室测试)。

2)电阻探针法

电阻探针(ER)被称为是"电子的"腐蚀挂片,使探针插入管线与生产介质完全接触,金属电阻丝在腐蚀介质中发生腐蚀后长度不变而直径减小,截面积减小使得电阻增大[3]。通过测试电阻丝电阻的变化即可换算直径变化量,进而计算出腐蚀速率。当所用金属丝的材质与所测量设备的材质相同时,就可用金属丝的腐蚀率近似地代表设备的腐蚀率。由于电阻易受温度的影响发生变化,通常会在电阻探头内串联一个温度补偿元件以消除其影响,从而减小测量误差(保护温度补偿元件不受腐蚀,使用探头的电阻比上温度补偿元件的电阻比值作为腐蚀量导致的电阻变化)。根据探针形状,可分为丝状探针、片状探针和管式探针等,丝状探针因灵敏度较高,一般多被采用。与腐蚀挂片相同,电阻探针可适用于液相、气相等各种介质,响应相对于挂片更快,可广泛使用于任何发生腐蚀的系统,原理直观。但其也存在一些缺点,如:①当探针发生沉积时,会得到错误信息;②在硫化物系统中的测量结果受到较大影响;③探针的寿命较短。

3)电化学方法

电化学测试方法是一种较好的无损检测方法,现有的许多电化学技术可以用于现场腐蚀监测[4]。已用于腐蚀监测的电化学方法主要有电化学阻抗法(EIS)、线性极化法(LPR)、电化学噪声法(ECN)、电化学调频法及光电化学法等。电化学方法的主要优点是能够快速响应,所得信息能与实验室中的背景研究直接联系,更有可能利用探测器来判断腐蚀行为,增加了诊断的可靠性,有助于选择补救措施或控制系统。

(1)电化学阻抗法(EIS)。

电化学阻抗法是一种暂态电化学技术,属于交流信号测量的范畴[5]。交流阻抗的测量原理是给电极系统施加不同频率的小振幅正弦波的扰动信号,通过体系的响应与正弦波信号扰动之间的关系得到系统的阻抗,从而拟合出电化学系统的等效电路,进一步分析电化学体系中包含的动力学参数(如电极系统中的双电层电容,电极过程的反应电阻及扩散传质的系数)及其作用机制。由于作为扰动信号的电势正弦波的幅度很小,基本在5mV左右,所以可以减少对整个体系产生的干扰,也可以使整个体系的响应与正弦波信号扰动之间的关系接近于线性,方便对测量数据进行数学处理。在传感器内部将金属片切成一对梳状电极,然后将切好的两个电极以梳齿交叉但彼此不接触的方式埋入环氧树脂中,两个电极的表面处于同一个水平面上,一个电极作为工作电极,另一电极作为参考电极和辅助电极。通过连续测量极化电阻来监测钢的瞬时腐蚀速率,并根据高频阻抗表征钢表面的湿润时间。交流阻抗监测探针电极的示意图如图1所示。在对大气腐蚀的研究方法中,交流阻抗对钢铁表面的损伤很轻微,并且能够应用于钢铁表面薄液膜厚度为10~1000μm的大气腐蚀体系。

如何通过交流阻抗监测结果科学地反应环境或钢铁的腐蚀状态是当下研究的热点。Li发现在5%~30%的RH范围内,交流阻抗谱能够反映电极的特性,但无法精确确定其腐蚀状态;在40%~60%的RH范围内,阻抗的响应对应了薄液膜的电导率;在高于70%RH的条件下,薄液膜电阻能够反映腐蚀进行的程度,而电荷转移电阻的倒数则可以用来评估腐蚀速率。这一发现说明交流阻抗测量的数据可以用来确定实际大气环境中的动力学信息,真实大气环境中的相对湿度不稳定,具有干湿交替的特点。

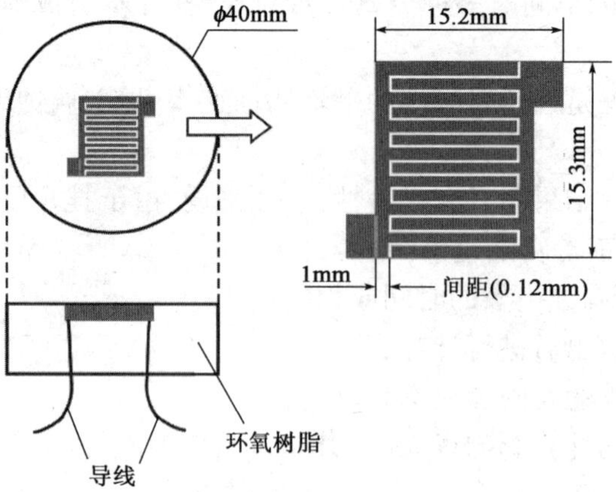

图 1　交流阻抗监测探针电极示意图

综上所述,基于电化学阻抗谱的原理,交流阻抗技术能够反映出腐蚀过程内薄液膜和钢铁很多有用的电化学信息。但交流阻抗测量期间对反应体系的稳定性有一定的要求,大气环境的动态性易使测量结果与实际情况有些许出入,且不适用于环境中 RH 低于 30% 的情况。

(2)线性极化法。

如图 2 所示,线性极化法(LPR)的原理是在腐蚀电位附近电流的变化和电位的变化呈线性关系,其斜率与腐蚀速率成反比[6]。其介质条件适用于电解质溶液,使用范围包括均匀腐蚀、点蚀、电偶腐蚀,监测形式为在线监测或离线监测。计算公式如下:

$$\frac{\Delta E}{\Delta i} = R_{\mathrm{p}} \tag{2}$$

$$i = \frac{B}{R_{\mathrm{p}}} \tag{3}$$

式中:R_{p} ——极化电阻;

B ——由金属材料和介质决定的极化常数。

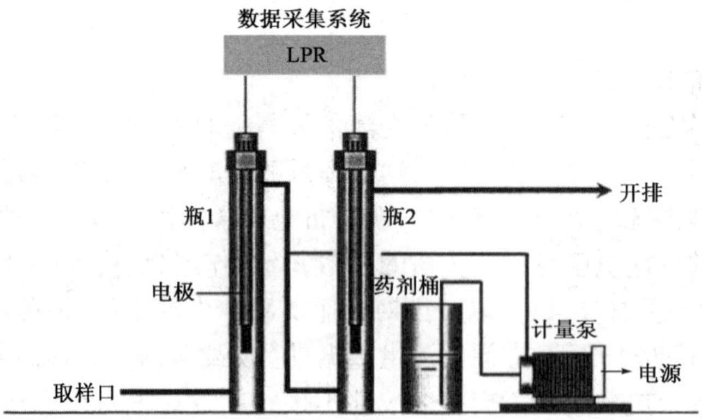

图 2　LPR 示意图

LPR 法对腐蚀情况变化响应快,能获得瞬间腐蚀速率,比较灵敏,可以及时地反应设备操作条件的变化,是一种非常适用于现场腐蚀检测的方法。但它不适于在导电性差的介质中应用,当设备表面有一层致密的氧化膜或钝化膜,甚至有腐蚀产物堆积时,将产生假电容,从而引起很大的误差,甚至无法测量。

(3)电化学噪声法(EN)。

电化学噪声是指正在腐蚀的电极表面所出现的一种电位或电流随机自发波动的现象,这种波动称为电化学噪声[7]。分析这些噪声谱不仅能给出腐蚀的过程,而且还可给出腐蚀的特点,如点蚀特征。它包括电化学电位噪声(EPN)和电化学电流噪声(ECN),反映了由于腐蚀发生引起腐蚀电位或电偶电流的微幅波动。由于 ECN 测量方法简单,对仪器要求不高,近 10 年来已逐渐成为腐蚀研究的重要手段之一,并开始应用于工业现场全面腐蚀监测、应力腐蚀监测和涂层下金属腐蚀监测等领域。

ECN 测试装置一般由两个同材质工作电极及一个参比电极构成，其中一个电极接地，另一个电极连接运算放大器反向端，组成零阻电流计[8]。CHEN J F 用一根细铂丝取代常规 ECN 测量系统中的电极，建立了电化学发射谱(EES)，由于铂不会腐蚀，因此所有 ECN 均来自同一工作电极，可以避免两个工作电极同时产生 ECN 时的相互干扰，简化了噪声谱的辨识[9-10]。

电化学噪声法的优点是具有测量装置简单、不需要外来扰动、对被测体系没有干扰、可以采用数学方法进行分析，反映材料腐蚀真实状况，能精确地确定初始点蚀及局部腐蚀趋势。但是，由于金属腐蚀过程中其本身的电学状态是随机波动的，其化学信号和腐蚀金属电极之间的关系迄今为止仍未建立完整的测试体系，因此，不利于对金属腐蚀的监护和研究，其使用仍停留于实验室阶段。

(4)恒电量技术。

早在 1961 年就有 Barher 的论文介绍恒电量测量技术[11]，但直到 1978 年才由 Kanno、Suguki、Sato 等人将恒电量瞬态技术真正引入到腐蚀科学领域[12-13]。恒电量测量方法是一种暂态测量技术，是将已知的小量电荷施加到金属电极上，根据金属体系在恒电量激励下的张弛过程，建立恒电量微扰下的物理模型并加以分析，解析获得多个电化学参数。

它既可测定瞬时腐蚀率，又可把瞬时腐蚀率连续记录下来，进行图解积分得到平均腐蚀率。由于这种电化学暂态检测技术施加的电信号不仅微小，而且是瞬时的，测量的又是电位衰减变化，而电位衰减对工作电极面积大小不那么敏感，因此，就等量的扰动而言，它相比直流稳态线性极化电阻技术可以更快、更准确地测量瞬间腐蚀速度[14]。

湖南大学赵常就等人发展了恒电量技术，成功研制了 HJC-1 型恒电量智能腐蚀监测仪，实现了恒电量扰动信号的产生和极化电位随时间衰减信号的输出，并应用计算机技术实现了对恒电量扰动仪主机的控制和极化电位数据的采集与处理[15]。赵永韬等人将恒电量技术搭载现代移动通信网络，组成一个分布式数据采集与信息处理系统，实现了基于 GPRS(General Packet Radio Service，通用无线分组业务)远程通信的腐蚀监测，使该技术在应用范围方面有了新突破[16]。张小华等将恒电量技术用于钢筋混凝土的腐蚀监测中，研究证明，恒电量腐蚀速率测定仪对混凝土中钢筋腐蚀的测试结果与传统方法(如恒电位仪的弱极化区的动电位扫描方法)的测试结果有较好的一致性[17]。

(5)电偶电流法。

电偶型大气腐蚀监测仪基于电偶腐蚀的原理设计而成[18]。电偶型 ACM 传感器是由电位不同的两种金属组成，其中包含多个电偶对，组合形式为 ACACAC，其中 A 代表阳极(如碳钢)，C 代表阴极(如纯铜)。每两片金属之间用绝缘物薄片隔开，并通过导线将同种金属串联在一起，双电极型 ACM 仪传感器结构示意图如图 3 所示。

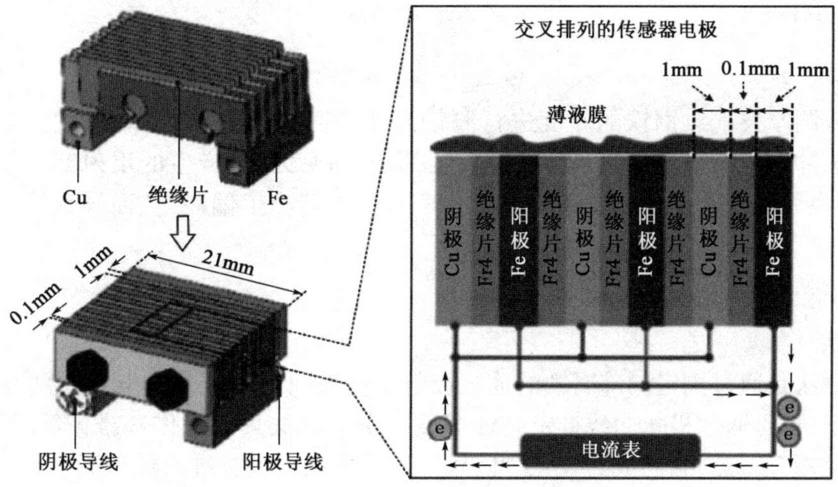

图 3 双电极型 ACM 仪传感器结构示意图

当环境中的相对湿度达到了薄液膜形成的临界相对湿度时,整个电偶腐蚀体系构成了一个导电回路。这时内部串联的高灵敏度电流表可以检测出两个金属对之间的电偶电流,而该电流又与阳极监测金属的腐蚀情况相关联,因而最终可通过电偶电流转换成对应阳极金属的腐蚀速率,从而实现对监测金属钢铁的腐蚀评估及其对应环境腐蚀性的评估。利用大气腐蚀监测仪,可以通过对大气薄液膜下传感器探头表面腐蚀电流或阻抗信息的监测,反映探头所处环境腐蚀性的实时变化情况,同时传感器可以配备温度、湿度等基本环境参量进行对环境因素的实时采集,有助于解析环境腐蚀性的变化规律。

当前,多数电偶型ACM相关工作的研究重点集中在探究不同环境腐蚀性的差异性与环境因素对大气腐蚀的影响。目前绝大多数相关研究仅将ACM电流对时间进行积分,并对腐蚀性进行简单的定性评价,尚未有效挖掘出海量腐蚀监测数据与环境监测数据中的丰富信息,导致其实际应用价值大大降低。电偶型ACM不仅能够实现环境的腐蚀性监测,还能用于快速评估钢铁的耐蚀性。

因此,电偶型ACM技术拥有极高的灵敏度,且能够应用于超过1年的长期腐蚀监测,不仅适用于环境腐蚀性差异的比较、探究环境因素的影响,而且能够快速准确评估钢铁的耐蚀性,是一种应用前景十分广泛的大气腐蚀监测手段。

4)超声波测厚法

超声波测厚法(Ultrasonic Wall thickness measurements, UT)通过探头发射的超声波脉冲到达被测物体并在物体中传播,到达材料分界面时被反射回探头,通过精确测量超声波在材料中传播的时间来确定被测材料的厚度[19]。

使用超声技术测量固体的厚度已有数十年的历史,起源就是利用测量一个特定频率的波穿过一个固体的时间来计算物体的厚度。过去,常用的超声测厚技术只能针对一个点的厚度进行测量,而现在,使用电动机驱动机器人操作的面测厚系统,可以在0.1m^2的面积上同时进行几千甚至上万个点的测厚。同时,随着计算机控制系统的发展,自动在线测厚技术也已成功应用。

超声波测厚技术主要应用于管道测厚领域,是根据超声波信号的脉冲反射原理对管道的厚度进行测量,其测量原理如图4所示。当传感器发射出的超声波信号通过被测管壁到达管道内的分界处时,会产生反射的超声回波信号,而根据射出信号与反射信号传播的时间差($t-t_0$)和超声波信号的传播速率v_0来确定被测管道的厚度L,计算公式如下:

$$L=\frac{v_0(t-t_0)}{2} \tag{4}$$

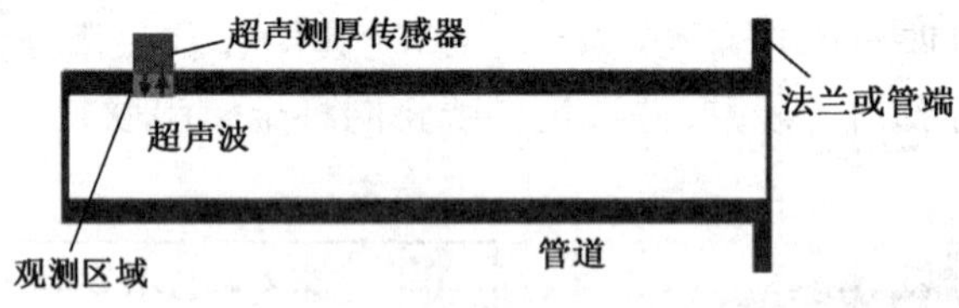

图4 超声波测厚原理

在利用超声波测厚技术对钢铁的厚度进行测量与评估时,其测量的不同角度会造成测量结果的偏差。根据超声波脉冲信号的物理特性,当管道内壁发生局部腐蚀时,产生的反射回波信号会发生散射和衍射现象,造成超声波的脉冲信号在管道中传播的声速及时间产生偏差,从而导致管道厚度测量数据不准确。

2. 间接监测技术

1)腐蚀电位法

腐蚀电位监测法是通过测定局部腐蚀的成长极限电位来判断设备有无发生局部腐蚀[20]。在没发生局部腐蚀的环境下,也可通过极化曲线推定腐蚀速度。由于该法具有操作和维修简单、响应速度快而适用于实时的自动控制等特点,它已成为电化学防腐蚀领域中的一种标准腐蚀诊断方法。金属的海水腐蚀电位是在腐蚀体系达到稳态的条件下可精确测得的一个物理量,是研究金属在海水中腐蚀与防护的基本参数之一。金属海水腐蚀电位测定,尤其是腐蚀电位-时间曲线的测定在研究金属的海水腐蚀行为以及分析腐蚀过程时具有重要意义。缓蚀剂在金属材料表面的吸附,介质浓度和体系温度的变化,都会使得金属材料的自腐蚀电位发生变化,因此,腐蚀电位测定法也被用于研究缓蚀剂的缓蚀行为。

腐蚀电位的监测,主要是通过与极化数据结合,用来预测腐蚀行为,或是与电位 pH 图及氧化还原电位结合,来确定目前的相平衡状态。通过腐蚀电位监测,还可以确定目前不锈钢是处于活化还是钝化状态,同时对于电化学保护系统的工作状态也可进行良好的监测。

腐蚀电位监测可以简单快速地监测金属是否处于钝化状态,也可以用来监测系统腐蚀随时间的变化及频率。但是,该技术具有以下局限性:①不能用于腐蚀速率的测量;②所采用的残壁电极有可能在工艺介质中发生反应;③残壁电极可能造成污染;④在高于100℃时需使用特殊的参比电极。

2)氢浓度监测法

腐蚀过程能产生氢气,因为 H_3O^+ 在酸性(或中性、碱性)溶液中被还原为氢气,是金属腐蚀期间最主要的阴极反应之一[21]。腐蚀反应产生的原子氢渗入金属,对设备有各种不同的破坏。氢传感器能够检测由腐蚀反应产生的氢,且目前已有多种氢浓度监测仪的报道,在石化工业中主要有三种氢传感器:压力型、真空型和电化学传感器。

二、主缆钢丝腐蚀监测

主缆是悬索桥的主要受力构件,承受桥梁的全部荷载,且在大桥的整个使用期内不易更换[22]。在大气腐蚀环境和荷载作用下,随着时间的推移,缆索钢丝及其防护层不可避免地产生腐蚀与损伤,缩短桥梁的使用寿命,更使得桥梁的安全可靠性评价出现困难。且目前的主缆钢丝腐蚀评估多为周期性维养检测,需人工高空作业,难以实现全天候在线监测。因此,为保障桥梁的结构安全及预防运营事故的发生,有必要对桥梁缆索进行腐蚀在线监测,从而保障桥梁的全寿命安全。

由于悬索桥主缆钢丝处于大气腐蚀氛围,综合腐蚀监测方法的成熟度以及使用环境,采用电阻探针法是主缆腐蚀监测目前最好的方法。

金属材料在大气中的腐蚀性破坏主要是由潮湿和干燥气候交替所致。其腐蚀过程是金属在薄层液膜下的电化学腐蚀过程。因此,大气腐蚀过程既服从电化学腐蚀的一般规律,又具有大气腐蚀的特点。电阻探针腐蚀监测是基于腐蚀性介质中,作为测量元件的金属丝被腐蚀后,金属丝长度不变、直径减小,电阻增大,通过测试电阻的变化来换算出金属丝的腐蚀减薄量。

腐蚀监测仪检测外漏于监测集成盒的腐蚀金属丝的电阻值 R_x 以及内嵌于监测集成盒的参考金属丝的电阻值 R_f,通过一体化通信箱内的温湿度监测仪采集外漏于监测集成盒的温湿度传感器的信号。

腐蚀金属丝的电阻值 R_x 与参考金属丝的电阻值 R_f 的比值 $\lambda(t)$ 满足:

$$\lambda(t) = \frac{R_x}{R_f} = \frac{L_x}{L_f}\left(\frac{r_f}{r_x(t)}\right)^2 \tag{5}$$

$$V_x = \frac{dr}{dt} = -\frac{r_f}{\lambda^{\frac{3}{2}}}\sqrt{\frac{L_x}{L_f}}\frac{d\lambda}{dt} \tag{6}$$

交流阻抗法是指控制通过电化学系统的电流(或系统的电势)在小幅度的条件下随时间按正弦规律变化,同时测量相应的系统电势(或电流)随时间的变化,或者直接测量系统的交流阻抗。测量大气环境中涂层探头阻抗谱随时间的变化趋势,来判断涂层的老化状态。只需要将涂层探头固定在涂装设备表面,就可以长期测量涂层的老化过程,为涂层损伤的预防性维修提供实时数据。基于电化学阻抗原理,采用高速 DDS + DMA + ADDA 数字模拟电子技术,实现了高精度的阻抗测量和特征阻抗计算,可以测量从低阻到高阻的宽频定频点(100kHz 到 0.01Hz)涂层阻抗测试,适用于大气或人工环境下涂层老化与损伤状态的在线监测。

三、腐蚀监测在悬索桥中的应用

1. 悬索桥主缆腐蚀监测布置

针对主缆受力情况，对主缆的跨中点、散索鞍缆套处、主索鞍缆套处布置腐蚀监测点（电阻探针），如图5所示。

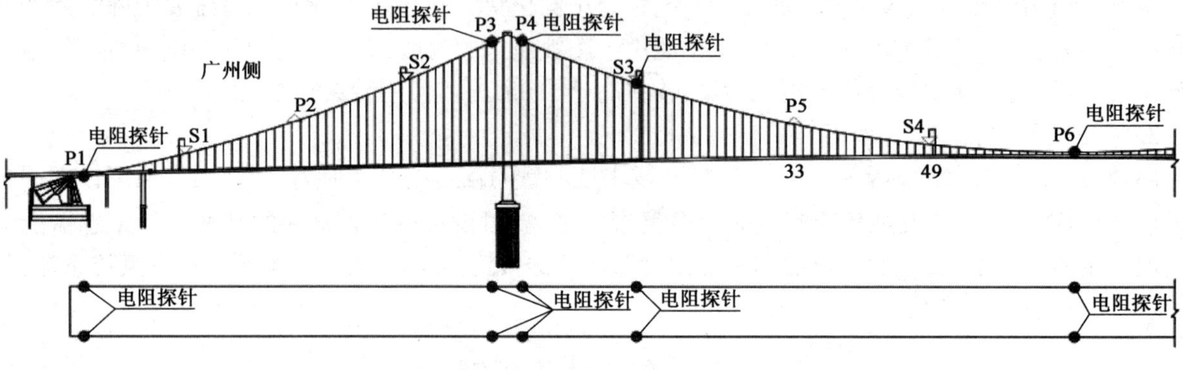

图5 悬索桥主缆腐蚀监测布置

2. 主缆腐蚀监测安装

主缆腐蚀监测（电阻探针）安装示意图如图6所示，系统通信箱安装于缆索进气夹或出气夹段的扶手绳上，电阻腐蚀探针安装于气夹内，实时进行多方位的数据采集，通过分析数据可以对缆索的腐蚀速率进行测量，对腐蚀余量进行估算，对腐蚀趋势进行预测。

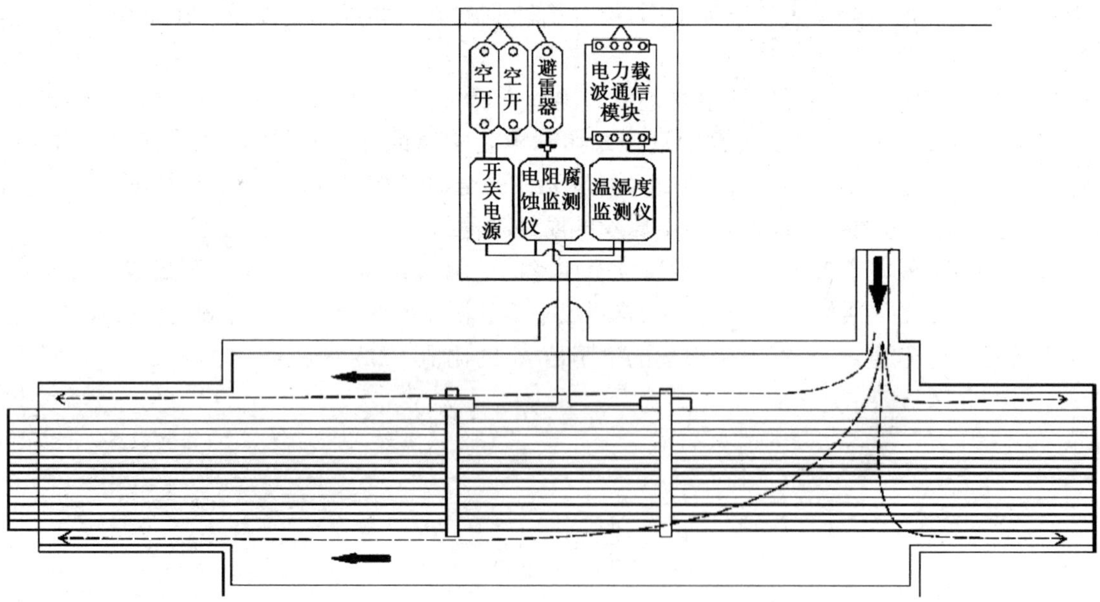

图6 主缆腐蚀监测安装示意图

四、结　　语

本文介绍了多种腐蚀测量的方法及原理，并介绍了电阻探针方法悬索桥主缆除湿工程中的一种应用。电阻探针由于具有操作相对简单、价格低廉及操作方便、数据便于解释等优点而备受青睐。同时由于电阻探针不是基于电化学机理测量，因此它几乎可以用于任何工况条件下，包括大气和高电阻率的环境，而在这些环境中基于电化学原理的方法在监测中存在困难或是无法对其进行监测。此外，电阻探针能够连接到阴极保护系统中以对整体结构进行腐蚀监测,因此适用于悬索桥主缆智能除湿工程中的应用。

参考文献

[1] 马红杰,李广占,单国成,等.在线测厚腐蚀监测技术在石油化工装置的应用[J].石油化工设备技术,2022,43(02):37-42,5-6.

[2] 何旭.利用挂片失重法对 CO_2 腐蚀规律的研究[J].当代化工,2017,46(04):616-618.

[3] 郑丽群.电阻探针实时监测数据的误差分析与处理[J].石油化工腐蚀与防护,2010,27(02):31-34.

[4] 陈楠,于东旭,魏芷宣,等.用电化学测试方法解析阴离子在水溶盐电解液中的传输行为[J].吉林大学学报(理学版),2020,58(06):1484-1488.

[5] 宋涛,徐士祺,赵昆鹏,等.基于电化学阻抗法的温度对管道腐蚀影响[J].管道技术与设备,2015(01):44-45,56.

[6] 朱淑芹,班朝磊,邵鑫.线性极化法测量金属腐蚀速度的误差分析[J].聊城大学学报(自然科学版),2012,25(02):26-29,47.

[7] BLANC G,GABRIELLI C,KSOURTI M. Experimental study of the re-lationships between the electrochemical noise and the structure of the electrodeposits of metals[J]. Electrochemical Acta,1978,23(4):337.

[8] 董泽华,郭兴蓬,郑家燊.电化学噪声的分析方法[J].材料保护,2001(07):20-23.

[9] CHEN J F, SHADLEY J, RYBICKI E F. Pitting corrosion monitoring with an improved electrochemical noise technique[A]. Corro-sion, NACE[C]. [s. n.], 1999, 9 (2) :44.

[10] 余兴增,邱富荣,许世力.电化学噪音分析的数据处理[J].腐蚀科学与防护技术,1999(04):54-57.

[11] BARKER G C. In Trans. Symp. Electrode Proc[M]. New York:Wiley Publishing, 1961.

[12] KANNO K, SUGUKI P. An application of coulostatic method for rapid evaluation of metal corrosion rate in solution[J]. J. Elec-trochem. Soc, 1978(125):1389.

[13] KANNO K, SATO G C. Tafel slope determination of corrosion reac-tion by the coulostatic method[J]. Corrosion Science, 1980(20):1059.

[14] RODRIGUEZ P, MILLARD S G. Use of the coulostatic method formeasuring corrosion rates of embedded metal in concrete re – search[J]. Corrosion, 1994, 46 (167) :91.

[15] 赵常就, 陈范才.恒电量法快速测定金属的腐蚀速度[J].腐蚀与防护, 1984, 8 (4) :8-14.

[16] 赵永韬,吴建华,赵常就.评价混凝土中钢筋腐蚀的恒电量技术[J].电化学,2001(03):358-366.

[17] 张小华,陈范才,赵常就.恒电量仪在钢筋混凝土腐蚀监测中的应用[J].湖南大学学报(自然科学版),2001(05):61-66.

[18] 王一品.大气腐蚀监测技术在武汉大气环境下腐蚀监测分析研究[D].北京:机械科学研究总院,2021.

[19] 郭健.超声波测厚仪在定位钢板反面结构中的应用[J].江苏船舶,2016,33(06):35-37.

[20] 张居生,杜月侠,兰云峰,等.腐蚀监测技术及其适用性选择[J].腐蚀与防护,2012,33(01):75-78,81.

[21] 刘德懿,胡梦莹,罗安满,等.安全壳氢浓度监测仪概述和应用[J].科技视界,2018(35):231-233,239.

[22] 罗吉庆,陈武兵,王科,等.悬索桥主缆检测评估与防护[J].四川建材,2021,47(06):154-155,166.

15. 跨海大桥大体积混凝土连续施工温度多层次控制技术

温东昌[1]　李　伟[2]
(1. 中交路桥建设有限公司;2. 中路高科交通检测检验认证有限公司)

摘　要　以高栏港大桥承台—塔座—索塔施工为背景,总结连续大体积混凝土施工温度控制设备、施工工艺动态调整的经验。采用层间温差控制思路,每层、每路冷却水管上安装自动流量阀,对冷却水管根据系统实时反馈的各种温控指标进行自动调节,控制温度梯度,实现对大体积混凝土温度分层、分区与主动控制。根据承台、索塔等不同区段/节段前置节段温度控制效果,调整后续节段温度控制手段,将各节段混凝土温度指标控制在预期范围内。通过温控设备、控制手段综合运用,实现大体积混凝土温度的多层次控制。

关键词　混凝土　施工　温度　应力　控制

一、引　言

大体积混凝土温度控制一直受到关注。在理论研究方面,已经系统提出了混凝土温度控制原理[1],形成了水化热温度传导理论,并已应用于大体积混凝土温度场模拟数值计算[2-3]。在施工技术方面,结构尺寸、施工阶段、环境温度等对大体积混凝土温度变化的影响已经充分重视[4-6],冬期施工已形成增加覆盖厚度或增设气温加温设备等较为成熟的控制措施[5-6],形成以冷却水管散热、降温的高温期施工措施。对于U形等异形大体积构件的混凝土施工,也提出了保温和降温的方法[7-8]。在温度控制要求方面,公路、水运、建筑工程等行业提出了较为明确的大体积混凝土温度幅值、温差、降温速率等施工温度控制要求[9-11]。在温度控制方法方面,大体积混凝土温度控制呈现多样化发展趋势,如温度测量有混凝土温度计人工测读方式,也有电阻温度计自动或半自动测读方式;冷却水管流量控制有人工阀门控制方式,也有继电器式半自动阀门控制方式。大体积混凝土温度控制的发展趋势以自动化方向发展为主,如温度采集基本实现了自动化采集[12]。

从现有研究来看,大体积混凝土温度控制方法和设备已有长足的发展和进步,但仍有需改进之处。如现有的自动控制模式还是控制柜→采集仪或设备的有线控制方式,导致控制柜、现场接线等数量增多,容易造成接错、出现故障时影响整体控制效果等问题。对于连续、长期施工的大体积混凝土工程,需要对不同部位混凝土的施工工艺实时调整,现有研究对此阐述较少。

针对这些问题,黄茅海跨海通道高栏港大桥针对椭圆形承台-塔座-实心/空心索塔大体积混凝土连续施工的特点,提出了大体积混凝土连续施工温度多层次控制的施工技术和思路,本文进行了分析总结。

二、工 程 概 况

黄茅海跨海通道高栏港大桥采用主跨720m钢箱梁斜拉桥(图1)。高栏港大桥主墩及索塔采用椭圆形承台-塔座-实心/空心索塔的多截面结构。

承台为椭圆形,平面总尺寸为45m(横桥向)×35m(顺桥向),高度为6m,采用C45混凝土分两层浇筑。塔座同为椭圆形,底面为35.0m(横桥向)×27.0m(顺桥向),顶面为30.0m(横桥向)×22.0m(顺桥向),高度为3m,采用C45混凝土一次性浇筑。承台及基础平面总体图见图2,施工现状见图3。

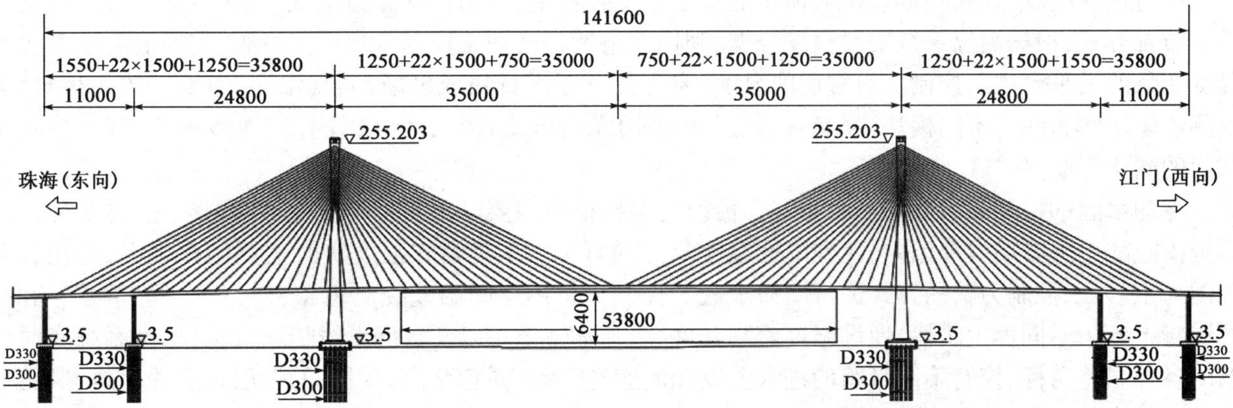

图1 高栏港大桥立面布置图(尺寸单位:cm;高程单位:m)

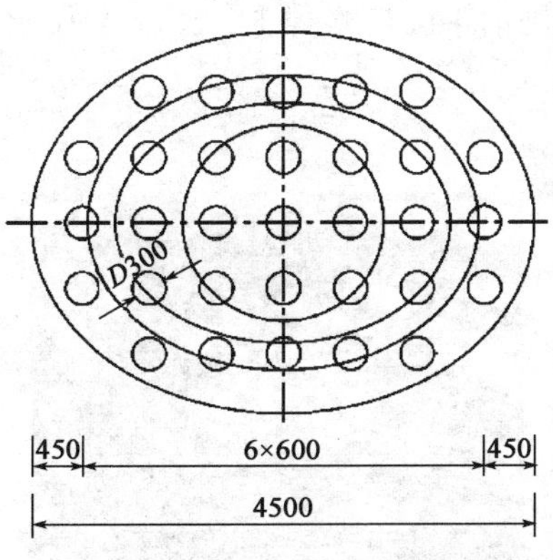

图2 承台和塔座平面布置图(尺寸单位:cm)

图3 施工中的高栏港大桥

索塔为椭圆形横截面,采用C55混凝土分节段浇筑。其中底节为实心节段,次底节为带横隔板空心节段,其余节段为空心节段。索塔典型横断面图见图4。

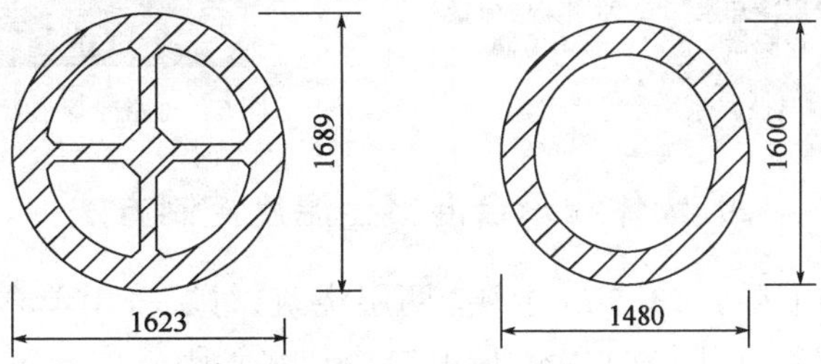

a)横隔板空心节段 b)空心节段

图4 索塔索塔典型横断面布置图(尺寸单位:cm)

高栏港大桥主墩及索塔需要进行大体积混凝土连续施工,施工作业区场地有限,不能摆放过多的设备,并且高栏港大桥施工期间需要经历高温、低温、大风、暴雨等多变气象条件。这些施工条件,需要简化现场各类设备的控制层级,提高控制效能;对不同节段和施工时期的混凝土施工工艺进行动态调整。高栏港大桥主墩及索塔施工期间,开展了设备优化控制、施工工艺动态调整等工作,取得了较好的效果。

三、云监测系统和分布式控制器的应用

高栏港大桥主墩及索塔施工期间,还需进行辅助墩、过渡墩等施工。对于现场单位而言,既需要温控设备测控方便,也需要温控设备现场安装便捷、可靠性高。现场实施时,控制系统如果不能灵活组网,将导致现场需要的设备太多,增加整个项目温控成本。

针对这些问题,在高栏港大桥大体积混凝土施工过程中,应用自动测温系统,优化冷却水管和测温传感器布置方式,根据测温系统实时温度数据,利用网络远程自动化控制冷却水流量阀,实现混凝土水化热温度变化的云平台主动控制。对常用的温度、应力传感器进行集成创新,实现温度、应力一体化采集,减少测读模块和布线。不同模块(采集箱等)之间采用无线方式连接,相互组网,实现多施工节段、多施工区间的同步互联(图 5)。

冷却水温的控制是温度控制的难点。传统的温控措施主要以控制混凝土内部温峰为主,再采用外部养护措施减小降温期内外温差,达到降低温度应力的目标。本项目在温度实时监测的基础上,采用自动控制为主、人工控制为辅的方式进行冷却水流的控制。采用层间温差控制思路,根据分层浇筑顺序和各层混凝土处于不同养生阶段,埋设温度监测元件、冷却水管设备以及数据无线传输设备,根据系统实时反馈的各种温差指标,控制不同管路的进水温度和流速,实现不同管路协调可控的多层智能养生机制,更加有效控制降温速率、内外温差及层间温差,实现控制温度梯度应力的要求。为实现这一目标,将传统的人工阀门改造成自动和人工双路阀门。混凝土浇筑及养护期间,主要开启自动控制阀门,当自动控制阀门出现故障时,关闭自动控制阀门,启用人工控制阀门。通过阀门的双路控制,实现冷却水的自动控制(图 6)。

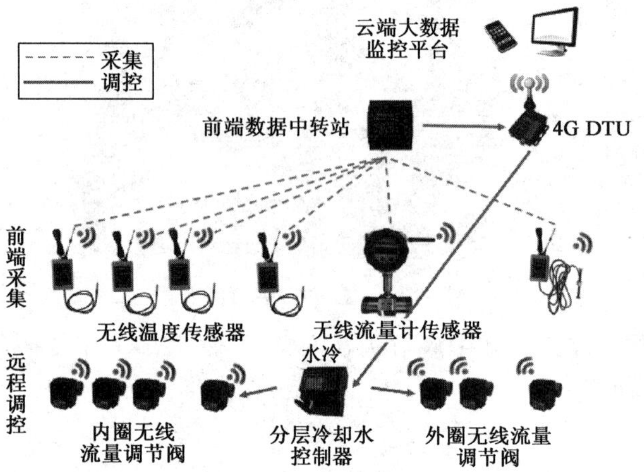

图 5　自动测温控温系统示意图

图 6　每路冷却水管均加装自动控制阀门

四、大体积承台混凝土温度控制方法

Z3 号索塔承台分 2.5m(下层) +3.5m(上层)两层浇筑,每层采用单仓法浇筑(即每层均一次性浇筑)。下层浇筑体布置 2 层水管,层距为 1.0m,最上层冷却水管距下层浇筑顶面 0.8m,下层冷却水管距下层浇筑底面 0.7m。上层浇筑体布置 3 层水管,层距为 1.0m,最上层冷却水管距第一层浇筑层顶面 0.80m,最下层冷却水管距第一层浇筑层底面 0.70m。上、下层浇注体的每层水管均分成多组水管,每组水管设置一个进出水口,采用内径 50mm 的管材。

下层浇筑体单层的水管水平间距均为 1.0m。Z3 号索塔承台下层浇筑时混凝土中间部位温度特征值曲线图见图 7。

下层浇筑体的各项温控指标均符合规范要求,拆模后外观也较好。考虑到上层浇注体体积更大、散热更多,原拟定的冷却水管方案中,水管水平间距和下层浇注体相当,存在温度幅值增大的可能。为控制温控指标,将上层浇注体单层的水管水平间距调整为 0.8m。上层浇筑时混凝土中间部位温度特征值曲线图见图 8。

由图 7、图 8 可见,承台上层、下层浇筑时,温峰等指标相当。但受环境温度、冷却水管间距调整等因素影响,上层温峰出现时间延后,说明上层冷却水管的间距调整方式有效。

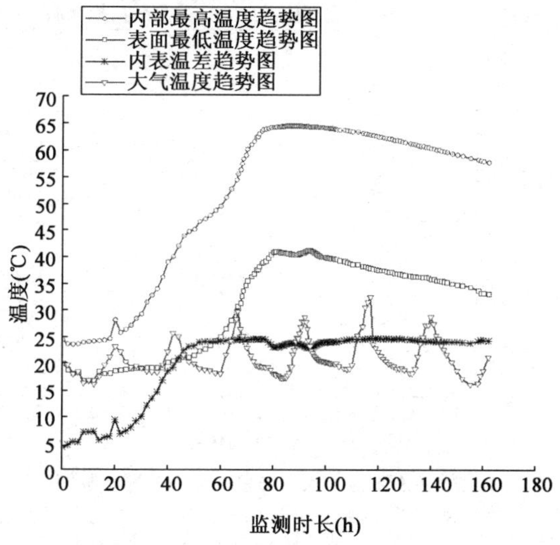

图7 承台下层浇筑时混凝土中间部位温度特征值曲线图

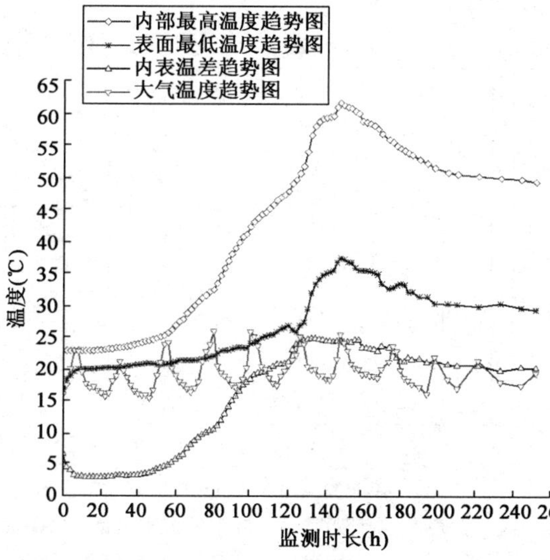

图8 承台上层浇筑时混凝土中间部位温度特征值曲线图

五、圆形空心大体积墩柱混凝土温度控制方法

高栏港大桥索塔采用圆形空心横截面形式，此类结构在桥梁工程应用很少，原设计文件并未明确要求需采用冷却水管降温。为更好地做好圆形空心大体积墩柱混凝土温度控制，选取两个邻近塔座的节段，分别布置冷却水管及不布置冷却水管进行施工，并对不布置冷却水管的节段进行了浇筑及凝结过程外表面混凝土应力监测。经过两个邻近塔座节段的对比，布置冷却水管的节段，在监测时长54h时，芯部最高温度为58.4℃，即到达温峰。未布置冷却水管的节段，在监测时长57h时，芯部最高温度为68.3℃，即到达温峰。依据《公路桥涵施工技术规范》(JTG/T 3650—2020)的要求作为目标参考值及控制指标，根据温度监测数据得出，未布置冷却水管的节段芯部温峰未超出规范要求的不高于75℃，表明不设冷却水管的方式进行后续施工也可满足规范要求。两个节段芯部附近温度特征值曲线图见图9、图10。不布置冷却水管节段应变测点和典型应力测试值见图11、图12。

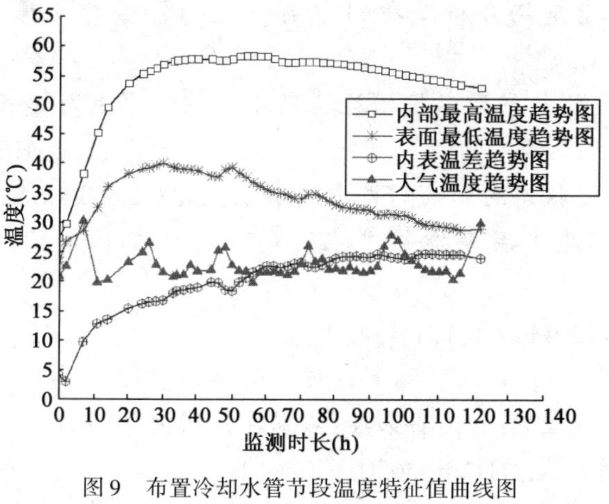

图9 布置冷却水管节段温度特征值曲线图

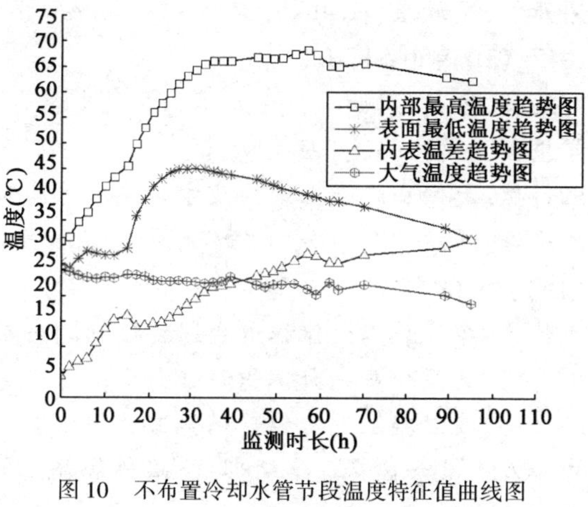

图10 不布置冷却水管节段温度特征值曲线图

混凝土选取浇筑完成后26h作为初凝后应力初始值，应变计正数表示拉应力，负数表示压应力。浇筑后122h典型数据为，南侧横向应变计为压应力，应力值-3.1MPa，南侧竖向应变计为压应力，应力值-2.8MPa，东侧横向应变计为压应力，应力值-3.8MPa，东侧竖向应变计为压应力，应力值-0.5MPa，北侧横向应变计为压应力，应力值-1.0MPa。从监测数据可见，在浇筑后122h内，混凝土近表面应力为压应力。

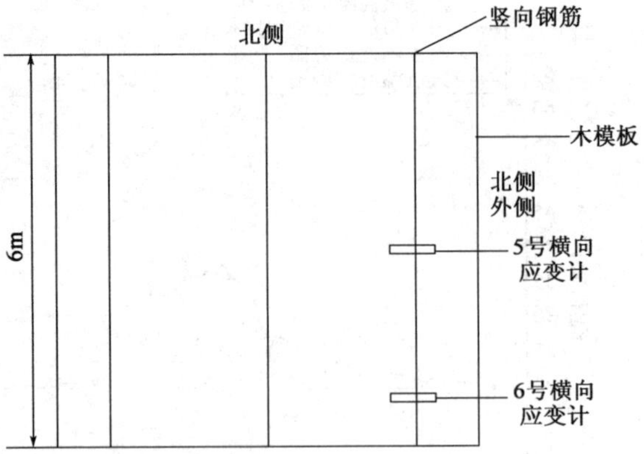

图11　不布置冷却水管节段应变测点布置图

注:5号横向应变计距底面1.5m。距混凝土表面0.03m。

6号横向应变计距底面3.0m。距混凝土表面0.03m。

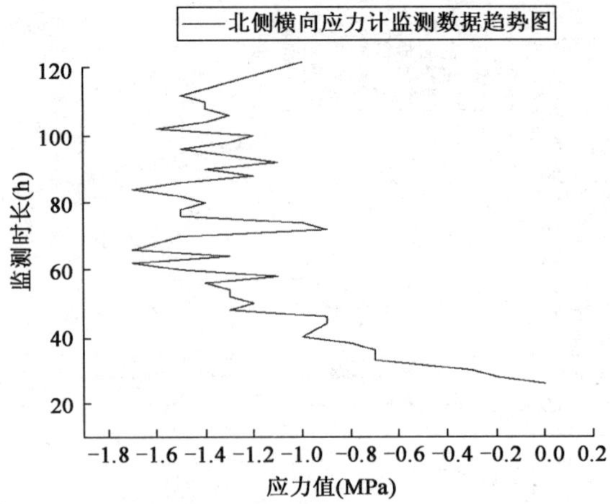

图12　不布置冷却水管节段典型应变测点数据图

六、结　　语

本文总结了高栏港大桥连续大体积混凝土施工在温度控制设备、施工工艺调整方面的经验。

(1)采用无线、分布式温度传感器和流量控制器,调整温控系统布置方式,在施工过程中对温度和冷却水进行云监测并自动调节不同管路的冷却水流量等,实现对大体积混凝土温度实现分层、分区与主动控制。

(2)针对承台、索塔等不同区段/节段前置节段温度控制效果,调整后续节段温度控制手段,将各节段混凝土温度控制在预期范围。

通过这些措施,承台、索塔各项温控指标均符合规范要求,不同位置的施工节段表观状态均较好,体现了本文阐述的温控方法和措施的有效性。

参考文献

[1] 朱伯芳. 大体积混凝土温度应力与温度控制[M]. 2版. 北京:中国水利水电出版社,2012.

[2] 谢开仲,李欣宜,王红伟. 大体积承台施工阶段温度场分析及控制方法研究[J]. 西部交通科技,2017,(10):50-54,107.

[3] 史雨安,方吕,周世军,等. 大体积混凝土承台水化热与早期温控措施研究分析[J]. 水利与建筑工程学报,2022,20(3):192-199.

[4] 汪静然. 大体积混凝土结构尺寸和施工进度对温度状态的影响[J]. 中国水运,2022,22(3):158-160

[5] 尹小溪,姜薪,贾建兴,等. 超大承台混凝土冬期施工温度控制措施研究[J]. 施工技术,2019,48(15):65-69.

[6] 王伟方. 冬季施工大体积承台温度控制[J]. 公路,2019(8):131-134.

[7] 刘海涛. 某高炉基础大体积混凝土施工温度裂缝控制[D]. 大连:大连理工大学,2018.

[8] 马金全. 某混凝土过水矩形槽施工过程中温度裂缝控制[D]. 石家庄:石家庄铁道大学,2018.

[9] 中华人民共和国交通运输部. 公路桥涵施工技术规范:JTG/T 3650—2020[S]. 北京:人民交通出版社股份有限公司,2020.

[10] 中华人民共和国交通运输部. 水运工程大体积混凝土温度裂缝控制技术规范:JTS/T 202-1—2022[S]. 北京:人民交通出版社股份有限公司,2022.

[11] 中华人民共和国住房和城乡建设部. 大体积混凝土温度测控技术规范:GB/T 51028—2015[S]. 北京:中国建筑工业出版社,2015.

[12] 王吉忠,孙学锋. 大体积混凝土施工技术[M]. 北京:中国建筑工业出版社,2016.

16. 基于 AI 和计算机视觉的桥梁表观病害识别技术

刘天成　王　伟　王小宁　时笑鹏
（中交公路长大桥建设国家工程研究中心有限公司）

摘　要　人工进行桥梁表观病害识别检测工作存在耗时、费力、成本高、危险性大等一系列问题，已逐渐不能满足当今桥梁病害识别的要求。针对上述问题，本文结合 AI 与计算机视觉技术，提出了一套桥梁表观病害识别技术体系，集成目标检测与语义分割模型完成了桥梁病害的自动识别工作。首先通过多种手段收集桥梁病害数据，经过预处理后完成桥梁表观病害目标检测数据标注、语义分割数据标注。搭建了 YOLOv5 病害识别及定位网络、DeepLabv3 + 病害区域提取网络并进行了训练。基于病害区域提取结果使用邻域划分、八方向搜索实现了病害长、宽特征的计算。最后于桥梁实拍病害图像上进行了测试，实现了桥梁表观病害高效率、高精度的自动识别，提升了桥梁检测的工作效率和工作安全性。

关键词　桥梁表观病害　计算机视觉　病害识别定位　病害区域提取

一、引　　言

在各类自动化工具及图像处理技术发展水平较低的时期，桥梁表观病害识别检测工作主要由人工进行，桥梁巡检人员需定期对桥梁各部位进行病害检测和记录。由于桥梁表观病害的随机性和广泛性，人工进行桥梁病害的检测和记录需要消耗大量的人力，检测速度慢，且在实桥检测过程中存在较大的安全隐患。此外，由于在记录的过程中记录者主观的判断可能会影响测量结果的准确度，纯人工方法对于测量人员的经验和能力也有较高的要求。由于习惯和经验的差异，不同的测量人员测得的结果偏差较大，也可能会降低测量结果的可参考性。传统以人工检测为主体的桥梁病害检测模式，已逐渐不满足当今桥梁病害识别检测的低人工、低成本、高效率的要求。

近几年，得益于深度学习的发展，基于计算机视觉的桥梁表观病害识别技术在桥梁结构的运营、管养、维护等方面发挥了越来越重要的作用，已广泛应用于桥梁病害识别检测领域中。Cha 等[1]通过搭建深度卷积神经网络完成了对裂缝的分类，通过滑动窗口法实现任意尺寸图像的检测。Kim 等[2]建立了混凝土裂缝数据集，搭建了 Mask-RCNN 对裂缝进行分割，基于分割结果测量了裂缝宽度。朱苏雅等[3]搭建了 U-Net 语义分割网络对裂缝图像进行了分割，随后分割结果进行优化得到了更加精确的裂缝分割结果，并采用八方向法对裂缝宽度进行了计算。余加勇等[4]提出一种集成 YOLOv5 和 U-Net3 + 一体化的桥梁裂缝检测方法，基于分割结果实现了裂缝形态及宽度的测量。Martin 等[5]建立了新的混凝土缺陷桥梁图像数据集，包括五种混凝土缺陷。然后构建了基于 Meta-learning 的卷积神经网络实现了对五种混凝土缺陷的识别分类。Li 等[6]提出了一种基于 FCN 的混凝土结构多损伤检测办法，构建了包含裂缝、剥落等四种混凝土损伤的语义分割数据集对 FCN 进行了训练。

由上述文献可以看出，目前基于计算机视觉的桥梁病害识别技术更多集中于裂缝病害的识别提取，对于多病害的识别研究较少，各集中于病害的分类。针对上述问题，本文提出了一个桥梁表观病害识别体系，通过多种手段构建了桥梁病害数据集，以 YOLOv5 与 DeepLabv3 + [7]网络模型为基础完成了桥梁表观病害的识别定位及病害区域提取。最终研究成果在桥梁实拍病害影像上进行了测试。

二、桥梁表观病害识别技术体系

基于计算机视觉的桥梁表观病害识别技术体系如图 1 所示，主要包括七大流程：病害数据采集、病害数据预处理、病害数据标注、病害数据集增强、病害识别提取、病害特征提取、体系测试及评估。

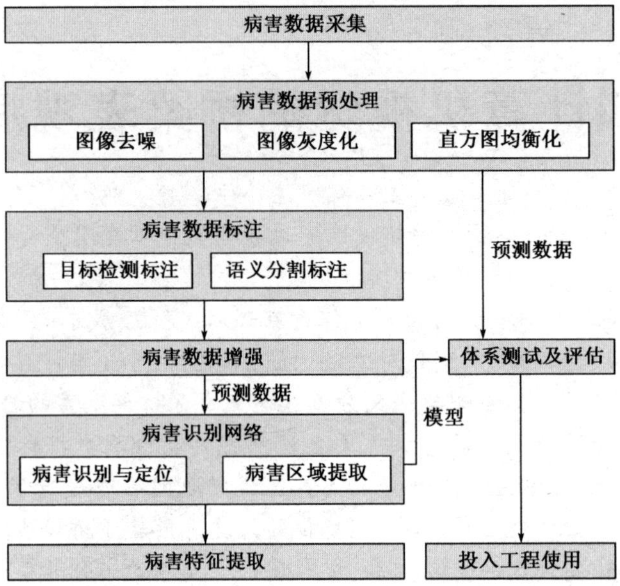

图1 桥梁表观病害识别技术体系

1. 桥梁表观病害数据获取

本文主要通过三种手段完成桥梁表观病害数据的采集工作：

①使用相机在不同环境对桥梁各部位出现桥梁表观病害进行采集，得到了200张分辨率为4608像素×3456像素的病害图像；

②从不同大桥的定期检查报告得到了300张分辨率为600像素×400像素的病害图像；

③从互联网补充了部分分辨率不等的病害图像。病害数据共包括五种桥梁表观病害：剥落、蜂窝、麻面、露筋、裂缝。

2. 病害数据预处理

经过上述手段得到的原始病害数据并不能直接进行数据标注工作。一般来说，卷积神经网络的输入均为较低分辨率的图像，高分辨率图片会造成极大的计算资源损耗，本文使用裁剪、缩放等手段将病害图像统一更改为600像素×400像素的分辨率。而且由于采集的设备、环境、姿态等因素的不同，原始病害图像之间存在这较大差异。为了降低因外部环境对病害识别的干扰，数据标注之前通过图像增强手段，突出病害区域，增强病害的纹理特征，有利于后续的卷积神经网络的训练。

1）图像去噪

本文采用了自适应中值滤波对原始病害图像去除噪点。在图片降噪过程中，自适应中值滤波会根据预先设定好的条件，自动改变滤波窗口的尺寸大小，同时还会根据一定的条件判断当前像素是不是噪声，如果是噪点，则用邻域中值替换掉当前像素，达到了兼顾去噪和保护图像的目的。

2）图像灰度化

图像灰度化处理就是将一幅彩色图像转化为灰度图像的过程。灰度化后的图像将由三通道变为单通道，以提升网络的计算速度。坐标为(i,j)的像素点进行灰度化操作的具体计算公式如下：

$$\mathrm{Gray}(i,j)=0.299\times R(i,j)+0.587\times G(i,j)+0.114\times B(i,j) \tag{1}$$

式中：$\mathrm{Gray}(i,j)$——(i,j)处的灰度值；

$R(i,j)$——(i,j)处的R通道值；

$G(i,j)$——(i,j)处的G通道值；

$B(i,j)$——(i,j)处的B通道值。

3)直方图均衡化

原始病害图像由于外部采集环境不同,灰度化后的图片灰度分布可能集中在较窄的区间,造成图像不够清晰。本文采用了直方图均衡化方法改变图像的直方图分布来改变图像中各像素的灰度,用于增强动态范围偏小图像的对比度,达到图像增强的目的。

经过图像去噪、图像灰度化、直方图均衡化后的原始病害图像如图2所示。可以观察到经图像增强后的裂缝、露筋锈蚀等病害区域较之前更加突出,剥落、蜂窝、麻面等病害较之前纹理特征增加明显,病害区域与无病害区域的颜色有着较大差别。

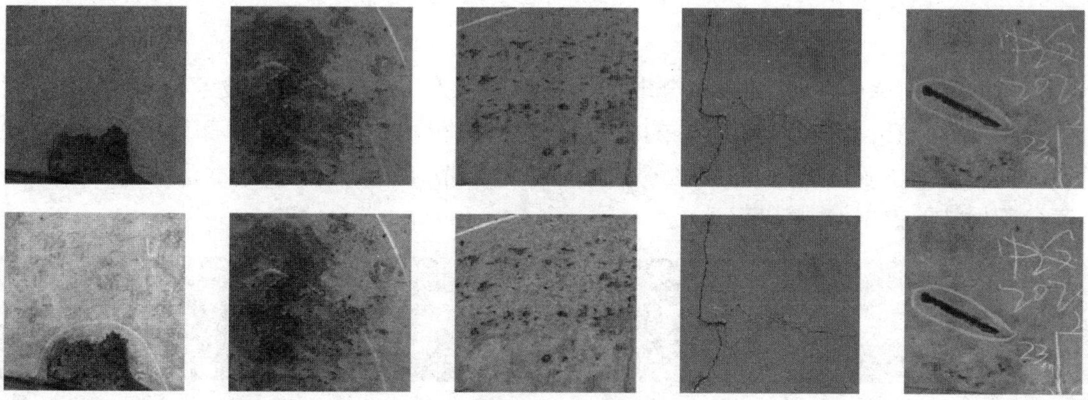

图2 桥梁数据预处理结果

3. 病害数据标注

完成原始数据的预处理后,对图像中的桥梁表观病害进行标注。病害标注工作分为两个部分:桥梁表观病害目标检测数据标注、桥梁表观病害语义分割数据标注。

1)桥梁病害检测数据标注

桥梁病害检测标注通过绘制矩形边框来实现标注。本文选择 labelme 作为标注工具,在图像的病害区域手动绘制矩形,并编辑对应病害标注,实现桥梁病害检测标注工作。每完成一个病害检测标注会生成一个与原图片同名的 txt 或 xml 文件,记录矩形的角点位置、标签等信息,完成所有图片的标注后可根据选用的目标检测模型将标签转换为对应文件格式,如图3所示。

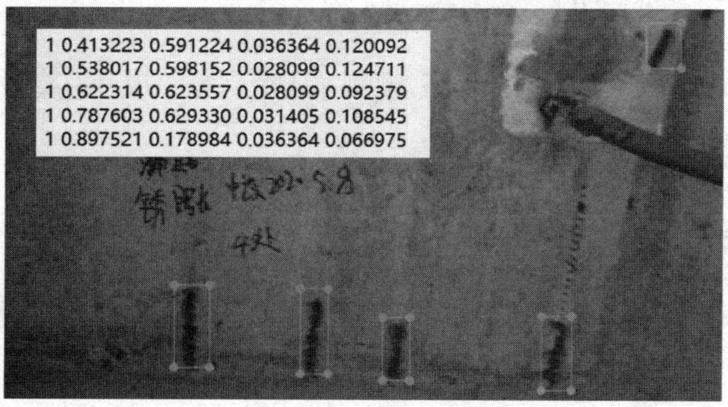

图3 桥梁病害检测标注结果

2)桥梁病害分割数据标注

桥梁病害分割标注通过绘制多边形覆盖病害区域来实现标注。本文选择 labelimg 作为标注工具,在图像的病害区域手动绘制多边形,并编辑对应病害标注,实现桥梁病害分割标注工作。每完成一个病害分割标注会生成一个与原图片同名的 json 文件,记录多边形的位置、标签等信息,完成所有图片的标注后可以通过 labelimg 将数据集转化为 png 格式,如图4所示。

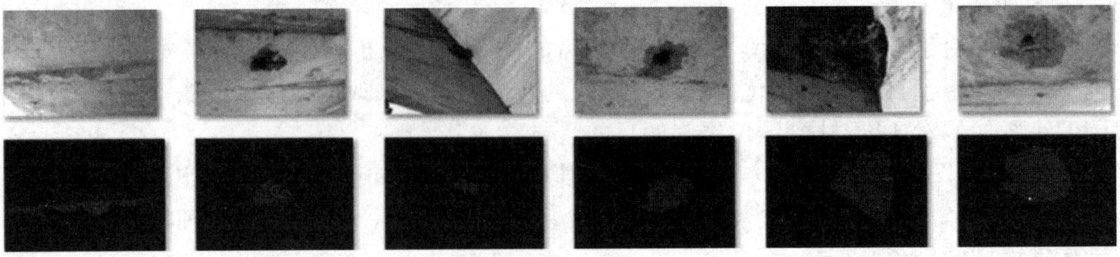

图4　桥梁病害分割标注结果

4. 病害数据增强

在病害识别网络训练中，为避免过拟合现象的产生，本文使用了数据增强技术得到足够的数据，所采用的数据增强方法为随机平移、随机镜像、随机缩放、随机旋转、随机补丁、随机颜色，指定数据增强倍数后，随机选择并组合上述数据增强方法进行数据增强。数据增强结果如图5所示，分别为原图、目标检测标注、语义分割标注的数据增强结果。

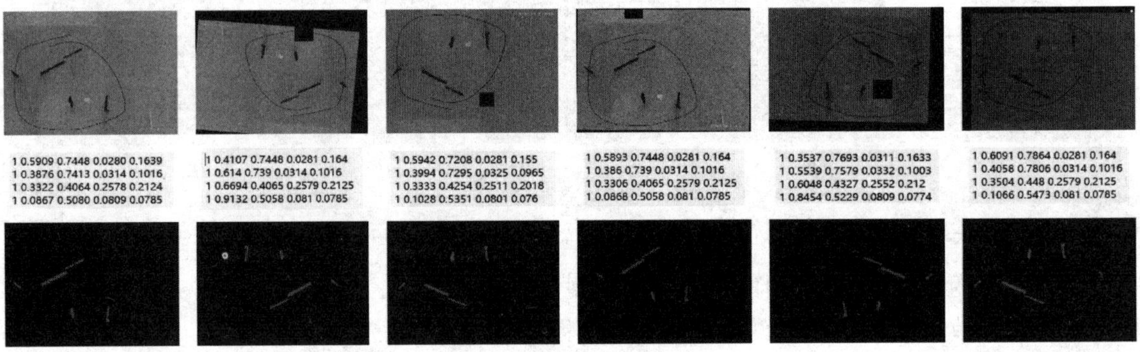

图5　桥梁病害数据增强结果

5. 病害识别网络

完成病害数据集的建立后，通过数据增强技术得到了充足的数据集。将病害数据集划分为训练集、验证机、测试集，随即对病害识别网络进行训练。病害识别网络分为两大模块：YOLOv5病害识别及定位网络、DeepLabv3+病害区域提取网络。

1）YOLOv5病害识别及定位网络

YOLOv5网络由输入端、骨干网络、颈部网络、预测端4个部分组成，网络结构如图6所示。

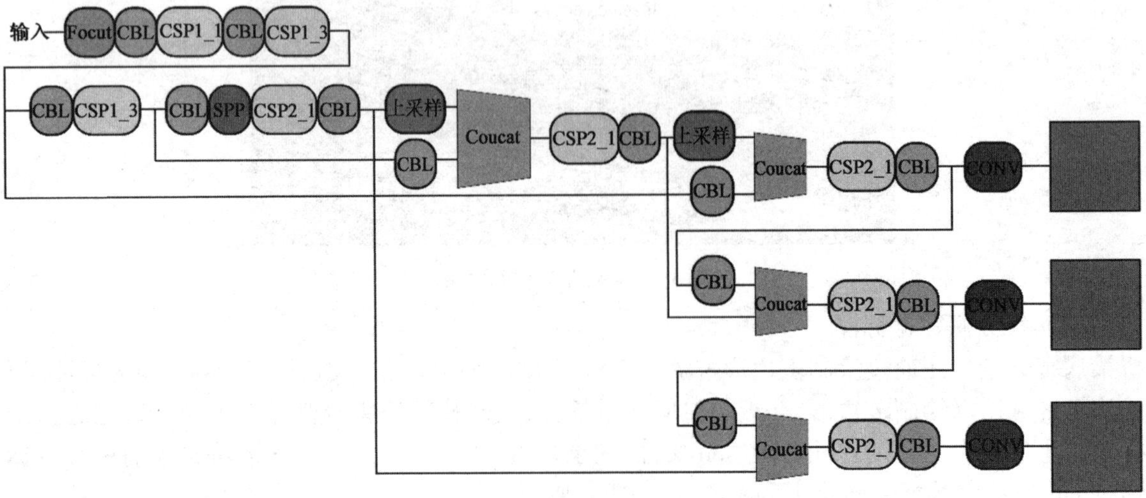

图6　YOLOv5网络结构

YOLOv5 的输入端对输入图像进行了 Mosaic 数据增强、自适应锚框计算、自适应图片缩放等数据预处理操作。Mosaic 数据增强按照随机缩放、随机裁剪和随机排布的方式对 4 张图片进行拼接,极大地丰富了检测物体的背景。自适应锚框计算自适应计算出最佳的锚框点,在网络训练过程中,计算锚框与标注框之间的误差,反向更新网络参数。自适应图片缩放达到了添加最少黑边到缩放后图片中的目的,避免了过多的冗余信息,提高了网络的计算速度。

骨干网络作为 YOLOv5 的特征提取网络,主要由 Focus、CBL、CSP 及 SPP 等模块组成。通过 Focus 模块对输入图像进行切片操作,当输入图像尺寸为 608 × 608 × 3 时,经过切片,得到 304 × 304 × 12 的特征图,再经过一次 32 核的卷积操作,最终得到 304 × 304 × 32 的特征图。Focus 模块的本质是将输入图像位于长宽维度上的特征叠加至通道维度,实现没有信息丢失情况下的图像下采样。然后通过 CSP 模块的特征提取结构,可以在有效增强学习能力的同时降低计算量。最后采用 SPP(空间金字塔池化)模块获取图像多尺度特征信息,提升模型精度。

颈部网络是 YOLOv5 的特征融合部分,采用了 FPN + PAN 结构。FPN 层自顶向下传达强语义特征,而 PAN 塔自底向上传达定位特征,更好地融合了图像的高层与低层语义信息,从而增强模型特征提取能力。

预测端是 YOLOv5 的预测输出部分,YOLOv5 沿用了 YOLOv3 的多尺度预测策略,采用三个尺度的特征图分别做独立检测,优化多尺度目标检测效果。采用了非极大值抑制方法来抑制检测时冗余的框,得出最佳的目标边界框。

2) DeepLabv3 + 病害区域提取网络

DeepLab v3 + 采用编码器 – 解码器结构,网络结构如图 7 所示。

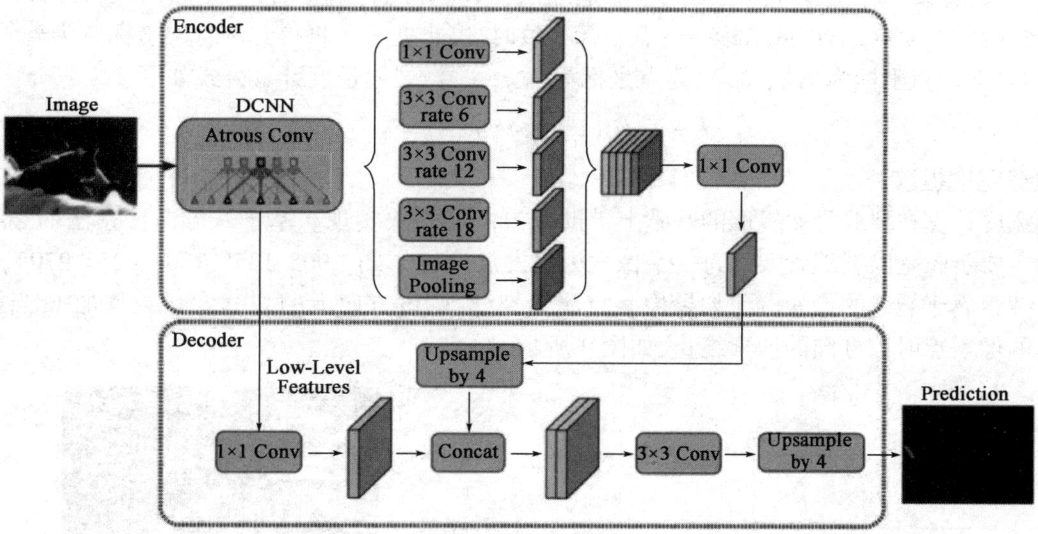

图 7 DeepLabv3 + 网络结构

编码器有两个主要部分构成:DCNN 主干特征提取网络、空洞空间卷积池化金字塔(Atrous Spatial Pyramid Pooling,ASPP)。主干特征提取网络对输入图像进行下采样,提取图像中的深层特征。ASSP 包含一个 1 × 1 的卷积,三个不同扩张率的空洞卷积以及一个全局平均池化后上采样至输入大小的 Image-Pooling 结构,五个输出进行拼接后再进行 1 × 1 的卷积操作。除上述卷积形式外,空洞卷积于 DeepLabv1 中提出,于常规卷积运算不同之处在于空洞卷积引入了一个新的参数——扩张率(Dilation Rate)。扩张率定义了卷积计算时,卷积核所对应原图像素间的间距,使得在具有相同计算量的情况下,获得了更大的感受野,即特征图上的像素点所映射的原图区域更大。编码器部分有两个输出,一是带有空洞卷积的 DCNN 输出的浅层级语义特征,另一个是带有空洞卷积的 ASPP 输出的深层语义特征。

在解码器中,对 DCNN 主干提取网络输出的浅层特征经过 1 × 1 的卷积后,与 ASPP 输出的深层特征进行4倍上采样的结果进行融合,融合结果经过3×3的卷积后,再进行4倍上采样操作,最终得到分割结果。

6.病害特征提取

不同桥梁表观病害的特征提取有不同的要求,可分为长度、宽度、面积三种特征。病害的特征提取以裂缝的长、宽特征提取最为复杂。

1)裂缝长度提取

将裂缝骨架看作由多个小段的骨架组成,通过计算每个一小段的骨架长度,对所有小段骨架长度进行求和,可得到裂缝的总长,如图8所示(每6个像素看作一小段骨架)。

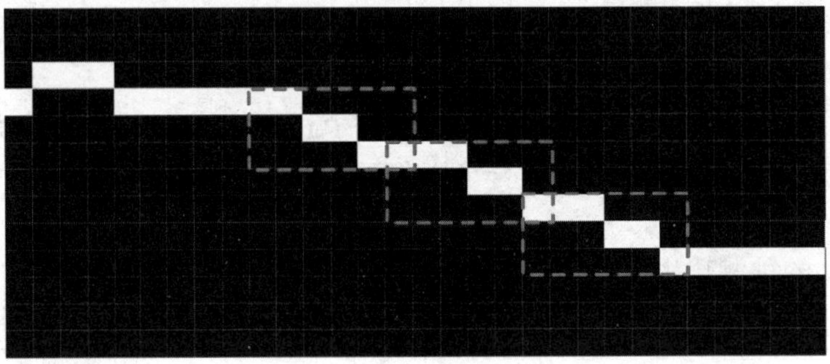

图8　裂缝邻域划分

以上述方法进行裂缝长度提取的前提是按裂缝骨架顺序获取骨架每点坐标。与裂缝骨架毛刺剔除使用方法一致,骨架点的获取方法也为八邻域追踪法,获取骨架起始点后,从起点出发,在八邻域内追踪属于裂缝骨架的像素点,当该点坐标与终点坐标一致时,停止搜索。将得到的骨架坐标分为若干邻域,第 i 个邻域内骨架起点坐标为$(x_{i1},\ y_{i1})$,终点坐标为$(x_{i2},\ y_{i2})$,裂缝长度计算公式如下:

$$L=\sum_{i=0}\sqrt{(x_{i2}-x_{i1})^2+(y_{i2}-y_{i1})^2} \tag{2}$$

2)裂缝宽度提取

裂缝宽度计算在裂缝骨架提取的基础上借助八方向搜索法实现。基于八方向搜索法的裂缝宽度计算方法的主要步骤是以裂缝骨架的每一个像素为出发点,在0°、45°、90°、135°、180°、225°、270°、315°这八个方向上搜索属于裂缝的像素点。如果像素点属于裂缝,则该方向上的裂缝像素数量加1,当检测到不属于裂缝的像素点时该方向的搜索终止,如图9所示。

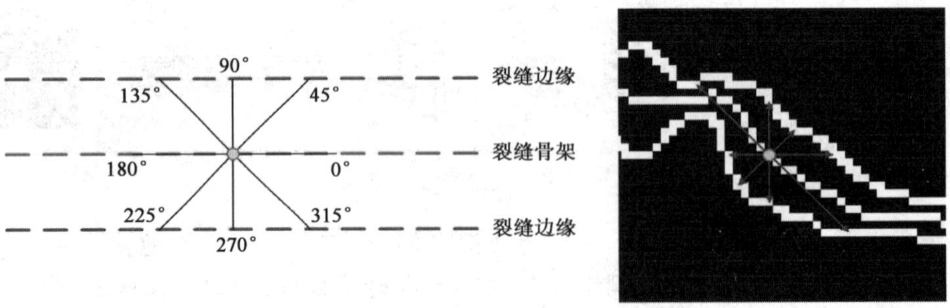

图9　八方向搜索法

最终八个方向上的裂缝像素数量分别为 $n1$、$n2$、$n3$、$n4$、$n5$、$n6$、$n7$、$n8$。将对应方向上的像素数量以式(3)方式合并,取 $K=\min\{d1,d2,d3,d4\}$ 为该像素点处的裂缝宽度。

$$\left.\begin{aligned}d1&=n1+n5+1\\d2&=2^{1/2}(n2+n6+1)\\d3&=n3+n3+1\\d4&=2^{1/2}(n4+n8+1)\end{aligned}\right\} \tag{3}$$

通过上述方法得到的长宽特征是以像素为单位的,通过相机参数得到每个像素对应的实际尺寸即可得到桥梁病害实际尺寸。

7. 体系测试及评估

完成体系搭建后,使用后续得到的不同应用场景的病害数据进行体系测试,重点测试 YOLOv5 病害识别及定位网络、DeepLabv3 + 病害区域提取网络与病害特征提取方法对多种场景病害数据的适应程度。通过众多工程实践得到的病害数据和反馈数据进行病害识别模型的迭代训练,提升模型鲁棒性和识别精度。

三、桥梁表观病害识别模型训练

本文采用编程语言 Python3.7 以及 Pycharm 平台搭建了 YOLOv5 病害识别及定位网络、DeepLabv3 + 病害区域提取网络,并进行了训练。

1. YOLOv5 病害识别及定位模型训练

完成 YOLOv5 网络的搭建后,将病害检测数据集划分为训练集、验证集与测试集。在数据集上对 YOLOv5 进行训练,在 data.yaml 中添加训练集与验证集的文件位置、病害种类。训练次数为 400 次,批处理数为 64,网络配置文件选择 yolov5s。经过多次训练后得到两个权重文件,last.pt 为最新权重,best.pt 为最佳权重。训练过程如图 10 所示。

2. DeepLabv3 + 病害区域提取模型训练

完成 DeepLabv3 + 网络的搭建后,将病害分割数据集划分为训练集、验证集、测试集,在数据集上进行迭代训练。在进行训练前,首先对图片进行归一化操作,然后对标签进行 one-hot 编码,例如具有剥落、裂缝、蜂窝麻面、钢筋外露四种混凝土病害的标注文件中,经过 one-hot 编码后,剥落病害处的像素由像素值替换为[0,1,0,0,0],裂缝病害处的像素后像素值替换为[0,0,1,0,0,0],无病害区域的像素由像素替换为[1,0,0,0,0]。学习率调整策略采用等间距调整学习率,当训练至 50% 和 75% 学习率减小为之前的 1/10。批处理数设置为 24,迭代次数为 700 次。训练过程如图 11 所示。

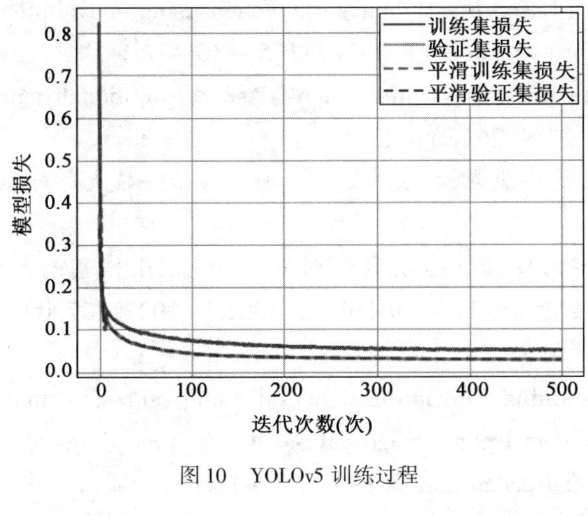

图 10　YOLOv5 训练过程

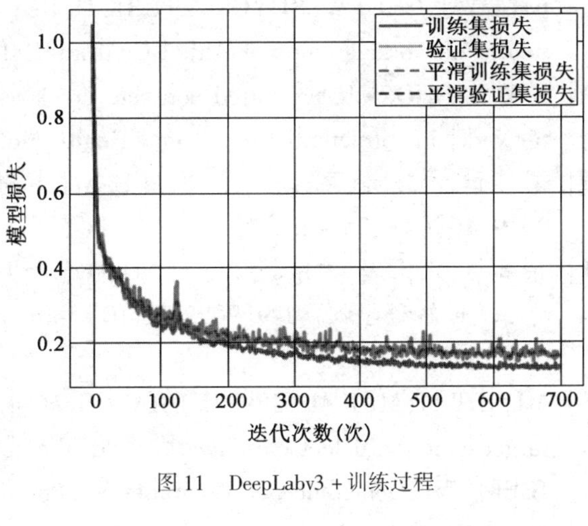

图 11　DeepLabv3 + 训练过程

四、桥梁表观病害识别技术实际应用

完成 YOLOv5 病害识别及定位网络、DeepLabv3 + 病害区域提取网络的训练后,将桥梁表观病害识别技术体系应用于实际桥梁病害的识别中。此阶段使用的桥梁病害图片均来自测试集,没有参与到模型训练中。首先通过 YOLOv5 病害识别及定位网络进行病害识别及定位,然后通过 DeepLabv3 + 病害区域提取网络获取病害区域,随后完成病害特征的提取。测试结果如图 12 所示。由测试结果可以看出,图像中的所有表观病害都能检测出来,同时完成各个病害的特征提取。

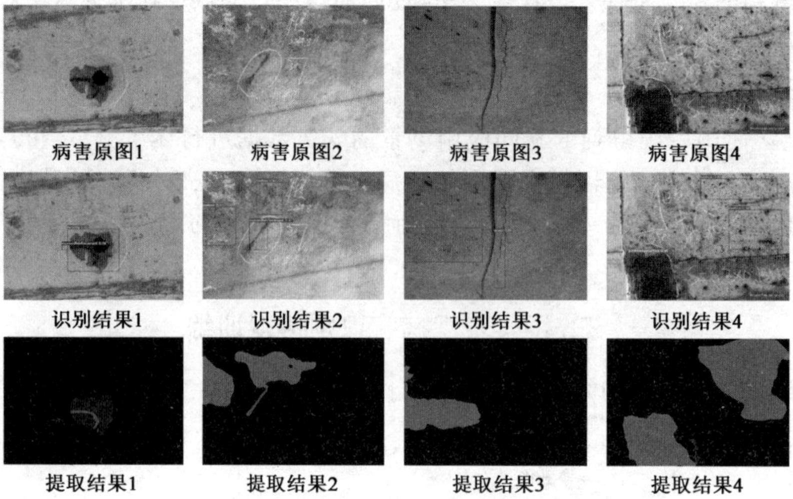

图12　测试结果

五、结　　语

本文集成AI与计算机视觉技术，提出了一套桥梁表观病害识别技术体系，体系包括病害数据采集、病害数据预处理、病害数据标注、病害数据集增强、病害识别提取、病害特征提取、体系测试及评估七个流程。首先通过多种数据采集手段收集了剥落、蜂窝、麻面、露筋、裂缝五种桥梁病害图像数据，经图像预处理后构建了分别构建了桥梁表观病害目标检测数据集、桥梁表观病害语义分割数据集，并进行了数据增强。然后搭建了YOLOv5病害识别及定位网络、DeepLabv3+病害区域提取网络，并进行训练。基于病害区域提取结果，使用邻域划分、八方向搜索实现了病害长、宽特征的计算，实现了桥梁表观病害高效率、高精度的识别、提取及测量。

参考文献

[1] CHA Y J,CHOI W,BUYUKOZTURK O. Deep learning-based crack damage detection using convolutional neural networks. Computer-Aided Civil and Infrastructure Engineering,2017,32(5):361-378.

[2] KIM B,CHO S. Image-based concrete crack assessment using mask and region-based convolutional neural network[J]. Structural Control and Health Monitoring,2019,26(8):e2381.

[3] 朱苏雅,杜建超,李云松,等.采用U-Net卷积网络的桥梁裂缝检测方法[J].西安电子科技大学学报,2019,46(04):35-42.

[4] 余加勇,刘宝麟,尹东,等.基于YOLOv5和U-Net3+的桥梁裂缝智能识别与测量[J/OL].湖南大学学报(自然科学版):1-9[2022-08-10]. http://kns.cnki.net/kcms/detail/43.1061.n.20220707.0925.002.html

[5] MUNDT M,MAJUMDER S,MURALI S,et al. Meta-learning convolutional neural architectures for multi-target concrete defect classification with the concrete defect bridge image dataset[C]//Proceedings of the IEEE/CVF Conference on Computer Vision and Pattern Recognition. 2019: 11196-11205.

[6] LI S,ZHAO X,ZHOU G. Automatic pixel-level multiple damage detection of concrete structure using fully convolutional network[J]. Computer-Aided Civil and Infrastructure Engineering,2019,34(7): 616-634.

[7] CHEN L C,ZHU Y,PAPANDREOU G,et al. Encoder-decoder with atrous separable convolution for semantic image segmentation[C]//Proceedings of the European conference on computer vision (ECCV). 2018: 801-818.

17.正交异性钢桥面顶板U形肋全熔透焊接接头研发及疲劳性能研究

宋神友

(深中通道管理中心)

摘 要 正交异性钢桥面顶板U形肋传统焊接接头疲劳开裂问题突出,严重影响桥梁工程的服役质量,亟须发展具有高疲劳强度的顶板U形肋焊接接头。基于先进的内焊技术和顶板U形肋焊接接头制造工艺的特点,研发了顶板U形肋全熔透高品质焊接接头;采用扫描电子显微镜(SEM)发现了不同制造工艺条件下顶板U形肋全熔透焊接的初始制造缺陷尺度,并阐明初始制造缺陷尺度对顶板U形肋焊接接头疲劳寿命的影响,在此基础上确定了顶板U形肋全熔透高品质焊接接头的合理焊接工艺,最后通过疲劳试验研究全熔透高品质焊接接头的疲劳性能。研究结果表明:新研发的顶板U形肋全熔透高品质焊接接头具有"无缺陷、可检测"的突出优点;全熔透(埋弧焊)焊接接头的顶板焊趾仅存在凹槽,且尺寸明显小于全熔透(气体保护焊)顶板焊趾的初始微裂纹尺度;初始微裂纹尺度对顶板U形肋全熔透焊接接头的疲劳寿命具有显著影响,初始微裂纹为0.05mm的疲劳寿命是初始微裂纹为0.3mm的疲劳寿命的2倍,推荐采用双面埋弧焊作为全熔透高品质焊接接头的制造工艺;疲劳性能试验结果表明顶板U形肋全熔透高品质焊接接头的疲劳性能均显著优于单面焊、部分熔透双面焊(气体保护焊)和全熔透(气体保护焊)焊接接头的疲劳性能。

关键词 桥梁工程 正交异性钢桥面板 全熔透高品质焊接接头 模型试验 疲劳强度

一、引 言

近年来,正交异性钢桥面板疲劳开裂案例频发,并呈现"普遍性、早发性和隐蔽性"的特征。疲劳开裂严重影响桥梁结构的耐久性和服役质量,造成重大的直接和间接经济损失。研究表明,正交异性钢桥面板疲劳开裂的外因是服役期的交通荷载,其决定关键构造细节的疲劳损伤累积程度;内因是焊接接头设计和制造工艺等,其决定关键构造细节的疲劳强度[1-4]。既有正交异性钢桥面板疲劳开裂案例统计分析表明[1-6],顶板U形肋焊接接头疲劳开裂比例约占30.2%,该焊接接头的疲劳开裂模式主要包括从焊趾起裂分别沿顶板和U形肋腹板扩展(开裂模式Ⅰ和开裂模式Ⅳ)、从焊根起裂分别沿顶板和焊缝内部扩展的4类疲劳开裂模式(开裂模式Ⅱ和开裂模式Ⅲ),如图1所示。其中,开裂模式Ⅰ和开裂模式Ⅱ对钢桥顶板危害最为严重,其贯穿钢桥顶板后直接导致局部刚度降低、桥面铺装开裂并引发渗水和箱梁锈蚀,且加固困难。

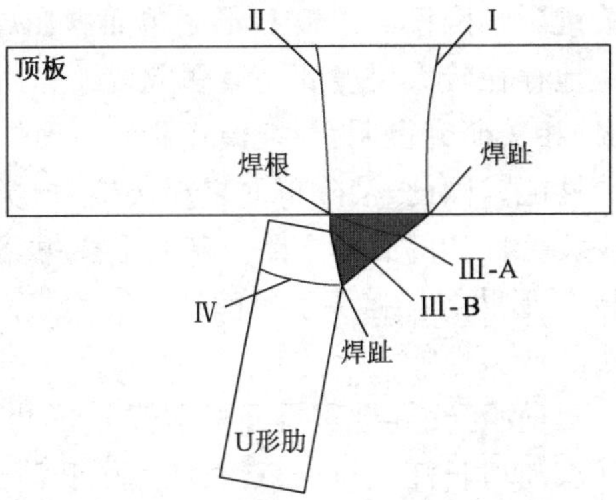

图1 正交异性钢桥面板典型疲劳开裂模式

顶板U形肋焊接接头的疲劳开裂机理研究表明[1,2,4]:顶板和U形肋腹板在车辆荷载作用下产生相对的面外变形,在该焊接接头的焊趾和焊根产生局部弯曲应力,且由于几何构型突变原因导致焊趾和焊根出现较高的局部应力集中。为提高顶板U形肋焊接接头的疲劳强度,国内外研究学者分别从结构设计和焊接接头设计两个方面入手开展了深入研究[7-18]。在结构设计方面[7-8],增加顶板厚度和U形肋厚度能够有效降低顶板U形肋焊接接头的局部应力幅,提高其疲劳寿命,但增加顶板厚度和U形肋厚度直接导致用钢量和自重的显著增加;在焊接接头设计方面,增加焊接接头熔透率和基于自动化制造技术提高了工艺的稳定性,实现提高该焊接接头的疲劳性能,如美国AASHTO规范[10]和日本JRA规范[11]分别规定该焊接接头的熔深不应低于75%和80%的U形肋腹板厚度,且不允许烧穿。镦边U形肋的引入增大了焊缝尺寸并改善了焊接接头焊趾的几何构型[12],降低了疲劳开裂模式Ⅰ的局部应力集中程度,降低其疲劳应力幅,进而提高开裂模式Ⅰ的疲劳寿命,但不能改善焊根的焊缝成型质量及该构造细节的受力特征,因此镦边U形肋的引入无法提高顶板U形肋焊接接头主导疲劳开裂模式Ⅱ的疲劳寿命。由制造工艺和焊接接头特征所决定,顶板U肋焊接接头的焊根存在初始"类裂纹"构造,且在焊接过程中不可避免地存在夹渣和较大尺寸微裂纹等初始制造缺陷,严重降低其疲劳强度。基于先进内焊制造工艺发展顶板U形肋双面焊焊接接头[14-16],提高该焊接接头的疲劳强度。理论研究表明:双面焊焊接接头的引入使得主导疲劳开裂模式由焊根开裂迁移至焊趾开裂,显著提高其的疲劳强度。目前,顶板U形肋双面焊焊接接头的制造工艺主要有双面气体保护焊和双面埋弧焊,典型焊缝几何形态如图2所示。通过采用双面埋弧焊显著降低焊趾初始制造缺陷尺寸和减少其开裂模式,降低了服役期间该焊接接头发生疲劳开裂的风险,因此,将顶板U形肋双面埋弧全熔透焊接接头称为全熔透高品质焊接接头。作为一种新型焊接接头,本文对其制造工艺及疲劳性能开展相关研究。

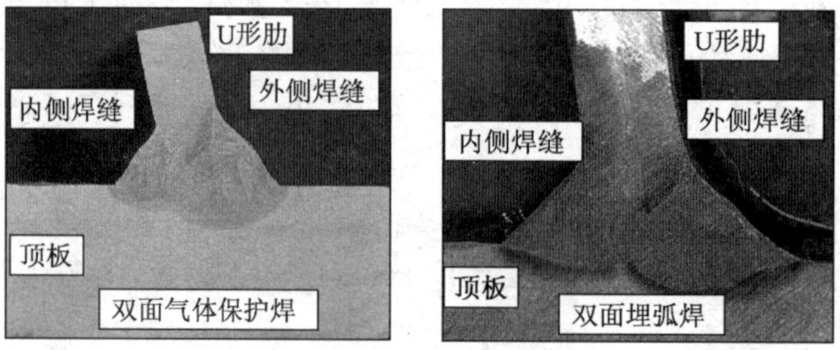

图2 正交异性钢桥面板顶板U形肋焊接接头几何形态

二、顶板U形肋高品质焊接接头的构思

既有研究表明[17],焊接接头设计、焊缝几何形态和近焊缝表面的初始制造缺陷是焊接接头疲劳强度的关键影响因素。顶板U形肋单面焊在焊根位置存在"类裂纹"构造,且焊根的焊接质量难以控制,不可避免地存在较大尺度的夹渣和微裂纹等初始制造缺陷,显著降低了单面焊疲劳开裂模式Ⅱ的疲劳强度。同时,相关研究表明,开裂模式Ⅱ是单面焊焊接接头的主导疲劳开裂模式,其疲劳强度决定该焊接接头的疲劳性能。因此,消除单面焊焊接接头"类裂纹"构造和降低焊根初始制造缺陷是提高顶板U形肋焊接接头疲劳性能的必然之路。基于上述思路,相关学者研发了先进的自动化内焊技术,正交异性钢桥面板顶板U形肋焊接接头由单面焊发展为双面焊,消除单面焊焊根"类裂纹"构造,显著提高顶板U形肋焊接接头的疲劳性能。

目前,正交异性钢桥面板顶板U形肋双面气体保护焊焊接接头多为部分熔透双面焊,该焊接技术已在武汉沌口长江大桥、石首长江大桥和清云高速公路西江特大桥等重大工程项目中得到应用[14-15],但由于部分熔透双面焊在焊根部位存在未熔透部分,在制造过程中易在该位置产生初始制造缺陷,因此,沿顶板开裂的模式主要有外侧焊趾开裂模式T1、内侧焊趾开裂模式T2、外侧焊根开裂模式R1和内侧焊根开裂模式R2,如图3a)所示。同时,顶板U形肋焊接接头的焊接质量检测评定时,常采用超声波或超声相控阵进行无损探伤,但由于检测工艺的特点,难以对双面焊未熔透部分的尺寸、空间形态和缺陷类型等准确定量,存在开裂的隐患,增加实桥运营过程中的开裂风险,因此,双面焊焊接接头依然存在焊接初始缺陷及检测难题,亟须发展全熔透高品质焊接接头。基于内焊技术的发展以及埋弧焊焊接质量的稳定性、熔深的保障性,提出U形肋顶板双面埋弧全熔透焊接接头细节构造,进而最大限度避免焊接初始缺陷。

全熔透高品质焊接接头沿顶板开裂的模式主要有外侧焊趾开裂模式T1和内侧焊趾开裂模式T2,如

图 3b)，全熔透高品质焊接接头的开裂模式显著少于部分熔透双面焊焊接接头的开裂模式。鉴于埋弧全熔透焊接接头的质量稳定性以及全熔透不存在未熔透部分和内部缺陷，采用超声波或超声相控阵较容易检测焊接接头是否存在缺陷，进而判定该焊接接头的焊接质量是否合格，因此，该焊接接头具有"可检测、无缺陷"的特点。

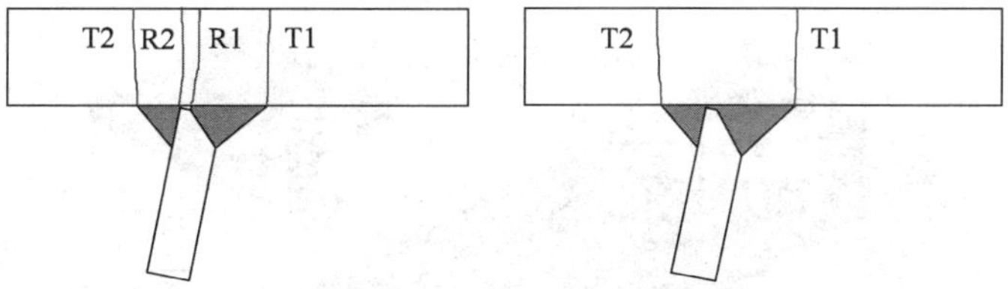

a)部分熔透双面焊焊接接头　　b)全熔透高品质焊接接头

图 3　顶板 U 形肋焊接接头典型开裂模式对比

三、全熔透高品质焊接接头制造工艺

目前，正交异性钢桥面板顶板 U 形肋全熔透焊接接头制造工艺包括双面气体保护焊和双面细丝埋弧焊，由于气体保护焊和埋弧焊制造工艺的不同，导致各焊接接头焊趾初始制造缺陷存在显著差异。采用扫描电子显微镜对顶板 U 形肋全熔透焊接接头的初始微裂纹进行观测，典型初始微裂纹尺寸如图 4 所示。研究结果表明：双面气体保护焊顶板焊趾的初始微裂纹尺寸基本小于 100μm，全熔透高品质焊接接头顶板焊趾仅存在凹槽，且尺寸明显小于气体保护焊顶板焊趾的初始微裂纹尺寸。

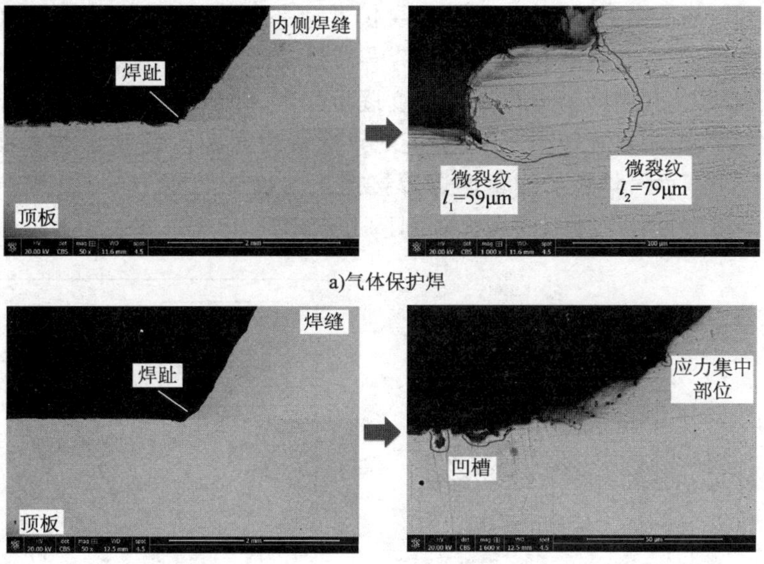

a)气体保护焊

b)埋弧焊

图 4　顶板 U 形肋焊接接头初始微裂纹

不同制造工艺条件下，顶板焊趾的初始微裂纹尺度差异较大，进而显著影响焊接接头的疲劳强度和疲劳寿命。为研究不同制造工艺条件下正交异性钢桥面板顶板 U 形肋焊接接头初始微裂纹对构造细节疲劳性能的劣化效应，采用简化的有限模型，基于线弹性断裂力学进行研究。含有初始微裂纹的 ANSYS 有限元模型如图 5 所示。所建立的有限元模型中，为提高计算效率并同时保证计算精度，在裂纹扩展局部区域采用三维实体单元 SOLID95 建立裂纹子模型，其余部分采用三维实体单元 SOLID45 建立，钢材弹性模型取 2.06×10^5MPa，泊松比取 0.3，在横向两端同时约束顶板的竖向平动自由度；一端约束顶板纵向平动自由度，另一端约束顶板的横向平动自由度。采用在 U 形肋腹板正上方进行加载，加载面积为 150mm × 400mm。

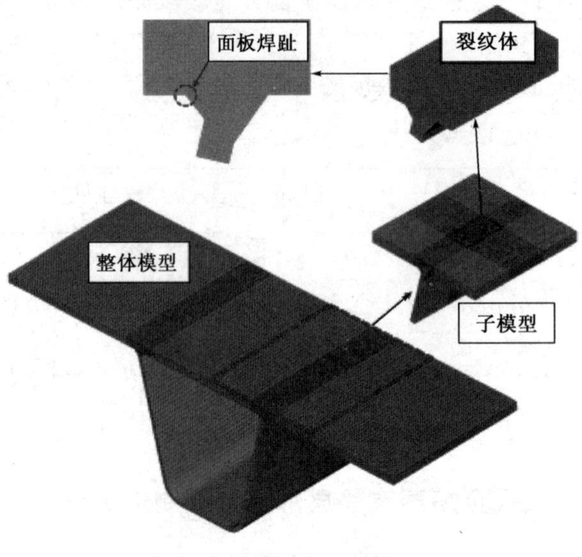

图 5　有限元模型

将初始裂纹假设为半圆形裂纹，裂纹深度与长度相等，即 $a_0/c_0=1$，如图 6 所示，疲劳裂纹扩展准则及疲劳寿命计算参考文献[17]和文献[24]取值，此处不做赘述，疲劳失效均取为 0.5 倍顶板板厚的裂纹深度。基于线弹性断裂力学对不同初始微裂纹尺寸对疲劳寿命的影响如图 7 所示。研究结果表明：①不同尺寸的初始微裂纹尺寸对疲劳寿命的影响主要集中于疲劳裂纹扩展初期，当裂纹扩展至一定深度时，应力强度因子幅值基本与初始微裂纹尺寸无关，裂纹扩展速率的趋势基本一致；②初始微裂纹尺寸对疲劳寿命具有显著影响，初始微裂纹为 0.05mm 的疲劳寿命是初始微裂纹为 0.3mm 的疲劳寿命的 2 倍，但随着初始微裂纹尺寸的增大，其对疲劳寿命影响程度逐步降低，即初始微裂纹为 0.2mm 的疲劳寿命与初始微裂纹为 0.3mm 的疲劳寿命差异较小。因此，正交异性钢桥面板顶板 U 形肋双面埋弧焊全熔透焊接接头的疲劳性能显著优于双面气体保护焊全熔透焊接接头的疲劳性能。对于正交异性钢桥面板顶板 U 形肋全熔透高品质焊接接头推荐采用双面埋弧焊制造工艺。

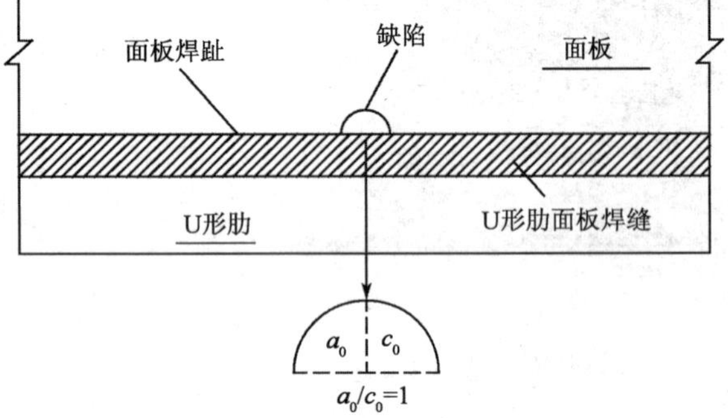

图 6　初始裂纹示意图

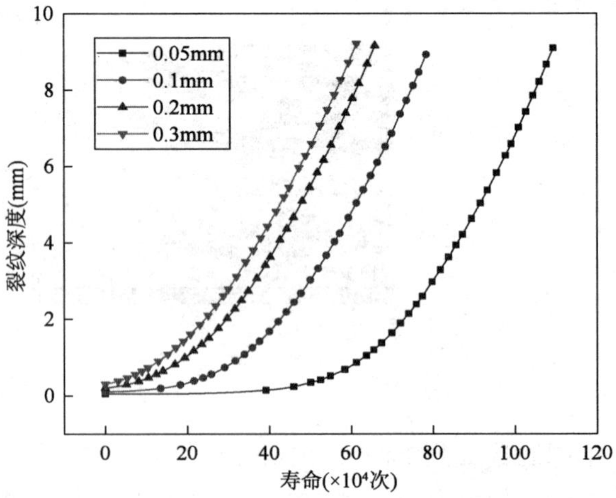

图 7　不同初始微裂纹尺寸下的疲劳寿命

研究表明：①纵肋与顶板焊接细节采用双面埋弧焊技术时，埋弧焊工艺无飞溅，电弧热对导电嘴的影响小，避免断弧现象，可实现连续长时间稳定焊接，对于 U 形肋内侧密闭空间焊接尤为有利；②用一定直径的埋弧焊丝，焊丝指向精度更高，埋弧焊潜弧特性，熔深大，熔池底部较宽，因此焊缝的有效熔深更加稳定，有利于实现全熔透焊接要求；③因熔渣辅助成形的作用，焊缝外观成形更为光顺，有利于疲劳性能的改善。合适的焊丝焊剂配合合理的焊接工艺，可以保证双面埋弧焊全熔透焊接工艺焊缝成形质量，焊缝性能符合设计要求,降低焊接过程裂纹和气孔等焊接初始制造缺陷出现的概率。通过工艺试验研究确定全熔透高品质焊接接头(双面埋弧焊)的焊接工艺参数如表1所示,采用双面埋弧焊焊接工艺可以免开坡口和免清根工艺,降低开坡口、焊材和工时的成本,提高了制造效率,金属填充量减小降低了焊接残余变形等。同时,取消开坡口工艺降低了由坡口制造误差引起的焊接质量不稳定性的概率,且焊丝角度更易定位,可以有效保证焊接质量的稳定性,顶板U形肋全熔透高品质焊接接头的断面如图8所示。

全熔透高品质焊接接头焊接工艺参数 表1

焊 缝	焊 丝	焊接电流(A)	焊接电压(V)	焊接速度(mm/min)
内侧焊缝	H10Mn2Φ1.6	380~400	31~33	450
外侧焊缝	H10Mn2Φ3.2	580~600	31~33	550

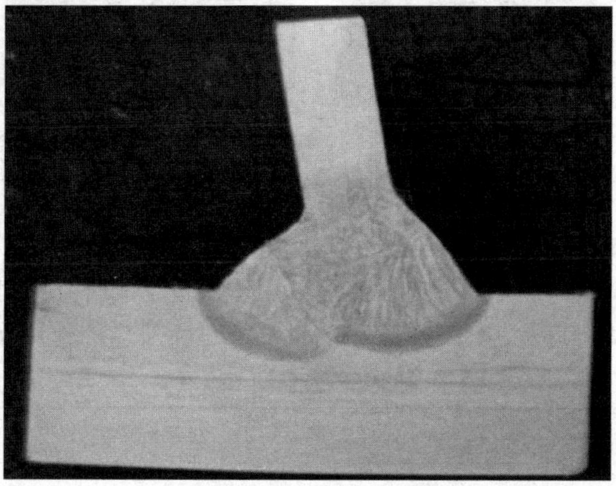

图8 全熔透高品质焊接接头

四、疲劳性能试验研究

研究表明[18-24],足尺节段模型由多个纵肋与多个横隔板组成,结构尺寸、边界条件和焊缝残余应力分布等与实际结构更为接近,可以准确反映钢桥顶板实际结构的受力状态。因此,采用足尺节段模型开展正交异性钢桥面板顶板U形肋全熔透高品质焊接接头的疲劳性能,并与传统单面焊、双面部分熔透和双面全熔透气体保护焊焊接接头的疲劳性能进行对比,设计5个足尺节段试验模型,试验模型编号如表2所示。试验模型横向包括4个U形肋,纵向包括3个横隔板,试验模型几何轮廓尺寸为6000mm×2700mm×738mm(长×宽×高)。试验模型顶板厚度18mm,横隔板厚度14mm,U形肋尺寸为300mm×300mm×8mm。

试验模型表 表2

编 号	制造工艺	加载方式
MT-1	单面焊	分配梁两点加载
MT-2	部分熔透双面焊(气体保护焊)	
MT-3	全熔透高品质焊接接头	
MT-4	全熔透焊接接头(气体保护焊)	单点加载
MT-5	全熔透高品质焊接接头	

疲劳试验分别采用分配梁两点加载和单点加载方式,加载位置纵向中心位于2号横隔板与3号横隔板的跨中,横向中心位于2号纵肋腹板正上方。试验模型的3个横隔板下翼缘两端采用2点固结约束,约束位置通过高强螺栓与地锚梁连接,试验模型加载与约束如图9所示。分配梁两点加载方式的试验模型荷载幅为:0～800万次疲劳荷载幅为20～380kN,800万～1000万次疲劳荷载幅为20～440kN。单点加载方式的试验模型荷载幅为:0～200万次疲劳荷载幅为20～320kN,200万～300万次疲劳荷载幅20～420kN,300万～500万次疲劳荷载为20～470kN。

a)分配梁两点加载

b)单点加载

图9 试验模型约束与加载

Kolstein[2]建议对顶板U形肋焊接接头疲劳强度评估时采用关键测点应变变化幅度为10%和25%作为疲劳失效准则,各试验模型应变变化幅度10%、25%和试验完成时分别对应的作用次数见表3,表中N_{10}、N_{25}、N_f分别表示应力变化幅度为10%、25%和试验结束时所对应的作用次数。

疲劳试验结果 表3

试 件	开裂模式	作用次数(万次)			疲劳强度(MPa)
		N_{10}	N_{25}	N_f	
MT-1	顶板焊根开裂	280	400	420	96.2
MT-2	顶板内侧焊趾开裂	680	780	800	121.8
MT-3	未开裂	—	—	1000	>142.3
MT-4	顶板内侧焊趾开裂	330	370	440	112.7
MT-5	顶板内侧焊趾开裂	435	465	500	123.2

研究结果表明:①试验模型在分配梁两点加载和单点加载模式作用下,顶板U形肋单面焊焊接接头的疲劳开裂模式为焊根开裂并沿顶板厚度方向扩展,部分熔透和全熔透双面焊焊接接头的疲劳开裂模式为内侧焊趾开裂并沿顶板厚度方向扩展,典型开裂模式如图10所示;②分配梁两点加载模式工况下,顶板U形肋全熔透高品质焊接接头的疲劳寿命显著优于单面焊焊接接头和部分熔透双面焊焊接接头的疲劳寿命,单点加载模式工况下,全熔透高品质焊接接头的疲劳寿命于全熔透焊接接头(气体保护焊)的寿命;③以顶板U形肋焊接接头关键测点应力(应变)变化率为25%作为疲劳失效准则,并基于线性累积损伤准则计算距内侧焊趾1.0t(t为顶板厚度)位置等效200万次的疲劳强度。顶板U形肋单面焊焊根开裂模式的疲劳强度为96.2MPa,部分熔透双面焊(气体保护焊)内侧焊趾开裂模式的疲劳强度为121.8MPa和112.7MPa,全熔透高品质焊接接头内侧焊趾开裂模式的疲劳强度为123.2MPa和大于142.3MPa,其中分配梁加载模式下,试验模型加载至1000万次未出现疲劳开裂;④综上所述,顶板U形肋全熔透高品质焊接接头的疲劳性能显著优于全熔透(气体保护焊)和单面焊焊接接头的疲劳性能,全熔透高品质焊接接头推荐采用双面埋弧焊制造工艺。

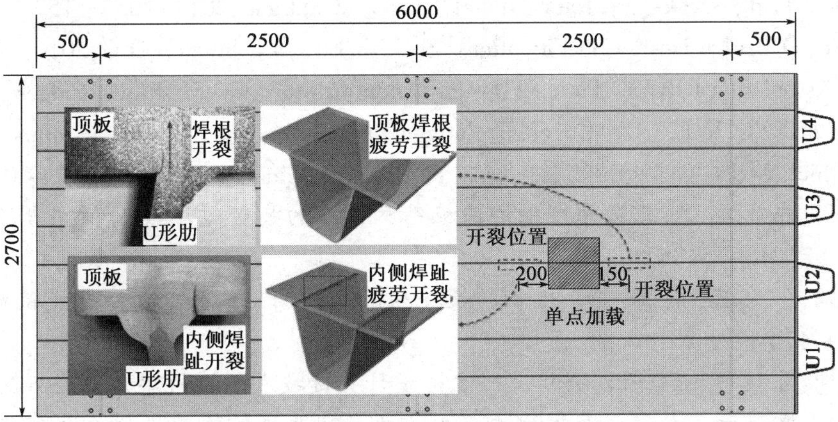

图10 顶板U形肋焊接接头开裂模式(尺寸单位:mm)

五、结　　语

(1)基于先进的内焊技术和顶板U形肋焊接接头制造工艺的特点,提出顶板U形肋全熔透高品质焊接接头,其开裂模式显著少于部分熔透双面焊焊接接头的开裂模式,且具有"无缺陷、可检测"的突出优点,显著降低了实桥服役期的开裂风险。

(2)顶板U形肋焊接接头的初始微裂纹尺寸对其疲劳寿命具有显著影响,初始微裂纹为0.05mm的疲劳寿命是初始微裂纹为0.3mm的疲劳寿命的2倍。

(3)初始缺陷是诱发正交异性钢桥面板顶板U形肋焊接接头开裂的重要原因,双面气体保护焊面焊趾的初始微裂纹尺寸基本小于100μm,全熔透高品质焊接接头顶板焊趾仅存在凹槽,且尺寸明显小于气体保护焊顶板焊趾的初始微裂纹尺寸,全熔透高品质焊接接头的制造工艺推荐采用双面埋弧焊。

(4)疲劳试验在相同加载模式下,全熔透高品质焊接接头的疲劳寿命明显优于单面焊和全熔透(气体保护焊)焊接接头的疲劳寿命;全熔透高品质焊接接头内侧焊趾开裂的疲劳强度显著高于单面焊焊根开裂模式和全熔透(气体保护焊)内侧焊趾开裂模式的疲劳强度,因此,研发的顶板U形肋全熔透高品质焊接接头具有较高的疲劳性能。

参考文献

[1] 张清华,卜一之,李乔. 正交异性钢桥面板疲劳问题的研究进展[J]. 中国公路学报,2017,30(3):14-30,39.

[2] KOLSTEIN M H. Fatigue classification of welded joints in orthotropic steel bridge decks[D]. TU Delft, Delft University of Technology,2007.

[3] CONNOR R J,FISHER J,GATTI W,et al. Manual for design,construction,and maintenance of orthotropic steel deck bridges (Report No. FHWA-IF-12-027) [R]. US Department of Transportation,2012.

[4] 孟凡超,张清华,谢红兵,等. 正交异性钢桥面板抗疲劳关键技术[M]. 北京:人民交通出版社股份有限公司,2018.

[5] 王春生,付炳宁,张芹,等. 正交异性钢桥面板足尺疲劳试验[J]. 中国公路学报,2013,26(2):69-76.

[6] 张清华,崔闯,卜一之,等. 正交异性钢桥面板足尺节段疲劳模型试验研究[J]. 土木工程学报,2015,48(4):72-83.

[7] YAS,YAMADA K.,ISHIKAWA T. Fatigue evaluation of rib-to-deck welded joints of orthotropic steel bridge deck[J]. Journal of Bridge Engineering,2010,16(4): 492-499.

[8] FU Z Q,JI B H,ZHANG C Y,et al. Fatigue performance of roof and U-rib weld of orthotropic steel bridge deck with different penetration rates[J]. Journal of Bridge Engineering,2017: 04017016.

[9] CHENG B,YE X,CAO X,et al. Experimental study on fatigue failure of rib-to-deck welded connections in

orthotropic steel bridge decks[J]. International Journal of Fatigue,2017(103): 157-167.

[10] AASHTO. LRFD Bridge Design Specifications[S]. 5th Ed. ,Washington D C,2010.

[11] Japan Road Association (JRA). Fatigue Design Guidelines for Steel Highway Bridges[S]. Tokyo, 2002.

[12] HENG J L,ZHENG K F,GOU C, et al. Fatigue performance of rib-to-deck joints in orthotropic steel decks with thickened edge U-ribs[J]. Journal of Bridge Engineering,2017,22(9): 04017059.

[13] 张清华,李俊,郭亚文,等. 正交异性钢桥面板结构体系的疲劳破坏模式和抗力评估[J]. 土木工程学报,2019,52(01):75-85.

[14] 由瑞凯,刘鹏,张大庆,等. 正交异性钢桥面U肋与面板内焊连接疲劳性能试验[J]. 中外公路,2018,38(3):174-179.

[15] 冯鹏程,付坤,陈毅明. 池口长江公路大桥主桥设计关键技术[J]. 桥梁建设,2017,47(02):7-12.

[16] 李俊,张清华,袁道云,等. 基于等效结构应力法的正交异性钢桥面板体系疲劳强度评估[J]. 中国公路学报,2018,31(12):138-147.

[17] 黄云,张清华,余佳,等. 钢桥面板与纵肋焊缝疲劳评估及裂纹扩展研究[J]. 西南交通大学学报,2019,54(02):46-54.

[18] SIM H B,UANG C M,Sikorsky C. Effects of fabrication procedures on fatigue resistance of welded joints in steel orthotropic decks[J]. Journal of Bridge Engineering,2009,14(5): 366-373.

[19] 国家质量技术监督局. 埋弧焊用碳钢焊丝和焊剂:GB/T 5293—2018[S]. 北京:中国质检出版社,2018.

[20] 国家质量技术监督局. 埋弧焊用低合金钢焊丝和焊剂:GB/T 12470—2003[S]. 北京:中国质检出版社,2003.

[21] 赵欣欣,刘晓光,潘永杰,等. 正交异性钢桥面板纵肋腹板与面板连接构造的疲劳试验研究[J]. 中国铁道科学,2013,34(2):41-45.

[22] 唐亮,黄李骥,刘高,等. 正交异性钢桥面板足尺模型疲劳试验[J]. 土木工程学报,2014,47(3):112-122.

[23] KAINUMA S,YANG M,JEONG Y S,et al. Experimental investigation for structural parameter effects on fatigue behavior of rib-to-deck welded joints in orthotropic steel decks[J]. Engineering Failure Analysis,2017: 520-537.

[24] 张清华,李俊,卜一之,等. 正交异性钢桥面板纵肋与横隔板交叉构造细节疲劳开裂快速加固方法[J]. 中国公路学报,2018,31(12):124-133.

18. 伶仃洋大桥锌铝镁镀层主缆索夹抗滑移性能研究

何旭初[1] 范国政[2] 汤 亮[1] 张海良[1] 余建勇[1] 朱国锋[1] 方 雷[1]
(1. 上海浦江缆索股份有限公司;2. 深中通道管理中心)

摘 要 锌铝镁合金镀层作为一种新型的主缆钢丝镀层,国内外目前还没有相关的抗滑移试验数据供参考。本文测试了锌铝镁合金镀层钢丝主缆和索夹间的抗滑移性能,验证其抗滑移性能满足设计要求;同时验证了在相同试验条件下锌铝镁合金镀层和锌铝合金镀的摩擦系数基本一致。通过试验数据和理论分析得知施工过程中螺栓预紧力衰减是十分明显的,成桥后有必要对所有螺栓进行再次预紧。

关键词 锌铝镁合金镀层 预紧力 索夹 抗滑移 衰减

一、引 言

伶仃洋大桥为主跨1666m三跨连续钢箱梁悬索桥,跨径布置为500m+1666m+500m。主缆采用预制平行钢丝索股(PPWS),每根主缆通长索股有199股。每根索股由127根直径为6mm的锌铝镁合金镀层高强度钢丝组成,通长主缆索夹内直径是1053.4mm。根据缆径和索夹安装倾角的不同,将全桥的索夹分为16种类型,其中有吊索索夹13种,无吊索索夹3种。

索夹和主缆的设计摩擦系数为0.15,在主要荷载作用下,当螺杆拉力损失至安装拉力的70%时,有吊索索夹的抗滑安全系数≥3.0。

索夹通过高强度螺栓与主缆连接为一个整体,索夹两端的环缝位置做了防腐密封处理,以保证除湿系统的密封性。若索夹产生滑移,会破坏除湿系统的密封性,同时也会改变吊索的受力状态,对整体结构产生不利影响。

锌铝合金镀层钢丝是目前桥梁广泛应用的高强度钢丝,镀层中铝含量为4.2%~7.2%,本项目采用的钢丝为锌铝镁合金镀层高强度钢丝,在保证铝含量不变的基础上增加了0.5%~3%的镁,两种钢丝的镀层不同可能导致与索夹的摩擦系数产生变化。

目前基本没有相关单位对锌铝镁合金镀层钢丝主缆和索夹之间的摩擦系数进行过相关研究。为了确保索夹在使用期间不会与主缆产生滑移且具有足够的安全系数,进行了抗滑移试验和相关的分析。

二、方 案 设 计

成桥主缆索夹内直径达1m以上,若采用1∶1模型进行试验,以10m通长索股为例,仅索股的质量就达到了56t,再加上索夹的质量将大大超出实验室的吊装能力,同时也会加大主缆拼装、整形及安装索夹的困难。另外,通过索夹的抗滑移力计算公式可知摩擦系数与主缆的规格没有太大的关系。

索夹抗滑移力计算公式为:

$$F_{fc} = k\mu P_{tot} \tag{1}$$

式中:k——紧固及压力分布不均匀系数,取2.8;

μ——摩擦系数,设计时取0.15;

P_{tot}——索夹上螺杆总的设计夹紧力。

基于以上原因采用缩小比例的主缆模型进行试验,设置了两组试验,共计3个试件,见表1。

两种镀层钢丝主缆规格 表1

	组别	第一组	第二组	
		试件1	试件2	试件3
试验主缆	规格	Φ6.0×127×50股	Φ6.0×127×22股	Φ6.0×127×22股
	数量	1根	1根	1根
	钢丝镀层	锌铝镁合金	锌铝镁合金	锌铝合金
制动索夹	数量	1套	1套	1套
	螺栓数量	12个	12个	12个
试验索夹	数量	1套	1套	1套
	螺栓数量	10个	8个	8个
索夹螺栓	螺栓规格	M42,10.9级	M30,10.9级	M30,10.9级
	螺栓设计安装夹紧力	556kN	368kN	368kN

第一组:试件1为50股预制平行钢丝索股组成的主缆,用于检测锌铝镁合金镀层钢丝与索夹之间的摩擦系数,本试验由第三方试验室完成,试验装置主要包括液压缸、传感器、工装、反力架、索夹、主缆等(图1)。

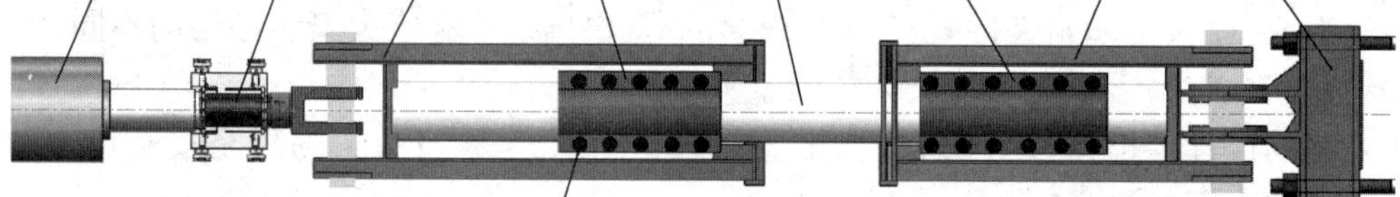

图1 第一组试验组装示意图

第二组:试件2和试件3均为22股预制平行钢丝索股组成的主缆,用于对比在相同试验条件下两种镀层钢丝与索夹之间摩擦系数的差别,试验装置主要包括钢梁、千斤顶、索夹、主缆等(图2)。

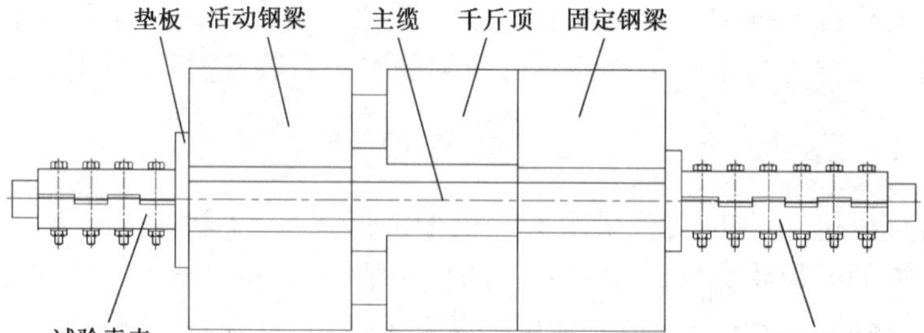

图2 第二组试验组装示意图

三、试验流程

试验的步骤主要包括索股生产、索股拼装、紧缆、安装张拉装置、安装索夹、安装传感器、螺栓预紧等。其中,螺栓预紧和索股拼装是最关键的步骤,预紧力的精度直接关系到试验数据的准确性,索股拼装的精度会影响到主缆外层钢丝的平直度。

目前还没有标准的螺栓预紧方法供参考,主要有以下两种方法:方法一,采用千斤顶或力矩扳手对称预紧,每个螺栓适配一套压力传感器(图3),该方法测出来的摩擦系数更接近实桥情况,同时还能监测到螺栓的衰减情况;方法二,所有螺栓采用液压螺栓拉伸器同时张拉,通过油压控制的预紧力可以避免螺栓衰减,检测出的摩擦系数相对偏高一点(图4)。为提高本试验数据的参考意义并采集螺栓预紧力的衰减情况,本试验设计采用方法一实施。

图3 方法一

图4 方法二

除了螺栓预紧力,该试验最外层钢丝的平直度也需要严格控制。实桥主缆钢丝在自重作用下受力是比较均匀平直的,而实验室条件下人工排列的主缆很难保证最外层钢丝的平直,最外层钢丝直接与索夹接触,试验时钢丝不同步滑移会直接影响最终的抗滑移力,需要采取索夹预张拉的方法来捋直主缆最外层的钢丝。

首先试验索夹按照设计安装夹紧力预紧所有螺栓,制动索夹按照约20%的设计安装夹紧力预紧所有螺栓;然后张拉制动索夹使其缓慢滑移,直至观察到最外层钢丝同时受力。钢丝捋直之后按照设计安装夹紧力预紧两个索夹螺栓,开始监测试验索夹螺栓预紧力衰减并准备抗滑移张拉步骤。

针对不同试验目的,两组试验采用了不同的螺栓预紧方法,第一组试验采用图3所述的方法一,用标定的100T压力传感器(图5)采集试验索夹所有螺栓的预紧力数据,按照655kN的安装夹紧力预紧螺栓,同时控制螺栓衰减之后的夹紧力不小于459kN。第二组试验为一组对比试验,采用标定的电动力矩扳手控制螺栓的预紧力(图6),按照标定数据362.5kN预紧螺栓。

图5 经标定的100T压力传感器

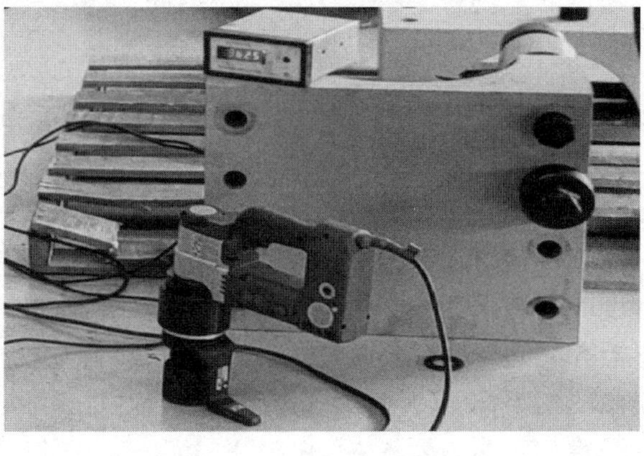

图6 标定电动力矩扳手

1. 试验结果和分析

1)摩擦系数

摩擦系数计算数据见表2。

摩擦系数计算数据 表2

组别	编号	试验索规格	钢丝镀层	螺栓规格	螺栓数量	安装夹紧力(kN)	抗滑移力(kN)	摩擦系数
第一组	1	$\phi6 \times 127 \times 50$	锌铝镁	M42(10.9s)	10个	655	4296	0.26
第二组	2	$\phi6 \times 127 \times 22$	锌铝镁	M30(10.9s)	8个	362.5	1874	0.23
	3	$\phi6 \times 127 \times 22$	锌铝	M30(10.9s)	8个	362.5	1974	0.24

第一组试验采用索夹滑移时测得的螺栓夹紧力进行计算,试验过程中螺栓预紧力变化曲线如图7所示,滑移时的螺栓预紧力见表3;第二组试验采用电动力矩扳手的标定数据计算。从试验数据可知,锌铝镁合金镀层钢丝的摩擦系数远大于设计要求的0.15;同时,锌铝镁合金镀层钢丝和锌铝合金镀层钢丝的摩擦系数非常接近。

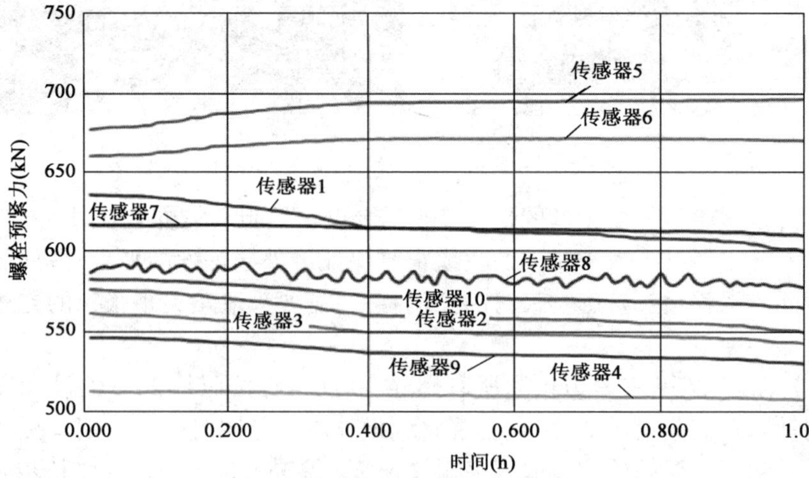

图7 试件1试验过程中试验索夹螺栓预紧力变化曲线图

摩擦系数计算数据 表3

试验索夹螺栓传感器编号	螺栓预紧力(kN)	试验索夹螺栓传感器编号	螺栓预紧力(kN)
传感器1	600	传感器6	670
传感器2	549	传感器7	610
传感器3	542	传感器8	578
传感器4	507	传感器9	529
传感器5	696	传感器10	565
备注	试件1试验索夹螺栓总的预紧力为5846kN		

试验过程中除了传感器5和传感器6的螺栓预紧力有略微上升外,其余传感器的预紧力均出现了不同程度的下降,从图8中可以初步推测,由于索夹外直径略大于索夹内直径,处于顶推方向的传感器5和传感器6上的螺栓有被撑开的趋势,所以预紧力数据出现略微增大。随着主缆轴力的增加,主缆直径会有略微的变小,受其影响其余传感器的数据是逐渐减小的。

2)螺栓预紧力衰减

预紧后的螺栓受到主缆内钢丝错动和螺栓自身材料的松弛影响,会出现一定程度的预紧力衰减,试件1采集了螺栓预紧后14h内的螺栓预紧力衰减数据,采集期内衰减了5~7kN,如图9所示。

螺栓预紧力的衰减在实桥安装过程中有很大影响。悬索桥是柔性大变形结构,其高强钢丝主缆自重占恒载的比例达30%以上,随着跨径不断增大,其材料利用率及经济性不断降低。施工过程中随着桥面架设和铺装,主缆的内应力会逐渐增大,会导致螺栓的预紧力进一步减小,以下通过简单计算,估算主缆索力从40%(本桥跨度较大,按照40%考虑)到100%的过程中螺栓会有多少的衰减。

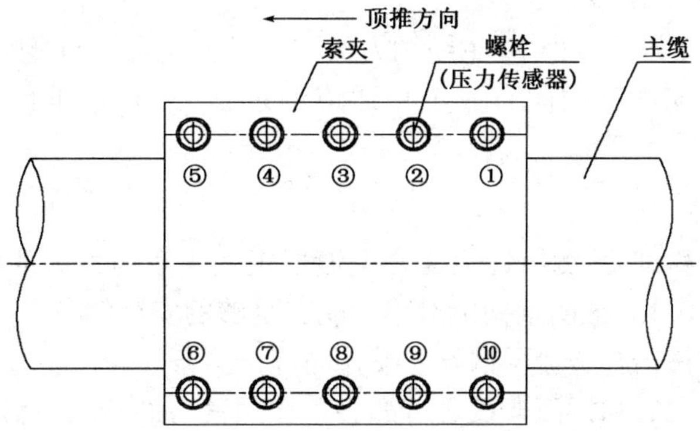

图8 压力传感器编号图

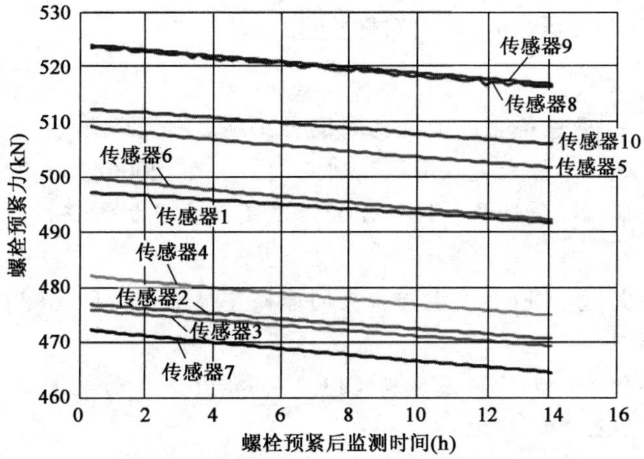

图9 螺栓预紧力衰减曲线图

索夹直径变化量计算公式如下：

$$a = \sqrt{\frac{d_0^{\ 2} \times n_{\mathrm{tot}}}{1 - V_{\mathrm{c}}}} - \sqrt{\frac{\dfrac{d_0^{\ 2}}{1 + 0.6\dfrac{F}{EA}} \times n_{\mathrm{tot}}}{1 - V_{\mathrm{c}}}} \tag{2}$$

式中：d_0——钢丝直径，$d_0 = 6\text{mm}$；

n_{tot}——主缆中钢丝总根数，$n_{\mathrm{tot}} = 25273$；

F——主缆最大设计索力，按照 1.85×1.1/0.9/0.9(1.1 为结构重要性系数，一个 0.9 为Ⅰ级松弛钢丝的折减系数，另一个 0.9 为主缆恒载占比)的分项系数计算最大设计索力，$F = 585918.2\text{kN}$；

E——钢丝的弹性模量，$E = 2.05 \times 10^5\text{MPa}$；

A——主缆的净截面积，$A = 714577.2\text{mm}^2$。

以上计算公式是计算桥面架设和铺装前后主缆直径的差，作为螺栓的衰减量，以此来简单计算螺栓预紧力的衰减值。

根据相关数据计算得：$a = 1053.40 - 1052.09 = 1.31\text{mm}$。

螺栓预紧力衰减比率计算公式如下：

$$\mu = \frac{a \times E \times s}{P \times L} \tag{3}$$

式中：s——MJ56 螺杆净截面积，螺杆直径为 52.75mm，$s = 2185.4\text{mm}^2$；

P——MJ56 螺杆的安装夹紧力，$P = 1124\text{kN}$；

L——螺杆的夹持长度，$L = 760\text{mm}$。

根据以上数据计算得μ = 0.687。

从计算结果可知，在桥面架设过程中，主缆轴力的增加对主缆直径的影响较大，会大幅度减小螺栓的预紧力，实际施工过程中主缆内部钢丝有一个自适应的过程，不会立即有过大的衰减，后续复拧非常重要。

2. 结语

(1)通过本次索夹抗滑移试验，测出锌铝镁合金镀层钢丝主缆与索夹的摩擦系数约为0.26，大于设计采用的最低摩擦系数μ=0.15，证明索夹抗滑移性能有足够的安全储备。

(2)锌铝镁合金镀层和锌铝合金镀层钢丝主缆在同等试验条件和试验方法下的摩擦系数非常接近。

(3)高强度螺栓在预紧之后和桥面架设之后都会存在预紧力的衰减，特别是桥面架设对预紧力的影响更大，在桥面架设并铺装之后对索夹螺栓复拧是十分必要的，以确保索夹具有3倍以上的抗滑移安全系数。同时螺栓预紧力受到材料蠕变、温度等影响，在长期运营过程中会有缓慢衰减，需要定期检查螺栓预紧力，若小于70%安装安装夹紧力时，需要对螺栓进行复拧。

参考文献

[1] 任洪田，赵立哲，白福军. 悬索桥主缆索夹抗滑试验及应力测试分析[J]. 北方交通，2009(3):74-76.

[2] 缪新耕，薛华娟. 解放路三号桥索夹抗滑试验研究[J]. 公路，2006(10):22-25.

[3] 斯晓青，张海良，顾庆华，等. 锌镀层和锌铝合金镀层钢丝主缆抗滑移性能研究[J]. 金属制品，2018，44(6):47-50.

[4] 侯苏伟，强士中，刘明虎，等. CFRP主缆与索夹间摩擦学性能试验研究[J]. 深圳大学学报(理工版)，2012，29(3):201-206.

[5] 诸葛萍，章子华，汪思聪，等. 大跨径悬索桥CFRP主缆-索夹界面抗滑移性能[J]. 西南交通大学学报，2014，49(2):208-212.

19. 锌-10%铝-稀土合金镀层钢丝腐蚀疲劳性能试验研究

宋神友[1]　薛花娟[2]　朱晓雄[2]　陈焕勇[1]

(1. 深中通道管理中心；2. 江苏法尔胜缆索有限公司)

摘　要　深中通道伶仃洋大桥主缆采用2060MPa锌-10%铝-稀土合金镀层钢丝，为了解腐蚀-疲劳耦合作用对该类型钢丝疲劳寿命的影响，对其进行试验研究。在钢丝试样常规疲劳试验的基础上，结合伶仃洋大桥主缆的承载特征和海洋环境下的服役特点，对比研究了锌-10%铝-稀土合金镀层钢丝和传统镀锌钢丝的抗腐蚀疲劳性能，为伶仃洋大桥的全寿命运营管理提供借鉴。

关键词　悬索桥　主缆　锌-10%铝-稀土合金镀层钢丝　镀锌钢丝　腐蚀疲劳　应力循环次数　干湿交替腐蚀-疲劳循环耦合试验　对比试验

一、引　言

作为全离岸海中悬索桥，伶仃洋大桥建设条件具有“三高一大”的特点，主缆全部处于“高温、高湿、高盐”的“三高”环境中，特别是主缆最低位置基本位于海洋飞溅区，该区域属于海天交替的干湿变化区，溶氧量多，且处于阳光直射和反射区，伴随温度变化，腐蚀速度加快，导致该位置的主缆腐蚀问题较为突出。为提高伶仃洋大桥主缆的耐久性，研发并采用了耐久性为普通热镀锌3倍以上的Φ6mm 2060MPa高强度锌-10%铝-稀土合金镀层钢丝。

为了解腐蚀-疲劳耦合作用对伶仃洋大桥新型镀层的主缆钢丝材料的疲劳寿命的影响,考虑大桥的承载特征和服役环境特点,采用干湿交替腐蚀-疲劳循环耦合(高温盐雾腐蚀、常温腐蚀和疲劳交替作用)的试验新方法,通过对比试验研究,掌握 Φ6mm 2060MPa 高强度锌-10%铝-稀土合金镀层钢丝与传统热镀锌钢丝的腐蚀疲劳寿命,为伶仃洋大桥的全寿命运营管理提供借鉴。

二、腐蚀疲劳试验方法比选

考虑到现有试验方法及大桥服役条件,对钢丝采取进行预腐蚀后的疲劳试验、疲劳试验过程中同步进行腐蚀耦合试验两种常规模拟腐蚀疲劳耦合作用的方法,以及本文提出的高低温干湿交替腐蚀-疲劳循环耦合试验的新方法进行比选。

(1)钢丝预腐蚀后的疲劳试验。首先将试验钢丝放入腐蚀介质中进行预先腐蚀,随后将腐蚀到一定程度的钢丝放在疲劳试验机上进行疲劳应力循环,研究发生了腐蚀的钢丝的残余疲劳寿命值。钢丝在预腐蚀过程中,处于无应力状态,但腐蚀介质的存在导致钢丝表面产生了腐蚀坑、腐蚀裂纹等,该腐蚀坑和腐蚀裂纹促进了疲劳裂纹源的形成和裂纹的扩大,涉及腐蚀和疲劳的先后关系。桥梁缆索钢丝的预腐蚀试验一般是先进行中性盐雾腐蚀,当钢丝表面出现锈蚀时,按照相关疲劳试验条件(一般应力上限为 $0.45\sigma_b$、应力变幅为 350 ~410MPa)进行循环疲劳试验,记录疲劳破坏的次数。该类型试验能够得到腐蚀后试件的疲劳强度,了解腐蚀作用对疲劳性能的影响,但不能研究腐蚀和疲劳之间的相互作用,且与实桥主缆钢丝的服役条件也不一致,因此,一般不能直接用于该桥主缆钢丝服役环境的模拟。

(2)疲劳腐同步耦合试验。试验钢丝疲劳试验中(一般应力上限为 $0.45\sigma_b$、应力变幅为 350 ~410MPa),连续进行盐雾腐蚀,以实现疲劳与腐蚀的耦合。但由于钢丝疲劳试验在高频疲劳试验机上进行,疲劳频率高,一般为 1d 即可完成 200 万次疲劳试验,但 1d 的盐雾腐蚀时间太短,无法产生引起钢丝抗疲劳性能下降的腐蚀裂纹、腐蚀坑无法达到预期疲劳腐蚀耦合的效果,无法模拟钢丝疲劳腐蚀耦合失效的状况。

(3)高低温干湿交替腐蚀-疲劳循环耦合试验。先对试验钢丝进行疲劳试验,即以一定的条件进行 30 万次疲劳加载(时间约需 1d),再进行高温盐雾腐蚀试验,即将钢丝试样置于温度为 50℃的盐雾箱中,以 15d 作为一个腐蚀循环,15d 腐蚀完成后取出钢丝,使带着沉降盐雾的钢丝在常温干燥环境下进行疲劳试验;如此完成一个高温湿盐雾腐蚀与常温干燥盐沉降物腐蚀结合的干湿交替腐蚀作用与疲劳的耦合作用循环。按照以上步骤进行多个疲劳腐蚀循环试验直至钢丝破坏,记录腐蚀周期和疲劳循环次数。该类试验可较好地模拟悬索桥实桥服役环境中阶段性高温、高盐的腐蚀环境和疲劳作用的情况,且考虑到引起悬索桥主缆疲劳的荷载主要包括车辆荷载、风荷载和温度荷载,这些疲劳荷载并不是连续发生[1],伶仃洋大桥服役环境中的腐蚀条件也是高低温循环下的干湿交替不均匀盐雾腐蚀,因此,该方法能对此起到较好的模拟效果。

综上所述,钢丝预腐蚀疲劳试验、疲劳腐蚀耦合试验两种常规模拟腐蚀-疲劳耦合作用的方法均不能科学地模拟伶仃洋大桥的服役条件。本文提出的干湿交替腐蚀-疲劳循环耦合试验能更好地模拟伶仃洋大桥服役环境中的腐蚀条件,因此选为腐蚀疲劳试验方法。

三、腐蚀疲劳对比试验设计

为验证锌-10%铝-稀土合金镀层钢丝的腐蚀疲劳性能,选择传统的热镀锌钢丝和锌-10%铝-稀土合金镀层钢丝进行干湿交替腐蚀-疲劳循环耦合试验对比。

1. 钢丝试样情况

1)镀锌钢丝

镀锌钢丝试样的直径为 6.02mm,抗拉强度为 2100MPa,规定塑性延伸强度为 1710MPa,弹性模量为

2.00×10^{5}MPa，镀层采用纯锌镀层，锌镀层单位质量280～320g/m^{2}。

2）高强度锌-10%铝-稀土合金镀层钢丝

锌-10%铝-稀土合金镀层钢丝试样的直径为6.02mm，抗拉强度为2100MPa，规定塑性延伸强度为1710MPa，弹性模量为2.02×10^{5}MPa，镀层铝含量为9.0%～14.5%，镀层单位质量280～320g/m^{2}。

2. 腐蚀条件模拟

跨海桥梁主缆钢丝长期处于干湿交替的盐雾环境中，易发生锈蚀，为较好地模拟伶仃洋大桥服役环境，考虑到温度的升高可大幅提高钢丝腐蚀速度，参照现行《人造气氛腐蚀试验　盐雾试验》（GB/T 10125），对高强度锌-10%铝-稀土合金镀层钢丝采用高温加速循环盐雾腐蚀模拟方法，盐雾干湿交替循环条件为15d高温盐雾环境与1d常温干燥环境（同时进行钢丝30万次疲劳循环加载）循环。盐雾试验按照模拟条件分为中性盐雾试验、乙酸盐雾和铜加速乙酸盐雾试验。其中，中性盐雾试验适用于金属及其合金、金属覆盖层及有机涂层等。乙酸盐雾、铜加速乙酸盐雾试验适用于铜＋镍＋铬或镍＋铬防护装饰性镀层、铝及铝合金阳极氧化膜。本项目试验对象为热镀锌钢丝及锌-10%铝-稀土合金镀层钢丝，因此本项目选用中性盐雾试验，盐雾腐蚀试验参数见表1。

腐蚀试验参数　　表1

试验参数	取值	试验参数	取值
高温盐雾腐蚀温度（℃）	50±2	盐雾箱湿度	≥85%
盐雾箱盐雾沉降量（mL/h）	1～2	干腐蚀环境温度（℃）	23±2
盐雾箱NaCl溶液浓度	5%	干腐蚀相对湿度	≤50%
pH值	6.5～7.2		

注：盐雾箱的盐雾沉降面积为80cm^{2}。

上述模拟海洋环境的腐蚀试验条件可实现以下3点：①在高温盐雾阶段，盐雾喷射在被测件上，盐雾溶液充当腐蚀介质，使被测钢丝发生电化学腐蚀，出现生锈、起泡或其他变化。通过盐雾的连续喷射，可以保持腐蚀介质的更新，试样表面的腐蚀得以持续发展和进行。②在湿热阶段（潮湿和冷凝等），通过盐雾阶段累积在试样表面的腐蚀介质，由试样表面逐渐向试样内部扩散，从而引起试样深度方向的腐蚀。③当钢丝拿出盐雾试样箱后，进行疲劳应力循环加载时，表面有盐雾的钢丝由潮湿阶段进入干燥阶段，由于湿度减小，导致试样表面上盐溶液浓度升高，引起表面腐蚀速率加快。这种盐雾试验条件与疲劳试验条件的循环组合，一方面可加速钢丝样品的腐蚀程度，缩短测试时间；另一方面，可以模拟实际悬索桥主缆钢丝所处潮湿与干燥交替的海洋环境等条件。试验方法中钢丝高应力幅疲劳与无应力状态的交替循环，使得试验条件与悬索桥主缆钢丝的真实使用环境更为接近[2-3]。

3. 腐蚀疲劳试验步骤

采用SF06盐雾试验箱和100kN轴向拉伸疲劳试验机进行干湿交替腐蚀-疲劳循环耦合试验。在不同应力变幅下，采用疲劳→高温盐雾湿腐蚀→常温盐雾沉降物干腐蚀＋疲劳应力循环→高温盐雾湿腐蚀→常温盐雾沉降物干腐蚀＋疲劳应力循环的干湿盐雾不均匀腐蚀与疲劳交替循环耦合模式，直至钢丝发生腐蚀疲劳断裂，记录疲劳断裂循环次数和钢丝表面的腐蚀状态。具体步骤为：①将第1组钢丝（3根）在应力上限为927MPa、应力变幅为360MPa的应力条件下，进行疲劳应力循环20万次。②然后将以上试样放入温度为50℃的高温加速中性盐雾箱（腐蚀速度为常温盐雾腐蚀的2～3倍），进行盐雾加速腐蚀15d。③从盐雾箱中取出以上钢丝，将表面附着有盐雾沉降物的钢丝放置在常温条件下（23±2）℃进行疲劳应力循环30万次（约为1d）。④完成以上试验后回到步骤②和③，依次交替循环，直到钢丝疲劳断裂为止，记录断裂循环次数。如此完成第1组钢丝试验。⑤第2组（3根）钢丝、第3组（3根）钢丝应力变幅分别为410MPa和460MPa的应力条件下，其余步骤同第1组。干湿交替腐蚀-疲劳循环耦合试验流程见图1。

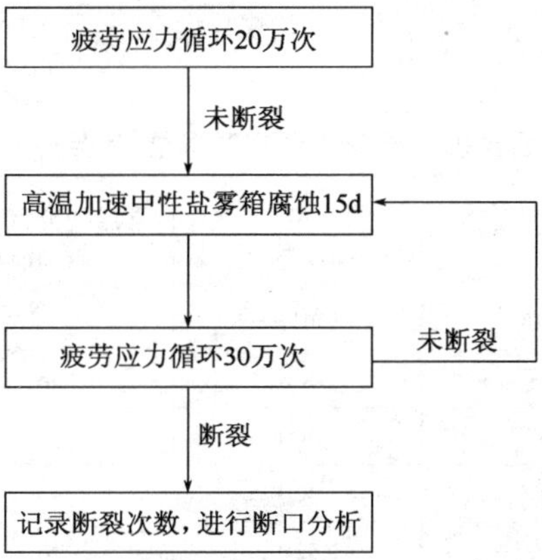

图1　干湿交替腐蚀-疲劳循环耦合试验流程图

四、试验结果分析

镀锌钢丝的干湿交替腐蚀-疲劳循环耦合试验应力循环次数见表2，由表2可知：①试验第1组试样和第2组试样经过了1个高温盐雾腐蚀疲劳的循环周期后断裂，高温加速盐雾腐蚀试验时间为360h（腐蚀时间相当于中性盐雾腐蚀试验720h），第3组高温加速盐雾试验时间为722h（相当于中性盐雾腐蚀试验1440h），说明钢丝试样在干湿交替腐蚀-疲劳循环耦合试验较常规腐蚀试验的腐蚀程度更为苛刻。②由于腐蚀和疲劳循环耦合作用，Φ6mm－2060MPa热镀锌钢丝抗疲劳性能有所降低，其循环次数均未达到100万次，即发生断裂，其断裂次数降低幅度与疲劳应力变幅成反比。应力变幅为460MPa时，疲劳应力循环次数约为35万次，比未腐蚀的钢丝疲劳循环次数降低了82.5%。当应力变幅为410MPa时，疲劳应力循环次数约为46万次，疲劳循环次数降低了77%；当应力变幅在360MPa的条件下，疲劳应力循环次数约为60万次，疲劳循环次数降低了70%。

镀锌钢丝干湿交替腐蚀-疲劳循环耦合试验结果　表2

钢丝组号	疲劳应力条件			常温盐分沉降物干腐蚀时间（h）	高温盐雾湿腐蚀时间（h）	应力循环总次数 N（次）
	最大应力 σ_{max}（MPa）	最小应力 σ_{min}（MPa）	应力变幅 σ_a（MPa）			
1	927	467	460	24	360	0.34×10^6
	927	467	460	24	360	0.34×10^6
	927	467	460	24	360	0.38×10^6
2	927	517	410	24	360	0.47×10^6
	927	517	410	24	360	0.48×10^6
	927	517	410	24	360	0.45×10^6
3	927	567	360	48	720	0.62×10^6
	927	567	360	48	720	0.68×10^6
	927	567	360	48	720	0.67×10^6

锌-10%铝-稀土合金镀层钢丝干湿交替腐蚀-疲劳循环耦合试验应力循环次数见表3，由表4可知：①试验第1组试样和第2组试样经过了4个高温盐雾腐蚀疲劳的循环周期后断裂，高温加速盐雾腐蚀试验时间为1440h（腐蚀时间相当于中性盐雾腐蚀试验2880h），第3组高温加速盐雾试验时间为2160h（相当于中性盐雾腐蚀试验4320h），说明钢丝试样在干湿交替腐蚀-疲劳循环耦合试验较常规腐蚀试验的腐蚀程度更为苛刻。②由于腐蚀和疲劳循环耦合作用，Φ6mm－2060MPa锌-10%-稀土合金镀层钢丝抗疲劳性能有所降低，其循环次数均未达到200万次，即发生断裂，其断裂次数降低幅度与疲劳应力变幅成反

比。当应力变幅在460MPa的条件下,疲劳应力循环次数约为131万次;当应力变幅为410MPa时,疲劳应力循环次数约为136万次,疲劳循环次数降低了32%;疲劳循环次数降低了34%,应力变幅为360MPa时,应力循环次数为197万次。

锌-10%铝-稀土合金镀层钢丝干湿交替腐蚀-疲劳循环耦合试验结果　　表3

钢丝组号	疲劳应力条件			常温盐分沉降物干腐蚀时间(h)	高温盐雾湿腐蚀时间(h)	疲劳应力循环总次数 N(次)
	最大应力 σ_{max}(MPa)	最小应力 σ_{min}(MPa)	应力变幅 σ_a(MPa)			
1	927	467	460	96	1440	1.29×10^6
	927	467	460	96	1440	1.32×10^6
	927	467	460	96	1440	1.33×10^6
2	927	517	410	96	1440	1.36×10^6
	927	517	410	96	1440	1.37×10^6
	927	517	410	96	1440	1.37×10^6
3	927	567	360	144	2160	1.96×10^6
	927	567	360	144	2160	1.96×10^6
	927	567	360	144	2160	1.97×10^6

综上可知,锌-10%-稀土合金镀层钢丝抗腐蚀疲劳性能优于热镀锌钢丝的抗腐蚀疲劳性能。当疲劳应力变幅在360MPa的条件下,锌-10%-稀土合金镀层钢丝比镀锌钢丝疲劳应力循环次数约为镀锌钢丝疲劳应力循环次数的3.28倍;当疲劳应力变幅在410MPa的条件下,锌-10%-稀土合金镀层钢丝比镀锌钢丝疲劳应力循环次数约为镀锌钢丝疲劳应力循环次数的2.95倍;当疲劳应力变幅在460MPa的条件下,锌-10%-稀土合金镀层钢丝比镀锌钢丝疲劳应力循环次数约为镀锌钢丝疲劳应力循环次数的3.74倍。

五、结　　语

本文通过对镀锌钢丝和锌-10%铝-稀土合金镀层钢丝进行常规疲劳试验及干湿交替腐蚀-疲劳循环耦合试验试验,得到以下结论:

(1)镀锌钢丝和锌-10%-稀土合金镀层钢丝抗疲劳性能都有所降低,其断裂次数与疲劳应力变幅成反比,即疲劳应力变化幅值越大,其腐蚀应力疲劳循环次数越少。

(2)锌-10%-稀土合金镀层钢丝抗腐蚀疲劳性能远优于热镀锌钢丝的抗腐蚀疲劳性能,在疲劳应力变幅为360MPa、410MPa和460MPa的条件下,锌-10%-稀土合金镀层钢腐蚀疲劳循环次数为热镀锌钢丝2.95~3.74倍,耐盐雾腐蚀时间在3~4倍。

(3)对于耐久性要要求较高的桥梁,采用锌-10%-稀土合金镀层钢丝可提高缆索的总体抗疲劳腐蚀性能。

参考文献

[1] 郑凯锋,张宇,衡俊霖,等.国内外耐候钢腐蚀疲劳试验技术发展[J].哈尔滨工业大学学报,2021,53(03):1-10.

[2] 中华人民共和国交通运输部.悬索桥设计规范:JTG/T D65-05—2015[S].北京:人民交通出版社股份有限公司,2015.

[3] 纪红,张文梅,樊志罡,等.循环盐雾标准方法[J].环境技术,2016,34(01):53-56,60.

20. 大跨度悬索桥索夹密封方案

张明昊 徐 军 赵 磊 陈 鲲
(中交公路规划设计院有限公司)

摘 要 索夹在悬索桥中的主要作用是夹紧主缆及连接吊索,其密封性能好坏直接影响全桥主缆的耐久性能。本文以深中通道伶仃洋大桥为基础,就索夹密封关键位置、构造及材料等进行深入研究。通过理论分析确定合理的索夹密封方案,经过试验验证,可有效提高索夹本体密封性能。

关键词 伶仃洋大桥 大跨径悬索桥 索夹 密封 耐久性

一、引 言

随着我国经济建设和交通事业的快速发展,大跨径悬索桥摒弃了传统的被动防腐体系,采用干空气+主缆密封体系的主动除湿系统。主缆除湿系统的目的是降低整根主缆内部的相对湿度,保证主缆处于相对封闭干燥的环境中,避免主缆内的钢丝锈蚀。深中通道伶仃洋大桥主缆由直径为6mm的镀锌铝钢丝组合而成,索夹外主缆有20%的空隙率。主缆除湿系统通过送气管和送气罩将干空气注入主缆钢丝缝隙,降低主缆的空气湿度,最后形成湿空气从排气罩排出。主缆除湿系统工作流程见图1。

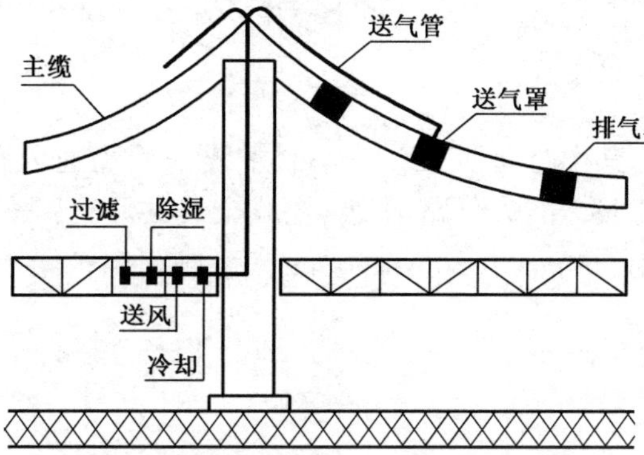

图1 主缆除湿系统工作流程

对单根主缆,假设每段恒定长度的泄漏率不变,泄漏率设为x,初始气流量为Q,每段泄漏量为q_i,则第i处气流量Q_i和泄漏量q可表示为:

$$\begin{cases} Q_i = Q\ (1-x)^i \\ q_i = xQ\ (1-x)^{i-1} \end{cases} \tag{1}$$

设计文件中要求,主缆内部应保证≤40% RH的空气湿度防护条件。空气干燥时间计算如下:

温度20℃时,空气饱和含水量为17.2g/m^3,相对湿度由100%变化到40%,1m^{3}空气内含水减少量可表示为:

$$a = 17.2 \times \frac{100-40}{100} = 10.56\text{g/m}^3$$

假定主缆某一位置i通过的空气流量为Q_i,主缆存水量为W,本段干燥时间可按下列公式表达:

$$\Delta t_i = \frac{W}{Q_i a} \tag{2}$$

气流量本身由送气长度及送气压力决定,泄漏量与气流量成指数关系,故主缆系统密封性的好坏直接决定了除湿系统的工作效率。

缆索系统由主缆、吊索、索鞍以及索夹组成。其中,索鞍所在的鞍室内环境封闭,且设有除湿机,除湿效率可以得到保障。索夹在悬索桥中的主要作用是夹紧主缆以及连接吊索。其通常横向或者纵向分成两半,在吊装主梁之前,通过螺杆预紧将索夹固定于主缆上。整个索夹暴露空气中,结构上很难达到完全气密。索夹本体存在3个密封薄弱点:两半索夹对接处的直缝密封、索夹与主缆接触位置的环缝密封以及索夹螺杆与索夹本体的紧固件密封,如图2所示。

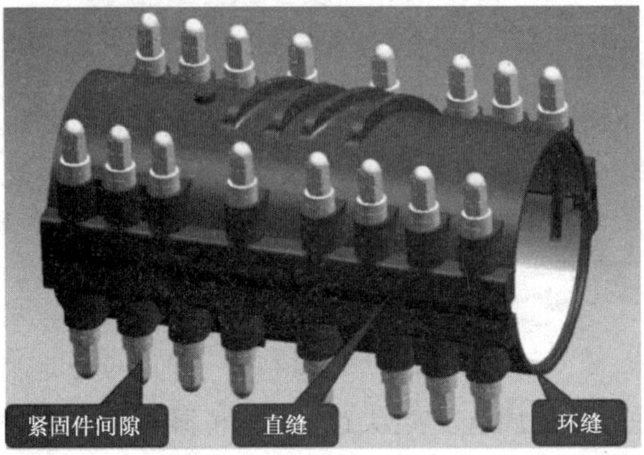

图2　索夹密封薄弱点示意图

本文依托深中通道项目伶仃洋大桥,提出多种索夹密封方案,并通过索夹气密性试验验证密封方案的可行性,择优选用密封方案并应用于实际工程中,以提高主缆除湿系统除湿效率。

二、工 程 概 况

1. 工程简介

深中通道项目全长约24km,其中跨海段长22.4km,主线采用高速公路标准,设计速度100km/h,双向八车道,桥梁宽度为40.5m,荷载标准为公路-Ⅰ级,主线全线共设置跨海特大桥两座,分别是伶仃洋大桥和中山大桥。伶仃洋大桥采用500m+1666m+500m三跨连续钢箱梁平行缆悬索桥,桥型布置如图3所示。

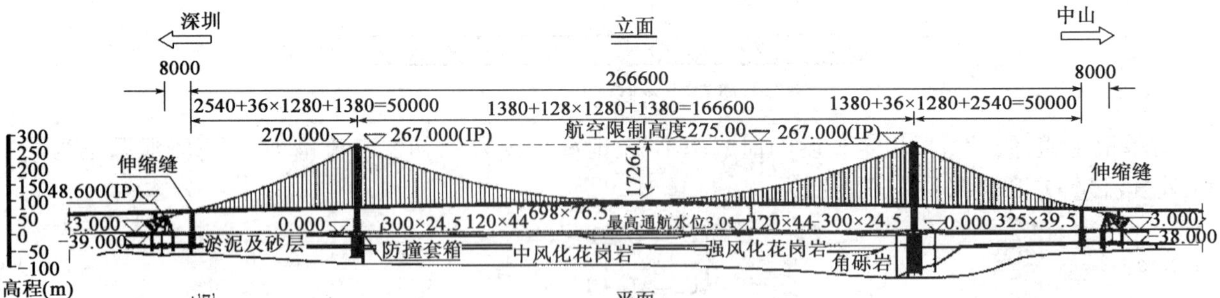

图3　桥型布置图(尺寸单位:cm;高程单位:m)

2. 结构概述

根据国内制造、安装等方面的经验和设备条件,主缆采用预制平行钢丝索股(PPWS)。

每根主缆中,从东锚碇到西锚碇的通长索股有199股。每根索股由127根直径为6mm的锌铝合金镀层高强度钢丝组成。主缆在架设时竖向排列成尖顶的近似正六边形,紧缆后主缆为圆形。其索夹内直径为1053mm,索夹外直径为1066mm。

本桥边中跨均设置吊索。中跨索夹的水平间距为12.8m,边跨索夹的水平间距为12.8m。根据吊索的受力特点,并综合考虑材料性能、制造加工、安装维护、后期更换等因素,本桥除限位拉索外,均采用钢丝绳吊索。钢丝绳吊索对应骑跨式索夹,采用左、右对合的结构形式,左、右两半索夹用螺杆相连并夹紧于主缆上。平行钢丝吊索对应销接式索夹,采用上下对合结构,上、下两半索夹用螺杆相连并夹紧于主缆上。

全桥共434个索夹,最长为4.21m,共分16种类型,有吊索索夹共13种类型,无吊索索夹3种类型。

对有吊索索夹抗滑及强度验算,结果见表1。

索夹抗滑及强度验算结果 表1

索夹类型	SJ1	SJ2	SJ3	SJ4	SJ5	SJ6	SJ1B	SJ2B	SJ3B	SJ4B	SJ5B	SJ6B	SJ7B
紧固件规格	M56×3	M45×3	M45×3	M45×3	M45×3	M45×3	M56×3	M45×3	M45×3	M45×3	M45×3	M45×3	M56×3
紧固件数量	30	16	12	10	8	6	34	18	16	14	14	30	40
抗滑安全系数	5.4	5.1	4.7	5.3	6.4	9.9	3.1	4.1	3.9	3.9	3.8	3.2	3.1
索夹强度安全系数	1.3	2.3	2.7	2.9	3.3	3.8	1.4	2.0	2.2	2.2	2.2	1.4	1.2

从表1可以看出,有吊索索夹的抗滑和壁厚安全系数均满足规范要求,索夹结构设计安全。

三、传统密封形式存在的问题

1.直缝密封——密封条失效

设计文件要求,主缆直径空隙率误差控制在±2%以内,经调研,主缆紧缆后空隙率普遍偏小,故索夹直缝处的初始间隙考虑为40mm,变化范围为25~45mm。

密封条为主缆架设前预先采购,高度尺寸为预估,实际紧缆后因索夹间隙与密封条高度尺寸有一定差异,如橡胶密封条高度小于索夹间隙,橡胶压缩率超过20%,索夹夹紧后密封条受压容易产生鼓起和爆裂现象,并且橡胶还存在老化现象,造成密封失效现象。目前部分项目密封条在大桥通车运行后2~3年后就已经老化密封失效,不得不将密封条去除。

2.环缝密封——密封剂失效

在索夹与主缆环缝处目前一般采用密封剂填充,因密封剂与索夹本体热收缩率不同,在温度变化时存在热胀冷缩现象,导致其与本体脱开,而密封剂因为没有外力压缩,本身也没有粘接性或粘接性能不佳,因而其与索夹产生间隙而导致泄漏。

3.螺杆副未采取密封措施

在索夹夹紧螺杆及螺杆螺母、垫圈等处,一般没有采取有效密封措施。在索夹夹紧后,螺纹及紧固件之间均存着间隙,使索夹无法有效密封,导致泄漏。

四、结构密封优化方案

根据目前索夹结构密封技术存在的三处主要泄漏点,分别制定对应的技术方案,并开展索夹密封性研究。

1.直缝密封方案——密封盖板方案

在索夹两半间隙外增加内嵌入型密封盖板,密封盖板与索夹上下半采用螺钉缩合,采用不锈钢制造,盖板与索夹结合面处间隙采用密封胶填充密封住，防止结合面处密封介质直接受气候及光照影响，延长密封介质使用寿命。密封盖板结构示意图如图4所示。

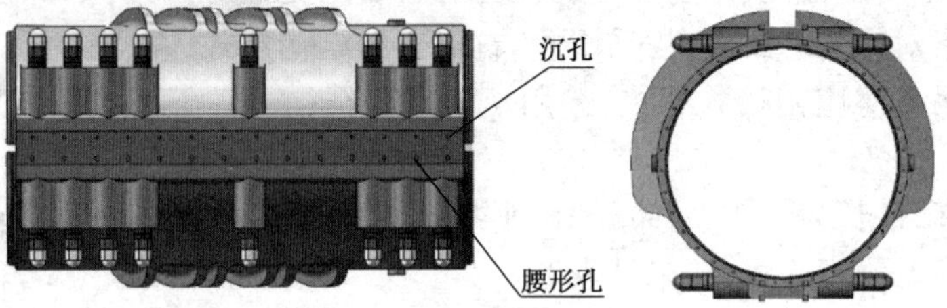

图4　密封盖板结构示意图

2. 直缝密封方案——胶条方案

采用密封胶条方案，并对密封胶条做出如下要求：①可适应索夹直缝25～45mm理论间隙。②使用寿命不低于100年。为此，与橡胶厂家及索夹生产厂家沟通并研发了空心橡胶密封条。该结构为弹簧式的密封结构，可承受600MPa的密封压力，当两半索夹压缩至终极压缩状态（15mm）时，橡胶未受压缩变形，且受力后不会发生偏移，结构如图5所示。

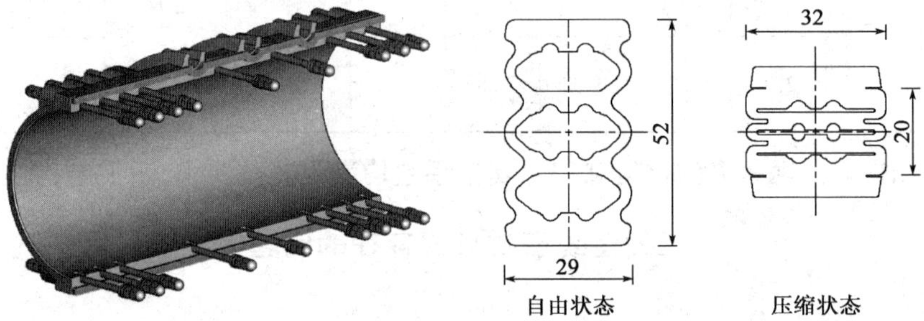

图5　密封胶条结构示意图（尺寸单位：mm）

3. 环缝密封方案——L形板方案

在索夹两端面增加两半环向L形板，使主缆缠包带通过L形板直接缠绕到索夹端部，同时在索夹与L形板对接位置开环向槽填充密封胶，以达到环缝密封效果。方案示意图如图6所示。

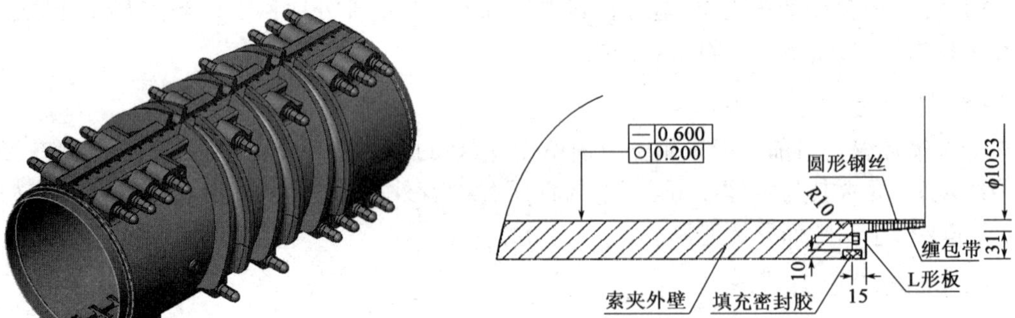

图6　L形板结构示意图（尺寸单位：mm）

4. 环缝密封方案——端部延长方案

在索夹两端面增加延长部分，与索夹一起整体制造，使主缆缠包带直接缠绕到索夹端部，端部设有凹槽，缠包带缠在端部时，直接用套箍箍于凹槽中。索夹与主缆实现无缝对接，达到完全密封效果。

该方案直接在索夹铸造时加长一段，与半索夹一起加工，具有加工工艺简单、无须现场安装及结构刚性好的特点，不会受索夹夹紧间隙的影响。具体方案如图7所示。

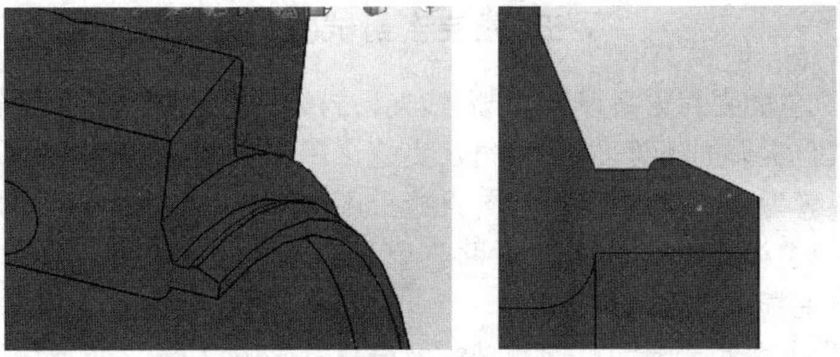

图7 端部延长方案结构示意图

5. 螺杆密封方案——分体式密封罩方案

在索夹螺杆处设有上下对合的密封筒结构形式,采用 Q235B + 涂层形式对螺杆进行密封。分体式密封罩如图 8 所示。

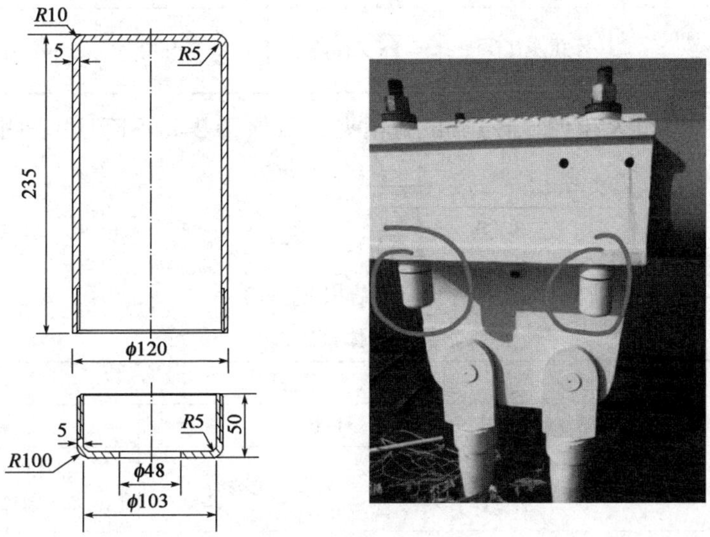

图8 分体式密封罩方案结构示意图(尺寸单位:mm)

6. 螺杆密封方案——整体式防水螺母方案

索夹紧固件处可设计整体防水螺母,将内部采用螺纹连接方式固定在螺杆端部,外部将螺母、垫圈、螺杆整体罩住。其与索夹凸台接触面设计密封圈槽,采用镶嵌橡胶 O 形密封圈,螺帽拧紧后可以达到冗余密封的效果。防水螺母材质采用 5A02。防水螺母构造如图 9 所示。

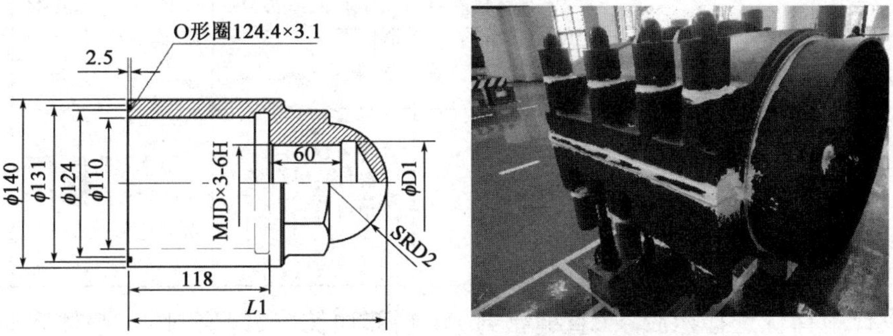

图9 防水螺母方案结构示意图(尺寸单位:mm)

五、索夹密封试验

针对索夹 3 个薄弱位置的密封方案设计，开展索夹密封结构试验进一步验证密封效果。按设计要求制造 2 套试验用索夹，试验索夹 1 环缝采用 L 形板，直缝采用钢板，螺母采用分体及整体密封罩各一半的密封方案；试验索夹 2 环缝为带坡口的止口设计，直缝采用整体式橡胶条，螺母采用分体及整体密封罩各一半的密封方案。将模拟主缆穿过索夹内孔，并将气管接入索夹两端闷头上，一端闷头连接压力表。对索夹通气进行压力测试，观察压力表是否下降。

第一阶段试验发现索夹 2 主要泄漏点均为直缝及分体式密封罩螺纹处，对泄漏点进行重新密封，进行第二阶段试验。压力试验结果见表 2。

索夹抗滑及强度验算结果 表 2

索夹名称	保压试验情况					
试验索夹 1	30min 无降压	3h 压降 0.5kPa	5h 压降 2.5kPa	8h 压降 4kPa	14h 压降 5.5kPa	24h 压降 6kPa
试验索夹 2	30min 无压降	3h 无压降	5h 无压降	8h 无压降	14h 无压降	24h 无压降

可见，试验索夹 1 在 3h 即发生明显降压，试验索夹 2 可保持 24h 不降压，表明采用试验索夹 2 体系整体密封性能更佳。

六、结　语

综上所述，对几种索夹密封结构体系进行比较，结果见表 3。

索夹密封体系比选 表 3

各项对比	密封位置					
	直缝		环缝		螺杆	
	橡胶条	钢板	端部延长	L 形板	整体式防水螺母	分体式防水罩
安装铸造难度	在索夹内壁刻槽后安装简单	需要在索夹内壁攻丝安装螺栓进行固定，安装较复杂	与索夹同步铸造，难度小	L 形板刚度弱，变形不可控	与普通防水罩安装方式相同，螺杆预紧力补张相对麻烦	分体式防水罩占用空间较大，易与绳槽出现干涉情况
造价	橡胶条需适应间隙变化，属研发产品、造价高	价格适中	与索夹本体同时铸造，造价节约	L 形板需另购，造价高	采用 Q235b 材质，造价较低	采用防锈铝 5A02，造价高
密封效果	可适应索夹间隙变化，效果好	无法适应索夹间隙变化，效果差	密封效果好	密封效果与延长段相当	防水罩直接覆盖不密封锁紧螺母紧垫圈，密封性能好	螺旋副处存在缝隙，漏气

综上所述，设计中择优选择橡胶条（直缝密封）+端部加长（环缝密封）+整体式防水螺母（螺杆密封）的索夹密封体系。采用此种体系可有效提高索夹本体密封性能，提升整套除湿系统的工作效率，延长主缆寿命。现已完成可适应索夹间隙的空心弹簧胶条方案，并投入生产，全套索夹预计于 2022 年完成安装。

参考文献

[1] 中华人民共和国交通运输部. 公路悬索桥设计规范:JTG/T D65-05—2015[S]. 北京:人民交通出版社股份有限公司,2015.

[2] 中华人民共和国交通运输部. 悬索桥索鞍索夹:JT/T 903—2014[S]. 北京:人民交通出版社股份有限公司,2014.

[3] 孟凡超. 公路桥涵设计手册 悬索桥[M]. 北京:人民交通出版社,2011.

[4] 董小亮,叶觉明. 特大悬索桥索鞍索夹表面防护方案的实践和探讨[J]. 甘肃:现代涂料与涂装,2012,15(04):63-66.

[5] 叶觉明,欧阳恺. 悬索桥主缆除湿防腐蚀技术应用和探讨[J]. 上海:腐蚀与防护,2004(12):529-531,534.

[6] 方大东,陈策. 润扬大桥南汊悬索桥主缆除湿系统设计[J]. 公路,2003(09):60-63.

[7] 武汉船用机械有限责任公司. 深中通道项目超大尺寸骑跨式索夹铸造技术及结构密封性能研究终期成果报告[Z]. 武汉:武汉船用机械有限责任公司,2021.

[8] 中交公路规划设计院有限公司. 深圳至中山跨江通道施工图设计[Z]. 北京:中交公路规划设计院有限公司,2017.

21. 基于三维气弹模型的悬索桥两类六索股吊索气动稳定性对比试验研究

李寿英[1] 陈焕勇[2] 朱 军[3]

(1. 湖南大学;2. 深中通道管理中心;3. 镇江蓝舶科技股份有限公司)

摘 要 为研究对比悬索桥平行钢丝(PWS)六索股吊索和钢绞线(WR)六索股吊索的气动稳定性,分别制作了外表光滑、粗糙的 PWS 和 WR 六索股吊索三维气弹模型,并进行了一系列风洞测振试验,得到两类吊索的振动响应。在此基础上,对两类吊索的气动稳定性进行了比较研究,结果表明,试验中 PWS 六索股吊索和 WR 六索股吊索均观测到了大幅度的振动,且在多个风攻角下观测到了索股间碰索现象;两类吊索发生大幅度振动时的振动特性与多结构体间气动干扰引发的尾流致振特性相吻合,尾流致振可能是两类吊索大幅度振动的机理之一;相较 WR 六索股吊索,PWS 六索股吊索的气动稳定性更优。

关键词 悬索桥吊索 平行钢丝吊索 钢绞线吊索 尾流致振 风洞试验

一、引 言

随着桥梁跨径的增大,悬索桥吊索长度不断增大。由于吊索具有自重轻、柔度大、阻尼低的特点,极易发生风致振动。日本明石海峡大桥[1]、丹麦大海带东桥[2]和我国舟山西堠门大桥[3]吊索均发生过大幅振动。本文作者曾观察到,在 6 ~ 8m/s 风速下,西堠门大桥吊索发生剧烈振动,其中尾流索股的振动幅度明显大于迎风索股的振动幅度[4]。这表明索股间的气动干扰引发的尾流致振可能是吊索振动的机理之一。

最近,部分研究人员对桥梁拉索、吊索间的气动干扰问题进行了研究。He 等[5]通过风洞试验研究了斜拉桥相邻两根斜拉索间的气动干扰,并提出在拉索之间加装连接杆的抑振措施,成功地抑制了尾流引起的拉索振动。Li 等[6]和 Chen 等[7]试验研究了悬索桥桥塔周边长吊索尾流致振特性。Hua 等[8]和 Deng等[9-10]进行了一系列气弹模型风洞试验,研究了西堠门大桥四索股吊索的气动干扰特性,并试验研究了螺旋线、分隔器和增加阻尼等措施对吊索尾流致振的减振效果。Li 等[4,11]基于准定常假定建立了尾流致振二维和三维理论模型,对悬索桥吊索尾流致振机理进行了数值研究,指出气动负刚度是引起尾流致振的关键因素。

悬索桥吊索常采用两种类型的吊索,即平行钢丝吊索(PWS)和钢绞线吊索(WR)。PWS 吊索表面光滑,WR 吊索表面粗糙。以往关于吊索尾流致振的研究主要集中于光滑表面的平 PWS 吊索。然而研究表明,粗糙度对圆柱体气动特性影响显著[12-14]。因此,外表光滑的 PWS 吊索的尾流致振可能不能完全反应外表粗糙的 WR 吊索索股间的尾流致振特性。此外,已有吊索尾流致振研究主要集中于双索股、四索股吊索,对于六索股吊索的尾流致振研究目前鲜有报道。

本文针对 PWS 吊索和 WR 吊索,以伶仃洋大桥六索股加强吊索结构参数为背景,分别制作了外表光滑、粗糙的 PWS 和 WR 六索股吊索三维气弹模型,进行了一系列风洞测振试验,得到吊索振动响应,对两种吊索的气动稳定性进行了比较研究。

二、风洞试验方法

1. 模型设计

Li 和 Deng 等[10]提出了一种吊索三维气弹模型"二次缩尺"的设计新方法,即用缩短后的模型索代替严格相似比下的长模型索,该方法可满足除雷诺数外,风洞试验主要相似关系的精确模拟,吊索模型和原型之间可具有明确的相似关系。本研究采用该设计方法,以伶仃洋大桥六索股加强吊索结构参数为背景,分别设计制作了 PWS、WR 六索股吊索三维气弹模型,其中模型索与原型索参数对比见表 1。

模型索与原型索参数对比 表 1

参　　数	原　　型	模　　型	比　　率
直径 D(m)	0.088	0.010	$\lambda_D = 1/8.8$
长度 L(m)	173.7	3.950	$\lambda_L = 1/43.975$
顺桥向索股中心间距(m)	0.45	0.051	$\lambda_D = 1/8.8$
横桥向索股中心间距(m)	0.6	0.068	$\lambda_D = 1/8.8$
质量 M(kg/m)	35.2	0.455	$\lambda_M = \lambda_D^2 = 1/77.44$
风速	—	—	$\lambda_U = 1/1$
一阶频率 f(Hz)	0.266	2.341	$\lambda_f = \lambda_U/\lambda_D = 8.8/1$
阻尼 ζ	—	0.11%	—

PWS 索股模型由两部分组成:配重块、钢丝。其中,配重块外表光滑,用来模拟索股重量的同时,也用作模拟 PWS 索股光滑外形。WR 索股模型索由三部分组成:外衣、配重块、钢丝。其中,外衣用来模拟 WR 索股外形,由 PVC 材料 3D 打印而成。两类索股模型的频率通过钢丝张力进行调节,为了避免外衣提供额外刚度,外衣被离散成小段,每段长 50mm,相邻两外衣间隙为 2mm,此缝隙间距可以保证试验中外衣不发生碰撞,外衣与钢丝通过配重块相连,两类吊索的模型示意如图 1 所示。

2. 试验工况

试验在湖南大学 HD-2 风洞低速试验段进行,该试验段长 15m、宽 5.5m、高 4.5m,试验风速在 0 ~ 11m/s 范围内连续可调。试验中,模型索上下端分别固定在特制转盘上,在模型索下端通过花篮螺栓调节模型索的张力,从而调节模型频率。模型索上下两端转盘均与风洞壁固结,以保证转盘具有足够的刚度,通过上下转盘的转动对风攻角 α 进行调节。试验中每次频率调节后相比设计频率误差均控制在 2% 以内,并且,单个工况试验前后分别进行频率识别,确保试验中索不出现张力松弛现象。试验中模型索的响应采用加速度计和激光位移计联合进行采集，采集点距索底端0.5m处，采样时间60s。其中，WR吊索模型安装在风洞中的照片如图2所示。

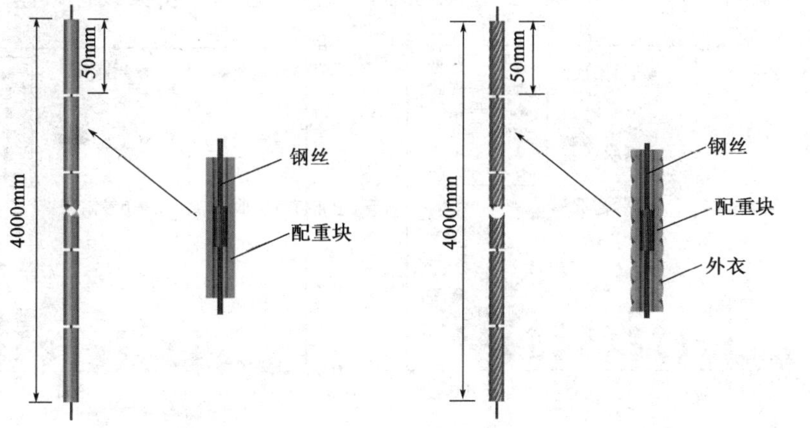

a)PWS索股　　b)WR索股

图1　两类吊索模型示意图

试验时吊索六索股相对空间位置如图3所示。其中，$P_{顺}$为顺桥向两根索中心间距比，$P_{横}$为横桥向两根索中心间距比。按照顺桥向方向为风攻角0°方向，由于对称性，在风攻角0°～90°范围内开展吊索测振风洞试验，试验工况见表2。

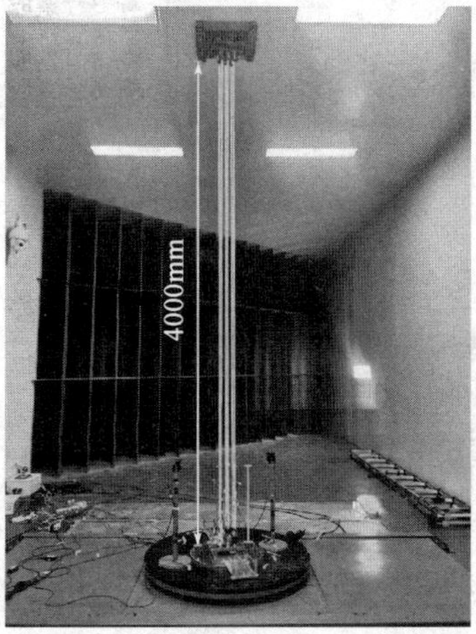

图2　WR吊索模型风洞安装照片

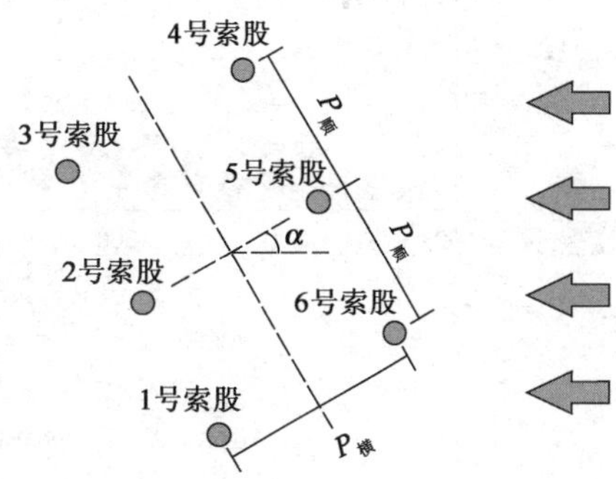

图3　吊索相对空间位置示意图

吊索全风攻角试验参数　　表2

参　数	取　值
风攻角	$0° \leqslant \alpha \leqslant 90°, \Delta\alpha = 15°$
风速 U (m/s)	$3 \sim 10, \Delta U = 0.5$
雷诺数($\times 10^3$)	2.00～6.67

三、试 验 结 果

1. PWS吊索模型响应

图4～图10给出了六索股PWS吊索模型在风攻角$0° \leqslant \alpha \leqslant 90°$范围内振动振幅($A_{RMS}/D$)与折减风速$U_r = U/fD = 128 \sim 427$的变化关系。从图中可以看出，各风攻角下索股振幅随着折减风速的增大整体

呈现增大趋势。其中，在 $\alpha=0°$、75°及 90°工况中，观测到了索股大幅度振动，最大振幅分别为 0.7D、1.2D及 1.0D，最小起振临界风速仅为 $U_r=256$（$U=6m/s$）。在 $\alpha=75°$工况中，更是观测到了吊索索股间的碰索现象，发生碰索临界风速为 $U_r=342$（$U=8m/s$），该风速远小于桥梁设计风速。

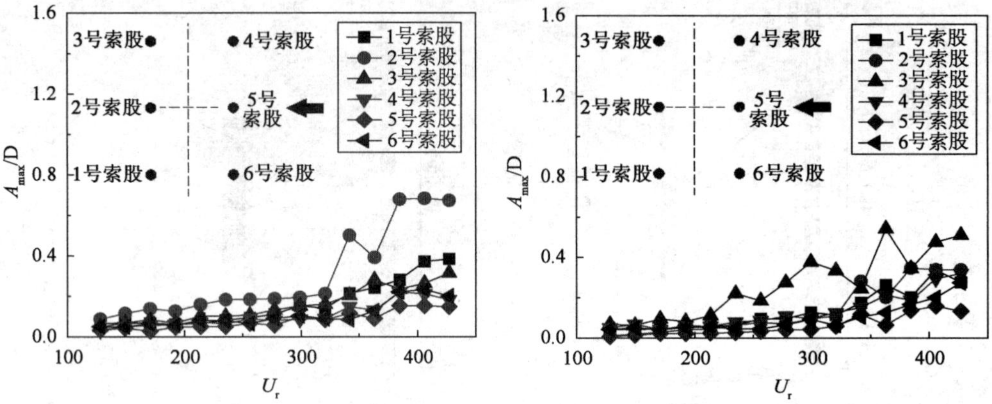

a)顺风向　　　　b)横风向

图4　$\alpha=0°$时 PWS 吊索振幅均方根值随折减风速变化情况

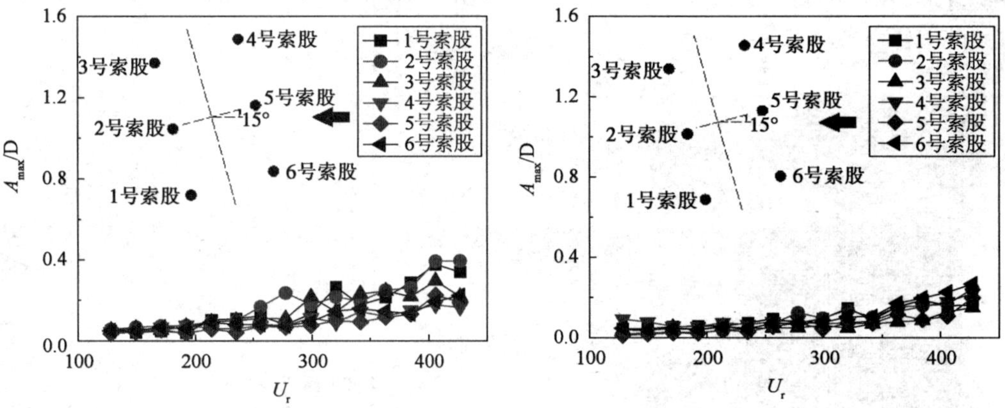

a)顺风向　　　　b)横风向

图5　$\alpha=15°$时 PWS 吊索振幅均方根值随折减风速变化情况

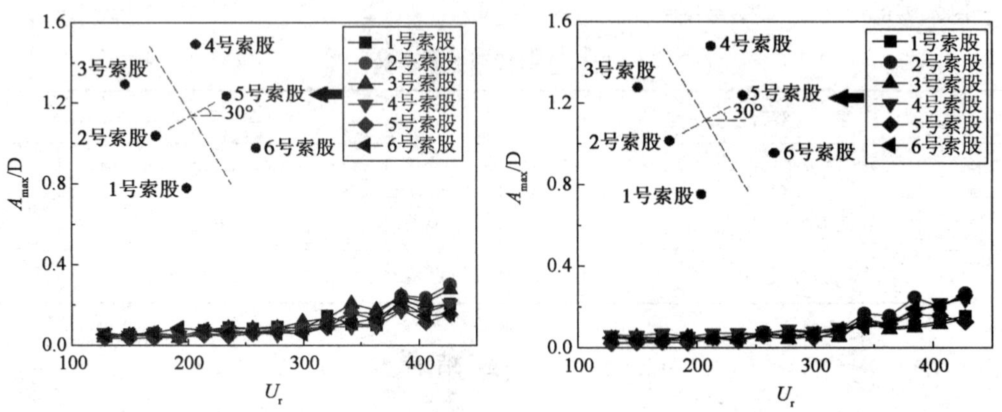

a)顺风向　　　　b)横风向

图6　$\alpha=30°$时 PWS 吊索振幅均方根值随折减风速变化情况

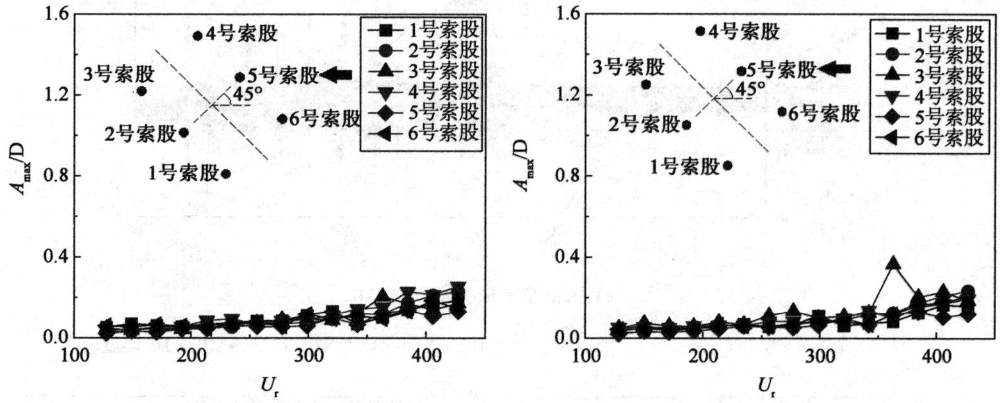

a)顺风向　　b)横风向

图7　$\alpha=45°$时 PWS 吊索振幅均方根值随折减风速变化情况

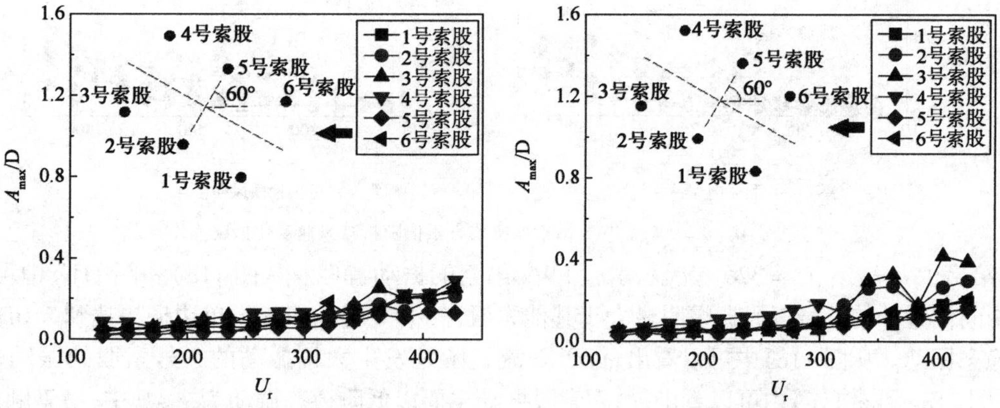

a)顺风向　　b)横风向

图8　$\alpha=60°$时 PWS 吊索振幅均方根值随折减风速变化情况

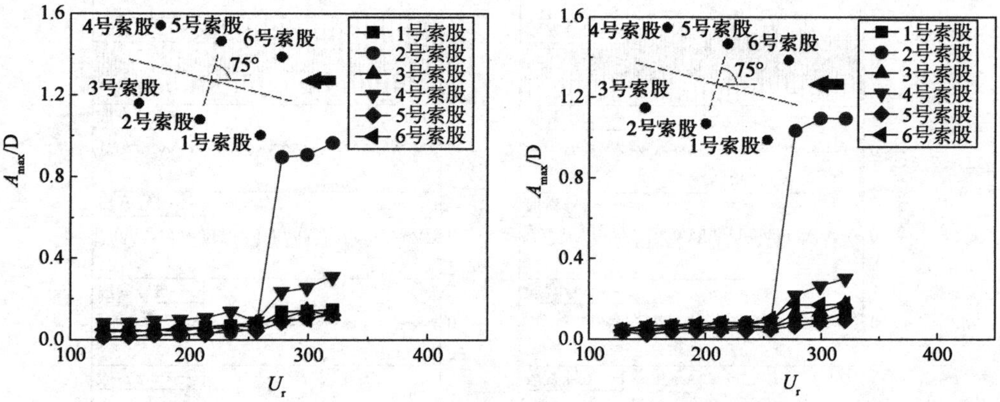

a)顺风向　　b)横风向

图　9

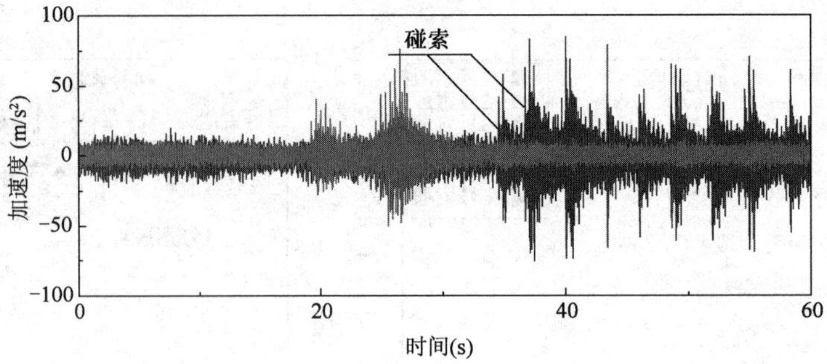

c)发生碰索的振动时程-U_r=342

图9 α=75°时PWS吊索振幅均方根值随折减风速变化情况以及索股发生碰索时的加速度时程

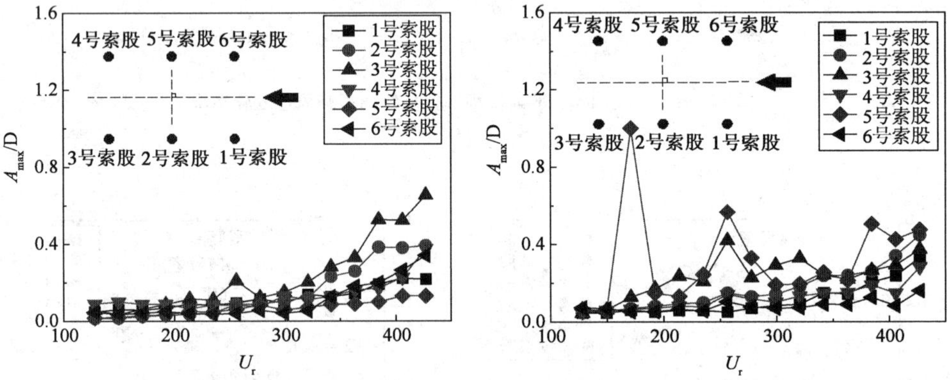

a)顺风向　　b)横风向

图10 α=90°时PWS吊索振幅均方根值随折减风速变化情况

图11给出了$\alpha=75°$、$U_r=320$工况六索股PWS吊索的振动特性。从图11a)和图11b)中可以看出,位于六索股中间位置处的2号索股振幅明显大于其他索股,其中,2号索股最大单边振幅达到2.0D左右,且振动表现为稳态振动。从图11c)中可以看出,位于来流下游处发生大幅振动的2号索股的振动轨迹近似为"8"形。从图11d)和图11e)中可以看出,吊索索股振动主要以低阶模态振动为主,其中,吊索顺风向振动主要以二阶模态为主,横风向振动主要以一阶模态为主。上述振动特性与吊索尾流致振主要振动特点相吻合[4],这表明试验中观测到的PWS吊索的大幅度振动可能为吊索索股间气动干扰引发的尾流致振。

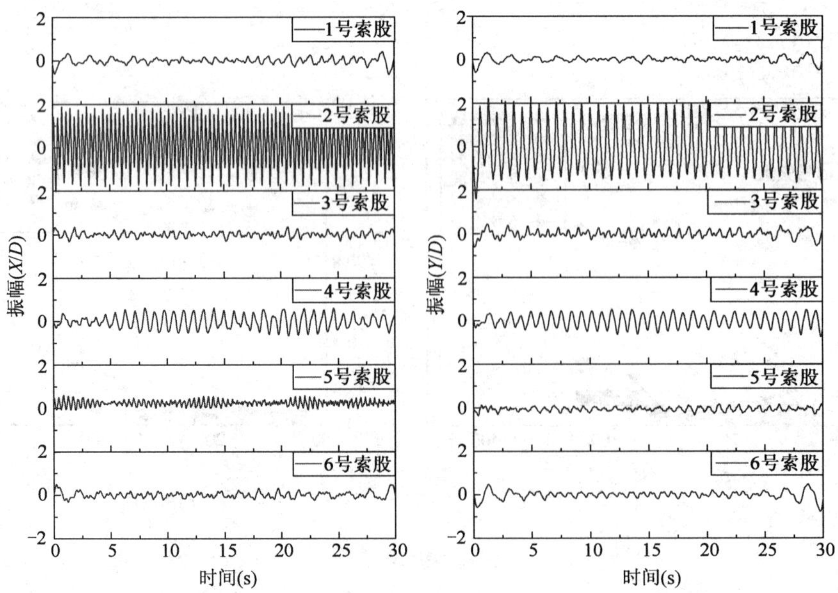

a)顺风向振动时程　　b)横风向振动时程

图 11

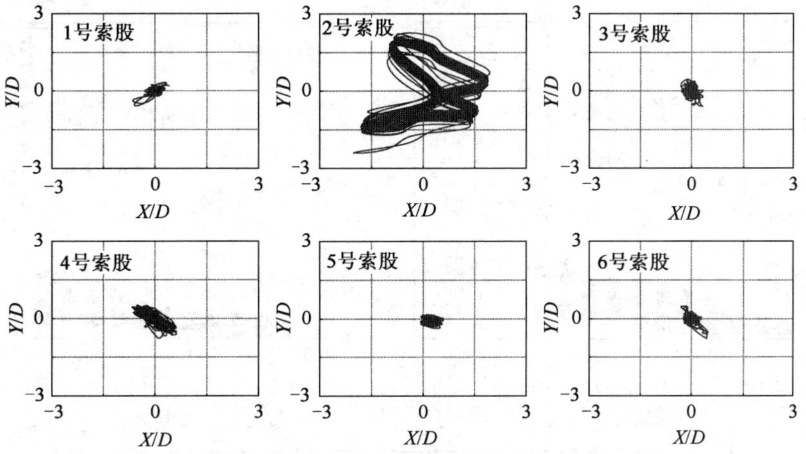

c)振动轨迹

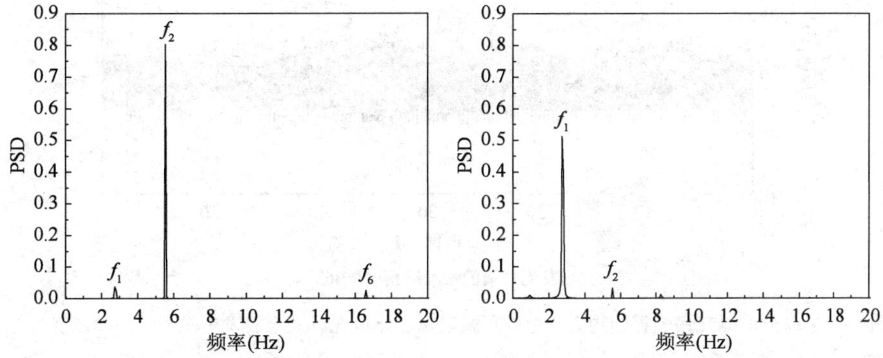

d)顺风向振动PSD　　e)横风向振动PSD

图 11　PWS 吊索典型工况振动特性($\alpha=75°$、$U_r=320$)

2. WR 吊索模型响应

图 12～图 18 给出了六索股 WR 吊索模型在风攻角 $0°\leqslant\alpha\leqslant90°$ 范围内振动振幅(A_{RMS}/D)与折减风速 $U_r=U/fD=128\sim427$ 的变化关系。从图中可以看出,吊索在 $\alpha=15°$、$30°$、$75°$ 及 $90°$ 时分别发生了较大幅度振动,其中,对应最大振幅分别为 $0.7D$、$1.0D$、$1.0D$ 及 $1.0D$,在 $\alpha=75°$ 工况中,试验起振临界风速更是低至 $U_r=128$ ($U=3$m/s),此外,在 $\alpha=15°$、$60°$ 及 $75°$ 工况中,同样观测到了吊索索股间碰索现象,对应碰索临界风速分别为 $U_r=363$ ($U=8.5$m/s)、$U_r=214$ ($U=5$m/s)及 $U_r=171$ ($U=4$m/s),这些风速均远低于桥梁设计风速。

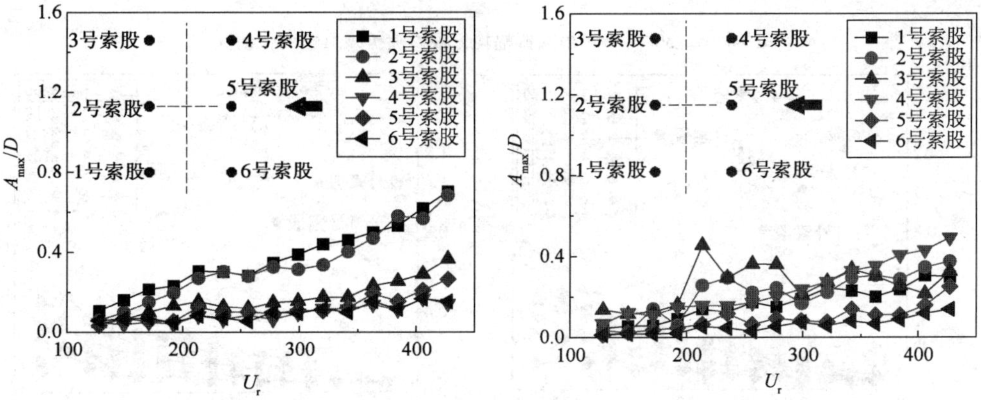

a)顺风向　　b)横风向

图 12　$\alpha=0°$时 WR 吊索振幅均方根值随折减风速变化情况

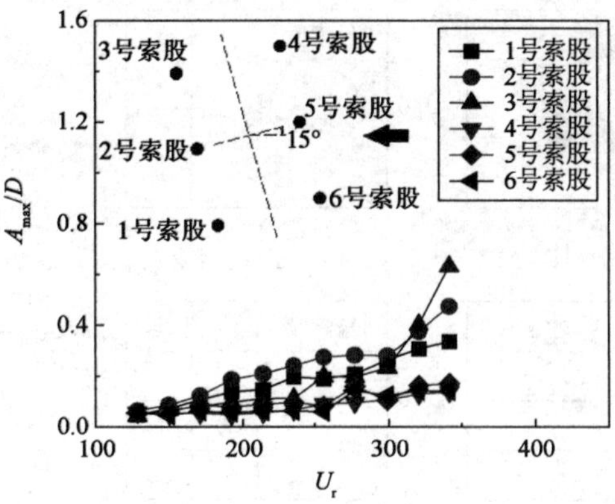

a)顺风向

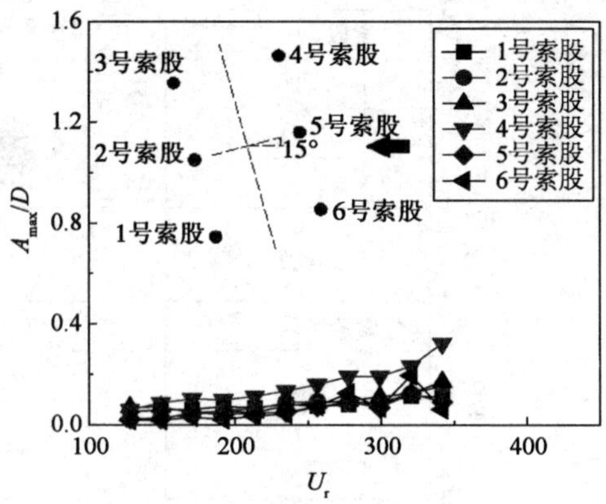

b)横风向

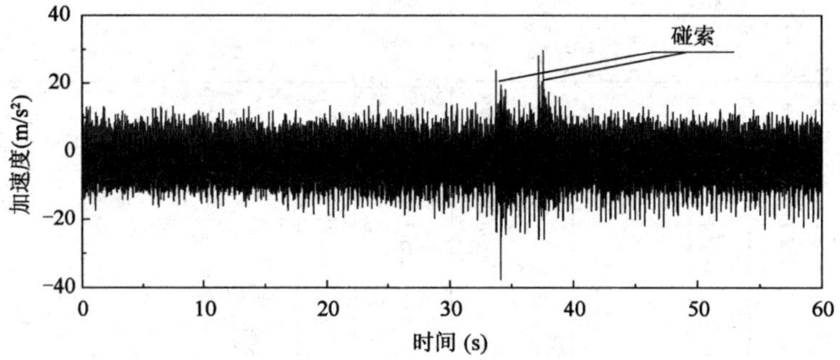

c)发生碰索的振动时程-U_r=363

图 13 $\alpha = 15°$时 WR 吊索振幅均方根值随折减风速变化情况以及索股发生碰索时的加速度时程

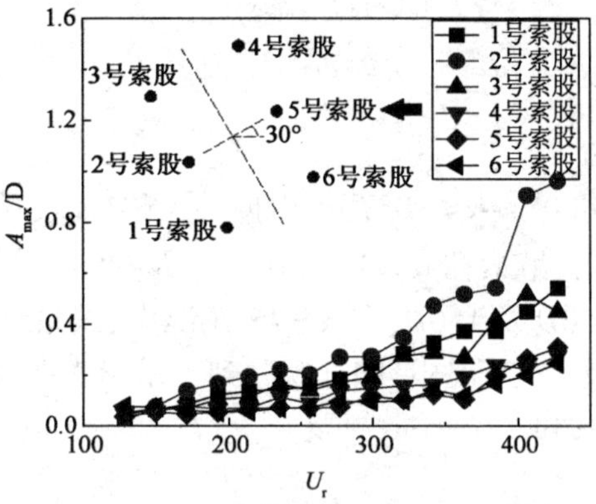

a)顺风向

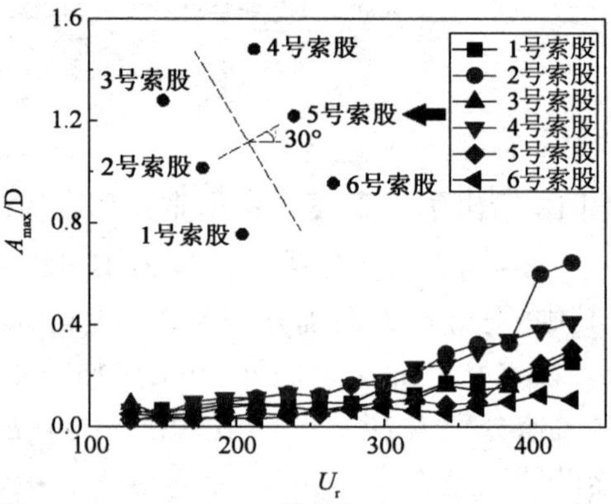

b)横风向

图 14 $\alpha = 30°$时 WR 吊索振幅均方根值随折减风速变化情况

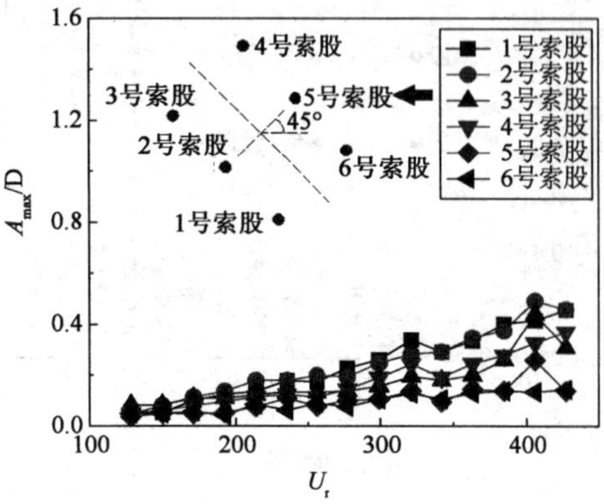

a)顺风向

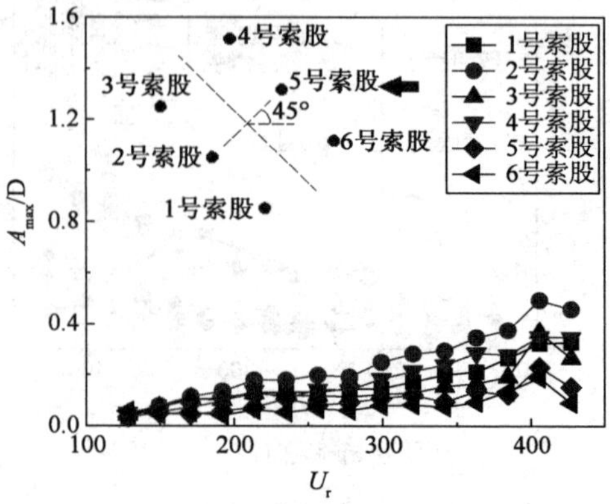

b)横风向

图 15 $\alpha = 45°$时 WR 吊索振幅均方根值随折减风速变化情况

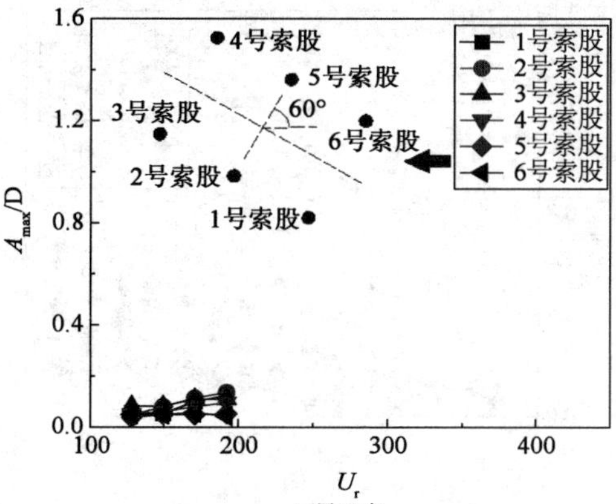

a) 顺风向

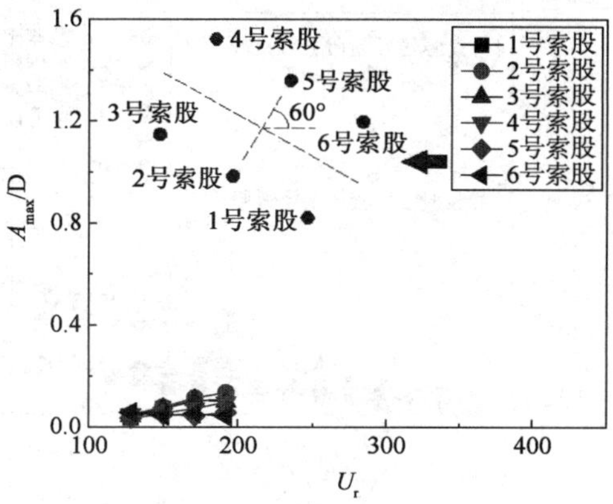

b) 横风向

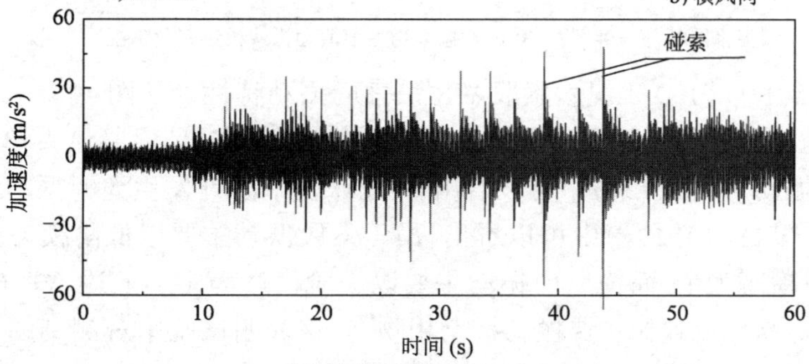

c)发生碰索的振动时程 — U_r=214

图 16　$\alpha=60°$时 WR 吊索振幅均方根值随折减风速变化情况以及索股发生碰索时的加速度时程

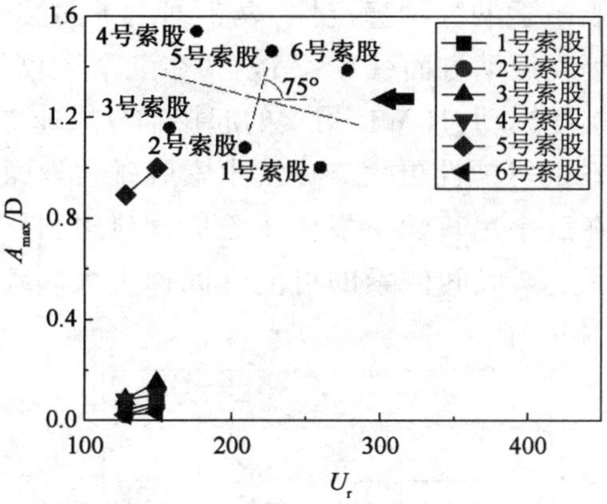

a)顺风向

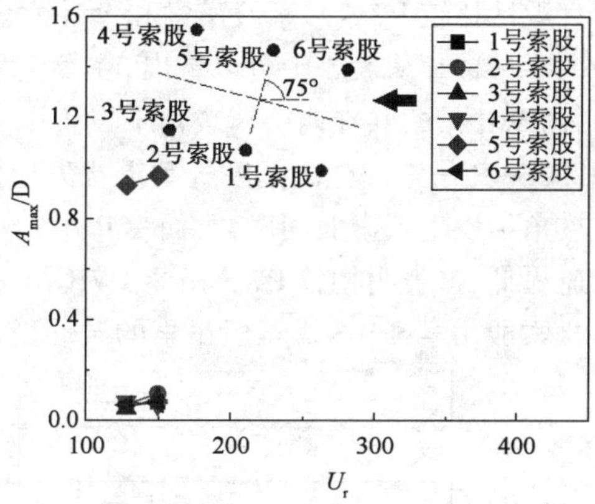

b)横风向

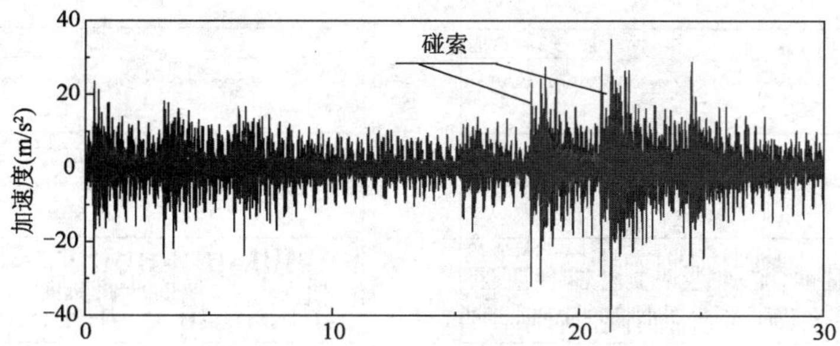

c)发生碰索的振动时程—U_r=171

图 17　$\alpha=75°$时 WR 吊索振幅均方根值随折减风速变化情况以及索股发生碰索时的加速度时程

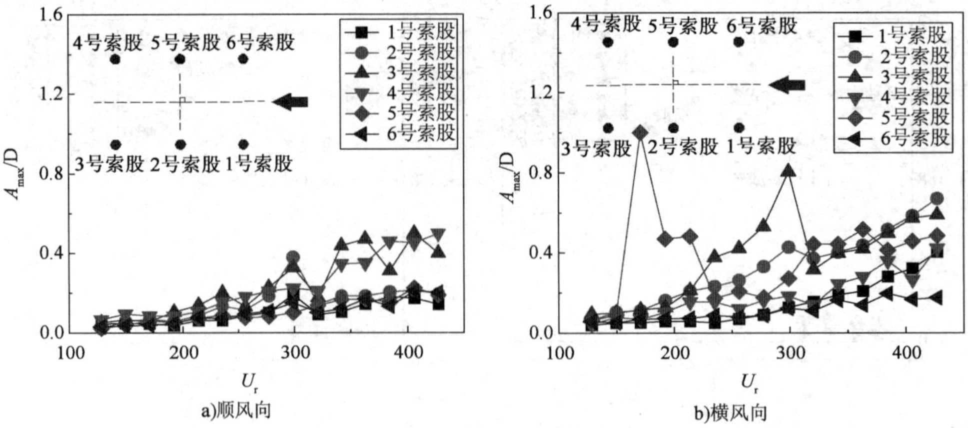

图18 $\alpha=90°$时WR吊索振幅均方根值随折减风速变化情况

图19给出了$\alpha=75°$、$U_r=150$工况六索股WR吊索的振动特性。从图19a)和图19b)中可以看出，位于六索股中间位置处的5号索股振幅明显大于其他索股，其中，5号索股最大单边振幅达到1.5D左右，且振动表现为稳态振动。从图19c)中可以看出，位于来流下游处发生大幅振动的5号索股的振动轨迹近似为"8"形。从图19d)和图19e)中可以看出，吊索索股振动主要以低阶模态振动为主，其中，吊索顺风向振动主要以二阶模态为主，而横风向振动主要以一阶模态为主。上述WR吊索振动特性与PWS吊索振动特性类似，同样与尾流致振主要振动特点相吻合，这表明试验中观测到的WR吊索的大幅度振动同样可能为吊索索股间气动干扰引发的尾流致振。

3. 两类吊索响应比较

为更为直观地比较PWS六索股吊索和WR六索股吊索的气动稳定性，表3列出了两类吊索发生气动失稳时的主要参数。从表3中可以看出，在发生大幅度振动方面，PWS吊索共在三个风攻角下发生了大幅度振动，而WR吊索共在四个风攻角下发生了大幅度振动，且WR吊索的起振临界风速更低，这表明相较PWS吊索，WR吊索发生大幅度气动干扰失稳振动的可能性更大。在发生索股碰索方面，PWS吊索仅在一个风攻角下发生了索股间碰索，而WR吊索却在三个风攻角下发生了索股间碰索，且WR吊索的碰索临界风速更低，这表明相较PWS吊索，WR吊索发生索股间碰索的可能性同样更大。综上分析，相比较于WR六索股吊索，PWS六索股吊索的气动稳定性更好。

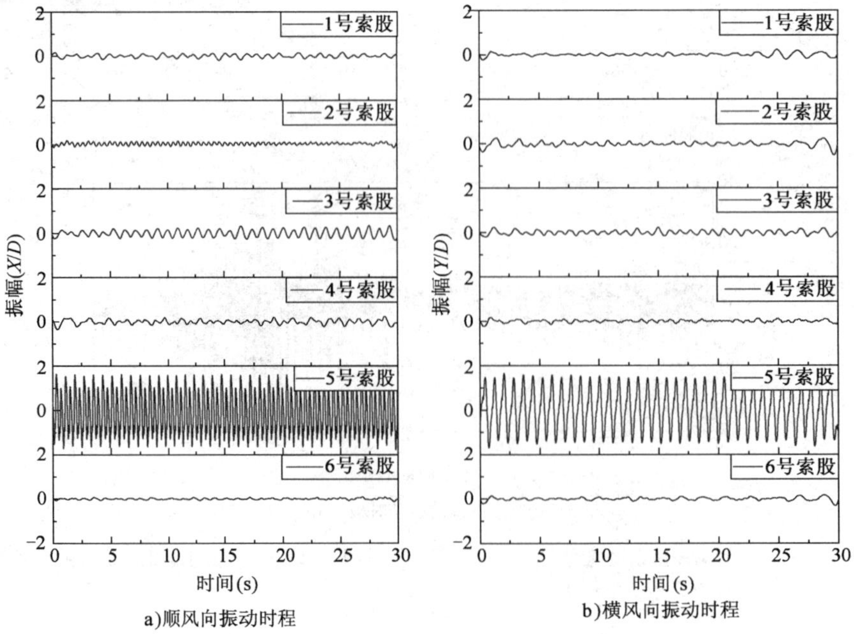

图 19

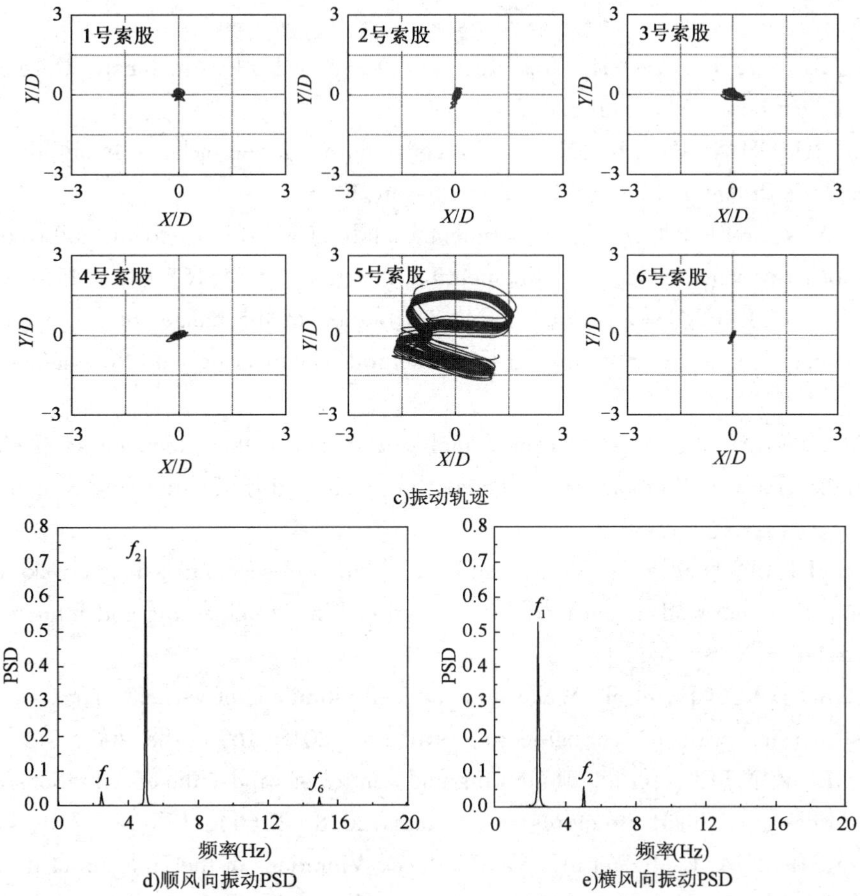

图19　WR 吊索典型工况振动特性（$\alpha=75°$、$U_r=150$）

两类吊索振动响应比较　　表3

参　　数	PWS 六索股吊索	WR 六索股吊索
振幅大于0.5D振动工况	$\alpha=0°$、$75°$、$90°$	$\alpha=15°$、$30°$、$75°$、$90°$
最小起振临界风速	$U_r=256$（$U=6$m/s）	$U_r=128$（$U=3$m/s）
碰索工况	$\alpha=75°$	$\alpha=15°$、$60°$、$75°$
最小碰索临界风速	$U_r=342$（$U=8$m/s）	$U_r=171$（$U=4$m/s）

四、结　　语

为研究对比悬索桥 PWS 六索股吊索和 WR 六索股吊索气动稳定性，分别制作了外表光滑、粗糙的 PWS 和 WR 六索股吊索三维气弹模型，进行了一系列风洞测振试验，得到吊索振动响应，在此基础上，对两类吊索的气动稳定性进行了比较研究，得到以下结论：

(1)试验中 PWS 六索股吊索和 WR 六索股吊索均观测到了大幅度的振动，且在多个风攻角下观测到了索股间碰索现象。

(2)两类吊索发生大幅度振动时的振动特性与多结构体间气动干扰引发的尾流致振特性相吻合，尾流致振可能是两类吊索大幅度振动的机理之一。

(3)相比较于 WR 六索股吊索，PWS 六索股吊索的气动稳定性更优。

参考文献

[1] FUJINO Y,KIMURA K,TANAKA H. Wind Resistant Design of Bridges in Japan: Developments and Practices[M]. Springer Japan,New York,2012.

[2] LAURSEN E, BITSCH N,ANDERSEN J E. Analysis and mitigation of large amplitude cable vibrations at the Great Belt East Bridge. [C]//IABSE, Copenhagen,2005.

[3] WEN Q,HUA X G,CHEN Z Q,et al. Experimental study of wake-induced instability of coupled parallel hanger ropes for suspension bridges[J]. Engineering Structures,2018,167 (15):175-187.

[4] LI S Y,DENG Y C,LEI X,et al. Wake-induced vibration of the hanger of a suspension bridge: field measurements and theoretical modeling [J]. Structural Engineering and Mechanics. 2019, 72 (2): 169-180.

[5] HE X H,CAI C,WANG Z J,et al. Experimental verification of the effectiveness of elastic cross-ties in suppressing wake-induced vibrations of staggered stay cables [J]. Engineering Structures,2018(167): 151-165.

[6] LI Y L,TANG H J,LIN Q M,et al. Vortex-induced vibration of suspenders in the wake of bridge tower by numerical simulation and wind tunnel test[J]. Journal of Wind Engineering and Industrial Aerodynamics, 2017(164):164-173.

[7] CHEN W L,GAO D L,LI H, et al. Wake-flow-induced vibrations of vertical hangers behind the tower of a long-span suspension bridge[J]. Engineering Structures,2018(169):188-200.

[8] HUA X G,CHEN Z Q,LEI X,et al. Monitoring and control of wind-induced vibrations of hanger ropes of a suspension bridge[J]. Smart Structures and Systems,2018, 23(6): 125-141.

[9] DENG Y C,LI S Y,ZHANG M Z,et al. Wake-induced Vibrations of the Hangers of the Xihoumen Bridge [J]. Journal of Bridge Engineering, 2021,26(10):05021012.

[10] DENG Y C,LI S Y,CHEN Z Q. Experimental investigation on wake-induced vibrations of the hangers of suspension bridges based on three-dimensional elastic test model[J]. Engineering Structures,2021, 234.

[11] LI S Y,XIAO C Y,WU T,et al. Aerodynamic interference between the cables of the suspension bridge hanger[J]. Advances in Structural Engineering, 2019,19(5):481-503.

[12] PRICE S J. Wake Induced Flutter of Power Transmission Conductors[J]. Journal of Sound and Vibration,1975(38):125-147.

[13] ZDRAVKOVICH M M. Conceptual overview of laminar and turbulent flows past smooth and rough circular cylinders[J]. Journal of Wind Engineering and Industrial Aerodynamics,1990,33(1):53-62.

[14] Z M M. Flow around circular cylinders[J]. Oxford Science Publications,Oxford,1997.

22. 新型索鞍结构制造工艺研究及实践

董小亮 李 明
(武汉船用机械有限责任公司)

摘 要 针对新型单纵肋主索鞍,采用了主纵肋与鞍头底面磨光顶紧不焊接结构形式,开展了制造工艺研究,通过比例模型进行制造试验论证,取得了相关试验数据,完成了新型结构索鞍制造,达到了设计要求性能。

关键词 悬索桥 主索鞍 单纵肋 磨光顶紧 制造工艺

一、引 言

主索鞍是悬索桥的重要受力构件,一般在主塔塔顶设置主索鞍,起到支撑主缆和平顺改变主缆方向的作用[1]。龙潭过江通道工程主桥采用两塔单跨吊钢箱梁悬索桥,主缆跨径布置为615m+1560m+552m,主梁跨径布置为1560m+100m。全桥共设两根主缆,主缆横向间距为34.8m,主缆矢跨比1/9。

该桥主索鞍鞍体理论总质量达162t,总体长宽高尺寸约9m×3.9m×4.1m,主索鞍鞍体分边跨侧鞍体和主跨侧鞍体两部分,两部分鞍体通过高强螺栓锁合,单件质量约81t。单件主索鞍鞍体分为鞍头和底座两部分焊接而成,为铸焊式结构,鞍头部分采用ZG300-500H材质铸钢件,底座采用Q345R材质钢板焊接件。

之前悬索桥项目主索鞍主要采用全铸造和铸焊结合两种形式,全铸造结构由铸钢件整体铸造成型,铸焊结合形式鞍头是铸钢件,底座部分是钢板,两部分通过焊接成为一个整体。对于特大型悬索桥,一般单纵肋主索鞍鞍体纵肋厚度达到160mm以上,通常需要预热100℃以上,采用全熔透坡口焊缝焊接,焊接工作量非常大,焊接难度也很大大,焊接质量较难得到保证[2]。

龙潭过江通道项目主索鞍鞍体采用单纵肋结构,在国内首次采用了主纵肋与鞍头底面磨光顶紧不焊接的结构形式,大大降低了主索鞍焊接制造难度,减轻了工人劳动强度,其磨光顶紧要求接触率大于80%。为保证达到接触要求,需研究相关焊接工艺,结合焊接顺序,保证接触率最终满足要求。

二、制造重难点及控制措施

该项目主索鞍鞍体单件质量约81t,长宽高尺寸约5.8m×3.4m×3.3m,其特点是质量大,尺寸大、结构复杂,鞍体需要焊接与机加工,主纵肋与鞍头之间通过磨光顶紧接触传力,要求两者间接触率不小于80%,检测塞尺0.1mm,一般钢结构制造无法达到该精度要求,需要采用高精度数控机床进行加工[3]。主索鞍鞍体结构图如图1所示。

经研究索鞍结构特点,主要重难点是鞍头与底座的焊接,其中主要难点是保证鞍头与主纵肋的磨光顶紧接触率达到设计要求。通过分析其制造工艺过程,焊接过程是最重要也是难度最大的工序过程,其主要难点为:①鞍头与主纵筋板的接触面精度控制要求;②鞍头与主纵筋板装配及固定方法;③焊缝焊接收缩会引起变形,需要确定合理的筋板焊接顺序。

为保证主纵肋板与鞍头紧密贴合,充分利用横筋板与鞍头焊缝焊接收缩[4],保证焊接时接触面贴紧不产生间隙。经研究,拟采取以下措施:

①主纵肋上表面圆弧与鞍头底面圆弧采用大型高精度数控镗铣床进行精加工,确保两者接触面轮廓度小于0.08mm/m。

②索鞍鞍头底面及主纵肋顶面圆弧加工时提高精度要求,机加工时要求接触面圆弧半径误差在

±1.5mm以内，接触面粗糙度 R_a 在6.3以内，确保两者初始接触率不小于85%。

③设计夹紧工装，鞍头与主纵肋板装配后将鞍头和主纵肋锁紧，增大焊接过程中的变形阻力。

④研究焊接收缩规律，焊接过程中通过合理设计焊接顺序，充分利用焊接收缩力拉紧鞍头与主纵肋，消除焊接变形影响，保证接触面贴紧[5]。

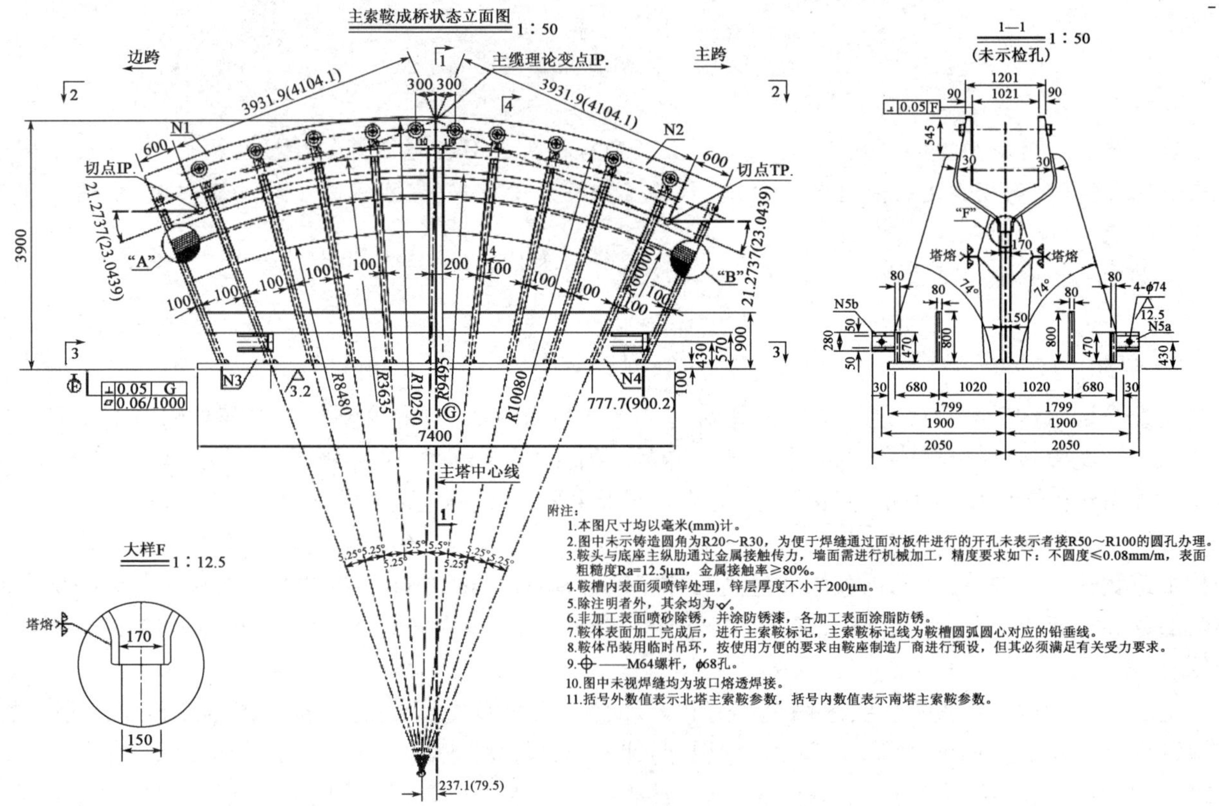

图1　主索鞍鞍体结构图(尺寸单位：mm)

主索鞍鞍体总体制造方案是先将底板与纵肋板装焊形成组件，组件机加工后再与鞍头进行装配和锁定，再装焊其他筋板，焊接成型后整体精加工，制造方案流程图如图2所示。

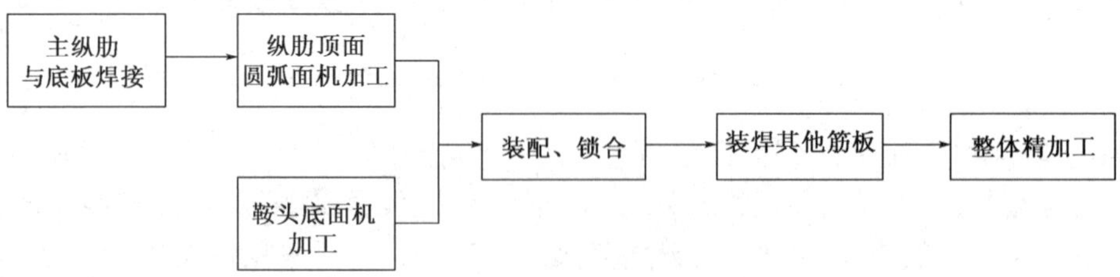

图2　制造工艺流程图

三、试验验证

为验证工艺的正确性，按1∶3的比例制作了缩尺比例模型，模拟主索鞍鞍体的焊接顺序，检测磨光顶紧处接触率。为便于制作，模型均采用钢板结构制作，其中鞍槽采用钢板弯曲成型，模型实物制作情况如图3所示。

同比例模型按工艺进行了焊接，其中焊接过程中进行了跟踪监测接触面变化情况，试验鞍体的焊接、退火工作完成后，用0.1mm塞尺检测鞍头与主纵肋间隙，在鞍体两侧各检查10个点，在中分面处检测3个点，检测结果间隙在0.1mm以内的有21个点，0.1～0.15mm范围的有2个点，检测结果表明鞍头和主纵肋接触率大于80%，且所设计的焊接工艺可以满足主索鞍焊接要求。

图3　等比例模型

四、制造工艺过程

制造工艺过程主要包括鞍头和纵肋板组件的加工、装配，鞍头与横肋板的焊接，鞍体的整体精加工。

1. 底板与纵肋装焊

将纵肋装焊到底板上，保证纵肋与底板的垂直度，调平纵肋水平度，用点焊将纵肋与鞍头固定，并在纵肋上用样铳标明横肋板的装配位置，两侧焊缝由多名焊工对称施焊，施焊方向由中间向两侧分中退焊，焊后退火工艺进行消除应力退火，进行无损检测，如图4所示。

图4　纵肋组件

2. 机加工及装配

鞍头与主纵肋组件分别进行机加工，机加工后再进行装配，为便于观察接触面积情况，检测接触处是否存在间隙，采用精密机械常用的蓝丹检查方法，即在主纵肋顶面接触圆弧面上均匀涂蓝丹，主索鞍鞍头与主纵肋顶面接触后再脱开，检查鞍头底面蓝丹覆盖情况[6]，确定接触面接触面积，并按接触情况进行评估接触面，采取局部研磨或加工等处理措施，保证接触率满足要求。主纵肋与鞍头装配过程，具体如图5所示。

主鞍鞍头和主纵肋装配好后，检查主纵肋和鞍头底部间隙，检查方法如下：用0.1mm塞尺检查此时主纵肋和鞍头底面接触率，两侧各检查20个点（均匀选取），中分面处检查3个点（均匀选取），确保初始接触率不低于85%。经检查，4件鞍体初始接触率均不低于85%，如图6所示。

焊接过程中经过现场进行检测，发现有鞍头部分区域初始接触率达不到工艺要求，后重新采用数控机床进行了重新机加工处理，经过反复装配检测，接触率最终到达了工艺设计要求。

3. 装焊横肋板

主纵肋与鞍头装配接触率检验合格后，锁紧组成组件，按照纵肋上标记的位置线将横肋板装焊到纵肋上;横板焊接采用先中间筋板后两边的原则,筋板顺序焊接。焊接每对筋板时采用对称焊接,焊接过程接触率检测如图7所示。

图5　主纵肋与鞍头装焊过程

图6　主纵肋与鞍头底部间隙检查

图7　焊接过程接触率检测

焊后焊缝进行无损检测,按之前方法用塞尺检查主纵肋与鞍头接触率,确保两者接触率大于80%。经检测焊缝和主纵肋与鞍头接触率接触率均合格。

4. 接触率检查

鞍体整体焊接完成后进行整体退火处理,拆除相应锁紧工装,采用0.10mm塞尺检查纵肋与鞍头接触率。经检测,焊缝和主纵肋与鞍头实际接触率远大于80%,且通过检测,发现焊接过程中接触率有逐步提高的现象。说明焊接时接触面实现了按设想的焊接收缩。鞍头底部与主纵肋间隙检测如图8所示。

图8　鞍头底部与主纵肋间隙检测

五、结　　语

针对龙潭过江通道项目新型主索鞍结构，通过研究其结构特点，分析重难点，制定了应对措施及工艺方案，并通过制作等比例模型进行焊接试验验证了工艺可行性，再进行实物制作，采取相应工艺措施，最终产品质量达到了设计要求。该新型单纵肋磨光顶紧索鞍大大降低了制造难度，具有很大的实际应用推广意义。

参考文献

[1] 钱冬生，陈仁福．大跨度悬索桥的设计与施工[M]．成都：西南交通大学出版社，2015.

[2] 董小亮，叶觉明．悬索桥索鞍设计制作主要问题及对策[J]．钢结构，2015，30(1)：59-64.

[3] 王岁利．沪通长江大桥天生港专用航道桥主桁关键节点制造技术[J]．世界桥梁，2018，46(1)：18-22.

[4] 郭辉．核电站主管道窄间隙自动焊5GT位置焊缝收缩量研究[J]．焊接技术，2019，48(12)：77-81.

[5] 王府强，范远昌．主蒸汽管道焊缝收缩规律研究[J]．焊接技术，2021，50(07)：23-26.

[6] 信亚炜．蜗轮制造中的精密测量技术与加工仿真[J]．天津化工，2019，33(2)：44-46.

23．跨海桥梁建设期水环境保护技术研究

许晴爽[1]　陈　瑶[2]　陈焕勇[1]　刘学欣[2]

（1．深中通道管理中心；2．交通运输部科学研究院）

摘　要　跨海桥梁建设期桩基打设等作业极易造成海洋水环境污染。本文选择典型跨海交通集群工程深中通道作为研究对象，介绍了深中通道建设过程中所采用的钢护筒钻孔灌注桩、锁扣钢管桩围堰、土工管带围堰、全栈桥施工等海洋水环境保护技术，并系统分析跨海桥梁工程全线海域悬浮物、石油类、氮磷及重金属浓度时空变化特征，探究工程建设期对全线海域水质的影响，进一步验证各项水环境保护技术的应用效果，为今后类似跨海桥梁绿色化建设提供参考。

关键词　深中通道　跨海桥梁　建设期　水环境保护　水质变化特征

一、引　　言

深圳至中山跨江通道（简称"深中通道"）位于粤港澳大湾区核心地带，是集"桥、岛、隧、水下互通"于一体的世界级跨海集群工程，工程规模宏大，建设条件复杂，综合技术难度高，穿越伶仃航道、横门东航道、人工鱼礁、万顷沙海洋保护区及白海豚保护区等多处敏感点，生态保护要求极高。

跨海大桥段起点由中山港口镇接中江高速公路新隆互通，至终点西人工岛处，全长约17km，包含主桥伶仃洋大桥（主跨1666m三跨全飘浮体系海中悬索桥）和中山大桥（主跨580m半飘浮结构体系斜拉桥）。项目主桥工程于2018年4月开工，桥梁桩基及锚碇筑岛围堰等施工作业主要集中在2019—2020年。项目区域泥沙含量是港珠澳大桥区域的4倍，桥梁桩基、锚碇筑岛围堰等施工建设会对水下环境造成疏浚扰动、水体污染等环境影响，还会对万顷沙海洋保护区、珠江口中华白海豚保护区及淇澳岛海洋保护区海洋生态环境造成影响。因此，应采取先进的环保技术方法和施工工艺对海洋环境进行最大限度地保护。

目前已有研究报道了海上桥梁工程建设期水环境保护技术、措施及其应用效果，如沙埕湾跨海公路通道工程海上桥梁施工采用钢管桩、钢栈桥、旋挖钻、钻孔灌注桩等工艺方法，成功保护了沙埕湾海域周边的水环境。港珠澳大桥建设期采用桥梁承台、墩柱陆地预制及船舶污油水回收处理等措施使其对海水

水质影响较小,有效地保护了中华白海豚栖息环境。但针对施工难度更大、兼具多项创新技术的深中通道跨海大桥工程,其在建设期采取的水环境保护技术及对海域水质影响情况未见报道。

因此,本文对超级工程深中通道跨海大桥建设期间应用的水环境保护技术进行总结,通过分析主要建设期2018—2020年海域水质情况,进而评估该工程对海域水环境的影响,为后续跨海桥梁工程绿色化建设、海洋水环境保护发展提供技术参考。

二、水环境保护技术

跨海桥梁施工过程中主要是桥墩建设及深海锚碇建设对海洋环境产生影响,此外施工船舶作业及海上施工平台人工活动也会对海洋环境产生一定影响,对此,项目提出了钢护筒钻孔灌注桩、锁扣钢管桩围堰、土工管带围堰及全栈桥施工4项技术,以解决桥梁桩基、东锚碇筑岛围堰、西锚碇筑岛围堰建设及海上施工带来的海洋水环境污染问题。

1.钢护筒钻孔灌注桩

为保护海洋环境,深中通道桥梁桩基施工均采用钢护筒钻孔灌注桩工艺,即钻孔及灌注混凝土等施工步骤均于钢护筒内进行,可防止钻孔泥浆流失和清孔过程对施工海域水动力、地形地貌、海水水质、滩涂生物等影响。

在钻孔平台上,旋挖钻机采用捞渣斗清理钻渣,泥浆仅用于护壁,用量小,且该泥浆可通过过滤、净化系统处理后循环使用,产生的钻渣则采用集渣箱收集,经平板车或泥浆船运送至指定地点统一处理,避免对水环境造成污染。施工完成后,钢护筒及钻孔平台完全拆除,减少对海域的占地面积。东索塔第一根钢护筒如图1所示。

图1　东索塔第一根钢护筒

2.锁扣钢管桩围堰

深中通道伶仃洋大桥为主跨1666m的地锚式悬索桥,东锚碇和西锚碇为全球首座大型海中锚碇,其中,东锚碇区水深3~5m,最大流速1.7m/s,地层为深厚软弱淤泥及粉砂层。根据东锚碇所处位置的水文、地质条件,项目工程确定东锚碇地连墙基础施工采用"锁扣钢管桩+工字形板桩+平行钢丝锁"组合围堰筑岛方案,圆形岛屿直径150m,钢管桩穿过淤泥层,并以中砂层作为持力层,钢管桩和工字形板桩通过锁扣连接,锁扣采用C形钢管,与钢管桩焊接连接;施工过程通过采用自研制的液压夹钳"骑跨式"施工导向定位装置,实现锁扣钢管桩与工字形板桩交替、快速施沉,钢管桩施工精度均满足要求,圆形围堰可一次性准确合龙,形成结构较稳定、抗台能力较强的围堰结构。该技术用钢量小,砂、石方量小,可有效减少地基土体开挖量,具有施工效率高、环境影响小及工后易于清除的优点。在此基础上,通过岛内回填将水域施工环境转换为陆域施工,有效解决了离岸深水海中锚碇施工的环境保护难题。锚碇筑岛围堰合龙如图2所示。

图2 锚碇筑岛围堰合龙

3. 土工管带围堰

深中通道伶仃洋大桥西锚碇长210m、宽150m,工程区域处常水位水深3~4m。根据西锚碇建造的实际需求,解决施工机械材料占地问题,需另行搭设海上混凝土配送中心钢平台。为贯彻节能减排、提质增效的建设理念,考虑将混凝土配送中心建设于西锚碇基础施工筑岛上;为最大限度减小筑岛面积,节约施工成本,减少疏浚量,将原设计的圆形筑岛改为椭圆形;为满足施工精度需求,解决原设计锁扣钢管桩围堰筑岛方案产生的后期大直径钢圆筒难拆除等问题,施工单位提出了"海上DCM桩处理水中深厚软基+抗浪沙袋充填成型+吹填中粗砂成岛+岛上挤密砂桩"的新型土工管带围堰筑岛方案。

首先采用先进的海上深层水泥搅拌桩(DCM)进行软弱地基处理,相比传统的方法,DCM的施工成本更低且对海上环境及养殖业的影响更小;后铺设一层土工加筋材料进一步提高淤泥层整体稳定性,在满足承载力的地基上吹填两级抗浪沙袋,即依次进行水上吹填和陆上吹填施工,形成堰体岛壁。

该筑岛方案具备施工效率高、完成后围堰易拆除、对海域环境扰动小及减少临时占地等特点,充分体现了提质增效、资源集约的绿色建造思想,该围堰的首次应用有助于后续的研究工作与工程应用。

西锚碇筑岛围堰如图3所示。

图3 西锚碇筑岛围堰

4. 全栈桥施工

台风地区海上桥梁施工环境复杂,对施工安全和效率带来了极大的挑战。在桩基施工过程中,为便于施工人员开展工作,降低作业船舶作为施工平台时带来的油耗及油污染,经多方案比选,深中通道桥梁桩基施工最终采用钢栈桥+钻孔平台方案,通过在大桥两侧修建海上栈桥及钻孔平台,依次连接至各墩位,建立了水上与陆地生产区之间的运输通道,化海上施工为陆上施工。该栈桥具有足够的荷载承重及作业空间,能够摆放钻机、钢筋等施工设备及材料,保证搅拌运输车和起重机的顺利通行。

全线栈桥施工工艺很好地解决了台风地区海上桥梁施工工作平台难题,提供了桩基施工稳定安全的工作面,在提高施工效率的同时,可有效减少船舶运输带来的海水水体扰动及油污染,保护海洋环境,为今后同类型海上大型钢栈桥及钢平台施工提供了良好的借鉴。

西引桥沿线段栈桥及平台如图4所示。

图4　西引桥沿线段栈桥及平台

三、跨海桥梁建设期海域水质情况分析

1. 水质分析方法

为探究深中通道跨海桥梁建设期对海域水质的影响，本研究在跨海桥梁附近海域共布设水质调查站位15个，监测站位Z1～Z2为中山大桥，Z3～Z7为浅滩区非通航孔桥，Z6～Z9为西泄洪区非通航孔桥，Z8～Z13为伶仃洋大桥，Z12～Z15为东泄洪区非通航孔桥。

广东省秋季气温在27～33℃之间，具有全年典型气温代表性，因此本研究选取2018—2020年秋季的水质指标进行分析，水质指标为石油类、悬浮物、氨氮、硝酸盐、亚硝酸盐、无机氮、无机磷、铜、铅、锌、镉、铬、汞、砷。

2. 跨海桥梁海域水质时空变化特征分析

1）污染物时间变化特征分析

为探究深中通道跨海桥梁不同建设期对海域水质的影响，选取2018—2020年秋季跨海桥梁海域的油类、悬浮物及氮磷浓度变化情况进行对比分析，结果见表1。石油类污染物浓度过高会严重破坏海洋生态系统，造成不可逆的海洋环境污染，因而海洋石油污染成为人类关注的热点问题。该项目建设期间施工船舶产生的油污水统一收集至岸上处理，因而工程建设对海域石油类浓度基本没有影响，石油类浓度始终维持在《海水水质标准》(GB 3097—1997)第一类标准。

2018—2020年秋季跨海桥梁海域油类、悬浮物及氮磷浓度(Z1～Z15均值)逐年变化情况(单位：mg/L)　表1

时　间	石　油　类	悬　浮　物	无　机　氮	无　机　磷
2018年秋季	0.01138	15.10	0.34	0.05
2019年秋季	0.02204	13.30	1.48	0.00
2020年秋季	0.01505	7.57	0.61	0.02

海水中悬浮物浓度是衡量水环境质量的指标之一，施工过程中产生的泥沙与海水混合形成悬泥含量很高的水团，造成水中悬浮物大幅增加，从而影响浮游植物的光合作用，降低其生物量，破坏海洋生物群落结构，是海上施工作业面临的最普遍的污染问题。从表1分析得知，海水悬浮物浓度由2018年的15mg/L(第二类标准)逐渐降至2020年的7.57mg/L(第一类标准)，而项目基础施工主要集中在2019—2020年，说明桥梁桩基、锚碇筑岛围堰等施工对海水扰动小，采用的上述先进的水环境保护技术具有很好的应用效果。

海水中氮磷浓度过高会造成水体富营养化，浮游生物大量繁殖，影响海洋生态平衡。从表1中可以看到，无机氮浓度在建设期间属于超标状态，根据《2017年广东省生态环境状况公报》中的珠江口海域海水水质监测结果发现，在施工前该海域已受无机氮和无机磷严重污染，人类产生的大量含高浓度铵盐废水经处理后沿岸排放至海中，造成珠江口海域氮磷浓度的超标，因而桥梁建设对海域氮磷浓度的影响有待进一步研究。

海洋生物对重金属具有极大的富集能力，一旦重金属浓度超标，则会积累于生物体内，进而通过食物链进入人体内，引发一系列致病，因而本文探究了建设期跨海桥梁工程对海域重金属浓度的影响，结果见表2。铜浓度于2019年积累至0.00566mg/L（第二类标准），后于2020年恢复至0.00137mg/L（第一类标准），汞浓度由2018年的第一类标准降低至2020年第二类标准，其余重金属浓度均达到第一类标准，表明施工过程中对岩土的开挖可能一定程度上释放了海底沉积物中的矿物质。另外，施工所用钢护筒等材料可能对海水重金属浓度有一定影响，但总体来说影响甚微。这说明本项目施工过程采用的施工材料环保，施工工艺对地质层扰动小，利于海洋环境的保护。

2018—2020年秋季跨海桥梁海域重金属浓度（Z1～Z15均值）**逐年变化情况**（单位：mg/L） 表2

时间	铜	铅	锌	镉	铬	汞	砷
2018年秋季	0.00205	0	0.00875	0.00001	0.00113	0.00007	0.00125
2019年秋季	0.00566	0.00025	0.01721	0.00001	0.00097	0.00011	0.00141
2020年秋季	0.00137	0.00017	0.00967	0	0.00048	0.00011	0.00999

总体来说，除了氮磷浓度超标外，其余指标均达到《广东省海洋功能区划》要求。

2）污染物空间变化特征分析

为了进一步分析各施工点位对海域水质的影响，以监测站位为横坐标，分析不同监测站位污染物的浓度变化，如图5和图6所示。图5为2018—2020年秋季跨海桥梁海域氮磷浓度随监测站位变化情况，可以看到全线海域无机磷浓度在监测站位Z5处大幅增加，其余监测站位均达到了《海水水质标准》（GB 3097—1997）第二类标准。经调研分析知，本项目的施工船舶产生的生活污水均统一收集至岸上处理，而Z5处临近南沙新区，其沿岸排放的生活污水可能是导致Z5处无机磷大幅增加的原因，表明跨海桥梁建设对海域无机磷浓度基本没有影响。

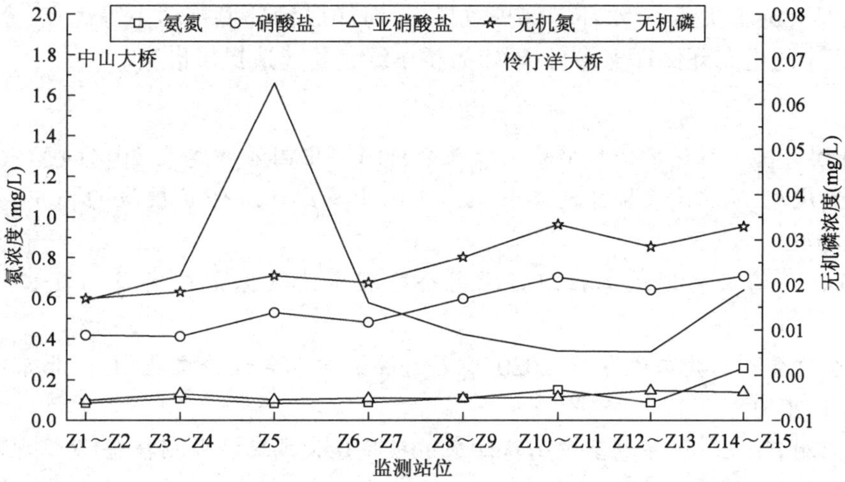

图5 2018—2020年秋季跨海桥梁海域氮磷浓度随监测站位变化均值

全线海域无机氮浓度均超标，但沿线总体趋于稳定，监测站位Z10～Z11的无机氮浓度有微小涨幅，较监测站位Z8～Z9增加了约0.1mg/L，可能是伶仃洋大桥中部索塔施工作业平台上生活区产生的含高氨氮的生活污水经处理达标后排入海体中，进一步被氧化为结构形式更稳定的硝酸盐，从而使硝酸盐含量增加，造成无机氮浓度增加，但对海域氮浓度影响较小，沿岸居民生活污水的排放是造成全线海域氮浓度超标的主要原因。

跨海桥梁海域悬浮物、油类、铜浓度随监测站位变化情况如图6所示。从图中可以看到，伶仃洋大桥的建设会造成海域铜、悬浮物浓度的增加，但增量很小，始终维持在《海水水质标准》（GB 3097—1997）第二类标准，表明建设期采用的施工技术利于水环境的保护。另外，油类浓度在监测站位Z3～Z4处增幅较大,而在中山大桥及伶仃洋大桥监测站位处于较低浓度,表明主桥工程建设中的作业船舶对海域石油浓度基本没有影响。

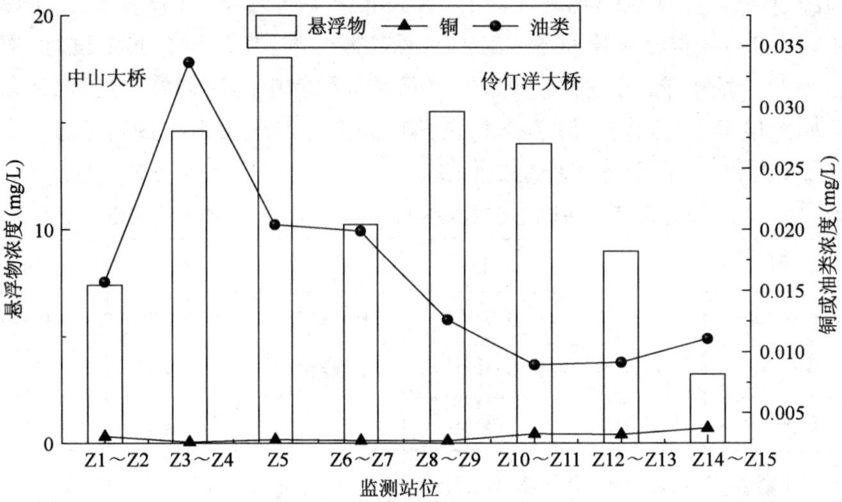

图6 2018—2020年秋季跨海桥梁海域悬浮物、油类、铜浓度随监测站位变化均值

四、结　　语

深中通道跨海桥梁地理位置特殊,穿越多处水环境敏感点,针对其极高的海域水质要求,本文提出了4项先进的水环境保护技术,即钢护筒钻孔灌注桩、锁扣钢管桩围堰、土工管带围堰、全栈桥;通过分析施工全线海域水质情况,发现除了海域本底值氮磷浓度超标外,其余污染物指标均达到《广东省海洋功能区划》要求,表明建设期对海域悬浮物、石油类、氮磷、重金属浓度未造成明显影响,从而进一步验证了4项技术的应用效果,具有施工扰动小、水环境保护效果好、海洋底栖环境扰动小等优点,充分彰显了我国超级工程在建设过程中的生态环保理念,为我国跨海桥梁绿色化建造提供借鉴。

参考文献

[1] 陈泽南.港珠澳大桥工程环境保护措施及效果分析[J].中国港湾建设,2014(10):5-8.

[2] 陈伟,郑轶,孟庆龙.港珠澳大桥岛隧工程施工中的中华白海豚保护措施[J].中国港湾建设,2015,35(11):138-140.

[3] 杨增权.沙埕湾跨海公路通道工程践行绿色公路理念建设探索与实践[J].福建交通科技,2020(05):5-8.

[4] 中国公路学会桥梁和结构工程分会.2020年全国桥梁学术会议论文集[C].北京:人民交通出版社股份有限公司,2020.

[5] 深圳中检联检测有限公司.深圳至中山跨江通道项目建设期环境监测报告[Z].深圳:深圳中检联检测有限公司,2018.

[6] 深圳中检联检测有限公司.深圳至中山跨江通道项目建设期环境监测报告[Z].深圳:深圳中检联检测有限公司,2019.

[7] 深圳中检联检测有限公司.深圳至中山跨江通道项目建设期环境监测报告[Z].深圳:深圳中检联检测有限公司,2020.

24. 公路悬索桥钢桁梁正交异性钢桥面板参数优化研究

张志杰　张聪正　徐源庆
(中交公路长大桥建设国家工程研究中心有限公司)

摘　要　正交异性钢桥面板是公路悬索桥钢桁梁的最常用的桥面系。为了研究不同构造参数对其产生的受力影响,通过建立板壳有限元模型,对比分析不同U形肋间距、隔板间距、U形肋与横梁相交处弧形缺口的半径、U形肋板厚下桥面系的受力,研究构造参数对桥面系受力的影响规律,为正交异性钢桥面板的合理参数取值提供参考。

关键词　钢桁梁　正交异性桥面板　U形肋参数　横梁　板件应力

一、引　　言

随着我国交通事业的发展,西部山区修建了大量的大跨径悬索桥。而西部山区地形险峻,在平原地区常用的钢箱梁在山区不再适用,因此,我国西部山区的悬索桥主梁形式基本都采用的是钢桁梁[1]。正交异性钢桥面板因其重量轻、承载力大,现场施工量较小,是使用较为广泛的桥面系。

正交异性钢桥面板由于其纵梁、纵肋需要连续通过横梁等横向构件,所以在纵横构件交接的位置,受力较为复杂。王春生等[2]开展正交异性钢桥面板足尺模型疲劳试验研究,对钢桥面板疲劳开裂细节进行加固,合理延长其使用寿命与维护周期。方桂芬[3]研究了不同开孔形式对横梁开孔处应力的影响,并做了对比分析。鞠晓臣等[4]对U形肋与横梁交接开孔处的弧形缺口的构造参数进行了分析,根据不同参数下的受力特性进行构造参数的优化。张清华等[5]为提升其顶板与纵肋的构造细节的疲劳性能,通过引入最新自动化焊接技术发展了纵肋与顶板新型双面焊构造细节。史剑飞[6]以铁路下承式简支钢桁梁桥为研究对象,全面分析了钢桥面板的受力性能,对构造参数的影响进行了总结。吴臻旺等[7]对正交异形板的不同构造细节进行了详细的介绍,全面分析了构造细节的演变历史。为了更好地研究板件构造参数对钢桁梁正交异性板的受力影响,本文将结合有限元分析,对不同位置处的应力进行对比分析,针对此类工程的合理参数取值提供参考。

二、工程概况

本文以西部山区某座大跨径悬索桥钢桁梁为工程实例,该桥跨越金沙江,主跨为1520m,桁架高9.5m,桁架标准节段长10.8m,桥宽31m,该桥立面图和断面图如图1、图2所示。

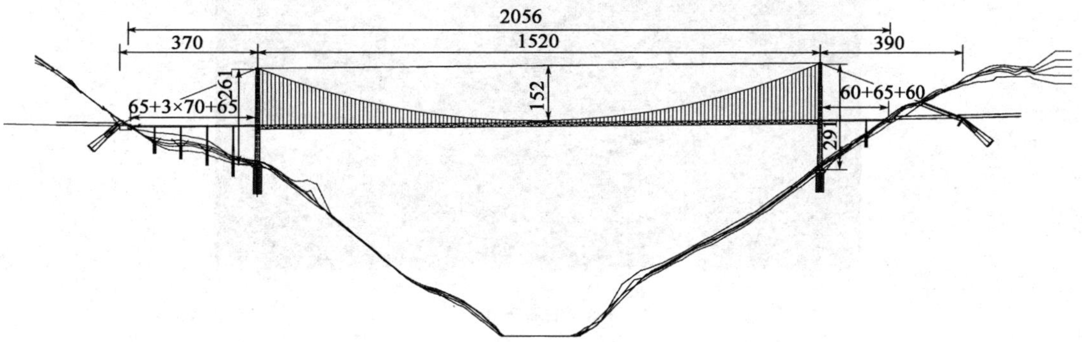

图1　大桥桥型立面图(尺寸单位:m)

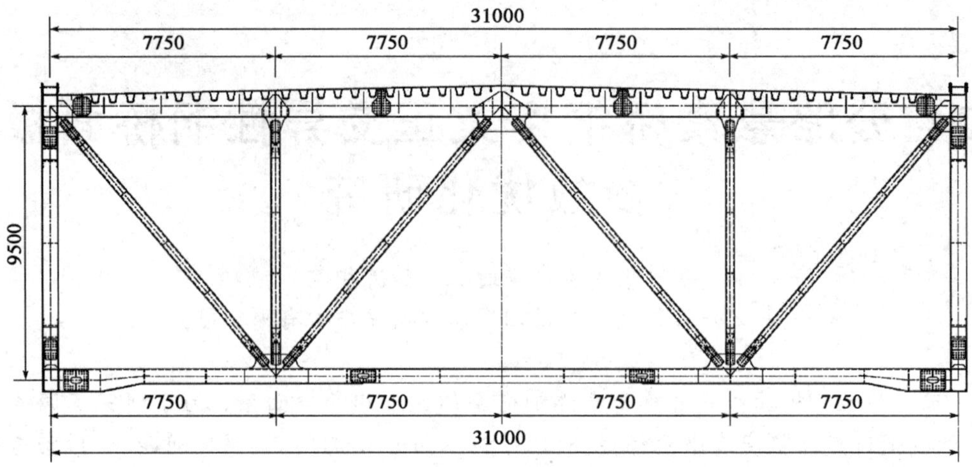

图2　钢桁梁标准断面(尺寸单位:mm)

该桥桥面系采用正交异性钢桥面板,桥面板采用正交异性板,顶板厚度为16mm。行车道区域加劲均采用U形加劲肋,U形加劲肋间距600mm,高度280mm,顶宽300mm,底宽160mm,厚度为8mm。护栏及检修道区域均采用一字形加劲肋,其中护栏区域加劲高度160mm,厚度为16mm,上检修道区域加劲高度120mm,厚度为12mm。

每10.8m标准钢桥面板节段设置3道纵梁、一道与横向桁架连接的主横梁和三道次横梁。桥面板主横梁1.3m宽度范围设为上横梁,标准段的后拼装桥面板宽度均为9.5m。

三、有限元建模分析

1.建立模型

为了更好地研究板件构造参数对钢桁梁正交异性板的受力影响,本次研究中将具体对比分析U形肋间距、隔板间距、U形肋与横梁相交处弧形缺口的半径、U形肋板厚对桥面系受力的影响。因为钢桁梁杆件较多,全部建立所有杆件的板壳有限元模型会大大影响分析效率,因此本文将按钢桁梁桥面系实际构造,选取标准节段长度内的正交异性板采用ANSYS软件进行有限元建模。有限元模型如图3所示。约束腹板底边的平动位移,结构的板壳单元为SHELL63单元,每个节段除吊点位置有横梁外,还布置有3道次横梁,3道小纵梁,小纵梁横向间距7.75m;桥面板为正交异性钢桥面板,U形肋间距0.6m;相应杆件位置均按照图纸建立,尺寸取图纸尺寸。车辆荷载考虑结构重要系数(1.1)、冲击系数(1.4)、及组合分项系数(1.8)。

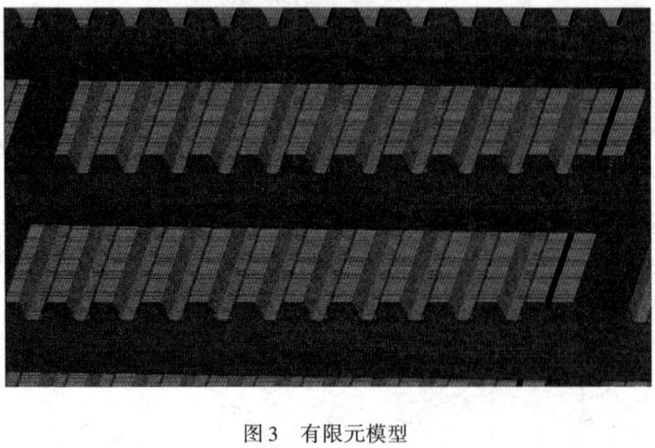

图3　有限元模型

2. 车辆荷载加载分析

布载考虑后轴两个轮载,单个轮载70kN,横向布置三辆车。考虑最不利加载方式,活载工况1~5为横向从中央分隔带往弦杆移动,每一工况移动20cm,纵向为两排轮载对称跨过横梁;活载工况6~10为横向从中央分隔带往弦杆移动,每一工况移动20cm,纵向为后轮载刚好压横梁;活载工况11~15为横向从中央分隔带往弦杆移动,每一工况移动20cm,纵向为两排轮载对称跨过两道横梁跨中中心线;活载工况16~20为横向从中央分隔带往弦杆移动,每一工况移动20cm,纵向为后轮载刚好压两道横梁跨中中心线;恒载工况为结构自重。计算结果取恒载工况和活载工况分别组合后的结果,取最不利荷载组合。车辆荷载加载示意图如图4所示。

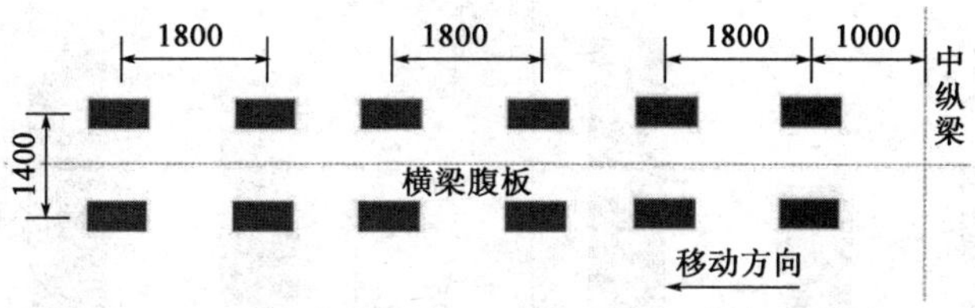

图4 车辆荷载加载示意图(尺寸单位:mm)

3. 计算分析工况

为了研究不同构造参数对面板、U形肋和U形肋与横梁相交处开孔处应力的影响,针对不同的构造参数建立不同的有限元模型,车辆荷载按照最不利加载方式加载。本次研究的构造参数包括U形肋间距、隔板间距、U形肋与横梁相交处弧形缺口的半径(开孔如图5所示)、U形肋板厚。本次研究中采用的构造参数具体值见表1。

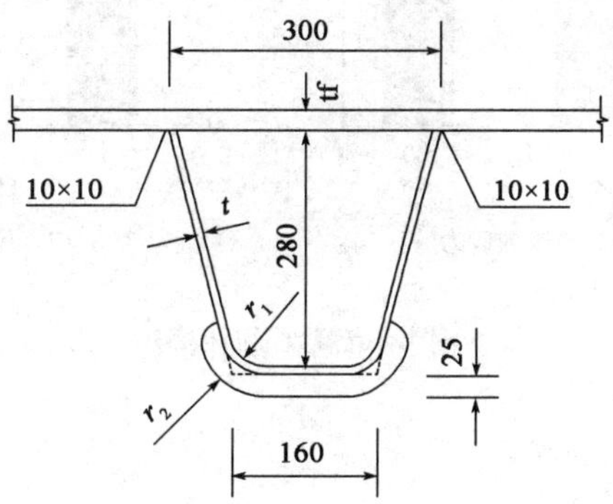

图5 U形肋与横梁相交处开孔示意图(尺寸单位:mm)

正交异性板构造参数(单位:mm) 表1

组合	U形肋间距	隔板间距	缺口半径	U形肋板厚
1	500	2000	66	6
2	600	2700	73	8
3	700	3400	80	10

四、计算结果分析

1. 面板应力

计算分析得到不同构造参数下的面板等效应力如图6所示。从图中可以看出，U形肋间距在500～600mm之间时，面板等效应力处于较低水平，大概在90MPa左右，更大的U形肋间距下面板等效应力较大，可达到140MPa；随着隔板间距的增大，面板等效应力从77MPa增大至92MPa，基本呈线性关系；随着弧形缺口的半径的变化，面板等效应力为84MPa保持不变；随着U形肋板厚从6mm增加10mm，面板等效应力从94MPa降低至76MPa。

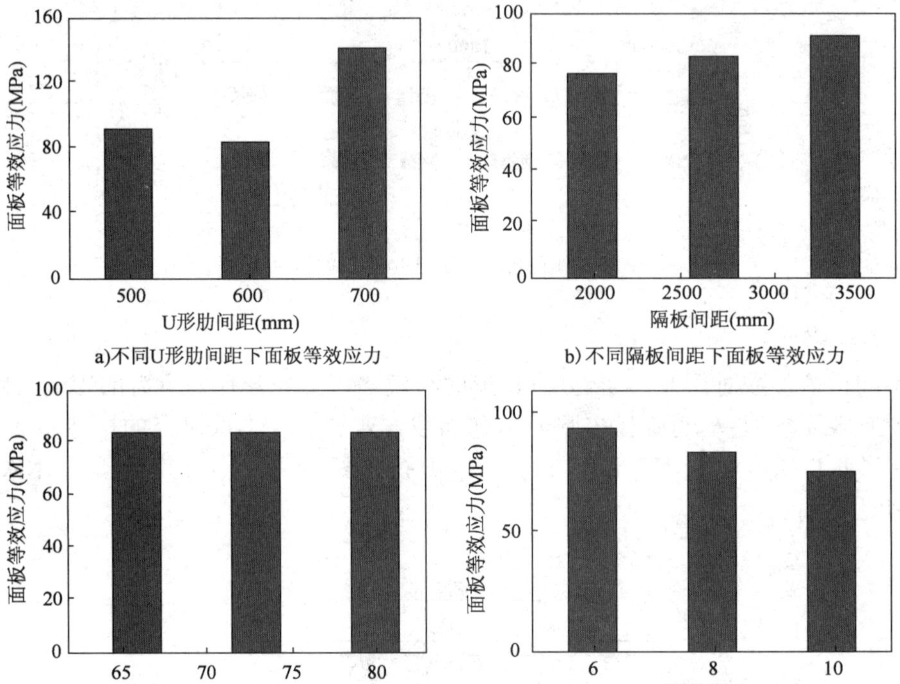

a)不同U形肋间距下面板等效应力　b)不同隔板间距下面板等效应力

c)不同缺口半径下面板等效应力　d)不同U形肋板厚下面板等效应力

图6　不同构造参数下面板等效应力

2. U形肋应力

不同构造参数下的U形肋等效应力如图7所示。从图中可以看出，U形肋间距在500～600mm之间时，U形肋等效应力处于较低水平，应力大小在116～120MPa之间，在U形肋间距增大到700mm时，U形肋等效应力快速增大到152MPa；随着隔板间距的增大，U形肋等效应力从92MPa增大至144MPa，基本呈线性关系；随着弧形缺口的半径的变化，U形肋等效应力为120MPa左右，基本没有变化；随着U形肋板厚从6mm增加10mm，U形肋等效应力从139MPa降低至105MPa。

3. 弧形缺口处应力

不同构造参数下的弧形缺口处等效应力如图8所示。从图中可以看出，U形肋间距从500mm增大至700mm时，弧形缺口处等效应力从82MPa增大至101MPa；隔板间距从2000mm增大至2700mm时，弧形缺口处等效应力从76MPa增大至88MPa，隔板间距再增大后，应力基本不变；随着弧形缺口的半径的变化，弧形缺口处等效应力为先减小后增大，最小应力为88MPa；随着U形肋板厚从6mm增加10mm，弧形缺口处等效应力从96MPa降低至81MPa。

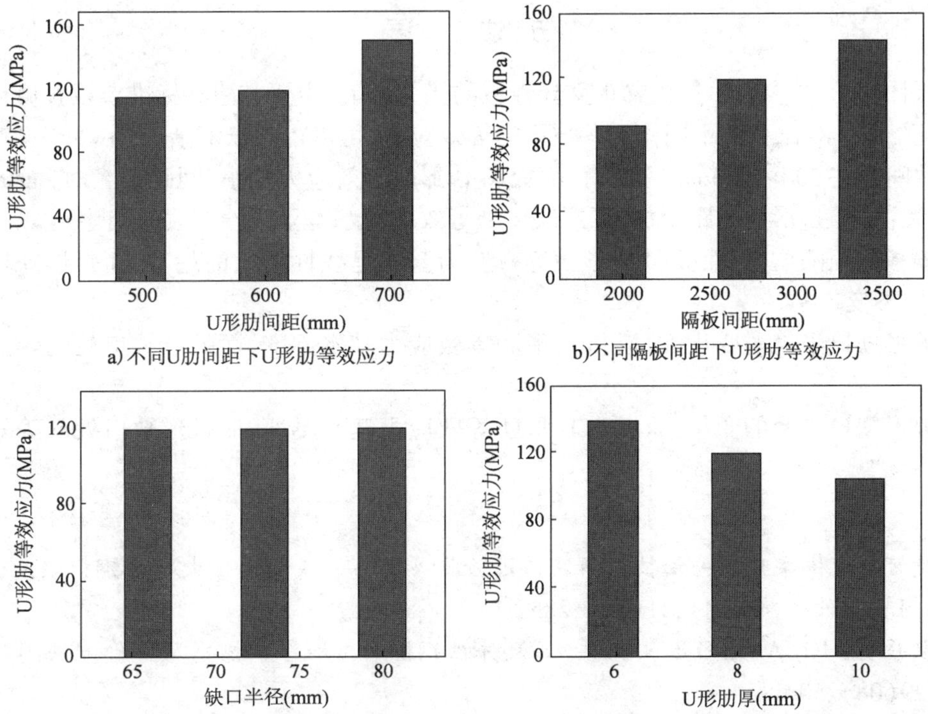

a) 不同U肋间距下U形肋等效应力　b)不同隔板间距下U形肋等效应力

c)不同缺口半径下U形肋等效应力　d) 不同U肋板厚下U形肋等效应力

图 7　不同构造参数下 U 形肋等效应力

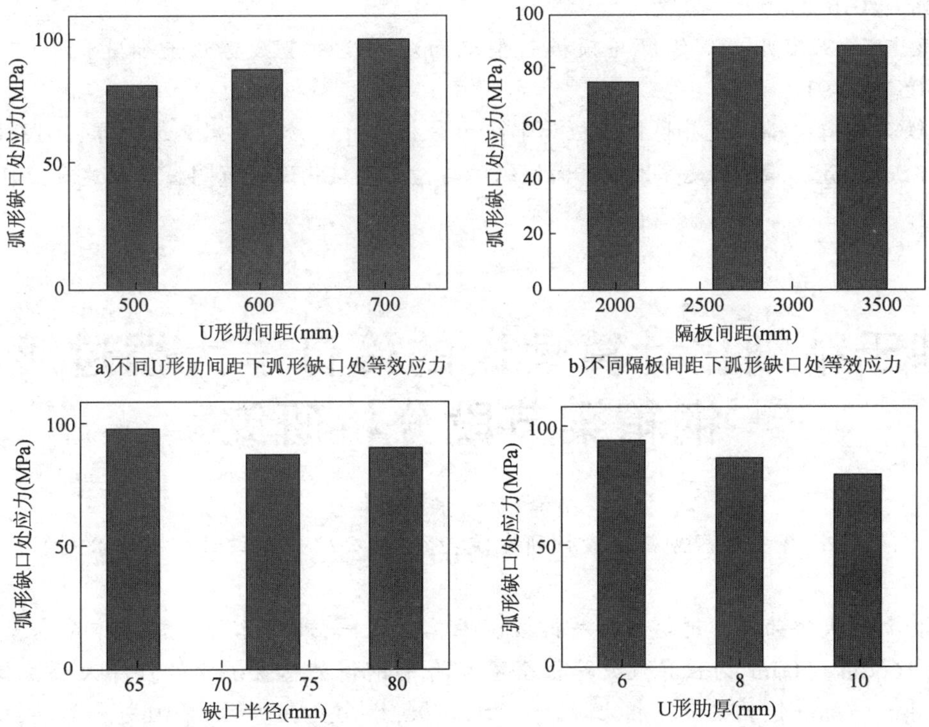

a)不同U形肋间距下弧形缺口处等效应力　b)不同隔板间距下弧形缺口处等效应力

c)不同缺口半径下弧形缺口处等效应力　d)不同U形肋板厚下弧形缺口处等效应力

图 8　不同构造参数下弧形缺口处等效应力

五、结　　语

为研究不同板件构造参数对钢桁梁正交异性板的受力影响,本研究建立标准节段长度内正交异性板板壳有限元模型,通过对比分析不同构造参数下的等效应力,可以得到以下结论:

(1)U形肋间距在500~600mm之间时,面板和U形肋等效应力较小,间距较大时,面板和U形肋等效应力急剧增大;随着U形肋间距增加,弧形缺口处等效应力基本呈线性增大的趋势。

(2)随着隔板间距的增大,面板和U形肋等效应力基本呈线性增大的趋势,而弧形缺口处的等效应力先增大后基本不变。

(3)随着弧形缺口半径的变化,面板和U形肋等效应力基本不变,而弧形缺口处的等效应力先减小后增大。

(4)随着弧形缺口半径的变化,面板和U形肋等效应力基本不变,而弧形缺口处的等效应力先减小后增大。

参考文献

[1] 王桥. 坝陵河特大桥梁建设关键技术研究通过验收鉴定——我国山区大跨径钢桁梁悬索桥建设技术国际领先[J]. 中外公路,2011,31(02):285.

[2] 王春生,翟慕赛,HOUANKPO T N O,等. 正交异性钢桥面板冷维护技术及评价方法[J]. 中国公路学报,2016,29(08):50-58.

[3] 方桂芬. 高速铁路跨度132m钢桁梁正交异性板桥面系横肋开孔处应力分析[J]. 铁道标准设计,2016,60(11):62-66.

[4] 鞠晓臣,曾志斌,方兴,等. 正交异性钢桥面板U形肋与横隔板连接处弧形缺口几何参数优化研究[J]. 钢结构,2016,31(11):19-25.

[5] 张清华,袁道云,王宝州,等. 纵肋与顶板新型双面焊构造细节疲劳性能研究[J]. 中国公路学报,2020,33(05):79-91.

[6] 史剑飞. 铁路钢桁架桥正交异性桥面板局部应力分析[D]. 兰州:兰州交通大学,2018.

[7] 吴臻旺,郑凯锋,苟超,等. 正交异性钢桥面板纵肋与横肋连接构造细节[J]. 铁道建筑,2013(06):5-10.

25. 基于精细化计算理论的伶仃洋大桥过渡墩处钢箱梁节段分析研究

韦泽鹏[1]　张明昊[2]

(1. 海南省交通规划勘察设计研究院;2. 中交公路规划设计院有限公司)

摘　要　伶仃洋大桥为深中通道项目关键控制性工程之一,采用三跨全飘浮体系悬索桥结构,跨径布置为500m+1666m+500m,为世界最大跨径全离岸海中钢箱梁悬索桥。伶仃洋大桥主桥过渡墩处钢箱梁节段长度8m,与标准钢箱梁节段相比,增加了纵隔板,横向支座加劲,竖向支座加劲,以及斜顶板及斜底板突变段,整体构造复杂,且位于墩顶支座区域,加劲构造繁多,总体杆系模型无法准确模拟细部的局部受力情况。本研究为更清晰地掌握该特殊节段各构件的受力情况,提出了精细化节段模型,充分模拟各个构件,以等效应力作为分析指标,分析了2种受力不利工况下节段各细部结构的受力响应,弥补了总体杆系模型对细部构件分析的不足,可有效提高钢箱梁的建设品质。

关键词　伶仃洋大桥　悬索桥　钢箱梁　精细化节段模型　等效应力

一、引　　言

深中通道起点位于深圳机场互通立交,跨越伶仃洋,终点位于中山市,跨越珠江口,与在建中开高速公路对接,路线全长24km[1]。项目是粤港澳大湾区交通一体化的重要链条,对粤东、粤西的发展具有重要的战略意义。

伶仃洋大桥为深中通道项目关键控制性工程之一,采用三跨全飘浮体系悬索桥结构,跨径布置为500m+1666m+500m,分东、西两个主塔,塔高270m[2],为世界最大跨径全离岸海中钢箱梁悬索桥。

伶仃洋大桥桥型布置图如图1所示。

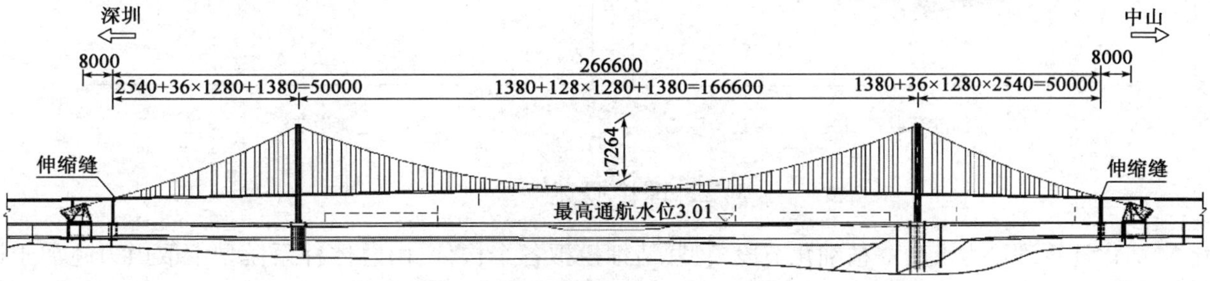

图1　伶仃洋大桥桥型布置图(尺寸单位:cm)[3]

伶仃洋大桥主线采用双向八车道高速公路标准建设,设计速度100km/h,钢箱梁全宽49.7m,桥面宽度40.5m。荷载采用公路—Ⅰ级。桥梁结构设计基准期100年。通航净宽为1520m,主航道通航净高为76.5m。伶仃洋大桥标准横断面图如图2所示。

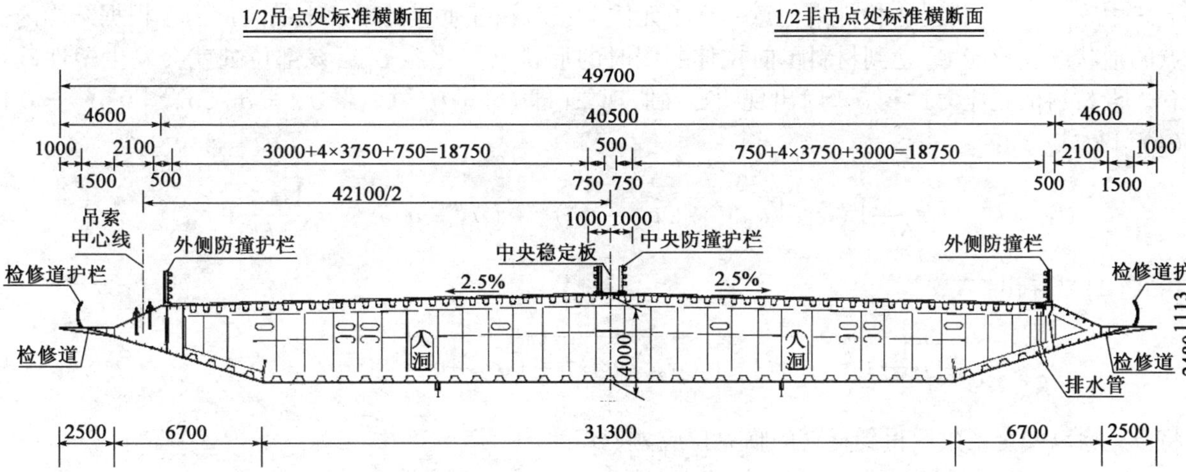

图2　伶仃洋大桥标准横断面图(尺寸单位:mm)[3]

伶仃洋大桥钢箱梁永久结构钢材采用低合金高强度结构钢Q345qD。吊索顺桥向标准间距为12.8m。加劲梁的约束系统在过渡墩和索塔处均设置横向抗风支座;在两个索塔处设置纵向限位阻尼装置;在两个过渡墩处设置竖向拉压支座。

伶仃洋大桥钢箱梁标准节段长12.8m,中心梁高4m,横坡2.5%,标准断面主要受力构件包含顶板(板厚16~18mm)、斜顶板(板厚10mm)、腹板(板厚12mm)、底板(板厚14mm)、斜底板(板厚14mm)、横隔板、加劲肋,吊索锚固。标准节段设置4道实腹式横隔板,间距3.2m。

深中通道伶仃洋大桥主桥过渡墩处钢箱梁节段长度8m,与标准钢箱梁节段相比,增加了纵隔板,横向支座加劲,竖向支座加劲,斜顶板及斜底板突变段,整体构造复杂,且位于墩顶支座区域,加劲构造繁多,总体杆系模型无法准确模拟细部的局部受力情况。为更清晰地掌握该特殊节段各构件的受力情况,建立精细化局部节段模型,充分模拟各个构件,对过渡墩处钢箱梁节段进行受力分析(图3、图4)。

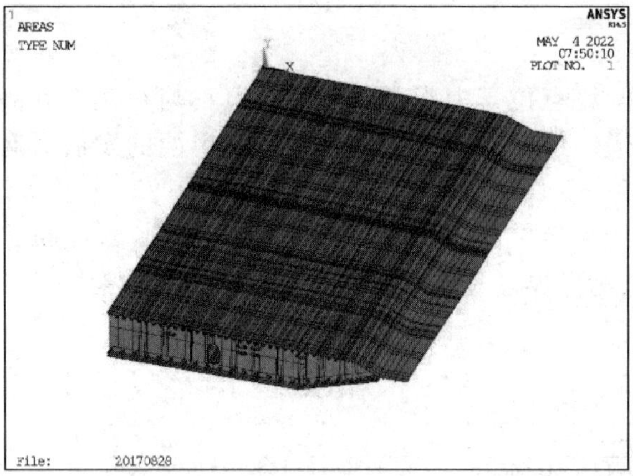

图3 标准节段精细模型

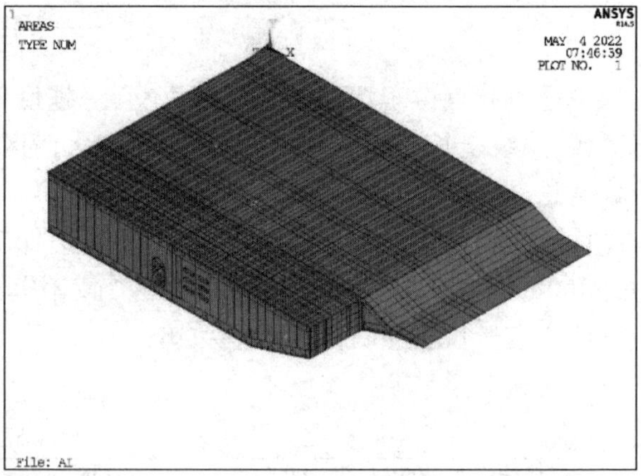

图4 过渡墩节段精细模型

二、理论概述[4-5]

精细化计算理论力求建立精细化节段模型,精细模拟各个构件,由总体杆系模型中取内力施加于模型中,对节段模型中各板件进行分析,采用等效应力指标进行结果分析研究。

等效应力(Von Mises Stress)遵守材料力学第四强度理论,又称最大形状改变比能理论。其认为结构内任意一点的形状改变比能 U_d 达到材料单向拉伸屈服时的形状改变比能,该部位处就会发生塑性破坏。

$$U_d = \frac{1+v}{6E}[(\sigma_1-\sigma_2)^2+(\sigma_2-\sigma_3)^2+(\sigma_3-\sigma_1)^2] \tag{1}$$

上式中 σ_1、σ_2、σ_3 指受力构件内任意一个单元体上三对相互垂直的平面上的主应力。根据结构内任意一点的形状改变比能 U_d 达到材料单向拉伸屈服时的形状改变比能 U_{d0},该部位处就会发生塑性破坏的概念。设材料的正应力达到 σ_{d0} 时出现明显屈服现象(即 $U_d = U_{d0}$)。将 $\sigma_1=\sigma_{d0}$,$\sigma_2=0$,$\sigma_3=0$ 代入式(1)可得式(2):

$$U_d = U_{d0} = \frac{1+v}{6E}[(\sigma_1-\sigma_2)^2+(\sigma_2-\sigma_3)^2+(\sigma_3-\sigma_1)^2] = \frac{1+v}{3E}(\sigma_{d0})^2 \tag{2}$$

由式(2)推导出:

$$\sqrt{\frac{1}{2}[(\sigma_1-\sigma_2)^2+(\sigma_2-\sigma_3)^2+(\sigma_3-\sigma_1)^2]} = \sigma_{d0} \tag{3}$$

将 σ_{d0} 除以安全系数后得到材料的临界拉应力 $[\sigma]$:

$$\sqrt{\frac{1}{2}[(\sigma_1-\sigma_2)^2+(\sigma_2-\sigma_3)^2+(\sigma_3-\sigma_1)^2]} \leqslant [\sigma] \tag{4}$$

故 $\sqrt{\frac{1}{2}[(\sigma_1-\sigma_2)^2+(\sigma_2-\sigma_3)^2+(\sigma_3-\sigma_1)^2]}$ 为等效应力的表达式,即第四强度理论的表达式。

三、模型建立

为保证有限元分析结果准确,选取过渡墩梁段及过渡墩后一个梁段建立模型进行有限元分析。分析模型顺桥向长度17m,各板件采用SHELL63板壳单元模拟。为保证分析结果准确,对各构件均进行精确模拟,构造如图5~图8所示。

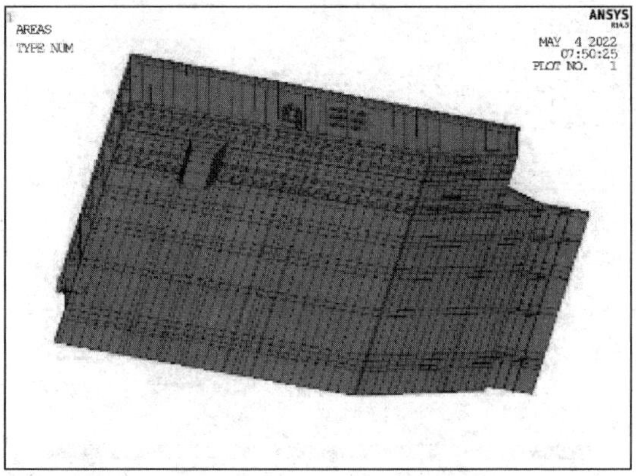

图5　节段模型底部

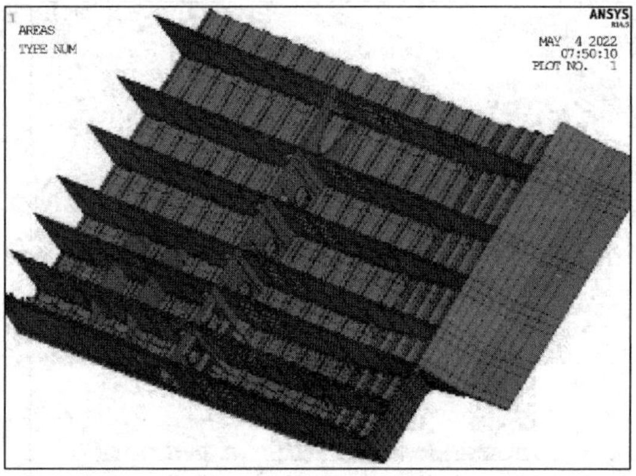

图6　节段模型内部

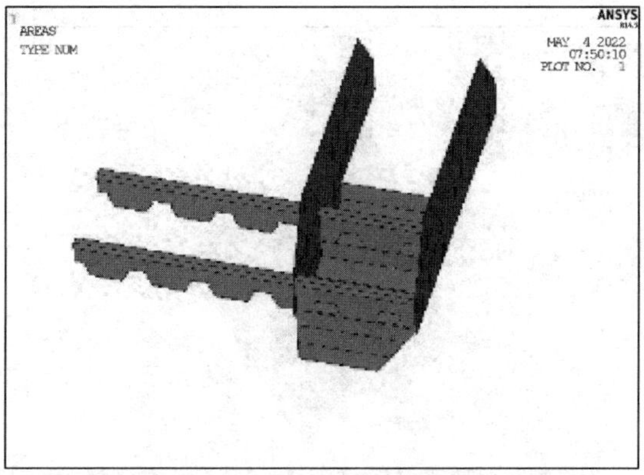

图7　1/2横向支座加劲

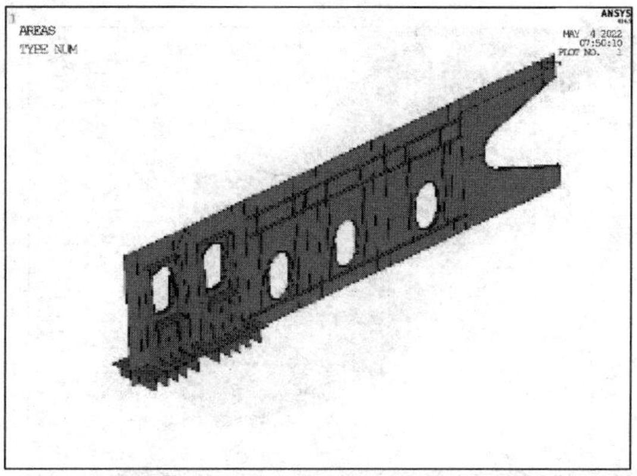

图8　竖向支座加劲及纵隔板

四、工况设置

分别对横向支座构造及竖向支座构造施加总体杆系模型中提取的最不利荷载，分析结构在最不利荷载下的响应。

1. 工况1：对横向支座施加面力

边界：顺桥向截断处施加固定约束。荷载：在一侧的支座与支座承台连接处，施加横向面力，面力大小采用抗震控制的7200kN，并对有限元模型整体施加重力。

2. 工况2：施加竖向支座反力

边界：顺桥向截断处施加固定约束。荷载：恒载+五车道活载（全施加在桥梁中心线右侧一端）+活载风+温度荷载+自重+二期作用下荷载。在一端竖向支座底部施加7779kN的支座反力，另一端竖向支座底部施加568kN的支座反力。对整体施加重力作用，并在顶板施加1500kN的二期荷载，使顺桥向截断处的剪力达到2205.8kN（与总体杆系模型在该处提取的剪力2187.41kN相似）。

五、结构响应分析

选取结构各部分构造进行分析，查看等效应力响应是否处于限值范围。图9～图24中单位均为MPa。

1. 工况1

工况1的结构响应分析如图9～图14所示。

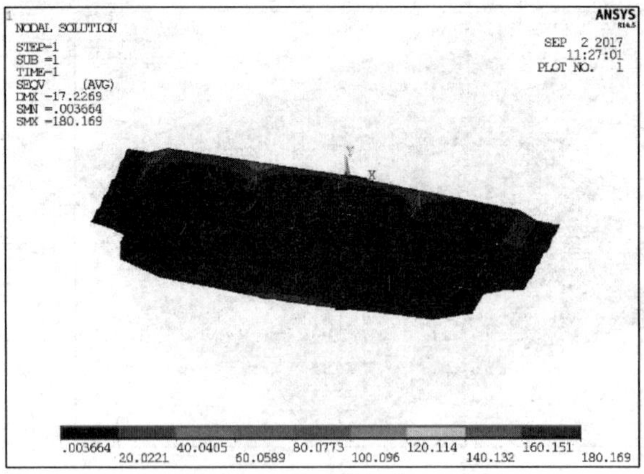

图9　精细模型等效应力云图

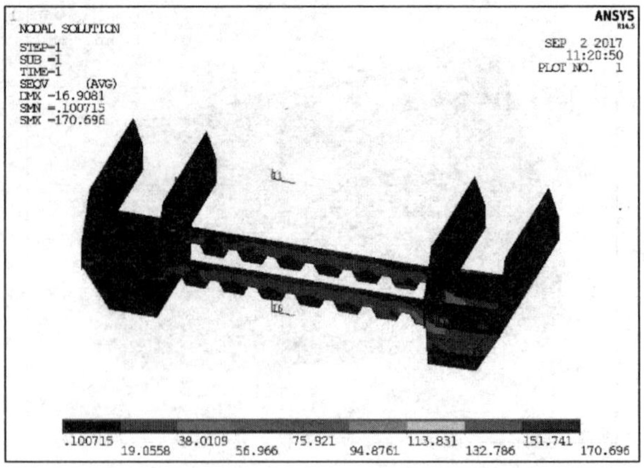

图10　横向支座加劲等效应力云图

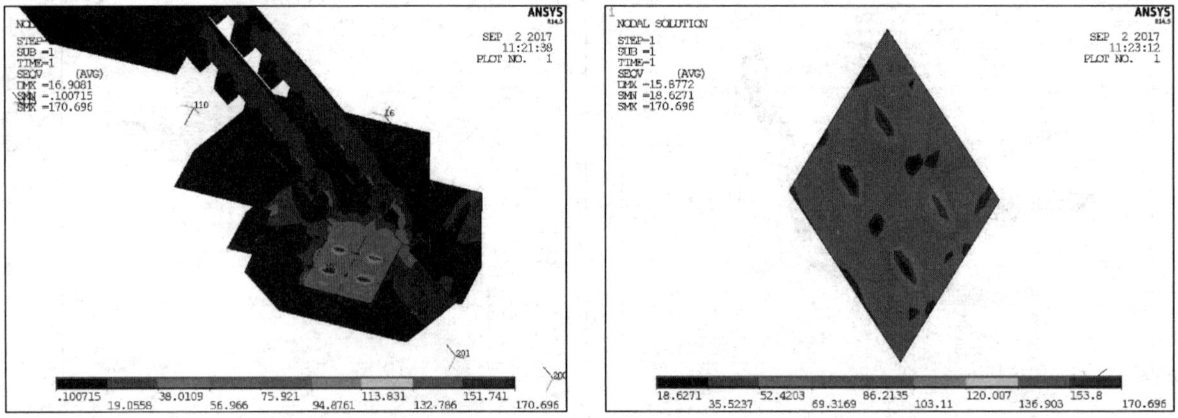

图11　加载面等效应力云图

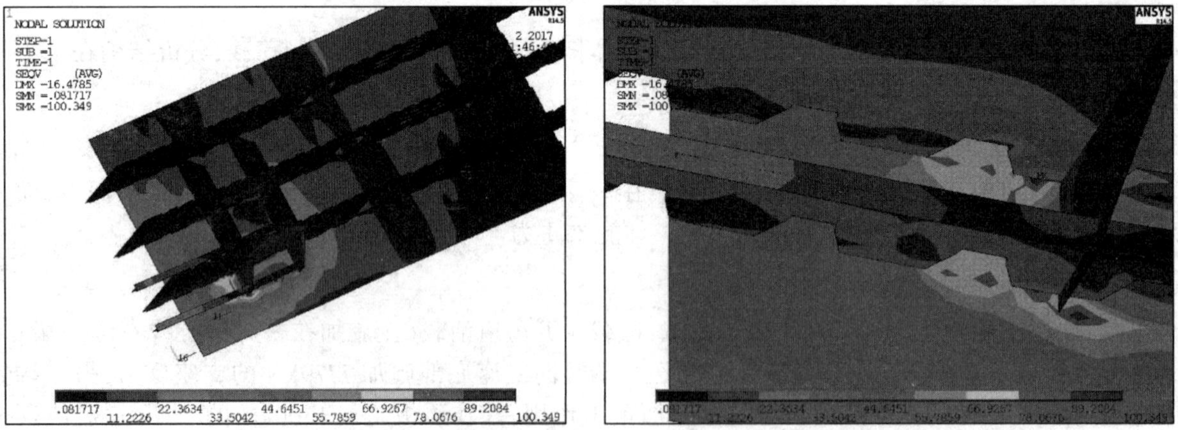

图12　横向支座加劲与横隔板交界处等效应力云图

结论:在一侧的支座与支座承台连接处施加大小为7200kN的横向面力后,有限元模型整体最不利等效应力为180.169MPa,出现在纵隔板末端。横向支座最不利等效应力为170.696MPa,出现在横向支座加劲的加载受力面。

2. 工况2

工况2的结构响应分析如图15~图24所示。

结论:在施加相应的支座反力、重力及二期荷载后,有限元模型整体最不利等效应力为240.897MPa,出现在纵隔板人洞处。

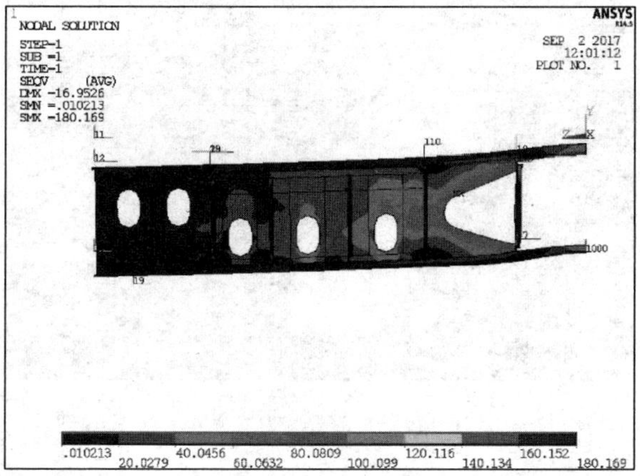

图 13 梁段受力较不利纵隔板等效应力云图

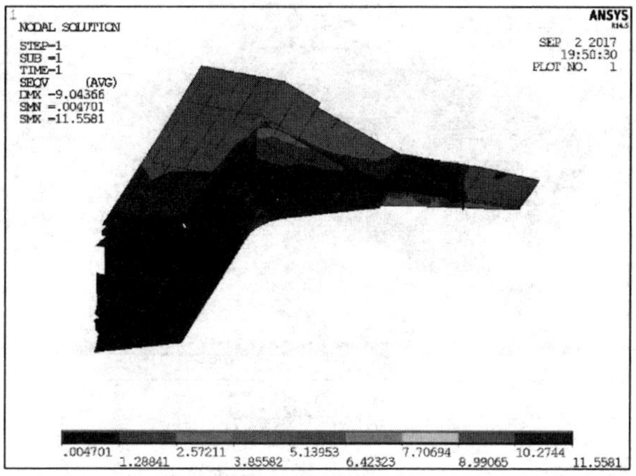

图 14 梁宽突变处等效应力云图

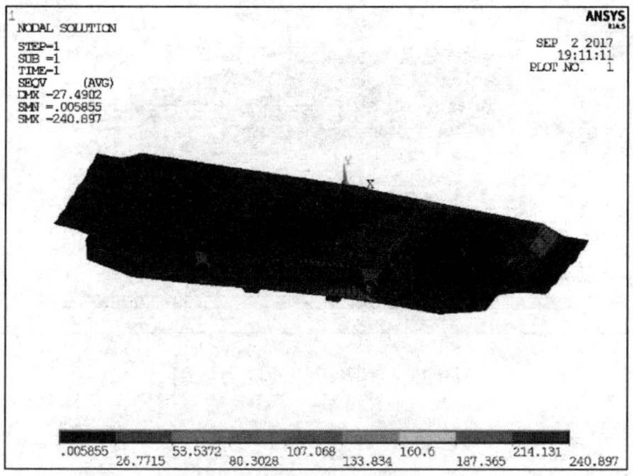

图 15 精细模型等效应力云图

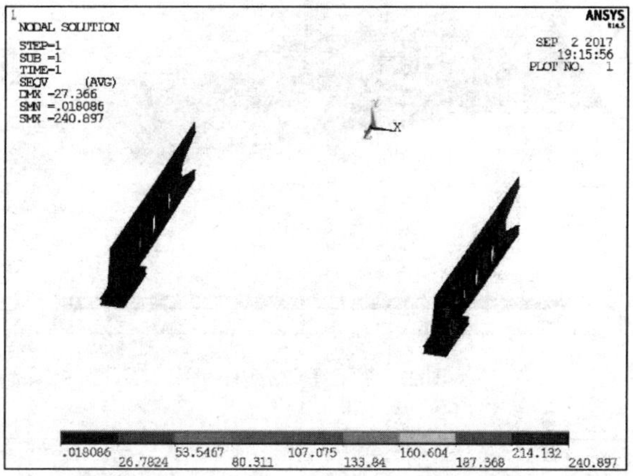

图 16 竖向支座加劲及纵隔板等效应力云图

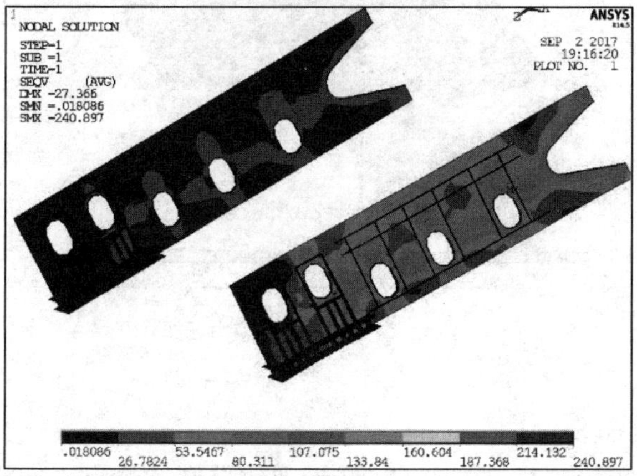

图 17 竖向支座加劲及纵隔板等效应力云图

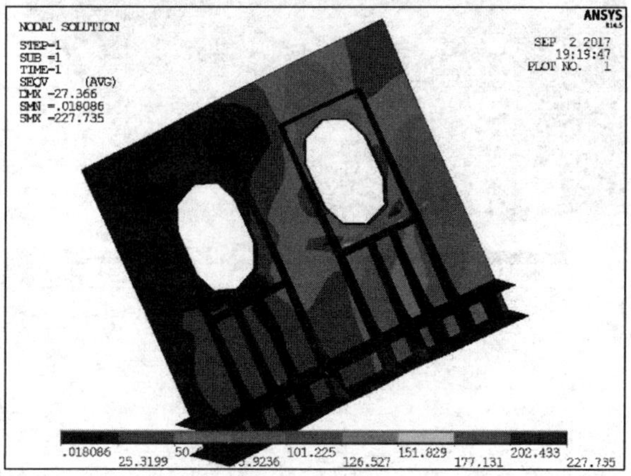

图 18 竖向支座加劲等效应力云图

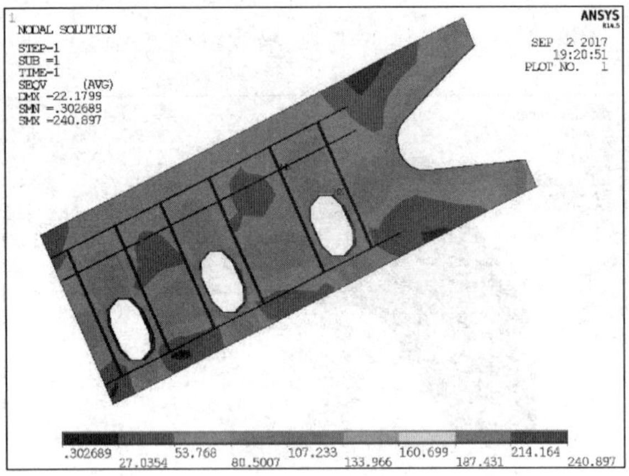

图19 纵隔板等效应力云图

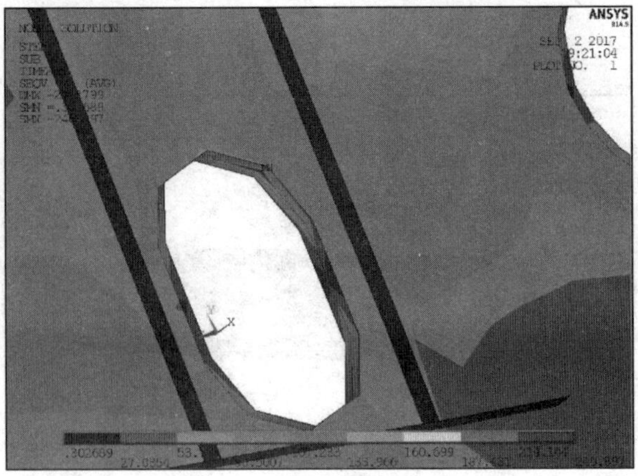

图20 纵隔板等效应力最大处示意

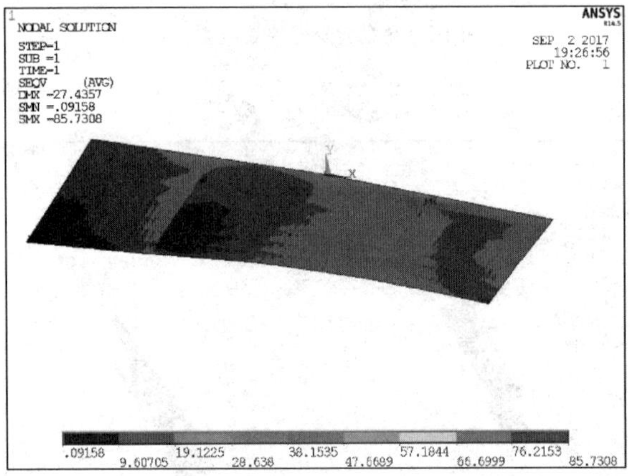

图21 顶板等效应力云图

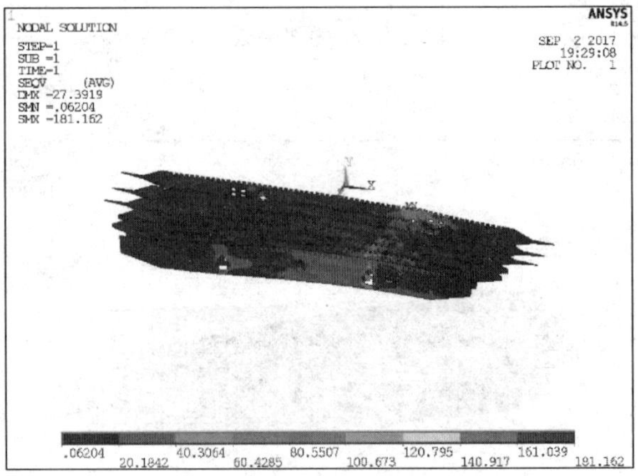

图22 横隔板等效应力云图

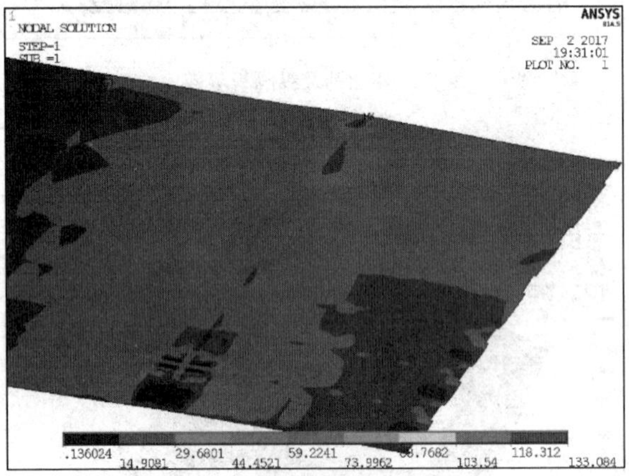

图23 底板等效应力云图

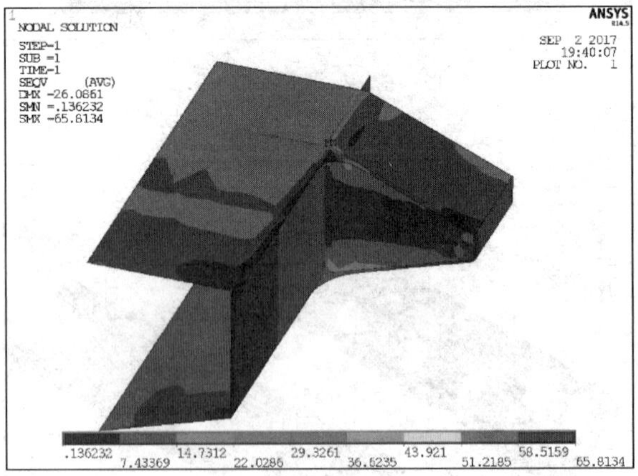

图24 梁宽突变处等应力云图

六、结　语

伶仃洋大桥主梁采用整体式扁平钢箱梁,具有断面简洁、气动特性优良、景观效果好的特点。本文针对伶仃洋大桥过渡墩处特殊节段进行精细化建模,分析了两种受力不利工况下节段的结构受力响应。响应结果可显示钢箱梁各构件在不利荷载作用下的应力情况,弥补了总体杆系模型对局部构件分析的不足,对各局部构件的优化可提供指导性作用,可有效提高钢箱梁的建设品质。

参考文献

[1] 宋神友,陈伟乐.深中通道工程方案[C]//中国公路学会桥梁和结构工程分会.中国公路学会桥梁和结构工程分会2020年全国桥梁学术会议论文集.北京:人民交通出版社股份有限公司,2020.

[2] 王云鹏,徐军.伶仃洋大桥索塔设计[C]//中国公路学会桥梁和结构工程分会.中国公路学会桥梁和结构工程分会2020年全国桥梁学术会议论文集.北京:人民交通出版社股份有限公司,2020.

[3] 中交公路规划设计院有限公司.深圳至中山跨江通道施工图设计[Z].北京:中交公路规划设计院有限公司,2017.

[4] 宋子康,蔡文安.材料力学[M].上海:同济大学出版社,1998.

[5] 孙训方,方孝淑,关来秦.材料力学[M].北京:高等教育出版社,2009.

26. 体外预应力加固桁架梁桥承载能力的方法

项贻强[1,2,3] 高超奇[1,2] 邓 亮[3]

(1.浙江大学建筑工程学院;2.浙江大学建筑工程学院悬浮隧道研究中心;
3.浙江大学浙江交工协同创新研究中心)

摘 要 本文提出了一种用体外预应力筋提高桁架梁桥承载能力的方法。其主要构件包括桁架梁体、体外预应力筋、侧立柱及锚固装置等。当桁架梁桥在荷载等级提高或需要调节跨中区域过大的不均匀弯矩时,可通过在紧邻桁架桥墩两侧竖腹杆处增设用于锚固张拉体外预应力的工字型钢侧立柱及沿跨若干对桁架横梁支撑点,并用多根体外预应力筋实现对桁架梁桥在竖向平面内的加强和张拉,以此减少梁体跨中的弯矩和挠度,降低桁架梁跨中区域下弦杆的拉应力,从而实现桁架梁体与体外预应力筋共同分担荷载。本文提出的方法能够有效减少桁架梁跨中区域的弯矩,并使荷载弯矩沿跨方向相对均衡合理,降低桁架的梁高,使桁架杆件截面尺寸的均匀化,便于工业化制造和节点板的设计连接,减少用钢量,同时可以增强桁架梁桥的整体刚度和稳定性,或在相同梁高下增大桁架梁桥的跨径。

关键词 体外预应力筋 桁架深桥 承载力

一、引 言

钢桁架梁桥使用钢桁架组成的空间结构作为主梁的截面形式,桁架梁桥由主桁、联结系、桥面系及桥面组成。主桁架是钢桁架梁桥的主要承重结构,它由上弦杆、下弦杆和腹杆组成,其主要作用是承受竖向荷载并将荷载传递给支座[1]。主桁各杆件之间通过节点板连接形成节点,有斜腹杆交汇的节点的受力、构造尤为复杂。连续梁桥中存在正负弯矩,中间支点处的内力变化较大,因此常常需要采用不同高度的腹杆来变化梁高,但制造和施工均较复杂。同时桁架梁桥本身自重较轻,需采用较大的梁高来提高刚度,减少挠曲程度,梁高一般为跨径的1/7左右。这一定程度上会使桁架梁桥的横向稳定性减弱,同时不利于建造较大跨径的桁架梁桥[2]。

体外预应力技术,是指预应力筋布置在结构构件截面之外,与预应力筋布置在结构构件截面内相对而言的预应力技术。采用该技术的结构可以在不影响正常使用的情况下调整体外预应力束的应力,甚至更换体外预应力束,从而延长结构使用寿命[3-4]。另外,体外预应力筋布置灵活,可以应用于多种形式的桥梁结构,并可与传统桥梁施工方法结合形成新的高效安全的施工方法,从而达到充分利用材料性能、降低结构高度和自重的效果[5]。同时,体外预应力技术还广泛应用与桥梁加固补强方案中[6-7]。然而体外预应力技术多用于混凝土桥梁,在钢桥领域很少应用。矮塔斜拉桥具有结构刚度大、经济性好等优点,近年来在桥梁中得到广泛使用[8-10]。钢桁架矮塔斜拉桥的拉索类似于体外预应力筋,然而矮塔斜拉桥仍需一定高度的主塔来提供锚固端,增加了施工时间和施工成本,并且不适用于有建筑限高位置的桥梁。对于桁架梁桥,其主梁高度一般较高,因此,可以直接在桁架主梁上张拉预应力筋来提高桥梁的承载能力。

二、用体外预应力筋提高桁架梁桥承载能力的设计

鉴于桁架梁桥跨中区域存在过大的不均匀弯矩、挠度偏大的问题,本文提出一种用体外预应力筋提高桁架梁桥承载能力的方法,它既能能够有效减少桁架梁跨中区域的弯矩,并使荷载弯矩沿跨方向相对均衡合理,降低桁架的梁高,又能使桁架杆件截面尺寸的均匀化,便于工业化制造和节点板的设计连接,减少用钢量。其加固的方法主要包括桁架梁体、预应力筋、侧立柱、桁架弹性支撑的横梁及锚固装置等部分。图1、图2分别给出了采用体外预应力筋加固桁架梁桥的立面图和平面图,图3、图4分别给出了加固桁架桥的侧立柱锚和固端构造图。

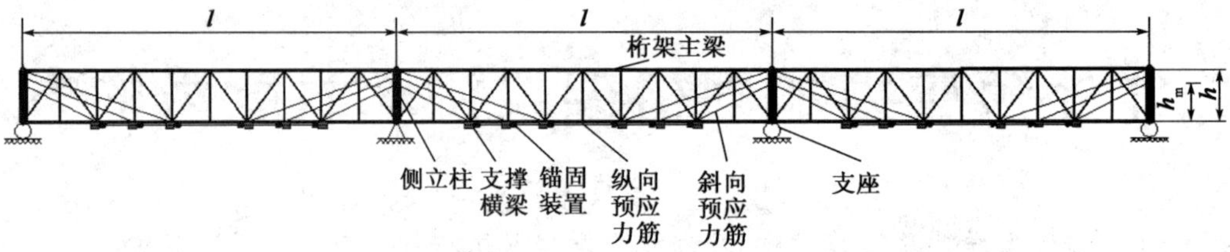

图1　张拉体外预应力筋的桁架梁桥立面图

h_m-预应力筋锚固高度;h-桁架梁高;l-单跨跨径

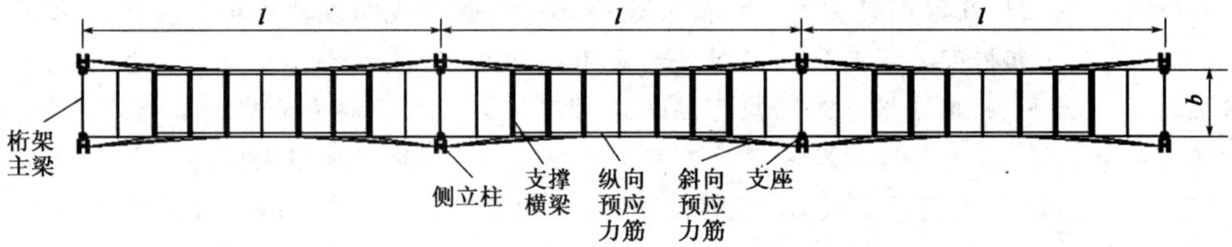

图2　张拉体外预应力筋的桁架梁桥平面图

l-单跨跨径;b-桁架梁宽

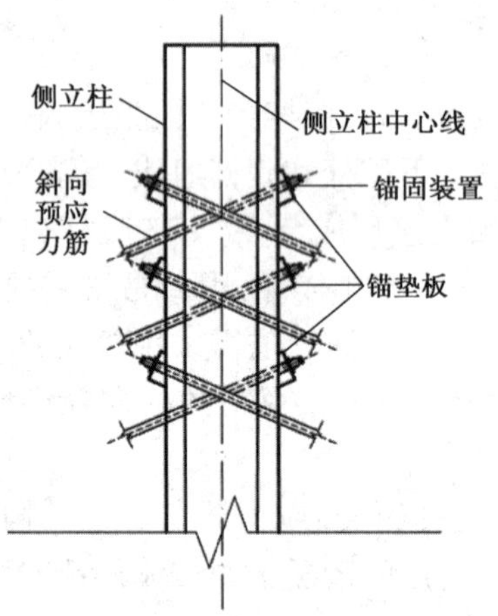

图3　侧立柱锚固端构造图

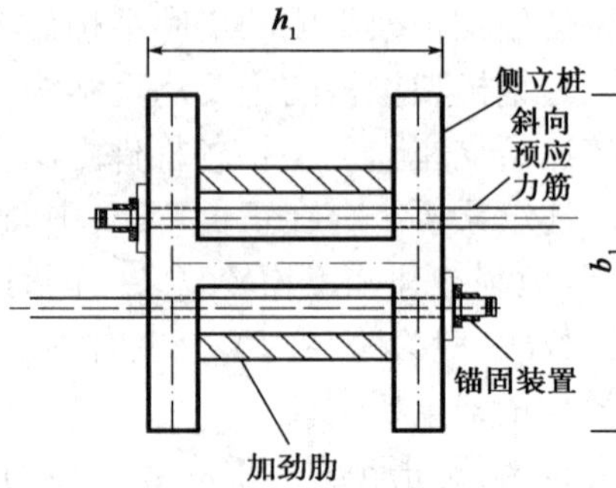

图4　侧立柱平面图

h_1-侧立柱腹板高度;b_1-侧立柱翼缘板宽度

采用体外预应力筋加固桁架梁桥的主要设计思路为：在完成桥梁的下部结构施工后，进行桁架主梁1的搭设拼装，对于跨径较大的桥梁可搭设临时支撑以减小主梁跨中弯矩。

(1)在紧邻桁架桥墩支座两侧竖腹杆处设置侧立柱，主要用于锚固预应力筋并将锚固力的竖向荷载传递到桥墩上；沿跨设置若干对桁架弹性支撑的横梁，使其用多根斜向的体外预应力筋与侧立柱相连及锚固，在与桁架梁下弦杆平行的每对横梁间也用体外预应力筋进行对拉及锚固，以实现对桁架梁桥在竖向平面内的加强和张拉；以此减少梁体跨中的弯矩和挠度，降低桁架梁跨中区域下弦杆的拉应力，从而实现桁架梁体与体外预应力筋共同分担荷载。

(2)侧立柱通过桁架支点横梁及支座将竖向荷载传递至桥墩基础。侧立柱的作用有两个：其一是为斜向预应力筋提供锚固端，其二是承受张紧的预应力筋竖向分力，并将其直接传递到桥墩上。考虑到体外预应力张拉体系本身是一多次超静定体系，以及桁架梁承受活载的不对称性，应允许侧立柱与桁架梁两侧竖腹杆有一定的相对水平位移。侧立柱应采用钢结构，为加强侧立柱钢结构的局部刚度及稳定性，可每隔一定的间距增设加劲板，提高局部的抗压性能。

(3)在侧立柱上预留预应力筋管道，将一侧桁架梁跨的斜向预应力筋穿过侧立柱锚固在另一侧，同理，同一中支点的另一跨桁架梁跨的斜向预应力筋也将交汇锚固在侧立柱的对应点上，并实现体外预应力筋的水平分力的传递及平衡。在加工钢侧立柱时，在侧立柱壁外相应位置处加焊与斜向预应力方向垂直的钢锚固板，以利体外预应力筋的张拉及锚固。

(4)预应力筋可根据需分担桁架梁结构内力的比例进行调节和设计，预应力筋外涂覆环氧涂层或油脂等进行防腐。预应力筋下侧锚固在弹性支撑的横梁上，在每对横梁之间张拉与桁架梁平行的体外预应力筋并锚固在钢横梁上。各体外预应力可通过调节预张拉以平衡或部分平衡桁架的自重荷载，并改善桁架梁体的内力，使桁架杆件截面尺寸更为均匀化，便于工业化制造和节点板的设计连接，以利各构件的材料性能得到充分利用。

三、施 工 方 法

在完成了采用体外预应力筋加固桁架梁桥的设计后，应考虑其施工方法，步骤如下：

(1)拼装完成桁架主梁后，将预制好的工字型钢侧立柱安装在桥墩上，侧立柱与桥墩之间采用螺栓固结。在工字型钢侧立柱的翼缘板外侧相应位置处应设置倾斜锚垫板，以适应斜向预应力筋的张拉方向。在预应力筋通道位置处可增设若干加劲肋，防止侧立柱的面板因局部应力过大而出现翘曲现象。通过限位装置将侧立柱与支座上方的桁架连接，防止侧立柱产生较大的位移，同时可避免主梁承担过大的荷载。

(2)支撑横梁安装在主梁下侧，其作用是用于锚固预应力筋并对桁架主梁形成弹性支撑，支撑横梁也可以在拼装桁架主梁时同时安装。采用焊接或者螺栓连接的方法，在预先设计的张拉节点位置安装支撑横梁，在保证施工可行性的情况下，横梁上锚固预应力筋的位置应尽可能靠近桁架节点位置。

(3)在相对应的两根支撑横梁上对拉纵向预应力筋。采用拉杆接长法，将拉杆与纵向预应力筋连接，然后利用千斤顶多次运动，逐渐将张拉端拉出锚固面，拆掉多余的拉杆，安装锚固螺母锚定。利用锚固装置将预应力筋的一侧锚定，另一侧利用千斤顶进行张拉，张拉至预先设计的拉力大小后进行锚固。在张拉过程中，需保证主梁两侧的预应力筋同时张拉，以确保主梁两侧受力一致，避免在主梁内产生力矩，同时对主梁的变形进行检测，防止变形超出设计范围。

(4)同时张拉两侧斜向预应力筋，同样采用拉杆接长法将斜向预应力筋锚固在支撑横梁上，然后采用单吊点法，利用卷扬机和牵引绳将斜向预应力筋的另一侧准确地牵引进入侧立柱的预应力筋孔道内并初步固定。在两侧的预应力筋都完成固定后，开始同时张拉至设计拉力大小并锚定预应力筋，在张拉过程中进行实时的变形监测。

(5)在完成一组预应力筋和预应力筋的安装和张拉后，继续张拉余下的纵向预应力筋和斜向预应力筋，在完成所有的预应力筋张拉后再进行索力的调整，整个过程需对桁架的位移和变形进行实时监测。

四、结　语

(1)通过对桁架梁桥施加体外预应力,能够有效减少桁架梁跨中区域的弯矩,并使荷载弯矩沿跨方向相对均衡合理,同时增大桁架结构的刚度,从而可以降低桁架梁高,或在相同设计桁架高度下增大普通桁架梁桥的跨径。

(2)在增大桁架桥跨径时无须采用变截面形式,方便预制和安装,缩短了桥梁施工时间;体外预应力筋方便更换,同时可以安装索力传感器监测预应力筋的受力情况,及时发现问题并进行桥梁维护,能够充分保障桥梁的安全和使用性能,延长桥梁使用寿命。

参考文献

[1] 范立础. 桥梁工程(上)[M]. 3版. 北京:人民交通出版社股份有限公司,2017.

[2] 王志英,徐召,王洺鑫,等. 济南长清黄河公路大桥主桥设计方案比选[J]. 桥梁建设,2016,46(04):97-102.

[3] 苏交科集团股份有限公司. 公路混凝土桥梁体外预应力加固技术指南[M]. 北京:人民交通出版社股份有限公司,2019.

[4] 石雪飞. 全体外预应力混凝土节段拼装箱梁桥[M]. 北京:人民交通出版社股份有限公司,2019.

[5] 聂建国,陶慕轩. 体外预应力钢—混凝土组合梁受力性能的研究现状与展望[J]. 工程力学,2011,28(S2):129-141,156.

[6] 吕宏奎. 某重载铁路连续刚构桥底板崩裂加固设计[J]. 桥梁建设,2019,49(01):71-76.

[7] 杜修力,张建伟,邓宗才. 预应力FRP加固混凝土结构技术研究与应用[J]. 工程力学,2007(S2):62-74.

[8] 张欣欣. 池黄高铁三塔矮塔斜拉桥设计关键技术研究[J]. 铁道工程学报,2020,37(09):23-28.

[9] 任万敏,任杰,袁明,等. 成昆铁路矮塔斜拉桥设计关键技术[J]. 桥梁建设,2019,49(01):95-100.

[10] 戴显荣,叶雨清. 温州洪溪特大桥总体设计[J]. 桥梁建设,2021,51(02):99-104.

27.2100m三主缆悬索桥猫道设计及抗风性能研究

杨建平[1,2,3]　张　耀[1,2,3]　彭成明[1,2,3]

(1. 中交第二航务工程局有限公司;2. 长大桥梁建设施工技术交通行业重点实验室;
3. 交通运输行业交通基础设施智能制造技术研发中心)

摘　要　常规猫道主要是为适应双主缆悬索桥上部结构施工而设计的。本文以莲花山过江通道这一特殊的三主缆悬索桥为工程对象,研究适应大跨径三主缆悬索桥施工的猫道设计和抗风性能。通过对比分析不同性能猫道承重索的静力性能、猫道断面合理宽度、三主缆猫道静力结构性能以及静风稳定性分析计算,最终莲花山过江通道猫道设计为三跨(630m+2100m+630m)连续式无抗风缆猫道结构体系。

关键词　悬索桥　三主缆　数值分析　猫道　静风稳定

一、引　言

随着我国桥梁建设水平的不断提高,桥梁的跨径不断增大,结构形式也趋于多样。悬索桥作为大跨径桥梁中常见的桥型,其结构形式也在不断创新。悬索桥的主要受力构件有主缆、吊索、桥塔、锚碇,作用在主梁上的桥上荷载通过吊索传递给主缆,再由主缆传递至桥塔和锚碇。因此,在悬索桥建设过程中,主缆的架设是最为关键的步骤之一。为了更加方便地架设主缆,需要事先在主缆下方铺设一个临时施工平台,这便是“猫道”。猫道主要是由猫道承重索、门架承重索、猫道网面、门架、横向通道等构件组合而成,线形大致与主缆平行,呈U形,上下游各一条。施工人员在猫道上进行主缆索股牵引、调索、安装吊杆以及紧缆缠丝等多项工作。所以,猫道是悬索桥上部结构施工的必备操作平台[1],猫道施工是悬索桥施工中的至关重要的一部分。

Kawaguchi[2]、Takeno[3]和Kitagawa[4]等人对明石海峡大桥猫道的架设工艺、索股牵引、静力位移、静风失稳等问题做了研究。Shinichi[5]等人通过风洞试验,分析了不同抗风抑振措施的减振效果,为来岛大桥的猫道设计提供了依据。Tanaka[6]等通过试验研究了安装过程中猫道的气动弹性特性,发现在无人条件下,不对称架设猫道,可以有效提高猫道的失稳临界风速。Kwon等[7]通过风洞试验,分析了模型比例尺对猫道三分力系数的影响,以及雷诺数、透风率和主缆存在与否等因素对猫道系统的影响。

郑史雄、廖海黎等[8]利用有限元分析软件进行猫道抗风静力稳定性非线性分析,并与全桥气弹模型实验结果对比,证明了有限元计算方法的优势。李连军[9]研究了干摩擦阻尼减振系统、联结绳、外索在猫道中的应用以及减振效果,同时研究发现猫道侧网的透风率小于70%时易发生涡振。张佩[10]研究了抗风缆、斜拉索、抗风门架和斜索等抗风措施对于提高猫道静风稳定性的效果,发现抗风缆体系、横向通道对提高猫道失稳临界风速有显著效果。贾宁等[11]发现猫道结构的升力系数和阻力系数的特点使得猫道远远不满足驰振发生的必要条件,故猫道不会出现驰振现象,并分析了各类猫道抗风措施对于猫道静风稳定性的影响。汪洁等[12]使用有限元计算软件对澧水河桥的施工猫道进行建模分析,得出其猫道静风失稳的机理即随着风速的提高,攻角不断增大,同时向上的升力使部分承重绳产生松弛,猫道扭转刚度减小,不能抵抗空气力矩的作用,从而导致猫道扭转失稳。裴建家[13]通过风洞实验测试猫道三分力系数及颤振导数识别,从而编制程序对某大桥猫道进行抖振分析,并在此基础上进行了施工舒适性评价。

综上所述,对于猫道及其抗风问题,国外学者的研究较早,主要基于实验研究猫道减振措施,国内学者的研究多采用实验和有限元分相结合的方式,探究了猫道失稳机理和各种减振措施减振效果。然而,目前的研究都只是针对常规猫道进行分析,并且没有关于猫道结构材料选用方面的研究。本文以莲花山过江通道为背景,针对三主缆悬索桥猫道这种新结构进行研究,对比分析了不同类型猫道承重索的性能,通过计算分析确定了猫道宽度,利用有限元软件计算了猫道抗风稳定性能,为三主缆猫道的工程应用提供了指导。

二、工程概况

莲花山过江通道位于珠江三角洲核心地带,上距黄埔大桥约9.5km,下距南沙大桥13.5km。其主桥莲花山大桥主桥拟设计为单跨超宽钢箱梁地锚式悬索桥,大桥设计基本风速33.5m/s,设计基准风速43.2m/s。大桥跨径布置为630m+2100m+630m,垂跨比为1/9.5,见图1。主缆系统由直径1.29m、0.96m和1.29m的3根主缆组成,平行布置,两两主缆中心距均为30.8m。边缆(直径1.29m)由352股127丝ϕ5.5mm钢丝组成,中缆(直径0.96m)由175股127丝ϕ5.5mm钢丝组成,钢丝抗拉强度标准值均为1960MPa。主梁高4.2m,宽69.8m。

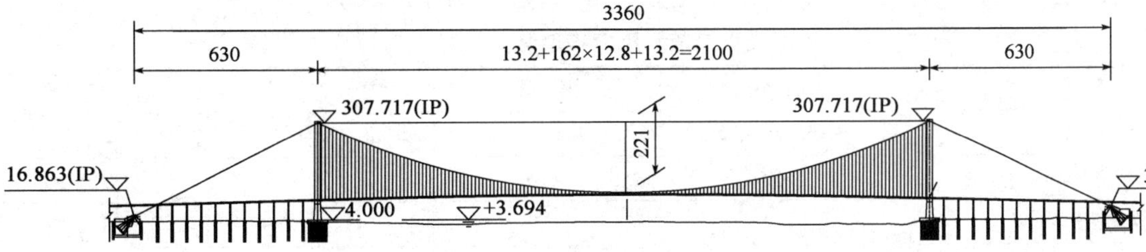

图1 莲花山大桥立面布置图(尺寸单位:m;高程单位:m)

三、猫道设计

1. 猫道体系选择

根据猫道承重索在桥塔通过方式的不同,猫道系统分为分离式和连续式两种。参考国内悬索桥猫道设计经验,结合莲花山大桥项目特点,该桥猫道选用三跨连续式猫道。抗风缆系统随着悬索桥跨径的增大,发挥作用不明显,且施工相对不方便,对通航也有一定的影响,故莲花山大桥猫道不设抗风缆。

2. 猫道结构

1)猫道总体布置

莲花山大桥跨径超大,主缆数量多,经研究和计算分析,考虑在莲花山大桥猫道上中下游对应于主缆中心线下方各设一幅猫道,单幅猫道横桥向与主缆轴线呈对称布置,猫道设计跨径为630m + 2100m + 630m,如图2所示。各主缆猫道承重索均由12根ϕ58mm密封钢丝绳组成,边中跨猫道面层距主缆中心线铅垂方向均取1.8m,三跨连续布置。各幅猫道门架承重索由2根ϕ60mm多股钢丝绳组成,三跨连续布置。上层扶手索选用ϕ32mm钢丝绳,下层防护索选用ϕ26mm钢丝绳,两者在每跨内均通长布置,锚固于塔顶和锚碇门架上。主缆两边跨横向通道各布置3道,中跨布置13道,单幅总共19道,平均间距150m。门架按50m一道布置,边跨12道,中跨41道,单幅总计65道。

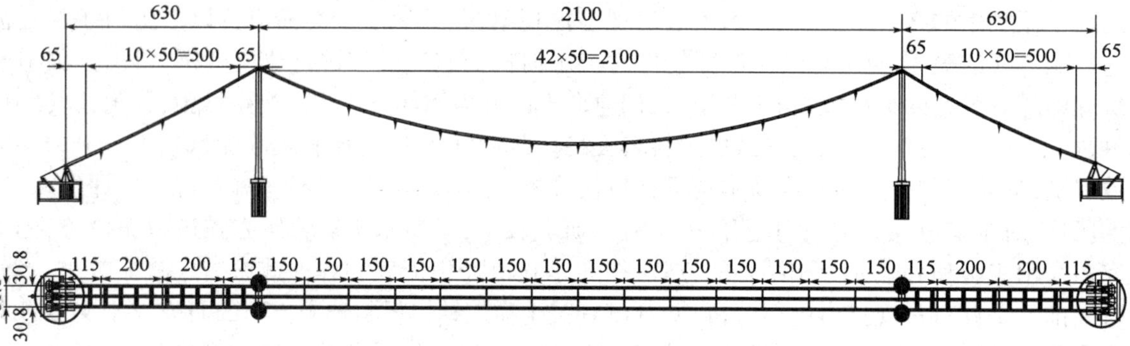

图2 莲花山大桥猫道整体布置(尺寸单位:m)

2)承重索类型选择

目前,我国猫道承重索材料多选用多股钢丝绳,此类钢丝绳弹性模量在$1.1\times10^5 \sim 1.2\times10^5$MPa范围内,相对较小,在荷载作用下产生的竖向变形位移较大。莲花山大桥若采用此种钢丝绳,经计算在主缆索股牵引阶段猫道跨中竖向位移最大可达2m以上,对施工造成一定影响。此外,多股钢丝绳弹性模量不稳定,即使经过预张拉处理,在华丽金沙江大桥(新绳)和瓯江北口大桥(旧绳)工程中均发现上下游猫道存在一定高差,显然对于2100m超大跨径的莲花山大桥此种现象会更显著。

经调研,在国外悬索桥猫道多采用密封钢丝绳作为承重索[14],主跨1545m的韩国光阳(Gwangyang)大桥使用了钢绞线作猫道承重索[15],国内广州平胜大桥采用了平行钢丝作为猫道承重索[16]。为保证莲花山大桥猫道线形与主缆线形的相对一致以及减小猫道在荷载作用下的竖向变形,计算对比了多股钢丝绳、钢绞线、密封钢丝绳和平行钢丝作为猫道承重索的静力性能,结果见表1。

不同类型猫道承重索猫道静力性能 表1

项目	多股钢丝绳	钢绞线	密封钢丝绳	平行钢丝
规格	6×36WS+IWR	1×19W	58-ZZZ-1570	ϕ5×91
公称直径(mm)	60	28.6	58	55
有效截面积(mm^2)	1692	532	2387	1787
公称抗拉强度(MPa)	1960	1960	1570	1860
破断拉力(kN)	2510	990	3138	3324

续上表

项目	多股钢丝绳	钢绞线	密封钢丝绳	平行钢丝
弹性模量(MPa)	1.15	1.95	1.59	2.00
承重索数量(根)	14	27	12	8
跨中竖向位移(m)	2.033	2.026	1.265	2.016
使用阶段安全系数	3.01	3	3.08	3

从表1中可以看出,多股钢丝绳、钢绞线、密封钢丝绳和平行钢丝在安全系数均满足现行规范要求且数值基本一致的情况下,多股钢丝绳、钢绞线与平行钢丝在猫道上同时存在2根索股的情况下跨中最大竖向位移达2.033m,远大于密封钢丝绳的1.265m。根数方面,密封钢丝绳也相对较少,对工程量增加不多,国内矮寨大桥也有密封钢丝绳的应用先例[17],故综合考虑莲花山大桥单幅猫道采用12根 ϕ58mm 密封钢丝绳(58-ZZZ-1570)作为猫道承重索。

门架承重索沿用传统设计,选用2根 ϕ60mm(6×36WS+IWR)1960MPa 的多股钢丝绳,考虑其承受本身自重、一半的牵引索荷载与一半的门架荷载。上层扶手索起稳固扶手立柱和提供猫道作业人员走行帮扶的作用,考虑其在各跨内通长布置,锚固于塔顶门架和锚碇门架上,选用1根 ϕ32mm(6×36WS+IWR)1960MPa 钢丝绳。下层防护索主要为侧网提供支撑,选用2根 ϕ26mm(6×36WS+IWR)1960MPa 钢丝绳。

3)猫道断面宽度

在风荷载作用下,猫道与主缆由于刚度的不同,横向位移存在较大差异。考虑到2100m跨悬索桥对风荷载影响更敏感,为此分析主缆索股不同架设根数时与猫道在风载作用下的相对位移变化情况,以确定猫道断面合理宽度。

在地面(10m高度处)不同等级的风速下,分别计算边缆在架设10、28、66、181、297和352根索股时,主缆与猫道的相对横向位移,结果如图3所示。

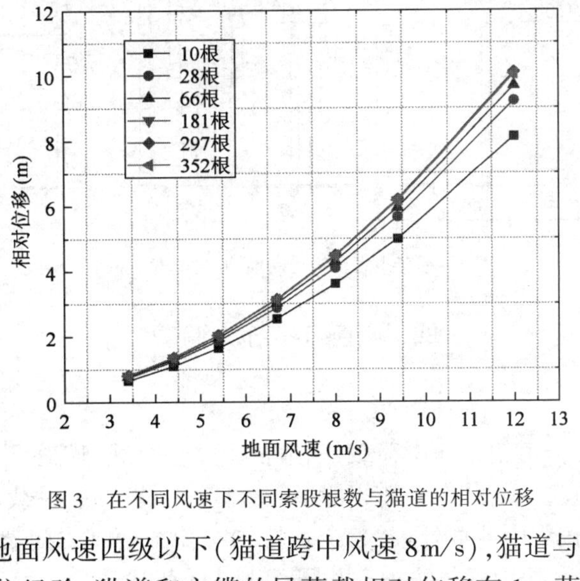

图3 在不同风速下不同索股根数与猫道的相对位移

从图3中可以看出,在地面风速四级以下(猫道跨中风速8m/s),猫道与主缆在风荷载作用下相对位移在1m范围左右。根据以往经验,猫道和主缆的风荷载相对位移在1m范围及以内时,能满足作业要求。此外,目前在索股牵引阶段一般会把已架设索股与猫道横梁通过软吊带等措施临时连接,让两者在风荷载作用下共同摆动,见图4。故在常规主缆中心与拖滚中心距1m的设计基础上,适当放宽该值,取为1.15m,一方面提高一定的可作业风速范围;另一方面,猫道宽跨比越大,抗风稳定性越好。猫道侧网与拖滚之间仍预留1m空间,方便工人走行,故猫道断面宽取4.3m。

图 4　猫道与主缆临时连接

4）猫道与主缆中心距

猫道面层与主缆中心距离目前已经悬索桥工程多取 1.5m，考虑到莲花山大桥边缆直径达 1.29m，如果沿用传统设计经验，取 1.5m，则对于满足 1.29m 紧缆和缠丝设备尺寸不满足通过性要求。结合五峰山长江大桥经验[18]，其主缆直径 1.3m，其猫道面层与主缆中心距取 1.8m，且已研发有对应的紧缆和缠丝设备，故莲花山大桥猫道与主缆中心距离取 1.8m，中缆同样取 1.8m，否则横向通道会倾斜。最终对应猫道断面如图 5 所示。

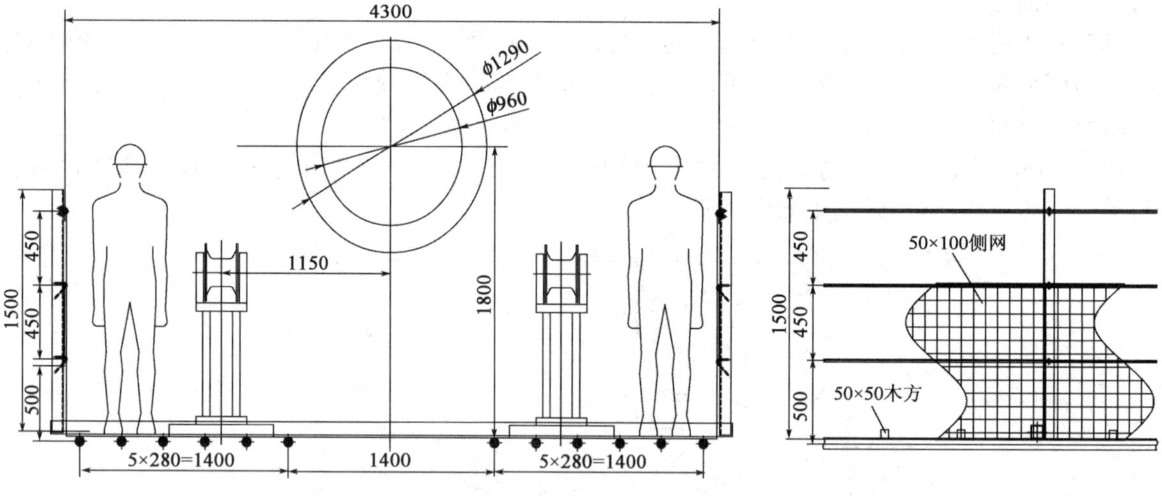

图 5　莲花山大桥猫道断面（尺寸单位：mm）

四、猫道结构静力验算

1. 猫道荷载统计

猫道系统承受恒载包括：猫道粗细面层荷载、猫道扶手立柱荷载、猫道承重索自重、托滚和大小横梁、木方、电缆照明等附属设施重量。活载有主缆索股荷载、施工人员荷载、风载、温度荷载等。其中，变位刚架、横向通道、门架荷载重量按集中荷载处理，其余均按均布荷载处理。门架荷载一半重量、牵引索自重考虑均有门架承重索承担[19]。扶手索与防护索共同承担立柱荷载。

2. 猫道静力性能理论计算

猫道计算依据悬链线理论，认为猫道索是理想柔性的，忽略索的抗弯刚度，忽略索截面积及自重在外荷载作用下的变化量[20]。公式如下：

$$y = \frac{1}{c}\cosh(cx + a) + b \tag{1}$$

其中，$c = -q/H$，q 为索荷载集度，H 为水平力；a 和 b 由边界条件确定；x 为跨度。

对各个荷载工况下猫道进行计算，结果见表2。由表2可知，猫道系统各类索安全系数均满足现行规范要求。此外，猫道索边跨索力略大与中跨索力，不平衡对桥塔不利影响不明显。

猫道系统各索索力理论计算结果　表2

索类型	荷载工况	最大索力(kN)		安全系数	
		边跨	中跨	边跨	中跨
门架承重索	2根门架索自重+1/2门架荷载+1/2牵引索自重	768.7	738.6	3.3	3.4
猫道承重索	架设完成阶段	960.7	903.7	3.3	3.5
	使用阶段	1040.1	1019.1	3.0	3.1
扶手索	自重及栏杆荷载	148.0	137.0	4.8	5.2
防护索	自重及栏杆荷载	104.7	96.9	4.5	4.8

3. Midas 有限元模型计算

采用有限元软件 Midas Civil 对猫道进行二次验算，猫道采用索单元模拟，12根猫道承重索模拟成一根，所建立模型如图6所示。恒载中除横向通道、门架荷载外的其他荷载均沿弧长等效至承重索的密度；横向通道与门架荷载采用节点荷载进行加载；活载中索股及作业人员荷载沿弧长等效为承重索密度，通过承重索自重予以考虑；活载中风荷载以各区段内的分布荷载求和的方式施加到对应的节点上[21]。对于门架承重索、扶手索与防护索也按照猫道承重索建模方式对应单独建立其模型，将其承受的荷载对应加载到其模型上。

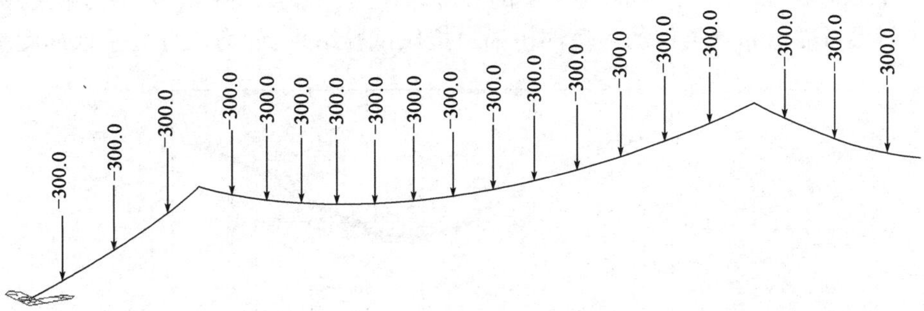

图6　莲花山大桥猫道 Midas 模型

猫道各索模型计算结果见表3。可以看出，猫道承重索在最不利荷载作用下其安全系数最小值为3.1，扶手索及门架承重索安全系数均超过3.0，均满足现行规范要求。对比悬链线理论计算方法和有限元分析结果可以看出，在同工况下，两种结算结果偏差较小，计算结果可靠。

猫道系统各承重索最大索力及安全系数　表3

索类型	荷载工况	最大索力(kN)		安全系数	
		边跨	中跨	边跨	中跨
门架承重索	2根门架索自重+1/2门架荷载+1/2牵引索自重	761.0	737.9	3.3	3.4
猫道承重索	架设完成阶段	916.8	862.5	3.4	3.6
	使用阶段	996.3	978.2	3.1	3.2
扶手索	自重及栏杆荷载	144.9	136.9	4.9	5.2
防护索	自重及栏杆荷载	101.9	96.8	4.6	4.9

五、猫道静力抗风稳定性计算

1. 风荷载参数

根据风速资料，莲花山大桥场地风速剖面的幂指数为 $\alpha=0.12$，在成桥状态下，桥面高度处的设计基准风速为 $V_d = 43.2\text{m/s}$，施工阶段取重现期为20年，设计风速为 $V_{sd} = 38\text{m/s}$。猫道不同高度的计算风速公式为：

$$V_{(Z)} = V_{sd} \times \left(\frac{Z}{Z_0}\right)^{\alpha} \tag{2}$$

其中，Z 为猫道上不同位置的高度，$Z_0=10\text{m}$。

为了保证猫道在施工过程中的静力抗风稳定性，根据现行《公路桥涵抗风设计规范》(JTG/T 3360-01)要求，桥梁结构的静力失稳临界风速应大于其设计风速的2倍(线性分析)或者大于其设计风速的1.2倍(非线性分析)。本项目按照非线性静力抗风稳定性计算，检验风速取设计风速的1.2倍，计算猫道平均高度处的检验风速为：$V=1.2\times V_{sd}=45.6\text{m/s}$。

作用在猫道上的静风荷载可分为横向风荷载，竖向风荷载和扭转风荷载，计算公式为：

$$F_H = \frac{1}{2}\rho HLV_g^2C_H \tag{3}$$

$$F_V = \frac{1}{2}\rho BLV_g^2C_V \tag{4}$$

$$M = \frac{1}{2}\rho B^2LV_g^2C_M \tag{5}$$

其中，ρ 为空气密度，取 1.25kg/m^3；H、L 和 B 分别为猫道节段的计算高度、计算长度和计算宽度，取值分别为1.5m，1.0m，4.3m；V_g为作用于构件上的静阵风风速；C_H、C_V 和 C_M 分别为猫道结构风荷载静三分力系数，其取值参考猫道布置类似的南京四桥猫道抗风试验结果，静力三分力系数如图7所示。

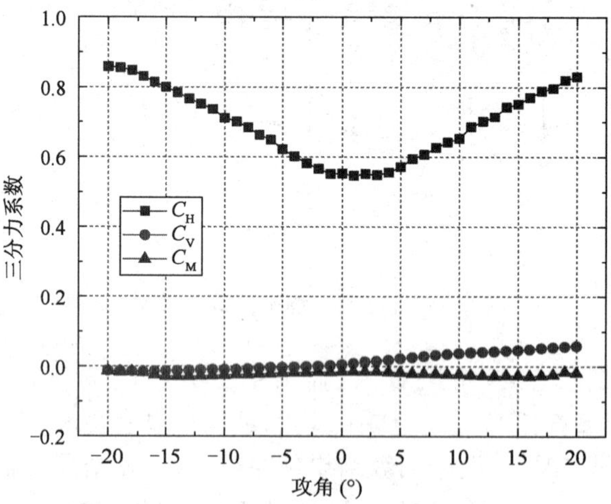

图7　猫道静力三分力系数曲线

2. 非线性分析

三主缆悬索桥猫道体系与常规双主缆悬索桥猫道体系不同，加上莲花山大桥猫道跨径超长，这里采用有限元软件对猫道抗风稳定性进行分析，将风速分级施加于猫道结构上，利用增量法跟踪猫道结构变形发展全过程，猫道面初始静阵风速5m/s，按5m/s步长逐级增大风速，风速加载至65m/s停止加载。猫道索初始状态通过模型找形分析获得，在此基础上进行初始状态和工作状态的非线性分析。

猫道结构静力失稳主要是发生在横向通道之间的范围内，在风作用下，猫道结构的变位过大及横向通道之间的跨中扭转角过大时会发生静力失稳。在分析时为简化模型，作出如下假定：①忽略底面网和侧网对猫道整体刚度的影响;②不计桥塔的变位对猫道的影响;③猫道抗风分析时可认为其相对独立,可单跨进行分析;④风攻角为0°时,风载垂直作用于猫道,不同高度处的风速按等效风速计算[22]。

莲花山大桥猫道模型中用索单元模拟猫道承重索和扶手索,考虑初始轴力对几何刚度的影响,用梁单元模拟横梁、扶手立柱、门架等。

3. 分析结果

中跨跨中位移-风速曲线如图8、图9所示,距中跨跨中75m附近(后称位置A)截面扭转角-风速曲线如图10所示。由图10可知,当风速达55m/s时,位置A处截面扭转角急剧增大,表明此时会发生静力扭转失稳。因此,莲花山大桥猫道的静力发散风速为55m/s。该风速大于1.2倍的施工阶段20年重现期设计风速45.6m/s,显然中跨猫道的静力稳定性是安全的。采用同样方法对边跨进行静风稳定分析,结果表明边跨猫道的静力稳定性也是安全的。

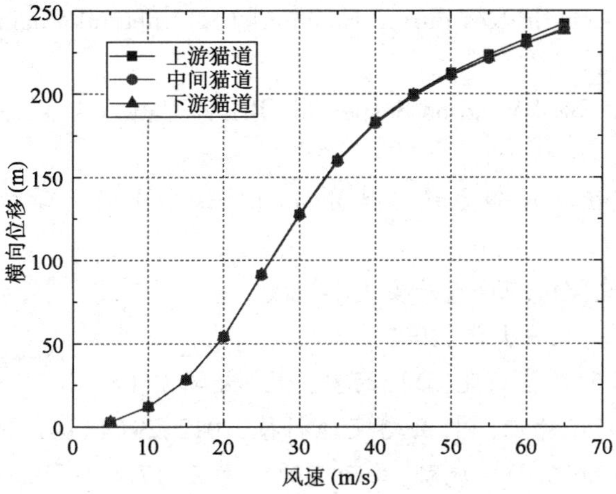

图8　中跨跨中横向位移-风速曲线

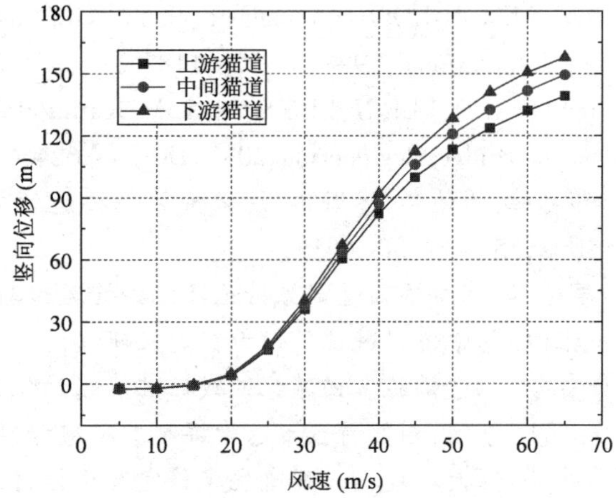

图9　中跨跨中竖向位移-风速曲线

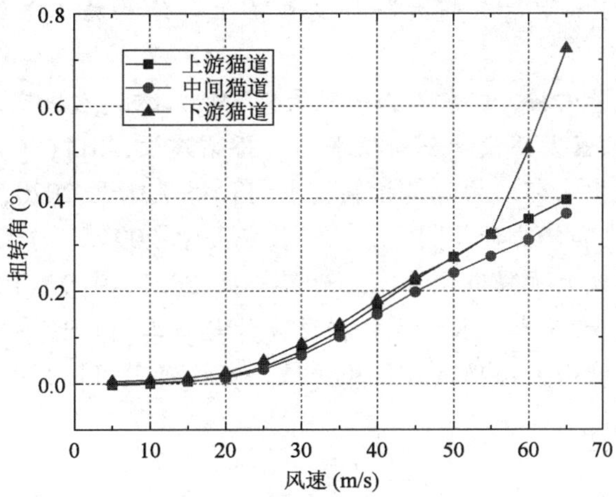

图10　位置A处风速-截面扭转角曲线

六、结　　语

在保证安全的前提下,主跨2100m莲花山大桥猫道设计时充分考虑了猫道的使用性能。设计中选用了弹模更大且更稳定的密封钢丝绳作为猫道承重索,来降低猫道竖向变形;猫道断面宽度设计为4.3m,以提高可作业风速范围和保证人员的安全;主缆中心与猫道面层垂直距离设计为1.8m,保证了后续紧缆和缠丝设备的可通过性。抗风性能研究表明超大跨径的莲花山猫道在不增加其他抗风措施的前提下,仅布置横向通道就能很好地满足静风稳定性要求。最后,期望本文对2100m级悬索桥猫道设计提出的一些思路和想法,能为我国近期规划的其他2000m级悬索桥猫道设计提供参考和借鉴。

参考文献

[1] 彭世恩. 大跨度悬索桥猫道设计概述[J]. 四川建筑,2005,25 (4): 75-76.

[2] KAWAGUCHI K,FUKUNAGA S. Structure of Catwalk on the Akashi Kaikyo Bridge [R]. Honshu-Shikoku Bridge Authority,1995.

[3] TAKENO M,KISHI Y,YOSHIOKA T,et al. Cable erection technology for world's longest suspension bridge · Akashi Kaikvo Bridge[J]. Nippon Steel Technical Report,1997,49(73): 59-70.

[4] KITAGAWA M. Technology of the Akashi Kaikyo Bridge [J]. Structural Control and Health Monitoring, 2004,11(2): 75-90.

[5] SHINICHI H. Design and Construction of the Catwalk for the Kurushima Bridges[J]. Bridge and Foundation Engineering,1997,31(16): 13-19.

[6] TANAKA,HIROSHI. Aeroelastic Stability of Suspension Bridges during Erection[J]. Structural Engineering International,1998,8 (2): 118-123.

[7] KWON S D,LEE H,LEE S,et a1. Mitigating the Effects of Wind on Suspension Bridge Catwalks[J]. Journal of Bridge Engineering,2013,18(7): 624-632.

[8] 郑史雄,周述华,廖海黎. 悬索桥施工猫道的非线性抗风静力稳定性分析[J]. 西南交通大学学报, 2000,35(4): 348-451.

[9] 李连军. 悬索桥猫道减振措施及涡振检验试验研究[D]. 西安:长安大学,2007.

[10] 张佩. 悬索桥猫道抗风静力稳定性研究[D]. 西安:长安大学,2007.

[11] 贾宁. 悬索桥施工猫道抗风减振性能精细化分析和试验研究[D]. 西安:长安大学,2008.

[12] 汪洁,李宇,刘健新,等. 悬索桥施工猫道非线性静风响应[J]. 公路交通科技,2012,29(4):41-46.

[13] 裴建家. 大跨度施工猫道抗风稳定及风振舒适性研究[D]. 成都:西南交通大学,2017.

[14] 严国敏. 现代悬索桥[M]. 北京:人民交通出版社,2002.

[15] 葛国库,孙茂,姚锟,等. 三千米级超大跨径悬索桥上部结构施工关键技术[J]. 公路,2017(03): 291-295.

[16] 周爱国. 大跨径自锚式悬索桥: 广东佛山平胜大桥[M]. 北京:人民交通出版社,2008.

[17] 胡建华,崔剑峰. 湘西矮寨大桥设计创新技术[J]. 桥梁建设,2011(06):54-61.

[18] 冯传宝. 五峰山长江大桥上部结构施工控制技术[J]. 桥梁建设,2020,050(001):99-104.

[19] 王丰平. 猫道设计,架设和静力计算[D]. 西安:长安大学,2004.

[20] 何加江. 武汉杨泗港长江大桥猫道设计[J]. 世界桥梁,2021,49(2):18-24.

[21] 张宇,方小林,刘晓升,等. 伍家岗长江大桥猫道设计与施工[J]. 世界桥梁,2020,209(06):18-22.

[22] 王紫超,罗自立,郭劲. 官山大桥猫道设计及抗风稳定性研究[J]. 公路,2015(1):67-71.

28. 大跨度连续刚构桥挠度及应力分布影响因素分析

汪邦瑞 马子蔚 李梦闯 李 杰
(郑州大学土木工程学院)

摘 要 为明确大跨度预应力混凝土连续刚构桥挠度及应力影响因素,依托95m + 175m + 95m的云蒙山特大桥,利用Midas/FEA有限元软件建立实体有限元模型,模拟施工过程并考虑时间效应,对比分析徐变预测模型、加载龄期、环境湿度、张拉预应力损失、合龙顶推力对大桥挠度及应力分布的影响。结果表明:徐变预测模型、预应力损失对于大跨度连续刚构桥挠度及应力分布影响较大,ACI徐变预测模型计算的挠度及应力结果最为保守,预应力损失将引起大跨度连续刚构桥相对下挠;加载龄期、环境湿度对于大跨度连续刚构桥挠度及应力分布具有一定影响,加载龄期越大、环境湿度越高,对大跨度连续刚构桥越有利;合龙顶推力对于大跨度连续刚构桥挠度具有一定影响,合龙施工过程中,应根据需要合理变更顶推力。

关键词 连续刚构桥 挠度 应力分布 徐变效应 预应力损失 合龙顶推力 Midas/FEA

一、引 言

连续刚构桥可看成由T型刚构与连续梁组合而成,其数跨相连,跨中不设铰或挂梁,具有较大的抗弯刚度及抗扭刚度,行车舒适[1-3]。国内连续刚构桥发展始于20世纪80年代末,在30多年里,连续刚构桥在我国得以普遍修建,现有建成数量已超350座[4]。与此同时,我国连续刚构桥设计与建造技术逐渐趋于成熟。随着大跨度连续刚构桥广泛建造,工程实际中出现许多问题。如长期运营过程中徐变作用下主梁出现挠度增加[5];材料劣化引起预应力损失[6];局部应力过大引起出现裂缝等[7]。在桥梁的施工以及运营过程中,由于施工不当导致的预应力筋张拉应力不足、施工单位为抢工期而过早张拉预应力、环境变化导致湿度变化以及在合龙时的合龙措施和温度变化等,都可能会引起大跨度连续刚构桥挠度以及应力的变化,从而影响桥梁的安全及正常使用。为此,探究不同因素对于大跨度连续刚构桥挠度及应力分布的影响很有必要。本文依托云蒙山特大桥建立实体有限元模型,分别分析不同徐变预测模型、张拉应力损失、环境湿度、加载龄期以及合龙顶推力对于大跨度连续刚构桥的挠度以及应力分布的影响,并结合分析结果给出相应建议。

二、依托工程及模型建立

依托工程云蒙山特大桥桥梁全长581.5m,主桥跨径布置为95m + 175m + 95m。主桥采用三向预应力混凝土变截面箱梁连续刚构,主梁、桥墩、承台分别采用C55、C40、C30混凝土。箱梁顶板宽16.31m,厚30cm,悬臂翼缘长4.03m,底板宽8.25m,厚度由根部的130cm按1.8次抛物线渐变至跨中的32cm,变化区间与箱梁截面高度变化区间一致。箱梁三向预应力筋均采用抗拉强度标准值1860MPa高强低松弛预应力钢绞线。竖向预应力筋采用单端张拉,张拉控制应力1380MPa。纵、横向预应力筋张拉控制应力分别为1395MPa、1302MPa,均采用两端张拉。主墩采用矩形双肢薄壁墩,墩高分别为32m及20m。主墩承台采用四边形承台,承台厚5m。主桥箱梁采用悬臂浇筑方法进行浇筑,合龙步骤为先边跨再中跨。

利用Midas/FEA软件建立云蒙山特大桥主桥实体单元模型,对于几何实体模型采用自动网格划分方式进行划分,主桥混凝土实体网格采用单元长度100cm进行划分,实体网格单元图见图1。预应力钢筋网格采用单元长度50cm进行划分,预应力钢筋网格单元图见图2。最终,全桥共建立194组实体网格单元,4090组钢筋网格单元。边界条件中承台底部采用固定约束,边跨支座分别采用约束竖向和约束竖向及横桥向来模拟。施工阶段采用激活和钝化网格及边界条件的方式进行模拟,全桥共划分29个施工阶段。

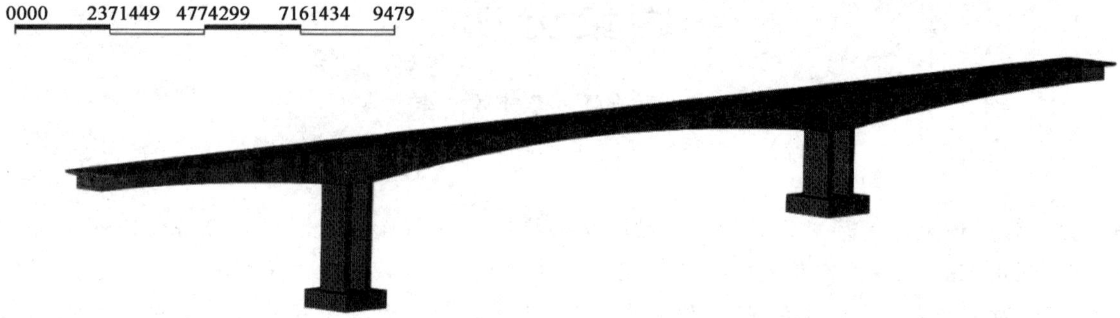

图1　大桥混凝土网格单元图

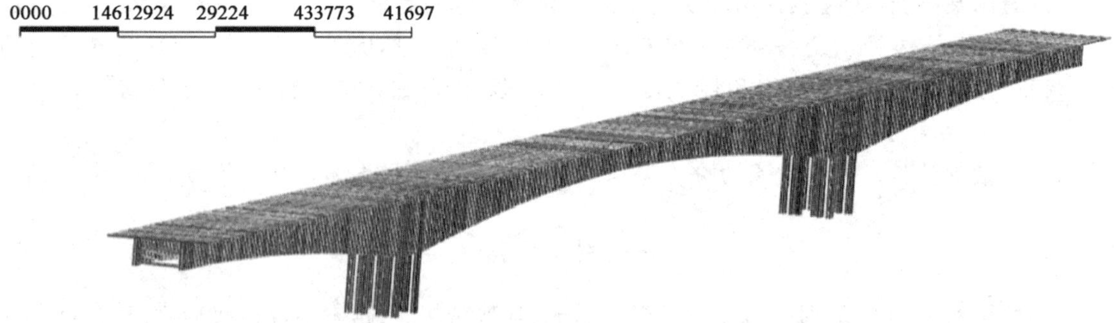

图2　大桥预应力钢筋网格单元图

采用相同的几何模型参数及施工阶段划分方式,分别在Midas/FEA、Midas/Civil中建立实体单元模型和梁单元模型,对比分析二者计算的成桥挠度以及应力结果。前者计算得到的全桥竖向挠度范围为 -4.72 ~2.10cm,应力范围为 -16.05 ~1.19MPa。后者计算得到的全桥竖向挠度范围为 -4.36 ~1.97cm,应力范围为 -14.89 ~0MPa。二者计算得到的成桥时挠度结果差值范围在5%以内,前者挠度及应力计算更为保守,且所得结果更为细致。故采用实体单元模型相对较优,模型计算结果准确。

三、大跨度连续刚构桥挠度及应力分布影响因素分析

1. 徐变效应的影响

混凝土徐变效应是在荷载的长期作用下,混凝土变形随时间而增加的现象,即在应力不变的条件下,混凝土的应变随时间持续增长的现象[1]。影响混凝土徐变的因素可分为内因及外因,内因有混凝土组成成分和配合比;外因有混凝土在长期荷载作用下产生的应力、加载时混凝土龄期、养护及使用条件下的温度和湿度等。徐变作用引起的混凝土变形往往为非线性,不易准确计算。因此,以下从徐变预测模型、加载龄期、环境湿度等方面探讨徐变效应对连续刚构桥的挠度及应力影响。

1)徐变预测模型的影响

分别选取JTG D62—2004模型、CEB-FIP模型以及ACI模型,在软件中仿真模拟徐变效应对大跨度连续刚构桥成桥时挠度与纵桥向应力、成桥十年时挠度与纵桥向应力的影响。选取箱梁顶板中心线,利用Midas/FEA中线上图功能,得到全桥挠度变化如图3所示。

由图3可知,徐变效应对大跨度连续刚构桥挠度影响很大,考虑与不考虑收缩徐变效应,跨中挠度最大相差7.3cm。几种模型中,ACI模型计算所得的挠度较其他几种模型最为保守。采用ACI模型计算得到的跨中上挠值最大,且成桥十年时跨中上挠值较成桥时增加7.2cm,增幅为73.3%。JTG D62—2004

模型、CEB-FIP 模型计算结果相近,这是因为前者是在后者的基础上进行的修正,二者成桥十年时跨中上挠值较成桥时增加 3.2cm,增幅为 66.7%。

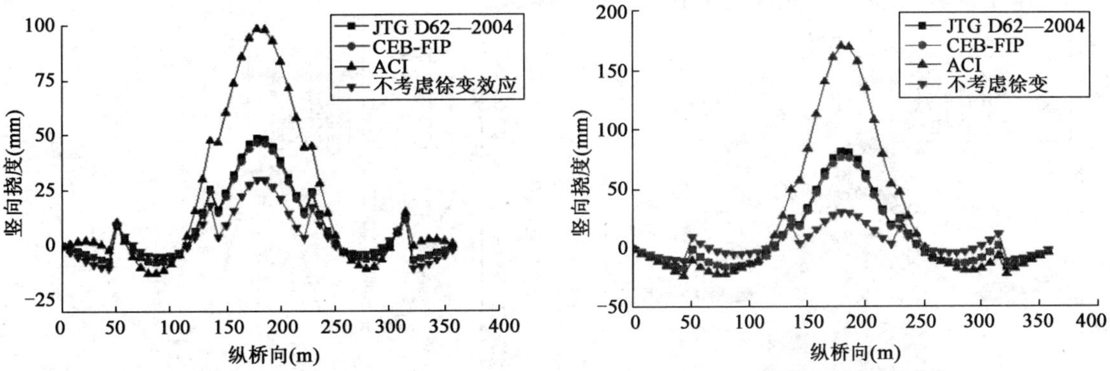

a)成桥时挠度分布　　b)成桥十年时挠度分布

图3　不同徐变模型挠度对比

同理,选取箱梁顶板中心线,利用 Midas/FEA 中线上图功能,计算得到不同徐变模型下全桥纵桥向应力分布,如图 4 所示。

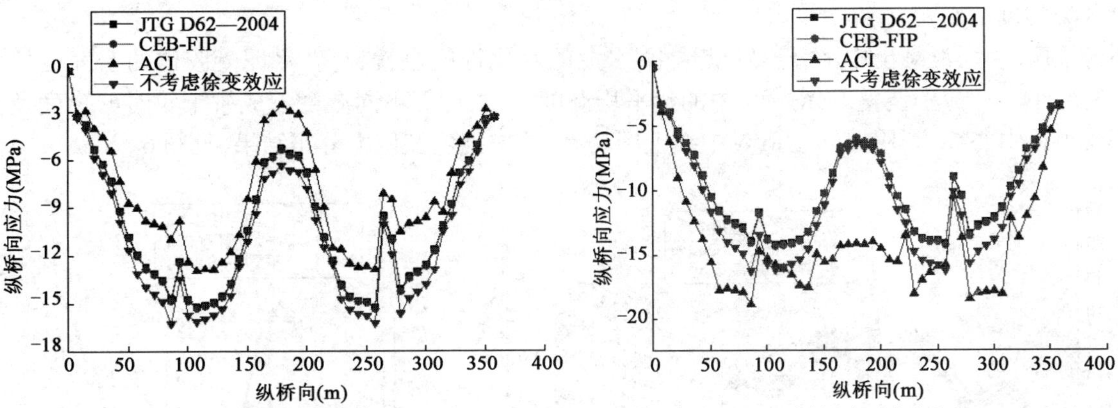

a)成桥时应力分布　　b)成桥十年时应力分布

图4　不同徐变模型应力对比

由图 4 可知,在成桥时及成桥十年时,选用 ACI 模型计算所得应力结果与其他三种工况下结果均有较大差异。选用 ACI 模型计算时,成桥十年时跨中纵桥向压应力较成桥时增幅最大,增值为 11.55MPa 左右。JTG D62—2004 模型、CEB-FIP 模型计算结果相近,二者成桥十年时跨中压应力较成桥时增加 1.8MPa。JTG D62—2004 模型、CEB-FIP 模型以及不考虑收缩徐变在成桥十年时跨中纵桥向应力几乎相等。

2)加载龄期的影响

在工程实际中,通常采用分节段悬臂现浇的方法进行连续刚构桥主梁施工,节段施工天数通常为 10~15 天。而在实际施工过程中,施工单位有时为了缩短工期,会在浇筑混凝土 3~5 天后或采用加入早强剂使得混凝土强度达到要求后便张拉预应力。为探讨加载龄期对于连续刚构桥长期挠度及应力分布的影响,分别选取加载龄期 3 天、5 天、7 天、14 天以及 28 天分别计算全桥成桥十年时的挠度及应力。

采用只改变加载龄期参数,不改变施工天数的方法,挠度分析时,以加载龄期 28 天工况为基准对照组,计算不同加载龄期的相对挠度,应力分析不设对照组。选取箱梁顶板中心线,利用 Midas/FEA 中线上图功能,得到成桥十年时挠度及应力对比见图 5。

由图 5 可知,加载龄期对连续刚构桥长期挠度分布具有一定影响,加载龄期减小,桥梁相对挠度值呈上升趋势,且相对挠度增加值与加载龄期成正比。跨中相对挠度值在加载龄期为 3 天工况下最大,为 4mm;加载龄期为 14 天时最小,为 1mm。加载龄期越小,成桥十年时相对位移值越大,即考虑长期时间效应,加载龄期越小,对于连续刚构桥越不利。加载龄期对全桥应力分布影响可以忽略,成桥十年时,不同加载龄期工况下全桥应力分布相近,应力分布区间为 -15.1 ~ 0MPa。综上,在实际施工过程中不应过早张拉预应力,施工规范要求加载龄期不应小于7天合理。

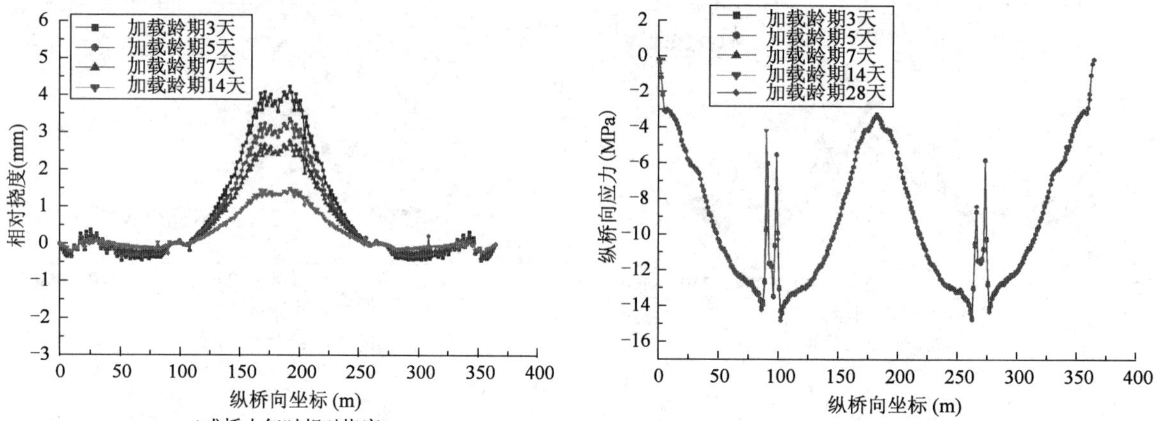

a)成桥十年时相对挠度　　b)成桥十年时应力分布

图5　不同加载龄期下成桥十年时挠度及应力对比

3)环境湿度的影响

环境湿度越大,混凝土中水分蒸发量越小,水泥的水化程度也就越高,水泥凝胶体的密度也越大,混凝土徐变越小[8]。分别调整FEA模型中的年平均湿度参数,计算不同湿度下成桥十年时的挠度及应力,选取箱梁顶板中心线,利用Midas/FEA中线上图功能,提取挠度及应力分布结果,见图6。

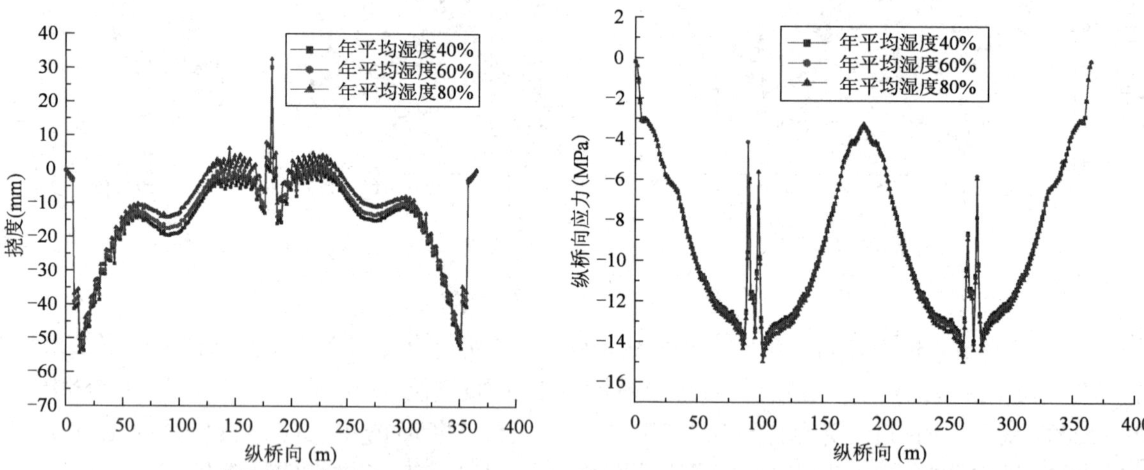

a)成桥十年时挠度　　b)成桥十年时应力分布

图6　不同湿度下成桥十年时挠度及应力对比

由图6可知,桥梁挠度分布随湿度的减小成正比例相对下移,此趋势在中跨明显,在边跨相对较弱。年平均湿度减小20%,中跨段相对下挠最大值达到4mm。不同环境湿度工况下整桥应力分布相近,只在墩顶附近具有微小差距。年平均湿度为40%、60%、80%工况所对应的最大压应力分别为 -14.5MPa、-14.9MPa、-15.3MPa,工况一最大压应力较工况三减小0.8MPa。由此可见,年平均湿度对于整桥长期挠度及应力分布具有一定影响,湿度越大对连续刚构桥越有利。

2. 预应力损失的影响

连续刚构桥预应力钢束张拉采用后张法,张拉施工设备老化、锚具变形、材料劣化等均会引起预应力的损失[9]。云蒙山特大桥纵向预应力筋锚下控制张拉应力为1395MPa,为了模拟预应力损失,分别改变纵向预应力筋张拉应力为设计值的95%、90%、85%、80%(即1325.25MPa、1255.5MPa、1185.75MPa、

116MPa),计算不同预应力损失工况下成桥十年时的挠度及应力,选取箱梁顶板中心线,利用 Midas/FEA 中线上图功能,见图 7。

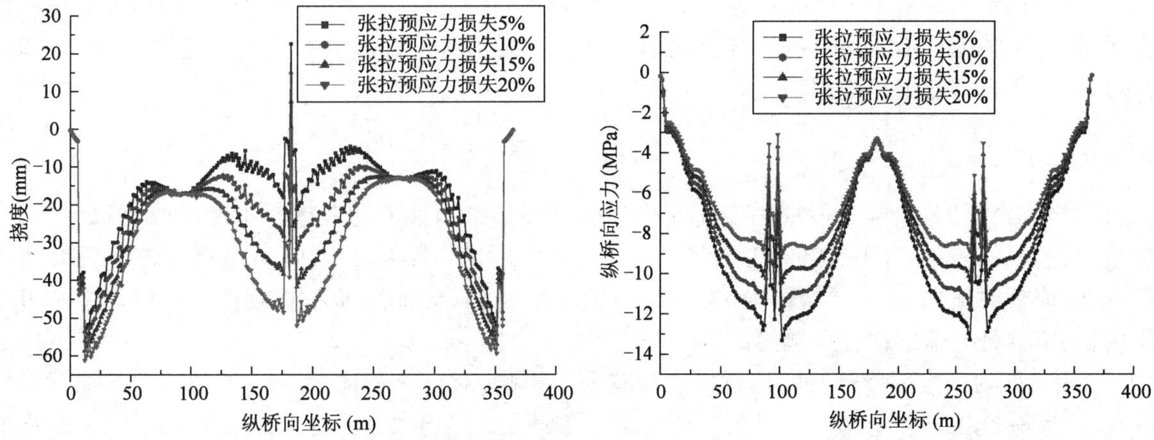

a)成桥十年时挠度　b)成桥十年时应力分布

图 7　不同张拉应力损失下成桥十年时挠度及应力对比

由图 7a)可知,在成桥十年阶段,随着预应力损失增加,整桥挠度分布成正比例相对下移,相对下移趋势在跨中部位最为明显。预应力损失 5%、10%、15%、20% 工况成桥十年状态下整桥挠度范围分别为:-54~23mm、-57~16mm、-59~8mm、-62~0mm,上挠取正。预应力损失每增加 5%,跨中相对下挠约 8mm。预应力损失值的增加会导致整桥在长期过程中会产生相对下挠的趋势,且预应力损失值越大,相对下挠趋势越明显,对于大跨度连续刚构桥不利。

图 7b)显示:预应力损失值增加,整桥压应力成正比减小,此趋势在中跨边部最为明显,在中跨部位相对较弱。不同预应力损失工况下整桥应力在跨中及边跨支座附近几乎重合,在墩顶截面附近差异最大。预应力损失 20% 工况最大压应力较预应力损失 5% 工况最大压应力减小约 5.1MPa。因此,预应力损失在桥梁各阶段对桥梁的挠曲变形以及应力变化均有较大程度影响,实际工程中应控制预应力的损失。

3. 合龙顶推力的影响

采用悬臂施工的大跨径连续刚 构桥,中跨合龙温度与设计基准温度可能不同,此外考虑长期运营结构自重、收缩徐变效应的影响,在施工中常采用施加反向顶推力使得主墩产生一定的偏移,从而抵消在后期运营时产生的纵桥向位移[10]。为探究合龙顶推力对连续刚构桥竖向挠度的影响,分别选择无顶推力、合龙顶推力 1000kN、合龙顶推力 2000kN、合龙顶推力 3000kN 四种工况,计算成桥时以及成桥十年时桥梁挠度,见图 8。

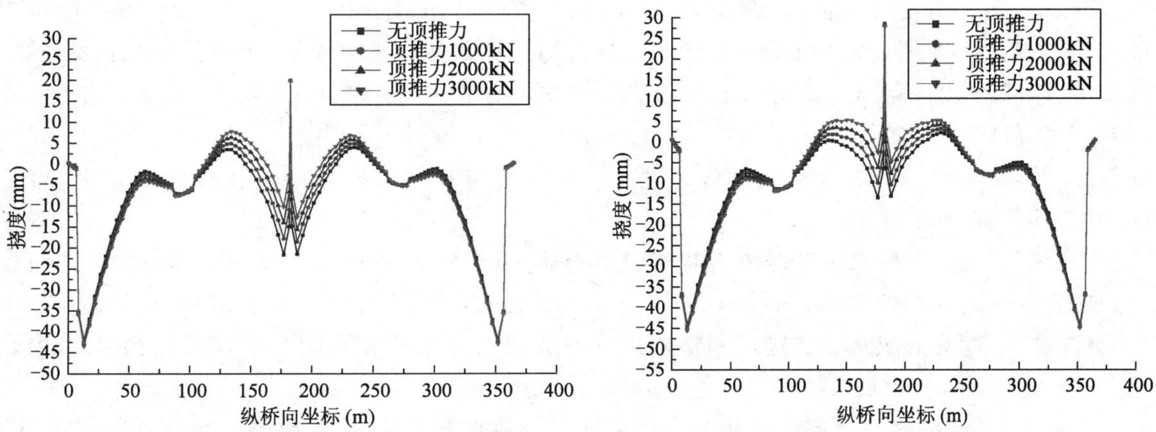

a)成桥时挠度　b)成桥十年时挠度

图 8　不同张拉应力损失下成桥十年时挠度及应力对比

由图8可知,不同顶推力工况下跨中最大上挠值几乎相等,成桥时最大上挠值均在19.7mm左右,成桥十年时最大上挠值均在28.3mm左右,成桥十年时较成桥时增加8.6mm。中跨随着顶推力的增加成正比例相对上挠,顶推力每增加1000kN,最大相对上挠值约增加3mm。边跨随着顶推力的增加成正比例相对下挠,但是受影响效果不明显。可见合龙顶推力对于连续刚构桥挠度分布具有一定影响,合龙施工过程中,应根据需要合理变更顶推力。

四、结　　语

(1)大跨度连续刚构桥挠度及应力变化受徐变预测模型影响很大。考虑与不考虑收缩徐变效应,跨中挠度最大相差7.3cm。选用ACI模型计算时,成桥十年时跨中挠度及纵桥向压应力较成桥时增幅最大,挠度值较成桥时增加7.2cm,增幅为73.3%,应力增值为11.55MPa左右。故在实际设计中不可忽略徐变作用,且应选择合适的徐变预测模型。

(2)加载龄期对于大跨度连续刚构桥挠度具有一定影响,对于全桥应力分布影响不大。加载龄期越大越有利,在实际施工过程中不应过早张拉预应力。加载龄期大于7天,可控制成桥十年时相对挠度在3mm以下,故施工规范要求加载龄期不应小于7天合理。

(3)环境湿度对于大跨度连续刚构桥跨中挠度及全桥应力分布具有一定影响。年平均湿度减小20%,中跨段相对下挠最大值达到4mm,全桥最大压应力减小0.4MPa。环境湿度越大越有利,在运营过程中建议控制环境湿度在较高水平。

(4)预应力损失对大跨度连续刚构桥挠度及应力分布影响较大。预应力损失增加,大跨度连续刚构桥整桥挠度分布成正比例相对下移,在跨中部位最为明显。预应力损失每增加5%,跨中相对下挠约8mm,全桥最大压应力减小约1.7MPa。

(5)在设计及实际施工中,采用施加合龙顶推力控制桥梁长期运营过程中纵向位移的措施,对于连续刚构桥挠度具有一定影响。顶推力每增加1000kN,最大相对上挠值约增加3mm。合龙施工过程中,应根据需要合理变更顶推力。

参考文献

[1] 陈宝春,陈友杰,赵秋.桥梁工程[M].北京:人民交通出版社股份有限公司,2017.

[2] PENG Y,ZHANG Z. Development of a Novel Type of Open-Web Continuous Reinforced-Concrete Rigid-Frame Bridge[J]. Journal of Bridge Engineering,2020,25(8):05020005.

[3] 王通,陈小龙,方明山,等.海域大跨度混合梁连续刚构桥中跨合龙施工关键技术[J].建筑结构,2021,51(S1):2354-2359.

[4] WANG H,XIE C,LIU D,et al. Continuous reinforced concrete rigid-frame bridges in China[J]. Practice Periodical on Structural Design and Construction,2019,24(2):05019002.

[5] 陈宝春,李聪,黄伟,等.超高性能混凝土收缩综述[J].交通运输工程学报,2018,18(01):13-28.

[6] 贺拴海,李源,任伟,等.大跨连续刚构桥长期挠度实测分析及预测[J].武汉理工大学学报,2014,36(04):112-115.

[7] 卫星,赵骏铭,肖林,等.连续刚构桥施工过程中腹板裂缝检测与研究[J].铁道工程学报,2019,36(07):38-43,86.

[8] 王艳,陈淮,李杰.大跨径PC连续刚构桥长期下挠影响因素分析[J].中外公路,2014,34(04):215-219.

[9] 张宏祥,包旭.预应力损失对连续刚构桥刚度和应力状态的影响分析[J].世界桥梁,2014,42(01):36-39.

[10] 李杰,陈彬.连续刚构桥顶推力计算与优化分析[J].郑州大学学报(工学版),2013,34(06):85-89.

29. 危岩带高边坡锚碇基坑爆破开挖影响评估及边坡稳定性分析

张万泽[1] 管维东[1] 陈 渤[2] 李 伟[1]
(1. 中交公路长大桥建设国家工程研究中心有限公司;2. 四川藏区高速公路有限责任公司)

摘 要 爆破开挖对高陡边坡工程安全性影响巨大。本文以新田长江大桥高峰岸异形锚碇基坑工程为例,根据其坡度陡、地层起伏大、卸荷裂隙严重等特点,开展爆破振动效应研究及稳定性分析,通过数值模拟计算方法得到爆破开挖对高边坡及其紧邻建(构)筑物的影响并进行边坡稳定性评估。结果表明:各测点的地质点振动最大速度 V 均满足规范的要求,爆破对周边建(构)筑物的影响在规范允许范围内,静力下边坡稳定性安全系数均满足规范要求,开挖过程中边坡均处于稳定状态。本文的研究成果可以为今后类似工程的爆破振动预测及控制提供参考。

关键词 爆破开挖 数值模拟 基坑工程 稳定性分析 高边坡

一、引 言

爆破开挖因其效率高、单次开挖方量大、成本低等特性,是工程建设过程中经常使用的技术手段,目前基坑开挖多采用爆破方法辅助进行。爆破开挖将会对原有地形地貌造成扰动,改变边坡的稳定性情况。因此,如何控制爆破振动效应成为爆破开挖施工中关键技术问题。爆破振动效应不但会影响到周边环境的安全稳定,还会对工程经济效益和边坡施工进度造成一定影响。有些基坑面临坡陡、坡高、边坡存在危岩带等技术难题,难以采用爆破方式进行基坑开挖,导致施工进度慢、施工费用高。因此,开展高陡边坡爆破开挖影响评估及边坡稳定性研究具有重要的意义。

自 1927 年 Rockwell 发表一篇有关爆破振动效应的文章以来,已有诸多专家、学者对爆破振动效应进行了大量的现场监测、室内试验和理论研究工作,并取得了较多的科技成果[1]。地震测试仪器的发明以及数值模拟软件的广泛应用,大大提升了爆破效应研究的深度,使许多爆破试验可以通过数值模拟分析实现[2-4]。陆广[5]等利用多元线性回归方法建立了综合速度及频率影响的民房爆破振动衰减规律方程;周后友[6]利用 ANSYS 有限元软件,采用强度折减法对露天边坡在静力和动力荷载条件下的稳定状态进行分析,得出爆破荷载下边坡的安全振速和

临界振速。安胜杰[7-8]通过对矿山的爆破振动数据进行拟合回归分析,分析爆破地震波在边坡中的传播规律。

炸药爆炸通过产生冲击波来粉碎岩体,随后衰减为地震波和应力波向四周传播,引起周围既有建(构)筑物振动[9]。同时,爆破开挖会不可避免地产生一些飞石,对人员安全有一定的威胁。因此,在开展基坑爆破开挖作业时,难以避免地会对周边环境及人员安全产生不利影响。为减小爆破振动对周边建(构)筑物等设施危害,首先应研究爆破振动传播规律,继而提出相应的控制措施,降低单孔装药量及一次起爆量,并计算其最大段药量及安全距离的限制值,提出相应的控制措施。

本文依托新田长江大桥项目,针对基坑面临着陡坡、地层起伏、卸荷裂隙、降雨浸泡、蠕变软化等问题,开展爆破施工过程中的振动与冲击对高边坡及临近重要结构的影响分析,建模响应数值模型进行研究分析,定量评价基坑稳定性,以保证在山区危岩地带的锚碇基坑开挖施工安全。

二、工 程 概 况

1. 工程概况

新田长江大桥属于万州环线高速公路控制性工程，为主跨1020m的钢箱梁悬索桥，大桥全长1770m，两岸均采用重力式锚碇。北岸高峰岸锚碇区位于斜坡中部地带，地面分布高程210～250m，基坑底面设计高程为198m。锚碇基坑开挖占地面积为5958m^2，基坑底面面积为1026m^2，边坡面积为5633m^2，锚碇基坑开挖总方量110400m^3，锚碇基坑平面图如图1所示。

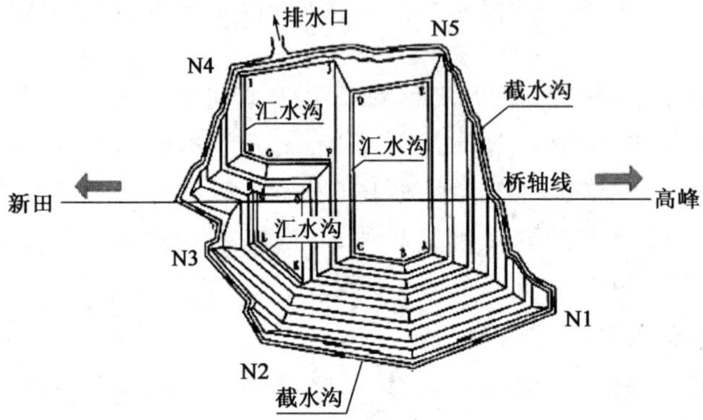

图1　锚碇基坑平面图

锚碇基坑基底位于中风化泥岩上，天然状态下黏聚力$c=430$kPa，内摩擦角$\varphi=30.23°$，基底容许承载力不小于1.35MPa。锚碇区基坑开挖后，边坡高度为12.0～52.0m，主要为泥岩和砂岩组成的中风化岩质边坡，上覆少量块石土，中风化砂岩天然状况下，黏聚力$c=1720$kPa，内摩擦角$\varphi=34.90°$。基坑边坡最大坡度为1∶0.3，最小坡度为1∶1，最高处边坡有6级，单级边坡高度为8m和10m两种，针对不同地层及边坡坡度采用锚喷支护、锚杆护面墙或锚索护面墙防护，基坑边坡立面图如图2所示。

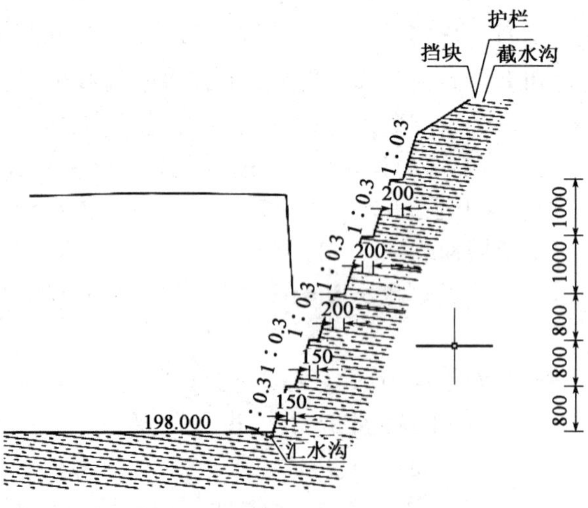

图2　锚碇基坑边坡立面图(尺寸单位:cm)

新田长江大桥所在区域地形条件较复杂，锚碇基坑面临着陡坡、地层起伏、卸荷裂隙、降雨浸泡、蠕变软化等多种不利影响因素。由于锚碇基坑施工边坡区域上方有一危岩带，崩坡积体上存在有孤石，地表高差大，锚碇开挖时需要机械配合爆破开挖施工，爆破产生的振动对边坡稳定性影响较大，为锚碇基坑高边坡及周围建构筑物带来较大安全隐患。

2. 环境控制标准

结合现场实际条件件,现场基坑开挖采用机械+爆破方式进行,其中爆破方式采用露天浅孔爆破开挖,需考虑爆破对周边建(构)筑物设施的影响。根据国家标准《爆破安全规程》(GB 6722—2014)得知,露天浅孔爆破频率f在4~10Hz之间,对于一般民用建筑物的地质点振动安全允许速度V为2.0~2.5cm/s,码头与水库的地质点振动安全允许速度V为8~12 cm/s。根据实际勘察情况,离锚碇基坑最近的房屋为西北侧一栋废弃民房,水平距离为38m,码头距离锚碇基坑最小水平距离为60m,水库距离锚碇基坑的最小水平距离为175m。

为此,本文基于现场爆破方案,采用有限元数值方法,分析爆破对不同距离下质点动力响应特性及振速规律,评估基坑爆破开挖对基坑高边坡及周围环境影响。

三、爆破分析方案

1. 爆破方案

为模拟实际爆破开挖对周边环境的影响,模拟施工过程中锚碇基坑爆破时由上至下,由坡顶至坡底,分层分台阶进行爆破作业,分层时从基坑中部开始向"三方边沿靠近",泥岩靠近边坡、坡面时预留2.5~3.0m机械凿打,砂岩预留1.0~1.5m机械凿打,基底预留1.0m采用机械凿打,爆破方式采用单排ϕ70mm孔常规爆破方案。炮孔采用等间距分布,炮孔间距、孔深度及尺寸等爆破参数如表1、表2及图3所示。

ϕ70mm 孔常规爆破参数 表1

参数	爆孔直径 D	钻孔超深 h	炮孔深度 L	炮孔间距 a	炮孔数量
取值	70mm	0.3m	3.5m	2.3m	7
参数	炮孔倾角 α	堵塞长度 L_1	装药长度 L_2	底盘抵抗线 (20~30)D	单孔装药量 Q
取值	80°~90°	1.5m	2.0m	2.0m	2.484kg

ϕ70mm 孔爆破参数表 表2

参数	H(m)	h(m)	a(m)	b(m)	L(m)	L_2(m)	L_1(m)	Q(kg)	$Q_{实}$(kg)
取值	2.0	0.3	2.3	1.8	2.3	1.3	1.0	2.484	2.4
	2.5	0.3	2.3	1.8	2.8	1.4	1.4	3.105	3.2
	3.0	0.3	2.3	1.8	3.3	1.5	1.8	3.726	3.6

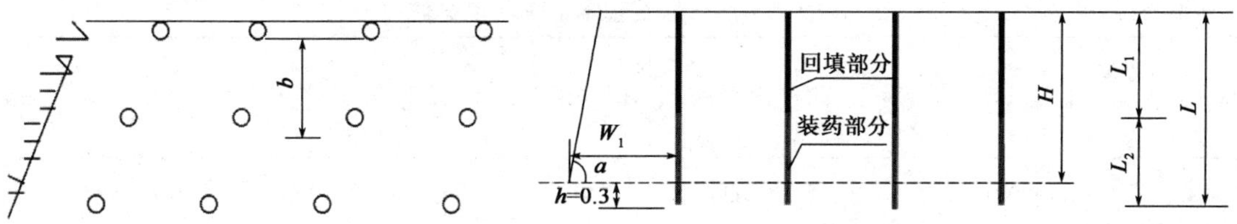

图3 炮孔布置平面布置及剖面装药结构示意图

2. 模型建立

为分析基坑爆破对高边坡及周围环境的影响,采用LS-DYNA有限元软件进行数值计算,参照图2高危边坡的尺寸建立模型。按照上述爆破方案,布设炮孔如图4所示。其中灰色部分为完整的中风化泥岩,基底上方左右两侧各建立对称式边坡模型,两边坡之间相距198m,为监测爆破对边坡影响,在边坡模型上设置了12个爆破振速测点,左右测点对称各6个。

3. 计算参数

根据上述爆破方案,计算模型中炸药参数,本文爆破材料模型为Eos,状态方程由JWL来描述:

$$P = A\left(1 - \frac{\omega}{R_1 V}\right)e^{-R_l V} + B\left(l - \frac{\omega}{R_2 V}\right)e^{-R_2 V} + \frac{\omega E_0}{V} \tag{1}$$

式中：ω——格林艾森参数，即定容条件下，压力相对于内能的变化率；

A、B——材料常数；

R_1、R_2——无量纲常数；

P——压力；

V——爆轰产物的相对体积；

E_0——初始比热能，由密度1.64的TNT的$E=0.07$近似求得。

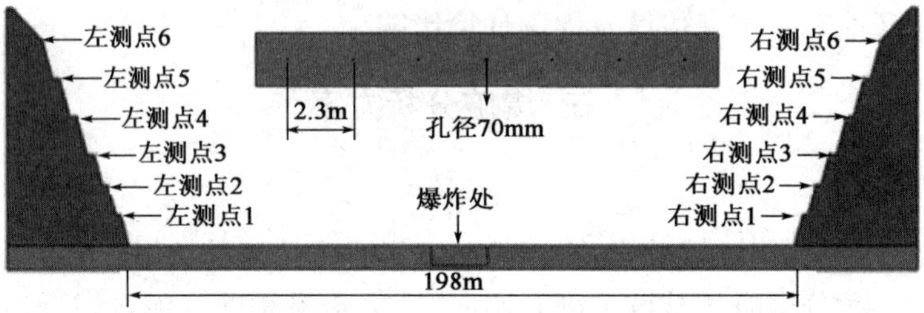

图4　基坑边坡及爆孔布置图

通过计算乳化炸药（密度为1000kg/m^3，爆速为4500m/s，$k=3$，初始比热能E_0 =0.07）得出JWL状态方程参数如表3所示。

ϕ70mm孔常规爆破药量表　　表3

密度ρ (kg/m^{-3})	D (ms^{-1})	材料常数A (GPa)	材料常数B (GPa)	无量纲常数R_1	无量纲常数R_2	格林艾森参数ω	初始比热能E_0
2.0	0.30	189.56	0.18	4.25	1.00	0.15	4.216

岩石材料具有非连续性、非均质性、各向异性和明显的尺寸效应（岩样的大小不同表现出不同的力学性质），并且存在裂隙、节理、层理、软弱夹层、断层及断裂破碎带等，选择合适的材料模型描述岩石的力学特性对于整个岩土爆破分析十分重要。炸药起爆时近区岩石受到强烈的压缩发生屈服以致破碎，岩石应变很大，具有明显的应变率效应，在LS-DYNA中双线性塑性硬化模型（MAT_PIECEWISE_LINEAR_PLASTICITY）包含应变率效应的Cowper-Symonds模型，根据地勘资料及计算经验，本项目中风化岩体材料参数的选取如表4、表5所示。

边坡中风化岩石基本力学特性参数　　表4

密度ρ	弹性模量E_0	泊松比μ	屈服强度σ_0	切线模量E_{tan}	抗压强度σ_c	抗拉强度σ_{st}	Cowper-Symonds参数	
(g/cm^3)	(GPa)		(kPa)	(GPa)	(kPa)	(kPa)	C(s^{-1})	P
2.65	8.3	0.25	25	1.5	42.71	640	2.0	3.0

基底中风化泥岩基本力学特性参数　　表5

密度ρ	弹性模量E_0	泊松比μ	屈服强度σ_0	切线模量E_{tan}	抗压强度σ_c	抗拉强度σ_{st}	Cowper-Symonds参数	
(g/cm^3)	(GPa)		(kPa)	(GPa)	(kPa)	(kPa)	C(s^{-1})	P
2.58	1.0	0.24	4.3	0.003	7.55	80	2.0	3.0

四、爆破影响评估

1. 边坡应力变形影响

截取部分时刻整体结构的应力云图如图 5 所示，炸药孔于 0.5ms 开始依次爆炸，至 210.5ms 结束。爆炸发生后，应力波由炸药中心以点到面方式向外扩散，对周围的岩石产生冲击作用，距离孔炸药中心越近的位置，岩石收到的冲击波越大，岩石结构更容易被破坏，而爆破荷载对边坡处产生的应力水平基本为 0。爆炸后结构变形状态如图 6 所示，从变形状态可知，爆破完成后中间位置的单元失效，在炸药的周围，基岩因冲击波的作用会形成一个局部的空腔，有利于基坑岩石开挖清除。

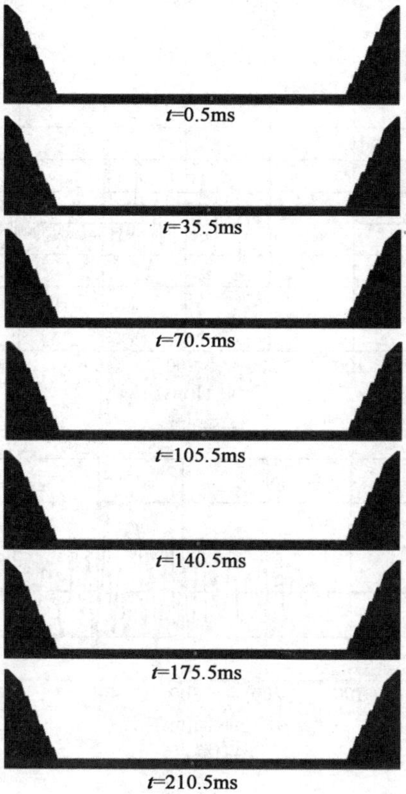

图 5 整体结构应力云图

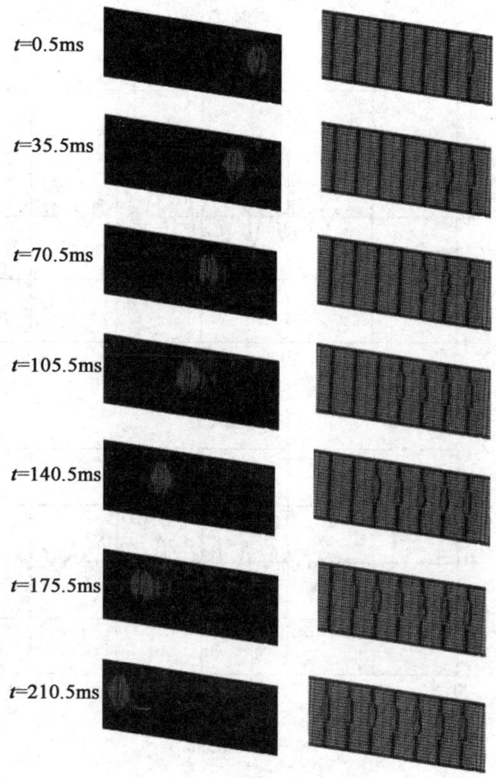

图 6 爆炸区域应力云图及示意图

2. 对高陡边坡影响分析

通过分析不同位置处质点的振动规律及振速，评估爆破效应对周围构筑物、民屋建筑、自然环境等的影响，并判断爆破方案是满足国家相关安全规定的。对边坡处各测点的弹性波的振动速度时程曲线进行分析，限于篇幅，文中给出 1 号、3 号和 6 号测点速度时程曲线如图 7 所示，各测点振速统计如表 6 所示。

由图表分析可知，由于波的衰减性，随着距离爆破点增加，边坡左、右侧各测点的爆破振速峰值总体趋于减小，其中测点 1 号距离爆破点最近，左、右两侧爆破引起的岩石振速分别 0.52cm/s 和 0.54cm/s，而随着距离增加至坡顶 6 号测点，左右两侧爆破引起的岩石振速分别降低至 0.37cm/s 和 0.32cm/s，平均衰减约 30%。通过对比相同距离位置的左、右测点，可以看出左侧点的峰值力相对较大，平均速度峰值为右侧的 1.2 倍，主要原因在于，波在传播过程中产生了微小的叠加，导致了近首爆位置一侧的岩体爆破振速峰值较大。

此外，随着高程增加，各测点振速呈现先增大再减小的趋势。受高程放大效应影响，至 3 号测点高程处爆破振速有所增加以右测点为例，右侧点 3 号处峰值力达到 0.45cm/s，相比 2 号测点增加了 22%，随着高程继续增加，右侧点 4 号、5 号、6 号测点的速度峰值逐步衰减，但总体来看，高程放大效应影响对波的峰值影响不大，最终波的峰值主要受到距离衰减效应影响。

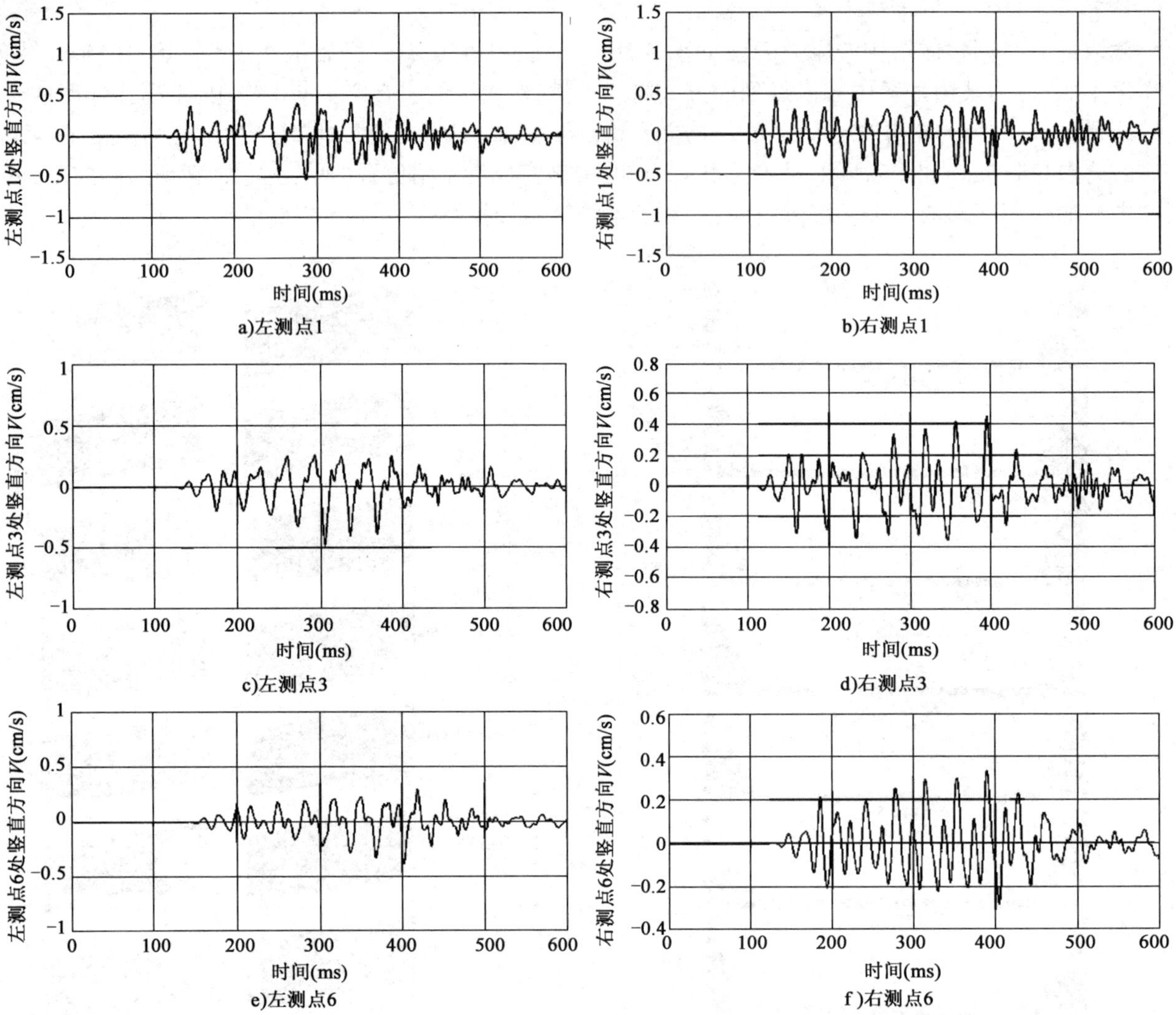

图 7　边坡各测点处竖直速度时程曲线

边坡各测点峰值速度统计表（单位：cm/s）　　表 6

测　点	速　度	测　点	速　度
左测点 1	0.52	右测点 1	0.54
左测点 2	0.42	右测点 2	0.37
左测点 3	0.49	右测点 3	0.45
左测点 4	0.42	右测点 4	0.31
左测点 5	0.45	右测点 5	0.30
左测点 6	0.37	右测点 6	0.32

3. 对周边构筑物影响分析

为了分析场地对弹性波的影响，取水平距离距爆源处分别为 20m、40m、60m、80m 四处测点作为研究对象,这样选取的目的是仅分析距离对爆破振速影响,而不考虑高程的影响,四种结果的振动波形图如图 8所示。

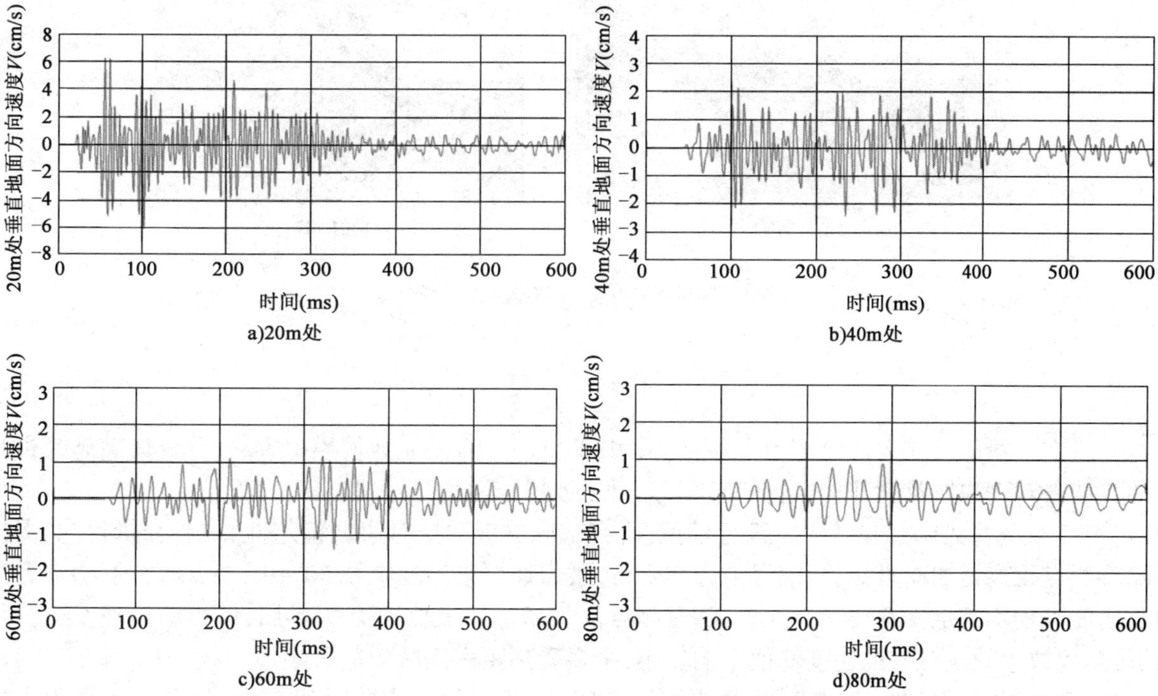

图 8 距离爆源处不同水平距离的四种测点的竖值速度-时间图像

对比图 8 四种波形图我们可以发现,测点距爆源处的距离越远,波发生的初始时间越慢,四处测点波发生的初始时间依次在 28ms、49ms、62ms、78ms,这体现出了波传播的时间特性。此外,四种波形图中,由于波在土壤、岩石等传播介质中的衰减特性,随着水平距离的增加,峰值速度呈现逐渐减小的趋势,四测点的峰值速度依次为 $V_{20}=6.0\text{cm/s}$、$V_{40}=2.1\text{cm/s}$、$V_{60}=1.2\text{cm/s}$、$V_{80}=0.9\text{cm/s}$。

由《爆破安全规程》(GB 6722—2014)规范要求可知,离锚碇基坑最近的废弃民房水平距离为 38m,距离爆破点 40m 位置处的地质点振动速度 V 在 2.5cm/s 以下,满足的安全性满足规范的要求;距离爆破点 60m 位置处的地质点振动速度 V 在 1.5cm/s 以下,码头与水库的安全性满足规范要求;边坡的地质点振动最大速度 V 为 0.54m,均满足规范的要求。

五、静力下边坡稳定性评估

运用 PLAXIS 2D 软件选取五个典型断面,建立基础边坡二维有限元模型,选取部分最陡的剖面模型如图 9 所示。按照基坑开挖与支撑建造施工顺序进行数值分析,采用强度折减法计算基础边坡的安全系数。计算结果表明,最陡剖面 N1 边坡稳定性最小安全系数为 2.24,其次 N5 边坡稳定性最小安全系数为 3.13,其余边坡安全系数均较高。根据《建筑边坡工程技术规范》(GB 50300—2013)中规定安全系数大于 1.35,计算可知整个施工工序满足安全要求,边坡处于稳定状态(表 7)。

各剖面最小安全系数 表 7

剖面标号	N1	N2	N3	N4	N5
最小安全系数	2.24	3.43	4.58	7.88	3.13

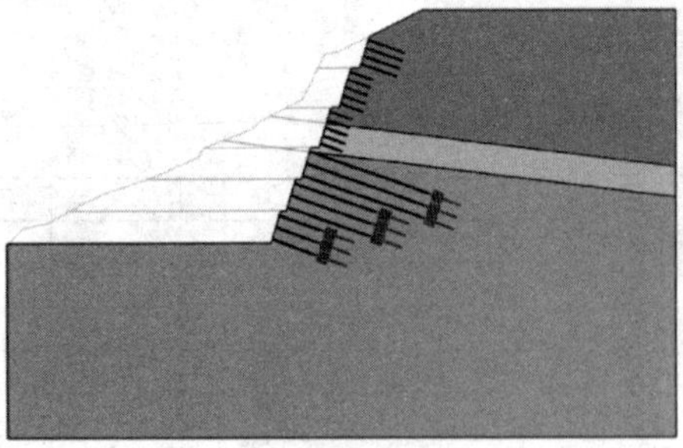

a)剖面N1

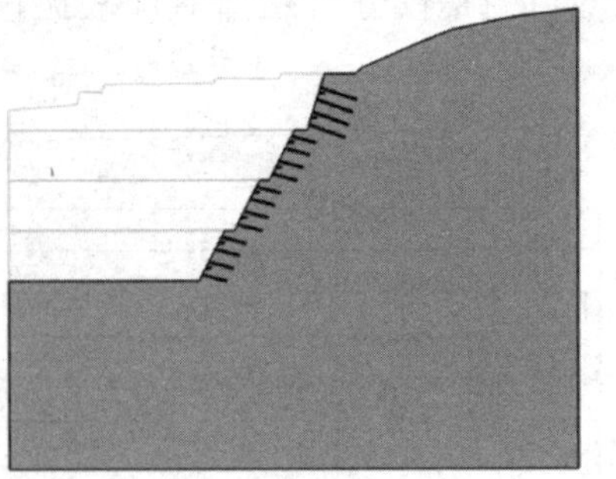

b)剖面N5

图9 锚碇基坑边坡二维有限元数值模型

六、结　语

本文以支撑新田长江大桥建设为出发点,采用LS-DYNA有限元数值模拟方法,分析爆破施工过程中的振动及冲击对高边坡及紧邻构筑物的影响,并对边坡稳定性进行评估,得到以下结论:

(1)基于现场爆破施工技术方案进行模拟,研究基坑爆破开挖对边坡稳定性影响,分析得知,爆破振速会随着测点距离增加而衰减,当前爆破方案下,边坡岩体爆破振速在0.30~0.55m/s之间,边坡各测点应力及速度时程均满足安全要求。此外,随着测点高程增加爆破振速有所增加,但当前放坡及支护设计方案下,高程放大效应对波的速度峰值影响较小,主要受到距离衰减效应影响。

(2)由于波的衰减特性,测点距爆源处的距离越远,波发生的初始时间越慢,且随着水平距离的增加,峰值速度逐渐减小,通过监测20~80m不同位置测点处的速度时程可知,爆破点附近废弃民房、码头与水库构筑物等,均满足规范的要求。

(3)选取多个典型边坡截面进行静力下的安全系数计算,结果表明,边坡稳定安全系数均大于1.35,说明整个施工工序满足安全要求,施工过程中边坡处于稳定状态。

综合表明,当前开挖支护方案下,基坑开挖过程中,考虑到基坑爆破振动影响后,边坡稳定性及周边建构筑物等,均满足安全要求。工程施工时,还应根据实际情况进行方案优化。

参考文献

[1] 王中达. 软岩深基坑爆破开挖的边坡稳定性分析[D]. 成都:西南交通大学,2011.

[2] 唐雪江. 爆破开挖对边坡稳定性影响研究[J]. 陕西水利,2021(10):216-217,235.

[3] 刘礼福,黄今,雷国荣,等. 爆破振动作用下某露天矿高陡边坡稳定性分析[J]. 有色金属(矿山部分),2021,73(04):27-32.

[4] 林博闻,舒大强,陈明,等. 扩机工程基坑开挖爆破振动效应及控制措施研究[J]. 爆破,2019,36(04):56-61.

[5] 陆广,罗周全,史秀志,等. 露天矿周边民房爆破振动响应的频率特征分析[J]. 矿冶工程,2011,31(01):9-12.

[6] 周后友,池恩安,欧阳天云,等. 爆破荷载作用下露天边坡稳定性分析[J]. 爆破,2021,38(02):80-87.

[7] 安胜杰,易吉祥,池恩安,等. 爆破地震波传播规律试验研究[J]. 爆破,2021,38(02):32-36,166.

[8] 汪禹,仪海豹,杨海涛,等. 某露天矿爆破振动的传播规律及其对周边设施的影响[J]. 现代矿业,2020,36(07):47-51.

[9] 丁乐. 江州下伏基岩深基坑爆破对紧邻建(构)筑物安全性影响研究[D]. 长沙:中南大学,2013.

30. 基于 ANSYS 的 ECO 改性聚氨酯摊铺机车架分析

徐 斌[1] 徐 速[1] 吕建华[1] 马登成[2] 喻 飞[1]
(1. 宁波路宝科技实业集团有限公司;2. 长安大学工程机械学院)

摘 要 ECO 聚氨酯混凝土为一种高强度、高黏混凝土,用于钢桥面的铺装,但是其快速凝固性决定传统沥青混合料摊铺机无法实现对其摊铺。摊铺机车架作为摊铺机的一个重要组成部分,起到支撑整个车身的作用,其稳定性决定了摊铺作业的质量,对摊铺机车架在 ANSYS 中进行了静力学的结构分析和动力学的模态分析,建立了摊铺机整机系统的有限元模型,分析了静载工况下整机的应为应变分布情况及整个车架刚度和自身的振动频率。

关键词 钢桥面的铺装 摊铺机车架 ANYSYS 分析 模态分析

一、引 言

摊铺机广泛应用于公路基层和面层上各种摊铺材料的施工作业[1]。车架作为摊铺机上一个重要部件,是摊铺机正常行驶和工作的基础。车架是空间结构,一定程度上影响施工效果和整机的可靠性,对摊铺机车架的强度和刚度研究是整机设计和制造必不可少的环节[2]。文献[3]针对大型复杂摊铺机车架在设计过程中结构强度和刚度较难保证,开展了基于有限元法的摊铺机车架的结构分析工作。文献[4]对稳定土摊铺机的不同类型的稳定土混合料分别进行工作阻力分析计算。通过比较得到的最大工作阻力,以此对稳定土摊铺机的桁架结构进行静力学分析计算。文献[5]对摊铺机履带台车架的两种受力状态进行了受力分析,并在 ANSYS Workbench 中进行受力和形变的分析。早期的工程结构优化设计主要考虑的是静力学特性,如变形及应力分布等,但随着工程技术的发展,在工程结构优化设计中,动力学性能的要求越来越突出,其对工程机械性能的影响也越来越大[6-8]。文献[9]对摊铺机车架进行模态仿真,分析其固有频率及振型状态,并通过尺寸优化和拓扑优化对车架结构进行优化,为摊铺机车架的设计和改进提供一定的依据。文献[10]以大型摊铺机车架为研究对象,应用动静力学特性相结合的设计方法,使用灵敏度分析和拓扑优化的结构设计手段,在满足摊铺机车架静力学性能的前提下,改进大型摊铺机车架的结构形式,改善其动力学特性,从而提升其摊铺作业质量。

ECO 聚氨酯摊铺机是一种新型摊铺机,其车架由两根纵梁和若干的横梁构成,起着连接整合其他部件的作用。摊铺机车架作为各个零部件连接的基础,其结构稳定性对于摊铺机的摊铺作业质量有着很大的影响。尤其是摊铺作业的主要装置熨平板直接与车架连接在一起,不合理的车架结构会极大地影响摊铺机作业的质量[11-12]。因此,对摊铺机车架进行结构校核和分析,以便对以后的优化设计,提高其动力学性能,是十分必要的。

本文依据 ECO 聚氨酯摊铺机车架的实际结构,建立车架整体的有限元模型,模拟实际载荷条件,根据摊铺机的工况,使用 ANSYS Workbench 对车架的结构进行静力分析,通过模拟摊铺机不同受力状态下的情况,施加一定的约束载荷,从而得出车架在不同状态下的应力和形变,根据相应的计算判断是否满足刚度、强度的要求。ECO 聚氨酯摊铺机车架的动态特效和刚度等性能对整车的舒适性、操稳性和可靠性具有重要影响。当车架的固有频率与激励频率相同或相近时,将引起共振,从而产生振动和噪声,严重影响车辆的舒适度,间接影响熨平板的摊铺平整度。当车架刚度不足时,会引起整车的变形增大,因此车架具有良好的静动态性能,对摊铺机的工作各项性能都有帮助。为了验证 ECO 聚氨酯摊铺机车架静动态性能的可靠性，首先采用有限元方法建立车架离散化模型，对其进行模态分析，对其弯曲刚度和扭转刚度进行分析。

二、模态分析理论

模态分析的结果所反映的是一个结构的固有振动特性，每一阶模态都由特定的固有频率、阻尼比以及模态振型等模态参数组成，并且都可以通过模态试验或者仿真分析获得。在动力学分析中，模态分析作为最基础有效的分析手段，被广泛应用于工程实践中，用来评价结构的动态特性。而计算模态和试验模态往往作为相互对比印证的有效技术手段，解决现代制造中复杂力学系统动态设计参数的确定。

模态分析是基于可能的谐波激励响应，对保守系统动态特性的一个分析。系统的非平凡解恰好给出了一系列的可能的简谐激励响应。因而在特定条件下，系统的所有的点都随着同一频率而移动。该运动的模态被称之为正交模态，其相对应的频率称之为固有频率。模态分析并不是对实际振动的分析，而是对系统的振动特性的分析，它作为一种简洁的数学形式，能够表达系统内在的动态特性假定结构自由振动并忽略阻尼时，动力学通用方程简化为：

$$[M]\{x''\} + [M]\{x\} = \{0\} \tag{1}$$

谐振动状态下，$x = X\sin(\omega t)$，方程变为：

$$[K] - \omega_i^2[M]\{\phi_i\} = 0 \tag{2}$$

通过求解上述方程，可以得到结构自然圆周频率ω_i^2和振型ϕ_i，进而得到自然频率$f_i = \dfrac{\omega_i}{2\pi}$和特征向量$\{x\}_i$（即振型）。在一些情况下，如果原结构存在预应力，此时做模态分析是需要两次迭代计算：

（1）进行线性静态分析，得到应力状态下对应硬化矩阵$[S]$；

（2）模态分析求解$[K+S] - \omega_i^2[M]\{\phi_i\} = 0$[13]。

三、ECO聚氨酯摊铺机车架建模

1. ECO聚氨酯摊铺机分析模型

为了得到ECO聚氨酯摊铺机车架的力学特性，利用有限元分析软件对车架进行结构分析。在进行结构仿真分析之前，需要对车架进行CAE模型的建立，主要包括车架几何模型的建立和处理、车架网格的划分以及材料等相关属性的设置。将摊铺机车架提取简化后的有限元模型导入ANSYS Workbench中进行网格划分，如图1所示。

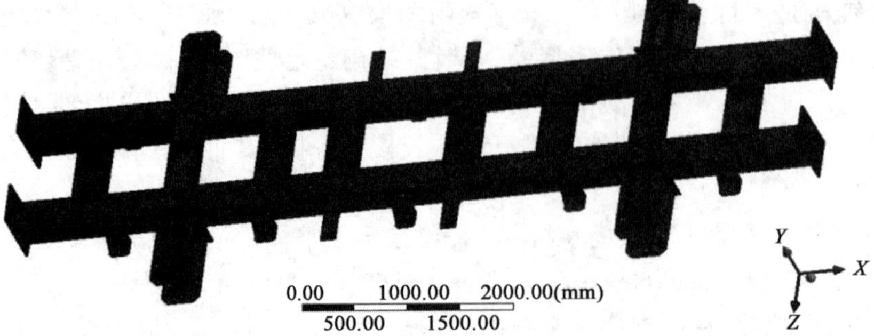

图1　ECO聚氨酯摊铺机机架网格划分

车架所用材料为Q345A，主要物理指标如表1所示。取安全系数为2[14]，则材料的许用应力为：$[\sigma] = \dfrac{\sigma}{2} = \dfrac{345}{2} = 172.5\text{MPa}$。

Q345A 主要物理指标 表 1

材　　料	模量 E(MPa)	密度(kg/m^3)	泊 松 比 μ	屈服极限(MPa)
Q345A	210000	7850	0.3	345

2. 载荷条件和边界条件

ECO 聚氨酯摊铺机车架有两种受力状态,一种是在工作和停止时的受力情况,由两端履带上四个液压缸将车架支撑,从而支撑起车架上的各种机器装置;另一种是由车架上的四个液压支撑将整个摊铺机支撑起来,方便工作人员对摊铺机进行检修和清理摊铺机。

摊铺机车架分为两种受力状态,摊铺机总重为 25t。由摊铺机总体积结构可知,主要重量通过车架上的两根纵梁承载,由于是总重,所以车架的重力加速度不予考虑。第一种受力状态下,将车架两端四个与液压缸接触的位置固定,为最大程度仿真实际情况,也将两根纵梁与下端部分接触的部分设置为固定约束。另外在两个纵梁上分别施加 12500kN 的力(图 2),添加的受力载荷为整个摊铺机载荷,实际中车架以下的部分重量为履带支撑。第二种受力状态下,在车架的支撑液压缸部分加固定,同时在两根纵梁上分别施加 12500kN 的力,如图 3 所示。

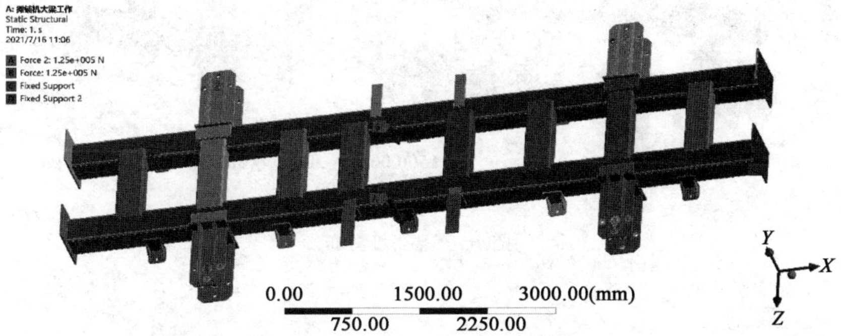

图 2　车架第一种状态受力

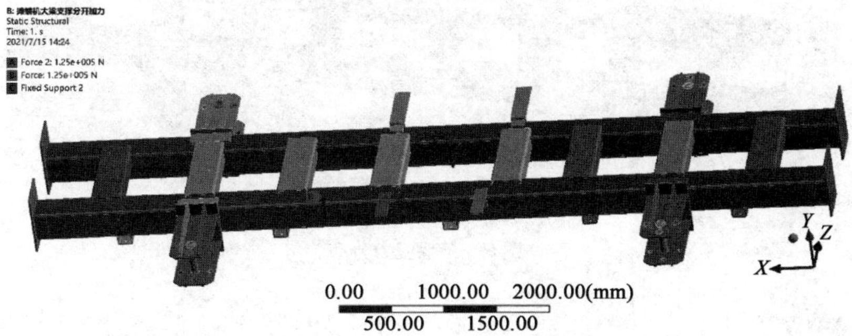

图 3　车架第二种状态受力

3. ECO 聚氨酯摊铺机车架仿真结果

1)摊铺机工作和停止状态

根据对车架机身模型有限元分析结果,车架应力和形变分布如图 4、图 5 所示。

从仿真结果可知,摊铺机车架在工作和停止状态下的最大应力为车架中间与下边零件接触的位置,最大应力值为 72.091MPa < 许用应力[σ],满足许用应力要求。除接触最大点应力值外,车架整体应力较为平均。

由于车架的跨度较大类似于简支梁,在载荷作用下车架中间存在挠度。由仿真结果知,最大挠度在纵梁中间部位,最大值为 0.008847mm,形变较小符合刚度条件。中间位置最大,向两边形变逐渐变小。

2)摊铺机辅助和修整状态

根据对车架机身模型有限元分析结果,车架应力和形变分布如图 6、图 7 所示。

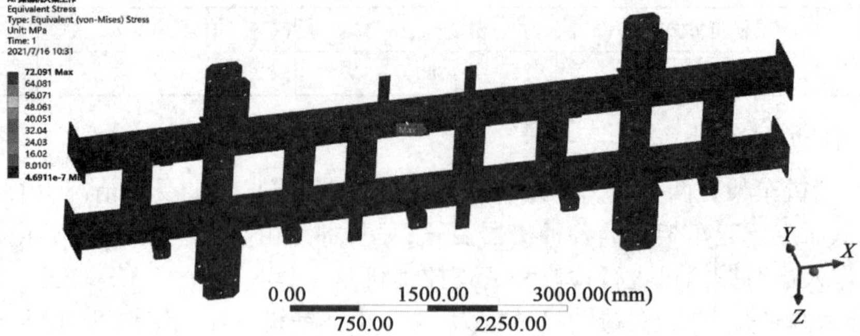

图4　车架应力分布

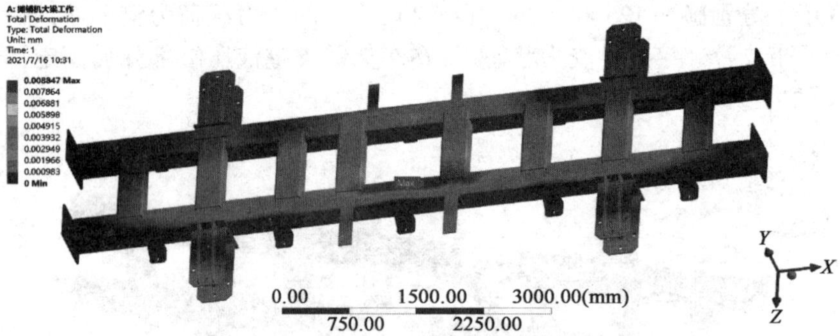

图5　车架形变分布

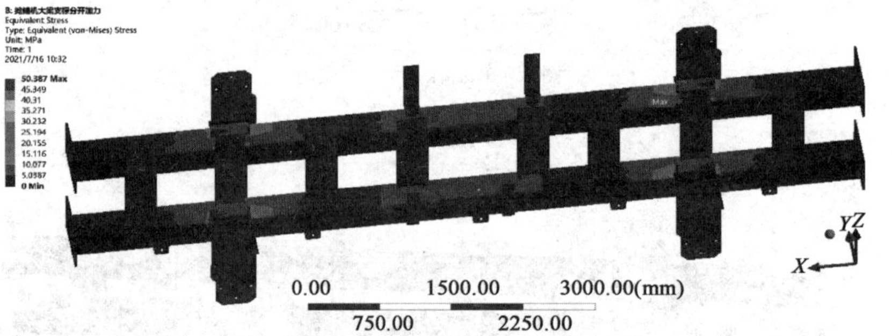

图6　车架应力分布

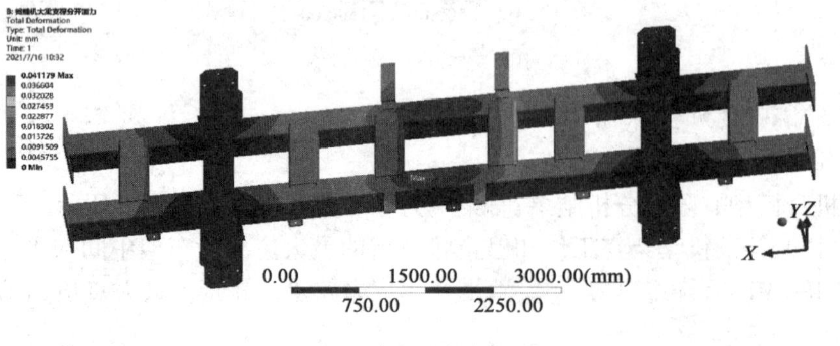

图7　车架形变分布

从仿真结果可以得出，摊铺机辅助和修整状态车架的最大应力为车架与支撑液压缸接触的位置，最大应力值为50.387MPa＜[σ]，满足许用应力要求。除四个接触最大点应力值外，车架中间部位应力较大，其他部位较为平均。

由于车架的跨度较大类似于简支梁,由于支撑位置在支撑液压缸的部位,车架两端类似于悬臂梁,在载荷作用下车架中间和两端存在挠度。由仿真结果知,最大挠度在纵梁中间部位,最大值为0.041179mm,中间位置最大,向两边形变逐渐变小,形变较小符合刚度条件。车架两端也有挠度变形,相比中间最大挠度要小。

四、摊铺机车架模态分析

对于摊铺机车架,模态分析可以研究它的固有频率和主要振型,对于研究减振、消除共振和上装设备分布及了解动态参数要求具有重要意义。同时,模态分析也是响应谱分析、瞬态动力分析、谐响应分析其余三个动力学分析的基础[15]。

ECO聚氨酯摊铺机在摊铺作业的过程中,其摊铺质量与很多因素有关,主要包括熨平板、振捣机构、找平系统及螺旋分料机构,以及这些系统之间的相互协调。车架作为上述这些系统机构连接的基础,其对摊铺质量的影响主要体现在其动力学特性上。不合理的车架结构,会引起车架非理想的振动。从而影响施工现场作业环境,同时由于振动异常也会极大地影响摊铺作业的质量,因此,对摊铺机车架进行模态仿真,分析其固有频率及振型状态,了解其固有频率分布范围,分析其振动形态,以期在后续设计中使固有频率避开激励频率,避免发生共振等问题,都是十分必要的。本文对ECO聚氨酯摊铺机车架模态的分析分为无预应力模态分析和预应力模态分析。

1.车架无预应力模态分析

对ECO聚氨酯摊铺机车架进行无预应力模态分析考虑在仅有固定支承、无外界力作用情况研究这种情况可以为车载设备分布,以及动态参数要求范围提供参考。

选择上文提到的车架第一种受力状态,但是不在纵梁上添加受力,只添加约束。初步拟定输出6阶振型。X为纵梁方向,Y为垂直于车架平面,Z为纵梁方向,得到结果如表2和图8所示。

车架无预应力模态分析 表2

模态阶数	1	2	3	4	5
频率(Hz)	57.605	94.637	107.68	112.97	117.65
最大形变(mm)	2.0042	2.0445	2.1855	3.826	3.9405

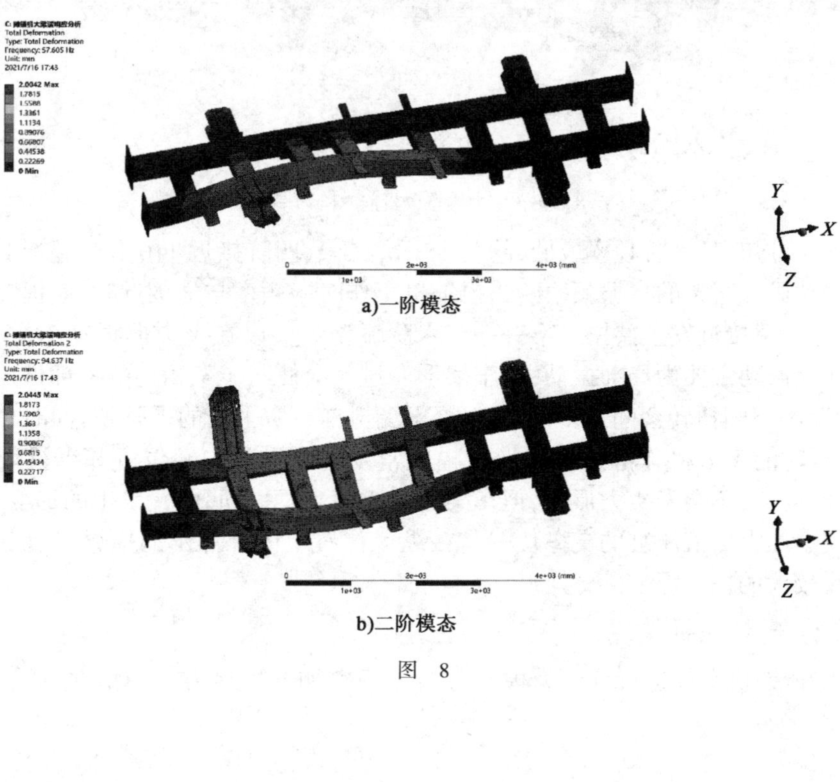

a)一阶模态

b)二阶模态

图 8

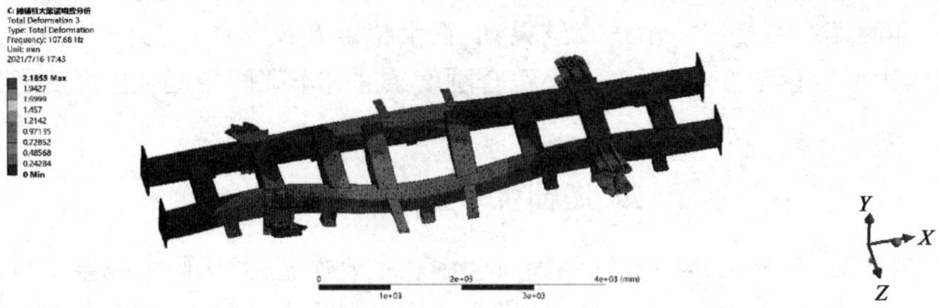

c)三阶模态

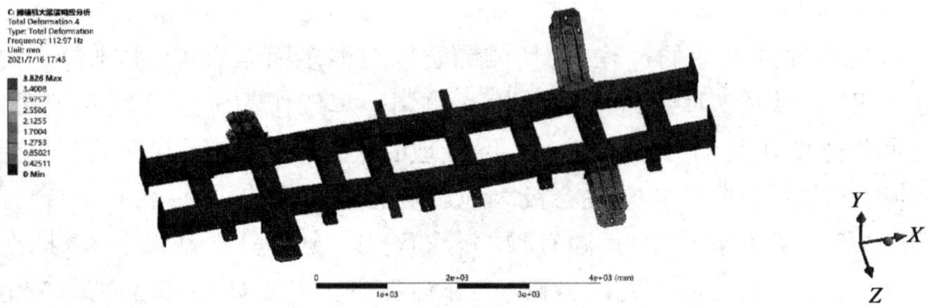

d)四阶模态

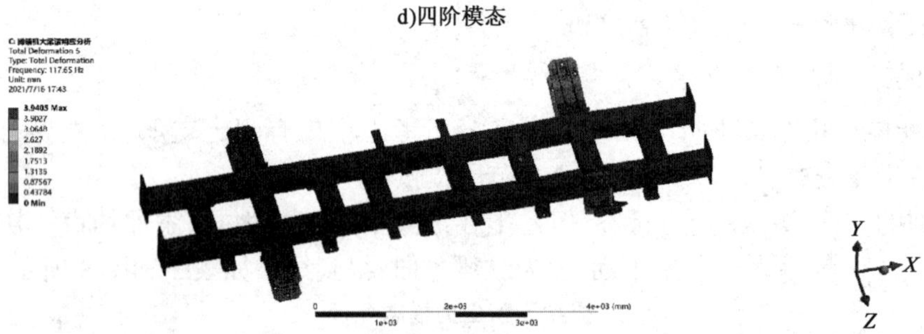

e)五阶模态

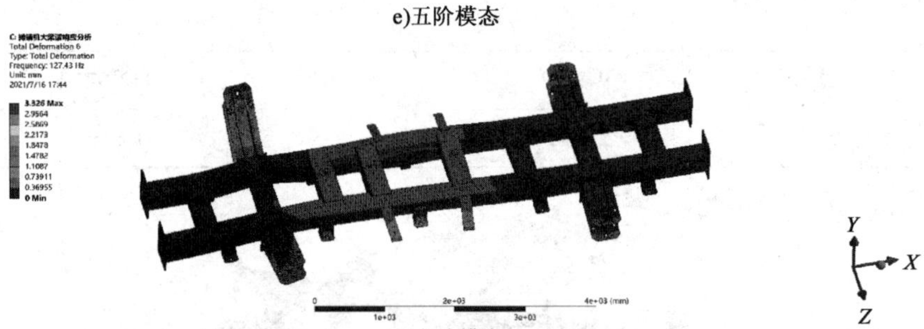

f)六阶模态

图8 无预应力模态分析前六阶频率结果

结合表2与图8可知,第一阶频率最低,约为58Hz,在三、四阶接近110Hz,六阶约为127Hz,ECO聚氨酯在工作时应主动避开车架的自振频率。当摊铺机工作时的频率与之接近时,应提高或者降低车架自身的振动频率,防止频率接近发生共振。第一、五、六阶振型主要以在 Y 方向振动为主,第二、三、四阶振型发生了空间扭转。振动主要为局部振动,当车架形变过大会使与车架相连的零部件产生形变的应力集中,在 Y 方向的形变和空间扭转会间接影响ECO聚氨酯摊铺机熨平板的平整度,同时也对车架上的设备造成影响,例如摊铺时的工人操作舒适性。形变幅值常发生在纵梁中间位置和纵梁液压缸支撑位置末端,两端由于支撑刚度大,不会发生大形变,但车架近似为简支梁,中间位置发生的形变较大,振动加大时中间位置的形变也会加大。液压缸的支撑位置是在纵梁位置上向外伸出的横梁,近似于悬臂梁,没有支撑在末端会发生比较大的挠度形变。

2.车架预应力模态分析

对ECO聚氨酯摊铺机车架进行预应力模态分析考虑在加载外界力作用情况,研究这种情况可以得到装载设备后的固有频率和对应振型,来避免发生共振,也是提供适宜行驶路面条件和车载设备运行参数范围的依据[16]。

预应力模态分析,在上文静力分析的基础上提取结果进行模态分析即可。受力状态同上文摊铺机受力状态一相同,坐标系与车架无预应力状态一致。其结果如表3和图9所示。

车架预应力模态分析　　表3

模态阶数	1	2	3	4	5	6
频率(Hz)	112.51	114.57	117.21	118.63	166.71	185.56
最大形变(mm)	3.6037	3.512	3.8997	3.7576	2.2387	1.1724

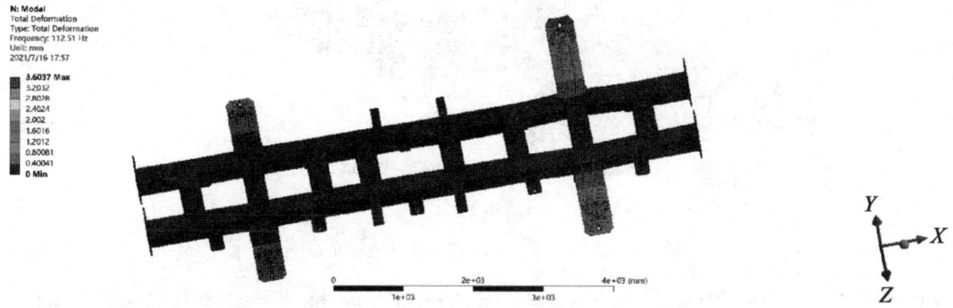

a)一阶模态

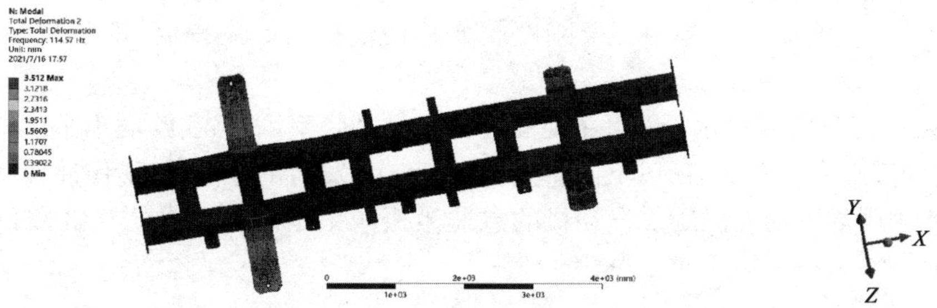

b)二阶模态

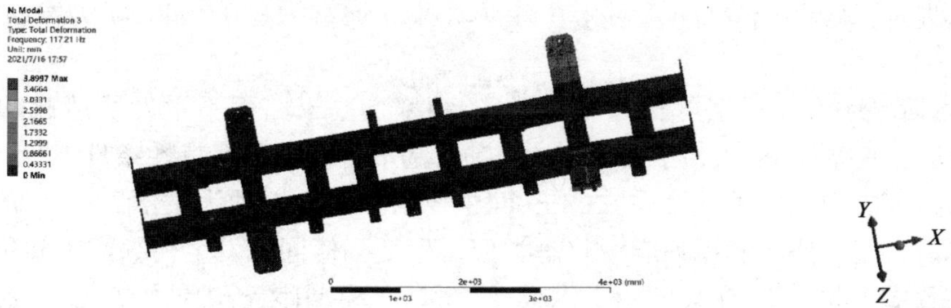

c)三阶模态

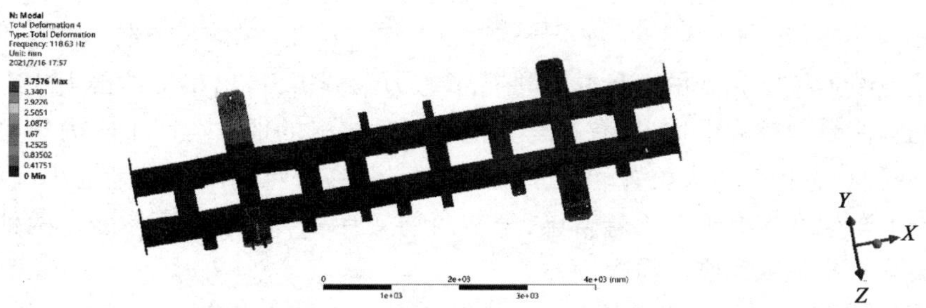

d)四阶模态

图 9

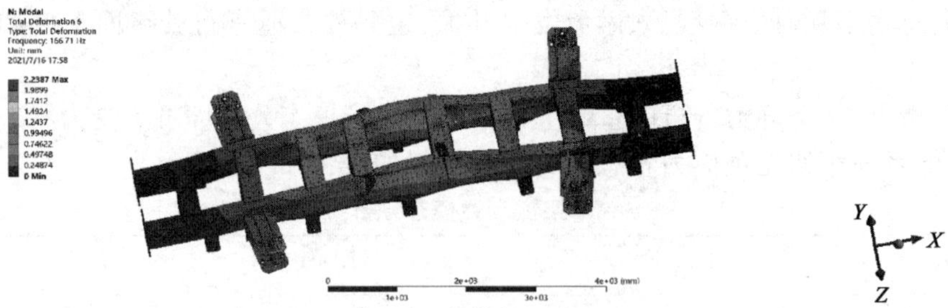

e)五阶模态

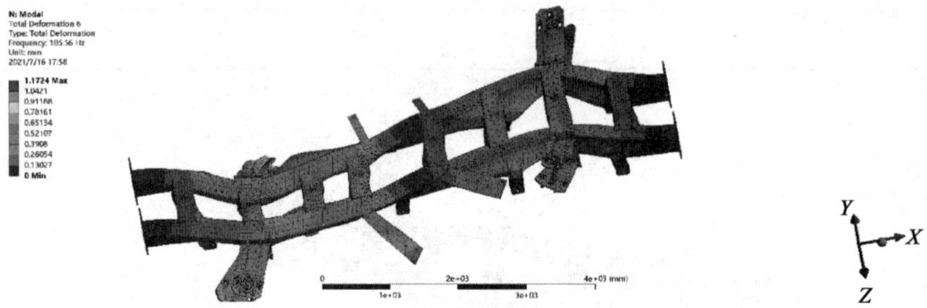

f)六阶模态

图9　预应力模态分析前六阶频率结果

结合表3与图9可知，前四阶频率相差较小接近115Hz，施加了预应力载荷后ECO聚氨酯摊铺机在工作时应该避开这个频率，以免车架发生共振。相比于无预应力状态时的车架，预应力状态时车架的频率整体上升，主要是由于施加应力之后车架刚度改变从而使振动频率提高，四阶之后车架的频率高达160Hz以上。

ECO聚氨酯摊铺机车架在实际环境下主要受到两种激励频率。首先，路面不平度所造成的车轮不平衡激振，这样引起的激励大多是20Hz以下的垂直振动；其次，发动机工作时，工作冲程燃烧爆发压力和活塞运动产生的惯性力引起的简谐激励。发动机的怠速激振频率是由发动机的气缸数目和怠速转速决定的，计算式为[17]：

$$f = \frac{n}{60} \times \frac{M}{2} = \frac{850}{60} \times \frac{6}{2} = 42.5$$

其中，n为发动机怠速转速（r/min），对于6缸发动机，n通常为850r/min；M为发动机的气缸数目，即M等于6。

结合车架的六阶频率表和振型可知，一至六阶的频率均高于路面不平度所造成的车轮不平衡激振20Hz和发动机的怠速激振频率42.5Hz，不会产生共振，基本上满足动态特性条件。

各阶均有扭转振动，但程度不同第一、二、三、四主要以Y方向振动为主，第五、六阶则以X、Z方向为主。振型同样为局部振动，影响和无预应力状态类似。形变幅值同样发生在纵梁中间位置和纵梁液压缸支撑位置末端，在预应力状态下，车架的两个纵梁受力相同，模型跟无预应力状态一致，其原因仍然是这两处位置的刚度有关。

五、结　　语

（1）对ECO聚氨酯摊铺机车架的两种状态进行了静力学分析，得出车架的最大应力和形变云图。两种受力状态车架的整体受力较为平均，只有在与其他零部件接触的地方会产生应力集中。车架的跨度较大类似于简支梁，两种状态形变最大位置均在车架的中间位置，并且向两边逐渐变小，ECO聚氨酯摊铺机在辅助和维修状态下车架两端有近似于悬臂梁，车架两端又有一个大的挠度形变。两种受力状态下ECO聚氨酯摊铺机车架均满足强度和刚度需求。

（2）对ECO聚氨酯摊铺机大梁进行了无预应力状态和有预应力状态两种模态分析，得出相应的模态频率和振型，有预应力状态的模态分析结果频率要比无预应力的模态分析要高，由于添加应力之后车架的刚度发生了改变造成频率提高。两种状态下车架的形变幅值主要是在车架中间位置和纵梁液压缸支撑位置末端。

参考文献

[1] 焦生杰. 沥青混凝土摊铺机与施工技术[M]. 北京:人民交通出版社,2007.
[2] 张伟. 基于 ANSYS 的沥青混凝土摊铺机熨平板有限元分析[D]. 西安:长安大学,2013.
[3] 孙健,刘畅,杨鹏程. 基于有限元法的摊铺机车架结构分析[J]. 机电工程,2020,37(07):841-844.
[4] 刘彦峰. 大宽度大厚度稳定土摊铺机桁架结构有限元分析及优化[D]. 西安:长安大学,2016.
[5] 周晨龙. 电驱动四履带水泥滑模摊铺机的设计[D]. 西安:长安大学,2015.
[6] RAJKUMAR R S H, ROBERTO T. Recent advances in engineering design optimisation: Challenges and future trends[J]. CIRP Annals-Manufacturing Technology, 2008, 57(2): 123-134.
[7] SARAH K. D, SEZ A, ISMAIL F C. Hsein Juang. An optimization based approach for structural design considering safety, robustness, and cost[J]. Engineering Structures, 2013(57): 356-363.
[8] 扶原放,金达锋,乔蔚炜. 微型电动车车架结构优化设计方法[J]. 机械工程学报,2009,45(09):210-213.
[9] 晏腾飞. 履带式大型宽幅摊铺机结构优化与可靠性设计[D]. 南京:东南大学,2016.
[10] 晏腾飞,张建润,彭光强,等. 大型摊铺机车架的力学特性分析与结构优化设计[J]. 东南大学学报(自然科学版),2016,46(03):483-488.
[11] 李亦文. 车身结构模型修改的问题研究[D]. 吉林:吉林大学,2008.
[12] DANG H N, MOHAMED B, NASSIM S, et al. Valorization of seashell by-products in pervious concrete pavers[J]. Construction and Building Materials, 2013, 49{5}.
[13] STRAUSS D P. finite element analysis of the effects of frame deformation on welded gusset plates[D]. Southern Illinois University, 2010.
[14] 张新占. 材料力学[M]. 西安:西北工业大学出版社,2006.
[15] 钟佩思,赵丹,孙雪颜,等. 基于 ANSYS 的汽车车架的建模与模态分析[J]. 机械设计与制造,2008(06):52-53.
[16] CORVEC V L. Nonlinear 3d frame element with multi-axial coupling under consideration of local effects[D]. University of California, 2012.
[17] 李子云. 路面冷再生机车架有限元分析及轻量化设计[D]. 武汉:武汉理工大学,2013.

31. 聚氨酯混凝土搅拌设备搅拌均匀性仿真分析

徐 斌[1] 徐 速[1] 王 博[1] 马登成[2]
(1. 宁波路宝科技实业集团有限公司;2. 长安大学工程机械学院)

摘 要 聚氨酯混凝土强度高、黏结性好,固化时间短,对搅拌均匀性要求高。为了提高聚氨酯混凝土搅拌输送设备的搅拌均匀性,对搅拌输送轴转速、螺旋叶片的螺距和搅拌输送时混凝土的充盈率进行了仿真分析,利用离散元方法(EDEM)的仿真软件建立了搅拌运输设备模型,对搅拌运输过程进行了离散元仿真模拟。结果表明:在设计范围内提高转速,混凝土的混合均匀性会根据物料的充盈率发生变化;在充盈率高的情况下,设备搅拌均匀性会上升,充盈率低则会先上升再下降。在供料速度一定的情况下,螺旋叶片的螺距越小则搅拌均匀性越佳,但是螺距的变小会导致搅拌输送效率降低。

关键词 聚氨酯混凝土搅拌设备 结构参数 工作参数 搅拌均匀性 EDEM 仿真

一、引 言

ECO 聚氨酯混凝土是 0.075 ~ 9.0mm 的圆砾、固化剂、聚氨酯按一定级配和比例均匀混合,在常温下拌和而成的一种不含沥青的聚氨酯混凝土,具有强度高、黏结性能好等特性,在钢桥面铺装中逐步得到广泛应用。由于其具有快速凝固的特点,在钢桥面等铺装施工时需要现场搅拌摊铺。为此,本文研发了一种安装于卡车底盘在现场拌和施工的移动式聚氨酯混凝土拌和设备。聚氨酯混凝土的搅拌均匀性是影响桥面铺装质量的重要因素之一,而搅拌设备的搅拌均匀性很大程度上决定了混凝土的质量,其结构参数和运动参数对混凝土搅拌均匀性的影响至关重要。为此,国内外学者进行了大量的研究,文献[1]进行了螺旋带叶片搅拌机中颗粒混合特性的研究。文献[2]利用离散元法对工业搅拌器中固体混合均匀性进行评价。文献[3]对沥青混合料搅拌设备中混合料进行了受力分析,确定叶片倾角的大致安装范围。文献[4]从拌和设备干燥筒的转速、倾角、叶片安装数量等方面分析了料帘均匀性的影响因素。文献[5]借助离散元方法(EDEM)软件对搅拌机叶片参数匹配进行了分析。文献[6]利用EDEM仿真软件对双滚筒再生搅拌设备的搅拌均匀性进行了建模与仿真,为本文的研究提供了一定借鉴。文献[7]进行了螺旋带叶片搅拌机中颗粒混合特性的研究;文献[8]借助离散元方法,进行了双立轴搅拌机搅拌过程中物料流动的分析;文献[9]分析了搅拌叶片形状与搅拌均匀性的关系,并给出了比较有效的建议;文献[10]采用离散元方法(EDEM)对搅拌过程搅拌叶片安装角度进行了仿真分析和实验研究。

上述研究的重点主要集中在沥青混合料搅拌设备结构方面,针对聚氨酯混凝土搅拌均匀性与搅拌设备的结构参数和工作参数的研究未有涉及,而搅拌轴的转速、螺距、搅拌腔的充盈率等一系列参数对聚氨酯混凝土搅拌均匀性的影响至关重要;为此本文在现有研究的基础上,需要对研发设备的搅拌均匀性及影响因素进行研究,以期为设备的升级与聚氨酯混凝土的搅拌提供理论基础。

二、聚氨酯混凝土搅拌设备结构

1. 搅拌设备料流分析

搅拌设备作为核心部件,其主要结构如图1所示,搅拌运输设备主要由外壳和螺旋搅拌输送轴组成。外壳与机架固定并与地面形成30°倾角安装,螺旋搅拌输送轴与外壳同轴并与壳筒之间形成搅拌输送区。搅拌输送轴尾部在左,紧靠出料口,右方为进料口,搅拌输送轴的起始。

螺旋搅拌输送轴安装有桨叶式搅拌叶片和螺旋式搅拌输送叶片,结构如图2所示。搅拌过程中混凝土受到两种搅拌叶片沿轴向和径向的推力,使得混凝土沿着径向和轴向发生流动。同时混凝土受到螺旋叶片的作用,使得混凝土沿着搅拌轴做螺旋运动。混凝土在搅拌叶片和运输叶片的综合作用下由进料口运输搅拌到出料口。

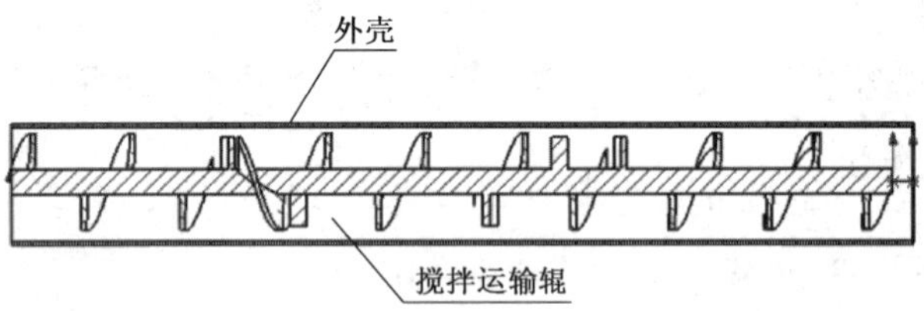

图1 搅拌输送设备结构

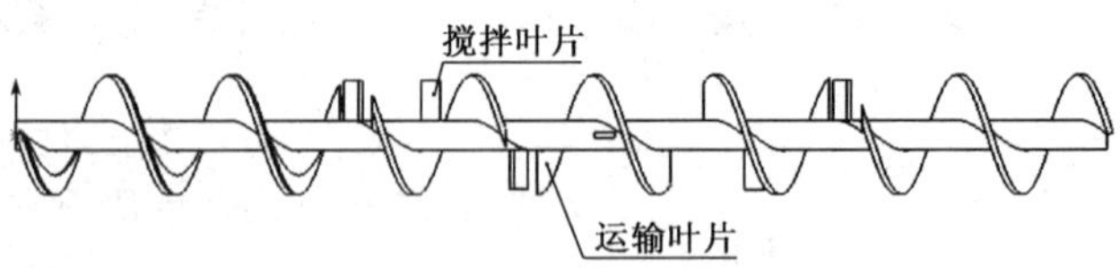

图2 螺旋搅拌输送轴结构

2. 螺旋搅拌输送轴转速

螺旋轴转速的大小会影响混合料运动的剧烈程度和搅拌时间。当螺旋轴转速较低时,混合料的轴向运动、径向运动和周向运动较弱,搅拌均匀性和搅拌效率都较低,而且混凝土在搅拌设备的时间更长,这也会导致混凝土产生一定程度的沉积和离析。适当提高转速可以促进混合料的对流和剪切运动,并提高生产效率。但是螺旋轴转速过快时,混合料的离心力就会偏大。当颗粒所受离心力大于颗粒和叶片间的摩擦力时,粒径不同的颗粒会因所受惯性力不同而以不同的速度抛离叶片造成离析。螺旋轴转速过快时反而不利于混合料的搅拌[6]。因此,适当的转速的是搅拌均匀性的保证。

3. 充盈率

充盈率是指搅拌腔内料流稳定时,混凝土占搅拌腔有效容积的百分比。搅拌腔中持续稳定料流的量会影响混凝土的搅拌均匀性和生产效率以及设备功耗。因此，搅拌腔内混凝土的充盈率要控制在合理范围内，充盈率过大或太小对搅拌机性能的发挥都会产生不利影响。充盈率太小时，料层较薄，混合料与叶片之间的相互作用力减小，颗粒之间的摩擦和碰撞作用减弱，不利于混合料大范围对流运动[11]。充盈率过小不仅会影响搅拌均匀性，还会降低生产效率。充盈率过大和过小的示意图如图3所示。

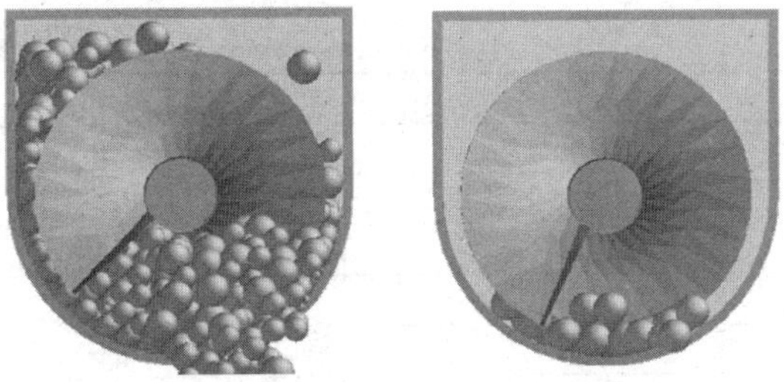

图3　充盈率过大和过小示意图

适当提高充盈率可以提高搅拌均匀性和生产效率，但是当充盈率过大时，叶片的工作阻力变大，搅拌功率随之增加。此时混合料的有效运动空间也会相对减少，颗粒之间的相对运动阻力变大，颗粒的抛洒和翻拌不充分。充盈率过大不仅会影响物料颗粒分布的均匀性，也容易因掺拌不充分而出现花白料。另外，小粒径集料或粉料黏附在内筒上的概率变大，从而会影响整体级配和特性。

4. 搅拌输送轴搅拌叶片

搅拌输送轴搅拌叶片对于搅拌后混合料的均匀性具有很大的影响。搅拌叶片的倾斜角度会改变搅拌叶片对于混合料作用力的方向，不同的倾斜角度，会导致混合料做不同的运动。搅拌输送轴搅拌叶片的大小则决定了搅拌输送轴在旋转时，搅拌叶片所能产生作用力的混合料的数量。搅拌叶片越大，搅拌时与搅拌叶片产生作用的颗粒越多。但是当搅拌叶片过大时，颗粒所受到的力的差异性越小，反而不利于搅拌。此外，过大的叶片会消耗更多的功率，加重叶片上面的应力集中，使机械寿命降低。

5. 搅拌输送轴螺旋叶片螺距

搅拌输送轴螺旋叶片的螺距的大小会影响混合料运动的剧烈程度。当搅拌输送轴运输叶片螺距过大时，相同搅拌输送轴转速的情况下，混凝土的运动剧烈程度增加，尤其是混合料的轴向速度变化剧烈，但是混凝土搅拌时间也会相应缩短，搅拌效率也会提高。当搅拌输送轴螺旋叶片螺距过小时，混凝土的搅拌运输时间变长，搅拌效率降低但混凝土的运动剧烈程度降低，同时混凝土与搅拌叶片的接触的速度方向也发生了改变。

因此，搅拌输送轴螺旋叶片的螺距过大或者过小都不利于混凝土的搅拌。叶片螺距应该综合考虑混凝土的搅拌均匀性和搅拌效率，兼顾两者要求。

三、搅拌运输设备仿真模型

1. 颗粒与搅拌设备的参数设置

采用EDEM软件建立搅拌设备仿真模型，为了提高仿真速度，保证仿真效率，增加显示效果，采用3种粒径的集料模拟混凝土，粒径范围分别为分别为5mm、10mm和20mm，依次命名为砂、集料1、集料2。设置物料的本征参数和接触参数时也按照聚氨酯、砂、石来设计，同时设置颗粒模型为单球型。

聚氨酯与砂、集料，裹覆聚氨酯的砂、集料与集料以及集料与几何体之间的接触力复杂，有分子间的范德华力，基于化学反应的酸碱力，也有啮合摩擦力等。为了模拟聚氨酯的黏附性，选择EDEM软件中的Hertz-Mindlin with JKR cohesion接触模型[12]。

搅拌装置和物料颗粒的本征参数和接触参数见表1和表2。

颗粒与搅拌装置的本征参数　表1

材　料	密度(kg/m^3)	剪切模量(GPa)	泊　松　比
钢	7850	70	0.30
集料	2430	40	0.33
砂	2800	30	0.25
聚氨酯	1200	30	0.25

颗粒与搅拌装置的接触参数设置 表2

接触对	恢复系数	静摩擦系数	动摩擦系数
钢-集料	0.8	0.2	0.030
钢-砂	0.5	0.3	0.030
钢-聚氨酯	0.5	0.18	0.025
集料-集料	0.6	0.3	0.02
石-砂	0.6	0.2	0.03
集料-聚氨酯	0.6	0.2	0.01
砂-砂	0.6	0.2	0.02
砂-聚氨酯	0.6	0.3	0.018
聚氨酯-聚氨酯	0.7	0.48	0.015

2. 搅拌设备的建模

为了提高仿真速度,保证仿真效率,我们将搅拌运输设备当中无用的装置去除,在EDEM中导入搅拌运输设备的igs格式模型,搅拌设备仿真模型如图4所示。其中,模型右侧的三个堆叠在一起的方块为颗粒工厂,为保证颗粒从颗粒工厂顺利进入搅拌区域,我们将颗粒的初始运动速度设置成方向为轴向,大小为1m/s。

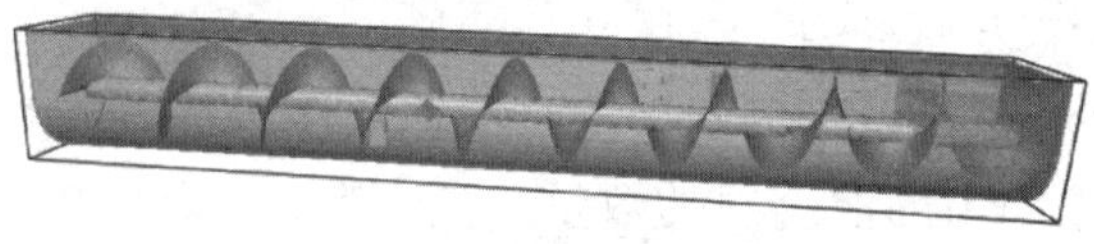

图4 仿真模型

四、仿真分析

1. 搅拌输送轴转速对搅拌均匀性的影响

取搅拌设备倾斜角度30°,搅拌设备运输叶片螺距为300mm,物料的产生速度分别为集料2为1500颗/s,集料1为2250颗/s,砂为3000颗/s。此时螺旋搅拌输料辊的充盈率为40%。将转速设置0.5r/s、1r/s、1.5r/s三种。仿真完成后搅拌运输设备中每种颗粒的分布如图5所示。为便于观察,图中砂颗粒、集料1、集料2分别设置为不同色。可以明显看出,随着搅拌输送轴转速的加快,搅拌输送轴对于集料的冲击性越来越强,并且由于砂颗粒过于细小,所以搅拌输送轴对于其的搅拌作用小于两种集料颗粒。故砂颗粒一部分沉积于螺旋搅拌输送轴的下方,一部分黏附于两种集料做搅拌运动。

仿真完成后计算三种颗粒的离散度来表示此时搅拌运输设备的效率。离散度结果如图6所示。

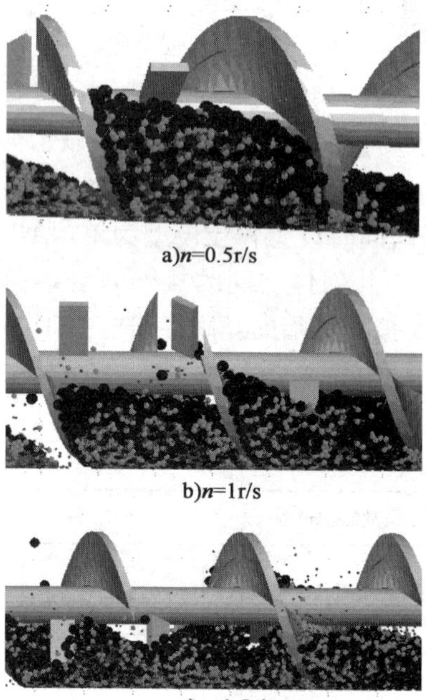

a)n=0.5r/s

b)n=1r/s

c)n=1.5r/s

图5 不同转速下混合料的颗粒分布

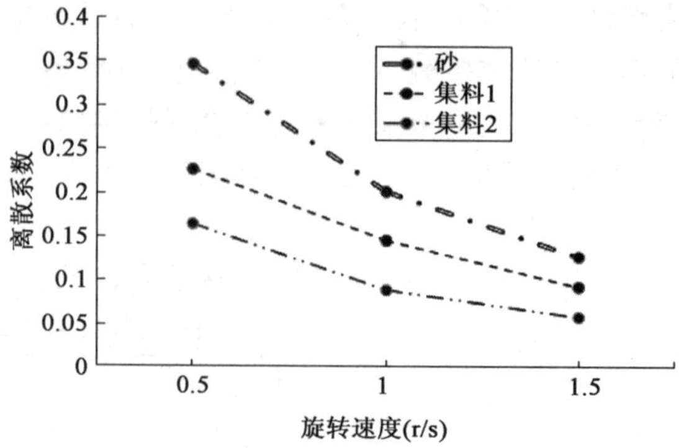

图6 40%充盈率三种颗粒在不同转速下的离散度

根据表现,离散度越高,则搅拌均匀程度越高,搅拌效果越好,这是因为当搅拌速度提升时,搅拌运输滚筒上的搅拌片对于集聚的物料冲击力越大,这就会导致物料的均匀性更加充分。当转速从 0.5r/s,提升到 1r/s 时,搅拌运输设备的搅拌均匀程度的提升幅度是大于转速从 1r/s 提升到 1.5r/s 的情况。这是因为当搅拌输送轴转速提高时,物料在搅拌输送轴上停留的时间就越短,被搅拌的时间也越短,这就会导致搅拌输送轴筒对于物料的搅拌不够充分从而使搅拌均匀性降低。

2. 充盈率不同时,转速对搅拌均匀性的影响

出料速度设置集料 2 为 900 颗/s,集料 1 为 1350 颗/s,砂为 1800 颗/s。此时,螺旋搅拌输料辊的充盈率为 24%。仿真结束后的混合料的分布情况如图 7 所示。

仿真完成后我们计算三种颗粒的离散度来表示此时搅拌运输设备的效率。离散度结果如图 8 所示。

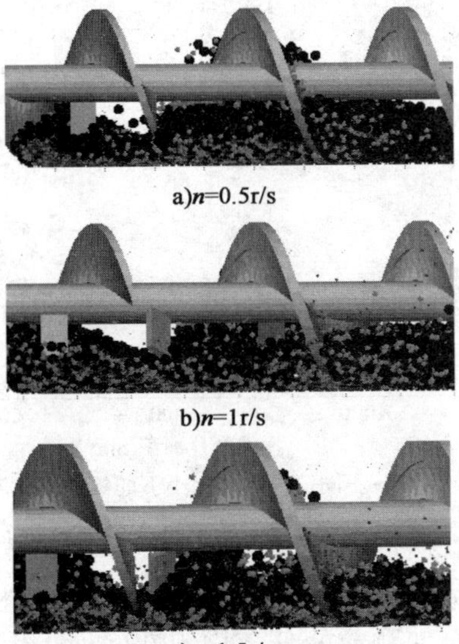

a)n=0.5r/s

b)n=1r/s

c)n=1.5r/s

图 7　24% 充盈率下,各个转速下混合料的分布情况

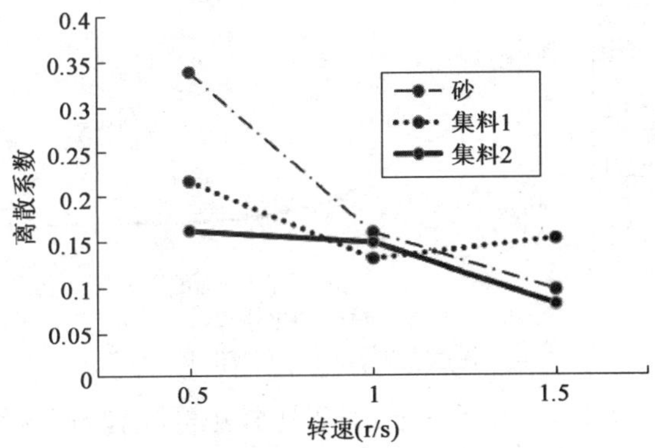

图 8　24% 充盈率下不同转速下的集料离散度

结合图 7、图 8 可以发现,物料较少时,随着转速的增加,搅拌效果呈现上升趋势的情况,并且在 24% 的充盈率的情况下,物料的总体搅拌均匀程度是高于 40% 充盈率的情况。这是因为当充盈率增加时,在工作时与搅拌运输辊产生作用的颗粒占比就会增加,越高比例的颗粒与搅拌运输辊作用,则搅拌效果越好。但是,考虑到在实际工作中,充盈率一般保持在正常状态下,不会出现充盈率过小的情况。根据上面两图我们可以知道,随着转速的增加,搅拌输送轴搅拌后的均匀性是不断上升的。但是当转速提高时,功率增加,对机械的磨耗增加。所以在实际工作中,适当提升转速和降低物料的充盈率都可以提升物料的搅拌均匀程度,具体数值应根据实际情况确定。

3. 搅拌输送轴螺距对于搅拌均匀性的影响

搅拌输送轴的螺距对于搅拌均匀性的影响也是非常显著的,仍然取倾斜角度 30°,转速 1r/s,三种集料的生产速度分别集料 2 为 750 颗/s,集料 1 为 1125 颗/s,砂为 1500 颗/s。对于螺距分别设置为 200mm、300mm 和 400mm,进行建模仿真后得到如图 9 所示的结果。

在图 9 中,当螺距从 200mm 不断增加到 400mm 时,三种集料的离散系数均呈现上升趋势,当且当螺距从 300mm 增加到 400mm 时,会导致 3 种集料的离散系数都出现大幅度的上升。螺距的会影响混合料轴向和周向运动的剧烈程度,进而影响搅拌均匀性,随着螺距的增大,混凝土的轴向和周向运动剧烈程度降低,从而

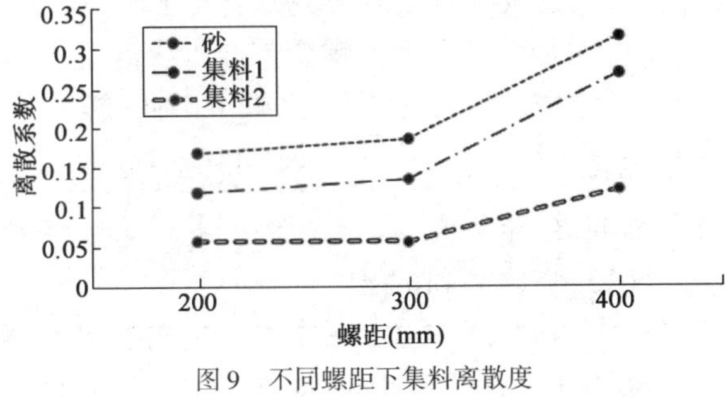

图 9　不同螺距下集料离散度

使搅拌均匀性降低。螺距的增加会增加搅拌的速度,从而减少混凝土在搅拌滚筒里面的时间。搅拌时间的减少会导致搅拌均匀性的降低。当螺距从200mm增加到300mm时,搅拌均匀性增加并不明显,但是当螺距从300mm提升到400mm时,搅拌的均匀性就大幅度增加。这是由于当螺距增加时,混合料被搅拌的时间就会减少,根据搅拌曲线(图10),我们可以知道,搅拌均匀性随着搅拌时间的增长而提升,但是随着搅拌时间的增长,均匀性的提高会越来越小。所以当螺距从300mm提升到400mm时,恰巧搅拌时间小于搅拌最佳时间,导致搅拌均匀性大幅增加。

4. 搅拌叶片大小对搅拌均匀性的影响

搅拌输送轴搅拌叶片的大小对于搅拌均匀性的影响也是非常显著的,仍然取倾斜角度30°,转速1r/s,三种集料的生产速度集料2为750颗/s,集料1为1125颗/s,砂为1500颗/s。对于搅拌叶片大小分别设置为400mm^2、500mm^{2}和600mm^{2}三个种,进行建模仿真后得到如图11所示的结果。

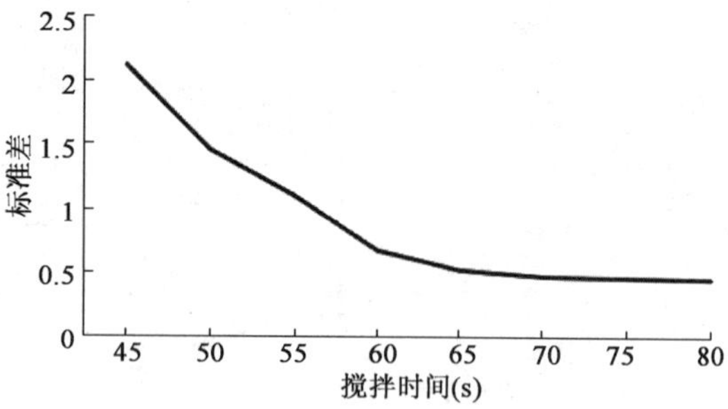

图10 搅拌结果标准差与搅拌时间的关系

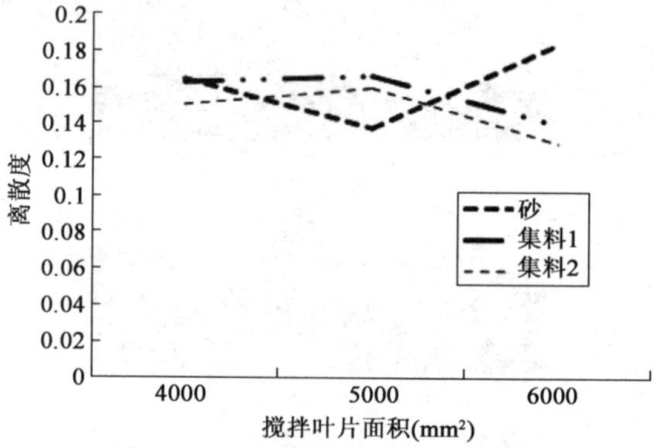

图11 不同搅拌叶片大小下的集料离散度

从图11中可以看出,对于比较小的颗粒及直径5mm的砂颗粒,当叶片面积增大时,搅拌完成后的分布均匀性呈现先上升后下降的趋势。这是因为当叶片面积增大时,与叶片产生作用力的颗粒越多,这就使得更多的颗粒动了起来,故在一定范围内增加叶片的面积会使颗粒的分布均匀性增加。但当叶片过大时,受到作用力的颗粒过多,使得不同颗粒受到的力的差异性变小,导致颗粒的分布均匀性降低。对于直径比较大的颗粒,当叶片面积增大时,颗粒的分布均匀性呈上升的趋势。从这里我们可以了解到,对于直径越大的颗粒,搅拌叶片面积与分布均匀性的拐点越靠后。故在实际工作时,搅拌叶片的大小应根据集料直径的分布特点来确定,不易过大和过小。

五、结　　语

(1)叶片之间的螺距通过影响混合料在轴向、径向和周向的运动进而影响搅拌均匀性和机械的生产效率。设置合理的螺距可以在几乎不影响搅拌效果的情况下提升机械的生产效率。

(2)在设计范围内提高转速、减小螺距可以降低3种集料的离散系数;其中砂的搅拌均匀性受转速的影响较为显著.

(3)在供料速率一定的情况下,增大螺距易造成混合料的提搅滞后,导致搅拌腔充盈率提高而不利于混合料的搅拌.螺距对粗集料均匀性的影响更为显著,随着螺距值增大,粗集料的离散系数呈指数倍增长,可以通过减小螺距值来提高混凝土的搅拌均匀程度.

(4)增加转速和增大螺距都会减少混凝土与搅拌输送轴相互作用的时间,这不仅可以提高搅拌运输速度也会对搅拌均匀性产生影响。因此,转速与螺距的具体的选择需结合实际情况来确定。

参考文献

[1] 陈渊召,李振霞.基于离散元法的橡胶颗粒沥青混合料细观结构分析[J].哈尔滨工业大学学报,2013,45(4):116-121.

[2] SIMONS T A H, BENSMANN S, ZIGAN S, et al. Characterization of granular mixing in a helical ribbon blade blender[J]. Powder Technology, 2016, 293(5): 1-11.

[3] 刘波,李自光,达昀峰.双滚筒连续式再生搅拌设备外筒搅拌叶片倾角研究[J].公路与汽运,2014(4):150-152.

[4] 石拓.沥青搅拌设备烘干筒结构分析与优化[D].西安:长安大学,2017.

[5] 赵利军,申岩,邓欣,等.基于EDEM的沥青混合料搅拌机叶片参数匹配[J].郑州大学学报(工学版),2019,40(3):79-84.

[6] 马登成,刘康.双滚筒再生搅拌设备搅拌均匀性建模与仿真[J].华中科技大学学报(自然科学版),2020,48(3):7-11.

[7] 陈渊召,李振霞.基于离散元法的橡胶颗粒沥青混合料细观结构分析[J].哈尔滨工业大学学报,2013,45(4):116-121.

[8] 王振鹏,赵悟,李耀,等.双立轴强制式混凝土搅拌机物料流动的模拟分析[J].工程机械,2016,47(2):13-18.

[9] 郑永军.实验用双卧轴混凝土搅拌机的仿真研究[D].西安:长安大学,2020.

[10] 郭良,赵悟,王敬,等.基于EDEM双立轴振动搅拌机叶片安装角度仿真分析及试验研究[J].现代制造技术与装备,2018(11):3-5.

[11] 冯忠绪,赵利军,姚运仕,等.搅拌机低效区及其消除方法[J].长安大学学报(自然科学版),2005(6):82-85.

[12] 张军.基于EDEM的混凝土搅拌机搅拌过程的料流分析[J].筑路与施工机械化,2018(35):102-106.

32.聚氨酯混凝土搅拌轴的力学与模态分析

徐 斌[1] 徐 速[1] 刘正武[1] 范伟东[2] 马登成[2]

(1.宁波路宝科技实业集团有限公司;2.长安大学工程机械学院)

摘 要 聚氨酯混凝土强度高、黏结性好,是一种高分子桥面铺装材料,搅拌设备是用于拌和E聚氨酯混凝土的关键设备,其可靠性直接影响工程施工的效率。搅拌轴是聚氨酯混凝土搅拌设备部的重要部件,因其长度较长、质量重、搅拌过程中受力复杂,作业时易引起变形,致使搅拌质量下降,严重时导致设备失效。为此,本文通过SolidWorks软件对搅拌轴进行三维建模,对其进行静力学分析,进而对搅拌轴的强度及刚度进行校核,最后对搅拌轴的模态进行了分析,确定各阶模态下搅拌轴是否可以正常工作,结果表明:所设计的搅拌轴刚度、强度符合要求。

关键词 搅拌轴 ANSYS 静力学分析 模态分析

一、引 言

ECO聚氨酯混凝土是将0.075~9.0mm的圆砾、固化剂、聚氨酯按一定级配和比例均匀混合,在常温下拌和而成的一种不含沥青的聚氨酯混合料。我们将用于拌和ECO聚氨酯混凝土的,安装于货车底盘在现场拌和施工的车辆,称为ECO改性聚氨酯搅拌车。ECO改性聚氨酯搅拌车是沥青路面工程的一项关键设备,其性能与运用的好坏,直接影响工程施工的质量、进度和生产效益。很多学者对于搅拌车进行了大量的研究,刘慰俭等[1]对单卧轴系列混凝土搅拌机进行了分析研究,以搅拌功率最小为目标函数,建立了单卧轴搅拌机参数的优化数学模型。冯卫、冯忠绪[2]对双卧轴搅拌机进行了参数化设计和有限元分析。李永维、秦艳军[3]根据材料强度理论,对搅拌轴进行了强度计算,获得了搅拌机在正常工况与卡料工况下的应力、应变云图,通过输入振动搅拌不同参数获得振动轴不同的模态及振型。王卿明等人[4]建立了泡沫沥青搅拌机构在搅拌过程中出现卡料这种工况下的搅拌机构和搅拌叶片的有限元分析模型。山东科技大学的崔希海、张云鹏等[5]对砂浆搅拌机的搅拌轴的工作方式和性能进行了研究。太原理工的聂超超等[6]对混凝土搅拌运输车搅拌叶片进行优化设计及其离散元分析。华东建筑机械厂的李超、陈礼祥[7]认为适当提高搅拌轴转速和增加搅拌时间,可以改善混凝土的搅拌质量,但转速过快,线速度过大,能耗和衬板、叶片之间的磨损将增大转速过低,则必须延长搅拌时间,生产率将受影响。ECO改性聚氨酯搅拌机是新开发的一种产品,搅拌轴是ECO改性聚氨酯搅拌机的重要组成部件,搅拌轴的刚度与强度直接决定了设备的稳定性和搅拌的质量。因此,本文将利用ANSYS对ECO改性聚氨酯搅拌车搅拌轴进行静力学分析,校核搅拌轴的刚度和强度是否符合要求,同时研究各阶模态下搅拌轴的状态,研究在各阶模态下搅拌轴是否可以正常工作。

二、搅拌轴模型及参数设置

1. 物理模型

对于ECO聚氨酯搅拌车的搅拌轴,我们首先利用SolidWorks[8]建立搅拌轴实体模型,螺距为300mm,见图1。

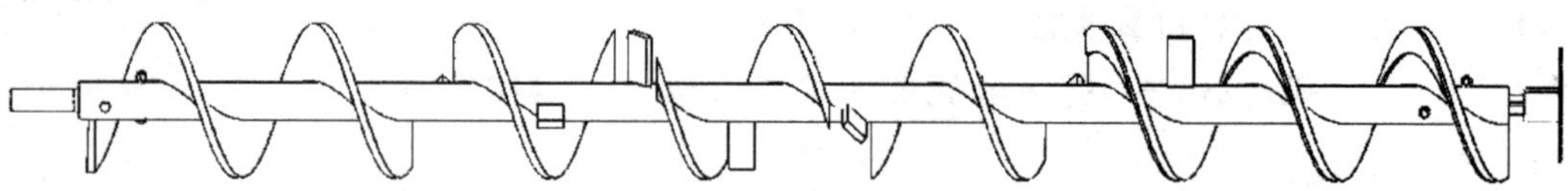

图1　搅拌轴的装配图

2. 数学模型

对搅拌轴的螺旋叶片进行受力分析,螺旋叶片受力如图2所示。图中F为螺旋叶片所受合力,F_1为圆周方向分力,F_2为轴线方向的分力,β为螺旋升角,ϕ为混合料的内摩擦角。

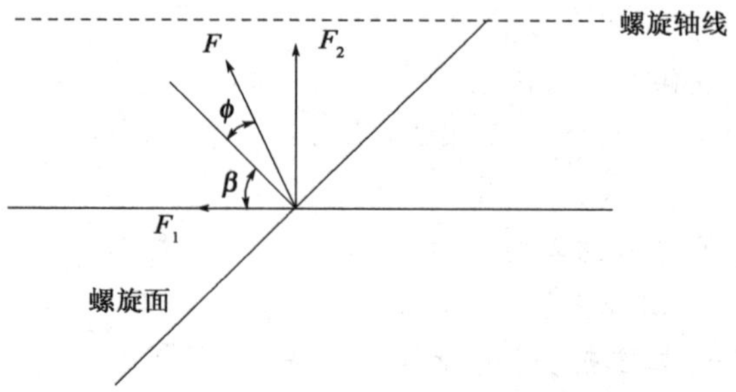

图2　螺旋叶片受力分析图

由受力分析如式(1):

$$F = \frac{F_1}{\sin(\phi + \beta)} \tag{1}$$

圆周力与力矩之间存在如下关系[9]:

$$F_1 = \frac{M}{r} \tag{2}$$

式中:r——受力点到螺旋轴线的距离。

螺旋叶片受力点不同,则r值不同,螺旋升角β值也不相同,故距离螺旋轴线不同位置上的螺旋面受力不同。为了简化计算,假设整个螺旋面受力相同,且大小与$r=\frac{D}{2}$处,螺旋叶片所受合力的值相同。已知最大力矩为1023N·m,代入式(1)与式(2)中,可以求出合力F为7724N。

螺旋体的最大许用挠度计算公式如式(3)[10]:

$$f_{\max} = \frac{qL^4}{16EI} \tag{3}$$

式中:q——单位长度载荷,$q=9.8G/L$;

G——螺旋体质量;

L——螺旋轴长度;

E——弹性模量;

I——管轴截面对中心轴的惯性矩,$I=\pi(D^4-d^4)/64$。

3. 仿真参数设置

搅拌轴的影响因素众多,为了仿真,我们进行简化,仿真参数主要考虑包括材料、载荷和结果的单位体系等。材料选为Q345A号钢,其力学性能为弹性模量$E=210\text{GPa}$,泊松比$\mu=0.3$。搅拌轴其他参数为：$G = 15\text{kg}$，$L = 2690\text{mm}$，$D = 75\text{mm}$，$d = 61\text{mm}$，从而求得 $f_{\max} = 9\text{mm}$。

三、搅拌轴仿真结果分析

1. 搅拌轴静力学分析

将 SolidWorks 里建立好的模型导入 ANSYS，如图 3 所示。由于轴的受力载荷分布比较复杂，为了方便计算，合理简化模型。

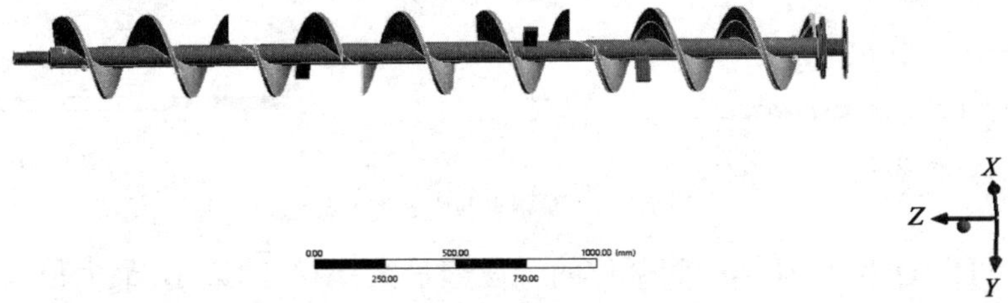

图 3　ANSYS 里的搅拌轴模型

下面开始进行分析程序。设置零件网格的划分程度，网格划分越小结果越精确，但相应的对硬件资源的要求也越高，分析计算的时间也增加。网格划分如图 4 所示。

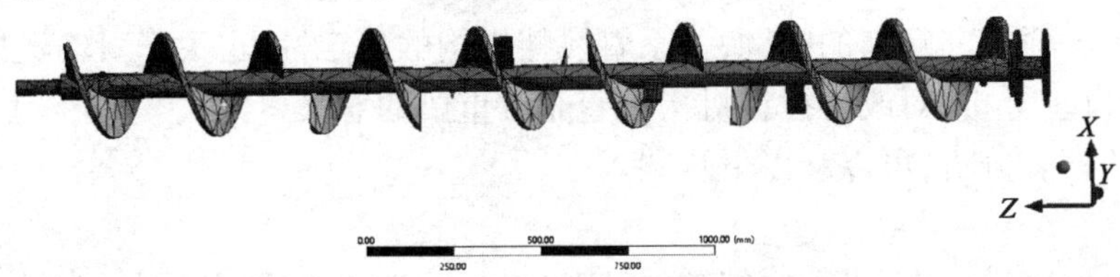

图 4　ANSYS 里搅拌轴的网格划分

对搅拌轴设置载荷。螺旋轴两端固定，施加载荷力矩 $T_{\max} = 1023\text{N} \cdot \text{m}$。在螺旋面上加载 7724N 的面载荷。点击 Slove 按钮进行求解，分析得出的等效应力分布图（图 5）中显示出了零件各个部位的等效应力大小，最大应力集中在最右侧。在变形形状分布图中显示出零件各个部位位移量，从图 6 中可以看出该件最大位移量为 0.06335mm，位于轴的中间部位。形变集中点与应力集中点如图 7 所示。

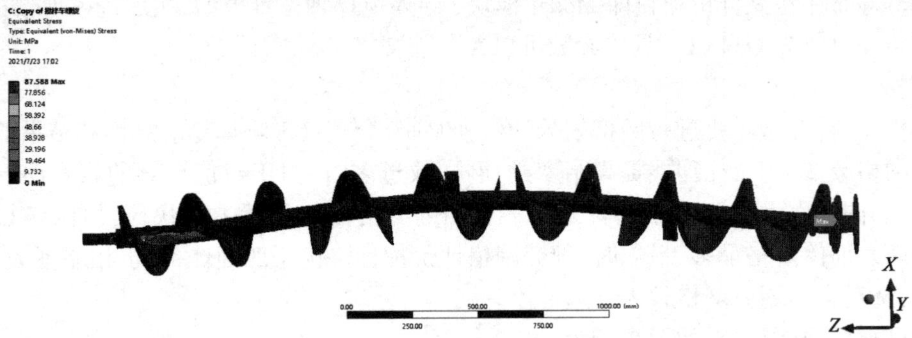

图 5　等效应力分布图

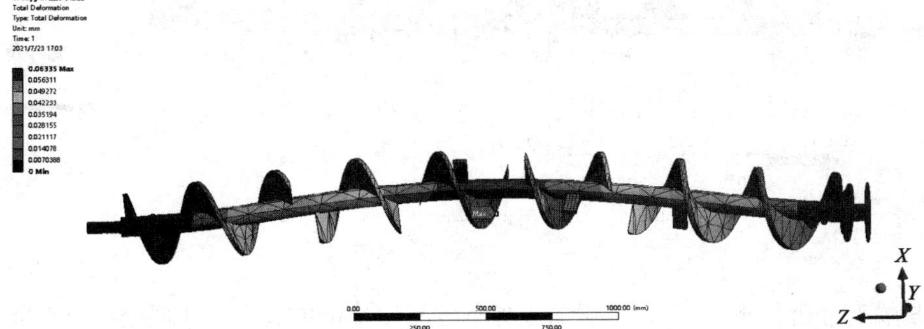

图 6　变形形状分布图

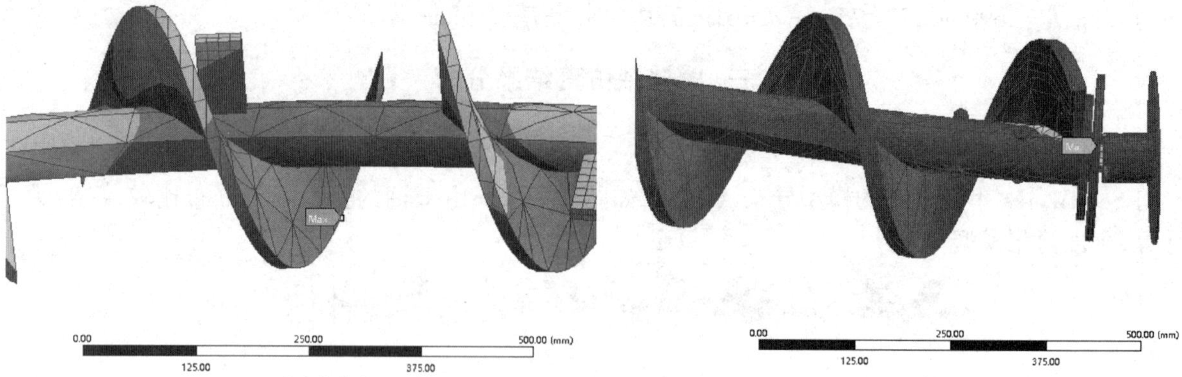

a)形变集中点　　b)应力集中点

图7　形变集中点和应力集中点

从形变分布图中可以看出,传动轴中间部位的合位移最大,两端的最小,最大值为0.06335mm,故说明轴中间的柔性大;从应力变化图中可以看出,螺旋叶片与轴的交界处的应力较大,传动端受到的应力最大,最大值为87.0588MPa,故说明传动端受到的合应力最大,也是设计过程中考虑需要满足此工况的轴径。

2. 搅拌轴的模态分析

搅拌轴的振动是一项极其复杂的问题,关系着搅拌机构的稳定性,也关系着输送搅拌混合料的质量。因此,对搅拌轴进行模态分析,对改善搅拌机构有着非常重要的意义[11]。

要进行搅拌轴的模态分析,可以从以下步骤入手。

1)建立模型

和搅拌轴的静力学分析一样,进行搅拌轴的模态分析,首先便要建立模型。常见的方式有两种,一种是在仿真分析软件中的建模板块直接建模,另一种是在专业的三维造型软件中进行建模装配,然后通过仿真分析软件的数据接口导入[12]。由于振动搅拌装置结构复杂、零件较多,因此,我们依旧采用在本文建立的模型,然后导入至ANSYS。

2)添加材料

启动Workbench并建立分析项目即Modal模块,导入搅拌轴三维模型,然后进入Engineering Data模块添加材料。添加材料为Q345A。具体参数可以参考前文。

3)划分网格

在模态分析之前,模型需要进行网格划分,网格的划分会直接影响计算的规模和结果的精度,是建模的关键环节。网格数增加时,往往能提高精度,但网格数过多时,由于数值计算的累积误差,反而可能使得计算精度降低,同时也大大降低了计算效率。自动划分的网格虽然方便快捷,但网格数量较少、较粗糙、精度较低,而六面体网格最多、最耗时,部分网格评价指标略优于四面体,却也相差不大。综合考虑精度及仿真时间,选用自动划分网格较为合适。

对螺旋轴进行的网格划分,如图8所示。

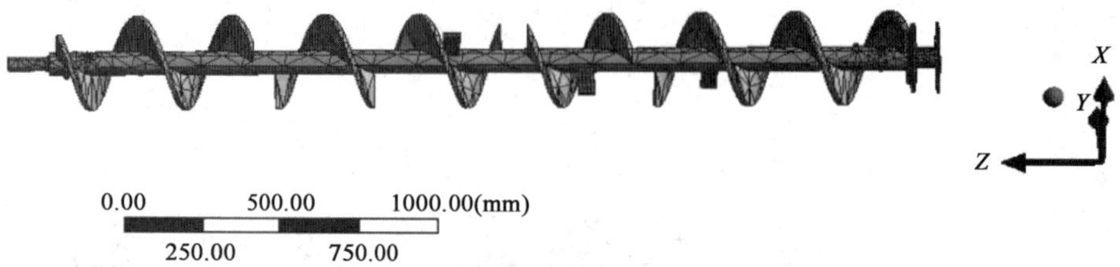

图8　网格划分

4)添加边界条件

边界条件是模态分析的重要部分,准确的边界条件能使分析更真实地体现振动搅拌装置的典型振动工作状态,如固有振动特性、应力状态、变形情况等。

搅拌轴的分析需要确定其边界条件,接下来对其边界条件进行分析。搅拌轴的两边固定,对其施加一个力矩,螺旋叶片受到混合料给它的力,具体的边界条件和搅拌轴静力学分析一样,如图 9 所示。

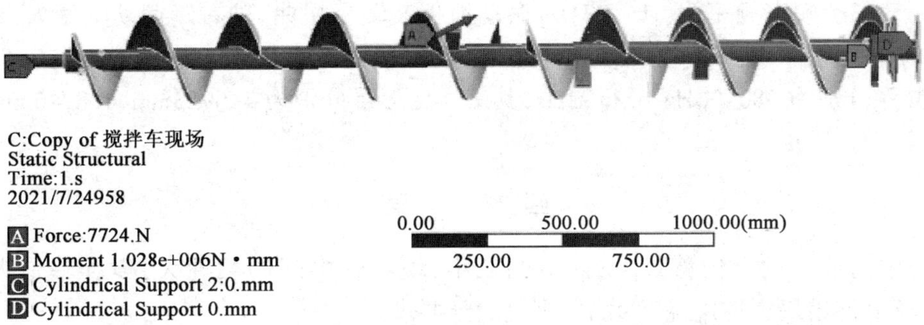

图 9　边界条件

5)进行计算

将工具箱中的 Modal(模态分析)模块拖入 Static Structural(结构静力学分析)中的 A6(Solution),实现数据共享。然后在相关项目中对搅拌轴进行各阶模态分析求解,如图 10 所示。

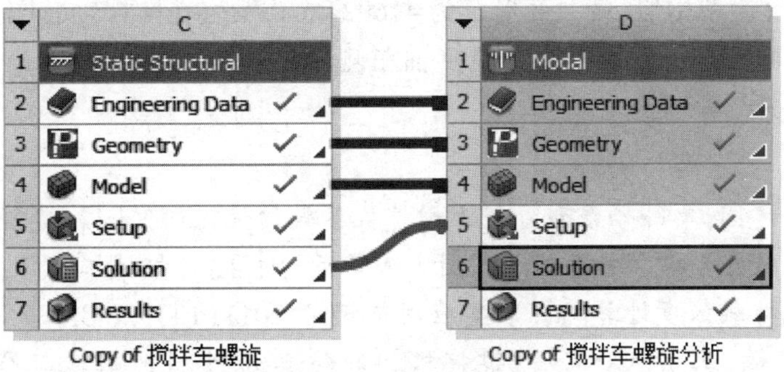

图 10　静力学分析链接模态分析

搅拌轴的一～六阶模态分析结果如图 11 所示。

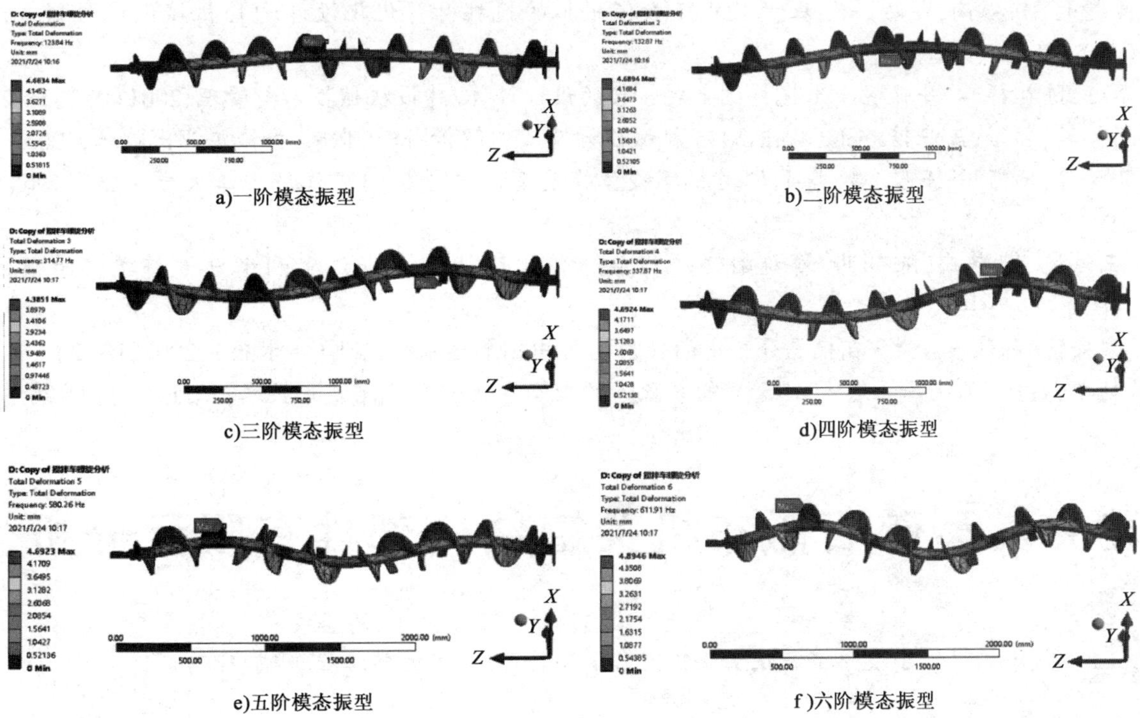

a)一阶模态振型　b)二阶模态振型　c)三阶模态振型　d)四阶模态振型　e)五阶模态振型　f)六阶模态振型

图 11　搅拌轴的一～六阶模态振型

从图11中可以看出,一阶模态的频率为123.84Hz,搅拌轴中间上下摆动,最大变形量4.6634mm,发生在搅拌轴的中部,并向搅拌轴逐渐减小。二阶模态频率为152.84Hz,二阶振型和一阶相似,最大变形量为4.6894mm。三阶模态频率为314.77Hz,振动搅拌装置呈扭曲,轴右侧摆动幅度大,最大变形量为4.3851mm。四阶模态频率为337.87Hz,振动与三阶相似,最大变形量为4.6924mm,发生在搅拌轴右端。五阶六阶模态频率分别为580.26Hz、611.92Hz,其最大变形量分别为4.6923mm、4.8946mm,皆发生在搅拌轴左侧。

四、结　语

(1)搅拌轴中间部位的合位移最大,两端的最小,说明轴中间的柔性大,搅拌轴最大变形位移为0.06335mm,小于其许用最大许用挠度9mm,刚度满足要求。

(2)传动端受到的合应力最大,设计过程中需考虑满足此工况的轴径;搅拌轴上应力最大点在螺旋叶片与轴的交界处,经校核强度满足要求。

(3)搅拌轴中间最大变形量4.6634mm,并向搅拌轴逐渐减小。二阶振型和一阶振型相似,最大变形量为4.6894mm。三阶振型搅拌轴呈扭曲,轴右侧摆动幅度大,最大变形量为4.3851mm。四阶模态频率为337.87Hz,振动与三阶振型相似,最大变形量为4.6924mm,发生在搅拌轴右端。五阶六阶模态最大变形量分别为4.6923mm、4.8946mm,皆发生在搅拌轴左侧。由静力学分析可知$f_{max}=9$mm,所以各阶搅拌轴皆符合条件。

参考文献

[1] 刘慰俭,盛春芳,张建国.单卧轴系列混凝土搅拌机参数的优化研究[J].建筑机械,1992(10):6-11.

[2] 陈卫,冯忠绪.双卧轴振动搅拌机参数化设计与有限元分析[J].机械工程师,2019(05):16-18.

[3] 李永维,秦艳军.搅拌轴强度计算[J].装备应用与研究,2011(12):28-33.

[4] 王卿明,胡志勇,郭鹏.基于ANSYS的搅拌机构的仿真分析[J].机械工程与自动化,2017(02):117-121.

[5] 崔希海,张云鹏,杨磊,等.砂浆搅拌机搅拌轴的优化设计[J].煤矿机械,2016(11):28-29.

[6] 聂超超,韩振南,赵远,等.基于EDEM数值模拟的搅拌叶片优化设计[J].机械设计与制造,2019(04):17-20.

[7] 李超,陈礼祥.双卧轴混凝土搅拌机主要参数的设计计算.建设机械技术与管理,2001(01):18-23.

[8] 胡仁喜,郭军,王佩楷.SolidWorks2005机械设计及实例解析[M].北京:机械工业出版社,2005.

[9] 孔令德,季新培,王鹰,等.螺旋输送机螺旋体挠度有限元分析[J].江苏理工大学学报,1996(05):1-9.

[10] 王铁流,郭晓梅,陈仙明.螺旋输送机螺旋体优化设计[J].浙江水利水电专科学校学报,2012(03):77-79.

[11] 袁安富,陈俊.ANSYS在模态分析中的应用[J].中国制造业信息化(学术版),2007,18(2):32-34.

[12] 杨军,吕露,王凯,等.基于ANSYS的装配体的模态分析[J].汽车实用技术,2011(05):24-26.

33.某型碎石撒布机关键结构部件有限元分析

徐　斌[1]　徐　速[1]　吕建华[1]　王贵海[2]　马登成[2]

(1.宁波路宝科技实业集团有限公司;2.长安大学工程机械学院)

摘　要　某型碎石撒布机关键结构部件机架和螺旋输送机在工作过程中因受到物料重力和自重的

作用而引起变形和应力集中的现象。为校核该型碎石撒布机机架和螺旋输送机在最大负荷状态下是否满足强度和变形的要求,本文借助 ANSYS 软件采用有限元法对该型碎石撒布机机架和螺旋布料器进行了静力学分析及模态分析,获得了该型碎石撒布机机架和螺旋输送机的应力应变云图及固有频率和振型,最后经分析得出结论:在最大负荷状态下,该型碎石撒布机机架和螺旋输送机的强度及形变满足设计要求。

关键词 碎石撒布机机架 螺旋布料器 静力学分析 模态分析

一、引 言

碎石撒布机作为一种代替人工撒布碎石的机器,能大大提高作业效率,减轻人工的劳动强度,从而被广泛采用。机架和螺旋布料器是碎石撒布机的关键部件,机架是撒布机的承重构件,在作业过程中承受着自重和物料的重力所施加的载荷,其结构由高强度板材和各种型钢焊接而成,形成一个刚性结构件,形状复杂,体积较大[1]。

螺旋布料器是碎石撒布机的重要结构,其主要功能是将堆积的碎石均匀地分布在料槽中。螺旋布料器由螺旋轴、螺旋叶片和料槽组成,螺旋叶片直接焊接在螺旋轴上[2]。该型碎石撒布机的螺旋轴长度达7800mm,仅其两端受到轴承的轴向约束作用,因此整个输送机机构的轴向跨度较大,又由于受到输送机机构自重和物料的径向力作用,使得输送机机构产生较大的挠度,若输送机机构的挠度过大则会直接影响石料的输送,进而最终影响碎石撒布的质量。综上所述,对输送机机构进行强度和刚度的校核是必要的。

文献[3]中研究了基于大型摊铺机车架刚度和强度的设计方法,建立了摊铺机车架的有限元模型并通过模态分析得到车架的前 10 阶固有频率及主要振型,最后利用拓扑优化手段实现摊铺机车架局部形状的改变及加强筋的布置,以提高车架刚度。文献[4]设计了一种自行式碎石撒布机,并对自行式碎石撒布机的整体结构方案、工作装置设计、传动方式等问题进行了理论分析与计算。但是文献[4]将结构设计出来后并没有对撒布机机架和螺旋布料器等关键的结构进行有限元仿真,也没有得出令人信服的刚度和强度校核结果。文献[2]针对 MOH 材料摊铺机螺旋布料器进行了设计和研究,并利用 ANSYS 软件进行了静力学分析和模态分析,并在分析仿真结果的基础之上对所设计的螺旋布料器进行了结构优化。文献[5]采用理论推导和试验数据统计分析相结合的方法,建立了宽幅摊铺机螺旋布料器变径变螺距的数学模型,并基于数理统计学对模型参数进行优化,表明变径变螺距螺旋布料器的抗离析功能要优于等径等距螺旋布料器,可以很好地改善路面的离析状况。以上研究为本文进行碎石撒布机关键结构部件的强度与刚度分析提供了一定的借鉴。由于撒布机机架的空间结构设计以及加工制造水平不仅影响整机的尺寸和质量,很大程度上还影响撒布施工效果及整机可靠性,因此,对撒布机机架进行强度和刚度研究是整机设计和制造必不可少的环节。本文将基于某型碎石撒布机对其机架和输送机机构进行分析。

二、碎石撒布机机架静力学分析

碎石撒布机机架线性静力结构分析的基本方法是:在三维模型软件中建立碎石撒布机的三维实体模型,然后将构建的模型采用另存为的方法转化为 Parasolid(*. x_t)格式,之后在 ANSYS Workbench 软件中通过导入模型的方法完成有限元实体模型的创建。在软件中进行线性静力结构分析,并求解出碎石撒布机机架沿重力方向的变形及最大应力点,并对关键因子做优化处理。

1. 线性静力结构分析的理论基础

线性静力结构分析一般于分析结构在给定静力载荷作用下的响应,在已知结构、载荷、约束的条件下,求解未知的位移、应力和应变等结果,用计算结果来分析结构的性能情况,并指导结构的设计工作。通用的物体的动力学方程为[6]:

$$[M]\{\ddot{x}\} + [C]\{\dot{x}\} + [K]\{x\} = \{F(t)\} \tag{1}$$

式中：$[M]$——质量矩阵；

$[C]$——阻尼尼矩阵；

$[K]$——刚度矩阵；

$\{x\}$——位移矢量；

$\{F(t)\}$——力矢量；

t——时间。

2. 碎石撒布机机架静力学分析过程

线性静力结构分析一般用于分析结构在给定静力载荷作用下的响应，在已知结构、载荷、约束的条件下，求解未知的位移、应力和应变等结果。

1）几何模型的前处理

为了降低计算量便于分析，在不影响结果的前提下对碎石撒布机机架模型进行简化，同时对出现尖角、缺口、沟槽的结构进行倒圆角处理，以免在求解过程中在这些地方出现应力奇异。经过前处理的碎石撒布机机架模型如图1所示。

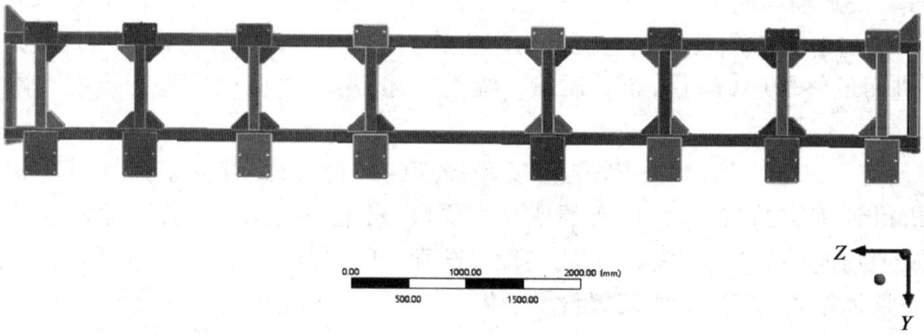

图1 碎石撒布机机架前处理模型

2）材料属性

碎石撒布机机架的材料为Q345A钢，其弹性模量为2.1×10^{11}Pa，泊松比为0.28，密度为7900kg/m^2，材料的屈服极限为345MPa，安全系数取1.5，则Q345A材料的许用应力σ_1为；

$$\sigma_1 = \frac{[\sigma]}{1.5} = 230\text{MPa} \tag{2}$$

3）单元网格划分

在Workbench的主界面建立Static Structural项目，并将碎石撒布机机架的有限元模型导入，然后进行网格划分。为便于计算，选择易收敛的四面体网格，在零件的接触部分设置接触网格划分，网格尺寸控制为5mm，网格划分之后的模型如图2所示。

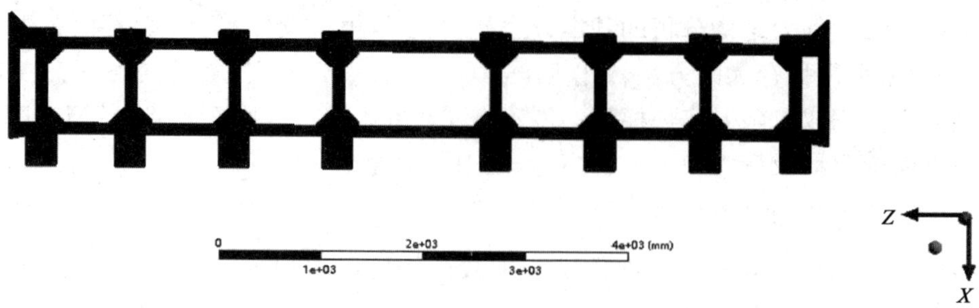

图2 碎石撒布机机架网格图

4）边界条件及施加载荷

碎石撒布机机架左右两端与行走机构相连接，所以对其左右两端进行固定约束，限制其在各个方向的自由度。碎石撒布机整机自重为7500kg，机器自重和碎石集料总重为12150kg，机架上的16个连接法兰直接承受整个机架及碎石集料的重量，因此所施加的载荷大小为119070N，作用点为16个连接法兰与机架相接触的面，作用方向垂直于法兰接触面，与重力方向相一致。

5）仿真结果分析

根据对碎石撒布机机架模型进行有限元分析，结果如图3所示。

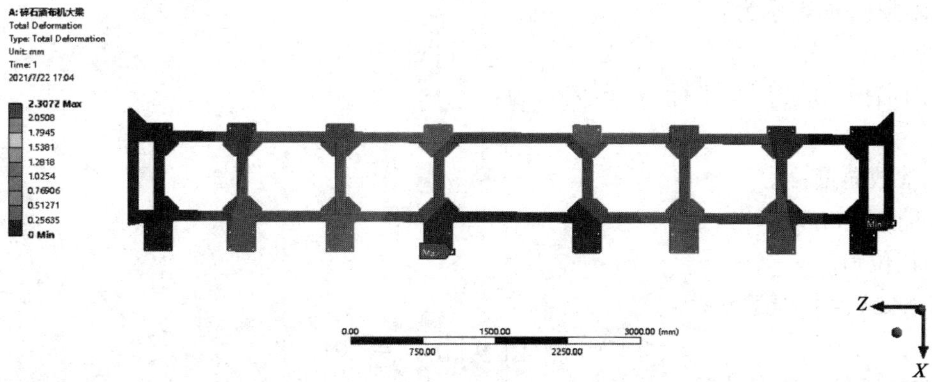

图3　机架位移分布图

从图3中可知，碎石撒布机机架的最大位移为2.3072mm，最大位移出现在靠近机架中心位置的连接法兰上，由于机架的跨度较大，类似于简支梁，在载荷作用下机架中间存在挠度，又因为载荷是直接施加在连接法兰上的，所以最大变形出现在了靠近机架对称中心的连接法兰上。

根据对碎石撒布机机架模型进行有限元分析结果，机架应力分布如图4所示。

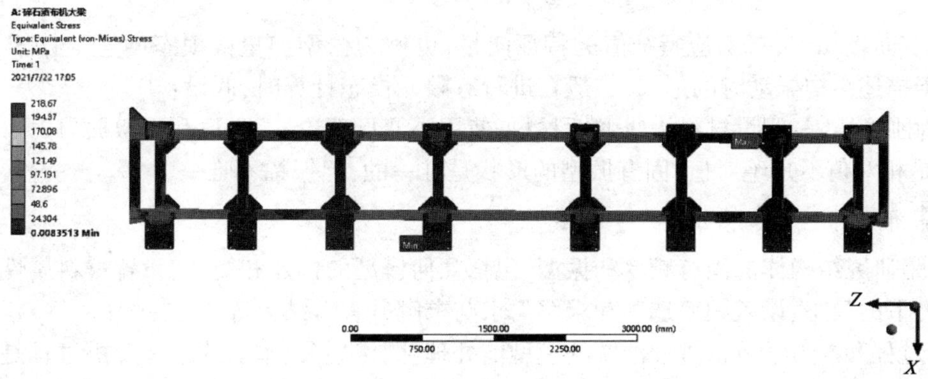

图4　机架应力分布图

分析图4可以得出碎石撒布机机架最大应力为218.67MPa，根据式（2）按照安全系数为1.5算得到许用应力 σ_1 为230MPa，最大应力值小于许用应力值，满足许用应力要求。应力集中的区域主要出现在机架与履带行走机构相接触的左右两端，这表明靠近横梁左右两端的区域所受到的应力最大，靠近横梁的左右两端是整个碎石撒布机机架的结构强度薄弱区域。

三、碎石撒布机机架模态分析

1.模态分析的理论基础

在研究碎石撒布机机架结构强度、刚度问题时，不能忽略碎石撒布机作业过程中的振动问题。碎石撒布机机架结构尺寸过大、制造成本高，采用试验的方法进行模态分析难度大，通常采用有限元分析软件高效率地对碎石撒布机机架结构进行模态分析。多自由度线性振动系统微分方程的通用表达式为：

$$[M]\{\ddot{x}\} + [C]\{\dot{x}\} + [K]\{x\} = \{F(t)\} \tag{3}$$

式中：$[M]$——质量矩阵；

$[C]$——阻尼矩阵；

$[K]$——刚度矩阵；

$\{x\}$——位移矢量；

$\{F(t)\}$——力矢量；

t——时间。

结构为无阻尼的 φ 表示为：

$$[M]\{\ddot{x}\} + [K]\{x\} = \{0\} \tag{4}$$

结构发生简谐振动时，广义坐标 $\{x\}$ 可表示为：

$$\{x\} = \{\mu\}\sin(\omega + \varphi) \tag{5}$$

式中：$\{\mu\}$——常数向量；

ω——简谐运动频率；

φ——相位角。

将式(5)代入式(4)，其表示为：

$$[K] - \omega^2[M]\{\mu\} = \{0\} \tag{6}$$

式(6)存在非零解的条件为：

$$\Delta(\omega^2) = \det([K] - \omega^2[M]) = 0 \tag{7}$$

对结构进行模态分析时，式(7)的 n 个根为结构的特征值，n 为结构的自由度数目。式(7)的平方根 ω_r 为结构的固有频率，ω_r 的最小频率为结构的基频率。

将固有频率 ω_r 代入方程方程(7)得：

$$([K] - \omega_r^2[M])\ \{\mu^{(r)}\}^T = \{0\} \tag{8}$$

求解出非零向量 $\{\mu^{(r)}\}$ 的对应特征值的特征向量，也称为振型向量或模态向量。$\{\mu^{(r)}\}$ 表示结构的固有振型，用于描述结构振动时的形状，一般在进行有限元模态计算时，假设：

(1) $[K]$ 为刚度矩阵：假设材料为线弹性材料；使用小变形理论；无阻尼和无激振力。

(2)模态是相对值不是绝对值，固有振型的形状是唯一的，但振幅不唯一[6]。

2. 碎石撒布机机架模态分析

模态分析是研究结构体的固有频率和振型，包括几何模型的构建和简化、设置材料属性、定义分析类型、求解预应力下的模态、设置频率选项和求解需求与求解并查看结果等。

模态分析过程和静力学分析过程涉及的模型前处理、网格划分、施加约束等分析过程是一致的，这些分析过程前面静力学分析过程已经有详细的叙述，不再赘述。

碎石撒布机机架只求解前六阶模态，求解结果如表 1 所示。

碎石撒布机机架模态求解结果 表 1

阶　数	固有频率(Hz)	最大变形(mm)	主要振型特征
1	14.086	1.6852	中间向上凸起
2	30.966	1.5642	中间向前凸起
3	34.148	1.6490	左端向上凸起，右端向下凹陷
4	50.101	2.4498	前横梁向上凸起，后横梁向下凹陷
5	52.578	1.4484	左端向后凹陷，右端向前凸起
6	67.116	1.8707	左右两端向下凹陷，中间向上凸起

图 5 为碎石撒布机机架前六阶振型图。

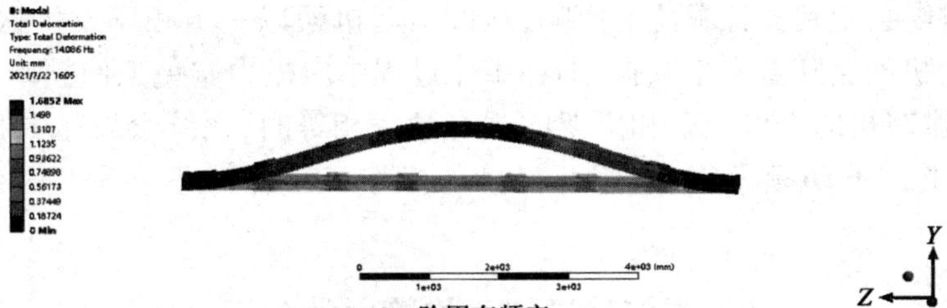

a)一阶固有频率

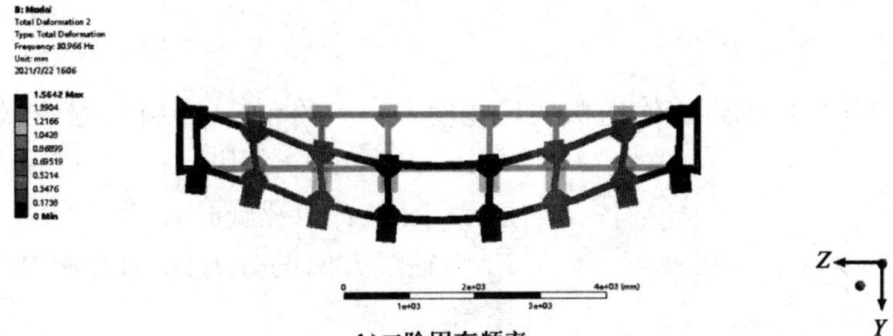

b)二阶固有频率

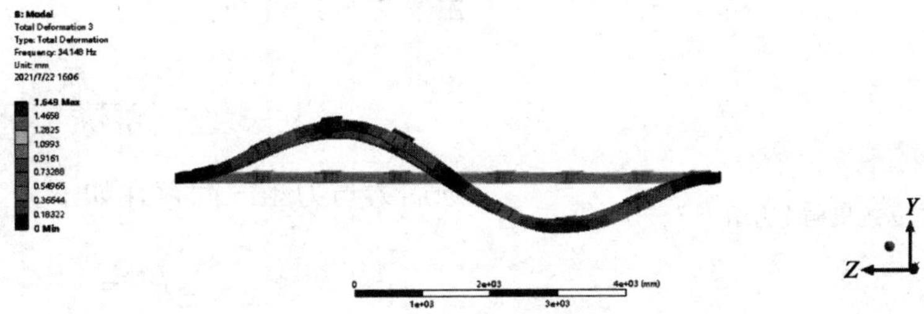

c)三阶固有频率

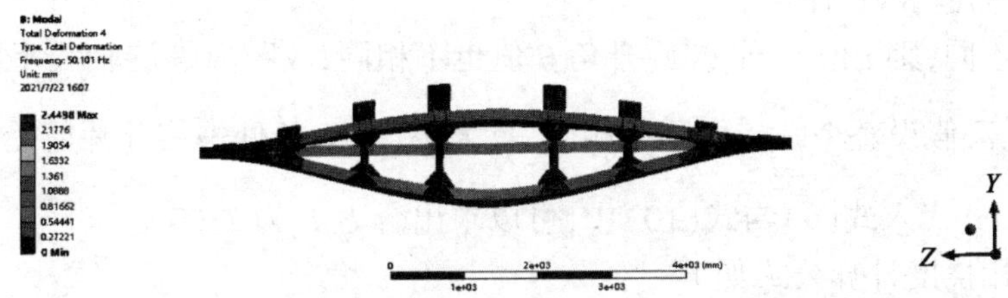

d)四阶固有频率

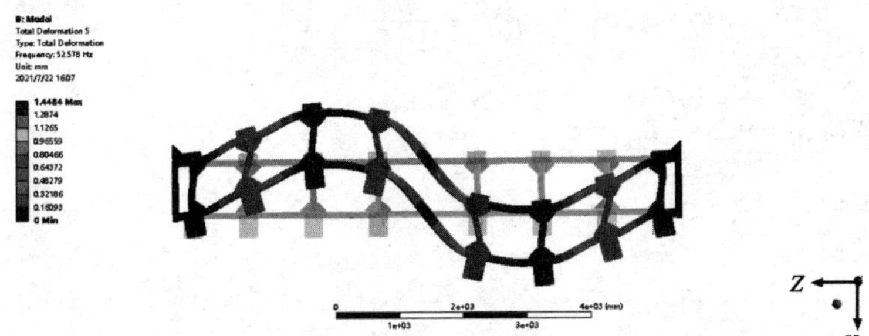

e)五阶固有频率

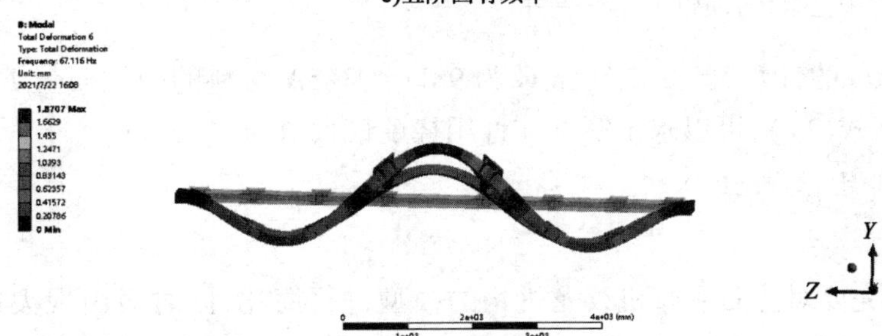

f)六阶固有频率

图5　碎石撒布机机架前六阶振型图

碎石撒布机在工作的时候会受到各种载荷的影响,从而引起机架以一定频率发生振动。由图 5 可知,当工作频率大于 14Hz 时,机架会随着发生共振,即在工作过程中应极力避免工作频率与机架的固有频率相接近或者一致,当碎石撒布机的工作频率和机架的固有频率相等时,系统会发生共振。碎石撒布机行驶速度低于 5m/min 时,工作振动频率很小,因此设计的撒布机工作时不会发生共振,能满足正常撒布要求。

四、螺旋输送机机构静力学分析

1. 螺旋输送机机构受力分析

碎石撒布机通过布料槽内的螺旋输送机实现宽度方向上的布料,布料过程中螺旋输送机的受力会影响其工作性能与使用寿命。螺旋输送机机构的受力如图 6 所示,图中 F 为螺旋叶片所受合力,F_1 为圆周方向分力,F_2 为轴线方向的分力,β 为螺旋升角,ϕ 为混合料的内摩擦角。

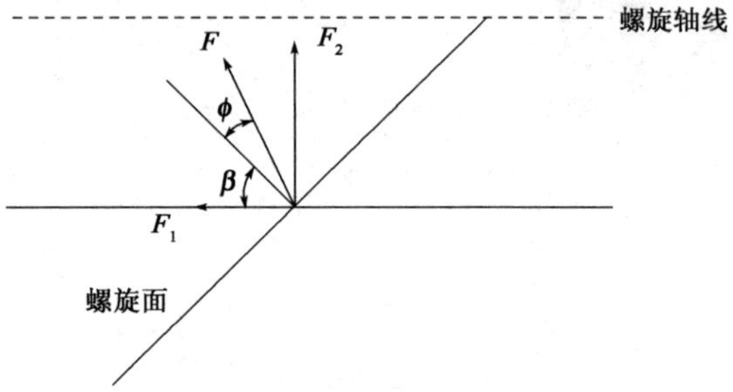

图 6 螺旋输送机机构受力图

由受力分析可知:

$$F = \frac{F_1}{\sin(\phi + \beta)} \tag{9}$$

圆周力与力矩之间存在如下关系[7]:

$$F_1 = \frac{M}{r} \tag{10}$$

式中:r——受力点到螺旋轴线的距离。

螺旋叶片受力点不同,则 r 值不同,螺旋升角 β 值也不相同,故距离螺旋轴线不同位置上的螺旋面受力不同。为了简化计算,假设整个螺旋面受力相同,且大小与 $r=\frac{D}{2}$ 处螺旋叶片所受合力的值相同。已知最大力矩为 212.2N · m,代入式(9)与式(10)中,可以求出合力 F 为 2107N。

螺旋体的最大许用挠度计算公式如下[2]:

$$f_{\max} = \frac{qL^4}{16EI} \tag{11}$$

式中:q——单位长度载荷,$q=9.8\frac{G}{L}$;

G——螺旋体质量;

L——螺旋轴长度;

E——弹性模量;

I——管轴截面对中心轴的惯性矩,$I=\frac{\pi d^4}{64}$。

通过 Solidworks 软件的计算,已知螺旋体 G 为 98kg,Q345A 材料的弹性模量 E 为 2.1×10^{11} Pa,d = 83mm,将上述参数带入式(11),可以求出螺旋体许用挠度最大值为 13.3mm。

2. 螺旋输送机机构静力学分析

1)模型前处理

为了便于分析,首先要对碎石撒布机绞龙机构的模型进行简化,同时对出现尖角、缺口、沟槽的结构进行倒圆角处理,以免在求解过程中在这些地方出现应力奇异。经过前处理的螺旋输送机机构模型如图 7 所示。

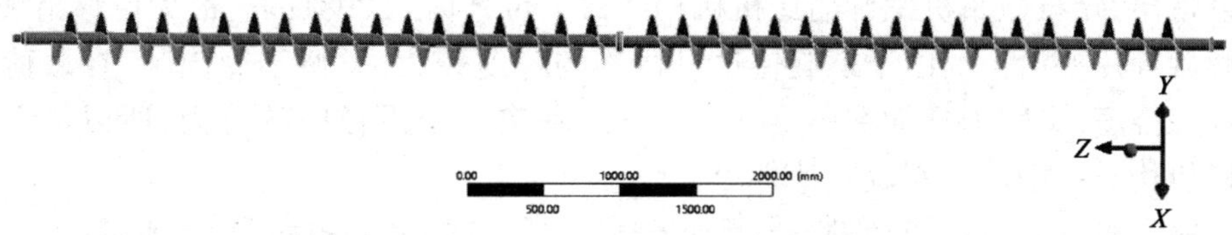

图 7 碎石撒布机机架前处理模型

2)材料属性

碎石撒布机机架的材料为 Q345A 钢,其弹性模量为 2.1×10^{11}Pa,泊松比为 0.28,密度为 7900kg/m^3,材料的屈服极限为 345MPa,安全系数取 1.5,则 Q345A 材料的许用应力 σ_1 为:

$$\sigma_1 = \frac{[\sigma]}{1.5} = 230\text{MPa} \tag{12}$$

3)单元网格划分

在 Workbench 的主界面建立 Static Structural 项目,并将碎石撒布机绞龙机构的有限元模型导入,然后进行网格划分。网格划分的精细程度会影响仿真的结果,螺旋输送机机构的网格划分模式选择计算量少且易收敛的四面体网格,在零件的接触部分设置接触网格划分,网格尺寸控制为 5mm,网格划分之后的模型如图 8 所示。

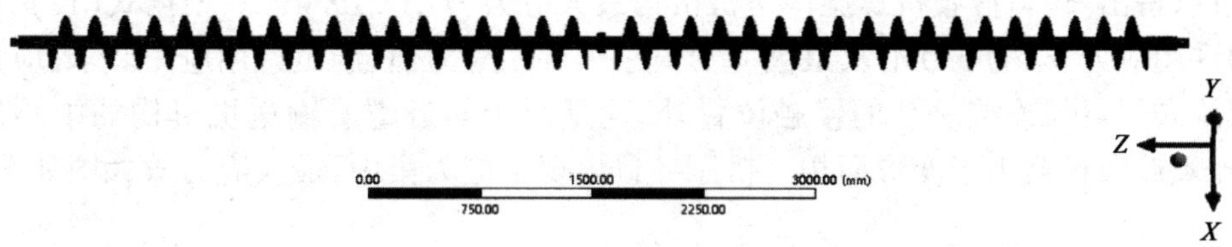

图 8 碎石撒布机机架网格图

4)边界条件及施加载荷

碎石撒布机螺旋输送机机构的两端受到轴承的支撑作用,因此螺旋输送机机构只有一个沿轴向转动的自由度。鉴于此,螺旋输送机机构的边界条件设置为:左右两轴端各添加一个圆柱旋转约束,在轴向方向添加一个固定约束来限制其自由度。

螺旋输送机机构的主要作用是依靠其螺旋叶片输送碎石集料,螺旋输送机机构所承受的载荷垂直于螺旋叶片,其大小由式(9)与式(10)求出,为 2107N。螺旋输送机机构轴向旋转的动力由液压电动机提供,液压电动机的功率为 2kW,转速为 180r/min,由式(13)算得液压电动机提供的转矩为 212.2N · m。因此,螺旋输送机机构除在螺旋叶片上添加合力外,还需在轴端添加大小为 212.2N · m 的转矩。

$$M = 9550\frac{P}{n} \tag{13}$$

5)仿真结果分析

根据对碎石撒布机绞龙机构模型进行有限元分析结果,其位移分布如图 9 所示。

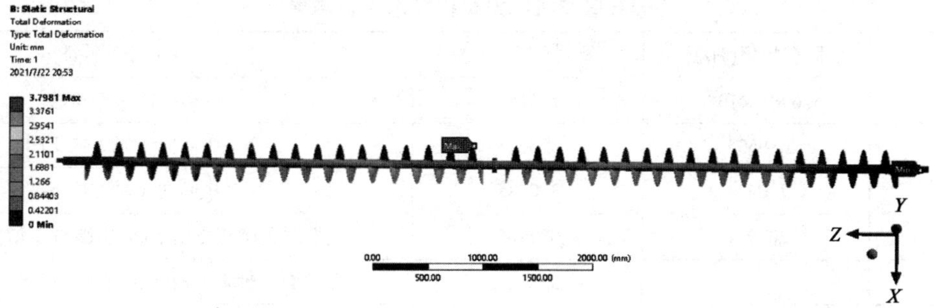

图 9 螺旋输送机机构位移分布图

由图9可以得出,碎石撒布机螺旋输送机机构的最大位移为3.7981mm,最大位移出现在靠近连接法兰中心位置的螺旋叶片外沿上。由于螺旋输送机机构的跨度较大,类似于简支梁,在载荷作用下螺旋输送机机构中间存在挠度,又因为施加在螺旋叶片上的载荷有一个沿径向的分力,所以最大变形出现在了靠近螺旋输送机机构对称中心的螺旋叶片外沿上。

根据对碎石撒布机绞龙机构模型进行有限元分析结果,其应力分布如图10所示。

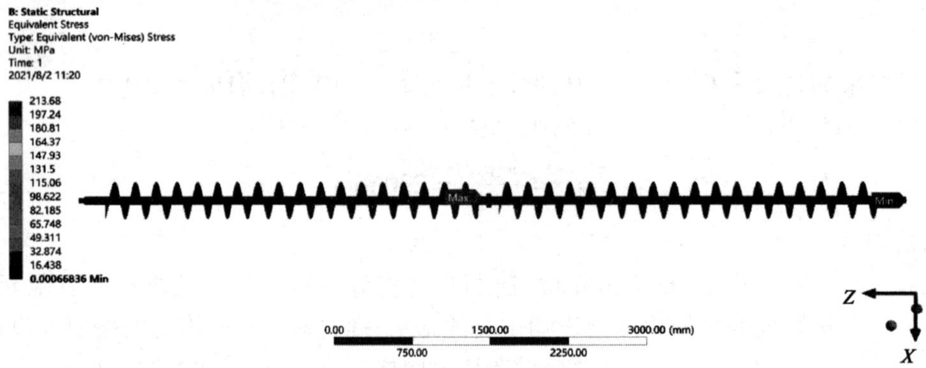

图10　绞龙机构应力分布图

由图10可以得出:碎石撒布机螺旋输送机机构最大应力为213.68MPa。根据式(12),按照安全系数为1.5算得的许用应力 σ_1 为230MPa,最大应力值小于许用应力值,满足许用应力要求,应力集中的区域主要出现在螺旋布料器与连接法兰的接触位置处,这是由于靠近螺旋输送机机构的中心位置处变形最大,连接法兰和螺旋布料器由于变形而相互挤压导致出现了应力集中,最大应力放大图如图11所示。

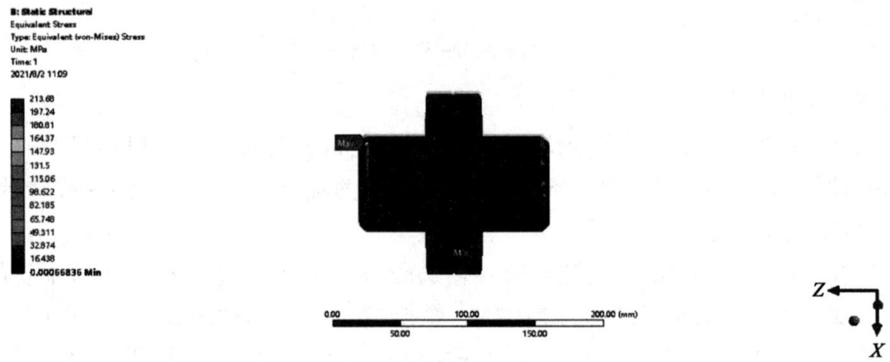

图11　最大应力放大图

3. 螺旋输送机机构模态分析过程

螺旋轴在运转过程中会承受外界传递来的各种动载荷。为了避免螺旋轴发生共振现象,需要研究其震动特性。对螺旋轴进行模态分析,得到其前六阶共振频率以及发生共振时产生的最大变形量,如表2所示。

碎石撒布机绞龙机构模态求解结果　　表2

阶　数	固有频率(Hz)	最大变形(mm)	主要振型特征
1	5.6903×10^{-2}	2.3156	整体向 Z 轴平移
2	6.9533	3.0613	中间向 X 轴方向下凹
3	7.0444	3.0585	中间向 X 轴方向下凹
4	20.921	3.7965	左端向 X 轴正方向下凹,右端向 X 轴负方向凸起
5	21.17	3.8527	左端向 Y 轴正方向凸起,右端向 Y 轴负方向下凹
6	35.689	4.7488	左右两端向 Y 轴正方向凸起,中间向 Y 轴负方向下凹

由于模态分析过程和静力学分析过程涉及的模型前处理、网格划分、施加约束等分析过程是一致的，这些分析过程前面静力学分析过程已经有详细的叙述，本节将不再赘述。

碎石撒布机螺旋输送机机构只求解前六阶模态，求解结果如表 2 所示。图 12 为碎石撒布机绞龙机构前六阶振型图。

螺旋输送机工作时螺旋轴的振动频率为 1.6～2.2Hz[2]，由表 2 所示的模态仿真结果来看，螺旋输送机机构的工作频率远小于其固有频率，故不会发生共振现象。设计的螺旋输送机结构合理。

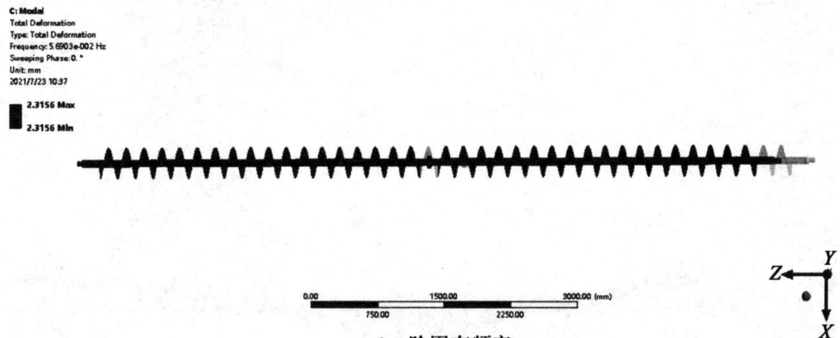

a)一阶固有频率

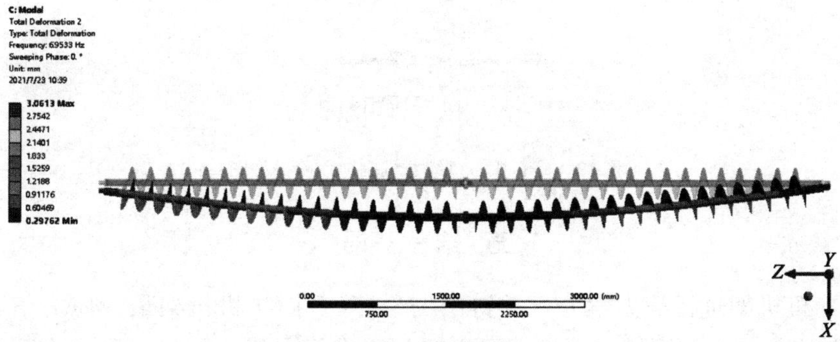

b)二阶固有频率

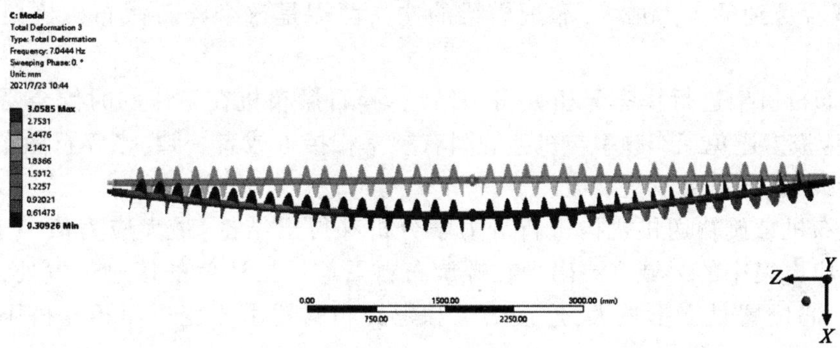

c)三阶固有频率

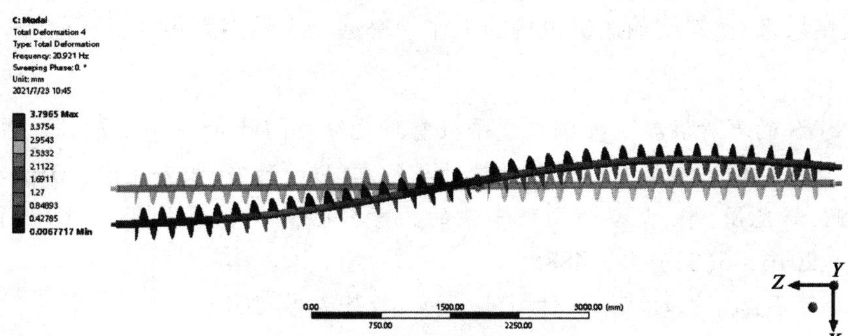

d)四阶固有频率

图 12

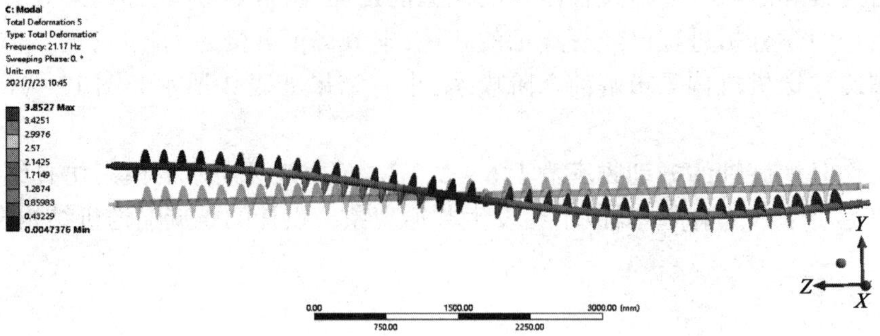

e)五阶固有频率

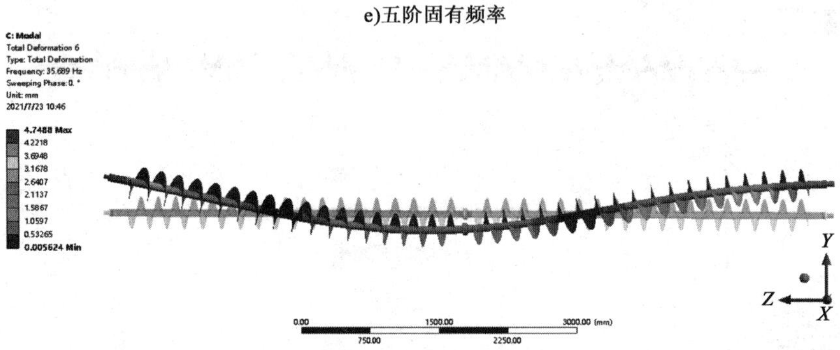

f)六阶固有频率

图12　碎石撒布机绞龙机构前六阶振型图

五、结　　语

(1)对碎石撒布机机架进行静力学分析并得出结论：碎石撒布机机架最大应力值小于许用应力值，满足许用应力要求，应力集中的区域主要出现在机架与履带行走机构相接触的左右两端，这表明靠近横梁左右两端的区域所受到的应力最大，靠近横梁的左右两端是整个碎石撒布机机架的结构强度薄弱区域。

(2)对碎石撒布机机架进行模态分析并得出结论：碎石撒布机在工作的时候会受到各种载荷的影响，在工作过程中应极力避免工作频率与机架的固有频率相接近或者一致，当碎石撒布机的工作频率和机架的固有频率相等时，系统会发生共振。

(3)对碎石撒布机螺旋输送机机构进行静力学分析并得出结论：最大应力值小于许用应力值，满足许用应力要求，应力集中的区域主要出现在螺旋布料器与连接法兰的接触位置处，这是由于靠近螺旋输送机机构的中心位置处变形最大，连接法兰和螺旋布料器由于变形而相互挤压导致出现了应力集中。

(4)对碎石撒布机机架进行模态分析并得出结论：螺旋输送机工作时，螺旋轴的振动频率为1.6～2.2Hz；由模态仿真结果来看，螺旋输送机机构的工作频率远小于其固有频率，故不会发生共振。

参考文献

[1] 张伟.基于ANSYS的沥青混凝土摊铺机熨平板有限元分析[D].西安：长安大学,2013.

[2] 张晋奇.MOH材料摊铺机螺旋布料器参数设计与仿真[D].西安：长安大学,2016.

[3] 晏腾飞,张建润,彭光强,等.大型摊铺机车架的力学特性分析与结构优化设计[J].东南大学学报(自然科学版),2016,46(03):483-488.

[4] 胡小平.自行式碎石撒布机的总体设计[D].西安：长安大学,2015.

[5] 徐中新,李昌亭,胡永彪.宽幅摊铺机螺旋布料器的设计与抗离析研究[J].铁道科学与工程学报,2017,14(10):2222-2230.

[6] 李平平. 摊铺机 E340 液压伸缩熨平板的设计与变形分析[D]. 西安:长安大学,2017.
[7] 孔令德,季新培,王鹰,等. 螺旋输送机螺旋体挠度有限元分析[J]. 江苏理工大学学报,1996(05):1-9.

34. ECO 改性聚氨酯混凝土在钢桥面铺装中的仿真分析

徐 斌[1] 徐 速[1] 胡 风[1] 马登成[2]
(1. 宁波路宝科技实业集团有限公司;2. 长安大学工程机械学院)

摘 要 ECO 改性聚氨酯混凝土为一种高强度、高黏混凝土,将该材料用于钢桥面的铺装,以研究 ECO 改性聚氨酯在钢桥面铺装层中的力学特性。采用 Solidworks 软件建立了钢桥面的有限元模型,采用 ANSYS 软件建立了 EA + SMA 双层铺装方案,并将该方案与 EA + ECO 双层铺装进行对比,表现 ECO 改性聚氨酯材料的特性。首先分析了钢桥面在车载情况下铺装层最不利载荷的位置,通过三种载荷位置分析最不利载荷位置,在两种铺装方式下,对比铺装层拉应力分析、铺装层剪应力分析以及表面最大弯沉,两种铺装方式在最不利载荷位置具有相同的趋势,最不利载荷位置相同。在确定了最不利载荷位置后,在最不利位置荷位Ⅲ进行纵向分析,对比两种铺装方式表现 ECO 改性聚氨酯的优势特点。研究结果表明,钢桥面铺装中可以将钢桥面的横向拉应力作为铺装层设计的重要指标,由于 ECO 改性聚氨酯的高弹性模量抵抗横向拉应力和纵向剪切的能力比 SMA 要强,且在最大弯沉中 ECO 改性聚氨酯作为表层时弯沉量较小,更能适应桥面的变形。

关键词 三维仿真 钢桥面铺装 ECO 改性聚氨酯 有限元分析

一、引 言

我国的桥梁设计,没有对铺装层的部分进行受力结构计算,仅作为构造措施。在车轮反复荷载、温度梯度及环境各种侵蚀的共同作用下,钢桥面铺装易出现裂缝、坑槽、鼓包、车辙、脱层推移等病害[1-4]。随着运营期增加,桥梁铺装层面临整桥翻修的问题。为了使钢桥面的铺装层尽可能地长时间工作,选择一种性能好的铺装材料至关重要。沥青混凝土铺装层开裂破坏主要与钢桥面板局部受力变形有关。不能单独运用路面结构力学模型,必须将铺装层和桥面系统共同作用,进行整体性力学分析[5]。文献[6]在大跨径正交异性钢桥面中通过 ANSYS 子结构法数值理论分析,分析结构尺寸、温度、制动及超载对铺装层的影响。文献[7]通过对杨泗港长江大桥钢桥面铺装层仿真分析模型,对钢桥面铺装层的荷载效应进行分析,得出车辆荷载作用下钢梁桥面板应力集中最不利荷位为横肋顶部附近的横向荷位。文献[8]针对钢桥面铺装常用的双层异质结构,采用通用有限元软件建立局部钢箱梁模型,考虑在不同的层间接触条件和温度影响下,钢桥面铺装体系的力学响应。文献[9-10]利用 ANSYS 有限元分析软件分别对桥面铺装的破损状态与修补状态进行分析计算。文献[11]通过对连续箱梁桥桥面的铺装层受力分析,分析了桥面混凝土铺装层在动、静荷载下的最不利荷载位置,随后分别考虑了水平荷载、超载、铺装层厚度以及铺装层模量力学响应影响。文献[12]对大跨径低刚度钢桥在 GA + SMA 和三层 EA 铺装方案不同铺装方案下的力学响应状态,采用 ANSYS 软件分析了该桥主桥跨中的挠曲变形,以及弯拉应变和层间剪应力。

在进行钢桥面力学分析的基础上,本文选用大跨径钢桥面作为研究模型,将正交异性钢桥面局部梁段作为研究对象,对铺装层和钢桥面整体进行受力分析。首先将铺装层分成两种模式进行对比凸显 ECO 改性聚氨酯的特点。采用 EA + SMA 双层铺装,另一种将 SMA 改为 ECO 改性聚氨酯作为对比。先分析钢桥面在车载情况下铺装层最不利载荷的位置,研究铺装层的横纵向以及层间剪切的受力特性。在最不利位置进行纵向分析,研究最不利载荷位置时两横肋之间的受力特性。通过在两种铺装模式下的结果对比 ECO 改性聚氨酯的材料特性。

二、建立有限元分析模型

1. 分析模型和基本参数

以板壳理论和弹性力学理论为基础,采用 ANSYS 有限元软件对正交异性钢桥面铺装层建立三维实体铺装层分析模型[13]。要求其能综合考虑整体效应(汽车荷载及温度)、空间效应(梁的剪力滞)及局部效应(车轮局部加载)的影响,并在可接受的效率下保证计算精度。对铺装层而言,需将其划分为较小单元,但是桥梁结构尺寸较大,这样整体模型规模超大,且计算耗时久。为了节省机时,在此采用子结构法——超单元思想[14]。子结构法即在整体结构分析中,将非线性部分作为子结构生成凝聚态的超单元矩阵(刚度矩阵、质量矩阵、阻尼矩阵),在后续非线性分析中可直接调用,届时与非子结构部分界面节点之间耦合即可。钢桥面铺装层,其纵、横加劲肋与桥面板材料均为弹性材料的钢材,将这部分作为超单元能节省较大机时,而铺装层则为非子结构部分。采用 Solid185 3D 八节点实体单元,模拟整体结构(纵、横加劲肋、铺装层),Matrix50 矩阵单元则为被调用的超单元[15]。

大跨径桥梁大多数采用的是正交异性钢桥面,由于铺装层完全依附于桥面钢板与桥面系统之上,它的工作状态不同于路面的沥青面层。本文取 EA(环氧沥青混凝土)、SMA(沥青玛𤧛脂碎石混凝土)、ECO 改性聚氨酯混凝土与正交异性钢桥面局部梁段作为计算对象,分析计算采用的正交异性钢桥面铺装体系模型如图 1 所示,正交异性板板宽 4.8m(含八个梯形加劲肋),板长 0.005m + 3.75 × 3m + 0.005m = 11.26m(横隔板间距 3.75m)。根据《公路工程技术标准》(JTG B01—2014),在铺装层表面施加荷载,采用双层铺装。该模型选取正交异性钢桥面局部梁段作为计算对象,建立两种铺装情况,选取铺装层结构"30mm 下层 EA + 30mm 上层改性 SMA"为研究对象,建立钢桥面铺装层有限元模型。此外,通过将"30mm 上层改性 SMA"更改为"30mm 上层 ECO 改性聚氨酯"来对比两种铺装上层材料。

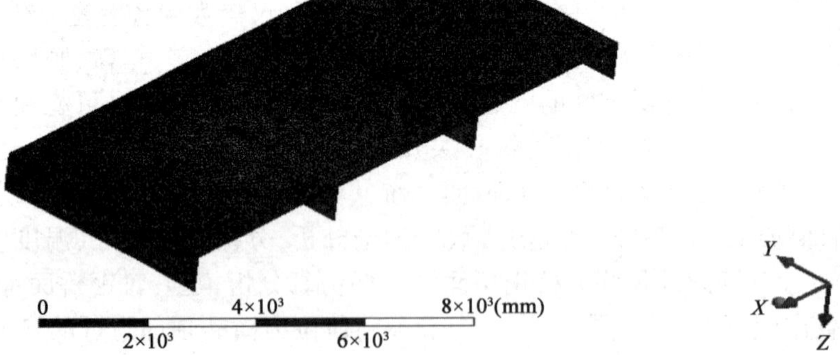

图 1　有限元模型图

正交异性板体系中钢板、梯形加劲肋和横隔板均采用 16Mnq 钢材,其主要物理指标见表 1。正交异性钢桥面铺装体系中各组成构件的详细几何尺寸见表 2。钢桥面铺装体系模型的参数见表 3。弹性模量作为仿真计算中最重要的数据之一,经实验测算 ECO 改性聚氨酯的弹性模量为 7000 ~ 14000MPa,为了能够反应 ECO 改性聚氨酯的特性,选取中间值 10500MPa 作为仿真实验 ECO 改性聚氨酯的弹性模量。对比 SMA 弹性模量为 6000MPa,可见 ECO 改性聚氨酯的弹性模量比 SMA 的弹性模量要大。

16Mnq 钢材的主要物理指标　　表 1

材　料	弹性模量 E(MPa)	剪切模量 G(MPa)	泊 松 比 μ
16Mnq 钢材	210000	81000	0.3

正交异性钢桥面铺装体系各组成构件的详细尺寸　表2

参　数	数　值	参　数	数　值
铺装层上层厚度	30mm	横隔板厚度	10mm
铺装层下层厚度	30mm	横隔板间距	3.75m
钢板厚度	14mm		

钢桥面铺装体系模型的参数　表3

铺装体系结构	厚度(mm)	弹性模量(MPa)	泊　松　比
ECO 改性聚氨酯	30	10500	0.47
EA	30	6000	0.35
SMA	30	3000	0.35
钢桥面板	14	210000	0.3
梯形加强肋	8	210000	0.3
横隔板	10	210000	0.3

2. 载荷条件和边界条件

在铺装层受力分析计算中,根据《公路工程技术标准》(JTG B01—2014)中汽超-20 车队中 550kN 重车的两根重轴(每根轴重 140kN)进行加载。《公路工程技术标准》(JTG B01—2014)规定将每侧双轮转化为单轮轮重 70kN,车轮与铺装层接地面积取 0.6m(宽)×0.2m(长),不考虑冲击系数,故荷载大小为 0.583MPa。

根据载荷条件,分析横桥向最不利荷位时,其钢桥面铺装模型及荷载作用示意图如图 2 所示。根据梯形加劲肋和正交异性钢桥面板的几何特性,考虑车辆载荷对加劲肋不同横向位置对铺装层受力的不同影响[16],即:荷位Ⅰ——车载施加于两加劲肋中心之间的正上方;荷位Ⅱ——车载以一加劲肋边为中心对称施加于正上方;荷位Ⅲ——车载对称施加于一加劲肋正上方。车载在纵桥向作用于两横隔板的跨中 a-a 断面。

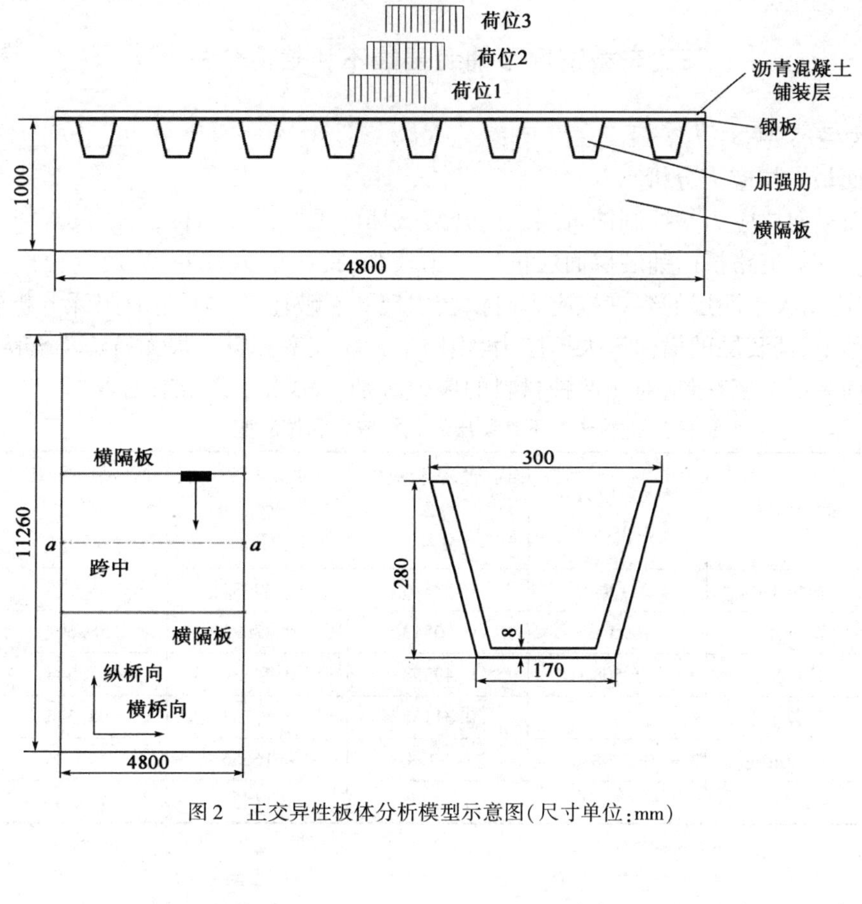

图 2　正交异性板体分析模型示意图(尺寸单位:mm)

分析纵向钢桥面的最不利荷位时，由于钢桥面的对称结构，故只需分析从横隔板到跨中部分即可，另一半为同样的结构受力。采用行车荷载到横隔板正上方距离分别为400mm、800mm、1200mm、1600mm和跨中六个特征位置进行纵向加载的应力分析。分析时，荷载的横向分布取横桥向最不利荷位。

根据铺装层与桥面系统的完整性，沥青混凝土铺装层开裂破坏主要与钢桥面板局部受力变形有关。计算中以EA、SMA、ECO改性聚氨酯混凝土与正交异性钢桥面局部梁段作为计算对象，建立桥梁混凝土铺装层三维实体模型，首先对其结构和材料属性等在不影响计算精度和结果的前提下进行合理的简化和假定：

(1)假定混凝土连续、完全弹性、均匀、各向同性，铺装层与钢板的层间接触为完全连续，钢桥面板变形微小。

(2)依据圣维南原理，远离荷载作用点的支撑条件对荷载作用点附近的受力影响可以忽略不计。

(3)由于铺装层通常是在正交异性钢桥桥面板完全施工结束后才铺筑，正交异性钢板自重对铺装层的受力无影响，因此钢桥面板和铺装层的自重不计。

边界条件采用铺装层和钢板无水平位移而允许竖向位移，横隔板在底部固结。钢桥面边界条件示意图如图3所示。

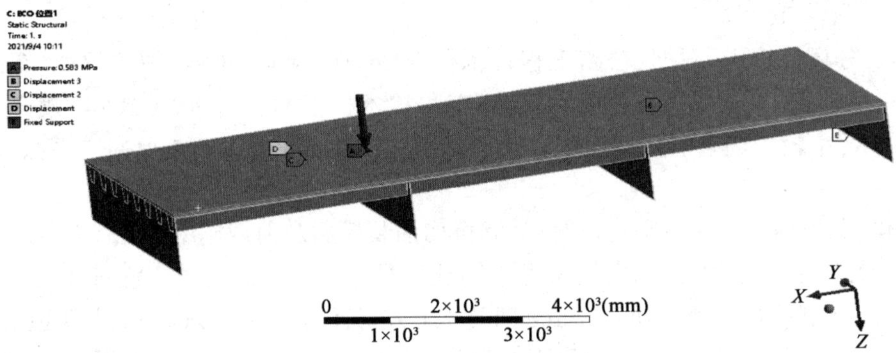

图3　钢桥面边界条件示意图

三、车载情况下铺装层最不利载荷分析

1.横向铺装层表面受力分析

1)铺装层表面最大拉应力分析

铺装层上表面横向拉应力是控制铺筑层纵向开裂破坏的重要设计指标，分析其规律可以了解铺装层的开裂破坏特性。一般道路桥面铺装层面层抗压能力较强，抗拉能力较差，当此部位产生负弯矩时便会产生拉应力，当拉应力大于面层的容许拉应力时便会出现开裂破坏[9]。通过有限元分析软件计算得到在单轮均布荷载作用下，铺装层的横向最大拉应力、横向最大拉应变和纵向最大拉应力和纵向最大拉应变。通过分析不同的铺装层上层材料，对比两种材料的应力区别。对比计算结果见表4。

荷载作用下铺装层最大拉应力和拉应变　　表4

铺装层上层材料	荷位	最大主应力 σ (MPa)	横向最大拉应力 σ_{xmax} (MPa)	纵向最大拉应力 σ_{zmax} (MPa)	横向最大拉应变 ε_{xmax} ($\times10^{-6}$)	纵向最大拉应变 ε_{zmax} ($\times10^{-6}$)
ECO改性聚氨酯	荷位Ⅰ	2.1268	0.58576	0.49932	53.716	38.654
	荷位Ⅱ	2.2343	0.60543	0.47822	58.699	37.789
	荷位Ⅲ	2.508	0.49358	0.44334	55.544	35.221
SMA	荷位Ⅰ	0.56481	0.31132	0.17584	98.545	52.276
	荷位Ⅱ	0.69081	0.3778	0.16656	120.76	51.121
	荷位Ⅲ	0.81572	0.38876	0.153	127.65	46.795

根据表4中的数据分析可得,铺装层内的横向最大拉应力$\sigma_{x\max}$(或横向最大拉应变$\varepsilon_{x\max}$)均大于纵向最大拉应力$\sigma_{z\max}$(或纵向最大拉应变$\varepsilon_{z\max}$),因此,横桥方向的控制是铺装层内部拉应力的主要控制方向,铺装层出现的开裂破坏主要原因是由横向拉应力引起的纵桥向裂缝。由表4可知,三种荷位的最大主应力峰值由大到小排序为$\sigma_{\text{Ⅲ}\max}>\sigma_{\text{Ⅱ}\max}>\sigma_{\text{Ⅰ}\max}$。横桥向最不利荷位是荷位Ⅲ,即车载对称施加于一加劲肋正上方。同时可以看到横向最大拉应力$\sigma_{x\max}$与最大主应力σ接近,而铺装层是三维空间体,其最大主应力方向不易确定,且不能直接测量出来。因此,可以将横向拉应力作为铺装层设计的一个重要控制指标,通过控制铺装层的最大拉应力,进而控制铺装层的开裂破坏。

2)铺装层剪应力分析

铺装层与钢板间的黏结破坏是目前钢桥面铺装层破坏的另一类常见破坏类型[17]。黏结力的破坏直接影响到铺装层与钢板的复合作用,加速铺装层本身的破坏,并且修补工作巨大,目前对它的处理只有将黏结破坏区域的铺装层清除重铺,代价很大。因此,铺装层与钢板的层间剪应力是控制黏结破坏的主要控制指标。在三种横向荷位情况下,两种铺装情况铺装层层间剪应力的计算结果见表5。

荷载作用下铺装层层间最大剪应力　表5

铺装层上层材料	荷　位	层间横向最大剪应力$\tau_{\max}$(MPa)	层间纵向最大剪应力$\tau_{\max}$(MPa)
ECO改性聚氨酯	荷位Ⅰ	0.25699	0.17151
	荷位Ⅱ	0.4582	0.18996
	荷位Ⅲ	0.38326	0.18123
SMA	荷位Ⅰ	0.14151	0.07838
	荷位Ⅱ	0.28093	0.092409
	荷位Ⅲ	0.23582	0.09178

从表5中计算的结果可以看出,横向最大剪应力和纵向最大剪应力的大小排序一致,为$\sigma_{\text{Ⅱ}\max}>\sigma_{\text{Ⅲ}\max}>\sigma_{\text{Ⅰ}\max}$,横向荷位的改变对层间横向剪应力和纵向剪应力均有影响,因此,在对层间剪应力进行分析时,必须考虑横向荷位的影响。在同一荷位作用下,铺装层的横向最大剪应力明显大于纵向最大剪应力,因此层间剪应力的控制方向是横桥方向,铺装层与钢板的层间黏结破坏的主要控制指标就是层间横向剪应力。

因为ECO改性聚氨酯的弹性模量比SMA的要大,铺装层与钢板层间的最大剪应力$\tau_{\max}$(包括横向剪应力与纵向剪应力)也增大。沥青混凝土铺装层的模量改变时,在三种荷位作用下,对于最大横向剪应力$\tau_{\max}$而言,最不利荷位均是荷位Ⅱ。因此可以认为,以铺装层与钢板层间横向剪应力作为控制指标时,最不利荷位是荷位Ⅱ,即均布荷载对称作用在梯形加劲肋侧肋顶部。

3)铺装层表面最大弯沉分析

沥青混凝土路面的弯沉(回弹弯沉)是指路面在垂直荷载作用下产生的垂直变形。表面弯沉是沥青混凝土路面设计的一个重要指标[18],它不仅能反映路面各结构层及土基的整体强度和刚度,而且与路面的使用状态存在一定的内在联系,同时弯沉值的测定也比较方便,所以这项指标得到了广泛采用。钢桥面铺装层通常采用薄层沥青混凝土,铺装层的支撑虽然并非一般道路上的基层和土基,而是正交异性钢板,但铺装层表面的弯沉仍能反映铺装层与正交异性钢桥面板的整体强度和刚度,而且能反映铺装层的使用性能,因此铺装层的表面弯沉也作为钢桥面铺装层受力分析的一个力学指标。在不同的荷位作用下两种铺装情况铺装层表面的最大弯沉的计算结果见表6。

荷载作用下铺装层表面最大弯沉值　表6

铺装层上层材料	荷　位	铺装层表面最大弯沉$l_{\max}$(mm)
ECO改性聚氨酯	荷位Ⅰ	0.51432
	荷位Ⅱ	0.52268
	荷位Ⅲ	0.53835

续上表

铺装层上层材料	荷　位	铺装层表面最大弯沉 l_{max}(mm)
SMA	荷位Ⅰ	0.58979
	荷位Ⅱ	0.61713
	荷位Ⅲ	0.64616

从表6中分析可得,对于同一种混凝土而言,表面最大弯沉因荷位的不同弯沉量不同,且呈现一定规律。荷位Ⅲ作用下的铺装层表面弯沉最大,荷位Ⅱ次之,荷位Ⅰ最小,所以,当以铺装层表面最大弯沉作为控制指标时,荷位Ⅲ车载对称施加于一加劲肋正上方为最不利荷位。而ECO改性聚氨酯混凝土弹性模量大,其在垂直荷载作用下产生的垂直变形小,反映了ECO改性聚氨酯混凝土各结构层的整体强度和刚度好,有利于延长路面的使用寿命。

2. 纵向不利载荷分析

1)铺装层内部最大拉应力分析

铺装层上表面最大纵向拉应力是控制铺装层横向开裂破坏的重要设计指标,分析其变化规律可以了解铺装层横向开裂破坏的特性。分析纵桥向的不利荷位时,对于三种不同荷位,横向车辆荷载沿桥面纵向移动时,荷位Ⅰ、荷位Ⅱ与荷位Ⅲ的变化规律基本相同。横桥向荷载位置采用前面分析的最不利荷位Ⅲ,即车载对称施加于一加劲肋正上方。表7列出了在不同的纵向位置时对应于单轮荷载作用下混凝土铺装层的最大横向拉应力计算结果。

不同纵向荷位作用下铺装层与钢板的层间最大横向剪应力　　表7

纵向荷位(mm)	拉　应　力	
	ECO改性聚氨酯最大横向拉应力 σ_{xmax}(MPa)	SMA最大横向拉应力 σ_{xmax}(MPa)
横隔板正上方	0.14829	0.060359
400	0.70005	0.28337
800	0.6411	0.36249
1200	0.56964	0.40515
1600	0.46191	0.39193
跨中	0.49358	0.38876

从表中结果可见,ECO改性聚氨酯混凝土最大横向拉应力大于普通沥青混凝土,其能够有效抵抗横向裂纹的出现。

2)铺装层与钢桥面板的层间剪应力分析

对纵向荷位剪应力的分析同样选取荷位Ⅲ,铺装层最大横向剪应力的计算结果见表8。从表8中的数据可以看出,当荷载从横隔板正上方不断向跨中移动时,铺装层最大横向剪应力值变化很小,但铺装层最大横向剪应力也是在车载位于两横隔板之间的跨中 a-a 截面位置处出现。同样,ECO改性聚氨酯混凝土最大横向剪应力大于沥青混凝土,说明其能抵抗纵向剪切能力强。

不同纵向荷位作用下铺装层与钢板的层间最大纵向剪应力　　表8

纵向荷位(mm)	拉　应　力	
	ECO改性聚氨酯层间最大横向剪应力 τ_{xmax}(MPa)	SMA层间最大横向剪应力 τ_{xmax}(MPa)
横隔板正上方	0.18359	0.12878
400	0.31225	0.17691
800	0.35664	0.20509

续上表

纵向荷位（mm）	拉应力	
	ECO 改性聚氨酯层间最大横向剪应力τ_{xmax}（MPa）	SMA 层间最大横向剪应力τ_{xmax}（MPa）
1200	0.37614	0.21572
1600	0.39769	0.22838
跨中	0.38326	0.23582

3）铺装层最大弯沉分析

对最大弯沉的分析同样选取荷位Ⅲ，铺装层最大弯沉的结果见表9。从表9中的数据可以看出，当荷载从横隔板正上方不断向跨中移动时，铺装层最大弯沉逐渐增大。铺装层最大弯沉也是在车载位于两横隔板之间的跨中 *a-a* 截面位置处出现。ECO 改性聚氨酯铺装层表面最大弯沉小于 SMA 铺装层表面最大弯沉，说明其能抵形变能力强，能更好地适应桥面的形变。

不同纵向荷位作用下铺装层表面最大弯沉　表9

纵向荷位（mm）	拉应力	
	ECO 改性聚氨酯铺装层表面最大弯沉 l_{max}（mm）	SMA 铺装层表面最大弯沉 l_{max}（mm）
横隔板正上方	0.033809	0.038558
400	0.23491	0.27736
800	0.38067	0.45464
1200	0.4888	0.58637
1600	0.53738	0.64503
跨中	0.53835	0.64616

四、结　论

利用通用有限元分析软件，对荷载作用下钢桥面铺装层的受力状况进行了探讨，同时分析了纵向荷位的改变对桥面铺装层受力的影响。综合分析可以得出以下几点结论：

（1）钢桥面铺装层的最大横向拉应力（拉应变）大于最大纵向拉应力（拉应变），铺装层出现的开裂破坏主要是横向拉应力引起的纵桥向裂缝，可以将横向拉应力作为铺装层设计的一个重要控制指标。

（2）通过比较不同横向荷位作用下的铺装层横向最大拉应力（拉应变）和铺装层表面最大弯沉，荷位Ⅲ是横桥向的最不利荷位，即车载对称施加于一加劲肋正上方。

（3）铺装层层间最大剪应力包括横向剪应力和纵向剪应力的最不利位置都是荷位Ⅱ，且横向剪应力大于纵向剪应力，因为 ECO 改性聚氨酯的弹性模量比 SMA 的要大，铺装层与钢板层间的最大剪应力也增大。

（4）荷载纵向位置的变化对铺装层最大横向拉应力、最大横向剪应力和最大表面完成都有影响。通过比较荷载位于纵向不同位置时的应力可知，ECO 改性聚氨酯的应力大于 SMA 的应力，因为 ECO 改性聚氨酯的弹性模量比 SMA 的弹性模量要大，抵抗横向拉力和纵向剪切的能力比较强，对于表面弯沉 ECO 改性聚氨酯的弯沉量较 SMA 的弯沉量小，更能适应桥面的变形。

参考文献

[1] 程庆，王大明，吴春颖. 钢桥面沥青铺装层病害及成因分析[J]. 公路工程，2010，35(03)：112-115，128.

[2] 高博. 钢桥面典型铺装方案及其病害和维修方法[J]. 公路，2012(07)：29-34.

[3] 谢伟伟. 钢桥面铺装病害分析及修复材料研究[D]. 广州：华南理工大学，2017.

[4] 许颖. 钢桥面铺装使用情况调查及病害分析[D]. 重庆：重庆交通大学，2014.

[5] 成峰. 大跨径钢桥面铺装力学分析深入研究[D]. 南京:东南大学,2004.
[6] 张已存. 大跨径桥梁正交异性钢桥面铺装受力分析[J]. 城市道桥与防洪,2018(01):37-39,9.
[7] 周思全,朱文恒,周敏. 杨泗港长江大桥正交异性钢桥面铺装层仿真分析[J]. 交通科技,2020(04):28-31.
[8] 向磊. 基于层间接触的钢桥面铺装力学分析[J]. 上海公路,2018(03):12-16,4.
[9] 段树军. 沥青混凝土桥面铺装破坏形式和力学分析[J]. 公路交通科技(应用技术版),2016,12(07):112-113,127.
[10] 辛家旺,贾云. 沥青混凝土桥面铺装受力分析[J]. 山东交通科技,2007(03):33-36.
[11] 史磊. 连续箱梁桥桥面混凝土铺装层的受力分析[J]. 公路交通科技(应用技术版),2014,10(06):296-300.
[12] 王滔,徐恭义,常城,等. 大跨径低刚度钢桥面铺装三维仿真力学分析[J]. 重庆交通大学学报(自然科学版),2020,39(09):67-73.
[13] 胡靖,钱振东,杨宇明. GA + EA 钢桥面铺装复合结构的高温性能与力学特性[J]. 中南大学学报(自然科学版),2015,46(05):1946-1952.
[14] 周灵. 钢桥桥面铺装结构温度场研究[D]. 乌鲁木齐:新疆大学,2011.
[15] 王文亮. 结构振动与动态子结构方法[M]. 上海:复旦大学出版社,1985.
[16] 安群慧. 正交异性钢桥面板纵向U形肋与横梁接缝的应力特点和疲劳裂纹特性[J]. 世界桥梁,2009(04):26-29,61.
[17] 肖秋明,查旭东. 沥青混凝土钢桥面铺装的剪切分析[J]. 中南公路工程,2000(01):53-54.
[18] 邓学钧,黄晓明. 路面设计原理与方法[M]. 北京:人民交通出版社,2001.

35. ϕ7.0mm-2100MPa 超高强度热镀钢丝斜拉索疲劳性能试验研究

薛花娟[1]　赵　军[1]　李　镇[2]　王　强[2]　夏鹏飞[2]
(1. 江苏法尔胜缆索有限公司;2. 江苏省交通工程建设局)

摘　要　常泰长江大桥主航道桥为双塔双索面双层公铁两用斜拉桥,主跨为1176m,其下游侧斜拉索采用ϕ7.0mm-2100MPa级高强度耐久型平行钢丝斜拉索。提高斜拉索钢丝强度,可减少钢丝用量,减轻单根斜拉索的质量和截面积,降低制作、架设和施工难度。为了研究超高强度斜拉索的抗疲劳性能,制作了2100MPa的265丝ϕ7.0mm锌铝合金镀层钢丝斜拉索,进行应力变化范围250MPa、应力循环次数为200万次的疲劳性能试验,检查断丝率及锚具等构件情况。在断丝率小于2%情况下,为了进一步探索铁路斜拉桥斜拉索抗高应力幅疲劳性能,将应力变化范围提高到280MPa,进一步加载至250万次,在加载中观察其断丝情况。通过试验验证了ϕ7.0mm-2100MPa锌-铝合金镀层钢丝斜拉索的抗疲劳能力,为超大跨径公铁两用斜拉桥超高斜拉索的抗疲劳寿命设计提供了参考依据。

关键词　公铁两用斜拉桥　疲劳性能　钢丝　斜拉索　疲劳应力变化范围　疲劳循环次数　锚具　断丝率

一、引　言

常泰长江大桥集高速公路、一级公路、城际铁路"三位一体"合并过江,采用上下层布置,上层桥面布置双向6车道高速公路,下层桥面上游侧布置两线城际铁路,下游侧布置4车道一级公路。其主航道桥为双塔双索面双层公铁两用斜拉桥，主跨为1176m。斜拉索布置采用扇形双索面，梁上标准索距为14m，塔上标准索距为2.2m，上游侧斜拉索采用2100MPa级高强度耐久型平行钢丝，下游侧斜拉索采用2000MPa级高强度耐久型平行钢丝斜拉索[1]。

斜拉索是斜拉桥当中最为重要的受力构件，其疲劳问题一直是斜拉桥尤其是铁路斜拉桥设计中关注的焦点问题。斜拉索疲劳是指斜拉索构件在循环加载下，在某点或某些点产生局部的永久性损伤，并在一定循环次数后形成裂纹，或使裂纹进一步扩展直到完全断裂的现象[2]。引发疲劳破坏的因素很多，材料内部缺陷、结构缺陷、应力变化范围、平均应力大小等都有可能是其诱发原因[2]。对于超千米主跨公铁两斜拉桥，其斜拉索疲劳问题更加突出，原因如下：首先，由于铁路自身舒适性、安全性等各项要求均与公路桥有所区别，相对于公路桥，铁路活载比公路活载大得多，使得铁路桥"恒活比"相对公路斜拉桥要小。其次，公路是无序荷载，对疲劳加载有利，而铁路每列车就是一次加载，所以疲劳问题比公路斜拉桥更为严重。另外，斜拉索长度越大，垂度也越大，越容易受环境激励而振动，越容易在斜拉索锚固端引起局部弯曲应力集中，产生弯曲疲劳[3]。最后，超大跨径公铁两用斜拉桥的发展趋势是采用新的强度更高、性能更好的斜拉索材料。传统的疲劳强度设计方法假定材料的初始状态是连续体，是以材料内部没有初始缺陷为前提的，经过一定的应力循环次数后，由于材料的损伤累积，才形成了裂纹[2]。随着斜拉索钢丝强度的提高，对裂纹损伤更加敏感，更加容易形成应力集中点，因此，需要对其抗疲劳性能进行深入研究。

二、影响斜拉索抗疲劳性能的主要因素

钢丝在循环载荷作用下，在某个或某些高应力部位产生损伤并逐渐累积，导致性能退化，裂纹萌生、扩展直到完全断裂的失效形式，为斜拉索疲劳失效。一般规律是，循环应力水平越高，疲劳寿命就越短。斜拉索疲劳失效不仅与钢丝材料有关，也与钢丝应力集中效应、构件尺寸系数、表面状态、疲劳应力水平都有关[4]。其中，应力集中效应是导致构件疲劳性能降低的主要原因。平行钢丝斜拉索在制作过程中，需要进行单根钢丝放丝、钢丝束扭绞、钢丝束镦头灌锚等工艺环节，钢丝表面损伤不可避免，以上损伤将造成高强度钢丝应力集中点，导致斜拉索抗疲劳性能降低[5]。综上所述，斜拉索构件的疲劳问题不仅与钢丝材料本身的抗疲劳性能有关，还与构件在制作过程中的表面应力集中有关。

斜拉索是斜拉桥关键的受力构件之一，对斜拉桥的服役安全起着决定性作用。目前各国并没有系统、完整、权威的斜拉索疲劳试验数据用于斜拉索疲劳设计与验算。瑞士的 Birkenmaier 较早开展斜拉索疲劳试验，通过200万次疲劳试验斜拉索断丝率及疲劳后剩余极限承载力研究，提出斜拉索许用应力幅$\Delta S_c = \Delta S_w / 1.6$，其中$\Delta S_c$为斜拉索的疲劳应力幅值，而$\Delta S_w$为钢丝疲劳强度，取钢丝疲劳寿命200万次时的疲劳应力幅值[6]。但以上理论推算的可靠性需要大量的试验验证，目前仅用于设计参考。鉴于斜拉索疲劳研究的复杂性，目前各国斜拉索设计规范均采用类似无限寿命的设计方法，要求进行定比例的成品索疲劳试验，满足指定应力幅下200万次疲劳荷载循环，验证斜拉索的疲劳性能[6]。为了掌握斜拉索抗疲劳性能，本项目采用了模拟实索的试验室疲劳试验法进行了ϕ7.0mm-2100MPa斜拉索疲劳性能试验研究。

三、斜拉索疲劳试验

1.疲劳试验要求

首先对ϕ7.0mm(265根)丝索股进行上限载荷为9637kN(0.45P_b，P_b为斜拉索公称破断荷载)、下限载荷为7084kN、应力变化范围为250M、弯曲角度为10mrad的200万次循环等幅拉伸弯曲组合加载疲劳试验，如图1所示。

完成200万次疲劳试验后，检查斜拉索索体及锚具，若斜拉索索体无断丝、无破坏、锚具无异常，改变试验参数，继续进行疲劳载荷上限9637kN(0.45P_b)、载荷下限6782kN、应力幅280MPa、弯曲角度为10mrad的50万次循环加载疲劳试验，如图2所示。

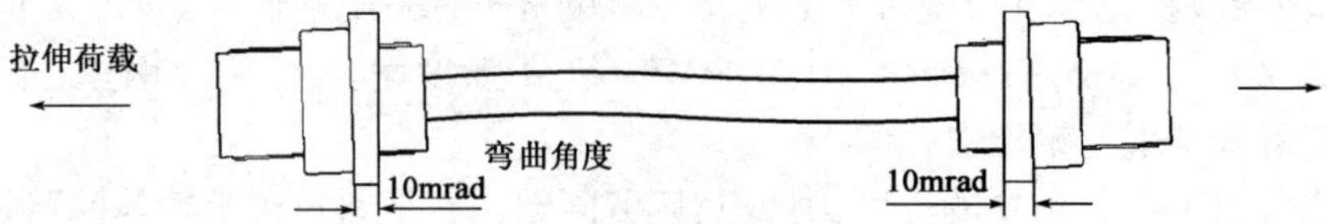

图1 拉弯组合疲劳试验示意图

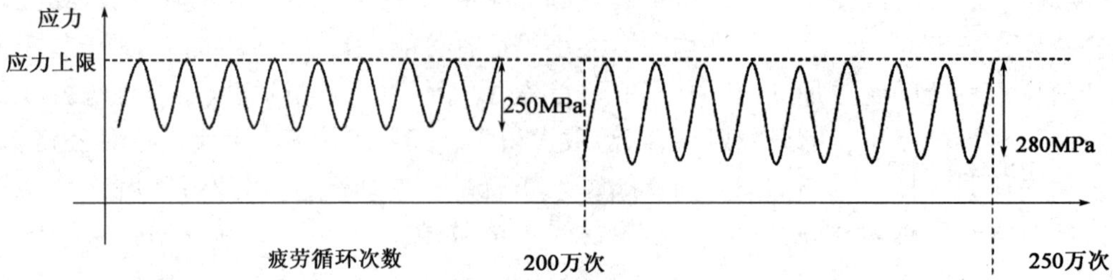

图2 疲劳应力及循环次数示意图

2. 试样准备

1)钢丝试样准备

钢丝采用规格 ϕ7.0mm、抗拉强度等级为2100MPa的锌铝合金镀层钢丝,参考质量为302g/m。其他主要技术指标见表1~表3。

疲劳试验斜拉索用2100MPa锌铝合金镀层钢丝主要力学性能技术指标　表1

规格尺寸		力学性能								
直径 d_n (mm)	圆度 (mm)	公称面积 (mm^2)	抗拉强度 (MPa)	弹性模量 (MPa)	断裂延伸率 (%)	扭转性能 (次)	缠绕 (圈)	塑性延伸强度 (MPa)	反复弯曲 (次)	松弛率 (%)
7.00±0.06	≤0.06	19.63	2100~2160	(2.0±0.1)×10^5	≥4.0	≥8	$3d_n$×8,不断裂	1570	≥4	≥7.5

疲劳试验索用2100MPa锌铝合金镀层钢丝其他技术指标　表2

规格尺寸			镀层			直线性	
直径 d_n (mm)	圆度 (mm)	公称面积 (mm^2)	铝含量 (%)	镀层均匀性 (次)	镀层质量 (g/m^2)	自由翘高 (mm)	自然矢高 (mm)
7.00±0.06	≤0.06	19.63	4.2~7.2	硫酸铜浸泡次数≥4次,不挂铜	≥300	≤30	≤150

试验索用2100MPa锌铝合金镀层钢丝单丝抗疲劳性能指标　表3

疲劳应力上限(MPa)	疲劳应力幅值(MPa)	循环次数(万次)	断裂情况
945	360	200	无断丝
945	410	200	无断丝
945	460	200	无断丝

2)斜拉索试样准备

疲劳试验用斜拉索规格为265根 ϕ7.0mm锌铝合金热镀钢丝,净长度为6200mm,抗拉强度2100MPa,试验索公称破断索力 P_b 为21425kN。

3. 设备名称、主要技术参数、试验装置

疲劳试验在36MN疲劳试验机上进行,采用两台作动器进行循环荷载试验。疲劳试验机控制类型为荷载闭环控制，通过荷载传感器的反馈信号进行 PID 闭环控制，疲劳试验装置见图 3。

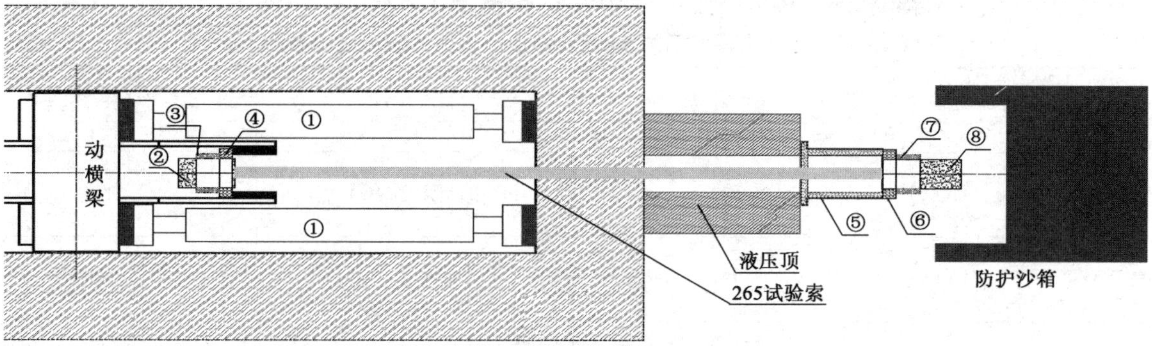

图 3 疲劳试验装置示意

①-作动器；②-锚固端锚杯；③-锚固端锚圈；④-10mrad 楔形垫板；⑤-1600t 压力传感器；⑥-10mrad 楔形垫板；⑦-张拉端锚圈；⑧-张拉端锚杯

4. 试验过程

疲劳试验按正弦波加载，频率为 0.9Hz，试验参数见表 4。

200 万次疲劳试验参数 表 4

项 目	参 数	项 目	参 数
疲劳载荷上限 F_{max}(kN)	9637	试验频率(Hz)	0.9
疲劳载荷下限 F_{min}(kN)	7084	应力幅度 $\Delta\sigma$(MPa)	250
平均载荷 F(kN)	8360	疲劳次数	2000007 次
$\Delta F = \frac{1}{2}(F_{max} - F_{min})$(kN)	1276	弯曲角度	10mrad

疲劳试验于 2020 年 8 月 7 日开始，于 9 月 27 日试验至循环载荷 200 万次，无断丝，铸体及锚具无异常。

在以上基础上，将应力变化范围调整至 280MPa，继续进行加载疲劳，于 2020 年 9 月 28 日开始加载，10 月 20 日完成增加的 50 万次加载，斜拉索索体无断丝，锚具无异常。280MPa 压力变化范围下的疲劳测试测控界面如图 4 所示。

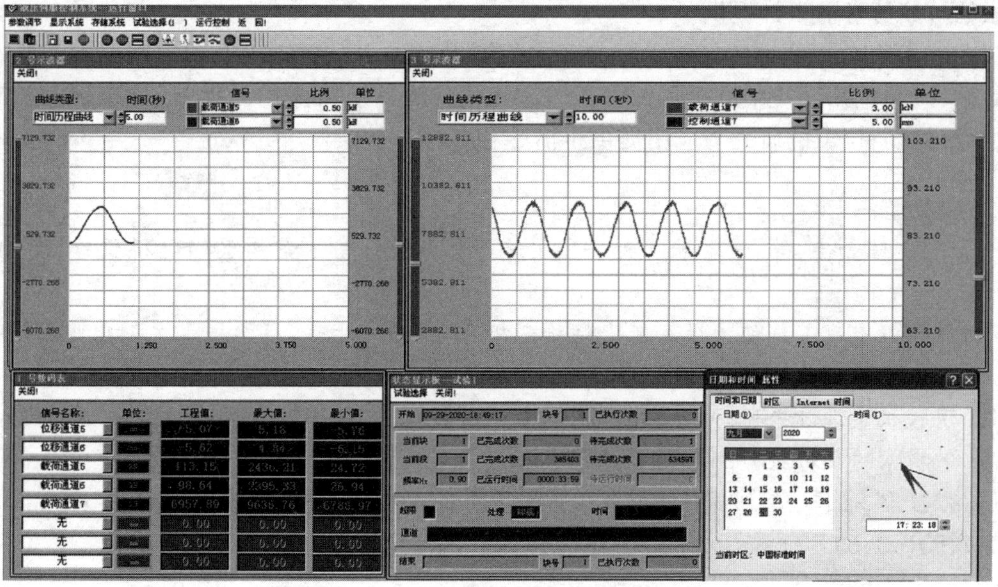

图 4 280MPa 应力变化范围下的疲劳试验测控界面

200 万次疲劳试验后，提高疲劳应力幅值（表 5），继续进行疲劳试验。疲劳载荷上限 9637kN（0.45P_b），载荷下限 7084kN，应力幅从 250MPa 提高到 280MPa，试验至 250 万次。

提高疲劳应力幅值后的 50 万次高应力幅值的疲劳试验参数　　表 5

项　目	参　数	项　目	参　数
疲劳载荷上限 F_{max}（kN）	9637	试验频率（Hz）	1.3
疲劳载荷下限 F_{min}（kN）	6782	应力幅度 $\Delta\sigma$（MPa）	280
平均载荷 F（kN）	8209	疲劳次数	累计 2500034 次
$\Delta F=\frac{1}{2}(F_{max}-F_{min})$（kN）	1427		

250 万次疲劳试验后拆下试验索，试验全过程无断丝，两端锚具无异常。

5. 试验结果

强度为 2100MPa、规格为 ϕ7.0mm 的 265 根超高强度锌铝合金镀层钢丝斜拉索，经过上限载荷为 9637kN（0.45P_b）、下限载荷为 7084kN、应力变化范围为 250MPa 的 200 万次循环加载试验，无断丝，铸体及锚具无异常。200 万次疲劳试验后，保持疲劳应力上限，提高疲劳试验应力变化范围及平均应力，继续疲劳试验至 250 万次时，无断丝、铸体及锚具无异常。

四、结　　语

（1）该试验制作了 265 丝 ϕ7.0mm 的 2100MPa 锌铝合金镀层钢丝斜拉索，进行了常规的 200 万次疲劳性能试验，检查断丝率及锚具等构件情况，在以上检查结果良好的基础上，对试验斜拉索继续进行 50 万次高应力幅疲劳循环，该 250 万次疲劳试验为国内首创。

（2）经过 200 万次疲劳试验后，斜拉索，锚具及铸体无异常，可满足常泰大桥主航道桥的要求。试验结果表明，研发的 2100MPa 锌铝合金镀层钢丝斜拉索具有卓越的抗疲劳性，为超大跨径公铁两用斜拉桥超高斜拉索的抗疲劳寿命设计提供了依据。

（3）在以上基础上，探索性的将试验应力变化范围提高到 280MPa，在加载中观察斜拉索在高应力幅疲劳条件的循环加载情况。经过 50 万次后，仍然无断丝，锚具及铸体均无异常，该结果为铁路斜拉桥用高应力幅平行钢丝斜拉索的研究与应用提供了借鉴和参考。

参考文献

[1] 秦顺全，徐伟，陆勤丰，等. 常泰长江大桥主航道桥总体设计与方案构思[J]. 桥梁建设，2020，50(3)：1-10.

[2] 曾攀. 材料的概率疲劳损伤特性及现代结构分析原理[M]. 北京：科学技术文献出版社，1993.

[3] 陈亮. 斜拉索疲劳可靠度分析[D]. 西安：长安大学，2007.

[4] 秦大同. 现代机械设计手册[M]. 北京：化学工业出版社，2019.

[5] 党志杰. 斜拉索的疲劳抗力[J]. 桥梁建设，1999(4)：18-21，31.

[6] 兰成明，任登路，徐阳，等. 平行钢丝斜拉索疲劳性能评定Ⅱ：斜拉索疲劳寿命模型[J]. 土木工程学报，2017，50(7)：69-77.

36. 大跨径轨道交通混合梁斜拉桥动力特性参数敏感性研究

李 刚 卫 星 濮留纯 刘宇辰
（西南交通大学）

摘 要 以某大跨径轨道交通混合梁斜拉桥为背景，借助 MIDAS/Civil 2020 有限元分析软件，建立全桥有限元模型，采用子空间迭代法对桥梁振型进行分析，分别研究了恒载集度、结构刚度、辅助墩数量及温差效应等结构参数的变化对结构动力特性的影响规律。结果表明：该桥振型排列合理，耦合程度低；增大结构恒载集度会降低结构自振频率，其中以增大主梁恒载集度对结构影响最为显著，f_1 有 26% 的降幅；分别提高塔、索、梁刚度对结构动力特性影响显著，主要表现为增强整体刚度，有效提高自振频率；设置辅助墩会改善结构动力性能，改变结构基本振型形态，提高结构基频；环境温差效应变化对结构动力特性影响甚微，可以不予考虑。

关键词 桥梁与隧道工程 轨道交通混合梁斜拉桥 动力特性 结构参数 振型形态

一、引 言

轨道交通列车荷载较大且需要较高的运行安全性和平稳性，使得其对结构刚度提出很高的要求。斜拉桥相较于其他类型桥梁，体系较柔，很少被桥梁设计者采纳，将其应用于轨道交通桥梁建设领域[1]。但随着结构形式的创新、新型材料的研发及桥梁设计建造技术水平的提高，迫切需要轨道交通桥梁在跨越能力方面有所突破，充分展示自身的可行性和竞争力，如汲水门大桥、重庆东水门大桥、重庆千厮门大桥、蔡家嘉陵江大桥等一批轨道交通斜拉桥建设，极大促进了斜拉桥在轨道交通中的应用。

本文中该大跨径轨道交通混合梁斜拉桥采用混合梁主梁形式，因主桥中跨、边跨分别采用钢材和混凝土，充分发挥了两者材料特性，使结构兼具钢梁和混凝土梁优势[1]，但随着主跨跨径不断增大，结构体系柔性特征体现的越加明显。因此，需要重点考虑轨道交通混合梁斜拉桥的抗震、抗风等动力问题[3]。涉及桥梁结构的一些设计参数对于桥梁动力响应问题有着巨大影响。

王頠[4]通过改变某钢桁公铁两用斜拉桥索塔高跨比、主梁高跨比、主塔刚度等结构参数，研究其对动力特性的影响规律；李永乐等[5]对某大跨径钢桁梁铁路斜拉桥进行研究，通过改变主梁、斜拉索、辅助墩等构件刚度来研究其对桥梁结构及行车动力性能的影响；夏志远等[6]以某自锚式悬索桥为例，着重研究了恒载集度、环境温度计支座沉降对结构动力特性的影响。郭辉等[7]对国内外大跨径铁路钢桁梁斜拉桥的动力特性进行了统计分析，并针对公路斜拉桥竖弯基频相关规范算式进行了修正完善；康俊涛等[8]以某大跨径独塔混合梁斜拉桥为例，分析了结构恒载集度、刚度比、边中跨比及辅助墩数量等参数桥梁动力特性的影响；曾勇等[9]研究了某公轨两用大跨径钢桁梁斜拉桥动力特性，发现改变索面布置、塔、索、梁刚度系数、辅助墩数量等参数，可以改善桥梁动力响。

文献[10]～[12]介绍了其他相关类型斜拉桥动力特性的研究，但国内外针对大跨径轨道交通混合梁斜拉桥的动力特性分析研究较少，针对该种桥型动力特性的影响规律尚不明确。因此，本文以某轨道交通混合梁斜拉桥为工程背景，建立有限元模型，研究恒载集度，塔、索、梁刚度系数，辅助墩数量级温差效应对对桥梁动力特性的影响规律。

二、工 程 背 景

某城市轨道交通混合梁斜拉桥为双塔双索面混合梁斜拉桥，桥梁采用半飘浮结构体系，中跨为钢箱梁,边跨为混凝土箱梁,钢-混凝土结合段位于主跨距离主塔中心6m处,且两个边跨侧均设置一个辅助墩。大桥主桥采用主跨跨径为52m+68m+340m+66.5m+50.5m,桥梁总长597.0m。340m的中跨跨径使得该桥成为目前跨径较大的轨道交通混合梁斜拉桥之一。该桥桥型布置图如图1所示。

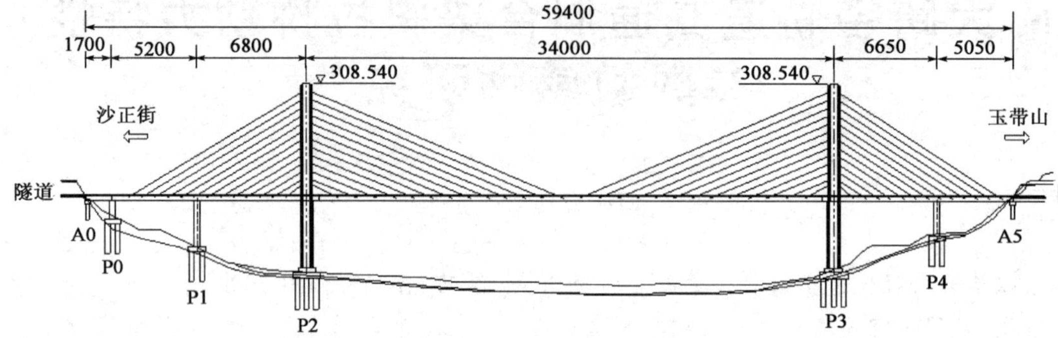

图1　桥型布置图(尺寸单位:mm)

中跨钢箱梁采用扁平钢箱梁结构形式,桥面宽度19.6m,中轴线梁高3m,高宽比为$B/H=6.53$,钢箱梁横断面图如图2所示,边跨采用混凝土箱梁结构形式,横断面图如图3所示。

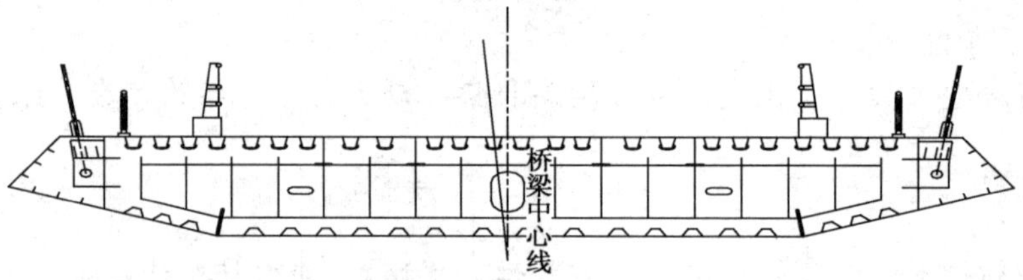

图2　钢箱梁横断面图

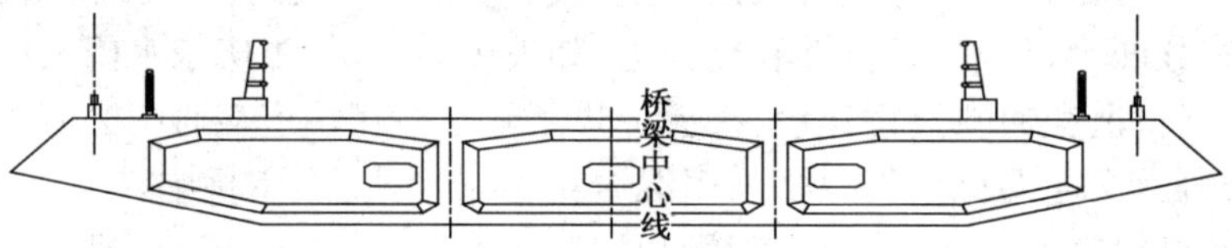

图3　混凝土箱梁横断面图

三、有限元模型建立

本桥借助Midas Civil2020有限元软件进行建模,模型受力情况与实桥理论上计算一致。

该桥由主塔、主梁、辅助墩、主梁、斜拉索、边跨支架六大部分组成,主塔、主梁及辅助墩采用梁单元模拟,斜拉索采用桁架单元中的只受拉单元模拟,进行桥梁振型分析时,采用子空间迭代法进行建模计算分析,且通过改变结构参数,建立一系列有限元模型。全桥有限元模型共有节点数量784个,单元数量590个,如图4所示。

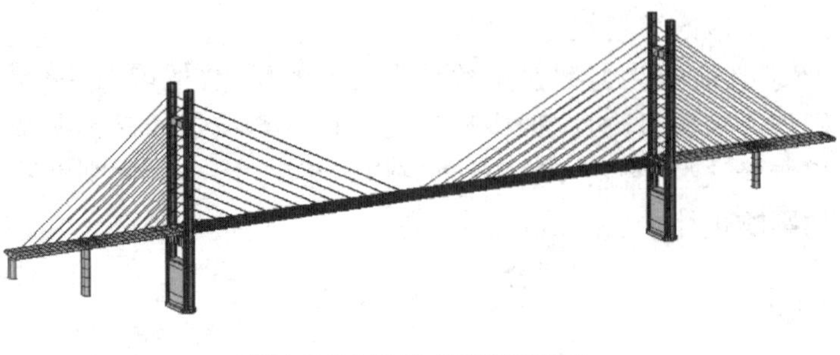

图4　MIDAS/Civil有限元模型

四、结构动力特性计算分析

通过对成桥状态桥梁振型进行分析,得到大跨径轨道交通双索面混合梁斜拉桥的 10 个模态振型,其振型特性见表 1,典型振型图如图 5 所示。

主要振型特性　表 1

模态	频率(Hz)	周期(s)	振 型 名 称	振型特点描述
1	0.33	3.02	一阶纵漂	主梁一阶纵向漂移 + 主塔纵弯
2	0.37	2.73	一阶正对称横弯	主梁中跨一阶正对称横向弯曲 + 主塔侧弯
3	0.37	2.70	一阶正对称竖弯	主梁中跨一阶正对称竖向弯曲 + 主塔向各自边跨侧纵弯
4	0.41	2.45	主塔一阶反对称侧弯	主塔一阶反对称侧向弯曲 + 主梁中跨反对称横向弯曲
5	0.41	2.43	主塔一阶正对称侧弯	主塔一阶正对称侧向弯曲 + 主梁中跨正对称横向弯曲
6	0.42	2.41	主塔二阶反对称侧弯	主塔反对称侧向弯曲 + 主梁中跨正对称横向弯曲
7	0.43	2.32	二阶正对称横弯	主梁中跨二阶正对称横向弯曲
8	0.50	1.98	一阶反对称竖弯	主梁中跨一阶反对称竖向弯曲 + 主塔向同一侧边跨侧纵弯
9	0.62	1.61	一阶反对称横弯	主梁中跨一阶反对称横向弯曲
10	0.67	1.49	三阶正对称横弯	主梁中跨三阶正对称横向弯曲

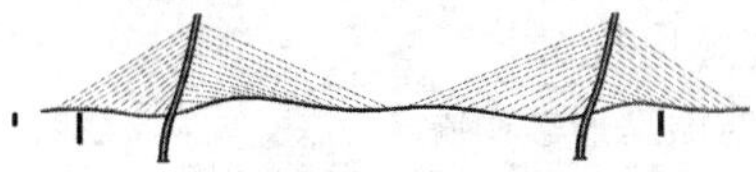

a)第一阶振型

b)第二阶振型

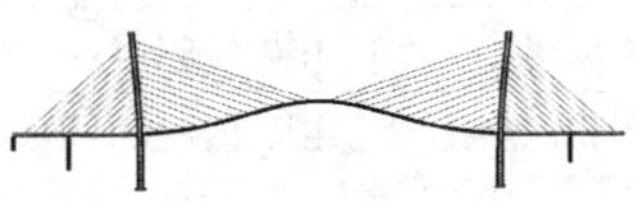

c)第三阶振型

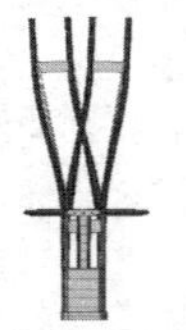

d)第四阶振型

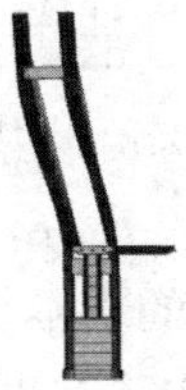

e)第五阶振型

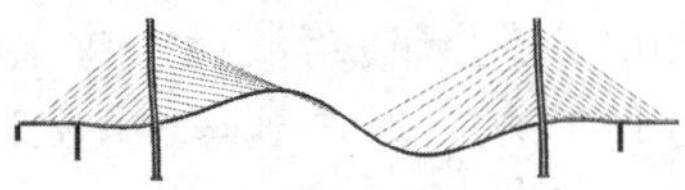

f)第六阶振型

图 5　结构典型振型

由表 1 和图 5 可知如下结果。

(1)对于前五阶模态,结构基频为 0.33Hz,第一阶振型即基本振型形态为纵漂振型,说明结构纵向刚度较小,柔性特征较为明显,与大多数半飘浮体系桥梁基本振型一致[7]。第二阶模态振型为一阶正对称横向弯曲,振型出现较早,说明主梁横向刚度较小,第三阶模态振型为一阶正对称竖弯,表明该桥纵向抗弯刚度较低。由此说明,该桥横纵向抗弯刚度均较低。

(2)对于第四～六阶模态,均是主塔出现侧弯模态,侧弯模态分别是一阶反对称侧弯、一阶正对称侧弯及二阶反对称侧弯模态,由此说明,主塔横桥向刚度不足,且主塔侧弯并伴随主梁出现横弯,进而说明横弯振型在结构动力响应中占主导作用,抗震分析中应着重考虑横向地震作用对结构的影响。

(3)对于第七～十阶模态,结构依次出现了多次横弯模态,说明结构横弯振型对结构动力特性影响作用较大。

五、结构参数变换对动力特性影响

为研究影响大跨径轨道交通双索面混合梁斜拉桥动力特性的主要因素，提高其抗风稳定性和抗震性能，对影响结构的恒载集度、梁刚度、索刚度、塔刚度、辅助墩数量及温差效应分别变化分析，研究上述参数对结构动力特性的敏感性。本文选取桥梁第一～第五阶振型进行对比分析，分别用f_1、f_2、f_3、f_4及f_5依次表示前5阶模态。

1. 恒载集度影响

恒载主要是指结构恒载、桥面轨道二期铺装及相关电力设备荷载，前期施工中，由于施工荷载误差，可能存在恒载未达到或超出设计荷载。桥梁服役期间，铺装荷载会由于长期使用存在损耗，同时由于轨道交通日益增大的客流量及风对桥梁产生的虹吸荷载会额外增加上部荷载，荷载的变化会影响结构的总体刚度矩阵和质量矩阵，进而影响到结构动力特性[6]。

1）边跨主梁恒载集度

混合梁斜拉桥因其主梁在中、边跨不同位置选用钢材和混凝土材料，有效发挥了钢材和混凝土材质的优质特性，但同时对中、边跨主梁产生了显著的恒载差[14]，因此，通过改变边跨恒载集度来研究其对结构动力特性的影响。

保持结构其余部件恒载集度不变，仅变化边跨混凝土主梁恒载集度系数，变化系数分别为0.4、0.7、1.0、1.3及1.6，研究其对结构影响，仔细对比分析恒载集度变化对桥梁振型形态的影响，结果见表2。同时图6给出了前5阶主要模态频率随边跨恒载集度比变化规律。

边跨恒载集度变化对振型形态影响 表2

中、边跨恒载集度比	模态				
	1	2	3	4	5
0.4	1阶正对称横弯	1阶正对称竖弯	1阶纵漂	主塔1阶反对称侧弯	主塔1阶正对称侧弯
0.7	1阶纵漂	1阶正对称横弯	1阶正对称竖弯	主塔1阶反对称侧弯	主塔1阶正对称侧弯
1	1阶纵漂	1阶正对称横弯	1阶正对称竖弯	主塔1阶反对称侧弯	主塔1阶正对称侧弯
1.3	1阶纵漂	1阶正对称横弯	1阶正对称竖弯	主塔1阶反对称侧弯	主塔1阶正对称侧弯
1.6	1阶纵漂	1阶正对称横弯	1阶正对称竖弯	主塔1阶反对称侧弯	主塔1阶正对称侧弯

结合表2和图6可知，随着边跨混凝土主梁恒载增大，即边跨恒载集度系数由0.4增长到1.6时：①f_1呈线性减小规律，由0.37Hz减小到0.30Hz，减小了19%；②f_2、f_3、f_4、f_5基本不随边跨混凝土主梁恒载的增大而变化；③当边跨恒载集度系数由0.4变为0.7时，主梁的基本振型发生了改变，一阶纵漂振型由第三振型跳跃到第一振型，说明边跨混凝土主梁过轻会导致结构基本振型产生变化。

由上所述，边跨恒载集度变化对主梁一阶纵漂振型更为敏感，而对横弯、竖弯及主塔侧弯振型影响甚微，进而表明边跨混凝土主梁恒载的增加会影响结构的动力响应，因此在混合梁斜拉桥设计时边跨混凝土应向轻型结构发展，从而减小自重对桥梁动力特性的影响，但不宜过轻，否则会引起结构基本振型改变，不利于结构抗震耗能。

2）主梁整体恒载集度比

基于上述对边跨主梁恒载集度比的影响研究，进一步对主梁整体恒载集度进行了分析计算，在保持其余部件恒载集度不变的情况，将主梁整体恒载集度系数变化为0.4、0.7、1.0、1.3及1.6，研究主梁整体恒载集度对结构动力特性的影响，发现结构振型形态并不会发生显著变化，结构自振频率的计算结果如图7所示。

从图7可得，结构前五阶自振频率均随恒载集度系数的增大而呈不同程度的减小，其中f_1减小幅度最大，减小了26%，其次是f_2、f_3，减小了17.5%，f_4、f_5仅减小了7%。由此可见，恒载集度的增加对桥梁纵漂、横弯、竖弯振型影响较大，结合前文对边/中跨恒载集度比研究可得，为保证桥梁的抗震、抗风稳定性桥梁设计应该尽量控制结构自重，同时建议选择轻型材料作为桥梁的二期恒载。

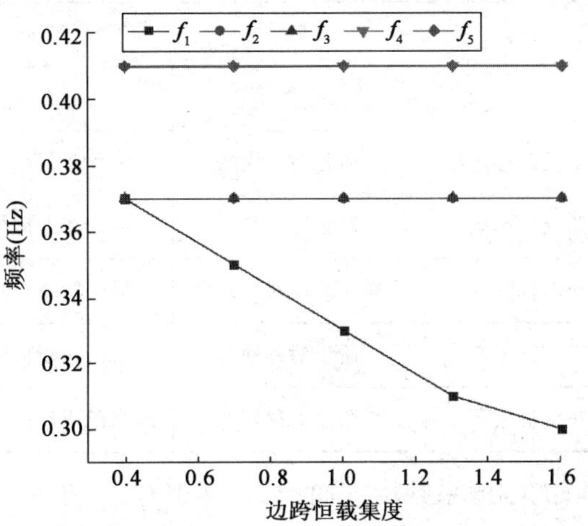

图6 边跨恒载集度变化对自振频率影响

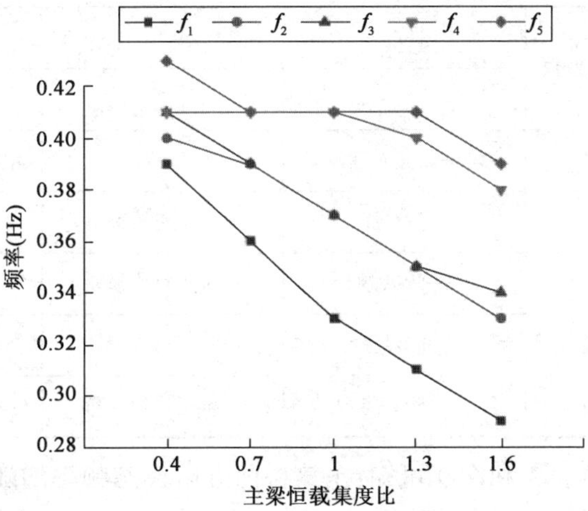

图7 主梁恒载变化对自振频率影响

3)主塔恒载集度

同样保持其余部件恒载集度不变的情况,将主塔整体恒载集度系数变化为0.4、0.7、1.0、1.3及1.6,研究主塔恒载集度对结构动力特性的影响,观察到结构振型形态不会发生显著变化,结构自振频率变化规律如图8所示。

由图8可得,主塔恒载集度的增大对结构的自振频率有减小的影响,具体表现为:①前五阶自振频率中f_1减小幅度最大,呈线性减小规律,主塔恒载集度由0.4增大为1.6时,f_1减小了18%,②f_2、f_3、f_4、f_5在主塔集度由0.4增大到1.0时,减小幅度较小,自振频率基本保持不变,当主塔恒载集度继续增大时,这四阶频率才急剧减小,减小幅度在14%以内。由此可见,主塔恒载的增大可以有效降低结构自振频率,其中对一阶纵漂频率影响较大。

2.结构刚度影响

为分析结构刚度参数变化对结构动力特性的影响,分别研究塔、索和梁的刚度系变换为0.4、0.7、1.0、1.3及1.6时,刚度变化对该桥动力特性的影响规律。

1)塔刚度

基于结构其余部件刚度不变情况,仅将主塔刚度系数变化为0.4、0.7、1.0、1.3及1.6,研究塔刚度变化对结构动力性能影响,其结果如图9、表3所示。

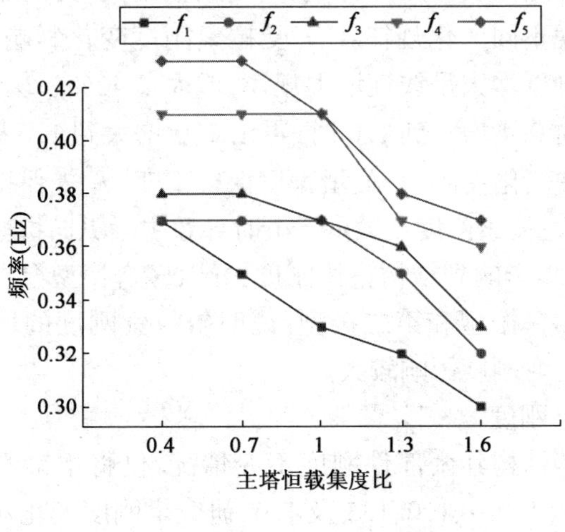

图8 主塔恒载变化对自振频率影响

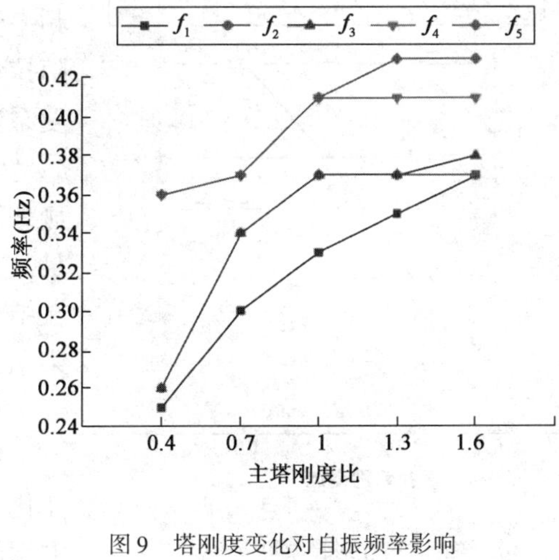

图9 塔刚度变化对自振频率影响

塔刚度变化对振型形态影响 表3

塔刚度系数	模态				
	1	2	3	4	5
0.4	主塔一阶正对称侧弯	一阶纵漂	主塔一阶反对称侧弯	一阶正对称横弯	一阶正对称竖弯
0.7	一阶纵漂	主塔一阶正对称侧弯	主塔一阶反对称侧弯	一阶正对称竖弯	一阶正对称横弯
1	一阶纵漂	一阶正对称横弯	一阶正对称竖弯	主塔一阶反对称侧弯	主塔一阶正对称侧弯
1.3	一阶纵漂	一阶正对称横弯	一阶正对称竖弯	二阶反对称横弯	二阶正对称横弯
1.6	一阶纵漂	一阶正对称横弯	一阶正对称竖弯	二阶反对称横弯	二阶正对称横弯

由表3和图9可知：①该桥前五阶模态频率均随着塔的刚度系数增大而增大，其中f_1、f_2、f_3增大幅度较为明显，分别达到了48%、42%和46%；②主塔刚度系数低于0.7时，结构基本振型为主塔侧弯振型，说明主塔横向抗弯刚度不足，主塔刚度系数大于1时，增强了主塔横向抗弯刚度，结构基本振型才表现为一阶纵漂，由此说明，主塔刚度的变化对结构自振频率和振型形态的影响较为显著，进而可以通过调整主塔刚度来增强桥梁结构整体抗震、抗风稳定性能力。

2）索刚度

同样基于结构其余部件刚度不变情况，仅将斜拉索刚度系数变化为0.4、0.7、1.0、1.3及1.6，研究塔刚度变化对结构动力性能影响，其结果如表4、图10所示。

索刚度变化对振型形态影响 表4

索刚度系数	模态				
	1	2	3	4	5
0.4	一阶正对称竖弯	一阶纵漂	一阶正对称横弯	一阶反对称竖弯	一阶反对称横弯
0.7	一阶纵漂	一阶正对称竖弯	一阶正对称横弯	主塔一阶反对称侧弯	主塔一阶正对称侧弯
1	一阶纵漂	一阶正对称横弯	一阶正对称竖弯	主塔一阶反对称侧弯	主塔一阶正对称侧弯
1.3	一阶纵漂	一阶正对称横弯	主塔一阶反对称侧弯	一阶正对称竖弯	主塔一阶正对称侧弯
1.6	一阶纵漂	一阶正对称横弯	主塔一阶反对称侧弯	主塔一阶正对称侧弯	主塔二阶反对称侧弯

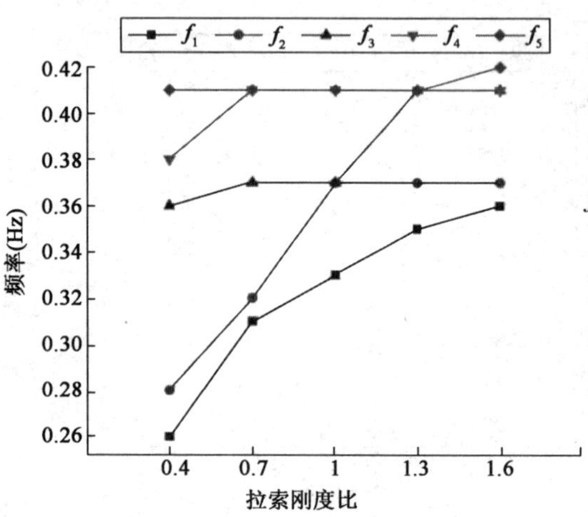

图10 索刚度变化对自振频率影响

由上述图表可知，当拉索刚度系数增大时，前五阶模态频率呈现不同变化规律：①f_1受拉索刚度变化影响最大，f_1随拉索刚度增大呈线性增大规律，增大了40%，②当拉索刚度系数由0.4增大到1.0时，再由1.0增大到1.6时，f_2和f_3呈两种变化规律，f_2先增大后保持不变，f_3先保持不变后显著增大；③索刚度系数低于1时导致主梁纵向抗弯刚度不足，进一步影响到结构整体刚度，导致竖弯振型会提前出现在结构第一振型和第二振型，说明斜拉索刚度的增加对主梁纵向抗弯刚度影响较大。

3）梁刚度

保持结构其余部件刚度不变情况，仅将主梁刚度系数变化为0.4、0.7、1.0、1.3及1.6，研究塔刚度变化对结构动力性能影响，其结果如表5、图11所示。

梁刚度变化对振型形态影响 表5

梁刚度系数	模态				
	1	2	3	4	5
0.4	一阶正对称横弯	一阶反对称横弯	一阶纵漂	二阶正对称横弯	一阶正对称竖弯
0.7	一阶正对称横弯	一阶纵漂	一阶反对称横弯	二阶正对称横弯	一阶正对称竖弯
1	一阶纵漂	一阶正对称横弯	一阶正对称竖弯	主塔一阶反对称侧弯	主塔一阶正对称侧弯
1.3	一阶纵漂	一阶正对称竖弯	主塔一阶正对称侧弯	主塔一阶反对称侧弯	主塔二阶正对称侧弯
1.6	一阶纵漂	一阶正对称竖弯	主塔一阶正对称侧弯	主塔一阶反对称侧弯	一阶正对称横弯

结合表5和图11可知，该桥前5阶模态频率均随着主梁刚度系数增大而增大，变化规律与主塔刚度系数变化规律类似，5阶模态自振频率基本增大了30%左右，同时主梁刚度的增加会显著增加主梁横向抗弯刚度，结构振型形态由横弯振型变为纵漂振型。由此说明，主梁刚度的变化对结构自振频率的影响较为显著，且会增强主梁横向抗弯刚度，建议桥梁设计时可以综合考虑主塔和主梁刚度，优化两者刚度设计，进而增强桥梁结构整体抗震、抗风稳定性能力。

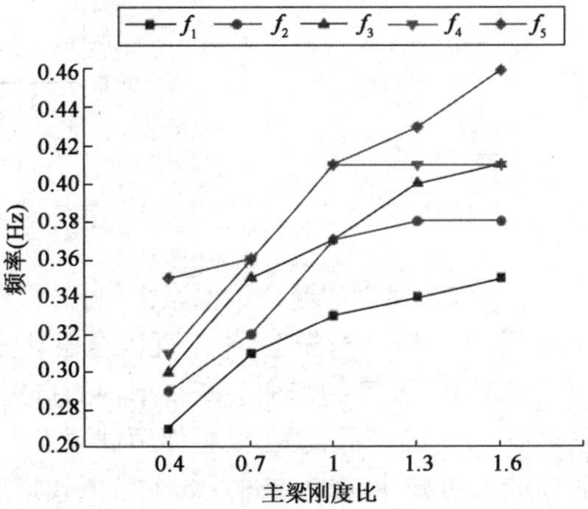

图11 主梁刚度变化对自振频率影响

3. 辅助墩数量影响

在斜拉桥结构体系中，主跨主梁的弯矩和挠度会因边跨辅助墩的设置而变小，有效改善了桥梁结构受力状态[15]。由于该桥两个边跨跨径基本相同，因此，边跨辅助墩设置分别对称成倍数量增加，辅助墩设置数量依次分别为0、2、4，研究设置辅助墩的数量对桥梁动力特性的影响规律，计算结果如表6和图12所示。

辅助墩数量对振型形态影响 表6

辅助墩数量	模态				
	1	2	3	4	5
0	一阶正对称竖弯	一阶纵漂+一阶反对称竖弯	一阶正对称横弯	二阶纵漂+二阶反对称竖弯	主塔一阶反对称侧弯
2	一阶纵漂	一阶正对称横弯	一阶正对称竖弯	主塔一阶反对称侧弯	主塔一阶正对称侧弯
4	一阶纵漂	一阶正对称横弯	一阶正对称竖弯	主塔一阶反对称侧弯	主塔一阶正对称侧弯

由表6和图12可知：①辅助墩的存在和数量会显著影响桥梁基频，随着辅助墩数量增大，桥梁结构的整体刚度随之增大，进而使结构自振频率增大，其中f_1和f_2增长幅度较大，分别增长了30%和25%；②有无辅助墩时，该桥的前五阶振型发生了改变，无辅助墩时，结构第一阶振型由纵飘变为了竖弯，主梁横弯和主塔侧弯发生顺序整体推后。

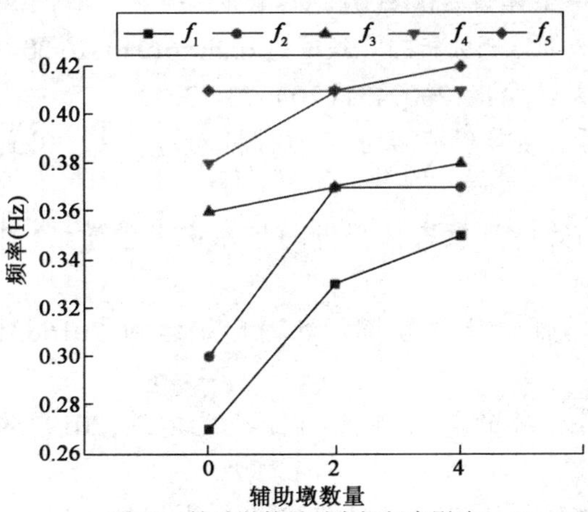

图12 辅助墩数量对自振频率影响

4. 温差效应

桥梁成桥运营期间，昼夜及四季温度变化会形成较大温差变化，特别是冬夏两季温差将达到40℃左右，对大桥的动力特性会产生一定影响。本文以成桥状态温度20℃为基准温度，分别研究温差变化为-20℃、-10℃、0℃、10℃及20℃对结构动力性能影响，观察到结构振型形态不会发生显著变化，而结构自振频率变化如图13所示。

由图13可知，温差变化对该桥自振频率基本没有影响，结构自振频率基本不变，同时对比结构前五阶模态振型，前五阶模态振型也保持一致，不随温差变化改变。

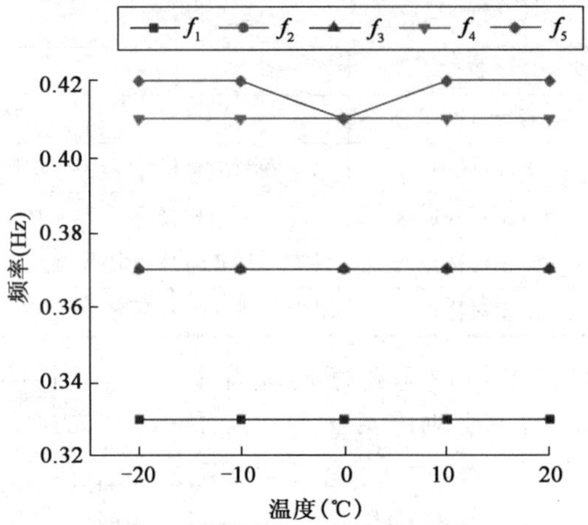

图 13　温差变化对自振频率影响

六、结　　语

(1)该轨道交通混合梁双索面斜拉桥基本振型形态为结构一阶纵漂振型，主要振型为主梁一阶横弯振型、主梁一阶竖弯振型，未出现耦合振动振型，振型形态排列相对合理。

(2)恒载集度的增加会减小结构的自振频率，主要表现为：①边跨混凝土主梁恒载集度增大会导致 f_1 频率有 19% 的降低；②主梁整体恒载集度的增大会使结构前五阶振型频率均有所下降，其中同样是以 f_1 降幅最为明显，降幅为 26%；③主塔恒载集度的增大同样会使结构自振频率降低，f_1 受影响较大，降幅为 18%。由此说明，为保证轨道交通斜拉桥的抗震、抗风稳定性，桥梁设计时应该着重减小自重，优化结构截面设计，建议选择轻型结构和轻型材料，但需重点关注其列车走行性及风振、地震与车振的耦合作用。

(3)设置辅助墩可以提高轨道交通双索面斜拉桥整体刚度，进而显著增大结构基频及结构抗弯、抗扭能力，对桥梁的抗震、抗风稳定性有利，无辅助墩时，结构的一阶振型会由纵漂变为一阶竖弯，不利于半飘浮体系抗震耗能。

(4)分别提高塔、索、梁刚度系数可以显著增大结构自振频率，其中提高塔的刚度对结构动力特性影响最大，前三阶模态频率均有 40% 的增幅；提高拉索刚度，f_1 有 40% 的增幅；提高梁的刚度，前五阶模态频率均有 30% 左右的增幅，由此可以通过调整桥梁主梁、斜拉索及主塔刚度系数来改善桥梁抗风、抗震能力。

(5)通过研究分析温差变化对结构自振频率的影响，发现结构自振频率并不随环境温度的变化而改变，说明结构的动力特性基本不会随温差改变而产生波动，结构会保持良好的稳定性。

参考文献

[1] 张红涛. 城市轻轨交通专用斜拉桥结构行为分析[D]. 成都：西南交通大学，2012.

[2] 陈开利，余天庆，习刚. 混合梁斜拉桥的发展与展望[J]. 桥梁建设，2005(02)：1-4.

[3] 赵瀚玮，丁幼亮，李爱群，等. 公铁两用斜拉桥竖向动力特性长期监测分析[J]. 铁道建筑，2016(11)：26-30.

[4] 王頠. 钢桁公铁斜拉桥动力特性参数分析[J]. 武汉理工大学学报，2009，31(20)：73-77.

[5] 李永乐，苏茂材，王士刚，等. 大跨度钢桁梁铁路斜拉桥刚度参数敏感性分析[J]. 振动与冲击，2015，34(02)：166-170.

[6] 夏志远，李爱群，李建慧，等. 超宽加劲梁自锚式悬索桥动力特性敏感性分析[J]. 东南大学学报(自然科学版)，2016，46(02)：360-364.

[7] 郭辉，谢华灿，刘晓光，等. 大跨度铁路钢桁斜拉桥动力特性统计与基频分析[J]. 钢结构，2016，31(11)：5-8，14.

[8] 康俊涛，林光毅，齐凯凯，等. 大跨度铁路独塔混合梁斜拉桥的动力特性[J]. 铁道建筑，2019，59(08)：45-49.

[9] 曾勇，曾渝茼，谭红梅，等. 公轨两用大跨度单索面钢桁梁斜拉桥动力特性研究[J]. 中国铁道科学，

2020,41(05):64-70.
[10] 李浩.铁路高低塔斜拉桥受力特性研究[J].中国铁道科学,2019,40(03):54-59.
[11] 陈铨恺.单索面矮塔斜拉桥动力特性理论分析与试验研究[J].中外公路,2014,34(03):161-164.
[12] 杨平,袁晓晴,陈明芳.某独塔混凝土斜拉桥动力性能研究[J].中外公路,2012,32(03):130-133.
[13] 李刚.非设计条件下混合梁斜拉桥的合龙技术研究[D].重庆:重庆交通大学,2017.
[14] 涂国平,张喜刚,刘玉擎,等.混合梁斜拉桥[M].北京:人民交通出版社,2013.
[15] 高金萍.北盘江大桥辅助墩优化设计分析[D].大连:大连理工大学,2013.

37. SJT 工法与 RJP 工法挤土效应及成桩效果对比试验研究

戴俊平 关 健
(江苏省交通工程建设局张靖皋长江大桥建设指挥部)

摘 要 以张靖皋长江大桥现场原位试桩试验为依托,对 SJT 以及 RJP 工法施工导致的挤土效应以及桩体的表观特征、无侧限抗压强度、摩擦系数以及密度进行研究。结果表明:SJT 工法在控制地层扰动方面的效果要优于 RJP 工法,在桩体处 2 种工艺的成桩强度、摩擦系数较为接近,且均满足设计需求,但后者在桩体咬合处的加固质量远低于前者。SJT 工艺在砂层及粉质黏土层的成桩密度均小于原为土体,而 RJP 工艺在粉质黏土层的成桩密度小于原位土体,在砂层的成桩密度大于原位土体。旋喷桩无侧限抗压强度在粉质黏土层较低且离散性以及变异系数较大,在后续施工中应着重控制桩体质量离散性,保证施工质量在可控范围内波动。

关键词 高压旋喷桩 地基加固 挤土效应 深层土体位移 成桩质量

一、引 言

高压旋喷注浆法由于其原理简单、工效高、机械化程度高、成桩质量好,被广泛应用于软土地基加固、深基坑的支护以及隧道支护、边坡治理等工程[1-3]。20 世纪 90 年代起,随着我国大规模建设工程的发展,该技术应用也越来越广泛,并出现了如 RJP、MJS 等改进工法[4-7]。诸多学者也对高压旋喷注浆法展开了进一步的研究。毛祖夏等[8]通过现场试桩试验研究了 MJS 工法与高压旋喷桩在软土地区对周边环境的影响;何大为等[9]通过高压旋喷喷射压力影响范围现场试验,分析了在喷射压力作用下地基土的水平位移和超孔隙水压力;赵旭光[10]基于现场建筑物的沉降监测数据,研究了高压旋喷施工引发的挤土作用;李洁如等[11]结合地表沉降、分层沉降、深层沉降和孔隙水压力变化,讨论了高压旋喷桩处理高灵敏软土地基的加固效果。胡奇凡[12]通过现场加固试验,得到超高压旋喷注浆对地层的竖向扰动以及单一地层的水平扰动较小,而对地层界面、薄夹层区域影响较大的结论。

智能感知超级旋喷工法(SJT 工法)是在 RJP 的基础上经过优化、改良的新工法,可采用物探方法并根据返浆情况对施工过程、成桩质量进行实时监控、动态感知,高压注浆泵最大注浆压力可达 45MPa,流量可达 300 ~ 600L/min,最大成桩直径可达 10m。

本文依托张靖皋长江大桥项目,开展现场原位试桩试验,旨在分析 SJT 工法与 RJP 工法施工的优劣以及成桩质量,为后续的深层地基加固设计与施工提供重要指标以及合理参数。

二、工 程 背 景

张靖皋长江大桥位于江阴大桥下游约 28km 处,沪苏通大桥上游约 16km 处。大桥起点接 G40 沪陕高速公路,终点接 S82 疏港高速公路,路线全长约 29.8km,分跨江大桥、北接线、南接线三部分。

本工程南航道桥南、北锚碇,北航道桥南锚碇基础底板均位于粉质黏土层,由于基础底板的粉质黏土层物理力学指标较差,通过超高压旋喷桩进行地基处理,是保证基坑稳定性的关键措施。由于处理深度深、处理面积大,需要验证超深、超厚粉质黏土层旋喷加固地基处理工艺的可靠性,故在项目主体开工前,进行现场工艺试验以分析施工工艺的优劣以及成桩质量是否满足设计要求。

三、试验方案

采用两种超高压旋喷桩施工工艺,SJT 旋喷工艺(定义为 A 组)和 RJP 旋喷工艺(定义为 B 组)对深层土体进行加固,每组试验采用单桩以及咬合桩 2 种形式,咬合旋喷桩每组 5 根,共计 10 根。咬合桩桩径 2.5m,桩顶高程 −23.5m,桩底高程 −51.5m,桩长 28m。两种工艺均在同一场地开展试验,桩基性质、规格等均相同。地基加固桩的分组及参数见表 1。单桩及咬合桩的布置如图 1 所示。

试验桩体分组及参数 表 1

分组	类型	地基加固高程	桩长(m)	桩径(m)
A	单桩	−68.5 ~ 3.5m	72	2.5
	咬合桩	−51.5 ~ −23.5m	28	2.5
B	单桩	−68.5 ~ 3.5m	72	2.5
	咬合桩	−51.5 ~ −23.5m	28	2.5

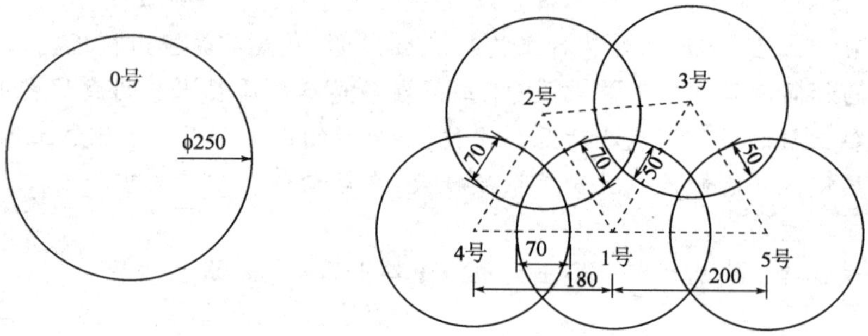

单桩布置图 咬合桩布置图

图 1 试验桩体布置图

四、结果分析

1. 挤土效应分析

咬合桩施工前,分别在距 A 组与 B 组旋喷桩 1.5m 外的位置各布置 6 个测斜管,总长度为 55m(+3.5 ~ −51.5m),从而检测成桩过程中土体的水平位移量。测斜管安装完成后,通过 CX-3C 型基坑测斜仪对初始位移量进行记录监测。两组现场工艺试验桩位及测点布置如图 2、图 3 所示。

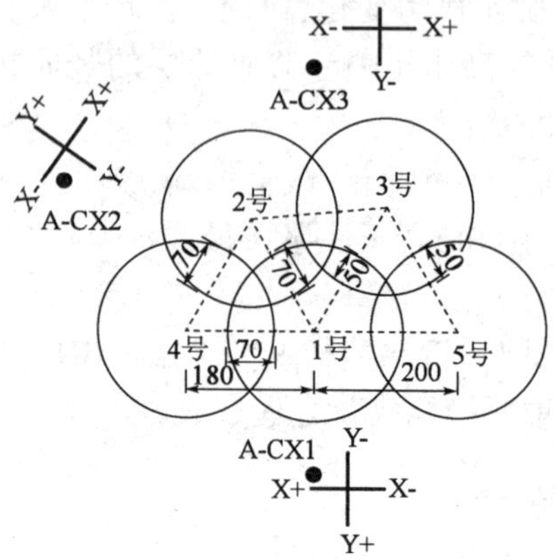

图 2 A 组测点布置图

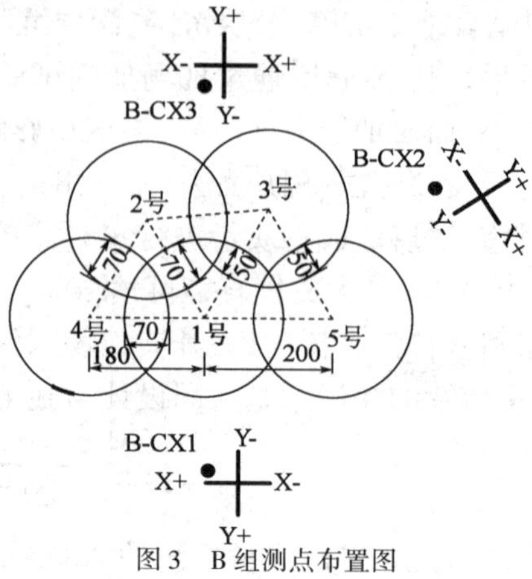

图 3 B 组测点布置图

1)喷浆过程土体水平位移动态变化

地层随咬合桩施工过程的 X 及 Y 方向变位曲线如图 4 所示,其中 Y 方向代表径向变位方向,X 方向代表切向变位方向,其中 $Y+$ 代表沿喷射方向的变位,1 ~5 号为桩体顺序。通过观察 SJT 及 RJP 施工条件下各测点沿 X 和 Y 方向位移可知,在 1 ~5 号桩喷浆施工过程中,各测点深层土体水平变位值逐级累加,曲线总体趋势基本一致,至第 5 号桩施工完毕后,水平位移值达到最大,SJT 施工时,X 与 Y 方向的最大位移出现在测点 CX2 处,其最大值约为 4mm 与 9mm,其他测点 X 与 Y 方向最大位移基本维持在 2 ~4mm 之间;RJP 施工时,X 与 Y 方向的最大位移出现在测点 CX1 处,其最大值约为 5mm 与 9.5mm,其他测点 X 与 Y 方向的最大位移基本维持在 5 ~8mm 之间。SJT 施工的挤土作用要低于 RJP 施工。通过观察 SJT 及 RJP 施工条件下各测点沿 X 和 Y 方向位移可知,在 1 ~5 号桩喷浆施工过程中,各测点深层土体水平变位值逐级累加,曲线总体趋势基本一致,至第 5 号桩施工完毕后,水平位移值达到最大,SJT 施工时,X 与 Y 方向的最大位移出现在测点 CX2 处,其最大值约为 4mm 与 9mm,其他测点 X 与 Y 方向最大位移基本维持在 2 ~4mm 之间;RJP 施工时,X 与 Y 方向的最大位移出现在测点 CX1 处,其最大值约为 5mm 与 9.5mm,其他测点 X 与 Y 方向的最大位移基本维持在 5 ~8mm 之间。SJT 施工的挤土作用要低于 RJP 施工。

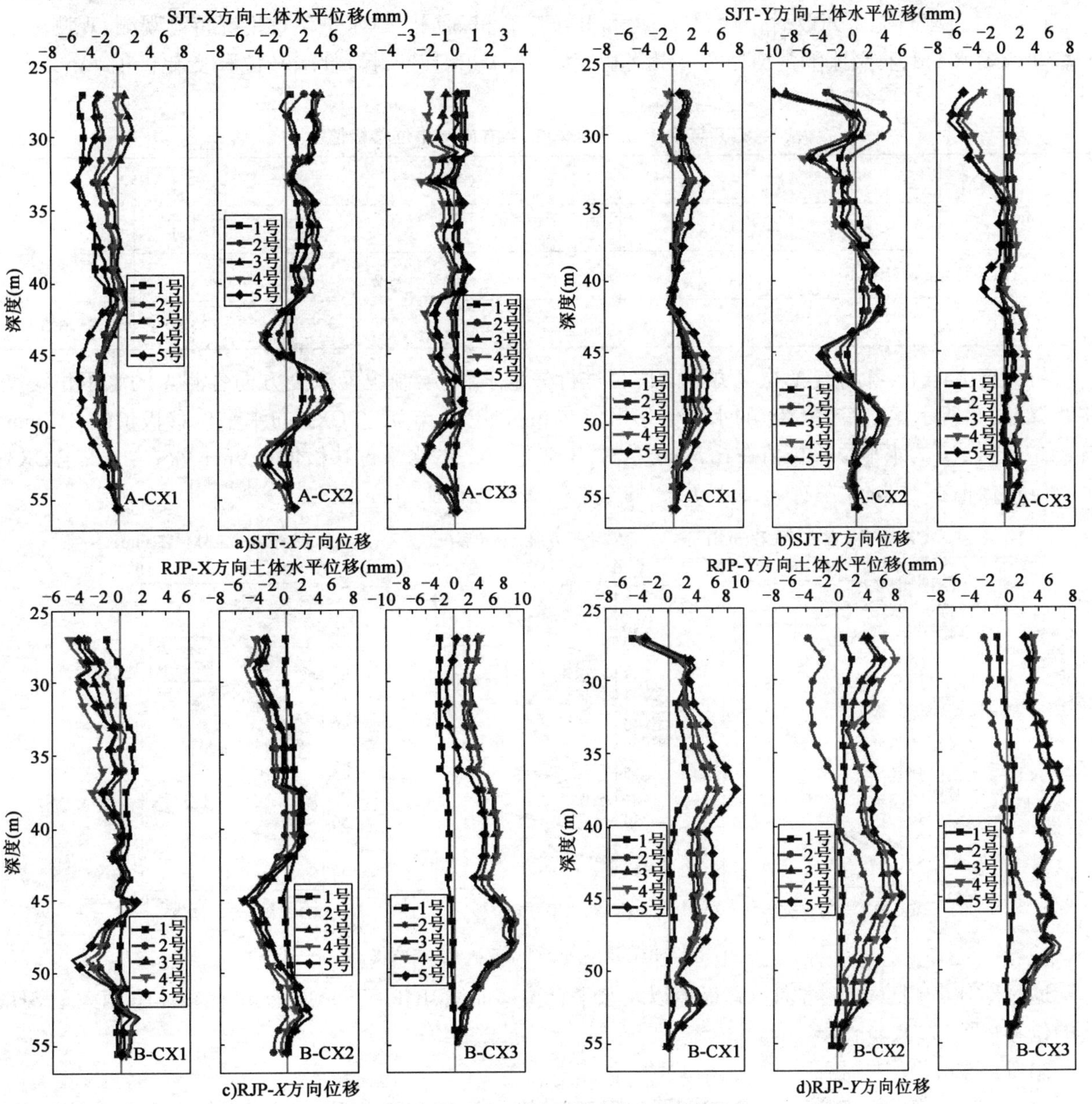

a)SJT-X方向位移　b)SJT-Y方向位移

c)RJP-X方向位移　d)RJP-Y方向位移

图 4　SJT 及 RJP 工艺土体各方向水平位移图

在采用 SJT 施工时，其曲线趋势较为一致，且曲线之间较为贴合，而 RJP 施工时，其曲线离散程度较高，出现了部分曲线变化趋势畸变的情况，说明在 1～5 号桩施工时，前者各施工阶段引起的土体变形规律和数值是较为一致的，其原因可能在于该方法的喷浆压力控制得较好，对周边土体的挤压作用较为稳定，而后者在各阶段施工产生的变形规律性差，可能由于其喷浆压力不易控制，出现较大范围波动，导致挤土效应不均匀的现象出现。

挤土作用与施工桩位和测点的距离有密切关系，以 SJT 法施工在测点 CX1 引起的 Y 方向位移为例（图 4b），当施工 1 号桩（离 CX1 距离最近）时，Y 方向的位移逐渐向正方向（喷射方向）增大，最大值增到 3mm 左右；施工 2 号、3 号桩（离 CX1 距离较远）时，Y 方向的位移整体变化不大；当施工 4 号、5 号桩（离 CX1 距离较近）时，Y 方向的位移最大增到 4mm 左右；Y 方向位移变化符合规律。

施工过程中深层土体水平变位随深度变化，部分曲线在一定深度处的位移值发生突变，其原因可能是该处地层沿深度方向分布不均匀导致，例如 A-CX1 处 41m 深度、B-CX1 处 50m 深度、B-CX2 处 29m 和 45m 深度。

2）最终稳定挤土效应分析

1～5 号旋喷桩施工完成后，分别对 A 组和 B 组咬合桩深层土体水平位移情况持续观测，观测频次为 1 次/d 或 1 次/2d，直至监测数据稳定。最终稳定之后，A、B 工艺测斜管水平位移变化极值（X、Y 方向）对比见表 2。

SJT 与 RJP 工艺土体 X、Y 方向水平位移极值　　表 2

工艺/位移极值（mm）	CX1		CX2		CX3	
	X	Y	X	Y	X	Y
A（SJT）	4	4	5	6	3	6.5
B（RJP）	4	8	5	7	8	6.5

将深度方向上，各测点 X 与 Y 方向的位移进行矢量求和，绘制出沿深度方向各测点的水平位移变化曲线，如图 5 所示。A 工艺 CX1 的水平位移极值在 6mm 左右，B 工艺 CX1 的水平位移极值在 8.5mm 左右；A 工艺 CX2 的水平位移极值在 6.5mm 左右，B 工艺 CX2 的水平位移极值在 9mm 左右；A 工艺 CX3 的水平位移极值在 6.5mm 左右，B 工艺 CX3 的水平位移极值在 9.5mm 左右。

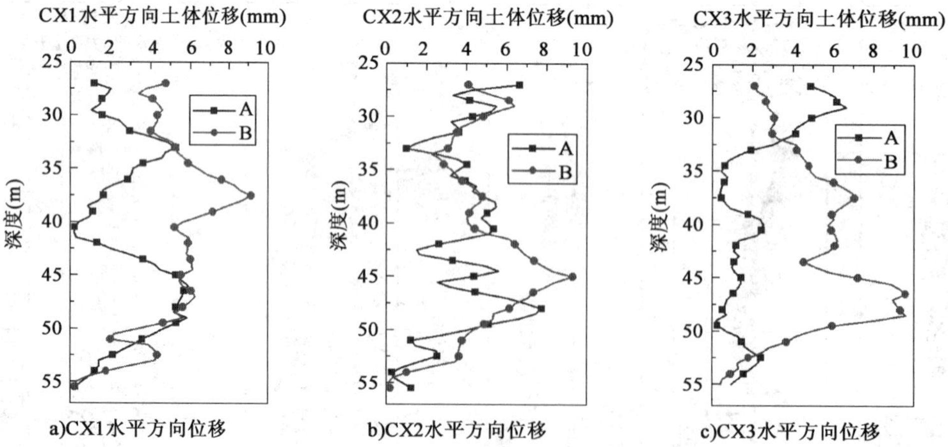

图 5　沿深度方向各测点的水平位移变化

通过对比各测点 X、Y 方向位移极值以及水平合位移曲线，RJP 工艺的挤土位移整体上稍大于 SJT 工艺的位移（图 6）。

3）喷浆影响范围分析

为了初步了解两种喷浆工艺影响范围和程度，分别在 A 组和 B 组两种喷浆工艺进行 1 号桩施工时，对 CX1 和 CX3 两个测斜管的影响进行对比分析，由于测点 CX1 与 CX3 位于 1 号桩同一条直径上，喷浆对测点 Y 方向的挤压作用最强，故以 Y 方向位移为例进行分析，其中 CX1 孔距离 1 号桩 2.75m，CX3 孔距离 1 号桩 4.3m。

根据图 7 可知，由于 CX3 孔比 CX1 孔距离桩心远，对两种喷浆工艺而言，CX1 孔深层土体水平位移均高于 CX3 孔，CX3 孔深层土体水平位移变位基本在 1mm 左右，而 CX1 孔水平位移在 2～3mm 之间。因此，喷浆影响范围较小。

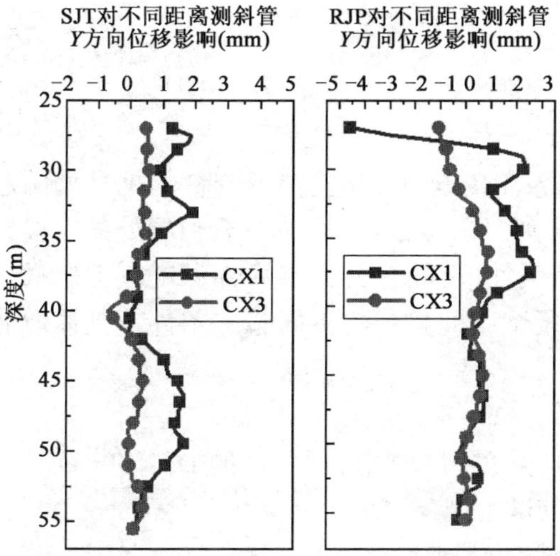

图 6　2 种工艺对不同距离测斜管 Y 方向位移影响

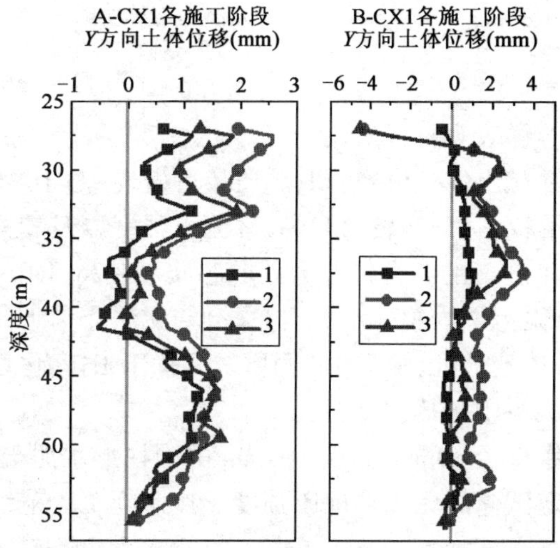

图 7　2 种工艺各施工阶段土体位移

4）不同工序影响分析

以 1 号桩施工对 CX1 Y 方向土体位移影响为例，CX1 距离桩心 2.75m，约为 2.2 倍桩半径，分析每根桩施工时引孔、旋喷后、喷浆稳定后三次监测数据，揭示施工工序对深部土层位移影响规律，分别采用 1、2、3 代表上述三个阶段。观察图 7 可知，总体上引孔对临近土层影响较小，水平位移均值在 1mm 以内，喷浆过程对土体形成了超静孔隙水压力，对土体变位影响最大，土体明显向外侧挤压变位，变位极值在 3mm 左右，随着土体内超静孔隙水压力消散，土体逐渐稳定后，土体变位有所恢复，最终变位值介于引孔和旋喷后变位之间。

2. 成桩质量分析

通过在单桩以及咬合桩处进行取芯，观察芯样质量，并进行无侧限抗压强度试验、直剪试验、密度试验等，从而确定水泥土的强度，与混凝土的界面摩擦系数以及成桩密度。取芯位置如图 8 所示，SJT 施工（A 组）与 RJP 施工（B 组）的单桩取芯位置均在桩内，而咬合桩的取芯位置包含桩内及咬合处。

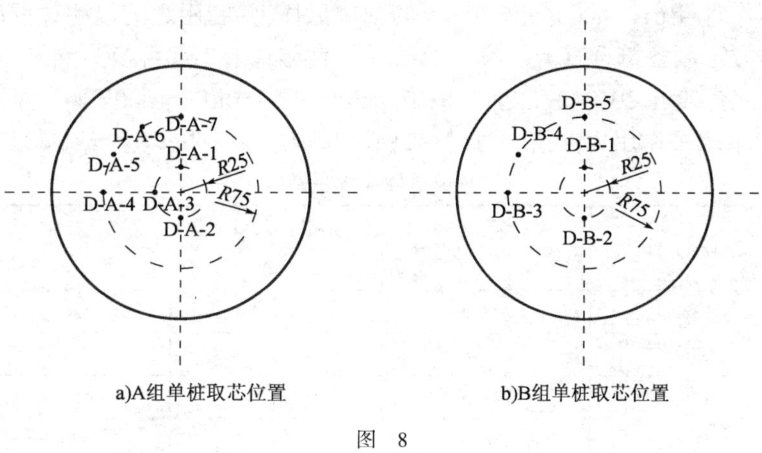

a)A组单桩取芯位置　　b)B组单桩取芯位置

图　8

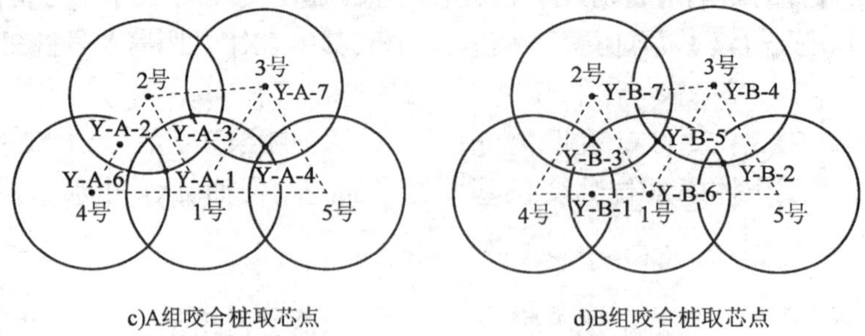

图8 桩体取芯位置图

1)芯样表观特征对比

通过对比各桩位处的取芯质量可发现,对于SJT以及RJP施工,单桩及咬合桩的桩身处的芯样整体水泥含量较高,分布较为均匀,水泥土强度以及芯样完整性均较高,而咬合桩咬合位置处的芯样则有一定区别,SJT施工的咬合桩咬合处取芯质量较高,RJP施工条件下,咬合处只有局部深度范围芯样水泥含量较高,加固范围内整体水泥含量较低,无法作为下一阶段试验的材料。不同施工条件下桩体取芯质量说明,在桩体咬合处,SJT的加固质量要优于RJP施工。

2)无侧限抗压强度对比

制作直径50mm、高度100mm的圆柱形水泥土试样,并采用GDS公司生产的DYNTTS高压三轴测试系统测定试样的无侧限抗压强度。按照施工工艺统计其试验结果,见表3。

无侧限抗压强度试验数据表 表3

施工工艺	原地层	位置	统计个数	平均值(MPa)	标准差	变异系数	统计修正系数	标准值(MPa)
SJT工法	粉质黏土	桩体	12	3.51	1.82	0.52	0.62	2.15
		咬合处	10	3.00	0.89	0.30	0.78	2.34
	粉砂	桩体	14	11.83	3.90	0.33	0.76	8.95
		咬合处	4	7.16	1.61	0.22	0.83	5.97
RJP工法	粉质黏土	桩体	10	3.30	1.39	0.42	0.69	2.27
	粉砂	桩体	5	11.49	1.64	0.14	0.89	10.28

从90d无侧限抗压强度来看,两种施工工艺均可满足设计要求。但旋喷桩无侧限抗压强度在粉质黏土层结果较低且离散性以及变异系数较大,导致强度标准值偏低。因此,在后续施工中除了控制旋喷桩平均强度满足设计要求外,还应着重控制桩体质量离散性,保证施工质量在可控范围内波动。

3)摩擦系数对比

利用单桩芯样制作直径61.8mm,高度20mm的圆饼试样,并利用之间以测试混凝土与水泥土界面的摩擦系数。按照标准方法制备符合直剪仪尺寸的试样。直剪盒下半部替换为混凝土块试样、上半部放入水泥土试样。锚碇基底深度在20~40m之间,拟施加500kPa、750kPa、1000kPa三组竖直应力。水平加载速率0.8mm/min。记录水平作用力峰值,并计算界面平均剪应力。其试验结果见表4。

直剪试验摩擦系数 表4

组　别	芯样深度	竖向应力(kPa)			摩擦系数
		500	750	1000	
A	13m	273.8	282.4	556.4	0.50
	25m	252.8	330.4	439.4	0.45
	42m	242.3	346.6	459.1	0.46
	35m	216.3	316.3	420.8	0.42

续上表

组别	芯样深度	竖向应力(kPa)			摩擦系数
		500	750	1000	
A	36m	209.5	337.1	459.7	0.45
	38m	206.3	333.1	445.0	0.44
	42m	222.7	346.5	471.9	0.47
	43m	198.6	302.9	443.9	0.43
B	36m	178.7	306.3	456.4	0.43
	42m	253.4	374.4	412	0.45

按照原地层进行统计分析,28 ~48m 的粉质黏土层,摩擦系数的平均值为 0.44。按照不同施工工艺进行统计分析,使用 SJT 工法的摩擦系数的平均值为 0.45,使用 RJP 工法的摩擦系数平均值为 0.44。两种施工工艺的摩擦系数相近,根据测试旋喷加固体与锚碇底板摩擦系数为 0.4。锚碇抗滑移稳定性设计时界面摩擦取 0.4 以内是安全的。

4)密度对比

采用体积密度法测量加固后的水泥土密度,按照原地层进行统计分析,其结果见表 5。粉质黏土层的成桩密度受施工工艺影响较小,采用 SJT 和 RJP 加固后,其密度较原状土密度均降低了约 8%,粉砂层的成桩密度受施工工艺影响大,SJT 超级旋喷工艺水泥土密度比原状粉砂降低了 10% 左右,而 RJP 工艺水泥土密度比原状粉砂增加约 3.6%。

加固前后土体密度对比 表 5

方法	深度(m)	土层	加固后平均密度(g/cm^3)	加固前平均密度(g/cm^3)	加固前后密度变化(%)
SJT	28 ~48	粉质黏土	1.67	18.23	-8.4
	48 ~70	粉砂	1.78	1.94	-8.2
RJP	28 ~48	粉质黏土	1.64	18.23	-10.0
	48 ~70	粉砂	2.01	1.94	3.6

五、结　　语

本文通过开展超高压旋喷地基加固现场试验,对比了 SJT 工艺以及 RJP 工艺在挤土效应、桩体强度、摩擦系数、成桩密度等方面的优劣,主要得到如下结论:

(1)旋喷桩施工前后监测深层土体位移变化,测斜管土体位移结果明显。RJP 工艺所产生的挤土效应大于 SJT 工艺,在咬合桩施工过程中,前者更容易诱发土体的不均匀变形。

(2)SJT 及 RJP 施工过程中喷浆的影响范围均处于较低水平,在当前所施工的桩体周边 4m 左右位置处,其土体位移基本处于 1 ~3mm 之间。

(3)不同工序对土体位移具有不同影响。总体上引孔对临近土层影响较小,喷浆过程对土体形成了超静孔隙水压力,该阶段对土体变位影响最大,土体明显向外侧挤压变位,土体逐渐稳定后,土体内超静孔隙水压力逐步消散,土体变位有所恢复,最终变位值介于引孔和旋喷后变位之间。

(4)通过现场取芯分析,在桩体内部 SJT 和 RJP 工艺的成桩效果较好,但在桩体咬合处,SJT 的成桩效果优于 RJP。两种工艺条件下在粉质黏土层以及砂土层的 90d 无侧限抗压强度均可满足设计要求,但在粉质黏土层施工时,强度数值离散性大,变异系数大,导致强度标准值偏低,因此,在后续施工中除应控制旋喷桩平均强度满足设计要求外,还应着重控制桩体质量离散性,保证施工质量在可控范围内波动。

(5)根据室内剪切试验,A 组旋喷桩粉质黏土加固试样摩擦系数平均值为 0.45,B 组旋喷桩粉质黏土加固试样摩擦系数平均值为 0.44。锚碇抗滑移稳定性设计时界面摩擦取 0.4 以内是安全的。

(6)粉质黏土层成桩密度受施工工艺影响较小,采用 SJT 和 RJP 加固后,其密度较原状土密度均降低了约8%，粉砂层的成桩密度受施工工艺影响大，SJT超级旋喷工艺水泥土密度比原状粉砂略微降低，而RJP工艺水泥土密度比原状粉砂有所增加。

参考文献

[1] 赵民介. 高速公路路基高压旋喷桩处治施工技术[J]. 交通世界,2022(14):128-130.

[2] 王旭东,郑永华,徐刚. 高压旋喷桩在高水位强渗水围堰防渗中的应用[J]. 山东水利,2022(04):11-13.

[3] 李秀清. 某地铁项目富水砂层高压旋喷桩应用技术分析[J]. 工程技术研究,2022,7(08):70-72.

[4] 熊仲明,覃泽宏,蔡虹,等. 富水砂层盾构始发MJS工法桩的应用及分析[J]. 铁道工程学报,2021,38(03):8-12,64.

[5] 刘澄赤,卞睿凡,睢博栋. MJS工法超长高压旋喷桩在深基坑止水工程中的应用[J]. 施工技术,2021,50(03):85-87.

[6] 崔寿凯,王向阳,李享,等. RJP工法桩+全回转咬合桩在富水软土地区地下连续墙侧壁堵漏中的应用[J]. 施工技术,2020,49(22):77-80.

[7] 胡晓虎,川田充,中西康晴,等. RJP高压旋喷工法及其在日本的工程应用[J]. 岩土工程学报,2010,32(S2):410-413.

[8] 毛祖夏,杨兰强,李佳明. MJS工法与高压旋喷桩(双重管)挤土效应对比试验研究[J]. 隧道建设(中英文),2021,41(10):1699-1707.

[9] 何大为,杨建辉,张康荣,等. 高压旋喷桩加固软土地基的喷射压力影响范围现场试验与理论分析[J]. 中国公路,2022(03):98-101.

[10] 赵旭光. 基于监测数据对高压旋喷施工引发挤土作用的分析[J]. 城市道桥与防洪,2017(07):150-151,159,17.

[11] 李洁如,王宽君,汪明元,等. 高压旋喷桩加固沿海滩涂风电场高灵敏软土地基原位试验研究[J]. 太阳能学报,2021,42(11):287-292.

[12] 胡奇凡. 超高压旋喷注浆法施工对地层扰动的研究[J]. 铁道标准设计,2018,62(12):87-92.

38. 自锚式悬索桥临时群桩锚碇参数敏感性分析

黄甘乐[1,2]　孙南昌[1,3]

(1. 中交第二航务工程局有限公司;2. 长大桥梁建设施工技术交通行业重点实验室;
3. 中交公路长大桥建设国家工程研究中心有限公司)

摘　要　临时群桩锚碇作为采用先缆后梁施工的自锚式悬索桥在施工阶段的重要组成部分,其偏移量对施工控制有着重要的影响,因此需预测其施工过程中的偏移量来确定是否需要采用加固措施,以及加固的方式。本文利用ABAQUS建立群桩锚碇精细化有限元模型,分析了锚碇在设计缆力下的受力情况,并针对土壤的变形模量、泊松比、内摩擦角、黏聚力、密度5个参数进行了参数敏感性分析,计算结果表明:临时群桩锚碇在设计索力作用下,拉索锚固点顺桥向位移达到23mm,竖向位移为3mm,需考虑对地基进行相应的加固处理;通过对岩土参数进行敏感性分析发现,锚碇顺桥向位移和桩身剪力对岩土变形模量E最敏感,敏感度分别达到了1.23和0.55。总体来说,此种类型群桩锚碇能够作为临时结构应用于"先缆后梁"施工的自锚式悬索桥中。

关键词　桥梁　自锚式悬索桥　先缆后梁　群桩锚碇　参数敏感性

一、引　　言

自锚式悬索桥通常"先架梁,后挂缆",此法需要在河道中架设大量临时支架,对通航有着较大的影响[1-2]。当群桩锚碇作为临时结构应用于自锚式悬索桥“先缆后梁”施工时,其只需承担架梁过程中的主缆索力,临时锚碇规模相较于地锚式悬索桥的永久锚碇可以小很多,同时可以合理利用引桥桩基以减少成本。临时锚碇作为悬索桥施工阶段的重要构件,承受着很大的水平荷载,因此,临时锚碇在施工阶段的偏移量及群桩受力特性对桥梁在施工阶段的控制有着重要的影响。

国内外对临时群桩锚碇应用于自锚式悬索桥的研究与实践较少。苏州竹园大桥[3]利用地下连续墙作为临时锚碇,首次采用“先缆后梁”的施工方式完成自锚式悬索桥的修建。田汉州[4]设计与分析了三种临时锚固方案,最终采取了墩和沉井共同承担主缆力的方案。唐正风[5]建立群桩锚碇基础与周围土体整体模型,探讨了不同参数对锚碇结构的影响。郭松峰等[6]研究了土壤参数对建造在软弱岩土地基上的悬索桥重力式锚碇稳定性的影响。然而,这些锚碇的研究大多建立在地锚式悬索桥的基础之上,对于将群桩基础作为临时锚碇的研究也基本存在于部分桥梁的设计方案中,还未见实际工程应用。本文依托东莞东江南支流港湾大桥,对建立在软弱地基上的临时群桩锚碇进行了详细的数值分析,并分析了群桩锚碇对岩土参数的敏感性。

二、工 程 概 况

东莞东江南支流港湾大桥跨越东江南支流,连接沙田阇西村与坭洲岛,为东南-西北走向。项目起点与港口大道平,沿西北方向穿越江南支流后,终点与坭洲岛疏港大道相交,路线全长2.922km,设置桥跨为60m+130m+320m+130m+65m,如图1所示。该桥最初的施工方案是“先架梁,后挂缆”,但桥位水道通航要求高,且在保证通航的条件下,钢梁在最大悬臂状态下的刚度无法满足吊装要求,支架也由于地质覆盖层薄等原因导致设计要求高、经济性差,安全风险高的原因,最终采用了“先挂缆,后架梁”的施工方法。此法利用临时锚碇和辅助墩共同承担施工阶段的主缆力,待全桥合龙后再将主缆索力从地锚转到自锚。

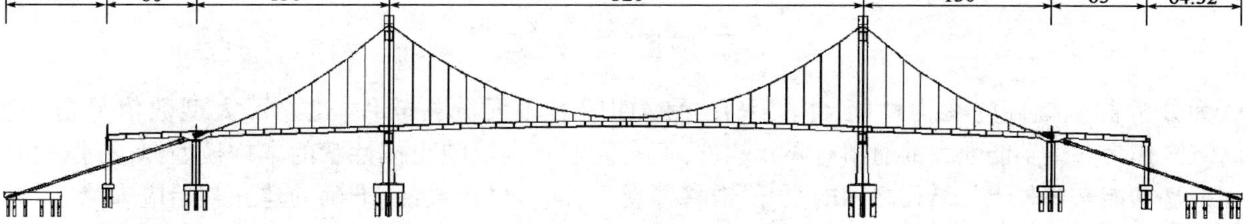

图1 临时锚碇法施工示意图(尺寸单位:m)

1. 地层岩性

工程所在地是典型的珠江三角洲河口区海陆交互相沉积平原地形,区内地表水系发育,分布有众多河涌、塘等,由于局部圩堤段内侧有鱼塘、坑发育,构成了“两水夹一堤地貌”。

锚碇处地层[7]由上及下依次为:

(1)淤泥:呈灰色,灰黑色,流塑,呈厚层状,切面稍光滑,含有机质及贝壳碎片,局部夹薄层粉砂,偶夹中砂,粗砂层,局部变相为淤泥质黏土,韧性中等,干强度中等。

(2)粉砂:呈灰色,灰黑色,松散,饱和,以粉细砂为主,其余为黏土及粉土,摇振反应迅速,部分为细砂。

(3)粗砂:呈灰色,灰黄色,松散+稍密,饱和,以粗砂砾为主,其余为中砂及细砂。

(4)强风化泥质粉砂岩:呈棕红色,原岩结构大部分破坏,主要矿物成分未完全风化,原岩结构清晰,岩芯呈半岩半土状,手可折断,遇水易崩解软化。

(5)中风化泥质粉砂岩:呈灰色,棕红色,粉粒结构,厚层状构造,泥钙质胶结,裂隙较发育,岩芯完整,呈短~长柱状,局部较破碎,岩质较硬,声脆。

2. 锚碇结构[8]

锚碇在设计时采用分离式哑铃型承台群桩基础,承台平面形式为系梁连接的矩形基础,平面尺寸为18.75m×37.5m,高5m。桩基础采用钻孔桩,桩径均为1.8m,各排桩桩长相等,均为30m,锚碇处临时拉

索设计主缆力为 2.5×10^4kN。锚碇远端承台设置四处索导管，四束临时拉索穿过索导管，锚固在承台侧面。锚碇桩基布置图及桩号如图2所示。

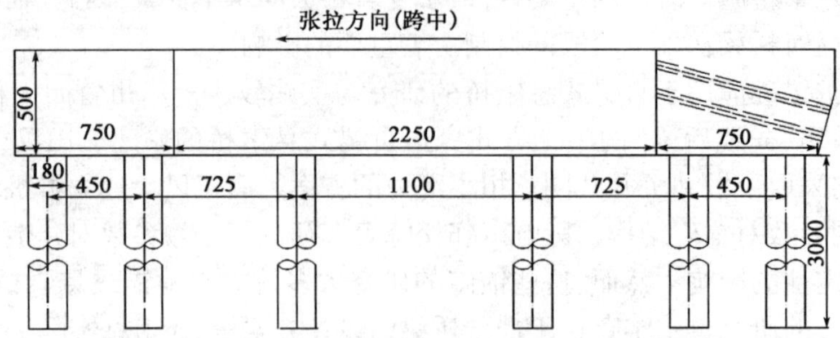

a)锚碇桩基位置布置立面图

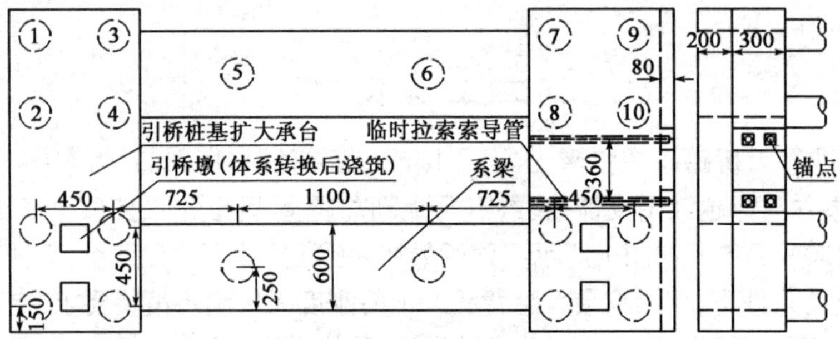

b)锚碇桩基位置布置平面图及桩号

图2　锚碇桩基布置图及桩号(尺寸单位：cm)

三、数值模拟分析

为分析群桩锚碇的受力性能，本文采用 ABAQUS 有限元分析软件，建立了大型数值分析模型。ABAQUS 作为一款功能强大的通用有限元软件，拥有能够真实反映土体性状的本构模型，具有强大的接触面处理功能来模拟土与结构之间的脱开、滑移等现象，同时可以灵活、准确的建立初始应力状态，对岩土工程有很强的适用性[9]。

1. 数值模拟方案

1)物理本构及材料参数

本模型中岩土材料考虑其弹塑性，采用 Drucker-Prager 模型，桩及承台采用各向同性的弹性模型。岩土参数见表1，钻孔桩采用C35，承台采用C40，采用其标准参数。

材料物理参数表　　表1

材　　料	厚度(m)	密度(kg/m^3)	弹性模量(MPa)	泊　松　比	内摩擦角(°)	黏聚力(kPa)
淤泥	10	1700	4	0.35	15.8	25
粉砂	4	1900	18	0.27	36	80
粗砂	4	1950	46	0.28	42	2
强风化泥质粉砂岩	1	2050	200	0.25	38	857
中分化泥质粉砂岩	41	2500	3400	0.2	45.8	1500

2)模型尺寸及边界、荷载条件

考虑到模型的对称性，取1/2模型为研究对象。为了尽量消除边界条件对计算结果的影响，取锚碇基础边界外延35m、深60m范围内的土体进行分析。土体底面完全约束，土体前表面、后表面约束水平方向自由度，释放竖向自由度，位于锚碇对称面上的土体和锚碇采用对称约束，桩侧面与土体之间法向采用硬接触,切向采用摩擦接触,摩擦系数取 0.4,桩底考虑与中分化泥质粉砂岩进行嵌固。

为了保证临时拉索锚固侧的各排桩不出现拉应力,对锚碇前端进行临时压重处理,压重质量 $5t/m^2$。临时拉索索力 2.5×10^4kN,将其换算后以面荷载的形式加在锚面上。群桩锚碇桩土有限元模型如图 3 所示。

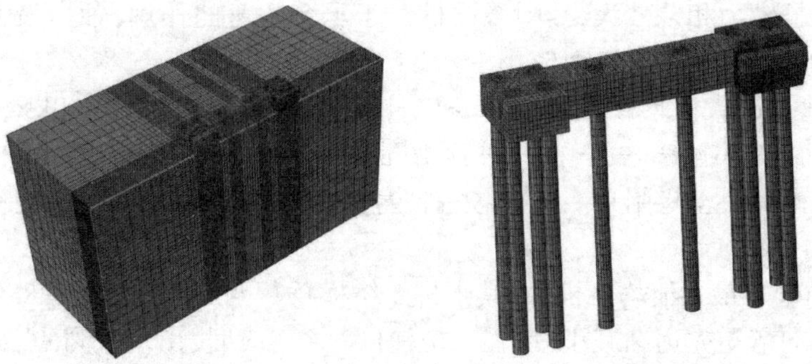

a)整体模型 b)锚碇模型

图 3 群桩锚碇桩土有限元模型

3)模拟计算步骤

模拟时,首先考虑采用土体的自重应力近似作为土体的初始应力场来模拟地应力场,然后进行锚碇桩基和承台结构的施工,其后施加临时拉索锚固侧承台压重,最后以 5000kN 为一级,逐步将临时拉索索力张拉至设计值。

2. 计算结果分析

在自重,压重和设计主缆力作用下,锚碇中各桩的顺桥向位移、轴力、剪力、弯矩,如图 4 所示。

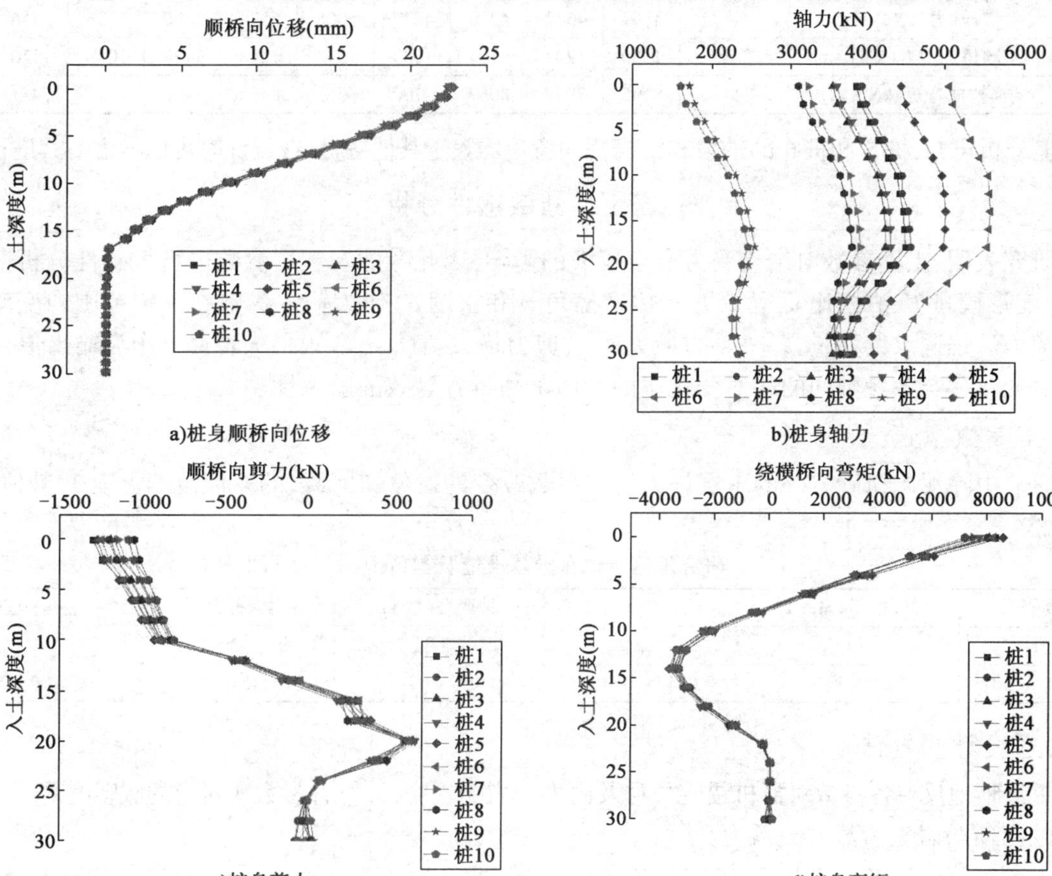

a)桩身顺桥向位移 b)桩身轴力

c)桩身剪力 d)桩身弯矩

图 4 各桩桩身顺桥向位移、轴力、剪力、弯矩

经过建模计算，计算结果如图4和表2所示，得到结论如下：

(1)各桩轴力、剪力、弯矩、位移沿桩身的变化趋势相似。各桩除轴力相差较大外，顺桥向位移、剪力、弯矩差值都较小。

(2)在临时拉索设计索力作用下，临时锚碇各桩桩顶轴力最大值为5574kN，沿横桥向同列各桩轴力相差不大，沿顺桥向各桩轴力相差较大，其中系梁桩由于承台的弯曲作用，轴力最大，拉索锚固侧由于临时拉索竖直向上分力的作用，导致其轴力较小。

(3)各桩顺桥向剪力最大值均在桩顶，其中桩1顺桥向剪力最大，为1300kN；顺桥向剪力在距桩顶11m范围内缓慢减小，后减小速率增大，在距桩顶16m附近剪力减小到0，然后反向增大，入土深度20m附近达到极值，最后逐渐减小至零附近。此外各桩桩身剪力除入土深度在10m内有一定的差别外，以下范围剪力差别都很小。

(4)桩身绕横桥向弯矩最大值均在桩顶，其中桩5绕横桥行啊弯矩最大，为8553kN·m；随着入土深度的增加，桩身绕横桥向弯矩先逐渐减小，后在入土深度达到8m时，出现反弯点，此后弯矩反向增加，在入土深度在14m附近达到极值，后往下逐渐减小到趋于0，且入土深度24m以下的桩身弯矩相差不大。

(5)桩身位移以顺桥向为主，桩顶顺桥向位移最大值为23mm，随着入土深度的增加，顺桥向位移逐渐减小，在入土深度达到17m时，桩身顺桥向位移已基本减小到0。各桩竖向沉降最大值为3mm，靠近锚固侧各桩沉降量最小，桩5、桩6沉降最大。

各桩桩身位移、内力最大值列表　　表2

内　容	桩　号									
	桩1	桩2	桩3	桩4	桩5	桩6	桩7	桩8	桩9	桩10
顺桥向位移(mm)	23	23	23	23	23	23	22	23	22	23
竖向位移(mm)	2	2	2	2	2	3	2	2	1	1
轴力(kN)	4469	4544	4210	4277	5008	5574	3890	3788	2546	2461
顺桥向剪力(kN)	1300	1207	1194	1083	1273	1248	1148	1049	1170	1087
绕横桥向弯矩(kN·m)	8195	7999	8057	7700	8553	8195	7478	7172	7431	7196

由以上分析可知，桩5和桩6的轴力和绕横桥向弯矩均大于其他各桩，在设计时可以考虑对其进行加强。

四、岩土参数敏感性分析

以往研究表明，土壤参数对结构受力有着较大的影响，因此考虑对土壤参数进行敏感性分析，即选取土壤参数(变形模量E，泊松比v，黏聚力c，内摩擦角φ和密度ρ)作为输入参数在一定范围内变动，选取施加设计缆力后锚固点偏移量，各桩轴力最大N_{max}，剪力最大值Q_{max}、弯矩最大值M_{max}作为输出值，通过输出值的相对变化率与各参数间的相对变化率的比值来衡量各参数的敏感性。

1. 岩土参数取值

选取表1中除泥质粉砂岩外的土层作为岩土参数改变的对象，其参数的取值范围见表3，其他材料参数保持不变。

研究地区土体参数基准值及其范围　　表3

项目数值	弹性模量(MPa)	泊　松　比	黏聚力(kPa)	内摩擦角(°)	密度(kg/m^3)
基准值	30	0.3	35	30	1800
范围	10~40	0.15~0.4	15~65	15~45	1700~2100

2. 敏感度计算方法

为了更清晰地反映各参数对群桩锚碇位移及内力的影响程度，计算各参数所对应的敏感度并进行排序。假定输出值与岩土参数的关系为：

$$F = f(x_1, x_2, \cdots, x_i, \cdots, x_n) \tag{1}$$

则参数x_i的敏感度S_i可表示为：

$$S_i = \left|\frac{\Delta F}{F^*}\right| / \left|\frac{\Delta x_i}{x_i^*}\right| \tag{2}$$

式中：　x_i^*——基准参数输入值；

F^*——基准参数；

$\frac{\Delta F}{F^*} \times 100\%$——输出值 F 的相对变化率；

$\frac{\Delta x_i}{x_i^*} \times 100\%$——参数 x_i 的相对变化率。

其中，$\Delta x_i = x_i - x_i^*$，$\Delta F = F_i - F_i^*$。

3. 敏感性分析结果

图5a)～图5e)分别为锚固点顺桥向位移 D_x，竖向位移 D_z，各桩轴力、弯矩、剪力最大值 N_{max}、M_{max}、Q_{max} 的敏感性曲线，曲线的斜率即代表岩土参数所对应的敏感度 S_i。由图5a)、图5b)、图5c)、图5d)可知，D_x、D_z、N_{max}、M_{max} 均对土体弹性模量的变化最为敏感，且随着土体弹性模量的增加，结构变形及内力受土体弹性模的影响逐渐减小。由图5e)可知，Q_{max} 对土体弹性模量、泊松比和内摩擦角的敏感度大于黏聚力及密度。总体来说，在本文土壤参数的取值范围内，锚固点位移和群桩内力对岩土变形模量的敏感度较高，对其他参数的敏感度较低，其中 D_x、Q_{max} 对变形模量 E 的敏感度分别达到1.23和0.55，这与变形模量作为评价岩土压缩变形的重要指标相一致。本项目的临时锚碇建设在软弱地基上，因此，对软弱地基的处理应给予足够的重视，而土体弹性模量作为首要影响参数，可以考虑采用换填弹性模量更高的砾石等土体进行加固，还可以考虑将承台埋入土中，利用承台侧边土体承受一部分的水平力。

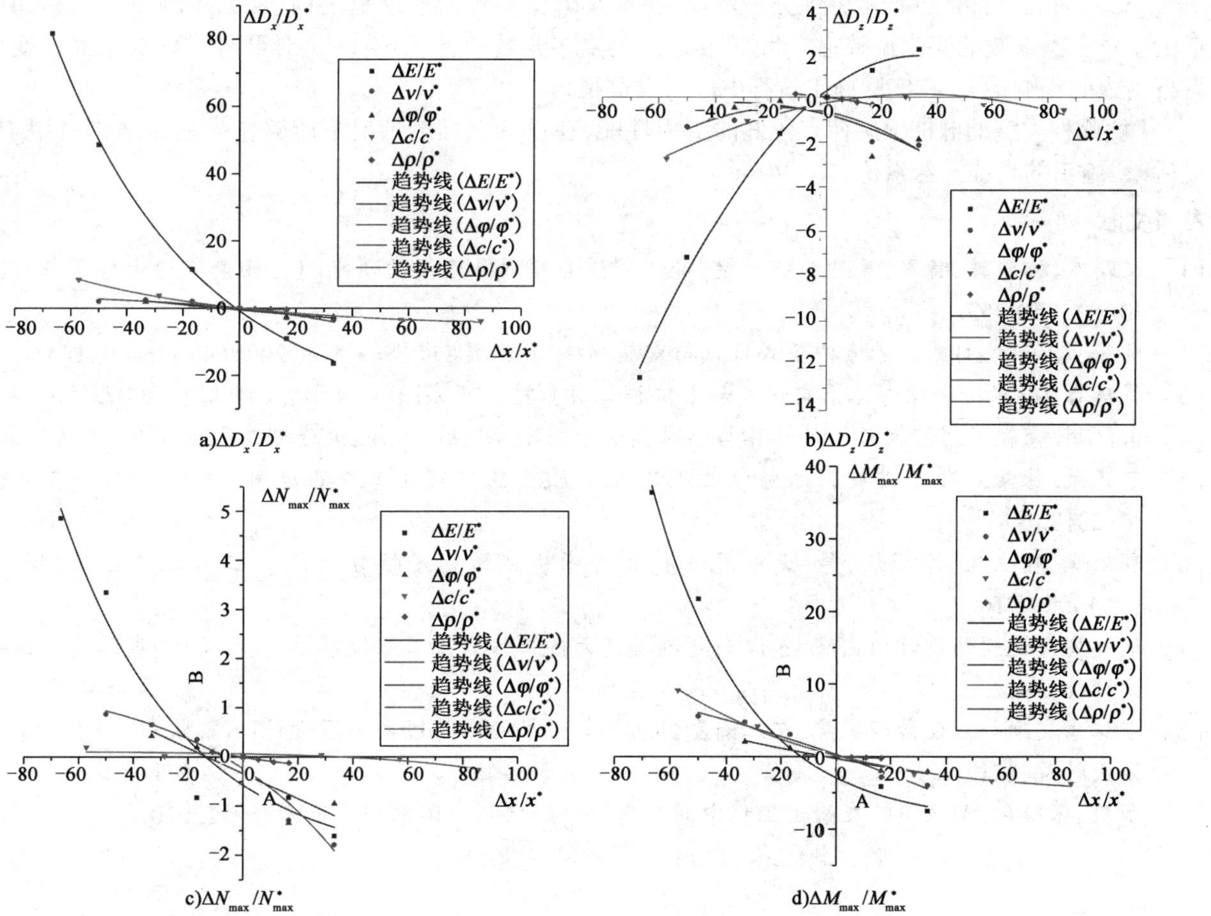

a)$\Delta D_x/D_x^*$　b)$\Delta D_z/D_z^*$　c)$\Delta N_{max}/N_{max}^*$　d)$\Delta M_{max}/M_{max}^*$

图　5

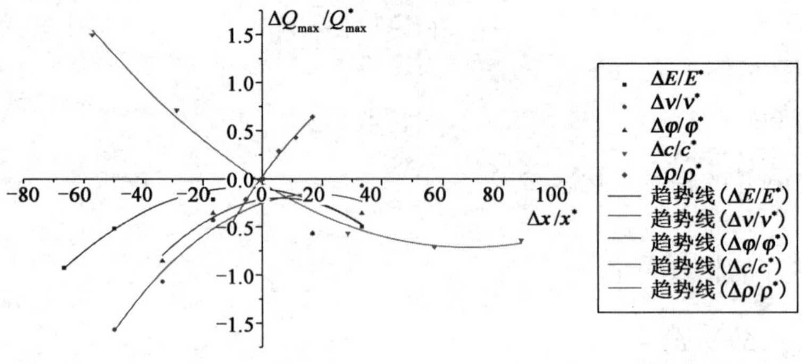
e) $\Delta Q_{max}/Q^*_{max}$

图5 $\Delta D_x/D_x^*$,$\Delta D_z/D_z^*$,$\Delta N_{max}/N_{max}^*$,$\Delta M_{max}/M_{max}^*$,$\Delta Q_{max}/Q_{max}^*$的敏感性曲线

五、结　　语

(1)在设计索力作用下,锚碇桩顶顺桥向位移达到23mm,需进行相应的加固处理,可考虑将整个承台埋入土中,或进行换填土等其他软基处理方法对浅层地基进行加强,以减小淤泥层土质较差对锚碇结构带来的影响。

(2)在设计临时拉索索力作用下,各桩能够较好地协调受力,各桩桩顶内力分配较为均匀,各桩内力沿桩身变化趋势基本一致,除各桩轴力沿桩身整体相差较大外,桩身剪力和弯矩大小随入土深度的增加而不断减小,到达一定深度后基本相差不大。

(3)在对岩土参数进行敏感性分析发现,在本文岩土参数的取值范围内,锚固点顺桥向位移和剪力最大值对土壤参数的变化较敏感。此外,在岩土的众多参数中,变形模量 E 对群桩锚碇的锚固点变形和群桩内力的影响最大,在实际施工过程中应予以重视。

(4)此种类型的群桩锚碇拥有较好的受力性能,在设计合理的情况下能够作为临时结构应用于“先缆后梁”施工的自锚式悬索桥。

参考文献

[1] 文曙东,郑凯锋,黄军,等.“先缆后梁”施工建造自锚式悬索桥的研究[J].西南交通大学学报,2005,40(6):750-753.

[2] 林昱,雷俊卿.自锚式悬索桥桥式特点与发展初探[J].城市道桥与防洪,2005(4):46-49,145.

[3] 晁庚奇.90米跨全漂浮体系自锚式悬索桥施工成套技术研究[D].天津:天津大学,2007.

[4] 田汉州.京杭运河特大桥设计计算与临时锚固分析研究[D].大连:大连理工大学,2006.

[5] 唐正风.悬索桥群桩锚碇基础受力性能分析及BIM在锚碇施工中的应用[D].成都:西南交通大学,2018.

[6] 郭松峰,祁生文,李正熔,等.云南龙江特大悬索桥锚碇稳定性分析[J].工程地质学报,2011,19(06):909-916.

[7] 浙江省交通规划设计研究院.东江南支流港湾大桥工程岩土工程勘察报[R].杭州:浙江省交通规划设计院,2017.

[8] 浙江省交通规划设计研究院.东江南支流港湾大桥工程两阶段施工图设计[R].杭州:浙江省交通规划设计院,2017.

[9] 费康,张建伟.ABAQUS在岩土工程中的应用[M].北京:中国水利水电出版社,2010.

39. 浅析摩擦摆减隔震支座在减隔震桥梁的应用

张广瑜[1] 孟建玮[2] 郑律君[1] 龚 灼[1] 闫鹏帆[2]
(1. 中铁四局集团有限公司;2. 河南省黄河高速公路有限公司)

摘 要 摩擦摆减隔震支座由于其优越的抗震性能在我国减隔震桥梁建设中被广泛运用,但由于摩擦支座的设计特点,摩擦摆减隔震支座可能在地震作用下发生较大的位移,从而导致桥梁震害的产生。本文深入研究了摩擦摆支座的抗震性能和施工要点,以求为减隔震桥梁的施工和设计提供借鉴。

关键词 摩擦摆支座 抗震性能 施工要点

一、引 言

地震是突发性强且威力较大的自然灾害,除了带来房屋坍塌、经济损失生命安全等问题之外,还会引起一系列的次生灾害。我国地处环太平洋地震带和欧亚地震带的交汇处,是世界上地震灾害最严重的国家之一。在以往发生的地震中,许多桥梁结构遭受严重破坏而丧失功能、且不可恢复,随后抗震韧性迅速发震为国内外地震工程领域的研究热点。2011—2020 年,美国、日本、中国相继提出“国家韧性”“国土强韧化”“韧性城市”等计划,联合国更将“提高韧性”列为未来 15 年联合国的四个优先领域之一。韧性在结构工程领域对应的是结构的可恢复性,具有可恢复性的结构可以缩短震后恢复时间,减小地震造成的损失。韧性抗震要求结构在地震中具有较小的延性需求和残余位移,能够在震后较短时间内恢复到一定的功能水平。桥梁作为交通路网中的枢纽,一旦发生地震,震区桥梁的破坏会造成交通中断,使震害区域成为地震孤岛,从而影响灾后救援和震后恢复。2008 年我国汶川大地震导致青川县和北川县长达 30h 与外界完全失去联系。

对于普通的延性桥梁,其主要的震害往往集中在下部结构(桥墩、桩基础),而对于减隔震桥梁,地震中的耗能主要由减隔震支座完成。对于一些高墩尤其是深水墩,如果桥墩在地震作用下发生破坏,则会使桥梁修复难度和修复成本极大提高。桩基础由于埋设土基中,如果发生震害则将使桥梁的修复困难进一步增加。如果桥梁在地震作用下发生破坏且不能在短时间内恢复功能,将会使地震救援难度大大增加。相比之下,减隔震桥梁在地震后只需要修复减隔震器,其下部结构几乎不发生严重震害。目前,在桥梁建设中最广泛运用的减隔震支座主要是 LRB(铅芯橡胶减隔震支座)和摩擦摆减隔震支座。LRB 拥有良好的抗震性能,但 LRB 在工程实际中存在橡胶老化、温度敏感等问题。相比之下,摩擦摆支座无论是在经济性还是耐久性等方面更具有优势。同时,摩擦摆支座还可利用钟摆原理调整桥梁结构的周期,进一步避免桥梁震害的发生。在地震作用后,摩擦摆支座可以利用其自复位功能进行复位还原,大大减小震后修复的难度。由于其优越的抗震性能,摩擦摆减隔震在桥梁建设中的运用越发广泛。然而,由于摩擦摆减隔震支座的构造特点,其在地震作用下可能发生较大的支座位移从而导致严重的支座、挡块破坏甚至是落梁。因此,对于摩擦摆支座的设计和施工,必须高度重视,避免严重的桥梁震害的发生。

二、摩擦摆支座的设计

摩擦摆支座在地震中可以通过摩擦耗能减小下部结构的地震力,达到保护下部结构的作用。目前摩擦摆支座的类型主要有单曲面摩擦摆支座,双曲面摩擦摆支座和三曲面摩擦摆支座,单曲面摩擦摆支座在工程实际中运用的最为广泛。单曲面摩擦摆支座的构造如图 1 所示。单曲面摩擦摆支座的本构关系可由双折线形模型来模拟,若忽略微小的屈服位移,则单曲面摩擦摆减隔震支座的本构关系可如图 2 所示。

单曲面摩擦摆支座的力-位移本构关系可由下式表达：

$$F = \frac{WD}{R} + \mu W \mathrm{sgn}(\dot{\theta}) \tag{1}$$

式中：F——摩擦摆支座的水平恢复力；

W——摩擦摆支座受到的竖向荷载；

R——摩擦摆支座的曲率半径；

μ——摩擦摆支座的摩擦系数；

D——摩擦摆支座在地震中的位移。

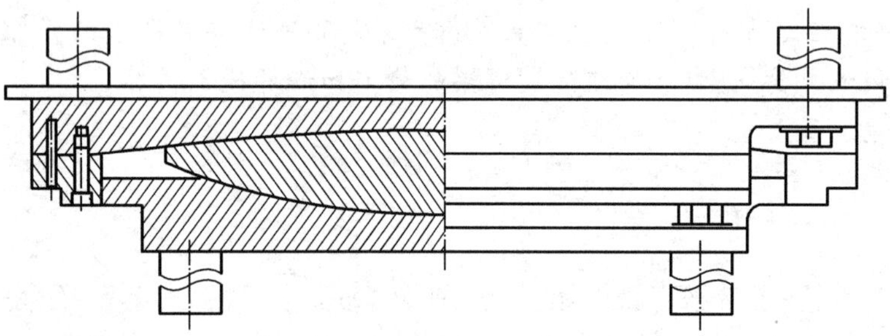

图 1 摩擦摆支座构造

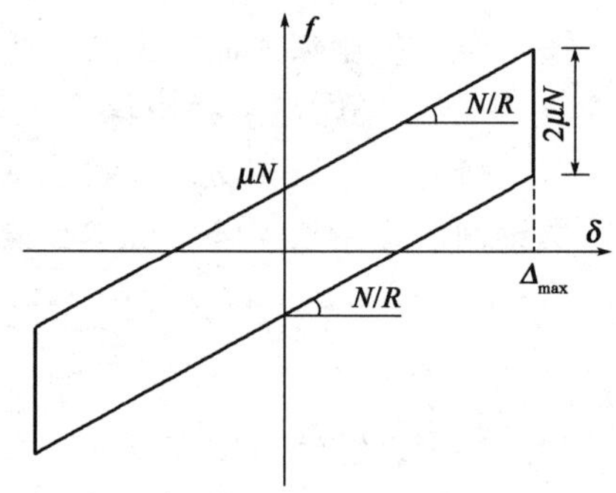

图 2 摩擦摆支座本构曲线

摩擦摆减隔震支座的设计参数主要包括曲率半径 R、摩擦系数 μ 和设计位移 D_{max}，根据实际工程中的竖向荷载 W 来确定。其中，摩擦摆支座的曲率半径和摩擦系数对于减隔震桥梁的整体性能有重要影响，设计时需要格外注意。

1. 摩擦摆减隔震支座的曲率半径

摩擦摆支座的曲率半径是调整结构周期的重要参数，摩擦摆支座的自振周期可以参考钟摆原理来计算：

$$T = 2\pi \cdot \sqrt{\frac{R}{g}} \tag{2}$$

式中：T——摩擦摆减隔震支座的自振周期；

R——摩擦摆减隔震支座的曲率半径。

由式(1)可以看出，R 越小，摩擦减隔震支座的支座剪力越大，传到下部结构的地震力就越大，摩擦摆支座的位移就越小，摩擦摆支座的自复位能力越强。相反，R 越大，摩擦减隔震支座的剪力越小，传到下部结构的地震荷载越小，摩擦摆支座的位移越大，摩擦摆支座的自复位能力越弱。同时，R 还直接控制着摩擦摆支座的自振周期。现有的摩擦摆支座设计规范只给出了摩擦摆支座的最小曲率半径要求(避免由于不合理的自振周期导致了地震作用的加剧)，但具体的参数设计就需要依赖专业的设计人员在设计中考虑支座位移、自复位能力、下部结构受力三者之间的平衡。若 R 设计得过小，则下部结构产生震害的风险会增加；若 R 设计得过大，则支座可能会发生较大的位移从而导致落梁等严重震害的发生。

2. 摩擦摆减隔震支座的摩擦系数

摩擦摆支座的摩擦系数也是重要的参数之一，一般来说摩擦系数的取值为 0.02～0.06，但一些特殊的设计中也可采用较高的摩阻系数。与摩擦摆支座的曲率半径类似，摩擦系数的设计也需要考虑整体的平衡。摩擦系数越大，支座的剪力就越大，下部结构受到的地震力就越大，支座位移越小，自复位功能越强。摩擦系数越小，支座剪力越小，下部结构受到的地震力越小，支座位移越大，自复位功能越弱。

三、支座的施工安装

摩擦摆减隔震支座拥有良好的抗震性能，但摩擦摆支座的性能能否得到有效发挥取决于摩擦摆支座在施工中能否正确地安装,摩擦摆支座在施工安装中的重点主要有以下几点。

1. 施工准备

对支座平面位置及高程进行测量放样,根据测量放样点,在支座垫石顶面画出支座的十字中心线,作为支座安装的依据。

2. 测量放样

支座在安装时,要求梁体底面和墩台上的支承垫后顶面具有较高的平整度。一般要求支承垫石顶面相对水平误差不大于1mm。对于表面平整度较差的垫石及楔形块采用打磨机进行打磨处理,保证垫石顶面水平及平整度。

3. 支座安装

安装支座时,将支座按照在墩台支座垫石顶面画出的十字中心线为依据就位。就位后,检查支座与垫石是否有不密贴现象,如有不密贴现象出现继续对支座垫石顶面进行处理。摩擦摆支座安装正确与否对支座的受力状况和使用寿命有直接的影响,如果支座安放不平整,造成支座局部承压,则支座在活载作用下会产生转动、滑移,甚至脱落。此外,摩擦摆支座安装时要保持位置准确,摩擦摆支座的中心要对准梁体轴线,防止偏心过大而损坏支座。为防止支座产生过大的相对滑动位移。

4. 箱梁安放

梁的纵轴线应与支座中心线相平行。为落梁准确,在架梁时,可在梁底划好两个支座的十字位置中心线,在梁端立面顶部标出两个支座位置中心线的垂直线;落梁时同墩台上的位置中心线相吻合。

落梁时应平稳,防止支座偏心受压或产生初始滑动。摩擦摆支座安装落梁后,一般情况下,其顶面应保持水平。支座偏压严重,局部受压,侧面鼓出异常,而局部脱空——应及时加以调整。调整的方法一般可用千斤顶顶起梁端,根据脱空情况在支座下方安装相应厚度的钢垫片;再次落梁,在重力作用下支座上下表面平行且同梁底、墩台顶面全部密贴;同时使一片梁两端的支座处于同一平面内,梁的纵向倾斜度应加以控制,以支座不产生明显初始滑动为佳。

四、结　　语

摩擦摆减隔震支座在我国桥梁建设中的应用越发广泛,但在摩擦支座的设计和施工中仍应注意许多问题。在设计中,要注意摩擦摆支座的参数设计以确保减隔震桥梁整体的安全性和震后恢复性,达到动态平衡。在施工时要确保摩擦摆减隔震支座的安装质量以及限位装置的施工质量,确保桥梁在地震作用下的安全。

参考文献

[1] 李哲,张光炜.高速公路梁桥抗震支座减震效果对比分析[J].四川建筑科学研究,2021,47(05):10-15.

[2] 邵长江,肖正豪,漆启明,等.摩擦摆支座隔震铁路连续梁桥振动台试验研究[J].振动与冲击,2021,40(14):292-298,306.

[3] 靳飞.摩擦摆和铅芯橡胶支座在铁路钢混结合梁桥上选用对比研究[J].铁道建筑技术,2021(05):88-91,96.

[4] 陈章伟.不同参数下减隔震摩擦摆支座力学性能研究[D].锦州:辽宁工业大学,2021.

[5] 赵长江,侯春明,戴超,等.大型摩擦摆式支座高精度安装关键技术[J].建筑施工,2020,42(03):348-350.

[6] 潘俊华.桥梁摩擦摆式减隔震支座安装施工技术[J].山西建筑,2018,44(34):171-173.

40. 钢箱提篮拱桥吊杆无应力长度计算

周建军[1] 孙志雨[2] 王锦超[2]
(1. 中交路桥建设有限公司;2. 中交路桥华东工程有限公司)

摘 要 针对目前我国钢箱梁提篮拱桥的吊杆长度计算大部分采用纯数值分析方法得到的情况,本文以车田江大桥为工程背景,采用有限元仿真计算与工程实测数据相结合的方法确定吊杆的无应力长度。结果表明:本文采用吊杆无应力长度的确定方法能很好地指导实际工程施工,对其他类似工程吊杆计算可以提供一定借鉴与参考。

关键词 桥梁工程 钢箱提篮拱桥 吊杆 无应力长度 有限元计算

一、引 言

拱桥根据建筑材料的不同,可分为石拱桥、混凝土拱桥、钢拱桥,其中钢拱桥由于采用较高强度的钢材,减轻了拱肋自重,增大了跨越能力,而钢拱桥中钢箱提篮拱桥不但具有轻质高强、跨径大的特点,还因其拱肋的内倾,使得结构横向刚度大于平行拱肋,避免了拱桥结构发生面外失稳[1-6],但钢箱梁提篮拱桥由于其跨越能力增加,结构的内力和线形也变得更加复杂,桥梁施工的难度也大大增加。因此,如何科学正确指导施工,使得桥梁能够正常运营与使用变得尤为重要,而桥梁施工监控在其中起到了举足轻重的作用。

大跨径钢箱提篮拱桥的吊杆长度计算是桥梁施工监控工作的重要内容,吊杆长度计算的精确性对整个拱桥施工过程的线形控制有着重要的影响,因此,如何合理计算吊杆长度尤为重要。文献[7]与[8]利用施工图纸提供吊杆锚点坐标计算得到吊杆有应力长度,再根据成桥索力获得吊杆的无应力长度;相比于齐浩史利用传统方法计算吊杆无应力长度,冯春萌提出利用位移作为控制变量,通过有限元软件分析前一阶段拱圈对应点的累积位移和当前阶段吊装造成的吊杆上下端累计位移计算伸长量,再根据受力后总长减去伸长量得到吊杆无应力长度[9-10];但考虑到在实际施工过程中,由于构件制造误差、施工误差等因素的影响,其理论计算的吊杆长度往往与实际情况会产生一些偏差,对后续监控工作与施工造成不必要的影响。

因此,本文以湖南省龙琅高速公路新化车田江大桥为工程背景,采用理论与实际相结合的方法计算吊杆无应力长度,首先利用现场实测获得裸拱状态下吊杆拱肋锚点坐标值,通过有限元分析得到当前测量阶段到成桥阶段拱肋锚点累积位移值,再根据施工图纸给出的吊杆下锚点坐标与加上累积位移的拱肋锚点坐标计算吊杆有应力长度,最后根据有限元计算得到的成桥索力计算吊杆无应力长度。

二、工 程 背 景

车田江大桥位于娄底市新化县温塘镇车田江村,是龙琅高速公路上跨越车田江水库的关键控制性工程,车田江大桥主桥为280m中承式钢箱提篮拱桥,铅垂面内矢高64m(斜平面内64.987m),矢跨比为1/4.375;拱桥拱轴线线形为二次抛物线,拱肋向内倾10°。拱肋中心横向距离在拱顶处距离为13.830m,拱脚处拱轴线横向距离为36.4m。主梁构造为纵横梁组合桥面,桥面板为预制混凝土结构,主桥全桥共设76道中横梁,横梁间距普遍为3.75m,部分特殊梁段间距为3m、4.5m、4.8m、4.85m。中横梁为钢—混凝土叠合梁,通过在横梁顶面设置剪力钉与钢筋混凝土桥面板结合而成,主桥左右幅拱肋各设置29根吊杆,共计58根,吊杆纵桥向间距7.5m,倾斜布置,与水平夹角随纵断变化在81°~89°之间变化,2~28号吊采用85根ϕ7mm高强度镀锌平行钢丝束,1号和29号吊杆采用127根ϕ7mm高强度镀锌平行钢丝束,标准强度为1670MPa,PF双护层。车田江大桥桥面钢梁标准断面如图1所示,吊杆大样如图2所示。

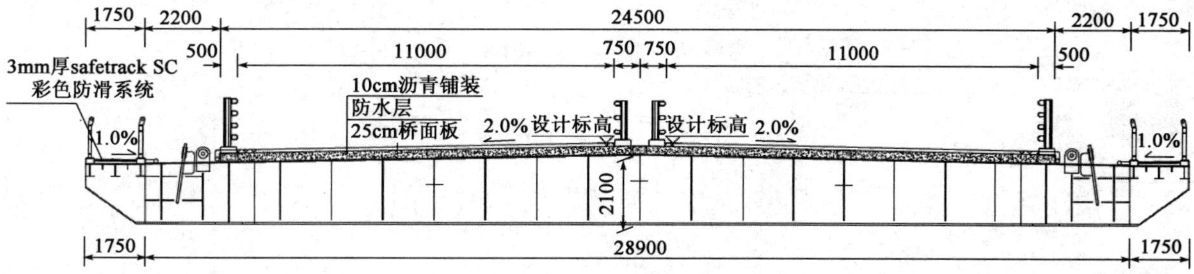

图1　桥面钢梁标准断面图(尺寸单位:cm)

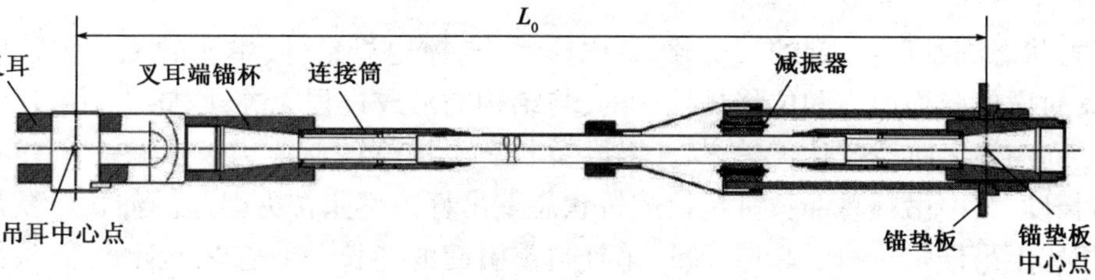

图2　吊杆大样图

三、提篮拱吊杆锚点坐标确定

1. 拱肋锚点坐标

考虑实际工程的差异性,为了保证吊杆长度计算结果的准确性,吊杆拱肋锚点坐标通过现场实测数据获得,以拱桥左右侧起拱面形心连线的中点为原点,顺桥向为x轴方向,y轴方向为两起拱面形心连线建立空间直角坐标系,吊杆拱肋锚点坐标测量时间为拱肋合龙完成后,利用现场测量设备全站仪以及小棱镜进行测量,得到左右侧每根吊杆拱肋锚点的坐标,但此时得到的坐标并不是拱桥成桥后的拱肋锚点坐标值,还需通过有限元计算得到从拱肋合龙完成到最终成桥阶段的拱肋锚点的变形量,再将实测拱肋锚点坐标减去相应变形量得到最终成桥状态下的吊杆拱肋锚点坐标值:

$$\begin{cases}x_i = x_{si} - \Delta x_i \\ y_i = y_{si} - \Delta y_i \\ z_i = z_{si} - \Delta z_i\end{cases} \tag{1}$$

式中:x_{si}、y_{si}、z_{si}——第i根吊杆拱肋锚点实测坐标值;

Δx_i、Δy_i、Δz_i——第i根吊杆拱肋锚点从拱肋合龙完成到成桥阶段的变形量;

x_i、y_i、z_i——第i根吊杆成桥状态下的拱肋锚点坐标值。

2. 吊杆下锚点坐标

首先确定拱桥主梁标准断面中心线的顶点坐标,并以该点坐标为原点建立局部坐标系统(为了方便计算,令局部坐标系的x、y、z轴方向与整体坐标系一致,且主梁中心线顶点是扣除铺装层以及桥面板厚度的顶点),通过吊杆下锚点与主梁标准断面中心线顶点的几何关系(图3),计算下锚点坐标。图中zj表示主梁中心线顶点到J点的坡度,利用吊杆下锚点所在直线与J点所在直线相交关系,求出J点坐标,再利用J点坐标与

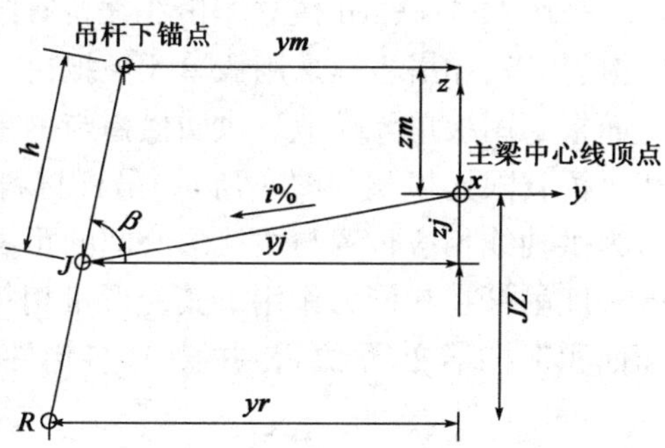

图3　几何关系示意图

吊杆下锚点距离和角度关系求出吊杆下锚点坐标,坐标计算见式(2)~式(5)。将计算得到局部坐标系下的吊杆下锚点坐标与整体坐标系下主梁中心线顶点坐标相加,最终得到整体坐标系下的吊杆下锚点坐标。

$$b = zr - yr\tan\beta \tag{2}$$

$$yj = \frac{b}{i\% - \tan\beta} \tag{3}$$

$$zj = yj\tan\beta \tag{4}$$

$$\begin{cases} ym = yj + h\cos\beta \\ zm = (h\sin\beta + zj) \end{cases} \tag{5}$$

3. 无应力长度计算基本方法

根据无应力状态法原理:一定的外荷载、结构体系、支撑边界条件、单元的无应力长度和无应力曲率组成的结构,其对应的结构内力和位移是唯一的,与结构的形成过程无关,因此认为吊杆无应力长度是吊杆本身的属性,而与施工阶段变化无关[11]。将成桥状态下吊杆的有应力长度减去吊杆的总伸长量得到吊杆的无应力长度,其中吊杆总伸长量包括成桥状态下吊杆内部张拉力引起的伸长以及吊杆自身自重引起的伸长,但相比于吊杆张拉力引起伸长量,吊杆自重引起的伸长一般忽略不计[12]。根据得到的吊杆上下锚点的坐标值,计算两锚点之间的距离,从而得到吊杆有应力长度,见式(6),再根据吊杆本身属性参数(弹性模量、吊杆截面面积)以及成桥状态下的吊杆张拉力,最终得到吊杆无应力长度,见式(7):

$$l = \sqrt{(x_i - x'_i)^2 + (y_i - y'_i)^2 + (z_i - z'_i)^2} \tag{6}$$

$$l_0 = \frac{l}{1 + \frac{T}{EA}} \tag{7}$$

式中:x'_i、y'_i、z'_i——第 i 根吊索成桥状态的下锚点坐标值;

l——吊杆有应力长度;

l_0——吊杆无应力长度;

T——成桥状态下吊杆的张拉力;

E——吊杆材料弹性模量;

A——吊杆的横截面面积。

四、计 算 实 例

考虑到实际工程的差异性,为使模拟的结果更加精确,计算参数的选取不仅要参考已建工程的经验公式或数据,还要考虑现场施工的实际情况。

1. 车田江大桥有限元模型

采用 Midas Civil 建立车田江大桥有限元模型,全桥一共 2217 个节点、3550 个单元,其中拱肋、立柱、横撑、扣塔、扣塔主缆采用梁单元模拟;扣索、背索采用桁架单元模拟;通风缆采用只受拉桁架单元模拟;桥面板采用板单元模拟。拱肋横撑与钢主梁、立柱与钢主梁、立柱横撑与立柱之间采用弹性连接。车田江大桥有限元模型如图 4 所示,吊杆材料实际弹性模量为 1.95×10^5 MPa,但在有限模型中,吊杆长度取值为拱轴线相应位置与主梁形心间的距离,而在实际结构中,吊杆长度要短于模型中的长度,为了保证不同长度吊杆在相同力作用下其变形量相等,需按式(8)对吊杆的弹性模量进行修正,且修正时吊杆横截面面积保持不变,最终得到的桥梁各构件物理材料特性见表 1。

$$E_{模型} = \frac{l_{模型}}{l_{实际}} E_{实际} \tag{8}$$

图4 车田江大桥有限模型图

主要材料特性表 表1

结构名称	材料类型	泊松比	弹性模量(MPa)	重度(kN/m^3)
拱肋钢材	Q420	0.31	2.06×10^5	78.5
拱肋横撑、立柱	Q345	0.31	2.06×10^5	78.5
吊杆	Wire1670	0.30	2.05×10^5	78.5
扣塔	Q345	0.31	1.95×10^5	78.5
扣索、背索	Strand1960	0.30	1.95×10^5	78.5
钢主梁	Q345	0.31	2.06×10^5	78.5
预制混凝土桥面板	C60	0.20	3.60×10^4	28.0

2. 吊杆无应力长度计算

由于左右侧吊杆长度差异较小,本文只计算拱桥左侧1~29号吊杆无应力长度,吊杆拱肋锚点坐标采用徕卡TS60全站仪以及吊杆锚点测量棱镜进行测量,吊杆下锚点坐标根据施工图纸给出的相关数据,按式(2)~式(5)计算得到,图3中吊杆上的R点为定值,其距主梁中心线为13.6m,距主梁底板外表面为0.08m,吊杆β角取值见表2(左右侧吊杆β角取值一致),将得到的吊杆上下锚点坐标值以及有限元模型计算得到成桥吊杆索力按式(6)、式(7)计算,最终得到车田江大桥左侧吊杆的无应力长度,其计算结果见表3。

吊杆β角取值 表2

吊杆编号	β(°)	吊杆编号	β(°)
1	88.823	16	84.650
2	85.039	17	81.688
3	83.642	18	81.742
4	82.922	19	81.814
5	82.490	20	81.907
6	82.206	21	82.031
7	82.010	22	82.191
8	81.870	23	82.400
9	81.770	24	82.677
10	81.698	25	83.059
11	81.652	26	83.610
12	81.623	27	84.466
13	81.610	28	85.957
14	81.611	29	89.180
15	81.625	—	—

吊杆无应力长度 表3

吊杆编号	有应力长度(m)	吊杆成桥索力(kN)	无应力长度(m)	吊杆编号	有应力长度(m)	吊杆成桥索力(kN)	无应力长度(m)
1	4.585	1595.919	4.577	16	43.451	1076.477	43.377
2	9.784	1022.709	9.768	17	42.876	1297.981	42.789
3	14.650	1564.782	14.614	18	41.969	1575.081	41.866
4	19.132	1229.217	19.096	19	40.742	1050.442	40.675
5	23.242	1043.76	23.204	20	39.154	1243.13	39.077
6	26.962	1559.064	26.896	21	37.117	1538.854	37.028
7	30.332	1236.576	30.274	22	34.721	1037.794	34.665
8	33.351	1042.306	33.297	23	31.945	1242.086	31.883
9	35.970	1545.462	35.883	24	28.792	1557.647	28.721
10	38.193	1252.671	38.118	25	25.275	1038.031	25.234
11	39.994	1056.854	39.928	26	21.378	1226.81	21.337
12	41.440	1596.499	41.337	27	17.117	1567.635	17.075
13	42.537	1153.735	42.460	28	12.463	1067.088	12.442
14	43.264	1354.063	43.172	29	7.473	1883.583	7.458
15	43.559	1516.446	43.456	—	—	—	—

五、结　　语

采用有限元分析软件与实测相结合的方法计算钢箱梁提篮拱吊杆无应力长度,通过研究计算得到了如下结论:

(1)本文计算吊杆的无应力长度的方法已在实际工程中应用,该方法可为同类型的拱桥吊杆长度计算提供一定参考。

(2)利用全站仪测量吊杆上锚点坐标时,为方便测量与有限元计算,应选择拱肋合龙后阶段进行测量,注意有限元模型与实际结构吊杆长度是否一致,否则,需对吊杆弹性模量进行换算。

(3)考虑到实际施工时一些因素带来的影响,吊杆无应力长度应考虑一定的富余量,以方便当施工出现误差时进行调整。

参考文献

[1] 冯楚桥. 高速铁路无砟轨道112m尼尔森体系提篮系杆拱桥设计[J]. 铁道工程学报,2007(S1):232-235.

[2] 张石波,裴若娟. 浅谈尼尔森体系的钢管混凝土提篮拱在铁路桥梁中的运营前景[J]. 桥梁建设,2001(04):56-58.

[3] 乔健,辛学忠. 世纪之交铁路桥梁发展体会[J]. 铁道标准设计,2004(07):106-110.

[4] 杨兴旺,赵雷,李乔. 提篮式系杆拱桥施工全过程承载力分析[J]. 四川建筑科学研究,2004(03):120-1220.

[5] 李乔,田学民,张清华. 铁路大跨度提篮式系杆拱桥全桥模型试验[J]. 中国铁道科学,2003(01):90-95.

[6] 冯楚桥. 铁路下承尼尔森体系钢管混凝土提篮式系杆拱桥研究与应用[J]. 工程与建设,2007(04):539-541.

[7] 向伟,包立新,杨晓东. 大跨径钢箱提篮拱桥吊索长度计算[J]. 交通科技与经济,2012(02):58-61.

[8] 林天然. 大跨度钢箱提篮拱桥施工控制研究[D]. 杭州:浙江大学,2014.

[9] 文浩齐,严晶,魏海龙.钢管混凝土拱桥吊杆无应力长度计算分析[J].工程技术研究,2020,5(16):241-242.
[10] 冯春萌,秦大燕,杜海龙,等.拱桥吊杆无应力长度简易计算方法研究[J].公路,2020,65(08):172-176.
[11] 秦顺全.无应力状态控制法——斜拉桥安装计算的应用[J].桥梁建设,2008,000(002):13-16,30.
[12] 邵志向.钢箱系杆拱桥无应力状态法施工控制研究[D].西安:长安大学,2018.

41.浅滩区桥梁桩基础承台破碎波荷载数值研究

高宁波[1] 黄晓敏[2] 韩鹏鹏[3] 李 宁[4] 万 猛[5]
(1.中交第二航务工程局有限公司;2.长江勘测规划设计研究有限责任公司;
3.长大桥梁建设施工交通行业重点实验室;4.交通运输行业交通基础设施智能制造技术研发中心;
5.中交公路长大桥建设国家工程研究中心有限公司)

摘 要 针对典型跨海桥梁浅滩区桩基础承台结构,采用计算流体力学方法,建立数值波浪水池,以聚焦波近似模拟破碎波,研究桩基础承台(围堰)结构破碎波荷载。通过研究发现,经典 Morison 公式低估桩基础破碎波荷载约50%。对于承台(围堰)结构,可近似采用二维计算模型,当承台位于聚焦波达到最大幅值后翻卷阶段,水平波浪力达到最大值;围堰下放过程中,未入水时垂向荷载可达到最大值,因而在实际施工过程中需要重点裹住入水前破碎波水平与垂向荷载,合理优化入水工艺。

关键词 浅滩区 破碎波 桩基础 数值波浪水池 波浪力

一、引 言

随着工程建设与经济社会的发展,桥梁建造逐渐从内河转向外海峡湾地区。桩基础承台结构由于其结构轻便、施工简单、荷载传递机理清晰,广泛应用于外海桥梁等工程结构。桥梁在施工建造及运营期间会面临复杂的海洋环境,如极端台风、波浪、水流等影响,尤其是浅滩区由于地形变化,导致波浪出现翻卷破碎引起的破碎波,会给桥梁基础带来巨大危害,且相关规范对破碎波荷载缺少研究,因此亟须开展破碎波对桥梁桩基础承台结构的作用研究,为相关设计与施工提供科学依据。

针对圆柱结构波浪荷载,Morison[1]将圆柱结构受到的波浪荷载分解为质量力与阻力两部分,并通过大量试验给出了圆柱结构的质量力系数与阻力系数。李炎保[2]通过试验研究了浅水破碎波对直立圆柱作用力,认为破碎波与桩柱作用过程中在不完全绕流区将出现由于附加质量迅速变化引起的冲击力和桩柱前后波面高度差引起的附加压差力,并归纳了计算桩柱破波力的经验公式。Wienke[3]采用模型试验研究了垂直和倾斜桩柱在破碎波作用下的砰击荷载作用。吕宝柱[4]研究了破碎波作用下直立堤的运动及稳定性。高学平[5]认为破碎波在静水面以上对桩柱的冲击力和静水面以下的绕流力的机制是统一的,在计算冲击力时,水的压缩性可忽略,可简单用动量原理估算破碎波对桩柱的冲击荷载。

随着计算资源及数值模拟技术的发展,越来越多的学者采用数值方法研究破碎波。王修亭等[6]基于计算流体力学(CFD)数值方法研究了单桩破碎波浪荷载,认为 Morison 公式不适用于浅水区单桩破碎波浪荷载计算。魏凯等[7]基于 CFD 理论,建立逐渐浅化地形的三维数值波浪水池,研究了不同入射波高和周期下破碎波浪特性,分析了不同长宽比圆端形桥墩在不同入射波高作用下的受力和流场变化。

本文基于 CFD 方法,建立数值波浪水池,采用聚焦波近似模拟破碎波,研究浅滩区桥梁桩基础承台波浪荷载,重点关注桩基础承台结构水平与垂向力随着波浪破碎阶段的变化趋势以及迎浪侧砰击荷载。

二、数值模型

1.控制方程

本研究控制方程包括连续性方程与动量方程:

$$\nabla \cdot \boldsymbol{V} = 0 \tag{1}$$

$$\frac{\partial \boldsymbol{V}}{\partial t} + (\boldsymbol{V} \cdot \nabla)\boldsymbol{V} = -\frac{1}{\rho}\nabla p + \frac{\mu}{\rho}\nabla^2 \boldsymbol{V} + \boldsymbol{F} \tag{2}$$

式中：$\boldsymbol{V}$、t——速度矢量与时间，$\boldsymbol{V}=(u,v,w)$；

p、$\boldsymbol{F}$——压强与外部力（包括重力）；

ρ、μ——水的密度和黏度。

体积分数（Volume of Fraction，VOF）用来捕捉只有页面，该体积分数 $\alpha_q(x,y,z,t)$ 控制方程如下：

$$\begin{cases} \dfrac{\partial \alpha_q}{\partial t} + V \cdot \nabla \alpha_q = 0 \\ \sum\limits_{q=1}^{2} \alpha_q = 1 \end{cases} \tag{3}$$

其中，当 $\alpha_q=0$ 时，单元是空的；当 $\alpha_q=1$ 时，单元是满的；当 $0<\alpha_q<1$ 时，单元包括自由页面。假定 $\alpha_q=0.5$ 为自由液面位置。

2. 聚焦波模型

波浪破碎的诱因有多重假设，包括地形影响、波浪传播演化过程中非线性的影响等，破碎波研究的一个难点就是如何精准复制波浪破碎的时间及地点。大多数国内外学者[7-8]采用模拟近岸浅滩斜坡来模拟破碎波，本研究中我们基于聚焦波近似模拟波浪达到最大波高后传播演化破碎过程。Tromans 等[9]提出一种“NewWave”的聚焦波模型并被许多学者用来近似模拟海上极端波浪[10-11]，其表达式为：

$$\eta(x,t) = \frac{A}{\sigma^2}\sum_{n=1}^{N} S(f_n)\Delta f \mathrm{Re}\left[\mathrm{e}^{-ik_n(x-x_0)+i2\pi f_n(t-t_0)+\psi}\right] \tag{4}$$

式中：$\eta(x,t)$——聚焦波面；

A——预期最大波高；

x_0、t_0——聚焦波出现的目标位置与时间；

k_n、f_n——成分波的波数与频率；

$S(f_n)$——谱密度；

Δf——频率步长，由成分波的数量 N 与频率带宽决定；$\sigma^2=\sum\limits_{n=1}^{N} S(f_n)\Delta f$。

图1给出了一个典型聚焦波时历。

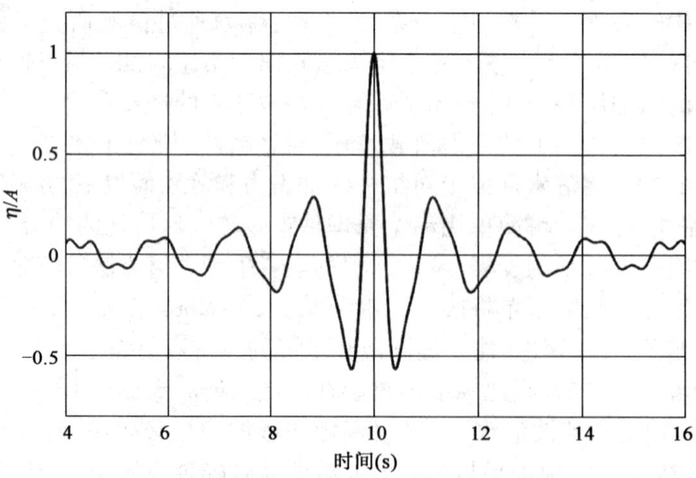

图1 典型聚焦波时历

3. 数值波浪水池

数值波浪水池几何与网格模型如图2所示，水池长10m，目标聚焦位置距离坐标造波边界3.9m，水深为1m，在目标聚焦位置设置一系列虚拟浪高仪，监测波浪传播过程中的变化。

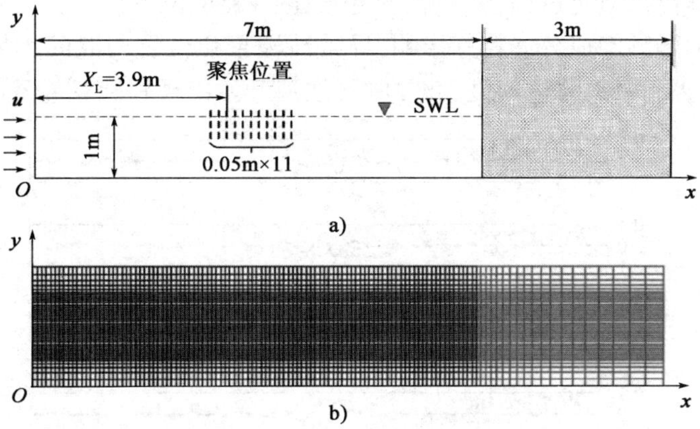

图 2　数值波浪水池几何与网格模型

水池左边为造波边界，本文中基于速度入口造波，在该边界上定义水质点水平速度与垂直速度；底部与右端为固体壁面边界条件；上部为压力入口边界，允许流体从该边界通过；水池右端设置一段消波区，定义一个参数 $c(x)$，逐步将消波区内水的黏度从 1.003×10^{-3}Pa·s 增加到 800Pa·s，$c(x)$ 表达式如下：

$$c(x) = 0.001003 + \frac{x - x_L}{x_R - x_L}\cdot 800.0 \tag{5}$$

式中：x_L、x_R——消波区左边与右边边界水平坐标。

4. 模型验证

在进行数值仿真分析之前需要开展数值模型验证性研究，确保数值结果的有效性。基于文献[10]中试验数据，选取输入波高 $A=0.055$m，开展数值分析，图 3 给出数值结果与试验结果对比，由图可知数值结果与试验结果吻合良好，验证了本研究中数值模型的有效性。

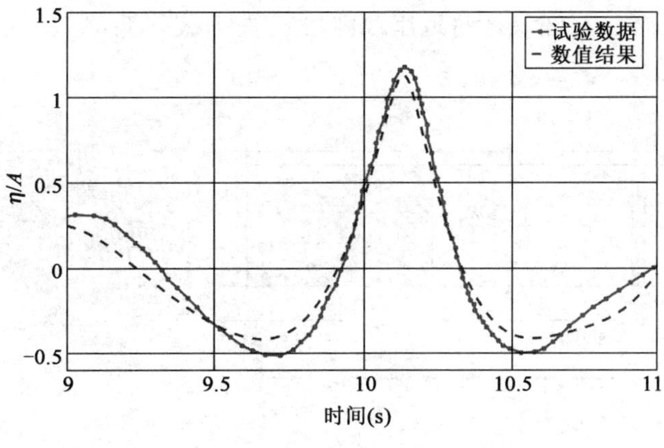

图 3　数值结果与试验结果对比

三、模 拟 结 果

1. 聚焦波列

以输入波高 $A=0.07$m 为目标最大波高，周期带宽为 0.5～1.5s，成分波数量 $N=29$，造波边界处水平与垂直速度定义如下：

$$u = \sum_{i=1}^{N=29} aw_i \frac{\cosh k_i(y+h)}{\sinh(k_i h)}\cos[k_i(x-x_0) - w_i(t-t_0)] \tag{6}$$

$$v = \sum_{i=1}^{N=29} aw_i \frac{\sinh k_i(y+h)}{\sinh(k_i h)}\sin[k_i(x-x_0) - w_i(t-t_0)] \tag{7}$$

图4给出了聚焦波群传播演化过程,发现在预先设定的聚焦位置($x=3.9$m)波高未达到最大,这是由于波浪在传播过程中不同频率成分波相互影响,导致波浪聚焦位置与时间均发生"后移",经过分析波浪大致聚焦位置为$x=4.2$m,聚焦波达到最大波高后,波浪开始出现轻微翻卷及破碎。

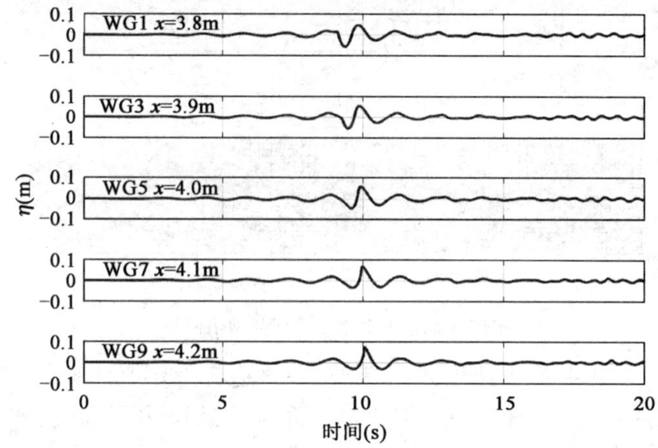

图4 聚焦波传播演化过程

2. 桩基础承台波浪荷载模拟

1)单桩结构破碎波荷载

首先针对单桩结构进行数值模拟,桩基础模型尺度条件下直径为0.1m,缩尺比为30,对应的实尺度桩基础直径为3m。图5给出了单桩几何与网格模型,桩基础位置分别位于$x=4.3$m与$x=4.4$m处。图6给出了单桩结构在破碎波作用下水平波浪力结果与Morison经验值对比分析,由图可知聚焦波达到最大波高开始翻卷时水平波浪力最大,值约为260kN。随着桩位距离后移,水平波浪力呈减小趋势,但传统计算圆柱结构波浪荷载的Morison经验公式低估破碎波荷载约50%,这证明了Morison经验公式并不完全适用计算桩基础破碎波浪力,建议针对近岸浅滩区桩基础破碎波浪力可在Morison经验值的基础上适当乘以1.5倍的放大系数。

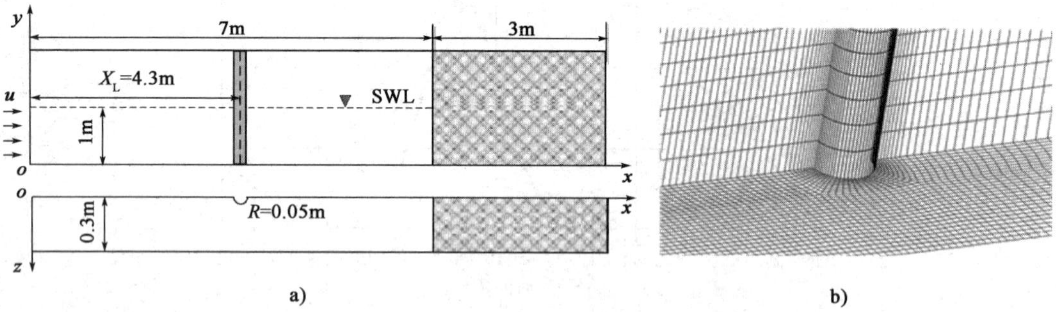

图5 桩基础几何与网格模型

2)承台结构破碎波荷载

浅滩区桥梁基础承台结构多采用规则矩形断面形式,基于某一项目,承台实际尺寸为长6m,高2.5m,浅水最大波高不超过2.3m,缩尺比为30。为节约计算资源,建立二维简化几何与网格模型(图7),为验证波浪达到最大波高后翻卷不同阶段时承台波浪荷载变化趋势,分别位于4.3m、4.35m、4.40m、4.45m四个不同位置处,其对应的实际尺度间距为1.5m,同时在承台正面竖向布置六个压力监测点,竖向布置位置为1.03~1.13m,间隔0.02m,分别命名为Point1~Point6。

图8给出了方形围堰结构受到的水平和竖向波浪力,由图可知,方形承台前沿位于聚焦波群生成位置时竖向荷载最大,约为509kN,而此时水平荷载为288kN;最大水平力发生在聚焦波生成为止后移0.05~0.1m(实际尺度为1.5~3.0m),值为316kN,此时垂向力约为435kN。同时,由图可知最大水平和垂向力

作用时间短促，小于1s，是一种非常瞬态的物理现象，能够引起巨大的动量冲击。图9给出了不同位置处压力时历，由图可知最大压强出现在波峰达到最大位置，且出现翻卷破碎时，约为34kPa，大于波浪动压力理论值($P_D = \rho g A_{max}$)。

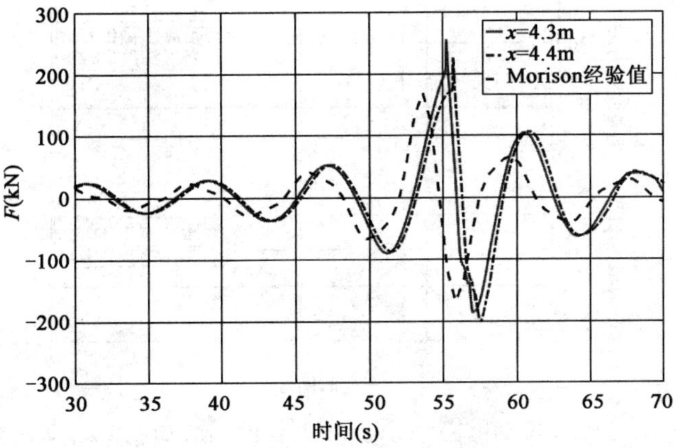

图6 数值计算结果与Morison经验值对比

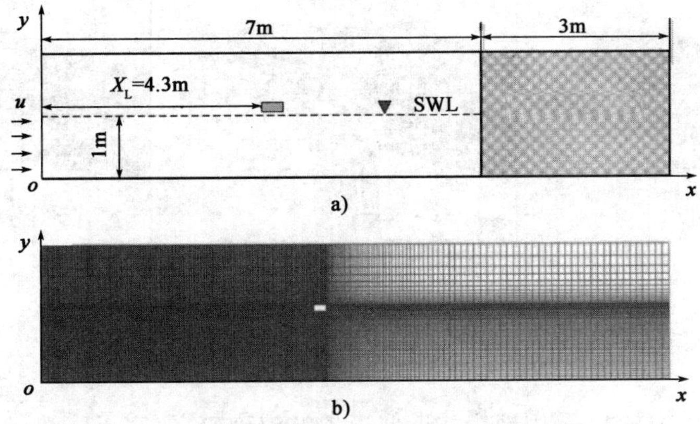

图7 承台二维断面结构几何与网格模型

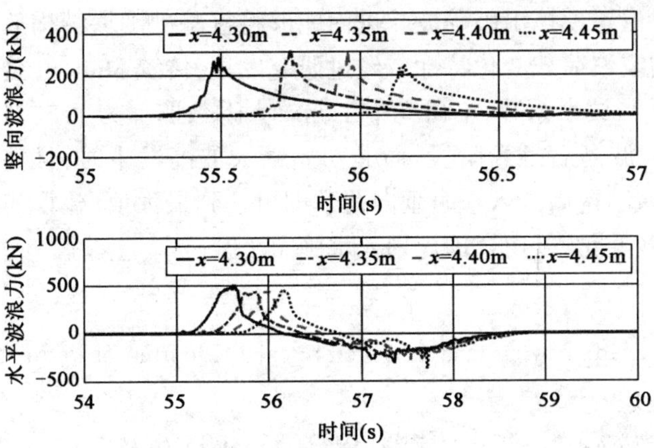

图8 方向围堰结构水平与竖向波浪力(实际尺度)

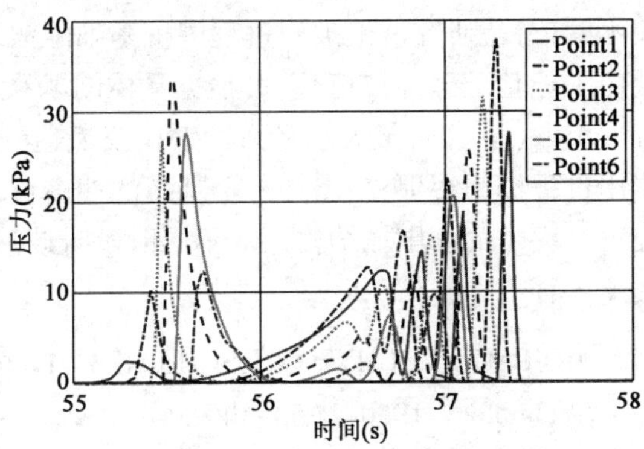

图9 承台竖向不同位置处压力

为了更接近真实工况，建立桩基础围堰结构三维模型，并根据真实围堰下放入水施工工序，分别考虑围堰位于静水面上部0.9m(等待入水)与围堰入水0.6m两种垂向不同位置工况，分别计算围堰结构受到的水平与垂向波浪力(图10)。由图可知，围堰尚未入水时，水平波浪力最大可达240kN，而随着围堰结构逐渐入水，水平荷载逐渐减小；垂向波浪荷载在围堰结构尚未入水时即达到最大值约为220kN，这表明在围堰结构下水过程中需要格外关注入水前破碎波对围堰的水平与垂向荷载，同时也发现对于围堰结构可基于二维模型快速计算,将计算的结果通过宽度方向上转化得到的围堰结构荷载与三维模型结果差别较小,可作为一种快速计算方法应用于围堰结构波浪荷载计算分析。图 11 展示了聚焦波达到最大波幅后翻卷砰击桩基础承台结构流场示意图。

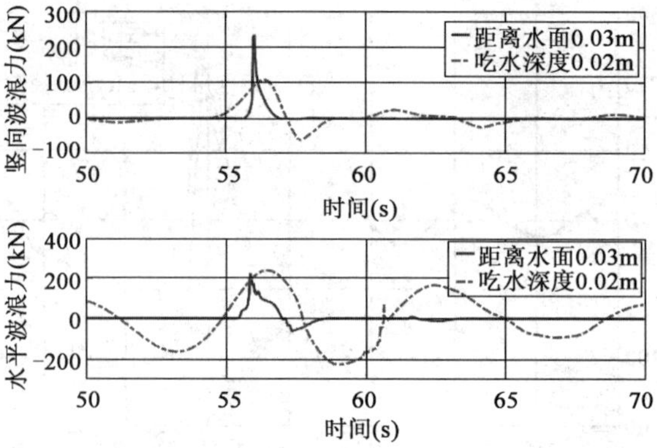

图 10 桩基础围堰结构下放过程中不同位置处围堰受到水平及垂向波浪力

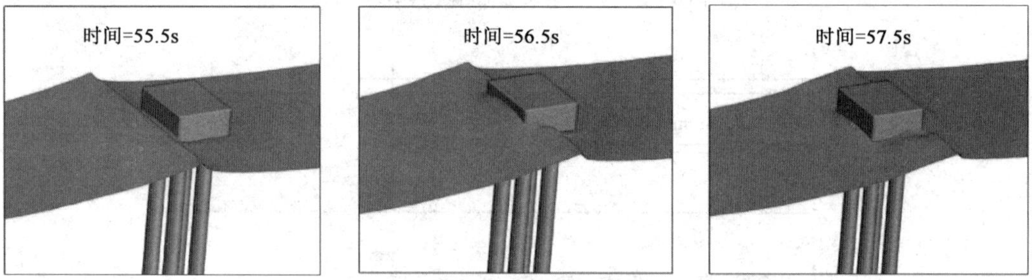

图 11 桩基础承台结构流场示意图

四、结 语

本文基于计算流体力学方法,采用聚焦波近似模拟波浪破碎,研究了浅滩区桥梁桩基础围堰结构破碎波荷载。聚焦波达到最大波幅值后会发生波浪翻卷、破碎等过程,相比较于通过设置斜坡改变地形模拟波浪破碎,该方法能够较为准确地在特定时间及位置模拟出破碎波。进而能够将桩基础围堰结构放置在不同位置,研究波浪破碎过程中桩基础围堰结构波浪荷载变化特性。经过研究发现,传统 Morison 公式低估了桩基础破碎波荷载,可根据具体问题乘以适当放大系数,本研究中工况放大系数取值为 1.5;对于方形围堰(承台),最大水平力发生在波浪达到最大波高后翻卷阶段,而非初始最大波高发生时,且整个作用过程极为短促,会出现一个瞬态的冲击;在围堰结构尚未入水时垂向荷载即可达到最大值,建议实际施工过程中关注围堰结构入水不同阶段时波浪荷载变化,以便合理规划入水施工工艺。

参考文献

[1] MORISON J,JOHNSON J,SCHAAF S. The force exerted by surface waves on piles[J]. Journal of Petroleum Technology,1950,2(5):149-54.

[2] 李炎保. 浅水破碎波对直立圆柱作用力的试验研究[J]. 海洋与湖沼,1992(06):635-641.

[3] WIENKE J,OUMERACI H. Breaking Wave Impact Force on a Vertical and Inclined Slender Pile-Theoretical and Large-Scale Model Investigations[J]. Coastal Engineering,2005(52):435-462.

[4] 吕宝柱,王元战. 破碎波作用下直立堤的运动及其稳定性[J]. 港工技术,2003(1):1-5.

[5] 高学平,赵耀南. 桩柱上破波力的特性分析[J]. 水利学报,2002(10):67-71.

[6] 王修亭,张庆河,陈同庆,等. 单桩波浪破碎荷载的数值模拟研究[J]. 水道港口,2015(3):191-196.

[7] 魏凯,姜沫臣,洪杰. 破碎波作用下圆端形桥墩受力特性数值模拟[J]. 海洋工程,2021,39(5):

111-118.

[8] LIU S, JOSE J, ONG M C, et al. Characteristics of higher-harmonic breaking wave forces and secondary load cycles on a single vertical circular cylinder at different Froude numbers[J]. Marine Structures, 2019, 64:54-77.

[9] TROMANS P S, ANATURK A R, HAGEMEIJER P. A new model for the kinematics of large ocean waves-application as a design wave[C]. proceedings of the The First International Offshore and Polar Engineering Conference, 1991.

[10] BALDOCK T, SWAN C. Extreme waves in shallow and intermediate water depths[J]. Coastal Engineering, 1996, 27(1):21-46.

[11] ZHAO W, WOLGAMOT H, TAYLOR P, et al. Gap resonance and higher harmonics driven by focused transient wave groups[J]. Journal of Fluid Mechanics, 2017(812):905-939.

42. 水中沉井冲刷试验与数值计算对比分析

韩鹏鹏[1,3] 黄晓敏[2] 赵东梁[1,3]

(1. 中交第二航务工程局有限公司;2. 长江勘测规划设计研究有限责任公司;
3. 交通运输行业交通基础设施智能制造技术研发中心)

摘 要 针对模型试验和数值计算在研究桥墩冲刷过程中存在的不足,尤其是淤泥质粉质黏土冲刷过程中存在的问题,结合常泰长江大桥5号墩水中沉井实际工程地质条件,开展地质不分层、分层工况下物理模型试验与数值计算的对比分析。研究发现:物理模型试验和数值计算的最大冲刷深度均随流速的增大而增大,且在同一原型流速下,物理模型试验的最大冲刷深度大于数值计算的最大冲刷深度;原型流速1.5m/s作用下,基本可以将表层粉砂层冲掉,粉质黏土层基本没有冲刷;原型流速2.5m/s作用下,最大冲刷深度没有到粉质黏土层底高程,粉质黏土层阻冲刷效果明显;地质不分层条件下,物理模型试验和数值计算的冲刷形态相似;地质分层较大流速作用下,物理模型试验中沉井两侧没有形成明显的淤积,而数值计算中沉井中部和尾部两侧淤积明显;数值计算的冲刷结果更加贴合实际,而物理模型试验的冲刷结果相对保守。

关键词 模型试验 数值计算 淤泥质粉质黏土 冲刷 水中沉井

一、引 言

桥梁下部结构作为重要的支承部位,在复杂水流环境和地质条件下为保持桥梁的正常运行发挥着重要作用[1]。在长期水流冲刷作用下,桥墩基础周围开始产生局部冲刷坑,降低桥墩基础支承能力[2]。桥墩冲刷的理论本质为桥墩结构与周围水沙的相互作用[3],桥墩冲刷过程除了自然演变冲刷外,一般分为一般冲刷和局部冲刷[4]。自然条件下,一般冲刷和局部冲刷交织在一起同时进行,过程十分复杂,现有大多数的大型桥梁都通过物理模型试验来预测冲刷深度。物理模型试验有助于认识冲刷过程中的各种流动现象和冲刷机理[5],也有助于归纳总结出各因素对最大局部冲刷深度的影响规律和指导工程应用,但试验设备的扰动以及缩尺模型所带来的尺度效应、特殊流动条件下的冲刷研究等仍然是模型试验难以解决的问题。近年来,泥沙数学模型得到了快速发展,数值模拟方法能够避免物理模型试验中试验设备的扰动、模型缩尺问题,帮助深入了解复杂湍流和冲刷的作用机理,并且数值模拟在经济性和效率等方面也存在一定的优势,但是桥墩冲刷模拟结果的精度很大程度上取决于泥沙输运数学模型和湍流数学模型的选择,使用合适的泥沙输运模型和湍流模型才能获得较为合理的桥墩冲刷模拟结果[5]。

测定淤泥质粉质黏土起动流速目前最有效的方法是进行原状土抗冲试验为模型沙的选择提供重要依据,由于淤泥质粉质黏土的起动与冲刷往往呈片状驳蚀[6],因此,无论物理模型试验还是数值计算,在研究黏性土的冲刷问题时,精度均难以保证。并且目前桩墩基础局部冲刷问题的研究主要集中在细长桩[7],针对平面尺度较大的类似沉井基础的冲刷研究相对较少。本文针对常泰长江大桥中塔5号沉井的冲刷问题,开展物理模型试验和数值计算的对比分析研究,为水中大型桥墩基础的冲刷研究提供参考。

二、工程概况

常泰长江大桥连接常州和泰州,为主跨1176m的双层斜拉桥。5号主塔基础为目前世界上最大的水中圆端型沉井基础,5号沉井基础位于长江主航道北侧靠泰州一侧;沉井底面尺寸95.0m×57.8m,圆端半径28.9m;沉井顶高程+7.0m,底高程-65.0m,总高72.0m;沉井外井壁厚1.8m,内井壁厚2.0m,隔墙厚度为1.4m。5号墩沉井基础结构如图1所示。

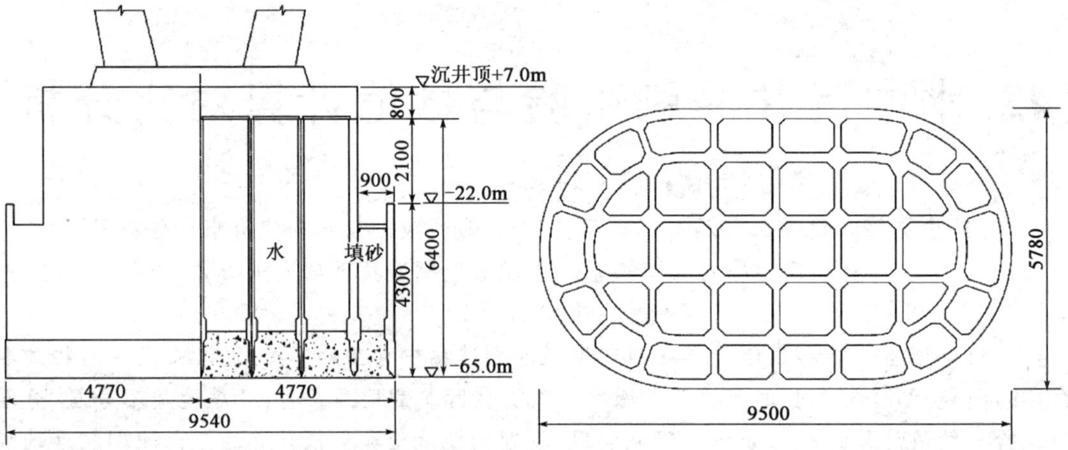

图1 5号墩沉井结构图(尺寸单位:mm)

沉井桥位处20年一遇断面垂线平均最大流速为1.93~2.1m/s,枯水期垂线平均最大流速低于1.05m/s。枯季大潮和中潮相差不大,平均落潮流速为0.5~0.8m/s,平均涨潮流速小于0.57m/s。地质条件是影响局部冲刷的重要因素,5号墩沉井位于主航道北侧,地形平稳。河床平均高程-14.5m,-14.5~-16.99m为表层松散粉砂层,厚度为2.49m,粒径为0.075mm;-16.99~-22.31m为硬塑粉质黏土层,厚度为5.32m,黏聚力35.8kPa;-22.31~-24.02m为中密粉砂层,厚度为1.72m,粒径0.075mm;-24.02~-25.96m为软塑粉质黏土层,厚度为1.94m,黏聚力18.4kPa;-25.96~-34.51m为中密细砂层,厚度为8.55m,粒径0.075mm;-34.51~-39.89m为中密粉砂层;-39.89~-50.33m为密实细砂层;-50.33~-56.83m为密实中砂层;-56.83~-65m为密实粗砂层,持力层为密实粗砂层。

三、模型试验分析

1.试验方案

模型试验在长34m、净宽4.8m的水槽中进行,泥沙动床段长5m、宽4.8m,铺沙厚度0.6m,桥墩基础布置在试验段的中央。模型设计时,综合考虑了流速、雷诺数、水深、水下休止角、桥墩压缩比等基本条件,确定模型几何比尺为100,水流连续相似,流速比尺为10。模型沙经过窦国仁公式[8]换算后,采用中值粒径为0.68mm的木屑代替。在初始流速作用下,冲刷坑不断加深和扩大,坑底流速逐渐降低,水流挟沙能力随之减弱,水流的冲刷作用与床沙的抗冲作用趋向平衡,冲深随之停止,此时局部冲刷坑达到最深,床面趋于稳定。不分层冲刷试验和分层冲刷试验均是模拟沉井入土稳定后原始河床面的最大冲刷深度和冲刷形态。

不分层冲刷试验模型砂为单一介质,不考虑实际地质条件的泥沙分层和黏土层的影响。沉井着床入土后,采用1.0m/s、1.5m/s、2.0m/s、2.5m/s 四组原型流速对应的模型流速冲刷2.5h至床面稳定。

分层冲刷试验是根据实测地质分布和原状土冲刷试验资料,动床模型上层采用2.5cm厚的模型沙模拟实际地层表层2.5m厚的松散粉砂层,中层采用厚5.3cm中值粒径为1.0mm的天然沙模拟实际地层中5.3m厚的硬塑粉质黏土层,下层采用模型沙模拟实际地层中其他土层。分层冲刷试验同样是在沉井入土稳定后,在原型流速1.5m/s、2.5m/s对应的模型流速冲刷2.5h后的床面状态。

2. 不分层冲刷试验

沉井着床后,在1.0m/s流速作用下最大冲刷深度为14.3m,冲深后的高程为-28.8m;在1.5m/s流速作用下最大冲刷深度为21.5m,冲深后的高程为-36.0m;在2.0m/s流速作用下最大冲刷深度为27.3m,冲深后的高程为-41.8m;在2.5m/s流速作用下最大冲刷深度为30.2m,冲深后的高程为-44.7m。沉井在1.0m/s、1.5m/s流速作用下的模型试验冲刷等深变化结果如图2、图3所示。

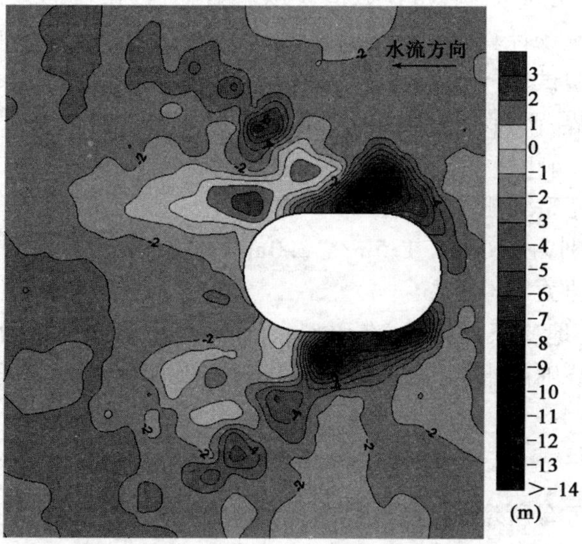

图2　1.0m/s流速作用下冲刷等深线变化

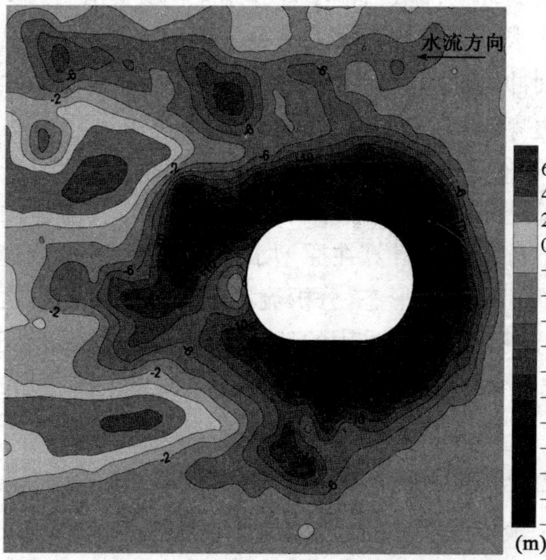

图3　1.5m/s流速作用下冲刷等深线变化

3. 分层冲刷试验

分层冲刷试验主要模拟沉井着床时河床的冲刷状态,沉井入土后,周边原状土被破坏,土层的起动流速明显减小,入土后的冲刷基本与不分层试验冲刷相似。在1.5m/s流速作用下最大冲刷深度为2.5m,冲深后的高程为-17.0m,在该流速条件下硬塑粉质黏土层基本不冲刷;在2.5m/s流速作用下最大冲刷深度为7.1m,冲深后的高程为-21.6m,在该流速条件下硬塑粉质黏土层被冲刷4.6m。沉井在2.5m/s流速作用下的模型试验冲刷状态如图4所示。

图4　2.5m/s流速作用下的分层模型试验冲刷状态

四、数值计算分析

1. 计算条件和计算工况

计算过程中模型几何比尺与物理模型试验保持一致为100。原型天然沙起动流速考虑薄膜水接触引起的黏结力及孔隙率,采用沙玉清的粗细颗粒起动流速公式[8],数值计算中的模型沙起动流速计算采用窦国仁公式[9]。在不分层数值计算中采用中值粒径为0.68mm的泥沙满足冲刷模型的几何相似与运动相似,且与物理模型试验保持一致。在分层数值计算中,影响黏性土冲刷的因素较多,数值计算为解决土体之间黏性问题,引入等价粒径的概念,本文采用周名德的等价粒径经验公式[10],根据硬塑粉质黏土的黏聚力换算其等价粒径为26mm。原型天然沙水下休止角按张红武公式[11]计算得到。

根据孙明祥数值模型计算结果与物理模型实验对比结果[12],CFD数值模拟采用k-ω紊流模型,首先采用水动力模型计算处沉井周围的流场分布,根据流场计算出河床表面的剪应力,后引入泥沙动力模型得到冲刷形态,最后得出冲刷深度。采用与物理模型试验同等条件建立数值模拟进口参数,进口采用速度边界,出口采用压力边界,模型两边采用对称边界,下部采用墙边界,上部采用压力边界。并根据Summer的研究成果[13-14]计算冲刷达到平衡所需理论冲刷时间为2.5h,结合南京水利科学研究院以往大量试验结果,沉井基础冲刷3h后趋于稳定,能够确保完整观测冲刷过程。

不分层数值计算在原型水深14.5m、行进流速分别为1.0m/s、1.5m/s、2.0m/s的条件下,模拟计算沉井基础的水流形态,分析流场分布及河床冲刷之间的关系。

分层数值计算采用的地质条件与物理模型试验中地质条件相同,在原型水深14.5m、行进流速分别为1.5m/s、2.0m/s、2.5m/s的条件下,模拟计算沉井基础的水流形态,分析流场分布及河床冲刷之间的关系。

2. 不分层数值计算

水流流经沉井时,造成局部绕流的水流形态,流速有所增加,水流对河床的临界剪切力增加,泥沙逐渐起动形成冲刷坑。沉井正前方,由于沉井对水流形成阻碍作用,导致水流流速减小,因此并未对河床形成冲刷;在沉井的前侧部,由于绕流作用流速增加,形成马蹄形冲刷坑;流速沿水流方向逐渐降低,冲刷深度随之有所降低,在沉井的后部形成涡流区,因此泥沙在此沉积。在1.0m/s流速作用下,沉井前端两侧最大冲刷深度为7.8m,冲深后的高程为-22.3m;在1.5m/s流速作用下沉井前端两侧最大冲刷深度为13.2m,冲深后的高程为-27.7m;在2.0m/s流速作用下最大冲刷深度为19.9m,冲深后的高程为-34.4m。总体来说,随着流速增加,冲刷深度随着增大,冲刷坑的范围也随着扩大。沉井在2.0m/s流速作用下的流场分布和冲刷地形如图5、图6所示。

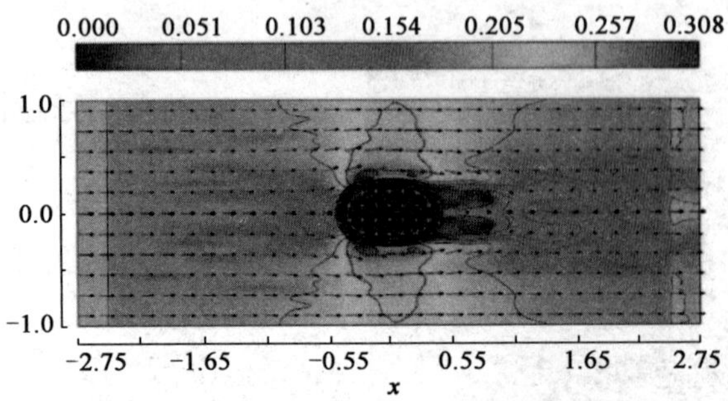

图5　2.0m/s流速作用下流场分布图

图6　2.0m/s流速作用下冲刷地形侧视图

3. 分层数值计算

由图7可知,水流流速2.5m/s的数值模拟结果与图5中流速2.0m/s的结果类似,由于沉井阻水效应,流速在正前方下降明显,水流在沉井前端两侧受到压缩流速急剧上升至3.86m/s,流速增加区域主要在圆角附近。沉井尾部由于水流逆压梯度的存在，水流在沉井后部形成漩涡，造成流速降低。

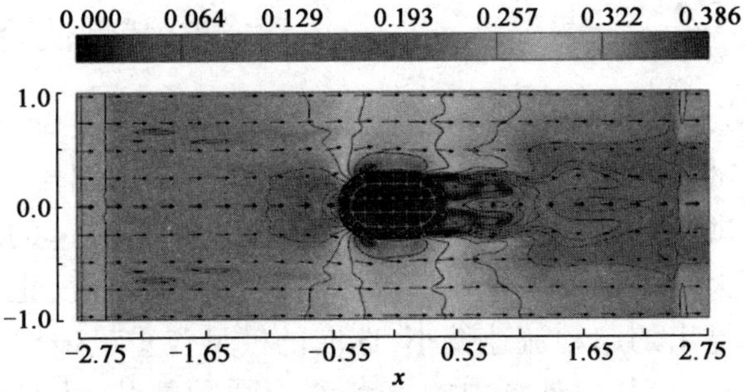

图7　2.5m/s 流速作用下流场分布图

从图8、图9 的数值模拟结果可以看出，受到流速的影响，河床最上层粉砂层整体发生一般冲刷，在实际状态下冲刷 5h 后，除沉井正前端少部分外，粉砂层整体移动至下游。粉质黏土层由于黏聚力较大，沉井最大冲刷深度发生在前端圆角处，在 2m/s 流速作用下，实际状态下冲刷 20h 达到稳定状态，最大冲刷深度为 2.8m，除去 2.49m 的粉砂层，在此状态下粉质黏土层仅冲了 0.31m。1.5m/s 流速作用下的冲刷状态与 2m/s 流速的冲刷状态类似，1.5m/s 流速作用下的大部分粉砂层发生一般冲刷，粉质黏土层基本没有发生冲刷。

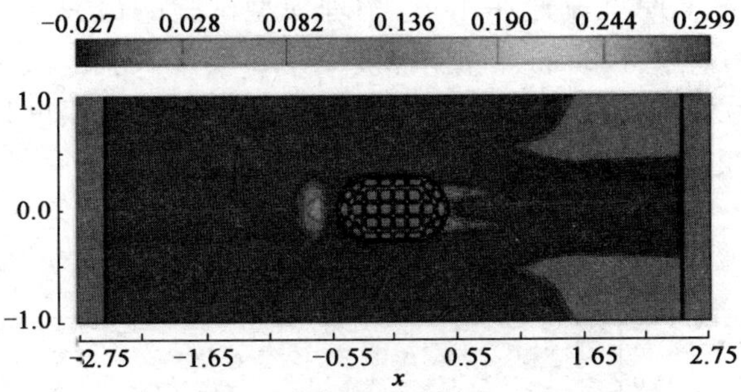

图8　2.0m/s 流速作用 5h 冲刷地形云图

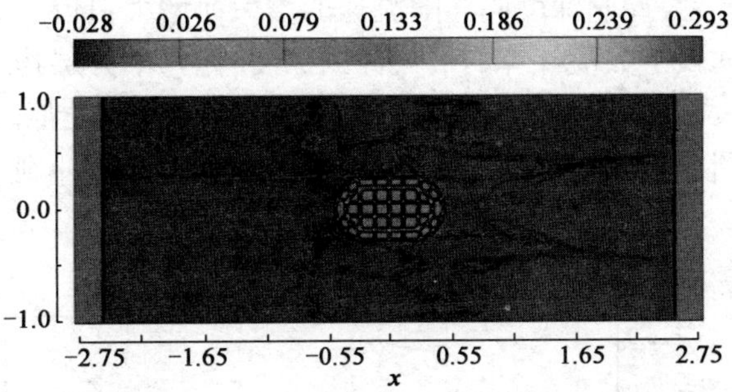

图9　2.0m/s 流速作用 20h 冲刷地形云图

通过 CFD 数值模拟冲刷历时过程可知，在流速 2.5m/s 作用下，表层 2.49m 粉砂层在水流作用下完全被挟带至下游，随时间推移，在沉井圆角上游迎水面处淤泥质粉质黏土会发生起动，黏土起动具有一定随机性，且呈片状剥离状态离开原始河床面，目前尚无规范描述，因此，本文中数值模拟采取等效沙颗粒进行模拟。从图7 的流场分布中可以看出，流速在沉井前端圆角附近达到最大，因此冲刷坑最先在此形成，在 20h 后冲刷深度达到稳定，最大冲刷深度约为 4.5m，其中粉砂层 2.49m，粉质黏土层 2.01m。随着沿水流方向流速逐渐降低，水流的挟沙能力下降，在沉井中部开始沉积，淤积高度约为 0.75m，即沉井前端圆角大部分泥沙颗粒由床砂转换推移质，并未进一步随水流紊动形成悬疑质，在沉井后部受到沉井遮蔽效应影响，流速降低，水流中悬疑质在此沉积。2.5m/s 流速作用 20h 冲刷地形图如图10 所示。

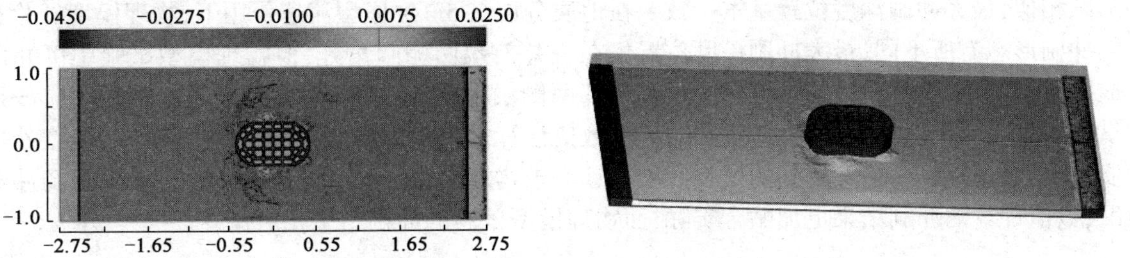

图10　2.5m/s 流速作用 20h 冲刷地形图

从图10 数值计算冲刷结果中可以看出，沉井两侧约 60m、沉井前端 10m、后端 20m 范围内厚度2.49m 的粉砂层，在水流作用下完全被挟带至下游，发生床面整体冲刷；表层松散粉砂冲走之后，下层粉质黏土在水流作用下，在沉井前面圆端型井壁两侧出现直径约 10m 的半圆形冲刷坑，冲刷的泥土在沉井中部和尾部两侧淤积，中部两侧淤积范围约直径 20m 的半圆。沉井的前冲后淤若发生在定位着床阶段，极易造成沉井偏位或倾斜；若发生在沉井取土下沉初期，沉井刃脚处于粉质黏土层中，则沉井底部支撑受力不均，存在结构开裂风险。

五、模型试验与数值计算对比分析

物理模型试验和数值计算的原型水深均为14.5m,即假定原型河床面高程为-14.5m。物理模型试验和数值计算在地质不分层条件下不同流速的最大冲刷底高程如图11所示。由图可知,无论模型试验还是数值计算,最大冲刷深度均随流速的增大而增大,且在同一原型流速下,物理模型试验的最大冲刷深度大于数值计算的最大冲刷深度,主要原因一方面是物理模型试验时采用窦国仁公式[8]计算出的起动流速偏小,选取的模型沙重量偏轻;另一方面是因为物理模型试验中采用的木屑沙为长条状,而数值计算中的模型沙为圆颗粒状,木屑沙相比圆颗粒状沙更加蓬松,在水流作用下更容易被冲刷。

在地质分层条件下不同流速的最大冲刷底高程如图12所示。由图12可知,无论模型试验还是数值计算,在原型流速1.5m/s时,发生最大冲刷区域均可以将表层粉砂层冲掉,此外,与不分层冲刷规律一样,最大冲刷深度同样随流速的增大而增大;且在2.5m/s原型流速作用下,物理模型试验的最大冲刷深度远大于数值计算的最大冲刷深度,但比不分层物理模型试验的最大冲刷深度要小。模型试验的最大冲深大于数值计算的最大冲深与不分层的原因类似。另外,2.5m/s原型流速作用下的最大冲刷深度均没有到粉质黏土层的高程高,说明粉质黏土层阻冲刷效果明显。

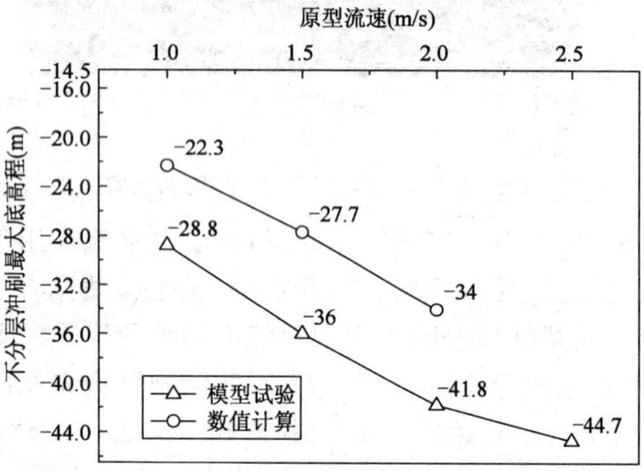

图11　不同流速不分层冲刷最大深度

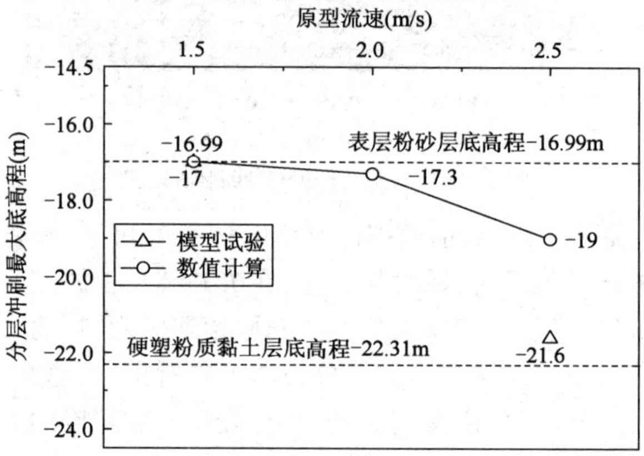

图12　不同流速分层冲刷最大深度

结合前面模型试验和数值计算的冲刷结果可知,在地质不分层条件下,物理模型试验和数值计算的冲刷形态相似,最大冲刷深度位置基本一致。在地质分层2.5m/s原型流速作用下,物理模型试验和数值计算的冲刷形态有所不同,最大冲刷深度位置仍在沉井前端两侧圆角处,但物理模型试验中沉井两侧没有形成明显的淤积,而数值计算中沉井中部和尾部两侧淤积明显,造成这种差异的主要原因应该是物理模型试验中采用的天然沙模拟的硬塑粉质黏土,数值计算中是根据黏聚力换算等价粒径的模型沙模拟硬塑粉质黏土,数值计算中换算得到的模型沙粒径远大于物理模型试验中天然沙粒径。根据现场冲刷的实际情况,数值计算的冲刷结果更加贴合实际,而物理模型试验的冲刷结果相对保守。

六、结　　语

结合常泰沉井现场地质条件,通过地质不分层、分层工况下物理模型试验与数值计算的对比分析,得到主要结论如下:

(1)物理模型试验和数值计算,最大冲刷深度均随流速的增大而增大,且在同一原型流速下,物理模型试验的最大冲刷深度大于数值计算的最大冲刷深度。

(2)原型流速1.5m/s作用下,基本可以将表层粉砂层冲掉,粉质黏土层基本没有冲刷;原型流速2.5m/s作用下,最大冲刷深度没有到粉质黏土层底高程,粉质黏土层阻冲刷效果明显。

(3)地质不分层条件下,物理模型试验和数值计算的冲刷形态相似;在地质分层较大流速作用下,物理模型试验中沉井两侧没有形成明显的淤积,而数值计算中沉井中部和尾部两侧淤积明显。

(4)数值计算的冲刷结果更加贴合实际,而物理模型试验的冲刷结果相对保守。

参考文献

[1] LI C,HAO H,LI H N,et al. Theoretical modeling and numerical simulation of seismic motions at seafloor[J]. Soil Dynamics and Earthquake Engineering,2015,77:220-225.

[2] 王德斌,夏青,孙治国,等. 冲刷环境下跨海桥梁海陆地震动作用易损性对比研究[J]. 工程科学与技术,2021,53(5):1-11.

[3] 李金钊. 近海岸桥墩冲刷理论与数值模拟[D]. 北京:北京交通大学,2017.

[4] 李梦龙. 潮流作用下桥墩局部冲刷研究[D]. 天津:天津大学,2012.

[5] 喻鹏. 改进数值模型与群桩基础桥墩局部冲刷的 CFD 模拟[D]. 长沙:湖南大学,2017.

[6] XIANG Q Q,WEI K,QIU F,et al. Experimental Study of Local Scour around Caissons under Unidirectional and Tidal Currents[J]. water,2020(12):640.

[7] 杜硕,戴国亮,高鲁超,等. 波流作用近海风机单桩基础局部冲刷深度预测[J]. 东南大学学报(自然科学版),2020,50(4):616-622.

[8] 沙玉清. 泥沙运动学引论[M]. 北京:中国工业出版社,1965.

[9] 钱宁,万兆惠. 泥沙运动力学[M]. 北京:科学出版社,2003.

[10] 周名德. 黏土局部冲刷与模拟相似[J]. 水利学报,1998,07:60-63.

[11] 张红武. 泥沙起动流速的统一公式[J]. 水利学报,2012,43(12):1387-1396.

[12] 孙明祥,杨兵,刘一飞,等. 单向流作用下方形沉井的局部冲刷特性研究[A]. 2017 暨庆祝中国力学学会成立60周年大会论文集[C]. 北京,2017.

[13] SUMER B M. Mathematical modelling of scour: A review[J]. Journal of Hydraulic Research,2007,45(6):723-735.

[14] SUMER B M,Fredsoe J. The Mechanics of Scour in the Marine Environment[J]. World Scientific, Singapore,2002.

43. 高速铁路连续梁短线匹配预制定位研究

庞洪贤

(中铁北京工程局集团第五工程有限公司)

摘　要　本文结合连徐铁路东海特大桥跨大沙河连续梁节段预制定位实践,从模板精度控制、施工过程测量控制、匹配梁段定位控制进行了详细阐述,对预制阶段的误差纠偏原理及方法进行了研究分析,解决当前在预制过程中存在线性监控手段不健全、监控方法不完善等问题,采用此方法,完全满足线形控制测量精度要求,提高了定位效率、降低了观测成本,具有较高的工程实用价值。

关键词　高速铁路　连续梁　装配式　短线匹配预制　定位控制

一、工程概述

连徐铁路东海特大桥跨大沙河连续梁,计算跨径为 32m + 48m + 32m,采用节段预制装配施工工艺,梁体为单箱单室、等高度箱梁,底板、腹板、顶板局部向内侧加厚。桥梁宽 12.6m,截面中心线处梁高 3.035m,梁底下缘按直线变化。连续梁节段断面形式如图 1 所示。

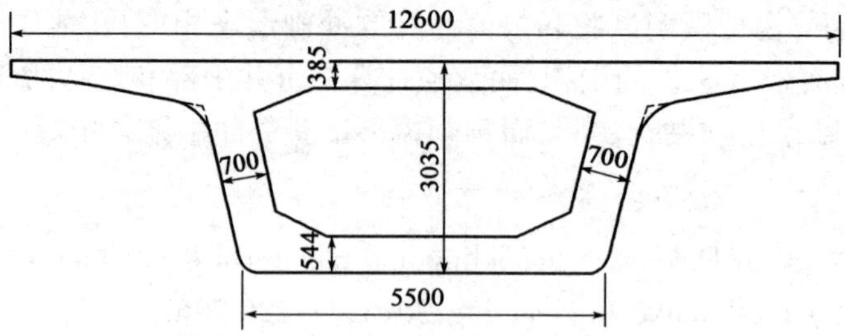

图1　连续梁节段断面形式(尺寸单位:mm)

二、定位控制方法

1.模板精度控制

1)端模控制

模板精度控制的核心在于对固定端模的精度控制,而固定端模的精度控制主要体现在中线、垂直度和水平度控制上。

(1)中线控制:在固定端模的上下中点处各设一个轴线控制点,中线控制必须为两个轴线控制点间的连线与两测量塔间的测量线基线重合。

(2)垂直度控制:在固定端模翼缘板两侧对称设两个平面及水平高程控制点,测量两点到仪器架设点间的水平距离。当两距离相等时,则固定端模与待浇梁段中轴线垂直。

(3)水平度控制:通过调整两个平面及水平高程控制点的相对高程来控制固定端模的顶部水平度。

2)底模和外侧模控制[1,2]

底模模面要水平,与固定端模垂直,其中心线要与测量基线重合,还要与固定端模下缘之间没有缝隙。外侧模主要保证翼缘板端部高程以及与固定端模闭合符合规定,侧模和侧模支架铰接处保证无缝隙,限位板螺栓上紧,防止侧模在浇筑过程中发生移位,侧模调整后,要重测预匹配节段梁与固定端模间的相对位置,确保无误。

2.测量控制

1)测量台座设置

一个制梁台座设一条固定中线监控,由观测台座上设的强制对中点和后视台座的后视觇标组成,台座平面布置图如图2所示。固定端模的中点位于观测中线上,端模始终保持垂直并和中线正交。

观测台座和后视台座的基础需进行加固处理,还要定期监测台座的竖向位移与水平位移。高程用施工控制网联测。

2)预埋测点布设

测点主要用作测量节段在匹配浇筑时的位置及高程,测量的数据经过软件计算,提供匹配节段的应有位置及转动作为下一节段的活动端模板。每节段梁设两个轴线控制点、四个高程控制点。轴线控制点为U形圆钢,高程控制点为"十"字头镀锌螺栓。螺栓横向布置在腹板之上的位置以减少因顶板变形对螺栓高程的影响。为减少对测量数据的影响,预埋件固定位置应严格定位,预埋定位误差不超过5mm。当需要浇筑水平直线段箱梁时,配合匹配节段沿直线从浇筑位置移到配合浇筑的位置上,并依靠埋在混凝土行车道板上的四个高程螺栓和位于节段中线上的两块定位U形圆钢来测定出数据加以检验,具体布置图如图3所示。

3)控制方法[3]

预制场地设置目标塔和观测塔,测量塔成对的设立在预制单元的两端,其中一个为测量塔,另一个为目标塔。它们位于预制单元的中心轴线上并且垂直于固定端模。单元中心轴线由放置在测量塔上的全站仪和目标塔反光镜确定。在预制单元附近也要设置一固定水准点(BM),以对测量塔和目标塔进行校准。由观测塔和目标塔控制的轴线为基准线,滑移轨道预埋件采用全站仪放样出轨道中心线的位置,使模板滑移轨道平行的分布在心轴线的两侧，控制好滑移轨道预埋件的中心位置，节段箱梁预制前，首先对匹配节段顶板上的控制点进行测量记录，然后再进行匹配预制。在混凝土达到强度要求以后，必须对匹配节段顶板上的控制点再次进行测量，以确保匹配节段没有产生位移。在新的节段浇筑完成以后，同时再对新节段和匹配节段上的所有测量钉控制点的高程进行测量，并做好记录，发现误差及时纠正。

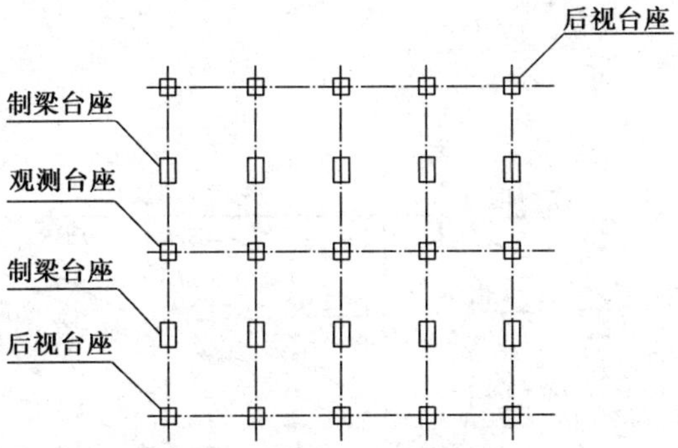

图2 测量台座平面布置图

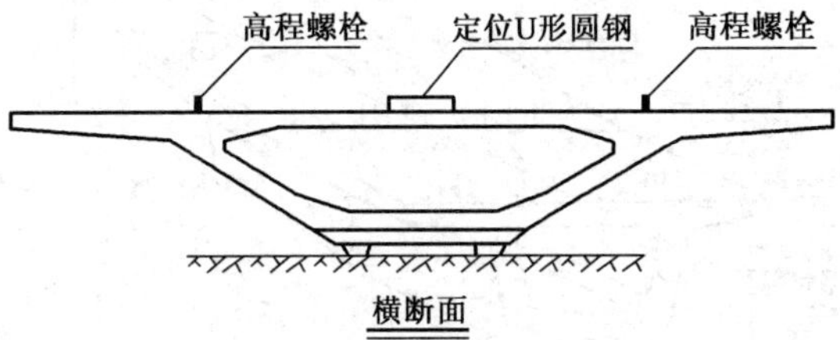

图3 测点位置示意图位置

3. 匹配梁段定位控制

1) 定位坐标控制[4,5]

梁段定位控制之前，需要获得三维线性的理论坐标值，坐标控制主要工作由以下三大部分组成：

(1) 线路编译工作：根据设计单位提供的线路信息并且根据预制场选择的初始节段形成节段缝处六点定位坐标。

(2) 根据现场实际采用混凝土的龄期和弹性模量，预应力管道的摩擦系数和偏移系数等数据重新计算桥梁结构线形，并且计算全梁预拱度（X、Y、Z 及扭转方向）并自动拟合预制三维曲线。

(3) 将 a 部分与 b 部分内容转化为以预制场内可供使用的局部坐标数据，并根据现场测量提供的节段数据，逐段提供定位坐标。根据预制完成后最终节段数据，重新形成现场定位坐标，并给出与原设计误差分析数据。

2) 定位控制原理[4,6]

为使节段完成拼接后梁段定位准确且与整个桥梁的设计线形相符合，须先将全桥线形控制坐标分解为每个节段接缝处的三维坐标。每次浇注时利用调整匹配节段的位置来建立新浇注节段接缝处的三维坐标。最后全部构成桥梁的节段三维坐标要能闭合成全桥的线形总坐标。各个节段和完成的桥梁结构之间的关系可以由以下三个不同的参考系来确定：

(1) 总体坐标参考系：是针对完成后的桥梁结构几何形状的参考坐标。在这个参考系中，每个节段都用其基本几何形状来描述。

(2) 局部坐标参考系：与节段梁模具相一致，并建立在模具固定端模板上面。

(3) 节段坐标参考系：建立在每个节段梁上，一般分解在节段梁间接缝处。在节段浇筑时，局部坐标参考系与节段坐标参考系重合。

3) 节段轴线及高程坐标系转换原理[7]

通常情况梁体设计线形坐标为设计图纸中给出的整体坐标系的坐标值，当节段梁预制时，所用坐标为待浇节段梁局部坐标系下的相对坐标。需将预匹配节段梁的局部坐标转换成待浇节段梁的局部坐标。

短线法匹配预制是通过计算出匹配梁节段（i 段）相对于待浇注节段（$i+1$ 段）的空间坐标位置来保证梁的设计线形。要确定节段梁的位置，进行坐标匹配，每一预制节段梁设 2 个轴线控制点和 4 个高程控制点，如图 4 所示。

(FH，BH) 用来控制平面，(FL，FR，BL，BR) 用以控制高程。要得到上述 6 个测点坐标，需建立 2 个参考坐标系。一个是能够反映每节段梁的 6 个参考点在整体坐标系下的坐标值，另一个是局部坐标系 $o\text{-}xyz$，以固定端模中心作为坐标原点，大里程方向为 x 轴，如图 5 所示。

确定坐标系后，先确定局部坐标系原点在整体坐标系的坐标（X_0、Y_0、Z_0）。设 ox 轴在整体坐标系下

的方向余弦是 l_1、m_1、n_1，设 oy 轴的方向余弦是 l_2、m_2、n_2，设 oz 轴的方向余弦是 l_3、m_3、n_3。

得出局部坐标(X、Y、Z)与整体坐标(x、y、z)的关系如下：

$$\begin{bmatrix} x \\ y \\ z \end{bmatrix} = \begin{bmatrix} 1_1 & 1_2 & 1_3 \\ m_1 & m_2 & m_3 \\ n_1 & n_2 & n_3 \end{bmatrix} \cdot \begin{bmatrix} x \\ y \\ z \end{bmatrix} = \begin{bmatrix} l_0 \\ m_0 \\ n_0 \end{bmatrix} \tag{1}$$

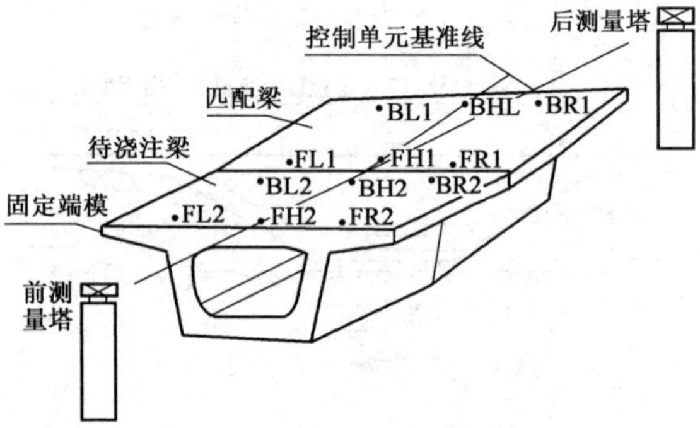

图4 测量控制点示意图

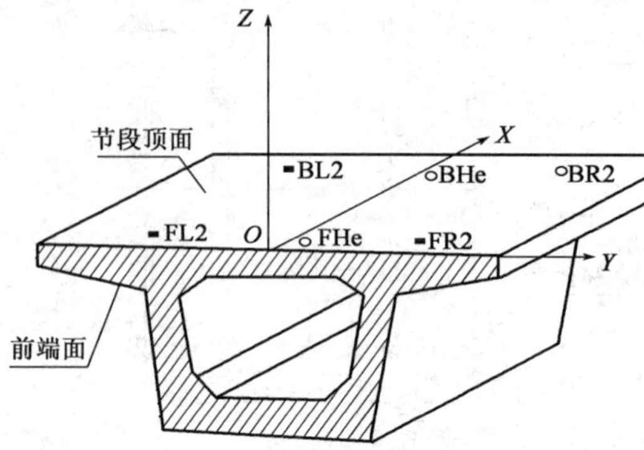

图5 局部坐标系图

推导出整体坐标化为下一局域坐标中[坐标系原点在整体坐标系中的坐标为(X'_0、Y'_0、Z'_0)]的值按下式计算：

$$\begin{bmatrix} x' \\ y' \\ z' \end{bmatrix} = \begin{bmatrix} x'_1 & x'_2 & l'_3 \\ y'_1 & y'_2 & m'_3 \\ z'_1 & z'_2 & n'_3 \end{bmatrix} \cdot \begin{bmatrix} x - x'_1 \\ y - y'_1 \\ z - z'_1 \end{bmatrix} \tag{2}$$

根据式(1)、式(2)，可以推导出在 i 段局域坐标下预浇节段梁的6点坐标(x、y、z)，通过式(1)算出其在整体下的坐标(X、Y、Z)，再建 $i+1$ 段的局部坐标系后，依式(2)推导出(X、Y、Z)在 $i+1$ 局域坐标系下的值(x'、y'、z')，即需要匹配的坐标值。

实际施工中施工单位提供节段梁在局部坐标系中采集的预埋点坐标，咨询单位根据采集到的坐标与测量塔的位置关系，把所有采集的点按照节段号在局部坐标系中转化为一片梁的坐标，而后再转为统一坐标系中的坐标。

三、预制阶段误差纠偏

1. 误差纠偏原理[8]

预制 n 号节段梁时，如果发现 $n-1$ 号节段梁发生移位或偏角，那么相应的 n 号节段梁会出现轴线长度误差 ΔL 与平面转角误差 θ_1 及竖向转角误差 θ_2。

通常情况下，ΔL 是由于节段梁混凝土的收缩徐变引起的梁段中线的实际长度不一致。θ_1、θ_2 一般是由于预匹配节段梁位置出现偏移而引起的。此时需修正 n 号节段梁作为匹配位置的时的坐标，使 $n+1$ 号节段梁的预制长度减少 ΔL 和角度偏转增加 $-\theta_1$、$-\theta_2$，来平衡误差的积累。

2. 纠偏方法

利用连续预制的3个节段梁来进行分析，在图示中用第一到第三段梁分别表示。假设第2节段梁预制后中线梁长实测值与理论值有偏差，且第1个节段梁在匹配位置出现偏移角 θ，这种偏移既包括立面也包括平面，这是可采取一定措施纠正偏差[7-8]。

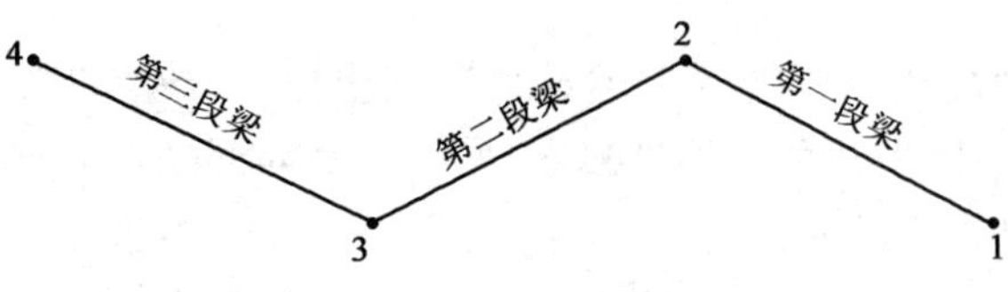

图6 理论浇筑位置图

具体步骤如下：

这3个预制节段梁段在预制过程中理论位置如图6所示。

拼装时，先拼装第1段梁，再拼第2段梁，那么这个时候第1个节段梁段的尾部实际位置就会从2点变到5点,第2个节段梁节段预制时的起点位置也将从2点变到5点,如图7所示,第1段梁可看作没转动,而是第2段梁段转动了θ。第2个节段梁节段转动θ后,尾部将会从3点变到6点,如图8所示。

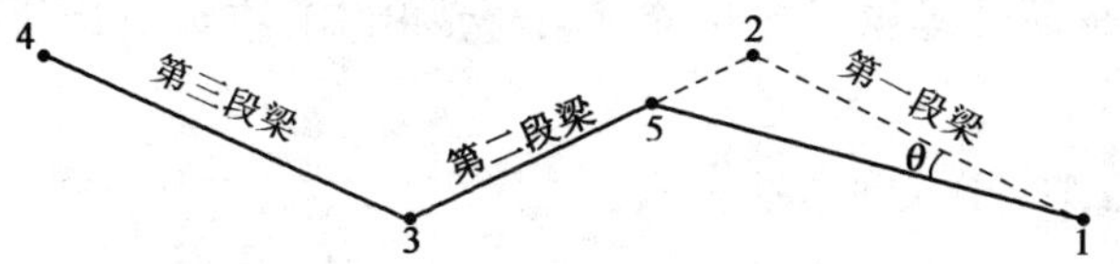

图7 预制误差示意图

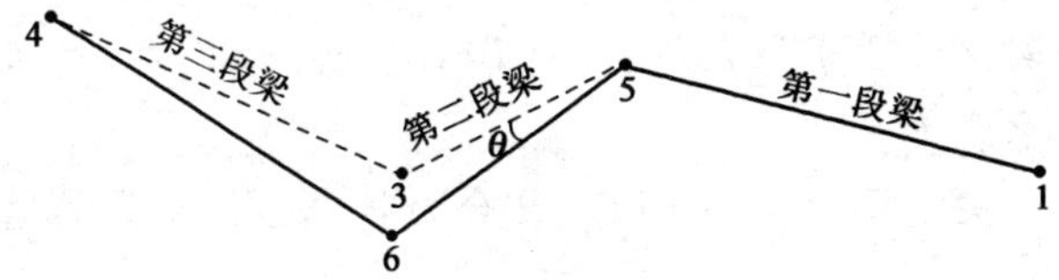

图8 线形修正示意图

第2段梁的理论位置调整分两步,首先在平面上转动一定角度,然后在立面上转动一定角度,就得到了第2段梁在3点修正后的位置6。采取将第3个节段梁尾端保持原来的4点位置不变,而第3个节段梁的起点位置就要从3点变到6点开始预制,这样修正第3个箱梁节段的线形时,修正它的起点位置6点的整体坐标值即可。节段梁端修正后的理论位置利用此法修正后,第3个节段梁的尾部在预制完后便在理论位置4上,如此操作就不会影响后续节段梁的线形。

四、结　　语

连徐跨大沙河连续梁节段悬臂胶拼架设实践,保证节段梁最终拼装的成桥线性符合要求,通过对短线匹配预定位控制方法的研究,得出以下结论:

(1)对节段预制阶段线形的控制主要是从模板系统的精度、测量以及节段梁匹配定位精度的控制这3个方面考虑。

(2)为避免拼装累计误差过大,须对预制过程中的误差进行及时调整,预制过程中通过坐标系的转化,对数据纠偏,对线性误差进行调整用于预制过程中的误差纠正,来消除误差的积累。

参考文献

[1] 陈礼忠.节段梁短线法预制、悬臂拼装几何控制技术[J].建筑施工,2008(07):579-581.

[2] 李宗德.桥梁节段预制拼装法施工控制技术研究[J].西部交通科技,2019(08):127-129.

[3] 王志恭.短线匹配法桥梁预制拼装及线形监控要点[J].福建交通科技,2019(08):80-84.

[4] 李远扬.市政桥梁工程中高精度预制拼装工艺的应用[J].交通世界,2019(06):76-77.

[5] 李浩.节段预制桥梁技术应用发展前景[J].铁道建筑技术.2012(04):38-40,49.

[6] 张政,燕春阳,雷文斌.高速铁路桥梁短线法节段预制技术分析[J].工程技术研究,2020(11):84-85.

[7] 张雷,季伟强.高速铁路40m+56m+40m预应力混凝土连续梁节段预制胶拼法建造技术研究[J].铁道标准设计,2018(12):79-84.

[8] 周良,闫兴非.桥梁全预制拼装技术的探索与实践[J].城市道桥与防洪,2018(09):38-41.

44. 新型 BFRP 布加固混凝土方柱轴压性能试验研究

沈惠军[1,2,4]　郑和晖[1,2,3,4]　张　峰[1,2,4]　李　刚[1,2,4]　李自强[1]

(1.中交第二航务工程局有限公司;2.交通运输行业交通基础设施智能制造技术研发中心;
3.中交公路长大桥建设国家工程研究中心有限公司;4.长大桥梁建设施工技术交通行业重点实验室)

摘　要　针对提出的以环氧硅酸脂树脂为基体的新型 BFRP 复合材料,通过模型试验及理论分析,研究了新型BFRP复合材料对混凝土结构的加固效果,分析了包裹形式及层数对混凝土方形柱力学性能的影响。结果表明,新型BFRP布与CFRP布加固试件的加载曲线发展趋势基本一致,但加固效果相对较弱,全覆盖包裹2层时,两者轴压承载力提升幅值分别为28.45%和64.73%。现行规范对CFRP加固试件适用性良好,而对BFRP适用性很差,本文提出的计算模型可精确预测新型BFRP布加固试件轴压承载力。

关键词　新型BFRP复合材料、加固、轴压试验、约束机理、承载力模型

一、引　　言

近十年来,纤维增强复合材料(FRP)因其轻质高强、耐腐蚀、施工便捷等优点广泛应用于混凝土结构加固领域[1],相关研究及应用已较为成熟,包括我国在内的多个国家已相继颁布相关加固设计规范[2-4]。目前,用于混凝土结构加固的常用FRP材料主要有CFRP、GFRP、AFRP、BFRP等。其中,成本低、综合性能优的BFRP近年来在国家政策的大力扶持下发展迅速[5-6]。

既有BFRP材料成型的基体材料大多采用环氧树脂,但环氧制品因存在较大内应力、易发脆、高温易降解且性能易受潮湿影响、耐化学腐蚀及耐紫外较差等不足,使得其在高温、高腐蚀等极端恶劣环境中应用受限[7]。环氧硅酸脂树脂通过将有机硅结构引入普通环氧树脂的主链结构中,从而改善普通环氧树脂的耐酸碱腐蚀、耐紫外辐照、耐高低温、韧性等性能。因此,采用环氧硅酸脂树脂为基体的BFRP复合材料具有更优的防腐及耐高低温等性能,其力学性能方面则表现为低弹模、高延性。

为研究该新型BFRP复合材料对混凝土结构的加固效果,基于模型试验及理论分析,重点研究新型BFRP布包裹形式及层数对混凝土方形柱加固效果的影响。通过与现有规范及相关文献进行对比,最终提出适应性良好的承载力计算模型,旨在为今后相关规范编制、修订奠定研究基础,对新型BFRP布在混凝土结构加固中的应用提供理论支撑。

二、试验概况

1. 试件设计

以加固材料、加固方式及加固层数为试验参数,设计制作了9组共27个轴心受压素混凝土方形柱试件,其高度 $h = 30\text{cm}$,边长 $b = 15\text{cm}$。为避免环向包裹的纤维布在柱角处局部应力过大而破坏,将试件的4个棱角设置成半径为2cm的圆角,试件详细信息如表1及图1所示。

试件信息　　表1

试件编号	试件尺寸($b \times h$)(cm)	加固材料	加固方式	加固层数	试件数量
CS0-1/2/3	15×30	BFRP布	不加固	—	3
CS1-1/2/3	15×30	BFRP布	全覆盖包裹	1	3
CS2-1/2/3	15×30	BFRP布	全覆盖包裹	2	3
CS3-1/2/3	15×30	BFRP布	全覆盖包裹	3	3
CS4-1/2/3	15×30	BFRP布	全覆盖包裹	4	3
CS5-1/2/3	15×30	BFRP布	全覆盖包裹	5	3
CS6-1/2/3	15×30	BFRP布	3条带间断包裹	2	3
CS7-1/2/3	15×30	BFRP布	2条带间断包裹	2	3
CS8-1/2/3	15×30	CFRP布	全覆盖包裹	2	3

2. 材料性能

试验用混凝土设计强度等级为C30,通过同条件养护下的3个150mm立方体试块,实测28d平均抗压强度为28.31MPa。CFRP布采用北京卡本工程技术研究所有限公司生产的CFS-I-300g型。BFRP布

及环氧硅酸脂树脂等材料由四川大学提供。各类材料关键参数见表2。

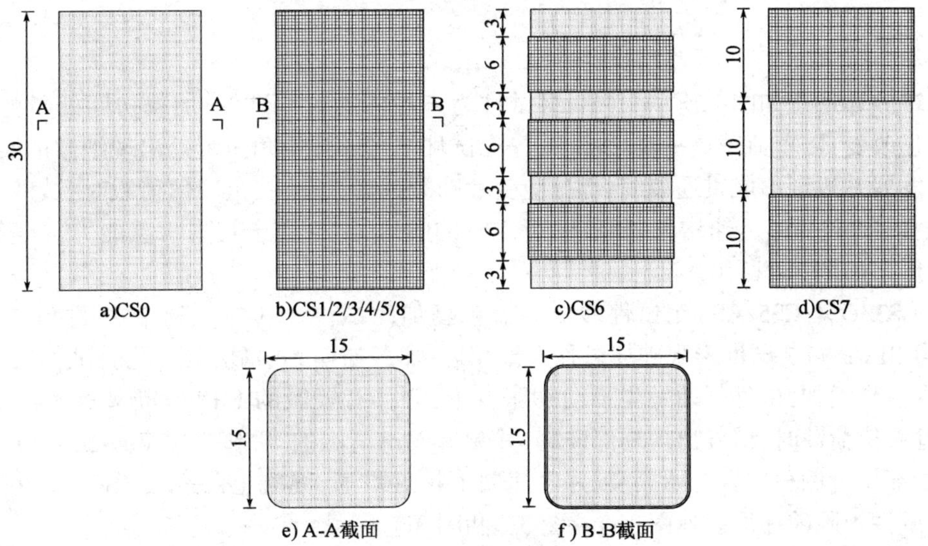

图1 不同加固方式示意图(尺寸单位:cm)

试验用材料关键参数 表2

参数	厚度(mm)	抗拉强度(MPa)	抗压强度(MPa)	弹性模量(GPa)	伸长率(%)	质量($g \cdot m^{-2}$)
C30混凝土	—	—	28.31	30.19	—	—
BFRP布	0.117	746.4	—	24	3.11	250
CFRP布	0.167	3541.6	—	233	1.52	300
环氧硅酸脂树脂	—	70.1	—	3.02	—	—

3. 加载及量测方案

试验在微机控制电液伺服压力试验机(YAW-3000)上进行。所有试件均为轴心受压,参照《混凝土结构试验方法标准》(GB 50152—2012)规定进行加载。在正式试验开始前,采用石英砂进行接触面找平,以确保试件加载过程中全截面受压。之后进行预加载,加载力为预估承载力的15%。在确定各仪器设备运行正常之后开始正式试验,采用力控制方式分级加载,每级荷载为预估承载力的5%,加载速率为15kN/min,直至试件破坏。

在试件中间截面混凝土表面布置2个轴向应变片和2个侧向应变片、FRP布表面布置2个侧向应变片。此外,为避免试件上、下端面与试验机加载面之间的摩擦力对轴向位移的影响,采用环形抱箍测量试件中间10cm区段内的轴向位移,具体布置如图2所示。

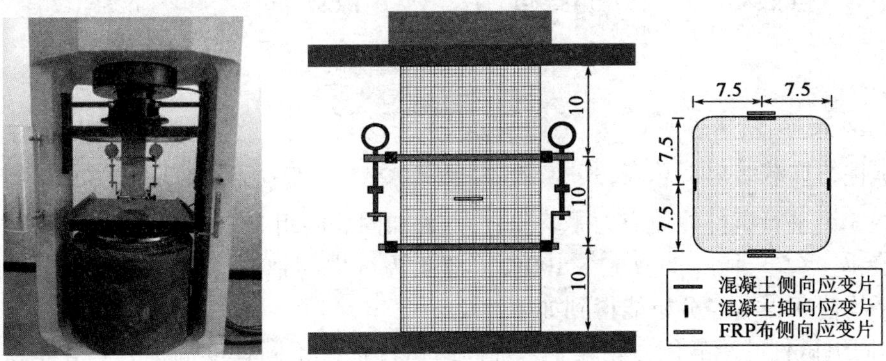

图2 加载装置及测点布置图(尺寸单位:cm)

三、试验结果及分析

1. 试件破坏过程及特征

各试件最终破坏形态如图3所示。CS0组试件为未加固的对比试件，加载初期处于弹性受力状态，外观并没有明显改变；随着荷载进一步增加，首先在试件端部靠近倒角位置处出现细微的竖向裂缝，随后开始缓慢向下发展并逐渐形成贯通裂缝，部分应变片断裂或者脱落；接近峰值荷载时，试件端部开始发生混凝土压溃剥离，轴向变形迅速增大，随着一声沉闷的响声，试件完全丧失承载能力，混凝土柱被压碎。试件极限破坏形态如图3a)所示。

CS1/CS2/CS3/CS4/CS5/CS8组试件为全覆盖包裹加固试件。其中，CS8试组件包裹材料为CFRP布，其他5组为BFRP布。试件宏观破坏过程大致相近：加载初期无明显变化，此时试件处于弹性受力状态；随着荷载进一步增加，试件开始发生横向膨胀变形，并伴有轻微的FRP丝断裂声及混凝土沉闷的碎裂声出现；接近峰值荷载时，试件出现局部鼓起，并频繁发出清脆的"噼啪"声，最后随着巨大的爆裂声出现，FRP布从端部靠近倒角位置开始撕裂，并迅速向下扩展贯通，混凝土已经被压碎，试件完全丧失承载能力而破坏。试件极限破坏形态如图3b)～图3f)和图3i)所示。

CS6/CS7组试件为间断包裹加固试件，其宏观破坏过程大致相近：加载初期处于弹性受力状态，外观并没有明显改变；随着荷载进一步增加，试件开始发生横向膨胀变形，混凝土表面出现细微竖向裂缝并缓慢向下发展贯通，并伴有轻微的FRP丝断裂声及混凝土沉闷的碎裂声出现；接近峰值荷载时，混凝土表面竖向裂缝发展变宽并形成多条斜向主裂缝，最后随着巨大的爆裂声出现，主裂缝附近FRP布断裂，混凝土压碎，试件完全丧失承载能力而破坏。试件极限破坏形态如图3g)、图3h)所示。

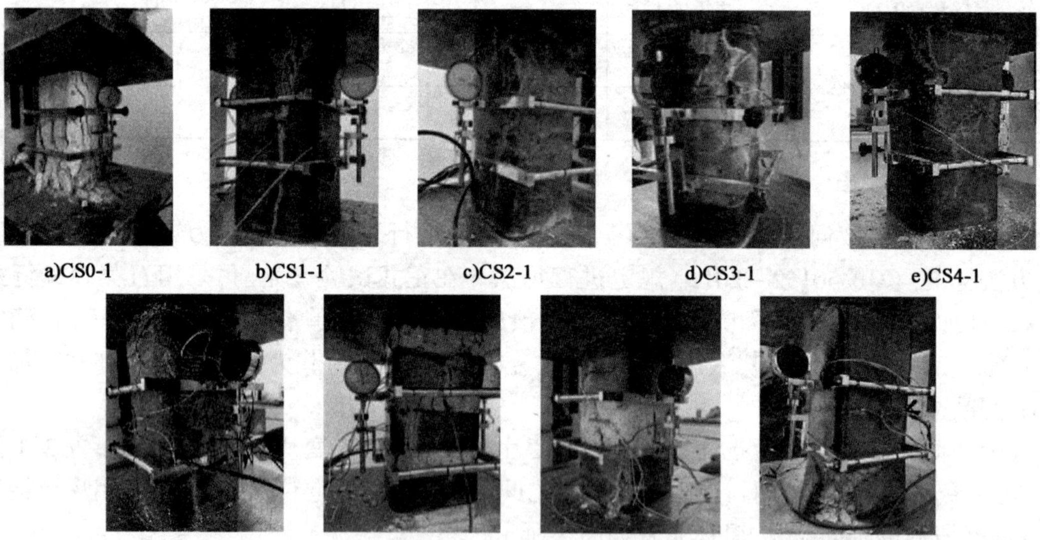

a)CS0-1　b)CS1-1　c)CS2-1　d)CS3-1　e)CS4-1

f)CS5-1　g)CS6-1　h)CS7-1　i)CS8-1

图3　试件最终破坏形态

2. 应力-应变关系曲线

表3为各试件的加载结果汇总表，其中，P_u为极限承载力；$P_{u,m}$为同组3个平行试件极限承载力平均值；$f'_{c,m}$为CS0组3个平行试件峰值应力平均值；$f'_{cc,m}$为加固后同组3个平行试件峰值应力平均值；ψ为承载能力提升幅值，$\psi=(f'_{cc,m}-f'_{c,m})/f'_{c,m}\times100\%$。图4为试件的轴向应力-应变关系曲线，曲线由各组3个平行试件的平均值所得。经分析能得到如下结论：

(1)所有加固组试件的承载能力相较于未加固组试件都有不同程度的提升。在本次试验条件下，各试件峰值应力提升幅度为10.94%～64.73%。这是由于包裹FRP布后，混凝土处于三向受压状态，限制了混凝土的横向变形,从而提高了素混凝土柱的极限抗压强度。

(2)在其他试验条件相同的情况下,试件承载能力会随着 BFRP 布包裹层数的增加而增大,当包裹层数分别为 1 层(CS1)、2 层(CS2)、3 层(CS3)、4 层(CS4)和 5 层(CS5)时,试件峰值应力提升幅度分别为 24.88%、28.45%、31.79%、35.66% 和 39.63%,这是由于包裹层数的增加导致混凝土三向约束作用增强。

(3)在其他试验条件相同的情况下,CFRP 布(CS8)对混凝土柱的加固效果优于 BFRP 布(CS2),包裹层数为 2 层时加固柱的峰值应力提升幅度分别为 64.73% 和 28.45%,这是由于 CFRP 布的弹性模量大于 BFRP 布,对混凝土柱的约束效果更强。

(4)全覆盖包裹试件(CS2)承载能力优于间断包裹试件(CS6/CS7),这是由于 FRP 条带间存在未约束混凝土区域,这个区域混凝土更容易出现的薄弱面。值得注意的是,尽管间断包裹试件中的 2 条带间断包裹试件和 3 条带间断包裹试件的覆盖面积一致,但前者加固效果明显优于后者,其峰值应力提升幅度分别为 25.93% 和 10.94%,这是因为本试验条件下,试件破坏均从端部开始后向中间传递,而 3 条带间断包裹试件的两端并未覆盖,从而导致加固效果不太理想。

(5)从图 4 中试件的轴向应力-应变关系曲线可知,加载曲线可分为 3 个阶段:第一阶段为弹性阶段($0 \leqslant \varepsilon_a < 5000\mu\varepsilon$),此时试件变形较小,FRP 布还未发挥约束作用,加固组试件与未加固组试件的加载曲线基本一致;第二阶段为发展阶段($5000\mu\varepsilon \leqslant \varepsilon_a < 10000\mu\varepsilon$),此时试件变形有所增大但仍较小,FRP 布开始发挥约束作用,未加固组试件的加载曲线逐渐偏离加固组试件,而各类加固组试件的加载曲线基本一致;第三阶段为强化阶段($\varepsilon_a \geqslant 10000\mu\varepsilon$),此时随着荷载逐步增加,FRP 布的约束作用发挥得更加充分,各类加固组试件的加载曲线逐渐偏离,加固效果差异逐步体现。

试验结果汇总表 表 3

试件编号	P_u (kN)	$P_{u,m}$ (kN)	$f'_{c,m}$ (MPa)	$f'_{cc,m}$ (MPa)	ψ (%)	试件编号	P_u (kN)	$P_{u,m}$ (kN)	$f'_{c,m}$ (MPa)	$f'_{cc,m}$ (MPa)	ψ (%)
CS0-1	611					CS5-1	829				
CS0-2	569	588	26.54	26.54	0	CS5-2	825	821	26.54	37.06	39.63
CS0-3	584					CS5-3	809				
CS1-1	729					CS6-1	645				
CS1-2	754	734.33	26.54	33.14	24.88	CS6-2	660	656.67	26.54	29.52	10.94
CS1-3	720					CS6-3	665				
CS2-1	755					CS7-1	739				
CS2-2	740	755.33	26.54	34.09	28.45	CS7-2	732	740	26.54	33.51	25.93
CS2-3	771					CS7-3	749				
CS3-1	765					CS8-1	960				
CS3-2	770	775	26.54	34.98	31.79	CS8-2	912	968	26.54	43.81	64.73
CS3-3	790					CS8-3	1032				
CS4-1	788										
CS4-2	792	797.67	26.54	36.01	35.66						
CS4-3	813										

3. 侧向应变-轴向应变关系曲线

图 5 为各组试件加载过程中的侧向应变-轴向应变关系曲线,图中泊松比 $\eta = |\varepsilon_l| / |\varepsilon_a|$。由图可知:

①各类试件在加载前期的泊松比基本一致,其值约为0.17,加载后期逐渐偏离;②由于FRP布的约束作用,核心区混凝土出现裂缝后依然能够继续承载,各类加固组试件破坏时的侧向应变均大于未加固组试件;③同一轴向应变下,CFRP布加固试件的侧向应变小于BFRP布加固试件,同时CFRP布加固试件最终破坏时的侧向应变也小于BFRP布加固试件,这是由于CFRP布相较于BFRP布的弹性模量较大、伸长率较小。

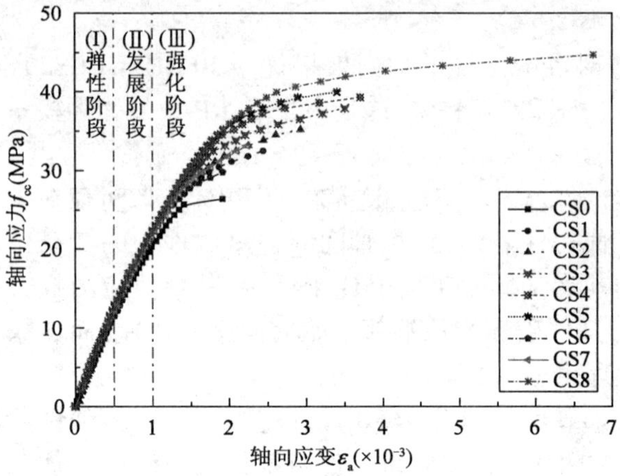

图4　轴向应力-应变关系曲线

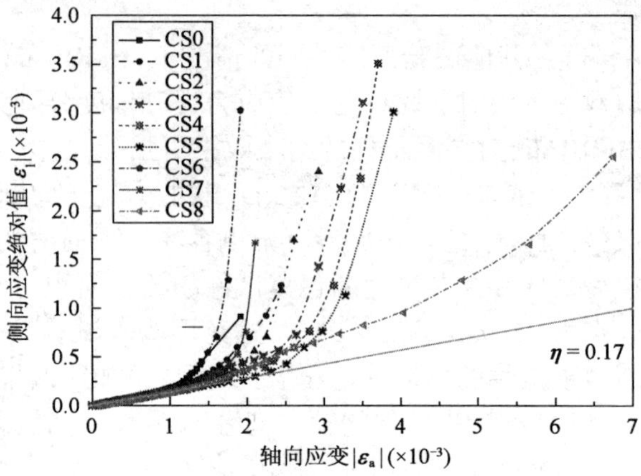

图5　侧向应变-轴向应变关系曲线

四、承载力分析

1.约束机理分析

FRP对混凝土柱的约束是通过限制其横向变形而实现。混凝土柱在轴向压应力作用下,其纵向发生压缩变形,横向发生膨胀变形。对素混凝土柱而言,这种横向变形会自由发展下去,但对于受到FRP布约束的混凝土柱,其横向膨胀变形使FRP布发生了拉伸变形,因此,FRP布所产生的拉应力f_{frp}会反作用于混凝土柱,并提供约束应力f_l,限制混凝土柱的横向变形[8],具体如图6所示。

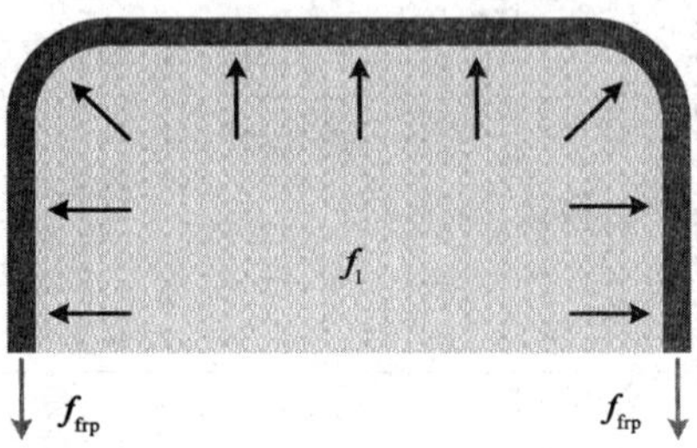

图6　约束应力分析图

根据平衡条件有:

$$f_l(s + s')D = 2f_{frp}t_{frp}s \tag{1}$$

$$f_{frp} = E_{frp}\varepsilon_{frp} \tag{2}$$

$$D = \sqrt{2}b - 2(\sqrt{2} - 1)r \tag{3}$$

式中:f_{frp}——FRP抗拉强度;

E_{frp}——FRP弹性模量;

ε_{frp}——FRP断裂应变;

t_{frp}——FRP总厚度;

D——等效圆柱直径[4];

r——试件倒角半径;

s——FRP条带宽度;

s'——FRP条带间距。当试件为全覆盖包裹时,$s = h$、$s' = 0$。

对于方形柱而言,由于拱作用的存在,最大约束作用力只能施加在部分核心混凝土上,即核心混凝土中存在有效约束区和非有效约束区,实际约束应力f'_l应在原来基础上考虑一个截面影响系数k_e[9]。此外,由于方形柱倒角处应力集中的存在,FRP布破坏时的应变ε_{rup}达不到其断裂应变ε_{frp},需引入有效拉应变系数k_ε来反映实际破坏应变的降低幅度[10],即:

$$f'_l = k_e k_\varepsilon f_l \tag{4}$$

$$k_e = 1 - \frac{A_0}{A_t} \tag{5}$$

$$k_{\varepsilon} = \frac{\varepsilon_{\mathrm{rup}}}{\varepsilon_{\mathrm{frp}}} \tag{6}$$

$$A_0 = \frac{2}{3}(b - 2r - 0.5s')^2 + bs' - 0.25s'^2 \tag{7}$$

$$A_{\mathrm{t}} = b^2 - (4 - \pi)r^2 \tag{8}$$

式中：A_0——非有效约束区面积；

A_{t}——截面总面积。

2. 承载力计算

FRP 加固混凝土柱的轴心受压承载力 N_{u} 由有效约束区混凝土及非有效约束区混凝土共同承担：

$$N_{\mathrm{u}} = f'_{\mathrm{c}}A_0 + f'_{\mathrm{cc}}(A_{\mathrm{t}} - A_0) \tag{9}$$

式中：f'_{c}——非有效约束区混凝土抗压强度；

f'_{cc}——有效约束区混凝土抗压强度。

由式(9)可知，计算加固试件轴心受压承载力的关键在于确定有效约束区混凝土抗压强度 f'_{cc}，中国规范[2]、美国规范[3]和欧洲规范[4]中都提出了 f'_{cc} 与有效约束应力 f'_1 的关系模型，为验证模型对本文试验数据的适应性，将本文试验数据代入规范所提出的计算模型中，通过图 7 中的试验值与计算值对比分析可知，各国规范中计算模型所得到的 f'_{cc} 相较于试验值均偏小，其中欧洲规范偏差最为明显。值得注意的是，各国规范对 CFRP 布加固试件的 f'_{cc} 计算精度很高，而对 BFRP 布加固试件的 f'_{cc} 计算精度很差。因此，为提高新型 BFRP 布加固混凝土试件的轴压承载力计算精度，有必要对现有模型进行修正。结合国内外相关学者研究[11-14]，提出以下计算模型：

$$\frac{f'_{\mathrm{cc}}}{f'_{\mathrm{c}}} = A + B\left(\frac{f'_1}{f'_{\mathrm{c}}}\right)^C \tag{10}$$

式中：A、B、C——待定参数。采用本式对全覆盖包裹试件试验数据进行拟合(图 8)，得到如下拟合公式：

$$\frac{f'_{\mathrm{cc}}}{f'_{\mathrm{c}}} = 1.22 + 2.21\left(\frac{f'_1}{f'_{\mathrm{c}}}\right)^{1.13} \tag{11}$$

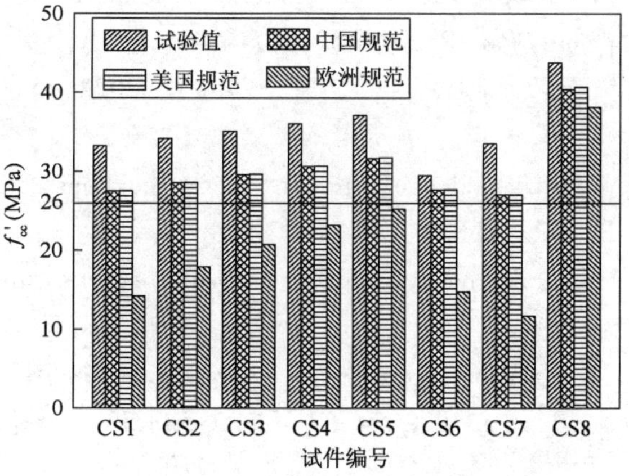

图 7　有效约束区混凝土抗压强度

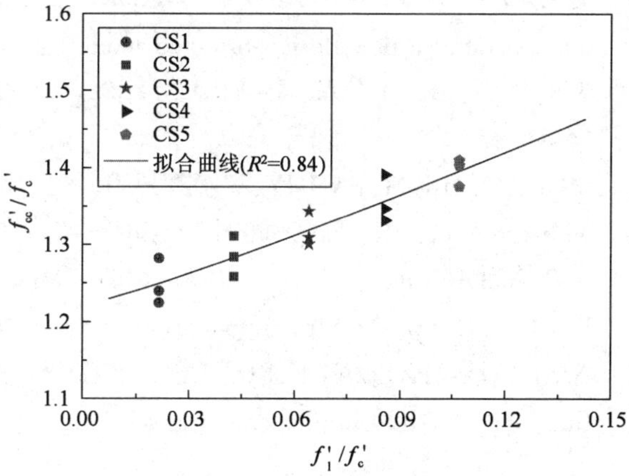

图 8　拟合曲线

五、结　语

本文通过模型试验和理论分析对新型 BFRP 布加固混凝土方形柱的轴压性能进行研究，得出主要结论如下：

(1)新型 BFRP 布与 CFRP 布加固试件加载曲线的发展趋势基本一致，但加固效果相对较弱，全覆盖包裹 2 层时，两者轴压承载力提升幅值分别为 28.45% 和 64.73%。

(2)由于 BFRP 布相较于 CFRP 布的弹性模量较小大、伸长率较大，BFRP 布加固试件同一轴向应变下的侧向应变及最终破坏时的侧向应变均相对较大。

(3)各国规范所提出的有效约束区混凝土抗压强度计算模型对 CFRP 加固试件适用性良好,而对 BFRP 适用性很差。本文所得有效约束区混凝土抗压强度计算模型可精确预测新型 BFRP 布加固试件轴压承载力。

参考文献

[1] HOLLAWAY L C. A review of the present and future utilisation of FRP composites in the civil infrastructure with reference to their important in-service properties[J]. Construction and Building Materials,2010,24(12):2419-2445.

[2] 中华人民共和国住房和城乡建设部. 混凝土结构加固设计规范:GB 50367—2013[S]. 北京:中国建筑工业出版社,2013.

[3] Guide for the design and construction of externally bonded FRP systems for strengthening concrete structures:ACI 440. 2R-17[S]. Detroit:American Concrete Institute,2002.

[4] TRIANTAFILLOU T,MATTHYS S,AUDENAERT K,et al. Externally bonded FRP reinforcement for RC structures[M]. International Federation for Structural Concrete(fib),2001.

[5] ZHOU D,LEI Z,WANG J. In-plane behavior of seismically damaged masonry walls repaired with external BFRP[J]. Composite Structures,2013(102):9-19.

[6] 秦子鹏,田艳,李刚,等. BFRP 布加固钢筋混凝土梁抗弯性能的分形特征研究[J]. 应用基础与工程科学学报,2018,26(05):973-985.

[7] 王海良,李博. 紫外线、疲劳荷载及两者耦合作用下 BFRP 布的耐久性试验[J]. 建筑材料学报,2020,23(5):1153-1159.

[8] 谢剑,杨丽,徐福泉. 预应力钢箍加固混凝土圆形短柱轴压性能研究[J]. 工程力学,2020,37(11):195-208.

[9] 相泽辉,周杰,牛建刚,等. 混凝土帆布与 CFRP 条带联合加固方形截面混凝土短柱轴心受压力学性能[J]. 复合材料学报,2022:1-13.

[10] TOGAY Ozbakkaloglu,JIAN C L. Axial compressive behavior of FRP-confined concrete:Experimental test database and a new design-oriented model[J]. Composites Part B,2013,55:607-634.

[11] 袁婉莹,韩强,白玉磊,等. FRP 包裹混凝土圆柱统一约束模型[J]. 中国公路学报,2022,35(02):146-158.

[12] MOHAMED F M,FAHMY,WU Z. Evaluating and proposing models of circular concrete columns confined with different FRP composites[J]. Composites Part B,2009,41(3):199-213.

[13] PAN Y,GUO R,LI H Y,et al. Analysis-oriented stress-strain model for FRP-confined concrete with preload[J]. Composite Structures,2017(166):57-67.

[14] NISTICO N,PALLINI F,ROUSAKIS T,et al. Peak strength and ultimate strain prediction for FRP confined square and circular concrete sections[J]. Composites Part B,2014,67(dec.):543-554.

45. 新型搭接连接钢筋混凝土梁抗弯性能试验研究

郑和晖[1,2,3]　张　峰[1,2,3]　沈惠军[1,2,3]　李　刚[1,2,3]　李自强[1]

(1. 中交第二航务工程局有限公司;2. 长大桥梁建设施工技术交通行业重点实验室;
3. 交通运输行业交通基础设施智能制造技术研发中心)

摘　要　为满足混凝土结构钢筋部品高效高精度装配化施工需求,针对钢筋传统绑扎连接方式存在的局限性,提出适应性强的钢筋新型搭接方式。为验证该搭接方式受力可靠性,以搭接方式、搭接长度及接触与否为变量,设计制作了5组共15个试件。通过典型四点抗弯试验,研究了各试件的破坏模式、荷载-位移曲线及搭接区域钢筋应变变化规律等。试验结果表明,钢筋搭接方式对破坏形态有着较为明显的影响,弯曲裂缝集中出现在截面配筋突变处;在附加搭接钢筋取为两倍搭接长度条件下,所提出的齐头绑扎搭接方式能有效传力,抗弯性能甚至优于常规错头搭接试件;钢筋间接搭接与否对试件承载力影响较大,而裂缝发展及弯曲破坏形态没有明显区别。

关键词　钢筋部品　搭接连接　齐头搭接　间接搭接　抗弯性能

一、引　　言

近年来,钢筋部品装配化施工技术以其高效、优质、安全等优势开始在桥梁建造中推广应用。上海S26高速公路立柱、承台以及钻孔灌注桩的钢筋笼均采用整体模块施工,这是我国首个大规模桥梁钢筋部品化应用项目[1];深中通道S04标段采用工业化流水线的方式进行桥塔大型钢筋网片生产,在桥位处将网片组拼成整体节段后通过塔式起重机进行安装,工效提升巨大[2];瓯江北口大桥率先在混凝土节段箱梁中尝试采用钢筋网片快速拼装技术,显著提高了生产效率[3]。

搭接连接是常见的钢筋连接方式,其原理是通过钢筋与混凝土之间的黏结实现应力传递,广泛应用于预应力混凝土箱梁、混凝土桥塔中。在传统人工散绑中,钢筋相对位置易于调整,多采用绑扎搭接,且接头率不宜超过50%,这些做法或要求给钢筋部品装配化施工带来诸多不便,譬如钢筋部品端部伸出长短不一钢筋,势必造成生产、运输及安装困难等。为此,提出适于钢筋部品装配化施工的新型钢筋搭接接头形式(图1)。同时,考虑到实际生产过程中的精度,主筋与附加搭接钢筋之间有可能存在一定间距,形成非接触搭接(又称间接搭接)。

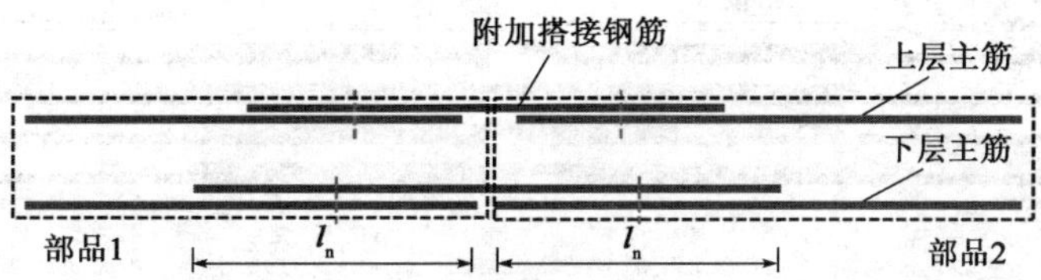

图1　适于部品装配化的新型钢筋搭接

目前,国内外学者对于钢筋搭接进行了许多研究。如周剑[4]进行了6个间接搭接试件的单向拉伸试验,建议设计搭接长度取为设计锚固长度的1.5倍。徐有邻[5]等通过试验研究,给出了基于钢筋基本锚固长度的钢筋搭接长度计算公式,并被我国《混凝土结构设计规范》(GB 50010—2010)[6]所采用[7]。杨帆[8]对比接触搭接和间接搭接梁的弯曲试验,发现当搭接钢筋的锚固条件较好时,钢筋的间接搭接相较于相同条件下的接触搭接能够更好地传递钢筋应力;而在搭接钢筋的锚固条件较差时,采用接触搭接形式连接的钢筋相较于采用间接搭接连接的钢筋拥有更好的传力性能。易伟建[9]等通过试验发现梁的承载力受钢筋搭接长度及受搭接百分率的影响较大。学者们[10-11]针对钢筋的搭接长度及传力模式做了大量研究,但均未涉及钢筋部品相关方面钢筋搭接。为此,本文提出对适于部品装配化的钢筋新型搭接连接方式进行试验研究,验证其受力可靠性可行性,旨在将其推广至实际工程中。

二、试验简介

1. 试件设计

设计制作了5组共15根钢筋混凝土梁用以开展弯曲试验,每组设计3个重复试件以考虑试验离散性的影响。试验梁的长度均为$l=3100$mm,截面尺寸均为$b\times h=500\text{mm}\times 250\text{mm}$,纯弯区段长度为1800mm。混凝土设计强度为C40级,主筋与箍筋均采用强度等级为HRB400的带肋钢筋,主筋(包括搭接钢筋)直径为12mm,箍筋直径为8mm。梁跨中区域箍筋间距为200 mm,支点附近加密布置,间距为

100mm。各试件钢筋的搭接长度参考《公路钢筋混凝土及预应力混凝土桥涵设计规范》[12]（JTG 3362—2018）取为40d。

各组试件设计参数列于表1中，试件命名中L-1表示钢筋通长连接试件，L-2表示钢筋交错搭接试件（搭接间距为0），L-3表示钢筋齐头搭接试件（搭接间距为0），L-4表示钢筋间接连接方式一试件（非接触搭接，有一定的搭接间距），L-5表示钢筋间接连接方式二试件（非接触搭接，有一定的搭接间距）。钢筋的搭接方式布置如图2所示。

各组试件设计参数　　表1

序　　号	试件编号	搭接长度 l_n (mm)	搭接钢筋间距 S (mm)	搭接钢筋横向中心距 S_c (mm)	混凝土强度等级	立方体抗压强度 f_{cu} (MPa)
1	L-1	—	—	—	C40	41.4
2	L-2	672	0	12	C40	41.4
3	L-3	768	0	12	C40	41.4
4	L-4	672	42	48	C40	41.4
5	L-5	768	42	48	C40	41.4

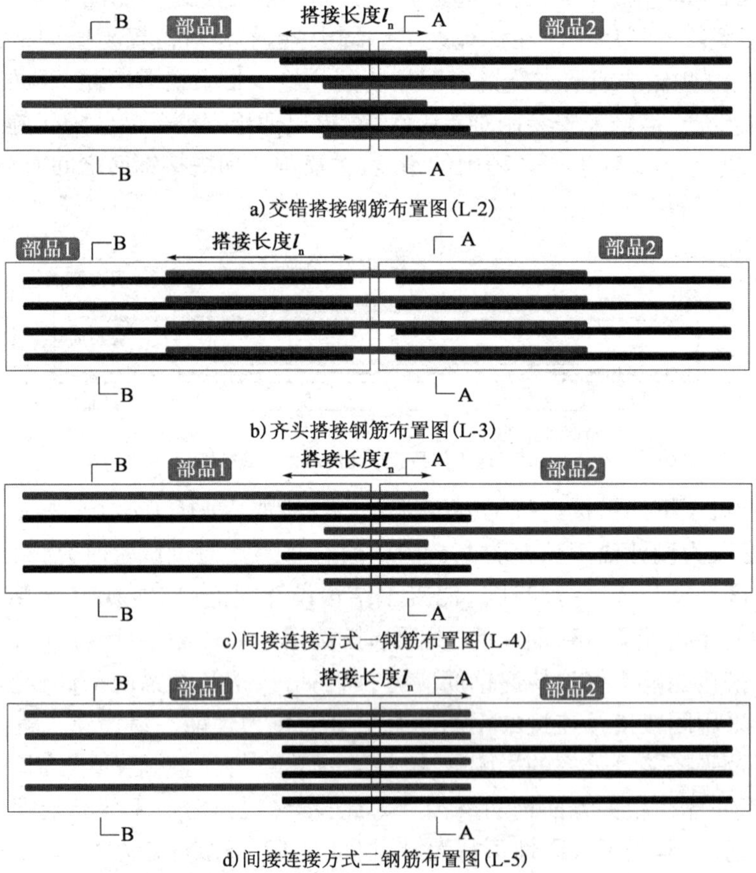

a）交错搭接钢筋布置图（L-2）

b）齐头搭接钢筋布置图（L-3）

c）间接连接方式一钢筋布置图（L-4）

d）间接连接方式二钢筋布置图（L-5）

图2　各构件钢筋搭接布置方式

2. 加载装置与方式

试验梁在浇筑完成且覆膜养护28d后，采用100t MTS作动器对其进行四点抗弯分级加载，加载前采用高强砂浆进行接触面找平，加载装置如图3所示。试验正式加载之前，进行预加载，预加载最大值不超过理论破坏荷载值的5%。详细的荷载施加顺序为：当观测到第一条裂缝出现之前，采用5kN/级的方式对构件施加荷载。当观察相关应变的数据进入到非线性后，选择2.5kN/级的方式施加荷载。不同荷载作用下持续180s，到稳定状态后即可采集数据。

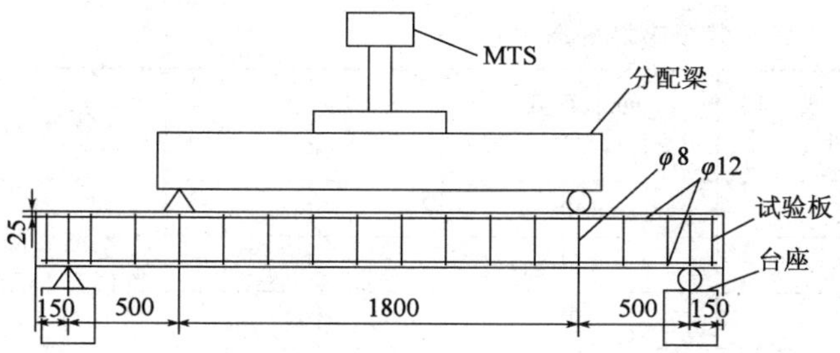

a)加载装置示意图

b)实际加载现场

图3 加载装置(尺寸单位:mm)

3. 测点布置

分别在试验梁加载点位置,跨中位置及钢筋绑扎搭接位置布置钢筋应变片,用来测量试验过程中钢筋应变的变化规律。在试验梁侧跨中及钢筋搭接区域以62.5mm为间距布置混凝土应变片测点,为了更有效地获取梁在加载过程中的开裂荷载,在梁底面布置3个混凝土应变测点,测点布置如图4a)所示。

为了获取试验梁在加载过程中不同荷载等级下的各个位置挠度变化,试验中采用LVDT位移计布置在试验梁底两侧,位移计采用对称布置,用于检查梁在加载试验中是否有偏向受力的情况,同时也相互校验位移计数据的准确性,试验梁位移计测点布置图如图4b)所示。

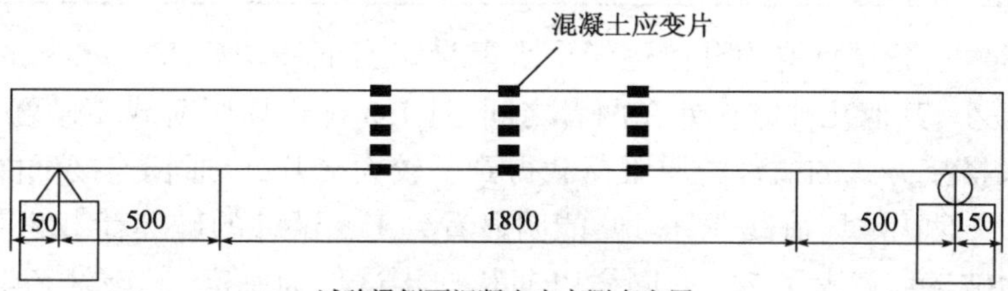

试验梁侧面混凝土应变测点布置

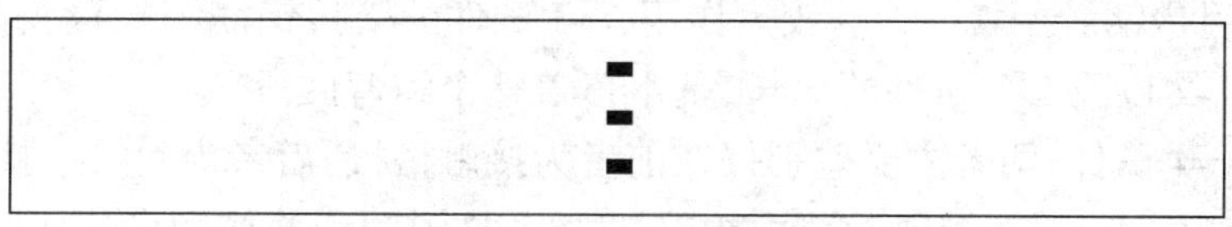

试验梁顶、底面混凝土应变测点布置

a) 混凝土应变片布置图

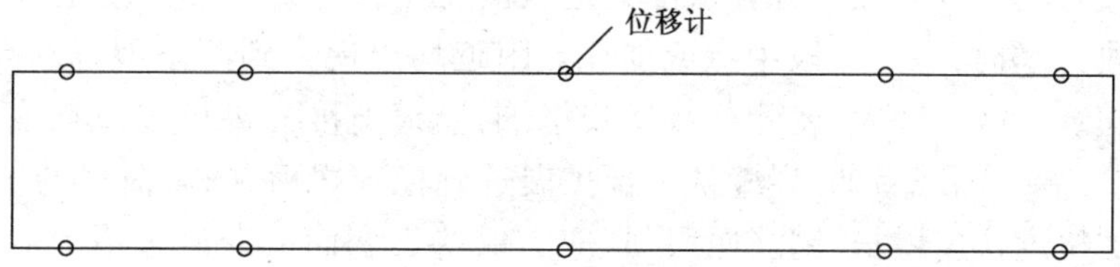

b)位移计布置图

图4 试件测点布置图(尺寸单位:mm)

三、试验结果与分析

1. 破坏荷载与形态

各试件的开裂荷载、屈服荷载、破坏荷载及破坏形态见表2。从表中可以较为明显地看出,各试件的开裂荷载都较为一致。这是由于加载初期,试件的受力情况均为梁底部混凝土承受拉力,内部钢筋还未参与作用，所以钢筋搭接方式对开裂荷载值的大小几乎没有影响。

试件破坏荷载及破坏形态 表2

钢筋连接方式	梁编号	开裂荷载(kN)	屈服荷载(kN)	破坏荷载(kN)	破坏形态
通长连接(L-1)	1	55	140	190	钢筋屈服后梁顶部混凝土压溃
	2	44	145	195	
	3	55	150	199	
交错搭接(L-2)	1	60	160	206	钢筋屈服后梁顶部混凝土压溃
	2	55	150	192	
	3	55	145	194	
齐头搭接(L-3)	1	60	175	207	钢筋屈服后梁顶部混凝土压溃
	2	55	160	205	
	3	55	160	205	
间接连接方式一(L-4)	1	55	145	190	钢筋屈服后梁顶部混凝土压溃
	2	55	150	191	
	3	55	150	192	
间接连接方式二(L-5)	1	55	140	187	钢筋屈服后梁顶部混凝土压溃
	2	55	140	195	
	3	55	140	183	

随着荷载的逐渐增大，各试件受力开始逐渐出现差异。当试件均屈服时，L-3试件的屈服荷载最大，L-5试件的屈服荷载最小，其他几种方式处在两者之间，且L-3试件屈服荷载要显著大于其他试件。即这几种方式中，采用齐头搭接方式的试件的屈服荷载得到了较大提升，以通长连接试件为基准，其屈服荷载值提升了10%～14%。对比破坏荷载，同样地，能明显看到L-3试件的破坏荷载也均比其他几种方式要高，比L-1试件最小的破坏荷载大了24kN，同样以通长连接试件为基准，其破坏荷载值提升了13%。产生这种差异的主要原因是钢筋在其中参与较大作用，L-3试件的受拉钢筋绑扎接头截面面积为100%，钢筋搭接长度相比L-1、L-2以及L-4试件的更长，基本覆盖整个纯弯区段。

对比L-2试件和L-4试件，两者主要差别仅在前者为接触搭接，后者为间接搭接。而L-2试件的屈服及破坏荷载均比L-4试件大，两者极限承载力相差7.3%，这说明钢筋接触搭接比间接搭接性能更好，承载力也更高。

图5给出了试件的典型破坏形态，所有试件均是在钢筋屈服后梁顶部混凝土被压溃而破坏（图5中虚线框位置）。试件刚开裂时，在纯弯段中点或加载点附近均出现一到两条裂缝。高度一般到达钢筋形心位置，宽度较小。随着荷载的增大，裂缝条数逐步增加，裂缝宽度和高度也逐渐变大。在一定时间内，裂缝宽度及高度稳定发展。加载后期，裂缝从失稳扩展达到稳定之后，随着荷载的增加开始出现Y形裂缝，裂缝的宽度和梁的挠度快速增长，钢筋屈服，其应力保持不变而应变显著增大，受压区边缘混凝土的应变达到极限压应变时受压区出现纵向水平裂缝，上方混凝土被压碎试件达到破坏。

各试件破坏的主要差别在于顶部混凝土被压溃的位置，有的在跨中，有的在加载点附近，但它们都有相同的特点，即都在截面配筋突变处。从裂缝的分布来看，主裂缝的位置大部分位于截面配筋突变处，少量分布在跨中及加载点附近。如图5b）所示齐头搭接试件，梁身裂缝的分布基本是对称的，最大裂缝位于跨中，另外两处较宽的裂缝刚好处在钢筋搭接区外配筋突变截面附近。图5d）所示（L-5）试件，在其跨中基本上没有裂缝产生，这是由于在跨中搭接了相当一段长度的钢筋，使得该处承载力最高。而一离开钢筋搭接区，梁身便出现了较大裂缝，也刚好位于顶部混凝土压溃位置。L-2试件与L-4试件的破坏形式基本一致，包括顶部混凝土碎裂位置、裂缝的分布位置等。这是由于两种搭接方式差异只是L-2试件钢筋搭接位接触搭接，而 L-4 试件为间接搭接，这也间接说明钢筋搭接接触与否对试件裂缝的发展及破坏形态影响较小。

a）交错搭接（L-2）

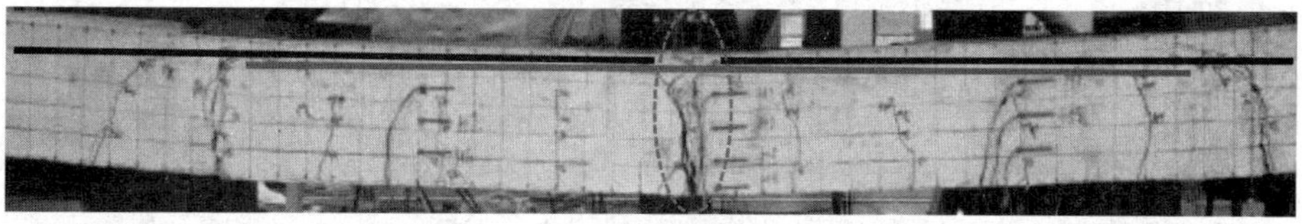

b)齐头搭接（L-3）

c)间接连接方式一（L-4）

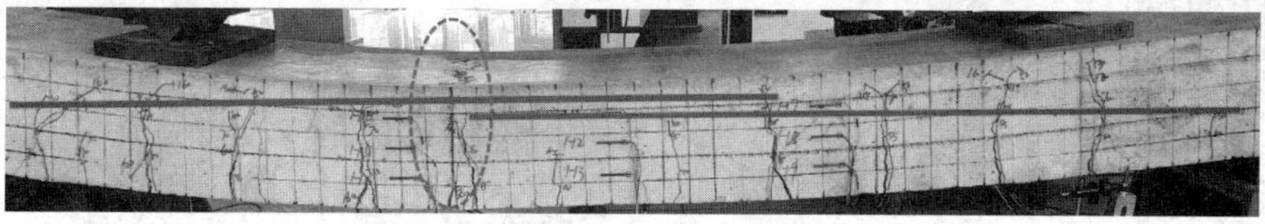

d)间接连接方式二（L-5）

图 5　试件破坏形态

2. 荷载-位移曲线

图 6 给出了各组试件平均处理后的荷载-跨中位移曲线对比图。由图 6 可知，各试件的荷载-位移曲线变化规律较为相似，主要可分为三个阶段。第一阶段为加载前期的弹性节段，荷载-位移曲线呈线性增长，各个试件的荷载-位移曲线斜率基本相同，跨中位移也较小；第二阶段为裂缝发展阶段，此时荷载在快速增大，直至达到屈服荷载，这一过程梁身的裂缝在快速发展，但是跨中变形仍然较小；第三阶段为达到屈服荷载后，荷载-位移曲线开始出现明显转折，跨中位移迅速增长而荷载提高缓慢，曲线斜率骤降。

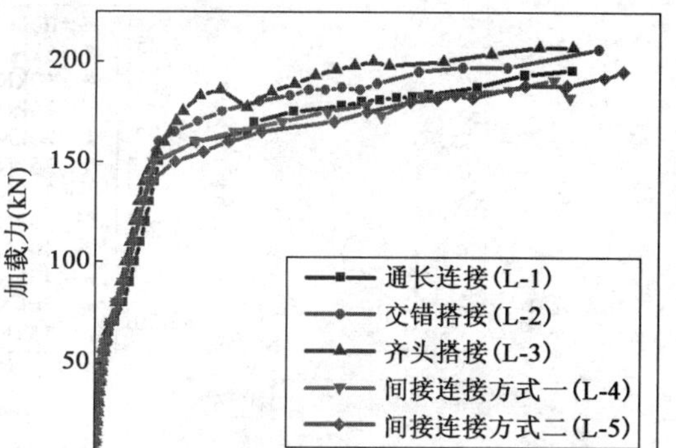

图 6　荷载-位移曲线对比

对比各试件荷载-位移曲线，最大的差别在第三阶段。能明显看到 L-3 试件的承载力要高于其他试件，而 L-5 试件的承载力最低。当加载力均为 183kN 时，L-1 ~ L-5 试件的跨中位移分别为 65mm、38mm、20.4mm、64mm 及 70.4mm，在相同力的作用下，L-3 试件的变形最小，也最有利，其次为 L-2 试件，L-1、L-4 及 L-5 试件的变形过大，较为不利。这也说明齐头搭接方式效果最好。

3. 应变分析

1）混凝土应变

相同连接方式下的混凝土应变曲线变化规律基本相同，限于篇幅，图 7 给出了各组试件平均处理后的跨中截面混凝土应变分布图。由图可知，梁体开裂前，混凝土应变沿梁高方向的分布规律都较为符合平截面假定，可用该假定进行弹性阶段的受力分析。

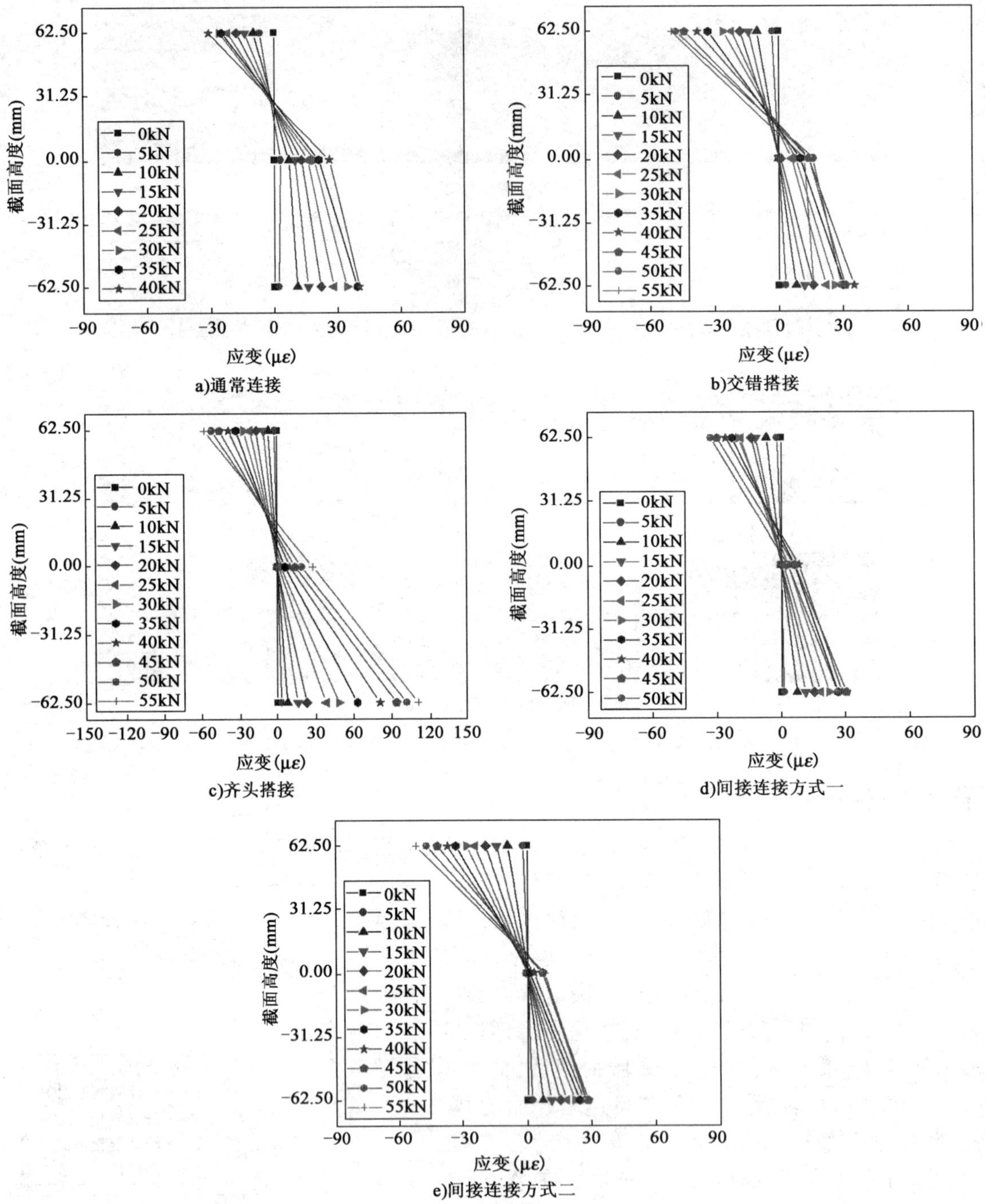

图7 试验梁跨中应变沿跨中截面高度的分布

2)钢筋应变

剔除在加载前或加载中失效的应变片数据，对同一试件同一高度对称两侧应变量测值做平均处理，得到图8所示的各试件的荷载-钢筋应变曲线对比图。其中，图8a)为跨中钢筋应变变化曲线，图8b)为搭接区钢筋应变变化曲线。

由图8a)可知，各试件的荷载-跨中钢筋应变曲线变化规律较为一致。在弹性阶段，荷载-钢筋应变曲线几乎重合在一起，表明此时连接方式对钢筋应变曲线和截面刚度的影响较小。在裂缝开展阶段，开裂截面发生应力重分布，钢筋应变迅速增加，此时，连接方式对荷载-钢筋应变曲线影响较大。L-5试件由于跨中钢筋布置数量最多，且其搭接区域也在跨中，故在相同荷载作用下，其钢筋应变值最小。而对于 L-1 试件，其钢筋数量最少，在相同荷载作用下，钢筋应变最大。其他三种方式钢筋应变变化规律分布在 L-1 试件与 L-5 试件之间，差异不大。

由图 8b）可知，各连接方式钢筋搭接区处钢筋应变变化规律也较为一致，随着荷载的增加，钢筋应变逐渐增大。与跨中钢筋应变相同，在弹性阶段，不同钢筋连接方式梁的荷载-钢筋应变曲线几乎重合在一起，连接方式的影响较小。在裂缝开展阶段，相同荷载作用下，L-2 试件、L-3 试件及 L-5 试件的钢筋应变大小相差不大，而 L-4 试件的钢筋应变最大，搭接效果相对其他三种连接方式较差。

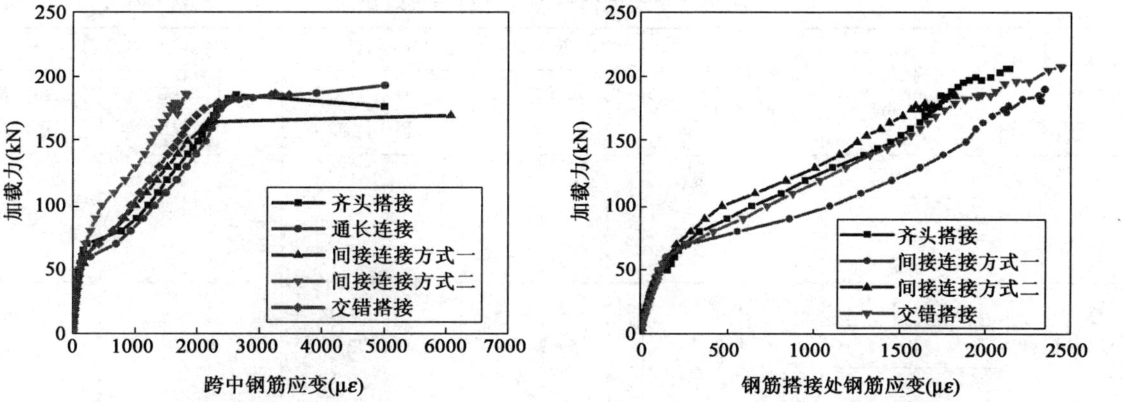

a)跨中钢筋应变　　b)钢筋搭接区钢筋应变

图 8　荷载-钢筋应变曲线

四、抗弯承载力分析

本试验中梁均为双筋矩形截面梁，参考《混凝土结构设计规范》（GB 50010—2010）[6]，其承载力计算图示如图 9 所示，图中 ε_{cu} 为混凝土极限压应变，ε_s 为纵筋应变，ε_y 为纵筋极限拉应变。

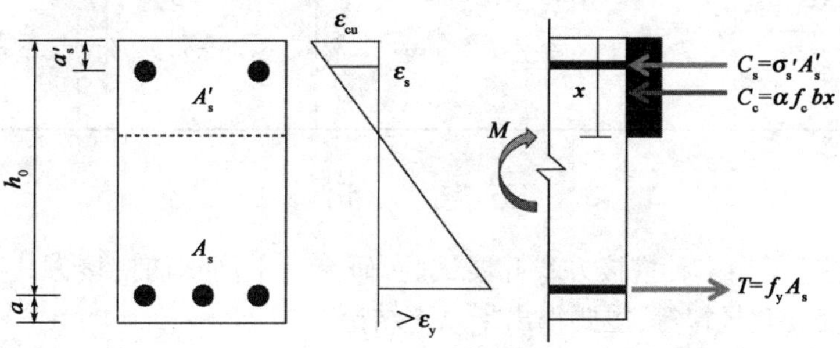

图 9　混凝土梁承载力计算图示

由图 9 可得，矩形截面双筋梁的抗弯承载力计算公式如式（1）和式（2）所示：

$$\alpha f_c bx + f'_y A'_s = f_y A_s \tag{1}$$

$$M \leqslant M_u = \alpha f_c bx\left(h_0 - \frac{x}{2}\right) + f'_y A'_s(h_0 - a'_s) \tag{2}$$

式中：α——混凝土受压区等效矩形应力图系数，按规范取值[6]；

f_c——混凝土轴心抗压设计强度；

b——截面宽度；

f_y、f'_y——纵筋抗拉、抗压设计强度（MPa）；

h_0——截面有效高度（mm）；

a_s、a'_s——受拉、受压合力点到截面边缘的距离（mm）；

A_s、A'_s——受拉、受压纵筋的截面面积(mm^2)；

M_u——截面极限弯矩设计值(N·mm)。

应用式(1)与公式(2)计算试件 L-1 ~ L-5 的抗弯承载力并将其与试验实测值进行对比见表3。搭接区试验平均值与理论计算值比值的平均值为1.222,标准差为0.072,变异系数也为0.059;非搭接区试验平均值与理论计算值比值的平均值为0.838,标准差为0,变异系数也为0。除个别试件外,理论计算值与试验值吻合良好。由表3还可知,齐头搭接试件的抗弯承载力最大,效果最好,相较于通常连接,抗弯承载力增大了6%左右。而间接连接两种方式的抗弯承载力最低,比通常连接试件承载力最大降低了3%左右。

极限弯矩实测值与理论计算结果对比　　表3

钢筋连接方式	实测值①(kN·m)	实测值①平均值(kN·m)	理论计算值②(kN·m)		②/①	
			搭接区 A-A 截面	非搭接区 B-B 截面	搭接区 A-A 截面	非搭接区 B-B 截面
通长连接(L-1)	47.5	48.6	40.72	40.72	0.838	0.838
	48.75					
	49.75					
交错搭接(L-2)	51.5	49.3	59.24	40.72	1.201	0.838
	48					
	48.5					
齐头搭接(L-3)	51.75	51.4	59.24	40.72	1.152	0.838
	51.25					
	51.25					
间接连接方式一(L-4)	47.5	47.7	59.24	40.72	1.241	0.838
	47.75					
	48					
间接连接方式二(L-5)	46.75	47.1	78.98	40.72	1.677	0.838
	48.75					
	45.75					

五、结　　语

本文通过对梁内钢筋采用多种搭接方式开展试验,研究了不同钢筋搭接方式下试件的破坏形态、跨中荷载-位移曲线及应变变化规律等,主要得出了以下结论:

(1)钢筋搭接方式对试件弯曲破坏形态有着较为明显的影响,截面配筋突变处是搭接接头的薄弱位置,也是裂缝集中发展位置。

(2)钢筋部品间采用齐头搭接(附加搭接钢筋取为两倍搭接长度)能显著提高混凝土梁试件的屈服荷载、破坏荷载及抗弯承载力,甚至高于钢筋通长布置试件、交错绑扎搭接试件,这种新型搭接方式具备足够的受力可靠性。

(3)钢筋接触与否主要影响试件的承载力,而对试件裂缝的发展以及弯曲破坏形态基本没有影响。

本文钢筋搭接性能研究以抗弯试验为主,实际工程应用中还应考虑轴拉、疲劳、环境因素等影响,后续还可进行相关试验进行进一步验证分析。

参考文献

[1] 向科.模块化和工厂化施工在S26高速公路桥梁工程中的应用[J].铁道建筑,2016(4):26-29.

[2] 程茂林,吴中正,杨秀礼,等.基于网片弯折成型的超高索塔钢筋部品装配化施工工法[J].公路,2022,67(1):145-150.

[3] 中交第二航务工程局有限公司. 一种基于钢筋部品的混凝土节段梁钢筋加工生产线: CN202011333162.9[P]. 2021-02-26.

[4] 周剑,赵作周,侯建群,等. 装配式混凝土剪力墙上下层钢筋间接搭接单向拉伸试验及有限元模拟[J]. 混凝土,2015(11):12-16,20.

[5] 徐有邻,汪洪,沈文都. 钢筋搭接传力性能的试验研究[J]. 建筑结构,1993,(4):20-24.

[6] 中国建筑科学院. 混凝土结构设计规范:GB 50010—2010[S]. 北京:中国建筑工业出版社,2011.

[7] 杨帆,马高,HWANG H J. 线性弯矩分布下的搭接钢筋应力计算方法试验研究[J]. 公路工程,2021,46(5):31-37,73.

[8] 杨帆. 间接搭接钢筋混凝土梁抗弯性能研究[D]. 长沙:湖南大学,2020.

[9] 易伟建,刘晨曦. 受力筋搭接钢筋混凝土梁受弯性能试验研究[J/OL]. 湖南大学学报(自然科学版):1-10.

[10] 张微敬,钱稼茹,于检生,等. 竖向分布钢筋单排间接搭接的带现浇暗柱预制剪力墙抗震性能试验. 土木工程学报,2012,45(10):89-97.

[11] 陈青来. 钢筋混凝土结构平法设计与施工规则. 2 版. 北京:中国建筑工业出版社,2018.

[12] 中交公路规划设计院有限公司. 公路钢筋混凝土及预应力混凝土桥涵设计规范:JTG 3362—2018[S]. 北京:人民交通出版社股份有限公司,2018.

46. 泰州大桥沉井基础局部冲刷动态演化规律分析

金世安[1] 杨程生[2] 高正荣[2]

(1. 江苏泰州大桥有限公司;2. 南京水利科学研究院)

摘 要 针对长江下游粉砂质河床地区大型沉井基础局部冲刷问题,基于泰州大桥中塔水中沉井基础下沉施工期及大桥通车运营期原型观测资料,研究了沉井周边冲刷形态及局部冲深发展规律。结果表明,粉砂质河床沉井基础最大冲深与水流动力条件密切相关。水流动力条件变化是打破稳定状态的主要因素,沉井周边冲刷首先是迎水侧河床冲刷后向沉井两侧发展,并进一步向背水侧发展,最终四周均发生冲刷,冲刷最深点位于沉井迎水面两侧拐角处。

关键词 粉砂质河床 大型沉井 局部冲深 动力条件 稳定状态

一、引 言

长江下游地区运营、在建的大型跨江桥梁众多,大型沉井基础普遍运用在这些跨江大桥工程中,如泰州长江大桥、沪苏通长江大桥以及正在建设的常泰长江大桥。桥梁基础冲刷破坏是造成桥梁病害的重要因素之一[1-4]。大型沉井基础局部冲刷是由于在水流作用下沉井周边河床泥沙起动被带走的过程,冲刷深度是受水深、流速、流向、沉井结构、泥沙特性等诸多因素影响。高正荣等[5]采用模型试验研究了沉井在下沉施工过程中的局部冲刷机理;卢中一等[6]通过试验研究大型沉井基础施工过程中的局部冲刷特性,陈策[7]开展了泰州大桥中塔沉井施工期局部冲刷模型试验研究,并得到了实测资料验证;杨程生[8]在模型试验基础上研究了沉井施工中水流流速分布及局部冲刷问题。梁发云等[9]开展了水槽模型试验来研究圆形和方形沉井基础的冲刷形态和动态演化过程。张新燕等[10]进行多组顺水流作用下不同布置方式的圆柱桥墩冲刷模型试验,分别研究了桥墩附近水流流速分布特性、桥墩冲刷特性以及冲刷与流速间的相互关系。这些研究均是通过模型试验对沉井基础的最大冲深、冲刷形态进行预测研究,在模型试验研究中沉井局部冲刷达到稳定平衡状态历时在 2~2.5h 之间[7-10],而在实际工程中,桥梁基础局部冲刷往往需要几个月、几年甚至更长的时间才能达到平衡冲刷状态[11]。

实际环境中影响冲刷深度的因素更加复杂,试验不能全面考虑并加以研究，例如实际水流状况更加复杂和多变;实际环境的地形地貌,如坡度和高程等[11]。因此,基于 2007—2020 年泰州大桥中塔沉井基础下沉施工期、营运期原型观测资料,开展大型沉井基础的现场局部冲深、形态发展过程及冲刷稳定时间研究具有重要的意义,可为长江下游沉井基础设计、施工、养护提供重要的参考。

二、泰州大桥沉井结构及水文泥沙特点

泰州大桥地处长江下游扬中河段泰兴顺直段,扬中河段上至镇扬河段五峰山,下到江阴水道鹅鼻咀。河道呈东南向,干流长 91.7km,支汊总长约 68km。太平洲右汊长 44.2km,洲体长为 31.0km,最宽处 11.0km,是长江下游最大的江心洲。该洲将水流分为左右两汊,左汊是主汊,江宽水深,多年来分流比维持在 90% 左右。右汊是支汊,窄浅而弯曲。

泰州大桥有着国内规模最大的纵向人字形横向门式框架钢中塔,钢中塔位于长江中,基础采用圆角矩形沉井基础,沉井标准断面尺寸为 58m × 44m,总高度为 76m,其中底部 38m 为双壁钢壳混凝土结构,上部 38m 为钢筋混凝土结构。整个沉井基础下沉深度为 -70m,为世界上入土最深的水中沉井基础。根据地质钻探资料,中塔沉井处河床土层以细、粉砂为主,厚度在 50m 以上,河床质 d_{50} = 0.19mm,中塔处泥沙抗冲能力差,易发生床面冲刷。

桥区水动力以径流作用为主,在洪水期无涨潮流,只有在枯水大潮时才有涨潮流,涨潮动力弱,时间短,径流是桥区主要造床动力因素,特别是大洪水的影响。枯水期中塔区流速在 0.7 ~ 1.0m/s 之间,20000 ~ 50000m³/s 流量情况下流速在 1.0 ~ 1.5m/s 之间,50000 ~ 70000m³/s 流量情况下流速在 1.5 ~ 2.0m/s 之间,70000 ~ 90000m³/s 大洪水情况下流速在 2.0 ~ 2.5m/s 之间。90000m³/s ~ 100000m³/s 流速可达 2.5 ~ 3.0m/s 之间。大桥通车后大通站较大的洪峰流量主要是 2010 年 65000m³/s、2016 年 70700m³/s、2017 年 70100m³/s、2019 年 67900m³/s 以及 2020 年 84700m³/s。

泰州大桥沉井基础结构如图 1 所示。

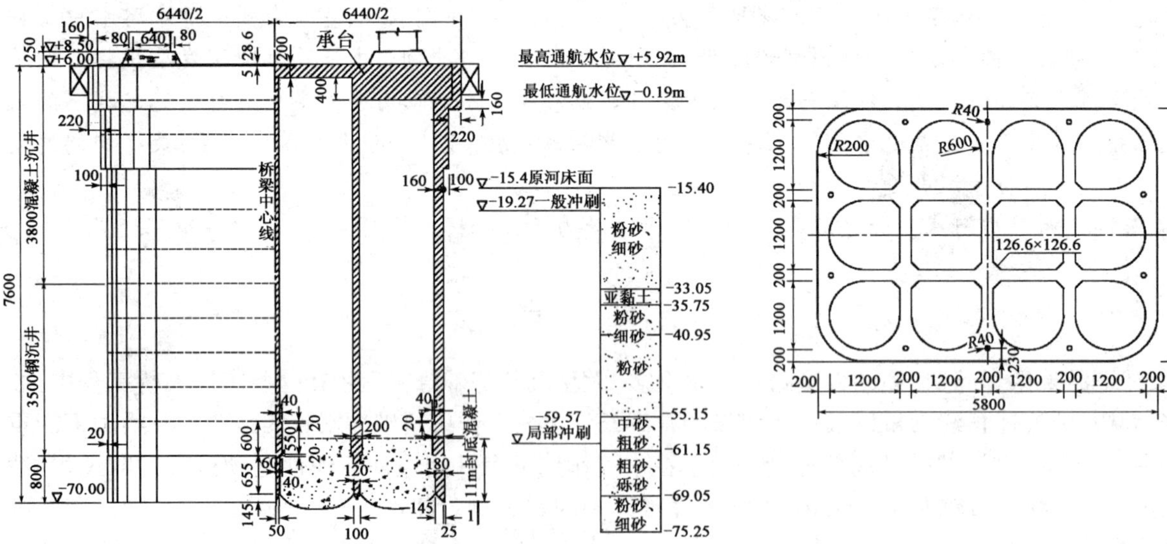

图 1　泰州大桥沉井基础结构(尺寸单位:mm;高程单位:m)

三、沉井基础冲刷规律

1. 下沉施工概况

中塔沉井基础 2007 年 12 月开始着床下沉至 2008 年 9 月 1 日下沉到设计高程处,历时 9 个月经历了整个枯水期 ~ 洪水期。沉井着床期平均、最大流速为 0.78m/s、0.83m/s,2008 年洪水期最大月平均、最大流速为 1.50m/s、1.61m/s。下沉到位后至 2010 年底,沉井内部、上部施工对沉井冲刷无影响。2009 年洪

水期最大月平均、最大流速为 1.50m/s、1.52m/s，2010 年洪水期最大月平均、最大流速为 1.90m/s、2.00m/s。大桥工程于 2012 年底建成通车后进入运营期。

沉井位置工程前及下沉过程周边定点河床高程如图 2 所示。

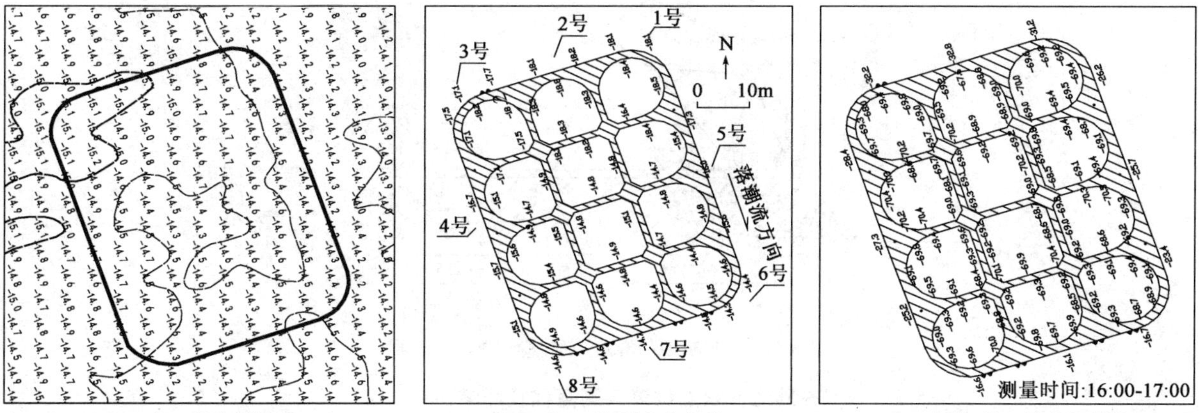

a)2007年11月实测地形　b)2007年12月1日定点高程　c)2008年8月31日定点高程

图 2 沉井位置工程前及下沉过程周边定点河床高程

2. 冲刷动态演化过程

收集了施工期施工单位沉井下沉着床期 2007 年 12 月 1 日至 2008 年 8 月 31 日沉井周边定点测量地形、施工期 2008 年 3 月、2009 年 11 月、2010 年 12 月中塔沉井周边地形以及营运期沉井周边 2013—2020 年地形，分析沉井基础施工期、营运期冲刷发展过程，冲刷形态如图 3 所示。中塔沉井周边各角点位置局部冲刷动态变化曲线如图 4 所示，实测高程及冲刷深度见表 1。

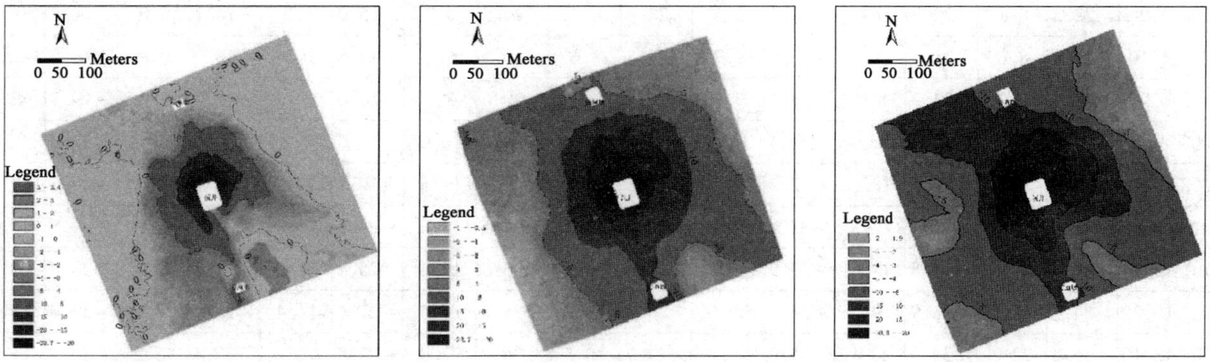

a)2007.11—2010.12　b)2007.11—2018.3　c)2007—2020.10

图 3 营运期沉井周边冲刷形态演变过程

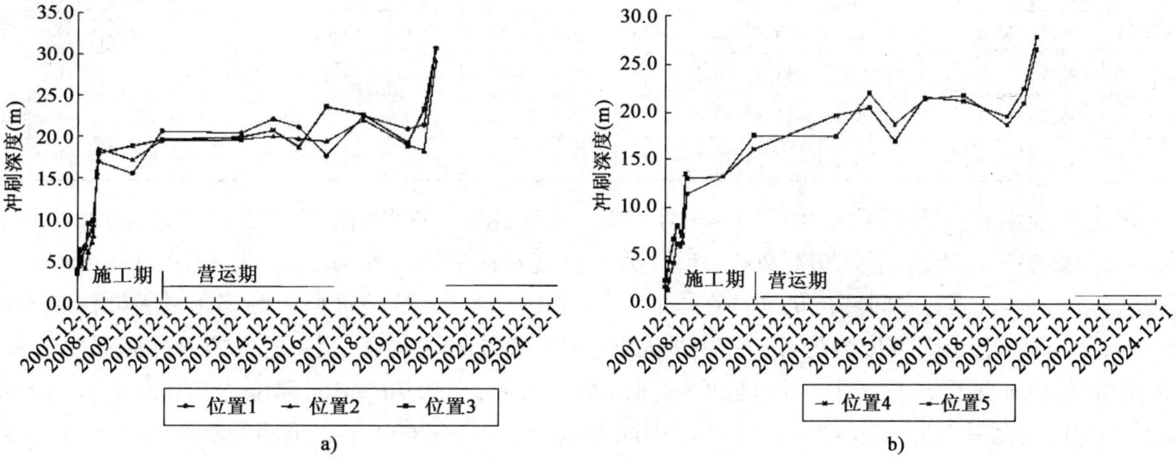

a)　b)

图 4

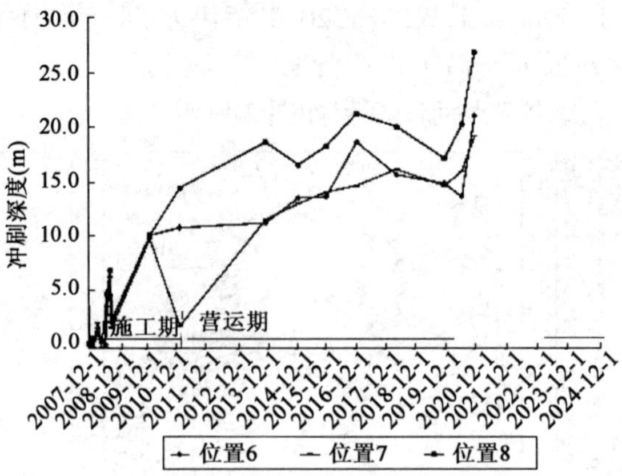

c)

图4 沉井周边各角点位置冲刷深度动态过程

沉井周边各角点位置实测高程及冲深(单位:m) 表1

测量日期	沉井迎水侧位置						沉井两侧中间位置				沉井背水侧位置					
	1号		2号		3号		4号		5号		6号		7号		8号	
	高程	冲深	高程	冲深	高程	冲深	高程	冲深	高程	冲深	高程	冲深	高程	冲深	高程	冲深
2007.12.1	-18.1	3.9	-18.2	4.0	-17.7	3.5	-16.7	2.5	-16.0	1.8	-14.4	0.2	-14.7	0.5	-14.6	0.4
2007.12.31	-20.3	6.1	-18.5	4.3	-19.7	5.5	-17.8	3.6	-15.7	1.5	-13.7	0.0	-14.5	0.3	-14.8	0.6
2008.1.15	-20.6	6.4	-18.9	4.7	-19.2	5.0	-18.7	4.5	-16.7	2.5	-14.2	0.0	-14.1	0.0	-15.1	0.9
2008.3.15	-21.0	6.8	-18.3	4.1	-20.7	6.5	-21.0	6.8	-18.5	4.3	-16.0	1.8	-16.5	2.3	-15.5	1.3
2008.4.23	-22.3	8.1	-20.3	6.1	-23.7	9.5	-22.4	8.2	-20.5	6.3	-15.0	0.8	-14.1	0.0	-14.8	0.6
2008.6.10	-22.8	8.6	-21.5	7.3	-23.9	9.7	-21.8	7.6	-20.2	6.0	-14.5	0.3	-13.0	0.0	-16.5	2.3
2008.6.28	-23.4	9.2	-22.2	8.0	-24.1	9.9	-21.4	7.2	-20.6	6.4	-18.0	3.8	-17.2	3.0	-19.1	4.9
2008.8.10	-29.7	15.5	-30.2	16.0	-29.4	15.2	-27.8	13.6	-24.2	10.0	-19.0	4.8	-20.7	6.5	-21.3	7.1
2008.8.31	-31.2	17.0	-32.8	18.6	-32.2	18.0	-27.3	13.1	-25.7	11.5	-16.7	2.5	-16.1	1.9	-16.6	2.4
2009.11.22	-29.8	15.6	-31.4	17.2	-33.1	18.9	-27.5	13.3	-27.5	13.3	-24.5	10.3	-24.2	10.0	-24.5	10.3
2010.12.10	-34.9	20.7	-33.8	19.6	-33.9	19.7	-30.4	16.2	-31.8	17.6	-25.2	11.0	-16.2	2.0	-28.8	14.6
2013.10.22	-34.7	20.5	-33.9	19.7	-34.2	20.0	-33.9	19.7	-31.7	17.5	-25.6	11.4	-25.9	11.7	-33.0	18.8
2014.12.10	-36.4	22.2	-34.3	20.1	-35.0	20.8	-34.7	20.5	-36.2	22.0	-27.9	13.7	-27.4	13.2	-30.9	16.7
2015.11.10	-35.4	21.2	-34.0	19.8	-33.0	18.8	-31.2	17.0	-33.0	18.8	-28.0	13.8	-28.4	14.2	-32.6	18.4
2016.11.10	-32.0	17.8	-33.7	19.5	-37.9	23.7	-35.8	21.6	-35.6	21.4	-33.0	18.8	-29.0	14.8	-35.6	21.4
2018.3.10	-36.8	22.6	-36.3	22.1	-36.9	22.7	-35.4	21.2	-36.0	21.8	-30.0	15.8	-30.5	16.3	-34.4	20.2
2019.10.10	-35.2	21.0	-33.2	19.0	-33.5	19.3	-33.8	19.6	-32.9	18.7	-29.2	15.0	-29.0	14.8	-31.5	17.3
2020.5.10	-35.7	21.5	-32.6	18.4	-37.6	23.4	-36.7	22.5	-35.2	21.0	-28.0	13.8	-30.3	16.1	-34.6	20.4
2020.10.10	-45.0	30.8	-43.4	29.2	-44.9	30.7	-42.1	27.9	-40.8	26.6	-35.4	21.2	-33.5	19.3	-41.2	27.0

(1)沉井迎水侧:属于冲刷最大区[1~3号位置,见图2b)],迎水侧水流冲击作用最强,冲刷从沉井迎水面及两侧拐角处开始,下沉初期2007年12月1日迎水面冲刷3.5~4.0m,进入12月底两侧拐角处冲刷发展至5.5~6.1m,中间部位仍维持在4m左右;2008年1—3月枯水期两侧拐角最大冲深基本稳定在5.0~6.8m之间,中间部位仍在4m左右;进入洪水期后随水动力增强,至4月底两侧冲刷深度达8.1~9.5m,中间部位冲深至6.1m;进入6月底两侧拐角冲深为9.2~9.9m,中间部位达8.0m;进入主汛期后至8月31日,两侧最大冲深达17.0~18.0m,中间部位达18.6m;2008年主汛期冲刷发展迅速,最大洪峰前后1个月时间达到稳定冲刷深度,最大冲刷深度18.6m。2009年洪峰流量45000m^3/s与2008年相当,

2009 年 11 月地形显示，两侧冲刷深度 15.6～18.9m，中间部位 17.2m；2010 年洪峰流量达 65000m³/s，沉井基础稳定的冲刷深度 20.7m，2010—2013 年洪峰流量比较稳定，最大冲深基本稳定。运营期间 2013 年 12 月—2019 年 10 月洪峰流量级在 65000～70500m³/s 之间，冲刷最大区处于个基本稳定的平衡期，最大冲刷深度 20.7～23.7m 之间变化，最深点位置主要位于沉井两侧拐角处，1 号位置、3 号位置均有出现。2020 年度洪峰流量达到 84700m³/s，持续时间较长，冲刷区基本平衡状态被打破，最大局部冲深增至 30.8m。从冲刷过程来看，沉井基础施工初期迎水侧河床冲刷特点主要是枯水期冲刷幅度较小，增幅缓慢，进入洪水期冲刷发展迅速，最大冲刷在第 1 个洪水期基本完成，最大冲深会存在一个基本稳定的状态，动力条件是打破这一平衡状态的主要因素。

(2)沉井两侧中间部位：属于冲刷发展区(4 号、5 号)，迎水侧拐角冲刷后，冲刷坑向两侧冲刷发展，下沉初期枯水期冲刷坑发展较慢，洪水期冲刷幅度增长较快，经过 1 个洪水期后最大冲深达到基本稳定状态，两侧最大冲刷深度可达到迎水侧最大冲刷深度的 90%。冲刷坑形态仍呈缓慢向两侧及下游发展，冲刷平衡历时较漫长。2007 年 12 月—2010 年 12 月施工期沉井中间部两侧冲刷影响范围宽度约 150m，是沉井垂直水流方向宽度的 3.4 倍。运营期间两侧冲刷坑大小、范围均持续缓慢发展，2020 年大洪水时增幅明显，两侧冲刷影响范围增大至 230m，是沉井垂直水流方向宽度的 5.2 倍。

(3)沉井下游背水侧部位：属于冲刷滞后区(6 号、7 号、8 号)，在枯水期下沉初期基本不发生冲刷，会有泥沙在背水侧淤积，随着沉井两侧区域冲刷发展，冲刷坑向下游及背水侧发展。随着冲刷发展，背水侧淤积泥沙下移直至消失，背水侧呈冲刷状态。沉井下沉施工期间背水侧河床冲刷过程存在一定反复，经过 1 个洪水期后，背水侧总体呈冲刷发展趋势，背水侧最大冲刷深度可达迎水侧最大冲刷深度的 90%。1 个洪水期后冲刷形态仍呈缓慢发展趋势，冲刷坑形态平衡历时较漫长。

3. 冲刷演变规律分析

1)沉井基础最大冲刷深度

图 5 为沉井周边最大局部冲刷深度与大通站最大流量关系曲线。由图 5 可知，沉井基础最大冲刷深度与大通站洪峰流量关系密切，2008 年下沉初期随水动力增强，冲刷深度随之增大，下沉初期枯水期水动力较弱，最大流量在 12000m³/s、15000m³/s、30000m³/s，最大冲刷深度分别为 4.0m、6.8m、9.5m，进入主汛期后最大冲深快速发展，2008 年第 1 个洪水期流量级在 45000m³/s 左右，最大冲刷深度达 18.6m，2009 年流量级相当最大冲深 18.9m；2010 年流量级增至 65000m³/s，增幅 44.4%，最大冲深为 20.7m，增幅 11.3%；2010—2015 年最大洪峰流量级均为突破 65000m³/s，最大局部冲刷深度 20.7～22.2m 之间变化。2016 年最大洪峰流量级达 70700m³/s，最大冲深增至 23.7m，增幅 6.8%，2016—2019 年流量级均未突破，最大冲刷深度在 21.0～23.7m 之间变化。2020 年最大洪峰流量达到 84700m³/s，流量级增幅 20.0%，最大冲深增幅 30.0% 达 30.8m。

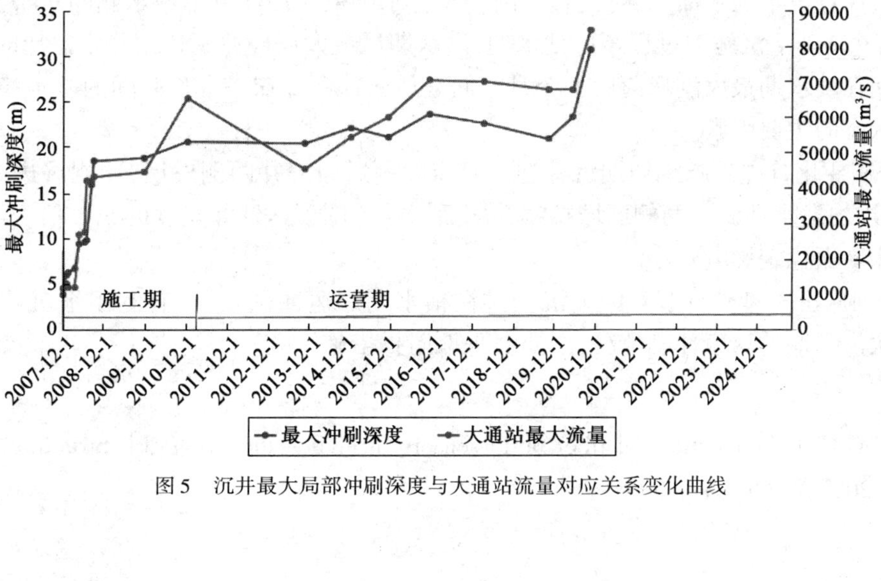

图 5 沉井最大局部冲刷深度与大通站流量对应关系变化曲线

2)沉井基础稳定冲刷历时

从沉井基础施工期下沉施工过程来看,2008年、2009年连续2年最大洪峰流量基本一致,下沉施工冲刷过程经过枯水期、洪水期,最大冲深在施工期2008年第1个洪水期最大流量过后完成,总历时在9个月左右,冲刷发展最快时期在最大洪峰期前后1个月左右时间。洪水期洪峰流量是改变这一平衡状态的主要原因,2010—2019年洪峰流量基本相当,最大冲深基本稳定在20.7~23.7m之间,最大冲深基本稳定平衡状态达9年时间,2020年洪峰流量达到及近些年最大值,最大冲深稳定状态被打破,冲深达到一个新的高度。

四、沉井周边局部冲刷对河床断面稳定影响分析

中塔沉井基础施工结束后以来桥轴线河床断面变化如图6所示,沉井基础两侧冲刷坑施工期影响范围约150m,进入运营期以来,沉井两侧冲刷坑及最深点总体呈小幅冲刷状态,2020年大洪水时增幅明显,两侧冲刷影响范围增大至230m,是沉井垂直水流方向宽度的5.2倍。目前来看,沉井两侧冲刷后对桥轴线河床断面稳定影响较小。

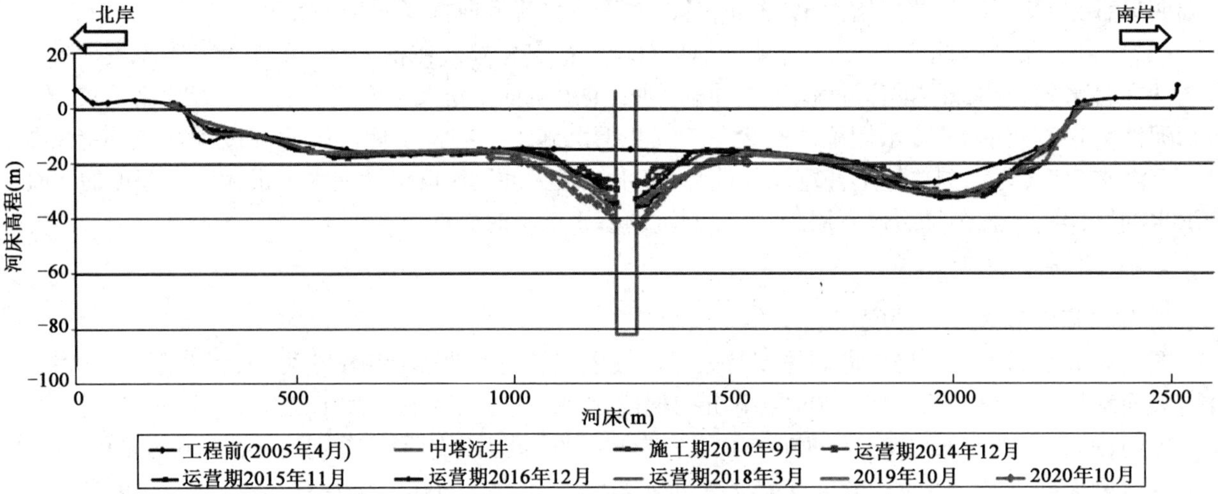

图6 桥轴线河床断面变化

五、结 语

(1)长江下游粉砂质河床沉井基础着床施工期间河床最大冲深与动力条件密切相关,枯水期动力条件弱,沉井周边冲深较小;洪水期间周边冲刷迅速发展,最大冲深在第1个洪水期后达到稳定冲刷深度;沉井周边冲刷最深点位于迎水面两侧拐角处,两侧及背水侧最大冲深可达迎水侧的90%。

(2)中塔沉井基础下沉施工过程经过枯水期、洪水期后最大局部冲深达到稳定总历时9个月,最大冲深增长最快时期在洪水期最大洪峰前后1个月时间。最大冲深存在一个长时间的基本稳定状态,动力条件是打破稳定状态的主要因素。

(3)沉井冲刷变化首先是施工初期沉井迎水侧床冲刷后向沉井两侧发展,冲刷坑进一步向背水侧发展,最终沉井四周均发生冲刷。两侧区域持续冲刷后影响范围可达沉井宽度的5.2倍。沉井周边局部冲刷对桥轴线河床断面稳定影响较小。

(4)粉砂质河床沉井基础首节着床下沉安排在枯水期周边冲刷较小,有利于下沉施工安全,重点关注施工期第1次洪水期的河床冲刷情况,必要时采取防护措施。

参考文献

[1] DENG L,CAI C S. Applications of fiber optic sensors in civil engineering[J]. Structural Engineering and Mechanics,2007,25(5):577-596.

[2] HUNT E B. Monitoring scour critical bridge[R]. Washington D. C.: Transportation Research Board, National Research Council, 2009.

[3] XIONG W, CAI C S, KONG X. Instrumentation design for bridge scour monitoring using fiber bragg grating sensors[J]. Applied Optics, 2012, 51(5): 547-557.

[4] LIANG F Y, BENNETT C, PARSONS R, et al. A literature review on behavior of scoured piles under bridges[C]//Proceadings of the 2009 International foundation Congress and Equipment Expo. Orlando: the International Foundation Congress & Equipment Expo, 2009: 482-489.

[5] 高正荣,黄建维,赵晓冬. 大型桥梁钢沉井下沉过程局部冲刷研究[J]. 海洋工程,2006(03):31-35.

[6] 卢中一,高正荣,杨程生. 大型沉井基础施工过程中局部冲刷试验研究[C]. 中国海洋学会海洋工程分会. 第十四届中国海洋(岸)工程学术讨论会论文集(下册). 中国海洋学会海洋工程分会: 中国海洋学会海洋工程分会,2009:260-267.

[7] 陈策. 大型沉井施工期局部冲刷模型试验及工程验证[J]. 铁道标准设计,2010(06):25-27.

[8] 杨程生. 沉井施工中水流流速分布及河床局部冲刷[C]. 中国海洋工程学会. 第十七届中国海洋(岸)工程学术讨论会论文集(下). 中国海洋工程学会: 中国海洋学会海洋工程分会,2015:360-366.

[9] 梁发云,王琛,黄茂松,等. 沉井基础局部冲刷形态的体型影响效应与动态演化[J]. 中国公路学报,2016,29(09):59-67.

[10] 张新燕,吕宏兴,沈波. 圆柱桥墩局部冲刷机理试验研究[J]. 水利水运工程学报,2012(2):34-41.

[11] 向琪芪,李亚东,魏凯,等. 桥梁基础冲刷研究综述[J]. 西南交通大学学报,2019,54(02):235-248.

47. 高速铁路拱塔斜拉桥成桥状态的参数影响分析

施 洲[1] 余万庆[1] 贾文涛[1] 刘振标[2] 周 刚[2]
(1. 西南交通大学土木工程学院;2. 中铁第四勘察设计院集团有限公司桥梁设计研究院)

摘 要 拱塔斜拉桥线形优美并能解决高速铁路小角度跨越线路与河流时桥墩的布置难题,为研究结构及荷载等参数对拱塔斜拉桥成桥后内力与线形的影响规律,并为施工控制提供参考,以跨石长铁路的沅江特大桥拱塔斜拉桥为工程依托,采用有限元计算分析研究混凝土桥面板重度偏差、斜拉索索力偏差和温度作用等参数对成桥状态下主梁线形与应力、成桥索力、拱塔线形和应力的影响。结果表明:斜拉索索力增大5%时,主梁线形的变化幅度达到了357.67%,桥面板与钢梁温差为10℃时,主梁线形和应力的变化幅度均在130%以上,表明斜拉索索力和桥面板与钢梁温差对成桥状态的影响较大,属于主要敏感参数;混凝土重度、整体升降温、索塔温差以及塔梁温差主要影响主梁的线形,属于较敏感参数。拱塔的线形和应力对各结构参数不敏感。

关键词 拱塔斜拉桥 敏感性分析 成桥状态 力学参数 主梁线形

一、引 言

随着我国高速铁路的不断发展,不同线路的交汇情况越来越复杂。拱塔斜拉桥因其桥型优美流畅并且能够有效地解决上跨既有线路小角度交叉带来的桥墩布置难题,降低工程造价,而拥有广阔的未来市场[1-3]。但拱塔斜拉桥为高次超静定结构,结构体系复杂,在实际施工过程中,容易受到施工误差以及温度等因素的影响,使得实际成桥状态与设计成桥状态可能存在较大的偏差[4-6]。对于高速铁路拱塔斜拉桥,高速列车通行对成桥受力与变形控制要求更为严格。因此,有必要对其力学参数进行敏感性分析,确定结构的影响因素以及其可能的偏差范围,为施工过程控制提供参考。张宪堂等[7]采用 Midas Civil 有限元软件,研究了主梁自重、斜拉索索力、施工临时荷载等结构参数对成桥状态下主梁应力、线形和拉索索力的敏感程度,发现主梁自重和斜拉索二次张拉索力为敏感因素,主梁应力和斜拉索索力的敏感程度低于主梁线形。卫康华等[8]通过计算比较国内某矮塔斜拉桥的各设计参数在成桥状态时对主梁线形、应力、成桥索力和拱塔偏位的影响,发现主梁重度、拉索初张力、季节温差和索梁温差对成桥状态的影响较大,而混凝土弹模、日照温差和索塔两侧温差对成桥状态的影响较小。Liu 等[9]采用响应面法建立了设计参数与结构响应之间的显式响应方程,并对各参数的灵敏度进行了分析,结果表明,索的弹性模量是影响索的主要参数,索力、梁的密度和塔的刚度是次要影响参数。刘旭政等[10]通过比较个各设计参数在成桥时对主梁挠度和应力的影响,指出主梁重度和斜拉索索力值是独塔斜拉桥的主要设计参数,而主梁和斜拉索的弹性模量对成桥状态影响不大。Li 等[11]指出大跨径混合梁斜拉桥的主要参数是梁的重量和索力,拉索的刚度对桥的建成状态影响不大。曾勇等[12]运用反应谱法,分析索塔刚度、钢桁梁刚度、辅助墩数量以及结构体系对于该类桥梁地震作用的影响,研究结果表明,提高主梁的刚度和科学地增设辅助墩可以减缓公轨两用大跨径索面钢桁梁斜拉桥地震响应。Liu 等[13]以设计半径和墩梁连接形式为变量,研究了这两个参数对超大型斜拉桥动力特性的影响,结果表明这两个设计参数对超大型斜拉桥的动力特性有较大影响,并直接影响桥梁的抗震性能。谢明志等[14]以沅江特大桥 90m + 180m + 90m 矮塔斜拉桥为工程背景,开展参数敏感性分析,研究结果表明,主梁变形及应力受梁体自重、预应力和斜拉索索力影响最大,混凝土收缩徐变和索梁塔温差均为影响成桥索力及塔偏的敏感因素。刘榕等[15]研究了多塔矮塔斜拉桥参数变化对结构内力、变形和自振特性的影响,研究结果表明,边跨长、主梁刚度、桥墩刚度的变化对结构刚度和内力影响较大,塔跨比、拉索刚度、主梁刚度是影响索力的主要因素。可见,影响斜拉桥成桥后受力、线形等的因素众多,同种因素对不同形式斜拉桥的影响程度也不尽相同。

拱塔斜拉桥在高速铁路中的应用刚刚起步,其结构比常规斜拉桥更为复杂,其成桥线形及内力受结构与荷载等力学参数的影响规律有待进一步研究。本文以双主跨 90m 的常益长铁路沅江特大桥跨石长铁路拱塔斜拉桥为工程背景,通过有限元分析,研究混凝土重度、拉索初张力和温度等参数对成桥受力与变形的影响规律。

二、工程概况及有限元模型

1. 工程概况

新建常德至益阳至长沙铁路跨石长铁路大桥为拱塔斜拉桥,跨径布置为 32m + 90m + 90m + 32m,主桥全长 245.4m,如图 1a)所示。桥上线路采用无砟轨道,设计速度为 350km/h。大桥桥塔采用椭圆形拱轴线,全高 66m,拱塔采用矩形截面,长 4m,高 3m,如图 1b)所示。斜拉索采用空间双索面体系,呈辐射形,全桥共设 13 对斜拉索,梁上索距为 12m。主梁采用分离双箱钢主梁结合倒置肋钢混组合桥面板,桥面全宽 16.3m,中心线处梁全高 3.05m,其中钢梁高度 2.8m,混凝土桥面板标准厚度 0.25m,如图 1c)所示。拱塔采用先竖转后平转合龙的施工方法,钢主梁采用双向顶推施工至塔间进行合龙,其后施工斜拉索并初张拉,待桥面混凝土浇筑施工完成后进行二次张拉成桥。

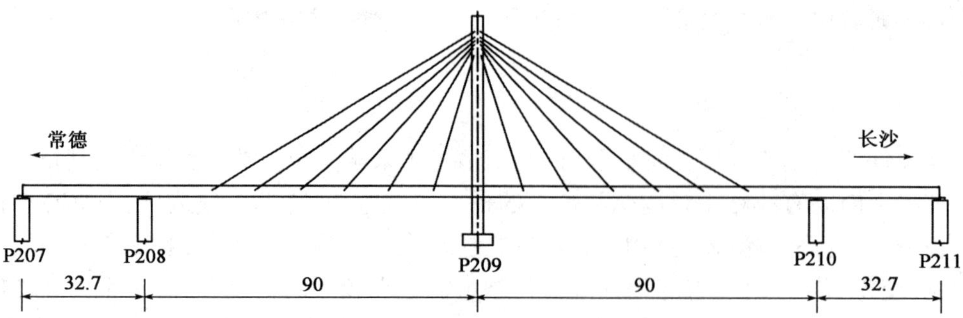

a)拱塔斜拉桥立面

图 1

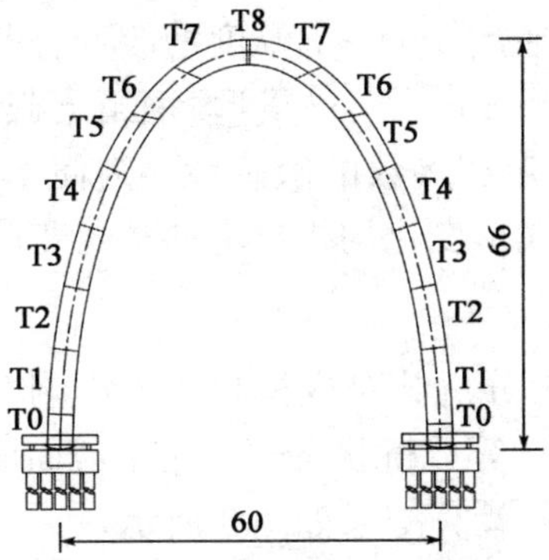

b)拱塔布置图

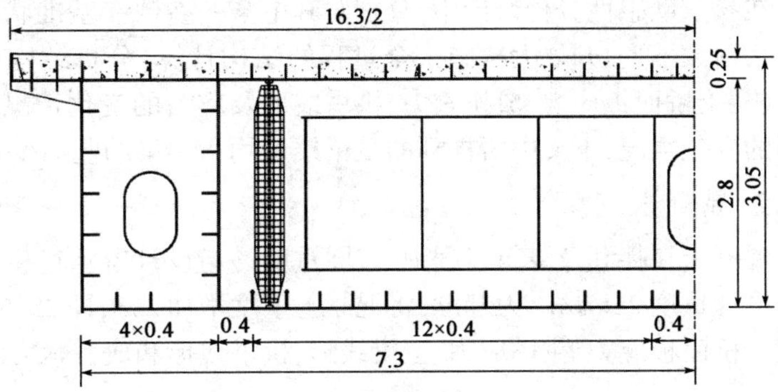

c)主梁截面

图1 拱塔斜拉桥及主梁截面示意图(尺寸单位:m)

2. 高速铁路拱塔斜拉桥有限元模型

为研究各影响因素对成桥状态的影响,采用桥梁有限元软件 Midas Civil 建立该桥结构空间杆系计算分析模型,如图2所示。除扣索及斜拉索采用只受拉杆单元外,拱塔支架部分采用桁架单元,其余均采用梁单元模拟,扣索及扣塔与主梁采用刚接,全桥模型共518个节点、711个单元。在建模过程中,首先建立拱塔及拱塔支架来模拟拱塔的转体施工,其次建立钢主梁以及扣塔和扣索,模拟主梁的顶推施工,采用只受压支座模拟主梁顶推过程中的拼装支架,进而完成主梁合龙。

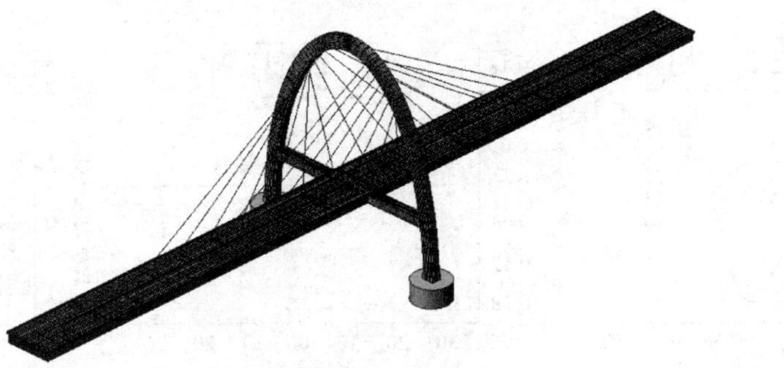

图2 结构计算分析模型

三、高速铁路拱塔斜拉桥参数影响讨论

1. 参数选取

由于拱塔斜拉桥特殊的拱塔结构,与常规斜拉桥相比,其成桥状态更容易受到材料特性、施工误差以及现场温度等力学参数的影响。根据《预拌混凝土》(GB/T 14902—2012)中的规定,混凝土重度误差不得超过2%,故取混凝土重度增加2%进行敏感性分析;根据工程实际,实际的成桥索力与设计索力的误差不超过5%,故取拉索张拉力增加5%进行敏感性分析;根据当地气候条件,分别选取整体升降温±20℃、塔梁温差+10℃、索塔温差+10℃、桥面板与钢梁温差+10℃进行敏感性分析。结构主要参数及工况见表1。

结构主要参数及相应工况 表1

主要参数	基准状态	工 况
混凝土容重	25kN/m^3	+2%
拉索张拉力	计算张拉力	+5%
整体升降温	—	±20℃
塔梁温差	—	+10℃
索塔温差	—	+10℃
桥面板与钢梁温差	—	+10℃

在参数敏感性分析讨论中,分别对其中某一参数在基准状态的基础上实施一定幅度的改变,同时保持其余参数不变,开展大桥施工全过程的结构计算,分析结构在成桥状态下的主梁线形、钢箱梁截面应力、混凝土桥面板应力、成桥索力、拱塔线形及应力的变化情况,从而确定各参数的敏感性。为便于描述线形的变化情况,下文中所提到的主梁线形均指主梁的竖向变形,拱塔线形变化均指拱塔的竖向变形。

2. 混凝土重度

混凝土在拌和及浇筑过程中,实际重度易与设计容重产生偏差。为分析其对成桥状态的影响,以混凝土设计重度 $25kN/m^3$ 为基准,将混凝土重度增加 2%,即 $25.5kN/m^3$,计算成桥状态下钢箱梁截面应力、混凝土桥面板应力、拱塔应力、主梁线形、拱塔线形和成桥索力的改变量,计算结果如图 3 所示。

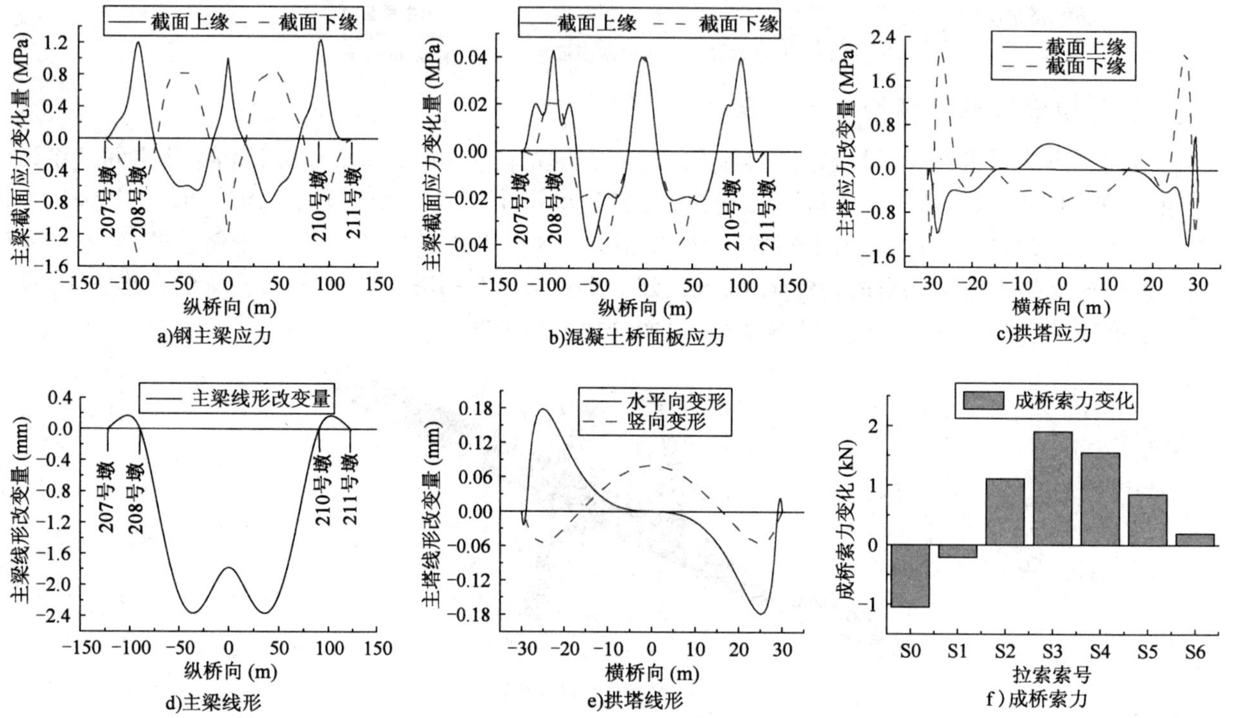

图 3　混凝土重度变化对成桥状态的影响

由图 3 可知,当混凝土桥面板重度增加 2% 时,主梁钢结构部分应力最大变化量在次边墩处为 −1.40MPa,变化幅度为 3.04%;混凝土桥面板部分应力最大变化量也同为次边墩处,为 0.04MPa,变化幅度达到 7.22%;拱塔应力在拱塔与横梁交界处的变化量最大,为 2.00MPa,变化幅度达到 4.72%;主梁线形变化值在 −2.36 ~ 0.21mm,在拱塔附近的变化量最大,变化幅度达到 65.62%;拱塔线形的变化值在 −0.06 ~ 0.09mm,在拱塔顶部变化量最大,最大变化幅度达到 2.56%;S3 号索的成桥索力变化量最大,达到了 1.90kN,变化幅度为 0.06%。综上所述,混凝土重度变化对主梁线形的影响较大。

3. 拉索索力

为研究拉索索力对成桥状态的影响,参考常用索力误差限值,将拉索索力增大 5%,计算得到钢箱梁截面应力、混凝土桥面板应力、拱塔应力、主梁线形、拱塔线形和成桥索力的改变量,结果如图 4 所示。

由图 4 可知,当斜拉索张拉力增加 5% 时,钢主梁及混凝土桥面板的应力变化量均在次边墩处达到最大,分别为 7.50 和 0.25MPa,变化幅度分别为 15.65% 和 31.95%;拱塔应力在拱塔与横梁交界处的变化量最大,为 6.50MPa,变化幅度达到 8.60%;主梁线形变化值为 −1.09 ~ 14.95mm,在拱塔附近的变化量最大,变化幅度达到 357.67%;拱塔线形的变化值在 −1.98 ~ 0.25mm 之间,在拱塔顶部的变化量最大,最大变化幅度达到 5.25%;S6 号拉索的索力变化量最大,达到 153.95kN,变化幅度为 4.89%。可见,斜拉索张拉力变化对主梁线形和混凝土桥面板应力的影响较大。

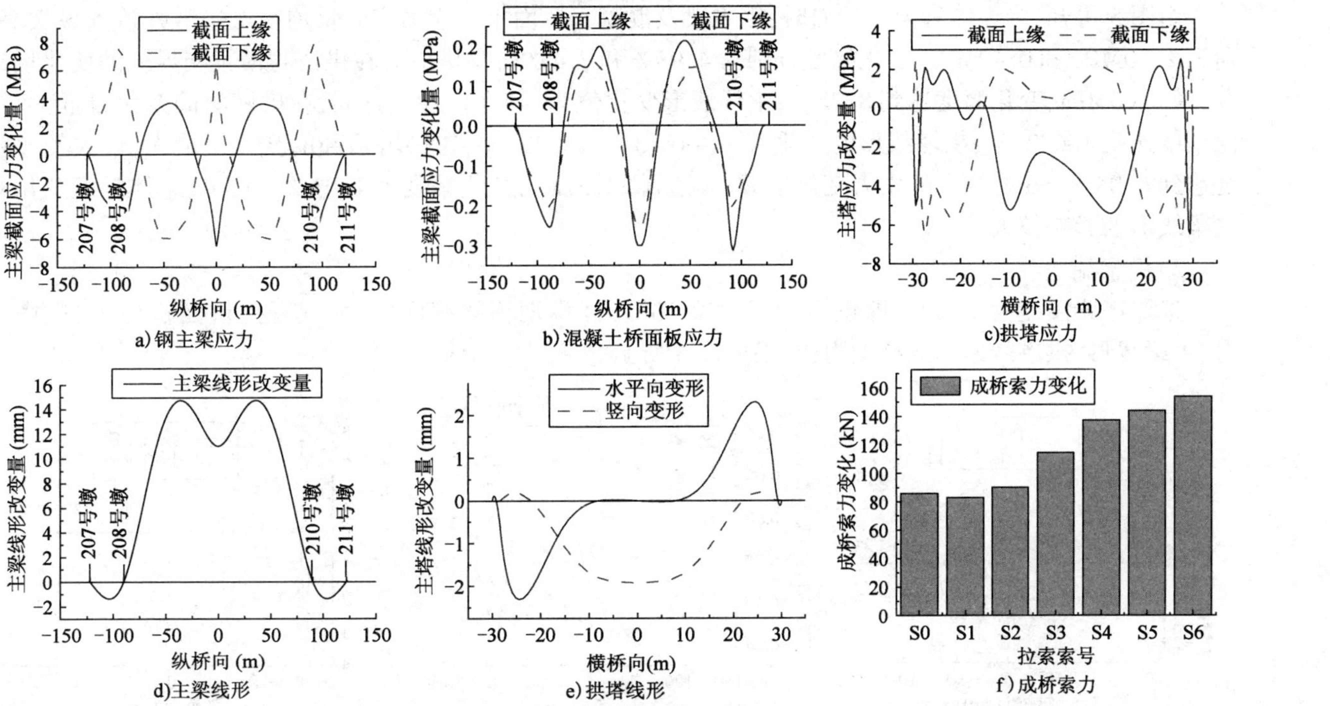

图 4 拉索索力对成桥状态的影响

4. 温度影响

在桥梁的施工及运营过程中,温度的变化同样影响桥梁的受力与变形。在钢—混凝土组合梁中,不同结构部位会产生一定的温差,对结构的受力会有较大影响。为研究温度作用对成桥状态的影响,分别选取整体升降温、塔梁温差、索塔温差和混凝土桥面板与钢梁温差,分析桥梁对温度变化的敏感程度。

1) 整体升降温

以主梁合龙温度为基准,选取季节温差 ±20℃ 两种工况,计算钢箱梁截面应力、混凝土桥面板应力、拱塔应力、主梁线形、拱塔线形和成桥索力,结果如图 5 所示。

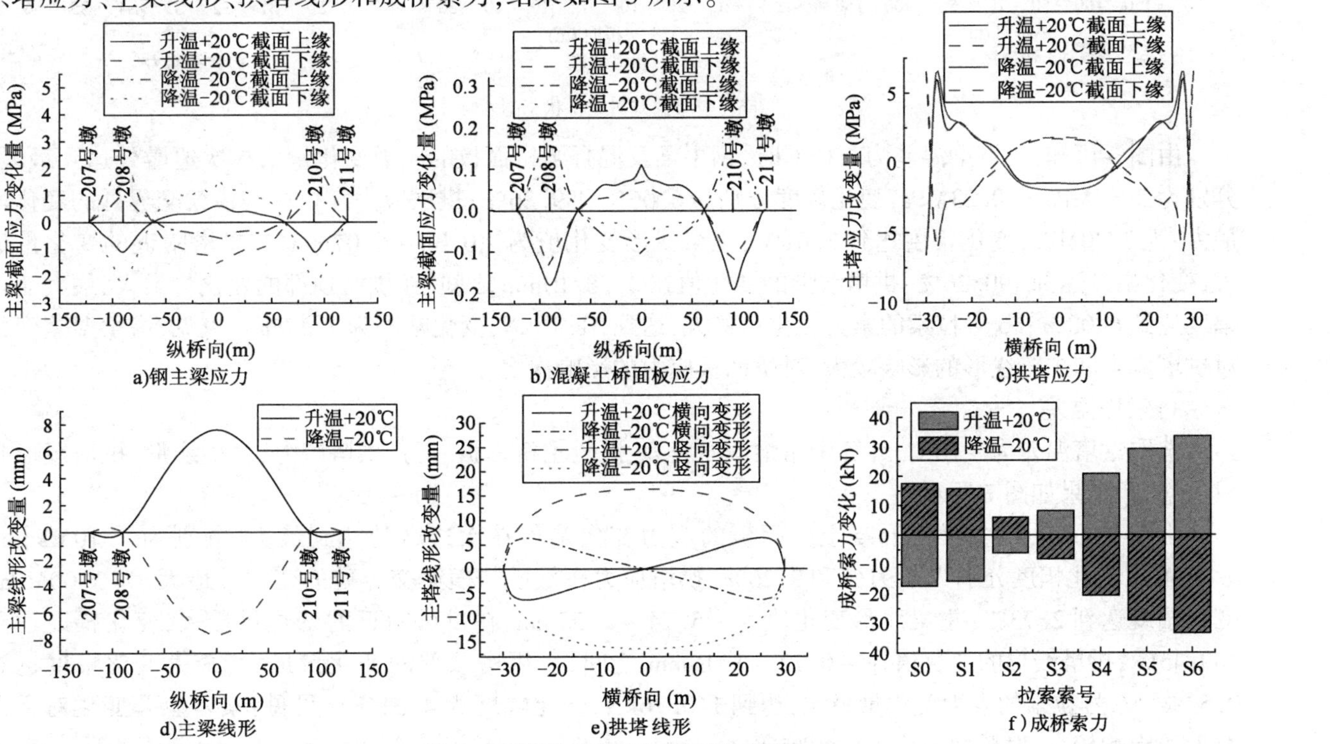

图 5 主梁整体升降温对成桥状态的影响

由图5可知，当整体升温+20℃时，钢主梁及混凝土桥面板的应力变化量均在次边墩处达到最大，分别为2.30MPa和0.19MPa，变化幅度分别为4.98%和7.41%；拱塔应力在拱塔与横梁交界处的变化量最大，为6.60MPa，变化幅度达到8.72%；主梁线形变化值为-7.61~7.61mm，在拱塔处的变化量最大，变化幅度达到106.21%；拱塔线形的变化值在-16.37~16.37mm，在拱塔顶部的变化量最大，最大变化幅度达到6.08%；S6号拉索的索力变化量最大，达到33.57kN，变化幅度为1.03%。可见，整体温度变化对主梁线形的影响较大。

2）塔梁温差

选取塔梁温差为+10℃，即拱塔高于主梁10℃，计算钢箱梁截面应力、混凝土桥面板应力、拱塔应力、主梁线形、拱塔线形和成桥索力，结果如图6所示。

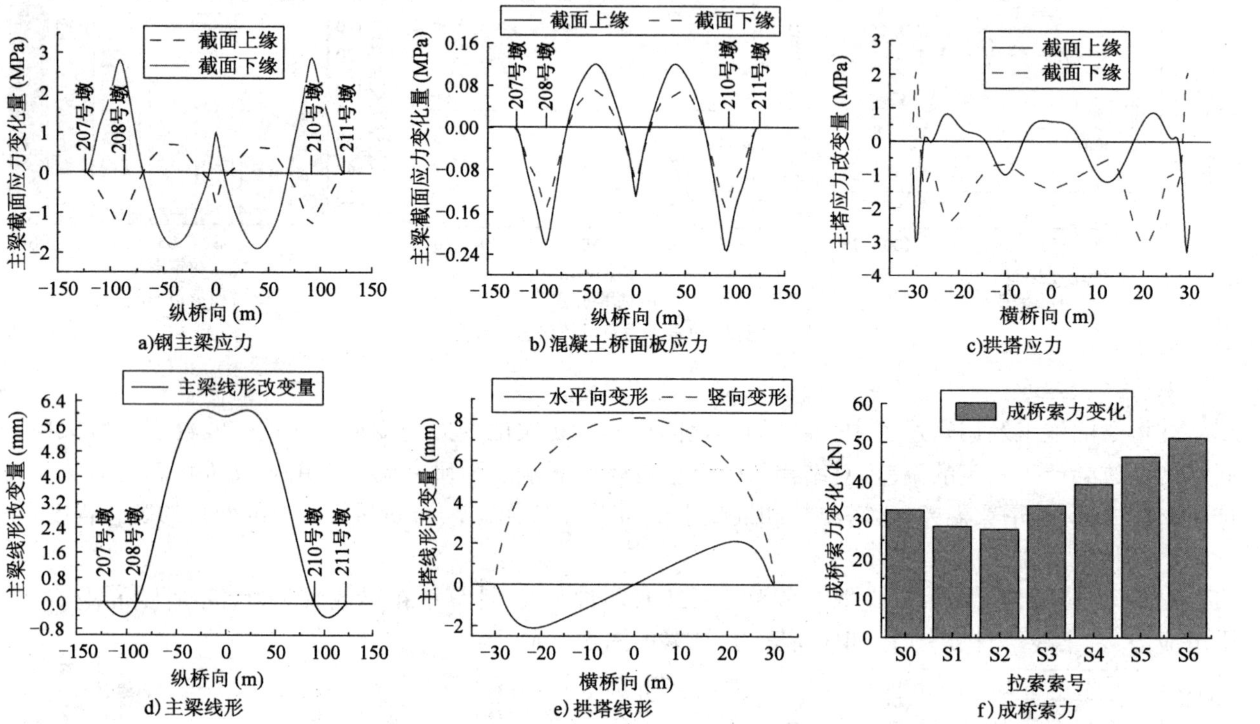

图6 塔梁温差对成桥状态的影响

由图6可知，当塔梁温差为+10℃时，钢主梁及混凝土桥面板的应力变化量均在次边墩处达到最大，分别为2.80MPa和0.23MPa，变化幅度分别为6.06%和9.26%；拱塔应力在拱塔与横梁交界处的变化量最大，为3.30MPa，变化幅度达到3.01%；主梁线形变化值为-0.38~6.07mm，在拱塔附近的变化量最大，变化幅度达到190.26%；拱塔线形的变化值在0~8.10mm之间，在拱塔顶部的变化量最大，最大变化幅度达到6.08%；S6号拉索的索力变化量最大，达到51.16kN，变化幅度为1.57%。可见，塔梁温差变化对拱塔应力和主梁线形的影响较大，对桥面板应力的影响次之。

3）索塔温差

选取索塔温差为+10℃，计算钢箱梁截面应力、混凝土桥面板应力、拱塔应力、主梁线形、拱塔线形和成桥索力，结果如图7所示。

由图7可知，钢主梁及混凝土桥面板的应力变化量均在次边墩处达到最大，分别为4.10MPa和0.23MPa，变化幅度分别为8.91%和9.26%；拱塔应力在拱塔与横梁交界处的变化量最大，为3.00MPa，变化幅度达到2.73%；主梁线形变化值为-5.74~0.55mm，在拱塔附近的变化量最大，变化幅度达到139.45%；拱塔线形的变化值在-0.12~1.18mm之间，在拱塔顶部的变化量最大，最大变化幅度达到0.53%；S6号拉索的索力变化量最大，达到140.76kN，变化幅度为4.31%。可见，索塔温差变化对主梁线形的影响较大，对桥面板应力的影响次之。

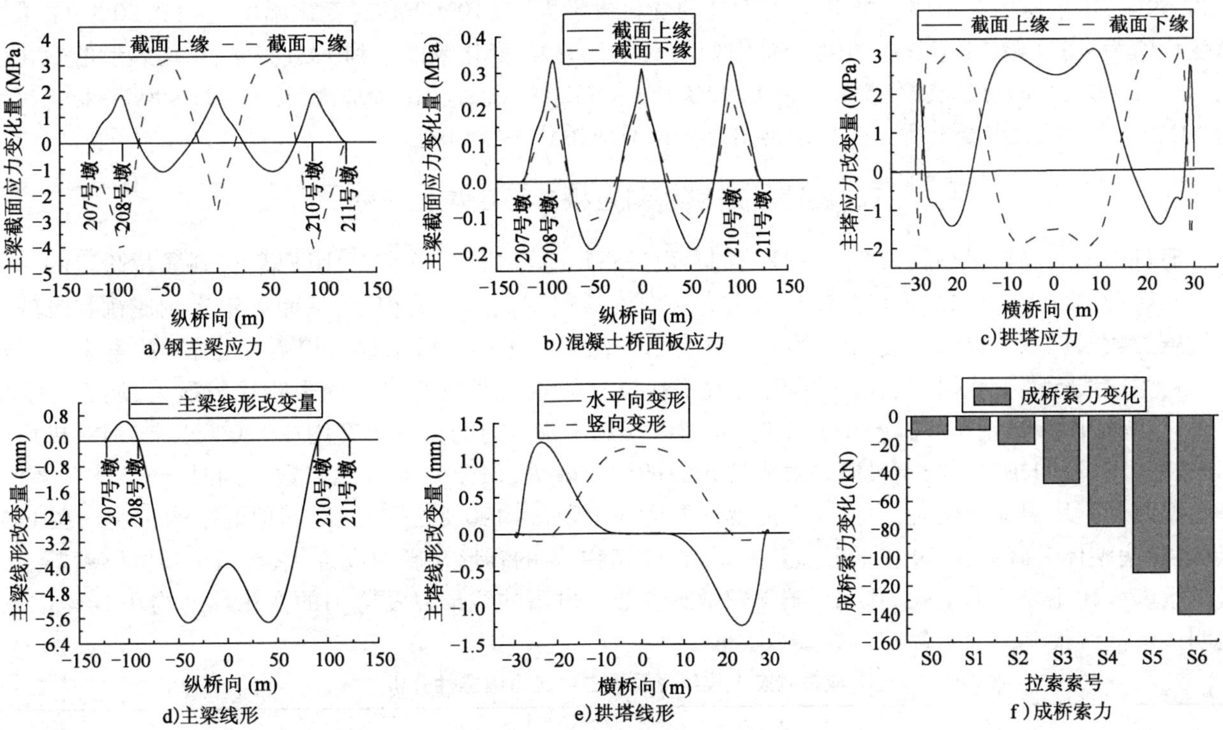

图7 索塔温差对成桥状态的影响

4)混凝土桥面板与钢梁温差

取混凝土桥面板与钢梁温差为10℃时,计算钢箱梁截面应力、混凝土桥面板应力、拱塔应力、主梁线形、拱塔线形和成桥索力,结果如图8所示。

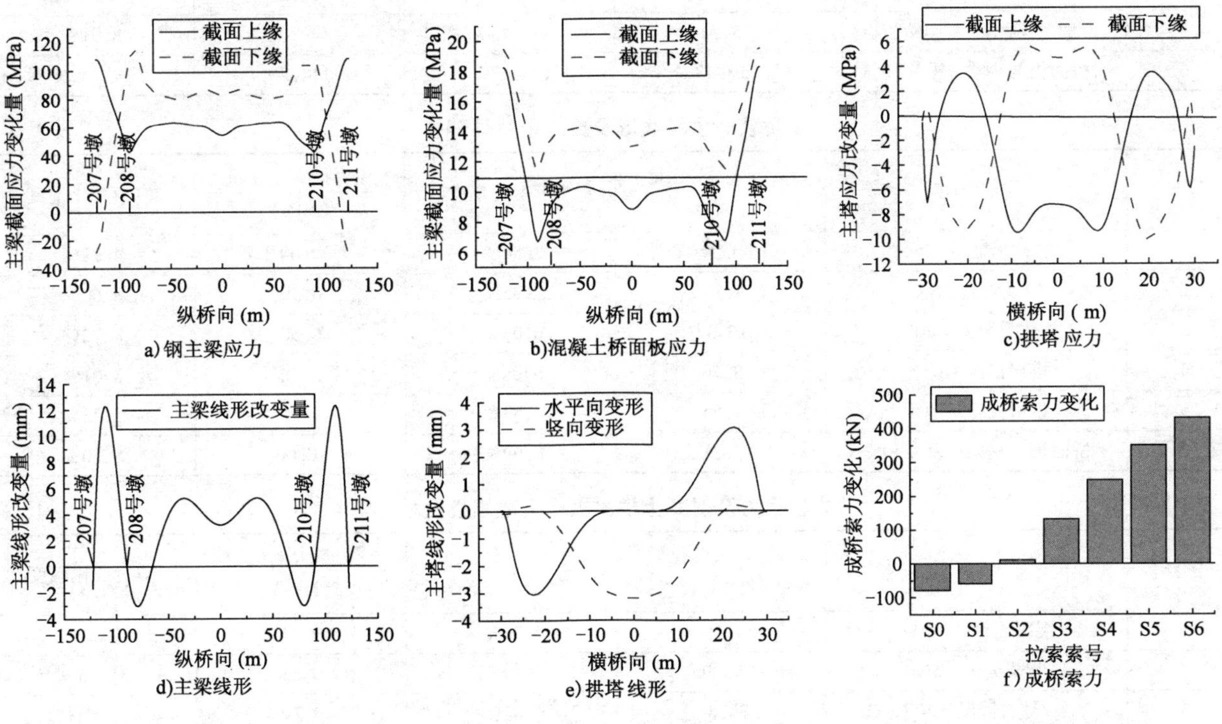

图8 混凝土桥面板与钢梁温差对成桥状态的影响

由图8可知,当混凝土桥面板与钢梁温差为10℃时,钢主梁应力变化量在次边墩处达到最大114.7MPa,变化幅度为342.39%;混凝土桥面板部分应力最大变化量在边墩处,为19.46MPa,变化幅度达到

1186.59%;拱塔应力在距离拱塔10m附近处的变化量最大,为10.00MPa,变化幅度达到8.20%;主梁线形变化值为-3.14~12.47mm,在边跨跨中处的变化量最大,变化幅度达到133.47%;拱塔线形的变化值在-3.21~0.14mm,最大变化幅度达到8.99%;S6号拉索的索力变化量最大,达到431.38kN,变化幅度为13.21%。可见,混凝土桥面板与钢梁温差变化对成桥状态影响较大。

四、高速铁路拱塔斜拉桥参数敏感性分析

通过以上对高铁拱塔斜拉桥的6种结构参数进行敏感性研究,整合对比结果,得到成桥阶段的主梁应力和线形、拱塔应力和线形以及斜拉索索力对结构参数变化的影响程度,从而确定影响成桥状态的主要敏感参数,具体分析结果见表2~表4。由表2~表4敏感性分析结果可以看出,当斜拉索索力增加5%时,主梁线形的变化幅度超过了300%,说明斜拉索的索力对成桥状态的影响比较显著,属于主要敏感参数;当桥面板与钢梁的温差在10℃时,主梁线形和主梁应力的变化幅度均在130%以上,但对拱塔的影响比较小,说明桥面板与钢梁温差对成桥状态的影响较大,属于主要敏感参数。同时,当整体升降温、塔梁温差和索塔温差变化时,主梁线形的变化幅度在100%~190%之间,但对其他的结构影响均在10%以内,说明整体升降温、塔梁和索塔温差主要通过影响主梁的线形来影响成桥状态,属于较敏感参数。混凝土重度变化主要影响主梁的线形,属于较敏感参数。拱塔的线形以及应力的变化幅度均在10%以下,表明拱塔的线形和应力对各结构参数不敏感。

成桥状态主梁线形及钢主梁应力敏感性分析 表2

序号	影响因素	线形最大变化量(mm)	线形变化幅度	应力最大变化量(MPa)	应力变化幅度
1	混凝土重度+2%	2.36	65.62%	1.40	3.04%
2	拉索索力+5%	14.95	357.67%	7.50	15.65%
3	整体升降温±20℃	7.61	106.21%	2.30	4.98%
4	塔梁温差+10%	6.07	190.26%	2.80	6.06%
5	索塔温差+10%	5.74	139.45%	4.10	8.91%
6	桥面板与钢梁温差+10%	12.47	133.47%	114.70	342.39%

成桥状态拱塔线形及应力敏感性分析 表3

序号	影响因素	线形最大变化量(mm)	线形变化幅度	应力最大变化量(MPa)	应力变化幅度
1	混凝土重度+2%	0.09	2.56%	2.00	4.72%
2	拉索索力+5%	1.98	5.25%	6.50	8.60%
3	整体升降温±20℃	16.37	6.08%	6.60	8.72%
4	塔梁温差+10%	8.10	6.08%	3.30	3.01%
5	索塔温差+10%	1.25	0.53%	3.00	2.73%
6	桥面板与钢梁温差+10%	3.21	8.99%	10.00	8.20%

成桥索力及混凝土桥面板应力敏感性分析 表4

序号	影响因素	索力最大变化量(kN)	索力变化幅度	应力最大变化量(MPa)	应力变化幅度
1	混凝土重度+2%	1.90	0.06%	0.04	7.22%
2	拉索索力+5%	153.95	4.89%	0.25	31.95%
3	整体升降温±20℃	33.57	1.03%	0.19	7.41%
4	塔梁温差+10%	51.16	1.57%	0.23	9.26%
5	索塔温差+10%	140.76	4.31%	0.33	9.26%
6	桥面板与钢梁温差+10%	431.38	13.21%	19.46	1186.59%

高速铁路拱塔斜拉桥为独特的斜拉桥结构形式，其成桥状态的影响参数与常规的斜拉桥有明显的差异。文献[8]中以一座三塔四跨矮塔斜拉桥为工程背景指出，主梁重度、拉索初张力和索梁温差为主要设计参数，索塔两侧温差对成桥状态的影响较小，为次要参数。与矮塔斜拉桥相比，拱塔斜拉桥的混凝土重度对成桥状态的影响较小，属于较敏感参数，而斜拉索初张力对成桥状态的影响相似，均属于主要敏感参数。

五、结　　语

（1）混凝土重度、斜拉索索力、整体升、降温和梁塔及索塔温差对主梁线形均有较大影响，其中斜拉索索力为最敏感参数，变化幅度可达到357.67%；混凝土桥面板与钢梁温差对钢主梁应力影响最大，变化幅度可达到342.39%，其余结构参数对其影响较小，变化幅度均在10%以内。

（2）斜拉索索力、混凝土桥面板与钢梁温差、塔梁和索塔温差对混凝土桥面板应力均有较大影响，其中桥面板与钢梁温差为最敏感参数，变化幅度可达1186.59%；各结构参数对成桥索力、拱塔线形和应力的影响均较小，变化幅度均在10%以内。

（3）当斜拉索索力增大5%时，主梁线形的变化幅度达到了357.67%；当桥面板与钢梁温差为10℃时，主梁线形和应力的变化幅度均在130%以上，表明两者对成桥状态的影响最大，为主要敏感性参数，在施工过程中，应重点关注上述影响参数的变化；混凝土重度、整体升降温、塔梁温差和索塔温差对成桥状态的影响次之，属于次要敏感性参数。

（4）各结构参数对拱塔斜拉桥的影响规律与常规斜拉桥相似，不同之处在于拱塔斜拉桥中斜拉索索力为主要敏感性参数，而混凝土桥面板重度为次要敏感性参数。

参考文献

[1] 祝嘉翀，黄天立，周朝阳，等. 高铁大跨拱承式独塔斜拉桥成桥状态力学参数敏感性分析[J]. 铁道科学与工程学报，2021，18(09)：2244-2254.

[2] 董宇航，张谢东，郭子会，等. 蝴蝶兰异形拱塔斜拉桥受力研究[J]. 武汉理工大学学报(交通科学与工程版)，2018，42(03)：520-524.

[3] 施洲，胡豪，蒲黔辉，等. 高速铁路拱塔斜拉桥拱塔轴线优化求解[J]. 西南交通大学学报，2021，56(03)：469-476.

[4] 刘增武，辛景舟，周水兴，等. 异形索塔斜拉桥参数敏感性分析[J]. 中外公路，2020，40(05)：76-80.

[5] 周毅，孙利民，符振慧，等. 斜拉桥跨中竖向位移的温度灵敏度系数研究[J]. 工程力学，2020，37(06)：148-154.

[6] 罗世东，刘振标. 铁路钢箱混合组合梁斜拉桥[M]. 北京：中国铁道出版社，2017.

[7] 张宪堂，余辉，秦文彬，等. 钢箱梁斜拉桥结构参数敏感性分析[J]. 山东科技大学学报(自然科学版)，2020，39(05)：41-47，55.

[8] 卫康华，罗浩，杨孟刚. 塔墩梁固结的三塔四跨矮塔斜拉桥成桥状态力学参数研究[J]. 铁道科学与工程学报，2017，14(05)：988-996.

[9] LIU J，WANG D. Static Parameter Sensitivity Analysis of Long-Span Cable-Stayed Bridge Based on RSM [J]. Journal of Highway & Transportation Research & Development，2016，10(1)：64-71.

[10] 刘旭政，黄平明，许汉铮. 独塔斜拉桥参数敏感性分析[J]. 长安大学学报(自然科学版)，2007(06)：63-66.

[11] LI Z S，LEI J Q，YAN D H. Analysis of Parameters' Sensitiveness of Long-Span Hybrid Girder Cable-Stayed Bridge[J]. Key Engineering Materials，2012，517：817-823.

[12] 曾勇，曾渝茼，谭红梅. 大跨度公轨两用单索面钢桁梁斜拉桥地震响应参数分析[J]. 北京交通大学学报，2020，44(06)：44-50.

[13] LIU H S, DONG J, YANG Y, et al. Analysis of Seismic Response for an Extradosed Cable-Stayed Curved Bridge Based on Different Design Parameters[J]. Applied Mechanics & Materials, 2012, 226-228: 1551-1554.

[14] 谢明志,魏昌辛,杨永清,等.高铁大跨矮塔斜拉桥施工控制研究及应用[J].铁道工程学报,2018,35(09):35-41,48.

[15] 刘榕,伍英,丁延书,等.多塔矮塔斜拉桥结构参数敏感性分析[J].铁道科学与工程学报,2018,15(05):1224-1230.

48. 钢板-聚氨酯水泥复合加固RC梁抗弯性能试验研究

孙全胜　孙忠淋　李春玮　赵金炎

(东北林业大学土木工程学院)

摘　要　本文提出一种新型组合加固方法——钢板-聚氨酯水泥复合加固法。基于聚氨酯水泥其质量轻、拉压强度高、固化快、黏性好、流动性好等诸多优点对钢板混凝土组合加固法进行技术改良。本文通过聚氨酯水泥材性研究、复合加固小梁试验、复合加固有限元仿真、复合加固极限承载能力推导,得到了聚氨酯水泥材料的本构模型,钢板-聚氨酯水泥复合加固对RC梁刚度提升效果显著,对梁体的裂缝起到了显著的抑制作用,推导得出了钢板-PUC复合加固梁的正截面抗弯承载能力计算公式,可以为后续结构加固设计进行指导。

关键词　聚氨酯水泥　钢板-聚氨酯水泥复合加固　小梁试验　有限元分析　抗弯承载力

一、引　　言

桥梁是交通工程的重要组成部分,是经济和社会发展的重要基础设施[1]。对承载力不足的桥梁进行针对性地加固改造,提高其强度、刚度、耐久性,延长其使用寿命已经迫在眉睫[2]。

目前,桥梁结构传统加固方法主要有[3-5]增大截面法、粘贴钢板法、体外预应力法、纤维增强复合材料加固法、组合加固法以及新型混凝土材料加固法[6-11]等,此外还有附加自锚式悬索桥法[12]、绕丝法[13]、简支变连续法[14]、梁拱组合体系法[15]、增设横向联系法[16]等新型加固法。

钢板-混凝土组合加固法由于混凝土自重较大,加固后原结构自身剩余承载能力不多,钢板应变滞后,结构的整体工作性能欠佳,混凝土浇筑后需要较长养护时间,加固时需要封闭交通等一系列因素,据需对此方法进行改进。

以聚氨酯作为胶凝材料,水泥作为填充材料所形成的聚氨酯水泥(Polyurethane Cement, PUC)[17]就是一种新型的树脂混凝土。它具有轻质、抗拉压强度高、高韧性、硬化时间短、流动性强、黏结性好等诸多优点,已被多次应用于桥梁结构加固中,在既有RC结构加固和修复领域具有广阔的应用前景。

本文基于聚氨酯水泥(PUC)材料的优点,提出钢板-聚氨酯水泥复合加固法。

二、复合加固抗弯试验

1. 聚氨酯水泥材料特性研究

本文制备的聚氨酯水泥主要原料为双组分聚氨酯和水泥,双组分聚氨酯分别是异氰酸酯(黑料)和组合聚醚(白料),水泥为标号42.5的普通硅酸盐水泥,主要助剂为催化剂、除水剂和脱模剂。经试验调配,本文聚氨酯水泥采用组合聚醚：异氰酸酯：水泥 =1：1：2 配制,分子筛和催化剂与原料存放时间、制备时环境温度、环境湿度有关,由拌和前试配情况决定。聚氨酯水泥固化后密度在 1.51 ~ 1.53g/cm^3 之间。

在 20℃室温下,进行聚氨酯水泥立方体试件抗压试验、哑铃型薄片试件抗拉试验、长方体小梁试件抗折试验来综合确定聚氨酯水泥受力性能,聚氨酯水泥力学性能试验如图 1 所示。

图 1　聚氨酯水泥力学性能试验(尺寸单位:mm)

3 项力学性能试验各进行 10 组试验,每组试验由 3 个同时浇筑的试件组成,取相对稳定的试验结果建立材料本构。综合各试验结果,室温下,聚氨酯水泥受力应力-应变全曲线如图 2 所示。

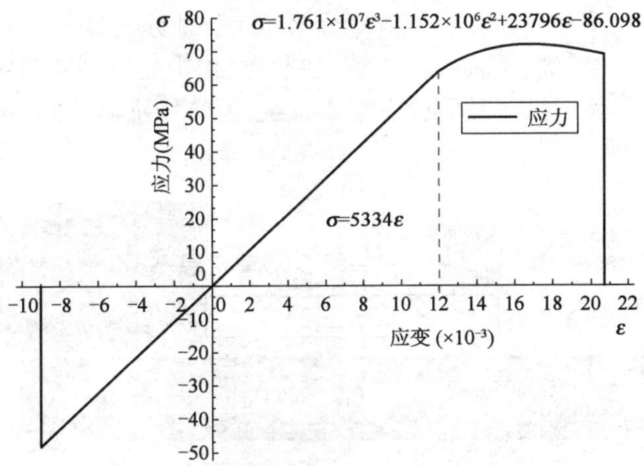

图 2　聚氨酯水泥受力应力-应变全曲线(压为正)

聚氨酯水泥具有较高的抗拉、抗压强度和较好的受力变形能力,抗拉性能远超常规混凝土。同时聚氨酯水泥材料具有较好的韧性,适宜作为加固用材料。上述聚氨酯水泥本构关系将用于后文的结构加固计算和结构加固仿真分析中,并将为结构加固设计提供参考。

2. 试验梁设计与制作

试验梁采用 C30 混凝土,长度 3000mm,截面尺寸为 150mm × 300mm,纵向钢筋保护层厚 20mm。采用两点对称加载,支点距梁端 150mm,加载点距梁端 1050mm,跨中纯弯段长度 900mm。试验梁截面尺寸及配筋情况如图 3 所示。

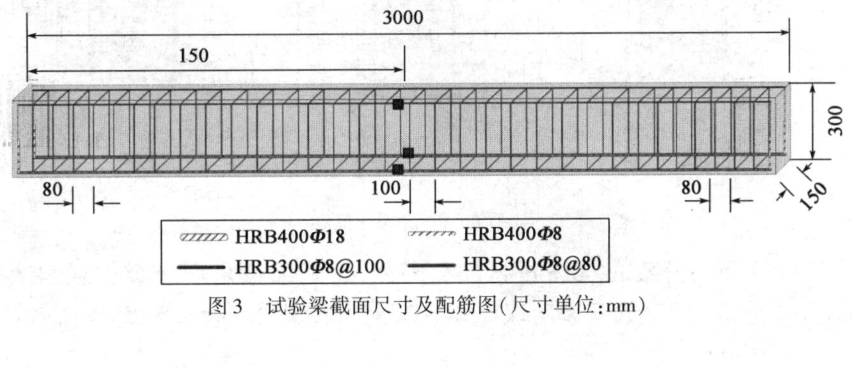

图 3　试验梁截面尺寸及配筋图(尺寸单位:mm)

共设计3片加固梁、1片对比梁，加固梁的加固长度均为2.4m，沿跨中对称布置，梁侧加固高度均为50mm，具体加固设计参数详见表1，结构加固示意图如图4所示。

加固试件设计参数表 表1

编　号	加固方式	聚氨酯厚度	钢板厚度
原梁	—	—	—
PUC_{20}	外包聚氨酯水泥加固	20mm	—
SP_4-PUC_{20}	钢板-聚氨酯水泥复合加固	20mm	4mm
SP_4-PUC_{40}	钢板-聚氨酯水泥复合加固	40mm	4mm

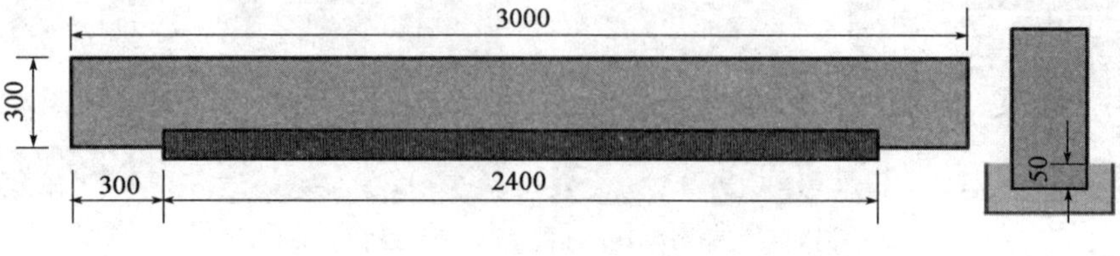

图4　加固示意图(尺寸单位:mm)

3. 加载及测试内容

试验测试方案如图5所示，采用300kN杠杆式螺旋液压千斤顶并通过分配钢梁对试验梁进行四点弯曲加载。在千斤顶处布置压力传感器，梁轴线的支点、加载点、跨中处分别布设位移计(LVDTs)，梁跨中截面布置应变片(图3、图6)。采用扬州晶明静态采集系统，所有传感器(压力传感器、位移计、应变片)均与静态采集仪连接以实现同步记录。

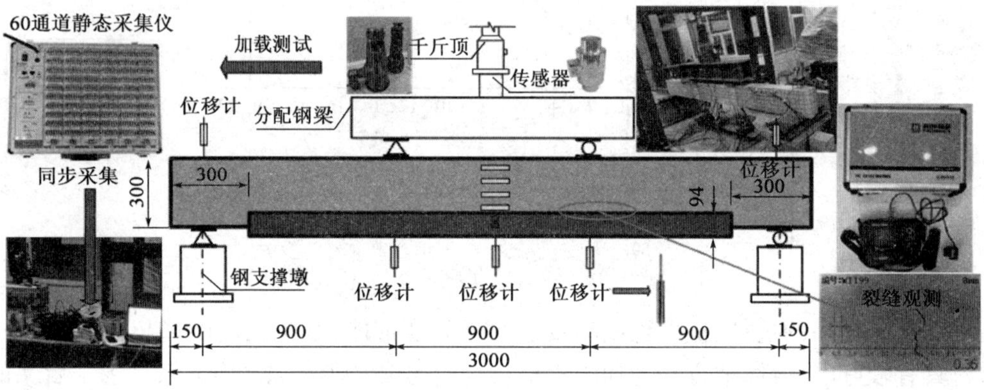

图5　试验加载装置(尺寸单位:cm)

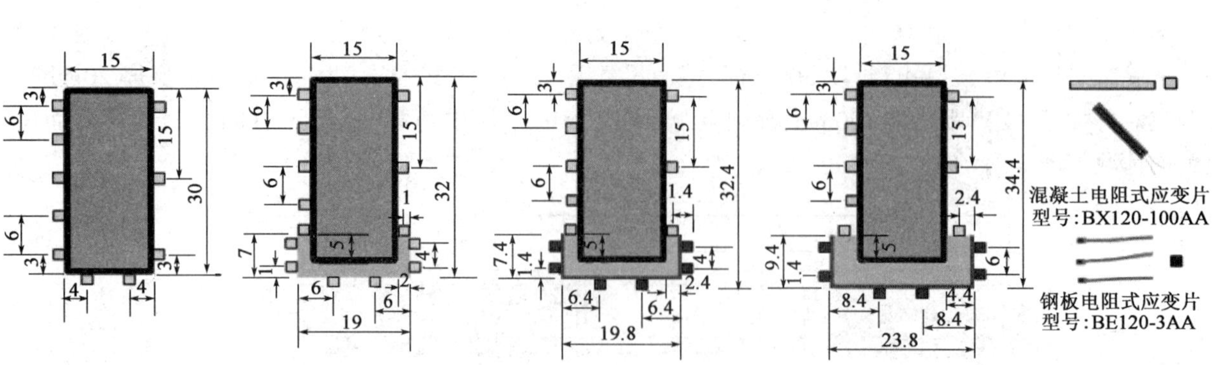

图6　应变测点布置(尺寸单位:cm)

预加载采用原梁计算开裂荷载的60%进行加载卸载，正式加载采用分级加载。试验梁开裂前取原梁计算开裂荷载的20%分级，试验梁开裂后取原梁计算屈服荷载20%分级，每级荷载持荷15min。试验梁屈服前采用力控制加载,屈服后采用位移控制加载,试验梁屈服前每级荷载加载前后分别进行一次裂缝观测。

4. 试验结果分析

试验梁破坏形态及裂缝分布如图 7 所示,各试验梁荷载-挠度曲线如图 8 所示。

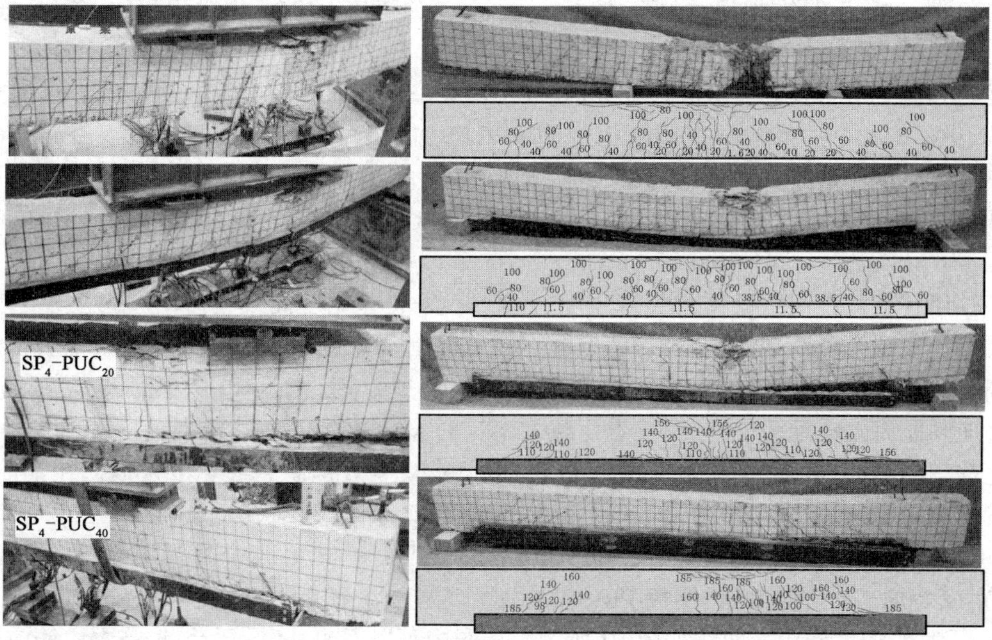

图 7 试验梁破坏形态及裂缝分布

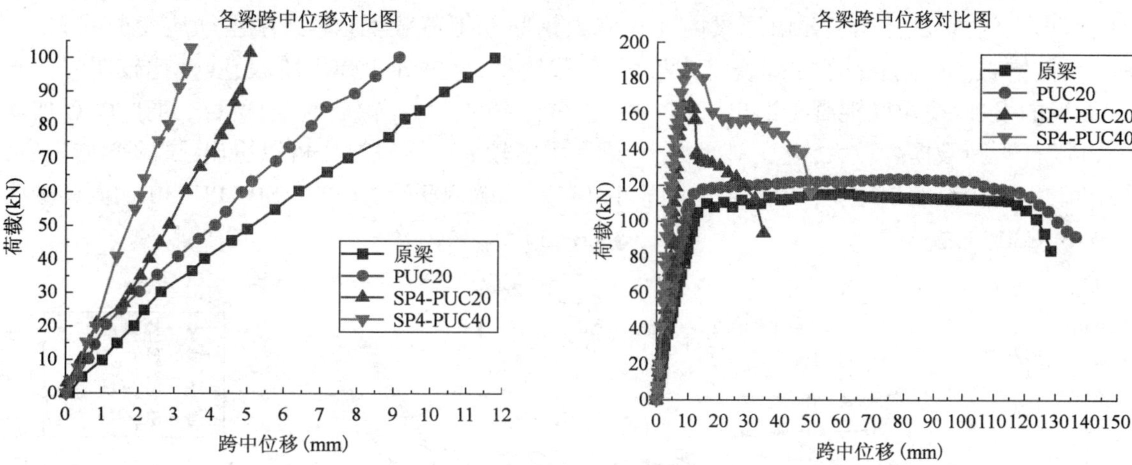

图 8 试验梁荷载-挠度曲线

各试验梁的开裂荷载、开裂位移、屈服荷载、屈服位移、极限荷载见表 2。

各试验梁试验梁结果 表 2

试验梁	开裂荷载(kN)	开裂位移(mm)	屈服荷载(kN)	屈服位移(mm)	极限荷载(kN)	试件破坏形式
原梁	18	1.6	110	15.8	115	试验梁屈服跨中混凝土被压碎
PUC_{20}	20	1.0	117	14.5	123	试验梁屈服 PUC 材料断裂跨中混凝土被压碎
SP_4-PUC_{20}	110	5.4	165	8.9	165	试验梁屈服 PUC-钢板单侧脱开跨中混凝土被压碎
SP_4-PUC_{40}	100	3.7	186	8.8	186	

从表中数据以看出，PUC20梁对比原梁开裂荷载、屈服荷载和极限荷载都有所提高。PUC20梁开裂荷载较原梁提高11.1%，屈服荷载较原梁提高6.4%，极限荷载较原梁提高6.5%。

SP4-PUC20梁钢筋屈服后，随着荷载增加，因为试验梁挠曲变形大，钢板PUC复合材料从试验梁一侧脱开，从图8中可以看出PUC钢板复合材料在试验梁脱开后力值迅速下降。SP4-PUC40梁，破坏形式和SP4-PUC20梁一样，都是在加固材料从梁的一端脱开。SP4-PUC40梁开裂荷载为100kN，较原梁提高456%。屈服荷载较原梁提高69.1%。

从各梁屈服荷载与屈服位移比值来看，PUC20加固梁、SP4-PUC20加固梁、SP4-PUC40加固梁分别比原梁提高15.9%、166.3%、203.6%，同时也说明PUC20加固梁、SP4-PUC20加固梁、SP4-PUC40加固梁分别比原梁整体刚度分别提升15.9%、166.3%、203.6%。钢板PUC复合加固对比PUC加固，在弹性阶段，屈服阶段和极限阶段都有很大程度提高。所以，钢板PUC复合加固RC梁在提高梁的抗弯承载力方面效果更加。

根据试验梁在荷载作用下梁体的裂缝现象，绘制荷载-裂缝宽度曲线，如图9所示。由图可知，PUC材料加固梁对比原梁开裂荷载提高并不高，但能有效地抑制裂缝的发展。PUC加固梁开裂荷载为20kN，较原梁提高11.1%。PUC加固梁对比原梁的裂缝长度发展更短，宽度更小，特别是在钢筋屈服以后。SP4-PUC20加固能有效地延缓梁的开裂，当荷载120kN时梁体才出现第一条裂缝，较原梁提高511.1%。钢筋屈服之前，在相同荷载下，裂缝宽度也较PUC加固更小，有效抑制裂缝宽度发展。在钢筋屈服以后，裂缝宽度发展也较PUC加固更小。SP4-PUC40加固梁对比原梁，开裂荷载提高455.6%。钢筋屈服之前，裂缝宽度呈线性发展，屈服前裂缝最大宽度0.21mm。当钢板-PUC复合材料从梁的一端脱开时，力值下降，裂缝宽度增加。从实验来看，钢板-PUC复合加固更能有效抑制裂缝发展。

试验梁荷载-跨中主筋应变曲线如图10所示。从图中可以看出，各个梁荷载-跨中主筋应变大致呈线性增长。在所施加荷载小于30kN时，梁体变形较小，钢筋应变不明显，随着荷载增加，裂缝相继发展，混凝土不断退出工作，钢筋开始主要由原梁内非预应力钢筋承担荷载，荷载-跨中主筋应变曲线斜率增大，应变呈非线性增长。3根加固梁在开裂前，因为受荷载较小，梁体处于弹性阶段，线性比较明显。开裂以后，随着裂缝的发展，受拉区混凝土退出工作，梁内主筋承担承载力，钢筋应变增大。对于PUC加钢板复合材料加固，开裂荷载提高较大，应变斜率更小，梁体刚度较大。通过对比可以看出，试验梁加固后，相同荷载作用时，钢筋应变发生减少，说明通过加固可以有效减缓钢筋受力，这里SP4-PUC40加固梁减缓效果最好、SP4-PUC20次之。

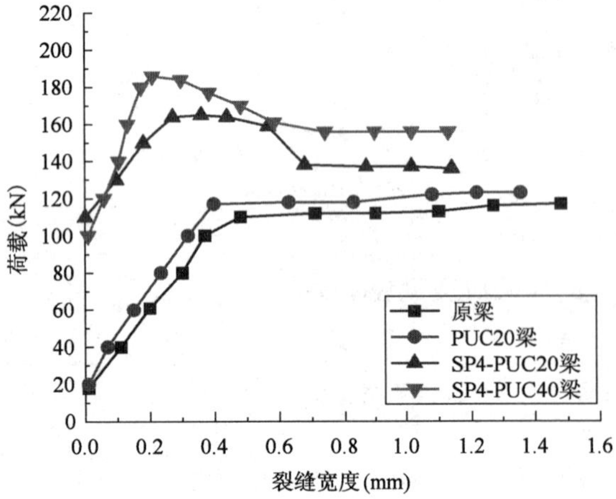

图9 试验梁荷载-裂缝宽度曲线

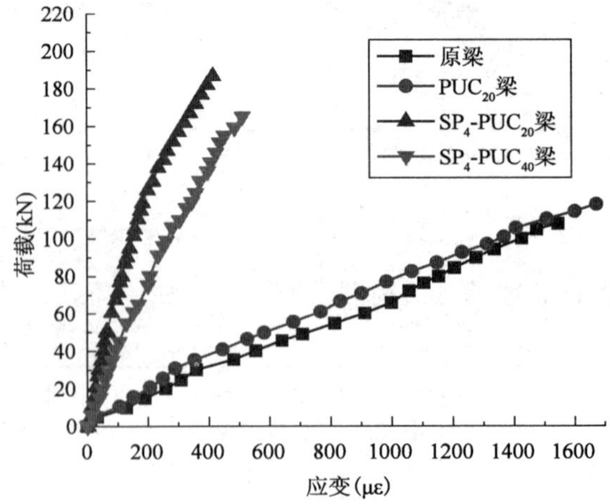

图10 荷载-跨中主筋应变曲线

试验梁荷载-跨中聚氨酯水泥应变曲线如图11所示。综合对比三根梁，在开裂之前，应力应变几乎呈线性发展，且应变增长不大。当试验梁开裂以后，随着荷载的增长，混凝土退出工作，荷载主要由受拉钢筋和加固材料承担。从图中可以看出，在相同荷载作用下，PUC应力应变曲线斜率比PUC-钢板复合材料应力应变曲线大，说明钢板的加入可以有效减缓聚氨酯水泥受力，相比于聚氨酯水泥单一材料加固，钢板-PUC 复合加固更加束缚梁体变形，能更好地提高梁体刚度。

图 12 为 SP4-PUC20 梁和 SP4-PUC40 梁底钢板应变和受拉钢筋对比图。在加载初期，钢板和受拉钢筋在荷载作用下共同受力，两者发展趋势一致。随着荷载的增加，钢板应变增长明显大于受拉钢筋应变，且差值越来越大，图中两曲线逐渐分散。因为加固钢板在加量最底部，由平截面假定可知，底部钢板会承受大部分荷载，所以受拉钢筋应变要小于钢板应变。从图中还能看出，同荷载下，SP4-PUC40 加固梁应变要小于 SP4-PUC20 加固梁应变，说明 SP4-PUC40 加固梁体变形更小，梁体刚度更大，分析其详细原因，可能是因为 SP4-PUC40 加固梁的钢板距离原梁较远，能更好地增大梁截面的惯性矩，更充分地发挥钢板的抗拉性能，更好地提高加固梁的刚度和承载力。

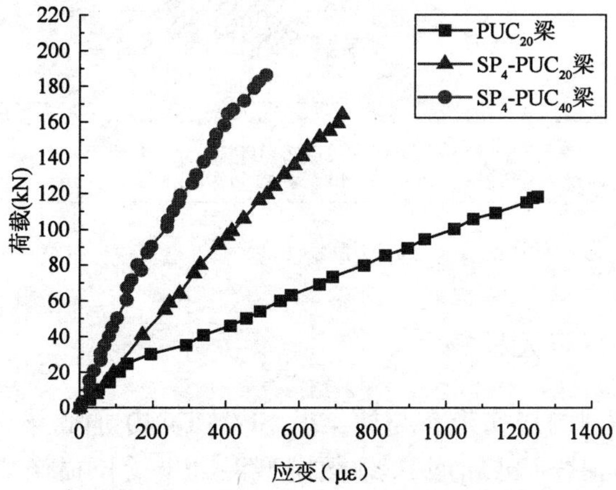

图 11 荷载-跨中聚氨酯水泥应变曲线

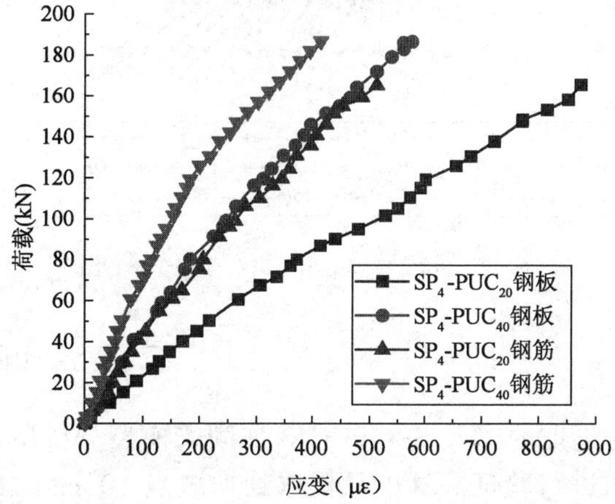

图 12 加固梁荷载-钢板应变

图 13～图 16 绘制了 4 片试验梁跨中沿梁高应变分布情况(每片梁只画出了屈服之前的梁侧应变，同样高度处的测点只画出了一侧的数据)。

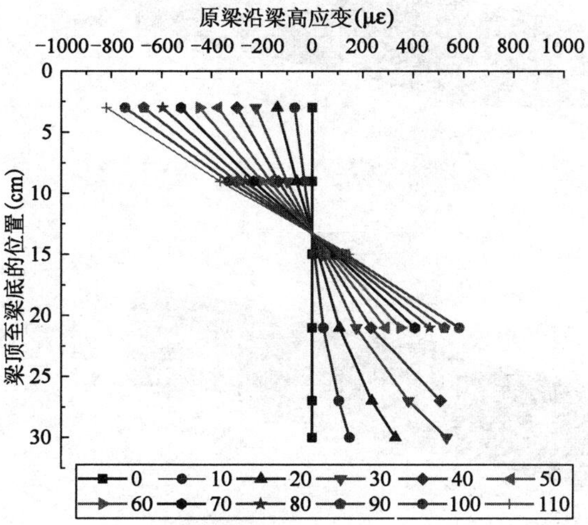

图 13 原梁梁侧沿梁高荷载应变分布图

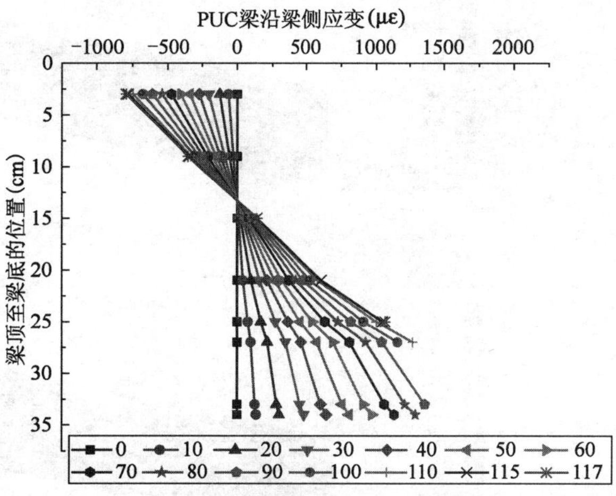

图 14 PUC_{20} 梁梁侧沿梁高荷载应变分布图

从图中可以看出，所有梁的应变发展规律基本一致，梁上部混凝土受压且压应变随着荷载增加而增大，下部混凝土、PUC、钢板受拉，截面应变分布规律基本符合平截面假定，可以采用平截面假定进行复合加固结构正截面承载能力设计计算。

对比四根试验梁可以看出，SP4-PUC40 梁中性轴位置最低，其次是 SP4-PUC20 梁，第三是 PUC20，最后是原梁，说明钢板聚氨酯水泥加固抗弯效果明显。利用钢板聚氨酯水泥加固后，降低了中性轴梁位置，增加了混凝土受压区高度，整体上提高了正截面抗弯承载能力。同时从图中还可以看出，相同荷载下，SP4-PUC40 梁的截面应变最小，结构刚度最大，加固效果最显著。

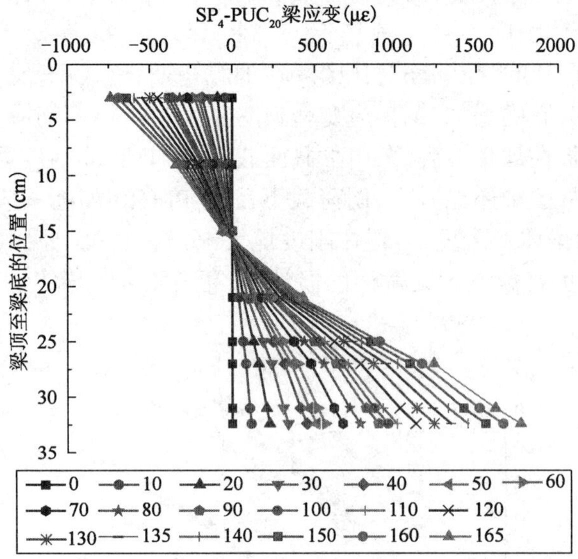

图15 SP$_4$-PUC$_{20}$梁梁侧沿梁高荷载应变分布图

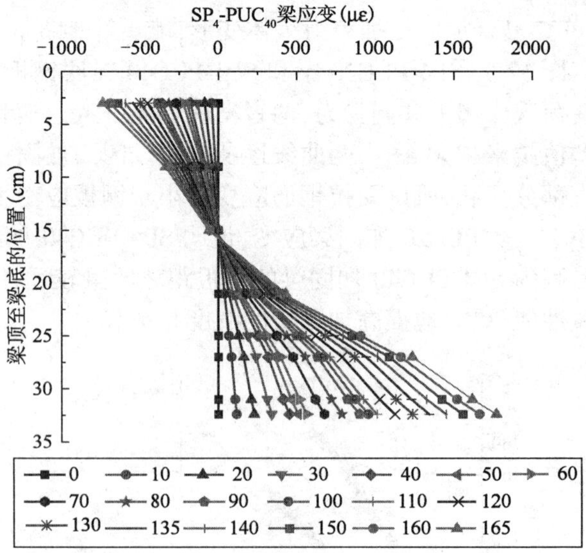

图16 SP$_4$-PUC$_{40}$梁梁侧沿梁高荷载应变分布图

三、复合加固有限元校核

这里取原梁及SP4-PUC40加固梁模型分析所得到的损伤形态与原梁及SP4-PUC40加固梁试验裂缝分布进行验证。这里只提取到加载点10mm时的损伤(已屈服),原梁模型混凝土受拉损伤如图17所示。

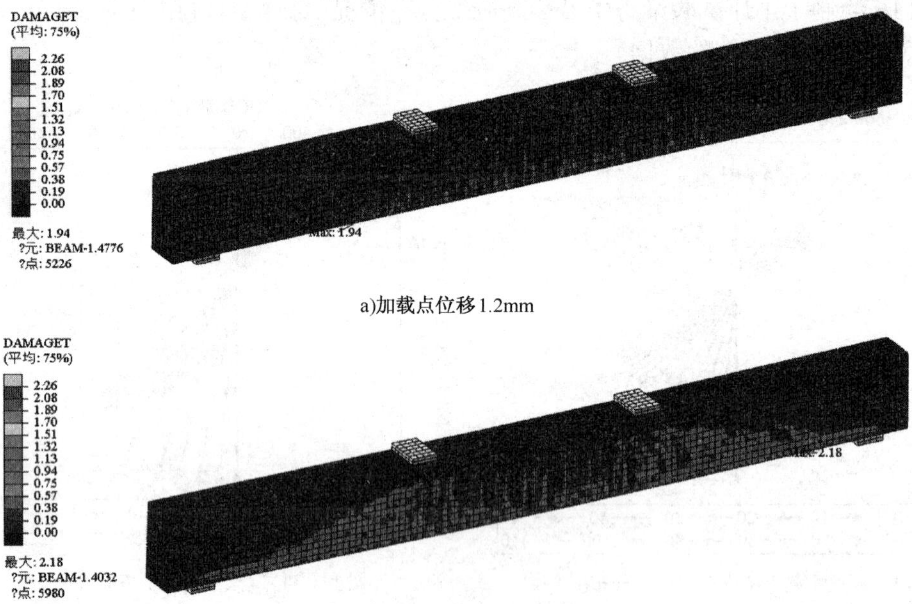

a)加载点位移1.2mm

b)加载点位移10mm

图17 原梁混凝土受拉损伤图

SP$_4$-PUC$_{40}$加固梁模型混凝土受拉损伤如图18所示。

从上图中可以看出,模型模拟的损伤生长规律与现实试验中的损伤生长规律一致,SP4-PUC40可以很好地限制裂缝开展并有效限制裂缝向高处生长,这也与实际加固情况相同,说明模型具有一定可靠性。

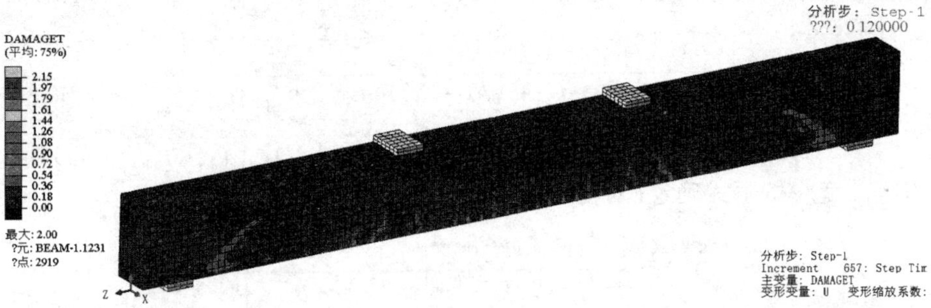

a)加载点位移1.2mm

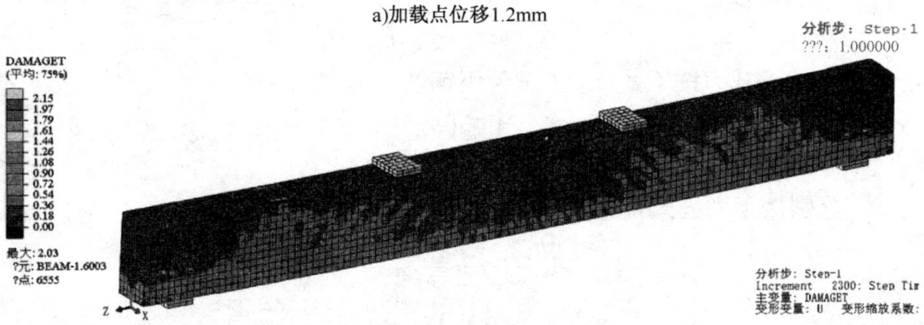

b)加载点位移10mm

图 18 SP_4-PUC_{40}加固梁混凝土受拉损伤图

四、复合加固抗弯极限承载能力计算分析

1. 基本假定

采用承载能力极限状态法进行正截面承载力计算,并作出以下假定:

(1)平截面假定:复合加固混凝土梁的平均应变分布符合平截面假定;

(2)受拉区混凝土不参与受力,受压区混凝土采用等效矩形计算图示;

(3)当结构达到极限状态时,结构受拉钢筋屈服或梁底钢板发生屈服;

(4)考虑加固材料的应力滞后效应,一阶段弯矩为结构自重产生的弯矩;

(5)不可忽略梁侧钢板和梁侧聚氨酯水泥对受力的贡献,其平均应变按其形心对应高度处截面应变取值。

2. 承载能力计算公式

钢板-PUC 复合抗弯加固正截面极限抗弯承载能力计算图示如图 19 所示。

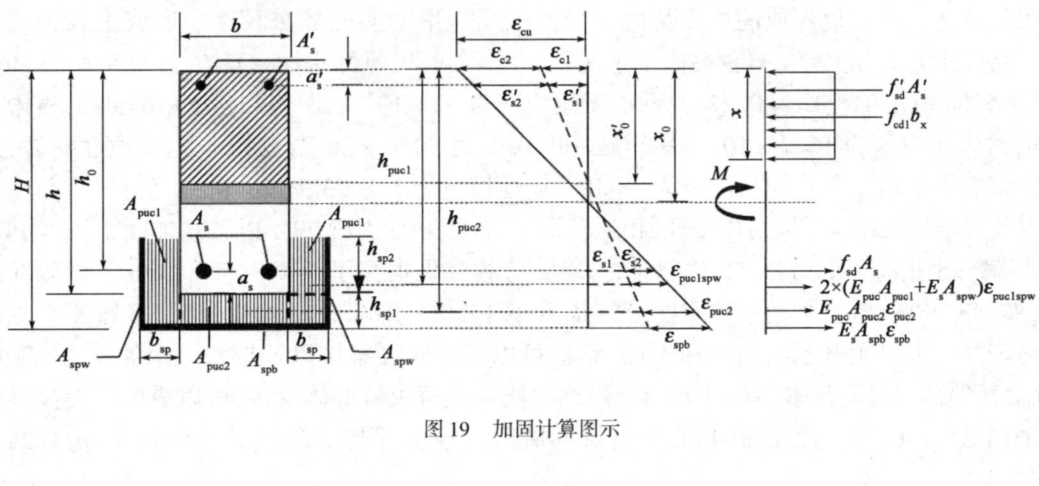

图 19 加固计算图示

在钢筋混凝土矩形截面受弯构件的受拉面采用进行钢板-PUC复合加固时,其正截面极限抗弯承载力应按下列公式计算:

$$\gamma_0 M_d \leqslant f_{cd1} bx\left(h_0 - \frac{x}{2}\right) + f'_{sd}A'_s(h_0 - a'_s) + E_{puc}\varepsilon_{puc2}A_{puc2}(h_{puc2} - h_0) + E_{spb}\varepsilon_{spb}A_{spb}(H - h_0) + 2(E_{puc}A_{puc1} + E_sA_{spw})\varepsilon_{puc1spw}(h_{puc1} - h_0) \tag{1}$$

混凝土受压区高度应按下式确定(对受拉钢筋合力点取距):

$$f_{cd1}bx = f_{sd}A_s + E_{puc}\varepsilon_{puc2}A_{puc2} + E_{spb}\varepsilon_{spb}A_{spb} + 2(E_{puc}A_{puc1} + E_sA_{spw})\varepsilon_{puc1spw} - f'_{sd}A'_s \tag{2}$$

混凝土受压区高度尚应满足下列条件:

$$2a'_s \leqslant x \leqslant \xi_b h_0 \tag{3}$$

当 $x < 2a'_s$ 正截面抗弯承载力按下式计算(对受压钢筋合力点取距):

$$\gamma_0 M_d \leqslant f_{sd}A_s(h_0 - a'_s) + E_{puc}\varepsilon_{puc2}A_{puc2}(h_{puc2} - a'_s) + E_{spb}\varepsilon_{spb}A_{spb}(H - a'_s) + 2(E_{puc}A_{puc1} + E_sA_{spw})\varepsilon_{puc1spw}(h_{puc1} - a'_s) \tag{4}$$

$\varepsilon_{puc1spw}$、ε_{puc2}、ε_{spb} 分别按下列公式计算:

$$\varepsilon_{puc1spw} = \frac{\varepsilon_{cu}(h_{puc1} - x_0)}{x_0} - \frac{\varepsilon_{cl}(h_{puc1} - x'_0)}{x'_0} \tag{5}$$

$$\varepsilon_{puc2} = \frac{\varepsilon_{cu}(h_{puc2} - x_0)}{x_0} - \frac{\varepsilon_{cl}(h_{puc2} - x'_0)}{x'_0} \tag{6}$$

$$\varepsilon_{spb} = \frac{\varepsilon_{cu}(H - x_0)}{x_0} - \frac{\varepsilon_{cl}(H - x'_0)}{x'_0} \tag{7}$$

$$\varepsilon_{cl} = \frac{M_{d1}x'_0}{E_c I_{cr}} \tag{8}$$

按上述公式对两根钢板-PUC加固梁的极限承载力进行计算,并将计算结果和试验值进行对比,详见表3。由表3的结果可以看出:理论公式计算结果与试验值之比在0.95~1之间,两者吻合较好,公式计算结果具有较高的参考价值,可以为结构加固设计进行指导。

抗弯承载力试验值与公式计算值比较　　表3

试件编号	试验跨中极限弯矩 M_u(kN·m)	理论极限弯矩 M_t(kN·m)	M_u/M_t
SP_4-PUC_{20}	74.25	76.78	0.967
SP_4-PUC_{40}	83.7	84.72	0.987

五、结　　语

本文首次提出一种新型组合加固方式——钢板-PUC复合加固。通过聚氨酯水泥材性研究、复合加固小梁试验、复合加固有限元仿真、复合加固极限承载能力推导,本文主要的研究结论如下:

(1)聚氨酯水泥的强度形成的主要是由于异氰酸酯与聚醚多元醇交联聚合形成了致密均匀的空间网络结构,配合比为组合聚醚:异氰酸酯:水泥=1:1:2的聚氨酯水泥密度在1.51~1.53g/cm^{3}之间,弹性模量为5334MPa,泊松比为0.27;弹性极限压应变为12×10^{-3},对应压应力为64MPa,极限压应力为72.04MPa,对应压应变为16.7×10^{-3},受压破坏时应变为20.6×10^{-3};受拉破坏为脆性断裂,无塑性变形,极限拉应变为9×10^{-3},对应拉应力为48MPa,韧性模量为187.43kPa。

(2)对4片试验梁结构试验可以发现,相比于原梁,PUC20加固梁、SP4-PUC20加固梁、SP4-PUC40加固梁的开裂荷载分别提高了11.1%、511%、456%,屈服荷载分别提高了6.4%、50%、69%,极限荷载分别提高了6.96%、43.48%、61.74%,整体刚度分别提升了15.9%、166.3%、203.6%。聚氨酯水泥能有效限制梁的裂缝发展,但对梁开裂荷载提高不高,钢板可以有效减缓梁体以及聚氨酯水泥受力,钢板-PUC复合加固对梁开裂荷载提高较多,有效抑制裂缝发展,能够显著束缚梁体变形,可以更好地提高梁体刚度。

(3)采用ABAQUS建立了钢板-PUC复合加固有限元模型并与试验结果进行验证,仿真结果与试验结果吻合度较高。

(4)各试验梁截面屈服前的截面应变分布规律基本符合平截面假定。在结构发生屈服前,随着荷载增加,受拉区混凝土的不断退出工作,中性轴上移,说明结构屈服时可采用极限状态法进行截面受力计算。根据本文通过推导得出的钢板-PUC复合加固梁的正截面抗弯承载能力计算公式计算得出的试验梁承载能力和试验值对比,误差在5%之内,公式计算结果具有较高的参考价值,可以为后续结构加固设计进行指导。

参考文献

[1] 《中国公路学报》编辑部. 中国桥梁工程学术研究综述·2014[J]. 中国公路学报,2014,27(05):1-96.

[2] 中国桥梁工程学术研究综述·2021[J]. 中国公路学报,2021,34(02):1-97.

[3] 安关峰. 城市桥梁结构加固技术指南[M]. 北京:中国建筑工业出版社,2015.

[4] 张劲泉,王文涛. 桥梁检测与加固手册[M]. 北京:人民交通出版社,2007.

[5] 李殿平. 混凝土结构加固设计与施工[M]. 天津:天津大学出版社,2012.

[6] 张阳,党祺,穆程. UHPC加固箱梁顶板受弯性能试验研究[J]. 湖南大学学报(自然科学版),2017,44(03):8-18.

[7] WANG L C,YIN S P,HUA Y T. Flexural behavior of BFRP reinforced seawater sea-sand concrete beams with textile reinforced ECC tension zone cover[J]. Construction and Building Materials,2021,278.

[8] YAN Y H,LIANG H J,LU Y Y,et al. Behaviour of concrete-filled steel-tube columns strengthened with high-strength CFRP textile grid-reinforced high-ductility engineered cementitious composites[J]. Construction and Building Materials,2021,269.

[9] GUO R,REN Y,LI M Q,et al. Experimental study on flexural shear strengthening effect on low-strength RC beams by using FRP grid and ECC[J]. Engineering Structures,2021,227.

[10] 王一凡. HTRCS复合材料加固某拱桥承载能力研究[D]. 成都:西南交通大学,2018.

[11] 杜京涛. FRP格栅及改性MMA树脂混凝土复合加固钢筋混凝土梁试验研究[D]. 南京:东南大学,2017.

[12] 张文学,汪振,王鹏亮,等. 附加自锚式悬索桥法加固连续箱梁桥效果分析[J]. 世界桥梁,2017,45(06):76-81.

[13] 潘明远,姚继涛,崔旸. 钢筋混凝土矩形截面柱绕丝加固的受力性能[J]. 吉林大学学报(工学版),2009,39(04):932-936.

[14] 胡铁明,黄承逵,陈小锋,等. 简支变连续法加固混凝土梁桥疲劳试验[J]. 中国公路学报,2010,23(5):76-83.

[15] 麻伟. 新型梁拱组合结构加固混凝土梁的方法研究[D]. 南宁:广西大学,2016.

[16] 张阳,邵旭东,李立峰. 混凝土箱肋拱桥加固改造方法探讨[J]. 公路交通科技,2009,26(03):68-73.

[17] 张可心,孙全胜. 高韧性聚氨酯水泥复合材料力学性能研究[J]. 新型建筑材料,2018(1):126-128.

49. 大跨径悬索桥梁端纵向位移的监测数据与动力模型分析

叶乔炜[1] 李 毅[2] 任 远[1] 许 翔[1] 黄 侨[1]

(1. 东南大学交通学院;2. 广东省公路建设有限公司湾区特大桥养护技术中心)

摘 要 为了研究汽车荷载作用下大跨径悬索桥梁端纵向位移的时频特性和累计位移控制方法,基于随机车辆荷载模型提出了针对汽车荷载引起的梁端纵向位移时程模拟方法。根据桥梁收费站称重数据对不同轴型的车辆进行了车型划分,并采用混合模型对各型车的车重分布进行拟合,建立了车型、车速等相关参数的统计模型。结合桥梁有限元模型,采用节点动荷载加载的方式得到了一定交通量下的梁端纵向位移时程,并与长期监测系统实测位移数据分离出的车辆动力效应引起的位移时程进行了对比分析。在此基础上探究了阻尼器参数对梁端累计位移的影响。结果表明:汽车荷载引起的梁端纵向位移是梁端累计位移的主要占比成分;梁端阻尼器的设置能够有效降低车辆动力效应引起的纵向位移累计量,且减少程度随阻尼器阻尼系数的增大而加强,但阻尼指数对累计位移的影响较小。

关键词 悬索桥 梁端纵向位移 随机车辆荷载模型 阻尼器参数

大跨径悬索桥一般采用整体刚度较小的半飘浮或全飘浮结构体系,在荷载作用下加劲梁梁端纵向运动呈现幅值大、频率高、累计位移量大的特点。悬索桥关键约束装置(支座、阻尼器和伸缩缝等)与加劲梁梁端直接相连,因此时刻处于高频低幅的运动状态,实际使用寿命远低于预期[1-2]。伸缩缝装置的疲劳破坏、滑块开裂以及支座滑板的过度磨损、活动受限等病害问题均与梁端过大的纵向位移量直接相关,其中,汽车荷载引起的高频位移分量在累计位移量中占比较大[3],因此,研究悬索桥在车辆荷载作用下的梁端纵向运动特性对于控制梁端累计位移,进而提升约束装置服役寿命具有重要的意义。

本文基于南沙大桥(原名虎门二桥)大沙水道桥有限元模型和桥位附近的收费站称重数据,建立随机车辆荷载模型并用于模拟汽车荷载作用下的梁端纵向位移时程变化。通过与长期监测系统的实测数据进行对比分析,验证了荷载模型和模拟方法的准确性,并在此基础上探讨了阻尼器参数对于梁端累计位移的控制效果,可为后续约束装置寿命提升研究提供技术支撑。

一、随机车辆荷载模型建立

由于公路桥梁上的车辆荷载具有很强的随机性,而基于桥梁规范的设计车辆荷载并不能反映桥上车辆荷载的真实运营状况[4],因此,模拟桥梁在汽车荷载作用下的梁端纵向位移响应时需要先根据特定桥梁的实测交通流数据建立随机车流模型,并将其作为汽车荷载导入有限元模型中进行计算。

建立基于实测车流数据的车辆荷载参数统计模型是对随机车流进行模拟的基础。车辆在桥上行驶过程中质量一定,而位置与速度是时变的,车辆在桥上的位置还与车型有关,因此,需要根据实测数据确定的随机车辆荷载模型的主要参数有车型、车重和车速。建立车辆荷载模型的具体流程如下:

(1)根据不同的轴组类型对车辆进行车型划分。基于桥位附近收费站一年的收费站称重数据库,按照车轴类型对车辆进行车型划分,建立了12种基本车型[5]。统计结果显示,这12种基本车型能够覆盖通过该桥收费站99.6%的车辆。

(2)分别确定不同车型车重和车速数据的统计模型。根据EM算法(Expectation-Maximization algorithm)采用混合正态分布和混合对数正态分布对上述12种车型的车重数据进行拟合,确定统计模型的参数。基于不同车型的车速数据,拟合得到车速分布规律。

(3)生成随机车辆并模拟行驶状况。首先根据车流数据统计得到的车型、车速和车道分布规律生成车辆。然后根据模拟时段的交通量结合泊松过程确定车辆到达时间。其次,建立车辆的跟驰模型,计算车辆在桥上运行时的速度。根据已知参数建立随机车流荷载模型,计算每个荷载步下主梁各节点的加载数据。最后将加载数据以节点动荷载时程函数的形式导入有限元模型,并进行瞬态动力学分析。

二、梁端纵向位移监测数据分析

选取大沙水道桥东莞侧下游位置处2019年6月14日采样频率为10Hz的梁端纵向位移监测数据作为分析对象,对其进行功率谱密度分析。对于给定的平稳随机信号来说,可以根据维纳-辛钦(Wiener-Khinchin)定理进行功率谱密度估计:

$$P_{xx}(e^{j\omega}) = \sum_{m=-\infty}^{\infty} r_{xx}(m)\, e^{-j\omega m} \tag{1}$$

其中

$$r_{xx}(m) = E[X_n \times X_{n+m}] \tag{2}$$

式中：X_n——离散随机序列；

$r_{xx}(m)$——数学期望意义上的自相关函数；

$P_{xx}(e^{j\omega})$——离散随机序列X_n的功率谱密度。由上式可知，随机信号的功率谱密度等于该信号自相关函数的傅里叶变换。

常见的功率谱密度估计方法有周期图法、修正周期图法、Welch 法、MTM 法和 Burg 法。其中，Burg 法作为一类参数化估计方法，得到的梁端位移功率谱密度图像光滑性较好，更加易于识别原数据的频域特性，且对功率谱的峰值信息保留较为完整，因此，本文中采用 Burg 法对原信号进行功率谱估计，梁端纵向运动时程曲线及功率谱如图 1 所示。

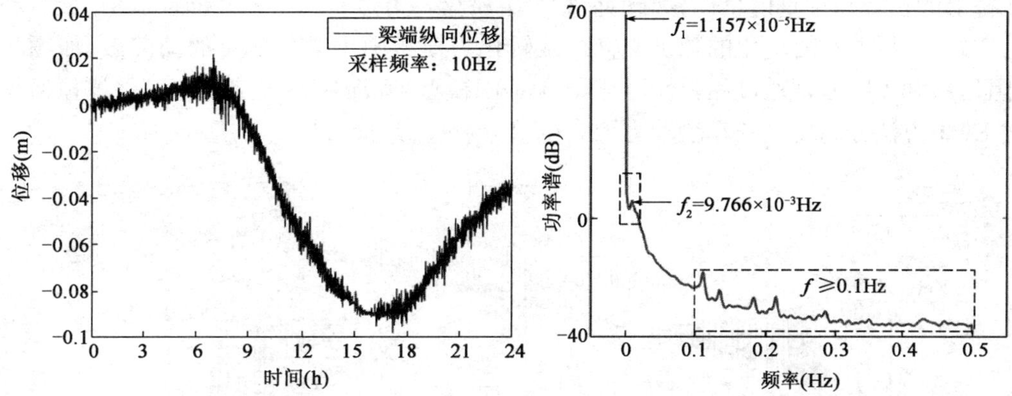

图 1 梁端纵向位移时程曲线及功率谱

从功率谱中可以发现，梁端位移信号中包含有三类位移分量，其对应的峰值频率分别为 1.157×10^{-5}Hz、9.766×10^{-3}Hz 和≥0.1Hz。现有相关研究表明[6]：在移动荷载作用下，主梁发生以等效纵向扰动频率为主的纵向受迫振动，当车辆移动速度较慢时，荷载对主梁的作用主要表现为准静态效应，此时车辆荷载可以简化为缓慢移动的竖向荷载；当车辆行驶速度增大时动力效应随之增强，此时还应该考虑荷载的动力放大系数。因此，悬索桥梁端纵向位移包括由温度变化和车辆准静态作用引起的长周期变化分量，以及由风荷载、车辆动力作用引起的短周期变化分量。温度变化仅影响梁端纵向位移中频率很低的部分（大约为 $1/86400 = 1.157\times10^{-5}$Hz），而由准静态和动力效应引起的位移分量对应于功率谱中频率较高的两个分量，在功率谱中具有较高的频率，但其幅值远小于温度引起的分量[7-8]。

在明确纵向位移监测信号所包含位移成分及其成因的基础上，为了进一步分析各成分的特性，通过经验小波变换（Empirical Wavelet Transform，EWT）对原信号按照频域特性分解，将加劲梁的纵向运动分解为三种不同频率的位移成分，信号分解结果如图 2 所示。

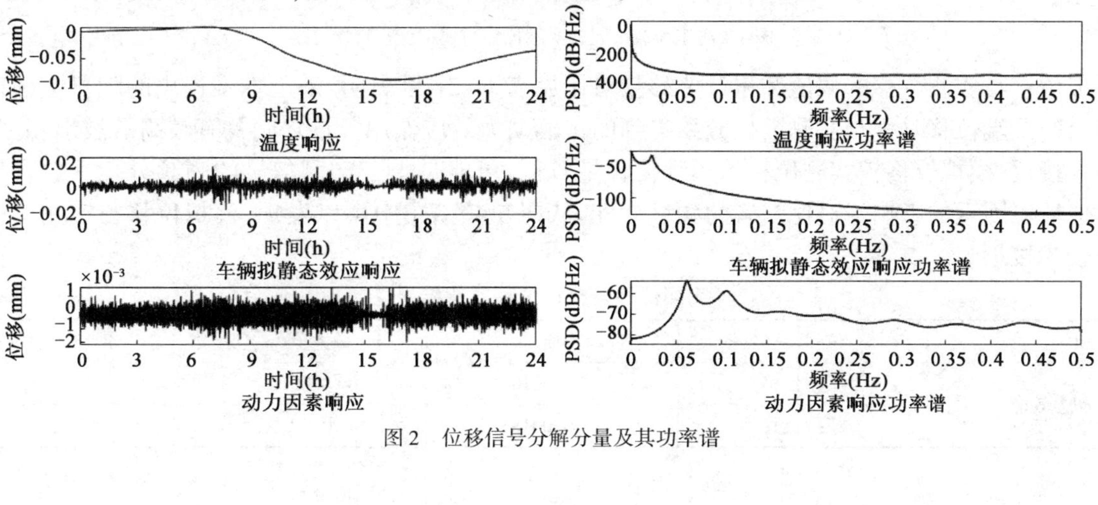

图 2 位移信号分解分量及其功率谱

从图 2 中可以看到，温度引起的位移成分幅值为 98.5mm，准静态效应引起的位移成分幅值为 29.8mm，动力因素引起的位移成分幅值为 4.1mm。进一步计算这三类作用引起的单日累计位移量，分别为 0.161m、11.029m、50.194m。从计算结果可以发现，车辆荷载引起的准静态效应和其他动力因素引起的纵向位移分量是梁端累计位移量的主要贡献成分，而温度引起的位移分量虽然幅值较大，但是累计位移量很小，因此对梁端约束装置的影响较小。

三、梁端纵向位移建模分析

在上述梁端纵向位移监测数据分析的基础上，对汽车荷载作用下的加劲梁纵向位移特性进行进一步的分析研究。本文根据背景桥的车辆静态称重数据建立对应的随机车辆荷载模型，结合桥梁单位小时车流量统计均值，首先采用随机车流对该时间段内桥面上车辆的运行情况进行实时模拟，之后通过各荷载步下车辆在桥上的位置和车重信息计算当前荷载步下桥梁各节点所承受的竖向荷载值，最后利用节点动荷载加载的方式，将桥上实时变化的随机车辆荷载转化为模型中主梁各节点的动荷载，如图 3 所示。其中，梁端的阻尼器和支座分别通过黏弹性消能器（kelvin 模型）和滞后系统来模拟。将模拟所得位移时程曲线与通过 EWT 方法分离得到的车辆动力因素位移分量进行对比，如图 4 所示。

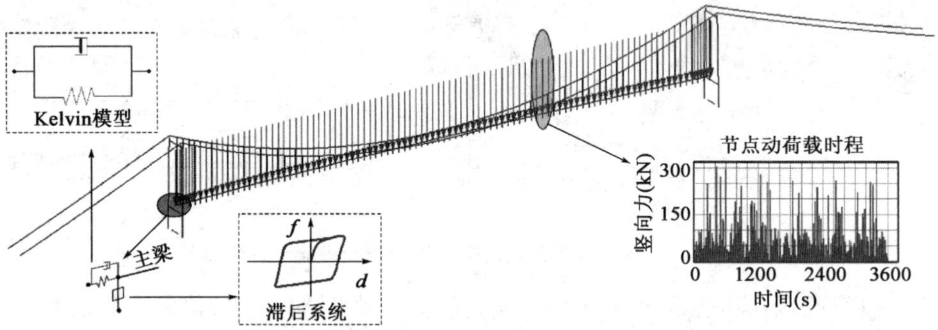

图 3　大沙水道桥有限元模型

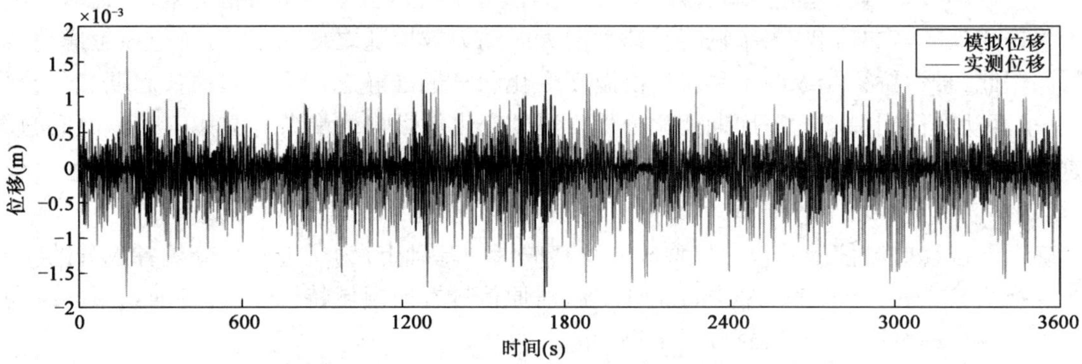

图 4　汽车荷载引起的实际位移与模拟位移对比

模拟位移与实测位移的幅值和累计位移量对比见表 1。结果表明，采用本文提出的随机车辆荷载模型计算出的梁端位移时程与实测数据分离得到的车辆动力效应作用分量之间具有较高的波形相似度，且幅值较为接近，模拟位移较实测位移的累计位移量较低，可能是由于实测信号的高频分量中包含了风荷载等其他环境因素的影响。对比二者的频域特性，从图 5 频谱图中可以发现，模拟位移与实测位移的频率峰值较为接近。

实测位移与模拟位移对比结果　　表 1

项　　目	位　　移	最小值(m)	最大值(m)	累计位移量(m)
动力效应	实测位移	−0.0018	0.0015	1.4353
	模拟位移	−0.0018	0.0017	1.2124

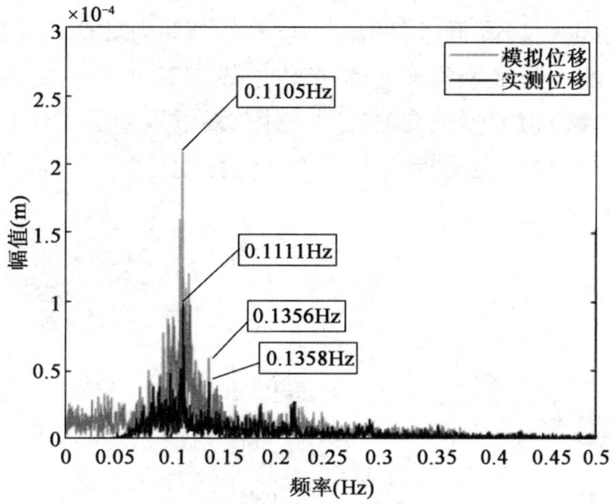

图5 动力效应实际位移与模拟位移对比

为了定量检验模拟时程与实测时程的相似程度,本文通过 KL 散度(Kullback-Leibler divergence)对模拟位移与实测位移的相似度进行评价。假设 P、Q 为两组随机变量,则 KL 散度为:

$$D_{\mathrm{KL}}(P\,||\,Q) = \int_{-\infty}^{+\infty} p(x)\ln\frac{p(x)}{q(x)}\mathrm{d}x \tag{3}$$

式中:p、q——随机变量 P、Q 的概率密度函数。

采用式(3)计算模拟时程与实测时程之间的 KL 散度,其结果为 0.094。KL 散度越接近 0 代表两类数据的分布越近似,计算结果表明本文提出的随机车辆荷载模型可以较好地用于大沙水道桥的梁端位移时程模拟。

四、梁端位移的阻尼器参数分析

为了避免过大的梁端累计位移造成伸缩缝、支座提早破坏,影响桥梁的正常服役,大部分大跨径悬索桥都在梁端加装了阻尼器来控制位移量。桥梁常见的黏滞阻尼器阻尼力计算公式为 $P = C \cdot |v|^{\alpha}\mathrm{sgn}(v)$,根据阻尼力计算公式可知,阻尼器对于车辆准静态效应引起的梁端低频位移的影响较为有限,因此,本文仅针对动力因素引起的高频位移进行分析。首先分析有无阻尼器下悬索桥梁端纵向位移的变化情况。以大沙水道桥阻尼器实际的阻尼系数和阻尼指数作为初始参数,设置阻尼系数 $C = 4000\mathrm{kN \cdot s/m}$,阻尼指数 $\alpha = 0.3$,采用节点动荷载加载的方式得到有无阻尼器情况下梁端位移时程和累计位移变化情况,如图 6 所示。

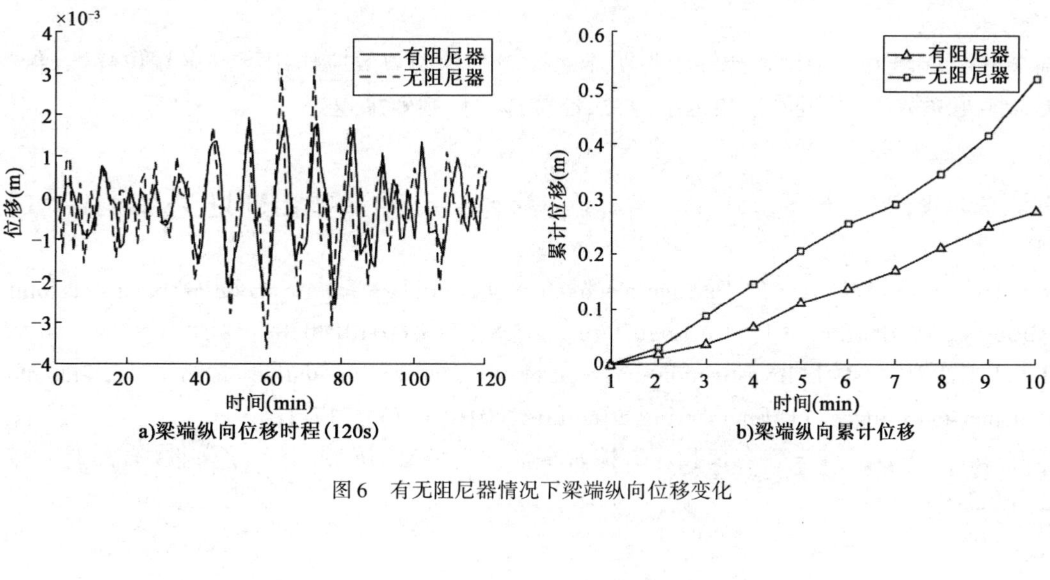

图6 有无阻尼器情况下梁端纵向位移变化

由图6可知,在有无阻尼器的情况下,梁端纵向累计位移分别为0.516m和0.276m,累计位移下降46.51%;且梁端纵向位移幅值也明显降低,说明阻尼器对车辆动力效应产生的高频位移有较为明显的限制作用。近年来,许多已建成的大跨径悬索桥也都安装了纵向黏滞阻尼器,但对于阻尼器的参数选用没有明确统一的标准,可以通过模拟阻尼器的参数变化,对悬索桥模型的主梁位移影响,以确定阻尼器参数选用的合理性。对比不同阻尼系数和阻尼指数下的累计位移变化情况如图7所示。

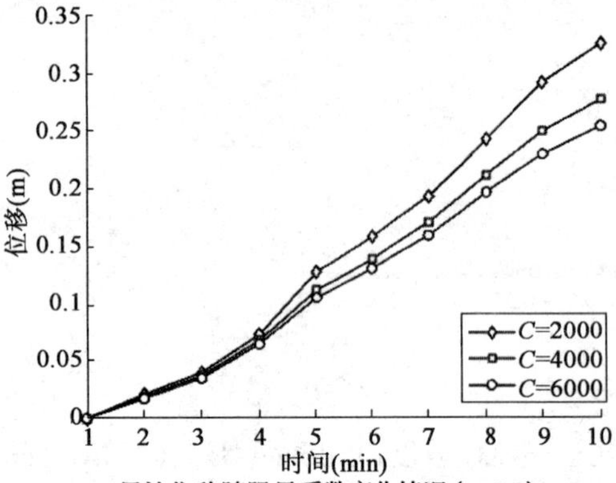

a)累计位移随阻尼系数变化情况(α=0.3)

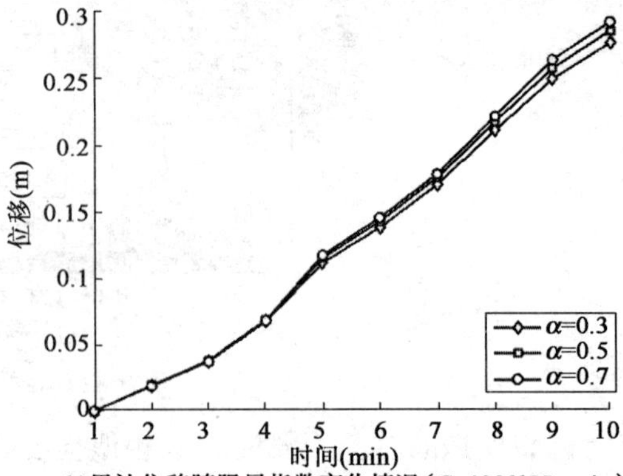

b)累计位移随阻尼指数变化情况(C=4000kN·s/m)

图7 梁端累计位移随阻尼器参数的变化情况

根据工程实际中阻尼器参数的设置范围,对阻尼系数和阻尼指数进行调整,并分别计算不同阻尼器参数下的梁端纵向位移变化情况。从图7可知,阻尼指数不变时,阻尼系数越大,纵向累计位移越小,阻尼系数从2000kN·s/m增大到6000kN·s/m时,梁端纵向累计位移分别减少15.08%和18.48%;阻尼系数不变时,阻尼指数越小,纵向累计位移越小,但阻尼指数对累计位移的影响较小,阻尼指数从0.7减小到0.3时,梁端纵向累计位移仅分别减小了2.33%、5.61%。

五、结　　语

本文建立了随机车辆荷载模型,模拟了汽车荷载引起的梁端纵向位移时程,在此基础上研究了该部分位移分量的时频特性和在梁端累计位移中的占比,并分析了阻尼器参数变化对悬索桥梁端累计位移量的影响。具体结论如下:

(1)通过经验小波变换方法,梁端位移实测信号可被分解为由温度变化、车辆准静态效应和其他动力因素引起的三部分位移分量,对应的频率峰值分别为1.157×10^{-5}Hz、9.766×10^{-3}Hz和≥0.1Hz。

(2)实测梁端位移与模拟位移时程的对比结果表明,二者的时域和频域特性都较为接近,本文提出的方法能较好地模拟车辆作用下梁端纵向产生的位移分量,可以作为后续分析车辆作用下梁端位移的依据。

(3)悬索桥梁端阻尼器的设置能够较为明显地控制车辆动力效应作用下的梁端位移,降低累计位移量,且阻尼器阻尼系数越大,阻尼指数越小,对累计位移的控制效果越好。

参考文献

[1] 张宇峰,陈雄飞,张立涛,等.大跨径悬索桥伸缩缝状态分析与处理措施[J].桥梁建设,2013,43(5):49-54.

[2] GUO T,HUANG L,LIU J,et al. Damage mechanism of control springs in modular expansion joints of long-span bridges[J]. Journal of Bridge Engineering,2018,23(7):04018038.

[3] GUO T,LIU J,HUANG L. Investigation and control of excessive cumulative girder movements of long-span steel suspension bridges[J]. Engineering Structures,2016(125):217-226.

[4] 林诗枫,黄侨,任远,等.基于南京长江三桥的车辆荷载模型[J].东南大学学报(自然科学版),2016,46(2):365-370.

[5] 黄侨,朱志远,任远,等.基于车辆荷载模型的斜拉索索力随机模拟及疲劳分析[J].长安大学学报(自然科学版),2021,41(02):12-22.

[6] HU J,WANG L,SONG X,et al. Field monitoring and response characteristics of longitudinal movements of expansion joints in long-span suspension bridges[J]. Measurement,2020,162:107933.

[7] 黄国平,胡建华,华旭刚,等.移动车辆作用下大跨度悬索桥梁端纵向位移机理[J].振动与冲击,2021,40(19):107-115.

[8] HUANG G,HU J,LIU H,et al. Girder Longitudinal Movement and Its Factors of Suspension Bridge under Vehicle Load[J]. Advances in Civil Engineering,2021(2021):1443996.

50. 强梁弱拱组合体系桥吊杆张力及张拉方案研究

王 鹏 李立国 赵胤儒

(长江勘测规划设计研究有限责任公司)

摘 要 强梁弱拱组合体系桥梁可以提高主梁刚度,有效改善大跨度梁桥跨中下挠以及开裂问题,同时可以减小主梁结构的建筑高度,其吊杆张力以及张拉方案的确定较为复杂。本文依托城市桥梁恒太河特大桥(65m+110m+180m+110m+65m 梁拱组合体系),在有限元分析软件中建立结构空间模型,进行施工阶段张拉过程分析,研究了合理吊杆张拉力的确定方式以及较优的吊杆张拉方案。采用主动受力的方式,通过张拉吊杆,将主梁荷载传递给拱肋承担,使得主梁抗弯以及抗剪强度满足规范要求,进而调整拱轴系数,根据最小能量原理,降低拱脚、1/4 跨以及拱顶弯矩绝对值差值,得到最佳拱轴系数,研究发现随着拱轴系数 m 值增加,拱脚弯矩由大变小,拱顶弯矩由小变大。对五种不同的吊杆张拉方案进行对比分析,结果表明分两批次张拉吊杆方案中,单次张拉力较小,加上第一次张拉使得拱肋存有一定的压应力储备,使得整个张拉过程中,灌注混凝土出小的拉应力极值较小;从拱脚向拱顶依次张拉吊杆时,由于拱肋在拱脚竖向刚度大于拱顶竖向刚度,先张拉拱脚时出现的拉应力较小,在接近跨中时,拱肋已经有一定的压应力储备,也可抵消吊杆张拉产生的拉应力,因此从拱脚向拱顶两批次张拉方案较优。

关键词 桥梁工程 吊杆张拉 强梁弱拱 组合体系 拱轴系数

一、引 言

下承式梁拱组合体系结构高度低、跨越能力大、造型美观,能够使拱和梁在受力方面的优点得以充分发挥,同时下承式梁拱组合结构在工程中得到了越来越广泛的应用[1-3]。但是作为一种新型组合结构,梁拱组合体系的受力比较复杂,结构性能也不同于一般的梁和拱,因此,有必要对下承式梁拱组合体系桥梁吊杆张力及张拉方案进行研究分析。

已有学者对大跨度连续梁拱组合结构桥合理拱梁刚度比以及影响因素进行了研究[4-5],为同类桥型的设计提供了参考。童林[6]基于最小弯曲能量原理,推导了拱梁组合体系吊杆成桥张拉力的索力计算方程,得出了相应的最优索力矩阵方程。孙全胜等[7]分析了梁拱组合体系桥的受力特点,得出结构在不同施工阶段下的吊杆索力及其变化趋势。刘旭政等[8]采用影响矩阵计算方法,使得南昌云飞路大桥全桥索力分布不均等情况大为改善。史恒利等[9]利用 Midas 研究了 3 种吊杆张拉方案的可行性,为施工单位提供更多方案参考。韩保勤[10]针对沙河特大桥主桥提出了 4 种吊杆张拉方案,研究发现吊杆分 3 批张拉方案的成桥拉力与设计成桥拉力最为接近,拱肋线性良好,拱肋截面处的混凝土压应力变化均匀。傅金龙等[11]基于常用的张拉方式,提出了 5 种基本张拉顺序,给出了吊杆张拉方案的合理性准则。邓晓等[12]通过试验+有限元分析结合的方式得出索力张拉顺序对各个吊杆索力的影响情况。李杰等[13]研究了二期恒载，整体升降温，拱肋钢管内填混凝土，拱肋钢管壁厚，索力对结构变形和受力的影响。尹明[14]采用倒拆法和影响矩阵法相结合的方法，较准确地得到了施工过程中的吊杆张拉力。向学建等[15]研究发现，内、外拱吊杆的张拉顺序和吊杆内力控制值对各施工阶段以及成桥后拱桥结构状态影响较大。

二、工 程 背 景

本文研究背景为万州区北滨大道延伸段高速公路连接线及消落区整治工程中的恒太河特大桥，该桥梁全长540.0m。桥面横向布置为：2×4.5m（人行道）+2×11.25m（车行道）+4.5m（中央分隔带以及吊杆锚固区）=36.0m。桥型布置为：（65+110+180+110+65）m梁拱组合体系，主梁采用连续梁体系。箱梁横断面设计采用单箱四室截面，箱梁顶宽36.0m，底宽23.84～26.59m，两侧悬臂各长4.0m。梁高从墩顶的9.50m向跨中的4.0m以1.8次抛物线过渡。

主跨拱肋计算跨径180.0m，两根上弦杆，一根下弦杆，倒三角布置。下弦杆计算矢跨比f/L为1/5.25，拱轴系数为1.443；上弦杆计算矢跨比f/L为1/4.86，拱轴系数为1.167。下弦杆规格为1120×20/24mm，上弦杆规格为820×18/20mm。次跨拱肋计算跨径110.0m，一根上弦杆，一根下弦杆，哑铃型布置。下弦杆计算矢跨比f/L为1/5.37，拱轴系数为1.443；上弦杆计算矢跨比f/L为1/4.89，拱轴系数为1.255。弦杆规格为920×18/20mm。吊杆采用PESM7-61类平行钢丝，钢丝的标准强度为1770MPa。

结构断面图见图1。

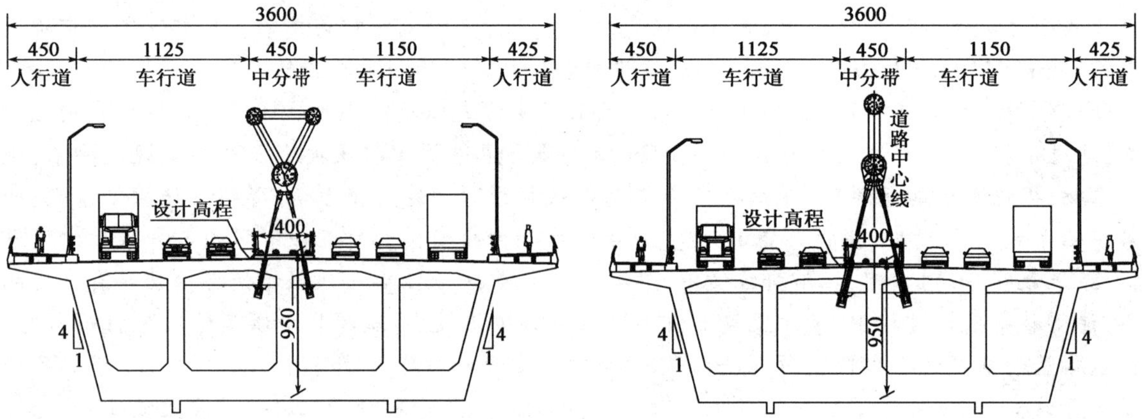

图1 结构横断面（尺寸单位：cm）

三、有限元模拟

在有限元分析软件Midas Civil 2019中建立空间几何有限元模型如图2所示，其中主梁采用梁单元模拟，吊杆采用桁架单元模拟，拱肋主桁架采用施工联合截面模拟，腹杆及平联采用梁单元模拟。

图2 空间几何有限元模型

四、吊杆张拉力研究

1. 吊杆张力确定原则

对于先梁后拱的梁拱组合体系桥梁而言，梁体自重大部分由主梁自身承担，通过张拉吊杆将部分自重转移到拱肋，二期荷载与活载由拱肋和梁体一起共同承担。本桥也是一样，主梁刚度远大于拱肋刚度，拱肋被动受力的话,只能分担极小部分的二期荷载及活载,因此本桥设计时,采用主动受力的方式,通过张拉吊杆,拱肋承担一部分主梁自重荷载,使得主梁抗弯以及抗剪强度满足规范要求。根据上述原则,在主梁结构尺寸确定不变的情况下,计算可知成桥状态,主跨单点竖向吊杆合力在1300kN左右,边跨单点竖向吊杆合力在1200kN左右时,可保证主梁结构安全,满足规范要求。

2. 拱轴系数分析

在吊杆力确定的情况下,拱肋关键位置内力随着拱轴系数的变化而不同,为了得到该桥最佳拱轴系数,本节分别使得各跨上下弦杆拱轴系数在1.082、1.167、1.255、1.347、1.443、1.543之间变化,分析拱脚、1/4跨以及拱顶处拱肋弯矩的变化情况。计算可得拱肋关键位置内力情况如表1、表2所示,从中分析可以发现,随着拱轴系数m值增加,拱脚弯矩由大变小,拱顶弯矩由小变大。对于边跨,上弦杆拱轴系数m等于1.255时,下弦杆拱轴系数m等于1.443时,拱脚、1/4跨以及拱顶弯矩绝对值比较接近;对于主跨,上弦杆拱轴系数m等于1.167时,下弦杆拱轴系数m等于1.443时,拱脚、1/4跨以及拱顶弯矩绝对值比较接近,根据最小能量原理法可知,上述值为对应拱肋的最佳拱轴系数。

边跨拱肋弯矩变化表 表1

边跨上弦杆	m	1.167	1.255	1.347	1.443	1.543
	M_j(kN)	-407.3	-386.9	-351.2	-348.9	-326.4
	$M_{1/4}$(kN)	372.3	372.5	378.9	385.3	397.4
	M_d(kN)	329.2	368.9	389.7	408.9	414.2
边跨下弦杆	m	1.167	1.255	1.347	1.443	1.543
	M_j(kN)	-700	-642.9	-605.8	-534.1	-498
	$M_{1/4}$(kN)	549	553.6	556.5	551.9	552.9
	M_d(kN)	515.6	521.7	535.9	549.3	562.1

主跨拱肋弯矩变化表 表2

主跨上弦杆	m	1.082	1.167	1.255	1.347	1.443
	M_j(kN)	-261.3	-225.8	-202.2	-190.4	-182.2
	$M_{1/4}$(kN)	204.6	208.7	212.5	218.5	224.8
	M_d(kN)	203.1	212.3	231.2	241.6	248.7
主跨下弦杆	m	1.167	1.255	1.347	1.443	1.543
	M_j(kN)	-1300.4	-1200	-938.5	-910.8	-840.3
	$M_{1/4}$(kN)	889	886.3	907.3	914	921.3
	M_d(kN)	756.8	781.5	860.3	903	980.2

注:M_j为拱脚处弯矩;$M_{1/4}$为拱肋1/4跨处弯矩;M_d为拱顶处弯矩。

五、吊杆张拉方案研究

1. 张拉方案合理性准则

(1)结构安全性准则。

结构安全性准则指在吊杆张拉过程中,主要结构构件应力满足规范要求,根据相关规定可知,张拉过程中,主梁压应力$\leqslant 0.7f'_{ck}$,拉应力$\leqslant 0.7f'_{tk}$;拱肋灌注混凝土压应力$\leqslant 0.8f'_{ck}$,拉应力$\leqslant f'_{tk}$;钢管拱应力$\leqslant f_d$。

(2)施工方便性准则。

施工方便性准则指吊杆张拉方案在满足安全性准则的前提下,应兼顾施工便捷性的需求。尽量减少张拉次数以及张拉过程中器械的移动次数与距离。

2. 张拉方案对比分析

为了研究合理的吊杆张拉方案，本节对以下五种方案进行对比分析，前两种方案为一次张拉方案，即每根吊杆一次张拉到位；后三种方案为两次张拉方案，即每根吊杆分两次张拉，每次的张拉力为设计张力的1/2左右，可根据实际应力情况适当调整。吊杆编号示意如图3所示。

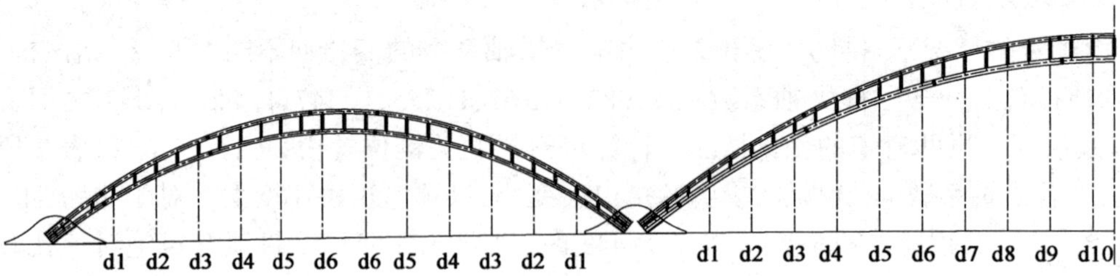

图3 吊杆编号示意图

方案1：从拱脚向拱顶一批次依次张拉吊杆，边跨 d1→d6，中跨 d1→d10。

方案2：从拱顶向拱脚一批次依次张拉吊杆，边跨 d6→d1，中跨 d10→d1。

方案3：从拱脚向拱顶两批次依次张拉吊杆。第一批次张拉顺序边跨 d1→d6，中跨 d1→d10，第一批次张拉完成后进行第二批次张拉，张拉顺序与第一次相同。

方案4：从拱顶向拱脚两批次依次张拉吊杆。第一批次张拉顺序边跨 d6→d1，中跨 d10→d1，第一批次张拉完成后进行第二批次张拉，张拉顺序与第一次相同。

方案5：从拱脚及1/4跨位置向拱顶两批次依次张拉吊杆。第一批次张拉顺序边跨 d1→d4→d2→d5→d3→d6，中跨 d1→d6→d2→d7→d3→d8→d4→d9→d5→d10，第一批次张拉完成后进行第二批次张拉，张拉顺序与第一次相同。

该桥拱肋钢管采用Q345钢，设计强度 $f_d = 270\text{MPa}$，主梁以及拱肋灌注混凝土强度为C55，强度标准值 $f'_{ck} = 35.5\text{MPa}$，$f'_{tk} = 2.74\text{MPa}$，$0.8f'_{ck} = 28.4\text{MPa}$。各方案吊杆张拉过程中，主梁应力均满足规范要求，此处只对拱肋应力进行分析。

各张拉方案过程中，主要构件出现过的应力极值情况如表3、表4所示。

边跨拱肋应力极值表 表3

	张拉方案	方案一	方案二	方案三	方案四	方案五
边跨上弦杆	σ_{max}（混凝土）	8.78	7.61	2.33	3.02	1.75
	σ_{min}（混凝土）	-13.9	-13.7	-11.6	-12.1	-11
	σ_{max}（钢管）	35.7	31.2	1.98	4.5	-0.93
	σ_{min}（钢管）	-99.3	-98.8	-82.5	-88.75	-79.2
边跨下弦杆	张拉方案	方案一	方案二	方案三	方案四	方案五
	σ_{max}（混凝土）	9.93	11.3	2.49	4.87	2.64
	σ_{min}（混凝土）	-16.1	-19.5	-14.7	-13.9	-13.9
	σ_{max}（钢管）	50.2	56.4	6.31	4.87	10.8
	σ_{min}（钢管）	-105.2	-128.3	-93.2	-91.6	-88.1

主跨拱肋应力极值表 表4

	张拉方案	方案一	方案二	方案三	方案四	方案五
主跨上弦杆	σ_{max}（混凝土）	8.85	6.31	1.87	1.66	2.01
	σ_{min}（混凝土）	-15.7	-15.7	-12.7	-12.7	-12.3
	σ_{max}（钢管）	24.8	15.8	-11.4	-11.4	-10.6
	σ_{min}（钢管）	-125.1	-122.6	-100.7	-107.9	-100.5

续上表

	张拉方案	方案一	方案二	方案三	方案四	方案五
主跨下弦杆	σ_{max}（混凝土）	12.7	19.3	2.34	5.08	2.48
	σ_{min}（混凝土）	-21.7	-28.6	-17.5	-20.2	-15.5
	σ_{max}（钢管）	20.9	102.9	1.03	20.3	1.1
	σ_{min}（钢管）	-145.7	-170.4	-118.3	-145.0	-115

从表3、表4的分析数据中可以发现，各张拉方案中，钢管的应力均小于设计强度；方案二主跨下弦杆混凝土压应力达到28.6MPa，超过规范允许的设计值，其余方案混凝土压应力均满足规范要求。各方案下钢管混凝土出现过的拉应力极值如图4所示，其中方案一与方案二为一批次张拉，从图中可以看出混凝土拉应力极值远大于规范允许值，因此一批次张拉到位是不可行的。

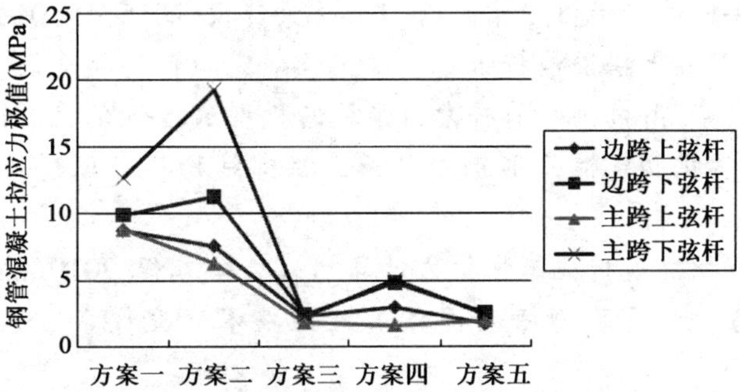

图4 钢管混凝土拉应力极值汇总图

方案三～方案五为两批次张拉，从图中可以发现，混凝土拉应力极值远小于前两种方案，从拱脚向拱顶两批次依次张拉方案中混凝土出现的拉应力极值最小，因此该方案较优；从拱顶向拱脚两批次依次张拉方案中，混凝土出现的拉应力极值最大，该方案相对较差；从拱脚及1/4跨位置向拱顶两批次依次张拉方案介于前两种方案中间。分两批次张拉吊杆方案中，单次张拉力较小，加上第一次张拉使得拱肋存有一定的压应力储备，使得整个张拉过程中，灌注混凝土出现的拉应力极值大幅度减小；从拱脚向拱顶依次张拉吊杆时，由于拱肋在拱脚竖向刚度大于拱顶竖向刚度，先张拉拱脚时出现的拉应力较小，在接近跨中时，拱肋已经有一定的压应力储备，也可抵消吊杆张拉产生的拉应力，因此从拱脚向拱顶两批次张拉方案较优。方案三与方案五张拉过程中出现的最大拉应力分别为2.49MPa以及2.64MPa，均小于2.74MPa，满足规范要求，但是方案五在实施过程中，张拉器械的移动距离较远，优先推荐方案三。

六、结 语

本文依托恒太河特大桥，对强梁弱拱组合体系桥吊杆张力及张拉方案研究。本文主要结论如下：

(1)随着拱轴系数 m 值增加，拱脚弯矩由大变小，拱顶弯矩由小变大，根据最小能量原理法，调整拱轴系数，降低拱脚、1/4跨以及拱顶弯矩绝对值差值，可得到最佳拱轴系数。

(2)分两批次张拉吊杆方案中，单次张拉力较小，加上第一次张拉使得拱肋存有一定的压应力储备，使得整个张拉过程中，灌注混凝土出小的拉应力极值大幅度减小。

(3)从拱脚向拱顶依次张拉吊杆时，由于拱肋在拱脚竖向刚度大于拱顶竖向刚度，先张拉拱脚时出现的拉应力较小，在接近跨中时，拱肋已经有一定的压应力储备，也可抵消吊杆张拉产生的拉应力，因此从拱脚向拱顶两批次张拉方案较优。

参考文献

[1] 李国平. 连续拱梁组合桥的性能与特点[J]. 桥梁建设，1999(01)：10-13.

[2] 金成棣. 预应力混凝土梁拱组合桥梁：设计研究与实践[M]. 北京：人民交通出版社，2001.

[3] 陈晓波.某高速铁路连续梁拱组合桥结构设计[J].铁道标准设计,2011,(5):60-62.
[4] 杨坤.刚梁柔拱组合体系桥荷载分担比研究[J].山西交通科技,2016(3):74-76.
[5] 鲁昭,田世宽.铁路大跨度连续梁-拱组合桥拱梁合理刚度比研究[J].西部交通科技,2019(05):136-139,147.
[6] 童林.最小弯曲能量原理在确定拱梁组合体系吊杆成桥张拉力中的研究[J].公路工程,2011,36(04):68-71,75.
[7] 孙全胜,苗建伟.梁拱组合体系桥受力性能研究[J].中外公路,2016,36(02):147-151.
[8] 刘旭政,张春荣,高剑平.支架现浇系杆拱桥张拉索力调整计算[J].公路交通科技,2013,30(06):88-91,99.
[9] 史恒利,李日臣,张玉柱,等.钢管混凝土系杆叠拱桥吊杆张拉方案分析[J].黑龙江交通科技,2019,42(06):102-105.
[10] 韩保勤.钢管混凝土拱桥吊杆张拉方案比选[J].桥梁建设,2015,45(01):114-119.
[11] 傅金龙,黄天立.钢管混凝土拱桥吊杆张拉方案优化研究[J].桥梁建设,2016,46(04):67-72.
[12] 邓晓,王起才,张戎令,等.系杆拱桥吊杆索力张拉的模型试验研究[J].铁道建筑,2015(06):17-19.
[13] 李杰,杜鑫,张波,等.多拱肋宽幅异形钢管混凝土拱桥结构参数敏感性分析[J].中外公路,2020,40(05):105-112.
[14] 尹明.钢管混凝土系杆拱桥吊杆施工张拉力计算[J].公路工程,2010(02):101-103.
[15] 向学建,杨昀,楼庄鸿,等.拉萨柳梧大桥施工监控技术研究[J].公路交通科技,2009(11):97-101,111.

51.正交异性钢桥面板消减焊后残余应力的研究与应用

任自放[1] 李 乐[2] 王洪福[2] 安 迪[2]
(1.中国建筑金属结构协会钢结构桥梁分会;2.中建五洲工程装备有限公司)

摘 要 正交异性钢桥面板的抗疲劳性能决定了钢桥的服役寿命及其加固维修的频率和成本。针对目前正交异性钢桥面板焊接残余应力大、抗疲劳性能较差的问题,近年来国内外学者开展了大量研究,包括结构优化设计、焊接工艺优化等。探索消减钢桥面板焊接残余应力变化以及对疲劳性能的影响。本文为研究退火工艺对正交异性钢桥面板的焊后残余应力消退程度影响进行大量试验。研究结果表明:采取退火工艺能够有效降低桥面板焊接残余应力,且对钢材强度,塑性韧性等指标不会造成影响。

关键词 正交异性钢桥面板 残余应力 退火工艺 疲劳性能

一、引 言

正交异性钢桥面板因具有自重轻、刚度大的优点,成为大跨度钢结构桥梁的主要桥面板形式。正交异性钢桥面板主要由顶板、纵向加劲肋、横梁或横隔板等组装拼焊而成,构造复杂,焊缝众多,焊后残余应力集中,在应力集中的薄弱区域容易形成疲劳裂纹并逐渐扩展,导致正交异性钢桥面板疲劳病害发生。

正交异性钢桥面板作为桥面系直接承受车辆荷载的压力、冲击、振动和剪切作用,桥面结构受力复杂,在车辆动载作用下,早期建造的钢桥一般服役10年左右就会出现疲劳裂纹,然后就是封桥维修。钢桥面板疲劳裂纹修复成本过高,如果修复方法不当,在荷载作用下,又带来新的疲劳问题。因此,有必要开展正交异性钢桥面板疲劳性能研究,提高抗疲劳强度。

为解决正交异性钢桥面板由于焊后残余应力引发疲劳开裂问题,大量学者开展了一系列研究工作。有学者从新材料角度研究,采用钢-超高性能混凝土(UHPC)组合结构,解决传统钢桥面板易疲劳开裂的问题。也有学者针对钢桥面板自身焊接入手,通过研究不同构造细节或不同制作工艺,研究提高正交异性钢桥面板疲劳强度的方法。郑凯峰、何晓辉等通过退火足尺模型试验分析及有限元模拟验证表明,通过引入焊后退火热处理的方式来降低正交异性钢桥面板残余应力,结果表明退火后的桥面板残余应力显著降低,尤其是焊缝及热影响区的残余应力减小程度非常明显。本文介绍通过采用桥面板焊后退火工艺,降低由焊接产生的焊接残余应力,提高正交异性钢桥面板的抗疲劳性能的试验研究和实桥应用成果。

二、试 件 加 工

1. 试件参数

本次实验共加工试件 4 件,材质为 Q355qD;试件由顶板、U 肋、纵腹板、横隔板、加劲肋组成,如图 1、图 2 所示,顶板尺寸为 16mm × 7000mm × 3000mm;其中 2 件为普通 U 肋试件,2 件为热扎厚边 U 肋试件。具体试件参数见表 1。

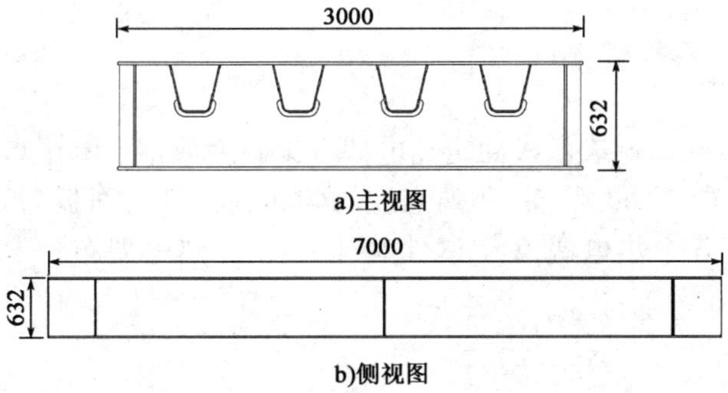

图 1 试件尺寸示意图(尺寸单位:mm)

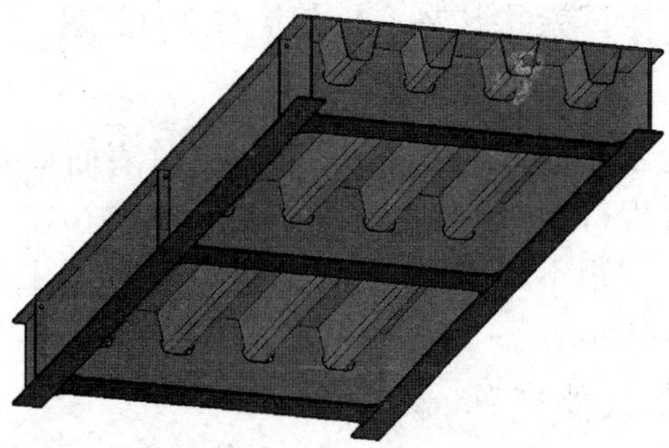

图 2 试件三维示意图

桥面板试件参数表 表 1

试 件 命 名	是 否 退 火	采用 U 肋类型
A-N	否	普通 U 肋
A-Y	是	普通 U 肋
B-N	否	热扎厚边 U 肋
B-Y	是	热扎厚边 U 肋

2. 加工工艺

1)顶板单元焊接

U 肋与顶板焊接为部分熔透,熔深 80%,坡口如图 3 所示。焊接方法采用实芯焊丝气保焊。焊材为 ER50-6(ϕ1.2)。

为减小焊接变形,顶板单元焊接在反变形胎架上进行。先固定卡具在反变形胎架上,卡到位后再施焊,焊完后应等焊缝温度低于 60℃时,才能松开卡具下胎。焊接顺序如图 4 所示。

2)横隔板与顶板单元焊接

横隔板与顶板单元通过角焊缝链接,焊接方法采用熔化极气体保护焊(GMAW),焊丝为 ER50-6(ϕ1.2)。

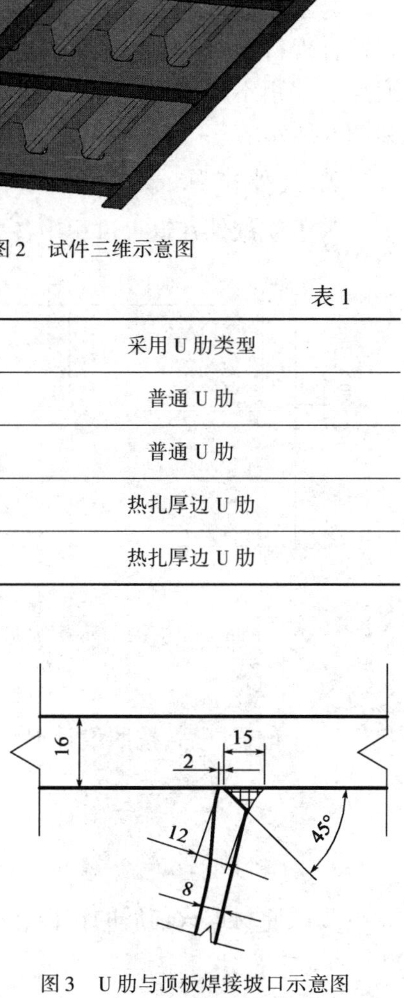

图 3 U 肋与顶板焊接坡口示意图
(尺寸单位:cm)

横隔板与 U 肋和顶板交叉处构造细节，焊接时角部不得起息弧，如图 5 所示。

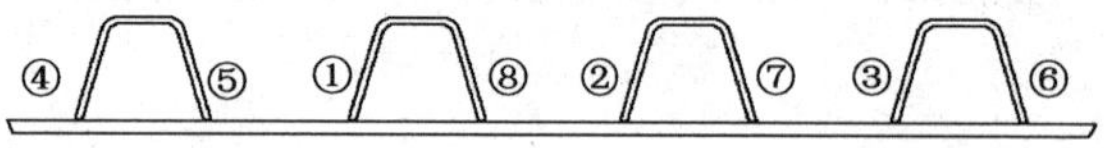

图 4 焊接顺序示意图

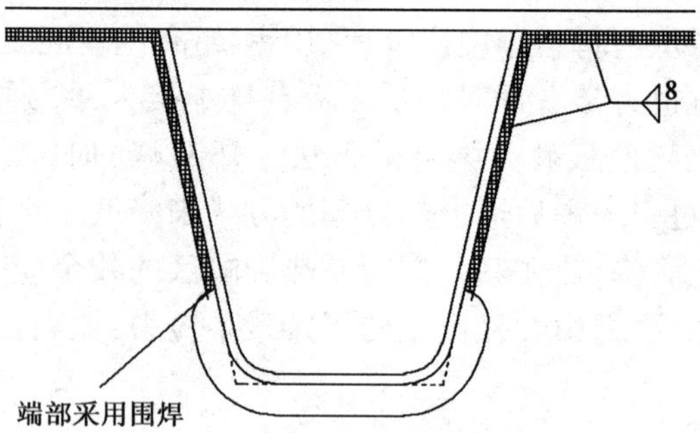

图 5 横隔板与 U 肋和顶板交叉处构造细节

3）无损检查

对加工完成后的试件进行外形尺寸检测与焊缝无损检测，检测结果符合现行国家标准的各项规定，质量合格。

三、试 件 退 火

本次试验共退火 A-Y、B-Y 共 2 件试件。

1. 热电偶的布置

为了在退火过程中实时监控试件表面板温度，在试件表面板固定热电偶采集温度数据。测温点的布置符合现行《承压设备焊后热处理规程》（GB/T 30583）的规定。测温点应均匀布在焊件表面板，相邻测温点的间距不超过 4600mm，每个试件顶板上布置 6 个热电偶，3 个试件共计 18 个。热电偶布置示意图如图 6 所示。

2. 试件布置

为了使试件在退火过程中各处温度均匀，需将待退火试件布置在退火工装上，摆放位置如图 7 所示。

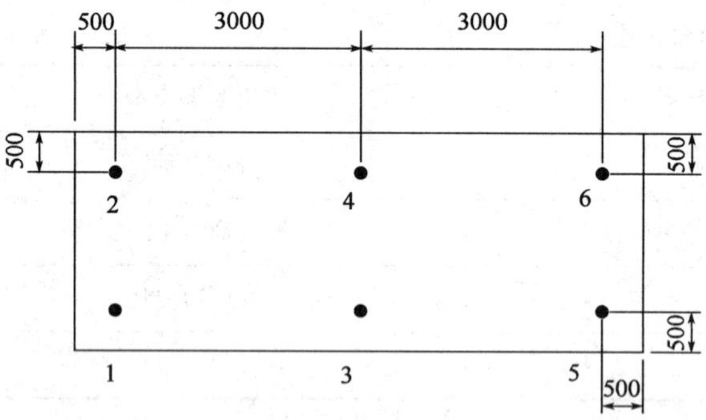

图 6 热电偶布置示意图（尺寸单位：mm）

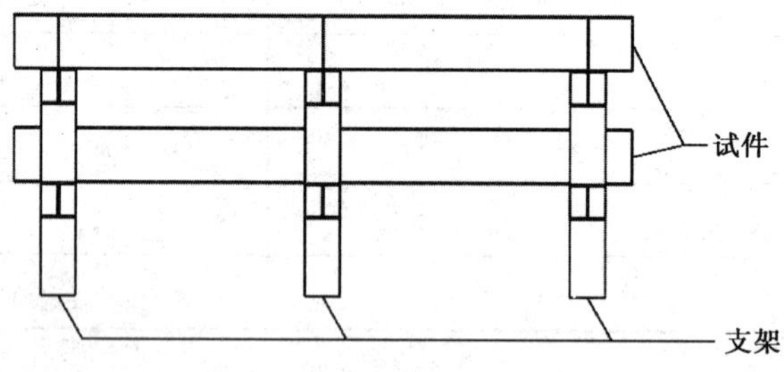

图 7 试件布置示意图

3. 退火

试件布置好后，按照设计退火工艺进行退火处理。待试件冷却后，进行相关测试。

四、测试结果及分析

1. 材料材性测试

测试原材退火前后的拉伸、弯曲、冲击性能，研究退火工艺对原材性能的影响。

2. 盲孔法测试

在测试焊接残余应力的过程中，在同一水平线上选取 2 个点进行测量。分别在距离焊缝边缘 2mm、

8mm、20mm 的水平线上测试数据(包含 U 肋侧和桥面顶板侧),每组测试 2 个点位。U 肋上采取和桥面板上对称的距离进行测试,因此一个试件角焊缝两侧测试 14 个点位,测点布置如图 8 所示。

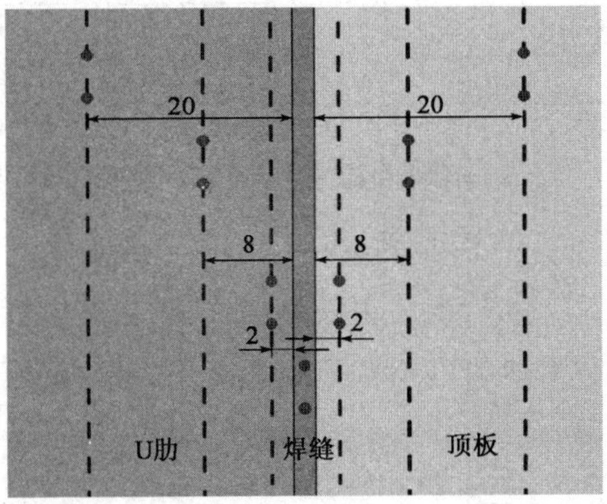

图 8 测点布置示意图(尺寸单位:mm)

3. X 射线检测焊接残余应力

采用 X 射线法检测试件退火前后的焊接残余应力。

在待检测的板单元上取一条垂直于焊缝的横桥向直线,延直线上邻近焊缝区域按 25mm 的间距取点检测,远离焊缝的区域按 50mm 的间距取点检测,板单元测点布置如图 9 所示。X 射线法测试照片如图 10 所示。

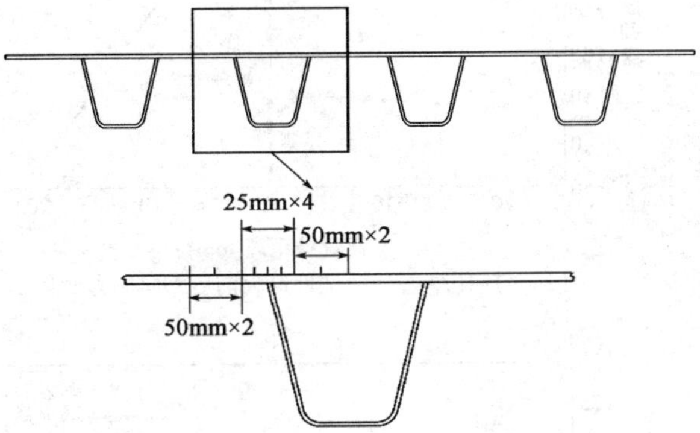

图 9 X 射线法测点布置方案

图 10 X 射线法测试照片

4. 疲劳加载测试

对普通 U 肋不退火试件 A-N 和普通 U 肋退火试件 A-Y 进行疲劳加载试验,采用单点加载方式,加载位置位于桥面板中心位置,研究退火前后疲劳强度的变化。

五、数据分析

1. 材料材性测试结果

本次测试分别进行了拉伸试验、弯曲试验以及夏比冲击试验,其中图 11、图 12 对比了退火前后原材拉伸强度、冲击性能的变化。

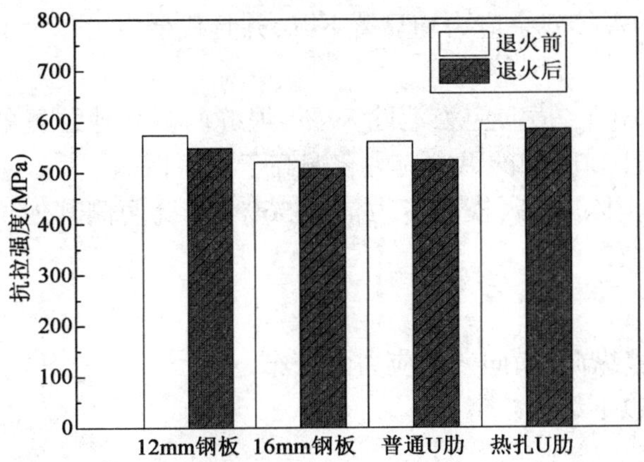

图 11 退火前后原材抗拉强度对比

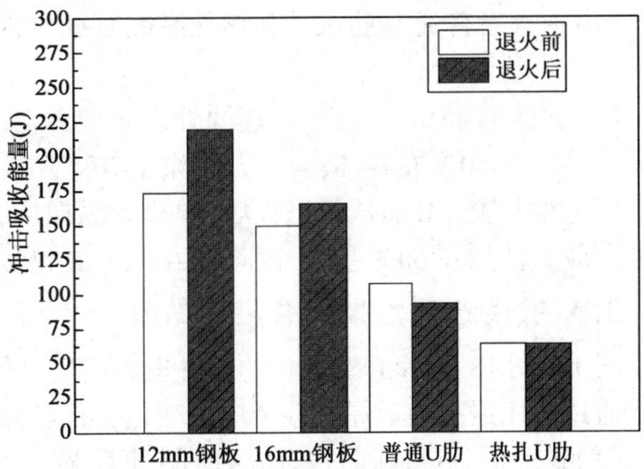

图 12 退火前后原材冲击吸收能量对比

弯曲试验后,试样表面均无肉眼可见的裂纹。

通过对比以上数据可以得到以下结论：

(1)退火后，原材抗拉强度未发生显著下降，且均满足规范要求(≥490MPa)。

(2)退火后，原材冲击性能均满足规范要求。

(3)由弯曲试验结果知，退火前后，原材塑性能满足规范要求。

2. 盲孔法测试残余应力结果

图 13 ~ 图 16 展示了普通 U 肋试件与热扎厚边 U 肋试件退火前后沿焊缝纵、横残余应力的分布。

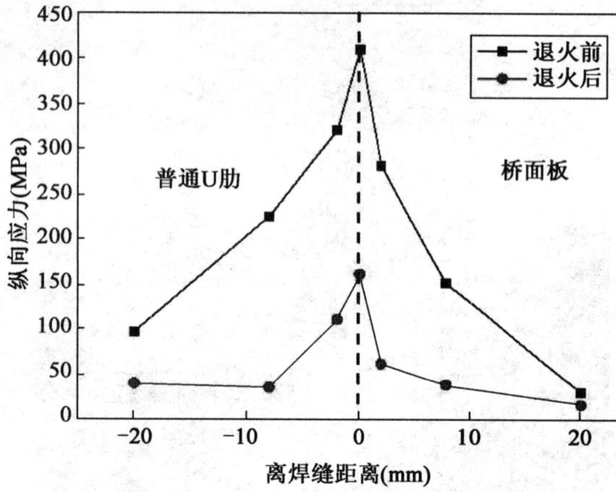

图 13　普通 U 肋试件退火前后纵向应力变化

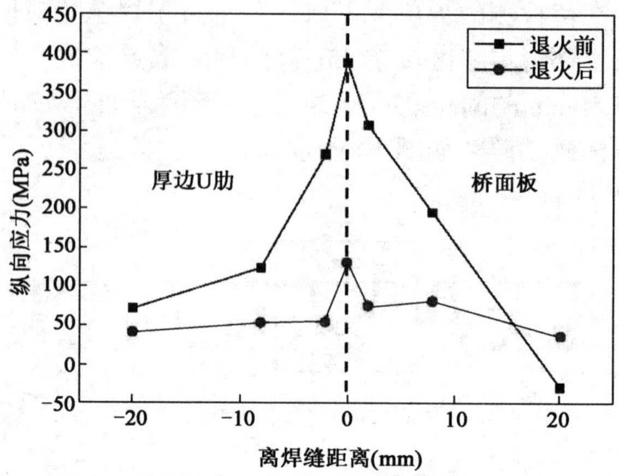

图 14　热扎厚边 U 肋试件退火前后纵向应力变化

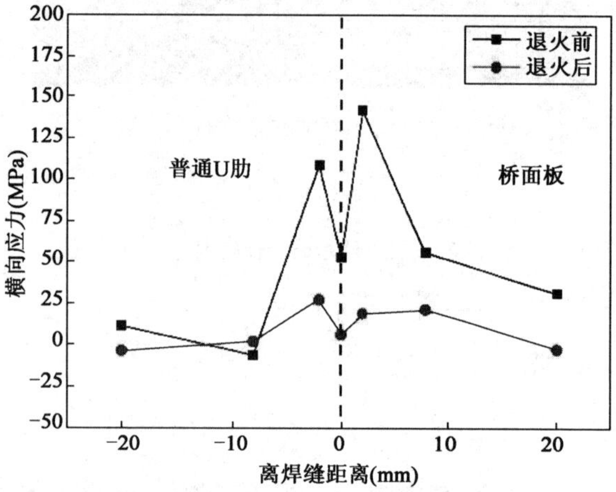

图 15　普通 U 肋试件退火前后横向应力变化

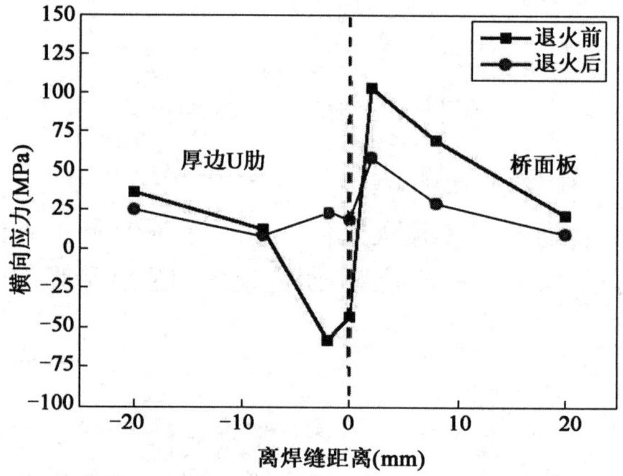

图 16　热扎厚边 U 肋试件退火前后横向应力变化

通过分析上述测试结果发现：

(1)退火后普通 U 肋试件和热扎厚边 U 肋试件的焊接残余应力均显著下降，并且残余应力越大的地方消除的量值越大。

(2)普通 U 肋试件退火后，焊缝处纵向应力消除 61%，横向应力消除 89%，焊缝两侧其他位置的纵向应力消除在 50% 左右，横向应力消除在 70% 左右，且 U 肋侧的纵向应力普遍高于桥面板侧。

(3)热扎厚边 U 肋试件退火后，焊缝处纵向应力消除 66%，横向应力消除 56%，焊缝两侧其他位置的纵向应力消除在 50% 左右，横向应力消除在 40% 左右。

3. X 射线检测焊接残余应力结果

图 17、图 18 展示了普通 U 肋试件退火前后沿焊缝纵向、横向残余应力的分布。

通过对比退火前后焊接残余应力变化，可以得到以下结论：

(1)退火后，焊缝横向残余应力消除不明显。

(2)退火后，焊缝纵向残余应力显著下降，并且残余应力越大的地方消除的量值越大，最大降幅 80% 左右。

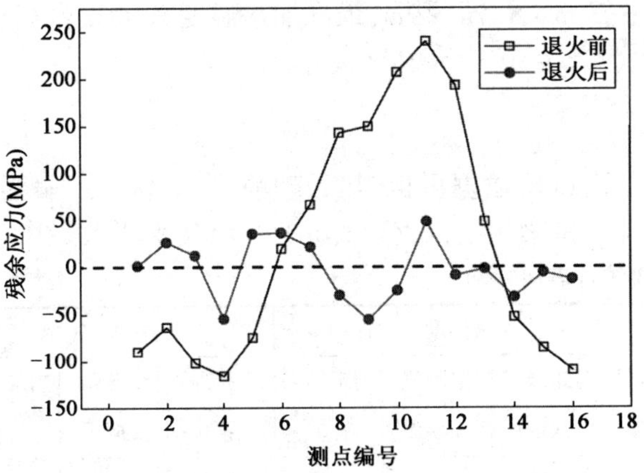

图 17　普通 U 肋试件退火前后纵向应力变化

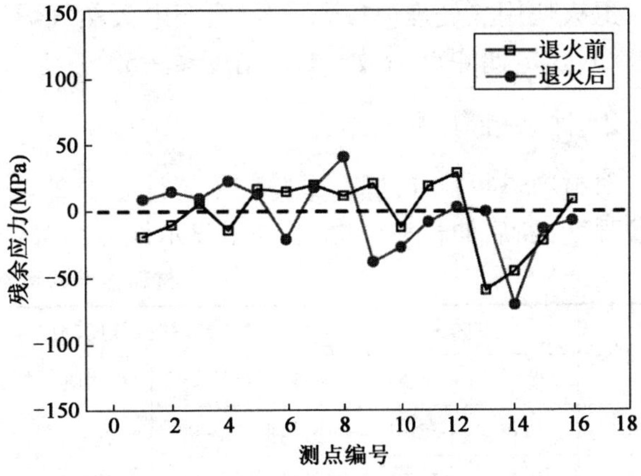

图 18　普通 U 肋试件退火前后横向应力变化

4. 疲劳加载测试结果

退火试件 A-Y 比未退火试件 A-N 的疲劳强度提高了 52.6%，相应疲劳寿命(加载次数)提高 255.3%。

六、焊后残余应力退火工艺的实桥应用成果

1. 实桥工程

合肥市某工程项目主线桥采用“新型抗疲劳正交异性钢桥面板”，截面连续钢箱梁，桥梁横断面为五箱室结构。全桥跨度 4×37m，桥面宽度 25.5m，梁高 1.6m，桥面为双向 2% 坡度。边梁悬臂宽 1.5m，单个箱室底板宽 2.5m，箱室间横向间距为 2.5m。相邻箱室间设置横隔梁，横隔梁通过焊接连接。箱梁顶板厚 16mm，底板厚标准段采用 16mm，加厚段采用 26mm，腹板厚 14mm，顶板设置厚边 U 形加劲肋，加劲肋中心间距 600mm，底板设置板肋，加劲肋中心间距 400mm。钢箱梁立面、剖面图和节段断面模型图如图 19、图 20 所示。

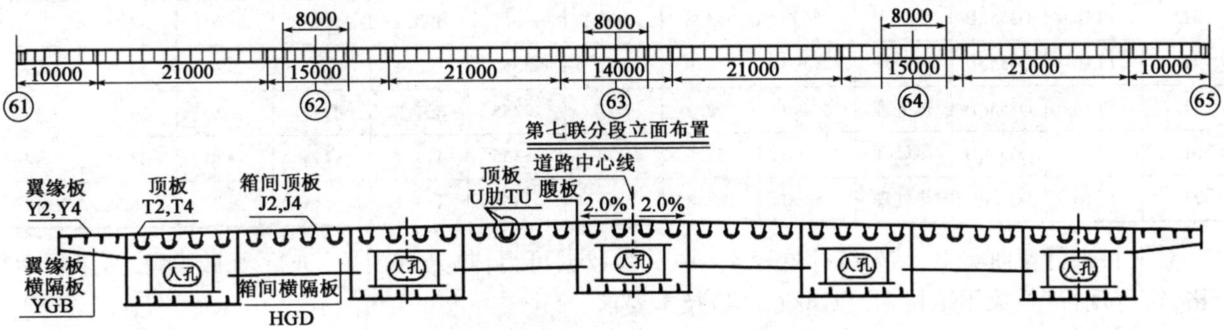

图 19　合肥某项目钢箱梁立面、剖面图(尺寸单位:mm)

图 20　节段断面模型图

退火使用热处理炉参数:37m 台车电天然气炉尺寸 37m×8.5m×9m,最高加热温度 800℃,台车载质量 800t;热电偶测点 31 处,温控精度≤±5℃。

2. 材料性能测试结果

对材料进行拉伸试验,试验结果统计见表 2、表 3。由试验数据可得:热处理前后,对材料屈服强度、抗拉强度、断后伸长率等检测,结果显示性能均符合现行《桥梁用结构钢》(GB/T 714)技术要求。

材料拉伸检测结果统计表(U 肋) 表 2

试样编号	材料信息			抗拉强度(MPa)			屈服强度(MPa)			断后伸长率(%)		
	板厚	材质	备注	标准要求	实测值	判定结果	标准要求	实测值	判定结果	标准要求	实测值	判定结果
0U	PL8	Q355qD	未热处理	≥490	565	合格	≥355	430.2	合格	≥20	25.7	合格
1U	PL8	Q355qD	热处理	≥490	575	合格	≥355	436	合格	≥20	27.5	合格
2U	PL8	Q355qD	热处理	≥490	563.5	合格	≥355	423.9	合格	≥20	22.0	合格
3U	PL8	Q355qD	热处理	≥490	581.3	合格	≥355	438.3	合格	≥20	31.4	合格
4U	PL8	Q355qD	热处理	≥490	522.7	合格	≥355	387.3	合格	≥20	28.6	合格
5U	PL8	Q355qD	热处理	≥490	575.7	合格	≥355	428.6	合格	≥20	25.4	合格
6U	PL8	Q355qD	热处理	≥490	579.6	合格	≥355	437.3	合格	≥20	22.6	合格
7U	PL8	Q355qD	热处理	≥490	567	合格	≥355	431.5	合格	≥20	23.8	合格

材料拉伸检测结果统计表(16mm 钢板) 表 3

试样编号	材料信息			抗拉强度(MPa)			屈服强度(MPa)			断后伸长率(%)		
	板厚	材质	备注	标准要求	实测值	判定结果	标准要求	实测值	判定结果	标准要求	实测值	判定结果
0L	PL16	Q355qD	未热处理	≥490	592.2	合格	≥355	462.9	合格	≥20	27.0	合格
1L	PL16	Q355qD	热处理	≥490	545.6	合格	≥355	398.3	合格	≥20	30.5	合格
2L	PL16	Q355qD	热处理	≥490	546.5	合格	≥355	406.8	合格	≥20	27.9	合格
3L	PL16	Q355qD	热处理	≥490	543.8	合格	≥355	393.2	合格	≥20	32.0	合格
4L	PL16	Q355qD	热处理	≥490	532.9	合格	≥355	398.1	合格	≥20	34.0	合格
5L	PL16	Q355qD	热处理	≥490	552.2	合格	≥355	407.3	合格	≥20	29.7	合格
6L	PL16	Q355qD	热处理	≥490	555.5	合格	≥355	413.1	合格	≥20	27.0	合格
7L	PL16	Q355qD	热处理	≥490	577.8	合格	≥355	453.1	合格	≥20	28.4	合格

对材料进行弯曲实验,结果统计见表 4。由试验数据可得:热处理前后,进行弯曲试验,结果显示均合格,符合现行《桥梁用结构钢》(GB/T 714)技术要求。

材料弯曲检测结果统计表 表 4

试样编号	材料信息			弯曲实验	
	板厚	材质	备注	标准要求	试验结果
0U	PL8	Q355qD	未热处理	180° $d=2a$ 无裂纹	合格
1U	PL8	Q355qD	热处理	180° $d=2a$ 无裂纹	合格
2U	PL8	Q355qD	热处理	180° $d=2a$ 无裂纹	合格
3U	PL8	Q355qD	热处理	180° $d=2a$ 无裂纹	合格
4U	PL8	Q355qD	热处理	180° $d=2a$ 无裂纹	合格
5U	PL8	Q355qD	热处理	180° $d=2a$ 无裂纹	合格
6U	PL8	Q355qD	热处理	180° $d=2a$ 无裂纹	合格

续上表

试样编号	材料信息			弯曲实验	
	板厚	材质	备注	标准要求	试验结果
7U	PL8	Q355qD	热处理	180°$d=2a$ 无裂纹	合格
0L	PL16	Q355qD	未热处理	180°$d=2a$ 无裂纹	合格
1L	PL16	Q355qD	热处理	180°$d=2a$ 无裂纹	合格
2L	PL16	Q355qD	热处理	180°$d=2a$ 无裂纹	合格
3L	PL16	Q355qD	热处理	180°$d=2a$ 无裂纹	合格
4L	PL16	Q355qD	热处理	180°$d=2a$ 无裂纹	合格
5L	PL16	Q355qD	热处理	180°$d=2a$ 无裂纹	合格
6L	PL16	Q355qD	热处理	180°$d=2a$ 无裂纹	合格
7L	PL16	Q355qD	热处理	180°$d=2a$ 无裂纹	合格

对U肋、平板材料进行力学性能的冲击试验,结果统计见表5。由试验数据可得:热处理前后,进行冲击试验,结果显示均合格,符合现行《桥梁用结构钢》(GB/T 714)技术要求。

材料冲击检测结果统计表 表5

板厚	材质	备注	实验项目	单位	标准值	实测值	判定结果
PL8	Q355qD	未热处理	冲击功	kV_2/J	≥120	144	合格
PL8	Q355qD	热处理	冲击功	kV_2/J	≥120	151	合格
PL16	Q355qD	未热处理	冲击功	kV_2/J	≥120	228	合格
PL16	Q355qD	热处理	冲击功	kV_2/J	≥120	231	合格
PL16	Q355qD	未热处理	冲击功	kV_2/J	≥120	163	合格
PL16	Q355qD	热处理	冲击功	kV_2/J	≥120	187	合格
PL16	Q355qD	未热处理	冲击功	kV_2/J	≥120	164	合格
PL16	Q355qD	热处理	冲击功	kV_2/J	≥120	186	合格

对材料进行HV_{10}硬度检测,结果统计见表6。结果显示:热处理前后,材料硬度检测结果均合格。

材料硬度检测结果统计表 表6

试样编号	材料信息			HV_{10}			硬度数据
	板厚	材质	备注	点1	点2	点3	平均值
0U-1	PL8	Q355qD	未热处理	183.7	189.1	196.4	189.7
0L-1	PL16	Q355qD	未热处理	171.6	184.4	186.3	180.8
0U-2	PL8	Q355qD	未热处理	189	183.5	185.5	186.0
0L-2	PL16	Q355qD	未热处理	182.3	180.9	180.8	181.3
1U	PL8	Q355qD	热处理	180.4	183.3	184.5	182.7
1L	PL16	Q355qD	热处理	170.2	188.4	186.3	181.6
3U	PL8	Q355qD	热处理	184.8	188.5	179.2	184.2
3L	PL16	Q355qD	热处理	182.5	182.5	185.7	183.6

对局部U肋试件焊缝进行HV_{10}硬度检测,结果统计见表7。结果显示:热处理前后,焊缝硬度检测结果均合格。

焊缝硬度检测结果统计表 表7

试件编号	备注	U肋母材	U肋热区	焊缝	钢板热区	钢板母材
0HF-1	未热处理	183.0	205.4	193.7	231.7	176.2
0HF-2	未热处理	182.7	202.9	192.0	226.7	179.0
1H1-1	热处理后	178.6	196.4	173.3	188.7	161.0
3HF-2	热处理后	181.3	204.8	172.2	196.8	158.9

对桥面板单元进行盲孔法残余应力检测，测试结果统计见表8～表11。结果显示：热处理前后，残余应力下降明显。

未退火桥面板纵向残余应力检测结果统计表（单位：MPa） 表8

名称	距焊缝距离（mm）	第1组		第2组		第3组		第4组		第5组		第6组		平均值
桥面板	20	13.9	5.8	12.2	15.5	16	19.5	19.3	13.2	13	3.2	5.8	12.1	16.5
	15	17.4	22	14.9	20.5	15.2	23.1	20.7	14.5	22.8	22	17	13.2	18.6
	8	79	76.9	83.6	77.8	96.3	62.3	50.8	74.7	81	76.8	65.4	89.1	76.3
	5	109.3	128	158.4	132.1	128.6	107	148.7	174.6	101.2	118.2	147.3	138.1	132.6
	2	269.7	288.9	280.7	259.9	299.8	279.6	277.3	291.3	312.1	301.8	276.3	261.4	283.0
焊缝	0	478	485.1	486.7	472.5	480.3	482.5	469.3	480.8	476.3	488.5	490.3	477.2	480.1
U肋	2	373.9	367.6	366.8	375.8	372.9	366.4	365.9	377.6	366.4	381.4	379.5	380.6	373.0
	5	358.1	360.3	353.3	362.6	361.4	345.5	357.4	360.9	347.1	333.2	351	362	354.4
	8	328.4	318.9	316.5	309.1	308.7	321.6	299.9	304.9	313	333.2	320.8	317.9	316.1
	15	223.6	198.2	223.6	199	205.3	217.5	215.2	239.3	219.3	201.2	199.5	191.2	208.7
	20	173.8	157.5	167.6	162.7	197.4	181.6	171.3	161.5	177.4	185.7	168.3	175.4	173.4

退火桥面板纵向残余应力检测结果统计表（单位：MPa） 表9

名称	距焊缝距离（mm）	第1组		第2组		第3组		第4组		第5组		第6组		平均值
桥面板	20	8.2	5.9	3.2	4.9	3.1	5	9.5	9.7	8.5	10.2	8.1	9.9	7.2
	15	12.1	9.9	15.4	10.8	15.4	12.3	11.3	8.3	15.1	15.7	12.4	18.4	13.1
	8	28.6	20.9	29	19.9	24.6	18.9	5.1	9.3	21.5	18.6	27.4	19.8	20.3
	5	35.2	29.8	37.1	30.9	39.8	30.7	29.8	20.5	37.6	38	38.8	41	33.1
	2	44.8	53	52	46.9	41.6	49.4	35.6	29.1	54	43.8	56.4	48.4	44.4
焊缝	0	91.9	82.7	84.9	92.8	83.3	69.6	87	74.7	82.4	91.9	84.1	91.2	83.6
U肋	2	54.9	65.6	60.4	62.7	62.9	68.8	59.8	64.6	69	78.6	71.2	62.7	61.9
	5	49.4	52.6	47.8	50.4	48.2	55.1	47.8	41.1	51.2	55.1	57.9	48.4	50.4
	8	50.1	48	49.7	44.7	48.4	51.6	48.1	53.2	44.9	41.1	40.7	46.8	47.3
	15	34.5	43.3	34.6	40.6	49.1	48	43.2	48.7	40.9	44.6	38.9	42.8	42.4
	20	37.7	40	41.7	43.6	40.6	37.3	38.4	33	35.7	42.8	35.6	31.9	38.2

未退火桥面板横向残余应力检测结果统计表(单位:MPa)　表10

名称	距焊缝距离(mm)	第1组		第2组		第3组		第4组		第5组		第6组		平均值
桥面板	20	12	9.3	10.2	6.1	9.5	12.9	10.8	5.9	6.1	10.8	11.3	3.5	9.6
	15	17.7	18.1	12.45	16.6	15	26	15.3	16.7	19.3	11.9	14	16.5	16.6
	8	23	21.5	16.3	26.8	22.4	18.8	21.6	18	20.5	19.5	19.8	23.5	20.8
	5	53.7	47.9	54	50.6	52.7	57.6	64.3	55.8	52.1	46.8	63.2	51.3	54.2
	2	49.7	51	56.8	69.7	60.2	57.8	68.2	59.9	60.2	50.6	81.3	71.4	60.9
焊缝	0	-77.7	-85.9	-72.3	-68.1	-71.4	-85	-73.2	-69.8	-66.3	-85.4	-70.4	-66.3	-73.7
U肋	2	-72.1	-63.9	-74.6	-67.6	-87.6	-71	-68.7	-74.9	-78.3	-89.2	-72.6	-80.2	-75.8
	5	-58.4	-65.9	-68	-53	-57.5	-60.6	-59.1	-63.8	-67.2	-57.3	-59.9	-66.9	-61.5
	8	-42.8	-37.9	-46	-35.3	-43.2	-37.9	-41.6	-38.9	-46	-40.9	-49.8	-50.3	-42.6
	15	-28.4	-20	-27	-30	-15.9	-21.9	-25.3	-20.3	-25.2	21.3	-39.8	-32.9	-23.8
	20	-17	-13	-13.9	-19.7	-8.4	-15	-14.5	-8.2	-16.5	-21	-22.3	-22	-16.0

退火桥面板横向残余应力检测结果统计表(单位:MPa)　表11

名称	距焊缝距离(mm)	第1组		第2组		第3组		第4组		第5组		第6组		平均值
桥面板	20	6.9	10.7	9.1	7.4	7.1	8.5	10.1	9.9	8.6	7.3	3.9	8.4	8.2
	15	9.1	5.8	8.8	5.7	9.9	8.7	8.2	8.9	10.9	9.2	8.4	11.2	8.7
	8	9.5	7.1	9.2	10.4	8.6	8.4	6.7	10.5	6.1	10.4	9.7	12.4	9.1
	5	9.7	12.8	10.2	8.9	11.5	6.8	9.2	9.1	9.3	15.5	10.2	12.9	10.4
	2	10.9	7.1	8.4	7.6	12.1	11.9	26.9	19.3	15	17.5	24	18.3	14.4
焊缝	0	-20.8	-19	-22.1	-16.4	-14.5	-19.5	-28.3	-19.5	-22.1	-24.6	-21.8	-25.4	-20.1
U肋	2	-10.7	-13.6	-10.6	-11.5	-16.6	-19.4	-20.4	-16.3	-17.9	-19.9	-25.1	-18.9	-15.3
	5	-11.9	-10.5	-9.1	-14.8	-11.6	-10.6	-10.8	-11.9	-12.8	-17.4	-17.3	-16.9	-13.0
	8	-16.4	-9.7	-11.2	-11.9	-14.4	-12.5	-9.5	-10.9	-11.3	-15.4	-12.6	-14.7	-12.5
	15	-7.9	-8.9	-6.2	-3.7	-8.1	-11.8	-10.9	-8.8	-9.4	-7.4	-8.4	-13.7	-8.8
	20	-8.4	-14.1	-4.8	-10.5	-12.8	-13.8	-7.8	-6.9	-6.9	-3.9	-7.3	-8.4	-8.8

七、结　语

通过对传统正交异性钢桥面板制作工艺的改进,并增加退火工艺,显著降低了正交异性钢桥面板的焊接残余应力,从而能够提高正交异性钢桥面板的抗疲劳性能,最终得到以下结论:

(1)正交异性钢桥面板焊后残余应力采取整体退火工艺,不影响母材的强度,塑性、韧性等性能指标。

(2)正交异性钢桥面板焊后残余应力采取整体退火工艺能够有效降低桥面板焊接残余应力。

(3)经过退火后试件疲劳强度和疲劳寿命明显提高。

参考文献

[1] 张清华,卜一之,李乔.正交异性钢桥面板疲劳问题的研究进展[J].中国公路学报,2017,30(03):14-30,39.

[2] 刘扬,曾丹,曹磊,等.钢-UHPC组合结构桥梁研究进展[J].材料导报,2021,35(03):3104-3113.
[3] 冯霄暘,郑凯锋,衡俊霖,等.厚边U肋钢桥面顶板与纵肋焊缝疲劳裂纹扩展模式与验算曲线研究[J].铁道学报,2021,43(04):191-199.
[4] 何晓晖,陈涛,代亮,等.正交异性钢桥面板低温退火消除焊接残余应力试验研究[J].建筑结构,2021,51(S2):921-927.
[5] 罗鹏军,张清华,龚代勋,等.钢桥面板U肋与顶板双面焊连接疲劳性能研究[J].桥梁建设,2018,48(02):19-24.

52. LNG罐车火灾下悬索桥主缆温度响应的模型与参数对比分析

郭晓月[1] 吴向阳[2] 黄 侨[1] 杨 明[1] 宋恒宇[1]
(1. 东南大学交通学院;2. 浙江舟山跨海大桥有限公司)

摘 要 为助力城市绿色发展,清洁能源LNG逐渐被广泛使用,但液体燃料LNG在运输过程中存在着发生火灾的隐患。本文针对国内某通行LNG罐车的大跨悬索桥进行火灾仿真分析。首先基于已有研究,推导了LNG罐车火灾数值模型,再对火灾模型中的火源高度以及风的影响等进行参数研究,对比了不同条件下悬索桥上油罐车火灾对跨中主缆的温度影响。研究结果表明:与平方增长型火灾模型相比,燃料控制的指数增长型火灾模型对主缆的温度影响更为明显;无风情况下,主缆受到的温度影响与火源高度有关,当火源高度为桥面高度时,跨中主缆所受的热影响更大;有风情况下,火焰高温区域直接被引导至主缆外围,致使主缆升温最为显著。

关键词 LNG罐车 悬索桥火灾 指数增长模型 主缆温度 火源参数

一、引 言

液化天然气(Liquefied Natural Gas,LNG)作为一种清洁能源既经济又环保,符合城市绿色发展理念,广受大众欢迎。国内某特大跨悬索桥连通了LNG加工厂与其周边城市,定期通行LNG罐车车队,为城市发展提供能源保障。在LNG罐车常态化通行的背景下,桥梁结构安全面临空前的压力和巨大的挑战。悬索桥的主缆作为最重要的承重构件之一,当桥面发生油罐车火灾时,应重点关注主缆在火灾影响下的温度变化。而悬索桥跨中主缆的位置相对较低,更易受到油罐车火灾的高温影响,因此研究油罐车火灾下跨中主缆的温度变化,对开展悬索桥火灾防护和应急处理等工作具有重要意义。

然而,现有的国内外油罐车火灾研究大多针对由传统石油或汽油引起的火灾,对于LNG罐车火灾模型的研究尚且不多。本文基于火灾动力学模拟软件FDS,建立了空间尺寸为12m×2.5m×3.5m的LNG罐车火源模型,其中油罐容积为50m^3,并针对跨中位置发生油池火灾的场景,分析研究不同火灾参数对跨中主缆温度变化的影响,为后续特大跨悬索桥火灾研究采用精确可靠的建模方法提供依据。

二、LNG罐车油池火灾模型

1. LNG油池火灾总热释放率

Babrauskas[1]根据能量守恒公式以及火灾试验编制了估算大型池火的燃烧速率和热量输出数据,并给出了相应计算公式:

$$\dot{m}'' = \frac{\sigma T_{\mathrm{f}}^{4}(1 - \mathrm{e}^{-k\beta D})}{\Delta h_{\mathrm{g}}}$$

对于大多数液体燃料，$\frac{\dot{m}''_{\infty}}{\sigma T_f^4}$取值为1，上述公式可化简为：

$$\dot{m}'' = \dot{m}''_{\infty}(1 - e^{-k\beta D})$$

如果油池形状并非圆形，可使用转换等效直径的方式将其折算成圆形，折算公式如下：

$$D = \sqrt{\frac{4S}{\pi}}$$

油池火灾的热释放速率 Q 的计算公式如下：

$$Q = \dot{m}''\Delta h_c A$$

式中：$\dot{m}''$——燃料的质量燃烧速率[kg/(m² · s)]；

$\dot{m}''_{\infty}$——燃料的最大质量燃烧速率[kg/(m² · s)]；

T_f——火焰温度(K)；

k——火焰的吸收衰减系数(m^{-1})；

β——平均光线长度校正系数；

D——油池直径(m)；

A——油池面积(m^2)；

Δh_g——汽化的总热量(kJ/kg)；

Δh_c——燃烧物质的燃烧热(kJ/kg)。

LNG燃料的热工物理特性如表1所示[1]，50m³ LNG油池总热释放率计算结果如表2所示。

LNG的热工物理特性 表1

材料	质量 (kg/m^3)	Δh_g (kJ/kg)	Δh_c (MJ/kg)	$\dot{m}''_{\infty}$ [$kg/(m^2s)$]	$k\beta$ (m^{-1})	k (m^{-1})	T_f (K)
LNG	415	619	50	0.078(±0.018)	1.1(±0.8)	0.5	1500

50m³LNG罐车油池燃烧参数 表2

D(m^2)	$\dot{m}''$[$kg/(m^2 \cdot s)$]	Q(MW)
6.18	0.07791	120

2. LNG罐车燃料控制的指数增长型火灾模型

桥面发生油池火灾时，所处场景为室外环境，一般来说火灾全过程中氧气相对充足[2]，而燃料随着燃烧反应的进行会不断减少，因此可认为限制燃烧热释放率的主要因素为燃料剩余量。针对这一情况，瑞典学者Ingason等人[3]通过对于所有大型车辆火灾试验系列中测得的燃烧热释放率和气体温度变化的信息，提出了燃料控制的指数增长型热释放率随时间$t(s)$的变化公式：

$$\dot{Q}(t) = \dot{Q}_{max} \cdot n \cdot r \cdot e^{-k \cdot t}(1 - e^{-k \cdot t})^{n-1}$$

式中：$\dot{Q}_{max}$——池火燃烧时的总热释放率；

n——延迟系数；

k——时间宽度系数；

r——振幅系数。

3个系数相互之间的关系如下：

$$r = \left(1 - \frac{1}{n}\right)^{1-n}$$

$$k = \frac{\dot{Q}_{max}}{E_{tot}} \cdot r$$

确定燃料控制的火灾热释放率曲线，需要计算参数E_{tot}、$\dot{Q}_{max}$和n，$\dot{Q}_{max}$取上文计算的总热释放率

120MW。LNG 的主要成分为 CH_4，热值为 50MJ/kg，50m^3 LNG 的总释放热能 E_{tot} 为 1013GJ。参数 n 对火灾初始阶段燃烧热释放率曲线的斜率影响显著，n 值越低，则初始阶段的热释放率增速越快。Ingason 试验结果给出了不同情况下的 n、r 和 k 值[3]，针对 LNG 罐车火灾的参数取值见表 3。

LNG 罐车火灾指数增长模型参数取值 表 3

车辆类型	Q_{max}(MW)	E_{tol}(GJ)	n	k($\times10^{-3}$)	r
LNG 罐车	120	1013	1.1	0.1304	1.271

计算得到的 LNG 罐车燃料控制的指数增长型热释放率曲线如图 1 所示。LNG 罐车火灾在 12min 内迅速达到燃烧热释放率峰值，随后热释放率持续降低。在火灾动力学模拟软件 FDS 中建立火源模型，计算域网格大小取 20m×20m×30m，网格尺寸为 0.5m，油池面积为 12m×2.5m，油池周围定义为开放空间，定义火源燃烧特征时代入上述计算得到的热释放率曲线，LNG 罐车火焰形态模拟结果如图 2 所示。火源最高温度达到 1191℃，900℃以上的高温区域主要集中于油池面上方 15m 以内的空间中。下文将此种曲线模拟的火灾模型简称为"指数增长模型"。

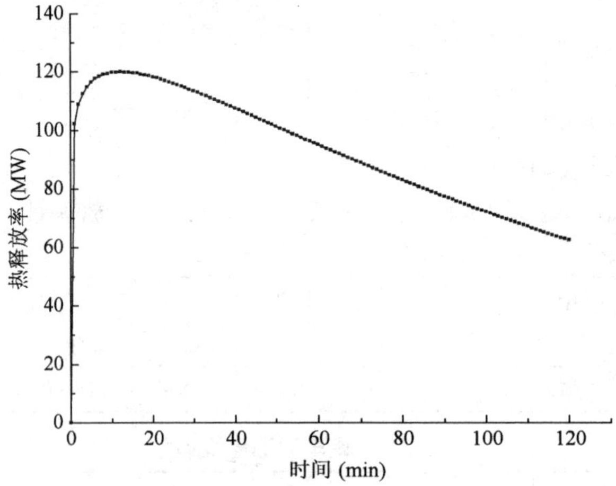

图 1　LNG 罐车燃料控制的指数增长型热释放率曲线

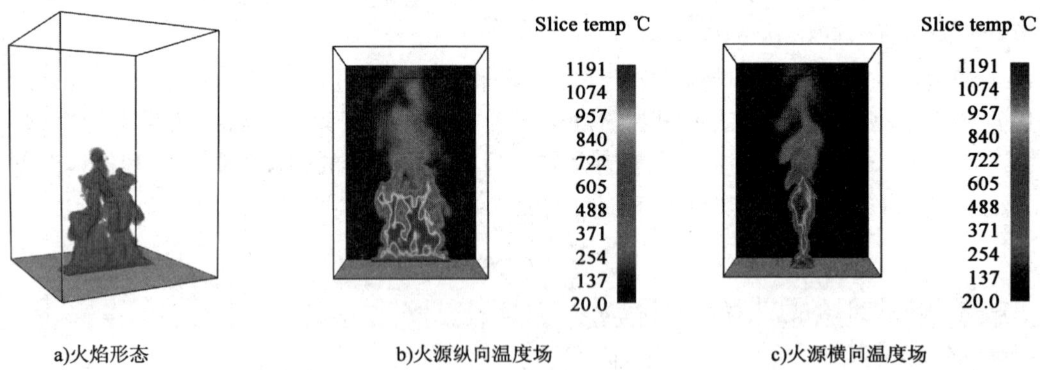

图 2　LNG 油池火灾指数增长模型的火源模拟结果(单位:℃)

3. LNG 罐车平方增长型火灾模型

国内针对桥梁火灾燃烧特性的研究[4]多采用平方增长型热释放率曲线，计算公式为：

$$\dot{Q}(t) = \omega t^2$$

其中，ω 为常数，根据美国国家消防协会手册[5]规定的强火类型，取 0.19kW/s^2。参考传统油罐车火灾工况中的平均取值，该模型中 $\dot{Q}_{max}$ 取 84MW，研究火灾时长为 60min，且不考虑火灾衰减过程，计算得到的火源热释放率曲线以及火源燃烧形态如图 3 所示。

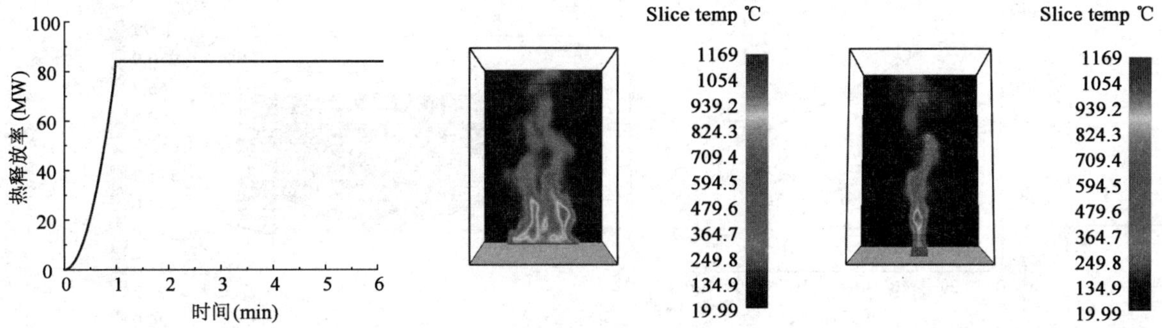

a)火源燃烧热释放率曲线　b)火源纵向温度场　c)火源横向温度场

图3　平方增长模型的火源燃烧热释放率曲线及火源模拟结果(单位:℃)

从建模方法来看,基于平方增长公式的火灾模型是在多种规范以及学者对油罐车火灾的研究基础上所取用的较为折中的油罐车火灾模型,是对多类型油罐车火灾的归纳整合,能够较为保守地量化油罐车火灾的热释放规律。将指数增长模型与平方增长火灾模型进行比较,可为指数增长模型应用于桥梁火灾中安全指数上增加一道保障。后文将此种曲线模拟的火灾模型简称为"平方增长模型"。

从放热角度来看,两种模型在1h内所释放的热量相差较大,指数增长模型比平方增长模型多释放了93GJ热量。二者热释放率达到一致的时间点为火灾开始后约78min,见表4。在此前,指数增长模型热释放率上升更快,单位时间释放热量更多,但随着火灾进行,燃料减少,指数增长模型的热释放率在达到峰值后逐渐下降。平方增长模型由于不考虑衰减,热释放率一直保持稳定。两个模型达到相同热释放速率后,指数增长模型的热释放率便开始小于传统模型。现实情况中,油罐车的火灾的燃料随着燃烧的进行而减少,火势也会随之衰减,且指数增长模型考虑了LNG燃料本身的热物理属性,因此,以燃料控制的指数增长模型更符合LNG罐车的实际火灾情况。且从结构受热来考虑,指数增长模型放热快且多,使用该模型计算桥梁火灾一定程度上可提高结构防灾的安全性。

两种火灾模型热释放量参数值　表4

火灾模型	总热量(GJ)	1h内释放热量(GJ)	达到相同热释放率的时间(min)
指数增长模型	1013	390	78
平方增长模型		297	

4.考虑环境风的火灾模型

风对火源的影响较为复杂。风代表空气的流动,当火源燃烧过程中存在风时,风在单位时间可增加氧气的供应量,提高燃料的燃烧速率,起到一定的助燃效果;但另一方面,风会影响火焰的形态,一是改变火焰的走向,二是会将集中的高温火焰吹散,一定程度上又会降低火焰的强度。从工程安全角度考虑问题时,应以不利情况来进行问题分析,以下主要考虑风对火源的助燃以及对火焰方向的影响。

Blinov 和 Khudyakov[6]给出了风对燃烧速度的影响方程:

$$\frac{\dot{m}''_{\text{windy}}}{\dot{m}''_{\text{still}}} = 1 + 0.15\frac{u}{D}$$

式中:u——风速(m/s)。

该桥的监测结果显示,该悬索桥跨中桥面的全年平均风速为4.3m/s。带入横桥向的风之后,风在单位时间可增加氧气的供应量,提高燃料的燃烧速率。计算得到的LNG燃料燃烧的速率$\dot{m}''_{\text{windy}}$提高至0.08604kg/s,LNG罐车火灾在风的影响下燃烧热释放率Q_{max}增长至130MW,热释放率曲线如图4所示。

同时,如前所述,风降低了火焰的强度:风降低了火源的最高温度,改变了火焰形态;降低了火焰高度,使火焰沿着风向发展。高温区域火焰范围最远可达到顺风方向18m远的位置,火源最高温度从无风的1191℃降至1077℃,下降了114℃。

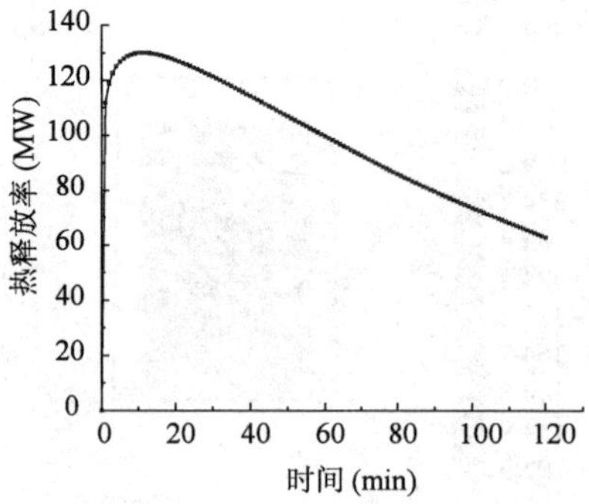

a)4.3m/s横桥向风影响下热释放率曲线

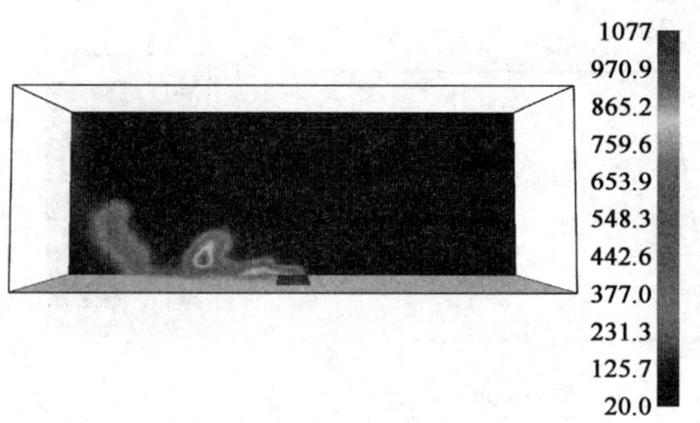

b)横桥向风影响下火源模拟结果

图4 4.3m/s 横桥向风影响下 LNG 罐车火灾热释放率曲线以及火源模拟结果(单位:℃)

三、悬索桥跨中位置 LNG 罐车火灾参数分析

1. 火灾场景

悬索桥由主缆、吊索、加劲梁以及桥塔等部分组成。主缆是其主要承重构件,而悬索桥跨中位置主缆的高度最低,最易受到油罐车火灾的高温影响,因此需要重点关注。本文研究所针对的对象桥梁为一座通行 LNG 罐车的特大跨径悬索桥,该桥梁连接了 LNG 能源加工厂所在岛屿与城市江岸,定期通行载有 LNG 的油罐车车队。根据车道布置和油罐车通行方案,结合实际情况,将火灾发生的场景定义为:车队中的油罐车在行驶时保持一定的安全距离,某一辆油罐车发生火灾后,其余的油罐车能立刻发现火情,并紧急疏散。单辆油罐车发生火灾后,立刻将油罐车停至最外侧的紧急停车道上,此时油罐车在纵桥向处于跨中的位置,横桥向距离主缆 1.7m,如图 5 所示。

2. 指数增长模型和平方增长模型中主缆温度变化的对比

在无风情况下,通过对比上文介绍的两种火灾模型下悬索桥跨中主缆的温度变化,验证指数增长模型符合工程安全。不同模型下,主缆温度增长如图 6 所示。平方增长模型不考虑火灾衰减过程,热释放率的最大值较低且相同时间内放热总量较少,而指数增长模型前期放热快,热释放总量大。两种火源模型中,主缆靠近火源一侧的表面温度最高,在 1h 内的上升趋势相同。计算结果表明,指数增长模型中主缆最高温度为 214℃,平方增长模型中主缆最高温度达到 191℃。前者比后者温度上升了 11.8%,可以认为工程实际中采用指数增长模型是偏安全的。但是此种工况中,由于火焰未直接燃烧到主缆,跨中主缆在受到热影响后最高温度也仅上升到 214℃,故此种火灾工况并非火灾中的最不利情况。

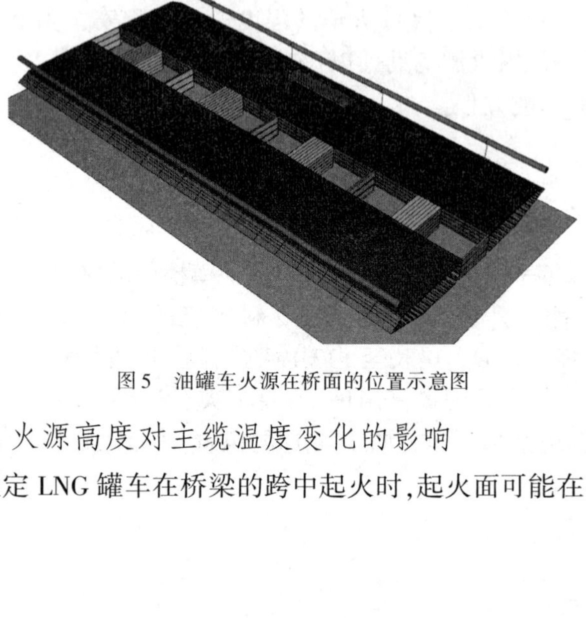

图5 油罐车火源在桥面的位置示意图

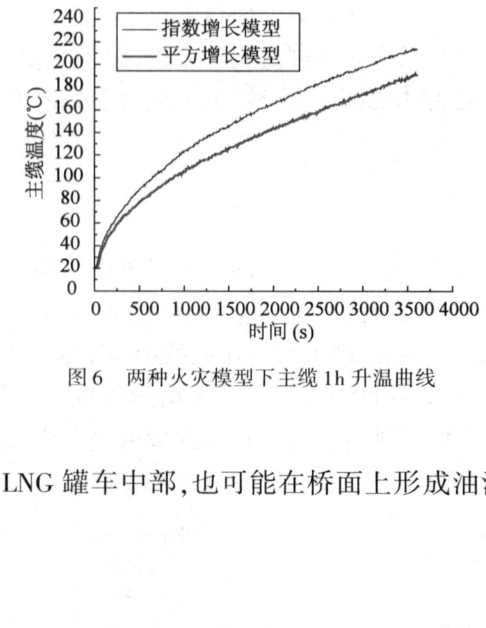

图6 两种火灾模型下主缆 1h 升温曲线

3. 火源高度对主缆温度变化的影响

假定 LNG 罐车在桥梁的跨中起火时,起火面可能在 LNG 罐车中部,也可能在桥面上形成油池火灾,

如图7所示。跨中主缆的最低点距离桥面仅3.015m,因此有必要对比LNG罐车不同高度位置起火对跨中主缆温度变化的影响。

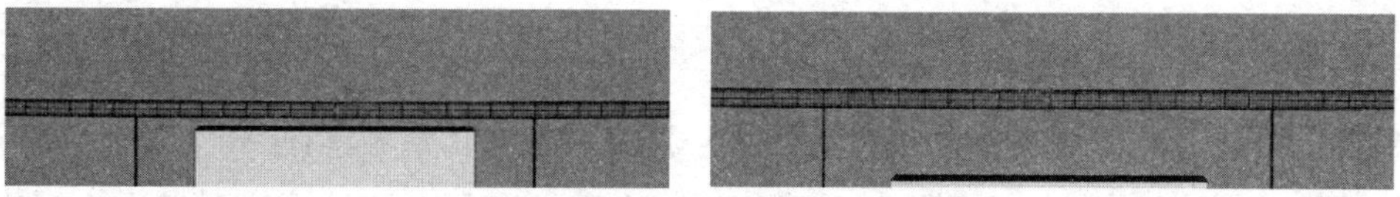

图7 主缆与火源的竖向相对位置示意图

如图8所示,两个模型中,主缆最高温度均出现在靠近火源的一侧。桥面上形成油池火灾时,主缆受到的高温辐射区域更大,因此对主缆的温度影响比LNG罐车中部起火时更为明显。无风情况下火源高度对主缆温度影响较大,当起火面低于主缆底部2.5m时,主缆内侧表面温度上升较高,持火1h内最大值达到214℃,火源位置较高即火源与主缆相对位置仅0.3m时,由于火焰高温区域在主缆上方,热流向上部传送,导致主缆所受辐射较弱,持火1h内最高达到159℃。通过对比火源高度对主缆的影响,可在后续研究中反推在一定高度的火源条件下主缆受高温的最不利纵桥向位置。

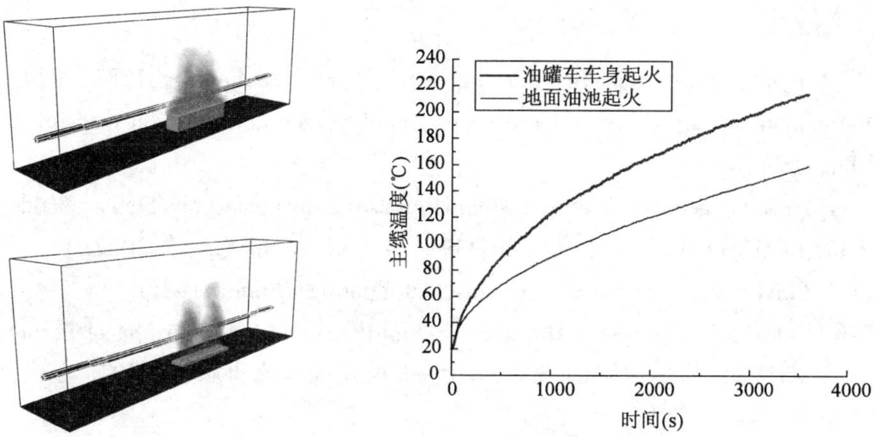

图8 对比火源两种高度下对主缆的温度影响

4. 环境风对主缆温度的影响

不考虑环境风的影响时,火焰为竖直姿态,不与主缆接触,火源对主缆的热传递作用以热辐射为主、热对流为辅[7],主缆内侧最高温度在1h内上升至159℃。考虑了横桥向环境风的影响时,火焰会沿着横桥向倾斜,火焰高温区域转移到主缆外围,主缆直接受火。此时火源对主缆的热传递作用主要为热对流[7],主缆最高温度出现在与高温火焰接触的主缆底部,并在持火1h内上升至573℃。有、无环境风影响下LNG罐车火灾对主缆温度的影响如图9所示。

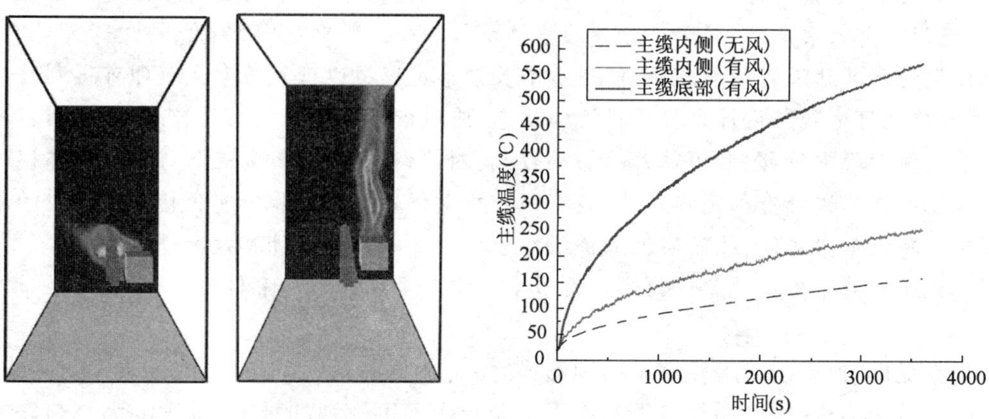

图9 有、无环境风影响下LNG罐车火灾对主缆温度的影响

因此,当环境风使火焰向主缆倾斜,即主缆直接受火时,其温度变化最为明显。在实际工程计算中,风的影响因素应根据重要受力构件与火源的相对位置谨慎考虑。

四、结　语

本文以某特大跨悬索桥为实际工程背景,基于火灾动力学模拟软件FDS建立了LNG罐车指数增长型火灾模型和传统的平方增长型火灾模型,对比分析了火源位置高度和环境风对悬索桥跨中位置主缆温度变化的影响,为后续悬索桥运营期间火灾防护以及消防措施提供参考,结论如下:

(1)从放热角度来看,1h内指数增长型火灾模型会比平方增长型火灾模型释放更多的热量,对主缆温度变化影响更明显。

(2)火源对主缆的热辐射区域较大时,主缆温度变化幅度更大,因此研究LNG罐车火灾时,需要根据火焰高度和辐射区域判断主缆受热最不利位置。

(3)悬索桥发生LNG罐车火灾时,环境风会使火焰向主缆倾斜,此时主缆直接受火,温度变化最为明显。后续研究悬索桥火灾时,应根据火源与缆索结构的相对位置,综合考虑环境风的影响。

参考文献

[1] Babrauskas V. Estimating large pool fire burning rates[J]. Fire Technology,1983,19(4):251-261.

[2] Huggett C. Estimation of rate of heat release by means of oxygen consumption measurements[J]. Fire and Materials,1980,4(2):61-65.

[3] Ingason H,Bergqvist A,Lönnermark A,et al. Räddningsinsatser i vägtunnlar[M]. Statens Räddningsverket,2005.

[4] 刘志. 基于CFD-FEM的钢结构桥梁火灾行为研究[D]. 南京:东南大学,2022.

[5] Association N F P. NFPA,Guide for Smoke and Heat Venting. Quincy,1985.

[6] Blinov V I,Khudyakov G N. Diffusion Burning of Liquid[J]. Diffusion burning of liquids,1961.

[7] 章熙民,任泽霈,梅飞鸣. 传热学[M]. 5版. 北京:中国建筑工业出版社,2007.

53. 大跨径悬索桥边跨无吊索主缆的模拟方法研究

宋恒宇[1]　黄　侨[1]　畅卫杰[2]　郭晓月[1]　杨　明[1]

(1. 东南大学交通学院;2. 浙江舟山跨海大桥有限公司)

摘　要　为了研究悬索桥边跨无吊索主缆有限元模拟方法对大跨径悬索桥力学性能分析结果的影响,以国内某双塔双跨悬索桥为工程背景,使用大型桥梁通用设计软件Midas Civil建立3个不同的有限元模型,分别使用1个长索单元、若干个分离的索单元与1个桁架单元模拟悬索桥边跨无吊索主缆,对比分析了3个模型的计算结果。结果表明:使用1个长索单元模拟边跨无吊索主缆即可得到较为精确的计算结果;使用索单元可达到与设计目标更接近的状态,使用桁架单元可提高计算效率;使用不同的单元类型模拟无吊索主缆对跨中位移、塔顶位移的影响较大,对主缆内力的影响较小。本文的建模过程与模拟方法可为大跨径悬索桥进行有限元模拟计算提供参考,根据工程需求和研究目标采用相应的单元类型与单元划分模拟边跨无吊索主缆,从而实现成桥状态分析中计算精度与计算效率整体最优。

关键词　大跨径悬索桥　悬索桥线形　无吊索主缆　主缆内力　索单元　桁架单元

悬索桥是常见的、典型的大跨径桥梁结构形式之一,由主缆、吊索、桥塔、加劲梁、索鞍、锚碇等组成。作为悬索桥的主要承力构件,主缆在自重的作用下会产生不可忽视的垂度,垂度的大小与索力呈非线性关系。不同于一般的刚性结构,主缆在无应力状态下的初始形状是不确定的。因此为了达到理想成桥状态，悬索桥主缆线形的设计和计算（即主缆线形）一直是学术界和工程界的关注重点。为了解决这一问题，悬链线模型、分段悬链线模型、整体力学分析法等解析方法先后出现，并沿用至今。近些年，有限元法得到了快速的发展，并逐渐成为工程设计的主流方法。

本文以某双塔双跨悬索桥为实际工程背景，在 Midas Civil 中使用不同的模拟方法建立悬索桥无吊索主缆的有限元模型，在计算精度满足工程需求的前提下，对比不同模型的计算结果，判断效率高、收敛快、精度好的模拟方法，为后续大跨径悬索桥有限元模拟提供参考。

一、工 程 背 景

某桥为主跨 1650m 的双塔双跨悬索桥，设计荷载为公路—Ⅰ级，主缆分跨为 578m + 1650m + 485m；结构体系为北边跨、中跨两跨连续，矢跨比为 1/10；南边跨无吊索，采用多跨预应力混凝土连续箱梁。北边跨及中跨桥轴线布置为直线，中跨内设置竖曲线，全桥纵坡为 2.5%，通航净高为设计最高水位以上 49.5m，桥型布置如图 1 所示。

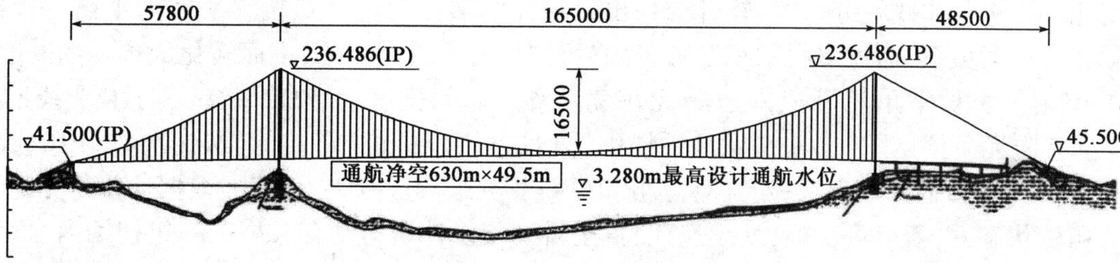

图 1 桥型布置立面图（尺寸单位：cm；高程单位：m）

桥塔为钢筋混凝土门式框架结构，采用钢筋混凝土箱形截面。桥塔净高为 214.386m，两单肢塔柱在横桥向对称内倾。北塔设置上、中两道横梁，南塔设置上、中、下三道横梁，均采用预应力混凝土箱形断面结构。

加劲梁采用扁平流线型分离式双箱梁，横桥向宽 36m，高 3.5m。顺桥向每一个吊点处使用一个闭合的箱形横梁和一个敞开的工字梁连接。

全桥共 2 根主缆，由高强度镀锌平行钢丝索股组成，弹性模量为 2.00×10^5MPa，主要设计参数如表 1 所示。吊索为钢丝绳，宏观弹性模量为 1.10×10^5MPa，共设 119 × 2 处吊点，吊索的主要设计规格如表 2 所示。

主 缆 设 计 参 数

表 1

位　置	钢丝强度（MPa）	钢丝公称直径（mm）	单股丝数（丝）	单股缆数（股）	单缆净面积（cm^2）
北边跨	1770	5.25	127	175	4811
中跨	1770	5.25	127	169	4646
南边跨	1770	5.25	127	171	4701

吊 索 设 计 规 格

表 2

吊点编号	钢丝绳直径（mm）	钢丝绳结构	抗拉强度（MPa）	最小破断力（kN）	理论截面面积（mm^2）
N1、N2	ϕ88mm	8 × 41SW + IWR	1860	4600	3209
N28、N29、1、2	ϕ88mm	8 × 55SW + IWR	1960	5884	3960
N3-N27、3-90	ϕ60mm	8 × 41SW + IWR	1770	2400	1815

二、有限元模拟方法

有限元分析（Finite Element Analysis，FEA）是将一个大型结构物离散成细小、简单的基本单元，用离散单元的简单方程式组合成一个庞大的系统方程组，用有限数量的未知量逼近无限未知量，实现对真实结构的数值模拟,以达到结果精度与计算效率的综合最优。为了对比分析大跨径悬索桥无吊索主缆的建模方法对计算结果的影响,首先需要关注桥梁的整体力学性能,并且要考虑单元规模须在可接受的范围内,故选择使用大型桥梁通用设计软件 Midas Civil 建立空间杆系模型。

模型整体坐标系 X 轴正方向为自北向南,起点在跨中平面,Y 轴正方向为自西向东,起点在主梁中心平面。为了方便后续对比分析计算结果,将 Z 轴起点设在海平面上,则计算结果无须进行换算,即为高程值。使用梁单元建立桥塔,用18种截面形式模拟塔柱自上而下的线性变化。使用梁单元建立加劲梁,用14种钢箱梁截面、6种横向连接箱梁截面、2种横向连接工字梁截面模拟分离式双箱梁。使用索单元建立北边跨主缆、中跨主缆和吊索,共有2种主缆截面和3种吊索截面,有限元模型见图2。南边跨主缆跨度485m,设计索力为283347kN,单缆净面积为4701cm^2,在主缆自重的作用下存在一定的垂度效应。对于南边跨的无吊索主缆可以有3种模拟方法,分述如下:

1.使用1个长索单元模拟南边跨无吊索主缆

Midas Civil 中的索单元采用悬链线的形状,只能传递轴向拉力,并且单元刚度会随着张拉力大小的改变发生变化。在进行非线性分析时,软件会列出索单元的节点力与节点位移之间的平衡方程组,将其整理成荷载和变形的关系,通过多次重复计算,最终得到单元的柔度矩阵,进而转化成单元的刚度矩阵。

模型1使用1个长索单元模拟南边跨无吊索主缆,单元长度为521.249m,与水平线的夹角为21.494°,局部有限元模型见图3。采用软件中提供的"悬索桥分析控制"功能,迭代次数为10,收敛误差为1×10^{-5},分析方法为初始内力法,定义垂点组和更新节点组,进行迭代计算。根据迭代计算的结果,调整索单元的初始状态,更新节点坐标,继续迭代,直至得到与设计索力吻合较好的一组初始内力。

图2　北边跨、跨中有限元模型

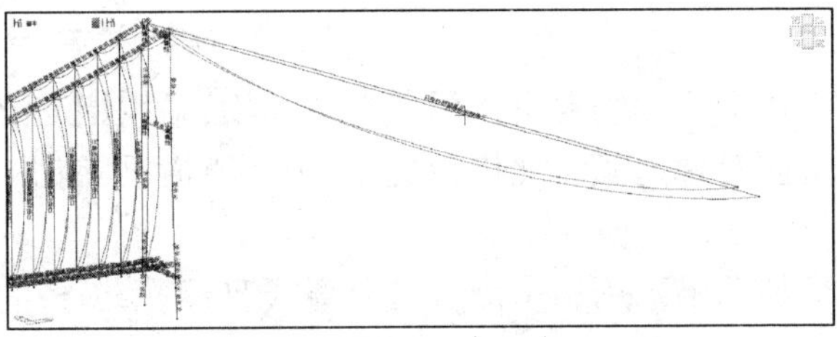

图3　模型1南边跨主缆有限元模型

2.使用若干个分割的索单元模拟南边跨无吊索主缆

模型2使用27个索单元模拟南边跨无吊索主缆,相当于为模型1中的南边跨无吊索主缆加了若干个铰以释放主缆自重弯矩,并提高节点力与节点位移之间的平衡方程组的规模,以期得到更加精确的单元刚度矩阵。

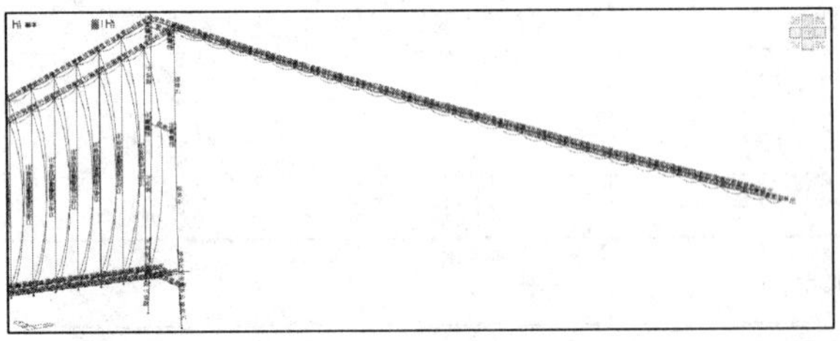

图4　模型2南边跨主缆有限元模型

南边跨无吊索主缆的单元长度分别为26.121m+25×19.450m+11.681m,以使得南边跨无吊索主缆各单元节点的水平分布间距与中跨主缆各单元节点的水平分布间距保持基本一致,各单元与水平线的初始夹角均为21.494°,局部有限元模型见图4。使用"悬索桥分析控制"功能,控制参数及迭代方法与模型1一致。

3.使用 Ernst 公式修正弹性模量的桁架单元模拟南边跨无吊索主缆

Midas Civil 中只受拉桁架单元仅能传递轴向的拉力,单元两端各有一个沿单元坐标系的 x 轴的位移,具有2个自由度。因此对于只受拉桁架单元而言,只有单元坐标系的 x 轴是确定结构变形的基准,即该单元仅有轴向刚度,不能模拟悬链线单元。

无吊索主缆在自重作用下微弯曲的受力特性与斜拉索相似,因此在使用桁架单元模拟主缆时,可以考虑使用与斜拉索相同的方法进行单元刚度折减。《公路斜拉桥设计规范》(JTG/T 3365-01—2020)条文7.2.1规定,斜拉桥结构宜计入几何非线性的影响,考虑斜拉索垂度效应、P-Δ 效应、大位移效应。计算作用效应时斜拉索垂度效应必须计入,可采用 Ernst 切线模量公式换算斜拉索弹性模量,即采用 Ernst 切线模量公式计算垂度效应明显的拉索结构非线性分析的修正弹性模量。

Ernst 切线模量公式在推导中,将斜拉索简化成一端为固定铰支座,另一端为可动铰支座。根据拉索在跨中处弯矩为零的条件列出受力方程,计算得到拉索的跨中径向挠度。拉索在自重的影响下,索的形状是悬链线,当拉索跨中径向挠度较小时,可以近似地按照抛物线计算得到拉索的长度和伸长量。用弹性模量的概念表示垂度的影响,计算拉索的弹性应变,进而得到的等效弹性模量计算公式如下:

$$E = \frac{E_0}{1 + \frac{(\gamma S\cos\alpha)^2}{12\,\sigma^3}E_0} \tag{1}$$

式中:E——考虑垂度影响的换算弹性模量(MPa);

E_0——钢材弹性模量(MPa);

γ——单位体积的重力(kN/m^3);

S——拉索的长度(m);

α——拉索与水平线的夹角(°);

σ——确定工况拉索的应力(kPa)。

大跨径悬索桥无吊索主缆单元较长,自重挠垂引起的非线性效应显著,且边跨主缆的约束条件符合 Ernst 切线模量公式的推导假设,故理论上可以使用该公式计算单元折减刚度。

模型 3 使用 1 个桁架单元模拟南边跨无吊索主缆,单元类型为只受拉桁架单元,单元长度为 521.249m,与水平线的夹角为 21.494°,并使用 Ernst 切线模量公式修正南边跨无吊索主缆的弹性模量,修正后的弹性模量为 1.999×10^5MPa,较初始弹性模量 2.0×10^5MPa 差别很小。产生这一现象的原因在于,南边跨无吊索主缆的应力水平比一般斜拉索的应力水平高 20% ~25%,计算中 Ernst 切线模量公式的分母更小,导致折减后的弹性模量较初始弹性模量差别微小,所以可以认为 Ernst 切线模量公式在悬索桥无吊索主缆中的应用效果并不明显。

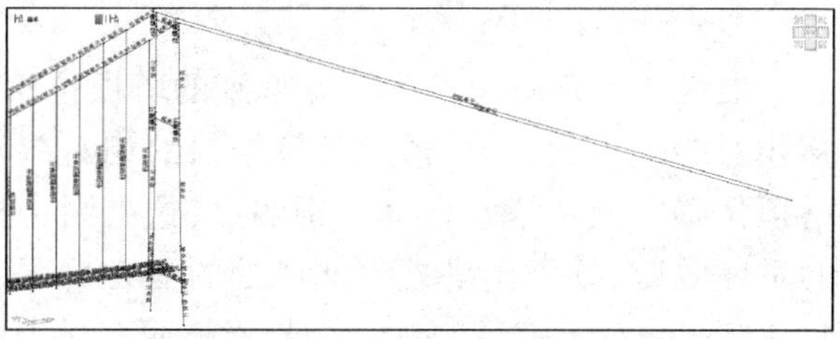

图 5 模型 3 南边跨主缆有限元模型

为了对比桁架单元与索单元计算结果的差别,模型 3 中将北边跨主缆、中跨主缆、吊索的单元类型同步修改为只受拉桁架单元,并赋予该模型与模型 1 一致的初始内力,局部有限元模型见图 5。3 个有限元模型的主要区别如表 3 所示。

模型参数设置表 表 3

模型编号	南边跨主缆单元类型	南边跨主缆单元数量	其他缆索单元类型	迭代次数	迭代误差
1	索单元	1	索单元	10	1×10^{-5}
2	索单元	27	索单元	10	1×10^{-5}
3	桁架单元	1	桁架单元	—	—

注:模型 3 中缆索系统的单元类型为桁架单元,未使用“悬索桥分析控制功能”,无须迭代。

三、静力模拟结果分析

1. 南边跨无吊索主缆内力对比

根据 3 个有限元模型计算得到的南边跨无吊索主缆内力如表 4 所示。模型 1 采用 1 个索单元模拟主缆,模型 2 采用若干个分离索单元模拟主缆,二者的计算结果与设计索力的误差均在 3% 左右,属于比较理想的结果。模型 3 采用桁架单元模拟缆索体系,计算结果与设计索力的误差为 6.38%,高于模型 1 与模型 2 的误差,但仍在工程允许的精度范围之内。模型 1 与模型 2 的相对差别仅有 0.032%,模型 3 与模型1、模型2的相对差别均在3%左右,可见不同模拟方法对无吊索主缆内力的计算结果是有影响的,但影响有限。

南边跨无吊索主缆内力对比表 表4

模型编号	设计索力(kN)	模型计算索力(kN)	与设计索力的误差	与模型1的差别	与模型2的差别
1	283347	274777	3.02%	—	—
2	283347	274864	2.99%	0.032%	—
3	283347	265260	6.38%	3.494%	3.464%

2.跨中位移误差对比

根据3个有限元模型计算得到的成桥状态下跨中位移误差见表5。由于有限元模型中整体坐标系Z轴的起点放在海平面上,故模型计算得到的结果即为高程值。模型1与模型2的计算结果与图纸中设计高程值的误差分别为0.156mm和0.232mm,均小于1×10^{-5},模型3的计算结果与图纸中设计高程值的误差为88.372mm,小于1×10^{-3},均在工程允许的精度范围之内。模型1与模型2的相对差别为32.76%,模型3与模型1、模型2的相对差别均超过99%,说明不同模拟方法对跨中位移的计算结果具有显著的影响。

跨中位移误差对比表 表5

模型编号	跨中位移误差(mm)	与模型1的差别	与模型2的差别
1	0.156	—	—
2	0.232	32.76%	—
3	88.372	99.74%	99.82%

3.塔顶位移对比

根据3个有限元模型计算得到的塔顶位移见表6。模型1和模型2的北塔塔顶位移与南塔塔顶位移相对差别不大,两个模型计算结果的相对差别很明显,但是都属于比较理想的情况。模型3的北塔塔顶位移与南塔塔顶位移差别明显,这是因为桁架单元不能体现主缆的垂度效应,尤其是南边跨长缆的垂度效应,导致南塔处与北塔处的受力情况差别较大,塔顶位移差别显著。模型3的塔顶最大位移为43.715mm,对于跨径1650m的悬索桥而言是可以接受的,因此,模型3的计算结果也在工程允许的精度范围之内。

塔顶位移对比表 表6

模型编号	塔顶最大位移(mm)		两塔之间的差别	与模型1的差别	与模型2的差别
	南塔	北塔			
1	0.018	0.017	5.56%	—	—
2	0.001	0.001	0	94.44%	-
3	43.715	2.147	95.09%	99.96%	99.99%

四、结　　语

本文以某双塔双跨悬索桥为实际工程背景,在大型桥梁通用设计软件midas Civil中建立有限元模型,分别使用不同的方法模拟无吊索主缆,研究了单元类型与单元划分对于大跨径悬索桥计算结果的影响。具体结论如下:

(1)使用1个索单元模拟悬索桥无吊索主缆与使用若干个索单元模拟悬索桥无吊索主缆均能得到较为精确的计算结果,因此在实际计算中,可以将无吊索主缆简化为1个长索单元。

(2)使用索单元模拟悬索桥无吊索主缆与使用桁架单元模拟悬索桥无吊索主缆对跨中位移、塔顶位移的影响较大,对主缆内力的影响较小,但是均能达到工程需要的精度范围。

(3)只受拉桁架单元不能很好地描述悬索桥无吊索主缆的垂度效应,Ernst 切线模量公式修正悬索桥无吊索主缆弹性模量的效果有限。

(4)使用索单元的优点是可以达到与设计目标更接近的状态,但是需要不断迭代计算,直至得到与设计索力吻合较好的一组初始内力。使用桁架单元的优点是建模步骤简单,计算效率较高,但是计算精度仍有提升的空间。

因此在实际工程和学术研究中,可根据工程需求与研究目标采用相应的方法模拟大跨径悬索桥无吊索主缆,实现计算精度与计算效率整体最优。

参考文献

[1] 杨佑发,白文轩,魏建东.采用 Ernst 公式计算斜拉桥拉索振动特性的精度分析[J].世界地震工程,2008,24(2):50-53.

[2] 陈常松,陈政清,颜东煌.悬索桥主缆初始位形的悬链线方程精细迭代分析法[J].工程力学,2006,23(8):62-68.

[3] 唐茂林,强士中,沈锐利.悬索桥成桥主缆线形计算的分段悬链线法[J].铁道学报,2003,25(1):87-91.

[4] 刘超,詹海鹏,朱怡.改进力密度法在悬索桥主缆找形中的应用[J].同济大学学报(自然科学版),2022,50(03):351-358.

[5] 王秀兰,张云龙,柴生波,等.双缆多塔悬索桥主缆垂跨比的合理取值[J].公路交通科技,2021,38(07):51-59.

[6] 田根民.悬索桥主缆线形和施工参数的解析算法[D].南京:东南大学,2021.

[7] 高洪顺.双塔背索式混凝土悬索桥施工要点[J].铁道建筑技术,2005(3):20-22,73.

[8] 李运生,许雅倩,王泽涵,等.不同吊杆形式下人行悬索桥的力学性能分析[J].河北科技大学学报,2022,43(2):162-171.

[9] 北京迈达斯技术有限公司.MIDAS Gen 工程应用指南[M].北京:中国建筑工业出版社,2012.

54. 节段预制拼装桥梁抗剪问题的研究现状①

侯　达　苗新歌　朱文广　汪同意　魏振北
(河海大学土木与交通学院)

摘　要　随着经济和桥梁技术的发展,以及当前工程建设的实际需要,节段预制桥梁成为桥梁建设的主力军。但是预制拼装的桥梁由于其不连续性,其抗剪问题尤为突出且对全梁的承载力有显著影响,于是国内外有大量学者对节段预制桥梁抗剪问题进行了研究。本文先对节段预制拼装桥梁进行了简介,随后对其重要的组成部分接缝以及剪力键进行了介绍,最后对不同的接缝类型的抗剪承载力研究现状进行了综述。

关键词　节段预制　抗剪　承载力　接缝　剪力键

一、节段预制拼装桥梁简介

随着桥梁技术的发展,传统的现浇施工方法因其工期长、支架和模板耗材量大、噪声污染严重、影响交通已经越来越无法适应桥梁环保和可持续发展要求,于是节段预制拼装桥梁如今得到广泛运用。节段

① 国家自然科学基金面上项目:混合配束节段预制梁密齿配筋胶接缝的抗剪性能试验研究(基金编号:51878250)。

预制桥梁是指沿纵桥方向，将梁体划分为若干个节段，在预制现场或工厂预制后，将各个节段运送到指定位置，再用专业安装设备将其就位，随即施加预应力进行拼装，使各个节段连接成一个整体并达到结构强度的桥梁。由于各个节段是在工厂预制好运送过来直接安装就位，于是可以大大减少现场湿作业量，减少噪声污染；另外，预制还可以大大减少工期，满足桥梁快速施工的要求。该技术常用的架设方式有逐跨拼装、对称悬拼和拼装顶推，适用于多种桥型和不同规模的桥梁，不仅可用在最常见的混凝土简支梁和连续梁桥，也可用于大跨斜拉桥、拱桥。节段预制拼装技术在我国的研究应用始于20世纪60年代，但直到90年代，才开始有一定数量的桥梁正式采用这项技术，1990年建成的福建洪塘大桥是国内最早采用节段预制逐孔拼装施工的桥梁。进入21世纪后，一些大型桥梁项目如苏通大桥北引桥、广州地铁四号线、崇启大桥引桥、上海长江大桥、南京长江四桥引桥、芜湖长江二桥引桥都有采用节段预制拼装技术。预计2024年建成的黄茅海跨海通道是节段预制桥梁在斜拉桥中的典型应用。另外，该方法在高速铁路中也得到了应用，2021年，郑济高铁在济南首次采用多联3×56m节段预制拼接连续梁跨越黄河滩区，完成了高速铁路采用节段预制方法的新的突破。

但是节段预制桥梁也有一些问题需要我们重视，尤其是各节段之间的连接问题，因为节段预制梁的一个典型特点就是普通钢筋在接缝处是断开的，这使得接缝面是全梁中最脆弱的部位。研究表明，接缝处会出现两种破坏形式：一种是接缝面的直剪破坏，另一种是接缝面在受拉一侧张开后的剪切破坏。所以，节段预制拼装桥梁的抗剪问题一直是研究热点。

二、接缝与剪力键的构造

1. 接缝的连接方式及其优缺点

节段预制桥梁目前采用的连接方式有三种：干接缝、胶接缝和湿接缝。干接缝是指匹配预制的节段梁之间不涂任何黏结材料，直接将两节段拼装在一起的接缝。干接缝避免了接缝环氧树脂胶涂抹工作，节省了环氧树脂胶固化时间，不需要进行养护作业，从而可以更快完成节段拼装。但是该类接缝的缺点是，接缝截面混凝土表面直接接触，于是正常使用阶段不能承受拉力且抗压能力也有所下降。另外，在制造和安装过程中难免会遇到一些磕碰，从而造成一些缺陷无法弥补，而且影响接触面的强度。同时，由于外部环境的多变性，桥梁会经历风霜雨雪的侵蚀，接缝易产生冻融、碳化、渗水白化等病害，因此干接缝的采用对环境的要求较高。胶接缝是指在节段梁之间的界面上涂抹1～3mm厚的环氧树脂，将两节段连接在一起的接缝。胶接缝的受力性能很好，胶接缝节段梁的梁段之间的剪力由剪力键、预应力筋和梁段之间的摩擦力来承担，弯矩则由施加预应力后形成的压应力来抵抗。胶接缝形成的密闭空间可有效保护预应力筋，提高其防锈蚀能力。另外，胶接缝的安装时间很短，对周围的环境影响较小，且胶接缝可以避免噪声污染。湿接缝是指通过浇筑混凝土将各节段连接成整体的接缝。该类接缝需要首先将混凝土表面进行凿毛处理，然后将预留出的钢筋进行焊接或绑扎，最后浇筑连接段来实现节段的连接。缺点是由于需要现场浇筑，湿作业量大，延长了工期，同时还会影响环境，带来噪声污染。

2. 接缝的剪力键构造及设计要求

剪力键为凹凸密接的棱台状，通过节段两端的键齿和键槽形成互锁结构以传递剪力，其倾斜的角度一般采用45°，以方便节段匹配预制时脱模以及安装时的定位。对于胶接缝的剪力键，为了便于将多余的环氧树脂胶体挤出，键槽上还可以设置胶槽。

对于剪力键的设计，美国国家公路与运输协会（AASHTO）的《节段式混凝土桥梁设计和施工指导性规范》给出了一些设计建议：

（1）剪力键设在传递剪力的腹板部位，并形成均匀齿槽。

（2）剪力键在腹板厚度方向的长度以及在腹板竖向的分布高度均不小于相应方向的腹板尺寸的0.75。

（3）剪力键的高度应大于混凝土最大集料粒径的2倍且不小于35mm，键高与键宽的比例约取为1∶2。

腹板剪力键的尺寸一般为：键齿长度一般占腹板厚度的70%～90%，键齿宽度为10～14cm，键齿间距一般为5~6mm,键齿高度为3.5~4cm。考虑到定位的作用,顶底板也需布置一定数量的剪力键。考虑到模板的通用性,匹配截面的剪力键数量尽量相同。

三、接缝的抗剪强度研究

1.干接缝的抗剪强度研究现状

作为节段预制混凝土桥梁最简单接缝类型,干接缝被广泛作为研究抗剪性能对象。1983年,美国得克萨斯大学奥斯汀分校J. E Breen与K. Koseki等进行剪力键剪切破坏试验,得到了干、胶接缝及整体浇筑试件抗剪强度;2005年,香港科技大学Xiang Ming Zhou等人通过一系列试验)得到干接缝剪力键裂缝发展过程;Haibo Jiang等人的试验为常规混凝土和钢纤维混凝土干接缝开裂破坏机理提供了定量数据和分析。总结已有研究可知,干接缝具有以下特点:

(1)抗剪强度低、耐久性差。干接缝试件抗剪强度较整体试件降低幅度大,且接缝部位未经任何处理,增加外界环境对接缝处侵蚀概率。

(2)键齿强度决定接缝抗剪性能。干接缝抗剪强度由接缝面混凝土间摩擦和剪力键键齿抵抗力两部分组成,且后者在接缝抗剪中占主导作用。单键齿裂缝出现在键齿根部,随后裂缝发展贯通,三键齿试件破坏时各键齿均出现裂缝,干接缝试件剪切破坏重要标志之一为键齿出现裂缝而破坏。

考虑到以上两种特点,罗伯特提出干接缝的直剪强度计算公式如下:

$$V_d = V_f + V_k \tag{1}$$

式中:V_f——接缝面的剪切摩擦抗力;

V_k——混凝土键齿破坏时所提供的抗力。

V_f 可由下式计算:

$$V_f = \mu\sigma_n A_{sm} \tag{2}$$

式中:σ_n——接缝面正应力;

A_{sm}——摩擦接触面积;

μ——摩擦系数。

东南大学刘钊教授采用45°斜压杆模型(剪跨比等于1),对式(1)进行了推导,提出了干接缝直剪强度计算公式为:

$$V_d = (0.42 + 0.08\sigma_n)A_k f_{cu,k}^{2/3} + 0.6A_{sm}\sigma_n \tag{3}$$

式中:A_{sm}——破坏面上所有键齿根部的面积(m^2);

$f_{cu,k}$——混凝土的立方体抗压强度标准值(MPa);

其他符号意义同上。

对于混凝土键齿破坏时所提供的抗力可以采用莫尔-库仑摩擦准则,广义表达为:

$$V_k = C_1\sqrt{f'_c}A_k + C_2\sqrt{f'_c}\sigma_x A_k \tag{4}$$

式(4)中第一项为在无横向压应力的状况下,混凝土的剪切抗力;第二项为横向预压力作用引起的剪切抗力增量。

AASHTO规范采用罗伯特的研究成果,在国际单位制下,给出的干接缝直剪强度计算公式的表达为:

$$V = V_k + V_f = A_k\sqrt{f'_c}(1.0073 + 0.205\sigma_x) + 0.6A_{sm}\sigma_x \tag{5}$$

式中:V_k——混凝土键齿的剪切抗力;

V_f——接缝破坏面的摩擦抗力;

A_k——破坏面上所有键齿根部的面积;

f'_c——混凝土的圆柱体抗压强度;

σ_x——接缝面上的压应力;

A_{sm}——破坏面上的摩擦接触面积。

2. 胶接缝的抗剪强度研究现状

1)关于胶接缝抗剪强度的试验研究

现行设计规范对混凝土节段预制胶结拼装梁抗剪强度验算没有具体规定,需要通过抗剪承载力模型试验予以验证。目前已有大量的剪切试验研究节段预制拼装梁胶接缝抗剪承载力。如Ghafur H. Ahmeda、Omar Q. Azizb通过直剪试验,研究了预制混凝土节段箱梁桥环氧接头的抗剪性能,发现环氧树脂胶结缝的抗剪承载力比干接缝高25% ~28%,且剪切应力分布更均匀。陈好、周凯考虑了胶接面缺陷程度,通过预制环氧节段接头得直剪试验,记录了极限剪切荷载和竖向相对滑移,分析了试件的破坏形态和归一化剪应力-竖向相对滑移曲线,并将极限剪切荷载的实测值与现有计算公式进行了比较。结果表明,与含10%缺陷和含20%缺陷的试件相比,胶接面无缺陷的单键环氧胶接试件的抗剪承载力、归一化剪应力和塑性变形能力均有所提高。袁爱民老师及其课题团队通过对节段预制桥梁胶接缝剪切性能试验的研究发现,胶接缝剪力键直剪承载力与直剪破坏面面积成正比关系,与齿深和齿距的设置无直接关联。于是他们建议节段预制梁桥工程中,在保证环氧树脂胶接缝施工工艺水平的前提下,匹配节段无须密集布置剪力键,尽量增大键齿齿距,这样不仅可以简化制造工序而且减少环氧胶的涂抹工作难度。在剪力键齿深设计方面,齿深只要满足混凝土结构对材料本身的构造要求就可以了,故齿深只要大于2倍混凝土最大集料粒径即可。孙雪帅制作了3个剪力键胶接缝试件进行抗剪试验,结合ABAQUS有限元分析提出了键齿胶结缝抗剪承载力公式。

2)关于胶接缝抗剪强度的计算公式

莫尔-库仑摩擦破坏准则可以用来评估胶接缝剪力键的抗剪强度,配筋键齿胶接缝剪力键的抗剪强度公式也可表达为内聚力和黏聚力之和的形式,如式(6)所示:

$$V_{\mathrm{j}} = \alpha A_{\mathrm{joint}}^{\mathrm{eq}}(\mu_1 \sqrt{f'_{\mathrm{c}}} + \mu_2 \sigma_{\mathrm{n}}) \tag{6}$$

式中:α——考虑到键齿数量的系数,单键齿接缝和多键齿接缝的α分别取1.1和0.9;

μ_1——黏聚力系数;

μ_2——内摩擦因数;

σ_{n}——侧向应力;

$A_{\mathrm{joint}}^{\mathrm{eq}}$——换算截面面积,$A_{\mathrm{joint}}^{\mathrm{eq}} = A_{\mathrm{e}} + (n-1)A_{\mathrm{s}}$,其中$A_{\mathrm{s}}$为配筋面积,$n = E_{\mathrm{s}}/E_{\mathrm{c}}$,$E_{\mathrm{s}}$、$E_{\mathrm{c}}$分别为钢筋和混凝土的弹性模量。

μ_1取决于混凝土的抗拉强度,在美国混凝土结构建筑规范(ACI318)中,$f_{\mathrm{t}} = 0.56\sqrt{f'_{\mathrm{c}}}$,$\mu_1 = 0.56$。对于$\mu_2$,AASHTO规范给出混凝土梁表面如果有6mm凹凸不平的粗糙度时,则该系数为1.0;如果是整体现浇的普通混凝土梁,该值为1.4。故胶接缝剪力键的摩擦因数应该介于两者之间。在Buyukozturk等的试验中,摩擦因数的推荐值为1.2。于是式(6)变为:

$$V_{\mathrm{j}} = \alpha A_{\mathrm{joint}}^{\mathrm{eq}}(0.56\sqrt{f'_{\mathrm{c}}} + 1.2\sigma_{\mathrm{n}}) \tag{7}$$

姜金凤利用混凝土损伤塑性模型,通过有限元分析得到胶接缝剪力键的剪切极限承载力简化计算公式为:

$$Q_{\mathrm{u}} = 1.097\sigma_{\mathrm{c}}A + \tau_{\mathrm{cu1}}(A - A_0) + \tau_{\mathrm{cu2}}A_0 + \tau_{\mathrm{cu1}}\frac{A_0^2}{A} \tag{8}$$

式中:τ_{cu1}——胶层与混凝土黏结提供的极限剪应力,取4.5MPa;

τ_{cu2}——剪力键混凝土提供的极限剪应力,取5MPa。

3. 胶接缝的界面抗剪原理及抗剪承载力公式

1)胶接缝的界面抗剪原理

湿接缝与预制段两种材料界面黏结的宏观力学性能是其微观结构的表现。通常认为,新旧混凝土界面的黏结力来源于机械咬合力、范德华力、化学力和表面张力。

机械咬合力指的是湿接缝新混凝土的水泥浆体浸入预制段旧混凝土凿毛面的空隙中,硬化后新旧混凝土交错咬合形成一定的黏结强度。当湿接缝采用 UHPC 时由于钢纤维在界面处的聚集,其新旧混凝土黏结强度有一定程度的提高。从宏观角度来讲,机械咬合力的大小取决于旧混凝土表面的粗糙程度,所以对旧混凝土表面的粗糙处理至关重要。机械咬合力是界面黏结力的主要来源。

新旧混凝土界面的范德华力指的是水泥石中晶体和晶体以及晶体和集料之间的分子作用力。由于范德华力与分子距离的六次方成反比,并且界面处新混凝土与旧混凝土的分子间距离较大,所以界面处的范德华力占界面黏结力的很小一部分。新旧混凝土界面的化学力主要来源于新混凝土与旧混凝土中未水化的水泥发生反应,以及与旧混凝土中的水化产物发生反应。

湿接缝界面存在潜在的初始缺陷和复杂的初应力。初始缺陷的来源有以下几点:①对预制段界面进行凿毛处理时,靠近界面的集料会受到扰动进而导致松动;②湿接缝-预制段界面处新旧混凝土结合不佳;③湿接缝混凝土浇筑振捣不够充分。湿接缝界面复杂的初始应力主要是由于湿接缝浇筑时新混凝土与旧混凝土的龄期差异和材料性质差异导致新旧混凝土界面产生收缩应力和温度应力,进而在黏结区构成复杂的初应力。黏结面的初始缺陷和初应力影响了湿接缝界面的力学性能。

2)胶接缝的抗剪承载力公式

胶接缝的主要类型有两类,分别为钢筋不搭接平接缝和钢筋搭接平接缝。

钢筋不搭接平接缝的界面抗剪承载力由混凝土界面黏结力和摩擦力两部分共同提供,其中界面黏结力由界面两侧混凝土强度与界面粗糙程度决定,界面摩擦力由界面压应力和界面粗糙程度决定。可以使用莫尔库仑准则来计算如式(9)所示:

$$\tau = cf_{\mathrm{t}} + \mu\sigma_{\mathrm{n}} \tag{9}$$

式中:c——内聚力系数,可参考有关规范选取;

f_{t}——界面材料抗拉强度;

μ——摩擦系数;

σ_{n}——界面平均压应力。

钢筋搭接平接缝由于钢筋销栓力的作用方式比较复杂,目前国内外诸多学者对于钢筋的销栓作用进行了研究,但尚无公认的销栓力计算公式,目前,工程中通常采用 Dulacska、Mills 等学者基于弹性地基梁理论提出的计算公式:

$$V = 1.3d^2\sqrt{f_{\mathrm{c}} \cdot f_{\mathrm{y}}} \tag{10}$$

式中:d——钢筋直径;

f_{c}——混凝土抗压强度;

f_{y}——钢筋屈服强度。

参考文献

[1] 李国平. 干接缝节段式预应力混凝土桥梁的优势与缺陷[J]. 中国市政工程,2007(S2):54-55,104.

[2] 王博. 关于节段预制拼装桥梁胶接缝的研究探讨[J]. 河南科技,2021,40(28):109-111.

[3] 刁凯,胡可,汪志甜. 节段预制拼装桥梁接缝型式分析与实施方案建议[J]. 安徽建筑,2020,27(05):147,181.

[4] 沈殷,蔡鹏,陈立生,等. 节段预制拼装混凝土桥梁剪力键接缝的抗剪强度[J]. 同济大学学报(自然科学版),2019,47(10):1414-1420.

[5] 王海良,李搏瀚,黄欣. 预制混凝土节段桥梁剪力键抗剪强度影响因素研究进展及展望[J]. 国防交通工程与技术,2020,18(06):1-8.

[6] 田知典. 预制拼装 UHPC 湿接缝抗剪性能研究[D]. 武汉:华中科技大学,2021.

[7] 袁爱民,何雨,程磊科,等. 节段预制桥梁胶接缝剪切性能试验研究[J]. 重庆交通大学学报(自然科学版),2014,33(06):22-26,33.

[8] Hao C,Kai Z. Shear Behavior of Prefabricated Segmental Epoxied Joints Considering Defect Degree in Ce-

mented Surfaces[J]. IOP Conference Series: Earth and Environmental Science,2020,510(5):052064.
[9] Ahmed G H, Aziz O Q. Shear behavior of dry and epoxied joints in precast concrete segmental box girder bridges under direct shear loading[J]. Engineering Structures,2019,182:89-100.

55. 结构措施对边箱钢-混叠合梁颤振性能的影响

华旭刚 陈鲁深 陈政清
(湖南大学风工程试验研究中心)

摘 要 为探究边箱钢-混叠合梁的颤振特性与新现象,基于风洞试验研究了中央扣对该类悬索桥颤振的影响;并用三维颤振方法进行相应的分析。结果表明,该类断面的软颤振是扭转为主的弯扭耦合振动;设置中央扣后,频率靠后的扭转模态先颤振,分析发现中央扣将显著提高反对称扭转频率并降低反对称竖弯频率,使扭弯频率比改变。三维颤振分析结果与试验现象基本一致。有必要考虑结构措施对动力特性的影响,并用颤振分析确定节段试验的模态。

关键词 中央扣 边箱钢-混叠合梁 颤振性能 节段模型 三维颤振分析

一、引 言

随着经济发展,超大跨悬索桥的建造逐渐增加,其结构更加轻柔,风致振动问题也更为突出。而桥梁颤振作为一直以来的研究热点,也是最具灾害性的风致振动问题之一,往往会导致桥梁发生垮塌等危害,因此,在桥梁设计时必须予以分析及控制。边箱钢-混叠合梁虽与Π型叠合梁相似,即均是典型的开口断面,但两者仍存在一定的区别,相对而言,边箱钢-混叠合梁断面的扭转刚度会更大些。边箱钢-混叠合梁以其力学性能好、经济成本低等优势,逐渐开始应用于各大跨承重桥梁建设之中。

桥梁颤振通常采用"临界风速"进行描述[1-2],当风速超过临界风速后,会出现发散性的自激振动,即传统的"硬颤振"现象,在设计上要求保证临界风速不低于颤振的检验风速。但近年来的一些研究发现,某些开口钝体断面在发生颤振时不会立即发散,其颤振振幅会随风速的提高而缓慢增大,并在某一风速下保持在一个稳定的振幅[3-4]。国内许多学者,如许福友等研究了印度尼西亚 Suramadu 大桥主梁断面的"软颤振"特性[5],发现断面颤振形态还和各种模态的质量及频率相对比例有关。朱乐东等发现了双边肋桥梁断面也存在"软颤振"现象[6],郑史雄等也研究了Π型断面"软颤振"特性及气动措施对其的影响[7]。

上述文献主要是针对典型的Π型叠合梁断面的研究,虽然目前对边箱钢-混叠合梁的颤振性能及一些气动措施等也有了一定的研究,如董佳慧等研究了气动措施对边箱钢-混叠合梁断面颤振特性的影响[8],但是,未涉及中央扣等结构措施对该类断面颤振性能的影响。而对设置中央扣而言,将显著改变结构的动力特性,可使正反扭转模态的频率十分接近,难以直接断定哪一阶模态先发生颤振现象,而这将直接影响节段模型风洞试验时,振动模态的选取问题。因此,有必要研究对正反对称扭转模态的颤振性能进行研究,以指导后续节段模型试验的开展。

本文以某大跨边箱钢-混叠合梁悬索桥为工程背景,利用节段模型风洞试验,研究了边箱钢-混叠合梁断面的颤振性能。在设置中央扣后,对比了结构动力特性的变化,并探讨了其对边箱钢-混叠合梁断面颤振性能的影响。最后,利用数值分析软件等对该悬索桥进行了三维的颤振分析,进一步验证了试验结论。

二、节段模型风洞试验

1. 工程背景

本文以国内某大桥为工程依托,该桥为大跨度边箱钢-混叠合梁悬索桥,大桥主跨跨径为800m,主缆外径约为 0.73m，两侧主缆中心距为 28m，主缆垂跨比为 1/10。加劲梁为边箱钢-混叠合梁的形式，全宽 30.00m，中心梁高 2.95m，1/4 处已各设有下稳定板，中部设有一道小纵梁，加劲梁标准横断面可见图 1。加劲梁每延米总质量为 30929kg，主缆每延米总质量为 5274kg，单边吊索共 65 根，其总质量为 128514kg，计算得桥面板的每延米质量惯性矩为 1104359kg · m。

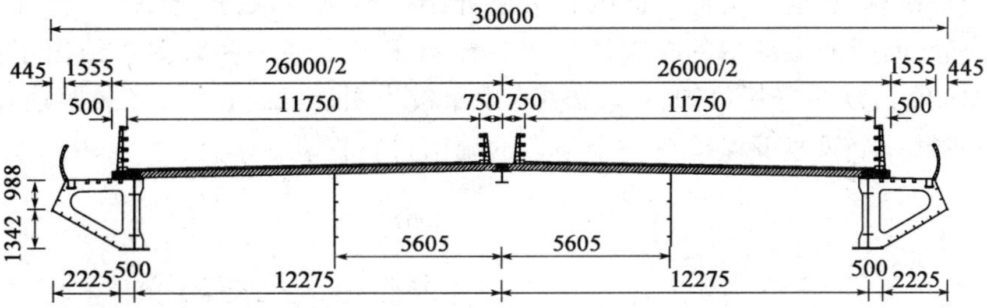

图 1　加劲梁标准横断面图(尺寸单位:mm)

据《公路桥梁抗风设计规范》(JTG/T 3360-01—2018)可知[9]，该桥桥位处基本风速取为 24.6m/s，相对应的颤振检验风速为 51.3m/s。

2. 节段模型风洞试验设计

选取节段模型的几何缩尺比为 1 : 50，模型宽 0.600m，模型高 0.059m，模型的总长度取为 1.530m，模型的长宽比约 2.55，满足刚性弹簧悬挂节段模型试验的规范要求。选取频率较小的反对称模态组进行试验，试验测得模型竖向及扭转频率为 2.010Hz 和 3.360Hz，模型扭弯频率比为 1.701，较实桥扭弯频率比误差为 3%，部分试验参数见表 1。

原始方案节段模型风洞试验参数　　表 1

参数名称	符号	单位	实桥值	缩尺比	模型值
等效质量	m_{eq}	kg/m	55078	$1/50^2$	22.031
等效质量惯矩	J_{meq}	kg · m²/m	3634909	$1/50^4$	0.582
竖弯基频	f_v	Hz	0.152	13.224	2.010
扭转基频	f_t	Hz	0.251	13.386	3.360

大桥的加劲梁节段模型风洞试验在回流式风洞实验室中进行，该试验段长 17m，模型试验区横截面宽 3.0m，高 2.5m，试验段风速 0 ~ 58m/s 连续可调。加劲梁节段模型颤振试验实况如图 2 所示。

图 2　加劲梁节段模型梁颤振试验实况图

三、加劲梁断面颤振性能分析

1. 加劲梁原始设计断面颤振性能

在均匀流场中，选取阻尼比为 0.75%，对原始设计断面(图 1)，在 +3°、0°、-3°三个攻角下分别进行颤振试验，试验中发现了较明显的软颤振现象，因此，参考《公路桥梁抗风设计规范》(JTG/T 3360-01—

2018)[9]取 RMS 值为 0.5°时的风速为起振风速，得到 +3°与 0°攻角的起振风速分别为 42.3m/s 与 65.9m/s，而 -3°攻角下在 0 ~ 81.2m/s 风速范围内未出现颤振。

以 +3°攻角为例，分析颤振形态，对模型颤振后的时程数据进行傅里叶变换得到相应的频域特性，图 3 给出了扭转及竖向的频率谱，由图可知，边箱钢-混叠合梁断面发生颤振时竖向与扭转的频率相同，并与系统固有的扭转频率相对应，这与类似断面的相关研究结果是基本保持一致的[8]，同时竖向和扭转振动都存在高次倍频成分，但竖向振动中的高次倍频成分相对来说更强一些。图 4 给出了该攻角下，颤振振幅的均方根值(RMS 值)，从中分析可知，“软颤振”现象较为明显，即扭转与竖向振幅并不会急剧增大直至发散失稳，而是在每一个风速下保持在一个稳定的幅值进行振动。

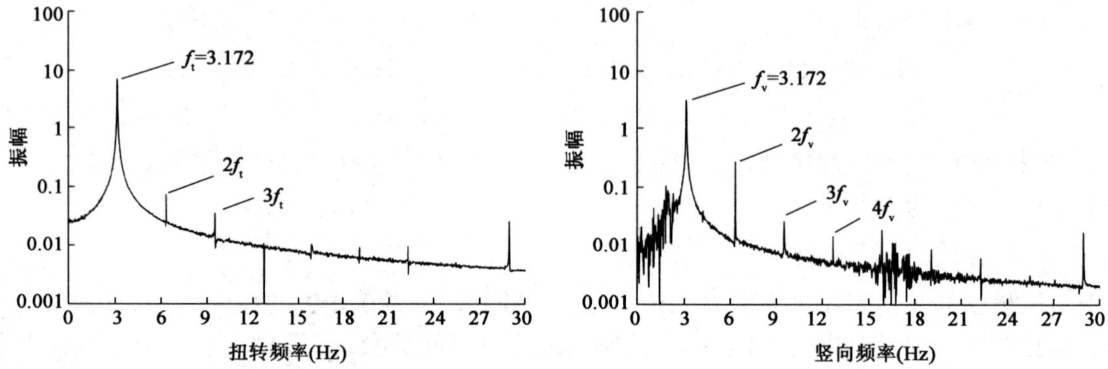

a)扭转频率谱　　b)竖向频率谱

图 3　原始方案 +3°攻角下颤振频率谱图

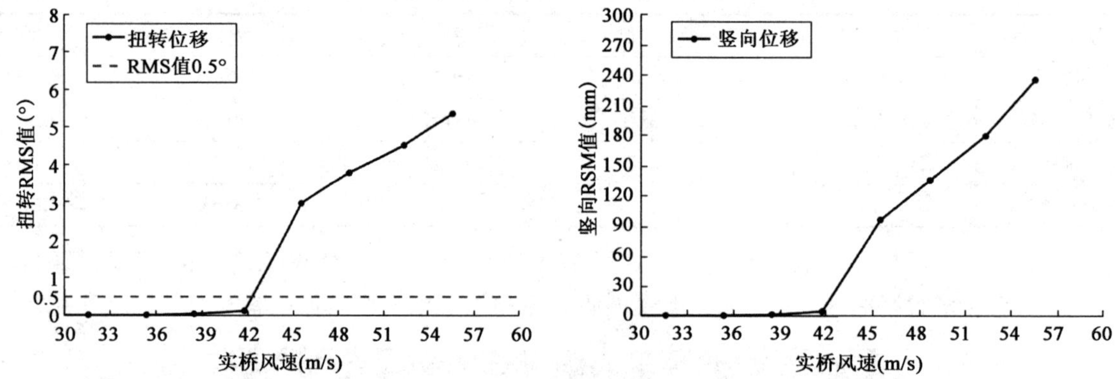

a)扭转RMS值　　b)竖向RMS值

图 4　原始方案 +3°攻角下颤振 RMS 值随风速变化图

从上述试验结果的分析可知，边箱钢-混叠合梁断面存在比较明显的“软颤振”现象，且是以扭转为主的弯扭耦合振动。

2. 结构措施对加劲梁颤振的影响

中央扣以其有利于提高结构的力学及抗风性能，防止跨中短吊杆的弯曲乃至断裂等优点，而广泛用于悬索桥建设中。许多研究表明[10-12]，中央扣对反对称的扭转频率提升最为明显，而对正对称的扭转及竖向频率的影响较小。本文的悬索桥在设置了中央扣措施后，也得到了类似的结论，表 2 给出了中央扣对该桥一阶正反对称振型频率的影响，由表 2 可知，中央扣对该边箱钢-混叠合梁悬索桥的一阶正对称的振型影响不大，而显著地提升了一阶反对称扭转频率。但是，与其他相关研究的结论不同的是，中央扣也会降低一阶反对称竖弯的频率。由于反对称扭转的频率仍相对靠前一些，根据传统的试验经验，故仍先取反对称模态组先进行节段模型试验，试验中阻尼比为 0.50%，测得 -3°攻角下在 0 ~ 76.9m/s 风速范围内无颤振，+3°和 0°攻角下起振风速分别为 42.6m/s 与 67.2m/s。

中央扣对一阶正反对称振型频率影响的比较 表2

振　　型	一阶竖弯		一阶扭转		
	反对称	正对称	反对称	正对称	
频率(Hz)	原始模型	0.152	0.172	0.251	0.306
	中央扣模型	0.121	0.174	0.292	0.297
频率上升率(%)		-20.39	1.16	16.33	-2.94

仍以+3°攻角为例，图5给出了相应的颤振频率谱，可见与原始设计断面并不相同，此时扭转频率相对单一，而竖向频率则较杂乱。结合图6给出的RMS值，可知，在设置中央扣措施后，边箱钢-混叠合梁断面颤振时的竖向振动比较微弱，几乎是以纯扭转颤振的形态进行振动的。

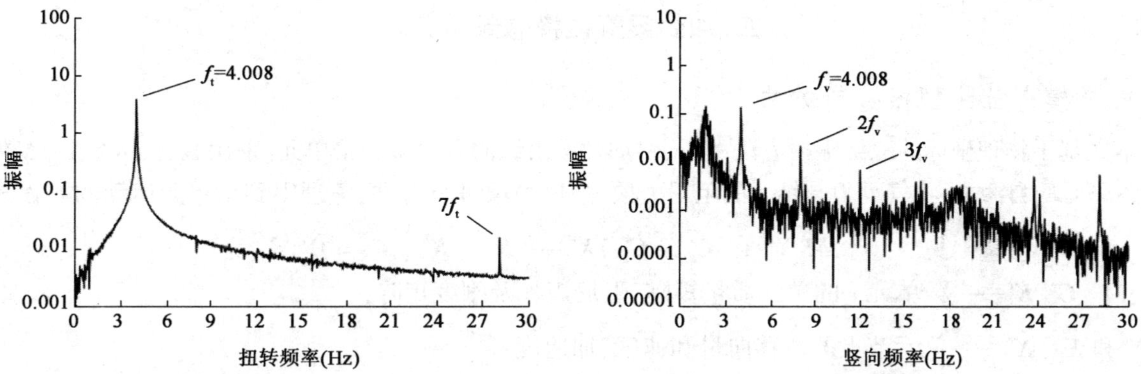

a)扭转频率谱　　b)竖向频率谱

图5　中央扣方案+3°攻角下颤振频率谱图

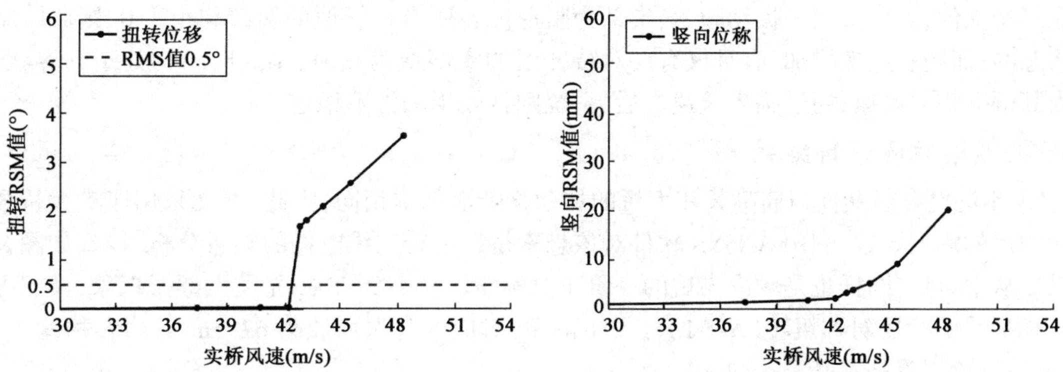

a)扭转RMS值　　b)竖向RMS值

图6　中央扣方案+3°攻角下颤振RMS值随风速变化图

扭弯频率比大于1的情况下，规范[9]中所采用的Van der Put公式等表明颤振临界风速会随扭弯频率比增大而提高，张志田对Π型断面进行研究也得出了相同结论[13]。从表2可看到，设置中央扣，一阶反对称扭转频率虽仍低于一阶正对称扭转频率，但也是十分接近的，而此时一阶正对称模态组的扭弯频率比为1.707，低于此时的一阶反对称的频率比，故一阶正对称扭转可能在反对称扭转之前发生颤振。因此，取一阶正对称扭转模态进行试验，阻尼比设置与前述反对称试验时保一致。试验测得0°攻角下的起振风速为65.4m/s，相较前述反对称的试验结果，临界风速将低了1.8m/s。由于此时，桥梁节段模型基本是纯扭转振动的，因此仅由图7给出了两者的扭转RMS值随风速的变化进行比较分析。从中分析可知，在设置了中央扣后，该边箱钢-混叠合梁悬索桥振动频率靠后的正对称扭转将先发生颤振现象。

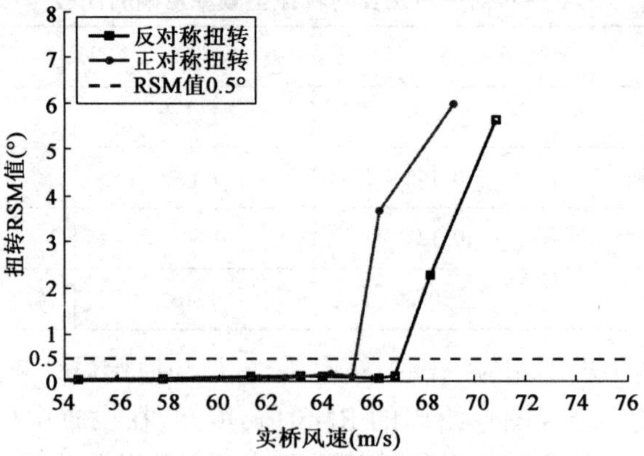

图7 中央扣方案0°攻角下扭转RMS值随风速变化图

四、加劲梁颤振模态频域分析

1. 全模态三维颤振分析方法

本文基于物理坐标的三维颤振方法[14-15],将加劲梁沿纵向划分多个梁单元,采用Scanlan颤振导数模型描述各单元的自激力,将气动力与结构的阻尼力项、弹性力项进行合并,整理得到梁单元运动的方程式为

$$\boldsymbol{M}^{e}\ddot{\boldsymbol{X}}^{e}+(\boldsymbol{C}^{e}-\boldsymbol{C}_{ae}^{e})\dot{\boldsymbol{X}}^{e}+(\boldsymbol{K}^{e}-\boldsymbol{K}_{ae}^{e})\boldsymbol{X}^{e}=0 \tag{1}$$

式中:$\boldsymbol{M}^{e}$、$\boldsymbol{C}^{e}$、$\boldsymbol{K}^{e}$——梁单元e的单元质量矩阵、阻尼矩阵及刚度矩阵;

$\boldsymbol{X}^{e}$和$\ddot{\boldsymbol{X}}^{e}$、$\dot{\boldsymbol{X}}^{e}$——单元节点的位移向量和速度、加速度;

$\boldsymbol{K}_{ae}^{e}$、$\boldsymbol{C}_{ae}^{e}$——梁单元的气动刚度矩阵与气动阻尼矩阵,具体可查阅文献[14]。

沿加劲梁长均布的自激力等效视为单元节点的集中荷载,而ANSYS中的Matrix27单元可以描述刚度单元或阻尼单元,因此用Matrix27单元模拟梁单元受到的自激力。在某风速下,计算得到系统各阶模态的共轭复特征值,其中虚部为振动频率,实部为阻尼。若所有特征值的实部均小于0,则此时结构是处于稳定状态的;而随着风速增加,有且仅有一对特征值的实部变为0时,则此时结构处于临界状态,对应风速即为其颤振临界风速;超过临界风速之后,系统则将处于动力不稳定的状态。

2. 三维颤振频域分析结果

该边箱钢-混叠合梁断面与庙嘴长江大桥的加劲梁断面基本相同,因此,本文采用庙嘴大桥强迫振动试验实际测得的颤振导数,利用ANSYS软件对该悬索桥桥进行三维颤振的频域分析,得到如图8所示的分析结果。从中可见,同样也是频率靠后的一阶正对称扭转模态(S-T-1)先发生颤振现象,其起振风速为65.4m/s,而后是一阶反对称扭转(A-T-1)才发生颤振,对应的起振风速为67.5m/s,两者相差2.1m/s的风速,与前述试验现象基本是一致的。

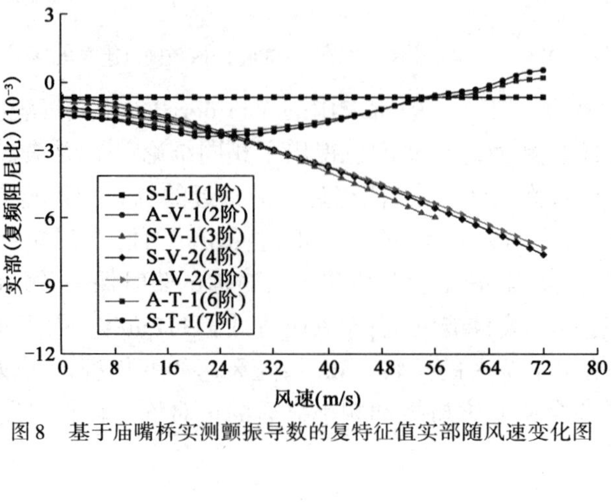

图8 基于庙嘴桥实测颤振导数的复特征值实部随风速变化图

上述数值仿真分析的结论与节段模型风洞试验现象基本一致,均表明,在设置中央扣这一结构措施后,频率在后的正对称扭转模态将先于反对称的扭转模态发生颤振。初步猜测是设置中央扣,使得正对称模态组的扭弯频率比明显低于了反对称模态组的扭弯频率比,进而使得正对称扭转模态更为不利而先发生颤振。

五、结 语

本文对大跨度边箱钢-混叠合梁悬索桥进行了加劲梁刚性节段模型风洞试验,测试了原始设计断面的颤振性能,并结合数值模拟对其颤振性能进行了分析,得到的主要结论如下:

(1)该边箱钢-混叠合梁断面存在较明显的软颤振现象,是以扭转为主的弯扭耦合振动。

(2)设置中央扣后,可能会出现频率靠后的扭转模态先颤振的新现象,且中央扣对边箱钢-混叠合梁悬索桥正对称振型的影响并不大,而会显著地提升结构的一阶反对称扭转频率。并且与其他相关研究现象有不同之处,其对反对称竖弯也有较大的影响,降低了其频率;同时,中央扣改变了边箱钢-混叠合梁悬索桥的颤振形态,使其几乎以纯扭转的形式发生颤振。

(3)中央扣等结构措施会使结构的扭弯频率比等动力特性发生变化,从而带来频率靠后的扭转模态先发生颤振等新问题的出现。因此,在开展风洞试验前,有必要充分全面地考虑结构措施带来的桥梁动力特性的改变,并进行三维颤振分析以进一步确定节段模型风洞试验设计时应该选取的频率。

参考文献

[1] Hiroshi Katsuchi, Nicholas P. Jones. Multimode Coupled Flutter and Buffeting Analysis of the Akashi-kaikyo Bridge[J]. Journal of Structural Engineering, 1999, 125(1): 60-70.

[2] Diana G, Resta F, Zasso A, et al. Forced Motion and Free Motion Aeroelastic Tests on a New Concept Dynamometric Section Model of the Messina Suspension Bridge[J]. Journal of Wind Engineering & Industrial Aerodynamics, 2004, 92(6): 441-462.

[3] Y. DAITO, M. MATSUMOTO, K. ARAKI. Torsional Flutter Mechanism of Two-Edge Girders for Long-Span Cable-Stayed Bridge[J]. Journal of Wind Engineering and Industrial Aerodynamics: The Journal of the International Association for Wind Engineering, 2002, 90(12/15): 2127-2141.

[4] AMANDOLESE X, MICHELIN S, CHOQUEL M. Low Speed Flutter and Limit Cycle Oscillations of a Two-Degree-of-Freedom Flat Plate in a Wind Tunnel[J]. Journal of Fluids and Structures, 2013, 43(31): 244-255.

[5] 许福友,陈艾荣. 印尼 Suramadu 大桥颤振试验与颤振分析[J]. 土木工程学报, 2009, 42(1): 35-40.

[6] 朱乐东,高广中. 双边肋桥梁断面软颤振非线性自激力模型[J]. 振动与冲击, 2016, 35(21): 29-35.

[7] 郑史雄,郭俊峰,朱进波,等. Π 型断面主梁软颤振特性及抑制措施研究[J]. 西南交通大学学报, 2017, 52(03): 458-465.

[8] 董佳慧,周强,马汝为,等. 边箱钢-混叠合梁颤振性能及气动措施研究[J]. 振动与冲击, 2020, 39(3): 155-160.

[9] 中华人民共和国交通运输部. 公路桥梁抗风设计规范: JTG/T 3360-01—2018[S]. 北京: 人民交通出版社股份有限公司, 2018.

[10] 彭旺虎,邵旭东. 设置中央扣悬索桥的扭转自振分析[J]. 中国公路学报, 2013, 26(05): 76-87.

[11] QIN F J, DI J, DAI J, et al. Influence of central buckle on dynamic behaviour of long-span suspension bridge with deck-truss composite stiffening girder[J]. Advanced Materials Research, 2014, 838-841: 1096-1101.

[12] 李凯,韩艳,蔡春声,等. 中央扣对大跨悬索桥颤振稳定性的影响[J]. 湖南大学学报(自然科学版), 2021, 48(3): 44-54.

[13] 张志田,汪志雄,等. 扭弯频率比对 Π 型断面节段模型后颤振特性的影响[J]. 振动工程学报, 2021, 34(6): 1268-1275.

[14] 华旭刚,陈政清. 基于 ANSYS 的桥梁全模态颤振频域分析方法[J]. 中国公路学报, 2007, 20(5):

41-47.

[15] 华旭刚,王圣淇,唐煜,等.大跨径悬带桥颤振特性研究[J].中国公路学报,2021,34(1):57-65.

56.大纵坡小半径转体施工T构桥风荷载作用下球铰应力分析

李 杰 张静华 蔡景毅

(中国市政工程中南设计研究总院有限公司)

摘 要 转体施工T构桥在施工和转体过程中处于大悬臂不平衡状态,极易受到不平衡风荷载,从而影响施工安全。本文依托某大纵坡小半径T构转体桥梁,首先对全桥采用CFD数值模拟计算不同来流风向下该桥的风荷载特性;并将模拟风荷载结果导入有限元模型并进行有限元分析,得到在不同来流风向下球铰的应力分布特性。在横桥向风荷载作用时,转体T构桥阻力较大和升力较大,上下球铰的最大应力几乎与未平衡配重时球铰的最大应力相同。本文可为转体施工抗风稳定性研究提供参考。

关键词 转体施工T构桥 数值模拟 有限元分析 球铰应力分布 抗风稳定性

一、引 言

随着我国基础建设不断发展,铁路公路路网不断扩张,桥梁建设不断面临着复杂地形的挑战,同时也需跨越众多已有线路。转体施工T构桥因其为自我平衡体系,具有良好的环境适应性以及可以最小化影响已有线路运行的优势得到广泛的应用。

在施工和转体过程中T构桥处在大悬臂状态,在进行配重后仍易受到不平衡风荷载。同时,由于地形限制或者设计需要,其形状较为复杂且非对称。对配重以及风荷载计算带来挑战,较复杂的外形也会导致较复杂的风致荷载分布以及表面压力分布,给转体施工带来挑战。现有研究对转体施工桥梁进行抗风措施研究时,参考《公路桥梁抗风设计规范》(JTG/T 3360-01—2018)计算转体施工的风荷载,但仅限于计算横桥向和顺桥向来流风向下的形状较为规则的桥型下的静风荷载,对不同来流风向下的风荷载特征和转动中心球铰处的应力分布并不明确。球铰在转体施工过程中发挥着至关重要的作用,因此探究在不平衡重力和风荷载作用下球铰的应力分布就十分的重要了。

本文以贵阳某大半径小纵坡转体施工T构梁为工程背景,建立CFD和ANSYS数值模型,分析在不同来流风向下转体施工T构桥的风荷载以及球铰处的应力分布。如图1所示,该桥横曲线半径为300m,竖曲线半径为800m,桥梁纵坡为-6.5%~2.4%,在球铰处设置有0.9m偏心距。首先,对球铰上部的全桥结构进行CFD数值模拟,得到复杂外形下不同来流风向下的风荷载分布特性;建立全桥和球铰处有限元模型,明确在复杂桥型不平衡重力作用下的球铰应力分布,平衡配重后将不同来流风向下的风荷载导入,计算球铰处的应力分布。本文研究为转体施工T构桥施工和转体过程抗风稳定性研究提供参考。

图1 全桥几何模型

二、风荷载计算

用《公路桥梁抗风设计规范》(JTG/T 3360-01—2018)中的计算方法只能计算出在横桥向和纵桥向来流风向下的静风荷载,无法明确其他来流风向下转体施工T构桥的风荷载特性。该大纵坡小半径转体施工T构桥桥型复杂,对风场影响较大,为了获得更详细的风荷载特性。本节建立三维数值风洞和全桥的数值模型,采用RANS湍流模型,模拟求解该转体施工T构桥在不同来流风向下的风荷载。

该转体施工T构桥位于贵州省贵阳市,根据《公路桥梁抗风设计规范》(JTG/T 3360-01—2018)及其附录,并结合桥址处实际地形特征计算出该桥位处等效静阵风速为30.9m/s。如图2所示,以该转体桥梁桥底球铰中心为坐标原点,顺风向为X轴正方向,垂直风向为Y轴,垂直于地面向上为X轴正方向。将风洞速度边界入口Inlet设置在球铰中心点上方距离球铰中心6倍桥高处,切向速度为零,湍流度为3.5%,速度设置为等效静阵风风速;压力出口边界Outlet位于在球铰中心点顺风向下游15倍桥梁高度处;两侧边界设置在8倍桥梁高度处并采用对称边界条件。Top边界设置在顶部,距地面5倍桥梁高度,采用滑动壁面条件;Bridge(转体桥)和Ground(地面)均采用wall条件,不设置粗糙度。

该数值模拟采用k-ω SST RANS湍流模型,采用OpenFoam开源CFD计算软件,并用SnappyHexMesh网格生成工具生成计算网格,在近壁面处保持平均y^+小于1。以球铰转动中心为原点,以顺桥向为y'轴,横桥向为x'轴,建立体坐标系,如图3所示。来流风向角度α为X轴与体轴x'轴的夹角,以30°为间隔,一共设置12组来流风向工况。

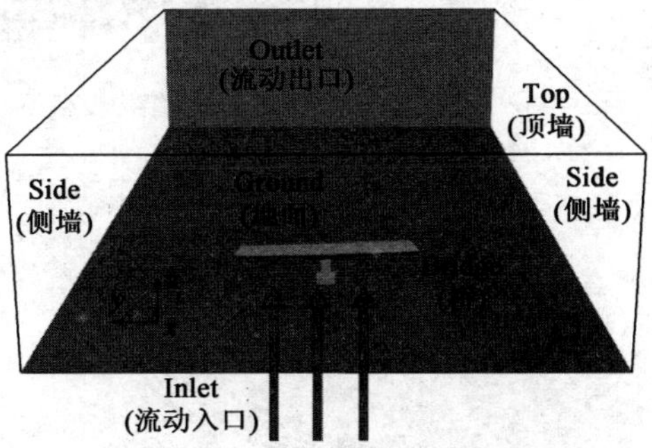

图2　数值模拟计算域以及边界条件

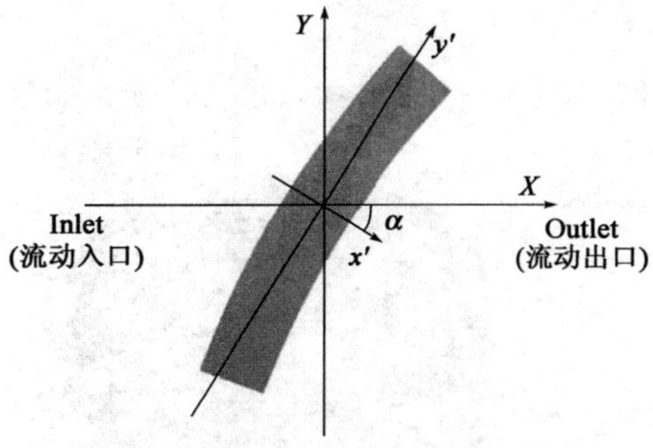

图3　计算坐标轴

计算结果如图4所示,在来流风向为0°或180°(横桥向)时,该转体T构桥具有较大的阻力F_x和升力F_z。当来流风向为90°或270°(顺桥向)时,阻力F_x和F_z接近于零,而阻力F_y逐渐增大。

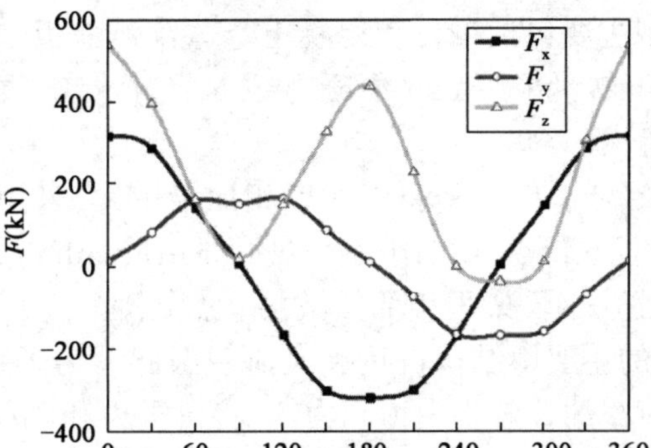

图4　不同来流风向下转体施工T构桥底部转动中心处三分力

三、球铰受力特性分析

该T构转体总重约11000t,该转体梁平曲线半径较小,纵坡较大,转体过程中不平衡弯矩较大,与常规转体桥施工相比,该转体稳定性较差、转体姿态不易控制,球铰及转盘等关键部位的受力特性研究十分必要。本阶段研究内容为 T 构转体转盘和球铰部分的有限元分析,建立转体桥梁上、下承台及球铰实体分析模型,研究其在重力、风荷载作用下的应力分布特点。

1. 建立转体 T 构桥及球铰有限元模型

由于该 T 构桥及球铰构造复杂,有限元前处理操作细节较多,所以在本文采用前处理软件 HyperMesh 对三维模型进行网格划分和集合定义;采用通用有限元分析软件 Abaqus 对有限元模型进行荷载和边界条件设置、求解和结果可视化。由于球铰体系较为复杂,所以建立几何模型时分别选用线、面来模拟 L 形角钢和加劲板,其余部位采用三维实体建模。球铰部位尺寸和全桥立体几何模型如图 5 所示。

将三维和二维几何模型导入 HyperMesh 中进行网格划分,主墩和主梁采用四面体网格划分,其余部分均采用六面体网格和四边形网格。全结构单元数 291880,节点数 110976。球铰结构模型和整体有限元模型分别如图 6、图 7 所示。

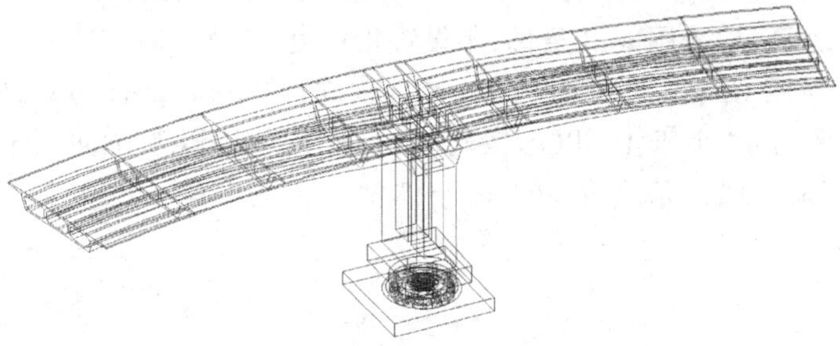

图 5　几何模型线框图

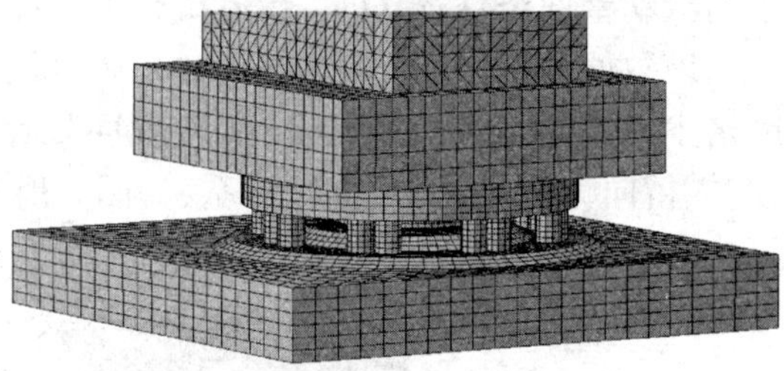

图 6　球铰结构模型

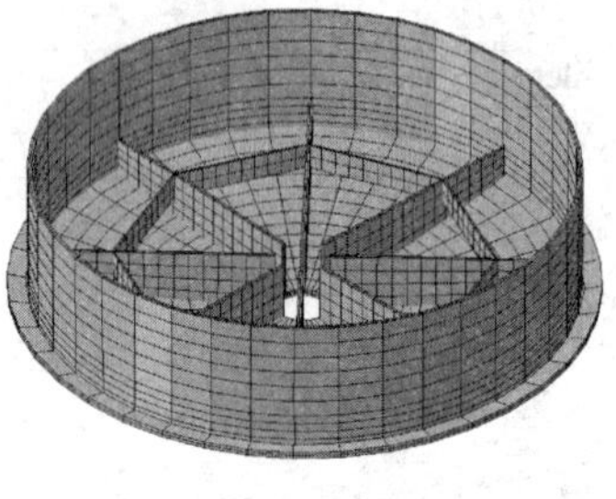

a)球铰上转盘

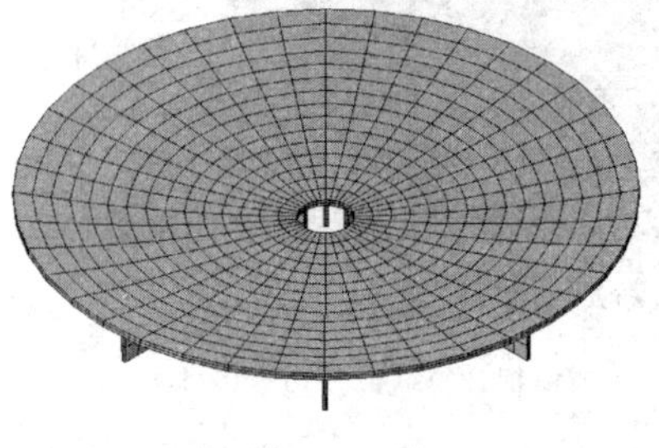

b)球铰下转盘

图 7　转体 T 构有限元模型

本 T 构模型涉及的材料类型主要包括钢材和混凝土。球铰弧面板采 Q355C,筋板、加筋板和支撑角钢采用 Q235,墩身、梁体以及上下转盘采用 C55 混凝土。本节对球铰部位受力特性进行分析时,将所有材料设置为线弹性材料,以提高计算效率。

由于该 T 构纵坡大、曲线半径小、转体不对称,所以相比梁单元,采用实体单元建立变截面箱梁更为合理,且求解精度更高。主墩和上下转盘均采用实体单元(c3d4、c3d8r),上下球铰为壳单元(s4r),滑道骨架和下球铰骨架为梁单元(b31),钢骨架焊接部位做共节点处理。

在转体施工时,不平衡力矩的主要由结构自重和风荷载引起。为了重点分析球铰受力特性,分别求解墩梁自重以及不同角度下风荷载的等效集中力和力矩,将自重力和风荷载施加于球铰部位进行求解计算。上下球铰之间采用面-面接触,摩擦系数为 0.036。采用全自由度固结的方式模拟下转盘底部的边界条件。

2. 仿真分析过程

1)重力静力分析

转体结构的转动速度十分缓慢,无须考虑平衡方程中的加速度和阻尼项,可以认为是准静止状态,所以可以采用 Abaqus 中的静力通用分析步(Static, General),研究球铰体系在梁墩重力和等效静阵风荷载下的受力分布特性。

在正式试转之前,需要对转体结构进行称重平衡实验,测试转体部分的不平衡力矩,偏心距摩擦力矩以及摩擦系数等参数,必要时进行配重。在有限元软件中模拟这一过程的方法为:

(1)先对 T 构整体模型施加重力荷载,计算偏心距并提取球铰中心处的截面集中力和截面弯矩;

(2)提取转盘和球铰模型,施加梁墩重力的等效集中力和等效静阵风荷载,分析球铰体系的受力特性。

图 8 列出了在未平衡配重时球铰体系的应力图,图 9 列出了在平衡配重时球铰体系的应力图。

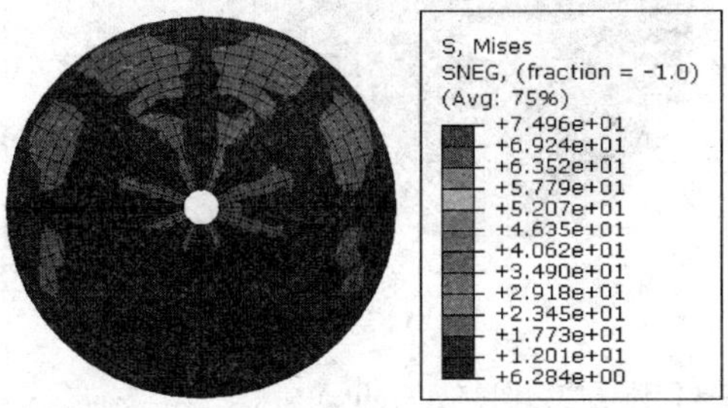

a)上球铰应力图

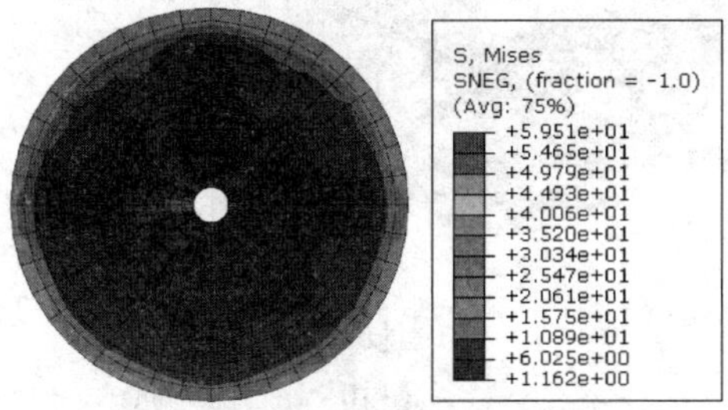

b)下球铰应力图

图 8 未平衡配重时的球铰体系应力图(单位:MPa)

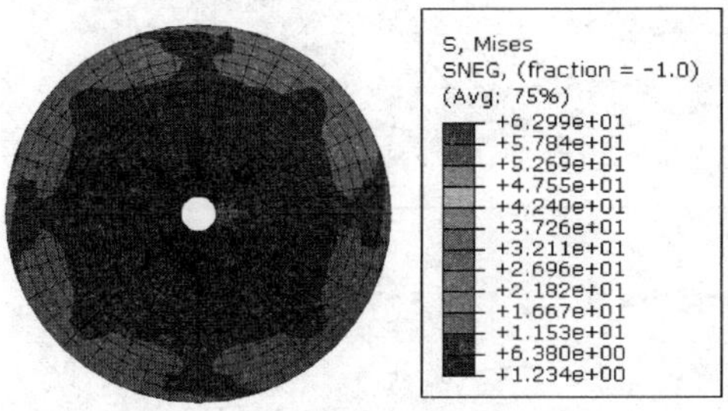

a)上球铰应力图

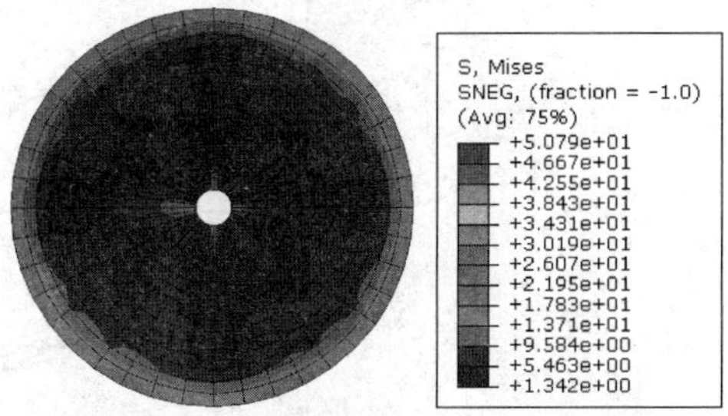

b)下球铰应力图

图 9 平衡配重时的球铰体系应力图(单位:MPa)

如图 8 所示,未平衡配重时梁墩和上转盘的混凝土自重引起的荷载存在偏心,上转盘混凝土和下转盘混凝土最高应力分别为 15.79MPa 和 17.14MPa。球铰结构局部应力较高,最高达到 74.96MPa,但也远远低于钢材屈服应力。应力分布云图显示球铰和转盘应力分布不均匀,梁体曲线外侧方向应力较大。如图 9 所示,平衡配重后的结构应力分布较为均匀,上下转盘混凝土最大应力分别为 11.57MPa 和 14.36MPa,相比未平衡配重时应力水平大大降低。球铰部分等效应力最大为 62.99MPa,位于上球铰加筋钢圆筒处。

2)风荷载作用下静力分析

如图 10 所示,当平衡配重后的转体结构在收到 0°(横桥向)的来流风作用下,上转盘混凝土应力最大处为 13.52MPa,下转盘混凝土应力水平较高,最大为 16.63MPa,上下球铰和钢骨架受到重力荷载和风偏心荷载的影响应力水平较高,应力最高达 54.41MPa,位于上球铰加筋圆钢筒处。相较图 9 平衡配重后的应力分布结果,风荷载引起的偏心荷载引起转体构造各部分应力水平的增高,但各部分应力仍处于安全范围内。

上下转盘混凝土应力在 15MPa 左右,与 C55 设计值 25.3MPa 较为接近,为本次仿真研究的重点对象。将转体 T 构所受的 0° ~ 360°来流风向下等效静阵风荷载作用在有限元模型上,分析转盘混凝土部位的受力特性,最大等效应力随风攻角的变化如图 11 所示。在风荷载作用下,所有来流风向下转体施工 T 构桥的上下球铰的最大应力较平衡配重后的上下球铰应力均有大幅提升。与图 4 中阻力 F_x 变化趋势相同,在来流风向为 0°和 180°(横桥向)时等效静阵风荷载对转盘混凝土应力的影响最大,球铰下转盘应力最高为16.63MPa,已经接近未进行平衡配重时的球铰下转盘最大应力17.14MPa。在90°和270°(顺桥向)时的来流风向风荷载造成的转盘最大应力最小,但即使在顺桥向风向作用下,球铰下转盘的最大应力也接近未平衡配重状态时球铰上转盘的最大应力15.79MPa。球铰上转盘最大应力随来流风向变化而变化的趋势与球铰下转盘基本相似,但普遍低于球铰下转盘3~4MPa。

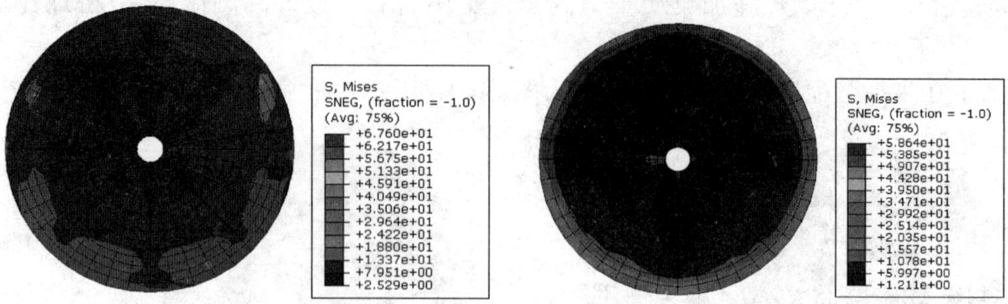

a)上球铰应力图　　b)下球铰应力图

图10　平衡配重+0°攻角风荷载球铰体系应力图(单位:MPa)

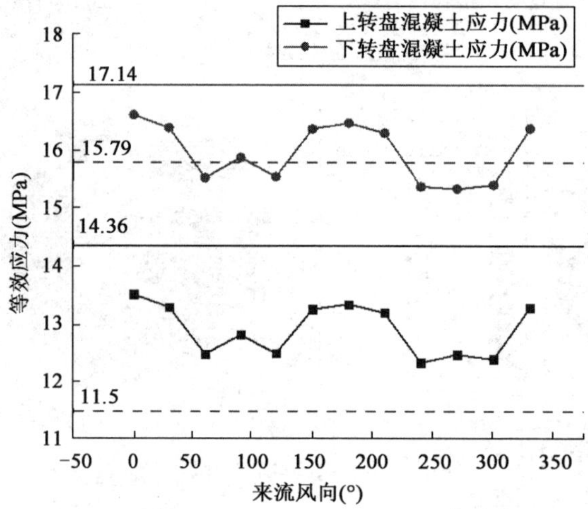

图11　上下转盘混凝土等效应力趋势图

注:—和---分别为未平衡配重时下球铰和上球铰的最大应力;—和---分别为平衡配重后下球铰和上球铰的最大应力。

图12展示0°~180°下的球铰上下转盘的应力分布图。上下球铰在不同来流风向下的静阵风荷载作用下的受力偏心状况差异较小,比较分析发现,不同来流风向下等效静阵风荷载对球铰和转盘的整体应力水平影响不大,但会造成结构偏心方向和受力分布的差异。

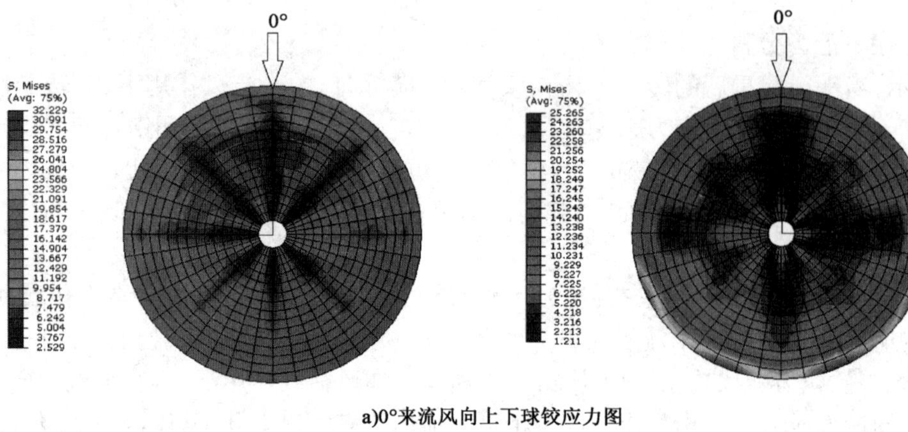

a)0°来流风向上下球铰应力图

图　12

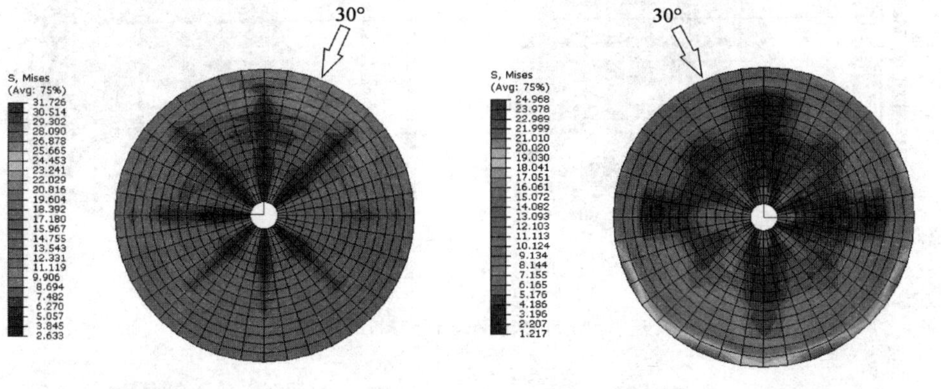

b)30°来流风向上下球铰应力图

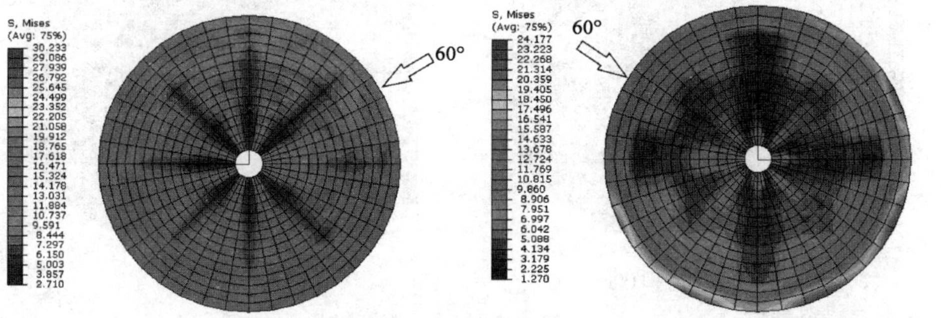

c)60°来流风向上下球铰应力图

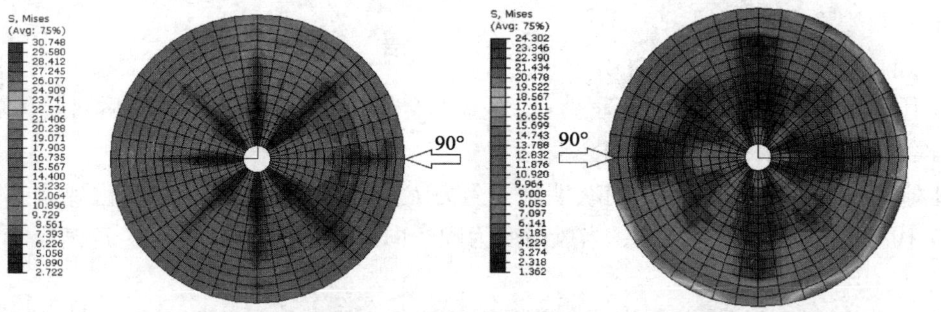

d)90°来流风向上下球铰应力图

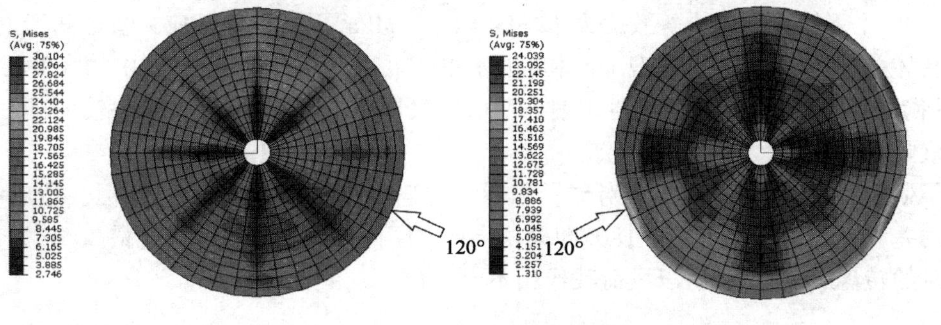

e)120°来流风向上下球铰应力图

图 12

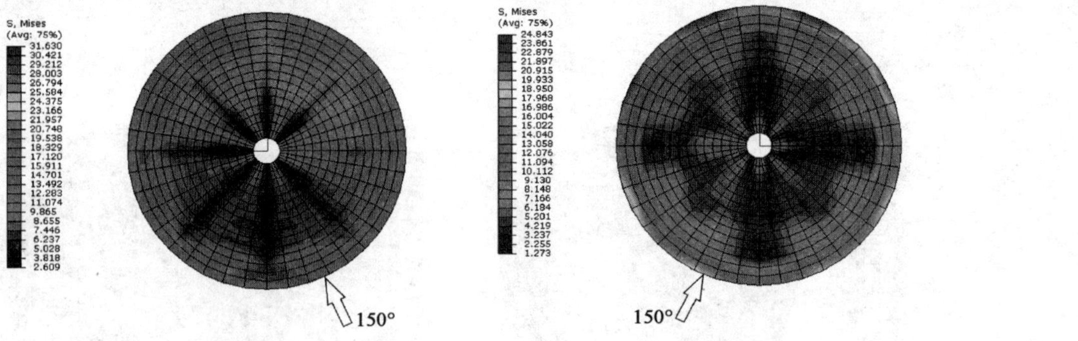

f)150°来流风向上下球铰应力图

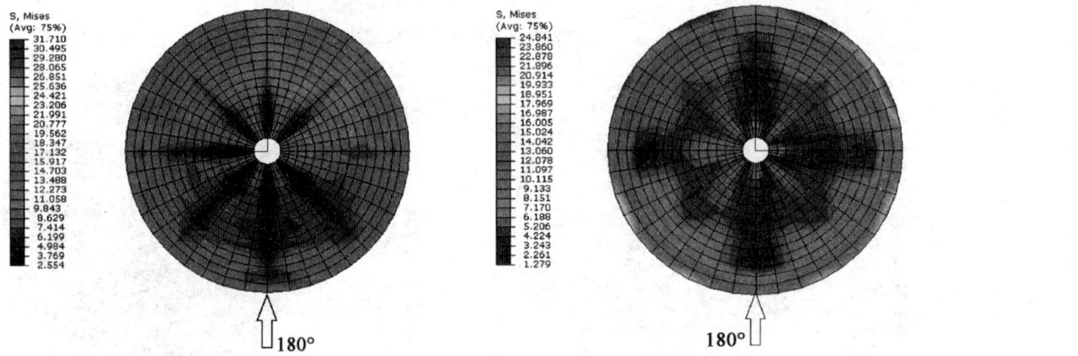

g)180°来流风向上下球铰应力图

图12 0°~180°来流风向上下转盘混凝土等效应力图(单位:MPa)

四、结 语

本文以贵阳某转体施工T构桥位工程背景,建立了全桥三维几何模型,并先后对转体施工T构桥进行CFD数值模拟和球铰有限元分析,结论如下:

(1)通过对全桥模型的CFD数值模拟,明确了阻力 F_x 和升力 F_z 随风向的变化规律。当风以横桥向作用在转体T构桥上时,F_x 和 F_z 最大。当风向变为顺桥向时,阻力 F_x 和升力 F_z 逐渐减小,阻力 F_y 逐渐增加。

(2)将CFD数值模拟的风荷载结果计算换算成等效集中力加载至有限元模型来求解球铰上下转盘的应力分布具有可行性。在墩梁重力荷载和风荷载作用下,球铰结构应力水平在60~70MPa左右,远低于钢材屈服强度;上下转盘混凝土等效应力水平为12~17MPa,下转盘底部应力普遍高于上转盘顶部3~4MPa。T构转体关键部位(球铰和转盘)整体应力水平较低,可以满足施工过程中的强度要求。

(3)未平衡配重时,墩梁自重引起的大偏心荷载对转盘和球铰结构受力影响较大,因此试转前的平衡配重至关重要。

(4)不同风攻角的等效静阵风荷载对球铰和转盘的整体应力水平影响不大,但会造成结构偏心方向和受力分布的差异;当风攻角为0°和180°即横桥向时,上下球铰和转盘的应力最大,其大小接近于未进行平衡配重时的转盘最大应力,所以风荷载作用不能忽视。

参考文献

[1] 中华人民共和国交通运输部.公路桥梁抗风设计规范:JTG/T 3360-01—2018[S].北京:人民交通出版社股份有限公司,2018.

[2] 刘思勤.上跨京广线斜拉桥转体稳定性分析及施工监控技术研究[D].北京:北方工业大学,2017.

[3] 郑晓毛.T型刚构桥转体施工分析与智能监控技术研究[D].南京:东南大学,2020.

[4] 左敏.连续梁桥平转施工控制关键技术研究[D].南京:中国人民解放军理工大学,2016.
[5] 张谢东,黄伟文.转体施工大悬臂T构的抗风性能研究[J].武汉理工大学学报(交通科学与工程版),2015,39(1):9-11,15.
[6] 黄伟文.转体施工T形刚构桥抗风性能研究[D].武汉:武汉理工大学,2014.
[7] 瞿景东.风致动力效应对T构桥梁转体施工的影响研究[D].重庆:重庆交通大学,2018.
[8] 郭忠英.超高墩大跨T构桥施工阶段抗风研究[D].重庆:重庆交通大学,2021.
[9] 兰印龙.水平转体球铰力学分析与应用研究[D].石家庄:石家庄铁道大学,2018.
[10] 杨玉龙.跨铁路悬灌预应力混凝土T构转体关键技术研究[D].成都:西南交通大学,2021.
[11] 中国建筑科学研究院.混凝土结构设计规范:GB 50010—2010[S].北京:中国建筑工业出版社,2011.
[12] 李一耕,陈锦江,龙超,等.基于ANSYS的球轴承赫兹接触问题有限元分析[J].机械研究与应用,2011(5):35-37.
[13] 钱若军,袁行飞,谭元莉.结构屈曲分析理论和方法[M].南京:东南大学出版社,2018.

57.地震下特大单跨悬索桥与相邻引桥的动力耦联效应分析

叶爱君[1] 周 成[1] 王晓伟[1] 华 新[2]
(1.同济大学土木工程防灾国家重点实验室;2.华设设计集团股份有限公司)

摘 要 当特大悬索桥的主、引桥设计不同步时,无法按照规范要求建立主、引桥耦联模型;当主桥或引桥单方设计变更时,需要大致评估其对另一方地震反应的影响。以上情况都表现出研究主引桥耦联效应的工程需求。因此,本文建立一座特大单跨悬索桥的有限元模型,分析主引桥耦联效应对主、引桥的动力特性、关键内力和位移反应的影响规律。结果表明:主引桥纵桥向耦联效应可忽略,横桥向表现显著。耦联效应对主桥的影响很小,对引桥的墩底弯矩和墩顶位移的影响也较小,但不考虑耦联效应会低估引桥第一联的横向固定支座剪力,尤其引桥为高墩的情况。

关键词 特大单跨悬索桥 主引桥动力耦联效应 简支过渡孔 有限元分析 地震反应

一、引 言

《公路桥梁抗震设计规范》(JTG/T 2231-01—2020)[1]第9.3.3条中规定,(对于特殊桥梁)应建立主桥和相邻引桥耦联的空间计算模型。但在初步设计阶段经常出现主桥和引桥设计不同步的情况,无法建立主、引桥耦联模型。另外,因主桥或引桥单方面设计变更,对另一部分设计的影响大小需要有一定的把握。因此,为解决上述问题,有必要对主引桥耦联效应进行分析。

特大跨悬索桥往往优先采用一跨过江的单跨悬吊形式,以减小水中基础的造价负担,并通过较长的陆上引桥与道路相连,例如宜昌伍家岗长江大桥[2]、龙潭长江大桥[3]、润扬长江公路大桥南汉主桥[4]等。此类桥的陆上引桥通常为连续梁桥、连续刚构,有的在主桥和引桥间设置一跨简支过渡孔。引桥通过位于桥塔横梁上的单向(或双向)固定支座与主桥相连。

通常大跨度桥梁(例如大跨钢构、斜拉桥和悬索桥等)在纵桥向,主、引桥间通常以单向支座相连,一般在非强地震动输入下,主、引桥不发生碰撞时认为主、引桥振动是独立的,而当引桥为简支过渡孔时,通常将纵向固定支座设在主桥横梁/过渡墩上,此时主引桥存在一定的纵向耦联性。另一方面,大跨度桥梁主、引桥横向设固定支座,主引桥横向耦联效应显著。蒋娜芳[5]将大跨度主桥和对称引桥简化为两质点模型,分析了主引桥的横向耦合效应,发现当引桥联数大于或等于 2 时,主、引桥可单独建模分析。王斌斌[6]利用有限元模型分析了大跨度斜拉桥的主引桥横向耦联性。而针对单跨悬索桥的主引桥横向耦联效应的研究,目前尚未见报道。

本文重点关注主桥和简支过渡孔的纵向耦联效应,以及主、引桥的横向耦联效应。以一主跨为 1560m 的特大单跨悬索桥为工程背景(两侧相邻引桥分别为连续梁桥和简支过渡孔),将主、引桥耦联模型定为基准模型,比较主、引桥单独建模时动力特性、关键内力、位移等地震反应相对基准模型的变化规律,揭示特大单跨悬索桥主引桥耦联效应规律,为该类桥梁的抗震设计提供参考。

二、工程背景与动力分析模型

1. 工程背景

以一座特大单跨悬索桥——龙潭长江大桥为工程背景,孔跨布置为 615m + 1560m + 552m。桥塔为门式框架混凝土结构(设上、下横梁),加劲梁为流线型扁平钢箱梁,在下横梁处设置纵向滑动、横向固定的球钢支座。北引桥第一联为 4 × 53.5m 的钢混组合连续梁,南引桥第一联为跨径 100m 钢箱简支过渡孔,纵向固定支座设置在南桥塔下横梁处,南引桥第二联为 5 × 50m 的钢混组合连续梁。南、北引桥除简支过渡孔外,分东西两幅。S0 墩为双柱框架墩,其余引桥桥墩为独柱空心墩,基础均为群桩基础。

2. 有限元模型

基于 SAP2000 有限元软件建立了四个有限元模型:全桥模型(包含主桥和南北引桥,作为基准模型)、单主桥模型、单北引桥模型、单南引桥模型,如图 1 所示。图中桥墩(塔)编号含义为: N4 ~ NT 表示北引桥第一联,NT 表示悬索桥北塔,ST 表示悬索桥南塔,ST ~ S0 表示南引桥第一联(简支过渡孔),S0 ~ S5 表示南引桥第二联,其余引桥视为边界联。

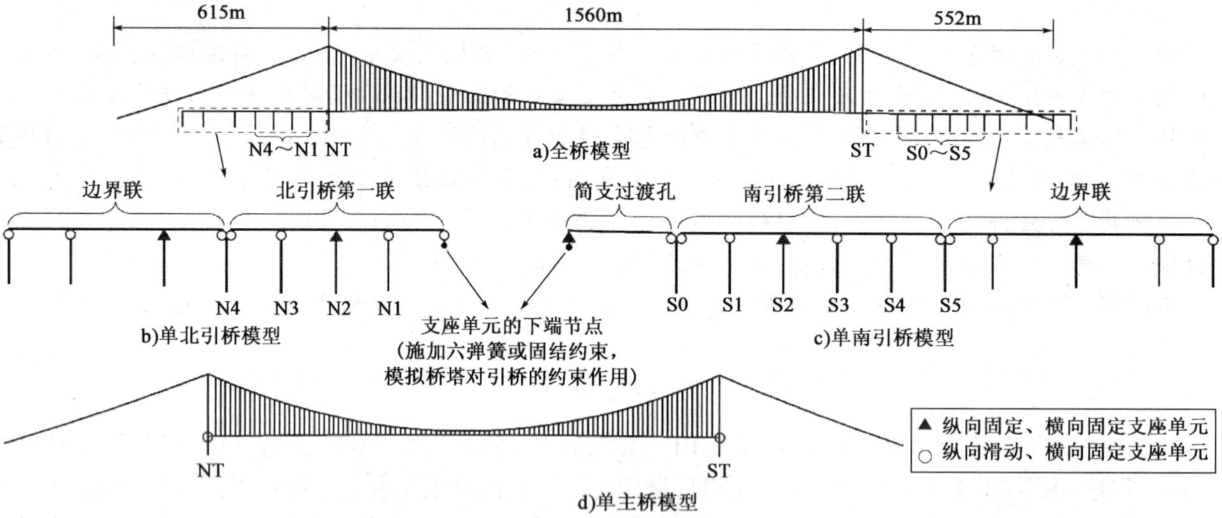

图 1 有限元动力分析模型示意图

有限元模型中,桥塔、桥墩、加劲梁采用梁单元模拟,主缆和吊杆均采用桁架单元模拟。其中主缆、吊杆和主塔考虑恒载几何刚度。加劲梁采用"鱼骨梁"模型。群桩基础采用六弹簧模拟。支座在动力特性分析中采用线弹性连接单元,滑动方向设小刚度,固定方向设大刚度,在时程分析中滑动方向设双线性弹塑性本构模拟滑动耗能,摩擦系数取 0.02,固定方向设线弹性大刚度。不考虑碰撞效应。

在考虑单主桥和单引桥模型的边界时,鉴于主桥和引桥的相互影响包含两部分:第一部分是主、引桥的相互约束,表现在刚度矩阵中主、引桥共用节点自由度对应的刚度包含主桥和引桥两个部分的贡献;第二部分是主、引桥的"刚度耦联",表现在刚度矩阵中主桥、引桥自由度的刚度耦联项,因此,由于主桥桥塔刚度比引桥大很多,单主桥模型可忽略引桥约束作用,但是单引桥模型中不能忽略主桥的约束,需要合理考虑桥塔刚度。如图 1 所示，单引桥模型中桥塔横梁处支座单元的下端节点（为主引桥共用节点）设为六弹簧或固结约束，模拟了桥塔刚度。

3. 地震动输入

本文基于桥址场地地震安全性评价报告，采用重现期为 2500 年的地震加速度反应谱拟合的 7 条地震加速度时程作为地震动输入，如图 2a）、图 2b）所示。地震动输入考虑了纵向 + 竖向输入和横向 + 竖向输入两种组合工况（竖向输入的地震动取水平向输入的 2/3）。本文除地震反应时程曲线外，其余结果均为 7 条地震波分析结果的平均值。

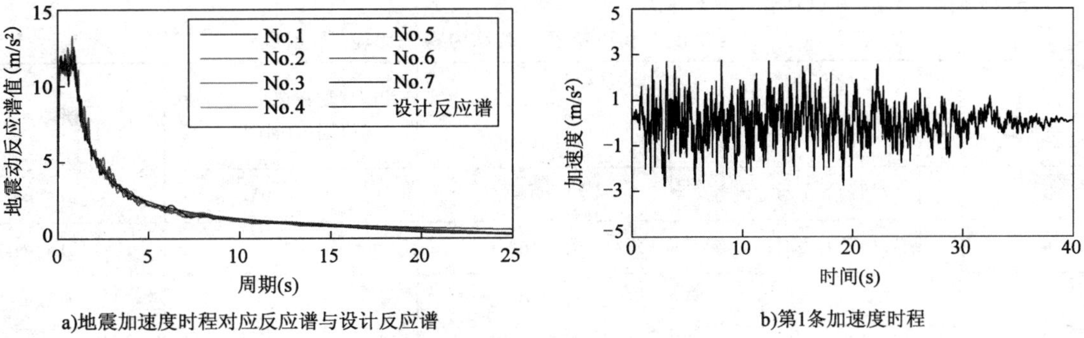

图 2　地震动输入

三、单引桥模型桥塔横梁处边界条件的模拟

在单引桥模型中，桥塔下横梁对引桥主梁的约束作用通过设置六弹簧或固结来模拟（图 1）。为了定量判断采用六弹簧和固结约束的区别。图 3 给出了分别两种约束下单引桥模型的地震反应结果，其中南、北引桥六弹簧刚度如表 1 所示。

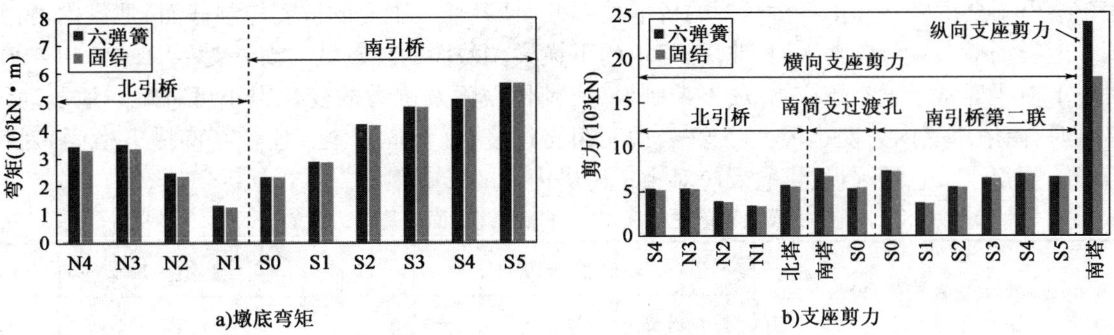

图 3　两种约束方式下单引桥模型地震反应结果比较

六弹簧约束刚度（单位：10^6kN/m，10^6kN · m/rad）　表 1

模型	X	Y	Z	R_x	R_y	R_z
单北引桥	1.20	3.19	14.70	3570	769	1820
单南引桥	1.21	3.30	15.60	3230	862	1920

注：其中 X、Y、Z 分别表示纵桥向、横桥向、竖向的平动方向，R 表示转动方向。

对墩底弯矩和支座横向剪力而言，两种约束方式的计算结果很接近（除南塔处支座剪力差异 12%，其余差异不超过 6%），说明六弹簧或固结的边界条件差异是可忽略的。这是由于桥塔的横向刚度比引桥桥墩横向刚度大很多，因此桥塔约束刚度的改变对主梁惯性力在塔、墩处的分配比例影响不大。但是，对地震动纵向输入时简支过渡孔南塔固定支座纵向剪力，固结约束比弹簧约束结果小 25.88%。其原因是：简支过渡孔的纵向振动可视为单自由度，其刚度为桥塔下横梁的纵向抗推刚度，而固结约束将桥塔视为刚性，导致简支孔纵向振动周期减小，对应反应谱值减小。当然，偏小对设计而言偏不安全，鉴于此，下文结果均采用六弹簧。

四、主引桥耦联效应分析

1. 主引桥耦联效应对动力特性的影响

一般地，主引桥横向耦联效应较纵向显著，因此重点关注主引桥横向振动相关振型周期。表2列出了全桥模型的横向基本振型和周期，以及单主、引桥模型中相同振型的周期，可见两者误差非常小，表明主引桥耦联效应对各自的动力特性影响很小。

全桥模型和单桥模型的动力特性比较　　表2

全桥模型			相同振型在单主(引)桥模型中的周期(s)	误　差
振型阶数	振型表述	周期(s)		
1	加劲梁正对称侧弯	22.24095	22.24103	0.00%
4	加劲梁反对称侧弯	9.11167	9.1117	0.00%
16	北塔侧弯	5.24102	5.24123	0.00%
17	南塔侧弯	5.09954	5.09987	0.01%
18	主缆侧弯	4.84629	4.84629	0.00%
39	北引桥第一阶主梁横弯	3.25266	3.25265	0.00%
68	南引桥第一阶主梁横弯	2.14803	2.14801	0.00%

2. 主引桥耦联效应对塔、墩地震内力的影响

表3给出了全桥模型和单主桥模型的桥塔关键截面（各输入工况的抗震控制截面）地震内力，并给出了误差。地震动横向＋竖向输入时，北塔、南塔的下横梁端截面的地震轴力误差为－21.9%和－20.5%，但是桥塔下横梁通常布置有预应力筋，不控制设计，其他截面及内力的变化很小可忽略。地震动纵向＋竖向输入时，南塔塔底内力变化很小可忽略，说明简支过渡孔（纵向固定支座位于南塔下横梁）对桥塔纵向内力影响也很小。总的来说，耦联效应对主桥桥塔内力的影响很小。

全桥模型和单主桥模型的桥塔关键截面地震内力比较　　表3

输入方向	截面位置		轴力($\times10^4$kN)			弯矩($\times10^5$kN·m)		
			全桥模型	单主桥模型	误差	全桥模型	单主桥模型	误差
横向＋竖向	北塔	下横梁端	1.65	1.29	-21.90%	23.6	23.5	-0.30%
		下横梁下侧塔柱	25.2	25.4	0.50%	9.04	9.12	0.90%
		塔底	26.8	27	0.60%	17.1	17.3	1.00%
	南塔	下横梁端	1.74	1.39	-20.50%	25.5	25.4	-0.40%
		下横梁下侧塔柱	25.6	25.7	0.60%	12.1	11.6	-4.00%
		塔底	26.9	27.1	0.80%	21.2	20.7	-2.10%
纵向＋竖向	南塔	塔底	16.7	17.2	2.80%	39	37.2	-4.50%

表4给出了地震动横向＋竖向输入时全桥模型和单引桥模型的引桥墩底地震内力，并计算了误差。可见轴力最大误差为9.26%，而弯矩最大误差为－2.36%。需要指出的是，9.26%仅是N1墩地震轴力的误差，而N1墩地震轴力仅为恒载轴力的35%。所以，耦联效应对引桥墩底内力影响也很小。

全桥模型和单引桥模型的引桥墩底地震内力比较 表4

输入方向	桥墩编号		轴力($\times10^3$kN)			弯矩($\times10^5$kN·m)		
			全桥模型	单引桥模型	误差	全桥模型	单引桥模型	误差
横向+竖向	北引桥	N4	8.54	8.41	-1.52%	3.29	3.29	0.00%
		N3	12	12.3	2.50%	3.34	3.34	0.00%
		N2	15	16.1	7.33%	2.37	2.36	-0.42%
		N1	10.8	11.8	9.26%	1.27	1.24	-2.36%
	南引桥	S0	43.5	42.7	-1.84%	2.5	2.45	-2.00%
		S1	10.2	10.3	0.98%	2.91	2.91	0.00%
		S2	14.8	14.9	0.68%	4.18	4.18	0.00%
		S3	14.8	14.9	0.68%	4.81	4.8	-0.21%
		S4	10.4	10.5	0.96%	5.08	5.08	0.00%
		S5	9.87	9.92	0.51%	5.67	5.66	-0.18%

3. 主引桥耦联效应对支座地震剪力的影响

表5给出了全桥模型和单主、引桥模型的支座地震剪力结果，并计算了误差。主桥北塔、南塔支座横向剪力误差分别为7.5%和4.2%，对于抗震设计而言基本可忽略。北引桥支座横向剪力误差为-32%～-10%，平均-22.4%；南引桥简支过渡孔的支座横向剪误差为-20.33%和-20.32%，支座纵向剪力误差为7.7%，南引桥第二联支座横向剪力误差<1%，可忽略不计。

全桥模型和单桥模型的支座地震剪力比较 表5

输入方向	位置		支座剪力(kN)		误差
			全桥模型	单主、引桥模型	
横向+竖向	北引桥第一联	N4	6990	5316	-23.95%
		N3	5927	5325	-10.16%
		N2	4662	3858	-17.26%
		N1	4941	3370	-31.79%
		北塔	7982	5664	-29.04%
	主桥	北塔	11324	12173	7.50%
		南塔	12375	12896	4.20%
	南引桥简支过渡孔	南塔	9501	7570	-20.32%
		S0	6660	5306	-20.33%
	南引桥第二联	S0	7333	7295	-0.51%
		S1	3665	3684	0.52%
		S2	5459	5511	0.95%
		S3	6471	6477	0.10%
		S4	6987	6979	-0.12%
		S5	6629	6622	-0.11%
纵向+竖向	南引桥简支过渡孔	南塔	22266	23990	7.74%

可见，耦联效应对主桥的支座横向剪力影响很小，但对相邻引桥的支座横向剪力影响较大，忽略主引桥耦联效应会显著低估引桥支座横向剪力；当引桥设简支过渡孔时，耦联效应的影响集中在第一联简支过渡孔，而对第二联引桥的影响非常小。

4. 主引桥耦联效应对地震位移反应的影响

对于特大单跨悬索桥,除设简支过渡孔外,主、引桥在桥塔横梁处一般设置纵向滑动支座,此时主、引桥纵向振动可认为是独立,不存在纵向耦联。而简支过渡孔通常将纵向固定支座设置在桥塔横梁上,其纵向振动与桥塔同步。在纵向位移反应当中,主引桥相对位移是焦点。设简支过渡孔时,主引桥相对位移即为加劲梁与桥塔的相对位移,过渡孔对主桥加劲梁纵向振动影响非常小,因此主引桥相对位移对不受耦联效应影响。

另外,由于简支过渡孔跟随桥塔纵向振动,S0 墩处的简支过渡孔和第二联引桥的梁端相对位移也是需要关注的。图4给出了S0墩处的梁端位移和相对位移,可见由于简支过渡孔梁端位移很小,相对位移由第二联引桥梁端控制。也就是说,虽然纵向耦联效应会影响简支过渡孔的梁端纵向位移,但并不会对S0墩处的梁端相对位移产生影响。因此,设简支过渡孔时纵向耦联效应对地震位移反应的影响是可忽略的。

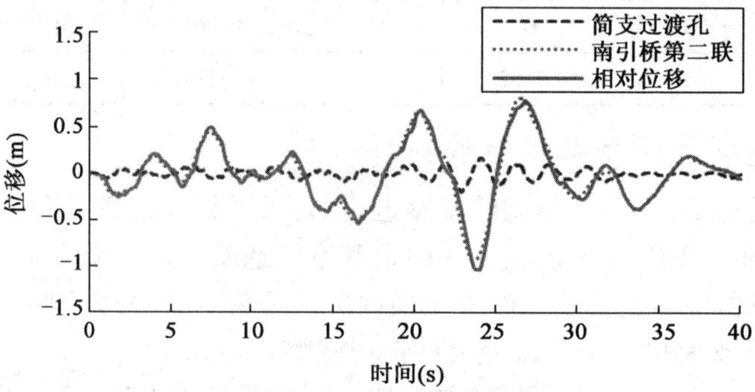

图4 S0墩处引桥梁端位移及其相对位移时程

表6给出了全桥模型和单引桥模型的引桥墩顶横向位移,并计算了误差,可见墩顶横向位移的误差大多数 <1%,最大为 −4.57%,很小,说明主引桥横向耦联对引桥墩顶横向位移的影响可忽略。

全桥模型和单引桥模型的引桥墩顶横向位移比较 表6

输入方向	位置	墩号	墩顶横向位移(m)		误差
			全桥模型	单引桥模型	
横向+竖向	北引桥	N4	0.3821	0.3748	−1.92%
		N3	0.6970	0.6938	−0.47%
		N2	0.9679	0.9680	0.00%
		N1	1.2411	1.2420	0.08%
	南引桥	S0	0.2244	0.2142	−4.57%
		S1	0.4249	0.4233	−0.37%
		S2	0.6111	0.6102	−0.15%
		S3	0.6949	0.6941	−0.12%
		S4	0.7214	0.7215	0.00%
		S5	0.7865	0.7857	−0.09%

总的来说,对于特大单跨悬索桥,主引桥耦联效应对地震位移反应的影响是可以忽略的。

5. 讨论

需要讨论的是为何横向耦联效应对引桥墩底横向弯矩、墩顶位移的影响很小(表4和表6),但对支座横向剪力的影响较大(表5)。由于背景工程中北引桥N1~N4桥墩(墩高50m左右)属于高墩,根据文献[7]的研究结果:高墩的墩底剪力对高阶振型最为敏感,墩底弯矩次之,而墩顶位移几乎不敏感。可知高阶振型对支座横向剪力有较大贡献,而对墩底弯矩和墩顶位移贡献较小。将引桥墩高减小到

25m 后,此时反应主要由一阶振型贡献,高阶振型贡献可的忽略,N1 ~ N4 墩上支座横向剪力的误差将减小到 -11.5% ~ -0.6%,平均 -6.3%,说明主引桥横向耦联效应对引桥横向高阶振型反应有显著影响,对第一阶振型反应影响较小。因此,忽略耦联效应会显著低估高墩引桥支座横向剪力,略微低估中、低墩(一阶振型贡献为主)引桥的横向支座剪力。墩底弯矩和墩顶位移由于对高阶振型不敏感,因此受横向耦联效应的影响较小。另外,对于北引桥北塔处支座和南简支过渡孔的支座,横向剪力偏小 20% ~ 29%,这是因为邻近主桥而忽略主桥振动所致。

五、结　　语

本文以主跨 1560m 单跨悬索桥为工程背景,系统分析主引桥耦联效应对地震反应的影响,包括动力特性、塔墩关键内力、支座剪力、位移反应等等,得到以下结论:

(1)主引桥耦联效应对主、引桥的动力特性影响非常小。

(2)主引桥纵桥向耦联效应可忽略,横桥向表现显著。主引桥耦联效应对主桥的影响很小,对引桥的墩底弯矩和墩顶位移的影响也很小,但不考虑耦联效应会低估引桥第一联的横向固定支座剪力,尤其引桥为高墩的情况。

参考文献

[1] 中华人民共和国交通运输部. 公路桥梁抗震设计规范:JTG/T 2231-01—2020[S]. 北京:人民交通出版社股份有限公司,2020.

[2] 谢瑞杰,曹春明,王碧波,等. 伍家岗长江大桥主桥设计关键技术[J]. 铁道建筑,2022,62(05):76-81.

[3] 胡尧,楼朝伟. 龙潭长江大桥主桥方案研究[J]. 中华建设,2019(10):97-99.

[4] 吴寿昌,王立新,彭德运. 润扬长江公路大桥总体设计[J]. 铁道标准设计,2003(03):1-5.

[5] 蒋娜芳,魏斌,谢斌. 大跨度桥梁主引桥横向耦合地震效应研究[J]. 结构工程师,2009,25(05):67-71.

[6] 王斌斌. 大跨度斜拉桥和引桥的地震动耦联性分析研究[D]. 上海:同济大学,2007.

[7] 彭凯,李建中,范立础. 高墩梁桥考虑墩身高阶振动的水平向主导振型[J]. 振动与冲击,2008,(7):63-68,186-187.

58. 压铆式钢筋机械连接技术及接头性能的研究

刘　宇　王旺兵　贾云龙　范亚锋　何　旭　潘飞燕　左世斌　张小连
(眉山中车紧固件科技有限公司)

摘　要　钢筋机械连接是大规格钢筋常用的连接方式,本文介绍了一种新型压铆式钢筋机械连接轴向冷挤压连接件的结构、连接原理及接头安装方法,通过试验对连接套承载力,接头单向拉伸、高应力反复拉压、大变形反复拉压和疲劳性能开展研究,分析了压铆式钢筋接头破坏形式及载荷-位移曲线。研究结果表明,压铆式接头破坏形式均为钢筋母材断裂,压铆式连接件完好,接头性能优异且稳定;接头极限抗拉强度、最大力下总伸长率、残余变形、疲劳等性能指标均符合规范规定的Ⅰ级接头要求。

关键词　钢筋机械连接　压铆式接头　力学性能　疲劳性能

一、引　　言

钢筋机械连接广泛应用在公路桥梁、房屋建设、核电站等涉及钢筋混凝土的大型钢结构建筑[1-2]。目前国内常用的钢筋机械连接方式主要有套筒径向冷挤压和锥套轴向挤压,锥螺纹、直螺纹、镦粗直螺纹和灌浆套筒等连接方式。以上连接方式已大量在实际工程中应用,同时在使用过程中发现目前几种连接方式存在的弊端和不足。如螺纹连接现场操作性差,接头性能受人为操作影响大,人工劳动强度大,丝头质量不稳定,接头性能不稳定,抗震性能差。径向挤压套筒连接挤压速度慢,挤压工艺要求高,接头性能不稳定。灌浆套筒现场施工很难把控质量,安装难度高,接头安装质量检测难度大,套筒体积大。锥套轴向挤压存在结构件多、成本高、锁片加工工艺复杂等缺点[3-4]。

近年以来,装配式建筑因具有施工速度快、环保效益好、性价比高等诸多优势,得到国家大力推广[5]。钢筋的机械连接也是装配式建筑中构件钢筋的连接的主要形式,也是装配整体式混凝土结构安全的关键和薄弱环节。目前,装配式建筑中构件钢筋的连接的主要方式有套筒灌浆连接和套筒径向挤压连接[6]。

本文介绍了一种新型压铆式钢筋机械连接方式及接头性能,该连接方式操作方便,接头安装速度快、性能稳定,连接时钢筋不需要转动,能够较好地适应模块化钢筋构件的整体连接,解决连接难点问题。可为建筑钢结构领域钢筋的高效可靠连接提供新选择、新方案。

二、压铆式钢筋机械连接技术

1.压铆式连接件结构

一套完整的压铆式连接件由一个连接套和挤压套组成,如图1所示。

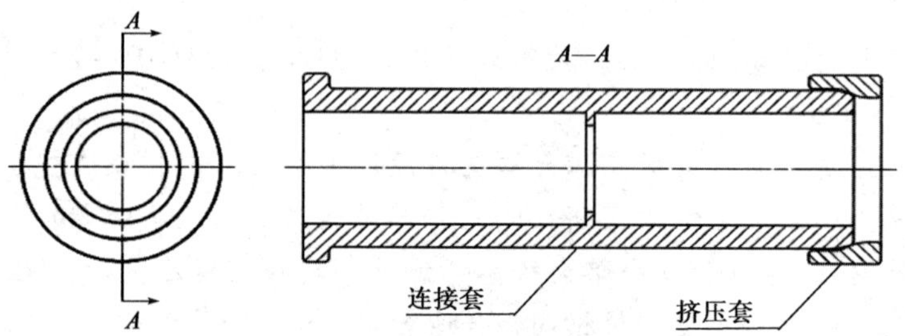

图1 压铆式连接结构示意图

2.压铆式接头连接原理

使用专业压铆工具,轴向推动挤压套,挤压套轴向运动径向挤压连接套,连接套金属流入钢筋横肋与横肋之间,使钢筋与连接套形成一个整体,接头完成连接,如图2所示。在接头连接之前,需使用专用工具对插入连接套的被连接钢筋端部规定长度内进行表面硬化处理,表面硬化热处理的关键是使该段钢筋表面横肋硬度和强度高于其他区域,这种处理使得接头性能更加稳定,连接更牢固,接头对不同厂家的钢筋适应性更强。

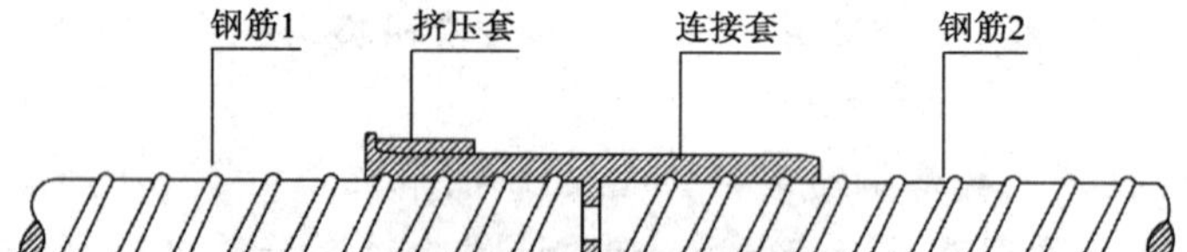

图2 压铆式接头连接原理示意图

三、试验概况

1.接头试件设计及制作

试验钢筋应符合现行《钢筋混凝土用钢　第2部分:热轧带肋钢筋》(GB/T 1499.2)规定的屈服强度特征值为400级的热轧带肋钢筋,钢筋直径为$\phi25$,连接套进和挤压套均由普通碳钢制作,接头试件总长为900mm[7]。试验需要3根钢筋母材,15件压铆式接头试件,具体试验安排见表1,试验采用的钢筋均在同一根钢筋截取[8-9]。

试验列表 表1

试验项目	钢筋直径(mm)	试件总长(mm)	钢筋母材拉伸试验	连接套承载力试验	单向拉伸试验	高应力反复拉压试验	大变形反复拉压试验	疲劳试验
钢筋母材试件	25	600	G-01	—	—	—	—	—
			G-02	—	—	—	—	—
			G-03	—	—	—	—	—
压铆式接头试件	25	900	—	Y-C-01	Y-D-01	Y-G-01	Y-B-01	Y-P-01
			—	Y-C-02	Y-D-02	Y-G-02	Y-B-02	Y-P-02
			—	Y-C-03	Y-D-03	Y-G-03	Y-B-03	Y-P-03

2. 试验方法

接头试验方法参照现行《钢筋机械连接用套筒》(JG/T 163),钢筋母材、单向拉伸和连接套承载力试验时,要求试验机夹头分离速度宜采用0.05LC/min,LC为夹头之间的距离[10]。高应力反复拉压和大变形反复拉压试验时[11],加载应力速率宜采用2N/(mm/s),最高不超过10N/(mm^2/s),疲劳试验要求及方法参照现行《钢筋机械连接技术规程》(JGJ 107)的规定[12]。试验采用微机控制电液伺服万能试验机,试验照片如图3所示。连接套承载力试验采用的被连接钢筋需经过热处理,此时接头的破坏形式为连接套拉断,试验过程加载制度见表2。

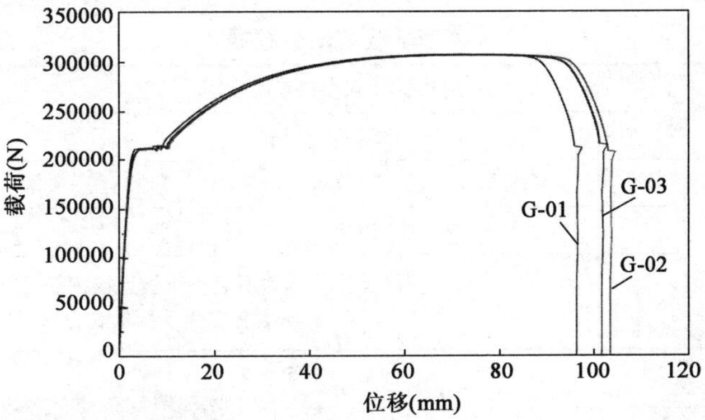

图3 钢筋母材拉伸曲线

加载制度 表2

试验项目		加载制度
单向拉伸		0→0.6f_{yk}→0(测量残余变形)→最大拉力 (记录极限抗拉强度)→破坏(测定最大力下总生长率)
高应力反复拉压		0→(0.9f_{yk}→−0.5f_{yk})→破坏 (反复20次)
大变形反复拉压	Ⅰ、Ⅱ级	0→(0.9f_{yk}→−0.5f_{yk})→(0.9ε_{yk}→−0.5f_{yk})→破坏 (反复4次) (反复4次)
	Ⅲ级	0→(0.2ε_{yk}→−0.5f_{yk})→破坏 (反复4次)

四、试验结果分析

1. 钢筋母材拉伸试验

试验过程中,取同一批次钢筋母材3根,按照表2加载要求进行试验,试验具体数据见表3。试验结果显示,抗拉强度平均值为623.6MPa,下屈服平均值为421.3MPa,最大总伸长率为17.0,以上数值均满足现行《钢筋混凝土用钢　第2部分:热轧带肋钢筋》(GB/T 1499.2)标准要求。

钢筋母材试验数据　表3

试件编号	抗拉强度(MPa)	拉断力(kN)	下屈服强度(MPa)	最大力下总伸长率 A_{sgt}(%)
G-01	629	308.7	423	16.8
G-02	613	300.6	418	16.1
G-03	629	308.7	423	18.2
平均值	623.6	306	421.3	17.0
规范要求	≥540	—	≥400	≥9

2. 连接套承载力试验

连接套承载力是接头力学性能的主要指标之一,试验目的是为得到连接套的抗拉承载力,因此必须确保试验中接头断裂发生在连接套位置而不是钢筋处。试验采用的整段钢筋需进行热处理,热处理后的钢筋拉断力远大于正常钢筋和连接套承载力,此时对安装好的接头进行拉伸试验时,断裂的位置只会发生在连接套处,钢筋未从连接套脱出。表4为连接承载力试验数据,试验结果显示,接头破坏形式均为连接套断裂。连接套拉伸曲线如图4所示。连接套承载力最小值为335.8kN大于钢筋母材实测拉断力,故连接套承载力满足规范要求。

连接套承载力试验数据　表4

试件编号	连接套承载力(kN)	破坏形式
Y-C-01	354.1	连接套拉断
Y-C-02	342.2	连接套拉断
Y-C-03	335.8	连接套拉断
规范要求	连接套实测受拉承载力不应小于被连接钢筋受拉承载力标准值的1.1倍 连接套实测受拉承载力≥291.6kN	

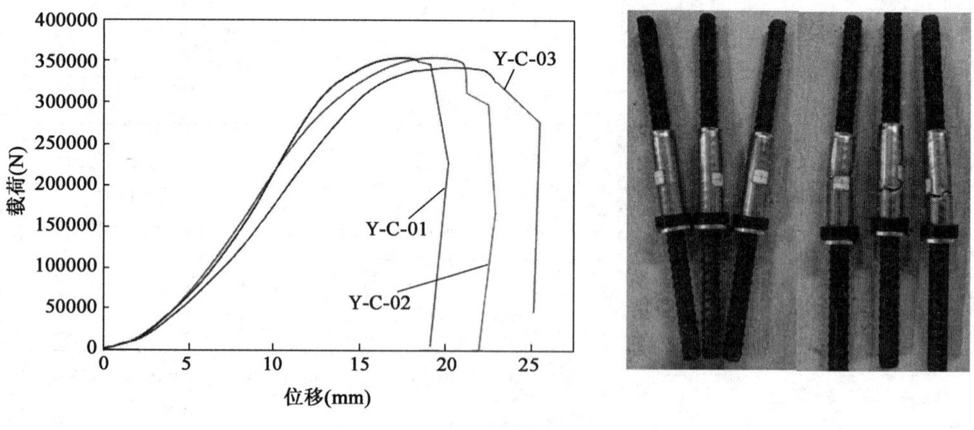

图4　连接套拉伸曲线

3. 接头单向拉伸试验

按照表2加载制度要求,对接头开展单向拉伸试验,残余变形和最大力下总伸长率数据详见表5,试验结果显示,接头最终破坏形式均为钢筋拉断,如图5a)所示。接头残余变形平均值为0.02,最大力下总伸长率最小值为10.8,图6为3个接头拉伸过程载荷-位移曲线,其中黑色曲线为按照0.6f_{yk}值加载曲线,红色曲线为测量残余变形后接头的拉断曲线,该拉断曲线与钢筋母材拉断曲线一致,性能参数均满足一级接头单向拉伸要求。

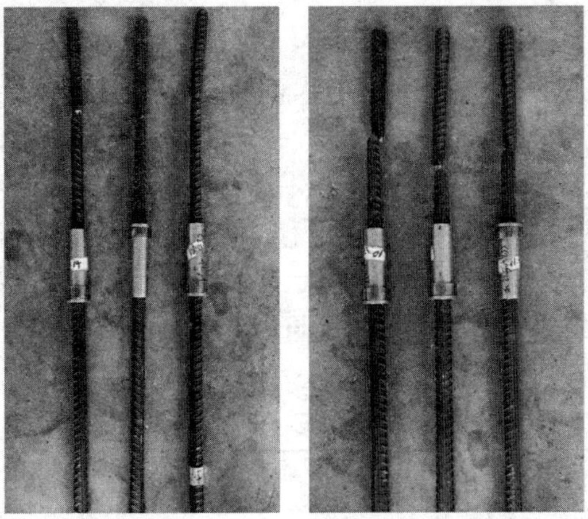

a)单向拉伸　　b)高应力　　c)大变形

图 5　接头破坏形式图

接头单向拉伸试验数据　　表 5

试件编号	抗拉强度（MPa）	残余变形 u_0（mm）	最大力下总伸长率 A_{sgt}（%）	破坏形式
Y-D-01	623	0.023	13.9	钢筋拉断
Y-D-02	626	0.018	10.8	钢筋拉断
Y-D-03	627	0.026	17.6	钢筋拉断
平均值	625.3	0.02	14.1	—
规范要求	≥540	≤0.10	≥6.0	—

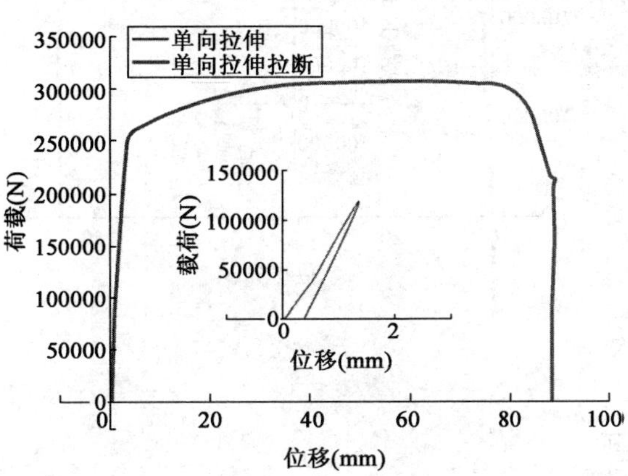

a)

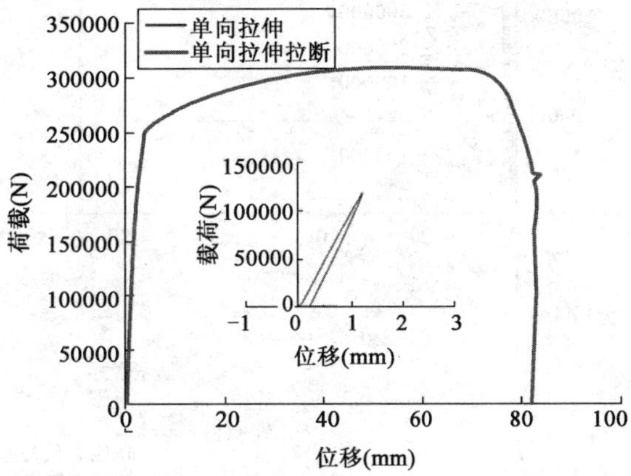

b)

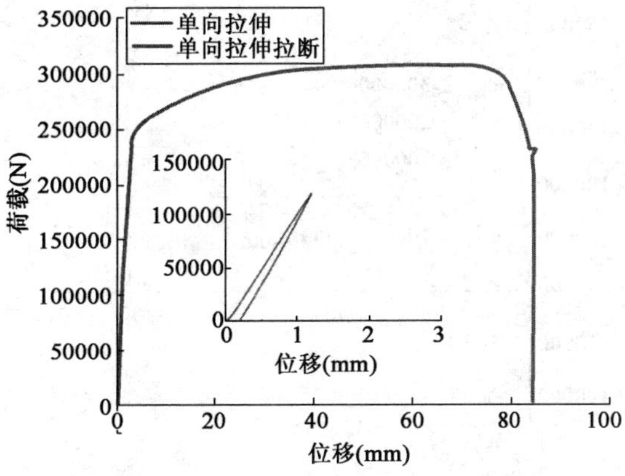

c)

图 6　接头单向拉伸曲线

4. 接头高应力反复拉压试验

接头高应力反复拉压试验是检验接头在小地震反复拉压状态下的力学性能，对接头按照加载要求进行反复拉压20次，再测量20次后接头的残余变形，接着再对接头进行破坏性试验，试验数据见表6。试验结果显示，反复拉压20次后接头的残余变形平均值为0.08，完全满足规范要求，且接头最终破坏形式均为钢筋拉断，如图5b)所示。图7为接头试验过程中载荷-位移曲线，由于反复拉压20次曲线在整个曲线中显示不够清晰，故在图中心对反复拉压20次曲线单独放大，从放大的曲线可以清晰地看到反复拉压20次的每次曲线基本吻合，且曲线处于一条斜直线上，充分表明该过程中被连接钢筋与连接套之间未发生任何滑动、挤入钢筋肋之间的金属也未发生屈服而变形。

高应力反复拉压试验数据 表6

试件编号	抗拉强度(MPa)	残余变形 u_{20}(mm)	破坏形式
Y-G-01	625	0.098	钢筋拉断
Y-G-02	624	0.109	钢筋拉断
Y-G-03	623	0.042	钢筋拉断
平均值	624	0.08	—
规范要求	≥540	≤0.30	—

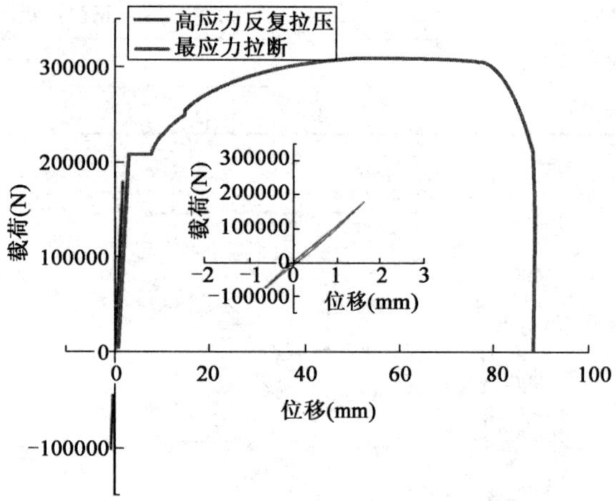

a)

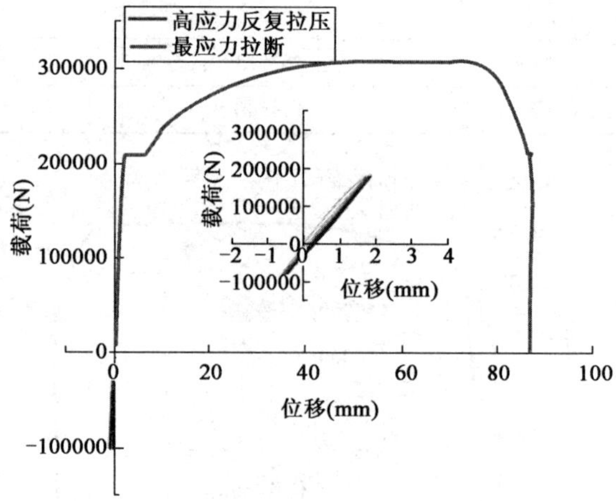

b)

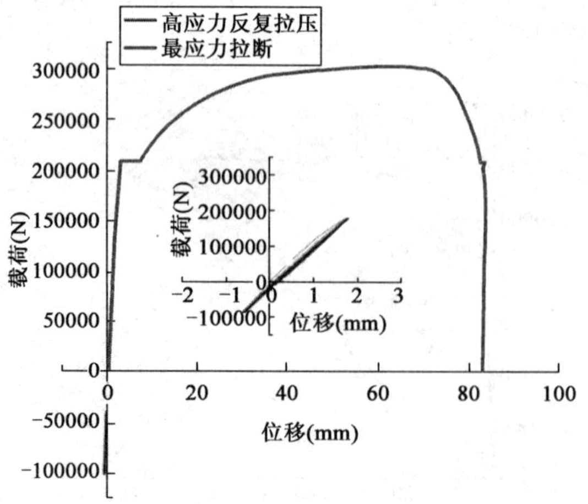

c)

图7 高应力反复拉压曲线

5. 接头大变形反复拉压试验

接头大变形反复拉压试验是检验接头在大地震反复拉压状态下的力学性能，也是衡量钢筋接头性能的关键指标之一，按照表 2 一级接头要求加载制度对 3 根接头进行试验，试验结束后测得 u_4 和 u_8 的平均值分别为 0.09 和 0.14，详细数据见表 7，经大变形反复拉压后的接头拉伸试验破坏形式仍为钢筋拉断。图 8 为接头大变形反复试验载荷-位移曲线，黑色曲线为两次反复拉压曲线，并在图中心将次过程曲线放大，从该曲线可以得到，在两次大变形过程中，每次变形曲线基本呈现直线状，且重合在同一条直线上，这表明连接套挤入钢筋横肋间隙的金属未发生变形和滑脱现象，性能满足一级接头要求。

大变形反复拉压试验数据 表 7

试件编号	抗拉强度(MPa)	残余变形 u_4(mm)	残余变形 u_8(mm)	破坏形式
Y-B-01	627	0.082	0.126	钢筋拉断
Y-B-02	629	0.079	0.147	钢筋拉断
Y-B-03	626	0.111	0.158	钢筋拉断
平均值	627.3	0.09	0.14	—
规范要求	≥540	≤0.30	≤0.60	—

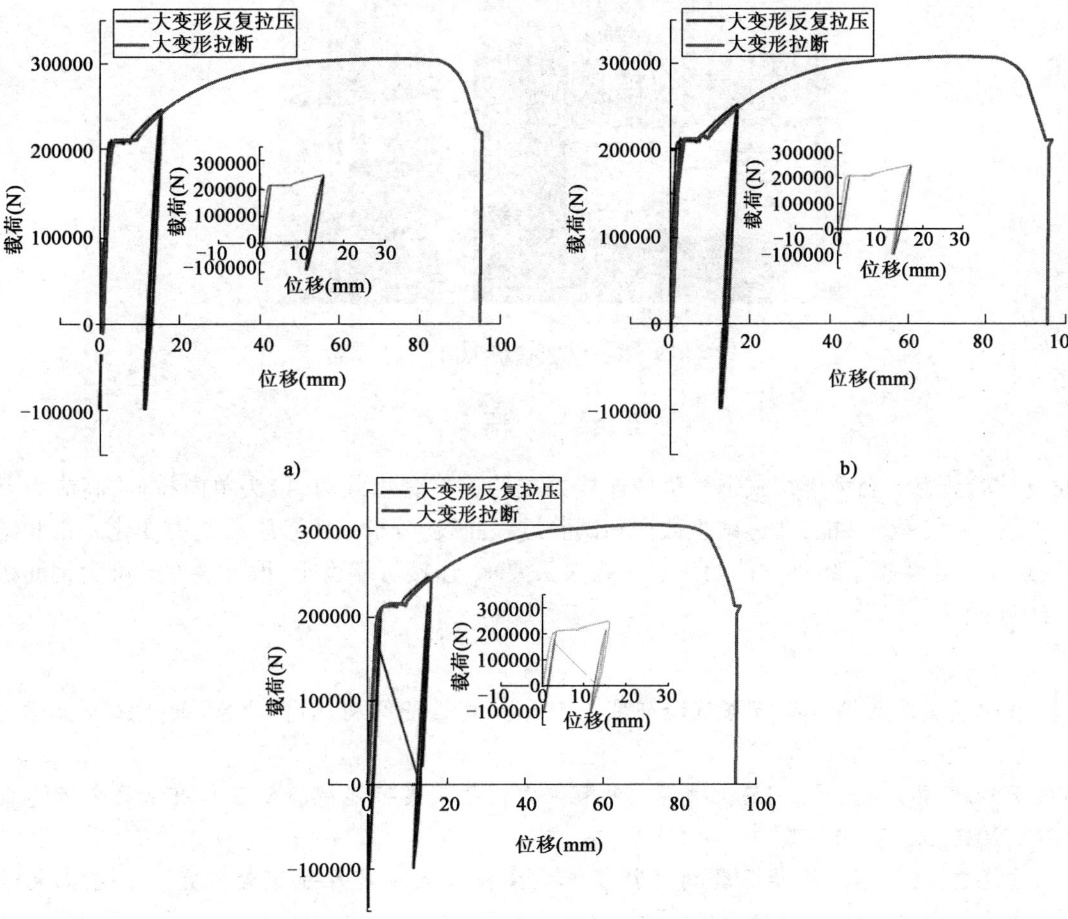

图 8 大变形反复拉压曲线

6. 接头疲劳试验

当接头用于直接承受重复载荷的构件时，要对接头进行疲劳性能检测，本文按照规范要求，采用MTS试验机测试了三个不同应力等级下接头的疲劳寿命，具体加载数据和试验结果见表8。试验结果表明，3根接头疲劳循环次数均超过200万次，此时接头未破坏，再将疲劳试验结束后的接头进行破坏性试验，最终接头均在钢筋处发生断裂，如图9所示。

疲劳试验数据　表8

试件编号	应力幅值（MPa）	最大应力（MPa）	最小与最大应力比值 ρ	试验次数及结果	试验后拉断力（kN）
Y-P-01	60	230	0.70 ~ 0.75	2137924	307（钢筋拉断）
Y-P-02	100	190	0.45 ~ 0.50	2630551	305（钢筋拉断）
Y-P-03	130	165	0.25 ~ 0.30	2469692	308（钢筋拉断）
平均值	—	—	—	2412722	306.6
规范要求	经200万次，试件未破坏				

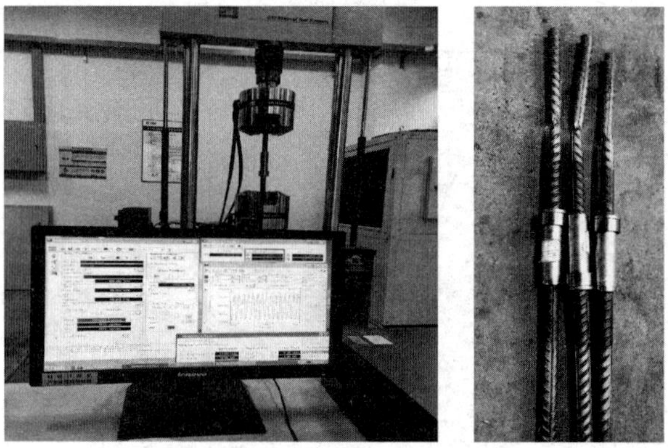

图9　接头疲劳试验示意图

五、结　　语

本文通过试验研究了新型压铆式钢筋机械连接方式的连接套承载力、接头单向拉伸、高应力反复拉压、大变形反复拉压和疲劳性能，通过试验数据和试验过程曲线，分析接头各阶段受力变化。试验结果表明，该新型钢筋机械连接接头各项性能均满足一级接头要求，连接可靠稳定，该连接方式可为钢筋机械连接提供更多的选择。

参考文献

[1] 刘洪涛.装配整体式地铁车站节点试验研究及整体抗震性能分析[D].北京：北京工业大学，2018：29-33.

[2] 张微敬，王桂洁，张晨骋，等.钢筋机械连接的装配式框架抗震性能试验研究与有限元分析[J].土木工程学报，2019，52(5)：47-58.

[3] 陈庆军，潘忠尧，蔡健，等.冷挤压套筒连接装配式梁柱节点抗震性能试验研究[J].东南大学学报(自然科学版)，2019，49(5)：918-925.

[4] 杨广军，李阳，赵而年.新型大直径钢筋锥套锁紧机械接头力学性能试验研究[J].四川建筑科学研

究,2021,3(47):50-55.

[5] 袁俊杰,龙焱,李栋.钢筋剥肋滚轧直螺纹I级接头在重庆大剧院的应用[J].施工技术,2008,37(7):106-108.

[6] 丁穗坤.装配式混凝土结构设计与连接技术[J].四川建筑,2019(6):70-72.

[7] 全国钢标准化技术委员会(SAC/TC 183).钢筋混凝土用钢 第2部分:热轧带肋钢筋:GB/T 1499.2—2018[S].北京:中国标准出版社,2018.

[8] 中华人民共和国住房和城乡建设部.钢筋机械连接用套筒:JG/T 163—2013[S].北京:中国标准出版社,2013.

[9] 中华人民共和国住房和城乡建设部.钢筋机械连接技术规程:JGJ 107—2016[S].北京:中国建筑工业出版社,2016.

[10] 全国钢标准技术委员会(SAC/TC 183).金属材料 拉伸试验 第1部分:室温试验方法:GB/T 228.1—2021[S].北京:中国标准出版社,2021.

[11] 许成顺,刘洪涛.杜修力高应力反复拉压作用下钢筋套筒灌浆连接性能试验研究[J].建筑结构学报,2021,39(12):178-193.

[12] 王贺郑,苗同臣,李永娟.滚轧直螺纹钢筋接头疲劳试验研究[J].工业建筑,2013(S1):622-624.

59. 钢-混凝土组合梁行车道板结构形式研究

袁春莉 牛永喆 郝继峰 杨 欣 陈 娜 傅 震 宋 飞 赵金凯 马保林

(陕西省交通规划设计研究院有限公司)

摘 要 本文介绍了钢-混凝土组合梁行车道板的种类和构造以及目前的研发成果,从受力性能与技术经济性进行了对比,在现有的行车道板基础上提出了优化的新型组合行车道板,在标准化设计、工厂化制造、装配化施工以及造价等方面得到了全面提升。

关键词 钢-混凝土组合梁 行车道板 预制混凝土行车道板 钢-混凝土组合行车道板 叠合预制混凝土行车道板

一、引 言

随着我国经济飞速发展,人民生活水平的逐步提升,交通行业对于公路设计及建造理念已在安全,经济、舒适,美观的基础上进一步提升到绿色、环保、全寿命周期低成本的低碳设计理念。飞速发展的社会经济带动了交通行业的大发展,以往30年国内大多采用预应力钢筋混凝土结构和钢筋混凝土结构,其结构存在自重大,跨越能力相对较小,施工技术难以控制等问题,且混凝土结构已逐步突现其病害,对桥梁的安全性存在一定的隐患。为响应交通运输部大力发展钢结构桥梁,提升公路桥梁品质的号召,我们着手研发了钢-混凝土组合梁上部结构。此结构能充分发挥钢与混凝土两种材料的力学性能,除了结构轻盈,造型美观等优势外更适应当今社会发展的低碳理念,选用耐候钢材料后对桥梁长期经济效益更有显著提升。

钢混组合梁桥将钢梁与混凝土行车道板通过抗剪连接件连接形成整体,既考虑共同受力,又保留了受压区混凝土翼板,受拉区只配置钢梁,这样不会产生混凝土受拉开裂,也不会因钢梁受压侧刚度软弱而发生失稳问题,同时又减轻了自重使整体强度更高、刚性更大,抗震性能更佳。钢混组合结构桥梁行车道板目前主要类型见图1。

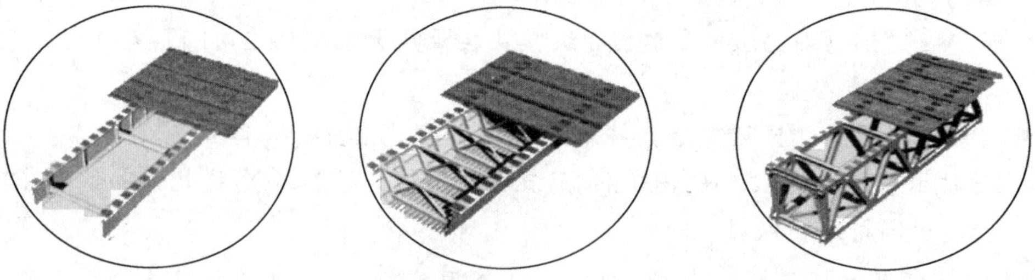

a)钢板-混凝土组合梁(R≥400m)　b)钢箱-混凝土组合梁(R≥600m)　c)钢桁-混凝土组合梁(R≥800m)

图1　钢-混凝土组合梁类别

二、预应力混凝土预制行车道板

预应力混凝土行车道板适用于钢板、钢箱、钢桁-混凝土组合梁等，适用于平曲线半径 R≥400m 以上的主线桥梁。

目前已研发的预制行车道板(图2)，横向采用全宽预制，设置横向预应力；行车道板预留焊钉孔，在焊钉孔及湿接缝处对应的钢梁上翼缘设置集束式焊钉，待预制行车道板定位安装后浇筑焊钉孔、湿接缝混凝土与钢梁连接。行车道板四车道半幅宽12.25～12.75m；六车道16.00～16.75m，承托处板厚0.4m，悬臂处板厚0.22(0.24)m，钢梁之间板厚0.27(0.3)m。湿接缝处的行车道板纵向钢筋采用单面焊接。

图2　预制混凝土行车道板

预制混凝土行车道板研发成果见表1。

预制混凝土行车道板研发成果　　表1

序号	名　称	跨径(m)	适用最小平曲线半径(m)	车道数	主梁用钢量(kg/m²)	行车道板钢筋量(kg/m²)	适用范围	备　注
1	钢板-混凝土组合梁	35	≥400	4	155.3	104.33	高速公路主线桥梁	共计图集9套
2		45	≥400	4	197.0	104.80		
3		60	≥600	4	256.2	104.82		
4		80(变截面)	≥800	4	337.6	135.53		
5		35	≥400	6	148.9	95.97		
6		45	≥400	6	196.0	94.99		
7		60	≥600	6	254.0	94.81		
8	钢箱-混凝土组合梁	80m	≥600m	6	384.3	126.92		
9	钢桁-混凝土组合梁	80m	≥800m	4	365.5	109.99		

行车道板适用于Ⅰ、Ⅱ类环境类别。陕北地区环境类别为Ⅱ类，考虑关中、陕南地区使用除冰盐环境，按照环境类别Ⅱ类进行设计。

本行车道板既可采用工厂化预制，也可根据现场需求现场浇筑（图3）。钢混组合结构已经实际运用于省内多个项目，西乡至镇巴高速公路泾洋河特大桥，桥梁总长度达6.05km，最小平曲线半径460m，可以实时调节桥梁的线形弧度，是我国山区公路桥梁建设的标志性工程之一；合阳至铜川高速公路水苏沟大桥，采用上承式80m钢桁-混凝土组合梁，采用托拉施工，为全国首例采用上承式钢桁-混凝土组合梁结构形式的高速公路桥梁；西安外环高速公路南段采用的60m+80m+60m钢箱-混凝土组合梁，桥梁全宽34.5m，为西北地区首次创新采用桥面板滑模施工的组合梁桥。

图3　现浇混凝土行车道板

三、双扁钢箱钢底板现浇混凝土行车道板（钢混组合行车道板）

针对城市立交和高速公路立交匝道桥梁，研发了小半径不同跨径、宽度组合的双扁钢箱主梁配套采用钢底壳现浇行车道板组合梁结构通用图。此研发有效改善和解决了小半径匝道桥、跨线桥梁施工难度，同时也大在加快了施工进度，研发成果填补了匝桥梁上部跨径组合的空白，有效解决了跨线桥梁阻断和影响现有交通通行的难题。

钢混组合行车道板构造如图4所示。

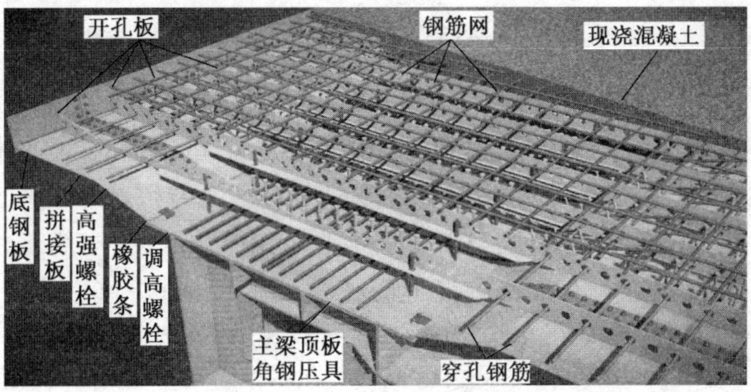

图4　钢混组合行车道板构造

双扁钢箱梁钢底板现浇混凝土行车道板适用于曲线半径$50m \leqslant R < 200m$及$R \geqslant 200m$两种半径，五种桥梁宽度，总计研发通用图17套。行车道板承托处板厚0.45m，桥宽9～10.75m主梁间距5.4m，跨中及悬臂处板厚0.28m；桥宽12.25～13.75m主梁间距7.0m，跨中及悬臂处板厚0.26m。行车道板钢底板厚度为8mm，侧板厚度为3mm，在底板上设置开孔板，顺桥向间距为0.5m，开孔板高度分别为158（178）mm，厚度为16mm，中间开设直径70mm的圆孔，孔间距为125mm。

钢混组合行车道板研发成果见表2。

钢混组合行车道板研发成果 表2

序号	名称	跨径(m)	适用最小平曲线半径 R(m)	桥面宽度(m)	主梁宽×高(m)	主梁用钢量(kg/m²)	行车道板用钢量(kg/m²)		适用范围	备注
							钢板	钢筋		
1	双扁钢箱～混凝土组合梁	35+35+35	50≤R<200	9～10.75	1.5×1.6	285.1	108.25	112.55	高速公路立交匝道桥	共计图集17套
2			R≥200		1.2×1.6	221.5	111.78	94.58		
3		36+45+36	80≤R<200		1.5×1.8	318.8	106.84	113.66		
4			R≥200		1.5×1.8	260.3	110.38	96.98		
5		35+50+35(42+50+42)	100≤R<200		1.5×2.1	336.6	108.85	131.09		
6			R≥200		1.2×2.1	289.9	110.39	108.42		
7		35+55+35(42+55+42)	100≤R<200		1.8×2.1	385.4	101.35	117.31		
8			R≥200		1.5×2.1	338.3	106.86	94.16		
9		35+35+35	50≤R<200	12.25～13.75	1.5×1.6	287.2	130.91	115.11		
10			R≥200		1.2×1.6	216.6	97.17	99.72		
11		36+45+36	80≤R<200		1.5×1.8	302.7	130.49	109.08		
12			R≥200		1.5×1.8	249.6	126.31	96.66		
13		35+50+35(42+50+42)	100≤R<200		1.5×2.1	307.6	109.65	112.60		
14			R≥200		1.2×2.1	260.6	111.93	96.34		
15		35+55+35(42+55+42)	100≤R<200		1.8×2.1	354.0	107.58	115.81		
16			R≥200		1.5×2.1	297.2	109.58	97.87		
17		35+55+35	R≥1000	15	1.2×2.1	317.5	110.73	97.31		

钢底板现浇混凝土行车道板较纯钢行车道板而言，其构造简单，行车道板亦无疲劳等问题影响，还避免了小半径U形肋制造困难，同时也解决了钢箱梁的倾覆稳定等问题。目前研发的两种间距5种桥宽其单位面积用钢量分别为：5.4m梁间距，107.0～111.7kg/m²；7m梁间距，104.0～111.9kg/m²。其与钢桥面板相比，经济优势已很显著。这种结构行车道板已在京昆改扩建项目、延安东绕城和户县至周至眉县公路中推广运用7万m²。

四、对现有结构的优化

（1）叠合行车道板代替预制行车道板通过项目实施和运用，发现适用主线桥梁的钢混组合梁行车道板，可以达到工厂化预制的效果，但预制、运输和吊装体混凝土体量比较大，预制板安装难度偏大，预制板安装就位后横向现浇湿接缝需要模板才可以现浇湿接缝。一方面导致预制成本升高，构件重量的增大也导致运输、架设成本提高，经测算混凝土预制构件的预制、运输及架设成本为现浇混凝土构件的3倍；另一方面在预制行车道板架设就位后，在浇筑湿接缝时仍需要搭设模板，进一步升高了施工成本。目前已初步完成研发预制+现浇形式的叠合行车道板来代替原有主线钢混组合梁行车道板。叠合预制混凝土组合行车道板见图5。

这种行车道板根据桥面宽度不同，可将行车道板根据需要划分为整块或将行车道板划分为几个部分，选高性能预制混凝土薄板配预埋横向骨架钢筋作为轻量化底模，将预制板安装至钢梁上部后布置纵向钢筋及上层钢筋然后进行现场浇筑混凝土至设计尺寸，这一方法既可减少吊装重量，也无须专门搭设浇筑模板，浇筑后行车道板混为一体，外形尺寸与预制行车道板尺寸基本一致，该行车道板的优化设计进一步降低钢材用量，减小预制和运输吊装成本，其经济性和适用性更强。

（2）钢底壳+骨架钢筋现浇行车道板代替匝道桥梁钢底壳+穿孔钢板现浇行车道板的研发。匝道钢底壳现浇行车道板具有施工快速简捷的优势，目前已研发的通用图中穿孔板（PBL板）沿顺桥向每

50cm 设置一道,主要用于保证底钢板在混凝土浇筑时承受荷载而应力与变形不超限,其用钢量约占行车道板总用钢量的 50% 左右。以 35m 大小半径为例,钢材用量见表 3。

图 5 叠合预制混凝土组合行车道板

钢混组合行车道板材料用量表 表 3

桥宽(m)	曲线半径 R(m)	用钢量	边跨用钢量(kg)	PBL 板用钢量占比(%)	用钢量(kg/m^2)	中跨(kg)	PBL 板用钢量占比(%)	用钢量(kg/m^2)
12.25 ~ 12.75	60≤R<200	单孔半幅	57010.27		132.97	54362.49		126.79
		穿孔板	36621.86	0.642	85.42	34103.5	0.627	79.54
		钢底板	18866.74	0.331	44.00	19455.6	0.358	45.38
	R≥200	单孔半幅	46875.52		109.33	45371.6		105.82
		穿孔板	26189.3	0.559	61.08	24773	0.546	57.78
		钢底板	20686.22	0.441	48.25	20598.6	0.454	48.04
9 ~ 10.75	60≤R<200	单孔半幅	34167.5		97.62	32451.5		92.72
		穿孔板	20440.5	0.598	58.40	18820.6	0.580	53.77
		钢底板	13727	0.402	39.22	13630.9	0.420	38.95
	R≥200	单孔半幅	35262.9		100.75	33541.7		95.83
		穿孔板	20056.2	0.569	57.30	18425	0.549	52.64
		钢底板	15206.7	0.431	43.45	15116.7	0.451	43.19

钢底板现浇行车道板穿孔板占总行车道板用钢量的 40% ~60%,为了节省钢材我们着手研发用骨架钢筋代替 PBL 板,主要思路就是在合理采用临时支撑的条件下用钢筋骨架代替穿孔板,这种优化可以大量节省钢材用量,将行车道板的工程造费减少 20% ~30%。

五、应用发展前景

随着对钢混结构桥梁的进一步研发和经验积累,对现有研发结果进一步优化和提升,更多结构安全,经济适用,造型美观钢桥将会建造使用,设计出更经济适用的行车道板必定是当前迫切需要研发的方向,将逐步通过计算、模型试验、调整混凝土强度等级及性能,优化钢筋配置,让主线桥梁大量采用叠合梁构造,实现工厂化成品预制构件,使预制与现浇完美结合;小曲线匝道桥梁采用钢底板配置骨架钢筋等形式以期达到安全、经济、快捷的创新设计效果。

参考文献

[1] 中华人民共和国住房和城乡建设部. 钢-混凝土组合桥梁设计规范:GB 50917—2013[S]. 北京:中国建筑工业出版社,2014.

[2] 中华人民共和国交通运输部. 公路钢结构桥梁设计规范:JTG D64—2015[S]. 北京:人民交通出版社股份有限公司,2015.

[3] 聂建国. 钢-混凝土组合结构桥梁[M]. 北京:人民交通出版社,2011.

[4] 北村慎悟. 合成床板设计、施工指南[M]. 东京:日本桥梁建设协会,2008.

60. 混凝土箱梁温度场受桥面铺装的影响分析

王　峥[1]　郭　健[1,3]　梅大鹏[2]　钟陈杰[3]

(1. 西南交通大学土木工程学院;2. 中铁大桥勘测设计院集团有限公司;

3. 浙江工业大学桥梁工程研究所)

摘　要　在夏季高温环境中,施工及运营中的混凝土箱梁易出现温度效应导致的开裂损伤。为探析混凝土桥面铺装对混凝土箱梁温度场的影响,以沿海一座实际桥梁混凝土箱梁为工程背景,分析计算了沥青混凝土材料参数和铺装厚度对箱梁温度场分布的影响效果。应用ANSYS软件建立混凝土箱梁及桥面铺装的热力学计算有限元模型,计算在不同材料参数和铺装厚度下结构温度场分布差异,并与现行规范竖向温度曲线进行比较。结果表明:与箱梁施工过程的裸梁状态相比,沥青混凝土铺装可有效降低箱梁顶板温度值,减小顶板板内温度梯度,且铺装厚度越大,效果越明显;受热传导效应影响,沥青混凝土铺装主要影响箱梁顶板温度场,而对腹板、底板的影响较小;沥青混凝土材料系数中,导热系数和换热系数对箱梁温度场影响较为显著;计算所得竖向温度梯度分布范围较规范更广且随铺装厚度而改变。研究内容可为沥青混凝土材料选择和桥面铺装厚度设计提供参考。

关键词　混凝土箱梁顶板　温度梯度分布　桥面铺装　有限元分析　铺装厚度

一、引　　言

温度效应是桥梁结构构件发生损伤破坏的重要原因之一,目前已有多座桥梁因体系温差和梯度温差而发生混凝土开裂或构件损坏,在一定条件下温度作用产生的应力甚至可超过车辆荷载导致的应力。随着气候环境的演变,高温和低温极端天气在全球范围内频繁出现,结构温度效应也更多地引起了国内外学者和工程人员的重视。

如图1所示,通过收集中国气象局发布的近三年我国部分沿海城市在7月、8月的平均高温和极端高温数据(2022年温度收集截至8月14日)后发现,近几年沿海城市的平均高温呈上升趋势,极端高温多,持续时间长。

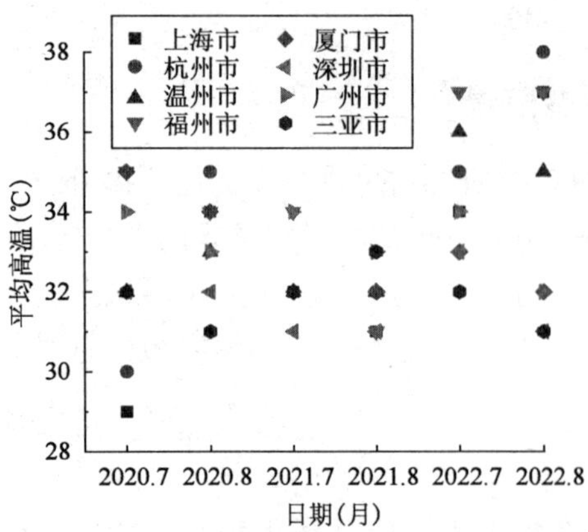

a)平均高温

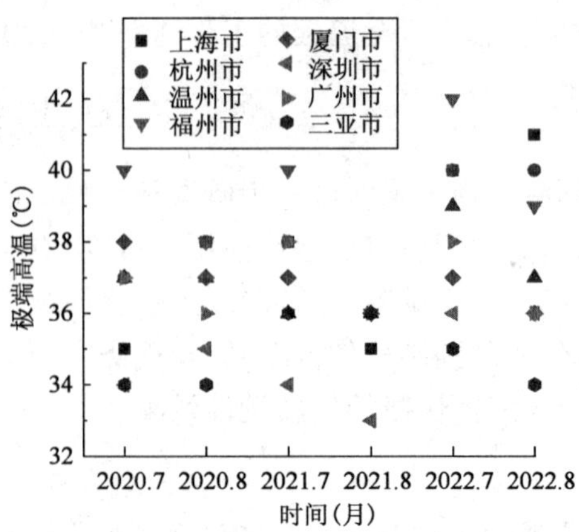

b)极端高温

图1　近三年内我国部分沿海城市在7月、8月的高温情况(来源:中国气象局)

从2022年8月上旬最高气温实况图来看,全国出现37℃以上高温的区域分布广,40℃以上气温的地区也频繁出现。据中央气象台在2022年8月12日发布的高温红色预警报道,南方多个地区的高温纪录被打破,湖北和重庆的个别自动站甚至检测到47℃的环境温度。据江苏省气象台发布的2022年8月14日路面温度预报,多地高速路面温度将达到55℃以上,最高可达72℃。故此,温度效应对铺装及桥梁结构的影响不可忽视,未来有必要更加深入地研究桥梁结构受温度场的影响效果。

混凝土箱梁因其抗弯、抗扭刚度大,构造适于布筋,施工方便等优点而广泛应用。在桥梁施工过程中,混凝土箱梁由裸梁状态转换为完成桥梁铺装的状态,这个过程常处于高温季节,国内外学者对混凝土箱梁温度效应的影响因素和影响效果进行了相关研究。Zuk[1]指出气温、风速、日照辐射及材料特性对箱梁温度场均会产生影响;Emerson[2-3]研究一维热流模型后指出,日照辐射对温度场分布的影响最为显著,其次是风速;进一步研究后发现,沥青铺装层具有保温隔热作用,可减小温差对结构的影响;Mirambell等[4]指出桥位和桥向也会对温度场分布产生影响;Tan等[5]定量研究了环境气候条件参数,如箱梁内外温度、相对湿度、风速、云量、太阳高度及辐射角度对箱梁截面温度场分布的影响;余佳玉等[6]指出地形地貌也是影响温度场分布的因素,其主要通过控制地物与桥体之间的热辐射影响温度分布;关于混凝土箱梁温度场分布形式,最初,Zuk[1]认为截面竖向温度分布可用线性函数表示,然而,Maker在后续的深入研究中发现,基于实测桥梁数据的连续梁桥箱梁温度并非线性分布;国内学者周记国等[8]以湘江特大桥第16联为观测对象,记录各季节混凝土箱梁各构件温度后发现,太阳辐射在混凝土箱梁中产生的竖向温度场呈曲线分布;在温度曲线描述方面,Stephenson指出可用指数函数表示,而Priestley[9]采用的则为五次幂函数;关于沥青混凝土铺装温度效应的研究主要包括结构位移应力、铺装层温度场分布规律及其影响因素等[10-13];Roberts-Wollman等[14]的观测结果显示50mm沥青混凝土桥面铺装会增大混凝土箱梁竖向温差,但与我国《公路桥涵设计通用规范》(JTG D60—2015)[15]内容不相一致。综上所述,目前分析铺装层对箱梁温度效应影响的报道较少,且不同学者得出了不同结果。关于如何尽可能减少温度场分布的不利因素,以及充分考虑桥面铺装对箱梁温度效应的影响,仍有待深入分析。

本文就沥青混凝土桥面铺装对混凝土箱梁温度效应的影响因素进行分析,通过ANSYS有限元软件分析计算结构模型的日间温度变化和温度场分布,比较不同沥青混凝土材料参数和不同铺装厚度下箱梁的温度场异同,并与现行规范的竖向温度曲线进行对比,明确铺装对箱梁温度效应的影响效果,可为沥青混凝土材料选择和桥面铺装厚度设计提供参考。

二、混凝土箱梁温度效应的影响因素

1. 沥青混凝土材料参数

辐射吸收率表示材料对辐射能的吸收能力,该参数决定了沥青混凝土实际吸收的辐射量。在太阳辐射强度一定时,沥青混凝土吸收的辐射能与该参数正相关。

$$Q = \alpha I \tag{1}$$

式中:Q——沥青混凝土吸收辐射的强度;

α——辐射吸收率;

I——太阳辐射强度。

对于无内热源二维导热问题,计算温度场的导热微分方程为:

$$\frac{\partial T}{\partial t}\rho c = \lambda\left(\frac{\partial^2 T}{\partial x^2} + \frac{\partial^2 T}{\partial y^2}\right) \tag{2}$$

为求解该微分方程,需确定结构初始条件及边界条件,则:

$$\begin{cases} T\big|_{t=0} = f(x,y) \\ \lambda \dfrac{\partial T}{\partial n}\Big|_{\Gamma} = a(T - T_{\mathrm{f}})\big|_{\Gamma} \end{cases} \tag{3}$$

式中：c——比热容；

ρ——密度；

λ——导热系数；

x、y——计算位置坐标；

T——某位置某时刻温度值；

$f(x,y)$——初始温度场；

n——结构边界法线方向；

T_f——环境温度；

a——换热系数；

Γ——结构边界。

由此可见，影响结构温度场的材料参数有导热系数、比热容、密度及换热系数。

导热系数可反映材料的热传导能力，该参数会影响由铺装层传递至箱梁的热量。沥青混凝土的导热系数与其材料组成、结构，孔隙率、孔隙大小、特征、粒度、湿度以及厚度相关。沥青作为有机材料，其导热系数较低[0.7W/(m·℃)]。而且沥青混凝土材料存在孔隙，由于空气的导热系数极小[0.01～0.04W/(m·℃)]，当沥青混凝土的孔隙率较高时，其导热系数进一步下降。孔隙的大小及特征也会影响导热系数，当孔隙尺寸越小，互相连通的孔隙越少，沥青混凝土的导热系数越低。除此之外，导热系数还会随材料粒度和湿度的减小而减小。

比热容是指单位质量材料提高单位温度所需的热量。当沥青混凝土所受热量一定时，比热容越大，其温度上升幅度越小。该参数反映了材料储存热量的能力，传递至箱梁顶板的热量随该参数的增加而减小。同理，当结构的其他参数一定而密度增加，使结构增加相同温度所需的热量增加。因此，沥青混凝土密度也是影响混凝土箱梁温度效应的因素之一。

沥青混凝土与空气间同时进行着对流换热和辐射换热，对流换热系数和表面热辐射系数分别反映了这两种换热的能力，两者之和为综合换热系数。对流换热系数表示单位面积的物体与单位温差的环境气体在单位时间内通过对流交换的热量[16]。该参数与材料表面特性和表面气体流速相关。当沥青混凝土铺装温度高于环境温度时，对流换热系数越大，空气与铺装换热强度越大，对结构的冷却效果越明显。物体散发辐射和吸收辐射同时作用造成的热量传递称为辐射换热。铺装和环境的温差决定了表面热辐射系数[17]，两者温差越大，表面热辐射系数越大，冷却效果越明显。

2. 铺装厚度

桥面铺装改变了混凝土箱梁对太阳辐射的吸收能力以及箱梁的传热、辐射条件，因此不能忽略桥面铺装的影响。混凝土箱梁于沥青路面摊铺前后，会呈现出不同的温度场分布。一方面，沥青混凝土会增加桥面铺装对太阳辐射的吸收；另一方面，沥青混凝土发挥隔热作用，减小传递至桥面板的热量。

1）沥青混凝土的吸热作用

众所周知，沥青混凝土具有较好的吸热作用，在高温晴朗天气状况下，沥青混凝土路面温度较高。沥青混凝土吸热性能较好的原因有以下两点：

（1）比热容。

沥青混凝土的具有较低的比热容，其值随成分和集配的变化而变化，一般取值范围在750～1150J/(kg·℃)[18]。即吸取较少的热量便可有较大的升温。

（2）辐射吸收率。

沥青混凝土通常呈黑色，能吸收的光的波长范围较广，使沥青混凝土能够获得较大波长范围内的光能。除此之外，与箱梁梁体混凝土不同，沥青混凝土路面为增加轮胎与路面之间的摩擦系数，其表面粗糙，便增加了沥青路面的比表面积，即有更大的受热面积。

基于以上原因，沥青混凝土具有较好的辐射吸收率，其取值一般为0.80～0.85，大于箱梁梁体混凝土的辐射吸收率[19]，故箱梁顶板温度将远低于铺装面层温度。

2）沥青混凝土的隔热作用

由于沥青混凝土桥面铺装层厚度的增加，其隔热作用愈发显著，呈现出能够降低混凝土箱梁顶板上表面温度的能力。评价材料隔热性能的指标主要为导热系数 λ。

对于某一面积为 A，厚度为 h 的物体，由其厚度方向流经的热量为：

$$Q = \lambda \cdot A \cdot \frac{\Delta T}{h} \tag{4}$$

由热阻值定义 $R = A \cdot \Delta T / Q$ 可知 $\lambda = h/R$。由于对某一特定材料导热系数 λ 为定值，热阻值 R 随物体厚度 h 成正比。因此在一定条件下，沥青混凝土铺装厚度增大，热量传导距离增加，其热阻值增大，传递至混凝土箱梁的热量减少，能够有效减小结构的温度增幅。

在不同的沥青桥面铺装厚度状况下，铺装发挥的吸热作用与隔热作用程度不同，因此在一定厚度范围内铺装会增加箱梁顶板上表面温度，在铺装厚度超过该范围后，箱梁顶板上表面温度得以减小。但在实际工程中，考虑到温度传递过程中受沥青混凝土铺装材料参数和铺装厚度的影响，是否存在吸热作用大于隔热作用的情况而导致出现 Roberts-Wollman 等[14]研究得出 50mm 沥青混凝土桥面铺装会增大混凝土箱梁竖向温差的观测现象，需要进一步研究计算。

三、数值仿真模型的建立

以沿海一座跨海桥梁的 60m 混凝土箱梁为计算模型，所采用的截面形式及桥面铺装结构如图 2 所示。

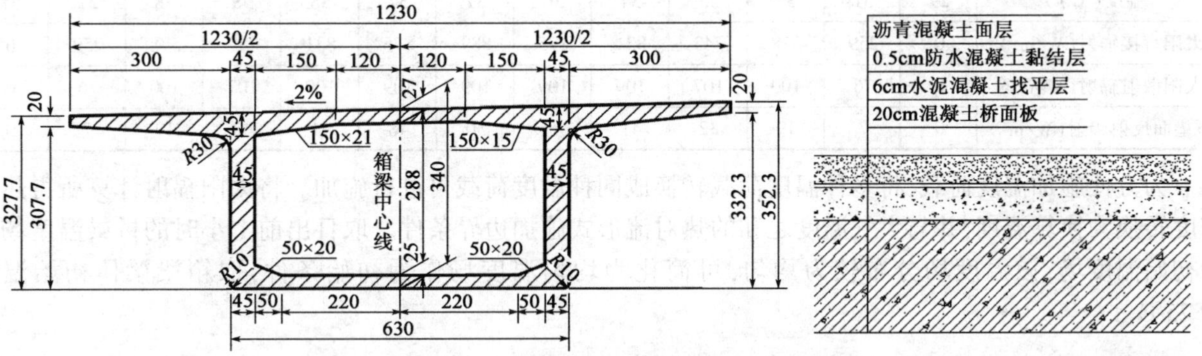

图 2 所采用的截面形式及桥面铺装结构(尺寸单位:cm)

由于沿桥向各横截面的温度条件基本一致，故可忽略热量在桥纵向上的传导，仅考虑梁高和梁宽两个方向的热传导。采用 ANSYS 软件建立混凝土箱梁和桥面铺装横截面的有限元模型。箱梁梁体及各层铺装采用具有热分析功能的 PLANE55 平面单元模拟，再以 SURF153 表面效应单元覆盖结构外表面。采用四面体单元划分网格，设网格边长为 0.05m，网格类型选择为映射网格划分。经过划分，共得到 2896 个网格单元，箱梁有限元模型如图 3 所示。

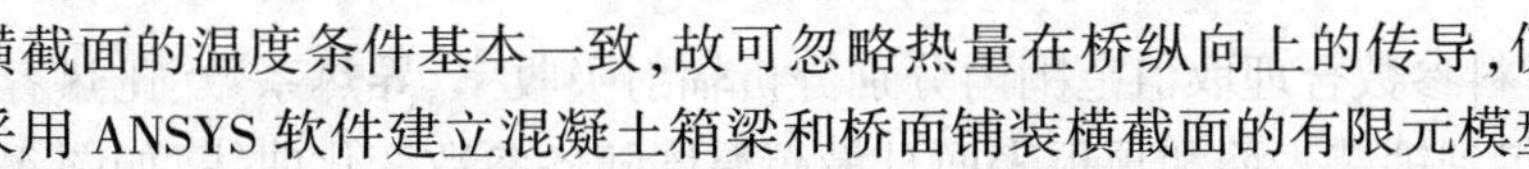

图 3 箱梁有限元模型

拟定本文研究桥梁使用 C50 混凝土，根据相关规范规定，C50 混凝土的密度和比热容分别为 $\rho = 2500\text{kg/m}^3$，$c = 925\text{J/(kg·℃)}$[20]。

Clark[21]通过试验和理论分析测得混凝土导热系数的取值范围：1.44 ~ 3.68W/(m·℃)。在实际工程中，混凝土导热系数常采用现场实测温度并由公式反算获得，李全林[22]根据该方法计算得到C50混凝土导热系数为3.33W/(m·℃)。根据《公路桥涵设计通用规范》(JTG D60—2015)[15]，混凝土的热膨胀系数取0.000010/℃。另外，参照《公路沥青路面设计规范》(JTG D50—2017)[23]，在铺装设计中考虑防水层和找平层，将其纳入研究范围，使计算结果更符合工程实际。

最终确定各铺装层和桥面板的材料参数见表1。

铺装及桥面板的材料参数　　表1

项　目	面　层	防水黏结层	找　平　层	桥　面　板
密度(kg/m³)	2000	2500	2500	2500
比热容[J/(kg·℃)]	1168	925	925	925
导热系数[W/(m·℃)]	1.2	3.33	3.33	3.33
热膨胀系数(1/℃)	0.000021	0.000010	0.000010	0.000010
辐射吸收率(%)	85	—	—	65

拟定桥梁处于海洋环境中，桥位平均风速为6.25m/s；拟定本文研究桥梁位于杭州地区，取分析时间为炎热夏季6:00～18:00，当日桥位处最高、最低气温分别为38℃和29℃。桥位处6:00至18:00环境温度和日照辐射强度见表2。

日照辐射强度和环境温度　　表2

时间	6	7	8	9	10	11	12	13	14	15	16	17	18
温度(℃)	29	31	32	33	34	36	37	37	38	38	38	37	37
太阳直接辐射(W/m²)	0	259	578	743	831	875	889	875	831	743	578	259	0
太阳散射辐射(W/m²)	0	76	100	107	109	109	109	109	109	107	100	76	0
下垫面反射辐射(W/m²)	0	7	19	32	41	48	50	48	41	32	19	7	0

为方便施加温度荷载，将多种温度荷载转换成同种温度荷载再进行施加。将太阳辐射计算所得热流密度转换为换算温度，并与大气温度之和的热对流形式施加边界条件。取日出前1小时的桥梁温度场作为初始温度场，该温度场分布较为均匀，可简化为均匀温度场作为初始条件，取箱梁梁体初始温度为25℃。

四、沥青混凝土材料参数影响分析

在沥青混凝土材料参数合理取值范围内分别分析辐射吸收率、导热系数、比热容、密度和换热系数对结构温度场的影响，得到铺装表面和顶板表面日最高温度随各参数变化曲线，如图4所示。

由图4a)可知，辐射吸收率对结构温度存在影响，两者呈线性正相关。这是因为随辐射吸收率的增加，结构实际吸收的辐射能增大，结构温度随之上升。辐射吸收率对铺装表面的影响较为显著，沥青混凝土每增加0.05的辐射吸收率，铺装表面的温度增加1.1℃；而该参数对箱梁顶板表面温度影响较小，辐射吸收率每变化0.05，温度变化约为0.3℃。因此，通过调整辐射吸收率可以改善铺装表面温度状况，若降低箱梁顶板温度，该方法效率较低。

由图4b)可知，导热系数对结构温度存在较明显的影响作用。铺装表面温度和箱梁顶板表面温度与沥青混凝土导热系数分别呈负相关和正相关，这是因为随着沥青混凝土导热系数增加，铺装层积蓄的热量向下传递的能力增强，造成铺装温度降低而箱梁温度升高。除此之外，结构温度变化趋势随着导热系数的增加而减小，可知导热系数对结构温度的影响仅限于该值较小的情况，即当导热系数增至一定值后，该参数将不再影响结构温度。

由图4c)、d)可知，比热容和密度与结构温度呈线性负相关，且这两个参数对温度的影响都较小。比热容从800J/(kg·℃)增加至1400J/(kg·℃)，铺装表面温度和顶板表面温度分别减小1℃和1.1℃；而密度从600kg/m³增加至2600kg/m³，铺装表面温度和顶板表面温度分别减小0.6℃和1℃。由此可见，调整沥青混凝土比热容或密度对结构温度状况改善效率较低。

由图 4e)可知,铺装表面温度和顶板表面温度与沥青混凝土换热系数呈负相关。当换热系数由 15W/(m^2 · ℃)增加至 45W/(m^2 · ℃)时,铺装表面温度降低 12.2℃,顶板表面温度降低 2.5℃。而且,这种温度的降低趋势随换热系数的增加而减小。即在沥青混凝土的换热系数较小时,提高该参数能够有效降低铺装及箱梁的温度。材料表面性状、结构表面与环境温差均为换热系数的决定因素,通过调整沥青混凝土材料组成和配合比进而降低换热系数是一种可行的温度控制措施。

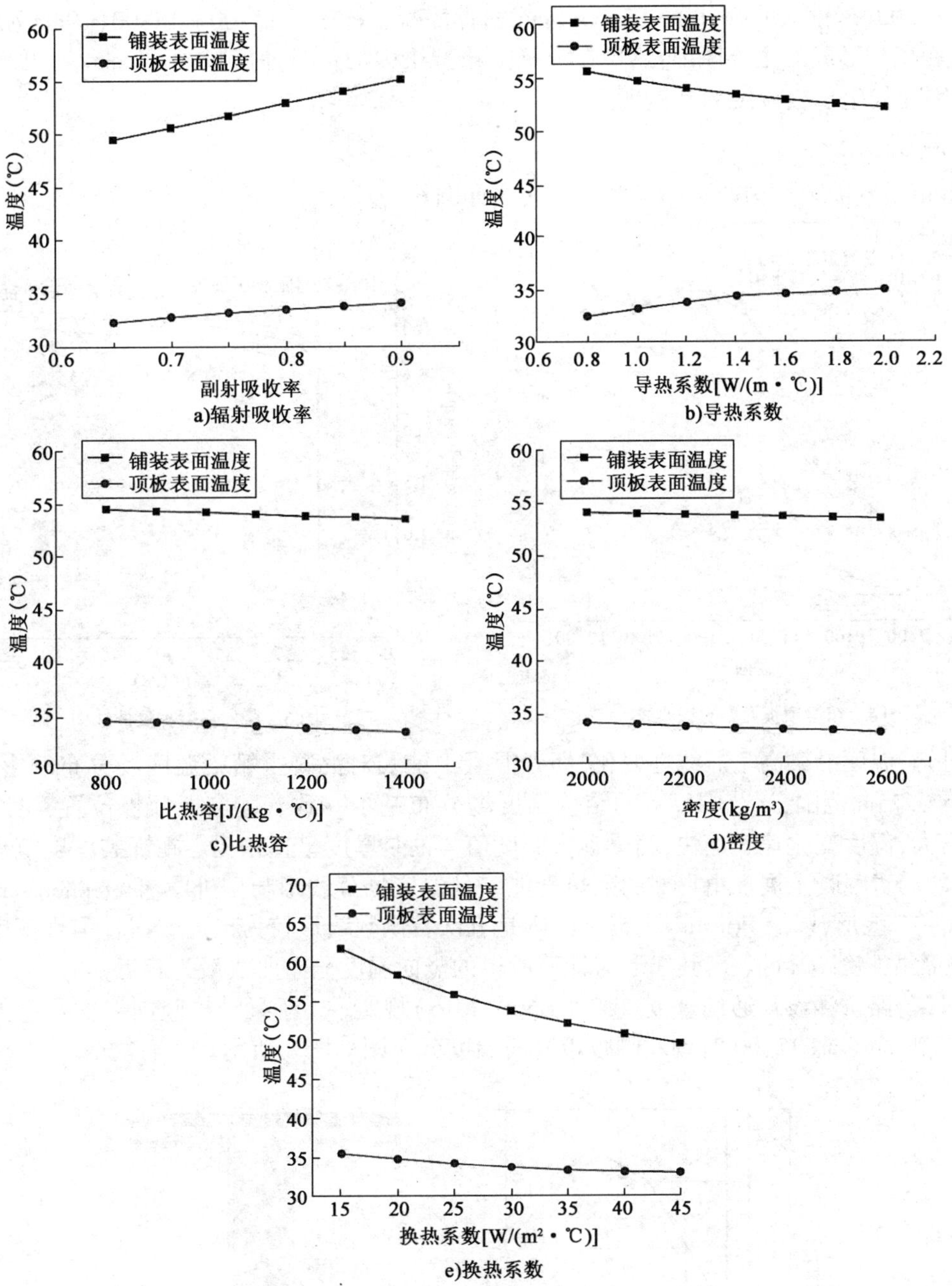

图 4 结构日最高温度随各参数变化图

五、沥青混凝土铺装厚度影响分析

这里分别选取未铺装的裸梁、5cm 沥青混凝土铺装和 10cm 沥青混凝土铺装三种工况下进行温度场计算分析,对三种工况下的箱梁顶板温度和竖向温度梯度进行比较分析。

1. 箱梁顶板温度

计算所得箱梁顶板6:00—18:00温度如图5所示。

由图5可知,两种厚度的沥青混凝土铺装均可显著减小箱梁顶板温度值和温度变化速度,且随铺装厚度增加,顶板温度值降低,温度变化速度减小。其原因可能是铺装的存在避免了混凝土箱梁受太阳直接辐射及与环境直接进行热交换,减少了传递至混凝土箱梁顶板的热量。

除此之外,箱梁顶板达到最高温度的时刻随铺装厚度增加而发生延迟,三种工况日最高温度分别出现于13:00—14:00(未铺装)、16:00—17:00(5cm沥青混凝土铺装)、17:00—18:00(10cm沥青混凝土铺装)。这种滞后现象形成的主要原因:热量在混凝土箱型梁中的传导速度较慢,当铺装厚度增大,热量传播途径越长,因此发生顶板温度的延迟现象。

2. 竖向温度梯度

计算所得箱梁及铺装结构的竖向温度梯度曲线如图6所示。

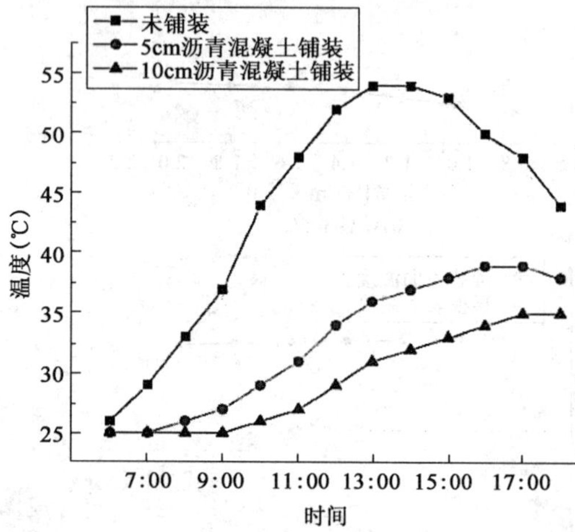

图5 箱梁顶板温度时程曲线

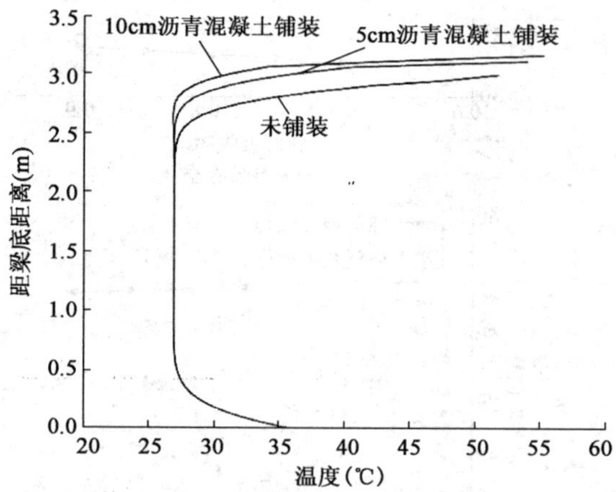

图6 竖向温度梯度曲线图

由图6可知,温度沿梁高呈非线性变化,沥青混凝土铺装对混凝土箱梁温度场分布的影响仅限于箱梁上表面以下0.75m范围,该范围以下的结构温度场分布基本一致。越接近顶板位置,温度越高,且随着铺装厚度增大,温度变化速度加快,箱梁顶板温度值与铺装厚度呈正相关。在铺装厚度范围内,温度变化更加迅速,即沥青混凝土展现出良好的隔热性能。其温度场分线形与国外学者Stephenson[7]提出的指数函数 $T_x = A_0 e^{-ax}$ 线形,以及Priestley[9]提出的则是五次幂函数线形较为接近。在各国规范中,新西兰桥梁规范采用5次抛物线进行拟合,其线形与计算所得的竖向温度分布曲线最为相近。

根据我国《公路桥涵设计通用规范》(JTG D60—2015)规定[15],桥梁结构竖向温度梯度如图7所示,其中高度 $A \leqslant 300$mm。取12:00时刻左侧腹板竖向温度分布图如图8所示。

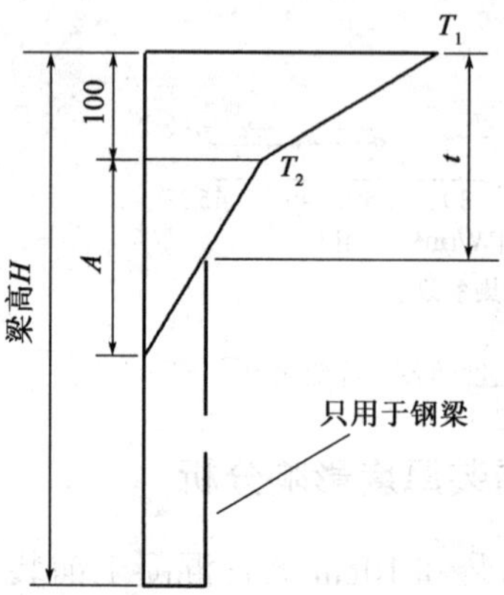

图7 规范中竖向温度曲线(尺寸单位:mm)

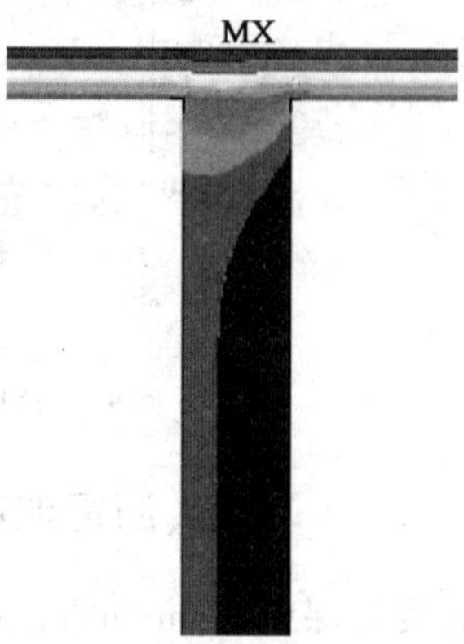

图8 竖向温度分布计算结果

我国《公路桥涵设计通用规范》(JTG D60—2015)[15]将竖向温度分布曲线以两段折线的形式进行简化,在距顶板上表面100 cm范围以内温度变化较快,在100 cm以下范围内温度变化较慢。该规定与本文计算结果大致接近,便于工程计算。因此在工程实践中采用规范中的竖向温度折线分布形式合理且接近实际。

另外,在《公路桥涵设计通用规范》(JTG D60—2015)[15]中,分别给出了5cm和10cm沥青混凝土铺装下竖向温度曲线的两个拐点T_1和T_2的取值,10cm沥青混凝土铺装下温度拐点均小于5cm铺装条件,其中拐点T_1的变化规律与前文顶板温度变化相对应,计算结果与规范中的取值情况见表3。

混凝土箱梁竖向温度 表3

项　目	顶板表面 T_1(℃)	距表面100mm处 T_2(℃)	梯度值 T_1-T_2(℃)
计算未铺装	51.7	42.8	8.9
规范5cm沥青混凝土铺装	20	6.7	13.3
计算5cm沥青混凝土铺装	36.3	31.1	5.2
规范10cm沥青混凝土铺装	14	5.5	8.5
计算10cm沥青混凝土铺装	31.2	28.3	2.9

与计算结果相比,在规范中,竖向温度曲线未考虑箱梁底板处温度梯度。而由图7可知,底板温度在距梁底0.5m范围内变化,且不受铺装厚度的影响,其大小可能与地形地貌相关。在规范中,竖向温度梯度分布范围为顶板以下400mm内,而计算所得温度梯度分布范围大于400mm,且会随铺装厚度改变。随着铺装厚度增大,温度梯度分布范围将增大。

由表3可知,在炎热夏季条件下,混凝土箱梁的温度较高于规范对结构温度的规定。在温度梯度方面可以发现,随沥青混凝土铺装厚度增大,温度梯度逐渐减小。规范梯度值大于计算所得,以使得设计所获结果更加安全。因此适当增加沥青混凝土铺装厚度可有效降低混凝土箱梁结构温度和温度梯度。

六、结　语

本文就沥青混凝土桥面铺装对混凝土箱梁温度效应的影响因素进行分析,通过ANSYS有限元软件分析计算了结构模型的日间温度变化和温度场分布,比较了不同沥青混凝土材料参数和铺装厚度下箱梁温度场的异同,分析现行规范中竖向温度曲线与计算结果的差异性,结果表明:

(1)与箱梁施工过程的裸梁状态相比,两种厚度(5cm和10cm)的沥青混凝土铺装均显著减小箱梁顶板温度及竖向温度梯度;铺装对箱梁温度场分布的影响仅限于顶板上表面以下0.75m,腹板及底板几乎不受影响;由于热量在沥青混凝土内传导速率较小,导致在高铺装厚度下顶板达到最高温度的时刻存在延迟现象。

(2)在沥青混凝土材料参数中,辐射吸收率、比热容和密度对结构温度的影响均较小,不易用于调整箱梁温度场;导热系数与箱梁顶板温度正相关,与铺装表面温度负相关,但当增至一定值后,对结构温度的影响几乎消失;换热系数与结构温度呈非线性负相关,且随换热系数增加,温度变化趋势减缓,在一定范围内提高该参数可显著降低箱梁温度。

(3)对比现行规范中竖向温度曲线后发现,竖向温度梯度分布范围为顶板以下400mm,而计算所得范围大于400mm,且随铺装厚度改变,并且考虑了底板温度梯度。混凝土箱梁温度高于规范中结构温度,但规范梯度值大于计算所得,因此设计所获结果更加安全。在施工过程中,随着裸梁状态向完成桥面铺装状态转移,增加的沥青混凝土铺装厚度可有效降低混凝土箱梁温度和温度梯度。

参考文献

[1] Zuk W. Simplified design check of thermal stresses in composite highway bridge[J]. Highway Research

Record,1965,103.

[2] Emerson M. Bridge temperatures estimated from the shade temperature[J]. Transportation Road Research Laboratory Report,1976:2-32.

[3] Emerson M. Thermal movements of concrete bridges:field measurements and methods of prediction[J]. Supplementary Report,1981,70:77-102.

[4] Mirambell E,Aguado A. Temperature and Stress Distributions in Concrete Box Girder Bridges[J]. 1990,116(9):2388-2409.

[5] Tan Y P,Han D J. A Study on Temperature Distribution in a Cross Section of Concrere Box Girder Bridges[C]//International Conference on Enhancement and Promotion of Computational Methods in Engineering and Science,2006: 960-969.

[6] 余佳玉,向中富,刘先义. 混凝土箱型梁日照下的温度场试验研究[J]. 工业建筑,2016,46(3):72-77.

[7] 刘兴法. 混凝土结构的温度应力分析[M]. 北京:人民交通出版社,1991.

[8] 周记国,钟新谷,王桂花,等. 日照作用下混凝土箱梁竖向温度梯度场研究[J]. 合肥工业大学学报,2016,39(2):223-243.

[9] Priestley M J N. Design Thermal Gradients for Concrete Bridges[J]. 1976,31(9):213-219.

[10] 杨竟南,何雄君,杨蒋鹤立,等. S形曲线钢箱梁斜拉桥沥青混凝土摊铺温度效应分析[J]. 桥梁建设,2020,50(02):37-42.

[11] 沈聪,高培伟,张辉. 钢箱梁大桥桥面铺装温度场有限元分析研究[J]. 公路工程,2018,43(03):21-25.

[12] 逯彦秋,张肖宁,唐伟霞. 桥面铺装层温度场的ANSYS模拟[J]. 华南理工大学学报(自然科学版),2007,35(2):59-63.

[13] 冯德成,胡伟超,于飞,等. 沥青路面材料热物性参数对温度场的影响及敏感性分析[J]. 公路交通科技,2011,28(11):12-19.

[14] Roberts-Wollman C L,Breen J E,Cawrse J. Measurements of Thermal Gradients and their Effects on Segmental Concrete Bridge[J]. Journal of Bridge Engineering,2002,7(3):166-174.

[15] 中华人民共和国交通运输部. 公路桥涵设计通用规范:JTG D60—2015[S]. 北京:人民交通出版社股份有限公司,2015.

[16] 张建荣,刘照球. 混凝土对流换热系数的风洞实验研究[J]. 土木工程学报,2006,39(9):39-42.

[17] 赵人达,王永宝. 日照作用下混凝土箱梁温度场边界条件研究[J]. 中国公路学报,2016,29(07):52-61.

[18] 邹玲,郑南翔,李烨,等. 基于热平衡原理的沥青混合料比热容试验[J]. 江苏大学学报(自然科学版),2016,37(3):347-351.

[19] 姚祖康. 水泥混凝土路面设计理论和方法[M]. 北京:人民交通出版社,2003.

[20] 中华人民共和国住房和城乡建设部. 民用建筑热工设计规范:GB 50176—2016[S]. 北京:中国建筑工业出版社,2016.

[21] Clark J H. Evaluation of thermal stresses in a concrete box girder bridge. Proce. Instn Civ. Engrs,part2,1989,87(9):415-428.

[22] 李全林. 日照下混凝土箱梁温度场和温度应力研究[D]. 长沙:湖南大学,2004.

[23] 中华人民共和国交通运输部. 公路沥青路面设计规范:JTG D50—2017[S]. 北京:人民交通出版社股份有限公司,2017.

61. 大悬臂预应力混凝土盖梁力学性能研究

董浩天[1]　唐晨馨[1]　闫兴非[2]　张　涛[2]　杜晓庆[1]
(1. 上海大学土木工程系;2. 上海市城市建设设计研究总院(集团)有限公司)

摘　要　以城市高架桥中的大悬臂预应力混凝土盖梁的轻量化为研究目的,采用模型试验和数值模拟结合的方法,针对空心盖梁的力学性能开展了线弹性和考虑材料非线性的空间分析研究,重点分析了盖梁混凝土应力的演变过程、盖梁的破坏形态及其破坏机理。

关键词　预制装配式桥梁　大悬臂盖梁　轻量化设计　模型试验　材料非线性

一、引　　言

随着经济和人口的发展,现代城市的交通需求日益增加,高架快速路已成为满足大城市交通需求的重要基础设施[1]。桥梁建设正在向绿色环保、工业化和标准化方向发展。预制装配施工法能很好地克服现场浇注施工法的诸多缺点,具有施工速度快、工程质量稳定、占地面积少、交通干扰小、人力成本较低等优势[2],已被广泛应用于世界各国的城市高架桥施工,特别是桥梁上部结构的施工中[3]。目前,桥梁下部结构的预制装配是城市高架桥全预制装配化施工中的难点问题[4]。

盖梁是桥梁下部结构中承上启下的构件,具有体积大、自重大的特点。城市高架桥中常用的大悬臂盖梁的质量往往超过250t,其预制构件的运输和吊装难度大,这在一定程度上限制了预制装配式盖梁的工程应用[5]。近年来,桥梁结构的预制装配式建造理念正从桥梁上部结构拓展至下部结构,并向全预制方向发展。因而,开展预制盖梁的轻量化研究,在满足承载力要求的前提下减轻盖梁自重,解决预制盖梁运输和吊装困难的问题,将推动城市高架桥全预制装配化施工方法的工程应用,提高桥梁的工业化建造水平。

本文以城市高架桥中的大悬臂预应力混凝土盖梁的轻量化为研究目的,采用模型试验和数值模拟结合的方法,针对空心盖梁的力学性能开展了线弹性和考虑材料非线性的空间分析研究,重点分析了盖梁混凝土应力的演变过程、盖梁的破坏形态及其破坏机理。

二、试验和计算设置

1. 盖梁缩尺试验模型

针对实心盖梁和空心盖梁,分别设计S1和S3共2个试件,见图1和图2。模型与原型的长度缩尺比为1∶3.24。实心盖梁原型的长度为25m,重约250t。实心盖梁模型S1的质量约为10t,而空心盖梁模型S3相比S1减重约20%。空心盖梁模型S3在两端、悬臂根部和跨中梁段设计了空心段;为了便于预应力筋的锚固以及盖梁与墩柱的连接,在梁最两端和墩顶位置保留了实心梁段,在梁端部空心段和悬臂根部空心段之间设置了横隔板。两种盖梁均布置三层预应力筋,上两层预应力筋锚固在梁两端,最下层预应力筋锚固在盖梁底面,空心盖梁的预应力筋在空心段从截面两边的腹板中穿过。钢筋的弹性模量E_s、钢材的密度ρ_s、钢材的泊松比ν_s、C60混凝土的弹性模量E_{c1}、C80混凝土的弹性模量E_{c2}、混凝土的密度ρ_c和混凝土的泊松比ν_c,如表1所列。

基本材料属性　表1

E_s(MPa)	E_{c1}(MPa)	E_{c2}(MPa)	ν_s	ν_c	ρ_s(kg/m^3)	ρ_c(kg/m^3)
195000	36000	38000	0.3	0.2	8010	2400

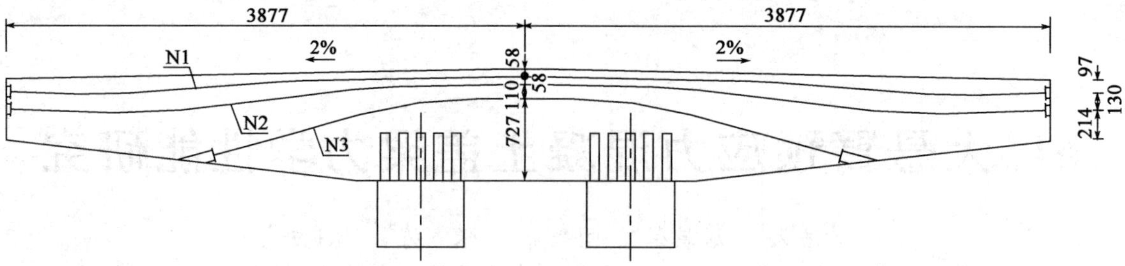

图1　实心盖梁试验模型S1立面和预应力钢束布置图(尺寸单位:mm)

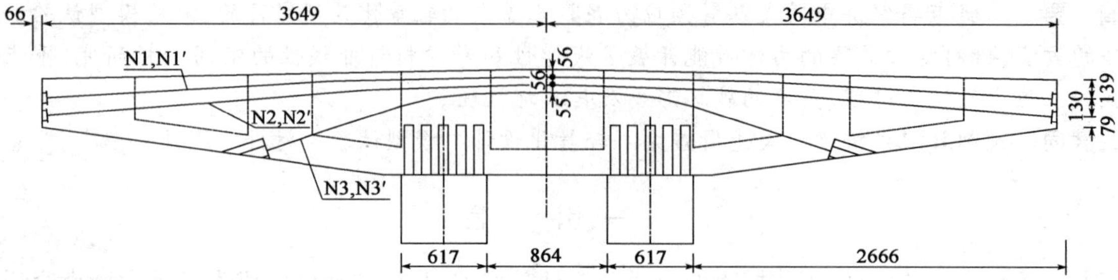

图2　空心盖梁试验模型S3立面和预应力钢束布置图(尺寸单位:mm)

2. 非线性有限元模型

针对缩尺后的实心盖梁模型S1和空心盖梁模型S3,建立了非线性有限元分析模型。如图3所示,有限元模型由混凝土、预应力钢筋、普通钢筋和箍筋等组成。有限元模型的尺寸和材料参数与缩尺试验模型一致。盖梁的非线性分析采用ABAQUS有限元软件。对于实心盖梁混凝土部分,因为其复杂的变截面三维体形态,采用适应性强的四面体网格进行自由网格划分,并采用的C3D10单元(3维10节点二次积分单元)模拟;C60U型空心盖梁和C80U型空心盖梁的混凝土部分和盖梁表面的钢垫块均进行六面体结构化网格划分,并采用C3D8R单元模拟。C3D8R是3维8节点线性六面体缩减积分单元,能够在计算的过程中避免剪切自锁和沙漏问题。模型中的预应力筋和普通钢筋模型均采用了3维2节点的桁架单元T3D2进行模拟。

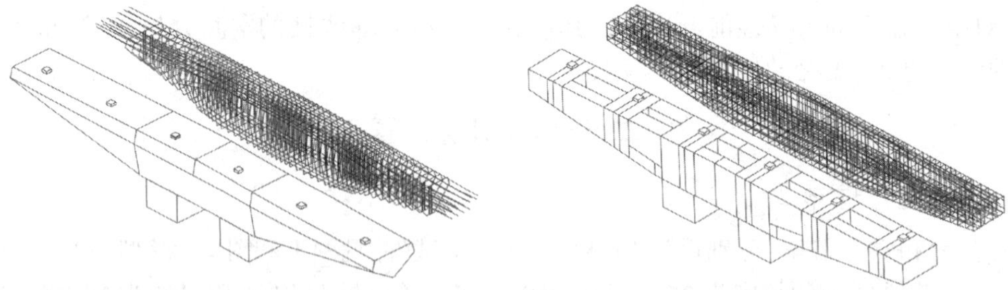

a)实心盖梁S1　　b)空心盖梁S3

图3　盖梁非线性计算模型几何体示意图

材料的本构关系与混凝土损伤模型参数对非线性的计算起到关键作用。本文非线性分析计算所采用的混凝土塑性损伤模型中膨胀角、偏心率、f_{b0}/f_{c0}(初始等效双轴抗压屈服应力与初始单轴抗压屈服应力的比值)、K(受拉子午线与受压子午线常应力的比值)以及黏性参数等计算参数根据相关文献[6-8]和试算进行取值(表2)。

混凝土塑性损伤模型参数　　表2

膨胀角	偏心率	f_{b0}/f_{c0}	K	黏性参数
30	0.1	1.2	0.667	0.005

盖梁支撑墩柱与地面的连接采取固支边界条件。盖梁的混凝土部分与钢筋部分有着良好的整体性，不考虑钢筋在盖梁内部的相对滑移。对于预应力筋，本文的盖梁模型均使预应力筋有限元模型的节点与混凝土有限元模型的相关节点进行约束耦合。通过赋予预应力筋初始温度的方式赋予预应力；预应力大小为1302MPa。

3. 加载方案

为了分析盖梁与墩柱的连接性能，模型盖梁设置了0.5m高的墩柱。桥墩与盖梁的连接方式是灌浆套筒，在墩柱中预埋灌浆套筒，承台中预埋大直径钢筋，拼接就位调整垂直度后压浆连接。试验加载设备是6台2000kN千斤顶、6榀加载反力架、临时预应力等配合进行。模型加载采用同步千斤顶控制力加载模式，在模拟恒载的基础上逐级施加活载，直至出现不能继续加载的较大变形或者较明显的试验破坏现象为止。考虑最不利情况，千斤顶采用偏心加载方式，偏心距为$e=118$mm，如图4所示。

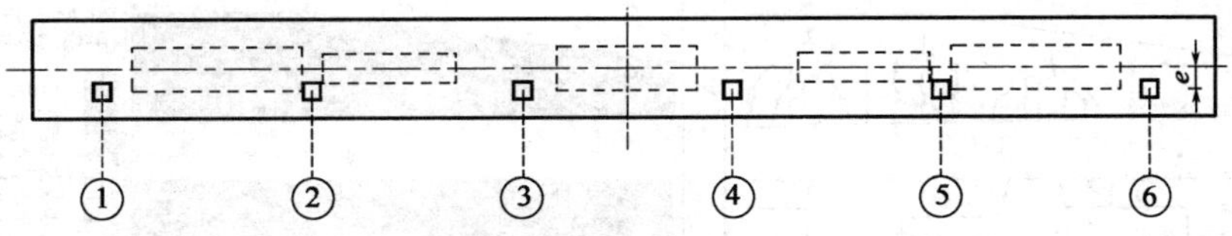

图4 静力偏心加载示意图

三、结 果

1. 荷载-位移关系

图5给出了实心盖梁S1和空心盖梁S3在2号加载点位置荷载-位移的试验和非线性有限元计算结果。随着荷载的逐渐增大盖梁刚度逐渐降低，表现出一定的非线性特点。试验数据曲线中存在突变，这可能是由于试验过程中在盖梁出现裂缝影响测量设备以及试验记录误差导致的，而且有限元模型的初始状态相较试验试件更为理想化。总体而言，非线性有限元计算结果与试验结果吻合良好。此外，从承载能力角度看，两者相差不大。

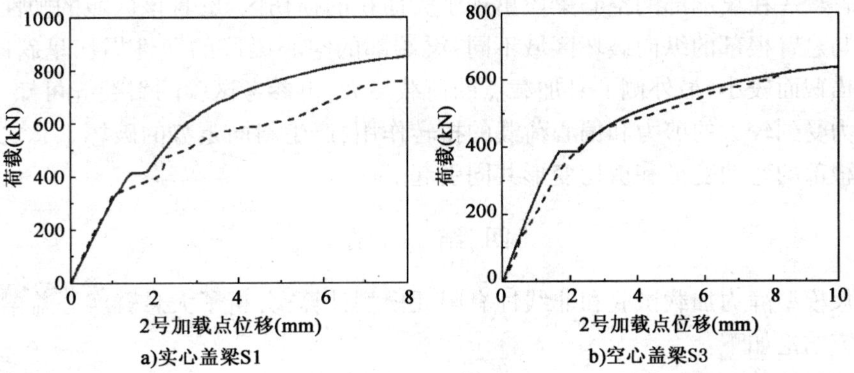

图5 盖梁2号加载点荷载-位移曲线(实线为计算结果，虚线为试验结果)

2. 破坏形态

图6和图7分别给出了实心盖梁S1和空心盖梁S3的试验裂缝图和数值计算的最大塑性应变图。图6中1-1、3-3为盖梁的立面视图，2-2为盖梁的平面视图，其中3-3为盖梁的偏心加载侧。从图6可见，实心盖梁在悬臂根部的梁段上翼缘出现了明显的裂缝(2-2)，并且裂缝从盖梁的上翼缘往下翼缘发展，偏心加载侧(3-3)的裂缝深度大于另一侧(1-1)。可见，实心盖梁S1的破坏形态主要是受弯导致的悬臂根部开裂破坏。

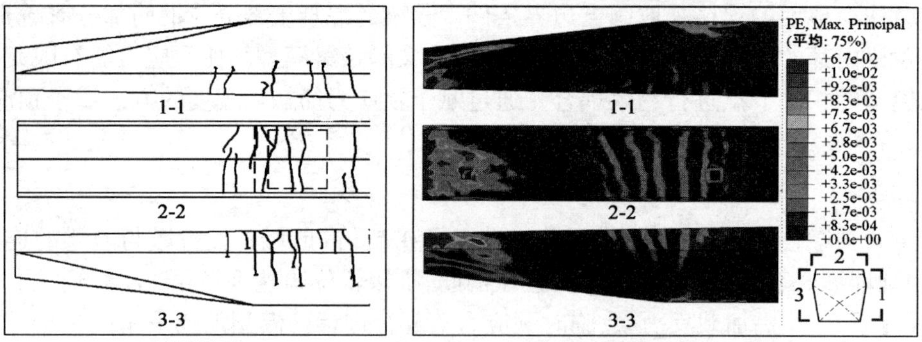

图6　实心盖梁S1裂缝与塑性应变分布区域对比

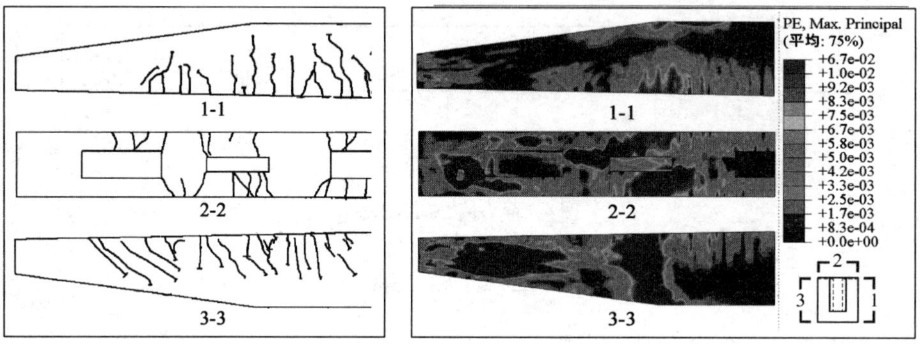

图7　空心盖梁S3裂缝与塑性应变分布区域对比

从图7中可见,空心盖梁S3的主要破坏位置在梁端部的空心梁段和悬臂根部(3-3),这两个位置处的裂缝最先发展,最终出现了大面积的损伤区域;从2-2中可见盖梁上翼缘整体均出现了塑性应变,且悬臂根部的空心段腹板以及梁端部上翼缘的损伤最为突出,在1-1和3-3可见裂缝从盖梁的上翼缘往下翼缘发展。空心盖梁S3悬臂根部的破坏区域主要由不断增大的荷载使其弯曲导致的。此外,与实心盖梁不同的是,空心盖梁S3在梁端部的空心梁段出现了大面积的损伤区域,且该区域的塑性应变出现得比悬臂根部的更早。与悬臂根部的纵向破坏区域不同,梁端部的空心梁段的塑性损伤呈斜向走势,结合盖梁在此区域的空心横截面较小、最外侧1号加载点的荷载最大,再参考试验的斜裂缝可知,梁端部的空心梁段以较弱的承载力受到较大的剪力和偏心荷载的扭转作用,产生斜向走势的破坏。总之,空心盖梁S3的破坏主要由悬臂根部的弯曲变形和剪切变形共同引起。

四、结　　语

本文通过缩尺模型静力加载试验和非线性有限元模型计算,分析了大悬臂实心盖梁和空心盖梁的力学性能。主要研究结论如下:

(1)空心盖梁方案相比实心盖梁减重20%,且二者承载能力相近,使用材料一致。盖梁轻量化设计方法可较好的应用在桥梁预制装配化制造中。

(2)实心盖梁主要出现悬臂跟比的受弯破坏;而空心盖梁的破坏由弯曲和剪切共同作用产生,且裂缝分布范围更广。

参考文献

[1] 罗斌.城市快速路网规划方法与应用研究[D].杭州:浙江大学,2012.

[2] 项贻强,郭树海,陈政阳,等.快速施工桥梁技术及其研究[J].中国市政工程,2015,(04):28-32.

[3] 夏樟华,邵淑营,葛继平.美国华盛顿州桥梁快速施工技术研究与实践[J].世界桥梁,2017,45(06):

1-6.
[4] 沙丽新,李国平.典型城市高架倒T盖梁预制装配化设计关键技术研究[J].中国市政工程,2017,(03):120-121.
[5] 李立峰,唐全良,胡方健,等.全预制轻型预应力UHPC薄壁盖梁抗剪性能试验[J].中国公路学报,2020,33(08):144-158.
[6] Lubliner J, Oliver J, Oller S, et al. A plastic-damage model for concrete[J]. International Journal of Solids and Structures, 1989, 25(3):299-326.
[7] 雷拓,钱江,刘成清.混凝土损伤塑性模型应用研究[J].结构工程师,2008,(2):22-27.
[8] An C, Castello X, Duan M. Ultimate strength behaviour of sandwich pipes filled with steel fiber reinforced concrete[J]. Ocean Engineering, 2012, 55:125-135.

62. 超大尺寸钢筋网片整体弯折成型测量技术研究

陈 斌[1,2,3,4] 李冬冬[1,2,3,4] 吴中正[1,2,3,4]
(1.长大桥梁建设施工技术交通行业重点实验室;2.交通运输行业交通基础设施智能制造技术研发中心;
3.中交公路长大桥建设国家工程研究中心有限公司;4.中交第二航务工程局有限公司)

摘 要 深中通道伶仃洋大桥东索塔采用基于超大尺寸钢筋网片整体弯折的钢筋部品化新工艺建设。对钢筋网片成型的几何尺寸进行测量分析,研究适合钢筋弯折网片的测量方法。测量偏差表明,通过控制弯折箍筋边长可以作为网片几何尺寸测量的重要方法。

关键词 钢筋部品 钢筋弯折网片 整体弯折 箍筋边长 偏差

一、引 言

目前我国经济已由高速增长阶段转向高质量发展阶段,我国以劳动密集型为主的桥梁建设领域依旧存在生产效率低、工业化程度低、安全风险高、施工质量难保证等顽疾,随着建筑科技的发展,这些问题正在逐步解决。深中通道伶仃洋大桥采用基于弯折网片的索塔钢筋部品化工艺,以"工业化生产、装配式施工、智能化"为理念进行塔柱钢筋施工。在钢筋厂内,利用TD6000-30钢筋网片柔性制造生产线生产钢筋弯折网片,运输至前场胎架内组拼为整节段钢筋部品,整体吊装,即可完成节段桥塔钢筋施工。钢筋部品化将绝大部分钢筋施工作业转移到地面工厂进行,代替人工搬运、绑扎钢筋,从而适应未来科技、环境、安全愈加严苛的要求。

二、工 程 概 况

深中通道是集桥、岛、隧于一体连接深圳与中山的超大型综合项目,伶仃洋大桥是深中通道的重要组成部分。大桥东索塔为门式结构,塔柱高超260m,断面为八边宝石形结构。塔柱整体为收分结构,随着高程的增长,塔柱截面由大变小。箍筋间距有100mm、150mm两种规格,主筋间距为150mm,随着塔柱收分,在弯折角处主筋间距不断变化。索塔钢筋采用基于钢筋网片整体弯折的钢筋部品化工艺施工,首先需要将塔柱钢筋断面划分为两块对称型结构,上方为小网片,下方为大网片,如图1所示。单个网片为对称式结构。单根箍筋成环最长达到23m,节段主筋单根长度为6m。

网片在钢筋厂内通过TD6000-30钢筋网片柔性制造生产线生产,箍筋被牵引至生产线网片制作区,使箍筋中点与网片制作区中线重合。弯折机构在伺服电机的驱动下,移动至指定位置,四台弯折机对称分布。单侧网片从箍筋端部开始依次弯折两次,使平面网片弯折为空间网片,如图2所示。钢筋下料时,箍筋长度根据网片展开图上的尺寸进行下料。网片生产线上设置有伺服电机控制的剪切机构,配合定尺寸挡板,剪切经过闪光对焊连接成通长的箍筋。

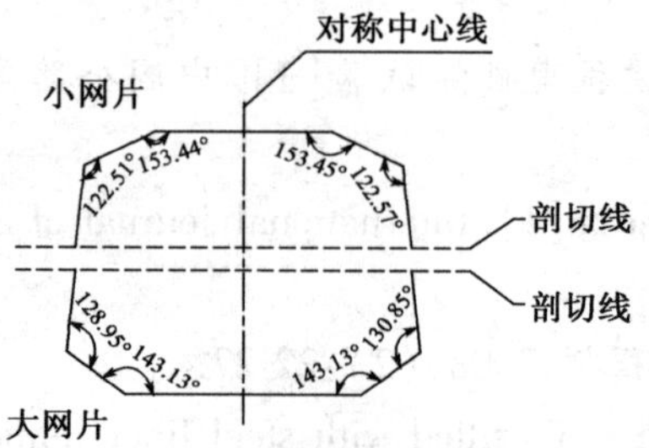

图1　塔柱断面划分方案

图2　塔柱断面划分方案

三、箍筋边长控制方法

在立式或者卧式弯折机上,单根钢筋弯弧处紧贴弯头,钢筋弯折后存在内边收缩、外边延长现象。与单根钢筋弯折不同,网片弯折时,多根钢筋整体弯折且弯折线与箍筋不垂直;网片弯折时从起弯点到终弯点并不紧紧贴近弯头,单根钢筋上的多个弯折点计算也不相同。

平面网片弯折时,对于大网片,依次弯折 A、B、E、D 段,对于小网片依次弯折 E、D、A、B 段,如图3所示。类比单根钢筋弯折,网片弯折时,四台弯折机构先从弯折两端 A 段和 E 段,再弯折 B 段和 D 段,弯折机构的弯折半径为40mm。

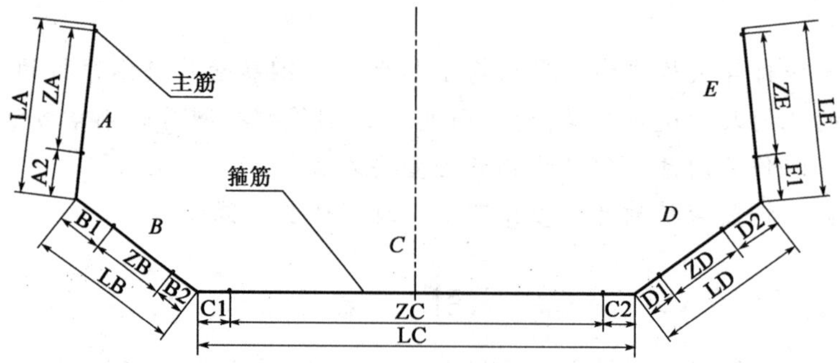

图3　钢筋网片制作过程控制参数示意图

根据钢筋弯曲延伸机理,箍筋中心线总长为各段外包长度减去外包延伸长度,即表示为:

箍筋总长:

$$L = L_A + L_B + L_C + L_D + L_E - 2(\Delta_1 + \Delta_2)$$

AB 弯折段外包长度:

$$L_{AB} = A_2 + B_1 + \Delta_1$$

BC 弯折段外包长度:

$$L_{BC} = B_2 + C_1 + \Delta_2$$

CD 弯折段外包长度:

$$L_{CD} = C_2 + D_1 + \Delta_2$$

DE 弯折段外包长度:

$$L_{DE} = D_2 + E_1 + \Delta_1$$

式中:L——箍筋下料长度,L_A、L_B、L_C、L_D、L_E 分别为各弯折边箍筋外包测量长度;

Δ_1、Δ_2——钢筋弯曲调整值,弯折设备的钢筋弯曲半径为80mm,ϕ20钢筋的弯曲调整值取值如表1所示。

不同网片 ϕ20 钢筋弯曲调整值　　表1

单位(mm)	大网片	小网片
Δ_1	11.7	11.4
Δ_2	7.3	5.3

现在通过人工测量钢筋网片弯折后弯折质量,主要对弯折角度、箍筋边长进行测量,同时抽检网片网格间距,检验网片生产线模式下,网片成型质量与稳定性。

四、网片弯折成型测量

当网片制作完成翻身立起后,网片弯折角度采用双臂量角器测量,然后利用量角器找出箍筋弯折角中点,并做好标记。测量各弯折面底部一层的箍筋边长、弯折角两侧主筋到弯折点的距离等参数,测量时以弯折标记点为基准,如图4所示。同时测量弯折角两侧主筋与箍筋焊接点到弯折角点的距离,记为弯折角点两侧主筋到弯折点的距离。通过测量主筋内间距和外间距后,求和均分后记为主筋间距,不分网片类型,共测量8张网片的主筋间距,如图5所示。

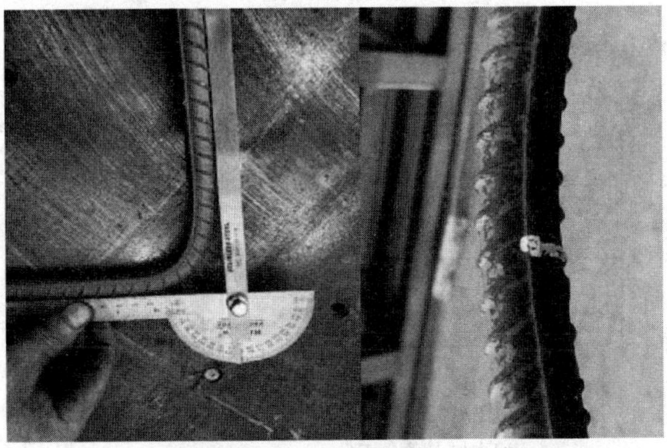

图4　弯折角度测量与弯折点标记

图5　箍筋端头调整和主筋间距测量

五、网片成型质量测量结果

1. 弯折角度

弯折角度偏差如图6所示。

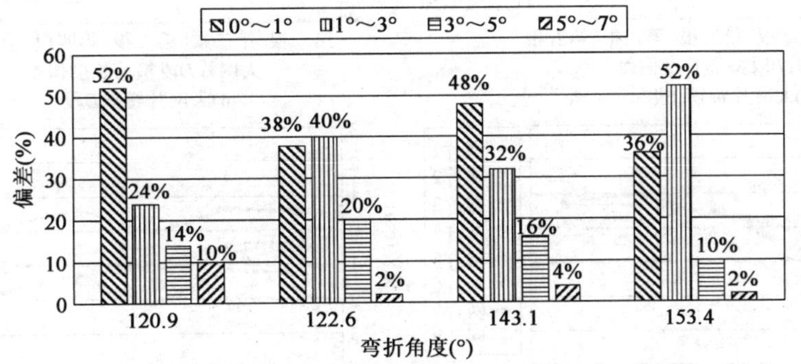

图6　弯折角度偏差统计分布

弯折角度偏差主要在0°~3°内,偏差的分布与弯折角度没有明显相关性。网片箍筋与主筋牢固焊接在一起,整体弯折时,钢筋之间存在相互作用,将导致网片弯折回弹不确定性增大。单根钢筋弯折时,弯头与钢筋贴合紧密,因而回弹量小。

2. 主筋间距随机测量

通过随机抽检弯折网片的各个弯折段内主筋的间距,计算与理论值的偏差,形成统计数据如图7所示。

热轧带肋钢筋表面有横肋和纵肋,且钢筋断面轮廓不规则,不同网片网格尺寸存在一定差异。根据测量结果,每个面的主筋间距偏差保持在1cm以下,80%以上主筋间距小于5mm,表明机械布料的精度满足规范要求。

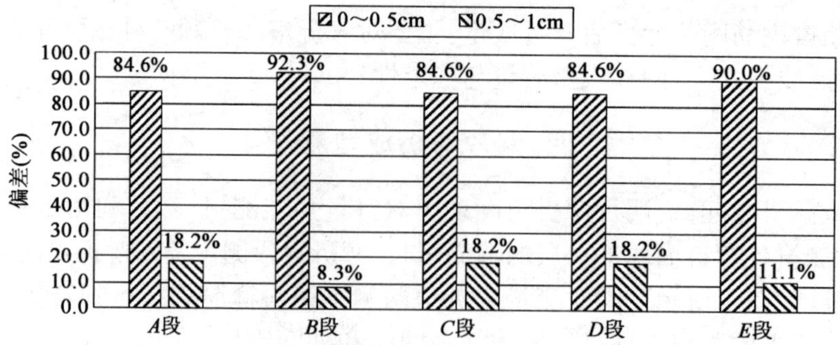

图7　主筋间距测量偏差统计分布

3. 箍筋弯折长度测量

弯折后，箍筋长度测量结果对比网片展开图的偏差结果如图8所示。

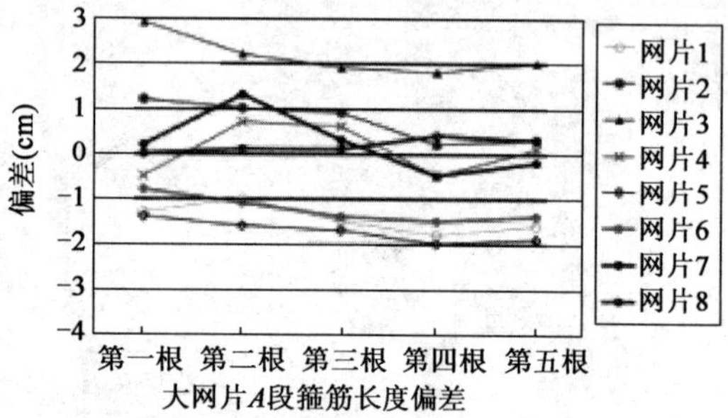

a)大网片箍筋A段

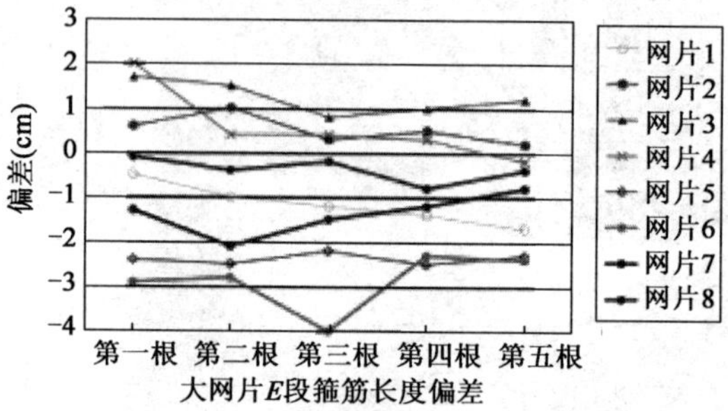

b)大网片箍筋E段

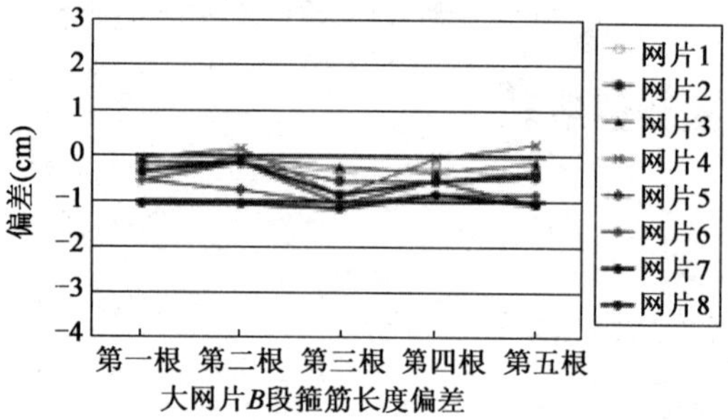

c)大网片箍筋B段

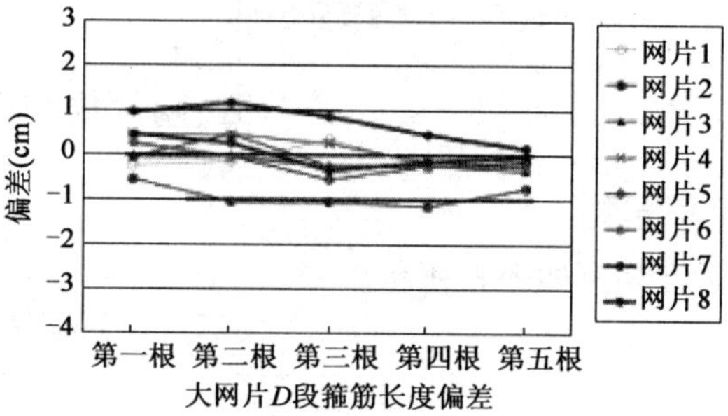

d)大网片箍筋D段

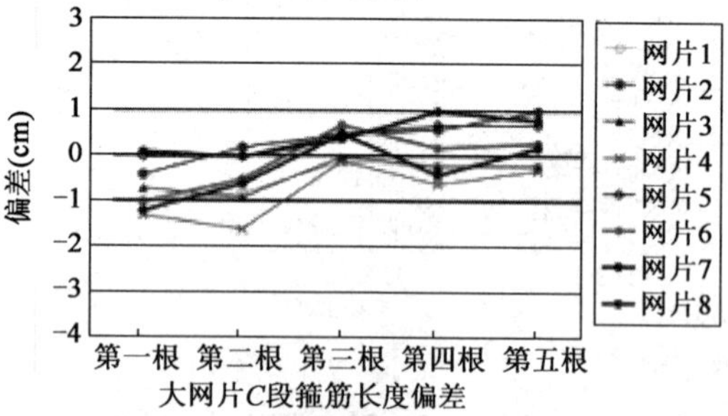

e)大网片箍筋C段

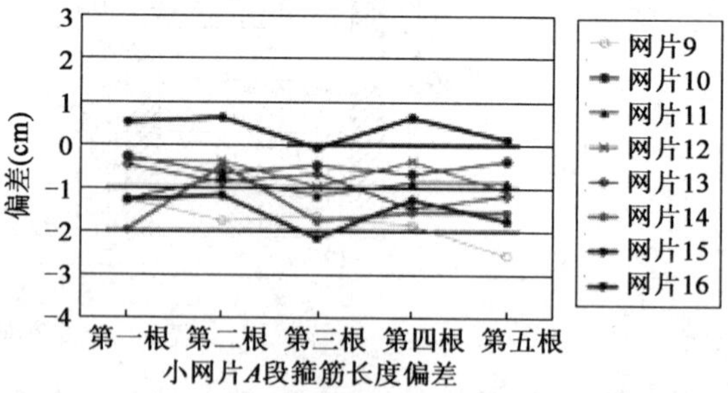

f)小网片箍筋A段

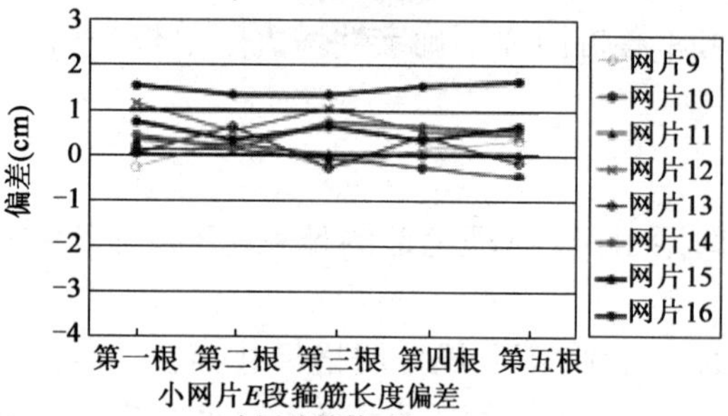

g)小网片箍筋E段

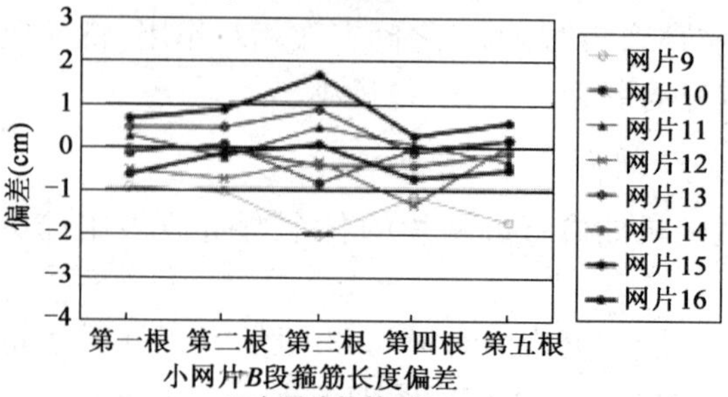

h)小网片箍筋B段

图　8

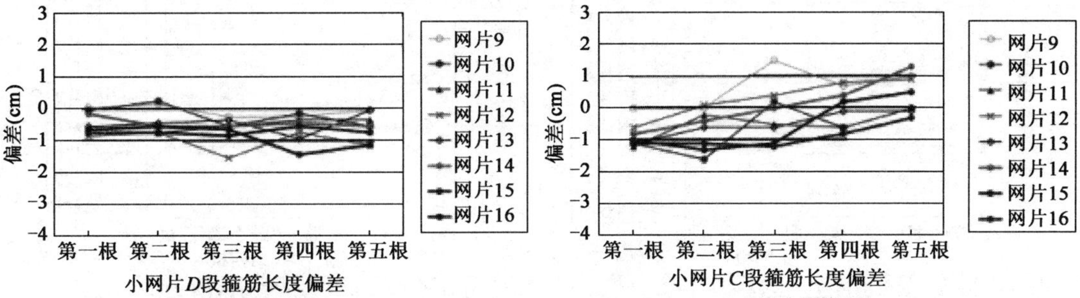

i)小网片箍筋D段　　j)小网片箍筋C段

图8　不同网片箍筋边长偏差波动

观察图8a)～图8j)，对于单个网片，不同箍筋同一段的箍筋长度偏差波动在1cm以内；在网片中间部分，不同网片测量偏差越集中；弯折角度对弯折后箍筋边长偏差影响不大。所有弯折网片中，A段和E段为开放段，偏差的波动变化也比较大，主要是受箍筋端部平齐定位影响。网片生产时，人工调整箍筋端部，使端部近似共线。

主筋和箍筋焊接完成后，进行网片弯折。由于网片为整体弯折，同张网片不同箍筋相近弯折点分布为同一直线上，同一网片上的不同箍筋的各边长偏差波动反映了测量点与弯折标记点的偏差。单个网片不同位置箍筋各边(不含A、E段)偏差波动约在1cm，而箍筋边长偏差范围在±1.6cm内，从而说明，弯折点位置与理论位置偏差在±6mm内。

4. 弯折角两侧主筋到弯折角的距离

添加钢筋弯曲后的外包尺寸变化值后，弯折角两侧主筋到弯折角中点的距离偏差和的波动情况如图9所示。

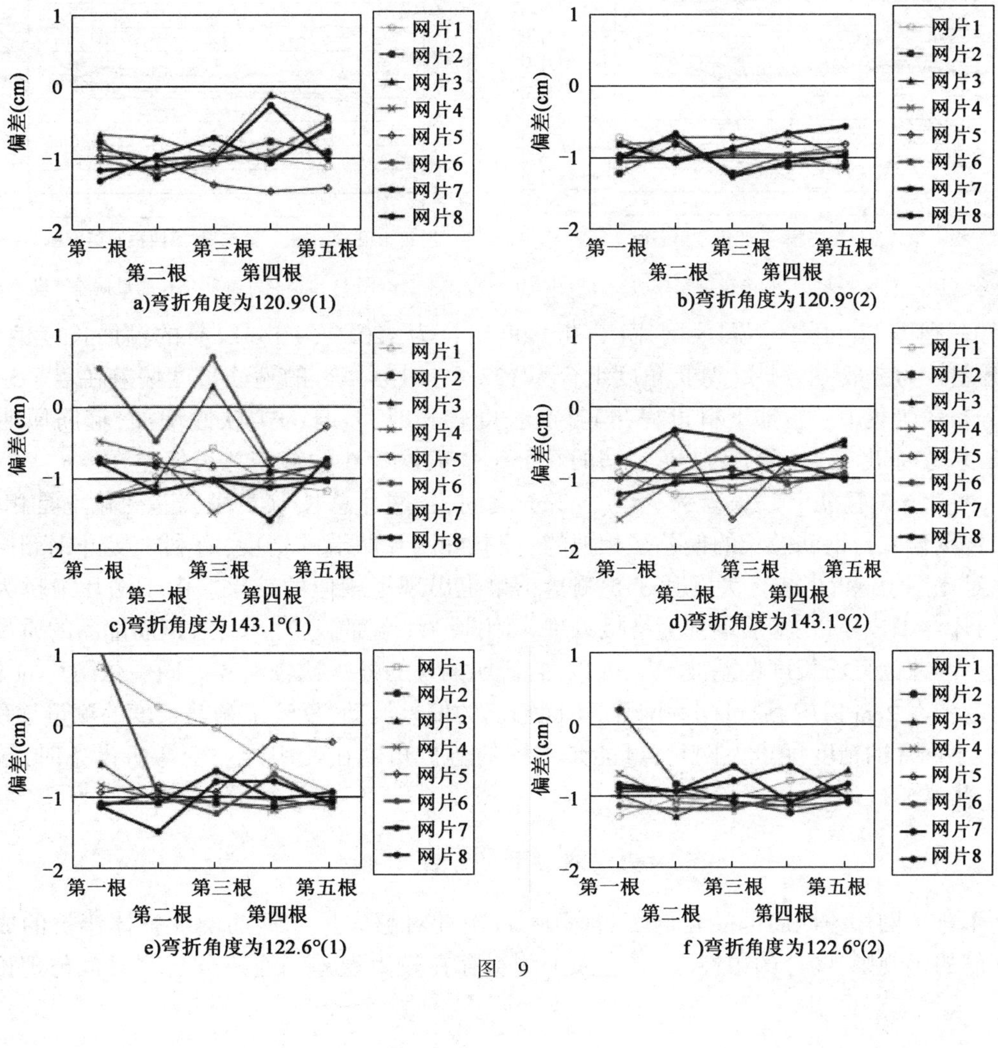

a)弯折角度为120.9°(1)　　b)弯折角度为120.9°(2)

c)弯折角度为143.1°(1)　　d)弯折角度为143.1°(2)

e)弯折角度为122.6°(1)　　f)弯折角度为122.6°(2)

图　9

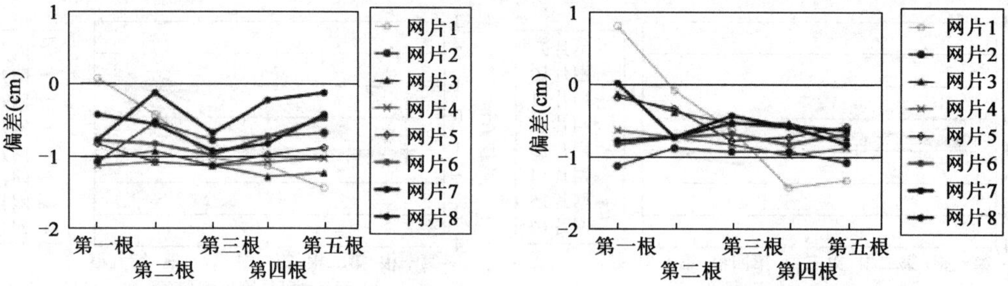

g)弯折角度为153.4°(1)　　h)弯折角度为153.4°(2)

图9　不同网片弯折角点两侧主筋到弯折中点偏差波动

将弯折点两侧主筋中点到弯折标记点的偏差测量结果进行叠加，即得同一弯折角度下，不同网片、不同箍筋的偏差，如图9所示。由图9可知，不同网片、不同弯折角度、不同弯折机、不同的箍筋，主筋到弯折角点处的偏差和在 -1.8～+1cm 内，且主要集中在 -1～-0.6cm 范围内。

弯折点附近主筋到弯折线的位置偏差包括主筋定位偏差、人工测量偏差、箍筋弯折延伸效果。由于同一网片弯折且弯折角相同时，箍筋弯折点近似在一直线上，因此偏差整体位置反映了主筋定位和箍筋弯曲延伸值与理论值的差别。网片在主筋布料时，主筋定位时设置有主筋窜动挡杆，综合主筋椭圆形断面，箍筋整体弯折时的外包延伸比单根弯折延伸值稍微小一些。

5. 箍筋边长总长测定

各测量8张大小网片，每张网片的5根箍筋测量总长与理论的偏差波动分别如图10和图11所示。

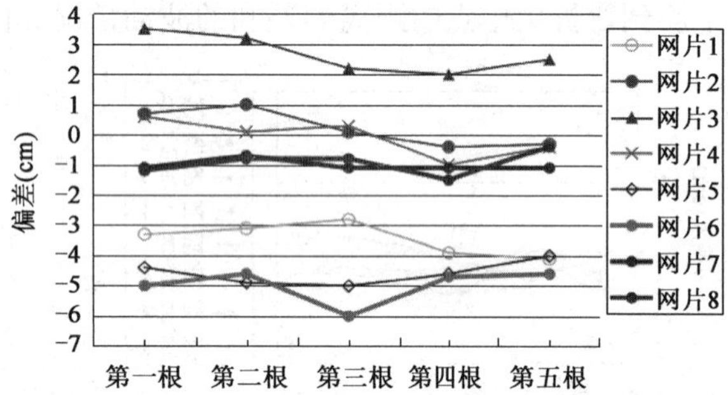

图10　大网片箍筋总长测量偏差波动

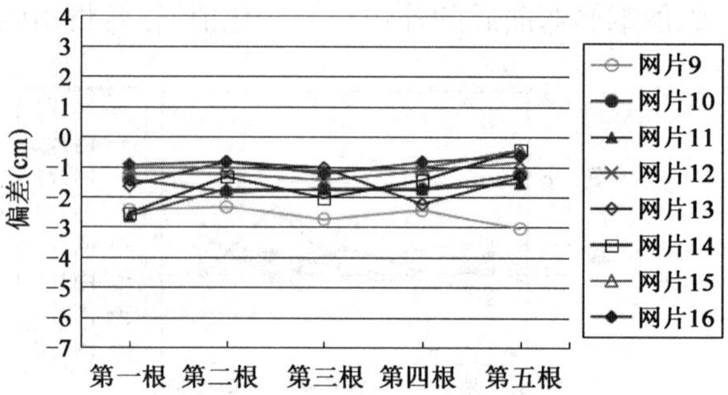

图11　小网片箍筋总长测量偏差波动

对比图10和图11可知，不同大网片（弯折角度组合为120.9°+143.1°）的箍筋长度偏差在 -6～4cm 之间，偏差较为分散；小网片（弯折角度组合为122.6°+153.4°）的箍筋长度偏差在 -3.5～-0.5cm 之间，偏差分布较为集中。箍筋下料过程，当箍筋长度较长时，自身的柔软性增加，箍筋屈曲后隐形增加了箍筋长度，多余出的长度均反映在箍筋的端部上。大网片6的箍筋总长偏差在 -6～-4cm 之间，而图8b)中，网片6的箍筋E段偏差为 -4～-2cm 之间，且网片总长与 E 段偏差变化也是相似的，表明网片的分段长度偏差与钢筋总长的偏差是相似的，控制好网片两端的精度，有利于提升钢筋网片的弯折成型精度。对比图10和图8b)，大网片3、5测量结果也出现了相似的结果。由于网片组拼为钢筋部品时，由大小网片合围成环，在箍筋端部为搭接处理。因此网片端部箍筋长度，对钢筋部品的质量无影响。

单张大小网片的箍筋长度偏差波动1cm以内，说明网片的外观比较整齐。同一张网片的不同箍筋长度偏差波动范围在2cm以内，通过同一网片，不同箍筋的偏差波动，反映了箍筋长度的测量累积误差。根据测量结果，小网片的精度优于大网片，可能是不同的弯折角度在使用同一套弯折设备时，箍筋外包边长，需要进一步试验确认。

六、结　语

本文基于弯折网片的钢筋部品化施工过程中，首次针对超大尺寸钢筋网片整体弯折的成型质量测量。由于钢筋的不规则，网片的柔性大，通过人工测量存在较大误差。通过分析测量值与理论值的偏差

波动,研究钢筋网片的成型质量与合适的测量方法,形成结论如下:

(1)网片主筋间距偏差在1cm以内,网格间距精度较高,网片箍筋长度符合验收规范。

(2)采用整体弯折,单张网片的弯折点位置比较集中,同一张网片上弯折点分布近似在一条线上,弯折点位置与理论位置的偏差在±0.6cm范围内。

(3)网片弯折角度不受网片弯折机构影响,网片回弹与弯折机构、弯折角度无明显关系,网片弯折角度的变化不影响网片成型后箍筋几何尺寸。

(4)钢筋网片弯折精度与网片端部箍筋边长控制关系密切,钢筋边长控制影响网片整体尺寸,通过箍筋边长,可作为网片成型质量检测的重要方法。

(5)箍筋长度方向的测量偏差都在cm级以上,测量偏差波动显示,人工采用卷尺测量时,偏差约为1cm,无法满足现有测量需求,需要研究更为先进的测量技术和测量方法。同时整体弯折的箍筋长度变化机理也需要进一步研究,从而进一步提升网片整体弯折成型质量。

参考文献

[1] 徐瑞榕.桥梁基础钢筋笼直螺纹连接的常见问题及锥套接头技术[J].工程质量,2017,35(5):4-8.

[2] 褚浩存.钢筋绑扎施工工艺要点[J].建筑工人,2016,37(10):16-18.

[3] 于健,许钦.钢筋混凝土桥梁设计与施工中钢筋弯折半径与长度扣减值计算[J].西南公路,2012(01):65-66.

[4] 王策,刘昌平,杨晓,等.钢筋下料优化管理方法与施工技巧[J].施工技术,2014(S1):204-206.

[5] 周明生,曾炜,奉思东,等.超高索塔钢筋网片成型与部品装配技术研究[J].施工技术,2021,50(9):41-44,56.

[6] 张爱民,李志明.大节段变截面墩身钢筋部品化施工关键技术[J].世界桥梁,2019,47(4):37-41.

63.折线先张混凝土工字梁钢绞线锚固区应力分析

孙 宇 石雪飞

(同济大学)

摘 要 针对某项目30m跨度折线先张法预应力混凝土工字梁端部锚固区开裂的问题,将预应力钢绞线用实体单元模拟,并定义钢绞线与混凝土的黏结接触关系,根据工字梁腹板厚度变化以及钢筋网片的布置情况,分4种工况利用ABAQUS软件建立有限元足尺局部模型对锚固区的局部应力进行了分析。结果表明:适当增大腹板厚度,端部布置合理的钢筋网片,都有利于防止锚固区混凝土表面产生裂缝。

关键词 工字梁 锚固区 局部应力 先张法 预应力混凝土

一、引 言

折线先张预应力梁是我国近年来开始在桥梁工程中应用的一种新型预应力混凝土梁,其工艺特点是预先在张拉台座上安放弯起器,将梁底部分钢绞线穿过弯起器后向上弯折形成折线形,张拉并在台座端部锚固钢绞线后浇筑混凝土,待混凝土达到设计强度后放张钢绞线,并将弯起器下部与台座连接处松开(弯起器留在梁内),即形成采用先张法工艺制作的折线形钢绞线预应力混凝土梁[1]。与目前在桥梁工程中应用的后张预应力混凝土梁相比,折线先张预应力混凝土梁避免了预留孔道和压力灌浆等工序,克服了后张预应力混凝土梁孔道灌浆不密实、容易引起钢绞线锈蚀的质量通病[2],提高了预应力混凝土梁的安全性和耐久性;此外向上弯折的预应力钢绞线还可抵抗部分剪力,能有效防止斜裂缝的产生,由于折线先张预应力梁具有一些明显的优点,在韩国的跨海大桥、高铁桥梁以及我国青藏铁路桥和部分高速公路桥中已开始应用。折线先张预应力梁混凝土的预压应力是通过钢绞线和混凝土之间黏结力的传递逐渐建立的，梁端腹板锚固区钢绞线根数较多，黏结应力传递集中，易引起锚固区混凝土开裂[3]。许多学者对预应力锚固区，尤其对端部锚固区进行了大量研究，提出了一系列的设计理论和设计方法。概括起来，研究锚固区的方法主要包括弹性理论分析、平衡状态分析、有限元分析、试验研究和拉压杆模型理论等五种类型。随着有限元理论的发展、计算机运行速度的提高，以有限元分析为基础的拉压杆模型方法得到广泛应用[4]。在我国早期折线先张预应力混凝土梁试验以及本次山东省济南市折线先张法工字梁足尺试验中，均发生过锚固区混凝土开裂的现象。因此，对钢绞线锚固区局部应力进行分析，是折线先张预应力混凝土梁工程应用的关键问题之一。本文将试验现场采集的数据作为有限元依据，通过有限元模拟验证其数据正确性，再进行多工况有限元分析。

二、工程概况

本次试验对象为山东省某30m跨径先张法工字梁足尺试验模型，本次试验从钢筋绑扎到实验加载需要分多个工况进行测量，以了解试验梁在浇筑、存储、加载等全过程的受力性能，其主要测量工况有台座张拉预应力工况、台座预应力放张工况和加载工况。而在试验梁加载之前即预应力放张后，试验梁混凝土发生了一系列裂缝。

1. 试验梁设计概况

如图1a）所示为某30m跨径桥梁先张法折线束工字梁的截面图。本试验以适用梁长30m，240伸缩缝的中梁为试验对象。梁高1.8m，梁宽1.4m，腹板厚20cm，顶板厚12cm，底板厚15cm。其横截面配束与配筋如图1b）、图1c）所示。

混凝土强度为C50，预应力筋为1×7标准型低松弛钢绞线，公称直径为15.2mm，抗拉强度标准值f_k = 1860MPa，张拉控制应力$\sigma_{con}=0.75f_k=1395$MPa。每片工字梁下翼缘布置直线形钢绞线34根，腹板布置折线形钢绞线10根，弯起角为6.3°左右，如图2所示。普通钢筋采用HRB400材料，箍筋的布置形式为c12@100/150，下翼缘纵筋布置6根c16，其余纵筋均为c12，工字梁横截面配筋如图1c）所示。

2. 试验梁放张裂缝概况

在预应力放张工况下，钢绞线与混凝土之间形成有效黏结，沿程摩阻力和弹性应变等会产生预应力损失，同时锚固区受到局部应力作用。需要测量的数据有钢绞线折线段、直线段拉力大小、折线处混凝土应变变化以及锚固区混凝土应变变化。其目的是了解部分预应力损失以及局部区域应力分布情况。

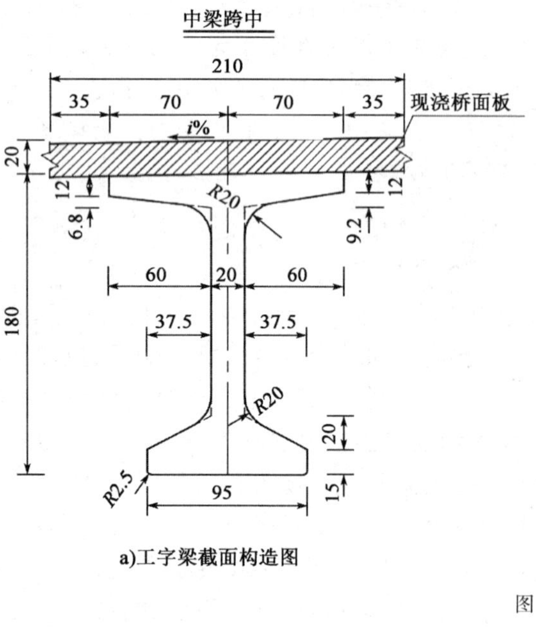

a)工字梁截面构造图

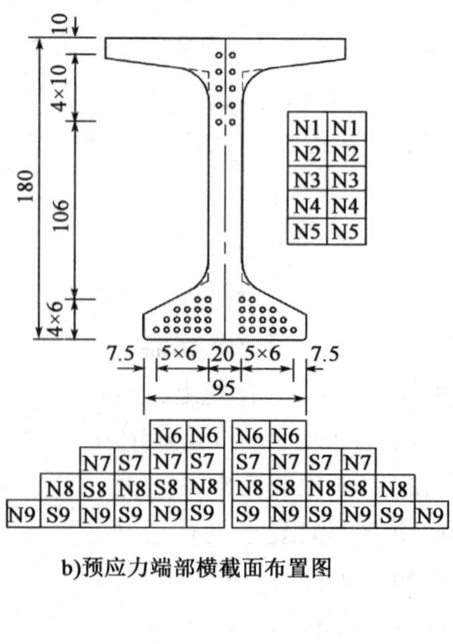

b)预应力端部横截面布置图

图　1

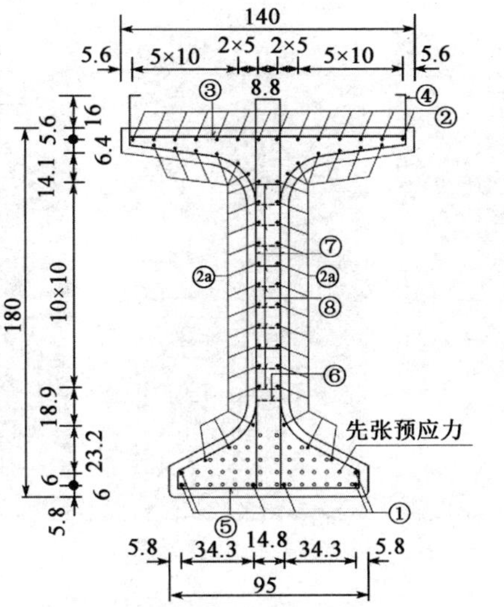

c)普通钢筋横截面布置图

图1 先张法工字梁截面构造图及配束、配筋图(尺寸单位:cm)

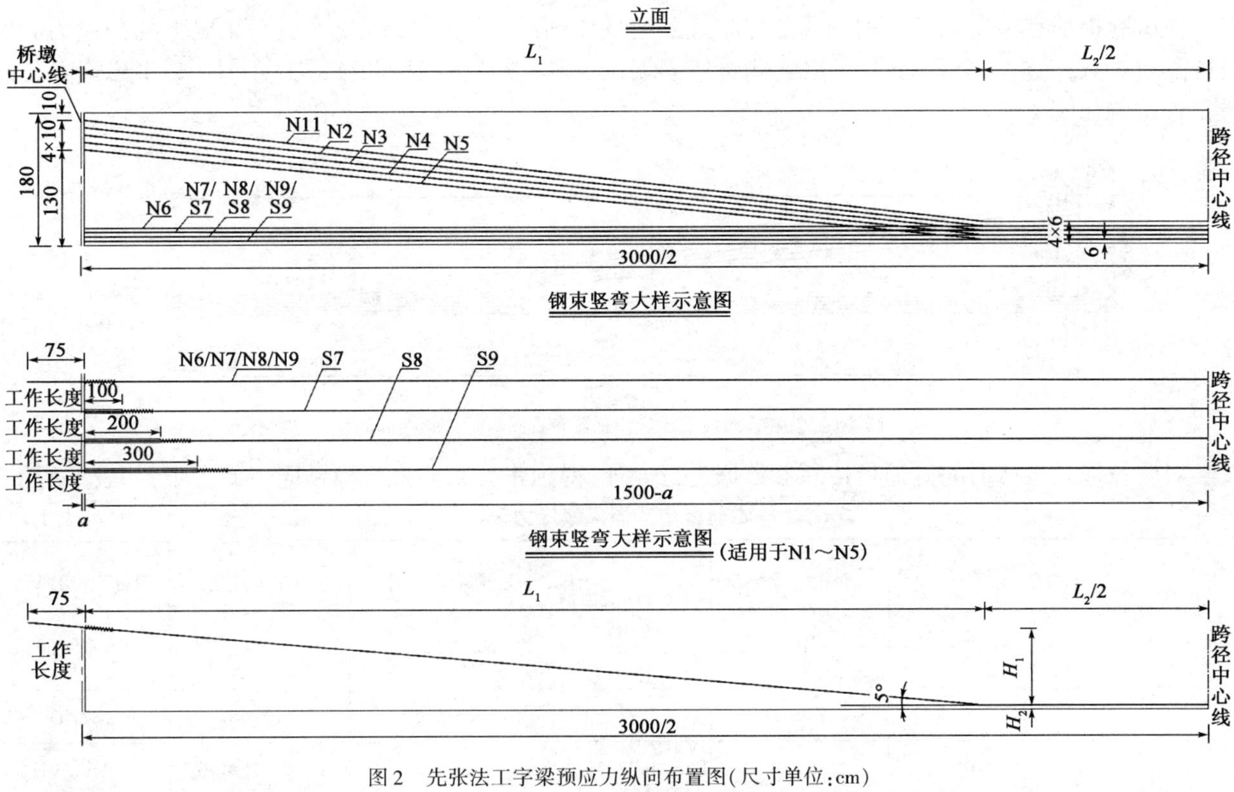

图2 先张法工字梁预应力纵向布置图(尺寸单位:cm)

在第一片工字梁放张钢绞线后,发现梁端部钢绞线张拉端出现放射状裂缝。工字梁的张拉端端面出现约距顶板50cm的贯通裂缝,下缘的贯通裂缝约距底板60cm;工字梁的张拉端东侧面上缘裂缝约距顶板50cm,长度约为75cm,中间裂缝约距顶板60cm,长度约为65cm,下缘裂缝约距底板60cm,长度约为65cm,如图3a)、b)、c)所示为现场试验锚固区混凝土的开裂情况。

因《公路钢筋混凝土及预应力混凝土桥涵设计规范》(JTG 3362—2018)[5]中尚未规定先张法预应力梁端部钢绞线锚固区混凝土的防裂措施,本文以该座桥梁的折线先张预应力混凝土工字梁为背景,对梁端钢绞线锚固区的局部应力进行有限元分析,为折线先张预应力混凝土工字梁工程应用提供参考。

a)张拉端东侧裂缝图　　b)张拉端西侧裂缝图　　c)张拉端端部裂缝图

图3　先张法工字梁张拉端裂缝图

3. 预应力沿程数据

该试验提前在需要测量的钢绞线部位布置磁通量传感器，对张拉工况以及放张工况下的预应力大小进行测量。共布置19个磁通量传感器，测量锚固端、折线处以及直线段的预应力大小。其中磁通量传感器布置位置如图4所示。

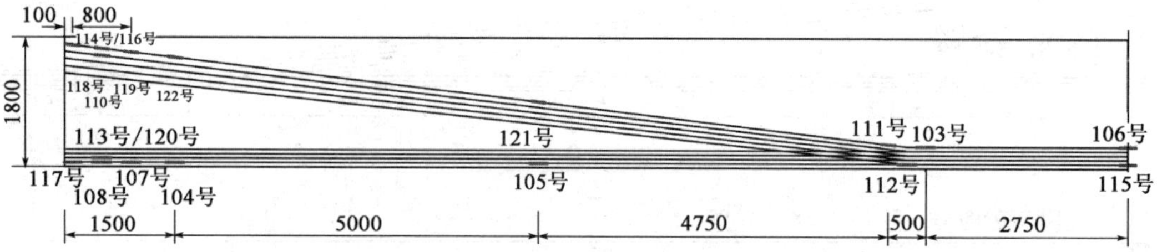

图4　直线和折线段磁通量传感器布置图(尺寸单位：mm)

对张拉以及放张时的磁通量传感器数据进行处理，得到张拉和放张每根预应力的大小，如表1所示。

磁通量传感器采集应力表　　表1

统计结果	编号	张拉完成时应力值(MPa)	放张前应力值(MPa)	上缘放张后应力值(MPa)	放张完成后应力值(MPa)	静置一段时间后应力值(MPa)
直线束	113	1130.89	1123.60	1122.64	703.66	687.33
	120	1151.68	1137.36	1142.81	586.50	469.59
	117	1096.09	1097.83	1110.22	673.34	580.37
	108	1090.32	1078.84	1091.49	927.44	809.55
	107	1073.60	1056.18	1058.69	991.13	978.80
	104	1110.06	1076.32	1081.05	1007.52	996.38
	105	1096.03	1105.45	1098.78	1013.42	990.82
	112	1098.08	1097.19	1092.12	1017.77	984.03
	115	1104.28	1100.36	1097.19	1026.17	994.22

续上表

统计结果	编　号	张拉完成时应力值(MPa)	放张前应力值(MPa)	上缘放张后应力值(MPa)	放张完成后应力值(MPa)	静置一段时间后应力值(MPa)
折线束	118	1056.99	1038.64	455.23	399.61	357.89
	110	1078.63	1046.78	839.14	762.37	724.38
	114	1072.12	1068.75	1030.53	911.07	859.09
	119	1059.30	1068.12	1035.21	1014.66	1009.69
	122	1091.73	1079.47	1059.95	1044.58	1033.96
	116	1055.68	1035.83	999.16	874.34	806.31
	121	1049.48	1092.44	1086.74	1043.96	1023.05
	111	1044.59	1085.16	1075.69	1012.49	984.96
	103	1073.28	1087.37	1077.26	1015.90	986.50
	106	1053.79	1101.95	1088.32	1023.67	996.07

三、有限元分析

1. 建模参数取值

由于折线先张预应力混凝土工字梁端部钢绞线锚固区应力状态复杂，借助通用有限元计算分析软件ABAQUS对混凝土工字梁端部钢绞线锚固区应力状态进行分析。为了减少计算时间，横向取半结构，纵向只对工字梁端部（约3倍梁高长度范围）进行建模分析。计算模型如图5a）所示。

材料取值上，混凝土为C50，密度$\rho=2440\text{kg/m}^3$，弹性模量$E=3.45\times10^4\text{MPa}$，泊松比$\nu=0.2$，采用CDP塑性损伤模型，其数值均参考《混凝土结构设计规范》（GB 50010—2010）[6]；普通钢筋为HRB400型钢筋，密度$\rho=7850\text{kg/m}^3$，弹性模量$E=2.1\times10^5\text{MPa}$，泊松比$\nu=0.3$，采用双折线简化模型；预应力筋为1×7标准型低松弛钢绞线，公称直径为15.2mm。

在相互作用与接触关系上，普通钢筋embed嵌入混凝土梁中；参考相关文献，预应力钢绞线与混凝土梁之间接触面建立接触对，全局接触属性设置为法向硬接触、切向库伦摩擦，设置摩擦系数为0.8[7]，并指派接触对cohesive[8]行为属性，设置三个方向上的刚度系数[9]（Knn为0.5，Kss为143，Ktt为143），如图5b）所示。

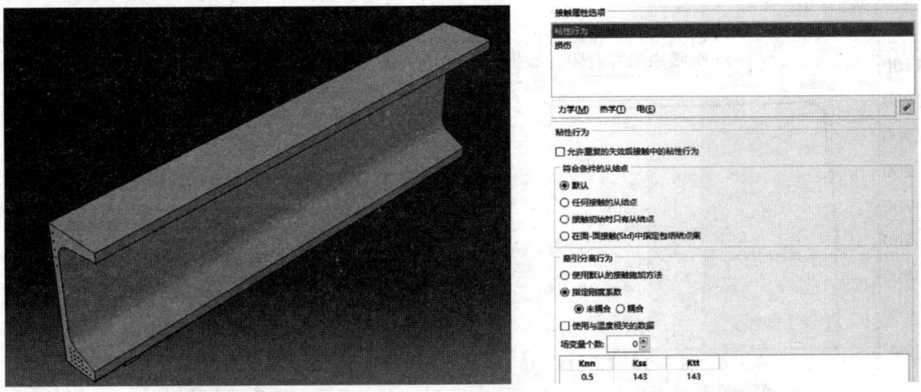

a)工字梁端部计算模型图　　b)cohesive行为属性设置图

图5　工字梁端部计算模型图及cohesive接触属性设置图

网格划分上,混凝土梁采用四面体实体单元,钢绞线采用六面体实体单元,普通钢筋采用桁架单元,单元网格大小均为2cm。

2. 分析方法及计算工况

为分析及优化钢绞线锚固区混凝土的应力状态,考虑了4种工况进行计算分析。工况1按现场试验设计原型工字梁腹板厚20cm,部分直线钢绞线设置锚固失效段,钢绞线锚固失效段的做法是:工字梁下翼缘共布置34根$\phi^{s}15.2$直线张拉的钢绞线,分为4排,锚固失效段分别设置在第2、3、4排,每间隔一根钢绞线设置失效段,自上而下的长度分别为100cm、200cm、300cm,用塑料套管将钢绞线和混凝土隔离,使该段长度范围内的钢绞线和混凝土之间失去黏结作用,锚固失效段设置弱接触关系(即定义法向硬接触、切向库仑摩擦系数0.8),有效预应力段设置cohesive行为属性,如图5b)所示。工况2将梁端锚固区300mm范围内腹板箍筋改为钢筋网片,腹板仍为20cm。工况3将工字梁腹板厚度由20cm增大为30cm,普通钢筋仍为原型。工况4将工字梁腹板厚度由20cm增大为30cm,同时将梁端锚固区300mm范围内腹板箍筋改为钢筋网片形式。

3. 锚固区混凝土应力状态及分析

1)原型设计工况分析

图6为根据有限元计算的工况1原型设计工字梁端部腹板锚固区混凝土主拉应力分布图,由图中可以看出,在试验原型条件(腹板20cm,钢绞线锚固失效段自上而下的长度分别为100cm、200cm、300cm)下,整体的最大拉应力出现在距梁端100~300mm范围锚固区的混凝土内部(混凝土与钢绞线的接触面上),计算的最大拉应力达9MPa左右,远大于混凝土抗拉强度标准值(2.64MPa),从而导致锚固区混凝土开裂,并且裂缝发展到混凝土表面。

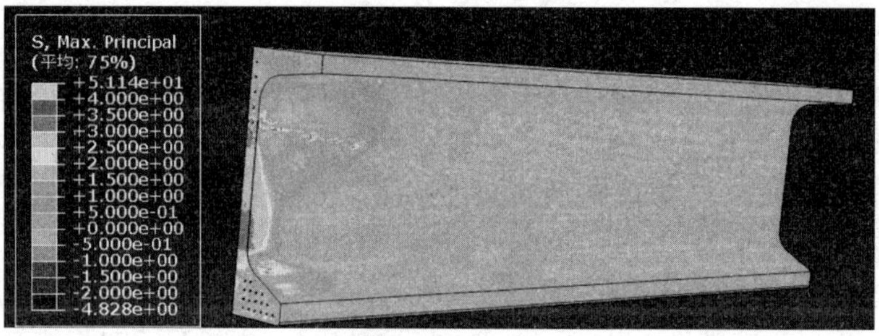

图6 锚固区混凝土主拉应力图

将现场试验磁通量数据与有限元结果相比较,绘制出如图7a)、图7b)所示折线束和直线束沿梁长的分布图,由图像可以看出试验数据与有限元计算数据变化趋势且变化节点基本相同,在距梁端0.9m范围内钢绞线在放张完成后通过与混凝土的黏结力使预应力不断增大,在距离梁端约0.9m范围内可以认为处于锚固区范围。通过二者的沿梁长分布可以得到直线束预应力沿程损失约1.6MPa/m;折线束预应力沿程损失约5.5MPa/m。

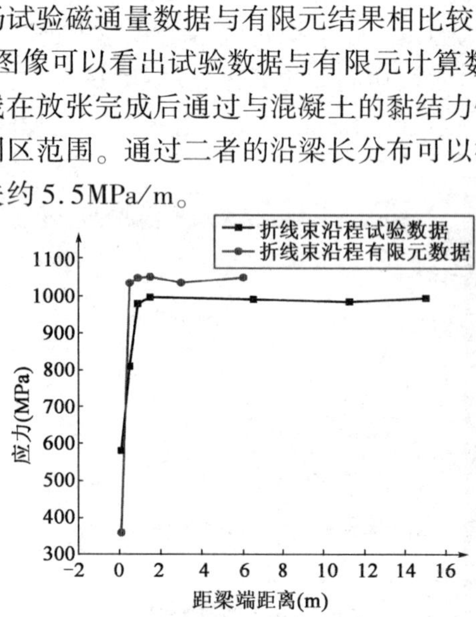

a)折线束预应力沿程分布图

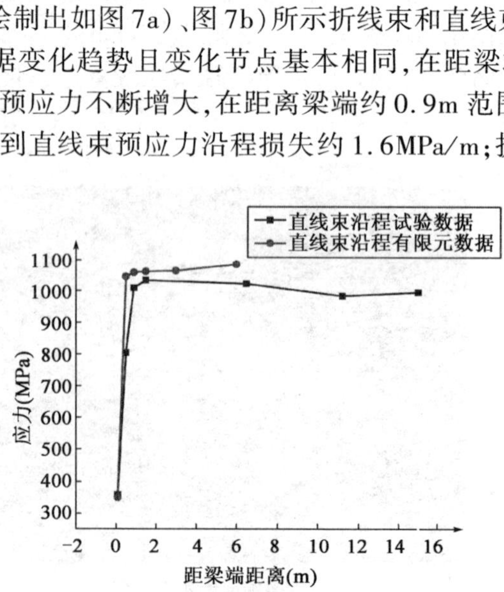

b)直线束预应力沿程分布图

图7 预应力沿程分布图

有限元计算的工况1原型设计下工字梁端部腹板锚固区混凝土的最大塑性应变如图8所示,这与图3所示折线先张法工字梁放张过程中梁端的开裂情况是一致的,同时也验证了有限元计算方法的可靠性。

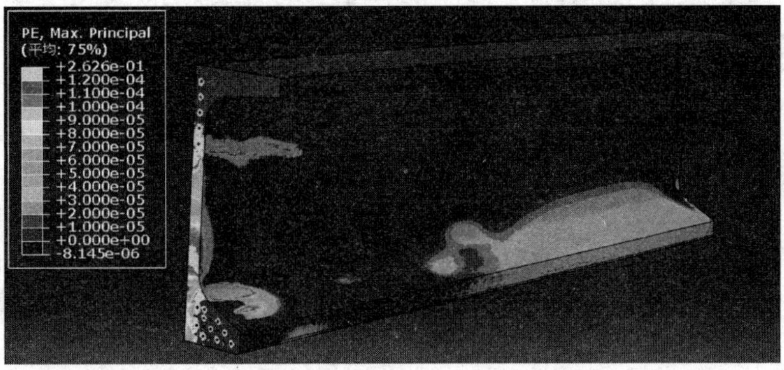

图8　锚固区混凝土塑性应变图

在试验原型条件下,上下翼缘分别受到预压力,腹板产生较大的竖向拉应力;而放张后预应力钢束回缩径向扩张,混凝土与钢绞线接触面上受到内压力,从而产生较大的环向拉应力,黏结应力的传递较集中,钢绞线锚固区混凝土内产生了很大的局部应力,锚固区接触面混凝土发生劈裂,并且裂缝延展到混凝土表面,端部钢绞线处混凝土外表面主拉应力达到5.5MPa左右,出现在距梁端200~500mm范围。

2)优化设计工况分析

图9为根据有限元计算结果绘制的各工况工字梁端部腹板锚固区混凝土外表面的主拉应力分布图。如表2所示记录了4种工况下工字梁端部腹板锚固区混凝土外表面的最大拉应力值与整体的最大塑性应变值。

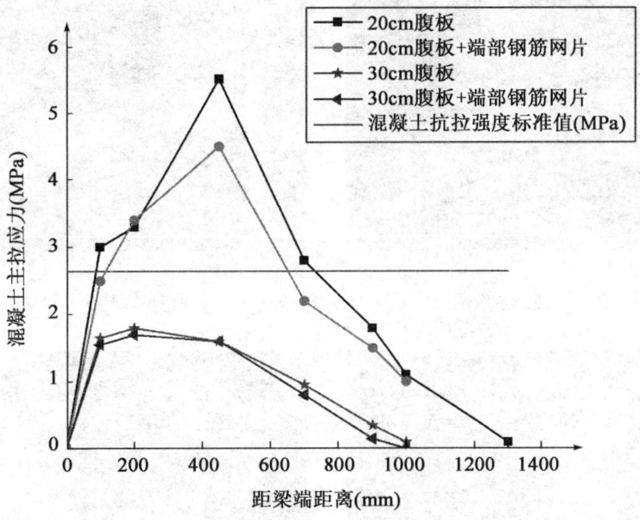

图9　锚固区混凝土外表面主拉应力分布图

4种工况下锚固区混凝土外表面最大拉应力与整体塑性应变表　表2

有限元结果	20cm腹板	20cm腹板+端部钢筋网片	30cm腹板	30cm腹板+端部钢筋网片
锚固区混凝土外表面最大主拉应力(MPa)	5.5	4.5	1.8	1.7
锚固区混凝土最大塑性应变	0.26	0.14	0.0003	0.00025

从图9可看出，在工况1（腹板厚20cm，端部混凝土无钢筋网片）情况下，由于黏结应力的传递较集中，钢绞线锚固区混凝土内产生了较大的局部应力，混凝土外壁的最大拉应力出现在距梁端200～500mm范围。计算的混凝土外表面最大拉应力达5.5MPa，远大于混凝土抗拉强度标准值（2.64MPa），从而导致锚固区混凝土开裂。在工况2（腹板厚度仍为20cm，梁端锚固区300mm范围内腹板箍筋改为钢筋网片）情况下，锚固区混凝土拉应力最大值相较原型变化不大，加钢筋网片对锚固区混凝土应力影响不大，计算的锚固区混凝土外表面最大拉应力仍达4.5MPa，锚固区混凝土仍会开裂，但根据表2可以得知，最大塑性应变有所减小，钢筋网片可以有效地缓解混凝土裂缝发展。在工况3（工字梁腹板厚度增加为30cm，端部混凝土无钢筋网片）情况下，局部应力明显减小，锚固区混凝土表面所有拉应力均小于混凝土抗拉强度，此工况下锚固区混凝土表面已不会产生裂缝。在工况4（腹板厚度增大到30cm，梁端锚固区300mm范围内腹板箍筋改为钢筋网片）情况下，锚固区混凝土表面最大拉应力与最大塑性应变较工况三都略有减小，变化不大，锚固区拉应力均小于混凝土抗拉强度，锚固区混凝土表面不会产生裂缝。

四、防止钢绞线锚固区混凝土产生裂缝的措施

由前面对钢绞线锚固区混凝土应力状态的有限元分析可以看出，工况1有限元模型展现的裂缝情况与现场试验符合良好；工况2工字梁的张拉端端面出现约距顶板55cm的贯通裂缝，下缘贯通裂缝约距底板50cm；工字梁张拉端侧面上缘出现的裂缝约距顶板50cm，长度约为70cm，而下缘裂缝约距底板40cm，长度约为40cm，与工况1试验整体开裂情况差不多，裂缝发展长度有所减小；工况3和工况4锚固区混凝土表面并没有出现裂缝，如图10a）～图10d）所示。

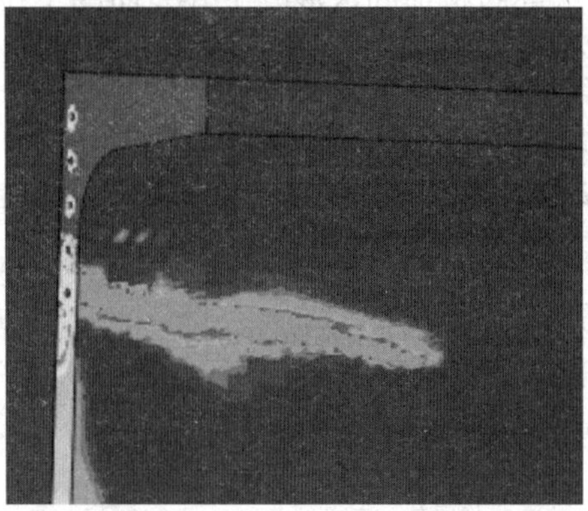

a）工况1混凝土裂缝示意图

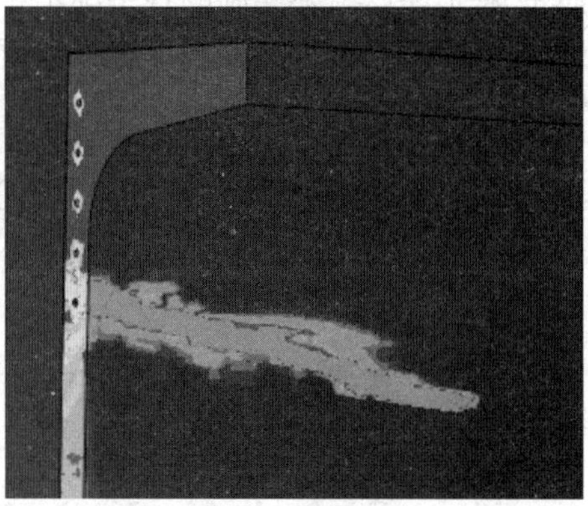

b）工况2混凝土裂缝示意图

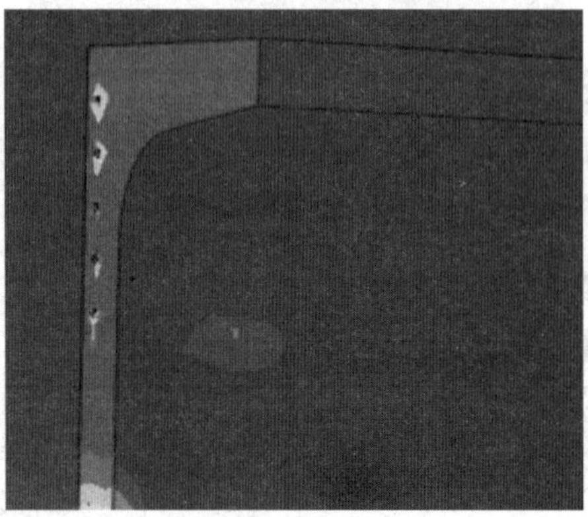

c）工况3混凝土裂缝示意图

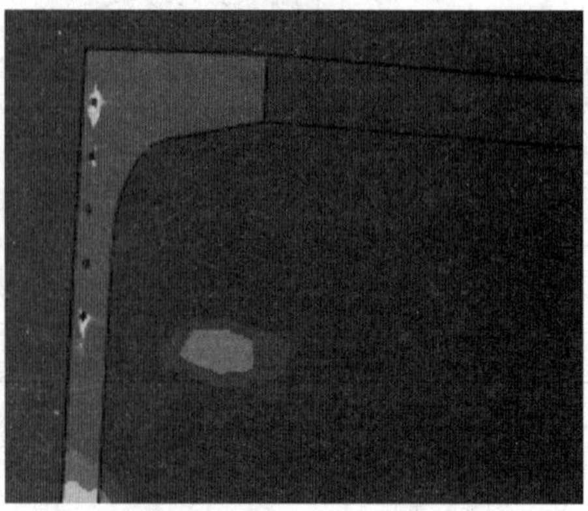

d）工况4混凝土裂缝示意图

图10　4工况下工字梁有限元计算裂缝示意图

由此可见,适当增大腹板厚度,端部布置合理的钢筋网片,都有利于防止锚固区混凝土表面产生裂缝。

五、结　语

本文根据先张法折线配束工字梁腹板厚度变化以及钢筋网片的布置情况,分 4 种工况利用 ABAQUS 软件建立有限元足尺局部模型对锚固区的局部应力进行了分析。通过比较各工况锚固区混凝土主拉应力及最大塑性应变,得到以下结论。

(1)折线先张预应力混凝土工字梁腹板锚固区钢绞线的根数较多,黏结应力的传递集中,局部应力较大,容易引起锚固区混凝土开裂。

(2)适当增大腹板厚度,端部布置合理的钢筋网片,都有利于防止锚固区混凝土产生裂缝。

(3)ABAQUS 有限元建模分析方法对梁端局部应力的分析结果与现场试验符合较好,可作为折线先张预应力混凝土工字梁钢绞线锚固区局部应力的分析方法之一。

参考文献

[1] 欧阳克武. 35m 折线配筋先张梁施工技术研究和应用[J]. 公路,2010(04):94-98.

[2] 冯大斌,董建伟,孟履祥. 后张预应力孔道灌浆现状[J]. 施工技术,2006(04):49-51.

[3] 刘立新,王新宇. 折线先张预应力混凝土箱梁钢绞线锚固区应力研究[J]. 郑州大学学报(工学版),2010,31(05):74-77.

[4] 赵建立. 预应力混凝土锚固区设计的拉压杆模型理论及其应用研究[D]. 上海:上海交通大学,2010.

[5] 中华人民共和国交通运输部. 公路钢筋混凝土及预应力混凝土桥涵设计规范:JTG 3362—2018[S]. 北京:人民交通出版社股份有限公司,2018.

[6] 中国建筑科学研究院. 混凝土结构设计规范:GB 50010—2010[S]. 北京:中国建筑工业出版社,2015.

[7] Van Meirvenne K, De Corte W, Boel V, et al. Non-linear 3D finite element analysis of the anchorage zones of pretensioned concrete girders and experimental verification[J]. Engineering Structures, 2018, 172:764-779.

[8] 石亦平,周玉蓉. ABAQUS 有限元分析实例详解[M]. 北京:机械工业出版社,2006.

[9] 孙子跃,陈小丹. Abaqus 黏结接触模型在锚杆抗拔试验中的应用研究[J]. 广东水利水电,2020(06):22-27.

64. 钢桁-混凝土梁斜拉桥结合段力学性能研究

于祥敏[1]　王如寒[2]　陈德伟[3]

(1. 上海大学力学与工程科学学院;2. 广州市市政工程设计研究总院有限公司;
3. 同济大学土木工程学院)

摘　要　为研究钢桁-混凝土梁斜拉桥钢混结合段的力学性能,以主跨 800m 的鸭池河特大桥为背景,采用数值模拟方法对结合段的钢桁梁、混凝土梁、承压板受力性能及传力规律进行研究,并探讨了承压板厚度和剪力钉刚度对结合段传力的影响。结果表明:钢混结合段的混凝土梁和承压板的应力过渡匀顺,安全储备高;钢梁主压应力峰值为 -189MPa,位于弧形板与下弦杆顶板的交界处,建议弧形板内埋充混凝土以改善结构的受力;增加承压板厚度会降低承压板和混凝土梁的应力,合理的承压板厚度宜取 60~80mm;增大剪力钉刚度会降低承压板应力、增大混凝土梁应力,结构应力对位于承压板上的剪力钉刚度更敏感。

关键词 斜拉桥 混合梁 钢混结合段 钢桁梁 有限元分析 参数分析

一、引 言

混合梁斜拉桥的边主跨采用不同结构，主跨为钢梁，边跨（或伸入主跨一部分）为预应力混凝土梁。主跨钢梁自重轻、跨越能力大，边跨混凝土梁自重和刚度大、能平衡主跨钢梁重量并起到锚固作用，这些优点使得大跨度混合梁斜拉桥的建造和发展迅猛[1-3]。混合梁斜拉桥中跨钢梁和边跨混凝土梁通过钢混结合段连接，其几何构造复杂、形式多样，为主梁结构特性和材料特性的突变点，容易产生应力集中、变形折角等，是混合梁的关键构造[4-11]。

目前，钢混结合段的研究主要集中在钢箱-混凝土混合梁，鲜有关于钢桁-混凝土结合段的研究[6-10]。然而，钢桁梁的构造和受力与钢箱梁存在明显差异，有必要对钢桁-混凝土结合段的应力水平和传力机理等进行深入研究。本文以世界上最大跨径的钢桁混凝土混合梁斜拉桥——鸭池河特大桥为工程背景，采用有限元法对钢混结合段各构件的受力特点进行研究，并以承压板厚度、剪力钉刚度为变化参数对结合段传力影响进行分析，为今后钢桁-混凝土混合梁斜拉桥结合段的设计提供借鉴和参考。

鸭池河特大桥（图1）为双塔双索面半飘浮体系混合梁斜拉桥，边跨为220m等截面预应力混凝土箱梁，主跨为800m钢桁梁，为目前世界上最大跨径的钢桁-混凝土混合梁斜拉桥[12]。钢混结合段总长为14m，包括4m混凝土梁加强过渡段和10m钢桁梁加劲过渡段，如图2所示。其中，钢混结合面设在中跨距桥塔中心线2m处，通过60mm厚承压板、剪力钉、预应力钢绞线和精轧螺纹钢筋实现钢梁与混凝土梁的紧密结合。考虑到混凝土加强过渡段的尺寸和刚度远大于钢桁梁，因此钢桁梁加劲过渡段采用上、下弦杆通过弧形板连接形成闭合截面、顶板设置U肋内插T肋和底板焊接T肋的形式实现结构刚度平稳过渡。

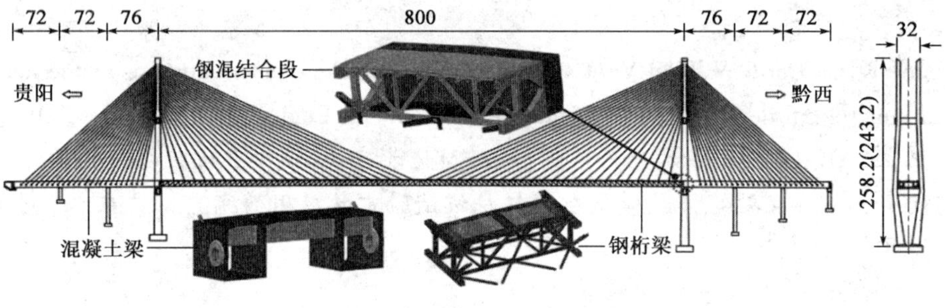

图1 鸭池河特大桥总体布置图（尺寸单位：m）

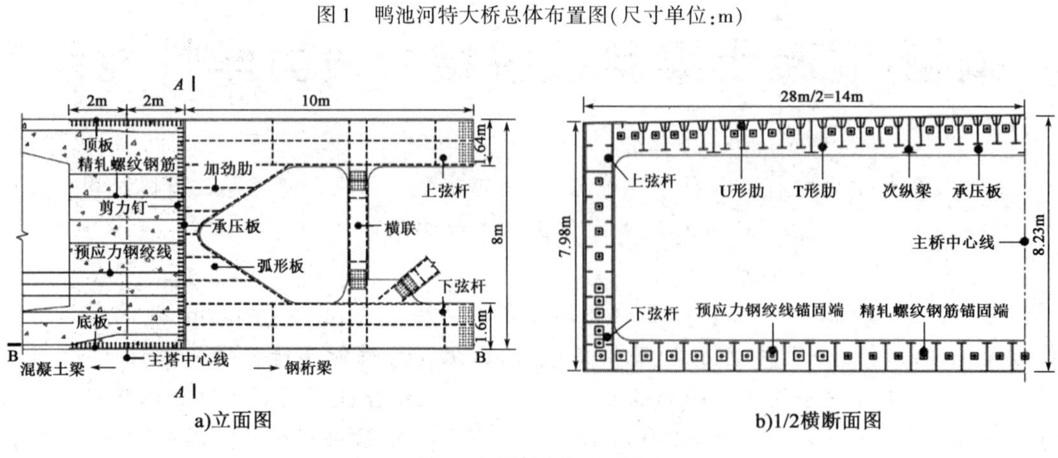

图2 钢混结合段布置图

二、有限元模型

本文采用 ANSYS 建立鸭池河特大桥结合段的有限元模型,为提高计算效率,取结合段纵向对称结构的一半进行分析,如图 3 所示。根据圣维南原理,确定模型总长度为 32.66m,钢梁和混凝土梁分别为 18.86m 和 17.8m。钢桁梁、混凝土梁分别采用板单元 SHELL63、实体单元 SOLID45 模拟。考虑到采用弹簧单元模拟剪力钉会由于弹簧刚度 K 取值不同而产生较大的误差,因此采用梁单元 BEAM188 模拟剪力钉以得到准确的结构刚度。模型中用到的材料参数如表 1 所示。混凝土梁端按固结处理,在对称面上施加对称约束,钢桁梁的上弦杆和下弦杆端面上施加根据整体空间杆系模型计算得到的内力,如表 2 所示。

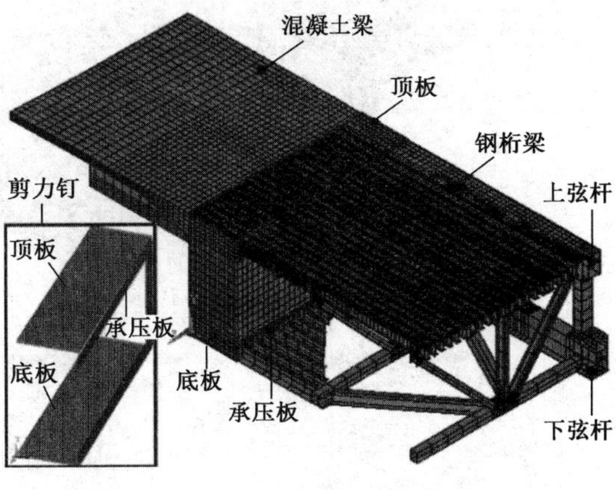

图 3 有限元模型

材料参数表 表 1

构件	材料	弹性模量(Pa)	泊松比
混凝土梁	C55 混凝土	3.55×10^{10}	0.2
钢桁梁	Q420 钢材	2.06×10^{11}	0.3
预应力筋	钢绞线	1.95×10^{11}	0.3
	精轧螺纹钢筋	2.00×10^{11}	0.3

施加上弦杆和下弦杆上的外力 表 2

构件	力(kN)			力矩(kN·m)		
	X 轴	Y 轴	Z 轴	X 轴	Y 轴	Z 轴
上弦杆	-25415	-595	-1114	-182	-5664	-4423
下弦杆	-47002	-206	-300	-90	-2331	1381

注:顺桥向为 X 轴,横桥向为 Y 轴,竖向为 Z 轴。

三、结果及分析

钢混结合段将钢梁所受的轴力、剪力、弯矩通过钢梁加劲过渡段加以分散,再通过结合部的承压板、剪力钉、预应力钢筋传递给混凝土梁。在描述计算结果时,轴力、剪力单位为 kN,应力单位为 Pa,拉应力为正、压应力为负;应力云图中 MN 标识处为最小应力处,MX 标识处为最大应力处。

图 4 给出了钢混结合段的混凝土梁和钢桁梁的主压应力云图,可以看出:

(1)与承压板相连的混凝土面整体上受力较均匀,混凝土梁最大主压应力为 -8.34MPa,结构安全;

(2)钢梁上、下弦杆的应力在靠近钢混结合面时逐渐减小,弧形板和加劲肋使得钢梁应力得到较好的分散;

(3)钢梁最大主压应力发生在弧形板与下弦杆顶板的交界位置,峰值为 -189MPa,应力水平较大。

为改善结构的受力状况,建议在弧形板内埋充混凝土以分散钢板的压应力。

图 5 给出了钢混结合段承压板的主压应力云图,可以看出:承压板应力分布与钢桁梁过渡段的构造形式有关,T 肋下方压应力较大,其余位置应力水平较低,大部分在 -86.5 ~ -17.3MPa 范围内变化,结构处于安全状态。

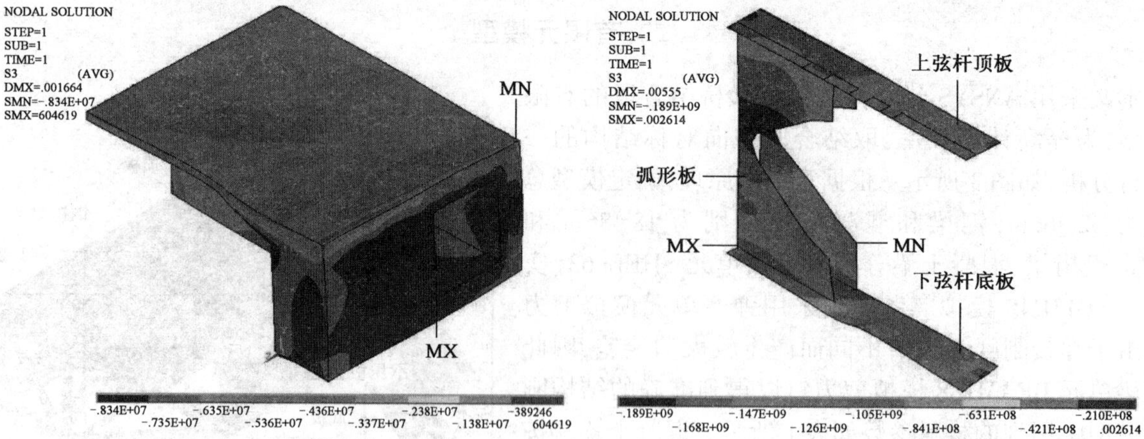

a)混凝土梁　　b)钢梁

图 4　主梁主压应力云图(单位:Pa)

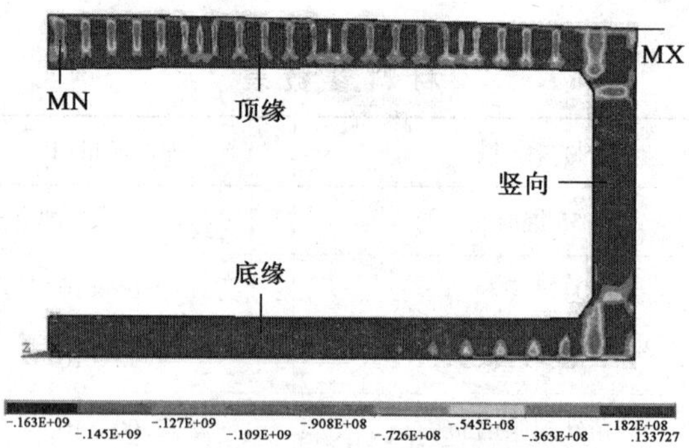

图 5　承压板主压应力云图(单位:Pa)

四、参数分析

承压板和剪力钉作为钢混结合段中主要传力构件,其传力能力差异会引起钢混结合段内力差异,从而影响结合段内力传递的平顺性。针对结合段的承压板厚度和剪力钉刚度,研究不同参数下钢混结合段的受力变化趋势。

1. 承压板厚度

为研究承压板厚度对结合段受力性能的影响时,分别建立承压板厚度为 30mm、60mm、80mm、100mm、120mm 的有限元模型,其余参数不变。图 6 给出了不同承压板厚度下的混凝土梁和承压板的最大主压应力,可以看出:

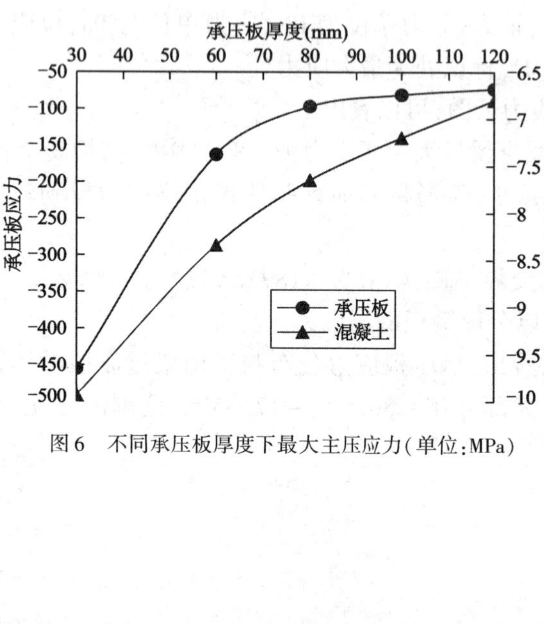

图 6　不同承压板厚度下最大主压应力(单位:MPa)

(1)随着承压板厚度增大,传力更加均匀,混凝土压应力减小;

(2)承压板的压应力随板厚增大而减小,当承压板厚度达到 60mm 以后,压应力减小的趋势已不明显。

考虑到承压板过厚会影响焊接性能,因此合理的承压板厚度宜取 60 ~ 80mm。

2. 剪力钉刚度

为研究剪力钉刚度对结合段传力的影响,剪力钉刚度分别取 0.5K、1K、1.5K、2K 建立有限元模型,其余参数均不变,其中 K 为图纸中设计的剪力钉刚度。同时,为考虑不同位置的剪力钉刚度对结构受力影响,分别计算以下3种工况:所有剪力钉刚度均变化(工况1)、仅位于承压板的剪力钉刚度变化(工况2)、仅位于顶板和底板的剪力钉刚度变化(工况3)。

图7给出了工况1~3下承压板和混凝土梁的最大主压应力随剪力钉刚度变化趋势。可以看出:

(1)承压板压应力随剪力钉刚度增大而减小,工况1~3变化规律相似;

(2)剪力钉刚度从1K增大到2K时,工况2和工况3的承压板应力减小幅度分别为10.4%、5.5%,这说明改变位于承压板的剪力钉刚度对承压板应力的影响约是顶底板剪力钉的2倍,对减小承压板应力更有效;

(3)混凝土梁压应力在工况1和工况2随剪力钉刚度增加而增大,但在工况3随剪力钉刚度增大而减小,这说明工况2即增大位于承压板的剪力钉刚度对混凝土压应力影响远大于位于顶底板剪力钉,与承压板相连的剪力钉所受轴力大小直接影响了混凝土的压应力。

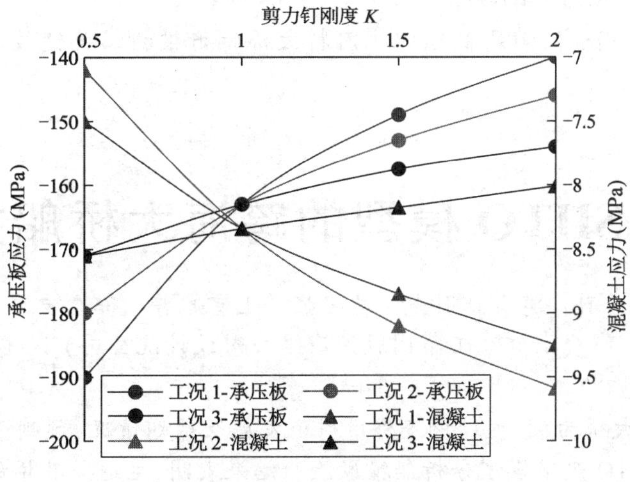

图7　不同剪力钉刚度下最大主压应力

五、结　　语

本文通过研究世界最大跨径的钢桁-混凝土混合梁斜拉桥钢混结合段的受力性能,并以承压板厚度和剪力钉刚度为变化参数对结合部传力影响进行分析,得到主要结论如下:

(1)钢混结合段的混凝土梁和承压板应力过渡匀顺,安全储备高,钢梁主压应力峰值为-189MPa,位于弧形板与下弦杆顶板的交界位置,建议弧形板内埋充混凝土以改善钢结构的受力状况;

(2)增加承压板厚度会降低混凝土梁和承压板的应力,合理的承压板厚度宜取60~80mm;

(3)增大剪力钉刚度会降低承压板应力、增大混凝土梁应力。

相比于位于顶板和底板的剪力钉,主梁应力对位于承压板上的剪力钉刚度更敏感。

参考文献

[1] 陈开利,余天庆,习刚. 混合梁斜拉桥的发展与展望[J]. 桥梁建设,2005,35(2):1-4.

[2] 刘振标,文望青,陈良江. 铁路混合梁斜拉桥设计创新与实践[J]. 铁道工程学报,2019,36(5):30-36.

[3] Yu Xiangmin,Chen Dewei,Xue Menggui. Yachihe Bridge,China:engineering the world's longest cable-stayed steel truss[J]. Proceedings of the Institution of Civil Engineers-Civil Engineering,2018,171(1):29-36.

[4] 李小珍,肖林,黄玲,等. 混合梁斜拉桥钢-混结合段静力行为[J]. 哈尔滨工业大学学报,2013,45(6):75-82.

[5] 张光辉,张启伟,刘玉擎,等. 斜拉桥混合塔结合部受力机理模型试验[J]. 哈尔滨工业大学学报,2017,49(3):106-112.

[6] 施洲,顾家昌,周勇聪. 铁路混合梁斜拉桥钢混结合段研究综述[J]. 中国铁道科学,2022,43(2):48-59.

[7] 施洲,姜兴洪,高贵,等. 高铁大跨度混合梁斜拉桥钢-混结合段受力特性分析[J]. 桥梁建设,2021,51(2):62-70.

[8] 伍彦斌,黄方林. 红水河特大桥主梁钢-混结合段传力机理分析[J]. 桥梁建设,2018,48(4):56-61.

[9] 陈开利,王戒躁,安群慧. 舟山桃夭门大桥钢与混凝土结合段模型试验研究[J]. 土木工程学报,2006,39(3):86-90.

[10] 刘荣,余俊林,刘玉擎,等. 鄂东长江大桥混合梁结合段受力分析[J]. 桥梁建设,2010,40(3):33-35.

[11] 黄彩萍,张仲先,陈开利. 混合梁斜拉桥钢混结合段试验与传力机理研究[J]. 华中科技大学学报(自然科学版),2012,40(1):67-71.

[12] 于祥敏,陈德伟,白植舟,等. 贵黔高速鸭池河特大桥钢桁梁施工关键技术[J]. 桥梁建设,2017,47(4):107-112.

65. 基于 AASHTO 模型的跨海大桥船撞风险分析

孙　涛　杜引光　吴强强　上官越普　邵真宝

(浙江交工集团股份有限公司设计院公司)

摘　要　本文以舟岱大桥为例,通过调查桥区航道发展及规划情况,预测2050年主通航道的各代表船型年通航量,应用AASHTO概率模型分析船撞风险。结果表明,主通航孔桥的4号、5号、6号及7号桥墩年碰撞概率分别为0.0083、0.0083、4.78×10^{-4}及1.55×10^{-4}均大于1×10^{-4},根据风险接收准则,此风险是不可接受的,建议采取有效的防船撞措施。

关键词　舟岱大桥　船撞概率计算　偏航风险　AASHTO概率模型　风险分析　通航量

一、引　　言

随着现代交通事业迅猛发展,航道上的船舶数量明显增加,且船型趋于大型化,同时在繁忙航道上兴建的桥梁数量也迅速增加,伴随而来的船撞桥事故时有发生。船撞桥事故轻则引起桥梁使用寿命、安全性及耐久性等损失,严重的甚至造成桥毁人亡等灾难性后果。例如2008年3月27日金塘大桥遭受"勤丰128"轮撞击,造成大桥箱梁被撞断,4名船员死亡,现场照片如图1所示。因此对桥梁进行船撞风险评估是十分必要的。

图1　"勤丰128"轮撞击金塘大桥事故现场照片

目前,国内外学者对于船撞桥风险评估问题多聚焦于船撞桥概率计算模型方向上,并且建立了多个可靠的概率计算模型,例如美国 AASHTO 规范模型[1]、Larsen 模型[2]、欧洲规范模型[3]、KUNZI 模型[4]、黄平明直航路模型[5]和耿波模型[6]等。Larsen 模型从现象学角度出发,提出4种偏航情况可能为导致船撞桥事故发生的原因,但没有特别说明每一类事故的分析方法。欧洲规范模型考虑了船舶在桥区的横向分布、所处位置对事故的影响及单位航程事故发生率的变化,计算上涉及路径积分,较为复杂。KUNZI 模型在计算思路上与欧洲规范模型较为相似,计算较为复杂。黄平明直航路模型从思路上看,是对 AASHTO 模型和 KUNZI 模型进行了综合,但在计算偏航概率和停不住船的概率计算是一个有序的积分过程,当船舶在不同位置时,其偏航角的分布和停船距离的分布也是随之变化的,并非仅与船舶初始位置有关。因此,从这个意义上说,黄平明的直航路模型从理论推导上来说并不严谨[7]。耿波模型则在 KUNZI 模型基础上提出了考虑船舶横向分布及水位变化情况的概率模型,从理论上来说更加完备,而相关实测参数获取难度较大。

AASHTO 规范模型在大量船撞事故统计结果基础上,依据桥梁的重要性,将桥梁分为一般桥梁与重要桥梁,明确设计的目标风险概率值,引入偏航概率、几何概率及倒塌概率参数,整体思路清晰,方法完善、实用性强。本文以舟岱大桥主通航孔桥为背景,介绍 AASHTO 规范模型的应用,并给出相应的风险评估结果。

二、美国 AASHTO 概率计算模型

美国 AASHTO 概率模型是基于美国和欧洲船撞桥事故数据的统计结果发展而来,船舶撞击桥梁的主要原因包括:人为因素、环境因素、机械因素,分别占比约为 78%、16%、6%。

美国 AASHTO 船撞指南中提出一个计算桥梁遭受船舶撞击后的年倒塌概率模型,该模型计算公式见式(1)。

$$A_F = N \times P_A \times P_G \times P_C \tag{1}$$

式中:A_F ——船舶撞击桥梁所引起的桥梁年倒塌概率;

N ——船舶的年通航量;

P_A ——船舶偏航概率;

P_G ——几何概率;

P_C ——桥梁倒塌概率。

公式中去除 P_C 项便是桥梁遭受船舶撞击的年概率。

1. 偏航概率 P_A

偏航概率(Probability of Aberrancy, P_A),又称为因果概率,描述一艘船由于导航误差、不利的环境因素或机械故障造成船舶风险。AASHTO 规范模型给出估算方法,见式(2):

$$P_A = \mathrm{BR}(R_B)(R_C)(R_{XC})(R_D) \tag{2}$$

式中:BR——船舶偏离航线的基本概率,对于轮船 $\mathrm{BR}=6\times10^{-5}$,对于驳船 $\mathrm{BR}=1.2\times10^{-4}$;

R_B ——桥位修正系数,若桥梁位于直线水域时 $R_B = 1.0$,桥梁位于过渡水域时 $R_B = 1+\frac{\theta}{90°}$,桥梁位于弯道水域时 $R_B = 1+\frac{\theta}{45°}$,其中 θ 为弯角大小,如图 2 所示;

R_C ——平行与航向的水流修正系数,$R_C = 1+\frac{V_C}{10}$,V_C 为平行船舶航行的水流速度(节/s);

R_{XC} ——垂直与航向的水流修正系数,$R_{XC} = 1+V_{XC}$,V_{XC} 为垂直船舶航行的水流速度(节/s);

R_D ——航行密度修正系数,低交通密度取 $R_D = 1.0$,平均交通密度取 $R_D = 1.3$,高交通密度取 $R_D = 1.6$。

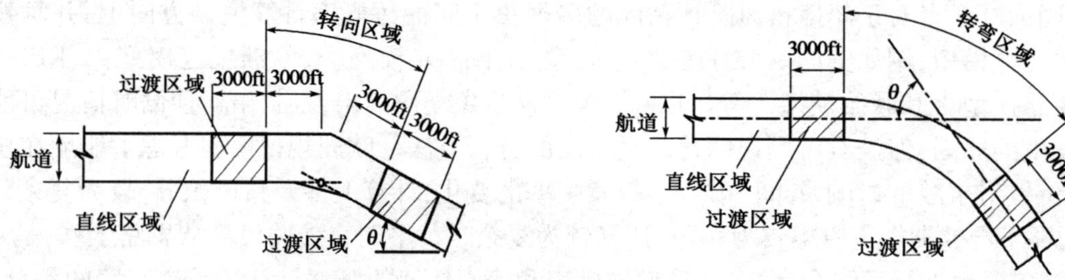

图2 桥位的水域情况

2. 几何概率 P_G

偏航船舶撞击桥墩概率，又称为几何概率（Geometric Probability，P_G），表示船舶在具体桥位附近的撞桥概率取决于船舶和桥墩的相对位置，根据船撞桥事故历史资料统计结果，可发现船舶撞桥时离船舶航迹中心线的位置关于船舶航迹中心线成正态分布，数学描述见式(3)。标准差为 σ = LOA，LOA 为代表船长，事故发生在 3σ 内的概率99.7%，故离船舶航迹中心线 3σ 距离以外的桥梁构件可不需计算 P_G。如图3所示，P_G 值即为阴影部分围成的面积，此面积大小与代表船型、船舶宽度、桥墩尺度等参数有关，可认为型宽越大的船舶撞桥概率越大。

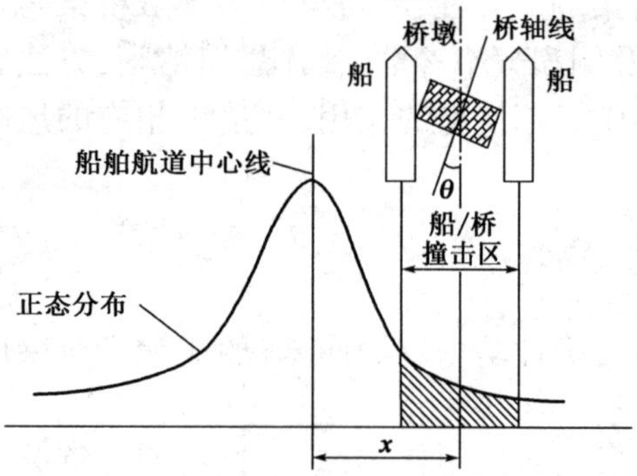

图3 船舶撞击桥墩的几何概率

$$P_G = P\left(x - \frac{B_p + B_M}{2} \leqslant y \leqslant x + \frac{B_p + B_M}{2}\right) \tag{3}$$

式中：B_p ——桥墩宽度；

B_M ——船舶宽度。

3. 倒塌概率 P_C

计算桥梁撞塌概率时，失效概率密度函数为整个思路的核心，AASHTO规范模型给出的失效概率密度函数为两段服从均匀分布的函数，如图4所示。倒塌概率分布函数为双线性函数，如图5所示。当随机变量 $t = H/P$，其中 H 为桥梁构件的抗力，P 为船舶撞击力。当 $0 \leqslant t \leqslant 0.1$ 时，结构失效概率较为敏感，当 $0.1 \leqslant t \leqslant 1$ 时，结构失效概率为 $0.1t$，当 $1 \leqslant t$ 时，结构失效概率为0，相关数学描述见式(4)。

$$\begin{cases} P_C = 0.1 + 9\left(0.1 - \dfrac{H}{P}\right) & 0 \leqslant t \leqslant 0.1 \\ P_C = \left(1 - \dfrac{H}{P}\right) & 0.1 \leqslant t \leqslant 1 \\ P_C = 0.0 & 1 \leqslant t \end{cases} \tag{4}$$

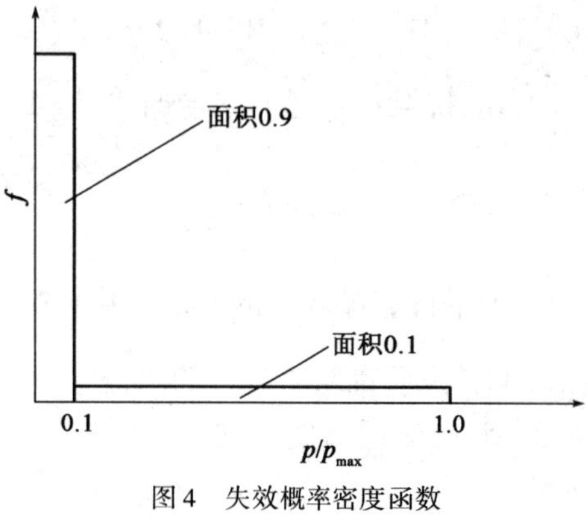

图4 失效概率密度函数

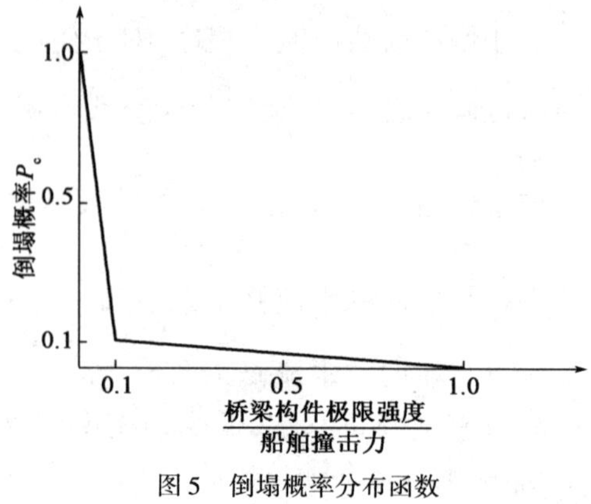

图5 倒塌概率分布函数

4. 桥梁倒塌事故接受准则

AASHTO 规范对于一般桥梁，目标倒塌概率为 1×10^{-3}，即千分之一；对于重要桥梁目标倒塌概率为 1×10^{-4}，即万分之一。换句话说，对于一般桥梁，1000 年倒塌 1 次是可以接受的；对于重要桥梁，10000 年倒塌一次是可以接受的。

三、舟岱大桥主通航孔桥船撞概率计算

1. 工程概况

宁波舟山港主通道公路工程位于浙江省东北部的舟山群岛中部，由舟山至岱山的主线和岱山至鱼山支线两部分组成。主线连接舟山和岱山两岛，并与甬舟高速相连接，接入大陆高速公路网。舟岱大桥包括主线的海域桥梁、长白互通匝道桥及长白互通主线加宽桥；主线跨海桥梁起点桩号 K12 +062.5，位于舟山本岛斧双头山，终点桩号 K28 +397.5，位于岱山双合码头附近，含桥台全长 16347.0m，分南侧非通航孔桥、南通航孔桥、南通航孔与主通航孔间非通航孔桥、主通航孔桥、主通航孔与非通航孔间非通航孔桥、北通航孔桥、北侧非通航孔桥 7 个区段；长白互通桥包含 A、B、C、D、E、F 共 6 个匝道桥，共长约 3852.4m。其中，主通航孔桥为三塔钢箱梁斜拉桥，跨径为 78m + 187m + 2 × 550m + 187m + 78m = 1630m，桥跨示意图如图 6 所示。

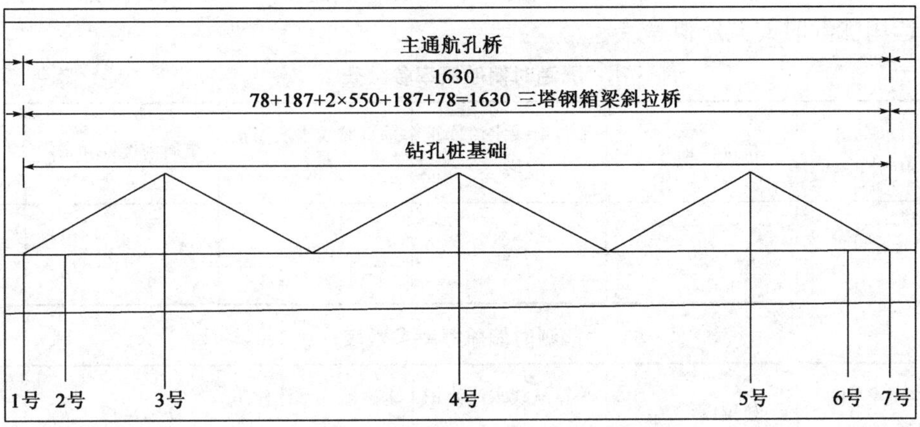

图 6 舟岱大桥主通航孔桥示意图（尺寸单位：m）

舟岱大桥主通航孔桥各桥墩宽度，距离航道中心线距离及设计防撞力如表 1 所示。

桥墩信息 表 1

桥位	桥墩	桥墩宽度(m)	距离航道中心线距离(m)	设计防撞力(MN)
主通航孔	1 号	19	540	46.5
	2 号	19	462	62.3
	3 号	46	275	136.3
	4 号	46	275	136.3
	5 号	46	275	136.3
	6 号	19	462	62.3
	7 号	19	540	46.5

2. 代表船型及通航量

舟山与岱山之间水域宽度月8.5海里,本工程开工后,附加水域的东西向交通北约束在南通航孔、主通航孔和北通航孔3个狭长的航道内,工程附近水域的通航格局发生了巨大变化。因此,施工单位在施工水域附近共布置了15艘警戒船。其中,舟岱大桥东侧水域布置了警戒船8艘,西侧水域7艘。经过2年多的交通疏导与磨合,水域内新的船舶交通习惯及通航格局已经形成。根据桥区通航现状,并结合长远发展,预计到2050年,桥区船舶尺寸信息及通航量如表2所示。

主通航孔船舶年通航量及尺寸信息 表2

通航孔			通航量								
			100000t	50000t	35000t	10000t	5000t	3000t	2000t	1000t	500t
主通航孔	船舶尺寸	进港(m)	86	256	426	680	1020	1190	1360	1350	1956
		船长(m)	210	190	185	146	107	101	80	65	48
		船宽(m)	34	32	32	22	18	14	12	11	9

3. 环境参数及偏航概率计算

主通航孔桥的航道与正北方向呈65°,涨潮时流速为1.25m/s,流向为299°,落潮时流速为1.2m/s,流向为118°。涨、落潮时偏航概率计算结果如表3、表4所示。由结果可知,涨、落潮时偏航概率接近,计算撞击概率时选用涨潮时的偏航概率。

涨潮时偏航概率参数表 表3

桥位	基本概率BR (10^{-4})	桥位修正 R_B	平行航线水流修正 R_C	垂直航线水流修正 R_{XC}	交通密度修正 R_D	偏航概率 P_A (10^{-4})
主通航孔	0.6	1.0	1.24	1.01	1.3	0.98

落潮时偏航概率参数表 表4

桥位	基本概率BR (10^{-4})	桥位修正 R_B	平行航线水流修正 R_C	垂直航线水流修正 R_{XC}	交通密度修正 R_D	偏航概率 P_A (10^{-4})
主通航孔	0.6	1.0	1.23	1.01	1.3	0.97

4. 几何概率计算

计算各船型船舶对各桥墩的几何概率,结果如表5所示。

主通航孔各船型船舶对各桥墩的几何概率 表5

船型	桥墩						
	1号	2号	3号	4号	5号	6号	7号
500t	0	0	0	1.26×10^{-7}	1.26×10^{-7}	0	0
1000t	0	0	0	7.31×10^{-5}	7.31×10^{-5}	2.95×10^{-12}	3.33×10^{-16}
2000t	0	0	0	9.80×10^{-4}	9.80×10^{-4}	1.07×10^{-8}	2.57×10^{-11}
3000t	0	0	1.78×10^{-15}	0.0064	0.0064	4.07×10^{-6}	9.11×10^{-8}

续上表

船型	桥墩						
	1号	2号	3号	4号	5号	6号	7号
5000t	0	0	6.21×10^{-14}	0.0095	0.0095	1.46×10^{-5}	4.58×10^{-7}
10000t	1.05×10^{-13}	4.80×10^{-12}	2.82×10^{-8}	0.0322	0.0322	7.72×10^{-4}	1.25×10^{-4}
35000t	3.54×10^{-9}	3.82×10^{-8}	9.25×10^{-6}	0.0562	0.0562	0.0049	0.0016
50000t	8.39×10^{-9}	8.02×10^{-8}	1.49×10^{-5}	0.0579	0.0579	0.0057	0.0019
100000t	1.52×10^{-7}	9.67×10^{-7}	7.37×10^{-5}	0.0648	0.0648	0.009	0.0037

5. 年碰撞概率计算及分析

根据年通航量、偏航概率及几何概率结果计算年碰撞概率,结果如表6所示。由结果可知,4号、5号、6号及7号桥墩年碰撞概率分别为0.0083、0.0083、4.78×10^{-4}及1.55×10^{-4}均大于1×10^{-4},根据风险接收准则,此风险是不可接受的,建议采取有效的防船撞措施。

各桥墩的年撞击概率 表6

船型	桥墩						
	1号	2号	3号	4号	5号	6号	7号
500t	0	0	0	2.41×10^{-8}	2.41×10^{-8}	0	0
1000t	0	0	0	1.10×10^{-5}	1.10×10^{-5}	4.42×10^{-13}	4.99×10^{-17}
2000t	0	0	0	1.31×10^{-4}	1.31×10^{-4}	1.43×10^{-9}	3.42×10^{-12}
3000t	0	0	2.01×10^{-16}	7.43×10^{-4}	7.43×10^{-4}	4.71×10^{-7}	1.06×10^{-8}
5000t	0	0	6.20×10^{-15}	9.51×10^{-4}	9.51×10^{-4}	1.34×10^{-6}	4.57×10^{-8}
10000t	7.00×10^{-15}	3.20×10^{-13}	1.88×10^{-9}	0.0021	0.0021	5.14×10^{-5}	8.33×10^{-6}
35000t	1.48×10^{-10}	2.60×10^{-9}	3.86×10^{-7}	0..0023	0..0023	2.06×10^{-4}	6.64×10^{-5}
50000t	2.11×10^{-10}	2.01×10^{-9}	3.74×10^{-7}	0.0015	0.0015	1.42×10^{-4}	4.83×10^{-5}
100000t	1.28×10^{-9}	8.15×10^{-9}	6.21×10^{-7}	5.46×10^{-4}	5.46×10^{-4}	7.62×10^{-5}	3.16×10^{-5}
合计	1.64×10^{-9}	1.18×10^{-8}	1.38×10^{-6}	0.0083	0.0083	4.78×10^{-4}	1.55×10^{-4}

四、结　语

本文以舟岱大桥主通航孔桥为例,通过调查桥区航道发展及规划情况,预测2050年主通航道的各代表船型年通航量,应用AASHTO概率模型计算船撞风险值,其中,4号、5号、6号及7号桥墩年碰撞概率分别为0.0083、0.0083、4.78×10^{-4}及1.55×10^{-4}均大于1×10^{-4},根据风险接收准则,此风险是不可接受的,建议采取有效的防船撞措施。

船撞桥问题本质上是一风险问题,AASHTO规范模型是基于美国和欧洲船撞桥事故数据的统计结果发展而来,不一定完全适用于我国各水域航道的船撞桥事故风险分析,故建议根据我国各水域航道特点,建立更加精细化概率模型用于船撞桥事故风险分析。

参考文献

[1] AASHTO. Vessel Guide Specifications and Commentary for Collision Design of Highway Bridges Second Edition,2009.

[2] LARSEN OD. Shipcollosion with bridges[J]. IABSE Structural Engineering Documents, 1993(2): 55-59.
[3] A. C. W. M. Vrouwenvelder. Design for Ship Impact according to Eurocode 1, Part 2.7. Ship Collision Analysis. 1998.
[4] Royal Institute of Navigation. Some factors affecting the frequency of accidents in marine traffic[J]. Journal of Navigation, 1974, 27: 235-252.
[5] 黄平明,张征文. 直航路上船舶碰撞桥墩概率分析[C]//第十届全国桥梁学术会议论文集. 北京:人民交通出版社,2000.
[6] 耿波. 桥梁船撞安全评估[D]. 上海:同济大学,2007.
[7] 王君杰,耿波. 桥梁船撞概率风险评估与措施[M]. 北京:人民交通出版社,2010.

66. 桥梁非通航孔串联式走锚消能拦阻设施拦阻能力分析

吴强强　杜引光　上官越普　孙　涛　邵真宝
(浙江交工集团股份有限公司设计院分公司)

摘　要　针对目前跨海大桥非通航孔防船撞设施研究不足的现状,建立了串联式走锚消能拦阻分析模型。通过建立模型运动方程,撰写 MATLAB 程序,模拟计算不同工况下失控船舶撞击该拦阻设施的运动过程。研究结果表明未安装该拦阻设施时,失控船舶会继续向桥梁非通航孔运动;安装该拦阻设施后,失控船舶将会在一定距离内被该拦阻设施拦停。

关键词　串联式走锚　桥船碰撞　防撞设施　运动方程　拦停距离

一、引　言

桥梁作为跨越航道的建筑物,对船舶航行来说无疑是一种障碍物。同时,桥梁的建成还会使桥区环境发生改变,如水流流速、风速、弯道、冲刷、淤积、潮位等,而船舶运输的发展使得现在的通航船舶也开始变得越来越大,越来越快,越来越多,因此船撞桥事故的发生是不可避免的。近年来,失控船舶撞桥事故频发,与通航孔桥相比非通航孔桥桥墩结构抗撞能力弱,无直接保护措施,撞击后损失极大[1-2]。

2021年7月23日,长沙猴子石大桥被运沙船撞击,如图1所示。2021年7月13日,广州番禺北斗大桥被船舶撞击,如图2所示。

图1　长沙猴子石大桥被运沙船撞击

图2　广州番禺北斗大桥被船舶撞击

船撞桥事故不但涉及船舶通行的安全,也会严重影响桥梁的安全运营,于是合理地对桥梁进行失控船舶拦阻设施设计就成为工程界越来越关心的问题[3-4]。

二、串联式走锚消能船舶拦阻模型

1. 拦阻设施布置及组成

串联式走锚消能船舶拦阻系统包括拦阻网系统、浮基(含支撑架)系统、锚链消能系统三部分。

拦阻网系统包括张紧钢丝绳、主拦截索、辅助索三部分。张紧钢丝绳位于拦阻网最顶部,通过张拉钢丝绳调整拦阻网的线形。

浮基(含支撑架)系统包括若干个按线性排列在水面的浮基,浮基上连接有支撑架。锚链消能系统包含锚链、混凝土消能锚、系泊锚、铁锚四部分。混凝土消能锚、系泊锚均嵌入水底稳定地层。混凝土消能锚和铁锚通过锚链串联在一起,置于拦阻系统来船侧的水底,并通过锚链与浮基相连,每个浮基可根据需要设置多串消能锚,实现模块化设计。

防撞设施布置如图 3 所示。

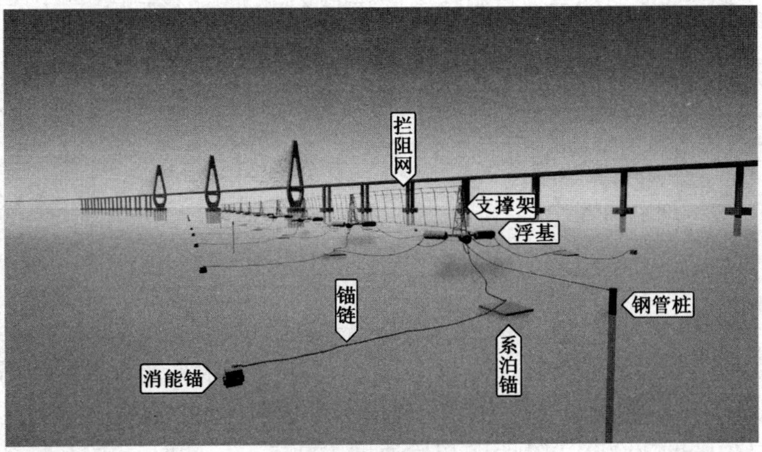

图 3 防撞设施布置图

2. 串联式走锚消能船舶拦阻模型作用机理

拦阻系统工作时主要分为 3 个阶段。第一阶段:当失控船舶撞击拦阻网,但锚链还未绷紧,称为接触阶段。第二阶段:锚链绷紧后,先把系泊锚从海床覆土中拔出,系泊在海床中拖行消能一段路程后,消能锚也会从海床覆土中拔出,此过程称为拉拔阶段。第三阶段:拦阻网通过浮基骨架及锚链拖动系泊锚、消能锚与海床摩擦耗能以及海水对消能锚拖曳耗能,从而使失控船舶停止运动,称为走锚消能阶段。第一阶段与第二阶段随着参与拦阻过程浮基的增加而循环发生。

走锚消能阶段,船舶受到具有一定流速的海水对船舶造成的摩擦力 f_1,消能锚受到海水的阻力与海床的摩擦力 f_2。此阶段的运动方程如式(1)所示:

$$\begin{cases} M\ddot{x} + m\ddot{x} - f_1 - f_2 = 0 \\ f_1 = \dfrac{1}{2}C_1\rho A_1\dot{x}^2 \\ f_2 = \dfrac{1}{2}C_2\rho A_2\dot{x}^2 + \mu\left(mg - \rho\dfrac{m}{\rho_{锚}}g\right) \end{cases} \tag{1}$$

式中:M——船舶质量;

m——消能锚质量;

C_1——船舶阻力系数;

C_2——消能锚阻力系数;

A_1 ——船舶阻水面积;

A_2 ——消能锚阻水面积;

ρ ——海水密度;

$\rho_{锚}$ ——消能锚密度;

$\dot{x}$ ——船舶与消能锚的速度;

$\ddot{x}$ ——船舶与消能锚的加速度;

μ ——消能锚与海床的摩擦系数;

g ——重力加速度。

三、拦阻设施消能阶段模拟计算

根据式(1)的运动方程,用MATLAB软件撰写程序,以舟山某大桥主通航孔考虑设防20000DWT船舶为例,设置浮基个数为13个,浮基间距为50m,单个系泊锚为20t,单个消能锚为15t。考虑船舶运动轨迹的横向分布,与拦阻设施撞击位置可能为中间区域或端部区域。拦阻设施中间区域即一列拦阻设施相对中间的位置,拦阻设施端部区域即一列拦阻设施两端的区域,如图4所示。

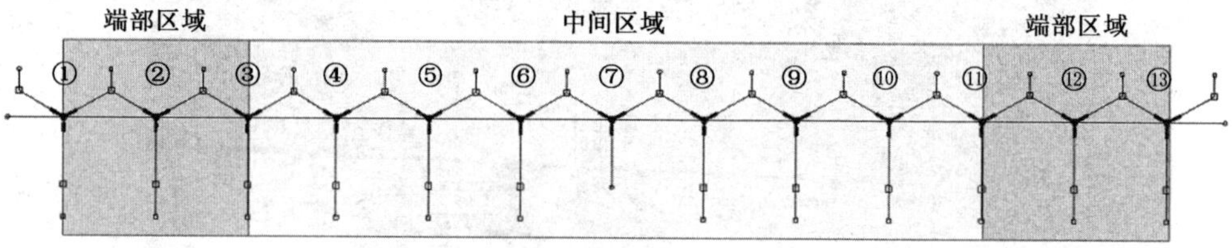

图4 拦阻设施撞击区域划分

根据桥区自然环境资料及可靠度相关理论,船舶撞击拦阻设施时可考虑两种工况:一为船舶仅具有一定初速度撞击拦阻设施;二为船舶具有一定初速,同时船舶受到水流及风力的作用[5-6]。

工况一:根据AASHTO《桥梁防船撞指南》[7],考虑各个通航孔船舶的初始速度为4m/s。

工况二:考虑通过桥区的20000DWT船舶初始速度为2.5m/s,同时考虑持水流作用的叠加效应,水流速度为2.5m/s(重现期100年)。工况如表1所示。

工 况 表1

区 域	工 况	参 数		
		设防船舶吨位	初始速度(m/s)	水流速度(m/s)
主通	工况一	20000DWT	4	—
	工况二	20000DWT	2.5	2.5

式(1)中各参数取值如表2所示。

数值模拟参数表 表2

桥 区	参 数						
	M(t)	M_1(t)	M_2(t)	A_1(m^2)	A_2(m^2)	C_1	C_2
主通	20000	20	15	350	12.25+2.56	0.5	2

1. 失控船舶撞击拦阻设施中间区域模拟计算结果

(1)在工况一条件下,数值模拟结果如图5~图8所示。

如图5所示,具有一定初速度的船舶撞击拦阻设施,将带着拦阻设施一起向前运动,随着运动位移增大,参与走锚消能的浮基个数增加,船舶在接触拦阻网59s后,速度为0,停止运动。没有拦阻设施时,船舶初速度衰减较慢,继续向前运动。如图6所示,具有一定初速度的船舶撞击拦阻设施,将带着拦阻设施一起向前运动,随着运动位移增大,参与走锚消能的浮基个数增加,接触拦阻网时长59s后,船舶被拦停,此时船舶位移为 104m。没有拦阻设施时，船舶初速度衰减较慢，继续向前运动。

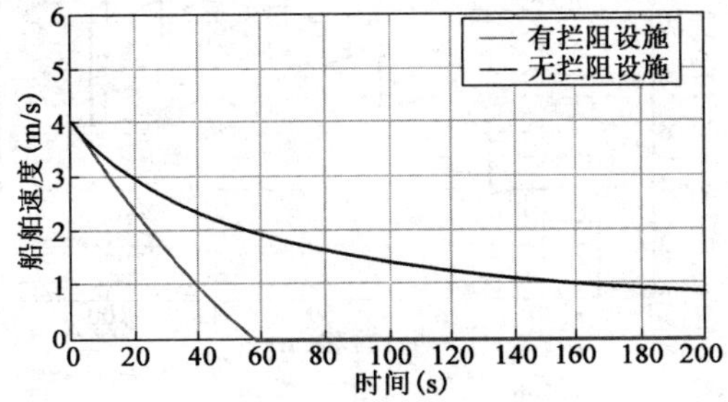

图 5　速度-时间曲线图

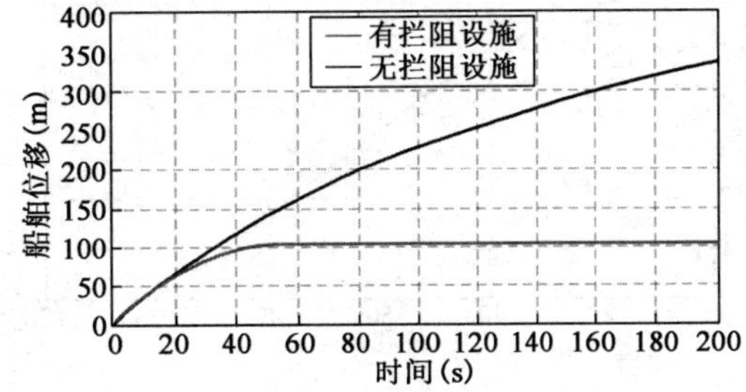

图 6　位移-时间曲线图

如图 7 所示，具有一定初速度的船舶在撞击拦阻设施过程中，将带着拦阻设施一起向前运动，随着运动位移增大，参与走锚消能的浮基个数增加，船舶与拦阻设施最终在一起运动 104m 后，船舶初始动能被消耗完，停止运动。如图 8 所示，具有一定初速度的船舶在撞击拦阻设施过程中，将带着拦阻设施一起向前运动，随着运动位移增大，参与走锚消能的浮基个数增加，拦阻力呈阶梯式上升，全过程中最大拦阻力为 1277kN。

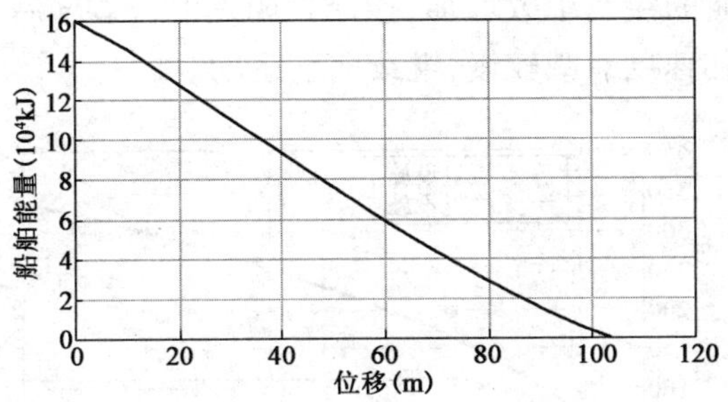

图 7　能量-位移曲线图

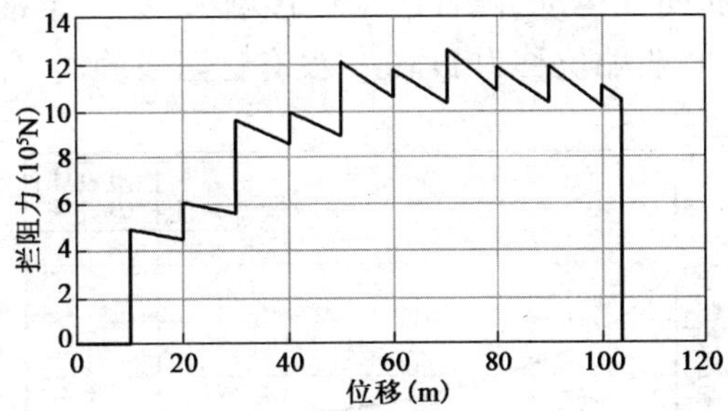

图 8　拦阻力-位移曲线图

（2）在工况二条件下，数值模拟结果如图 9 ~ 图 12 所示。

如图 9 所示，具有一定初速度的船舶撞击拦阻设施，将带着拦阻设施一起向前运动，随着运动位移增大，参与走锚消能的浮基个数增加，船舶在接触拦阻网 78s 后，速度为 0，停止运动。没有拦阻设施时，船舶将会以水流速度继续向前运动。如图 10 所示，具有一定初速度的船舶撞击拦阻设施，将带着拦阻设施一起向前运动，随着运动位移增大，参与走锚消能的浮基个数增加，接触拦阻网时长 78s 后，船舶被拦停，此时船舶位移为 103m。没有拦阻设施时，船舶将以水流速度继续向前运动。

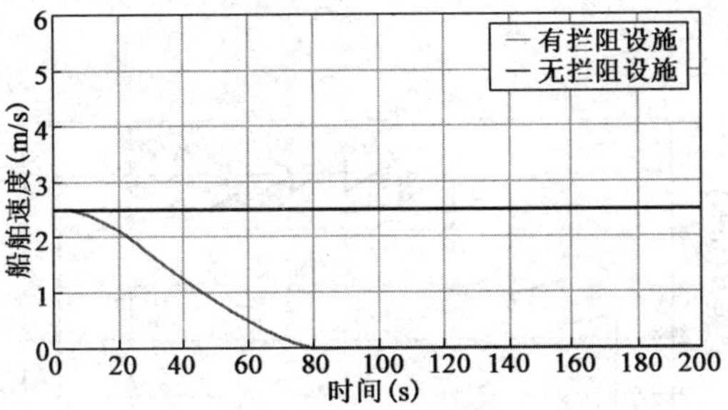

图 9　速度-时间曲线图

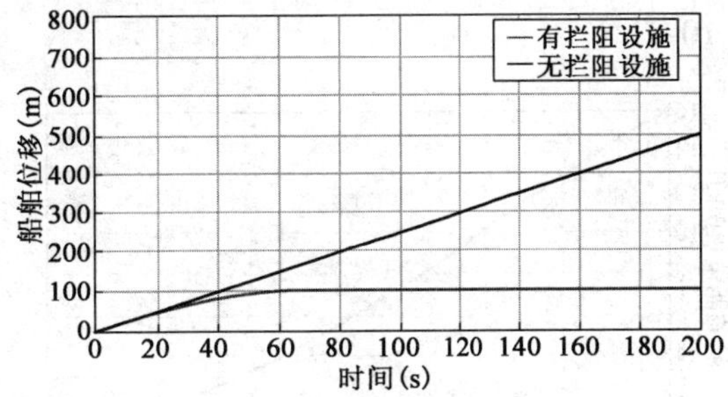

图 10　位移-时间曲线图

如图 11 所示，具有一定初速度的船舶在撞击拦阻设施过程中，将带着拦阻设施一起向前运动，随着运动位移增大，参与走锚消能的浮基个数增加，船舶与拦阻设施最终在一起运动 103m 后，船舶初始动能被消耗完，停止运动。如图 12 所示，具有一定初速度的船舶在撞击拦阻设施过程中，将带着拦阻设施一起向前运动，随着运动位移增大，参与走锚消能的浮基个数增加，拦阻力呈阶梯式上升，全过程中最大拦阻力为 1101kN。

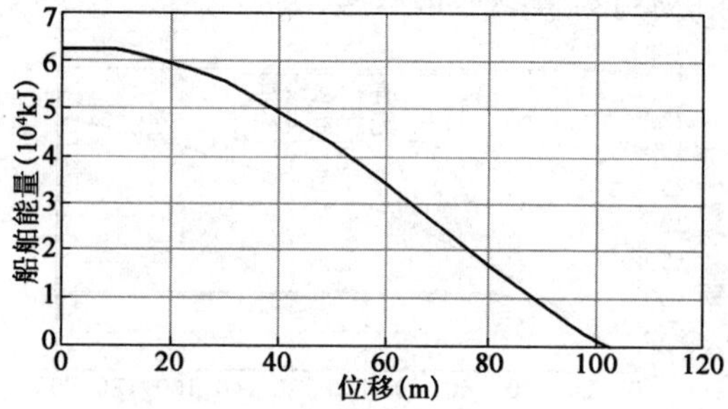

图 11 能量-位移曲线图

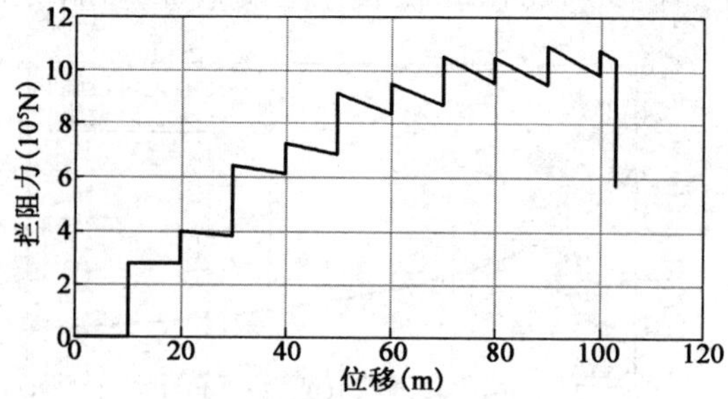

图 12 拦阻力-位移曲线图

2. 失控船舶撞击拦阻设施端部区域模拟计算结果

(1)在工况一条件下,数值模拟结果如图 13 ~ 图 16 所示。

如图 13 所示,具有一定初速度的船舶撞击拦阻设施,将带着拦阻设施一起向前运动,随着运动位移增大,参与走锚消能的浮基个数增加,船舶在接触拦阻网 69s 后,速度为 0,停止运动。没有拦阻设施时,船舶初速度衰减较慢,继续向前运动。如图 14 所示,具有一定初速度的船舶撞击拦阻设施,将带着拦阻设施一起向前运动,随着运动位移增大,参与走锚消能的浮基个数增加,接触拦阻网时长 69s 后,船舶被拦停,此时船舶位移为 114m。没有拦阻设施时,船舶初速度衰减较慢,继续向前运动。

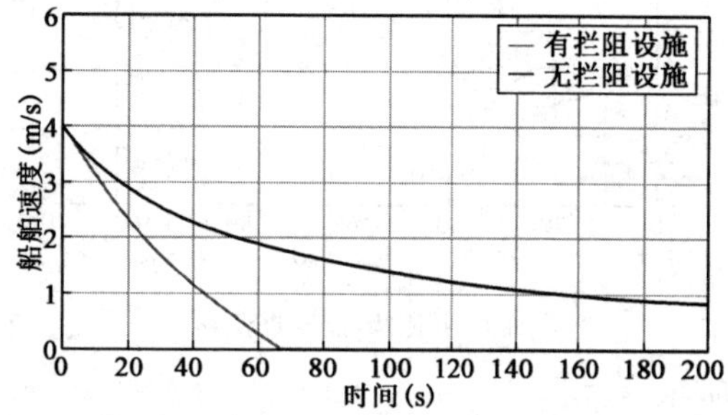

图 13 速度-时间曲线图

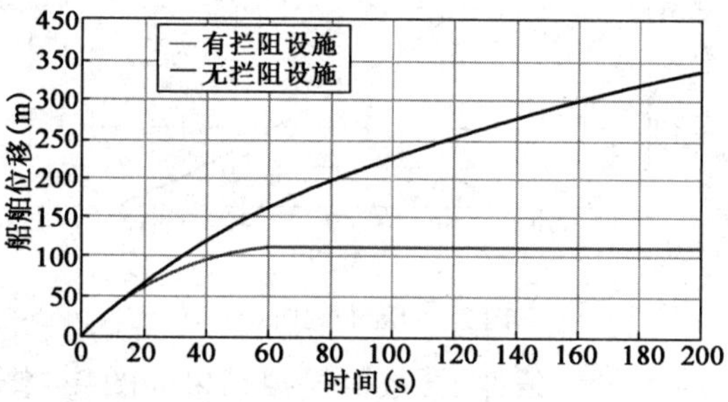

图 14 位移-时间曲线图

如图 15 所示,具有一定初速度的船舶在撞击拦阻设施过程中,将带着拦阻设施一起向前运动,随着运动位移增大,参与走锚消能的浮基个数增加,船舶与拦阻设施最终在一起运动 114m 后,船舶初始动能被消耗完,停止运动。如图 16 所示,具有一定初速度的船舶在撞击拦阻设施过程中,将带着拦阻设施一起向前运动,随着运动位移增大,参与走锚消能的浮基个数增加,拦阻力呈阶梯式上升,全过程中最大拦阻力为 1071kN。

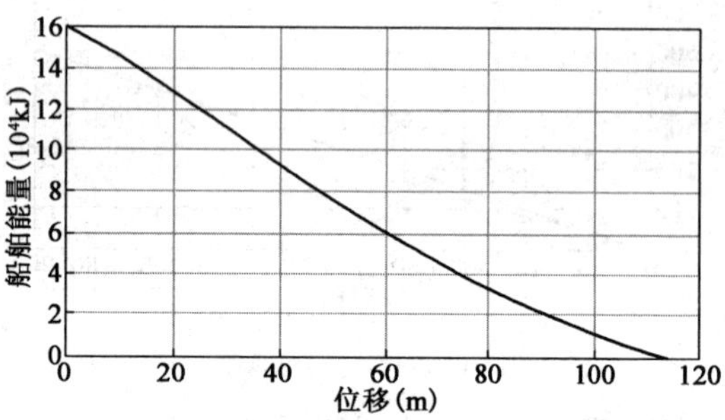

图 15 能量-位移曲线图

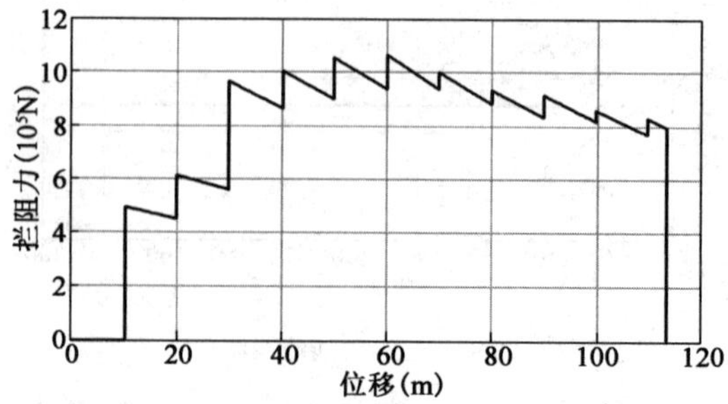

图 16 拦阻力-位移曲线图

(2)在工况二条件下,数值模拟结果如图 17 ~ 图 20 所示。

如图 17 所示,具有一定初速度的船舶撞击拦阻设施,将带着拦阻设施一起向前运动,随着运动位移增大,参与走锚消能的浮基个数增加,船舶在接触拦阻网 103s 后,速度为 0,停止运动。没有拦阻设施时,船舶将以水流速度继续向前运动。如图 18 所示，具有一定初速度的船舶撞击拦阻设施，将带着拦阻设施一起向前运动，随着运动位移增大，参与走锚消能的浮基个数增加，接触拦阻网时长 103s 后，船舶被拦停，此时船舶位移为 118m。没有拦阻设施时，船舶将以水流速度继续向前运动。

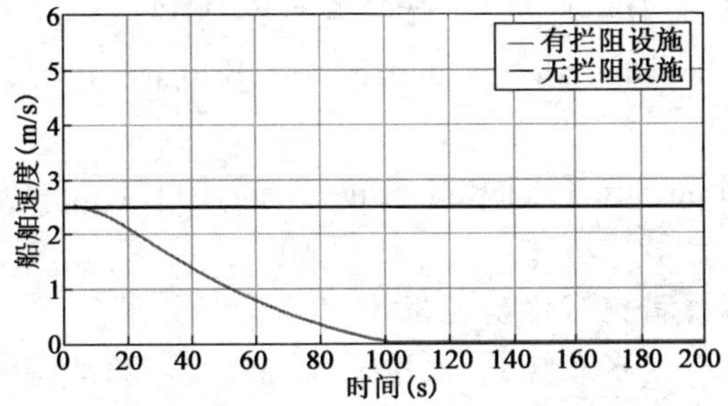

图 17 速度-时间曲线图

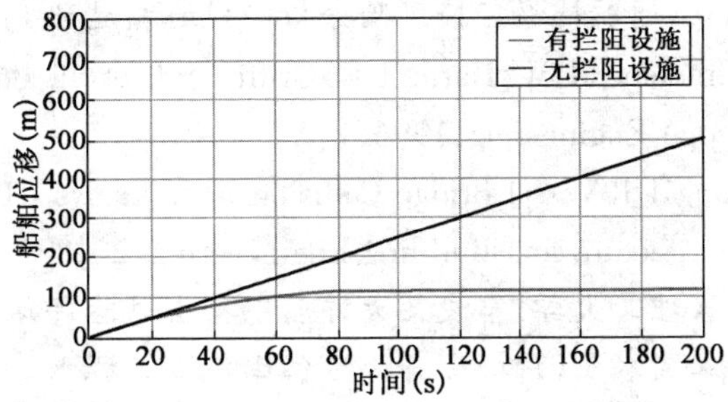

图 18 位移-时间曲线图

如图 19 所示，具有一定初速度的船舶在撞击拦阻设施过程中，将带着拦阻设施一起向前运动，随着运动位移增大，参与走锚消能的浮基个数增加，船舶与拦阻设施最终在一起运动 118m 后，船舶初始动能被消耗完，停止运动。如图 20 所示，具有一定初速度的船舶在撞击拦阻设施过程中，将带着拦阻设施一起向前运动，随着运动位移增大，参与走锚消能的浮基个数增加，拦阻力呈阶梯式上升，全过程中最大拦阻力为 844.7kN。

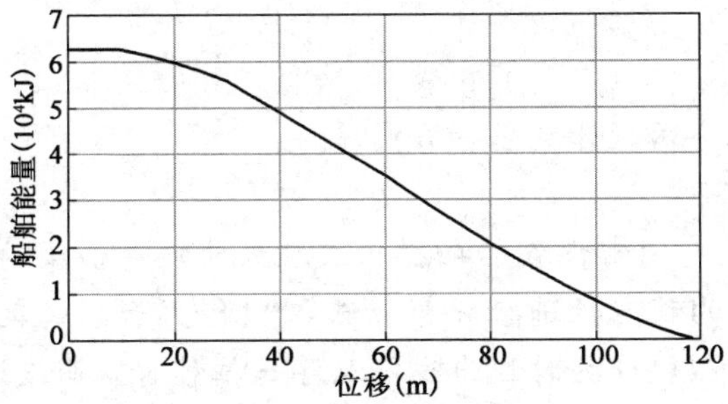

图 19 能量-位移曲线图

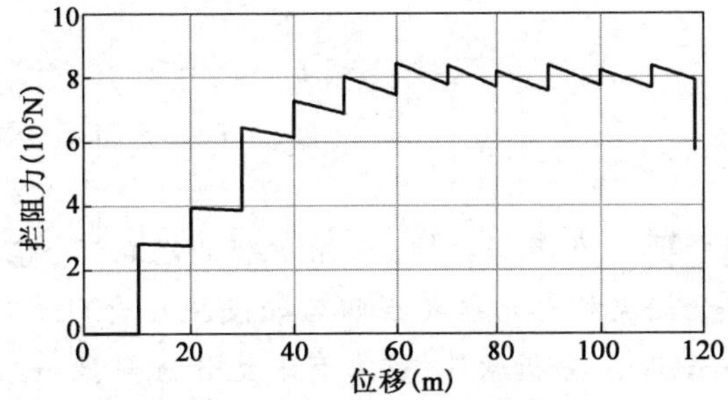

图 20 拦阻力-位移曲线图

撞击中间、端部区域结果分别见表 3、表 4。

撞击中间区域结果表 表 3

工况分类	拦停距离(m)	拦停时间(s)	走锚浮基个数(个)	最大拦阻力(kN)
工况一	104	59	5	1277
工况二	103	78	5	1101

撞击端部区域结果表 表 4

工况分类	拦停距离(m)	拦停时间(s)	走锚浮基个数(个)	最大拦阻力(kN)
工况一	114	69	8	1071
工况二	118	103	8	844.7

四、结 语

(1)通过建立串联式走锚消能防撞拦阻模型，撰写 MATLAB 程序，模拟计算不同工况下失控船舶撞击拦阻设施的运动过程。通过计算结果可知，该拦阻设施能在较短距离之内拦停失控船舶。

(2)串联式走锚消能拦阻力随着走锚浮基数量的增加，拦阻力不断加强。各浮基协同作用，共同拦阻船舶，效果明显。

(3)从计算结果中的拦停距离、拦停时间及走锚浮基个数可知，船舶撞击拦阻设施端部区域较中间区域更加不利。拦阻设施的分析需考虑船舶不同的撞击位置。

参考文献

[1] 耿波.桥梁船撞安全评估[D].上海:同济大学,2007.

[2] 潘放.通航桥梁船撞风险分析与规避措施研究与应用[D].广州:华南理工大学,2011.

[3] Whiteney M W, Harik I E, Griffin J J, et al. Barge Collision Design of Highway Bridges[J]. Journal of Bridge Engineering, 1996, 1(2):47-58.

[4] Wang J J. Vessel Bridge Collision Risk Analysis Based on Structural Reliability Theory[J]. Journal of Asian Architecture and Building Engineeering, 2018.

[5] 武汉理工大学.宁波某大桥船舶撞击风险评估和防控措施深化研究报告[R].

[6] 浙江省水利河口院.舟山至岱山跨海工程水文专题研究水文观测、航道表流迹线观测报告[R].

[7] AASHO. Guide Specifications and Commentary for Vessel Collision Design of Highway Bridges. Senond Edition[S]. 2009.

67. 台风工况下非通航孔桥梁防船撞拦阻设施稳定性分析

邵真宝　杜引光　吴强强　孙　涛　上官越普

(浙江交工集团股份有限公司设计院分公司)

摘　要　在既保护桥,又保护船的思路下,非通航孔通常设置船舶拦阻设施来实现对桥梁的防护。本文对金塘大桥非通航孔拦阻船舶设施在台风工况下的稳定性进行分析。选取“烟花”台风工况,采用ANSYS-AQWA分析软件,建立有限元分析模型,对系泊锚链受力时程曲线以及浮基位移时程曲线进行分析。结果表明,台风对拦阻设施产生的作用影响巨大,在设计拦阻设施时,应充分考虑台风的影响。

关键词　非通航孔桥　船舶拦阻设施　台风工况　稳定性　有限元分析

一、引　　言

随着我国经济建设的发展,为满足陆上交通运输的需要,越来越多的跨海越江的桥梁被建造出来。伴随而来的,船舶与桥梁撞击事件时有发生,受到越来越多的关注[1]。

针对船撞桥的问题,研究大多集中于航道桥防船撞结构设计,工程上常用的防船撞拦阻设施有独立防撞桩、人工岛、橡胶护舷、钢套箱、高分子复合材料套箱、柔性防护装置等[2-4]。

而非通航孔桥同样会受到偏航船舶的撞击,发生事故和险情的次数较高,而且非通航孔桥墩的横向抗撞能力通常较低,上部箱梁的抗撞能力更低,不具备承受大型船舶撞击的能力。在既保护桥,又保护船的思路下,非通航孔通常设置船舶拦阻设施来实现对桥梁的防护[5]。如浙江舟山金塘大桥非通航孔拦阻船舶设施,由浮基、拦阻网、消能重力锚、消能锚索、系泊锚、系泊锚链、沉锚触发机构和沉锚触发索等构成。若干个浮基间隔一定距离排列,由系泊锚和系泊锚链锚碇。拦阻网由浮基支撑,高于无球艏船舶的船艏高度和有球艏船舶的球艏高度。每个浮基下方悬挂4只消能重力锚,并由沉锚触发机构约束消能锚索,保证拦阻设施消能重力锚在受船舶撞击后能下沉泥面,发挥拖拽消能作用。

跨海大桥所处海洋环境复杂,可能遭受恶劣的台风影响。因此,拦阻设施的设计不仅要保证船舶拦阻设施在船舶撞击下,能对船舶成功拦阻,保护桥梁不受撞击,还需要考虑台风工况下拦阻设施不受破坏。本文对金塘大桥非通航孔拦阻船舶设施在台风工况下的稳定性进行分析。

二、工程概况及分析模型

1. 工程概况

舟山连岛工程金塘大桥位于舟山金塘岛与宁波镇海间的灰鳖洋海域,按双向四车道高速公路标准建设,由金塘侧引桥(1007m)+东通航孔桥(460m)+东段非通航孔桥(2700m)+主通航孔桥(1210m)+中段非通航孔桥(8940m)+西通航孔桥(330m)+西段非通航孔桥(4080m)+镇海侧浅水区引桥(550m)+镇海侧岸上引桥(1752m)构成。大桥全长21029m,其中跨海桥长18270m。桥区水文条件复杂,涨、落潮流速大,夏季受台风影响、冬季西北季风盛行。非通航孔桥拦阻设防等级如表1所示。

非通航孔桥拦阻设防等级 表1

部位		设防等级
主通航孔桥两侧	东南侧靠近航道132m段	2.5万载重吨满载、4m/s艏正撞
	西北侧靠近航道132m段	
	其余部分（总长4158m）	2.5万载重吨满载、2.9m/s艏正撞
		1万载重吨满载、4m/s艏正撞
西通航孔桥两侧（总长1586m）		500载重吨满载、4m/s艏正撞（具备拦阻1000载重吨满载失控船舶能力）

大桥工程区域属亚热带季风气候区,同时又属于大陆性气候向海洋性气候过渡区,风向有明显的季节性变化。秋冬两季主要受大陆性气候影响,冷空气活动频繁,风向以偏北为主;春夏两季主要受海洋性气候影响,太平洋暖湿气流比较活跃,风向以南到偏南为主。《舟山大陆连岛工程气象观测、风速参数专题研究报告》给出的金塘大桥设计风速见表2。

金塘大桥不同重现期最大风速(单位:m/s) 表2

高度	10年	20年	30年	50年	100年
10m	31.81	34.46	35.97	37.87	40.44
20m	35.54	38.50	40.19	42.31	45.18
30m	37.92	41.08	42.88	45.15	48.21

桥区波浪特征如表3所示。

桥区波浪特征 表3

波向	平均波高(m)	最大波高(m)	出现频率(%)	波向	平均波高(m)	最大波高(m)	出现频率(%)
N	0.6	5.8	48.8	S	0.34	1.4	0.3
NNE	0.63	5.5	14.3	SSW	0.3	0.8	0.1
NE	0.52	3.0	9.0	SW	0.34	1.4	0.2
ENE	0.45	2.5	1.6	WSW	0.51	1.4	0.1
E	0.40	3.2	4.5	W	0.61	1.6	0.2
ESE	0.43	3.7	4.4	WNW	1.07	2.8	0.5
SE	0.43	1.3	1.2	NW	1.29	4.8	7.5
SSE	0.36	0.8	0.3	NNW	1.14	6.1	6.9

2. 分析模型

消能重力锚自动下落式的浮基高架拦阻船舶设施由浮基、支撑架、拦阻网、消能重力锚、消能锚索、系泊锚、系泊锚链、沉锚触发机构和沉锚触发索等构成,如图1所示。若干个浮基间隔一定距离排列,由系泊锚和系泊锚链锚碇。拦阻网由浮基支撑,高于无球艏船舶的船艏高度和有球艏船舶的球艏高度。每个浮基下方悬挂4只消能重力锚,如图2所示,并由沉锚触发机构约束消能锚索,保证在高水位时消能重力锚能离开泥面,可防止消能重力锚被埋入泥沙中而无法走锚的现象出现。

图1 拦阻船舶设施效果图

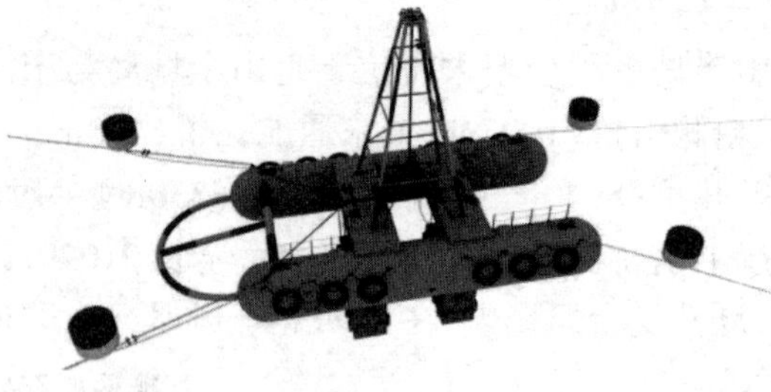

图2 消能重力锚悬挂于浮基下方

3. 工作原理

当船舶撞击拦阻网后,将带动浮基向桥位运动,位于来船侧的系泊锚链、系泊锚将先受到作用力,当该作用力增大后,首先破断系泊锚链与浮基间专用系泊连接装置,然后通过沉锚触发索作用到沉锚触发机构,释放消能重力锚,在船舶继续向桥位运动的过程中,通过拦阻网和浮基带动消能重力锚走锚来消耗船舶动能,最终阻止船舶向桥位运动。

当大型偏航船舶撞击拦阻设施时,船舶撞击位置两侧的浮基和消能重力锚在向桥位运动的过程中也向船舶靠近,从而限制了被拦阻船舶的横转角度,一方面减小了船舶横向水阻力,另一方面由多个浮基的消能重力锚共同作用,提高了拦阻横漂船舶的能力。当横漂船舶撞击时,将带动多个浮基向桥位运动,随着运动距离增大,带动浮基的数量也增加,拦阻设施能提供的反力也相应增大,当该反力能平衡船舶所受的风、浪、流作用力时,船舶将不再具备向桥位漂移的驱动力。

三、数值模拟

运用ANSYS AQWA软件建立拦阻设施数值模型,进行浮基在极端环境下稳定性分析。对各部分进行简化模拟;每个浮基通过3根带质量的非线性缆索与海底固定;拦阻网采用线弹性缆索单元模拟。

进行水动力分析时的数值模拟参数表如表4所示。

数值模拟参数表 表4

外力类型	外力大小	外力类型	外力大小
风	28.7m/s(“烟花”台风工况)	流	2m/s
波浪(JONSWAP频谱)	波高:6m;频率:0.8rad/s		

浮基在ANSYS AQWA软件中的数值模型如图3所示。拦阻设施数值模型如图4所示。

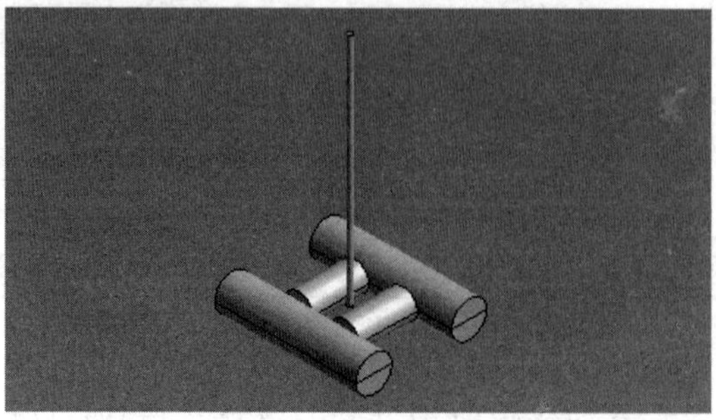

图3 浮基数值模型图

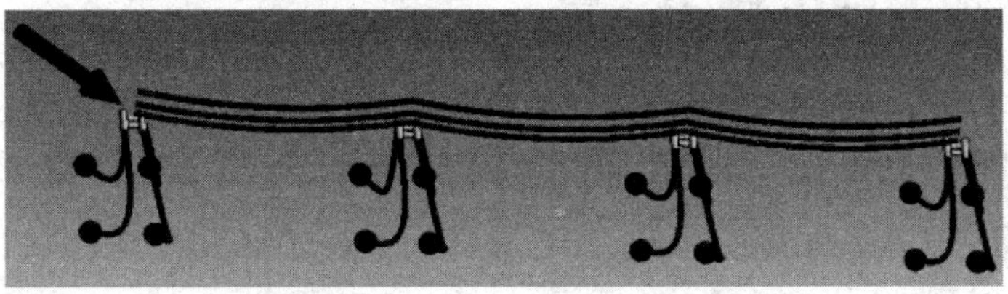

图4 拦阻设施数值模型图

四、结 果

1. 浮基位移

浮基在台风工况下的位移与时间的关系如图5所示。

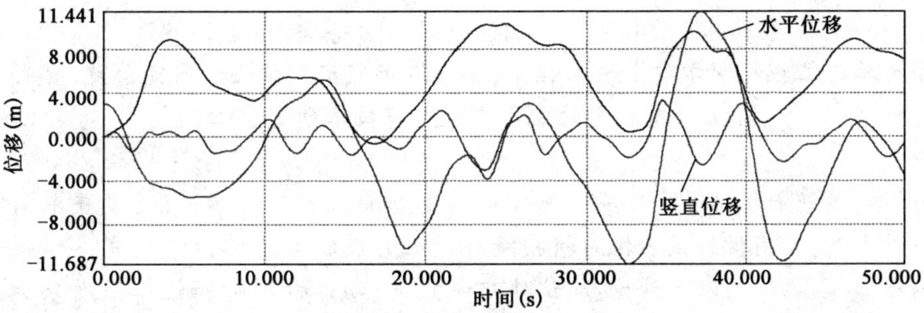

图5 浮基位移与时间关系图

由图5可知:浮基在台风工况下最大水平位移为11.68m,最大竖直位移为3.8m。

2. 锚链张力

台风工况下的锚链张力与时间的关系如图6所示。

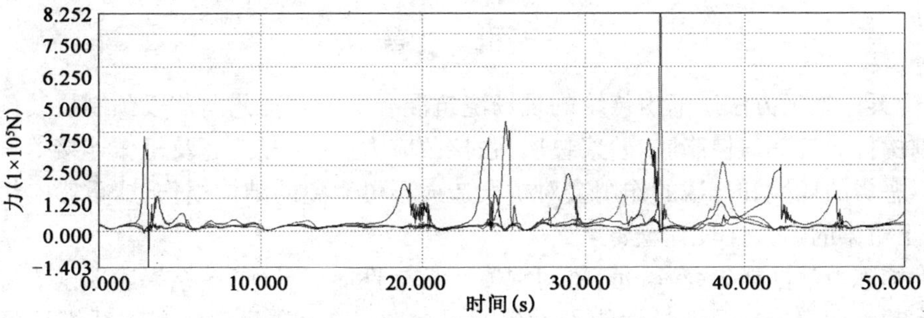

图6 浮基锚链张力与时间关系图

由图6可知:浮基在台风工况下的运动过程中,最大锚链张力达到825.2kN。

五、结 语

本文以金塘大桥非通航孔拦阻船舶设施为例,分析了浮基在台风工况下的稳定性。分析表明,台风作用下,拦阻船舶设施的浮基产生较大位移,锚链受到张力非常大,在设计拦阻设施时,应充分考虑台风的影响。

参考文献

[1] 郭健,王银辉,邹毅松.考虑水流影响的船桥碰撞效应分析[J].桥梁建设,2015,45(5):48-53.

[2] Patsch A,Gerbaudo C F,Prato C A. analysis and Testing of Piles for Vessel Impact Defenses[J]. Journal of

Bridge Engineering,2002,7(4):236-244.

[3] Fan W,Yuan W C,Chen B S. Steel Fender Limitations and Improvements for Bridge Protection in Vessel Collisions[J]. Journal of Bridge Engineering,2015,20(12):06015004-1-06015004-9.

[4] Jiang H,Chorzepa M G. Evaluation of a New FRB Fender System for Bridge Pier Protection Against Vessel Collision[J]. Journal of Bridge Engineering,2016,21(11):05014010-1-05014010-12.

[5] 陈涛,吕忠达,王永刚. 非通航孔桥梁防船舶撞击新型拦阻技术[J]. 桥梁建设,2017,47(5):71-76.

68. 气冻气融循环下拼接缝混凝土抗弯性能试验研究①

彭　帅[1]　闫兴非[2,3]　张　涛[2,3]　余振鹏[1]　杜晓庆[1]

(1. 上海大学力学与工程科学学院土木工程系;2. 上海市城市建设设计研究总院(集团)有限公司;
3. 上海工业化装配化市政工程技术研究中心;)

摘　要　为探究混凝土拼接缝受气冻气融循环作用影响后抗弯力学性能,设置不同冻融循环次数、拼接缝厚度和材料类别,应用材料试验机对拼接缝混凝土开展抗弯力学性能研究,分析拼接缝混凝土抗弯力学性能影响规律,主要得到以下结论:从试件质量损失、动弹性模量和抗折强度分析,气冻气融循环方式下对拼接缝混凝土试件损伤影响较小,远低于水冻水融方式。含有拼接缝的试件抗弯强度低于整体浇筑试件,随着拼接缝尺寸提高,抗弯强度有逐步降低趋势。含有拼接缝混凝土的试件受冻融循环影响明显,其中拼接缝砂浆与混凝土接触面为主要薄弱环节。本文研究结果为评估拼接缝混凝土结构抗冻性能提供理论依据。

关键词　气冻气融　拼接缝　混凝土　抗弯性能　试验研究

一、引　　言

近些年来,桥梁的施工方法逐渐由传统的现场浇筑混凝土施工工艺向节段预制拼装施工的施工工艺的转变。将预制构件通过环氧树脂胶、砂浆垫层、张拉预应力、现浇湿接缝及机械连接等方式组装成为一个整体的桥梁。恶劣的环境和荷载的作用会对桥梁造成不可避免的结构损伤,严重影响桥梁结构的长期性能,研究混凝土桥梁的耐久性具有重要意义。

对于混凝土抗冻力学性能研究,Bruce 等对混凝土抗冻性能展开研究,结果表明随着冻融循环次数提高,混凝土质量、动弹性模量以及力学性能均发生明显劣化。Parviz 等对含有碳纤维混凝土抗冻性能展开研究,结果表明掺含适量碳纤维能够在一定程度上提高混凝土抗冻性能,但过量碳纤维对混凝土抗冻性能有不利影响。王修田等对不同含量混凝土抗冻性能开展研究,结果表明含气量的增加能够提高混凝土抗冻性能,但抗压强度呈现降低趋势。余红发等对掺钢纤维混凝土抗冻性能开展研究,结果表明掺入钢纤维后能够在一定程度上提高混凝土抗冻性能。牛荻涛等对于气冻气融循环下混凝土材料和构件力学性能开展试验研究,结果表明气冻气融方式对混凝土各项物理参数和力学参数影响较小,远低于水冻水融方式。目前,关于混凝土冻融循环试验研究一般考虑快速水冻水融方式,该种方式与真实环境下混凝土结构气冻气融冻融循环影响存在显著差异性。因此,考虑真实冻融循环方式研究混凝土力学性能具有重要意义。

---

①　资助课题:上海市科委:上海城市基础设施更新工程技术研究中心(20dz2251900);上海市科委:面向智能化快速建造的预制装配桥梁设计优化(20dz1202102);上海市科委:预制桥梁智能建造成套技术(21002420100)。

本文考虑气冻气融循环方式对预制拼接缝混凝土抗弯力学性能开展试验研究，设置不同冻融循环次数和拼接缝厚度参数影响因素，应用动弹性模量测定仪和材料试验机获取不同加载工况混凝土动弹性模量、破坏形态和应力-变形曲线。分析冻融循环次数和拼接缝厚度对混凝土抗弯力学性能影响规律。本文研究为从真实大气环境下评估混凝土结构抗冻性能提供理论依据。

二、试验方案

1. 试件制作

混凝土设计强度等级为C40，满足预制拼装桥墩混凝土材料的需求，采用的水泥强度等级为42.5的海螺牌普通硅酸盐水泥，细集料选用天然河沙，粗集料选用粒径为4～20mm的碎石，水为生活用的饮用自来水。抗冻混凝土采用粉煤灰部分代替水泥，取代比率为30%。考虑增强抗冻效果，额外添加引气剂，混凝土配合比见表1。灌浆料采用柳州OVM牌砂浆，设计强度等级为M80。

混凝土配合比（单位：kg/m^3）　表1

混凝土类别	水泥	粉煤灰	水	河砂	碎石	引气剂	水胶比
C40	450	—	202	670	1095	—	0.45
抗冻混凝土	315	135	202	670	1095	0.005	0.45

试件浇筑分为两个主要步骤。首先，浇筑预制部分的混凝土，在模具中心均设置固定挡板，挡板的厚度即为设计拼接缝的厚度。抗弯试件接缝位置设置在中线处。预制部分浇筑完成后采用薄膜保水养护28d。然后，将养护完成的预制部分试件依次放入模具中，并移除代替拼接缝的挡板，灌入搅拌均匀的OVM砂浆，OVM砂浆将预制部分的混凝土联结成为一个整体。1d后拆除模具，继续薄膜保水养护7d，完成试件的浇筑。

2. 加载方案与设备

本试验研究拼接缝试件在4个不同冻融循环作用后的性能退化规律，开展弯曲试验力学试验下的力学性能研究，同时考虑了3个不同厚度的接缝对不同试验力学性能的影响。考虑到试验的数据准确性和减少试验的误差，每组试件个数均为三个。

冻融循环温度范围结合哈尔滨冬季气温统计和《普通混凝土长期性能和耐久性能试验方法标准》(GB/T 50082—2009)确定，冻融循环温度为(−18±2)℃～(5±2)℃。根据规范要求试验前将冻融试件放在(20±2)℃的水中浸泡，浸泡4d至饱和，由于试件数量多，尺寸大，因此采用连续洒水7d至冻融试件饱和，随后依次将试件放入冻融试验室开始试验，冻融试验机试件的冻融介质为空气，区别于传统的以水为冻融介质，因此冻融为气冻气融。一个冻融循环总时长6h，降温机制为从5℃降至−18℃用时2h，并维持当前温度2h，降温阶段共计4h；升温机制为从−18℃到5℃用时1h，并维持当前温度1h，升温阶段共计2h，本次试验冻融循环分别分为4个阶段，对照组0次冻融循环，剩余3个阶段分别为125次、250次和375次冻融循环。温度变化曲线如图1所示，抗折试验加载如图2所示。

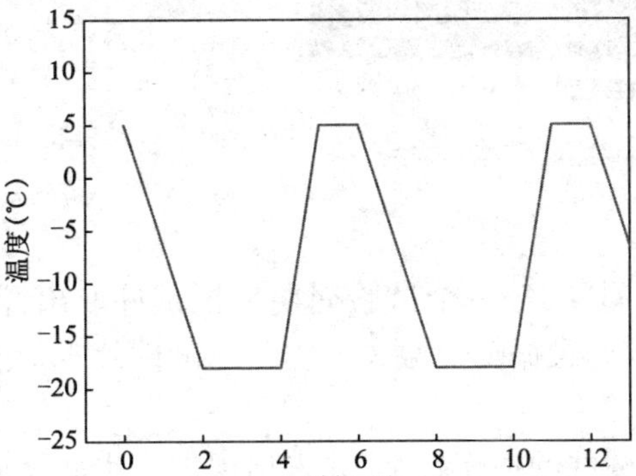

图1　冻融循环温度变化曲线

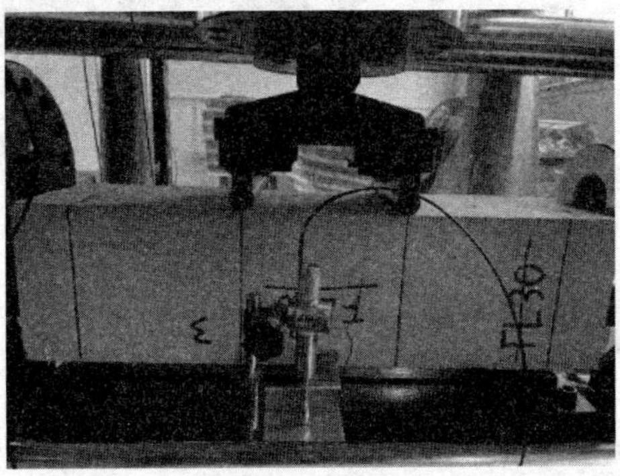

图2　抗折试验加载

对于快冻法,以质量损失和相对动弹弹性模量损失作为评价试件抗冻性能的评价指标。当试件出现质量损失率达到5%或者试件的相对动弹性模量下降到60%,试验即停止。抗弯试件尺寸参照《混凝土物理力学性能试验方法标准》(GB/T 50081—2019)中抗折强度试验进行设计,试件尺寸为150mm×150mm×550mm。参照《预制拼装桥墩技术规程》(DG/TJ 08-2160—2015),拼接缝厚度分别选取了0mm、20mm、40mm。

三、试验结果分析

1. 破坏形态

本文考虑不同气冻气融循环次数和拼接缝厚度因素,应用材料试验机获取不同工况下混凝土拼接缝试件宏观破坏形态。

图3为不同工况下混凝土拼接缝试件破坏形态。不同冻融循环次数和垫层砂浆厚度下混凝土抗弯破坏形态均首先从跨中区域出现裂缝,随着加载的进一步发展,裂缝逐步延伸至试件顶端后发生破坏。相同冻融循环次数,随着垫层砂浆厚度提高,混凝土试件破坏起始段更易发生在垫层砂浆与混凝土结合面处。含有垫层砂浆的混凝土试件,在冻融循环次数较高时,混凝土试件相比更容易在垫层砂浆与混凝土结合面处发生破坏。如垫层砂浆为20mm,当冻融循环次数为0时,试件起始裂纹发生在跨中砂浆区域,当冻融循环发生后,试件破坏均发生在垫层砂浆与混凝土结合面处。对于垫层砂浆为40mm的抗冻混凝土和普通混凝土工况,在不同冻融循环次数下两种类别混凝土破坏形态基本相同。由此说明,不同气冻气融循环次数对混凝土破坏形态影响较小,对于垫层砂浆与混凝土结合面处影响较大,随着气冻气融循环次数增加,结合面处胶结能力将受到显著影响。

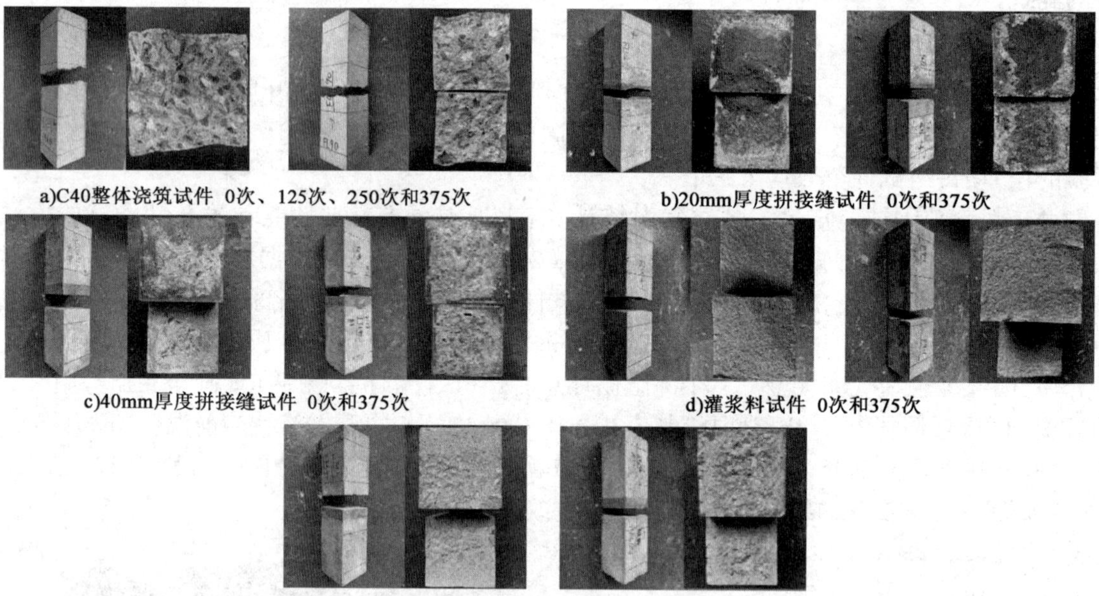

a)C40整体浇筑试件 0次、125次、250次和375次　　b)20mm厚度拼接缝试件 0次和375次

c)40mm厚度拼接缝试件 0次和375次　　d)灌浆料试件 0次和375次

e)40mm厚度拼接缝抗冻试件0次和375次

图3　不同工况下混凝土拼接缝试件破坏形态

2. 质量损失

本文冻融循环试验以125次冻融循环次数为一个周期,每一个试验周期后把试件取出,测量试件的质量,获取不同工况下混凝土接缝试件质量参数。选取冻融循环次数375次工况试件外观形态分析气冻气融环境对试件的影响,如图4、图5所示。

图4为冻融循环后的试件外观,气冻气融作用后,试件的损伤较小,并未出现水冻水融试验时混凝土的剥落和断裂现象,而且也无明显的裂缝出现,进一步验证了试件质量的损失变化较小的规律。由图5

可知，随着冻融循环次数的增加，拼接缝厚度为0mm、20mm和40mm的试件质量损失变化较小，质量变化规律基本一致；对于高强灌浆材料，随着冻融循环次数的增加，质量损失较拼接缝的试件变化更小；对于添加引气剂和粉煤灰的抗冻混凝土，随着冻融循环次数的增加，试件质量略有增加，但质量变化整体趋势较为平缓。冻融循环达到375次后，对于所有试件，质量损失率均小于5%，抗冻性良好。近几年也有相关学者做过一些关于气冻气融的研究，研究结果表明：随着冻融循环次数的增加，混凝土相对动弹性模量、抗压强度逐渐减小；试件质量略有增大。

图4　冻融循环后试件外观变化（375次）

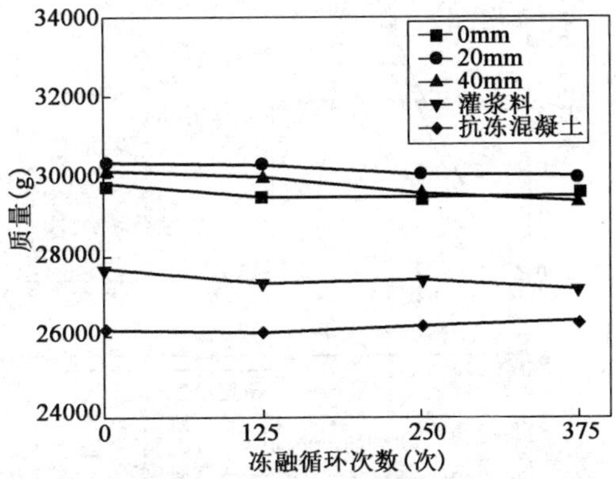

图5　冻融循环后试件质量变化

出现上述现象是由于两种冻融方式的机制不同所造成的。水冻时，试件直接浸泡在水中，可认为其内部各种尺寸的孔隙均处于饱水状态，因此，低温时可发生结冰的水分较多，故膨胀的体积也相对较大，由于体积膨胀产生的各种内应力也相应较大，导致损伤累积较快，最终表现为表面剥蚀和产生裂缝现象。气冻时，试块表面并未直接浸泡在水中，其内部含水率低于快速水冻，部分孔隙可能还处于干燥状态，冻结时产生的内应力小于快速水冻，因此损伤主要表现为裂缝的产生，并未发生表面剥蚀．快速水冻时试件产生表面剥蚀，因此质量有所下降；气冻时试块并未出现表面剥蚀现象，故质量并无明显下降，产生的裂缝反而使得试块能够吸收更多水分，因此出现了质量略有增大的现象。研究表明气冻气融作用下试件抗压强度的劣化程度，远小于相同冻融循环次数时的快速水冻水融作用下抗压强度的劣化程度。

3. 动弹性模量

混凝土冻融循环后性能参数研究一般采用动弹性模量参数，动弹性模量的测量时非破损的，能考察同一试件在冻融循环过程中内部结构的逐渐破坏过程，而且测量方法简单快捷，在混凝土快速冻融循环试验中作为另一个评价指标，因此，本文选取动弹性模量参数分析其力学性能，如图6所示。

图6所示为各组试件的动弹性模量随着冻融循环次数的变化规律。随着冻融循环次数的增加，拼接缝厚度为0mm、20mm和40mm的试件动弹性模量总体损失变化较小。动弹性模量的会出现随着冻融次数增加而上下波动。对比灌浆料和抗冻混凝土，冻融循环作用次数增加，对动弹性模量的影响则更小，相对动弹性模量损失下降小于60%，同时考虑混凝土和灌浆料材料的离散性，可忽略冻融循环对试件内部造成的结构损伤。试验的每一个工况采用三个试件的数据，通过平均趋势曲线可以得出试件的动弹性模量略有减少，而且试件动弹性模量损失的变化量小于混凝土材料质量的离散性变化量。考虑到冻融循环后的试件外观，气冻气融作用后，试件的损伤较小，并未出现水冻水融试验时混凝土的剥落和断裂现象，其内部损伤也较小，同时也验证了试件质量的损失变化较小的规律。

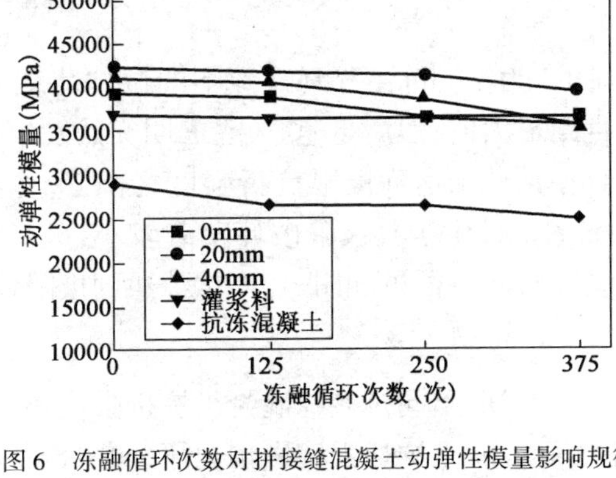

图6　冻融循环次数对拼接缝混凝土动弹性模量影响规律

4. 力与变形曲线

根据本文加载方案,应用材料加载试验机获取不同气冻气融循环次数和垫层砂浆厚度下混凝土强度-变形曲线,如图 7 所示。

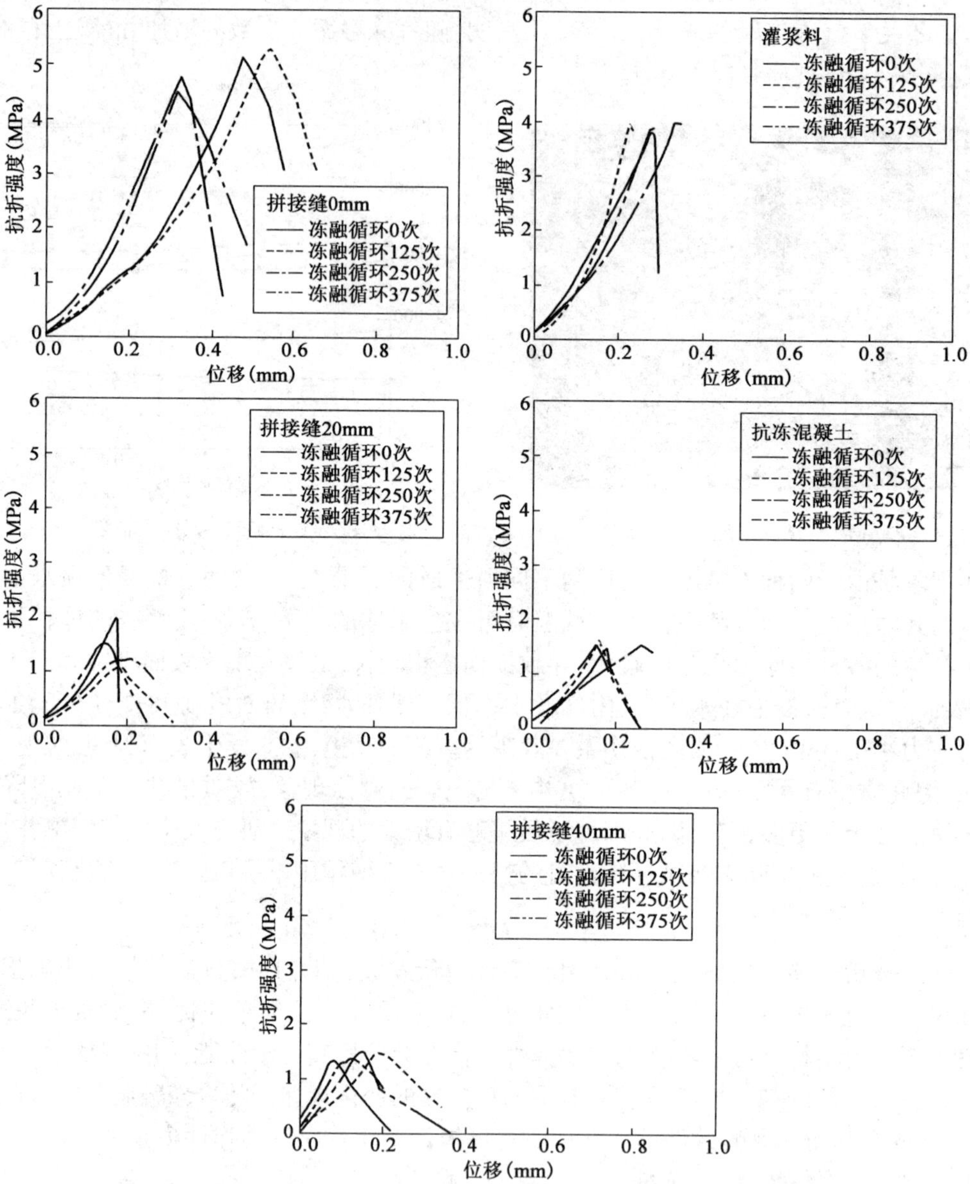

图 7 拼接缝混凝土抗折强度-位移曲线

图 7 为不同冻融循环次数下的试件荷载-位移曲线,对于每一个试件,位移随荷载的增加呈线性增加,直到最大值,然后迅速终止,表明突然发生脆性破坏。随着冻融循环次数的增加,通过加载曲线可以看出,在试件未达到极限抗折强度之前,每个试件的抗折刚度无明显的变化。拼接缝厚度为 20mm 和 40mm 的试件由于其极限破坏荷载较小,破坏时的位移也明显小于整体浇筑的试件。对于灌浆材料试件,脆性破坏特征更加明显,当试件达到极限荷载时,试件立即断裂。

5. 力学特征参数

通过提取不同拼接缝混凝土抗折强度-位移曲线中抗折强度参数,分析冻融循环次数和拼接缝厚度对拼接缝混凝土抗折强度影响规律,如图 8 所示。

如图 8 所示,整体浇筑拼接缝的抗折强度在 4 ~ 5MPa 之间,20mm 厚度的拼接缝试件抗折强度在 0.5 ~ 2MPa 之间,40mm 厚度的拼接缝试件抗折强度在 1 ~ 2.5MPa 之间,对比可知通过混凝土通过拼接缝连接其抗折强度小于整体浇筑试件,拼接缝厚度 40mm 的试件抗折强度大于 20mm 的。对比整体浇筑试件和灌浆料试件,灌浆料试件的材料的立方体抗压强度大于混凝土的抗压强度,但抗折强度混凝土略大于高强灌浆料。调查研究表明,出现这种现象规律有两个主要原因,首先是砂浆养护条件,通常的试件养护分为干燥养护和保水养护,干燥养护条件下灌浆料的抗折强度会比饱水养护条件下的强度低,但因灌浆料水灰比较小为 0.15,其远小于普通混凝土的水灰比,致干燥养护对灌浆料的抗压强度影响较小。考虑到实际施工多方面外界条件的限制,工程中难以做到饱水养护,多采用干燥养护,本次项目试验灌浆料采用的养护方式与工程中的干燥养护相似,故出现上述试验现象。其次是骨料含量影响试件抗弯强度,相关试验研究表明:混凝土中集料总量一定而粗集料含量不同时,抗压强度几乎不受影响,而随粗集料含量减少,抗拉强度、抗弯强度均减少;灌浆料中也存在相似的关系,因灌浆料中不含有粗集料,对则其抗折强度有一定削弱作用。

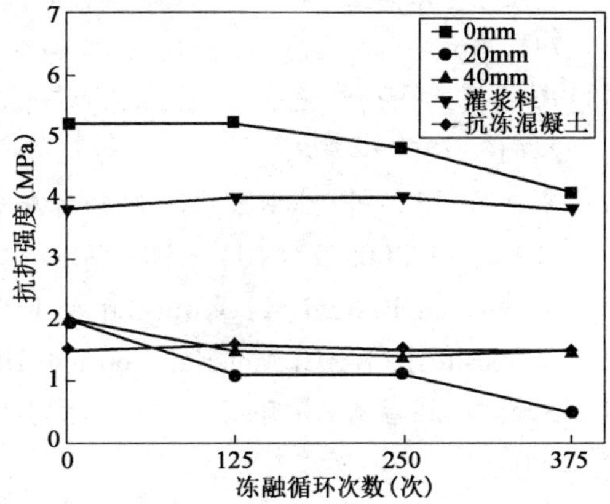

图 8 不同拼接缝厚度混凝土抗折强度损失对比

随着冻融循环次数的增加,拼接缝厚度为 0mm、20mm、40mm 的拼接缝试件和灌浆料试件的抗折强度整体的下降趋势不明显,可以看出冻融循环对抗弯强度的劣化程度小于试件自身的离散性。图 8 对比分析可得抗弯强度随着冻融循环次数的增加出现较小的下降,强度对比可得,C40 整体浇筑的强度最大,灌浆料的强度其次,较小的为带拼接缝连接的试件。

四、结 语

本文以预制装配式结构中的预制桥墩与承台连接拼接缝耐久性能问题为研究背景,冻融循环试验考虑冻融循环次数、试件拼接缝厚度及试件材料组成 3 个因素的影响,研究了界面区的抗冻性能。主要得到以下结论:

(1)375 次长周期气融气融冻融循环的试验结果表明,比较抗折试件质量损失、动弹性模量和力学强度,气冻气融冻融循环方式对于不同拼接缝厚度的混凝土试件和建筑常用的 OVM 高强灌浆料的损伤较小,抗弯强度降低幅值较小。因此,在装配式结构设计中,对暴露于大气环境区的桥梁结构构件耐久性设计时,可适当降低安全设计指标,以提高经济成本效益。

(2)试验研究获得了拼接缝连接混凝土试件抗弯强度,其强度均略小于整体浇筑混凝土试件。本项目试验的试件连接接触表面为自然浇筑面,但实际工程中可考虑表面凿毛处理表面,进一步提升黏结强度,满足工程需求。

(3)OVM 高强灌浆料的抗弯强度接近于 C40 混凝土的实测值,工程中采用饱水养护方式则进一步提高灌浆料抗折强度,结果表明 OVM 高强灌浆料作为拼接缝灌浆料有很好的工作性能和力学性能能够满足工程需求。

参考文献

[1] 段昕智,徐文靖,李建中. UHPC 连接预制拼装桥墩拟静力试验[J]. 结构工程师,2022,38(03):75-82,216.

[2] Qu F L, Li W G, Dong W K, et al. Durability deterioration of concrete under marine environment from material to structure: A critical review[J]. Journal of Building Engineering, 2021, 35: 102074.

[3] Bilal H, Chen T, Ren M, et al. Influence of silica fume, metakaolin & SBR latex on strength and durability performance of pervious concrete[J]. Construction and Building Materials, 2021, 275(9): 122124.

[4] 杨全兵.混凝土盐冻破坏机理(Ⅱ):冻融饱水度和结冰压[J].建筑材料学报,2012,15(06):741-746.

[5] 唐光普,刘西拉,施士升.冻融条件下混凝土破坏面演化模型研究[J].岩石力学与工程学报,2006,24(12):2572-2578.

[6] 覃丽坤,宋玉普,陈浩然,等.双轴拉压混凝土在冻融循环后的力学性能及破坏准则[J].岩石力学与工程学报,2005,23(10):1740-1745.

[7] Soroushian P, Nagi M, Okwuegbu A. Freeze-thaw durability of lightweight carbon fiber reinforced cement composites[J]. ACI Materials Journal,1992,89(5):491-494.

[8] 王修田,钱春香,游有鲲,等.含气量对混凝土抗冻性能与抗渗性能的影响[J].混凝土与水泥制品,2004(06):16-18.

[9] 余红发,孙伟,张云升,等.膨胀剂和纤维及其复合对混凝土抗冻性的影响[J].南京航空航天大学学报,2006,39(02):245-250.

[10] 关虓,牛荻涛,李强,等.气冻气融作用下钢筋混凝土梁抗弯承载力试验研究[J].建筑结构,2018,48(22):62-66.

[11] 关虓,牛荻涛,肖前慧,等.气冻气融作用下混凝土抗冻性及损伤层演化规律研究[J].铁道学报,2017,39(03):112-119.

69.基于模型融合的桥塔预偏量预测

胡钦侠[1,2,3,4]　肖　垚[1,2,4]　杨怡光[5]

(1.中交第二航务工程局有限公司;2.长大桥梁建设施工技术交通行业重点实验室;

3.交通运输行业交通基础设施智能制造技术研发中心;

4.中交公路长大桥建设国家工程研究中心有限公司;5.中南财经政法大学信息与安全工程学院)

摘　要　桥塔的受力情况直接影响桥梁的安全稳定,而基于有限元分析的传统桥塔施工监控方法耗时费力,且难以充分覆盖所有可能的工况。针对现有方法的不足,提出一种基于模型融合的桥塔预偏量预测方法。以仙新路长江大桥为工程背景,收集构建了包含9种影响因素的试验数据集,在数据处理后,建立了具有初始化参数的SVR和KNN模型,并利用MAE、MAPE、RMSE以及R^2等4种评估指标进行了模型评估。同时,为进一步提升模型预测结果的可靠性,基于加权平均法对经过网格搜索超参数优化后的SVR和KNN模型进行了模型融合,融合后的模型在测试集上的MAE为1.361,MAPE为0.149,RMSE为2.08,R^2为0.997。试验结果表明:该模型拟合精度很高,具有良好的工程应用研究价值。

关键词　模型融合　桥塔　预偏量　SVR　KNN　施工监控

一、引　言

桥塔直接影响桥梁整体结构的稳定安全,作用至关重要,而桥塔施工过程中桥塔线形控制是一项极其重要的指标[1]。由于大部分桥塔呈倾斜姿态,施工监控时需提前预测待施工塔柱对已施工塔柱产生的水平位移影响,并设置相应预偏量,保证桥塔施工完成后线形与设计保持一致,因此桥塔预偏量的精确预测对其施工质效的精准把控具有重要意义[2]。

传统桥塔预偏量预测采用有限元仿真分析法,该方法考虑工况有限且计算过程烦琐,因此预测精度一般。机器学习是一种基于数据驱动的数据挖掘方法,近年来被大量学者用于桥梁工程领域,具有广泛的应用前景。刘扬等[3]基于支持向量回归(SVR)算法,提高了桥梁抗震动力可靠度分析计算效率;徐学松[4]采用BP神经网方法,预测了大跨连续梁的预拱度;许为民等[5]采用万有引力搜索算法(GSA)对支持向量回归(SVR)算法进行改进,实现了对惩罚参数和核参数的优化计算;周双喜等[6]提出一种基于思维进化算法优化的极限学习机算法对大跨度连续梁桥线形误差进行了预测,预测精度达到0.255cm,研究成果对桥梁线形控制有较高实用价值。

以上研究成果表明,机器学习算法能够有效地与桥梁施工控制领域进行交叉,且研究结果对工程实际问题有较高的参考价值[7]。然而,目前研究影响因素考虑不够周全,且大部分仅采用单一机器学习算法对桥梁结构线形进行预测,预测结果缺乏可靠性[8]。由此,本文基于SVR和KNN两种机器学习算法,采用较全面反映影响桥塔预偏量的9种参量,建立桥塔预偏量预测分析模型,并通过加权平均法进行模型融合从而进一步提升模型性能。试验结果表明,相比SVR和KNN等方法融合后的模型在桥塔预偏量预测时具有很高的精度,对于桥塔施工线形控制有积极的实践指导意义。

二、算法介绍

1. SVR

传统回归模型利用预测值$f(x)$与真实值y之间的偏差来定义损失函数,并通过损失函数最小化来实现模型优化[9]。SVR算法则引入了松弛变量ε,从而提升模型对于错分样本的容忍度,且仅当满足条件$|f(x)-y|>\varepsilon$时,才计算损失。对于线性可分的训练样本,其分隔超平面定义如下:

$$\boldsymbol{w}^{\mathrm{T}}x+b=0 \tag{1}$$

式中:$\boldsymbol{w}$——法向量;

b——偏置项。

对于非线性可分问题,SVR算法利用非线性映射函数$\Phi(x)$对x进行变换,从而将其从低维空间映射到高维空间。于是,在高维空间的分隔超平面定义如下:

$$f(x)=\boldsymbol{w}^{\mathrm{T}}\Phi(x)+b \tag{2}$$

此时,样本空间中任意点x到超平面$(\boldsymbol{w},b)$的距离r与间隔宽度分别定义为:

$$r=\frac{|\boldsymbol{w}^{\mathrm{T}}\Phi(x)+b|}{\|\boldsymbol{w}\|}$$
$$\gamma=\frac{2\varepsilon}{\|\boldsymbol{w}\|} \tag{3}$$

以$f(x)$为中心,构建宽度为2ε的间隔带,若训练样本落入此间隔带,则认为是预测正确。进一步,引入核函数后,SVR表达式定义为:

$$f(x)=\sum_{i=1}^{m}(\hat{a}_i-a_i)\cdot k(x_i,x)+b \tag{4}$$

式中:$k(x_i,x)$——核函数;

$\hat{a}_i$、a_i——拉格朗日乘子。

2. KNN

KNN(K-Nearest Neighbor)算法是一种有监督机器学习算法[10],利用有标签的已知样本对新样本进行分类,预测精度较高。KNN方法既可以做分类,也可以做回归,而主要区别在于最后做预测时的决策方式不同。KNN做分类预测时,一般是选择多数表决法,即训练集里和预测的样本特征最近的K个样本,预测里面最多类别数。而KNN做回归时,一般是选择平均法,即以最近的K个样本的样本输出的平均值作为回归预测值。KNN算法主要考虑三个要素,即k值的选取、距离度量的方式和决策规则。对于k值,可以通过交叉验证来选取。

距离度量方式多种多样,但最常用的是欧式距离。即对于两个n维向量x和y,两者的欧式距离定义为:

$$D(x,y)=\sqrt{(x_1-y_1)^2+(x_2-y_2)^2+\cdots+(x_n-y_n)^2}=\sqrt{\sum_{i=1}^{n}(x_i-y_i)^2} \tag{5}$$

3. 模型融合

模型融合是将两个或多个弱学习器进行集成,从而实现群体决策的过程[11]。其主要包含两个阶段,分别为弱学习器的构建与融合策略的选择。对于弱学习器的选择,可以是同一类算法,即同质模型,也可以是不同的多种算法,即异质模型,且后者称为异质模型融合。在回归任务中,平均法是最常用的模型融合策略,即集成模型 $H(x)$ 为弱学习器预测结果的平均值,$H(x)$ 定义如下:

$$H(x)=\frac{1}{T}\sum_{i=1}^{T}w_i h_i(x) \tag{6}$$

式中:w_i ——弱学习器 h_i 的融合权重,一般情况下,要求 $w_i \geqslant 0$,且 $\sum_{i=1}^{T}w_i=1$。

融合权重实际上代表弱学习器的重要程度。当 $w_i=\frac{1}{T}$ 时,表明弱学习器在融合过程中的重要性是等价的;而当弱学习器的性能指标有较大差异时,则会为性能更强的弱学习器赋予更大的权重,此时式(6)即为加权平均。在只有两个弱学习器 h_1、h_2 时,一般可以将权重设置为{0.4,0.6}或{0.2,0.8}[12]。

4. 模型评价指标

使用平均绝对误差(MAE)、均方根误差(RMSE)和确定性系数(R^2)对SVR、KNN以及加权平均法的模型融合算法进行性能评估和对比[13],各评估指标具体定义,如式(7)~式(10)所示。

$$\mathrm{MAE}=\frac{1}{N}\cdot\sum_{i=1}^{N}\left|y_i-p_i\right| \tag{7}$$

$$\mathrm{MAPE}=\frac{100\%}{N}\cdot\sum_{i=1}^{N}\left|\frac{y_i-p_i}{y_i}\right| \tag{8}$$

$$\mathrm{RMSE}=\sqrt{\frac{1}{N}\sum_{i=1}^{N}(y_i-p_i)^2} \tag{9}$$

$$R^2=1-\frac{\sum_{i=1}^{N}(y_i-p_i)^2}{\sum_{i=1}^{N}(y_i-\bar{y})^2} \tag{10}$$

式中:N ——样本总数;

y_i ——第 i 条样本的真实值;

$\bar{y}$ ——真实值的均值;

p_i ——第 i 条样本的预测值。

结合本研究,y_i 为第 i 样本对应的实际桥塔预偏量,p_i 为模型对第 i 条样本的预测值。

三、数据集构建

1. 工程概况

仙新路过江通道项目全长约13.17km,主线采用双向六车道城市快速路标准建设,主桥为1760m的单跨门形塔整体钢箱梁悬索桥结构。南、北塔设计采用门式框架结构,群桩基础,单桩直径为2.8m,共66根,按摩擦桩设计,其中南塔设计桩长101m、北塔设计桩长110m;承台为矩形结构,平面尺寸为74.8m×39.8m,厚度为8m;棱台形塔座,顶面平面尺寸为14.5m×18m,高3.5m;主塔采用门形混凝土塔,上横梁采用N字母造型。塔柱全高(从塔座顶面至鞍座底)263.8m。自桥面以上塔高208.6m,桥面以下塔高55.2m,分别由上、中、下塔柱,上、下横梁以及塔顶鞍罩组成。

仙新路长江大桥效果图见图1,桥塔断面见图2。

图1　仙新路长江大桥效果图

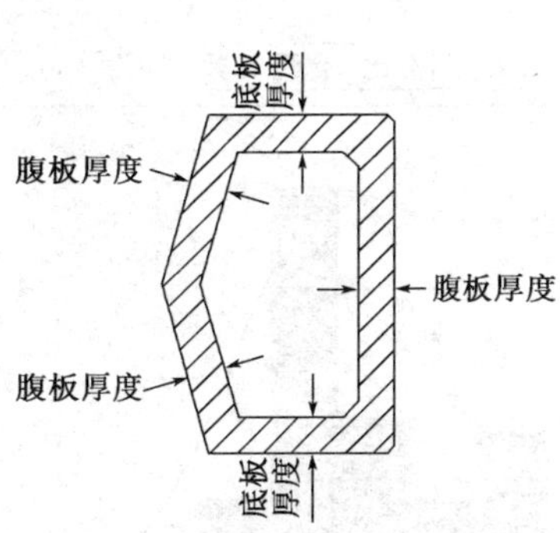

图2　桥塔断面

2. 数据收集

收集来自仙新路长江大桥桥塔的123组预偏量数据。影响桥塔预偏量的参量主要有节段长度、梁段重量、腹板厚度、底板厚度、温度、混凝土重度、弹性模量、抗压强度、风荷载。表1列出桥塔数据的统计描述。

数据描述　表1

统计值	梁段长度(m)	梁段重量(kN)	腹板厚度(mm)	底板厚度(mm)	温度(℃)	重度(kN/m^3)	弹性模量(N/mm^2)	抗压强度(N/mm^2)	风荷载(N/mm)	预偏量(mm)
均值	2.14	2997.12	172.90	172.90	19.60	25.10	3602.82	38.61	36.80	57.35
标准差	1.01	1435.10	44.74	44.74	0.16	1.26	23.99	1.39	14.34	38.11
最小值	0.25	411.43	120.00	120.00	19.38	23.35	3571.71	36.68	5.62	0.03
25%分位数	1.20	1962.70	140.00	140.00	19.46	23.74	3578.13	37.11	24.58	19.12
中位数	2.25	3310.51	140.00	140.00	19.56	26.06	3622.78	39.67	40.11	60.84
75%分位数	3.00	3765.96	212.50	212.50	19.73	26.21	3622.96	39.84	49.39	98.97
最大值	6.00	7678.02	250.00	250.00	20.00	26.27	3623.96	39.90	56.58	103.57

3. 数据处理

在数据集的收集过程中可能由于各种原因导致数据存在缺失值,为了尽可能地确保数据完整性,常采用完整数据的众数、中位数、分位数、均值等填充方法进行缺失值填充。由数据的统计描述结果得知,部分特征极值相差较大,因此本研究采用了中位数的缺失值填充方法。同时,由于输入影响参量存在数量级差异,训练过程中训练速度以及预测精度会有所降低[14],采用z-score方法对收集的数据进行归一化,消除参量间的量级差异。其计算过程如下:

$$z = \frac{x - \mu}{\sigma} \tag{11}$$

式中:μ——样本均值;

σ——样本标准差。

以梁段重量为例,其归一化前后的数据分布如图3所示。可以看出,归一化处理之后,数据分布更加集中,且尺度上更加均匀。

数据收集过程中不可避免地存在异常值,本研究利用箱线图可视化的方法进行了异常值的识别过滤。以梁段质量为例,其处理前后的箱线图如图4所示。

各变量的皮尔森相关系数分析如图5所示,可见风荷载及温度等都与预偏量有很高的相关性,皮尔森相关系数分别为0.98和-0.98;同时,混凝土重度、弹性模型及抗压强度之间也呈现出很高的相关性,相关系数达到了1。图中其他颜色偏红的小块,也表明相应变量之间具有很高的相关性,对角线上的取值代表各变量与其自身的相关系数。

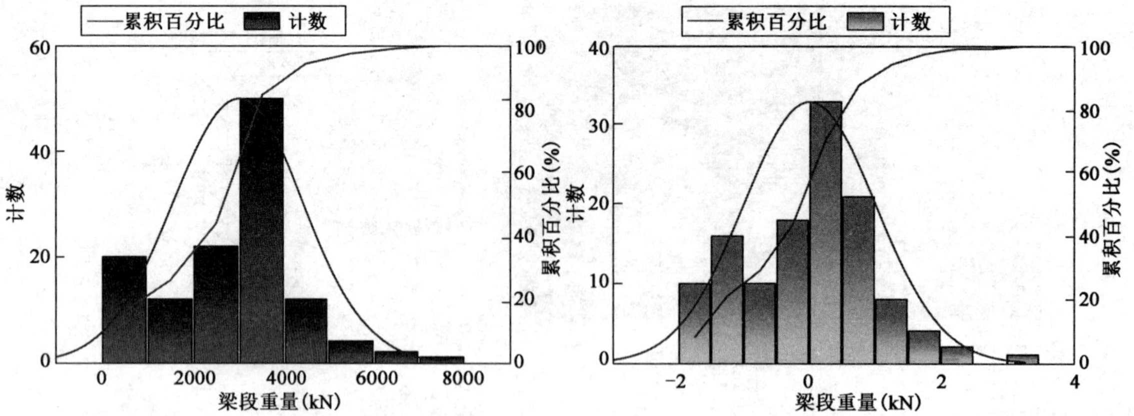

图 3　数据归一化效果图

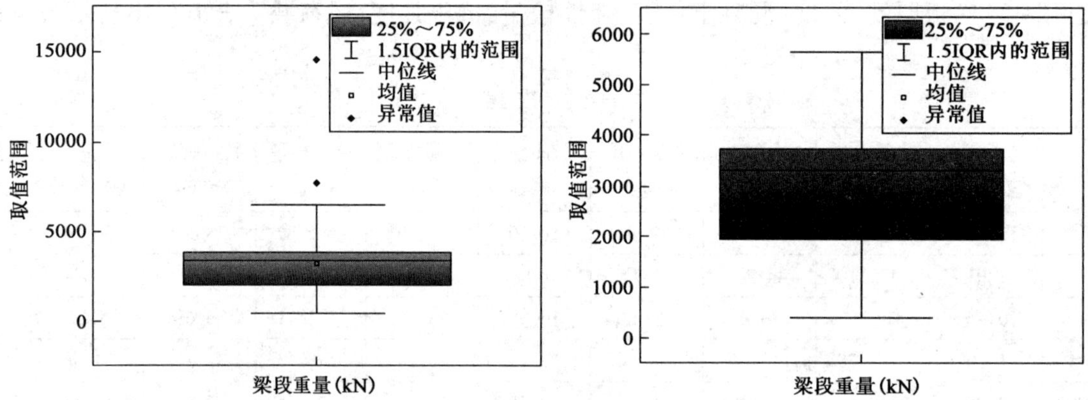

图 4　箱线图

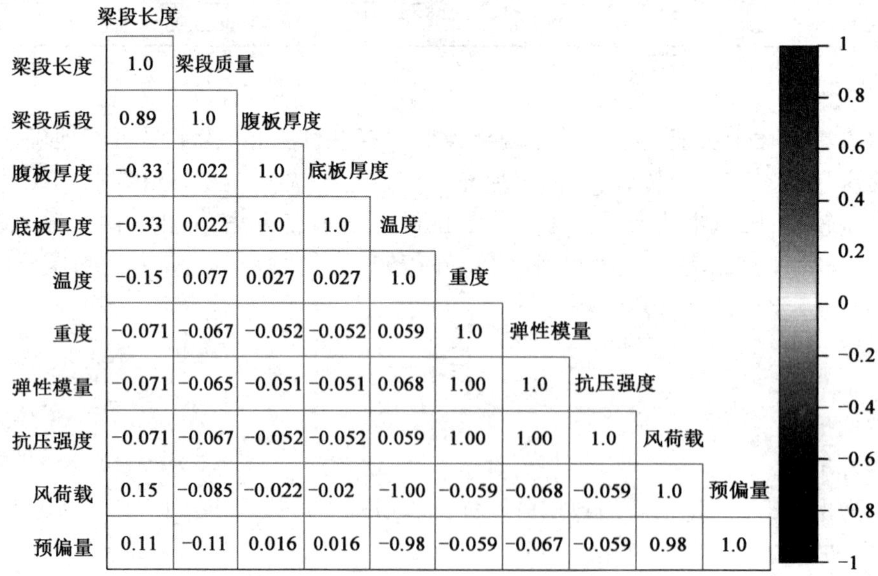

图 5　相关性分析

四、结果与讨论

1. 模型构建与评估

基于预处理得到的数据，在初始化参数后分别建立起 SVR 和 KNN 模型。其中，由于数据量较小，本研究对 SVR 模型采用了线性核函数。同时,为确保模型性能的鲁棒性,对各模型进行 10 折交叉验证后,结合测试集数据进行性能评估,得到如表 2 所示的评估结果。可以看出,各模型的 MAPE 都比较大,尤其是 SVR 模型在测试集上的 MAPE 达到了 24.664,这主要是由 MAPE 的定义所决定的,结合式(8),当 $Y_{i_{\text{observed}}}$ 接近于 0 时,MAPE 将非常大。同时,对比 KNN 模型相应指标可以看出,KNN 模型在测试集上的 MAPE 为 7.169,这也表明了非参数化模型在处理小样本量任务上的优越性[15]。

SVR 和 KNN 模型评估指标　表 2

模　型	训练集指标				测试集指标			
	MAE	MAPE	RMSE	R^2	MAE	MAPE	RMSE	R^2
SVR	5.830	4.853	7.292	0.962	6.266	24.664	8.079	0.946
KNN	4.384	1.540	5.583	0.978	6.018	7.169	7.985	0.957

进一步,为避免上述模型的超参数在人工经验选择过程中的主观性,基于网格搜索进行了超参数优化,优化后的 SVR 模型和 KNN 模型在测试集上的拟合效果如图 6 所示,对比可以看出,模型学习性能得到了一定程度的提升。

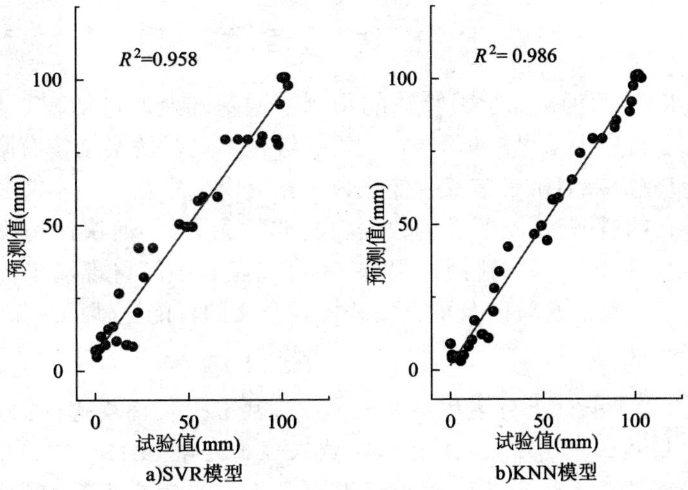

图 6　模型拟合效果图

2. 模型融合

为实现模型决策层的深度集成,从而提升预测结果的可靠性,对 SVR 和 KNN 模型进行模型融合,融合模型的最终输出结果为 SVR 和 KNN 模型预测结果的加权平均。其中,由于 SVR 模型和 KNN 模型的学习性能存在一定差距,因此对二者赋予了不同的权重,且 KNN 模型的融合权重更大。其中,基模型的融合权重设置为 0.4 与 0.6[12]。

融合模型在训练集和测试集上的各项指标如表 3 所示,对比表 3 可以看出,集成模型相对于单一的 SVR 和 KNN 模型,R^2 评估指标有了明显的提升,而其余的误差指标显著下降,表明了群体决策相对于单一模型预测结果的可靠性。

集成模型的评估指标　表 3

模　型	训练集指标				测试集指标			
	MAE	MAPE	RMSE	R^2	MAE	MAPE	RMSE	R^2
SVR + KNN	0.134	0.037	0.198	0.999	1.361	0.149	2.080	0.997

为更直观地说明集成模型的预测性能,将预测结果与真实结果进行对比。如图 7 集成模型预测结果与真实结果的比较所示,将 SVR 与 KNN 模型进行融合后,模型的预测结果与实际观测结果具有较好的吻合度。

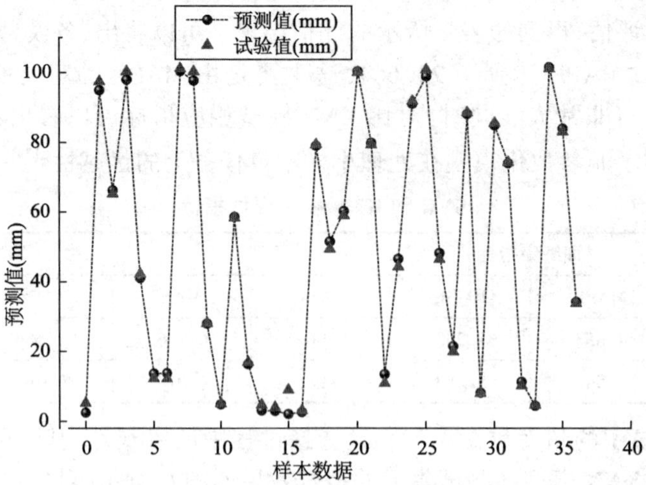

图7　集成模型预测结果与真实结果的比较

五、结　　语

本文在基于SVR和KNN两种机器学习算法的预测模型基础上通过加权平均法的模型融合进一步提升模型性能，大幅提升了桥塔预偏量的预测精确度，能够在不进行桥梁结构有限元仿真分析的前提下，快速给定桥塔预偏量。研究成果为桥梁施工智能化数字化提供了思路。但本文桥塔数据量较少，未来对于塔高更高，样式更为复杂的桥塔，预测所需的数据将会非常庞大，如何快速精确处理繁多的数据，也为桥塔预偏量预测模型的发展提出了新的挑战。另外，还可以探索如何将现场工程经验添入模型，实现更好地辅助决策，进而建立更加精准有效以及更具实践指导意义的智能化辅助决策模型。

参考文献

[1] 蒋本俊，刘生奇. 武汉二七长江大桥主桥桥塔施工关键技术[J]. 桥梁建设，2012，42(03)：7-13.

[2] 石径. 斜塔斜拉桥桥塔施工控制研究[D]. 武汉：武汉理工大学，2011.

[3] 刘扬，周志彬，张海萍. 基于支持向量回归的桥梁抗震动力可靠度计算[J]. 公路交通科技，2017，34(09)：86-92.

[4] 徐学松. BP神经网络在大跨度连续梁桥中的预测作用[J]. 九江学院学报(自然科学版)，2016，31(03)：30-34，43.

[5] 许为民，贺鹏，路辉，等. 基于GSA-SVR的超宽钢箱梁顶推施工全过程局部最大应力预测[J]. 公路交通科技，2021，38(S1)：41-47.

[6] 周双喜，邓芳明，韩震，等. 基于优化极限学习机的大跨径连续桥梁施工线形预测[J]. 铁道学报，2019，41(03)：134-140.

[7] 岳彪，闵永智，马宏锋，等. 钢轨表面缺陷检测系统中图像增强预处理方法研究[J]. 铁道科学与工程学报，2018，15(12)：3248-3256.

[8] Chou J S，Pham A D. Enhanced artificial intelligence for ensemble approach to predicting high performance concrete compressive strength[J]. Construction & Building Materials，2013，49：554-563.

[9] Cortes C，Vapnik V. Support-Vector Networks[J]. Machine Learning，1995，20(3)：273-297.

[10] COVER T M，HART P E. Nearest Neighbor Pattern Classification[J]. IEEE，Transactions on Information Theory，1967，13(1)：21-27.

[11] Dietterich T G. Ensemble methods in machine learning[C]//Proceedings of the International workshop on multiple classifier systems，2000，Springer.

[12] 美团算法团队. 美团机器学习实践[M]. 北京：人民邮电出版社，2018.

[13] 王克海,鲁冠亚,张盼盼.基于机器学习的中小跨径公路梁桥抗震设计评价方法研究[J].公路交通科技,2019,36(2):74-84.

[14] 王景春,吴雨航,王大鹏,等.采用机器学习方法预测连续刚构桥预拱度研究[J/OL].铁道标准设计:1-7[2022-09-13].

[15] Botchkarev A. Performance Metrics(Error Measures)in Machine Learning Regression,Forecasting and Prognostics:Properties and Typology[J].2018.

70.考虑桩-土-水-结构相互作用的钢箱梁斜拉桥动力特性分析①

吴 鸣[1] 浦童刚[2] 杨莹虹[1]

(1.汕头大学土木与环境工程系;2.云南省公路科学技术研究院)

摘 要 以双塔三跨钢箱梁斜拉桥——中砂大桥为背景,基于Morison方程用附加质量法模拟墩-水耦合下的动水作用,用m法模拟桩土效应,用ANSYS软件分别建立了墩底固结、桩-土-结构和桩-土-水-结构三维空间全桥有限元模型,开展了桩土效应和动水作用对其动力特性的影响研究,并对m取值差异造成地基刚度变化对钢箱梁斜拉桥动力特性的影响进行参数化研究。结果表明:考虑桩土效应和动水作用后,该斜拉桥结构自振频率均减小,振型阶数越高,对频率影响越显著;随着地基刚度的折减,该斜拉桥的自振频率有所减小。

关键词 桥梁工程 桩-土-结构相互作用 钢箱梁斜拉桥 有限元法 动力特性

一、引 言

随着交通强国的推进以及2021年《国家综合立体交通网规划纲要》的发布,大批深水、跨海、长大桥梁正在我国东南沿海地区被规划或者建设,如深中通道伶仃洋大桥。近些年来我国在东南沿海建造了40余座跨海桥梁,不同于陆地桥梁工程,此地区跨海桥梁会受到强震和水流的联合作用,考虑动水作用会对桥梁结构的动力特性产生深远影响[1]。

桥梁桩基、土体、水体、上部结构之间存在复杂的相互耦合作用[2],考虑桩-土-结构相互作用对系统动力特性的研究相对成熟,文献[3]用p-y动力单元模拟桩土接触,基于OpenSees建立了桩-土-墩数值分析模型;王世成等[4]用m法计算土弹簧刚度,用一个6×6子结构刚度模拟桩-土相互作用建立斜拉桥模型并进行动力特性分析。现有研究结果均表明:桩-土相互作用会降低桥梁结构的刚度,使得结构自振周期相应延长[5],但受洋流、波浪等影响,由于水与桥墩之间的相对运动,使得在水中的桥墩受到因动水而产生压力作用。目前,因墩-水耦合而产生的动水作用对桥梁结构动力特性的影响研究较少。钢箱梁斜拉桥作为一种超静定结构,自重小、柔度大,对外界环境振动激励敏感,其自振频率和振型特征较为复杂,因此,研究桩-土相互作用、墩-水耦合相互作用对钢箱梁斜拉桥动力特性的影响,对后续开展抗震、抗风、车桥耦合振动等分析具有重要意义。

二、桩土效应与动水作用模拟方法

1.桩-土-结构相互作用

目前在桩-土-结构相互作用理论分析中采用的计算模型主要有Penzien模型,此外基于Winkler地基

① 基金项目:国家自然科学基金(52078284)。

梁模型的离散模型,如 Matlock 模型、Novak 模型、Nogami 模型等也应用广泛,但在工程实践中多用土弹簧模拟桩周土体和基础的相互作用[6],即 m 法。由 m 法计算土弹簧刚度的原理及流程如下:

由地基比例系数的定义:

$$\sigma_z = mzx_z \tag{1}$$

式中:σ_z——土体对桩的横向抗力;

z——土层的深度;

x_z——桩在深度 z 处的横向位移。

根据式(1)可得出土体的水平弹簧刚度为:

$$K_s = \frac{P_x}{x_z} = \frac{A\sigma_z}{x_z} = \frac{(ab_p)(mzx_x)}{x_z} = ab_p mz \tag{2}$$

式中:b_p——桩的计算宽度;

a——土层的厚度。

利用式(2)可计算出各层土对应的桩基水平刚度系数,具体而言:

对于第一层土:

$$k_1 = h_1 b_p m\left(\frac{1}{2}h_1\right) \tag{3}$$

对于第二层土:

$$k_2 = h_2 b_p m_2\left(h_1 + \frac{1}{2}h_2\right) = 0.5(2m_2 h_1 + m_2 h_2)h_2 b_p \tag{4}$$

对于第 n 层土:

$$k_n = h_n b_p m_n\left(h_1 + h_2 + \cdots + \frac{1}{2}h_n\right) = 0.5\left(2m_n\sum_{i=1}^{n-1}h_i + m_n h_n\right)h_n b_p \tag{5}$$

2. 墩-水耦合相互作用

对于处在深水之中的桥梁,受洋流、波浪等作用,由于水与桥墩之间的相互作用水会对浸水桥墩产生一种动水压力作用,即墩-水耦合作用。目前用于解决刚性小尺度桩柱($D/L<0.2$,其中 D 为桩外直径,L 为波长)的波浪力计算问题,主要基于1950年由 Morison 等[7]提出的经典 Morison 方程,计算图式见图1。这是一个以绕流理论为基础的半经验半理论公式。

Morison 等提出作用在小尺度墩柱处四周的水平方向的波浪力 F_H 主要由与墩水间相对速度有关的阻力 F_D 和与墩水间相对加速度有关的惯性力 F_I 组成。F_D 和 F_I 的表达式如式(6)、式(7)所示。

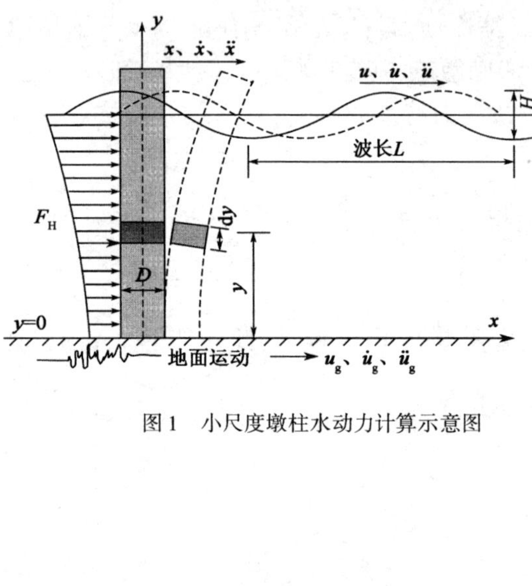

图1 小尺度墩柱水动力计算示意图

$$F_D = \frac{1}{2}C_D\rho A_p\dot{u}\,|\dot{u}| \tag{6}$$

$$F_I = \rho\frac{\pi D^2}{4}\ddot{u} + C_m\rho\frac{\pi D^2}{4}\ddot{u} \tag{7}$$

当考虑地面运动时,圆桥墩的 Morison 方程的动水压力完整形式可以表达为[8]:

$$F_H = F_I + F_D = \rho \frac{\pi D^2}{4}\ddot{u} + (C_M - 1)\rho \frac{\pi D^2}{4}(\ddot{u} - \ddot{x} - \ddot{u}_g) + \frac{1}{2}C_D\rho A_p(\dot{u} - \dot{x} - \dot{u}_g)|\dot{u} - \dot{x} - \dot{u}_g| \tag{8}$$

式中：C_m——附加质量系数；

C_M——动水惯性系数，$C_M = C_m + 1$；

C_D——黏性阻尼系数；

ρ——水的密度；

D——圆柱体的直径；

A_p——单位柱高垂直于波向的投影面积，对于圆柱体 $A_p = 1 \times D$；

$\ddot{u}$、$\dot{u}$——水的绝对加速度和绝对速度；

$\ddot{x}$、$\dot{x}$——结构的相对加速度和相对速度；

$\ddot{u}_g$、$\dot{u}_g$——地面运动的加速度和速度。

波浪水质点的衰减速度在沿水深的方向时最快。因此，水下几米深处由波浪引起的水质点速度和加速度，比水平面处小，假定 $\dot{u}=0$ 和 $\ddot{u}=0$，以简化计算[9]，则：

$$F_I = -(C_M - 1)\rho \frac{\pi D^2}{4}(\ddot{x} + \ddot{u}_g) \tag{9}$$

$$F_D = -\frac{1}{2}C_D\rho A_p(\dot{x} + \dot{u}_g)|\dot{x} + \dot{u}_g| \tag{10}$$

式中包含非线性项，文献[10]将随机阻力进行线性化后得：

$$F_D = -\frac{1}{2}C_D\rho A_p\sqrt{\frac{8}{\pi}}\sigma_{\dot{x}+\dot{x}_g}(\dot{x} + \dot{u}_g) \tag{11}$$

式中：$\sigma_{\dot{x}+\dot{x}_g}$——桥墩的绝对速度的标准差[11]，令：

$$M_W = (C_M - 1)\rho \frac{\pi D^2}{4} \tag{12}$$

$$C_W = \frac{1}{2}C_D\rho D\sqrt{\frac{8}{\pi}}\sigma_{\dot{x}+\dot{u}_g} \tag{13}$$

则地面运动下固定桩柱结构在单位高度上受到的水平波浪力 F_H 的计算公式为：

$$F_H = -M_w(\ddot{x} + \ddot{u}_g) - C_w(\dot{x} + \dot{u}_g) \tag{14}$$

当考虑地面运动时，结构的运动平衡方程为：

$$\boldsymbol{M}\ddot{\boldsymbol{x}}(t) + \boldsymbol{C}\dot{\boldsymbol{x}}(t) + \boldsymbol{K}\boldsymbol{x}(t) = -\boldsymbol{M}\ddot{\boldsymbol{u}}_g(t) + \boldsymbol{F}_H(t) \tag{15}$$

式中：$\boldsymbol{M}$、$\boldsymbol{C}$、$\boldsymbol{K}$——结构的质量矩阵、阻尼矩阵和刚度矩阵；

$\boldsymbol{x}(t)$、$\dot{\boldsymbol{x}}(t)$、$\ddot{\boldsymbol{x}}(t)$——结构相对位移、速度、加速度列阵；

$\ddot{\boldsymbol{u}}_g(t)$——地面运动加速度列阵；

$\boldsymbol{F}_H(t)$——波流和地面运动产生的动水力列阵。

将 F_H 表达式代入式(15)，可得考虑动水压力的桥梁结构的动力平衡方程为：

$$[\boldsymbol{M} + \boldsymbol{M}_w]\ddot{\boldsymbol{x}}(t) + [\boldsymbol{C} + \boldsymbol{C}_w]\dot{\boldsymbol{x}}(t) + \boldsymbol{K}\boldsymbol{x}(t) = -[\boldsymbol{M} + \boldsymbol{M}_w]\ddot{\boldsymbol{u}}_g(t) - \boldsymbol{C}_w\dot{\boldsymbol{u}}_g(t) \tag{16}$$

文献[12-13]通过计算和理论分析得到，阻力 F_D 对结构动力分析的影响较小，且大多数学者在进行动水力计算时为简便计算，忽略其影响。则式(16)可进一步简化为：

$$[\boldsymbol{M}+\boldsymbol{M}_{\mathrm{w}}]\ddot{\boldsymbol{x}}(t)+[\boldsymbol{C}]\dot{\boldsymbol{x}}(t)+[\boldsymbol{K}]\boldsymbol{x}(t)=-[\boldsymbol{M}+\boldsymbol{M}_{\mathrm{w}}]\ddot{\boldsymbol{u}}_{\mathrm{g}}(t) \tag{17}$$

由式(17)可以看出，可以利用附加质量来考虑动水压力对桥梁结构的作用，即动水压力可以看作随着结构一起运动的某种质点，因此，在结构的节点 i 处的等效附加动水质量可以表示为：

$$M_{i\mathrm{w}}=\sum(C_{\mathrm{M}}-1)\rho\frac{\pi D^2}{4}l_{ij} \tag{18}$$

式中：j——与结构的节点 i 相邻的节点；

l_{ij}——结构第 ij 个单元的有效长度的一半。

上述动水压力的推导是基于圆形截面的桥墩。对于矩形截面的桥墩，可通过修正圆形截面的解析解近似估算矩形截面墩柱结构的附加动水质量。在此基础上，赖伟[14]采用最小二乘法进行拟合，得到以矩形截面长度比系数 D/B 为参数的修正系数的近似计算公式。矩形截面墩柱结构的动水附加质量可以通过等效圆截面桥墩的动水附加质量乘上修正系数 K_{c} 和长宽比系数 D/B 得到。其中，根据我国《港口与航道水文设计规范》(JTS 145—2015)[15]黏滞阻尼系数 C_{D} 取1.2，动水惯性系数 C_{M} 取2.0。

三、依托工程及有限元模拟

1. 工程背景

依托汕头中砂大桥主桥进行探究。该桥为双塔中心双索面钢箱梁斜拉桥，结构形式为半飘浮体系，采用双塔双索面平行钢丝布置，钢箱梁及钢主塔采用吊装焊接施工。主梁全宽44.5m，截面形式为单箱五室断面，主梁断面中心梁高为4m，主桥索塔为独柱形索塔，主塔高度为68m。该斜拉桥边墩(8号、11号)采用QZ球形盆式支座，主墩(9号、10号)为减隔震支座，灌注桩基础。该桥处于地震多发区，桥址处抗震设防烈度为Ⅷ度，设计地震动加速度值0.20g，特征周期为0.55s，场地土类型为中软土。结构桥型布置如图2所示。

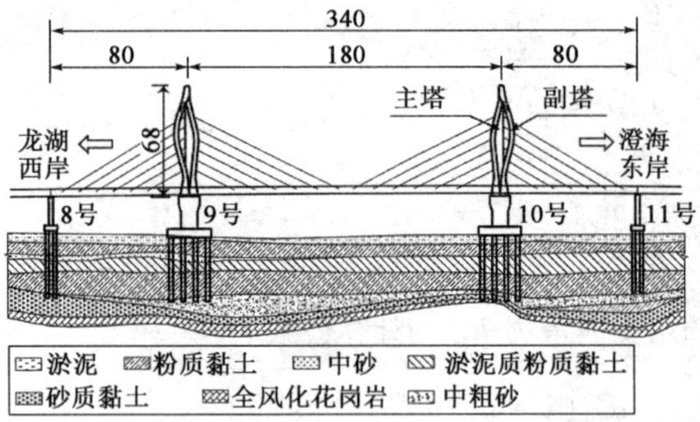

图2　中砂大桥桥型布置图(尺寸单位：m)

2. 有限元模型

采用ANSYS软件建立了依托工程精细化有限元全桥分析模型，如图3所示。斜拉索采用Link10单元模拟，用初应变模拟斜拉索初始张拉力，用Ernst公式考虑斜拉索的垂度效应；主梁、桥塔、桥墩、承台及桩基础采用具有变截面功能的Beam44单元模拟，主梁采用单主梁式力学模型，其可以把桥面系的横向、竖向及扭转刚度，平动及转动质量都集中在中间节点[16]。对于桩土相互作用，采用前述 m 法计算等代土弹簧刚度并用Combin14接触单元模拟；对于墩水耦合所考虑的动水作用，采用附加质量法模拟，根据Morison方程计算出单位高度桥墩的附加动水质量。模型在建立过程中考虑了二期桥面铺装及施工过程中施加的配重质量，并用MASS21单元模拟。由Morison方程计算的单位高度桥墩的附加动水质量如表1所示。

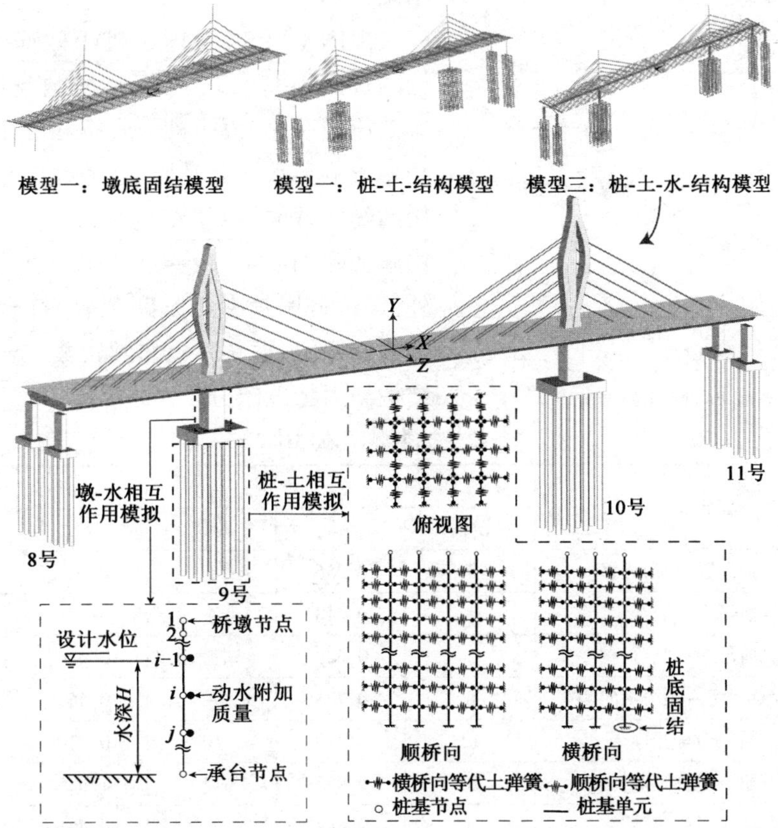

图3 依托工程精细化有限元全桥分析模型建模示意图

Morison 方程单位高度桥墩的附加动水质量 表1

作用方向	顺桥向			横桥向		
参数及墩号	D/B	K_c	单位高度桥墩的附加动水质量 (kg)	D/B	K_c	单位高度桥墩的附加动水质量 (kg)
8号、11号	2.40	1.33	17678.97	0.42	1.75	13491.63
9号、10号	1.13	1.48	94283.99	0.89	1.54	77346.99

为了探究桩土效应和墩水耦合作用对结构动力特性的影响,建立如下三种有限元分析模型。

模型一:不考虑桩土效应及墩水耦合作用的墩底固结模型。即不考虑桩周土体和水对结构的影响,将边墩及主墩墩底边界的平动及转角自由度全部固结。

模型二:考虑桩土效应的桩-土-结构模型。在模型一基础上用 m 法模拟桩土效应,不考虑水的影响。

模型三:考虑桩土效应和墩水耦合作用的桩-土-水-结构模型。在模型二基础上通过添加动水附加质量考虑墩水耦合作用下动水力。

模型以顺桥向为 X 轴,横桥向为 Z 轴,竖向为 Y 轴。

四、桩土效应及动水作用对钢箱梁斜拉桥动力特性的影响

1.不同有限元模型动力特性分析

对结构的自振特性分析是进行地震动力响应分析的基础。对所建立的三种有限元模型的前20阶自振频率进行了对比分析,如图4所示。表2为三个模型的振型频率值对比。图5为模型三的典型振

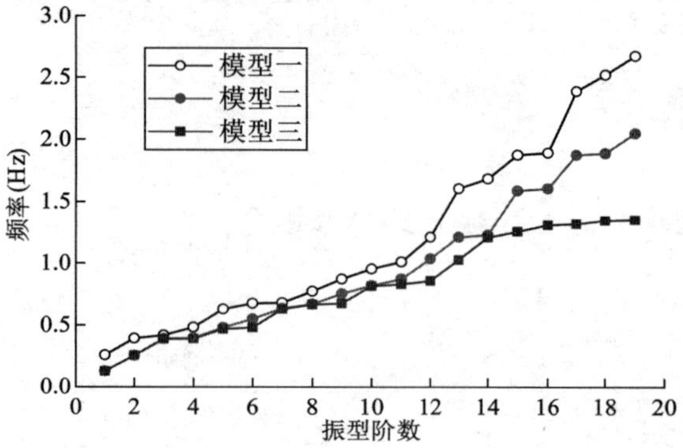

图4　三种模型前20阶自振频率对比

型图。

由图4可知,考虑了桩土效应和动水作用之后,结构的自振频率均减小,振型阶数越高,三种模型间的频率差值最明显,说明桩土效应和动水作用对高阶振型的频率影响显著。究其原因,考虑桩土效应使得地基对结构的约束减弱,桥梁结构变柔,考虑墩水耦合对桥梁结构施加附加质量,两者对结构的频率都有消减效应。此外,该桥自振频率无阶跃现象,符合斜拉桥动力特性的基本特征,自振频率也非常密集,频率变化不大,说明此结构动力特性十分复杂。

各模型振型频率值对比　　表2

振型特征	低阶阵型	模型一		模型二		模型三	
		阶次	频率	阶次	频率	阶次	频率
主梁竖弯	一阶反对称竖弯+纵向漂移	1	0.256	1	0.127	1	0.127
	主梁一阶正对称竖弯	3	0.418	4	0.395	3	0.387
	主梁二阶反对称竖弯	5	0.628	7	0.636	7	0.629
	主梁二阶正对称竖弯+主塔横向侧弯	8	0.773	8	0.668	8	0.667
	主梁三阶正对称竖弯	12	1.210	10	0.820	10	0.816
	主梁三阶反对称竖弯	10	0.953	12	1.035	13	1.028
主梁扭转	主梁一阶正对称扭转	4	0.482	5	0.481	5	0.468
	主梁一阶正对称扭转+主塔横向侧弯	7	0.679	6	0.551	6	0.481
	主梁一阶反对称扭转	6	0.675	11	0.872	11	0.831
	主梁二阶正对称扭转	13	1.606	16	1.606	20	1.575

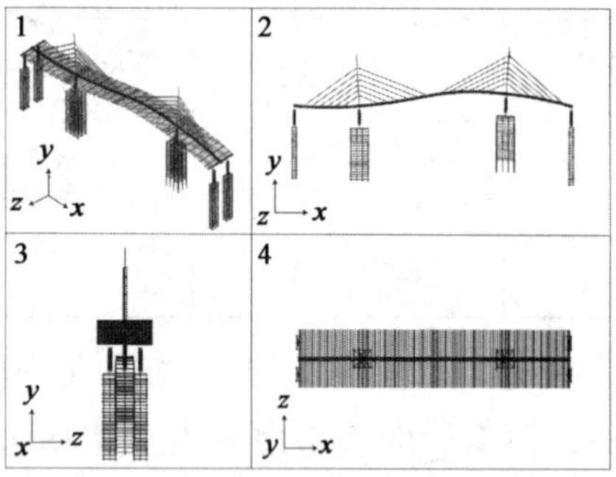
a)主梁一阶反对称竖弯+纵向漂移(0.127Hz)

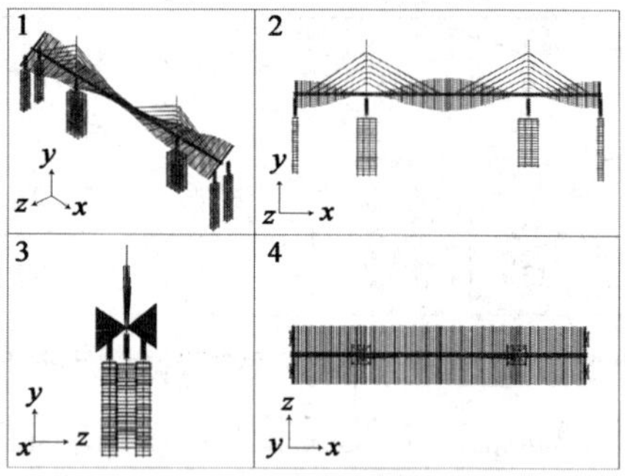
b)主梁一阶正对称扭转(0.481Hz)

图5　模型三典型振型图

结合表2结果对该桥振型进行分析,可得以下结论:

(1)第一阶振型为主梁的一阶反对称竖弯+主梁纵飘,符合常规斜拉桥结构的振型特性。在桥梁前20阶振型中,由于钢箱梁斜拉桥的主梁刚度大,塔梁间存在较强的限位约束,振型多以主梁的竖弯为主,且该桥的反对称竖弯较正对称竖弯先出现。

(2)该桥最先出现以主梁振动为主的振型,随后出现主塔沿着顺桥向及横桥向的侧弯、边墩在之后的振型中也出现侧弯。主梁的竖弯和扭转交替出现,且出现主梁竖弯与扭转的耦合振型,主塔侧弯与主梁弯扭的耦合振型,即塔梁耦合振动的振型较多,说明该桥振型较为复杂。主梁的横向侧弯出现得较晚,说明该桥的横向刚度较大。在今后的抗震设计中,应着重对主梁与主塔进行分析。

(3)对该桥的模态分析中出现多阶扭转振型，结合该桥拉索的布置形式，说明该桥抗扭转稳定性较差。

2. 地基刚度变化对桥梁动力特性的影响

基于 m 法计算了表征桩-土相互作用的等代土弹簧刚度值，计算时根据实际桥址土层的液性指数 I_L 按规范插值计算出对应土层的 m 值。m 参数的取值变化，对结构动力特性分析是很重要的。本节对模型三中计算出的等代土弹簧刚度分别进行 0.05、0.1、0.5 倍折减以来模拟不同的地基刚度。不同地基刚度下结构自振频率如图 6 所示。

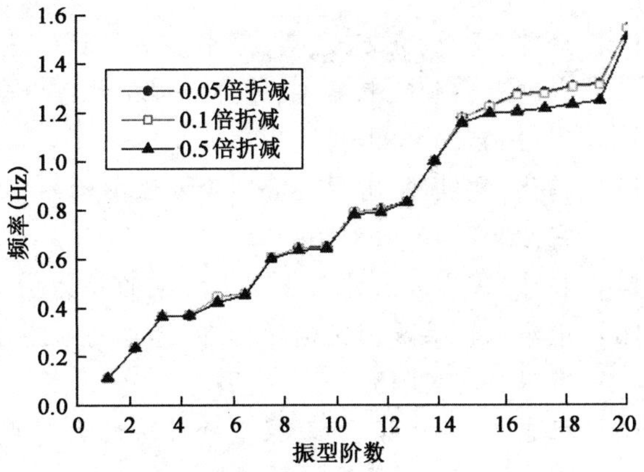

图 6　不同地基刚度下结构自振频率

由图 6 曲线结果可知，考虑 m 取值差异造成地基刚度变化的影响下，随着等代土弹簧刚度折减，该斜拉桥的自振频率有所减小，基频由 0.12652Hz 减小到 0.12642Hz。刚度折减越多，频率减小越多。对于高于 14 阶的振型，减小的幅度明显，所以在一定范围内，地基刚度的变化对该斜拉桥结构高于 14 阶的自振频率影响显著。

五、结　　语

以汕头中砂大桥为工程背景，建立了能考虑桩-土相互作用、墩-水相互作用的钢箱梁斜拉桥三维空间全桥有限元模型，重点分析了桩土效应和动水作用对钢箱梁斜拉桥频率和振型的影响，得到以下结论：

(1)考虑桩土效应和动水作用后，该斜拉桥结构自振频率均减小，在进行大跨、深水、跨海桥梁动力特性分析时，非常有必要考虑动水作用影响。

(2)振型阶数越高，三种模型间的自振频率差值越明显，桩土效应和动水作用对钢箱梁斜拉桥高阶模态频率的影响显著。

(3)等代土弹簧刚度的折减，对该斜拉桥结构高于 14 阶的自振频率有一定影响，刚度折减越多，频率减小越多。

参考文献

[1] 吴文朋，刘思思，梁鹏，等. 动水压力和 PSI 对深水高墩桥梁抗震性能的影响[J]. 防灾减灾工程学报，2021，41(1)：67-74.

[2]《中国公路学报》编辑部. 中国桥梁工程学术研究综述·2021[J]. 中国公路学报，2021，34(2)：1-97.

[3] 孙治国，刘亚明，司炳君，等. 基于 OpenSees 的桩-土-桥墩相互作用非线性数值分析模型[J]. 世界地震工程，2018，34(4)：67-74.

[4] 王世成，向云，张欣，等. 混凝土梁斜拉桥地震响应与抗震体系设计[J]. 公路，2022，67(7)：226-233.

[5] 黄鸣柳，沈文爱，胡宇航，等. 考虑不同桩土效应分析模型的双座串联斜拉桥动力特性分析[J]. 土木工程与管理学报，2020，37(5)：137-141，168.

[6] 重庆交通大学，同济大学，浙江大学，等. 桥梁结构有限元分析[M]. 北京：人民交通出版社股份有限公司，2018.

[7] Morison J R，Jhonson J W，Schaaf S A. The force exerted by suface wave on piles[J]. 2018.

[8] 竺艳蓉. 海洋工程波浪力学[M]. 天津：天津大学出版社，1991.

[9] 陈文元. 考虑桩土水耦合的大跨斜拉桥地震响应与可靠度研究[D]. 成都：西南交通大学，2013.

[10] 张士博. 斜拉桥结构在地震、波浪和海流作用下性能分析及优化设计[D]. 大连：大连理工大

学,2018.

[11] 林曾,章勇,袁万城,等.深水多塔斜拉桥地震动水效应分析[J].结构工程师,2016,32(1):77-84.

[12] 袁迎春,赖伟,王君杰,等.Morison方程中动水阻力项对桥梁桩柱地震反应的影响[J].世界地震工程,2005(4):88-94.

[13] 赖伟,郑铁华,雷勇.Morison方程中动水阻力项对桥梁桩柱地震反应的影响[J].四川建筑科学研究,2007(4):163-168.

[14] 赖伟.震和波浪作用下深水桥梁的动力响应研究[D].上海:同济大学,2004.

[15] 中华人民共和国交通运输部.港口与航道水文规范:JTS 145—2015[S].北京:人民交通出版社股份有限公司,2015.

[16] 祝志文,姜子涵.加劲梁带外伸跨的大跨度悬索桥动力特性分析[J].铁道科学与工程学报,2022,19(4):1014-1023.

71.退火处理的正交异性钢桥面疲劳性能试验研究①

冯霄暘[1]　郑凯锋[1]　任自放[2]　李　乐[3]　王洪福[3]　谢文博[1]　王　杰[1]　程肖雄[1]

(1.西南交通大学土木工程学院;2.江阴大桥(北京)工程有限公司;3.中建五洲工程装备有限公司)

摘　要　研发新的构造细节与降低焊缝及其附近区域的焊接残余应力是提高钢桥面疲劳强度的有效途径。已有试验研究表明,焊接残余应力是诱导与加速正交异性钢桥面连接焊缝疲劳开裂的重要因素。为了进一步验证残余应力对钢桥面各构造细节疲劳性能的影响,本文设计了2个足尺节段模型,同时引入了内隔板构造细节与退火工艺,通过试验对比研究了内隔板与焊接残余应力的降低对各构造细节疲劳性能的影响。初步试验结果显示,在相同加载条件下,内隔板构造细节与退火工艺有效提高了钢桥面结构体系的疲劳强度。

关键词　桥梁工程　正交异性钢桥面　试验研究　退火处理　焊接残余应力　疲劳开裂

一、引　言

正交异性钢桥面是通过焊接工艺将顶板、U肋与横隔板组合形成的纵横向刚度有明显差异的桥面系统,具有轻质高强、跨越能力大等明显优势,是现代钢桥的重要特征之一[1]。然而随着钢桥面服役时间增长,疲劳开裂现象普遍出现,其中以顶板与U肋连接焊缝、横隔板与U肋连接焊缝、横隔板开孔处疲劳开裂现象尤为突出[2]。其疲劳裂纹又以以下2种疲劳开裂模式为主[3-4]:顶板与U肋构造细节疲劳裂纹萌生于顶板焊趾与焊根,沿焊缝纵向与板厚方向扩展;U肋与横隔板构造细节疲劳裂纹萌生于U肋焊趾,沿U肋纵向与U肋板厚方向扩展。

正交异性钢桥面疲劳裂纹集中出现于连接焊缝附近区域,即焊缝焊趾或焊根处萌生并沿焊缝方向发展。出现这一现象的本质原因在于焊缝处几何突变在车辆荷载作用下产生的应力集中叠加焊缝产生的焊接残余应力,显著降低了焊接接头的疲劳强度[3]。目前解决这一问题主要通过引入新型构造细节以降低关注细节的荷载应力幅来提高结构抗力[1]。然而,钢桥面的疲劳开裂包含多个构造细节,且疲劳开裂模式各不相同,属于结构体系的疲劳问题。因此,基于上述钢桥面疲劳开裂的重要特性,提高钢桥面疲劳强度的有效途径在于研发新的构造细节(即外因)与降低焊接残余应力(即内因)。

① 基金项目:国家自然科学基金(51778536)。

二、高疲劳抗力正交异性钢桥面

1. 几何构造角度(外因)

局部构造细节的几何尺寸是影响关注部位在荷载作用下应力响应的直接因素[1]。基于近年来在钢桥领域的不断实践探索及各构造细节疲劳性能试验与理论研究,钢桥面关键构造细节(即顶板与U肋焊缝、U肋与横隔板焊缝)出现了若干种各有特色的改进型构造措施。其中,顶板与U肋细节:U肋双面焊[5-7]、热轧变截面U肋[8-9]等;U肋与横隔板细节:蝴蝶型开孔[10]、U肋内侧加肋型[11]、转移应力型[12-14]、独立开孔型[15-17]等。构造细节分别如图1、图2所示。

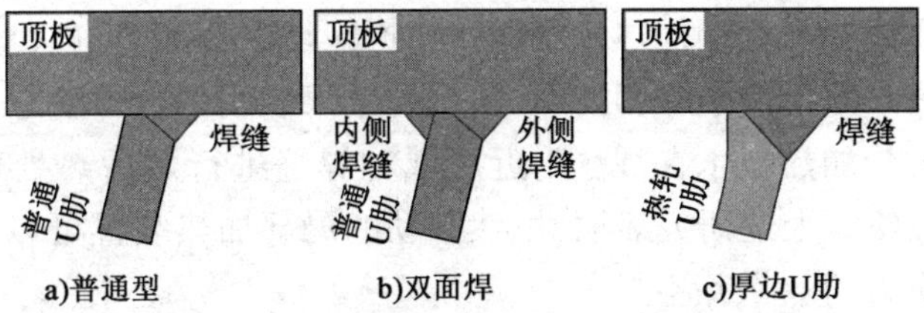

图1　改进型顶板与U肋构造细节对比

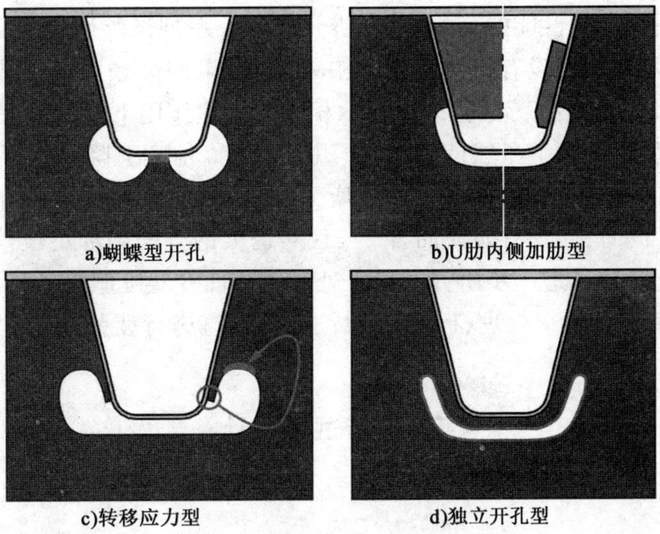

图2　改进型U肋与横隔板构造细节对比

试验与理论研究表明,在局部车轮荷载作用下,钢桥面顶板发生明显的面外变形,导致焊缝处出现明显的应力集中现象;同时,车轮荷载也会引起U肋与横隔板构造处在U肋腹板面内和面外2个方向上的变形,导致显著的应力集中。从构造细节的角度来看,优化各构造细节的几何尺寸从而降低车辆荷载作用下的应力响应是降低疲劳开裂风险的直接手段[12]。

2. 残余应力角度(内因)

在焊接过程中,焊缝附近金属材料受到极速加热与冷却,最终在其内部沿焊缝形成了分布不均的焊接残余应力[18]。此外,钢桥面纵横向加劲肋众多,焊缝数量庞大,焊接工艺不可避免地产生了数值可观、分布繁杂的残余应力场。现有试验和理论研究表明[19]:正交异性钢桥面焊接残余应力是诱发和加速连接焊缝疲劳开裂的不可忽视的重要因素。

由焊接工艺决定,钢桥面顶板与U肋构造细节、U肋与横隔板构造细节在制造之初即存在初始疲劳损伤诱因,在车辆荷载直接作用下将会显著影响其疲劳强度[20]。基于近年来对焊接残余应力认识的加深,出现了2种人为干预焊接残余应力出现的新尝试,即机械锤击法和焊后热处理法。

机械锤击法是一种通过机械锤击手段使得焊缝附近区域产生塑性变形而引入残余压应力,延缓裂纹萌生的方法,常见的操作包含锤击、喷丸、喷砂等[21]。国内外研究结果显示[22],试样表面在经过机械锤击后形成了残余压应力场,裂纹萌生与裂纹扩展的加载次数显著提升。进一步试验研究发现[23-27],在对裂纹进行机械锤击后,已出现的裂纹不仅会闭合而且在裂纹表面形成了残余压应力场,大大延缓了裂纹的进一步扩展。然而由于钢桥面构造复杂,焊缝数量较多,在目前钢桥面制造加工中很难对构造复杂处焊缝一一进行锤击处理。同时,该技术不仅对操作者的技术与经验要求较高,而且对锤头的形状参数较为敏感。

焊后热处理法通常指利用热效应来缓解薄壁板件在焊接过程中产生的残余应力与焊后结构变形[28-29]。研究表明[30-34],经过焊后退火处理的焊接接头残余应力明显降低。Lin[35-36]提出了在焊枪两侧增加 2 个移动加热源对焊缝附近区域进行加热,通过在焊缝融合区和相邻母材冷却过程中产生均匀温度场来减少残余应力的形成,试验结果表明平行焊缝方向峰值残余应力降低了约 21%。Wang[37]同样采用平行加热技术在焊缝附近区域对焊缝进行焊后热处理,结果显示平行焊缝方向焊接残余应力降低了约 37%。上述研究表明,虽然移动的局部加热装置可以有效控制焊接翘曲,但试验结果显示消除焊接残余应力的效果并不显著。

2014 年,森猛[38-39]初步采用线状加热装置在钢桥面顶面焊缝区域加热至 625℃并保温 3h,试验结果显示焊缝区域平行焊缝方向残余应力大幅降低。廣畑幹人[40]采用片状陶瓷加热装置对单 U 肋试件加热至 600℃并保温 1h,同样验证了热处理可以大幅降低顶板与 U 肋焊缝处的焊接残余应力。为了研究经过加热和冷却过程对桥梁用钢力学性能的影响,进一步开展了一系列试验研究[41],结果显示材料的弹性模量、屈服强度与极限抗拉强度几乎没有发生变化。Hirohata[42]采用高频感应加热装置对焊接接头焊趾处局部加热,残余应力降低了 88%,疲劳试验结果显示相同应力幅作用下,疲劳寿命可提高 2 ~ 5 倍。

综上所述,钢桥面新型构造细节虽然能在外因(几何突变)角度上降低车辆荷载所引起的疲劳应力幅,但从内因角度出发依然存在进一步提高钢桥面疲劳性能的潜力,即消除或降低残余应力所引起的疲劳裂纹萌生与加速扩展。同时,就现有研究而言[43],仅对退火钢桥面局部足尺模型进行了探索性的残余应力测试与疲劳试验研究。为了进一步研究经退火处理钢桥面在实际服役条件下的疲劳性能,一共制作了 2 个足尺节段模型(1 个进行退火处理,1 个未进行退火处理)进行疲劳试验,以验证退火处理对钢桥面疲劳性能的影响。

三、疲劳试验设计

1. 模型设计

正交异性钢桥面现有疲劳试验研究统计分析表明[44],疲劳试验模型的结构形式主要分为 3 类,分别为焊接接头模型、局部足尺模型、足尺节段模型。其中足尺节段模型由多个 U 肋与多个横隔板组成,这与实际工程结构中工厂制造的顶板单元(包含顶板、U 肋与横隔板)尺寸类似[45]。同时在足尺节段模型中,模型尺寸、关键构造细节边界条件、焊缝附近区域的残余应力场等均与实际结构更为接近,可以得到与实际情况更为接近的考虑包含钢桥面第二体系与第三体系下车轮荷载所引起的应力响应。结合试验目的,本次试验采用足尺节段模型研究退火处理正交异性钢桥面疲劳性能。

本次试验设计了 2 个足尺节段模型(TJ-1-1 与 TJ-1-2),其中试验模型 TJ-1-1 为未退火模型,试验模型 TJ-1-2 为退火模型。两模型设计参数一致,几何轮廓尺寸为 7000mm(长)×2700mm(宽)×512mm(高),横向设置 4 条 U 肋,纵向设置 3 个隔板。试验模型顶板厚度为 16mm,横隔板厚度为 12mm,U 肋尺寸为 300mm×280mm×8mm,U 肋中心距为 600mm,隔板间距为 3000mm,试验模型详细参数如图 3、图 4 所示。其中,顶板与 U 肋焊缝采用 85% 熔透率,试验模型采用 Q345qD,板单元加工与制造工艺与实桥保持一致。

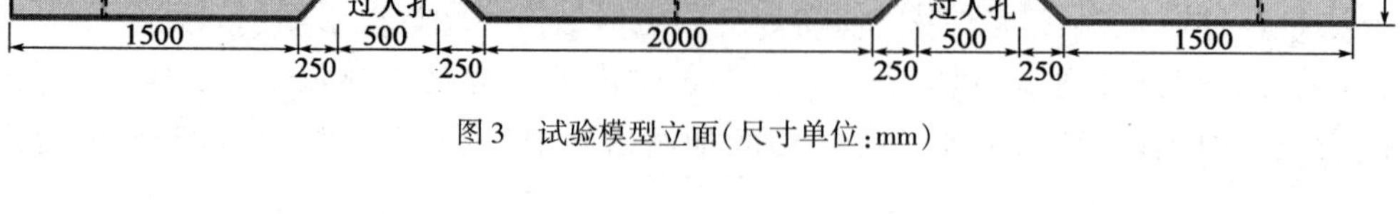

图 3　试验模型立面(尺寸单位:mm)

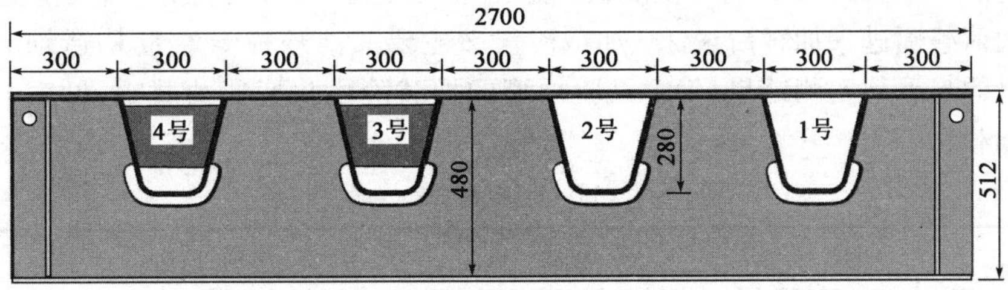

图4 试验模型横截面(尺寸单位:mm)

2. 模型制作

采用台车式电天然气炉对模型 TJ-1-2 进行退火处理。该炉长 37m,宽 8.5m,高 9m,可同时容纳 800t 以上的正交异性钢桥面板单元,并采用热电偶自动记录各炉内温度,如图 5 所示。图 6 为炉内实测热处理过程中的温度-时间曲线。

图5 钢桥面板单元退火处理

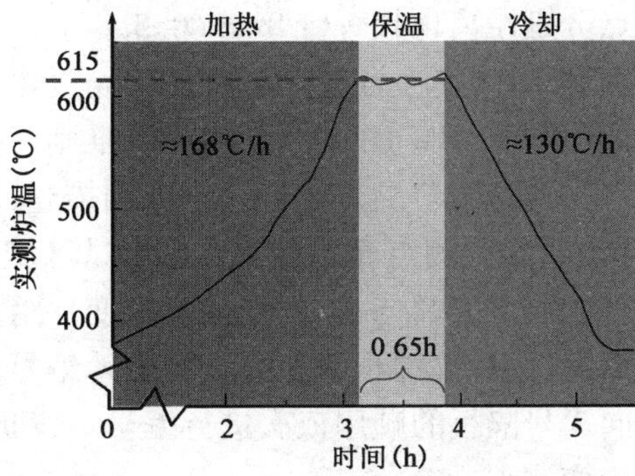

图6 实测炉温与时间关系曲线

3. 加载方案

采用单点加载方式,作动器与试验模型之间设置 400mm × 200mm × 54mm(长 × 宽 × 厚)的橡胶支座,加载位置纵向中心分别位于 1 号横隔板与 2 号横隔板、2 号横隔板与 3 号横隔板之间的跨中位置,横向中心位于 3 号 U 肋腹板正上方,用于研究 U 肋与顶板焊接细节、横隔板与 U 肋焊接细节的疲劳强度。其中,1 号、2 号 U 肋内没有内隔板,3 号、4 号 U 肋内设内隔板。在试验模型 3 个横隔板两端分别设置了 2 个固定约束支墩,约束区域采用高强螺栓通过支墩与地锚梁固结。试验模型加载与边界约束如图 7 所示。

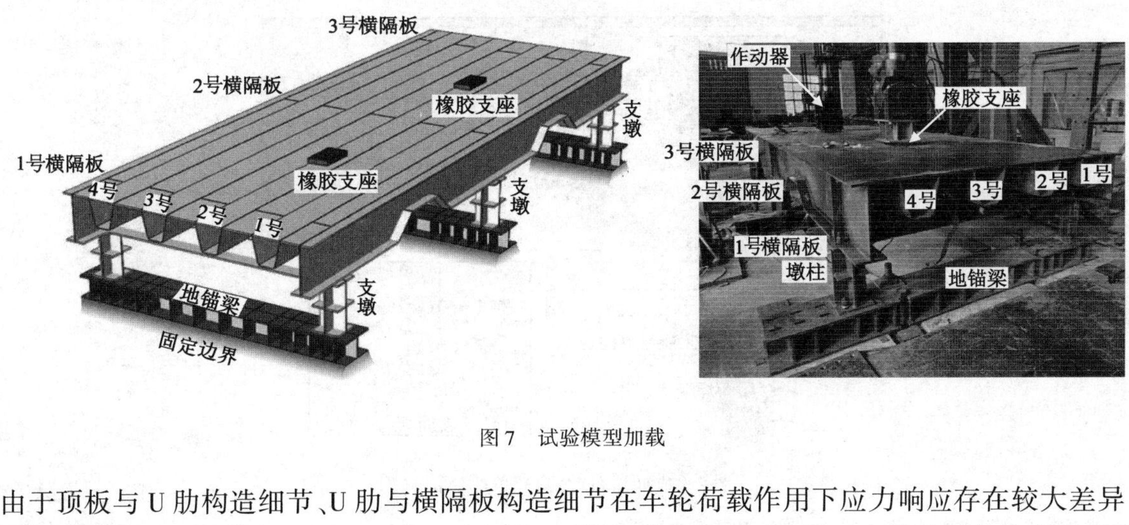

图7 试验模型加载

由于顶板与 U 肋构造细节、U 肋与横隔板构造细节在车轮荷载作用下应力响应存在较大差异,同时为了加快试验进度,在试验过程中采用分阶段变幅加载的试验方法对上述 2 个构造细节的疲劳强度进行试验研究。加载阶段 1 主要关注 U 肋与横隔板构造细节,在关注区域的构造细节出现疲劳裂纹并达到疲劳破坏准则后加大荷载幅进入加载阶段 2。加载阶段 2 主要关注顶板与 U 肋构造细节的疲劳性能。根据疲劳试验研究目的与静载实测结果,确定试验模型的加载阶段与疲劳荷载幅,见表 1。采用 MTS 进行正弦波常幅循环加载。

试验加载表　　表 1

试件编号	第一阶段（0～200 万次）	第二阶段（200 万～400 万次）	第三阶段（400 万～最终）	相位差
TJ-1-1	270kN	350kN	400kN	90°
TJ-1-2	300kN	350kN	400kN	90°

4. 测试方案

为了准确捕捉试件在荷载作用下的应力响应,识别应力峰值,根据试验目的在关注区域顶板与 U 肋焊缝顶板焊趾处、U 肋与横隔板焊缝焊趾处粘贴应变片,应变片布置如图 8 所示。顶板与 U 肋构造细节处应变片测点分别距离顶板焊趾 8mm($0.5t$)与 24mm($1.5t$);U 肋与横隔板构造细节处应变片测点分别距离 U 肋焊趾 4mm($0.5t$)与 12mm($1.5t$),隔板焊趾 6mm($0.5t$)与 18mm($1.5t$),其中 t 为顶板厚度。热点应力根据国际焊协(IIW)所推荐的"0515 准则"进行计算。由于试验目的所关注的构造细节繁杂,无法直接对各个点位构造细节测点布置进行详细描述,因此对典型测点位置与编号做相应介绍。为了监测顶板与 U 肋焊缝,将该处测点布置分为 3 个测试区域,记为 R1～R3,应变测点布置与测点编号如图 8 所示。DB 代表顶板底面,数字 8 与 24 分别代表应变片距离焊趾的距离为 8mm 和 24mm;DR 代表该处应变片布置在顶板顶面,位于焊缝焊根正上方。应变片编号最后一位数字则代表应变片的编号,该编号顺序均是由 1 号隔板向 3 号隔板的顺序依次进行编号。U 肋与横隔板构造细节分别在焊缝 U 肋焊趾处与隔板焊趾处布设了应变测点。

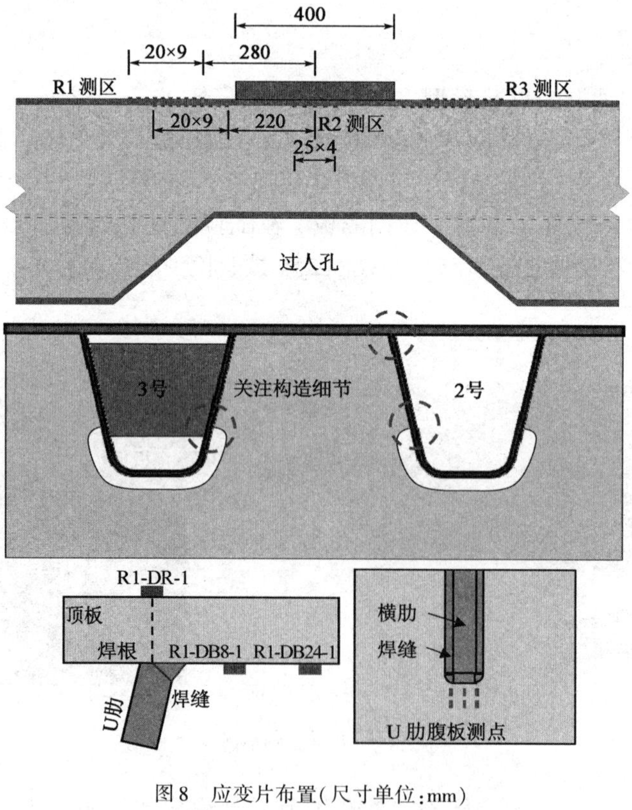

图 8　应变片布置(尺寸单位:mm)

四、试验结果初步分析

正交异性钢桥面疲劳性能评价的主要依据是疲劳裂纹的扩展程度，关注部位构造细节疲劳失效判定准则的选择与应变片粘贴的位置是影响该细节疲劳性能的重要因素。考虑到疲劳裂纹萌生初期肉眼无法及时捕捉开裂信息，且部分裂纹存在无法直接观测的情况，因此，在试验过程中采用应变片监测关注区域的应力响应来反映疲劳裂纹的扩展情况，并进一步将其作为关注细节的疲劳失效判据。

Kolstein[46]研究结果显示，在对顶板与U肋构造细节疲劳强度进行评估时，应采用关注区域关键测点的实测应变幅变化10%或者25%作为疲劳失效准则。表2给出了2个试件各疲劳构造细节的疲劳开裂数据，并根据Miner准则将疲劳强度换算为等效疲劳强度。初步试验结果显示：

(1)当U肋与横隔板构造细节的开裂模式为U肋焊趾开裂时，有内隔板试件疲劳强度高于无内隔板试件：以0.5t处名义应力计算，试件TJ-1-1的2-3、3-3细节200万次对应的平均疲劳强度比1-2细节提高了15%。

(2)U肋内有内隔板时，疲劳开裂模式分别为U肋焊趾裂纹萌生与横隔板焊趾裂纹萌生，随后随着加载次数的增加，疲劳裂纹分别沿着U肋纵向与焊缝方向扩展。从试件TJ-1-1的初步数据看，疲劳裂纹萌生于横隔板焊趾处时，其距离焊趾0.5t处的平均疲劳强度为84.3MPa，略低于U肋焊趾处萌生的疲劳破坏模式。

(3)从现有的初步数据看，退火后各隔板细节疲劳强度明显提高：以0.5t处名义应力计算，退火试件TJ-1-2的1-2、2-2与3-2细节200万次所对应的换算疲劳强度比未退火试件TJ-1-1的1-2细节大幅提高。

试验加载表 表2

试件编号	隔板编号	U肋编号	内隔板	裂纹数据		等效疲劳强度(MPa)		
				裂纹萌生位置	裂纹生长方向	0.5t	1.5t	热点应力
TJ-1-1	1	2	无	U肋焊趾	沿U肋纵向	96.1	58.5	114.8
		4	有	隔板焊趾	沿隔板焊缝向上	84.7	60.5	96.8
	2	3	有	U肋焊趾	沿U肋纵向	111.8	111.4	112.0
		4	有	隔板焊趾	沿隔板焊缝向上	81.7	63.2	91.0
	3	3	有	U肋焊趾	沿U肋纵向	109.3	112.4	107.7
		4	有	隔板焊趾	沿隔板焊缝向上	86.4	62.5	98.4
TJ-1-2	1	2	无	U肋焊喉	沿U肋纵向	166.0	91.4	203.3
	2	2	无	U肋焊趾	沿U肋纵向	145.5	76.3	187.0
		3	有	隔板焊趾	沿隔板焊缝向上	87.8	33.8	114.8
	3	2	无	U肋焊趾	沿U肋纵向	253.2	147.0	306.3
		3	有	隔板焊趾	沿隔板焊缝向上	93.6	77.0	101.9

五、结　　语

本文对退火处理与未退火处理的足尺节段模型进行疲劳试验，初步研究了退火处理对钢桥面各构造细节疲劳性能的影响。基于上述研究，得到以下结论。

(1)将根据Miner准则换算为200万次所对应的等效疲劳强度作为对比依据，对退火与否的钢桥面各构造细节的疲劳强度进行了对比分析。在距离焊趾0.5t处的名义应力下，经过退火处理后试件关键构造细节的换算疲劳强度大幅提高。

(2)现有的试验结果显示，U肋内隔板的使用，在U肋与横隔板构造细节处产生了2种疲劳破坏模式：第一种破坏模式，裂纹萌生于U肋与横隔板构造细节U肋焊趾处，随着不断加载，裂纹逐渐沿着U肋纵向与板厚方向逐渐扩展；第二种破坏模式，由于U肋弧形开孔处几何构造的影响，在试验过程中该构造细节的疲劳裂纹也常见萌生于横隔板焊趾处,随后沿着U肋与横隔板竖向焊缝向上发展。当疲劳裂纹萌生于横隔板焊趾处时,其换算疲劳强度略低于疲劳裂纹萌生于U肋焊趾处时,且退火处理对其疲劳强度影响不明显。

限于时间有限,本文初步介绍与探讨了2个足尺节段模型疲劳对比试验的主要研究结果。结合各构造细节的疲劳裂纹断口来进一步优化各疲劳细节的几何构造,是下一阶段的研究重点。

参考文献

[1] 郑凯锋,衡俊霖,何小军,等.厚边U肋正交异性钢桥面的疲劳性能[J].西南交通大学学报,2019,54(04):694-700.

[2] 吴臻旺,郑凯锋,苟超,等.正交异性钢桥面板U肋与横隔板连接构造细节[J].铁道建筑,2013(06):5-10.

[3] Heng J,Zheng K,Gou C,et al. Fatigue performance of rib-to-deck joints in orthotropic steel decks with thickened edge U-ribs[J]. Journal of Bridge Engineering,2017,22(9):04017059.

[4] Heng J,Zheng K,Kaewunruen S,et al. Probabilistic fatigue assessment of rib-to-deck joints using thickened edge U-ribs[J]. Steel Composite. Structure,2020,2:23-56.

[5] 张华,孙雅洲,舒先庆,等.正交异性钢桥面板U肋内焊技术[J].公路,2018,63(09):115-120.

[6] 由瑞凯,刘鹏,张大庆,等.正交异性钢桥面U肋与面板内焊连接疲劳性能试验[J].中外公路,2018,38(03):174-179.

[7] 张清华,袁道云,王宝州,等.U肋与顶板新型双面焊构造细节疲劳性能研究[J].中国公路学报,2020,33(05):79-91.

[8] 本刊编辑部.广东省公路学会召开正交异性板钢箱梁热轧变截面U肋技术交流会[J].广东公路交通,2013(06):66.

[9] 任自放,马永福,郑凯锋,等.一种热轧薄腹、超深变截面梯型肋及其热连轧生产工艺:CN111495967A[P].2020-08-07.

[10] 齊藤史朗,山内昭弘,坂野昌弘.大型Uリブ鋼床版縦リブ横リブ交差部の疲労耐久性の検討[C]//土木学会第73回年次学術講演会,2018.

[11] 顾萍,张志强,胡雨蛟,等.设置U肋内隔板的钢桥面板疲劳性能研究[J].桥梁建设,2017,47(03):19-24.

[12] 田畑晶子,杉山裕樹.Uリブ鋼床版の疲労耐久性向上のための構造改良[J].阪神高速道路株式会社技報,2013,26:L0934B1-8.

[13] 日本橋梁建設協会.鋼床版構造の耐久性向上に関する共同研究:鋼床版デッキプレート－垂直補剛材溶接部を対象とした耐久性向上に関する検討[R].日本:土木研究所,2019.

[14] 杉山裕樹,田畑晶子,春日井俊博,等.鋼床版のUリブ-横リブ交差部における下側スリット部の疲労耐久性向上構造の検討[J].土木学会論文集A1,2014,70(1):18-30.

[15] HNTB. Cost-Effective orthotropic bridge decks (an evaluation of optional weldingprocesses)[C]//New York:HNTB Corporation,2015.

[16] Mukherjee S. Laboratory fatigue evaluation of afull scale steel orthotropic bridge deck with round bottom ribs and fitted floor beams[M]. Pennsylvania:Lehigh University,2016.

[17] Saunders J,Chen Y,Marks J A,et al. Finite-Element Fatigue Analysis of a New Rib-to-Floor Beam Connection for Orthotropic Steel Decks[J]. Journal of Bridge Engineering,2021,26(2):04020123.

[18] Ferro P,Berto F,James M N. Asymptotic residual stresses in butt-welded joints under fatigue loading[J]. Theoretical and Applied Fracture Mechanics,2016,83:114-124.

[19] Mc Clung R C. A literature survey on the stability and significance of residual stresses during fatigue[J]. Fatigue & Fracture of Engineering Materials & Structures,2007,30(3):173-205.

[20] Lee C H, Chang K H. Finite element computation of fatigue growth rates for mode I cracks subjected to welding residual stresses[J]. Engineering Fracture Mechanics, 2011, 78(13): 2505-2520.

[21] Rausch S, Wiederkehr P, Biermann D, et al. Influence of machine hammer peening on the tribological behavior and the residual stresses of wear resistant thermally sprayed coatings[J]. Procedia CIRP, 2016, 45: 275-278.

[22] Berg J, Stranghöner N. Fatigue behaviour of high frequency hammer peened ultra high strength steels[J]. International Journal of Fatigue, 2016, 82: 35-48.

[23] Tai M, Miki C. Fatigue strength improvement by hammer peening treatment—verification from plastic deformation, residual stress, and fatigue crack propagation rate[J]. Welding in the World, 2014, 58(3): 307-318.

[24] Ishikawa T, Yamada K, Kakiichi T, et al. Extending fatigue life of cracked out-of-plane gusset by ICR treatment[J]. Structural Engineering/Earthquake Engineering, 2011, 28(1): 21s-28s.

[25] YuanZhou Z, Ji B, Fu Z, et al. Local stress variation in welded joints by ICR treatment[J]. Journal of Constructional Steel Research, 2016, 120: 45-51.

[26] Yamada K, Ishikawa T, Kakiichi T. Rehabilitation and improvement of fatigue life of welded joints by ICR treatment[J]. Advanced Steel Construction, 2015, 11(3): 294-304.

[27] Chataigner S, Dieng L, Guiot K, et al. Improving welded joint fatigue life using shot peening or grinding [C]//TRB 92nd Annual Meeting. 2013.

[28] Michaleris P, Dantzig J, Tortorelli D. Minimization of welding residual stress and distortion in large structures[J]. Welding Journal, 1999, 78: 361-s.

[29] Deo M V, Michaleris P. Mitigation of welding induced buckling distortion using transient thermal tensioning[J]. Science and technology of Welding and Joining, 2003, 8(1): 49-54.

[30] Zhao M S, Chiew S P, Lee C K. Post weld heat treatment for high strength steel welded connections[J]. Journal of Constructional Steel Research, 2016, 122: 167-177.

[31] Venkata K A, Kumar S, Dey H C, et al. Study on the effect of post weld heat treatment parameters onthe relaxation of welding residual stresses in electron beam welded P91 steel plates[J]. Procedia Engineering, 2014, 86: 223-233.

[32] Dong P, Song S, Zhang J. Analysis of residual stress relief mechanisms in post-weld heat treatment[J]. International Journal of Pressure Vessels and Piping, 2014, 122: 6-14.

[33] Qian Y W, Zhao J P. Influence of PWHT on the residual stress in under-matching welded joint[J]. Procedia Engineering, 2015, 130: 966-972.

[34] Paradowska A M, Price J W H, Kerezsi B, et al. Stress relieving and its effect on life of welded tubular joints[J]. Engineering Failure Analysis, 2010, 17(1): 320-327.

[35] Lin Y C, Chou C P. A new technique for reducing the residual stress induced by welding in type 304 stainless steel[J]. Journal of materials processing technology, 1995, 48(1-4): 693-698.

[36] Lin Y C, Lee K H. Effect of welding parameters on the residual stress by the parallel heat welding[J]. International Journal of Pressure vessels and piping, 1997, 71(2): 197-202.

[37] Wang J, Han J, Domblesky J P, et al. Residual stress reduction in single pass welds using parallel line reheating[J]. Journal of Pressure Vessel Technology, 2016, 138(2).

[38] 森猛,山本一貴,内田大介,等.デッキプレート進展き裂を対象とした鋼床版疲労耐久性に対する残留応力除去焼鈍の効果[J].鋼構造論文集,2015,22(85):101-109.

[39] 山本一貴.鋼床版デッキプレートトラフリブ溶接部の残留応力低減による疲労耐久性の向上[J].法政大学大学院紀要.デザイン工学研究科編,2015 (4):1-8.

[40] 廣畑幹人,伊藤義人. トラフリブ溶接部の残留応力緩和に対する簡易熱源による熱処理の適用性検討[J]. 構造工学論文集 A,2016,62:1168-1179.

[41] 廣畑幹人,根津海都,中山太士,等. 火災を想定した加熱冷却履歴が経年橋梁鋼材の機械的性質に及ぼす影響[J]. 鋼構造論文集,2017,24(95):49-57.

[42] Hirohata M,AUNG M P,Ani K. Residual Stress Reduction of Fillet Box Welded Joints by Local Heating Using Induction Heating Device[J]. Journal of JSCE,2020,8(1):194-206.

[43] Feng X,Zheng K,Heng J,et al. Fatigue performance of rib-to-deck joints in orthotropic steel deck with PWHT[J]. Journal of Constructional Steel Research,2022,196:107420.

[44] 张清华,李俊,袁道云,等. 高疲劳抗力钢桥面板的疲劳问题Ⅰ:模型试验[J]. 中国公路学报,2021,34(03):124-135.

[45] 张清华,李俊,袁道云,等. 深圳至中山跨江通道钢桥面板结构疲劳试验研究[J]. 土木工程学报,2020,53(11):102-115.

[46] Kolstein M H. Fatigue classification of welded joints in orthotropic steel bridge decks[J]. Publication of Transport & Road Research Laboratory,2007.

72. 节段拼装桥墩数值分析中的缓黏结预应力研究

谢　峰　孙先锋　吴　毓　谭俊波　杨　星　张瀚文

(中国建筑西南设计研究院有限公司)

摘　要　目前,桥梁节段施工技术是当今桥梁工程的主要发展趋势,其中节段拼装桥墩的抗震性能是关键。本文基于弹塑性纤维单元理论,采用OpenSees程序,选取合适的钢筋、混凝土材料模型,建立节段拼装预应力混凝土桥墩的抗震性能数值分析模型,对缓黏结预应力与传统有黏结预应力进行模拟对比,描述其关键的力学特性和抗震特性。计算结果表明,缓黏结预应力节段拼装桥墩能达到有黏结预应力节段拼装桥墩所具有的抗震性能。

关键词　预制节段拼装桥墩　纤维模型　抗震性能　数值分析模型

一、引　言

2016年,中共中央、国务院印发《关于进一步加强城市规划建设管理工作的若干意见》,明确城市规划和建筑业发展方向:适用、经济、绿色、美观。桥梁建设的方针也从适用、经济、安全、美观转变为适用、经济、安全、绿色、耐久、美观。2020年,住建部、工信部等九部门印发《关于加快新型建筑工业化发展的若干意见》,提出要加强系统化集成设计,要优化构件和部品部件生产。随着国内建筑工业化程度越来越高,各地也纷纷出台桥梁装配式技术的设计导则。

预制装配式桥梁具有节能、环保、高效等优点,可以有效减少工期,并减小对周围环境的污染和对交通的干扰;有效减小施工所需的占地宽度,并大大减轻对现有交通的影响,对现场质量控制、安全文明施工带来积极影响。

目前,预应力在装配式桥墩中的应用也逐渐增多。由于传统的后张法有黏结和无黏结预应力混凝土都存在各自无法避免的缺点,寻求一种扬长避短的施工工艺是预应力混凝土工作者长期以来的愿望。

二、缓黏结预应力的力学特性

缓黏结预应力筋由内到外由预应力筋、缓黏结剂和外包材料三部分组成。缓黏结剂填充在外包材料和钢绞线之间,具有一定的流动性以及对钢材良好的附着性。工作原理为缓黏结剂在可控的时间段内逐渐固化,与预应力筋之间产生强有力的黏结力,胶黏剂在设定的时间点完全固化,具有比混凝土更高的强度,并与预应力筋成为一体,通过外包材料波纹状外表面的嵌固作用使预应力筋与混凝土之间不能滑移,达到有黏结预应力筋与混凝土之间的黏结性能,固化时间可以根据工程情况通过固化剂配方进行调整[1]。

相对于传统预应力混凝土,缓黏结预应力混凝土结构具有以下优点:

(1)缓黏结预应力比传统黏结预应力减少埋设波纹管、灌浆两道很复杂的施工工序,只需对缓黏结预应力筋进行张拉,大大方便施工,确保施工质量,同时也消除了制孔、穿束和压浆工艺带来的隐患。

(2)首先缓黏结预应力筋与其他非预应力钢筋绑扎,接着浇筑桥墩混凝土,待过了初凝时间,混凝土强度达到张拉要求后,张拉预应力钢筋。这样不会出现后张法中灌浆不密实的现象。

(3)不需要预埋预留管道孔道,省去成孔、灌浆等材料和设备。

三、拟静力桥墩数值模拟

节段拼装桥墩混凝土的数值分析模型包括三个方面:节段数值模型、桥墩预应力筋模拟和接缝模拟。

节段采用通常意义上的弹塑性纤维梁单元进行模拟,将整个截面上的钢筋和混凝土视为整体,沿墩身划分积分单元,在截面上划分不同的材料纤维,采用纤维梁柱单元来模拟普通混凝土桥墩的非线性行为。其中桥墩墩身节段的模拟与整体桥墩的模拟方法一致,桥墩自重通过在墩顶施加集中力来模拟。在接缝处建立两个不同编号但坐标位置相同的墩身节点,采用并联的零长度弹簧单元模拟墩身接缝处截面的接触变形等力学行为。

对于约束混凝土材料,采用 Mander[2] 模型的参数计算方法,根据《公路钢筋混凝土及预应力混凝土桥涵设计规范》(JTG 3362—2018)的混凝土设计值[3],来计算得到约束混凝土材料本构关系曲线的关键参数。在 OpenSees 程序中采用命令 Concrete02 来建立材料模型。钢筋材料选取为修正的 Reinforcing Steel 材料模拟。其中素混凝土柱截面包含约束混凝土纤维单元和保护层混凝土纤维单元,约束混凝土与保护层混凝土抗压强度均为节段约束混凝土和保护层混凝土抗压强度值,保护层混凝土极限抗压强度选取为节段保护层混凝土极限抗压强度的 0.2 倍,约束混凝土极限抗压强度选取为节段约束混凝土极限抗压强度的 0.7 倍[4]。

接缝的集中变形模型由一系列零长度弹簧单元来建立,零长度单元由两类弹簧单元并联组成,接缝的力学行为通过前述弹簧单元的本构关系来体现[4]。

为了研究缓黏结预应力在预制节段桥墩的力学性能,选取 10 个桥墩构件进行数值分析模拟,分别为:S1-1 ~ S1-3——整体普通混凝土桥墩;S2——整体有黏结预应力混凝土桥墩;S3——整体缓黏结预应力混凝土桥墩;S4——节段拼装有黏结预应力混凝土桥墩;S5——节段拼装缓黏结预应力混凝土桥墩;S6——节段拼装混合预应力混凝土桥墩(四边缓黏结、中间有黏结预应力钢筋)。具体类型以及普通钢筋、预应力筋的布置情况见表 1,截面配筋情况如图 1 所示。

截面形式及配筋情况 表 1

构件编号	接缝类型	纵筋		预应力筋			箍筋	
		规格	配筋率	规格	配筋率	预应力类型	规格	配箍率
S1-1	现浇	14D12	0.88%			无	D6@35mm	1.08%
S1-2	现浇	14D14	1.20%			无	D6@35mm	1.08%
S1-3	现浇	14D16	1.56%			无	D6@35mm	1.08%
S2	现浇	14D14	1.20%	6×7D5	0.38%	有黏结预应力	D6@35mm	1.08%
S3	现浇	14D14	1.20%	4×21.8mm	0.46%	缓黏结预应力	D6@35mm	1.08%
S4	节段	14D14	1.20%	6×7D5	0.38%	有黏结预应力	D6@35mm	1.08%
S5-1	节段	14D12	0.88%	6×21.8mm	0.46%	缓黏结预应力	D6@35mm	1.08%

续上表

构件编号	接缝类型	纵筋		预应力筋			箍筋	
		规格	配筋率	规格	配筋率	预应力类型	规格	配箍率
S5-2	节段	14D14	1.20%	6×21.8mm	0.46%	缓黏结预应力	D6@35mm	1.08%
S5-3	节段	14D14	1.56%	6×21.8mm	0.46%	缓黏结预应力	D6@35mm	1.08%
S6	节段	14D14	1.20%	如图1所示	—	混合预应力	D6@35mm	1.08%

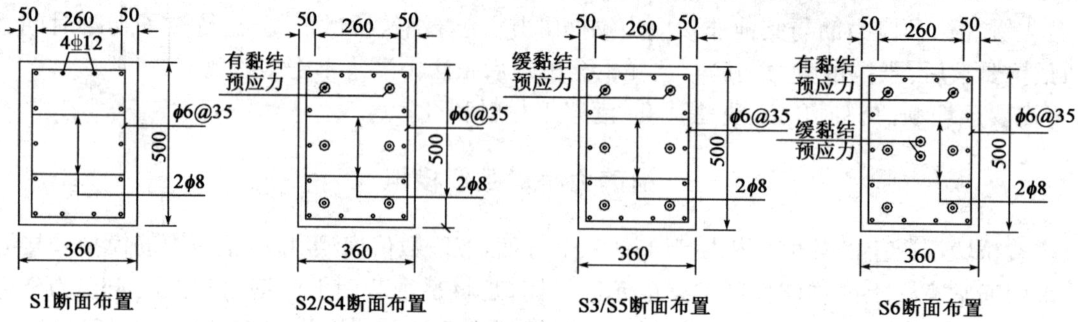

图1 截面配筋布置图(尺寸单位:mm)

其中,混凝土采用C50,根据《公路钢筋混凝土及预应力混凝土桥涵设计规范》(JTG 3362—2018)[3],抗压强度标准值为32.4MPa,抗压强度设计值为22.4MPa。纵筋采用HRB400带肋钢筋,直径为12mm,箍筋采用HPB300光圆钢筋,直径为8mm、6mm,抗拉强度标准值为300MPa。普通有黏结预应力钢筋采用Φ^j15.24高强度低松弛钢绞线(7根ϕ5的钢丝),预应力筋屈服强度和抗拉强度标准值为1860MPa。缓黏结预应力采用公称直径21.8mm,抗拉强度标准值为1860MPa。所有节段桥墩试件墩身分四段预制,干接缝处未设置剪力键构造。

本文采用拟静载荷对桥墩柱进行加载。采用变幅和等幅混合位移控制的受力模式,在荷载作用下,采样了以频率0.5次/s的速度,每个阶段3个载荷周期。初始位移幅度分别为±2mm、±3mm、±5mm、±7mm、±10mm、±15mm,且具有20mm、25mm和30mm的后位移幅度;每个等级增加5mm,频率为0.01Hz。加载制度如图2所示。根据实际尺寸和材料特性以及本文前面提出的数值分析模型,分别针对各个试件进行建模分析。

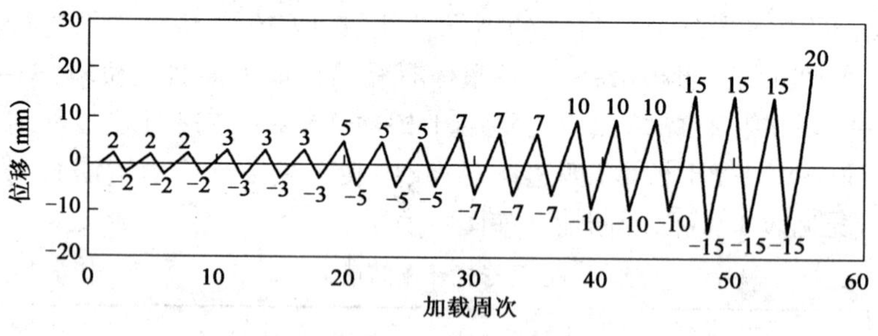

图2 加载制度

四、节段拼装桥墩抗震性能设计参数影响分析

采用不同纵筋配筋率、预应力筋配筋率、预应力筋布置位置、初预应力大小、预应力筋类型和恒载轴压比等对试件进行参数分析,比较这些参数对滞回曲线、骨架曲线、等效刚度等的影响。

1.纵筋配筋率

S1-1、S1-2、S1-3模型纵筋屈服强度采用《公路钢筋混凝土及预应力混凝土桥涵设计规范》(JTG 3362—2018)规定的实测值,比较0.88%、1.20%、1.56%三种纵筋配筋率对各参数的影响,如图3所示。

可见,纵筋配筋率增大,则峰值抗力增大且滞回曲线更饱满,卸载刚度、等效刚度和残余位移增大。

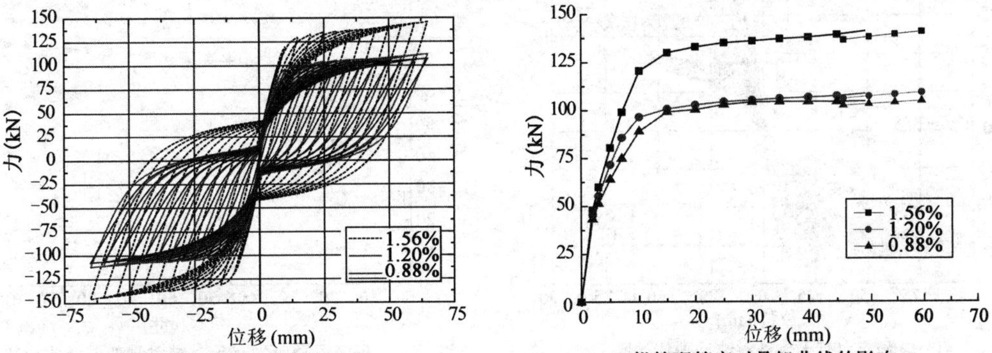

a)纵筋配筋率对滞回曲线的影响　　b)纵筋配筋率对骨架曲线的影响

图3　纵筋配筋率对模型各参数的影响(S1-1、S1-2、S1-3)

S5-1、S5-2、S5-3 的 0.88%、1.20%、1.56% 三种纵筋配筋率对各参数的影响如图 4 所示。可见,纵筋配筋率的变化对 S5 的滞回曲线、峰值抗力和等效刚度影响不明显。

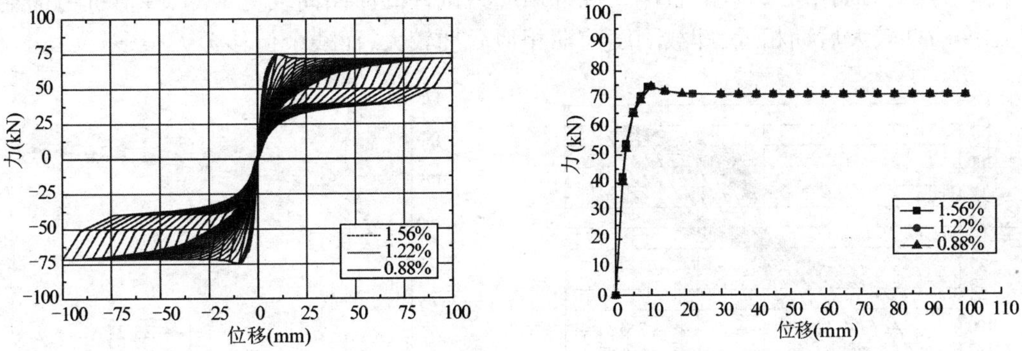

图4　纵筋配筋率对各参数的影响(S5-1、S5-2、S5-3)

2. 预应力类型

S2 与 S3 相比较,整体式预应力试件有黏结与缓黏结的滞回曲线都较饱满,峰值抗力、等效刚度相近,卸载刚度前期相近后期缓黏结预应力构件增大较快,如图 5 所示。S4 与 S5-1 比较,节段式预应力试件有黏结比缓黏结的滞回曲线都较饱满,峰值抗力也相近,等效刚度前期缓黏结预应力构件增大较快,后期逐渐相近,如图 6 所示。

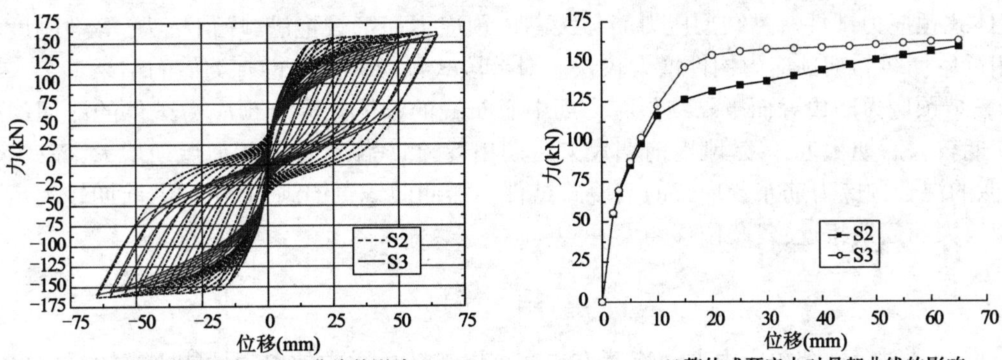

a)整体式预应力对滞回曲线的影响　　b)整体式预应力对骨架曲线的影响

图5　整体式预应力对各参数的影响

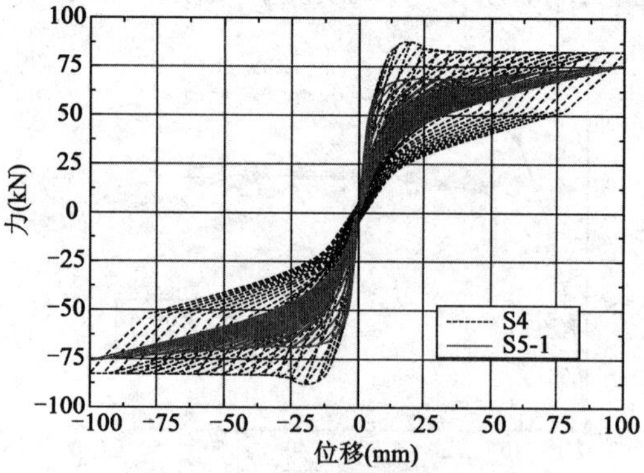

a)节段预应力有无黏结对滞回曲线的影响

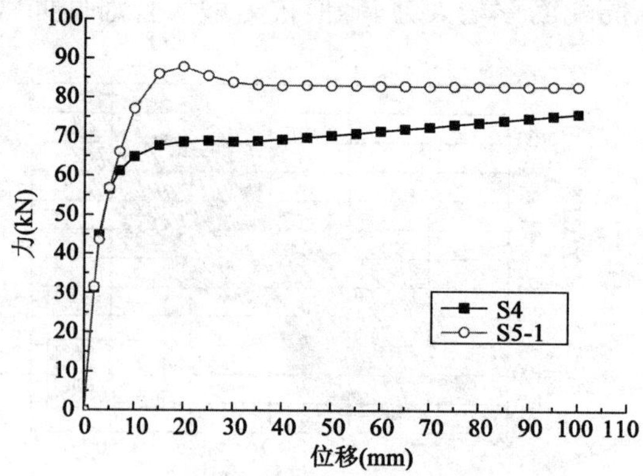

b)节段预应力有无黏结对骨架曲线的影响

图6　节段式预应力对各参数的影响

3. 混合预应力筋布置

S5-2 和 S6 是缓黏结预应力与混合预应力筋布置的参数影响对比，如图 7 所示。可见有黏结预应力筋边缘而缓黏结预应力筋中心布置的整体式混合预应力试件的滞回曲线更饱满，峰值抗力前期较大后期相近，等效刚度前期较大后期相近，卸载刚度前期相似后期较大，而残余位移会大很多。

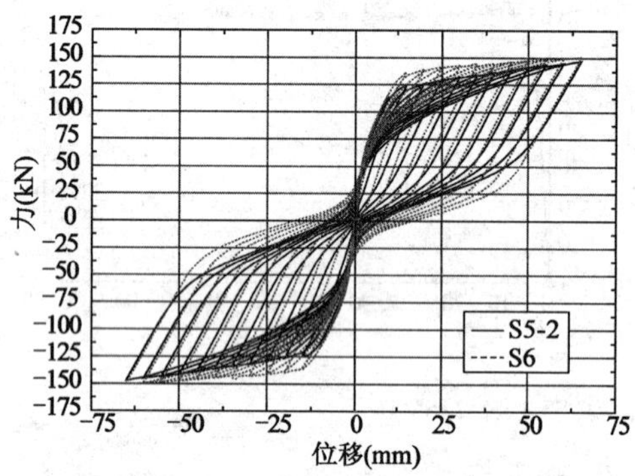

a)预应力筋混合配置对滞回曲线的影响

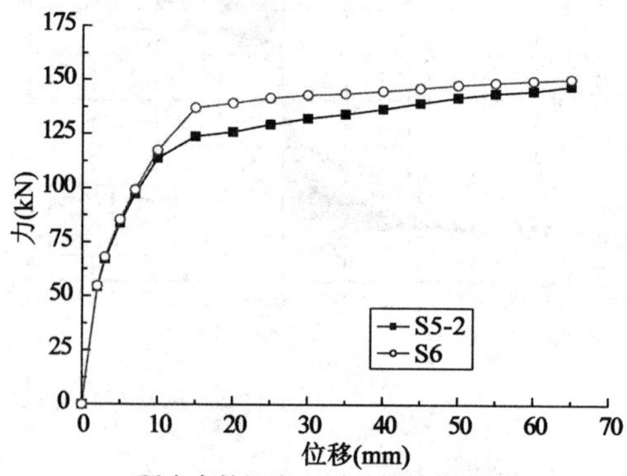

b)预应力筋混合配置对骨架曲线的影响

图7　预应力筋混合配置对各参数的影响

由数值计算结果对比可见，本文采用 OpenSees 中的弹塑性纤维模型进行参数分析得到以下结论：

(1)随着纵筋配筋率的增大，普通整体现浇桥墩的峰值抗力增大且滞回曲线更饱满，等效刚度、卸载刚度和残余位移增大；而对节段式桥墩的峰值抗力、滞回曲线饱满程度、等效刚度和残余位移影响不大。

(2)整体式预应力试件有黏结预应力筋与缓黏结预应力筋都较饱满，峰值抗力、等效刚度相近，卸载刚度前期相近后期缓黏结预应力构件增大较快。对节段式预应力试件也有类似的结果。

(3)有黏结预应力筋边缘而缓黏结预应力筋中心布置的整体式混合预应力试件的滞回曲线更饱满，峰值抗力前期较大后期相近，等效刚度前期较大后期相近，卸载刚度前期相似后期增大，而残余位移会增大很多；相似的混合预应力筋布置形式的节段式试件的滞回曲线更饱满，峰值抗力前期较大后期较小，等效刚度前期较大而后期相近，残余位移会大一些。

五、结　　语

本文的重点是对缓黏结预应力这一连接方式在节段拼装桥墩中的力学性能进行探讨，分别建立了接缝、预应力筋以及墩身节段和数值分析模型，在此基础上给出节段拼装桥梁抗震性能的数值分析模型和方法，为以后类似的工作提供参考。

参考文献

[1] 吕捷.桥梁缓黏结预应力技术研究[D].重庆:重庆交通大学,2015.

[2] Mander J B,Priestley M J N,Park R. Theoretical stress-strain model for confined concrete[J]. Journal of The Structural Division,ASCE,1988,114(8):1804-1826.

[3] 中华人民共和国交通运输部.公路钢筋混凝土及预应力混凝土桥涵设计规范:JTG 3362—2018[S].北京:人民交通出版社股份有限公司,2018.

[4] 王媛媛.节段拼装预应力混凝土桥梁抗震数值分析模型研究[D].上海:同济大学,2010.

[5] 赵宁.预制节段拼装空心混凝土桥墩拟静力试验和分析研究[D].上海:同济大学,2009.

73. 海中筑岛围堰自平衡柔性组合结构体系研究

张 磊[1,2,3,4] 林红星[1,2,3,4] 刘建波[1,2,3,4]

(1. 中交第二航务工程局有限公司;2. 长大桥梁建设施工技术交通行业重点实验室;

3. 交通运输行业交通基础设施智能制造技术研发中心;

4. 中交公路长大桥建设国家工程研究中心有限公司)

摘 要 深中通道伶仃洋大桥东锚碇采用水中地连墙支护锚碇基础结构。为了将锚碇地连墙施工由水上施工环境转化为陆上施工环境,采用锁扣钢管(板)桩围堰方案进行海中筑岛。借鉴木桶"环箍效应",提出了一种"平行钢丝索 + 钢管桩 + 工字形板桩"围堰自平衡柔性组合结构体系,对其进行了系统的结构分析、安全控制与监测,实测结构应力和变形与计算高度吻合。

关键词 海中锚碇 地连墙基础 筑岛围堰 平行钢丝锁 柔性组合结构 结构设计

一、引 言

深中通道是我国继港珠澳大桥之后又一世界级"桥-岛-隧"集群工程,其中伶仃洋大桥为主跨 1666m 三跨全飘浮体系悬索桥,其东锚碇采用水中地连墙支护锚碇基础结构,"∞"地连墙直径 65m,长 107m。施工区域水深约 5m,最大波高 2.86m,最大流速 1.19m/s;软土厚 20m,稳定性差;基岩起伏,强度达 80MPa。

锚碇基础施工通常采用排水明挖法,设置地下连续墙作为锚碇基坑开挖支护结构,该方法对地连墙施工精度和质量要求非常严格,如垂直度控制和防渗控制等[1]。因此,地连墙施工是锚碇基础工程的技术关键。国内外大多数悬索桥锚碇基础位于陆地,对于外海桥梁,锚碇基础地连墙支护结构施工首先需要搭设施工平台或临时围堰结构,将水上施工环境转化为陆上施工环境[2]。

海中筑岛围堰是跨海桥梁水中基础最常用的施工方法,当基础、墩台修筑出水面后即可将其拆除,以免堵截水流或航道,施工操作相对简单,成本较低,因而近年来得到广泛应用[3]。本文对深中通道东锚碇施工中的围堰结构进行研究,研发了基于平行钢丝索柔性约束的锁扣钢管桩与工字形板桩组合围堰结构形式,实现了管桩与柔性围箍变形的自平衡,并提出了组合围堰筑岛结构动态安全评价方法及控制指标,以期为今后类似海中筑岛工程提供参考。

二、锚碇地连墙施工总体方案比选

为保证锚碇地连墙施工由水上施工环境转化为陆上施工环境,国内外类似工程施工采用的海中锚碇地连墙施工方案主要有 4 种方法:钢平台 + 钢导墙[4]、钢圆筒/格形钢板桩围堰筑岛[5]、锁扣钢管(板)桩围堰筑岛[6]、模袋砂(抛石)围堰筑岛[7]等。

其中，钢平台＋钢导墙方案采用钢结构透空式平台，无须筑岛，日本东京湾横断道路工程川崎人工岛采用该方案完成地连墙基础施工。钢圆筒/格形钢板桩围堰、模袋砂（抛石）围堰均为重力式围堰结构，依靠结构自身来保持结构滑移和倾覆稳定，东京湾横断通道木更津人工岛、港珠澳大桥东/西人工岛等均采用该方案进行筑岛。锁扣钢管（板）桩围堰则是依靠钢管（板）桩入土部分的侧向土抗力和围堰上部的围箍结构来维持结构整体稳定，锁扣钢管（板）桩围堰在桥梁、港口工程中均有广泛的应用。模袋砂（抛石）围堰为重力式围堰结构，依靠自身重量保持稳定，土耳其伊兹密特海湾大桥南锚碇基础、伶仃洋大桥西锚碇基础施工中均采用该方案。

结合本工程特点，对比分析钢平台＋钢导墙方案、钢圆筒/格形钢板桩围堰筑岛方案、锁扣钢管（板）桩围堰筑岛方案、模袋砂（抛石）围堰筑岛方案的适用性，综合考虑地连墙施工工期、建造成本、地连墙施工质量、施工期安全等因素，推荐选用锁扣钢管（板）桩围堰筑岛方案。

三、海中筑岛围堰结构体系研究

1. 围堰自平衡柔性组合结构体系的提出

基于上述地连墙施工总体方案比选结果，采用锁扣钢管（板）桩围堰筑岛方案将地连墙施工由水上施工转换为陆上施工。结合工程特点，并考虑后续锚体施工及大桥上构施工放索场占用面积，围堰直径取150m，桩顶高程＋6.5m，岛内回填中粗砂至＋3.0m。

考虑到地连墙施工无止水要求，本文提出了一种锁扣钢管桩与工字形板桩组合的围堰筑岛结构，钢管桩与工字形板桩通过C形锁扣连接，钢管桩为主要承力结构，锁扣不止水，板桩只挡土，提高施工容差率。借鉴“水桶环箍原理”，设置围箍结构，增强围堰结构的整体性，实现自平衡。“锁扣钢管桩＋工字形板桩＋平行钢丝锁”自平衡柔性组合结构体系如图1所示。

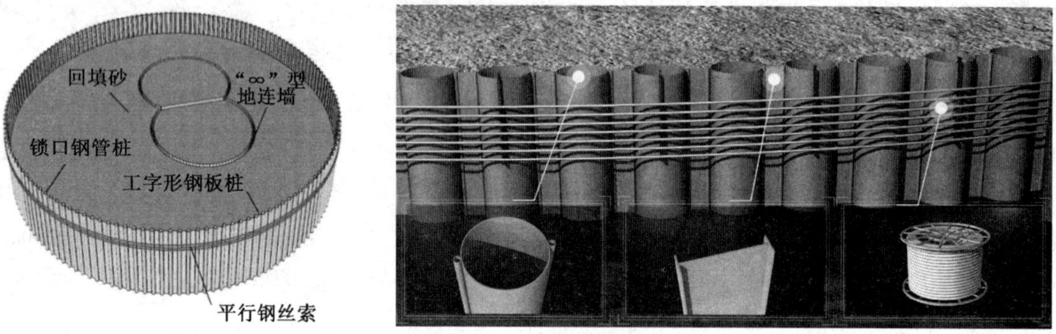

图1　自平衡柔性组合结构体系三维效果图

为保证结构安全，开展组合结构体系受力计算分析，在保证结构安全的前提下，确定结构关键设计参数。

2. 组合围堰结构设计

1）钢管桩结构设计

钢管桩结构设计，需保证其自身具有合适的刚度，不至于因水平变形过大引起漏砂。经计算分析，确定钢管桩规格选用$\phi2000\times18$mm，桩顶高程＋6.5m，桩底高程约－31.5m（进入中砂层约5m），计算结构见表1。

钢管桩单桩稳定性计算结果　　表1

计算工况	主要内容	最大应力（MPa）	最大位移（mm）
工况一	正常工况，钢管桩打入黏土层底（－26.5m），桩顶受桩锤水平分力（1/200打桩力）	18.9	34.4

续上表

计算工况	主要内容	最大应力（MPa）	最大位移（mm）
工况二	正常工况，钢管桩施沉至设计底高程（-32.0m），桩顶受桩锤水平分力（1/200 打桩力）	14.9	15.2
工况三	极限工况（20 年一遇），钢管桩施沉至设计底高程（-32.0m）	88.81	59.73
工况四	筑岛刚完成，排水固结失效，直剪快剪指标计算土压力，顶部无附加荷载	84.46	113.19
工况五	筑岛完成，固结快剪指标计算土压力，顶部 30kPa 附加施工荷载	93.05	140.96

2）工字形板桩结构设计

工字形板桩作为一种挡土、传力结构，对工字形板桩结构进行计算分析时，将工字形钢板简化为单向板计算，取 1m 竖向宽度，两端按铰接考虑，进行抗弯验算，如图 2、图 3 所示。经计算，工字形板桩规格采用 H770×80mm，腹板和翼缘板厚度取 14mm，抗弯强度可以满足要求。

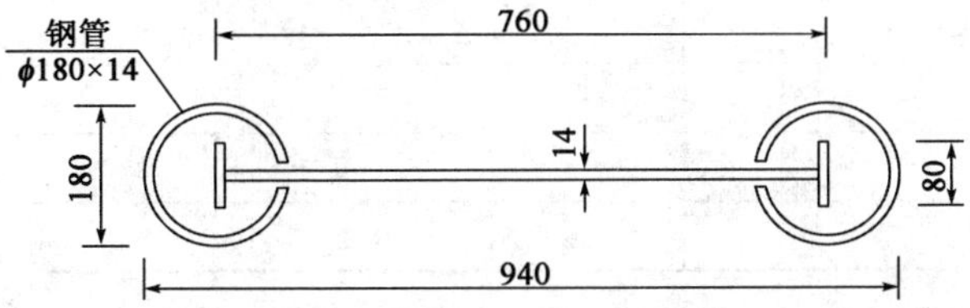

图 2 工字形板桩结构（尺寸单位：mm）

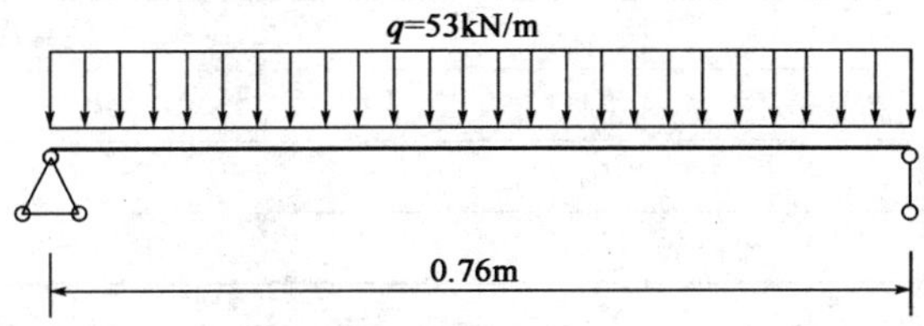

图 3 工字形板桩结构简化模型

3）锁扣结构设计

钢管桩之间净距 940mm，C 形钢管规格 $\phi180\times14$mm，工字形钢板规格为 H770×80mm，腹板及翼缘板厚 14mm，对两端 C 形钢管进行抗弯验算，如图 4 所示。

经计算分析确定，锁扣钢管桩 + 工字形板桩组合圆形围堰结构如图 5 所示。

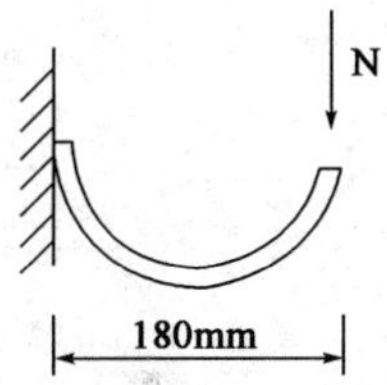

图 4 锁扣计算简图

3. 围堰约束体系及围箍结构设计

钢管桩及钢箱围箍采用梁单元，平行钢丝围箍采用只抗弯刚度极小的梁模拟。

常用的围箍结构包括平行钢丝、钢绞线、单层钢箱、双层钢箱、钢丝绳等，其中，钢丝绳弹模低、变形大，钢绞线需求数量多、施工难度大，因此对无围箍、柔性围箍（平行钢丝围箍）、刚性（钢箱围箍）3 种方案进行分析比选。

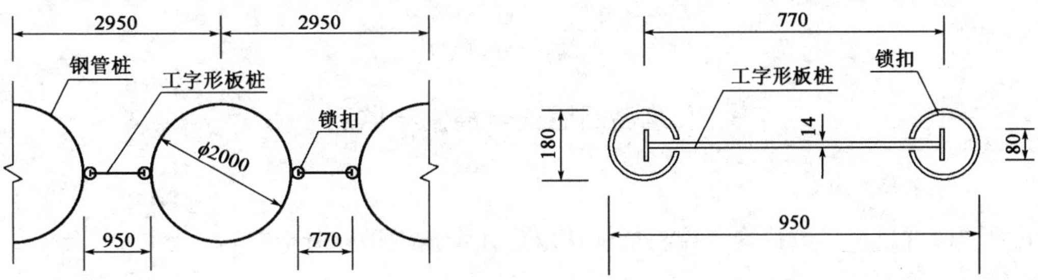

图 5 组合围堰结构设计（尺寸单位：mm）

为对围堰约束体系进行安全评估，采用数值分析软件建立三维地基模型，如图 6 所示。钢管桩及钢箱围箍采用梁单元，平行钢丝围箍采用只抗弯刚度极小的梁模拟。在筑岛回填完成时，钢管桩桩身弯矩分布如图 7 所示，桩身结构计算结果见表 2。

图6　围堰数值分析模型

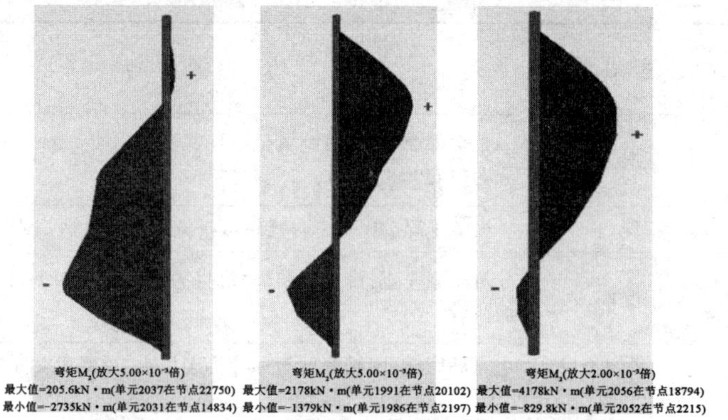

a)无围箍　　b)柔性围箍　　c)刚性围箍

图7　桩身弯矩分布

桩身结构计算结果　　表2

围箍形式	桩身最大弯矩(kN·m)	桩顶最大水平位移(cm)
无围箍	2735	20
柔性围箍	2178	9
刚性围箍	4178	5

由图7和表2可以看出,对比刚性围箍,柔性围箍能充分发挥土体侧向支撑作用,通过适当的变形来减小桩身最大弯矩,受力更加合理。经计算,采用7根ϕ91mm、1670MPa平行钢丝索,采用镀锌+双层PE套防腐设计,提高耐久性,如图8所示。

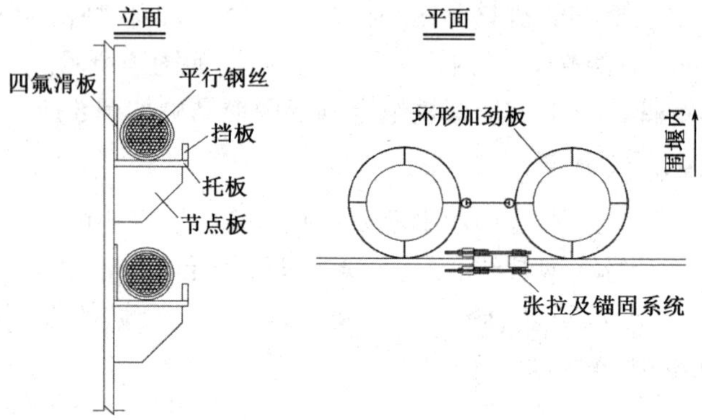

图8　平行钢丝锁设计

四、筑岛围堰安全控制与监测

1.桩顶水平位移

筑岛围堰结构桩顶水平位移安全控制指标从以下几个角度进行分析。

1)规范建议

根据《建筑桩基技术规范》(JGJ 94—2008)要求[桩竖直度允许偏差值为3‰H(H为桩长)且不大于20mm,其中3‰为桩顶值偏差度],深中通道锚碇基础所在围堰桩长为43.5m,即桩顶水平位移规范建议值为130.5mm。

2)工程调研

根据工程调研(表3),桩基偏斜为5‰,桩基结构没有破坏,推荐临时桩基偏斜按4‰控制,深中通道锚碇基础所在围堰桩长为43.5m，控制标准为174mm。

工程中桩顶偏移统计 表3

工程案例	桩长	桩体材料	桩顶值偏差度
山东某高速公路桥梁工程	20m	混凝土	3.4‰～5.2‰
揭阳—普宁高速公路第三、四合同标段大桥	40m	混凝土	3.6‰
黑龙江嫩江至泰来高速公路桥	31m	混凝土管桩	9.6‰
福宁高速公路某特大桥	28.7m	钢筋混凝土灌注桩	5.9‰

3）土体稳定推算

在桩基结构安全的基础上，土体稳定性对桩基的支撑作用尤为关键。对于软基，工程上一般采用边桩位移观测推算土体稳定性。

经验表明，水平位移量小于10～15mm/d，取位移偏移量允许值为10mm/d，计算深中筑岛回填土体对锚碇区软土三次填砂加载的桩顶偏移量允许值见表4。

桩顶偏移量允许值 表4

加载阶段	加载时间(d)	桩顶偏移量允许值(mm)
第一次加载	5	50
第二次加载	7	70
第三次加载	7	70
总计		190

选取桩顶水平位移控制标准为174mm，小于桩顶偏移量允许值190mm，可见，选取桩顶水平位移控制标准为174mm是可靠的。筑岛施工过程中，实测最大桩顶变形130mm，桩顶水平位移始终处于安全可控状态。

2. 锁扣钢管桩结构应力

围堰锁扣钢管桩作为筑岛结构主要承力结构，兼顾挡土、挡水功能，筑岛结构施工阶段，应确保结构应力在设计允许范围内。基于信息化监控平台，对围堰筑岛阶段锁扣钢管桩应力进行动态安全评估，实测钢管桩应力分布如图9所示。

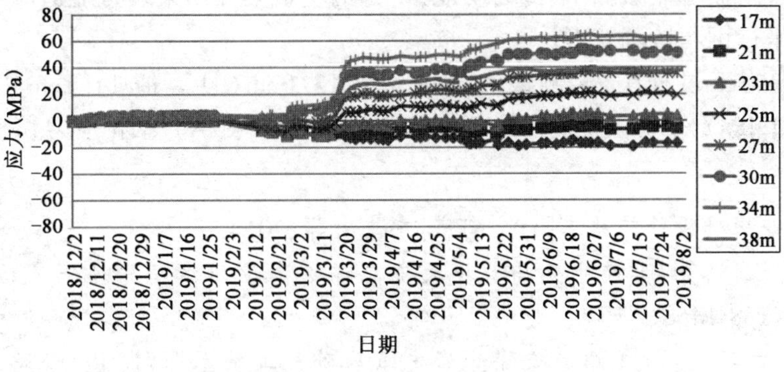

图9 钢管桩应力变化曲线(钢管桩外侧)

由图9可知，在筑岛施工过程(吹砂填筑施工、外围防护施工、场地内整平及硬化、三轴搅拌桩加固、导墙施工等)中，钢管桩应力呈缓慢增大状态，最大桩身应力为62.7MPa，钢管桩处于安全可控状态。

3. 平行钢丝索围箍结构应力

有别于传统的刚性围箍结构，平行钢丝索围箍结构作为一种柔性约束，主要用于平衡围堰筑岛回填土体荷载。筑岛围堰施工阶段，土体回填次数、单次吹填厚度、固结时间等吹填筑岛关键施工参数的选

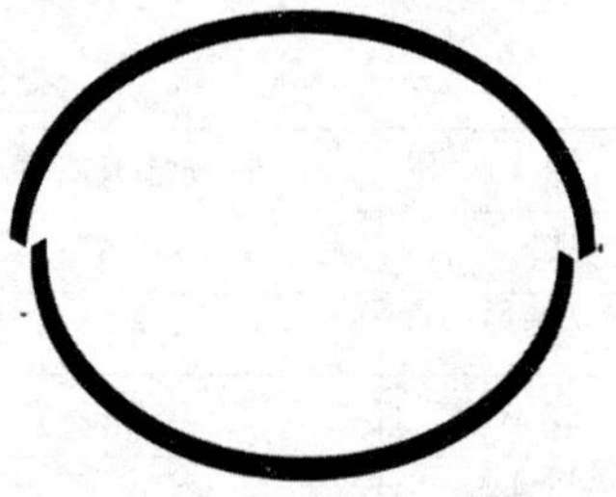

图 10 平行钢丝索围箍结构应力分布云图

取,将直接决定平行钢丝索围箍结构应力是否在设计允许范围内。

基于数值软件对平行钢丝索围箍结构进行受力分析,根据模型计算得到的应力分布云图如图 10 所示,钢丝索轴力为 13340kN,面积为 0.02451m^2,最大变形 22cm,轴力产生的应力增量为 544MPa。基于信息化监控平台,对围堰筑岛阶段平行钢丝索围箍结构拉力进行动态安全评估,实测围箍结构拉力分布如图 11 所示。

由图 11 可知,钢索围箍整体处于受拉状态,受前期锚碇岛体内吹砂填筑施工影响,岛体内部土压力荷载增加,引起部分位置受拉较为明显。实际施工过程中,实测平行钢丝索最大拉力 780kN,平行钢丝索围箍结构处于安全状态。

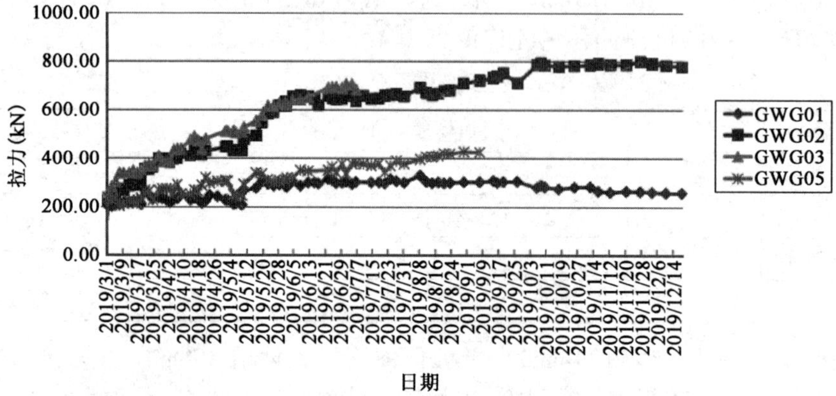

图 11 平行钢丝索围箍结构拉力变化曲线

五、结 语

本文比较了深中通道伶仃洋大桥东锚碇地连墙施工总体方案,推荐选用锁扣钢管(板)桩围堰筑岛方案。在此基础上,提出了"锁扣钢管桩 + 工字形板桩 + 平行钢丝锁"自平衡柔性组合结构体系,钢管桩为主要承力结构,工字型板桩兼顾挡土、传力功能,平行钢丝索柔性约束装置能适应一定高度内的不平衡荷载,实现钢管桩与平行钢丝协调变形。

东锚碇筑岛围堰施工过程中,实测最大桩顶变形 13.0cm(计算值 14.1cm)、实测最大桩身应力 62.7MPa(计算值 93.1MPa),平行钢丝最大拉力 780kN(设计值 1200kN),结构应力和变形与计算高度吻合。

参考文献

[1] 于俊杰. 锚碇沉井基础设计与施工[D]. 南京:东南大学,2014.

[2] 田欣,张其玉,曹长伟,等. 莫桑比克马普托大桥北锚碇高承压水超深地下连续墙施工工艺[J]. 公路,2018,63(5):138-145.

[3] 李佩元,马允栋. 大潮汐、裸露倾斜破碎基岩主墩基础施工技术探讨[J]. 公路交通科技(应用技术版),2020(2):21-23.

[4] 谢江松,王政平,湛杰. 海上悬索桥锚碇地下连续墙钢导墙三维数值分析[J]. 人民长江,2019,50(10):143-149.

[5] 林鸣,林巍,王汝凯,等. 人工岛快速成岛技术——深插大直径钢圆筒与副格[J]. 水道港口,2018,39(S2):32-42.

[6] 赵秀绍,庄锦彬,褚东升,等. 某大桥水下筑岛深基坑钢板桩支护不对称体系研究[J]. 施工技术,2017,46(2):84-87,119.

[7] 王晓佳,贺炜.伶仃洋大桥西锚碇筑岛施工柔性围堰结构稳定性研究[J].桥梁建设,2021,51(2):85-90.

74. 预制拼装管桩-盖梁 UHPC 连接点抗震性能研究

申耀辉[1] 石雪飞[1] 邱志雄[2]
(1.同济大学土木工程学院;2.广东省高速公路有限公司)

摘 要 本文依托实际工程,对一种新型预制拼装管桩-盖梁连接点进行抗震性能研究。其接缝采用 UHPC 与盖梁连接。本文设计了足尺拟静力试验并分析其抗震性能。建立 ABAQUS 足尺有限元模型,通过滞回曲线和骨架曲线判断模型合理性,观察模型在拟静力作用下的受力情况。最后结合 ABAQUS 模型和试验结果对连接点结构做出综合评价并提出优化建议。

关键词 预制拼装管桩 超高性能混凝土 现浇接缝 拟静力试验 有限元分析

一、引 言

预制拼装结构在现代桥梁建设中的应用日益广泛,对于预制拼装桥墩,其与盖梁、承台等连接接缝构造的质量控制尤为重要。接缝形式主要包括现浇湿接缝、灌浆套筒连接、灌浆波纹管连接、插槽式连接、承插式连接等形式[1]。其中现浇湿接缝形式的应用较为广泛,整体性好,但需要搭设模板,施工工期较长[2]。而超高性能混凝土(UHPC)作为同时具有超高强度、超高延性以及超高耐久性的水泥基复合材料,非常适合作为预制拼装现浇接缝的灌浆料。预制拼装 UHPC 接缝在强度、耗能能力等性能的表现上优于普通混凝土现浇接缝[3]。用 UHPC 作为桩和盖梁的填缝材料,可以在不显著提高造价的前提下保证节点性能。随着桥梁事业的不断发展,行业对桥梁抗震的要求也逐渐提高。在中高烈度区,对预制拼装下部结构的静力和抗震性能均提出较高的要求[4]。拟静力试验可以很好地研究接缝结构的抗震性能,也可评价变形与耗能能力[5]。本文研究的连接点所在结构,是一种桩梁一体化的新型下部结构,其以桩代替墩,省去了墩、承台、桩之间复杂的连接构造,施工操作简便,更加经济安全[6]。由于其结构简单,兼之为预制拼装结构,施工工期也可大幅缩短。

二、项 目 背 景

深汕西长沙湾路段桥梁,工程规模较大[1],该路段 4 座桥梁全长约 9.3km,地质条件为滨海地区深厚覆盖层,拟在水域和陆域都采用全预制拼装桥梁。其应用范围为长沙湾路段约 10km 桥梁,其中预制盖梁约 1240 个,预制墩柱约 1152 个,预制管桩约 4551 根,总长约 160000m。

本项目的特点是采用超高性能混凝土(UHPC)连接,在水域桥梁部分采用桩梁一体化建造,如图 1 所示。

本项目 UHPC 接缝形式比较特殊,是钢筋搭接和现浇 UHPC 结合的接缝构造。为了适应结构在强震地区的抗震表现,有必要对该下部结构接缝在往复荷载下的性能展开研究,因此设计足尺拟静力试验,并通过有限元软件进行论证分析。

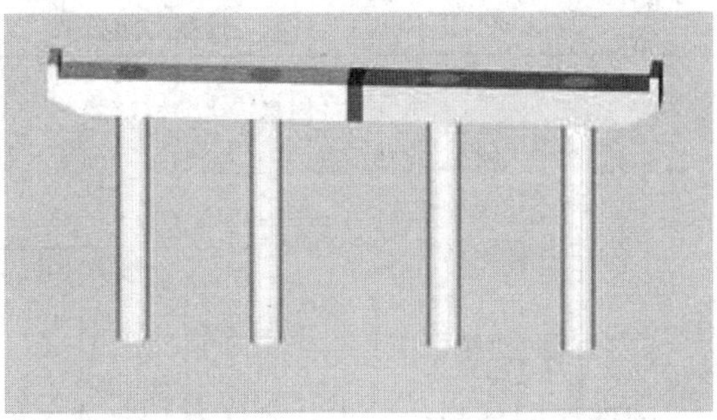

图 1 水域桥梁桩梁一体化示意图

三、拟静力试验设计

1. 试验目的

通过足尺试验模拟墩柱在横向地震下的受力状况，并分析结构的受力特点和受力性能；测试下部结构在推覆作用下的滞回曲线，综合测试结果评价结构的滞回耗能特性和抗震性能；观察结构开裂及破坏现象，分析连接结构的受力特点，主要为 UHPC 接缝连接的受力性能，总结分析提出可行的优化措施。

2. 试件设计

足尺试件构造与实际工程一致，如图 2 所示。管桩采用 C80 混凝土，盖梁采用 C50 混凝土。在盖梁中预埋钢波纹管，管桩顶部深入接头 10cm。浇筑 UHPC 时，UHPC 不仅需要充满波纹管内的区域，还需要充满至管桩 2m 高的区域内。采用倒置加载方法验证接头在地震作用下的性能。

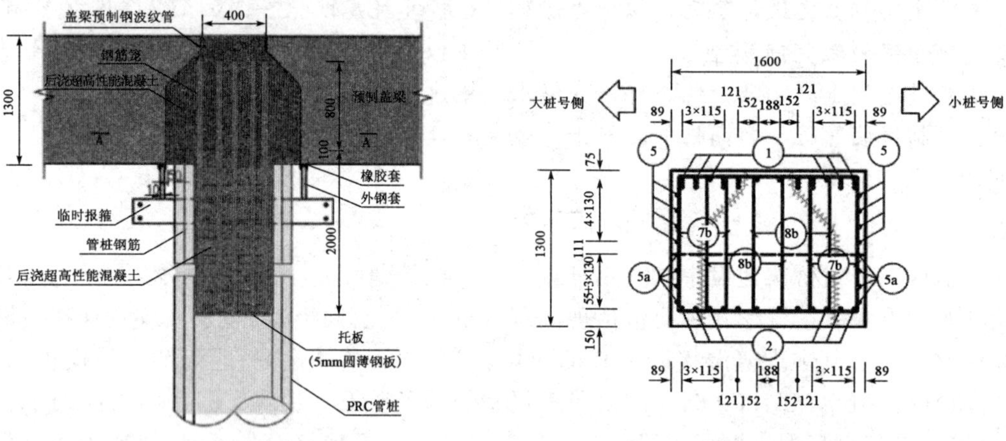

a)桩接盖梁接缝构造　　b)桩接盖梁盖梁钢筋

图 2　桩接盖梁试验接缝示意图(尺寸单位:mm)

3. 加载制度设计

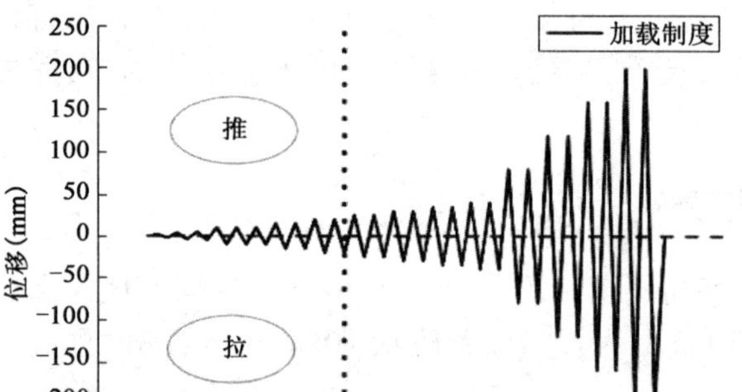

图 3　试验加载制度示意图

在施加水平往复荷载前需要完成竖向力的加载，以钢绞线施加竖向力，模拟恒载自重。可以计算得到竖向力为 1680kN。

水平加载前几级采用力控制加载，分级水平顶推或张拉至钢筋屈服(100kN→200kN→300kN→400kN→…kN)，开裂后每级荷载循环 2 次，记录水平位移 Δ。通过测量仪器得到实时的荷载-位移曲线。当找到屈服位移 Δy 后，后续水平加载按屈服位移的整数倍控制，直至试件的强度下降到最大强度的 85%。每级加载做 2 次循环，加载到最大时进行破坏现象的观察和标记工作。加载制度示意如图 3 所示。

四、试验结果与分析

1. 试验现象

试件滞回加载的过程和破坏过程见表 1。

管桩承插主要试验结果 表1

序 号	水平力/位移	试 验 现 象
1	100kN	无明显现象,滞回曲线为弹性
2	200kN	无明显现象,滞回曲线为弹性
3	300kN	无明显现象,滞回曲线为弹性
4	400kN	无明显现象,滞回曲线斜率下降,刚度略有降低
5	500kN	无肉眼可见裂缝产生,滞回曲线出现微小卸载残余位移
6	600kN	结构发生初始开裂,管桩端钢板与管桩之间、管桩插槽处与盖梁 UHPC 之间均产生环向的脱开裂缝
7	700kN	盖梁 UHPC 及混凝土产生沿管桩径向放射的劈裂裂缝
8	44mm	劈裂裂缝继续延伸、贯穿盖梁顶面,发展至盖梁侧面、角部,盖梁中线也出现了贯穿裂缝
9	60mm	盖梁混凝土撬动鼓起,出现碎裂、崩坏现象
10	70mm	盖梁裂缝不断加深、加宽
11	100mm	盖梁裂缝不断加深、加宽
12	120mm	盖梁预埋钢波纹管处混凝土也发生了脱开裂缝,管桩混凝土也发生了小范围崩裂
13	160mm	结构承载力出现突然下降,试验终止

试件的主要试验破坏现象如图4所示。

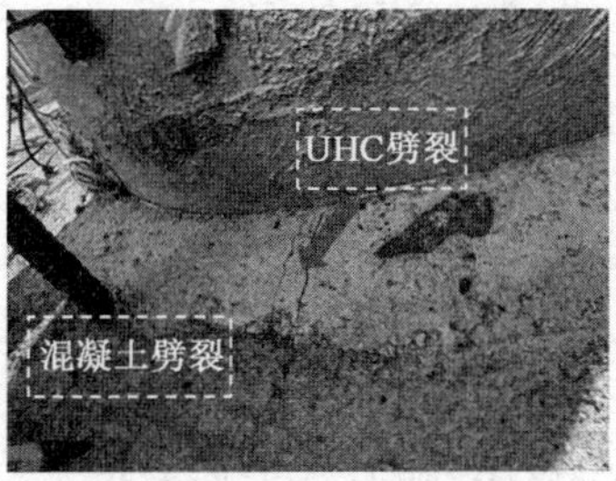

图4 试验主要破坏现象

2. 破坏机理

将试件沿中部平行于加载方向的断面切开,观察断面上的裂缝开展情况,如图5所示。可见,管桩插入盖梁深度(10cm)位置处的横截面上,UHPC 裂缝已经贯通,并向两侧普通混凝土扩展、延伸至盖梁顶面;除此之外,管桩的 UHPC 填芯部分也出现了数条水平和竖向开裂。

图5 试件内部破坏形态

管桩-盖梁 UHPC 接缝在水平荷载作用下破坏机理可以描述为:接缝破坏首先始自受拉侧管桩根部插槽上缘处,桩壁混凝土与盖梁 UHPC 之间的环向脱开裂缝;由于管桩插入盖梁深度较浅,该裂缝迅速深入至管桩底面，造成管桩与盖梁之间连接刚度下降，裂缝沿管桩底横截面开展，并在后续增大的弯矩作用下逐步开裂，节点刚度进一步下降；同时，管桩底面裂缝向接缝两侧的普通混凝土开展，造成盖梁顶面、侧面沿径向的劈裂裂缝；最后在弯剪共同作用下，管桩底面与盖梁连接断面上的UHPC及混凝土完全断裂，盖梁顶面混凝土撬动鼓起而崩坏，这种开裂为脆性破坏，结构承载力下降迅速；但此后由于管桩填芯竖向钢筋尚未屈服，节点仍表现有一定延性，管桩底面的贯穿开裂面充当了塑性铰的作用，可以继续承载，直至在进一步增大的水平位移下，填芯竖向钢筋也进入屈服，结构承载力完全丧失，接缝破坏。

3. 滞回曲线与骨架曲线

试件的滞回曲线和骨架曲线如图6所示。从滞回曲线的形状上看，试件在推与拉两个方向上的受力结果整体基本上表现出对称性，两侧的峰值荷载接近，水平位移略有差异。在位移控制加载时，每级荷载重复的2个循环中，每个循环屈服弯矩相差较小。滞回曲线形状总体介于弓形与反S形之间，延性稍差，滞回曲线腰部具有受剪捏缩特性，表现出滞回曲线受到了一定的节点滑移影响。

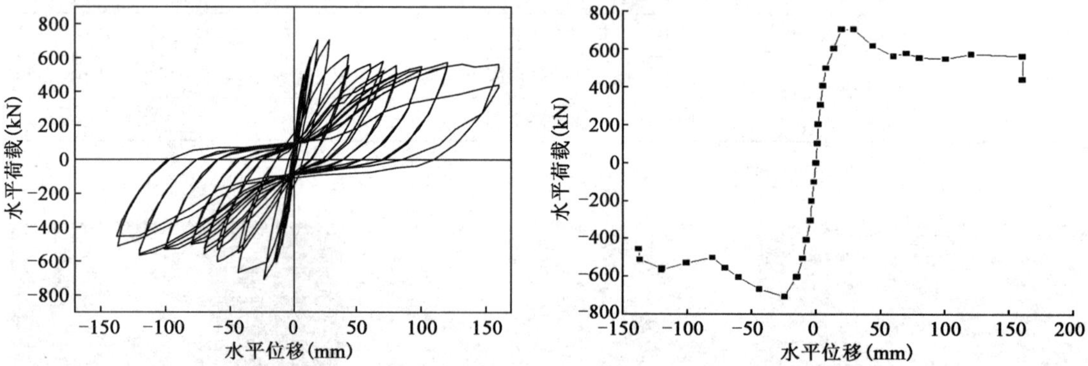

a)滞回曲线　　b)骨架曲线

图6　试件滞回曲线和骨架曲线

结构刚刚屈服时，滞回曲线基本呈梭形，形状比较饱满，滞回环面积较小；随着水平荷载增大，滞回曲线形状向弓形过渡，腰部开始出现轻微捏拢，存在钢筋-混凝土的黏结滑移[7]，同时滞回环面积也在增大，消耗更多的能量；随着漂移比继续增大，节点滑移更加显著，滞回曲线向反S形过渡，形状不饱满，延性及耗能能力下降。

典型延性构件的骨架曲线一般大致表现出三线性，即线弹性阶段、非线性阶段和强度下降阶段。而该试验的骨架曲线与此略有差异。骨架曲线的前半段与典型的骨架曲线发展基本吻合，非线性拐点出现在500kN附近，强度下降点出现在700kN附近。差异在水平位移达到40mm以后，出现了一个较长的承载力稳定台阶，在水平位移40~160mm的范围内，骨架曲线点纵坐标稳定在500~600kN之间，表现出较长的平直段，直到水平位移达到160mm后结构强度再次显著下降。

这是由于结构的初始破坏为管桩底面UHPC的断裂及沿贯穿开裂面方向盖梁的局部鼓起碎裂，表现为脆性，结构承载力迅速下降；但由于管桩填芯竖向钢筋尚未屈服，因此开裂面处形成铰，发生了耗能机制的变化，从脆性破坏向延性破坏转变，后续随着水平位移增加，承载力基本保持稳定，直至管桩填芯竖向钢筋屈服，结构承载力再次明显下降。

4. 试验结果评价

将试验结果与设计预期进行对比，从接缝抗震的承载能力需求角度出发，该接缝可满足抗震要求；而从抗震延性上看，结构在初始脆性破坏后又表现出较好的延性，但由于脆性破坏发生在能力保护构件（盖梁）中，因此这种破坏形态不符合设计预期，需结合设计目的具体评价。后期可对施工方法、结构设计进行优化，进一步提高抗震性能。

五、有限元分析

根据试件图纸建立 ABAQUS 有限元模型进行计算分析。通过滞回曲线和骨架曲线验证建模的合理性,在此基础上观察试件进入延性、达到峰值荷载等状态下混凝土与钢筋的受力情况,通过模型运行结果分析对现有设计方案进行优化和改进。

1. 模型建立

1)材料本构模型

ABAQUS 软件自带的损伤塑性模型是众多本构模型中的一种[8],在结构的抗震性能分析中起了很好的作用。根据方自虎[9]等人的研究建议,混凝土拉应力上升段取直线,下降段选用《混凝土结构设计规范》(GB 50010—2010)中的公式;受压曲线建议取我国规范中的公式,但 ε_0 建议取欧盟规范规定的数值,并可以将弹性段取到混凝土强度的 0.4 倍。

对于钢筋,本文选取 ABAQUS 自带的双折线钢筋本构关系,即钢筋屈服后斜率降低。混凝土单轴受拉、单轴受压和钢筋受拉压应力-应变关系如图 7 所示。

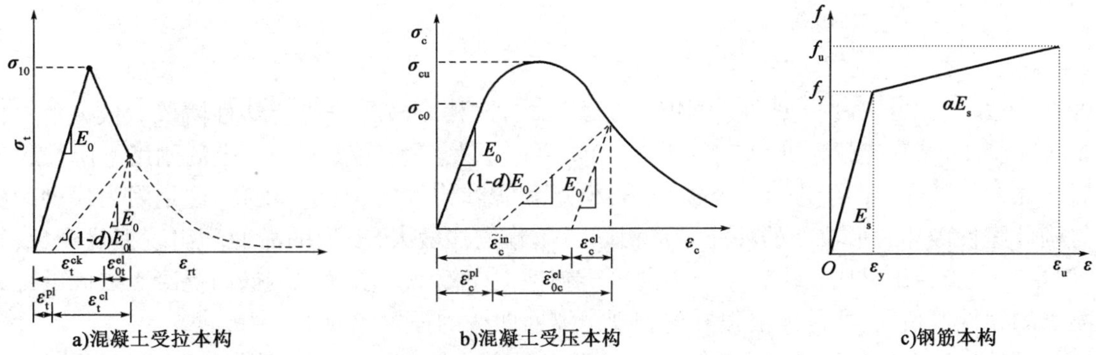

图 7 混凝土受拉、受压及钢筋应力-应变关系曲线[8]

根据曾宇、胡良明[10]的建议,按下式求出损伤因子:

$$d = 1 - \sqrt{\frac{\sigma}{E_0 \varepsilon}} \tag{1}$$

式中:d——损伤因子;

E_0——初始弹性模量;

σ——总应力;

ε——总应变。

2)建模过程

混凝土部分采用六面体单元(C3D8R),钢筋部分采用桁架单元(T3D2)。对各个部件赋予材料属性并完成装配,将钢筋网嵌入整个实体部件中。刘诗文[11]分别选用“硬接触”和“罚摩擦”来模拟节段间接缝处的法向行为和切向行为。分析结果表明,模拟结果与试验结果基本一致。在本次试验中,主要耗能来自内填 UHPC,而管桩并未明显开裂,因此对 UHPC 接缝和管桩之间定义切向摩擦系数为 0.6 的“罚摩擦”和法向“硬接触”;对于 UHPC 接缝和盖梁之间,由于其并未发生明显滑移,定义为绑定。添加自重和一个向下的集中力(模拟上部结构压力),集中力作用点耦合在管桩顶部中心的参考点。滞回过程全程采用位移加载。对于边界条件,由于在试验中采取竖向锚固钢筋将承台锚固在试验台上,将下底面完全固定。试件总体网格模型如图 8 所示。

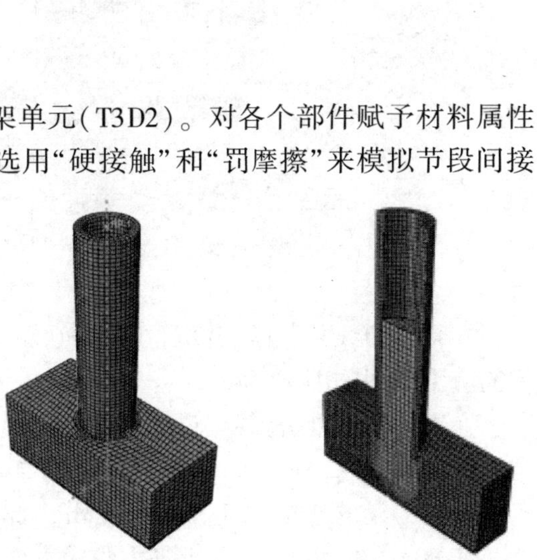

图 8 网格划分和剖面视图

2. 计算结果

通过导出参考点荷载位移数据，绘制模型的荷载位移曲线和骨架曲线，将有限元与试验数据所绘滞回曲线和骨架曲线进行对比，如图 9 所示。

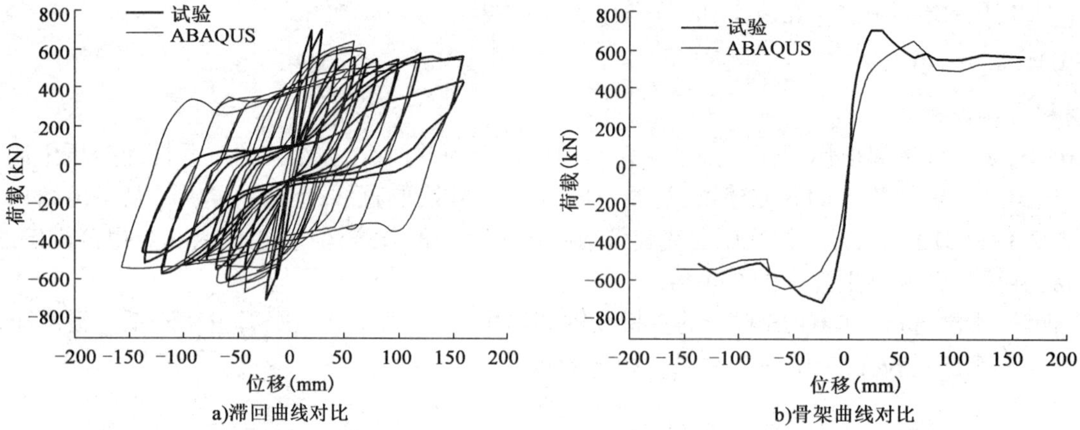

图 9　有限元计算结果与试验数据所绘滞回曲线和骨架曲线对比图

在弹性阶段时，ABAQUS 模型初始刚度低于实际构件，模型较早进入弹塑性阶段。模型的峰值荷载为 641.4kN，试验的峰值荷载为 705kN，误差在 10% 之内。发生脆性破坏时对应的刚度下降段位置相对试验靠后。在构件的骨架曲线进入水平阶段后，模型和实际构件的契合度较高，这是因为模型设置的初始接触与构件脆性破坏后形成新的耗能体系相同。随着位移增大，模型的滞回环出现捏拢现象，耗能能力下降，但是与试验相比仍比较饱满。因为混凝土塑性损伤模型无法模拟钢筋与混凝土之间的黏结滑移以及混凝土的黏性等情况，所以无法很好地表现出滞回曲线的捏拢效应[12]。

分别提取桥模型在峰值荷载处和骨架曲线平稳位置的云图来观察桥墩的失效模式和损伤发展规律。

在峰值荷载(641.4kN)时，混凝土最大主应力和塑性主拉应变云图如图 10 所示，钢筋应力云图如图 11 所示。

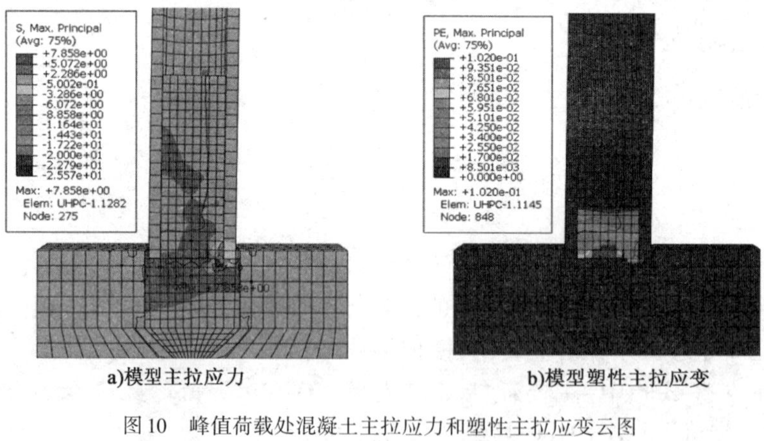

图 10　峰值荷载处混凝土主拉应力和塑性主拉应变云图

在骨架曲线平稳段(选取位移为 80mm 位置)，混凝土最大主应力和塑性主拉应变云图如图 12 所示，钢筋应力云图如图 13 所示。

在峰值荷载处，混凝土最大主应力位置在桩底侧下方 UHPC 中，达到 7.85MPa；混凝土最大塑性应变位置在与桩底水平的 UHPC 中心，达到 0.102。钢筋网中最大应力出现在 UHPC 填芯纵筋处，最大应力位于管桩与盖梁的连接点，达到 438.7MPa，此时填芯纵筋已屈服。

在 80mm 位移处，混凝土最大主应力位置几乎没变，数值增加到 8.3MPa。但此时管桩受压侧(右侧)底部的混凝土不再参与和 UHPC 的共同受力，说明管桩已退出工作，耗能体系已发生转化。混凝土最大塑性应变位置不变,数值增大到0.3;水平方向两侧的混凝土应变也随之增大,说明UHPC裂缝从桩底中心处向两侧蔓延,这与试验现象相符。钢筋网中整体应力增大,最大位置处依然在UHPC填芯纵筋处,达到536.8MPa,此时填芯屈服部分长度增大。

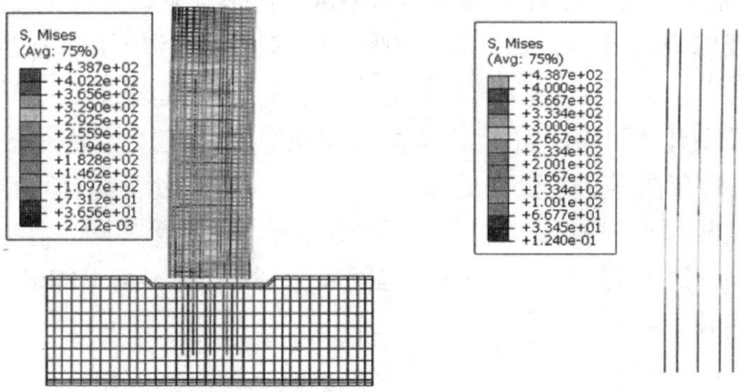

a)钢筋应力　　b)填芯纵筋应力

图11　峰值荷载处钢筋应力云图

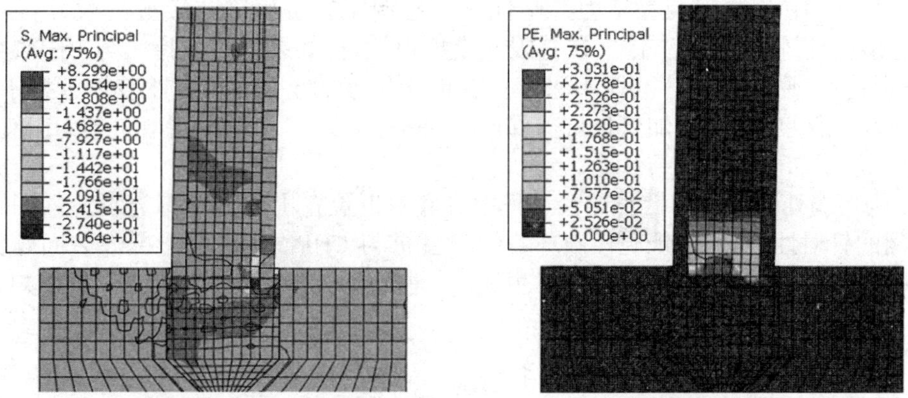

a)模型主拉应力　　b)模型塑性主拉应变

图12　80mm位移处混凝土主拉应力和塑性主拉应变云图

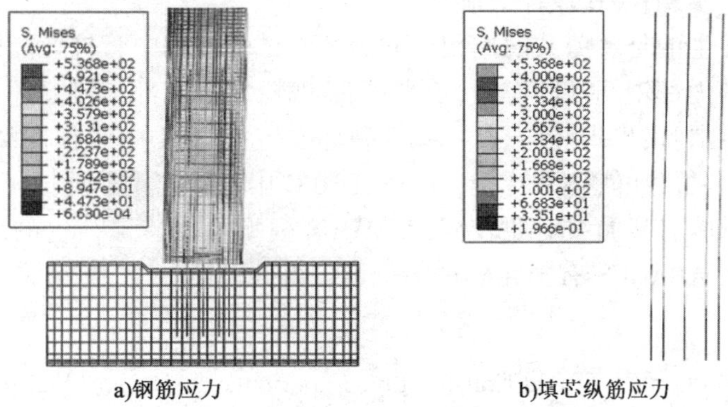

a)钢筋应力　　b)填芯纵筋应力

图13　80mm位移处钢筋应力云图

3.有限元结果评价

ABAQUS模型计算结果在滞回曲线和骨架曲线上的误差在合理范围内,可以认为模型与实际情况相符。滞回曲线可以反映实际构件的承载能力与抗震性能;骨架曲线的变化趋势说明模型较好地模拟了试验中的脆性断裂导致的刚度陡降段,云图的变化也可说明第4节中描述的结构破坏模式相符。

在模型分析过程中,发现管桩与UHPC接缝间的接触设置对模型结果有重要影响。如果将管桩桩壁和UHPC之间设置绑定连接,发现试件的初始刚度与峰值荷载与试验拟合较好,但是峰值荷载达到了1000kN,高于试验值30%,并且骨架曲线不会出现刚度陡降段。

结合对应力应变云图的观察,可以发现,当管桩桩壁与UHPC之间通过绑定连接时,管桩与UHPC共同工作。且由于管桩所采用的C80混凝土强度低于UHPC,管桩与承台接触的最低点会首先达到应力极限值,实际上代表管桩出现横向裂缝;接着管桩底部附近更多区域达到限值,最终管桩底部混凝土退出工作。这与一般情况下墩柱拟静力试验现象相似,但与本试验不符。通过逐步将管桩与UHPC不同的接触面设置的绑定替换为"1.模型建立"中所提的"罚摩擦",发现峰值荷载和骨架曲线平稳段逐步降;直到设置与"1.模型建立"中相同时,骨架曲线平稳段和试验结果相符,但初始刚度和峰值荷载又略低于试验结果。

综上可知,试件在弹性阶段工作时,管桩与UHPC黏结较好,两者共同工作。在达到峰值荷载后,管桩底部与接缝脱开并退出工作,管桩与内填UHPC之间发生滑移,失去与UHPC之间的黏结力,结构发生脆性破坏,耗能体系发生转化。

六、优化建议

对于该连接点结构的设计,虽然在强度上满足要求,但仍然需要避免这种脆性破坏,根据试验结果与有限元计算结果,从两个方面提出结构优化建议:

(1)增加管桩与UHPC之间的黏结力。脆性破坏起源于管桩底部与接缝的脱开,还有管桩内壁与UHPC的相对滑移,使得管桩退出工作。在有限元模拟中发现,如果管桩能持续与UHPC共同工作,结构承载力也将显著提高。原设计中管桩埋入深度只有盖梁高度的1/13,而脆性破坏开始于管桩与接缝的脱开。加大管桩埋入深度,可以增加管桩抗剪性能,避免桩底脱开。另外,将管桩与UHPC接触界面做粗糙处理等措施,也能增加两者间黏结性能。

(2)增加结构薄弱处的强度。针对试验过程中桩底附近位置出现盖梁劈裂裂缝的问题,建议加强对碎裂部位钢筋网的针对性,防止出现脆性破坏。针对管桩与UHPC结合面弯剪断裂问题,建议增加填芯抗剪钢筋;后期滞回耗能中填芯纵筋大部分发生屈服,建议增加填芯纵筋数量或横截面积,以提高管桩结构抗弯承载力。

七、结语

本文的管桩-盖梁UHPC连接点结构具有良好的静力承载能力和抗震性能,可满足工程要求;在抗震延性上,骨架曲线的平稳段较长,可以得到较大的漂移比,这点上表现出较好的延性;但出现脆性破坏导致刚度陡降的现象不符合预期,要在设计上避免。

本结构在试验过程发生的是弯剪共同作用下的破坏。试验过程中管桩耗能机制有两个,在脆性破坏前,管桩、填芯UHPC及其内部钢筋共同作用,承受弯曲荷载;之后底部与接缝环向脱开,退出工作。管桩内壁也与UHPC之间产生滑移,出现竖向裂缝,脆性破坏发生;桩底UHPC横向裂缝发展直至蔓延到盖梁表面,最终形成贯穿劈裂裂缝,耗能体系转变。最终,UHPC中的竖向钢筋形成了主要的耗能体系。

有限元计算结果和试验骨架曲线对照较好,ABAQUS模型可以验证结构的承载能力和抗震性能,试验中的现象与破坏机理在ABAQUS有限元模拟中也可以得到验证。

参考文献

[1] Culmo, Michael P. Accelerated Bridge Construction-Experience in Design, Fabrication and Erection of Prefabricated Bridge Elements and Systems[M]. The Federal Highway Administration, 2011.

[2] 王洁金.预制拼装桥墩抗震性能拟静力试验研究[D].武汉:武汉理工大学,2020.

[3] Mostafa Tazarv, M. Saiid Saiidi. UHPC-filled duct connections for accelerated bridge construction of RC columns in high seismic zones[J]. Engineering Structures, 2015.

[4] 项贻强,竺盛,赵阳.快速施工桥梁的研究进展[J].中国公路学报,2018,31(12):1-27.

[5] 宋浩.预制拼装墩柱式基础抗震性能研究[D].石家庄:石家庄铁道大学,2019.

[6] 陈进杰.路改桥立体交叉式桥梁桩墩一体施工工艺研究[J].科技创业月刊,2012,25(11):173-174.

[7] 胡献文,张淞棋,郑小红.基于大直径钢筋的装配式桥墩有限元分析研究[J].粉煤灰综合利用,2022,36(01):107-115.

[8] 刘巍,徐明,陈忠范.ABAQUS 混凝土损伤塑性模型参数标定及验证[J].工业建筑,2014,44(S1):167-171,213.

[9] 方自虎,周海俊,赖少颖,等.ABAQUS 混凝土应力-应变关系选择[J].建筑结构,2013,43(S2):559-561.

[10] 曾宇,胡良明.ABAQUS 混凝土塑性损伤本构模型参数计算转换及校验[J].水电能源科学,2019,37(06):106-109.

[11] 刘诗文.改善节段拼装桥墩抗震性能构造措施的研究[D].大连:大连理工大学,2016.

[12] 程学斌,马颖,袁子淇.基于 ABAQUS 的钢筋混凝土柱抗震数值模拟分析[J].水利与建筑工程学报,2020,18(06):146-152.

75. 黄茅海大桥中塔纵向约束体系的设计——弹性索及锚固的受力分析

李 亮 赵 磊 何元涛

(中交公路规划设计院有限公司)

摘 要 黄茅海大桥为 100m + 280m + 720m + 720m + 280m + 100m 独柱塔双索面三塔斜拉桥,主梁采用分体钢箱梁。针对三塔斜拉桥的特点,本文首先介绍四种中塔纵向约束体系,并对其进行对比分析,提出黄茅海大桥采用纵向弹性索的约束方式。对弹性索的梁上锚固形式、塔上锚固进行设计,并结合项目特点对结构进行计算分析,最后根据设计特点提出施工期间应注意的相关事项供同类项目参考。

关键词 三塔 斜拉桥 弹性索 约束体系 钢锚梁

一、引 言

黄茅海跨海通道东接鹤港高速公路(港珠澳大桥西延线)、西接西部沿海高速公路及新台高速公路,对于加强粤港澳大湾区内联系、优化区域高速公路网络、改变过江通道单一现状、促进珠西装备制造业基地集聚及进一步强化横琴自贸区、高栏港与大广海湾经济区的联动发展具有重要意义。

本项目采用 6 车道高速公路标准建设,设计速度为 100km/h。全线设置通航孔桥两座,分别为黄茅海大桥(主跨 2 ×720m 三塔斜拉桥)、高栏港大桥(主跨 700m 斜拉桥)。黄茅海大桥跨径设置为 100m + 280m + 720m + 720m + 280m + 100m = 2200m,为独柱塔双索面三塔斜拉桥,高跨比为 0.25,边中跨比为 0.53。主通航孔可满足通航要求。黄茅海大桥总体布置图如图 1 所示。

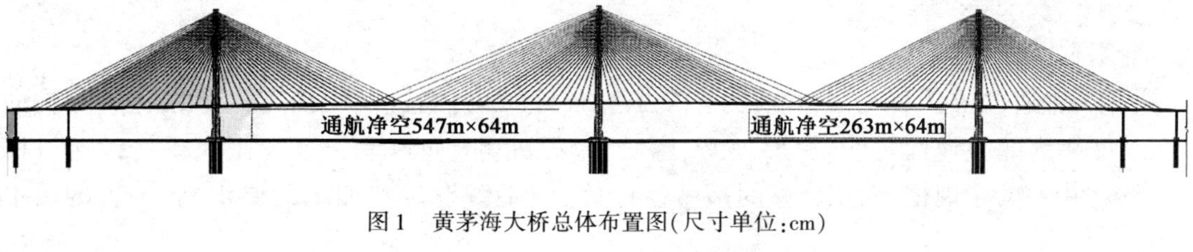

图 1 黄茅海大桥总体布置图(尺寸单位:cm)

二、约束体系设计分析

1. 中塔约束体系方案

针对黄茅海大桥中塔纵向约束，设计阶段共提出弹性索方案、熔断阻尼装置方案、限位支座装置方案、铰接拉杆方案，各方案介绍及对比如下。

1）弹性索方案

中塔处纵向支座采用弹性索方案，将弹性索一端通过钢锚梁锚固于索塔上，另一端分两批穿过横向连接箱锚固于横向连接箱上，并对索塔处的弹性索进行张拉。塔、梁间采用弹性索方案的斜拉桥见表1。

弹性索约束斜拉桥　　表1

桥　名	结构特点	弹性约束
汕头礐石大桥	正桥长2865m，公路6车道，主跨518m，钢箱梁与混凝土箱梁的混合型大跨径斜拉桥，1999年2月通车	主塔两侧各设置1根长54m的55×7ϕ5的钢绞线
芜湖长江大桥	铁路全长10521m，公路全长5681m，铁路2线，公路4车道，正桥为180m+312m+180m矮塔部分斜拉结构，钢梁采用14MnNbq新钢种、全封闭焊接整体节点新技术，钢桁梁与钢筋混凝土行车道板结合共同受力，2000年建成通车	主塔两侧各设2根长48m的弹性索，分别由88股ϕ7和187股ϕ7的高强钢丝组成
武汉白沙洲大桥	全长3856m，公路6车道，50m+180m+618m+180m+50m五跨连续组合梁斜拉桥，大型吊箱围堰高桩承台钻孔桩基础，2000年9月建成通车	主塔两侧各设1根长103mm、由55股ϕ15的高强钢丝组成的钢绞线
海口世纪大桥	全长2262m，公路6车道，主跨为340m双塔双索面预应力混凝土边主斜拉桥，2003年8月开通试运营	主塔两侧分别设置了2根长31m、构造为73股ϕ7的高强钢丝
重庆奉节夔门长江大桥	全长893m，公路4车道，主跨为460m双塔双索面预应力混凝土边主斜拉桥，2006年7月建成通车	南北塔各布置4根弹性索，全桥共8根水平弹性索，规格为151股ϕ7，每根弹性索长度约30m
重庆李渡长江大桥	全长887.2m，公路4车道，主跨为398m双塔双索面预应力混凝土边主斜拉桥，2007年10月建成通车	全桥共8根纵向弹性索，规格为109股ϕ7，拉索长度约60m

2）熔断阻尼装置

主梁和主塔之间通过熔断阻尼装置进行约束，熔断阻尼装置两端分别通过球铰与主梁和桥墩（塔）连接。对于活载风、温度、刹车、小地震等常规荷载，阻尼器像刚性连杆一样，不发生两端相对运动；对于强震或超过一定动力荷载时，阻尼器则开始相对运动，并消耗能量。其工作原理或工作方式可概括为：在金属熔断装置断开前，其像刚性连杆一样，把所连接的结构锁定在一起，当达到一定的条件时，金属熔断装置断开，其将转换为常规液体黏滞阻尼器。

3）限位支座装置

目前限位装置在众多桥梁工程中得到了应用，例如南京栖霞山长江大桥（南京四桥）。设置纵向限位旨在释放双向位移（如温度位移），限制单向位移（如活载引桥的纵飘），进而减小伸缩缝的规模。通过纵向限位牛腿与混凝土挡块间的间隙释放主梁双向位移，通过球冠橡胶支座限制纵向限位牛腿的位移，限制主梁纵向荡移，设置合理限制位移的限制挡块可几乎完全避免活载单向位移，最大限度减小伸缩缝的规模。

4）铰接拉杆

铰接拉杆装置通过拉压实现其功能，为一个二力杆件结构，通过两端的万向球铰释放除轴向外的自由度，弹性刚度靠内部的弹性元件（蝶形弹簧、橡胶、聚氨酯等）通过受压变形来实现。铰接拉杆装置不需要现场张拉，装置尺寸规模小，小位移时疲劳性能好，但是对设计和加工的要求高，装置的成本也较弹性拉索高。

2. 约束体系对比

四个方案约束体系对比见表2。

四个方案约束体系对比表[1-2] 表2

项目	弹性索方案	熔断阻尼装置	限位支座装置	铰接拉杆
构造	纵向设置16根抗拉强度1960MPa的弹性索	设置4个熔断阻尼器，熔断力10000kN	纵向4个支座，承载力为26000kN	设置4个铰接拉杆，承载力为13000kN
受力性能	地震作用下索塔弯矩减小15%，柔性约束	若百年风下熔断装置发生破坏，则导致梁端位移过大，因此，采用百年风工况下不发生熔断、地震作用下熔断，发挥阻尼功能，索塔底弯矩最小，熔断力大于阻尼力，设计和制造困难	地震作用下索塔弯矩大，支座承载力大，且支座高度大，硫化工艺复杂，生产加工困难，需进行特制，安装难度大	受力性能基本同弹性索方案，极限变形时装置疲劳性能差
施工	在钢箱梁的预制板中直接张拉弹性索，施工简单	需搭建安装平台，施工要求高	塔梁连接处局部强度需要加强，需搭建安装平台，施工精度要求高	需搭建安装平台，施工要求高
维护检修	运营期间更换弹性索简单	熔断装置检测困难，阻尼器漏油后不宜维修，更换困难且造价较高	维护检测容易，若预埋桥塔内锚杆断裂需剔凿桥塔混凝土	拉杆内碟簧检测较难，碟簧损坏后需整体更换
造价	一般(72万元)	较高(100万元)	较低(60万元)	高(140万元)
对比	推荐	比选	比选	比选

3. 黄茅海大桥约束体系

黄茅海大桥采用竖向全飘浮约束体系，塔梁处不设置竖向支座，中塔塔-梁连接处采用纵向弹性索体系+横向抗风支座，边塔塔-梁连接采用纵向液体黏滞阻尼体系+横向抗风支座。黄茅海大桥约束体系如图2所示。

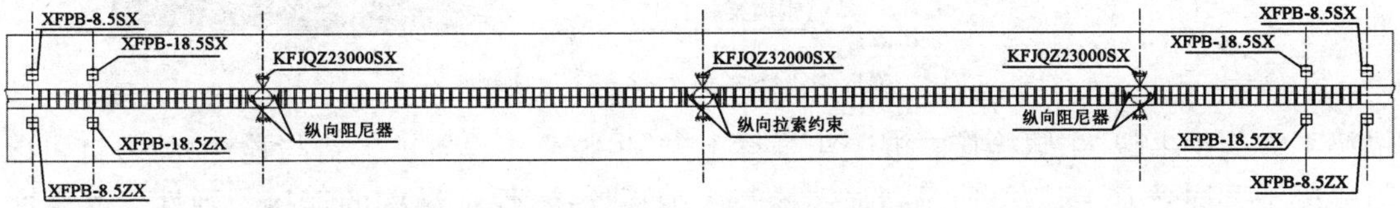

图2 黄茅海大桥约束体系布置图

三、中塔弹性索约束设计

1. 设计概述

1) 总体布置

中塔处纵向支座采用弹性索方案，将弹性索一端通过钢锚梁锚固于索塔上，另一端分两批穿过横向连接箱锚固于横向连接箱上，并对索塔处的弹性索进行张拉，中塔处共设置16根弹性索，弹性索为规格7-265的高强平行钢丝，抗拉强度为1860MPa。为保证最不利工况下拉索处于张拉状态，长弹性索的张拉力为2500kN，短弹性索的张拉力为4000kN。黄茅海大桥中塔弹性索效果图如图3所示。

图3 黄茅海大桥中塔弹性索效果图

2)弹性索设计

中塔处设置16根弹性索,最长约34.13m,规格为LPES7-265,单根最大质量约(不计锚具)约为2.9t。

弹性索所用钢丝为7mm高强度、低松弛钢丝,两锚固端的钢丝不允许有任何形式的接头。钢丝供应商应提交完整的钢丝加工证书供审批,其中包括应力-应变曲线和弹性模量。黄茅海大桥中塔弹性索立面图如图4所示。

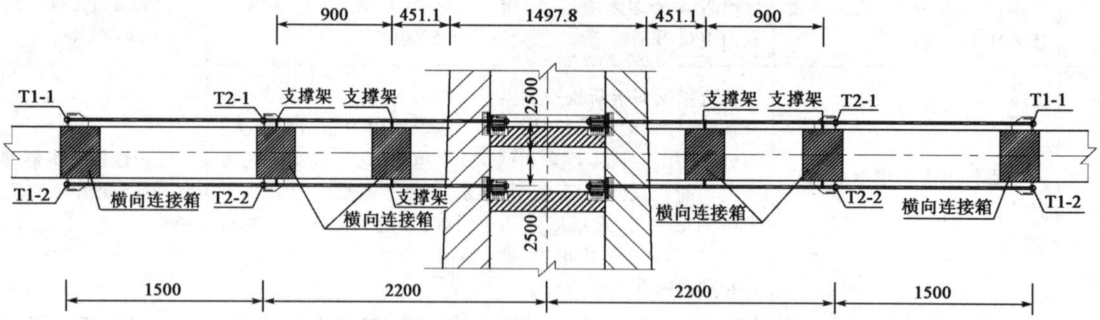

图4　黄茅海大桥中塔弹性索立面图(尺寸单位:cm)

3)钢锚梁设计

弹性索钢锚梁由底板、腹板、承压板及其加劲肋、锚梁壁板及内部PBL板件组成,构造图如图5所示。

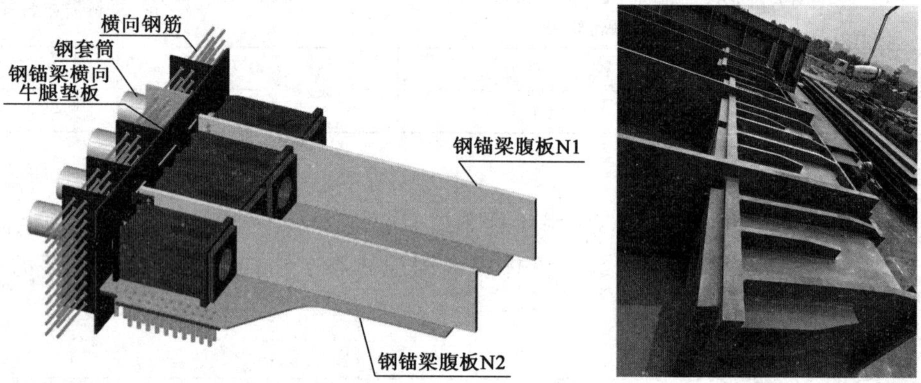

图5　弹性索锚梁构造(左效果图、右实物图)

钢锚梁下方为钢牛腿,牛腿栓接在混凝土横梁上方,牛腿底板设置剪力钉与栓钉,剪力钉可以使得牛腿底板与混凝土共同受力,钢锚梁通过高强螺栓与牛腿板栓接,保证结构的连接。弹性索牛腿实物图如图6所示。

图6　弹性索牛腿实物图

钢锚梁施工方案如下所述：

（1）工厂加工钢锚梁及牛腿，涂装后运输至桥位处；

（2）为了保证结构精度，将牛腿与锚梁在操作平台上栓接，整体吊装至设计高程，定位锚梁，浇筑下方混凝土横梁；

（3）拧紧一侧螺栓，释放另一侧高强螺栓，对称张拉弹性索；

（4）张拉完成后，拧紧另一侧高强螺栓，锤击施工塔壁区域的楔形块，确保锚梁与塔壁间顶紧。

4）钢锚箱设计

弹性索锚固于横向连接箱顶底板，横连箱上、下方均设置纵向锚箱，弹性索用承压式锚固方式锚固在横向连接箱上方，构造如图7所示。

a)断面图　　b)平面图

图7　弹性索梁端锚固构造

2. 弹性索锚固受力分析

1）梁端锚固分析

锚箱传力机理较为明确，拉索索力通过锚箱承压板传递到横向连接箱，从而传递到箱梁上，采用ANSYS对结果进行建模分析，考虑弹性索最不利荷载（标准组合下弹性索最不利荷载），均布加载在横向连接箱上，计算结果如图8、图9所示。

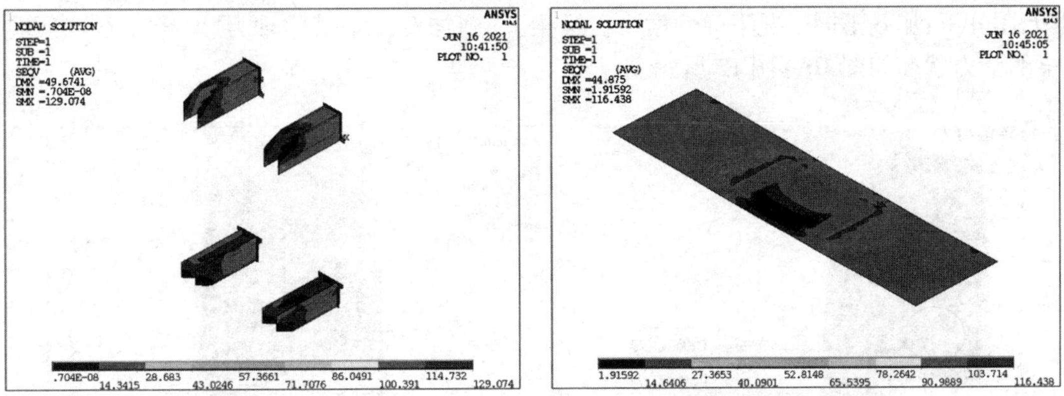

a)锚箱应力　　b)横向连接箱顶板应力

图8　计算结果

可以看出，在标准组合最不利工况下，横向连接箱及锚箱最不利应力为163MPa，出现在横向连接箱的腹板上，结构受力安全。

2）塔端锚固分析

（1）构造设计。

塔端采用钢锚梁锚固在索塔内，弹性索分别锚固在钢锚梁两端的锚垫板上，锚垫板通过两侧的斜腹板将索力传递给钢锚梁。在运营工况下，由于弹性索锚梁是水平且对称布置的，水平分力转化为钢锚梁内力,剩余较小的水平分力再传递至索塔。

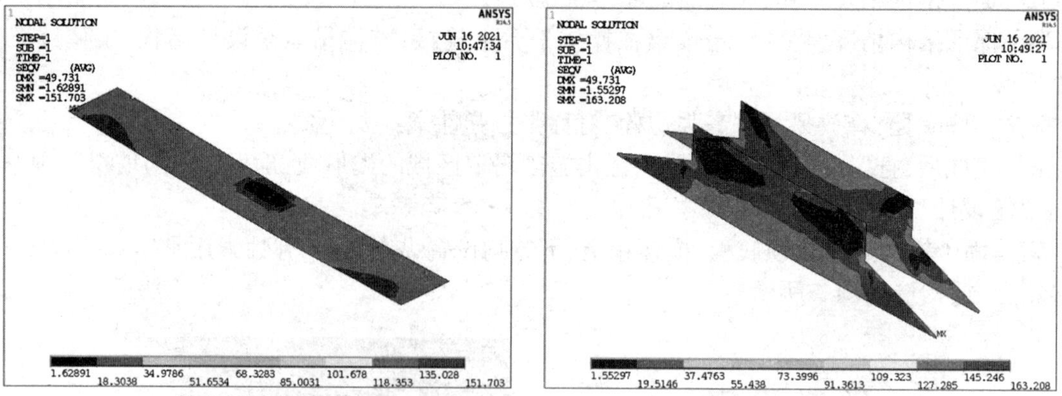

a)横向连接箱底板应力　　　　b)横向连接箱腹板应力

图9　计算结果

(2)弹性索受力特性。

弹性索与普通拉索受力机理不同,常规桥梁斜拉索长度长、柔度大,地震等工况作用下索力变化不明显,而弹性索长度较短(最长仅34.13m),刚度较普通拉索大,各工况下弹性索索力见表3。

弹性索在不同工况下结构受力　　　　表3

工　况	短索索力(最大)(kN)	短索索力(最小)(kN)	长索索力(最大)(kN)	长索索力(最小)(kN)
地震工况(E2)	8344	656	5648	1352
恒活温纵风	7042	1185	4864	1339
纵向百年风	6619	1781	4688	1731

可以看出,地震工况下[3]短索卸载效应较为严重,短索最小索力仅剩656kN。此时钢锚梁的不均衡力几乎全由索塔承担,需要对索塔、钢锚梁在不平衡力作用下进行验算。

(3)计算分析。

根据上述分析,加载不同工况下弹性索力在锚梁上,施加对应索塔的轴力、弯矩在索塔顶端,索塔塔壁、钢锚梁的受力状况如图10~图12所示。

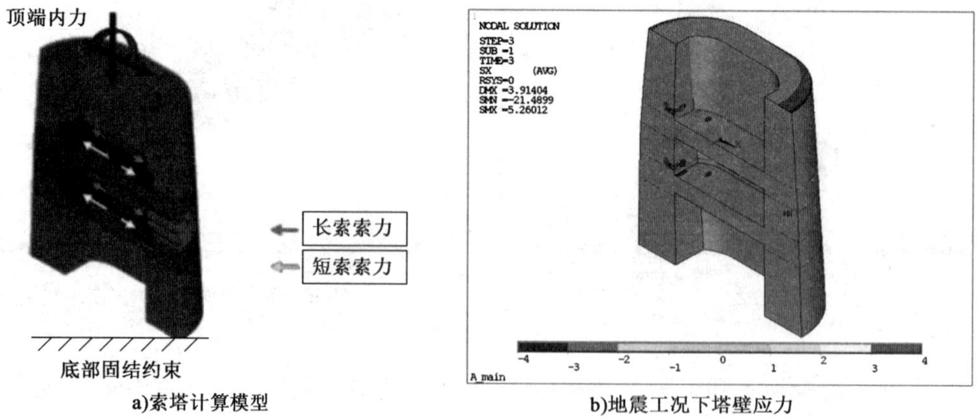

a)索塔计算模型　　　　b)地震工况下塔壁应力

图10　计算结果

3)小结

根据以上计算可以得出如下结论:

(1)梁端采用钢锚箱进行锚固,计算得到最大应力为163MPa,小于结构屈服应力345MPa,结构安全。

（2）塔端采用钢锚梁进行锚固，弹性索由于索长、拉索布置方向等因素，索力在各工况下卸载作用较为明显，卸载引起的不平衡力导致此钢锚梁与传统钢锚梁受力机理不同。经过计算可知，索塔在地震工况下最大拉应力为 4MPa，钢锚梁在最不利荷载作用下最大应力为 171MPa，结构安全。

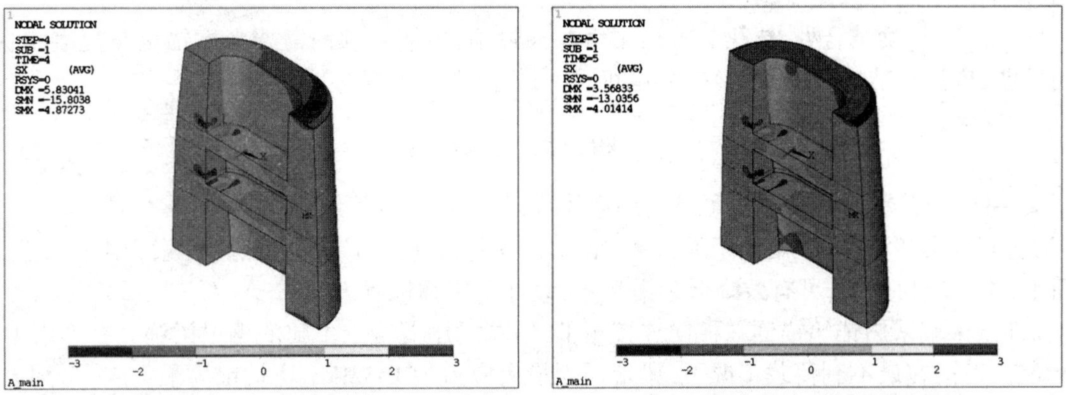

a)恒活温风工况下塔壁应力 b)百年纵风工况下塔壁应力

图 11 不同工况下塔壁应力模型

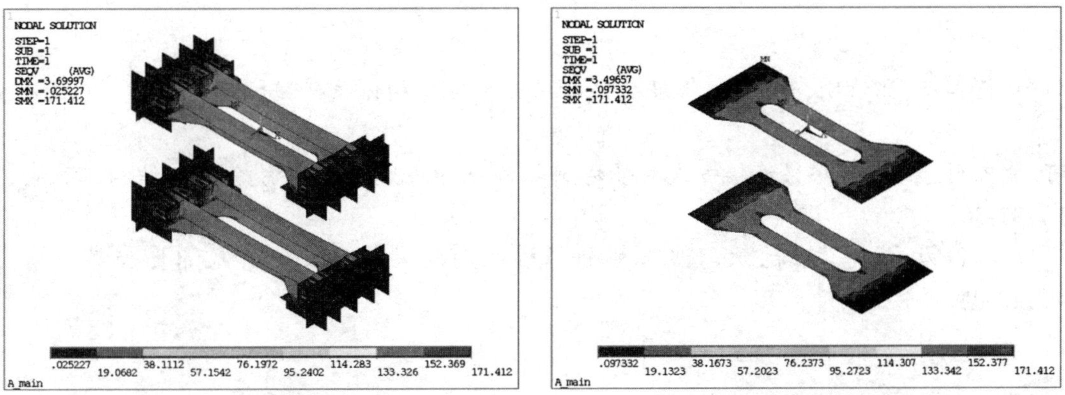

a)最不利荷载下钢锚梁应力 b)最不利荷载下牛腿板应力

图 12 最不利荷载下钢锚梁和牛腿板应力模型

3. 制造、安装及耐久性

1）组拼

（1）钢锚梁、牛腿在工厂各自组焊成形并进行试拼装，安装工装用临时加固匹配构件。检验整体几何尺寸、塔臂板面平整度、对接偏差和栓孔重合率等，检验合格后完成各部位防腐涂装。

（2）钢锚梁、牛腿在工厂中采用高强螺栓临时连接进行整体组装，并确保高强螺栓螺母端朝下方（最终在索塔上的状态），工厂组装时可采用临时加固匹配构件，形成整体结构后出厂。

2）安装时竖向变形

（1）与传统钢锚梁不同，水平设计的弹性索在施工过程中此处有较大竖向相对变形，弹性索张拉工序在二期恒载加载之前，故弹性索张拉时与成桥时梁端竖向高程不在同一竖向坐标上，施工期间应将此变形考虑计入。

（2）目前国内大跨径公路斜拉桥需要根据《公路钢结构桥梁设计规范》（JTG D64—2015）设置竖向预拱度。

综上，弹性索张拉与成桥时的竖向变形差、成桥竖向预拱度引起的竖向变形均需要在设计锚固体系时考虑入内，确保施工及成桥状态下拉索与锚梁、锚箱之间无碰撞，确保斜拉索性能。

3)耐久性

(1)传统钢锚梁的牛腿均为钢牛腿,本项目弹性索锚梁的牛腿支撑在混凝土横梁上,结合黄茅海大桥项目特点,锚梁吊装定位完成后,浇筑混凝土塔壁及横梁,需要注意浇筑时防止混凝土反浆由振捣孔进入滑动面,影响滑动面的摩擦性能。

(2)锚梁位于塔、梁结合处,锚梁就位后主塔并未封顶,主塔封顶前需要考虑锚梁与混凝土横梁结合面的密闭性能,应注意结构防水、锚梁与牛腿间的密封,保证结构耐久性。

四、结　　语

根据黄茅海大桥设计特点,进行了纵向约束体系研究,得出以下结论。

(1)通过对比分析弹性索、熔断阻尼方案、限位支座方案、铰接拉杆方案,弹性索方案由于造价低、后期维养简单,施工较为方便,可有效降低索塔弯矩,设计采用弹性索方案。

(2)弹性索梁端采用锚箱锚固在横向连接箱上,塔端采用混凝土牛腿的钢锚梁锚固在索塔中央。

(3)经过计算,在最不利荷载工况下,梁端锚固最大应力为163MPa、塔端锚固最大应力为171MPa,索塔混凝土最大拉应力为4MPa,均满足规范要求,结构安全。

(4)针对本项目结构的特殊性,在锚梁安装时需要注意梁端锚箱的竖向变位、塔端锚梁的耐久性措施。

参考文献

[1] 秦顺全,苑仁安,郑清刚,等.超大跨度公铁两用斜拉桥结构体系研究[J].桥梁建设,2020,50(04):1-8.

[2] 周珂,金文刚,李建中.塔梁连接方式对多塔斜拉桥纵向地震反应的影响[J].结构工程师,2018,34(S1):31-36.

[3] 王照伟,陈占力,刘得运,等.大跨度三塔斜拉桥纵向约束体系设计研究[J].世界桥梁,2021,49(04):42-48.

IV 养护管理、检测、加固及其他

1. 跨海桥梁用黏滞阻尼器耐久性保障技术研究

童俊豪[1,2] 贾维君[3] 王志强[4] 张精岳[4]

(1. 广东省公路建设有限公司;2. 黄茅海跨海通道管理中心;

3. 中铁大桥局集团第四工程有限公司;4. 中交公路长大桥建设国家工程研究中心有限公司)

摘 要 黏滞阻尼器具有耗能能力强、无初始刚度、耐候性好等优点,已大规模应用于桥梁减震领域。跨海桥梁的黏滞阻尼器,由于其服役环境较为恶劣,腐蚀性强,累计运动距离大,容易出现泄漏、锈蚀等病害,导致阻尼器耐久性较差,维修及更换成本高。本文分析了黏滞阻尼器的泄漏、腐蚀、结构破坏等主要病害及原因,并研究了串联式密封、活塞杆镀铬封孔、活塞杆陶瓷涂层、重防腐油漆涂装、成品检测、服役期监测等提升耐久性的技术或措施,以提高跨海桥梁用阻尼器的服役年限,为跨海桥梁用黏滞阻尼器的设计、生产、检测及养护等提供参考。

关键词 跨海桥梁 黏滞阻尼器 泄漏 耐久性

一、引 言

进入21世纪,我国桥梁发展成就巨大,设计建造了一批世界知名跨海大桥,如杭州湾大桥、港珠澳大桥、青岛海湾大桥、舟山跨海大桥和嘉绍大桥等。考虑到我国大部分跨海桥梁处于环太平洋地震带,因此跨海桥梁的抗震能力不可忽视[1-3]。

黏滞阻尼器具有无初始刚度、往复循环稳定性好、耐候性好、变形能力强、出力和结构的弹性恢复力存在90°的相位差等优势。通过计算分析、工程实践以及试验室研究均表明,液体黏滞阻尼器是减隔震控制办法中最科学、有效的办法[4],是桥梁减震消能的首选装置。经过数十年的发展,其技术已较为成熟,应用广泛,并取得较好的消能减震(振)效果。一般桥梁用液体黏滞阻尼器是一种密闭油缸装置,活塞的往复运动带动内部阻尼介质的流动,阻尼介质分子之间产生内摩擦力并生热,进而将外部动能转换成热能,其结构如图1所示[5]。

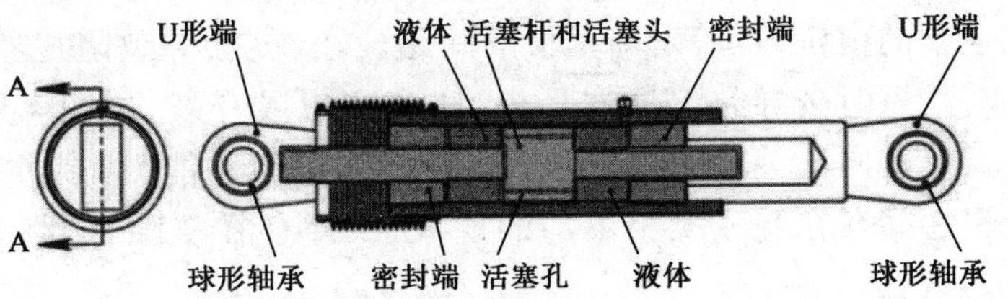

图1 黏滞阻尼器结构示意图

黏滞阻尼器的本构关系为:

$$F = CV^{\alpha} \tag{1}$$

式中:F——阻尼器出力;

C——阻尼系数;

V——阻尼器两端相对速度;

α——速度指数,其取值范围在0.3~2.0之间。

二、黏滞阻尼器服役病害

1. 密封系统泄漏

黏滞阻尼器漏油是其最常见的病害。可以说，黏滞阻尼器不断发展完善、更新换代的历史，就是不断同漏油病害作斗争的历史[6]。黏滞阻尼器泄漏导致阻尼介质变少，并伴随着空气的混入，地震作用下可能会引发以下问题[7]，如图2所示：

(1)局部的不均匀破坏，增大附加扭转力；

(2)失效后引起主梁碰撞、伸缩缝磨损。

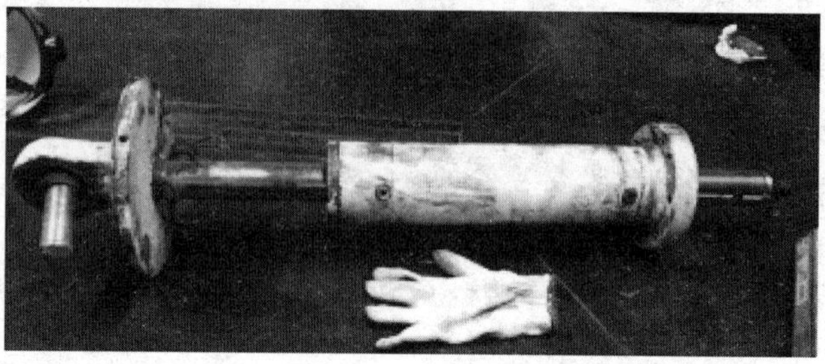

图2 某桥梁黏滞阻尼器泄漏

2. 外露部件锈蚀

黏滞阻尼器缸体、耳板、底座等部件外表通常采用油漆涂装，当油漆涂层存在缺陷、破损时，在潮湿环境下容易引起腐蚀、生锈，如图3所示。海洋环境下钢结构部件的腐蚀尤为明显。

活塞杆最常用的防护镀层为电镀铬。由于活塞杆电镀存在网状裂隙、针孔等电镀缺陷，造成缺陷部位基体只受到很浅的铬层保护，虽然外表特征表现出合格的镀铬表面，但当液压缸活塞杆处于伸出状态时，若在潮湿或海洋等恶劣环境下工作不能得到有效的铬层防护时，基体可能会进入腐蚀进程。活塞杆长期使用造成铬层磨损或被环境侵蚀，这些缺陷会表现出表面腐蚀特征。若腐蚀加剧，镀层发生应力性破裂和脱落、鼓泡，形成开放性腐蚀，就会出现我们看到的腐蚀坑[8]。

3. 结构部件损伤

由于黏滞阻尼器两端安装了万向关节轴承，使其只承受轴向力，整体为二力杆结构。但阻尼器安装时，如果未充分考虑主梁的横桥向位移，即耳板的间距较小，就会导致阻尼器耳环的转动空间不足，阻尼器耳板与底座干涉，严重时会导致阻尼器耳板、底座变形或开裂，如图4所示。除了结构部件的破坏，这种受力状态下阻尼器向心关节轴承未能正常发挥自由转动能力，多余的约束力矩传递到阻尼器活塞杆，从而使密封圈之间存在受压大小不均的现象，甚至存在空隙，最终导致油缸内的硅油沿着空隙漏出[9]。

图3 某桥梁黏滞阻尼器底座锈蚀

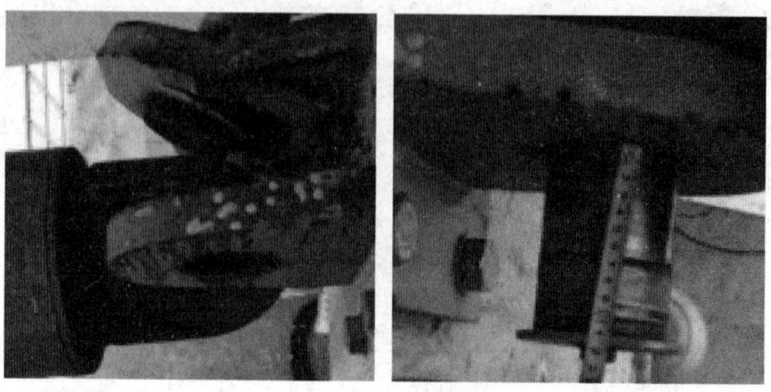

图4 耳板折断销轴滑出

三、黏滞阻尼器耐久性保障技术研究

1. 串联低泄漏密封技术

黏滞阻尼器中的动态密封件要承受长距离的摩擦,单个密封元件很难保证良好的密封效果和期望的长久寿命。借鉴液压缸密封领域的成功经验,在黏滞阻尼器中采用串联式密封,将两道(或多道)密封件串联安装在不同的沟槽里,协同工作,保障密封效果。

黏滞阻尼器串联式密封的工作原理:当活塞杆作推出运动时,缸体内的阻尼介质因密封压力作用将进入活塞杆与密封件之间,使得密封件与活塞杆之间形成油膜。该油膜会导致两种可能性:一是形成连续的网状油膜,这种油膜是不会流动的,也不会形成液滴而落下,同时由于活塞杆表面总存在着一定的微观不平度,有凹坑,这种油膜会沉落在活塞杆表面凹坑内,当活塞杆回程时,不会受到破坏,故不会出现泄漏;二是形成连续的层状油膜,有流动性,当活塞杆返程时,由于密封件具有良好的返抽性,因此在返程时油膜会被返抽回去,而不易出现阻尼介质的缓慢泄漏[10],延缓力学性能衰减的速率。

较为常用的串联式密封组合为高压泛塞 & 斯特封、斯特封 & 斯特封、斯特封 & 雷姆封等,并设置导向环、防尘环等(图5),形成了可靠的密封系统。

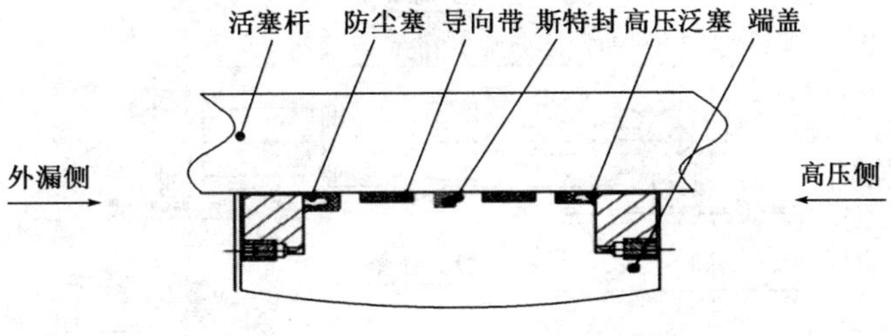

图5 高压泛塞 & 斯特封组成的串联式密封

2. 活塞杆表面耐蚀涂层技术

活塞杆不仅需具备较好的耐磨性,还需具备较好的耐腐蚀性,尤其是沿海盐雾环境、野外腐蚀环境对活塞杆的表面防腐提出了更高要求。近年来兴起的活塞杆镀铬层封孔技术、陶瓷喷涂活塞杆技术都能有效提高活塞杆的耐蚀性,可在跨海桥梁黏滞阻尼器中进行应用。

活塞杆镀铬层封孔技术的原理是针对镀铬层中的微裂纹等固有缺陷,通过涂覆封孔剂等后处理措施,使封孔剂通过渗透、固化等流程后,隔绝强腐蚀性的阴离子和氧气水膜渗入基体,使整个镀层完整、连续,保证镀铬层耐蚀性能[11]。封孔剂既要对铬层的微裂纹全面封闭,又要保证在裂纹中强力结合,通常可利用气体收缩效应和毛细现象,首先对零件加温,空气、水汽受热膨胀从裂纹中排出,然后零件冷却,冷却过程中刷涂封孔剂,由于温度梯度和裂纹毛细作用的共同结果,封孔剂充分渗入至镀层裂纹内[12]。

陶瓷涂层活塞杆技术已经成功应用于海事、水利领域。陶瓷涂层活塞杆是指以优质碳素结构钢、低合金结构钢、合金结构钢作为母材,采用热喷涂工艺将耐磨、耐腐蚀陶瓷粉末在其表面形成陶瓷涂层的一种活塞杆,陶瓷涂层作为工作层[13],与黏滞阻尼器的密封件接触,形成摩擦副。有研究表明,陶瓷涂层应用于活塞杆表面可以大幅提高其表面性能,特别是耐磨性能及耐腐蚀性能,使得活塞杆的使用寿命提高为常用电镀铬的3倍以上[14]。

活塞杆镀铬层封孔与活塞杆陶瓷涂层的耐蚀性均较高,可保障活塞杆表面长期保持光洁,服役过程中密封件的磨损小,从而使得密封系统的寿命得到进一步保障。

3. 重防腐涂装技术

涂装体系对于黏滞阻尼器结构防锈防腐,确保其承载能力、使用功能和耐久性至关重要。港珠澳大桥基于涂装施工质量可控性、现场维护便利性、全寿命周期成本等方面进行考虑,采用与C5-M海洋环境配套的涂装体系。该体系由环氧富锌底漆 + 环氧云铁中间漆 + 氟碳面漆组成(总膜厚380μm),为重防腐复合涂层体系[15]，可满足跨海桥梁黏滞阻尼器的外表面的防腐要求。

随着石墨烯研究的兴起，某大桥设计团队利用纳米级石墨烯的片层结构层层叠加、交错排列的特点，可在涂层中形成“迷宫式”屏蔽结构，构成一道屏蔽阻隔，研制了石墨烯纳米材料改性鳞片型醇溶无机富锌底漆和超耐候氟碳面漆。该新型石墨烯重防腐涂料的使用寿命不低于30年[16]，可较好提升黏滞阻尼器底座、耳板、缸体等外露结构的防腐能力。

传统重防腐油漆涂装、石墨烯改性涂料等，均可在一定程度上保证黏滞阻尼器服役期内外表不发生严重腐蚀。运输安装及使用过程中可能会破坏黏滞阻尼器的防腐涂层。待黏滞阻尼器安装完成后，应对涂层进行全面检查，并及时进行修复。

4. 足尺疲劳试验验证

为保证黏滞阻尼器能达到预先设定的工作性能，使用前应对阻尼器产品进行必要的试验和测试。目前一些规范[17-18]规定了黏滞阻尼器型式检验及出厂检验的相关项目，其中包含了耐压性能、力学性能、疲劳与耐磨性能的检测方法与评定方法。

针对某些大跨度桥梁横向刚度低、黏滞阻尼器横向位移大的特性[19]，可将底座、黏滞阻尼器整体预拼装，按照设计横向位移要求移动底座，检验其是否会发生干涉，如图6所示。

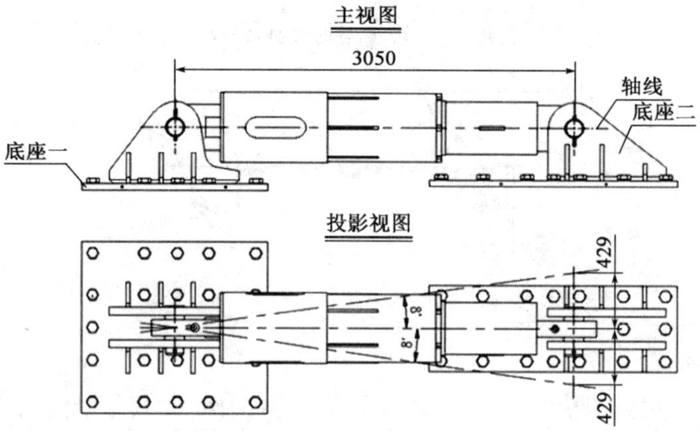

图6　黏滞阻尼器横向位移试验示意图(尺寸单位:mm)

通过型式检验可以初步判断黏滞阻尼器密封系统的可靠性、参数的准确性。需要注意的是，一些大跨度桥梁用黏滞阻尼器在服役周期内，其累计位移远远超过疲劳与耐磨性能试验的要求，因此即使通过了型式检验，其在设计服役期内泄露的风险仍然存在。所以跨海桥梁用黏滞阻尼器服役期间，按照相关规范、养护手册等进行定期现场外观检测是十分有必要的。

5. 智能监测技术研究

科学养护可以提高黏滞阻尼器的使用寿命。黏滞阻尼器属于缸筒密封结构，服役期的外观检测无法准确评估其密封性能及其耗能特性的衰退情况，部分阻尼介质泄漏后，是否能够继续服役，何时维修、更换等，是困扰桥梁养护人员的难题。一些企业通过对服役数年后的黏滞阻尼器进行的返厂再检测，准确评估了其力学性能，还通过现场检测阻尼器预加内压的损失情况，来判断密封系统的性能[5]，以上方法存在病害发现不及时、投入人力、物力多，甚至需要中断交通等缺陷。

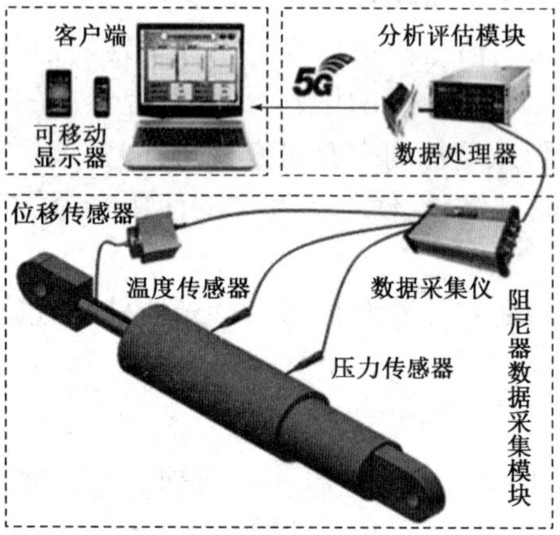

图7　某黏滞阻尼器智能监测系统组成

基于此，部分桥梁在设计阶段设计了黏滞阻尼器智能监测系统(图7)，可通过监测缸体压力、位移、温度等参数，并进行数据分析与阈值评估，实时反映黏滞阻尼器的工作状态。借助智能监测系统，养护人员可及时发现黏滞阻尼器的病害，并结合现场外观检测的情况，预判其性能退化趋势，以确定合理的养护时间、养护方法等，对延长黏滞阻尼的服役年限具有重要意义。

四、结 语

跨海桥梁所处的环境腐蚀性较强，对黏滞阻尼器的耐久性带来更大的考验。本文根据黏滞阻尼器的病害以及使用环境，介绍了提升耐久性的技术或措施，主要如下：

(1)串联式密封可降低黏滞阻尼器服役过程中阻尼介质的缓慢泄漏，延缓力学性能衰减的速率；

(2)镀铬活塞杆封孔、陶瓷涂层活塞杆在海洋环境下不易锈蚀，表面长期光洁，服役沟槽中对密封件的磨损小，密封服役年限长；

(3)重防腐油漆涂装可保障黏滞阻尼器服役年限内外露结构件不发生明显锈蚀，不会因锈蚀导致结构件失效；

(4)成品检测可检验黏滞阻尼器出厂前的密封可靠性、参数准确性等；服役期的监测可及时发现黏滞阻尼器的病害，便于实施科学养护工作。

这些技术或措施的综合应用，可延长黏滞阻尼器在跨海桥梁服役环境下的寿命，为跨海桥梁用黏滞阻尼器的设计、生产、检测、养护等提供参考。

参考文献

[1] 张喜刚，刘高，马军海，等.中国桥梁技术的现状与展望[J].科学通报，2016，61(Z1)：415-425.

[2] 张喜刚.让"中国桥梁"品牌更加熠熠生辉[J].科协论坛，2011(02)：35-36，2.

[3] 陈宝魁，王东升，石岩，等.跨海桥梁抗震设计研究发展综述[J].世界地震工程，2017，33(04)：122-128.

[4] [1]陈永祁，马良喆.液体粘滞阻尼器应用现状及改进其适用性耐久性的措施方法[J].工程抗震与加固改造，2022，44(03)：97-106，96.

[5] 陈永祁，马良喆.大型桥梁用液体黏滞阻尼器的耐久性研究[J].工程抗震与加固改造，2017，39(01)：109-115.

[6] 陈永祁.工程结构用液体黏滞阻尼器的漏油原因分析[J].钢结构，2008，23(09)：53-58.

[7] 陈永祁.工程结构用液体黏滞阻尼器的结构构造和速度指数[J].钢结构，2008，23(09)：48-52.

[8] 周燕，邓季贤，赵黎明，等.提高活塞杆铬层防腐性能的封孔技术[J].液压气动与密封，2018，38(11)：82-85，88.

[9] 宗海，庞振浩，茅建校，等.大跨悬索桥塔梁纵向位移控制阻尼器病害分析[J/OL].哈尔滨工程大学学报：1-10[2022-08-05].http://kns.cnki.net/kcms/detail/23.1390.U.20220421.1527.008.html.

[10] 江蔺婴，赵安墉，许宪章，等.液压缸活塞杆串联密封性能分析[J].机械，1989(06)：6-9.

[11] 王敏，赵岗平，王延兵，等.液压缸镀铬层封孔生产线设计及应用[J].航天制造技术，2021(03)：45-48.

[12] 周燕，邓季贤，赵黎明，等.提高活塞杆铬层防腐性能的封孔技术[J].液压气动与密封，2018，38(11)：82-85，88.

[13] 电力行业水电站金属结构及启闭机标准化技术委员会.陶瓷涂层活塞杆技术条件：NB/T 35017—2013[S].北京：中国电力出版社，2013.

[14] 赵坚，陈小明，吴燕明，等.启闭机活塞杆表面超音速火焰喷涂 WC-10Co-4Cr 涂层的性能[J].中国表面工程，2014，27(03)：71-75.

[15] 苏权科，谢红兵.港珠澳大桥钢结构桥梁建设综述[J].中国公路学报，2016，29(12)：1-9.

[16] 矫阳.新型石墨烯重防腐涂料将跨海桥钢梁防护寿命延至 30 年[N].科技日报，2021-08-04(006).

[17] 中华人民共和国交通运输部.桥梁用黏滞流体阻尼器：JT/T 926—2014[S].北京：人民交通出版社

股份有限公司,2014.

[18] 中国铁路经济规划研究院有限公司.铁路桥梁黏滞阻尼器和速度锁定器:TB/T 3561—2020[S].北京:中国铁道出版社,2020.

[19] 徐源庆,吴玲正,徐军,等.斜拉桥合理横向抗震约束体系研究[J].铁路工程技术与经济,2019,34(4):1-5.

2.桥梁除湿系统智能风口

崖 岗[1] 李 鹏[2] 石建中[3] 程向东[3] 张玉杰[3] 眭文昊[3] 郭至航[3]

(1.深中通道管理中心;2.中交公路规划设计院有限公司;3.武汉纺织大学环境工程学院)

摘 要 桥梁内的湿源点呈现点散、量少、随机性特点,因此发现湿源和相对湿度高的区域,有针对性送风是桥梁除湿系统高效运行的关键,智能风口可以实现此目标。

关键词 桥梁 除湿 防腐 主动防腐 湿源 智能风口

一、引 言

桥梁有大量钢结构暴露在大气中,受阳光、雨露、湿度、盐雾、风等因素的影响,不可避免产生腐蚀现象,因而腐蚀与控制腐蚀贯穿在大桥的设计、施工乃至全寿命周期过程中。据估算因大气腐蚀引起的金属损失,约占总腐蚀损失量的一半以上。随着大气环境的不同,其腐蚀严重性有着明显的差别,在含有硫化物、氯化物、煤烟、尘埃等杂质的环境中会大大加重金属腐蚀。钢在海岸的腐蚀要比在沙漠中的高出400~500倍,离海岸越近,钢的腐蚀越严重。

桥梁防腐主要有以下两种形式:

1)被动防腐

被动防腐主要是采用涂装工艺,利用涂装材料的附着性和不透气性,阻止空气和金属直接接触,达到防腐的目的。

2)主动防腐

相对于被动防腐,主动防腐采用进攻策略,破坏腐蚀所需的必要条件,使腐蚀过程无法顺利进行,达到防腐的目的。

腐蚀需要金属表面的水环境。研究表明,空气中的水蒸气会在金属表面形成水膜,形成电化学腐蚀环境。水膜的形成,主要与相对湿度密切相关。按水膜厚度,大气腐蚀可分为“干腐蚀”“潮腐蚀”“湿腐蚀”,分别对应了1nm~10nm、10nm~1μm、1μm~1mm厚度的水膜。水膜极薄和水膜很厚时,腐蚀速度较慢,而处于干湿之间状态的情况下腐蚀速度最快,即“潮腐蚀”。这是因为水膜较薄时,在薄层电解液下很容易产生阳极钝化,固体腐蚀产物常以层状沉积在金属表面,因而带来一定的保护性。水膜厚时,氧通过水膜到达金属表面就慢,因而腐蚀速度减慢。试验证明,空气相对湿度为60%左右,处于钢材干腐蚀与湿腐蚀的临界点,腐蚀速率急剧变化。控制钢结构表面空气的相对湿度进行防腐,就是利用这一原理。

桥梁除湿系统作为主动防腐的典型代表,已成为桥梁防腐的中坚力量。例如,桥梁的钢箱梁构件,在相对湿度低于50%的干空气保护下,钢结构表面的防腐速率很低,可以降低涂装防护等级,减少全寿命周期的涂装大修次数。

目前,国内钢结构桥梁主要采用被动防腐+主动防腐的综合防腐体系,如江阴长江大桥、西堠门跨海大桥、苏通大桥、杭州湾跨海大桥、港珠澳大桥等。

二、桥梁除湿系统存在的主要问题

桥梁除湿系统在技术上具有先进性,但是实践中尚存在一些问题。例如,深中通道伶仃洋大桥具有内部空间巨大的钢箱梁和锚室,如此巨大空间要想保证内部空气相对湿度均匀非常困难,一定风量和有效气流组织是关键。

根据空气调节关于气流组织方面的经验,要想保证空调空间的湿度均匀,一般是6~8个换气次数,借此推算钢箱梁内须180万~240万 m^3 的换气量,如此大的换气量其投资和运行费用是不可想象的。因此传统的除湿送风方式是无法保证钢箱梁内湿度的均匀,并且将在钢箱梁内形成很多回流区和滞流区,在回流区和滞流区内的相对湿度超过防腐指标要求(50% RH),出现宏观腐蚀不平衡问题,使得局部结构腐蚀加速,腐蚀更加严重。锚碇的锚室内也存在同样问题。

解决以上问题,需要从桥梁结构潮湿的来源入手。经过分析,桥梁结构内的湿源点主要有:

(1)施工中留存的水;

(2)外界空气的孔隙渗透;

(3)雨水的孔隙渗透。

湿源呈现点散、量少、随机性特点,因此,发现湿源区域并针对性送风,是桥梁除湿系统高效运行的关键,而智能风口是实现此目标的关键。

三、智能风口理论基础

智能风口的关键是寻找湿源的位置,寻源算法如下:

(1)全开所有的智能风口,通过钢箱梁或锚室循环风机形成一个初始风循环,并通过前向分析软件获得该案例下的风场并获得分辨率等于200mm的等值线。

(2)将等值线存放在控制中心分析服务模块中。

(3)把温湿度传感器 A 设在风口轴心正上方,其余3个温湿度传感器 B、C、D 以 A 为原点,其中,A、B、C 三点构成的平面与智能风口原位时的风口平面平行,BA、CA 夹角90°;DA 连线垂直于智能风口原位平面,D 位于出风口下游,各点距离等分监控区间。

(4)实时采集测点数据,并将采集得到的浓度大小按由大到小排成一个1×4的数组。

(5)通过因素分析,如果一段时间内的数组数据内部存在差异,则关闭其余风口,只开与此风口及最近的2个风口。将3个风口的角度分别调节到数组前三个传感器对应的位置,运行一段设定的时间 t,本风口调整算法为:

$$\alpha = \cot^{-1}\left(\frac{C_{0,\mathrm{b}} - C_{0,\mathrm{a}}}{C_{0,\mathrm{c}} - C_{0,\mathrm{a}}}\right) \tag{1}$$

$$\theta = \min\left\{30°, \cot^{-1}\left[\frac{C_{0,\mathrm{d}} - C_{\mathrm{a}}}{x\,C_{0,\mathrm{c}} + (1-x)\,C_{0,\mathrm{b}} - C_{0,\mathrm{a}}}\right]\right\} \tag{2}$$

临近风口调节算法为:

$$\alpha_i = \cot^{-1}\left(\frac{C_{0,\mathrm{b}} - C_{0,\mathrm{a}} + x\,\vec{r_i}}{C_{0,\mathrm{c}} - C_{0,\mathrm{a}} + y\,\vec{r_i}}\right) \tag{3}$$

$$\theta_i = \min\left\{30°, \cot^{-1}\left[\frac{C_{0,\mathrm{d}} - C_{\mathrm{a}}}{x\,C_{0,\mathrm{c}} + (1-x)\,C_{0,\mathrm{b}} - C_{0,\mathrm{a}} + z\,\vec{r_i}}\right]\right\} \tag{4}$$

式中:C——经过焓湿图换算得到的测点含湿量(g/m^3);

x、z——测点形状函数;

r——临近风口与本风口的极径。

下标符号:a、b、c、d代表风口的4个测点;0代表本风口;i 代表第 i 个临近风口,i=1|2。

(6)停止运行,重新采样温湿度,并与前面的结果比较,如果温湿度正常,则全开智能风口,回到值班模式;如果没有正常,则按 Monte Carlo 法生成一次新的风口位置,重复步骤(4)~(6)。

(7)将调节结果记录到数据中心,通过数据中心的自适应学习算法训练每一风口不同测量组合下的结果,形成自适应网络后,将网络学习结果下载到自适应风口 PLC 控制算法模块中。

四、智能风口的结构

智能风口由4个相对湿度传感器、主控制器、转向执行器及风量调节器组成,如图1所示。平时风口处于关闭状态。当传感器检测到相对湿度超过阈值时,控制器进行湿源定位,然后根据相对湿度打开风口,并转动球形喷口向湿源方向进行送风除湿;相对湿度低于低限之后关闭风口并将喷口复位。

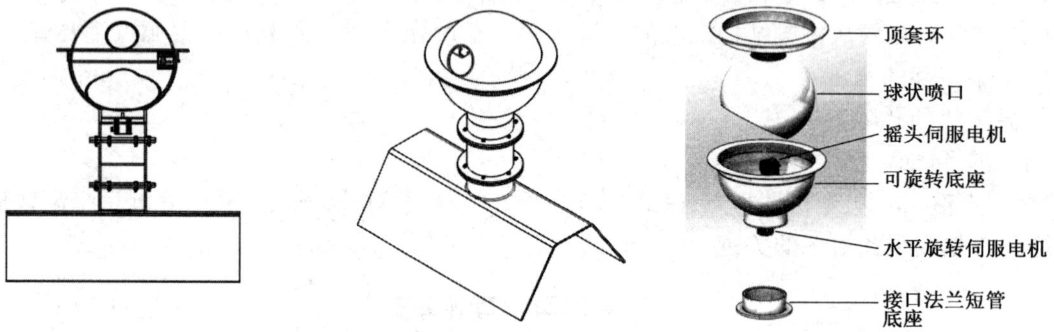

图1　智能风口结构图

五、智能风口控制原理

智能风口有外接传感器和没有外接传感器两种,如图2所示。当有外接传感器时,必须在空间施加一个背景风场,控制器会根据传感器阵列采集的数据判断湿源的发生位置并驱动风口转向湿源方向开始工作,背景风场不同,控制器算法不同。所有的控制器都可以通过 RS485 接受上位机的动作指令。智能风口控制原理如图3所示。

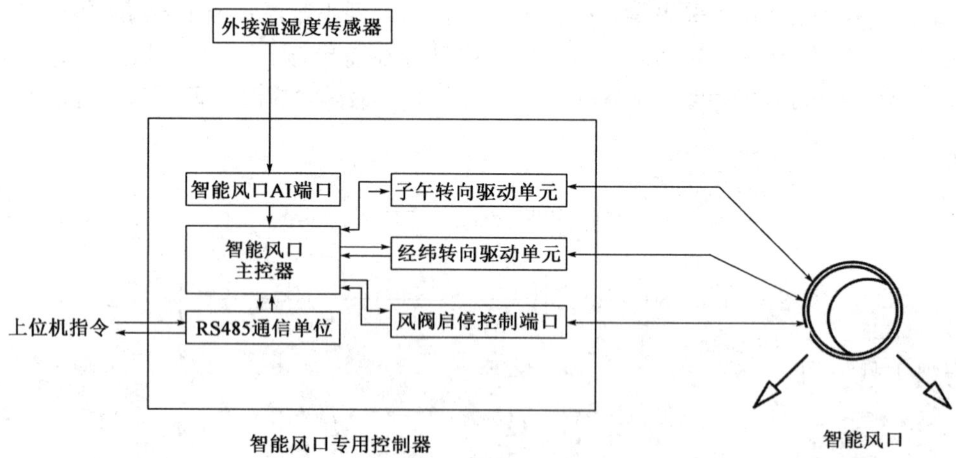

图2　智能风口控制原理图

六、基于智能风口的桥梁除湿系统控制

桥梁除湿本地自动控制系统的控制核心是每个系统对应的 PLC 主机。PLC 主机完成各种数字量、模拟量的采集与上传,完成底层设备控制的逻辑运算。另外,风口控制器内部也包含根据传感器信号推算湿源并调整风口送风参数的功能。深中通道钢箱梁、锚室风系统及其测控系统示意图如图3所示。

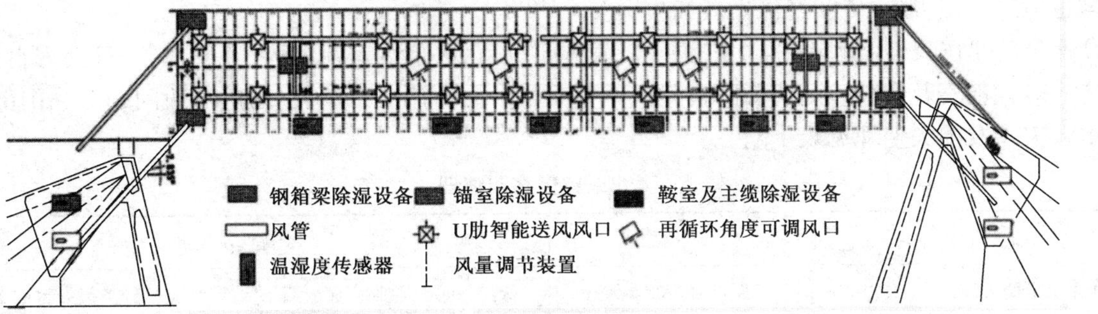

图3 深中通道钢箱梁、锚室风系统及其测控系统示意图

七、结　　语

在传统的桥梁除湿系统中，由于循环风量不足，造成钢结构内很多回流区和滞流区，使得钢结构内局部区域腐蚀严重。智能型除湿风口根据传感器阵列采集的数据判断湿源的发生位置并驱动风口转向湿源方向送风，可以达到很好的除湿效果，提高结构腐蚀平衡性，降低钢结构局部加速腐蚀风险，同时具有较低的全寿命周期成本。

参考文献

[1] 张强先，赵华伟，方园，等. 悬索桥主缆钢丝腐蚀与防护的应用进展[J]. 南京工业大学学报(自然科学版)，2020，42(03)：278-283.

[2] 桑海军. 悬索桥主缆干燥空气除湿防腐技术[J]. 建筑技术开发，2013，40(06)：32-36.

[3] 赵宁宁，朱奇威. 钢结构桥梁除湿防腐关键技术应用研究[J]. 城市道桥与防洪，2021(05)：217-219，24.

[4] 李林，许郡. 泰州大桥钢箱梁除湿研究[J]. 中国工程科学，2012，14(05)：10-13.

[5] 庞维新. 除湿系统在钢箱梁维护中的作用[J]. 公路交通科技(应用技术版)，2011，7(08)：98-101.

3. 高速公路水毁应急抢险处置研究

陈　渤[1]　张万泽[2]　管维东[2]　周斌杰[3]　李　伟[2]　郑　斌[1]　张文居[1]

(1. 四川藏区高速公路有限责任公司；2. 中交公路长大桥建设国家工程研究中心有限公司；
3. 广州快速交通建设有限公司)

摘　要　我国的经济迅速发展离不开交通带来的便利，高速公路是交通的重要组成部分，具备安全、快速等优越性。突发性自然灾害的发生不仅导致车物经济上的损失，还会危及人们的生命安全。多年来，水毁是高速公路比较严重的自然灾害。本文结合广河高速公路(广州段)、增从高速公路2014年"5·23"特大暴雨水毁案例，就水毁应急抢险处置问题进行探究和分析，从灾情发生后相关部门启动应急预案进行抢险救灾和制定方案，以及长远考虑下进行预防养护和隐患排查消除两个方向探究，为以后的水毁灾害治理提供一个可借鉴的方案。

关键词　高速公路　水毁　应急抢险　预防

一、引　　言

相关研究数据表明，截至2014年底，我国高速公路通车总里程成为世界第一。从1988年大陆第一条高速公路建成通车到现在，我国高速公路的发展可谓日新月异，常见的包括滑坡、泥石流等公路水毁灾害问题也愈发突出，严重威胁经济发展和生命安全[1-3]。

高速公路是国民经济大动脉，对我国经济发展贡献巨大，但因其流量大、速度快，一旦出现自然灾害，往往造成较大损害及伤亡。高速公路自建成就要面临由泥石流、滑坡等引起的水毁问题。我国部分高路公路水毁灾害及损失整理见表1。

水毁灾害案例整理　　表1

时　间	地　点	原　因	特点及损失
2012年汛期	甘肃省	强降雨等极端天气	天定、平定、兰临高速公路水毁严重，直接经济损失超过24亿元
2013年8月	广东省	"尤特"强台风	损毁道路350多条，损坏桥梁83座，损失超10亿元
2014年7月	贵州省	持续强降雨	导致境内4300多处公路路段遭受水毁，交通阻断，累计造成经济损失达33.67亿元，其中，高速公路发生262处水毁，交通中断60余处，损失数亿
2014年	贵州省	强降雨	高速公路发生水毁点的数量不及所有公路总水毁点的1/15，但是经济损失却超过了全部经济损失的1/4
2019年7月	湖北省	强降雨	全省公路累计中断7520处，其中：高速公路30处，普通国省干线409处，农村公路7081处。全省公路水毁造成直接经济损失约26.92亿元，其中：高速公路630万元，普通国省干线公路8.26亿，农村公路18.6亿
2019年7月	湖南省	强降雨引发的次生灾害	高速公路共发生水毁439处，累计造成损失约7344万元。其中水毁较严重的为邵阳、娄底、衡阳、郴州管理处，共发生水毁252处，占总数的57%。造成交通阻断的水毁为1处：娄新高速K82潘桥隧道右幅洞口泥石流造成单幅阻断

基于高速公路水毁灾害经济损失大、社会负面影响严重等特点，应急抢险处置的及时性和有效性就显得尤为重要，快速合理处置灾情，避免二次事故，及时做好救援和灾后重建工作都可以减少伤亡、降低损失[4]。本文结合广河高速公路（广州段）、增从高速公路2014年"5·23"特大暴雨水毁案例，就水毁应急抢险处置问题进行探究。

二、工程背景

广河高速公路西起广州天河区龙洞，与华南快速干线在春岗立交相接，东至博罗县石坝镇，与惠河高速公路相连，全长146km。从莞深高速公路增从段（简称增从高速公路）全长66.8km，由主线和街口支线组成，呈Y形南北走向布局；主线长47.2km，起于增城市区，终于从化区温泉镇，与G45大广高速公路相接；支线长19.6km，起于增城派潭镇，通过坳背匝道与增从主线相接，通过白田岗互通与街北高速公路相接。广州市高速公路有限公司营运分公司负责广河高速公路广州段（起点至增城区正果镇，全长70.8km）和从莞深高速公路增从段的运营管理工作。

2014年5月21日至23日，广东局部地区发生特大暴雨。广州市增城市（今增城区）派潭镇检测站录得降雨量593mm，增城大丰门水库检测站录得降雨量477.4mm，惠州市龙门县南昆山管委上坪村检测站录得降雨量557mm，此次降雨刷新了化、增两地64年日降雨量纪录。

在5月23日的特大强降雨中广河高速广州段、从莞深高速公路增从段出现了多处边坡严重塌方、边坡护面墙坍塌、边坡框架梁位移、排水沟和泄水槽冲刷损坏等灾情，增从高速公路南行K18段发生边坡重大水毁塌方，约3000m^3土石塌落，覆盖主线路面约500m^2，导致主线南行部分路段车辆无法通行。当日广河高速公路广州段、从莞深高速公路增从段共发现水毁点195处，其中广河高速公路62处，增从高速公路133处，经济损失超过1亿元。图1所示为典型边坡塌方示意图。

图1 典型边坡塌方示意图

三、应急抢险处置

1. 应急抢险

应急处置的要求:效用明显,短时有效,抢夺时间[5]。水毁灾情发生后,管理单位的养护工程部技术人员及时赶到现场进行安全评估,上报险情,协调调度对应维护单位抢险[6]。路政大队在各险情路段摆放示警桶,保障维护单位救援。监控中心后台管理人员与领导综合考虑安全因素和确保车辆及时疏散等因素确定封闭增城入口、坳背匝道和温泉、桃园、灌村入口,第一时间通知交警协助,并及时上报集团和交委,告知交通电台,引导车辆更改路线。

为应对可能再次出现的强降雨天气,防止发生营运交通事故和灾害继续扩大,管理单位立即组织相关人员调动机械对路面进行清理,确保高速公路的畅通,同时采用堆砌沙包、打木桩、遮盖彩条布等方式对受损设施开展应急抢险处理。经过连续奋战,管理单位及时抢通了广河高速公路、增从高速公路30余个路面影响点,临时防护加固水毁点140余个,次日23时,两条高速公路全部恢复通车。通过有效的应急处置,防止了灾情继续扩大和次生灾害的发生,降低了损失。

2. 处置方案

在完成应急抢险,保证高速公路设施安全及交通顺畅的前提下,进入水毁点修复设计及决策阶段。管理单位联合省市设计院、监测单位、监理单位等对水毁情况进行了勘察汇总,并召开了多次会议进行研究分析[7]。在综合各项数据和各方意见的基础上,管理单位最终将195处水毁病害分成7类:

(1)下边坡坍塌;

(2)下边坡溜塌及锥坡滑塌;

(3)上边坡坍塌;

(4)上边坡溜塌;

(5)边坡排水系统损坏;

(6)边坡垮塌严重;

(7)滑坡边坡。

依据分类原则,广河(广州段)、增从高速公路管理单位制定了针对性处置方案:

(1)水毁情况较轻的1~5类小型水毁病害共有158处,管理单位确定了恢复原貌的治理原则,投资估算约10万元以下。治理方法主要以清运土方,打木桩、回填土、垒沙包、复绿,适当加强坡面防护,完善排水及零星修复措施为主。

(2)水毁情况比较严重的第6类水毁病害共有34处,管理单位确定了加固处理的治理原则,投资估算10万~100万元。针对每个水毁点制定专项治理方案,具体方案有浆砌片石、框架梁锚杆、锚索、混凝土挡墙等。

(3)水毁情况严重的第7类大型滑坡边坡共有3处,管理单位确定了根治的治理原则,投资估算约

100 万元以上。根据实际需要布置了全面的地质勘探或边坡监测工作,彻底探明了滑坡发生的原因、机理和边坡现状,采取了抗滑桩等措施,确保边坡保持稳定。

第7类水毁病害最具代表性的是增从高速公路支线K8处的滑坡,该滑坡长度约0.5km,相对高差约120m。根据相关地质勘察、边坡调查和影响评估,管理单位将该大型滑坡体分为Ⅰ、Ⅱ、Ⅲ三个变形区,共浇筑44根抗滑桩,投资估算约3500万元。在治理施工前,管理单位通过采取边坡位移监测技术来保证施工安全;在治理施工过程中,管理单位还进行了工艺创新——采用“可调索力型”新型锚索施工工艺,以克服常规预应力锚索在施工后不能进行准确监测和长效控制的难题。该新型工艺在增从高速公路支线K8滑坡边坡治理中的成功运用,不仅增强了锚固效果,延长了锚固寿命,达到了长期稳固边坡的目的,而且为山区高速公路高边坡治理新方法、新工艺的成功运用提供了典型案例,同时也降低了超过70%的治理费用,见表2。

水毁应急抢险工程处置方案对比 表2

项目	病害类别	安全影响	修复工期	投资估算
1~5类	下边坡坍塌、下边坡溜塌及锥坡滑塌、上边坡坍塌、上边坡溜塌、上下边坡排水系统损坏	较小,但影响路面安全通车的需及时处理	1天~1个月	5000~100000元
6类	上下边坡严重垮塌	较大,安全保障需提前部署	1~6个月	10万~100万元
7类	大型滑坡	巨大,方案论证需谨慎	6个月以上	100万元以上

3. 修复实施

水毁抢险治理工程在未封闭的高速公路上进行,存在施工紧迫、治理难度大、安全风险系数高的问题[8]。在近一年的水毁修复过程中,管理单位多措并举,取得了安全生产事故和高速公路运营事故零发生的骄人成绩。

1)运用“精细化管理”理念

通过建立交流群,实时掌握工程进展情况;通过坚持召开周例会,联合各参建单位,群策群力,及时反馈并处理施工重、难点;通过制定手册,明确工程施工方针、目标;通过工程验收管理,责令施工单位无条件恢复施工过程中对沿线基础设施造成的损坏,维护公路路产安全。

2)实施“路警联动”

在水毁修复过程中,管理单位协同交警部门建立一整套联合巡查制度,严格按照规范对高速公路路面围蔽进行齐抓共管,重点督防四个“单边双向”通行点,既抓施工安全管理,又保路面营运畅通。

3)严格现场施工管理

管理单位每日安排人员对水毁抢险作业现场进行巡查,排查围蔽防护、警示措施落实情况,并定于每周三进行一次全线安全文明大检查。抗滑桩施工是整个施工过程中安全管理难度最高的阶段,增从高速公路K8抗滑桩挖孔深度达到35m,且在地质条件复杂、岩层破碎、断层交界的位置实施人工挖孔,给安全监管造成了相当大的压力。为了加强施工安全和质量管理,严抓现场施工工序,管理单位针对抗滑桩开挖制定了多项专项安全检查,内容包括:

(1)每日开工前需对各项设施进行检查,包括卷扬机钢丝绳、吊运桶扣件、安全绳是否完好;

(2)每日由工程部经理及主管工程师进行现场巡查,以确保抗滑桩施工(图2)的关键部位、隐蔽工程、重要施工工序严格符合设计图纸和规范规程;

(3)施工人员下井前必须进行有毒有害气体检测,采用仪器与活体检测同时进行的方法,确保安全;

(4)施工人员下井前必须阅读挖孔桩安全须知,并签名确认;

(5)在下井过程中需逐级检查护壁是否出现开裂、鼓胀、渗水等异常情况,一项一项检查在检查项目画勾后方可允许下井施工;

(6)建立对讲机制,一旦发现有异常情况马上通知井口人员,启动卷扬机使井下人员脱离危险区域。

图2 抗滑桩施工图

四、水毁预防与治理探讨

1. 预防为主，储备齐全

(1)严格遵循相关规范，强化管理工作，健全有关规章制度，确保防灾的标准。养护部门可根据经验教训，建立保障机制，切实可行的应急预案，定期组织演练，汛期加强演练。

(2)有计划、有组织地开展雨季前边坡排水系统的排查与整治工作，对轻微发生的冲刷和缺陷进行及时处理；对构造物进行修补，防微杜渐，避免水流过急导致小型病害急剧扩大。同时对排水系统进行清理，确保在暴雨来临之际，整套公路排水系统能以最优的状态、最大的容量迎接暴雨“洪峰”。

(3)每季度对应急物资进行检查，及时更换和补充，保持其有效和实用性，以便出现险情时及时抢险，保障交通畅通。

因为高速路公路养护工程具有小型化、快速化的显著特点，储备基本只针对平常需求确定。通过对高速公路管理日常养护储备与应急抢险需求的对比表(表3)可发现，一旦发生突发性的水毁灾害，机械设备、救险物资、人员需求呈井喷增长，缺口巨大。除了动用物资储备库之外，及时调配高速公路周边其他单位及社会力量进行支援显得尤为重要。

日常养护储备及应急抢险需求对比 表3

项目	机械设备	应急物资	人员
日常养护	压路机3台(静碾式、振动式、手扶式)；路面切缝、破碎、铣刨、灌缝、割草机各1台；清扫车、洒水车、汽车式起重机、沥青撒布机、路面综合养护车各1台；载货、自卸、巡查车各2～3台	木糠200袋、三色彩条布 $8000m^2$、编织袋20000个、袋装砂 $20m^3$、沥青冷补料 $5m^3$、木桩1000根、石屑 $50m^3$、碎石 $50m^3$、片石 $100m^3$、环保砖 $20m^3$	工程管理人员15名、技术人员25名、劳务人员200名
抢险投入	PC200挖掘机、PC120挖掘机、$4m^3$ 铲车、15t自卸汽车、2t货车、25t起重机、40t拖车、5t自卸汽车、推土机	三色彩条布 $32000m^2$、编织袋60000个、袋装砂 $160m^3$、木桩6000根、混凝土 $1000m^3$、钢筋100t	工程管理人员15名、技术人员40名、劳务人员800名

注：1. 日常养护机械设备、应急的物资由综合管养招投标文件规定；

2. 人员包含业主工程养护管理人员。

2. 信息畅顺，应急联动

依托新媒体，管理单位可建立日常管养微信群，水毁发生后，一线人员马上通过微信群告之各管理部门，并在水毁抢险过程中，实时反馈第一线第一时间的事故、抢险情报，保证信息传达的时效性和准确性，同时全面的信息可以让领导及决策者掌握全局，有效的开展各类沟通协调及组织统筹。救援命令也可以实时传达给实施者，避免冗长的层级上报过程，通过最简单、最合理的渠道保证水毁应急抢险组织紧张有序、有效开展。

一旦发生突发性水毁灾害，养护部门、路政大队、监控中心、收费站等各部门要密切配合，加强与地方派出所、交警、政府部门的联动，按照应急预案的分工有条理的开展各自工作，真正把应急抢险工作的各项措施、各个环节落到实处。养护部门负责救援物资、人员、机械的调动，并现场开展清理塌方、采用疏、理、围、堵等手段应对水毁灾害，及时抢通路面，保证营运车辆安全。路政大队负责组织交通管制、疏导交通，解决路面行车纠纷及损坏车辆的拯救。监控中心负责收集第一线的情报，汇总反馈至决策领导、交警部门、省控制中心及相关政府机构，第一时间内将灾情发布出去，便于后期抢险工程、修复工程的决策。

3. 正确决策，施救有序

灾情出现后各级单位要加强管理，视情况组织协调。在统筹掌控全局后，领导要在第一时间内将正确的决策发布下去，出现抢险力量投入不足的时候，要积极与其他路段协调，通过调运其他路段闲置的机械、人员参与水毁抢险，保证救援人员和物资的充足，并亲临抢险一线，指挥抢险救灾。

4. 科学针对，分类治理

养护部门联合设计单位、施工单位通过高速公路水毁情况的摸底调查，对病害发展程度进行综合评定，有针对性地确定分类处置标准。对于小型病害，治理主要以清运土方，打木桩，回填土，垒沙包，复绿，适当加强坡面防护，完善排水及零星修复等措施为主，对各类病害提出通用的处理方案。对水毁病害较为严重的，对原设计情况进行复查，结合现场踏勘及有关地勘资料，对每个工点的病害原因进行综合分析，在弄清病害机理的基础上，有针对性地进行专项设计，出具较为详细的水毁病害治理方案。

在核查的基础上，积极拟定水毁修复计划，根据资金实际情况，按照轻重缓急，确定水毁修复重点，分门别类，建立水利工程设施水毁修复台账[9]。由于修复方案的不确定性，应贯彻“动态设计、信息化”的原则，建立反馈和讨论制度，将施工过程视为再勘察的过程对待，及时进行设计核对，及时通报各方，以便进行设计调整，保障最优的方案进行治理（图3）。

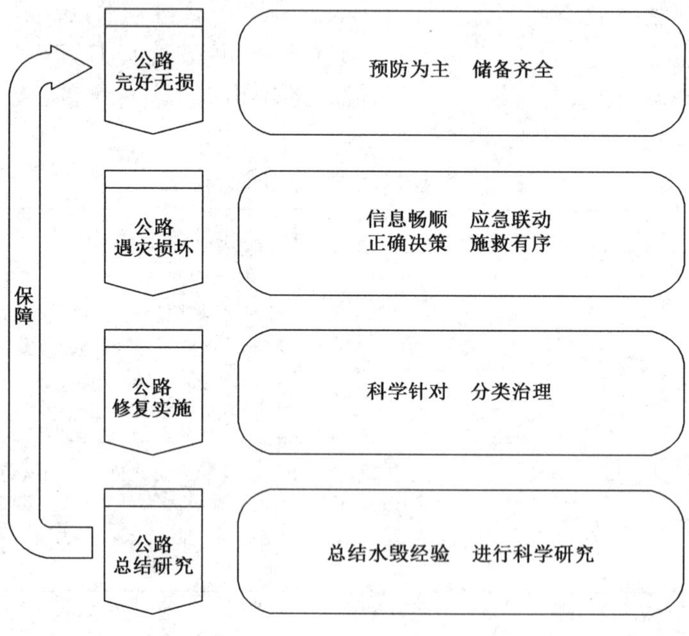

图3　水毁预防与治理的流程图

5. 总结水毁经验，进行科学研究

在水毁修复完成后，为预防和减少雨水对高速公路的危害，养护部门应进行专业技术性总结，认真分析，进行试验，总结规律，找出异同点，分类建立资料库。建立课题，进行探讨研究，促进成果应用和落地。同时加强相互单位交流学习，推广成功经验。

养护部门需发掘工程的薄弱处,从弱点出发,从防护能力和灾害相互关系入手,加强预防,制订计划,从根治理,减少水毁发生。

五、结 语

应急处置和事故救援都是水毁发生后为降低损失所采取的措施,做好经验的总结很有必要,所以各高速公路管理单位更应该重视“防重于抢”的原则,在日常的管养中做好预防,及时发现隐患并消除,汛期前做好检查工作,保证排水系统正常运转,加强植被防种,增强边坡稳定,减少灾害发生。

参考文献

[1] 刘爱光.公路路基水毁防治措施研究[D].长春:吉林大学,2011.
[2] 高明永.公路小桥涵水毁防治技术研究[D].西安:长安大学,2013.
[3] 肖进.重大滑坡灾害应急处置理论与实践[D].成都:成都理工大学,2009.
[4] 钟小燕.气象灾害条件下高速公路应急救援系统的交通控制方法研究[D].西安:西安交通大学,2009.
[5] 李颖.我国高速公路突发事件应急管理体系研究[D].南京:南京理工大学,2010.
[6] 丁程.高速公路突发事件应急管理研究[D].西安:长安大学,2011.
[7] 郐佳.高速公路突发事件应急管理研究[D].天津:天津大学,2012.
[8] 胡召青,李昌辉.高速公路边坡水毁应急处置方案探究[J].山东交通科技,2013(01):57-58,62.
[9] 张素珍.公路水毁的成因及防治措施分析[J].城市建筑,2020,17(11):180-181.

4.桥梁除湿关键参数的选定——当量相对湿度

张啸晨 李 鹏
(中交公路规划设计院有限公司)

摘 要 桥梁除湿防腐是以空气相对湿度为关键参数,相对湿度是无量纲单位,通常为实际空气的水蒸气分压力与同干球温度下饱和空气的水蒸气分压力之比,实际工程采用电子式湿度传感器进行相对湿度测量存在精度差异大、测量范围不足、测点与控制点存在干球温度偏差等问题,引入当量相对湿度,与测点相对湿度在含湿量上等效,消除了干球温度影响,作为桥梁除湿防腐关键参数更科学且更合理。可以改善桥梁除湿系统中示值数据与防腐指标不一致的问题,减小系统误差。

关键词 桥梁腐蚀 干球温度 相对湿度 含湿量 湿度传感器

一、桥梁腐蚀危害

腐蚀学科是在金属学、金属物理、物理化学、电化学和力学等学科基础上发展起来的一门综合性学科。

腐蚀与断裂、磨损是金属损伤的最重要形式。与断裂不同,腐蚀和磨损是一个渐进的过程,而且在很多情况下,两者通常是相互作用,导致金属早期失效;同时,腐蚀可为金属的断裂提供条件,甚至直接导致断裂的发生。

在现代桥梁结构中,特别在气候环境、交变荷载综合作用下,腐蚀造成的危害尤其严重。因此,桥梁腐蚀引起人们的特殊关注,研究金属腐蚀已成为当今桥梁科学与工程不可忽视的内容,在研究桥梁材料的任何性能时,都必须考虑腐蚀的作用。

二、桥梁除湿关键参数

随着桥梁管养技术的发展和进步，除湿作为钢结构桥梁不可见或难以到达部位的防腐主要措施，已获得广泛认可。从耐久性角度分析，控制相对湿度是桥梁耐久性可持续采用的技术。

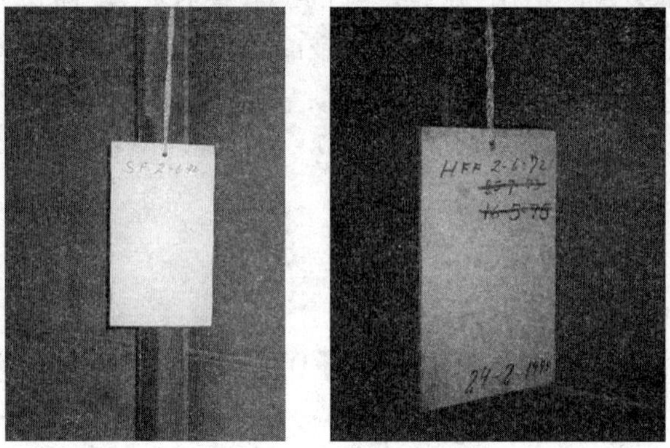

图1 小贝尔特大桥钢箱梁挂片试验1972—1994年

除湿作为空气处理的一项技术，可以降低空气中的相对湿度，进而降低空气腐蚀介质的腐蚀性，实现防腐的目的。桥梁除湿即通过除湿对桥梁钢结构进行长效防腐，该技术可追溯至1972年，丹麦小贝尔特大桥钢箱梁内首次安装Munters除湿机，并用挂片试验验证了有效性，如图1所示。

由此可知，桥梁除湿关键参数就是空气的相对湿度，但相对湿度是无量纲单位，代表比值，因此至少与两个元素相关，通常为实际空气的水蒸气分压力与同干球温度下饱和空气的水蒸气分压力之比，用百分率表示见式(1)。

$$\varphi = \frac{P_{w}}{P_{ws}} \times 100\% = \frac{P_{tw} - AP(t - t_{w})}{P_{ws}} \times 100\% \tag{1}$$

式中：φ——相对湿度；

P_{w}——实际水蒸气分压力，kPa；

P_{ws}——干球温度t所对应的纯水平面饱和水蒸气分压力，kPa；

P_{tw}——湿球温度t_{w}所对应的纯水平面饱和水蒸气分压力，kPa；

A——干湿表系数，℃$^{-1}$；其值由于干湿球温度表类型和干湿球温度表球部处风速决定，见表1；

P——气压，kPa；分别为110kPa、100kPa、90kPa、80kPa四个等级；

$t-t_{w}$——干湿球温度差，℃；取差值为0～16.0℃；其中0～5.0℃间隔0.1℃；5.0～11.0℃间隔0.2℃；11.0～16.0℃间隔0.5℃。

干湿表系数 A 值表 表1

干湿球温度表类型	风速 v(m/s)		
	0.4	0.8	2.5
球状	0.857×10^{-3}	0.7947×10^{-3}	0.8662×10^{-3}
柱状	0.815×10^{-3}	—	

由于水蒸气分压力难以测量，环境试验用相对湿度通过相对湿度查算表获取。首先测量气压(个位数四舍五入)；其次测量干湿球温度表球部处风速v，根据风速v和干湿球温度表类型在表1中查出相对应的干湿表系数A(注：实测风速与表1中所列风速不同时，可选择与实测风速相差小的一个风速)；再次读出干湿球水银温度表的干球温度t和湿球温度t_{w}，并求出干湿球温度差$(t-t_{w})$；最后根据P、A、t和$(t-t_{w})$在对应的表中查出相对湿度φ[参见《环境试验用相对湿度查算表》(GB/T 6999—2010)]。

由上可知，获得具有分析价值的相对湿度需要压力表、干湿球水银温度表、风速表以及《环境试验用相对湿度查算表》，可简化使用干湿球温度计和《环境试验用相对湿度查算表》，但实际应用非常不便。

三、相对湿度的工程测量及问题

实际工程中，普遍采用电子式湿度传感器进行相对湿度测量，实现了空气相对湿度的快速获取，满足项目管理的需求。电子式湿度传感器是利用湿敏元件某一特征值随环境湿度变化而变化的特定，通过转换电路把特征值变化量转换成电压变化量，对应获得0～100%RH数值，但这一方法存在以下几点问题：

(1)精度差异大。电子式湿度传感器的精度是分段不同的，如中、低湿段(0～80%RH)为±2%RH，高湿段(80%RH～100%RH)为±4%RH，而且此精度是在某一指定温度下(如25℃)的值。桥梁环境主要覆盖中、高湿度范围(40%RH～100%RH)，普通湿度传感器的精度波动范围甚至超过±5%RH。

图2为传感器芯片典型测量允差，可以看出，选择典型允差2%的传感器，在高湿和低湿的时候，测量误差会达到4%。

以上传感器的湿度精度不随温度波动，即湿度温度系数小，是较好的，更多的传感器湿度精度会随着温度变化如图3所示。

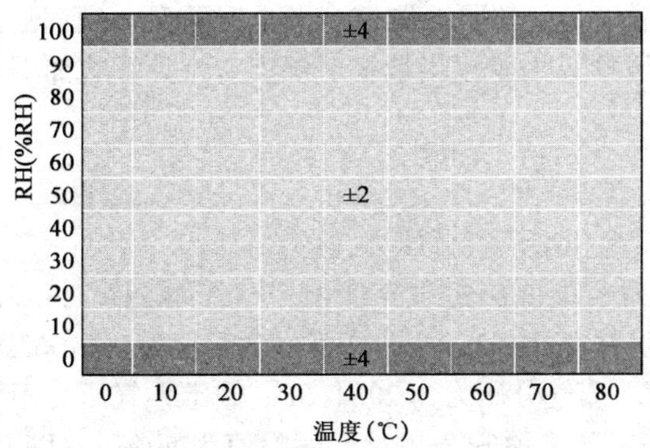

图2　某2%精度湿度传感器精度范围图

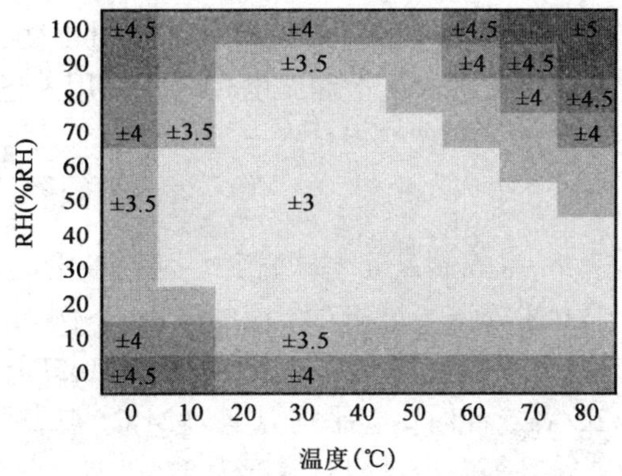

图3　某3%精度湿度传感器精度范围图

(2)测量范围不足。由于分段精度的限制，应根据使用环境确定湿度传感器测量范围，普通湿度传感器的测量范围是20%RH～80%RH，但是桥梁环境湿度测量范围与气象、科研相似，需要全湿程(0～100%RH)测量，普通传感器无法满足需求，应采用全湿程湿度传感器，即在大部分测量范围内(0～100%RH及10～60℃)的湿度允差稳定且较低，如图4所示。

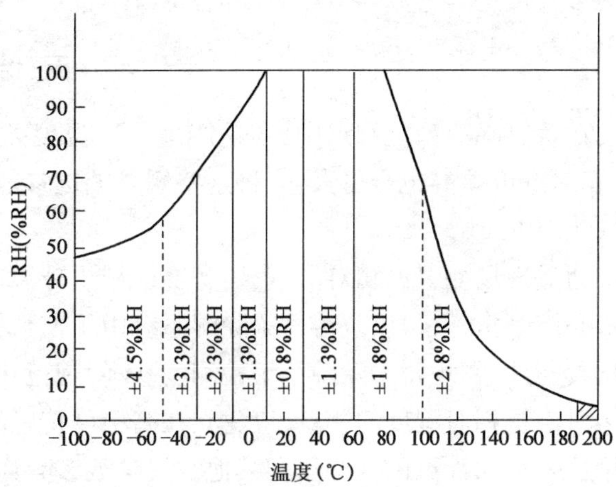

图4　某湿度传感器精度范围图

(3)测点与控制点存在干球温度偏差。以主缆除湿为例，主缆内部不可见且难以到达，传感器测点与主缆内部有偏差，不可避免地存在干球温度差异，根据相对湿度特性，导致测点与控制点相对湿度差异，造成相对湿度较低的假象，影响除湿系统正常运行。

综上所述，电子式湿度传感器仅能表达测点处的相对湿度，对控制点相对湿度的评价意义不确定。在没有湿侵入情况下，同一股空气在不同的位置，如果湿球温度、大气压力、流速基本不变，那么干球温度变化将导致相对湿度变化，因此，为解决这一问题，我们提出当量相对湿度概念。

四、当量相对湿度的优点

当量相对湿度，是一种假想的相对湿度，它与测点相对湿度在含湿量上等效，消除了干球温度影响，也称为等温当量相对湿度。这里的等温是与除湿系统防腐控制点的温度相等，桥梁防腐控制点如钢箱梁内表面、主缆钢丝、索鞍等，并非传感器示值。等温当量相对湿度是以测点传感器的干球温度和相对湿度为基础，通过含湿量作为中间变量，换算成防腐控制点干球温度所对应的等温当量相对湿度。由于同一区域的大气压力基本上是定值，根据道尔顿定律，水蒸气分压力与干空气分压力之和等于大气压力，空气湿度变化并不能影响干空气分压力，所以水蒸气分压力表达空气中水分多少，即空气含湿量仅同水蒸气分压力有关，参考 ASHRAE fundamentals handbook(2017)所推导含湿量计算公式如下：

$$W = 0.621945\frac{P_w}{P - P_w} = 0.621945\frac{\varphi \times P_{ws}}{P - \varphi \times P_{ws}} \tag{2}$$

式中：W——含湿量，又称比湿度，kg/kg。

式(2)中，测点传感器可获得相对湿度和干球温度，当大气压力已知时，可查表获得饱和水蒸气分压力，因此可通过 t、φ、P 计算出测量点的空气含湿量 W。

测点空气流动到防腐控制点后，含湿量不变，通过温度传感器可获取控制点干球温度 t_0(有时可认为控制点干球温度与大气干球温度相同)，利用上述公式可推算出等温当量相对湿度 φ_0，计算式如下：

$$\varphi_0 = \frac{W \times P}{0.621945 \times P_{ws0} + W \times P_{ws0}} \times 100\% \tag{3}$$

式中：P_{ws0}——控制点处干球温度 t_0 所对应的纯水平面饱和水蒸气分压力，kPa。

关于上述等温当量相对湿度的应用，举例如下：某桥主缆除湿进气夹实测空气干球温度 28℃，相对湿度 45%，查表得饱和水蒸气分压力为 3781.5Pa，大气压力为 101325Pa，计算可得含湿量为 0.01062kg/kg，即 10.62g/kg。此时主缆平均温度为 24℃，查表得饱和水蒸气分压力为 2984.6Pa，假定大气压力不变，计算可得进气夹等温当量相对湿度为 57% RH。公认的桥梁防腐蚀安全相对湿度限值为 50%，由以上案例可知，干球温度变化 4℃，相对湿度差异 12%，测点传感器读数具有一定的误导性，应引起高度重视。将关键参数设定为等温当量相对湿度，更科学且更合理。

五、结　　语

在桥梁除湿系统测点中，容易产生干球温度差异的还有除湿机出风口、高压风机出风口，且温差更大，相对湿度差异也会更大，应将这些测点关键参数设定为与大气等温当量相对湿度，或与防腐区域等温当量相对湿度。

通过现场测量的相对湿度，用防腐区域干球温度进行修正，获得等温当量相对湿度，作为桥梁除湿系统核心控制指标，可以改善桥梁除湿系统中示值数据与防腐指标不一致的问题，排除系统误差，提高系统数据真实性，实现桥梁除湿系统检测、验收的规范化。

对当量相对湿度的测量，应建立在高精度传感器基础上，国内高精度湿度传感器精度普遍为 1% RH，利用这一精度计算的含湿量和其他空气参数，才具有分析价值。

参考文献

[1] 芦杰. 大跨度悬索桥温度效应研究[D]. 西安:长安大学,2008.

[2] 俞明德,沈锐利,唐茂林,等. 西堠门大桥主缆横断面温度场研究[J]. 建筑科学与工程学报,2010,27(03):53-58.

[3] 桑海军. 悬索桥主缆干燥空气除湿防腐技术[J]. 建筑技术开发,2013,40(06):32-36.

[4] 庞维新. 除湿系统在钢箱梁维护中的作用[J]. 公路交通科技(应用技术版),2011,7(08):98-101.

5. 运营期跨海桥梁钢管桩耐久性防护体系现状评价及维养对策

王 灏[1] 杨 健[2]

(1. 中交公路规划设计院有限公司;2. 宁波市杭州湾大桥发展有限公司)

摘 要 本文针对近年来跨海桥梁的钢管桩上广泛应用的耐久性防护体系,以运营使用年限接近15年的杭州湾跨海大桥为例,介绍了大桥钢管桩耐久性防护体系的组成,并对防护体系的各个部分在运营期的评价方法进行了说明,通过对大桥钢管桩耐久性防护体系的现状的详细分析和评价,以此为基础提出了杭州湾跨海大桥钢管桩防护体系维养措施及评价方法优化提升的对策。

关键词 跨海桥梁 钢管桩 杭州湾跨海大桥 耐久性 环氧粉末涂层 牺牲阳极

一、引 言

桥梁是交通基础设施的咽喉要道和关键节点,而跨海桥梁对推动国家海洋强国、交通强国战略、"一带一路"倡议发展以及促进经济社会进步具有举足轻重的作用[1]。21世纪前20年我国已建成5km以上跨海桥梁45座,占世界总数的40%,代表性工程包括杭州湾跨海大桥、胶州湾大桥、金塘大桥、东海大桥、港珠澳大桥等。跨海桥梁属于长大桥梁的范畴,其结构规模庞大,构件数量众多,而相较于内陆和跨江长大桥梁,跨海桥梁由于其所处桥位环境的要求,使得钢管桩得到了广泛的应用,成为跨海桥梁中体量最为庞大的构件之一。

海洋环境具有高盐、高湿、高温等特点,特别是钢管桩所处的浪溅区,更是容易引起钢结构腐蚀的不利部位。作为跨海大桥最为基础和关键的构件,钢管桩从本质上影响着跨海桥梁结构的安全和性能,因此钢管桩的耐久性防护不仅是建设阶段必须考虑的关键问题,也是通车运营后必须持续关注的核心问题。

我国已建成的跨海桥梁中,针对钢管桩耐久性的防护措施主要以高性能涂层+牺牲阳极+腐蚀余量的联合防护方法为主,这种联合防护体系弥补了涂层防护和阴极防护单独作为防护手段的缺点,是近40年来跨海桥梁钢管桩耐久性防护的主要手段[2]。跨海桥梁设计使用年限可达100~120年,在进入运营阶段后,需要持续对钢管桩耐久性防护体系的可靠性和运行情况进行检查和测试,分析钢管桩和防护体系实际的腐蚀状况,通过与设计参数进行对比,评价钢管桩的耐久性能情况,以此确保跨海桥梁的全寿命周期的安全可靠。本文以杭州湾跨海大桥为依托,对其钢管桩的耐久性防护体系在运营使用14年后的运行情况进行评价,并提出针对性的维养措施,保障防护体系能够按照设计要求发挥耐久性防护作用。

二、杭州湾跨海大桥钢管桩耐久性防护体系

1. 工程概况

杭州湾跨海大桥是一座连接嘉兴和宁波的跨海大桥,位于杭州湾海域之上,是国家公路网G15沈海高速的重要组成部分,全长36km,于2008年5月1日通车运营,设计使用年限为100年,目前大桥的运营年限已接近15年[3]。杭州湾跨海大桥的海中区段应用了大量的钢管桩,全桥合计5164根,其中直径1.5m的桩2524根,直径1.6m的桩1860根。

2. 钢管桩耐久性防护体系

杭州湾跨海大桥地处亚热带季风气候区,海水及空气中氯离子含量很高,属于强腐蚀地区,因此钢管

桩的防腐蚀显得尤为重要[4]。为满足桥梁100年正常使用的要求,大桥钢管桩防腐采用"高性能环氧涂层+牺牲阳极阴极保护+预留腐蚀余量"的联合防护体系[5]。

1)涂装体系

根据钢管桩所处的泥下区、水下区以及浪溅区腐蚀环境的不同,分别采取不同的涂装方案,如图1所示。

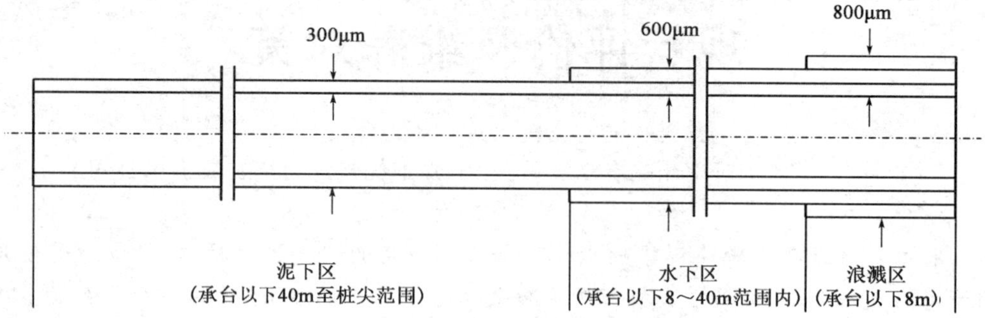

图1 钢管桩各区段涂层示意图

(1)泥下区:该区域腐蚀作用相对薄弱,因此采用单层的环氧粉末涂层。

(2)水下区:该区域水流流速大,且含有大量泥沙,为提高涂层的抗冲刷和耐磨性能,在该范围内采用了双层环氧粉末涂层。

(3)浪溅区:该区域腐蚀环境最为恶劣,不仅有海水的腐蚀和冲刷作用,还需要考虑紫外线的作用,因此在该范围内采用了三层环氧粉末涂层,提高抗紫外线老化性能。

2)阴极保护体系

为减少钢管桩承受的荷载,杭州湾跨海大桥选用了轻质的铝合金牺牲阳极。以每个承台为单位,牺牲阳极在承台下的钢管桩每隔一根安装一处,这是由于高性能环氧粉末涂层良好绝缘性,使得阴极保护电流的辐射距离增大,采用局部按照阳极保护整体的方式即能够满足最小电位准则。

3)钢管桩壁厚余量

按照钢管桩的受力要求,壁厚尺寸为18mm即可满足要求。在此基础上,结合杭州湾海域的腐蚀数据,设计了一定厚度的腐蚀余量作为运营后期耐久性的保障措施,其中浪溅区和水下区预留腐蚀余量4mm,泥下区预留腐蚀余量2mm。

4)钢管桩耐久性防护体系的运作方式

杭州湾跨海大桥运营期内钢管桩防腐分为三个阶段:第一阶段为1～50年,主要依靠高性能环氧涂层进行防腐,阴极保护作为辅助手段对钢管桩涂层局部失效及破损区域进行防腐;第二阶段为51～80年,主要依靠阴极保护进行防护;第三阶段为81～100年,主要依靠预留腐蚀余量保证钢管桩的安全运行。

三、运营期钢管桩防护效果的评价方法

杭州湾跨海大桥通车运营后,针对钢管桩采用的"高性能环氧涂层+牺牲阳极阴极保护+预留腐蚀余量"的联合防护体系开展了全面的跟踪评价。针对防护体系中3个层次的防腐蚀措施,采用的检查与评价方法分别如下。

1.钢管桩涂层

由于受到海水潮位变化的影响,钢管桩涂层的检查主要集中在浪溅区范围内,同时该区域也是整根钢管桩腐蚀条件最为恶劣的部位。在浪溅区范围,涂层相较牺牲阳极发挥着更为重要的作用,同时对钢管桩本体也起到防护效果,因此需要确保涂层的表观完好、涂层厚度满足设计要求。钢管桩涂层检查每年进行1次。对于涂层外观检查,采用目视检查外观、拍照和录像等,检查涂层是否存在粉化、裂纹、脱落等缺陷;由于钢管桩数量庞大,因此采取循环抽检的方式,每年检测50%数量的钢管桩涂层外观。与外观相同,钢管桩涂层厚度测量也采用抽检的方式,检测设备为涂层测厚仪。

2. 牺牲阳极阴极保护系统

针对大桥钢管桩牺牲阳极的防护效果，主要通过测量保护电位水平进行间接评价。在设计阶段规定钢管桩的初期阴极保护电流密度为 $150mA/m^2$，因此钢管桩的保护电位被确定为 -800mV（相对于 Ag/AgCl参比电极）或者更负。实际检测过程中，采用电压表和 Ag/AgCl 参比电极进行电位测试，并依照表 1 的准则进行结果判定。牺牲阳极阴极保护电位每年进行 1 次，采用抽检方式，将全桥桩基为钢管桩的 520 个承台作为对象，每个承台下的钢管桩编为一组，每组抽取 1 根桩测量 3 处保护电位，见表 1。

钢管桩牺牲阳极保护电位分级标准　表 1

等　级	分级标准	处理要求
A	保护电位在 -1050 ~ -800mV 之间	不必采取措施
B	保护电位在 -800mV ~ φ0 之间	查明原因，根据情况采取措施
C	保护电位为 φ0 或小于 -1050mV	查明原因并立即采取措施

注：1. 保护电位为相对于 Ag/AgCl 海水电极测得的电位。
2. φ0 为钢结构的自然腐蚀电位。

2020 年，在大桥运营 12 年后，为全面评价钢管桩牺牲阳极的运行情况，进行了一次针对牺牲阳极块的水下探摸工作。具体检测方式主要通过潜水员携带潜水装置潜入水下，对钢管桩阳极块进行探摸，探明阳极块安装位置、连接脚完损程度以及是否严重腐蚀或损坏，并通过阳极块尺寸测量，推算估计牺牲阳极剩余保护寿命，为钢管桩实施维护提供预测预报数据。水下探摸采用抽检方式，每个承台下的全部钢管桩为 1 组，每组抽取 1 根桩对其上的 4 块阳极块进行探摸，共计抽检 76 组。

3. 钢管桩壁厚

杭州湾跨海大桥钢管桩壁厚设有腐蚀余量[6]，在运营末期将消耗预留腐蚀余量保障钢管桩安全耐久。由于大桥于 2008 年通车运营，钢管桩远未达到运营末期的状态，因此，原则上无须对钢管桩壁厚进行测量。但由于实际监测过程中发现钢管桩浪溅区范围存在局部涂层破损、脱落的情况，为避免钢管桩壁厚过早消耗，因此对钢管桩壁厚也进行了检测。钢管桩壁厚检测于 2019 年首次进行，采用超声测厚仪进行测量，测区选择在钢管桩涂层破损位置处。

四、钢管桩各防护体系现状评价

1. 钢管桩涂层情况

根据杭州湾跨海大桥钢管桩历年检测结果，2013—2021 年，累计共发现 482 根桩在浪溅区范围内存在涂装破损、剥落的情况，占总钢管桩数量的 9.3%；涂层破损面积相对较小，总体上分布在 $0.1 \sim 0.2m^2$ 范围；从涂层破损的分布位置上看，约 95% 的损坏都集中在钢管桩桩顶范围，如图 2 所示。对于钢管桩涂层的厚度，历年检测数据表明涂层厚度均不小于设计厚度的 90%，能够满足设计的要求。

图 2　钢管桩桩顶范围涂层脱落

对于涂层破损集中在桩顶的现象,主要受到环境因素和施工因素的综合影响。在环境因素方面,该区域位于桩顶和承台底面交界位置,在涨落潮期间会受到更为强烈的潮水冲击作用,海面上破损绳网等漂浮物也容易对该处造成外力损坏。同时,浪溅区本身含盐粒子量大,水膜停留时间长以及干湿交替频率高[7],容易使钢桩表面产生锈层,而锈层的产生及蔓延又使得有涂层防护处和剥落交接处的涂层黏结力下降,使涂层破损进一步增加。在施工因素方面,建设期钢管桩打桩完后,浇筑混凝土承台作业施工会造成钢管桩与混凝土承台交接处涂层的刮伤、脱落等影响,进而形成初始缺陷。随着大气中紫外线照射,海浪冲刷等影响,使得该处涂层剥落面积扩大。

2. 牺牲阳极阴极保护系统情况

在钢管桩牺牲阳极阴极保护电位方面,根据历年检测结果,各年度所有抽检钢管桩均处于有效保护电位范围内,能够满足钢管桩阴极保护设计要求。但由于杭州湾跨海大桥钢管桩数量巨大,通过对近7年的检测数据进行统计,全桥钢管桩的保护电位能够重复检测4次及以上的仅有27根,在这其中,4根的保护电位呈降低趋势,4根保护电位呈升高趋势,其余18根的电位均处于波动状态,无明显规律可言,尚无法获取有关牺牲阳极保护电位的发展和变化规律。

图3　消耗显著的牺牲阳极块

2020年,在钢管桩的检测中首次对牺牲阳极块进行了探摸,所探摸的76组钢管桩中,未发现有焊脚脱落现象,但牺牲阳极块均已出现不同程度的重量和体积消耗,个别阳极块有较大的坑蚀和开裂,如图3所示。

根据尺寸测量结果,对抽检的76组钢管桩上的295块牺牲阳极块的剩余使用年限进行统计,如图4所示。结果显示,目前牺牲阳极块剩余寿命主要分布在10~50年,91%的阳极块剩余寿命年限小于66年,考虑到建设期安装后到运营使用的14年时间,这些阳极块总体寿命小于80年。按照大桥钢管桩耐久性防护体系的设计思路,第51~80年主要依靠阴极保护进行防护,而从检测结果来看,目前牺牲阳极块总体的消耗情况较预期速度快。

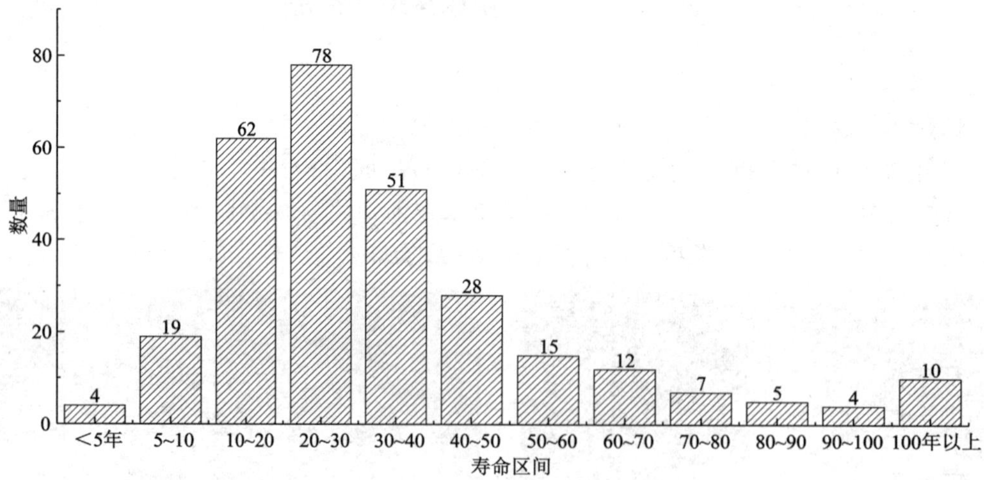

图4　消耗显著的牺牲阳极块

3. 钢管桩壁厚情况

对钢管桩涂层破损位置处开展壁厚测量以来,累计共对192根钢管桩的钢板壁厚进行了测量,测得的钢管桩壁厚均不小于原设计厚度。上述结果表明,钢管桩当前防护体系有效可行,腐蚀速率未出现明显异常。

五、钢管桩防护体系的维养及提升对策

1. 浪溅区钢管桩涂层的修复

针对钢管桩涂层破损问题，目前常规的处置措施是对涂层进行修补。但涂层修复的方案尚存在一定困难，与建设期在工厂中加工制作和现场施工设置围堰等条件不同，运营期进行钢管桩涂装修补需要考虑诸多因素，例如新修补涂装与原涂层间的适应性、涂层固化的时间、涂层是否能在水中固化、对钢管桩基面处理的要求、涂层成膜的厚度及涂覆次数、施工作业窗口期的长短、对作业面防海水喷溅的措施等。概括来说，钢管桩涂装修复的难度重点体现在涂层材料的选择和如何保障施工质量两方面。

针对运营阶段浪溅区钢管桩涂层的修复，为了能够快速对钢管桩破损涂层进行维修并确保施工质量，宜采用表面处理要求低、成膜厚度大、固化时间短的无溶剂型或高固体分改性环氧类涂料；同时，考虑到新旧漆膜间的相容性，应选用环氧类涂料。在杭州湾跨海大桥实际养护中，针对以往检查中累计发现的 482 根涂层破损的钢管桩，目前均采用改性环氧高固体分涂料进行修复，实施效果良好。

除了采用涂装修复方案外，对于浪溅区范围内的钢管桩涂层，还可考虑应用包覆式防护技术[8]，具体做法：对钢管桩表面进行除锈处理，涂覆防腐材料用于填平表面洼坑和隔绝空气与海水，然后根据实际需要缠绕一层防腐带或设置保护套，增加屏蔽性和耐撞性。这种措施直接将浪溅区的钢管桩结构与海水和环境隔离，从根源上解决了引起涂装损坏的因素。杭州湾跨海大桥于 2013 年应用了此类技术，采用复层矿脂包覆防腐体系（PTC）对 3 根钢管桩进行了试验性防护，并在 2019 年对防护效果进行了验证。从包覆技术使用 6 年的效果来看，钢桩被保护部位未发生锈蚀，防护效果较为优异，如图 5 所示。

图 5　包覆 6 年拆除后钢管桩表面状况

2. 牺牲阳极的修复与评价方法改进

针对杭州湾跨海大桥牺牲阳极在水下探摸过程中发现的个别阳极块消耗显著的情况，主要采用更换和补充新的阳极块的方式进行处理。对于抽检范围内牺牲阳极消耗过快的情况，应考虑在后续检测中扩大检测范围，对全桥钢管桩牺牲阳极块尺寸和消耗情况进行全面的摸排，以此确定后续的养护方案。

杭州湾跨海大桥钢管桩总数大，导致以往针对牺牲阳极电位的测试数据未能具有重复性，无法分析评价电位水平的变化规律，因此需要在后续检测中对钢管桩保护电位的测试评价方法进行优化和调整。由于钢管桩通过承台内的钢筋实现彼此间的电连接，且钢管桩表面涂有高性能涂层及熔融结合环氧粉末复合涂层，大大扩展了电流的传输范围，因此，对于牺牲阳极防护电位的测试应将每个承台下面的全部钢管桩作为一个整体进行测量和分析[9]。另外，在每年的检测中，需要固化若干钢管桩，进行电位水平的持续跟踪观测。

六、结　　语

通过对运营阶段杭州湾跨海大桥钢管桩耐久性防护体系应用效果的评价，结果表明：经过 14 年的运营使用，大桥钢管桩采用的“高性能环氧涂层 + 牺牲阳极阴极保护 + 预留腐蚀余量”的联合防护体系运行稳定，涂层总体状况良好，牺牲阳极阴极保护电位水平正常，冗余壁厚未进入工作。钢管桩自投入使用以来保持较高的完好性，满足结构体系的受力要求和安全要求，耐久性防护体系发挥了良好的效果。针对浪溅区涂装损坏、牺牲阳极块损耗速率快、缺乏对保护电位变化规律的分析等问题，需要采取针对性的养护维修和改进提升措施，确保全寿命周期内钢管桩的安全性和耐久性处于良好、可靠的状况。

参考文献

[1] 高宗余，阮怀圣，秦顺全，等. 我国海洋桥梁工程技术发展现状、挑战及对策研究[J]. 中国工程科学，

2019,21(03):1-4.
[2] 张侃,郭舟峰.大口径超长钢管桩长效防腐技术及应用[J].公路,2017,62(06):166-174.
[3] 王仁贵.杭州湾跨海大桥总体设计[J].公路,2009(05):11-18.
[4] 叶俊能.大直径超长钢管桩成套技术研究[J].湖南工业大学学报,2009,23(01):6-11.
[5] 陈涛.杭州湾跨海大桥钢管桩成套关键技术[J].公路,2010(05):57-61.
[6] 徐力,王东晖.杭州湾跨海大桥水中低墩区钢管桩设计[J].公路,2006(09):16-20.
[7] 侯保荣.海洋环境下钢结构物浪花飞溅区的腐蚀灾害[J].科学中国人,2006(11):21-22.
[8] 潘杰,侯保荣,刘佳利,等.PTC矿脂包覆防腐蚀技术在国内的应用进展[J].腐蚀与防护,2015,36(12):1170-1173.
[9] 颜东洲.杭州湾跨海大桥腐蚀控制措施评析[J].全面腐蚀控制,2008(01):4-16.

6.百年钢桥选用的五种长效防腐蚀方法

陈国虞[1]　张政权[2]
(1.上海海洋钢结构研究所;2.上海润馨化工技术发展公司)

摘　要　从现有桥梁钢结构已经采用的长效防腐蚀方法中,选出五种,进行比较性地叙述,供桥梁设计者在设计初期选择的参考,包括:鳞片状富锌底漆、熔结环氧粉末、喷涂锌铝伪合金、双相不锈钢和免涂装耐候钢。从技术特点、长效防腐蚀原理、应用举例等三方面进行阐述,进而为桥梁设计人在设计初期根据桥梁所在地理环境,结合桥梁形式,提供选择百年防腐蚀方法的参考。

关键词　钢桥长效防腐蚀方法　鳞片状富锌底漆　熔结环氧粉末　喷涂锌铝伪合金　双相不锈钢　免涂装耐候钢　长效耐腐蚀试验

一、引　　言

结构材料中,能够优良地耐受抗拉、抗弯、抗冲击、抗疲劳、抗老化等性能的,首推钢材。我国现有的百年以上的桥梁,除了石桥,就是钢桥。

《公路桥涵设计通用规范》(JTG D60—2015)的第1.0.3条规定:公路桥涵结构的设计基准期为100年。

1987年统计,我国70000km的铁路上约有8000座钢桥,桥龄超过100年的有160座。此外还有一些百年城市桥梁。较老的钢桥有:昆河线倮姑桥(1908年,投运年份,下同)、京山线张家庄车站板梁桥(1893年)、兰州市中山桥(1907年)和钱塘江公铁两用大桥(1937年)等,有的超过百年,有的接近百年。虽然它们在运营期间经过多次维修,但当时钢铁防腐蚀的方法不如现在,所以对现在新建的钢桥,采用适当的方法,百年长效防腐蚀是有信心的。

钢结构处于桥梁的位置,从上到下可按腐蚀介质各不相同分为4段:上部结构的介质是大气,按桥梁的地理位置不同,有海洋大气、丛林大气、城市工业大气和沙漠干热大气等;往下是潮差段,气液两种介质干湿交替,这是腐蚀最严重的一段;再下第3段是全浸段,与水的温度、盐度有关;最下面是埋土段,因为氧气少,腐蚀相对较轻。

桥梁钢结构长效防腐蚀方法有多种,本文选取较常用的、比较成熟的:鳞片状富锌底漆、熔结环氧粉末、喷涂锌铝伪合金、双相不锈钢和免涂装耐候钢五种方法,从技术特点、长效防腐蚀原理和应用举例三方面阐述,供桥梁设计者在设计初期的选择作为参考。

第五种免涂装耐候钢,一般仅用于大气环境较好的地区。当环境为"潮湿的空气中"和"海洋性气候"等情况时,应采用"常规表面保护"。不适用免涂装。

二、鳞片型无机富锌涂料

1. 鳞片型无机富锌涂料方案

本方案见文献[1]介绍，例如用在浙江千岛湖某大桥，见图1。采用的表层处理和涂层方案见表1。

图1 浙江千岛湖某大桥

表层处理和涂层方案(单位:μm) 表1

基层钢表面除锈		Sa2.5 级	氟碳面漆	2 道	80
鳞片型无机富锌底漆	3 道	60	合计		200
环氧云铁中间漆	2 道	80			

2. 鳞片型无机富锌涂料应用实例

对此涂层方案作了10000h的盐雾加速对比腐蚀试验(相当于使用50年)，结果显示鳞片状富锌底漆表现良好，如图2、图3所示。试验还可以继续做下去。涂层也可以续涂。

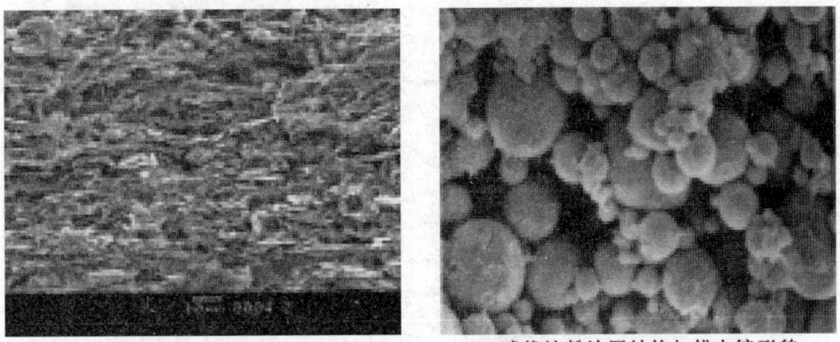

a)鳞片状锌粉涂层结构扫描电镜形貌　　b)球状锌粉涂层结构扫描电镜形貌

图2 两种富锌涂层扫描电镜形貌[1]

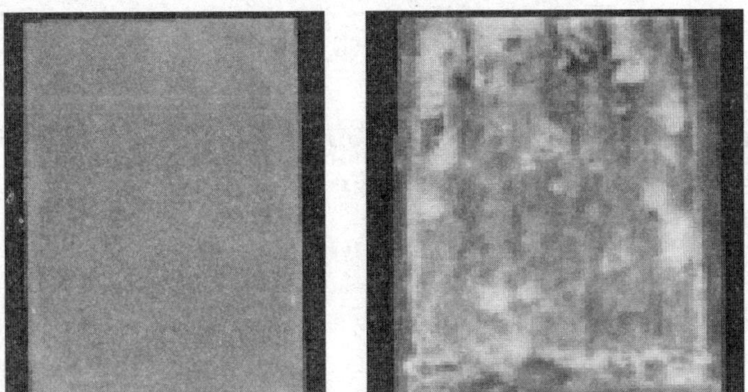

a)鳞片状富锌底漆　　b)普通(球状)富锌底漆

图3 加速试验10000h后试板[1]

三、以高性能熔结环氧粉末复合涂层为主以牺牲阳极阴极保护方法为辅的联合保护方案

1. 熔结环氧粉末复合涂层+牺牲阳极阴极保护方法简介

杭州湾跨海大桥使用本方案，以熔结环氧粉末复合涂层为主以牺牲阳极阴极保护方法为辅。处理了ϕ1.5m钢管桩2520根，ϕ1.6m钢管桩2624根，合计总数5144根，桩长范围为71～88m。本工程选定的高性能涂层辅以牺牲阳极阴极保护的综合防护方案，是技术可行，性能稳定，较经济的长效防护方法。有以下4点内容：

(1)熔结环氧粉末防腐涂层由于钢管桩泥下部位腐蚀较轻，该部位采用单层高性能熔结环氧涂层结构防护，涂层厚度≥300μm。钢管桩的海水全浸区域采用双层，涂层的厚度为≥600μm。钢管桩的潮差区、飞溅区及大气区，采用加强级三层，涂层的总体厚度≥800μm。

积40多年的应用经验，熔结环氧粉末防腐涂层的阴极剥离减少到3mm，服役寿命应在50年以上(涂层破损率不高于设计值15%)。

(2)采用可更换结构的高效铝合金牺牲阳极阴极保护系统。杭州湾大桥的阴极保护工程的牺牲阳极更换周期为30年，100年的服役周期内最多更换3次牺牲阳极。

(3)钢管桩各部位按腐蚀环境的不同预留一定的安全腐蚀余量。泥下区域预留2mm腐蚀余量，水中区、水位变动区、浪溅区预留4mm腐蚀余量。

(4)阴极保护监测系统。可实时对大桥钢管桩的阴极保护状态进行跟踪分析，提醒大桥维护人员对腐蚀防护系统进行及时维修。

2. 熔结环氧粉末+牺牲阳极阴极方法效果测定

(1)保护系统电位测定。2007年5月结束防护工程，2014年测定各承台的极保护系统电位，如图4所示。

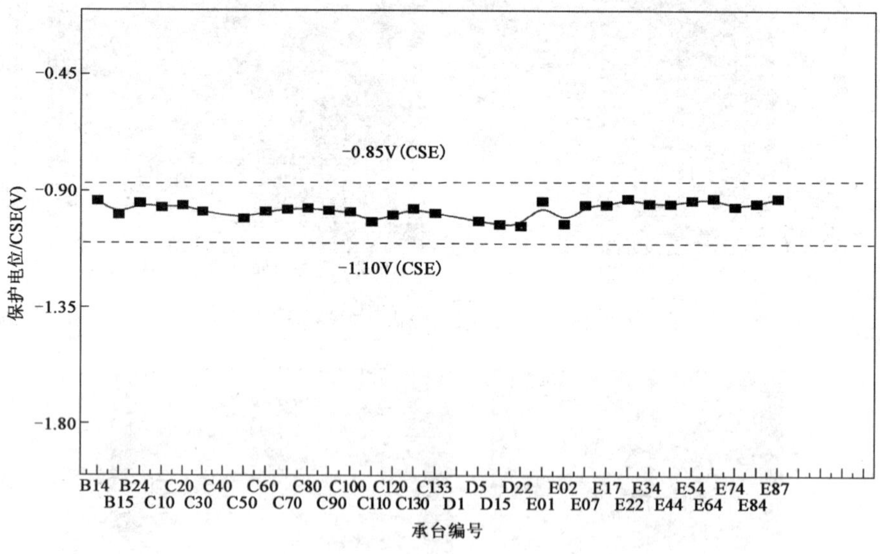

图4 各承台的极保护系统电位图(2014年)(李晓东图)

(2)被保护钢桩形貌如图5所示。

a)承台下的桩B14

b)桩表面的海生物 C132

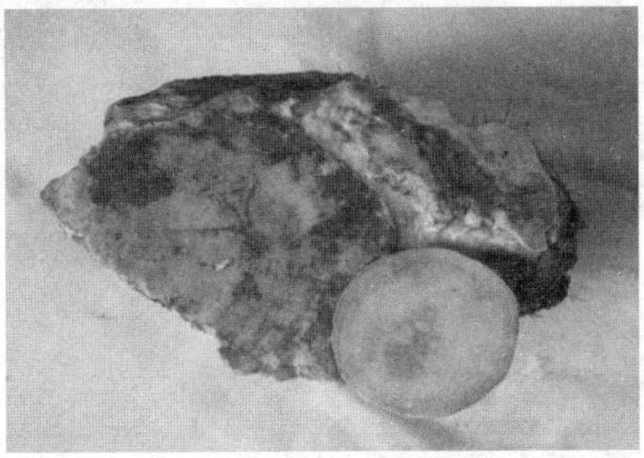

c)剥去附着生物钢桩涂层表面光滑C04

d)涂层下金属未见腐蚀

图5 钢桩2014年检查各部位照片(编号为桩号)

四、喷涂锌铝伪合金长效防腐蚀方法

1. 喷涂锌铝伪合金方法简介

21世纪初我国4位桥梁和防腐蚀专家联合著文推荐世界著名的防腐杂志:《保护层和涂层》的观点[2]:“现在热喷涂长效防腐技术的优势和降低成本的努力,已对涂料市场构成巨大威胁,即使现在最好的涂料也很难与热喷涂技术竞争”。我国新建钢桥已经不用红丹漆保护体系;鳞片富锌漆有10000h的试验记录[1];喷涂锌铝伪合金防腐蚀工艺有16000h的试验记录,而且是与不锈钢等对比试验。进一步在上海做的扫描探针试验阐明了电弧喷涂锌铝伪合金的长效耐腐蚀机理[3]。从表2可以看出,在涂层表面氧化物和铝的体积总量达到70.11%,同时使喷涂层得到很高的黏结力。

锌铝伪合金涂层表面成分的电子能谱图分析结果[3] 表2

成　分	体积 A_t(%)	质量 W_t(%)	成　分	体积 A_t(%)	质量 W_t(%)
O K	39.15	18.34	Zn K	29.90	57.21
Al K	30.96	24.45	全部	100.00	100.00

表3是“锌铝伪合金+中间漆+氟碳面漆”方法等4种材料和方法对比试验的结果。

喷涂锌铝伪合金方案(三层)与不锈钢等3种材料耐久性对比试验[4-7] 表3

试验周期(h)	碳钢,喷锌铝伪合 100μ,改性环氧封孔,氟碳面漆 30μ	SUB304 不锈钢对比样板	Al 材对比样板	碳钢,浸镀锌
600				
2000				

续上表

试验周期(h)	碳钢,喷锌铝伪合 100μ,改性环氧封孔,氟碳面漆 30μ	SUB304 不锈钢对比样板	Al 材对比样板	碳钢,浸镀锌
4000				
6000				
8000				
14000	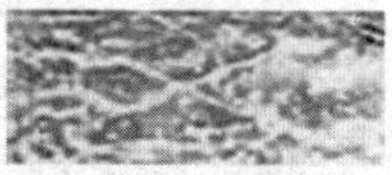			
16000	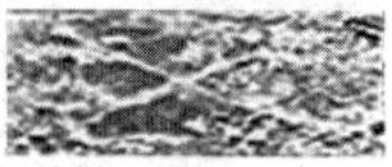			
16000 水洗后	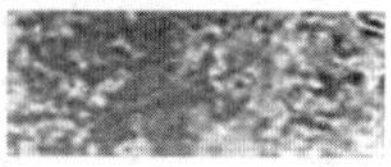			

试验 16000h 相当于使用 80 年,试样完好。加速试验还可以继续进行下去。

2. 喷涂锌铝伪合金方案应用实例

我国近年喷涂锌铝伪合金实例的参数[3]见表 4。

我国近年喷涂锌铝伪合金在桥梁及海洋工程上应用实例选列 表 4

序号	工程名称	喷涂金属	工程量(m^2)	施工年份(年)
1	胜利油田埕岛 2 号平台的动力及注水平台	锌铝合金、锌铝伪合金(v/v = 85/15,45/55)	~2000	1997
2	上海杨浦大桥	锌铝伪合金(v/v = 50/50)	41000	2016
3	上海徐浦大桥	锌铝伪合金(v/v = 50/50)	29500	2016
4	上海轨道交通 11 号线	锌铝伪合金(v/v = 50/50)	6500	2007
5	天津海河赤峰桥	锌铝伪合金(v/v = 50/50)	22000	2007
6	重庆长江鱼嘴大桥	锌铝伪合金(v/v = 50/50)	244000	2008
7	上海崇明新建水闸闸门	锌铝伪合金(v/v = 50/50)	1200	2008
8	杭州湾跨海大桥海中观光塔	锌铝伪合金(v/v = 50/50)	100000	2008
9	上海外白渡桥防撞装置	锌铝伪合金(v/v = 50/50)	5100	2009
10	广西柳州欧维姆锚具防腐	锌铝伪合金(v/v = 50/50)	5000	2010
11	青岛海湾大桥 3 座航道桥钢箱梁	锌铝伪合金(v/v = 50/50)	320000	2011

续上表

序号	工 程 名 称	喷 涂 金 属	工程量(m^2)	施工年份(年)
12	上海大芦线临港新城跨航道桥梁	锌铝伪合金(v/v = 50/50)	35000	2011
13	上海大芦线临港新城三三公路桥	锌铝伪合金(v/v = 50/50)	5700	2011
14	天津开发区海河桥	锌铝伪合金(v/v = 50/50)	170000	2011

3.喷涂锌铝伪合金典型工程案例

1)重庆鱼嘴长江大桥

本桥为重庆外环高速一座特大型悬索桥。全长1440m,主跨616m,已于2009年4月完工通车。该桥为双向6车道,设计速度100km/h。设计基准期为100年。钢箱梁分为52节段,喷涂锌铝伪合金+中间漆+氟碳面漆。由本文第二作者驻武昌船厂阳逻分厂合作实施,如图6~图10所示。

图6　重庆鱼嘴长江大桥

图7　喷砂除锈前钢箱梁外貌

图8　喷砂除锈后钢箱梁外表面

图9　喷涂锌铝伪合金后的箱梁密封隔壁

图10　喷涂锌铝伪合金后的钢箱梁内部

2)舟山液化品中转码头

舟山液化品中转码头,是于2007年在上海的车间内,用50%/50%,锌铝伪合金喷涂钢管桩12000m^2,运到舟山打桩,如图11~图14所示。

图11　舟山液化品中转码头栈桥和中转设备分布图

图12　在上海已经喷涂好的钢管桩

图13　工程应用的喷涂码头承重桩

图14　码头施工打桩情况

五、双相不锈钢建造桥梁

1. 双相不锈钢建造桥梁简介

双相不锈钢(它的金相组织具有索氏体和奥氏体两相),它既高强又耐腐蚀,合金元素含铬多(比Cr13多),含镍少(比18-8少),价格不会太贵。桥梁要求结构零件重量比较轻,在海水腐蚀和海洋大气腐蚀场合下,用双相不锈钢建造桥梁当然合适,所以双相不锈钢应该在桥梁建设中得到推广。图15~图18是单相和双相不锈钢轧件的金相组织比较图。

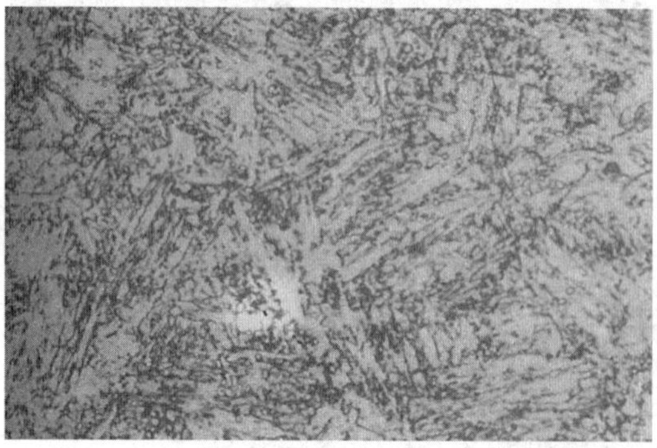

图15　2Cr13不锈钢回火索氏体

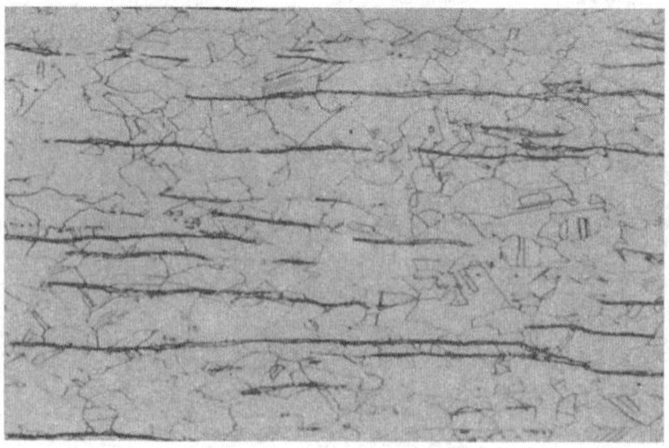

图16　1Cr18Ni9不锈钢轧件纵向奥氏体

建造桥梁曾经用过用表5的3种双相不锈钢,用得最多的是SAF 2205,而且已经有4家船级社认可,故列举几个桥梁应用SAF 2205建造的实例。

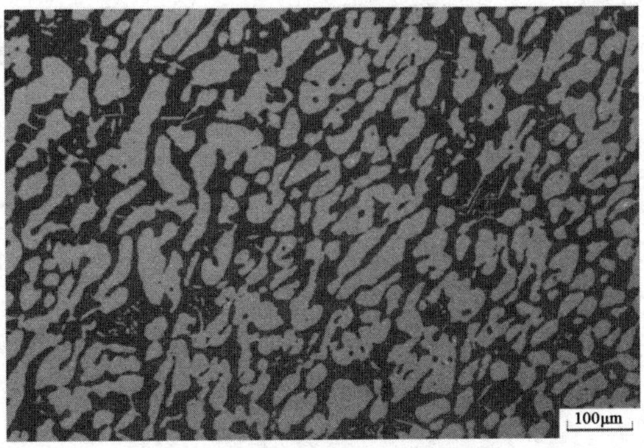

图 17 2205 双相不锈钢轧件横向

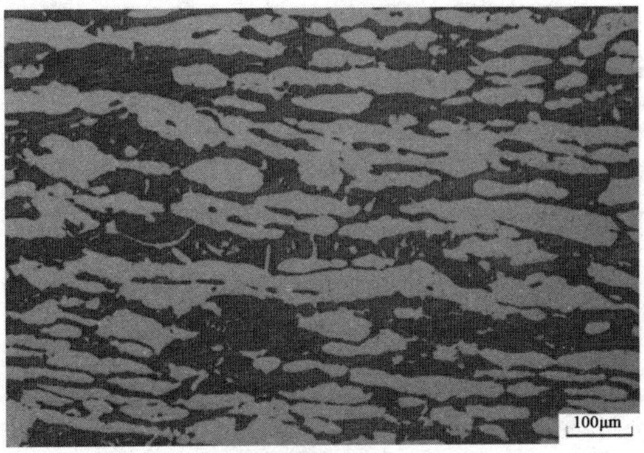

图 18 2205 双相不锈钢轧件纵向

各国认证机构认可的 3 种双相不锈钢的耐蚀和力学性能 表 5

国际认可	各国钢号	公司钢号	成本系数	点蚀系数	屈服(kg/mm^2)	拉断(MPa)	伸长(%)
LR,DNV BV,CCS LR	USN-S32101	Outkumpu LDX2101	0.49	26	46/450	66/650	30
	USN-S31803 DIN,NFA	SAF 2205	2.11	35	45/441	62/608	25
	USN-S32760	Zeron 100	2.70	43	55/540	76/750	25

注:1. LR,DNV,BV,CCS 分别为英、挪、法、中四国的船级社的称号。

2. 点蚀系数即耐点腐蚀当量 PRE 值,以钢中耐腐蚀元素的含量乘以当量值便可得到,当量公式为:$PRE = Cr\% + 3.3Mo\% + 16N_2\%$。此 PRE 值越大越耐点腐蚀。

2. 双相不锈钢应用实例

双相不锈钢应用案例如图 19 ~ 图 24 所示。

图 19 西班牙毕尔巴鄂(Bilbao)市的人行桥

图 20 西班牙阿尔坚达河的梅诺卡(Menorca)桥

图 21 英国约克郡(York)千年纪念桥(人行桥)

图 22 英国约克郡(York)千年纪念桥边结构

图23　新加坡马温拿湾(Marina bay)行人桥效果图

图24　新加坡马温拿湾(Marina bay)行人桥

3. 双相不锈钢典型工程案例

我国著名的双相不锈钢桥的案例在香港,香港昂船洲大桥为斜拉桥,全长1596m,主跨长1018m,两边各有4跨约70m的边跨(图25)。该桥横跨蓝巴勒海峡,位于香港市区,背景为繁忙的集装箱码头,除了需要抵御严峻的海洋腐蚀环境之外,还是一座具有多项美学特点的地标性建筑物。设计使用寿命为120年,所以用双相不锈钢建造是设计工程师较好的选择。

图25　中国香港昂船洲大桥全景

香港昂船洲大桥采用双独柱塔,桥塔高达298m,塔顶部以下118m为钢结构(图26),选用2205钢号的双相不锈钢(最顶部5m为玻璃),20mm厚的双相不锈钢板作为外表,内浇灌800mm厚的混凝土圆形塔壁,两者之间用剪力键连接。塔内一层一层地安放斜拉索的锚固箱。

六、免涂装耐候钢长效防腐蚀方法

耐候钢的使用,按其所处环境而有两种方式。免涂装是成本低的一种,另一种采用"常规表面保护"。《耐候结构钢》(GB/T 4171—2008)[8]指出,使用环境有:"特殊的化学物""长时间与水接触""潮湿的空气中"和"海洋性气候"等4种情况时,采用"常规表面保护"。——不适用免涂装。

1. 我国早期的耐候钢生产性研制

我国早期的耐候钢大规模研制,始于20世纪50年代末到60年代初的武汉钢铁公司和用武钢生铁炼钢的企业。生产的16锰铜、15锰钛铜(16MnCu、15MnTiCu),还有列入《低合金结构钢》(GB 1591—1988)的10锰硅铜和09锰铜磷钛(10MnSiCu、09MnCuPTi)[9]等钢号。它们使用"常规表面保护","在相同条件下,涂漆后耐大气腐蚀钢的敏感程度小于一般的结构钢"。

实验室加速试验(恒温恒湿试验)结果显示,当15MnTiCu钢中的含铜量,从0.34%达到0.51%时,它的腐蚀速度低于当时进口的造船钢CXл-4(苏联哈利诺夫钢系的钢号)[10]。很多行业如:车辆、船舶等行业,纷纷使用含铜的耐候钢。例如,造船行业在流水线上用16MnCu建造了两艘50t运输船等。

到了20世纪60年代中期,由于矿石成分变化,武钢生铁炼出的钢,含铜量下降。1960年含铜≥0.41%的占31.6%;到1961年仅占13.2%;1962年占19.4%。武钢的炼钢生铁含铜量已经降得太低。为了生产含铜量≥0.40%的"10锰硅铜"等耐候钢,上钢三厂往炉内投废电机拆下来的紫铜线。——这样，利用武钢生铁来生产含铜耐候钢的优势便将不再。

a)两塔上部118m为20mm厚的双相钢钢板

c)塔顶元件

d)塔顶元件预装配

b)2205钢桥塔尺寸

e)2205双相钢的焊缝

图26　昂船洲大桥分部图

2. 免涂装耐候钢耐腐蚀层的生成

免涂装耐候钢表面耐候层生成的方法一般采用喷水成膜法，钢结构完成后，持续喷水处理约一个月，表面生成比较紧密的锈层（保护膜）。也有兼喷固膜剂的。

普通碳钢生成比较疏松而较厚的锈层，金属腐蚀产物较多，而且会脱落，脱落后又开始一个新的成膜周期（图27左面的波浪形曲线），这样金属损失量就较大。

耐候钢由于加入了一些合金元素，形成的锈层薄而致密，不脱落，使用期间锈层增厚也较小（图27右面的曲线）。

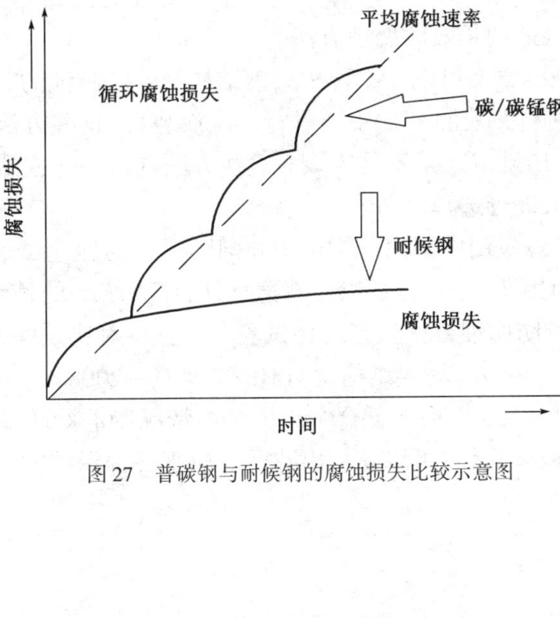

图27　普碳钢与耐候钢的腐蚀损失比较示意图

3. 国外免涂装耐候钢建造桥梁实例

国外免涂装耐候钢建造梁实例见图28～图31。

图28　美国阿拉斯加当拉拉 Tanana 河免涂装耐候钢桥

图29　美国休斯敦市免涂装耐候钢人行桥

图30　新西兰其为铁路 Br273 免涂装耐候钢桥

图31　英国堂卡斯特耐候钢桥跨过东海岸干线铁路

4. 免涂装耐候钢典型工程案例

2018年9月28日合龙的川藏铁路拉萨至林芝段藏木大桥，是中国第一座真正的免涂耐候钢桥，永久免维护，使用寿命预计超过150年。卢春房院士认为："对我国桥梁耐候钢的推广应用具有重要意义。" Q345QENH 和 Q420QENH 耐候钢已成功应用于该桥。为了节约钢材消耗，川藏铁路雅安至临志的大桥将采用 Q500QENH 耐候钢。

使用强度越高的钢级，桥梁构件就越薄，允许腐蚀量越少。对防腐蚀方法要求越高。

图32是该桥的总图照片和特写照片。

5. 讨论意见

(1)本文首先将桥梁钢结构，从上到下可按腐蚀介质各不相同分为4段：每段腐蚀介质不同，腐蚀轻重也有差别。近10年，世界桥梁界应用浮式防船撞装置，它腐蚀情况与船体相近，但它不能像船体那样"3年一小修，5年一进坞"(它几十年不进坞)，因此，防腐蚀的要求较高。这些都要求桥梁钢结构设计人选择合适的长效防腐蚀方法。

(2)本文讨论了5种桥梁钢结构长效防腐蚀的方法，这些方法都是以100年的桥梁为目标的(其中，第一种计划在百年的中期进行一次涂装)。这些方法已经对传统的不锈钢建造桥梁(例如昆山不锈钢桥梁)提出挑战。是不是应该对这些方法进行一些权威的、平行的对比试验。便于用户(包括设计人)对这些方法进行选择。

(3)应用中国、日本、美国和国际标准的加速试验[4-7]评议试验结果时的推理年份(试验200小时→1年使用期)是不是可以被普遍承认，作为统一的衡量标准？可不可以用这个标准方法对本文中各厂家的5种防腐蚀方法进行对比试验？并且将对比试验结果写入钢结构设计指导性文件？

(4)列入《耐候结构钢》(GB/T 4171—2008)[8]的大气腐蚀性指数 I 的计算公式，是外国人根据"大气环境下15.5年后的低合金钢的腐蚀情况"得来的，我国的长效保护方法的工程物使用年限很多已经在25年以上，是否可以总结出我国对应于各种保护方法的系数或推荐性的选择指标。

a)川藏铁路拉萨至林芝段藏木大桥完工照片

b)藏木大桥架设钢管拱施工照片

c)顶部钢管拱安装照片

d)从桥面向上拍的照片

图32 免涂装钢在川藏铁路拉萨至林芝段藏木大桥应用

参考文献

[1] 李春.桥梁钢结构防腐新技术的探讨[C]//中国桥梁钢结构新技术研讨会论文集.北京:桥梁杂志社,2005:10-17.

[2] 杨健,萧以德,茅兆祥,等.我国钢桥防腐的思考[J].桥梁,2009(6).

[3] 陈国虞,张政权,王在忠.桥梁、水闸等海洋大气中应用的钢结构长效防腐蚀新体系——喷涂锌铝伪合金防腐蚀体系[R].2011.

[4] 全国金属与非金属覆盖层标准化技术委员会.人造气氛腐蚀试验 盐雾试验:GB/T 10125—1997[S].北京:中国标准出版社,1997.

[5] 中华人民共和国冶金工业部.人造大气中的腐蚀试验 一般规程:GB/T 14293—93[S].北京:中国标准出版社,1993.

[6] 日本规格协会.盐水喷雾试验方法:JIS Z 2371—2000[S].

[7] 美国材料试验协会标准.盐雾试验标准方法[S].

[8] 全国钢标准化技术委员会.耐候结构钢:GB/T 4171—2008[S].北京:中国标准出版社,2008.

[9] 中华人民共和国冶金工业部.低合金结构钢:GB 1591—88[S].北京:中国标准出版社,1988.

[10] 陈贵杰,张秋田,张毓辉.15MnTiCu造船用钢板中间阶段试验总结[C]//含铜钢资料汇编,1965.

7. 车辆和船舶撞击下桥梁损伤与垮塌研究进展

付文豪　武守信
(西南交通大学土木工程学院桥梁工程系)

摘　要　车辆和船舶对桥梁撞击的风险随着桥梁数量的日益增多和船舶大型化及运输量的发展而日益突出。研究车桥撞击和船桥撞击对于桥梁的防灾减灾具有重要意义。为了促进这一研究领域的发展,本文对近年来车桥撞击和船桥撞击的研究进展进行了评述。分析表明,试验研究是了解撞击过程和桥梁损伤机理的重要手段,然而,目前车桥撞击和船桥撞击的模型试验数据较少。大多数研究通过有限元数值模拟分析桥梁受撞击损坏的机理。但数值模拟结果缺少试验验证。而且对于车撞和桥撞的统计调查十分有限,缺乏合适的概率模型预测桥梁受撞风险。深水区桥梁受撞后基础损伤和承载力削弱是未来需要重点研究的问题。

关键词　车辆　船舶　桥梁　撞击　损伤　垮塌

一、引　　言

近几年,随着高速道路网的快速发展和海陆运输能力的大幅度提升,车辆和船舶撞击桥梁的事故屡有发生,根据朱森林等人[1]对过去几年桥梁人为安全事故发生次数的统计,其中车辆和船舶撞击发生的次数占比分别约为34%和22%。车辆和船舶撞击事故不同于其他一般交通事故,这种撞击往往会产生较大的冲击力,可能引起桥墩断裂甚至整个桥梁垮塌,造成诸如交通中断,人员伤亡,经济损失等严重后果。例如,2021年7月23日,湖南长沙发生一起货轮撞击桥墩事件,造成严重经济损失。2021年1月5日江苏南通发生一起船撞桥事件,桥梁中部桥面撞断垮塌,船只被压。2021年7月12日,广州北斗大桥遭到一集装箱船撞击,被撞大桥桥墩发生明显歪斜,产生裂痕。针对以上问题,国内外开展了大量关于车辆和船舶撞击桥梁方面的研究,以期提出撞击作用下桥梁损伤和失效的评估方法并提出相应的防撞措施。本文综述近几年在车辆和船舶撞击桥梁方面的研究进展,并展望未来的研究趋势,为桥梁防撞设计和研究提供参考。

二、车桥撞击问题

1. 试验研究

在车辆撞击桥梁的研究中,缩尺试验是一种重要手段。虽然试验费用一般较高,但却能直观地观察到撞击力作用下桥梁的真实响应。王彬等[2]总结了冲击试验的开展情况及其装置的研发,提出摆锤式冲击试验装置。崔堃鹏等[3]通过模型试验发现,在汽车横向撞击下,正有列车通过的桥梁,其横向加速度和动位移幅值提高了数十倍。Chen等[4]开展了大尺寸室外模型实验,模拟了卡车碰撞排架式桥墩的全过程,获得了冲击碰撞下桥墩的动力响应和破坏形态。但缩尺试验终究存在一些局限性,因此无法得到撞击下整个桥梁的损坏程度;同时,以摆锤作为冲击荷载模型也无法模拟卡车中货物引起的动力响应。此外汽车撞击作用机理复杂,包含材料、接触非线性以及动力效应。由于现场实验费用昂贵,至今公开发表的桥梁遭受车撞的实验数据较少。由于上述诸多局限,再加上数值仿真技术的快速发展,目前国内外大多数研究者采用精细化有限元方法分析桥梁在撞击作用下的行为,揭示碰撞过程桥梁的变形、损伤、以及破坏的机理。

2. 超高车辆对桥梁上部结构的撞击

桥梁上部结构遭受超高车辆撞击往往会发生桥梁局部破坏、落梁破坏甚至整体垮塌等,因此超高车辆撞击桥梁动力响应、撞击力、损坏机理等一系列问题是国内外一个重点研究方向。毕晨华等[5]应用ABAQUS分析了不同车速下超高车辆撞击桥梁的碰撞机理及损伤情况,结果表明车桥碰撞对主梁损伤破坏较大尤其是受拉损伤。陆新征等[6]基于精细化非线性有限元,分析得出了超高车辆撞击桥梁可能产生的破坏形态以及撞击冲量和局部冲量。何水涛等[7]通过动力有限元模型对超高车辆撞击钢箱梁桥和钢板梁桥展开了一系列研究,发现其损坏机理是不同的。张景峰等[8]考虑了车速、撞击角度等多种因素,对超高车辆撞击空心板桥的13种工况进行分析,发现超高车辆的撞击主要导致桥梁局部损伤。邹育麟等[9]为研究超高车辆撞击箱梁桥采用有限元软件分析了18种工况,分析了碰撞过程中冲量的变化,给简化撞击力计算模型提供了依据。Oppong等[10]鉴于目前设计规范缺乏必要的信息来估计超高车辆撞击桥梁可能经历的冲击力,开发了一种高保真有限元(FE)模型以研究不同超高物体撞击桥梁上部结构所引起的负载需求,同时对结构性能(包括冲击力、内部剪切和损坏模式)进行评估,为新桥的设计和评估以及现有桥梁防超高碰撞提供了必要的依据。

3. 车辆对桥梁下部结构的撞击

桥墩作为将桥梁上部结构荷载传递给地基的重要结构,一旦受到车辆撞击而破坏,极易导致桥梁上部结构的垮塌。裴小吟等[11]采用ABAQUS分析了车辆在不同车速下撞击桥墩所导致的桥墩损伤状态,发现桥墩被撞击处的应力先增后减,且具有塑性破坏的特征。单石亮等[12]采用LS-DYNA对车辆在不同车速下进行模拟分析表明撞击力在初期随车速增加而增大,达到峰值点后随车速的增加而减小,高应力范围呈先扩展后集中的趋势。许宏伟等[13]建立了桥梁整体模型,验算了撞后承载力,并提出了压力注浆和截面增大相结合的加固方法。武林等[14]基于规范对某公路工程桥梁薄壁墩受汽车撞击进行验算,结果表明中墩易遭受汽车撞击,应加强防护。李瑞文等[15]采用LS-DYNA建立车辆-桥墩碰撞模型,研究了多个工况下的桥墩动力响应和撞击荷载,比对了现有规范荷载限值,发现等效静力荷载偏于不安全。李飞等[16]基于LS-DYNA分析车辆撞击桥墩的动力响应,发现其损伤特征表现为墩底冲切、墩顶剪切和墩背面受拉损伤,剪力弯矩剧烈波动且其峰值位于墩底。胡峰强等[17]采用等效车辆模型,通过改变撞击速度得到了撞击力时程曲线,提出了一种计算撞击力的简化方法,对比国内外规范取值认为国内规范适用于中型车辆低速撞击,当速度较高时,规范所给撞击力偏小。甘露[18]对一现有高铁跨线桥进行数值模拟,分析结果表明车辆撞击主要造成局部混凝土损伤,对高铁运行安全有不利影响。彭泽等[19]采用Midas分析不同持时碰撞力对结构所造成的动力响应,发现主梁水平向峰值动力响应与碰撞持时成反比且碰撞持时与侧弯模态固有周期相近时,动力响应较为突出。黄志明等[20]认为当前撞击力计算公式不便应用于工程中,建议实测法、反推法和仿真法结合运用,并建议对新型桥墩(如灌浆套筒、灌浆金属波纹管、承插式桥墩)的动力响应进行深入研究。

Wu等[21]分析了撞击荷载作用下预制节段墩柱和现浇节段墩柱的破坏模式、冲击力和位移响应。发现冲击速度是影响预制节段桥墩所受冲击力的主要因素。韩艳等[22]通过四个桥墩试件进行车辆撞击模型试验,得出承插式桥墩受车撞的动力响应与嵌入深度和车速有关,其中桥墩产生的加速度与车速成正比,损伤程度与嵌入深度成反比。

4. 车辆对护栏的撞击

护栏作为桥梁的重要附属设施,其设置目的是减少事故发生、保护车辆及人员安全。李森森等[23]采用有限元考虑了不同的碰撞角度、车辆速度以及车辆质量等,分析了车辆撞击防撞护栏的动力响应,提出车重、车速,角度与主梁横向位移线性成正比。王志超等[24]采用ABAQQUS建立了碰撞体模型,模拟装配式防撞墙的碰撞过程,验证了装配式混凝土防撞墙的可靠性。龙绍海等[25]则基于LS-DYNA建立车辆-预制护栏碰撞模型,对护栏在碰撞下的动力响应进行计算分析,验证了该类护栏的可靠性。龚帅等[26]进行实车足尺碰撞试验同时进行有限元计算,对在役旧桥原有护栏进行分析,对提升在役桥梁护栏防撞能力具有一定的参考意义。

5. 车辆撞击下桥梁破坏和倒塌机理

针对车桥碰撞作用下的桥梁破坏和倒塌机理的研究对防护设计具有重要意义。当前对车桥碰撞的损伤评估主要集中在桥墩上,很少有整座桥梁损坏程度的评估。王娟等[27]建立了精细化有限元模型,分析了车辆撞击下桥梁的破坏形态,讨论了根据外观划分的3个损伤等级以及不同等级的损伤特征。Heng等[28]通过LS-DYNA进行了20个卡车与桥梁碰撞模拟,提出桥梁整体倒塌是损伤累积的过程和桥墩破坏并不完全一致。该研究提出了2个定量损伤指标对主要桥梁构件进行定性评估,可用于实际事故后的现场损坏评估,对桥梁防撞设计和撞后修复具有重要意义。

被撞桥梁的整体垮塌是一个连续损伤累积的过程。混凝土剥落,普通钢筋和预应力筋外露是导致后续严重问题的一个重要原因。相比高强度混凝土(HSC)梁,超性能混凝土(UHPC)可以改善桥梁上部结构的抗冲击性。Kofi等[29]通过对2种类型的AASHTO梁进行数值模拟,发现AASHTO-IV型梁能够吸收大约2倍于Ⅰ型梁的冲击力;相比HSC梁,UHPC吸收了更高的冲击力和剪切力,但损坏较少。Heng等[30]建立精细有限元模型,研究了不同抗震设防水平和混凝土类型对桥墩抗车辆撞击的影响,发现基于抗震设计的UHPC墩能提高桥梁的抗车辆冲击能力,提出了通过残余横向位移评价桥梁结构性能的方法,对UHPC在防撞设计中的运用和现场评估桥梁结构撞后剩余性能有借鉴意义。

三、船桥撞击问题

1. 船桥撞击风险评估

针对船舶撞击桥梁的风险评估研究较少。张少为[31]梳理了部分具有代表性的船桥碰撞概率模型,发现目前的船桥碰撞数学模型适用范围有限。建议采取碰撞试验等方式来扩大样本容量。汪洋等[32]通过分析AASHTO的船桥撞击模型,根据桥下通航风险源,考虑自然环境、船舶、航道等因素对撞击概率的影响,对AASHTO概率模型进行了修正。钱国辉[33]以某座桥梁为例,建立既有桥梁受船舶撞击风险评估的方法框架,对风险隐患识别进行研究,适宜于既有航道的船桥撞击风险评估分析。马倩雯等[34]提出了一种概率计算模型,考虑了走锚、停船概率,对锚泊船走锚撞桥概率进行估算和等级评定。Ma等[35]提出了一个新的船桥撞击概率模型以评估船桥碰撞的风险,并应用于航道船运极其繁忙的金塘大桥船撞风险评估。结果表明,主动和被动防撞措施在降低船桥相撞概率方面大体相同。Lei等[36]提出了一种确定船域近边界的最小二乘法,并据此建立了新的模糊四元数船域模型,能够反映桥墩附近水域情况,有助于建立碰撞风险的量化模型。

2. 船舶撞击力分析

船桥碰撞过程中产生的撞击力是影响桥梁损伤的重要因素。当前国内有关船桥撞击力计算的规范主要是《公路桥涵设计通用规范》(JTG D60—2015)[37]和《铁路桥涵设计规范》(TB 10002—2017)[38],其中公路规范给出了漂浮物撞击力计算公式,而铁路规范则则专门给出了船舶撞击力计算公式,此外还有一些对船撞设计的指导性规范,如《重庆市三峡库区跨江桥梁船撞设计指南》(DBJ/T 50-106—2010)[39]、《公路桥梁抗撞设计规范》(JTG/T 3360-2—2020)[40]。但国内规范适用范围较小且精度不高。高荣雄等[41]通过数值分析,研究了撞击力和撞击损伤效应,并对比了不同的规范,结果表明,公路规范不能真实反映实际撞击效应且结果偏小,AASHTO规范[42]所给出的撞击力计算公式较为准确,欧洲规范[43]则考虑了不同类型船舶的影响。陈涛等[44]建立了整桥整船碰撞分析模型,并将计算结果与规范做对比,建议目前大型船舶撞击桥梁问题应采用AASHTO规范或欧洲规范进行计算。曹映泓等[45]基于抗风抗震的概率理论提出了一种确定船舶撞击力的概率方法,但仍需进一步完善和应用。吴红兵等[46]基于LS-DYNA模拟不同水位下的船舶撞击,发现高水位下船舶撞击力较大,建议对水位较高处桥墩做好必要防撞措施。曹明等[47]结合现有3座实桥建立了船桥碰撞模型,对现有规范的计算公式进行了改进。廖小军[48]通过建立多座典型桥梁基础有限元模型,分析了基础受船舶撞击的静动力响应,给出了动力放大系数规律以更为准确地计算抗撞力。Shao 等[49]采用高精度有限元法(HPFEM)和耦合容器冲击分析(CVIA),提出了一种非线性弹簧刚度(NSS)的构造方法;以此提出冲击力的预测方法,可快速估算冲击力。FU 等[50]通过分析冲击力时程得到了单自由度位移放大系数、周期和阻尼比的关系,依据地震反应谱提出船桥碰撞的冲击反应谱。

3. 船舶撞击下桥墩的损伤

船舶撞击事故中尤以桥墩损伤最为频繁。目前针对桥墩遭受船舶撞击后的损伤研究较少,主要原因是船头刚度较小,质量大、速度低、具有柔-刚冲击等特点。邵俊虎等[51]建立了驳船-桥墩碰撞的模型,比较了不同撞击速度、船舶吨位、撞击部位和桥墩轴压比下桥墩的损伤特征。研究表明,撞击速度和船舶吨位仅对桥墩损伤程度产生影响,而撞击位置和轴压比对损伤特征和损伤程度都有影响。樊伟等[52]基于典型连续梁桥,建立了一种带主梁的简化模型与响应面代理模型联合易损性分析方法。结果表明,桥墩剩余承载力因船舶类型不同而有着较大区别,相同情况下驳船比球艏船更易造成结构损伤和失效。Zhang[53]针对平海大桥建立有限元模型,结果表明,辅助墩在对主墩的防护效果不明显。

针对桥梁受到船舶撞击所产生的损伤,国内外提出了不同的损伤指标以确定损伤状态。张太磊[54]通过数值仿真分析,提出了以墩底转角作为损伤指标。Gholipour 等[55]基于 LS-DYNA 对斜拉桥损伤行为和非线性破坏模式的分析,认为采用 3 种损伤指标可以刻画桥墩的损坏程度。Zhou 等[56]通过建立大跨度斜拉桥与船舶撞击的有限元模型,获得了不同船型,不同加载工况下的碰撞力、桥梁响应和局部损伤。孙大奇等[57]以某斜拉桥作为工程背景,基于船舶自动识别系统数据统计分析,考察了船型、吨位、航速等参数对桥墩损伤的影响。Xia 等[58]通过仿真模拟,对受撞后墩-桩-土系统动力响应进行分析,结果表明受损桥墩的桥梁横向位移和加速度远大于受撞前的相应值,船舶撞击作用下除桥墩损伤外,桥梁基础也可能受到一定程度的损伤。刘峰[59]针对 12 座大跨度桥梁主桥基础建立了有限元模型,对船舶撞击下桥梁基础进行模态分析,获得了基础在撞击下的一般振动规律。王祥秋等[60]基于 ABAQUS 建立了三维非线性动力有限元模型分析了船舶撞击桥梁桩基复合体系的动力响应和损伤特征。结果表明,最大位移和弯矩值均未发生在撞击部位,其位置与桩顶部位约束有关。Wang 等[61]采用 ANSYS 建立了考虑桩-土相互作用的船桥撞击模型模型,分析表明,船速和船舶吨位较小时,桩-土相互作用对船撞力无明显影响,撞击力与船舶速度近似成线性函数关系。

4. 多灾害耦合下的船桥撞击

多灾害耦合作用下的桥梁损伤机理的研究具有重要的防灾减灾意义,但目前该方面研究较少。绍俊虎等[62]基于船桥耦合分析算法编制了计算程序,提出了一种确定船头刚度模型的方法,研究了动力风荷载和撞击力耦合下的桥梁结构响应,提出风荷载并不影响船撞力,但会使得桥梁位移和内力响应有增加的趋势。

船舶撞击桥梁涉及水流、桥梁、船舶三者的相互作用,实际上一类非典型的流固耦合问题。考虑到河道流态的多样化,当前研究大部分仅对流态流速进行简单叠加,这对船舶撞击桥梁的数值模拟精度有一定的影响。李通等[63]采用 ALE 方法进行船-水-桥耦合碰撞分析,对不同流态进行仿真模拟,研究结果表明,在动水流场中,处于逆流流态下,结构损伤与流速成反比,而顺流流态下则相反。

四、结论和展望

车桥撞击和船桥撞击的研究不仅有助于降低桥梁受撞击所致损伤及垮塌的风险,而且是桥梁防撞设计的必要依据。通过本文分析,可以得出以下几点结论:

(1)车辆和船舶撞击下,桥梁受撞部位主要是桥墩。上部结构受撞击的主要原因是车辆超高,而超高车辆撞击桥梁的风险一般可以通过车辆限高予以解决。因此,桥梁受撞击问题的研究主要应该集中于撞击作用下桥墩的局部损伤和桥梁整体的响应。

(2)无论车桥撞击还是船桥撞击,对其发生概率的研究尚待深入。目前对于车撞和桥撞的统计调查十分有限。个别特殊案例并不具有一般的统计学意义。急需建立全面的事故数据库与桥上和桥下通行的各类车船技术参数数据库。

(3)桥墩在撞击下的动态响应和损伤机理仍然是值得研究的重点。现有的数值模拟具有网格相关性,撞击过程的模型试验数据仍然很缺乏。由于撞击作用下上部结构和桥墩共同受力,结构形式和支座对桥梁受撞后的行为具有重要的影响。因此,试验和数值模拟研究应针对整体桥梁结构进行。

(4)桥墩附近水域对船舶撞击力的影响目前研究还很少,今后需要加强桥墩-水域-船舶相互作用的研究。深水区桥梁受撞后基础的损伤和承载力削弱的问题是未来研究的重点。

参考文献

[1] 朱森林,章世祥,曹廷.在役桥梁人为偶然因素安全风险快速综合评估[J].科学技术创新,2021,(36):121-124.

[2] 王郴,刘中勇,邵俊虎.低速冲击试验及其试验装置的研究综述[J].内江科技,2020,41(9):30-33.

[3] 崔堃鹏,夏禾,夏超逸,等.横向撞击力对铁路桥梁及行车影响的模型实验研究[J].振动与冲击,2014,33(9):48-54.

[4] Chen X, Agrawal A K, El-Tawil et al. Inelastic behavior of a bridge bent subjected to truck impact: Experimental and computational study[J]. Engineering Structures, 2019, 199.

[5] 毕晨华,张永水.超高车辆碰撞桥梁的有限元损伤分析[J].重庆交通大学学报(自然科学版),2011,30(6):1294-1297.

[6] 陆新征,张炎圣,何水涛,等.超高车辆撞击桥梁上部结构研究:损坏机理与撞击荷载[J].工程力学,2009,26(增刊II):115-125.

[7] 何水涛,陆新征,卢啸,等.超高车辆撞击钢桥上部结构模型试验研究[J].振动与冲击,2012,31(5):31-35.

[8] 张景峰,孔令云,韩万水,等.超高车辆撞击下预应力混凝土空心板桥损伤机理及撞后承载力研究[J].中国公路学报,2021,34(2):177-187.

[9] 邹育麟,邹品德,申鹏,等.超高车辆-预应力混凝土箱梁桥碰撞荷载分析及撞后承载力评估[J].公路交通科技,2022,39(3):91-99.

[10] Oppong K, Saini D, Shafei B. Characterization of impact-induced forces and damage to bridge superstructures due to over-height collision[J]. Engineering Structures, 2021, 236.

[11] 裴小吟,文传勇,张永水.城市桥梁被车辆撞击后损伤分析[J].重庆交通大学学报(自然科学版),2011,30(01):19-21,106.

[12] 单石亮,吴伟弘.不同车速撞击下桥梁梁体损伤规律分析[J].工程建设,2020,52(5):23-26.

[13] 许宏伟,周洁,李勇.在役城市独柱大悬臂桥梁撞击后损伤加固研究[J].国防交通工程与技术,2021,19(6):57-59.

[14] 武林,张百永.桥梁薄壁墩受汽车撞击验算及防撞应对措施[J].工程与建设,2018,32(2):210-212.

[15] 李瑞文,周德源.车辆撞击下桥墩动力响应与撞击荷载研究[J].结构工程师,2019,35(2):83-92.

[16] 李飞,邓锷,杨阳,等.车辆撞击下桥墩动力响应研究[J].铁道科学与工程学报,2021.

[17] 胡峰强,熊鑫,马骥,等.车辆对桥墩撞击力仿真分析及简化计算[J].世界桥梁,2022,50(1):66-71.

[18] 甘露.跨线桥梁桥墩在车辆撞击作用下的结构性能研究[J].上海公路,2021(1):52-56.

[19] 彭泽,唐怀平.专用铁路桥梁服役性能及汽车撞击动力响应全文替换[J].机械研究与应用,2021,

34(5):27-32.

[20] 黄志明,韩艳,丁世聪,等.车辆对桥墩的撞击力研究综述[J].四川建材,2021,47(9):132-133.

[21] Wu M,Jin L,Du X L,Dynamic response analysis of bridge precast segment piers under vehicle collision [J]. Engineering Failure Analysis,2021,124.

[22] 韩艳,王龙龙,刘志浩.承插式预制桥墩在车辆碰撞下的动力响应模型试验研究[J].振动与冲击,2021,40(22):267-274.

[23] 李森森,李睿,陈跃,等.车辆撞击防撞护墙时桥梁的动力响应分析[J].中国兽医科学,2018,18(8):197-198.

[24] 王志超,张冠华,王威赫.装配式混凝土防撞墙防撞击性能与数值分析[J].北方交通,2022(4):12-17.

[25] 龙绍海,黄晓虹,文哲思.基于LS-DYNA的车-预制防撞护栏碰撞分析[J].工程技术研究,2021,6(11):1-2,26.

[26] 龚帅,刘航,邓宝,等.在役旧桥梁组合式护栏升级改造研究[J].中外公路,2021,41(1):314-318.

[27] 王娟,钱江,周德源.城市桥梁下部结构抗重型车辆撞击的数值仿真分析[J].湖南大学学报(自然科学版),2016,43(7):88-95.

[28] Heng K,Li R W,Wu H. Damage Assessment of Simply Supported Double-Pier Bent Bridge under Heavy Truck Collision[J]. Journal of Bridge Engineering,2022,27(5).

[29] Oppong K,Sainl D,Shafei B. Ultrahigh-performance Concrete for Improving Impact Resistance of Bridge Superstructures to Overheight Collision[J]. Journal Of Bridge Engineering,2021,26(9).

[30] Heng K,Jia P C,Xu J P,et al. Vehicular impact resistance of highway bridge with seismically- designed UHPC pier[J]. Engineering Structure,2022:252.

[31] 张少为.基于风险思想的桥梁防船舶撞击若干问题思考[J].交通科技,2013(2):17-20.

[32] 汪洋,卢思吉.基于风险识别的船桥撞击概率修正[J].中国兽医科学,2022(6):10-12.

[33] 钱国辉.既有航道桥梁船舶撞击风险评估及抗撞性能分析[J].中国市政工程,2022(1):99-102,128-129.

[34] 马倩雯,刘垒.基于AASHTO模型的锚泊船舶走锚撞桥概率模型[J].中国航海,2021,44(1):27-31.

[35] Ma W Q,Zhu Y N,Grifoll M,et al. Evaluation of the Effectiveness of Active and Passive Safety Measures in Preventing Ship-Bridge Collision[J]. SENSORS,2022,22(8).

[36] Lei J Y,Liu L,Chu X M,et al. Automatic identification system data-driven model for analysis of ship domain near bridge-waters[J]. JOURNAL OF NAVIGATION,2021,74(6):1284-1304.

[37] 中华人民共和国交通运输部.公路桥涵设计通用规范:JTG D60—2015[S].北京:人民交通出版社股份有限公司,2015.

[38] 国家铁路局.铁路桥涵设计规范:TB 10002—2017[S].北京:国家铁路局,2017.

[39] 重庆市三峡库区跨江桥梁船撞设计指南:DBJ—T50—106—2010[S].重庆:招商局重庆交通科研设计院,2010.

[40] 中华人民共和国交通运输部.公路桥梁抗撞设计规范:JTG/T 3360—02—2020[S].北京:中交公路规划设计院,2020.

[41] 高荣雄.基于非线性有限元的桥梁船撞分析与撞击力研究[J].重庆交通大学学报(自然科学版),2015,34(1):12-15.

[42] AASHTO. LRFD bridge design specification and commentary[S]. Washington D. C:American Association of State Highway and Transportation Officials,2012.

[43] Vrouwenvelder A C W. M. Design for ship impact according to Eurocode 1, Part 2.7: ship collision analysis[M]. London: CRC Press, 1998.

[44] 陈涛,王建国.船桥碰撞撞击力的有限元数值模拟与分析[J].合肥工业大学学报(自然科学版),2018,41(1):82-87.

[45] 曹映泓,周颖,罗林阁.基于概率论原理的特大桥梁船舶撞击力确定方法[J].桥梁建设,2005,06:48-51.

[46] 吴红兵,王宁,苏小松.船舶撞击桥梁的撞击力研究[J].交通运输研究,2010(13):127-130.

[47] 曹明,张南,沈强,等.船桥撞击力影响因素有限元仿真模拟分析[J].防灾减灾工程学报,2021,41(3):603-611.

[48] 廖小军.船舶侧向撞击桥梁基础的动力放大系数探讨[J].公路交通技术,2009(03):78-82.

[49] Shao J H, Zhan Y L, Song S, et al. Method for Predicting Barge Impact Force Based on Nonlinear Spring Stiffness[J]. Shock and Vibration, 2022.

[50] Fu T, Hou J P, Wang K, et al. Impact Response Spectrum for Vessel-Bridge Collision Design[J]. Mathematical Problems in Engineering, 2022.

[51] 邵俊虎,占玉林,陈宁.驳船撞击下RC桥墩的非线性动力响应与损伤特征分析[J].防灾减灾工程学报,2022,42(01):81-91.

[52] 樊伟,孙洋,申东杰.带主梁的简化模型与响应面联合的桥梁船撞易损性分析方法[J].湖南大学学报(自然科学版),2021,48(03):34-43.

[53] Zhang Lingmei. Ship Impact Force Analysis and Design Project Selection of Pinghai Bridge[J]. IOP Conference Series: Earth and Environmental Science, 787, 012166.

[54] 张太磊.混凝土桥墩船撞损伤指标研究[D].重庆:重庆交通大学,2015.

[55] Gholipour G, Zhang C W, Mousavi A A. Nonlinear numerical analysis and progressive damage assessment of a cable-stayed bridge pier subjected to ship collision[J]. Marine Structures, 2020, 69(C).

[56] Zhou X Q, Hong J Z, Xia Y. Numerical Simulation of a Cable-Stayed Bridge Subjected to Ship Collision[J]. International Journal of Structural Stability and Dynamics, 2021, 21(06).

[57] 孙大奇,刘晓光,郭辉,等.超大船舶吨级航道桥梁防船撞设计研究[J].铁道建筑,2021,61(02):6-11.

[58] Xia C Y, Wang K P, Huang J C, et al. Vibration analysis of train-bridge system with a damaged pier by flotilla collision and running safety of high-speed train[J]. Structural Engineering and Mechanics, 2022, 81(1):69-79.

[59] 刘锋.大跨度桥梁基础在船舶撞击作用下的模态分析[J].科技资讯,2008(13):19-20.

[60] 王祥秋,廖镇源,杨柱.舶舶撞击荷载作用下桥梁桩基复合体系动力损伤特性分析[J].佛山科学技术学院学报(自然科学版),2021,39(01):1-7.

[61] Wang G C, Ji Z, Li W S, et al. Analysis of Ship-Bridge Collision Dynamic Property and Influential Factors Considering Pile-Soil Interaction[J].桥梁建设,2021,51(4):17-24.

[62] 邵俊虎,赵人达,徐腾飞.计入动力风荷载的船舶撞击桥梁动力响应研究[J].公路交通科技,2015,32(04):70-77.

[63] 李通,冀楠,倪凌霄.动水流场作用下的船桥碰撞数值仿真分析[J].船海工程,2021,50(S01):11-15.

8. 山区大跨径钢桁梁桥风险灾害与防控

梁 清

（中铁宝桥集团有限公司）

摘 要 为提升山区大跨径钢桁梁桥风险灾害防控，本文采用问卷调研、文件检索、人员访谈及逻辑分析的方法，对山区大跨径钢桁梁桥显著特征进行了界定，对其影响因素及其关联关系、影响权重进行了分析。在此基础上，从行为、技术、管理三个方面制定了组合干预策略。研究结论表明：山区大跨径钢桁梁桥从个性与共性层面有6个显著特征；含19个典型风险灾害因素，其存在一定的关联关系，且影响程度不同；制定优化形成的组合干预策略，可对事故起到有效干预。

关键词 山区 钢桁梁 显著特征 风险灾害 组合干预

一、引 言

在国家迎来新一轮公路水运工程建设的浪潮，钢桥梁将会广泛使用于桥梁建设中[1]。钢桁梁桥因其跨径大、自重轻、便于运输与现场拼装，广泛使用于西部山区桥梁工程建设[2]。带来便利的同时，钢桁梁桥因其不规则程度高、临边作业点多、桥位施工量大、设备使用率高，再加上山区环境复杂多变，施工风险非常高。因此，如何根据钢桁梁桥的显著特征，系统的分析其风险灾害，提出一套行之有效的组合干预策略，对于山区大跨径钢桁梁桥安全风险管控，具有十分重要的借鉴意义。

当前，国内外专家学者对桁梁桥安全研究主要集中在桥梁安全监控、安全风险评估与安全技术等方面，刘国飞、李进洲、杨书生等[3-5]分别对钢桁梁桥施工过程中不同维度、不同指标进行了监控，取得了显著成果；张寅涛、蔡筱波[6-7]，等分别采用了不同的分析方法对桥梁施工安全进行风险评估，为钢桁梁施工过程风险控制提供了有力依据；大部分专家的研究集中在钢桁梁桥施工技术与管理，体现了“技术保安、管理强安”的理念，如孙爱田[8]通过创新采用“异位拼装，横移就位”施工工艺，保障了钢桁梁拼装、横移过程的安全，周晨[9]等通过对隧道钢桁梁数值模拟和计算，提出了相应的安全防护和控制措施，梁清[10]建立了钢桥梁施工项目“双循环”系统、提出了安全标准化体系等。以上专家学者均针对钢桁梁桥安全施工的其中一个方面进行分析，未专门针对山区大跨径钢桁梁桥进行系统的风险灾害分析，也未提出一套系统可行的组合干预策略。

因此，笔者以山区大跨径钢桁梁桥为研究对象，分别从个性特征与共性特征两个层面深入分析其风险灾害，明确关键风险灾害因素，提出组合干预策略，为山区大跨径钢桁梁桥施工提供一套可借鉴的管理方法。

二、显著特征界定

山区大跨径钢桁梁桥安全性受内外部复合型因素影响，使其具有一系列显著特征。本文通过对从事山区大跨径钢桁梁施工的15个项目189名人员进行问卷调研，人员涉及钢桁梁桥项目建设单位、监理单位、施工单位管理人员、施工作业人员、施工企业管理人员，岗位涉及工程指挥长、总监理工程师、项目经理、总工程师、安全总监、带班长等不同岗位人员，通过调研统计，总结归纳出山区大跨径钢桁梁桥的显著特征，见表1。

山区大跨径钢桁梁桥显著特征表　　表 1

特征	地域特征	技术特征	合同特征	行为特征	技术特征	管理特征
共个性		X 个性特征			Y 共性特征	
代码	X_1	X_2	X_3	Y_1	Y_2	Y_3
平均分值	90.56	92.12	89.56	93.56	88.27	91.81

由表 1 可以看出，山区大跨径钢桁梁桥显著特征体现在个性特征（X）与共性特征（Y）两个方面。个性特征主要有地域特征、技术特征、合同特征；共性特征主要有行为特征、技术特征、管理特征。从个性特征来看，山区易发生山体滑坡、泥石流、森林火灾等灾害，具有明显的地域特征，同时山区大多地处西部，经济条件有限，合同中难以拿到优质标，安全费用难以保障，具有显著的合同特征；大跨径钢桁梁桥桥墩少，桥上运输、行走较为频繁，大型设备、作业点多，杆件不规则，还存在节段与散件同时安装，技术特征明显，同时钢桁梁桥自重轻、合同金额小，也具有显著的合同特征。从共性特征来看，个体原因、组织原因依旧是施工项目管理的典型问题，人员技能、素养不高等个体原因，违章概率就高，体现为行为特征；个体原因也会导致技术措施实施出现问题，体现为技术特征；组织不流畅、不合理会导致管理失稳，体现为管理特征，组织原因还会导致技术方案、交底等出现问题，体现为技术特征，见图 1 与图 2。

图 1　山区大跨径钢桁梁桥实景图

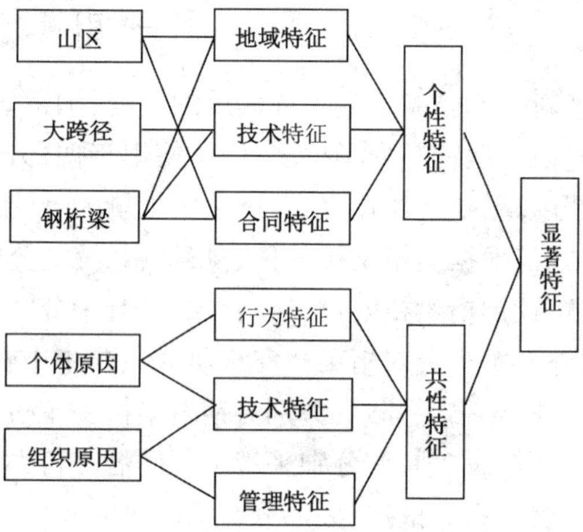

图 2　山区大跨径钢桁梁桥显著特征关联图

由图 2 可以看出，显著特征主要含个性特征与共性特征两个方面，个性特征含地域特征、技术特征、合同特征，共性特征含有行为特征、技术特征、管理特征。山区大跨径钢桁梁桥共计 6 个显著特征。

三、风险灾害分析

1. 风险灾害因素分析

为进一步明确山区大跨径钢桁梁桥的风险灾害因素，根据以上分析确定的显著特征，进行文献检索与访谈调研，得出具体风险灾害因素。通过中国知网、万方等数据库与报纸、网络等进行检索，同时选取 10 个山区大跨径钢桁梁项目 123 名人员进行访谈，根据文献检索与人员访谈结果，进行归纳分析，得出山区大跨径钢桁梁桥 19 个典型风险灾害因素，见表 2。

由表 2 可以看出，个性特征中，地域特征含 6 个风险灾害因素，技术特征含 6 个风险灾害因素，合同特征中含 3 个风险灾害因素；共性特征中，行为特征含中 1 个风险灾害因素，技术特征中含 1 个风险灾害因素，管理特征中含 2 个风险灾害因素，具体风险灾害因素分析如下：

地域特征中，存在山区特有的地质气象条件，容易导致产生山洪、泥石流、山崩、山体滑坡等自然灾害；山区因地质条件，存在基地承载力不够，临时支架、大型节段、大型设备承载区域易出现塌陷；山区森林植被覆盖率较高，桥位焊接等作业掉落焊渣，容易引发火灾；与平原地区相比，山区受环境所限，道路崎岖不平，狭窄难行，在杆件运输过程中容易产生侧翻或杆件滑落；有的桥涉及跨线、涉铁施工，桥位上方人员或物体掉落，容易引发交通事故；山区桥位呈现点状分布，点多面散，无暇顾及，易造成人员伤害。

山区大跨径钢桁梁桥典型风险灾害因素　表2

特征	因　素	代码	后　果	特征	因　素	代码	后　果
X_1	地质气象条件	X_{11}	山洪泥石流等	X_2	杆件不规则	X_{21}	工装错用伤害
	地基承载力	X_{12}	塌陷		桥位作业点多	X_{22}	人员坠落
	施工下方森林	X_{13}	森林火灾		桥位作业点狭小	X_{23}	物体坠落
	道路狭窄不平	X_{14}	车辆侧翻		散件吊装频繁	X_{24}	起重伤害
	跨线涉铁施工	X_{15}	交通事故		吊装设备使用多	X_{25}	安拆使用倾覆
	工作面呈点状分布	X_{16}	人员伤害		大节段转运	X_{26}	翻倒倾覆
X_3	合同金额少	X_{31}	资源配置不足	Y_1	违章作业	Y_{11}	人员伤害
	安全投入小	X_{32}	安全措施弱化	Y_2	条件不达标	Y_{21}	人员伤害
	欠薪问题	X_{33}	人员情绪低落	Y_3	责任未落实	Y_{31}	违章、条件不达标
					管理不到位	Y_{32}	违章、条件不达标

技术特征中，大跨径钢桁梁桥有的杆件不规则，需要工装多，工艺要求高，工装错用或设计制作不合适，容易引发事故；桥位拼装、打磨、焊接等作业点多、面散，人员分散，管理难度大，容易造成人员违章坠落；与箱梁相比，桁梁上方空间狭小，人员可行走、作业区域有限，容易导致人员或物体坠落；因工艺要求，散件吊装与大节段吊装并存，吊装频繁，吊件吨位大，容易造成起重伤害或节段翻倒倾覆；施工过程使用大型设备多，安拆、使用过程中容易产生设备倾覆。

合同特征中，钢桁梁桥因本身工艺特点，吨位小，合同金额少，利润也薄；其次安全生产费用往往含在单价合同中，未单列，施工各方不愿进行安全投入；山区钢桁梁桥一般地处西部地区或内陆地区，与东南沿海相比，地方政府资金能力有限，欠薪问题屡见不鲜，容易导致作业人员工资不能及时支付，情绪低落波动等问题。

共性特征中行为特征主要体现为违章作业，技术特征主要体现为条件不达标，管理特征主要体现为责任未落实与管理不到位。因共性特征中风险灾害因素是施工过程的通用问题，不属山区大跨径钢桁梁的特有属性，因此不再展开论述。

2. 风险灾害关联分析

从共性问题与个性问题的关联关系看，个性特征中地域特征（X_1）包含在大的施工环境中，施工环境定义为 Y_4，技术特征（X_2）包含在大的技术条件中，技术条件定义为 Y_2，合同特征（X_3）包含在大的管理环节中，管理环节定义为 Y_3，对于违章作业 Y_1，在个性特征中也应当有一些作业行为（X_4）包含于其内，因此，个性问题全部包含于共性问题中，是共性问题中山区大跨径钢桁梁桥的独有属性。个性问题与共性问题关联关系见图3。

基于以上共性问题与个性问题关联分析，构建山区大跨径钢桁梁3级风险灾害因素体系，具体指标体系见表3。

由表3中可以看出，一级因素为风险灾害影响因素，下辖作业行为、技术条件、施工环境、管理环节4个二级因素，作业行为下辖1个三级因素，技术条件下辖7个三级因素，施工环境下辖6个三级因素，管理环节下辖5个三级因素，共计19个三级因素。三个层级因素构成了山区大跨径钢桁梁桥的风险灾害影响因素圈。

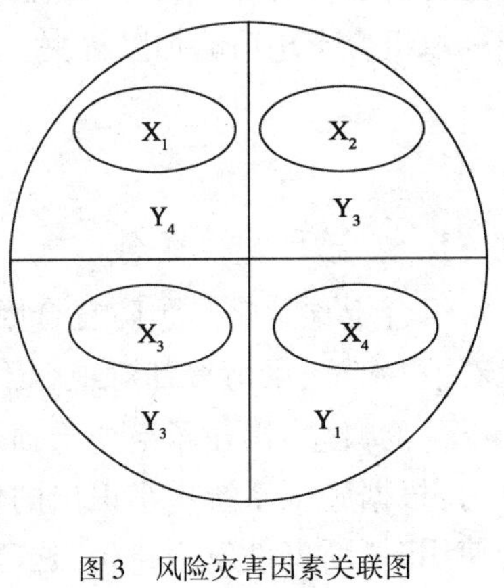

图3　风险灾害因素关联图

风险灾害影响因素关联表　　表3

一	风险灾害影响因素			
二	Y_1	Y_2	Y_4	Y_3
三	违章作业	杆件不规则 桥位作业点多 桥位作业点狭小 散件吊装频繁 吊装设备使用多 大节段转运 其余技术不达标	地质气象条件 地基承载力 施工下方森林 道路狭窄不平 跨线涉铁施工 工作面呈点状分布	责任未落实 管理不到位 合同金额少 安全投入小 欠薪问题

3. 风险灾害权重分析

分析出风险灾害影响因素的关联关系，构建其影响因素圈之后，就要分析哪些因素重要，权重多大，可通过专家打分法进行分析。由于专家打分法具有主观性，为了使专家打分更加科学、合理，达到最优化，参照统计学理论设定较为具体的风险灾害因素打分区间。打分区间划分为3个等级，分别为：关键(1,1.5]，用A表示，次关键(0.5,1]，用B表示，非关键(0.1,0.5]，用C表示。选取5名专家对这些影响因素的权重进行打分，需要保留到小数点后两位，取其平均值作为权重。最终形成各影响因素权重值和权重等级见表4。

风险灾害影响因素权重判定表　　表4

Y_1	权重		Y_1	权重		Y_4	权重		Y_3	权重	
违章作业	1.08	A	杆件不规则	0.43	C	地质气象条件	1.35	A	责任未落实	1.22	A
			桥位作业点多	0.95	B	地基承载力	0.76	B	管理不到位	1.06	A
			桥位作业点狭小	0.47	C	施工下方森林	1.21	A	合同金额少	0.45	C
			散件吊装频繁	0.97	B	道路狭窄不平	1.19	A	安全投入小	0.85	B
			吊装设备使用多	1.06	A	跨线涉铁施工	1.06	A	欠薪问题	1.01	A
			大节段转运	1.47	A	工作面呈点状分布	0.56	B			
			其余技术不达标	0.72	B						

由表4可以看出，权重为关键的因素(A)有10个，分别为违章作业、吊装设备使用多、大节段转用、地质气象条件、施工下方森林、道路狭窄不平、跨线涉铁施工、责任未落实、管理不到位、欠薪问题；权重为次关键因素(B)有6个，分别为桥位作业点多、散件吊装频繁、其余技术不达标、地基承载力、工作面呈点状分布、安全投入小；权重为非关键因素(C)3个，分别为杆件不规则、桥位作业点狭小、合同金额少。由以上分析可以看出，山区大跨径钢桁梁桥影响因素普遍比较重要，这些因素严重制约着桥位施工安全，应当采取组合干预策略加以解决。

四、组合干预策略

1. 组合干预的概念

组合干预策略是预防复合因素事故的有效手段，国内外专家学者对此做了大量研究，张江石、张孟春、田水承、梁清等都对组合干预对策进行研究[11-13]，取得明显效果。梁清定义了煤矿瓦斯爆炸组合干预的概念，构建了组合干预模型，并设计与实施组合干预策略流程[14]。作何曾对组合干预概念定义为：根据施工系统中辨识出的作用关系与作用要素，提出对应的干预措施，通过措施的科学有效组合使用，切断事件发生路径，这些科学有效组合起来的干预措施就是组合干预策略[1]，本文继续沿用此定义。

2. 组合干预策略实施

根据影响因素及其权重，分别从行为、技术、管理三个方面制定组合干预策略。考虑到对影响因素影响的关键性，在制定的144条干预策略中，优化筛选出关键作用的56个干预策略进行组合，针对19个影响因素形成了19条组合干预策略，具体组合干预策略见表5与图4。

山区大跨径钢桁梁风险灾害组合干预策略表　　表5

序号	影响因素	权重	组合干预策略	序号	影响因素	权重	组合干预策略
1	违章作业	A	制定简明易懂的作业指导书	9	地质气象条件	A	气象条件监测与预报
			做好全流程的安全教育培训				气象条件信息传递
			加强过程安全检查				按照气象条件组织施工
			严格行为安全奖惩	10	地基承载力	B	做好地质勘探
2	杆件不规则	C	按照要求做工装				筑牢使用地基
			工装编号与工点匹配	11	施工下方森林	A	使用接火盆
3	桥位作业点多	B	安全防护措施达标				火星落点人员监控
			选派专人进行监护				配置消防器材
			加强过程安全检查	12	道路狭窄不平	A	定期进行道路维护
4	桥位作业点狭小	C	安全防护措施达标				崎岖道路人员引导
			箱体内按照有限空间管理				控制车辆速度
5	散件吊装频繁	A	安全警戒与警示	13	跨线涉铁施工	A	安全防护措施达标
			人员持证上岗				选派专人进行封路监护
			地面平整压实				加强过程安全检查
			吊装前检查吊索具	14	工作面呈点状分布	B	加强人员数量配置
6	吊装设备使用多	A	设备使用登记				借助外援管理
			人员持证上岗				加强过程安全检查
			安拆吊装按照方案施工	15	责任未落实	A	建立全员责任制
			起重吊运警戒与警示				建立并实施考核机制
			吊装前检查吊索具				考核与绩效挂钩
7	大节段转运	A	按照方案转用	16	管理不到位	A	加强制度建设
			试吊				加强制度执行
			吊装前检查吊索具	17	合同金额少	C	选取优质标
			支护措施				降本增效
8	其余技术不达标	B	按照相关标准规范实施	18	安全投入小	B	建立刚性投入机制
			借助外部技术力量	19	欠薪问题	A	确保工人基本薪资保障

在上述组合干预策略中，每个影响因素对应着若干条干预策略，这些组合干预策略形成了复合性、链条式的干预圈，以此阻断影响因素发展链条，演化升级为事故。例如，针对“地质气象条件”这个影响因素，分别制定“气象条件监测与预报”“气象条件信息传递”“按照气象条件组织施工”三条干预策略，组成了组合干预策略。一旦气象预报下暴雨，可以根据监测手段，及时获取暴雨气象信息，第一时间将信息传递到施工项目人员，施工项目获取信息后，然后及时调整施工时间，避开暴雨天气施工，可以避免因暴雨导致的山洪、泥石流、山崩、山体滑坡，防止造成人员伤害。

图4　山区大跨径钢桁梁桥风险灾害组合干预策略图

五、结　　语

(1)通过对山区大跨径钢桁梁桥显著特征界定,明确了其6个显著特征,其中个性特征中含有3个特征:地域特征、技术特征、合同特征;共性特征中含有3个特征:行为特征、技术特征、管理特征。

(2)通过对山区大跨径钢桁梁桥风险灾害分析,得出其19个典型风险灾害因素及其关联关系;通过专家打分法,明确了这些风险灾害因素的权重,其中关键因素10个,次关键因素6个,非关键因素3个。

(3)通过对分析出的影响因素及权重关系,分别从行为、技术、管理三个方面优化制定56条干预策略,形成19条组合干预策略,实现了对影响因素的有效组合干预。

参考文献

[1] 梁清.基于"双循环"系统的钢桥梁施工项目安全问题分析[J].安全,2022,43(01):65-70.

[2] 周映,陈慧娜,许英英,等.钢桁梁桥分段滑移、悬臂安装组合施工关键技术[J].建筑施工,2022,44(04):806-809.

[3] 刘国飞.大跨度长联公铁两用钢桁梁桥监控研究[J].铁道建筑,2022,62(07):86-91.

[4] 李进洲,王远立.沪通长江大桥北岸112m简支钢桁梁架设施工监理控制[J].世界桥梁,2018,46(01):79-84.

[5] 杨书生,崔凤坤,滕兆宝,等.大悬臂连续钢桁梁横移施工过程分析及监控[J].黑龙江交通科技,2021,44(12):93-95.

[6] 张寅涛,张芳全.基于FAHP的钢桁梁斜拉桥施工安全风险评估研究[J].北方交通,2019,(02):1-8.

[7] 蔡筱波.基于专家调查法的大跨度钢桁梁桥运营期安全风险评估[J].价值工程,2022,23(03):61-63.

[8] 孙爱田.邻近高速铁路钢桁梁桥异位拼装横移施工技术[J].价值工程,2022,51(07):140-145.

[9] 周晨,刘洋,陈玉发,等.上跨高铁隧道群地铁停车场钢桁梁原位吊装安全性分析[J].水利与建筑工程学报,2020,18(01):175-179.

[10] 梁清.施工项目安全标准化体系建设方法及实证[J].技术与创新管理,2022,43(02):233-238.

[11] 张江石,傅贵,郭启明,等.不安全行为的预控方法[J].煤炭学报,2012,32(2):373-377.

[12] 张孟春,方咚平.建筑工人不安全行为产生的认知原因和管理措施[J].土木工程学报,2012,45(2):297-305.

[13] 梁清,田水承.煤矿瓦斯爆炸险兆事件致因机理研究[C]//第四届行为安全与安全管理国际会议暨第二届安全管理理论与实践国际会议论文集,2016.

[14] 梁清.煤矿瓦斯爆炸险兆事件组合干预对策研究[D].西安:西安科技大学,2017.

9. 高韧性混凝土在桥梁简易伸缩缝改造中的应用研究

孙　沪[1]　程　坤[1]　吕　旭[2]

（1. 浙江交工集团股份有限公司设计院分公司；2. 浙江交科工程检测有限公司）

摘　要　常规小跨径桥梁由于设计伸缩量不大，伸缩缝常规做法往往采用在桥头连续沥青铺装的方式处理，这种做法随着桥面交通荷载和养护年限的增长，通常会沿桥梁横向产生桥面横向裂缝，影响桥梁美观和行车舒适性。本文根据实际工程案例，桥梁简易伸缩缝改造材料采用高韧性混凝土，5 年内不产生桥面横向裂缝，无须特殊养护工作。结合高韧性混凝土材料特性，采用 Midas FEA 建立桥梁简易伸缩缝在汽车车辆荷载作用下的模型，计算分析结果表明高韧性混凝土在汽车荷载作用下满足抗弯拉承载能力，抗裂性能满足要求，可有效提高桥梁简易伸缩缝处的抗裂能力，提高行车舒适性，减少桥面裂缝养护工作量，为同类型桥梁养护工程处治方案提供借鉴意义。

关键词　高韧性混凝土　简易伸缩缝　桥面裂缝　Midas FEA　桥梁加固改造

一、引　　言

为保证桥头行车的平整顺畅和行车舒适性，在我国一些小桥设计建造中往往采用简易伸缩缝代替常规的模数式伸缩缝作为桥梁伸缩装置[1]。随着我国经济的不断发展和交通量的日益增长，桥梁简易伸缩缝在重交通荷载作用下往往容易破坏并产生桥面裂缝，进而影响行车舒适性。高韧性混凝土以其良好的抗弯拉性能，作为公路桥梁维修常采用的材料，在桥梁加固领域得到了广泛应用[2]。本文结合桥梁简易伸缩缝改造实际案例，探讨高韧性混凝土材料在桥梁简易伸缩缝改造中的应用。

二、工 程 背 景

某桥梁总长 28m，跨径组合为 2×13m，桥梁宽 12m。桥梁上部结构采用先简支后桥面连续预制混凝土空心板梁，下部结构采用柱式墩，桥台采用 U 型桥台。桥面铺装采用沥青混凝土铺装，护栏采用混凝土防撞护栏，桥台处采用简易伸缩缝。桥梁荷载等级为汽车超—20 级，挂车—120 级，于 2006 年建成通车。

该桥梁两侧桥台简易伸缩缝铺装存在开裂、桥台水侵害等病害，如图 1、图 2 所示。

图 1　桥梁简易伸缩缝处桥台水侵害

图 2　桥梁简易伸缩缝桥面开裂

由于原桥台简易伸缩缝在桥面与路面交接处存在缝隙,经过长期汽车碾压、温度效应以及台后沉降等作用的影响下,沥青铺装层在简易伸缩缝处必定会产生开裂、坑洞病害。桥梁管养单位往往采用灌沥青或者粘贴沥青裂缝贴的传统方法进行处治,不仅每年都要进行封道修补,影响交通运行,而且还会造成雨水下渗,导致桥台水侵害。

三、桥梁简易伸缩缝改造方案

根据原桥梁竣工图,桥梁简易伸缩缝改造方案采用先凿除伸缩缝处桥面铺装,然后对表面混凝土进行充分清理,按照设计要求进行植筋、布置钢筋网片。如凿除施工过程中对既有梁板造成损伤的,应采用环氧砂浆进行修补。最后在凿除桥面部位采用高韧性小石子混凝土进行浇筑、振捣、养护[3]。桥梁简易伸缩缝改造示意图如图3所示。

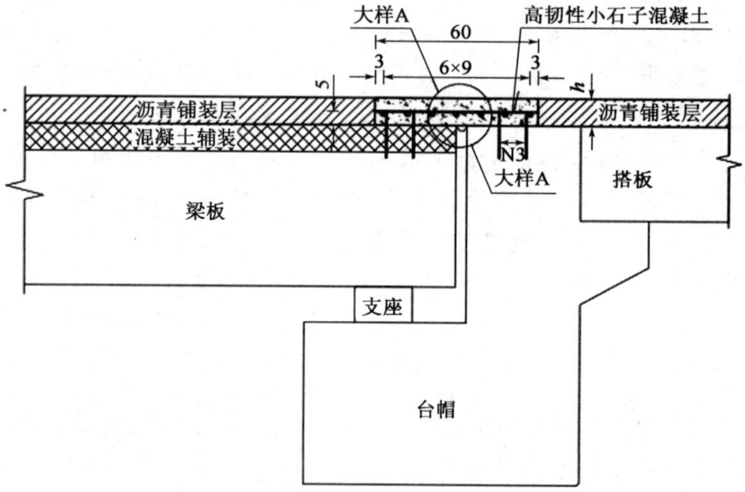

图3　桥梁简易伸缩缝采用高韧性混凝土改造示意图(尺寸单位:cm)

高韧性混凝土施工流程按照:搅拌复合材料→浇筑→振捣→养护。现场拌制复合材料,一般是把计量好的原材料先汇集在上料斗中,经上料斗进入搅拌机。水及液态外加剂经计量后,在往搅拌机中进料的同时,直接进入搅拌机。振捣时,振捣棒要快插慢拔,避免过振或漏振。使用插入式振捣器应快插慢拔,插点要均匀排列,逐点移动,顺序进行,不得遗漏,做到均匀振实,移动间距不大于振捣作用半径的1.5倍(30~40cm)。每振捣完一段,应随即用木抹子压实、抹平,不得有松散现象。对于通车压力比较大的路段,可采用快硬型高韧性混凝土进行浇筑,浇筑3~4个小时可达到通车要求。在有条件的情况下,建议终凝后及时盖塑料膜养护,尽可能洒水养护,养护期间应保持湿润[4]。桥梁简易伸缩缝改造施工现场照如图4所示。

图4　桥梁简易伸缩缝采用高韧性混凝土改造施工

桥梁简易伸缩缝采用高韧性混凝土改造后，2 年内桥面基本没有裂缝产生，5 年内产生的细微裂缝基本在 0.1mm 以内，对于桥梁安全运营不会产生影响，说明高韧性混凝土在桥梁简易伸缩缝改造处可以起到很好的防裂作用，减少了简易伸缩缝横向裂缝处治的养护工作。桥梁简易伸缩缝改造后 2 年和 5 年的情况调查如图 5、图 6 所示。

图 5 桥梁简易伸缩缝改造后 2 年情况

图 6 桥梁简易伸缩缝改造后 5 年情况

四、高韧性混凝土应用于桥梁简易伸缩缝改造中的理论分析

1. 高韧性混凝土的材料特性

高韧性混凝土（以下简称“STC”）是由水泥、矿物掺合料、细集料、钢纤维和减水剂等材料或由上述材料制成的干混料先加水拌合，再经凝结硬化后形成的一种具有高抗弯强度、高韧性、高耐久性的水泥基复合材料。不配筋高韧性混凝土强度等级按照抗弯拉强度划分为 STC22、STC25、STC28 三个等级，各个等级中 STC 的抗弯拉强度、抗压强度的标准值和设计值见表 1。

不配筋高韧性混凝土强度标准值和设计值 表 1

强度等级	抗弯拉强度（MPa）		抗压强度（MPa）		
	标准值	设计值	立方体抗压强度标准值	轴心抗压强度标准值	设计值
STC22	22	15.2	120	77.4	53.4
STC25	25	17.2	140	90.3	62.3
STC28	28	19.3	160	103.2	71.2

高韧性混凝土具有轴拉应变硬化特性，高韧性混凝土不配筋 STC22、STC25、STC28 的轴拉强度设计值分别取为 7MPa、8MPa、9MPa，极限拉应变设计值取固定值 3000，根据规范[5]规定，高韧性混凝土各强度等级下，轴拉应力—应变曲线如图 7 所示。

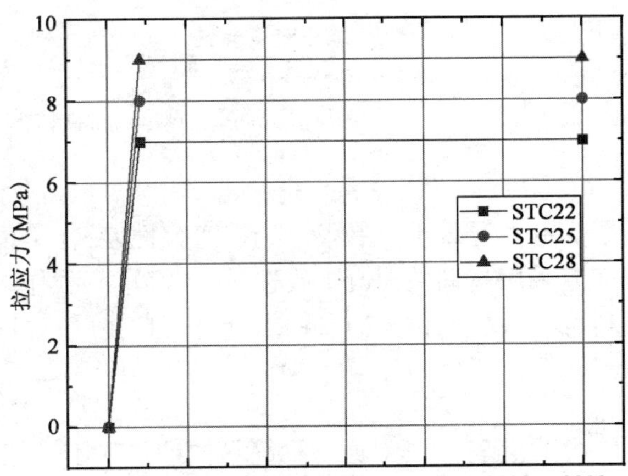

图 7 不配筋高韧性混凝土轴拉应力—应变曲线

2. 高韧性混凝土在桥梁简易伸缩缝改造中的计算分析

根据桥梁简易伸缩缝改造图纸，利用 Midas FEA 建立桥梁简易伸缩缝模型进行计算分析，计算模型横向长度采用 10m，纵向长度采用改造宽度 60cm，模型网格划分共 183366 个节点，150000 个单元，模型边界条件除中间 4cm 不约束外，其余底部节点均约束 3 向位移自由度。汽车荷载采用车辆荷载中后轴重力标

准值 140kN，车轮着地宽度及长度为 $0.6 \times 0.2m^2$，车辆横向布置间距参考规范[6]布置，计算模型如图 8 所示。

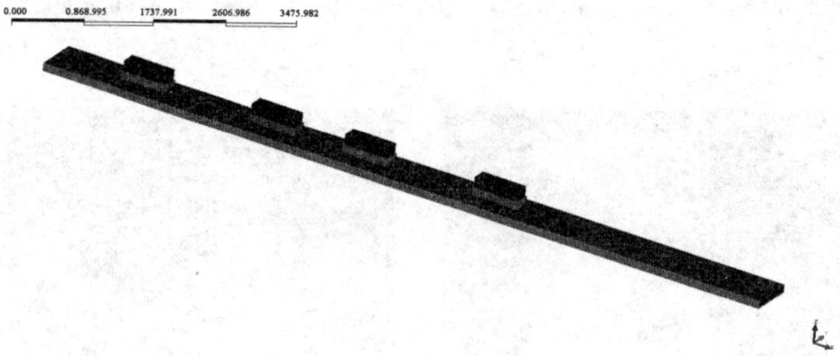

图 8　桥梁简易伸缩缝改造模型

根据计算结果可知桥梁简易伸缩缝采用高韧性混凝土改造后，在汽车荷载作用下最大应力发生在高韧性混凝土与伸缩缝槽交接处，最大结果为 0.62MPa 小于高韧性混凝土抗拉强度设计值，说明高韧性混凝土能够很好地提高桥面简易伸缩缝的抗弯拉性能，从而提高简易伸缩缝处的抗裂性能，减少后期车辆荷载作用下的桥面横向裂缝。模型计算结果如图 9 所示。

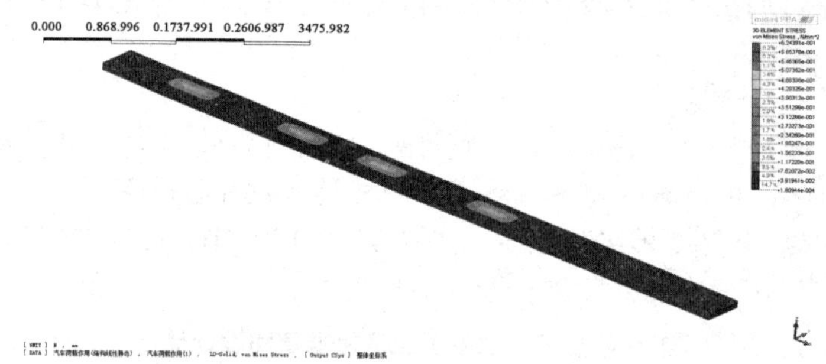

a）高韧性混凝土简易伸缩缝顶部应力云图（MPa）

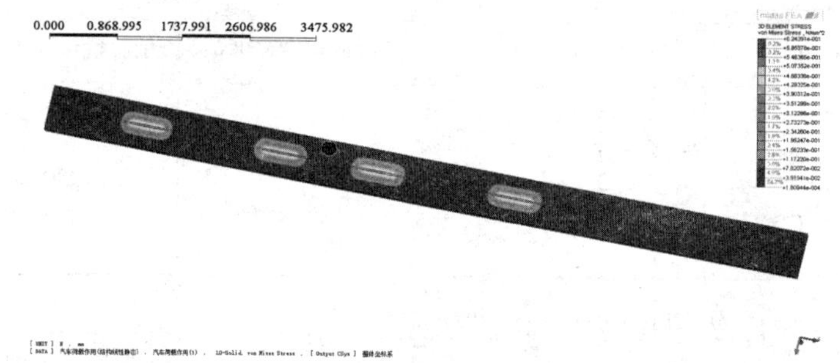

b）高韧性混凝土简易伸缩缝底部应力云图（MPa）

图 9　桥梁简易伸缩缝高韧性混凝土改造后车辆作用应力云图（MPa）

3. 小结

高韧性混凝土具有很好的抗弯拉性能，在不配筋的情况下抗拉强度设计值可达 7 ~ 9MPa，桥梁简易伸缩缝采用高韧性混凝土改造后，在汽车荷载作用下最大应力为 0.62MPa 小于抗拉强度设计值，说明该材料可有效提高桥梁简易伸缩缝抗弯拉强度，提高抗裂性能。

五、结　　语

（1）实践证明，对原桥梁简易伸缩缝采用高韧性混凝土改造，改造后的桥面 5 年内不出现横向裂缝，无需对桥面进行额外的养护工作。

（2）通过计算验证，桥梁简易伸缩缝采用高韧性混凝土改造后可大大提高桥面铺装的抗裂性能，提高行车舒适性，减少桥面裂缝养护工作量，为同类型桥梁养护工程处治方案提供借鉴意义。

参考文献

[1] 胡兆同 陈万春.桥梁通用构造及简支梁桥[M].北京:人民交通出版社,2000.

[2] 刘驰,俞晓东.一种新型混凝土加固桥梁施工技术研究[J].黑龙江交通科技,2020,43(11):74-75.

[3] 中华人民共和国交通运输部.公路桥梁加固设计规范:JTG/T J22—2008[S].北京:人民交通出版社,2008.

[4] 中华人民共和国交通运输部.公路桥梁加固施工技术规范:JTG/T J23—2008[S].北京:人民交通出版社,2008.

[5] 湖南省质量技术监督局.钢-超高韧性混凝土轻型组合结构桥面技术规范:DB43/T 1173—2016[S].湖南:湖南中路华程桥梁科技股份有限公司,2016.

[6] 中华人民共和国交通运输部.公路桥涵设计通用规范:JTG D60—2015[S].北京:人民交通出版社股份有限公司,2015.

10.基于时间反转技术和BP神经网络的螺栓松动检测

隋晓东[1] 段元锋[1] Yun Chungbang[1] 唐志峰[2] 陈俊维[1]

(1.浙江大学建筑工程学院;2.浙江大学生物医学工程与仪器科学学院)

摘 要 螺栓连接结构因施工方便被广泛应用于钢结构中,其紧固状态与结构的整体安全息息相关。现有的螺栓松动检测研究多针对单个螺栓组成的结构,这在实际应用中是不常见的。本文提出了基于超声剪切波的螺栓群松动检测方法,结合时间反转技术与BP神经网络,在使用较少数量传感器的前提下,实现了螺栓松动定位与局部损伤程度定量。开展了有限元仿真研究并进行了试验验证,结果显示,所提出方法能有效实现螺栓松动检测。

关键词 螺栓群 定位与定量检测 超声剪切波 时间反转技术 BP神经网络

一、引 言

螺栓连接结构广泛应用于包括机械、航空、土木工程等领域中。在复杂的环境荷载和交通荷载作用下,易发生松动,进而影响结构整体的稳定性和承载能力。因此,国内外大量的研究者致力于开发有效的螺栓松动检测方法。传统的螺栓松动检测主要依赖于扭矩扳手或应变片,然而扭矩扳手需要人工操作,费时费力且检测结果受人为因素影响较大[1]。应变片式检测方法通过测量螺杆的应变反推其应力水平,但受螺栓尺寸及安装位置的影响,很难在工程中推广[2]。因此,开发出大量的结构健康监测技术。Caccese等[3]提出基于振动引起的结构动力特性变化的螺栓松动检测方法,通过追踪频响函数的变化确定损伤程度,但这种方式通常被认为对损伤的变化不敏感。Park等[4]提出基于阻抗分析的螺栓松动检测方法,但很难确定有效的检测频率区间。Min等[5]改进了这一方法,采用神经网络自动获取最佳激励频率。随着计算机技术与检测仪器的进步,机器视觉也被应用于螺栓松动检测。Zhao等[6]采用深度学习对螺栓松动图像进行识别,考虑了不同角度、不同距离、不同光照的拍摄条件对识别结果的影响,但结果的准确性仍极大依赖于照片的质量。以上无损检测技术在检测精度、工程应用等方面均存在一定的局限性。超声导波技术是一种新的结构局部损伤无损检测方法,特别适用于细长类结构(例如:板类、管道、梁、拉索、钢轨等[7-13]),检测范围大、精度高、效率高,逐渐被应用于实际工程。

现有的基于超声导波技术的螺栓松动检测方法主要分为五类:声-弹特性测量、能量法、声学非线性、时间反转技术和尾波干涉法。Jhang 等[14]基于螺杆声-弹特性的变化,通过测量导波波速的变化预测螺杆的应力,但波速的变化非常小,容易受环境因素的影响且对仪器测量精度的要求较高。Wang 等[15]通过测量导波能量的变化评估螺栓的预紧程度,但试验结果发现在损伤程度较小时,能量变化不明显。Zhang 等[16]提出了振动-声学信号调制法,同时施加低频的机械振动和高频的导波信号,通过非线性谐波的变化判断损伤程度,但这种方法的稳定性不高。Parvasi 等[17]提出了基于时间反转技术的螺栓松动检测法,时间反转技术源自最不利荷载理论,其检测信号易识别且受环境噪声影响小。Huo 等[18]采用嵌入式压电传感器开发出智能垫片,结合时间反转技术成功检测螺栓松动。为了检测螺栓的早期松动,Chen 等[19]提出了尾波干涉技术,尾波随着螺栓预紧力的变化发生明显的时间偏移,极大地提高了检测灵敏度。虽然上述研究工作在螺栓松动检测方面取得了一定进展,但多数研究的对象仅为单个螺栓组成的螺栓连接结构,在工程上不常见,并且导波的传播规律随着螺栓数量的增加也会发生巨大改变。对于多螺栓连接结构的研究也停留在螺栓群损伤程度的评估,无法实现螺栓松动定位和局部螺栓松动程度定量。

在上述问题的驱动下,本研究提出了一种基于超声剪切波的螺栓松动检测方法,创新性结合时间反转技术与 BP 神经网络实现了螺栓松动定位与定量检测。第二节中介绍了板类结构的频散特性和磁致伸缩式超声剪切的激发与接收。第三节提出了基于重构信号的损伤因子,并介绍了 BP 神经网络在损伤识别中的应用。第四节开展了有限元仿真分析,创建了用于训练 BP 神经网络的数据集。第五节开展了试验研究,验证了所提出方法的有效性。

二、磁致伸缩式超声剪切波

1.板的频散特性分析

首先需要明确板类结构的频散特性,从而掌握所激发导波的模态特征和传播速度。表1列出了本文所研究结构中钢板的材料参数。采用半解析有限元[9]计算得到板的频散曲线如图1所示。选择剪切波作为激励模态,可以发现剪切波为非频散模态,其波速不随激励频率的改变而变化,另外,剪切波为面内波,在板中传播过程中受板表面介质(水、油漆等)的影响较小[20]。激励频率取 80kHz,之前研究中发现所设计传感器在 80kHz 下工作性能较好。

钢板的基本材料参数 表1

尺寸(mm)	杨氏模量(GPa)	泊 松 比	密度(kg/m^3)
1 300×250×8	210	0.28	7850

2.磁致伸缩式导波传感器

磁致伸缩式传感器的结构如图2所示,由预先磁化的磁致伸缩条带(铁钴合金)和线圈组成。磁致伸缩条带沿面内磁化,用于提供静态磁场,线圈所产生的动态磁场方向与静态磁场垂直。根据魏德曼效应[21],板内将激发出稳定的超声剪切波,而当前激励频率下频散曲线中存在的 Lamb 波模态将不会被激出。对比压电式传感器,磁致伸缩传感器受环境温度变化影响较小,导波信号更加稳定。

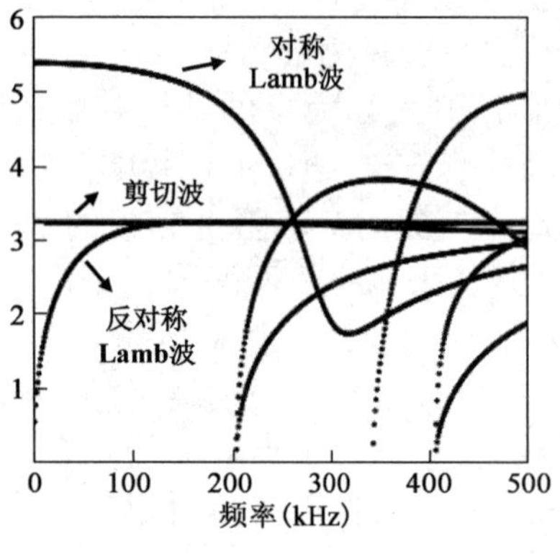

图1 板的频散曲线

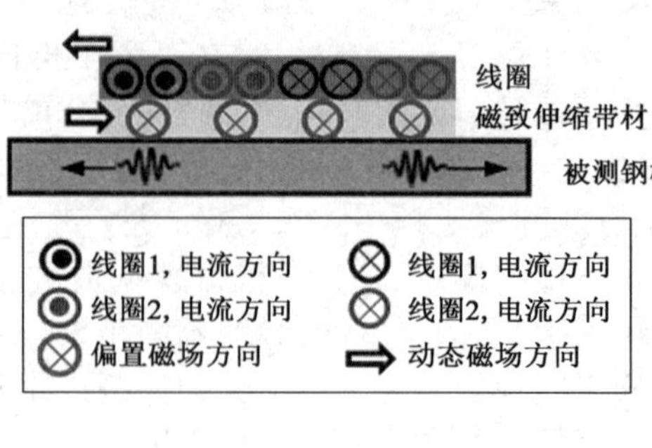

图2 磁致伸缩式传感器结构

三、结合时间反转技术与 BP 神经网络的损伤检测方法

本研究所采用的螺栓连接结构如图 3 所示。两块板由 8 个 M10 螺栓连接在一起，两对磁致伸缩式传感器分别安装在两块板上，其中，左侧两个(A_1,A_2)用于信号激发，右侧两个(R_1,R_2)用于信号接收，两对传感器将形成 4 条不同的传播路径(A_1-R_1,A_1-R_2,A_2-R_1,A_2-R_2)。时间反转技术的实现流程为：首先在激励传感器 A_i施加激励信号 $f_i(t)$，在信号接收器 R_j处获得的响应为：

$$y_{ji}(t) = \int_0^t f_i(\tau)\, h_{ji}(t-\tau)\mathrm{d}\tau \tag{1}$$

式中：$h_{ji}(t)$——脉冲响应函数。

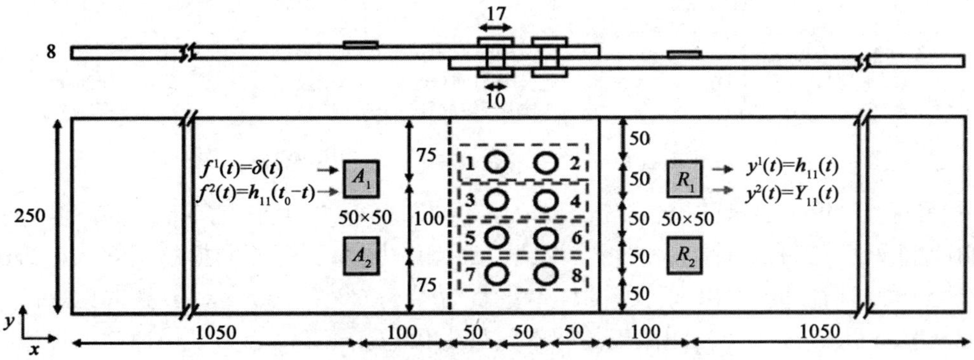

图 3　螺栓连接结构构造图(尺寸单位：mm)

$y_{ji}(t)$ 的幅值随着螺栓松动程度的增加逐渐减小。时间反转信号则定义为脉冲响应在 t_0时刻的时域信号反转，可表示为：

$$y_{ji}(t_0-t) = h_{ji}(t_0-t) \tag{2}$$

将时间反转信号 $y_{ji}(t_0-t)$ 作为激励重新施加在 A_i上，则 R_j处得到的重构信号可表示为：

$$Y_{ji}(t) = \int_0^t h_{ji}(t_0-\tau)\, h_{ji}(t-\tau)\mathrm{d}\tau \tag{3}$$

很显然，$Y_{ji}(t)$ 的最大值出现在 $t=t_0$ 时刻，幅值大小为：

$$Y_{ji}(t_0) = \int_0^{t_0} h_{ji}^2(t_0-\tau)\mathrm{d}\tau \tag{4}$$

$Y_{ji}(t_0)$ 的大小与 $h_{ji}(t)$有关，而 $h_{ji}(t)$受螺栓连接区域钢板间的接触面积影响。因此，可根据 $Y_{ji}(t_0)$ 的大小判断螺栓的紧固程度。为了定量分析螺栓松动程度，提出了损伤因子 DI_{ji}：

$$\mathrm{DI}_{ji} = 1-\frac{Y_{ji}^d(t_0)}{Y_{ji}^0(t_0)} = 1-\frac{\int_0^t h_{ji,d}^2(t_0-\tau)\mathrm{d}\tau}{\int_0^t h_{ji,0}^2(t_0-\tau)\mathrm{d}\tau} \tag{5}$$

式中：$h_{ji,d}(t)$、$h_{ji,0}(t)$——分别代表损伤和无损状态下的脉冲响应函数。

根据不同传播路径下的损伤因子，可初步判断损伤的位置，但很难找到统一的规律，因此，搭建了 BP 神经网络用于损伤定位和定量分析。神经网络输入层包括 4 个节点，代表单个损伤工况下 4 条传播路径上的损伤因子，输出层 4 个节点代表螺栓群每行两个螺栓的损伤程度。本研究仅使用四个传感器，无法对单个螺栓进行定位和定量分析，因此，将螺栓群分成 4 行并假设每一行的两个螺栓损伤程度相同。

四、有限元仿真研究

采用 ABAQUS 建立了有限元模型，模型的尺寸及材料属性等与表 1 和图 3 一致。采用八节点单元划分有限元网格，钢板和螺栓的最大网格尺寸分别为 5mm 和 1.5mm，满足导波信号分析要求。模型共包含 72211 个单元。钢板间采用法向硬接触和切向摩擦接触来模拟，摩擦系数为 0.3。分析过程包括静力和

动力分析两步：静力分析阶段用于施加螺栓预紧力，动力分析过程施加超声导波。导波激励采用节点位移来模拟，激励信号为中心频率80kHz的2.5周期正弦波调制信号。采样频率取1MHz。图4展示了无损状态下A_1-R_1路径上的导波信号。R_1上获取了脉冲响应$y_{11}(t)$后，在时域上进行反转，此处t_0取1ms。反转后的信号作为激励重新施加在A_1上，在R_1上得到重构信号$Y_{11}(t)$。图中可以发现，重构信号的最大值出现在接近1ms的位置，这是因为激励信号的最大值不在0时刻。

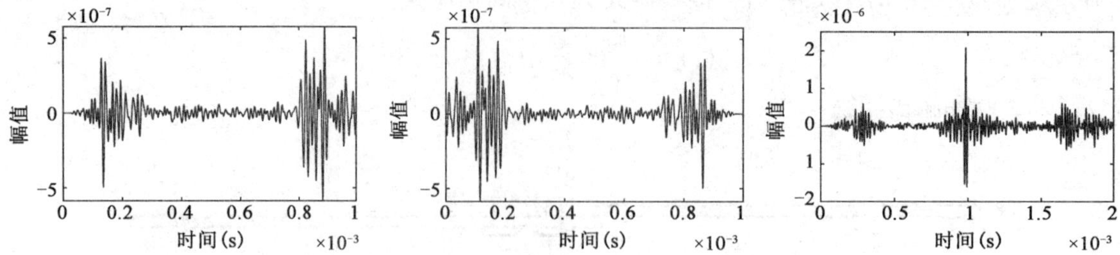

a) R_1处接收信号$y_{11}(t)$　b)时间反转信号$y_{11}(t_0-t)$　c)重构信号$Y_{11}(t)$

图4 无损状态下A_1-R_1路径上有限元仿真信号

通过有限元模型模拟了大量的损伤工况，提取了不同路径下的损伤因子用于训练神经网络。假设螺栓松动最多出现在两行，则有6种不同的组合形式。训练集中，每行螺栓的损伤程度从0到0.8按照0.1间隔变化，产生9种损伤程度，所以训练集的样本数量为486(6×9×9)。对于测试集，每行螺栓的损伤程度则为0.25,0.35,0.45和0.65，测试集的样本数量为96(6×4×4)。为了快速获取训练样本，编写了结合MATLAB、Python与ABAQUS的联合计算程序。事先在MATLAB中设置好损伤程度，将相关参数通过Python写入ABAQUS的inp文件中，然后开始计算。Python从ABAQUS中读取计算结果并保存，后通过MATLAB做进一步数据处理。三个程序间形成计算闭环，可自动获取大量的训练样本。

采用MATLAB的深度学习模块搭建了BP神经网络。神经网络共4层，除了上文描述的输入层与输出层外，还包含两个隐藏层。通过大量的测试发现，隐藏层节点数量为6时，损伤预测准确度最高。隐藏层的激活函数为tansig，输出层采用全连接。训练样本的个数大于两倍的神经网络权重参数，满足Vapnik-Chervonenkis维度定律。BP神经网络的优化算法为Levenberg-Marquardt，学习率取0.0001。采用均方误差作为损失函数。训练全过程持续2秒，共进行200次迭代。表2中总结了有限元仿真的损伤识别结果，其中，损伤定位的平均准确率达到92.4%，局部损伤程度预测误差为12.6%。$\mathrm{Error}^{\mathrm{local}}$代表局部损伤程度预测误差，具体表示为：

$$\mathrm{Error}_i^{\mathrm{local}} = \sqrt{\sum_{j=1}^{96}(f_{ij}-z_{ij})^2 \Big/ \sum_{j=1}^{96}(1-f_{ij})^2} \tag{6}$$

式中：z_{ij}——预测的局部损伤程度；

f_{ij}——对应的真实损伤程度。

表2中P,R,F为损伤定位评价指标，分别称为查准率，查全率和F_1指数。BP神经网络的预测结果可分为真阳(TP)，假阳(FP)，真阴(TN)和假阴(FN)四种类型，则P,R,F的定义为：

$$P=\mathrm{TP}/(\mathrm{TP}+\mathrm{FP}) \quad R=\mathrm{TP}/(\mathrm{TP}+\mathrm{FN}) \quad F=2\times P\times R/(P+R) \tag{7}$$

局部损伤定位和定量分析结果：有限元仿真 表2

螺栓位置	查准率P	查全率R	F_1指数	$\mathrm{Error}^{\mathrm{local}}$
第一行	0.917	0.863	0.889	0.113
第二行	0.896	0.935	0.915	0.152
第三行	0.875	0.977	0.923	0.136
第四行	0.938	1.000	0.968	0.104
平均值	0.906	0.944	0.924	0.126

五、试验研究

开展了试验研究，被测试件见图5。钢板的尺寸与材料、传感器布置及螺栓的尺寸与有限元模型完全一致。通过扭矩扳手改变螺栓的扭矩，获取了有限元仿真分析中96个测试集样本的损伤因子。首先对比了试验测试与有限元计算得到的损伤因子，两者一致性较好，证明了可以采用有限元计算结果训练得到的神经网络对试验数据进行测试。图6展示了基于BP神经网络的损伤检测预测结果，通过总结发现，损伤定位的平均准确率达到81.2%，而局部损伤程度预测的误差为17.3%。试验的损伤检测误差大于有限元计算结果，原因可能出自有限元仿真与试验间的差别以及试验过程中的不确定性。有必要开展相应的有限元模型更新以提高试验中的损伤检测准确率。

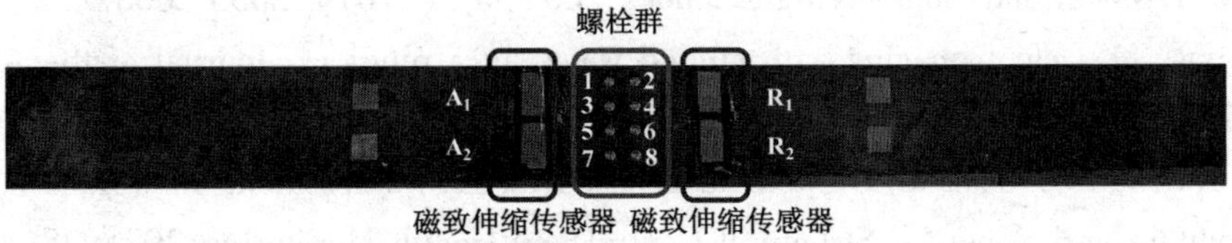

图5 试验设置

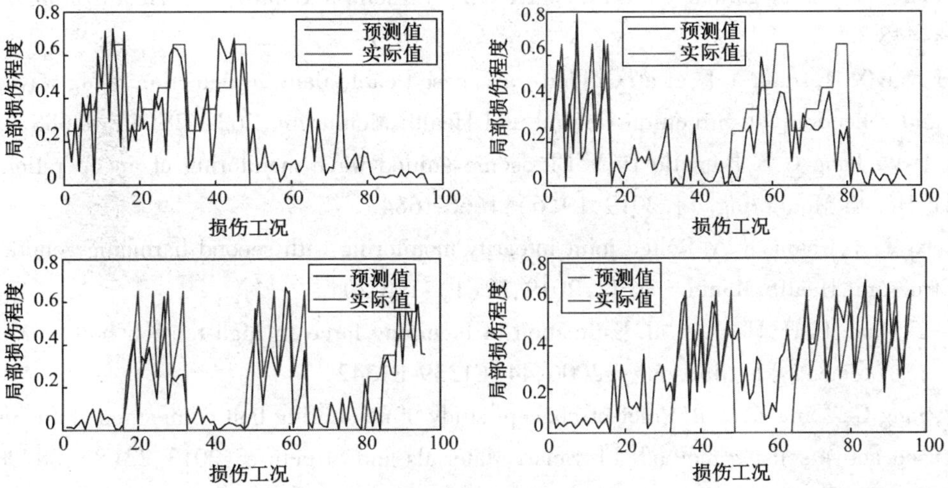

图6 局部损伤检测结果：试验研究

六、结 语

本文开展了基于时间反转技术和BP神经网络的螺栓松动检测研究，采用磁致伸缩式导波传感器激发和接收超声导波。针对由多螺栓组成的螺栓连接结构，将两对传感器以单发单收的形式布置在螺栓连接区域两侧，从而形成四条不同的传播路径，通过对每条传播路径上重构信号最大值计算得到相应传播路径的损伤因子，作为神经网络的输入。通过有限元模型模拟大量的损伤工况，创建训练集与测试集，经测试，BP神经网络的损伤定位准确率可以达到92.4%，局部损伤程度预测误差为12.6%。借助有限元计算结果训练好的神经网络测试试验样本，预测螺栓的损伤位置与局部损伤程度。结果显示，损伤定位准确率为81.2%，局部损伤程度预测误差为17.3%。

参考文献

[1] Nikravesh S M Y, Goudarzi M. A review paper on looseness detection methods in bolted structures[J]. Latin American Journal of Solids and Structures, 2017, 14(12): 2153-2176.

[2] Kikuchi Y, Ishihara T. Anomaly detection and prediction of high-tension bolts by using strain of tower shell [J]. Wind Energy, 2020, 23(12): 2186-2201.

[3] Caccese V, Mewer R, Vel S S. Detection of bolt load loss in hybrid composite/metal bolted connections [J]. Engineering Structures, 2004, 26(7): 895-906.

[4] Park S, Yun C B, Roh Y, et al. PZT-based active damage detection techniques for steel bridge components [J]. Smart Materials and Structures, 2006, 15(4): 957-966.

[5] Min J, Park S, Yun C B, et al. Impedance-based structural health monitoring incorporating neural network technique for identification of damage type and severity[J]. Engineering Structures, 2012, 39: 210-220.

[6] Zhao X F, Zhang Y, Wang N N. Bolt loosening angle detection technology using deep learning[J]. Structural Control and Health Monitoring, 2019, 26(1): e2292. 1-e2292. 14.

[7] Zheng F, Lowe M. Elastic waves guided by a welded joint in a plate[J]. Proceedings of the Royal Society A-Mathematical Physical and Engineering Sciences, 2009, 465(2107): 2053-2068.

[8] Hayashi T, Murase M. Defect imaging with guided waves in a pipe[J]. Journal of the Acoustic Society of America, 2005, 117(4): 2134-2140.

[9] Tu J Q, Tang Z F, Yun C B, et al. Guided wave-based damage assessment on welded steel I-beam under ambient temperature variations[J]. Structural Control and Health Monitoring, 2021, 28(4): e2696.

[10] Moustafa A, Niri E D, Farhidzadeh A, et al. Corrosion monitoring of post-tensioned concrete structures using fractal analysis of guided ultrasonic waves[J]. Structural Control and Health Monitoring, 2014, 21(3): 438-448.

[11] Tang Z F, Sui X D, Duan Y F, et al. Guided wave-based cable damage detection using wave energy transmission and reflection[J]. Structural Control and Health Monitoring, 2021, 28(5): e2688.

[12] Loveday P W, Long C S, Ramatlo D A. Ultrasonic guided wave monitoring of an operational rail track. Structural Health Monitoring[J]. 2019, 19(6): 1666-1684.

[13] Yang Y, Ng C T, Kotousov A. Bolted joint integrity monitoring with second harmonic generated by guided waves, Structural Health Monitoring[J]. 2019, 18(1): 193-204.

[14] Jhang K Y, Quan H H, Ha J, et al. Estimation of clamping force in high-tension bolts through ultrasonic velocity measurement[J]. Ultrasonics, 2006, 44: E1339-E1342.

[15] Wang T, Song G, Wang Z, et al. Proof-of-concept study of monitoring bolt connection status using a piezoelectric based active sensing method[J]. Smart Materials and Structures, 2013, 22(8): 087001.

[16] Zhang Z, Xu H, Liao Y Z, et al. Vibro-acoustic modulation(VAM)-inspired structural integrity monitoring and its applications to bolted composite joints[J]. Composite Structures, 2017, 176: 505-515.

[17] Parvasi, Seyed Mohammad, Ho S C M, et al. Real time bolt preload monitoring using piezoceramic transducers and time reversal technique-A numerical study with experimental verification[J]. Smart Materials and Structures. 2016, 25(8): 085015.

[18] Huo L S, Chen D D, Kong Q Z, et al. Smart washer-a piezoceramic-based transducer to monitor looseness of bolted connection[J]. Smart Materials and Structures, 2017, 26(2): 025033.

[19] Chen D D, Huo L S, Song G B. High resolution bolt pre-load looseness monitoring using coda wave interferometry[J]. Structural Health Monitoring, 2022, 21(5): 1959-1972.

[20] Zhang M R, Tang Z F, Yun C B, et al. Bolt looseness detection using SH guided wave and wave energy transmission[J]. Smart Materials and Structures, 2021, 30(10): 105015.

[21] Kim Y Y, Kwon Y E. Review of magnetostrictive patch transducers and applications in ultrasonic nondestructive testing of waveguides[J]. Ultrasonics, 2015, 62: 3-19.

11.基于改进卷积神经网络的钢桁架高强螺栓缺失检测

何连海[1] 郭永保[2] 马志华[3] 刘 朵[1] 张建东[1]

(1.苏交科集团股份有限公司在役长大桥梁安全与健康国家重点实验室;
2.中国市政工程中南设计研究总院有限公司;3.南通市公路事业发展中心)

摘 要 为提升钢桁架桥高强螺栓缺失识别率,避免传统人工目视检测钢桁架桥节点板高强螺栓缺失效率低、容易误判的问题,提出了一种基于改进卷积神经网络的高强螺栓缺失自动检测方法。通过1440张不同拍摄距离、角度、对比度高强螺栓缺失照片的识别,对比了Faster RCNN、YOLOv2、SSD算法的有效性,在此基础上,引入残差网络ResNet50对YOLOv2算法进行重构,得到改性型卷积神经网络。在验证集上的测试结果表明,改进的YOLOv2深度学习模型具有较好的检测效果,模型AP值提高至87%,最大识别率达到100%,在高强螺栓这种小目标的检测中具有很好的效果,具有一定的工程应用价值。

关键词 钢桁架桥 高强螺栓 卷积神经网络 YOLOv2

一、引 言

高强螺栓具有施工简单、受力性能好、可拆换、耐疲劳等优点,目前在我国钢结构桥梁构件中广泛使用,尤其以钢桁架桥节点板使用最多[1-2]。然而高强螺栓缺失已成为服役期钢桁架桥的突出病害之一。高强螺栓缺失会危及行车安全,降低结构承载能力,给桥梁安全运营和民众生命安全带来了隐患,因此,需要加强对钢桁架桥高强螺栓缺失的检测[3]。目前,钢桁架桥高强螺栓缺失检测通常采用人工实地目测的方法。该方法需要使用较多人力、租赁登高车、影响桥梁通行、成本高、危险性大、效率低,而且检测人员通过目视感官检测,其结果往往具有不稳定性,这些问题给钢桁架桥高强螺栓缺失的快速有效检测带来了困难。

近年来,随着人工智能技术的发展以及计算机视觉技术的成熟,通过图像智能检测技术快速识别高强螺栓病害成为可能[4-5],部分学者对此展开了研究。赵欣欣等[6]针对铁路桥梁中高强螺栓断裂缺失的问题,基于卷积神经网络引入注意力子网络,对于输入图像的高层特征信息划分不同的权重,将识别的准确率提高了4.9%。沈浩等[7]在无人机航拍视频的基础上,提出了一种基于深度学习的螺栓锈蚀、缺失智能识别方法,采用Inception v3模型进行数据集训练,在未参与训练的数据集上的分类准确率超过90%。李保龙等[1]利用概率神经网络实现高强螺栓缺失损伤的定位和识别,研究表明该模型对缺失损伤识别的定位精度高达90%以上。然而,以上文献关于卷积神经网络应用于高强螺栓缺失检测的研究仍然较少,部分文献使用了Inception v3分类神经网络模型,将目标检测转化为分类问题,但仍需要对网络框架进行更改,高强螺栓缺失检测效率较低。

基于此,本文针对钢桁架桥节点板高强螺栓缺失场景特征,利用自制高强螺栓缺失数据集,对比分析Faster RCNN、SSD和YOLOv2算法应用于高强螺栓缺失检测的适用性,同时对选定的YOLOv2算法做了进一步改进,提升算法AP值和识别率,弥补现有检测技术的局限性,提高钢结构桥梁高强螺栓缺失检测的智能化,为钢结构桥梁智慧维养提供支撑。

二、试件制作与数据集构建

根据某在建三跨连续钢桁拱桥真实复杂节点,制作了足尺模型,尺寸如图1所示。

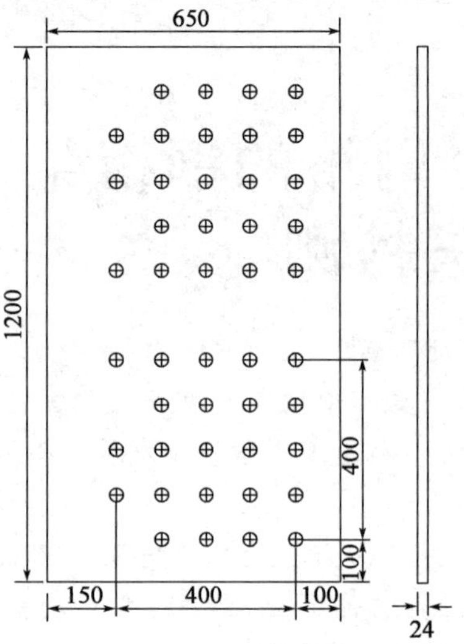

a)芯板1

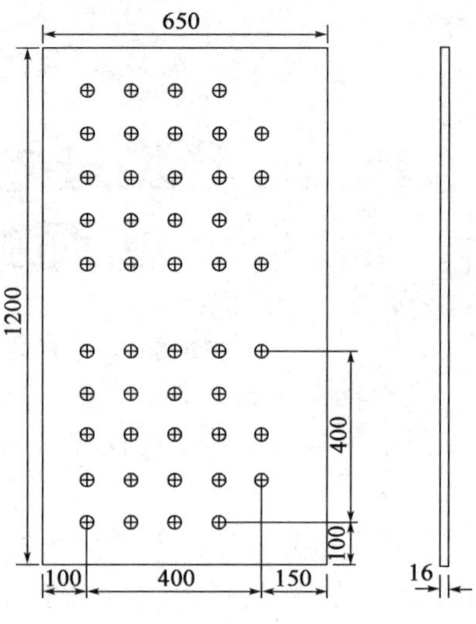

b)芯板2

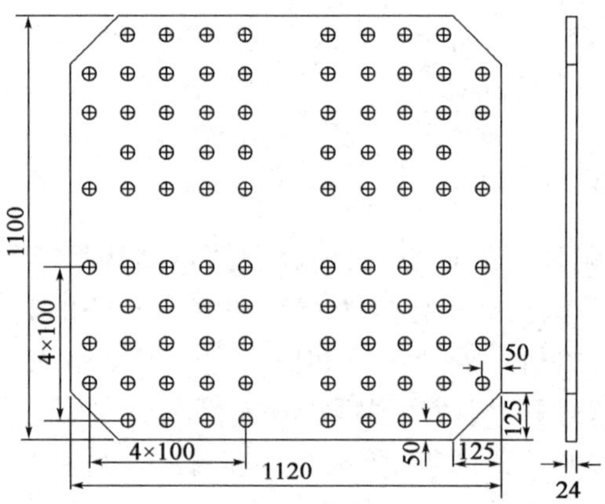

c)拼板

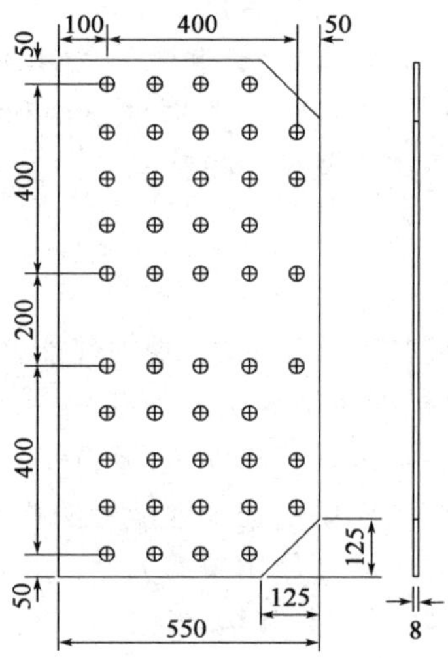

d)填板

图1 节点板尺寸(尺寸单位:mm)

使用三星S21距离节点板不同位置、角度拍摄200张高强螺栓缺失照片。由于数据集照片量较少,为增加数据集的多样性,增强模型的识别能力,对照片进行翻转、亮度调整、灰度扩展、对比度调整、噪声添加等处理,将数据集增加至1440张,使用Image Labeler对照片高强螺栓缺失位置进行手动标注,如图2所示。

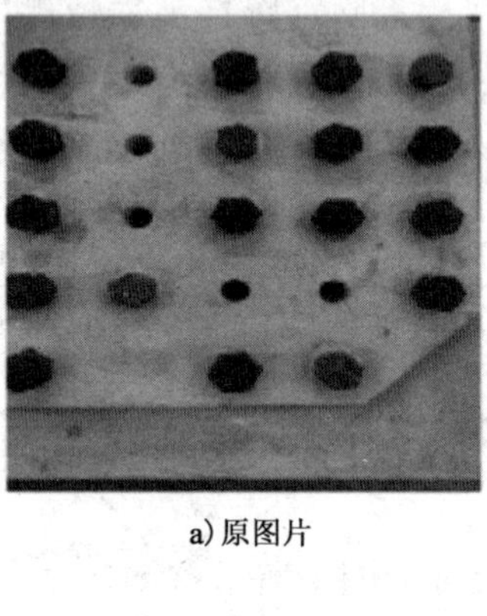
a)原图片

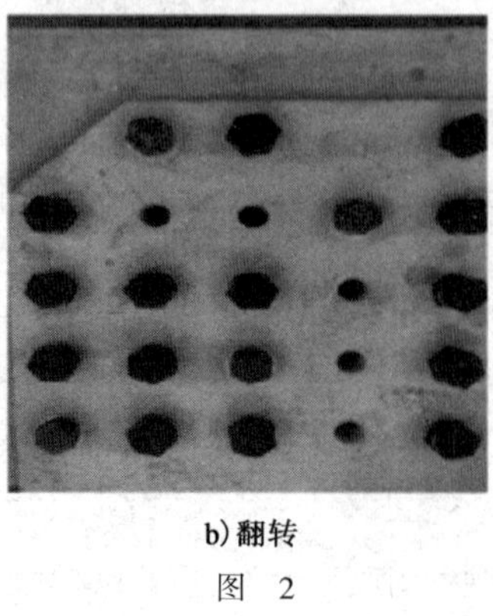
b)翻转

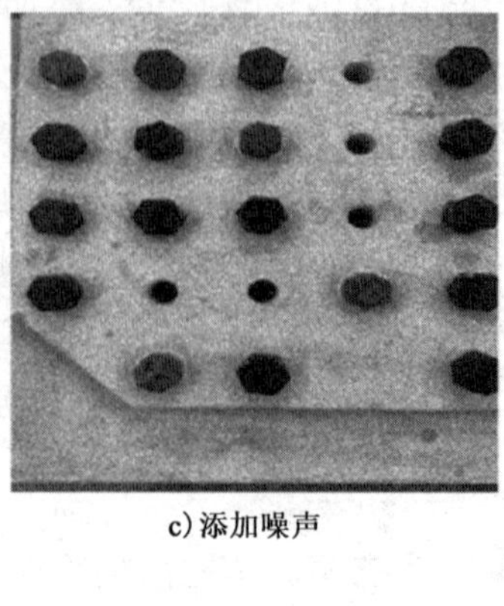
c)添加噪声

图 2

d)改变对比度　　e)灰度调节　　f)缺失位置标注

图2 图像增强处理与标注

三、卷积神经网络性能对比

1. 卷积神经网络

确定图像中目标物体的类别和位置，一般通过目标检测算法实现，常用的目标检测算法包括 Faster RCNN、YOLOv2、SSD 等。

Fast RCNN 算法是一种典型的两阶段算法[8]。第一阶段仅区分前景和背景，做二分类，根据图像特征得到包含检测目标的候选区域；第二阶段则根据对应范围的图像特征，通过回归计算对图片中的目标进行分类，确定图片中目标的类别并预测其所在位置，得到准确的目标框。Faster RCNN 算法检测流程如图 3 所示，VGG16 作为其特征提取网络，输入的图片经过 VGG16 的卷积和池化运算后得到特征图，并用于 RPN 网络区分前背景和回归运算生成检测框，最后通过全连接层进行分类和目标框预测。

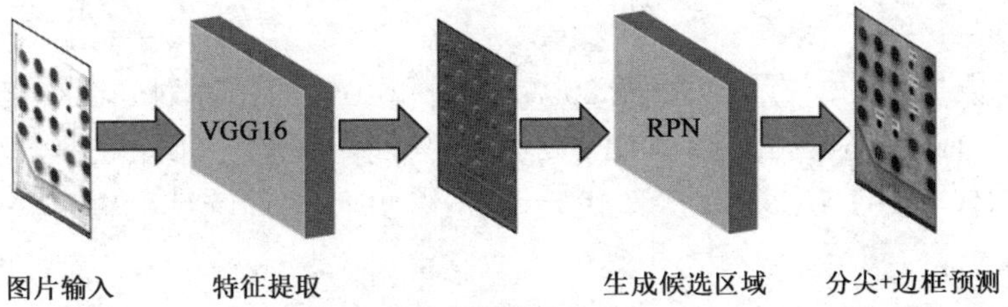

图3 Faster RCNN 检测流程图

YOLOv2 算法是典型的一阶段算法。该算法通过回归运算的方法，不用产生候选框，将目标检测的定位问题转换成回归问题，可以直接在网络中提取待检物体的特征，进行物体类别与位置的预测[9]，其网络结构和检测流程如图 4 所示。YOLOv2 采用了 DarkNet19 作为其特征提取网络，同时其借鉴了 Fast RCNN 的思想引入了锚框的机制，可以通过全连接层直接预测检测目标边框的坐标值。

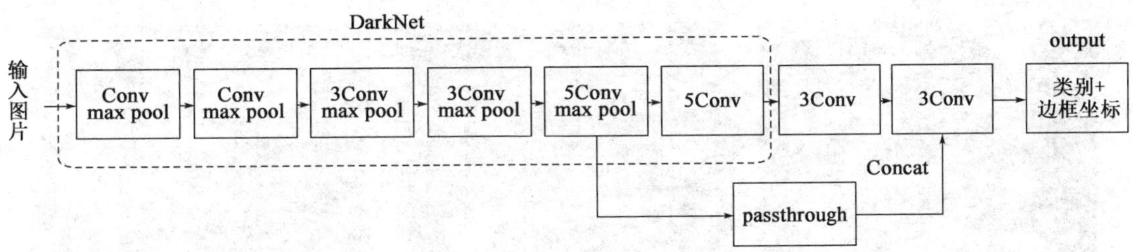

图4 YOLOv2 检测流程图

SSD 算法同样是一种一阶段检测算法[10]。该算法在前向传播过程中提取不同尺度下的特征图，生成预选框送入网络，并通过反向传播更新参数，兼具高速和高识别率。其网络结构和检测流程如图 5 所示，特征提取网络同样采用的是 VGG16，但其将 VGG16 的全连接层替换成卷积层 Conv6 和 Conv7，并在此基础上增加了更多的卷积层用于特征提取。

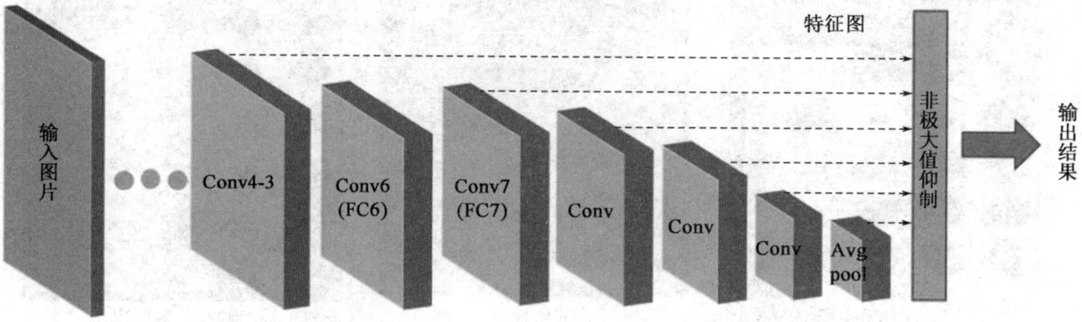

图5　SSD检测流程图

2. 训练环境

本文模型调优运行环境为：操作系统 Windows10（64位）、开发环境 Matlab2021a。需要的硬件设备：GPU采用 NVIDIA GTX1660Ti、CPU为 Intel Core i7-10870H、处理频率2.2GHz、运行内存16GB。需要的软件：并行计算框架CUDA10.2、深度神经网络加速库CUDNN 5.1、深度学习工具箱 Deep Learning Toolbox、编程语言 Matlab。

3. 结果对比分析

1）评价指标

为验证 Faster RCNN、YOLOv2、SSD 三种算法的有效性，选择检测结果、训练时间、平均精度（Average Precision，AP）、单张图片检测时间作为算法优劣评价指标。其中AP值可以充分反映模型对缺失螺栓的检测能力，AP值越高说明模型的检测精度越高。

2）定量分析

将高强螺栓缺失数据集的所有图像按照80%，10%和10%的比例划分训练集、验证集和测试集，然后分别使用 Matlab 2021a 对 Faster RCNN，YOLOv2，SSD 三种算法进行训练，三种算法训练参数保持一致：学习率0.001，最大迭代轮数100，每10次迭代验证一次，并使用训练后的模型进行检测。检测结果如表1、图6所示。

目标检测算法对比　　　　表1

算法名称	特征提取网络	训练时间	模型占用内存	单张图片检测时间	AP值
Faster-rcnn	VGG16	30min26s	485MB	2.59s	54%
YOLOv2	DarkNet19	5min43s	137MB	1.25s	67%
SSD	VGG16	9min18s	84.1MB	1.48s	—

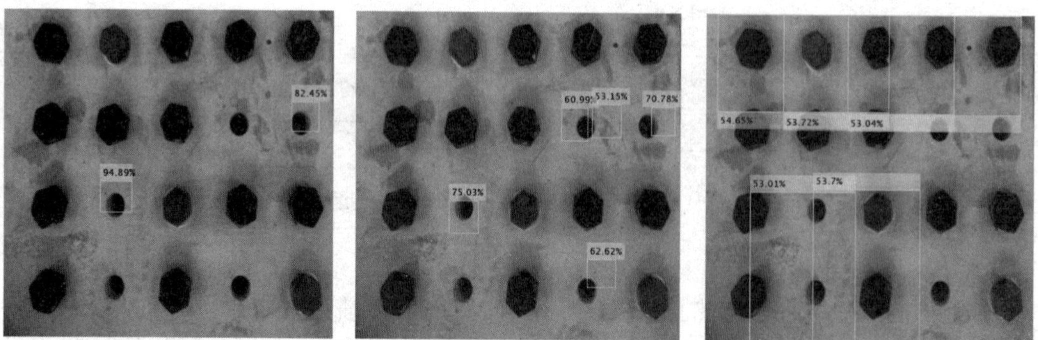

a)Faster RCNN检测结果　　b)YOLOv2检测结果　　c)SSD检测结果

图6　不同算法检测结果对比

由表 1 可见，Faster RCNN 算法占用内存最大，达到了 485MB，然后依次是 YOLOv2 和 SSD 算法。YOLOv2 算法训练时间最短，仅为 5min43s，训练时间最长的是 Faster RCNN 算法，超过了 30min。这主要是由于 Faster RCNN 算法占用内存最大。Faster RCNN 算法检测单张图片时间最长，为 2.59s，然后依次是 SSD 算法和 YOLOv2 算法。YOLOV2 检测效果最好，平均检测精度 AP 值最大，达到了 67%，存在 1 处漏检，识别率为 80%。这是因为 YOLOv2 在 DarkNet19 网络的基础上通过直接连接层（Passthrough 层）增加了细粒度特征提取的功能，增加了对小目标的识别能力。Faster RCNN 目标框与缺失位置基本一致，存在 3 处漏检。这主要是由于算法模型能够很好地定位螺栓缺失位置。但仍存在多处缺失螺栓漏检的情况，这主要是由于 Faster RCNN 锚框被设置为大小比例固定的矩形框，经过 Softmax 层判断前景与背景时，易导致部分缺失螺栓的区域被判断为背景，而判断为背景的大量区域不参与训练，导致存在一定程度的漏检；此外，在特征提取时仅使用最后一层单尺度的输出特征，适合预测大目标，对于小目标来说，会与原图产生较大的偏差。而 SSD 算法由于对小目标特征的提取和描述较差，且锚框由人工指定设置，每一层特征图预选框的大小形状都不一致，导致最终检测结果的预选框大小不一，偏离实际缺失位置。因此，项目组选用经过高强螺栓缺失数据集训练过的 YOLOv2 模型作为本文目标检测模型。

四、卷积神经网络改进

YOLOv2 算法采用 DarkNet19 网络提取图像特征，该网络层数相对较低，对缺失螺栓图像的学习和提取能力不足。若想进一步提高卷积神经网络的学习能力，一般采用加深网络层数的方法，但随着网络层数的增加容易出现“梯度消失”和“梯度爆炸”的问题，针对这种问题，采用残差单元，以跳层连接的方式，将输入与输出连接在一起导入激活函数，残差结构如图 7 所示。残差单元通过对比经过权重层的输出和直接跳过权重层的输入 X，对权重进行调整，保证残差单元的输出不比输入差，从而避免模型无法训练的问题[11-12]。将 YOLOv2 算法原有的卷积神经网络 DarkNet19 更换为 ResNet50 网络结构，训练结果如图 8、图 9 所示。

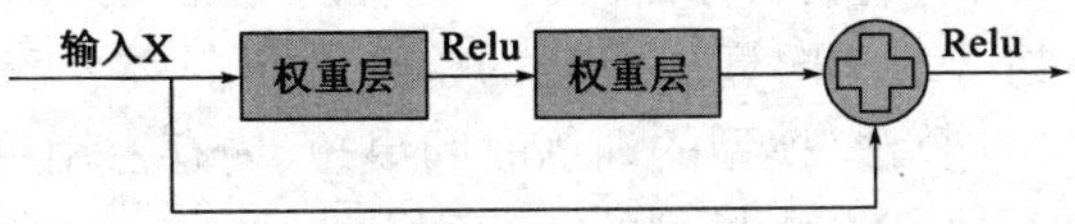

图 7 残差单元

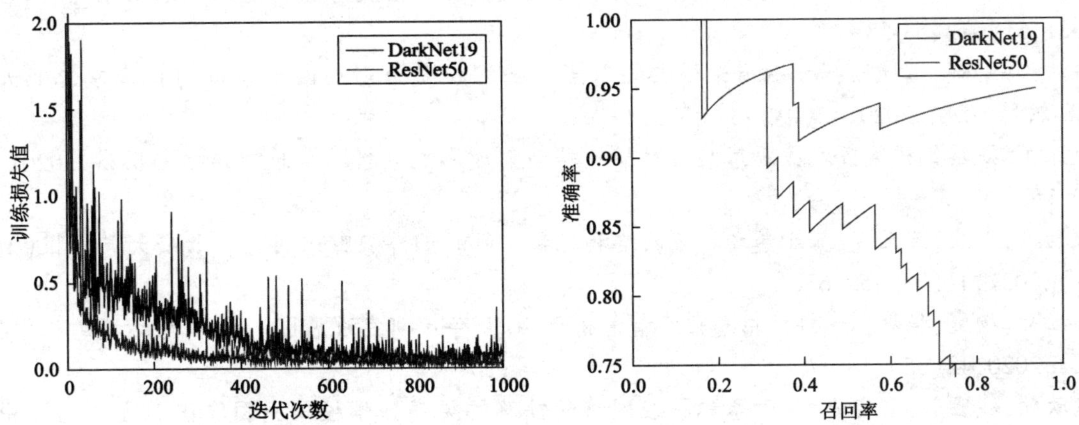

a)损失曲线对比 b)PR曲线对比

图 8 ResNet50 与 DarkNet19 特征网络训练结果对比

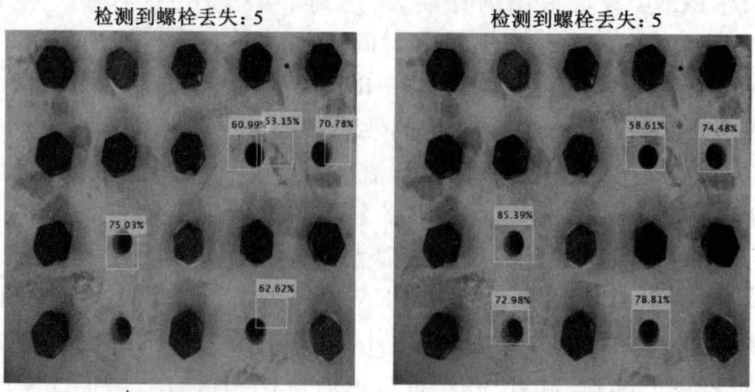

a) DarkNet19　　b) DarkNet50

图 9　ResNet50 与 DarkNet19 检测结果对比

从图 8 可以看出，相对于原有的 DarkNet19 网络，采用残差网络提取图像特征，训练时迭代损失值下降更快并更早稳定，稳定时迭代损失值更低，波动更小。相较于 DarkNet19 网络，采用 ResNet50 网络后模型的 AP 值提高了 20%，识别率达到 100%，可见采用残差网络可以有效提高高强螺栓缺失的检测精度。此外，采用 ResNet50 作为特征提取网络，模型大小从 84.1MB 增加到 97.6MB，仅比 DarkNet19 增加了 13.5MB。从图 9 可以看出，采用 ResNet50 网络后，模型对于缺失螺栓中心位置定位更加准确，无标注框重合的现象，能准确识别出所有缺失螺栓位置并标记。

五、结　语

本文首先通过数据增强的方式构建了钢桁架桥复杂节点高强螺栓缺失数据集。然后使用 Matlab2021a 和 Deep Learning Toolbox，分别对比了 Faster RCNN、YOLOv2 和 SSD 算法检测高强螺栓缺失的适用性。最后通过引入残差网络 ResNet50 的方法对 YOLOv2 算法进行了优化。Faster RCNN 和 YOLOv2 算法模型的检测效果较好，能够准确识别缺失螺栓位置，对验证集检测的 AP 值分别为 54% 和 67%，检测精度较高，但仍存在漏检和误检情况。SSD 算法模型的检测效果较差，无法实现缺失螺栓的准确定位。YOLOv2 算法相对于 Faster RCNN 算法，模型的训练时间更短、内存占用更小、检测速度更快。使用残差网络 ResNet50 代替 DarkNet19 后，YOLOv2 模型的 AP 值提高至 87%，目标框定位更加准确，无标注框重合的现象，优化后的 YOLOv2 算法在高强螺栓缺失检测中具有较好的实用推广价值。

参考文献

[1] 李保龙，房志恒，战家旺. 基于概率神经网络的钢桁梁桥螺栓脱落损伤定位识别研究[J]. 铁道建筑，2021，61(07)：54-58.

[2] 沈浩，蒋勐辉，王梓滔，等. 钢桁梁桥典型节点高强螺栓受力影响因素分析[J]. 南京工业大学学报(自然科学版)，2020，42(03)：373-379.

[3] 李保龙. 铁路钢桁梁桥螺栓脱落病害对节点转动刚度影响分析[J]. 城市道桥与防洪，2020(12)：87-90，15.

[4] 朱劲松，李欢，王世芳. 基于卷积神经网络和迁移学习的钢桥病害识别[J]. 长安大学学报(自然科学版)，2021，41(03)：52-63.

[5] 勾红叶，杨彪，华辉，等. 桥梁信息化及智能桥梁 2019 年度研究进展[J]. 土木与环境工程学报(中英文)，2020，42(05)：14-27.

[6] 赵欣欣，钱胜胜，刘晓光. 基于卷积神经网络的铁路桥梁高强螺栓缺失图像识别方法[J]. 中国铁道科学，2018，39(04)：56-62.

[7] 沈浩，江臣，陈宇文，等. 基于深度学习的钢桁架桥螺栓病害智能识别方法[J]. 南京工业大学学报(自然科学版)，2020，42(05)：608-615.

[8] 黄继鹏,史颖欢,高阳.面向小目标的多尺度 Faster-RCNN 检测算法[J].计算机研究与发展,2019,56(02):319-327.

[9] 王建林,付雪松,黄展超,等.改进 YOLOv2 卷积神经网络的多类型合作目标检测[J].光学精密工程,2020,28(01):251-260.

[10] 马原东,罗子江,倪照风,等.改进 SSD 算法的多目标检测[J].计算机工程与应用,2020,56(23):23-30.

[11] He K,Zhang X,Ren S,et al. Deep Residual Learning for Image recognition[J]. IEEE, 2016:770-778.

[12] Wu Z,Shen C,Hengel A. Wider or Deeper: revisiting the ResNet model for visual recognition[J]. Pattern Recognition,2019:119-133.

12. 在役钢箱梁桥面板 U 肋焊缝 TOFD 技术应用

蒋　波[1]　金世安[1]　靳　超[2]　吴　昊[2]

(1. 江苏泰州大桥有限公司;2. 中国船级社实业公司)

摘　要　大型钢箱梁桥面板与 U 形肋间角接焊接接头直接承受轮载作用,轮载在接头位置产生的应力复杂。根据典型的大型钢箱梁桥主桥跨径布置和钢箱梁的结构特点,对其进行受力分析。在主跨区域,钢箱梁顶板与 U 肋角焊缝是疲劳裂纹最容易发生的位置。相关检测结果也验证了这一论断。使用基于超声衍射时差技术(Time-Of-Flight-Diffraction,TOFD)的疲劳裂纹快速检测方法,对桥面板 U 肋焊缝疲劳裂纹进行快速、准确的检测技术,保证大型钢箱梁桥的运行安全,降低运维成本,延长桥梁寿命。

关键词　在役　钢箱梁桥　桥面板　TOFD 检测　U 肋焊缝

一、背 景 介 绍

我国于 20 世纪 70 年代初引进钢桥面板技术,90 年代开始大规模修建采用钢桥面板的钢桥,特别是大跨度索支撑钢桥。迄今为止,国内已建成近百座大跨度钢箱梁斜拉桥、悬索桥。这些钢桥的建设,加快了交通基础设施的建设步伐,对社会经济的发展起到了非常重要的作用。

大型钢箱梁桥面板与 U 形肋间角接焊接接头直接承受轮载作用,轮载在接头位置产生的应力复杂,如图 1 所示。根据典型的大型钢箱梁桥主桥跨径布置和钢箱梁的结构特点,对其进行受力分析。在主跨区域,钢箱梁顶板与 U 肋角焊缝是疲劳裂纹最容易发生的位置。相关检测结果也验证了这一论断。

由于桥面板不可更换,出现质量问题补救困难,所以焊接接头的状况是桥梁耐久性的重点问题。加强该类焊缝焊接质量控制和状态监控,对保障桥梁结构健康和运营安全至关重要。桥面板 U 肋焊缝疲劳裂纹检测的难度主要在于以下方面:

(1)焊缝结构复杂,常规检测技术难以实施。

桥面板 U 肋焊缝的疲劳裂纹受结构和缺陷走向的影响,难以使用射线(RT)或常规超声(UT)技术进行检测。U 肋板角焊缝结构的遮挡,导致无法进行背面贴片,射线检测难以实施。由于疲劳裂纹垂直于桥面板方向,在桥面板上方进行检测时,波束方向与裂纹方向平行,无法有效地接收到反射回波,导致常常发生漏检,且对裂纹

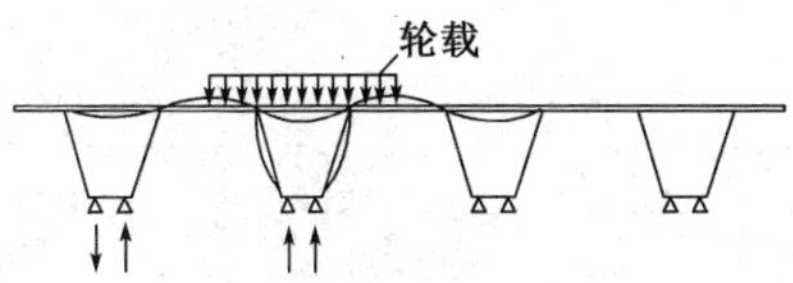

a)纵肋无竖向挠曲变形

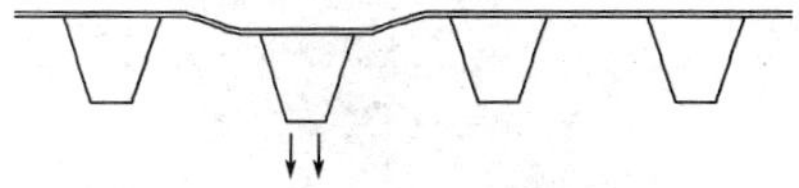

b)纵肋有竖向强迫位移

图1　桥面板受力图

的长度和高度无法进行准确的测量。如从桥面板下方或是U肋板等位置进行检测，超声波束无法覆盖到裂纹区域或无法获得理想的反射回波，导致检测效果较差。

（2）对裂纹测深精度要求高，常规技术难以实现。

在检出疲劳裂纹后，对桥面板的安全评估依赖于裂纹的深度、长度和位置等信息，必须精确地测定缺陷尺寸和位置，才能开展有效准确的安全评价。射线检测由于结果为工件的投影图像，仅能测量出缺陷的位置和长度等信息，而无法测量缺陷深度。常规超声则受到缺陷反射面、波束入射角度以及操作人员经验等多种因素的影响，导致对缺陷深度的测量精度较差，往往不能作为数据分析的依据。因此，在发现缺陷后，对缺陷尺寸和位置的精确测量也是桥面板U肋焊缝疲劳裂纹检测中的一个难点和重点。

（3）维护窗口期短，检测效率要求高。

在役桥梁运营压力大，养护过程中，封闭车道，中断车辆通行除了影响运营收入外，更会影响到局部区域的经济社会运行，造成不良的社会影响。因此，为减少对运营的影响，对桥面板U肋焊缝的疲劳裂纹检测速度应尽可能利用桥梁日常维护的窗口期，减少甚至消除因检测带来的影响。而采用常规超声（UT）或射线（RT）技术的检测效率，一般不超过20m/（人·d），远远无法满足在役桥梁的快速检测要求。

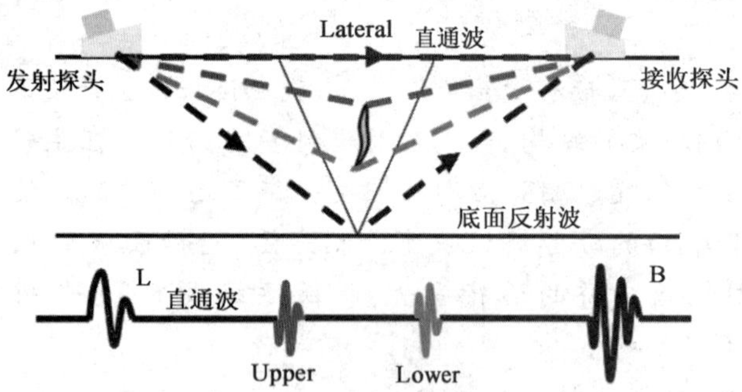

图2　TOFD检测原理示意图

针对上述难点，在缺少可参考的技术方案、成功案例和规范标准的情况下，使用基于超声衍射时差技术（Time-Of-Flight-Diffraction，TOFD）的疲劳裂纹快速检测方法（图2），对桥面板U肋焊缝疲劳裂纹进行快速、准确的检测技术，保证大型钢箱梁桥的运行安全，降低运维成本，延长桥梁寿命。桥面板TOFD工艺布置图如图3所示。

衍射时差检测技术基于惠更斯原理，发射的超声波经过缺陷后在缺陷的尖端会形成新的点波源并向外衍射传播。TOFD技术使用一发一收的纵波进行检测，检测时会形成直通波及地面反射波等典型信号。使用数字化的方式进行信号存储，检测数据能够永久保存。基于数字化的存储方式，TOFD技术同样同样采用图像的方式对检测结果进行判读，典型的TOFD图像显示包括A扫描及灰度B扫描，通过图像中直通波及地面反射波的位置确定工件的上下表面，所以缺陷信号显示直观，便于缺陷的判断及分析。但受直通波信号及底波信号影响，TOFD技术存在上下表面盲区；此外，通常使用的TOFD非平行扫查方式无法分辨缺陷的水平位置。

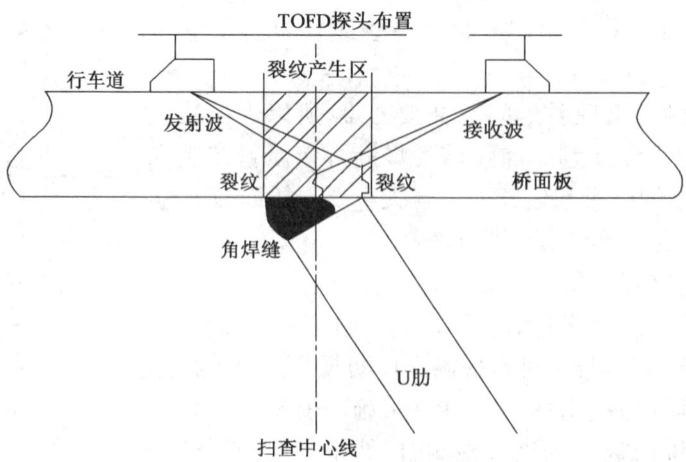

图3　桥面板TOFD工艺布置图

TOFD 检测技术的优势：

①无电离辐射，对人体和环境无危害，是一种绿色环保的检测方法，检测时可与其他工种进行交叉作业；

②对未融合和裂纹类面型缺陷更加敏感，检出率更高；

③检测效率高，通常可达到射线和常规超声检测的 5 倍以上；

④缺陷尺寸测量精度高，测深精度最高可达到 0.1mm；

⑤图像判读方式可提供更多的缺陷信息，便于对缺陷类型进行分析；

⑥所有原始数据可数字化存储，便于存档和追溯。

二、试块设计制作

针对在役钢箱梁桥面板 U 肋焊缝 TOFD 检测项目，根据桥面板厚度，设计了 2 块对比试块，用来验证工艺可靠性和缺陷对比。试块 1 如图 4 所示，分别在 14mm 厚的钢板上刻深 1mm、2mm、3mm、4mm、5mm、6mm，宽 0.25mm 的槽。

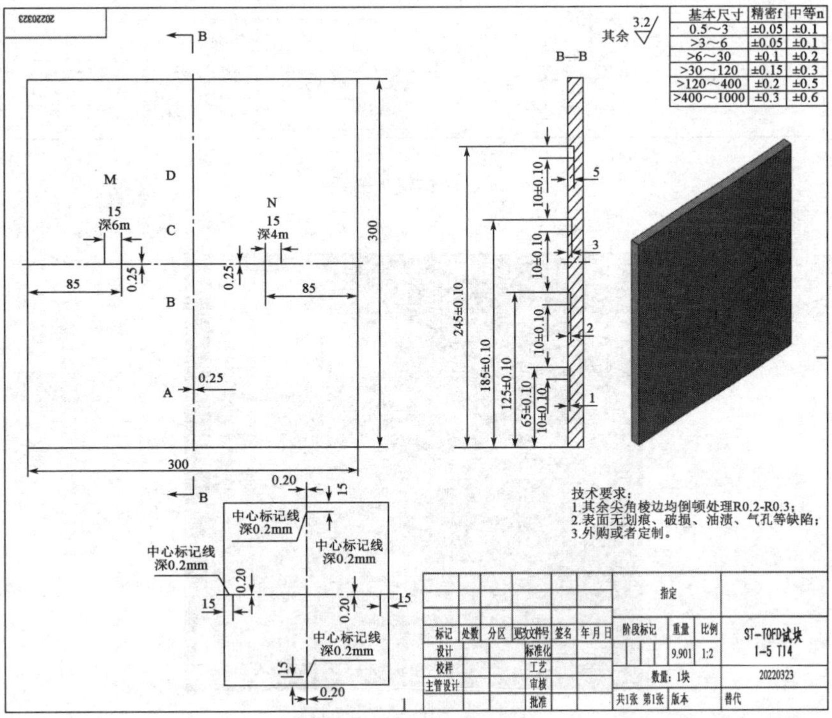

图 4 试块 1 图纸

试块 2 如图 5 所示，分别在 14mm 厚的钢板上刻深 7mm、8mm、9mm、10mm、11mm、14mm，宽 0.25mm 的槽。

图 5 试块 1 照片

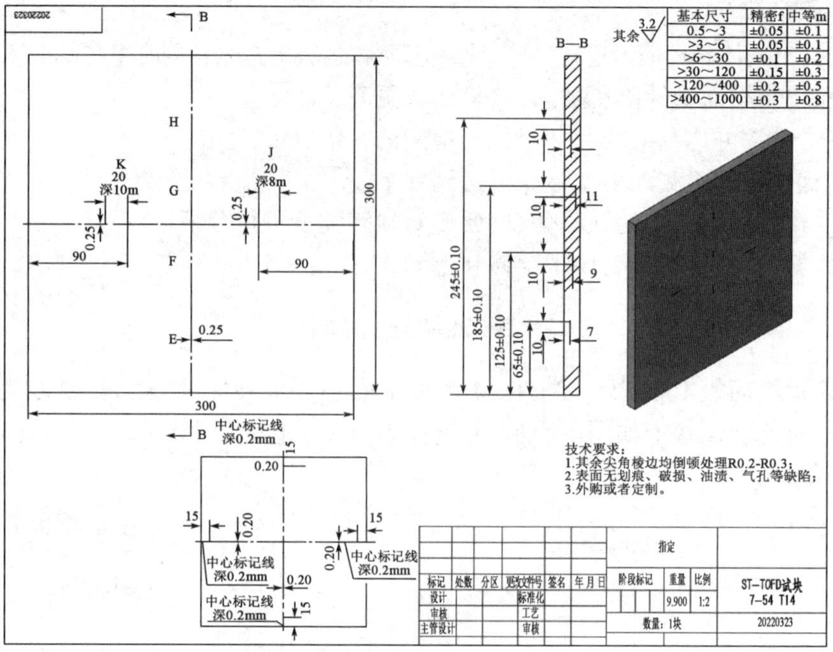

图 6　试块 2 图纸

图 7　试块 2 照片

三、工 艺 设 置

1. 选用设备

OLYMPUS-OMNISCAN MX2 如图 8 所示。

2. 选用探头

选用探头频率 10MHZ、晶片尺寸 3mm 的 C563-SM 探头 1 对；楔块选用 70°的 ST1-70L-IHC。

3. 工艺设置

把需要扫差的部位当作焊缝，采用非平行扫差，采用《焊缝无损检测　超声检测　衍射时差技术（TOFD）的应用》（GB/T 41115—2021），PCS 设置为 59mm，灵敏度采用直通波 80% 波高，耦合剂使用水，扫查器使用手动扫查装置。具体工艺如图 9 所示。

图 8 主机照片

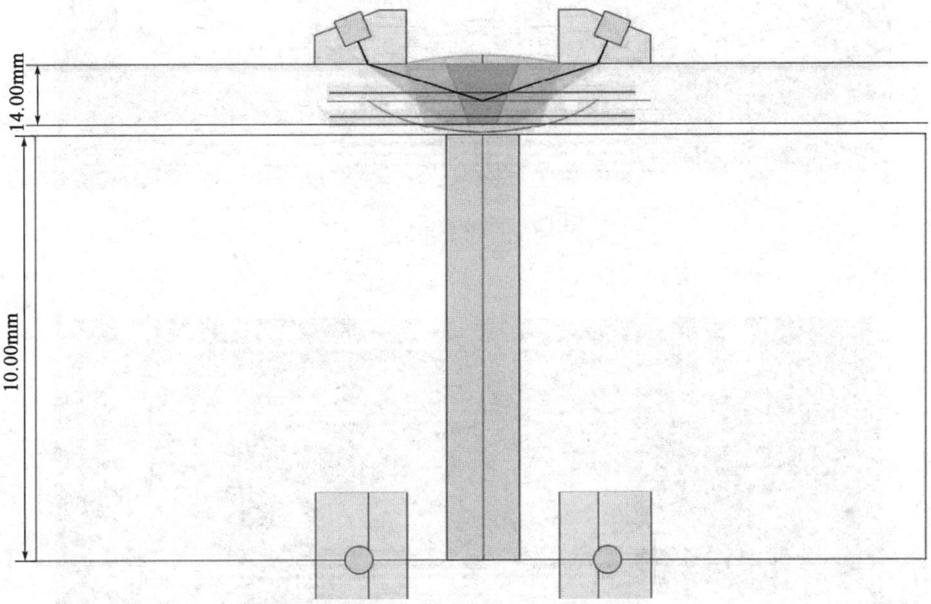

图 9 TOFD 工艺图

四、试 验 过 程

采用非平行扫差对比试块,得出如下图谱。图 10 所示为深 13mm、12mm、11mm、9mm 的槽。

图 10 TOFD 图谱(一)

图11所示为深10mm、8mm的槽。

图11　TOFD图谱(二)

图12所示为深7mm、5mm、3mm、0mm的槽。

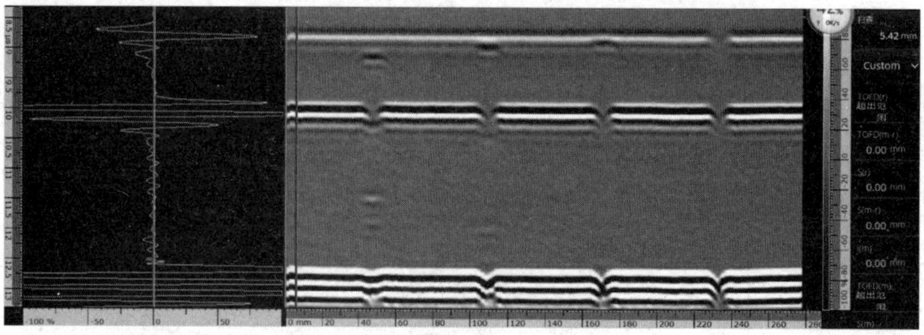

图12　TOFD图谱(三)

图13所示为深4mm、6mm的槽。

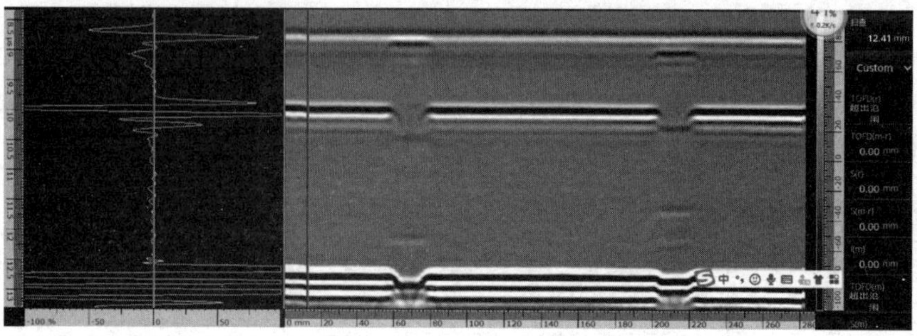

图13　TOFD图谱(四)

五、试验结论

数据测量结果见表1。

数据测量结果　　表1

序　号	设计深度(mm)	测量深度(mm)	误差(mm)	设计长度(mm)	测量长度(mm)	误差(mm)
1	13	13.03	0.03	10	9.07	0.93
2	12	12.04	0.04	10	11.57	1.57
3	11	11.04	0.04	10	9.15	0.85
4	10	10.19	0.19	15	14.1	0.9
5	9	9.11	0.11	10	10.22	0.22
6	8	8.38	0.38	15	14.26	0.74
7	7	6.73	0.27	10	8.49	1.51

续上表

序　号	设计深度(mm)	测量深度(mm)	误差(mm)	设计长度(mm)	测量长度(mm)	误差(mm)
8	6	6.22	0.22	20	19.37	0.63
9	5	4.82	0.18	10	9.3	0.6
10	4	4.32	0.32	20	19.63	0.37
11	3	3.32	0.32	10	10.59	0.59
12	0	0	0	10	10.85	0.85

结果分析:深度误差最大0.38mm,长度误差最大1.57mm,符合标准要求。TOFD检测深度误差小,适合桥面板检测。

六、现 场 验 证

某桥梁整体项目一共扫差共6000m TOFD数据,发现270余条数据有缺陷信号。

由于从焊缝跟部向桥面板方向开裂的裂纹在U肋的内部,所以修复难度较大。对检测发现的所有裂纹进行修复,会造成严重的结构破坏,并增加大量的修复费用。此外,现场实际施工中也没有大量焊接修复的时间。

综合上述因素考虑,且结合我们以往检测的经验积累,建议按照表2界定的标准进行焊接维修。

焊接维修界定标准 表2

序　号	裂纹长度	裂纹高度	修　复
1	≥50mm	>8mm	是
2	≥200mm	4~8mm	是
3	其余裂纹		否

以下列出4条典型缺陷图谱及现场开挖照片,如图14~图17所示,缺陷见表3。

缺　陷　表 表3

序号	扫查编号	扫查长度(m)	缺陷编号	缺陷起点(mm)	缺陷长度(mm)	缺陷深度(mm)	缺陷高度(mm)
1	SJ26_U17S_12_16	4	F2	3216	210	3.83	10.17
2	SA32_U14S_0_4	4	F2	1288.69	202.92	6.89	7.11
3	SA26_U17X_4_8	4	F1	757.66	109.84	2.74	11.26
4	NJ32_U17S_4_8	4	F1	753.38	116.21	3.8	10.2

(1)扫查编号:SJ26_U17S_12_16,见图14。

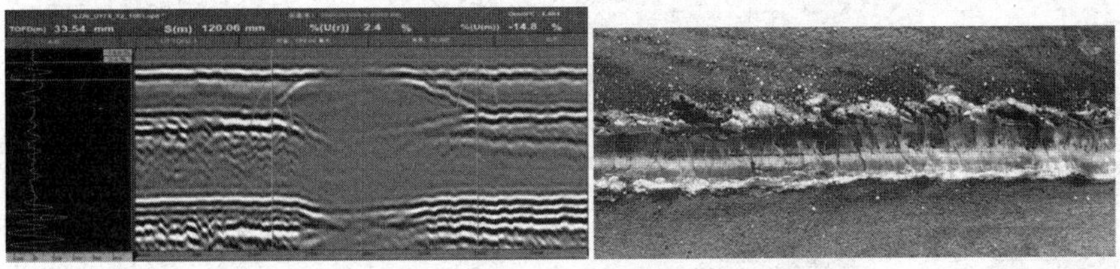

图14 缺陷图谱及现场开挖照片(一)

(2)扫查编号:SA32_U14S_0_4,见图15。

(3)扫查编号:SA26_U17X_4_8,见图16。

(4)扫查编号:NJ32_U17S_4_8,见图17。

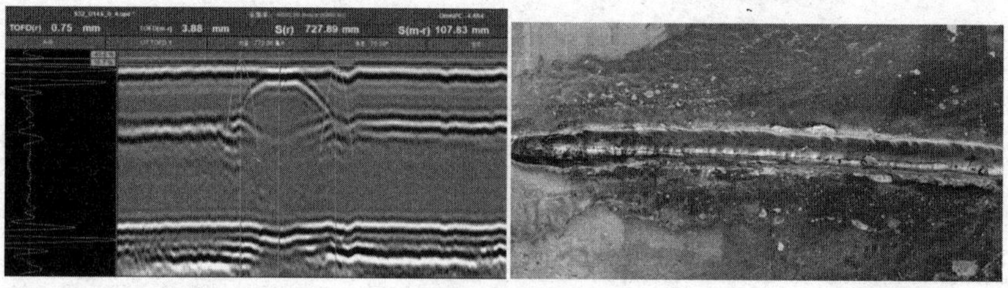

图15　缺陷图谱及现场开挖照片(二)

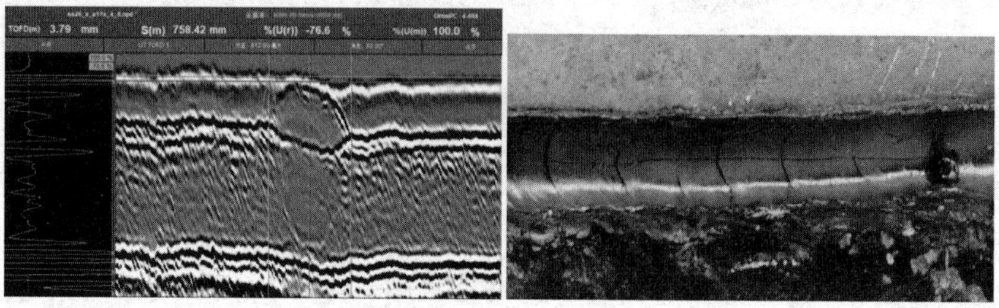

图16　缺陷图谱及现场开挖照片(三)

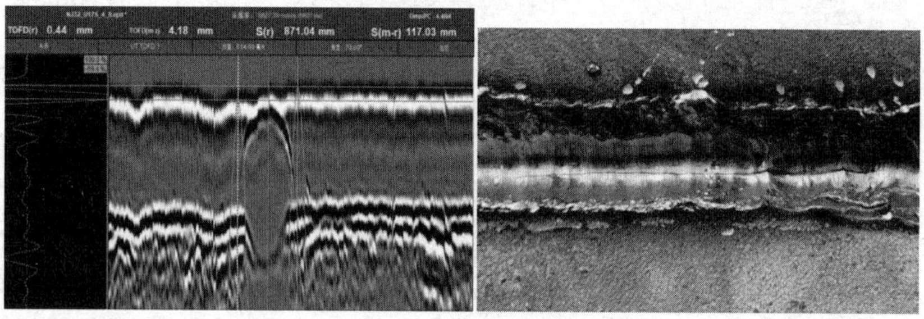

图17　缺陷图谱及现场开挖照片(四)

七、结　　语

根据对桥面板U肋焊缝区域TOFD检测的结果数据,在钢箱梁内部,针对性地加强相应焊缝的检查,以及时发现裂纹进行维修,切实有效控制缺陷危害,防止缺陷危害导致扩大维修和加大维修难度。在钢箱梁内部对顶板U肋焊缝进行维修,对扼制桥面板裂纹的产生和控制桥面板裂纹的发展更有效。

根据每年定期检查的结果数据,建立检查数据库和年度对照表,为后期分析、评定钢箱梁技术状况提供依据。

参考文献

[1] 张鹏.桥梁钢箱梁U肋角焊缝的相控阵检测[J].无损检测,2020,42(1):71-74.